【税则中英文对照版】

中国海关报关实用手册 2021

《中国海关报关实用手册》编写组◎编

ZHONGGUO HAIGUAN BAOGUAN SHIYONG SHOUCE

中国海关出版社有限公司

·北京·

图书在版编目（CIP）数据

中国海关报关实用手册：2021／《中国海关报关实用手册》编写组编．
—北京：中国海关出版社有限公司，2021.1
ISBN 978－7－5175－0471－9

Ⅰ.①中…　Ⅱ.①中…　Ⅲ.①进出口贸易—海关手续—中国—2021—手册
Ⅳ.①F752.5-62

中国版本图书馆 CIP 数据核字（2020）第 253548 号

中国海关报关实用手册（2021）
ZHONGGUO HAIGUAN BAOGUAN SHIYONG SHOUCE（2021）

作　　者：《中国海关报关实用手册》编写组
策　　划：普　娜
责任编辑：李　多　左桂月　杨　升　郭　坤　叶　芳
助理编辑：张诗琳
出版发行：中国海关出版社有限公司
社　　址：北京市朝阳区东四环南路甲 1 号　　邮政编码：100023
网　　址：www.hgcbs.com.cn
编 辑 部：01065194242-7529（电话）　　01065194231（传真）
发 行 部：01065194221/4227/4238/4246（电话）　　01065194233（传真）
社办书店：01065195616（电话）　　01065195127（传真）
https://weidian.com/?userid=319526934（网址）
印　　刷：山东临沂新华印刷物流集团有限责任公司　　经　　销：新华书店
开　　本：880mm×1230mm　1/16
印　　张：98　　字　　数：5000 千字
版　　次：2021 年 1 月第 1 版
印　　次：2021 年 1 月第 1 次印刷
书　　号：ISBN 978－7－5175－0471－9
定　　价：400.00 元

《报关实用手册》移动版查询系统

权威准确　实时更新　移动便捷

一、功能简介

为满足读者移动办公及掌握商品实时更新信息的需求，我社开发了针对本书内容的移动版查询系统——“海关数库”微信服务号，免费向本书用户开放，开放时限为2021年全年。系统可对本书主体内容进行全文检索查询，且将与海关监管库数据同步更新，以便用户实时掌握更新动态，提高通关效率。

二、开通流程

1. 刮开图书封面防伪标涂层，打开手机微信，扫描二维码。

注：每个二维码只能被扫描一次并开通权限，不能重复扫描。

2. 扫描成功后，系统自动弹出“中国海关出版社申请获取以下权限”对话框。

注：“中国海关出版社”为我社微信统一认证平台，认证结果将作用于“海关数库”微信公众号。

3. 点选“允许”后，首次微信扫码用户，还须进行手机号验证，并设置用户密码，以保证增值服务权益不受损。

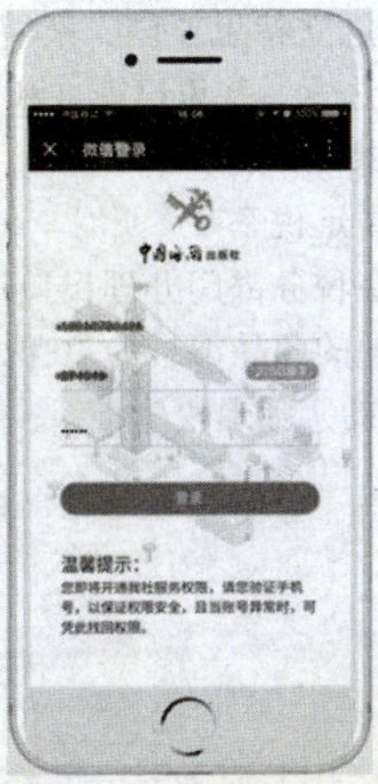

4. 手机号验证成功后，系统自动弹出认证成功提示框。

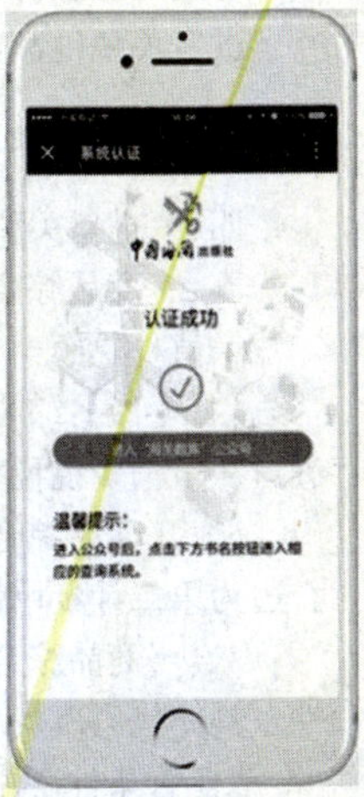

5. 点选“立即进入”后，即可开通“海关数库”微信服务号下方的“手册法规”中“报关手册”增值服务权限，点击其中的“报关手册”按钮进入查询。

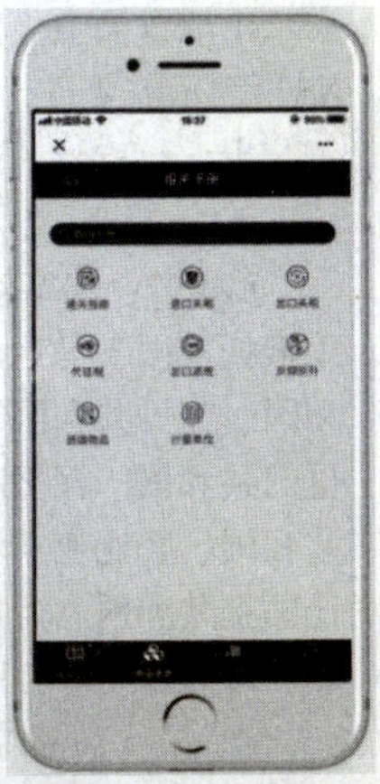

《商品综合分类表》使用说明

为便于读者查阅，现将《商品综合分类表》的有关栏目说明如下：

一、《商品综合分类表》的第一列为“商品编号”，其前八位代码与《税则》中的税则号列和《统计商品目录》中的商品编号完全一致，第九、十位代码是根据进口环节税、进出口暂定税和贸易管制的需要而增设的。商品编号未增列第九位、第十位时，用“00”补齐十位。

“商品编号”栏有“暂”标志的，表示：

1. 该项商品实施年度暂定税率，凡从世贸组织成员方或与我国订有双边互惠协议的国家或地区进口的货物，即按暂定税率征税，从其他国家或地区进口的货物仍按规定的普通税率征税。

2. “暂”后面数字为暂定税率。例如，1801000000[暂2] 即该商品编号的进口暂定税率为2%。

二、《商品综合分类表》的第二列为“商品名称及备注［检验检疫编码及名称］”，它是为适应通关系统的需要，由《税则》和《统计商品目录》中的“货品名称”缩减而成，小括号内的文字是对该商品名称的补充描述，中括号内的文字为扩展的检验检疫编码及名称。

三、《商品综合分类表》的第三、四列为“进口关税税率”，栏内数字表示为关税税率的百分比。对从世贸组织成员方或与我国订有关税互惠协议的国家或地区进口的货物，按最惠国税率征税，对从其他国家或地区进口的货物按普通税率征税。

进口关税税额=到岸价格×进口关税税率

$$\text{出口关税税额}=\frac{\text{离岸价格}}{1+\text{出口关税税率}}\times\text{出口关税税率}$$

四、“进口关税税率”中的最惠国税率下，有“/”的表示不同时间段实施的税率不同，具体见页下注。

五、《商品综合分类表》的第五列为“增值税率”，栏内数字相应地表示为该项商品的进口环节增值税税率。

增值税税额=（到岸价格+关税税额+消费税税额）×增值税税率

六、《商品综合分类表》的第六列为“消费税”。该栏目中出现两种税率时，“/”左边为进口从价消费税税率（%），右边为进口从量消费税税率/低。

七、《商品综合分类表》的第七列为“计量单位”。该栏目中出现两个计量单位时，中间以“/”分隔，左边为第一计量单位，右边为第二计量单位。

八、《商品综合分类表》的第八列为“监管条件”。该栏目的代码表示该项商品在一般贸易进出口时需要向海关提交的监管证件。具体代码所代表的证件请查阅《监管证件代码表》。

“监管条件”中，有“/”的表示不同时间段实施的监管条件不同，具体见页下注。

九、《商品综合分类表》的第九列为“检验检疫类别”。检验检疫类别中，“M”表示进口商品检验，“N”表示出口商品检验；“P”表示进境动植物、动植物产品检疫，“Q”表示出境动植物、动植物产品检疫；“R”表示进境食品卫生监督检验，“S”表示出境食品卫生监督检验；“V”表示进境卫生检疫，“W”表示出境卫生检疫。“/”前面为进境，后面为出境。例如，“MR/NS”表示需要进行进境商品检验和食品卫生监督检验，以及出境商品检验和食品卫生监督检验。

十、《商品综合分类表》“特惠税率”栏下：

亚太2国：孟加拉人民共和国、老挝人民民主共和国。

LDC97：埃塞俄比亚联邦民主共和国、布隆迪共和国、刚果民主共和国、吉布提共和国、几内亚共和国、几内亚比绍共和国、莱索托王国、马达加斯加共和国、马拉维共和国、马里共和国、莫桑比克共和国、南苏丹共和国、塞拉利昂共和国、塞内加尔共和国、苏丹共和国、索马里联邦共和国、坦桑尼亚联合共和国、乌干达共和国、乍得共和国、中非共和国、阿富汗伊斯兰共和国、也门共和国、瓦努阿图共和国、科摩罗联盟、毛里塔尼亚伊斯兰共和国、多哥共和国、利比里亚共和国、卢旺达共和国、安哥拉共和国、赞比亚共和国、尼泊尔联邦民主共和国、尼日尔共和国、厄立特里亚国、柬埔寨王国、冈比亚共和国、圣多美和普林西比民主共和国、孟加拉人民共和国、老挝人民民主共和国、布基纳法索、基里巴斯共和国（共40国）。

LDC95：贝宁共和国、东帝汶民主共和国、缅甸联邦共和国（共3国）。

十一、《商品综合分类表》的出口税率列的数字右上角为出口暂定税率。

十二、《商品综合分类表》的倒数第二列为出口退税率。由于在税务部门办理出口退税时，有些商品按照税务部门10位以上的商品编号（如11位商品编号）进行增值税的退税，而海关系统中的商品编号为10位，因此，若出现本书所列的10位商品编号的退税率与最终税务部门实际退税率不一致的情况，均以税务部门的实际退税为准。

总目录

Table of Contents

前　言

《中国海关报关实用手册》（下称《报关手册》）出版二十余年来，以其突出的权威性、准确性、时效性、针对性，成为海关工作人员、进出口企业报关员、预录入企业操作员必备的工具手册，也日益成为与进出口有关的企事业单位了解海关业务，对进出口贸易进行成本核算的重要参考资料。

2021年版《报关手册》重点对海关最新进出口商品编码及各类通关业务参数作汇总，综合分类表包括商品编号、商品名称、3位检验检疫编码和名称、检验检疫类别、计量单位、监管条件、英文名称、最惠国税率、普通税率、增值税率、消费税、协定税率、特惠税率、对美税率、出口税率，以及进出口暂定税率等，增加了反倾销反补贴税率，根据海关业务改革及关检融合情况，修改并补充了代码表及说明，以期实现贴近通关监管实际、传递政策调整信息、方便读者参考查阅、帮助提高通关效率的目标。

2021年版《报关手册》还为用户提供进口附加税率表，进口商品从量税、复合税税率，关税配额商品税目税率表，进口关税与进口环节代征税计税常数表等。

出口退税率仅供进出口企业和报关企业参考，具体商品的退税率应以税务机关实际执行为准。

为方便读者使用，《报关手册》将推出移动版查询系统，读者扫描《报关手册》封面防伪标上的二维码，即可享受在线查询及获取监管条件等增值服务（具体使用指南详见“《报关实用手册》移动版查询系统”）。

《报关手册》所列商品编号、商品名称、关税税率、监管证件代码和进口环节代征税税率及进出口法律法规，如有与国家进出口法律法规不一致之处，以法规条文为准。

《中国海关报关实用手册》编写组

2020年12月31日

海关通关系统《商品综合分类表》目录

INDEX

海关执行的国家贸易管制措施指南

《中华人民共和国海关法》（以下简称《海关法》）从法律上赋予了海关实施贸易管制，监管进出口活动的权力与义务。《海关法》第四十条规定：国家对进出境货物、物品有禁止性或限制性规定的，海关依据法律、行政法规、国务院的规定或者国务院有关部门依据法律、行政法规授权作出的规定实施监管。

海关贸易管制制度的法律体系包括哪些内容？

海关根据法律、行政法规和规章对进出境货物履行监督管理职责，形成了以《海关法》《中华人民共和国对外贸易法》《中华人民共和国货物进出口管理条例》为主的贸易管制法律体系。其主要包括：

法律：

《中华人民共和国对外贸易法》

《中华人民共和国海关法》

《中华人民共和国固体废物污染环境防治法》

《中华人民共和国出口管制法》

《中华人民共和国密码法》

《中华人民共和国生物安全法》

《中华人民共和国食品安全法》

《中华人民共和国进出口商品检验法》

《中华人民共和国进出境动植物检疫法》

《中华人民共和国国境卫生检疫法》

《中华人民共和国野生动物保护法》

《中华人民共和国药品管理法》

《中华人民共和国文物保护法》

……

行政法规：

《中华人民共和国货物进出口管理条例》

《中华人民共和国技术进出口管理条例》

《中华人民共和国核出口管制条例》

《中华人民共和国核两用品及相关技术出口管制条例》

《易制毒化学品管理条例》

《中华人民共和国导弹及相关物项和技术出口管制条例》

《中华人民共和国生物两用品及相关设备和技术出口管制条例》

《中华人民共和国监控化学品管理条例》

《中华人民共和国野生植物保护条例》

《中华人民共和国陆生野生动物保护实施条例》

《中华人民共和国水生野生动物保护实施条例》

《中华人民共和国濒危野生动植物进出口管理条例》

《农药管理条例》

《兽药管理条例》

《麻醉药品和精神药品管理条例》

《反兴奋剂条例》

《音像制品管理条例》

《民用爆炸物品安全管理条例》

《中华人民共和国军品出口管理条例》

《古生物化石保护条例》

《中华人民共和国进出口商品检验法实施条例》

……

除此之外，海关贸易管制法律体系中还包括禁止进（出）口货物目录、货物进（出）口许可证管理办法及目录等部门规章及规范性文件，以及与贸易管制有关的国际公约及议定书等。

许可证件的法律规定是什么？

《海关法》对进口货物的收货人或出口货物的发货人提交许可证件作出了明确规定：

1.《海关法》第二十四条规定：“进口货物的收货人、出口货物的发货人应当向海关如实申报，交验进出口许可证件和有关单证。国家限制进出口的货物，没有进出口许可证件的，不予放行，具体处理办法由国务院规定。”即如果所申报的货物属于国家限制进出口的，应当按规定申领有关许可证件，未申领进出口许可证件的，海关不予放行货物。

2.《海关法》第三十三条第三款规定：“加工贸易保税进口料件或者制成品因故转为内销的，海关凭准予内销的批准文件，对保税的进口料件依法征税；属于国家对进口有限制性规定的，还应当向海关提交进口许可证件。”

3.《海关法》第四十条规定：“国家对进出境货物、物品有禁止性或限制性规定的，海关依据法律、行政法规、国务院的规定或者国务院有关部门依据法律、行政法规授权作出的规定实施监管。”该规定一方面明确海关是依据法律、行政法规和部门规章对进出境货物、物品采取禁止或限制措施；另一方面明确了对进出境货物、物品实施禁止或限制规定时，需要经过立法程序对外发布。

4.《海关法》第六十六条规定：“国家对进出境货物、物品有限制性规定，应当提供许可证件而不能提供的，以及法律、行政法规规定不得担保的其他情形，海关不得办理担保放行。”

海关贸易管制措施的实现方式是什么？

海关执行的部分贸易管制措施通过细化、分解贸易管制商品目录，在海关 H2010、H2018 通关系统中对 7500 多项商品设置了 30 余种监管证件代码，占全部海关商品编号的 62%。

为构建进出口许可证件从申领、发证、验证到核查、核销的严密高效管理模式，海关总署积极推进与许可证件主管部门的电子数据联网工作。目前，已实现进出口许可证、两用物项和技术进出口许可证、有毒化学品进出口环境管理放行通知单、农药进出口登记管理放行通知单、自动进口许可证等电子数据联网，为科学、规范管理和便捷通关提供了条件。

海关实施贸易管制的监管证件有哪些？

1. 禁止进出口货物

禁止进出口货物是指商务部会同国务院其他有关部门依法制定、调整并公布禁止进/出口货物目录，以及其他法律、行政法规规定禁止进/出口的货物，包括国家规定停止进口的商品、执行联合国安理会有关决议规定禁止进出口的商品等。禁止进口商品监管证件代码为“9”，禁止出口商品监管证件代码为“8”，旧机电产品禁止进口监管证件代码为“6”。其他法律、行政法规等规定禁止进出口的，从其规定。

2. 进口许可证（监管证件代码“1”）

进口许可证是指商务部及其授权发证机构依法对实行数量限制或其他限制的进口货物颁发准予进口的许可证件。对国家规定有数量限制的进口货物，实行配额管理；其他限制进口货物，实行许可证管理。实行进口许可证管理的货物为两大类，即环境保护部、商务部、海关总署令 2014 年第 26 号《消耗臭氧层物质进出口管理办法》规定的消耗臭氧层物质和商务部、海关总署、质检总局令 2008 年第 5 号《重点旧机电产品进口管理办法》规定的重点旧机电产品。具体管理目录详见年度《进口许可证管理货物目录》。

3. 出口许可证（监管证件代码“4”，加工贸易出口许可证监管证件代码“x”，边境小额贸易出口许可证监管证件代码“y”）

出口许可证是指商务部授权发证机关依法对实行数量限制或其他限制的出口货物签发的准予出口的许可证件。国家规定有数量限制的限制出口货物，实行配额和招标管理；其他限制出口货物，实行许可证管理。具体管理目录详见年度《出口许可证管理货物目录》。

4. 两用物项和技术进口许可证（监管证件代码“2”）

两用物项和技术进口许可证是指商务部及其授权发证机关签发的准予进口《两用物项和技术进口许可证管理目录》中商品的许可证件，包括监控化学品（含生产技术及专用设备）、易制毒化学品和放射性同位素、《商用密码进口许可清单》所列物项和技术。具体管理目录详见年度《两用物项和技术进出口许可证管理目录》之《两用物项和技术进口许可证管理目录》。进口放射性同位素需按《放射性同位素与射线装置安全和防护条例》和《两用物项和技术进出口许可证管理办法》有关规定，报生态环境部审批后，在商务部配额许可证事务局申领两用物项和技术进口许可证。

5. 两用物项和技术出口许可证［监管证件代码“3”，部分易制毒化学品向特定国家（地区）出口的两用物项和技术出口许可证监管证件代码“G”］

两用物项和技术出口许可证是指商务部授权发证机关准予两用物项和技术出口签发的许可证件。其中，向缅甸、老挝、阿富汗等特定国家（地区）出口氯化铵等 17 种易制毒化学品为定向出口。纳入《两用物项和技术出口许可证管理目录》的两用物项和技术类别包括核、核两用品及相关技术、生物两用品及相关设备和技术、监控化学品（含生产技术及专用设备）、有关化学品及相关设备和技术、导弹及相关物项和技术、易制毒化学品、部分无人驾驶航空飞行器和高性能计算机、《商用密码出口管制清单》所列物项和技术、特殊民用物项（耙吸式挖泥船、绞吸式挖泥船、斗式挖泥船、吸砂船、自航自卸式泥驳）等两用物项和技术。受《中华人民共和国导弹及相关物项和技术出口管制条例》管制，用于民用航空用途的民用航空零部件出口按《民用航空零部件出口分类管理办法》实行许可证件分类管理制度。具体管理目录详见年度《两用物项和技术进出口许可证管理目录》之《两用物项和技术出口许可证管理目录》。

6. 自动进口许可证（监管证件代码“7”，机电产品自动进口许可证监管证件代码为“O”，加工贸易自动进口许可证监管证件代码为“v”）

自动进口许可证是指商务部授权发证机构依法对实行自动进口许可管理的货物颁发的准予进口的许可证件。其中，属加工贸易“自动进口许可证”管理的商品有原油和成品油。具体管理目录详见年度《自动进口许可管理货物目录》。

7. 入境检验检疫（监管证件代码“A”）、出境检验检疫（电子底账）（监管证件代码“B”）、毛坯钻石进出境检验（监管证件代码“D”）

入/出境检验检疫是指海关依法对列入《海关实施检验检疫的进出境商品目录》（简称《检验检疫法检目录》），以及虽未列入《检验检疫法检目录》，但国家有关法律、行政法规明确规定海关实施检验检疫的进出境货物及特殊物品等实施检验检疫。其中，监管证件代码“D”专指《金伯利进程国际证书制度》规定的毛坯钻石进出境检验。

实行入境检验检疫管理的货物主要包括四类：列入《检验检疫法检目录》的进境货物，进口旧机电产品，进口捐赠的医疗器械，以及其他未列入《检验检疫法检目录》，但国家有关法律、行政法规规定实施检验检疫的入境货物及特殊物品等。

实行出境检验检疫管理的货物主要包括三类：列入《检验检疫法检目录》的出境货物，对外经济技术援助物资及人道主义紧急救灾援助物资，以及其他未列入《检验检疫法检目录》，但国家有关法律、行政法规规定实施检验检疫的出境货物及特殊物品等。

8. 野生动植物出口证书（监管证件代码“E”）、野生动植物进口证书（监管证件代码“F”）

野生动植物进出口证书是指对纳入《进出口野生动植物种商品目录》管理范围的野生动植物及其制品实施进/出口许可管理，国家濒管办及其授权办事处签发准予进/出口的许可证件。野生动植物进出口证书包括中华人民共和国濒危野生动植物种国际贸易公约允许进出口证明书（简称《公约证书》）、中华人民共和国海峡两岸野生动植物允许进出口证明书（简称《海峡两岸证书》）、中华人民共和国野生动植物允许进出口证明书（简称《非公约证书》）及非《进出口野生动植物种商品目录》物种证明（简称《物种证明》）。

《进出口野生动植物种商品目录》所列野生动植物或其产品以一般贸易、无偿捐赠、无偿提供、旅客携带、交换、邮寄及其他各种方式进出口的，海关均按规定进行监管。

野生动植物进出口证书适用范围及管理规则详见国家濒管办、海关总署公告2019年第2号。

（1）“公约证书”适用于开展进出口属《濒危野生动植物种国际贸易公约》（简称《公约》）附录范围内野生动植物及其制品的活动（除与台湾地区之外），包括常规版本和专用版本。其中，常规版本适用于开展一般情况下《公约》附录物种及其制品的进口、出口、再出口。专用版本适用于《公约》附录物种从海上引进、标本巡回展出、个人所有活体动物、乐器多次跨境转移、个人携带二胡等五种情形。

（2）“海峡两岸证书”适用于中国大陆与台湾地区进出口属《公约》附录范围内野生动植物及其制品的活动，包括常规版本和专用版本。其中，常规版本适用于一般情况下《公约》附录野生动植物及其制品的进口、出口、再出口。专用版本适用于《公约》附录野生动植物及其制品的巡回展出、个人所有活体动物、乐器多次跨境转移、个人携带二胡等四种情形。

（3）“非公约证书”适用于未被列入《公约》附录，但属国家重点保护的野生动植物及其制品的出口。

（4）“中华人民共和国濒危物种进出口管理办公室非《进出口野生动植物种商品目录》物种证明”适用于上述三种情形之外但列入《进出口野生动植物种商品目录》的野生动植物及其制品的进出口。

具体管理目录详见《进出口野生动植物种商品目录》。

国家濒管办或者其办事处在办理进出口野生动植物及其产品的行政许可证件时，要严格依照《进出口野生动植物种商品目录》审查申请人填报的海关商品编号。对不属于允许进出口证明书管理范畴，且申报内容与所填报的海关商品编号含义在物种种类、濒危程度或者生物学特性等方面不一致的，一律不予核发“非《进出口野生动植物种商品目录》物种证明”。对确实不需要办理行政许可证件但海关存疑的野生动植物进出口申请，国家濒管办或者其办事处应当依申请人申请及时出具《不予受理行政许可申请通知书》，明确告知不属于允许进出口证明书和物种证明管理范畴。海关参考《不予受理行政许可申请通知书》确定9、10位海关商品编号和商品核验。海关在查验放行相关野生动植物及其产品时，对是否属于野生动植物进出口证书受理范围存疑的，应当按照《野生动植物进出口证书管理办法》第三十七条的规定，可以征求国家濒管办或者其办事处意见。国家濒管办或者其办事处应当及时予以回复。

9. 麻醉药品精神药物进（出）口准许证（监管证件代码“I”）

麻醉药品进出口准许证是指国家药品监督管理部门依法对连续使用后易使身体产生依赖性、能成瘾癖的麻醉药品实施进出口监督管理，签发准予麻醉药品进出口的许可证件。麻醉药品包括阿片类、可卡因类、大麻类、合成麻醉药类及其他易成瘾癖的药品、药用原植物及其制剂。具体管理目录详见《麻醉药品品种目录》。

精神药物进出口准许证是指国家药品监督管理部门依法对直接作用于中枢神经系统使之兴奋或抑制，连续使用能产生依赖性的精神药品实施进出口监督管理，签发准予精神药物进出口的许可证件。具体管理目录详见《精神药品品种目录》。

10. 黄金及黄金制品进出口准许证（监管证件代码“J”）

黄金及黄金制品进出口准许证是指中国人民银行总行或其授权的中国人民银行分支机构依法对列入《黄金及黄金制品进出口管理商品目录》的进出口黄金及其制品实施监督管理并签发准予进出口的许可证件。进出口黄金及黄金制品范围详见《黄金及黄金制品进出口管理商品目录》。

11. 药品进出口准许证（监管证件代码“L”）

药品进（出）口准许证是指国家药品监督管理部门授权机构依法对列入兴奋剂目录的蛋白同化制剂、肽类激素等供医疗使用及教学、科研需要的兴奋剂实施进出口管理，签发准予进出口的许可证件。兴奋剂是指兴奋剂目录所列的禁用物质，包括蛋白同化制剂品种、肽类激素品种、麻醉药品品种、刺激剂（含精神药品）品种、药品类易制毒化学品品种、医疗用毒性药品品种及其他品种兴奋剂。对兴奋剂目录中第七类“其他品种”，海关暂不按照兴奋剂实行管理。具体管理措施详见《蛋白同化制剂和肽类激素进出口管理办法》，具体管理目录详见兴奋剂目录公告。

12. 进口药品通关单（监管证件代码“Q”）

进口药品通关单是指国家药品监督管理局及其授权发证机关依法对进口药品实施监督管理所签发的准予药品进口的监管证件。列入“进口药品通关单”管理的药品是指用于预防、治疗、诊断人的疾病，有目的地调节人的生理机能并规定有适应症或者功能主治、用法和用量的物质，包括中药材、中药饮片、中成药、化学原料药及其制剂、抗生素、生化药品、放射性药品、血清、疫苗、血液制品和诊断药品等。2015 年 1 月 29 日《海关总署关于明确人体组织器官进口有关问题的通知》（署监函〔2015〕46 号）中，针对人供体角膜等人体组织器官进口报关手续过程中存在企业无法取得上述货物的“进口药品通关单”（Q 证）问题，允许以下四种情况免于验核“进口药品通关单”：(1) 涉及我国人类遗传资源的国际合作项目中人类遗传资源材料的出口、出境，海关验核人类遗传资源管理办公室核发的出口、出境证明办理出口报关手续；(2) 人体血液、组织器官进口时，应当办理入境检验检疫手续；(3) 原国家食品药品监督管理总局已明确人体血液、组织器官进口不按照进口药品管理，上述货物进口时，海关可不再验核“进口药品通关单”；(4) 军队医疗机构办理人体血液、组织器官进口报关手续的，海关验核军队卫生主管部门出具的相关进口批件，并按照上述要求办理进口手续。具体管理目录详见原国家食品药品监督管理总局、海关总署发布的《进口药品目录》。

13. 进口兽药通关单（监管证件代码“R”）

进口兽药通关单是指农业农村部或兽药进口口岸所在地省级人民政府兽医行政管理部门对列入《进口兽药管理目录》的进口兽药实施监督管理，签发准予进口的监管证件。兽药是指用于预防、治疗、诊断动物疾病或者有目的地调节动物生理机能的物质（含药物饲料添加剂），主要包括血清制品、疫苗、诊断制品、微生态制品、中药材、中成药、化学药品、抗生素、生化药品、放射性药品及外用杀虫剂、消毒剂等。

14. 农药进出口登记管理放行通知单（监管证件代码“S”）农药进/出口登记管理放行通知单是指农业农村部及其授权发证机关依法对纳入《中华人民共和国进出口农药管理名录》范围的进出口农药实施登记管理签发的证明文件。农药是指用于预防、消灭或者控制危害农业、林业的病、虫、草和其他有害生物，以及有目的地调节植物、昆虫生长的化学合成或者来源于生物、其他天然物质的一种物质或者几种物质的混合物及其制剂。具体管理目录详见《进出口农药管理名录》。

15. 银行调运人民币现钞进出境证明（监管证件代码“m”）

银行调运人民币现钞进出境证明是指中国人民银行总行及其授权的分行依法对银行调运进出境在流通中使用的货币现钞实施监督管理，签发准予调运人民币进出境的证明文件。调运进出境的货币现钞是指在流通中使用的人民币，包括各种面额的纸币和硬币。

16. 有毒化学品进出口环境管理放行通知单（监管证件代码“X”）

有毒化学品进出口环境管理放行通知单是指国家环境保护部门依法对纳入《中国严格限制进出口的有毒化学品目录》管理的化学品实施进出口环境管理，签发准予有关化学品进出口的许可证件。具体管理目录详见《中国严格限制进出口的有毒化学品目录》。

17. 赴境外加工光盘进口备案证明（监管证件代码“Z”）

境内出版单位出版的音像电子出版物赴境外加工光盘类产品（含黑胶唱片）并返回境内的，须向所在地省级新闻出版主管部门提供拟入境产品的内容进行备案。备案后，省级新闻出版主管部门开具“赴境外加工光盘进口备案证明”。出版单位向海关办理赴境外加工并返回国内光盘类产品（商品编码为 8523499030 或 8523801120）进口报关纳税手续前，须申领“赴境外加工光盘进口备案证明”，海关按现行规定办理验放手续。

18. 进口广播电影电视节目带（片）提取单（监管证件代码“b”）

纳入《进口广播电影电视节目带（片）提取单》管理货物目录的商品进口时，国家电影局、国家广播电视总局按职责分工签发《进口广播电影电视节目带（片）提取单》。

19. 音像制品（成品）进口批准单（监管证件代码“f”）

纳入《音像制品（成品）进口批准单》管理货物目录的音像制品（成品）进口时，中央宣传部（新闻出版署）签发《音像制品（成品）进口批准单》。

20. 合法捕捞产品通关证明（监管证件代码“U”）

合法捕捞产品通关证明是农业农村部依据我国加入相关国际渔业组织的承诺规定，对纳入《实施合法捕捞证明的水产品清单》的部分水产品签发合法捕捞产品进口的通关证明。根据农业部、海关总署公告第 1696 号，对金枪鱼等 4 类水产品进口实施“合法捕捞产品通关证明”制度；根据农业部、海关总署公告第 2146 号，对从俄罗斯进口的狭鳕等水产品实施“合法捕捞产品通关证明”制度。

21. 民用爆炸物品进出口审批单（监管证件代码“k”）

民用爆炸物品进/出口审批单是指国家民用爆破器材行业行政主管部门依法对民用爆破器材产品及生产所需的具有爆炸危险属性的原材料（含半成品）的进出口实行统一管理，签发准予进出口的批准文件。民用爆炸物品是指用于非军事目的、列入民用爆炸物品品名表的各类火药、炸药及其制品和雷管、导火索等点火、起爆器材。民用爆炸物品管理范围详见《民用爆炸物品进/出口审批单》管理货物目录。

22. 人类遗传资源材料出口、出境证明（监管证件代码“V”）

人类遗传资源材料出口、出境证明是指国务院科学技术行政主管部门和卫生行政主管部门依法对人类遗传资源材料及人类遗传资源信息资料实行出口管理，签发准许出口、出境的批准文件。人类遗传资源是指含有人体基因组、基因及其产物的器官、组织、细胞、血液、制备物、重组脱氧核糖核酸（DNA）构建体等遗传材料及相关的信息资料。2015 年 9 月 30 日，监管司关于转发《科技部办公厅关于实施人类遗传资源采集、收集、买卖、出口、出境行政许可的通知》（国科办社〔2015〕46 号）的通知（监管函〔2015〕310 号）中明确，科技部对原人类遗传资源行政许可进行了规范和完善，经中央编办批准，该项行政许可更名为“人类遗传资源采集、收集、买卖、出口、出境审批”，科技部从 2015 年 10 月 1 日开始，正式受理更名后的行政许可审批，原“涉及人类遗传资源的国际合作项目审批”已纳入更名后的行政许可，要求按照《海关总署关于转发〈科学技术部卫生部人类遗传资源管理暂行办法〉的通知》（署监〔1998〕470 号）的规定，做好人类遗传资源的出境监管工作。

23. 技术出口许可证（监管证件代码“i”）

技术出口许可证是指商务部授权发证机构依法对限制出口技术实施出口许可管理，签发准予出口的许可证件。技术出口是指从我国境内向我国境外，通过贸易、投资或者经济技术合作的方式转移技术的行为，包括专利权转让、专利申请权转让、专利实施许可、技术秘密转让、技术服务和其他方式的技术转移。技术出口分为禁止出口技术、限制出口技术和自由出口技术，具体目录详见《中国禁止出口限制出口技术目录》。凡出口列入《中国禁止出口限制出口技术目录》中限制出口技术的，应办理由国家对外贸易主管部门授权发证机构颁发的技术出口许可证。

24. 技术出口合同登记证（监管证件代码“g”）

技术出口合同登记证是指商务部授权发证机构依法对自由出口技术实施合同登记管理，签发准予出口的许可证件。

25. 援外项目任务通知函（监管证件代码“d”）

商务部为加强对外援助物资项目的管理，对援外物资项目项下的物资出口签发《援外项目任务通知函》。

26. 古生物化石出境批件（监管证件代码“z”）

古生物化石是指地质时期形成并赋存于地层中的动物、植物等遗体化石或者遗迹化石。依据《古生物化石保护条例》《古生物化石管理办法》《古生物化石保护条例实施办法》对古生物化石实行出口/出境管理，因科学研究、教学、科普展览等，需将古生物化石运送出境的，由自然资源部发放出境证明。对临时入境、复带出境的古生物化石的查验、复验，由自然资源部指定的机构负责；查验、复验相符的，由自然资源部发放出境证明。其中规定：未命名的古生物化石不得出境。

重点保护古生物化石符合下列条件之一，经国务院自然资源主管部门批准，方可出境：

（1）因科学研究需要与国外有关研究机构进行合作的；

（2）因科学、文化交流需要在境外进行展览的。

一般保护古生物化石经所在地省、自治区、直辖市人民政府自然资源主管部门批准，方可出境。

27. 军品出口许可证

军品出口许可证是指国家军品出口主管部门依法对列入军品出口管理清单范围内的军品及纳入军品管理的货物出口实施监督管理，签发准予出口的许可证件。军品出口，是指用于军事目的的装备、专用生产设备及其他物资、技术和有关服务的贸易性出口。警用装备的出口适用《中华人民共和国军品出口管理条例》。军品出口管理清单内的军品包括轻武器，火炮及其他发射装置，弹药、地雷、水雷、炸弹、反坦克导弹及其他爆炸装置，坦克、装甲车辆及其他军用车辆，军事工程装备与设备，军用舰船及其专用装备与设备，军用航空飞行器及其专用装备与设备，火箭、导弹、军用卫星及其辅助设备，军用电子产品及火控、测距、光学、制导与控制装置，火炸药、推进剂、燃烧剂及相关化合物，军事训练设备，核、生、化武器防护装备与设备，后勤装备、物资及其他辅助军事装备，以及其他产品共十四大类。

监管证件在报关单上的填报要求是什么?

1. 在报关单“许可证号”栏目填写的监管证件种类

“许可证号”栏目填报以下由商务部及其授权发证机关签发的进（出）口货物许可证的监管证件代码。

（1）进口许可证（监管证件代码“1”）；

（2）两用物项和技术进口许可证（监管证件代码“2”）；

（3）两用物项和技术出口许可证（监管证件代码“3”）；

（4）出口许可证（监管证件代码“4”）；

（5）两用物项和技术出口许可证（定向）（监管证件代码“G”）；

（6）出口许可证（加工贸易）（监管证件代码“x”）；

（7）出口许可证（边境小额贸易）（监管证件代码“y”）。

2. 在报关单“随附单据”栏目填报的监管证件种类

除“许可证号”栏目填报的进（出）口许可证外的其他监管证件代码在报关单“随附单据”栏目填报。

（1）自动进口许可证（监管证件代码“7”）；

(2) 入境检验检疫（监管证件代码“A”）；
(3) 出境检验检疫（电子底账）（监管证件代码“B”）；
(4) 毛坯钻石进出境检验（监管证件代码“D”）；
(5) 濒危物种允许出口证明书（监管证件代码“E”）；
(6) 濒危物种允许进口证明书（监管证件代码“F”）；
(7) 麻醉药品精神药物进（出）口准许证（监管证件代码“I”）；
(8) 黄金及黄金制品进出口准许证（监管证件代码“J”）；
(9) 药品进/出口准许证（蛋白同化制剂、肽类激素）（监管证件代码“L”）；
(10) 自动进口许可证（新旧机电产品）（监管证件代码“O”）；
(11) 进口药品通关单（监管证件代码“Q”）；
(12) 进口兽药通关单（监管证件代码“R”）；
(13) 农药进出口登记管理放行通知单（监管证件代码“S”）；
(14) 合法捕捞产品通关证明（监管证件代码“U”）；
(15) 人类遗传资源材料出口、出境证明（监管证件代码“V”）；
(16) 有毒化学品进出口环境管理放行通知单（监管证件代码“X”）；
(17) 赴境外加工光盘进口备案证明（监管证件代码“Z”）；
(18) 进口广播电影电视节目带（片）提取单（监管证件代码“b”）；
(19) 援外项目任务通知函（监管证件代码“d”）；
(20) 音像制品（成品）进口批准单（监管证件代码“f”）；
(21) 技术出口合同登记证（监管证件代码“g”）；
(22) 技术出口许可证（监管证件代码“i”）；
(23) 民用爆炸物品进出口审批单（监管证件代码“k”）；
(24) 银行调运人民币现钞进出境证明（监管证件代码“m”）；
(25) 音像制品（版权引进）批准单（监管证件代码“n”）；
(26) 自动进口许可证（加工贸易）（监管证件代码“v”）；
(27) 古生物化石出境批件（监管证件代码“z”）。

3. 在报关单“备注”栏目填报的监管证件种类

H2010 通关管理系统中海关暂未设置监管证件代码且属于监管证件管理的进出口货物，应在报关单“备注”栏填写批件类型及批件号，例如军品出口许可证等。

违反贸易管制措施的法律责任是什么？

《海关法》第八十二条、第八十三条规定：违反国家有关禁止性、限制性管理规定，采取伪、瞒报等行为，运输、邮寄、携带国家禁止或限制进出境货物、物品的，属于违法行为，海关依法追究当事人的责任；构成走私犯罪的，依法追究其刑事责任。

《中华人民共和国海关行政处罚实施条例》第七条（二）项、第九条（二）项规定构成走私行为的，由海关依法没收涉案货物及违法所得，并可处等值的罚款。对于不构成走私行为的，依照本条例第十三条、第十四条、第十五条（三）等规定予以行政处罚。

《中华人民共和国对外贸易法》第六十一条规定：违反国家禁限规定，受到海关行政处罚或受到刑事处罚的，自处罚生效之日起三年内，国家对外经贸主管部门或其他部门，不予受理违法行为人进出口配额或许可证件的申请，或者禁止违法行为人在一年以上三年以下的期限内从事有关货物或技术的进出口经营活动。

海关通关系统常用代码表及说明

监管方式代码表及说明

监管方式代码表

监管方式代码	监管方式简称	监管方式全称
0110	一般贸易	一般贸易
0130	易货贸易	易货贸易
0139	旅游购物商品	用于旅游者5万美元以下的出口小批量订货
0200	料件销毁	加工贸易料件、残次品（折料）销毁
0214	来料加工	来料加工装配贸易进口料件及加工出口货物
0245	来料料件内销	来料加工料件转内销
0255	来料深加工	来料深加工结转货物
0258	来料余料结转	来料加工余料结转
0265	来料料件复出	来料加工复运出境的原进口料件
0300	来料料件退换	来料加工料件退换
0314	加工专用油	国营贸易企业代理来料加工企业进口柴油
0320	不作价设备	加工贸易外商提供的不作价进口设备
0345	来料成品减免	来料加工成品凭征免税证明转减免税
0400	边角料销毁	加工贸易边角料、副产品（按状态）销毁
0420	加工贸易设备	加工贸易项下外商提供的进口设备
0444	保区进料成品	按成品征税的保税区进料加工成品转内销货物
0445	保区来料成品	按成品征税的保税区来料加工成品转内销货物
0446	加工设备内销	加工贸易免税进口设备转内销
0456	加工设备结转	加工贸易免税进口设备结转
0466	加工设备退运	加工贸易免税进口设备退运出境
0500	减免设备结转	用于监管年限内减免税设备的结转
0513	补偿贸易	补偿贸易
0544	保区进料料件	按料件征税的保税区进料加工成品转内销货物
0545	保区来料料件	按料件征税的保税区来料加工成品转内销货物
0615	进料对口	进料加工（对口合同）
0642	进料以产顶进	进料加工成品以产顶进
0644	进料料件内销	进料加工料件转内销
0654	进料深加工	进料深加工结转货物
0657	进料余料结转	进料加工余料结转
0664	进料料件复出	进料加工复运出境的原进口料件
0700	进料料件退换	进料加工料件退换
0715	进料非对口	进料加工（非对口合同）
0744	进料成品减免	进料加工成品凭征免税证明转减免税

监管方式代码	监管方式简称	监管方式全称
0815	低值辅料	低值辅料
0844	进料边角料内销	进料加工项下边角料转内销
0845	来料边角料内销	来料加工项下边角料内销
0864	进料边角料复出	进料加工项下边角料复出口
0865	来料边角料复出	来料加工项下边角料复出口
1039	市场采购	市场采购
1139	国轮油物料	中国籍运输工具境内添加的保税油料、物料
1200	保税间货物	海关保税场所及保税区域之间往来的货物
1210	保税电商	保税跨境贸易电子商务
1215	保税工厂	保税工厂
1233	保税仓库货物	保税仓库进出境货物
1234	保税区仓储转口	保税区进出境仓储转口货物
1239	保税电商 A	保税跨境贸易电子商务 A
1300	修理物品	进出境修理物品
1371	保税维修	保税维修
1427	出料加工	出料加工
1500	租赁不满 1 年	租期不满 1 年的租赁贸易货物
1523	租赁贸易	租期在 1 年及以上的租赁贸易货物
1616	寄售代销	寄售、代销贸易
1741	免税品	免税品
1831	外汇商品	免税外汇商品
2025	合资合作设备	合资合作企业作为投资进口设备物品
2210	对外投资	对外投资
2225	外资设备物品	外资企业作为投资进口的设备物品
2439	常驻机构公用	外国常驻机构进口办公用品
2600	暂时进出货物	暂时进出口货物
2700	展览品	进出境展览品
2939	陈列样品	驻华商业机构不复运出口的进口陈列样品
3010	货样广告品	进出口的货样广告品
3039	货样广告品 B（已废止）	无经营权单位进出口的货样广告品
3100	无代价抵偿	无代价抵偿进出口货物
3339	其他进出口免费	其他进出口免费提供货物
3410	承包工程进口	对外承包工程进口物资
3422	对外承包出口	对外承包工程出口物资
3511	援助物资	国家和国际组织无偿援助物资
3611	无偿军援	无偿军援
3612	捐赠物资	进出口捐赠物资
3910	军事装备	军事装备
4019	边境小额	边境小额贸易（边民互市贸易除外）
4039	对台小额	对台小额贸易
4139	对台小额商品交易市场	进入对台小额商品交易专用市场的货物
4200	驻外机构运回	我驻外机构运回旧公用物品
4239	驻外机构购进	我驻外机构境外购买运回国的公务用品
4400	来料成品退换	来料加工成品退换
4500	直接退运	直接退运
4539	进口溢误卸	进口溢卸、误卸货物
4561	退运货物	因质量不符、延误交货等原因退运进出境货物
4600	进料成品退换	进料成品退换
5000	料件进出区	料件进出海关特殊监管区域

监管方式代码	监管方式简称	监管方式全称
5010	特殊区域研发货物	海关特殊监管区域与境外之间进出的研发货物
5014	区内来料加工	海关特殊监管区域与境外之间进出的来料加工货物
5015	区内进料加工货物	海关特殊监管区域与境外之间进出的进料加工货物
5033	区内仓储货物	加工区内仓储企业从境外进口的货物
5034	区内物流货物	海关特殊监管区域与境外之间进出的物流货物
5100	成品进出区	成品进出海关特殊监管区域
5200	区内边角调出	用于区内外非实际进出境货物
5300	设备进出区	设备及物资进出海关特殊监管区域
5335	境外设备进区	海关特殊监管区域从境外进口的设备及物资
5361	区内设备退运	海关特殊监管区域设备及物资退运境外
6033	物流中心进出境货物	保税物流中心与境外之间进出仓储货物
9500	特许权使用费后续征税	特许权使用费后续征税
9600	内贸货物跨境运输	内贸货物跨境运输
9610	电子商务	跨境贸易电子商务
9639	海关处理货物	海关变卖处理的超期未报货物、走私违规货物
9700	后续补税	无原始报关单的后续补税
9710	跨境电商 B2B 直接出口	跨境电子商务企业对企业直接出口
9739	其他贸易	其他贸易
9800	租赁征税	租赁期 1 年及以上的租赁贸易货物的租金
9810	跨境电商出口海外仓	跨境电子商务出口海外仓
9839	留赠转卖物品	外交机构转售境内或国际活动留赠放弃特批货物
9900	其他	其他

监管方式代码表说明

进出口货物海关监管方式（以下简称监管方式），即现行进出口货物报关单“监管方式”，是以国际贸易中进出口货物的交易方式为基础，结合海关对进出口货物的征税、统计及监管条件综合设定的海关对进出口货物的管理方式。

由于海关对不同监管方式下进出口货物的监管、征税、统计作业的要求不尽相同，因此为满足海关管理的要求，H2010 通关管理系统的监管方式代码采用四位数字结构，其中前两位是按海关监管要求和计算机管理需要划分的分类代码，后两位为海关统计代码。

●一般贸易

一、定义与代码

一般贸易是指我国境内有进出口经营权的企业单边进口或单边出口的贸易。

本监管方式代码“0110”，简称“一般贸易”。

二、适用范围

（一）本监管方式包括：

1. 以正常交易方式成交的进出口货物。

2. 贷款援助的进出口货物。

3. 外商投资企业进口供加工内销产品的料件。

4. 外商投资企业用国产原材料加工成品出口或采购产品出口。

5. 供应外国籍船舶、飞机等运输工具的国产燃料、物料及零配件。

6. 保税仓库进口供应给中国籍国际航行运输工具使用的燃料、物料等保税货物。

7. 境内企业在境外投资以实物投资带出的设备、物资。

8. 来料养殖、来料种植进出口货物。

（二）本监管方式不适用：

1. 进出口货样广告品，监管方式为“货样广告品”（3010）。

2. 没有对外贸易经营资格的单位获准临时进出口货物，监管方式为“其他贸易”（9739）。

3. 境外劳务合作项目，对方以实物产品抵偿我劳务人员工资所进口的货物（如钢材、木材、化肥、海产品等），对外承包工程期间在国外获取及在境外购买的设备、物资等，监管方式为“承包工程进口”（3410）。

●易货贸易

一、定义与代码

易货贸易是指不通过货币媒介而直接用出口货物交换进口货物的贸易。

本监管方式代码“0130”，简称“易货贸易”。

二、适用范围

本监管方式仅适用于易货贸易经营企业在核准的范围内易

货贸易进出口货物。

以下情况不适用本监管方式：

（一）对台小额贸易中签订易货合同的贸易，监管方式为“对台小额”（4039）。

（二）边境小额贸易企业易货贸易进出口货物，监管方式为“边境小额”（4019）。

●旅游购物商品

一、定义与代码

旅游购物商品是指境外旅游者用自带外汇购买的或委托境内企业托运出境5万美元以下的旅游商品或小批量订货。

本监管方式代码“0139”，简称“旅游购物商品”。

二、适用范围

以下情况不适用本监管方式：

（一）出口5万美元以上的旅游购物商品。出口旅游商品5万美元以上的，有进出口经营权的企业，按“一般贸易”（0110）申报出口；没有进出口经营权的企业，按“其他贸易”（9739）申报出口。

（二）入境旅游者（包括外籍运输工具服务人员）自带出境用外汇购买的旅游纪念品、工艺品、中药材和中成药，由出境地海关旅检部门按照规定限值、限量办理。

●料件销毁、边角料销毁

一、定义与代码

（一）料件销毁，监管方式代码“0200”，全称“加工贸易料件、残次品（折料）销毁”，简称“料件销毁”。

（二）边角料销毁，监管方式代码“0400”，全称“加工贸易边角料、副产品（按状态）销毁”，简称“边角料销毁”。

二、适用范围

（一）料件销毁适用于加工贸易企业因故无法内销或者退运而作销毁处置且未因处置获得收入的料件、残次品，其中残次品应按单耗折成料件。

（二）边角料销毁适用于加工贸易企业因故无法内销或者退运而作销毁处置且未因处置获得收入的边角料、副产品。

●来料加工

一、定义与代码

来料加工是指进口料件由境外企业提供，经营企业不需要付汇进口，按照境外企业的要求进行加工或者装配，只收取加工费，制成品由境外企业销售的经营活动。

本监管方式代码“0214”，简称“来料加工”。

二、适用范围

（一）本监管方式包括：

1. 来料加工项下进口的料件和加工出口的成品。

2. 设立保税工厂的加工贸易企业来料加工进口料件和出口成品。

（二）以下情况不适用本监管方式：

1. 国营企业代理来料加工企业进口加工生产用柴油，监管方式为“加工专用油”（0314）。

2. 由特定企业以加工贸易进口原油加工成品油，不返销出境，供应国内市场的，监管方式为“进料以产顶进”（0642）。

3. 进口5000美元以下的78种列名辅料，监管方式为“低值辅料”（0815）。

●加工贸易保税货物深加工结转

一、定义与代码

加工贸易保税货物深加工结转是指来料加工、进料加工经营企业将保税进口料件加工的产品不直接出口，在境内结转给另一个加工贸易企业再加工后复出口。

来料深加工结转货物监管方式代码“0255”，简称“来料深加工”。

进料深加工结转货物监管方式代码“0654”，简称“进料深加工”。

二、适用范围

（一）本监管方式适用：

1. 非海关特殊监管区域加工贸易经营企业之间来料、进料深加工货物结转。

2. 非海关特殊监管区域加工贸易经营企业转自海关特殊监管区域加工贸易经营企业加工的货物。

（二）本监管方式不适用：

1. 保税区、保税物流园区等海关特殊监管区域之间结转的货物，监管方式为“保税间货物”（1200）。

2. 出口加工区企业生产的产品结转至其他出口加工区或非海关特殊监管区域加工复出口，加工区企业转出、转入报关单监管方式为“成品进出区”（5100）。

3. 经营企业进料加工产品转给享受减免税优惠的企业，监管方式为“进料成品减免”（0744）。

●加工贸易余料结转

加工贸易余料结转是指加工贸易企业在经营来料加工、进料加工的加工复出口业务过程中剩余的、可以继续用于加工制成品的加工贸易进口料件，结转到同一经营单位、同一加工企业、同样进口料件和同一加工监管方式的另一个加工贸易合同项下继续加工复出口。

来料余料结转监管方式代码“0258”，简称“来料余料结转”。

进料余料结转监管方式代码“0657”，简称“进料余料结转”。

●加工贸易料件复出

一、定义与代码

加工贸易料件复出是指来料加工、进料加工进口的保税料件因品质、规格等原因退运，以及加工过程中产生的剩余料件、边角料、废料退运出境。

来料加工料件复出监管方式代码“0265”，简称“来料料件复出”。

来料加工边角料复出监管方式代码“0865”，简称“来料边角料复出”。

进料加工料件复出监管方式代码“0664”，简称“进料料件复出”。

进料加工边角料复出监管方式代码“0864”，简称“进料边角料复出”。

二、适用范围

（一）加工贸易料件复出适用：

1. 来料加工、进料加工进口的保税料件因品质、规格等原因退运，以及加工过程中产生的剩余料件、边角料、废料退运出境。

2. 经营企业因加工贸易出口产品售后服务需要，申请出口加工贸易手册项下进口的保税料件。

（二）本监管方式不适用：

加工贸易进口料件、剩余料件及边角料、废料复运出境后更换同类货物进口，监管方式为“来料料件退换”（0300）、“进料料件退换”（0700）。

●加工贸易货物退换

一、定义与代码

（一）加工贸易料件退换

加工贸易料件退换是指来料、进料加工进口的保税料件因品质、规格等原因退运出境，更换料件复进口。

来料加工料件退换监管方式代码“0300”，简称“来料料件退换”。

进料加工料件退换监管方式代码“0700”，简称“进料料件退换”。

（二）加工贸易成品退换

加工贸易成品退换是指来料、进料加工出口的成品因品质、规格或其他原因退运进境，经加工、维修或更换同类商品复出口。

来料加工成品退换监管方式代码“4400”，简称“来料成品退换”。

进料加工成品退换监管方式代码“4600”，简称“进料成品退换”。

二、适用范围

本监管方式不适用于来料加工、进料加工过程中产生的剩余料件、边角料、废料退运出境，以及进口料件因品质、规格等原因退运出境且不再更换同类货物进境。这几类货物分别适用以下监管方式：来料料件复出（0265）、来料边角料复出（0865）、进料料件复出（0664）、进料边角料复出（0864）。

●加工贸易保税货物转内销

包括以下监管方式：来料料件内销（0245）、来料成品减免（0345）、进料料件内销（0644）、进料成品减免（0744）、进料边角料内销（0844）、来料边角料内销（0845）。

一、定义与代码

（一）加工贸易保税料件转内销是指经营企业来料、进料加工过程中产生的剩余料件或用剩余料件生产的制成品、半成品、残次品及受灾保税货物，经批准转为国内销售，不再加工复出口，包括海关事后发现有关企业擅自转内销并准予补办进口手续的货物。

来料加工料件转内销监管方式代码“0245”，简称“来料料件内销”。

进料加工料件转内销监管方式代码“0644”，简称“进料料件内销”。

（二）加工贸易保税货物减免是指来料、进料加工成品在境内销售给凭征免税证明进口货物的企业。

来料加工成品转减免监管方式代码“0345”，简称“来料成品减免”。

进料加工成品转减免监管方式代码“0744”，简称“进料成品减免”。

（三）加工贸易边角料内销是指经批准在境内销售的来料、进料加工过程中有形损耗产生的、仍有商业价值的边角料，包括来料、进料加工副产品。

来料加工边角料转内销监管方式代码“0845”，简称“来料边角料内销”。

进料加工边角料转内销监管方式代码“0844”，简称“进料边角料内销”。

二、适用范围

（一）加工贸易保税货物内销监管方式适用于边角料、剩余料件、残次品、副产品和受灾保税货物。

1. 边角料，是指加工贸易企业经营来料加工、进料加工业务，在海关核定的单耗内、加工过程中产生的、无法再用于加工该合同项下出口制成品的数量合理的废、碎及下脚料件。

2. 剩余料件，是指加工贸易企业在经营业务过程中剩余的、可以继续用于加工制成品的加工贸易进口料件。

3. 残次品，是指加工贸易企业经营来料加工、进料加工业务，在生产过程中产生的有严重缺陷或者达不到出口合同标准，无法复出口的制品（包括完成品和未完成品）。

4. 副产品，是指加工贸易企业经营来料加工、进料加工业务，在加工生产出口合同规定的制成品（即主产品）过程中同时产生的且出口合同未规定应当复出口的一个或者一个以上的其他产品。

5. 受灾保税货物，是指加工贸易企业经营业务过程中，因不可抗力原因或者其他经海关审核认可的正当理由造成灭失、短少、损毁等导致无法复出口的保税进口料件和制品。

（二）以下情况不适用加工贸易保税货物转内销的监管方式：

1. 特定企业以加工贸易的方式进口原油炼制成品油，不返销出境而供应国内市场，监管方式为“进料以产顶进”（0642）。

2. 保税区、出口加工区加工贸易转内销货物，监管方式为“保区进料料件”（0544）、“保区来料料件”（0545）。

3. 企业擅自内销加工贸易保税货物，按走私或违规处理的。

●加工专用油

加工专用油是指指定国营贸易企业代理来料加工企业进口来料加工生产用柴油。

本监管方式代码“0314”，简称“加工专用油”。

●加工贸易设备

包括以下监管方式：不作价设备（0320）、加工贸易设备（0420）、加工设备内销（0446）、加工设备结转（0456）、加工设备退运（0466）。

一、定义与代码

（一）外商提供的加工贸易不作价设备是指境外企业与境内企业开展来料、进料加工业务，外商免费向境内加工贸易经营单位提供加工生产所需设备，境内经营单位不需支付外汇、不需用加工费或差价偿还。

外商提供的加工贸易不作价设备监管方式代码“0320”，简称“不作价设备”。

（二）加工贸易设备是指来料加工、进料加工贸易项下外商作价提供、不扣减企业投资总额的进口设备。

加工贸易设备监管方式代码“0420”，简称“加工贸易设备”。

（三）加工贸易设备转内销是指在海关监管期内的加工贸易免税进口设备经批准转售给境内非加工贸易企业。

加工贸易设备转内销监管方式代码“0446”，简称“加工设备内销”。

（四）加工贸易设备结转是指海关监管期内的加工贸易免税进口设备经批准转让给另一加工企业，或从本企业一本《加工贸易手册》结转入另一本《加工贸易手册》。

加工贸易设备结转监管方式代码“0456”，简称“加工设备结转”。

（五）加工贸易设备退运是指加工贸易免税进口设备退运出境。

加工贸易设备退运监管方式代码“0466”，简称“加工设备退运”。

二、适用范围

以下情况不适用本监管方式：

（一）暂时进口（期限在半年以内）加工贸易生产所需不作价设备（限模具、单台设备），按暂时进口货物办理。

（二）外商投资企业投资总额内资金进口的设备，监管方式“合资合作设备”（2025）、“外资设备物品”（2225）。

（三）外商投资企业自有资金（投资总额以外）进口设备，监管方式“一般贸易”（0110）。

（四）出口加工区的设备进口、退运及结转，分别适用“境外设备进区”（代码5335）、“区内设备退运”（代码5361）和“设备进出区”（代码5300）。

●监管年限内减免税设备结转

一、定义与代码

监管年限内减免税设备结转是指进口企业在减免税设备监管年限内转让给另一享受减免税待遇的企业。

本监管方式代码“0500”，简称“减免设备结转”。

二、适用范围

本监管方式不适用于加工贸易项下进口设备结转给另一加工贸易企业，监管方式为“加工设备结转”（0456）。

●保税区加工贸易内销货物

保税区进料加工、来料加工的加工成品不复运出境，转为国内使用，按征税方式区分，适用以下监管方式：

一、区内加工企业来料、进料加工全部用境外运入料件加工的制成品销往非保税区，以及来料、进料加工内销制成品所含进口料件的品名、数量、价值难以区分的，按照制成品征税，监管方式为：

（一）按成品征税的保税区来料加工成品转内销货物，监管方式代码“0445”，简称“保区来料成品”。

（二）按成品征税的保税区进料加工成品转内销货物，监管方式代码“0444”，简称“保区进料成品”。

二、区内企业来料、进料加工用含有部分境外运入料件加工的制成品销往非保税区时，对其制成品按照所含进口料件征税，监管方式为：

（一）按料件征税的保税区来料加工成品转内销货物，监管方式代码“0545”，简称“保区来料料件”。

（二）按料件征税的保税区进料加工成品转内销货物，监管方式代码“0544”，简称“保区进料料件”。

●补偿贸易

一、定义与代码

补偿贸易是指由境外厂商提供或者利用国外出口信贷进口生产技术或设备，我方企业（包括外商投资企业）进行生产，以返销其产品的方式分期偿还对方技术、设备价款或贷款本息的交易方式。包括经经贸主管部门批准，使用该企业（包括企业联合体）所生产的其他产品返销给对方，进行间接补偿。

补偿贸易偿还对方技术、设备价款或贷款本息的方式一般有两种：

（一）产品出口先偿还设备价款，还清本息后再出口收汇。

（二）设备价款本息在每批出口货物价款中扣还一部分，直到还清为止。

本监管方式代码“0513”，简称“补偿贸易”。

二、适用范围

本监管方式包括补偿贸易中对方有偿或免费提供的机器设备、模具等。

本监管方式不包括：

（一）直接用国内产品同国外厂商交换设备、料件或成品，以货换货，监管方式为“易货贸易”（0130）。

（二）出口产品收取外汇，监管方式为“一般贸易”（0110）。

（三）在补偿贸易合同中同时订有来料加工合同的，来料加工合同部分，监管方式为“来料加工”（0214）。

●进料加工贸易

一、定义与代码

进料加工贸易，是指进口料件由经营企业付汇进口，制成品由经营企业外销出口的经营活动。

进料加工贸易按照对外签约形式分为“进料加工非对口合同”和“进料加工对口合同”。

进料加工非对口合同是指我方有外贸进出口经营权的企业动用外汇购买进口原料、材料、元器件、零部件、配套件和包装物料（以下简称料件），加工成品或半成品再返销出口的交易形式。

本监管方式代码“0715”，简称“进料非对口”。

进料加工对口合同是指买卖双方分别签订进出口对口合同，料件进口时，我方先付料件款，加工成品出口时再向对方收取出口成品款项的交易形式，包括动用外汇的对口合同或不同客户的对口的联号合同，以及对开信用证的对口合同。

本监管方式代码“0615”，简称“进料对口”。

境外客户为境内企业加工复出口产品提供进口5000美元及以下、数量零星的辅料或包装物料，以及数量合理直接用于服装生产车间的小型易耗性生产工具。

本监管方式代码“0815”，简称“低值辅料”。

二、适用范围

（一）本监管方式包括：

1. 进料加工项下进口料件和加工出口产品。

2. 设立保税工厂的加工贸易企业进料加工进口料件和出口成品。

（二）本监管方式不适用出口加工区加工贸易进出口货物，其监管方式为“区内进料加工货物”（5015）。

●加工贸易成品油以产顶进

加工贸易成品油以产顶进是指特定企业以加工贸易形式进口原油，加工供国内市场的成品油。

本监管方式代码“0642”，简称“进料以产顶进”。

●市场采购

一、定义与代码

市场采购贸易方式是指由符合条件的经营者在经国家商务

主管等部门认定的市场集聚区内采购的，单票报关单商品货值在15万（含15万）美元以下，并在采购地办理出口商品通关手续的贸易方式。

本监管方式代码“1039”，简称“市场采购”。

二、适用范围

以下出口商品不适用市场采购贸易方式：

（一）国家禁止、限制出口的商品；

（二）未在经认定的市场聚集区内采购的商品；

（三）未经市场采购商品认定体系确认的商品；

（四）使用现金结算的商品；

（五）贸易管制主管部门确定的不适用市场采购贸易方式的商品。

●国轮油物料

一、定义与代码

国轮油物料指中国籍国际航行的运输工具在境内添加的保税仓库进口仓储的油料、物料。

本监管方式代码“1139”，简称“国轮油物料”。

二、适用范围

本监管方式适用于从保税仓库提取，供应航行国际航线的中国籍船舶、民用航空器等运输工具的进口燃料、物料及零配件等。

本监管方式不适用从设在非海关特殊监管区域的保税仓库提取，供应航行国际航线的外国籍船舶、飞机等运输工具的进口燃料、物料，监管方式为“保税仓库货物”（1233）。

●保税区间及保税仓库间货物结转

一、定义与代码

保税区间及保税仓库间货物结转是指保税区、保税物流园区、出口加工区、出口监管仓库、保税仓库、保税物流中心（A、B型）等海关特殊监管区域、保税监管场所间往来的货物。

本监管方式代码“1200”，简称“保税间货物”。

二、适用范围

本监管方式不适用出口加工区间结转货物，不同出口加工区企业结转货物适用“成品进出区”（5100）和“料件进出区”（5000）。

●网购保税

一、定义与代码

网购保税，监管方式代码“1210”，全称“跨境电子商务网购保税”，简称“网购保税”。

二、适用范围

本监管方式适用于境内个人或电子商务企业在经海关认可的电子商务平台实现跨境交易，并通过海关特殊监管区域或保税监管场所进出的电子商务零售进出境商品［海关特殊监管区域、保税监管场所与境内区外（场所外）之间通过电子商务平台交易的零售进出口商品不适用该监管方式］。

●保税仓库进出境仓储、转口货物

一、定义与代码

保税仓库进出境仓储及转口货物，指从境外进口直接存入保税仓库和保税仓库出境的仓储、转口货物，以及出口监管仓库出境的货物。

本监管方式代码“1233”，简称“保税仓库货物”。

二、适用范围

（一）本监管方式适用于经批准设立的保税仓库进出境和出口监管仓库出境货物。包括从保税仓库提取用于外国籍国际航行运输工具的物料。

（二）下列情况不适用本监管方式：

1. 保税仓库、出口监管仓库进口自用的货架、办公用品、管理用具、运输车辆、搬运、起重和包装设备，以及改装用的机器等，监管方式为“一般贸易”（0110）。

2. 从保税仓库提取用于本国籍运输工具或用于维修境内设备的仓储货物，按进口申报，监管方式为“一般贸易”（0110）。

3. 保税仓库进境货物销往境内，按货物运出保税仓库的实际用途填报相应的监管方式。

4. 境内存入出口监管仓库和出口监管仓库退仓货物，分各种监管方式。

5. 保税区、保税物流中心进出境仓储、转口货物，监管方式分别为“保税区仓储转口”（1234）、“物流中心进出境货物”（6033）。

6. 保税仓库货物出仓运往境内其他地方转为正式进口的，在仓库主管海关办结出仓报关手续，填制出口报关单，监管方式填写“1200”，进口报关单按实际进口监管方式填报。

7. 保税仓库寄售维修零部件申请免税出仓的，进口报关单贸易方式应为“无代价抵偿货物”（代码为“3100”）。

●保税区进出境仓储、转口货物

一、定义与代码

保税区进出境仓储、转口货物是指从境外存入保税区、保税物流园区和从保税区、保税物流园区运出境的仓储、转口货物。

本监管方式代码“1234”，简称“保税区仓储转口”。

二、适用范围

下列情况不适用本监管方式：

（一）保税区、保税物流园区除仓储、转口货物以外的其他进出境货物，按实际监管方式填报。

（二）从境内非海关特殊监管区域、保税监管场所运入保税区、保税物流园区的货物，按实际监管方式填报。

从境内非海关特殊监管区域、保税监管场所运入保税区、保税物流园区的货物退回境内，按实际监管方式填报。

（三）从保税区、保税物流园区运往境内非海关特殊监管区域、保税监管场所的货物，按实际监管方式填报。

●网购保税A

一、定义与代码

网购保税A，监管方式代码“1239”，全称“跨境电子商务网购保税A”，简称“网购保税A”。

二、适用范围

本监管方式适用于境内电子商务企业通过海关特殊监管区域或保税物流中心（B型）一线进境的跨境电子商务零售进口商品。

●寄售代销贸易

一、定义与代码

寄售代销贸易是指寄售人把货物运交事先约定的代销人，由代销人按照事先约定或根据寄售代销协议规定的条件，在当地市场代为销售，所得货款扣除代销人的佣金和其他费用后，按协议规定方式将余款付给寄售人的交易形式。寄售人与代销人之间不是买卖关系，而是委托关系，代销人对货物没有所有权。

本监管方式代码“1616”，简称“寄售代销”。

二、适用范围

本监管方式包括寄售代销贸易进出口的货物及进口寄售货物的增发部分。

本监管方式不包括：

委托我驻港澳机构代销的鲜活商品，监管方式应为“一般贸易”（0110）。

●进出境修理物品

一、定义与代码

进出境修理物品是指进境或出境维护修理的货物、物品。

本监管方式代码“1300”，简称“修理物品”。

二、适用范围

本监管方式适用于各类进出境维修的货物，以及修理货物维修所用的原材料、零部件。

以下情况不适用本监管方式：

（一）按加工贸易保税货物管理的进境维修业务。

（二）加工贸易进口料件和出口成品进出境维修，分别适用来料料件退换（0300）、来料成品退换（4400）、进料料件退换（0700）、进料成品退换（4600）。

●出料加工贸易

一、定义及代码

出料加工贸易是指境内企业将境内原辅料、零部件、元器件或半成品交由境外厂商按我方要求进行加工或装配，成品复运进口，我方支付加工费的交易方式。

本监管方式代码“1427”，简称“出料加工”。

二、适用范围

本监管方式不包括：

（一）运往境外维修的货物，以及石化生产过程中所需催化剂需运至国外添加氢以增加活性后复运进境继续投入生产使用，不改变其物理和化学性质，未产生新的产品，监管方式为“修理物品”（1300）。

（二）出料加工，原则上不改变原出口货物的物理形态。对完全改变原出口货物的物理形态如出口废钢进口钢材，出口废铝进口铝合金板材等，不属出料加工，应按一般贸易货物办理进出口手续。

●租赁贸易

一、定义及代码

租赁贸易是指经营租赁业务的企业与外商签订国际租赁合同项下境内企业租赁进口或出租出口的货物。

租赁期在1年及以上的进出口货物，监管方式代码“1523”，简称“租赁贸易”。

租赁期在1年及以上的进出口货物分期办理征税手续时，每期征税适用监管方式代码“9800”，简称“租赁征税”。

租赁期不满1年的进出口货物，监管方式代码“1500”，简称“租赁不满1年”。

二、适用范围

以下情况不适用本监管方式：

（一）经营租赁业务的企业进口自用的设备、办公用品，监管方式为“一般贸易”（0110）。

（二）加工贸易租赁进口的机器设备，监管方式应为“加工贸易设备”（0420）。

（三）补偿贸易租借进口的货物，监管方式应为“补偿贸易”（0513）。

（四）“租赁贸易”（1523）期满复运出（进）口的货物，监管方式为“退运货物”（4561），“租赁不满1年”（1500）期满复运出（进）境的货物，监管方式为“租赁不满1年”（1500）。

●免税品

一、定义及代码

免税品是指设在国际机场、港口、车站和过境口岸的免税品商店进口，按有关规定销售给办完出境手续的旅客的免税商品，供外国籍船员和我国远洋船员购买送货上船出售的免税商品，供外交人员购买的免税品，以及在我国国际航机、国际班轮上向国际旅客出售的免税商品。

本监管方式代码“1741”，简称“免税品”。

二、适用范围

（一）本监管方式适用于：

1. 范围：进出境口岸免税店、运输工具免税店、市内免税店、外交人员免税店和供船免税店等五类免税店进口核定品种的免税品。

2. 供应对象：办结出境手续的出境旅客、国际航行运输工具服务人员、外交人员。

（二）本监管方式不适用：

1. 境内免税外汇商店销售给为我出国人员、华侨的免税外汇商品，监管方式为“外汇商品”（1831）。

2. 经营免税品业务的单位进口的供维修使用的零部件、工具、展台、货架，监管方式为“一般贸易”（0110）。

3. 免税品退运出境，监管方式为“其他”（9900）。

●免税外汇商品

一、定义及代码

免税外汇商品是指由经批准的经营单位进口，销售专供入境的我国特定出国人员和驻华外交人员的免税外汇商品。

本监管方式代码“1831”，简称“外汇商品”。

二、适用范围

（一）本监管方式适用：

1. 免税外汇商品供应对象是指我国驻外外交机构人员、留学人员、访问学者、赴境外劳务人员、援外人员和远洋船员。

2. 上述人员用结存外汇在境内免税外汇商品店购买限定品种的免税外汇商品。

3. 专供外国驻华外交人员免税商品的特定公司进口的免税外汇商品。

（二）本监管方式不适用：

1. 设在国际机场、港口、车站和过境口岸的免税品商店所进口的，按有关规定销售给办结出境手续的旅客的免税商品，供外国籍船员和我国远洋船员购买送货上船出售的免税商品，供外交人员购买的免税品，以及在我国国际航机、国际班轮上向国际旅客出售的免税商品。监管方式为“免税品”（1741）。

2. 经营免税外汇商品的单位进口供商品维修用的零部件、工具和商场自用的货架、手推车等。监管方式为“一般贸易”（0110）。

3. 因故经批准转内销进口免税外汇商品，监管方式为“一般贸易”（0110）。

4. 免税外汇商品退运出境，监管方式为“退运货物”（4561）。

●外商投资企业作为投资进口的设备、物品

一、定义及代码

外商投资企业作为投资进口的设备、物品是指外商投资企业投资总额内的资金（包括中方投资）进口的机器设备、零部件和其他建厂（场）物料，安装、加固机器所需材料，以及进口本企业自用合理数量的交通工具、生产用车辆、办公用品（设备）（以下简称“设备物品”）。

中外合资、合作企业进口设备、物品，监管方式代码“2025”，简称“合资合作设备”；外商独资企业（以下简称“外资企业”）进口设备、物品，监管方式代码“2225”，简称“外资设备物品”。

二、适用范围

（一）外商投资企业是指中外合资企业、中外合作企业、外商独资企业，包括华侨、港、澳、台同胞投资企业。

（二）设备是指外商投资企业在其投资总额内进口本企业自用的机器设备、零部件和其他物料［指建厂（场）及安装、加固机器所需材料］及生产用车辆。

（三）物品是指外商投资企业进口自用合理数量的办公用品（设备）和交通工具。

（四）下列情况不适用本监管方式：

1. 鼓励类和限制类外商投资企业、外商投资研究开发中心、先进技术型和产品出口型外商投资企业，以及符合中西部省、自治区、直辖市利用外资优势产业和优势项目目录的项目、企业自有资金（投资总额以外，具体是指企业储备基金、发展基金、折旧和税后利润），在原批准的生产经营范围内，对设备进行更新维修，进口国内不能生产或性能不能满足需要的自用设备及其配套的技术、配件、备件，监管方式为“一般贸易”（0110）。

2. 外商投资企业经营来料加工、进料加工、租赁贸易等进口的设备、物品，分别适用“不作价设备”（0320）、“加工贸易设备”（0420）、“租赁不满1年”（1500）、“租赁贸易”（1523）。

3. 外国常驻机构进口自用合理数量的公用物品，监管方式为“常驻机构公用”（2439）。

4. 没有实际进出境，在境内结转的减免税设备，监管方式为“减免设备结转”（0500）。

●对外投资

一、定义与代码

对外投资，监管方式代码“2210”，简称“对外投资”。

二、适用范围

本监管方式适用于境内企业在境外投资，以实物投资出口的设备、物资。

●退运货物

一、定义及代码

退运货物是指原进出口货物因残损、短少、品质不良或者规格不符、延误交货或其他原因退运出、进境的货物。

本监管方式代码“4561”，简称“退运货物”。

二、适用范围

（一）本监管方式适用以下监管方式进出口货物退运出、进境：

代码	名称	代码	名称
0110	一般贸易	3339	其他进出口免费
0130	易货贸易	3410	承包工程进口
0139	旅游购物商品	3422	对外承包出口
1523	租赁贸易	3511	援助物资
1616	寄售代销	3612	捐赠物资
2025	合资合作设备	4019	边境小额
2225	外资设备物品	4039	对台小额
1831	外汇商品	9739	其他贸易
3010	货样广告品		

（二）本监管方式不适用：

1. 货物进境后、放行结关前退运的货物，监管方式为“直接退运”（4500）。

2. 加工贸易进出口货物退运，监管方式为“来料料件退换”（0300）、“进料料件退换”（0700）、“来料成品退换”（4400）、“进料成品退换”（4600）。

3. 加工贸易设备退运，监管方式为“加工设备退运”（0466）。

4. “租赁不满1年”（1500）、“免税品”（1741）退运出境，监管方式为“其他”（9900）。

5. 出口加工区进口设备退运出境，监管方式为“区内设备退运”（5361）。

6. 进出口无代价抵偿货物，被更换的原进口货物退运出境，监管方式为“其他”（9900）。

●外国常驻机构进出境公用物品

一、定义及代码

外国常驻机构进出境公用物品是指境外（地区）企业、新闻机构、经贸机构、文化团体及其他境外（地区）法人经我国政府主管部门批准，在境内设立的常驻代表机构为开展公务活动所需进出境的物品。

本监管方式代码“2439”，简称“常驻机构公用”。

二、适用范围

（一）本监管方式包括常驻机构进境自用且数量合理的办公用机器设备、家具、文具、机动车辆等及复运出境的原进境的公用物品。

（二）本监管方式适用于以下机构：

1. 外国企业和其他经济组织常驻机构。

2. 外国民间经济贸易团体常驻机构。

3. 外国常驻新闻机构。

4. 其他外国常驻机构。

5. 华侨、港澳同胞、台湾同胞经营的企业常驻机构。

（三）下列监管业务不适用本监管方式：

1. 外国驻中国使馆、领馆，联合国及其专门机构，以及其他与中国政府签有协议的国际组织驻中国代表机构进出境物品填报“外国使领馆公私用物品进出境申报单”。

2. 外国人员子女学校进出境物品，监管方式为“其他贸易”（9739）。

3. 常驻机构人员进境自用的汽车，监管方式为“其他贸易”（9739）。

4. 外国驻华使、领馆在我国内购运出境的货物，监管方式为“其他”（9900）。

5. 暂时进出境的公用物品，监管方式为“暂时进出货物”（2600）。

●暂时进出境货物

一、定义及代码

暂时进出境货物是指经海关批准，暂时进出关境并且在规定的期限内复运出境、进境的货物。

本监管方式代码“2600”，简称“暂时进出货物”。

二、适用范围

（一）本监管方式包括：

1. 文化、体育交流活动中使用的表演、比赛用品。

2. 进行新闻报道或者摄制电影、电视节目使用的仪器、设备及用品。

3. 开展科研、教学、医疗活动使用的仪器、设备及用品。

4. 在本款第1~3项所列活动中使用的交通工具及特种车辆。

5. 货样。

6. 慈善活动使用的仪器、设备及用品。

7. 供安装、调试、检测、修理设备时使用的仪器及工具。

8. 盛装货物的容器。

9. 旅游用自驾交通工具及其用品。

10. 工程施工中使用的设备、仪器及其用品。

11. 海关批准的其他暂时进出境货物。

（二）以下情况不适用本监管方式：

1. 进出境展览品，监管方式为“展览品”（2700）。

2. 驻华商业机构不复运出口的进口陈列样品，监管方式为“陈列样品”（2939）。

3. 对外承包工程出口物资，监管方式为“对外承包出口”（3422）。

4. 进出境修理物品，监管方式为“修理物品”（1300）。

5. 租赁贸易进出口货物，监管方式为“租期不满1年”（1500）、“租赁贸易”（1523）。

6. 企业使用旧钢瓶容器进口燃料、物料，按进口燃料、物料的监管方式申报，报关单“包装种类”栏目填报“旧钢瓶”。

7. 从境外暂时进境的货物转入保税区、出口加工区等海关特殊监管区域和保税监管场所的，不属于复运出境。

8. 用于装载海关监管货物的进出境集装箱。

9. 享有外交特权和豁免的外国驻华机构或者人员暂时进出境物品。

●进出境展览品

一、定义及代码

进出境展览品是指外国来华或我国为到国外举办经济、文化、科技等展览或参加博览会而进出口的展览品及展览品有关的宣传品、布置品、招待品、小卖品和其他物品。

本监管方式代码“2700”，简称“展览品”。

二、适用范围

（一）进出境展览品主要包括：

1. 在展览会、交易会、会议及类似活动中展示或者使用的货物，包括：

（1）为了示范展览会展出机器或者器具所使用的货物；

（2）设置临时展台的建筑材料及装饰材料；

（3）宣传展示货物的电影片、幻灯片、录像带、录音带、说明书、广告、光盘、显示器材等。

2. 上述所列活动中使用的交通工具及特种车辆。

3. 其他经海关批准用于展示的进出境货物、物品。

（二）以下情况不适用本监管方式：

1. ATA单证册项下的暂准进出口展览品，持证人免填报关单。

2. 不复运出（进）境而留在国内（外）销售的进出境展览品，按实际监管方式填报。

3. 在商店或者其他营业场所以销售国外货物为目的而组织的非公共展览会。

●货样广告品

一、定义及代码

货样广告品，监管方式代码“3010”，全称“进出口的货样广告品”，简称“货样广告品”。

二、适用范围

本监管方式适用于有进出口经营权的单位进出口货样广告品。暂时进出口的货样、广告品和驻华商业机构不复运出口的进口陈列样品不适用本监管方式。

●无代价抵偿进出口货物

一、定义及代码

无代价抵偿货物是指进出口货物海关放行后，因残损、短少、品质不良或者规格不符原因，由进出口货物的发货人、承运人或保险公司免费补偿或更换的与原货物相同或者与合同规定相符的货物。

本监管方式代码“3100”，简称“无代价抵偿”。

二、适用范围

下列情况不适用本监管方式：

（一）来料加工、进料加工贸易进口料件和出口成品因残损、短少、品质不良或者规格不符原因，由进出口货物的发货人、承运人或保险公司免费补偿或更换的与原货物相同或者与合同规定相符的货物，分别适用具体列名的料件或成品退换的监管方式。

（二）与无代价抵偿进出口货物相关的原进出口货物退运出、进境，监管方式为“其他”（9900）。

●其他免费提供的进出口货物

一、定义及代码

其他免费提供货物指除已具体列名的礼品、无偿援助和赠送物资、捐赠物资、无代价抵偿进口货物、国外免费提供的货样、广告品等及归入列名监管方式的免费提供货物以外，进出口其他免费提供的货物。

本监管方式代码“3339”，简称“其他进出口免费”。

二、适用范围

（一）本监管方式包括：

1. 外商在经贸活动中赠送的物品。

2. 外国人捐赠品。

3. 驻外中资机构向国内单位赠送的物资。

4. 经贸活动中，由外商免费提供的试车材料、消耗性物品等。

（二）下列情况不适用本监管方式：

1. 保税仓库中由外商免费提供进口的机械设备、手工工具、运输工具、办公用品等，监管方式为“其他贸易”（9739）。

2. 免税店由外商免费提供进口的货架、柜台、手推车等，监管方式为“其他贸易”（9739）。

3. 来料加工、进料加工贸易项下外商免费提供的机械设备，监管方式为“不作价设备”（0320）。

4. 国家和国际组织无偿援助物资，监管方式为“援助物资”（3511）。

5. 捐赠物资，监管方式为“捐赠物资”（3612）。

6. 无代价抵偿进出口货物，监管方式为“无代价抵偿”（3100）。

●对外承包工程进出口物资

一、定义及代码

对外承包工程出口物资是指经商务部批准的有对外承包工程经营权的公司为承包国外建设工程和开展劳务合作等对外合作项目而出口的设备、物资。

承包工程出口物资监管方式代码“3422”，简称“对外承包出口”。

对外承包工程进口物资是指承包工程期间在国外获取的设备、物资，以及境外劳务合作项目对方以实物产品抵偿我劳务人员工资所进口的货物。

监管方式代码“3410”，简称“承包工程进口”。

二、适用范围

（一）本监管方式不包括我劳务人员带出的自用生活物资，监管方式为“其他”（9900）。

（二）援外成套项目出口的货物应根据无偿援助或贷款援助，监管方式代码分别选用“援助物资”（3511）或“一般贸易”（0110）。

（三）边境地区有对外经济技术合作经营权的企业与毗邻国家边境地区开展承包工程和劳务合作项下出口的工程设备、物资（包括在外购买及换回的）运回境内时，监管方式代码“边境小额”（4019）。

（四）承包工程结束后复运进境原从国内运出的承包工程项下的设备、物资，监管方式为“退运货物”（4561）。

●国家或国际组织无偿援助和赠送的物资

一、定义及代码

国家或国际组织无偿援助和赠送的物资是指我国根据两国政府间的协议或临时决定，对外提供无偿援助的物资、捐赠品，或我国政府、组织基于友好关系向对方国家政府、组织赠送的物资，以及我国政府、组织接受国际组织、外国政府、组织无偿援助、捐赠或赠送的物资。

本监管方式代码“3511”，简称“援助物资”。

二、适用范围

（一）有关名词：

外国政府，是指外国国家的中央政府。

国际组织，是指联合国各专门机构，以及长期与我国有合作关系的其他国际组织。

国际条约，是指依据《中华人民共和国缔结条约程序法》以“中华人民共和国”、“中华人民共和国政府”及“中华人民共和国政府部门”名义同外国缔结协定或协议及参加的国际条约。

（二）以下情况不适用本监管方式：

1. 贷款援助的进出口货物（包括我方利用贷款或援助款项自行采购进口的货物），监管方式为“一般贸易”（0110）。

2. 来（出）访的团体和人员相互馈赠的礼品，监管方式为“其他”（9900）。

3. 经济贸易往来关系赠送的物资，监管方式为“其他进出口免费”（3339）。

4. 随援外物资一并出口或另外发运的批量出口的生活物资，应按照“其他贸易”（9739）报关。

5. 以扶贫、慈善、救灾为目的，向我国境内或向境外捐赠的直接用于扶贫、救灾、兴办公益福利事业的物资，监管方式为“捐赠物资”（3612）。

●进出口捐赠物资

一、定义及代码

进出口捐赠物资是指境外捐赠人以扶贫、慈善、救灾为目的，向我国境内捐赠的直接用于扶贫、救灾、兴办公益福利事业的物资，以及境内捐赠人以扶贫、慈善、救灾为目的，向境外捐赠的直接用于扶贫、救灾、兴办公益福利事业的物资。

本监管方式代码“3612”，简称“捐赠物资”。

二、适用范围

（一）本监管方式适用范围：

1. 捐赠人

（1）境外捐赠人，包括华侨，港、澳、台同胞，外籍人，包括法人。

（2）境内捐赠人，包括法人。

2. 扶贫、慈善公益性事业的物资

（1）新的衣服、被褥、鞋帽、帐篷、手套、睡袋、毛毯及其他维持基本生活的必需用品等。

（2）食品类及饮用品（调味品、水产品、水果、饮料、烟酒等除外）。

（3）医疗类，包括直接用于治疗特困患者疾病或贫困地区治疗地方病，以及基本医疗卫生、公共环境卫生所需的基本医疗药品、基本医疗器械、医疗书籍和资料。

（4）直接用于公共图书馆、公共博物馆、各类职业学校、高中、初中、小学、幼儿园教育的教学仪器、器材、图书、资料和一般学习用品。

（5）直接用于环境保护的专用仪器。

（6）经国务院批准的其他直接用于扶贫、慈善事业的物资。

3. 受赠人和使用人

受赠人是指国务院有关部门和各省、自治区、直辖市人民政府，以及从事人道救助和以发展扶贫、慈善事业为宗旨的全国性的社会团体。包括中国红十字会总会、全国妇女联合会、中国残疾人联合会、中华慈善总会、中国初级卫生保健基金会和宋庆龄基金会。

使用人（使用单位）是指捐赠物资的直接使用者或负责分配该捐赠物资的单位或个人。

（二）下列情况不适用本监管方式：

1. 国家间、国际组织无偿援助和赠送的物资，监管方式为“援助物资”（3511）。

2. 经贸往来中赠送的物品、外国人捐赠品、我驻外（包括驻港、澳）中资机构向国内单位赠送的物资等，监管方式为“其他进出口免费”（3339）。

●边境小额贸易

一、定义及代码

边境小额贸易指我国沿陆地边境线经国家批准对外开放的边境县（旗）、边境城市辖区内（以下简称边境地区），经批准有边境小额贸易经营权的企业，通过国家指定的陆地边境口岸，与毗邻国家边境地区的企业或其他贸易机构进行的贸易活动。

本监管方式代码“4019”，简称“边境小额”。

二、适用范围

（一）本监管方式包括：

1. 边境地区有对外经济技术合作经营权的企业与我国毗邻国家边境地区以易货贸易、现汇贸易形式开展的边境小额贸易。

2. 边境地区有对外经济技术合作经营权的企业与我国毗邻国家边境地区经济合作（工程承包、劳务输出）项下进出口物资及原出口工程设备、物资（包括在境外购买及换回的）运回境内。

（二）下列情况不适用本监管方式：

1. 边民互市贸易（互市进口商品），边民通过互市贸易进口的生活用品（列入边民互市进口商品不予免税清单的除外），每人每日价值在人民币8000元以下的，免征进口关税和进口环节税，超过人民币8000元的，超出部分照章征税，监管方式为“其他贸易”（9739）。

2. 未获准经营边境小额贸易的企业进出口货物。

3. 对台湾居民同大陆对台小额贸易公司成交用台湾船只直接运进产自台湾的产品和运出大陆产品到台湾，监管方式为“对台小额”（4039）。

●对台小额

一、定义及代码

对台湾小额贸易是指台湾地区居民与大陆经批准的企业依照有关规定进行的货物交易。

本监管方式代码“4039”，简称“对台小额”。

二、适用范围

本监管方式不适用于进入厦门大嶝对台小额商品交易市场的人员带出台湾产品，每人每日价值人民币6000元以下免征进口关税和进口环节税，超出部分照章征税，监管方式为“其他贸易”（9739）。

●对台小额商品交易市场

一、定义及代码

对台小额商品交易市场是经国家批准设立，用于开展对台民间小额商品交易活动，并实行封闭管理的特定区域，以下简称“交易市场”。

本监管方式代码“4139”，简称“对台小额商品交易市场”。

二、适用范围

本监管方式仅限于厦门大嶝对台小额商品交易市场。

下列情况不适用本监管方式：

（一）对台湾居民同大陆对台小额贸易公司成交用台湾船只直接运进产自台湾的产品和运出大陆产品到台湾，监管方式为“对台小额”（4039）。

（二）我国沿陆地边境线经国家批准对外开放的边境县（旗）、边境城市辖区内（以下简称边境地区）经批准有边境小额贸易经营权的企业，通过国家指定的陆地边境口岸，与毗邻国家边境地区的企业或其他贸易机构进行的贸易活动，监管方式为“边境小额”（4019）。

●驻外机构运回旧公用物品

一、定义及代码

驻外机构运回旧公用物品是指我驻各国（地区）使、领馆，驻国外、港澳地区的经济、贸易机构，驻国际组织代表处等我驻外机构更新且闲置不用而运回或因机构撤销而运回的物品，包括临时出国展览团、考察团等运回的生产资料和公用物品。

本监管方式代码“4200”，简称“驻外机构运回”。

二、适用范围

本监管方式不适用于暂时进出境公用物品。

●直接退运货物

一、定义及代码

直接退运货物是指进口货物收发货人、原运输工具负责人或者其代理人（以下统称当事人）在有关货物进境后、办结海关放行手续前，因海关责令或有正当理由获准退运境外的货物。

本监管方式代码“4500”，简称“直接退运”。

二、适用范围

（一）在货物进境后、办结海关放行手续前，有下列情形之一的，当事人可以向海关申请办理直接退运手续：

1. 因国家贸易管理政策调整，收货人无法提供相关证件的；

2. 属于错发、误卸或者溢卸货物，能够提供发货人或者承运人书面证明文书的；

3. 收发货人双方协商一致同意退运，能够提供双方同意退运的书面证明文书的；

4. 有关贸易发生纠纷，能够提供法院判决书、仲裁机构仲裁决定书或者无争议的有效货物所有权凭证的；

5. 货物残损或者国家检验检疫不合格，能够提供国家检验检疫部门根据收货人申请而出具的相关检验证明文书的。

（二）在货物进境后、办结海关放行手续前，有下列情形之一依法应当退运的，由海关责令当事人将进口货物直接退运境外：

1. 进口国家禁止进口的货物，经海关依法处理后的；

2. 违反国家检验检疫政策法规，经国家检验检疫部门处理并且出具“检验检疫处理通知书”或者其他证明文书后的；

3. 未经许可擅自进口属于限制进口的固体废物用做原料，经海关依法处理后的；

4. 违反国家有关法律、行政法规，应当责令直接退运的其他情形。

（三）保税区、出口加工区及其他海关特殊监管区域和保税监管场所进口货物的直接退运。

（四）下列情况不适用本监管方式：

1. 放行后的进口货物退运出境，监管方式为“退运货物”（4561）。

2. 进口转关货物在进境地海关放行后，当事人申请办理退运手续的，应当按照一般退运手续办理。

●料件进出海关特殊监管区域

料件进出海关特殊监管区域适用于海关特殊监管区域内保税加工、保税物流或研发企业与境内（区外）之间进出的料件，包括此类料件在境内的退运、退换。

本监管方式代码“5000”，简称“料件进出区”。

●海关特殊监管区域与境外之间进出的研发货物

海关特殊监管区域与境外之间进出的研发货物适用于海关特殊监管区域内企业从境外购进的用于研发的料件、成品，或研发后将上述货物退回境外，但不包括企业自用或其他用途的设备。

本监管方式代码“5010”，简称“特殊区域研发货物”。

●海关特殊监管区域与境外之间进出的来料加工货物

海关特殊监管区域与境外之间进出的来料加工货物适用于海关特殊监管区域内企业在来料加工贸易业务项下的料件从境外进口及制成品出境。

本监管方式代码“5014”，简称“区内来料加工”。

●海关特殊监管区域与境外之间进出的进料加工货物

海关特殊监管区域与境外之间进出的进料加工货物适用于海关特殊监管区域区内企业在进料加工贸易业务项下的料件从境外进口及制成品出境。

本监管方式代码“5015”，简称“区内进料加工货物”。

●海关特殊监管区域与境外之间进出的物流货物

海关特殊监管区域与境外之间进出的物流货物适用于海关特殊监管区域内企业从境外运进或运往境外的仓储、分拨、配送、转口货物，包括流通领域的物流货物及供区内加工生产用的仓储货物。

本监管方式代码“5034”，简称“区内物流货物”。

●成品进出海关特殊监管区域

成品进出海关特殊监管区域适用于海关特殊监管区域内保税加工、保税物流或研发企业与境内（区外）之间进出的成品，包括此类成品在境内的退运、退换。

本监管方式代码“5100”，简称“成品进出区”。

●设备及物资进出海关特殊监管区域

设备及物资进出海关特殊监管区域适用于海关特殊监管区域内企业从境内（区外）购进的自用设备、物资，或将此类设备、物资销往区外，结转到同一海关特殊监管区域或另一海关特殊监管区域的企业，以及在境内的退运、退换。

本监管方式代码“5300”，简称“设备进出区”。

●海关特殊监管区域从境外进口的设备及物资

海关特殊监管区域从境外进口的设备及物资适用于海关特殊监管区域内企业从境外进口用于区内业务所需的设备、物资，以及区内企业和行政管理机构自用合理数量的办公用品等。

监管方式代码“5335”，简称“境外设备进区”。

●海关特殊监管区域设备及物资退运境外

海关特殊监管区域设备及物资退运境外适用于海关特殊监管区域内企业将监管方式代码“5335”项下的设备、物资退运境外。

本监管方式代码“5361”，简称“区内设备退运”。

●物流中心进出境货物

一、定义及代码

保税物流中心进出境仓储货物是指从境外直接存入保税物流中心（A、B型）和从保税物流中心（A、B型）运出境的仓储、转口货物。

本监管方式代码“6033”，简称“物流中心进出境货物”。

二、适用范围

（一）保税物流中心（A型）是指经海关批准，由中国境内企业法人经营，专门从事保税仓储物流业务的海关监管场所。

保税物流中心（A型）按照服务范围分为公用型物流中心和自用型物流中心。

1. 公用型物流中心是指由专门从事仓储物流业务的中国境内企业法人经营，向社会提供保税仓储物流综合服务的海关监管场所。

2. 自用型物流中心是指中国境内企业法人经营，仅向本企业或者本企业集团内部成员提供保税仓储物流服务的海关监管场所。

（二）保税物流中心（B型）（以下简称物流中心）是指经海关批准，由中国境内一家企业法人经营、多家企业进入并从事保税仓储物流业务的海关集中监管场所。

（三）下列情况不适用本监管方式：

1. 从境内（海关特殊监管区域除外）运入保税物流中心（A、B型）货物和从保税物流中心（A、B型）提取运往境内的货物。

2. 保税物流中心（A、B型）与保税区、出口加工区、保税物流园区、保税仓库、出口监管仓库及保税物流中心（A、B型）之间等海关特殊监管区域或保税监管场所之间往来的货物，监管方式填报“保税间货物”（1200）。

3. 保税仓库进出境仓储、转口货物，监管方式为“保税仓库货物”（1233）。

4. 保税区、保税物流园区进出境仓储、转口货物，监管方式为“保税区仓储转口”（1234）。

●内贸货物跨境运输

一、定义及代码

内贸货物跨境运输是指国内贸易货物由我国关境内一口岸起运，通过境外运至我国关境内另一口岸的业务，以下简称“跨境运输”。

本监管方式代码“9600”，简称“内贸货物跨境运输”。

二、适用范围

经海关总署批准的进出境口岸、所经境外口岸、运输方式等实行跨境运输的货物。

●跨境直购

一、定义及代码

跨境直购，监管方式代码“9610”，全称“跨境电子商务直购”，简称“跨境直购”。

二、适用范围

本监管方式适用于境内个人或电子商务企业通过电子商务交易平台实现交易，并采用“清单核放、汇总申报”模式办理通关手续的电子商务零售进出口商品（通过海关特殊监管区域或保税监管场所一线的电子商务零售进出口商品除外）。

●海关处理货物

一、定义及代码

海关处理货物是指由海关提取变卖处理的超期未报关进口

货物及误卸、溢卸货物、放弃进口货物，以及走私违规案件查处的货物。

本监管方式代码“9639”，简称“海关处理货物”。

二、适用范围

本监管方式适用以下定义的货物：

（一）超期未报关货物，是指进口货物的收货人自运输工具申报进境之日起超过3个月未向海关申报，由海关提取依法变卖处理的进口货物。

超期未报关货物还包括保税货物、暂时进口货物超过规定的期限3个月，未向海关办理复运出境或者其他有关手续，以及过境、转运和通运货物超过规定的期限3个月，未运输出境，由海关提取依法变卖处理。

（二）误卸、溢卸货物，是指未列入进境运输工具载货清单、运单申报进境的误卸或者溢卸的货物，运输工具负责人或进口货物收货人未向海关办理退运出境或申报进口手续，由海关提取依法变卖处理的进口货物。

（三）放弃进口货物，是指进口货物的收货人或其所有人声明放弃，由海关提取依法变卖处理的进口货物。

（四）超期未报关进口货物及误卸或者溢卸进口货物属于危险品或者鲜活、易腐、易烂、易失效、易变质、易贬值等不宜长期保存的货物的，海关根据实际情况，提前提取依法变卖处理。

（五）进出境物品所有人声明放弃的物品，在海关规定期限内未办理海关手续或者无人认领的物品，以及无法投递又无法退回的进境邮递物品，由海关提取依法变卖处理。

（六）走私违法案件予以没收，由海关依法变卖处理的货物。

●无原始报关单的后续补税

无原始报关单的后续补税是指无法获得原始报关单的后续退补税货物，包括调查、稽查补税及审价、归类等各种原因的后续退补税货物。

本监管方式代码“9700”，简称“后续补税”。

●其他贸易

一、定义及代码

其他贸易是指除本章上述各节列名的监管方式以外，列入海关“其他贸易”统计的进出口货物。

本监管方式代码“9739”，简称“其他贸易”。

二、适用范围

（一）本监管方式适用：

1. 我国境内经批准临时进出口货物的机关、团体、学校、企事业单位等进出口货物、物品。

2. 外国驻华使、领馆在我国内购买货物出口。

3. 外商投资企业外方常驻人员和外国驻华机构的常驻人员，以及持有长期居留证件和来华定居的引进专家等进口自用汽车。

4. 进入厦门大嶝对台小额商品交易市场的人员带出台湾产品，每人每日价值人民币6000元以下免征进口关税和进口环节税，超出部分照章征税，监管方式为“其他贸易”。

5. 外国企业常驻我国办事机构进口不复运出境的陈列用企业产品样品。

6. 未列入运输工具进口载货清单、提（运）单，或多于进口载货清单、提（运）单所列数量的货物，运输工具负责人或溢卸货物的收货人申请办理进口溢卸货物。

（二）本监管方式不包括：

1. 入境旅客在境内购买5万美元以内的旅游商品托运出境，监管方式为“旅游购物商品”（0139）。

2. 本国籍运输工具在境内添加进口保税油、物料，监管方式为“国轮油物料”（1139）。

3. 外国常驻机构进口办公用品，监管方式为“常驻机构公用”（2439）。

4. 驻华商业机构进口不复运出口的陈列样品，监管方式为“陈列样品”（2939）。

5. 对台湾小额贸易，监管方式为“对台小额”（4039）。

6. 除援助、捐赠以外进出口其他免费提供的货物，监管方式为“其他进出口免费”（3339）。

7. 我国驻外机构在境外购买的公务用品、机动车辆运回境内，监管方式为“驻外机构购进”（4239）。

8. 海关拍卖处理超期未报货物、走私违规货物，监管方式为“海关处理货物”（9639）。

9. 驻华外交机构转售境内非外交机构或个人，国际文体交流活动进口物品获准留赠或放弃，监管方式为“留赠转卖物品”（9839）。

●留赠转卖物品

留赠转卖物品是指外国（地区）驻我国外交机构转售境内非外交机构或国际文体活动留赠、放弃的特批进口物品。

本监管方式代码“9839”，简称“留赠转卖物品”。

●其他

一、定义及代码

指除已具体列名监管方式以外其他不列入海关统计的进出境货物、物品。

本监管方式代码“9900”，简称“其他”。

二、适用范围

（一）从货运渠道进出境的个人行李物品。

（二）中国驻外国使领馆出口公务或自用物品。

（三）在境内结转的进出口货物：

1. 以出顶进货物，指经批准在国内以外汇向有关进出口公司购买出口商品顶替其应进口的同一商品。

2. 供应国内外汇免税商店并收取外汇的出口商品。

3. 经批准将来料加工、进料加工贸易项下加工的成品转为免税外汇商品。

4. 经批准内销征税的进口免税品。

（四）边民互市贸易进出境货物。

（五）我国远洋渔业企业进口自捕水产品。

（六）国有文物收藏单位经国家文物局核准后，接受境外捐赠、归还和从境外追索的文物进口。

国有文物收藏单位系指经国家文物局审核批准从事文物收藏和研究的博物馆（院）、展览馆、研究所（院）等单位。

（七）与无代价抵偿进出口货物相关的原进口货物退运出境或原出口货物退运进境。

（八）我国各银行总行调运进出境的人民币现钞。

征免性质代码表及说明

征免性质代码表

征免性质代码	征免性质简称	征免性质全称
101	一般征税	一般征税进出口货物
118	整车征税	构成整车特征的汽车零部件纳税
119	零部件征税	不构成整车特征的汽车零部件纳税
201	无偿援助	无偿援助进出口物资
299	其他法定	其他法定减免税进出口货物
301	特定区域	特定区域进口自用物资及出口货物
307	保税区	保税区进口自用物资
399	其他地区	其他执行特殊政策地区出口货物
401	科教用品	大专院校及科研机构进口科教用品
402	示范平台用品	
403	技术改造	企业技术改造进口货物
405	科技开发用品	科学研究、技术开发机构进口科技开发用品
406	重大项目	国家重大项目进口货物
407	动漫用品	动漫开发生产用品
408	重大技术装备	生产重大技术装备进口关键零部件及原材料
409	科技重大专项	科技重大专项进口关键设备、零部件和原材料
412	基础设施	通信、港口、铁路、公路、机场建设进口设备
413	残疾人	残疾人组织和企业进出口货物
417	远洋渔业	远洋渔业自捕水产品
418	国产化	国家定点生产小轿车和摄录机企业进口散件
419	整车特征	构成整车特征的汽车零部件进口
422	集成电路	集成电路生产企业进口货物
423	新型显示器件	新型显示器件生产企业进口物资
426	软件和集成电路企业进口设备	软件生产企业、集成电路设计企业和集成电路生产企业进口设备
491	零关税自用生产设备	海南零关税进口自用生产设备
492	零关税交通工具及游艇	海南零关税进口交通工具及游艇
493	零关税自用生产设备缴纳进口环节税	海南零关税进口自用生产设备并自愿缴纳进口环节增值税、消费税
494	零关税交通工具游艇缴纳进口环节税	海南零关税进口交通工具及游艇并自愿缴纳进口环节增值税、消费税
499	ITA 产品	非全税号信息技术产品
501	加工设备	加工贸易外商提供的不作价进口设备
502	来料加工	来料加工装配和补偿贸易进口料件及出口成品
503	进料加工	进料加工贸易进口料件及出口成品
506	边境小额	边境小额贸易进口货物
510	港澳 OPA	港澳在内地加工的纺织品获证出口
591	零关税原辅料	海南零关税原辅料进口
592	原辅料部分征税	海南零关税原辅料征收进口环节税
601	中外合资	中外合资经营企业进出口货物
602	中外合作	中外合作经营企业进出口货物
603	外资企业	外商独资企业进出口货物

征免性质代码	征免性质简称	征免性质全称
605	勘探开发煤层气	勘探开发煤层气
606	海洋石油	勘探、开发海洋石油进口货物
608	陆上石油	勘探、开发陆上石油进口货物
609	贷款项目	利用贷款进口货物
611	贷款中标	国际金融组织贷款、外国政府贷款中标机电设备零部件
666	加征关税排除措施	加征关税排除措施
686	市场化组织采购排除措施	市场化组织采购排除措施
698	公益收藏	国有公益性收藏单位进口藏品
701	部分进口饲料	部分进口饲料、矿物质微量元素舔砖
702	中资方便旗船	回国登记中资方便旗船
703	航空公司进口飞机	国内航空公司进口的空载重量在25吨以上的飞机
704	花卉种子	花卉种子
705	科普影视	科普影视
706	租赁企业进口飞机	租赁企业进口空载重量在25吨以上的客货运飞机
707	博览会留购展品	博览会留购展品
708	替代种植农产品	替代种植进口农产品
789	鼓励项目	国家鼓励发展的内外资项目进口设备
799	自有资金	外商投资额度外利用自有资金进口设备、备件、配件
801	救灾捐赠	救灾捐赠进口物资
802	慈善捐赠	境外捐赠人无偿向我境内受赠人捐赠的直接用于慈善事业的免税进口物资
803	抗艾滋病药物	进口抗艾滋病病毒药物
811	种子种源	进口种子（苗）、种畜（禽）、鱼种（苗）和种用野生动植物种源
818	中央储备粮油	中央储备粮油免征进口环节增值税政策
819	科教图书	进口科研教学用图书资料
888	航材减免	经核准的航空公司进口维修用航空器材
898	国批减免	国务院特准减免税的进出口货物
899	选择征税	选择征税
901	科研院所	科研院所进口科学研究、科技开发和教学用品
902	高等学校	高等学校进口科学研究、科技开发和教学用品
903	工程研究中心	国家工程研究中心进口科学研究、科技开发和教学用品
904	国家企业技术中心	国家企业技术中心进口科学研究、科技开发和教学用品
905	转制科研机构	转制科研机构进口科学研究、科技开发和教学用品
906	重点实验室	国家重点实验室及企业国家重点实验室进口科学研究、科技开发和教学用品
907	国家工程技术研究中心	国家工程技术研究中心进口科学研究、科技开发和教学用品
908	科技民非单位	科技类民办非企业单位进口科学研究、科技开发和教学用品
909	示范平台	国家中小企业公共服务示范平台（技术类）进口科学研究、科技开发和教学用品
910	外资研发中心	外资研发中心进口科学研究、科技开发和教学用品
911	科教图书	出版物进口单位进口用于科研、教学的图书、文献、报刊及其他资料
921	大型客机研制物资	大型客机、大型客机发动机研制进口物资
922	进博会留购展品	进博会留购展品
926	服贸会留购展品	服贸会留购展品
927	进口钻石	自上海钻石交易所销往国内市场的毛坯钻石和成品钻石
928	三代核电	三代核电项目进口设备
930	疫情防控物资	新冠肺炎疫情防控进口物资
997	自贸协定	
998	内部暂定	享受内部暂定税率的进出口货物
999	例外减免	例外减免税进出口货物

征免性质代码表说明

征免性质是指海关对进出口货物实施征、减、免税管理的性质类别。

征免性质分为照章征税、法定减免税、特定减免税和临时减免税四部分。其中特定减免税又分为按地区实施的税收政策、按用途实施的税收政策、按贸易性质实施的税收政策、按企业性质和资金来源实施的税收政策等五类。

一份报关单只允许填报一种征免性质，涉及多个征免性质的，应分单填报。

●一般征税进出口货物

一、定义及代码

一般征税进出口货物指海关根据《海关法》、《关税条例》(国务院令第392号)、《进出口税则》及其他法律、行政法规、规章的规定征收进出口关税、进口环节税的进出口货物。

本征免性质代码“101”，简称“一般征税”。

二、适用范围

本征免性质限于海关依据法律、行政法规、规章规定的法定税率征收进出口关税、进口环节税的进出口货物，包括按照公开暂定、关税配额、反倾销、反补贴、保障措施等税率、税额征税或补税的进出口货物。

执行ITA税率的货物（征免性质代码“499”）不适用本征免性质。

●无偿援助进出口物资

一、定义及代码

无偿援助进出口物资指外国政府、国际组织对我国无偿赠送及我国履行国际条约规定进口的物资，或我国对国外无偿援助或赠送的物资。

本征免性质代码“201”，简称“无偿援助”。

二、适用范围

（一）本征免性质所称外国政府是指外国国家的中央政府；国际组织是指联合国各专门机构，以及长期与我国有合作关系的其他国际组织；国际条约是指依据《中华人民共和国缔结条约程序法》以“中华人民共和国”“中华人民共和国政府”“中华人民共和国政府部门”名义同外国缔结协定或协议，以及参加的国际条约。

（二）免税范围

1. 根据中国与外国政府、国际组织间的协定或协议，由外国政府、国际组织直接无偿赠送的物资，或由其提供无偿赠款，由我国受赠单位按照协定或协议规定用途自行采购进口的物资。

2. 外国地方政府或民间组织受外国政府委托无偿赠送的物资。

3. 国际组织成员受国际组织委托无偿赠送的物资。

4. 我国履行国际条约规定免税进口的物资。

（三）外国民间团体、企业、友好人士和华侨、香港居民，以及台湾、澳门同胞及外籍华人无偿向我境内受灾地区捐赠的直接用于救灾的物资（征免性质代码“801”），境外捐赠人无偿向我国境内捐赠的直接用于扶贫、慈善事业的进口物资（征免性质代码“802”）不适用本征免性质。

●其他法定减免税进出口货物

一、定义及代码

其他法定减免税进出口货物指海关依照《海关法》、《关税条例》，对除无偿援助进出口物资外的其他实行法定减免税的进出口货物，以及根据有关规定按非全额货值征税的部分进出口货物。

本征免性质代码“299”，简称“其他法定”。

二、适用范围

本征免性质仅限无代价抵偿货物，货样和广告品，暂时进出境货物，展览会货物，退运货物，残损货物，进出境运输工具装载的途中必需的燃料、物料和饮食用品，我国缔结或者参加的国际条约规定减免税款的货物，因不可抗力因素造成的受灾保税货物等不按“进出口货物征免税证明”管理的减免税货物。

●保税区进口自用物资

一、定义及代码

保税区进口自用物资是指对保税区单独实施征减免税政策的进口自用物资。

本征免性质代码“307”，简称“保税区”。

二、适用范围

本征免性质仅限保税区进口的自用物资，包括区内生产性基础设施建设物资，区内企业自用的生产、管理设备和自用合理数量的办公用品，建设生产厂房、仓储设施所需的物资设备，保税区行政管理机构自用合理数量的管理设备和办公用品等。

保税区内加工贸易进出口货物、仓储货物、转口货物和外商投资企业按照外商投资企业进口税收政策进口的设备等不适用本征免性质。

●其他执行特殊政策地区进出口货物

一、定义及代码

其他执行特殊政策地区进出口货物指除保税区外单独实施特殊税收政策地区进出口的货物。

本征免性质代码“399”，简称“其他地区”。

二、适用范围

（一）本征免性质仅限出口加工区、保税港区、综合保税区、珠澳跨境工业园区等海关特殊监管区进口的基建、生产和管理设备、物资，区内出口货物，以及从境内区外进入上述海关特殊监管区（包括中哈霍尔果斯国际边境合作中心）的基建物资或区内生产企业在国内采购用于生产出口产品的原材料。

（二）本征免性质不适用：

1. 特殊区域内加工贸易进出口货物、仓储货物、转口货物和外商投资企业按照外商投资企业进口税收政策进口的设备等。

2. 保税区进口自用物资，征免性质代码“307”。

●大专院校及科研机构进口科教用品

一、定义及代码

科教用品指为促进科学研究和教育事业的发展，推动科教兴国战略的实施，科学研究机构和学校以科学研究和教学为目的，在合理数量范围内进口国内不能生产或者性能不能满足需要的科学研究和教学用品。

科技开发用品指为鼓励科学研究和技术开发，促进科技进步，科学研究、技术开发机构在2010年12月31日前，在合理数量范围内进口国内不能生产或者性能不能满足需要的科技开发用品。

本征免性质代码“401”，简称“科教用品”。

二、适用范围

（一）本征免性质所称科研机构和学校是指：

1. 国务院部委、直属机构和省、自治区、直辖市、计划单列市所属专门从事科学研究工作的各类科研院所。

2. 国家承认学历的实施专科及以上高等学历教育的高等学校。

3. 财政部会同国务院有关部门核定的其他科学研究机构和学校。

（二）本征免性质所称科学研究、技术开发机构是指：

1. 科技部会同财政部、海关总署和国家税务总局核定的科技体制改革过程中转制为企业和进入企业的主要从事科学研究和技术开发工作的机构。

2. 国家发展和改革委员会会同财政部、海关总署和国家税务总局核定的国家工程研究中心。

3. 国家发展和改革委员会会同财政部、海关总署、国家税务总局和科技部核定的企业技术中心。

4. 科技部会同财政部、海关总署和国家税务总局核定的国家重点实验室和国家工程技术研究中心。

5. 财政部会同国务院有关部门核定的其他科学研究、技术开发机构。

（三）具体免税范围限于《免税进口科学研究和教学用品清单》和《免税进口科技开发用品清单》。

（四）国家鼓励发展的内外资项目进口设备（征免性质代码“789”）不适用本征免性质。

●国家重大项目进口货物

一、定义及代码

国家重大项目进口货物指经国务院批准的国家重大建设项目项下进口的设备，以及安装所需材料等。

本征免性质代码“406”，简称“重大项目”。

二、适用范围

（一）本征免性质仅限1996年4月1日前经国务院批准可行性研究报告中列明减免税条款或另有减免税批准文件的重大建设项目。

（二）利用政府贷款、世界银行贷款等外资贷款建设的重大项目（征免性质代码“609”）不适用于本征免性质。

●残疾人组织和企业进出口货物

一、定义及代码

进口残疾人专用品和专用设备指为支持残疾人康复工作、帮助残疾人自立免税进口的残疾人专用品和有关福利机构、康复机构、企业按照国家有关规定免税进口的国内不能生产的残疾人专用设备及专用生产设备。

本征免性质代码“413”，简称“残疾人”。

二、适用范围

（一）本征免性质仅限进口的残疾人专用品和残疾人福利机构、康复机构、企业进口的残疾人专用设备及专用生产设备。

（二）免税货物范围

1. 残疾人个人专用品

（1）假肢及其零部件：上肢假肢，包括部分手、前臂、上臂、假手、肘关节；下肢假肢，包括部分足、小腿、大腿、膝关节等。

（2）假眼。

（3）假鼻。

（4）内脏托带：肾托、胃托、疝气带、疝气腰带等。

（5）矫形器：包括脊柱、上肢、下肢、功能性电子刺激器和复合力源矫形器系统等。

（6）矫形鞋：成品矫形鞋、订做的矫形鞋、适配的标准鞋。

（7）非机动助行器：包括单臂操作助行器（手杖、肘拐、前臂支撑拐、腋拐、三脚及多脚拐杖等）、双臂操作助行器（助行架、轮式助行架、助行椅、助行台等）及助行器的附件等。

（8）代步工具（不包括汽车、摩托车）：包括轮椅车（手动、电动、机动）、残疾人专业自行车（如手摇三轮车、串翼自行车、助行自行车手扒推轮椅等）。

（9）辅助器具：移动用辅助器具、翻身用辅助器具（如翻身垫、翻身床单、翻身毯等）、升降用辅助器具（如轮椅爬楼梯装置、升降架等）。

（10）生活自助具：包括残疾人专用服装（如轮椅使用者的连裤服、雨衣、手套，鞋和靴的防滑装置等），安全防护辅助器具（如用于头部，面部、上肢、下肢及全身的防护装置等），穿脱衣服的辅助器具，画图和书写辅助器具（如书写板、书写框等），日常生活用辅助器具（如罐头开启器、防洒碗等）。

（11）专用卫生用品。

（12）视力残疾者用盲杖。

（13）导盲镜。

（14）助视器。

（15）盲人阅读器：电子盲文书写器、手动盲文书写器等。

（16）语言、听力残疾者用的语言训练器：言语训练辅助器具。

（17）智力残疾者用的行为训练器。

（18）生活能力训练用品。

2. 残疾人专用设备和专用生产设备

（1）残疾人康复及专用设备：包括床旁监护设备、中心监护设备、生化分析仪和超声诊断仪。

（2）残疾人特殊教育设备和职业教育设备：指对残疾人进行义务教育、学历教育、职业教育所需的各类设备（如聋人助听设备、智力残疾检测设备等）。

（3）残疾人职业能力评估测试设备（如手腕作业检查盘、注意力集中能力测试仪等）。

（4）残疾人专用劳动设备和劳动保护设备（如某种肢残人操作的特殊机床、聋人专用的特殊报警装置等），以及为残疾人就业设立的福利企业进口的适合残疾人操作的生产设备。

（5）残疾人文体活动专用设备：指残疾人进行文化、娱乐、体育活动和体育竞赛所需的专用设备（如各种运动轮椅、盲人门球等）。

（6）假肢专用生产、装配、检测设备，包括假肢专用铣磨机、假肢专用真空成型机、假肢专用平板加热器和假肢综合检测仪。

(7) 听力残疾者用的助听器：包括各类助听器等。

(三) 境外捐赠人无偿向我国境内捐赠的直接用于扶贫、慈善事业的进口物资（征免性质代码“802”）不适用本征免性质。

●远洋渔业自捕水产品

一、定义及代码

远洋渔业自捕水产品是指根据国家远洋渔业企业运回自捕水产品的原产地规则，我国远洋渔业企业在公海或按照有关协议规定，在国外海域捕获并运回国内销售的自捕水产品及其加工制品，视同国内产品，免征关税和进口环节税。

本征免性质代码“417”，简称“远洋渔业”。

二、适用范围

本征免性质仅限经农业部批准，获得“农业部远洋渔业企业资格证书”的我国远洋渔业企业。

运回的水产品及其加工制品限于在公海或按照有关协议规定，在国外海域自捕，并符合原产地规则的认定。

●集成电路生产企业进口货物

一、定义及代码

集成电路生产企业进口货物是指在中国境内设立的经审核符合条件的集成电路生产企业进口国内无法生产的自用生产性原材料、消耗品、净化室专用建筑材料、配套系统和集成电路生产设备零、配件。

本征免性质代码“422”，简称“集成电路”。

二、适用范围

本征免性质仅适用于集成电路线宽小于0.8微米（含）集成电路生产企业进口自用生产性原材料、消耗品，集成电路线宽小于0.25微米或投资额超过80亿元的集成电路生产企业进口自用生产性原材料、消耗品、净化室专用建筑材料、配套系统和集成电路生产设备零、配件。

●新型显示器件生产企业进口物资

一、定义及代码

薄膜晶体管液晶显示器件生产企业进口货物是指薄膜晶体管液晶显示器件生产企业进口国内不能生产的净化室专用建筑材料、配套系统，以及维修用的生产设备零部件、自用生产性原材料和消耗品。

本征免性质代码“423”，简称“新型显示器件”。

二、适用范围

本征免性质仅适用于经国务院有关部门共同审核确定，可享受本税收政策的薄膜晶体管液晶显示器件生产企业（以下简称“膜晶显生产企业”）进口国内不能生产的净化室专用建筑材料、配套系统，以及维修用的生产设备零部件、自用生产性原材料和消耗品。

第一批符合条件的膜晶显生产企业是：北京京东方光电科技有限公司（以下简称京东方）、上海广电NEC液晶显示器公司（以下简称上广电）和吉林北方彩晶数码电子有限公司。

●非全税号信息技术产品

一、定义及代码

非全税号信息技术产品是指为执行“信息技术产品协议”，海关核定用途后执行ITA税率的部分用于信息技术产品生产的商品。

本征免性质代码“499”，简称“ITA产品”。

二、适用范围

本征免性质仅适用于进口《进出口税则》所列的ITA产品。

●加工贸易外商提供的不作价进口设备

一、定义及代码

加工贸易外商提供的不作价进口设备是指与经营企业开展加工贸易（包括来料加工、进料加工）的境外企业，以免费即不需经营企业付汇进口、也不需用加工费或差价偿还方式，向经营企业提供的加工生产所需设备。

本征免性质代码“501”，简称“加工设备”。

二、适用范围

(一) 本征免性质仅适用于加工贸易项下境外企业免费提供的不作价进口设备。

(二) 本征免性质不适用按暂时进出口货物监管（监管方式为“暂时进出货物”，代码“2600”）的加工贸易生产所需的不作价设备（限模具、单台设备），征免性质为“其他法定”(299)。

●来料加工装配和补偿贸易进口料件及出口成品

一、定义及代码

来料加工贸易进口料件及出口成品是指由境外企业提供，经营企业不需要付汇进口的来料加工业务所需全部或部分原辅材料、零部件、元器件和包装物料（以下简称料件），以及经加工或者装配后复出口的成品。

本征免性质代码“502”，简称“来料加工”。

二、适用范围

(一) 本征免性质仅限来料加工项下进口的用于加工复出口成品所需的料件，以及经加工或者装配后复出口的成品。

(二) 进口料件或制成品内销的，不适用本征免性质，征免性质为“一般征税”(101)。

●进料加工贸易进口料件及出口成品

一、定义及代码

进料加工贸易进口料件及出口成品是指经营企业付汇进口的进料加工所需的全部或者部分原辅材料、零部件、元器件、包装物料（以下简称料件），以及经过加工或者装配后复出口的成品。

本征免性质代码“503”，简称“进料加工”。

二、适用范围

(一) 本征免性质仅限进料加工项下进口的用于加工复出口成品所需的料件，以及经加工后复出口的成品。

(二) 进口料件或制成品内销的，按规定不予保税备案的消耗性物料，不适用本征免性质。征免性质为“一般征税”(101)。

●边境小额贸易进口货物

一、定义及代码

边境小额贸易进口货物是指我国边境地区经批准有小额贸易经营权的企业通过国家指定的陆路边境口岸，进口原产于毗邻国家的货物，包括边境地区开展易货贸易、现汇贸易、互利经济合作（工程承包、劳务输出），以及以除边民互市贸易以外的其他各类边境贸易形式进口的货物。

本征免性质代码“506”，简称“边境小额”。

二、适用范围

（一）本征免性质适用于边境小额贸易企业通过国家指定的陆路边境口岸进口原产于毗邻国家的货物及边境地区外经贸企业与毗邻国家边境地区开展承包工程和劳务合作项下换回的原产于毗邻国家的物资。

（二）本征免性质不适用于边民互市贸易、通过边境口岸进口第三国贸易的商品。

●外商投资企业进出口货物

一、定义及代码

外商投资企业进出口货物指1997年12月31日前按国家规定程序批准设立的国内企业与境外企业在中国境内合资经营的企业、合作经营的企业，以及境外企业在中国境内独资经营的企业在投资总额内进口的设备，以及外商投资企业（不受批准时间限制）生产的出口产品（加工贸易除外）。

中外合资经营企业进出口货物征免性质代码“601”，简称“中外合资”。

中外合作经营企业进出口货物征免性质代码“602”，简称“中外合作”。

外商独资企业进出口货物征免性质代码“603”，简称“外资企业”。

二、适用范围

（一）征免性质“601”“602”“603”适用以下经批准设立的外商投资企业、外商投资项目在项目额度或投资总额内进口的自用设备及其按照合同随设备进口的技术及配套件、备件，以及所有外商投资企业生产（加工贸易除外）的出口产品：

1. 1996年3月31日前成立的外商投资企业，包括依法批准增资及原外经贸部颁发批准证书的外商投资企业。

2. 1995年10月1日至1996年3月31日依照程序经原外经贸部、原国家计委、原国家经贸委备案审核合格并经海关总署关税司转发各海关清单内的外商投资企业。

3. 1995年9月30日前地方依法审批报原外经贸部备案的外商投资企业。

4. 1996年4月1日至1997年12月31日按国家规定程序批准设立的外商投资项目。

（二）本征免性质不适用：

1. 外商投资企业开展加工贸易进口的不作价设备，征免性质代码“501”。

2. 国家鼓励发展的外资项目项下进口的货物，征免性质代码“789”。

3. 外商投资额度外利用自有资金进口的货物，征免性质代码“799”。

●勘探开发煤层气

一、定义及代码

勘探开发煤层气进口物资指勘探开发煤层气项目的单位在我国境内进行煤层气勘探开发所需进口的设备、仪器、零附件和专用工具。

本征免性质代码“605”，简称“勘探开发煤层气”。

二、适用范围

勘探开发煤层气所需进口物资的免税政策执行期限为“十一五”期间。

勘探开发煤层气项目的单位为中联煤层气有限责任公司及其他经财政部商海关总署和税务总局审核认定的单位。

具体免税范围限于国内不能生产或国内产品性能不能满足要求，并直接用于勘探开发作业的设备、仪器、零附件和专用工具。上述物资应符合《勘探开发煤层气免税进口物资清单》。

●勘探、开发海洋、陆上石油进口货物

一、定义及代码

勘探、开发海洋、陆上石油进口货物指在我国海洋或陆上特定地区进行石油开采作业所需进口的设备、仪器、零附件和专用工具。

海洋指我国内海、领海、大陆架及其他海洋资源管辖海域，包括浅海滩涂。

陆上特定地区指我国领土内的沙漠、戈壁荒漠和中外合作开采经国家批准的陆上石油中标区块。

勘探、开发海洋石油进口货物征免性质代码“606”，简称“海洋石油”。

勘探、开发陆上石油进口货物征免性质代码“608”，简称“陆上石油”。

二、适用范围

勘探、开发海洋、陆上石油所需进口货物的免税政策执行期限为“十一五”期间。

具体免税范围限于国内不能生产或性能不能满足要求，并直接用于开采作业的设备、仪器、零附件、专用工具。上述物资应符合《开采海洋石油（天然气）免税进口物资清单》或《开采陆上特定地区石油（天然气）免税进口物资清单》。

●利用贷款进口货物

一、定义及代码

外国政府贷款和国际金融组织贷款项目进口设备指于1997年12月31日前按国家规定程序批准的利用外国政府贷款和国际金融组织（世界银行、亚洲开发银行、联合国农业发展基金）贷款项目所进口的自用设备，以及按合同随设备进口的技术及数量合理的配套件、备件。

本征免性质代码“609”，简称“贷款项目”。

二、适用范围

（一）本征免性质仅限1997年12月31日前按国家规定程序批准的利用外国政府贷款和国际金融组织贷款项目。

（二）本征免性质不适用：

1. 利用国际金融组织贷款、外国政府贷款生产中标机电设备所需进口的零部件，征免性质代码“611”。

2. 纳入国家鼓励发展内外资项目的利用外国政府贷款和国际金融组织贷款项目，征免性质代码“789”。

●国际、金融组织贷款、外国政府贷款中标机电设备零部件

一、定义及代码

国际金融组织贷款、外国政府贷款中标机电设备零部件指国内中标单位利用国际金融组织贷款、外国政府贷款，为生产中标机电设备而进口国内不能生产或性能不能满足需要的零部件。

本征免性质代码“611”，简称“贷款中标”。

二、适用范围

（一）本征免性质适用于利用国际金融组织贷款、外国政府贷款（世界银行贷款、亚洲开发银行贷款、日本国际协力银行贷款，以及上述组织的赠款）为生产中标机电设备所需进口的零部件。

中标机电设备限于在国际招标中国内企业直接中标、中外联合中标生产的机电设备，以及中标的境外企业、国内企业将中标项目再分包给国内其他企业制造的机电设备，不包括《外商投资项目不予免税的进口商品目录》中所列设备。

（二）本征免性质不适用于1997年12月31日前按国家规定程序批准的利用外国政府贷款和国际金融组织贷款项目，征免性质代码“609”。

●国家鼓励发展的内外资项目进口设备

一、定义及代码

国家鼓励发展的内外资项目进口设备指自1998年1月1日起对按国家规定程序审批并出具确认书的国家鼓励发展的国内投资项目和外商投资项目，以及从1999年9月1日起，按国家规定程序审批的外商投资研究开发中心，中西部省、自治区、直辖市利用外资优势产业和优势项目目录的项目，在投资总额内进口的自用设备，以及按合同随设备进口的技术及数量合理的配套件、备件。

本征免性质代码“789”，简称“鼓励项目”。

二、适用范围

（一）本征免性质适用于1998年1月1日后国家鼓励发展的国内投资项目和外商投资项目，以及从1999年9月1日起，按国家规定程序审批的外商投资研究开发中心，中西部省、自治区、直辖市利用外资优势产业和优势项目目录的项目，在投资总额内进口的自用设备，以及按合同随设备进口的技术及数量合理的配套件、备件。

（二）本征免性质不适用：

1. 1997年12月31日前批准设立的外商投资企业进口货物，征免性质代码“601”“602”“603”。

2. 1997年12月31日前按国家规定程序批准的利用外国政府贷款和国际金融组织贷款项目，征免性质代码“609”。

3. 外商投资企业投资额度外利用自有资金进口货物，征免性质代码“799”。

●外商投资额度外利用自有资金进口设备、备件、配件

一、定义及代码

外商投资额度外利用自有资金进口设备、备件、配件是指已设立的鼓励类和原限制乙类外商投资企业、外商投资研究开发中心、先进技术型和产品出口型外商投资企业技术改造，在投资总额以外利用自有资金，在原批准的生产经营范围内进口国内不能生产或性能不能满足需要的自用设备及其配套的技术、配件、备件。

本征免性质代码“799”，简称“自有资金”。

二、适用范围

（一）本征免性质适用于已设立的鼓励类和原限制乙类外商投资企业、外商投资研究开发中心、先进技术型和产品出口型外商投资企业（以下简称“五类企业”）技术改造，在投资总额以外利用自有资金，在原批准的生产经营范围内进口国内不能生产或性能不能满足需要的自用设备及其配套的技术、配件、备件。

1. 资金来源

“五类企业”投资总额以外的自有资金，具体是指企业储备基金、发展基金、折旧和税后利润。

2. 进口商品用途

在原批准的生产经营范围内，对本企业原有设备更新（不包括成套设备和生产线）或维修。

成套设备是指以完成某零、部件或产品生产加工或装配全部过程所有工序所需的全部设备。生产线是指用于完成某种产品一道或多道工序的、有一定节拍要求的、以一定方式连续生产的设备组合。

3. 进口商品范围

国内不能生产或性能不能满足需要的设备（即不属于《国内投资项目不予免税的进口商品目录》的商品），以及与上述设备配套的技术、配件、备件，包括随设备进口或单独进口的。

（二）本征免性质不适用：

1. 1997年12月31日前批准设立的外商投资企业进口货物，征免性质代码“601”“602”“603”。

2. 国家鼓励发展的外资项目项下进口货物，征免性质代码“789”。

●救灾捐赠进口物资

一、定义及代码

救灾捐赠进口物资指外国民间团体、企业、友好人士和华侨、香港居民，以及台湾、澳门同胞及外籍华人无偿向我境内受灾地区捐赠的直接用于救灾的物资。

本征免性质代码“801”，简称“救灾捐赠”。

二、适用范围

本征免性质适用范围：

（一）外国民间团体、企业、友好人士和华侨、香港居民，以及台湾、澳门同胞及外籍华人无偿向我境内受灾地区捐赠的直接用于救灾的物资。

（二）享受救灾捐赠物资进口免税的区域限于新华社对外发布和民政部《中国灾情信息》公布的受灾地区。

●境外捐赠人无偿向我境内受赠人捐赠的直接用于慈善事业的免税进口物资

一、定义及代码

扶贫、慈善性捐赠物资是指境外捐赠人无偿向我国境内捐赠的直接用于扶贫、慈善事业的进口物资。

本征免性质代码“802”，简称“慈善捐赠”。

二、适用范围

（一）本征免性质适用于境外捐赠人无偿向我国境内捐赠的直接用于扶贫、慈善事业的进口物资。

1. 境外捐赠人应为中华人民共和国关境外的自然人、法人或者其他组织。

2. 受赠人应为国务院有关部门和各省、自治区、直辖市人民政府，以及从事人道救助和以发展扶贫、慈善事业为宗旨的全国性的社会团体，包括中国红十字会总会、全国妇女联合会、中国残疾人联合会、中华慈善总会、中国初级卫生保健基金会和宋庆龄基金会。

3. 使用人应为捐赠物资的直接使用者或负责分配该捐赠物资的单位或个人。

（二）扶贫、慈善公益性事业物资包括：

1. 新的衣服、被褥、鞋帽、帐篷、手套、睡袋、毛毯及其他维持基本生活的必需用品等。

2. 食品类及饮用品（调味品、水产品、水果、饮料、烟酒等除外）。

3. 医疗类包括直接用于治疗特困患者疾病或贫困地区治疗地方病及基本医疗卫生、公共环境卫生所需的基本医疗药品、基本医疗器械、医疗书籍和资料。

其中，“基本医疗药品”是指用于急救、治疗、防疫、消毒、抗菌等用途的药品和人体移植用的器官，但不包括保健药和营养药；“基本医疗器械”是指诊疗器械、手术器械、卫生检测器械、伤残修复器械、防疫防护器械、消毒灭菌器械。

4. 直接用于公共图书馆、公共博物馆、各类职业学校、高中、初中、小学、幼儿园教育的教学仪器、教材、图书、资料和一般学习用品。

其中，“公共图书馆和公共博物馆”是指经省级以上文化行政管理部门认定、向社会开放的县（市）级以上单位管理的公益性图书馆，或经省级以上文物行政管理部门认定、向公众开放的县（市）级以上单位管理的各类公益性博物馆；“教学仪器”是指《扶贫、慈善性捐赠物资免征进口税收暂行办法》规定的学校、幼儿园专用于教学的检验、观察、计量、演示用的仪器和器具；“一般学习用品”是指《扶贫、慈善性捐赠物资免征进口税收暂行办法》规定的学校、幼儿园教学和学生专用的文具、教具、婴幼儿玩具、标本、模型、切片、各类学习软件、实验室用器皿和试剂、学生服装（含鞋帽）和书包等。

5. 直接用于环境保护的专用仪器。具体是指环保系统专用的空气质量与污染源废气监测仪器及治理设备、环境水质与污水监测仪器及治理设备、环境污染事故应急监测仪器、固体废物监测仪器及处置设备、辐射防护与电磁辐射监测仪器及设备、生态保护监测仪器及设备、噪声及振动监测仪器和实验室通用分析仪器及设备。

6. 经国务院批准的其他直接用于扶贫、慈善事业的物资。

上述物资不包括国家停止减免税的 20 种商品、汽车、生产性设备、生产性原材料及半成品等。

捐赠物资应为新品，在捐赠物资内不得夹带有害环境、公共卫生和社会道德及政治渗透等违禁物品。

（三）本征免性质不适用：

1. 无偿援助物资，征免性质代码“201”。

2. 残疾人专用品、残疾人专用设备及专用生产设备，征免性质代码“413”。

●进口抗艾滋病病毒药物

进口抗艾滋病病毒药品指对卫生部委托进口的抗艾滋病病毒药物免征进口关税和进口环节增值税政策。

本征免性质代码“803”，简称“抗艾滋病药物”。

●进口种子（苗）、种畜（禽）、鱼种（苗）和种用野生动植物种源

享受进口税收优惠政策的进口种子（苗）、种畜（禽）、鱼种（苗）和种用野生动植物种源指根据规定进口种子（苗）、种畜（禽）、鱼种（苗）和种用野生动植物种源免征进口环节增值税政策。

本征免性质代码“811”，简称“种子种源”。

●中央储备粮油免征进口环节增值税政策

中央储备粮油免征进口环节增值税政策指对中储粮总公司及其子公司在免税进口额度范围内进口的粮油，予以免征进口环节增值税。

本征免性质代码“818”，简称“中央储备粮油”。

●进口科研教学用图书资料

一、定义及代码

进口科研教学用图书资料指根据规定对中国图书进出口（集团）总公司等 7 家图书进出口公司为科研单位、大专院校进口用于科研、教学的图书、文献、报刊及其他资料（包括只读光盘、缩微平片、胶卷、地球资料卫星照片、科技和教学声像制品）免征进口环节增值税。

本征免性质代码“819”，简称“科教图书”。

二、适用范围

享受该项进口税收优惠政策的企业为中国图书进出口（集团）总公司及其具有独立法人资格的子公司、中国经济图书进出口公司、中国教育图书进出口公司、中国出版对外贸易总公司、北京中科进出口有限责任公司、中国科技资料进出口总公司和中国国际图书贸易集团有限公司等 7 家图书进出口公司。

●国务院特准减免税的进出口货物

一、定义及代码

国务院特准减免税的进出口货物指经国务院特案批准予以减免税的进出口货物。

本征免性质代码“898”，简称“国批减免”。

二、适用范围

本征免性质仅限国务院特案批准予以减免税的特殊行业或进出口货物，如国家计划内进口的化肥、饲料、图书资料、种子（苗）、种畜（禽）、鱼苗和非盈利性种用野生动植物、航空公司进口或租赁的飞机等。

●选择征税

一、定义及代码

内销选择性征税进口货物指特定区域内的企业生产、加工并经“二线”销往内地的货物选择按其对应进口料件征收关税的货物。

本征免性质代码“899”，简称“选择征税”。

二、适用范围

本征免性质限于广东珠海横琴新区、福建平潭综合实验区和中国（上海）自由贸易试验区内的生产、加工企业内销并选择按对应进口料件征收关税的货物。

●例外减免税进出口货物

一、定义及代码

例外减免税进出口货物指无法归入以上各类列名征免性质的减免税进出口货物。

本征免性质代码“999”，简称“例外减免”。

二、管理规定

（一）按海关总署文件或通知的具体内容执行。

（二）减免税办理程序：

申请减免税的企业或单位持批准文件和其他有关单证，到所在地海关办理减免税审批手续。

海关核发“进出口货物征免税证明”，进出口地海关凭以办理货物的减免税手续。

征减免税方式代码表及说明

征减免税方式代码表

征减免税方式代码	征减免税方式名称
1	照章征税
2	折半征税
3	全免
4	特案
5	随征免性质
6	保证金
7	保函
8	折半补税
9	全额退税

征减免税方式代码表说明

征减免税方式是指进出口货物征税、减税、免税或特案处理的方式。

一、征减免税方式的分类

征减免税方式分为照章征税、折半征税、全免、特案、随征免性质、保证金、保函、折半补税、全额退税，各种方式分别用不同的代码标定。

二、征减免税方式代码说明

(一) 征减免税方式分为照章征税、折半征税、全免、特案、随征免性质、保证金、保函、折半补税及出口全额退税九种。

(二) 征减免税方式代码表说明

照章征税：代码“1”，进出口货物依照法定税率计征各类税、费。

折半征税：代码“2”，依照海关总署的通知，对进出口货物依照法定税率折半征收税款。

全免：代码“3”，依照海关签发的“进出口货物征免税证明”或其他有关规定，对进出口货物免征关税和增值税，消费税是否免征依批文规定办理。

特案：代码“4”，依照海关签发的“进出口货物征免税证明”或其他有关规定所规定的税率或完税价计征关税、增值税和消费税。

随征免性质：代码“5”，用于特定监管方式进出口的货物按特殊计税公式或税率计征关税、增值税和消费税。

保证金：代码“6”，经海关准予担保放行的货物收取保证金。

保函：代码“7”，经海关准予担保放行的货物凭保证函办理。

运输方式代码表及说明

运输方式代码表

运输方式代码	运输方式名称	运输方式代码	运输方式名称
0	非保税区	G	固定设施
1	监管仓库	H	边境特殊海关作业区
2	水路运输	L	旅客携带
3	铁路运输	P	洋浦保税港区
4	公路运输	S	特殊综合保税区
5	航空运输	T	综合实验区
6	邮件运输	W	物流中心
7	保税区	X	物流园区
8	保税仓库	Y	保税港区
9	其他运输	Z	出口加工区

运输方式代码表说明

一、定义

运输方式包括实际运输方式和海关规定的特殊运输方式，前者指货物实际进出境的运输方式，按进出境所使用的运输工具分类；后者指货物无实际进出境的运输方式，按货物在境内的流向分类。

二、运输方式分类说明

（一）水路运输：代码“2”，指利用船舶在国内外港口之间，通过固定的航区和航线进行货物运输的一种方式。

（二）铁路运输：代码“3”，指利用铁路承担进出口货物运输的一种方式。

（三）公路运输：代码“4”，指利用汽车承担进出口货物运输的一种方式。

（四）航空运输：代码“5”，指利用航空器承运进出口货物的一种方式。

（五）邮件运输：代码“6”，指通过邮局寄运货物进出口的一种方式。

（六）其他运输：代码“9”，除上述几种运输方式以外的货物进出口运输方式。如利用人扛、驮畜、输油管道、输水管道和输电网等方式进出口货物的运输方式。

（七）用于标志境内进出和退回保税区或保税仓库等区域的运输方式代码如下：

非保税区：代码“0”，指境内非保税区运入保税区和保税区退区（退运境内）货物。

监管仓库：代码“1”，指境内存入出口监管仓和出口监管仓退仓货物。

保税区：代码“7”，指保税区运往境内非保税区货物。

保税仓库：代码“8”，指保税仓库转内销货物。

边境特殊海关作业区：代码“H”，指境内运入深港西部通道港方口岸区的货物。

综合实验区：代码“T”，用于横琴新区或平潭综合实验区区内企业按选择性征关税的货物和上述区域与境内区外间经指定申报通道往来的货物（即二线区外申报时使用）。横琴新区与平潭综合实验区与境外之间进出的货物、与境内特殊监管区域或保税监管场所间流转的保税货物，以及区内加工企业与区外加工企业间往来的保税货物，其报关单或备案清单的运输方式应按《海关总署关于修订〈中华人民共和国海关进出口货物报关单填制规范〉的公告》（公告〔2009〕6号）和《海关总署关于海关特殊监管区域管理问题的公告》（公告〔2010〕22号）申报。

物流中心：代码“W”，指从境内运入保税物流中心或从保税物流中心运往境内非保税物流中心的货物。

物流园区：代码“X”，指从境内运入保税物流园区或从园区运往境内的货物。

保税港区：代码“Y”，指从保税港区（不包括直通港区）运往区外和区外运入保税港区的货物。

出口加工区：代码“Z”，指出口加工区运往境内加工区外和区外运入出口加工区的货物。

关区代码表及说明

关区代码表

关区代码	关区名称	关区简称	关区代码	关区名称	关区简称
0000	**海关总署/全部关区**	**海关总署**	0214	天津滨海新区综合保税区	津滨综保
0100	**北京关区**	**北京关区**	0215	天津机场海关快件监管中心	津机快件
0101	首都机场海关	京机场关	0216	天津经济技术开发区保税物流中心	津开物流
0102	京监管处	京监管处	0217	天津东疆保税港区海关（港区）	东疆港区
0103	京关展览	京关展览	0218	静海海关	静海海关
0104	北京西城海关	京西城关	0219	北辰海关	津北辰关
0105	北京会展中心海关	京会展关	0220	津关税处	津关税处
0106	北京大兴国际机场海关	大兴机场	0221	宁河海关	津宁河关
0107	机场库区	机场库区	0222	天津大港海关	津大港关
0108	北京海关综合业务处	京综合处	0223	天津临港海关	津临港关
0109	机场旅检	机场旅检	0224	天津南疆海关	津南疆关
0110	平谷海关	平谷海关	0225	西青海关	津西青关
0111	北京车站海关	京车站关	0226	北塘海关	津北塘关
0112	北京邮局海关	京邮局关	0227	天津河西海关	津河西关
0113	京中关村	京中关村	0228	天津东丽海关	津东丽关
0114	海淀海关	海淀海关	0229	蓟州保税物流中心（B型）	津蓟物流
0115	北京东城海关	京东城关	**0400**	**石家庄区**	**石家庄区**
0116	大兴机场旅检	大兴旅检	0401	鹿泉海关	鹿泉海关
0117	亦庄海关	亦庄海关	0402	秦皇岛关	秦皇岛关
0118	北京朝阳海关	京朝阳关	0403	唐山海关	唐山海关
0119	通州海关	通州海关	0404	廊坊海关	廊坊海关
0121	京稽查处	京稽查处	0405	保定海关	保定海关
0123	机场调技	机场调技	0406	中华人民共和国邯郸海关	邯郸海关
0124	北京站	北京站	0407	秦加工区	秦加工区
0125	西客站	西客站	0408	中华人民共和国沧州海关	沧州海关
0126	丰台海关	丰台海关	0409	廊坊综合保税区	廊坊综保
0127	京快件	京快件	0410	石家庄机场海关	石机场关
0128	顺义海关	顺义海关	0411	中华人民共和国张家口海关	张家口关
0129	天竺海关	天竺海关	0412	曹妃甸海关	曹妃甸关
0130	北京亦庄保税物流中心	亦庄物流	0413	邢台海关	邢台海关
0200	**天津海关**	**天津海关**	0414	曹妃甸综合保税区	曹综保区
0201	南开海关	津南开关	0415	衡水海关	衡水海关
0202	新港海关	新港海关	0416	石家庄国际快件监管中心	石关快件
0203	塘沽海关	塘沽海关	0417	中华人民共和国承德海关	承德海关
0204	东港海关	东港海关	0418	石家庄综合保税区	石综保区
0205	津塘沽办	津塘沽办	0419	河北武安保税物流中心（B型）	武安物流
0206	天津邮局海关	津邮局关	0420	唐山港京唐港区保税物流中心（B型）	京唐物流
0207	津机场办	津机场办			
0208	津保税区	津保税区	0421	正定海关	正定海关
0209	蓟州海关	津蓟州关	0422	京唐港海关	京唐港关
0210	武清海关	武清海关	0423	雄安海关	雄安海关
0211	津加工区	津加工区	0424	黄骅港海关	黄骅港关
0212	天津保税物流园区	津物流园	0425	辛集保税物流中心（B型）	辛集物流
0213	天津东疆保税港区	天津东疆	0426	北戴河海关	北戴河关

关区代码	关区名称	关区简称	关区代码	关区名称	关区简称
0500	**太原关区**	**太原关区**	0719	二关公路口岸直通	二关公直
0501	晋阳海关	晋阳海关	0720	七苏木保税物流中心（B型）	七苏保B
0502	太原机场海关	并机场关	**0800**	**沈阳关区**	**沈阳关区**
0503	大同海关	大同海关	0801	浑南海关	浑南海关
0504	临汾海关	临汾海关	0802	锦州海关	锦州海关
0505	山西方略保税物流中心	方略物流	0803	沈阳邮局海关	沈邮局关
0506	太原武宿综合保税区	太原综保	0804	抚顺海关	抚顺海关
0507	运城海关	运城海关	0805	铁西海关	铁西海关
0508	晋城海关	晋城海关	0806	辽阳海关	辽阳海关
0509	山西兰花保税物流中心（B型）	兰花物流	0807	沈阳桃仙机场海关	沈机场关
0510	太原国际邮件处理中心	太原邮件	0808	辽中海关	辽中海关
0511	武宿海关	武宿海关	0809	沈阳国际快件监管中心	沈快件
0512	长治海关	长治海关	0810	葫芦岛关	葫芦岛关
0513	阳泉海关	阳泉海关	0811	辽宁朝阳海关	辽宁朝阳
0514	朔州海关	朔州海关	0812	沈抚新区海关	沈抚新区
0515	忻州海关	忻州海关	0813	铁岭海关	铁岭海关
0600	**满洲里关**	**满洲里关**	0814	铁岭保税物流中心（B型）	铁保（B型）
0601	海拉尔关	海拉尔关	0815	阜新海关	阜新海关
0602	额尔古纳	额尔古纳	**0900**	**大连海关**	**大连海关**
0603	满洲里十八里海关	满十八里	0901	大连港湾海关	大连港湾
0604	赤峰海关	赤峰海关	0902	大连机场	大连机场
0605	通辽海关	通辽海关	0903	连开发区	连开发区
0606	阿日哈沙特海关	满哈沙特	0904	连加工区	连加工区
0607	满室韦	满室韦	0905	北良港海关	北良港关
0608	满互贸区	满互贸区	0906	连保税区	连保税区
0609	满洲里车站海关	满铁路	0907	大连保税物流园区	连物流园
0610	满市区	满市区	0908	连大窑湾	连大窑湾
0611	满洲里机场海关	满机场	0909	大连邮局海关	连邮局关
0612	阿尔山海关	阿尔山关	0910	大连大窑湾保税港区	连保税港
0613	赤峰保税物流中心	赤峰物流	0911	大连长兴岛海关	长兴岛关
0614	额布都格海关	额布都格	0912	大连国际快件监管中心	大连快件
0615	满洲里综合保税区	满综保区	0915	庄河海关	庄河海关
0616	满洲里国际邮件互换局兼交换站	满关邮办	0916	七贤岭海关	七贤岭关
0700	**呼特关区**	**呼特关区**	0917	旅顺海关	旅顺海关
0701	赛罕海关	赛罕海关	0919	金石滩海关	金石滩关
0702	二连海关驻铁路口岸办事处	二关铁路	0930	丹东海关	丹东海关
0703	包头海关	包头海关	0931	本溪海关	本溪海关
0704	呼关邮办	呼关邮办	0932	太平湾海关	丹太平湾
0705	二连海关驻公路口岸办事处	二关公路	0940	营口海关	营口海关
0706	包头海关驻国际集装箱中转站办事处	包头箱站	0941	盘锦海关	盘锦海关
0707	额济纳海关	额济纳关	0942	盘锦港保税物流中心（B型）	盘港物流
0708	乌拉特海关	乌拉特关	0943	营口综合保税区	营口综保
0709	满都拉口岸	满达口岸	0950	鲅鱼圈关	鲅鱼圈关
0710	东乌海关	东乌海关	0951	营口港保税物流中心	营港物流
0711	呼和浩特白塔机场海关	机场海关	0953	鲅鱼圈海关驻仙人岛办事处	仙人岛办
0712	呼和浩特综合保税区	呼综保区	0960	大东港关	大东港关
0713	鄂尔多斯海关	鄂尔多斯	0980	鞍山海关	鞍山海关
0714	集宁海关	集宁海关	**1500**	**长春关区**	**长春关区**
0715	乌海海关	乌海海关	1501	长春绿园海关	绿园海关
0716	鄂尔多斯综合保税区	鄂综保区	1502	长春兴隆海关	兴隆海关
0717	包头保税物流中心（B型）	包头保B	1503	长白海关	长白海关
0718	巴彦淖尔市保税物流中心（B型）	巴市保B	1504	白山海关临江口岸	临江口岸

关区代码	关区名称	关区简称	关区代码	关区名称	关区简称
1505	图们海关	图们海关	1911	密山海关	密山海关
1506	通化海关	通化海关	1912	虎林海关	虎林海关
1507	珲春海关	珲春海关	1913	同江海关富锦口岸监管点	同江富锦
1508	吉林海关	吉林海关	1914	抚远海关	抚远海关
1509	延吉海关	延吉海关	1915	漠河海关	漠河海关
1510	长春兴隆综合保税区	长春综保	1916	萝北海关	萝北海关
1511	长春龙嘉机场海关	龙嘉机场	1917	嘉荫海关	嘉荫海关
1512	松原海关	松原海关	1918	饶河海关	饶河海关
1513	白城海关	白城海关	1919	冰城海关驻香坊办事处	冰城香办
1514	白山海关	白山海关	1920	哈开发区	哈开发区
1515	图们车办	图们车办	1921	黑龙江绥芬河综合保税区	绥综保区
1516	通海关村	通海关村	1922	冰城海关驻邮局办事处	冰城邮办
1517	珲长岭子	珲长岭子	1923	哈关车办	哈关车办
1518	吉林海关驻车站办事处	吉关车办	1924	哈尔滨太平机场海关	哈机场关
1519	图们海关三合口岸	图们三合	1925	绥关公路	绥关公路
1521	一汽场站	一汽场站	1926	哈尔滨综合保税区	哈综保区
1522	长白山海关	长白山海关	1927	哈尔滨综合保税区口岸作业区	哈综口岸
1523	四平海关	四平海关	1928	绥芬河综合保税区口岸作业区	绥综口岸
1524	辽源海关	辽源海关	1929	牡丹江保税物流中心（B型）	牡保B型
1525	图们桥办	图们桥办	1930	冰城海关	冰城海关
1526	通集青石	通集青石	1931	鹤岗海关	鹤岗海关
1527	珲春圈河	珲春圈河	1932	黑河保税物流中心（B型）	黑河保B
1528	吉林市保税物流中心（B型）	吉林物流	**2200**	**上海海关**	**上海海关**
1529	延吉南坪	延吉南坪	2201	浦江海关	浦江海关
1531	长春兴隆铁路集装箱场站	兴隆铁路	2202	吴淞海关	吴淞海关
1536	通化海关驻集安车站办事处	通集铁路	2203	上海虹桥机场海关	虹桥机场
1537	珲沙坨子	珲沙坨子	2204	闵开发区	闵开发区
1539	图们海关开山屯口岸	图开山屯	2205	上海车站海关	车站海关
1546	通化海关集安公路口岸	通集公路	2206	上海邮局海关	邮局海关
1547	珲春综合保税区	珲综保区	2207	洋山海关	洋山海关
1549	延古城里	延古城里	2208	宝山海关	宝山海关
1557	珲春海关驻车站办事处	珲春车办	2209	龙吴海关	龙吴海关
1559	延吉邮办	延吉邮办	2210	浦东海关	浦东海关
1569	延吉海关驻机场办事处	延吉机办	2211	卢湾监管	卢湾监管
1579	延吉空港海关快件监管中心	延关快件	2212	奉贤海关	奉贤海关
1589	延吉国际空港经济开发区保税物流中心（B型）	延吉保B	2213	莘庄海关	莘庄海关
			2214	漕河泾发	漕河泾发
1591	长春邮局海关	长邮海关	2215	上海西北物流园区	西北物流
1593	长白邮办	长白邮办	2216	上海浦东机场综合保税区	浦机综保
1595	图们邮办	图们邮办	2217	嘉定海关	嘉定海关
1596	通集邮办	通集邮办	2218	外高桥关	外高桥关
1900	**哈尔滨区**	**哈尔滨区**	2219	杨浦海关	沪杨浦关
1901	哈尔滨关	哈尔滨关	2220	金山海关	金山海关
1902	绥关铁路	绥关铁路	2221	松江海关	松江海关
1903	黑河海关	黑河海关	2222	青浦海关	青浦海关
1904	同江海关	同江海关	2223	上海科创中心海关	沪科创关
1905	佳木斯海关	佳木斯海关	2224	崇明海关	崇明海关
1906	牡丹江关	牡丹江关	2225	外港海关	外港海关
1907	东宁海关	东宁海关	2226	贸易网点	贸易网点
1908	逊克海关	逊克海关	2227	普陀区站	普陀区站
1909	齐齐哈尔	齐齐哈尔	2228	上海会展中心海关	沪会展关
1910	大庆海关	大庆海关	2229	航交办	航交办

关区代码	关区名称	关区简称	关区代码	关区名称	关区简称
2230	徐汇海关	沪徐汇关	2328	苏州海关驻吴中办事处	苏吴中办
2231	洋山海关驻市内报关点	洋山市内	2329	启东海关	启东海关
2232	嘉定海关驻出口加工区办事处	嘉定出口	2330	泰州海关驻泰兴办事处	泰泰兴办
2233	浦东机场	浦东机场	2331	宜兴海关	宜兴海关
2234	上海钻石交易所海关	沪钻交所	2332	锡锡山办	锡锡山办
2235	上海松江综合保税区A区	松江综A	2333	南通关办	南通关办
2236	洋山海关驻芦潮港铁路集装箱中心站监管点	洋山芦潮	2334	新沂保税物流中心（B型）	新沂保B
			2335	昆山加工	昆山加工
2237	上海松江综合保税区B区	松江综B	2336	苏园加工	苏园加工
2238	上海青浦综合保税区	青浦综保	2337	徐州综合保税区	徐州综保
2239	上海奉贤综合保税区	奉贤综保	2338	苏关邮办	苏关邮办
2240	上海漕河泾综合保税区	漕河泾综	2339	南通海关驻出口加工区办事处	南通加工
2241	黄浦海关	沪黄浦关	2340	无锡海关驻出口加工区办事处	无锡加工
2242	沪业二处	沪业二处	2341	连云港海关驻连云港出口加工区办事处	连关加工
2243	虹口海关	沪虹口关			
2244	上海快件	上海快件	2342	连云港海关驻赣榆办事处	连赣榆办
2245	上海金桥综合保税区	金桥综保	2343	南京海关驻江苏南京出口加工区（南区）办事处	宁南加工
2246	上海保税物流园区	保税物流			
2247	上海海关驻化学工业区办事处	沪化工区	2344	苏州海关驻苏州高新区出口加工区办事处	苏高加工
2248	洋山海关（港区）	洋山港区			
2249	洋山特殊综合保税区	洋山特综	2345	镇江海关驻镇江出口加工区办事处	镇江加工
2250	驻空港区域办事处	沪空港办	2346	连云港综合保税区	连关综保
2251	驻金桥办事处	沪金桥办	2347	苏州工业园区海关驻苏州工业园区出口加工区B区办事处	苏园B区
2252	虹桥商务区保税物流中心（B型）	虹桥B保			
2300	**南京海关**	**南京海关**	2348	金港海关	金港海关
2301	连云港关	连云港关	2349	金陵海关驻邮局办事处	金陵邮办
2302	南通海关	南通海关	2350	苏州高新区保税物流中心（B型）	苏高物流
2303	苏州海关	苏州海关	2351	金陵海关驻江宁办事处	金陵江宁
2304	无锡海关	无锡海关	2352	南京空港保税物流中心（B型）	宁空保B
2305	张家港关	张家港关	2353	常州海关驻出口加工区办事处	常关出加
2306	常州海关	常州海关	2354	扬州海关驻出口加工区办事处	扬关出加
2307	镇江海关	镇江海关	2355	常熟海关驻出口加工区办事处	常熟出加
2308	新生圩关	新生圩关	2356	吴江海关驻出口加工区办事处	吴江出加
2309	盐城海关	盐城海关	2357	常州海关驻武进办事处	常关武办
2310	扬州海关	扬州海关	2358	苏州工业园综合保税区	苏园保税
2311	徐州海关	徐州海关	2359	苏州海关驻吴中出口加工区办事处	吴中出加
2312	江阴海关	江阴海关	2360	盐城海关驻大丰港办事处	盐关港办
2313	张保税区	张保税区	2361	淮安海关驻出口加工区办事处	淮关出加
2314	苏工业区	苏工业区	2362	江阴保税物流中心	澄关物流
2315	淮安海关	淮安海关	2363	太仓保税物流中心	太仓物流
2316	泰州海关	泰州海关	2364	江苏武进出口加工区	武进出加
2317	南京禄口机场海关	禄口机场	2365	张家港保税港区	张保税港
2318	金陵海关驻江北办事处	金陵江北	2366	中华人民共和国宿迁海关	宿迁海关
2319	如皋海关	如皋海关	2367	泰州海关驻出口加工区办事处	泰出加区
2320	无锡海关驻机场办事处	锡关机办	2368	苏州高新技术产业开发区综合保税区	苏高综保
2321	常溧阳办	常溧阳办	2369	昆山综合保税区	昆山综保
2322	镇丹阳办	镇丹阳办	2370	连云港保税物流中心	连关物流
2323	金陵海关	金陵海关	2371	盐城海关驻机场办事处	盐机场办
2324	常熟海关	常熟海关	2372	盐城综合保税区	盐城综保
2325	昆山海关	昆山海关	2373	淮安综合保税区	淮安综保
2326	吴江海关	吴江海关	2374	无锡高新区综合保税区	锡高综保
2327	太仓海关	太仓海关	2375	靖江海关	靖江海关

关区代码	关区名称	关区简称	关区代码	关区名称	关区简称
2376	南通综合保税区	南通综保	2934	温关鳌办	温关鳌办
2377	南京综合保税区（龙潭片）	龙潭综保	2935	温州海关驻瑞安办事处	温关瑞办
2378	南京综合保税区（江宁片）	江宁综保	2936	温州海关驻乐清办事处	温关乐办
2379	苏州海关驻相城办事处	苏相城办	2937	温州保税物流中心（B型）	温州物流
2380	太仓港综合保税区	太仓综保	2938	温州综合保税区	温州综保
2381	苏州工业园综合保税区贸易功能区	苏园贸易	2941	嵊泗海关	嵊泗海关
2382	苏州海关驻虎丘办事处	苏虎丘办	2942	舟山海关金塘监管科	舟关金塘
2383	如东海关	如东海关	2943	舟山海关驻舟山港综合保税区办事处	舟关综保
2384	如皋港保税物流中心	如皋物流	2951	台州海关驻临海办事处	台关临办
2385	泰州综合保税区	泰州综保	2952	台州海关驻温岭办事处	台关温办
2386	镇江综合保税区	镇江综保	2953	台州海关驻玉环办事处	台关玉办
2387	常州综合保税区	常州综保	2961	绍兴海关驻上虞办事处	绍关虞办
2388	武进综合保税区	武进综保	2962	绍兴海关驻诸暨办事处	绍关诸办
2389	常熟综合保税区	常熟综保	2963	绍兴海关驻新嵊办事处	绍关新办
2390	吴江综合保税区	吴江综保	2971	湖州海关驻安吉办事处	湖关安办
2391	徐州保税物流中心	徐州物流	2972	湖州海关驻德清办事处	湖关德办
2392	南通海关驻海门办事处	通海门办	2979	湖州保税物流中心（B型）	湖州保B
2393	南通海关驻海安办事处	通海安办	2981	嘉关乍办	嘉关乍办
2394	吴中综合保税区	吴中综保	2982	嘉兴海关驻嘉善办事处	嘉关善办
2395	大丰港保税物流中心	大丰物流	2983	嘉兴综合保税区	嘉兴综保
2396	海安保税物流中心（B型）	海安物流	2984	嘉兴海关驻海宁办事处	嘉关宁办
2397	江阴综合保税区	江阴综保	2985	嘉兴海关驻桐乡办事处	嘉兴桐办
2398	扬州综合保税区	扬州综保	2986	嘉兴综合保税区（B）区	嘉综B区
2900	**杭州关区**	**杭州关区**	2991	杭州综合保税区	杭州综保
2901	钱江海关综合业务三处	钱综三处	2992	杭州保税物流中心（B型）	杭州物流
2902	钱江海关	钱江海关	**3100**	**宁波关区**	**宁波关区**
2903	温州海关	温州海关	3101	海曙海关	海曙海关
2904	舟山海关	舟山海关	3102	镇海海关	镇海海关
2905	台州海关	台州海关	3103	北仑海关驻甬城办事处	甬北城办
2906	绍兴海关	绍兴海关	3104	北仑海关	北仑海关
2907	湖州海关	湖州海关	3105	宁波保税区海关	甬保税区
2908	嘉兴海关	嘉兴海关	3106	大榭海关	大榭海关
2909	钱江海关驻下沙办事处	钱关下沙	3107	余姚海关	余姚海关
2910	杭州萧山机场海关	杭州机场	3108	慈溪海关	慈溪海关
2911	钱江海关驻邮局办事处	钱关邮办	3109	宁波机场海关	甬机场关
2912	钱江海关驻萧然办事处	钱关萧办	3110	象山海关	象山海关
2915	丽水海关	丽水海关	3111	宁波保税区海关驻出口加工区办事处	甬加工区
2916	杭州萧山机场海关快件监管中心	杭州快件	3112	宁波保税物流园区	甬物流区
2917	衢州海关	衢州海关	3113	浙江慈溪出口加工区	慈加工区
2918	钱江海关驻余杭办事处	钱关余办	3114	鄞州海关	鄞州海关
2919	钱江海关驻富阳办事处	钱关富办	3115	栎社海关	栎社海关
2920	金华海关	金华海关	3116	宁波梅山保税港区港口功能区	梅山港区
2921	义乌海关	义乌海关	3117	宁波梅山保税港区保税加工物流功能区	梅山保税
2922	金华海关驻永康办事处	金关永办			
2923	义乌保税物流中心	义乌物流	3118	宁波栎社国际机场快件监管中心	宁波快件
2924	金义综合保税区	金义综保	3119	宁波邮局海关	甬邮局关
2927	义乌海关驻机场办事处	义关机办	3120	宁波镇海保税物流中心（B型）	镇海物流
2928	杭州跨境电子商务海关监管中心	杭关电商	3121	北仑海关驻临港办事处	甬北港办
2929	钱江海关驻建德办事处	钱关建办	3122	北仑海关驻穿山办事处	甬北穿办
2931	温关邮办	温关邮办	3123	甬江海关	甬江海关
2932	温经开关	温经开关	3124	奉化海关	奉化海关
2933	温关机办	温关机办	3125	宁海海关	宁海海关

关区代码	关区名称	关区简称	关区代码	关区名称	关区简称
3126	杭州湾新区海关	甬新区关	3701	厦门海关	厦门海关
3300	**合肥海关**	**合肥海关**	3702	泉州海关驻刺桐办事处	泉刺桐办
3301	芜湖海关	芜湖海关	3703	漳州海关	漳州海关
3302	安庆海关	安庆海关	3704	东山海关	东山海关
3303	马鞍山海关	马鞍山关	3705	泉州海关驻石狮办事处	泉石狮办
3304	黄山海关	黄山海关	3706	龙岩海关	龙岩海关
3305	蚌埠海关	蚌埠海关	3707	泉州海关驻泉港办事处	泉泉港办
3306	铜陵海关	铜陵海关	3708	厦门海沧保税港区港口功能区	海沧港区
3307	阜阳海关	阜阳海关	3709	厦门海沧保税港区保税加工物流功能区	海沧保税
3308	池州海关	池州海关	3710	高崎海关	高崎海关
3309	滁州海关	滁州海关	3711	厦门东渡海关	东渡海关
3310	庐州海关	庐州海关	3712	海沧海关	海沧海关
3311	合肥新桥机场海关	新桥机场	3713	厦门邮局海关	邮局海关
3312	芜湖综合保税区	芜湖综保	3714	象屿保税	象屿保税
3313	合肥经济技术开发区综合保税区	经开综保	3715	厦门机场海关	机场海关
3315	宣城海关	宣城海关	3716	集同海关	集同海关
3316	蚌埠（皖北）保税物流中心（B型）	蚌埠物流	3717	象屿保税物流园区	厦物流园
3317	合肥综合保税区	合肥综保	3718	泉州综合保税区	泉综保区
3318	淮南海关	淮南海关	3719	厦门加工	厦门加工
3319	宿州海关	宿州海关	3720	厦门火炬（翔安）保税物流中心	厦门物流
3320	合肥新桥国际机场海关监管快件中心	合关快件	3722	翔安海关大嶝监管科	大嶝监管
3321	安庆（皖西南）保税物流中心（B型）	安庆物流	3723	泉州海关驻晋江办事处	泉晋江办
3322	安徽皖东南保税物流中心（B型）	宣城物流	3724	厦门邮轮港海关	邮轮海关
3323	合肥空港保税物流中心（B型）	空港物流	3725	翔安海关	翔安海关
3324	马鞍山综合保税区	马综保区	3726	泉州海关驻晋江办事处陆地港监管科	泉陆地港
3325	六安海关	六安海关	3727	古雷海关	古雷海关
3326	淮北海关	淮北海关	3728	泉州海关驻安溪办事处	泉安溪办
3327	亳州海关	亳州海关	3729	泉州海关驻南安办事处	泉南安办
3328	铜陵（皖中南）保税物流中心（B型）	铜陵物流	3730	厦门邮轮港海关驻五通办事处	厦五通办
			3731	漳州海关驻招银办事处	漳招银办
3500	**福州关区**	**福州关区**	3732	泉州海关	泉州海关
3501	马尾海关	马尾海关	3733	漳州台商投资区保物流中心	漳州保B
3502	榕城海关驻福清办事处	榕福清办	3777	厦稽查处	厦稽查处
3503	宁德海关	宁德海关	3788	厦侦查局	厦侦查局
3504	三明海关	三明海关	**4000**	**南昌关区**	**南昌关区**
3505	榕城海关驻罗源湾办事处	榕罗源办	4001	赣江新区海关	赣江海关
3506	莆田海关	莆田海关	4002	九江海关	九江海关
3507	福州长乐机场海关	机场海关	4003	赣州海关	赣州海关
3508	福州新港	福州新港	4004	景德镇关	景德镇关
3509	榕城海关驻邮局办事处	榕邮局办	4005	吉安海关	吉安海关
3510	南平海关	南平海关	4006	南昌昌北机场海关	昌北机场
3511	武夷山关	武夷山关	4007	青山湖海关	青山湖关
3512	黄岐对台小额贸易监管点	黄岐监管	4008	龙南海关	龙南海关
3513	榕城海关驻快安办事处	榕快安办	4009	新余海关	新余海关
3515	平潭港区港口功能区	平潭港区	4010	九江海关驻出口加工区办事处	浔关区办
3516	平潭海关	平潭海关	4011	南昌海关驻出口加工区办事处	洪关区办
3520	福州出口加工区海关	福州加工	4012	赣州海关驻出口加工区办事处	虔关区办
3521	翔福保税物流中心（B型）	翔福保B	4013	上饶海关	上饶海关
3522	福州保税物流园区	福物流园	4014	南昌保税物流中心	南昌物流
3523	福州保税港区（江阴）保税功能区	福保税港	4015	井冈山出口加工区	吉井加工
3700	**厦门关区**	**厦门关区**	4016	鹰潭海关	鹰潭海关

关区代码	关区名称	关区简称	关区代码	关区名称	关区简称
4017	赣州综合保税区	赣州综保	4261	烟台国际陆港快件监管中心	烟港快件
4018	宜春海关	宜春海关	4262	威海综合保税区南区	威综保南
4019	南昌综合保税区	南昌综保	4263	海阳海关	海阳海关
4020	龙南保税物流中心	龙南物流	4264	烟台海关驻莱阳办事处	烟莱阳办
4021	萍乡海关	萍乡海关	4265	胶州海关	胶州海关
4022	抚州海关	抚州海关	4266	即墨海关	即墨海关
4023	九江综合保税区	九江综保	4267	烟台海关驻招远办事处	烟招远办
4024	南昌昌北机场海关快件监管中心	南昌快件	4268	董家口港海关	青董港关
4025	南昌昌北机场海关邮件监管中心	南昌邮件	4269	石岛新港国际快件中心	石港快件
4200	**青岛海关**	**青岛海关**	4270	威海海关驻文登办事处	威文登办
4201	烟台海关	烟台海关	4271	日照综合保税区	日照综保
4202	日照海关	日照海关	4272	青岛大港 H986 快件监管中心	大港快件
4203	龙口海关	龙口海关	4273	青岛即墨综合保税区	即墨综保
4204	威海海关	威海海关	4274	烟台福山回里保税物流中心（B 型）	烟福保 B
4208	烟台海关驻出口加工区 B 区办事处	烟加 B 区	4275	烟台海关驻芝罘办事处	烟芝罘办
4209	荣成海关	荣成海关	4277	青岛西海岸新区保税物流中心（B 型）	青西保 B
4210	青保税区	青保税区			
4211	济宁海关	济宁海关	4288	烟台海关驻八角办事处	烟八角办
4213	临沂海关	临沂海关	**4300**	**济南海关**	**济南海关**
4214	青前湾港	青前湾港	4301	泉城海关	泉城海关
4215	菏泽海关	菏泽海关	4302	济南机场海关	济机场关
4217	枣庄海关	枣庄海关	4303	济南综合保税区	济综保区
4218	青开发区	青开发区	4305	济南邮局海关	济邮局关
4219	蓬莱海关	蓬莱海关	4306	济南章锦综合保税区	章锦综保
4220	青机场关	青机场关	4310	潍坊海关	潍坊海关
4221	烟机场办	烟机场办	4311	潍诸城办	潍诸城办
4222	莱州海关	莱州海关	4312	潍坊综合保税区	潍综保区
4223	青岛邮局海关	青岛邮关	4313	潍坊海关驻寿光办事处	潍寿光办
4224	烟台海关驻长岛办事处	烟关长办	4315	诸城保税物流中心	诸城物流
4225	威海海关驻海港办事处	威海港办	4320	淄博海关	淄博海关
4227	青岛大港	青岛大港	4321	淄博保税物流中心	淄博物流
4228	烟关快件	烟关快件	4322	淄博综合保税区	淄博综保
4230	青岛前湾保税港区保税功能区	前湾保税	4330	泰安海关	泰安海关
4231	烟开发区	烟开发区	4341	济南机场海关快件监管现场	济机快件
4232	日岚山办	日岚山办	4342	济南邮局海关快件监管现场	济邮快件
4236	荣成海关驻龙眼港办事处	荣龙眼办	4350	东营海关	东营海关
4238	威海海关驻邮局办事处	威邮局办	4351	东营综合保税区	东营综保
4240	青岛海关快件监管中心	青关快件	4360	聊城海关	聊城海关
4241	烟加工区	烟加工区	4370	德州海关	德州海关
4242	威海综合保税区北区	威综保北	4380	滨州海关	滨州海关
4243	济宁海关驻曲阜办事处	济曲阜办	4381	滨州保税物流中心	滨州物流
4245	烟台海关驻邮局办事处	烟台邮办	4390	莱芜海关	莱芜海关
4246	青岛胶州湾综合保税区	青胶综保	**4600**	**郑州关区**	**郑州关区**
4247	威海海关驻机场办事处	威机场办	4601	金水海关	金水海关
4250	青岛西海岸综合保税区	青西综区	4602	洛阳海关	洛阳海关
4253	日照保税物流中心	日照物流	4603	南阳海关	南阳海关
4254	青岛保税物流中心	青岛物流	4604	郑州机场海关	郑机场关
4256	威海国际物流园快件监管中心	威港快件	4605	郑州邮局海关	郑邮局关
4257	临沂综合保税区	临综保区	4606	郑州车站海关	郑车站关
4258	青岛前湾保税港区口岸作业区	前湾口岸	4607	安阳海关	安阳海关
4259	黄岛海关快件监管中心	黄关快件	4608	郑州新区海关	新区海关
4260	青岛国际陆港快件监管中心	青港快件	4609	商丘海关	商丘海关

关区代码	关区名称	关区简称	关区代码	关区名称	关区简称
4610	周口海关	周口海关	4730	恩施海关	恩施海关
4611	郑州经开综合保税区	经开综保	4731	武汉经开综合保税区	经开综保
4612	新郑海关	新郑海关	4732	仙桃保税物流中心（B型）	仙桃物流
4613	郑州海关航空进出境快件监管中心	郑州空港	4733	荆门保税物流中心（B型）	荆门保B
4614	焦作海关	焦作海关	4734	宜昌综合保税区	宜昌综保
4615	三门峡海关	三门峡海关	**4900**	**长沙关区**	**长沙关区**
4616	新乡海关	新乡海关	4901	衡阳海关	衡阳海关
4617	信阳海关	信阳海关	4902	岳阳海关	岳阳海关
4618	鹤壁海关	鹤壁海关	4903	郴州海关	郴州海关
4619	河南德众保税物流中心	德众物流	4904	常德海关	常德海关
4620	郑州航空港经济综合实验区	郑航空港	4905	星沙海关霞凝辖区	星关霞办
4621	中华人民共和国许昌海关	许昌海关	4906	株洲海关	株洲海关
4622	南阳卧龙综合保税区	南阳综保	4907	韶山海关	韶山海关
4623	河南商丘保税物流中心（B型）	商丘物流	4908	长沙黄花机场海关	湘机场关
4624	漯河海关	漯河海关	4909	株洲海关驻醴陵办事处	株关醴办
4625	濮阳海关	濮阳海关	4910	郴州综合保税区	郴州综保
4626	商丘海关驻民权办事处	民权办	4911	永州海关	永州海关
4627	河南民权保税物流中心（B型）	民权保B	4913	长沙金霞保税物流中心	金霞物流
4628	济源海关	济源海关	4914	张家界海关	张家界关
4629	驻马店海关	驻马店海关	4915	衡阳综合保税区	衡阳综保
4630	平顶山海关	平顶山海关	4916	星沙海关	星沙海关
4631	开封海关	开封海关	4917	湘潭综合保税区	湘潭综保
4700	**武汉海关**	**武汉海关**	4918	星沙海关驻浏阳办事处	星关浏办
4701	宜昌海关	宜昌海关	4919	岳阳城陵矶综合保税区	岳阳综保
4702	荆州海关	荆州海关	4920	长沙邮局海关	湘邮海关
4703	襄阳海关	襄阳海关	4921	长沙黄花综合保税区	黄花综保
4704	黄石海关	黄石海关	4922	株洲铜塘湾保税物流中心（B型）	株洲物流
4705	汉阳海关	汉阳海关	4923	邵阳海关	邵阳海关
4706	宜三峡办	宜三峡办	4924	益阳海关	益阳海关
4707	鄂加工区	鄂加工区	4925	怀化海关	怀化海关
4708	现场业务一处	现场一处	4926	湘西海关	湘西海关
4709	武汉海关驻江汉办事处东西湖保税物流中心	武江物流	4927	星沙海关长沙国际铁路港监管作业区	星关铁运
			4928	中华人民共和国娄底海关	娄底海关
4710	武关货管	武关货管	**5000**	**广东分署**	**广东分署**
4711	武汉海关快件监管中心	武关快件	**5100**	**广州海关**	**广州海关**
4712	武关机场	武关机场	5101	内港新风	内港新风
4713	武汉邮局海关	邮局海关	5102	越秀海关	越秀海关
4714	新港海关	新港海关	5103	清远海关	清远海关
4715	汉口海关	汉口海关	5104	清远英德	清远英德
4716	十堰海关	十堰海关	5105	查检二科	天河保税
4718	武昌海关	武昌海关	5106	南沙海关散货码头监管科	南沙散货
4719	武汉东湖综合保税区	东湖综保	5107	肇庆高新区大旺进出境货运车辆检查场	肇庆大旺
4720	黄石棋盘洲保税物流中心	黄石物流			
4721	仙桃海关	仙桃海关	5108	肇庆德庆	肇庆德庆
4722	武汉东湖综合保税区口岸作业区	东湖陆港	5109	滘心审核业务科	海珠滘心
4723	宜昌三峡保税物流中心（B型）	宜昌物流	5110	南海海关	南海海关
4724	襄阳保税物流中心（B型）	襄阳物流	5111	南海官窑	南海官窑
4725	武汉新港空港综合保税区东西湖园区	空港综保	5112	南海九江	南海九江
4726	武汉新港空港综合保税区阳逻港园区	新港综保	5113	南海北村	南海北村
4727	荆门海关	荆门海关	5114	南海平洲	南海平洲
4728	鄂州海关	鄂州海关	5115	荔湾海关	荔湾海关
4729	随州海关	随州海关	5116	南海业务	南海业务

关区代码	关区名称	关区简称	关区代码	关区名称	关区简称
5117	桂江货柜车场	桂江车场	5174	肇庆旅检	肇庆旅检
5118	平洲旅检	平洲旅检	5175	肇庆码头	肇庆码头
5119	南海三山	南海三山	5176	肇庆四会	肇庆四会
5120	海珠海关	海珠海关	5177	肇庆三榕	肇庆三榕
5121	内港芳村	内港芳村	5178	云浮海关	云浮海关
5122	内港洲嘴	内港洲嘴	5179	罗定海关	罗定海关
5123	内港四仓	内港四仓	5180	佛山海关	佛山海关
5124	罗定监管科	双东车场	5181	高明海关	高明海关
5125	从化海关	从化海关	5182	佛山澜石	佛山澜石
5126	内港赤航	内港赤航	5183	三水码头	三水码头
5130	广州萝岗	广州萝岗	5184	佛山窖口	佛山窖口
5131	花都海关	花都海关	5185	佛山海关快件监管现场	佛山快件
5132	花都码头	花都码头	5186	佛山保税	佛山保税
5133	广州海关中新知识城	穗知识城	5187	佛山车场	佛山车场
5134	穗保税处	穗保税处	5188	佛山火车	佛山火车
5135	天河海关驻市政务中心监管点	天河海关	5189	佛山新港	佛山新港
5136	穗统计处	穗统计处	5190	韶关海关	韶关海关
5137	穗价格处	穗价格处	5191	韶关乐昌	韶关乐昌
5138	高明食出	高明食出	5192	三水海关	三水海关
5139	穗监管处	穗监管处	5193	三水车场	三水车场
5140	穗关税处	穗关税处	5194	三水港	三水港
5141	广州机场	广州机场	5195	审单中心	审单中心
5142	民航快件	民航快件	5196	云浮新港	云浮新港
5143	广州车站	广州车站	5197	广州白云机场海关驻跨境电商监管中心办事处	白云电商
5144	广州白云机场综合保税区	穗机综保			
5145	广州邮办	广州邮办	5198	穗河源关	穗河源关
5146	驻会展中心办事处	穗关会展	5199	穗技术处	穗技术处
5147	穗邮办监	穗邮办监	**5200**	**黄埔关区**	**黄埔关区**
5148	穗大郎站	穗大郎站	5201	黄埔老港海关	埔老港关
5149	大铲海关	大铲海关	5202	黄埔新港海关	埔新港关
5150	顺德海关	顺德海关	5203	增城海关	增城海关
5151	顺德海关加工贸易监管科	顺德保税	5204	东莞海关	东莞海关
5152	顺德食出	顺德食出	5205	太平海关	太平海关
5153	顺德车场	顺德车场	5207	凤岗海关	凤岗海关
5154	北窖车场	北窖车场	5208	穗东海关	穗东海关
5155	顺德旅检	顺德旅检	5209	东江口海关	埔东海关
5157	顺德陈村港澳货柜车检查场	陈村车场	5210	埔红海办	埔红海办
5158	顺德勒流	顺德勒流	5212	新沙海关	新沙海关
5160	番禺海关	番禺海关	5213	东莞长安海关	埔长安关
5161	沙湾车场	沙湾车场	5214	常平海关	常平海关
5162	番禺旅检	番禺旅检	5216	沙田海关	沙田海关
5163	番禺货柜	番禺货柜	5217	东莞海关寮步车检场	寮步车场
5164	番禺船舶	番禺船舶	5218	新塘海关江龙车检场	江龙车场
5165	南沙海关保税港区监管点	南沙保税	5219	广州保税物流园区	埔物流园
5166	南沙海关南沙港区监管点	南沙新港	5220	东莞保税物流中心（B型）	东莞物流
5167	南沙货港	南沙货港	5221	增城海关驻荔城办事处	埔荔城办
5168	南沙海关汽车码头监管点	南沙汽车	5222	东莞清溪保税物流中心（B型）	清溪物流
5169	南沙海关	南沙海关	5223	东莞海关驻邮局办事处	东莞邮办
5170	肇庆海关	肇庆海关	5224	萝岗海关	萝岗海关
5171	肇庆高要	肇庆高要	5225	东莞虎门港综合保税区	虎门综保
5172	肇庆车场	肇庆车场	**5300**	**深圳海关**	**深圳海关**
5173	肇庆新港	肇庆新港	5301	皇岗海关	皇岗海关

关区代码	关区名称	关区简称	关区代码	关区名称	关区简称
5302	罗湖海关	罗湖海关	5355	福中海关	福中海关
5303	沙头角关	沙头角关	5356	前海海关	前海海关
5304	蛇口海关	蛇口海关	5357	观澜海关	观澜海关
5305	福强海关	福强海关	5358	西沥海关	西沥海关
5306	笋岗海关	笋岗海关	**5700**	**拱北关区**	**拱北关区**
5307	南头海关	南头海关	5701	拱稽查处	拱稽查处
5308	龙岗海关	龙岗海关	5710	闸口海关	闸口海关
5309	布吉海关	布吉海关	5720	中山海关	中山海关
5310	淡水办	淡水办	5721	中山港	中山港
5311	深关车站	深关车站	5724	中石岐办	中石岐办
5312	深监管处	深监管处	5725	坦洲货场	坦洲货场
5313	深调查局	深调查局	5726	中山保税物流中心	中山物流
5314	深关邮局	深关邮局	5727	小榄港	小榄港
5315	惠东海关	惠东海关	5728	神湾港	神湾港
5316	大鹏海关	大鹏海关	5729	中山国际快件监管中心	中山快件
5317	深关宝安机场	深机场关	5730	香洲海关	香洲海关
5318	梅林海关	梅林海关	5740	湾仔海关	湾仔海关
5319	同乐海关	同乐海关	5741	湾仔船舶	湾仔船舶
5320	文锦渡关	文锦渡关	5750	九洲海关	九洲海关
5321	福田海关	福田海关	5760	拱白石办	拱白石办
5322	沙保税关	沙保税关	5770	斗门海关	斗门海关
5323	深审单处	深审单处	5771	斗井岸办	斗井岸办
5324	深审价办	深审价办	5772	斗平沙办	斗平沙办
5325	深关税处	深关税处	5780	高栏海关	高栏海关
5326	深数统处	深数统处	5782	宏达码头	宏达码头
5327	深法规处	深法规处	5788	港珠澳大桥海关	大桥海关
5328	深规范处	深规范处	5790	拱监管处	拱监管处
5329	深保税处	深保税处	5791	珠澳跨境工业区珠海园区海关办事机构	拱跨工区
5330	盐保税关	盐保税关			
5331	三门岛办	三门岛办	5792	拱保税区	拱保税区
5332	深财务处	深财务处	5793	万山海关	万山海关
5333	深侦查局	深侦查局	5794	万山海关桂山中途监管站	桂山中途
5334	深稽查处	深稽查处	5795	横琴海关	横琴海关
5335	深技术处	深技术处	5796	澳门大学新校区临时监管区	澳大校区
5336	深办公室	深办公室	5798	拱关邮检	拱关邮检
5337	大亚湾核	大亚湾核	5799	南屏快件	南屏快件
5338	惠州港关	惠州港关	**6000**	**汕头海关**	**汕头海关**
5339	坪山海关	坪山海关	6004	潮汕机场海关	潮汕机场
5340	沙湾海关	沙湾海关	6008	濠江海关	濠江海关
5341	深惠州关	深惠州关	6009	汕关邮包	汕关邮包
5342	深红海办	深红海办	6010	汕头保税物流中心	汕保物流
5343	深圳盐田港保税物流园区	深盐物流	6011	揭阳海关	揭阳海关
5344	惠州港海关驻大亚湾石化区办事处	惠石化办	6012	普宁海关	普宁海关
5345	深圳湾海关	深圳湾关	6013	澄海海关	澄海海关
5346	深圳机场海关快件监管中心	深机快件	6014	广澳海关	广澳海关
5348	大铲湾海关	深关大铲	6015	南澳海关	南澳海关
5349	深圳前海湾保税港区口岸作业区	前海港区	6016	濠江海关业务现场	濠江现场
5350	大运物资通关服务中心	大运通关	6018	揭阳海关驻惠来办事处	揭关惠来
5351	深圳前海湾保税港区保税功能区	前海保税	6019	龙湖海关	龙湖海关
5352	梅沙海关	梅沙海关	6020	汕头港海关	汕港海关
5353	西九龙站海关	西九龙关	6021	潮州海关	潮州海关
5354	莲塘海关	莲塘海关	6022	饶平海关	饶平海关

关区代码	关区名称	关区简称	关区代码	关区名称	关区简称
6026	汕头综合保税区	汕头综保	6841	开平码头	开平码头
6028	潮阳海关	潮阳海关	6847	开平电商	开平电商
6031	汕尾海关	汕尾海关	6850	恩平海关	恩平海关
6032	海城海关	海城海关	6851	恩平港	恩平港
6033	汕尾海关驻陆丰办事处	尾关陆丰	6860	鹤山海关	鹤山海关
6041	梅州海关	梅州海关	6861	鹤山码头	鹤山码头
6046	梅州综合保税区	梅州综保	6866	鹤山南方跨境电商快件分拣清关中心	南方电商
6400	**海口关区**	**海口关区**	6867	万年松电商	鹤松电商
6401	海口港海关	海口港	6870	阳江海关	阳江海关
6402	三亚海关	三亚海关	6871	阳江港	阳江港
6403	八所海关	八所海关	6872	阳江车场	阳江车场
6404	洋浦经济开发区海关	洋浦区关	**7200**	**南宁关区**	**南宁关区**
6405	海保税区	海保税区	7201	邕州海关	邕州海关
6406	文昌海关	文昌海关	7202	北海海关	北海海关
6407	美兰机场	美兰机场	7203	梧州海关	梧州海关
6408	洋浦港海关	洋浦港	7204	桂林海关	桂林海关
6409	海口综合保税区园区	海口综保	7205	柳州海关	柳州海关
6410	马村港海关	马村港	7206	防城海关	防城海关
6411	椰城海关	椰城海关	7207	东兴海关	东兴海关
6412	三沙海关	三沙海关	7208	凭祥海关	凭祥海关
6413	博鳌机场海关	博鳌机场	7209	贵港海关	贵港海关
6700	**湛江关区**	**湛江关区**	7210	水口海关	水口海关
6701	湛江海关	湛江海关	7211	龙邦海关	龙邦海关
6702	茂名海关	茂名海关	7212	钦州海关	钦州海关
6703	徐闻海关	徐闻海关	7213	桂林机办	桂林机办
6704	海东新区海关	海东海关	7214	北海综合保税区	北海综保
6705	茂名海关驻水东办事处	茂名水东	7215	广西钦州保税港区	南关钦保
6706	湛江吴川	湛江吴川	7216	南宁综合保税区	南宁综保
6707	廉江海关	廉江海关	7217	钦州港海关	钦州港关
6708	茂名高州	茂名高州	7218	玉林海关	玉林海关
6709	茂名信宜	茂名信宜	7219	广西凭祥综合保税区	南凭综保
6710	东海岛海关	东海岛关	7220	友谊关海关	友谊关
6711	霞山海关	霞山海关	7221	南宁吴圩机场海关	邕机场关
6712	霞海海关	霞海海关	7222	南宁邮局海关	邕邮局关
6713	湛江机场海关	湛江机场	7223	贺州海关	贺州海关
6714	湛江博贺	湛江博贺	7224	河池海关	河池海关
6715	湛江进出境快件监管中心	湛江快件	7225	爱店海关	爱店海关
6716	湛江保税物流中心	湛江物流	7226	峒中海关	峒中海关
6717	湛江调顺	湛江调顺	7227	防城港保税物流中心（B 型）海关	防港保 B
6718	遂溪北部湾园区	湛江遂溪	7228	中华人民共和国硕龙海关	硕龙海关
6800	**江门关区**	**江门关区**	7229	平孟海关	平孟海关
6810	江门海关	江门海关	7230	柳州保税物流中心（B 型）	柳州保 B
6811	高沙海关	高沙海关	**7900**	**成都关区**	**成都关区**
6812	外海海关	外海海关	7901	青白江海关	蓉青关
6813	江门旅检	江门旅检	7902	成都双流机场海关	蓉机双流
6815	江门跨境电商快件分拣清关中心	外海电商	7903	乐山海关	蓉乐关
6816	江门市进出境货运车辆检查场	江门车场	7904	攀枝花关	蓉攀关
6820	新会海关	新会海关	7905	绵阳海关	蓉绵关
6821	新会港	新会港	7906	成都邮局海关	蓉邮关
6830	台山海关	台山海关	7907	自贡海关	蓉盐关
6831	台公益港	台公益港	7908	内江海关	蓉内关
6840	开平海关	开平海关	7909	成都公路国际物流中心监管场站	公路场站

关区代码	关区名称	关区简称	关区代码	关区名称	关区简称
7910	成都双流机场海关非邮政快件监管点	蓉机快件	8304	筑城海关贵阳综合保税区功能区	贵阳综保
7911	泸州海关	蓉泸关	8305	贵阳现场	贵阳现场
7912	宜宾海关	蓉戎关	8306	贵安新区海关贵安综合保税区功能区	贵安综保
7913	南充海关	蓉南关	8307	贵安新区海关	贵安海关
7914	绵阳出口加工区	蓉绵加工	8308	中华人民共和国六盘水海关	六盘水关
7915	锦城海关	蓉锦关	8309	遵义综合保税区	遵义综保
7916	成都高新综合保税区	蓉锦西区	8310	凯里海关	凯里海关
7917	遂宁海关	蓉遂关	8311	毕节海关	毕节海关
7918	德阳海关	蓉旌关	8312	兴义海关	兴义海关
7919	达州海关	蓉通关	8313	铜仁海关	铜仁海关
7920	成都空港保税物流中心	蓉机保 B	**8600**	**昆明关区**	**昆明关区**
7921	泸州港保税物流中心	蓉泸保 B	8601	滇中海关	滇中海关
7922	成都高新综合保税区双流园区	蓉锦双流	8602	畹町海关	畹町海关
7923	宜宾港保税物流中心	蓉戎保 B	8603	瑞丽海关	瑞丽海关
7924	成都铁路保税物流中心	蓉青保 B	8604	章凤海关	章凤海关
7925	天府新区海关	蓉新关	8605	盈江海关	盈江海关
7926	广元海关	蓉利关	8606	孟连海关	孟连海关
7927	天府新区成都片区保税物流中心（B 型）	蓉新物流	8607	南伞海关	南伞海关
7928	成都国际铁路港综合保税区	蓉青综保	8608	孟定海关	孟定海关
7929	泸州综合保税区	蓉泸综保	8609	打洛海关	打洛海关
7930	宜宾综合保税区	蓉戎综保	8610	腾冲海关	腾冲海关
7931	成都高新西园综合保税区	蓉锦综保	8611	沧源海关	沧源海关
7932	绵阳综合保税区	蓉绵综保	8612	勐腊海关	勐腊海关
7933	南充保税物流中心	蓉南保 B	8613	河口海关	河口海关
7934	广安海关	蓉賨关	8614	金水河关	金水河关
8000	**重庆关区**	**重庆关区**	8615	天保海关	天保海关
8001	重庆海关	重庆海关	8616	田蓬海关	田蓬海关
8002	两江海关	两江海关	8617	大理海关	大理海关
8003	重庆江北机场海关	重庆机场	8618	芒市海关	芒市海关
8004	重庆邮局海关	重庆邮局	8619	腾冲海关驻隆阳办事处	腾驻隆阳
8005	万州海关	万州海关	8620	昆明机场	昆明机场
8006	渝州海关	渝州海关	8621	昆明邮局海关	邮局海关
8007	重庆港海关	重庆水港	8622	西双版纳	西双版纳
8008	渝加工区	渝加工区	8623	丽江海关	丽江海关
8009	涪陵海关	涪陵海关	8624	思茅海关	思茅海关
8010	重庆两路寸滩保税港区水港功能区	寸滩水港	8625	河口海关驻山腰办事处	河口山腰
8011	重庆江北机场国际快件中心	渝关快件	8626	怒江海关	怒江海关
8012	两路寸滩海关	两寸海关	8627	昆明海关现场业务处开发区监管科	昆明高新
8013	重庆西永综合保税区	西永综保	8628	云南昆明出口加工区	昆明加工
8014	重庆西永海关	西永海关	8629	香格里拉海关	香格里拉
8015	两路寸滩保税港区贸易功能区	渝贸园区	8631	勐康海关	勐康海关
8016	重庆铁路保税物流中心	渝铁物流	8632	昆明国际快件监管中心	昆明快件
8017	重庆南彭公路保税物流中心（B 型）	渝公物流	8633	红河综合保税区	红河综保
8018	黔江海关	黔江海关	8634	昆明综合保税区	昆明综保
8019	重庆江津综合保税区	江津综保	8635	昆明综合保税区口岸作业区	昆综口岸
8020	永川海关	永川海关	8636	昆明高新保税物流中心（B 型）	高新物流
8021	重庆涪陵综合保税区	涪陵综保	8637	红河综合保税区口岸作业区	红综口岸
8022	重庆果园保税物流中心（B 型）	果园保 B	8638	磨憨口岸国际快件监管中心	磨憨快件
8300	**贵阳海关**	**贵阳海关**	8639	昆明机场跨境电子商务直购监管中心	机场电商
8301	筑城海关	筑城海关	8640	腾俊国际陆港保税物流中心（B 型）	腾俊物流
8302	贵阳龙洞堡机场海关	黔机场关	8641	都龙海关	都龙海关
8303	中华人民共和国遵义海关	遵义海关	8642	瑞丽海关驻姐告办事处	瑞驻姐告

关区代码	关区名称	关区简称
8643	瑞丽海关驻弄岛办事处	瑞驻弄岛
8644	孟定海关驻临翔办事处	孟驻临翔
8645	西双版纳海关驻关累办事处	西驻关累
8646	蒙自海关	蒙自海关
8647	曲靖海关	曲靖海关
8648	玉溪海关	玉溪海关
8800	**拉萨海关**	**拉萨海关**
8801	聂拉木关	聂拉木关
8802	日喀则关	日喀则关
8803	狮泉河关	狮泉河关
8804	拉萨贡嘎机场海关	机场海关
8805	八廓海关	八廓海关
8806	普兰海关	普兰海关
8807	亚东海关	亚东海关
8808	吉隆海关	吉隆海关
8809	林芝海关	林芝海关
8810	拉萨综合保税区	拉萨综保
9000	**西安关区**	**西安关区**
9001	关中海关	关中海关
9002	咸阳机场	咸阳机场
9003	宝鸡海关	宝鸡海关
9004	西安邮局海关	邮局海关
9005	陕西西安出口加工区 A 区	陕加工 A
9006	陕西西安出口加工区 B 区	陕加工 B
9007	西安综合保税区	西安综保
9008	西安高新综合保税区	高新综保
9009	西安车站海关	车站海关
9010	延安海关	延安海关
9011	渭南海关	渭南海关
9012	榆林海关	榆林海关
9013	陕西西咸保税物流中心（B 型）	西咸物流
9014	汉中海关	汉中海关
9015	商洛海关	商洛海关
9016	西安航空基地综合保税区	航空综保
9017	宝鸡综合保税区	宝鸡综保
9400	**乌关区**	**乌关区**
9401	乌昌海关公路现场	乌昌公路
9402	霍尔果斯	霍尔果斯
9403	吐尔尕特	吐尔尕特
9404	阿拉山口	阿拉山口
9405	塔城海关	塔城海关
9406	伊宁海关	伊宁海关
9407	吉木乃海关	吉木乃关
9408	喀什海关	喀什海关
9409	红其拉甫	红其拉甫
9410	乌鲁木齐海关隶属阿勒泰海关	阿勒泰关
9411	塔克什肯	塔克什肯
9412	乌拉斯太	乌拉斯太
9413	哈密海关	哈密海关
9414	红山嘴	红山嘴
9415	伊尔克什	伊尔克什
9416	库尔勒海关	库尔勒关
9417	乌鲁木齐地窝堡机场海关	乌机场关
9418	乌鲁木齐海关驻出口加工区办事处	乌加工区
9419	都拉塔海关	都拉塔关
9420	乌昌海关	乌昌关
9421	霍尔果斯国际边境合作中心海关	霍中心 A
9422	石河子海关	石河子关
9423	阿拉山口综合保税区	山口综保
9424	喀什综合保税区	喀什综保
9425	卡拉苏海关	卡拉苏关
9426	奎屯保税物流中心	奎屯物流
9427	中哈霍尔果斯国际边境合作中心中方配套区	中哈合作中心配套区
9428	乌鲁木齐邮局海关	乌邮局关
9429	乌鲁木齐综合保税区	乌综保区
9430	阿克苏海关	阿克苏关
9500	**兰州关区**	**兰州关区**
9501	金城海关	金城海关
9502	酒泉海关	酒泉海关
9503	兰州中川机场海关	中川机场
9504	武威保税物流中心	武威物流
9505	天水海关	天水海关
9506	金昌海关	金昌海关
9507	兰州海关驻兰州新区综合保税区监管组	兰州综保
9508	敦煌机场海关	敦煌机场
9509	平凉海关	平凉海关
9600	**银川海关**	**银川海关**
9601	兴庆海关	兴庆海关
9602	银川河东机场海关	河东机场
9603	石嘴山海关	石嘴山关
9604	银川综合保税区	银川综保
9605	银川海关快件中心	银关快件
9606	石嘴山保税物流中心（B 型）	石嘴山物流
9607	中卫海关	中卫海关
9700	**西宁关区**	**西宁关区**
9701	西海海关	西海海关
9702	青海曹家堡保税物流中心（B 型）	青海物流
9703	西宁曹家堡机场海关	西宁机场
9704	格尔木海关	格尔木海关
9705	西宁综合保税区	西宁综保
9900	**政法司**	**政法司**

关区代码表说明

一、关区代码表用于填报进出口报关单的进出口口岸海关的名称。

关区代码表由两部分组成，即关区代码和关区名称。

关区代码由四位数字组成，前两位采用海关统计的直属海关关别代码，后两位为隶属海关的代码。关区名称即各口岸海关中文名称。

二、使用关区代码时应注意的问题

代码表中只有直属海关关别和代码的，可以填报直属海关名称和代码（见例1）；如果有隶属海关关别和代码，则必须填报隶属海关关别和代码（见例2）。

例1：在太原海关办理货物进出口报关手续，本栏目可填报“太原关区”，代码“0500”。

例2：在上海浦江海关办理货物进出口报关手续，本栏目不得填报“上海海关”、代码“2200”，必须填报“浦江海关”、代码“2201”。

国内地区代码表及说明

国内地区代码表

国内地区代码	国内地区名称	国内地区简称	国内地区性质标记
11013	中关村国家自主创新示范区（东城园）		
11019	东城区		9
11023	中关村国家自主创新示范区（西城园）		
11029	西城区		9
11039	崇文区		9
11049	宣武区		9
11053	中关村国家自主创新示范区（朝阳园）		B
11059	朝阳区		9
11063	中关村国家自主创新示范区（丰台园）		B
11069	丰台区		9
11073	中关村国家自主创新示范区（石景山园）		
11079	石景山		9
11083	中关村国家自主创新示范区（海淀园）		B
11089	海淀区其他		9
11093	中关村国家自主创新示范区（门头沟园）		
11099	门头沟		9
11103	中关村国家自主创新示范区（房山园）		
11109	房山		9
11113	中关村国家自主创新示范区（顺义园）		
11115	北京天竺出口加工区		
11116	北京天竺综合保税区		
11119	顺义		9
11123	中关村国家自主创新示范区（昌平园）		B
11129	昌平		9
11132	北京经济技术开发区		3
11133	中关村国家自主创新示范区（大兴-亦庄园）		B
11139	大兴其他		9
1113W	北京亦庄保税物流中心		
11143	中关村国家自主创新示范区（通州园）		
11149	通县		9
11153	中关村国家自主创新示范区（怀柔园）		
11159	怀柔		9
11163	中关村国家自主创新示范区（平谷园）		
11169	平谷		9
11173	中关村国家自主创新示范区（延庆园）		
11179	延庆		9
11183	中关村国家自主创新示范区（密云园）		
11189	密云		9
11909	北京其他		9
12019	和平区		2
12029	河东区		2
12039	河西区		2
12043	天津新技术产业园区		B
12049	南开区其他		2
12059	河北区		2
12069	红桥区		2
12072	天津经济技术开发区		3
12074	天津港保税区		A
12075	天津出口加工区		
12076	天津东疆综合保税区		2
12077	天津保税物流园		2
12079	滨海新区（塘沽其他）		2
1207W	天津经济技术开发区保税物流中心		
12089	滨海新区（汉沽）		2
12099	滨海新区（大港）		2
12106	天津滨海新区综合保税区		6
12109	东丽区		2
12119	西青区		2
12129	津南区		2
12139	北辰区		2
12149	宁河县		2
12159	武清县		2
12169	静海县		2
12179	宝坻县		2
12189	蓟县		2
1218W	蓟州保税物流中心（B型）		
12909	天津其他		2

国内地区代码	国内地区名称	国内地区简称	国内地区性质标记
13013	石家庄高新技术产业开发实验区		B
13016	石家庄综合保税区		
13019	石家庄其他		2
1301W	辛集保税物流中心（B型）		
13022	曹妃甸经济技术开发区		
13026	曹妃甸综合保税区		
13029	唐山		
1302W	唐山港京唐港区保税物流中心（B型）		
13032	秦皇岛经济技术开发区		3
13035	河北秦皇岛出口加工区		2
13039	秦皇岛其他		2
13049	邯郸		
13059	邢台		
13063	保定高新技术产业开发区		B
13069	保定其他		
1306N	雄安新区（保定）		
13079	张家口		
13089	承德		
13099	沧州		
1309N	雄安新区（沧州）		
13102	廊坊经济技术开发区		
13105	河北廊坊出口加工区		
13106	廊坊综合保税区		
13109	廊坊		
13119	衡水		
13129	武安		
1312W	河北武安保税物流中心（B型）		
1331N	河北雄安新区		
13909	河北其他		
14012	山西太原经济技术开发区		3
14013	太原高新技术产业开发区		B
14016	太原武宿综合保税区		
14019	太原其他		2
14022	大同经济技术开发区		2
14029	大同		
14039	阳泉		
14043	长治高新技术产业开发区		
14049	长治		
14059	晋城		
1405W	山西兰花保税物流中心（B型）		
14069	朔州		
14079	雁北		
14089	忻州		
14099	吕梁		
14102	晋中经济技术开发区		2
14109	晋中		
14119	临汾		
1411W	山西方略保税物流中心		
14129	运城		
14139	古交		
14909	山西其他		
15015	内蒙古呼和浩特出口加工区		
15016	呼和浩特综合保税区		
15019	呼和浩特		
15023	包头高新技术产业开发区		B
15029	包头其他		
1502W	包头保税物流中心（B型）		
15039	乌海		
15049	赤峰		
1504W	赤峰保税物流中心		
15059	二连		2
15066	满洲里综合保税区		
15069	满洲里		2
15079	呼伦贝尔盟		
15089	哲里木盟		
15099	兴安盟		
15109	乌兰察布盟		
1510W	七苏木保税物流中心（B型）		
15119	巴彦淖尔市		
1511W	巴彦淖尔市保税物流中心（B型）		
15126	鄂尔多斯综合保税区		
15129	伊克昭盟		
15139	阿拉善盟		
15149	锡林郭勒盟		
15909	内蒙古其他		
21012	沈阳经济技术开发区		3
21013	沈阳南湖科技开发区		B
21015	辽宁沈阳、张士出口加工区		
21016	沈阳综合保税区		
21019	沈阳其他		
21022	大连经济技术开发区		3
21023	大连高新技术产业园区		B
21024	大连大窑湾保税区		A
21025	辽宁大连出口加工区		
21026	大连大窑湾综合保税区		
21027	大连保税物流园区		2
21029	大连其他		2
21033	鞍山高新技术产业开发区		B
21039	鞍山其他		
21049	抚顺		
21059	本溪		
21069	丹东		
21079	锦州		
21082	营口经济技术开发区		
21086	营口综合保税区		
21089	营口		

国内地区代码	国内地区名称	国内地区简称	国内地区性质标记
2108W	营口港保税物流中心		
21099	阜新		
21109	辽阳		
21119	盘锦		
2111W	盘锦港保税物流中心（B型）		
21129	铁岭		
2112W	铁岭保税物流中心（B型）		
21139	朝阳		
21149	葫芦岛市		
21159	瓦房店		
21169	海城		
21179	兴城		
21189	铁法		
21199	北票		
21209	开源		
21909	辽宁其他		
22012	长春经济技术开发区		3
22013	长春南湖-南岭新技术产业园区		B
22016	长春兴隆综合保税区		
22019	长春其他		2
22023	吉林高新技术产业开发区		B
22029	吉林其他		
2202W	吉林市保税物流中心（B型）		
22039	四平		
22049	辽源		
22059	通化		
22069	白山		
22075	吉林珲春出口加工区		
22076	珲春综合保税区		
22079	珲春		2
22089	图们		
22099	白城		
22109	延边		
22119	公主岭		
22129	梅河口		
22139	集安		
22149	桦甸		
22159	九台		
22169	蛟河		
22179	松原		
22189	延吉市		
2218W	延吉国际空港经济开发区保税物流中心（B型）		
22909	吉林其他		
23012	哈尔滨经济技术开发区		3
23013	哈尔滨高技术开发区		B
23016	哈尔滨综合保税区		
23019	哈尔滨其他		2
23029	齐齐哈尔		
23039	鸡西		
23049	鹤岗		
23059	双鸭山		
23063	大庆高新技术产业开发区		B
23069	大庆其他		
23079	伊春		
23089	佳木斯		
23099	七台河		
23109	牡丹江		
2310W	牡丹江保税物流中心（B型）		
23119	黑河		2
2311W	黑河保税物流中心（B型）		
23126	绥芬河综合保税区		
23129	绥芬河		2
23139	松花江		
23149	绥化		
23159	大兴安岭		
23169	阿城		
23179	同江		
23189	富锦		
23199	铁力		
23209	密山		
23909	黑龙江其他		
31019	黄浦		2
31029	南市		2
31039	卢湾		2
31043	上海漕河泾新技术开发区		B
31049	徐汇其他		2
31052	上海经济技术开发区		3
31059	长宁		2
31069	静安		2
31079	普陀		2
3107W	上海西北物流园区保税物流中心		
31089	闸北		2
31099	虹口		2
31109	杨浦		2
31112	上海闵行经济技术开发区		2
31113	上海浦江高科技园区		B
31115	上海漕河泾出口加工区		2
31116	漕河泾综合保税区		
31119	闵行其他		2
3111W	虹桥商务区保税物流中心（B型）		
31129	宝山		2
31145	上海嘉定出口加工区		2
31146	上海嘉定综合保税区		
31149	嘉定		2
31159	川沙		2

国内地区代码	国内地区名称	国内地区简称	国内地区性质标记
31162	上海闵行经济技术开发区（临港新城）		3
31166	洋山保税港区		2
31169	南汇		2
31175	上海闵行出口加工区		2
31176	奉贤综合保税区		
31179	奉贤		2
31185	上海松江出口加工区		
31186	松江综合保税区		
31189	松江		2
31199	金山		2
31205	上海青浦出口加工区		2
31206	青浦综合保税区		
31209	青浦		2
31219	崇明		2
31222	上海浦东新区		3
31224	上海外高桥保税区		A
31225	上海金桥出口加工区南区		
31226	上海浦东机场或金桥综合保税区		2
31227	上海保税物流园区		2
31229	浦东其他		2
3122S	洋山特殊综合保税区		
31909	上海其他		2
32013	南京浦口高新技术外向型开发区		B
32015	江苏南京出口加工区		
32016	南京综合保税区		
32019	南京其他		
3201W	南京空港保税物流中心（B型）		
32023	无锡高新技术产业开发区		B
32025	江苏无锡出口加工区		
32026	无锡高新区综合保税区		
32029	无锡其他		
32036	徐州综合保税区		
32039	徐州		
3203W	徐州、新沂保税物流中心（B型）		
32043	常州高新技术产业开发区		B
32045	江苏常州出口加工区		
32046	常州综合保税区		
32049	常州其他		
32052	苏州工业园区		3
32053	苏州高新技术产业开发区		B
32055	江苏苏州工业园区加工区		
32056	苏州工业园综合保税区、苏州高新综保区		
32059	苏州其他		
32062	南通经济技术开发区		3
32065	江苏南通出口加工区		
32066	南通综合保税区		
32069	南通其他		2
3206W	如皋港保税物流中心（B型）		
32072	连云港经济技术开发区		3
32075	江苏连云港出口加工区		2
32076	连云港综合保税区		
32079	连云港其他		2
3207W	连云港保税物流中心		
32085	江苏省淮安出口加工区		
32086	淮安综合保税区		
32089	淮安市		
32096	盐城综合保税区		
32099	盐城		
3209W	大丰港保税物流中心（B型）		
32105	江苏扬州出口加工区		
32106	扬州综合保税区		
32109	扬州		
32115	江苏镇江出口加工区		
32116	镇江综合保税区		
32119	镇江		
3211W	黑河保税物流中心B型		
32125	江苏泰州出口加工区		
32126	泰州综合保税区		
32129	泰州		
32139	仪征		
32145	江苏常熟出口加工区		
32146	常熟综合保税区		
32149	常熟		
32154	江苏张家港保税区		A
32156	张家港保税港区		
32157	张家港保税物流园		
32159	张家港其他		
32166	江阴综合保税区		
32169	江阴		
3216W	江阴保税物流中心		
32179	宿迁		
32189	丹阳		
32199	东台		
32209	兴化		
32229	宜兴		
32235	江苏昆山出口加工区		
32236	昆山综合保税区		
32239	昆山		
32249	启东		
32255	江苏吴江出口加工区		
32256	吴江综合保税区		
32259	吴江市		
32266	太仓港综合保税区		
32269	太仓市		
3226W	太仓保税物流中心		

国内地区代码	国内地区名称	国内地区简称	国内地区性质标记
32546	武进综合保税区		
3256W	江苏海安保税物流中心（B型）		
32909	江苏其他		
33012	杭州经济技术开发区		3
33013	杭州高新技术产业开发区		B
33015	浙江杭州出口加工区		
33016	杭州综合保税区		
33019	杭州其他		
33022	宁波经济技术开发区		3
33023	宁波高新技术产业开发区		3
33024	宁波北仑港保税区		A
33025	浙江宁波出口加工区		2
33026	宁波梅山综合保税区		2
33027	宁波保税物流园		2
33029	宁波其他		2
3302W	宁波栎社保税物流中心		
33032	温州经济技术开发区		3
33036	温州综合保税区		
33039	温州其他		2
3303W	温州保税物流中心（B型）		
33045	浙江嘉兴出口加工区		
33046	嘉兴综合保税区		
33049	嘉兴		
33052	湖州经济技术开发区		
33059	湖州		
3305W	湖州保税物流中心（B型）		
33069	绍兴		
33072	金华经济技术开发区		3
33076	金义综合保税区（一期）		
33079	金华		
33089	衢州		
33096	舟山港综合保税区		
33099	舟山		
33109	丽水		
33119	台州		
33129	余姚		
33139	海宁		
33149	兰溪		
33159	瑞安		
33169	萧山		
3316W	杭州保税物流中心		
33179	江山		
33186	义乌综合保税区		
33189	义乌		
3318W	义乌保税物流中心		
33199	东阳		
33202	宁波杭州湾经济技术开发区		
33205	浙江慈溪出口加工区		
33209	慈溪		
33219	奉化		
33229	诸暨		
33239	黄岩		
3352W	宁波镇海保税物流中心（B型）		
33909	浙江其他		
34012	合肥经济技术开发区		3
34013	合肥科技工业园区		B
34015	安徽合肥出口加工区		5
34016	合肥或合肥经济技术开发区综合保税区		
34019	合肥其他		2
3401W	合肥空港保税物流中心（B型）		
34022	芜湖经济技术开发区		3
34023	芜湖高新技术产业开发区		
34025	安徽芜湖出口加工区		
34026	芜湖综合保税区		
34029	芜湖其他		2
34033	蚌埠高新技术产业开发区		
34039	蚌埠		
3403W	蚌埠（皖北）保税物流中心		
34042	安徽淮南经济技术开发区		
34043	淮南高新技术产业开发区		
34049	淮南		
34052	马鞍山经济技术开发区		3
34053	马鞍山慈湖高新技术产业开发区		
34056	马鞍山综合保税区		
34059	马鞍山		
34069	淮北		
34072	铜陵经济技术开发区		3
34079	铜陵		
3407W	铜陵（皖中南）保税物流中心（B型）		
34082	安庆桐城经济技术开发区		3
34089	安庆		
3408W	安庆（皖西南）保税物流中心（B型）		
34099	黄山		
34109	阜阳		
34119	宿州		
34122	滁州经济技术开发区		3
34129	滁州		
34132	安徽六安经济技术开发区		
34139	六安		
34142	宣城宁国经济技术开发区		
34149	宣城		
3414W	安徽皖东南保税物流中心（B型）		
34159	巢湖		
34162	池州经济技术开发区		3
34169	池州		

国内地区代码	国内地区名称	国内地区简称	国内地区性质标记
34179	亳州		
34909	安徽其他		
35012	福州经济技术开发区		3
35013	福州科技园区		B
35014	福建马尾保税区		A
35015	福建福州、福清出口加工区		8
35016	福州江阴港综合保税区		
35017	福州保税物流园区		2
35019	福州其他		2
3501W	翔福保税物流中心（B 型）		
35021	厦门特区		1
35023	厦门火炬高技术产业开发区		B
35024	厦门象屿保税区		A
35025	福建厦门出口加工区		
35026	厦门海沧港综合保税区		
35027	厦门象屿保税物流园		1
35029	厦门其他		2
3502W	厦门火炬（翔安）保税物流中心		
35039	莆田		8
35049	三明		
35055	福建泉州出口加工区		8
35056	泉州综合保税区		
35059	泉州		8
35069	漳州		8
3506W	漳州台商投资区保税物流中心（B 型）		
35079	南平		8
35089	宁德		8
35099	龙岩		8
35109	永安		8
35119	石狮		8
35128	平潭综合试验区		8
35129	平潭		
35909	福建其他		8
36012	南昌及南昌小蓝经济技术开发区		3
36013	南昌高新技术产业开发区		B
36015	江西南昌出口加工区		
36016	南昌综合保税区		
36019	南昌其他		
3601W	南昌保税物流中心		
36023	景德镇高新技术产业开发区		B
36029	景德镇		
36032	萍乡经济技术开发区		3
36039	萍乡		
36042	九江经济技术开发区		3
36043	九江共青城高新技术产业开发区		
36045	江西九江出口加工区		2
36046	九江综合保税区		
36049	九江		2
36053	新余高新技术产业开发区		B
36059	新余		
36063	鹰潭高新技术产业开发区		
36069	鹰潭		
36072	赣州、龙南及瑞金经济技术开发区		3
36073	赣州高新技术产业开发区		
36075	江西赣州出口加工区		
36076	赣州综合保税区		
36079	赣州		
3607W	龙南保税物流中心（B 型）		
36082	宜春经济技术开发区		
36083	宜春丰城高新技术产业开发区		
36089	宜春		
36092	上饶经济技术开发区		3
36099	上饶		
36102	井冈山经济技术开发区		3
36103	吉安高新技术产业开发区		
36105	井冈山出口加工区		
36106	井冈山综合保税区		
36109	吉安		
36113	抚州高新技术产业开发区		
36119	抚州		
36129	瑞昌		
36909	江西其他		
37013	济南高技术产业开发区		B
37015	山东济南出口加工区		
37016	济南或济南章锦综合保税区		
37019	济南其他		
37022	青岛经济技术开发区		3
37023	青岛高新技术产业开发区		B
37024	青岛保税区		A
37025	山东青岛出口加工区		
37026	青岛前湾保税港区、青岛西海岸和胶州湾综合保税区		2
37027	青岛保税物流园		2
37029	青岛其他		2
3702W	青岛保税物流中心		
37033	淄博高新技术产业开发区		B
37039	淄博		
3703W	淄博保税物流中心		
37049	枣庄		
37056	东营综合保税区		
37059	东营		
37062	烟台经济技术开发区		3
37065	山东烟台出口加工区		
37066	烟台综合保税区		
37069	烟台其他		2
3706W	烟台福山回里保税物流中心（B 型）		

国内地区代码	国内地区名称	国内地区简称	国内地区性质标记	国内地区代码	国内地区名称	国内地区简称	国内地区性质标记
37073	潍坊高新技术产业开发区		B	41069	鹤壁		
37075	山东潍坊出口加工区			41079	新乡		
37076	潍坊综合保税区			41089	焦作		
37079	潍坊其他			4108W	河南德众保税物流中心		
37089	济宁			41099	濮阳		
37099	泰安			41109	许昌		
37103	威海火炬高技术产业开发区		B	41119	漯河		
37105	山东威海出口加工区			41129	三门峡		
37106	威海综合保税区北区			41139	商丘		
37109	威海其他			4113W	河南商丘、民权保税物流中心（B型）		
37112	日照经济技术开发区						
37116	日照综合保税区			41149	周口		
37119	日照			41159	驻马店		
3711W	日照保税物流中心			41166	南阳卧龙综合保税区		
37129	山东省滨州其他	滨州其他		41169	南阳		
3712W	鲁中运达保税物流中心			41179	信阳		
37139	德州			41189	义马		
37149	聊城			41199	汝州		
37156	临沂综合保税区			41209	济源		
37159	临沂			41219	禹州		
37169	菏泽			41229	卫辉		
37179	青州			41239	辉县		
37189	龙口			41249	泌阳		
37199	曲阜			41909	河南其他		
37209	莱芜			42012	武汉经济技术开发区		3
37219	新泰			42013	武汉东湖新技术开发区		B
37229	胶州			42015	湖北武汉出口加工区		
37239	诸城			42016	武汉东湖综合保税区		
3723W	青岛保税港区诸城功能区保税物流中心（B型）			42019	武汉其他		2
				4201W	武汉东西湖保税物流中心		
37249	莱阳			42022	黄石经济技术开发区		3
37259	滕州			42029	黄石		
37266	威海综合保税区南区			4202W	黄石棋盘洲保税物流中心		
37269	文登			42039	十堰		
37279	荣城			42049	沙市		
37286	青岛即墨综合保税区			42056	宜昌综合保税区		
37289	即墨			42059	宜昌		
37299	平度			4205W	宜昌三峡保税物流中心（B型）		
37909	山东其他						
41012	郑州经济技术开发区		2	42062	襄阳经济技术开发区		3
41013	郑州高新技术开发区		B	42063	襄阳高新技术产业开发区		B
41015	河南郑州出口加工区			42069	襄阳其他		
41016	郑州新郑、经开综合保税区			4206W	襄阳保税物流中心（B型）		
41018	郑州航空港经济综合实验区			42079	鄂州		
41019	郑州其他		2	42089	荆门		
4101W	河南保税物流中心			4208W	荆门保税物流中心（B型）		
41029	开封			42099	黄冈		
41033	洛阳高新技术产业开发区		B	42109	孝感		
41039	洛阳其他			42119	咸宁		
41049	平顶山			42122	荆州经济技术开发区		3
41059	安阳			42129	荆州		

国内地区代码	国内地区名称	国内地区简称	国内地区性质标记	国内地区代码	国内地区名称	国内地区简称	国内地区性质标记
42139	郧阳			43209	浏阳其他		
42149	鄂西			43909	湖南其他		
42159	随州			44012	广州经济技术开发区		3
42169	老河口			44013	广州天河高新技术产业开发区		B
42179	枣阳			44014	广州保税区		A
42189	神农架			44015	广东广州出口加工区		
42199	仙桃市			44016	广州白云机场、黄埔综合保税区		
4219W	仙桃保税物流中心（B 型）						
42209	潜江市			44017	广州保税物流园区		7
42219	天门市			44019	广州其他		2
42506	武汉新港空港			44029	韶关		7
42909	湖北其他			44031	深圳特区		1
43012	长沙经济技术开发区			44033	深圳科技工业园		B
43013	长沙科技开发区		B	44034	福田盐田沙头角保税区		A
43016	长沙黄花综合保税区			44035	广东深圳出口加工区		
43019	长沙其他		2	44036	深圳前海综合保税区		
4301W	长沙金霞保税物流中心			44037	深圳盐田保税物流园		1
43023	株州高新技术产业开发区		B	44039	深圳其他		7
43029	株州其他			4403W	深圳机场保税物流中心		
4302W	株洲铜塘湾保税物流中心（B 型）			44041	珠海特区		1
				44043	珠海高新技术产业开发区		B
43032	湘潭经济技术开发区			44044	珠海保税区		A
43033	湘潭高新技术产业开发区			44045	珠澳跨境工业区珠海园区		7
43036	湘潭综合保税区			44046	珠海高栏港综合保税区		
43039	湘潭			44048	珠海横琴新区		
43043	衡阳高新技术产业开发区			44049	珠海其他		7
43046	衡阳综合保税区			44051	汕头特区		1
43049	衡阳			44054	汕头保税区		A
43059	邵阳			44056	汕头综合保税区		
43066	岳阳城陵矶综合保税区			44059	汕头其他		7
43069	岳阳		2	4405W	汕头保税物流中心（B 型）		
43072	常德经济技术开发区			44063	佛山高新技术产业开发区		B
43073	常德高新技术产业开发区			44069	佛山其他		7
43079	常德			44079	江门		7
43089	张家界			4407W	江门大广海湾保税物流中心（B 型）		
43093	益阳高新技术产业开发区						
43099	益阳			44082	湛江经济技术开发区		3
43109	娄底			44083	湛江高新技术产业开发区		
43113	郴州高新技术产业开发区			44089	湛江其他		2
43115	湖南郴州出口加工区			4408W	湛江保税物流中心（B 型）		
43116	郴州综合保税区			44093	茂名高新技术产业开发区		
43119	郴州			44099	茂名		7
43129	永州			44129	肇庆		7
43139	怀化			44133	惠州高新技术产业开发区		B
43149	湘西			44139	惠州其他		7
43159	醴陵			44146	梅州综合保税区		
43169	湘乡			44149	梅州		7
43179	耒阳			44159	汕尾		7
43189	汨罗			44169	河源		7
43199	津市			44179	阳江		7
43202	浏阳经济技术开发区			44189	清远		7

国内地区代码	国内地区名称	国内地区简称	国内地区性质标记
44193	东莞松山湖高新技术产业开发区		
44196	东莞虎门港综合保税区		
44199	东莞		7
4419W	东莞保税物流中心		
44203	中山火炬高技术产业开发区		B
44209	中山其他		7
4420W	中山保税物流中心		
44219	潮州		7
44229	顺德		7
4422W	佛山国通保税物流中心（B型）		
44235	广东南沙出口加工区		7
44236	广州南沙保税港区		
44239	番禺		7
44249	揭阳		7
44289	南海		7
44299	云浮市		7
44306	广州南沙综合保税区		
44309	南沙其他		
44536	深圳盐田综合保税区（一期）		
4469W	东莞清溪保税物流中心（B型）		
44909	广东其他		7
45013	南宁高新技术产业开发区		B
45016	南宁综合保税区		
45019	南宁其他		2
4501W	南宁保税物流中心		
45029	柳州		
4502W	柳州保税物流中心（B型）		
45033	桂林高新技术产业开发区		B
45039	桂林其他		
45049	梧州		
45055	广西北海出口加工区		
45056	北海综合保税区		
45059	北海		2
45069	玉林		
45079	百色		
45089	河池		
45096	钦州综合保税区		
45099	钦州		
45106	广西凭祥综合保税区		
45109	凭祥		2
45119	东兴		2
45129	防城港市		
4512W	防城港保税物流中心（B型）		
45139	贵港市		
45149	崇左		
45159	来宾		
45169	贺州		
45909	广西其他		
46011	海口		1
46013	海南国际科技园区		B
46014	海南海口保税区		A
46016	海口综合保税区		1
46021	三亚		5
46031	三沙		
46041	五指山		
46051	琼海		
46061	儋州		
46062	洋浦经济开发区		
46066	洋浦保税港区		
46071	文昌		
46081	万宁		
46091	东方		
46101	定安		
46111	屯昌		
46121	澄迈		
46131	临高		
46141	白沙		
46151	昌江		
46161	乐东		
46171	陵水		
46181	保亭		
46191	琼中		
46901	海南其他		1
46902	海南洋浦经济技术开发区		3
46906	海南洋浦保税港区		5
4724	襄阳保税物流中心（B型）	襄阳物流	
50012	万州经济技术开发区		
50019	万州区		
50026	重庆涪陵综合保税区		
50029	涪陵区		
50039	渝中区		
50049	大渡口区		
50052	重庆两江新区江北区		3
50056	重庆两路寸滩综合保税区（水港）		
50059	江北区		
5005W	重庆果园保税物流中心（B型）		
50066	重庆西永综合保税区		
50069	沙坪坝区		
5006W	重庆铁路保税物流中心		
50073	重庆高新技术产业开发区		B
50079	九龙坡区		
50082	重庆经济技术开发区		3
50089	南岸区		
50092	重庆两江新区北碚区		3
50099	北碚区		

国内地区代码	国内地区名称	国内地区简称	国内地区性质标记
50109	万盛区		
50119	双桥区		
50122	重庆两江新区渝北区		3
50125	重庆出口加工区		
50126	重庆两路寸滩综合保税区（空港）		
50129	渝北区		
50139	巴南区		
5013W	重庆南彭公路保税物流中心（B型）		
50212	长寿经济技术开发区		2
50219	长寿县		
50229	綦江区		
50239	潼南县		
50249	重庆市铜梁区	铜梁区	
50259	大足区		
50269	荣昌县		
50279	重庆市璧山区	璧山区	
50289	梁平县		
50299	城口县		
50309	丰都县		
50319	垫江县		
50329	武隆县		
50339	忠县		
50349	开县		
50359	云阳县		
50369	奉节县		
50379	巫山县		
50389	巫溪县		
50399	黔江		
50409	石柱土家族自治县		
50419	秀山土家族苗族自治县		
50429	酉阳土家族苗族自治县		
50439	彭水苗族土家族自治县		
50816	重庆江津综合保税区		
50819	江津区		
50829	合川区		
50839	永川区		
50849	南川区		
51012	成都经济技术开发区		3
51013	成都高新技术产业开发区		B
51015	四川成都出口加工区		
51016	成都高新、国际铁路港或高新西园综合保税区		
51019	成都其他		2
5101W	成都空港、天府新区成都片区保税物流中心		
51039	自贡		
51049	攀枝花		
51053	泸州高新技术产业开发区		
51059	泸州		
5105W	泸州港保税物流中心（B型）		
51069	德阳		
51072	绵阳经济技术开发区		
51073	绵阳高新技术产业开发区		B
51075	四川绵阳出口加工区		
51076	绵阳综合保税区		
51079	绵阳其他		
51082	广元经济技术开发区		
51089	广元		
51099	遂宁		
51109	内江		
51113	乐山高新技术产业开发区		
51119	乐山		
51142	宜宾临港经济开发区		
51149	宜宾		
5114W	宜宾港保税物流中心（B型）		
51159	南充		
5115W	南充保税物流中心（B型）		
51169	达县		
51179	雅安		
51189	阿坝		
51199	甘孜		
51209	凉山		
51229	广汉		
51239	江油		
51249	都江堰		
51259	峨眉山		
51269	资阳	资阳	
51279	眉山	眉山	
51289	广安	广安	
51299	巴中	巴中	
5151W	成都铁路保税物流中心（B型）		
51909	四川其他		
52013	贵阳高新技术产业开发区		B
52016	贵阳综合保税区		
52019	贵阳其他		2
52029	六盘水		
52036	遵义综合保税区		
52039	遵义		
52049	铜仁		
52059	黔西南		
52069	毕节		
52079	安顺		
52089	黔东南		
52099	黔南		
52502	贵阳贵安新区		
52506	贵安综合保税区		
52909	贵州其他		

国内地区代码	国内地区名称	国内地区简称	国内地区性质标记
53012	昆明经济技术开发区		3
53013	昆明高新技术产业开发区		B
53015	云南昆明出口加工区		
53016	昆明综合保税区		
53019	昆明其他		
5301W	昆明高新保税物流中心（B型）		
53029	东川		
53039	昭通		
53042	曲靖经济技术开发区		3
53049	曲靖		
53059	楚雄		
53069	玉溪		
53072	云南省蒙自经济技术开发区		
53076	云南红河综合保税区		
53079	红河		
53089	文山		
53099	普洱		
53109	西双版纳		
53119	大理		
53129	保山		
53139	德宏		
53149	丽江		
53159	怒江		
53169	迪庆		
53179	临沧		
53189	畹町		2
53199	瑞丽		2
53209	河口		2
5351W	腾俊国际陆港保税物流中心（B型）		
53909	云南其他		
54012	拉萨经济技术开发区		
54016	拉萨综合保税区		
54019	拉萨		6
54029	昌都		6
54039	山南		6
54049	日喀则		6
54059	那曲		6
54069	阿里		6
54079	林芝		6
54909	西藏其他		6
61012	陕西航天经济技术开发区		
61013	西安新技术产业开发区		B
61015	陕西西安出口加工区		
61016	西安、西安高新和西安航空基地综合保税区		
61019	西安其他		2
61029	铜川		
61033	宝鸡高新技术产业开发区		B
61036	宝鸡综合保税区		
61039	宝鸡其他		
61049	咸阳		
6104W	陕西西咸保税物流中心		
61059	渭南		
61062	汉中经济技术开发区		
61069	汉中		
61079	安康		
61089	商洛		
61099	延安		
61109	榆林		
61909	陕西其他		
62013	兰州宁卧庄新技术产业开发区		B
62016	兰州新区综合保税区		
62019	兰州其他		2
62029	嘉峪关		
62039	金昌		
62049	白银		
62059	天水		
62069	酒泉		
62079	张掖		
62089	武威		
6208W	武威保税物流中心		
62099	定西		
62109	陇南		
62119	平凉		
62129	庆阳		
62139	临夏		
62149	甘南		
62909	甘肃其他		
63012	西宁经济技术开发区		3
63013	青海高新技术产业开发区		B
63016	西宁综合保税区		
63019	西宁		2
63029	海东		
6302W	青海曹家堡保税物流中心（B型）		
63039	海北		
63049	黄南		
63059	海南		
63069	果洛		
63079	玉树		
63082	格尔木昆仑经济技术开发区		
63089	海西		
63909	青海其他		
64012	银川经济技术开发区		3
64016	银川综合保税区		
64019	银川		2
64029	石嘴山		
6402W	石嘴山保税物流中心（B型）		

国内地区代码	国内地区名称	国内地区简称	国内地区性质标记	国内地区代码	国内地区名称	国内地区简称	国内地区性质标记
64039	吴中			65079	喀什		9
64049	固原			65089	和田		9
64059	中卫			65095	中哈霍尔果斯国际边境合作中心中方配套区（一期）		
64909	宁夏其他			65099	伊宁		9
65012	乌鲁木齐经济技术开发区		3	6509A	中哈霍尔果斯国际边境合作中心中方配套区（一期）		
65013	乌鲁木齐高新技术产业开发区		B	6509W	奎屯保税物流中心		
65015	新疆乌鲁木齐出口加工区		9	65109	塔城		2
65016	乌鲁木齐综合保税区			65119	阿勒泰		9
65019	乌鲁木齐其他		9	65122	石河子经济技术开发区		3
65029	克拉玛依		9	65129	石河子		9
65036	阿拉山口综合保税区			65219	吐鲁番		9
65039	博乐		9	65229	哈密		9
65049	巴音		9	65239	昌吉回族自治州		9
65059	阿克苏		9	65909	新疆其他		9
65069	克孜		9	9705	西宁综合保税区	西宁综保	
65076	喀什综合保税区						

国内地区代码表说明

国内地区代码表用于填报进出口报关单的境内目的地和境内货源地。

国内地区代码表由5位数字组成：

（一）第一至四位为行政区划代码：

1. 第一、二位表示省、自治区、直辖市。

例如：北京市11、广东省44

2. 第三、四位表示省辖市（地区、省直辖行政单位），包括省会城市、计划单列城市、沿海开放城市。

例如，北京市东城区1101、广州市4401、深圳4403。

（二）第五位为省辖市（地区、省直辖行政单位）经济区划代码：

代码“1”：经济特区，例如，深圳市44031，厦门市35021。

代码“2”：经济技术开发区，包括上海浦东新区、海南洋浦经济开发区。

代码“3”：高新技术产业开发区。

代码“4”：保税区。

代码“5”：出口加工区。

代码“6”：保税港区。

代码“7”：保税物流园区。

代码“9”：其他地区。

代码“W”：保税物流中心。

结汇方式代码表及说明

结汇方式代码表

结汇方式代码	结汇方式名称	结汇方式代码	结汇方式名称
1	信汇	6	信用证
2	电汇	7	先出后结
3	票汇	8	先结后出
4	付款交单	9	其他
5	承兑交单		

结汇方式代码表说明

一、定义

结汇方式是出口货物发货人或其代理通过银行收结外汇的方式。

二、结汇方式代码表结构及说明

（一）结汇方式代码表由两部分组成，即结汇方式代码和结汇方式名称。

（二）结汇方式代码分为汇付、托收、信用证和其他。

1. 汇付包括：

（1）信汇：代码“1”，指买方将货款交给进口地银行，由银行开具付款委托书，邮寄出口地银行，委托其向卖方付款。

（2）电汇：代码“2”，指进口地银行应买方申请，直接用电报发出付款委托书，委托出口地银行向卖方付款。

（3）票汇：代码“3”，指买方向进口地银行购买银行汇票径寄卖方，由卖方或其指定的人持票向出口地有关银行取款。

汇付从时间上分预付和后付。预付即卖方装运货物前，买方先将货款汇结卖方；后付即卖方先交货，在买方收到货物或单据后才汇付货款。

2. 托收包括：

（1）付款交单（D/P）：代码“4”，指卖方托收时指示托收行，只有在买方付清货款时才交出单据。

（2）承兑交单（D/A）：代码“5”，指买方承兑汇票后即可取得单据，提取货物，待汇票到期时才付货款。

3. 信用证（L/C）：代码“6”，是银行在买卖双方之间保证付款的凭证。银行根据买方的申请书，向卖方开出保证付款的信用证，即只要卖方提交符合信用证要求的单据，银行就保证付款。

4. 先出后结：代码“7”。

5. 先结后出：代码“8”。

6. 其他：代码“9”，指除上述以外的结汇方式。

监管证件代码表及说明

监管证件代码表

监管证件代码	监管证件名称	监管证件简称	监管证件代码	监管证件名称	监管证件简称
1	进口许可证		R	进口兽药通关单	
2	两用物项和技术进口许可证		S	农药进出口登记管理放行通知单	
3	两用物项和技术出口许可证		U	合法捕捞产品通关证明	
4	出口许可证		V	人类遗传资源材料出口、出境证明	
5	纺织品临时出口许可证		X	有毒化学品环境管理放行通知单	
6	旧机电产品禁止进口		Y	原产地证明	
7	自动进口许可证		Z	赴境外加工光盘进口备案证明	
8	禁止出口商品		b	进口广播电影电视节目带（片）提取单	
9	禁止进口商品		d	援外项目任务通知函	
A	检验检疫		e	关税配额外优惠税率进口棉花配额证	
B	电子底账		f	音像制品（成品）进口批准单	
D	毛坯钻石进出境检验		g	技术出口合同登记证	
E	濒危物种允许出口证明书		i	技术出口许可证	
F	濒危物种允许进口证明书		k	民用爆炸物品进出口审批单	
G	两用物项和技术出口许可证（定向）		m	银行调运人民币现钞进出境证明	
H	港澳 OPA 纺织品证明		n	音像制品（版权引进）批准单	
I	麻醉药品精神药物进出口准许证		q	国别关税配额证明	
J	黄金及黄金制品进出口准许证		v	自动进口许可证（加工贸易）	
K	深加工结转申请表		x	出口许可证（加工贸易）	
L	药品进出口准许证		y	出口许可证（边境小额贸易）	
O	自动进口许可证（新旧机电产品）		z	古生物化石出境批件	
Q	进口药品通关单				

监管证件代码表说明

一、定义

监管证件名称代码是海关依据我国外贸法律、法规及规章，为便于实施计算机系统管理和便捷通关需求，将实行禁止进出口及进出口许可证件等管理措施转化为通关管理系统代码（数字或英文字母）的分类标志。其总和称为监管证件名称代码表。

监管证件代码及《商品综合分类表》中有关“监管条件”的设置仅为辅助性、参考性提示。国家对进出境货物有禁止性或限制性规定的，应以法律、法规规定为准。

二、监管证件名称代码表结构

监管证件名称代码表由两部分组成，即监管证件代码和监管证件名称。例如：代码“1”，为进口许可证，如果某一商品编号后注有监管证件“1”，则说明在一般贸易项下进口该种商品需申领进口许可证。

三、监管证件名称代码说明

（一）代码“1”——进口许可证：指商务部配额许可证事务局或其授权机关签发的进口许可证。

（二）代码“2”——两用物项和技术进口许可证：指列入《两用物项和技术进口许可证管理目录》的商品，进口时由商务部签发两用物项和技术进口许可证。

（三）代码“3”——两用物项和技术出口许可证：根据商务部会同海关总署联合发布的《两用物项和技术进出口许可证管理办法》，由商务部授权的发证机构签发两用物项和技术出口许可证。

（四）代码“4”——出口许可证：指商务部配额许可证事务局或其授权发证机构签发的出口许可证。

（五）代码“6”——旧机电产品禁止进口：商品编码后面有此代码的机电产品，其旧品禁止进口。

（六）代码“7”——自动进口许可证：指部分进口商品实行自动进口许可管理，由商务部及其授权机构按职责分工签发自动进口许可证。

（七）代码“8”——禁止出口商品：指国务院授权商务部门会同有关部门，依照《中华人民共和国对外贸易法》等有关法律法规，制定、调整并公布的禁止出口货物目录所列商品及法律、法规等规定禁止出口的商品。商品编码后有此代码的商品禁止出口。

（八）代码“9”——禁止进口商品：指国务院授权商务部门会同有关部门，依照《中华人民共和国对外贸易法》等有关法律法规，制定、调整并公布的禁止进口货物目录所列商品及法律、法规等规定禁止进口的商品。商品编码后有此代码的商品禁止进口。

（九）代码“A”——入境检验检疫：指海关根据《中华人民共和国进出口商品检验法》、《中华人民共和国动植物检疫法》和《中华人民共和国食品安全法》等有关法律、法规，对列入《海关实施检验检疫的进出境商品目录》的进口商品实行入境检验检疫。

（十）代码“B”——出境检验检疫（电子底账）：指海关根据《中华人民共和国进出口商品检验法》、《中华人民共和国动植物检疫法》和《中华人民共和国食品安全法》等有关法律、法规，对列入《海关实施检验检疫的进出境商品目录》的出口商品实行出境检验检疫。

（十一）代码“D”——毛坯钻石进出境检验：为履行我国国际义务，制止“冲突钻石”非法交易，海关总署等六部委联合发布2002年第132号公告，对毛坯钻石进出口实施金伯利进程国际证书制度，对进出境毛坯钻石实施检验。

（十二）代码“E”——濒危物种允许出口证明书：指根据《中华人民共和国野生动物保护法》及相关法律法规，对列入《濒危野生动植物种国际贸易公约》及《国家重点保护野生动物名录》、《国家重点保护野生植物名录》货物，出口时由国家濒危物种进出口管理办公室或其办事机构签发允许出口证明书。

（十三）代码“F”——濒危物种允许进口证明书：指根据《中华人民共和国野生动物保护法》及相关法律法规，对列入《濒危野生动植物种国际贸易公约》的货物，进口时由国家濒危物种进出口管理办公室或其办事机构签发允许进口证明书。

（十四）代码“G”——两用物项和技术出口许可证（定向）：指列入《向特定国家（地区）出口易制毒化学品管理目录》的商品，向特定国家出口时由商务部签发易制毒化学品定向出口许可证。

（十五）代码“I”——麻醉药品精神药物进（出）口准许证：根据《中华人民共和国药品管理法》和《麻醉药品和精神药品管理条例》等相关法律法规，国家对麻醉药品、精神药品进（出）口实行进（出）口准许证管理制度。

对列入《麻醉药品品种目录》的商品，国家药品监督管理局核发麻醉药品进（出）口准许证或携带麻醉药品、精神药品证明。

对列入《精神药品品种目录》的商品，国家药品监督管理局核发精神药物进（出）口准许证或携带麻醉药品、精神药品证明。

（十六）代码“J”——黄金及黄金制品进出口准许证：指根据《中华人民共和国金银管理条例》及相关法律法规，对进出口黄金及其制品，由中国人民银行授权发证机构签发的准许进出境证件。

（十七）代码“L”——药品进出口准许证：根据《中华人民共和国反兴奋剂条例》，国家药品监督管理部门依法对列入兴奋剂目录的蛋白同化制剂、肽类激素等供医疗使用的兴奋剂实施进出口管理，签发准予进出口的许可证件。

（十八）代码“O”——自动进口许可证（新旧机电产品）：根据《机电产品进口管理办法》和《机电产品进口自动许可实施办法》，进口实行自动进口许可管理的机电产品，进口单位应当在办理海关报关手续前，向商务部或地方外经贸主管机构、部门机电办申领自动进口许可证。

（十九）代码“Q”——进口药品通关单：根据《中华人民共和国药品管理法》及相关法律法规，对列入《进口药品管理目录》的药品，国家药品监督管理局及其授权机构签发进口药品通关单。

（二十）代码“R”——进口兽药通关单：根据《兽药管理条例》，农业农村部或兽药进口口岸所在地省级人民政府兽医行政管理部门对列入《进口兽药管理目录》的进口兽药实施监督管理，签发进口兽药通关单。

（二十一）代码“S”——农药进出口登记管理放行通知

单：根据《农药管理条例》及有关法律法规，《中华人民共和国进出口农药管理名录》的商品进出口时，农业农村部授权机构签发农药进出口登记管理放行通知单。

（二十二）代码“U”——合法捕捞产品通关证明：进口“实施合法捕捞证明的水产品清单”所列的水产品，由农业农村部授权单位签发“合法捕捞产品通关证明”。

（二十三）代码“V”——人类遗传资源材料出口、出境证明：是指国家科技主管部门依法对含有人体基因组、基因及其产物的器官、组织、细胞、血液、制备物、重组脱氧核糖核酸（DNA）构建体等人类遗传材料及相关的信息资料出口、出境签发《人类遗传资源材料出口、出境证明》。

（二十四）代码“X”——有毒化学品进出口环境管理放行通知单：指列入《中国严格限制进出口的有毒化学品目录》的进出口化学品，由生态环境部签发的放行通知单。

（二十五）代码“Y”——原产地证明：是指受惠国（地区）政府指定部门签发的证明该货物原产于该国（地区）的证明文书。

（二十六）代码“Z”——赴境外加工光盘进口备案证明：境内出版单位出版的音像电子出版物赴境外加工光盘类产品（含黑胶唱片）并返回境内的，须向所在地省级新闻出版部门提供拟入境产品的内容进行备案。备案后，省级新闻出版部门核发《赴境外加工光盘进口备案证明》。

（二十七）代码“b”——进口广播电影电视节目带（片）提取单：纳入《进口广播电影电视节目带（片）提取单》管理货物目录的商品进口时，国家电影局、国家广播电视总局按职责分工签发《进口广播电影电视节目带（片）提取单》。

（二十八）代码“d”——援外项目任务通知函：是指商务部为加强对外援助物资项目的管理，对援外物资项目项下的物资出口签发《援外项目任务通知函》。

（二十九）代码“e”——关税配额外优惠税率进口棉花配额证：指对于一定数量的关税配额外报关进口的棉花，按“暂定优惠关税税率”征收进口关税，由国家发展改革委授权机构出具关税配额外优惠关税税率进口棉花配额证。

（三十）代码“f”——音像制品（成品）进口批准单：纳入《音像制品（成品）进口批准单》管理货物目录的音像制品（成品）进口时，中央宣传部（新闻出版署）签发《音像制品（成品）进口批准单》。

（三十一）代码“g”——技术出口合同登记证：是指商务部授权发证机构依法对属于自由出口技术签发《技术出口合同登记证》。

（三十二）代码“i”——技术出口许可证：是指商务部授权发证机构依法对限制出口技术签发《技术出口许可证》。

（三十三）代码“k”——民用爆炸物品进出口审批单：是指工业和信息化部依法对纳入《民用爆炸物品进/出口审批单》管理货物目录的进出口民用爆炸物品签发《民用爆炸物品进/出口审批单》。

（三十四）代码“m”——银行调运人民币现钞进出境证明：是指中国人民银行授权机构对商业银行跨境调运人民币现钞业务签发《银行调运人民币现钞进出境证明》。

（三十五）代码“n”——音像制品（版权引进）批准单：是指中央宣传部（新闻出版署）对进口用于出版的音像制品母盘（带）等签发《音像制品（版权引进）批准单》。

（三十六）代码“q”——国别关税配额证明：进口原产于新西兰并享受协定税率的羊毛或毛条时，应单独向海关申报，并按照海关总署令第175号规定提交原产地证明文件和商务部及其授权机构签发的在备注栏注明“新西兰羊毛、毛条国别配额”字样的农产品进口关税配额证，该证简称“国别关税配额证明”。

（三十七）代码“v”——自动进口许可证（加工贸易）：适用于加工贸易方式下自动进口许可证管理的商品。

（三十八）代码“x”——出口许可证（加工贸易）：适用于加工贸易方式下出口许可证管理的商品。

（三十九）代码“y”——出口许可证（边境小额贸易）：适用于边境小额贸易项下需凭出口许可证办理有关手续的商品。

（四十）代码“z”——古生物化石出境批件：是指自然资源部授权机构对古生物化石（参考海关商品编号：9705000020）出境签发《古生物化石出境批件》。

其他代码表

用途代码表

代码	中文名称	代码	中文名称
01	外贸自营内销	07	收保证金
02	特区内销	08	免费提供
03	其他内销	09	作价提供
04	企业自用	10	货样、广告品
05	加工返销	11	其他
06	借用	13	以产顶进

货币代码表

货币代码	货币符号	英文名称	货币名称	货币代码	货币符号	英文名称	货币名称
110	HKD		港币	300	EUR		欧元
112	IDR		印度尼西亚卢比	302	DKK		丹麦克朗
116	JPY		日本元	303	GBP		英镑
121	MOP		澳门元	326	NOK		挪威克朗
122	MYR		马来西亚林吉特	330	SEK		瑞典克朗
129	PHP		菲律宾比索	331	CHF		瑞士法郎
132	SGD		新加坡元	344	RUB		俄罗斯卢布
133	KRW		韩国圆	501	CAD		加拿大元
136	THB		泰国铢	502	USD		美元
142	CNY		人民币	601	AUD		澳大利亚元
143	TWD		新台币	609	NZD		新西兰元

成交方式代码表

成交方式代码	成交方式名称
1	CIF
2	C&F
3	FOB
4	C&I
5	市场价
6	垫仓
7	EXW

集装箱规格代码表

代码	中文名称
11	普通 2 * 标准箱（L）
12	冷藏 2 * 标准箱（L）
13	罐式 2 * 标准箱（L）
21	普通标准箱（S）
22	冷藏标准箱（S）
23	罐式标准箱（S）
31	其他标准箱（S）
32	其他 2 * 标准箱（L）

计量单位代码表

计量单位代码	计量单位名称	计量单位代码	计量单位名称	计量单位代码	计量单位名称	计量单位代码	计量单位名称
001	台	038	万个	079	短担	135	捆
002	座	039	具	080	两	136	袋
003	辆	040	百副	081	市担	139	粒
004	艘	041	百支	083	盎司	140	盒
005	架	042	百把	084	克拉	141	合
006	套	043	百个	085	市尺	142	瓶
007	个	044	百片	086	码	143	千支
008	只	045	刀	088	英寸	144	万双
009	头	046	疋	089	寸	145	万粒
010	张	047	公担	095	升	146	千粒
011	件	048	扇	096	毫升	147	千米
012	支	049	百枝	097	英加仑	148	千英尺
013	枝	050	千只	098	美加仑	149	百万贝可
014	根	051	千块	099	立方英尺	163	部
015	条	052	千盒	101	立方尺	164	亿株
016	把	053	千枝	110	平方码		
017	块	054	千个	111	平方英尺		
018	卷	055	亿支	112	平方尺		
019	副	056	亿个	115	英制马力		
020	片	057	万套	116	公制马力		
021	组	058	千张	118	令		
022	份	059	万张	120	箱		
023	幅	060	千伏安	121	批		
025	双	061	千瓦	122	罐		
026	对	062	千瓦时	123	桶		
027	棵	063	千升	124	扎		
028	株	067	英尺	125	包		
029	井	070	吨	126	箩		
030	米	071	长吨	127	打		
031	盘	072	短吨	128	筐		
032	平方米	073	司马担	129	罗		
033	立方米	074	司马斤	130	匹		
034	筒	075	斤	131	册		
035	千克	076	磅	132	本		
036	克	077	担	133	发		
037	盆	078	英担	134	枚		

国别(地区)代码表

国家(地区)代码	国际标准英文简称	中文国家(地区)名称	英文国家(地区)名称	优惠/普通税率标记	船舶吨税优/普标记
101	AFG	阿富汗	Afghanistan	L	H
102	BHR	巴林	Bahrian	L	H
103	BGD	孟加拉国	Bangladesh	L	L
104	BTN	不丹	Bhutan	H	H
105	BRN	文莱	Brunei	L	H
106	MMR	缅甸	Myanmar	L	H
107	KHM	柬埔寨	Cambodia	L	H
108	CYP	塞浦路斯	Cyprus	L	L
109	PRK	朝鲜	Korea, DPR	L	L
110	HKG	中国香港	Hong Kong, China	L	L
111	IND	印度	India	L	L
112	IDN	印度尼西亚	Indonesia	L	L
113	IRN	伊朗	Iran	L	L
114	IRQ	伊拉克	Iraq	L	H
115	ISR	以色列	Israel	L	L
116	JPN	日本	Japan	L	L
117	JOR	约旦	Jordan	L	H
118	KWT	科威特	Kuwait	L	H
119	LAO	老挝	Lao PDR	L	H
120	LBN	黎巴嫩	Lebanon	L	L
121	MAC	中国澳门	Macau, China	L	L
122	MYS	马来西亚	Malaysia	L	L
123	MDV	马尔代夫	Maldives	L	H
124	MNG	蒙古	Mongolia	L	L
125	NPL	尼泊尔联邦民主共和国	Nepal, FDR	L	H
126	OMN	阿曼	Oman	L	L
127	PAK	巴基斯坦	Pakistan	L	L
128	PSE	巴勒斯坦	Palestine	H	H
129	PHL	菲律宾	Philippines	L	L
130	QAT	卡塔尔	Qatar	L	H
131	SAU	沙特阿拉伯	Saudi Arabia	L	H
132	SGP	新加坡	Singapore	L	L
133	KOR	韩国	Korea, Rep.	L	L
134	LKA	斯里兰卡	Sri Lanka	L	L
135	SYR	叙利亚	Syrian Arab Republic	L	H
136	THA	泰国	Thailand	L	L
137	TUR	土耳其	Turkey	L	L
138	ARE	阿联酋	United Arab Emirates	L	H
139	YEM	也门	Yemen	L	L
141	NVM	越南	Viet Nam	L	L
142	CHN	中国	China	L	L
143	TWN	中国台湾	Taiwan, China	L	H
144	TLS	东帝汶	Timor-Leste	L	H
145	KAZ	哈萨克斯坦	Kazakhstan	L	H
146	KGZ	吉尔吉斯斯坦	Kyrgyzstan	L	H
147	TJK	塔吉克斯坦	Tajikistan	L	H
148	TKM	土库曼斯坦	Turkmenistan	L	H
149	UZB	乌兹别克斯坦	Uzbekistan	L	H

国家(地区)代码	国际标准英文简称	中文国家(地区)名称	英文国家(地区)名称	优惠/普通税率标记	船舶吨税优/普标记
199		亚洲其他国家(地区)	Oth. Asia nes		H
201	DZA	阿尔及利亚	Algeria	L	L
202	AGO	安哥拉	Angola	L	H
203	BEN	贝宁	Benin	L	H
204	BWA	博茨瓦纳	Botswana	L	H
205	BDI	布隆迪	Burundi	L	H
206	CMR	喀麦隆	Cameroon	L	H
207		加那利群岛	Canary Islands	H	H
208	CPV	佛得角	Cape Verde	L	H
209	CAF	中非	Central African Republic.	L	H
210		塞卜泰(休达)	Ceuta	H	H
211	TCD	乍得	Chad	L	H
212	COM	科摩罗	Comoros	H	H
213	COG	刚果(布)	Congo	L	L
214	DJI	吉布提	Djibouti	L	H
215	EGY	埃及	Egypt	L	L
216	GNQ	赤道几内亚	Equatorial Guinea	L	H
217	ETH	埃塞俄比亚	Ethiopia	L	L
218	GAB	加蓬	Gabon	L	H
219	GMB	冈比亚	Gambia	L	H
220	GHA	加纳	Ghana	L	L
221	GIN	几内亚	Guinea	L	H
222	GNB	几内亚比绍	Guinea-Bissau	L	H
223	CIV	科特迪瓦	Cote d' lvoire	L	H
224	KEN	肯尼亚	Kenya	L	L
225	LBR	利比里亚	Liberia	L	L
226	LBY	利比亚	Libyan Arab Jamahiriya	L	H
227	MDG	马达加斯加	Madagascar	L	H
228	MWI	马拉维	Malawi	L	H
229	MLI	马里	Mali	L	H
230	MRT	毛里塔尼亚	Mauritania	L	H
231	MUS	毛里求斯	Mauritius	L	H
232	MAR	摩洛哥	Morocco	L	L
233	MOZ	莫桑比克	Mozambique	L	H
234	NAM	纳米比亚	Namibia	L	H
235	NER	尼日尔	Niger	L	H
236	NGA	尼日利亚	Nigeria	L	H
237	REU	留尼汪	Reunion	H	H
238	RWA	卢旺达	Rwanda	L	H
239	STP	圣多美和普林西比	Sao Tome and Principe	H	H
240	SEN	塞内加尔	Senegal	L	H
241	SYC	塞舌尔	Seychelles	H	H
242	SLE	塞拉利昂	Sierra Leone	L	H
243	SOM	索马里	Somalia	L	H
244	ZAF	南非	South Africa	L	L
245	ESH	西撒哈拉	Western Sahara	H	H
246	SDN	苏丹	Sudan	L	L
247	TZA	坦桑尼亚	Tanzania	L	H
248	TGO	多哥	Togo	L	H
249	TUN	突尼斯	Tunisia	L	L
250	UGA	乌干达	Uganda	L	H

国家(地区)代码	国际标准英文简称	中文国家(地区)名称	英文国家(地区)名称	优惠/普通税率标记	船舶吨税优/普标记
251	BFA	布基纳法索	Burkina Faso	L	H
252	COD	刚果(金)	Congo, DR	L	L
253	ZMB	赞比亚	Zambia	L	H
254	ZWE	津巴布韦	Zimbabwe	L	H
255	LSO	莱索托	Lesotho	L	H
256		梅利利亚	Melilla	H	H
257	SWZ	斯威士兰	Swaziland	L	H
258	ERI	厄立特里亚	Eritrea	L	H
259	MYT	马约特	Mayotte	L	H
260		南苏丹共和国	Republic of South Sudan	L	H
299		非洲其他国家(地区)	Oth. Afr. nes		H
301	BEL	比利时	Belgium	L	L
302	DNK	丹麦	Denmark	L	L
303	GBR	英国	United Kingdom	L	L
304	DEU	德国	Germany	L	L
305	FRA	法国	France	L	L
306	IRL	爱尔兰	Ireland	L	L
307	ITA	意大利	Italy	L	L
308	LUX	卢森堡	Luxembourg	L	L
309	NLD	荷兰	Netherlands	L	L
310	GRC	希腊	Greece	L	L
311	PRT	葡萄牙	Portugal	L	L
312	ESP	西班牙	Spain	L	L
313	ALB	阿尔巴尼亚	Albania	L	L
314	AND	安道尔	Andorra	H	H
315	AUT	奥地利	Austria	L	L
316	BGR	保加利亚	Bulgaria	L	L
318	FIN	芬兰	Finland	L	L
320	GIB	直布罗陀	Gibraltar	H	L
321	HUN	匈牙利	Hungary	L	L
322	ISL	冰岛	Iceland	L	H
323	LIE	列支敦士登	Liechtenstein	L	H
324	MLT	马耳他	Malta	L	L
325	MCO	摩纳哥	Monaco	L	H
326	NOR	挪威	Norway	L	L
327	POL	波兰	Poland	L	L
328	ROM	罗马尼亚	Romania	L	L
329	SMR	圣马力诺	San Marino	L	H
330	SWE	瑞典	Sweden	L	L
331	CHE	瑞士	Switzerland	L	H
334	EST	爱沙尼亚	Estonia	L	L
335	LVA	拉脱维亚	Latvia	L	L
336	LTU	立陶宛	Lithuania	L	L
337	GEO	格鲁吉亚	Georgia	L	L
338	ARM	亚美尼亚	Armenia	L	H
339	AZE	阿塞拜疆	Azerbai jan	L	H
340	BLR	白俄罗斯	Belarus	L	H
343	MDA	摩尔多瓦	Moldova	L	H
344	RUS	俄罗斯联邦	Russian Federation	L	L
347	UKR	乌克兰	Ukraine	L	L
349		塞尔维亚和黑山		H	H

国家(地区)代码	国际标准英文简称	中文国家(地区)名称	英文国家(地区)名称	优惠/普通税率标记	船舶吨税优/普标记
350	SVN	斯洛文尼亚	Slovenia	L	L
351	HRV	克罗地亚	Croatia	L	L
352	CZE	捷克	Czech Republic	L	L
353	SVK	斯洛伐克	Slovakia	L	L
354	MKD	北马其顿共和国	Republic of North Macedonia	L	H
355	BIH	波黑	Bosnia and Hercegovina	L	H
356	VAT	梵蒂冈城国	Vatican City State	H	H
357	FRO	法罗群岛	Faroe Islands	L	H
358	SRB	塞尔维亚	Serbia	L	H
359	MNE	黑山	Montenegro	L	H
399		欧洲其他国家(地区)	Oth. Eur. nes		H
401	ATG	安提瓜和巴布达	Antigua & Barbuda	L	H
402	ARG	阿根廷	Argentina	L	L
403	ABW	阿鲁巴	Aruba	H	H
404	BHS	巴哈马	Bahamas	H	L
405	BRB	巴巴多斯	Barbados	L	H
406	BLZ	伯利兹	Belize	L	H
408	BOL	多民族玻利维亚国	Estado Plurinacional de Bolivia	L	H
409		博内尔	Bonaire	H	H
410	BRA	巴西	Brazil	L	L
411	CYM	开曼群岛	Cayman Islands	H	L
412	CHL	智利	Chile	L	L
413	COL	哥伦比亚	Colombia	L	H
414	DMA	多米尼克	Dominica	L	H
415	CRI	哥斯达黎加	Costa Rica	L	H
416	CUB	古巴	Cuba	L	L
417	CUW	库腊索岛	Curacao	H	H
418	DOM	多米尼加共和国	Dominican Republic	L	H
419	ECU	厄瓜多尔	Ecuador	L	H
420	GUF	法属圭亚那	French Guiana	H	H
421	GRD	格林纳达	Grenada	L	H
422	GLP	瓜德罗普	Guadeloupe	H	H
423	GTM	危地马拉	Guatemala	L	H
424	GUY	圭亚那	Guyana	L	H
425	HTI	海地	Haiti	L	H
426	HND	洪都拉斯	Honduras	L	H
427	JAM	牙买加	Jamaica	L	H
428	MTQ	马提尼克	Martinique	H	H
429	MEX	墨西哥	Mexico	L	L
430	MSR	蒙特塞拉特	Montserrat	H	H
431	NIC	尼加拉瓜	Nicaragua	L	H
432	PAN	巴拿马	Panama	L	L
433	PRY	巴拉圭	Paraguay	L	H
434	PER	秘鲁	Peru	L	L
435	PRI	波多黎各	Puerto Rico	L	H
436		萨巴	Saba	H	H
437	LCA	圣卢西亚	Saint Lucia	L	H
438		圣马丁岛	Saint Martin Islands	H	H
439	VCT	圣文森特和格林纳丁斯	Saint Vincent and Grenadines	L	H
440	SLV	萨尔瓦多	El Salvador	L	H
441	SUR	苏里南	Suriname	L	H

国家(地区)代码	国际标准英文简称	中文国家(地区)名称	英文国家(地区)名称	优惠/普通税率标记	船舶吨税优/普标记
442	TTO	特立尼达和多巴哥	Trinidad and Tobago	L	H
443	TCA	特克斯和凯科斯群岛	Turks and Caicos Islands	H	H
444	URY	乌拉圭	Uruguay	L	H
445	VEN	委内瑞拉	Venezuela	L	H
446	VGB	英属维尔京群岛	Virgin Islands, British	H	H
447	KNA	圣其茨和尼维斯	Saint Kitts and Nevis	L	H
448	SPM	圣皮埃尔和密克隆	Saint. Pierre and Miquelon	L	H
449	ANT	荷属安地列斯	Netherlands Antilles	H	H
499	BES	拉丁美洲其他国家(地区)	Oth. L. Amer. nes		H
501	CAN	加拿大	Canada	L	L
502	USA	美国	United States	L	L
503	GRL	格陵兰	Greenland	L	H
504	BMU	百慕大	Bermuda	H	L
599		北美洲其他国家(地区)	Oth. N. Amer. nes		H
601	AUS	澳大利亚	Australia	L	H
602	COK	库克群岛	Cook Islands	L	H
603	FJI	斐济	Fiji	L	H
604		盖比群岛	Gambier Islands	H	H
605		马克萨斯群岛	Marquesas Islands	H	H
606	NRU	瑙鲁	Nauru	H	H
607	NCL	新喀里多尼亚	New Caledonia	L	H
608	VUT	瓦努阿图	Vanuatu	L	H
609	NZL	新西兰	New Zealand	L	L
610	NFK	诺福克岛	Norfolk Island	H	H
611	PNG	巴布亚新几内亚	Papua New Guinea	L	H
612		社会群岛	Society Islands	H	H
613	SLB	所罗门群岛	Solomon Islands	L	H
614	TON	汤加	Tonga	L	H
615		土阿莫土群岛	Tuamotu Islands	H	H
616		土布艾群岛	Tubai Islands	H	H
617	WSM	萨摩亚	Samoa	L	H
618	KIR	基里巴斯	Kiribati	L	H
619	TUV	图瓦卢	Tuvalu	H	H
620	FSM	密克罗尼西亚联邦	Micronesia, Fs	L	H
621	MHL	马绍尔群岛	Marshall Islands	H	H
622	PLW	帕劳	Palau	H	H
623	PYF	法属波利尼西亚	French Polynesia	L	H
625	WLF	瓦利斯和浮图纳	Wallis and Futuna	L	H
699	MNP	大洋洲其他国家(地区)	Oth. Ocean. nes		H
701		国(地)别不详	Countries(reg.) unknown	H	H
702		联合国及机构和国际组织	UN and oth. int'l org.		
999		中性包装原产国别	Conutries of Neutral Package	H	H

包装种类代码表

代码	中文名称	代码	中文名称
00	散装	39	其他材料制桶
01	裸装	04	球状罐类
22	纸制或纤维板制盒/箱	06	包/袋
23	木制或竹藤等植物性材料制盒/箱	92	再生木托
29	其他材料制盒/箱	93	天然木托
32	纸制或纤维板制桶	98	植物性铺垫材料
33	木制或竹藤等植物性材料制桶	99	其他包装

危包规格代码表

代码	中文名称	中文简称	代码	中文名称	中文简称
1A1	钢制不可拆装桶顶圆桶	闭口钢桶	5H4	塑料薄膜袋	塑料薄膜袋
1A2	钢制可拆装桶顶圆桶	开口钢桶	5L1	无内衬或涂层的纺织品编织袋	纺织品编织袋
1B1	铝制不可拆装桶顶圆桶	闭口铝桶	5L2	纺织品防撒漏的纺织品编织袋	纺织品编织袋
1B2	铝制可拆装桶顶圆桶	开口铝桶	5L3	纺织品防水的纺织品编织袋	纺织品编织袋
1D	胶合板圆桶	胶板圆桶	5M1	多层的纸袋	纸袋
1G	纤维圆桶	纤维圆桶	5M2	多层防水纸袋	纸袋
1H1	塑料不可拆装桶顶圆桶	闭口塑料圆桶	6HA1	塑料容器在钢桶内复合包装	钢桶塑料复包
1H2	塑料可拆装桶顶圆桶	开口塑料圆桶	6HA2	塑料容器在钢条或钢皮箱内复合包装	钢皮箱塑料复包
2C1	塞式木琵琶桶	木琵琶桶	6HB	塑料容器在铝桶内复合包装	铝桶塑料复包
2C2	非水密型木琵琶桶	木琵琶桶	6HB2	塑料容器在铝条或铝皮箱内复合包装	铝皮箱塑料复包
3A1	钢制不可拆装罐顶罐	闭口钢罐	6HC	塑料容器在木箱内复合包装	木箱塑料复包
3A2	钢制可拆装罐顶罐	开口钢罐	6HD1	塑料容器在胶合板桶内复合包装	胶板桶塑料复包
3B1	铝制不可拆装罐顶罐	闭口铝罐	6HD2	塑料容器在胶合板箱内复合包装	胶板箱塑料复包
3B2	铝制可拆装罐顶罐	开口铝罐	6HG1	塑料容器在纤维桶内复合包装	纤维桶塑料复包
3H1	塑料制不可拆装罐顶罐	闭口塑料罐	6HG2	塑料容器在纤维板箱内复合包装	纤维板箱塑料复包
3H2	塑料制可拆装罐顶罐	开口塑料罐	6HH1	塑料容器在塑料桶内复合包装	塑料桶塑料复包
4A	钢箱	钢箱	6HH2	塑料容器在硬塑料箱内复合包装	硬塑料箱复包
4B	铝箱	铝箱	6PA1	玻璃、陶瓷、粗陶器在钢桶内复合包装	玻璃钢桶复包
4C1	大木箱	大木箱	6PA2	玻璃、陶瓷、粗陶器在钢条或钢皮箱内复合包装	玻璃陶瓷钢皮箱复包
4C2	箱壁防撒漏木箱	防漏木箱	6PB1	玻璃、陶瓷、粗陶器在铝桶内复合包装	玻璃陶瓷铝桶复包
4D	胶合板箱	胶合板箱	6PB2	玻璃、陶瓷、粗陶器在铝条或铝皮箱内复合包装	玻璃陶瓷铝皮箱复包
4F	再生木木箱	再生木木箱	6PC	玻璃、陶瓷、粗陶器在木箱内复合包装	玻璃陶瓷木箱复包
4G	纤维板箱	纤维板箱	6PD1	玻璃、陶瓷、粗陶器在胶合板内复合包装	玻璃陶瓷胶板复包
4H1	膨胀的塑料箱	塑料箱	6PD2	玻璃、陶瓷、粗陶器在柳条筐内复合包装	玻璃陶瓷柳条筐复包
4H2	硬质的塑料箱	塑料箱	6PG1	玻璃、陶瓷、粗陶器在纤维桶内复合包装	玻璃陶瓷纤维桶复包
5H	塑料编织袋	塑料编织袋	6PG2	玻璃、陶瓷、粗陶器在纤维板箱内复合包装	玻璃陶瓷纤维板复包
5H1	塑料编织无内衬或涂层的袋	塑料编织袋	6PH1	玻璃、陶瓷、粗陶器在膨胀塑料包装内复合包装	玻璃陶瓷膨塑复包
5H2	塑料编织防撒漏的袋	塑料编织袋	6PH2	玻璃、陶瓷、粗陶器在硬塑料包装内复合包装	玻璃陶瓷硬塑复包
5H3	塑料编织防水的袋	塑料编织袋			

企业产品许可类别代码表

代码	中文名称	强制级别	证书类别	代码	中文名称	强制级别	证书类别
000	企业产品许可类别			413	进口可用作原料的固体废物国内收货人注册登记	D	98
100	通关司类			414	进口可用作原料的固体废物国外供货商注册登记	D	98
101	检疫处理单位审批	D	98	415	进出境集装箱场站登记	C	98,99
102	实施绿色通道制度申请	D	99	416	进口棉花境外供货商登记注册	B	98
103	直通放行申请		98,99	417	出口玩具质量许可(注册登记)	A	11
104	检疫处理人员审批		98,99	418	对出口食品包装生产企业和进口食品包装的进口商实行备案	B	21
200	卫生司类			419	输美日用陶瓷生产厂认证	A	99
203	出入境特殊物品卫生检疫审批	A	19,20	421	进出口商品检验鉴定机构许可	B	98,99
300	动植司类			422	进口废物原料装运前检验证书	C	33
301	出境水果包装厂注册登记	B	21	423	进口旧机电产品装运前检验证书	C	27
302	出境水果果园注册登记	B	99	500	食品局类		
303	进境水果境外果园/包装厂注册登记	C	21	501	出口肉类产品养殖场备案	A	99
304	出境水生动物养殖场/包转场检验检疫注册登记	A	99	502	出口蛋禽养殖场备案	B	99
305	出口饲料和饲料添加剂生产、加工、存放企业注册登记	C	99	503	出口蜂产品养蜂基地备案	C	99
306	进口饲料和饲料添加剂生产企业注册登记	C	98	504	出口食品原料种植场备案	C	99
307	进境非食用动物产品生产、加工、存放企业注册登记	C	98	505	供港澳蔬菜生产加工企业备案	C	99
308	出境货物木质包装除害处理标识加施资格申请	B	99	506	供港澳蔬菜种植基地备案	C	99
309	出境种苗花卉生产经营企业注册登记	B	99	507	出口粮谷豆类生产加工企业注册登记	C	99
310	出境竹木草制品生产企业注册登记	C	99	508	进口食品境外出口商代理商备案	C	98
311	出口植物产品生产、加工、存放企业注册登记	C	99	509	进口食品进口商备案	C	98
312	进境植物繁殖材料隔离检疫圃申请	C	98	510	进口肉类收货人备案	C	98
315	供港澳陆生动物饲养场、中转场检验检疫注册	C	12	511	进口肉类存储冷库备案	C	98
317	进出境动物指定隔离检疫场使用申请	C	98,99	512	出口加工用水产养殖场备案	A	99
318	出境动物及其非食用动物产品生产、加工、存放企业注册登记	C	99	513	进口水产品存储冷库备案	C	98
319	进境栽培介质使用单位注册	C	98	514	出口化妆品生产企业备案	C	99
320	进境动物遗传物质进口代理及使用单位备案	A	98	515	进口化妆品收货人备案	C	98
321	进境动物及动物产品国外生产单位注册	C	98	516	进口化妆品产品备案	A	98
322	饲料进口企业备案	B	98	517	进口预包装食品标签备案	A	25
323	饲料出口企业备案	C	99	518	出口食品生产企业备案	A	15
324	出境货物木质包装除害处理合格凭证	C	99	519	进口食品境外生产企业注册	A	16
325	进境动植物检疫许可证	A	17	520	出口食品生产企业境外注册	A	14
326	进境粮食加工储存单位注册	C	98	522	水果冻肉预检验证书	C	98
400	检验司类			523	进口化妆品产品套装备案	A	25
401	进出口商品免验	A	98,99	600	综合类		18
402	进口旧机电产品备案	C	39	601	进口其他证书	D	98
404	出口产品型式试验	B	32	602	出口其他证书	A	99
408	汽车预审备案	C	98	700	认监委类		
409	免于强制性认证特殊用途进口汽车检测处理程序车辆	C	98	800	准入肉类名单		17
410	免于办理强制性产品认证	C	40	900	进口肉类名录		17
411	强制性产品(CCC)认证	C	40				
412	进口涂料备案	C	98				

UN 编码

编号	
0004	2,4,6-三硝基苯酚铵[干的或含水<10%]
0072	环三次甲基三硝胺[含水≥15%]
0074	二硝基重氮酚[含水或水加乙醇≥40%]
0075	二乙二醇二硝酸酯[含不挥发、不溶于水的钝感剂≥25%]
0076	二硝基(苯)酚[干的或含水<15%]
0077	二硝基(苯)酚碱金属盐[干的或含水<15%]
0078	二硝基间苯二酚[干的或含水<15%]
0079	六硝基二苯胺
0113	脒基亚硝氨基脒基叉肼[含水≥30%]
0114	脒基亚硝氨基脒基四氮烯[含水或水加乙醇≥30%]
0118	环三次甲基三硝胺与三硝基甲苯混合物[干的或含水<15%]
0129	迭氮(化)铅[含水或水加乙醇≥20%]
0130	三硝基间苯二酚铅[含水或水加乙醇≥20%]
0133	甘露糖醇六硝酸酯[含水或水加乙醇≥40%]
0135	雷(酸)汞[含水或水加乙醇≥20%]
0143	硝化丙三醇[含不挥发、不溶于水的钝感剂≥40%]
0144	硝化丙三醇乙醇溶液[含硝化甘油1%~10%]
0146	硝化淀粉[干的或含水<20%]
0147	硝基脲
0150	季戊四醇四硝酸酯[含水≥25%或含钝感剂≥15%]
0151	季戊四醇四硝酸酯与三硝基甲苯混合物[干的或含<15%]
0153	2,4,6-三硝基苯胺
0154	2,4,6-三硝基苯酚[干的或含水<30%]
0155	2,4,6-三硝基氯(化)苯
0158	硝基芳香族衍生物钾盐[爆炸性的]
0207	2,3,4,6-四硝基苯胺
0208	2,4,6-三硝基苯甲硝胺
0209	2,4,6-三硝基甲苯[干的或含水<30%]
0213	三硝基苯甲醚
0214	1,3,5-三硝基苯[干的或含水<30%]
0215	2,4,6-三硝基苯甲酸[干的或含水<30%]
0216	三硝基间甲酚
0217	三硝基萘
0218	三硝基苯乙醚
0219,0394	2,4,6-三硝基间苯二酚
0220	硝基脲[干的或含水<20%]
0222	硝酸铵[含可燃物>0.2%,包括以碳计算的任何有机物,但不包括任何其他添加剂]
0223	硝酸铵肥料[比硝酸铵(含可燃物>0.2%,包括以碳计算的任何有机物,但不包括任何其他添加剂)更易爆炸]
0224	迭氮(化)钡[干的或含水<50%]
0226	环四次甲基四硝胺[含水≥15%]
0234	二硝基邻甲(苯)酚钠[干的或含水<15%]
0235	4,6-二硝基-2-氨基苯酚钠[干的或含水<20%]
0236	4,6-二硝基-2-氨基苯酚锆[干的或含水<20%]
0266	环四次甲基四硝胺与三硝基甲苯混合物[干的或含水<15%]
0282	硝基胍[干的或含水<20%]
0340	硝化纤维素[干的或含水(或乙醇)<25%]
0341	硝化纤维素[含增塑剂<18%]
0342	硝化纤维素[含乙醇≥25%]
0343	硝化纤维素[含增塑剂≥18%]
0385	5-硝基苯并三唑
0386	三硝基苯磺酸
0387	三硝基芴酮
0388	三硝基甲苯与三硝基苯混合物
0388	三硝基甲苯与六硝基-1,2-二苯乙烯混合物
0389	三硝基甲苯与三硝基苯和六硝基-1,2-二苯乙烯混合物
0390	2,4,6-三硝基甲苯与铝混合物
0391	环三次甲基三硝胺与环四次甲基四硝胺混合物[含水≥15%或含钝感剂≥10%]
0392	六硝基-1,2-二苯乙烯
0393	环三次甲基三硝胺与三硝基甲苯和铝粉混合物
0401	六硝基二苯硫[干的或含水<10%]
0402	高氯酸铵
0406	二亚硝基苯
0407	四唑并-1-乙酸
0411	季戊四醇四硝酸酯[含蜡≥7%]
0448	5-巯基四唑并-1-乙酸
0483	环三次甲基三硝胺[钝感的]
0484	环四次甲基四硝胺[钝感的]
1001	乙炔[溶于介质的]
1002	空气[压缩的]
1003	空气[液化的]
1005	氨[液化的,含氨>50%]
1006	氩[压缩的]
1008	三氟化硼
1009	溴三氟甲烷
1010	1,3-丁二烯[抑制了的]
1011	正丁烷
1012	1-丁烯
1012	2-丁烯
1013	二氧化碳[压缩的]
1014	二氧化碳和氧气混合物
1015	二氧化碳和一氧化二氮混合物
1016	一氧化碳
1017	氯[液化的]
1018	氯二氟甲烷
1020	氯五氟乙烷
1021	氯四氟乙烷
1022	氯三氟甲烷
1023	煤气
1026	氰[液化的]
1027	环丙烷[液化的]
1028	二氯二氟甲烷
1029	二氯一氟甲烷
1030	1,1-二氟乙烷
1032	二甲胺[无水]
1033	(二)甲醚

编号	
1035	乙烷[压缩的]
1036	乙胺
1037	氯乙烷
1038	乙烯[液化的]
1039	甲乙醚
1040	环氧乙烷
1041	二氧化碳和环氧乙烷混合物[含环氧乙烷>6%]
1043	含氨肥料[含游离氨>35%]
1045	氟[压缩的]
1046	氦[压缩的]
1048	溴化氢[无水]
1049	氢[压缩的]
1050, 2186	氯化氢[无水]
1051	氰化氢[无水，稳定的]
1052	氟化氢(无水)
1053	硫化氢[液化的]
1055	异丁烯
1056	氪[压缩的]
1060	丙炔和丙二烯混合物[稳定的]
1061	一甲胺[无水]
1062	溴甲烷
1063	氯甲烷
1064	甲硫醇
1065	氖[压缩的]
1066	氮[压缩的]
1067	四氧化二氮[液化的]
1069	亚硝酰氯
1070	一氧化二氮[压缩的]
1071	石油气
1072	氧[压缩的]
1073	氧[液化的]
1075	石油气[液化的]
1076	碳酰氯
1077	丙烯
1079	二氧化硫[液化的]
1080	六氟化硫
1081	四氟乙烯[抑制了的]
1082	三氟氯乙烯[抑制了的]
1083	三甲胺[无水]
1085	溴乙烯[抑制了的]
1086	氯乙烯[抑制了的]
1087	乙烯基甲醚[抑制了的]
1088	1,1-二乙氧基乙烷
1089	乙醛
1090	丙酮
1092	丙烯醛[抑制了的]
1093	丙烯腈[抑制了的]
1098	2-丙烯-1-醇
1099	3-溴-1-丙烯
1100	3-氯丙烯
1104	乙酸正戊酯
1105	1-戊醇
1106	正戊胺
1107	氯代正戊烷
1108	1-戊烯
1109	甲酸异戊酯
1109	甲酸正戊酯
1110	2-庚酮
1111	1-戊硫醇
1112	硝酸正戊酯
1112	2-甲基-1-丙醇
1113	亚硝酸异戊酯
1113	亚硝酸正戊酯
1114	苯
1118	刹车油
1120	正丁醇
1120	2-甲基-2-丙醇
1120	2-丁醇
1123	乙酸正丁酯
1125	正丁胺
1126	1-溴丁烷
1127	1-氯丁烷
1128	甲酸正丁酯
1129	正丁醛
1130	樟脑油
1131	二硫化碳
1133	202 胶粘剂
1133	酚醛·丁腈黏合剂
1133	1452#胶粘剂
1133	硝基胶液
1133	聚氨酯黏合剂
1133	蜡纸胶水
1133	传真纸黏合剂
1133	JY-7 胶粘剂
1133	液体密封胶
1133	橡胶水
1133	酚醛·缩醛黏合剂
1133	压敏胶
1133	橡胶金属胶
1133	JX-15 胶粘剂
1133	硅酸苯悬浮液
1133	多用粘结胶
1133	嫌气性密封黏合剂
1133	聚乙烯醇缩醛胶
1133	黑醇酸隔热胶
1133	聚氨基甲酸酯胶粘剂
1133	303 胶粘剂
1133	体患除凝胶
1133	缩醛烘干胶液
1133	过氯乙烯胶
1133	聚氨酯涂层胶
1133	汽车门窗胶
1133	730 胶粘剂
1133	缩醛胶液
1133	SF-5 胶粘剂
1133	聚氨酯导电黏合剂
1133	FS203C 胶
1133	301 胶粘剂
1133	聚氨酯化学灌浆材料
1133	氯丁酚醛胶粘剂
1133	丙烯酸酯胶粘剂
1133	聚硅氧橡皮基印模膏
1133	伏栏
1133	氟橡胶胶浆
1133	含一级易燃溶剂的胶粘剂[-18℃≤闪点<23℃]，如：
1133	酚醛·缩醛有机硅黏合剂
1134	氯苯
1135	2-氯乙醇
1136	煤焦油
1139，1263，1293	硝基木器清漆
1139，1263，1293	过氯乙烯漆稀释剂
1139，1263，1293	硝基静电清烘漆
1139，1263，1293	环氧漆固化剂
1139，1263，1293	脱漆剂
1139，1263，1293	过氯乙烯防潮清漆
1139，1263，1293	再生胶沥青涂料
1139，1263，1293	过氯乙烯防腐磁漆
1139，1263，1293	虫胶清漆
1139，1263，1293	过氯乙烯磁漆
1139，1263，1293	含一级易燃溶剂的油漆、辅助材料及涂料[-18℃≤闪点<23℃]，如：
1139，1263，1293	过氯乙烯清漆
1139，1263，1293	有机硅建筑防水剂
1139，1263，1293	硝基裂纹漆
1139，1263，1293	缩醛漆稀释剂
1139，1263，1293	聚酯漆包线漆稀释剂

编号		编号		编号	
1139，1263，1293	硝基磁漆	1139，1263，1293	有机硅漆稀释剂	1160	二甲胺溶液
				1161	碳酸(二)甲酯
1139，1263，1293	过氯乙烯木器漆	1139，1263，1293	乙烯防腐漆	1162	二甲基二氯硅烷
				1163	1,1-二甲基肼
1139，1263，1293	过氯乙烯锤纹漆稀释剂	1139，1263，1293	FM 涂料	1164	甲硫醚
				1165	1,4-二氧杂环己烷
1139，1263，1293	硝基铝箔清漆	1139，1263，1293	硝基绝缘漆	1166	二氧戊环
				1167	二乙烯基醚[抑制了的]
1139，1263，1293	硝基漆稀释剂	1139，1263，1293	聚苯乙烯塑料地板漆	1170	乙醇[无水]
				1171	乙二醇乙醚
1139，1263，1293	环氧漆稀释剂	1139，1263，1293	氨基漆稀释剂	1172	乙酸乙二醇乙醚
				1173	乙酸乙酯
1139，1263，1293	磷化底漆	1139，1263，1293	硝基底漆	1175	乙基苯
				1176	硼酸(三)乙酯
1139，1263，1293	硝基锤纹漆	1139，1263，1293	过氯乙烯防腐清漆	1177	乙酸乙基丁酯
				1178	2-乙基丁醛
1139，1263，1293	硝基清漆	1139，1263，1293	银幕白漆	1179	乙基正丁基醚
				1180	正丁酸乙酯
1139，1263，1293	甲级清喷漆[静电用]	1139，1263，1293	氨基静电漆稀释剂	1181	氯乙酸乙酯
				1182	氯甲酸乙酯
1139，1263，1293	硝基铝箔漆稀释剂	1139，1263，1293	过氯乙烯底漆	1183	乙基二氯硅烷
				1184	1,2-二氯乙烷
1139，1263，1293	聚酯树脂清漆	1139，1263，1293	硝基涂布清漆	1185	乙撑亚胺[抑制了的]
				1188	乙二醇甲醚
1139，1263，1293	沥青漆稀释剂	1139，1263，1293	聚酯漆稀释剂	1189	乙酸乙二醇甲醚
				1190	甲酸乙酯
1139，1263，1293	过氯乙烯防腐漆	1139，1263，1293	醇酸漆稀释剂	1191	乙基己醛
				1192	2-羟基丙酸乙酯
1139，1263，1293	丙烯酸漆稀释剂	1139，1263，1293	偏氯乙烯清漆	1193	2-丁酮
				1194	亚硝酸乙酯醇溶液
1139，1263，1293	PM2035 溶液	1139，1263，1293	聚氨酯漆稀释剂	1195	丙酸乙酯
				1196	乙基三氯硅烷
1139，1263，1293	磷化液	1139，1263，1293	7110 甲聚氨酯固化剂	1198,2209	甲醛溶液
				1199	糠醛
1139，1263，1293	丙烯酸清漆	1139，1263，1293	丙烯酸清烘漆	1201	杂戊醇
				1203,1257	汽油[-18℃≤闪点<23℃]
1139，1263，1293	硝基罐头漆	1143	2-丁烯醛[抑制了的]	1203,1257	汽油[闪点<-18℃]
		1144	2-丁炔	1204,3064	硝化甘油乙醇溶液[含硝化甘油≤5%]
1139，1263，1293	过氯乙烯可剥漆	1145	环己烷		
		1146	环戊烷	1205	杜仲胶溶液
1139，1263，1293	硝基透明清漆	1147	十氢化萘	1206	2,3-二甲基戊烷
		1148	4-羟基-4-甲基-2-戊酮	1206	2-甲基己烷
1139，1263，1293	纤维素漆	1149	二(正)丁醚	1206	正庚烷
		1150	1,2-二氯乙烯	1206	2,4-二甲基戊烷
1139，1263，1293	过氯乙烯锤纹漆	1152	1,5-二氯戊烷	1206	3,3-二甲基戊烷
		1153	乙二醇二乙醚	1206	2,2-二甲基戊烷
1139，1263，1293	硝基铅笔漆[包括底漆]	1154	二乙胺	1206	庚烷异构体，如：
		1155	乙醚	1206	3-乙基戊烷
1139，1263，1293	酚醛皱纹漆稀释剂	1156	3-戊酮	1206	2,2,3-三甲基丁烷
		1157	二异丁基(甲)酮	1206	3-甲基己烷
1139，1263，1293	硝基漆防潮剂	1158	二异丙胺	1207	正己醛
		1159	异丙醚	1208	正己烷

编号		编号		编号	
1208	2-甲基戊烷	1262	3-甲基庚烷	1328	六亚甲基四胺
1208	己烷及其异构体,如:	1262	3,4-二甲基己烷	1330	树脂酸锰
1208	3-甲基戊烷	1264	三聚乙醛	1331	火柴[任何地方可擦燃]
1210	印刷油墨	1265	2-甲基丁烷	1332	聚乙醛
1214	异丁胺	1265	正戊烷	1334	萘
1216	异辛烯	1267,1255	石油原油	1336	硝基胍[含水≥20%]
1218	2-甲基-1,3-丁二烯[抑制了的]	1271	石油醚	1337	硝化淀粉[含水≥20%]
1219	2-丙醇	1272	松油	1338	红磷
1220	乙酸异丙酯	1274	1-丙醇	1339	七硫化(四)磷
1221	2-氨基丙烷	1275	丙醛	1340	五硫化(二)磷
1222	硝酸异丙酯	1276	乙酸正丙酯	1341	三硫化(四)磷
1223	煤油	1277	1-氨基丙烷	1343	三硫化(二)磷
1228	叔丁基硫醇	1278	1-氯丙烷	1344	2,4,6-三硝基苯酚[含水≥30%]
1228	2-丁基硫醇	1279	1,2-二氯丙烷	1346	硅粉[非晶形的]
1229	4-甲基-3-戊烯-2-酮	1280	1,2-环氧丙烷[抑制了的]	1347	2,4,6-三硝基苯酚银[含水≥30%]
1230	甲醇	1281	甲酸异丙酯	1348	二硝基邻甲酚钠[含水≥15%]
1231	乙酸甲酯	1282	吡啶	1349	4,6-二硝基-2-氨基苯酚钠[含水≥20%]
1233	乙酸仲己酯	1286	松油精	1350,2448	硫磺
1234	二甲氧基甲烷	1289	甲醇钠甲醇溶液	1352	金属钛粉[含水≥25%]
1235	甲胺水溶液	1292	正硅酸乙酯	1354	三硝基苯[含水≥30%]
1237	正丁酸甲酯	1293	药用酊剂类,如:	1355	三硝基苯甲酸[含水≥30%]
1238	氯甲酸甲酯	1294	甲基苯	1356	2,4,6-三硝基甲苯[含水≥30%]
1239	氯甲基甲醚	1295	三氯硅烷	1357	硝酸脲[含水≥20%]
1242	甲基二氯硅烷	1296	三乙胺	1358	金属锆粉[含水≥25%]
1243	甲酸甲酯	1297	三甲胺溶液	1360	磷化钙
1244	甲基肼	1298	三甲基氯硅烷	1362	活性碳
1245	4-甲基-2-戊酮	1299	松节油	1366	二乙基锌
1246	甲基异丙烯(甲)酮[抑制了的]	1301	乙酸乙烯酯[抑制了的]	1369	4-亚硝基-N,N-二甲基苯胺
1247	异丁烯酸甲酯[抑制了的]	1302	乙烯基乙醚[抑制了的]	1370	二甲基锌
1248	丙酸甲酯	1303	1,1-二氯乙烯[抑制了的]	1378,2881	镍催化剂
1249	2-戊酮	1304	异丁基乙烯(基)醚[抑制了的]	1380	戊硼烷
1250	甲基三氯硅烷	1305	乙烯(基)三氯硅烷[抑制了的]	1382	硫化钾[无水或含结晶水<30%]
1251	3-丁烯-2-酮	1307	1,2-二甲苯	1384	连二亚硫酸钠1)
1256,2553	石脑油	1307	1,3-二甲苯	1385	硫化钠[无水或含结晶水<30%]
1259	羰基镍	1307	1,4-二甲苯	1389	钾汞齐
1261	硝基甲烷	1307	1,4-二甲苯	1389	碱金属汞齐,如:
1262	3-乙基己烷	1308	锆[悬浮于易燃液体中的]	1392	碱土金属汞齐
1262	3,3-二甲基己烷	1309	铝粉[有涂层的]	1394	碳化铝
1262	2,4-二甲基己烷	1310	2,4,6-三硝基苯酚铵[含水≥10%]	1395	硅铁铝[粉末状的]
1262	2,2,3-三甲基戊烷	1312	2-莰醇	1396	铝粉[未涂层的]
1262	4-甲基庚烷	1313,1314	树脂酸钙	1397	磷化铝
1262	2,3-二甲基己烷	1318	树脂酸钴	1398	硅铝
1262	2,2-二甲基己烷	1320	2,4-二硝基(苯)酚[含水≥15%]	1399	钡合金
1262	正辛烷	1322	2,4-二硝基间苯二酚[含水≥15%]	1400	金属钡
1262	2,2,4-三甲基戊烷	1323	铁铈齐	1401	金属钙
1262	2-甲基庚烷	1324	硝化纤维片基		
1262	2-甲基-3-乙基戊烷	1326	金属铪粉[含水≥25%]		
1262	辛烷异构体,如:				
1262	2,3,4-三甲基戊烷				
1262	异辛烷				

编号	
1401	铜钙合金
1402	碳化钙
1403	氰氨化钙[含碳化钙>0.1%]
1404	氢化钙
1405	硅化钙
1406	硅钙
1407	金属铯
1408	硅铁[30%≤含硅<90%]
1410,1411	氢化铝锂
1412	氨基(化)锂
1413	硼氢化锂
1414,2805	氢化锂
1415	金属锂
1417	硅锂
1418	镁铝粉
1419	磷化铝镁
1420	钾合金
1422	钾钠合金
1423	金属铷
1426	硼氢化钠
1427	氢化钠
1428	金属钠
1431	甲醇钠
1432	磷化钠
1433	磷化锡
1435	锌灰
1436	锌粉
1437	氢化锆
1438	硝酸铝
1439	重铬酸铵
1442	高氯酸铵
1444	过硫酸铵
1445	氯酸钡
1446	硝酸钡
1447	高氯酸钡
1448	高锰酸钡
1449	过氧化钡
1451	硝酸铯
1452	氯酸钙
1453	亚氯酸钙
1454	硝酸钙
1455	高氯酸钙
1456	高锰酸钙
1457	过氧化钙
1463	三氧化铬[无水]
1465	硝酸钕镨
1466	硝酸铁
1467	硝酸胍
1469	硝酸铅
1470	高氯酸铅
1471	次氯酸锂
1472	过氧化锂

编号	
1473	溴酸镁
1474	硝酸镁
1475	高氯酸镁
1476	过氧化镁
1484	溴酸钾
1485	氯酸钾
1486	硝酸钾
1488	亚硝酸钾
1489	高氯酸钾
1490	高锰酸钾
1491	过氧化钾
1492	过硫酸钾
1493	硝酸银
1494	溴酸钠
1495	氯酸钠
1496	亚氯酸钠
1498	硝酸钠
1500	亚硝酸钠
1502	高氯酸钠
1503	高锰酸钠
1504	过氧化钠
1505	过硫酸钠
1506	氯酸锶
1507	硝酸锶
1508	高氯酸锶
1509	过氧化锶
1510	四硝基甲烷
1511	过氧化氢尿素
1512	亚硝酸锌铵
1513	氯酸锌
1514	硝酸锌
1515	高锰酸锌
1516	过氧化锌
1517	4,6-二硝基-2-氨基苯酚锆[含水≥20%]
1541	丙酮氰醇
1544	一级生物碱类,如:
1544	二级生物碱类,如:
1545	异硫氰酸烯丙酯[抑制了的]
1546	砷酸铵
1547	苯胺
1548	盐酸苯胺
1550	乳酸锑
1551	酒石酸锑钾
1553,1554	砷酸
1555	三溴化砷
1556,1557	一级有机胂化合物,如:
1556,1557	亚砷酸盐类,如:
1556,1557	砷酸盐类,如:
1558	砷
1559	五氧化(二)砷

编号	
1560	三氯化砷
1561	三氧化(二)砷
1562	砷粉
1564	一级钡化合物,如:
1564	氢氧化钡
1564	氯化钡
1564	二级有机钡化合物,如:
1565	氰化钡
1566	铬酸铍
1566	氯化铍
1566	氟铍酸铵
1566	硫酸铍钾
1566	铍化合物,如:
1566	氧化铍
1566	氢氧化铍
1566	硫酸铍
1566	碳酸铍
1566	氟铍酸钠
1567	铍粉
1569	溴丙酮
1570	番木鳖碱
1571	迭氮钡[含水≥50%]
1572	二甲胂酸
1573	砷酸钙
1575	氰化钙
1577	1-氯-2,4-二硝基苯
1578	3-氯硝基苯
1578	4-氯硝基苯
1578	2-氯硝基苯
1579	盐酸-4-氯-2-甲苯胺
1580	三氯硝基甲烷
1581	三氯硝基甲烷和溴甲烷混合物
1582	三氯硝基甲烷和氯甲烷混合物
1584	苦毒浆果[木防已属]
1585	乙酰亚砷酸铜
1586	亚砷酸铜
1587	氰化铜
1589	氯化氰
1590	2,3-二氯苯胺
1590	2,4-二氯苯胺
1590	2,5-二氯苯胺
1590	2,6-二氯苯胺
1591	1,2-二氯苯
1592	1,4-二氯苯
1593	二氯甲烷
1594	硫酸(二)乙酯
1595	硫酸(二)甲酯
1596	3,5-二硝基苯胺
1596	2,6-二硝基苯胺
1596	2,4-二硝基苯胺

编号	
1597	1,4-二硝基苯
1597	1,3-二硝基苯
1597	1,2-二硝基苯
1598	4,6-二硝基邻甲苯酚
1599	二硝基苯酚溶液
1600	2,6-二硝基甲苯
1603	溴乙酸乙酯
1604	1,2-乙二胺
1605	1,2-二溴乙烷
1606	砷酸铁
1607	亚砷酸铁
1608	砷酸亚铁
1610	甲基溴丙酮
1611	四磷酸六乙酯
1612	四磷酸六乙酯和压缩气体混合物
1613	氢氰酸[含量≤20%]
1616	乙酸铅
1617	砷酸铅
1618	亚砷酸铅
1620	氰化铅
1621	伦敦紫
1622	砷酸镁
1623	砷酸汞
1624	氯化汞
1625	硝酸汞
1626	氰化汞钾
1627	硝酸亚汞
1628	硫酸亚汞
1629	乙酸汞
1630	氯化铵汞
1631	苯甲酸汞
1633	焦硫酸汞
1634	溴化亚汞
1634	溴化汞
1636	氰化汞
1637	葡萄糖酸汞
1638	碘化汞
1639	核酸汞
1640	油酸汞
1641	氧化汞
1642	氧氰化汞[钝化的]
1643	碘化钾汞
1644	水杨酸汞
1645	硫酸汞
1646	硫氰酸汞
1647	溴甲烷和二溴乙烷液体混合物
1648	乙腈
1649	四乙基铅
1650	2-萘胺
1651	安妥

编号	
1652	1-萘基脲
1653	氰化镍
1654	烟碱
1656	烟碱氯化氢
1657	水杨酸化烟碱
1658	硫酸化烟碱
1659	酒石酸化烟碱
1660	一氧化氮
1661	2-硝基苯胺
1661	4-硝基苯胺
1661	3-硝基苯胺
1662	硝基苯
1663	3-硝基(苯)酚
1663	2-硝基(苯)酚
1663	4-硝基(苯)酚
1664	2-硝基甲苯
1664	4-硝基甲苯
1664	3-硝基甲苯
1665	5-硝基-1,3二甲苯
1665	2-硝基-1,4-二甲苯
1665	3-硝基-1,2-二甲苯
1665	2-硝基-1,3-二甲苯
1665	4-硝基-1,3二甲苯
1665	4-硝基-1,2-二甲苯
1669	五氯乙烷
1670	全氯甲硫醇
1671,2312	苯酚
1672	苯胩化(二)氯
1673	1,4-苯二胺
1673	1,2-苯二胺
1673	1,3-苯二胺
1674,2777	一级含汞固态农药,如:
1674,2777	赛力散
1674,2777	西力生
1674,2777	谷乐生
1677	砷酸钾
1678	亚砷酸钾
1679	氰化亚铜(三)钾
1680	氰化钾
1683	亚砷酸银
1684	氰化银
1685	砷酸钠
1686	亚砷酸钠水溶液
1687	迭氮(化)钠
1688	二甲基胂酸钠
1689	氰化钠
1690	氟化钠
1691	亚砷酸锶
1692	马钱子碱
1694	溴苯乙腈
1695	一氯(代)丙酮
1697	氯乙酰苯

编号	
1698	二苯(基)胺氯胂
1699	二苯(基)氯胂
1701	甲(基)苄基溴
1702	1,1,2,2-四氯乙烷
1703	二硫代焦磷酸四乙酯和压缩气体混合物
1704	二硫代焦磷酸四乙酯
1705	焦磷酸四乙酯和压缩气体混合物
1707	硫酸铊[含量>30%]
1707	铊化合物,如:
1708	4-甲基苯胺
1708	3-甲基苯胺
1708	2-甲基苯胺
1709	2,6-二氨基甲苯
1709	2,4-二氨基甲苯
1709	2,5-二氨基甲苯
1710	三氯乙烯
1711	2,3-二甲(基)苯胺
1711	3,4-二甲(基)苯胺
1711	3,5-二甲(基)苯胺
1711	2,4-二甲(基)苯胺
1711	2,6-二甲(基)苯胺
1711	2,5-二甲(基)苯胺
1712	砷酸锌
1712	亚砷酸锌
1713	氰化锌
1714	磷化锌
1715	乙酸酐
1716	溴(化)乙酰
1717	乙酰氯
1718	丁基磷酸
1722	氯甲酸烯丙(基)酯[含有稳定剂]
1723	3-碘-1-丙烯
1724	烯丙基三氯硅烷[稳定了的]
1725	三溴化铝[无水]
1726	三氯化铝[无水]
1727,2817	氟化氢铵
1728	戊基三氯硅烷
1729	甲氧基苯甲酰氯
1731	五氯化锑
1732	五氟化锑
1733,1730	三氯化锑
1736	苯甲酰氯
1737	溴化苄
1738	氯化苄
1739	氯甲酸苄酯
1741	三氯化硼
1742	三氟化硼乙酸络合物
1743	三氟化硼丙酸络合物

编号	
1744	溴
1745	五氟化溴
1746	三氟化溴
1747	丁基三氯硅烷
1748	次氯酸钙[含有效氯>39%]
1749	三氟化氯
1750	氯乙酸
1751	氯乙酸酐
1752	氯乙酰氯
1753	氯苯基三氯硅烷
1754	氯磺酸
1755	铬酸溶液
1756,1757	氟化铬
1758	氧氯化铬
1761	铜乙二胺溶液
1762	环己烯基三氯硅烷
1763	环己基三氯硅烷
1764	二氯乙酸
1765	二氯乙酰氯
1766	二氯苯基三氯硅烷
1767	二乙基二氯硅烷
1768	二氟磷酸[无水]
1769	二苯(基)二氯硅烷
1770	二苯甲基溴
1771	十二烷基三氯硅烷
1773	三氯化铁
1774	灭火器药剂[腐蚀性液体]
1775	氟硼酸
1776	氟磷酸[无水]
1777	氟磺酸
1778	氟硅酸
1779	甲酸
1780	丁烯二酰氯[反式]
1781	十六烷基三氯硅烷
1782	六氟合磷氢酸[无水]
1783,2280	1,6-己二胺
1784	己基三氯硅烷
1787	氢碘酸
1788	氢溴酸
1789	盐酸
1790	氢氟酸
1791	次氯酸盐溶液[含有效氯>5%],如:
1792	一氯化碘
1793	异丙基磷酸
1794	硫酸铅[含游离酸>3%]
1796	硝化酸混合物
1798	硝基盐酸
1799	壬基三氯硅烷
1800	十八烷基三氯硅烷
1801	辛基三氯硅烷
1802	高氯酸[含酸≤50%]
1803	苯酚磺酸
1804	苯基三氯硅烷
1805	正磷酸
1806	五氯化磷
1807	五氧化(二)磷
1808	三溴化磷
1809	三氯化磷
1810	氧氯化磷
1811	氟化氢钾
1812	氟化钾
1813	氢氧化钾
1814	氢氧化钾溶液
1815	丙酰氯
1816	丙基三氯硅烷
1817	氯化二硫酰
1818	四氯化硅
1819	铝酸钠溶液
1821	硫酸氢钠
1823	氢氧化钠
1824	氢氧化钠溶液
1825	氧化钠
1826	废硝化混合酸
1827	四氯化锡[无水]
1828	四氯化硫
1828	一氯化硫
1828	二氯化硫
1829	三氧化硫[抑制了的]
1830	硫酸
1831	发烟硫酸
1832	废硫酸
1833	亚硫酸
1834	氧氯化硫
1835	四甲基氢氧化铵
1836	氯化亚砜
1837	硫代磷酰氯
1838	四氯化钛
1839,2564	三氯乙酸
1840	氯化锌溶液
1841	1-氨基乙醇
1843	二硝基邻甲酚铵
1846	四氯化碳
1847	硫化钾[含结晶水≥30%]
1848	丙酸
1849	硫化钠[含结晶水≥30%]
1854	钡合金
1855	金属钙粉
1855	钙合金粉
1858	六氟丙烯
1859	四氟化硅
1860	氟乙烯[抑制了的]
1862	丁烯酸乙酯
1865	硝酸正丙酯
1866	含二级易燃溶剂的合成树脂,如:
1866	三聚氰胺甲醛树脂
1866	丁醇改性酚醛树脂
1866	含一级易燃溶剂的合成树脂[-18℃≤闪点<23℃],如:
1868	癸硼烷
1869	镁[片状、带状或条状]
1870	硼氢化钾
1871	氢化钛
1872	过氧化铅
1873	高氯酸[含酸50%~72%]
1884	氧化钡
1885	4,4'-二氨基联苯
1886	二氯化苄
1887	氯溴甲烷
1888	三氯甲烷
1889	氰化溴
1891	溴(化)乙烷
1892	乙基二氯胂
1894	氢氧化苯汞
1895	硝酸苯汞
1897	四氯乙烯
1898	碘(化)乙酰
1902	二异辛基磷酸
1905	硒酸
1906	淤渣硫酸
1907	钠石灰[含氢氧化钠>4%]
1908	亚氯酸钠溶液[含有效氯>5%]
1911	乙硼烷
1912	氯甲烷和二氯甲烷混合物
1913	氖[液化的]
1914	丙酸正丁酯
1915	环己酮
1916	2,2-二氯二乙醚
1917	丙烯酸乙酯[抑制了的]
1918	异丙(基)苯
1919	丙烯酸甲酯[抑制了的]
1920	2,2-二甲基庚烷
1921	丙烯亚胺[抑制了的]
1922	四氢化吡咯
1923	连二亚硫酸钙
1928	甲基溴化镁[浸在乙醚中]
1929	连二亚硫酸钾
1931	连二亚硫酸锌
1935	氰化物溶液,如:
1938	溴乙酸
1939,2576	氧溴化磷
1940	巯基乙酸
1941	二溴二氟甲烷
1942	硝酸铵[含可燃物≤0.2%]

编号	
1951	氩[液化的]
1952	二氧化碳和环氧乙烷混合物[含环氧乙烷≤6%]
1957	氘
1958	二氯四氟乙烷
1959	1,1-二氟乙烯
1961	乙烷[液化的]
1962	乙烯[压缩的]
1963	氦[液化的]
1966	氢[液化的]
1969	异丁烷
1970	氪[液化的]
1971	甲烷[压缩的]
1971	天然气[含甲烷的,压缩的]
1972	甲烷[液化的]
1972	天然气[含甲烷的,液化的]
1973	氯二氟甲烷和氯五氟乙烷共沸物
1974	氯二氟溴甲烷
1975	一氧化氮和四氧化二氮混合物
1976	八氟环丁烷
1977	氮[液化的]
1978	丙烷
1979	稀有气体混合物,如:氦氖混合气
1980	稀有气体和氧气混合物
1981	稀有气体和氮气混合物
1982	四氟甲烷
1983	氯三氟乙烷
1984	三氟甲烷
1991	2-氯-1,3-丁二烯[抑制了的]
1994	五羰基铁
1999	煤焦沥青
2000	硝化纤维塑料[板、片、棒、管、卷等状,不包括碎屑]
2001	环烷酸钴[粉状的]
2002	硝化纤维塑料碎屑
2004	二氨基镁
2005	二苯基镁
2008	金属锆粉[干燥的]
2009,1932	金属锆[干的,碎屑]
2010	氢化镁
2011	磷化镁
2012	磷化钾
2013	磷化锶
2014	过氧化氢[20%≤含量≤60%]
2015	过氧化氢[含量>60%,特许的]
2018	4-氯苯胺
2019	2-氯苯胺
2019	3-氯苯胺
2020	3-氯苯酚
2020	4-氯苯酚
2021	2-氯苯酚
2022	甲苯基酸
2023	3-氯-1,2-环氧丙烷
2027	亚砷酸钠
2029	无水肼[含肼>64%]
2030	水合肼[含肼≤64%]
2031	硝酸
2032	发烟硝酸
2033	氧化钾
2034	氢气和甲烷混合物[压缩的]
2035	1,1,1-三氟乙烷
2036	氙[压缩的]
2038	2,4-二硝基甲苯
2044	2,2-二甲基丙烷
2045	异丁醛
2046	甲基异丙基苯
2047	1,2-二氯丙烯
2047	2,3-二氯丙烯
2048	二聚环戊二烯
2049	1,4-二乙基苯
2049	1,2-二乙基苯
2049	1,3-二乙基苯
2050	2,4,4-三甲基-2-戊烯
2050	2,4,4-三甲基-1-戊烯
2051	N,N-二甲基乙醇胺
2052	双戊烯
2054	吗啉
2055	苯乙烯[抑制了的]
2056	四氢呋喃
2057	三聚丙烯
2058	正戊醛
2059	硝化纤维素溶液[含氮量≤12.6%,含硝化纤维素≤55%]
2060	过氧化二碳酸二-(2-乙基己基)酯[含量≤42%,在水中均匀分布]
2067~2072	硝酸铵肥料[含可燃物≤0.4%]
2073	氨溶液[35%<含氨≤50%]
2074	丙烯酰胺
2075	三氯乙醛[无水的,抑制了的]
2076	2-甲(苯)酚
2076	4-甲(苯)酚
2076	3-甲(苯)酚
2077	1-萘胺
2078	甲苯-2,4-二异氰酸酯
2079	二亚乙基三胺
2080	过氧化乙酰丙酮[在溶液中,含量≤42%,含水≥8%,含A型稀释剂≥48%,含有效氧≤4.7%]
2081	过氧化乙酰苯甲酰[在溶液中含量≤45%]
2082	过氧化乙酰磺酰环己烷[含量≤82%,含水≥12%]
2083	过氧化乙酰磺酰环己烷[在溶液中,含量≤32%]
2084	过氧化(二)乙酰[在溶液中,含量≤27%]
2085	过氧化(二)苯甲酰[工业纯]
2085	过氧化(二)苯甲酰[含量>52%,带有惰性固体]
2087	过氧化(二)苯甲酰[糊状物,含量≤72%]
2088	过氧化(二)苯甲酰[77%<含量<95%,含水]
2089	过氧化(二)苯甲酰[32%≤含量≤52%,带有惰性固体]
2090	过氧化(二)苯甲酰[含量≤77%,含水]
2091	过氧化叔丁基异丙(基)苯[工业纯]
2092	过氧化氢叔丁基[含量≤80%,带有氢过氧化二叔丁基和/或A型稀释剂]
2093	过氧化氢叔丁基[含量≤72%,含水]
2094	过氧化氢叔丁基[72%<含量≤90%,含水]
2095	过氧化乙酸叔丁酯[在溶液中,52%<含量≤77%]
2096	过氧化乙酸叔丁酯[在溶液中,含量≤52%]
2097	过氧化苯甲酸叔丁酯[在溶液中,含量>77%]
2097	过氧化苯甲酸叔丁酯[工业纯]
2098	过氧化苯甲酸叔丁酯[在溶液中,含量≤77%]
2099	过氧化顺式丁烯二酸叔丁酯[工业纯]
2100	过氧化顺式丁烯二酸叔丁酯[在溶液中,含量≤52%]
2101	过氧化顺式丁烯二酸叔丁酯[糊状物,含量≤52%]
2102	过氧化二叔丁基[工业纯]
2103	过氧化异丙基碳酸叔丁酯[在溶液中,含量≤77%]

编号		编号		编号	
2104	过氧化-3,5,5-三甲基己酸叔丁酯[工业纯]	2133	过氧化二碳酸二异丙酯[工业纯]	2157	2,5-二甲基-2,5-双-(过氧化-2-乙基己酰)己烷[工业纯]
2105	过氧化邻苯二甲酸叔丁酯[工业纯]	2134	过氧化二碳酸二异丙酯[在溶液中,含量≤52%]	2158	2,5-二甲基-2,5-双-(过氧化叔丁基)-3-己炔[工业纯]
2106	双-(过氧化叔丁基)邻苯二甲酸酯[工业纯]	2135	过氧化(二)丁二酸[工业纯]	2159	2,5-二甲基-2,5-双-(过氧化叔丁基)-3-己炔[含量≤52%,带有惰性固体]
2107	双-(过氧化叔丁基)邻苯二甲酸酯[在溶液中,含量≤52%]	2136	过氧化氢四氢化萘[工业纯]	2160	1,1,3,3-四甲基丁基过氧化氢[工业纯]
2108	双-(过氧化叔丁基)邻苯二甲酸酯[糊状物,含量≤52%]	2137	过氧化二-(2,4-二氯苯甲酰)[含量≤77%,含水]	2161	过氧化-2-乙基己酸-1,1,3,3-四甲基丁酯[工业纯]
2110	过氧化新戊酸叔丁酯[在溶液中,67%<含量≤77%]	2138	过氧化二-(2,4-二氯苯甲酰)[糊状物,含量≤52%]	2162	过氧化氢蒎烷[工业纯]
2111	2,2-双-(过氧化叔丁基)丁烷[在溶液中,含量≤52%]	2139	过氧化二-(2,4-二氯苯甲酰)[在溶液中,含量≤52%]	2163	过氧化二丙酮醇[在混合物中,含量≤57%,含水≥8%,含二丙酮醇≤26%,含过氧化氢≤9%,含有效氧≤10%]
2112	1,3-双-(2-叔丁基过氧化异丙基)苯[工业纯]	2140	4,4-双-(过氧化叔丁基)戊酸正丁酯[工业纯]	2164	过氧化二碳酸二-(十六烷基)酯[工业纯]
2113	过氧化二-(4-氯苯甲酰)[含量≤77%,含水]	2141	4,4-双-(过氧化叔丁基)戊酸正丁酯[含量≤52%,带有惰性固体]	2165	3,3,6,6,9,9-六甲基-1,2,4,5-四氧环壬烷[工业纯]
2114	过氧化二-(4-氯苯甲酰)[糊状物,含量≤52%]	2142	过氧化异丁酸叔丁酯[在溶液中,52%<含量≤77%]	2166	3,3,6,6,9,9-六甲基-1,2,4,5-四氧环壬烷[含量≤52%,带有惰性固体]
2115	过氧化二-(4-氯苯甲酰)[在溶液中,含量≤52%]	2143	过氧化-2-乙基己酸叔丁酯[工业纯]	2167	3,3,6,6,9,9-六甲基-1,2,4,5-四氧环壬烷[在溶液中,含量≤52%]
2116	过氧化氢异丙苯[工业纯]	2144	过氧化二乙基乙酸叔丁酯[工业纯]	2168	2,2-双-(4,4-二叔丁基过氧化环己基)丙烷[含量≤42%,带有惰性固体]
2118	过氧化环己酮[在溶液中,含量≤72%,含有效氧≤9%]	2145	1,1-双-(过氧化叔丁基)-3,3,5-三甲基环己烷[工业纯]	2169	过氧化二碳酸二正丁酯[在溶液中,含量≤52%]
2119	过氧化环己酮[含量≤91%,含水]	2146	1,1-双-(过氧化叔丁基)-3,3,5-三甲基环己烷[在溶液中,含量≤57%]	2170	过氧化二碳酸二正丁酯[在溶液中,含量≤27%]
2120	过氧化(二)癸酰[工业纯]	2147	1,1-双-(过氧化叔丁基)-3,3,5-三甲基环己烷[含量≤57%,带有惰性固体]	2171	过氧化氢二异丙(基)苯[在溶液中,含量≤72%]
2121	过氧化二异丙苯[工业纯]	2148	过氧化双-(1-羟基环己烷)[工业纯]	2172	2,5-二甲基-2,5-双-(过氧化苯甲酰)己烷[工业纯]
2122	过氧化二碳酸二-(2-乙基己基)酯[工业纯]	2149	过氧化二碳酸二苯甲酯[含量≤87%,含水]	2173	2,5-二甲基-2,5-双-(过氧化苯甲酰)己烷[含量≤82%,带有惰性固体];
2123	过氧化二碳酸二-(2-乙基己基)酯[在溶液中,含量≤77%]	2150	过氧化二碳酸二仲丁酯[工业纯]	2174	2,5-二甲基-2,5-过氧化二氢己烷[含量≤82%,含水]
2124	过氧化十二(烷)酰[工业纯]	2151	过氧化二碳酸二仲丁酯[在溶液中,含量≤52%]	2175	过氧化二碳酸二乙酯[在溶液中,含量≤27%]
2125	过氧化氢(对)孟烷[工业纯]	2152	过氧化二碳酸二环己酯[工业纯]	2176	过氧化二碳酸二正丙酯[工业纯]
2126	过氧化异丁基甲基甲酮[在溶液中,含量≤62%,带有A型稀释剂]	2153	过氧化二碳酸二环己酯[含量≤91%,含水]	2177	过氧化新癸酸叔丁酯[在溶液中,含量≤77%]
2128	过氧化(二)异壬酰[工业纯]	2154	过氧化二碳酸-二-(4-叔丁基环己基)酯[工业纯]		
2129	过氧化(二)正辛酰[工业纯]	2155	2,5-二甲基-2,5-双-(过氧化叔丁基)己烷[工业纯]		
2130	过氧化(二)正壬酰[工业纯]	2156	2,5-二甲基-2,5-双-(过氧化叔丁基)己烷[含量≤52%,带有惰性固体]		
2131	过乙酸[含量≤43%,含水≥5%,含乙酸≥35%,含过氧化氢≤6%,含有稳定剂]				
2132	过氧化(二)丙酰[在溶液中,含量≤27%]				

编号	
2178	2,2-过氧化二氢丙烷［含量≤27，带有惰性固体］
2179	1,1-双-（过氧化叔丁基）环己烷［工业纯］
2180	1,1-双-（过氧化叔丁基）环己烷［在溶液中，52%<含量≤77%］
2182	过氧化（二）异丁酰［在溶液中，含量≤52%］
2183	过氧化丁烯酸叔丁酯［在溶液中，含量≤77%］
2184	3,3-双-（过氧化叔丁基）丁酸乙酯［工业纯］
2185	3,3-双-（过氧化叔丁基）丁酸乙酯［在溶液中，含量≤77%］
2187	二氧化碳［液化的］
2188	砷化氢
2189	二氯硅烷
2190	二氟化氧
2191	硫酰氟
2192	锗烷
2193	六氟乙烷
2194	六氟化硒
2195	六氟化碲
2196	六氟化钨
2197	碘化氢［无水］
2198	五氟化磷
2199	磷化氢
2200	丙二烯［抑制了的］
2201	一氧化二氮［液化的］
2202	硒化氢［无水］
2203	四氢化硅
2204	羰基硫
2205	己二腈
2208	次氯酸钙混合物或水合物［含有效氯10%~39%］
2210	代森锰及其制品［含代森锰>60%］
2211	聚苯乙烯珠体［可发性的］
2212，2590	石棉
2213	多聚甲醛
2214	邻苯二甲酸酐
2215	丁烯二酸酐［顺式］
2218	丙烯酸［抑制了的］
2219	烯丙基缩水甘油醚
2222	苯甲醚
2224	苯甲腈
2225	苯磺酰氯
2226	α，α，α-三氯甲（基）苯
2227	甲基丙烯酸正丁酯［抑制了的］

编号	
2228，2229	2-叔丁基苯酚
2228，2229	丁基苯酚类，如：
2228，2229	4-叔丁基苯酚
2232	一氯乙醛
2233	5-氯-2-甲氧基苯胺
2233	2-氯-6-甲氧基苯胺
2233	4-氯-2-甲氧基苯胺
2233	3-氯-2-甲氧基苯胺
2233	4-氯-3-甲氧基苯胺
2233	3-氯-5-甲氧基苯胺
2233	2-氯-4-甲氧基苯胺
2233	3-氯-4-甲氧基苯胺
2234	三氟氯化甲苯
2235	4-氯苄基氯
2236	异氰酸-3-氯-4-甲苯酯
2237	4-氯-2-硝基苯胺
2237	2-氯-4-硝基苯胺
2238	2-氯甲苯
2238	3-氯甲苯
2238	4-氯甲苯
2239	5-氯-2-甲基苯胺
2239	氯甲苯胺异构体混合物
2240	含铬硫酸
2241	环庚烷
2242	环庚烯
2243	乙酸环己酯
2244	环戊醇
2245	环戊酮
2246	环戊烯
2247	正癸烷
2248	二（正）丁胺
2249	二氯（二）甲醚
2250	异氰酸二氯苯酯
2251	二环庚二烯
2252	1，2-二甲氧基乙烷
2253	N，N-二甲（基）苯胺
2256	环己烯
2257	金属钾
2258	1，2-丙二胺
2259	三亚乙基四胺
2260	三正丙胺
2261	二甲（苯）酚，如：
2261	3,5-二甲（苯）酚
2261	2,5-二甲（苯）酚
2261	3,4-二甲（苯）酚
2261	2,6-二甲（苯）酚
2261	2,3-二甲（苯）酚
2261	2,4-二甲（苯）酚
2262	二甲氨基甲酰氯
2263	1,3-二甲基环己烷
2263	1,2-二甲基环己烷
2263	叔丁基环己烷

编号	
2263	1,4-二甲基环己烷
2264	N,N-二甲基环己胺
2265	N,N-二甲基甲酰胺
2266	N,N-二甲基丙胺
2267	二甲基硫代磷酰氯
2269	3,3'-二氨基二丙胺
2270	乙胺水溶液［浓度50%~70%］
2271	3-辛酮
2272	N-乙基苯胺
2273	2-乙基苯胺
2274	N-苄基-N-乙基苯胺
2275	2-乙基丁醇
2276	2-乙基己胺
2277	异丁烯酸乙酯［抑制了的］
2278	1-庚烯
2279	六氯-1,3-丁二烯
2281	六亚甲基二异氰酸酯
2282	1-甲基戊醇
2283	丙烯酸-2-硝基丁酯
2284	异丁腈
2285	异氰酸三氟甲苯酯
2286	五甲基庚烷
2287	异庚烯
2288	异己烯
2289	异佛尔酮二胺
2290	异佛尔酮二异氰酸酯
2293	4-甲氧基-4-甲基-2-戊酮
2294	N-甲基苯胺
2295	氯乙酸甲酯
2296，2263	甲基环己烷
2297	甲基环己酮
2298	甲基环戊烷
2299	二氯乙酸甲酯
2300	2-甲基-5-乙基吡啶
2301	2-甲基呋喃
2302	5-甲基-2-己酮
2303	2-苯基丙烯
2304	
2305	对硝基苯磺酸
2305	邻硝基苯磺酸
2305	间硝基苯磺酸
2306	硝基三氟甲苯
2307	3-硝基-4-氯三氟甲苯
2308	亚硝基硫酸
2309	辛二烯
2310	2,4-戊二酮
2311	2-乙氧基苯胺
2311	3-乙氧基苯胺
2311	4-乙氧基苯胺
2313	2-甲基吡啶
2315	多氯联苯

编号	
2316	氰化亚铜（三）钠
2317	氰化亚铜（三）钠溶液
2318	硫氢化钠［含结晶水<25%］
2320	四亚乙基五胺
2321	1,2,4-三氯（代）苯
2321	1,2,3-三氯（代）苯
2321	1,3,5-三氯（代）苯
2322	三氯丁烯
2323	亚磷酸三乙酯
2324	三聚异丁烯
2325	1,3,5-三甲基苯
2326	三甲基环己胺
2327	3,3,5-三甲基己撑二胺
2328	三甲基己基二异氰酸酯
2329	亚磷酸三甲酯
2331	氯化锌
2332	乙醛肟
2333	乙酸烯丙酯
2334	3-氨基丙烯
2335	乙基烯丙基醚
2336	甲酸烯丙酯
2337	苯（基）硫醇
2338	三氟甲苯
2339	2-溴丁烷
2340	2-溴乙基乙醚
2341	1-溴-3-甲基丁烷
2342	1-溴-2-甲基丙烷
2343	2-溴戊烷
2344	2-溴丙烷
2345	3-溴丙炔
2346	二甲基（乙）二酮
2347	正丁硫醇
2348	丙烯酸正丁酯［抑制了的］
2350	甲基正丁基醚
2351	亚硝酸异丁酯
2351	亚硝酸正丁酯
2352	正丁基乙烯（基）醚［抑制了的］
2353	正丁酰氯
2354	氯甲基乙醚
2356	2-氯丙烷
2357	环己胺
2358	1,3,5,7-环辛四烯
2359	二烯丙（基）胺
2360	二烯丙基醚
2361	二异丁胺
2362	1,1-二氯乙烷
2363	乙硫醇
2364	丙（基）苯
2366	碳酸（二）乙酯
2367	2-甲基戊醛
2368	α-蒎烯
2369	2-丁氧基乙醇
2370	1-己烯
2371	异戊烯，如：
2372	N,N,N',N'-四甲基乙二胺
2373	二乙氧基甲烷
2374	3,3-二乙氧基丙烯
2375	（二）乙硫醚
2376	2,3-二氢吡喃
2377	1,1-二甲氧基乙烷
2378	N,N-二甲基氨基乙腈
2379	1,3-二甲基丁胺
2380	二甲基二乙氧基硅烷
2381	二硫化二甲基
2382	1,2-二甲基肼
2383	二（正）丙胺
2384	正丙醚
2385	异丁酸乙酯
2386	N-乙基哌啶
2387	氟代苯
2388	3-氟甲苯
2388	2-氟甲苯
2388	4-氟甲苯
2389	呋喃
2390	2-碘丁烷
2391	1-碘-2-甲基丙烷
2392	1-碘丙烷
2393	甲酸异丁酯
2394	丙酸异丁酯
2395	异丁酰氯
2396	α-甲基丙烯醛
2397	3-甲基-2-丁酮
2398	甲基叔丁基醚
2398	过氧化-2-乙基己酸叔戊酯［工业纯］
2399	N-甲基哌啶
2400	异戊酸甲酯
2401	哌啶
2402	正丙硫醇
2403	乙酸异丙烯酯
2404	丙腈
2405	正丁酸异丙酯
2406	异丁酸异丙酯
2407	氯甲酸异丙酯
2409	丙酸异丙酯
2410	1,2,5,6-四氢吡啶
2411	正丁腈
2412	四氢噻吩
2413	钛酸（四）正丙酯
2414	噻吩
2416	硼酸（三）甲酯
2417	羰基氟
2418	四氟化硫
2419	三氟溴乙烯
2420	六氟丙酮
2421	三氧化二氮［特许的］
2422	八氟-2-丁烯
2423	八氟丙烷
2427	氯酸钾溶液
2428	氯酸钠溶液
2429	氯酸钙溶液
2431	2-甲氧基苯胺
2431	4-甲氧基苯胺
2431	3-甲氧基苯胺
2432	N，N-二乙（基）苯胺
2433	4-氯-2-硝基甲苯
2434	二苄基二氯硅烷
2435	乙基苯基二氯硅烷
2436	硫代乙酸
2437	甲基苯基二氯硅烷
2438	三甲基乙酰氯
2439	氟化氢钠
2440	四氯化锡五水合物
2441	三氯化钛
2442	三氯乙酰氯
2443	三氯氧化钒
2444	四氯化钒
2445	烷基锂
2446	2-硝基-4-甲（苯）酚
2447，1381	黄磷
2451	三氟化氮
2452	1-丁炔［抑制了的］
2453	氟乙烷
2454	氟甲烷
2455	亚硝酸甲酯［特许的］
2456	2-氯丙烯
2457	2,3-二甲基丁烷
2458	己二烯，如：
2458	2,4-己二烯
2458	1,3-己二烯
2458	1,4-己二烯
2458	1,5-己二烯
2459	2-甲基-1-丁烯
2460	2-甲基-2-丁烯
2461	甲基戊二烯
2463	氢化铝
2464	硝酸铍
2465	二氯异氰尿酸
2466	超氧化钾
2467	过（二）碳酸钠
2468	三氯异氰尿酸
2469	溴酸锌
2470	苯乙腈
2471	四氧化锇

编号	
2473	4-氨基苯胂酸钠
2474	二氯硫化碳
2475	三氯化钒
2477	硫代异氰酸甲酯
2480	异氰酸甲酯
2481	异氰酸乙酯
2482	异氰酸正丙酯
2483	异氰酸异丙酯
2484	异氰酸叔丁酯
2485	异氰酸正丁酯
2486	异氰酸异丁酯
2487	异氰酸苯酯
2488	异氰酸环已酯
2489	二苯甲烷-4,4'-二异氰酸酯
2490	二氯异丙（基）醚
2491	2-氨基乙醇
2493	六亚甲基亚胺
2495	五氟化碘
2496	丙（酸）酐
2497	苯酚钠
2498	1,2,3,6-四氢化苯甲醛
2501	三-（1-吖丙啶基）氧化膦溶液
2502	戊酰氯
2503	四氯化锆
2504	1,1,2,2-四溴乙烷
2505	氟化铵
2506	硫酸氢铵
2507	氯铂酸
2508	五氯化钼
2509	硫酸氢钾
2511	2-氯丙酸
2512	3-氨基（苯）酚
2512	4-氨基（苯）酚
2512	2-氨基（苯）酚
2513	溴乙酰溴
2514	溴苯
2515	三溴甲烷
2516	四溴甲烷
2517	二氟氯乙烷
2518	1,5,9-环十二碳三烯
2520	1,5-环辛二烯
2520	1,3-环辛二烯
2521	乙酰（基）乙烯酮［抑制了的］
2522	甲基丙烯酸二甲基氨基乙酯
2524	原甲酸（三）乙酯
2525	乙二酸二乙酯
2526	糠胺
2527	丙烯酸异丁酯［抑制了的］
2528	异丁酸异丁酯

编号	
2529	异丁酸
2530	异丁（酸）酐
2531	甲基丙烯酸［抑制了的］
2533	三氯乙酸甲酯
2534	甲基氯硅烷
2535	N-甲基吗啉
2536	2-甲基四氢呋喃
2538	1-硝基萘
2541	萜品油烯
2542	三（正）丁胺
2545	金属铪粉［干燥的］
2546	金属钛粉［干燥的］
2547	超氧化钠
2548	五氟化氯
2550	过氧化甲乙酮［在溶液中，含量≤45%，含有效氧≤10%］
2551	过氧化二乙基乙酸叔丁酯［在溶液中，含量≤33%，带有过氧化苯甲酸叔丁酯≤33%］
2552	六氟丙酮水合物
2554	1-氯-2-甲基-2-丙烯
2555	硝化纤维素［含水≥25%］
2556	硝化纤维素［含氮≤12.6%，含醇≥25%］
2557	硝化纤维素［含氮≤12.6%，含增塑物质≥18%］
2558	3-溴-1，2-环氧丙烷
2560	2-甲基-2-戊醇
2561	3-甲基-1-丁烯
2561	3-甲基-1-丁烯
2562	过氧化异丁酸叔丁酯［在溶液中，含量≤52%］
2563	过氧化甲乙酮［在溶液中，含量≤52%，含有效氧>10%］
2565	二环已胺
2567	五氯酚钠
2570	碲化镉
2570	镉化合物，如：
2571	乙基硫酸
2572	苯肼
2573	氯酸铊
2574	磷酸三甲苯酯
2577	苯乙酰氯
2578	三氧化（二）磷
2579	哌嗪
2580	三溴化合铝溶液
2581	三氯化铝溶液
2582	三氯化铁溶液

编号	
2583，2584	烷基、芳基或甲苯磺酸［含游离硫酸>5%］
2585，2586	烷基、芳基或甲苯磺酸［含游离硫酸≤5%］
2587	苯醌
2588	特乐酚［含量>50%］
2588	一级其他固态农药，如：
2588	生牛皮杀虫药
2588	氨丙灵
2588	放线菌酮
2588	蚕杀虫药
2588	二级其他固态农药，如：
2588	地乐施［含量>80%］
2588	灭蚜胺
2588	灭散白蚁药粉
2589	氯乙酸乙烯酯
2591	氙［液化的］
2592	过氧化二碳酸二（十八烷基）酯［含量≤87%，含有十八烷醇］
2593	过氧化二-（2-甲基苯甲酰）［含量≤87%，含水］
2594	过氧化新癸酸叔丁酯［工业纯］
2595	过氧化二碳酸二（十四烷基）酯［工业纯］
2596	3-过氧化叔丁基-3-邻羟甲基苯甲酸内酯［工业纯］
2597	过氧化二-（3,5,5-三甲基-1,2-二氧戊环）［糊状物，含量≤52%］
2598	3,3-双-（过氧化叔丁基）丁酸乙酯［含量≤52%，带有惰性固体］
2599	氯三氟甲烷和三氟甲烷共沸物
2600	一氧化碳和氢气混合物
2601	环丁烷
2602	二氯二氟甲烷和二氟乙烷共沸物
2603	1,3,5-环庚三烯
2604	三氟化硼乙醚络合物
2605	甲氧基异氰酸甲酯
2606	正硅酸甲酯
2607	二聚丙烯醛［抑制了的］
2608	1-硝基丙烷
2608	2-硝基丙烷
2609	硼酸三烯丙基酯
2610	三烯丙（基）胺
2611	2-氯-1-丙醇
2612	甲基丙基醚
2614	2-甲基烯丙醇

编号	
2615	乙基丙基醚
2616	硼酸（三）异丙酯
2617	甲基环己醇
2618	乙烯基甲苯异构体混合物［抑制了的］
2619	苄基二甲胺
2620	丁酸戊酯
2621	3-羟基-2-丁酮
2622	2，3-环氧-1-丙醛
2624	硅化镁
2626	氯酸溶液［浓度≤10%］
2628	氟乙酸钾
2629	氟乙酸钠
2630	亚硒酸钠
2630	亚硒酸铝
2630	硒酸盐类，如：
2630	亚硒酸钡
2630	硒酸钡
2630	亚硒酸氢钠
2630	亚硒酸盐类，如：
2630	亚硒酸钙
2630	亚硒酸银
2630	硒酸钾
2630	亚硒酸铈
2630	硒酸铜
2630	亚硒酸镁
2630	硒酸钠
2630	亚硒酸钾
2630	亚硒酸铜
2642	氟乙酸
2643	溴乙酸甲酯
2644	碘甲烷
2645	溴乙酰苯
2646	六氯环戊二烯
2647	丙二腈
2648	1,2-二溴-3-丁酮
2649	1,3-二氯丙酮
2650	1,1-二氯-1-硝基乙烷
2651	4,4’二氨基二苯基甲烷
2653	碘化苄
2655	氟硅酸钾
2656	喹啉
2657	二硫化硒
2658	硒粉
2659	氯乙酸钠
2660	3-硝基-4-甲苯胺
2660	2-硝基-4-甲苯胺
2660	4-硝基-2-甲苯胺
2661	六氯丙酮
2662	1,4-苯二酚
2664	二溴甲烷
2666	氰（基）乙酸乙酯

编号	
2667	丁基甲苯
2668	氯（代）乙腈
2669	6-氯间甲酚
2669	4-氯间甲酚
2669	2-氯间甲酚
2670	氰尿酰氯
2671	4-氨基吡啶
2671	3-氨基吡啶
2671	2-氨基吡啶
2672	氨溶液［10%<含氨≤35%］
2673	4-氯-2-氨基（苯）酚
2674	氟硅酸钠
2676	锑化氢
2677	氢氧化铷溶液
2678	氢氧化铷
2679	氢氧化锂溶液
2680	氢氧化锂
2681	氢氧化铯溶液
2682	氢氧化铯
2683	硫化铵溶液
2683	1-氯-3-溴丙烷
2684	3-二乙氨基丙胺
2685	N，N-二乙基乙（撑）二胺
2686	N，N-二乙基乙醇胺
2687	亚硝酸二环己胺
2689	3-氯-1，2-丙二醇
2690	N-正丁基咪唑
2691	五溴化磷
2692	三溴化硼
2693	亚硫酸氢盐及其溶液，如：
2698	四氢邻苯二甲酸酐［含马来酐>0.05%］
2699	三氟乙酸
2705	3-甲基-2-戊烯-4-炔醇
2707	2,5-二甲基-1,4-二恶烷
2708	3-甲氧基乙酸丁酯
2709	正丁（基）苯
2710	4-庚酮
2711	二溴苯
2714	树脂酸锌
2715	树脂酸铝
2716	1,4-二羟基-2-丁炔
2717	2-莰酮
2719	溴酸钡
2720	硝酸铬
2721	氯酸铜
2722	硝酸锂
2723	氯酸镁
2724	硝酸锰
2725	硝酸镍
2726	亚硝酸镍
2727	硝酸铊

编号	
2728	硝酸锆
2729	六六六
2730	3-硝基苯甲醚
2730	2-硝基苯甲醚
2731	吖啶
2732	3-硝基溴苯
2732	4-硝基溴苯
2732	2-硝基溴苯
2733	聚乙烯聚胺
2738	N-正丁基苯胺
2739	丁酸酐
2740	氯甲酸（正）丙酯
2741	次氯酸钡［含有效氯>22%］
2742	一级氯甲酸酯类，如：
2743	氯甲酸（正）丁酯
2744	氯甲酸环丁酯
2745	氯甲酸氯甲酯
2746	氯甲酸苯酯
2747	氯甲酸叔丁基环己（基）酯
2748	氯甲酸-2-乙基己酯
2749	四甲基硅烷
2750	1,3-二氯-2-丙醇
2751	二乙基硫代磷酰氯
2752	1,2-环氧-3-乙氧基丙烷
2753	N-乙基苄基甲苯胺
2754	N-乙基间甲苯胺
2754	N-乙基邻甲苯胺
2754	N-乙基对甲苯胺
2755	过氧化-3-氯苯甲酸［57%<含量≤86%，带有3-氯苯甲酸］
2757，2771	己酮肟威
2757，2771	燕麦敌粉剂［含量>80%］
2757，2771	嘧啶威可湿性粉剂、颗粒剂
2757，2771	异索威粉剂［含量2%~20%］
2757，2771	异丙威
2757，2771	草达灭颗粒剂
2757，2771	乙硫甲威颗粒剂
2757，2771	混灭威
2757，2771	敌蝇威粉剂［含量5%~50%］
2757，2771	灭多威［含量>30%］
2757，2771	威百亩粉剂［含量>50%］
2757，2771	涕灭威粉剂［含量<1%］
2757，2771	克百威［含量>10%］
2757，2771	杀草丹颗粒剂
2757，2771	巴丹
2757，2771	猛杀威粉剂［含量>15%］
2757，2771	壤虫威

编号		编号		编号	
2757，2771	草克死颗粒剂	2758，2772，	速灭威乳剂	2758，2772，	灭杀威乳剂
2757，2771	丁硫威粉剂	2991，2992，		2991，2992，	
2757，2771	自克威［含量>25%］	3005，3006		3005，3006	
2757，2771	伐虫脒［含量>40%］	2758，2772，	扑草灭［含量>80%］	2758，2772，	草达灭［含量>25%］
2757，2771	杀线威	2991，2992，		2991，2992，	
2757，2771	二氧威粉剂［含量>10%］	3005，3006		3005，3006	
2757，2771	抗虫威	2758，2772，	燕麦敌乳剂［含量>20%］	2758，2772，	威百亩水剂［含量>10%］
2757，2771	氯灭杀威	2991，2992，		2991，2992，	
2757，2771	肟杀威	3005，3006		3005，3006	
2757，2771	涕灭威	2758，2772，	残杀威乳剂［含量>40%］	2758，2772，	燕麦灵乳剂［含量>30%］
2757，2771	抗蚜威粉剂［含量>75%］	2991，2992，		2991，2992，	
2757，2771	仲丁威	3005，3006		3005，3006	
2757，2771	燕麦灵可湿性粉剂	2758，2772，	间异丙威乳剂	2758，2772，	异丙威乳剂
2757，2771	恶虫威粉剂［含量5%～	2991，2992，		2991，2992，	
	65%］	3005，3006		3005，3006	
2757，2771	灭草灵	2758，2772，	乙硫甲威	2758，2772，	自克威乳剂［含量<25%］
2757，2771	速灭威	2991，2992，		2991，2992，	
2757，2771	灭虫威粉剂［含量>10%］	3005，3006		3005，3006	
2757，2771	一级氨基甲酸酯固态农药，	2758，2772，	二级氨基甲酸酯液态农药，	2758，2772，	害扑威乳剂
	如：	2991，2992，	如：	2991，2992，	
2757，2771	合杀威	3005，3006		3005，3006	
2757，2771	西维因粉剂［含量>80%］	2758，2772，	合杀威乳剂	2758，2772，	仲丁威乳剂
2757，2771	二级氨基甲酸酯固态农药，	2991，2992，		2991，2992，	
	如：	3005，3006		3005，3006	
2757，2771	残杀威粉剂［含量>15%］	2758，2772，	草克死［含量>40%］	2758，2772，	丁硫威
2757，2771	克百威粉剂［含量>10%］	2991，2992，		2991，2992，	
2757，2771	害扑威	3005，3006		3005，3006	
2757，2771	扑草灭颗粒剂	2758，2772，	灭草灵乳剂	2758，2772，	燕麦敌二号蒽油乳油
2757，2771	硫双威	2991，2992，		2991，2992，	
2757，2771	灭杀威	3005，3006		3005，3006	
2757，2771	敌蝇威［含量>50%］	2758，2772，	灭害威乳剂［含量1%～	2758，2772，	嘧啶威
2757，2771	百亩威粉剂［含量>10%］	2991，2992，	60%］	2991，2992，	
2757，2771	恶虫威［含量>65%］	3005，3006		3005，3006	
2757，2771	灭草松	2758，2772，	猛杀威乳剂［含量>3%］	2758，2772，	多杀威乳剂
2757，2771	间异丙威	2991，2992，		2991，2992，	
2757，2771	胺丙威［含量>65%］	3005，3006		3005，3006	
2757，2771	除害威	2758，2772，	涕灭威乳剂［含量<1%］	2758，2772，	二甲威乳剂
2757，2771	灭多虫粉剂［含量3%～	2991，2992，		2991，2992，	
	30%］	3005，3006		3005，3006	
2757，2771	灭害威粉剂［含量>6%～	2758，2772，	敌蝇威乳剂［含量1%～	2758，2772，	异索威乳剂［含量0.5%～
	60%］	2991，2992，	50%］	2991，2992，	20%］
2757，2771	腈叉威	3005，3006		3005，3006	
2757，2771	燕麦敌二号	2758，2772，	除害威乳剂	2758，2772，	杀线威乳剂［含量<10%］
2757，2771	灭害威	2991，2992，		2991，2992，	
2757，2771	自克威粉剂［含量2%～	3005，3006		3005，3006	
	25%］	2758，2772，	燕麦敌二号乳剂	2758，2772，	混灭威乳剂
2757，2771	二甲威	2991，2992，		2991，2992，	
2757，2771	多杀威	3005，3006		3005，3006	
2758，2772，	异索威［含量>20%］	2758，2772，	杀草丹	2758，2772，	二氧威乳剂［含量>3%］
2991，2990		2991，2992，		2991，2992，	
2758，2772，	一级氨基甲酸酯液态农药，	3005，3006		3005，3006	
2991，2990	如：				

编号	
2758，2772，2991，2992，3005，3006	灭多威乳剂［含量0.5%~30%］
2758，2772，2991，2992，3005，3006	克百威乳剂［含量<10%］
2759	二级含砷固态农药，如：
2760，2993，2994	二级含砷液态农药，如：
2761	二级有机氯固态农药，如：
2761	硫丹［含量>80%］
2761	异狄氏剂［含量>5%］
2761	异艾氏剂［含量>10%］
2761	一级有机氯固态农药，如：
2761	艾氏剂［含量>75%］
2761	碳氯灵［含量>1%］
2761	狄氏剂
2762，2995，2996	一级有机氯液态农药，如：
2762，2995，2996	二级有机氯液态农药，如：
2762，2995，2996	艾氏剂乳剂［含量>75%］
2762，2995，2996	异狄氏剂乳剂［含量>5%］
2762，2995，2996	异艾氏剂乳剂［含量>10%］
2763	西草净
2763	扑灭通
2763	害草净
2763	莠灭净
2763	甲氧去草净［含量>20%］
2763	三嗪固态农药，如：
2763	伐草克
2763	敌草净
2763	可乐津
2763	西玛通
2764，2997，2998	三嗪液态农药
2765	2,4-滴丁酸
2765	2,4-滴丁酯
2765	2甲4氯丙酸
2765	除草佳
2765	苯氧基固态农药，如：
2765	2,4-滴［含量>75%］
2765	2,4-滴胺盐
2765	杀草畏［含量>60%］
2765	2,4-滴钠盐
2765	2甲4氯
2765	2,4,5-涕［含量>60%］
2765	麦草畏
2766，2999，3000	2,4-滴乳剂［含量>15%］
2766，2999，3000	2甲4氯丙酸乳剂［含量>30%］
2766，2999，3000	2甲4氯乳剂［含量>35%］
2766，2999，3000	麦草畏乳剂［含量>50%］
2766，2999，3000	杀草畏乳剂［含量>50%］
2766，2999，3000	2,4,5-涕乳剂［含量>15%］
2766，2999，3000	苯氧基液态农药，如：
2767，2769，2773	麦草净
2767，2769，2773	草乃敌［含量>55%］
2767，2769，2773	拒食胺
2767，2769，2773	乙草胺
2767，2769，2773	敌稗
2767，2769，2773	毒草安［含量>35%］
2767，2769，2773	甲草胺
2767，2769，2773	酰胺类固态农药，如：
2767，2769，2773	草毒死颗粒剂［含量>35%］
2768，2770，2774，3001，3002，3003，3004，3007，3008	酰胺类液态农药，如：
2768，2770，2774，3001，3002，3003，3004，3007，3009	拒食胺乳剂
2768，2770，2774，3001，3002，3003，3004，3007，3010	草乃敌乳剂［含量>10%］
2768，2770，2774，3001，3002，3003，3004，3007，3011	草毒死［含量>35%］
2768，2770，2774，3001，3002，3003，3004，3007，3012	敌稗乳剂［含量>25%］
2775	二级含铜固态农药
2776，3009，3010	二级含铜液态农药
2777	二级含汞固态农药，如：
2778，3011，3012	一级含汞液态农药
2778，3011，3012	二级含汞液态农药
2779	敌螨通［含量>10%］
2779	乐杀螨［含量>25%］
2779	地乐消［含量>10%］
2779	地乐施粉剂［含量8%~80%］
2779	地乐酯可湿性粉剂［含量>10%］
2779	硝基苯酚固态农药，如：
2780，3013，3014	地乐消乳剂［含量>3%］
2780，3013，3014	特乐酚［含量1%~50%］
2780，3013，3014	乐杀螨乳剂［含量>5%］
2780，3013，3014	地乐酚［含量>5%］
2780，3013，3014	敌螨通液剂［含量>2%］
2780，3013，3014	地乐酯［含量>3%］
2780，3013，3014	硝基苯酚液态农药，如：
2781	百草枯［含量>4%］
2781	敌草快［含量>45%］
2781	双吡啶固态农药，如：
2781	伐草快［含量>65%］
2782，3015，3016	百草枯水剂［含量4%~40%］
2782，3015，3016	伐草快浓水剂［含量>15%］
2782，3015，3016	双吡啶液态农药，如：
2782，3015，3016	敌草快浓水剂［含量>10%］
2783	久效磷颗粒剂［含量3%~25%］
2783	益棉磷粉剂、可湿性粉剂［含量2%~25%］

编号	
2783	益果粉剂、可湿性粉剂、颗粒剂
2783	皮蝇磷粉剂、丸剂、可湿性粉剂
2783	甲基对硫磷［含量>15%］（取消）
2783	育畜磷［含量>90%］
2783	水胺硫磷
2783	异氯磷粉剂、可湿性粉剂
2783	氯亚磷
2783	甲氟磷粉剂［含量<2%］
2783	丰丙磷颗粒剂
2783	磷胺粉剂［含量3%~30%］
2783	稻瘟净粉剂、可湿性粉剂
2783	蚜灭多［含量>10%］
2783	乐果粉剂、可湿性粉剂［含量>30%］
2783	灭蚜磷粉剂、可湿性粉剂［含量4%~25%］
2783	对溴磷
2783	异丙胺磷颗粒剂
2783	氯硫磷粉剂［含量<5%］
2783	地安磷粉剂、颗粒剂［含量<5%］
2783	二溴磷粉剂［含量>50%］
2783	甲基三硫磷粉剂［含量>15%］
2783	克线磷颗粒剂
2783	伏杀硫磷粉剂、可湿性粉剂［含量>20%］
2783	碘吸磷
2783	敌敌畏颗粒剂［含量5%~35%］
2783	三唑磷粉剂
2783	蝇毒磷粉剂、可湿性粉剂
2783	敌杀磷粉剂［含量4%~40%］
2783	久效磷［含量>25%］（取消）
2783	威菌磷［含量2%~20%］
2783	二级有机磷固态农药，如：
2783	硫环磷［含量>15%］
2783	杀螟硫磷粉剂、可湿性粉剂
2783	乙拌磷粉剂、可湿性粉剂
2783	谷硫磷可湿性粉剂
2783	因毒磷［含量>45%］
2783	甲基乙拌磷粉剂［含量5%~50%］
2783	甲胺磷（取消）
2783	丙胺磷粉剂、颗粒剂
2783	安果粉剂［含量>65%］
2783	灭克磷粉剂［含量3%~10%］
2783	吡唑磷［含量>5%］
2783	对硫磷粉剂［含量<4%］
2783	丰索磷粉剂、可湿性粉剂、颗粒剂［含量<4%］
2783	杀扑磷可湿性粉剂［含量4%~40%］
2783	氯甲磷粉剂、颗粒剂［含量1%~15%］
2783	乙硫磷粉剂、可湿性粉剂、颗粒剂［含量2%~25%］
2783	一级有机磷固态农药，如：
2783	蔬果磷粉剂
2783	茂果粉剂
2783	亚胺硫磷粉剂、可湿性粉剂［含量>15%］
2783	因毒磷粉剂［含量5%~45%］
2783	吡唑磷［含量<5%］
2783	乙基溴硫磷可湿性粉剂、颗粒剂［含量>10%］
2783	杀虫畏粉剂、可湿性粉剂
2783	蝇毒磷［含量>30%］
2783	毒虫畏粉剂、颗粒剂［含量2%~20%］
2783	威菌磷［含量>20%］
2783	乙基稻丰散粉剂
2783	特丁磷颗粒剂
2783	氯硫磷［含量>5%］
2783	内吸磷粉剂［含量<3%］
2783	甲硫磷可湿性粉剂、颗粒剂
2783	砜吸磷［含量2%~90%］
2783	杀扑磷［含量>40%］
2783	益棉磷［含量>25%］
2783	克瘟散粉剂
2783	嘧啶氧磷粉剂
2783	甲拌磷粉剂［含量<20%］
2783	脱叶磷粉剂
2783	地虫硫磷粉剂、颗粒剂
2783	敌百虫［含量>80%］
2783	异稻瘟净粉剂
2783	乙酰甲胺磷粉剂
2783	苯硫磷粉剂［含量3%~15%］
2783	甲基对硫磷粉剂［含量1%~15%］
2783	嘧啶硫磷颗粒剂［含量>30%］
2783	二嗪农粉剂、颗粒剂［含量>15%］
2783	定菌磷粉剂［含量>55%］
2783	三硫磷粉剂、可湿性粉剂
2783	甲基异柳磷粉剂
2783	氯甲硫磷可湿性粉剂、颗粒剂
2783	甲基内吸磷粉剂［含量>10%］
2783	杀螟腈粉剂
2783	治线磷［含量<5%］
2783	果虫磷可湿性粉剂、颗粒剂
2783	丁烯磷粉剂［含量>15%］
2783	异丙磷颗粒剂
2783	硫环磷粉剂、颗粒剂［含量2%~15%］
2783	除线磷［含量>50%］
2783	毒死蜱粉剂、颗粒剂［含量>15%］
2783	苯硫磷［含量>15%］
2783	辛硫磷颗粒剂
2783	对氧磷
2783	伐线丹颗粒剂
2783	喹硫磷颗粒剂
2783	保米磷粉剂、可湿性粉剂、饵剂
2783	保棉磷［含量>20%］
2783	稻丰散粉剂
2783	倍硫磷粉剂、可湿性粉剂、颗粒剂［含量>60%］
2783	甲基硫环磷颗粒剂
2783	百治磷粉剂［含量3%~25%］
2783	灭蚜松粉剂、可湿性粉剂、拌种剂
2784，3017，3018	三硫磷乳剂［含量>20%］
2784，3017，3018	灭蚜松乳剂
2784，3017，3018	甲拌磷乳剂［含量<2%］
2784，3017，3018	2,4-滴磷酯乳剂［含量>35%］
2784，3017，3018	乙拌磷乳剂［含量<15%］
2784，3017，3018	治螟磷［含量<10%］
2784，3017，3018	丁烯磷乳剂［含量>3%］
2784，3017，3018	地虫硫磷乳剂［含量<6%］

编号	
2784，3017，3018	乙硫磷 [含量>25%]
2784，3017，3018	敌杀磷乳剂 [含量 1%~40%]
2784，3017，3018	砜拌磷乳剂 [含量<5%]
2784，3017，3018	对溴磷乳剂
2784，3017，3018	甲基硫环磷
2784，3017，3018	田乐磷
2784，3017，3018	定菌磷乳剂 [含量>15%]
2784，3017，3018	氯甲硫磷
2784，3017，3018	育畜磷乳剂 [含量>20%]
2784，3017，3018	甲基对硫磷乳剂 [含量<15%]
2784，3017，3018	丙氟磷
2784，3017，3018	倍硫磷 [含量>15%]
2784，3017，3018	氯甲磷乳剂 [含量<15%]
2784，3017，3018	甲基乙拌磷 [含量>50%]
2784，3017，3018	特普
2784，3017，3018	保棉磷乳剂 [含量0.5%~20%]
2784，3017，3018	三硫磷乳剂 [含量0.5%~20%]
2784，3017，3018	乙硫磷乳剂 [含量0.5%~25%]
2784，3017，3018	茂果乳剂
2784，3017，3018	苯硫磷乳剂 [含量 3%~15%]
2784，3017，3018	辛硫磷
2784，3017，3018	1059 [含量>3%]
2784，3017，3018	乙基溴硫磷
2784，3017，3018	地安磷乳剂 [含量<5%]
2784，3017，3018	甲拌磷 [含量>2%]
2784，3017，3018	甲基内吸磷 [含量>3%]
2784，3017，3018	杀虫畏乳剂
2784，3017，3018	异丙磷
2784，3017，3018	发果 [含量>15%]
2784，3017，3018	二嗪农 [含量>4%]
2784，3017，3018	果虫磷
2784，3017，3018	特丁磷
2784，3017，3018	二溴磷乳剂 [含量>10%]
2784，3017，3018	异稻瘟净
2784，3017，3018	砜拌磷 [含量>5%]
2784，3017，3018	丙胺磷
2784，3017，3018	嘧啶氧磷
2784，3017，3018	氯亚磷乳剂
2784，3017，3018	甲氟磷 [含量>2%]
2784，3017，3018	乙酰甲胺磷乳剂 [含量>40%]
2784，3017，3018	八甲磷
2784，3017，3018	稻瘟净
2784，3017，3018	氯甲磷 [含量>15%]
2784，3017，3018	地安磷 [含量>5%]
2784，3017，3018	杀螟腈
2784，3017，3018	对硫磷 [含量>4%]（取消）
2784，3017，3018	磷胺 [含量>30%]（取消）
2784，3017，3018	毒死蜱乳剂 [含量>4%]
2784，3017，3018	稻丰散
2784，3017，3018	二级有机磷液态农药、如：
2784，3017，3018	甲氟磷乳剂 [含量<2%]
2784，3017，3018	硫环磷乳剂 [含量0.5%~15%]
2784，3017，3018	百治磷乳剂 [含量0.5%~25%]
2784，3017，3018	克线磷乳剂
2784，3017，3018	磷胺乳剂 [含量 0.5%~30%]
2784，3017，3018	益果乳剂 [含量>5%]
2784，3017，3018	丰丙磷
2784，3017，3018	皮蝇磷乳剂、水混悬剂
2784，3017，3018	治螟磷 [含量>10%]
2784，3017，3018	安果 [含量>15%]
2784，3017，3018	乙拌磷 [含量>15%]
2784，3017，3018	伐线丹
2784，3017，3018	芬硫磷 [含量>2%]
2784，3017，3018	氧乐果 [含量>3%]
2784，3017，3018	敌杀磷 [含量>40%]
2784，3017，3018	丰索磷乳剂 [含量<4%]
2784，3017，3018	丰索磷 [含量>4%]
2784，3017，3018	马拉硫磷
2784，3017，3018	地虫磷 [含量>6%]
2784，3017，3018	速灭磷 [含量>5%]
2784，3017，3018	甲基异柳磷
2784，3017，3018	敌敌畏
2784，3017，3018	亚胺硫磷乳剂 [含量>4%]
2784，3017，3018	甲硫磷
2784，3017，3018	乙基稻丰散
2784，3017，3018	脱叶磷
2784，3017，3018	砜吸磷 [含量>90%]
2784，3017，3018	发果乳剂 [含量<15%]

编号	
2784，3017，3018	治线磷［含量>5%］
2784，3017，3018	内吸磷乳剂［含量<3%］
2784，3017，3018	喹硫磷
2784，3017，3018	氯硫磷乳剂［含量<5%］
2784，3017，3018	除线磷乳剂［含量>10%］
2784，3017，3018	一级有机磷液态农药、如：
2784，3017，3018	克瘟散
2784，3017，3018	杀扑磷乳剂［含量1%~40%］
2784，3017，3018	灭蚜磷［含量>30%］
2784，3017，3018	毒壤磷
2784，3017，3018	灭克磷［含量>3%］
2784，3017，3018	保米磷
2784，3017，3018	水胺硫磷乳剂
2784，3017，3018	毒虫畏［含量>20%］
2784，3017，3018	地散磷［含量>35%］
2784，3017，3018	益棉磷乳剂［含量0.25%~25%］
2784，3017，3018	糠硫磷
2784，3017，3018	双硫磷［含量>50%］
2784，3017，3018	毒壤磷［含量>30%］
2784，3017，3018	因毒磷［含量1%~45%］
2784，3017，3018	杀螟硫磷［含量>10%］
2784，3017，3018	百治磷［含量>25%］
2784，3017，3018	异丙胺磷
2784，3017，3018	蝇毒磷乳剂［含量0.5%~30%］
2784，3017，3018	乐果［含量>10%］
2784，3017，3018	三唑磷

编号	
2784，3017，3018	保棉丰乳剂
2784，3017，3018	嘧啶硫磷［含量>5%］
2784，3017，3018	久效磷乳剂［含量0.5%~25%］
2784，3017，3018	伏杀硫磷乳剂［含量>5%］
2784，3017，3018	蚜螨特
2784，3017，3018	甲胺磷乳剂
2784，3017，3018	蔬果硫磷乳剂
2784，3017，3018	速灭磷乳剂、水剂［含量<5%］
2784，3017，3018	赛果乳剂［含量>30%］
2784，3017，3018	对硫磷乳剂［含量<40%］
2784，3017，3018	毒虫畏乳剂［含量0.5%~20%］
2784，3017，3018	甲基三硫磷［含量<4%］
2785	4-硫代戊醛
2786	一级有机锡固态农药
2786	二级有机锡固态农药，如：
2787，3019，3020	一级有机锡液态农药，如：
2787，3019，3020	氯丙锡
2787，3019，3020	二级有机锡液态农药
2788	二丁基氧化锡
2788	硫酸三乙基锡
2788	酸式硫酸三乙基锡
2788	一级有机锡化合物，如：
2788	硫酸二乙基锡
2789	乙酸［含量>80%］
2790	乙酸溶液［含量>10%~80%］
2794	蓄电池［注有酸液］
2795	蓄电池［注有碱液的］
2796	电池液［酸性的］
2797	电池液［碱性的］
2798	二氯化膦苯
2799	苯硫代二氯化膦
2802	氯化铜
2803	镓
2806	氮化锂
2809	汞
2812	铝酸钠［固体］

编号	
2815	N-氨基乙基哌嗪
2818	多硫化铵溶液
2819	二戊基磷酸
2820	丁酸
2821	苯酚溶液
2822	2-氯吡啶
2823	2-丁烯酸
2825	N,N-二异丙基乙醇胺
2826	硫代氯甲酸乙酯
2829	己酸
2830	硅铁锂
2831	1,1,1-三氯乙烷
2834	亚磷酸
2835	氢化铝钠
2837	硫酸氢钠溶液
2838	正丁酸乙烯酯［抑制了的］
2839	3-羟（基）丁醛
2840	丁醛肟
2841	二（正）戊胺
2842	硝基乙烷
2844	硅锰钙
2849	3-氯-1-丙醇
2850	四聚丙烯
2851	二水合三氟化硼
2852	六硝基二苯硫［含水≥10%］
2853	氟硅酸镁
2854	氟硅酸铵
2855	氟硅酸锌
2856	二级无机氟硅酸盐类，如：
2858	金属锆条
2858	金属锆片
2859	偏钒酸铵
2860	三氧化（二）钒［非熔融的］
2861	聚钒酸铵
2862	五氧化二矾［非熔融的］
2863	钒酸铵钠
2864	偏钒酸钾
2865	硫酸羟胺
2869	三氯化钛混合物
2870	硼氢化铝
2871	锑粉
2872	二溴氯丙烷
2872	二溴氯丙烷颗粒剂
2873	N，N-二（正）丁基氨基乙醇
2874	2-呋喃甲醇
2875	2,2'-亚甲基-双-(3,4,6-三氯苯酚)
2876	1,3-苯二酚
2878	金属钛粒

编号	
2879	氧氯化硒
2880	次氯酸钙混合或水合物［含水量5.5%~10%］，如：
2883	2,2-双-（过氧化叔丁基）丙烷［在溶液中，含量≤52%］
2884	2,2-双-（过氧化叔丁基）丙烷［含量≤42%，带有惰性固体，带有A型稀释剂≥13%］
2885	1,1-双-（过氧化叔丁基）环己烷［含量≤42%，带有惰性固体，带有A型稀释剂≥13%］
2886	过氧化-2-乙基己酸叔丁酯［含量≤31%，含2,2-二-（过氧化叔丁基）丁烷≤36%，含钝感剂≥33%］
2887	过氧化-2-乙基己酸叔丁酯［含量≤12%，含2,2-二-（过氧化叔丁基）丁烷≤14%，含A型稀释剂≥14%，带有惰性固体≥60%］
2888	过氧化-2-乙基己酸叔丁酯［在溶液中，含量≤52%］
2889	过氧化二碳酸二（异十三烷基）酯［工业纯］
2890	过氧化苯甲酸叔丁酯［含量≤52%，带有惰性固体］
2891	过氧化新癸叔戊酯［在溶液中，含量≤77%］
2892	过氧化二碳酸二（十四烷基）酯［含量≤42%，在水中均匀分布］
2893	过氧化十二（烷）酰［含量≤42%，在水中均匀分布］
2894	过氧化二碳酸-二-（4-叔丁基环己基）酯［含量≤42%，在水中均匀分布］
2895	过氧化二碳酸二-（十六烷基）酯［含量≤42%，在水中均匀分布］
2896	过氧化环己酮［糊状物，含量≤72%，含有效氧≤9%］
2897	1,1-双-（过氧化叔丁基）环己烷［在溶液中，含量≤52%］
2901	氯化溴
2902，2903，3021	抗菌剂401
2902，2903，3021	特乐酚乳剂［含量>50%］
2902，2903，3021	一级其他液态农药，如：
2902，2903，3021	甲氰菊酯乳剂
2902，2903，3021	二级其他液态农药，如：
2907	异山梨醇二硝酸酯混合物［含乳糖，淀粉或磷酸盐≥60%］
2931	硫酸氧钒
2933	2-氯丙酸甲酯
2934	2-氯丙酸异丙酯
2935	2-氯丙酸乙酯
2936	2-巯基丙酸
2937	α-甲基苯基甲醇
2938	苯甲酸甲酯
2940	9-磷杂双环壬烷
2941	4-氟苯胺
2941	2-氟苯胺
2942	2-三氟甲基苯胺
2943	四氢糠胺
2945	N-甲基（正）丁胺
2946	1-二乙基氨基-4-氨基戊烷
2947	氯乙酸异丙酯
2948	3-三氟甲基苯胺
2949	硫氢化钠［含结晶水≥25%］
2950	镁粒［有涂层的，粒度≥149微米］
2951	二-（苯磺酰肼）醚
2952	2,2'-偶氮二异丁腈
2953	2,2'-偶氮-二-（2，4-二甲基戊腈）
2954	1,1'-偶氮-二-（六氢苄腈）
2955	2,2'-偶氮-二-（2，4-二甲基-4-甲氧基戊腈）
2956	5-叔丁基-2,4,6-三硝基间二甲苯
2957	过氧化新戊酸叔戊酯［在溶液中，含量≤77%］
2958	双过氧化壬二酸［含量≤27%，含壬二酸≥13%，含硫酸钠≥53%］
2959	2,5-二甲基-2，5-双-（过氧化苯甲酰）己烷［含量≤82%，含水］
2961	2,4,4-三甲基戊基-2-过氧化苯氧基乙酸酯［在溶液中，含量≤37%］
2962	过氧化（二）丁二酸［含量≤72%，含水］
2963	过氧化新癸酸异丙基苯酯［在溶液中，含量≤77%］
2964	过氧化新戊酸异丙基苯酯［在溶液中，含量≤77%］
2965	三氟化硼甲醚络合物
2966	2-巯基乙醇
2967	氨基磺酸
2968	代森锰及其制品［抑制了的］
2970	苯磺酰肼
2971	1,3-二磺酰肼苯
2972	N,N'-二亚硝基五亚甲基四胺［含钝感剂］
2973	N,N'-二亚硝基-N,N'-二甲基对苯二酰胺
2983	环氧乙烷和氧化丙烯混合物［含环氧乙烷≤30%］
2984	过氧化氢［含量8%~20%］
2989	亚磷酸二氢铅
3022	1,2-环氧丁烷［抑制了的］
3023	1,1,3,3-四甲基-1-丁硫醇
3024，3025，3026	十三吗啉［含量>30%］
3024，3025，3026	敌菌酮乳剂［含量>5%］
3024，3025，3026	杂环类液态农药，如：
3024，3025，3026	二噻农乳剂［含量>50%］
3027	杂环类固态农药，如：
3027	纹枯利
3027	三唑酮
3027	杀草强
3027	果绿定
3027	三唑醇
3027	敌菌酮［含量>25%］
3027	灭螨猛［含量>55%］
3027	二噻农
3027	敌枯双
3028	蓄电池［含氢氧化钾固体］
3030	2,2'-偶氮-二-（2-甲基丁腈）
3033	3-氯-4-二乙氨基苯重氮氯化锌盐
3034	4-二丙基氨基苯重氮氯化锌盐
3035	3-（2-羟基乙氧基）-4-吡咯烷基-1-苯重氮氯化锌盐
3036	2,5-二乙氧基-4-吗啉代苯重氮氯化锌盐

编号	
3037	4-［苄基（乙基）氨基］-3-乙氧基苯重氮氯化锌盐
3038	4-［苄基（甲基）氨基］-3-乙氧基苯重氮氯化锌盐
3039	4-二甲基氨基-6-（2-二甲基氨基乙氧基）甲苯-2-重氮氯化锌盐
3040	2-重氮-1-萘酚-4-磺酸钠
3041	2-重氮-1-萘酚-5-磺酸钠
3042	2-重氮-1-萘酚-4-磺酰氯
3043	2-重氮-1-萘酚-5-磺酰氯
3044	过氧化苯甲酸叔戊酯［在溶液中，含量≤92%］
3045	过乙酸［含量≤16%，含水≥39%，含乙酸≥15%，含过氧化氢≤24%，含有稳定剂］
3046	过氧化甲基环己酮［在溶液中，含量≤67%］
3047	过氧化新戊酸叔丁酯［在溶液中，含量≤67%］
3048	磷化铝农药
3051	三丙基铝
3051	烷基铝，如：
3051	三甲基铝
3051	三异丁基铝
3051	三乙基铝
3051	三丁基铝
3052	三氯化三乙基（二）铝
3052	烷基铝卤化物，如：
3052	三溴化三甲基（二）铝
3052	氯化二乙基铝
3052	二氯化乙基铝
3052	三氯化三甲基（二）铝
3053	烷基镁，如：
3053	二乙基镁
3053	二甲基镁
3054	环己（基）硫醇
3055	2-（2-氨基乙氧基）乙醇
3056	正庚醛
3057	三氟乙酰氯
3058	过氧化二碳酸-二-（2-苯氧基乙基）酯［工业纯］
3059	过氧化二碳酸-二-（2-苯氧基乙基）酯［含量≤85%，含水］
3060	2,5-二甲基-2,5-双-（过氧化-3,5,5-三甲基己酰）己烷［在溶液中，含量≤77%］
3061	过氧化乙酰丙酮［糊状物，含量≤32%，含溶剂≥44%，含水≥9%，带有惰性固体≥11%］
3062	过氧化十八烷酰碳酸叔丁酯［工业纯］
3063	双过氧化十二烷二酸［含量≤42%，含硫酸钠≥56%］
3065	含乙醇饮料［按体积比乙醇≥24%，每一容器盛装>5L的］
3067	过氧化氢叔戊基［在溶液中，含量≤88%，含水≥6%］
3068	过氧化甲乙酮［在尼龙酸二异丁酯中，含量≤40%，含有效氧≤8.2%］
3069	1,1-双-（过氧化叔丁基）环己烷［在溶液中，含量≤27%，带有A型稀释剂≥36%和乙基苯≥36%］
3070	二氯二氟甲烷和环氧乙烷混合物［含环氧乙烷≤12%］
3071	硫醇类，如：
3073	2-乙烯基吡啶
3073	4-乙烯基吡啶
3073	3-乙烯基吡啶
3074	过氧化（二）苯甲酰［含量≤62%，带有惰性固体≥28%，含水≥10%］
3075	过氧化氢叔丁基［含量≤82%，含水≥7%，含氢过氧化二叔丁基≥9%］］
3076	烷基铝氢化物
3078	铈［粉，屑］
3079	甲基丙烯腈［抑制了的］
3081	过氧化-3-氯苯甲酸［含量≤57%，含水和3-氯苯甲酸］
3083	过氯酰氟
3266	香料制品

关联理由

序号		序号	
1	通关单超过有效期	6	登检换证
2	换证凭单/条超过有效期	7	与其他报检批拼箱
3	进口复出口	8	保税出库
4	出口复进口	9	进口车辆换证
5	出境预检	10	拼单

随附单据

序号	单证名称	来源部门	是否合并	代码	备注（单据要求）	注释
1	合同	进出口企业	是	00000004		H2010已定义代码
2	发票	进出口企业	是	00000001		H2010已定义代码
3	装箱单	进出口企业	是	00000002		H2010已定义代码
4	提/运单	进出口企业	是	00000003		H2010已定义代码
5	载货清单（舱单）	进出口企业		00000010		
6	代理报关委托协议（纸质）		是	00000008		H2010已定义代码
6	代理报关委托协议（电子）		是	10000001		H2010已定义代码
7	检验检疫证书	国内外官方机构/相关机构		20000001	1. 兽医（卫生）证书	国内外官方机构或相关机构签发的单证
				20000002	2. 动物检疫证书	
				20000003	3. 植物检疫证书	
				20000004	4. 装运前检验证书	
				20000005	5. 重量证书	
				20000006	6. TCK检验证书（美国小麦）	
				20000007	7. 熏蒸证书	
				20000008	8. 放射性物质检测合格证明	
				20000009	9. 木材发货检验码单	
				20000010	10. 水果预检验证书	
				20000011	11. 中转进境确认证明文件（经港澳地区中转入境水果）	
				20000012	12. 检测报告	
8	批准文件	海关		30000001	1. 海关进口证明书	由海关总署签发的除纳入《监管证件表》目录的相关批准文件
				30000002	2. 海关免税证明	
				30000003	3. 免于办理强制性产品认证证明	
				30000004	4. 进境动植物检疫许可证	
				30000005	5. 进口车辆识别代码（VIN）校验报告单	
				30000006	6. 境外捐赠机构登记和捐赠医疗器械备案材料	
				30000007	7. 入/出境特殊物品卫生检疫审批单	
				30000008	8. 进口食品接触产品备案书	
				30000009	9. 型式试验合格证明（首次进口压力管道元件）	
				30000010	10. 进口棉花境外供货企业登记证书（已登记的境外供货企业）	
				30000011	11. 进口涂料备案书	
				30000012	12. 同意调入函（植物繁殖材料）	
				30000013	13. 实施金伯利进程国际证书制度注册登记证	

序号	单证名称	来源部门	是否合并	代码	备注（单据要求）	注释
9	关联作业单据	海关		10000002	1. 减免税货物税款担保证明	海关前期作业过程中核发的单证
9	关联作业单据	海关		10000003	2. 减免税货物税款担保延期证明	
9	关联作业单据	海关		40000001	3. 深加工结转申请表	代码为K
9	关联作业单据	海关		40000002	4. 内销征税联系单	代码为c
9	关联作业单据	海关		40000003	5. 预归类标志	代码为r
9	关联作业单据	海关		40000004	6. 检验检疫编号	代码为A
9	关联作业单据	海关		40000005	7. 企业报检电子数据底账数据号	代码为B
9	关联作业单据	海关		40000006	8. 出/入境货物通关单（毛坯钻石用）	代码为D
10	其他有关单证	进出口企业		50000001	企业提供的证明材料	
10	其他有关单证	进出口企业		50000002	企业提供的声明	
10	其他有关单证	进出口企业		50000003	企业提供的标签标识	
10	其他有关单证	进出口企业		50000004	企业提供的其他	H2010已有00000005（其他1），00000006（其他2），00000007（其他3）
11	海关许可证件	国内官方机构/相关机构		60000001	1. 民用爆炸品进口审批单	国内官方机构或相关机构签发的单证
11	海关许可证件	国内官方机构/相关机构		60000002	2. 民用爆炸品出口审批单	
11	海关许可证件	国内官方机构/相关机构		60000003	3. 军品出口许可证	
11	海关许可证件	国内官方机构/相关机构		60000004	4. 人类遗传资源材料出口、出境证明	
11	海关许可证件	国内官方机构/相关机构		60000005	5. 古生物化石出口、出境批件	
11	海关许可证件	国内官方机构/相关机构		60000006	6. 密码出口许可证	
11	海关许可证件	国内官方机构/相关机构		60000007	7. 援外项目任务通知单	
11	海关许可证件	国内官方机构/相关机构		60000008	8. 医疗用毒性药品进出口批件	
11	海关许可证件	国内官方机构/相关机构		60000009	9. 放射性药品进出口批件	
11	海关许可证件	国内官方机构/相关机构		60000010	10. 血液出口批件	
11	海关许可证件	国内官方机构/相关机构		60000011	11. 化学品进出口环境管理登记证明	
12	唛码	进出口企业		70000001	唛码	

货物属性

代码	中文名称	代码	中文名称	代码	中文名称
11	3C 目录内	18	首次进出口	25	A 级特殊物品
12	3C 目录外	19	正常	26	B 级特殊物品
13	无须办理 3C 认证	20	废品	27	C 级特殊物品
14	预包装	21	旧品	28	D 级特殊物品
15	非预包装	22	成套设备	29	V/W 非特殊物品
16	转基因产品	23	带皮木材/板材	30	市场采购
17	非转基因产品	24	不带皮木材/板材		

港口代码表

代码	中文名称	英文名称
ABW000	阿鲁巴	Aruba
ABW001	阿鲁巴岛（阿鲁巴）	Aruba, Aruba
ABW003	奥拉涅斯塔德（阿鲁巴）	Oranjestad, Aruba
ABW006	圣尼古拉斯湾（阿鲁巴）	Sint Nicolaas, Aruba
AFG000	阿富汗	Afghanistan
AFG001	喀布尔（阿富汗）	Kabul, Afghanistan
AFG002	坎大哈（阿富汗）	Kandahar, Afghanistan
AGO000	安哥拉	Angola
AGO003	安布里什（安哥拉）	Ambriz, Angola
AGO006	安布里泽特（安哥拉）	Ambrizete, Angola
AGO009	本格拉（安哥拉）	Benguela, Angola
AGO012	卡宾达（安哥拉）	Cabinda, Angola
AGO015	洛比托（安哥拉）	Lobito, Angola
AGO018	罗安达（安哥拉）	Luanda, Angola
AGO021	木萨米迪什（安哥拉）	Mocamedes, Angola
AGO024	松贝（新里东杜）（安哥拉）	Sumbe (Novo Redondo), Angola
AGO026	纳米贝（安哥拉）	Namibe, Angola
AGO027	亚历山大港（安哥拉）	Porto Alexandre (Tombua), Angola
AGO030	安博因港（安哥拉）	Porto Amboim, Angola
AGO033	萨拉萨尔港（安哥拉）	Porto Salazar, Angola
AIA000	安圭拉	Anguilla
AIA003	路德湾（安圭拉）	The Road, Anguilla
ALA000	阿兰群岛（波罗的海中芬兰所属群岛）	Aland Islands
ALB000	阿尔巴尼亚	Albania
ALB003	都拉斯（阿尔巴尼亚）	Durres, Albania
ALB006	萨兰达（阿尔巴尼亚）	Sarande, Albania
ALB009	圣吉尼（阿尔巴尼亚）	Shengjin, Albania
ALB012	发罗拉（阿尔巴尼亚）	Vlora (Vlone), Albania
AND000	安道尔	Andorra
AND001	安道尔（安道尔）	Andorra La Vella, Andorra
ARE000	阿联酋	United Arab Emirates
ARE003	阿布埃尔布霍希（阿联酋）	Abu Al Bukhoosh, United Arab Emirates
ARE006	阿布扎比（阿联酋）	Abu Dhabi, United Arab Emirates
ARE009	阿治曼（阿联酋）	Ajman, United Arab Emirates
ARE015	达斯岛（阿联酋）	Das Island, United Arab Emirates
ARE018	迪拜（阿联酋）	Dubai, United Arab Emirates
ARE021	法特油码头（阿联酋）	Fateh Terminal, United Arab Emirates
ARE024	富查伊拉（阿联酋）	Al Fujayrah, United Arab Emirates
ARE027	阿里山（阿联酋）	Jebel Ali, United Arab Emirates
ARE030	杰贝尔丹那（阿联酋）	Jebel Dhanna, United Arab Emirates
ARE033	豪尔费坎（阿联酋）	Khor Al Fakkan (Khawr Fakkan), United Arab Emirates
ARE036	沙奎港（阿联酋）	Mina Saqr, United Arab Emirates
ARE039	扎伊德港（阿联酋）	Mina Zayed, United Arab Emirates
ARE042	穆巴腊岛（阿联酋）	Mubarras Island, United Arab Emirates
ARE045	哈伊马角（阿联酋）	Ras Al Khaimah, United Arab Emirates
ARE051	乌姆盖万（阿联酋）	Umm Al Quwain, United Arab Emirates
ARE054	拉希德港（阿联酋）	Port Rashid, United Arab Emirates
ARE901	沙迦（阿联酋）	Sharjah, United Arab Emirates

代码	中文名称	英文名称	代码	中文名称	英文名称
ARG000	阿根廷	Argentina	AUS003	阿伯特湾（澳大利亚）	Abbot Bay, Australia
ARG001	皮拖（阿根廷）	Pueato, Argentina	AUS004	调查岛（阿根廷）	Inspection Head, Argentina
ARG002	白奥哥港（阿根廷）	Puerto Belgrano, Argentina	AUS006	阿德莱德（澳大利亚）	Adelaide, Australia
ARG003	布兰卡港（阿根廷）	Bahia Blanca, Argentina	AUS009	奥尔巴尼（澳大利亚）	Albany, Australia
ARG006	布宜诺斯艾利斯（阿根廷）	Buenos Aires, Argentina	AUS012	阿德罗森（澳大利亚）	Ardrossan, Australia
ARG008	奥利维亚（阿根廷）	Caleta Olivia, Argentina	AUS015	巴拉斯特黑德（澳大利亚）	Ballast Head, Australia
ARG009	坎帕纳（阿根廷）	Campana, Argentina	AUS018	巴罗岛（澳大利亚）	Barrow Island, Australia
ARG012	里瓦达维亚海军准将城（阿根廷）	Comodoro Rivadavia, Argentina	AUS021	搏尤替角（澳大利亚）	Beauty Point, Australia
			AUS024	贝尔贝（澳大利亚）	Bell Bay, Australia
ARG015	康塞普西翁（阿根廷）	Concepcion, Argentina	AUS027	植物学湾（澳大利亚）	Botany Bay, Australia
ARG018	迪亚曼泰（阿根廷）	Diamante, Argentina	AUS030	鲍恩（澳大利亚）	Bowen, Australia
ARG021	伊比奎（阿根廷）	Ibicuy, Argentina	AUS033	布里斯班（澳大利亚）	Brisbane, Australia
ARG024	拉普拉塔（阿根廷）	La Plata, Argentina	AUS036	布鲁姆（澳大利亚）	Broome, Australia
ARG027	马德普拉塔（阿根廷）	Mar Del Plata, Argentina	AUS039	班伯里（澳大利亚）	Bunbury, Australia
ARG030	内科切阿（阿根廷）	Necochea, Argentina	AUS042	班达伯格（澳大利亚）	Bundaberg, Australia
ARG033	阿塞维多港（阿根廷）	Puerto Acedop, Argentina	AUS045	伯尼（澳大利亚）	Burnie, Australia
ARG036	德塞阿多港（阿根廷）	Puerto Deseado, Argentina	AUS048	巴瑟尔顿（澳大利亚）	Dusselton, Australia
ARG039	马德林港（阿根廷）	Puerto Madryn, Argentina	AUS051	凯恩斯（澳大利亚）	Cairns, Australia
ARG042	科罗拉多角（阿根廷）	Punta Colorada, Argentina	AUS054	库维恩角（澳大利亚）	Cape Cuvier, Australia
ARG045	蓬塔基利亚（阿根廷）	Punta Quila, Argentina	AUS057	拉姆贝特角（澳大利亚）	Cape Lambert, Australia
ARG048	克肯（阿根廷）	Quequen, Argentina	AUS060	卡那封（澳大利亚）	Carnarvon, Australia
ARG051	拉马约（阿根廷）	Ramallo, Argentina	AUS063	喀斯喀特湾（澳大利亚）	Cascade Bay, Australia
ARG054	雷卡拉达（阿根廷）	Recalada, Argentina	AUS066	科夫斯港（澳大利亚）	Coff' S Harbour, Australia
ARG057	里奥加耶戈斯（阿根廷）	Rio Gallegos, Argentina	AUS069	库克敦（澳大利亚）	Cooktown, Australia
ARG060	里奥格兰德（阿根廷）	Rio Grande, Argentina	AUS072	丹皮尔（澳大利亚）	Dampier, Australia
ARG063	罗萨里奥（阿根廷）	Rosario, Argentina	AUS075	达尔文（澳大利亚）	Darwin, Australia
ARG066	圣安东尼奥（阿根廷）	San Antonio Este, Argentina	AUS078	德比（澳大利亚）	Derby, Australia
ARG069	圣弗尔南多（阿根廷）	San Fernando, Argentina	AUS081	德文波特（澳大利亚）	Devonport, Australia
ARG072	圣洛伦索（阿根廷）	San Lorenzo, Argentina	AUS084	伊登（澳大利亚）	Eden, Australia
ARG074	圣胡利安（阿根廷）	San Julian, Argentina	AUS087	伊迪斯堡（澳大利亚）	Edithburgh, Australia
ARG075	圣尼古拉斯（阿根廷）	San Nicolas De Los Arroyos, Argentina	AUS090	埃斯佩兰斯（澳大利亚）	Esperance, Australia
			AUS093	弗里曼特尔（澳大利亚）	Fremantle, Australia
ARG078	圣佩德罗（阿根廷）	San Pedro, Argentina	AUS096	吉朗（澳大利亚）	Geelong, Australia
ARG081	圣塞瓦斯蒂安（阿根廷）	San Sebastian Bay, Argentina	AUS099	杰拉尔顿（澳大利亚）	Geraldton, Australia
			AUS102	格拉德斯通（澳大利亚）	Gladstone, Australia
ARG084	圣克鲁斯（阿根廷）	Santa Cruz, Argentina	AUS105	戈弗（澳大利亚）	Gove, Australia
ARG087	圣菲（阿根廷）	Santa Fe, Argentina	AUS108	格拉夫顿（澳大利亚）	Grafton, Australia
ARG090	乌斯怀亚（阿根廷）	Ushuaia, Argentina	AUS111	格鲁特岛（澳大利亚）	Groote Eylandt, Australia
ARG093	孔斯蒂图西翁镇（阿根廷）	Villa Constitucion, Argentina	AUS114	海波因特（澳大利亚）	Hay Point, Australia
			AUS117	霍巴特（澳大利亚）	Hobart, Australia
ARG096	萨拉特（阿根廷）	Zarate, Argentina	AUS120	因尼斯费尔（澳大利亚）	Innisfail, Australia
ARM000	亚美尼亚	Armenia	AUS123	金斯科特（澳大利亚）	Kingscote, Australia
ASM000	美属萨摩亚	American Samoa	AUS126	金斯敦（澳大利亚）	Kingston, Australia
ASM003	帕果帕果（美属萨摩亚）	Pago Pago, American Samoa	AUS129	奎纳纳（澳大利亚）	Kwinana, Australia
ASM004	图图伊拉（美属萨摩亚）	Tutuila I., American Samoa	AUS132	朗塞斯顿（澳大利亚）	Launceston, Australia
ATA000	南极洲	Antarctica	AUS135	户辛达（澳大利亚）	Lucinda, Australia
ATF000	法属南部领土	French Southern Territories	AUS138	麦凯（澳大利亚）	Mackay, Australia
ATG000	安提瓜和巴布达	Antigua And Barbuda	AUS141	麦克坦（澳大利亚）	Mactan, Australia
ATG003	圣约翰斯（安提瓜和巴布达）	St John' S, Antigua and Barbuda	AUS144	马里伯勒（澳大利亚）	Maryborough, Australia
			AUS147	墨尔本（澳大利亚）	Melbourne, Australia
AUS000	澳大利亚	Australia	AUS150	莫里扬港（澳大利亚）	Mourilyan, Australia

代码	中文名称	英文名称	代码	中文名称	英文名称
AUS153	纽卡斯尔（澳大利亚）	Newcastle, Australia	BDI000	布隆迪	Burundi
AUS156	帕斯（澳大利亚）	Perth, Australia	BEL000	比利时	Belgium
AUS159	阿德莱德港（澳大利亚）	Port Adelaide, Australia	BEL003	安特卫普（比利时）	Antwerpen, Belgium
AUS162	艾尔弗雷德港（澳大利亚）	Port Alfred, Australia	BEL006	布鲁日（比利时）	Bruges, Belgium
			BEL009	布鲁塞尔（比利时）	Brussels, Belgium
AUS165	阿尔马港（澳大利亚）	Port Alma, Australia	BEL012	根特（比利时）	Gent (Ghent), Belgium
AUS168	奥古斯塔港（澳大利亚）	Port Augusta, Australia	BEL015	海米克瑟姆（比利时）	Hemiksem, Belgium
AUS171	吉利港（澳大利亚）	Port Giles, Australia	BEL018	列日（比利时）	Liege, Belgium
AUS174	黑德兰港（澳大利亚）	Port Hedland, Australia	BEL021	尼乌波特（比利时）	Nieuwpoort, Belgium
AUS177	会翁港（澳大利亚）	Port Huon, Australia	BEL024	奥斯坦德（比利时）	Ostend (Oostende), Belgium
AUS180	杰克逊港（澳大利亚）	Port Jackson, Australia			
AUS183	肯布拉港（澳大利亚）	Port Kembla, Australia	BEL027	泽布吕赫/泽布腊赫（比利时）	Zeebrugge, Belgium
AUS186	拉塔港（澳大利亚）	Port Latta, Australia			
AUS189	林肯港（澳大利亚）	Port Lincoln, Australia	BEN000	贝宁	Benin
AUS192	麦夸里港（澳大利亚）	Port Macguarie, Australia	BEN003	科托努（贝宁）	Cotonou, Benin
AUS195	皮里港（澳大利亚）	Port Pirie, Australia	BEN006	波多诺伏（贝宁）	Porto-Novo, Benin
AUS198	斯坦瓦克港（澳大利亚）	Port Stanvac, Australia	BES000	博内尔岛、圣尤斯特歇斯岛和萨巴岛	Bonaire, Sint Eustatius and Saba
AUS201	沃尔科特港（澳大利亚）	Port Walcott, Australia			
AUS204	波特兰（澳大利亚）	Portland, Australia	BES003	克拉伦代克（博内尔岛、圣尤斯特歇斯岛和萨巴岛）	Kralendijk, Bonaire, Sint Eustatius and Saba
AUS207	拉皮德湾（澳大利亚）	Rapid Bay, Australia			
AUS210	里司登（澳大利亚）	Risdon, Australia	BES004	萨巴（博内尔岛、圣尤斯特歇斯岛和萨巴岛）	Saba, Bonaire, Sint Eustatius and Saba
AUS213	罗克汉普顿（澳大利亚）	Rockhampton, Australia			
AUS216	斯坦利（澳大利亚）	Stanley, Australia	BFA000	布基纳法索	Burkina Faso
AUS219	斯坦豪斯湾（澳大利亚）	Stenhouse Bay, Australia	BGD000	孟加拉	Bangladesh
AUS222	斯特拉恩（澳大利亚）	Strahan, Australia	BGD001	达卡（孟加拉）	Dacca, Bangladesh
AUS225	悉尼（澳大利亚）	Sydney, Australia	BGD003	贾尔纳（孟加拉）	Chalna, Bangladesh
AUS228	泰弗纳德（澳大利亚）	Thevenard, Australia	BGD006	吉大港（孟加拉）	Chittagong, Bangladesh
AUS231	星期四岛（澳大利亚）	Thursday Island, Australia	BGD009	库尔纳（孟加拉）	Khulna, Bangladesh
AUS234	汤斯维尔（澳大利亚）	Townsville, Australia	BGD012	蒙拉（孟加拉）	Mongla (Mungla), Bangladesh
AUS237	尤兰根（澳大利亚）	Urangan, Australia			
AUS240	乌塞勒斯卢普（澳大利亚）	Useless Loop, Australia	BGR000	保加利亚	Bulgaria
			BGR003	巴尔奇克（保加利亚）	Balchik, Bulgaria
AUS243	沃拉鲁（澳大利亚）	Wallaroo, Australia	BGR006	布尔加斯（保加利亚）	Burgas, Bulgaria
AUS246	韦帕（澳大利亚）	Weipa, Australia	BGR009	卡瓦尔纳（保加利亚）	Kavarna, Bulgaria
AUS249	西港（澳大利亚）	Western Port, Australia	BGR012	米丘林（保加利亚）	Michurin, Bulgaria
AUS252	怀阿拉（澳大利亚）	Whyalla, Australia	BGR015	纳塞巴尔（保加利亚）	Nessebar, Bulgaria
AUS255	温德姆（澳大利亚）	Wyndham, Australia	BGR017	索佐波尔（保加利亚）	Sozopol, Bulgaria
AUS258	杨巴（澳大利亚）	Yamba, Australia	BGR018	瓦尔纳（保加利亚）	Varna, Bulgaria
AUS261	扬皮桑德（澳大利亚）	Yampi Sound, Australia	BHR000	巴林	Bahrain
AUS903	菲利普港（澳大利亚）	Port Phillip, Australia	BHR003	奥巴杰蒂（巴林）	Albajetty, Bahrain
AUS904	堪培拉（澳大利亚）	Canberra, Australia	BHR004	巴林（巴林）	Bahrain, Bahrain
AUS905	克拉伦斯河（澳大利亚）	Clarence River, Australia	BHR005	麦纳麦（巴林）	Manama (Al Manamah), Bahrain
AUS908	穆里兰港（澳大利亚）	Mourilyan Harbour, Australia			
			BHR006	米纳苏尔曼（巴林）	Mina Sulman, Bahrain
AUS909	朴次伊（澳大利亚）	Portsea, Australia	BHR009	锡特拉（巴林）	Sitra, Bahrain
AUS911	圣诞岛（澳大利亚）	Christmas I., Australia	BHS000	巴哈马	Bahamas
AUS913	翁斯洛（澳大利亚）	Onslow, Australia	BHS003	弗里波特（巴哈马）	Ferrport, Bahamas
AUT000	奥地利	Austria	BHS006	小圣萨尔瓦多岛（巴哈马）	Little San Salvador, Bahamas
AUT001	林茨（奥地利）	Liuz, Austria			
AUT901	维也纳（奥地利）	Vienna, Austria	BHS009	拿骚（巴哈马）	Nassau, Bahamas
AZE000	阿塞拜疆	Azerbaijan	BHS012	南里登角（巴哈马）	South Riding Point, Bahamas
AZE901	巴库（阿塞拜疆）	Azerbaijan			

代码	中文名称	英文名称
BIH000	波斯尼亚和黑塞哥维那	Bosnia And Herzegovina
BLM000	加勒比海圣巴特岛	Saint Barthelemy
BLR000	白俄罗斯	Belarus
BLZ000	伯利兹	Belize
BLZ001	贝尔莫潘（伯利兹）	Belmopan, Belize
BLZ003	伯利兹城（伯利兹）	Belize City, Belize
BMU000	百慕大	Bermuda
BMU003	哈密尔顿（百慕大）	Hamilton, Bermuda
BMU006	圣乔治（百慕大）	Saint George, Bermuda
BOL000	玻利维亚	Bolivia
BRA000	巴西	Brazil
BRA003	安格拉－杜斯雷斯（巴西）	Angra Dos Reis, Brazil
BRA006	阿拉卡茹（巴西）	Aracaju, Brazil
BRA009	阿拉卡蒂（巴西）	Aracati, Brazil
BRA012	阿拉图（巴西）	Aratu, Brazil
BRA015	阿里亚布兰卡（巴西）	Areia Branca, Brazil
BRA018	巴拉奥特菲（巴西）	Barao De Teffe, Brazil
BRA021	贝伦（巴西）	Belem, Brazil（PARA）
BRA024	卡贝德卢（巴西）	Cabedello, Brazil
BRA027	弗洛里亚诺波利斯（巴西）	Florianopolis, Brazil
BRA030	福塔莱萨（巴西）	Fortaleza, Brazil
BRA033	伊列乌斯（巴西）	Ilheus, Brazil
BRA036	因比图巴（巴西）	Imbituba, Brazil
BRA039	伊塔雅伊（巴西）	Itajai, Brazil
BRA042	伊塔基（巴西）	Itaqui, Brazil
BRA045	若昂佩索阿（巴西）	Joao Pessoa, Brazil
BRA048	马卡帕（巴西）	Macapa, Brazil
BRA051	马塞约（巴西）	Maceio, Brazil
BRA054	马瑙斯（巴西）	Manaus, Brazil
BRA057	纳塔尔（巴西）	Natal, Brazil
BRA060	尼泰罗伊（巴西）	Niteroi, Brazil
BRA063	巴拉那瓜（巴西）	Paranagua, Brazil
BRA066	巴纳伊巴（巴西）	Parnaiba, Brazil
BRA069	佩洛塔斯（巴西）	Pelotas, Brazil
BRA072	乌布角（巴西）	Ponta Do Ubu, Brazil
BRA075	阿雷格里港（巴西）	Porto Alegre, Brazil
BRA078	波图塞尔（巴西）	Portocel, Brazil
BRA081	累西腓（巴西）	Recife, Brazil
BRA084	里约热内卢（巴西）	Rio De Janeiro, Brazil
BRA087	里奥格兰德（巴西）	Rio Grande, Brazil
BRA090	萨尔瓦多（巴西）	Salvador, Brazil
BRA093	圣安娜（巴西）	Santana, Brazil
BRA096	圣塔伦（巴西）	Santarem, Brazil
BRA099	桑托斯（巴西）	Santos, Brazil
BRA102	南圣弗兰西斯科（巴西）	Sao Francisco Do Sul, Brazil
BRA105	圣路易斯（巴西）	Sao Luis, Brazil
BRA108	圣保罗（巴西）	Sao Paulo, Brazil
BRA111	圣塞巴斯蒂昂（巴西）	Sao Sebastiao, Brazil
BRA114	塞佩提巴（巴西）	Sepetiba, Brazil

代码	中文名称	英文名称
BRA117	特拉曼达伊（巴西）	Tramandai, Brazil
BRA120	特龙贝塔斯（巴西）	Trombetas, Brazil
BRA123	图巴朗（巴西）	Tubarao, Brazil
BRA126	维多利亚（巴西）	Vitoria, Brazil
BRA127	安托尼纳（巴西）	Antonina, Brazil
BRA128	福塔雷扎（巴西）	Methil Docks, Brazil
BRA129	海纳（巴西）	Rio Haina, Brazil
BRA130	里亚桥（巴西）	Barra Do Riacho, Brazil
BRA132	萨尔塔卡瓦略（巴西）	Salta Caballo, Brazil
BRB000	巴巴多斯	Barbados
BRB003	布里奇敦（巴巴多斯）	Bridgetown, Barbados
BRN000	文莱	Brunei Darussalam
BRN001	文莱（文莱）	Brunei, Brunei Darussalam
BRN003	斯里巴加湾港（文莱）	Bandar Seri Begawan, Brunei Darussalam
BRN006	白拉奕（文莱）	Kuala Belait, Brunei Darussalam
BRN008	麻拉（文莱）	Muara, Brunei Darussalam
BRN009	穆阿拉港（文莱）	Muara Harbour, Brunei Darussalam
BRN012	诗里亚（文莱）	Seria, Brunei Darussalam
BRN015	丹戎沙利隆（文莱）	Tanjong Salirong, Brunei Darussalam
BTN000	不丹	Bhutan
BVT000	布维岛	Bouvet Island
BWA000	博茨瓦纳	Botswana
CAF000	中非	Central African Republic
CAN000	加拿大	Canada
CAN003	阿克拉维克（加拿大）	Aklavik, Canada
CAN006	阿默斯特（加拿大）	Amherst, Canada
CAN009	阿默斯特堡，阿默斯特港（加拿大）	Amherstburg, Canada
CAN012	安纳波利斯（加拿大）	Annapolis, Canada
CAN015	阿真舍（加拿大）	Argentia, Canada
CAN018	阿里沙特（加拿大）	Arichat, Canada
CAN021	巴德克（加拿大）	Baddeck, Canada
CAN024	巴戈特维尔（加拿大）	Bagotville, Canada
CAN027	贝科莫（加拿大）	Baie Comeau, Canada
CAN030	巴斯克湾（加拿大）	Basque Cove, Canada
CAN033	巴瑟斯特（加拿大）	Bathurst, Canada
CAN036	贝罗伯茨（加拿大）	Bay Roberts, Canada
CAN039	比弗港（加拿大）	Beaver Habour, Canada
CAN045	贝拉顿（加拿大）	Belledune, Canada
CAN048	博特伍德（加拿大）	Botwood, Canada
CAN051	布里奇沃特（加拿大）	Bridgewater, Canada
CAN054	布罗克维尔（加拿大）	Brockville（Ont.）, Canada
CAN057	巴克图什（加拿大）	Buctouche, Canada
CAN060	伯吉奥（加拿大）	Burgeo, Canada
CAN063	布林（加拿大）	Buring, Canada
CAN066	坎贝尔顿（加拿大）	Campbellton, Canada
CAN069	坎索港（加拿大）	Canso Harbour, Canada
CAN072	卡拉凯特（加拿大）	Caraquet, Canada

代码	中文名称	英文名称	代码	中文名称	英文名称
CAN075	卡尔顿（加拿大）	Carleton, Canada	CAN234	马塔讷（加拿大）	Matane, Canada
CAN078	夏洛特敦（加拿大）	Charlottetown, Canada	CAN237	梅泰根（加拿大）	Meteghan, Canada
CAN084	查塔姆（加拿大）	Chatham, Canada	CAN240	米奇皮科滕（加拿大）	Michipicoten (Ont.), Canada
CAN087	彻梅纳斯（加拿大）	Chemainus, Canada			
CAN090	谢蒂坎普（加拿大）	Cheticamp, Canada	CAN243	米德兰（加拿大）	Midland (Ont.), Canada
CAN093	希库提米（加拿大）	Chicoutimi, Canada	CAN246	蒙路易（加拿大）	Mont Louis, Canada
CAN096	丘吉尔（加拿大）	Churchill, Canada	CAN249	蒙塔古（加拿大）	Montague, Canada
CAN099	克拉伦维尔（加拿大）	Clarenville, Canada	CAN252	蒙特利尔（加拿大）	Montreal, Canada
CAN102	科堡（加拿大）	Cobourg (Ont.), Canada	CAN255	纳奈莫（加拿大）	Nanaimo, Canada
CAN105	科灵伍德（加拿大）	Collingwood, Canada	CAN258	纳尼斯维克（加拿大）	Nanisivk, Canada
CAN108	卡姆拜钱斯（加拿大）	Come-By-Chance, Canada	CAN261	新格拉斯哥（加拿大）	New Glasgow, Canada
CAN111	科纳-布鲁特（加拿大）	Comer Brook, Canada	CAN264	新里士满（加拿大）	New Richmond, Canada
CAN114	科莫克斯（加拿大）	Comox, Canada	CAN267	新威斯敏斯特（加拿大）	New Westminster, Canada
CAN117	孔特勒科尔（加拿大）	Contrecoeur, Canada	CAN270	纽卡斯尔（加拿大）	Newcastle (N. B.), Canada
CAN120	康沃尔（加拿大）	Cornwall (Ont.), Canada	CAN273	北锡德尼（加拿大）	North Sydney, Canada
CAN123	康特里港（加拿大）	Country Harbour, Canada	CAN276	奥克维尔（加拿大）	Oakville (Ont.), Canada
CAN126	科威恰湾（加拿大）	Cowichan Bay, Canada	CAN279	福尔斯海（加拿大）	Ocean Falls, Canada
CAN129	克罗夫顿（加拿大）	Crofton, Canada	CAN282	奥沙瓦（加拿大）	Oshawa, Canada
CAN132	达尔豪西（加拿大）	Dalhousie, Canada	CAN285	欧文桑德（加拿大）	Owen Sound, Canada
CAN135	迪格比（加拿大）	Digby, Canada	CAN288	帕斯博勒（加拿大）	Parrsboro, Canada
CAN138	丁沃尔（加拿大）	Dingwall, Canada	CAN291	帕里桑德（加拿大）	Parry Sound, Canada
CAN141	多米诺（加拿大）	Domino, Canada	CAN294	帕斯佩比亚克（加拿大）	Paspebiac, Canada
CAN144	埃斯奎莫尔特（加拿大）	Esquimalt, Canada	CAN297	皮克图（加拿大）	Pictou, Canada
CAN147	福雷斯特维尔（加拿大）	Forestville, Canada	CAN300	图佩尔角（加拿大）	Point Tupper, Canada
CAN150	弗罗比舍湾（加拿大）	Frobisher Bay, Canada	CAN303	黑角（加拿大）	Point Noire, Canada
CAN153	加斯佩（加拿大）	Gaspe, Canada	CAN306	艾伯尼港（加拿大）	Port Alberni, Canada
CAN156	乔治敦（加拿大）	Georgetown, Canada	CAN309	艾尔弗雷德港（加拿大）	Port Alfred, Canada
CAN159	戈德里奇（加拿大）	Goderich, Canada	CAN312	艾利斯港（加拿大）	Port Alice, Canada
CAN162	戈尔德里弗（加拿大）	Gold River, Canada	CAN315	奥克斯巴凯斯港（加拿大）	Port Aux Barques, Canada
CAN165	古斯湾（加拿大）	Goose Bay, Canada			
CAN168	格兰德班克（加拿大）	Grand Bank, Canada	CAN318	卡捷港（加拿大）	Port-Cartier, Canada
CAN171	哈利法克斯（加拿大）	Halifax, Canada	CAN321	科尔本港（加拿大）	Port Colborne, Canada
CAN174	哈密尔顿（加拿大）	Hamilton, Canada	CAN324	克雷迪特港（加拿大）	Port Credit (Ont.), Canada
CAN177	汉茨波特（加拿大）	Hantsport, Canada	CAN327	达尔胡西港（加拿大）	Prot Dalhousie, Canada
CAN180	格雷斯港（加拿大）	Harbour Grace, Canada	CAN330	霍克斯伯里港（加拿大）	Prot Hawkesbury, Canada
CAN183	哈麦克（加拿大）	Harmac, Canada	CAN333	霍普辛普森港（加拿大）	Port Hope Simpson, Canada
CAN186	哈佛圣皮埃尔（加拿大）	Havre St. Pierre, Canada	CAN336	霍普港（加拿大）	Prot Hope (Ont.), Canada
CAN189	哈茨康滕特（加拿大）	Heart'S Content, Canada	CAN339	梅德韦港（加拿大）	Port Medway, Canada
CAN192	霍利鲁德（加拿大）	Holyrood, Canada	CAN342	穆尔格拉维港（加拿大）	Port Mulgrave, Canada
CAN195	约纳（加拿大）	Iona, Canada	CAN345	威莱尔港（加拿大）	Port Weller (Ont.), Canada
CAN198	艾萨克斯港（加拿大）	Isaac'S Content, Canada			
CAN201	金斯顿（加拿大）	Kingston, Canada	CAN348	鲍威尔（加拿大）	Powell River, Canada
CAN204	基提马特（加拿大）	Kitimat, Canada	CAN351	普雷斯科特（加拿大）	Prescott, Canada
CAN207	拉阿沃（加拿大）	La Have, Canada	CAN354	鲁珀特港（加拿大）	Prince Rupert, Canada
CAN210	利明顿（加拿大）	Leamington, Canada	CAN357	帕格沃希（加拿大）	Pugwash, Canada
CAN213	利斯科姆（加拿大）	Lis Comb, Canada	CAN360	魁北克（加拿大）	Quebec, Canada
CAN216	小窄峡（加拿大）	Little Narrows, Canada	CAN363	里奇巴克托（加拿大）	Richibucto, Canada
CAN219	利物浦（加拿大）	Liverpool, Canada	CAN366	里穆斯基（加拿大）	Rimouski, Canada
CAN222	洛克波特（加拿大）	Lockeport, Canada	CAN369	里维耶尔-迪卢（加拿大）	Riviere Du Loup, Canada
CAN225	洛蒙德（加拿大）	Lomond, Canada			
CAN228	路易斯堡（加拿大）	Louisburg, Canada	CAN372	罗伯茨湾（加拿大）	Roberts Bank, Canada
CAN231	卢嫩堡（加拿大）	Lunenburg, Canada	CAN378	萨尔尼亚（加拿大）	Sarnia, Canada

代码	中文名称	英文名称	代码	中文名称	英文名称
CAN381	苏圣马丽（加拿大）	Sault Ste Marie, Canada	CAN497	斜堡（加拿大）	Cobourg, Canada
CAN384	七岛（塞提尔）（加拿大）	Sept-Iles, Canada	CAN504	波珀斯港（加拿大）	Porpoise Harbour, Canada
			CAN507	布朗斯维尔（加拿大）	Brownsville, Canada
CAN387	谢迪艾克（加拿大）	Shediac, Canada	CAN510	莱塞斯库明（加拿大）	Les Escoumins, Canada
CAN390	希特港（加拿大）	Sheet Harbour, Canada	CAN514	米耳丘陵（加拿大）	Millbank, Canada
CAN393	谢尔本（加拿大）	Shelburne（N. S.）, Canada	CAN517	恰塔姆（加拿大）	Chatham（Ont.）, Canada
			CCK000	科科斯（基林）群岛	Cocos（Keeling）Islands
CAN396	希布洛克（加拿大）	Sherbrooke, Canada	CEU000	休达	Ceuta
CAN399	希普港（加拿大）	Ship Harbour, Canada	CEU003	休达（休达）	Ceuta, Ceuta
CAN402	希皮根（加拿大）	Shippegan, Canada	CHE000	瑞士	Switzerland
CAN405	索雷尔（加拿大）	Sorel, Canada	CHE901	苏黎世（瑞士）	Zurich, Switzerland
CAN408	苏里斯（加拿大）	Souris, Canada	CHE902	洛桑（瑞士）	Lausanne, Switzerland
CAN411	斯普林代尔（加拿大）	Springdale, Canada	CHE903	巴塞尔（瑞士）	Basle, Switzerland
CAN414	斯阔米什（加拿大）	Squamish, Canada	CHL000	智利	Chile
CAN417	圣安德鲁斯（加拿大）	St. Andrews, Canada	CHL003	安库德（智利）	Ancud, Chile
CAN420	圣凯瑟琳斯（加拿大）	St. Catharines, Canada	CHL006	安托法加斯塔（智利）	Antofagasta, Chile
CAN422	圣约翰（加拿大）	St John, Canada	CHL009	阿里卡（智利）	Arica, Chile
CAN423	圣约翰斯（加拿大）	St. John'S, Canada	CHL012	卡博内格罗（智利）	Cabo Negro, Chile
CAN426	圣劳伦斯（加拿大）	St. Lawrence（Nf.）, Canada	CHL015	卡尔德拉（智利）	Caldera, Chile
			CHL018	卡尔德里拉（智利）	Calderilla, Chile
CAN429	斯蒂芬维尔（加拿大）	Stephenville, Canada	CHL024	克拉伦西亚（智利）	Caleta Clarencia, Chile
CAN432	斯图尔特（加拿大）	Stewart, Canada	CHL027	帕蒂略斯（智利）	Caleta Patillos, Chile
CAN435	萨默塞德（加拿大）	Summerside, Canada	CHL030	卡斯特罗（智利）	Castro, Chile
CAN438	悉尼（加拿大）	Sydney, Canada	CHL033	查卡布科（智利）	Chacabuco, Chile
CAN441	塔杜萨克（加拿大）	Tadoussac, Canada	CHL036	查尼亚拉尔（智利）	Chanaral, Chile
CAN444	塔西斯（加拿大）	Tahsis, Canada	CHL039	科金博（智利）	Coquimbo, Chile
CAN447	索罗尔德（加拿大）	Thorold（Ont.）, Canada	CHL042	科罗内尔（智利）	Coronel, Chile
CAN450	三河城（加拿大）	Three Rivers（Trois-Rivieres）, Canada	CHL045	科拉尔（智利）	Corral, Chile
			CHL048	克鲁斯格兰德（智利）	Cruz Grande, Chile
CAN453	桑德贝（加拿大）	Thunder Bay, Canada	CHL051	复活节岛（智利）	Easter Island, Chile
CAN456	多伦多（加拿大）	Toronto, Canada	CHL054	格雷戈里乌（智利）	Gregorio, Chile
CAN459	特威林盖特（加拿大）	Twillingate, Canada	CHL057	瓜亚坎（智利）	Guayacan, Chile
CAN462	瓦利菲尔德（加拿大）	Valleyfield, Canada	CHL060	瓦斯科（智利）	Huasco, Chile
CAN465	温哥华（加拿大）	Vancouver, Canada	CHL063	伊基克（智利）	Iquique, Chile
CAN468	维多利亚（加拿大）	Victoria, Canada	CHL066	拉塞雷纳（智利）	La Serna, Chile
CAN471	瓦巴纳（加拿大）	Wabana, Canada	CHL069	利尔奎（智利）	Lirquen, Chile
CAN474	沃尔顿（加拿大）	Walton, Canada	CHL072	洛塔（智利）	Lota, Chile
CAN477	瓦特逊岛（加拿大）	Watson Island, Canada	CHL075	梅希约内斯（智利）	Mejillones, Chile
CAN478	CAP DE LA MADELEINE（加拿大）	Cap De La Madeleine, Canada	CHL078	彭科（智利）	Penco, Chile
			CHL081	博里奥斯港（智利）	Puerto Bories, Chile
CAN479	CLARKE CITY（加拿大）	Clarke City, Canada	CHL084	蒙特港（智利）	Puerto Montt, Chile
CAN480	威兰（加拿大）	Welland（Ont.）, Canada	CHL087	纳塔莱斯港（智利）	Puerto Natales, Chile
CAN483	韦默思（加拿大）	Weymouth, Canada	CHL090	克永港（智利）	Puerto Quellon, Chile
CAN485	卡提尔港（加拿大）	Port Cartier, Canada	CHL093	奎姆什（智利）	Quemchi, Chile
CAN486	温泽尔（加拿大）	Windsor（Ont.）, Canada	CHL096	蓬塔阿雷纳斯（智利）	Punta Arenas, Chile
CAN489	伍德菲伯（加拿大）	Woodfibre, Canada	CHL099	金特罗（智利）	Quintero, Chile
CAN490	纳尔逊（加拿大）	Nelson, Canada	CHL102	圣安东尼奥（智利）	San Antonio, Chile
CAN491	南纳尔逊（加拿大）	South Nelson, Canada	CHL105	圣维森特（智利）	San Vicente, Chile
CAN492	雅茅思（加拿大）	Yarmouth, Canada	CHL108	塔尔卡瓦诺（智利）	Talcahuano, Chile
CAN494	图克托亚克图克（加拿大）	Tuktoyaktuk, Canada	CHL111	塔尔塔尔（智利）	Taltal, Chile
			CHL114	托科皮亚（智利）	Tocopilla, Chile
CAN495	渥太华（加拿大）	Ottawa, Canada	CHL117	托梅（智利）	Tome, Chile

代码	中文名称	英文名称
CHL120	瓦尔迪维亚（智利）	Valdivia, Chile
CHL123	瓦尔帕莱索（智利）	Valparaiso, Chile
CHL901	圣地亚哥（智利）	Santiago, Chile
CHL902	BARQUJTO（智利）	Barqujto, Chile
CHN000	中国境内	China
CHN030	南通（中国）	Nantong, China
CHN033	泰州（中国）	Taizhou, China
CHN036	扬州（中国）	Yangzhou, China
CHN039	南京（中国）	Nanjing, China
CHN041	镇江（中国）	Zhenjiang, China
CHN042	常州（中国）	Changzhou, China
CHN043	高港（中国）	Gaogang, China
CHN045	江阴（中国）	Jiangyin, China
CHN046	苏州（中国）	Suzhou, China
CHN047	张家港（中国）	Zhangjiagang, China
CHN050	常熟（中国）	Changshu, China
CHN053	太仓（中国）	Taicang, China
CHN056	南京禄口国际机场（中国）	Nanjinglukouguojijichang, China
CHN059	盐城机场（中国）	Yanchengjichang, China
CHN101	丹东（中国）	Dandong, China
CHN113	大连（中国）	Dalian, China
CHN114	大连新港（中国）	Dalianxingang, China
CHN119	营口（中国）	Yingkou, China
CHN122	锦州（中国）	Jinzhou, China
CHN124	葫芦岛（中国）	Huludao, China
CHN126	沈阳桃仙国际机场口岸（中国）	Shenyangtaoxianguojijichang, China
CHN128	大连周水子国际机场（中国）	Dalianzhoushuiziguojijichang, China
CHN130	长春大房身机场（中国）	Changchundafashenjichang, China
CHN132	延吉朝阳川机场（中国）	Yanjichaoyangchuan, China
CHN134	哈尔滨太平国际机场（中国）	Harbintaipingguojijichang, China
CHN136	佳木斯东郊机场（中国）	Jiamusidongjiaojichang, China
CHN138	牡丹江海浪机场（中国）	Mudanjianghailangjichang, China
CHN140	齐齐哈尔三家子机场（中国）	Qiqiharsanjiazijichang, China
CHN151	秦皇岛（中国）	Qinhuangdao, China
CHN153	唐山（中国）	Tangshan, China
CHN154	京唐港（中国）	Jingtanggang, China
CHN156	曹妃甸（中国）	Caofeidian, China
CHN159	石家庄正定机场（中国）	Shijiazhuangzhengdingjichang, China
CHN181	天津（中国）	Tianjin, China
CHN184	天津滨海国际机场（中国）	Tianjinbinhaiguojijichang, China
CHN185	天津新港（中国）	Tianjinxingang, China
CHN188	首都国际机场（中国）	Shouduguojijichang, China
CHN190	太原太武宿机场（中国）	Taiyuantaiwusujichang, China
CHN192	呼和浩特白塔机场（中国）	Hohhotbaitajichang, China
CHN194	海拉尔东山机场（中国）	Hailardongshanjichang, China
CHN213	黄骅（中国）	Huanghua, China
CHN216	东营（中国）	Dongying, China
CHN219	莱州（中国）	Laizhou, China
CHN222	龙口（中国）	Longkou, China
CHN225	蓬莱（中国）	Penglai, China
CHN231	烟台（中国）	Yantai, China
CHN240	威海（中国）	Weihai, China
CHN249	石岛（中国）	Shidao, China
CHN260	黄岛（中国）	Huangdao, China
CHN261	青岛（中国）	Qingdao, China
CHN273	日照（中国）	Rizhao, China
CHN276	岚山（中国）	Lanshan, China
CHN278	济南遥墙机场（中国）	Jinanyaoqiangjichang, China
CHN280	青岛流亭机场（中国）	Qingdaoliutingjichang, China
CHN282	威海机场（中国）	Weihaijichang, China
CHN284	烟台莱山机场（中国）	Yantailaishanjichang, China
CHN286	郑州新郑国际机场（中国）	Zhengzhouxinzhengguojijichang, China
CHN288	洛阳北郊机场（中国）	Luoyangbeijiaojichang, China
CHN290	武汉天河机场（中国）	Wuhantianhejichang, China
CHN292	宜昌三峡机场（中国）	Yichangsanxiajichang, China
CHN294	长沙黄花国际机场（中国）	Changshahuanghuaguojijichang, China
CHN296	张家界荷花机场（中国）	Zhangjiajiehehuajichang, China
CHN301	连云港（中国）	Lianyungang, China
CHN331	上海（中国）	Shanghai, China
CHN333	宝山马头（中国）	Baoshanmatou, China
CHN336	外高桥（中国）	Waigaoqiao, China
CHN339	吴淞（中国）	Wusong, China
CHN340	上海浦东国际机场（中国）	Shanghaipudongguojijichang, China
CHN341	上海虹桥国际机场（中国）	Shanghaihongqiaoguojijichang, China
CHN342	洋山（中国）	Yangshan, China
CHN345	嘉兴（中国）	Jiaxing, China
CHN351	乍浦（中国）	Zhapu, China
CHN358	镇海港（中国）	Zhenhaigang, China
CHN359	梅山港（中国）	Meishangang, China
CHN360	宁波（中国）	Ningbo, China
CHN361	北仑港（中国）	Beilungang, China
CHN362	大榭港（中国）	Daxiegang, China
CHN363	穿山港（中国）	Chuanshangang, China
CHN364	宁海港（中国）	Ninghaigang, China

代码	中文名称	英文名称	代码	中文名称	英文名称
CHN365	象山港（中国）	Xiangshangang, China	CHN764	江门（中国）	Jiangmen, China
CHN366	舟山（中国）	Zhoushan, China	CHN767	北津（中国）	Beijin, China
CHN367	普陀港（中国）	Putuogang, China	CHN768	广海（中国）	Guanghai, China
CHN450	台州（中国）	Taizhou, China	CHN770	斗门（中国）	Doumen, China
CHN453	海门（中国）	Haimen, China	CHN785	湛江（中国）	Zhanjiang, China
CHN456	温岭港（中国）	Wenlinggang, China	CHN793	广州白云国际机场（中国）	Guangzhoubaiyunguojijichang, China
CHN483	温州（中国）	Wenzhou, China	CHN795	梅州机场（中国）	Meizhoujichang, China
CHN566	杭州萧山国际机场（中国）	Hangzhouxiaoshanguojijichang, China	CHN797	汕头机场（中国）	Shantoujichang, China
CHN568	合肥骆岗机场（中国）	Hefeiluogangjichang, China	CHN799	深圳宝安国际机场（中国）	Shenzhenbaoanguojijichang, China
CHN570	黄山屯溪机场（中国）	Huangshantunxijichang, China	CHN801	湛江机场（中国）	Zhanjiangjichang, China
CHN572	宁德（中国）	Ningde, China	CHN851	北海（中国）	Beihai, China
CHN575	城澳（中国）	Cheng' Ao, China	CHN866	石头埠（中国）	Shitoubu, China
CHN578	福州（中国）	Fuzhou, China	CHN867	钦州（中国）	Qinzhou, China
CHN579	马尾（中国）	Mawei, China	CHN875	企沙（中国）	Qisha, China
CHN582	松下（中国）	Songxia, China	CHN878	防城港（中国）	Fangchenggang, China
CHN585	莆田（中国）	Putian, China	CHN881	江山（中国）	Jiangshan, China
CHN611	秀屿（中国）	Xiuyu, China	CHN883	南宁吴圩机场（中国）	Nanningwuxujichang, China
CHN638	泉州（中国）	Quanzhou, China	CHN885	北海福成机场（中国）	Beihaifuchengjichang, China
CHN674	厦门（中国）	Xiamen, China	CHN887	桂林两江国际机场（中国）	Guilinliangjiangguojijichang, China
CHN677	漳州（中国）	Zhangzhou, China	CHN901	海口（中国）	Haikou, China
CHN679	福州长乐国际机场（中国）	Fuzhouchangleguojijichang, China	CHN904	海口新港（中国）	Haikouxingang, China
CHN681	武夷山机场（中国）	Wuyishan, China	CHN913	清澜（中国）	Qinglan, China
CHN683	厦门高崎国际机场（中国）	Xiamengaoqiguojijichang, China	CHN919	三亚（中国）	Sanya, China
CHN685	南昌昌北机场（中国）	Nanchangchangbeijichang, China	CHN920	榆林（中国）	Yulin, China
CHN686	东山（中国）	Dongshan, China	CHN922	八所（中国）	Basuo, China
CHN704	潮州（中国）	Chaozhou, China	CHN925	洋浦（中国）	Yangpu, China
CHN710	汕头（中国）	Shantou, China	CHN928	海口美兰机场（中国）	Haikoumeilanjichang, China
CHN713	广澳（中国）	Guang' Ao, China	CHN931	三亚凤凰机场（中国）	Sanyafenghuangjichang, China
CHN716	潮阳（中国）	Chaoyang, China	CHN934	重庆江北国际机场（中国）	Chongqingjiangbeiguojijichang, China
CHN725	汕尾（中国）	Shanwei, China	CHN937	成都双流国际机场（中国）	Chengdushuangliuguojijichang, China
CHN728	惠州（中国）	Huizhou, China	CHN940	贵阳龙洞堡机场（中国）	Guiyanglongdongbaojichang, China
CHN731	深圳（中国）	Shenzhen, China	CHN943	昆明巫家坝国际机场（中国）	Kunmingwujiabaguojijichang, China
CHN734	东角头（中国）	Dongjiaotou, China	CHN946	西双版纳嘎洒机场（中国）	Xishuangbannagasajichang, China
CHN737	盐田（中国）	Yantian, China	CHN949	拉萨贡嘎机场（中国）	Lhasagonggajichang, China
CHN740	蛇口（中国）	Shekou, China	CHN952	西安咸阳国际机场（中国）	Xianxianyangguojijichang, China
CHN743	赤湾（中国）	Chiwan, China	CHN955	兰州中川机场（中国）	Lanzhouzhongchuanjichang, China
CHN746	妈湾（中国）	Mawan, China	CHN958	西宁曹家堡机场（中国）	Xiningcaojiabaojichang, China
CHN748	东莞（中国）	Dongguan, China	CHN961	银川河东机场（中国）	Yinchuanhedongjichang, China
CHN750	黄埔（中国）	Huangpu, China	CHN964	乌鲁木齐地窝堡国际机场（中国）	Urumqidiwobaoguojijichang, China
CHN751	虎门（中国）	Humen, China			
CHN752	广州（中国）	Guangzhou, China			
CHN753	阳江（中国）	Yangjiang, China			
CHN754	南沙（中国）	Nansha, China			
CHN755	茂名（中国）	Maoming, China			
CHN756	珠海（中国）	Zuhai, China			
CHN758	中山（中国）	Zhongshan, China			
CHN761	九州（中国）	Jiuzhou, China			

代码	中文名称	英文名称	代码	中文名称	英文名称
CHN967	喀什机场（中国）	Kashijichang, China	CPV000	佛得角	Cape Verde
CIV000	科特迪瓦	Cote D'Ivoire	CPV002	明德卢（佛得角）	Mindelo, Cape Verde
CIV003	阿比让（科特迪瓦）	Abidjan, Cote d'Ivoire	CPV003	帕尔梅拉（佛得角）	Palmeira, Cape Verde
CIV006	阿西尼（科特迪瓦）	Assinie, Cote d'Ivoire	CPV006	格兰德港（佛得角）	Porto Grande, Cape Verde
CIV009	弗雷斯科（科特迪瓦）	Fresco, Cote d'Ivoire	CPV009	普拉亚（佛得角）	Praia, Cape Verde
CIV012	大巴萨姆（科特迪瓦）	Grand Bassam, Cote d'Ivoire	CRI000	哥斯达黎加	Costa Rica
CIV014	达布（科特迪瓦）	Dabou, Cote d'Ivoire	CRI003	卡尔德拉（哥斯达黎加）	Caldera, Costa Rica
CIV015	圣佩德罗（科特迪瓦）	San-Pedro, Cote d'Ivoire	CRI006	戈尔菲托（哥斯达黎加）	Golfito, Costa Rica
CIV018	萨桑德拉（科特迪瓦）	Sassandra, Cote d'Ivoire	CRI009	利蒙港（哥斯达黎加）	Puerto Limon, Costa Rica
CIV021	塔布（科特迪瓦）	Tabou, Cote d'Ivoire	CRI012	彭塔雷纳斯（哥斯达黎加）	Puntarenas, Costa Rica
CIV022	布埃港（科特迪瓦）	Port Bouet, Cote d'Ivoire	CRI015	克波斯（哥斯达黎加）	Quepos, Costa Rica
CMR000	喀麦隆	Cameroon	CUB000	古巴	Cuba
CMR003	杜阿拉（喀麦隆）	Douala, Cameroon	CUB003	安蒂亚（古巴）	Antilla, Cuba
CMR006	克里比（喀麦隆）	Kribi, Cameroon	CUB006	翁达港（古巴）	Bahia Honda, Cuba
CMR009	提科（喀麦隆）	Tiko, Cameroon	CUB009	巴内斯（古巴）	Banes, Cuba
CMR012	维多利亚（喀麦隆）	Victoria, Cameroon	CUB012	巴拉科阿（古巴）	Baracoa, Cuba
CMR015	雅温得（喀麦隆）	Yaounde, Cameroon	CUB015	博卡格兰德（古巴）	Boca Grande, Cuba
COD000	刚果（金）	Congo-Kinshasa	CUB018	博克龙（古巴）	Boqueron, Cuba
COD003	巴纳纳［刚果（金）］	Banana, Congo-Kinshasa	CUB021	卡瓦尼亚斯（古巴）	Cabanas, Cuba
COD006	博马［刚果（金）］	Boma, Congo-Kinshasa	CUB024	凯巴连（古巴）	Caibarien, Cuba
COD009	马塔迪［刚果（金）］	Matadi, Congo-Kinshasa	CUB027	凯马勒那（古巴）	Caimanera, Cuba
COD901	金沙萨［刚果（金）］	Kinshasa, Congo-Kinshasa	CUB029	萨瓜塔那摩（古巴）	Sagua De Tanamo, Cuba
COG000	刚果（布）	Congo-Brazzaville	CUB030	卡德纳斯（古巴）	Cardenas, Cuba
COG003	哲诺油码头［刚果（布）］	Djeno Terminal, Congo-Brazzaville	CUB033	卡西尔达（古巴）	Casilda, Cuba
COG006	黑角［刚果（布）］	Pointe Noire, Congo-Brazzaville	CUB036	塞巴胡埃萨（古巴）	Ceiba Hueca, Cuba
			CUB039	西恩富戈斯（古巴）	Cienfuegos, Cuba
COK000	库克群岛	Cook Islands	CUB042	费尔顿（古巴）	Felton, Cuba
COK003	阿鲁通加（库克群岛）	Arutunga, Cook Islands	CUB045	瓜亚瓦尔（古巴）	Guayabal, Cuba
COK005	阿瓦鲁阿（库克群岛）	Avarua, Cook Islands	CUB048	哈瓦那（古巴）	La Habana, Cuba
COK006	拉罗通加岛（库克群岛）	Rarotonga, Cook Islands	CUB051	伊萨贝拉（古巴）	Isabela, Cuba
COL000	哥伦比亚	Colombia	CUB054	胡卡罗（古巴）	Jucaro, Cuba
COL003	巴兰基利亚（哥伦比亚）	Barranquilla, Colombia	CUB057	马纳蒂（古巴）	Manati, Cuba
COL006	布韦那文图拉（哥伦比亚）	Buenaventura, Colombia	CUB060	马诺普拉（古巴）	Manopla, Cuba
			CUB063	曼萨尼略（古巴）	Manzanillo, Cuba
COL009	卡塔赫纳（哥伦比亚）	Cartagena, Colombia	CUB066	马里埃尔（古巴）	Mariel, Cuba
COL012	科韦尼亚斯（哥伦比亚）	Pozos Colorados, Colombia	CUB069	马坦萨斯（古巴）	Matanzas, Cuba
COL015	波佐科罗拉多斯（哥伦比亚）	Puerto Colombia, Colombia	CUB072	梅迪亚卢纳（古巴）	Media Luna, Cuba
			CUB075	莫阿（古巴）	Moa, Cuba
COL018	哥伦比亚港（哥伦比亚）	Rio Hacha, Colombia	CUB078	尼卡罗（古巴）	Nicaro, Cuba
COL023	卡雷尼奥港（哥伦比亚）	Puerto Carreno, Colombia	CUB081	尼克罗（古巴）	Niquero, Cuba
COL024	圣玛尔塔（哥伦比亚）	Santa Marta, Colombia	CUB084	新赫罗纳（古巴）	Nueva Gerona, Cuba
COL027	图马科（哥伦比亚）	Tumaco, Colombia	CUB087	努埃维塔斯（古巴）	Nuevitas, Cuba
COL030	图尔博（哥伦比亚）	Turbo, Colombia	CUB090	帕洛阿尔托（古巴）	Palo Alto, Cuba
COL031	科维纳斯（哥伦比亚）	Covenas, Colombia	CUB093	帕斯特利洛（古巴）	Pastelillo, Cuba
COM000	科摩罗	Comoros	CUB096	皮隆（古巴）	Pilon, Cuba
COM001	昂儒昂岛（科摩罗）	Anjouan Island, Comoros	CUB099	普雷斯顿（古巴）	Preston, Cuba
COM002	莫埃利岛（科摩罗）	Moheli Island, Comoros	CUB102	帕德雷港（古巴）	Puerto Padre, Cuba
COM003	藻德济（科摩罗）	Dzaoudzi, Comoros	CUB105	塔拉法港（古巴）	Puerto Tarafa, Cuba
COM006	丰博尼（科摩罗）	Fomboni, Comoros	CUB108	大萨瓜（古巴）	Saguala Grande, Cuba
COM009	莫罗尼（科摩罗）	Moroni, Comoros	CUB111	南圣克鲁斯（古巴）	Santa Cruz Del Sur, Cuba
COM012	穆察穆杜（科摩罗）	Mutsamudu, Comoros	CUB114	圣卡西亚（古巴）	Santa Lucia, Cuba

代码	中文名称	英文名称	代码	中文名称	英文名称
CUB117	圣地亚哥（古巴）	Santiago De Cuba, Cuba	DEU072	胡苏姆（德国）	Husum, Germany
CUB120	塔纳莫（古巴）	Tanamo, Cuba	DEU075	伊策霍（德国）	Itzehoe, Germany
CUB123	图纳斯德萨萨（古巴）	Tunas De Zaza, Cuba	DEU078	卡珀尔恩（德国）	Kappeln, Germany
CUB126	维塔（古巴）	Vita, Cuba	DEU081	基尔（德国）	Kiel, Germany
CUB127	DESEO（古巴）	Deseo, Cuba	DEU084	克雷菲尔德（德国）	Krefeld, Germany
CUW000	库腊索岛	Curacao	DEU087	拉伯（德国）	Labo, Germany
CUW003	圣米歇尔湾（库腊索岛）	St. Michiel' Bay, Curacao	DEU090	累尔（德国）	Leer, Germany
CXR000	圣诞岛	Christmas Island	DEU093	吕贝克（德国）	Lubeck, Germany
CYM000	开曼群岛	Cayman Islands	DEU096	路德维希港（德国）	Ludwigshafen, Germany
CYM003	乔治敦（开曼群岛）	Georgetown, Cayman Islands	DEU099	美因茨（德国）	Mainz, Germany
CYP000	塞浦路斯	Cyprus	DEU102	曼海姆（德国）	Mannheim, Germany
CYP003	阿克罗蒂里（塞浦路斯）	Akortiri, Cyprus	DEU105	诺伊豪斯（德国）	Neuhaus, Germany
CYP006	泽凯利亚（塞浦路斯）	Dikhelia, Cyprus	DEU108	诺伊斯（德国）	Neuss, Germany
CYP009	法马古斯塔（塞浦路斯）	Famagusta, Cyprus	DEU111	诺伊施塔特（德国）	Neustadt, Germany
CYP010	吉兰丹（塞浦路斯）	Kelantan, Cyprus	DEU114	诺登哈姆（德国）	Nordenham, Germany
CYP012	卡拉沃斯塔西（塞浦路斯）	Karavostassi, Cyprus	DEU116	奥尔登堡（德国）	Oldenburg, Germany
			DEU117	奥尔特（德国）	Orth, Germany
CYP015	凯里尼亚（塞浦路斯）	Kyrenia, Cyprus	DEU120	帕彭堡（德国）	Papenhurg, Germany
CYP018	拉纳卡（塞浦路斯）	Larnaca, Cyprus	DEU123	伦茨堡（德国）	Rendsburg, Germany
CYP021	腊基（塞浦路斯）	Latchi, Cyprus	DEU126	罗斯托克（德国）	Rostock, Germany
CYP024	利马索尔（塞浦路斯）	Limassol, Cyprus	DEU129	许劳（德国）	Schulau, Germany
CYP027	莫尼安克雷奇（塞浦路斯）	Moni Anchorage, Cyprus	DEU132	施瓦苓郝廷（德国）	Schwarzenhutten, Germany
			DEU135	施塔德（德国）	Stade, Germany
CYP028	尼科西亚（塞浦路斯）	Nicosia, Cyprus	DEU138	施塔德桑德（德国）	Stadersand, Germany
CYP030	莫尔富湾（塞浦路斯）	Morphou Bay, Cyprus	DEU141	斯特拉尔松（德国）	Stralsund, Germany
CYP033	帕福斯（塞浦路斯）	Paphos, Cyprus	DEU144	滕宁（德国）	Tonning, Germany
CYP036	瓦西利科湾（塞浦路斯）	Vassiliko Bay, Cyprus	DEU147	特罗弗明德（德国）	Travemunde, Germany
CZE000	捷克	Czech Republic	DEU150	弗格萨克（德国）	Vegesack, Germany
DEU000	德国	Germany	DEU153	瓦尔内明德（德国）	Warnemunde, Germany
DEU003	阿尔托纳（德国）	Altona, Germany	DEU156	威廉斯堡（德国）	Wilhelmsburg, Germany
DEU006	布莱克森（德国）	Blexen, Germany	DEU159	威廉港（德国）	Wilhelmshaven, Germany
DEU009	波恩（德国）	Bonn, Germany	DEU162	维斯马（德国）	Wismar, Germany
DEU012	布腊克（德国）	Brake, Germany	DEU901	柏林（德国）	Berlin, Germany
DEU015	不来梅（德国）	Bremen, Germany	DEU904	慕尼黑（德国）	Munich, Germany
DEU018	不来梅港（德国）	Bremerhaven, Germany	DJI000	吉布提	Djibouti
DEU021	布伦斯比特尔（德国）	Brunsbuttel, Germany	DJI003	吉布提（吉布提）	Djibouti, Djibouti
DEU024	比瑟姆（德国）	Brunsbuttel, Germany	DJI004	奥博克（吉布提）	Obock, Djibouti
DEU027	比茨费莱特（德国）	Butzfleth, Germany	DJI005	塔朱拉（吉布提）	Tadjoura, Djibouti
DEU030	科布伦茨（德国）	Coblenz, Germany	DMA000	多米尼克	Dominica
DEU033	科隆（德国）	Koln (Cologne), Germany	DMA003	朴次茅斯（多米尼克）	Portsmouth, Dominica
DEU036	库克斯港（德国）	Cuxhaven, Germany	DMA006	罗索（多米尼克）	Roseau, Dominica
DEU039	杜伊斯堡（德国）	Duisburg, Germany	DMA009	DOMINICA（多米尼克）	Dominica, Dominica
DEU042	杜塞尔多夫（德国）	Dusseldorf, Germany	DNK000	丹麦	Denmark
DEU045	埃肯弗尔德（德国）	Eckernforde, Germany	DNK003	奥本罗（丹麦）	Aabenraa, Denmark
DEU048	埃尔斯费莱特（德国）	Elsfeth, Germany	DNK006	奥尔堡（丹麦）	Aalborg, Denmark
DEU051	埃姆登（德国）	Emden, Germany	DNK009	奥胡斯（丹麦）	Arhus, Denmark
DEU054	弗伦斯堡（德国）	Flensburg, Germany	DNK012	埃勒斯克平（丹麦）	Aeroskobing, Denmark
DEU057	法兰克福（德国）	Frankfurt, Germany	DNK015	阿灵厄（丹麦）	Allinge, Denmark
DEU060	格吕克施塔特（德国）	Gluckstadt, Germany	DNK018	阿森斯（丹麦）	Assens, Denmark
DEU063	汉堡（德国）	Hamburg, Germany	DNK019	阿斯尼斯（丹麦）	Asnaes, Denmark
DEU066	海利根港（德国）	Heiligenhafen, Germany	DNK021	班霍尔姆（丹麦）	Bandholm, Denmark
DEU069	霍尔特瑙（德国）	Holtenau, Germany	DNK024	博恩瑟（丹麦）	Bogense, Denmark

代码	中文名称	英文名称
DNK027	哥本哈根（丹麦）	Kobenhavn（Copenhagen），Denmark
DNK030	埃伯尔措夫特（丹麦）	Ebeltoft, Denmark
DNK033	埃尔西诺（丹麦）	Elsinore, Denmark
DNK036	埃斯比约（丹麦）	Esbjerg, Denmark
DNK039	福堡（丹麦）	Faaborg, Denmark
DNK041	恩舍尔兹维克（丹麦）	Ornskoldsvik, Denmark
DNK042	法克瑟莱泽普拉斯（丹麦）	Fakse Ladeplads, Denmark
DNK045	腓特烈西亚（丹麦）	Fredericia, Denmark
DNK048	腓特烈港（丹麦）	Frederikshavn, Denmark
DNK051	腓特烈松（丹麦）	Frederikssund, Denmark
DNK054	腓特烈斯韦克（丹麦）	Frederiksvark, Denmark
DNK057	格罗斯滕（丹麦）	Grasten, Denmark
DNK060	格雷诺（丹麦）	Grenaa, Denmark
DNK063	基尔夫港（丹麦）	Gulfhavn, Denmark
DNK064	吉尔夫哈文（丹麦）	Stignaes, Denmark
DNK065	哈梅哈夫楠（丹麦）	Hammerhaven, Denmark
DNK066	哈泽斯莱乌（丹麦）	Haderslev, Denmark
DNK069	海松（丹麦）	Hadsund, Denmark
DNK072	海斯勒（丹麦）	Hasle, Denmark
DNK074	沃斯托克岛（丹麦）	Vostok I., Denmark
DNK075	希茨海尔斯（丹麦）	Hirtshals, Denmark
DNK076	谢累夫斯科尔（丹麦）	Orviken, Denmark
DNK078	霍布罗（丹麦）	Hobro, Denmark
DNK081	霍尔拜克（丹麦）	Holbaek, Denmark
DNK084	霍森斯（丹麦）	Horsens, Denmark
DNK086	赫尔辛格（丹麦）	Helsingor, Denmark
DNK087	凯隆堡（丹麦）	Kalundborg, Denmark
DNK090	卡勒拜克斯明讷（丹麦）	Karrebaeksminde, Denmark
DNK093	凯特明讷（丹麦）	Kerteminde, Denmark
DNK096	克厄（丹麦）	Koge, Denmark
DNK097	克拉克斯维克（丹麦）	Klakksvik, Denmark
DNK099	科灵（丹麦）	Kolding, Denmark
DNK102	科瑟（丹麦）	Korsor, Denmark
DNK105	金比（丹麦）	Kyndby, Denmark
DNK108	莱姆维（丹麦）	Lemvig, Denmark
DNK111	林斯奥得（丹麦）	Lyngs Odde, Denmark
DNK114	玛丽艾厄（丹麦）	Mariager, Denmark
DNK116	马斯内多韦尔凯特港（丹麦）	Masnedowvaerket Harb, Denmark
DNK117	马斯塔尔（丹麦）	Marstal, Denmark
DNK120	马斯讷松（丹麦）	Masnedsund, Denmark
DNK123	米泽尔法特（丹麦）	Middelfart, Denmark
DNK126	奈斯特韦兹（丹麦）	Naestved, Denmark
DNK129	纳克斯考（丹麦）	Nakskov, Denmark
DNK131	讷克塞（丹麦）	Nexo, Denmark
DNK132	内克瑟（丹麦）	Nekso, Denmark
DNK135	诺勒松比（丹麦）	Norresundby, Denmark
DNK138	尼堡（丹麦）	Nyborg, Denmark
DNK141	尼克宾（Fal.）（丹麦）	Nykobing（Fal.），Denmark
DNK144	尼克宾（Mors）（丹麦）	Nykobing（Mors），Denmark

代码	中文名称	英文名称
DNK147	尼克宾（Sja.）（丹麦）	Nykobing（Sja.），Denmark
DNK150	欧登塞（丹麦）	Odense, Denmark
DNK153	奥勒霍兹（丹麦）	Orehoved, Denmark
DNK156	兰讷斯（丹麦）	Randers, Denmark
DNK159	勒兹比港（丹麦）	Rodbyhavn, Denmark
DNK162	勒兹维（丹麦）	Rodvig, Denmark
DNK165	伦讷（丹麦）	Ronne, Denmark
DNK168	鲁兹克宾（丹麦）	Rudkobing, Denmark
DNK170	朴次茅斯（丹麦）	Portsmouth, Denmark
DNK171	萨克斯克宾（丹麦）	Sakskobing, Denmark
DNK174	斯凯尔克（丹麦）	Skaelskor, Denmark
DNK177	斯凯拜克（丹麦）	Skaerbaek, Denmark
DNK180	斯卡恩（丹麦）	Skagen, Denmark
DNK183	斯基沃（丹麦）	Skive, Denmark
DNK186	桑讷堡（丹麦）	Sonderborg, Denmark
DNK188	斯凯尔斯科尔（丹麦）	Skelskor, Denmark
DNK189	斯泰厄（丹麦）	Stege, Denmark
DNK195	斯楚厄（丹麦）	Struer, Denmark
DNK198	斯图伯克宾（丹麦）	Stubbekobing, Denmark
DNK201	斯图德斯特鲁普（丹麦）	Studstrup, Denmark
DNK204	斯瓦讷克（丹麦）	Svaneke, Denmark
DNK207	斯文堡（丹麦）	Svendborg, Denmark
DNK209	特沃罗伊尔（丹麦）	Tvoroyri, Denmark
DNK210	提斯特德（丹麦）	Tisted, Denmark
DNK213	图堡港（丹麦）	Tuborg Havn, Denmark
DNK214	吐伯堡（丹麦）	Ruborg Havn, Denmark
DNK215	托尔斯港（丹麦）	Thorshavn, Denmark
DNK216	瓦埃勒（丹麦）	Vejle, Denmark
DNK218	瓦古尔（丹麦）	Vagur, Denmark
DNK219	沃尔丁堡（丹麦）	Vordingborg, Denmark
DNK220	韦斯特马纳（丹麦）	Vestmanhavn, Denmark
DNK221	ROSBYHAVN（丹麦）	Rosbyhavn, Denmark
DOM000	多米尼加共和国	Dominican Republic
DOM003	阿苏阿（多米尼加共和国）	Azua, Dominican Republic
DOM006	巴拉奥纳（多米尼加共和国）	Barahona, Dominican Republic
DOM009	博卡奇卡（多米尼加共和国）	Boca Chica, Dominican Republic
DOM012	卡沃罗霍（多米尼加共和国）	Cabo Rojo, Dominican Republic
DOM015	拉罗马纳（多米尼加共和国）	La Romana, Dominican Republic
DOM018	曼萨尼约（多米尼加共和国）	Manzanillo, Dominican Republic
DOM021	帕伦克（多米尼加共和国）	Palenque, Dominican Republic
DOM024	普拉塔港（多米尼加共和国）	Puerto Plata, Dominican Republic
DOM027	海纳（多米尼加共和国）	Rio Haina, Dominican Republic

代码	中文名称	英文名称
DOM030	萨马纳（多米尼加共和国）	Samana, Dominican Republic
DOM033	圣佩得罗德马科里斯（多米尼加共和国）	San Pedro De Macoris, Dominican Republic
DOM036	桑切斯（多米尼加共和国）	Sanchez, Dominican Republic
DOM039	圣多明各（多米尼加共和国）	Santo Domingo, Dominican Republic
DZA000	阿尔及利亚	Algeria
DZA002	阿尔及尔（阿尔及利亚）	Alger (Algiers), Algeria
DZA003	安纳巴（阿尔及利亚）	Annaba, Algeria
DZA006	阿尔泽（阿尔及利亚）	Arzew, Algeria
DZA009	贝贾亚（阿尔及利亚）	Bejaia, Algeria
DZA012	贝尼萨夫（阿尔及利亚）	Benisaf, Algeria
DZA013	布赖拉港（阿尔及利亚）	Port Breira, Algeria
DZA014	圭敦港（阿尔及利亚）	Port Gueydon, Algeria
DZA015	舍尔沙勒（阿尔及利亚）	Cherchell, Algeria
DZA016	凯拉赫港（阿尔及利亚）	Port Kelah, Algeria
DZA017	奈穆尔（阿尔及利亚）	Nemouys, Algeria
DZA018	塞港（阿尔及利亚）	Port Say, Algeria
DZA019	科洛（阿尔及利亚）	Collo, Algeria
DZA021	代利斯（阿尔及利亚）	Dellys, Algeria
DZA024	贾扎伊尔（阿尔及利亚）	El Djazair, Algeria
DZA027	加扎韦特（阿尔及利亚）	Ghazawet, Algeria
DZA030	吉杰勒（阿尔及利亚）	Djidjelli (Jijel), Algeria
DZA033	莫斯塔加内姆（阿尔及利亚）	Mestghanem, Algeria
DZA035	奥兰（阿尔及利亚）	Oran, Algeria
DZA036	斯基克达（阿尔及利亚）	Skikda, Algeria
DZA039	提奈斯（阿尔及利亚）	Tenes, Algeria
DZA042	瓦赫兰（阿尔及利亚）	Wahran, Algeria
ECU000	厄瓜多尔	Ecuador
ECU003	卡拉克斯湾（厄瓜多尔）	Bahia De Caraquez, Ecuador
ECU006	巴诺特米拉尔（厄瓜多尔）	Balao Terminal, Ecuador
ECU009	埃斯梅拉达斯（厄瓜多尔）	Esmeraldas, Ecuador
ECU012	瓜亚基尔（厄瓜多尔）	Guayaquil, Ecuador
ECU015	拉利伯塔德（厄瓜多尔）	La Libertad, Ecuador
ECU018	曼塔（厄瓜多尔）	Manta, Ecuador
ECU021	玻利瓦尔港（厄瓜多尔）	Puerto Bolivar, Ecuador
ECU024	萨利纳斯（厄瓜多尔）	Salinas, Ecuador
ECU027	圣洛伦索（厄瓜多尔）	San Lorenzo, Ecuador
EGY000	埃及	Egypt
EGY003	阿布宰尼迈（埃及）	Abu Zenimah, Egypt
EGY006	阿代比耶（埃及）	Adabiya, Egypt
EGY009	艾因苏赫纳（埃及）	Ain Sukhna, Egypt
EGY012	亚历山大（埃及）	El Iskandariya, Egypt
EGY015	达米埃塔（埃及）	Damietta, Egypt
EGY018	库赛尔（埃及）	Kosseir, Egypt
EGY021	哈姆拉港（埃及）	Mersa El Hamra, Egypt
EGY024	马特鲁港（埃及）	Mersa Matruh, Egypt
EGY027	易卜拉欣港（埃及）	Port Ibrahim, Egypt
EGY030	塞得港（埃及）	Port Said, Egypt
EGY033	陶菲克港（埃及）	Port Tewfik, Egypt
EGY036	拉斯加里卜（埃及）	Ras Gharib, Egypt
EGY039	喇斯舒海尔（埃及）	Ras Shukheir, Egypt
EGY042	塞法杰（埃及）	Safaga, Egypt
EGY045	塞卢姆（埃及）	Salum, Egypt
EGY048	西迪基里尔（埃及）	Sidi Kerir, Egypt
EGY051	苏伊士（埃及）	El Suweis, Egypt
EGY054	瓦迪费兰（埃及）	Wadi Feiran, Egypt
EGY055	伊斯梅利亚（埃及）	Ismailia, Egypt
EGY901	开罗（埃及）	Cairo, Egypt
ERI000	厄立特里亚	Eritrea
ERI003	阿萨布（厄立特里亚）	Assab, Eritrea
ERI006	马萨瓦（厄立特里亚）	Massawa (Mitsiwa), Eritrea
ESH000	西撒哈拉	Western Sahara
ESH003	达赫拉（西撒哈拉）	Ad Dakhla, Western Sahara
ESH006	欧云（阿龙恩）（西撒哈拉）	Laayoune (El Aaiun), Western Sahara
ESH007	锡兹内罗斯城（西撒哈拉）	Villa Cisneros, Western Sahara
ESP000	西班牙	Spain
ESP003	阿德拉（西班牙）	Adra, Spain
ESP006	阿吉拉斯（西班牙）	Aguilas, Spain
ESP009	阿尔库迪亚（西班牙）	Alcudia, Spain
ESP012	阿尔赫西拉斯（西班牙）	Algeciras, Spain
ESP015	阿利坎特（西班牙）	Alicante, Spain
ESP018	阿尔梅里亚（西班牙）	Almeria, Spain
ESP020	阿雷西费（西班牙）	Arrecife Da Lanzarote, Spain
ESP021	阿维莱斯（西班牙）	Aviles, Spain
ESP024	巴塞罗那（西班牙）	Barcelona, Spain
ESP027	毕尔巴鄂（西班牙）	Bilbao, Spain
ESP030	布拉内斯（西班牙）	Blanes, Spain
ESP033	布雷拉（西班牙）	Burela, Spain
ESP036	布里亚纳（西班牙）	Burriana, Spain
ESP039	加的斯（西班牙）	Cadiz, Spain
ESP042	菲力斯特里（西班牙）	Cape Finistrerre, Spain
ESP045	卡塔赫纳（西班牙）	Cartagena, Spain
ESP047	休达（西班牙）	Ceuta, Spain
ESP048	卡斯特利翁（西班牙）	Castellon, Spain
ESP051	乌迪亚莱斯堡（西班牙）	Castro Urdiales, Spain
ESP054	锡列罗（西班牙）	Cillero, Spain
ESP057	科尔库维翁（西班牙）	Corcubion, Spain
ESP060	科伦纳（西班牙）	Corunna, Spain
ESP063	德尼亚（西班牙）	Denia, Spain
ESP066	埃斯孔布雷阿斯（西班牙）	Escombreras Harbour, Spain
ESP069	费罗尔（西班牙）	Ferrol, Spain
ESP072	刚迪亚（西班牙）	Gandia, Spain
ESP075	加鲁查（西班牙）	Garrucha, Spain
ESP078	希洪（西班牙）	Gijon, Spain
ESP079	拉科鲁尼亚（西班牙）	La Coruna, Spain

代码	中文名称	英文名称	代码	中文名称	英文名称
ESP080	拉斯帕尔马斯（西班牙）	Las Palmas, Spain	EST003	纳尔瓦约埃苏（爱沙尼亚）	Narva Joesuu, Estonia
ESP081	韦尔瓦（西班牙）	Huelva, Spain			
ESP084	伊维萨（西班牙）	Ibiza, Spain	EST006	派尔努/皮亚尔努（爱沙尼亚）	Parnu, Estonia
ESP087	哈韦阿（西班牙）	Javea, Spain			
ESP090	拉卡莱拉（西班牙）	La Calera, Spain	EST009	塔林（爱沙尼亚）	Tallinn, Estonia
ESP093	卢阿尔卡（西班牙）	Luarca, Spain	ETH000	埃塞俄比亚	Ethiopia
ESP096	马翁（西班牙）	Mahon, Spain	ETH003	阿萨布（埃塞俄比亚）	Assab, Ethiopia
ESP099	马拉加（西班牙）	Malaga, Spain	ETH005	蒂奥（埃塞俄比亚）	Thio, Ethiopia
ESP100	梅利利亚（西班牙）	Melilla, Spain	ETH006	马萨瓦（埃塞俄比亚）	Massawa, Ethiopia
ESP102	马林（西班牙）	Marin, Spain	FIN000	芬兰	Finland
ESP105	马萨龙（西班牙）	Mazarron, Spain	FIN003	巴罗生特（芬兰）	Barosund, Finland
ESP108	莫特里尔（西班牙）	Motril, Spain	FIN006	代格比（芬兰）	Degerby, Finland
ESP111	穆罗斯（西班牙）	Muros, Spain	FIN009	哈米纳（芬兰）	Hamina (Fredrikshamn), Finland
ESP114	帕拉莫斯（西班牙）	Palamos, Spain			
ESP117	帕尔马（西班牙）	Palma Da Mallorca, Spain	FIN012	汉科（芬兰）	Hanko (Hanko), Finland
ESP120	帕萨赫斯（西班牙）	Pasajes, Spain	FIN013	卡斯基嫩（芬兰）	Kasko, Finland
ESP123	波图加莱特（西班牙）	Portugalete, Spain	FIN014	贾科布斯塔德（芬兰）	Jakobstad, Finland
ESP126	萨尔塔卡瓦略（西班牙）	Punta Saltacabllo, Spain	FIN015	赫尔辛基（芬兰）	Helsinki (Helsingfors), Finland
ESP129	里瓦德奥（西班牙）	Ribadeo, Spain			
ESP132	里瓦德塞利亚（西班牙）	Ribadesella, Spain	FIN018	因科（芬兰）	Inkoo, Finland
ESP135	罗萨斯（西班牙）	Rosas, Spain	FIN021	伊斯奈斯（芬兰）	Isnas, Finland
ESP137	罗萨里奥港（西班牙）	Puerto Del Rosario - Fuerteventura, Spain	FIN024	卡斯基宁（芬兰）	Kaskinen, Finland
			FIN027	凯米（芬兰）	Kemi, Finland
ESP138	罗塔（西班牙）	Rota, Spain	FIN030	科科拉（芬兰）	Kokkola (Karleby), Finland
ESP141	萨贡托（西班牙）	Sagunto, Spain			
ESP144	圣卡洛斯（西班牙）	San Carlos, Spain	FIN033	科特卡（芬兰）	Kotka, Finland
ESP147	圣西普里安（西班牙）	San Ciprian, Spain	FIN036	科维尔哈（芬兰）	Koverhar, Finland
ESP150	圣埃斯特班（西班牙）	San Esteban De Pravi, Spain	FIN039	克里斯蒂娜城（芬兰）	Kristiinankaupunki (Kristiinestad), Finland
ESP153	圣费里乌德古绍尔斯（西班牙）	San Feliu De Guixols, Spain			
			FIN041	克里斯提内斯塔德（芬兰）	Kristinestad, Finland
ESP156	圣费尔南多（西班牙）	San Fernando, Spain			
ESP159	圣塞瓦斯蒂安（西班牙）	San Sebastian, Spain	FIN042	拉柏罗吐（芬兰）	Lapaluoto, Finland
ESP161	圣克鲁斯（西班牙）	Santa Crus De Tenerife, Spain	FIN045	洛维萨（芬兰）	Loviisa, Finland
			FIN048	曼蒂卢奥托（芬兰）	Mantyluoto, Finland
ESP162	桑坦德（西班牙）	Santander, Spain	FIN051	玛丽港（芬兰）	Mariehamn, Finland
ESP165	塞维利亚（西班牙）	Seville, Spain	FIN054	梅里卡尔维亚（芬兰）	Merikarvia, Finland
ESP168	索列尔（西班牙）	Soller, Spain	FIN057	楠塔利（芬兰）	Naantali, Finland
ESP171	塔拉戈纳（西班牙）	Tarragona, Spain	FIN060	尼斯塔德（芬兰）	Nystad, Finland
ESP174	托雷维耶哈（西班牙）	Torrevieja, Spain	FIN062	ROYTTA（芬兰）	Roytta, Finland
ESP177	巴伦西亚（西班牙）	Valencia, Spain	FIN063	奥鲁（芬兰）	Oulu, Finland
ESP180	维哥（西班牙）	Vigo, Spain	FIN066	柏尔加斯（芬兰）	Pargas, Finland
ESP183	维利亚加西（西班牙）	Villagarcia, Spain	FIN069	帕特尼安密（芬兰）	Pateniemi, Finland
ESP186	比韦罗（西班牙）	Vivero, Spain	FIN072	皮耶塔尔萨里（芬兰）	Pietarsaari, Finland
ESP201	ASTILLERO（西班牙）	Astillero, Spain	FIN075	波里（芬兰）	Pori, (Bjorneborg) Finland
ESP202	BALEARIC IA.（西班牙）	Balearic Ia., Spain	FIN078	波卡拉（芬兰）	Porkkala, Finland
ESP203	阿斯塔科斯（西班牙）	Astakos, Spain	FIN081	波尔沃（芬兰）	Porvoo, Finland
ESP205	波尔曼（西班牙）	Porman, Spain	FIN084	拉赫（芬兰）	Raahe, Finland
ESP206	库列腊（西班牙）	Cullera, Spain	FIN086	拉赫提（芬兰）	Lahti, Finland
ESP209	拉萨利内塔（大西洋群岛）	La Salineta, Atlantic Ocean Islands	FIN087	劳马（芬兰）	Rauma (Raumo), Finland
			FIN090	雷波萨里（芬兰）	Reposaari, Finland
ESP901	马德里（西班牙）	Madrid, Spain	FIN093	塞马运河（芬兰）	Saimaa Canal, Finland
EST000	爱沙尼亚	Estonia	FIN096	斯库卢（芬兰）	Skuru, Finland

代码	中文名称	英文名称	代码	中文名称	英文名称
FIN099	塔米萨里（芬兰）	Tammisaari, Finland	FRA078	迪耶普（法国）	Dieppe, France
FIN102	托基斯（芬兰）	Toikis, Finland	FRA081	栋日（法国）	Donges, France
FIN105	托比拉（芬兰）	Toppila, Finland	FRA084	杜阿梅勒兹（法国）	Douamenez, France
FIN108	托尔尼奥（芬兰）	Tornio (Tornea), Finland	FRA087	敦刻尔克（法国）	Dunkerque, France
FIN110	坦佩雷（芬兰）	Tampere, Finland	FRA090	埃塔普勒（法国）	Etaples, France
FIN111	图尔库（芬兰）	Turku (Abo), Finland	FRA093	费康（法国）	Fecamp, France
FIN114	新考蓬基（芬兰）	Uusikaupunki, Finland	FRA096	福斯（法国）	Fos-Sur-Mer, France
FIN117	瓦萨（芬兰）	Vaasa (Vasa), Finland	FRA099	贡夫勒维尔（法国）	Gonfreville, France
FIN120	瓦斯克尔良托（芬兰）	Vaskiluoto, Finland	FRA102	格兰维尔（法国）	Granville, France
FIN123	卫特什露土（芬兰）	Veitsiluoto, Finland	FRA105	格拉沃利讷（法国）	Gravelines, France
FIN126	瓦尔卡姆（芬兰）	Walkom, Finland	FRA108	阿弗尔（法国）	Havre, France
FIN129	伊克斯皮拉雅（芬兰）	Ykspihlaja, Finland	FRA111	翁弗勒尔（法国）	Honfleur, France
FJI000	斐济	Fiji	FRA114	伊尔鲁斯（法国）	Ile Rousse, France
FJI003	埃灵顿（斐济）	Ellington, Fiji	FRA117	拉西约塔（法国）	La Ciotat, France
FJI006	兰巴萨（斐济）	Labasa (Lambasa), Fiji	FRA120	拉努韦勒（法国）	La Nouvelle, France
FJI009	劳托卡（斐济）	Lautoka, Fiji	FRA123	拉帕利斯（法国）	La Pallice, France
FJI012	累武卡（斐济）	Levuka, Fiji	FRA126	拉罗谢尔（法国）	La Rochelle, France
FJI015	萨武萨武湾（斐济）	Savusavu Bay, Fiji	FRA129	朗代诺（法国）	Landerneau, France
FJI018	苏瓦（斐济）	Suva, Fiji	FRA132	拉瓦拉（法国）	Lavera, France
FJI021	瓦提亚角（斐济）	Vatia Point, Fiji	FRA135	奥来龙堡（法国）	Le Chateau, France
FJI901	楠迪（斐济）	Nandi, Fiji	FRA138	勒吉尔多（法国）	Le Guildo, France
FLK000	福克兰群岛（马尔维纳斯）	Falkland Islands (Malvinas)	FRA141	利布尔讷（法国）	Libourne, France
			FRA144	洛克蒂迪（法国）	Loctudy, France
FLK003	斯坦利港［福克兰群岛（马尔维纳斯）］	Port Stanley, Falkland Islands (Malvinas)	FRA147	洛里昂（法国）	Lorient, France
			FRA150	马朗（法国）	Marans, France
FRA000	法国	France	FRA153	马赛（法国）	Marseille, France
FRA002	AMBES（法国）	Ambes, France	FRA156	马蒂格（法国）	Martigues, France
FRA003	阿布维尔（法国）	Abbeville, France	FRA159	蒙托伊尔（法国）	Montoir, France
FRA006	阿雅克肖（法国）	Ajaccio, France	FRA162	莫尔莱（法国）	Morlaix, France
FRA009	昂蒂布（法国）	Antibes, France	FRA165	南特（法国）	Nantes, France
FRA012	昂蒂弗（法国）	Antifer, France	FRA168	尼斯（法国）	Nice, France
FRA015	阿尔卡雄（法国）	Arcachon, France	FRA171	乌伊斯特勒昂（法国）	Ouistreham, France
FRA018	巴森（法国）	Bassens, France	FRA174	潘伯夫（法国）	Paimboeuf, France
FRA021	巴斯蒂亚（法国）	Bastia, France	FRA177	潘波勒（法国）	Paimpol, France
FRA024	巴约讷（法国）	Bayonne, France	FRA180	帕里斯（法国）	Paris, France
FRA027	贝克德阿姆比斯（法国）	Bec D'Ambes, France	FRA183	波亚克（法国）	Pauillac, France
FRA030	布莱（法国）	Blaye, France	FRA186	彭拉贝（法国）	Pont L'Abbe, France
FRA033	博尼法乔（法国）	Bonifacio, France	FRA189	布克港（法国）	Port De Bouc, France
FRA036	波尔多（法国）	Bordeaux, France	FRA192	杰罗姆港（法国）	Port Jerome, France
FRA039	布洛涅（法国）	Boulogne-Mer, France	FRA195	旺德尔港（法国）	Port Vendres, France
FRA042	布雷斯特（法国）	Brest, France	FRA198	韦基奥港（法国）	Porto Vecchio, France
FRA045	卡昂（法国）	Caen, France	FRA201	普罗普里亚诺（法国）	Propriano, France
FRA048	加来（法国）	Calais, France	FRA204	坎佩尔（法国）	Quimper, France
FRA051	卡尔维（法国）	Calvi, France	FRA207	罗什福尔（法国）	Rochefort, France
FRA054	卡马雷（法国）	Camaret, France	FRA210	罗斯科夫（法国）	Roscoff, France
FRA057	康卡勒（法国）	Cancale, France	FRA213	鲁昂（法国）	Rouen, France
FRA060	戛纳（法国）	Cannes, France	FRA216	萨布勒多隆（法国）	Sables D'Olonne, France
FRA063	卡隆特（法国）	Caronte, France	FRA219	塞特（法国）	Sete, France
FRA066	瑟堡（法国）	Cherbourg, France	FRA222	圣布里厄（法国）	St. Brieuc, France
FRA069	孔卡尔诺（法国）	Concarneau, France	FRA225	圣让德吕兹（法国）	St. Jean De Luz, France
FRA072	达乌埃（法国）	Dahouet, France	FRA228	圣路易罗纳（法国）	St. Louis Du Rhone, France
FRA075	多维尔（法国）	Deauville, France	FRA231	圣马洛（法国）	St. Malo, France

代码	中文名称	英文名称
FRA234	圣纳泽尔（法国）	St. Nazaire, France
FRA237	圣塞尔旺（法国）	St. Servan, France
FRA240	圣瓦勒利（法国）	St. Valery En Caux, France
FRA243	圣瓦莱里昂科（法国）	St. Valery Sur Somme, France
FRA246	斯特拉斯堡（法国）	Strasbourg, France
FRA249	托内沙朗特（法国）	Tonnay Charente, France
FRA252	土伦（法国）	Toulon, France
FRA255	特雷吉耶（法国）	Treguier, France
FRA258	特雷波特（法国）	Treport, France
FRA261	特鲁维尔（法国）	Trouville, France
FRA264	瓦讷（法国）	Vannes, France
FRA267	韦尔东（法国）	Verdon, France
FRA901	巴黎（法国）	Paris, France
FRA902	勒阿弗尔（法国）	Le Havre, France
FRA903	里昂圣图拉斯（法国）	Lyon Satolas, France
FRO000	法罗群岛	Faroe Islands
FRO003	克拉克斯维克（法罗群岛）	Klaksvig, Faroe Islands
FRO006	托尔斯港（法罗群岛）	Thorshavn, Faroe Islands
FRO009	特朗斯瓦格（法罗群岛）	Trangisvaag, Faroe Islands
FRO012	特瓦罗伊里（法罗群岛）	Tvoroyri, Faroe Islands
FRO015	瓦格（法罗群岛）	Vaag, Faroe Islands
FRO018	韦斯特门港（法罗群岛）	Vestmanhavn, Faroe Islands
FSM000	密克罗尼西亚（联邦）	Micronesia (Federated States of)
FSM003	丘克群岛［密克罗尼西亚（联邦）］	Chuuk (Truk), Micronesia (Federated States of)
FSM006	波纳佩［密克罗尼西亚（联邦）］	Pohnpei, Micronesia (Federated States of)
FSM009	雅浦［密克罗尼西亚（联邦）］	Yap, Micronesia (Federated States of)
FSM011	库赛埃岛［密克罗尼西亚（联邦）］	Kusaie I., Micronesia (Federated States of)
FSM012	瓦兰岛［密克罗尼西亚（联邦）］	Ualan I., Micronesia (Federated States of)
GAB000	加蓬	Gabon
GAB002	马永巴（加蓬）	Mayumba, Gabon
GAB003	洛佩斯角（加蓬）	Cap Lopez, Gabon
GAB006	甘巴（加蓬）	Gamba, Gabon
GAB009	利伯维尔（加蓬）	Libreville, Gabon
GAB012	卢西纳码头（加蓬）	Lucina Terminal, Gabon
GAB015	奥文多（加蓬）	Owendo, Gabon
GAB018	让蒂尔港（加蓬）	Port Gentil, Gabon
GBR000	英国	United Kingdom
GBR003	阿伯丁（英国）	Aberdeen, United Kingdom
GBR006	阿伯道尔（英国）	Aberdour, United Kingdom
GBR009	阿伯多维（英国）	Aberdovey, United Kingdom
GBR012	阿伯里斯特威斯（英国）	Aberystwyth, United Kingdom
GBR015	奥尔德尼（英国）	Alderney, United Kingdom
GBR018	阿姆卢赫（英国）	Amlwch, United Kingdom
GBR021	安纳隆（英国）	Annalong, United Kingdom
GBR024	安嫩（英国）	Annan, United Kingdom
GBR027	安斯特拉瑟（英国）	Anstruther, United Kingdom
GBR030	阿普尔多尔（英国）	Appledore, United Kingdom
GBR033	阿布罗斯（英国）	Arbroath, United Kingdom
GBR036	阿德格拉斯（英国）	Ardglass, United Kingdom
GBR039	阿德里希格（英国）	Ardrishaig, United Kingdom
GBR042	阿德罗森（英国）	Ardrossan, United Kingdom
GBR045	埃文茅斯（英国）	Avonmouth, United Kingdom
GBR048	艾尔（英国）	Ayr, United Kingdom
GBR051	班戈（W.C.）（英国）	Bangor (Caer.), United Kingdom
GBR054	班戈（Co. Down）（英国）	Bangor (Co. Down), United Kingdom
GBR057	巴茅思（英国）	Barmouth, United Kingdom
GBR060	巴恩斯特珀尔（英国）	Barnstaple, United Kingdom
GBR063	巴罗（英国）	Barrow, United Kingdom
GBR066	巴里（英国）	Barry, United Kingdom
GBR069	巴顿（E.C.）（英国）	Barton (E.C.), United Kingdom
GBR072	巴顿（W.C.）（英国）	Barton (W.C.), United Kingdom
GBR075	博马里斯（英国）	Beaumaris, United Kingdom
GBR078	贝尔法斯特（英国）	Belfast, United Kingdom
GBR081	伯威克（英国）	Berwick, United Kingdom
GBR084	比迪福德（英国）	Bideford, United Kingdom
GBR087	伯肯黑德（英国）	Birkenhead, United Kingdom
GBR090	布莱斯（英国）	Blyth, United Kingdom
GBR093	波士顿（英国）	Boston, United Kingdom
GBR096	布里奇沃特（英国）	Bridgwater, United Kingdom
GBR099	布里德灵顿（英国）	Bridlington, United Kingdom
GBR102	布里德波特（英国）	Bridport, United Kingdom
GBR105	布赖特灵西（英国）	Brightlingsea, United Kingdom
GBR108	布赖顿（英国）	Brighton, United Kingdom
GBR111	布里斯托尔（英国）	Bristol, United Kingdom
GBR114	布里克瑟姆（英国）	Brixham, United Kingdom
GBR117	布朗巴勒（英国）	Bromborough Dock, United Kingdom
GBR120	巴基（英国）	Buckie, United Kingdom
GBR123	伯格黑德（英国）	Burghead, United Kingdom
GBR126	本泰兰（英国）	Burntisland, United Kingdom
GBR129	卡那封（英国）	Caernarfon, United Kingdom
GBR132	坎贝尔敦（英国）	Campbeltown, United Kingdom
GBR135	加的夫（英国）	Cardiff, United Kingdom
GBR138	卡里克弗格斯（英国）	Carrickfergus, United Kingdom
GBR141	卡斯尔敦（英国）	Castletown, United Kingdom
GBR144	查尔斯敦（Corn.）（英国）	Charlestown (Corn.), United Kingdom

代码	中文名称	英文名称	代码	中文名称	英文名称
GBR147	查尔斯敦（Fife）（英国）	Charlestown（Fife），United Kingdom	GBR276	哈特尔浦（英国）	Hartlepool，United Kingdom
GBR150	科尔切斯特（英国）	Colchester，United Kingdom	GBR279	哈里奇（英国）	Harwich，United Kingdom
GBR153	科尔雷恩（英国）	Coleraine，United Kingdom	GBR282	海尔（英国）	Hayle，United Kingdom
GBR156	康纳斯基（英国）	Connah'S Quay，United Kingdom	GBR285	希舍姆（英国）	Heysham，United Kingdom
GBR159	科珀赫（英国）	Corpach，United Kingdom	GBR288	霍利黑德（英国）	Holyead，United Kingdom
GBR162	考斯（英国）	Cowes，United Kingdom	GBR291	霍德角（英国）	Hound Point，United Kingdom
GBR165	克罗默蒂（英国）	Cromarty，United Kingdom	GBR294	赫尔（英国）	Hull，United Kingdom
GBR168	达特茅斯（英国）	Dartmouth，United Kingdom	GBR297	亨特斯顿（英国）	Hunterston，United Kingdom
GBR171	丁沃尔（英国）	Dingwall，United Kingdom	GBR300	伊明赫姆（英国）	Immingham，United Kingdom
GBR174	道格拉斯（英国）	Douglas，United Kingdom	GBR303	因弗戈登（英国）	Invergordon，United Kingdom
GBR176	克莱德港（英国）	Clydeport，United Kingdom	GBR306	因弗内斯（英国）	Inverness，United Kingdom
GBR177	多佛尔（英国）	Dover，United Kingdom	GBR309	伊普斯威奇（英国）	Ipswich，United Kingdom
GBR180	邓弗里斯（英国）	Dumfries，United Kingdom	GBR312	欧文（英国）	Irvine，United Kingdom
GBR183	邓巴（英国）	Dunbar，United Kingdom	GBR315	谷岛（英国）	Isle Of Grain，United Kingdom
GBR186	邓迪（英国）	Dundee，United Kingdom	GBR318	基尔基尔（英国）	Kilkeel，United Kingdom
GBR189	邓德拉姆（英国）	Dundrum，United Kingdom	GBR321	基林霍尔姆（英国）	Killingholme，United Kingdom
GBR192	埃尔斯米尔港（英国）	Ellesmere Port，United Kingdom	GBR324	金斯林（英国）	King'S Lynn，United Kingdom
GBR195	埃克塞特（英国）	Exeter，United Kingdom	GBR327	柯科迪（英国）	Krikcaldy，United Kingdom
GBR198	埃克斯茅斯（英国）	Exmouth，United Kingdom	GBR330	柯克沃尔（英国）	Kirkwall，United Kingdom
GBR201	艾茅斯（英国）	Eyemouth，United Kingdom	GBR333	洛哈尔什教区凯尔（英国）	Kyle Of Lochalsh，United Kingdom
GBR204	法尔茅斯（英国）	Falmouth，United Kingdom	GBR336	朗姆（英国）	Lame，United Kingdom
GBR207	福利（英国）	Fawley，United Kingdom	GBR339	兰开斯特（英国）	Lancaster，United Kingdom
GBR210	弗利克斯托（英国）	Felixstowe，United Kingdom	GBR342	拉格斯（英国）	Largs，United Kingdom
GBR213	芬纳特（英国）	Finnart，United Kingdom	GBR345	拉恩（英国）	Larne，United Kingdom
GBR216	菲什加德（英国）	Fishguard，United Kingdom	GBR348	利斯（英国）	Leith，United Kingdom
GBR219	弗利特伍德（英国）	Fleetwood，United Kingdom	GBR351	勒威克（英国）	Lerwick，United Kingdom
GBR222	福克斯通（英国）	Folkestone，United Kingdom	GBR354	利特尔汉普顿（英国）	Littlehampton，United Kingdom
GBR225	福伊（英国）	Fowey，United Kingdom	GBR357	利物浦（英国）	Liverpool，United Kingdom
GBR228	弗雷泽堡（英国）	Fraserburgh，United Kingdom	GBR360	兰杜拉斯（英国）	Llanddulas，United Kingdom
GBR231	盖恩斯伯勒（英国）	Gainsborough，United Kingdom	GBR363	拉内利（英国）	Llanelli，United Kingdom
GBR234	加利斯敦（英国）	Garlieston，United Kingdom	GBR366	洛赫博伊斯代尔（英国）	Loch Boisdale，United Kingdom
GBR237	加斯顿（英国）	Garston，United Kingdom	GBR369	洛赫马迪（英国）	Loch Maddy，United Kingdom
GBR240	格文（英国）	Girvan，United Kingdom	GBR372	洛哈林（英国）	Lochaline Pier，United Kingdom
GBR243	格拉斯哥（英国）	Glasgow，United Kingdom	GBR375	伦敦（英国）	London，United Kingdom
GBR246	格莱纳姆（英国）	Glenarm，United Kingdom	GBR378	伦敦德里（英国）	Londonderry，United Kingdom
GBR249	格洛斯特（英国）	Gloucester，United Kingdom	GBR381	卢港（英国）	Looe，United Kingdom
GBR252	古尔（英国）	Goole，United Kingdom	GBR384	洛西茅斯（英国）	Lossiemouth，United Kingdom
GBR255	古罗克（英国）	Gourock，United Kingdom	GBR387	洛斯托夫特（英国）	Lowestoft，United Kingdom
GBR258	格兰奇茅斯（英国）	Grangemouth，United Kingdom	GBR390	利布斯特（英国）	Lybster，United Kingdom
GBR261	格雷夫森德（英国）	Gravesend，United Kingdom			
GBR264	大雅茅斯（英国）	Great Yarmouth，United Kingdom			
GBR267	格里诺克（英国）	Greenock，United Kingdom			
GBR270	格里姆斯比（英国）	Grimsby，United Kingdom			
GBR273	冈纳斯（英国）	Gunness Wharf，United Kingdom			

代码	中文名称	英文名称	代码	中文名称	英文名称
GBR393	利德尼（英国）	Lydney, United Kingdom	GBR522	塔尔伯特港（英国）	Port Talbot, United Kingdom
GBR396	麦克达夫（英国）	Macduff, United Kingdom	GBR525	威廉港（英国）	Port William, United Kingdom
GBR399	莫尔登（英国）	Maldon, United Kingdom	GBR528	波尔特布里（英国）	Portbury, United Kingdom
GBR402	马莱格（英国）	Mallaig, United Kingdom	GBR531	波特马多克（英国）	Porthmadog, United Kingdom
GBR405	曼彻斯特（英国）	Manchester, United Kingdom	GBR534	波蒂斯黑德（英国）	Portishead, United Kingdom
GBR408	梅西尔（英国）	Methil, United Kingdom	GBR537	波特兰角（英国）	Portland Bill, United Kingdom
GBR411	梅瓦吉西（英国）	Mevagissey, United Kingdom	GBR540	波特兰（英国）	Portland (Dor.), United Kingdom
GBR414	米德尔斯伯勒（英国）	Middlesbrough, United Kingdom	GBR543	波特里（英国）	Portree, United Kingdom
GBR417	米勒姆（英国）	Millom, United Kingdom	GBR546	波特拉什（英国）	Portrush, United Kingdom
GBR420	迈恩黑德（英国）	Minehead, United Kingdom	GBR549	朴次茅斯（英国）	Portsmouth, United Kingdom
GBR423	米斯特利（英国）	Mistley, United Kingdom	GBR552	普雷斯顿（英国）	Preston, United Kingdom
GBR426	蒙特罗斯（英国）	Montrose, United Kingdom	GBR555	普尔黑利（英国）	Pwllheli, United Kingdom
GBR429	莫斯廷（英国）	Mostyn, United Kingdom	GBR558	昆伯勒（英国）	Queenborough, United Kingdom
GBR432	奈恩（英国）	Nairn, United Kingdom	GBR561	昆斯费里（英国）	Queensferry, United Kingdom
GBR435	尼思（英国）	Neath, United Kingdom	GBR564	雷纳姆（英国）	Rainham, United Kingdom
GBR438	纽堡（英国）	Newburgh, United Kingdom	GBR567	拉姆西（英国）	Ramsey, United Kingdom
GBR443	米尔福德港（英国）	Milford Haven, United Kingdom	GBR570	拉姆斯盖特（英国）	Ramsgate, United Kingdom
GBR444	纽卡斯尔（英国）	Newcastle Upon Tyne, United Kingdom	GBR573	雷德卡（英国）	Redcar, United Kingdom
GBR447	纽黑文（英国）	Newhaven, United Kingdom	GBR576	里尔（英国）	Rhyl, United Kingdom
GBR450	纽林（英国）	Newlyn, United Kingdom	GBR579	里奇伯勒（英国）	Richborough, United Kingdom
GBR453	纽波特（英国）	Newport, United Kingdom	GBR582	利德哈姆多克（英国）	Ridham Dock, United Kingdom
GBR459	纽里（英国）	Newry, United Kingdom	GBR585	罗切斯特（英国）	Rochester, United Kingdom
GBR462	北森德兰（英国）	North Sunderland, United Kingdom	GBR588	罗赛斯（英国）	Rosyth, United Kingdom
GBR465	诺里奇（英国）	Norwich, United Kingdom	GBR591	罗斯西（英国）	Rothesay, United Kingdom
GBR468	奥本（英国）	Oban, United Kingdom	GBR594	朗科恩（英国）	Runcorn, United Kingdom
GBR471	帕德斯托（英国）	Padstow, United Kingdom	GBR597	拉伊（英国）	Rye, United Kingdom
GBR474	帕尔纳基（英国）	Palnackie, United Kingdom	GBR600	桑迪（英国）	Sanday, United Kingdom
GBR477	帕（英国）	Par, United Kingdom	GBR603	桑德威奇（英国）	Sandwich, United Kingdom
GBR480	帕克斯顿瓜伊（英国）	Parkeston Quay, United Kingdom	GBR606	桑德斯富特（英国）	Saundersfoot, United Kingdom
GBR483	帕廷顿（英国）	Partington, United Kingdom	GBR609	斯卡洛韦（英国）	Scalloway, United Kingdom
GBR486	皮尔（英国）	Peel, United Kingdom	GBR612	斯卡帕夫洛（英国）	Scapa Flow, United Kingdom
GBR489	彭布罗克（英国）	Pembroke Dock, United Kingdom	GBR615	斯卡伯勒（英国）	Scarborough, United Kingdom
GBR492	彭迈恩毛尔（英国）	Penmaenmawr, United Kingdom	GBR618	斯克拉布斯特（英国）	Scrabster, United Kingdom
GBR495	彭林（英国）	Penryn, United Kingdom	GBR621	锡厄姆（英国）	Sesham, United Kingdom
GBR498	彭赞斯（英国）	Penzance, United Kingdom	GBR624	塞尔比（英国）	Selby, United Kingdom
GBR501	珀斯（英国）	Perth, United Kingdom	GBR627	夏普内斯（英国）	Sharpness, United Kingdom
GBR504	彼得黑德（英国）	Peterhead, United Kingdom	GBR630	希尔内斯（英国）	Sheerness, United Kingdom
GBR507	普利茅斯（英国）	Plymouth, United Kingdom	GBR633	谢尔赫文（英国）	Shell Haven, United Kingdom
GBR510	普尔（英国）	Poole, United Kingdom	GBR636	肖勒姆（英国）	Shorsham, United Kingdom
GBR513	波塔斯凯格（英国）	Port Askaig, United Kingdom	GBR639	南安普顿（英国）	Southampton, United Kingdom
GBR516	埃伦港（英国）	Port Ellen, United Kingdom			
GBR519	圣马里港（英国）	Port St. Mary, United Kingdom			

代码	中文名称	英文名称
GBR642	绍森德（英国）	Southend, United Kingdom
GBR645	圣赫利尔（英国）	St. Helier, United Kingdom
GBR648	圣艾夫斯（英国）	St. Ives, United Kingdom
GBR651	圣马格丽茨贝（英国）	St. Margaret'S Hope, United Kingdom
GBR654	圣彼德港（英国）	St. Peter Port, United Kingdom
GBR657	斯坦洛（英国）	Stanlow, United Kingdom
GBR660	斯托克顿（英国）	Stockton, United Kingdom
GBR663	斯通黑文（英国）	Stonehaven, United Kingdom
GBR666	斯托诺韦（英国）	Stornoway, United Kingdom
GBR669	斯特兰福德（英国）	Strangford, United Kingdom
GBR672	斯特兰拉尔（英国）	Stranraer, United Kingdom
GBR675	斯特罗姆内斯（英国）	Stromness, United Kingdom
GBR678	萨洛姆湾（英国）	Sullom Voe, United Kingdom
GBR681	森德兰（英国）	Sunderland, United Kingdom
GBR684	萨顿布里奇（英国）	Sutton Bridge, United Kingdom
GBR687	斯旺西（英国）	Swansea, United Kingdom
GBR690	塔伯特（英国）	Tarbert, United Kingdom
GBR693	提斯港（英国）	Teesport, United Kingdom
GBR696	廷茅斯（英国）	Teignmouth, United Kingdom
GBR699	滕比（英国）	Tenby, United Kingdom
GBR702	特奈特米纳尔（英国）	Tetney Terminal, United Kingdom
GBR705	瑟索（英国）	Thurso, United Kingdom
GBR708	蒂尔伯里（英国）	Tilbury, United Kingdom
GBR711	托伯莫里（英国）	Tobermory, United Kingdom
GBR714	托普瑟姆（英国）	Topsham, United Kingdom
GBR717	托基（英国）	Torquay, United Kingdom
GBR720	托特尼斯（英国）	Totnes, United Kingdom
GBR723	特伦（英国）	Troon, United Kingdom
GBR726	特鲁罗（英国）	Truro, United Kingdom
GBR729	太恩港（英国）	Tyne Dock, United Kingdom
GBR732	阿勒浦（英国）	Ullapool, United Kingdom
GBR735	沃克沃思（英国）	Warkworth, United Kingdom
GBR738	沃伦波因特（英国）	Warren Point, United Kingdom
GBR741	沃切特（英国）	Watchet, United Kingdom
GBR744	韦尔斯（英国）	Wells, United Kingdom
GBR747	韦斯特雷（英国）	Westray, United Kingdom
GBR750	韦茅斯（英国）	Weymouth, United Kingdom
GBR753	惠特比（英国）	Whitby, United Kingdom
GBR756	怀特黑文（英国）	Whitehaven, United Kingdom
GBR759	惠特斯特布尔（英国）	Whitstable, United Kingdom
GBR762	威克（英国）	Wick, United Kingdom
GBR765	威斯贝奇（英国）	Wisbech, United Kingdom
GBR768	沃金顿（英国）	Workington, United Kingdom
GBR771	雅茅斯（英国）	Yarmouth, United Kingdom
GBR901	泰晤士港（英国）	Thames, United Kingdom
GBR902	利兹（英国）	Leeds, United Kingdom
GBR903	AMNLE（英国）	Amnle, United Kingdom
GBR904	BALFAST（英国）	Balfast, United Kingdom
GBR905	BATSKARSNAS（英国）	Batskarsnas, United Kingdom
GBR906	BRRAY DOCKS（英国）	Brray Docks, United Kingdom
GBR907	EDINBURGH（英国）	Edinburgh, United Kingdom
GBR908	PORTKNOCKIE（英国）	Portknockie, United Kingdom
GBR909	PURFLEET（英国）	Purfleet, United Kingdom
GBR910	阿尔赫西拉斯（英国）	Algeciras, United Kingdom
GBR911	阿斯凯格皮尔港（英国）	Port Askaig Pier, United Kingdom
GBR912	艾泽耳沃思（英国）	Isleworth, United Kingdom
GBR913	安德顿德波（英国）	Anderton Depot, United Kingdom
GBR914	巴金（英国）	Barking, United Kingdom
GBR915	贝尔波特（英国）	Bellport, United Kingdom
GBR916	波里莱文（英国）	Porthleven, United Kingdom
GBR917	博林（英国）	Bowling, United Kingdom
GBR919	伯明翰（英国）	Birmingham, United Kingdom
GBR920	布德（英国）	Bude, United Kingdom
GBR921	达农（英国）	Dunoon, United Kingdom
GBR922	戴根纳姆（英国）	Dagenham Dock, United Kingdom
GBR923	当斯（英国）	Downs, United Kingdom
GBR924	迪甘韦港（英国）	Deganwy Quay, United Kingdom
GBR925	福恩港（英国）	Forth Ports, United Kingdom
GBR926	福思港（英国）	Kirkcaldy, United Kingdom
GBR927	怀特霍耳（英国）	Whitehall, United Kingdom
GBR928	喀利多尼亚运河（英国）	Caledonian Canal, United Kingdom
GBR929	卡恩拉夫（英国）	Carnlough, United Kingdom
GBR930	科尔帕奇－喀里多尼亚（英国）	Corpach－Caledo－Nian, United Kingdom
GBR931	克赖根多兰（英国）	Craigendoran, United Kingdom
GBR932	克里南运河（英国）	Crinan Canal, United Kingdom
GBR933	洛桑（英国）	Laxey, United Kingdom
GBR934	诺丁汉（英国）	Nottingham, United Kingdom
GBR935	圣墨利厄尔（英国）	Jersey, United Kingdom
GBR936	太国（英国）	North Shields, United Kingdom
GBR937	特威德河畔伯里克（英国）	Berwlck－Upon－Tweed, United Kingdom

代码	中文名称	英文名称	代码	中文名称	英文名称
GBR939	威姆斯贝（英国）	Wemyss Bay, United Kingdom	GNQ012	圣伊萨贝尔（赤道几内亚）	Santa Isabel, Equatorial Guinea
GBR940	韦斯顿波因特（英国）	Weston Point Docks, United Kingdom	GRC000	希腊	Greece
			GRC003	圣洛安尼斯（希腊）	Aghios Loannis, Greece
GBR941	维文霍（英国）	Wivenhoe, United Kingdom	GRC004	HERMUPOLIS（希腊）	Hermupolis, Greece
GBR943	锡利群岛（英国）	Scilly Is., United Kingdom	GRC005	LIXURI（希腊）	Lixuri, Greece
GBR945	锡洛思（英国）	Silloth, United Kingdom	GRC006	圣尼古拉奥斯（希腊）	Aghios Nikolaos, Greece
GBR946	伊夫腊库姆（英国）	Ilfracombe, United Kingdom	GRC007	扎金索斯（希腊）	Zakynthos, Greenland
GBR947	曼岛（英国）	Isle Of Man, United Kingdom	GRC009	圣塞多罗伊（希腊）	Agioi Theodoroi, Greece
			GRC012	亚历山德鲁波利斯（希腊）	Alexandroupolis, Greece
GEO000	格鲁吉亚	Georgia			
GEO003	巴统（格鲁吉亚）	Batumi, Georgia	GRC015	阿尔戈斯托利（希腊）	Argostoli, Greece
GEO006	波季（格鲁吉亚）	Poti, Georgia	GRC018	阿斯普罗皮戈斯（希腊）	Aspropyrgos, Greece
GEO009	苏呼米（格鲁吉亚）	Sukhum, Georgia	GRC019	阿哥斯托利昂（希腊）	Argostolion, Greece
GGY000	根西岛	Guernsey	GRC021	阿斯塔科斯（希腊）	Astakos, Greece
GHA000	加纳	Ghana	GRC022	阿伊阿特里阿斯（希腊）	Agia Trias, Greece
GHA003	阿克拉（加纳）	Accra, Ghana	GRC024	干尼亚（希腊）	Canea, Greece
GHA006	阿达（加纳）	Adda, Ghana	GRC027	哈尔基斯（希腊）	Chalkis, Greece
GHA009	阿克西姆（加纳）	Axim, Ghana	GRC030	希俄斯（希腊）	Chios, Greece
GHA012	海岸角（加纳）	Cape Coast, Ghana	GRC033	科孚（希腊）	Corfu, Greece
GHA015	凯塔（加纳）	Keta, Ghana	GRC036	科林斯（希腊）	Corinth, Greece
GHA018	塞康第（加纳）	Sekondi, Ghana	GRC039	德拉佩特佐拉（希腊）	Drapetzona, Greece
GHA021	塔科拉迪（加纳）	Takoradi, Ghana	GRC040	代提（希腊）	Vathi, Greece
GHA024	特马（加纳）	Tema, Ghana	GRC042	埃莱夫西斯（希腊）	Eleusis, Greece
GHA027	温尼巴（加纳）	Winneba, Ghana	GRC045	加夫里翁（希腊）	Gavrion, Greece
GIB000	直布罗陀	Gibraltar	GRC048	伊西翁（希腊）	Gythion, Greece
GIB003	直布罗陀（直布罗陀）	Gibraltar, Gibraltar	GRC051	伊古迈尼察（希腊）	Igoumenitsa, Greece
GIN000	几内亚	Guinea	GRC054	伊拉克利翁（希腊）	Iraklion (Heraklion), Greece
GIN003	科纳克里（几内亚）	Conakry, Guinea			
GIN006	卡姆萨尔（几内亚）	Port-Kamsar, Guinea	GRC057	伊斯米亚（希腊）	Isthmia, Greece
GIN009	维多利亚（几内亚）	Victoria, Guinea	GRC060	伊泰阿（希腊）	Itea, Greece
GIN012	本蒂（几内亚）	Benty, Guinea	GRC063	伊萨基（希腊）	Ithaka Island, Greece
GLP000	瓜德罗普	Guadeloupe	GRC066	卡拉马基角（希腊）	Kalamaki, Greece
GLP003	巴斯特尔（瓜德罗普）	Basse-Terre, Guadeloupe	GRC069	卡拉迈（希腊）	Kalamata, Greece
GLP006	皮特尔角城（瓜德罗普）	Pointe - A - Pitre, Guadeloupe	GRC072	卡利利梅内斯（希腊）	Kalilimenes, Greece
			GRC075	卡利姆诺斯（希腊）	Kalymnos Island, Greece
GMB000	冈比亚	Gambia	GRC078	卡梅纳基（希腊）	Kamenaki, Greece
GMB003	班珠尔（冈比亚）	Banjul, Gambia	GRC081	卡塔科洛（希腊）	Katakolo, Greece
GNB000	几内亚比绍	Guinea-Bissau	GRC084	卡瓦拉（希腊）	Kavala, Greece
GNB003	比绍（几内亚比绍）	Bissau, Guinea-Bissau	GRC087	凯阿（希腊）	Kea Island, Greece
GNB006	博拉多（几内亚比绍）	Bolama, Guinea-Bissau	GRC090	基亚托（希腊）	Kiato, Greece
GNB009	布巴克（几内亚比绍）	Bubaque, Guinea-Bissau	GRC093	科斯岛（希腊）	Kos Island, Greece
GNB012	卡谢马（几内亚比绍）	Cacheu, Guinea-Bissau	GRC096	库塔拉（希腊）	Koutala, Greece
GNQ000	赤道几内亚	Equatorial Guinea	GRC102	拉夫里翁（希腊）	Laurium, Greece
GNQ003	巴塔（赤道几内亚）	Bata, Equatorial Guinea	GRC105	莱罗斯岛（希腊）	Leros Island, Greece
GNQ006	布图库卢巴（赤道几内亚）	Butuku - Luba, Equatorial Guinea	GRC108	利明西鲁（希腊）	Limin Sirou, Greece
			GRC111	拉克利昂（希腊）	Lraklion, Greece
GNQ007	圣卡尔洛斯（赤道几内亚）	San Carlos, Equatorial Guinea	GRC114	迈加拉（希腊）	Megara, Greece
			GRC117	迈索隆吉翁（希腊）	Mesolongion, Greece
GNQ008	里奥白尼托（赤道几内亚）	Rlo Benito, Equatorial Guinea	GRC120	迈索尼（希腊）	Methoni, Greece
			GRC123	米洛斯岛（希腊）	Milos Island, Greece
GNQ009	马拉博（赤道几内亚）	Malabo, Equatorial Guinea	GRC126	米提林尼（希腊）	Mitylene, Greece

代码	中文名称	英文名称
GRC129	纳夫普利亚（希腊）	Nauplia, Greece
GRC132	纳夫帕克托斯（希腊）	Navpaktos, Greece
GRC135	内亚卡瓦利（希腊）	Nea Karvali, Greece
GRC136	帕尔加（希腊）	Parga, Greece
GRC138	佩特莫斯（希腊）	Patmos Island, Greece
GRC141	佩特雷（希腊）	Patras, Greece
GRC144	比雷埃夫斯（希腊）	Piraeus, Greece
GRC147	利瓦德希港（希腊）	Port Livadhi, Greece
GRC150	瓦锡港（希腊）	Port Vathy, Greece
GRC153	普雷韦扎（希腊）	Preveza, Greece
GRC156	皮洛斯（希腊）	Pylos, Greece
GRC159	雷西姆农（希腊）	Rethimnon, Greece
GRC162	罗得（希腊）	Rhodes, Greece
GRC165	萨摩斯岛（希腊）	Samos, Greece
GRC168	斯科派洛斯（希腊）	Skopelos, Greece
GRC171	斯特拉托尼（希腊）	Stratoni, Greece
GRC174	苏达湾（希腊）	Suda Bay, Greece
GRC176	锡罗斯（希腊）	Syros（Syra）, Greece
GRC177	塞萨洛尼基（希腊）	Thessaloniki, Greece
GRC179	塞里福斯岛（希腊）	Seriphos Island, Greece
GRC180	伏洛斯（希腊）	Volos, Greece
GRC183	亚利岛（希腊）	Yali Island, Greece
GRC184	雅典（希腊）	Athens, Greece
GRC186	耶兰基尼（希腊）	Yerakini, Greece
GRC189	赞特（希腊）	Zante, Greece
GRD000	格林纳达	Grenada
GRD003	圣乔治（格林纳达）	Saint George'S, Grenada
GRL000	格陵兰	Greenland
GRL003	克里斯蒂安斯霍布（格陵兰）	Christianshaab, Greenland
GRL006	奥希奥特（格陵兰）	Aasiaat（Egedesminde）, Greenland
GRL009	费灵厄港（格陵兰）	Faeringehavn, Greenland
GRL012	腓特烈斯霍布（格陵兰）	Frederikshaab, Greenland
GRL015	戈德港（格陵兰）	Godhavn, Greenland
GRL018	努克（格陵兰）	Nuuk（Godthaab）, Greenland
GRL021	荷尔斯泰因斯堡（格陵兰）	Holsteinsborg, Greenland
GRL024	伊维赫图特（格陵兰）	Ivigtut, Greenland
GRL027	雅各布港（格陵兰）	Jakobshavn, Greenland
GRL030	尤利安娜霍布（格陵兰）	Julianehaab, Greenland
GRL033	康加米尤特（格陵兰）	Kangamiut, Greenland
GRL036	马莫里利克（格陵兰）	Marmorilik, Greenland
GRL039	纳萨尔苏瓦克（格陵兰）	Narsarsuaq, Greenland
GRL042	马尼措克（格陵兰）	Maniitsoq（Sukkertoppen）, Greenland
GRL045	乌马纳克（格陵兰）	Umanak, Greenland
GRL048	乌佩尼维克（格陵兰）	Upernivik, Greenland
GTM000	危地马拉	Guatemala
GTM003	钱佩里科（危地马拉）	Champerico, Guatemala
GTM006	利文斯顿（危地马拉）	Livingston, Guatemala
GTM008	PAYARDI（危地马拉）	Payardi, Guatemala
GTM009	巴里奥斯港（危地马拉）	Puerto Barrios, Guatemala
GTM010	夸特扎尔港（危地马拉）	Puerto Quetzal, Guatemala
GTM012	圣何塞（危地马拉）	San Jose, Guatemala
GTM015	圣托马斯德卡斯蒂利亚（危地马拉）	Puerto Santo Tomas De Castilla, Guatemala
GUF000	法属圭亚那	French Guiana
GUF003	卡宴（法属圭亚那）	Cayenne, French Guiana
GUF005	库鲁（法属圭亚那）	Kourou, French Guiana
GUF006	德格拉德卡内斯（法属圭亚那）	Degrad De Cannes, French Guiana
GUM000	关岛	Guam
GUM003	阿加尼亚（关岛）	Agana, Guam
GUM006	阿普拉（关岛）	Apra, Guam
GUM009	关岛（关岛）	Guam, Guam
GUY000	圭亚那	Guyana
GUY003	巴提卡（圭亚那）	Bartica, Guyana
GUY006	乔治敦（圭亚那）	Georgetown, Guyana
GUY009	新阿姆斯特丹（圭亚那）	New Amsterdam, Guyana
GUY020	查里提（圭亚那）	Charity, Guyana
HKG000	中国香港	Hong Kong（China）
HKG003	香港（中国香港）	Hong Kong, Hong Kong（China）
HMD000	赫德岛和麦克唐纳群岛	Heard Island and McDonald Islands, Haiti
HND000	洪都拉斯	Honduras
HND003	阿马帕拉（洪都拉斯）	Amapala, Honduras
HND006	拉塞瓦（洪都拉斯）	La Ceiba, Honduras
HND009	卡斯蒂利亚港（洪都拉斯）	Puerto Castilla, Honduras
HND012	科尔特斯港（洪都拉斯）	Puerto Cortes, Honduras
HND015	罗阿坦（洪都拉斯）	Roatan Island, Honduras
HND018	圣洛伦索（洪都拉斯）	San Lorenzo, Honduras
HND021	特拉（洪都拉斯）	Tela, Honduras
HND024	特鲁希略（洪都拉斯）	Trujillo, Honduras
HRV000	克罗地亚	Croatia
HRV003	巴卡尔（克罗地亚）	Bakar, Croatia
HRV006	杜布罗夫尼克（克罗地亚）	Dubrovnik, Croatia
HRV009	杜吉腊特（克罗地亚）	Dugi Rat, Croatia
HRV012	赫瓦尔（克罗地亚）	Hvar, Croatia
HRV015	普洛切（克罗地亚）	Ploce, Croatia
HRV018	科尔丘拉（克罗地亚）	Korcula, Croatia
HRV021	马斯利尼索（克罗地亚）	Maslenica, Croatia
HRV024	奥米沙利（克罗地亚）	Omisalj, Croatia
HRV027	普拉（克罗地亚）	Pula, Croatia
HRV030	拉萨（克罗地亚）	Rasa, Croatia
HRV033	里耶卡（克罗地亚）	Rijeka, Croatia
HRV036	罗维尼（克罗地亚）	Rovinj, Croatia
HRV039	塞尼（克罗地亚）	Senj, Croatia
HRV042	希贝尼克（克罗地亚）	Sibenik, Croatia
HRV045	斯普利特（克罗地亚）	Split, Croatia

代码	中文名称	英文名称	代码	中文名称	英文名称
HRV048	扎达尔（克罗地亚）	Zadar, Croatia	IDN078	古农西托利（印度尼西亚）	Gunung Sitoli, Indonesia
HRV050	SVETI KAJO（克罗地亚）	Sveti Kajo, Croatia	IDN081	雅加达（印度尼西亚）	Jakarta, Indonesia
HRV052	SUCURAC（克罗地亚）	Sucurac, Croatia	IDN084	占碑（印度尼西亚）	Jambi, Indonesia
HRV053	卡托罗（克罗地亚）	Cattaro, Croatia	IDN087	查亚普拉（印度尼西亚）	Jayapura, Indonesia
HTI000	海地	Haiti	IDN090	卡利昂厄特（印度尼西亚）	Kalianget, Indonesia
HTI003	莱凯（海地）	Les Cayes, Haiti	IDN093	卡西姆（印度尼西亚）	Kasim, Indonesia
HTI006	海地角（海地）	Cap-Haitien, Haiti	IDN096	肯达里（印度尼西亚）	Kendari, Indonesia
HTI009	利贝泰堡（海地）	Fort Liberte, Haiti	IDN098	贺兰狄亚（印度尼西亚）	Hollandia, Indonesia
HTI012	戈纳伊夫（海地）	Gonaives, Haiti	IDN099	吉打邦（印度尼西亚）	Ketapang, Indonesia
HTI015	热雷米（海地）	Jeremie, Haiti	IDN100	贾贾普拉（印度尼西亚）	Jayapura, Indonesia
HTI018	米腊关（海地）	Miragoane, Haiti	IDN102	哥打巴鲁（印度尼西亚）	Kota Baru, Indonesia
HTI019	欧凯（海地）	Aux Cayes, Haiti	IDN105	格鲁（印度尼西亚）	Kru, Indonesia
HTI021	太子港（海地）	Port-Au-Prince, Haiti	IDN108	瓜拉卡普阿斯（印度尼西亚）	Kuala Kapuas, Indonesia
HTI024	圣马克（海地）	St. Marc, Haiti	IDN111	古邦（印度尼西亚）	Kupang, Indonesia
HUN000	匈牙利	Hungary	IDN114	马卡萨（印度尼西亚）	Macassar, Indonesia
HUN003	布达佩斯（匈牙利）	Budapst, Hungary	IDN115	马德拉斯（印度尼西亚）	Madras, Indonesia
IDN000	印度尼西亚	Indonesia	IDN117	马利利（印度尼西亚）	Malili, Indonesia
IDN003	安汶（印度尼西亚）	Ambon, Indonesia	IDN120	马穆朱（印度尼西亚）	Mamuju, Indonesia
IDN006	安佩南（印度尼西亚）	Ampenan, Indonesia	IDN123	马诺夸里（印度尼西亚）	Manokwari, Indonesia
IDN008	BALAWAN（印度尼西亚）	Balawan, Indonesia	IDN124	满各里（印度尼西亚）	Mangole Island, Indonesia
IDN009	阿米纳油码头（印度尼西亚）	Ardjuna Terminal, Indonesia	IDN125	毛梅雷（印度尼西亚）	Maumere, Indonesia
IDN010	阿罗湾（印度尼西亚）	Aroe Bay, Indonesia	IDN126	棉兰（印度尼西亚）	Medan, Indonesia
IDN011	阿萨汗（印度尼西亚）	Asahan, Indonesia	IDN127	蒙法尔科内（印度尼西亚）	Monfalcone, Indonesia
IDN012	巴眼牙比（印度尼西亚）	Bagan Si Api Api, Indonesia	IDN128	万隆（印度尼西亚）	Bandung, Indonesia
IDN015	巴厘巴板（印度尼西亚）	Balikpapan, Indonesia	IDN129	万鸦老（印度尼西亚）	Menado, Indonesia
IDN018	马辰（印度尼西亚）	Banjarmasin, Indonesia	IDN132	默拉克（孔雀岛）（印度尼西亚）	Merak, Indonesia
IDN019	洛塞马韦（印度尼西亚）	Lho' Seumawe, Indonesia	IDN135	马老奇（印度尼西亚）	Merauke, Indonesia
IDN021	巴纽旺宜（印度尼西亚）	Banyuwangi, Indonesia	IDN136	马都拉岛（印度尼西亚）	Madura Pulau, Indonesia
IDN024	勿拉湾（印度尼西亚）	Belawan, Indonesia	IDN137	马杰尼（印度尼西亚）	Madjene, Indonesia
IDN027	望加丽（印度尼西亚）	Bengkalis, Indonesia	IDN138	米拉务（印度尼西亚）	Meulaboh, Indonesia
IDN029	佩纳巴（印度尼西亚）	Penaba, Indonesia	IDN141	蒙托克（印度尼西亚）	Muntok, Indonesia
IDN030	朋古鲁（印度尼西亚）	Bengkulu, Indonesia	IDN144	巴东（印度尼西亚）	Padang, Indonesia
IDN033	伯诺阿（印度尼西亚）	Benoa, Indonesia	IDN147	北干巴鲁（印度尼西亚）	Pakanbaru, Indonesia
IDN036	比马（印度尼西亚）	Bima, Indonesia	IDN150	巨港（印度尼西亚）	Palembang, Indonesia
IDN039	比通（印度尼西亚）	Bitung, Indonesia	IDN152	帕干巴鲁（印度尼西亚）	Pakan Baru, Indonesia
IDN042	勿里洋（印度尼西亚）	Blinyu, Indonesia	IDN153	帕洛波（印度尼西亚）	Palopo, Indonesia
IDN045	布莱伦（印度尼西亚）	Buleleng, Indonesia	IDN156	帕马努坎（印度尼西亚）	Pamanukan, Indonesia
IDN048	芝格丁（印度尼西亚）	Cigading, Indonesia	IDN159	巴那鲁干（印度尼西亚）	Panarukan, Indonesia
IDN051	芝拉扎（印度尼西亚）	Cilacap, Indonesia	IDN162	庞卡尔（印度尼西亚）	Pangkal Balam, Indonesia
IDN054	信塔油码头（印度尼西亚）	Cinta Terminal, Indonesia	IDN165	槟港（印度尼西亚）	Pangkal Pinang, Indonesia
IDN057	井里汶（印度尼西亚）	Cirebon, Indonesia	IDN168	庞卡兰苏苏（印度尼西亚）	Pangkalan Susu, Indonesia
IDN060	达博（印度尼西亚）	Cabo, Indonesia	IDN170	潘吉姆（印度尼西亚）	Panjim, Indonesia
IDN063	栋加拉（印度尼西亚）	Donggala, Indonesia	IDN171	潘姜（印度尼西亚）	Panjang, Indonesia
IDN066	杜迈（印度尼西亚）	Dumai, Indonesia	IDN174	巴里巴里（印度尼西亚）	Parepare, Indonesia
IDN069	法克法克（印度尼西亚）	Fak Fak, Indonesia	IDN177	巴苏鲁安（印度尼西亚）	Pasaruan, Indonesia
IDN072	哥伦打洛（印度尼西亚）	Gorontalo, Indonesia	IDN180	北加浪岸（印度尼西亚）	Pekalongan, Indonesia
IDN075	格雷西（锦石）（印度尼西亚）	Gresik, Indonesia			

代码	中文名称	英文名称	代码	中文名称	英文名称
IDN183	班马吉（印度尼西亚）	Pemangkat, Indonesia	IDN303	西姆拉（印度尼西亚）	Simla, Indonesia
IDN186	波马拉（印度尼西亚）	Pomalaa, Indonesia	IDN304	锡卡（印度尼西亚）	Sikka, Indonesia
IDN188	库迈（印度尼西亚）	Kumai, Indonesia	IDN305	雅加达海港（印度尼西亚）	Tandjung Priok, Indonesia
IDN189	坤甸（印度尼西亚）	Pontianak, Indonesia	IDN306	爪畦岛（印度尼西亚）	Java, Pulau, Indonesia
IDN192	波索（印度尼西亚）	Poso, Indonesia	IDN900	奥莱勒厄（印度尼西亚）	Olee Lheue, Indonesia
IDN195	普罗博林戈（印度尼西亚）	Probolinggo, Indonesia	IDN901	巴淡（印度尼西亚）	Batam, Indonesia
IDN198	普劳桑布（印度尼西亚）	Pulau Sambu, Indonesia	IDN902	乌戎潘生（印度尼西亚）	Ujungpandang, Indonesia
IDN201	沙璜（印度尼西亚）	Sabang, Indonesia	IMN000	马恩岛	Isle Of Man
IDN203	桑坦港（印度尼西亚）	Santan Terminal, Indonesia	IND000	印度	India
IDN204	沙拉瓦蒂（印度尼西亚）	Salawati, Indonesia	IND003	阿勒皮（印度）	Alleppey, India
IDN207	三马林达（印度尼西亚）	Samarinda, Indonesia	IND006	贝迪（印度）	Bedi, India
IDN210	三发（印度尼西亚）	Sambas, Indonesia	IND009	贝莱克里（印度）	Belekeri, India
IDN213	桑皮特（印度尼西亚）	Sampit, Indonesia	IND012	包纳加尔（印度）	Bhavnagar, India
IDN216	桑库利朗（印度尼西亚）	Sankulirang, Indonesia	IND015	比穆尼帕特南（印度）	Bheemunipatnam, India
IDN219	塞拉潘姜（印度尼西亚）	Selat Pandjang, Indonesia	IND018	孟买（印度）	Mumbai (Bombay), India
IDN222	三宝垄（印度尼西亚）	Semarang, Indonesia	IND021	加尔格答（印度）	Kolkata (Calcutta), India
IDN223	苏拉威西（印度尼西亚）	Sulawesi, Indonesia	IND024	卡利卡特（印度）	Calicut, India
IDN224	泗水（印度尼西亚）	Surabaya, Indonesia	IND027	格灵格伯德讷姆（印度）	Calingapatnam, India
IDN225	塞尼帕油码头（印度尼西亚）	Senipah Terminal, Indonesia	IND030	坎纳诺尔（印度）	Cannanore, India
			IND033	科钦（印度）	Cochin, India
IDN227	山口羊（印度尼西亚）	Singkawang, Indonesia	IND036	科拉歇尔（印度）	Colachel, India
IDN228	实武牙（印度尼西亚）	Sibolga, Indonesia	IND039	贡达布尔（印度）	Coondapoor, India
IDN229	苏门达腊（印度尼西亚）	Sumatra, Indonesia	IND042	库达洛尔（印度）	Cuddalore, India
IDN230	苏苏（印度尼西亚）	Susu, Indonesia	IND045	达曼（印度）	Daman, India
IDN231	索龙（印度尼西亚）	Sorong, Indonesia	IND048	第乌（印度）	Diu, India
IDN234	双溪格龙（印度尼西亚）	Sungei Gerong, Indonesia	IND051	杜瓦尔卡（印度）	Dwarka, India
IDN237	双溪克拉克（印度尼西亚）	Sungei Kolak, Indonesia	IND054	戈巴尔布尔（印度）	Gopalpur, India
			IND057	霍尔迪亚（印度）	Haldia, India
IDN240	巴宁河（印度尼西亚）	Sungei Pakning, Indonesia	IND060	霍纳沃尔（印度）	Honavar, India
IDN246	丹戎潘丹（印度尼西亚）	Tanjung Pandan, Indonesia	IND063	加法拉巴德（印度）	Jafarabad, India
IDN249	丹戎槟榔（印度尼西亚）	Tanjung Pinang, Indonesia	IND066	杰考（印度）	Jakhau, India
IDN252	丹戎不碌（印度尼西亚）	Tanjung Priok, Indonesia	IND069	卡基纳达（印度）	Kakinada, India
IDN255	丹戎勒德布（印度尼西亚）	Tanjung Redeb, Indonesia	IND072	根德拉（印度）	Kandla, India
			IND075	加里加尔（印度）	Karaikal (Karikal), India
IDN258	丹戎索法（印度尼西亚）	Tanjung Sofa, Indonesia	IND078	加尔瓦尔（印度）	Karwar, India
IDN261	丹戎乌班（印度尼西亚）	Tanjung Uban, Indonesia	IND081	默吉利伯德讷姆（印度）	Machilipatnam, India
IDN264	打拉根（印度尼西亚）	Tarakan Island, Indonesia	IND084	金奈（印度）	Chennal (Madras), India
IDN266	直落巴由（印度尼西亚）	Tarahan, Indonesia	IND087	马埃（印度）	Mahe, India
IDN267	直葛（印度尼西亚）	Tegal, Indonesia	IND088	马苏利帕特南（印度）	Masulipatam, India
IDN270	直落勿洞（印度尼西亚）	Telukbetung, Indonesia	IND090	马尔佩（印度）	Malpe, India
IDN273	淡美拉汉（印度尼西亚）	Tembilahan, Indonesia	IND093	曼达帕姆（印度）	Mandapam, India
IDN276	德那第（印度尼西亚）	Ternate Island, Indonesia	IND096	曼德维（印度）	Mandvi, India
IDN278	乌戎潘当（印度尼西亚）	Ujung Pandang, Indonesia	IND099	芒格洛尔（印度）	Mangalore, India
IDN279	都保里（印度尼西亚）	Toboali, Indonesia	IND102	曼格罗尔（印度）	Mangrol, India
IDN282	托利托利（印度尼西亚）	Toli Toli, Indonesia	IND105	米尼科伊岛（印度）	Minicoy Island, India
IDN283	塔帕土安（印度尼西亚）	Tapaktuan, Indonesia	IND108	莫尔穆冈（印度）	Marmagao (Marmugao), India
IDN284	特卢巴尤尔（印度尼西亚）	Telukbajur, Indonesia	IND111	蒙德拉（印度）	Mundra, India
IDN285	图班（印度尼西亚）	Tuban, Indonesia	IND114	纳加伯蒂讷姆（印度）	Nagappattinam, India
IDN300	米瓦纳（印度尼西亚）	Djuwana, Indonesia	IND117	瑙勒基（印度）	Navlakhi, India
IDN302	文古尔拉（印度尼西亚）	Vengurla, Indonesia	IND120	新芒格洛尔（印度）	New Mangalore, India

代码	中文名称	英文名称
IND122	哈瓦舍瓦（尼赫鲁）（印度）	Nhava Sheva (Jawaharlal Nehru), India
IND123	新土提科林（印度）	New Tuticorin, India
IND126	班本（印度）	Pamban, India
IND129	潘吉姆（印度）	Panjim, India
IND132	巴拉迪布（印度）	Paradip, India
IND135	本地治里（印度）	Pondicherry, India
IND138	博尔本德尔（印度）	Porbandar, India
IND141	布莱尔港（印度）	Port Blair, India
IND144	奥卡港（印度）	Port Okha, India
IND147	波多诺伏港（印度）	Porto Novo, India
IND150	普里（印度）	Puri, India
IND153	奎隆（印度）	Quilon, India
IND156	勒德纳吉里（印度）	Ratnagiri, India
IND159	雷迪（印度）	Redi, India
IND162	瑟拉亚（印度）	Salaya, India
IND163	色纳加尔（印度）	Bhaunagar, India
IND165	锡卡（印度）	Sikka, India
IND166	新德里（印度）	New Delhi, India
IND168	苏拉特（印度）	Surat, India
IND169	塔德里（印度）	Tadri, India
IND171	代利杰里（印度）	Tellicherry, India
IND174	特里凡得琅（印度）	Trivandrum, India
IND177	杜蒂戈林（印度）	Tuticorin, India
IND180	文古尔拉（印度）	Vengurla, India
IND183	韦拉沃尔（印度）	Veraval, India
IND186	维沙卡帕特南（印度）	Visakhapatnam, India
IND901	德里（印度）	Delhi, India
IND904	加尔各答（印度）	Calcutta, India
IND907	班加罗尔（印度）	Bangalore, India
IOT000	英属印度洋领土	British Indian Ocean Territory
IRL000	爱尔兰	Ireland
IRL003	阿克洛（爱尔兰）	Arklow, Ireland
IRL006	巴尔布里根（爱尔兰）	Balbriggan, Ireland
IRL009	巴利纳（爱尔兰）	Ballina, Ireland
IRL012	巴尔的摩（爱尔兰）	Baltimore, Ireland
IRL015	班特里（爱尔兰）	Bantry, Ireland
IRL018	伯顿波特（爱尔兰）	Burton Port, Ireland
IRL021	克尔西文（爱尔兰）	Cahirciveen, Ireland
IRL024	卡斯尔顿贝尔（爱尔兰）	Castletown Bere, Ireland
IRL027	克莱尔卡斯尔（爱尔兰）	Clarecastle, Ireland
IRL030	克洛纳基尔蒂（爱尔兰）	Clonakilty, Ireland
IRL033	科夫（爱尔兰）	Cobh, Ireland
IRL036	科克（爱尔兰）	Cork, Ireland
IRL039	多尼戈尔（爱尔兰）	Donegal, Ireland
IRL042	德罗赫达（爱尔兰）	Dorgheda, Ireland
IRL045	都柏林（爱尔兰）	Dublin, Ireland
IRL048	邓莱里（爱尔兰）	Dun Laoghaire, Ireland
IRL051	邓坎嫩（爱尔兰）	Duncannon, Ireland
IRL054	邓多克（爱尔兰）	Dundalk, Ireland
IRL057	邓加文（爱尔兰）	Dungarvan, Ireland
IRL060	邓莫尔（爱尔兰）	Dunmore, Ireland
IRL063	费尼特（爱尔兰）	Fenit, Ireland
IRL066	福因斯（爱尔兰）	Foynes, Ireland
IRL069	戈尔韦（爱尔兰）	Galway, Ireland
IRL072	格里诺尔（爱尔兰）	Greenore, Ireland
IRL075	霍思（爱尔兰）	Howth, Ireland
IRL078	基拉拉（爱尔兰）	Killala, Ireland
IRL081	基利贝格斯（爱尔兰）	Killybegs, Ireland
IRL084	基尔罗南（爱尔兰）	Kilronan, Ireland
IRL087	基尔拉什（爱尔兰）	Kilrush, Ireland
IRL090	金塞尔（爱尔兰）	Kinsale, Ireland
IRL093	利默里克（爱尔兰）	Limerick, Ireland
IRL096	莫维尔（爱尔兰）	Moville, Ireland
IRL099	新罗斯（爱尔兰）	New Ross, Ireland
IRL102	拉斯马伦（爱尔兰）	Rathmullen, Ireland
IRL105	罗斯莱尔（爱尔兰）	Rosslare, Ireland
IRL108	斯卡尔（爱尔兰）	Schull, Ireland
IRL111	斯莱戈（爱尔兰）	Sligo, Ireland
IRL114	特拉利（爱尔兰）	Tralee, Ireland
IRL117	瓦伦西亚（爱尔兰）	Valentia, Ireland
IRL120	沃特福德（爱尔兰）	Waterford, Ireland
IRL123	韦克斯福德（爱尔兰）	Wexford, Ireland
IRL126	威克洛（爱尔兰）	Wicklow, Ireland
IRL129	约尔（爱尔兰）	Youghal, Ireland
IRL130	基尔马西蒙港（爱尔兰）	Kilmacsimon Quay, Ireland
IRL131	克里弗登（爱尔兰）	Clifden, Ireland
IRL132	马尔罗伊（爱尔兰）	Mulroy, Ireland
IRL133	韦斯特波特（爱尔兰）	Westport, Ireland
IRN000	伊朗	Iran (Islamic Republic of)
IRN003	阿巴丹（伊朗）	Abadan, Iran (Islamic Republic of)
IRN006	阿巴斯港（伊朗）	Bandar Abbas, Iran (Islamic Republic of)
IRN009	霍梅尼港（伊朗）	Bandar Khomeini, Iran (Islamic Republic of)
IRN012	马赫沙赫尔港（伊朗）	Bandar Mah Shahr, Iran (Islamic Republic of)
IRN015	布什尔（伊朗）	Bushehr (Bushire), Iran (Islamic Republic of)
IRN018	居鲁士码头（伊朗）	Cyrus Terminal, Iran (Islamic Republic of)
IRN021	贾斯克（伊朗）	Jask, Iran (Islamic Republic of)
IRN023	恰赫巴哈尔（伊朗）	Chah Bahar, Iran (Islamic Republic of)
IRN024	哈尔克岛（伊朗）	Khark Island (Kharg Island), Iran (Islamic Republic of)
IRN027	胡宁沙赫尔（伊朗）	Khorramshahr, Iran (Islamic Republic of)
IRN030	拉万岛（伊朗）	Lavan Island, Iran (Islamic Republic of)

代码	中文名称	英文名称	代码	中文名称	英文名称
IRN033	林格（伊朗）	Lingah, Iran (Islamic Republic of)	ITA009	安齐奥（意大利）	Anzio, Italy
			ITA012	阿尔巴塔克斯（意大利）	Arbatax, Italy
IRN036	巴里根角（伊朗）	Ras Bahregan, Iran (Islamic Republic of)	ITA015	奥古斯塔（意大利）	Augusta, Italy
			ITA018	阿沃拉（意大利）	Avola, Italy
IRN040	大不里士（伊朗）	Tabriz, Iran (Islamic Republic of)	ITA021	巴尼奥利（意大利）	Bagnoli, Italy
			ITA024	巴里（意大利）	Bari, Italy
IRN042	帕勒维（伊朗）	Pahlevi, Iran (Islamic Republic of)	ITA027	巴列塔（意大利）	Barletta, Italy
			ITA030	布林迪西（意大利）	Brindisi, Italy
IRN043	沙赫普尔港（伊朗）	Bandar Shahpour, Iran (Islamic Republic of)	ITA033	卡利亚里（意大利）	Cagliari, Italy
			ITA036	卡洛福泰（意大利）	Carloforte, Italy
IRN901	德黑兰（伊朗）	Teheran, Iran (Islamic Republic of)	ITA039	斯塔比亚海堡（意大利）	Castellammare Di Stabia, Italy
IRQ000	伊拉克	Iraq	ITA042	卡塔尼亚（意大利）	Catania, Italy
IRQ003	巴士拉（伊拉克）	Basra, Iraq	ITA045	卡坦扎罗（意大利）	Catanzaro, Italy
IRQ006	法奥（伊拉克）	Fao, Iraq	ITA048	基奥贾（意大利）	Chioggia, Italy
IRQ009	豪尔艾迈耶（伊拉克）	Khor Al Amaya, Iraq	ITA051	奇维塔韦基亚（意大利）	Civitavecchia, Italy
IRQ012	阿巴克（伊拉克）	Mina Al Bakr, Iraq	ITA054	克罗托内（意大利）	Crotone, Italy
IRQ015	乌姆盖斯尔（伊拉克）	Umm Qasr, Iraq	ITA056	法尔科纳拉（意大利）	Falconara, Italy
IRQ016	ZUBAIR（伊拉克）	Zubair, Iraq	ITA057	菲乌米奇诺（意大利）	Fiumicino, Italy
IRQ018	霍尔阿米亚（伊拉克）	Khor Al-Amya, Iraq	ITA060	福洛尼卡（意大利）	Follonica, Italy
IRQ019	基尔库克（伊拉克）	Kirkuk, Iraq	ITA063	福尔米亚（意大利）	Formia, Italy
IRQ020	摩苏尔（伊拉克）	Mosul, Iraq	ITA066	加埃塔（意大利）	Gaeta, Italy
IRQ901	巴格达（伊拉克）	Baghdad, Iraq	ITA069	加利波利（意大利）	Gallipoli, Italy
ISL000	冰岛	Iceland	ITA072	杰拉（意大利）	Gela, Italy
ISL003	阿克拉内斯（冰岛）	Akranes, Iceland	ITA075	热那亚（意大利）	Genoa, Italy
ISL006	阿克雷里（冰岛）	Akureyri, Iceland	ITA078	因佩里亚（意大利）	Imperia, Italy
ISL009	哈布纳菲厄泽（冰岛）	Hafnarfjord, Iceland	ITA081	拉马达莱那（意大利）	La Maddalena, Italy
ISL012	胡萨维克（冰岛）	Husavik, Iceland	ITA084	里窝那（意大利）	Livorno, Italy
ISL015	伊萨菲厄泽（冰岛）	Isafjordur-Hofn, Iceland	ITA087	利卡塔（意大利）	Licata, Italy
ISL018	凯夫拉维克（冰岛）	Keflavikurkaupstadur, Iceland	ITA090	曼夫雷多尼亚（意大利）	Manfredonia, Italy
			ITA093	马里纳迪卡拉拉（意大利）	Marina Di Carrara, Italy
ISL021	内斯克伊斯塔泽（冰岛）	Neskaupstadur, Iceland			
ISL024	帕特雷克峡湾（冰岛）	Patreksfjord, Iceland	ITA096	马尔萨拉（意大利）	Marsala, Italy
ISL027	雷克雅末克（冰岛）	Reykjavik, Iceland	ITA099	马扎拉德尔瓦洛（意大利）	Mazara Del Vallo, Italy
ISL030	塞济斯菲厄泽（冰岛）	Seydisfjord, Iceland			
ISL033	锡格吕菲厄泽（冰岛）	Siglufjord, Iceland	ITA102	梅利利（意大利）	Melilli, Italy
ISL036	斯卡加斯特伦（冰岛）	Skagastrond, Iceland	ITA105	墨西拿（意大利）	Messina, Italy
ISL039	斯特勒伊姆维克（冰岛）	Straumsvik, Iceland	ITA108	米拉佐（意大利）	Milazzo, Italy
ISL042	韦斯特曼纳岛（冰岛）	Vestmannaeyjar-Hofn, Iceland	ITA111	莫尔费塔（意大利）	Molfetta, Italy
			ITA114	蒙法尔科内（意大利）	Monfalcone, Italy
ISR000	以色列	Israel	ITA117	莫诺波利（意大利）	Monopoli, Italy
ISR003	阿卡（以色列）	Acre, Israel	ITA120	那波利（意大利）	Napoli, Italy
ISR006	阿什杜德（以色列）	Ashdod, Israel	ITA123	奥尔比亚（意大利）	Olbia, Italy
ISR009	阿什克伦（以色列）	Ashkelon, Israel	ITA126	奥里斯塔诺（意大利）	Oristano, Italy
ISR012	埃拉特（以色列）	Eilat (Eilath), Israel	ITA129	奥托纳（意大利）	Ortona, Italy
ISR015	哈代拉（以色列）	Hadera, Israel	ITA132	巴勒莫（意大利）	Palermo, Italy
ISR018	海法（以色列）	Haifa, Israel	ITA135	佩萨罗（意大利）	Pesaro, Italy
ISR024	特拉维夫-雅法（以色列）	Tel Aviv-Yafo, Israel	ITA138	佩斯卡拉（意大利）	Pescara, Italy
			ITA141	皮翁比诺（意大利）	Piombino, Italy
ITA000	意大利	Italy	ITA144	波蒂奇（意大利）	Portici, Italy
ITA003	阿尔盖罗（意大利）	Alghero, Italy	ITA147	波蒂格里欧内（意大利）	Portiglione, Italy
ITA006	安科纳（意大利）	Ancona, Italy	ITA150	阿祖罗港（意大利）	Porto Azzurro, Italy

代码	中文名称	英文名称
ITA153	恩佩多克莱港（意大利）	Porto Empedocle, Italy
ITA156	马尔盖腊港（意大利）	Porto Marghera, Italy
ITA159	圣托斯特凡诺港（意大利）	Porto Santo Stefano, Italy
ITA162	托雷斯港（意大利）	Porto Torres, Italy
ITA165	韦斯梅港（意大利）	Porto Vesme, Italy
ITA168	费拉约港（意大利）	Portoferraio, Italy
ITA171	斯库索港（意大利）	Portoscuso, Italy
ITA174	波佐利（意大利）	Pozzuoli, Italy
ITA177	普里奥洛（意大利）	Priolo, Italy
ITA180	腊万纳（意大利）	Ravenna, Italy
ITA183	雷焦（意大利）	Reggio, Italy
ITA186	里奥马里纳（意大利）	Rio Marina, Italy
ITA189	萨莱诺（意大利）	Salerno, Italy
ITA192	圣雷莫（意大利）	San Remo, Italy
ITA195	萨罗克（福克西港）（意大利）	Sarroch (Porto Foxi), Italy
ITA198	萨沃纳（意大利）	Savona/Funivie, Italy
ITA201	锡拉库萨（意大利）	Siracusa, Italy
ITA204	斯佩齐亚（意大利）	La Spezia, Italy
ITA207	塔拉莫内（意大利）	Talamone, Italy
ITA210	塔兰托（意大利）	Taranto, Italy
ITA213	托雷德尔格雷科（意大利）	Torre Del Greco, Italy
ITA216	托雷安农齐亚塔（意大利）	Torre Annunziata, Italy
ITA219	特拉帕尼（意大利）	Trapani, Italy
ITA222	的里雅斯特（意大利）	Trieste, Italy
ITA225	瓦斯托（意大利）	Vasto, Italy
ITA228	威尼斯（意大利）	Venezia (Venice), Italy
ITA231	维亚雷焦（意大利）	Viareggio, Italy
ITA242	奥克里卡（意大利）	Terranova, Italy
ITA243	博洛尼亚（意大利）	Boiogna, Italy
ITA244	利窝那（意大利）	Leghorn, Italy
ITA245	那不勒斯（意大利）	Naples, Italy
ITA247	普腊托（意大利）	Prato, Italy
ITA248	撒丁岛（意大利）	Sardinia, Italy
ITA249	桑达基斯达（意大利）	Santa Guista, Italy
ITA252	西西里（意大利）	Sicily, Italy
ITA253	锡腊丘斯（意大利）	Syracuse, Italy
ITA901	罗马（意大利）	Roma, Italy
ITA902	米兰（意大利）	Miland, Italy
JAM000	牙买加	Jamaica
JAM003	阿利盖德庞德（牙买加）	Alligator Pond, Jamaica
JAM006	布莱克河（牙买加）	Black River, Jamaica
JAM009	布卢菲尔兹（牙买加）	Bluefields, Jamaica
JAM012	法尔茅斯（牙买加）	Falmouth, Jamaica
JAM015	金斯敦（牙买加）	Kingston, Jamaica
JAM018	卢西（牙买加）	Lucea, Jamaica
JAM021	蒙特哥湾（牙买加）	Montego Bay, Jamaica
JAM024	奥乔里奥斯湾（牙买加）	Ocho Rios, Jamaica
JAM027	安东尼奥港（牙买加）	Port Antonio, Jamaica
JAM030	埃斯基韦尔港（牙买加）	Port Esquivel, Jamaica
JAM033	凯泽港（牙买加）	Port Kaiser, Jamaica
JAM036	莫兰特港（牙买加）	Port Morant, Jamaica
JAM039	罗德港（牙买加）	Port Rhoades, Jamaica
JAM042	罗亚尔港（牙买加）	Port Royal, Jamaica
JAM045	里奥布埃诺（牙买加）	Rio Bueno, Jamaica
JAM048	罗基波因特（牙买加）	Rocky Point, Jamaica
JAM051	萨尔特里弗（牙买加）	Salt River, Jamaica
JAM054	滨海萨凡纳（牙买加）	Savanna La Mar, Jamaica
JEY000	泽西岛	Jersey
JOR000	约旦	Jordan
JOR003	亚喀巴（约旦）	Aqaba (Al'Aqabah), Jordan
JOR004	纳布鲁斯（约旦）	Nablus, Jordan
JOR005	伊尔比德（约旦）	Irbid, Jordan
JPN000	日本	Japan
JPN003	网走（日本）	Abashiri, Japan
JPN006	网干（日本）	Aboshi, Japan
JPN009	相浦（日本）	Ainoura, Japan
JPN012	相生（日本）	Aioi, Japan
JPN015	秋田（日本）	Akita, Japan
JPN018	赤穗湾（日本）	Ako Wan, Japan
JPN021	尼崎（日本）	Amagasaki, Japan
JPN024	阿南（日本）	Anan, Japan
JPN027	青森（日本）	Aomori, Japan
JPN030	渥美（日本）	Atsumi, Japan
JPN033	别府（日本）	Beppu, Japan
JPN036	千叶（日本）	Chiba, Japan
JPN039	知多（日本）	Chita, Japan
JPN042	江名（日本）	Ena, Japan
JPN045	江田岛（日本）	Etajima, Japan
JPN048	福冈（日本）	Fukuoka, Japan
JPN051	福山（日本）	Fukuyama, Japan
JPN054	船桥（日本）	Funabashi, Japan
JPN057	船川（日本）	Funakawa, Japan
JPN060	伏木（日本）	Fushiki, Japan
JPN063	蒲郡（日本）	Gamagori, Japan
JPN066	八户（日本）	Hachinohe, Japan
JPN069	荻（日本）	Hagi, Japan
JPN072	博多（日本）	Hakata, Japan
JPN075	函馆（日本）	Hakodate, Japan
JPN078	滨田（日本）	Hamada, Japan
JPN081	滨松（日本）	Hamamatsu, Japan
JPN084	半田（日本）	Handa, Japan
JPN087	阪南（日本）	Hannan, Japan
JPN090	日明（日本）	Hiagari, Japan
JPN093	响滩湾（日本）	Hibikinada, Japan
JPN096	光市（日本）	Hikari, Japan
JPN099	姬路（日本）	Himeji, Japan
JPN102	平生（日本）	Hirao, Japan
JPN105	广田（日本）	Hirohata, Japan
JPN108	广岛（日本）	Hiroshima, Japan

代码	中文名称	英文名称	代码	中文名称	英文名称
JPN111	久之滨（日本）	Hisanohama, Japan	JPN264	三原（日本）	Mihara, Japan
JPN114	日立（日本）	Hitachi, Japan	JPN267	三池（日本）	Miike, Japan
JPN117	细岛（日本）	Hososhima（Hosojima）, Japan	JPN270	美川（日本）	Mikawa, Japan
			JPN273	水俣（日本）	Minamata, Japan
JPN120	辑保（日本）	Iho, Japan	JPN276	三岛（日本）	Misima, Japan
JPN123	今治（日本）	Imabari, Japan	JPN279	三角（日本）	Misumi, Japan
JPN126	伊万里（日本）	Imari, Japan	JPN282	三子岛（日本）	Mitsukoshima, Japan
JPN129	因岛（日本）	Innoshima, Japan	JPN285	宫古（日本）	Miyako, Japan
JPN132	伊良湖（日本）	Irako, Japan	JPN288	宫崎（日本）	Miyazaki, Japan
JPN135	石垣（日本）	Ishigaki, Japan	JPN291	宫津（日本）	Miyazu, Japan
JPN138	石卷（日本）	Ishinomaki, Japan	JPN294	水岛（日本）	Mizushima, Japan
JPN141	系崎（日本）	Itozaki, Japan	JPN297	门司（日本）	Moji, Japan
JPN144	岩国（日本）	Iwakuni, Japan	JPN300	门别（日本）	Monbetsu, Japan
JPN147	伊予三岛（日本）	Iyo Mishima, Japan	JPN303	向岛（日本）	Mukaishima, Japan
JPN150	严原（日本）	Izuhara, Japan	JPN306	室兰（日本）	Muroran, Japan
JPN153	泉佐野（日本）	Izumisano, Japan	JPN309	六连（日本）	Mutsure, Japan
JPN156	鹿儿岛（日本）	Kagoshima, Japan	JPN312	长崎（日本）	Nagasaki, Japan
JPN159	海南（日本）	Kainan, Japan	JPN315	长浦（日本）	Nagaura, Japan
JPN162	加古川（日本）	Kakogawa, Japan	JPN318	名古屋（日本）	Nagoya, Japan
JPN165	釜石（日本）	Kamaishi, Japan	JPN321	那霸（日本）	Naha, Japan
JPN168	金泽（日本）	Kanazawa, Japan	JPN322	新泻（日本）	Niigata, Japan
JPN171	刈田（日本）	Kanda, Japan	JPN324	中城（日本）	Nakagusuku, Japan
JPN174	关门（日本）	Kanmon, Japan	JPN327	七尾（日本）	Nanao, Japan
JPN177	鹿川（日本）	Kanokawa, Japan	JPN330	直江津（日本）	Naoetsu, Japan
JPN180	唐津（日本）	Karatsu, Japan	JPN333	直岛（日本）	Naoshima Island, Japan
JPN183	笠冈（日本）	Kasaoka, Japan	JPN336	根岸（日本）	Negishi, Japan
JPN186	鹿岛（日本）	Kashima, Japan	JPN339	根室（日本）	Nemuro, Japan
JPN189	川之江（日本）	Kawanoe, Japan	JPN345	新舄东（日本）	Niigata Higashi, Japan
JPN192	川崎（日本）	Kawasaki, Japan	JPN348	新居滨（日本）	Niihama, Japan
JPN195	喜入（日本）	Kiire, Japan	JPN351	西宫（日本）	Nishinomiya, Japan
JPN198	菊间（日本）	Kikuma, Japan	JPN354	能代（日本）	Noshiro, Japan
JPN201	金湾（日本）	Kin Wan, Japan	JPN357	大船渡（日本）	Ofunato, Japan
JPN204	衣浦（日本）	Kinuura, Japan	JPN360	扇岛（日本）	Ogishima, Japan
JPN207	木更津（日本）	Kisarazu, Japan	JPN363	大分（日本）	Oita（Ohita）, Japan
JPN210	北九州（日本）	Kitakyushu, Japan	JPN366	冈山（日本）	Okayama, Japan
JPN213	神户（日本）	Kobe, Japan	JPN369	御前崎（日本）	Omaezaki, Japan
JPN216	高知（日本）	Kochi, Japan	JPN372	大凑（日本）	Ominato, Japan
JPN219	小仓（日本）	Komatsushima, Japan	JPN375	大三岛（日本）	Omishima, Japan
JPN222	小松岛（日本）	Konoshima, Japan	JPN378	小名滨（日本）	Onahama, Japan
JPN225	神岛（日本）	Konoshima, Japan	JPN381	尾道（日本）	Onomichi, Japan
JPN228	下松（日本）	Kudamatsu, Japan	JPN384	大阪（日本）	Osaka, Japan
JPN231	吴（日本）	Kure, Japan	JPN387	小樽（日本）	Otaru, Japan
JPN234	黑崎（日本）	Kurosaki, Japan	JPN390	尾鹫（日本）	Owase, Japan
JPN237	钏路（日本）	Kushiro, Japan	JPN393	留萌（日本）	Rumoi, Japan
JPN240	舞鹤（日本）	Maizuru, Japan	JPN396	佐贺关（日本）	Saganoseki, Japan
JPN243	牧山（日本）	Makiyama, Japan	JPN399	佐伯（日本）	Saiki, Japan
JPN246	丸龟（日本）	Marugame, Japan	JPN402	界（日本）	Sakai, Japan
JPN249	马刀泻（日本）	Mategata, Japan	JPN405	坂出（日本）	Sakaide, Japan
JPN252	松永（日本）	Matsunaga, Japan	JPN408	境港（日本）	Sakaiminato, Japan
JPN255	松山（日本）	Matsuyama, Japan	JPN411	界泉北（日本）	Sakaisenboku, Japan
JPN258	松坂（日本）	Matuzaka, Japan	JPN414	酒田（日本）	Sakata, Japan
JPN261	妻鹿（日本）	Mega, Japan	JPN417	崎户（日本）	Sakito, Japan

代码	中文名称	英文名称	代码	中文名称	英文名称
JPN420	佐世保（日本）	Sasebo, Japan	JPN576	寄岛（日本）	Yorishima, Japan
JPN423	仙台（日本）	Sendai, Japan	JPN579	四仓（日本）	Yotukura, Japan
JPN426	芝浦（日本）	Shibaura, Japan	JPN582	由良（日本）	Yura, Japan
JPN429	饰磨（日本）	Shikama, Japan	JPN590	AJIGAWA（日本）	Ajigawa, Japan
JPN432	清水（日本）	Shimizu, Japan	JPN591	AKITSU（日本）	Akitsu, Japan
JPN435	下田（日本）	Shimoda, Japan	JPN592	DOKAI（日本）	Dokai, Japan
JPN438	下关（日本）	Shimonoseki, Japan	JPN593	KEIHIN PORT（日本）	Keihin Port, Japan
JPN441	下津（日本）	Shimotsu, Japan	JPN595	东播磨（IHO）（日本）	Higashiharima, Japan
JPN444	师崎（日本）	Shinsaki, Japan	JPN596	浮岛（日本）	Mitsukojima, Japan
JPN447	盐斧（日本）	Shiogama, Japan	JPN597	君津（日本）	Kimitsu, Japan
JPN450	新凑（日本）	Sinminato, Japan	JPN598	鹿儿岛新港（日本）	Kagoshima Shinko, Japan
JPN453	须崎（日本）	Suzaki, Japan	JPN600	三岛 川三江（日本）	Misima-Kawanoe, Japan
JPN456	桔（日本）	Tachibana, Japan	JPN602	苏萨（日本）	Susa (Sousse), Japan
JPN459	多度津（日本）	Tadotu, Japan	JPN605	宇野和玉野（日本）	Uno &Tamano, Japan
JPN462	田子浦（日本）	Tagonoura, Japan	JPN606	枕崎（日本）	Makurasaki, Japan
JPN465	高松（日本）	Takamatsu, Japan	JPN901	札幌（日本）	Sapporo, Japan
JPN471	诧间（日本）	Takuma, Japan	JPN902	冲绳（日本）	Okinawa, Japan
JPN474	玉岛（日本）	Tama Sima, Japan	KAZ000	哈萨克斯坦	Kazakhstan
JPN477	玉野（日本）	Tamano, Japan	KAZ901	十月市（哈萨克斯坦）	Oktyjabrjiski, Kazakhstan
JPN480	田边（日本）	Tanabe, Japan	KAZ902	尤日内（哈萨克斯坦）	Yuzhnyy, Kazakhstan
JPN483	馆山（日本）	Tateyama, Japan	KAZ903	迈哈布奇盖（哈萨克斯坦）	Kazakhstan
JPN486	谷山（日本）	Tanivama, Japan			
JPN489	户田（日本）	Tobata, Japan	KAZ904	阿连谢夫卡（哈萨克斯坦）	Kazakhstan
JPN492	十胜（日本）	Tokachi, Japan			
JPN495	东海（日本）	Tokai, Japan	KAZ905	巴克特（哈萨克斯坦）	Kazakhstan
JPN498	德山（日本）	Tokuyama, Japan	KAZ906	德鲁日巴（哈萨克斯坦）	Kazakhstan
JPN501	东京（日本）	Tokyo, Japan	KAZ907	霍尔果斯（哈萨克斯坦）	Kazakhstan
JPN504	苫小牧（日本）	Tomakomai, Japan	KAZ908	科里扎特（哈萨克斯坦）	Kazakhstan
JPN507	富田（日本）	Tonda, Japan	KAZ909	纳林果勒（哈萨克斯坦）	Kazakhstan
JPN510	鸟取（日本）	Tottori, Japan	KEN000	肯尼亚	Kenya
JPN513	富山（日本）	Toyama, Japan	KEN003	拉穆（肯尼亚）	Lamu, Kenya
JPN516	富山新港（日本）	Toyama Sinko, Japan	KEN006	马林迪（肯尼亚）	Malindi, Kenya
JPN519	丰桥（日本）	Toyohashi, Japan	KEN009	蒙巴萨（肯尼亚）	Mombasa, Kenya
JPN522	津（日本）	Tsu, Japan	KEN012	万加（肯尼亚）	Vanga, Kenya
JPN525	津居山（日本）	Tsuiyama, Japan	KEN901	内罗毕（肯尼亚）	Nairobi, Kenya
JPN528	津久见（日本）	Tsukumi, Japan	KGZ000	吉尔吉斯斯坦	Kyrgyzstan
JPN531	敦贺（日本）	Tsuruga, Japan	KGZ901	图鲁噶尔（吉尔吉斯斯坦）	Kyrgyzstan
JPN534	鹤见（日本）	Tsurumi, Japan			
JPN537	鹤崎（日本）	Tsurusaki, Japan	KGZ902	比什凯克（吉尔吉斯斯坦）	Kyrgyzstan
JPN540	宇部（日本）	Ube, Japan			
JPN543	内浦（日本）	Uchiura, Japan	KGZ903	伊尔克什坦（吉尔吉斯斯坦）	Kyrgyzstan
JPN546	宇野（日本）	Uno, Japan			
JPN549	若松（日本）	Wakamatsu, Japan	KGZ904	纳伦（吉尔吉斯斯坦）	Kyrgyzstan
JPN552	和歌山（日本）	Wakayama, Japan	KGZ905	奥什（吉尔吉斯斯坦）	Kyrgyzstan
JPN555	稚内（日本）	Wakkanai, Japan	KHM000	柬埔寨	Cambodia
JPN558	八代（日本）	Yatsushiro (Yatsuahiro), Japan	KHM003	磅逊（柬埔寨）	Kompong Som, Cambodia
			KHM006	金边（柬埔寨）	Phnom Penh, Cambodia
JPN561	八幡（日本）	Yawata, Japan	KIR000	基里巴斯	Kiribati
JPN564	八恬滨（日本）	Yawatahama, Japan	KIR003	巴纳巴岛（基里巴斯）	Banaba, Kiribati
JPN567	四日市（日本）	Yokkaichi, Japan	KIR006	圣诞岛（基里巴斯）	Christmas Island, Kiribati
JPN570	横滨（日本）	Yokohama, Japan	KIR009	范宁岛（基里巴斯）	Fanning Island, Kiribati
JPN573	横须贺（日本）	Yokosuka, Japan	KIR012	塔拉瓦（基里巴斯）	Tarawa, Kiribati

代码	中文名称	英文名称	代码	中文名称	英文名称
KIR020	ARANUKA I. （基里巴斯）	Aranuka I., Kiribati	KOR027	木浦（韩国）	Mokpo (Moppo), Korea (Republic of)
KIR021	BAIRIKI（基里巴斯）	Bairiki, Kiribati	KOR030	墨湖（韩国）	Mukho, Korea (Republic of)
KIR022	BUKINTERIKE（基里巴斯）	Bukinterike, Kiribati	KOR033	浦项（韩国）	Pohang, Korea (Republic of)
KIR023	阿拜昂岛（基里巴斯）	Abaiang I., Kiribati	KOR034	平泽（韩国）	Pyeongtaek, Korea (Republic of)
KIR024	奥罗纳岛（基里巴斯）	Orona, Kiribati	KOR036	三陟（韩国）	Samchok, Korea (Republic of)
KIR025	奥诺托阿岛（基里巴斯）	Onotoa I., Kiribati	KOR039	蔚山（韩国）	Ulsan, Korea (Republic of)
KIR026	赫尔岛（基里巴斯）	Hull I., Kiribati	KOR042	丽水（韩国）	Yeosu (Yosu), Korea (Republic of)
KIR027	华盛顿岛（基里巴斯）	Washington I., Kiribati	KOR901	首尔（韩国）	Seoul, Korea (Republic of)
KIR030	坎顿岛（基里巴斯）	Kanton I., Kiribati	KWT000	科威特	Kuwait
KIR031	库里亚岛（基里巴斯）	Kuria I., Kiribati	KWT003	霍尔姆法塔（科威特）	Khor Al Mufatta, Kuwait
KIR032	马拉凯伊岛（基里巴斯）	Marakei I., Kiribati	KWT006	科威特（科威特）	Kuwait, Kuwait
KIR033	马亚纳岛（基里巴斯）	Maiana I., Kiribati	KWT009	艾哈迈迪港（科威特）	Mina 'Al Ahmadi, Kuwait
KIR034	麦基恩岛（基里巴斯）	Mckean I., Kiribati	KWT012	米纳阿卜杜拉（科威特）	Mena Abdulla, Kuwait
KIR035	曼拉岛（基里巴斯）	Manra I., Kiribati	KWT015	米纳索特（科威特）	Mena Saud, Kuwait
KIR036	莫尔登（基里巴斯）	Malden I., Kiribati	KWT018	舒艾拜（科威特）	Shuaiba, Kuwait
KIR037	尼库马罗罗岛（基里巴斯）	Nikumaroro, Kiribati	KWT021	舒韦赫（科威特）	Shuwaikh, Kuwait
KIR038	尼库瑙岛（基里巴斯）	Nikunau I., Kiribati	KWT022	米内艾哈迈迪（科威特）	Mena -Al-Ahmadi, Kuwait
KIR039	诺诺乌蒂岛（基里巴斯）	Nonouti I., Kiribati	LAO000	老挝	Lao People'S Democratic Republic
KIR040	斯塔巴克岛（基里巴斯）	Starbuek I., Kiribati	LAO901	万象（老挝）	Vientiane, Lao People's Democratic Republic
KIR041	塔邦泰拜克（基里巴斯）	Tabontebike, Kiribati	LBN000	黎巴嫩	Lebanon
KIR042	塔比泰韦阿岛（基里巴斯）	Tabiteuea I., Kiribati	LBN003	贝鲁特（黎巴嫩）	Beirut, Lebanon
KIR043	塔布阿埃兰岛（基里巴斯）	Tabuaeran, Kiribati	LBN006	舍卡（黎巴嫩）	Chekka, Lebanon
KIR050	塔马纳岛（基里巴斯）	Tamana I., Kiribati	LBN009	朱尼耶（黎巴嫩）	Jounieh, Lebanon
KIR051	塔皮瓦（基里巴斯）	Tapiwa, Kiribati	LBN012	腊斯塞拉塔（黎巴嫩）	Ras Selata, Lebanon
KIR052	乌马（基里巴斯）	Ooma, Kiribati	LBN015	赛达（黎巴嫩）	Sayda, Lebanon
KNA000	圣基茨和尼维斯	Saint Kitts And Nevis	LBN018	苏尔（黎巴嫩）	Sur (Tyre), Lebanon
KNA003	巴斯特尔（圣基茨和尼维斯）	Basseterre, Saint Kitts and Nevis	LBN021	的黎波里（黎巴嫩）	Tripoli, Lebanon
KNA006	查尔斯敦（圣基茨和尼维斯）	Charlestown (Nevis), Saint Kitts and Nevis	LBN024	宰赫拉尼（黎巴嫩）	Zahrani, Lebanon
KOR000	韩国	Korea (Republic Of)	LBN030	西顿（黎巴嫩）	Sidon, Lebanon
KOR003	釜山（韩国）	Busan, Korea (Republic of)	LBR000	利比里亚	Liberia
KOR004	光阳（韩国）	Gwangyang (Kwangyang), Korea (Republic of)	LBR003	布坎南（利比里亚）	Buchanan, Liberia
KOR006	长项（韩国）	Changhang, Korea (Republic of)	LBR006	帕尔马斯角（利比里亚）	Cape Palmas, Liberia
KOR009	济州（韩国）	Cheju, Korea (Republic of)	LBR009	大巴萨（利比里亚）	Grand Bassa, Liberia
KOR012	镇海（韩国）	Chinhae, Korea (Republic of)	LBR012	格林维尔（利比里亚）	Greenville, Liberia
KOR015	台普（韩国）	Daepori, Korea (Republic of)	LBR015	马歇尔（利比里亚）	Marshall, Liberia
KOR018	仁川（韩国）	Incheon (Inchon), Korea (Republic of)	LBR018	蒙罗维亚（利比里亚）	Monrovia, Liberia
KOR021	群山（韩国）	Gunsan (Kunsan), Korea (Republic of)	LBR021	里弗塞斯（利比里亚）	River Cess, Liberia
KOR024	马山（韩国）	Masan, Korea (Republic of)	LBR030	HARPER C.（利比里亚）	Harper C., Liberia
			LBR031	下布坎南（利比里亚）	Lower Buchanan, Liberia
			LBY000	利比亚	Libya
			LBY003	阿济伟亚（利比亚）	Az Zawiyah, Libya
			LBY006	巴迪亚（利比亚）	Bardia, Libya
			LBY009	班加西（利比亚）	Bingazi (Benghazi), Libya
			LBY012	德尔纳（利比亚）	Darnah (Derna), Libya

代码	中文名称	英文名称	代码	中文名称	英文名称
LBY015	锡德尔（利比亚）	As Sidr, Libya	MAR027	纳祖尔（摩洛哥）	Nador, Morocco
LBY017	卜雷加港（利比亚）	Marsa Brega, Libya	MAR030	拉巴特（摩洛哥）	Rabat, Morocco
LBY018	哈里盖港（利比亚）	Marsa El Hariga, Libya	MAR033	萨菲（摩洛哥）	Safi, Morocco
LBY021	米苏拉塔区（利比亚）	Misurata, Libya	MAR036	丹吉尔（摩洛哥）	Tangier, Morocco
LBY024	拉斯拉努夫（利比亚）	Ras Lanuf, Libya	MAR039	塔尔法亚（摩洛哥）	Tarfaya, Morocco
LBY027	图卜鲁格（利比亚）	Tobruk, Libya	MAR042	得土安（摩洛哥）	Tetouan, Morocco
LBY030	的黎波里（利比亚）	Tripoli, Libya	MAR051	RIO MARTIN（摩洛哥）	Rio Martin, Morocco
LBY033	兹利坦（利比亚）	Zleiten, Libya	MAR054	克尼特拉（摩洛哥）	Port Lyautey, Morocco
LBY036	兹瓦拉（利比亚）	Zuara, Libya	MAR055	马尔提勒（摩洛哥）	Martil, Morocco
LBY039	祖埃提纳（利比亚）	Zueitina, Libya	MAR056	Tetuan（摩洛哥）	Tetuan, Morocco
LCA000	圣卢西亚	Saint Lucia	MAR057	伊萨奥伊拉（摩洛哥）	Mogador, Morocco
LCA003	卡斯特里（圣卢西亚）	Castries, Saint Lucia	MCO000	摩纳哥	Monaco
LCA006	苏弗里耶尔（圣卢西亚）	Soufriere, Saint Lucia	MCO002	摩纳哥（摩纳哥）	Monaco, Monaco
LCA009	维约堡（圣卢西亚）	Vieux Fort, Saint Lucia	MCO003	蒙特卡洛（摩纳哥）	Monte Carlo, Monaco
LIE000	列支敦士登	Liechtenstein	MDA000	摩尔多瓦	Moldova (Republic of)
LKA000	斯里兰卡	Sri Lanka	MDG000	马达加斯加	Madagascar
LKA003	拜蒂克洛（斯里兰卡）	Batticaloa, Sri Lanka	MDG003	阿纳拉拉瓦（马达加斯加）	Analalava, Madagascar
LKA006	科伦坡（斯里兰卡）	Colombo, Sri Lanka			
LKA009	加勒（斯里兰卡）	Galle, Sri Lanka	MDG006	安塔拉哈（马达加斯加）	Antalaha, Madagascar
LKA012	贾夫纳（斯里兰卡）	Jaffna, Sri Lanka	MDG009	安齐拉纳纳（马达加斯加）	Antsiranana (Diego Suarez), Madagascar
LKA015	卡卢特勒（斯里兰卡）	Kalutara, Sri Lanka			
LKA018	坎凯桑图赖（斯里兰卡）	Kankesanturai, Sri Lanka	MDG012	法拉凡加纳（马达加斯加）	Farafangana, Madagascar
LKA021	凯茨（斯里兰卡）	Kayts, Sri Lanka			
LKA024	马特勒（斯里兰卡）	Matara, Sri Lanka	MDG015	多凡堡（马达加斯加）	Fort Dauphin (Toalagnaro), Madagascar
LKA027	尼甘布（斯里兰卡）	Negombo, Sri Lanka			
LKA028	马纳尔（斯里兰卡）	Mannar, Sri Lanka	MDG018	马任加（马达加斯加）	Majunga (Mahajanga), Madagascar
LKA029	塔莱曼纳尔（斯里兰卡）	Talaimannar, Sri Lanka			
LKA030	亭可马里（斯里兰卡）	Trincomalee, Sri Lanka	MDG021	马纳卡拉（马达加斯加）	Manakara, Madagascar
LSO000	莱索托	Lesotho	MDG024	马南扎里河（马达加斯加）	Mananjary, Madagascar
LTU000	立陶宛	Lithuania			
LTU002	克莱佩达（立陶宛）	Klaipeda, Lithuania	MDG027	马鲁安采特拉（马达加斯加）	Maroantsetra, Madagascar
LUX000	卢森堡	Luxembourg			
LUX001	卢森堡（卢森堡）	Luxembourg, Luxembourg	MDG030	穆龙贝（马达加斯加）	Morombe, Madagascar
LVA000	拉脱维亚	Latvia	MDG033	穆龙达瓦（马达加斯加）	Morondava, Madagascar
LVA003	里加（拉脱维亚）	Riga, Latvia	MDG036	贝岛（马达加斯加）	Nosy Bs, Madagascar
LVA006	利耶帕亚（拉脱维亚）	Liepaja (Liepaia), Latvia	MDG039	桑巴瓦（马达加斯加）	Sambava, Madagascar
LVA009	文茨皮尔斯（拉脱维亚）	Ventspils, Latvia	MDG042	图阿马西纳（马达加斯加）	Tamatave (Toamasina), Madagascar
MAC000	中国澳门	Macau (China)			
MAC003	澳门（中国澳门）	Macau, Macau (China)	MDG045	托拉纳罗（马达加斯加）	Tolagnaro, Madagascar
MAF000	圣马丁（法国）	Saint Martin (French Part)	MDG048	图莱亚尔（马达加斯加）	Tulear (Tolliara), Madagascar
MAF003	菲利普斯堡［圣马丁（法国）］	Saint Martin (French Part)			
			MDG050	努西贝（马达加斯加）	Nossi-Be, Madagascar
MAR000	摩洛哥	Morocco	MDG051	塔那那利佛（马达加斯加）	Tananarive, Madagascar
MAR003	阿加迪尔（摩洛哥）	Agadir, Morocco			
MAR006	卡萨布兰卡（摩洛哥）	Casablanca, Morocco	MDV000	马尔代夫	Maldives
MAR009	贾迪达（摩洛哥）	El Jadida, Morocco	MDV003	阿杜环礁（马尔代夫）	Addu Atoll, Maldives
MAR012	索维拉（摩洛哥）	Essaouira, Morocco	MDV006	马累岛（马尔代夫）	Male Island, Maldives
MAR015	朱尔夫莱斯费尔（摩洛哥）	Jorf Lasfar, Morocco	MEL000	梅利利亚	Melilla
			MEL003	梅利利亚（梅利利亚）	Melilla, Melilla
MAR018	盖尼特拉（摩洛哥）	Kenitra, Morocco	MEX000	墨西哥	Mexico
MAR021	拉腊什（摩洛哥）	Larache, Morocco	MEX003	阿卡普尔科（墨西哥）	Acapulco, Mexico
MAR024	穆罕默迪耶（摩洛哥）	Mohammedia, Morocco	MEX006	阿尔瓦拉多（墨西哥）	Alvarado, Mexico

代码	中文名称	英文名称
MEX009	坎佩切（墨西哥）	Campeche, Mexico
MEX012	阿卡斯群岛码头（墨西哥）	Cayos Arcas Terminal, Mexico
MEX015	卡门城（墨西哥）	Ciudad Del Carmen, Mexico
MEX018	夸察夸尔科斯（墨西哥）	Coatzacoalcos, Mexico
MEX021	科苏梅尔岛（墨西哥）	Cozumel Island, Mexico
MEX024	多斯博卡斯（墨西哥）	Dos Bocas, Mexico
MEX027	恩塞纳达（墨西哥）	Ensenada, Mexico
MEX030	弗龙特拉（墨西哥）	Frontera, Mexico
MEX033	瓜伊马斯（墨西哥）	Guaymas, Mexico
MEX036	拉巴斯（墨西哥）	La Paz, Mexico
MEX039	拉萨罗卡德纳斯（墨西哥）	Lazaro Cardenas, Mexico
MEX042	曼萨尼略（墨西哥）	Manzanillo, Mexico
MEX045	马萨特兰（墨西哥）	Mazatlan, Mexico
MEX048	米纳蒂特兰（墨西哥）	Minatitlan, Mexico
MEX051	莫罗雷东杜（墨西哥）	Morro Redondo, Mexico
MEX054	南吉塔（墨西哥）	Nanchital, Mexico
MEX057	瑙特拉（墨西哥）	Nautla, Mexico
MEX060	普罗格雷索（墨西哥）	Progreso, Mexico
MEX063	马德罗港（墨西哥）	Puerto Madero, Mexico
MEX066	罗萨里托码头（墨西哥）	Posarito Terminal, Mexico
MEX069	萨利纳克鲁斯（墨西哥）	Salina Cruz, Mexico
MEX072	圣罗萨利亚（墨西哥）	Santa Rosalia, Mexico
MEX075	坦皮科（墨西哥）	Tampico, Mexico
MEX078	托波洛班波（墨西哥）	Topolobampo, Mexico
MEX081	图斯潘（墨西哥）	Tuxpan, Mexico
MEX084	韦拉克鲁斯（墨西哥）	Veracruz, Mexico
MEX091	瓦哈卡（墨西哥）	Oaxaca, Mexico
MEX092	锡纳洛阿（墨西哥）	Sinaloa, Mexico
MEX901	墨西长利（墨西哥）	Mexicali, Mexico
MEX904	墨西哥城（墨西哥）	Mexico City, Mexico
MHL000	马绍尔群岛	Marshall Islands
MHL003	塔罗阿（马绍尔群岛）	Taroa, Marshall Islands
MHL006	马朱罗（马绍尔群岛）	Majuro, Marshall Islands
MHL007	贾卢伊特（马绍尔群岛）	Jaluit, Marshall Islands
MHL008	夸贾林（马绍尔群岛）	Kwajalein, Marshall Islands
MHL009	莱岛（马绍尔群岛）	Lae I, Marshall Islands
MHL010	沃特杰（马绍尔群岛）	Wotje, Marshall Islands
MHL011	查尔里特（马绍尔群岛）	Jarrit, Marshall Islands
MKD000	马其顿	Macedonia
MLI000	马里	Mali
MLI001	凯斯（马里）	Kayes, Mali
MLI002	塞古（马里）	Segou, Mali
MLI003	廷巴克图（马里）	Timbuktu, Mali
MLI004	锡卡索（马里）	Sikasso, Mali
MLT000	马耳他	Malta
MLT003	瓦莱塔（马耳他）	Valetta, Malta
MLT006	马尔萨什洛克（马耳他）	Marsaxlokk, Malta
MMR000	缅甸	Myanmar
MMR001	八莫（缅甸）	Bhamo, Myanmar
MMR003	实兑（缅甸）	Akyab, Myanmar
MMR006	勃生（缅甸）	Bassein, Myanmar
MMR009	皎漂（缅甸）	Kyaukpyu, Myanmar
MMR012	墨吉（缅甸）	Mergui, Myanmar
MMR015	毛淡棉（缅甸）	Mawlamyine (Moulmein), Myanmar
MMR018	仰光（缅甸）	Yangon (Rangoon), Myanmar
MMR021	丹兑（山多威）（缅甸）	Thandwe (Sandoway), Myanmar
MMR024	土瓦（缅甸）	Tavoy, Myanmar
MMR026	耶城（缅甸）	Ye, Myanmar
MMR027	德林达伊（缅甸）	Tenasserim, Myanmar
MMR030	维多利亚角（缅甸）	Victoria Point, Myanmar
MNE000	黑山共和国	Republic Of Montenegro
MNE003	巴尔（黑山共和国）	Bar, Republic of Montenegro
MNE006	科托尔（黑山共和国）	Kotor, Republic of Montenegro
MNE009	卡达尔耶娃（黑山共和国）	Kardeljevo, Republic of Montenegro
MNG000	蒙古	Mongolia
MNG901	乌兰巴托（蒙古）	Ulan Bator, (ULAANBAATAR, ULANBAATAR), Mongolia
MNG902	扎门乌德（蒙古）	Mongolia
MNG903	赛音山达（蒙古）	Mongolia
MNG904	苏赫巴托（蒙古）	Mongolia
MNG905	温都尔汗（蒙古）	Mongolia
MNG906	达尔汗（蒙古）	Mongolia
MNG907	哈比日嘎（蒙古）	Mongolia
MNG908	白音胡硕（蒙古）	Mongolia
MNG909	松布尔（蒙古）	Mongolia
MNG910	布尔干（蒙古）	Mongolia
MNG911	大洋（蒙古）	Mongolia
MNG912	布尔嘎斯台（蒙古）	Mongolia
MNG913	北塔格（蒙古）	Mongolia
MNP000	北马里亚纳自由联邦	Northern Mariana Islands
MNP003	塞班岛（北马里亚纳自由联邦）	Saipan, Northern Mariana Islands
MNP006	提尼安岛（北马里亚纳自由联邦）	Tinian, Northern Mariana Islands
MNP007	马里亚纳群岛（北马里亚纳自由联邦）	Marianas Is., Northern Mariana Islands
MOZ000	莫桑比克	Mozambique
MOZ003	安托尼奥埃尼什（莫桑比克）	Antonio Enes, Mozambique
MOZ006	贝拉（莫桑比克）	Beira, Mozambique
MOZ009	欣代（莫桑比克）	Chinde, Mozambique
MOZ012	伊博（莫桑比克）	Ibo, Mozambique
MOZ015	伊尼扬巴内（莫桑比克）	Inhambane, Mozambique
MOZ018	马普托（莫桑比克）	Maputo, Mozambique
MOZ021	莫辛布瓦（莫桑比克）	Mocimboa, Mozambique
MOZ024	莫马（莫桑比克）	Moma, Mozambique
MOZ027	莫桑比克（莫桑比克）	Mozambique, Mozambique

代码	中文名称	英文名称	代码	中文名称	英文名称
MOZ030	纳卡拉（莫桑比克）	Nacala, Mozambique	MYS090	米里（马来西亚）	Miri, Malaysia
MOZ033	彭巴（莫桑比克）	Pemba, Mozambique	MYS093	尼亚（马来西亚）	Niah, Malaysia
MOZ036	克利马内（莫桑比克）	Quelimane, Mozambique	MYS096	帕西古当（马来西亚）	Paasir Gudang, Malaysia
MOZ041	阿梅利亚港（莫桑比克）	Porto Amelia, Mozambique	MYS099	槟城（马来西亚）	Penang (Georgetown), Malaysia
MOZ042	杰迪达（莫桑比克）	Mazagan, Mozambique	MYS102	波德申（马来西亚）	Port Dickson, Malaysia
MOZ043	洛伦索-马贵斯（莫桑比克）	Lourenco Marques, Mozambique	MYS105	巴生港（马来西亚）	Port Kelang, Malaysia
MRT000	毛里塔尼亚	Mauritania	MYS108	文德港（马来西亚）	Port Weld, Malaysia
MRT003	努瓦迪布（毛里塔尼亚）	Nouadhibou, Mauritania	MYS111	布莱（马来西亚）	Prai, Malaysia
MRT006	努瓦克肖特（毛里塔尼亚）	Nouakchott, Mauritania	MYS114	山打根（马来西亚）	Sandakan, Malaysia
MSR000	蒙特塞拉特	Montserrat	MYS117	泗里奎（马来西亚）	Sarikei, Malaysia
MSR003	普里茅斯（蒙特塞拉特）	Plymouth, Montserrat	MYS120	塞京卡（马来西亚）	Sejinkat (Sejigkat), Malaysia
MTQ000	马提尼克	Martinique	MYS123	仙本那（马来西亚）	Semporna, Malaysia
MTQ003	法兰西堡（马提尼克）	Fort-De-France, Martinique	MYS124	诗巫（马来西亚）	Sibu, Malaysia
MTQ006	特里尼泰（马提尼克）	Trinite, Martinique	MYS129	双溪麻坡（马来西亚）	Sungei Muar, Malaysia
MTQ007	圣皮埃尔（马提尼克）	St. Pierre, Martinique	MYS132	丹章马尼（马来西亚）	Tanjong Mani, Malaysia
MUS000	毛里求斯	Mauritius	MYS133	斗湖（马来西亚）	Tawau, Malaysia
MUS003	路易港（毛里求斯）	Port Louis, Mauritius	MYS138	安顺（马来西亚）	Telok Anson, Malaysia
MWI000	马拉维	Malawi	MYS141	特洛拉穆尼亚（马来西亚）	Telok Ramunia, Malaysia
MWI001	利隆圭（马拉维）	Lilongwe, Malawi	MYS144	通北（马来西亚）	Tumpat, Malaysia
MYS000	马来西亚	Malaysia	MYS147	华莱士（马来西亚）	Wallace Bay, Malaysia
MYS003	巴眼拿督（马来西亚）	Bagan Datoh, Malaysia	MYS150	韦斯顿（马来西亚）	Weston, Malaysia
MYS006	巴拉姆（马来西亚）	Baram, Malaysia	MYS200	TG. MANIS（马来西亚）	Tg. Manis, Malaysia
MYS009	巴株巴辖（马来西亚）	Batu Pahat, Malaysia	MYS201	巴卡皮（马来西亚）	Bakapit, Malaysia
MYS012	民那丹（马来西亚）	Binatang, Malaysia	MYS204	拉布安（马来西亚）	Victoria Harbour, Malaysia
MYS015	民都鲁（马来西亚）	Bintulu, Malaysia	MYS205	拉瓦斯（马来西亚）	Lawas, Malaysia
MYS017	新山（马来西亚）	Johore Bahru, Malaysia	MYS206	林邦（马来西亚）	Limbang, Malaysia
MYS018	巴特沃思（马来西亚）	Butterworth, Malaysia	MYS901	吉隆坡（马来西亚）	Kuala Lumpur, Malaysia
MYS021	龙运（马来西亚）	Dungun, Malaysia	MYT000	马约特	Mayotte
MYS024	恩达乌（马来西亚）	Endau, Malaysia	MYT003	藻德济（马约特）	Dzaoudzi, Mayotte
MYS027	乔治敦（马来西亚）	Georgetown, Malaysia	NAM000	纳米比亚	Namibia
MYS032	哥打基纳巴卢（马来西亚）	Kota Kinabalu, Malaysia	NAM003	吕德里茨（纳米比亚）	Luderitz, Namibia
MYS033	甘马挽（马来西亚）	Kemaman, Malaysia	NAM006	鲸湾港（纳米比亚）	Walvis Bay, Namibia
MYS036	居茶（马来西亚）	Kerteh, Malaysia	NAM007	奥兰治蒙德（纳米比亚）	Oranjemund, Namibia
MYS039	哥打巴鲁（马来西亚）	Kota Bharu, Malaysia	NAM008	温得和克（纳米比亚）	Windhoek, Namibia
MYS045	瓜拉彭亨（马来西亚）	Kuala Pahang, Malaysia	NCL000	新喀里多尼亚	New Caledonia
MYS048	瓜拉弄宾（马来西亚）	Kuala Rompin, Malaysia	NCL001	新喀里多尼亚（新喀里多尼亚）	New Caledonia Is., New Caledonia
MYS051	瓜拉雪兰莪（马来西亚）	Kuala Selangor, Malaysia	NCL003	巴布勒特（新喀里多尼亚）	Babouillat, New Caledonia
MYS054	瓜拉苏埃（马来西亚）	Kuala Suai, Malaysia	NCL006	努美阿（新喀里多尼亚）	Noumea, New Caledonia
MYS057	瓜拉丁加奴（马来西亚）	Kuala Trengganu, Malaysia	NER000	尼日尔	Niger
MYS060	关丹（马来西亚）	Kuantan, Malaysia	NER001	津德尔（尼日尔）	Zinder, Niger
MYS063	古晋（马来西亚）	Kuching, Malaysia	NER002	阿加德兹（尼日尔）	Agadez, Niger
MYS066	古达（马来西亚）	Kudat, Malaysia	NER003	尼亚美（尼日尔）	Niamey, Niger
MYS068	纳闽（马来西亚）	Labuan, Malaysia	NFK000	诺福克岛	Norfolk Island
MYS069	库纳克（马来西亚）	Kunak, Malaysia	NFK003	金斯敦（诺福克岛）	Kingston, Norfolk Island
MYS075	拉哈达图（马来西亚）	Lahad Datu, Malaysia	NFK006	诺福克岛（诺福克岛）	Norfolk Island, Norfolk Island
MYS078	林加（马来西亚）	Lingga, Malaysia	NGA000	尼日利亚	Nigeria
MYS081	卢穆特（马来西亚）	Lumut, Malaysia			
MYS084	隆杜（马来西亚）	Lundu, Malaysia			
MYS087	马六甲（马来西亚）	Malacca, Malaysia			

代码	中文名称	英文名称
NGA003	阿卡萨（尼日利亚）	Akassa, Nigeria
NGA006	阿帕帕（尼日利亚）	Apapa, Nigeria
NGA009	巴达格里（尼日利亚）	Badagri, Nigeria
NGA012	邦尼（尼日利亚）	Bonny, Nigeria
NGA015	布拉斯（尼日利亚）	Brass, Nigeria
NGA018	布鲁图（尼日利亚）	Burutu, Nigeria
NGA021	卡拉巴尔（尼日利亚）	Calabar, Nigeria
NGA024	代盖马（尼日利亚）	Degema, Nigeria
NGA027	拉沃斯河（尼日利亚）	Escravos, Nigeria
NGA030	福卡多斯（尼日利亚）	Forcados, Nigeria
NGA033	科科（尼日利亚）	Koko, Nigeria
NGA036	拉各斯（尼日利亚）	Lagos, Nigeria
NGA039	奥克里卡（尼日利亚）	Okrika, Nigeria
NGA042	奥波博（尼日利亚）	Opobo, Nigeria
NGA045	彭宁顿码头（尼日利亚）	Pennington Terminal, Nigeria
NGA047	哈科特港（尼日利亚）	Port Harcourt, Nigeria
NGA048	奥尼（尼日利亚）	Oron, Nigeria
NGA051	夸伊博（尼日利亚）	Qua Iboe, Nigeria
NGA054	萨佩莱（尼日利亚）	Sapele, Nigeria
NGA056	延坎岛（尼日利亚）	Tincan, Nigeria
NGA057	瓦里（尼日利亚）	Warri, Nigeria
NGA060	IDDO（尼日利亚）	Iddo, Nigeria
NGA901	卡诺（尼日利亚）	Kano, Nigeria
NIC000	尼加拉瓜	Nicaragua
NIC003	布卢菲尔兹（尼加拉瓜）	Bluefields, Nicaragua
NIC006	科林托（尼加拉瓜）	Corinto, Nicaragua
NIC009	卡贝萨斯港（尼加拉瓜）	Puerto Cabezas, Nicaragua
NIC010	马那瓜（尼加拉瓜）	Managua, Nicaragua
NIC012	圣蒂诺港（尼加拉瓜）	Puerto Sandino, Nicaragua
NIC015	南圣胡安（尼加拉瓜）	San Juan Del Sur, Nicaragua
NIU000	纽埃	Niue
NIU003	阿洛菲（纽埃）	Alofi, Niue
NIU006	纽埃岛（纽埃）	Niue Island, Niue
NLD000	荷兰	Netherlands
NLD003	阿尔克马（荷兰）	Aikmaar, Netherlands
NLD006	阿姆斯特丹（荷兰）	Amsterdam, Netherlands
NLD009	阿纳姆（荷兰）	Arnhem, Netherlands
NLD012	布劳沃斯港（荷兰）	Brouwershaven, Netherlands
NLD015	比瑟姆（荷兰）	Bussum, Netherlands
NLD018	代尔夫宰尔（荷兰）	Delfzijl, Netherlands
NLD021	多德雷赫特（荷兰）	Dordecht (Dordrecht), Netherlands
NLD024	埃姆斯哈文（荷兰）	Eemshaven, Netherlands
NLD027	欧罗波特（荷兰）	Europoort, Netherlands
NLD030	符拉辛（荷兰）	Fiushing, Netherlands
NLD033	格罗宁根（荷兰）	Groningen, Netherlands
NLD036	汉斯韦尔特（荷兰）	Hansweert, Netherlands
NLD039	哈灵根（荷兰）	Harlingen, Netherlands
NLD042	海尔蒙德（荷兰）	Helmond, Netherlands
NLD045	荷兰角（荷兰）	Hook Of Holland, Netherlands
NLD048	坎彭（荷兰）	Kampen, Netherlands
NLD051	吕伐登（荷兰）	Leeuwarden, Netherlands
NLD054	莱顿（荷兰）	Leiden, Netherlands
NLD057	马斯莱斯（荷兰）	Maassluis, Netherlands
NLD060	梅珀尔（荷兰）	Meppel, Netherlands
NLD063	米德尔堡（荷兰）	Middelburg, Netherlands
NLD066	鹿特丹（荷兰）	Rotterdam, Netherlands
NLD069	罗曾堡（荷兰）	Rozenburg, Netherlands
NLD072	萨斯范亨特（荷兰）	Sas Van Ghent, Netherlands
NLD075	斯海弗宁恩（荷兰）	Scheveningen, Netherlands
NLD078	斯希丹（荷兰）	Schiedam, Netherlands
NLD081	斯勒伊斯基尔（荷兰）	Sluiskil, Netherlands
NLD084	泰尔讷曾（荷兰）	Terneuzen, Netherlands
NLD087	蒂尔堡（荷兰）	Tilburg, Netherlands
NLD090	文洛（荷兰）	Venlo, Netherlands
NLD093	弗拉尔丁恩（荷兰）	Vlaardingen, Netherlands
NLD099	威廉斯塔德（荷兰）	Willemstad, Netherlands
NLD102	艾默伊登（荷兰）	Ijmuiden, Netherlands
NLD104	弗利辛恩（荷兰）	Vlissingen, Netherlands
NLD105	赞丹（荷兰）	Zaandam, Netherlands
NLD108	济里克泽（荷兰）	Zierikzee, Netherlands
NLD111	聚特芬（荷兰）	Zutphen, Netherlands
NLD114	兹沃勒（荷兰）	Zwolle, Netherlands
NLD121	海勒武特斯莱斯（荷兰）	Hellevoetsluis, Netherlands
NLD122	赫尔德（荷兰）	Edn Helder, Netherlands
NLD123	摩的克（荷兰）	Moerdijk, Netherlands
NLD124	奈梅根（荷兰）	Nijmegen, Netherlands
NLD125	希尔佛苏姆（荷兰）	Hilversum, Netherlands
NLD126	伊默伊登（荷兰）	Ymuiden, Netherlands
NOR000	挪威	Norway
NOR001	RISOBANK（挪威）	Risobank, Norway
NOR003	奥勒松（挪威）	Alesund, Norway
NOR006	阿尔达尔斯坦根（挪威）	Aardalstangen, Norway
NOR012	阿伦达尔（挪威）	Arendal, Norway
NOR018	卑尔根（挪威）	Bergen, Norway
NOR021	博多（挪威）	Bodo, Norway
NOR024	布雷维克（挪威）	Brevik, Norway
NOR027	布伦讷于松（挪威）	Bronnoysund, Norway
NOR030	德拉门（挪威）	Drammen, Norway
NOR033	艾格松（挪威）	Egersund, Norway
NOR036	艾特尔海姆（挪威）	Eitrheim, Norway
NOR039	法格斯特兰德（挪威）	Fagerstrand, Norway
NOR042	法尔松德（挪威）	Farsund, Norway
NOR048	弗莱克菲尤尔（挪威）	Flekkefjord, Norway
NOR051	弗卢勒（挪威）	Floro, Norway
NOR054	腓特烈斯塔（挪威）	Fredrikstad, Norway
NOR057	格洛姆菲尤尔（挪威）	Glomfjord, Norway
NOR060	格里姆斯塔（挪威）	Grimstad, Norway
NOR063	哈尔登（挪威）	Halden, Norway
NOR066	哈默弗斯特（挪威）	Hammerfest, Norway
NOR069	哈尔斯塔（挪威）	Harstad, Norway
NOR072	海于格松（挪威）	Haugesund, Norway

代码	中文名称	英文名称	代码	中文名称	英文名称
NOR075	哈维克（挪威）	Havik, Norway	NOR231	特罗姆瑟（挪威）	Tromso, Norway
NOR078	哈略（挪威）	Heroya, Norway	NOR234	特隆赫姆（挪威）	Trondheim, Norway
NOR081	霍尔默斯特兰（挪威）	Holmestrand, Norway	NOR237	特维德斯特兰德（挪威）	Tvedestrand, Norway
NOR084	霍腾（挪威）	Horten, Norway	NOR240	瓦德瑟（挪威）	Vadso, Norway
NOR087	赫杨厄尔（挪威）	Hoyanger, Norway	NOR243	瓦克斯达尔（挪威）	Vaksdai, Norway
NOR090	许斯内斯（挪威）	Husnes, Norway	NOR246	沃尔德（挪威）	Vardo, Norway
NOR093	希尔克内斯（挪威）	Kirkenes, Norway	NOR249	沃尔达（挪威）	Volda, Norway
NOR096	克来文（挪威）	Kleven, Norway	NOR252	BYE（挪威）	Bye, Norway
NOR099	科珀维克（挪威）	Kopervik, Norway	NPL000	尼泊尔	Nepal
NOR102	克拉格勒（挪威）	Kragero, Norway	NPL901	加德满都（尼泊尔）	Kathmandu, Nepal
NOR105	克里斯蒂安桑（挪威）	Kristiansand, Norway	NPL902	科达里（尼泊尔）	Nepal
NOR108	克里斯蒂安松（挪威）	Kristiansund, Norway	NRU000	瑙鲁	Nauru
NOR111	克维内斯达尔（挪威）	Kvinesdal, Norway	NRU003	瑙鲁岛（瑙鲁）	Nauru Island, Nauru
NOR114	朗厄松（挪威）	Langesund, Norway	NRU006	亚伦（瑙鲁）	Yaren, Nauru
NOR117	拉尔维克（挪威）	Larvik, Norway	NZL000	新西兰	New Zealand
NOR120	利勒桑（挪威）	Lillesand, Norway	NZL001	璜加雷（新西兰）	Marsden Point, New Zealand
NOR123	勒丁恩（挪威）	Lodingen, Norway	NZL003	奥克兰（新西兰）	Auckland, New Zealand
NOR126	林厄尔（挪威）	Lyngor, Norway	NZL004	克马德克群岛（新西兰）	Kermadec Is., New Zealand
NOR129	马洛于（挪威）	Maaloy, Norway	NZL006	布拉夫（新西兰）	Bluff, New Zealand
NOR132	马尔姆（挪威）	Malm, Norway	NZL008	克赖斯特彻奇（新西兰）	Christchurch, New Zealand
NOR135	曼达尔（挪威）	Mandal, Norway	NZL009	达尼丁（新西兰）	Dunedin, New Zealand
NOR138	曼斯塔德（挪威）	Menstad, Norway	NZL011	塔拉纳基港（新西兰）	Port Taranaki, New Zealand
NOR141	摩城（挪威）	Mo I Rana, Norway	NZL012	吉斯珀恩（新西兰）	Gisborne, New Zealand
NOR144	莫尔德（挪威）	Molde, Norway	NZL015	格雷茅斯（新西兰）	Greymouth, New Zealand
NOR147	蒙斯塔德（挪威）	Mongstad, Norway	NZL018	因弗卡吉尔（新西兰）	Invercargill, New Zealand
NOR150	莫舍恩（挪威）	Mosjoen, Norway	NZL021	利特尔顿（新西兰）	Lyttelton, New Zealand
NOR153	莫斯（挪威）	Moss, Norway	NZL024	芒特芒阿努伊（新西兰）	Mount Maunganui, New Zealand
NOR156	奈斯内斯（挪威）	Naersnes, Norway			
NOR159	纳姆索斯（挪威）	Namsos, Norway	NZL027	内皮尔（新西兰）	Napier, New Zealand
NOR162	纳尔维克（挪威）	Narvik, Norway	NZL030	纳尔逊（新西兰）	Nelson, New Zealand
NOR165	奥达（挪威）	Odda, Norway	NZL033	新普利茅斯（新西兰）	New Plymouth, New Zealand
NOR168	奥普洛（挪威）	Oplo, Norway	NZL036	奥马鲁（新西兰）	Oamaru, New Zealand
NOR171	奥斯陆（挪威）	Oslo, Norway	NZL039	奥尼洪加（新西兰）	Onehunga, New Zealand
NOR174	波斯格伦（挪威）	Porsgrunn, Norway	NZL042	奥普阿（新西兰）	Opua, New Zealand
NOR177	里瑟尔（挪威）	Risor, Norway	NZL044	奥塔戈（新西兰）	Otago Harbour, New Zealand
NOR180	桑讷菲尤尔（挪威）	Sandefjord, Norway	NZL045	皮克顿（新西兰）	Picton, New Zealand
NOR183	桑内斯（挪威）	Sandnes, Norway	NZL048	查默斯港（新西兰）	Port Chalmers, New Zealand
NOR186	萨尔普斯堡（挪威）	Sarpsborg, Norway	NZL051	罗塞尔港（新西兰）	Port Russell, New Zealand
NOR189	赛于达（挪威）	Sauda, Norway	NZL056	塔哈罗阿（新西兰）	Taharoa, New Zealand
NOR192	希恩（挪威）	Skien, Norway	NZL057	陶朗阿（新西兰）	Tauranga, New Zealand
NOR195	斯屈德内斯港（挪威）	Skudeneshavn, Norway	NZL060	蒂马鲁（新西兰）	Timaru, New Zealand
NOR198	斯拉根（挪威）	Slagen, Norway	NZL063	怀劳（新西兰）	Wairau, New Zealand
NOR201	斯塔万格（挪威）	Stavanger, Norway	NZL066	旺加努伊（新西兰）	Wanganui, New Zealand
NOR204	斯泰恩谢尔（挪威）	Steinkjer, Norway	NZL069	韦弗利港（新西兰）	Waverley Harbour, New Zealand
NOR207	孙达尔瑟拉（挪威）	Sunndalsora, Norway			
NOR210	斯韦尔根（挪威）	Svelgen, Norway	NZL072	惠灵顿（新西兰）	Wellington, New Zealand
NOR213	斯瓦尔维克（挪威）	Svelvik, Norway	NZL075	韦斯特皮特（新西兰）	Westport, New Zealand
NOR216	斯沃尔韦尔（挪威）	Svolvaer, Norway	NZL078	旺阿雷（新西兰）	Whahgarei, New Zealand
NOR219	塔姆港（挪威）	Thamshamn, Norway	NZL102	邦蒂群岛（新西兰）	Bounty Is., New Zealand
NOR222	托夫特（挪威）	Tofte, Norway	NZL103	阿卡罗亚（新西兰）	Akaroa, New Zealand
NOR225	滕斯贝格（挪威）	Tonsberg, Norway	OMN000	阿曼	Oman
NOR228	塔乌（挪威）	Tou, Norway	OMN003	费赫勒港（阿曼）	Mina Al Fahal, Oman

代码	中文名称	英文名称
OMN006	卡布斯港（阿曼）	Port Qaboos (Mina Qaboos), Oman
OMN009	马特拉（阿曼）	Muthra, Oman
OMN012	塞拉莱（阿曼）	Salalah, Oman
OMN015	马斯喀特（阿曼）	Muscat, Oman
OMN018	赖苏特（阿曼）	Raysut, Oman
OMN021	索哈（阿曼）	Sohar, Oman
PAK000	巴基斯坦	Pakistan
PAK003	瓜德尔（巴基斯坦）	Gwadar, Pakistan
PAK006	卡拉奇（巴基斯坦）	Karachi, Pakistan
PAK008	穆罕默德宾加西姆（巴基斯坦）	Muhammad Bin Qasim, Pakistan
PAK009	奥尔马拉（巴基斯坦）	Ormara, Pakistan
PAK012	伯斯尼（巴基斯坦）	Pasni, Pakistan
PAK901	苏斯特（巴基斯坦）	Sost, Pakistan
PAK902	伊斯兰堡（巴基斯坦）	Islamabad, Pakistan
PAN000	巴拿马	Panama
PAN001	PUERTO DELABAHIA DE（巴拿马）	Puerto Delabahia De, Panama
PAN002	巴拿马运河（巴拿马）	Panama Canal, Panama
PAN003	阿瓜杜尔塞（巴拿马）	Agua Dulce, Panama
PAN004	贝略港（巴拿马）	Puerto Bello, Panama
PAN005	博卡斯-德尔扎罗（巴拿马）	Bocas Del Toro, Panama
PAN006	阿尔米兰特（巴拿马）	Almirante, Panama
PAN007	托斯米纳斯湾（巴拿马）	Las Minas Bay, Panama
PAN008	拉斯米纳斯湾港（巴拿马）	Lashio, Panama
PAN009	安蒙勒斯（巴拿马）	Armuelles, Panama
PAN012	巴尔博亚（巴拿马）	Balboa, Panama
PAN015	大奇里基（巴拿马）	Chiriqui Grande, Panama
PAN018	科隆（巴拿马）	Colon, Panama
PAN021	克里斯托瓦尔（巴拿马）	Cristobal, Panama
PAN022	曼萨尼约（巴拿马）	Manzanillo, Panama
PAN023	巴拿马城（巴拿马）	Panama, Ciudad de, Panama
PAN024	拉帕尔马（巴拿马）	La Palma, Panama
PAN027	帕纳马（巴拿马）	Panama, Panama
PAN030	佩德雷加尔（巴拿马）	Pedregal, Panama
PAN033	巴尔蒙特（巴拿马）	Vacamonte, Panama
PCN000	皮特凯恩群岛	Pitcairn Islands Group
PCN003	亚当斯敦（皮特凯恩群岛）	Adamstown, Pitcairn Islands Group
PCN006	皮特凯恩岛（皮特凯恩群岛）	Pitcairn Islands, Pitcairn Islands Group
PER000	秘鲁	Peru
PER002	BESIQUE（秘鲁）	Besique, Peru
PER003	安孔（秘鲁）	Ancon, Peru
PER006	阿蒂科（秘鲁）	Atico, Peru
PER009	卡沃布兰科（秘鲁）	Cabo Blanco, Peru
PER012	卡亚俄（秘鲁）	Callao, Peru
PER015	塞罗阿苏尔（秘鲁）	Cerro Azul, Peru
PER018	钱凯（秘鲁）	Chancay, Peru
PER021	奇卡马（秘鲁）	Chicama, Peru
PER024	钦博塔（秘鲁）	Chimbote, Peru
PER027	科伊希科（秘鲁）	Coisco, Peru
PER030	康昌（秘鲁）	Conchan Beach, Peru
PER033	埃腾（秘鲁）	Eten, Peru
PER036	圣马丁将军镇（秘鲁）	General San Martin, Peru
PER039	瓦乔（秘鲁）	Huacho, Peru
PER042	瓦尔梅（秘鲁）	Huarmey, Peru
PER045	伊洛（秘鲁）	Ilo, Peru
PER048	伊基托斯（秘鲁）	Iquitos, Peru
PER051	拉帕姆皮拉（秘鲁）	La Pampilla, Peru
PER054	洛维托斯（秘鲁）	Lobitos, Peru
PER057	洛布斯岛（秘鲁）	Lobos De Tierra, Peru
PER060	洛马斯（秘鲁）	Lomas, Peru
PER063	马塔拉尼（秘鲁）	Matarani, Peru
PER066	莫延多（秘鲁）	Mollendo, Peru
PER069	帕卡斯马约（秘鲁）	Pacasmayo, Peru
PER072	派塔（秘鲁）	Paita, Peru
PER075	帕拉蒙加（秘鲁）	Paramonga, Peru
PER078	皮门特尔（秘鲁）	Pimental, Peru
PER081	皮萨瓜（秘鲁）	Pisagua, Peru
PER084	皮斯科（秘鲁）	Pisco, Peru
PER087	巴约瓦尔港（秘鲁）	Bayovar, Peru
PER090	萨拉韦里（秘鲁）	Salaverry, Peru
PER093	圣胡安（秘鲁）	San Juan, Peru
PER096	圣尼古拉斯（秘鲁）	San Nicolas, Peru
PER099	苏佩（秘鲁）	Supe, Peru
PER102	塔拉拉（秘鲁）	Talara, Peru
PER104	特鲁希略（秘鲁）	Trujillo, Peru
PER105	坦博-德莫拉（秘鲁）	Tambo De Mora, Peru
PHL000	菲律宾	Philippines
PHL002	碧瑶（菲律宾）	Baguio, Philippines
PHL003	阿布约（菲律宾）	Abuyog, Philippines
PHL004	班乃岛（菲律宾）	Panay I., Philippines
PHL005	保和（菲律宾）	Bohol, Philippines
PHL006	阿姆尼坦（菲律宾）	Amunitan, Philippines
PHL007	布瓦杨（菲律宾）	Buayan, Philippines
PHL009	阿纳根（菲律宾）	Anakan, Philippines
PHL011	棉兰老岛（菲律宾）	Mindanao I., Philippines
PHL012	安蒂莫纳（菲律宾）	Antimonan, Philippines
PHL013	萨马岛（菲律宾）	Samar I., Philippines
PHL015	阿帕里（菲律宾）	Aparri, Philippines
PHL018	巴科洛德（菲律宾）	Bacolod, Philippines
PHL021	拜斯（菲律宾）	Bais, Philippines
PHL024	巴丹（菲律宾）	Bataan, Philippines
PHL027	八打雁（菲律宾）	Batangas, Philippines
PHL030	比斯利格（菲律宾）	Bislig, Philippines
PHL033	博哥（菲律宾）	Bugo, Philippines
PHL036	武端（菲律宾）	Butuan, Philippines
PHL039	加的斯（菲律宾）	Cadiz (Ph), Philippines
PHL042	卡加延德奥罗（菲律宾）	Cagayan De Oro, Philippines

代码	中文名称	英文名称
PHL045	甲描育（菲律宾）	Calbayog, Philippines
PHL048	卡皮斯（菲律宾）	Capiz, Philippines
PHL051	甲米地（菲律宾）	Cavite, Philippines
PHL054	宿务（菲律宾）	Cebu, Philippines
PHL057	达沃（菲律宾）	Davao, Philippines
PHL060	迪纳加特（菲律宾）	Dinagat, Philippines
PHL063	丁阿兰湾（菲律宾）	Dingalan Bay, Philippines
PHL066	第波罗（菲律宾）	Dipolog, Philippines
PHL069	杜马格特（菲律宾）	Dumaguete, Philippines
PHL072	桑托斯（菲律宾）	General Santos, Philippines
PHL075	吉马拉斯岛（菲律宾）	Guimaras Island, Philippines
PHL078	希尼加兰（菲律宾）	Hinigaran, Philippines
PHL081	伊利甘（菲律宾）	Iligan, Philippines
PHL084	伊洛伊洛（菲律宾）	Iloilo, Philippines
PHL087	伊萨贝尔（菲律宾）	Isabel, Philippines
PHL090	伊萨贝拉（菲律宾）	Isabela, Philippines
PHL093	霍洛（菲律宾）	Jolo, Philippines
PHL096	何塞庞阿尼班村（菲律宾）	Jose Panganiban, Philippines
PHL099	拉乌尼翁（菲律宾）	La Union, Philippines
PHL102	拉瓦格（菲律宾）	Laoag, Philippines
PHL105	莱巴克（菲律宾）	Lebak, Philippines
PHL108	黎牙实比（菲律宾）	Legaspi, Philippines
PHL111	林加延（菲律宾）	Lingayen, Philippines
PHL114	马尼拉（菲律宾）	Manila, Philippines
PHL117	马里韦莱斯（菲律宾）	Mariveles, Philippines
PHL120	马萨豪（菲律宾）	Masao, Philippines
PHL123	马斯巴特（菲律宾）	Masbate, Philippines
PHL126	马辛洛克（菲律宾）	Masinlok, Philippines
PHL129	马蒂（菲律宾）	Mati, Philippines
PHL132	米尔布克（菲律宾）	Milbuk, Philippines
PHL135	那牙（菲律宾）	Naga, Philippines
PHL138	纳斯皮特（菲律宾）	Nasipit, Philippines
PHL141	纳苏格布（菲律宾）	Nasugbu, Philippines
PHL144	奥隆阿坡（菲律宾）	Olongapo, Philippines
PHL147	奥尔莫克（菲律宾）	Ormoc, Philippines
PHL150	潘普洛纳（菲律宾）	Pamplona, Philippines
PHL153	帕兰（菲律宾）	Parang, Philippines
PHL156	波略克（菲律宾）	Polloc, Philippines
PHL159	波罗（Luzon）（菲律宾）	Poro (Luzon), Philippines
PHL162	波罗（Poro I.）（菲律宾）	Poro (Poro I.), Philippines
PHL165	荷兰港（菲律宾）	Port Holland, Philippines
PHL168	圣玛丽亚港（菲律宾）	Port Santa Maria, Philippines
PHL171	普林塞萨港（菲律宾）	Puerto Princesa, Philippines
PHL174	普卢潘丹（菲律宾）	Pulupandan, Philippines
PHL177	圣卡洛斯（菲律宾）	San Carlos, Philippines
PHL180	圣弗尔南多（菲律宾）	San Fernando, Philippines
PHL183	桑义（菲律宾）	Sangi, Philippines
PHL186	圣克鲁斯（菲律宾）	Santa Cruz (Luuzon), Philippines

代码	中文名称	英文名称
PHL189	索索贡（菲律宾）	Sorsogon, Philippines
PHL192	苏里高（菲律宾）	Surigao, Philippines
PHL195	塔瓦科（菲律宾）	Tabaco, Philippines
PHL198	塔克洛班（菲律宾）	Tacloban, Philippines
PHL201	塔比拉兰（菲律宾）	Tagbilaran, Philippines
PHL204	坦多哥（菲律宾）	Tandoc, Philippines
PHL207	托莱多（菲律宾）	Toledo, Philippines
PHL210	维拉努埃瓦（菲律宾）	Villanueva, Philippines
PHL213	三宝颜（菲律宾）	Zamboanga, Philippines
PHL216	奎松城（菲律宾）	Quezon City, Philippines
PHL219	民多罗岛（菲律宾）	Minaoro I., Philippines
PHL910	吕宋岛（菲律宾）	Luzon I., Philippines
PLW000	帕劳	Palau
PLW003	科罗尔（帕劳）	Koror, Palau
PLW004	帕劳群岛（帕劳）	Palau Is., Palau
PNG000	巴布亚新几内亚	Papua New Guinea
PNG001	布干维尔岛（巴布亚新几内亚）	Bougainville I, Papua New Guinea
PNG002	新爱尔兰（巴布亚新几内亚）	New Ireland, Papua New Guinea
PNG003	艾塔佩（巴布亚新几内亚）	Aitape, Papua New Guinea
PNG006	阿洛陶（巴布亚新几内亚）	Alotau, Papua New Guinea
PNG009	阿内瓦湾（巴布亚新几内亚）	Anewa Bay, Papua New Guinea
PNG012	布卡（巴布亚新几内亚）	Buka, Papua New Guinea
PNG015	布纳（巴布亚新几内亚）	Buna, Papua New Guinea
PNG018	霍斯金斯角（巴布亚新几内亚）	Cape Hoskins, Papua New Guinea
PNG021	达鲁（巴布亚新几内亚）	Daru, Papua New Guinea
PNG024	芬什哈芬（巴布亚新几内亚）	Finschaven, Papua New Guinea
PNG027	加斯马塔岛（巴布亚新几内亚）	Gasmata Island, Papua New Guinea
PNG030	卡维恩（巴布亚新几内亚）	Kavieng, Papua New Guinea
PNG033	基埃塔（巴布亚新几内亚）	Kieta, Papua New Guinea
PNG036	金贝（巴布亚新几内亚）	Kimbe, Papua New Guinea
PNG039	莱城（巴布亚新几内亚）	Lae, Papua New Guinea
PNG042	洛伦高（巴布亚新几内亚）	Lorengau, Papua New Guinea
PNG045	马当（巴布亚新几内亚）	Madang, Papua New Guinea
PNG048	莫罗贝（巴布亚新几内亚）	Morobe, Papua New Guinea
PNG051	奥鲁湾（巴布亚新几内亚）	Oro Bay, Papua New Guinea
PNG054	莫尔兹比港（巴布亚新几内亚）	Port Moresby, Papua New Guinea
PNG057	拉包尔（巴布亚新几内亚）	Rabaul, Papua New Guinea

代码	中文名称	英文名称	代码	中文名称	英文名称
PNG060	萨拉毛亚（巴布亚新几内亚）	Salamaua, Papua New Guinea	PRK030	开城（朝鲜）	Kaesong, Korea (Democratic People's Republic of)
PNG063	萨马赖（巴布亚新几内亚）	Samarai, Papua New Guinea	PRK901	平壤（朝鲜）	Pyongyang, Korea (Democratic People's Republic of)
PNG066	威瓦克（巴布亚新几内亚）	Wewak, Papua New Guinea	PRK902	普通江（朝鲜）	Korea (Democratic People's Republic of)
PNG069	伍德拉克岛（巴布亚新几内亚）	Woodlark Island, Papua New Guinea	PRK903	新义州（朝鲜）	Korea (Democratic People's Republic of)
POL000	波兰	Poland	PRK904	西浦（朝鲜）	Korea (Democratic People's Republic of)
POL003	达尔沃沃（波兰）	Darlowo, Poland			
POL006	格但斯克（波兰）	Gdansk, Poland	PRK905	南浦（朝鲜）	Nampo, Korea (Democratic People's Republic of)
POL009	格丁尼亚（波兰）	Gdynia, Poland			
POL012	海尔（波兰）	Hel, Poland	PRK906	会宁（朝鲜）	Korea (Democratic People's Republic of)
POL015	科沃布热格（波兰）	Kolobrzeg, Poland			
POL018	希维诺乌伊希切（波兰）	Swinoujscie, Poland	PRK907	七星里（朝鲜）	Korea (Democratic People's Republic of)
POL021	什切青（波兰）	Szczecin, Poland			
POL024	乌斯特卡（波兰）	Ustka, Poland	PRK908	赛别尔（朝鲜）	Korea (Democratic People's Republic of)
POL027	弗瓦迪斯瓦沃沃（波兰）	Wladyslawowo, Poland			
PRI000	波多黎各	Puerto Rico	PRK909	沅丁（朝鲜）	Korea (Democratic People's Republic of)
PRI003	阿瓜迪亚（波多黎各）	Aguadilla, Puerto Rico			
PRI006	阿雷西沃（波多黎各）	Arecibo, Puerto Rico	PRK910	南阳（朝鲜）	Korea (Democratic People's Republic of)
PRI009	法哈多（波多黎各）	Fajardo, Puerto Rico			
PRI012	瓜尼卡（波多黎各）	Guanica, Puerto Rico	PRK911	山峰（朝鲜）	Korea (Democratic People's Republic of)
PRI015	拉斯马雷亚斯（波多黎各）	Las Mareas (Guayama), Puerto Rico	PRK912	三长（朝鲜）	Korea (Democratic People's Republic of)
PRI018	瓜亚尼亚（波多黎各）	Guayanilla, Puerto Rico			
PRI021	乔布斯（波多黎各）	Jobos, Puerto Rico	PRK913	满浦（朝鲜）	Korea (Democratic People's Republic of)
PRI024	马亚圭斯（波多黎各）	Mayaguez, Puerto Rico			
PRI027	蓬塞（波多黎各）	Ponce, Puerto Rico	PRK914	渭源（朝鲜）	Korea (Democratic People's Republic of)
PRI030	圣胡安（波多黎各）	San Juan, Puerto Rico			
PRI033	亚武科阿（波多黎各）	Yabucoa, Puerto Rico	PRK915	中江（朝鲜）	Korea (Democratic People's Republic of)
PRI034	托斯马雷阿斯港（波多黎各）	Puerto Las Mareas, Puerto Rico	PRK916	惠山（朝鲜）	Korea (Democratic People's Republic of)
PRI035	亚布夸港（波多黎各）	Port Yabucoa, Puerto Rico			
PRK000	朝鲜	Korea (Democratic People'S Republic of)	PRT000	葡萄牙	Portugal
			PRT003	阿威罗（葡萄牙）	Aveiro, Portugal
PRK003	镇南浦（朝鲜）	Chinnampo, Korea (Democratic People's Republic of)	PRT004	BANATICA（葡萄牙）	Banatica, Portugal
			PRT006	巴雷鲁（葡萄牙）	Barreiro, Portugal
PRK006	清津（朝鲜）	Chongjin, Korea (Democratic People's Republic of)	PRT009	贝伦（葡萄牙）	Belem, Portugal
			PRT012	法鲁（葡萄牙）	Faro, Portugal
PRK009	海州（朝鲜）	Haeju, Korea (Democratic People's Republic of)	PRT013	圣安东尼奥城（葡萄牙）	Villa Real De St. Ant, Portugal
PRK012	兴南（朝鲜）	Hungnam, Korea (Democratic People's Republic of)	PRT014	英雄港（葡萄牙）	Angra Do Heroismo, Portugal
PRK015	罗津（朝鲜）	Rajin, Korea (Democratic People's Republic of)	PRT015	菲盖拉（葡萄牙）	Fugueira, Portugal
			PRT016	丰沙尔（葡萄牙）	Funchal, Portugal
PRK018	松林（朝鲜）	Songrim, Korea (Democratic People's Republic of)	PRT017	奥尔塔（葡萄牙）	Horta, Portugal
			PRT018	雷克索斯（葡萄牙）	Leixoes, Portugal
PRK021	元山（朝鲜）	Wonsan, Korea (Democratic People's Republic of)	PRT021	里斯本（葡萄牙）	Lisboa, Portugal
			PRT024	奥良（葡萄牙）	Olhao, Portugal
PRK024	新浦（朝鲜）	Sinpo, Korea (Democratic People's Republic of)	PRT027	波尔图（葡萄牙）	Porto, Portugal
			PRT030	波马朗（葡萄牙）	Pomarao, Portugal

代码	中文名称	英文名称	代码	中文名称	英文名称
PRT032	蓬塔德尔加达港（葡萄牙）	Ponta Delgada, Portugal	ROU018	图耳恰（罗马尼亚）	Tulcea, Romania
			ROU901	布加勒斯特（罗马尼亚）	Bucharest, Romania
PRT033	波尔蒂芒（葡萄牙）	Portimao, Portugal	RUS000	俄罗斯	Russian Federation
PRT036	塞图巴尔（葡萄牙）	Setubal, Portugal	RUS003	亚历山大罗夫斯克（俄罗斯）	Aleksandrovsk-Sakhalinskiy, Russian Federation
PRT039	锡尼什（葡萄牙）	Sines, Portugal			
PRT042	维亚纳堡（葡萄牙）	Viana Do Castelo, Portugal	RUS004	阿纳德尔（俄罗斯）	Anadyr, Russian Federation
PRT045	雷阿尔城（葡萄牙）	Vila Real, Portugal	RUS006	阿尔汉格尔斯克（俄罗斯）	Arkhangelsk, Russian Federation
PRY000	巴拉圭	Paraguay			
PRY003	亚松森（巴拉圭）	Asuncion, Paraguay	RUS009	德卡斯特莱（俄罗斯）	Dekastri, Russian Federation
PSE000	巴勒斯坦	Palestine, State of			
PSE003	阿什杜德（巴勒斯坦）	Ashdod, Palestine, State of	RUS012	加里宁格勒（俄罗斯）	Kaliningrad, Russian Federation
PSE006	埃拉特（巴勒斯坦）	Eilat, Palestine, State of			
PSE008	利达（巴勒斯坦）	Lydda, Palestine, State of	RUS015	克烈季（俄罗斯）	Keret, Russian Federation
PSE010	耶路撒冷（巴勒斯坦）	Jerusalem, Palestine, State of	RUS018	霍尔姆斯克（俄罗斯）	Kholmsk, Russian Federation
PYF000	法属波利尼西亚	French Polynesia	RUS021	科尔萨科夫（俄罗斯）	Korsakov, Russian Federation
PYF003	豪岛（法属波利尼西亚）	Hao Island, French Polynesia			
			RUS024	拉扎烈夫（俄罗斯）	Lazarev, Russian Federation
PYF006	麦卡梯（法属波利尼西亚）	Makatea, French Polynesia	RUS027	马加丹（俄罗斯）	Magadan (Magadansky Port), Russian Federation
PYF009	穆鲁路（法属波利尼西亚）	Mururoa, French Polynesia	RUS030	马戈（俄罗斯）	Mago, Russian Federation
			RUS033	马卡洛夫（俄罗斯）	Makarov, Russian Federation
PYF011	波拉波拉（法属波利尼西亚）	Bora-Bora, French Polynesia			
			RUS036	美晋（俄罗斯）	Mesane, Russian Federation
PYF012	帕皮提（法属波利尼西亚）	Papeete, French Polynesia	RUS039	摩尔曼斯克（俄罗斯）	Murmansk, Russian Federation
PYF015	韦他佩（法属波利尼西亚）	Vaitape, French Polynesia	RUS042	纳霍德卡（俄罗斯）	Nakhodka, Russian Federation
PYF016	马克萨斯群岛（法属波利尼西亚）	Marpuesas Is., French Polynesia	RUS045	纳里扬马尔（俄罗斯）	Narian Mar, Russian Federation
PYF017	塔希提岛（法属波利尼西亚）	Tahiti Island, French Polynesia	RUS048	涅韦尔斯克（俄罗斯）	Nevelsk, Russian Federation
			RUS051	尼古拉耶夫（俄罗斯）	Nikolayev, Russian Federation
PYF018	土阿莫土群岛（法属波利尼西亚）	Tuamotu Is., French Polynesia			
PYF019	土布艾群岛（法属波利尼西亚）	Rubuai Is., French Polynesia	RUS054	新罗西斯克（俄罗斯）	Novorossiysk, Russian Federation
QAT000	卡塔尔	Qatar	RUS057	奥哈（俄罗斯）	Okha, Russian Federation
QAT003	多哈（卡塔尔）	Doha, Qatar	RUS060	鄂霍次克（俄罗斯）	Okhotsk, Russian Federation
QAT006	哈卢勒岛（卡塔尔）	Halul Island, Qatar	RUS063	十月市（俄罗斯）	Oktyabrskiy, Russian Federation
QAT009	乌姆赛义德（卡塔尔）	Umm Said, Qatar			
REU000	留尼汪	Reunion	RUS066	奥涅加（俄罗斯）	Onega, Russian Federation
REU002	勒波尔（留尼汪）	Le Port, Reunion	RUS069	彼得罗巴甫洛夫斯克（俄罗斯）	Petropavlovsk, Russian Federation
REU003	加勒茨角港（留尼汪）	Port De Pointe Des Galets, Reunion			
			RUS072	波罗奈斯克（俄罗斯）	Poronaisk, Russian Federation
REU006	圣但尼（留尼汪）	St. Denis, Reunion			
REU009	圣路易（留尼汪）	St. Louis, Reunion	RUS075	普里莫尔斯克（俄罗斯）	Primorsk, Russian Federation
ROU000	罗马尼亚	Romania			
ROU003	布勒伊拉（罗马尼亚）	Braila, Romania	RUS078	罗斯托夫（俄罗斯）	Rostov, Russian Federation
ROU006	康斯坦察（罗马尼亚）	Constanta, Romania	RUS081	沙赫乔特斯克（俄罗斯）	Shakhtersk, Russian Federation
ROU009	加拉茨（罗马尼亚）	Galatz, Romania			
ROU012	曼加利亚（罗马尼亚）	Mangalia, Romania	RUS084	索契（俄罗斯）	Sochi, Russian Federation
ROU015	苏利纳（罗马尼亚）	Sulina, Romania			

代码	中文名称	英文名称	代码	中文名称	英文名称
RUS087	苏维埃港（俄罗斯）	Sovetskaya Gavan, Russian Federation	SAU021	米萨卜角（沙特阿拉伯）	Ras Al Mishab, Saudi Arabia
RUS090	圣彼得堡（俄罗斯）	St. Petersburg, Russian Federation	SAU024	拉斯坦努拉（沙特阿拉伯）	Ras Tanura, Saudi Arabia
RUS093	斯伟特拉亚河（俄罗斯）	Svetlaya River, Russian Federation	SAU027	延布（沙特阿拉伯）	Yanbu Al-Bahr, Saudi Arabia
RUS096	塔甘罗格（俄罗斯）	Taganrog, Russian Federation	SAU030	利雅得（沙特阿拉伯）	Riyadh, Saudi Arabia
			SAU033	布赖代（沙特阿拉伯）	Buraydah, Saudi Arabia
RUS099	图阿普谢（俄罗斯）	Tuapse, Russian Federation	SAU039	麦加（沙特阿拉伯）	Mecca, Saudi Arabia
RUS102	乌格里哥斯克（俄罗斯）	Uglegorsk, Russian Federation	SDN000	苏丹	Sudan
			SDN003	苏丹港（苏丹）	Port Sudan, Sudan
RUS104	乌斯季堪察茨克（俄罗斯）	Ust - Kamchatsk, Russian Federation	SDN006	萨瓦金（苏丹）	Suakin, Sudan
			SDN901	喀士穆（苏丹）	Khartoum, Sudan
RUS105	翁巴（俄罗斯）	Umba, Russian Federation	SEN000	塞内加尔	Senegal
RUS108	瓦尼诺（俄罗斯）	Vanino, Russian Federation	SEN003	达喀尔（塞内加尔）	Dakar, Senegal
RUS111	符拉迪沃斯托克/海参崴（俄罗斯）	Vladivostok, Russian Federation	SEN006	考拉克（塞内加尔）	Kaolack, Senegal
			SEN008	圣路易（塞内加尔）	St Louis, Senegal
RUS114	东方港（俄罗斯）	Vostochnyy (Vostochniy Port), Russian Federation	SEN009	济金绍尔（塞内加尔）	Ziguinchor, Senegal
			SEN012	丰迪乌涅（塞内加尔）	Foundiougne, Senegal
RUS117	维堡（俄罗斯）	Vyborg, Russian Federation	SGP000	新加坡	Singapore
RUS120	维索茨克（俄罗斯）	Vysotsk, Russian Federation	SGP001	普劳艾亚却文（新加坡）	Pulo Ayer Chawen, Singapore
RUS123	扎鲁比诺（俄罗斯）	Zarubino, Russian Federation			
RUS126	日丹诺夫（俄罗斯）	Zhdanov, Russian Federation	SGP003	裕廊（新加坡）	Jurong, Singapore
			SGP004	普劳萨巴洛克（新加坡）	Pulo Sebarok, Singapore
RUS901	莫斯科（俄罗斯）	Moscow, Russian Federation	SGP005	丹戎巴葛（新加坡）	Tanjong Pagar, Singapore
RUS902	波格拉尼奇内（俄罗斯）	Pogranichnyy, Russian Federation	SGP006	普劳布科姆（新加坡）	Pulau Bukom, Singapore
			SGP009	森巴旺（新加坡）	Sembawang, Singapore
RUS903	别尔迪杨斯克（俄罗斯）	Berdiansk, Russian Federation	SGP012	新加坡（新加坡）	Singapore, Singapore
			SGP015	丹章彭鲁（新加坡）	Tanjong Penjuru, Singapore
RUS904	波季（俄罗斯）	Poti, Russian Federation	SGS000	南乔治亚岛和南桑德韦奇岛	South Georgia And The South Sandwich Islands
RUS905	都普西（俄罗斯）	Ruapse, Russian Federation			
RUS906	赫尔松（俄罗斯）	Kherson, Russian Federation	SHN000	圣赫勒拿	Saint Helena, Ascension and Tristan da Cunha
RUS907	基利亚（俄罗斯）	Kilia, Russian Federation			
RUS908	克耒彼达（俄罗斯）	Klaipeda, Russian Federation	SHN003	乔治敦（圣赫勒拿）	Georgetown, Saint Helena, Ascension and Tristan da Cunha
RUS910	温次匹尔斯（俄罗斯）	Ventspils, Russian Federation	SHN006	詹姆斯敦（圣赫勒拿）	Jamestown, Saint Helena, Ascension and Tristan da Cunha
RUS911	伊加尔卡（俄罗斯）	Igarka, Russian Federation			
RUS912	伊利切夫斯克（俄罗斯）	Ilichevsk, Russian Federation	SJM000	斯瓦巴德群岛	Svalbard And Jan Mayen Islands
RUS913	伊兹马伊耳（俄罗斯）	Izmail, Russian Federation			
RWA000	卢旺达	Rwanda	SLB000	所罗门群岛	Solomon Islands
SAU000	沙特阿拉伯	Saudi Arabia	SLB001	LOLAHO（所罗门群岛）	Lolaho, Solomon Islands
SAU003	达曼（沙特阿拉伯）	Ad Dammam, Saudi Arabia	SLB002	安诺瓦湾（所罗门群岛）	Anewa Bay, Solomon Islands
SAU006	吉赞（沙特阿拉伯）	Jizan, Saudi Arabia	SLB003	阿拉迪斯港（所罗门群岛）	Allardyce Harbour, Solomon Islands
SAU009	吉达（沙特阿拉伯）	Jeddah, Saudi Arabia			
SAU012	朱阿马港（沙特阿拉伯）	Juaymah Terminal, Saudi Arabia	SLB004	奥基（所罗门群岛）	Auki, Solomon Islands
			SLB006	吉佐（所罗门群岛）	Gizo, Solomon Islands
SAU015	朱拜勒（沙特阿拉伯）	Jubail, Saudi Arabia	SLB009	霍尼亚拉（所罗门群岛）	Honiara, Solomon Islands
SAU018	拉斯海夫吉（沙特阿拉伯）	Ras Al Khafji, Saudi Arabia	SLB012	诺鲁（所罗门群岛）	Noro, Solomon Islands
			SLB015	林吉科弗（所罗门群岛）	Ringgi Cove, Solomon Islands

代码	中文名称	英文名称
SLB018	肖特兰岛（所罗门群岛）	Shortland Harbour, Solomon Islands
SLB021	图拉吉（所罗门群岛）	Tulagi, Solomon Islands
SLB024	扬迪纳（所罗门群岛）	Yandina, Solomon Islands
SLE000	塞拉利昂	Sierra Leone
SLE002	邦特（塞拉利昂）	Bonthe, Sierra Leone
SLE003	弗里敦（塞拉利昂）	Freetown, Sierra Leone
SLE006	佩佩尔（塞拉利昂）	Pepel, Sierra Leone
SLE009	歇尔布罗岛（塞拉利昂）	Sherbro Island, Sierra Leone
SLV000	萨尔瓦多	El Salvador
SLV003	阿卡胡特拉（萨尔瓦多）	Acajutla, El Salvador
SLV006	库图科（萨尔瓦多）	Cutuco, El Salvador
SLV009	拉利贝塔德（萨尔瓦多）	La Libertad, El Salvador
SLV012	拉乌尼翁（萨尔瓦多）	La Union, El Salvador
SMR000	圣马力诺	San Marino
SMR001	圣马力诺（圣马力诺）	San Marino, San Marino
SOM000	索马里	Somalia
SOM003	阿鲁拉（索马里）	Alula, Somalia
SOM006	柏培拉（索马里）	Berbera, Somalia
SOM009	博萨索（索马里）	Bosaso, Somalia
SOM012	布拉瓦（索马里）	Brava, Somalia
SOM015	丹特（索马里）	Dante, Somalia
SOM018	基斯马尤（索马里）	Kismayu, Somalia
SOM021	马尔卡（索马里）	Merca, Somalia
SOM024	摩加迪沙（索马里）	Mogadishu, Somalia
SOM027	奥比亚（索马里）	Obbia, Somalia
SPM000	圣皮埃尔和密克隆	Saint Pierre And Miquelon
SPM003	圣皮埃尔（圣皮埃尔和密克隆）	St Pierre, Saint Pierre and Miquelon
SRB000	塞尔维亚共和国	Republic of Serbia
SRB003	巴尔（塞尔维亚共和国）	Bar, Republic of Serbia
SRB006	科托尔（塞尔维亚共和国）	Kotor, Republic of Serbia
SRB009	泽莱尼卡（塞尔维亚共和国）	Zelenika, Republic of Serbia
SRB012	杰姆斯敦（塞尔维亚共和国）	Jamestown, Republic of Serbia
SSD000	南苏丹	South Sudan
STP000	圣多美和普林西比	Sao Tome And Principe
STP003	普林西比岛（圣多美和普林西比）	Principe Island, Sao Tome and Principe
STP006	圣多美（圣多美和普林西比）	Sao Tome Island, Sao Tome and Principe
SUR000	苏里南	Suriname
SUR003	蒙戈（苏里南）	Moengo, Suriname
SUR006	帕拉马里博（苏里南）	Paramaribo, Suriname
SUR009	帕拉南（苏里南）	Paranam, Suriname
SUR012	斯马卡尔登（苏里南）	Smalkalden, Suriname
SUR015	瓦黑宁恩（苏里南）	Wageningen, Suriname
SUR016	新尼克里（苏里南）	New Nickerie, Suriname
SVK000	斯洛伐克	Slovakia

代码	中文名称	英文名称
SVK001	PRAHA（斯洛伐克）	Praha, Slovakia
SVN000	斯洛文尼亚	Slovenia
SVN002	卢布尔雅那（斯洛文尼亚）	Ljubljana, Slovenia
SVN003	伊佐拉（斯洛文尼亚）	Izloa, Slovenia
SVN006	科佩尔（斯洛文尼亚）	Koper, Slovenia
SVN009	皮兰（斯洛文尼亚）	Piran, Slovenia
SWE000	瑞典	Sweden
SWE003	奥胡斯（瑞典）	Ahus, Sweden
SWE006	阿拉（瑞典）	Ala, Sweden
SWE009	阿尔博加（瑞典）	Arboga, Sweden
SWE012	博里霍尔姆（瑞典）	Borgholm, Sweden
SWE015	布罗夫约尔丹（瑞典）	Brofjorden, Sweden
SWE018	布雷奥（瑞典）	Burea, Sweden
SWE021	达拉勒（瑞典）	Dalaro, Sweden
SWE024	代格港（瑞典）	Degerhamn, Sweden
SWE027	杜姆舍（瑞典）	Domsjo, Sweden
SWE030	恩雪平（瑞典）	Enkoping, Sweden
SWE033	法尔肯贝里（瑞典）	Falkenberg, Sweden
SWE036	福勒松德（瑞典）	Farosund, Sweden
SWE039	耶夫勒（瑞典）	Gavle, Sweden
SWE042	哥德堡（瑞典）	Gotenborg, Sweden
SWE045	哈尔斯塔维克（瑞典）	Hallstavik, Sweden
SWE048	哈尔姆斯塔德（瑞典）	Halmstad, Sweden
SWE051	哈帕兰达（瑞典）	Haparanda, Sweden
SWE054	哈拉霍尔梅（瑞典）	Haraholmen, Sweden
SWE057	哈里港（瑞典）	Hargshamn, Sweden
SWE063	赫尔辛堡（瑞典）	Helsingborg, Sweden
SWE066	海讷桑德（瑞典）	Harnosand, Sweden
SWE069	赫加奈斯（瑞典）	Hoganas, Sweden
SWE072	霍尔姆松德（瑞典）	Holmsund, Sweden
SWE075	霍讷福什（瑞典）	Hornefors, Sweden
SWE078	胡迪克斯瓦尔（瑞典）	Hudiksvall, Sweden
SWE081	胡苏姆（瑞典）	Husum, Sweden
SWE084	伊格松德（瑞典）	Iggesund, Sweden
SWE087	延雪平（瑞典）	Jonkoping, Sweden
SWE090	卡利克斯（瑞典）	Kalix, Sweden
SWE093	卡尔马（瑞典）	Kalmar, Sweden
SWE096	卡尔斯堡（瑞典）	Karlsborg, Sweden
SWE099	卡尔斯港（瑞典）	Karlshamn, Sweden
SWE102	卡尔斯克鲁纳（瑞典）	Karlskrona, Sweden
SWE105	卡尔斯塔德（瑞典）	Karlstad, Sweden
SWE108	卡斯卡（瑞典）	Karskar, Sweden
SWE111	克拉格斯港（瑞典）	Klagshamn, Sweden
SWE114	克林特港（瑞典）	Klintehamn, Sweden
SWE117	雪平（瑞典）	Koping, Sweden
SWE120	克拉姆福什（瑞典）	Kramfors, Sweden
SWE123	克里斯蒂娜港（瑞典）	Kristinehamn, Sweden
SWE126	兰斯克鲁纳（瑞典）	Landskrona, Sweden
SWE129	利德雪平（瑞典）	Lidkoping, Sweden
SWE132	利姆港（瑞典）	Limhamn, Sweden
SWE135	于斯讷（瑞典）	Ljusne, Sweden

代码	中文名称	英文名称	代码	中文名称	英文名称
SWE138	卢马（瑞典）	Lomma, Sweden	SWE294	维斯比（瑞典）	Visby, Sweden
SWE141	吕勒奥（瑞典）	Lules, Sweden	SWE297	瓦贾（瑞典）	Waija, Sweden
SWE144	吕瑟希尔（瑞典）	Lysekil, Sweden	SWE300	瓦尔港（瑞典）	Wallhamn, Sweden
SWE147	马尔默（瑞典）	Malmo, Sweden	SWE303	喔尔维尔（瑞典）	Wallvik, Sweden
SWE150	马斯特兰德（瑞典）	Marstrand, Sweden	SWE306	韦斯特维克（瑞典）	Westervik, Sweden
SWE153	穆塔拉（瑞典）	Motala, Sweden	SWE309	于斯塔德（瑞典）	Ystad, Sweden
SWE156	诺尔雪平（瑞典）	Norrkoping, Sweden	SWE312	HJO（瑞典）	Hjo, Sweden
SWE159	诺尔松德（瑞典）	Norrsundet, Sweden	SWE318	伦斯卡（瑞典）	Ronnskar, Sweden
SWE162	尼雪平（瑞典）	Nykoping, Sweden	SWE321	罗内比（瑞典）	Ronneby, Sweden
SWE165	尼奈斯港（瑞典）	Nynashamn, Sweden	SWE324	马里厄斯塔德（瑞典）	Mariestad, Sweden
SWE168	瓦克森（瑞典）	Oaxen, Sweden	SWE330	散维克（瑞典）	Sandvik, Sweden
SWE171	恩舍尔兹维克（瑞典）	Ornskoldsvik, Sweden	SWE333	特罗尔黑特运河（瑞典）	Trollhatte Canal, Sweden
SWE174	奥斯卡港（瑞典）	Oskarshamn, Sweden	SWE336	瓦尔维克（瑞典）	Vallvik, Sweden
SWE177	乌特拜肯（瑞典）	Otterbacken, Sweden	SWE339	韦纳斯堡（瑞典）	Vanersborg, Sweden
SWE180	乌克瑟勒松德（瑞典）	Oxelosund, Sweden	SWZ000	斯威士兰	Swaziland
SWE183	波斯卡拉维克（瑞典）	Paskallavik, Sweden	SXM000	荷属圣马丁岛	Sint Maarten (Dutch Part)
SWE186	帕塔霍尔姆（瑞典）	Pataholm, Sweden	SYC000	塞舌尔	Seychelles
SWE189	皮特奥（瑞典）	Pitea, Sweden	SYC003	维多利亚港（塞舌尔）	Port Victoria, Seychelles
SWE192	鲁讷港（瑞典）	Ronehamn, Sweden	SYC901	维多利亚（塞舌尔）	Victoria, Seychelles
SWE195	尤讷比港（瑞典）	Ponnebyhamn, Sweden	SYR000	叙利亚	Syrian Arab Republic
SWE198	桑达讷（瑞典）	Sandarne, Sweden	SYR001	大马士革（叙利亚）	Damascus, Syrian Arab Republic
SWE201	桑德维肯（瑞典）	Sandviken, Sweden			
SWE204	锡克奥（瑞典）	Sikea, Sweden	SYR003	巴尼亚斯（叙利亚）	Banias, Syrian Arab Republic
SWE207	锡姆里斯港（瑞典）	Simrishamn, Sweden			
SWE210	谢莱夫特奥（瑞典）	Skelleftea, Sweden	SYR006	拉塔基亚（叙利亚）	Lattakia, Syrian Arab Republic
SWE213	谢莱夫特港（瑞典）	Skelleftehamn, Sweden			
SWE216	斯库格哈尔（瑞典）	Skoghall, Sweden	SYR009	塔尔图斯（叙利亚）	Tartus, Syrian Arab Republic
SWE219	斯克雷特维克（瑞典）	Skredsvik, Sweden	TCA000	特克斯和凯科斯群岛	Turks And Caicos Islands
SWE222	斯屈特谢尔（瑞典）	Skutskar, Sweden	TCA003	大特克（特克斯和凯科斯群岛）	Grand Turk Island, Turks and Caicos Islands
SWE225	斯利特（瑞典）	Slite, Sweden			
SWE228	瑟德港（瑞典）	Soderhamn, Sweden	TCD000	乍得	Chad
SWE231	南雪平（瑞典）	Soderkoping, Sweden	TCD001	ATI（乍得）	Ati, Chad
SWE234	南泰利耶（瑞典）	Sodertelje, Sweden	TGO000	多哥	Togo
SWE237	瑟尔沃斯堡（瑞典）	Solvesborg, Sweden	TGO003	佩梅（多哥）	Kpeme, Togo
SWE240	斯泰农松德（瑞典）	Stenugsund, Sweden	TGO006	洛美（多哥）	Lome, Togo
SWE243	斯德哥尔摩（瑞典）	Stockholm, Sweden	TGO009	小波波（多哥）	Little Popo, Togo
SWE246	斯图龙恩斯（瑞典）	Storugns, Sweden	TGO012	阿内乔（多哥）	Anecho, Togo
SWE249	斯特兰奈斯（瑞典）	Strangnas, Sweden	THA000	泰国	Thailand
SWE252	斯特伦斯塔德（瑞典）	Stromstad, Sweden	THA003	曼谷（泰国）	Bangkok, Thailand
SWE255	斯图格松德（瑞典）	Stugsund, Sweden	THA005	林查班（泰国）	Laem Chabang, Thailand
SWE258	松兹瓦尔（瑞典）	Sundsvall, Sweden	THA006	干当（泰国）	Kantang, Thailand
SWE261	特勒（瑞典）	Tore, Sweden	THA009	锡昌岛（泰国）	Ko Sichang, Thailand
SWE264	特雷勒堡（瑞典）	Trelleborg, Sweden	THA012	那拉提瓦（泰国）	Narathiwat, Thailand
SWE267	特罗尔海坦（瑞典）	Trollhattan, Sweden	THA015	北榄（泰国）	Paknam, Thailand
SWE270	突亚多尔（瑞典）	Tunadal, Sweden	THA018	北大年（泰国）	Pattani, Thailand
SWE273	乌德瓦拉（瑞典）	Uddevalla, Sweden	THA021	普吉（泰国）	Phuket, Thailand
SWE276	于默奥（瑞典）	Umea, Sweden	THA024	梭桃邑（泰国）	Sattahip, Thailand
SWE279	友丹佐（瑞典）	Utansjo, Sweden	THA027	是拉差（泰国）	Siracha, Thailand
SWE282	瓦尔德马什维克（瑞典）	Valdemarsvik, Sweden	THA030	宋卡（泰国）	Songkhla, Thailand
SWE285	瓦尔贝里（瑞典）	Varberg, Sweden	THA033	斯瑞拉察（泰国）	Sriracha, Thailand
SWE288	维斯特拉斯（瑞典）	Vesteras, Sweden	THA036	AYUTTHSYA（泰国）	Ayutthsya, Thailand
SWE291	维弗斯塔瓦夫（瑞典）	Vifstavarf, Sweden	TJK000	塔吉克斯坦	Tajikistan

代码	中文名称	英文名称
TJK901	卡拉苏（塔吉克斯坦）	Tajikistan
TKL000	托克劳	Tokelau
TKL003	阿塔富（托克劳）	Atafu, Tokelau
TKL004	托克劳群岛（托克劳）	Tokelau Is, Tokelau
TKM000	土库曼斯坦	Turkmenistan
TLS000	东帝汶	Timor-Leste
TLS003	帝力（东帝汶）	Dili, Timor-Leste
TON000	汤加	Tonga
TON003	内亚富（汤加）	Neiafu, Tonga
TON006	诺穆卡岛（汤加）	Nomuka Island, Tonga
TON009	努库阿洛法（汤加）	Nuku'Alofa, Tonga
TON012	庞艾（汤加）	Pangai, Tonga
TON015	瓦瓦乌岛（汤加）	Vavau Island, Tonga
TTO000	特立尼达和多巴哥	Trinidad And Tobago
TTO003	布赖顿（特立尼达和多巴哥）	Brighton, Trinidad and Tobago
TTO006	查瓜拉马斯（特立尼达和多巴哥）	Chaguaramas, Trinidad and Tobago
TTO009	加莱奥塔角（特立尼达和多巴哥）	Galeota Point, Trinidad and Tobago
TTO012	普利茅斯（特立尼达和多巴哥）	Plymouth, Trinidad and Tobago
TTO015	福廷角（特立尼达和多巴哥）	Point Fortin, Trinidad and Tobago
TTO018	利萨斯角（特立尼达和多巴哥）	Point Lisas, Trinidad and Tobago
TTO021	皮埃尔角城（特立尼达和多巴哥）	Pointe A Pierre, Trinidad and Tobago
TTO024	西班牙港（特立尼达和多巴哥）	Port - Of - Spain, Trinidad and Tobago
TTO027	圣费尔南多（特立尼达和多巴哥）	San Fernando, Trinidad and Tobago
TTO030	斯卡伯勒（特立尼达和多巴哥）	Scaarborough, Trinidad and Tobago
TTO033	滕布拉多腊（特立尼达和多巴哥）	Tembladora, Trinidad and Tobago
TUN000	突尼斯	Tunisia
TUN003	阿什塔特码头（突尼斯）	Ashtart Terminal, Tunisia
TUN006	比塞大（突尼斯）	Bizerte, Tunisia
TUN009	杰尔巴岛（突尼斯）	Djerba Island, Tunisia
TUN012	加贝斯（突尼斯）	Gabes, Tunisia
TUN015	拉古莱特（突尼斯）	La Goulrtte, Tunisia
TUN018	拉斯基拉（突尼斯）	La Skhirra, Tunisia
TUN021	斯法克斯（突尼斯）	Sfax, Tunisia
TUN024	苏塞（突尼斯）	Sousse, Tunisia
TUN027	突尼斯（突尼斯）	Tunis, Tunisia
TUR000	土耳其	Turkey
TUR003	阿拉尼亚（土耳其）	Alanya, Turkey
TUR006	阿利亚加（土耳其）	Aliaga, Turkey
TUR009	阿马斯腊（土耳其）	Amasra, Turkey
TUR012	安塔利亚（土耳其）	Antalya, Turkey
TUR015	艾瓦勒克（土耳其）	Ayvalik, Turkey
TUR018	班德尔马（土耳其）	Bandirma, Turkey
TUR021	恰纳卡莱（土耳其）	Canakkale, Turkey
TUR024	吉代（土耳其）	Cide, Turkey
TUR027	代林杰（土耳其）	Derince, Turkey
TUR030	迪基利（土耳其）	Dikili, Turkey
TUR033	德尔特约尔（土耳其）	Dortyol, Turkey
TUR036	埃丁吉克（土耳其）	Edincik, Turkey
TUR039	埃雷利（土耳其）	Eregli, Turkey
TUR042	法特萨（土耳其）	Fatsa, Turkey
TUR045	费特希耶（土耳其）	Fethiye, Turkey
TUR048	菲尼凯（土耳其）	Finike, Turkey
TUR051	盖利博卢（土耳其）	Gelibolu, Turkey
TUR054	盖姆利克（土耳其）	Gemlik, Turkey
TUR057	吉雷松（土耳其）	Giresun, Turkey
TUR060	戈西克（土耳其）	Gocek, Turkey
TUR063	格尔居克（土耳其）	Golcuk, Turkey
TUR066	格雷莱（土耳其）	Gorele, Turkey
TUR069	居吕克（土耳其）	Gulluk, Turkey
TUR072	海达尔帕夏（土耳其）	Haydarpasa, Turkey
TUR075	海雷凯（土耳其）	Hereke, Turkey
TUR078	霍帕（土耳其）	Hopa, Turkey
TUR081	伊内博卢（土耳其）	Inebolu, Turkey
TUR084	伊斯肯德伦（土耳其）	Iskenderun, Turkey
TUR087	伊斯坦布尔（土耳其）	Isanbul, Turkey
TUR090	伊兹密尔（土耳其）	Izmir, Turkey
TUR093	伊兹米特（土耳其）	Izmit, Turkey
TUR096	库沙达瑟（土耳其）	Kusadasi, Turkey
TUR099	马尔马里斯（土耳其）	Marmaris, Turkey
TUR102	梅尔辛（土耳其）	Mersin, Turkey
TUR105	穆达尼亚（土耳其）	Mudanya, Turkey
TUR108	奥尔杜（土耳其）	Ordu, Turkey
TUR111	里泽（土耳其）	Rize, Turkey
TUR114	萨姆松（土耳其）	Samsun, Turkey
TUR117	锡诺普（土耳其）	Sinop, Turkey
TUR120	塔舒朱（土耳其）	Tasucu, Turkey
TUR123	泰基尔达（土耳其）	Tekirdag, Turkey
TUR126	蒂雷博卢（土耳其）	Tirebolu, Turkey
TUR129	特拉布宗（土耳其）	Trabzon, Turkey
TUR132	图吞西夫特利克（土耳其）	Tutunciftlik, Turkey
TUR135	云耶（土耳其）	Unye, Turkey
TUR138	于斯屈达尔（土耳其）	Uskudar, Turkey
TUR141	亚勒姆贾（土耳其）	Yarimca, Turkey
TUR144	宗古尔达克（土耳其）	Zonguldak, Turkey
TUR147	阿达比亚（土耳其）	Adabiya, Turkey
TUR150	澳纳（土耳其）	Vona, Turkey
TUR153	地里斯凯里斯（土耳其）	Deliskelesi, Turkey
TUR156	卡拉（土耳其）	Karadenizereglisi, Turkey
TUR159	开塞利（土耳其）	Kayseri, Turkey
TUR162	特拉帕尼（土耳其）	Trebizond, Turkey
TUV000	图瓦卢	Tuvalu
TUV001	纳努梅阿岛（图瓦卢）	Nanumea I., Tuvalu

代码	中文名称	英文名称	代码	中文名称	英文名称
TUV002	努库费塔乌岛（图瓦卢）	Nukufetau Atoll, Tuvalu	UKR039	费奥多西亚（乌克兰）	Theodosia, Ukraine
TUV003	富纳富提（图瓦卢）	Funafuti, Tuvalu	UKR042	乌斯列戈尔斯克（乌克兰）	Ust-Dunaysk, Ukraine
TWN000	中国台湾	Taiwan, Province of China	UKR045	雅尔塔（乌克兰）	Yalta, Ukraine
TWN103	台北（中国台湾）	Taipei, Taiwan, Province of China	UKR048	尤日内（乌克兰）	Yuzhnyy, Ukraine
TWN107	基隆（中国台湾）	Keelung (Chilung), Taiwan, Province of China	UMI000	美国本土外小岛屿	United States Minor Outlying Islands
TWN114	苏奥（中国台湾）	Suao, Taiwan, Province of China	UMI003	希洛（美国本土外小岛屿）	Hilo, United States Minor Outlying Islands
TWN121	花莲（中国台湾）	Hualien, Taiwan, Province of China	UMI006	火奴鲁鲁（美国本土外小岛屿）	Honolulu, United States Minor Outlying Islands
TWN128	高雄（中国台湾）	Kaohsiung, Taiwan, Province of China	UMI009	卡胡卢伊（美国本土外小岛屿）	Kahului, United States Minor Outlying Islands
TWN135	台南（中国台湾）	Tainan, Taiwan, Province of China	UMI012	纳威利威利（美国本土外小岛屿）	Nawiliwili, United States Minor Outlying Islands
TWN142	澎湖（中国台湾）	Penghu, Taiwan, Province of China	UMI013	巴尔米拉岛（美国本土外小岛屿）	Palmyra I, United States Minor Outlying Islands
TWN149	台中（中国台湾）	Taichung, Taiwan, Province of China	UMI014	威克岛（美国本土外小岛屿）	Wake I., United States Minor Outlying Islands
TZA000	坦桑尼亚	Tanzania	UMI015	约翰斯顿岛（美国本土外小岛屿）	Johnston, United States Minor Outlying Islands
TZA003	达累斯萨拉姆（坦桑尼亚）	Dar Es Salaam, Tanzania	UMI016	中途岛（美国本土外小岛屿）	Midway Is., United States Minor Outlying Islands
TZA006	基卢瓦基温杰（坦桑尼亚）	Kilwa Kivinje, Tanzania	URY000	乌拉圭	Uruguay
TZA009	基卢瓦马索科（坦桑尼亚）	Kilwa Masoko, Tanzania	URY003	科洛尼亚（乌拉圭）	Colonia, Uruguay
			URY006	弗赖本托斯（乌拉圭）	Fray Bentos, Uruguay
TZA012	林迪（坦桑尼亚）	Lindi, Tanzania	URY009	何塞伊格纳西奥（乌拉圭）	Jose Ignacio, Uruguay
TZA015	米金达尼（坦桑尼亚）	Mikindni, Tanzania			
TZA018	姆特瓦拉（坦桑尼亚）	Mtwara, Tanzania	URY012	马尔多纳多（乌拉圭）	Maldonado, Uruguay
TZA021	潘加尼（坦桑尼亚）	Pangani, Tanzania	URY015	蒙得维的亚（乌拉圭）	Montevideo, Uruguay
TZA024	奔巴岛（坦桑尼亚）	Pemba Island, Tanzania	URY018	新帕尔米拉（乌拉圭）	Nueva Palmira, Uruguay
TZA027	坦噶（坦桑尼亚）	Tanga, Tanzania	URY021	派桑杜（乌拉圭）	Paysandu, Uruguay
TZA030	桑给巴尔岛（坦桑尼亚）	Zanzibar Island, Tanzania	URY024	埃斯特角（乌拉圭）	Punta Del Este, Uruguay
UGA000	乌干达	Uganda	USA000	美国	United States
UKR000	乌克兰	Ukraine	USA003	阿伯丁（美国）	Aberdeen, United States
			USA006	阿拉梅达（美国）	Alameda, United States
UKR003	别尔哥罗德德涅斯罗夫（乌克兰）	Belgorld - Dnestrovskiy, Ukraine	USA008	亚当斯顿（美国）	Adamston, United States
			USA009	奥尔巴尼（美国）	Albany, United States
UKR006	别尔江斯克（乌克兰）	Berdyansk, Ukraine	USA012	亚历山德里亚（美国）	Alexandria, United States
UKR009	伊利乔夫斯克（乌克兰）	Illichivs'K (Ilichevsk), Ukraine	USA015	阿尔皮纳（美国）	Alpena, United States
			USA018	阿纳科特斯（美国）	Anacortes, United States
UKR012	伊兹梅尔（乌克兰）	Izmail, Ukraine	USA021	安科雷奇（美国）	Anchorage, United States
UKR015	刻赤（乌克兰）	Kertch, Ukraine	USA024	阿巴拉契科拉（美国）	Apalachicola, United States
UKR018	赫尔松（乌克兰）	Kherson, Ukraine	USA027	阿什兰（美国）	Ashland, United States
UKR020	马里乌波尔（乌克兰）	Mariupol (Zhdanov), Ukraine	USA030	阿什塔比拉（美国）	Ashtabula, United States
			USA033	阿斯托里亚（美国）	Astoria, United States
UKR021	基里拉（乌克兰）	Kiliya, Ukraine	USA036	阿特雷科（美国）	Atreco, United States
UKR024	尼古拉耶夫（乌克兰）	Nikolayev, Ukraine	USA039	巴尔的摩（美国）	Baltimore, United States
UKR027	敖德萨（乌克兰）	Odessa, Ukraine	USA042	班戈（美国）	Bangor (Me.), United States
UKR030	烈尼（乌克兰）	Reni, Ukraine			
UKR033	塞瓦斯托波尔（乌克兰）	Sevastopol, Ukraine	USA045	巴斯（美国）	Bath, United States
UKR036	斯卡多夫斯克（乌克兰）	Skadovsk, Ukraine	USA048	巴吞鲁日（美国）	Baton Rouge, United States

代码	中文名称	英文名称	代码	中文名称	英文名称
USA051	贝敦（美国）	Baytown, United States	USA186	好望角（美国）	Good Hope, United States
USA054	博蒙特（美国）	Beaumont, United States	USA189	格拉梅西（美国）	Gramercy, United States
USA057	贝灵哈姆（美国）	Bellingham, United States	USA192	格兰德黑文（美国）	Grand Haaven, United States
USA060	伯克利（美国）	Berkeley, United States	USA195	格雷斯港（美国）	Grays Harbour, United States
USA063	波卡洛兰德（美国）	Boca Grande, United States	USA198	格林贝（美国）	Green Bay, United States
USA066	波士顿（美国）	Boston, United States	USA201	格尔夫波特（美国）	Gulfport, United States
USA069	布雷默顿（美国）	Bremerton, United States	USA204	汉普顿港群（美国）	Hampton Roads, United States
USA072	布里奇波特（美国）	Bridgeport, United States	USA207	霍姆（美国）	Home, United States
USA075	布朗斯维尔（美国）	Brownsville, United States	USA210	荷马（美国）	Homer, United States
USA078	不伦瑞克（美国）	Brunswick, United States	USA213	霍普韦尔（美国）	Hopewell, United States
USA081	布坎南（美国）	Buchanan, United States	USA215	火奴鲁路（美国）	Honolulu, United States
USA084	巴克斯波特（美国）	Bucksport, United States	USA216	休斯敦（美国）	Houston, United States
USA087	布法罗（美国）	Buffalo, United States	USA219	休伦（美国）	Huron, United States
USA090	伯恩斯港（美国）	Burns Harbour, United States	USA222	杰克逊维尔（美国）	Jacksonville, United States
USA093	伯恩赛德（美国）	Burnside, United States	USA225	泽西城（美国）	Jersey City, United States
USA096	剑桥（美国）	Cambridge, United States	USA228	朱诺（美国）	Juneau, United States
USA099	卡姆登（美国）	Camden, United States	USA231	卡拉马（美国）	Kalama, United States
USA102	卡拉贝尔（美国）	Carrabelle, United States	USA234	克奈（美国）	Kenai, United States
USA105	查尔斯顿（美国）	Charleston, United States	USA237	基诺沙（美国）	Kenosha, United States
USA108	希博伊甘（美国）	Cheboygan, United States	USA240	凯奇坎（美国）	Ketchikan, United States
USA111	切萨皮克城（美国）	Chesapeake City, United States	USA243	基韦斯特（美国）	Key West, United States
USA114	切斯特（美国）	Chester, United States	USA246	金斯湾（美国）	Kings Bay, United States
USA117	芝加哥（美国）	Chicago, United States	USA249	科迪亚克（美国）	Kodiak, United States
USA120	克利夫兰（美国）	Cleveland, United States	USA251	简斯维尔（美国）	Janesville, United States
USA123	康尼奥特港（美国）	Conneaut Harbour, United States	USA252	莱克查尔斯（美国）	Lake Charles, United States
USA126	科尔多瓦（美国）	Cordova, United States	USA255	长滩（美国）	Long Beach, United States
USA129	科珀斯克里斯蒂（美国）	Corpus Christi, United States	USA258	隆维尤（美国）	Longview, United States
USA132	德拉华湾（美国）	Delaware Bay, United States	USA261	洛雷恩（美国）	Lorain, United States
USA135	特斯特汉（美国）	Destrehan, United States	USA264	洛杉矶（美国）	Los Angeles, United States
USA138	底特律（美国）	Detroit, United States	USA267	马尼托沃克（美国）	Manitowoc, United States
USA141	唐纳森维尔（美国）	Donaaldsonville, United States	USA270	梅特拉卡特拉（美国）	Metlakatla, United States
USA144	德卢斯（美国）	Duluth, United States	USA273	迈阿密（美国）	Miami, United States
USA147	荷兰港（美国）	Dutch Harbour, United States	USA276	蜜尔沃基（美国）	Milwaukee, United States
USA150	埃尔塞贡多（美国）	El Segundo, United States	USA279	莫比尔（美国）	Mobile, United States
USA153	伊利（美国）	Erie, United States	USA282	门罗（美国）	Monroe, United States
USA156	尤里卡（美国）	Eureka, United States	USA285	莫尔黑德城（美国）	Morehead City, United States
USA159	埃弗里特（美国）	Everett (Wash.), United States	USA288	马斯基根（美国）	Muskegon, United States
USA162	福尔里弗（美国）	Fall River, United States	USA291	默特尔克里克（美国）	Myrtle Grove, United States
USA165	费南迪纳（美国）	Fernandina, United States	USA294	新贝德福德（美国）	New Bedford, United States
USA168	芬代尔（美国）	Ferndale, United States	USA297	纽卡斯尔（美国）	New Castle (Del.), United States
USA171	弗里波特（美国）	Freeport, United States	USA300	纽黑文（美国）	New Haven, United States
USA174	加尔维斯顿（美国）	Galveston, United States	USA303	新伦敦（美国）	New London (Conn.), United States
USA177	盖斯马（美国）	Geismar, United States	USA306	新奥尔良（美国）	New Orleans, United States
USA180	乔治敦（美国）	Georgetown, United States	USA309	纽约（美国）	New York, United States
USA183	格洛斯特（美国）	Gloucester (Mass.), United States	USA312	纽瓦克（美国）	Newark, United States
			USA315	纽波特纽斯（美国）	Newport News (Va.), United States

代码	中文名称	英文名称	代码	中文名称	英文名称
USA318	纽波特（Oreg.）（美国）	Newport（Oreg.），United States	USA444	里士满（VA）（美国）	Richmond（VA），United States
USA321	纽波特（R. I.）（美国）	Newport（R. I.），United States	USA447	里士满（OH）（美国）	Richmond（OH），United States
USA324	尼基斯基（美国）	Nikiski，United States	USA450	里弗黑德（美国）	Riverhead，United States
USA327	诺姆（美国）	Nome，United States	USA453	罗切斯特（美国）	Rochester，United States
USA330	诺福克（美国）	Norfolk，United States	USA456	萨宾（美国）	Sabine，United States
USA333	诺思贝（美国）	North Ben，United States	USA459	萨克拉门托（美国）	Sacramento，United States
USA336	奥克兰（美国）	Oakland，United States	USA462	圣迭戈（美国）	San Diego，United States
USA339	奥林匹亚（美国）	Olympia，United States	USA465	圣弗朗西斯科（美国）	San Francisco，United States
USA342	奥兰治（美国）	Orange，United States	USA468	圣佩德罗（美国）	San Pedro，United States
USA345	奥斯特里卡（美国）	Ostrica，United States	USA471	圣巴巴拉（美国）	Santa Barbara，United States
USA348	奥斯威戈（美国）	Oswego，United States	USA474	圣克鲁斯（美国）	Santa Cruz（Calif.），United States
USA351	棕榈滩（美国）	Palm Beach，United States			
USA354	巴拿马城（美国）	Panama City，United States	USA477	萨凡纳（美国）	Savannah，United States
USA357	帕萨迪纳（美国）	Pasadena，United States	USA480	锡斯波特（美国）	Searsport，United States
USA360	帕斯卡古拉（美国）	Pascagoula，United States	USA483	西雅图（美国）	Seattle，United States
USA363	保罗斯伯罗（美国）	Paulsboro，United States	USA486	苏厄德（美国）	Seward，United States
USA366	彭萨科拉（美国）	Pensacola，United States	USA489	锡特卡（美国）	Sitka，United States
USA369	彼得斯堡（美国）	Petersburg，United States	USA492	斯卡圭（美国）	Skaagway，United States
USA372	费城（美国）	Philadelphia，United States	USA495	斯密斯布卢夫（美国）	Smith'S Bluff，United States
USA375	皮内角（美国）	Piney Point，United States	USA498	圣彼得斯堡（美国）	St. Petersburg，United States
USA378	普列茅斯（美国）	Plymouth，United States			
USA381	奥巴斯克斯港（美国）	Port Anx Basques，United States	USA501	斯托克顿（美国）	Stockton，United States
			USA504	塔科马（美国）	Tacoma，United States
USA384	亚当斯港（美国）	Port Adams，United States	USA507	塔科尼特港（美国）	Taconite Harbour，United States
USA387	安吉利斯港（美国）	Port Angeles，United States			
USA390	阿瑟港（美国）	Port Arthur（Tex.），United States	USA510	坦帕（美国）	Tampa，United States
			USA513	得克萨斯城（美国）	Texas City，United States
USA393	卡纳维拉尔港（美国）	Port Canaveral，United States	USA516	托莱多（美国）	Toledo，United States
			USA519	特伦顿（美国）	Trenton，United States
USA396	埃弗格雷斯港（美国）	Port Everglades，United States	USA522	瓦尔迪兹（美国）	Valdez，United States
			USA525	温哥华（美国）	Vancouver，United States
USA399	怀尼米港（美国）	Port Hueneme，United States	USA528	华盛顿（美国）	Washington，United States
USA402	休伦港（美国）	Port Huron，United States	USA531	威霍肯（美国）	Weehawken，United States
USA405	伊萨贝尔港（美国）	Port Isabel，United States	USA534	威拉帕（美国）	Willapa，United States
USA408	拉瓦卡港（美国）	Port Laavaca，United States	USA543	威尔明顿（美国）	Wilmington，United States
USA411	内奇斯港（美国）	Port Neches，United States	USA546	兰格尔（美国）	Wrangell，United States
USA414	罗亚尔港（美国）	Port Royal，United States	USA905	亚特兰大（美国）	Atlanta Ga，United States
USA417	圣路易斯港（美国）	Port San Luis，United States	USA906	伯明翰（美国）	Birming Ham，United States
USA420	圣乔港（美国）	Port St. Joe，United States	USA907	威士康辛（美国）	Wisconsin，United States
USA423	萨尔弗港（美国）	Port Sulphur，United States	USA908	奥马哈（美国）	Omaha. Ne，United States
USA426	汤森港（美国）	Port Townsend，United States	USA909	达拉斯-沃斯堡（美国）	Dallas - Fort Worth，United States
USA429	波特兰（Me.）（美国）	Portland（Me.），United States	USA910	孟菲斯（美国）	Memphis，United States
			USA911	韦斯特维戈（美国）	Westwego，United States
USA432	波特兰（Oreg.）（美国）	Portland（Oreg.），United States	USA912	珍珠港（美国）	Pearl Harbour，United States
			USA913	亚库塔特（美国）	Yakutat，United States
USA435	波次茅斯（美国）	Portsmouth，United States	USA914	摩斯贝（美国）	Coos Bay，United States
USA438	普罗维登斯（美国）	Providence，United States	USA915	马尼斯蒂（美国）	Manistee，United States
USA441	拉辛（美国）	Racine，United States	USA916	奥格登斯堡（美国）	Ogdensburg，United States
			USA917	阿鲁克鲁（美国）	Port Alucroix，United States

代码	中文名称	英文名称
USA918	VAN BC（美国）	Van Bc, United States
USA919	COOSAW RIVER（美国）	Coosaw River, United States
USA920	CHEAPEAKE（美国）	Cheapeake, United States
UZB000	乌兹别克斯坦	Uzbekistan
UZB003	塔什干（乌兹别克斯坦）	Uzbekistan
VAT000	梵蒂冈	Vatican
VCT000	圣文森特和格林纳丁斯	Saint Vincent And The Grenadines
VCT003	乔治敦（圣文森特和格林纳丁斯）	Georgetown, Saint Vincent and the Grenadines
VCT006	金斯敦（圣文森特和格林纳丁斯）	Kingstown, Saint Vincent and the Grenadines
VEN000	委内瑞拉	Venezuela (Bolivarian Republic of)
VEN003	阿穆艾（委内瑞拉）	Amuay, Venezuela (Bolivarian Republic of)
VEN006	阿拉亚（委内瑞拉）	Araya, Venezuela (Bolivarian Republic of)
VEN009	巴查克罗（委内瑞拉）	Bachaquero, Venezuela (Bolivarian Republic of)
VEN012	巴霍格兰德（委内瑞拉）	Bajo Grande, Venezuela (Bolivarian Republic of)
VEN015	卡维马斯（委内瑞拉）	Cabimas, Venezuela (Bolivarian Republic of)
VEN018	卡里皮托（委内瑞拉）	Caripito, Venezuela (Bolivarian Republic of)
VEN021	卡鲁帕诺（委内瑞拉）	Carupano, Venezuela (Bolivarian Republic of)
VEN024	奇奇里维切（委内瑞拉）	Chichirivichi, Venezuela (Bolivarian Republic of)
VEN027	玻利瓦尔城（委内瑞拉）	Ciudad Bolivar, Venezuela (Bolivarian Republic of)
VEN030	科隆查（委内瑞拉）	Coloncha, Venezuela (Bolivarian Republic of)
VEN033	库马纳（委内瑞拉）	Cumana, Venezuela (Bolivarian Republic of)
VEN036	埃尔乔雷（委内瑞拉）	El Chaure, Venezuela (Bolivarian Republic of)
VEN039	埃尔瓜马切（委内瑞拉）	El Guamache, Venezuela (Bolivarian Republic of)
VEN042	埃尔巴利托（委内瑞拉）	El Palito, Venezuela (Bolivarian Republic of)
VEN045	埃尔塔布拉齐奥（委内瑞拉）	El Tablazo, Venezuela (Bolivarian Republic of)
VEN048	关塔（委内瑞拉）	Guanta, Venezuela (Bolivarian Republic of)
VEN051	关腊关沃（委内瑞拉）	Guarguao, Venezuela (Bolivarian Republic of)
VEN054	圭里亚（委内瑞拉）	Guiria, Venezuela (Bolivarian Republic of)
VEN057	拉斯塔加达（委内瑞拉）	La Estacada, Venezuela (Bolivarian Republic of)
VEN060	拉瓜伊拉（委内瑞拉）	La Guaira, Venezuela (Bolivarian Republic of)
VEN063	拉萨利纳（委内瑞拉）	La Salina, Venezuela (Bolivarian Republic of)
VEN066	马拉开波（委内瑞拉）	Maracaibo, Venezuela (Bolivarian Republic of)
VEN069	马坦萨斯（委内瑞拉）	Matanzas, Venezuela (Bolivarian Republic of)
VEN072	莫龙（委内瑞拉）	Moron, Venezuela (Bolivarian Republic of)
VEN075	帕卢亚（委内瑞拉）	Palua, Venezuela (Bolivarian Republic of)
VEN078	帕马塔克亚尔（委内瑞拉）	Pamatacual, Venezuela (Bolivarian Republic of)
VEN081	潘帕塔尔（委内瑞拉）	Pampatar, Venezuela (Bolivarian Republic of)
VEN084	佩蒂格来特（委内瑞拉）	Pertigalete, Venezuela (Bolivarian Republic of)
VEN087	波拉马尔（委内瑞拉）	Porlamar, Venezuela (Bolivarian Republic of)
VEN090	耶罗港（委内瑞拉）	Puerto De Hierro, Venezuela (Bolivarian Republic of)
VEN093	拉克鲁斯港（委内瑞拉）	Puerto La Cruz, Venezuela (Bolivarian Republic of)
VEN096	卡贝略港（委内瑞拉）	Puerto Cabello, Venezuela (Bolivarian Republic of)
VEN099	米兰达港（委内瑞拉）	Puerto Miranda, Venezuela (Bolivarian Republic of)
VEN102	奥尔达斯港（委内瑞拉）	Puerto Ordaz, Venezuela (Bolivarian Republic of)
VEN105	苏克里港（委内瑞拉）	Puerto Sucre, Venezuela (Bolivarian Republic of)
VEN108	蓬塔卡尔东（委内瑞拉）	Punta Cardon, Venezuela (Bolivarian Republic of)
VEN111	库希略角（委内瑞拉）	Punta Cuchillo, Venezuela (Bolivarian Republic of)
VEN114	南帕尔马斯角（委内瑞拉）	Punta Palmas, Venezuela (Bolivarian Republic of)
VEN116	蓬塔-德彼德拉斯（委内瑞拉）	Punta De Piedra, Venezuela (Bolivarian Republic of)
VEN117	圣费利克斯（委内瑞拉）	San Felix, Venezuela (Bolivarian Republic of)
VEN120	圣洛伦索（委内瑞拉）	San Lorenzo, Venezuela (Bolivarian Republic of)
VEN123	图卡卡斯（委内瑞拉）	Tucacas, Venezuela (Bolivarian Republic of)
VEN126	图里亚莫（委内瑞拉）	Turiamo, Venezuela (Bolivarian Republic of)
VEN901	加拉加斯（委内瑞拉）	Caracas, Venezuela (Bolivarian Republic of)

代码	中文名称	英文名称
VGB000	英属维尔京群岛	British Virgin Islands
VGB001	阿内加达岛（英属维尔京群岛）	Anegada Island, British Virgin Islands
VGB002	毖尔京-戈达岛（英属维尔京群岛）	Virgin Gorda, British Virgin Islands
VGB003	托托拉岛（英属维尔京群岛）	Tortola, British Virgin Islands
VGB006	罗德城（英属维尔京群岛）	Road Town, British Virgin Islands
VIR000	维尔京群岛（美国）	Virgin Islands (U.S.)
VIR002	夏洛特阿马利亚［维尔京群岛（美国）］	Charlotte Amalie, Virgin Islands (U.S.)
VIR003	克里斯琴斯特德［维尔京群岛（美国）］	Christiansted, Virgin Islands (U.S.)
VIR006	弗雷德里克斯特德［维尔京群岛（美国）］	Frederiksted, Virgin Islands (U.S.)
VIR007	圣约翰岛［维尔京群岛（美国）］	St. John I, Virgin Islands (U.S.)
VIR008	圣托马［维尔京群岛（美国）］	St. Thomas, Virgin Islands (U.S.)
VIR009	美属维尔京［维尔京群岛（美国）］	Virgin Is., Virgin Islands (U.S.)
VIR010	莱姆特里贝［维尔京群岛（美国）］	Limetree Bay, Virgin Islands (U.S.)
VNM000	越南	Viet Nam
VNM001	金兰（越南）	Camranh, Viet Nam
VNM003	边水（越南）	Ben Thui, Viet Nam
VNM006	岘港（越南）	Da Nang, Viet Nam
VNM009	海防（越南）	Haiphong, Viet Nam
VNM012	胡志明市（越南）	Ho Chi Minh City, Viet Nam
VNM015	鸿基（越南）	Hongai, Viet Nam
VNM018	顺化（越南）	Hue, Viet Nam
VNM021	广义（越南）	Kwang Yen, Viet Nam
VNM024	美富（越南）	My Tho, Viet Nam
VNM027	芽庄（越南）	Nha Trang, Viet Nam
VNM030	锦普港（越南）	Port Campha, Viet Nam
VNM033	雷东港（越南）	Port Redon, Viet Nam
VNM036	归仁（越南）	Qui Nhon, Viet Nam
VNM039	荣市（越南）	Vinh, Viet Nam
VNM042	头顿（越南）	Vung Tau, Viet Nam
VNM901	河内（越南）	Hanoi, Viet Nam
VNM902	金兰湾（越南）	Bangoi, Viet Nam
VNM903	友谊关（越南）	Friendship Pass, Viet Nam
VNM904	同登（越南）	Viet Nam
VNM905	新青（越南）	Viet Nam
VNM906	寺马（越南）	Viet Nam
VNM907	驮龙（越南）	Viet Nam
VNM908	茶岭（越南）	Viet Nam
VNM909	朔江（越南）	Viet Nam
VNM910	老街（越南）	Lao Cai, Viet Nam
VUT000	瓦努阿图	Vanuatu
VUT001	马勒库拉岛（瓦努阿图）	Malekula Island, Vanuatu
VUT002	埃罗芒加岛（瓦努阿图）	Eromanga Island, Vanuatu
VUT003	卢甘维尔港（瓦努阿图）	Luganville Bay, Vanuatu
VUT004	圣埃斯皮里图岛（瓦努阿图）	Espiritu Santo Islan, Vanuatu
VUT005	圣多明各（瓦努阿图）	Santo Domingo, Vanuatu
VUT006	维拉港（瓦努阿图）	Port Vila/Vila, Vanuatu
VUT007	塔纳岛（瓦努阿图）	Tana Island, Vanuatu
VUT009	桑托（瓦努阿图）	Santo, Vanuatu
WLF000	瓦利斯和富图纳群岛	Wallis And Futuna Islands
WLF003	马塔乌图（瓦利斯和富图纳群岛）	Mata'Utu, Wallis and Futuna Islands
WLF004	锡加维（瓦利斯和富图纳群岛）	Sigave, Wallis and Futuna Islands
WLF005	穆阿（瓦利斯和富图纳群岛）	Mua, Wallis and Futuna Islands
WSM000	萨摩亚	Samoa
WSM003	阿皮亚（萨摩亚）	Apia, Samoa
WSM004	阿绍（萨摩亚）	Asau, Samoa
WSM005	木利努乌（萨摩亚）	Mulinuu, Samoa
WSM006	萨瓦伊（萨摩亚）	Savaii, Samoa
WSM007	萨瓦伊岛（萨摩亚）	Savaii Island, Samoa
WSM008	乌波卢岛（萨摩亚）	Upolu Island, Samoa
YEM000	也门	Yemen
YEM001	萨那（也门）	Sana, Yemen
YEM003	亚丁（也门）	Aden, Yemen
YEM006	荷台达（也门）	Hodeidah, Yemen
YEM009	穆哈（也门）	Mokha, Yemen
YEM012	穆卡拉（也门）	Mukalla, Yemen
YEM013	萨利夫（也门）	Saleef Port, Yemen
YEM015	卡塞卜角（也门）	Ras Al Katheeb, Yemen
YEM021	索科特拉岛（也门）	Socotra Island, Yemen
ZAF000	南非	South Africa
ZAO000	非洲其他国家（地区）	Africa other
ZAF003	开普敦（南非）	Cape Town, South Africa
ZAF006	德班（南非）	Durban, South Africa
ZAF009	东伦敦（南非）	East London, South Africa
ZAF012	莫塞尔贝（南非）	Mossel Bay, South Africa
ZAF015	伊丽莎白港（南非）	Port Elizabeth, South Africa
ZAF018	里查德湾（南非）	Richards Bay, South Africa
ZAF021	萨尔达尼亚湾（南非）	Saldanha Bay, South Africa
ZAF024	西蒙斯敦（南非）	Simonstown, South Africa
ZAF027	诺洛斯港（南非）	Port Nolloth, South Africa
ZAF901	约翰内斯堡（南非）	Johannesburg, South Africa
ZAS000	亚洲其他国家（地区）	Asia other
ZEU000	欧洲其他国家（地区）	Europe other
ZMB000	赞比亚	Zambia
ZMB001	恩多拉（赞比亚）	Ndola, Zambia
ZNA000	北美洲其他国家（地区）	North America other
ZOC000	大洋洲其他国家（地区）	Oceania other
ZSA000	拉丁美洲其他国家（地区）	South America other
ZWE000	津巴布韦	Zimbabwe

代码	中文名称	英文名称
ZZZ900	未列出的特殊监管区	Unlisted Special Supervision Areas
ZZZ999	未列出的国家或地区贸易港	Unlisted Countries or Districts
991101	北京天竺综合保税区	Beijing Tianzhu Comprehensive Bonded Zone
991201	天津出口加工区	Tianjin Export Processind Zone
991202	天津保税物流园区	Tianjin Bonded Logistics Zone
991203	天津港保税区	Tianjingang Free Trade Zone
991204	天津东疆保税港区	Tianjin Dongjiang Free Trade Port Zone
991205	天津滨海新区综合保税区	Tianjin Binhai Xinqu Comprehensive Bonded Zone
991206	中国（天津）自由贸易试验区	China（Tianjin）Pilot Free Trade Zone
991301	石家庄综合保税区	Shijiazhuang Comprehensive Bonded Zone
991302	曹妃甸综合保税区	Caofeidian Comprehensive Bonded Zone
991303	秦皇岛出口加工区	Qinhuangdao Export Processind Zone
991304	廊坊出口加工区	Langfang Export Processind Zone
991401	太原武宿综合保税区	Taiyuan Wusu Comprehensive Bonded Zone
991501	呼和浩特出口加工区	Hohhot Export Processind Zone
991502	满洲里综合保税区	Manzhouli Comprehensive Bonded Zone
992101	沈阳综合保税区	Shenyang Comprehensive Bonded Zone
992102	大连保税区	Dalian Free Trade Zone
992103	大连出口加工区	Dalian Export Processind Zone
992104	大连大窑湾保税港区	Dalian Dayaowan Free Trade Port Zone
992105	营口港保税物流园区	Yingkougang Bonded Logistics Zone
992201	长春兴隆综合保税区	Changchun Xinglong Comprehensive Bonded Zone
992202	珲春出口加工区	Hunchun Export Processind Zone
992301	绥芬河综合保税区	Suifenhe Comprehensive Bonded Zone
993101	上海漕河泾出口加工区	Shanghai Caohejing Export Processind Zone
993102	上海闵行出口加工区	Shanghai Minhang Export Processind Zone
993103	上海嘉定出口加工区	Shanghai Jiading Export Processind Zone
993104	上海金桥出口加工区	Shangha Jinqiao Export Processind Zone
993105	上海浦东机场综合保税区	Shanghai Pudong Airport Comprehensive Bonded Zone
993106	上海外高桥保税物流园区	Shanghai Waigaoqiao Bonded Logistics Zone
993107	上海外高桥保税区	Shanghai Waigaoqiao Free Trade Zone
993108	上海松江出口加工区 A 区	Shanghai Songjiang Export Processind Zone Zone A
993109	上海松江出口加工区 B 区	Shanghai Songjiang Export Processind Zone Zone B
993110	上海青浦出口加工区	Shanghai Qngpu Export Processind Zone
993111	洋山保税港区	Yangshan Free Trade Port Zone
993112	中国（上海）自由贸易试验区	China（Shanghai）Pilot Free Trade Zone
993201	南京出口加工区	Nanjing Export Processind Zone
993202	南京综合保税区	Nanjing Comprehensive Bonded Zone
993203	无锡高新区综合保税区	Wuxi Gaoxinqu Comprehensive Bonded Zone
993204	无锡出口加工区	Wuxi Export Processind Zone
993205	常州出口加工区	Changzhou Export Processind Zone
993206	武进出口加工区	Wujin Export Processind Zone
993207	苏州工业园综合保税区	Suzhou Gongyeyuan Comprehensive Bonded Zone
993208	苏州高新技术产业开发区综合保税区	Suzhou Gaoxinjishu Chanye Kaifaqu Comprehensive Bonded Zone
993209	太仓港综合保税区	Taicanggang Comprehensive Bonded Zone
993210	吴中出口加工区	Wuzhong Export Processind Zone
993211	常熟出口加工区	Changshu Export Processind Zone
993212	张家港保税港区	Zhangjiagang Free Trade Port Zone
993213	昆山综合保税区	Kunshan Comprehensive Bonded Zone
993214	吴江出口加工区	Wujiang Export Processind Zone
993215	南通综合保税区	Nantong Comprehensive Bonded Zone
993216	南通出口加工区	Nantong Export Processind Zone

代码	中文名称	英文名称
993217	连云港出口加工区	Lianyungang Export Processind Zone
993218	淮安综合保税区	Huaian Comprehensive Bonded Zone
993219	淮安出口加工区	Huai'An Export Processind Zone
993220	盐城综合保税区	Yanchengcomprehensive Bonded Zone
993221	扬州出口加工区	Yangzhou Export Processind Zone
993222	镇江出口加工区	Zhenjiang Export Processind Zone
993223	泰州出口加工区	Taizhou Export Processind Zone
993301	杭州出口加工区	Hangzhou Export Processind Zone
993302	杭州保税物流园区（B型）	Hangzhou Bonded Logistics Zone（B）
993303	杭州中和保税区	Hangzhou Zhonghe Free Trade Zone
993304	舟山港综合保税区	Zhoushangang Comprehensive Bonded Zone
993305	嘉兴出口加工区 A 区	Jiaxing Export Processind Zone Zone A
993306	嘉兴出口加工区 B 区	Jiaxing Export Processind Zone Zone B
993307	金义综合保税区	Jinyi Comprehensive Bonded Zone
993401	合肥出口加工区	Hefei Export Processind Zone
993402	合肥综合保税区	Hefei Comprehensive Bonded Zone
993403	芜湖出口加工区	Wuhu Export Processind Zone
993501	福州保税港区	Fuzhou Free Trade Port Zone
993502	福州保税区	Fuzhou Free Trade Zone
993503	福州出口加工区	Fuzhou Export Processind Zone
993504	贵安综合保税区	Gui'An Comprehensive Bonded Zone
993505	泉州出口加工区	Quanzhou Export Processind Zone
993506	中国（福建）自由贸易试验区	China（Fujian）Pilot Free Trade Zone
993601	南昌出口加工区	Nanchang Export Processind Zone
993602	九江出口加工区	Jiujiang Export Processind Zone
993603	赣州出口加工区	Ganzhou Export Processind Zone
993604	赣州综合保税区	Ganzhou Comprehensive Bonded Zone
993605	井冈山出口加工区	Jinggnanshan Export Processind Zone
993701	济南综合保税区	Jinan Comprehensive Bonded Zone
993702	济南出口加工区	Jinan Export Processind Zone
993703	青岛出口加工区	Qingdao Export Processind Zone
993704	青岛前湾保税港区	Qingdao Qianwan Free Trade Port Zone
993705	青岛西海岸出口加工区	Qingdao Xihaian Export Processind Zone
993706	东营综合保税区	Dongying Comprehensive Bonded Zone
993707	烟台保税港区 A 区	Yantai Free Trade Port Zone A Qu
993708	烟台保税港区 B 区	Yantai Free Trade Port Zone B Qu
993709	潍坊综合保税区	Weifang Comprehensive Bonded Zone
993710	威海出口加工区	Weihai Export Processind Zone
993711	临沂综合保税区	Linyi Comprehensive Bonded Zone
993801	宁波出口加工区	Ningbo Export Processind Zone
993802	宁波保税区	Ningbo Free Trade Zone
993803	宁波梅山保税港区	Ningbo Meishan Free Trade Port Zone
993804	慈溪出口加工区	Cixi Export Processind Zone
993901	厦门保税区	Xiamen Free Trade Zone
993902	厦门海沧保税港区	Xiamen Haicang Free Trade Port Zone
993903	厦门象屿保税物流园区	Xiamen Xiangyu Bonded Logistics Zone
993904	厦门翔安火炬保税物流园区	Xiamen Xiangan Huoju Bonded Logistics Zone
994101	郑州出口加工区	Zhengzhou Export Processind Zone
994102	郑州新郑综合保税区	Zhengzhou Xinzheng Comprehensive Bonded Zone
994103	南阳卧龙综合保税区	Nanyang Wolong Comprehensive Bonded Zone
994201	武汉出口加工区	Wuhan Export Processind Zone
994202	武汉东西湖保税物流园区	Wuhan Dongxihu Bonded Logistics Zone
994203	武汉东湖综合保税区	Wuhan Donghu Comprehensive Bonded Zone
994204	武汉新港空港综合保税区	Wuhan Xingang Konggang Comprehensive Bonded Zone

代码	中文名称	英文名称
994301	长沙金霞保税物流园区	Changsha Jinxia Bonded Logistics Zone
994302	湘潭综合保税区	Xiangtan Comprehensive Bonded Zone
994303	衡阳综合保税区	Hengyang Comprehensive Bonded Zone
994304	岳阳城陵矶综合保税区	Yueyang Chenglingji Comprehensive Bonded Zone
994305	郴州出口加工区	Chenzhou Export Processind Zone
994306	长沙黄花综合保税区	Changsha Huanghua Comprehensive Bonded Zone
994401	广州保税物流园区	Guangzhou Bonded Logistics Zone
994402	广州保税区	Guangzhou Free Trade Zone
994403	广州出口加工区	Guangzhou Export Processind Zone
994404	广州白云机场综合保税区	Guangzhou Baiyun Airport Comprehensive Bonded Zone
994405	广州南沙保税港区	Guangzhou Nansha Free Trade Port Zone
994406	汕头保税区	Shantou Free Trade Zone
994407	中国（广东）自由贸易试验区	China（Guangdong）Pilot Free Trade Zone
994501	北海出口加工区	Beihai Export Processind Zone
994502	钦州保税港区	Qinzhou Free Trade Port Zone
994503	凭祥综合保税区	Pingxiang Comprehensive Bonded Zone
994601	海口综合保税区	Haikou Comprehensive Bonded Zone
994602	洋浦保税港区	Yangpu Free Trade Port Zone
994701	深圳出口加工区	Shenzhen Export Processind Zone
994702	深圳福田保税区	Shenzhen Futian Free Trade Zone
994703	深圳前海湾保税港区	Shenzhen Qianhaiwan Free Trade Port Zone
994704	深圳盐田保税物流园区	Shenzhen Yantian Bonded Logistics Zone
994705	深圳盐田保税区	Shenzhen Yantian Free Trade Zone
994706	深圳沙头角保税区	Shenzhen Shatoujiao Free Trade Zone
994801	珠海保税区加华码头	Zhuhai Free Trade Zone Jiahua Dock
994802	珠海保税区货场	Zhuhai Free Trade Zone Huochang
994803	珠澳跨境工业区（珠海园区）货场	Zhuao Cross Bonded Industrial Zone Huochang
994804	珠澳跨境工业区（珠海园区）旅检通道	Zhuao Cross Bonded Industrial Zone Passenger-Inspection Tongdao
995001	重庆两路寸滩保税港区水港	Chongqing Lianglucuntan Free Trade Port Zone Shuigang
995002	重庆两路寸滩保税港区空港	Chongqing Lianglucuntan Free Trade Port Zone Konggang
995003	重庆西永综合保税区	Chongqing Xiyong Comprehensive Bonded Zone
995101	成都高新综合保税区双流园区	Chengdu Gaoxin Comprehensive Bonded Zone Shuangliu Yuanqu
995102	成都高新综合保税区 A 区	Chengdu Gaoxin Comprehensive Bonded Zone Zone A
995103	成都高新综合保税区 B 区	Chengdu Gaoxin Comprehensive Bonded Zone Zone B
995104	成都高新综合保税区 C 区	Chengdu Gaoxin Comprehensive Bonded Zone Zone C
995105	绵阳出口加工区	Mianyang Export Processind Zone
995201	贵阳综合保税区	Guiyang Comprehensive Bonded Zone
995301	昆明出口加工区	Kunming Export Processind Zone
995302	昆明综合保税区	Kunming Comprehensive Bonded Zone
995303	红河综合保税区	Honghe Comprehensive Bonded Zone
996101	西安综合保税区	Xian Comprehensive Bonded Zone
996102	西安出口加工区	Xian Export Processind Zone
996103	西安高新综合保税区	Xi'An Gaoxin Comprehensive Bonded Zone
996201	兰州新区综合保税区	Lanzhou Xinqu Comprehensive Bonded Zone
996501	乌鲁木齐出口加工区	Urumqi Export Processind Zone
996502	阿拉山口综合保税区	Alatawshankou Comprehensive Bonded Zone
996503	喀什综合保税区	Kashi Comprehensive Bonded Zone
996504	霍尔果斯国际边境合作中心（中方配套区）	Horgos Guoji Bianjing Hezuo Center

国内口岸代码表

代码	中文名称	罗马字母名称
110001	北京	Beijing
110002	北京平谷国际陆港	Beijing Pinggu Automobile Lugang
110003	北京天竺综合保税区	Beijing Tianzhu Comprehensive Bonded Zone
110101	首都国际机场	Beijing Capital International Airport
110201	北京丰台货运	Beijing Fengtai Freight
110301	北京朝阳口岸	Beijing Chaoyang Port
110801	北京西站	Beijing Xizhan
120001	天津	Tianjin
120002	北疆港区	Beijiang Gangqu
120003	天津保税物流园区	Tianjin Bonded Logistics Zone
120004	天津港保税区	Tianjingang Free Trade Zone
120011	中国（天津）自由贸易试验区	China（Tianjin）Pilot Free Trade Zone
120201	天津出口加工区	Tianjin Export Processind Zone
120601	天津滨海新区综合保税区	Tianjin Binhai Xinqu Comprehensive Bonded Zone
120801	大沽口港区	Dagukou Gangqu
121001	南疆港区	Nanjiang Gangqu
121002	渤中	Bozhong
121501	东疆港区	Dongjiang Gangqu
121502	天津邮轮母港	Tianjin Youlun Mugang
121503	天津新港客运码头	Tianjin Xingang Passenger Transpor Dock
121504	天津东疆保税港区	Tianjin Dongjiang Free Trade Port Zone
121701	天津滨海国际机场货邮	Tianjin Binhai International Airport Huoyou
121702	天津滨海国际机场 T1 通道	Tianjin Binhai International Airport T1 tongdao
121703	天津滨海国际机场 T2 通道	Tianjin Binhai International Airport T2 Tongdao
130001	石家庄	Shijiazhuang
130002	石家庄正定机场	Shijiazhuang Zhengding Airport
130101	秦皇岛	Qinhuangdao
130102	秦皇岛出口加工区	Qinhuangdao Export Processind Zone
130200	河北省唐山市	Hebei Sheng Tangshan Shi
130201	京唐港	Jingtanggang
130202	唐山	Tangshan
130203	曹妃甸港	Caofeidian Harbor
130204	曹妃甸综合保税区	Caofeidian Comprehensive Bonded Zone
130300	河北省秦皇岛市	Hebei Sheng Qinhuangdao Shi
130400	河北省邯郸市	Hebei Sheng Handan Shi
130500	河北省邢台市	Hebei Sheng Xingtai Shi
130600	河北省保定市	Hebei Sheng Baoding Shi
130700	河北省张家口市	Hebei Sheng Zhangjiakou Shi
130701	廊坊出口加工区	Langfang Export Processind Zone
130800	河北省承德市	Hebei Sheng Chengde Shi
130900	河北省沧州市	Hebei Sheng Cangzhou Shi
131000	河北省廊坊市	Hebei Sheng Langfang Shi
131100	河北省衡水市	Hebei Sheng Hengshui Shi
131101	黄骅	Huanghua
131201	石家庄综合保税区	Shijiazhuang Comprehensive Bonded Zone
140001	太原	Taiyuan
140002	太原武宿机场	Taiyuan Wusu Airport
140003	太原武宿综合保税区	Taiyuan Wusu Comprehensive Bonded Zone
140200	山西省大同市	Shanxi Sheng Datong Shi
140300	山西省阳泉市	Shanxi Sheng Yangquan Shi
140400	山西省长治市	Shanxi Sheng Changzhi Shi
140500	山西省晋城市	Shanxi Sheng Jincheng Shi
140600	山西省朔州市	Shanxi Sheng Shuozhou Shi
140700	山西省晋中市	Shanxi Sheng Jinzhong Shi
140800	山西省运城市	Shanxi Sheng Yuncheng Shi
140900	山西省忻州市	Shanxi Sheng Xinzhou Shi
141000	山西省临汾市	Shanxi Sheng Linfen Shi
141100	山西省吕梁市	Shanxi Sheng Luliang Shi
150001	呼和浩特	Hohhot
150002	呼和浩特白塔机场	Hohhot Baita Airport
150003	呼和浩特出口加工区	Hohhot Export Processind Zone
150004	鄂尔多斯伊金霍洛机场	Erdos Ejin Horo Airport
150101	满洲里西郊机场	Manzhouli Xijiao Airport
150102	满洲里铁路	Manzhouli Railway
150103	二卡	Erka
150104	满洲里十八里	Manzhouli Shibali
150105	阿日哈沙特	Arhaxat
150106	满洲里综合保税区	Manzhouli Comprehensive Bonded Zone
150200	内蒙古自治区包头市	Nei Mongol Zizhiqu Baotou Shi
150201	二连浩特铁路	Erlianhaote Railway
150202	二连浩特公路	Erlianhaote Highroad
150300	内蒙古自治区乌海市	Nei Mongol Zizhiqu Wuhai Shi
150301	海拉尔东山机场	Hailar Dongshan Airport
150302	额布都格	Ebuduge
150303	胡列也吐	Hulieyetu
150400	内蒙古自治区赤峰市	Nei Mongol Zizhiqu Chifeng (Ulanhad) Shi

代码	中文名称	罗马字母名称
150401	满都拉	Mandula
150500	内蒙古自治区通辽市	Nei Mongol Zizhiqu Tongliao Shi
150600	内蒙古自治区鄂尔多斯市	Nei Mongol Zizhiqu Ordos Shi
150700	内蒙古自治区呼伦贝尔市	Nei Mongol Zizhiqu Hulun Buir Shi
150800	内蒙古自治区巴彦淖尔市	Nei Mongol Zizhiqu Bayannur Shi
150801	黑山头	Heishantou
150802	室韦	Shiwei
150900	内蒙古自治区乌兰察布市	Nei Mongol Zizhiqu Ulanqab Shi
150901	策克	Ceke
151001	珠恩嘎达布其	Zhuengadabuqi
151101	甘其毛都	Ganqmaod
151102	巴格毛都	Bagemaodu
151201	阿尔山	Aershan
152200	内蒙古自治区兴安盟	Nei Mongol Zizhiqu Hinggan Meng
152500	内蒙古自治区锡林郭勒盟	Nei Mongol Zizhiqu Xilin Gol Meng
152900	内蒙古自治区阿拉善盟	Nei Mongol Zizhiqu Alxa Meng
210001	沈阳	Shenyang
210101	大连港大窑湾港区	Dalian Harbor Dayaowan Gangqu
210142	大连北良港区	Dalian Beiliang Gangqu
210103	大连港油品码头港区	Dalian Harbor Youpin Dock Gangqu
210104	大连大窑湾保税港区	Dalian Dayaowan Free Trade Port Zone
210200	辽宁省大连市	Liaoning Sheng Dalian Shi
210300	辽宁省鞍山市	Liaoning Sheng Anshan Shi
210301	沈阳桃仙国际机场	Shenyang Taoxian International Airport
210400	辽宁省抚顺市	Liaoning Sheng Fushun Shi
210401	锦州	Jinzhou
210500	辽宁省本溪市	Liaoning Sheng Benxi Shi
210600	辽宁省丹东市	Liaoning Sheng Dandong Shi
210700	辽宁省锦州市	Liaoning Sheng Jinzhou Shi
210701	丹东港浪头港区	Dandong Harbor Langtou Gangqu
210702	丹东铁路	Dandong Railway
210703	丹东公路	Dandong Highroad
210704	丹东输油管道	Dandong Shuyou Guandao
210705	丹东太平湾	Dandong Taipingwan
210706	丹东长甸河口	Dandong Changdian Hekou
210707	丹东哑巴沟	Dandong Yabagou
210708	丹东马市过货点	Dandong Mashi Guohuodian
210709	丹东安民	Dandong Anmin
210800	辽宁省营口市	Liaoning Sheng Yingkou Shi
210801	丹东港大东港区	Dandong Harbor Dadong Gangqu
210802	丹东大鹿岛	Dandong Daludao
210803	丹东大台子	Dandong Dataizi
210804	丹东一撮毛过货点	Dandong Yicuomao Guohuodian
210805	丹东丹纸码头	Dandong Danzhi Dock
210900	辽宁省阜新市	Liaoning Sheng Fuxin Shi
210901	营口港老港区	Yingkou Harbor Laogangqu
211000	辽宁省辽阳市	Liaoning Sheng Liaoyang Shi
211001	营口港鲅鱼圈港区	Yingkou Harbor Bayuquan Gangqu
211002	营口港仙人岛港区	Yingkou Harbor Xianrendao Gangqu
211003	营口港保税物流园区	Yingkougang Bonded Logistics Zone
211100	辽宁省盘锦市	Liaoning Sheng Panjin Shi
211200	辽宁省铁岭市	Liaoning Sheng Tieling Shi
211300	辽宁省朝阳市	Liaoning Sheng Chaoyang Shi
211400	辽宁省葫芦岛市	Liaoning Sheng Huludao Shi
211401	盘锦港	Panjin Harbor
211501	葫芦岛港	Huludao Harbor
211801	大连周水子国际机场	Dalian Zhoushuizi International Airport
211901	大连港香炉礁港区	Dalian Harbor Xianglujiao Gangqu
211902	大连港老港区	Dalian Harbor laogangqu
211903	大连港大连湾港区	Daliangangdalianwangangqu
211904	大连港汽车码头港区	Dalian Harbor Qiche Dock Gangqu
211905	大连港矿石码头港区	Dalian Harbor Kuangshi Dock Gangqu
211906	旅顺新港	Lushun Xingang
211907	庄河港	Zhuanghe Harbor
211908	大连长海四块石码头	Dalian Changhai Sikuaishi Dock
211909	大连出口加工区	Dalian Export Processind Zone
211910	大连保税区	Dalian Free Trade Zone
212001	长兴岛港	Changxingdao Harbor
212101	沈阳综合保税区	Shenyang Comprehensive Bonded Zone
220001	长春	Changchun
220002	长春龙嘉国际机场	Changchun Longjia International Airport
220003	长春铁路	Changchun Railway
220004	临江	Linjiang
220005	大安	Daan
220006	图们公路	Tumen Highroad
220007	图们铁路	Tumen Railway
220008	船营	Chuanying
220009	档石	Dangshi
220010	下三道沟	Xiasandaogou
220011	长春兴隆综合保税区	Changchun Xinglong Comprehensive Bonded Zone

代码	中文名称	罗马字母名称	代码	中文名称	罗马字母名称
220101	双目峰公务通道	Shuangmofeng Gongwu Tongdao	230601	密山	Mishan
220102	延吉朝阳川机场	Yanji Chaoyangchuan Airport	230700	黑龙江省伊春市	Heilongjiang Sheng Yichun Shi
220103	三合	Sanhe	230701	佳木斯港	Jiamusi Harbor
220104	开山屯	Kaishantun	230702	佳木斯东郊机场	Jiamusi Dongjiao Airport
220105	南坪	Nanping	230703	桦川	Huachuan
220106	古城里	Guchengli	230800	黑龙江省佳木斯市	Heilongjiang Sheng Jiamusi Shi
220200	吉林省吉林市	Jilin Sheng Jilin Shi	230801	饶河	Raohe
220201	珲春公路	Hunchun Highroad	230900	黑龙江省七台河市	Heilongjiang Sheng Qitaihe Shi
220202	珲春铁路	Hunchun Railway	230901	同江	Tongjiang
220203	沙坨子	Shatuozi	231000	黑龙江省牡丹江市	Heilongjiang Sheng Mudanjiang Shi
220204	圈河	Quanhe	231001	抚远	Fuyuan
220205	珲春出口加工区	Hunchun Export Processind Zone	231100	黑龙江省黑河市	Heilongjiang Sheng Heihe Shi
220300	吉林省四平市	Jilin Sheng Siping Shi	231101	黑河	Heihe
220400	吉林省辽源市	Jilin Sheng Liaoyuan Shi	231102	孙吴港	Sunwu Harbor
220500	吉林省通化市	Jilin Sheng Tonghua Shi	231103	孙吴边境通道	Sunwu Bianjing Tongdao
220501	集安铁路	Jian Railway	231104	呼玛	Huma
220502	老虎哨	Laohushao	231200	黑龙江省绥化市	Heilongjiang Sheng Suihua Shi
220503	青石	Qinshi	231201	逊克	Xunke
220504	秋皮村	Qiupicun	231401	萝北	Luobei
220505	集安过货通道	Jian Guohuo Tongdao	231501	东宁	Dongning
220600	吉林省白山市	Jilin Sheng Baishan Shi	231601	绥滨	Suibin
220601	长白	Changbai	231602	富锦	Fujin
220602	十三道沟	Shisandaogou	231701	哈尔滨港	Harbin Harbor
220603	八道沟	Badaogou	231702	哈尔滨站	Harbin Zhan
220604	南尖头	Nanjiantou	232700	黑龙江省大兴安岭地区	Heilongjiang Sheng Da Hinggan Ling Diqu
220700	吉林省松原市	Jilin Sheng Songyuan Shi	310001	上海	Shanghai
220701	吉林铁路	Jilin Railway	310002	龙吴	Longwu
220800	吉林省白城市	Jilin Sheng Baicheng Shi	310011	中国（上海）自由贸易试验区	China（Shanghai）Pilot Free Trade Zone
222400	吉林省延边朝鲜族自治州	Jilin Sheng Yanbian Chosenzu Zizhizhou	310101	上海嘉定出口加工区	Shanghai Jiading Export Processind Zone
230001	哈尔滨	Harbin	310102	上海青浦出口加工区	Shanghai Qngpu Export Processind Zone
230002	哈尔滨太平国际机场	Harbin Taiping International Airport	310201	上海金桥出口加工区	Shangha Jinqiao Export Processind Zone
230003	嘉荫	Jiayin	310301	上海虹桥国际机场	Shanghai Hongqiao International Airport
230004	漠河	Mohe	310302	上海浦东国际机场	Shanghai Pudong International Airport
230005	绥芬河综合保税区	Suifenhe Comprehensive Bonded Zone	310303	上海浦东机场综合保税区	Shanghai Pudong Airport Comprehensive Bonded Zone
230101	齐齐哈尔三家子机场	Qiqihar Sanjiazi Airport	310401	罗泾	luojing
230200	黑龙江省齐齐哈尔市	Heilongjiang Sheng Qiqihar Shi	310402	吴淞	Wusong
230201	大庆	Daqing	310501	崇明	Chongming
230300	黑龙江省鸡西市	Heilongjiang Sheng Jixi Shi	310601	上海闵行出口加工区	Shanghai Minhang Export Processind Zone
230301	牡丹江海浪机场	Mudanjiang Hailang Airport	310701	外高桥	Waigaoqiao
230400	黑龙江省鹤岗市	Heilongjiang Sheng Hegang Shi			
230401	绥芬河铁路	Suifenhe Railway			
230402	绥芬河公路	Suifenhe Highroad			
230500	黑龙江省双鸭山市	Heilongjiang Sheng Shuangyashan Shi			
230501	虎林	Hulin			
230600	黑龙江省大庆市	Heilongjiang Sheng Daqing Shi			

代码	中文名称	罗马字母名称	代码	中文名称	罗马字母名称
310702	上海外高桥保税物流园区	Shanghai Waigaoqiao Bonded Logistics Zone	320800	江苏省淮安市	Jiangsu Sheng Huai'an Shi
			320801	无锡	Wuxi
310703	上海外高桥保税区	Shanghai Waigaoqiao Free Trade Zone	320802	苏南硕放国际机场	Sunan Shuofang International Airport
310901	上海漕河泾出口加工区	Shanghai Caohejing Export Processind Zone	320803	无锡高新区综合保税区	Wuxi Gaoxinqu Comprehensive Bonded Zone
311001	浦东临港产业作业区	Pudong Lingang Chanye Zuoyequ	320804	无锡出口加工区	Wuxi Export Processind Zone
			320900	江苏省盐城市	Jiangsu Sheng Yancheng Shi
311002	洋山港	Yangshan Harbor	320901	江阴	Jiangyin
311003	洋山保税港区	Yangshan Free Trade Port Zone	321000	江苏省扬州市	Jiangsu Sheng Yangzhou Shi
			321100	江苏省镇江市	Jiangsu Sheng Zhengjiang Shi
311201	上海站	Shanghai Zhan	321101	南通	Nantong
311301	上海松江出口加工区 A 区	Shanghai Songjiang Export Processind Zone Zone A	321103	如皋	Rugao
			321104	南通综合保税区	Nantong Comprehensive Bonded Zone
311302	上海松江出口加工区 B 区	Shanghai Songjiang Export Processind Zone Zone B	321106	南通机场	Nantong Airport
320001	南京	Nanjing	321200	江苏省泰州市	Jiangsu Sheng Taizhou Shi
320101	南京禄口国际机场	Nanjing Lukou International Airport	321201	连云港	Lianyungang
			321202	连云港出口加工区	Lianyungang Export Processind Zone
320102	南京港	Nanjing Harbor			
320103	南京出口加工区	Nanjing Export Processind Zone	321300	江苏省宿迁市	Jiangsu Sheng Suqian Shi
			321301	镇江	Zhenjiang
320104	南京综合保税区	Nanjing Comprehensive Bonded Zone	321302	镇江出口加工区	Zhenjiang Export Processind Zone
320200	江苏省无锡市	Jiangsu Sheng Wuxi Shi	321401	徐州机场	Xuzhou Airport
320201	苏州	Suzhou	321501	淮安综合保税区	Huaian Comprehensive Bonded Zone
320202	苏州工业园综合保税区	Suzhou Gongyeyuan Comprehensive Bonded Zone	321502	淮安出口加工区	Huai'an Export Processind Zone
320203	苏州高新技术产业开发区综合保税区	Suzhou Gaoxinjishu Chanye Kaifaqu Comprehensive Bonded Zone	321601	常州	Changzhou
			321602	常州出口加工区	Changzhou Export Processind Zone
320204	吴中出口加工区	Wuzhong Export Processind Zone	321603	武进出口加工区	Wujin Export Processind Zone
320300	江苏省徐州市	Jiangsu Sheng Xuzhou Shi	321604	常州奔牛机场	Changzhou Benniu Airport
320301	吴江出口加工区	Wujiang Export Processind Zone	321701	盐城机场	Yancheng Airport
			321702	射阳	Sheyang
320400	江苏省常州市	Jiangsu Sheng Changzhou Shi	321703	盐城综合保税区	YanchengComprehensive Bonded Zone
320401	昆山综合保税区	Kunshan Comprehensive Bonded Zone	321704	大丰	Dafeng
320500	江苏省苏州市	Jiangsu Sheng Suzhou Shi	321801	扬州	Yangzhou
320501	张家港	Zhangjiagang	321802	扬州出口加工区	Yangzhou Export Processind Zone
320502	张家港保税港区	Zhangjiagang Free Trade Port Zone	321901	高港	Gaogang
320600	江苏省南通市	Jiangsu Sheng Nantong Shi	321902	泰州	Taizhou
320601	常熟	Changshu	322201	靖江	Jingjiang
320602	常熟出口加工区	Changshu Export Processind Zone	322202	泰州出口加工区	Taizhou Export Processind Zone
320700	江苏省连云港市	Jiangsu Sheng Lianyungang Shi	322401	启东	Qidong
			322501	如东洋口	Rudong Yangkou
320701	太仓	Taicang	330001	杭州	Hangzhou
320702	太仓港综合保税区	Taicanggang Comprehensive Bonded Zone	330002	杭州萧山国际机场	Hangzhou Xiaoshan International Airport

代码	中文名称	罗马字母名称
330101	温州龙湾国际机场	Wenzhou Longwan International Airport
330102	温州港瓯江港区七里作业区	Wenzhou Harbor Oujiang Port Area Qili Operational Zone
330103	温州港平阳港区	Wenzhou Harbor Pingyang Port Area
330104	温州港状元岙港区	Wenzhou Harbor Zhuangyuanao Port Area
330105	温州港乐清湾港区	Wenzhou Harbor Yueqingwan Port Area
330106	温州港大小门岛港区	Wenzhou Harbor Daxiaomendao Port Areaxia
330200	浙江省宁波市	Zhejiang Sheng Ningbo Shi
330201	金义综合保税区	Jinyi Comprehensive Bonded Zone
330300	浙江省温州市	Zhejiang Sheng Wenzhou Shi
330301	舟山	Zhoushan
330302	舟山定海港区	Zhoushan Dinghai Gangqu
330303	舟山定海岙山油库	Zhoushan Dinghai Aoshan Youku
330304	舟山定海万向油库	Zhoushan Dinghai Wanxiang Youku
330305	舟山老塘山港区	Zhoushan Laotangshan Gangqu
330306	舟山老塘山三期码头	Zhoushan Laotangshan Sanqimatou
330307	舟山老塘山五期码头	Zhoushan Laotangshan Wuqimatou
330308	舟山老塘山册子油库	Zhoushan Laotangshan Cezi Youku
330309	舟山金塘港区	Zhoushan Jintang Gangqu
330310	舟山金塘集装箱码头	Zhoushan Jintang Container Dock
330311	舟山沈家门港区	Zhoushan Shenjiamen Gangqu
330312	舟山沈家门半升洞油库	Zhoushan Shenjiamen Banshengdong Youku
330313	舟山六横港区	Zhoushan Liuheng Gangqu
330314	舟山六横煤电码头	Zhoushan Liuheng Meidian Dock
330315	舟山六横武港码头	Zhoushan Liuheng Wugang Dock
330316	舟山六横金润石油	Zhoushan Liuheng Jinrun Shiyou
330317	舟山衢山港区	Zhoushan Qushan Gangqu
330318	舟山马岙港区	Zhoushan Maao Gangqu
330319	舟山马岙太平洋化工	Zhoushan Maao Taipingyang Huagong
330320	舟山马岙纳海油污	Zhoushan Maao Nahai Youwu
330321	舟山马岙天禄能源	Zhoushan Maao Tianlu Nengyuan
330322	岱山高亭	Daishan Gaoting
330323	舟山港综合保税区	Zhoushangang Comprehensive Bonded Zone

代码	中文名称	罗马字母名称
330400	浙江省嘉兴市	Zhejiang Sheng Jiaxing Shi
330401	泗礁	Sijiao
330500	浙江省湖州市	Zhejiang Sheng Huzhou Shi
330501	海门	Haimen
330502	台州	Taizhou
330503	大麦屿	Damaiyu
330600	浙江省绍兴市	Zhejiang Sheng Shaoxing Shi
330700	浙江省金华市	Zhejiang Sheng Jinhua Shi
330701	嘉兴	Jiaxing
330702	嘉兴港	Jiaxing Harbor
330703	嘉兴出口加工区 A 区	Jiaxing Export Processind Zone Zone A
330704	嘉兴出口加工区 B 区	Jiaxing Export Processind Zone Zone B
330800	浙江省衢州市	Zhejiang Sheng Quzhou Shi
330801	湖州	Huzhou
330802	湖州南浔	Huzhou Nanxun
330803	湖州安吉川达	Huzhou Anji Chuanda
330900	浙江省舟山市	Zhejiang Sheng Zhoushan Shi
331000	浙江省台州市	Zhejiang Sheng Taizhou Shi
331100	浙江省丽水市	Zhejiang Sheng Lishui Shi
331101	杭州保税物流园区（B 型）	Hangzhou Bonded Logistics Zone（B）
331201	义乌	Yiwu
333301	杭州出口加工区	Hangzhou Export Processind Zone
333302	杭州中和保税区	Hangzhou Zhonghe Free Trade Zone
340001	合肥	Hefei
340002	合肥新桥国际机场	Hefei Xinqiao International Airport
340003	合肥新站	Hefei Xinzhan
340004	六安	Luan
340005	芜湖出口加工区	Wuhu Export Processind Zone
340006	合肥出口加工区	Hefei Export Processind Zone
340007	合肥综合保税区	Hefei Comprehensive Bonded Zone
340101	芜湖	Wuhu
340200	安徽省芜湖市	Anhui Sheng Wuhu Shi
340201	安庆	Anqing
340300	安徽省蚌埠市	Anhui Sheng Bengbu Shi
340301	铜陵	Tongling
340400	安徽省淮南市	Anhui Sheng Huainan Shi
340401	马鞍山	Maanshan
340500	安徽省马鞍山市	Anhui Sheng Ma'anshan Shi
340501	蚌埠	Bengbu
340502	淮南	Huainan
340600	安徽省淮北市	Anhui Sheng Huaibei Shi
340601	阜阳	Fuyang
340602	亳州	Bozhou
340700	安徽省铜陵市	Anhui Sheng Tongling Shi
340701	黄山屯溪机场	Huangshan Tunxi Airport

代码	中文名称	罗马字母名称
340800	安徽省安庆市	Anhui Sheng Anqing Shi
340801	池州	Chizhou
340901	滁州	Chuzhou
341000	安徽省黄山市	Anhui Sheng Huangshan Shi
341001	宣城	Xuancheng
341100	安徽省滁州市	Anhui Sheng Chuzhou Shi
341200	安徽省阜阳市	Anhui Sheng Fuyang Shi
341201	淮北	Huaibei
341202	宿州	Suzhou
341300	安徽省宿州市	Anhui Sheng Suzhou Shi
341500	安徽省六安市	Anhui Sheng Lu'an Shi
341600	安徽省亳州市	Anhui Sheng Bozhou Shi
341700	安徽省池州市	Anhui Sheng Chizhou Shi
341800	安徽省宣城市	Anhui Sheng Xuncheng Shi
350001	福州	Fuzhou
350002	福州港江阴港区非保税码头	Fuzhou Harbor Jiangyin Gangqu Feibaoshui Dock
350003	福州港平潭金井码头	Fuzhou Harbor Pingtan Jinjing Dock
350004	平潭港口岸澳前港区	Pingtan Harbor Aoqian Gangqu
350005	福州港平潭澳前客滚码头	Fuzhou Harbor Pingtan Aoqiankegun Dock
350006	武夷山机场	Wuyishan Airport
350007	武夷山陆地港	Wuyishan Ludigang
350008	福州保税港区	Fuzhou Free Trade Port Zone
350011	中国（福建）自由贸易试验区	China (Fujian) Pilot Free Trade Zone
350101	泉州港肖厝港区	Quanzhou Harbor Xiaocuo Gangqu
350102	泉州港泉州湾港区	Quanzhou Harbor Quanzhouwan Gangqu
350103	泉州港围头湾港区	Quanzhou Harbor Weitouwan Gangqu
350104	泉州港深沪湾港区	Quanzhou Harbor Shenhuwan Gangqu
350105	泉州港斗尾港区	Quanzhou Harbor Douwei Gangqu
350106	泉州港石井客运码头	Quanzhou Harbor Shijing Passenger Transpor Dock
350107	泉州港肖厝小额贸易点	Quanzhou Harbor Xiaocuo Xiaoemaoyidian
350108	泉州惠安崇武小额贸易点	Quanzhou Huian Chongwu Xiaoemaoyidian
350109	泉州后渚小额贸易点	Quanzhou Houzhu Xiaoemaoyidian
350110	泉州石狮石湖小额贸易点	Quanzhou Shishi Shihu Xiaoemaoyidian
350111	泉州晋江围头小额贸易点	Quanzhou Jinjiang Weitou Xiaoemaoyidian
350112	泉州晋江深沪小额贸易点	Quanzhou Jinjiang Shenhu Xiaoemaoyidian
350113	泉州南安石井小额贸易点	Quanzhou Nanan Shijing Xiaoemaoyidian
350114	泉州晋江陆地港	Quanzhou Jinjiang Ludigang
350115	泉州晋江机场	Quanzhou Jinjiang Airport
350116	泉州出口加工区	Quanzhou Export Processind Zone
350200	福建省厦门市	Fujian Sheng Xiamen Shi
350201	莆田湄洲岛小额贸易点	Putian Meizhoudao Xiaoemaoyidian
350202	莆田港秀屿港区	Putian Harbor Xiuyu Gangqu
350203	莆田港湄洲岛客运码头	Putian Harbor Meizhoudao Passenger Transpor Dock
350204	莆田港东吴港区	Putian Harbor Dongwu Gangqu
350300	福建省莆田市	Fujian Sheng Putian Shi
350301	三明陆地港	Sanming Ludigang
350400	福建省三明市	Fujian Sheng Sanming Shi
350401	福州港马尾客运码头	Fuzhou Harbor Mawei Passenger Transpor Dock
350402	福州港闽江口内港区	Fuzhou Harbor Minjiangkou Neigangqu
350403	福州港马尾小额贸易点	Fuzhou Harbor Mawei Xiaoemaoyidian
350404	福州港连江琯头小额贸易点	Fuzhou Harbor Lianjiang Guantou Xiaoemaoyidian
350405	福州港罗源迹头小额贸易点	Fuzhou Harbor Luoyuan Jitou Xiaoemaoyidian
350406	福州港罗源湾港区	Fuzhou Harbor luoyuanwan Gangqu
350407	福州港黄岐港区	Fuzhou Harbor Huangqi Gangqu
350408	福州港松下港区牛头湾作业区	Fuzhou Harbor Songxia Gangqu Niutouwan Zuoyequ
350409	福州港松下港区长乐松下小额贸易点	Fuzhou Harbor Songxia Gangqu Changlesong Xiaxiaoemaoyidian
350410	福州保税区	Fuzhou Free Trade Zone
350411	福州出口加工区	Fuzhou Export Processind Zone
350500	福建省泉州市	Fujian Sheng Quanzhou Shi
350501	宁德港三都澳港区	Ningde Harbor Sanduao Gangqu
350502	宁德港三沙港区	Ningde Harbor Sansha Gangqu
350503	宁德港沙埕港区	Ningde Harbor Shacheng Gangqu
350504	宁德港赛江港区	Ningde Harbor Saijiang Gangqu
350505	霞浦三沙小额贸易点	Xiapu Sansha Xiaoemaoyidian
350600	福建省漳州市	Fujian Sheng Zhangzhou Shi
350601	福州港松下港区元洪作业区	Fuzhou Harbor Songxia Gangqu Yuanhong Zuoyequ

代码	中文名称	罗马字母名称	代码	中文名称	罗马字母名称
350602	福州港松下港区南青屿小额贸易点	Fuzhou Harbor Songxia Gangqu Nanqingyu Xiaoemaoyidian	370300	山东省淄博市	Shandong Sheng Zibo Shi
			370301	烟台莱山机场	Yantai Laishan Airport
350700	福建省南平市	Fujian Sheng Nanping Shi	370302	烟台港	Yantai Harbor
350800	福建省龙岩市	Fujian Sheng Longyan Shi	370303	烟台保税港区 A 区	Yantai Free Trade Port Zone A Qu
350900	福建省宁德市	Fujian Sheng Ningde Shi			
350901	龙岩陆地港	Longyan Ludigang	370304	烟台保税港区 B 区	Yantai Free Trade Port Zone B Qu
351101	东山湾东山港区	Dongshanwan Dongshan Gangqu	370400	山东省枣庄市	Shandong Sheng Zaozhuang Shi
351102	东山湾诏安港区	Dongshanwan Zhaoan Gangqu			
351103	漳州东山铜陵小额贸易点	Zhangzhou Dongshan Tongling Xiaoemaoyidian	370401	石岛	Shidao
			370402	龙眼	Longyan
351104	漳州云霄礁美小额贸易点	Zhangzhou Yunxiao Jiaomei Xiaoemaoyidian	370500	山东省东营市	Shandong Sheng Dongying Shi
			370501	龙口	Longkou
351105	漳州诏安田厝小额贸易点	Zhangzhou Zhaoan Tiancuo Xiaoemaoyidian	370600	山东省烟台市	Shandong Sheng Yantai Shi
			370601	莱州	Laizhou
351201	福州长乐国际机场	Fuzhou Changle International Airport	370700	山东省潍坊市	Shandong Sheng Weifang Shi
			370701	济南遥墙机场	Jinan Yaoqiang Airport
360001	南昌	Nanchang	370702	济南综合保税区	Jinan Comprehensive Bonded Zone
360002	南昌昌北机场	Nanchang Changbei Airport			
360003	南昌出口加工区	Nanchang Export Processind Zone	370703	济南出口加工区	Jinan Export Processind Zone
			370800	山东省济宁市	Shandong Sheng Jining Shi
360101	九江	Jiujiang	370801	济宁站	Jiningzhan
360102	九江出口加工区	Jiujiang Export Processind Zone	370900	山东省泰安市	Shandong Sheng Tai'an Shi
			370901	潍坊	Weifang
360200	江西省景德镇市	Jiangxi Sheng Jingdezhen Shi	370902	潍坊综合保税区	Weifang Comprehensive Bonded Zone
360300	江西省萍乡市	Jiangxi Sheng Pingxiang Shi			
360301	赣州出口加工区	Ganzhou Export Processind Zone	371000	山东省威海市	Shandong Sheng Weihai Shi
			371100	山东省日照市	Shandong Sheng Rizhao Shi
360302	赣州综合保税区	Ganzhou Comprehensive Bonded Zone	371200	山东省莱芜市	Shandong Sheng Laiwu Shi
			371201	威海机场	Weihai Airport
360400	江西省九江市	Jiangxi Sheng Jiujiang Shi	371202	威海港	Weihai Harbor
360500	江西省新余市	Jiangxi Sheng Xinyu Shi	371203	威海出口加工区	Weihai Export Processind Zone
360600	江西省鹰潭市	Jiangxi Sheng Yingtan Shi			
360601	井冈山出口加工区	Jinggnanshan Export Processind Zone	371300	山东省临沂市	Shandong Sheng Linyi Shi
			371400	山东省德州市	Shandong Sheng Dezhou Shi
360700	江西省赣州市	Jiangxi Sheng Ganzhou Shi	371500	山东省聊城市	Shandong Sheng Liaocheng Shi
360800	江西省吉安市	Jiangxi Sheng Ji'an Shi			
360900	江西省宜春市	Jiangxi Sheng Yichun Shi	371600	山东省滨州市	Shandong Sheng Binzhou Shi
361000	江西省抚州市	Jiangxi Sheng Fuzhou Shi	371700	山东省菏泽市	Shandong Sheng Heze Shi
361100	江西省上饶市	Jiangxi Sheng Shangrao Shi	371801	临沂站	Linyizhan
370001	济南	Jinan	371802	临沂综合保税区	Linyi Comprehensive Bonded Zone
370002	日照	Rizhao			
370003	岚山	Lanshan	371901	东营	Dongying
370101	青岛港	Qingdao Harbor	371902	东营综合保税区	Dongying Comprehensive Bonded Zone
370102	青岛出口加工区	Qingdao Export Processind Zone			
			372301	青岛流亭机场	Qingdao Liuting Airport
370200	山东省青岛市	Shandong Sheng Qingdao Shi	372401	蓬莱	Penglai
370201	黄岛	Huangdao	380001	宁波	Ningbo
370202	青岛前湾保税港区	Qingdao Qianwan Free Trade Port Zone	380002	宁波栎社机场	Ningbo Lishe Airport
			380003	宁波甬江港区	Ningbo Yongjiang Gangqu
370203	青岛西海岸出口加工区	Qingdao Xihaian Export Processind Zone	380004	宁波出口加工区	Ningbo Export Processind Zone

代码	中文名称	罗马字母名称
380005	宁波保税区	Ningbo Free Trade Zone
380101	宁波北仑港港区	Ningbo Beilungang Gangqu
380102	宁波穿山港区	Ningbo Chuanshan Gangqu
380201	慈溪出口加工区	Cixi Export Processind Zone
380701	宁波象山石浦港区	Ningbo Xiangshan Shipu Gangqu
380702	宁波象山港区	Ningbo Xiangshan Gangqu
380801	宁波大榭港区	Ningbo Daxie Gangqu
380901	宁波梅山保税港区	Ningbo Meishan Free Trade Port Zone
381001	宁波镇海港区	Ningbo Zhenhai Gangqu
390001	厦门	Xiamen
390002	厦门邮轮中心	Xiamen Youlun Center
390003	刘五店	Liuwudian
390004	大磴岛	Dadengdao
390005	厦门象屿保税物流园区	Xiamen Xiangyu Bonded Logistics Zone
390007	厦门翔安火炬保税物流园区	Xiamen Xiangan Huoju Bonded Logistics Zone
390008	厦门保税区	Xiamen Free Trade Zone
390101	厦门海沧港区	Xiamen Haicang Gangqu
390102	厦门海沧保税港区	Xiamen Haicang Free Trade Port Zone
390301	漳州招银港区	Zhangzhou Zhaoyin Gangqu
390302	漳州后石港区	Zhangzhou Houshi Gangqu
390303	漳州古雷港区	Zhangzhou Gulei Gangqu
390304	漳州旧镇港区	Zhangzhou Jiuzhen Gangqu
390305	漳州石码港区	Zhangzhou Shima Gangqu
399101	厦门高崎国际机场	Xiamen Gaoqi International Airport
399102	厦门五通码头	Xiamen Wutong Dock
399103	厦门五缘湾码头	Xiamen Wuyuanwan Dock
399501	厦门东渡港区	Xiamen Dongdu Gangqu
410001	郑州	Zhengzhou
410002	郑州查验场	Zhengzhou Check the field
410003	郑州新郑国际机场	Zhengzhou Xinzheng International Airport
410004	郑州站	Zhengzhouzhan
410005	郑州出口加工区	Zhengzhou Export Processind Zone
410101	洛阳北郊机场	Luoyang Beijiao Airport
410200	河南省开封市	Henan Sheng Kaifeng Shi
410300	河南省洛阳市	Henan Sheng Luoyang Shi
410400	河南省平顶山市	Henan Sheng Pingdingshan Shi
410500	河南省安阳市	Henan Sheng Anyang Shi
410501	漯河查验场	Luohe Check the field
410600	河南省鹤壁市	Henan Sheng Hebi Shi
410601	南阳卧龙综合保税区	Nanyang Wolong Comprehensive Bonded Zone
410700	河南省新乡市	Henan Sheng Xinxiang Shi
410800	河南省焦作市	Henan Sheng Jiaozuo Shi
410900	河南省濮阳市	Henan Sheng Puyang Shi
410901	郑州新郑综合保税区	Zhengzhou Xinzheng Comprehensive Bonded Zone
411000	河南省许昌市	Henan Sheng Xuchang Shi
411100	河南省漯河市	Henan Sheng Luohe Shi
411200	河南省三门峡市	Henan Sheng Sanmenxia Shi
411300	河南省南阳市	Henan Sheng Nanyang Shi
411400	河南省商丘市	Henan Sheng Shangqiu Shi
411500	河南省信阳市	Henan Sheng Xingyang Shi
411600	河南省周口市	Henan Sheng Zhoukou Shi
411700	河南省驻马店市	Zhumadian Diqu Zhumadian Shi
419000	河南省省直辖县级行政区划	Henan Sheng Sheng Zhixia Xianji Xingzhengquhua
420001	武汉	Wuhan
420002	武汉天河机场	Wuhan Tianhe Airport
420003	武汉阳逻水运港	Wuhan Yangluo Shuiyun Harbor
420004	武汉出口加工区	Wuhan Export Processind Zone
420005	武汉东西湖保税物流园区	Wuhan Dongxihu Bonded Logistics Zone
420006	武汉东湖综合保税区	Wuhan Donghu Comprehensive Bonded Zone
420007	武汉新港空港综合保税区	Wuhan Xingang Konggang Comprehensive Bonded Zone
420101	荆州盐卡	Jingzhou Yanka
420200	湖北省黄石市	Hubei Sheng Huangshi Shi
420201	襄阳铁路	Xiangyang Railway
420202	襄阳公路	Xiangyang Highroad
420203	十堰公路	Shiyan Highroad
420300	湖北省十堰市	Hubei Sheng Shiyan Shi
420301	宜昌三峡机场	Yichang Sanxia Airport
420302	宜昌水运港	Yichang Shuiyun Harbor
420401	黄石水运港	Huangshi Shuiyun Harbor
420500	湖北省宜昌市	Hubei Sheng Yichang Shi
420600	湖北省襄阳市	Hubei Sheng Xiangyang Shi
420700	湖北省鄂州市	Hubei Sheng Ezhou Shi
420800	湖北省荆门市	Hubei Sheng Jingmen Shi
420900	湖北省孝感市	Hubei Sheng Xiaogan Shi
421000	湖北省荆州市	Hubei Sheng Jingzhou Shi
421100	湖北省黄冈市	Hubei Sheng Huanggang Shi
421200	湖北省咸宁市	Hubei Sheng Xianning Shi
421300	湖北省随州市	Hubei Sheng Suizhou Shi
422800	湖北省恩施土家族苗族自治州	Hubei Sheng Enshi Tujiazu Miaozu Zizhizhou
429000	湖北省省直辖县级行政区划	Hubei Sheng Sheng Zhixia Xianji Xingzhengquhua
430001	长沙	Changsha
430002	长沙黄花国际机场旅检通道	Changsha Huanghua International Airport Passenger-Inspection Tongdao

代码	中文名称	罗马字母名称	代码	中文名称	罗马字母名称
430003	长沙黄花国际机场货场	Changsha Huanghua International Airport Huochang	440010	广州香港马会马匹查验场	Guangzhou Hongkong Jockey Club Horse Inspection Field
430004	张家界荷花国际机场	Zhangjiajie Hehua International Airport	440011	中国（广东）自由贸易试验区	China（Guangdong）Pilot Free Trade Zone
430005	长沙霞凝港	Changsha Xianing Harbor	440101	广州新沙码头	Guangzhou Xinsha Dock
430006	长沙霞凝铁路	Changsha Xianing Railway	440102	广州新风码头	Guangzhou Xinfeng Dock
430007	长沙金霞保税物流园区	Changsha Jinxia Bonded Logistics Zone	440103	广州河南码头	Guangzhou Henan Dock
			440104	广州石榴岗码头	Guangzhou Shiliugang Dock
430008	湘潭综合保税区	Xiangtan Comprehensive Bonded Zone	440105	广州造纸厂码头	Guangzhou Zaozhichang Dock
			440106	广州石井滘心港码头	Guangzhou Shijing Jiaoxin Harbor Dock
430009	长沙黄花国际机场国际快件监控中心	Changsha Huanghua International Airport Kuaijian	440107	广州东朗码头	Guangzhou Donglang Dock
430101	岳阳城陵矶水运	Yueyang Chenglingji Shuiyun	440108	广州萝岗车检场	Guangzhou Luogang Truck Inspection Field
430103	岳阳城陵矶综合保税区	Yueyang Chenglingji Comprehensive Bonded Zone	440200	广东省韶关市	Guangdong Sheng Shaoguan Shi
430200	湖南省株洲市	Hunan Sheng Zhuzhou Shi			
430201	常德盐关水运	Changde Yanguan Shuiyun	440201	韶关新港码头	Shaoguan Xingang Dock
430300	湖南省湘潭市	Hunan Sheng Xiangtan Shi	440202	韶关铁路装卸点	Shaoguan Railway Zhuangxiedian
430400	湖南省衡阳市	Hunan Sheng Hengyang Shi			
430401	衡阳公路	Hengyang Highroad	440203	乐昌铁路装卸点	Lechang Railway Zhuangxiedian
430402	衡阳综合保税区	Hengyang Comprehensive Bonded Zone	440204	韶关车检场	Shaoguan Truck Inspection Field
430500	湖南省邵阳市	Hunan Sheng Shaoyang Shi			
430501	郴州公路	Chenzhou Highroad	440300	广东省深圳市	Guangdong Sheng Shenzhen Shi
430502	郴州铁路	Chenzhou Railway			
430503	郴州出口加工区	Chenzhou Export Processind Zone	440301	南海港客运码头	Nanhai Harbor Passenger Transpor Dock
430600	湖南省岳阳市	Hunan Sheng Yueyang Shi	440302	南海三山港	Nanhai Sanshan Harbor
430700	湖南省常德市	Hunan Sheng Changde Shi	440303	南海九江码头	Nanhai Jiujiang Dock
430701	湘潭公路	Xiangtan Highroad	440304	南海北村码头	Nanhai Beicun Dock
430702	长沙黄花综合保税区	Changsha Huanghua Comprehensive Bonded Zone	440305	南海平洲南港码头	Nanhai Pingzhou Nangang Dock
			440306	南海官窑车检场	Nanhai Guanyao Truck Inspection Field
430800	湖南省张家界市	Hunan Sheng Zhangjiajie Shi			
430900	湖南省益阳市	Hunan Sheng Yiyang Shi	440307	南海桂江车检场	Nanhai Guijiang Truck Inspection Field
431000	湖南省郴州市	Hunan Sheng Chenzhou Shi			
431100	湖南省永州市	Hunan Sheng Yongzhou Shi	440400	广东省珠海市	Guangdong Sheng Zhuhai Shi
431200	湖南省怀化市	Hunan Sheng Huaihua Shi	440401	顺德港客运码头	Shunde Harbor Passenger Transpor Dock
431300	湖南省娄底市	Hunan Sheng Loudi Shi			
433100	湖南省湘西土家族苗族自治州	Hunan Sheng Xiangxi Tujiazu Miaozu Zizhizhou	440402	顺德容奇货运码头	Shunde Rongqi Freight Dock
			440403	顺德食出码头	Shunde Shichu Dock
440001	广州	Guangzhou	440404	顺德北滘港货运码头	Shunde Beijiao Harbor Freight Dock
440002	黄埔港务码头	Huangpu Gangwu Dock			
440003	南沙粮食及通用码头	Nansha Liangshi Tongyong Dock	440405	顺德勒流港货运码头	Shunde Leliu Harbor Freight Dock
440004	黄埔嘉利仓码头	Huangpu Jialicang Dock			
440005	佛山三水西南码头	Foshan Sanshui Xinan Dock	440406	顺德陈村车检场	Shunde Chenchun Truck Inspection Field
440006	佛山三水港码头	Foshan Sanshui Harbor Dock			
440007	佛山三水车检场	Foshan Sanshui Truck Inspection Field	440407	顺德勒流车检场	Shunde Leliu Truck Inspection Field
440008	东莞凤岗车检场	Dongguan Fenggang Truck Inspection Field	440408	顺德容奇车检场	Shunde Rongqi Truck Inspection Field
440009	东莞长安车检场	Dongguan Changan Truck Inspection Field	440409	顺德乐从车检场	Shunde Lecong Truck Inspection Field

代码	中文名称	罗马字母名称	代码	中文名称	罗马字母名称
440410	顺德北窖车检场	Shunde Beiyao Truck Inspection Field	440705	江门台山公益港客运码头	Jiangmen Taishan Gongyi Harbor Passenger Transpor Dock
440500	广东省汕头市	Guangdong Sheng Shantou Shi	440706	江门中外运外海货柜码头	Jiangmen Zhongwaiyun Waihai Container Dock
440501	汕头广澳港港务公司码头	Shantou Guangaogang Port Liability Company Dock	440707	江门国际货柜码头	Jiangmen Guoji Container Dock
440502	汕头暹罗石油气码头	Shantou Xianluo Shiyouqi Dock	440708	江门荷塘码头	Jiangmen Hetang Dock
440503	汕头海门电厂码头	Shantou Haimen Dianchang Dock	440709	江门台山公益码头	Jiangmen Taishan Gongyi Dock
440504	汕头西堤码头	Shantou Xiti Dock	440710	江门恩平横板码头	Jiangmen Enping Hengban Dock
440505	汕头永泰码头	Shantou Yongtai Dock			
440506	汕头大明石油气码头	Shantou Daming Shiyouqi Dock	440711	江门鹤山港货运码头	Jiangmen Heshangang Freight Dock
440507	汕头华润水泥码头	Shantou Huarun Shuini Dock	440712	江门车检场	Jiangmen Truck Inspection Field
440508	汕头港务四公司煤码头	Shantou Gangwu Sigongsi Mei Dock	440713	江门台山车检场	Jiangmen Taishan Truck Inspection Field
440509	汕头港务三公司煤码头	Shantou Gangwu Sangongsi Mei Dock	440714	江门鹤山车检场	Jiangmen Heshan Truck Inspection Field
440510	汕头国集码头	Shantou Guoji Dock	440715	江门恩平车检场	Jiangmen Enping Truck Inspection Field
440511	汕头海通码头	Shantou Haitong Dock			
440512	汕头莱芜码头	Shantou Laiwu Dock			
440513	汕头前江码头	Shantou Qianjiang Dock	440800	广东省湛江市	Guangdong Sheng Zhanjiang Shi
440514	汕头铁路装卸点	Shantou Railway Zhuangxiedian			
440515	汕头联成车检场	Shantou Liancheng Truck Inspection Field	440801	湛江机场	Zhanjiang Airport
			440802	湛江港集团公司霞山港区码头	Zhanjiang Harbor Group Company Xiashan Gangqu Dock
440516	汕头濠江车检场	Shantou Haojiang Truck Inspection Field			
440517	汕头澄海车检场	Shantou Chenghai Truck Inspection Field	440803	湛江南油码头	Zhanjiang Nanyou Dock
440518	汕头潮阳车检场	Shantou Chaoyang Truck Inspection Field	440804	湛江港集团公司调顺港区码头	Zhanjiang Harbor Group Company Tiaoshun Gangqu Dock
440519	揭阳潮汕机场	Jieyang Chaoshan Airport			
440520	汕头保税区	Shantou Free Trade Zone			
440521	汕头海门中转基地码头	Shantou Haimen Zhongzhuan Jidi Dock	440805	湛江调顺岛电力公司码头	Zhanjiang Tiaoshundao Dianligongsi Dock
440600	广东省佛山市	Guangdong Sheng Foshan Shi	440806	湛江霞海港码头	Zhanjiang Xiahai Harbor Dock
440601	佛山铁路客运站	Foshan Railway Passenger Transport Erlei	440807	湛江霞海中外运码头	Zhanjiang Xiahai Zhongwaiyun Dock
440602	佛山澜石码头	Foshan Lanshi Dock	440808	湛江霞山长桥码头	Zhanjiang Xiashan Changqiao Dock
440603	佛山滘口码头	Foshan Jiaokou Dock			
440604	佛山新港码头	Foshan Xingang Dock	440809	湛江徐闻海安港码头	Zhanjiang Xuwen Haian Harbor Dock
440605	佛山车检场	Foshan Truck Inspection Field			
440700	广东省江门市	Guangdong Sheng Jiangmen Shi	440810	湛江廉江营仔港码头	Zhanjiang Lianjiang Yingzai Harbor Dock
440701	江门港客运码头	Jiangmen Harbor Passenger Transpor Dock	440811	湛江遂溪北潭港码头	Zhanjiang Suixi Beitan Harbor Dock
440702	江门鹤山港客运码头	Jiangmen Heshan Harbor Passenger Transpor Dock	440812	湛江雷州流沙港码头	Zhanjiang Leizhou Liusha Harbor Dock
440703	江门台山核电重件码头	Jiangmen Taishan Nuclear Power Zhongjian Dock	440813	湛江霞海港车检场	Zhanjiang Truck Inspection Field
440704	江门台山国华粤电煤码头	Jiangmen Taishan Guohua Yuedian Mei Dock	440814	湛江宝满港集装箱码头	Zhanjiang Baoman Harbor Container Dock

代码	中文名称	罗马字母名称	代码	中文名称	罗马字母名称
440815	湛江霞山散货码头	Zhanjiang Xiasan Sanhuo Dock	441202	肇庆港客运码头	Zhaoqing Harbor Passenger Transpor Dock
440816	湛江东海岛宝钢基地码头	Zhanjiang Donghaidao Baogangjidi Dock	441203	肇庆三榕港码头	Zhaoqing Sanrong Harbor Dock
440817	湛江东海岛宝钢成品码头	Zhanjiang Donghaidao Baogangchengpin Dock	441204	肇庆新港码头	Zhaoqing Xingang Dock
			441205	肇庆高要港码头	Zhaoqing Gaoyao Harbor Dock
440818	湛江吴川车检场	Zhanjiang Wuchuan Truck Inspection Field	441206	肇庆德庆康州码头	Zhaoqing Deqing Kangzhou Dock
440819	湛江龙腾码头	Zhanjiang longteng Dock			
440820	湛江遂溪车检场	Zhanjiang sui'xi Truck Inspection Field	441207	肇庆四会港码头	Zhaoqing Sihui Harbor Dock
			441208	肇庆大旺车检场	Zhaoqing Dawang Truck Inspection Field
440900	广东省茂名市	Guangdong Sheng Maoming Shi	441300	广东省惠州市	Guangdong Sheng Huizhou Shi
440901	茂名水东港港口公司双泊位码头	Maoming Shuidong Harbor Port company Shuangbowei Dock	441301	惠州大澳塘码头	Huizhou Daaotang Dock
			441302	惠州平海电厂煤码头	Huizhou Pinghai Dianchang Mei Dock
440902	茂名水东港石化公司码头	Maoming Shuidong Harbor Petrochemical Corporation Dock	441303	惠州碧甲码头	Huizhou Bijia Dock
			441304	惠州博罗宏兴码头	Huizhou Boluo Hongxing Dock
			441305	惠州石湾集装箱码头	Huizhou Shiwan Container Dock
440903	茂名水东港 30 万吨级单点	Maoming Shuidong Harbor 0. 3 Million Tons Jidandian	441306	惠州车检场	Huizhou Truck Inspection Field
440904	茂名水东港天源化工码头	Maoming Shuidong Harbor Tianyuanhuagong Dock	441307	惠州淡水车检场	Huizhou Danshui Truck Inspection Field
440905	茂名水东港港口公司公用码头	Maoming Shuidong Harbor Port company Public Dock	441308	惠州惠东车检场	Huizhou Huidong Truck Inspection Field
440906	茂名水东港隆港石油码头	Maoming Shuidong Harbor Longgang Oil Dock	441309	惠州红海车检场	Huizhou Honghai Truck Inspection Field
440907	茂名水东港长晟综合码头	Maoming Shuidong Harbor Changcheng Zhonghe Dock	441310	惠州园洲车检场	Huizhou Yuanzhou Truck Inspection Field
440908	茂名水东港天源煤炭码头	Maoming Shuidong Harbor Tianyuan Coal Dock	441311	惠州中海油基地码头	Huizhou Zhonghaiyou Jidi Dock
440909	茂名博贺港码头	Maoming Bohe Harbor Dock			
441001	潮州车检场	Chaozhou Truck Inspection Field	441400	广东省梅州市	Guangdong Sheng Meizhou Shi
			441401	梅州机场	Meizhou Airport
441101	潮州三百门港务码头	Chaozhou Sanbaimen Gangwu Dock	441402	梅州车检场	Meizhou Truck Inspection Field
441102	潮州三百门华丰油气码头	Chaozhou Sanbaimen Huafeng Youqi Dock	441500	广东省汕尾市	Guangdong Sheng Shanwei Shi
			441501	汕尾港务码头	Shanwei Gangwu Dock
441103	潮州三百门恒业码头	Chaozhou Sanbaimen Hengye Dock	441502	汕尾电厂码头	Shanwei Dianchang Dock
			441503	汕尾万聪码头	Shanwei Wancong Dock
441104	潮州金狮湾华丰油气码头	Chaozhou Jinshiwan Huafeng Youqi Dock	441504	汕尾乌坎码头	Shanwei Wukan Dock
			441505	汕尾海丰车检场	Shanwei Haifeng Truck Inspection Field
441105	潮州金狮湾大唐电厂煤码头	Chaozhou Jinshiwan Datang Dianchang Mei Dock	441506	汕尾陆丰车检场	Shanwei Lufeng Truck Inspection Field
441106	潮州金狮湾亚太一期码头	Chaozhou Jinshiwan Yatai Yiqi Dock	441507	汕尾车检场	Shanwei Truck Inspection Field
441107	饶平车检场	Raoping Truck Inspection Field	441508	汕尾华润海丰电厂码头	Shanwei Huarun Haifeng Dianchang Dock
441200	广东省肇庆市	Guangdong Sheng Zhaoqing Shi	441600	广东省河源市	Guangdong Sheng Heyuan Shi
441201	肇庆铁路客运站	Zhaoqing Railway Passenger Transport Erlei	441601	河源车检场	Heyuan Truck Inspection Field

代码	中文名称	罗马字母名称	代码	中文名称	罗马字母名称
441700	广东省阳江市	Guangdong Sheng Yangjiang Shi	441916	东莞南粤码头	Dongguan Nanyue Dock
			441917	东莞东江口码头	Dongguan Dongjiangkou Dock
441701	阳江港务公司码头	Yangjiang Port Liability Company Dock	441918	东莞海昌煤码头	Dongguan Haichang Mei Dock
			441919	东莞深赤湾散杂货码头	Dongguan Shenchiwan Sanzahuo Dock
441702	阳江良港码头	Yangjiang Lianggang Dock			
441703	阳江保丰码头	Yangjiang Baofeng Dock	441920	东莞宏业货柜码头	Dongguan Hongye Container Dock
441704	阳江闸坡码头	Yangjiang Zhapo Dock			
441705	阳江东平码头	Yangjiang Dongping Dock	441921	东莞沙角A电厂煤码头	Dongguan Shajiao A Dianchang Mei Dock
441706	阳江溪头港码头	Yangjiang Xitou Harbor Dock			
441707	阳江车检场	Yangjiang Truck Inspection Field	441922	东莞沙角B电厂煤码头	Dongguan Shajiao B Dianchang Mei Dock
441708	华夏阳西电厂码头	Huaxia Yangxi Dianchang Dock	441923	东莞沙角C电厂煤码头	Dongguan Shajiao C Dianchang Mei Dock
441800	广东省清远市	Guangdong Sheng Qingyuan Shi	441924	东莞龙通码头	Dongguan Longtong Dock
			441925	东莞基业码头	Dongguan Jiye Dock
441801	清远新港码头	Qingyuan Xingang Dock	441926	东莞中外运石龙码头	Dongguan Zhongwaiyun Shilong Dock
441802	清远英德码头	Qingyuan Yingde Dock			
441803	清远铁路装卸点	Qinyuan Railway Zhuangxiedian	441927	东莞马士基码头	Dongguan Mashiji Dock
			441928	东莞永安码头	Dongguan Yongan Dock
441804	清远车检场	Qingyuan Truck Inspection Field	441929	东莞联通码头	Dongguan Liantong Dock
			441930	常平铁路装卸点	Changping Railway Zhuangxiedian
441900	广东省东莞市	Guangdong Sheng Dongguan Shi			
			441931	东莞虎门车检场	Dongguan Humen Truck Inspection Field
441901	东莞铁路客运站	Dongguan Railway Passenger Transport Erlei			
			441932	东莞寮步车检场	Dongguan Liaobu Truck Inspection Field
441902	东莞虎门港客运码头	Dongguan Humen Harbor Passenger Transpor Dock			
			441933	东莞立沙岛阳鸿石化码头	Dongguan Lishadao Yanghongshihua Dock
441903	东莞海腾码头	Dongguan Haiteng Dock			
441904	东莞华润水泥码头	Dongguan Huarun Shuini Dock	441934	东莞立沙岛鸿源油品码头	Dongguan Lishadao Hongyuanyoupin Dock
441905	东莞金明石化码头	Dongguan Jinming Petrochemicals Dock	441935	东莞石龙铁路物流中心	Dongguan Shilong Railway Logistics Zone
441906	东莞国际货柜码头	Dongguan Guoji Container Dock	441936	东莞联兴化工码头	Dongguanlianxinghuagong Dock
441907	东莞飞虎石化码头	Dongguan Feihu Petrochemicals Dock	442000	广东省中山市	Guangdong Sheng Zhongshan Shi
			442001	中山港货运码头	Zhongshan Harbor Freight Dock
441908	东莞荣轩货柜码头	Dongguan Rongxuan Container Dock			
			442002	中山港客运码头	Zhongshan Harbor Passenger Transpor Dock
441909	东莞同舟石化码头	Dongguan Tongzhou Petrochemicals Dock			
			442003	中山港外贸码头	Zhongshan Harbor Foreign Trade Dock
441910	东莞三江石化码头	Dongguan Sanjiang Petrochemicals Dock			
			442004	中山石岐纸厂码头	Zhongshan Shiqi Zhichang Dock
441911	东莞虎门港5、6号泊位	Dongguan Humen Harbor 5-6 Bowei			
			442005	中山水出码头	Zhongshan Shuichu Dock
441912	东莞九丰石化码头	Dongguan Jiufeng Petrochemicals Dock	442006	中山小榄码头	Zhongshan Xiaolan Dock
			442007	中山神湾码头	Zhongshan Shenwan Dock
441913	东莞东洲油气化工码头	Dongguan Dongzhou Youqihuagong Dock	442008	中山小榄车检场	Zhongshan Xiaolan Truck Inspection Field
441914	东莞虎门港7、8号泊位	Dongguan Humen Harbor 7-8 Bowei	442009	中山保税物流中心车检场	Zhongshan Bonded Logistics Zone Truck Inspection Field
441915	东莞中海油立沙码头	Dongguan CNOOC Lisha Dock	442010	中山神湾游艇码头	Zhongshan Shenwan Youting Dock

代码	中文名称	罗马字母名称	代码	中文名称	罗马字母名称
442011	中山黄圃多用途码头	Zhongshan Huangpu Duoyongtu Dock	442701	从化车检场	Conghua Truck Inspection Field
442101	黄埔石化码头	Huangpu Petrochemicals Dock	442801	江门天马码头	Jiangmen Tianma Dock
442102	黄埔新港码头	Huangpu Xingang Dock	442802	江门新会电厂码头	Jiangmen Xinhui Dianchang Dock
442103	黄埔集装箱码头	Huangpu Container Dock			
442104	黄埔墩头西基码头	Huangpu Duntou Xiji Dock	442803	江门银湖修船码头	Jiangmen Yinhu Xiuchuan Dock
442105	黄埔东江口码头	Huangpu Dongjiangkou Dock			
442106	黄埔省物资码头	Huangpu Shengwuzi Dock	442804	江门宜大化工码头	Jiangmen Yida Huagong Dock
442107	黄埔广保通码头	Huangpu Guangbaotong Dock	442805	新会港客运码头	Xinhui Harbor Passenger Transpor Dock
442108	广州开发区东江仓码头	Guangzhou Development Zone Dongjiangcang Dock			
			442806	新会西河口码头	Xinhui Xihekou Dock
442109	黄埔中外运东江仓码头	Huangpu Zhongwaiyun Dongjiangcang Dock	442807	新会今古洲码头	Xinhui Jinguzhou Dock
			442808	新会睦洲糖纸厂码头	Xinhui Muzhoutang Zhichang Dock
442110	中外运黄埔仓码头	Zhongwaiyun Huangpucang Dock			
			442809	新会大敖集装箱厂码头	Xinhui Daao Container Plant Dock
442111	黄埔庙沙围码头	Huangpu Miaoshawei Dock			
442112	黄埔庙头建翔码头	Huangpu Miaotou Jianxiang Dock	442810	新会崖门沙石泥码头	Xinhui Yamen Shashini Dock
			442811	新会崖西沙石泥码头	Xinhui Yaxi Shashini Dock
442113	黄埔集通码头	Huangpu Jitong Dock	442812	新会牛牯岭易燃品码头	Xinhui Niuguling Inflammable Substance Dock
442114	广州开发区车检场	Guangzhou Development Zone Truck Inspection Field			
			442813	新会车检场	Xinhui Truck Inspection Field
442115	广州保税物流园区	Guangzhou Bonded Logistics Zone	442814	新会航建码头	Xinhui Hangjian Dock
			442901	江门三埠港客运码头	Jiangmen Sanbu Harbor Passenger Transpor Dock
442116	广州保税区	Guangzhou Free Trade Zone			
442117	广州出口加工区	Guangzhou Export Processind Zone	442902	江门三埠港货运码头	Jiangmen Sanbugang Freight Dock
442201	广州铁路客运站	Guangzhou Railway Passenger Transport Erlei	442903	江门水口码头	Jiangmen Shuikou Dock
			442904	开平车检场	Kaiping Truck Inspection Field
442202	广州东圃永业码头	Guangzhou Dongpu Yongye Dock			
			443001	高明港客运码头	Gaoming Harbor Passenger Transpor Dock
442301	广州白云国际机场	Guangzhou Baiyun International Airport			
			443002	高明食出码头	Gaoming Shichu Dock
442302	广州白云机场综合保税区	Guangzhou Baiyun Airport Comprehensive Bonded Zone	443003	高明珠江码头	Gaoming Zhujiang Dock
			443004	高明车检场	Gaoming Truck Inspection Field
442401	番禺莲花山客运港	Panyu Lianhuashan Passenger Transpor Harbor			
			443101	惠州港通用码头	Huizhou Harbor Tongyong Dock
442402	番禺莲花山货运港	Panyu Lianhuashan Freight Harbor	443102	惠州港油气码头	Huizhou Harbor Youqi Dock
			443103	惠州大港石化码头	Huizhou Dagang Petrochemicals Dock
442403	番禺沙湾车检场	Panyu Shawan Truck Inspection Field			
			443104	惠州泽华石化码头	Huizhou Zehua Petrochemicals Dock
442501	花都港码头	Huadu Harbor Dock			
442502	花都车检场	Huadu Truck Inspection Field	443105	惠州国际集装箱码头	Huizhou Guoji Container Dock
442601	增城新塘港客运码头	Zengcheng Xintang Harbor Passenger Transpor Dock	443106	惠州马鞭洲石化码头	Huizhou Mabianzhou Petrochemicals Dock
442602	增城新塘东洲湾码头	Zengcheng Xintang Dongzhouwan Dock	443107	惠州中海壳牌马鞭洲码头	Huizhou Zhonghai Qiaopai Mabianzhou Dock
442603	增城新塘口岸码头	Zengcheng Xintang Kouan Dock	443108	惠州中海壳牌东联码头	Huizhou Zhonghai Qiaopai Donglian Dock
442604	增城新塘食出码头	Zengcheng Xintang Shichu Dock	443109	惠州中海炼油马鞭洲码头	Huizhou Zhonghai Lianyou Mabianzhou Dock
442605	增城新塘车检场	Zengcheng Xintang Truck Inspection Field	443110	惠州中海炼油东联码头	Huizhou Zhonghai Lianyou Donglian Dock

代码	中文名称	罗马字母名称	代码	中文名称	罗马字母名称
443111	大亚湾石化区公用石化码头	Dayawan Shihuaqu Gongyong Petrochemicals Dock	450201	北海福成机场	Beihai Fucheng Airport
			450202	北海	Beihai
443201	揭阳榕江泰丰码头	Jieyang Rongjiang Taifeng Dock	450203	石头埠	Shitoubu
			450204	北海出口加工区	Beihai Export Processind Zone
443202	揭阳靖海惠来电厂码头	Jieyang Jinghai Huilai Dianchang Dock	450300	广西壮族自治区桂林市	Guangxi Zhuangzu Zizhiqu Guilin Shi
443203	揭阳曲溪码头	Jieyang Quxi Dock	450301	防城	Fangcheng
443204	揭阳车检场	Jieyang Truck Inspection Field	450302	茅岭	Maoling
443205	揭阳惠来车检场	Jieyang Huilai Truck Inspection Field	450303	企沙	Qisha
			450400	广西壮族自治区梧州市	Guangxi Zhuangzu Zizhiqu Wuzhou Shi
443206	揭阳普宁车检场	Jieyang Puning Truck Inspection Field	450401	凭祥友谊关公路	Pingxiang Youyiguan Highroad
443207	揭阳神泉中海油码头	Jieyang Shenquan Zhonghaiyou Dock	450402	凭祥友谊关通道	Pingxiang Youyiguan Tongdao
			450403	凭祥浦寨通道	Pingxiang Puzhai Tongdao
443301	云浮新港	Yunfu Xingang	450404	凭祥弄尧通道	Pingxinag Nongyao Tongdao
443302	云浮罗定车检场	Yunfu Luoding Truck Inspection Field	450405	凭祥站	Pingxinagzhan
			450406	爱店	Aidian
443303	云浮车检场	Yunfu Truck Inspection Field	450407	凭祥综合保税区	Pingxiang Comprehensive Bonded Zone
443401	南沙港客运码头	Nansha Harbor Passenger Transpor Dock	450500	广西壮族自治区北海市	Guangxi Zhuangzu Zizhiqu Beihai Shi
443402	南沙南伟码头	Nansha Nanwei Dock			
443403	南沙东发码头	Nansha Dongfa Dock	450501	水口	Shuikou
443404	南沙港一期码头	Nansha Harbor Yiqi Dock	450502	硕龙	Shuolong
443405	南沙港二期码头	Nansha Harbor Erqi Dock	450600	广西壮族自治区防城港市	Guangxi Zhuangzu Zizhiqu Fangchenggang Shi
443406	南沙汽车码头	Nansha Qiche Dock			
443407	南沙港发石化码头	Nansha Gangfa Petrochemicals Dock	450601	东兴	Dongxing
			450602	江平	Jiangping
443408	南沙小虎石化码头	Nansha Xiaohu Petrochemicals Dock	450603	江山	Jiangshan
			450604	峒中	Tongzhong
443409	南沙华润热电煤码头	Nansha Huarun Redianmei Dock	450700	广西壮族自治区钦州市	Guangxi Zhuangzu Zizhiqu Qinzhou Shi
443410	南沙粤海石化码头	Nansha Yuehai Petrochemicals Dock	450701	果子山	Guozishan
			450702	钦州	Qinzhou
443411	南沙珠江电厂码头	Nansha Zhujiang Dianchang Dock	450800	广西壮族自治区贵港市	Guangxi Zhuangzu Zizhiqu Guigang Shi
443412	南沙中石油码头	Nansha CNPC Dock	450801	桂林两江国际机场	Guilin Liangjiang International Airport
443413	南沙中船龙穴船舶维修码头	Nansha Zhongchuan Longxue Chuanbo Weixiu Dock	450900	广西壮族自治区玉林市	Guangxi Zhuangzu Zizhiqu Yulin Shi
443414	南沙港建液化气码头	Nansha Harbor Jianyehuaqi Dock	450901	柳州	Liuzhou
443415	南沙车检场	Nansha Truck Inspection Field	451000	广西壮族自治区百色市	Guangxi Zhuangzu Zizhiqu Bose Shi
443416	广州南沙保税港区	Guangzhou Nansha Free Trade Port Zone	451100	广西壮族自治区贺州市	Guangxi Zhuangzu Zizhiqu Hezhou Shi
443417	南沙港三期码头	Nansha Harbor Sanqi Dock			
445100	广东省潮州市	Guangdong Sheng Chaozhou Shi	451101	贵港	Guigang
445200	广东省揭阳市	Guangdong Sheng Jieping Shi	451200	广西壮族自治区河池市	Guangxi Zhuangzu Zizhiqu Hechi Shi
445300	广东省云浮市	Guangdong Sheng Yunfu Shi			
450001	南宁	Nanning	451201	岳圩	Yuexu
450002	南宁吴圩机场	Nanning Wuxu Airport	451202	龙邦	Longbang
450101	梧州	Wuzhou	451203	平孟	Pingmeng
450200	广西壮族自治区柳州市	Guangxi Zhuangzu Zizhiqu Liuzhou Shi	451300	广西壮族自治区来宾市	Guangxi Zhuangzu Zizhiqu Laibin Shi

代码	中文名称	罗马字母名称	代码	中文名称	罗马字母名称
451301	钦州保税港区	Qinzhou Free Trade Port Zone	471002	福永码头	Fuyong Dock
451400	广西壮族自治区崇左市	Guangxi Zhuangzu Zizhiqu Chongzuo Shi	471003	机场油轮码头	Jichang Youlun Dock
451501	南宁港	Nanning Harbor	471101	深圳福田保税区	Shenzhen Futian Free Trade Zone
460001	海口	Haikou	471301	深圳出口加工区	Shenzhen Export Processind Zone
460002	海口港	Haikou Harbor	471401	深圳湾	Shenzhenwan
460003	马村港	Macun Harbor	471601	大铲湾	Dachanwan
460004	海口综合保税区	Haikou Comprehensive Bonded Zone	471801	妈湾5号泊位	Mawan 5 Bowei
460005	洋浦保税港区	Yangpu Free Trade Port Zone	471802	妈湾6号泊位	Mawan 6 Bowei
460101	三亚凤凰国际机场	Sanya Fenghuang International Airport	471803	妈湾7号泊位	Mawan 7 Bowei
460102	三亚港	Sanya Harbor	471804	深圳前海湾保税港区	Shenzhen Qianhaiwan Free Trade Port Zone
460200	海南省三亚市	Hainan Sheng Sanya Shi	480001	珠海	Zhuhai
460201	八所港	Basuo Harbor	480002	拱北货场	Gongbei Huochang
460300	海南省三沙市	Hainan Sheng Sansha Shi	480003	拱北旅检通道	Gongbei Passenger-Inspection Tongdao
460301	洋浦港	Yangpu Harbor	480004	香洲	Xiangzhou
460302	洋浦神头港	Yangpu Shentou Harbor	480005	九洲货运码头	Jiuzhou Freight Dock
460400	海南省儋州市	Hainan Sheng Danzhou Shi	480006	九洲客运码头	Jiuzhou Passenger Transpor Dock
460401	清澜港	Qinglan Harbor	480007	九洲白石货场	Jiuzhou Baishi Huochang
460402	铺前	Puqian	480008	湾仔豪通码头	Wanzai Haotong Dock
460403	琼海潭门	Qionghai Tanmen	480009	湾仔客运码头	Wanzai Passenger Transpor Dock
460501	海口美兰机场	Haikou Meilan Airport	480010	湾仔西域码头	Wanzai Xiyu Dock
469000	海南省省直辖县级行政区划	Hainan Sheng Sheng Zhixia Xianji Xingzhengquhua	480011	珠海保税区加华码头	Zhuhai Free Trade Zone Jiahua Dock
470001	深圳	Shenzhen	480012	珠海保税区货场	Zhuhai Free Trade Zone Huochang
470101	蛇口	Shekou	480013	珠澳跨境工业区（珠海园区）货场	Zhuao Cross Bonded Industrial Zone Huochang
470102	赤湾	Chiwan	480014	珠澳跨境工业区（珠海园区）旅检通道	Zhuao Cross Bonded Industrial Zone Passenger - Inspection Tongdao
470103	东角头	Dongjiaotou	480015	湾仔洪湾码头	Wanzai Hongwan Dock
470104	妈湾1号泊位	Mawan 1 Bowei	480101	斗门客运码头	Doumen Passenger Transpor Dock
470105	妈湾2号泊位	Mawan 2 Bowei	480102	斗门新环码头	Doumen Xinhuan Dock
470106	妈湾3号泊位	Mawan 3 Bowei	480201	高栏	Gaolan
470107	妈湾4号泊位	Mawan 4 Bowei	480202	平沙新码头	Pingsha Xinmatou
470201	皇岗	Huanggang	480301	万山	Wanshan
470202	福田	Futian	480401	横琴	Hengqin
470301	罗湖	Luhu	500001	重庆	Chongqing
470401	文锦渡	Wenjindu	500002	重庆港	Chongqing Harbor
470501	沙头角	Shatoujiao	500101	万州	Wanzhou
470502	中英街桥头	Zhongyingjie Qiaotou	500201	九龙坡港	Jiulongpo Harbor
470503	深圳沙头角保税区	Shenzhen Shatoujiao Free Trade Zone	500401	重庆两路寸滩保税港区水港	Chongqing Lianglucuntan Free Trade Port Zone Shuigang
470601	盐田	Yantian	500402	重庆两路寸滩保税港区空港	Chongqing Lianglucuntan Free Trade Port Zone Konggang
470602	下洞码头	Xiadong Dock			
470603	LNG码头	LNG Dock			
470604	沙鱼冲	Shayuchong			
470605	深圳盐田保税物流园区	Shenzhen Yantian Bonded Logistics Zone			
470606	深圳盐田保税区	Shenzhen Yantian Free Trade Zone			
470701	大亚湾	Dayawan			
471001	深圳宝安国际机场	Shenzhen Baoan International Airport			

代码	中文名称	罗马字母名称	代码	中文名称	罗马字母名称
500501	重庆西永综合保税区	Chongqing Xiyong Comprehensive Bonded Zone	513400	四川省凉山彝族自治州	Sichuan Sheng Liangshan Yizu Zizhizhou
500601	重庆江北国际机场	Chongqing Jiangbei International Airport	520001	贵阳	Guiyang
			520002	贵阳龙洞堡机场	Guiyang Longdongbao Airport
510001	成都	Chengdu	520003	贵阳综合保税区	Guiyang Comprehensive Bonded Zone
510002	成都国际邮件互换局	Chengdu Guoji Youjian Huhuanju	520004	贵安综合保税区	Gui'an Comprehensive Bonded Zone
510003	成都双流国际机场T1航站楼	Chengdu Shuangliu International Airport T1	520200	贵州省六盘水市	Guizhou Sheng Lupanshui Shi
510004	成都双流国际机场货场	Chengdu Shuangliu International Airport Huochang	520300	贵州省遵义市	Guizhou Sheng Zunyi Shi
			520400	贵州省安顺市	Guizhou Sheng Anshun Shi
510005	成都双流国际机场国际快件	Chengdu Shuangliu International Airport Kuaijian	520500	贵州省毕节市	Guizhou Sheng Bijie Shi
			520600	贵州省铜仁市	Guizhou Sheng Tongren Shi
510006	宜宾港	Yibin Harbor	522300	贵州省黔西南布依族苗族自治州	Guizhou Sheng Qianxinan Buyeizu Miaozu Zizhizhou
510007	成都龙泉驿	Chengdu Longquanyi			
510008	成都青白江	Chengdu Qingbaijiang	522600	贵州省黔东南苗族侗族自治州	Guizhou Sheng Qiandongnan Miaozu Dongzu Zizhizhou
510101	攀枝花	Panzhihua			
510300	四川省自贡市	Sichuan Sheng Zigong Shi	522700	贵州省黔南布依族苗族自治州	Guizhou Sheng Qiannan Buyeizu Miaozu Zizhizhou
510400	四川省攀枝花市	Sichuan Sheng Panzhihua Shi			
510401	乐山	Leshan	530001	昆明	Kunming
510500	四川省泸州市	Sichuan Sheng Luzhou Shi	530002	昆明出口加工区	Kunming Export Processind Zone
510600	四川省德阳市	Sichuan Sheng Deyang Shi			
510601	绵阳	Mianyang	530003	昆明综合保税区	Kunming Comprehensive Bonded Zone
510602	绵阳出口加工区	Mianyang Export Processind Zone			
			530101	瑞丽	Ruili
510700	四川省绵阳市	Sichuan Sheng Mianyang Shi	530102	姐告	Jiegao
510701	泸州港	Luzhou Harbor	530103	弄岛	Nongdao
510800	四川省广元市	Sichuan Sheng Guangyuan Shi	530104	畹町	Wanding
510900	四川省遂宁市	Sichuan Sheng Suining Shi	530201	芒市	Mangshi
511000	四川省内江市	Sichuan Sheng Neijiang Shi	530202	盈江	Yingjiang
511001	成都高新综合保税区双流园区	Chengdu Gaoxin Comprehensive Bonded Zone Shuangliu Yuanqu	530203	章凤	Zhangfeng
			530300	云南省曲靖市	Yunnan Sheng Qujing Shi
			530301	腾冲	Tengchong
511002	成都高新综合保税区A区	Chengdu Gaoxin Comprehensive Bonded Zone Zone A	530302	猴桥	Houqiao
			530303	滇滩	Diantan
511003	成都高新综合保税区B区	Chengdu Gaoxin Comprehensive Bonded Zone Zone B	530400	云南省玉溪市	Yunnan Sheng Yuxi Shi
			530401	耿马	Gengma
511004	成都高新综合保税区C区	Chengdu Gaoxin Comprehensive Bonded Zone Zone C	530402	孟定清水河	Mengding Qingshuihe
			530403	沧源	Cangyuan
511100	四川省乐山市	Sichuan Sheng Leshan Shi	530404	南伞	Nansan
511300	四川省南充市	Sichuan Sheng Nanchong Shi	530500	云南省保山市	Yunnan Sheng Baoshan Shi
511400	四川省眉山市	Sichuan Sheng Meishan Shi	530501	河口站	Hekouzhan
511500	四川省宜宾市	Sichuan Sheng Yibin Shi	530502	河口	Hekou
511600	四川省广安市	Sichuan Sheng Guang'an Shi	530600	云南省昭通市	Yunnan Sheng Zhaotong Shi
511700	四川省达州市	Sichuan Sheng Dachuan Shi	530601	西双版纳	Xishuangbanna
511800	四川省雅安市	Sichuan Sheng Ya'an Shi	530602	西双版纳国际机场	Xishuangbanna International Airport
511900	四川省巴中市	Sichuan Sheng Bazhong Shi			
512000	四川省资阳市	Sichuan Sheng Ziyang Shi	530603	景洪港	Jinghong Harbor
513200	四川省阿坝藏族羌族自治州	Sichuan Sheng Aba Zangzu Qiangzu Zizhizhou	530604	打洛	Daluo
			530605	大勐龙	Damenglong
513300	四川省甘孜藏族自治州	Sichuan Sheng Garze Zangzu Zizhizhou	530700	云南省丽江市	Yunnan Sheng Lijiang Shi
			530701	普洱	Puer

代码	中文名称	罗马字母名称
530702	孟连	Menglian
530703	思茅港	Simao Dixibei
530800	云南省普洱市	Yunnan Sheng Pu'er Shi
530801	勐腊	Mengla
530802	磨憨	Mohan
530803	关累港	Guanlei Harbor
530900	云南省临沧市	Yunnan Sheng Lincang Shi
530901	金平	Jinping
530902	金水河	Jinshuihe
530903	红河综合保税区	Honghe Comprehensive Bonded Zone
531001	麻栗坡	Malipo
531002	天保	Tianbao
531003	田蓬	Tianpeng
531101	大理	Dali
531201	昆明长水国际机场	Kunming Changshui International Airport
531301	丽江三义机场	Lijiang Sanyi Airport
531401	勐康	Mengkang
531402	龙富	Longfu
531501	怒江	Nujiang
531502	片马	Pianma
532300	云南省楚雄彝族自治州	Yunnan Sheng Chuxiong Yizu Zizhizhou
532500	云南省红河哈尼族彝族自治州	Yunnan Sheng Honghe Hanizu Yizu Zizhizhou
532600	云南省文山壮族苗族自治州	Yunnan Sheng Wenshan Zhuangzu Miaozu Zizhizhou
532800	云南省西双版纳傣族自治州	Yunnan Sheng Xishuangbanna Daizu Zizhizhou
532900	云南省大理白族自治州	Yunnan Sheng Dali Baizu Zizhizhou
533100	云南省德宏傣族景颇族自治州	Yunnan Sheng Dehong Daizu Jingpozu Zizhizhou
533300	云南省怒江傈僳族自治州	Yunnan Sheng Nujiang Lisuzu Zizhizhou
533400	云南省迪庆藏族自治州	Yunnan Sheng Deqen Zangzu Zizhizhou
540001	拉萨	Lhasa
540002	拉萨贡嘎机场	Lhasa Gongga Airport
540101	吉隆	Gyirong
540102	樟木	Zham
540103	日屋	Riwo
540200	西藏自治区日喀则市	Xizang Zizhiqu Xigaze Shi
540201	普兰	Burang
540300	西藏自治区昌都市	Xizang Zizhiqu Qamdo Shi
540400	西藏自治区林芝市	Xizang Zizhiqu Nyingchi Shi
540500	西藏自治区山南市	Xizang Zizhiqu Shannan Shi
540600	西藏自治区那曲市	Xizang ZiZhiqu Nagqu Shi
542500	西藏自治区阿里地区	Xizang Zizhiqu Ngari Diqu
610001	西安	Xian
610002	西安咸阳国际机场	Xian Xianyang International Airport
610003	宝鸡	Baoji
610004	汉中	Hanzhong
610005	榆林	Yulin
610006	延安	Yanan
610007	渭南	Weinan
610008	西安综合保税区	Xian Comprehensive Bonded Zone
610009	西安出口加工区	Xian Export Processind Zone
610010	西安高新综合保税区	Xi'an Gaoxin Comprehensive Bonded Zone
610200	陕西省铜川市	Shanxi Sheng Tongchuan Shi
610300	陕西省宝鸡市	Shanxi Sheng Baoji Shi
610400	陕西省咸阳市	Shanxi Sheng Xianyang Shi
610500	陕西省渭南市	Shanxi Sheng Weinan Shi
610600	陕西省延安市	Shanxi Sheng Yan'an Shi
610700	陕西省汉中市	Shanxi Sheng Hanzhong Shi
610800	陕西省榆林市	Shanxi Sheng Yulin Shi
610900	陕西省安康市	Shanxi Sheng Ankang Shi
611000	陕西省商洛市	Shanxi Sheng Shangluo Shi
620001	兰州	Lanzhou
620002	兰州中川机场	Lanzhou Zhongchuan Airport
620003	兰州新区综合保税区	Lanzhou Xinqu Comprehensive Bonded Zone
620101	酒泉	Jiuquan
620102	马鬃山	Mazongshan
620200	甘肃省嘉峪关市	Gansu Sheng Jiayuguan Shi
620300	甘肃省金昌市	Gansu Sheng Jinchang Shi
620400	甘肃省白银市	Gansu Sheng Baiyin Shi
620500	甘肃省天水市	Gansu Sheng Tianshui Shi
620600	甘肃省武威市	Gansu Sheng Wuwei Shi
620700	甘肃省张掖市	Gansu Sheng Zhangye Shi
620800	甘肃省平凉市	Gansu Sheng Pingliang Shi
620900	甘肃省酒泉市	Gansu Sheng Jiuquan Shi
621000	甘肃省庆阳市	Gansu Sheng Qingyang Shi
621100	甘肃省定西市	Gansu Sheng Dingxi Shi
621200	甘肃省陇南市	Gansu Sheng Longnan Diqu
622900	甘肃省临夏回族自治州	Gansu Sheng Linxia Huizu Zizhizhou
623000	甘肃省甘南藏族自治州	Gansu Sheng Gannan Zangzu Zizhizhou
630001	西宁	Xining
630002	西宁曹家堡机场	Xining Caojiabao Airport
630200	青海省海东市	Qinghai Sheng Haidong Shi
632200	青海省海北藏族自治州	Qinghai Sheng Haibei Zangzu Zizhizhou
632300	青海省黄南藏族自治州	Qinghai Sheng Huangnan Zangzu Zizhizhou
632500	青海省海南藏族自治州	Qinghai Sheng Hainan Zangzu Zizhizhou

代码	中文名称	罗马字母名称
632600	青海省果洛藏族自治州	Qinghai Sheng Golog Zangzu Zizhizhou
632700	青海省玉树藏族自治州	Qinghai Sheng Yushu Zangzu Zizhizhou
632800	青海省海西蒙古族藏族自治州	Qinghai Sheng Haixi Mongolzu Zangzu Zizhizhou
640001	银川	Yinchuan
640101	银川河东机场	Yinchuan Hedong Airport
640200	宁夏回族自治区石嘴山市	Ningxiahuizu Zizhiqu Shizuishan Shi
640300	宁夏回族自治区吴忠市	Ningxiahuizu Zizhiqu Wuzhong Shi
640400	宁夏回族自治区固原市	Ningxiahuizu Zizhiqu Guyuan Shi
640500	宁夏回族自治区中卫市	Ningxiahuizu Zizhiqu Zhongwei Shi
650001	乌鲁木齐	Urumqi
650002	乌鲁木齐地窝堡国际机场	Urumqi Diwobao International Airport
650101	阿勒泰	Aletai
650102	红山嘴	Hongshanzui
650103	阿黑土别克	Aheitubieke
650104	塔克什肯	Taykexkin
650200	新疆维吾尔自治区克拉玛依市	Xinjiang Uygur Zizhiqu Karamay Shi
650201	巴克图	Baketu
650202	巴克图国际汽车货运	Baketu Automobile Freight Erlei
650301	阿拉山口公路	Alatawshankou Highroad
650302	阿拉山口铁路	Alatawshankou Railway
650303	阿拉山口综合保税区	Alatawshankou Comprehensive Bonded Zone
650400	新疆维吾尔自治区吐鲁番市	Xinjiang Uygur Zizhiqu Turpan Shi
650401	伊犁	Yili
650402	伊犁州国际汽车	Yilizhou Automobile Erlei
650403	木扎尔特	Muzhaerte
650404	都拉塔	Dulata
650500	新疆维吾尔自治区哈密市	Xinjiang Uygur Zizhiqu Hami Shi
650501	霍尔果斯	Horgos
650701	巴州	Bazhouerrlei
650801	喀什	Kashi
650802	其尼瓦格国际汽车	Qiniwage Automabile Erlei
650803	喀什机场	Kashi Airport
650804	红其拉甫	Kunjirap
650805	喀什综合保税区	Kashi Comprehensive Bonded Zone
650901	伊尔克什坦	Yierkeshitan
650902	吐尔尕特	Turugart
650903	阿图什国际汽车	AtushiI Automabile Erlei
651001	吉木乃	Jeminay
651101	卡拉苏	Kalasu
651201	奎屯	Kuitun
651301	霍尔果斯国际边境合作中心(中方配套区)	Horgos Guoji Bianjing Hezuo Center
651401	老爷庙	Laoyemiao
651501	乌拉斯台	Ulastai
651502	乌鲁木齐铁路	Urumqi Railway
651503	乌鲁木齐碾子沟客运站	Urumqi Nianzigou Passenger Transport Erlei
651504	边疆宾馆国际汽车货运	Bianjiangbinguan Automobile Freight Erlei
651505	乌鲁木齐出口加工区	Urumqi Export Processind Zone
652300	新疆维吾尔自治区昌吉回族自治州	Xinjiang Uygur Zizhiqu Changji Huizu Zizhizhou
652700	新疆维吾尔自治区博尔塔拉蒙古自治州	Xinjiang Uygur Zizhiqu Bortala Mongol Zizhizhou
652800	新疆维吾尔自治区巴音郭楞蒙古自治州	Xinjiang Uygur Zizhiqu Bayingolin Mongol Zizhizhou
652900	新疆维吾尔自治区阿克苏地区	Xinjiang Uygur Zizhiqu Aksu Diqu
653000	新疆维吾尔自治区克孜勒苏柯尔克孜自治州	Xinjiang Uygur Zizhiqu Kizilsu Kirgiz Zizhizhou
653100	新疆维吾尔自治区喀什地区	Xinjiang Uygur Zizhiqu Kashi Diqu
653200	新疆维吾尔自治区和田地区	Xinjiang Uygur Zizhiqu Hotan Diqu
654000	新疆维吾尔自治区伊犁哈萨克自治州	Xinjiang Uygur Zizhiqu Ili Kazak Zizhizhou
654200	新疆维吾尔自治区塔城地区	Xinjiang Uygur Zizhiqu Tacheng Diqu
654300	新疆维吾尔自治区阿勒泰地区	Xinjiang Uygur Zizhiqu Altay Diqu
659000	新疆维吾尔自治区自治区直辖县级行政单位	Xinjiang Uygur Zizhiqu Zizhiqu Zhixia Xianji Xingzhengdanwei
999999	未列出的特殊监管区	Unlisted Special Supervision Areas

海关通关系统《商品综合分类表》

商品归类总规则

货品在本税则目录上的归类，应遵循以下原则：

规则一 类、章及分章的标题，仅为查找方便而设；具有法律效力的归类，应按税目条文和有关类注或章注确定，如税目、类注或章注无其他规定，按以下规则确定。

规则二 （一）税目所列货品，应视为包括该项货品的不完整品或未制成品，只要在进口或出口时该项不完整品或未制成品具有完整品或制成品的基本特征；还应视为包括该项货品的完整品或制成品（或按本款可作为完整品或制成品归类的货品）在进口或出口时的未组装件或拆散件。

（二）税目中所列材料或物质，应视为包括该种材料或物质与其他材料或物质混合或组合的物品。税目所列某种材料或物质构成的货品，应视为包括全部或部分由该种材料或物质构成的货品。由一种以上材料或物质构成的货品，应按规则三归类。

规则三 当货品按规则二（二）或由于其他原因看起来可归入两个或两个以上税目时，应按以下规则归类：

（一）列名比较具体的税目，优先于列名一般的税目。但是，如果两个或两个以上税目都仅述及混合或组合货品所含的某部分材料或物质，或零售的成套货品中的某些货品，即使其中某个税目对该货品描述得更为全面、详细，这些货品在有关税目的列名应视为同样具体。

（二）混合物、不同材料构成或不同部件组成的组合物以及零售的成套货品，如果不能按照规则三（一）归类时，在本款可适用的条件下，应按构成货品基本特征的材料或部件归类。

（三）货品不能按照规则三（一）或（二）归类时，应按号列顺序归入其可归入的最末一个税目。

规则四 根据上述规则无法归类的货品，应归入与其最相类似的货品的税目。

规则五 除上述规则外，本规则适用于下列货品的归类：

（一）制成特殊形状仅适用于盛装某个或某套物品并适合长期使用的照相机套、乐器盒、枪套、绘图仪器盒、项链盒及类似容器，如果与所装物品同时进口或出口，并通常与所装物品一同出售的，应与所装物品一并归类。但本款不适用于本身构成整个货品基本特征的容器。

（二）除规则五（一）规定的以外，与所装货品同时进口或出口的包装材料或包装容器，如果通常是用来包装这类货品的，应与所装货品一并归类。但明显可重复使用的包装材料和包装容器可不受本款限制。

规则六 货品在某一税目项下各子目的法定归类，应按子目条文或有关的子目注释以及以上各条规则来确定，但子目的比较只能在同一数级上进行。除本税则目录条文另有规定的以外，有关的类注、章注也适用于本规则。

第一类
活动物；动物产品

注释：

一、本类所称的各属种动物，除条文另有规定的以外，均包括其幼仔在内。

二、除条文另有规定的以外，本协调制度所称干的产品，均包括经脱水、蒸发或冷冻干燥的产品。

第一章
活动物

注释：

本章包括所有活动物，但下列各项除外：

一、品目03.01、03.06、03.07或03.08的鱼、甲壳动物、软体动物及其他水生无脊椎动物；

二、品目30.02的培养微生物及其他产品；以及

三、品目95.08的动物。

商品编号	商品名称及备注[检验检疫编码及名称]	进口关税(%) 最惠国	进口关税(%) 普通	增值税率(%)	消费税	计量单位	监管条件	检验检疫类别
0101	马、驴、骡：							
01012100	--改良种用							
0101210010	改良种用濒危野马〔999〕	0	0	9		千克/头	AFEB	P/Q
0101210090	其他改良种用马〔999〕	0	0	9		千克/头	AB	P/Q
01012900	--其他							
0101290010	非改良种用濒危野马〔999〕	10	30	9		千克/头	AFEB	P/Q
0101290090	非改良种用其他马〔101 屠宰马〕,〔102 赛马〕,〔103 其他用途马〕	10	30	9		千克/头	AB	P/Q
01013010	---改良种用							
0101301010	改良种用的濒危野驴〔999〕	0	0	9		千克/头	AFEB	P/Q
0101301090	改良种用的其他驴〔999〕	0	0	9		千克/头	AB	P/Q
01013090	---其他							
0101309010	非改良种用濒危野驴〔999〕	10	30	9		千克/头	AFEB	P/Q
0101309090	非改良种用其他驴〔999〕	10	30	9		千克/头	AB	P/Q
01019000	-其他							
0101900000	骡〔999〕	10	30	9		千克/头	AB	P/Q
0102	牛：							
01022100	--改良种用							
0102210000	改良种用家牛〔101 种牛〕,〔102 屠宰牛〕,〔103 其他用途牛〕	0	0	9		千克/头	AB	P/Q
01022900	--其他							
0102290000	非改良种用家牛〔101 种牛〕,〔102 屠宰牛〕,〔103 其他用途牛〕	10	30	9		千克/头	4xAB	P/Q
01023100	--改良种用							
0102310010	改良种用濒危水牛〔999〕	0	0	9		千克/头	ABEF	P/Q
0102310090	改良种用其他水牛〔999〕	0	0	9		千克/头	AB	P/Q
01023900	--其他							
0102390010	非改良种用濒危水牛〔999〕	10	30	9		千克/头	4ABEFx	P/Q
0102390090	非改良种用其他水牛〔999〕	10	30	9		千克/头	4ABx	P/Q
01029010	---改良种用							
0102901010	改良种用濒危野牛〔999〕	0	0	9		千克/头	AFEB	P/Q
0102901090	其他改良种用牛〔101 种牛〕,〔102 屠宰牛〕,〔103 其他用途牛〕,〔104 水牛〕,〔105 牦牛〕	0	0	9		千克/头	AB	P/Q
01029090	---其他							
0102909010	非改良种用濒危野牛〔999〕	10	30	9		千克/头	4xABFE	P/Q
0102909090	非改良种用其他牛〔101 种牛〕,〔102 屠宰牛〕,〔103 其他用途牛〕,〔104 水牛〕,〔105 牦牛〕	10	30	9		千克/头	4xAB	P/Q
0103	猪：							
01031000	-改良种用							

SECTION I
LIVE ANIMALS; ANIMAL PRODUCTS

Section Notes:

1. Any reference in this Section to a particular genus or species of an animal, except where the context otherwise requires, includes a reference to the young of that genus or species.

2. Except where the context otherwise requires, throughout the Nomenclature any reference to "dried" pro-ducts also covers products which have been de-hydrated, evaporated or freezedried.

Chapter 1
Live animals

Chapter Note:

This Chapter covers all live animals except:

1. Fish and crustaceans, molluscs and other aquatic invertebrates, of heading 03.01, 03.06, 03.07 or 03.08;

2. Cultures of micro-organisms and other products of heading 30.02; and

3. Animals of heading 95.08.

协定税率(%)															特惠税率(%)			对美税率	出口税率	出口退税率	Article Description
智利	新西兰	澳大利亚	瑞士	冰岛	秘鲁	哥斯达	东盟	亚太	新加坡	巴基斯坦	港/澳/台	韩国	格鲁吉亚	毛里求斯	亚太	老/柬/缅	LDC 97/95				
																					Live horses, asses, mules and hinnies:
																	0/0				--Pure-bred breeding
																			0	0	
																			0	6	
0	0	0	0	0	0	0	0			4	0/0/	3	0	0			0/0				--Other
																		40	0	0	
																		40	0	6	
																	0/0				---Pure-bred breeding
																			0	0	
																			0	6	
0	0	0	0	0	0	0	0			4	0/0/	3	0	0			0/0				---Pure-bred breeding
																		12.5	0	0	
																		12.5	0	6	
0	0	0	0	0	0	0	0			4	0/0/	3	0	0			0/0			6	-Other
																		12.5	0		
																					Live bovine animals:
																	0/0			6	Live bovine animals:
																			0		
0	0	0	0	0	0	0	0			4	0/0/	3	0	0		0/0/0	0/0			6	--Other
																		12.5	0		
																	0/0				--Pure-bred breeding
																			0	0	
																			0	6	
0	0	0	0	0	0	0	0			4	0/0/	3	0	0		0/0/0	0/0				--Other
																		12.5	0	0	
																		12.5	0	6	
																	0/0				---Pure-bred breeding
																			0	0	
																			0	6	
0	0	0	0	0	0	0	0			4	0/0/	3	0	0		0/0/0	0/0				---Other
																		12.5	0	0	
																		12.5	0	6	
																					Live swine:
																	0/0			6	-Pure-bred breeding

商品编号	商品名称及备注[检验检疫编码及名称]	进口关税(%)		增值税率(%)	消费税	计量单位	监管条件	检验检疫类别
		最惠国	普通					
0103100010	改良种用的鹿豚、姬猪〔999〕	0	0	9		千克/头	AFEB	P/Q
0103100090	其他改良种用的猪〔999〕	0	0	9		千克/头	AB	P/Q
01039110	---重量<10 千克							
0103911010	重量<10 千克的其他野猪(改良种用的除外)〔999〕	10	50	9		千克/头	4xABFE	P. R/Q
0103911090	重量<10 千克的其他猪(改良种用的除外)〔101 屠宰猪〕,〔102 其他用途猪〕	10	50	9		千克/头	4xAB	P. R/Q
01039120	---≤10 重量<50 千克							
0103912010	10≤重量<50 千克的其他野猪(改良种用的除外)〔999〕	10	50	9		千克/头	4xABFE	P. R/Q
0103912090	10≤重量<50 千克的其他猪(改良种用的除外)〔101 屠宰猪〕,〔102 其他用途猪〕	10	50	9		千克/头	4xAB	P. R/Q
01039200	--重量≥50 千克							
0103920010	重量≥50 千克的其他野猪(改良种用的除外)〔999〕	10	50	9		千克/头	4xABFE	P. R/Q
0103920090	重量≥50 千克的其他猪(改良种用的除外)〔101 屠宰猪〕,〔102 其他用途猪〕	10	50	9		千克/头	4xAB	P. R/Q
0104	**绵羊、山羊:**							
01041010	---改良种用							
0104101000	改良种用的绵羊〔999〕	0	0	9		千克/头	AB	P/Q
01041090	---其他							
0104109000	其他绵羊(改良种用的除外)〔101 屠宰绵羊〕,〔102 其他用途绵羊〕	10	50	9		千克/头	AB	P. R/Q
01042010	---改良种用							
0104201000	改良种用的山羊〔101 种山羊〕,〔102 种野山羊〕	0	0	9		千克/头	AB	P/Q
01042090	---其他							
0104209000	非改良种用山羊〔101 屠宰山羊〕,〔102 其他用途山羊〕,〔103 屠宰野山羊〕,〔104 其他用途野山羊〕	10	50	9		千克/头	AB	P/Q
0105	**家禽,即鸡、鸭、鹅、火鸡及珍珠鸡:**							
01051110	---改良种用							
0105111000	重量≤185 克的改良种用鸡〔101 肉种鸡〕,〔102 蛋种鸡〕	0	0	9		千克/只	AB	P/Q
01051190	---其他							
0105119000	重量≤185 克的其他鸡(改良种用的除外)〔101 屠宰鸡〕,〔102 其他用途鸡〕	10	50	9		千克/只	AB	P. R/Q
01051210	---改良种用							
0105121000	重量≤185 克的改良种用火鸡〔999〕	0	0	9		千克/只	AB	P/Q
01051290	---其他							
0105129000	重量≤185 克的其他火鸡(改良种用的除外)〔999〕	10	50	9		千克/只	AB	P. R/Q
01051310	---改良种用							
0105131000	重量≤185 克的改良种用鸭〔999〕	0	0	9		千克/只	AB	P/Q
01051390	---其他							
0105139000	重量≤185 克的其他鸭(改良种用的除外)〔999〕	10	50	9		千克/只	AB	P. R/Q
01051410	---改良种用							
0105141000	重量≤185 克的改良种用鹅〔999〕	0	0	9		千克/只	AB	P/Q
01051490	---其他							
0105149000	重量≤185 克的其他鹅(改良种用的除外)〔999〕	10	50	9		千克/只	AB	P. R/Q
01051510	---改良种用							
0105151000	重量≤185 克的改良种用珍珠鸡〔999〕	0	0	9		千克/只	AB	P/Q
01051590	---其他							
0105159000	重量≤185 克的其他珍珠鸡(改良种用的除外)〔999〕	10	50	9		千克/只	AB	P. R/Q
01059410	---改良种用							
0105941000	重量>超过 185 克改良种用鸡〔101 肉种鸡〕,〔102 蛋种鸡〕	0	0	9		千克/只	4xAB	P/Q
01059490	---其他							
0105949000	重量>185 克其他鸡(改良种用的除外)〔101 屠宰鸡〕,〔102 其他用途鸡〕	10	50	9		千克/只	4xAB	P. R/Q
01059910	---改良种用							
0105991000	重量>185 克的其他改良种用家禽〔101 珍珠鸡〕,〔102 其他饲养鸡形目禽鸟〕,〔103 鹅〕,〔104 鸭〕,〔105 其他饲养雁形目禽鸟〕,〔106 鸽〕,〔107 其他饲养禽鸟〕	0	0	9		千克/只	AB	P/Q
01059991	----鸭							
0105999100	重量>185 克的非改良种用鸭〔999〕	10	50	9		千克/只	AB	P/Q
01059992	----鹅							
0105999200	重量>185 克的非改良种用鹅〔999〕	10	50	9		千克/只	AB	P/Q
01059993	----珍珠鸡							
0105999300	重量>185 克的非改良种用珍珠鸡〔999〕	10	50	9		千克/只	4xAB	P/Q
01059994	----火鸡							
0105999400	重量>185 克的非改良种用火鸡〔999〕	10	50	9		千克/只	AB	P/Q
0106	**其他活动物:**							
01061110	---改良种用							

协定税率(%)															特惠税率(%)			对美税率	出口税率	出口退税率	Article Description
智利	新西兰	澳大利亚	瑞士	冰岛	秘鲁	哥斯达	东盟	亚太	新加坡	巴基斯坦	港/澳/台	韩国	格鲁吉亚	毛里求斯	亚太	老/柬/缅	LDC 97/95				
																			0		
																			0		
0	0	0	0	0	0	0	0			4	0/0/	3	0	0		/0/0	0/0			6	---Weighing less than 10kg
																		12.5	0		
																		12.5	0		
0	0	0	0	0	0	0	0			4	0/0/	3	0	0		/0/0	0/0			6	---Weighing 10kg or more, but less than 50kg
																		12.5	0		
																		12.5	0		
0	0	0	0	0	0	0	0			4	0/0/	3	0	0		0/0/0	0/0			6	--Weighing 50kg or more
																		12.5	0		
																		12.5	0		
																					Live sheep and goats:
																	0/0			6	---Pure-bred breeding
																			0		
0	0	0	0	0	0	0	0			5	0/0/	3	0	0			0/0			6	---Other
																		12.5	0		
																	0/0			6	---Pure-bred breeding
																			0		
0	0	0	0	0	0	0	0			5	0/0/	3	0	0			0/0			6	---Other
																		12.5	0		
																					Live poultry, that is to say, fowls of the species Gallus domesticus, ducks, geese, turkeys and guinea fowls:
																	0/0			6	---Pure-bred breeding
																			0		
0	0	0	0	0	0	0	0			4	0/0/	3	0	0		0//0	0/0			6	---Other
																		12.5	0		
																	0/0			6	---Pure-bred breeding
																			0		
0	0	0	0	0	0	0	0			4	0/0/	3	0	0			0/0			6	---Other
																		12.5	0		
																	0/0			6	---Pure-bred breeding
																			0		
0	0	0	0	0	0	0	0			4	0/0/	3	0	0		0//	0/0			6	---Other
																		12.5	0		
																	0/0			6	---Pure-bred breeding
																			0		
0	0	0	0	0	0	0	0			4	0/0/	3	0	0		0//	0/0			6	---Other
																		12.5	0		
																	0/0			6	---Pure-bred breeding
																			0		
0	0	0	0	0	0	0	0			4	0/0/	3	0	0		0//	0/0			6	---Other
																		12.5	0		
																	0/0			6	---Pure-bred breeding
																			0		
0	0	0	0	0	0	0	0			4	0/0/	3	0	0			0/0			6	---Other
																		12.5	0		
																	0/0			6	---Pure-bred breeding
																			0		
0	0	0	0	0	0	0	0			4	0/0/	3	0	0			0/0			6	----Ducks
																		12.5	0		
0	0	0	0	0	0	0	0			4	0/0/	3	0	0			0/0			6	----Geese
																		12.5	0		
0	0	0	0	0	0	0	0			4	0/0/	3	0	0			0/0			6	----Guinea fowls
																		12.5	0		
0	0	0	0	0	0	0	0			4	0/0/	3	0	0			0/0			6	----Turkeys
																		12.5	0		
																					Other live animals:
																	0/0			6	---Pure-bred breeding

商品编号	商品名称及备注[检验检疫编码及名称]	进口关税(%)		增值税率(%)	消费税	计量单位	监管条件	检验检疫类别
		最惠国	普通					
0106111000	改良种用灵长目哺乳动物(包括人工驯养、繁殖的)①	0	0	9		千克/只	AFEB	P/Q
01061190	---其他							
0106119000	其他灵长目哺乳动物(包括人工驯养、繁殖的)②	10	50	9		千克/只	AFEB	P/Q
01061211	----改良种用							
0106121100[暂0]	改良种用鲸、海豚及鼠海豚(鲸目哺乳动物);改良种用海牛及儒艮(海牛目哺乳动物)(包括人工驯养、繁殖的)③	10	50	9		千克/只	AFEB	P/Q
01061219	----其他							
0106121900	非改良种用鲸、海豚及鼠海豚(鲸目哺乳动物);非改良种用海牛及儒艮(海牛目哺乳动物)(包括人工驯养、繁殖的)④	10	50	9		千克/只	AFEB	P/Q
01061221	----改良种用							
0106122100	改良种用海豹、海狮及海象(鳍足亚目哺乳动物)(包括人工驯养、繁殖的)⑤	0	0	9		千克/只	AFEB	P/Q
01061229	----其他							
0106122900	非改良种用海豹、海狮及海象(鳍足亚目哺乳动物)(包括人工驯养、繁殖的)⑥	10	50	9		千克/只	ABEF	P/Q
01061310	---改良种用							
0106131010	改良种用濒危骆驼及其他濒危骆驼科动物(包括人工驯养、繁殖的)〔101 骆驼〕,〔102 其他野生偶蹄动物〕	0	0	9		千克/只	ABFE	P/Q
0106131090	其他改良种用骆驼及其他骆驼科动物〔101 骆驼〕,〔102 其他饲养偶蹄动物〕	0	0	9		千克/只	AB	P/Q
01061390	---其他							
0106139010	其他濒危骆驼及其他濒危骆驼科动物(包括人工驯养、繁殖的)〔101 骆驼〕,〔102 其他饲养偶蹄动物〕	10	50	9		千克/只	AFEB	P. R/Q
0106139090	其他骆驼及其他骆驼科动物〔101 骆驼〕,〔102 其他饲养偶蹄动物〕	10	50	9		千克/只	AB	P. R/Q
01061410	---改良种用							
0106141010	改良种用濒危野兔(包括人工驯养、繁殖的)〔999〕	0	0	9		千克/只	ABEF	P/Q
0106141090	改良种用家兔及其他改良种用野兔〔999〕	0	0	9		千克/只	AB	P/Q
01061490	---其他							
0106149010	其他濒危野兔(包括人工驯养、繁殖的)〔999〕	10	50	9		千克/只	AFEB	P. R/Q
0106149090	其他家兔及野兔〔999〕	10	50	9		千克/只	AB	P. R/Q
01061910	---改良种用							
0106191010	其他改良种用濒危哺乳动物(包括人工驯养、繁殖的)⑦	0	0	9		千克/只	ABFE	P/Q
0106191090	其他改良种用哺乳动物⑧	0	0	9		千克/只	AB	P/Q
01061990	---其他							
0106199010	其他濒危哺乳动物(包括人工驯养、繁殖的)⑨	10	50	9		千克/只	AFEB	P. R/Q
0106199090	其他哺乳动物⑩	10	50	9		千克/只	AB	P. R/Q
01062011	----鳄鱼苗							
0106201100	改良种用鳄鱼苗(包括人工驯养、繁殖的)〔999〕	0	0	9		千克/只	AFEB	P/Q
01062019	----其他							
0106201900	其他改良种用爬行动物(包括人工驯养、繁殖的)⑪	0	0	9		千克/只	FEAB	P/Q
01062020	---食用							
0106202010	食用蛇(包括人工驯养、繁殖的)〔999〕	10	50	9		千克/只	AFEB	P. R/Q
0106202021	食用濒危龟鳖(包括人工驯养、繁殖的)⑫	10	50	9		千克/只	ABFE	P. R/Q
0106202029	其他食用龟鳖(包括人工驯养、繁殖的)⑬	10	50	9		千克/只	AB	P. R/Q
0106202091	其他食用濒危爬行动物(包括人工驯养、繁殖的)〔999〕	10	50	9		千克/只	FEAB	P. R/Q
0106202099	其他食用爬行动物(包括人工驯养、繁殖的)〔999〕	10	50	9		千克/只	AB	P. R/Q

① 〔101 猴〕,〔102 猿〕,〔103 猩猩〕,〔104 狒狒〕,〔105 山魈〕,〔106 其他野生灵长动物〕

② 〔101 猴〕,〔102 猿〕,〔103 猩猩〕,〔104 狒狒〕,〔105 山魈〕,〔106 其他野生灵长动物〕

③ 〔101 海豚〕,〔102 鲸〕,〔103 海牛〕,〔104 其他野生哺乳动物〕

④ 〔101 海豚〕,〔102 鲸〕,〔103 海牛〕,〔104 其他野生哺乳动物〕

⑤ 〔101 海豹〕,〔102 海狮〕,〔103 海象〕,〔104 其他野生哺乳动物〕

⑥ 〔101 海豹〕,〔102 海狮〕,〔103 海象〕,〔104 其他野生哺乳动物〕

⑦ 〔101 斑马〕,〔102 犀〕,〔103 貘〕,〔104 其他野生奇蹄动物〕,〔105 鹿〕,〔106 长颈鹿〕,〔107 黄羊〕,〔108 河马〕,〔109 羚牛〕,〔110 羚羊〕,〔111 青羊(斑羚)〕,〔112 叉角羚〕,〔113 骆马〕,〔114 美洲驼〕,〔115 角马〕,〔116 梅花鹿〕,〔117 马鹿〕,〔118 其他野生偶蹄动物〕,〔119 狐狸〕,〔120 貂〕,〔121 大熊猫〕,〔122 小熊猫〕,〔123 熊〕,〔124 水獭〕,〔125 果子狸〕,〔126 狮〕,〔127 虎〕,〔128 豹〕,〔129 貉〕,〔130 豺〕,〔131 狼〕,〔132 大灵猫〕,〔133 小灵猫〕,〔134 野狗〕,〔135 其他野生食肉动物〕,〔136 旱獭〕,〔137 松鼠〕,〔138 花鼠〕,〔139 麝鼠〕,〔140 海狸鼠〕,〔141 河狸〕,〔142 地鼠〕,〔143 豪猪〕,〔144 其他野生啮齿动物〕,〔145 猩猩〕,〔146 狒狒〕,〔147 山魈〕,〔148 其他野生灵长动物〕,〔149 象〕,〔150 刺猬〕,〔151 穿山甲〕,〔152 袋鼠〕,〔153 蝙蝠〕,〔154 其他野生哺乳动物〕

⑧ 〔101 其他饲养奇蹄动物〕,〔102 其他饲养偶蹄动物〕,〔103 伴侣犬〕,〔104 工作犬〕,〔105 其他用途犬〕,〔106 伴侣猫〕,〔107 其他用途猫〕,〔108 其他饲养食肉动物〕,〔109 大鼠〕,〔110 小鼠〕,〔111 豚鼠〕,〔112 其他饲养啮齿动物〕,〔113 其他饲养兔形目动物〕,〔114 其他饲养哺乳动物〕

⑨ 〔101 斑马〕,〔102 犀〕,〔103 貘〕,〔104 其他野生奇蹄动物〕,〔105 鹿〕,〔106 长颈鹿〕,〔107 黄羊〕,〔108 河马〕,〔109 羚牛〕,〔110 羚羊〕,〔111 青羊(斑羚)〕,〔112 叉角羚〕,〔113 骆马〕,〔114 美洲驼〕,〔115 角马〕,〔116 梅花鹿〕,〔117 马鹿〕,〔118 其他野生偶蹄动物〕,〔119 狐狸〕,〔120 貂〕,〔121 大熊猫〕,〔122 小熊猫〕,〔123 熊〕,〔124 水獭〕,〔125 果子狸〕,〔126 狮〕,〔127 虎〕,〔128 豹〕,〔129 貉〕,〔130 豺〕,〔131 狼〕,〔132 大灵猫〕,〔133 小灵猫〕,〔134 野狗〕,〔135 其他野生食肉动物〕,〔136 旱獭〕,〔137 松鼠〕,〔138 花鼠〕,〔139 麝鼠〕,〔140 海狸鼠〕,〔141 河狸〕,〔142 地鼠〕,〔143 豪猪〕,〔144 其他野生啮齿动物〕,〔145 猩猩〕,〔146 狒狒〕,〔147 山魈〕,〔148 其他野生灵长动物〕,〔149 象〕,〔150 刺猬〕,〔151 穿山甲〕,〔152 袋鼠〕,〔153 蝙蝠〕,〔154 其他野生哺乳动物〕

⑩ 〔101 其他饲养奇蹄动物〕,〔102 其他饲养偶蹄动物〕,〔103 伴侣犬〕,〔104 工作犬〕,〔105 其他用途犬〕,〔106 伴侣猫〕,〔107 其他用途猫〕,〔108 其他饲养食肉动物〕,〔109 大鼠〕,〔110 小鼠〕,〔111 豚鼠〕,〔112 其他饲养啮齿动物〕,〔113 其他饲养兔形目动物〕,〔114 其他饲养哺乳动物〕

⑪ 〔101 乌龟〕,〔102 草龟〕,〔103 绿毛龟〕,〔104 鳖(甲鱼、团鱼)〕,〔105 玳瑁〕,〔106 鳄龟〕,〔107 其他龟鳖〕,〔108 蛇〕,〔109 蜥蜴〕,〔110 鳄〕,〔111 壁虎〕,〔112 巨蜥〕,〔113 蟒〕,〔114 其他爬行动物〕

⑫ 〔101 乌龟〕,〔102 草龟〕,〔103 绿毛龟〕,〔104 鳖(甲鱼、团鱼)〕,〔105 玳瑁〕,〔106 鳄龟〕,〔107 其他龟鳖〕

⑬ 〔101 乌龟〕,〔102 草龟〕,〔103 绿毛龟〕,〔104 鳖(甲鱼、团鱼)〕,〔105 玳瑁〕,〔106 鳄龟〕,〔107 其他龟鳖〕

协定税率(%)															特惠税率(%)			对美税率	出口税率	出口退税率	Article Description
智利	新西兰	澳大利亚	瑞士	冰岛	秘鲁	哥斯达	东盟	亚太	新加坡	巴基斯坦	港/澳/台	韩国	格鲁吉亚	毛里求斯	亚太	老/柬/缅	LDC 97/95				
																			0		
0	0	0	0	0	0	0	0			4	0/0/	3	0	0			0/0			6	---Other
																		12. 5	0		
0	0	0	0	0	0	0	0			4	0/0/	0	0	0			0/0			6	----Pure-bred breeding
																			0		
0	0	0	0	0	0	0	0			4	0/0/	3	0	0			0/0			6	----Other
																		12. 5	0		
																	0/0			6	----Pure-bred breeding
																			0		
0	0	0	0	0	0	0	0			4	0/0/	3	0	0			0/0			6	----Other
																			0		
																	0/0				---Pure-bred breeding
																			0	0	
																			0	6	
0	0	0	0	0	0	0	0			4	0/0/	3	0	0			0/0				---Other
																		12. 5	0	0	
																		12. 5	0	6	
																	0/0				---Pure-bred breeding
																			0	0	
																			0	6	
0	0	0	0	0	0	0	0			4	0/0/	3	0	0			0/0				---Other
																		12. 5	0	0	
																		12. 5	0	6	
																	0/0				---Pure-bred breeding
																			0	0	
																			0	6	
0	0	0	0	0	0	0	0			4	0/0/	3	0	0			0/0				---Other
																		22. 5	0	0	
																		22. 5	0	6	
																	0/0			6	----Crocodiles for cultivation
																			0		
																	0/0			6	----Other
																			0		
0	0	0	0	0	0	0	0			4	0/0/	3	0	0		//0	0/0				---For human consumption
																			0	6	
																		12. 5	0	0	
																		12. 5	0	6	
																		12. 5	0	0	
																		12. 5	0	6	

商品编号	商品名称及备注[检验检疫编码及名称]	进口关税(%)		增值税率(%)	消费税	计量单位	监管条件	检验检疫类别
		最惠国	普通					
01062090	---其他							
0106209010	其他濒危爬行动物(包括人工驯养、繁殖的)〔999〕	10	50	9		千克/只	FEAB	P/Q
0106209090	其他爬行动物(包括人工驯养、繁殖的)①	10	50	9		千克/只	AB	P/Q
01063110	---改良种用							
0106311000	改良种用猛禽(包括人工驯养、繁殖的)〔101 鹰〕,〔102 其他野生禽鸟〕	0	0	9		千克/只	AFEB	P/Q
01063190	---其他							
0106319000	其他猛禽(包括人工驯养、繁殖的)〔101 鹰〕,〔102 其他野生禽鸟〕	10	50	9		千克/只	ABFE	P/Q
01063210	---改良种用							
0106321000	改良种用鹦形目的鸟(包括人工驯养、繁殖的)〔999〕	0	0	9		千克/只	ABFE	P/Q
01063290	---其他							
0106329000	非改良种用鹦形目的鸟(包括人工驯养、繁殖的)〔999〕	10	50	9		千克/只	ABFE	P/Q
01063310	---改良种用							
0106331010	改良种用濒危鸵鸟(包括人工驯养、繁殖的)〔999〕	0	0	9		千克/只	ABFE	P/Q
0106331090	其他改良种用鸵鸟和改良种用鸸鹋〔101 鸵鸟〕,〔102 鸸鹋〕	0	0	9		千克/只	AB	P/Q
01063390	---其他							
0106339010	其他濒危鸵鸟(包括人工驯养、繁殖的)〔999〕	10	50	9		千克/只	ABFE	P. R/Q
0106339090	其他鸵鸟、鸸鹋〔101 鸵鸟〕,〔102 鸸鹋〕	10	50	9		千克/只	AB	P. R/Q
01063910	---改良种用							
0106391010	其他改良种用濒危鸟(包括人工驯养、繁殖的)②	0	0	9		千克/只	ABFE	P/Q
0106391090	其他改良种用的鸟〔999〕	0	0	9		千克/只	AB	P/Q
01063921	----乳鸽							
0106392100	食用乳鸽〔999〕	10	50	9		千克/只	AB	P. R/Q
01063923	----野鸭							
0106392300	食用野鸭〔999〕	10	50	9		千克/只	FEAB	P. R/Q
01063929	----其他							
0106392910	其他食用濒危鸟(包括人工驯养、繁殖的)③	10	50	9		千克/只	ABFE	P. R/Q
0106392990	其他食用鸟〔101 其他饲养鸡形目禽鸟〕,〔102 其他饲养雁形目禽鸟〕,〔103 其他饲养禽鸟〕	10	50	9		千克/只	AB	P. R/Q
01063990	---其他							
0106399010	其他濒危鸟(包括人工驯养、繁殖的)④	10	50	9		千克/只	ABFE	P. R/Q
0106399090	其他鸟〔101 其他饲养鸡形目禽鸟〕,〔102 其他饲养雁形目禽鸟〕,〔103 其他饲养禽鸟〕	10	50	9		千克/只	AB	P. R/Q
01064110	---改良种用							
0106411000	改良种用蜂〔999〕	0	0	9		千克/只	AB	P/Q
01064190	---其他							
0106419001	赤眼蜂〔999〕	10	50	9		千克/只	ABS	P/Q
0106419090	其他蜂〔101 蜜蜂〕,〔102 其他昆虫(其他动物)〕	10	50	9		千克/只	AB	P/Q
01064910	---改良种用							
0106491010	其他改良种用濒危昆虫(包括人工驯养、繁殖的)〔101 有害昆虫〕,〔102 媒介昆虫〕,〔103 其他昆虫(害虫)〕	0	0	9		千克/只	ABFE	P/Q
0106491090	其他改良种用非濒危昆虫〔101 有害昆虫〕,〔102 媒介昆虫〕,〔103 其他昆虫(害虫)〕	0	0	9		千克/只	AB	P/Q
01064990	---其他							
0106499010	其他濒危昆虫(包括人工驯养、繁殖的)〔999〕	10	50	9		千克/只	ABFE	P/Q
0106499090	其他非濒危昆虫⑤	10	50	9		千克/只	AB	P/Q
01069011	----蛙苗							
0106901110	改良种用濒危蛙苗⑥	0	0	9		千克/只	ABFE	P/Q
0106901190	其他改良种用蛙苗⑦	0	0	9		千克/只	AB	P/Q
01069019	----其他							

① 〔101 乌龟〕,〔102 草龟〕,〔103 绿毛龟〕,〔104 鳖(甲鱼、团鱼)〕,〔105 玳瑁〕,〔106 鳄龟〕,〔107 其他龟鳖〕,〔108 蛇〕,〔109 蜥蜴〕,〔110 鳄〕,〔111 壁虎〕,〔112 巨蜥〕,〔113 蟒〕,〔114 其他爬行动物〕

② 〔101 鹌鹑〕,〔102 鹧鸪〕,〔103 孔雀〕,〔104 竹鸡〕,〔105 松鸡〕,〔106 锦鸡〕,〔107 雉(山鸡)〕,〔108 乌骨鸡〕,〔109 鸬鹚〕,〔110 鹈鹕〕,〔111 其他野生鸡形目禽鸟〕,〔112 天鹅〕,〔113 鸳鸯〕,〔114 野鸭〕,〔115 大雁〕,〔116 其他野生雁形目禽鸟〕,〔117 画眉〕,〔118 杜鹃(野生禽鸟)〕,〔119 百灵〕,〔120 金丝鸟〕,〔121 相思鸟〕,〔122 鹤〕,〔123 鸵鸟〕,〔124 鸸鹋〕,〔125 朱鹮〕,〔126 火烈鸟〕,〔127 巨嘴鸟〕,〔128 厚嘴妥空〕,〔129 其他野生禽鸟〕

③ 〔101 鹌鹑〕,〔102 鹧鸪〕,〔103 雉(山鸡)〕,〔104 乌骨鸡〕,〔105 其他野生鸡形目禽鸟〕

④ 〔101 鹌鹑〕,〔102 鹧鸪〕,〔103 孔雀〕,〔104 竹鸡〕,〔105 松鸡〕,〔106 锦鸡〕,〔107 雉(山鸡)〕,〔108 乌骨鸡〕,〔109 鸬鹚〕,〔110 鹈鹕〕,〔111 其他野生鸡形目禽鸟〕,〔112 天鹅〕,〔113 鸳鸯〕,〔114 野鸭〕,〔115 大雁〕,〔116 其他野生雁形目禽鸟〕,〔117 画眉〕,〔118 杜鹃(野生禽鸟)〕,〔119 百灵〕,〔120 金丝鸟〕,〔121 相思鸟〕,〔122 鹤〕,〔123 鸵鸟〕,〔124 鸸鹋〕,〔125 朱鹮〕,〔126 火烈鸟〕,〔127 鹰〕,〔128 巨嘴鸟〕,〔129 厚嘴妥空〕,〔130 其他野生禽鸟〕

⑤ 〔101 包括人工驯养、繁殖的有害昆虫〕,〔102 包括人工驯养、繁殖的媒介昆虫〕,〔103 包括人工驯养、繁殖的其他昆虫(害虫)〕

⑥ 〔101 牛蛙苗〕,〔102 青蛙苗〕,〔103 金线蛙苗〕,〔104 棘胸蛙苗〕,〔105 其他蛙苗〕

⑦ 〔101 牛蛙苗〕,〔102 青蛙苗〕,〔103 金线蛙苗〕,〔104 棘胸蛙苗〕,〔105 其他蛙苗〕

协定税率(%)															特惠税率(%)			对美税率	出口税率	出口退税率	Article Description
智利	新西兰	澳大利亚	瑞士	冰岛	秘鲁	哥斯达	东盟	亚太	新加坡	巴基斯坦	港/澳/台	韩国	格鲁吉亚	毛里求斯	亚太	老/柬/缅	LDC 97/95				
0	0	0	0	0	0	0	0			4	0/0/	3	0	0			0/0				---Other
																		22.5	0	0	
																		22.5	0	6	
																	0/0			6	---Pure-bred breeding
																			0		
0	0	0	0	0	0	0	0			4	0/0/	3	0	0			0/0			6	---Other
																		12.5	0		
																	0/0			6	---Pure-bred breeding
																			0		
0	0	0	0	0	0	0	0			4	0/0/	3	0	0			0/0			6	---Other
																			0		
																	0/0				---Pure-bred breeding
																			0	0	
																			0	6	
0	0	0	0	0	0	0	0			4	0/0/	3	0	0			0/0				---Other
																		12.5	0	0	
																		12.5	0	6	
																	0/0				---Pure-bred breeding
																			0	0	
																			0	6	
0	0	0	0	0	0	0	0			4	0/0/	3	0	0		//0	0/0			6	----Squabs
																		12.5	0		
0	0	0	0	0	0	0	0			4	0/0/	3	0	0		//0	0/0			6	----Teals
																			0		
0	0	0	0	0	0	0	0			4	0/0/	3	0	0		//0	0/0				----Other
																		12.5	0	0	
																		12.5	0	6	
0	0	0	0	0	0	0	0			4	0/0/	3	0	0			0/0				---Other
																		12.5	0	0	
																		12.5	0	6	
																	0/0			6	---Pure-bred breeding
																			0		
0	0	0	0	0	0	0	0	9		4	0/0/	0	0	0			0/0			6	---Other
																				0	
																			0		
																	0/0				---Pure-bred breeding
																			0	0	
																			0	6	
0	0	0	0	0	0	0	0	9		4	0/0/	0	0	0			0/0				---Other
																		22.5	0	0	
																		22.5	0	6	
																	0/0				----Tadpole and young frogs
																			0	0	
																			0	6	
																	0/0				----Other

商品编号	商品名称及备注[检验检疫编码及名称]	进口关税(%)		增值税率(%)	消费税	计量单位	监管条件	检验检疫类别
		最惠国	普通					
0106901910	其他改良种用濒危动物(包括人工驯养、繁殖的)①	0	0	9		千克/只	ABFE	P/Q
0106901990	其他改良种用动物②	0	0	9		千克/只	AB	P/Q
01069090	---其他							
0106909010	其他濒危动物(包括人工驯养、繁殖的)③	10	50	9		千克/只	ABFE	P/Q
0106909090	其他动物④	10	50	9		千克/只	AB	P/Q

① 〔101 斑马〕,〔102 犀〕,〔103 貘〕,〔104 其他野生奇蹄动物〕,〔105 鹿〕,〔106 长颈鹿〕,〔107 黄羊〕,〔108 河马〕,〔109 羚牛〕,〔110 羚羊〕,〔111 青羊(斑羚)〕,〔112 叉角羚〕,〔113 骆马〕,〔114 美洲驼〕,〔115 角马〕,〔116 梅花鹿〕,〔117 马鹿〕,〔118 其他野生偶蹄动物〕,〔119 狐狸〕,〔120 貂〕,〔121 大熊猫〕,〔122 小熊猫〕,〔123 熊〕,〔124 水獭〕,〔125 果子狸〕,〔126 狮〕,〔127 虎〕,〔128 豹〕,〔129 貉〕,〔130 豺〕,〔131 狼〕,〔132 大灵猫〕,〔133 小灵猫〕,〔134 野狗〕,〔135 其他野生食肉动物〕,〔136 旱獭〕,〔137 松鼠〕,〔138 花鼠〕,〔139 麝鼠〕,〔140 海狸鼠〕,〔141 河狸〕,〔142 地鼠〕,〔143 豪猪〕,〔144 其他野生啮齿动物〕,〔145 其他野生灵长动物〕,〔146 象〕,〔147 刺猬〕,〔148 穿山甲〕,〔149 袋鼠〕,〔150 蝙蝠〕,〔151 其他野生哺乳动物〕

② 〔101 其他饲养奇蹄动物〕,〔102 其他饲养偶蹄动物〕,〔103 其他用途犬〕,〔104 其他用途猫〕,〔105 其他饲养食肉动物〕,〔106 大鼠〕,〔107 小鼠〕,〔108 豚鼠〕,〔109 其他饲养啮齿动物〕,〔110 其他饲养兔形目动物〕,〔111 其他饲养哺乳动物〕

③ 〔101 其他饲养奇蹄动物〕,〔102 其他饲养偶蹄动物〕,〔103 其他用途犬〕,〔104 其他用途猫〕,〔105 其他饲养食肉动物〕,〔106 大鼠〕,〔107 小鼠〕,〔108 豚鼠〕,〔109 其他饲养啮齿动物〕,〔110 其他饲养兔形目动物〕,〔111 其他饲养哺乳动物〕,〔112 斑马〕,〔113 犀〕,〔114 貘〕,〔115 其他野生奇蹄动物〕,〔116 其他野生奇蹄动物〕,〔117 鹿〕,〔118 长颈鹿〕,〔119 黄羊〕,〔120 河马〕,〔121 羚牛〕,〔122 羚羊〕,〔123 青羊(斑羚)〕,〔124 叉角羚〕,〔125 骆马〕,〔126 美洲驼〕,〔127 角马〕,〔128 梅花鹿〕,〔129 马鹿〕,〔130 其他野生偶蹄动物〕,〔131 狐狸〕,〔132 貂〕,〔133 大熊猫〕,〔134 小熊猫〕,〔135 熊〕,〔136 水獭〕,〔137 果子狸〕,〔138 狮〕,〔139 虎〕,〔140 豹〕,〔141 貉〕,〔142 豺〕,〔143 狼〕,〔144 大灵猫〕,〔145 小灵猫〕,〔146 野狗〕,〔147 其他野生食肉动物〕,〔148 旱獭〕,〔149 松鼠〕,〔150 花鼠〕,〔151 麝鼠〕,〔152 海狸鼠〕,〔153 河狸〕,〔154 地鼠〕,〔155 豪猪〕,〔156 其他野生啮齿动物〕,〔157 其他野生灵长动物〕,〔158 象〕,〔159 刺猬〕,〔160 穿山甲〕,〔161 袋鼠〕,〔162 蝙蝠〕,〔163 其他野生哺乳动物〕,〔164 牛蛙〕,〔165 青蛙〕,〔166 金线蛙〕,〔167 棘胸蛙〕,〔168 其他蛙〕,〔169 大鲵(娃娃鱼)〕,〔170 小鲵〕,〔171 蟾蜍〕,〔172 蝾螈〕,〔173 鱼螈〕,〔174 其他两栖动物〕,〔175 蚕〕,〔176 蟋蟀〕,〔177 蚱蜢〕,〔178 蝉〕,〔179 蝴蝶〕,〔180 其他昆虫(其他动物)〕,〔181 禾虫〕,〔182 蜈蚣(其他动物)〕,〔183 蝎(其他动物)〕,〔184 蚯蚓(其他动物)〕,〔185 其他本章动物〕

④ 〔101 其他饲养奇蹄动物〕,〔102 其他饲养偶蹄动物〕,〔103 伴侣犬〕,〔104 工作犬〕,〔105 其他用途犬〕,〔106 伴侣猫〕,〔107 其他用途猫〕,〔108 其他饲养食肉动物〕,〔109 大鼠〕,〔110 小鼠〕,〔111 豚鼠〕,〔112 其他饲养啮齿动物〕,〔113 其他饲养兔形目动物〕,〔114 其他饲养哺乳动物〕,〔115 牛蛙〕,〔116 青蛙〕,〔117 金线蛙〕,〔118 棘胸蛙〕,〔119 其他蛙〕,〔120 大鲵(娃娃鱼)〕,〔121 小鲵〕,〔122 蟾蜍〕,〔123 蝾螈〕,〔124 鱼螈〕,〔125 其他两栖动物〕,〔126 蚕〕,〔127 蟋蟀〕,〔128 蚱蜢〕,〔129 蝉〕,〔130 蝴蝶〕,〔131 其他昆虫(其他动物)〕,〔132 禾虫〕,〔133 蜈蚣(其他动物)〕,〔134 蝎(其他动物)〕,〔135 蚯蚓(其他动物)〕,〔136 其他本章动物〕

协定税率(%)															特惠税率(%)			对美税率	出口税率	出口退税率	Article Description
智利	新西兰	澳大利亚	瑞士	冰岛	秘鲁	哥斯达	东盟	亚太	新加坡	巴基斯坦	港/澳/台	韩国	格鲁吉亚	毛里求斯	亚太	老/柬/缅	LDC 97/95				
																			0	0	
																			0	6	
0	0	0	0	0	0	0	0	9		4	0/0/	3	0	0			0/0				---Other
																		37.5	0	0	
																		37.5	0	6	

第　二　章
肉及食用杂碎

注释：

本章不包括：

一、品目 02.01 至 02.08 或 02.10 的不适合供人食用的产品；

二、动物的肠、膀胱、胃（品目 05.04）或动物血（品目 05.11、30.02）；或

三、品目 02.09 所列产品以外的动物脂肪（第十五章）。

商品编号	商品名称及备注[检验检疫编码及名称]	进口关税(%)		增值税率(%)	消费税	计量单位	监管条件	检验检疫类别
		最惠国	普通					
0201	**鲜、冷牛肉：**							
02011000	-整头及半头							
0201100010	整头及半头鲜或冷藏的野牛肉〔101 鲜的〕,〔102 冷藏〕	20	70	9		千克	4ABEFx	P. R/Q. S
0201100090	其他整头及半头鲜或冷藏的牛肉〔101 鲜的〕,〔102 冷藏〕,〔103(冷藏)(30 月龄以下)〕	20	70	9		千克	4ABx	P. R/Q. S
02012000	-带骨肉							
0201200010	鲜或冷藏的带骨野牛肉〔101 鲜的〕,〔102 冷藏〕	12	70	9		千克	47ABEFx	P. R/Q
0201200090	其他鲜或冷藏的带骨牛肉〔101 鲜的〕,〔102 冷藏〕,〔103(冷藏)(30 月龄以下)〕	12	70	9		千克	47ABx	P. R/Q
02013000	-去骨肉							
0201300010	鲜或冷藏的去骨野牛肉〔101 鲜的〕,〔102 冷藏〕	12	70	9		千克	47ABEFx	P. R/Q. S
0201300090	其他鲜或冷藏的去骨牛肉①	12	70	9		千克	47ABx	P. R/Q. S
0202	**冻牛肉：**							
02021000	-整头及半头							
0202100010	冻藏的整头及半头野牛肉〔999〕	25	70	9		千克	4ABEFx	P. R/Q. S
0202100090	其他冻藏的整头及半头牛肉②	25	70	9		千克	4ABx	P. R/Q. S
02022000	-带骨肉							
0202200010	冻藏的带骨野牛肉〔999〕	12	70	9		千克	47ABEFx	P. R/Q. S
0202200090	其他冻藏的带骨牛肉〔101(30 月龄以下)〕,〔102(不含脊柱和头骨)〕,〔103(不含脊柱和头骨,30 月龄以下)〕,〔999〕	12	70	9		千克	47ABx	P. R/Q. S
02023000	-去骨肉							
0202300010	冻藏的去骨野牛肉〔999〕	12	70	9		千克	47ABEFx	P. R/Q. S
0202300090	其他冻藏的去骨牛肉③	12	70	9		千克	47ABx	P. R/Q. S
0203	**鲜、冷、冻猪肉：**							
02031110	---乳猪							
0203111010	鲜或冷藏整头及半头野乳猪肉〔101 鲜的〕,〔102 冷藏〕	20	70	9		千克	4ABEFx	P. R/Q. S
0203111090	其他鲜或冷藏的整头及半头乳猪肉〔101 鲜的〕,〔102 冷藏〕	20	70	9		千克	4ABx	P. R/Q. S
02031190	---其他							
0203119010	其他鲜或冷藏的整头及半头野猪肉〔101 鲜的〕,〔102 冷藏〕	20	70	9		千克	4ABEFx	P. R/Q. S
0203119090	其他鲜或冷藏的整头及半头猪肉〔101 鲜的〕,〔102 冷藏〕	20	70	9		千克	4ABx	P. R/Q. S
02031200	--带骨的前腿、后腿及其肉块							
0203120010	鲜或冷藏的带骨野猪前腿、后腿及肉块〔101 鲜的〕,〔102 冷藏〕	20	70	9		千克	47ABEFx	P. R/Q. S
0203120090	鲜或冷藏的带骨猪前腿、后腿及其肉块〔101 鲜的〕,〔102 冷藏〕	20	70	9		千克	47ABx	P. R/Q. S
02031900	--其他							
0203190010	其他鲜或冷藏的野猪肉〔101 鲜的〕,〔102 冷藏〕	20	70	9		千克	47ABEFx	P. R/Q. S
0203190090	其他鲜或冷藏的猪肉〔101 鲜的〕,〔102 冷藏〕,〔103 冷藏猪肉馅〕	20	70	9		千克	47ABx	P. R/Q. S
02032110	---乳猪							
0203211010	冻整头及半头野乳猪肉〔999〕	12	70	9		千克	4ABEFx	P. R/Q. S
0203211090	冻整头及半头乳猪肉〔999〕	12	70	9		千克	4ABx	P. R/Q. S
02032190	---其他							
0203219010	其他冻整头及半头野猪肉〔999〕	12	70	9		千克	47ABEFx	P. R/Q. S
0203219090	其他冻整头及半头猪肉〔999〕	12	70	9		千克	47ABx	P. R/Q. S
02032200	--带骨的前腿、后腿及其肉块							
0203220010[暂8]	冻带骨野猪前腿、后腿及肉〔999〕	12	70	9		千克	47ABEFx	P. R/Q. S
0203220090[暂8]	冻藏的带骨猪前腿、后腿及其肉块〔999〕	12	70	9		千克	47ABx	P. R/Q. S

① 〔101 鲜的〕,〔102 冷藏〕,〔103(冷藏)(12 月龄以下)〕,〔104(冷藏)(30 月龄以下)〕,〔105(冷藏)(冰鲜牛绞肉(30 月龄以下)〕,〔106 冷藏牛绞肉〕,〔107 冷藏牛肉饼〕

② 〔101(30 月龄以下)〕,〔102(不含脊柱和头骨)〕,〔103(不含脊柱和头骨,30 月龄以下)〕,〔999〕

③ 〔101(12 月龄以下)〕,〔102(30 月龄以下)〕,〔103(冷冻牛绞肉,30 月龄以下)〕,〔104 冷冻牛绞肉〕,〔105 冷冻牛肉饼〕,〔999 其他〕

Chapter 2
Meat and edible meat offal

Chapter Notes:

This Chapter does not cover:

1. Products of the kinds described in headings 02. 01 to 02. 08 or 02. 10, unfit or unsuitable for human consumption;

2. Guts, bladders or stomachs of animals (heading 05. 04) or animal blood (heading 05. 11 or 30. 02); or

3. Animal fat, other than products of heading 02. 09 (Chapter 15).

协定税率(%)															特惠税率(%)			对美税率	出口税率	出口退税率	Article Description
智利	新西兰	澳大利亚	瑞士	冰岛	秘鲁	哥斯达	东盟	亚太	新加坡	巴基斯坦	港/澳/台	韩国	格鲁吉亚	毛里求斯	亚太	老/柬/缅	LDC 97/95				
																					Meat of bovine animals, fresh of chilled:
0	0	6	4	0	4	5.3	0				0/0/	10.6	4	0		0/0/	0/0			6	-Carcasses and half-carcasses
																		45	0		
																		45	0		
0	0	3.6	2.4	0	3.5	3.2	0			0	0/0/	6.4	2.4	0		0/0/	0/0			6	-Other cuts with bone in
																		42	0		
																		42	0		
0	0	3.6	2.4	0	3.5	3.2	0			0	0/0/	6.4	2.4	0		/0/	0/0				-Boneless
																		42	0	6	
																		42	0	9	
																					Meat of bovine animals, frozen:
0	0	7.5	5	0	5	0	0			0	0/0/	16.2		20		0/0/	0/0			6	-Carcasses and half-carcasses
																		50	0		
																		50	0		
0	0	3.6	2.4	0	3.5	0	0			0	0/0/	6.4		0		0/0/	0/0			6	-Other cuts with bone in
																		42	0		
																		42	0		
0	0	3.6	2.4	0	3.5	0	0			0	0/0/	6.4		0		/0/	0/0				-Boneless
																		42	0	6	
																		42	0	9	
																					Meat of swine, fresh, chilled or frozen:
0	0	0	4	0	0	0	0				0/0/	10.6	0	0		0/0/	0/0			6	---Sucking pig
																		45	0		
																		45	0		
0	0	0	4	0	0	0	0				0/0/	10.6	0	0		0/0/	0/0			6	---Other
																		45	0		
																		45	0		
0	0	0	4	0	0	0	0				0/0/	10.6	0	0		0/0/	0/0			6	--Hams, shoulders and cuts thereof, with bone in
																		75	0		
																		75	0		
0	0	0	4	0	0	0	0				0/0/	10.6	0	0		0/0/	0/0			6	--Other
																		75	0		
																		75	0		
0	0	0	2.4	0	0	0	0			6	0/0/	3.6	0	0		0/0/	0/0			6	---Sucking pig
																		37	0		
																		37	0		
0	0	0	2.4	0	0	0	0			6	0/0/	3.6	2.4	0		0/0/	0/0			6	---Other
																		62	0		
																		62	0		
0	0	0	2.4	0	0	0	0			6	0/0/	3.6	2.4	0		0/0/	0/0			6	--Hams, shoulders and cuts thereof, with bone in
																		63	0		
																		63	0		

商品编号	商品名称及备注［检验检疫编码及名称］	进口关税(%) 最惠国	进口关税(%) 普通	增值税率(%)	消费税	计量单位	监管条件	检验检疫类别
02032900	--其他							
0203290010[暂8]	冻藏野猪其他肉［999］	12	70	9		千克	47ABEFx	P. R/Q. S
0203290090[暂8]	其他冻藏猪肉［101 冷冻猪肉馅］,［999 其他］	12	70	9		千克	47ABx	P. R/Q. S
0204	**鲜、冷、冻绵羊肉或山羊肉：**							
02041000	-鲜或冷的整头及半头羔羊							
0204100000	鲜或冷藏的整头及半头羔羊肉①	15	70	9		千克	7AB	P. R/Q. S
02042100	--整头及半头							
0204210000	鲜或冷藏的整头及半头绵羊肉②	23	70	9		千克	7AB	P. R/Q
02042200	--带骨肉							
0204220000	鲜或冷藏的带骨绵羊肉③	15	70	9		千克	7AB	P. R/Q. S
02042300	--去骨肉							
0204230000	鲜或冷藏的去骨绵羊肉④	15	70	9		千克	7AB	P. R/Q. S
02043000	-冻的整头及半头羔羊							
0204300000	冻藏的整头及半头羔羊肉⑤	15	70	9		千克	7AB	P. R/Q. S
02044100	--整头及半头							
0204410000	冻藏的整头及半头绵羊肉［101 绵羊肉］,［102 野羊肉］,［103 绵羊肉,6 月龄以下］	23	70	9		千克	7AB	P. R/Q. S
02044200	--带骨肉							
0204420000	冻藏的其他带骨绵羊肉［101 绵羊肉］,［102 野羊肉］,［103 绵羊肉,6 月龄以下］	12	70	9		千克	7AB	P. R/Q. S
02044300	--去骨肉							
0204430000	冻藏的其他去骨绵羊肉［101 绵羊肉］,［102 野羊肉］,［103 绵羊肉,6 月龄以下］	15	70	9		千克	7AB	P. R/Q. S
02045000	-山羊肉							
0204500000	鲜或冷藏、冻藏的山羊肉⑥	20	70	9		千克	7AB	P. R/Q. S
0205	**鲜、冷、冻马、驴、骡肉：**							
02050000	鲜、冷、冻马、驴、骡肉							
0205000010	鲜、冷或冻的濒危野马、野驴肉⑦	20	70	9		千克	ABFE	P. R/Q. S
0205000090	鲜、冷或冻的马、驴、骡肉⑧	20	70	9		千克	AB	P. R/Q. S
0206	**鲜、冷、冻牛、猪、绵羊、山羊、马、驴、骡的食用杂碎：**							
02061000	-鲜、冷牛杂碎							
0206100000	鲜或冷藏的牛杂碎⑨	12	70	9		千克	4ABx	P. R/Q. S
02062100	--舌							
0206210000	冻牛舌［101 冻牛舌］,［102 冻野牛舌］,［103(30 月龄以下)］	12	70	9		千克	47ABx	P. R/Q. S
02062200	--肝							
0206220000	冻牛肝［101 冻牛肝］,［102 冻野牛肝］,［103(30 月龄以下)］	12	70	9		千克	47ABx	P. R/Q. S
02062900	--其他							

① ［101 鲜的绵羊肉］,［102 冷藏绵羊肉］,［103 鲜的山羊肉］,［104 冷藏山羊肉］,［105 鲜的野羊肉］,［106 冷藏野羊肉］,［107 冷藏绵羊肉,6 月龄以下］,［108 冷藏山羊肉,6 月龄以下］

② ［101 鲜的绵羊肉］,［102 冷藏绵羊肉］,［103 鲜的野羊肉］,［104 冷藏野羊肉］,［105 冷藏绵羊肉,6 月龄以下］

③ ［101 鲜的绵羊肉］,［102 冷藏绵羊肉］,［103 鲜的野羊肉］,［104 冷藏野羊肉］,［105 冷藏绵羊肉,6 月龄以下］

④ ［101 鲜的绵羊肉］,［102 冷藏绵羊肉］,［103 鲜的野羊肉］,［104 冷藏野羊肉］,［105 冷藏绵羊肉,6 月龄以下］

⑤ ［101 绵羊肉］,［102 山羊肉］,［103 野羊肉］,［104 绵羊肉,6 月龄以下］,［105 山羊肉,6 月龄以下］

⑥ ［101 鲜的去骨山羊肉］,［102 鲜的带骨山羊肉］,［103 鲜的整头及半头山羊肉］,［104 冷藏去骨山羊肉］,［105 冷藏带骨山羊肉］,［106 冷藏整头及半头山羊肉］,［107 冻藏去骨山羊肉］,［108 冻藏带骨山羊肉］,［109 冻藏整头及半头山羊肉］,［110 鲜的去骨野羊肉］,［111 鲜的带骨野羊肉］,［112 鲜的整头及半头野羊肉］,［113 冷藏去骨野羊肉］,［114 冷藏带骨野羊肉］,［115 冻藏整头及半头野羊肉］,［116 冻藏去骨野羊肉］,［117 冻藏带骨野羊肉］,［118 冷藏整头及半头野羊肉］,［119 冷藏去骨山羊肉,6 月龄以下］,［120 冷藏带骨山羊肉,6 月龄以下］,［121 冷藏整头及半头山羊肉,6 月龄以下］,［122 冻藏去骨山羊肉,6 月龄以下］,［123 冻藏带骨山羊肉,6 月龄以下］,［124 冻藏整头及半头山羊肉,6 月龄以下］

⑦ ［101 鲜的去骨野马肉］,［102 鲜的带骨野马肉］,［103 鲜的整头及半头野马肉］,［104 冷藏去骨野马肉］,［105 冷藏带骨野马肉］,［106 冷藏整头及半头野马肉］,［107 冻藏去骨野马肉］,［108 冻藏带骨野马肉］,［109 冻藏整头及半头野马肉］,［110 鲜的去骨野驴肉］,［111 鲜的带骨野驴肉］,［112 鲜的整头及半头野驴肉］,［113 冷藏去骨野驴肉］,［114 冷藏带骨野驴肉］,［115 冷藏整头及半头野驴肉］,［116 冻藏去骨野驴肉］,［117 冻藏带骨野驴肉］,［118 冻藏整头及半头野驴肉］

⑧ ［101 鲜的去骨马肉］,［102 鲜的带骨马肉］,［103 鲜的整头及半头马肉］,［104 冷藏去骨马肉］,［105 冷藏带骨马肉］,［106 冷藏整头及半头马肉］,［107 冻藏去骨马肉］,［108 冻藏带骨马肉］,［109 冻藏整头及半头马肉］,［110 鲜的去骨驴肉］,［111 鲜的带骨驴肉］,［112 鲜的整头及半头驴肉］,［113 冻藏去骨驴肉］,［114 冷藏带骨驴肉］,［115 冷藏整头及半头驴肉］,［116 冷藏去骨驴肉］,［117 冻藏带骨驴肉］,［118 冻藏整头及半头驴肉］,［119 鲜的去骨骡肉］,［120 鲜的带骨骡肉］,［121 鲜的整头及半头骡肉］,［122 冷藏去骨骡肉］,［123 冷藏带骨骡肉］,［124 冷藏整头及半头骡肉］,［125 冻藏去骨骡肉］,［126 冻藏带骨骡肉］,［127 冻藏整头及半头骡肉］

⑨ ［101 鲜的牛心］,［102 冷藏牛心］,［103 鲜的牛鞭］,［104 冷藏牛鞭］,［105 鲜的牛舌］,［106 冷藏牛舌］,［107 鲜的牛尾］,［108 冷藏牛尾］,［109 鲜的牛肝］,［110 冷藏牛肝］,［111 鲜的牛筋］,［112 冷藏牛筋］,［113 鲜的牛横膈膜］,［114 冷藏牛横膈膜］,［115 鲜的牛头及头块］,［116 冷藏牛头及头块］,［117 鲜的牛食用皮］,［118 冷藏牛食用皮］,［119 鲜的牛肾］,［120 冷藏牛肾］,［121 鲜的牛脚］,［122 冷藏牛脚］,［123 鲜的其他牛杂碎］,［124 冷藏其他牛杂碎］,［125 鲜的野牛心］,［126 冷藏野牛心］,［127 鲜的野牛舌］,［128 冷藏野牛舌］,［129 鲜的野牛尾］,［130 冷藏野牛尾］,［131 鲜的野牛肝］,［132 冷藏野牛肝］,［133 鲜的野牛筋］,［134 冷藏野牛筋］,［135 鲜的野牛横膈膜］,［136 冷藏野牛横膈膜］,［137 鲜的野牛头及头块］,［138 冷藏野牛头及头块］,［139 鲜的野牛食用皮］,［140 冷藏野牛食用皮］,［141 鲜的野牛肾］,［142 冷藏野牛肾］,［143 鲜的野牛脚］,［144 冷藏野牛脚］,［145 鲜的其他野牛杂碎］,［146 冷藏其他野牛杂碎］,［147(冷藏牛心)(30 月龄以下)］,［148(冷藏牛舌)(30 月龄以下)］,［149(冷藏牛尾)(30 月龄以下)］,［150(冷藏牛肝)(30 月龄以下)］,［151(冷藏牛筋)(30 月龄以下)］,［152(冷藏牛横膈膜)(30 月龄以下)］,［153(冷藏牛头及头块)［冰鲜牛头(30 月龄以下)］］,［154(冷藏牛头及头块)［冰鲜牛唇(30 月龄以下)］］,［155(冷藏牛肾)(30 月龄以下)］,［156(冷藏牛脚)［冰鲜牛蹄(30 月龄以下)］］,［157(冷藏其他牛杂碎)［冰鲜牛骨(30 月龄以下)］］,［158 冷藏牛唇］,［159 冷藏牛蹄］,［160 冷藏牛骨］,［161 冷藏牛胸腹隔膜］,［162 冷藏牛软骨］,［163 冷藏牛睾丸］,［164 冷藏牛心管］

协定税率(%)															特惠税率(%)			对美税率	出口税率	出口退税率	Article Description
智利	新西兰	澳大利亚	瑞士	冰岛	秘鲁	哥斯达	东盟	亚太	新加坡	巴基斯坦	港/澳/台	韩国	格鲁吉亚	毛里求斯	亚太	老/柬/缅	LDC 97/95				
0	0	0	2.4	0	2.4	0	0			6	0/0/	3.6	2.4	0		/0/	0/0			9	--Other
																		63	0		
																		63	0		
																					Meat of sheep or goats, fresh, chilled or frozen:
0	0	3.3	3	0	3	4	0			12	0/0/	4.5	3	0			0/0			6	-Carcasses and half-carcasses of lamb, fresh or chilled
																			0		
0	0	5.1	4.6	0	4.6	6.1	0				0/0/	14.9	4.6	18.4			0/0			6	--Carcasses and half-carcasses
																			0		
0	0	3.3	3	0	3	4	0			12	0/0/	4.5	3	0			0/0			6	--Other cuts with bone in
																		45	0		
0	0	3.3	3	0	0	4	0			12	0/0/	4.5	3	0			0/0			6	--Boneless
																			0		
0	0	3.3	3	0	4.4	4	0			12	0/0/	4.5	3	0			0/0			6	-Carcasses and half-carcasses of lamb, frozen
																			0		
0	0	5.1	4.6	0	6.8	6.1	0				0/0/	14.9	4.6	18.4			0/0			6	--Carcasses and half-carcasses
																			0		
0	0	2.7	2.4	0	3.5	3.2	0			6	0/0/	3.6	2.4	0			0/0			6	--Other cuts with bone in
																			0		
0	0	3.3	3	0	4.4	4	0			12	0/0/	4.5	3	0			0/0			9	--Boneless
																			0		
0	0	4.4	4	0	0	5.3	0			0	0/0/	10.6	4	0			0/0			9	-Meat of goats
																			0		
																					Meat of horses, asses, mules or hinnies, fresh, chilled of frozen:
0	0	0	4	0	0	0	0				0/0/	10.6	0	0			0/0				Meat of horses, asses, mules or hinnies, fresh, chilled or frozen
																			0	0	
																			0	6	
																					Edible offal of bovine animals, swine, sheep, goats, horses, asses, mules or hinnies, fresh, chilled or frozen:
0	0	0	2.4	0	0	0	0			6	0/0/	3.6	2.4	0		0/0/	0/0			9	-Of bovine animals, fresh or chilled
																			0		
0	0	0	2.4	0	0	0	0			6	0/0/	3.6	2.4	0		0/0/	0/0			6	--Tongues
																			0		
0	0	0	2.4	0	0	0	0			6	0/0/	3.6	2.4	0		0/0/	0/0			6	--Livers
																			0		
0	0	1.5	2.4	0	0	0	0			0	0/0/	3.6	2.4	0		0/0/	0/0			6	--Other

商品编号	商品名称及备注[检验检疫编码及名称]	进口关税(%)		增值税率(%)	消费税	计量单位	监管条件	检验检疫类别
		最惠国	普通					
0206290000	其他冻牛杂碎①	12	70	9		千克	47ABx	P. R/Q. S
02063000	-鲜、冷猪杂碎							
0206300000	鲜或冷藏的猪杂碎②	20	70	9		千克	4ABx	P. R/Q. S
02064100	--肝							
0206410000	冻猪肝[101 冻猪肝],[102 冻野猪肝]	20	70	9		千克	47ABx	P. R/Q. S
02064900	--其他							
0206490000	其他冻猪杂碎③	12	70	9		千克	47ABx	P. R/Q. S
02068000	-其他鲜或冷杂碎							
0206800010	鲜或冷的羊杂碎④	20	70	9		千克	AB	P. R/Q. S
0206800090	鲜或冷的马、驴、骡杂碎⑤	20	70	9		千克	AB	P. R/Q. S
02069000	-其他冻杂碎							
0206900010	冻藏的羊杂碎⑥	18	70	9		千克	7AB	P. R/Q. S
0206900090	冻藏的马、驴、骡杂碎⑦	18	70	9		千克	AB	P. R/Q. S

---

① [101 牛心],[102 冻牛鞭],[103 冻牛尾],[104 冻牛筋],[105 牛横膈膜],[106 牛头及头块],[107 牛食用皮],[108 牛肾],[109 牛脚],[110 其他牛杂碎],[111 野牛心],[112 野牛尾],[113 野牛筋],[114 野牛横膈膜],[115 野牛头及头块],[116 野牛食用皮],[117 野牛肾],[118 野牛脚],[119 其他野牛杂碎],[121(牛心)(30 月龄以下)],[123(冻牛尾)(30 月龄以下)],[124(冻牛筋)(30 月龄以下)],[125(牛横膈膜)(30 月龄以下)],[126(牛头及头块)(冷冻牛头肉(30 月龄以下))],[127(牛头及头块)(冷冻牛头肉)],[128(牛头及头块)(冷冻牛唇)],[129(牛头及头块)(冷冻牛唇(30 月龄以下))],[130(牛肾)(30 月龄以下)],[131(牛脚)(去除蹄匣)],[132(其他牛杂碎)(冷冻牛骨)],[133(其他牛杂碎)(冷冻牛骨(30 月龄以下))],[134(其他牛杂碎)(冷冻牛动脉管)],[135(其他牛杂碎)(冷冻牛心管)],[136(其他牛杂碎)(冷冻牛睾丸)],[137(其他牛杂碎)(冷冻牛食管)],[138(其他牛杂碎)(冷冻牛骨髓)],[139(其他牛杂碎)(冷冻牛软骨)],[140(其他牛杂碎)(冷冻牛软骨不含喉软骨)],[149 冷冻牛胸腹隔膜]

② [101 鲜的猪心],[102 冷藏猪心],[103 鲜的猪肝],[104 冷藏猪肝],[105 鲜的猪肺],[106 冷藏猪肺],[107 鲜的猪肾],[108 冷藏猪肾],[109 鲜的猪舌],[110 冷藏猪舌],[111 鲜的猪尾],[112 冷藏猪尾],[113 鲜的猪耳],[114 冷藏猪耳],[115 鲜的猪蹄],[116 冷藏猪蹄],[117 鲜的猪睾丸],[118 冷藏猪睾丸],[119 鲜的猪食用皮],[120 冷藏猪食用皮],[121 鲜的猪头及头块],[122 冷藏猪头及头块],[123 鲜的猪横膈膜],[124 冷藏猪横膈膜],[125 鲜的其他猪杂碎],[126 冷藏其他猪杂碎],[127 鲜的野猪心],[128 冷藏野猪心],[129 鲜的野猪肝],[130 冷藏野猪肝],[131 鲜的野猪肺],[132 冷藏野猪肺],[133 鲜的野猪肾],[134 冷藏野猪肾],[135 鲜的野猪舌],[136 冷藏野猪舌],[137 鲜的野猪尾],[138 冷藏野猪尾],[139 鲜的野猪耳],[140 冷藏野猪耳],[141 鲜的野猪蹄],[142 冷藏野猪蹄],[143 鲜的野猪全蹄],[144 冷藏野猪全蹄],[145 鲜的野猪睾丸],[146 冷藏野猪睾丸],[147 鲜的野猪食用皮],[148 冷藏野猪食用皮],[149 鲜的野猪头及头块],[150 冷藏野猪头及头块],[151 鲜的野猪横膈膜],[152 冷藏野猪横膈膜],[153 鲜的其他野猪杂碎],[154 冷藏其他野猪杂碎],[155 冷藏猪蹄(全蹄)],[156 冷藏猪耳根],[157 冷藏猪鼻],[158 冷藏猪脸],[159 冷藏猪唇],[160 冷藏猪脚圈],[161 冷藏猪下颚],[162 冷藏猪心管],[163 冷藏猪脚趾],[164 冷藏猪皮],[165 冷藏猪头],[166 冷藏猪脑],[167 冷藏猪气管],[168 冷藏猪食管],[169 冷藏猪软骨],[170 冷藏猪喉管],[171 冷藏猪骨]

③ [101 猪心],[102 猪肺],[103 猪肾],[104 猪舌],[105 猪尾],[106 猪耳],[107 猪蹄],[108 猪全蹄],[109 猪睾丸],[110 猪食用皮],[111 猪头及头块],[112 猪横膈膜],[113 其他猪杂碎],[114 野猪心],[115 野猪肺],[116 野猪肾],[117 野猪舌],[118 野猪尾],[119 野猪耳],[120 野猪蹄],[121 野猪全蹄],[122 野猪睾丸],[123 野猪食用皮],[124 野猪头及头块],[125 野猪横膈膜],[126 其他野猪杂碎],[127(猪耳)(不包括内耳)],[128(猪耳)(冷冻猪耳根)],[129(猪蹄)(全蹄)],[130(猪蹄)(冷冻猪脚圈)],[131(猪蹄)(冷冻猪脚趾)],[132(猪头及头块)(冷冻猪脸)],[133(猪头及头块)(冷冻猪头)],[134(猪头及头块)(不包括内耳)],[135(猪头及头块)(冷冻猪下颚)],[136(猪头及头块)(冷冻猪鼻)],[137(猪头及头块)(冷冻猪唇)],[138(其他猪杂碎)(冷冻猪鞭)],[139(其他猪杂碎)(冷冻猪喉骨)],[140(其他猪杂碎)(冷冻猪气管)],[141(其他猪杂碎)(冷冻猪脑)],[142(其他猪杂碎)(冷冻猪食管)],[143(其他猪杂碎)(冷冻猪心管)],[144(其他猪杂碎)(冷冻猪软骨)],[146(其他猪杂碎)(冷冻猪骨)]

④ [101 饲料用绵羊肠],[102 饲料用绵羊真胃(绵羊肚)],[103 饲料用绵羊瓣胃(绵羊百叶)],[104 饲料用绵羊网胃],[105 饲料用绵羊瘤胃],[106 饲料用绵羊心],[107 饲料用绵羊肝],[108 饲料用绵羊肺],[109 饲料用绵羊肾],[110 饲料用其他绵羊杂碎],[111 饲料用山羊肠],[112 饲料用山羊真胃(山羊肚)],[113 饲料用山羊瓣胃(山羊百叶)],[114 饲料用山羊网胃],[115 饲料用山羊瘤胃],[116 饲料用山羊心],[117 饲料用山羊肝],[118 饲料用山羊肺],[119 饲料用山羊肾],[120 饲料用其他山羊杂碎],[121 鲜的绵羊心],[122 冷藏绵羊心],[123 鲜的绵羊肝],[124 冷藏绵羊肝],[125 鲜的绵羊肺],[126 冷藏绵羊肺],[127 鲜的绵羊肾],[128 冷藏绵羊肾],[129 鲜的绵羊舌],[130 冷藏绵羊舌],[131 鲜的绵羊睾丸],[132 冷藏绵羊睾丸],[133 鲜的绵羊蹄],[134 冷藏绵羊蹄],[135 鲜的绵羊头及头块],[136 冷藏绵羊头及头块],[137 鲜的绵羊脚],[138 冷藏绵羊脚],[139 鲜的其他绵羊杂碎],[140 冷藏其他绵羊杂碎],[141 鲜的山羊心],[142 冷藏山羊心],[143 鲜的山羊肝],[144 冷藏山羊肝],[145 鲜的山羊肺],[146 冷藏山羊肺],[147 鲜的山羊肾],[148 冷藏山羊肾],[149 鲜的山羊舌],[150 冷藏山羊舌],[151 鲜的山羊睾丸],[152 冷藏山羊睾丸],[153 鲜的山羊蹄],[154 冷藏山羊蹄],[155 鲜的山羊头及头块],[156 冷藏山羊头及头块],[157 鲜的其他山羊杂碎],[158 冷藏其他山羊杂碎],[159 鲜的野山羊心],[160 冷藏野山羊心],[161 鲜的野山羊肝],[162 冷藏野山羊肝],[163 鲜的野山羊肺],[164 冷藏野山羊肺],[165 鲜的野山羊肾],[166 冷藏野山羊肾],[167 鲜的野山羊舌],[168 冷藏野山羊舌],[169 鲜的野山羊睾丸],[170 冷藏野山羊睾丸],[171 鲜的野山羊脚],[172 冷藏野山羊脚],[173 鲜的野山羊头及头块],[174 冷藏野山羊头及头块],[175 鲜的其他野山羊杂碎],[176 冷藏其他野山羊杂碎]

⑤ [101 鲜的马心],[102 冷藏马心],[103 鲜的马肝],[104 冷藏马肝],[105 鲜的马肺],[106 冷藏马肺],[107 鲜的马肾],[108 冷藏马肾],[109 鲜的马舌],[110 冷藏马舌],[111 鲜的马睾丸],[112 冷藏马睾丸],[113 鲜的马脚],[114 冷藏马脚],[115 鲜的马头及头块],[116 冷藏马头及头块],[117 鲜的其他马杂碎],[118 冷藏其他马杂碎],[119 鲜的野马心],[120 冷藏野马心],[121 鲜的野马肝],[122 冷藏野马肝],[123 鲜的野马肺],[124 冷藏野马肺],[125 鲜的野马肾],[126 冷藏野马肾],[127 鲜的野马舌],[128 冷藏野马舌],[129 鲜的野马睾丸],[130 冷藏野马睾丸],[131 鲜的野马脚],[132 冷藏野马脚],[133 鲜的野马头及头块],[134 冷藏野马头及头块],[135 鲜的其他野马杂碎],[136 冷藏其他野马杂碎],[137 鲜的驴心],[138 冷藏驴心],[139 鲜的驴肝],[140 冷藏驴肝],[141 鲜的驴肺],[142 冷藏驴肺],[143 鲜的驴肾],[144 冷藏驴肾],[145 鲜的驴舌],[146 冷藏驴舌],[147 鲜的驴睾丸],[148 冷藏驴睾丸],[149 鲜的驴脚],[150 冷藏驴脚],[151 鲜的驴头及头块],[152 冷藏驴头及头块],[153 鲜的其他驴杂碎],[154 冷藏其他驴杂碎],[155 鲜的野驴心],[156 冷藏野驴心],[157 鲜的野驴肝],[158 冷藏野驴肝],[159 鲜的野驴肺],[160 冷藏野驴肺],[161 鲜的野驴肾],[162 冷藏野驴肾],[163 鲜的野驴舌],[164 冷藏野驴舌],[165 鲜的野驴睾丸],[166 冷藏野驴睾丸],[167 鲜的野驴脚],[168 冷藏野驴脚],[169 鲜的野驴头及头块],[170 冷藏野驴头及头块],[171 鲜的其他野驴杂碎],[172 冷藏其他野驴杂碎],[173 鲜的骡心],[174 冷藏骡心],[175 鲜的骡肝],[176 冷藏骡肝],[177 鲜的骡肺],[178 冷藏骡肺],[179 鲜的骡肾],[180 冷藏骡肾],[181 鲜的骡舌],[182 冷藏骡舌],[183 鲜的骡睾丸],[184 冷藏骡睾丸],[185 鲜的骡脚],[186 冷藏骡脚],[187 鲜的骡头及头块],[188 冷藏骡头及头块],[189 鲜的其他骡杂碎],[190 冷藏其他骡杂碎]

⑥ [101 饲料用绵羊肠],[102 饲料用绵羊真胃(绵羊肚)],[103 饲料用绵羊瓣胃(绵羊百叶)],[104 饲料用绵羊网胃],[105 饲料用绵羊瘤胃],[106 饲料用绵羊心],[107 饲料用绵羊肝],[108 饲料用绵羊肺],[109 饲料用绵羊肾],[110 饲料用其他绵羊杂碎],[111 饲料用山羊肠],[112 饲料用山羊真胃(山羊肚)],[113 饲料用山羊瓣胃(山羊百叶)],[114 饲料用山羊网胃],[115 饲料用山羊瘤胃],[116 饲料用山羊心],[117 饲料用山羊肝],[118 饲料用山羊肺],[119 饲料用山羊肾],[120 饲料用其他山羊杂碎],[121 绵羊心],[122 绵羊肝],[123 绵羊肺],[124 绵羊肾],[125 绵羊舌],[126 绵羊睾丸],[127 绵羊蹄],[128 绵羊头及头块],[129 其他绵羊杂碎],[130 山羊心],[131 山羊肝],[132 山羊肺],[133 山羊肾],[134 山羊舌],[135 山羊睾丸],[136 山羊蹄],[137 山羊头及头块],[138 其他山羊杂碎],[139 野羊心],[140 野羊肝],[141 野羊肺],[142 野羊肾],[143 野羊舌],[144 野羊睾丸],[145 野羊蹄],[146 野羊头及头块],[147 其他野羊杂碎],[148(绵羊蹄)[去除蹄匣)],[149(绵羊头及头块)(冷冻绵羊脸颊肉)],[151(其他绵羊杂碎)(冷冻绵羊鞭)],[152(其他绵羊杂碎)(冷冻绵羊横膈膜)],[153(其他绵羊杂碎)(冷冻绵羊筋(不包括蹄筋)]],[154(其他绵羊杂碎)(冷冻绵羊筋)],[155(其他绵羊杂碎)(冷冻绵羊板筋)],[156(其他绵羊杂碎)(冷冻绵羊尾)],[157(其他绵羊杂碎)(冷冻绵羊软骨不含喉/声带软骨)],[158(其他绵羊杂碎)(冷冻绵羊食管)],[159(其他绵羊杂碎)(冷冻绵羊动脉管)],[160(其他绵羊杂碎)(冷冻绵羊心管)],[161(其他绵羊杂碎)(冷冻绵羊骨)],[162(其他绵羊杂碎)(冷冻绵羊骨髓)],[163(山羊蹄)(去除蹄匣)],[164(山羊头及头块)(冷冻山羊脸颊肉)],[165(其他山羊杂碎)(冷冻山羊鞭)],[166(其他山羊杂碎)(冷冻山羊横膈膜)],[167(其他山羊杂碎)[冷冻山羊筋(不包括蹄筋)]],[168(其他山羊杂碎)(冷冻山羊筋)],[169(其他山羊杂碎)(冷冻山羊板筋)],[170(其他山羊杂碎)(冷冻山羊尾)],[171(其他山羊杂碎)(冷冻山羊软骨不含喉/声带软骨)],[172(其他山羊杂碎)(冷冻山羊食管)],[173(其他山羊杂碎)(冷冻山羊动脉管)],[174(其他山羊杂碎)(冷冻山羊心管)],[175(其他山羊杂碎)(冷冻山羊骨)],[176(其他山羊杂碎)(冷冻山羊骨髓)]

⑦ [101 马心],[102 马肝],[103 马肺],[104 马肾],[105 马舌],[106 马睾丸],[107 马脚],[108 马头及头块],[109 其他马杂碎],[110 野马心],[111 野马肝],[112 野马肺],[113 野马肾],[114 野马舌],[115 野马睾丸],[116 野马脚],[117 野马头及头块],[118 其他野马杂碎],[119 驴心],[120 驴肝],[121 驴肺],[122 驴肾],[123 驴舌],[124 驴睾丸],[125 驴脚],[126 驴头及头块],[127 其他驴杂碎],[128 野驴心],[129 野驴肝],[130 野驴肺],[131 野驴肾],[132 野驴舌],[133 野驴睾丸],[134 野驴脚],[135 野驴头及头块],[136 其他野驴杂碎],[137 骡心],[138 骡肝],[139 骡肺],[140 骡肾],[141 骡舌],[142 骡睾丸],[143 骡脚],[144 骡头及头块],[145 其他骡杂碎],[146 其他驴杂碎,驴皮]

协定税率(%)															特惠税率(%)			对美税率	出口税率	出口退税率	Article Description
智利	新西兰	澳大利亚	瑞士	冰岛	秘鲁	哥斯达	东盟	亚太	新加坡	巴基斯坦	港/澳/台	韩国	格鲁吉亚	毛里求斯	亚太	老/柬/缅	LDC 97/95				
																		42	0		
0	0	0	4	0	0	0	0				0/0/	10.6	4	0		0/0/0	0/0			6	-Of swine, fresh of chilled
																		50	0		
0	0	0	4	0	0	0	0				0/0/	10.6	4	0		0/0/	0/0			6	--Livers
																		75	0		
0	0	0	2.4	0	0	0	0			6	0/0/	3.6	2.4	0		0/0/	0/0			6	--Other
																		67	0		
0	0	6	4	0	0	0	0				0/0/	10.6	4	0		/0/	0/0			6	-Other, fresh or chilled
																			0		
																			0		
0	0	2.3	3.6	0	5.3	0	0			14.4	0/0/	9.6	3.6	0		/0/	0/0			6	-Other, frozen
																			0		
																			0		

商品编号	商品名称及备注[检验检疫编码及名称]	进口关税(%)		增值税率(%)	消费税	计量单位	监管条件	检验检疫类别
		最惠国	普通					
0207	品目 01.05 所列家禽的鲜、冷、冻肉及食用杂碎:							
02071100	--整只,鲜或冷的							
0207110000	鲜或冷藏的整只鸡〔101 鲜的整只鸡〕,〔102 冷藏整只鸡〕	20	70	9		千克	4xAB	P. R/Q. S
02071200	--整只,冻的							
0207120000	冻的整只鸡〔101(不包括内脏及胃肠等消化道器官)〕,〔999〕	见附表 2	见附表 2	9		千克	4x7AB	P. R/Q. S
02071311	----带骨的							
0207131100	鲜或冷的带骨的鸡块〔101 鲜的带骨的鸡块〕,〔102 冷藏带骨的鸡块〕	20	70	9		千克	4xAB	P. R/Q. S
02071319	----其他							
0207131900	其他鲜或冷的鸡块〔101 其他鲜的鸡块〕,〔102 其他冷藏鸡块〕	20	70	9		千克	4xAB	P. R/Q. S
02071321	----翼(不包括翼尖)							
0207132101	鲜或冷的鸡整翅(翼)(沿肩关节将鸡翅从整鸡上分割下来的部位)〔101 鲜的鸡整翅(翼)〕,〔102 冷藏鸡整翅(翼)〕	20	70	9		千克	4xAB	P. R/Q. S
0207132102	鲜或冷的鸡翅(翼)根(将整翅从肘关节处切开,靠近根部的部分)〔101 鲜的鸡翅(翼)根〕,〔102 冷藏鸡翅(翼)根〕	20	70	9		千克	4xAB	P. R/Q. S
0207132103	鲜或冷的鸡翅(翼)中(将整翅从肘关节和腕关节处切开,中间的部分)〔101 鲜的鸡翅(翼)中〕,〔102 冷藏鸡翅(翼)中〕	20	70	9		千克	4xAB	P. R/Q. S
0207132104	鲜或冷的鸡两节翅(翼)(翅中和翅尖相连的部分,或翅根和翅中相连的部分)〔101 鲜的鸡两节翅(翼)〕,〔102 冷藏鸡两节翅(翼)〕	20	70	9		千克	4xAB	P. R/Q. S
02071329	----其他							
0207132901	鲜或冷的鸡翅(翼)尖〔101 鲜的鸡翼翼尖〕,〔102 冷藏鸡翼翼尖〕	20	70	9		千克	AB4x	P. R/Q. S
0207132902	鲜或冷的鸡膝软骨(鸡膝部连接小腿和大腿的软骨)〔101 鲜的鸡膝软骨〕,〔102 冷藏鸡膝软骨〕	20	70	9		千克	AB4x	P. R/Q. S
0207132990	其他鲜或冷的鸡杂碎①	20	70	9		千克	AB4x	P. R/Q. S
02071411	----带骨的							
0207141100	冻的带骨鸡块(包括鸡胸脯、鸡大腿等)〔101 冷冻带骨鸡肉,除鸡胸、鸡腿〕,〔102 鸡胸、鸡腿〕	见附表 2	见附表 2	9		千克	7AB4x	P. R/Q. S
02071419	----其他							
0207141900	冻的不带骨鸡块(包括鸡胸脯、鸡大腿等)〔101 冷冻不带骨鸡肉,除鸡胸、鸡腿〕,〔102 鸡胸、鸡腿〕	见附表 2	见附表 2	9		千克	7AB4x	P. R/Q. S
02071421	----翼(不包括翼尖)							
0207142101	冻的鸡整翅(翼)(沿肩关节将鸡翅从整鸡上分割下来的部位)〔999〕	见附表 2	见附表 2	9		千克	7AB4x	P. R/Q. S
0207142102	冻的鸡翅(翼)根(将整翅从肘关节处切开,靠近根部的部分)〔999〕	见附表 2	见附表 2	9		千克	7AB4x	P. R/Q. S
0207142103	冻的鸡翅(翼)中(将整翅从肘关节和腕关节处切开,中间的部分)〔999〕	见附表 2	见附表 2	9		千克	7AB4x	P. R/Q. S
0207142104	冻的鸡两节翅(翼)(翅中和翅尖相连的部分,或翅根和翅中相连的部分)〔101(不包括翅(翼)尖)〕,〔999〕	见附表 2	见附表 2	9		千克	7AB4x	P. R/Q. S
02071422	----鸡爪							
0207142200	冻的鸡爪〔999〕	见附表 2	见附表 2	9		千克	7AB4x	P. R/Q. S
02071429	----其他							
0207142901	冻的鸡翅(翼)尖〔999〕	见附表 2	见附表 2	9		千克	7AB4x	P. R/Q. S
0207142902	冻的鸡膝软骨(鸡膝部连接小腿和大腿的软骨)〔999〕	见附表 2	见附表 2	9		千克	7AB4x	P. R/Q. S
0207142990	其他冻的食用鸡杂碎②	见附表 2	见附表 2	9		千克	7AB4x	
02072400	--整只,鲜或冷的							

① 〔101 鲜的鸡胸、鸡腿〕,〔102 冷藏的鸡胸、鸡腿〕,〔103 鲜的鸡爪〕,〔104 冷藏鸡爪〕,〔105 鲜的鸡肫、胃〕,〔106 冷藏鸡肫、胃〕,〔107 其他鲜的鸡杂碎〕,〔108 其他冷藏鸡杂碎〕

② 〔101 冻的鸡肝〕,〔102 冻的其他鸡杂碎〕,〔103(其他鸡杂碎)(冷冻鸡脖)〕,〔104(其他鸡杂碎)(冷冻鸡骨架)〕,〔105(其他鸡杂碎)(冷冻鸡冠)〕,〔106(其他鸡杂碎)(冷冻鸡肌腱)〕,〔107(其他鸡杂碎)(冷冻鸡脚骨)〕,〔108(其他鸡杂碎)(冷冻鸡皮)〕,〔109(其他鸡杂碎)(冷冻鸡肾)〕,〔110(其他鸡杂碎)(冷冻鸡心)〕,〔111(其他鸡杂碎)(冷冻其他鸡软骨)〕,〔112(其他鸡杂碎)(冷冻鸡头)〕,〔113 冷冻鸡肉馅〕,〔114 冷冻鸡睾丸〕

协定税率(%)															特惠税率(%)			对美税率	出口税率	出口退税率	Article Description
智利	新西兰	澳大利亚	瑞士	冰岛	秘鲁	哥斯达	东盟	亚太	新加坡	巴基斯坦	港/澳/台	韩国	格鲁吉亚	毛里求斯	亚太	老/柬/缅	LDC 97/95				
																					Meat and edible offal, of the poultry of heading 01.05, fresh, chilled or frozen:
0	0	0	4	0	0	0	0				0/0/	10.6	0	0		0/0/0	0/0			6	--Not cut in pieces, fresh or chilled
																		50	0		
0	0	0	4	0	0	0	0				0/0/	0.6元/千克	0	0		0/0/0	0/0			6	--Not cut in pieces, frozen
																		1.3元/千克+0.3	0		
0	0	0	4	0	0	0	0				0/0/	10.6	0	0		0/0/0	0/0			9	----With bone
																		50	0		
0	0	0	4	0	0	0	0				0/0/	10.6	0	0		0/0/0	0/0			9	----Other
																		50	0		
0	0	0	4	0	0	0	0				0/0/	10.6	4	0		0/0/0	0/0			9	----Midjoint wing
																		50	0		
																		50	0		
																		50	0		
																		50	0		
0	0	0	4	0	0	0	0				0/0/	10.6	4	0		0/0/0	0/0			6	----Other
																		50	0		
																		50	0		
																		50	0		
0	0	0	0	0	0	0	0			0	0/0/	0.1元/千克	0	0		0/0/0	0/0			9	----With bone
																		0.6元/千克+0.3	0		
0	0	0	0	0	0	0	0			0	0/0/	0.2元/千克	0	0		0/0/0	0/0			9	----Other
																		0.7元/千克+0.3	0		
0	0	0	0	0	0	0	0			0	0/0/	0.2元/千克	2	0		0/0/0	0/0			9	----Midjoint wing
																		0.8元/千克+0.3	0		
																		0.8元/千克+0.3	0		
																		0.8元/千克+0.3	0		
																		0.8元/千克+0.3	0		
0	0	0	0	0	0	0	0			0	0/0/	0.1元/千克	2	0		0/0/0	0/0			6	----Chicken claw
																		1元/千克+0.3	0		
0	0	0	0	0	0	0	0			0	0/0/	0.1元/千克	2	0		0/0/0	0/0			6	----Other
																		0.5元/千克+0.3	0		
																		0.5元/千克+0.3	0		
																		0.5元/千克+0.3	0		
0	0	0	4	0	0	0	0				0/0/	10.6	0	0		0//	0/0			6	--Not cut in pieces, fresh or chilled

商品编号	商品名称及备注[检验检疫编码及名称]	进口关税(%)		增值税率(%)	消费税	计量单位	监管条件	检验检疫类别
		最惠国	普通					
0207240000	鲜或冷的整只火鸡〔101 鲜的整只火鸡〕,〔102 冷藏整只火鸡〕	20	70	9		千克	AB	P. R/Q. S
02072500	--整只,冻的							
0207250000	冻的整只火鸡〔101(不包括内脏及胃肠等消化道器官)〕,〔999〕	20	70	9		千克	AB	P. R/Q. S
02072600	--块及杂碎,鲜或冷的							
0207260000	鲜或冷的火鸡块及杂碎(肥肝除外)①	20	70	9		千克	AB	P. R/Q. S
02072700	--块及杂碎,冻的							
0207270000	冻的火鸡块及杂碎(肥肝除外)②	10	70	9		千克	AB	P. R/Q. S
02074100	--整只,鲜或冷的							
0207410000	鲜或冷的整只鸭〔101 鲜的〕,〔102 冷的〕	20	70	9		千克	AB	P. R/Q. S
02074200	--整只,冻的							
0207420000	冻的整只鸭〔101 不包括内脏及胃肠等消化道器官〕,〔999 其他〕	20	70	9		千克	AB	P. R/Q. S
02074300	--肥肝,鲜或冷的							
0207430000	鲜或冷的鸭肥肝〔101 鲜的〕,〔102 冷的〕	20	70	9		千克	AB	P. R/Q. S
02074400	--其他,鲜或冷的							
0207440000	鲜或冷的鸭块及食用杂碎(肥肝除外)③	20	70	9		千克	AB	P. R/Q. S
02074500	--其他,冻的							
0207450000	冻的鸭块及食用杂碎④	20	70	9		千克	AB	P. R/Q. S
02075100	--整只,鲜或冷的							
0207510000	鲜或冷的整只鹅〔101 鲜的〕,〔102 冷藏〕	20	70	9		千克	AB	P. R/Q. S
02075200	--整只,冻的							
0207520000	冻的整只鹅〔999〕	20	70	9		千克	AB	P. R/Q. S
02075300	--肥肝,鲜或冷的							
0207530000	鲜或冷的鹅肥肝〔101 鲜的〕,〔102 冷藏〕	20	70	9		千克	AB	P. R/Q. S
02075400	--其他,鲜或冷的							
0207540000	鲜或冷的鹅块及食用杂碎(肥肝除外)⑤	20	70	9		千克	AB	P. R/Q. S
02075500	--其他,冻的							
0207550000	冻的鹅块及食用杂碎⑥	20	70	9		千克	AB	P. R/Q. S
02076000	-珍珠鸡							
0207600000	鲜、冷、冻的整只珍珠鸡、珍珠鸡块及食用杂碎⑦	20	70	9		千克	AB	P. R/Q. S
0208	**其他鲜、冷、冻肉及食用杂碎:**							
02081010	---鲜、冷兔肉,兔头除外							
0208101000	鲜或冷的家兔肉(不包括兔头)〔101 鲜的家兔肉〕,〔102 冷藏家兔肉〕	20	70	9		千克	AB	P. R/Q. S
02081020	---冻兔肉,兔头除外							
0208102000	冻家兔肉(不包括兔头)〔999〕	20	70	9		千克	AB	P. R/Q. S
02081090	---其他							
0208109010	鲜、冷或冻的濒危野兔肉及其食用杂碎(不包括兔头)⑧	20	70	9		千克	ABFE	P. R/Q. S
0208109090	鲜、冷或冻家兔食用杂碎〔101 鲜的〕,〔102 冷藏〕,〔103 冻藏〕	20	70	9		千克	AB	P. R/Q. S
02083000	-灵长目的							

① 〔101 鲜的带骨火鸡肉,不包括火鸡胸、火鸡腿〕,〔102 冷藏带骨火鸡肉,不包括火鸡胸、火鸡腿〕,〔103 鲜的其他火鸡肉,不包括火鸡胸、火鸡腿〕,〔104 冷藏其他火鸡肉,不包括火鸡胸、火鸡腿〕,〔105 鲜的火鸡胸、火鸡腿〕,〔106 冷藏的火鸡胸、火鸡腿〕,〔107 鲜的火鸡爪〕,〔108 冷藏火鸡爪〕,〔109 鲜的火鸡肫、胃〕,〔110 冷藏火鸡肫、胃〕,〔111 鲜的火鸡翼,不包括翼尖〕,〔112 冷藏火鸡翼,不包括翼尖〕,〔113 鲜的火鸡翼,包括翼尖〕,〔114 冷藏火鸡翼,包括翼尖〕,〔115 鲜的火鸡颈〕,〔116 冷藏火鸡颈〕,〔117 其他鲜的火鸡杂碎〕,〔118 其他冷藏火鸡杂碎〕,〔119 冷藏火鸡翼尖〕,〔120 冷藏火鸡肝〕,〔121 冷藏火鸡脚骨〕,〔122 冷藏火鸡软骨〕,〔123 冷藏火鸡皮〕,〔124 冷藏火鸡心〕,〔125 冷藏火鸡肾〕

② 〔101 火鸡胸、火鸡腿〕,〔102 火鸡肫、火鸡胃〕,〔103 火鸡翼,不包括翼尖〕,〔104 火鸡爪〕,〔105 火鸡翼,包括翼尖〕,〔106 火鸡颈〕,〔107 其他火鸡肉,不包括火鸡胸、火鸡腿〕,〔108 带骨火鸡肉,不包括火鸡胸、火鸡腿〕,〔109 其他冻火鸡杂碎〕,〔110(其他冻火鸡杂碎)(冷冻火鸡肾)〕,〔111 冷冻火鸡肝〕,〔112 冷冻火鸡软骨〕,〔113 冷冻火鸡肉馅〕,〔114 冷冻火鸡睾丸〕

③ 〔101 鲜的鸭肉〕,〔102 冷藏鸭肉〕,〔103 鲜的鸭胸〕,〔104 冷藏鸭胸〕,〔105 鲜的鸭爪〕,〔106 冷藏鸭爪〕,〔107 鲜的鸭翼,不包括翼尖〕,〔108 冷藏鸭翼,不包括翼尖〕,〔109 鲜的鸭翼,包括翼尖〕,〔110 冷藏鸭翼,包括翼尖〕,〔111 鲜的鸭翼翼尖〕,〔112 冷藏鸭翼翼尖〕,〔113 鲜的鸭翼尖〕,〔114 冷藏鸭翼尖〕,〔115 鲜的鸭腿〕,〔116 冷藏鸭腿〕,〔117 鲜的鸭颈〕,〔118 冷藏鸭颈〕,〔119 鲜的鸭肫、胃〕,〔120 冷藏鸭肫、胃〕,〔121 鲜的其他鸭肉及杂碎〕,〔122 冷藏其他鸭肉及杂碎〕,〔123 冷藏鸭脚骨〕,〔124 冷藏鸭软骨〕,〔125 冷藏鸭皮〕,〔126 冷藏鸭心〕,〔127 冷藏鸭肾〕

④ 〔101 鸭肉〕,〔102 鸭胸〕,〔103 鸭爪〕,〔104 鸭翼,不包括翼尖〕,〔105 鸭翼,包括翼尖〕,〔106 鸭翼翼尖〕,〔107 鸭翼尖〕,〔108 鸭腿〕,〔109 鸭肝〕,〔110 鸭颈〕,〔111 鸭肫、胃〕,〔112 其他鸭肉及杂碎〕,〔113 冷冻鸭颈〕,〔114 冷冻鸭心〕,〔115 冷冻鸭肾〕,〔116 冷冻鸭肉馅〕,〔117 冷冻鸭舌〕

⑤ 〔101 鲜的鹅肉〕,〔102 冷藏鹅肉〕,〔103 鲜的鹅胸〕,〔104 冷藏鹅胸〕,〔105 鲜的鹅爪〕,〔106 冷藏鹅爪〕,〔107 鲜的鹅翼,不包括翼尖〕,〔108 冷藏鹅翼,不包括翼尖〕,〔109 鲜的鹅翼,包括翼尖〕,〔110 冷藏鹅翼,包括翼尖〕,〔111 鲜的鹅翼翼尖〕,〔112 冷藏鹅翼翼尖〕,〔113 鲜的鹅腿〕,〔114 冷藏鹅腿〕,〔115 鲜的鹅颈〕,〔116 冷藏鹅颈〕,〔117 鲜的其他鹅肉及杂碎〕,〔118 冷藏其他鹅肉及杂碎〕,〔119 冷藏鹅脚骨〕,〔120 冷藏鹅软骨〕,〔121 冷藏鹅皮〕,〔122 冷藏鹅心〕,〔123 冷藏鹅肾〕

⑥ 〔101 冻藏鹅肉〕,〔102 冻藏鹅胸〕,〔103 冻藏鹅爪〕,〔104 冻藏鹅翼,不包括翼尖〕,〔105 冻藏鹅鹅翼,包括翼尖〕,〔106 冻藏鹅翼翼尖〕,〔107 冻藏鹅腿〕,〔108 冻藏鹅肝〕,〔109 冻藏鹅颈〕,〔110 冻藏其他鹅肉及杂碎〕,〔111 冷冻鹅脚骨〕,〔112 冷冻鹅软骨〕,〔113 冷冻鹅心〕,〔114 冷冻鹅皮〕,〔115 冷冻鹅肾〕,〔116 冷冻鹅肉馅〕

⑦ 〔101 鲜的,饲养的〕,〔102 冷藏,饲养的〕,〔103 冻藏,饲养的〕,〔104 冷冻的整只珍珠鸡(不包括内脏及胃肠等消化道器官)〕,〔105 冷冻的珍珠鸡肉(整的或块的,不包括冷冻珍珠鸡胸、冷冻珍珠鸡腿)〕,〔106 冷冻未炼制珍珠鸡脂肪〕,〔107 冷冻珍珠鸡胸〕,〔108 冷冻珍珠鸡腿〕,〔109 冷冻珍珠鸡爪〕,〔110 冷冻珍珠鸡翼,不包括翼尖〕,〔111 冷冻珍珠鸡翼,包括翼尖〕,〔112 冷冻珍珠鸡翼尖〕,〔113 冷冻珍珠鸡肾〕,〔114 冷冻珍珠鸡颈〕,〔115 冷冻珍珠鸡软骨〕,〔116 冷冻珍珠鸡脚骨〕,〔117 冷冻珍珠鸡皮〕,〔118 冷冻珍珠鸡肝〕,〔119 冷冻珍珠鸡心〕,〔121 冷藏的整只珍珠鸡,不包括内脏及胃肠等消化道器官〕,〔122 冷藏珍珠鸡肉,整的或块的,不包括珍珠鸡胸、珍珠鸡腿〕,〔123 冷藏未炼制珍珠鸡脂肪〕,〔124 冷藏珍珠鸡胸〕,〔125 冷藏珍珠鸡腿〕,〔126 冷藏珍珠鸡爪〕,〔127 冷藏珍珠鸡翼,不包括翼尖〕,〔128 冷藏珍珠鸡翼,包括翼尖〕,〔129 冷藏珍珠鸡翼尖〕,〔130 冷藏珍珠鸡肾〕,〔131 冷藏珍珠鸡颈〕,〔132 冷藏珍珠鸡软骨〕,〔133 冷藏珍珠鸡脚骨〕,〔134 冷藏珍珠鸡皮〕,〔135 冷藏珍珠鸡肝〕,〔136 冷藏珍珠鸡心〕

⑧ 〔101 鲜的野兔肉〕,〔102 冷藏野兔肉〕,〔103 冻藏野兔肉〕,〔104 鲜的野兔杂碎〕,〔105 冷藏野兔杂碎〕,〔106 冻藏野兔杂碎〕

协定税率(%)															特惠税率(%)			对美税率	出口税率	出口退税率	Article Description
智利	新西兰	澳大利亚	瑞士	冰岛	秘鲁	哥斯达	东盟	亚太	新加坡	巴基斯坦	港/澳/台	韩国	格鲁吉亚	毛里求斯	亚太	老/柬/缅	LDC 97/95				
																		50	0		
0	0	0	4	0	0	0	0				0/0/	10.6	0	0		0//	0/0			6	--Not cut in pieces, frozen
																		50	0		
0	0	0	4	0	0	0	0				0/0/	10.6	0	0		0//	0/0				--Cuts and offal, fresh or chilled
																		50	0	6	
0	0	0	0	0	0	0	0			4	0/0/	3	0	0		0//	0/0				--Cuts and offal, frozen
																		40	0	6	
0	0	0	4	0	0	0	0				0/0/	10.6	0	0		0/0/0	0/0			6	--Not cut in pieces, fresh or chilled
																		50	0		
0	0	0	4	0	0	0	0				0/0/	10.6	0	0		0/0/0	0/0			6	--Not cut in pieces, frozen
																		50	0		
0	0	0	4	0	0	0	0				0/0/	10.6	0	0		0/0/	0/0			6	--Fatty livers, fresh or chilled
																		50	0		
0	0	0	4	0	0	0	0				0/0/	10.6	0	0		0/0/0	0/0				--Other, fresh or chilled
																		50	0	6	
0	0	0	4	0	0	0	0				0/0/	13	0	0		0/0/0	0/0				--Other, frozen
																		50	0	6	
0	0	0	4	0	0	0	0				0/0/	10.6	0	0		0/0/0	0/0			6	--Not cut in pieces, fresh orchilled
																		50	0		
0	0	0	4	0	0	0	0				0/0/	10.6	0	0		0/0/0	0/0			6	--Not cut in pieces, frozen
																		50	0		
0	0	0	4	0	0	0	0				0/0/	10.6	0	0		0/0/	0/0			6	--Fatty livers, fresh or chilled
																		50	0		
0	0	0	4	0	0	0	0				0/0/	10.6	0	0		0/0/0	0/0				--Other, fresh or chilled
																		50	0	6	
0	0	0	4	0	0	0	0				0/0/	10.6	0	0		0/0/0	0/0				--Other, frozen
																		50	0	6	
0	0	0	4	0	0	0	0				0/0/	10.6	0	0		0/0/	0/0				-Of guinea fowls
																			0	6	
																					Other meat and edible meat offal, fresh, chilled or frozen:
0	0	0	4	0	0	0	0				0/0/	10.6	0	0			0/0			9	---Meat of rabbits, fresh or chilled, excluding head
																			0		
0	0	0	4	0	0	0	0				0/0/	10.6	0	0			0/0			9	---Meat of rabbits, frozen, excluding head
																			0		
0	0	0	4	0	0	0	0				0/0/	10.6	0	0			0/0				---Other
																			0	0	
																			0	9	
0	0	0	4.6	0	0	0	0				0/0/	6.9	0	18.4			0/0			6	-Of primates

商品编号	商品名称及备注[检验检疫编码及名称]	进口关税(%)		增值税率(%)	消费税	计量单位	监管条件	检验检疫类别
		最惠国	普通					
0208300000	鲜、冷或冻的灵长目动物肉及食用杂碎〔101 鲜的〕,〔102 冷藏〕,〔103 冻藏〕	23	70	9		千克	ABFE	P. R/Q. S
02084000	-鲸、海豚及鼠海豚(鲸目哺乳动物)的;海牛及儒艮(海牛目哺乳动物)的;海豹、海狮及海象(鳍足亚目哺乳动物)的							
0208400000	鲜、冷或冻的鲸、海豚及鼠海豚(鲸目哺乳动物)的;鲜、冷或冻的海牛及儒艮(海牛目哺乳动物)的;鲜、冷或冻的海豹、海狮及海象(鳍足亚目哺乳动物)的肉及食用杂碎(鲜、冷或冻的鲸、海豚、鼠海豚、海牛、儒艮、海豹、海狮及海象的肉及食用杂碎)〔101 鲜、冷的〕,〔102 冻的〕,〔999〕	23	70	9		千克	ABFE	P. R/Q. S
02085000	-爬行动物(包括蛇及龟鳖)的							
0208500010	鲜、冷或冻的爬行动物肉及食用杂碎①	23	70	9		千克	ABFE	P. R/Q. S
02086000	-骆驼及其他骆驼科动物的							
0208600010	鲜、冷或冻的濒危野生骆驼及其他濒危野生骆驼科动物的肉及食用杂碎〔101 鲜的〕,〔102 冷藏〕,〔103 冻藏〕	23	70	9		千克	ABFE	P. R/Q. S
0208600090	其他鲜、冷或冻骆驼及其他骆驼科动物的肉及食用杂碎〔101 鲜的〕,〔102 冷藏〕,〔103 冻藏〕	23	70	9		千克	AB	P. R/Q. S
02089010	---乳鸽的							
0208901000	鲜、冷或冻的乳鸽肉及其杂碎②	20	70	9		千克	AB	P. R/Q. S
02089090	---其他							
0208909010	其他鲜、冷或冻的濒危野生动物肉③	23	70	9		千克	ABFE	P. R/Q. S
0208909090	其他鲜、冷或冻肉及食用杂碎④	23	70	9		千克	AB	P. R/Q. S
0209	**未炼制或用其他方法提取的不带瘦肉的肥猪肉、猪脂肪及家禽脂肪,鲜、冷、冻、干、熏、盐腌或盐渍的:**							
02091000	-猪的							
0209100000	未炼制或用其他方法提取的不带瘦肉的肥猪肉、猪脂肪(包括鲜、冷、冻、干、熏、盐制的)⑤	20	70	9		千克	AB	P. R/Q

① 〔101 鲜的蛇肉〕,〔102 冷藏蛇肉〕,〔103 冻藏蛇肉〕,〔104 鲜的鳄鱼肉〕,〔105 冷藏鳄鱼肉〕,〔106 冻藏鳄鱼肉〕,〔107 鲜的龟肉〕,〔108 冷藏龟肉〕,〔109 冻藏龟肉〕,〔110 鲜的甲鱼肉〕,〔111 冷藏甲鱼肉〕,〔112 冻藏甲鱼肉〕,〔113 鲜的其他饲养爬行动物肉及食用杂碎〕,〔114 冷藏其他饲养爬行动物肉及食用杂碎〕,〔115 冻藏其他饲养爬行动物肉及食用杂碎〕,〔116 鲜的其他野生爬行动物肉及食用杂碎〕,〔117 冷藏其他野生爬行动物肉及食用杂碎〕,〔118 冻藏其他野生爬行动物肉及食用杂碎〕

② 〔101 鲜的乳鸽肉〕,〔102 冷藏的乳鸽肉〕,〔103 冻藏的乳鸽肉〕,〔104 鸽杂碎〕,〔105 其他鸽肉及杂碎〕

③ 〔101 未列出的鲜的野生奇蹄动物肉〕,〔102 未列出的冷藏野生奇蹄动物肉〕,〔103 未列出的冻藏野生奇蹄动物肉〕,〔104 鲜的野鹿肉〕,〔105 冷藏野鹿肉〕,〔106 冻藏野鹿肉〕,〔107 鲜的骆驼肉〕,〔108 冷藏骆驼肉〕,〔109 冻藏骆驼肉〕,〔110 未列出的鲜的野生偶蹄动物肉〕,〔111 未列出的冷藏野生偶蹄动物肉〕,〔112 未列出的冻藏野生偶蹄动物肉〕,〔113 鲜的山鸡肉〕,〔114 冷藏山鸡肉〕,〔115 冻藏山鸡肉〕,〔116 鲜的珍珠鸡肉〕,〔117 冷藏珍珠鸡肉〕,〔118 冻藏珍珠鸡肉〕,〔119 鲜的竹鸡肉〕,〔120 冷藏竹鸡肉〕,〔121 冻藏竹鸡肉〕,〔122 鲜的松鸡肉〕,〔123 冷藏松鸡肉〕,〔124 冻藏松鸡肉〕,〔125 鲜的沙鸡肉〕,〔126 冷藏沙鸡肉〕,〔127 冻藏沙鸡肉〕,〔128 鲜的石鸡肉〕,〔129 冷藏石鸡肉〕,〔130 冻藏石鸡肉〕,〔131 鲜的榛鸡肉〕,〔132 冷藏榛鸡肉〕,〔133 冻藏榛鸡肉〕,〔134 鲜的野鸭肉〕,〔135 冷藏野鸭肉〕,〔136 冻藏野鸭肉〕,〔137 鲜的野鹅肉〕,〔138 冷藏野鹅肉〕,〔139 冻藏野鹅肉〕,〔140 鲜的野鸽肉〕,〔141 冷藏野鸽肉〕,〔142 冻藏野鸽肉〕,〔143 鲜的鹌鹑肉〕,〔144 冷藏鹌鹑肉〕,〔145 冻藏鹌鹑肉〕,〔146 鲜的鹧鸪肉〕,〔147 冷藏鹧鸪肉〕,〔148 冻藏鹧鸪肉〕,〔149 鲜的麻雀肉〕,〔150 冷藏麻雀肉〕,〔151 冻藏麻雀肉〕,〔152 鲜的野生鸵鸟肉〕,〔153 冷藏野生鸵鸟肉〕,〔154 冻藏野生鸵鸟肉〕,〔155 未列出的鲜的野生禽鸟肉〕,〔156 未列出的冷藏野生禽鸟肉〕,〔157 未列出的冻藏野生禽鸟肉〕,〔158 鲜的熊肉〕,〔159 冷藏熊肉〕,〔160 冻藏熊肉〕,〔161 鲜的袋鼠肉〕,〔162 冷藏袋鼠肉〕,〔163 冻藏袋鼠肉〕,〔164 未列出其他的鲜的野生动物肉〕,〔165 未列出其他的冷藏野生动物肉〕,〔166 未列出其他的冻藏野生动物肉〕,〔167 鲜、冷的两栖类〕,〔168 冻的两栖类〕,〔169 鲜、冷的爬行类〕,〔170 冻的爬行类〕,〔171 鲜、冷的海洋哺乳动物〕,〔172 冻的海洋哺乳动物〕

④ 〔101 未列出的鲜的饲养奇蹄动物肉〕,〔102 未列出的冷藏饲养奇蹄动物肉〕,〔103 未列出的冻藏饲养奇蹄动物肉〕,〔104 未列出的鲜的饲养奇蹄动物杂碎〕,〔105 未列出的冷藏饲养奇蹄动物杂碎〕,〔106 未列出的冻藏饲养奇蹄动物杂碎〕,〔107 鲜的鹿肉〕,〔108 冷藏鹿肉〕,〔109 冻藏鹿肉〕,〔110 腌制鹿肉〕,〔111 鲜的鹿心〕,〔112 冷藏鹿心〕,〔113 冻藏鹿心〕,〔114 鲜的鹿肝〕,〔115 冷藏鹿肝〕,〔116 冻藏鹿肝〕,〔117 鲜的鹿肺〕,〔118 冷藏鹿肺〕,〔119 冻藏鹿肺〕,〔120 鲜的鹿肾〕,〔121 冷藏鹿肾〕,〔122 冻藏鹿肾〕,〔123 鲜的鹿舌〕,〔124 冷藏鹿舌〕,〔125 冻藏鹿舌〕,〔126 鲜的鹿鞭〕,〔127 冷藏鹿鞭〕,〔128 冻藏鹿鞭〕,〔129 鲜的鹿睾丸〕,〔130 冷藏鹿睾丸〕,〔131 冻藏鹿睾丸〕,〔132 鲜的其他鹿杂碎〕,〔133 冷藏其他鹿杂碎〕,〔134 冻藏其他鹿杂碎〕,〔135 鲜的骆驼肉〕,〔136 冷藏骆驼肉〕,〔137 冻藏骆驼肉〕,〔138 鲜的骆驼杂碎〕,〔139 冷藏骆驼杂碎〕,〔140 冻藏骆驼杂碎〕,〔141 未列出的鲜的饲养偶蹄动物肉〕,〔142 未列出的冷藏饲养偶蹄动物肉〕,〔143 未列出的冻藏饲养偶蹄动物肉〕,〔144 未列出的鲜的饲养偶蹄动物杂碎〕,〔145 未列出的冷藏饲养偶蹄动物杂碎〕,〔146 未列出的冻藏饲养偶蹄动物杂碎〕,〔147 鲜的饲养鸵鸟肉〕,〔148 冷藏饲养鸵鸟肉〕,〔149 冻藏饲养鸵鸟肉〕,〔150 鲜的饲养鸵鸟杂碎〕,〔151 冷藏饲养鸵鸟杂碎〕,〔152 冻藏饲养鸵鸟杂碎〕,〔153 未列出的鲜的饲养禽鸟肉〕,〔154 未列出的冷藏饲养禽鸟肉〕,〔155 未列出的冻藏饲养禽鸟肉〕,〔156 未列出的鲜的饲养禽鸟杂碎〕,〔157 未列出的冷藏饲养禽鸟杂碎〕,〔158 未列出的冻藏饲养禽鸟杂碎〕,〔159 鲜的犬肉〕,〔160 冷藏犬肉〕,〔161 冻藏犬肉〕,〔162 鲜的犬杂碎〕,〔163 冷藏犬杂碎〕,〔164 冻藏犬杂碎〕,〔165 鲜的袋鼠肉〕,〔166 冷藏袋鼠肉〕,〔167 冻藏袋鼠肉〕,〔168 鲜的袋鼠杂碎〕,〔169 冷藏袋鼠杂碎〕,〔170 冻藏袋鼠杂碎〕,〔171 未列出的鲜的饲养动物肉〕,〔172 未列出的冻藏饲养动物肉〕,〔173 未列出的冷藏饲养动物肉〕,〔174 未列出的鲜的饲养动物杂碎〕,〔175 未列出的冷藏饲养动物杂碎〕,〔176 未列出的冻藏饲养动物杂碎〕,〔177 未列出的鲜的饲养爬行动物肉〕,〔178 未列出的冷藏饲养爬行动物肉〕,〔179 未列出的冻藏饲养爬行动物肉〕,〔180 未列出的鲜的饲养爬行动物杂碎〕,〔181 未列出的冷藏饲养爬行动物杂碎〕,〔182 未列出的冻藏饲养爬行动物杂碎〕,〔183 鲜的饲养牛蛙肉及食用杂碎〕,〔184 冷藏饲养牛蛙肉及食用杂碎〕,〔185 冻藏饲养牛蛙肉及食用杂碎〕,〔186 鲜的其他饲养两栖动物肉及杂碎〕,〔187 冷藏其他饲养两栖动物肉及杂碎〕,〔188 冻藏其他饲养两栖动物肉及杂碎〕,〔189 鲜的其他野生两栖动物肉及杂碎〕,〔190 冷藏其他野生两栖动物肉及杂碎〕,〔191 冻藏其他野生两栖动物肉及杂碎〕,〔192 未列出的鲜的饲养爬行动物肉及杂碎〕,〔193 未列出的冷藏饲养爬行动物肉及杂碎〕,〔194 未列出的冻藏饲养爬行动物肉及杂碎〕,〔195 未列出的鲜的野生爬行动物肉及杂碎〕,〔196 未列出的冷藏野生爬行动物肉及杂碎〕,〔197 未列出的冻藏野生爬行动物肉及杂碎〕,〔198 海洋哺乳动物〕,〔199 未列出的鲜的饲养海洋哺乳动物肉及杂碎〕,〔200 未列出的冷藏饲养海洋哺乳动物肉及杂碎〕,〔201 未列出的冻藏饲养海洋哺乳动物肉及杂碎〕,〔202 未列出的鲜的野生海洋哺乳动物肉及杂碎〕,〔203 未列出的冷藏野生海洋哺乳动物肉及杂碎〕,〔204 未列出的冻藏野生海洋哺乳动物肉及杂碎〕,〔205(冷冻鹿尾)〕,〔206(冷冻鹿筋,不包括鹿蹄筋)〕,〔207(冷冻鹿肌腱)〕

⑤ 〔101 工业用肥猪肉(不带瘦肉)〕,〔102 工业用猪油脂〕,〔103 饲料用肥猪肉(不带瘦肉)〕,〔104 饲料用猪油脂〕,〔105 饲料用野生猪、牛、羊油脂〕,〔106 未炼制的鲜的食用纯肥猪肉〕,〔107 未炼制的冷藏食用纯肥猪肉〕,〔108 未炼制的冻藏食用纯肥猪肉〕,〔109 未炼制的干制食用纯肥猪肉〕,〔110 未炼制的熏制食用纯肥猪肉〕,〔111 未炼制的盐制食用纯肥猪肉〕,〔112 未炼制的鲜的食用猪脂肪〕,〔113 未炼制的冷藏食用猪脂肪〕,〔114 未炼制的冻藏食用猪脂肪〕,〔115 未炼制的干制食用猪脂肪〕,〔116 未炼制的熏制食用猪脂肪〕,〔117 未炼制的盐制食用猪脂肪〕,〔118 用其他方法提取的鲜的食用纯肥猪肉〕,〔119 用其他方法提取的冷藏食用纯肥猪肉〕,〔120 用其他方法提取的冻藏食用纯肥猪肉〕,〔121 用其他方法提取的干制食用纯肥猪肉〕,〔122 用其他方法提取的熏制食用纯肥猪肉〕,〔123 用其他方法提取的盐制食用纯肥猪肉〕,〔124 用其他方法提取的鲜的食用猪脂肪〕,〔125 用其他方法提取的冷藏食用猪脂肪〕,〔126 用其他方法提取的冻藏食用猪脂肪〕,〔127 用其他方法提取的干制食用猪脂肪〕,〔128 用其他方法提取的熏制食用猪脂肪〕,〔129 用其他方法提取的盐制食用猪脂肪〕,〔130(未炼制的冷藏食用猪脂肪)[冰鲜未炼制猪脂肪(食用,不包括内脏脂肪)]〕,〔131(未炼制的冻藏食用猪脂肪)[冷冻未炼制猪脂肪(食用,不包括内脏脂肪)]〕

协定税率(%)															特惠税率(%)			对美税率	出口税率	出口退税率	Article Description
智利	新西兰	澳大利亚	瑞士	冰岛	秘鲁	哥斯达	东盟	亚太	新加坡	巴基斯坦	港/澳/台	韩国	格鲁吉亚	毛里求斯	亚太	老/柬/缅	LDC 97/95				
																			0		
0	0	0	4.6	0	0	0	0				0/0/	6.9	0	18.4			0/0			6	-Of whales, dolphins and porpoises (mammals of the order Cetacea); of manatees and dugongs (mammals of the order Sirenia); of seals, sea lions and walruses (mammals of the suborder Pinnipedia)
																			0		
0	0	0	4.6	0	0	0	0				0/0/	6.9	0	18.4			0/0			6	-Of reptiles (including snakes and turtles)
																			0		
0	0	0	4.6	0	0	0	0				0/0/	6.9	0	18.4			0/0				-Of camels and other camelids (Camelidae)
																			0	0	
																			0	6	
0	0	0	4	0	0	0	0				0/0/	10.6	0	0			0/0			6	---Of squabs
																			0		
0	0	0	4.6	0	0	0	0				0/0/	14.9	4.6	18.4			0/0				---Other
																			0	0	
																			0	9	
																					Pig fat free of lean meat and poultry fat not rendered or otherwise extracted, fresh, chilled, frozen, salted, in brine, dried or smoked:
0	0	0	4	0	0	0	0				0/0/	10.6	0	0			0/0			6	-Of pigs
																		45	0		

商品编号	商品名称及备注[检验检疫编码及名称]	进口关税(%)		增值税率(%)	消费税	计量单位	监管条件	检验检疫类别
		最惠国	普通					
02099000	-其他							
0209900000	未炼制或用其他方法提取的家禽脂肪(包括鲜、冷、冻、干、熏、盐制的)①	20	70	9		千克	AB	P. R/Q
0210	**肉及食用杂碎,干、熏、盐腌或盐渍的;可供食用的肉或杂碎的细粉、粗粉:**							
02101110	---带骨的腿							
0210111010	干、熏、盐制的带骨鹿豚、姬猪腿②	25	80	9		千克	ABFE	P. R/Q. S
0210111090	其他干、熏、盐制的带骨猪腿③	25	80	9		千克	AB	P. R/Q. S
02101190	---其他							
0210119010	干、熏、盐制的带骨鹿豚、姬猪腿肉块④	25	80	9		千克	ABFE	P. R/Q. S
0210119090	其他干、熏、盐制的带骨猪腿肉⑤	25	80	9		千克	AB	P. R/Q. S
02101200	--腹肉(五花肉)							
0210120010	干、熏、盐制的鹿豚、姬猪腹肉(指五花肉)⑥	25	80	9		千克	ABFE	P. R/Q. S
0210120090	其他干、熏、盐制的猪腹肉(指五花肉)⑦	25	80	9		千克	AB	P. R/Q. S
02101900	--其他							
0210190010	干、熏、盐制的鹿豚、姬猪其他肉⑧	25	80	9		千克	ABFE	P. R/Q. S
0210190090	其他干、熏、盐制的其他猪肉⑨	25	80	9		千克	AB	P. R/Q. S
02102000	-牛肉							
0210200010	干、熏、盐制的濒危野牛肉⑩	25	80	9		千克	ABFE	P. R/Q. S
0210200090	干、熏、盐制的其他牛肉⑪	25	80	9		千克	AB	P. R/Q. S
02109100	--灵长目的							
0210910000	干、熏、盐制的灵长目动物肉及食用杂碎⑫	25	80	9		千克	ABFE	P. R/Q. S
02109200	--鲸、海豚及鼠海豚(鲸目哺乳动物)的;海牛及儒艮(海牛目哺乳动物)的;海豹、海狮及海象(鳍足亚目哺乳动物)的							
0210920000	干、熏、盐制的鲸、海豚及鼠海豚(鲸目哺乳动物)的;干、熏、盐制的海牛及儒艮(海牛目哺乳动物)的;干、熏、盐制的海豹、海狮及海象(鳍足亚目哺乳动物)的肉及食用杂碎(包括可供食用的肉或杂碎的细粉、粗粉)⑬	25	80	9		千克	ABFE	P. R/Q. S
02109300	--爬行动物(包括蛇及龟鳖)的							
0210930000	干、熏、盐制的爬行动物肉及食用杂碎(包括食用的肉及杂碎的细粉、粗粉)⑭	25	80	9		千克	ABFE	P. R/Q. S
02109900	--其他							
0210990010	干、熏、盐制的其他濒危动物肉及杂碎(包括可供食用的肉或杂碎的细粉、粗粉)⑮	25	80	9		千克	ABFE	P. R/Q. S
0210990090	干、熏、盐制的其他肉及食用杂碎(包括可供食用的肉或杂碎的细粉、粗粉)⑯	25	80	9		千克	AB	P. R/Q. S

① 〔101 工业用禽油脂〕,〔102 饲料用禽油脂〕,〔103 未炼制的鲜的食用家禽脂肪〕,〔104 未炼制的冷藏食用家禽脂肪〕,〔105 未炼制的冻藏食用家禽脂肪〕,〔106 未炼制的干制食用家禽脂肪〕,〔107 未炼制的熏制食用家禽脂肪〕,〔108 未炼制的盐制食用家禽脂肪〕,〔109 用其他方法提取的鲜的食用家禽脂肪〕,〔110 用其他方法提取的冷藏食用家禽脂肪〕,〔111 用其他方法提取的冻藏食用家禽脂肪〕,〔112 用其他方法提取的干制食用家禽脂肪〕,〔113 用其他方法提取的熏制食用家禽脂肪〕,〔114 用其他方法提取的盐制食用家禽脂肪〕,〔115(未炼制的冻藏食用家禽脂肪)〔冷冻未炼制鸡脂肪(食用,不包括内脏脂肪)〕〕,〔116 冷冻未炼制鸡脂肪〕,〔117 冷冻未炼制鸭脂肪〕,〔118 冷冻未炼制鹅脂肪〕,〔119 冷冻未炼制火鸡脂肪〕,〔120 冷藏未炼制鸡脂肪〕,〔121 冷藏未炼制鸭脂肪〕,〔122 冷藏未炼制鹅脂肪〕,〔123 冷藏未炼制火鸡脂肪〕

② 〔101 干、熏、盐制带骨姬猪腿(猪蹄)〕,〔102 带骨熟制猪肉制品〕,〔103 腌制的灌肠类熟肉制品〕

③ 〔101 其他盐制带骨猪腿、带骨腌制猪腿(猪蹄)〕,〔102 带骨熟制猪肉制品〕,〔103 腌制的灌肠类熟肉制品〕

④ 〔101 干、熏、盐制带骨姬猪腿肉块(猪蹄)〕,〔102 带骨熟制猪肉制品〕,〔103 腌制的灌肠类熟肉制品〕

⑤ 〔101 其他盐制带骨猪腿肉、带骨腌制猪腿肉(猪蹄)〕,〔102 带骨熟制猪肉制品〕,〔103 腌制的灌肠类熟肉制品〕

⑥ 〔101 干、熏制鹿豚腹肉〕,〔102 去骨熟制猪肉制品〕,〔103 盐制鹿豚腹肉〕

⑦ 〔101 其他盐制猪腹肉、腌制猪腹肉〕,〔102 去骨熟制猪肉制品〕,〔103 腌制的灌肠类熟肉制品〕

⑧ 〔101 干、熏、盐制姬猪其他肉〕,〔102 干、熏鹿豚其他肉〕,〔103 盐制鹿豚其他肉〕,〔104 腌制的灌肠类熟肉制品〕

⑨ 〔101 其他干制其他猪肉〕,〔102 去骨熟制猪肉制品〕,〔103 腌制的灌肠类熟肉制品〕,〔104(去骨腌制猪肉制品)〕,〔105 以上述产品为原料制成的腌制(干、熏、盐制)猪肉产品〕

⑩ 〔101 干、熏制野牛肉〕,〔102 盐制带骨野牛肉、腌制带骨牛肉〕,〔103 盐制去骨野牛肉、腌制去骨牛肉〕,〔104 去骨熟制牛肉制品〕,〔105 腌制的灌肠类熟肉制品〕

⑪ 〔101 干、熏制牛肉〕,〔102 盐制带骨牛肉、腌制带骨牛肉〕,〔103 盐制去骨牛肉、腌制去骨牛肉〕,〔104 去骨熟制牛肉制品〕,〔105 腌制的灌肠类熟肉制品〕,〔106 以上述产品为原料制成的腌制(干、熏、盐制)牛肉产品〕

⑫ 〔101 干、熏、盐制灵长目动物肉〕,〔102 干、熏、盐制灵长目动物食用杂碎〕,〔103 熏烤的灌肠类熟肉制品〕,〔104 腌制的灌肠类熟肉制品〕

⑬ 〔101 干、熏、盐制鲸目海牛目动物肉〕,〔102 干、熏、盐制鲸目海牛目动物食用杂碎〕,〔103 熏烤的灌肠类熟肉制品〕,〔104 腌制的灌肠类熟肉制品〕,〔105 干、熏、盐制鲸目海牛目动物肉〕,〔106 干、熏、盐制鲸目海牛目动物食用杂碎〕,〔107 熏烤的灌肠类熟肉制品〕,〔108 腌制的灌肠类熟肉制品〕

⑭ 〔101 干、熏、盐制爬行动物肉〕,〔102 干、熏、盐制爬行动物食用杂碎〕,〔103 熏烤的灌肠类熟肉制品〕,〔104 腌制的灌肠类熟肉制品〕,〔105 养殖干制〕,〔106 野生干制〕,〔107 养殖盐腌及盐渍等〕,〔108 野生盐腌及盐渍等〕,〔109 养殖其他制作及保藏〕,〔110 野生其他制作及保藏〕

⑮ 〔101 干、熏、盐制其他濒危动物肉〕,〔102 干、熏、盐制其他濒危动物食用杂碎〕,〔103 熏烤的灌肠类熟肉制品〕,〔104 腌制的灌肠类熟肉制品〕

⑯ 〔101 腌制马肉〕,〔102 腌制绵羊肉〕,〔103 腌制山羊肉〕,〔104 腌制鹿肉〕,〔105 干、熏、盐制其他肉〕,〔106 干、熏、盐制其他食用杂碎〕,〔107 去骨熟制猪肉制品〕,〔108 腌制的灌肠类熟肉制品〕

协定税率(%)															特惠税率(%)			对美税率	出口税率	出口退税率	Article Description
智利	新西兰	澳大利亚	瑞士	冰岛	秘鲁	哥斯达	东盟	亚太	新加坡	巴基斯坦	港/澳/台	韩国	格鲁吉亚	毛里求斯	亚太	老/柬/缅	LDC 97/95				
0	0	0	4	0	0	0	0				0/0/	10.6	0	0			0/0			6	-Other
																			0		
																					Meat and edible meat offal, salted, in brine, dried or smoked; edible flours and meals of meat or meat offal:
0	0	0		0	0	0	0				0/0/	16.2	0	20		0/0/	0/0			6	---Hams and shoulders, with bone in
																		55	0		
																		55	0		
0	0	0		0	0	0	0				0/0/	16.2	0	20		0/0/	0/0			6	---Other
																		55	0		
																		55	0		
0	0	0		0	0	0	0				0/0/	16.2	0	20		0/0/	0/0			6	--Bellies (streaky) and cuts thereof
																		55	0		
																		55	0		
0	0	0		0	0	0	0				0/0/	16.2	0	20		/0/0	0/0			9	--Other
																		55	0		
																		55	0		
0	0	7.5	0	0	0	0	0				0/0/	16.2	0	20		0/0/	0/0				-Meat of bovine animals
																		55	0	0	
																		55	0	6	
0	0	0	5	0	0	0	0				0/0/	7.5	0	20		0/0/	0/0			6	--Of primates
																			0		
0	0	0	5	0	0	0	0			20	0/0/	7.5	0	20		0/0/	0/0			6	--Of whales, dolphins and porpoises (mammals of the order Cetacea); of manatees and dugongs (mammals of the order Sirenia); of seals, sea lions and walruses (mammals of the suborder Pinnipedia)
																			0		
0	0	0	5	0	0	0	0				0/0/	7.5	0	20		0/0/	0/0			6	--Of reptiles (including snakes and turtles)
																			0		
0	0	0	5	0	0	0	0				0/0/	16.2	0	20		0/0/	0/0				--Other
																		50	0	0	
																		50	0	6	

第三章
鱼、甲壳动物、软体动物及其他水生无脊椎动物

注释：

一、本章不包括：

（一）品目 01.06 的哺乳动物；

（二）品目 01.06 的哺乳动物的肉（品目 02.08 或 02.10）；

（三）因品种或鲜度不适合供人食用的死鱼（包括鱼肝、鱼卵及鱼精等）、死甲壳动物、死软体动物及其他死水生无脊椎动物（第五章）；不适合供人食用的鱼、甲壳动物、软体动物、其他水生无脊椎动物的粉、粒（品目 23.01）；或

（四）鲟鱼子酱及用鱼卵制成的鲟鱼子酱代用品（品目 16.04）。

二、本章所称"团粒"，是指直接挤压或加入少量黏合剂制成的粒状产品。

商品编号	商品名称及备注[检验检疫编码及名称]	进口关税(%) 最惠国	进口关税(%) 普通	增值税率(%)	消费税	计量单位	监管条件	检验检疫类别
0301	**活鱼：**							
03011100	--淡水鱼							
0301110010	观赏用濒危淡水鱼〔101 淡水养殖热带鱼〕,〔102 淡水捕捞热带鱼〕,〔103 其他观赏鱼〕	10	80	9		千克	ABFE	P/Q
0301110090	观赏用其他淡水鱼〔101 淡水养殖热带鱼〕,〔102 淡水捕捞热带鱼〕,〔103 其他观赏鱼〕	10	80	9		千克	AB	P/Q
03011900	--其他							
0301190010	观赏用濒危非淡水鱼〔101 海水养殖热带鱼〕,〔102 海水捕捞热带鱼〕,〔103 其他观赏鱼〕	10	80	9		千克	ABFE	P/Q
0301190090	其他观赏用非淡水鱼〔101 海水养殖热带鱼〕,〔102 海水捕捞热带鱼〕,〔103 其他观赏鱼〕	10	80	9		千克	AB	P/Q
03019110	---鱼苗							
0301911000	鳟鱼(河鳟、虹鳟、克拉克大麻哈鱼、阿瓜大麻哈鱼、吉雨大麻哈鱼、亚利桑那大麻哈鱼、金腹大麻哈鱼)的鱼苗〔999〕	0	0	9		千克	AB	P/Q
03019190	---其他							
0301919000	其他活鳟鱼(河鳟、虹鳟、克拉克大麻哈鱼、阿瓜大麻哈鱼、吉雨大麻哈鱼、亚利桑那大麻哈鱼、金腹大麻哈鱼)〔999〕	10	40	9		千克	AB	P. R/Q
03019210	---鱼苗							
0301921010	花鳗鲡鱼苗〔999〕	0	0	9		千克	ABE	P/N. Q
0301921020	欧洲鳗鲡鱼苗〔999〕	0	0	9		千克	ABEF	P/N. Q
0301921090	其他鳗鱼(鳗鲡属)苗〔101 种用鳗鲡〕,〔102 海鳗〕	0	0	9		千克	AB	P/N. Q
03019290	---其他							
0301929010	花鳗鲡〔999〕	7	40	9		千克	ABE	P. R/Q. S
0301929020	欧洲鳗鲡〔999〕	7	40	9		千克	ABEF	P. R/Q. S
0301929090	其他活鳗鱼(鳗鲡属)〔101 种用鳗鲡〕,〔102 食用鳗鲡〕,〔103 海鳗〕	7	40	9		千克	AB	P. R/Q. S
03019310	---鱼苗							
0301931000	鲤科鱼(鲤属、鲫属、草鱼、鲢属、鳙属、青鱼、卡特拉鲃、野鲮属、哈氏纹唇鱼、何氏细须鲃、鲂属)鱼苗〔999〕	0	0	9		千克	AB	P/Q
03019390	---其他							
0301939000	其他鲤科鱼(鲤属、鲫属、草鱼、鲢属、鳙属、青鱼、卡特拉鲃、野鲮属、哈氏纹唇鱼、何氏细须鲃、鲂属)〔999〕	7	40	9		千克	AB	P. R/Q. S
03019410	---鱼苗							
0301941000	大西洋及太平洋蓝鳍金枪鱼鱼苗〔999〕	0	0	9		千克	AB	P/Q
03019491	----大西洋蓝鳍金枪鱼							
0301949100	大西洋蓝鳍金枪鱼〔999〕	7	40	9		千克	AB	P/N. Q
03019492	----太平洋蓝鳍金枪鱼							
0301949200	太平洋蓝鳍金枪鱼〔999〕	7	40	9		千克	AB	P/N. Q
03019510	---鱼苗							
0301951000	南方蓝鳍金枪鱼(Thunnus maccoyii)苗〔999〕	0	0	9		千克	AB	P/Q
03019590	---其他							
0301959000	其他南方蓝鳍金枪鱼(Thunnus maccoyii)〔999〕	7	40	9		千克	AB	P/N. Q
03019911	----鲈鱼							
0301991100	鲈鱼种苗〔101 淡水鲈鱼〕,〔102 海水鲈鱼〕	0	0	9		千克	AB	P/Q

Chapter 3
Fish and crustaceans, molluscs and other aquatic invertebrates

Chapter Notes:

1. This Chapter does not cover:
   (a) Mammals of heading 01. 06;
   (b) Meat of mammals of heading 01. 06 (heading 02. 08 or 02. 10);
   (c) Fish (including livers, roes and milt thereof) or crustaceans, molluscs or other aquatic invertebrates, dead and unfit or unsuitable for human consumption by reason of either their species or their condition (Chapter 5); flours, meals or pellets of fish or of crustaceans, molluscs or other aquatic invertebrates, unfit for human consumption (heading 23. 01); or
   (d) Caviar or caviar substitutes prepared from fish eggs (heading 16. 04).

2. In this Chapter the term "pellets" means products which have been agglomerated either directly by compression or by the addition of a small quantity of binder.

协定税率(%)															特惠税率(%)			对美税率	出口税率	出口退税率	Article Description
智利	新西兰	澳大利亚	瑞士	冰岛	秘鲁	哥斯达	东盟	亚太	新加坡	巴基斯坦	港/澳/台	韩国	格鲁吉亚	毛里求斯	亚太	老/柬/缅	LDC 97/95				
																					Live fish:
0	0	0	3.5	0	0	0	0			14	0/0/	9.3	0	0			0/0				--Freshwater
																		35	0	0	
																		35	0	6	
0	0	0	3.5	0	0	0	0			14	0/0/	9.3	0	0			0/0				--Other
																		35	0	0	
																		35	0	9	
																	0/0			9	---Fry
																			0		
0	0	0	2.1	0	0	0	0	7.6		4	0/0/	3.1	0	0			0/0			9	---Other
																		15	0		
																	0/0			0	---Fry
																			20		
																			20		
																			20		
0	0	0	0	0	0	0	0	4.7		4	0/0/	3	0	0		/0/0	0/0			9	---Other
																		12	0		
																		12	0		
																		12	0		
																	0/0			9	---Fry
																			0		
0	0	0	2.1	0	0	0	0	5.3		4	0/0/	3.1	0	0		/0/0	0/0			9	---Other
																		12	0		
																	0/0			9	---Fry
																			0		
0	0	0	2.1	0	0	0	0	5.3		4	0/0/	3.1	0	0		/0/0	0/0			9	----Atlantic bluefin tunas (Thunnus thynnus)
																		12	0		
0	0	0	2.1	0	0	0	0	5.3		4	0/0/0	3.1	0	0		/0/0	0/0			9	----Pacific bluefin tunas (Thunnus orientalis)
																		12	0		
																	0/0			9	---Fry
																			0		
0	0	0	2.1	0	0	0	0	5.3		4	0/0/	3.1	0	0		/0/0	0/0			9	---Other
																		12	0		
																	0/0			9	----Of perches
																			0		

商品编号	商品名称及备注[检验检疫编码及名称]	进口关税(%) 最惠国	进口关税(%) 普通	增值税率(%)	消费税	计量单位	监管条件	检验检疫类别
03019912	----鲟鱼							
0301991200	鲟鱼种苗〔999〕	0	0	9		千克	ABFE	P/Q
03019919	----其他							
0301991910	其他濒危鱼苗〔101 其他淡水鱼〕,〔102 其他海水鱼〕,〔103 其他观赏鱼〕,〔104 其他鱼〕	0	0	9		千克	ABFE	P/Q
0301991990	其他鱼苗①	0	0	9		千克	AB	P/Q
03019991	----罗非鱼							
0301999100	活罗非鱼〔999〕	7	40	9		千克	AB	P. R/Q. S
03019992	----鲀							
0301999200	活的鲀〔101 其他淡水鱼〕,〔102 其他海水鱼〕,〔103 其他观赏鱼〕	10	40	9		千克	AB	P/N. Q
03019993	----其他鲤科鱼							
0301999310	活的濒危鲤科鱼〔999〕	7	40	9		千克	ABFE	P/N. Q
0301999390	活的其他鲤科鱼[(鲤科鱼(鲤属、鲫属、草鱼、鲢属、鲮属、青鱼、卡特拉鲃、野鲮属、哈氏纹唇鱼、何氏细须鲃、鲂属)除外]〔999〕	7	40	9		千克	AB	P. R/Q. S
03019999	----其他							
0301999910	其他濒危活鱼〔101 其他淡水鱼〕,〔102 其他海水鱼〕,〔103 其他观赏鱼〕,〔104 其他鱼〕	7	40	9		千克	ABFE	P/N. Q
0301999990	其他活鱼②	7	40	9		千克	AB	P. R/Q. S
0302	**鲜、冷鱼,但品目 03.04 的鱼片及其他鱼肉除外:**							
03021100	--鳟鱼(河鳟、虹鳟、克拉克大麻哈鱼、阿瓜大麻哈鱼、吉雨大麻哈鱼、亚利桑那大麻哈鱼、金腹大麻哈鱼)							
0302110000	鲜或冷鳟鱼(河鳟、虹鳟、克拉克大麻哈鱼、阿瓜大麻哈鱼、吉雨大麻哈鱼、亚利桑那大麻哈鱼、金腹大麻哈鱼)(编号 030291 至 030299 的可食用鱼杂碎除外)③	10	40	9		千克	AB	P. R/Q. S
03021300	--大麻哈鱼[红大麻哈鱼、细鳞大麻哈鱼、大麻哈鱼(种)、大鳞大麻哈鱼、银大麻哈鱼、马苏大麻哈鱼、玫瑰大麻哈鱼]							
0302130000	鲜或冷的大麻哈鱼[红大麻哈鱼、细磷大麻哈鱼、大麻哈鱼(种)、大鳞大麻哈鱼、银大麻哈鱼、马苏大麻哈鱼、玫瑰大麻哈鱼](编号 030291 至 030299 的可食用鱼杂碎除外)④	10	40	9		千克	ABU	P. R/Q. S
03021410	---大西洋鲑鱼							
0302141000	鲜或冷大西洋鲑鱼(编号 030291 至 030299 的可食用鱼杂碎除外)⑤	10	40	9		千克	AB	P. R/Q. S
03021420	---多瑙哲罗鱼							
0302142000	鲜或冷多瑙哲罗鱼(编号 030291 至 030299 的可食用鱼杂碎除外)〔101 养殖〕,〔102 野生〕	7	40	9		千克	AB	P. R/Q. S
03021900	--其他							
0302190010	鲜或冷川陕哲罗鲑(编号 030291 至 030299 的可食用鱼杂碎除外)〔101 养殖〕,〔102 野生〕	10	40	9		千克	AB	P. R/Q. S
0302190020	鲜或冷秦岭细鳞鲑(编号 030291 至 030299 的可食用鱼杂碎除外)〔101 养殖〕,〔102 野生〕	10	40	9		千克	AB	P. R/Q. S
0302190090	其他鲜或冷鲑科鱼(编号 030291 至 030299 的可食用鱼杂碎除外)〔101 养殖〕,〔102 野生〕	10	40	9		千克	AB	P. R/Q. S

① 〔101 草鱼〕,〔102 鳙鱼(胖头鱼)〕,〔103 鲢鱼〕,〔104 青鱼〕,〔105 鲶鱼(鲇鱼)〕,〔106 武昌鱼〕,〔107 大马哈鱼〕,〔108 黄鳝〕,〔109 泥鳅〕,〔110 鲫鱼〕,〔111 牛头鮰鱼〕,〔112 斑点叉尾鮰鱼〕,〔113 黄蜡鲳鱼(狮鼻鲳鱼参)〕,〔114 多瑙哲罗鱼〕,〔115 其他淡水鱼〕,〔116 海鳗〕,〔117 鲽鱼〕,〔118 红鱼(似石首鱼)〕,〔119 牙鲆鱼〕,〔120 石斑鱼〕,〔121 大鲮鲆鱼〕,〔122 带鱼〕,〔123 鳎鱼〕,〔124 鲑鱼〕,〔125 金枪鱼〕,〔126 鲱鱼〕,〔127 鲣鱼〕,〔128 沙丁鱼〕,〔129 黄鱼〕,〔130 鲨鱼〕,〔131 鲭鱼〕,〔132 鳀鱼〕,〔133 鳕鱼〕,〔134 鲳鱼〕,〔135 卡拉白鱼〕,〔136 其他海水鱼〕,〔137 金鱼〕,〔138 锦鲤〕,〔139 其他鱼〕,〔140 其他受精卵〕

② 〔101 草鱼〕,〔102 鳙鱼(胖头鱼)〕,〔103 鲢鱼〕,〔104 青鱼〕,〔105 淡水鲈鱼〕,〔106 鲶鱼(鲇鱼)〕,〔107 武昌鱼〕,〔108 大马哈鱼〕,〔109 黄鳝〕,〔110 泥鳅〕,〔111 鲫鱼〕,〔112 鲟鱼〕,〔113 牛头鮰鱼〕,〔114 斑点叉尾鮰鱼〕,〔115 黄蜡鲳鱼(狮鼻鲳鱼参)〕,〔116 罗非鱼〕,〔117 多瑙哲罗鱼〕,〔118 其他淡水鱼〕,〔119 海鳗〕,〔120 鲽鱼〕,〔121 红鱼(似石首鱼)〕,〔122 牙鲆鱼〕,〔123 石斑鱼〕,〔124 大鲮鲆鱼〕,〔125 海水鲈鱼〕,〔126 带鱼〕,〔127 鳎鱼〕,〔128 鲑鱼〕,〔129 金枪鱼〕,〔130 鲱鱼〕,〔131 鲣鱼〕,〔132 沙丁鱼〕,〔133 黄鱼〕,〔134 鲨鱼〕,〔135 鲭鱼〕,〔136 鳀鱼〕,〔137 鳕鱼〕,〔138 鲳鱼〕,〔139 卡拉白鱼〕,〔140 其他海水鱼〕,〔141 金鱼〕,〔142 锦鲤〕,〔143 其他鱼〕

③ 〔101 养殖河鳟〕,〔102 养殖虹鳟〕,〔103 野生河鳟〕,〔104 野生虹鳟〕,〔105 克拉克大麻哈鱼〕,〔106 阿瓜大麻哈鱼〕,〔107 吉雨大麻哈鱼〕,〔108 亚利桑那大麻哈鱼〕,〔109 金腹大麻哈鱼〕

④ 〔101 养殖红大麻哈鱼〕,〔102 养殖细磷大麻哈鱼〕,〔103 养殖大麻哈鱼〕,〔104 养殖大鳞大麻哈鱼〕,〔105 养殖银大麻哈鱼〕,〔106 养殖马苏大麻哈鱼〕,〔107 养殖玫瑰大麻哈鱼〕,〔108 野生红大麻哈鱼〕,〔109 野生细磷大麻哈鱼〕,〔110 野生大麻哈鱼〕,〔111 野生大鳞大麻哈鱼〕,〔112 野生银大麻哈鱼〕,〔113 野生马苏大麻哈鱼〕,〔114 野生玫瑰大麻哈鱼〕

⑤ 〔101 养殖(非生食)〕,〔102 养殖(可能用于生食)〕,〔103 野生(非生食)〕,〔104 野生(可能用于生食)〕

协定税率(%)															特惠税率(%)			对美税率	出口税率	出口退税率	Article Description
智利	新西兰	澳大利亚	瑞士	冰岛	秘鲁	哥斯达	东盟	亚太	新加坡	巴基斯坦	港/澳/台	韩国	格鲁吉亚	毛里求斯	亚太	老/柬/缅	LDC 97/95				
																	0/0			9	----Of sturgeon
																			0		
																	0/0				----Other
																			0	0	
																			0	9	
0	0	0	2.1	0	0	0	0			4	0/0/	3.1	0	0		/0/0	0/0			9	----Tilapia
																		12	0		
0	0	0	2.1	0	0	0	0	7.6		4	0/0/	3.1	0	0		/0/0	0/0			9	----Puffer fish
																		15	0		
0	0	0	2.1	0	0	0	0	5.3		4	0/0/	3.1	0	0		/0/0	0/0				----Other carps
																		12	0	0	
																		12	0	9	
0	0	0	2.1	0	0	0	0	5.3		4	0/0/0	3.1	0	0		/0/0	0/0				----Other
																		12	0	0	
																		12	0	9	
																					Fish, fresh or chilled, excluding fish fillets and other fish meat of heading 03.04:
0	0	0	2.4	0	0	0	0			6	0/0/	3.6	0	0			0/0			9	--Trout (Salmo trutta, Oncorhynchus mykiss, Oncorhynchus clarki, Oncorhynchus aguabonita, Oncorhynchus gilae, Oncorhynchus apache and Oncohynchus chrysogaster)
																			0		
0	0	0	0	0	0	0	0			4	0/0/	3	0	0			0/0			9	--Pacific salmon (Oncorhynchus nerka, Oncorhynchus gorbuscha, Oncorhynchus keta, Oncorhynchus tschawytscha, Oncorhynchus kisutch, Oncorhynchus masou and Oncorhynchus rhodurus)
																			0		
0	0	0	0	0	0	0	0			4	0/0/	3	0	0			0/0			9	---Atlantic salmon (Salmo salar)
																			0		
0	0	0	0	0	0	0	0			4	0/0/	3	0	0			0/0			9	---Danube salmon (Hucho hucho)
																			0		
0	0	0	2.4	0	0	0	0	6.7		4	0/0/	3.6	0	0			0/0			9	--Other
																			0		
																			0		
																			0		

商品编号	商品名称及备注[检验检疫编码及名称]	进口关税(%)		增值税率(%)	消费税	计量单位	监管条件	检验检疫类别
		最惠国	普通					
03022100	--庸鲽鱼(马舌鲽、庸鲽、狭鳞庸鲽)							
0302210010	鲜或冷大西洋庸鲽(庸鲽)(编号 030291 至 030299 的可食用鱼杂碎除外)[101 养殖],[102 野生]	7	40	9		千克	ABU	P. R/Q. S
0302210020	鲜或冷马舌鲽(编号 030291 至 030299 的可食用鱼杂碎除外)[101 养殖],[102 野生]	7	40	9		千克	ABU	P. R/Q. S
0302210090	其他鲜或冷庸鲽鱼(编号 030291 至 030299 的可食用鱼杂碎除外)[101 养殖],[102 野生]	7	40	9		千克	AB	P. R/Q. S
03022200	--鲽鱼(鲽)							
0302220000	鲜或冷鲽鱼(鲽)(编号 030291 至 030299 的可食用鱼杂碎除外)[101 养殖],[102 野生]	7	40	9		千克	AB	P. R/Q. S
03022300	--鳎鱼(鳎属)							
0302230000	鲜或冷鳎鱼(鳎属)(编号 030291 至 030299 的可食用鱼杂碎除外)[101 养殖],[102 野生],[999]	7	40	9		千克	AB	P. R/Q. S
03022400	--大菱鲆(瘤棘鲆)							
0302240000	鲜或冷大菱鲆(瘤棘鲆)(编号 030291 至 030299 的可食用鱼杂碎除外)[101 养殖],[102 野生]	7	40	9		千克	AB	P. R/Q. S
03022900	--其他							
0302290010	鲜或冷的亚洲箭齿鲽(编号 030291 至 030299 的可食用鱼杂碎除外)[101 养殖],[102 野生]	7	40	9		千克	ABU	P. R/Q. S
0302290090	其他鲜或冷比目鱼(鲽科、鲆科、舌鳎科、鳎科、菱鲆科、刺鲆科)(编号 030291 至 030299 的可食用鱼杂碎除外)[101 养殖],[102 野生]	7	40	9		千克	AB	P. R/Q. S
03023100	--长鳍金枪鱼							
0302310000	鲜或冷长鳍金枪鱼(编号 030291 至 030299 的可食用鱼杂碎除外)[101 野生(非生食)],[102 野生(可能用于生食)]	7	40	9		千克	AB	P. R/Q. S
03023200	--黄鳍金枪鱼							
0302320000	鲜或冷黄鳍金枪鱼(编号 030291 至 030299 的可食用鱼杂碎除外)[101 野生(非生食)],[102 野生(可能用于生食)]	7	40	9		千克	AB	P. R/Q. S
03023300	--鲣鱼或狐鲣							
0302330000	鲜或冷鲣鱼或狐鲣(鲣)(编号 030291 至 030299 的可食用鱼杂碎除外)[999]	7	40	9		千克	AB	P. R/Q. S
03023400	--大眼金枪鱼							
0302340000	鲜或冷大眼金枪鱼(编号 030291 至 030299 的可食用鱼杂碎除外)[101 野生(非生食)],[102 野生(可能用于生食)]	7	40	9		千克	AB	P. R/Q. S
03023510	---大西洋蓝鳍金枪鱼							
0302351000	鲜或冷大西洋蓝鳍金枪鱼(编号 030291 至 030299 的可食用鱼杂碎除外)[101 野生(非生食)],[102 野生(可能用于生食)]	7	40	9		千克	ABU	P. R/Q. S
03023520	---太平洋蓝鳍金枪鱼							
0302352000	鲜或冷太平洋蓝鳍金枪鱼(编号 030291 至 030299 的可食用鱼杂碎除外)[101 野生(非生食)],[102 野生(可能用于生食)]	7	40	9		千克	AB	P. R/Q. S
03023600	--南方蓝鳍金枪鱼							
0302360000	鲜或冷南方金枪鱼(编号 030291 至 030299 的可食用鱼杂碎除外)[101 野生(非生食)],[102 野生(可能用于生食)]	7	40	9		千克	AB	P. R/Q. S
03023900	--其他							
0302390000	其他鲜或冷金枪鱼(金枪鱼属)(编号 030291 至 030299 的可食用鱼杂碎除外)[101 野生(非生食)],[102 野生(可能用于生食)],[103 养殖]	7	40	9		千克	AB	P. R/Q. S
03024100	--鲱鱼(大西洋鲱鱼、太平洋鲱鱼)							
0302410010	鲜或冷太平洋鲱鱼(编号 030291 至 030299 的可食用鱼杂碎除外)[101 鲜或冷养殖太平洋鲱鱼(养殖)],[102 鲜或冷野生太平洋鲱鱼(野生)]	7	40	9		千克	ABU	P. R/Q. S
0302410090	鲜或冷大西洋鲱鱼(编号 030291 至 030299 的可食用鱼杂碎除外)[101 鲜或冷养殖大西洋鲱鱼(养殖)],[102 鲜或冷野生大西洋鲱鱼(野生)]	7	40	9		千克	AB	P. R/Q. S
03024200	--鳀鱼(鳀属)							
0302420000	鲜或冷鳀鱼(鳀属)(编号 030291 至 030299 的可食用鱼杂碎除外)[101 饲料用其他海水鱼],[102 鲜或冷养殖鳀鱼(鳀属)],[103 鲜或冷野生鳀鱼(鳀属)]	7	40	9		千克	AB	P. R/Q. S
03024300	--沙丁鱼(沙丁鱼、沙瑙鱼属)、小沙丁鱼属、黍鲱或西鲱							

协定税率(%)															特惠税率(%)			对美税率	出口税率	出口退税率	Article Description
智利	新西兰	澳大利亚	瑞士	冰岛	秘鲁	哥斯达	东盟	亚太	新加坡	巴基斯坦	港/澳/台	韩国	格鲁吉亚	毛里求斯	亚太	老/柬/缅	LDC 97/95				
0	0	0	2.4	0	0	0	0	5.3		4	0/0/	3.6	0	0			0/0			9	--Halibut (Reinhardtius hippoglossoides, Hippoglossushippoglossus, Hippoglossus stenolepis)
																			0		
																			0		
																			0		
0	0	0	2.4	0	0	0	0	5.3		4	0/0/	3.6	0	0			0/0			9	--Plaice (Pleuronectes platessa)
																			0		
0	0	0	2.4	0	0	0	0	5.3		4	0/0/	3.6	0	0			0/0			9	--Sole (Solea spp.)
																			0		
0	0	0	2.4	0	0	0	0	3.5		4	0/0/	3.6	0	0		/0/	0/0			9	--Turbots (Psetta maxima)
																			0		
0	0	0	2.4	0	0	0	0	3.5		4	0/0/	3.6	0	0		/0/	0/0			9	--Other
																			0		
																			0		
0	0	0	2.4	0	0	0	0	5.3		4	0/0/	3.6	0	0		/0/	0/0			9	--Albacore or longfinned tunas (Thunnus alalunga)
																			0		
0	0	0	2.4	0	0	0	0	5.3		4	0/0/	3.6	0	0			0/0			9	--Yellowfin tunas (Thunnus albacares)
																			0		
0	0	0	2.4	0	0	0	0	4.7		4	0/0/	3.6	0	0			0/0			9	--Skipjack or stripe-bellied bonito
																			0		
0	0	0	2.4	0	0	0	0			6	0/0/	3.6	0	0		/0/0	0/0			9	--Bigeye tunas (Thunnus obesus)
																			0		
0	0	0	2.4	0	0	0				6	0/0/	3.6	0	0		/0/0	0/0			9	---Atlantic bluefin tunas (Thunnus thynnus)
																			0		
0	0	0	2.4	0	0	0	0	4.7		4	0/0/	3.6	0	0		/0/0	0/0			9	---Pacific bluefin tunas (Thunnus orientalis)
																			0		
0	0	0	2.4	0	0	0	0			6	0/0/	3.6	0	0		/0/0	0/0			9	--Southern bluefin tunas (Thunnus maccoyii)
																			0		
0	0	0	2.4	0	0	0	0	4.7		4	0/0/	3.6	0	0		/0/0	0/0			9	--Other
																			0		
0	0	0	2.4	0	0	0	0	4.7		4	0/0/	3.6	0	0			0/0			9	--Herrings (Clupea harengus, Clupea pallasii)
																			0		
																			0		
0	0	0	2.4	0	0	0	0	4.7		4	0/0/0	3.6	0	0		/0/0	0/0			9	--Anchovies (Engraulis spp.)
																			0		
0	0	0	2.4	0	0	0	0	4.7		4	0/0/	3.6	0	0			0/0			9	--Sardines (Sardina pilchardus, Sardinops spp.), sardinella (Sardinella spp.), brisling or sprats (Sprattus sprattus)

商品编号	商品名称及备注[检验检疫编码及名称]	进口关税(%)		增值税率(%)	消费税	计量单位	监管条件	检验检疫类别
		最惠国	普通					
0302430000	鲜或冷沙丁鱼(沙丁鱼、沙瑙鱼属)、小沙丁鱼属、黍鲱或西鲱(编号 030291 至 030299 的可食用鱼杂碎除外)①	7	40	9		千克	AB	P. R/Q. S
03024400	--鲭鱼[大西洋鲭、澳洲鲭(鲐)、日本鲭(鲐)]							
0302440000	鲜或冷鲭鱼[大西洋鲭、澳洲鲭(鲐)、日本鲭(鲐)](编号 030291 至 030299 的可食用鱼杂碎除外)②	7	40	9		千克	AB	P. R/Q. S
03024500	--对称竹荚鱼、新西兰竹荚鱼及竹荚鱼(竹荚鱼属)							
0302450000	鲜或冷对称竹荚鱼、新西兰竹荚鱼及竹荚鱼(竹荚鱼属)(编号 030291 至 030299 的可食用鱼杂碎除外)③	7	40	9		千克	AB	P. R/Q. S
03024600	--军曹鱼							
0302460000	鲜或冷军曹鱼(编号 030291 至 030299 的可食用鱼杂碎除外)〔101 饲料用其他海水鱼〕,〔102 食用〕	7	40	9		千克	AB	P. R/Q. S
03024700	--剑鱼							
0302470000	鲜或冷剑鱼(编号 030291 至 030299 的可食用鱼杂碎除外)〔999〕	7	40	9		千克	ABU	P. R/Q. S
03024910	---银鲳(鲳属)							
0302491000	鲜或冷的银鲳(鲳属)〔999〕	7	40	9		千克	AB	P. R/Q. S
03024990	---其他							
0302499000	鲜或冷其他 0302. 4 项下的鱼[印度鲭(羽鳃鲐属)、马鲛鱼(马鲛属)、鲹鱼(鲹属)、秋刀鱼、圆鲹(圆鲹属))、多春鱼(毛鳞鱼)、鲔鱼、狐鲣(狐鲣属)、枪鱼、旗鱼、四鳍旗鱼(旗鱼科),但 030291 至 030299 的可食用鱼杂碎除外]④	7	40	9		千克	AB	P. R/Q. S
03025100	--鳕鱼(大西洋鳕鱼、格陵兰鳕鱼、太平洋鳕鱼)							
0302510000	鲜或冷鳕鱼(大西洋鳕鱼、格陵兰鳕鱼、太平洋鳕鱼)(编号 030291 至 030299 的可食用鱼杂碎除外)〔101 大西洋鳕鱼〕,〔102 太平洋鳕鱼〕,〔103 格陵兰鳕鱼〕	7	40	9		千克	AB	P. R/Q. S
03025200	--黑线鳕鱼(黑线鳕)							
0302520000	鲜或冷黑线鳕鱼(黑线鳕)(编号 030291 至 030299 的可食用鱼杂碎除外)〔999〕	7	40	9		千克	AB	P. R/Q. S
03025300	--绿青鳕鱼							
0302530000	鲜或冷绿青鳕鱼(编号 030291 至 030299 的可食用鱼杂碎除外)〔999〕	7	40	9		千克	AB	P. R/Q. S
03025400	--狗鳕鱼(无须鳕属、长鳍鳕属)							
0302540000	鲜或冷狗鳕鱼(无须鳕属、长鳍鳕属)(编号 030291 至 030299 的可食用鱼杂碎除外)〔101 饲料用其他海水鱼〕,〔102 无须鳕属〕,〔103 长鳍鳕属〕	7	40	9		千克	AB	P. R/Q. S
03025500	--狭鳕鱼							
0302550000	鲜或冷狭鳕鱼(编号 030291 至 030299 的可食用鱼杂碎除外)〔101 饲料用其他海水鱼〕,〔102 食用〕	7	40	9		千克	ABU	P. R/Q. S
03025600	--蓝鳕鱼(小鳍鳕、南蓝鳕)							
0302560000	鲜或冷蓝鳕鱼(小鳍鳕、南蓝鳕)(编号 030291 至 030299 的可食用鱼杂碎除外)〔101 饲料用其他海水鱼〕,〔102 小鳍鳕〕,〔103 南蓝鳕〕	7	40	9		千克	AB	P. R/Q. S
03025900	--其他							
0302590000	其他鲜或冷犀鳕科、多丝真鳕科、鳕科、长尾鳕科、黑鳕科、无须鳕科、深海鳕科及南极鳕科鱼(编号 030291 至 030299 的可食用鱼杂碎除外)⑤	7	40	9		千克	AB	P. R/Q. S
03027100	--罗非鱼(口孵非鲫属)							
0302710000	鲜或冷罗非鱼(口孵非鲫属)(编号 030291 至 030299 的可食用鱼杂碎除外)〔101 养殖罗非鱼(口孵非鲫属)〕,〔102 野生罗非鱼(口孵非鲫属)〕	7	40	9		千克	AB	P. R/Q. S
03027200	--鲶鱼(鲶属、鲶属、胡鲶属、真鮰属)							
0302720000	鲜或冷鲶鱼[(鲿)鲶属、鲶属、胡鲶属、真鮰属](编号 030291 至 030299 的可食用鱼杂碎除外)⑥	10	40	9		千克	AB	P. R/Q. S
03027300	--鲤科鱼(鲤属、鲫属、草鱼、鲢属、鲮属、青鱼、卡特拉鲃、野鲮属、哈氏纹唇鱼、何氏细须鲃、鲂属)							

① 〔101 饲料用沙丁鱼、黍鲱鱼〕,〔102 养殖沙丁鱼(沙丁鱼、沙瑙鱼属)〕,〔103 养殖小沙丁鱼属〕,〔104 养殖黍鲱〕,〔105 养殖西鲱〕,〔106 野生沙丁鱼(沙丁鱼、沙瑙鱼属)〕,〔107 野生小沙丁鱼属〕,〔108 野生黍鲱〕,〔109 野生西鲱〕

② 〔101 饲料用鲭鱼〕,〔102 养殖日本鲭(鲐)〕,〔103 大西洋鲭〕,〔104 澳洲鲭(鲐)〕,〔105 野生日本鲭(鲐)〕

③ 〔101 饲料用其他海水鱼〕,〔102 养殖对称竹荚鱼〕,〔103 养殖新西兰竹荚鱼及竹荚鱼(竹荚鱼属)〕,〔104 野生对称竹荚鱼〕,〔105 野生新西兰竹荚鱼及竹荚鱼(竹荚鱼属)〕

④ 〔101 鲜或冷印度鲭(羽鳃鲐属)〕,〔102 鲜或冷马鲛鱼(马鲛属)〕,〔103 鲜或冷鲹鱼(鲹属)〕,〔104 鲜或冷秋刀鱼〕,〔105 鲜或冷圆鲹(圆鲹属)〕,〔106 鲜或冷多春鱼(毛鳞鱼)〕,〔107 鲜或冷鲔鱼〕,〔108 鲜或冷狐鲣(狐鲣属)〕,〔109 鲜或冷枪鱼〕,〔110 鲜或冷旗鱼〕,〔111 鲜或冷四鳍旗鱼(旗鱼科)〕

⑤ 〔101 饲料用其他海水鱼〕,〔102 犀鳕科〕,〔103 多丝真鳕科〕,〔104 鳕科〕,〔105 长尾鳕科〕,〔106 黑鳕科〕,〔107 无须鳕科〕,〔108 深海鳕科〕,〔109 南极鳕科〕

⑥ 〔101 饲料用其他海水鱼〕,〔102 养殖(鲿)鲶属〕,〔103 养殖胡鲶属〕,〔104 养殖真鮰属〕,〔105 野生(鲿)鲶属〕,〔106 野生胡鲶属〕,〔107 野生真鮰属〕

协定税率(%)															特惠税率(%)			对美税率	出口税率	出口退税率	Article Description
智利	新西兰	澳大利亚	瑞士	冰岛	秘鲁	哥斯达	东盟	亚太	新加坡	巴基斯坦	港/澳/台	韩国	格鲁吉亚	毛里求斯	亚太	老/柬/缅	LDC 97/95				
																			0		
0	0	0	2.4	0	0	0	0	4.7		4	0/0/	3.6	0	0			0/0			9	--Mackerel (Scomber scombrus, Scomber australasicus, Scomber japonicus)
																			0		
0	0	0	2.4	0	0	0	0	4.7		4	0/0/0	3.6	0	0		/0/0	0/0			9	--Jack and horse mackerel (Trachurus spp.)
																			0		
0	0	0	2.4	0	0	0	0	4.7		4	0/0/0	3.6	0	0		/0/0	0/0			9	--Cobia (Rachycentron canad-um)
																			0		
0	0	0	2.4	0	0	0	0	4.7		4	0/0/	3.6	0	0			0/0			9	--Swordfish (Xiphias gladius)
																			0		
0	0	0	2.4	0	0	0	0	4.7		4	0/0/0	3.6	0	0		/0/0	0/0				---Silver pomfrets (Pampus spp.)
																			0		
0	0	0	2.4	0	0	0	0	4.7		4	0/0/0	3.6	0	0		/0/0	0/0				---Other
																			0		
0	0	0	2.4	0	0	0	0	4.7		4	0/0/	3.6	0	0			0/0			9	--Cod (Gadus morhua, Gadus ogac, Gadus macrocephalus)
																			0		
0	0	0	2.4	0	0	0	0	4.7		4	0/0/	3.6	0	0			0/0			9	--Haddock (Melanogrammus aeglefinus)
																			0		
0	0	0	2.4	0	0	0	0	4.7		4	0/0/	3.6	0	0			0/0			9	--Coalfish (Pollachius virens)
																			0		
0	0	0	2.4	0	0	0	0	4.7		4	0/0/0	3.6	0	0		/0/0	0/0			9	--Hake (Merluccius spp., Urophycis spp.)
																			0		
0	0	0	2.4	0	0	0	0	4.7		4	0/0/0	3.6	0	0		/0/0	0/0			9	--Alaska Pollack (Theragra chalcogramma)
																			0		
0	0	0	2.4	0	0	0	0	4.7		4	0/0/0	3.6	0	0		/0/0	0/0			9	--Blue whitings (Micromesistius poutassou, Micromesistius australis)
																			0		
0	0	0	2.4	0	0	0	0	4.7		4	0/0/0	3.6	0	0		/0/0	0/0			9	--Other
																			0		
0	0	0	2.4	0	0	0	0			6	0/0/	3.6	0	0		/0/0	0/0			9	--Tilapias (Oreochromis spp.)
																			0		
0	0	0	2.4	0	0	0	0	6.7		4	0/0/0	3.6	0	0		/0/0	0/0			9	--Catfish (Pangasius spp., Silurus spp., Clarias spp., Ictalurus spp.)
																			0		
0	0	0	2.4	0	0	0	0	4.7		4	0/0/0	3.6	0	0		/0/0	0/0			9	--Carp (Cyprinus spp., Carassius spp., Ctenopharyngodon idellus, Hypophthalmichthys spp., Cirrhinus spp., Mylopharyngodon piceus, Catla catla, Labeo spp., Osteochilus hasselti, Leptobarbus hoeveni, Megalobrama spp.)

商品编号	商品名称及备注[检验检疫编码及名称]	进口关税(%) 最惠国	进口关税(%) 普通	增值税率(%)	消费税	计量单位	监管条件	检验检疫类别
0302730000	鲜或冷鲤科鱼(鲤属、鲫属、草鱼、鲢属、鲮属、青鱼、卡特拉鲃、野鲮属、哈氏纹唇鱼、何氏细须鲃、鲂属)(编号 030291 至 030299 的可食用鱼杂碎除外)①	7	40	9		千克	AB	P. R/Q. S
03027400	--鳗鱼(鳗鲡属)							
0302740010	鲜或冷花鳗鲡(编号 030291 至 030299 的可食用鱼杂碎除外)②	7	40	9		千克	ABE	P. R/Q. S
0302740020	鲜或冷欧洲鳗鲡(编号 030291 至 030299 的可食用鱼杂碎除外)③	7	40	9		千克	ABEF	P. R/Q. S
0302740090	其他鲜或冷鳗鱼(鳗鲡属)(编号 030291 至 030299 的可食用鱼杂碎除外)④	7	40	9		千克	AB	P. R/Q. S
03027900	--其他							
0302790001	鲜或冷尼罗河鲈鱼(尼罗尖吻鲈)(编号 030291 至 030299 的可食用鱼杂碎除外)〔101 养殖非生食〕,〔102 养殖可能用于生食〕,〔103 野生非生食〕,〔104 野生可能用于生食〕	7	40	9		千克	AB	P. R/Q. S
0302790090	鲜或冷的黑鱼(鳢属)(编号 030291 至 030299 的可食用鱼杂碎除外)⑤	7	40	9		千克	AB	P. R/Q. S
03028100	--角鲨及其他鲨鱼							
0302810010	鲜或冷濒危鲨鱼(编号 030291 至 030299 的可食用鱼杂碎除外)〔999〕	7	40	9		千克	ABEF	P. R/Q. S
0302810090	鲜或冷其他鲨鱼(编号 030291 至 030299 的可食用鱼杂碎除外)〔999〕	7	40	9		千克	AB	P. R/Q. S
03028200	--魟鱼及鳐鱼(鳐科)							
0302820000	鲜或冷魟鱼及鳐鱼(鳐科)(编号 030291 至 030299 的可食用鱼杂碎除外)〔101 饲料用其他海水鱼〕,〔102 食用〕	7	40	9		千克	AB	P. R/Q. S
03028300	--南极犬牙鱼(南极犬牙鱼属)							
0302830000	鲜或冷南极犬牙鱼(南极犬牙鱼属)(编号 030291 至 030299 的可食用鱼杂碎除外)〔999〕	7	40	9		千克	ABU	P. R/Q. S
03028400	--尖吻鲈鱼(舌齿鲈属)							
0302840000	鲜或冷尖吻鲈鱼(舌齿鲈属)(编号 030291 至 030299 的可食用鱼杂碎除外)〔999〕	7	40	9		千克	AB	P. R/Q. S
03028500	--菱羊鲷(鲷科)							
0302850000	鲜或冷菱羊鲷(鲷科)(编号 030291 至 030299 的可食用鱼杂碎除外)⑥]	7	40	9		千克	AB	P. R/Q. S
03028910	---带鱼							
0302891000	鲜或冷带鱼(编号 030291 至 030299 的可食用鱼杂碎除外)〔999〕	7	40	9		千克	AB	P. R/Q. S
03028920	---黄鱼							
0302892000	鲜或冷黄鱼(编号 030291 至 030299 的可食用鱼杂碎除外)〔101 养殖〕,〔102 野生〕	7	40	9		千克	AB	P. R/Q. S
03028930	---鲳鱼(银鲳除外)							
0302893000	鲜或冷鲳鱼(银鲳除外)(编号 030291 至 030299 的可食用鱼杂碎除外)〔101 养殖〕,〔102 野生〕	7	40	9		千克	AB	P. R/Q. S
03028940	---鲀							
0302894000	鲜或冷的鲀(编号 030291 至 030299 的可食用鱼杂碎除外)〔999〕	10	40	9		千克	AB	P. R/Q. S
03028990	---其他							
0302899001	鲜或冷的其他鲈鱼(编号 030291 至 030299 的可食用鱼杂碎除外)⑦	7	40	9		千克	AB	P. R/Q. S
0302899010	其他未列名濒危鲜或冷鱼(编号 030291 至 030299 的可食用鱼杂碎除外)〔999〕	7	40	9		千克	ABFE	P. R/Q. S
0302899020	鲜或冷的平鲉属(编号 030291 至 030299 的可食用鱼杂碎除外)〔101 养殖〕,〔102 野生〕	7	40	9		千克	ABU	P. R/Q. S
0302899030	鲜或冷的鲉鲉属(叶鳍鲉属)(编号 030291 至 030299 的可食用鱼杂碎除外)〔101 养殖〕,〔102 野生〕	7	40	9		千克	ABU	P. R/Q. S
0302899090	其他鲜或冷鱼(编号 030291 至 030299 的可食用鱼杂碎除外)⑧	7	40	9		千克	AB	P. R/Q. S
03029100	--鱼肝、鱼卵及鱼精							
0302910010	鲜或冷濒危鱼种的肝、鱼卵及鱼精⑨	7	50	9		千克	ABFE	P. R/Q. S
0302910090	其他鲜或冷鱼肝、鱼卵及鱼精⑩	7	50	9		千克	AB	P. R/Q. S
03029200	--鲨鱼翅							
0302920010	鲜或冷濒危鲨鱼翅〔999〕	12	40	9		千克	ABFE	P. R/Q. S
0302920090	其他鲜或冷鲨鱼翅〔999〕	12	40	9		千克	AB	P. R/Q. S

① 〔101 饲料用其他海水鱼〕,〔102 养殖鲤属〕,〔103 养殖鲫属〕,〔104 养殖草鱼〕,〔105 养殖鲢属〕,〔106 养殖鲮属〕,〔107 养殖青鱼〕,〔108 养殖其他鲤科鱼(卡特拉鲃、野鲮属、哈氏纹唇鱼、何氏细须鲃、鲂属)〕,〔109 野生鲤属〕,〔110 野生鲫属〕,〔111 野生草鱼〕,〔112 野生鲢属〕,〔113 野生鲮属〕,〔114 野生青鱼〕,〔115 野生其他鲤科鱼(卡特拉鲃、野鲮属、哈氏纹唇鱼、何氏细须鲃、鲂属)〕

② 〔101 养殖非生食〕,〔102 养殖可能用于生食〕,〔103 野生非生食〕,〔104 野生可能用于生食〕

③ 〔101 养殖非生食〕,〔102 养殖可能用于生食〕,〔103 野生非生食〕,〔104 野生可能用于生食〕

④ 〔101 养殖非生食〕,〔102 养殖可能用于生食〕,〔103 野生非生食〕,〔104 野生可能用于生食〕

⑤ 〔101 养殖非生食〕,〔102 养殖可能用于生食〕,〔103 野生非生食〕,〔104 野生可能用于生食〕

⑥ 〔101 饲料用其他海水鱼〕,〔102 养殖非生食〕,〔103 养殖可能用于生食〕,〔104 野生非生食〕,〔105 野生可能用于生食〕

⑦ 〔101 养殖非生食〕,〔102 养殖可能用于生食〕,〔103 野生非生食〕,〔104 野生可能用于生食〕

⑧ 〔101 饲料用马面鱼〕,〔102 饲料用其他海水鱼〕,〔103 养殖石斑鱼〕,〔104 养殖鲥鱼〕,〔105 养殖鲷科,菱羊鲷除外(非生食)〕,〔106 养殖鲷科,菱羊鲷除外(可能用于生食)〕,〔107 养殖安康鱼(非生食)〕,〔108 养殖安康鱼(可能用于生食)〕,〔109 养殖海鲂〕,〔110 养殖鲆鱼〕,〔111 养殖鲽鱼〕,〔112 其他养殖鱼(非生食)〕,〔113 其他养殖鱼(可能用于生食)〕,〔114 黄鮟鱼(非生食)〕,〔115 黄鮟鱼(可能用于生食)〕,〔116 养殖海鲈鱼(非生食)〕,〔117 养殖海鲈鱼(可能用于生食)〕,〔118 野生石斑鱼〕,〔119 野生鲥鱼〕,〔120 野生鲷科,菱羊鲷除外〕,〔121 野生安康鱼〕,〔122 野生海鲂〕,〔123 野生鲆鱼〕,〔124 野生鲽鱼〕,〔125 海鲫鱼〕,〔126 金线鱼〕,〔127 马面鱼〕,〔128 马鲛鱼〕,〔129 野生海鲈鱼(非生食)〕,〔130 野生海鲈鱼(可能用于生食)〕,〔131 其他野生鱼(非生食)〕,〔132 其他野生鱼(可能用于生食)〕

⑨ 〔101 鲜或冷养殖濒危鱼鱼肝〕,〔102 鲜或冷野生濒危鱼鱼肝〕,〔103 鲜或冷养殖濒危鱼鱼卵〕,〔104 鲜或冷野生濒危鱼鱼卵〕,〔105 鲜或冷养殖濒危鱼鱼精〕,〔106 鲜或冷野生濒危鱼鱼精〕

⑩ 〔101 其他鲜或冷养殖鱼鱼肝〕,〔102 其他鲜或冷野生鱼鱼肝〕,〔103 其他鲜或冷养殖鱼鱼卵〕,〔104 其他鲜或冷野生鱼鱼卵〕,〔105 其他鲜或冷养殖鱼鱼精〕,〔106 其他鲜或冷野生鱼鱼精〕

协定税率(%)															特惠税率(%)			对美税率	出口税率	出口退税率	Article Description
智利	新西兰	澳大利亚	瑞士	冰岛	秘鲁	哥斯达	东盟	亚太	新加坡	巴基斯坦	港/澳/台	韩国	格鲁吉亚	毛里求斯	亚太	老/柬/缅	LDC 97/95				
																			0		
0	0	0	2.4	0	0	0	0	4.7		4	0/0/	3.6	0	0		//0	0/0			9	--Eels (Anguilla spp.)
																			0		
																			0		
																			0		
0	0	0	2.4	0	0	0	0	4.7		4	0/0/0	3.6	0	0		/0/0	0/0			9	--Other
																			0		
																			0		
0	0	0	2.4	0	0	0	0	5.3		4	0/0/	3.6	0	0			0/0				--Dogfish and other sharks
																			0	0	
																			0	9	
0	0	0	2.4	0	0	0	0	4.7		4	0/0/0	3.6	0	0		/0/0	0/0			9	--Rays and skates (Rajidae)
																			0		
0	0	0	2.4	0	0	0	0	4.7		4	0/0/	3.6	0	0		/0/0	0/0			9	--Toothfish (Dissostichus spp.)
																			0		
0	0	0	2.4	0	0	0	0	4.7		4	0/0/0	3.6	0	0		/0/0	0/0			9	--Seabass (Dicentrarchus spp.)
																			0		
0	0	0	2.4	0	0	0	0	4.7		4	0/0/0	3.6	0	0		/0/0	0/0			9	--Seabream (Sparidae)
																			0		
0	0	0	2.4	0	0	0	0	4.7		0	0/0/	3.6	0	0			0/0			6	---Scabbard fish(Trichiurus)
																			0		
0	0	0	2.4	0	0	0	0	4.7		4	0/0/	3.6	0	0			0/0			6	---Yellow croaker(Pseudosicaena)
																			0		
0	0	0	2.4	0	0	0	0	4.7		4	0/0/	3.6	0	0			0/0			6	---Butterfish (Pamus spp.)(other than silver pomfrets)
																			0		
0	0	0	2.4	0	0	0	0	6.7		4	0/0/	3.6	0	0		/0/0	0/0			6	---Puffer fish
																			0		
0	0	0	2.4	0	0	0	0	4.7		4	0/0/0	3.6	0	0		/0/0	0/0				---Other
																			0	9	
																			0	0	
																			0	9	
																			0	9	
																			0	9	
0	0	0	2.4	0	0	0	0			6	0/0/	3.6	0	0		/0/	0/0				--Livers, roes and milt
																			0	0	
																			0	9	
0	0	0	2.4	0	0	0	0	9		4	0/0/	3.6	0				0/0				--Shark fins
																			0	0	
																			0	9	

商品编号	商品名称及备注[检验检疫编码及名称]	进口关税(%)		增值税率(%)	消费税	计量单位	监管条件	检验检疫类别
		最惠国	普通					
03029900	--其他							
0302990010	其他鲜或冷可食用濒危鱼杂碎〔101 养殖〕,〔102 野生〕	7	40	9		千克	ABFE	P. R/Q. S
0302990020	鲜或冷的大菱鲆、比目鱼、鲱鱼、鲭鱼、鲳鱼、带鱼、尼罗河鲈鱼、尖吻鲈鱼、其他鲈鱼的可食用其他鱼杂碎〔101 养殖〕,〔102 野生〕	7	40	9		千克	AB	P. R/Q. S
0302990090	其他鲜或冷可食用其他鱼杂碎〔101 养殖〕,〔102 野生〕	7	40	9		千克	AB	P. R/Q. S
0303	**冻鱼,但品目 03. 04 的鱼片及其他鱼肉除外:**							
03031100	--红大麻哈鱼							
0303110000	冻红大麻哈鱼(但编号 030391 至 030399 的可食用鱼杂碎除外)〔101 冻养殖红大麻哈鱼〕,〔102 冻野生红大麻哈鱼〕	7	40	9		千克	ABU	P. R/Q. S
03031200	--其他大麻哈鱼〔细鳞大麻哈鱼、大麻哈鱼(种)、大鳞大麻哈鱼、银大麻哈鱼、马苏大麻哈鱼、玫瑰大麻哈鱼〕							
0303120000	其他冻大麻哈鱼①	7	40	9		千克	ABU	P. R/Q. S
03031310	---大西洋鲑鱼							
0303131000[暂5]	冻大西洋鲑鱼(但编号 030391 至 030399 的可食用鱼杂碎除外)②	7	40	9		千克	AB	P. R/Q. S
03031320	---多瑙哲罗鱼							
0303132000[暂5]	冻多瑙哲罗鱼(但编号 030391 至 030399 的可食用鱼杂碎除外)〔101 养殖多瑙哲罗鱼〕,〔102 野生多瑙哲罗鱼〕	7	40	9		千克	AB	P. R/Q. S
03031400	--鳟鱼(河鳟、虹鳟、克拉克大麻哈鱼、阿瓜大麻哈鱼、吉雨大麻哈鱼、亚利桑那大麻哈鱼、金腹大麻哈鱼)							
0303140000	冻鳟鱼(河鳟、虹鳟、克拉克大麻哈鱼、阿瓜大麻哈鱼、吉雨大麻哈鱼、亚利桑那大麻哈鱼、金腹大麻哈鱼)(但编号 030391 至 030399 的可食用鱼杂碎除外)③	12	40	9		千克	AB	P. R/Q. S
03031900	--其他							
0303190010	冻川陕哲罗鲑(但编号 030391 至 030399 的可食用鱼杂碎除外)〔101 养殖〕,〔102 野生〕	10	40	9		千克	AB	P. R/Q. S
0303190020	冻秦岭细鳞鲑(但编号 030391 至 030399 的可食用鱼杂碎除外)〔101 养殖〕,〔102 野生〕	10	40	9		千克	AB	P. R/Q. S
0303190090	其他冻鲑科鱼(但编号 030391 至 030399 的可食用鱼杂碎除外)〔101 养殖〕,〔102 野生〕	10	40	9		千克	AB	P. R/Q. S
03032300	--罗非鱼(口孵非鲫属)							
0303230000	冻罗非鱼(口孵非鲫属)(但编号 030391 至 030399 的可食用鱼杂碎除外)〔101 养殖〕,〔102 野生〕	7	40	9		千克	AB	P. R/Q. S
03032400	--鲶鱼(鲶属、鲶属、胡鲶属、真属)							
0303240000	冻鲶鱼((鲑)鲶属、鲶属、胡鲶属、真鮰属)(但编号 030391 至 030399 的可食用鱼杂碎除外)④	10	40	9		千克	AB	P. R/Q. S
03032500	--鲤科鱼(鲤属、鲫属、草鱼、鲢属、鲮属、青鱼、卡特拉鲃、野鲮属、哈氏纹唇鱼、何氏细须鲃、鲂属)							
0303250000	冻鲤科鱼(鲤属、鲫属、草鱼、鲢属、鲮属、青鱼、卡特拉鲃、野鲮属、哈氏纹唇鱼、何氏细须鲃、鲂属)(但编号 030391 至 030399 的可食用鱼杂碎除外)⑤	10	40	9		千克	AB	P. R/Q. S
03032600	--鳗鱼(鳗鲡属)							
0303260010	冻花鳗鲡(但编号 030391 至 030399 的可食用鱼杂碎除外)〔101 养殖〕,〔102 野生〕	10	40	9		千克	ABE	P. R/Q. S

① 〔细磷大麻哈鱼、大麻哈鱼(种)、大鳞大麻哈鱼、银大麻哈鱼、马苏大麻哈鱼、玫瑰大麻哈鱼〕(但编号 030391 至 030399 的可食用鱼杂碎除外)〔101 养殖细磷大麻哈鱼〕,〔102 养殖大麻哈鱼〕,〔103 养殖大鳞大麻哈鱼〕,〔104 养殖银大麻哈鱼〕,〔105 养殖马苏大麻哈鱼〕,〔106 养殖玫瑰大麻哈鱼〕,〔107 野生细磷大麻哈鱼〕,〔108 野生大麻哈鱼〕,〔109 野生大鳞大麻哈鱼〕,〔110 野生银大麻哈鱼〕,〔111 野生马苏大麻哈鱼〕,〔112 野生玫瑰大麻哈鱼〕

② 〔101 养殖大西洋鲑鱼(非生食)〕,〔102 养殖大西洋鲑鱼(可能用于生食)〕,〔103 野生大西洋鲑鱼(非生食)〕,〔104 野生大西洋鲑鱼(可能用于生食)〕

③ 〔101 养殖河鳟〕,〔102 养殖虹鳟〕,〔103 野生河鳟〕,〔104 野生虹鳟〕,〔105 克拉克大麻哈鱼〕,〔106 阿瓜大麻哈鱼〕,〔107 吉雨大麻哈鱼〕,〔108 亚利桑那大麻哈鱼〕,〔109 金腹大麻哈鱼〕

④ 〔101 饲料用其他海水鱼〕,〔102 养殖(鲑)鲶属〕,〔103 养殖胡鲶属〕,〔104 养殖真鮰属〕,〔105 野生(鲑)鲶属〕,〔106 野生胡鲶属〕,〔107 野生真鮰属〕

⑤ 〔101 饲料用其他海水鱼〕,〔102 养殖鲤属〕,〔103 养殖鲫属〕,〔104 养殖草鱼〕,〔105 养殖鲢属〕,〔106 养殖鲮属〕,〔107 养殖青鱼〕,〔108 养殖其他鲤科鱼(卡特拉鲃、野鲮属、哈氏纹唇鱼、何氏细须鲃、鲂属)〕,〔109 野生鲤属〕,〔110 野生鲫属〕,〔111 野生草鱼〕,〔112 野生鲢属〕,〔113 野生鲮属〕,〔114 野生青鱼〕,〔115 野生其他鲤科鱼(卡特拉鲃、野鲮属、哈氏纹唇鱼、何氏细须鲃、鲂属)〕

协定税率(%)															特惠税率(%)			对美税率	出口税率	出口退税率	Article Description
智利	新西兰	澳大利亚	瑞士	冰岛	秘鲁	哥斯达	东盟	亚太	新加坡	巴基斯坦	港/澳/台	韩国	格鲁吉亚	毛里求斯	亚太	老/柬/缅	LDC 97/95				
0	0	0	0	0	0	0	0			4	0/0/	3	0	0			0/0				--Other
																			0	0	
																			0	9	
																			0	9	
																					Fish, frozen, excluding fish fillets and other fish meat of heading 03.04:
0	0	0	0	0	0	0	0	4.7		4	0/0/	3	0	0		/0/	0/0			9	--Sockeye salmon (red salmon) (Oncorhynchus nerka)
																		37	0		
0	0	0	0	0	0	0	0	4.7		4	0/0/	3	0	0		/0/	0/0			9	--Other Pacific salmon (Oncorhynchus gorbuscha, Oncorhynchus keta, Oncorhynchus tschawytscha, Oncorhynchus kisutch, Oncorhynchus masou and Oncorhynchus rhodurus)
																		37	0		
0	0	0	0	0	0	0	0			4	0/0/	3	0	0			0/0				---Atlantic salmon (Salmo salar)
																		35	0		
0	0	0	0	0	0	0	0			4	0/0/	3	0	0			0/0				---Danube salmon (Hucho hucho)
																		35	0		
0	0	0	2.4	0	0	0	0			6	0/0/	3.6	0	0			0/0			9	--Trout (Salmo trutta, Oncorhynchus mykiss, Oncorhynchus clarki, Oncorhynchus aguabonita, Oncorhynchus gilae, Oncorhynchus apache and Oncorhynchus chrysogaster)
																		42	0		
0	0	0	0	0	0	0	0	6.7		4	0/0/	3	0	0			0/0			9	--other
																		40	0		
																		40	0		
																		40	0		
0	0	0	0	0	0	0	0	3.5		4	0/0/	3	0	0	0	/0/0	0/0			9	--Tilapias (Oreochromis spp.)
																		37	0		
0	0	0	0	0	0	0	0	5		5	0/0/0	0	0	0	0	/0/0	0/0			9	--Catfish (Pangasius spp., Silurus spp., Clarias spp., Ictalurus spp.)
																		40	0		
0	0	0	0	0	0	0	0	5		0	0/0/0	0	0	0	0	/0/0	0/0			9	--Carp (Cyprinus spp., Carassius spp., Ctenopharyngodon idellus, Hypophthalmichthys spp., Cirrhinus spp., Mylopharyngodon piceus, Catla catla, Labeo spp., Osteochilus hasselti, Leptobarbus hoeveni, Megalobrama spp.)
																		40	0		
0	0	0	2.4	0	0	0	0	6.7		8	0/0/	3.6	0	0			0/0			9	--Eels (Anguilla spp.)
																		40	0		

商品编号	商品名称及备注[检验检疫编码及名称]	进口关税(%)		增值税率(%)	消费税	计量单位	监管条件	检验检疫类别
		最惠国	普通					
0303260020	冻欧洲鳗鲡(但编号030391至030399的可食用鱼杂碎除外)〔101养殖〕,〔102野生〕	10	40	9		千克	ABEF	P. R/Q. S
0303260090	其他冻鳗鱼(鳗鲡属)(但编号030391至030399的可食用鱼杂碎除外)〔101养殖〕,〔102野生〕	10	40	9		千克	AB	P. R/Q. S
03032900	--其他							
0303290001	冻尼罗河鲈鱼(尼罗尖吻鲈)(但编号030391至030399的可食用鱼杂碎除外)〔101养殖〕,〔102野生〕	7	40	9		千克	AB	P. R/Q. S
0303290090	冻黑鱼(鳢属)(但编号030391至030399的可食用鱼杂碎除外)〔101养殖〕,〔102野生〕	7	40	9		千克	AB	P. R/Q. S
03033110	---马舌鲽(格陵兰庸鲽鱼)							
0303311000暂5	冻马舌鲽(格陵兰庸鲽鱼)(但编号030391至030399的可食用鱼杂碎除外)〔999〕	7	40	9		千克	ABU	P. R/Q. S
03033190	---其他							
0303319010	冻大西洋庸鲽(庸鲽)(但编号030391至030399的可食用鱼杂碎除外)〔101养殖〕,〔102野生〕	10	40	9		千克	ABU	P. R/Q. S
0303319090	其他冻庸鲽鱼(但编号030391至030399的可食用鱼杂碎除外)〔101养殖〕,〔102野生〕	10	40	9		千克	AB	P. R/Q. S
03033200	--鲽鱼(鲽)							
0303320000暂2	冻鲽鱼(鲽)(但编号030391至030399的可食用鱼杂碎除外)〔101养殖〕,〔102野生〕	7	40	9		千克	AB	P. R/Q. S
03033300	--鳎鱼(鳎属)							
0303330000	冻鳎鱼(鳎属)(但编号030391至030399的可食用鱼杂碎除外)〔101养殖〕,〔102野生〕	7	40	9		千克	AB	P. R/Q. S
03033400	--大菱鲆(瘤棘鲆)							
0303340000	冻大菱鲆(瘤棘鲆)(但编号030391至030399的可食用鱼杂碎除外)〔101养殖〕,〔102野生〕	7	40	9		千克	AB	P. R/Q. S
03033900	--其他							
0303390010	冻亚洲箭齿鲽(但编号030391至030399的可食用鱼杂碎除外)〔101养殖〕,〔102野生〕	7	40	9		千克	ABU	P. R/Q. S
0303390090	其他冻比目鱼(鲽科、鲆科、舌鳎科、鳎科、菱鲆科、刺鲆科)(但编号030391至030399的可食用鱼杂碎除外)①	7	40	9		千克	AB	P. R/Q. S
03034100	--长鳍金枪鱼							
0303410000暂6	冻长鳍金枪鱼(但编号030391至030399的可食用鱼杂碎除外)〔999〕	7	40	9		千克	AB	P. R/Q. S
03034200	--黄鳍金枪鱼							
0303420000暂6	冻黄鳍金枪鱼(但编号030391至030399的可食用鱼杂碎除外)〔999〕	7	40	9		千克	AB	P. R/Q. S
03034300	--鲣鱼或狐鲣							
0303430000	冻鲣鱼或狐鲣(鲣)(但编号030391至030399的可食用鱼杂碎除外)〔999〕	7	40	9		千克	AB	P. R/Q. S
03034400	--大眼金枪鱼							
0303440000暂6	冻大眼金枪鱼(但编号030391至030399的可食用鱼杂碎除外)〔999〕	7	40	9		千克	ABU	P. R/Q. S
03034510	---大西洋蓝鳍金枪鱼							
0303451000暂6	冻大西洋蓝鳍金枪鱼(但编号030391至030399的可食用鱼杂碎除外)〔999〕	7	40	9		千克	ABU	P. R/Q. S
03034520	---太平洋蓝鳍金枪鱼							
0303452000暂6	冻太平洋蓝鳍金枪鱼(但编号030391至030399的可食用鱼杂碎除外)〔999〕	7	40	9		千克	AB	P. R/Q. S
03034600	--南方蓝鳍金枪鱼							
0303460000暂6	冻南方蓝鳍金枪鱼(但编号030391至030399的可食用鱼杂碎除外)〔999〕	7	40	9		千克	AB	P. R/Q. S
03034900	--其他							
0303490000	其他冻金枪鱼(金枪鱼属)(但编号030391至030399的可食用鱼杂碎除外)〔101养殖〕,〔102野生〕,〔999〕	7	40	9		千克	AB	P. R/Q. S
03035100	--鲱鱼(大西洋鲱鱼、太平洋鲱鱼)							
0303510010暂2	冻太平洋鲱鱼(但编号030391至030399的可食用鱼杂碎除外)〔101养殖〕,〔102野生〕	7	40	9		千克	ABU	P. R/Q. S
0303510090暂2	冻大西洋鲱鱼(但编号030391至030399的可食用鱼杂碎除外)〔101养殖〕,〔102野生〕	7	40	9		千克	AB	P. R/Q. S

① 〔101养殖鲽科〕,〔102养殖鲆科〕,〔103养殖舌鳎科〕,〔104养殖鳎科〕,〔105养殖菱鲆科〕,〔106养殖刺鲆科〕,〔107野生鲽科〕,〔108野生鲆科〕,〔109野生舌鳎科〕,〔110野生鳎科〕,〔111野生菱鲆科〕,〔112野生刺鲆科〕

协定税率(%)															特惠税率(%)			对美税率	出口税率	出口退税率	Article Description
智利	新西兰	澳大利亚	瑞士	冰岛	秘鲁	哥斯达	东盟	亚太	新加坡	巴基斯坦	港/澳/台	韩国	格鲁吉亚	毛里求斯	亚太	老/柬/缅	LDC 97/95				
																		40	0		
																		40	0		
0	0	0	0	0	0	0	0	3.5		5	0/0/0	0	0	0	0	/0/0	0/0			9	--Other
																		37	0		
																		37	0		
0	0	0	0	0	0	0	0	4.7		4	0/0/	3	0	0			0/0			9	---Reinhardtius hippoglossoides (Greenland halibut)
																		35	0		
0	0	0	0	0	0	0	0	6.7		4	0/0/	3	0	0			0/0			9	---Other
																		40	0		
																		40	0		
0	0	0	2.4	0	0	0	0	4.7		8	0/0/	3.6	0	0			0/0			9	--Plaice (Pleuronectes platessa)
																		32	0		
0	0	0	2.4	0	0	0	0	4.7		8	0/0/	3.6	0	0			0/0			9	--Sole (Solea spp.)
																		37	0		
0	0	0	0	0	0	0	0	5.6		8	0/0/	3	0	0			0/0			9	--Turbots (Psetta maxima)
																		37	0		
0	0	0	0	0	0	0	0	5.6		0	0/0/	3	0	0			0/0			9	--Other
																		37	0		
																		37	0		
0	0	0	2.4	0	0	0	0	5.3		4	0/0/	3.6	0	0			0/0			9	--Albacore or longfinned tunas (Thunnus alalunga)
																		36	0		
0	0	0	2.4	0	0	0	0	5.3		4	0/0/	3.6	0	9.6			0/0			9	--Yellowfin tunas (Thunnus albacares)
																		36	0		
0	0	0	2.4	0	0	0	0	5.3		4	0/0/	7.8	0	0			0/0			9	--Skipjack or stripe-bellied bonito
																		37	0		
0	0	0	2.4	0	0	0	0			6	0/0/	3.6	0	9.6		/0/0	0/0			9	--Bigeye tunas (Thunnus obesus)
																		36	0		
0	0	0	2.4	0	0	0	0			6	0/0/	3.6	0	0		/0/0	0/0			9	---Atlantic bluefin tunas (Thunnus thynnus)
																		36	0		
0	0	0	2.4	0	0	0	0	5.3		4	0/0/	3.6	0	0		/0/0	0/0			9	---Pacific bluefin tunas (Thunnus orientalis)
																		36	0		
0	0	0	2.4	0	0	0	0			6	0/0/	3.6	0	0		/0/0	0/0			9	--Southern bluefin tunas (Thunnus maccoyii)
																		36	0		
0	0	0	2.4	0	0	0	0	5.3		4	0/0/	3.6	0	0		/0/0	0/0			9	--Other
																		37	0		
0	0	0	0	0	0	0	0	4.7		4	0/0/	3	0	0			0/0			9	--Herrings (Clupea harengus, Clupea pallasii)
																		32	0		
																		32	0		

商品编号	商品名称及备注[检验检疫编码及名称]	进口关税(%)		增值税率(%)	消费税	计量单位	监管条件	检验检疫类别
		最惠国	普通					
03035300	--沙丁鱼(沙丁鱼、沙瑙鱼属)、小沙丁鱼属、黍鲱或西鲱							
0303530000	冻沙丁鱼(沙丁鱼、沙瑙鱼属)、小沙丁鱼属、黍鲱或西鲱(但编号 030391 至 030399 的可食用鱼杂碎除外)①	7	40	9		千克	AB	P. R/Q. S
03035400	--鲭鱼[大西洋鲭、澳洲鲭(鲐)、日本鲭(鲐)]							
0303540000	冻鲭鱼[大西洋鲭、澳洲鲭(鲐)、日本鲭(鲐)](但编号 030391 至 030399 的可食用鱼杂碎除外)②	7	40	9		千克	AB	P. R/Q. S
03035500	--对称竹荚鱼、新西兰竹荚鱼及竹荚鱼(竹荚鱼属)							
0303550000	冻对称竹荚鱼、新西兰竹荚鱼及竹荚鱼(竹荚鱼属)(但编号 030391 至 030399 的可食用鱼杂碎除外)③	7	40	9		千克	AB	P. R/Q. S
03035600	--军曹鱼							
0303560000	冻军曹鱼(但编号 030391 至 030399 的可食用鱼杂碎除外)〔101 饲料用其他海水鱼〕,〔102 食用鱼〕	7	40	9		千克	AB	P. R/Q. S
03035700	--剑鱼							
0303570000	冻剑鱼(但编号 030391 至 030399 的可食用鱼杂碎除外)〔999〕	7	40	9		千克	ABU	P. R/Q. S
03035910	---银鲳(鲳属)							
0303591000	冻银鲳(鲳属),但食用杂碎除外〔999〕	7	40	9		千克	AB	P. R/Q. S
03035990	---其他							
0303599010[暂5]	冻毛鳞鱼,但食用杂碎除外〔999〕	7	40	9		千克	AB	P. R/Q. S
0303599090	其他冻 03035 项下的鱼[鳀鱼(鳀属)、印度鲭(羽鳃鲐属)、马鲛鱼(马鲛属)、鲹鱼(鲹属)、秋刀鱼、圆鲹(圆鲹属)、鲔鱼、狐鲣(狐鲣属)、枪鱼 、旗鱼、四鳍旗鱼(旗鱼科),但编号 030391 至 030399 的可食用鱼杂碎除外]④	7	40	9		千克	AB	P. R/Q. S
03036300	--鳕鱼(大西洋鳕鱼、格陵兰鳕鱼、太平洋鳕鱼)							
0303630000[暂2]	冻鳕鱼(大西洋鳕鱼、格陵兰鳕鱼、太平洋鳕鱼)(但编号 030391 至 030399 的可食用鱼杂碎除外)〔101 大西洋鳕鱼〕,〔102 太平洋鳕鱼〕,〔103 格陵兰鳕鱼〕	7	40	9		千克	AB	P. R/Q. S
03036400	--黑线鳕鱼(黑线鳕)							
0303640000	冻黑线鳕鱼(黑线鳕)(但编号 030391 至 030399 的可食用鱼杂碎除外)〔999〕	7	40	9		千克	AB	P. R/Q. S
03036500	--绿青鳕鱼							
0303650000	冻绿青鳕鱼(但编号 030391 至 030399 的可食用鱼杂碎除外)〔999〕	7	40	9		千克	AB	P. R/Q. S
03036600	--狗鳕鱼(无须鳕属、长鳍鳕属)							
0303660000	冻狗鳕鱼(无须鳕属、长鳍鳕属)(但编号 030391 至 030399 的可食用鱼杂碎除外)〔101 无须鳕属〕,〔102 长鳍鳕属〕	7	40	9		千克	AB	P. R/Q. S
03036700	--狭鳕鱼							
0303670000[暂5]	冻狭鳕鱼(但编号 030391 至 030399 的可食用鱼杂碎除外:)〔101 饲料用其他海水鱼〕,〔102 食用鱼〕	7	40	9		千克	ABU	P. R/Q. S
03036800	--蓝鳕鱼(小鳍鳕、南蓝鳕)							
0303680000	冻蓝鳕鱼(小鳍鳕、南蓝鳕)(但编号 030391 至 030399 的可食用鱼杂碎除外)〔101 饲料用其他海水鱼〕,〔102 小鳍鳕〕,〔103 南蓝鳕〕,〔104 蓝鳕〕	7	40	9		千克	AB	P. R/Q. S
03036900	--其他							
0303690000	冻的其他犀鳕科、多丝真鳕科、鳕科、长尾鳕科、黑鳕科、无须鳕科、深海鳕科及南极鳕科鱼(但编号 030391 至 030399 的可食用鱼杂碎除外)⑤	7	40	9		千克	AB	P. R/Q. S
03038100	--角鲨及其他鲨鱼							
0303810010	冻濒危鲨鱼(但编号 030391 至 030399 的可食用鱼杂碎除外)〔999〕	7	40	9		千克	ABFE	P. R/Q. S
0303810090	冻其他鲨鱼(但编号 030391 至 030399 的可食用鱼杂碎除外)〔999〕	7	40	9		千克	AB	P. R/Q. S
03038200	--鱼及鳐鱼(鳐科)							
0303820000	冻魟鱼及鳐鱼(鳐科)(但编号 030391 至 030399 的可食用鱼杂碎除外)〔101 饲料用其他海水鱼〕,〔102 食用鱼〕	7	40	9		千克	AB	P. R/Q. S
03038300	--南极犬牙鱼(南极犬牙鱼属)							
0303830000	冻南极犬牙鱼(南极犬牙鱼属)(但编号 030391 至 030399 的可食用鱼杂碎除外)〔999〕	7	40	9		千克	ABU	P. R/Q. S
03038400	--尖吻鲈鱼(舌齿鲈属)							

① 〔101 饲料用沙丁鱼、黍鲱鱼〕,〔102 养殖沙丁鱼(沙丁鱼、沙瑙鱼属)〕,〔103 养殖小沙丁鱼属〕,〔104 养殖黍鲱〕,〔105 养殖西鲱〕,〔106 野生沙丁鱼(沙丁鱼、沙瑙鱼属)〕,〔107 野生小沙丁鱼属〕,〔108 野生黍鲱〕,〔109 野生西鲱〕

② 〔101 饲料用鲭鱼〕,〔102 养殖日本鲭(鲐)〕,〔103 野生日本鲭(鲐)〕,〔104 大西洋鲭〕,〔105 澳洲鲭(鲐)〕

③ 〔101 饲料用其他海水鱼〕,〔102 养殖对称竹荚鱼〕,〔103 养殖新西兰竹荚鱼及竹荚鱼(竹荚鱼属)〕,〔104 野生对称竹荚鱼〕,〔105 野生新西兰竹荚鱼及竹荚鱼(竹荚鱼属)〕

④ 〔101 冻的鳀鱼(鳀属)〕,〔102 冻的印度鲭(羽鳃鲐属)〕,〔103 冻的马鲛鱼(马鲛属)〕,〔104 冻的鲹鱼(鲹属)〕,〔106 冻的秋刀鱼〕,〔107 冻的圆鲹(圆鲹属)〕,〔108 冻的鲔鱼〕,〔109 冻的狐鲣(狐鲣属)〕,〔110 冻的枪鱼〕,〔111 冻的旗鱼〕,〔112 冻的四鳍旗鱼(旗鱼科)〕

⑤ 〔101 饲料用其他海水鱼〕,〔102 犀鳕科〕,〔103 多丝真鳕科〕,〔104 鳕科〕,〔105 长尾鳕科〕,〔106 黑鳕科〕,〔107 无须鳕科〕,〔108 深海鳕科〕,〔109 南极鳕科鱼〕

协定税率(%)															特惠税率(%)			对美税率	出口税率	出口退税率	Article Description
智利	新西兰	澳大利亚	瑞士	冰岛	秘鲁	哥斯达	东盟	亚太	新加坡	巴基斯坦	港/澳/台	韩国	格鲁吉亚	毛里求斯	亚太	老/柬/缅	LDC 97/95				
0	0	0	2.4	0	0	0	0	4.7		0	0/0/	3.6	0	0			0/0			9	--Sardines (Sardina pilchardus, Sardinops spp.), sardinella (Sardinella spp.), brisling or sprats (Sprattus sprattus)
																		37	0		
0	0	0	0	0	0	0	0	4.7		0	0/0/	3	0	0			0/0			9	--Mackerel (Scomber scombrus, Scomber australasicus, Scomber japonicus)
																		37	0		
0	0	0	0	0	0	0	0	3.5		5	0/0/0	0	0	0	0	/0/0	0/0			9	--Jack and horse mackerel (Trachurus spp.)
																		37	0		
0	0	0	0	0	0	0	0	3.5		5	0/0/0	0	0	0	0	/0/0	0/0			9	--Cobia (Rachycentron canadum)
																		37	0		
0	0	0	0	0	0	0	0	3.5		5	0/0/	3	0	0	0		0/0			9	--Swordfish (Xiphias gladius)
																		37	0		
0	0	0	0	0	0	0	0	3.5		0	0/0/0	5.3	0	0	0	/0/0	0/0				---Silver pomfrets (Pampus spp.)
																		37	0		
0	0	0	0	0	0	0	0	3.5		0	0/0/0	5.3	0	0	0	/0/0	0/0				---Other
																		37	0		
																		37	0		
0	0	0	0	0	0	0	0	4.7		4	0/0/	3	0	0			0/0			9	--Cod (Gadus morhua, Gadus ogac, Gadus macrocephalus)
																		32	0		
0	0	0	2.4	0	0	0	0	4.7		4	0/0/	3.6	0	0			0/0			9	--Haddock (Melanogrammus aeglefinus)
																		37	0		
0	0	0	2.4	0	0	0	0	4.7		4	0/0/	3.6	0	0			0/0			9	--Coalfish (Pollachius virens)
																		37	0		
0	0	0	2.4	0	0	0	0			6	0/0/	3.6	0	0			0/0			9	--Hake (Merluccius spp., Urophycis spp.)
																		37	0		
0	0	0	0	0	0	0	0	3.5		5	0/0/0	3	0	0	0	/0/0	0/0			9	--Alaska Pollack (Theragra chalcogramma)
																		35	0		
0	0	0	0	0	0	0	0	3.5		5	0/0/0	0	0	0	0	/0/0	0/0			9	--Blue whitings (Micromesistius poutassou, Micromesistius australis)
																		37	0		
0	0	0	0	0	0	0	0	3.5		5	0/0/0	0	0	0	0	/0/0	0/0			9	--Other
																		37	0		
0	0	0	2.4	0	0	0	0	5.3		9	0/0/	3.6	0	0			0/0				--Dogfish and other sharks
																		37	0	0	
																		37	0	9	
0	0	0	0	0	0	0	0	3.5		5	0/0/0	0	0	0	0	/0/0	0/0			9	--Rays and skates (Rajidae)
																		37	0		
0	0	0	0	0	0	0	0	3.5		5	0/0/	3	0	0	0	/0/0	0/0			9	--Toothfish (Dissostichus spp.)
																		37	0		
0	0	0	2.4	0	0	0	0	4.7		4	0/0/	3.6	0	0			0/0			9	--Seabass (Dicentrarchus spp.)

商品编号	商品名称及备注[检验检疫编码及名称]	进口关税(%)		增值税率(%)	消费税	计量单位	监管条件	检验检疫类别
		最惠国	普通					
0303840000	冻尖吻鲈鱼(舌齿鲈属)(但编号030391至030399的可食用鱼杂碎除外)〔999〕	7	40	9		千克	AB	P. R/Q. S
03038910	---带鱼							
0303891000[暂5]	冻带鱼(但编号030391至030399的可食用鱼杂碎除外)〔999〕	7	40	9		千克	AB	P. R/Q. S
03038920	---黄鱼							
0303892000	冻黄鱼(但编号030391至030399的可食用鱼杂碎除外)〔101养殖〕,〔102野生〕	7	40	9		千克	AB	P. R/Q. S
03038930	---鲳鱼(银鲳除外)							
0303893000	冻鲳鱼(银鲳除外)(但编号030391至030399的可食用鱼杂碎除外)〔101养殖〕,〔102野生〕	7	40	9		千克	AB	P. R/Q. S
03038990	---其他							
0303899001	其他冻鲈鱼(但编号030391至030399的可食用鱼杂碎除外)〔101养殖〕,〔102野生〕	7	40	9		千克	AB	P. R/Q. S
0303899010	其他未列名濒危冻鱼(但编号030391至030399的可食用鱼杂碎除外)〔999〕	7	40	9		千克	EF	P. R/Q. S
0303899020	冻平鲉属(但编号030391至030399的可食用鱼杂碎除外)〔101养殖〕,〔102野生〕	7	40	9		千克	ABU	P. R/Q. S
0303899030	冻鲉鲉属(叶鳍鲉属)(但编号030391至030399的可食用鱼杂碎除外)〔101养殖〕,〔102野生〕	7	40	9		千克	ABU	P. R/Q. S
0303899090	其他未列名冻鱼(但编号030391至030399的可食用鱼杂碎除外)①	7	40	9		千克	AB	P. R/Q. S
03039100	--鱼肝、鱼卵及鱼精							
0303910010	冻濒危鱼种的肝、鱼卵及鱼精②	7	50	9		千克	ABFE	P. R/Q. S
0303910090	其他冻鱼肝、鱼卵及鱼精③	7	50	9		千克	AB	P. R/Q. S
03039200	--鲨鱼翅							
0303920010	冻濒危鲨鱼翅〔999〕	12	40	9		千克	ABFE	P. R/Q. S
0303920090	其他冻鲨鱼翅〔999〕	12	40	9		千克	AB	P. R/Q. S
03039900	--其他							
0303990010	其他冻可食用濒危鱼杂碎〔101其他养殖冷冻鱼〕,〔102其他野生冷冻鱼〕	7	40	9		千克	ABFE	P. R/Q. S
0303990020	冻的大菱鲆、比目鱼、鲱鱼、鲭鱼、鲳鱼、带鱼、尼罗河鲈鱼、尖吻鲈鱼、其他鲈鱼的可食用其他鱼杂碎〔101其他养殖冷冻鱼〕,〔102其他野生冷冻鱼〕	7	40	9		千克	AB	P. R/Q. S
0303990090	其他冻可食用其他鱼杂碎〔101其他养殖冷冻鱼〕,〔102其他野生冷冻鱼〕	7	40	9		千克	AB	P. R/Q. S
0304	**鲜、冷、冻鱼片及其他鱼肉(不论是否绞碎):**							
03043100	--罗非鱼(口孵非鲫属)							
0304310000	鲜或冷的罗非鱼(口孵非鲫属)的鱼片〔101养殖〕,〔102野生〕	7	70	9		千克	AB	P. R/Q. S
03043200	--鲶鱼(鲶属、鲶属、胡鲶属、真属)							
0304320000	鲜或冷的鲶鱼((鲑)鲶属、鲶属、胡鲶属、真鮰属)的鱼片④	7	70	9		千克	AB	P. R/Q. S
03043300	--尼罗河鲈鱼(尼罗尖吻鲈)							
0304330000	鲜或冷的尼罗河鲈鱼(尼罗尖吻鲈)的鱼片〔999〕	7	70	9		千克	AB	P. R/Q. S
03043900	--其他							
0304390010	鲜或冷的花鳗鲡鱼片〔101养殖〕,〔102野生〕	7	70	9		千克	ABE	P. R/Q. S
0304390020	鲜或冷的欧洲鳗鲡鱼片〔101养殖〕,〔102野生〕	7	70	9		千克	ABEF	P. R/Q. S
0304390090	鲜或冷的鲤科鱼(鲤属、鲫属、草鱼、鲢属、鲮属、青鱼、卡特拉鲃、野鲮属、哈氏纹唇鱼、何氏细须鲃、鲂属)、其他鳗鱼(鳗鲡属)及黑鱼(鳢属)的鱼片⑤	7	70	9		千克	AB	P. R/Q. S
03044100	--大麻哈鱼[红大麻哈鱼、细鳞大麻哈鱼、大麻哈鱼(种)、大鳞大麻哈鱼、银大麻哈鱼、马苏大麻哈鱼、玫瑰大麻哈鱼]、大西洋鲑鱼及多瑙哲罗鱼							
0304410000	鲜或冷的大麻哈鱼〔红大麻哈鱼、细磷大麻哈鱼、大麻哈鱼(种)、大鳞大麻哈鱼、银大麻哈鱼、马苏大麻哈鱼、玫瑰大麻哈鱼〕、大西洋鲑鱼及多瑙哲罗鱼的鱼片〔101非生食〕,〔102可能用于生食〕	7	70	9		千克	AB	P. R/Q. S

① 〔101饲料用马面鱼〕,〔102饲料用其他海水鱼〕,〔103养殖石斑鱼〕,〔104养殖鲥鱼〕,〔105养殖鲷科〕,〔106养殖安康鱼〕,〔107养殖海鲂〕,〔108养殖鲆鱼〕,〔109养殖鲽鱼〕,〔110养殖红鱼〕,〔111其他养殖鱼〕,〔112野生石斑鱼〕,〔113野生鲥鱼〕,〔114野生鲷科〕,〔115野生安康鱼〕,〔116野生海鲂〕,〔117野生鲆鱼〕,〔118野生鲽鱼〕,〔119野生红鱼〕,〔120海鲫鱼〕,〔121金线鱼〕,〔122马面鱼〕,〔123马鲛鱼〕,〔124蓝圆鲹〕,〔999其他野生鱼〕

② 〔101养殖冷冻鱼鱼肝〕,〔102野生冷冻鱼鱼肝〕,〔103养殖冷冻鱼鱼卵〕,〔104野生冷冻鱼鱼卵〕,〔105养殖冷冻鱼鱼精〕,〔106野生冷冻鱼鱼精〕

③ 〔101养殖冷冻鱼鱼肝〕,〔102野生冷冻鱼鱼肝〕,〔103养殖冷冻鱼鱼卵〕,〔104野生冷冻鱼鱼卵〕,〔105养殖冷冻鱼鱼精〕,〔106野生冷冻鱼鱼精〕

④ 〔101养殖(鲑)鲶属〕,〔102养殖胡鲶属〕,〔103养殖真鮰属〕,〔104野生(鲑)鲶属〕,〔105野生胡鲶属〕,〔106野生真鮰属〕

⑤ 〔101养殖西鲤〕,〔102养殖黑鲫〕,〔103养殖草鱼〕,〔104养殖鲢属〕,〔105养殖鲮属〕,〔106养殖青鱼〕,〔107养殖其他鳗鱼(鳗鲡属)〕,〔108养殖黑鱼(鳢属)〕,〔109野生西鲤〕,〔110野生黑鲫〕,〔111野生草鱼〕,〔112野生鲢属〕,〔113野生鲮属〕,〔114野生青鱼〕,〔115其他野生鳗鱼(鳗鲡属)〕,〔116野生黑鱼(鳢属)〕

协定税率(%)															特惠税率(%)			对美税率	出口税率	出口退税率	Article Description
智利	新西兰	澳大利亚	瑞士	冰岛	秘鲁	哥斯达	东盟	亚太	新加坡	巴基斯坦	港/澳/台	韩国	格鲁吉亚	毛里求斯	亚太	老/柬/缅	LDC 97/95				
																		37	0		
0	0	0	0	2.8	0	0	0	3.5		0	0/0/	3	0	0	0	/0/0	0/0			9	---Scabbard fish(Trichiurus)
																		35	0		
0	0	0	0	0	0	0	0	3.5		0	0/0/	3	0	0	0	/0/0	0/0			9	---Yellow croaker(Pseudosicaena)
																		37	0		
0	0	0	0	0	0	0	0	3.5		0	0/0/	3	0	0	0	/0/0	0/0			9	---Butterfish (Pamus) (other than silver pomfrets)
																		37	0		
0	0	0	0	0	0	0	0	3.5		0	0/0/0	5.3	0	8	0	/0/0	0/0				---Other
																		37	0	9	
																		37	0	0	
																		37	0	9	
																		37	0	9	
																		37	0	9	
0	0	0	0	0		0	0	6.3		4	0/0/	3	0	0			0/0				--Livers, roes and milt
																		37	0	0	
																		37	0	9	
0	0	0	2.4	0	0	0	0	9		9	0/0/	3.6	0				0/0				--Shark fins
																		42	0	0	
																		42	0	9	
0	0	0	0	0	0	0	0	4.7		0	0/0/	3	0	0		/0/	0/0				--Other
																		37	0	0	
																		37	0	9	
																		37	0	9	
																					Fish fillets and other fish meat (whether or not minced), fresh, chilled or frozen:
0	0	0	2.4	0	0	0	0	5.3		4	0/0/	3.6	0	0		//0	0/0			9	--Tilapias (Oreochromis spp.)
																			0		
0	0	0	2.4	0	0	0	0	5.3		4	0/0/	3.6	0	0		//0	0/0			9	--Catfish (Pangasius spp., Silurus spp., Clarias spp., Ictalurus spp.)
																			0		
0	0	0	2.4	0	0	0	0	5.3		4	0/0/	3.6	0	0		//0	0/0			9	--Nile Perch (Lates niloticus)
																			0		
0	0	0	2.4	0	0	0	0	5.3		4	0/0/	3.6	0	0		//0	0/0			9	--Other
																			0		
																			0		
																			0		
0	0	0	2.4	0	0	0	0	5.3		4	0/0/	3.6	0	0		//0	0/0			9	--Pacific salmon (Oncorhynchus nerka, Oncorhynchus gorbuscha, Oncorhynchus keta, Oncorhynchus tschawytscha, Oncorhynchus kisutch, Oncorhynchus masou and Oncorhynchus rhodurus), Atlantic salmon (Salmo salar) and Danube salmon (Hucho hucho)
																			0		

商品编号	商品名称及备注[检验检疫编码及名称]	进口关税(%)最惠国	进口关税(%)普通	增值税率(%)	消费税	计量单位	监管条件	检验检疫类别
03044200	--鳟鱼(河鳟、虹鳟、克拉克大麻哈鱼、阿瓜大麻哈鱼、吉雨大麻哈鱼、亚利桑那大麻哈鱼、金腹大麻哈鱼)							
0304420000	鲜或冷的鳟鱼(河鳟、虹鳟、克拉克大麻哈鱼、阿瓜大麻哈鱼、吉雨大麻哈鱼、亚利桑那大麻哈鱼、金腹大麻哈鱼)的鱼片[999]	7	70	9		千克	AB	P. R/Q. S
03044300	--比目鱼(鲽科、鲆科、舌鳎科、鳎科、菱鲆科、刺鲆科)							
0304430000	鲜或冷的比目鱼(鲽科、鲆科、舌鳎科、鳎科、菱鲆科、刺鲆科)的鱼片①	7	70	9		千克	AB	P. R/Q. S
03044400	--犀鳕科、多丝真鳕科、鳕科、长尾鳕科、黑鳕科、无须鳕科、深海鳕科及南极鳕科鱼							
0304440000	鲜或冷的犀鳕科、多丝真鳕科、鳕科、长尾鳕科、黑鳕科、无须鳕科、深海鳕科及南极鳕科鱼的鱼片②	7	70	9		千克	AB	P. R/Q. S
03044500	--剑鱼							
0304450000	鲜或冷的剑鱼鱼片[999]	7	70	9		千克	ABU	P. R/Q. S
03044600	--南极犬牙鱼(南极犬牙鱼属)							
0304460000	鲜或冷的南极犬牙鱼(南极犬牙鱼属)的鱼片[999]	7	70	9		千克	ABU	P. R/Q. S
03044700	--角鲨及其他鲨鱼							
0304470010	鲜或冷的濒危鲨鱼的鱼片[999]	7	70	9		千克	ABFE	P. R/Q. S
0304470090	鲜或冷的其他鲨鱼的鱼片[999]	7	70	9		千克	AB	P. R/Q. S
03044800	--鱼及鳐鱼(鳐科)							
0304480010	鲜或冷的濒危魟鱼及鳐鱼的鱼片[999]	7	70	9		千克	ABFE	P. R/Q. S
0304480090	鲜或冷的其他魟鱼及鳐鱼的鱼片[999]	7	70	9		千克	AB	P. R/Q. S
03044900	--其他							
0304490010	鲜或冷的其他濒危鱼的鱼片[999]	7	70	9		千克	ABFE	P. R/Q. S
0304490090	鲜或冷的其他鱼的鱼片[999]	7	70	9		千克	AB	P. R/Q. S
03045100	--罗非鱼(口孵非鲫属)、鲶鱼(鲶属、鲶属、胡鲶属、真属)、鲤科鱼(鲤属、鲫属、草鱼、鲢属、鲮属、青鱼、卡特拉鲃、野鲮属、哈氏纹唇鱼、何氏细须鲃、鲂属)、鳗鱼(鳗鲡属)、尼罗河鲈鱼(尼罗尖吻鲈)及黑鱼(鳢属)							
0304510010	鲜或冷的花鳗鲡的鱼肉(不论是否绞碎)[101 养殖],[102 野生]	7	70	9		千克	ABE	
0304510020	鲜或冷的欧洲鳗鲡的鱼肉(不论是否绞碎)[101 养殖],[102 野生]	7	70	9		千克	ABEF	P. R/Q. S
0304510090	鲜或冷的罗非鱼(口孵非鲫属)、鲶鱼[(鲑)鲶属、鲶属、胡鲶属、真鮰属]、鲤科鱼(鲤属、鲫属、草鱼、鲢属、鲮属、青鱼、卡特拉鲃、野鲮属、哈氏纹唇鱼、何氏细须鲃、鲂属)、其他鳗鱼(鳗鲡属)、尼罗河鲈鱼(尼罗尖吻鲈)及黑鱼(醴属)的鱼肉③	7	70	9		千克	AB	P. R/Q. S
03045200	--鲑科鱼							
0304520000	鲜或冷的鲑科鱼的鱼肉(不论是否绞碎)[101 养殖],[102 野生]	7	70	9		千克	AB	P. R/Q. S
03045300	--犀鳕科、多丝真鳕科、鳕科、长尾鳕科、黑鳕科、无须鳕科、深海鳕科及南极鳕科鱼							
0304530000	鲜或冷的犀鳕科、多丝真鳕科、鳕科、长尾鳕科、黑鳕科、无须鳕科、深海鳕科及南极鳕科鱼的鱼肉(不论是否绞碎)④	7	70	9		千克	AB	P. R/Q. S

① [101 养殖鲽科],[102 养殖鲆科],[103 养殖舌鳎科],[104 养殖鳎科],[105 养殖菱鲆科],[106 养殖刺鲆科],[107 野生鲽科],[108 野生鲆科],[109 野生舌鳎科],[110 野生鳎科],[111 野生菱鲆科],[112 野生刺鲆科]

② [101 犀鳕科],[102 多丝真鳕科],[103 鳕科],[104 长尾鳕科],[105 黑鳕科],[106 无须鳕科],[107 深海鳕科],[108 南极鳕科鱼]

③ [101 鲜或冷的养殖罗非鱼(口孵非鲫属)],[102 鲜或冷的养殖鲶鱼(鲑)鲶属],[103 鲜或冷的养殖胡鲶属],[104 鲜或冷的养殖真鮰属],[105 鲜或冷的养殖鲤属],[106 鲜或冷的养殖鲫属],[107 鲜或冷的养殖草鱼],[108 鲜或冷的养殖鲢属],[109 鲜或冷的养殖鲮属],[110 鲜或冷的养殖青鱼],[111 鲜或冷的养殖其他鳗鱼(鳗鲡属)],[112 鲜或冷的养殖尼罗河鲈鱼(尼罗尖吻鲈)],[113 鲜或冷的养殖黑鱼(醴属)],[114 鲜或冷的野生罗非鱼(口孵非鲫属)],[115 鲜或冷的野生鲶鱼(鲑)鲶属],[116 鲜或冷的野生胡鲶属],[117 鲜或冷的野生真鮰属],[118 鲜或冷的野生鲤属],[119 鲜或冷的野生鲫属],[120 鲜或冷的野生草鱼],[121 鲜或冷的野生鲢属],[122 鲜或冷的野生鲮属],[123 鲜或冷的野生青鱼],[124 鲜或冷的野生其他鳗鱼(鳗鲡属)],[125 鲜或冷的野生尼罗河鲈鱼(尼罗尖吻鲈)],[126 鲜或冷的野生黑鱼(醴属)],[127 鲜或冷的养殖鲶属],[128 鲜或冷的养殖其他鲤科鱼(卡特拉鲃、野鲮属、哈氏纹唇鱼、何氏细须鲃、鲂属)],[129 鲜或冷的野生鲶属],[130 鲜或冷的野生其他鲤科鱼(卡特拉鲃、野鲮属、哈氏纹唇鱼、何氏细须鲃、鲂属)]

④ [101 犀鳕科],[102 多丝真鳕科],[103 鳕科],[104 长尾鳕科],[105 黑鳕科],[106 无须鳕科],[107 深海鳕科],[108 南极鳕科]

协定税率(%)															特惠税率(%)			对美税率	出口税率	出口退税率	Article Description
智利	新西兰	澳大利亚	瑞士	冰岛	秘鲁	哥斯达	东盟	亚太	新加坡	巴基斯坦	港/澳/台	韩国	格鲁吉亚	毛里求斯	亚太	老/柬/缅	LDC 97/95				
0	0	0	2.4	0	0	0	0	5.3		4	0/0/	3.6	0	0		//0	0/0			9	--Trout (Salmo trutta, Oncorhynchus mykiss, Oncorhynchus clarki, Oncorhynchus aguabonita, Oncorhynchus gilae, Oncorhynchus apache and Oncorhynchus chrysogaster)
																			0		
0	0	0	2.4	0	0	0	0	5.3		4	0/0/	3.6	0	0		//0	0/0			9	--Flat fish (Pleuronectidae, Bothidae, Cynoglossidae, Soleidae, Scophthalmidae and Citharidae)
																			0		
0	0	0	2.4	0	0	0	0	5.3		4	0/0/	3.6	0	0		//0	0/0			9	--Fish of the families Bregmacerotidae, Euclichthyidae, Gadidae, Macrouridae, Melanonidae, Merlucciidae, Moridae and Muraenolepididae
																			0		
0	0	0	2.4	0	0	0	0	5.3		4	0/0/	3.6	0	0		//0	0/0			9	--Swordfish (Xiphias gladius)
																			0		
0	0	0	2.4	0	0	0	0	5.3		4	0/0/	3.6	0	0		//0	0/0			9	--Toothfish (Dissostichus spp.)
																			0		
0	0	0	2.4	0	0	0	0	5.3		4	0/0/	3.6	0	0		//0	0/0				--Dogfish and other sharks
																			0	0	
																			0	9	
0	0	0	2.4	0	0	0	0	5.3		4	0/0/	3.6	0	0		//0	0/0				--Rays and skates (Rajidae)
																			0	0	
																			0	9	
0	0	0	2.4	0	0	0	0	5.3		4	0/0/	3.6	0	0		//0	0/0				--Other
																			0	0	
																			0	9	
0	0	0	2.4	0	0	0	0	5.3		4	0/0/	3.6	0	0		//0	0/0			9	--Tilapias (Oreochromis spp.), catfish (Pangasius spp., Silurus spp., Clarias spp., Ictalurus spp.), carp (Cyprinus spp., Carassius spp., Ctenopharyngodon idellus, Hypophthalmichthys spp., Cirrhinus spp., Mylopharyngodon piceus, Catla catla, Labeo spp., Osteochilus hasselti, Leptobarbus hoeveni, Megalobrama spp.), eels (Anguilla spp.), Nile perch (Lates niloticus) and snakeheads (Channa spp.)
																			0		
																			0		
																			0		
0	0	0	2.4	0	0	0	0	5.3		4	0/0/	3.6	0	0		//0	0/0			9	--Salmonidae
																			0		
0	0	0	2.4	0	0	0	0	5.3		4	0/0/	3.6	0	0		//0	0/0			9	--Fish of the families Bregmacerotidae, Euclichthyidae, Gadidae, Macrouridae, Melanonidae, Merlucciidae, Moridae and Muraenolepididae
																			0		

商品编号	商品名称及备注[检验检疫编码及名称]	进口关税(%) 最惠国	普通	增值税率(%)	消费税	计量单位	监管条件	检验检疫类别
03045400	--剑鱼							
0304540000	鲜或冷的剑鱼鱼肉(不论是否绞碎)〔999〕	7	70	9		千克	ABU	P. R/Q. S
03045500	--南极犬牙鱼(南极犬牙鱼属)							
0304550000	鲜或冷的南极犬牙鱼(南极犬牙鱼属)的鱼肉(不论是否绞碎)〔999〕	7	70	9		千克	ABU	P. R/Q. S
03045600	--角鲨及其他鲨鱼							
0304560010	鲜或冷的濒危鲨鱼肉(不论是否绞碎)〔999〕	7	70	9		千克	ABEF	P. R/Q. S
0304560090	鲜或冷的其他鲨鱼肉(不论是否绞碎)〔999〕	7	70	9		千克	AB	P. R/Q. S
03045700	--鱼及鳐鱼(鳐科)							
0304570010	鲜或冷的濒危魟鱼及鳐鱼的鱼肉(不论是否绞碎)〔999〕	7	70	9		千克	ABEF	P. R/Q. S
0304570090	鲜或冷的其他魟鱼及鳐鱼的鱼肉(不论是否绞碎)〔999〕	7	70	9		千克	AB	P. R/Q. S
03045900	--其他							
0304590010	鲜或冷的其他濒危鱼的鱼肉(不论是否绞碎)〔999〕	7	70	9		千克	ABEF	P. R/Q. S
0304590090	鲜或冷的其他鱼的鱼肉(不论是否绞碎)①	7	70	9		千克	AB	P. R/Q. S
03046100	--罗非鱼(口孵非鲫属)							
0304610000	冻罗非鱼(口孵非鲫属)鱼片〔999〕	7	70	9		千克	AB	P. R/Q. S
03046211	----斑点叉尾鱼							
0304621100	冻斑点叉尾鮰鱼鱼片(斑点叉尾鮰鱼亦称沟鲶,属于鲇形目、叉尾鮰科、叉尾鮰属)〔101 养殖〕,〔102 野生〕	7	70	9		千克	AB	P. R/Q. S
03046219	----其他							
0304621900	冻的其他叉尾鮰鱼片〔101 养殖〕,〔102 野生〕	7	70	9		千克	AB	P. R/Q. S
03046290	---其他							
0304629000	冻的其他鲶鱼[(鲃)鲶属、鲶属、胡鲶属、真鮰属]鱼片②	7	70	9		千克	AB	P. R/Q. S
03046300	--尼罗河鲈鱼(尼罗尖吻鲈)							
0304630000	冻的尼罗河鲈鱼(尼罗尖吻鲈)鱼片〔999〕	7	70	9		千克	AB	P. R/Q. S
03046900	--其他							
0304690010	冻的花鳗鲡鱼片〔101 养殖〕,〔102 野生〕	7	70	9		千克	ABE	P. R/Q. S
0304690020	冻的欧洲鳗鲡鱼片〔101 养殖〕,〔102 野生〕	7	70	9		千克	ABEF	P. R/Q. S
0304690090	冻的鲤科鱼(鲤属、鲫属、草鱼、鲢属、鲮属、青鱼、卡特拉鲃、野鲮属、哈氏纹唇鱼、何氏细须鲃、鲂属)、其他鳗鱼(鳗鲡属)及黑鱼(鳢属)的鱼片③	7	70	9		千克	AB	P. R/Q. S
03047100	--鳕鱼(大西洋鳕鱼、格陵兰鳕鱼、太平洋鳕鱼)							
0304710000	冻的鳕鱼(大西洋鳕鱼、格陵兰鳕鱼、太平洋鳕鱼)鱼片〔101 大西洋鳕鱼〕,〔102 太平洋鳕鱼〕,〔103 格陵兰鳕鱼〕	7	70	9		千克	AB	P. R/Q. S
03047200	--黑线鳕鱼(黑线鳕)							
0304720000	冻的黑线鳕鱼(黑线鳕)鱼片〔999〕	7	70	9		千克	AB	P. R/Q. S
03047300	--绿青鳕鱼							
0304730000	冻的绿青鳕鱼鱼片〔999〕	7	70	9		千克	AB	P. R/Q. S
03047400	--狗鳕鱼(无须鳕属、长鳍鳕属)							
0304740000	冻的狗鳕鱼(无须鳕属、长鳍鳕属)鱼片〔101 无须鳕属〕,〔102 长鳍鳕属〕	7	70	9		千克	AB	P. R/Q. S
03047500	--狭鳕鱼							
0304750000	冻的狭鳕鱼鱼片〔999〕	7	70	9		千克	AB	P. R/Q. S
03047900	--其他							
0304790000	冻的犀鳕科、多丝真鳕科、鳕科、长尾鳕科、黑鳕科、无须鳕科、深海鳕科及南极鳕科鱼的鱼片④	7	70	9		千克	AB	P. R/Q. S
03048100	--大麻哈鱼[红大麻哈鱼、细鳞大麻哈鱼、大麻哈鱼(种)、大鳞大麻哈鱼、银大麻哈鱼、马苏大麻哈鱼、玫瑰大麻哈鱼]、大西洋鲑鱼及多瑙哲罗鱼							

① 〔101 养殖石斑鱼〕,〔102 养殖鲥鱼〕,〔103 养殖鲷科(非生食)〕,〔104 养殖鲷科(可能用于生食)〕,〔105 养殖安康鱼〕,〔106 养殖海鲂〕,〔107 养殖鲆鱼〕,〔108 养殖其他鱼〕,〔109 野生鲷科(非生食)〕,〔110 野生鲷科(可能用于生食)〕,〔111 野生石斑鱼〕,〔112 野生鲥鱼〕,〔113 野生安康鱼〕,〔114 野生海鲂〕,〔115 野生鲆鱼〕,〔116 野生鲽鱼〕,〔117 海鲫鱼〕,〔118 金线鱼〕,〔119 马面鱼〕,〔120 马鲛鱼〕,〔121 野生其他鱼〕

② 〔101 养殖(鲃)鲶属〕,〔102 养殖胡鲶属〕,〔103 养殖真鮰属〕,〔104 野生(鲃)鲶属〕,〔105 野生胡鲶属〕,〔106 野生真鮰属〕,〔107 养殖鲶属〕,〔108 野生鲶属〕

③ 〔101 冻的养殖鲤属〕,〔102 冻的养殖鲫属〕,〔103 冻的养殖草鱼〕,〔104 冻的养殖鲢属〕,〔105 冻的养殖鲮属〕,〔106 冻的养殖青鱼〕,〔107 冻的养殖其他鳗鱼(鳗鲡属)〕,〔108 冻的养殖黑鱼(鳢属)〕,〔109 冻的野生鲤属〕,〔110 冻的野生鲫属〕,〔111 冻的野生草鱼〕,〔112 冻的野生鲢属〕,〔113 冻的野生鲮属〕,〔114 冻的野生青鱼〕,〔115 冻的野生其他鳗鱼(鳗鲡属)〕,〔116 冻的野生黑鱼(鳢属)〕,〔117 冻的养殖其他鲤科鱼(卡特拉鲃、野鲮属、哈氏纹唇鱼、何氏细须鲃、鲂属)〕,〔118 冻的野生其他鲤科鱼(卡特拉鲃、野鲮属、哈氏纹唇鱼、何氏细须鲃、鲂属)〕

④ 〔101 犀鳕科〕,〔102 多丝真鳕科〕,〔103 鳕科〕,〔104 长尾鳕科〕,〔105 黑鳕科〕,〔106 无须鳕科〕,〔107 深海鳕科〕,〔108 南极鳕科〕

协定税率(%) 智利	新西兰	澳大利亚	瑞士	冰岛	秘鲁	哥斯达	东盟	亚太	新加坡	巴基斯坦	港/澳/台	韩国	格鲁吉亚	毛里求斯	特惠税率(%) 亚太	老/柬/缅	LDC 97/95	对美税率	出口税率	出口退税率	Article Description
0	0	0	2.4	0	0	0	0	5.3		4	0/0/	3.6	0	0		//0	0/0			9	--Swordfish (Xiphias gladius)
																			0		
0	0	0	2.4	0	0	0	0	5.3		4	0/0/	3.6	0	0		//0	0/0			9	--Toothfish (Dissostichus spp.)
																			0		
0	0	0	2.4	0	0	0	0	5.3		4	0/0/	3.6	0	0		//0	0/0				--Dogfish and other sharks
																			0	0	
																			0	9	
0	0	0	2.4	0	0	0	0	5.3		4	0/0/	3.6	0	0		//0	0/0				--Rays and skates (Rajidae)
																			0	0	
																			0	9	
0	0	0	2.4	0	0	0	0	5.3		4	0/0/	3.6	0	0		//0	0/0				--Other
																			0	0	
																			0	9	
0	0	0	0	0	0	0	0			4	0/0/	3	0	0		/0/0	0/0			9	--Tilapias (Oreochromis spp.)
																		37	0		
0	0	0	0	0	0	0	0			4	0/0/	3	0	0			0/0			9	----Channel catfish (Ictalurus Punctatus)
																		37	0		
0	0	0	0	0	0	0	0			4	0/0/	3	0	0			0/0			9	----Other
																		37	0		
0	0	0	0	0	0	0	0			4	0/0/0	3	0	0		/0/0	0/0			9	---Other
																		37	0		
0	0	0	0	0	0	0	0			4	0/0/0	3	0	0		/0/0	0/0			9	--Nile Perch (Lates niloticus)
																		37	0		
0	0	0	0	0	0	0	0			4	0/0/0	3	0	0		/0/0	0/0			9	--Other
																		37	0		
																		37	0		
																		37	0		
0	0	0	0	0	0	0	0			4	0/0/0	3	0	0		/0/0	0/0			9	--Cod (Gadus morhua, Gadus ogac, Gadus macrocephalus)
																		37	0		
0	0	0	0	0	0	0	0			4	0/0/0	3	0	0		/0/0	0/0			9	--Haddock (Melanogrammus aeglefinus)
																		37	0		
0	0	0	0	0	0	0	0			4	0/0/0	3	0	0		/0/0	0/0			9	--Coalfish (Pollachius virens)
																		37	0		
0	0	0	0	0	0	0	0			4	0/0/0	3	0	0		/0/0	0/0			9	--Hake (Merluccius spp., Urophycis spp.)
																		37	0		
0	0	0	0	0	0	0	0			4	0/0/0	3	0	0		/0/0	0/0			9	--Alaska Pollack (Theragra chalcogramma)
																		37	0		
0	0	0	0	0	0	0	0			4	0/0/0	3	0	0		/0/0	0/0			9	--Other
																		37	0		
0	0	0	0	0	0	0	0			4	0/0/0	3	0	0		/0/0	0/0			9	--Pacific salmon (Oncorhynchus nerka, Oncorhynchus gorbuscha, Oncorhynchus keta, Oncorhynchus tschawytscha, Oncorhynchus kisutch, Oncorhynchus masou and Oncorhynchus rhodurus), Atlantic salmon (Salmo salar) and Danube salmon (Hucho hucho)

商品编号	商品名称及备注[检验检疫编码及名称]	进口关税(%)		增值税率(%)	消费税	计量单位	监管条件	检验检疫类别
		最惠国	普通					
0304810000	冻的大麻哈鱼〔红大麻哈鱼、细磷大麻哈鱼、大麻哈鱼(种)、大鳞大麻哈鱼、银大麻哈鱼、马苏大麻哈鱼、玫瑰大麻哈鱼〕、大西洋鲑鱼及多瑙哲罗鱼鱼片①	7	70	9		千克	AB	P. R/Q. S
03048200	--鳟鱼(河鳟、虹鳟、克拉克大麻哈鱼、阿瓜大麻哈鱼、吉雨大麻哈鱼、亚利桑那大麻哈鱼、金腹大麻哈鱼)							
0304820000	冻的鳟鱼(河鳟、虹鳟、克拉克大麻哈鱼、阿瓜大麻哈鱼、吉雨大麻哈鱼、亚利桑那大麻哈鱼、金腹大麻哈鱼) 鱼片②	7	70	9		千克	AB	P. R/Q. S
03048300	--比目鱼(鲽科、鲆科、舌鳎科、鳎科、菱鲆科、刺鲆科)							
0304830000	冻的比目鱼(鲽科、鲆科、舌鳎科、鳎科、菱鲆科、刺鲆科) 鱼片③	7	70	9		千克	AB	P. R/Q. S
03048400	--剑鱼							
0304840000	冻剑鱼鱼片〔999〕	7	70	9		千克	ABU	P. R/Q. S
03048500	--南极犬牙鱼(南极犬牙鱼属)							
0304850000	冻南极犬牙鱼(南极犬牙鱼属)鱼片〔999〕	7	70	9		千克	ABU	P. R/Q. S
03048600	--鲱鱼(大西洋鲱鱼、太平洋鲱鱼)							
0304860000	冻的鲱鱼(大西洋鲱鱼、太平洋鲱鱼)鱼片〔101 大西洋鲱鱼〕,〔102 太平洋鲱鱼〕	7	70	9		千克	AB	P. R/Q. S
03048700	--金枪鱼(金枪鱼属)、鲣鱼或狐鲣(鲣)							
0304870000	冻的金枪鱼(金枪鱼属)、鲣鱼或狐鲣(鲣)鱼片〔101 金枪鱼(金枪鱼属)〕,〔102 鲣鱼或狐鲣(鲣)〕	7	70	9		千克	AB	P. R/Q. S
03048800	--角鲨、其他鲨鱼、鱼及鳐鱼(鳐科)							
0304880010	冻的濒危鲨鱼、魟鱼及鳐鱼的鱼片〔999〕	7	70	9		千克	ABEF	P. R/Q. S
0304880090	冻的其他鲨鱼、魟鱼及鳐鱼的鱼片〔999〕	7	70	9		千克	AB	P. R/Q. S
03048900	--其他							
0304890010	冻的其他濒危鱼片〔999〕	7	70	9		千克	ABEF	P. R/Q. S
0304890090	冻的其他鱼片〔999〕	7	70	9		千克	AB	P. R/Q. S
03049100	--剑鱼							
0304910000	其他冻剑鱼(Xiphias gladius)肉(不论是否绞碎)〔999〕	7	70	9		千克	ABU	P. R/Q. S
03049200	--南极犬牙鱼(南极犬牙鱼属)							
0304920000	其他冻南极犬牙鱼肉((Toothfish, Dissostichus spp.)不论是否绞碎)〔999〕	7	70	9		千克	ABU	P. R/Q. S
03049300	--罗非鱼(口孵非鲫属)、鲶鱼(鲶属、鲶属、胡鲶属、真属)、鲤科鱼(鲤属、鲫属、草鱼、鲢属、鲮属、青鱼、卡特拉鲃、野鲮属、哈氏纹唇鱼、何氏细须鲃、鲂属)、鳗鱼(鳗鲡属)、尼罗河鲈鱼(尼罗尖吻鲈)及黑鱼(鳢属)							
0304930010	冻的花鳗鲡鱼肉(不论是否绞碎)〔101 养殖〕,〔102 野生〕	7	70	9		千克	ABE	P. R/Q. S
0304930020	冻的欧洲鳗鲡鱼肉(不论是否绞碎)〔101 养殖〕,〔102 野生〕	7	70	9		千克	ABEF	P. R/Q. S

① 〔101 养殖大西洋鲑鱼(非生食)〕,〔102 养殖大西洋鲑鱼(可能用于生食)〕,〔103 养殖红大麻哈鱼〕,〔104 养殖细磷大麻哈鱼〕,〔105 养殖大麻哈鱼〕,〔106 养殖大鳞大麻哈鱼〕,〔107 养殖银大麻哈鱼〕,〔108 养殖马苏大麻哈鱼〕,〔109 养殖玫瑰大麻哈鱼〕,〔110 野生大西洋鲑鱼(非生食)〕,〔111 野生大西洋鲑鱼(可能用于生食)〕,〔112 野生红大麻哈鱼〕,〔113 野生细磷大麻哈鱼〕,〔114 野生大麻哈鱼〕,〔115 野生大鳞大麻哈鱼〕,〔116 野生银大麻哈鱼〕,〔117 野生马苏大麻哈鱼〕,〔118 野生玫瑰大麻哈鱼〕,〔119 多瑙哲罗鱼〕

② 〔101 养殖河鳟〕,〔102 养殖虹鳟〕,〔103 野生河鳟〕,〔104 野生虹鳟〕,〔105 克拉克大麻哈鱼〕,〔106 阿瓜大麻哈鱼〕,〔107 吉雨大麻哈鱼鱼〕,〔108 亚利桑那大麻哈鱼〕,〔109 金腹大麻哈鱼〕

③ 〔101 养殖鲽科〕,〔102 养殖鲆科〕,〔103 养殖舌鳎科〕,〔104 养殖鳎科〕,〔105 养殖菱鲆科〕,〔106 养殖刺鲆科〕,〔107 野生鲽科〕,〔108 野生鲆科〕,〔109 野生舌鳎科〕,〔110 野生鳎科〕,〔111 野生菱鲆科〕,〔112 野生刺鲆科〕

协定税率(%)															特惠税率(%)			对美税率	出口税率	出口退税率	Article Description
智利	新西兰	澳大利亚	瑞士	冰岛	秘鲁	哥斯达	东盟	亚太	新加坡	巴基斯坦	港/澳/台	韩国	格鲁吉亚	毛里求斯	亚太	老/柬/缅	LDC 97/95				
																		37	0		
0	0	0	0	0	0	0	0			4	0/0/0	3	0	0		/0/0	0/0			9	--Trout (Salmo trutta, Oncorhynchus mykiss, Oncorhynchus clarki, Oncorhynchus aguabonita, Oncorhynchus gilae, Oncorhynchus apache and Oncorhynchus chrysogaster)
																		37	0		
0	0	0	0	0	0	0	0			4	0/0/0	3	0	0		/0/0	0/0			9	--Flat fish (Pleuronectidae, Bothidae, Cynoglossidae, Soleidae, Scophthalmidae and Citharidae)
																		37	0		
0	0	0	0	0	0	0	0			4	0/0/	3	0	0		/0/0	0/0			9	--Swordfish (Xiphias gladius)
																		37	0		
0	0	0	0	0	0	0	0			4	0/0/	3	0	0		/0/0	0/0			9	--Toothfish (Dissostichus spp.)
																		37	0		
0	0	0	0	0	0	0	0			4	0/0/0	3	0	0		/0/0	0/0			9	--Herrings (Clupea harengus, Clupea pallasii)
																		37	0		
0	0	0	0	0	0	0	0			4	0/0/0	3	0	8		/0/0	0/0			9	--Tunas (of the genus Thunnus), skipjack or stripe-bellied bonito (Euthynnus (Katsuwonus) pelamis)
																		37	0		
0	0	0	0	0	0	0	0			4	0/0/0	3	0	0		/0/0	0/0				--Dogfish, other sharks, rays and skates (Rajidae)
																		37	0	0	
																		37	0	9	
0	0	0	0	0	0	0	0			4	0/0/0	3	0	0		/0/0	0/0				--Other
																		37	0	0	
																		37	0	9	
0	0	0	0	0	0	0	0			4	0/0/	3	0	0	0	//0	0/0			9	--Swordfish (Xiphias gladius)
																		37	0		
0	0	0	0	0	0	0	0			4	0/0/	3	0	0	0	//0	0/0			9	--Toothfish (Dissostichus spp.)
																		37	0		
0	0	0	0	0	0	0	0			0	0/0/	3	0	0	0	//0	0/0			9	--Tilapias (Oreochromis spp.), catfish (Pangasius spp., Silurus spp., Clarias spp., Ictalurus spp.), carp (Cyprinus spp., Carassius spp., Ctenopharyngodon idellus, Hypophthalmichthys spp., Cirrhinus spp., Mylopharyngodon piceus, Catla catla, Labeo spp., Osteochilus hasselti, Leptobarbus hoeveni, Megalobrama spp.), eels (Anguilla spp.), Nile perch (Lates niloticus) and snakeheads (Channa spp.)
																		37	0		
																		37	0		

商品编号	商品名称及备注[检验检疫编码及名称]	进口关税(%)		增值税率(%)	消费税	计量单位	监管条件	检验检疫类别
		最惠国	普通					
0304930090	冻的罗非鱼(口孵非鲫属)、鲶鱼[(鮀)鲶属、鲶属、胡鲶属、真鮰属]、鲤科鱼(鲤属、鲫属、草鱼、鲢属、鳑属、青鱼、卡特拉鲃、野鲮属、哈氏纹唇鱼、何氏细须鲃、鲂属)、其他鳗鱼(鳗鲡属)、尼罗河鲈鱼(尼罗尖吻鲈)及黑鱼(鳢属)鱼肉(不论是否绞碎)①	7	70	9		千克	AB	P. R/Q. S
03049400	--狭鳕鱼							
0304940000	冻的狭鳕鱼鱼肉(不论是否绞碎)〔999〕	7	70	9		千克	AB	P. R/Q. S
03049500	--犀鳕科、多丝真鳕科、鳕科、长尾鳕科、黑鳕科、无须鳕科、深海鳕科及南极鳕科鱼,狭鳕鱼除外							
0304950000	冻的犀鳕科、多丝真鳕科、鳕科、长尾鳕科、黑鳕科、无须鳕科、深海鳕科及南极鳕科鱼的鱼肉(狭鳕鱼除外,不论是否绞碎)②	7	70	9		千克	AB	P. R/Q. S
03049600	--角鲨及其他鲨鱼							
0304960010	冻的濒危鲨鱼肉(不论是否绞碎)〔999〕	7	70	9		千克	ABFE	P. R/Q. S
0304960090	冻的其他鲨鱼肉(不论是否绞碎)〔999〕	7	70	9		千克	AB	P. R/Q. S
03049700	--魟鱼及鳐鱼(鳐科)							
0304970010	冻的濒危魟鱼及鳐鱼的鱼肉(不论是否绞碎)〔999〕	7	70	9		千克	ABFE	P. R/Q. S
0304970090	冻的其他魟鱼及鳐鱼的鱼肉(不论是否绞碎)〔999〕	7	70	9		千克	AB	P. R/Q. S
03049900	--其他							
0304990010	冻的其他濒危鱼的鱼肉(不论是否绞碎)〔999〕	7	70	9		千克	ABFE	P. R/Q. S
0304990090	其他冻鱼肉(不论是否绞碎)③	7	70	9		千克	AB	P. R/Q. S
0305	**干、盐腌或盐渍的鱼;熏鱼,不论在熏制前或熏制过程中是否烹煮;适合供人食用的鱼的细粉、粗粉及团粒:**							
03051000	-适合供人食用的鱼的细粉、粗粉及团粒							
0305100000	供人食用的鱼粉及团粒〔101 养殖〕,〔102 野生〕	7	80	9		千克	AB	P. R/Q. S
03052000	-干、熏、盐腌或盐渍的鱼肝、鱼卵及鱼精							
0305200010	干、熏、盐制的濒危鱼种肝、卵及鱼精④	7	80	9		千克	ABFE	P. R/Q. S
0305200090	其他干、熏、盐制的鱼肝、鱼卵及鱼精⑤	7	80	9		千克	AB	P. R/Q. S
03053100	--罗非鱼(口孵非鲫属)、鲶鱼(鲶属、鲶属、胡鲶属、真属)、鲤科鱼(鲤属、鲫属、草鱼、鲢属、鳑属、青鱼、卡特拉鲃、野鲮属、哈氏纹唇鱼、何氏细须鲃、鲂属)、鳗鱼(鳗鲡属)、尼罗河鲈鱼(尼罗尖吻鲈)及黑鱼(鳢属)							
0305310010	干、盐腌或盐渍的花鳗鲡鱼片(熏制的除外)⑥	7	80	9		千克	ABE	P. R/Q. S
0305310020	干、盐腌或盐渍的欧洲鳗鲡鱼片(熏制的除外)⑦	7	80	9		千克	ABEF	P. R/Q. S

① 〔101 冻的养殖罗非鱼(口孵非鲫属)〕,〔102 冻的养殖(鮀)鲶属〕,〔103 冻的养殖胡鲶属〕,〔104 冻的养殖真鮰属〕,〔105 冻的养殖鲤属〕,〔106 冻的养殖鲫属〕,〔107 冻的养殖草鱼〕,〔108 冻的养殖鲢属〕,〔109 冻的养殖鳑属〕,〔110 冻的养殖青鱼(鲤科鱼)〕,〔111 冻的养殖其他鳗鱼(鳗鲡属)〕,〔112 冻的养殖尼罗河鲈鱼(尼罗尖吻鲈)〕,〔113 冻的养殖黑鱼(醴属)〕,〔114 冻的野生罗非鱼(口孵非鲫属)〕,〔115 冻的野生(鮀)鲶属〕,〔116 冻的野生胡鲶属〕,〔117 冻的野生真鮰属〕,〔118 冻的野生鲤属〕,〔119 冻的野生鲫属〕,〔120 冻的野生草鱼〕,〔121 冻的野生鲢属〕,〔122 冻的野生鳑属〕,〔123 冻的野生青鱼〕,〔124 冻的野生其他鳗鱼(鳗鲡属)〕,〔125 冻的野生尼罗河鲈鱼(尼罗尖吻鲈)〕,〔126 冻的野生黑鱼(鳢属)〕,〔127 冻的养殖鲶属〕,〔128 冻的养殖其他鲤科鱼(卡特拉鲃、野鲮属、哈氏纹唇鱼、何氏细须鲃、鲂属)〕,〔129 冻的野生鲶属〕,〔130 冻的野生其他鲤科鱼(卡特拉鲃、野鲮属、哈氏纹唇鱼、何氏细须鲃、鲂属)〕

② 〔101 犀鳕科〕,〔102 多丝真鳕科〕,〔103 鳕科〕,〔104 长尾鳕科〕,〔105 黑鳕科〕,〔106 无须鳕科〕,〔107 深海鳕科〕,〔108 南极鳕科鱼〕

③ 〔101 养殖石斑鱼〕,〔102 养殖鲥鱼〕,〔103 养殖鲷科〕,〔104 养殖安康鱼〕,〔105 养殖海鲂〕,〔106 养殖鲆鱼〕,〔107 养殖鲽鱼〕,〔108 养殖红鱼〕,〔109 养殖其他鱼〕,〔110 野生石斑鱼〕,〔111 野生鲥鱼〕,〔112 野生鲷科〕,〔113 野生安康鱼〕,〔114 野生海鲂〕,〔115 野生鲆鱼〕,〔116 野生鲽鱼〕,〔117 野生红鱼〕,〔118 海鲫鱼〕,〔119 金线鱼〕,〔120 马面鱼〕,〔121 马鲛鱼〕,〔122 野生其他鱼〕

④ 〔101 干制的养殖濒危鱼鱼肝〕,〔102 干制的野生濒危鱼鱼肝〕,〔103 干制的养殖濒危鱼鱼卵〕,〔104 干制的野生濒危鱼鱼卵〕,〔105 干制的养殖濒危鱼鱼精〕,〔106 干制的野生濒危鱼鱼精〕,〔107 熏制的养殖濒危鱼鱼肝〕,〔108 熏制的野生濒危鱼鱼肝〕,〔109 熏制的养殖濒危鱼鱼卵〕,〔110 熏制的野生濒危鱼鱼卵〕,〔111 熏制的养殖濒危鱼鱼精〕,〔112 熏制的野生濒危鱼鱼精〕,〔113 盐制的养殖濒危鱼鱼肝〕,〔114 盐制的野生濒危鱼鱼肝〕,〔115 盐制的养殖濒危鱼鱼卵〕,〔116 盐制的野生濒危鱼鱼卵〕,〔117 盐制的养殖濒危鱼鱼精〕,〔118 盐制的野生濒危鱼鱼精〕,〔999〕

⑤ 〔101 干制〕,〔102 熏制〕,〔103 盐制〕,〔111 其他干制的养殖鱼鱼肝〕,〔112 其他干制的野生鱼鱼肝〕,〔113 其他干制的养殖鱼鱼卵〕,〔114 其他干制的野生鱼鱼卵〕,〔115 其他干制的养殖鱼鱼精〕,〔116 其他干制的野生鱼鱼精〕,〔117 其他熏制的养殖鱼鱼肝〕,〔118 其他熏制的野生鱼鱼肝〕,〔119 其他熏制的养殖鱼鱼卵〕,〔120 其他熏制的野生鱼鱼卵〕,〔121 其他熏制的养殖鱼鱼精〕,〔122 其他熏制的野生鱼鱼精〕,〔123 其他盐制的养殖鱼鱼肝〕,〔124 其他盐制的野生鱼鱼肝〕,〔125 其他盐制的养殖鱼鱼卵〕,〔126 其他盐制的野生鱼鱼卵〕,〔127 其他盐制的养殖鱼鱼精〕,〔128 其他盐制的野生鱼鱼精〕

⑥ 〔101 干制的养殖花鳗鲡〕,〔102 盐腌或盐渍的养殖花鳗鲡〕,〔103 干制的野生花鳗鲡〕,〔104 盐腌或盐渍的野生花鳗鲡〕

⑦ 〔101 干制的养殖欧洲鳗鲡〕,〔102 盐腌或盐渍的养殖欧洲鳗鲡〕,〔103 干制的野生欧洲鳗鲡〕,〔104 盐腌或盐渍的野生欧洲鳗鲡鱼片(熏制的除外)〕

协定税率(%)															特惠税率(%)			对美税率	出口税率	出口退税率	Article Description
智利	新西兰	澳大利亚	瑞士	冰岛	秘鲁	哥斯达	东盟	亚太	新加坡	巴基斯坦	港/澳/台	韩国	格鲁吉亚	毛里求斯	亚太	老/柬/缅	LDC 97/95				
																		37	0		
0	0	0	0	0	0	0	0			4	0/0/	3	0	0	0	//0	0/0			9	--Alaska Pollack (Theragra chalcogramma)
																		37	0		
0	0	0	0	0	0	0	0			4	0/0/	3	0	0	0	//0	0/0			9	--Fish of the families Bregmacerotidae, Euclichthyidae, Gadidae, Macrouridae, Melanonidae, Merlucciidae, Moridae and Muraenolepididae, other than Alaska Pollack (Theragra chalcogramma)
																		37	0		
0	0	0	0	0	0	0	0			0	0/0/	3	0	0	0	//0	0/0				--Dogfish and other sharks
																		37	0	0	
																		37	0	9	
0	0	0	0	0	0	0	0			0	0/0/	3	0	0	0	//0	0/0				--Rays and skates (Rajidae)
																		37	0	0	
																		37	0	9	
0	0	0	0	0	0	0	0			0	0/0/	3	0	0	0	//0	0/0				--Other
																		37	0	0	
																		37	0	9	
																					Fish dried, salted or in brine; smoked fish, whether or not cooked before or during the smoking process; flours, meals and pellets of fish, fit for human consumption:
0	0	0	0	0	0	0	0			4	0/0/	3	0	0			0/0				-Flours, meals and pellets of fish, fit for human consumption
																		37	0	9	
0	0	0		0		0	0			4	0/0/	3	0	0			0/0				-Livers, roes and milt of fish, dried, smoked, salted or in brine
																		37	0	0	
																		37	0	9	
0	0	0		0	0	0	0	5.5		4	0/0/	3	0	0	0	//0	0/0				--Tilapias (Oreochromis spp.), catfish (Pangasius spp., Silurus spp., Clarias spp., Ictalurus spp.), carp (Cyprinus spp., Carassius spp., Ctenopharyngodon idellus, Hypophthalmichthys spp., Cirrhinus spp., Mylopharyngodon piceus, Catla catla, Labeo spp., Osteochilus hasselti, Leptobarbus hoeveni, Megalobrama spp.), eels (Anguilla spp.), Nile perch (Lates niloticus) and snakeheads (Channa spp.)
																			0	9	
																			0	9	

商品编号	商品名称及备注[检验检疫编码及名称]	进口关税(%)		增值税率(%)	消费税	计量单位	监管条件	检验检疫类别
		最惠国	普通					
0305310090	干、盐腌或盐渍的罗非鱼(口孵非鲫属)、鲶鱼[(鲑)鲶属、鲶属、胡鲶属、真鮰属]、鲤科鱼(鲤属、鲫属、草鱼、鲢属、鲮属、青鱼、卡特拉鲃、野鲮属、哈氏纹唇鱼、何氏细须鲃、鲂属)、鳗鱼(鳗鲡属)、尼罗河鲈鱼(尼罗尖吻鲈)及黑鱼(鳢属)的鱼片(熏制的除外)①	7	80	9		千克	AB	P. R/Q. S
03053200	--犀鳕科、多丝真鳕科、鳕科、长尾鳕科、黑鳕科、无须鳕科、深海鳕科及南极鳕科鱼							
0305320000	干、盐腌或盐渍的犀鳕科、多丝真鳕科、鳕科、长尾鳕科、黑鳕科、无须鳕科、深海鳕科及南极鳕科的鱼片(熏制的除外)②	7	80	9		千克	AB	P. R/Q. S
03053900	--其他							
0305390010	干、盐腌或盐渍的濒危鱼类的鱼片(熏制的除外)〔999〕	7	80	9		千克	ABEF	P. R/Q. S
0305390090	其他干、盐腌或盐渍的鱼片(熏制的除外)③	7	80	9		千克	AB	P. R/Q. S
03054110	---大西洋鲑鱼							
0305411000	熏大西洋鲑鱼及鱼片(食用杂碎除外)〔101 养殖〕,〔102 野生〕	14	80	9		千克	AB	P. R/Q
03054120	---大麻哈鱼及多瑙哲罗鱼							
0305412000	熏大麻哈鱼、多瑙哲罗鱼及鱼片(食用杂碎除外)④	7	80	9		千克	AB	P. R/Q
03054200	--鲱鱼(大西洋鲱鱼、太平洋鲱鱼)							
0305420000	熏制鲱鱼(大西洋鲱鱼、太平洋鲱鱼)及鱼片(食用杂碎除外)⑤	7	80	9		千克	AB	P. R/Q
03054300	--鳟鱼(河鳟、虹鳟、克拉克大麻哈鱼、阿瓜大麻哈鱼、吉雨大麻哈鱼、亚利桑那大麻哈鱼、金腹大麻哈鱼)							
0305430000	熏制鳟鱼(河鳟、虹鳟、克拉克大麻哈鱼、阿瓜大麻哈鱼、吉雨大麻哈鱼、亚利桑那大麻哈鱼、金腹大麻哈鱼)及鱼片(食用杂碎除外)⑥	14	80	9		千克	AB	P. R/Q. S
03054400	--罗非鱼(口孵非鲫属)、鲶鱼(鲶属、鲶属、胡鲶属、真属)、鲤科鱼(鲤属、鲫属、草鱼、鲢属、鲮属、青鱼、卡特拉鲃、野鲮属、哈氏纹唇鱼、何氏细须鲃、鲂属)、鳗鱼(鳗鲡属)、尼罗河鲈鱼(尼罗尖吻鲈)及黑鱼(鳢属)							
0305440010	熏制花鳗鲡及鱼片(食用杂碎除外)〔101 养殖〕,〔102 野生〕	7	80	9		千克	ABE	P. R/Q. S
0305440020	熏制欧洲鳗鲡及鱼片(食用杂碎除外)〔101 养殖〕,〔102 野生〕	7	80	9		千克	ABEF	P. R/Q. S

① 〔101 干制的养殖罗非鱼(口孵非鲫属)〕,〔102 干制的养殖(鲑)鲶属〕,〔103 干制的养殖胡鲶属〕,〔104 干制的养殖真鮰属〕,〔105 干制的养殖西鲤〕,〔106 干制的养殖黑鲫〕,〔107 干制的养殖草鱼〕,〔108 干制的养殖鲢属〕,〔109 干制的养殖鲮属〕,〔110 干制的养殖青鱼〕,〔111 干制的养殖其他鳗鱼(鳗鲡属)〕,〔112 干制的养殖尼罗河鲈鱼(尼罗尖吻鲈)〕,〔113 干制的养殖黑鱼(醴属)〕,〔114 盐腌或盐渍的养殖罗非鱼(口孵非鲫属)〕,〔115 盐腌或盐渍的养殖(鲑)鲶属〕,〔116 盐腌或盐渍的养殖胡鲶属〕,〔117 盐腌或盐渍的养殖真鮰属〕,〔118 盐腌或盐渍的养殖西鲤〕,〔119 盐腌或盐渍的养殖黑鲫〕,〔120 盐腌或盐渍的养殖草鱼〕,〔121 盐腌或盐渍的养殖鲢属〕,〔122 盐腌或盐渍的养殖鲮属〕,〔123 盐腌或盐渍的养殖青鱼〕,〔124 盐腌或盐渍的养殖其他鳗鱼(鳗鲡属)〕,〔125 盐腌或盐渍的养殖尼罗河鲈鱼(尼罗尖吻鲈)〕,〔126 盐腌或盐渍的养殖黑鱼(醴属)〕,〔127 干制的野生罗非鱼(口孵非鲫属)〕,〔128 干制的野生(鲑)鲶属〕,〔129 干制的野生胡鲶属〕,〔130 干制的野生真鮰属〕,〔131 干制的野生西鲤〕,〔132 干制的野生黑鲫〕,〔133 干制的野生草鱼〕,〔134 干制的野生鲢属〕,〔135 干制的野生鲮属〕,〔136 干制的野生青鱼〕,〔137 干制的野生其他鳗鱼(鳗鲡属)〕,〔138 干制的野生尼罗河鲈鱼(尼罗尖吻鲈)〕,〔139 干制的野生黑鱼(醴属)〕,〔140 盐腌或盐渍的野生罗非鱼(口孵非鲫属)〕,〔141 盐腌或盐渍的野生(鲑)鲶属〕,〔142 盐腌或盐渍的野生胡鲶属〕,〔143 盐腌或盐渍的野生真鮰属〕,〔144 盐腌或盐渍的野生西鲤〕,〔145 盐腌或盐渍的野生黑鲫〕,〔146 盐腌或盐渍的野生草鱼〕,〔147 盐腌或盐渍的野生鲢属〕,〔148 盐腌或盐渍的野生鲮属〕,〔149 盐腌或盐渍的野生青鱼〕,〔150 盐腌或盐渍的野生其他鳗鱼(鳗鲡属)〕,〔151 盐腌或盐渍的野生尼罗河鲈鱼(尼罗尖吻鲈)〕,〔152 盐腌或盐渍的野生黑鱼(醴属)〕,〔161 干制的养殖鱼〕,〔162 干制的野生鱼〕,〔163 盐腌或盐渍的养殖鱼〕,〔164 盐腌或盐渍的野生鱼〕

② 〔101 干制的犀鳕科〕,〔102 干制的多丝真鳕科〕,〔103 干制的鳕科〕,〔104 干制的长尾鳕科〕,〔105 干制的黑鳕科〕,〔106 干制的无须鳕科〕,〔107 干制的深海鳕科〕,〔108 干制的南极鳕科〕,〔109 盐腌或盐渍的犀鳕科〕,〔110 盐腌或盐渍的多丝真鳕科〕,〔111 盐腌或盐渍的鳕科〕,〔112 盐腌或盐渍的长尾鳕科〕,〔113 盐腌或盐渍的黑鳕科〕,〔114 盐腌或盐渍的无须鳕科〕,〔115 盐腌或盐渍的深海鳕科〕,〔116 盐腌或盐渍的南极鳕科〕

③ 〔101 干制的养殖石斑鱼〕,〔102 干制的养殖鲥鱼〕,〔103 干制的养殖鲷科〕,〔104 干制的养殖安康鱼〕,〔105 干制的养殖海鲂〕,〔106 干制的养殖鲆鱼〕,〔107 干制的养殖鲽鱼〕,〔108 干制的养殖红鱼〕,〔109 干制的养殖杂鱼〕,〔110 盐腌或盐渍的养殖石斑鱼〕,〔111 盐腌或盐渍的养殖鲥鱼〕,〔112 盐腌或盐渍的养殖鲷科〕,〔113 盐腌或盐渍的养殖安康鱼〕,〔114 盐腌或盐渍的养殖海鲂〕,〔115 盐腌或盐渍的养殖鲆鱼〕,〔116 盐腌或盐渍的养殖鲽鱼〕,〔117 盐腌或盐渍的养殖红鱼〕,〔118 盐腌或盐渍的养殖杂鱼〕,〔119 干制的野生石斑鱼〕,〔120 干制的野生鲥鱼〕,〔121 干制的野生鲷科〕,〔122 干制的野生安康鱼〕,〔123 干制的野生海鲂〕,〔124 干制的野生鲆鱼〕,〔125 干制的野生鲽鱼〕,〔126 干制的野生红鱼〕,〔127 干制的海鲫鱼〕,〔128 干制的金线鱼〕,〔129 干制的马面鱼〕,〔130 干制的马鲛鱼〕,〔131 干制的野生杂鱼〕,〔132 盐腌或盐渍的野生石斑鱼〕,〔133 盐腌或盐渍的野生鲥鱼〕,〔134 盐腌或盐渍的野生鲷科〕,〔135 盐腌或盐渍的野生安康鱼〕,〔136 盐腌或盐渍的野生海鲂〕,〔137 盐腌或盐渍的野生鲆鱼〕,〔138 盐腌或盐渍的野生鲽鱼〕,〔139 盐腌或盐渍的野生红鱼〕,〔140 盐腌或盐渍的海鲫鱼〕,〔141 盐腌或盐渍的金线鱼〕,〔142 盐腌或盐渍的马面鱼〕,〔143 盐腌或盐渍的马鲛鱼〕,〔144 盐腌或盐渍的野生杂鱼〕

④ 〔101 养殖大麻哈鱼〕,〔102 养殖多瑙哲罗鱼〕,〔103 野生大麻哈鱼〕,〔104 野生多瑙哲罗鱼〕

⑤ 〔101 养殖大西洋鲱鱼〕,〔102 养殖太平洋鲱鱼〕,〔103 野生大西洋鲱鱼〕,〔104 野生太平洋鲱鱼〕

⑥ 〔101 养殖河鳟〕,〔102 养殖虹鳟〕,〔103 野生河鳟〕,〔104 野生虹鳟〕,〔105 克拉克大麻哈鱼〕,〔106 阿瓜大麻哈鱼〕,〔107 吉雨大麻哈鱼〕,〔108 亚利桑那大麻哈鱼〕,〔109 金腹大麻哈鱼〕

协定税率(%)															特惠税率(%)			对美税率	出口税率	出口退税率	Article Description
智利	新西兰	澳大利亚	瑞士	冰岛	秘鲁	哥斯达	东盟	亚太	新加坡	巴基斯坦	港/澳/台	韩国	格鲁吉亚	毛里求斯	亚太	老/柬/缅	LDC 97/95				
																			0	9	
0	0	0		0	0	0	0	5.5		4	0/0/	3	0	0	0	//0	0/0				--Fish of the families Bregmacerotidae, Euclichthyidae, Gadidae, Macrouridae, Melanonidae, Merlucciidae, Moridae and Muraenolepididae
																			0	9	
0	0	0		0	0	0	0	5.5		4	0/0/	3	0	0	0	//0	0/0				--Other
																			0	0	
																			0	9	
0	0	0		0	0	0	0			7	0/0/	4.2	0	0			0/0			9	---Atlantic salmon
																			0		
0	0	0		0	0	0	0			11.2	0/0/	4.2	0	0			0/0			9	---Pacific salmon and Danube salmon
																		37	0		
0	0	0		0	0	0	0			12.8	0/0/	8.5	0	0			0/0			9	--Herrings (Clupea harengus, Clupea pallasii)
																			0		
0	0	0		0	0	0	0			11.2	0/0/	4.2	0	0	0	//0	0/0			9	--Trout (Salmo trutta, Oncorhynchus mykiss, Oncorhynchus clarki, Oncorhynchus aguabonita, Oncorhynchus gilae, Oncorhynchus apache and Oncorhynchus chrysogaster)
																			0		
0	0	0		0	0	0	0			11.2	0/0/	4.2	0	0	0	//0	0/0			9	--Tilapias (Oreochromis spp.), catfish (Pangasius spp., Silurus spp., Clarias spp., Ictalurus spp.), carp (Cyprinus spp., Carassius spp., Ctenopharyngodon idellus, Hypophthalmichthys spp., Cirrhinus spp., Mylopharyngodon piceus, Catla catla, Labeo spp., Osteochilus hasselti, Leptobarbus hoeveni, Megalobrama spp.), eels (Anguilla spp.), Nile perch (Lates niloticus) and snakeheads (Channa spp.)
																			0		
																			0		

商品编号	商品名称及备注[检验检疫编码及名称]	进口关税(%) 最惠国	进口关税(%) 普通	增值税率(%)	消费税	计量单位	监管条件	检验检疫类别
0305440090	熏制罗非鱼(口孵非鲫属)、鲶鱼[(鲑)鲶属、鲶属、胡鲶属、真鮰属]、鲤科鱼(鲤属、鲫属、草鱼、鲢属、鲮属、青鱼、卡特拉鲃、野鲮属、哈氏纹唇鱼、何氏细须鲃、魴属)、鳗鱼(鳗鲡属)、尼罗河鲈鱼(尼罗尖吻鲈)及黑鱼(鳢属)(食用杂碎除外)①	7	80	9		千克	AB	P. R/Q. S
03054900	--其他							
0305490020	熏制其他濒危鱼及鱼片(食用杂碎除外)[999]	7	80	9		千克	ABEF	P. R/Q. S
0305490090	其他熏鱼及鱼片(食用杂碎除外)②	7	80	9		千克	AB	P. R/Q. S
03055100	--鳕鱼(大西洋鳕鱼、格陵兰鳕鱼、太平洋鳕鱼)							
0305510000	干鳕鱼(大西洋鳕鱼、格陵兰鳕鱼、太平洋鳕鱼),食用杂碎除外(不论是否盐腌,但熏制的除外)③	7	80	9		千克	AB	P. R/Q. S
03055200	--罗非鱼(口孵非鲫属)、鲶鱼(鲶属、鲶属、胡鲶属、真属)、鲤科鱼(鲤属、鲫属、草鱼、鲢属、鲮属、青鱼、卡特拉鲃、野鲮属、哈氏纹唇鱼、何氏细须鲃、魴属)、鳗鱼(鳗鲡属)、尼罗河鲈鱼(尼罗尖吻鲈)及黑鱼(鳢属)							
0305520000	干罗非鱼(口孵非鲫属)、鲶鱼[(鲑)鲶属、鲶属、胡鲶属、真鮰属]、鲤科鱼(鲤属、鲫属、草鱼、鲢属、鲮属、青鱼、卡特拉鲃、野鲮属、哈氏纹唇鱼、何氏细须鲃、魴属)、鳗鱼(鳗鲡属)、尼罗河鲈鱼(尼罗尖吻鲈)及黑鱼(鳢属)[101 养殖干制鱼类制品],[102 野生干制鱼类制品],[116]	7	80	9		千克	AB	P. R/Q. S
03055300	--犀鳕科、多丝真鳕科、鳕科、长尾鳕科、黑鳕科、无须鳕科、深海鳕科及南极鳕科鱼,鳕鱼(大西洋鳕鱼、格陵兰鳕鱼、太平洋鳕鱼)除外							
0305530000	干犀鳕科、多丝真鳕科、鳕科、长尾鳕科、黑鳕科、无须鳕科、深海鳕科及南极鳕科鱼,鳕鱼(大西洋鳕鱼、格陵兰鳕鱼、太平洋鳕鱼)除外[101]	7	80	9		千克	AB	P. R/Q. S
03055410	---银鲳(鲳属)							
0305541000	干银鲳(鲳属)[101 养殖干制鱼类制品],[102 野生干制鱼类制品]	7	80	9		千克	AB	P. R/Q. S
03055490	---其他							
0305549000	干鲱鱼(大西洋鲱鱼、太平洋鲱鱼)、鳀鱼(鳀属)、沙丁鱼(沙丁鱼、沙瑙鱼属)、小沙丁鱼属、黍鲱或西鲱、鲭鱼[大西洋鲭、澳洲鲭(鲐)、日本鲭(鲐)][包括印度鲭(羽鳃鲐属)、马鲛鱼(马鲛属)、对称竹荚鱼、新西兰竹荚鱼及竹荚鱼(竹荚鱼属)、鲹鱼(鲹属)、军曹鱼、秋刀鱼、圆鲹(圆鲹属)、多春鱼(毛鳞鱼)、剑鱼、鲔鱼、狐鲣(狐鲣属)、枪鱼 旗鱼、四鳍旗鱼(旗鱼科)][101 养殖干制鱼类制品],[102 野生干制鱼类制品]	7	80	9		千克	AB	P. R/Q. S
03055910	---海龙、海马							
0305591000	干海马、干海龙,食用杂碎除外(不论是否盐腌,但熏制的除外)[101 干制的海马],[102 干制的海龙],[103 药用海马],[104 药用海龙]	2	20	9		千克	FEAB	P. R/Q
03055990	---其他							
0305599010	其他濒危干鱼,食用杂碎除外(不论是否盐腌,但熏制的除外)[999]	7	80	9		千克	AFEB	P. R/Q. S
0305599090	其他干鱼,食用杂碎除外(不论是否盐腌,但熏制的除外)④	7	80	9		千克	AB	P. R/Q. S
03056100	--鲱鱼(大西洋鲱鱼、太平洋鲱鱼)							

① [101 熏制的养殖罗非鱼(口孵非鲫属)],[102 熏制的养殖(鲑)鲶属],[103 熏制的养殖胡鲶属],[104 熏制的养殖真鮰属],[105 熏制的养殖西鲤],[106 熏制的养殖黑鲫],[107 熏制的养殖草鱼],[108 熏制的养殖鲢属],[109 熏制的养殖鲮属],[110 熏制的养殖青鱼],[111 熏制的养殖其他鳗鱼(鳗鲡属)],[112 熏制的养殖尼罗河鲈鱼(尼罗尖吻鲈)],[113 熏制的养殖黑鱼(醴属)],[114 熏制的野生罗非鱼(口孵非鲫属)],[115 熏制的野生(鲑)鲶属],[116 熏制的野生胡鲶属],[117 熏制的野生真鮰属],[118 熏制的野生西鲤],[119 熏制的野生黑鲫],[120 熏制的野生草鱼],[121 熏制的野生鲢属],[122 熏制的野生鲮属],[123 熏制的野生青鱼],[124 熏制的野生其他鳗鱼(鳗鲡属)],[125 熏制的野生尼罗河鲈鱼(尼罗尖吻鲈)],[126 熏制的野生黑鱼(醴属)],[131 熏制的养殖鱼],[132 熏制的野生鱼]

② [101 熏制的养殖石斑鱼],[102 熏制的养殖鲥鱼],[103 熏制的养殖鲷科],[104 熏制的养殖安康鱼],[105 熏制的养殖海鲂],[106 熏制的养殖鲆鱼],[107 熏制的养殖鲽鱼],[108 熏制的养殖红鱼],[109 熏制的其他养殖鱼],[110 熏制的野生石斑鱼],[111 熏制的野生鲥鱼],[112 熏制的野生鲷科],[113 熏制的野生安康鱼],[114 熏制的野生海鲂],[115 熏制的野生鲆鱼],[116 熏制的野生鲽鱼],[117 熏制的野生红鱼],[118 熏制的海鲫鱼],[119 熏制的金线鱼],[120 熏制的马面鱼],[121 熏制的马鲛鱼],[122 熏制的其他野生鱼]

③ [101 干制的大西洋鳕鱼],[102 干制的太平洋鳕鱼],[103 干制的格陵兰鳕鱼]

④ [101 干制的养殖石斑鱼],[102 干制的养殖鲥鱼],[103 干制的养殖鲷科],[104 干制的养殖安康鱼],[105 干制的养殖海鲂],[106 干制的养殖鲆鱼],[107 干制的养殖鲽鱼],[108 干制的养殖红鱼],[109 干制的养殖其他鱼],[110 干制的野生石斑鱼],[111 干制的野生鲥鱼],[112 干制的野生鲷科],[113 干制的野生安康鱼],[114 干制的野生海鲂],[115 干制的野生鲆鱼],[116 干制的野生鲽鱼],[117 干制的野生红鱼],[118 干制的海鲫鱼],[119 干制的金线鱼],[120 干制的马面鱼],[121 干制的马鲛鱼],[122 干制的野生其他鱼]

协定税率(%)															特惠税率(%)			对美税率	出口税率	出口退税率	Article Description
智利	新西兰	澳大利亚	瑞士	冰岛	秘鲁	哥斯达	东盟	亚太	新加坡	巴基斯坦	港/澳/台	韩国	格鲁吉亚	毛里求斯	亚太	老/柬/缅	LDC 97/95				
																			0		
0	0	0		0	0	0	0			11.2	0/0/	4.2	0	0	0	//0	0/0				--Other
																			0	0	
																			0	9	
0	0	0	3.2	0	0	0	0			12.8	0/0/	8.5	0	0			0/0			9	--Cod(Gadus morhua, Gadus ogac, Gadus macrocephalus)
																			0		
0	0	0	3.2	0	0	0	0				0/0/	8.5	0	0	0	//0	0/0			9	--Tilapias (Oreochromis spp.), catfish (Pangasius spp., Silurus spp., Clarias spp., Ictalurus spp.), carp (Cyprinus spp., Carassius spp., Ctenopharyngodon idellus, Hypophthalmichthys spp., Cirrhinus spp., Mylopharyngodon piceus, Catla catla, Labeo spp., Osteochilus hasselti, Leptobarbus hoeveni, Megalobrama spp.), eels (Anguilla spp.), Nile perch (Lates niloticus) and snakeheads (Channa spp.)
																			0		
0	0	0	3.2	0	0	0	0				0/0/	8.5	0	0	0	//0	0/0			9	--Fish of the families Bregmacerotidae, Euclichthyidae, Gadidae, Macrouridae, Melanonidae, Merlucciidae, Moridae and Muraenolepididae, other than cod (Gadus morhua, Gadus ogac, Gadus macrocephalus)
																			0		
0	0	0	3.2	0	0	0	0				0/0/	8.5	0	0	0	//0	0/0				---Silver pomfrets (Pampus spp.)
																			0		
0	0	0	3.2	0	0	0	0				0/0/	8.5	0	0	0	//0	0/0				---Other
																			0		
0	0	0	0	0	0	0	0			0	0/0/	0	0	0	0	/0/0	0/0			9	---Pipefish and hippocampi
																			0		
0	0	0	3.2	0	0	0	0				0/0/	8.5	0	0	0	//0	0/0				---Other
																			0	0	
																			0	9	
0	0	0	3.2	0	0	0	0	4.8		8	0/0/	8.5	0	0			0/0			9	--Herrings(Clupea harengus, Clupea pallasii)

商品编号	商品名称及备注[检验检疫编码及名称]	进口关税(%)		增值税率(%)	消费税	计量单位	监管条件	检验检疫类别
		最惠国	普通					
0305610000	盐腌及盐渍的鲱鱼(大西洋鲱鱼、太平洋鲱鱼),食用杂碎除外(干或熏制的除外)〔101 盐腌及盐渍的大西洋鲱鱼〕,〔102 盐腌及盐渍的太平洋鲱鱼〕	7	80	9		千克	AB	P. R/Q
03056200	--鳕鱼(大西洋鳕鱼、格陵兰鳕鱼、太平洋鳕鱼)							
0305620000	盐腌及盐渍鳕鱼(大西洋鳕鱼、格陵兰鳕鱼、太平洋鳕鱼),食用杂碎除外(干或熏制的除外)①	7	80	9		千克	AB	P. R/Q. S
03056300	--鳀鱼(鳀属)							
0305630000	盐腌及盐渍的鳀鱼(鳀属),食用杂碎除外(干或熏制的除外)〔999〕	7	80	9		千克	AB	P. R/Q
03056400	--罗非鱼(口孵非鲫属)、鲶鱼[(鲶)鲶属、鲶属、胡鲶属、真鮰属]、鲤科鱼(鲤属、鲫属、草鱼、鲢属、鲮属、青鱼、卡特拉鲃、野鲮属、哈氏纹唇鱼、何氏细须鲃、鲂属)、鳗鱼(鳗鲡属)、尼罗河鲈鱼(尼罗尖吻鲈)及黑鱼(鳢属)							
0305640010	盐腌及盐渍的花鳗鲡,食用杂碎除外(干或熏制的除外)②	10	80	9		千克	ABE	P. R/Q. S
0305640020	盐腌及盐渍的欧洲鳗鲡,食用杂碎除外(干或熏制的除外)③	10	80	9		千克	ABEF	P. R/Q. S
0305640090	盐腌及盐渍的罗非鱼(口孵非鲫属)、鲶鱼[(鲶)鲶属、鲶属、胡鲶属、真鮰属]、鲤科鱼(鲤属、鲫属、草鱼、鲢属、鲮属、青鱼、卡特拉鲃、野鲮属、哈氏纹唇鱼、何氏细须鲃、鲂属)、其他鳗鱼(鳗鲡属)、尼罗河鲈鱼(尼罗尖吻鲈)及黑鱼(鳢属),食用杂碎除外(干或熏制的除外)④	10	80	9		千克	AB	P. R/Q. S
03056910	---带鱼							
0305691000	盐腌及盐渍的带鱼,食用杂碎除外(干或熏制的除外)〔999〕	7	80	9		千克	AB	P. R/Q. S
03056920	---黄鱼							
0305692000	盐腌及盐渍的黄鱼,食用杂碎除外(干或熏制的除外)〔101 盐腌及盐渍的养殖黄鱼〕,〔102 盐腌及盐渍的野生黄鱼〕	10	80	9		千克	AB	P. R/Q. S
03056930	---鲳鱼(银鲳除外)							
0305693000	盐腌及盐渍的鲳鱼(银鲳除外),食用杂碎除外(干或熏制的除外)〔101 盐腌及盐渍的养殖鲳鱼〕,〔102 盐腌及盐渍的野生鲳鱼〕	7	80	9		千克	AB	P. R/Q. S
03056990	---其他							
0305699010	盐腌及盐渍的其他濒危鱼,食用杂碎除外(干或熏制的除外)〔999〕	7	80	9		千克	ABFE	P. R/Q. S
0305699090	盐腌及盐渍的其他鱼,食用杂碎除外(干或熏制的除外)⑤	7	80	9		千克	AB	P. R/Q. S
03057100	--鲨鱼翅							
0305710010	濒危鲨鱼鱼翅(不论是否干制、盐腌、盐渍和熏制)〔999〕	15	80	9		千克	ABEF	P. R/Q. S
0305710090	其他鲨鱼鱼翅(不论是否干制、盐腌、盐渍和熏制)〔999〕	15	80	9		千克	AB	P. R/Q. S
03057200	--鱼头、鱼尾、鱼鳔							
0305720010	濒危鱼的鱼头、鱼尾、鱼鳔(不论是否干制、盐腌、盐渍和熏制)〔999〕	7	80	9		千克	ABEF	P. R/Q. S
0305720090	其他鱼的鱼头、鱼尾、鱼鳔(不论是否干制、盐腌、盐渍和熏制)〔101 养殖〕,〔102 野生〕	7	80	9		千克	AB	P. R/Q. S
03057900	--其他							
0305790010	其他濒危可食用鱼杂碎(不论是否干制、盐腌、盐渍和熏制)〔999〕	7	80	9		千克	ABEF	P. R/Q. S
0305790090	其他可食用鱼杂碎(不论是否干制、盐腌、盐渍和熏制)〔101 养殖〕,〔102 野生〕	7	80	9		千克	AB	P. R/Q. S

① 〔101 盐腌及盐渍的大西洋鳕鱼〕,〔102 盐腌及盐渍的太平洋鳕鱼〕,〔103 盐腌及盐渍的格陵兰鳕鱼〕

② 〔101 盐腌及盐渍的养殖花鳗鲡〕,〔102 盐腌及盐渍的野生花鳗鲡〕

③ 〔101 盐腌及盐渍的养殖〕,〔102 盐腌及盐渍的野生〕

④ 〔101 盐腌及腌渍的养殖罗非鱼(口孵非鲫属)〕,〔102 盐腌及腌渍的养殖(鲶)鲶属〕,〔103 盐腌及腌渍的养殖胡鲶属〕,〔104 盐腌及腌渍的养殖真鮰属〕,〔105 盐腌及腌渍的养殖西鲤〕,〔106 盐腌及腌渍的养殖黑鲫〕,〔107 盐腌及腌渍的养殖草鱼〕,〔108 盐腌及腌渍的养殖鲢属〕,〔109 盐腌及腌渍的养殖鲮属〕,〔110 盐腌及腌渍的养殖青鱼〕,〔111 盐腌及腌渍的养殖其他鳗鱼(鳗鲡属)〕,〔112 盐腌及腌渍的养殖尼罗河鲈鱼(尼罗尖吻鲈)〕,〔113 盐腌及腌渍的养殖黑鱼(鳢属)〕,〔114 盐腌及腌渍的野生罗非鱼(口孵非鲫属)〕,〔115 盐腌及腌渍的野生(鲶)鲶属〕,〔116 盐腌及腌渍的野生胡鲶属〕,〔117 盐腌及腌渍的野生真鮰属〕,〔118 盐腌及腌渍的野生西鲤〕,〔119 盐腌及腌渍的野生黑鲫〕,〔120 盐腌及腌渍的野生草鱼〕,〔121 盐腌及腌渍的野生鲢属〕,〔122 盐腌及腌渍的野生鲮属〕,〔123 盐腌及腌渍的野生青鱼〕,〔124 盐腌及腌渍的野生其他鳗鱼(鳗鲡属)〕,〔125 盐腌及腌渍的野生尼罗河鲈鱼(尼罗尖吻鲈)〕,〔126 盐腌及腌渍的野生黑鱼(鳢属)〕,〔131 盐腌及腌渍的养殖鱼类制品〕,〔132 盐腌及腌渍的野生鱼类制品〕

⑤ 〔101 盐腌或盐渍的养殖石斑鱼〕,〔102 盐腌或盐渍的养殖鲥鱼〕,〔103 盐腌或盐渍的养殖鲷科鱼〕,〔104 盐腌或盐渍的养殖安康鱼〕,〔105 盐腌或盐渍的养殖海鲂〕,〔106 盐腌或盐渍的养殖鲆鱼〕,〔107 盐腌或盐渍的养殖鲽鱼〕,〔108 盐腌或盐渍的养殖红鱼〕,〔109 盐腌或盐渍的养殖其他鱼〕,〔110 盐腌或盐渍的野生石斑鱼〕,〔111 盐腌或盐渍的野生鲥鱼〕,〔112 盐腌或盐渍的野生鲷科鱼〕,〔113 盐腌或盐渍的野生安康鱼〕,〔114 盐腌或盐渍的野生海鲂〕,〔115 盐腌或盐渍的野生鲆鱼〕,〔116 盐腌或盐渍的野生鲽鱼〕,〔117 盐腌或盐渍的野生红鱼〕,〔118 盐腌或盐渍的海鲫鱼〕,〔119 盐腌或盐渍的金线鱼〕,〔120 盐腌或盐渍的马面鱼〕,〔121 盐腌或盐渍的马鲛鱼〕,〔122 盐腌或盐渍的其他野生其他鱼〕

协定税率(%)															特惠税率(%)			对美税率	出口税率	出口退税率	Article Description
智利	新西兰	澳大利亚	瑞士	冰岛	秘鲁	哥斯达	东盟	亚太	新加坡	巴基斯坦	港/澳/台	韩国	格鲁吉亚	毛里求斯	亚太	老/柬/缅	LDC 97/95				
																			0		
0	0	0	3.2	0	0	0	0	5.3		8	0/0/	8.5	0	0			0/0			9	--Cod(Gadus morhua, Gadus ogac, Gadus Macrocephalus)
																			0		
0	0	0	3.2	0	0	0	0	5.3		8	0/0/	8.5	0	0			0/0			9	--Anchovies(Engraulis spp.)
																			0		
0	0	0	3.2	0	0	0	0			12.8	0/0/	8.5	0	0	0	//0	0/0			9	--Tilapias (Oreochromis spp.), catfish (Pangasius spp., Silurus spp., Clarias spp., Ictalurus spp.), carp (Cyprinus spp., Carassius spp., Ctenopharyngodon idellus, Hypophthalmichthys spp., Cirrhinus spp., Mylopharyngodon piceus, Catla Catla, Labeo spp., Osteochilus hasselti, Leptobarbus hoeveni, Megalobrama spp.), eels (Anguilla spp.), Nile perch (Lates niloticus) and snakeheads (Channa spp.)
																			0		
																			0		
																			0		
0	0	0	3.2	0	0	0	0			12.8	0/0/	8.5	0	0	0	//0	0/0			9	---Scabber fish(Trichurius)
																			0		
0	0	0	3.2	0	0	0	0			12.8	0/0/	8.5	0	0	0	//0	0/0			9	---Yellow croaker(Pseudosicaena)
																			0		
0	0	0	3.2	0	0	0	0			12.8	0/0/	8.5	0	0	0	//0	0/0			9	---Butterfish(Pampus)(other than silver pomfrets)
																			0		
0	0	0	3.2	0	0	0	0			12.8	0/0/	8.5	0	0	0	//0	0/0				---Other
																			0	0	
																			0	9	
0	0		3	0	0	0	0				0/0/		0		0	/0/0	0/0				--Shark fins
																			0	0	
																			0	9	
0	0	0		0	0	0	0			12.8	0/0/	8.5	0	0			0/0				--Fish heads, tails and maws
																			0	0	
																			0	9	
0	0	0		0	0	0	0			12.8	0/0/	8.5	0	0			0/0				--Other
																			0	0	
																			0	9	

商品编号	商品名称及备注[检验检疫编码及名称]	进口关税(%)		增值税率(%)	消费税	计量单位	监管条件	检验检疫类别
		最惠国	普通					
0306	带壳或去壳的甲壳动物,活、鲜、冷、冻、干、盐腌或盐渍的;熏制的带壳或去壳甲壳动物,不论在熏制前或熏制过程中是否烹煮;蒸过或用水煮过的带壳甲壳动物,不论是否冷、冻、干、盐腌或盐渍的;适合供人食用的甲壳动物的细粉、粗粉及团粒:							
03061100	--岩礁虾和其他龙虾(真龙虾属、龙虾属、岩龙虾属)							
0306110000	冻岩礁虾和其他龙虾(真龙虾属、龙虾属、岩龙虾属)①	7	70	9		千克	AB	P. R/Q. S
03061200	--螯龙虾(螯龙虾属)							
0306120000	冻螯龙虾(螯龙虾属)〔101 养殖〕,〔102 野生〕	7	70	9		千克	AB	P. R/Q. S
03061410	---梭子蟹							
0306141000	冻梭子蟹〔101 饲料用梭子蟹〕,〔102 养殖〕,〔103 野生〕	7	70	9		千克	AB	P. R/Q. S
03061490	---其他							
0306149011[暂5]	冻的金霸王蟹(帝王蟹)〔101 养殖〕,〔102 野生〕,〔999〕	7	70	9		千克	ABU	P. R/Q. S
0306149019[暂5]	冻的毛蟹、仿石蟹(仿岩蟹)、堪察加拟石蟹、短足拟石蟹、扁足拟石蟹、雪蟹、日本雪蟹②	7	70	9		千克	ABU	P. R/Q. S
0306149090[暂5]	其他冻蟹③	7	70	9		千克	AB	P. R/Q. S
03061500	--挪威海螯虾							
0306150000	冻挪威海螯虾〔101 养殖〕,〔102 野生〕	7	70	9		千克	AB	P. R/Q. S
03061611	----虾仁							
0306161100	冻冷水小虾虾仁〔101 养殖〕,〔102 野生〕	7	70	9		千克	AB	P. R/Q. S
03061612	----其他,北方长额虾							
0306161200[暂2]	冻北方长额虾(虾仁除外)〔101 养殖〕,〔102 野生〕	5	70	9		千克	AB	P. R/Q. S
03061619	----其他							
0306161900	其他冻冷水小虾〔101 养殖〕,〔102 野生〕	5	70	9		千克	AB	P. R/Q. S
03061621	----虾仁							
0306162100	冻冷水对虾仁〔101 养殖〕,〔102 野生〕	7	70	9		千克	AB	P. R/Q. S
03061629	----其他							
0306162900	其他冻冷水对虾〔101 养殖〕,〔102 野生〕	5	70	9		千克	AB	P. R/Q. S
03061711	----虾仁							
0306171100	其他冻小虾仁④	7	70	9		千克	AB	P. R/Q. S
03061719	----其他							
0306171900[暂2]	其他冻小虾⑤	5	70	9		千克	AB	P. R/Q. S
03061721	----虾仁							
0306172100	其他冻对虾仁〔101 养殖〕,〔102 野生〕	7	70	9		千克	AB	P. R/Q. S
03061729	----其他							
0306172900	其他冻对虾⑥	5	70	9		千克	AB	P. R/Q. S
03061911	----虾仁							
0306191100	冻淡水小龙虾仁〔101 养殖〕,〔102 野生〕	7	70	9		千克	AB	P. R/Q. S
03061919	----其他							
0306191900	冻带壳淡水小龙虾〔101 养殖〕,〔102 野生〕	7	70	9		千克	AB	P. R/Q. S
03061990	---其他							
0306199000	其他冻甲壳动物〔101 养殖〕,〔102 野生〕	7	70	9		千克	AB	P. R/Q. S
03063110	---种苗							
0306311000	岩礁虾和其他龙虾(真龙虾属、龙虾属、岩龙虾属)种苗〔999〕	0	0	9		千克	AB	P/Q
03063190	---其他							

① 〔101 养殖大螯虾〕,〔102 养殖小龙虾〕,〔103 野生大螯虾〕,〔104 野生小龙虾〕

② 〔101 冻的养殖毛蟹〕,〔102 冻的养殖仿石蟹(仿岩蟹)〕,〔103 冻的养殖堪察加拟石蟹〕,〔104 冻的养殖短足拟石蟹〕,〔105 冻的养殖扁足拟石蟹〕,〔106 冻的养殖雪蟹〕,〔107 冻的养殖日本雪蟹〕,〔108 冻的野生毛蟹〕,〔109 冻的野生仿石蟹(仿岩蟹)〕,〔110 冻的野生堪察加拟石蟹〕,〔111 冻的野生短足拟石蟹〕,〔112 冻的野生扁足拟石蟹〕,〔113 冻的野生雪蟹〕,〔114 冻的野生日本雪蟹〕

③ 〔101 饲料用青蟹〕,〔102 饲料用其他海水蟹〕,〔103 饲料用淡水蟹〕,〔104 养殖花蟹〕,〔105 养殖软壳蟹〕,〔106 养殖老虎蟹〕,〔107 养殖青蟹〕,〔108 养殖中华绒螯蟹〕,〔109 养殖其他蟹〕,〔110 野生花蟹〕,〔111 野生软壳蟹〕,〔112 野生老虎蟹〕,〔113 野生青蟹〕,〔114 帝王蟹〕,〔115 雪蟹〕,〔116 毛蟹〕,〔117 面包蟹〕,〔118 棕蟹〕,〔119 蜘蛛蟹〕,〔120 野生其他蟹〕

④ 〔101 养殖河虾〕,〔102 养殖罗氏沼虾〕,〔103 养殖其他小虾〕,〔104 野生河虾〕,〔105 野生红虾〕,〔106 野生罗氏沼虾〕,〔107 野生其他小虾〕

⑤ 〔101 养殖河虾〕,〔102 养殖罗氏沼虾〕,〔103 养殖其他小虾〕,〔104 野生河虾〕,〔105 野生红虾〕,〔106 野生罗氏沼虾〕,〔107 野生其他小虾〕

⑥ 〔101 养殖斑节对虾(虎虾)〕,〔102 养殖南美白对虾〕,〔103 养殖草虾〕,〔104 养殖其他对虾〕,〔105 野生斑节对虾(虎虾)〕,〔106 野生南美白对虾〕,〔107 野生草虾〕,〔108 野生其他对虾〕

协定税率(%)															特惠税率(%)			对美税率	出口税率	出口退税率	Article Description
智利	新西兰	澳大利亚	瑞士	冰岛	秘鲁	哥斯达	东盟	亚太	新加坡	巴基斯坦	港/澳/台	韩国	格鲁吉亚	毛里求斯	亚太	老/柬/缅	LDC 97/95				
																					Crustaceans, whether in shell or not, live, fresh, chilled, frozen, dried, salted or in brine; smoked crustaceans, whether in shell or not, whether or not cooked before or during the smoking process; crustaceans, in shell, cooked by steaming or by boiling in water, whether or not chilled, frozen, dried, salted or in brine; flours, meals and pellets of crustaceans, fit for human consumption:
0	0	0	0	0	0	0	0			4	0/0/	3	0	0		/0/0	0/0			9	--Rock lobster and other sea crawfish (Palinurus spp., Panulirus spp., Jasus spp.)
																		37	0		
0	0	0	0	0	0	0	0	5		4	0/0/	3	0	0		/0/	0/0			9	--Lobsters (Homarus spp.)
																		37	0		
0	0	0	0	0	0	0	0			4	0/0/	3	0	0	0	/0/0	0/0			9	---Swimming crab
																		37	0		
0	0	0	0	0	0	0	0			4	0/0/	5. 3	0	0	0	/0/0	0/0			9	---Other
																		35	0		
																		35	0		
																		35	0		
0	0	0	3.2	0	0	0	0			12. 8	0/0/	8. 5	0	0		/0/	0/0			9	--Norway lobsters (Nephrops norvegicus)
																		37	0		
0	0	0	0	0	0	0	0	3.5		0	0/0/	0	0	0		/0/0	0/0			9	----Shelled
																		37	0		
0	0	0	0	0	0	0	0	2.5		0	0/0/	0	0	0		/0/0	0/0				----Other, Northem pandalus (Pandalus)
																		32	0	9	
0	0	0	0	0	0	0	0	2.5		0	0/0/	0	0	0		/0/0	0/0			9	----Other
																		35	0		
0	0	0	0	0	0	0	0	3.5		0	0/0/	0	0	0		/0/0	0/0			9	----Shelled
																		37	0		
0	0	0	0	0	0	0	0	2.5		0	0/0/	0	0	0		/0/0	0/0			9	----Other
																		35	0		
0	0	0	0	0	0	0	0	3.5		0	0/0/	0	0	0		/0/0	0/0			9	----Shelled
																		37	0		
0	0	0	0	0	0	0	0	2.5		0	0/0/	0	0	0		/0/0	0/0			9	----Other
																		32	0		
0	0	0	0	0	0	0	0	3.5		0	0/0/	0	0	0		/0/0	0/0			9	----Shelled
																		37	0		
0	0	0	0	0	0	0	0	2.5		0	0/0/	0	0	0		/0/0	0/0			9	----Other
																		35	0		
0	0	0	3.2	0	0	0	0			12. 8	0/0/	8. 5	0	0		/0/	0/0			9	----Shelled
																		37	0		
0	0	0	3.2	0	0	0	0			12. 8	0/0/	8. 5	0	0		/0/	0/0			9	----Other
																		37	0		
0	0	0	3.2	0	0	0	0			0	0/0/	8. 5	0	0		/0/	0/0			9	---Other
																		37	0		
																	0/0			9	---For cultivation
																		25	0		
0	0	0	3	0	0	0	0			0	0/0/	4. 5	0	0		/0/0	0/0			9	---Other

商品编号	商品名称及备注[检验检疫编码及名称]	进口关税(%)		增值税率(%)	消费税	计量单位	监管条件	检验检疫类别
		最惠国	普通					
0306319000暂5	活、鲜或冷的带壳或去壳岩礁虾和其他龙虾(真龙虾属、龙虾属、岩龙虾属)①	7	70	9		千克	AB	P. R/Q. S
03063210	---种苗							
0306321000	螯龙虾(螯龙虾属)种苗〔999〕	0	0	9		千克	AB	P/Q
03063290	---其他							
0306329000	活、鲜或冷的带壳或去壳螯龙虾(螯龙虾属)②	7	70	9		千克	AB	P. R/Q. S
03063310	---种苗							
0306331000	蟹种苗③	0	0	9		千克	AB	P/Q
03063391	----中华绒螯蟹							
0306339100	活、鲜或冷的带壳或去壳中华绒螯蟹④	7	70	9		千克	AB	P. R/Q. S
03063392	----梭子蟹							
0306339200	活、鲜或冷的带壳或去壳梭子蟹⑤	14	70	9		千克	AB	P. R/Q. S
03063399	----其他							
0306339911	活金霸王蟹(帝王蟹)〔101〕	7	70	9		千克	ABU	P. R/Q. S
0306339919	活、鲜或冷的毛蟹、、仿石蟹(仿岩蟹)、堪察加拟石蟹、短足拟石蟹、扁足拟石蟹、雪蟹、日本雪蟹,鲜或冷的金霸王蟹(帝王蟹)⑥	7	70	9		千克	ABU	P. R/Q. S
0306339990	其他活、鲜或冷的带壳或去壳蟹⑦	7	70	9		千克	AB	P. R/Q. S
03063410	---种苗							
0306341000	挪威海螯虾种苗〔999〕	0	0	9		千克	AB	P/Q
03063490	---其他							
0306349000	其他活、鲜或冷的带壳或去壳挪威海螯虾〔101 活挪威海螯虾〕,〔102 养殖〕,〔103 野生〕	7	70	9		千克	AB	P. R/Q. S
03063510	---种苗							
0306351000	冷水小虾及对虾(长额虾属、褐虾)种苗〔101 长额虾属种苗〕,〔102 褐虾种苗〕	0	0	9		千克	AB	P/Q
03063520	---鲜、冷对虾							
0306352000	鲜、冷的带壳或去壳冷水对虾〔101 养殖〕,〔102 野生〕	10	70	9		千克	AB	P. R/Q. S
03063590	---其他							
0306359001	活、鲜或冷的其他冷水小虾⑧	10	70	9		千克	AB	P. R/Q. S
0306359090	其他活的冷水对虾⑨	10	70	9		千克	AB	P. R/Q. S
03063610	---种苗							
0306361000	其他小虾及对虾种苗⑩	0	0	9		千克	AB	P/Q
03063620	---鲜、冷对虾							
0306362000	其他鲜、冷带壳或去壳对虾〔101 其他养殖鲜或冷虾〕,〔102 其他野生鲜或冷虾〕	10	70	9		千克	AB	P. R/Q. S
03063690	---其他							
0306369001	其他鲜、冷小虾⑪	12	70	9		千克	AB	P. R/Q. S
0306369090	其他活的小虾及对虾⑫	12	70	9		千克	AB	P. R/Q. S
03063910	---种苗							
0306391000	其他甲壳动物种苗⑬	0	0	9		千克	AB	P/Q
03063990	---其他							
0306399000	其他活、鲜、冷的带壳或去壳甲壳动物⑭	7	70	9		千克	AB	P. R/Q. S
03069100	--岩礁虾及其他龙虾(真龙虾属、龙虾属、岩龙虾属)							
0306910000	干、盐腌或盐渍的其他岩礁虾及其他龙虾(真龙虾属、龙虾属、岩龙虾属)(包括熏制的带壳或去壳的,不论在熏制前或熏制过程中是否烹煮;蒸过或用水煮过的带壳的)⑮	7	70	9		千克	AB	P. R/Q. S

① 〔101 活龙虾〕,〔102 鲜或冷的带壳或去壳养殖岩礁虾〕,〔103 鲜或冷的带壳或去壳野生岩礁虾〕,〔104 鲜或冷的带壳或去壳养殖其他龙虾(真龙虾属、龙虾属、岩龙虾属)〕,〔105 鲜或冷的带壳或去壳野生其他龙虾(真龙虾属、龙虾属、岩龙虾属)〕

② 〔101 活螯虾〕,〔102 鲜或冷的带壳或去壳养殖螯龙虾(螯龙虾属)〕,〔103 鲜或冷的带壳或去壳野生螯龙虾(螯龙虾属)〕

③ 〔101 青蟹〕,〔102 梭子蟹〕,〔103 其他海水虾蟹〕,〔104 中华绒螯蟹(大闸蟹)〕,〔105 其他淡水虾蟹〕

④ 〔101 活的中华绒螯蟹(大闸蟹)〕,〔102 其他野生鲜或冷蟹〕,〔103 野生鲜或冷中华绒螯蟹〕

⑤ 〔101 活的梭子蟹〕,〔102 饲料用梭子蟹〕,〔103 鲜或冷的养殖梭子蟹〕,〔104 鲜或冷的野生梭子蟹〕

⑥ 〔101 活的毛蟹、仿石蟹(仿岩蟹)、堪察加拟石蟹、短足拟石蟹、扁足拟石蟹、雪蟹、日本雪蟹(其他海水虾蟹)〕,〔102 鲜或冷的养殖毛蟹〕,〔103 鲜或冷的养殖仿石蟹(仿岩蟹)〕,〔104 鲜或冷的养殖堪察加拟石蟹〕,〔105 鲜或冷的养殖短足拟石蟹〕,〔106 鲜或冷的养殖扁足拟石蟹〕,〔107 鲜或冷的养殖雪蟹〕,〔108 鲜或冷的养殖日本雪蟹〕,〔109 鲜或冷的养殖金霸王蟹(帝王蟹)〕,〔110 鲜或冷的野生毛蟹〕,〔111 鲜或冷的野生仿石蟹(仿岩蟹)〕,〔112 鲜或冷的野生堪察加拟石蟹〕,〔113 鲜或冷的野生短足拟石蟹〕,〔114 鲜或冷的野生扁足拟石蟹〕,〔115 鲜或冷的野生雪蟹〕,〔116 鲜或冷的野生日本雪蟹〕,〔117 鲜或冷的野生金霸王蟹(帝王蟹)〕

⑦ 〔101 活的青蟹〕,〔102 活的其他海水虾蟹〕,〔103 饲料用青蟹〕,〔104 饲料用其他海水蟹〕,〔105 饲料用淡水蟹〕,〔106 鲜或冷的养殖青蟹〕,〔107 鲜或冷的野生青蟹〕,〔108 其他鲜或冷的带壳或去壳养殖蟹〕,〔109 其他鲜或冷的带壳或去壳野生蟹〕

⑧ 〔101 饲料用海水虾〕,〔102 饲料用淡水虾〕,〔103 养殖〕,〔104 野生〕

⑨ 〔101 活的南美白对虾〕,〔102 活的斑节对虾〕,〔103 活的其他对虾〕,〔104 活的其他海水虾蟹〕,〔105 活的日本沼虾(青虾)〕,〔106 活的罗氏沼虾(马来沼虾)〕,〔107 活的其他淡水虾蟹〕,〔108 活的虾蛄〕,〔109 活的糠虾〕,〔110 活的其他甲壳动物〕

⑩ 〔101 南美白对虾〕,〔102 斑节对虾〕,〔103 其他对虾〕,〔104 其他海水虾蟹〕

⑪ 〔101 饲料用海水虾〕,〔102 饲料用淡水虾〕,〔103 其他养殖鲜或冷虾〕,〔104 其他野生鲜或冷虾〕

⑫ 〔101 活的南美白对虾〕,〔102 活的斑节对虾〕,〔103 活的其他对虾〕,〔104 活的其他海水虾蟹〕,〔105 活的日本沼虾(青虾)〕,〔106 活的罗氏沼虾(马来沼虾)〕,〔107 活的其他淡水虾蟹〕,〔108 活的虾蛄〕,〔109 活的糠虾〕,〔110 活的其他甲壳动物〕

⑬ 〔101 其他海水虾蟹〕,〔102 日本沼虾(青虾)〕,〔103 罗氏沼虾(马来沼虾)〕,〔104 中华小长臂虾〕,〔105 其他淡水虾蟹〕,〔106 虾蛄〕,〔107 糠虾〕,〔108 其他甲壳动物〕,〔109 鳖卵〕,〔110 龟卵〕

⑭ 〔101 活的其他淡水虾蟹〕,〔102 未列出的饲料用其他淡水产品〕,〔103 养殖〕,〔104 野生〕

⑮ 〔101 养殖干制虾类制品〕,〔102 野生干制虾类制品〕,〔105 养殖盐腌及盐渍虾类制品〕,〔106 野生盐腌及盐渍虾类制品〕

协定税率(%)															特惠税率(%)			对美税率	出口税率	出口退税率	Article Description
智利	新西兰	澳大利亚	瑞士	冰岛	秘鲁	哥斯达	东盟	亚太	新加坡	巴基斯坦	港/澳/台	韩国	格鲁吉亚	毛里求斯	亚太	老/柬/缅	LDC 97/95				
																		35	0		
																	0/0			9	---For cultivation
																		25	0		
0	0	0	3	0	0	0	0			12	0/0/	4.5	0	0		/0/0	0/0			9	---Other
																		37	0		
																	0/0			9	---For cultivation
																		25	0		
0	0	0	2.8	0	0	0	0			5.6	0/0/	4.2	0	0		/0/	0/0			9	----Freshwater crabs, live
																		37	0		
0	0	0	2.8	0	0	0	0			0	0/0/	4.2	0	0		/0/	0/0			9	----Swimming crab
																		44	0		
0	0	0	2.8	0	0	0	0			0	0/0/	4.2	0	0		/0/	0/0			9	----Other
																		37	0		
																		37	0		
																		37	0		
																	0/0			9	---For cultivation
																		25	0		
0	0	0	2.8	0	0	0	0			11.2	0/0/	4.2	0	0		/0/0	0/0			9	---Other
																		37	0		
																	0/0			9	---For cultivation
																		25	0		
0	0	0	3	0	0	0	0			12	0/0/	4.5	0	0		/0/0	0/0			9	---Cold-water prawns, fresh or chilled
																		40	0		
0	0	0	2.4	0	0	0	0			4.8	0/0/	3.6	0	0		/0/0	0/0			9	---Other
																		40	0		
																		40	0		
																	0/0			9	---For cultivation
																			0		
0	0	0	3	0	0	0	0			12	0/0/	4.5	0	0		/0/0	0/0			9	---Cold-water prawns, fresh or chilled
																		40	0		
0	0	0	2.4	0	0	0	0			4.8	0/0/	3.6	0	0		/0/0	0/0			9	---Other
																		42	0		
																		42	0		
																	0/0			9	---For cultivation
																		25	0		
0	0	0	2.8	0	0	0	0			11.2	0/0/	4.2	0	0		/0/0	0/0			9	---Other
																		37	0		
0	0	0	3	0	0	0	0			0	0/0/	4.5	0	0		/0/0	0/0			9	--Rock lobster and other sea crawfish (Palinurus spp., Panulirus spp., Jasus spp.)
																		37	0		

商品编号	商品名称及备注[检验检疫编码及名称]	进口关税(%)		增值税率(%)	消费税	计量单位	监管条件	检验检疫类别
		最惠国	普通					
03069200	--鳌龙虾(鳌龙虾属)							
0306920000	干、盐腌或盐渍的其他鳌龙虾(鳌龙虾属)(包括熏制的带壳或去壳的,不论在熏制前或熏制过程中是否烹煮;蒸过或用水煮过的带壳的)①	7	70	9		千克	AB	P. R/Q. S
03069310	---中华绒螯蟹							
0306931000	干、盐腌或盐渍的其他中华绒螯蟹(包括熏制的带壳或去壳的,不论在熏制前或熏制过程中是否烹煮;蒸过或用水煮过的带壳的)②	7	70	9		千克	AB	P. R/Q. S
03069320	---梭子蟹							
0306932000	干、盐腌或盐渍的其他梭子蟹(包括熏制的带壳或去壳的,不论在熏制前或熏制过程中是否烹煮;蒸过或用水煮过的带壳的)③	7	70	9		千克	AB	P. R/Q. S
03069390	---其他							
0306939000	干、盐腌或盐渍的其他蟹(包括熏制的带壳或去壳的,不论在熏制前或熏制过程中是否烹煮;蒸过或用水煮过的带壳的)④	7	70	9		千克	AB	P. R/Q. S
03069400	--挪威海螯虾							
0306940000	干、盐腌或盐渍的挪威海螯虾(包括熏制的带壳或去壳的,不论在熏制前或熏制过程中是否烹煮;蒸过或用水煮过的带壳的)⑤	7	70	9		千克	AB	P. R/Q. S
03069510	---冷水小虾及对虾(长额虾属、褐虾)							
0306951000	干、盐腌或盐渍的冷水小虾及对虾(长额虾属、褐虾)(包括熏制的带壳或去壳的,不论在熏制前或熏制过程中是否烹煮;蒸过或用水煮过的带壳的)⑥	10	70	9		千克	AB	P. R/Q. S
03069590	---其他小虾及对虾							
0306959000	干、盐腌或盐渍的其他小虾及对虾(包括熏制的带壳或去壳的,不论在熏制前或熏制过程中是否烹煮;蒸过或用水煮过的带壳的)⑦	10	70	9		千克	AB	P. R/Q. S
03069900	--其他,包括适合供人食用的甲壳动物的细粉、粗粉及团粒							
0306990000	活、鲜、冷、干、盐腌或盐渍的其他甲壳动物(包括熏制的带壳或去壳的,不论在熏制前或熏制过程中是否烹煮;蒸过或用水煮过的带壳的)⑧	7	70	9		千克	AB	P. R/Q. S
0307	**带壳或去壳的软体动物,活、鲜、冷、冻、干、盐腌或盐渍的;熏制的带壳或去壳软体动物,不论在熏制前或熏制过程中是否烹煮;适合供人食用的软体动物的细粉、粗粉及团粒:**							
03071110	---种苗							
0307111000	牡蛎(蚝)种苗[999]	0	0	9		千克	AB	P/Q
03071190	---其他							
0307119000	其他活、鲜、冷的牡蛎(蚝)⑨	7	70	9		千克	AB	P. R/Q. S
03071200	--冻的							
0307120000	冻的牡蛎(蚝)[101 养殖],[102 野生]	10	70	9		千克	AB	P. R/Q. S
03071900	--其他							
0307190000	其他干、盐腌或盐渍牡蛎(蚝)(包括熏制的带壳或去壳的,不论在熏制前或熏制过程中是否烹煮)⑩	10	70	9		千克	AB	P. R/Q. S
03072110	---种苗							
0307211010	大珠母贝种苗[999]	0	0	9		千克	ABE	P/Q
0307211090	其他扇贝种苗(包括海扇种苗)[999]	0	0	9		千克	AB	P/Q
03072190	---其他							
0307219010	其他活、鲜、冷大珠母贝[101 活的扇贝],[102 鲜、冷的养殖大珠母贝],[103 鲜、冷的野生大珠母贝]	10	70	9		千克	ABE	P. R/Q. S
0307219090	其他活、鲜、冷扇贝(包括海扇,种苗除外)⑪	10	70	9		千克	AB	P. R/Q. S
03072200	--冻的							

① [101 养殖干制虾类制品],[102 野生干制虾类制品],[103 养殖盐腌及盐渍虾类制品],[104 野生盐腌及盐渍虾类制品]
② [101 养殖干制蟹类制品],[102 野生干制蟹类制品],[103 养殖盐腌及盐渍蟹类制品],[104 野生盐腌及盐渍蟹类制品]
③ [101 养殖干制蟹类制品],[102 野生干制蟹类制品],[103 养殖盐腌及盐渍蟹类制品],[104 野生盐腌及盐渍蟹类制品]
④ [101 养殖干制蟹类制品],[102 野生干制蟹类制品],[103 养殖盐腌及盐渍蟹类制品],[104 野生盐腌及盐渍蟹类制品]
⑤ [101 养殖干制虾类制品],[102 野生干制虾类制品],[103 养殖盐腌及盐渍虾类制品],[104 野生盐腌及盐渍虾类制品]
⑥ [101 养殖干制虾类制品],[102 野生干制虾类制品][105 养殖盐腌及盐渍虾类制品],[106 野生盐腌及盐渍虾类制品]
⑦ [101 养殖干制虾类制品],[102 野生干制虾类制品],[105 养殖盐腌及盐渍虾类制品],[106 野生盐腌及盐渍虾类制品]
⑧ [101 活的其他淡水虾蟹],[102 未列出的饲料用其他淡水产品],[103 鲜、冷的其他养殖甲壳动物],[104 鲜、冷的其他野生甲壳动物],[105 干制的其他养殖甲壳动物],[106 干制的其他野生甲壳动物],[107 盐腌或盐渍的其他养殖甲壳动物],[108 盐腌或盐渍的其他野生甲壳动物]
⑨ [101 活的牡蛎(蚝)],[102 非生食的鲜、冷的养殖牡蛎(蚝)],[103 可用于生食的鲜、冷的养殖牡蛎(蚝)],[104 非生食的鲜、冷的野生牡蛎(蚝)],[105 可用于生食的鲜、冷的野生牡蛎(蚝)]
⑩ [101 干制的养殖牡蛎(蚝)],[102 干制的野生牡蛎(蚝)],[103 盐腌或盐渍的养殖牡蛎(蚝)],[104 盐腌或盐渍的野生牡蛎(蚝)],[105 干的野生牡蛎(蚝)],[106 盐腌或盐渍的野生牡蛎(蚝)]
⑪ [101 活的扇贝],[102 非生食的鲜、冷的养殖扇贝],[103 可用于生食的鲜、冷的养殖扇贝],[104 非生食的鲜、冷的野生扇贝],[105 可用于生食的鲜、冷的野生扇贝]

协定税率(%)															特惠税率(%)			对美税率	出口税率	出口退税率	Article Description
智利	新西兰	澳大利亚	瑞士	冰岛	秘鲁	哥斯达	东盟	亚太	新加坡	巴基斯坦	港/澳/台	韩国	格鲁吉亚	毛里求斯	亚太	老/柬/缅	LDC 97/95				
0	0	0	3	0	0	0	0			12	0/0/	4.5	0	0		/0/0	0/0			9	--Lobsters (Homarus spp.)
																		37	0		
0	0	0	2.8	0	0	0	0			5.6	0/0/	4.2	0	0		/0/	0/0			9	---Freshwater crabs, live
																		37	0		
0	0	0	2.8	0	0	0	0			0	0/0/	4.2	0	0		/0/	0/0			9	---Swimming crab
																		37	0		
0	0	0	2.8	0	0	0	0			0	0/0/	4.2	0	0		/0/	0/0			9	---Other
																		37	0		
0	0	0	2.8	0	0	0	0			11.2	0/0/	4.2	0	0		/0/0	0/0				--Norway lobsters (Nephrops norvegicus)
																		37	0	9	
0	0	0	2.4	0	0	0	0			4.8	0/0/	3.6	0	0		/0/0	0/0			9	--Cold-water shrimps and prawns (Pandalus spp., Crangon crangon)
																		40	0		
0	0	0	2.4	0	0	0	0			4.8	0/0/	3.6	0	0		/0/0	0/0			9	---Other shrimps and prawns
																		40	0		
0	0	0	2.8	0	0	0	0			11.2	0/0/	4.2	0	0		/0/0	0/0				--Other, including flours, meals and pellets of crustaceans, fit for human consumption
																		37	0	9	
																					Molluscs, whether in shell or not, live, fresh, chilled, frozen, dried, salted or in brine; smoked molluscs, whether in shell or not, whether or not cooked before or during the smoking process; flours, meals and pellets of molluscs, fit for human consumption:
																	0/0			9	---For cultivation
																		25	0		
0	0	0	2.8	0	0	0	0			11.2	0/0/	4.2	0	0		//0	0/0			9	---Other
																		37	0		
0	0	0	2.8	0	0	0	0			11.2	0/0/	4.2	0	0		//0	0/0			9	--Frozen
																		40	0		
0	0	0	2.8	0	0	0	0			11.2	0/0/	4.2	0	0		//0	0/0			6	--Other
																		40	0		
																	0/0			9	---For cultivation
																		25	0		
																		25	0		
0	0	0	2.8	0	0	0	0			11.2	0/0/	4.2	0	0		//0	0/0			9	---Other
																		40	0		
																		40	0		
0	0	0	2.8	0	0	0	0			11.2	0/0/	4.2	0	0		//0	0/0			9	--Frozen

商品编号	商品名称及备注[检验检疫编码及名称]	进口关税(%) 最惠国	进口关税(%) 普通	增值税率(%)	消费税	计量单位	监管条件	检验检疫类别
0307220010	冻的大珠母贝〔101 其他养殖冷冻双壳贝〕,〔102 其他野生冷冻双壳贝〕	10	80	9		千克	ABE	P. R/Q. S
0307220090	其他冻的扇贝(包括海扇)〔101 养殖冷冻扇贝〕,〔102 野生冷冻扇贝〕	10	80	9		千克	AB	P. R/Q. S
03072900	--其他							
0307290010	其他干、盐腌或盐渍的大珠母贝(包括熏制的带壳或去壳的,不论在熏制前或熏制过程中是否烹煮)①	10	80	9		千克	ABE	P. R/Q. S
0307290090	其他干、盐腌或盐渍的扇贝(包括海扇;包括熏制的带壳或去壳的,不论在熏制前或熏制过程中是否烹煮)②	10	80	9		千克	AB	P. R/Q. S
03073110	---种苗							
0307311000	贻贝种苗〔999〕	0	0	9		千克	AB	P/Q
03073190	---其他							
0307319001	鲜、冷贻贝〔101 养殖〕,〔102 野生〕	10	70	9		千克	AB	P. R/Q. S
0307319090	其他活贻贝〔999〕	10	70	9		千克	AB	P. R/Q. S
03073200	--冻的							
0307320000	冻贻贝〔101 养殖冷冻贻贝〕,〔102 其他野生冷冻双壳贝〕	10	70	9		千克	AB	P. R/Q. S
03073900	--其他							
0307390000	其他干、盐腌或盐渍的贻贝(包括熏制的带壳或去壳的,不论在熏制前或熏制过程中是否烹煮)③	10	70	9		千克	AB	P. R/Q. S
03074210	---种苗							
0307421000	墨鱼及鱿鱼种苗〔101 乌贼(墨鱼)〕,〔102 鱿鱼〕	0	0	9		千克	AB	P/Q
03074291	----墨鱼(乌贼属、巨粒僧头乌贼、耳乌贼属)及鱿鱼(柔鱼属、枪乌贼属、双柔鱼属、拟乌贼属)							
0307429100	其他活、鲜、冷的墨鱼(乌贼属、巨粒僧头乌贼、耳乌贼属)及鱿鱼(柔鱼属、枪乌贼属、双柔鱼属、拟乌贼属)④	12	70	9		千克	AB	P. R/Q. S
03074299	----其他							
0307429900	其他活、鲜、冷的墨鱼及鱿鱼⑤	14	70	9		千克	AB	P. R/Q. S
03074310	---墨鱼(乌贼属、巨粒僧头乌贼、耳乌贼属)及鱿鱼(柔鱼属、枪乌贼属、双柔鱼属、拟乌贼属)							
0307431000	冻的墨鱼(乌贼属、巨粒僧头乌贼、耳乌贼属)及鱿鱼(柔鱼属、枪乌贼属、双柔鱼属、拟乌贼属)⑥	12	70	9		千克	AB	P. R/Q. S
03074390	---其他							
0307439000	其他冻的墨鱼及鱿鱼⑦	10	70	9		千克	AB	P. R/Q. S
03074910	---墨鱼(乌贼属、巨粒僧头乌贼、耳乌贼属)及鱿鱼(柔鱼属、枪乌贼属、双柔鱼属、拟乌贼属)							
0307491000	其他干、盐制的墨鱼(乌贼属、巨粒僧头乌贼、耳乌贼属)及鱿鱼(柔鱼属、枪乌贼属、双柔鱼属、拟乌贼属)(包括熏制的带壳或去壳的,不论在熏制前或熏制过程中是否烹煮)⑧	12	70	9		千克	AB	P. R/Q. S
03074990	---其他							
0307499000	其他干、盐制的墨鱼及鱿鱼(包括熏制的带壳或去壳的,不论在熏制前或熏制过程中是否烹煮)⑨	10	70	9		千克	AB	P. R/Q. S
03075100	--活、鲜或冷的							
0307510000	活、鲜、冷章鱼⑩	7	70	9		千克	AB	P. R/Q. S

① 〔101 干制的养殖大珠母贝〕,〔102 干制的野生大珠母贝〕,〔103 盐腌或盐渍的养殖大珠母贝〕,〔104 盐腌或盐渍的野生大珠母贝〕,〔105 干的野生大珠母贝〕,〔106 盐腌或盐渍的野生大珠母贝〕

② 〔101 干制的养殖扇贝〕,〔102 干制的野生扇贝〕,〔103 盐腌或盐渍的养殖扇贝〕,〔104 盐腌或盐渍的野生扇贝〕,〔105 干的野生扇贝〕,〔106 盐腌或盐渍的野生扇贝〕

③ 〔101 养殖干制贝类制品〕,〔102 野生干制贝类制品〕,〔103 养殖盐腌及盐渍贝类制品〕,〔104 野生盐腌及盐渍贝类制品〕

④ 〔101 活的乌贼(墨鱼)〕,〔102 活的鱿鱼〕,〔103 饲料用乌贼〕,〔104 饲料用鱿鱼〕,〔105 其他鲜、冷的养殖墨鱼(乌贼属、巨粒僧头乌贼、耳乌贼属)〕,〔106 其他鲜、冷的野生墨鱼(乌贼属、巨粒僧头乌贼、耳乌贼属)〕,〔107 其他鲜、冷的养殖鱿鱼(柔鱼属、枪乌贼属、双柔鱼属、拟乌贼属)〕,〔108 其他鲜、冷的野生鱿鱼(柔鱼属、枪乌贼属、双柔鱼属、拟乌贼属)〕

⑤ 〔101 活的乌贼(墨鱼)〕,〔102 活的鱿鱼〕,〔103 饲料用乌贼〕,〔104 饲料用鱿鱼〕,〔105 其他鲜、冷的养殖墨鱼〕,〔106 其他鲜、冷的野生墨鱼〕,〔107 其他鲜、冷的养殖鱿鱼〕,〔108 其他鲜、冷的野生鱿鱼〕

⑥ 〔101 冻的养殖墨鱼(乌贼属、巨粒僧头乌贼、耳乌贼属)〕,〔102 冻的野生墨鱼(乌贼属、巨粒僧头乌贼、耳乌贼属)〕,〔103 冻的养殖鱿鱼(柔鱼属、枪乌贼属、双柔鱼属、拟乌贼属)〕,〔104 冻的野生鱿鱼(柔鱼属、枪乌贼属、双柔鱼属、拟乌贼属)〕

⑦ 〔101 其他冻的养殖墨鱼〕,〔102 其他冻的野生墨鱼〕,〔103 其他冻的养殖鱿鱼〕,〔104 其他冻的野生鱿鱼〕

⑧ 〔101 干制的养殖墨鱼(乌贼属、巨粒僧头乌贼、耳乌贼属)〕,〔102 干制的野生墨鱼(乌贼属、巨粒僧头乌贼、耳乌贼属)〕,〔103 干制的养殖鱿鱼(柔鱼属、枪乌贼属、双柔鱼属、拟乌贼属)〕,〔104 干制的野生鱿鱼(柔鱼属、枪乌贼属、双柔鱼属、拟乌贼属)〕,〔105 盐制的养殖墨鱼(乌贼属、巨粒僧头乌贼、耳乌贼属)〕,〔106 盐制的野生墨鱼(乌贼属、巨粒僧头乌贼、耳乌贼属)〕,〔107 盐制的养殖鱿鱼(柔鱼属、枪乌贼属、双柔鱼属、拟乌贼属)〕,〔108 盐制的野生鱿鱼(柔鱼属、枪乌贼属、双柔鱼属、拟乌贼属)〕

⑨ 〔101 其他干制的养殖墨鱼〕,〔102 其他干制的野生墨鱼〕,〔103 其他干制的养殖鱿鱼〕,〔104 其他干制的野生鱿鱼〕,〔105 其他盐制的养殖墨鱼〕,〔106 其他盐制的野生墨鱼〕,〔107 其他盐制的养殖鱿鱼〕,〔108 其他盐制的野生鱿鱼〕

⑩ 〔101 活的章鱼〕,〔102 饲料用章鱼〕,〔103 非生食的〕,〔104 可用于非生食的〕

协定税率(%)															特惠税率(%)						
智利	新西兰	澳大利亚	瑞士	冰岛	秘鲁	哥斯达	东盟	亚太	新加坡	巴基斯坦	港/澳/台	韩国	格鲁吉亚	毛里求斯	亚太	老/柬/缅	LDC 97/95	对美税率	出口税率	出口退税率	Article Description
																		40	0		
																		40	0		
0	0	0	2.8	0	0	0	0			11.2	0/0/	4.2	0	0		//0	0/0			9	--Other
																		40	0		
																		40	0		
																	0/0			9	---For cultivation
																		25	0		
0	0	0	2.8	0	0	0	0			11.2	0/0/	4.2	0	0		/0/0	0/0			9	---Other
																		40	0		
																		40	0		
0	0	0	2.8	0	0	0	0	7		5.6	0/0/	4.2	0	0		/0/0	0/0			9	--Frozen
																		40	0		
0	0	0	2.8	0	0	0	0	7		5.6	0/0/	4.2	0	0		/0/0	0/0			9	--Other
																		40	0		
																	0/0			9	---For cultivation
																		25	0		
0	0	0	2.4	0	0	0	0			4.8	0/0/	3.6	0	0		/0/0	0/0			9	----Cuttle fish (Sepia of ficinalis, Rossia macrosoma, Sepiola spp.) and squid (Ommastrephes spp., Loligo spp., Nototodarus spp., Sepioteuthis spp.)
																		42	0		
0	0	0	2.8	0	0	0	0			11.2	0/0/	4.2	0	0		/0/0	0/0			9	----Other
																		44	0		
0	0	0	2.4	0	0	0	0	10		10	0/0/	7.8	0	0		/0/0	0/0			9	---Cuttle fish (Sepia of ficinalis, Rossia macrosoma, Sepiola spp.) and squid (Ommastrephes spp., Loligo spp., Nototodarus spp., Sepioteuthis spp.)
																		42	0		
0	0	0	0	0	0	0	0				0/0/	6.5	0	0		/0/0	0/0			9	---Other
																		40	0		
0	0	0	2.4	0	0	0	0	10		10	0/0/	7.8	0	0		/0/0	0/0			9	---Cuttle fish (Sepia of ficinalis, Rossia macrosoma, Sepiola spp.) and squid (Ommastrephes spp., Loligo spp., Nototodarus spp., Sepioteuthis spp.)
																		42	0		
0	0	0	0	0	0	0	0				0/0/	6.5	0	0		/0/0	0/0				---Other
																		40	0	9	
0	0	0	3.4	0	0	0	0			13.6	0/0/	9	0	0			0/0			9	--Live, fresh or chilled
																		37	0		

商品编号	商品名称及备注[检验检疫编码及名称]	进口关税(%) 最惠国	进口关税(%) 普通	增值税率(%)	消费税	计量单位	监管条件	检验检疫类别
03075200	--冻的							
0307520000	冻的章鱼[101 养殖],[102 野生]	7	70	9		千克	AB	P. R/Q. S
03075900	--其他							
0307590000	其他干、盐制的章鱼(包括熏制的,不论在熏制前或熏制过程中是否烹煮)①	7	70	9		千克	AB	P. R/Q. S
03076010	---种苗							
0307601010	濒危蜗牛及螺种苗,海螺除外[101 田螺],[102 蜗牛]	0	0	9		千克	ABFE	P/Q
0307601090	其他蜗牛及螺种苗,海螺除外[101 田螺],[102 蜗牛]	0	0	9		千克	AB	P/Q
03076090	---其他							
0307609010	其他濒危蜗牛及螺,海螺除外[101 田螺],[102 蜗牛],[103 其他软体]	7	70	9		千克	ABFE	P. R/Q. S
0307609090	其他活、鲜、冷、冻、干、盐腌或盐渍的蜗牛及螺,海螺除外(包括熏制的带壳或去壳的,不论在熏制前或熏制过程中是否烹煮)②	7	70	9		千克	AB	P. R/Q. S
03077110	---种苗							
0307711010	砗磲的种苗[999]	0	0	9		千克	ABEF	P/Q
0307711090	蛤、鸟蛤及舟贝(蚶科、北极蛤科、鸟蛤科、斧蛤科、缝栖蛤科、蛤蜊科中带蛤科、海螂科、双带蛤科、截蛏科、竹蛏科、帘蛤科)的种苗[999]	0	0	9		千克	AB	P/Q
03077191	----蛤							
0307719100	活、鲜、冷蛤③	10	70	9		千克	AB	P. R/Q. S
03077199	----其他							
0307719910	活、鲜、冷砗磲[101 活的砗磲],[102 鲜、冷的养殖砗磲],[103 鲜、冷的野生砗磲]	10	70	9		千克	ABEF	P. R/Q. S
0307719920	活、鲜、冷的粗饰蚶[101 活的],[102 鲜、冷的]	10	70	9		千克	ABU	P. R/Q. S
0307719990	活、鲜、冷鸟蛤及舟贝(蚶科、北极蛤科、鸟蛤科、斧蛤科、缝栖蛤科、蛤蜊科中带蛤科、海螂科、双带蛤科、截蛏科、竹蛏科、帘蛤科)④	10	70	9		千克	AB	P. R/Q. S
03077200	--冻的							
0307720010	冻的砗磲[999]	10	70	9		千克	ABEF	P. R/Q. S
0307720020	冻的粗饰蚶[999]	10	70	9		千克	ABU	P. R/Q. S
0307720090	冻的其他蛤、鸟蛤及舟贝(蚶科、北极蛤科、鸟蛤科、斧蛤科、缝栖蛤科、蛤蜊科、中带蛤科、海螂科、双带蛤科、截蛏科、竹蛏科、帘蛤科)⑤	10	70	9		千克	AB	P. R/Q. S
03077900	--其他							
0307790010	干、盐渍的砗磲(包括熏制的带壳或去壳的,不论在熏制前或熏制过程中是否烹煮)[101 干制的砗磲],[102 盐制的砗磲]	10	70	9		千克	ABEF	P. R/Q. S
0307790020	干、盐制的粗饰蚶(包括熏制的带壳或去壳的,不论在熏制前或熏制过程中是否烹煮)[101 干制的粗饰蚶],[102 盐制的粗饰蚶]	10	70	9		千克	ABU	P. R/Q. S
0307790090	干、盐制其他蛤、鸟蛤及舟贝(蚶科、北极蛤科、鸟蛤科、斧蛤科、缝栖蛤科、蛤蜊科、中带蛤科、海螂科、双带蛤科、截蛏科、竹蛏科、帘蛤科)(包括熏制的带壳或去壳的,不论在熏制前或熏制过程中是否烹煮)⑥	10	70	9		千克	AB	P. R/Q. S
03078110	---种苗							
0307811000	鲍鱼(鲍属)种苗[999]	0	0	9		千克	AB	P/Q
03078190	---其他							
0307819000暂7	活、鲜、冷的鲍鱼(鲍属)[101 活的鲍鱼],[102 鲜、冷养殖的鲍鱼],[103 鲜、冷野生的鲍鱼]	10	80	9		千克	AB	P. R/Q. S
03078210	---种苗							
0307821000	凤螺(凤螺属)种苗[999]	0	0	9		千克	AB	P/Q
03078290	---其他							
0307829000	活、鲜或冷的其他凤螺(凤螺属)⑦	10	70	9		千克	AB	P. R/Q. S
03078300	--冻的鲍鱼(鲍属)							
0307830000	冻的鲍鱼(鲍属)[101 养殖],[102 野生]	10	80	9		千克	AB	P. R/Q. S
03078400	--冻的凤螺(凤螺属)							
0307840000	冻的凤螺(凤螺属)[101 养殖],[102 野生]	10	70	9		千克	AB	P. R/Q. S
03078700	--其他鲍鱼(鲍属)							

① [101 饲料用章鱼],[102 干制的章鱼],[103 盐制的章鱼],[104 盐制的章鱼]

② [101 活的田螺],[102 活的蜗牛],[103 鲜、冷的养殖蜗牛及螺],[104 鲜、冷的野生蜗牛及螺],[105 冻的养殖蜗牛及螺],[106 冻的野生蜗牛及螺],[107 干的养殖蜗牛及螺],[108 干的野生蜗牛及螺],[109 盐腌或盐渍的养殖蜗牛及螺],[110 盐腌或盐渍的野生蜗牛及螺]

③ [101 活的扇贝],[102 活的文蛤],[103 活的食用杂色蛤],[104 活的其他海水贝],[105 活的其他淡水贝],[106 活的其他软体及其他水生无脊椎动物],[107 鲜、冷的养殖蛤],[108 鲜、冷的野生蛤]

④ [101 鲜、冷的鸟蛤],[102 鲜、冷的舟贝],[103 非生食的鲜、冷的赤贝],[104 可用于生食的鲜、冷的赤贝],[105 鲜、冷的养殖缢蛏],[106 活的文蛤],[107 活的食用杂色蛤],[108 活的紫石房蛤],[109 活的毛蚶(赤贝)],[110 活的泥蚶],[111 活的缢蛏],[112 活的其他鸟蛤及舟贝]

⑤ [101 冻的其他养殖蛤],[102 冻的其他野生蛤],[103 冻的养殖鸟蛤],[104 冻的野生鸟蛤],[105 冻的养殖舟贝],[106 冻的野生舟贝],[107 冻的养殖缢蛏],[108 冻的养殖扇贝],[109 冻的野生扇贝],[110 冻的野生北极贝],[111 冻的养殖杂色蛤]

⑥ [101 干制的其他养殖蛤],[102 干制的其他野生蛤],[103 干制的其他养殖鸟蛤],[104 干制的其他野生鸟蛤],[105 干制的其他养殖舟贝],[106 干制的其他野生舟贝],[107 盐制的其他养殖蛤],[108 盐制的其他野生蛤],[109 盐制的其他养殖鸟蛤],[110 盐制的其他野生鸟蛤],[111 盐制的其他养殖舟贝],[112 盐制的其他野生舟贝]

⑦ [101 活的],[102 鲜或冷的其他养殖凤螺(凤螺属)],[103 鲜或冷的其他野生凤螺(凤螺属)]

协定税率(%)															特惠税率(%)			对美税率	出口税率	出口退税率	Article Description
智利	新西兰	澳大利亚	瑞士	冰岛	秘鲁	哥斯达	东盟	亚太	新加坡	巴基斯坦	港/澳/台	韩国	格鲁吉亚	毛里求斯	亚太	老/柬/缅	LDC 97/95				
0	0	0	3.4	0	0	0	0			13.6	0/0/	9	0	0			0/0			9	--Frozen
																		37	0		
0	0	0	3.4	0	0	0	0			13.6	0/0/	9	0	0			0/0			9	--Other
																		37	0		
																	0/0				---For cultivation
																		25	0	0	
																		25	0	9	
0	0	0	2.8	0	0	0	0			11.2	0/0/	4.2	0	0		/0/	0/0				---Other
																		37	0	0	
																		37	0	9	
																	0/0			9	---For cultivation
																		25	0		
																		25	0		
0	0	0	2.8	0	0	0	0			11.2	0/0/	4.2	0	0			0/0			9	----Clams
																		40	0		
0	0	0	2.8	0	0	0	0			11.2	0/0/	4.2	0	0		/0/0	0/0			9	----Other
																		40	0		
																		40	0		
																		40	0		
0	0	0	0	0		0	0				0/0/	3	0	0			0/0			9	--Frozen
																		40	0		
																		40	0		
																		40	0		
0	0	0	0	0	0	0	0				0/0/	5.3	0	0		/0/0	0/0				--Other
																		40	0	9	
																		40	0	9	
																		40	0	9	
																	0/0			9	---For cultivation
																		25	0		
0	0	0	2.8	0	0	0	0			11.2	0/0/	4.2	0	0		/0/0	0/0			9	---Other
																		37	0		
																	0/0			9	---For cultivation
																		25	0		
0	0	0	2.8	0	0	0	0			11.2	0/0/	4.2	0	0		/0/0	0/0			9	---Other
																		40	0		
0	0	0	0	0		0	0			4	0/0/	3	0	0		/0/0	0/0			9	--Abalone (Haliotis spp.), frozen
																		40	0		
0	0	0	0	0	0	0	0				0/0/	6.5	0	0		/0/0	0/0			9	--Stromboid conchs (Strombus spp.), frozen
																		40	0		
0	0	0	0	0		0	0			4	0/0/	3	0	0		/0/0	0/0			9	--Other abalone (Haliotis spp.)

商品编号	商品名称及备注[检验检疫编码及名称]	进口关税(%) 最惠国	进口关税(%) 普通	增值税率(%)	消费税	计量单位	监管条件	检验检疫类别
0307870000	干、盐腌或盐渍的鲍鱼(鲍属)(包括熏制的带壳或去壳的,不论在熏制前或熏制过程中是否烹煮)①	10	80	9		千克	AB	P.R/Q.S
03078800	--其他凤螺(凤螺属)							
0307880000	干、盐腌或盐渍的凤螺(凤螺属)(包括熏制的带壳或去壳的,不论在熏制前或熏制过程中是否烹煮)②	10	70	9		千克	AB	P.R/Q.S
03079110	---种苗							
0307911010	濒危软体动物的种苗③	0	0	9		千克	ABEF	P/Q
0307911090	其他软体动物的种苗④	0	0	9		千克	AB	P/Q
03079190	---其他							
0307919010	其他活、鲜、冷的濒危软体动物〔999〕	7	70	9		千克	ABEF	P.R/Q.S
0307919020	活、鲜、冷蚬属〔101 活的〕,〔102 鲜、冷的蚬属〕	7	70	9		千克	ABU	P.R/Q.S
0307919030	活、鲜或冷的象拔蚌⑤	7	70	9		千克	AB	P.R/Q.S
0307919090	其他活、鲜、冷的软体动物⑥	7	70	9		千克	AB	P.R/Q.S
03079200	--冻的							
0307920010	其他冻的濒危软体动物〔101 养殖〕,〔102 野生〕	7	70	9		千克	ABEF	P.R/Q.S
0307920020	冻的蚬属〔101 养殖〕,〔102 野生〕	7	70	9		千克	ABU	P.R/Q.S
0307920090	其他冻的软体动物〔101 养殖〕,〔102 野生〕	7	70	9		千克	AB	P.R/Q.S
03079900	--其他							
0307990010	其他干、盐腌或盐渍的濒危软体动物(包括供人食用的软体动物粉、团粒,甲壳动物除外;包括熏制的带壳或去壳的,不论在熏制前或熏制过程中是否烹煮)〔999〕	7	70	9		千克	ABEF	P.R/Q.S
0307990020	干、盐腌或盐渍蚬属(包括供人食用的软体动物粉、团粒,甲壳动物除外;包括熏制的带壳或去壳的,不论在熏制前或熏制过程中是否烹煮)〔101 冻的〕,〔102 干的〕,〔103 盐腌或盐渍〕	7	70	9		千克	ABU	P.R/Q.S
0307990090	其他干、盐腌或盐渍软体动物(包括供人食用的软体动物粉、团粒,甲壳动物除外;包括熏制的带壳或去壳的,不论在熏制前或熏制过程中是否烹煮)⑦	7	70	9		千克	AB	P.R/Q.S
0308	**不属于甲壳动物及软体动物的水生无脊椎动物,活、鲜、冷、冻、干、盐腌或盐渍的;熏制的不属于甲壳动物及软体动物的水生无脊椎动物,不论在熏制前或熏制过程中是否烹煮;适合供人食用的不属于甲壳动物及软体动物的水生无脊椎动物的细粉、粗粉及团粒:**							
03081110	---种苗							
0308111010	暗色刺参的种苗〔999〕	0	0	9		千克	ABEF	P/Q
0308111090	其他海参(仿刺参、海参纲)的种苗〔999〕	0	0	9		千克	AB	P/Q
03081190	---其他							
0308119010	活、鲜或冷的暗色刺参〔101 活的暗色刺参〕,〔102 鲜或冷的养殖暗色刺参〕,〔103 鲜或冷的野生暗色刺参〕	10	70	9		千克	ABEF	P.R/Q.S
0308119020	活、鲜或冷的刺参〔101 活的其他海参〕,〔102 鲜或冷的养殖其他海参〕,〔103 鲜或冷的野生其他海参〕	10	70	9		千克	ABU	P.R/Q.S
0308119090	活、鲜或冷的其他海参(仿刺参、海参纲)〔101 活的其他海参〕,〔102 鲜或冷的养殖其他海参〕,〔103 鲜或冷的野生其他海参〕	10	70	9		千克	AB	P.R/Q.S
03081200	--冻的							
0308120010	冻的暗色刺参〔101 养殖冷冻海参〕,〔102 野生冷冻海参〕	10	80	9		千克	ABEF	P.R/Q.S
0308120020	冻的其他刺参〔101 养殖冷冻海参〕,〔102 野生冷冻海参〕	10	80	9		千克	ABU	P.R/Q.S
0308120090	冻的其他海参(仿刺参、海参纲)〔101 养殖冷冻海参〕,〔102 野生冷冻海参〕	10	80	9		千克	AB	P.R/Q.S
03081900	--其他							

① 〔101 干制的养殖鲍鱼(鲍属)〕,〔102 干制的野生鲍鱼(鲍属)〕,〔103 盐腌或盐渍的养殖鲍鱼(鲍属)〕,〔104 盐腌或盐渍的野生鲍鱼(鲍属)〕

② 〔101 干制的养殖凤螺(凤螺属)〕,〔102 干制的野生凤螺(凤螺属)〕,〔103 盐腌或盐渍的养殖凤螺(凤螺属)〕,〔104 盐腌或盐渍的野生凤螺(凤螺属)〕

③ 〔101 其他海水贝〕,〔102 其他淡水贝〕,〔103 其他棘皮动物〕,〔104 其他软体及其他水生无脊椎动物〕

④ 〔101 毛蚶(赤贝)〕,〔102 泥蚶〕,〔103 文蛤〕,〔104 杂色蛤苗〕,〔105 大竹蛏〕,〔106 缢蛏〕,〔107 紫石房蛤〕,〔108 海螺〕,〔109 象拔蚌〕,〔110 其他海水贝〕,〔111 河蚌〕,〔112 河蚬〕,〔113 其他淡水贝〕,〔114 海星〕,〔115 其他棘皮动物〕,〔116 珊瑚虫〕,〔117 其他软体及其他水生无脊椎动物〕

⑤ 〔101 活的〕,〔102 鲜或冷非生食的养殖象拔蚌〕,〔103 鲜或冷可用于生食的养殖象拔蚌〕,〔104 鲜或冷非生食的野生象拔蚌〕,〔105 鲜或冷可用于生食的野生象拔蚌〕

⑥ 〔101 活的软体动物〕,〔102 鲜、冷非生食的养殖北极贝〕,〔103 鲜、冷可用于生食的养殖北极贝〕,〔104 鲜、冷非生食的野生北极贝〕,〔105 鲜、冷可用于生食的野生北极贝〕,〔106 鲜、冷的其他养殖双壳贝类〕,〔107 鲜、冷的其他野生双壳贝类〕,〔108 鲜、冷的其他养殖单壳贝类〕,〔109 鲜、冷的其他野生单壳贝类〕,〔110 鲜、冷的养殖头足类〕,〔111 鲜、冷的其他野生头足类〕,〔112 鲜、冷的其他养殖软体动物〕,〔113 鲜、冷的其他野生软体动物〕,〔114 活的有害软体动物〕,〔115 活的海螺〕

⑦ 〔101 干制的养殖软体动物〕,〔102 干制的野生软体动物〕,〔103 盐腌或盐渍的养殖软体动物〕,〔104 盐腌或盐渍的野生软体动物〕,〔105 非生食的冻的养殖象拔蚌〕,〔106 可用于生食的冻的养殖象拔蚌〕,〔107 非生食的冻的野生象拔蚌〕,〔108 可用于生食的冻的野生象拔蚌〕,〔109 冻的其他养殖头足类〕,〔110 冻的其他野生头足类〕,〔111 冻的养殖软体动物〕,〔112 冻的野生软体动物〕,〔113 干的养殖软体动物〕,〔114 干的野生软体动物〕,〔115 盐腌或盐渍的养殖软体动物〕,〔116 盐腌或盐渍的野生软体动物〕

协定税率(%)															特惠税率(%)			对美税率	出口税率	出口退税率	Article Description
智利	新西兰	澳大利亚	瑞士	冰岛	秘鲁	哥斯达	东盟	亚太	新加坡	巴基斯坦	港/澳/台	韩国	格鲁吉亚	毛里求斯	亚太	老/柬/缅	LDC 97/95				
																		40	0		
0	0	0	0	0	0	0	0				0/0/	6.5	0	0		/0/0	0/0				--Other stromboid conchs (Strombus spp.)
																		40	0	9	
																	0/0				---For cultivation
																		25	0	0	
																		25	0	6	
0	0	0	2.8	0	0	0	0			11.2	0/0/	4.2	0	0		/0/0	0/0				---Other
																		37	0	0	
																		37	0	9	
																		37	0	9	
																		37	0	9	
0	0	0	0	0	0	0	0				0/0/	6.5	0	0		/0/0	0/0				--Frozen
																		37	0	0	
																		37	0	9	
																		37	0	9	
0	0	0	0	0	0	0	0				0/0/	6.5	0	0		/0/0	0/0				--Other
																		37	0	0	
																		37	0	9	
																		37	0	9	
																					Aquatic invertebrates other than crustaceans and molluscs, live, fresh, chilled, frozen, dried, salted or in brine; smoked aquatic invertebrates other than crustaceans and molluscs, whether or not cooked before or during the smoking process; flours, meals and pellets of aquatic invertebrates other than crustaceans and molluscs, fit for human consumption:
																	0/0			9	---For cultivation
																		25	0		
																		25	0		
0	0	0	2.8	0	0	0	0			11.2	0/0/	4.2	0	0		/0/0	0/0			9	---Other
																		40	0		
																		40	0		
																		40	0		
0	0	0	0	0	0	0	0				0/0/	3	0	0		/0/0	0/0			9	--Frozen
																		40	0		
																		40	0		
																		40	0		
0	0	0	0	0	0	0	0				0/0/	3	0	0		/0/0	0/0			9	--Other

商品编号	商品名称及备注[检验检疫编码及名称]	进口关税(%)		增值税率(%)	消费税	计量单位	监管条件	检验检疫类别
		最惠国	普通					
0308190010	干、盐腌或盐渍暗色刺参(包括熏制的,不论在熏制前或熏制过程中是否烹煮;适合供人食用的细粉、粗粉及团粒)①	10	80	9		千克	ABEF	P. R/Q. S
0308190020	干、盐腌或盐渍的其他刺参(包括熏制的,不论在熏制前或熏制过程中是否烹煮;适合供人食用的细粉、粗粉及团粒)②	10	80	9		千克	ABU	P. R/Q. S
0308190090	干、盐腌或盐渍的其他海参(仿刺参、海参纲)(包括熏制的,不论在熏制前或熏制过程中是否烹煮;适合供人食用的细粉、粗粉及团粒)③	10	80	9		千克	AB	P. R/Q. S
03082110	---种苗							
0308211000	海胆(球海胆属、拟球海胆、智利海胆、食用正海胆)的种苗〔999〕	0	0	9		千克	AB	P/Q
03082190	---其他							
0308219010	活、鲜或冷的食用海胆纲④	10	70	9		千克	ABU	P. R/Q. S
0308219090	其他活、鲜或冷的海胆⑤	10	70	9		千克	AB	P. R/Q. S
03082200	--冻的							
0308220010	冻食用海胆纲〔101 养殖冷冻海胆〕,〔102 野生冷冻海胆〕	10	70	9		千克	ABU	P. R/Q. S
0308220090	其他冻海胆〔101 养殖冷冻海胆〕,〔102 野生冷冻海胆〕	10	70	9		千克	AB	P. R/Q. S
03082900	--其他							
0308290010	干、盐制食用海胆纲(包括熏制的,不论在熏制前或熏制过程中是否烹煮;适合供人食用的细粉、粗粉及团粒)⑥	10	70	9		千克	ABU	P. R/Q. S
0308290090	其他干、盐制海胆(包括熏制的,不论在熏制前或熏制过程中是否烹煮;适合供人食用的细粉、粗粉及团粒)⑦	10	70	9		千克	AB	P. R/Q. S
03083011	----种苗							
0308301100	海蜇(海蜇属)的种苗〔999〕	0	0	9		千克	AB	P/Q
03083019	----其他							
0308301900	活、鲜或冷的海蜇(海蜇属)〔101 活的海蜇〕,〔102 鲜或冷的养殖海蜇〕,〔103 鲜或冷的野生海蜇〕	7	70	9		千克	AB	P. R/Q. S
03083090	---其他							
0308309000	冻、干、盐制海蜇(海蜇属)(包括熏制的,不论在熏制前或熏制过程中是否烹煮;适合供人食用的细粉、粗粉及团粒)⑧	10	70	9		千克	AB	P. R/Q. S
03089011	----种苗							
0308901110	活、鲜或冷的其他濒危水生无脊椎动物的种苗(甲壳动物及软体动物除外)〔999〕	0	0	9		千克	ABFE	P/Q
0308901190	其他水生无脊椎动物的种苗(甲壳动物及软体动物除外)〔999〕	0	0	9		千克	AB	P/Q
03089012	----沙蚕,种苗除外							
0308901200	活、鲜或冷的沙蚕,种苗除外〔999〕	7	70	9		千克	AB	P. R/Q. S
03089019	----其他							
0308901910	活、鲜或冷的其他濒危水生无脊椎动物(甲壳动物及软体动物除外)〔999〕	7	70	9		千克	ABFE	P. R/Q. S
0308901990	活、鲜或冷的其他水生无脊椎动物(甲壳动物及软体动物除外)⑨	7	70	9		千克	AB	P. R/Q. S
03089090	---其他							
0308909010	其他冻、干、盐制濒危水生无脊椎动物,包括供人食用的水生无脊椎动物粉、团粒(包括熏制的,不论在熏制前或熏制过程中是否烹煮)⑩	7	70	9		千克	ABFE	P. R/Q. S
0308909090	其他冻、干、盐制水生无脊椎动物,包括供人食用的水生无脊椎动物粉、团粒(包括熏制的,不论在熏制前或熏制过程中是否烹煮)⑪	7	70	9		千克	AB	P. R/Q. S

① 〔101 干制的养殖暗色刺参〕,〔102 干制的野生暗色刺参〕,〔103 盐腌或盐渍的养殖暗色刺参〕,〔104 盐腌或盐渍的野生暗色刺参〕,〔105 干的野生暗色刺参〕,〔106 盐腌或盐渍的野生暗色刺参〕

② 〔101 干制的其他养殖刺参〕,〔102 干制的其他野生刺参〕,〔103 盐腌或盐渍的其他养殖刺参〕,〔104 盐腌或盐渍的其他野生刺参〕,〔105 干的野生刺参〕,〔106 盐腌或盐渍的野生刺参〕

③ 〔101 干制的其他养殖海参(仿刺参、海参纲)〕,〔102 干制的其他野生海参(仿刺参、海参纲)〕,〔103 盐腌或盐渍的其他养殖海参(仿刺参、海参纲)〕,〔104 盐腌或盐渍的其他野生海参(仿刺参、海参纲)〕,〔105 干的野生海参〕,〔106 盐腌或盐渍的野生海参〕

④ 〔101 活的海胆纲〕,〔102 鲜或冷的养殖海胆纲〕,〔103 鲜或冷的野生海胆纲〕

⑤ 〔101 活的海胆〕,〔102 鲜或冷的养殖海胆〕,〔103 鲜或冷的野生海胆〕

⑥ 〔101 干制的养殖海胆纲〕,〔102 干制的野生海胆纲〕,〔103 盐制的养殖海胆纲〕,〔104 盐制的野生海胆纲〕,〔105 干的野生海胆纲〕,〔106 盐制的野生海胆纲〕

⑦ 〔101 干制的养殖海胆〕,〔102 干制的野生海胆〕,〔103 盐制的养殖海胆〕,〔104 盐制的野生海胆〕,〔105 干的野生海胆〕,〔106 盐制的野生海胆〕

⑧ 〔101 冻的养殖海蜇(海蜇属)〕,〔102 干、盐制的养殖海蜇(海蜇属)〕,〔103 冻的野生海蜇(海蜇属)〕,〔104 干、盐制的野生海蜇(海蜇属)〕,〔105 干制的养殖海蜇(海蜇属)〕,〔106 干制的野生海蜇(海蜇属)〕,〔107 盐制的养殖海蜇(海蜇属)〕,〔108 盐制的野生海蜇(海蜇属)〕

⑨ 〔101 饲料用红赤虫〕,〔102 饲料用黄粉虫〕,〔103 鲜或冷〕,〔104 鲜或冷的其他养殖棘皮类〕,〔105 鲜或冷的其他野生棘皮类〕,〔106 活的珊瑚虫〕,〔107 活的海鞘〕,〔108 活的食用海肠〕,〔109 活的饲料用海肠〕,〔110 活的其他食用水生无脊椎动物〕,〔111 活的其他饲料用水生无脊椎动物〕,〔112 活的其他种用观赏水生无脊椎动物〕

⑩ 〔101 冻的〕,〔102 干的〕,〔103 盐制的〕,〔111 其他冻的养殖濒危水生无脊椎动物〕,〔112 其他冻的野生濒危水生无脊椎动物〕,〔113 其他干制的养殖濒危水生无脊椎动物〕,〔114 其他干制的野生濒危水生无脊椎动物〕,〔115 其他盐制的养殖濒危水生无脊椎动物〕,〔116 其他盐制的野生濒危水生无脊椎动物〕

⑪ 〔101 冻的〕,〔102 干的〕,〔103 盐制的〕,〔104 熏制的〕,〔105 其他冷冻的养殖棘皮类〕,〔106 其他冷冻的野生棘皮类〕,〔111 其他冻的养殖水生无脊椎动物〕,〔112 其他冻的野生水生无脊椎动物〕,〔113 其他干制的养殖水生无脊椎动物〕,〔114 其他干制的野生水生无脊椎动物〕,〔115 其他盐制的养殖水生无脊椎动物〕,〔116 其他盐制的野生水生无脊椎动物〕

协定税率(%)															特惠税率(%)			对美税率	出口税率	出口退税率	Article Description
智利	新西兰	澳大利亚	瑞士	冰岛	秘鲁	哥斯达	东盟	亚太	新加坡	巴基斯坦	港/澳/台	韩国	格鲁吉亚	毛里求斯	亚太	老/柬/缅	LDC 97/95				
																		40	0		
																		40	0		
																		40	0		
																	0/0			9	---For cultivation
																		25	0		
0	0	0	2.8	0	0	0	0			11.2	0/0/	4.2	0	0		/0/0	0/0			9	---Other
																		40	0		
																		40	0		
0	0	0	0	0	0	0	0				0/0/	5.3	0	0		/0/0	0/0			9	--Frozen
																		40	0		
																		40	0		
0	0	0	0	0	0	0	0				0/0/	5.3	0	0		/0/0	0/0				--Other
																		40	0	9	
																		40	0	9	
																	0/0			9	----For cultivation
																		25	0		
0	0	0	2.8	0	0	0	0			9	0/0/	4.2	0	0		/0/0	0/0			9	----Other
																		37	0		
0	0	0	0	0	0	0	0				0/0/	5.3	0	0		/0/0	0/0				---Other
																		40	0	9	
																	0/0				----For cultivation
																		25	0	0	
																		25	0	9	
0	0	0	2.8	0	0	0	0			9	0/0/	4.2	0	0		/0/0	0/0			6	----Clamworm, other than those for cultivation
																		37	0		
0	0	0	2.8	0	0	0	0			11.2	0/0/	4.2	0	0		/0/0	0/0				----Other
																		37	0	0	
																		37	0	9	
0	0	0	0	0	0	0	0				0/0/	5.3	0	0		/0/0	0/0				---Other
																		37	0	0	
																		37	0	9	

第 四 章
乳品；蛋品；天然蜂蜜；其他食用动物产品

注释：

一、所称“乳”，是指全脂乳及半脱脂或全脱脂的乳。

二、品目 04.05 所称：

（一）“黄油”，仅指从乳中提取的天然黄油、乳清黄油及调制黄油（新鲜、加盐或酸败的，包括罐装黄油），按重量计乳脂含量在 80%及以上，但不超过 95%，乳的无脂固形物最大含量不超过 2%，以及水的最大含量不超过 16%。黄油中不含添加的乳化剂，但可含有氯化钠、食用色素、中和盐及无害乳酸菌的培养物。

（二）“乳酱”是一种油包水型可涂抹的乳状物，乳脂是该制品所含的唯一脂肪，按重量计其含量在 39%及以上，但小于 80%。

三、乳清经浓缩并加入乳或乳脂制成的产品，若同时具有下列三种特性，则视为乳酪归入品目 04.06：

（一）按干重计乳脂含量在 5%及以上的；
（二）按重量计干质成分至少为 70%，但不超过 85%的；以及
（三）已成型或可以成型的。

四、本章不包括：

（一）按重量计乳糖含量（以干燥无水乳糖计）超过 95%的乳清制品（品目 17.02）；

（二）以一种物质（例如，油酸酯）代替乳中一种或多种天然成分（例如，丁酸酯）而制得的产品（品目 19.01 或 21.06）；或

（三）白蛋白（包括按重量计干质成分的乳清蛋白含量超过 80%的两种或两种以上的乳清蛋白浓缩物）（品目 35.02）及球蛋白（品目 35.04）。

子目注释：

一、子目 0404.10 所称“改性乳清”，是指由乳清成分构成的制品，即全部或部分去除乳糖、蛋白或矿物质的乳清、加入天然乳清成分的乳清及由混入天然乳清成分制成的产品。

二、子目 0405.10 所称“黄油”，不包括脱水黄油及印度酥油(子目 0405.90)。

商品编号	商品名称及备注[检验检疫编码及名称]	进口关税(%) 最惠国	进口关税(%) 普通	增值税率(%)	消费税	计量单位	监管条件	检验检疫类别
0401	**未浓缩及未加糖或其他甜物质的乳及稀奶油：**							
04011000	-按重量计脂肪含量≤1%							
0401100000	脂肪含量≤1%未浓缩的乳及稀奶油(脂肪含量按重量计,本编号货品不得加糖和其他甜物质)①	15	40	9		千克	7AB	P. R/Q. S
04012000	-按重量计脂肪含量>1%,但≤6%							
0401200000	1%<脂肪含量≤6%的未浓缩的乳及稀奶油(脂肪含量按重量计,本编号货品不得加糖和其他甜物质)②	15	40	9		千克	7AB	P. R/Q. S
04014000	-按重量计脂肪含量>6%,但≤10%							
0401400000	6%<脂肪含量≤10%的未浓缩的乳及稀奶油(脂肪含量按重量计,本编号货品不得加糖和其他甜物质)③	15	40	13		千克	7AB	P. R/Q. S
04015000	-按重量计脂肪含量>10%							
0401500000	脂肪含量>10%未浓缩的乳及稀奶油(脂肪含量按重量计,本编号货品不得加糖和其他甜物质)④	15	40	13		千克	7AB	P. R/Q. S
0402	**浓缩、加糖或其他甜物质的乳及稀奶油：**							
04021000	-粉状、粒状或其他固体形状,按重量计脂肪含量≤1.5%							

① 〔101 巴氏杀菌乳〕,〔102 超高温灭菌乳〕,〔103 保持灭菌乳〕,〔104 巴氏杀菌工艺调制乳〕,〔105 其他乳与乳制品〕,〔106 灭菌工艺调制乳〕,〔107 其他调制乳〕

② 〔101 巴氏杀菌乳〕,〔102 超高温灭菌乳〕,〔103 保持灭菌乳〕,〔104 巴氏杀菌工艺调制乳〕,〔105 生乳〕,〔106 其他乳与乳制品〕,〔107 其他调制乳〕,〔108 灭菌工艺调制乳〕

③ 〔101 稀奶油〕,〔102 淡炼乳〕,〔103 加糖炼乳〕,〔104 调制淡炼乳〕,〔105 其他乳与乳制品〕

④ 〔101 稀奶油〕,〔102 奶油〕,〔103 无水奶油〕,〔104 淡炼乳〕,〔105 加糖炼乳〕,〔106 调制淡炼乳〕,〔107 其他乳与乳制品〕

Chapter 4
Dairy products; birds' eggs; natural honey; edible products of animal origin, not elsewhere specified or included

Chapter Notes:

1. The expression "milk" means full cream milk or partially or completely skimmed milk.

2. For the purposes of heading 04. 05:
   (a) The term "butter" means natural butter, whey butter or recombined butter (fresh, salted or rancid, including canned butter) derived exclusively from milk, with a milkfat content of 80% or more but not more than 95% by weight, a maximum milk solids-not-fat content of 2% by weight and a maximum water content of 16% by weight. Butter does not contain added emulsifiers, but may contain sodium chloride, food colours, neutralising salts and cultures of harmless lactic-acid-producing bacteria.
   (b) The expression "dairy spreads" means a spreadable emulsion of the water-in-oil type, containing milkfat as the only fat in the product, with a milkfat content of 39% or more but less than 80% by weight.

3. Products obtained by the concentration of whey and with the addition of milk or milkfat are to be classified as cheese in heading 04. 06 provided that they have the three following characteristics:
   (a) a milkfat content, by weight of the dry matter, of 5% or more;
   (b) a dry matter content, by weight, of at least 70% but not exceeding 85%; and
   (c) they are moulded or capable of being moulded.

4. This Chapter does not cover:
   (a) Products obtained from whey, containing by weight more than 95% lactose, expressed as anhydrous lactose, calculated on the dry matter (heading 17. 02);
   (b) Products obtained from milk by replacing one or more of its natural constituents (e. g., butyric fats) by another substance (e. g., oleic fats) (heading 19. 01 or 21. 06); or
   (c) Albumins (including concentrates of two or more whey proteins, containing by weight more than 80% whey proteins, calculated on the dry matter) (heading 35. 02) or globulins (heading 35. 04).

Subheading Notes:

1. For the purposes of subheading 0404. 10, the expression "modified whey" means products consisting of whey constituents, that is, whey from which all or part of the lactose, proteins or minerals have been removed, whey to which natural whey constituents have been added, and products obtained by mixing natural whey constituents.

2. For the purposes of subheading 0405. 10 the term "butter" does not include dehydrated butter or ghee (subheading 0405. 90).

协定税率(%)															特惠税率(%)			对美税率	出口税率	出口退税率	Article Description
智利	新西兰	澳大利亚	瑞士	冰岛	秘鲁	哥斯达	东盟	亚太	新加坡	巴基斯坦	港/澳/台	韩国	格鲁吉亚	毛里求斯	亚太	老/柬/缅	LDC 97/95				
																					Milk and cream, not concentrated nor containing added sugar or other sweetening matter:
0	0	4.5	3	0	0	4	0			12	0/0/		3	0			0/0				-Of a fat content, by weight, not exceeding 1%
																		42. 5	0	6	
0	0	4.5	3	0	0	4	0			0	0/0/		3	0			0/0				-Of a fat content, by weight, exceeding 1% but not exceeding 6%
																		42. 5	0	6	
0	0	4.5	3	0	0	4	0			12	0/0/		3	0			0/0				-Of a fat content, by weight, exceeding 6% but not exceeding 10%
																		42. 5	0	6	
0	0	4.5	3	0	0	4	0			12	0/0/		3	0			0/0				-Of a fat content, by weight, exceeding 10%
																		42. 5	0	6	
																					Milk and cream, concentrated or containing added sugar or other sweetening matter:
0	0	4.2	0	0	2.9	2.7	0	7		5	0/0/		2	0			0/0			13	-In powder, granules or other solid forms, of a fat content, by weight, not exceeding 1.5%

商品编号	商品名称及备注[检验检疫编码及名称]	进口关税(%) 最惠国	进口关税(%) 普通	增值税率(%)	消费税	计量单位	监管条件	检验检疫类别
0402100000	脂肪含量≤1.5%固状乳及稀奶油(指粉状、粒状或其他固体状态,浓缩,加糖或其他甜物质)①	10	40	13		千克	7AB	M. P. R/Q. S
04022100	--未加糖或其他甜物质							
0402210000	脂肪量>1.5%未加糖固状乳及稀奶油(指粉状、粒状或其他固体状态,浓缩,加糖或其他甜物质)②	10	40	13		千克	7AB	M. P. R/Q. S
04022900	--其他							
0402290000	脂肪量>1.5%的加糖固状乳及稀奶油(指粉状、粒状或其他固体状态,浓缩,加糖或其他甜物质)③	10	40	13		千克	7AB	P. R/Q. S
04029100	--未加糖或其他甜物质							
0402910000	浓缩但未加糖的非固状乳及稀奶油(未加其他甜物质)④	10	90	13		千克	AB	P. R/Q. S
04029900	--其他							
0402990000	浓缩并已加糖的非固状乳及稀奶油(加其他甜物质)⑤	10	90	13		千克	AB	P. R/Q. S
0403	**酪乳、结块的乳及稀奶油、酸乳、酸乳酒及其他发酵或酸化的乳和稀奶油,不论是否浓缩、加糖、加其他甜物质、加香料、加水果、加坚果或加可可:**							
04031000	-酸乳							
0403100000	酸乳〔101 发酵乳〕,〔102 其他乳与乳制品〕,〔103 风味发酵乳〕	10	90	13		千克	AB	P. R/Q. S
04039000	-其他							
0403900000	酪乳及其他发酵或酸化的乳及稀奶油(不论是否浓缩、加糖或其他甜物质、香料、水果等)〔101 风味发酵乳〕,〔102 奶油〕,〔103 无水奶油〕,〔104 其他乳与乳制品〕	20	90	13		千克	AB	P. R/Q
0404	**乳清,不论是否浓缩、加糖或其他甜物质;其他税号未列名的含天然乳的产品,不论是否加糖或其他甜物质:**							
04041000	-乳清及改性乳清,不论是否浓缩、加糖或其他甜物质							
0404100010[暂2]	饲料用乳清(按重量计蛋白含量2%~7%,乳糖含量76%~88%)(不论是否浓缩、加糖或其他甜物质)〔101 饲料用乳粉〕,〔102 饲料用乳清粉〕	6	30	13		千克	AB	P. R/Q
0404100090[暂2]	其他乳清及改性乳清(不论是否浓缩、加糖或其他甜物质)〔101 脱盐乳清粉〕,〔102 非脱盐乳清粉〕,〔103 乳清蛋白粉〕,〔104 其他乳清粉〕,〔105 其他乳与乳制品〕,〔106 饲料用乳粉〕,〔107 饲料用乳清粉〕	6	30	13		千克	AB	
04049000	-其他							
0404900000	其他编号未列名的含天然乳的产品(不论是否浓缩、加糖或其他甜物质)〔999〕	20	90	13		千克	AB	P. R/Q
0405	**黄油及其他从乳中提取的脂和油;乳酱:**							
04051000	-黄油							
0405100000	黄油〔101 奶油〕,〔102 无水奶油〕,〔103 其他奶油〕	10	90	13		千克	AB	P. R/Q. S
04052000	-乳酱							
0405200000	乳酱〔101 调制淡炼乳〕,〔102 其他乳与乳制品〕	10	90	13		千克	AB	P. R/Q. S
04059000	-其他							
0405900000	其他从乳中提取的脂和油〔101 其他奶油〕,〔102 其他乳与乳制品〕	10	90	13		千克	AB	P. R/Q. S
0406	**乳酪及凝乳:**							
04061000	-鲜乳酪(未熟化或未固化的),包括乳清乳酪;凝乳							
0406100000	鲜乳酪(未熟化或未固化的)(包括乳清乳酪;凝乳)〔101 非熟化干酪〕,〔102 其他干酪〕	12	90	13		千克	AB	P. R/Q
04062000	-各种磨碎或粉化的乳酪							

① 〔101 脱脂乳粉〕,〔102 儿童调制乳粉〕,〔103 其他乳与乳制品〕,〔104 孕产妇调制乳粉〕,〔105 其他调制乳粉〕

② 〔101 全脂乳粉〕,〔103 部分脱脂乳粉〕,〔104 儿童调制乳粉〕,〔105 其他乳与乳制品〕,〔106 孕产妇调制乳粉〕,〔107 其他调制乳粉〕

③ 〔101 儿童调制乳粉〕,〔102 其他乳与乳制品〕,〔103 孕产妇调制乳粉〕,〔104 其他调制乳粉〕

④ 〔101 巴氏杀菌工艺调制乳〕,〔102 稀奶油〕,〔103 奶油〕,〔104 无水奶油〕,〔105 其他奶油〕,〔106 淡炼乳〕,〔107 调制淡炼乳〕,〔108 其他炼乳〕,〔109 其他乳与乳制品〕,〔110 灭菌工艺调制乳〕,〔111 其他调制乳〕

⑤ 〔101 巴氏杀菌工艺调制乳〕,〔102 稀奶油〕,〔103 奶油〕,〔104 无水奶油〕,〔105 其他奶油〕,〔106 加糖炼乳〕,〔107 调制加糖炼乳〕,〔108 其他炼乳〕,〔109 其他乳与乳制品〕,〔110 灭菌工艺调制乳〕,〔111 其他调制乳〕

协定税率(%)															特惠税率(%)			对美税率	出口税率	出口退税率	Article Description
智利	新西兰	澳大利亚	瑞士	冰岛	秘鲁	哥斯达	东盟	亚太	新加坡	巴基斯坦	港/澳/台	韩国	格鲁吉亚	毛里求斯	亚太	老/柬/缅	LDC 97/95				
																		35	0		
0	0	4.2		0	2.9	2.7	0	7		0	0/0/		2	0			0/0			13	--Not containing added sugar or other sweetening matter
																		35	0		
0	0	4.2	0	0	2.9	2.7	0			5	0/0/		2	0			0/0			13	--Other
																		35	0		
0	0	4.2		0	0	2.7	0			5	0/0/		2	0			0/0				--Not containing added sugar or other sweetening matter
																		35	0	6	
0	0	4.2		0	2.9	2.7	0			5	0/0/		2	0			0/0				--Other
																		35	0	6	
																					Buttermilk, curdled milk and cream, yogurt, kephir and other fermented or acidified milk and cream, whether or not concentrated or containing added sugar or other sweetening matter or flavoured or containing added fruit, nuts or cocoa:
0	0	3	3.3	0	0	2.7	0			5	0/0/		2	0			0/0			13	-Yogurt
																		37.5	0		
0	0	6		0	0	5.3	0				0/0/		4	0			0/0			13	-Other
																		47.5	0		
																					Whey, whether or not concentrated or containing added sugar or other sweetening matter; products consisting of natural milk constituents, whether or not containing added sugar or other sweetening matter, not elsewhere specified or included:
0	0	0		0	0	1.6	0			5	0/0/	3.2	1.2	0			0/0			13	-Whey and modified whey, whether or not concentrated or containing added sugar or other sweetening matter
																			0		
																		27	0		
0	0	6		0	0	5.3	0				0/0/	10.6	4	0			0/0			13	-Other
																		45	0		
																					Butter and other fats and oils derived from milk; dairy spreads:
0	0	3	0	0	0	2.7	0			5	0/0/	5.3	2	0			0/0			13	-Butter
																		35	0		
0	0	0	0	0	0	2.7	0	8.1		5	0/0/	5.3	2	0			0/0			13	-Dairy spreads
																		35	0		
0	0	3		0	0	2.7	0			5	0/0/	5.3	2	0			0/0			13	-Other
																		35	0		
																					Cheese and curd:
0	0	3.6	5.6	0	0	3.2	0			6	0/0/	6.4	2.4	0			0/0			13	-Fresh (unripened or uncured) cheese, including whey cheese; and curd
																		39.5	0		
0	0	3.6	5.6	0	2.4	3.2	0			6	0/0/	6.4	2.4	0			0/			13	-Grated or powdered cheese, of all kinds

商品编号	商品名称及备注[检验检疫编码及名称]	进口关税(%)		增值税率(%)	消费税	计量单位	监管条件	检验检疫类别
		最惠国	普通					
0406200000[暂8]	各种磨碎或粉化的乳酪①	12	90	13		千克	AB	P. R/Q. S
04063000	-经加工的乳酪,但磨碎或粉化的除外							
0406300000[暂8]	经加工的乳酪(但磨碎或粉化的除外)〔101 再制干酪〕,〔102 其他干酪〕	12	90	13		千克	AB	P. R/Q
04064000	-蓝纹乳酪和娄地青霉生产的带有纹理的其他乳酪							
0406400000[暂8]	蓝纹乳酪和娄地青霉生产的带有纹理的其他乳酪〔101 霉菌成熟干酪〕,〔102 其他干酪〕	15	90	13		千克	AB	P. R/Q
04069000	-其他乳酪							
0406900000[暂8]	其他乳酪〔999〕	12	90	13		千克	AB	P. R/Q
0407	**带壳禽蛋,鲜、腌制或煮过的:**							
04071100	--鸡的							
0407110010	孵化用受精的濒危鸡的蛋〔999〕	0	0	9		千克/个	AFEB	P/Q
0407110090	孵化用受精的其他鸡的蛋〔999〕	0	0	9		千克/个	AB	P/Q
04071900	--其他							
0407190010	其他孵化用受精濒危禽蛋②	0	0	9		千克/个	AFEB	P/Q
0407190090	其他孵化用受精禽蛋③	0	0	9		千克/个	AB	P/Q
04072100	--鸡的							
0407210000	其他带壳的鸡的鲜蛋〔999〕	20	80	9		千克/个	AB	P. R/Q. S
04072900	--其他							
0407290010	其他鲜的带壳濒危禽蛋〔999〕	20	80	9		千克/个	ABFE	P. R/Q. S
0407290090	其他鲜的带壳禽蛋④	20	80	9		千克/个	AB	P. R/Q. S
04079010	---咸蛋							
0407901000	带壳咸蛋〔999〕	20	90	9		千克/个	AB	P. R/Q. S
04079020	---皮蛋							
0407902000	带壳皮蛋〔999〕	20	90	9		千克/个	AB	P. R/Q. S
04079090	---其他							
0407909010	其他腌制或煮过的带壳濒危野鸟蛋〔999〕	20	90	9		千克/个	ABFE	P. R/Q. S
0407909090	其他腌制或煮过的带壳禽蛋〔999〕	20	90	9		千克/个	AB	P. R/Q. S
0408	**去壳禽蛋及蛋黄,鲜、干、冻、蒸过或水煮、制成型或用其他方法保藏的,不论是否加糖或其他甜物质:**							
04081100	--干的							
0408110000	干蛋黄〔999〕	20	90	9		千克	AB	P. R/Q. S
04081900	--其他							
0408190000	其他蛋黄〔101 咸蛋黄〕,〔102 食用蛋黄粉〕	20	90	9		千克	AB	P. R/Q. S
04089100	--干的							
0408910000	干的其他去壳禽蛋〔101 食用全蛋粉〕,〔102 食用蛋白粉(片)〕,〔103 干的其他食用蛋制品〕	20	90	9		千克	AB	P. R/Q. S
04089900	--其他							
0408990000	其他去壳禽蛋⑤	20	90	9		千克	AB	P. R/Q. S
0409	**天然蜂蜜:**							
04090000	天然蜂蜜							
0409000000	天然蜂蜜〔101 药用蜂蜜〕,〔102 食用蜂蜜〕	15	80	9		千克	AB	P. R/Q. S
0410	**其他税号未列名的食用动物产品:**							
04100010	---燕窝							
0410001000	燕窝〔101 毛燕〕,〔102 食用燕窝〕,〔103 燕窝制品〕,〔104 具有保健食品批准文号〕	25	80	13		千克	AB	P. R/Q. S
04100041	----鲜蜂王浆							
0410004100	鲜蜂王浆〔999〕	15	70	9		千克	AB	P. R/Q. S
04100042	----鲜蜂王浆粉							
0410004200	鲜蜂王浆粉〔999〕	15	70	13		千克	AB	P. R/Q. S
04100043	----蜂花粉							
0410004300	蜂花粉〔999〕	20	70	13		千克	AB	P. R/Q. S

① 〔101 霉菌成熟干酪〕,〔102 其他熟化干酪〕,〔103 非熟化干酪〕,〔104 其他干酪〕
② 〔101 鸭种蛋〕,〔102 鹅种蛋〕,〔103 鸵鸟种蛋〕,〔104 火鸡种蛋〕,〔105 鸽种蛋〕,〔106 其他种蛋〕
③ 〔101 鸭种蛋〕,〔102 鹅种蛋〕,〔103 鸵鸟种蛋〕,〔104 火鸡种蛋〕,〔105 鸽种蛋〕,〔106 其他种蛋〕
④ 〔101 食用鸭蛋〕,〔102 食用鹅蛋〕,〔103 食用鸽蛋〕,〔104 食用鹌鹑蛋〕,〔105 食用鹧鸪蛋〕,〔106 食用火鸡蛋〕,〔107 食用鸵鸟蛋〕,〔108 食用〕
⑤ 〔101 即食蛋沙律〕,〔102 其他食用蛋制品〕,〔103 全蛋液〕,〔104 蛋黄液〕,〔105 蛋白液〕,〔106 冰全蛋〕,〔107 冰蛋黄〕,〔108 冰蛋白〕

协定税率(%)															特惠税率(%)			对美税率	出口税率	出口退税率	Article Description
智利	新西兰	澳大利亚	瑞士	冰岛	秘鲁	哥斯达	东盟	亚太	新加坡	巴基斯坦	港/澳/台	韩国	格鲁吉亚	毛里求斯	亚太	老/柬/缅	LDC 97/95				
																		35.5	0		
0	0	3.6	5.6	0	2.4	3.2	0			6	0/0/	6.4	2.4	0			0/0			13	-Processed cheese, not grated or powdered
																		35.5	0		
0	0	0		0	0	4	0			12	0/0/	8	3	0			0/0			13	-Blue-veined cheese and other cheese containing veins produced by penicillium roqueforti
																		35.5	0		
0	0	3.6	5.6	0	0	3.2	0			6	0/0/	6.4	2.4	0			0/0			13	-Other cheese
																		35.5	0		
																					Birds' eggs, in shell, fresh, preserved or cooked:
																	0/0				--Of fowls of the species Gallus domesticus
																			0	0	
																			0	6	
																	0/0				--Other
																			0	0	
																			0	9	
0	0	0	4	0	0	0	0				0/0/	10.6	0	0		/0/0	0/0			9	--Of fowls of the species Gallus domesticus
																			0		
0	0	0	4	0	0	0	0				0/0/	10.6	0	0		/0/0	0/0				--Other
																			0	0	
																			0	9	
0	0	0	4	0	0	0	0				0/0/	10.6	0	0		//0	0/0			6	---Salted eggs
																			0		
0	0	0	4	0	0	0	0				0/0/	10.6	0	0			0/0			6	---Lime-preserved eggs
																			0		
0	0	0	4	0	0	0	0				0/0/	10.6	0	0			0/0				---Other
																			0	0	
																			0	9	
																					Birds'eggs, not in shell, and egg yolks, fresh, dried, cooked by steaming or by boiling in water, moulded, frozen or otherwise preserved, whether or not containing added sugar or other sweetening matter:
0	0	0	4	0	0	0	0				0/0/	10.6	0	0			0/0				--Dried
																			0	9	
0	0	0	4	0	0	0	0				0/0/	10.6	0	0			0/0			9	--Other
																		32.5	0		
0	0	0	4	0	0	0	0				0/0/	10.6	0	0			0/0				--Dried
																			0	6	
0	0	0	4	0	0	0	0				0/0/	10.6	0	0			0/0				--Other
																			0	9	
																					Natural honey:
0	0	0	3	0	0	0	0			0	0/0/	8	0	0		0/0/	0/0			9	Natural honey
																		45	0		
																					Edible products of animal origin, not elsewhere specified or included:
0	0	0	5	0	0	0	0				0/0/	7.5	0	20		/0/0	0/0			9	---Salanganes' nests
																			0		
0	0	0	3	0	0	0	0			12	0/0/	4.5	0	0			0/0			9	----Pure royal jelley
																			0		
0	0	0	3	0	0	0	0			12	0/0/	4.5	0	0			0/0			9	----Pure royal jelley, in powder
																			0		
0	0	0	4	0	0	0	0				0/0/	10.6	0	0			0/0			9	----Bee pollen
																			0		

商品编号	商品名称及备注[检验检疫编码及名称]	进口关税(%)		增值税率(%)	消费税	计量单位	监管条件	检验检疫类别
		最惠国	普通					
04100049	----其他							
0410004900	其他蜂产品①	20	70	13		千克	AB	P. R/Q. S
04100090	---其他							
0410009010	其他编号未列名濒危野生动物产品(食用)〔101 批准为新食品原料〕,〔102 其他未列出的动物源性食品〕	20	70	13		千克	ABFE	P. R/Q. S
0410009090	其他编号未列名的食用动物产品②	20	70	13		千克	AB	P. R/Q. S

① 〔101 药用蜂房〕,〔102 药用蜂胶〕,〔103 蜂胶〕,〔104 其他蜂产品〕,〔105 蜂胶乙醇提取物〕

② 〔101 食用龟蛋〕,〔102 食用鳖蛋〕,〔103 其他两栖类动物食用蛋品〕,〔104 其他爬行类动物食用蛋品〕,〔105 批准为新食品原料〕,〔106 其他未列出的动物源性食品〕

协定税率(%)															特惠税率(%)			对美税率	出口税率	出口退税率	Article Description
智利	新西兰	澳大利亚	瑞士	冰岛	秘鲁	哥斯达	东盟	亚太	新加坡	巴基斯坦	港/澳/台	韩国	格鲁吉亚	毛里求斯	亚太	老/柬/缅	LDC 97/95				
0	0	0	4	0	0	0	0				0/0/	10.6	0	0			0/0			9	----Other
																		50	0		
0	0	0	4	0	0	0	0				0/0/0	10.6	0	0		//0	0/0				---Other
																		50	0	0	
																		50	0	9	

第 五 章
其他动物产品

注释：

一、本章不包括：

（一）食用产品（整个或切块的动物肠、膀胱和胃，以及液态或干制的动物血除外）；

（二）生皮或毛皮（第四十一章、第四十三章），但品目 05.05 的货品及品目 05.11 的生皮或毛皮的边角废料仍归入本章；

（三）马毛及废马毛以外的动物纺织原料（第十一类）；或

（四）供制帚、制刷用的成束、成簇的材料（品目 96.03）。

二、仅按长度而未按发根和发梢整理的人发，视为未加工品，归入品目 05.01。

三、本协调制度所称“兽牙”，是指象、河马、海象、一角鲸和野猪的长牙、犀角及其他动物的牙齿。

四、本协调制度所称“马毛”，是指马科、牛科动物的鬃毛和尾毛。品目 05.11 主要包括马毛及废马毛，不论是否制成带衬垫或不带衬垫的毛片。

商品编号	商品名称及备注[检验检疫编码及名称]	进口关税(%)		增值税率(%)	消费税	计量单位	监管条件	检验检疫类别
		最惠国	普通					
0501	**未经加工的人发，不论是否洗涤；废人发：**							
05010000	未经加工的人发，不论是否洗涤；废人发							
0501000000	未经加工的人发；废人发(不论是否洗涤)〔999〕	15	90	13		千克	9B	V/W
0502	**猪鬃、猪毛；獾毛及其他制刷用兽毛；上述鬃毛的废料：**							
05021010	---猪鬃							
0502101000	猪鬃〔999〕	20	90	9		千克	AB	P/Q
05021020	---猪毛							
0502102000	猪毛〔999〕	20	90	9		千克	AB	P/Q
05021030	---废料							
0502103000	猪鬃或猪毛的废料〔101 猪毛〕,〔102 猪鬃〕	20	90	9		千克	9B	P/Q
05029011	----山羊毛							
0502901100	山羊毛〔999〕	20	90	9		千克	AB	P/Q
05029012	----黄鼠狼尾毛							
0502901200	黄鼠狼尾毛〔999〕	20	90	9		千克	ABEF	P/Q
05029019	----其他							
0502901910	濒危獾毛及其他制刷用濒危兽毛①	20	90	9		千克	ABFE	P/Q
0502901990	其他獾毛及其他制刷用兽毛②	20	90	9		千克	AB	P/Q
05029020	---废料							
0502902010	濒危獾毛及其他制刷濒危兽毛废料③	20	90	9		千克	BEF	P/Q
0502902090	其他獾毛及其他制刷用兽毛的废料④	20	90	9		千克	9B	P/Q
0504	**整个或切块的动物(鱼除外)的肠、膀胱及胃，鲜、冷、冻、干、熏、盐腌或盐渍的：**							
05040011	----盐渍猪肠衣(猪大肠头除外)							

① 〔101 野猪毛(鬃)〕,〔102 野牛毛(绒)〕,〔103 野羊毛(绒)〕,〔104 獾毛〕,〔105 其他饲养奇蹄动物鬃毛〕,〔106 其他野生奇蹄动物鬃毛〕,〔107 其他饲养偶蹄动物鬃毛〕,〔108 其他野生偶蹄动物鬃毛〕,〔109 未列出的其他动物鬃毛〕

② 〔101 牛毛〕,〔102 牦牛毛〕,〔103 水牛毛〕,〔104 绵羊毛〕,〔105 山羊毛〕,〔106 野猪毛(鬃)〕,〔107 野牛毛(绒)〕,〔108 野羊毛(绒)〕,〔109 獾毛〕,〔110 其他饲养奇蹄动物鬃毛〕,〔111 其他野生奇蹄动物鬃毛〕,〔112 其他饲养偶蹄动物鬃毛〕,〔113 其他野生偶蹄动物鬃毛〕,〔114 未列出的其他动物鬃毛〕

③ 〔101 獾毛〕,〔102 其他饲养奇蹄动物鬃毛〕,〔103 其他野生奇蹄动物鬃毛〕,〔104 其他饲养偶蹄动物鬃毛〕,〔105 其他野生偶蹄动物鬃毛〕,〔106 未列出的其他动物鬃毛〕

④ 〔101 獾毛〕,〔102 其他饲养奇蹄动物鬃毛〕,〔103 其他野生奇蹄动物鬃毛〕,〔104 其他饲养偶蹄动物鬃毛〕,〔105 其他野生偶蹄动物鬃毛〕,〔106 未列出的其他动物鬃毛〕

Chapter 5
Products of animal origin, not elsewhere specified or included

Chapter Notes:

1. This Chapter does not cover:
   (a) Edible products (other than guts, bladders and stomachs of animals, whole and pieces thereof, and animal blood, liquid or dried);
   (b) Hides or skins (including furskins) other than goods of heading 05. 05 and parings and similar waste of raw hides or skins of heading 05. 11 (Chapter 41 or 43);
   (c) Animal textile materials, other than horsehair and horsehair waste (Section XI); or
   (d) Prepared knots or tufts for broom or brush making (heading 96. 03).

2. For the purposes of heading 05. 01, the sorting of hair by length (provided the root ends and tip ends respectively are not arranged together) shall be deemed not to constitute working.

3. Throughout the Nomenclature, elephant, hippopotamus, walrus, narwhal and wild boar tusks, rhinoceros horns and the teeth of all animals are regarded as "ivory".

4. Throughout the Nomenclature, the expression "horsehair" means hair of the manes or tails of equine or bovine animals. Heading 05. 11 covers, inter alia, horsehair and horsehair waste, whether or not put up as a layer with or without supporting material.

协定税率(%)															特惠税率(%)			对美税率	出口税率	出口退税率	Article Description
智利	新西兰	澳大利亚	瑞士	冰岛	秘鲁	哥斯达	东盟	亚太	新加坡	巴基斯坦	港/澳/台	韩国	格鲁吉亚	毛里求斯	亚太	老/柬/缅	LDC 97/95				
																					Human hair, unworked, whether or not washed or scoured; waste of human hair:
0	0	0	3	0	0	0	0			9.6	0/0/	4.5	0	0			0/0			13	Human hair, unworked, whether or not washed or scoured; waste of human hair
																		17.5	0		
																					Pigs', hogs' or boars' bristles and hair; badger hair and other brush making hair; waste of such bristles or hair:
0	0	0	4	0	0	0	0			16	0/0/	10.6	0	0			0/0				---Bristles
																		25	0	9	
0	0	0	4	0	0	0	0			16	0/0/	10.6	0	0			0/0				---Hair
																		25	0	6	
0	0	0	4	0	0	0	0			16	0/0/	10.6	0	0			0/0			6	---Waste
																		25	0		
0	0	0	4	0	0	0	0				0/0/	10.6	0	0			0/0				----Goat hair
																		25	0	9	
0	0	0	4	0	0	0	0				0/0/	10.6	0	0			0/0				----Weasel tail hair
																		25	0	9	
0	0	0	4	0	0	0	0				0/0/	10.6	0	0			0/0				----Other
																		25	0	0	
																		25	0	9	
0	0	0	4	0	0	0	0				0/0/	10.6	0	0			0/0				---Waste
																		25	0	0	
																		25	0	6	
																					Guts, bladders and stomachs of animals (other than fish), whole and pieces thereof, fresh, chilled, frozen, salted, in brine, dried or smoked:
0	0	0	0	0	0	0	0	10		10	0/0/	10.6	0	0			0/0			9	----Hog casings, salted (excluding hog fat-ends)

商品编号	商品名称及备注[检验检疫编码及名称]	进口关税(%) 最惠国	进口关税(%) 普通	增值税率(%)	消费税	计量单位	监管条件	检验检疫类别
0504001100	整个或切块盐渍的猪肠衣(猪大肠头除外)〔999〕	20	90	9		千克	AB	P. R/Q. S
05040012	----盐渍绵羊肠衣							
0504001200	整个或切块盐渍的绵羊肠衣〔999〕	18	90	9		千克	AB	P. R/Q. S
05040013	----盐渍山羊肠衣							
0504001300	整个或切块盐渍的山羊肠衣〔999〕	18	90	9		千克	AB	P. R/Q. S
05040014	----盐渍猪大肠头							
0504001400	整个或切块盐渍的猪大肠头〔999〕	20	90	9		千克	AB	P. R/Q. S
05040019	----其他							
0504001900	整个或切块的其他动物肠衣(包括鲜、冷、冻、干、熏、盐腌或盐渍的,鱼除外)①	18	90	9		千克	AB	P. R/Q. S
05040021	----冷、冻的鸡胗							
0504002100	冷、冻的鸡胗(即鸡胃)〔101 冷藏的鸡胗、胃〕,〔102 冻藏的鸡胗、胃〕	见附表2	见附表2	9		千克	7AB	P. R/Q. S
05040029	----其他							
0504002900	整个或切块的其他动物的胃(包括鲜、冷、冻、干、熏、盐腌或盐渍的,鱼除外)②	20	90	9		千克	AB	P. R/Q. S
05040090	---其他							
0504009000	整个或切块的其他动物肠、膀胱(包括鲜、冷、冻、干、熏、盐腌或盐渍的,鱼除外)③	20	80	9		千克	AB	P. R/Q. S
0505	**带有羽毛或羽绒的鸟皮及鸟体其他部分;羽毛及不完整羽毛(不论是否修边)、羽绒,仅经洗涤、消毒或为了保藏而作过处理,但未经进一步加工;羽毛或不完整羽毛的粉末及废料:**							
05051000	-填充用羽毛;羽绒							
0505100010[暂2]	填充用濒危野生禽类羽毛、羽绒(仅经洗涤、消毒等处理,未进一步加工)〔999〕	10	100	9		千克	ABFE	P/Q
0505100090[暂2]	其他填充用羽毛、羽绒(仅经洗涤、消毒等处理,未进一步加工)〔999〕	10	100	9		千克	AB	P/Q
05059010	---羽毛或不完整羽毛的粉末及废料							
0505901000	羽毛或不完整羽毛的粉末及废料④	10	35	9		千克	9AB	P/Q
05059090	---其他							
0505909010	其他濒危野生禽类羽毛、羽绒(包括带有羽毛或羽绒的鸟皮及鸟体的其他部分)⑤	10	90	9		千克	AFEB	P/Q
0505909090	其他羽毛、羽绒(包括带有羽毛或羽绒的鸟皮及鸟体的其他部分)⑥	10	90	9		千克	AB	P/Q

① 〔101 鲜、冷、冻猪肠衣〕,〔102 干、熏的猪肠衣〕,〔103 鲜、冷、冻牛肠衣〕,〔104 干、熏、盐腌或腌渍的牛肠衣〕,〔105 鲜、冷、冻绵羊肠衣〕,〔106 干、熏的绵羊肠衣〕,〔107 鲜、冷、冻山羊肠衣〕,〔108 干、熏的山羊肠衣〕,〔109 鲜、冷、冻鹿肠衣〕,〔110 干、熏、盐腌或腌渍的鹿肠衣〕,〔111 鲜、冷、冻其他动物肠衣〕,〔112 干、熏、盐腌或腌渍的其他动物肠衣〕,〔113(干、熏、盐腌或腌渍的牛肠衣)[牛肠衣(盐渍)]〕,〔114(鲜、冷、冻山羊肠衣)[山羊肠衣(冷冻)]〕,〔115(鲜、冷、冻猪肠衣)[猪肠衣(冷冻)]〕,〔116(鲜、冷、冻绵羊肠衣)[绵羊肠衣(冷冻)]〕,〔152(干、熏的猪肠衣)[猪肠衣(干制)]〕

② 〔101 鲜、冷、冻的猪胃、猪肚〕,〔102 干、熏、盐腌或盐渍的猪胃、猪肚〕,〔103 鲜、冷、冻的牛真胃〕,〔104 鲜、冷、冻的牛瓣胃、牛百叶〕,〔105 鲜、冷、冻的牛网胃〕,〔106 鲜、冷、冻的牛瘤胃〕,〔107 干、熏、盐腌或盐渍的牛真胃〕,〔108 干、熏、盐腌或盐渍的牛瓣胃、牛百叶〕,〔109 干、熏、盐腌或盐渍的牛网胃〕,〔110 干、熏、盐腌或盐渍的牛瘤胃〕,〔111 鲜、冷、冻的绵羊真胃〕,〔112 鲜、冷、冻的绵羊瓣胃、绵羊百叶〕,〔113 鲜、冷、冻的绵羊网胃〕,〔114 鲜、冷、冻的绵羊瘤胃〕,〔115 干、熏、盐腌或盐渍的绵羊真胃〕,〔116 干、熏、盐腌或盐渍的绵羊瓣胃、绵羊百叶〕,〔117 干、熏、盐腌或盐渍的绵羊网胃〕,〔118 干、熏、盐腌或盐渍的绵羊瘤胃〕,〔119 鲜、冷、冻的山羊真胃〕,〔120 鲜、冷、冻的山羊瓣胃、山羊百叶〕,〔121 鲜、冷、冻的山羊网胃〕,〔122 鲜、冷、冻的山羊瘤胃〕,〔123 干、熏、盐腌或盐渍的山羊真胃〕,〔124 干、熏、盐腌或盐渍的山羊瓣胃、山羊百叶〕,〔125 干、熏、盐腌或盐渍的山羊网胃〕,〔126 干、熏、盐腌或盐渍的山羊瘤胃〕,〔127 鲜、冷、冻的鹿真胃〕,〔128 鲜、冷、冻的鹿瓣胃、鹿百叶〕,〔129 鲜、冷、冻的鹿网胃〕,〔130 鲜、冷、冻的鹿瘤胃〕,〔131 干、熏、盐腌或盐渍的鹿真胃〕,〔132 干、熏、盐腌或盐渍的鹿瓣胃、鹿百叶〕,〔133 干、熏、盐腌或盐渍的鹿网胃〕,〔134 干、熏、盐腌或盐渍的鹿瘤胃〕,〔135 鲜、冷、冻的其他动物的胃〕,〔136 干、熏、盐腌或盐渍的其他动物的胃〕,〔137(鲜、冷、冻的猪胃、猪肚)(冷冻猪胃)〕,〔138(鲜、冷、冻的牛真胃)(冷冻牛真胃)〕,〔139(鲜、冷、冻的牛瓣胃、牛百叶)(冰鲜牛瓣胃(30 月龄以下))〕,〔140(鲜、冷、冻的牛瓣胃、牛百叶)(冷冻牛瓣胃)〕,〔141(鲜、冷、冻的牛瓣胃、牛百叶)[冷冻牛瓣胃(30 月龄以下)]〕,〔142(鲜、冷、冻的牛网胃)(冷冻牛网胃)〕,〔143(鲜、冷、冻的牛瘤胃)(冷冻牛瘤胃)〕,〔144(鲜、冷、冻的绵羊真胃)(冷冻绵羊真胃)〕,〔145(鲜、冷、冻的绵羊瓣胃、绵羊百叶)(冷冻绵羊瓣胃)〕,〔146(鲜、冷、冻的绵羊网胃)(冷冻绵羊网胃)〕,〔147(鲜、冷、冻的绵羊瘤胃)(冷冻绵羊瘤胃)〕,〔148(鲜、冷、冻的山羊真胃)(冷冻山羊真胃)〕,〔149(鲜、冷、冻的山羊瓣胃、山羊百叶)(冷冻山羊瓣胃)〕,〔150(鲜、冷、冻的山羊网胃)(冷冻山羊网胃)〕,〔151(鲜、冷、冻的山羊瘤胃)(冷冻山羊瘤胃)〕,〔152 冷藏猪胃〕,〔153 冷冻鸭胃〕,〔154 冷藏鸭胃〕,〔155 冷冻鹅胃〕,〔156 冷藏鹅胃〕,〔157 冷冻火鸡胃〕,〔158 冷藏火鸡胃〕,〔159 冷藏珍珠鸡胃〕,〔160 冷冻珍珠鸡胃〕,〔161 冷藏牛真胃〕,〔162 冷藏牛网胃〕,〔163 冷藏牛瘤胃〕

③ 〔101 鲜、冷、冻的猪肠〕,〔102 干、熏、盐腌或盐渍的猪肠〕,〔103 鲜、冷、冻的猪膀胱〕,〔104 干、熏、盐腌或盐渍的猪膀胱〕,〔105 鲜、冷、冻的牛肠〕,〔106 干、熏、盐腌或盐渍的牛肠〕,〔107 鲜、冷、冻的牛膀胱〕,〔108 干、熏、盐腌或盐渍的牛膀胱〕,〔109 鲜、冷、冻的绵羊肠〕,〔110 干、熏、盐腌或盐渍的绵羊肠〕,〔111 鲜、冷、冻的绵羊膀胱〕,〔112 干、熏、盐腌或盐渍的绵羊膀胱〕,〔113 鲜、冷、冻的山羊肠〕,〔114 干、熏、盐腌或盐渍的山羊肠〕,〔115 鲜、冷、冻的山羊膀胱〕,〔116 干、熏、盐腌或盐渍的山羊膀胱〕,〔117 鲜、冷、冻的鹿肠〕,〔118 干、熏、盐腌或盐渍的鹿肠〕,〔119 鲜、冷、冻的鹿膀胱〕,〔120 干、熏、盐腌或盐渍的鹿膀胱〕,〔121 鲜、冷、冻的其他动物肠〕,〔122 干、熏、盐腌或盐渍的其他动物肠〕,〔123 鲜、冷、冻的其他动物膀胱〕,〔124 干、熏、盐腌或盐渍的其他动物膀胱〕,〔125 冷藏牛肠〕,〔126 冷冻猪膀胱〕,〔127 冷藏猪膀胱〕,〔128 冷冻牛肠〕,〔129 冷藏猪肠〕,〔130 冷冻猪肠〕

④ 〔101 鸡毛〕,〔102 鸭毛〕,〔103 鸭绒〕,〔104 鹅毛〕,〔105 鹅绒〕,〔106 火鸡毛〕,〔107 其他禽鸟羽毛〕

⑤ 〔101 野生禽鸟毛(绒)(未经加工鸭毛除外)〕,〔102 其他禽鸟羽毛〕,〔103 未经加工鸭毛〕

⑥ 〔101 鸡毛〕,〔102 鸭毛(未经加工鸭毛除外)〕,〔103 鸭绒〕,〔104 鹅毛〕,〔105 鹅绒〕,〔106 火鸡毛〕,〔107 其他禽鸟羽毛〕,〔108 未经加工鸭毛〕

协定税率(%)															特惠税率(%)			对美税率	出口税率	出口退税率	Article Description
智利	新西兰	澳大利亚	瑞士	冰岛	秘鲁	哥斯达	东盟	亚太	新加坡	巴基斯坦	港/澳/台	韩国	格鲁吉亚	毛里求斯	亚太	老/柬/缅	LDC 97/95				
																		50	0		
0	0	0	3.6	0	0	0	0	9		9	0/0/	9.6	0	0			0/0			9	----Sheep casings, salted
																		48	0		
0	0	0	3.6	0	0	0	0	9		9	0/0/	9.6	0	0			0/0			9	----Goat casings, salted
																		23	0		
0	0	0	4	0	0	0	0	10		10	0/0/	10.6	0	0			0/0			9	----Hog fat-ends, salted
																		25	0		
0	0	0	3.6	0	0	0	0	9		9	0/0/	9.6	0	0			0/0			9	----Other
																		23	0		
0	0	0	4	0	0	0	0	10		0.65元/千克	0/0/	0.6元/千克	0	0			0/0			6	----Cold, frozen gizzard
																		1.3元/千克+30	0		
0	0	0	4	0	0	0	0	10		10	0/0/	10.6	0	0			0/0			6	----Other
																		50	0		
0	0	0	0	0	0	0	0	10		10	0/0/	10.6	0	0			0/0			6	---Other
																		25	0		
																					Skins and other parts of birds, with their feathers or down; feathers and parts of feathers (Whether or not with trimmed edges) and down, not further worked than cleaned, disinfected or treated for preservation; powder and waste of feathers or parts of feathers:
0	0	0	0	0	0	0	0	7.5		4	0/0/	3	0	0			0/0				-Feathers of a kind used for stuffing; down
																		24.5	0	0	
																		24.5	0	9	
0	0	0	0	0	0	0	0			4	0/0/	3	0	0			0/0			6	---Powder and waste of feathers or parts of feathers
																		12.5	0		
0	0	0	0	0	0	0	0			4	0/0/	3	0	0			0/0				---Other
																		22.5	0	0	
																		22.5	0	9	

商品编号	商品名称及备注[检验检疫编码及名称]	进口关税(%)		增值税率(%)	消费税	计量单位	监管条件	检验检疫类别
		最惠国	普通					
0506	**骨及角柱,未经加工或经脱脂、简单整理(但未切割成形)、酸处理或脱胶;上述产品的粉末及废料:**							
05061000	-经酸处理的骨胶原及骨							
0506100000	经酸处理的骨胶原及骨①	12	50	13		千克	AB	P/Q
05069011	----含牛羊成分的							
0506901110	含牛羊成分的骨废料(未经加工或仅经脱脂等加工的)〔999〕	12	35	13		千克	9AB	M. P/Q
0506901190	含牛羊成分的骨粉(未经加工或仅经脱脂等加工的)②	12	35	13		千克	AB	M. P/Q
05069019	----其他							
0506901910	其他骨废料(未经加工或仅经脱脂等加工的)〔999〕	12	35	13		千克	9AB	M. P/Q
0506901990	其他骨粉(未经加工或仅经脱脂等加工的)③	12	35	13		千克	AB	M. P/Q
05069090	---其他							
0506909011[暂12]	已脱胶的虎骨(指未经加工或经脱脂等加工的)〔999〕	12	50	9		千克	EF	P/Q
0506909019	未脱胶的虎骨(指未经加工或经脱脂等加工的)〔999〕	12	50	9	千克	EF	P/Q	
0506909021[暂12]	已脱胶的豹骨(指未经加工或经脱脂等加工的)〔999〕	12	50	9		千克	ABFE	P/Q
0506909029	未脱胶的豹骨(指未经加工或经脱脂等加工的)〔999〕	12	50	9		千克	EF	P/Q
0506909031[暂12]	已脱胶的濒危野生动物的骨及角柱(不包括虎骨、豹骨,指未经加工或经脱脂等加工的)④	12	50	9		千克	EF	P/Q
0506909039	未脱胶的濒危野生动物的骨及角柱(不包括虎骨、豹骨,指未经加工或经脱脂等加工的)⑤	12	50	9		千克	EF	P/Q
0506909091[暂12]	已脱胶的其他骨及角柱(不包括虎骨、豹骨．指未经加工或经脱脂等加工的)⑥	12	50	9		千克	AB	P/Q
0506909099	未脱胶的其他骨及角柱(不包括虎骨、豹骨．指未经加工或经脱脂等加工的)⑦	12	50	9		千克	AB	
0507	**兽牙、龟壳、鲸须、鲸须毛、角、鹿角、蹄、甲、爪及喙,未经加工或仅简单整理但未切割成形;上述产品的粉末及废料:**							
05071000	-兽牙;兽牙粉末及废料							
0507100010	犀牛角〔999〕	10	30	9		千克	EF	P/Q
0507100020	其他濒危野生兽牙、兽牙粉末及废料⑧	10	30	9		千克	EF	P/Q
0507100030	其他兽牙⑨	10	30	9		千克	AB	P/Q
0507100090	其他兽牙粉末及废料⑩	10	30	9		千克	9AB	P/Q
05079010	---羚羊角及其粉末和废料							
0507901000	羚羊角及其粉末和废料〔101 羚羊角〕,〔102 药用羚羊角〕	3	14	9		千克	ABFE	P/Q
05079020	---鹿茸及其粉末							
0507902000	鹿茸及其粉末〔101 饲养鹿的鹿茸〕,〔102 非饲养鹿的鹿茸〕,〔103 药用鹿茸〕,〔104 药用马鹿茸〕	11	30	9		千克	ABFE	P/Q
05079090	---其他							
0507909010	龟壳、鲸须、鲸须毛、鹿角及其他濒危动物角(包括蹄,甲,爪及喙及其粉末和废料)⑪	10	50	9		千克	AFEB	P/Q

① 〔101 猪骨〕,〔102 猪蹄壳〕,〔103 牛骨〕,〔104 牛蹄壳〕,〔105 含饲养偶蹄动物的杂骨、骨块、骨粒(工业用牛骨粒、羊骨粒、猪骨粒除外)〕,〔106 其他饲养偶蹄动物骨、蹄、角〕,〔107 未列出的其他动物骨、蹄、角〕,〔108 工业用牛骨粒〕,〔109 工业用羊骨粒〕,〔110 工业用猪骨粒〕

② 〔101 饲料用牛骨粉(骨成分 67%以上)〕,〔102 饲料用羊骨粉(骨成分 67%以上)〕,〔103 饲料用混合型饲养偶蹄动物骨粉〕

③ 〔101 饲料用猪骨粉(骨成分 67%以上)〕,〔102 饲料用混合型饲养偶蹄动物骨粉〕,〔103 饲料用其他饲养偶蹄动物粉〕,〔104 饲料用野生偶蹄猪、牛、羊骨粉(骨成分 67%以上)〕,〔105 饲料用其他动物骨粉(骨成分 67%以上)〕,〔106 饲料用其他动物蹄粉〕,〔107 饲料用其他动物角粉〕,〔108 未列出的饲料用其他动物粉〕

④ 〔101 其他野生偶蹄动物骨、蹄、角〕,〔102 未列出的其他动物骨、蹄、角〕,〔103 工业用牛软骨〕,〔104 工业用羊软骨〕,〔105 工业用猪软骨〕,〔106 工业用烘干鹿骨〕

⑤ 〔101 工业用牛软骨〕,〔102 工业用羊软骨〕,〔103 工业用猪软骨〕,〔104 工业用烘干鹿骨〕,〔999 未列出的其他动物骨、蹄、角〕

⑥ 〔101 工业用牛软骨〕,〔102 工业用羊软骨〕,〔103 工业用猪软骨〕,〔104 工业用烘干鹿骨〕,〔105 工业用牛骨粒〕,〔106 工业用羊骨粒〕,〔107 工业用猪骨粒〕,〔999 未列出的其他动物骨、蹄、角〕

⑦ 〔101 工业用牛软骨〕,〔102 工业用羊软骨〕,〔103 工业用猪软骨〕,〔104 工业用烘干鹿骨〕,〔105 工业用牛骨粒〕,〔106 工业用羊骨粒〕,〔107 工业用猪骨粒〕,〔999 未列出的其他动物骨、蹄、角〕

⑧ 〔101 其他野生偶蹄动物骨、蹄、角(河马牙除外)〕,〔102 象牙〕,〔103 未列出的其他动物骨、蹄、角〕,〔104 河马牙〕

⑨ 〔101 含饲养偶蹄动物的杂骨、骨块、骨粒〕,〔102 其他饲养偶蹄动物骨、蹄、角〕,〔103 其他野生偶蹄动物骨、蹄、角(河马牙除外)〕,〔104 象牙〕,〔105 未列出的其他动物骨、蹄、角〕,〔106 河马牙〕

⑩ 〔101 含饲养偶蹄动物的杂骨、骨块、骨粒(工业用牛骨粒、羊骨粒、猪骨粒除外)〕,〔102 其他饲养偶蹄动物骨、蹄、角〕,〔103 其他野生偶蹄动物骨、蹄、角〕,〔104 未列出的其他动物骨、蹄、角〕,〔105 工业用牛骨粒〕,〔106 工业用羊骨粒〕,〔107 工业用猪骨粒〕

⑪ 〔101 饲养鹿的鹿角(工业用烘干鹿角除外)〕,〔102 含饲养偶蹄动物的杂骨、骨块、骨粒〕,〔103 其他饲养偶蹄动物骨、蹄、角〕,〔104 非饲养鹿的鹿角(工业用烘干鹿角除外)〕,〔105 其他野生偶蹄动物骨、蹄、角〕,〔106 未列出的其他动物骨、蹄、角〕,〔107 工业用烘干鹿角〕,〔108 工业用烘干鹿角〕,〔201 药用水牛角〕,〔202 药用龟甲〕,〔203 药用鳖甲〕,〔204 药用鹿角〕

协定税率(%)															特惠税率(%)						
智利	新西兰	澳大利亚	瑞士	冰岛	秘鲁	哥斯达	东盟	亚太	新加坡	巴基斯坦	港/澳/台	韩国	格鲁吉亚	毛里求斯	亚太	老/柬/缅	LDC 97/95	对美税率	出口税率	出口退税率	Article Description
																					Bones and horn-cores, unworked, defatted, simply prepared (but not cut to shape), treated with acid or degelatinized; powder and waste of these products:
0	0	0	2.4	0	0	0	0			4.8	0/0/	3.6	0	0		0//	0/0			0	-Ossein and bones treated with acid
																		14.5	40		
0	0	0	2.4	0	0	0	0			4.8	0/0/	3.6	0	0		0//	0/0			0	----Of bovine and sheep
																		14.5	40		
																		14.5	40		
0	0	0	2.4	0	0	0	0			4.8	0/0/	3.6	0	0		0//	0/0			0	----Other
																		14.5	40		
																		14.5	40		
0	0	0	2.4	0	0	0	0			4.8	0/0/	3.6	0	0		0//	0/0			0	---Other
																		14.5	40^0	0	
																		14.5	40	0	
																		14.5	40^0	0	
																		14.5	40	0	
																		14.5	40^0	0	
																		14.5	40	0	
																		14.5	40^0	0	
																		14.5	40	0	
																					Ivory, tortoise-shell, whalebone and whalebone hair, horns, antlers, hooves, nails, claws and beaks, unworked or simply prepared but not cut to shape; powder and waste of these products:
0	0	0	0	0	0	0	0			4	0/0/	3	0	0			0/0				-Ivory; ivory powder and waste
																		12.5	0	6	
																		12.5	0	0	
																		12.5	0	6	
																		12.5	0	6	
0	0	0	0	0	0	0	0			0	0/0/	0	0	0			0/0			6	---Antelope horns and powder or waste thereof
																			0		
0	0	0	2.2	0	0	0	0			4	0/0/	3.3	0	0			0/0			6	---Pilose antlers and powder thereof
																			0		
0	0	0	0	0	0	0	0			4	0/0/	3	0	0			0/0				---Other
																		12.5	0	0	

商品编号	商品名称及备注[检验检疫编码及名称]	进口关税(%)		增值税率(%)	消费税	计量单位	监管条件	检验检疫类别
		最惠国	普通					
0507909090	其他动物角(包括蹄,甲,爪及喙及其粉末和废料)①	10	50	9		千克	AB	P/Q
0508	**珊瑚及类似品,未经加工或仅简单整理但未经进一步加工;软体动物壳、甲壳动物壳、棘皮动物壳、墨鱼骨,未经加工或仅简单整理但未切割成形,上述壳、骨的粉末及废料:**							
05080010	---粉末及废料							
0508001010	濒危珊瑚及濒危水产品的粉末、废料(包括介、贝、棘皮动物壳,不包括墨鱼骨的粉末、废料)②	12	35	9		千克	AFEB	P/Q
0508001090	其他水产品壳、骨的粉末及废料(包括介、贝壳,棘皮动物壳,墨鱼骨的粉末及废料)③	12	35	9		千克	AB	P/Q
05080090	---其他							
0508009010	濒危珊瑚及濒危水产品的壳、骨(包括介、贝、棘皮动物的壳,不包括墨鱼骨)④	12	50	9		千克	AFEB	P/Q
0508009090	其他水产品的壳、骨(包括介、贝、棘皮动物的壳,墨鱼骨)⑤	12	50	9		千克	AB	P/Q
0510	**龙涎香、海狸香、灵猫香及麝香;斑蝥;胆汁,不论是否干制;供配制药用的腺体及其他动物产品,鲜、冷、冻或用其他方法暂时保藏的:**							
05100010	---黄药							
0510001010	牛黄〔101 药用牛黄〕,〔102 药用人工牛黄〕,〔103 药用体外培育牛黄〕	3	14	9		千克	8A	P/Q
0510001020	猴枣〔999 药用〕	3	14	9		千克	QAFEB	P/Q
0510001090	其他黄药(不包括牛黄)〔999 药用〕	3	14	9		千克	AFEB	P/Q
05100020	---龙涎香、海狸香、灵猫香							
0510002010	海狸香、灵猫香〔999〕	7	50	9		千克	AFEB	P/Q
0510002020	龙涎香〔999〕	7	50	9		千克	AB	P/Q
05100030	---麝香							
0510003000	麝香〔999 药用〕	7	20	9		千克	8AF	P/Q
05100040	---斑蝥							
0510004000	斑蝥〔999 药用〕	7	50	9		千克	QAB	P/Q
05100090	---其他							
0510009010	其他濒危野生动物胆汁及其他产品(不论是否干制;鲜、冷、冻或用其他方法暂时保藏的)〔101 药用〕,〔999〕	6	20	9		千克	AFEB	P/Q
0510009090	胆汁,配药用腺体及其他动物产品(不论是否干制;鲜,冷,冻或用其他方法暂时保藏的)⑥	6	20	9		千克	AB	P/Q
0511	**其他税号未列名的动物产品;不适合供人食用的第一章或第三章的死动物:**							
05111000	-牛的精液							
0511100010	濒危野生牛的精液〔999〕	0	0	9		千克	ABFE	P/Q
0511100090	其他牛的精液〔101 牛精液〕,〔102 其他精液〕	0	0	9		千克	AB	P/Q
05119111	----受精鱼卵							
0511911110[暂0]	濒危鱼的受精卵〔999〕	12	35	9		千克	ABFE	P/Q
0511911190[暂0]	其他受精鱼卵⑦	12	35	9		千克	AB	P/Q
05119119	----其他							

① 〔101 猪蹄壳〕,〔102 牛蹄壳〕,〔103 牛角(工业用烘干牛角除外)〕,〔104 饲养鹿的鹿角(工业用烘干鹿角除外)〕,〔105 含饲养偶蹄动物的杂骨、骨块、骨粒(工业用牛骨粒、羊骨粒、猪骨粒除外)〕,〔106 其他饲养偶蹄动物骨、蹄、角〕,〔107 非饲养鹿的鹿角(工业用烘干鹿角除外)〕,〔108 其他野生偶蹄动物骨、蹄、角〕,〔109 未列出的其他动物骨、蹄、角〕,〔110 工业用牛骨粒〕,〔111 工业用羊骨粒〕,〔112 工业用猪骨粒〕,〔113 工业用烘干鹿角〕,〔114 工业用烘干牛角〕,〔201 药用水牛角〕,〔202 药用龟甲〕,〔203 药用鳖甲〕,〔204 药用鹿角〕

② 〔101 未经加工虾蟹壳〕,〔999 除未经加工虾蟹壳外〕

③ 〔101 药用瓦楞子〕,〔102 药用海螵蛸〕,〔103 药用蛤壳〕,〔104 药用石决明〕,〔105 药用牡蛎(壳)〕,〔106 药用珍珠母〕,〔107 甲壳素(几丁质)〕,〔108 未列出的饲料用其他动物粉〕,〔109 未经加工虾蟹壳〕

④ 〔101 未经加工虾蟹壳〕,〔999 除未经加工虾蟹壳外〕

⑤ 〔101 未经加工虾蟹壳〕,〔999 除未经加工虾蟹壳外〕

⑥ 〔101 药用九香虫〕,〔102 药用虫白蜡〕,〔103 药用土鳖虫〕,〔104 药用蝉蜕〕,〔105 药用僵蚕〕,〔106 药用桑螵蛸〕,〔107 药用地龙〕,〔108 药用蜈蚣〕,〔109 药用全蝎〕,〔110 药用鸡内金〕,〔111 药用猪胆粉〕,〔112 药用蛤蟆油〕,〔113 药用蛇蜕〕,〔114 药用水蛭〕,〔115 药用其他动物源性中药材〕,〔116 食用鸡内金〕,〔118 其他药用动物源性中药材〕,〔998 其他动物源性中药材(食用)〕

⑦ 〔101 鲈鱼卵〕,〔102 鲑鱼卵〕,〔103 鲟鱼卵〕,〔104 牙鲆鱼卵〕,〔105 虹鳟鱼卵〕,〔106 河豚鱼卵〕,〔107 大鲮鲆鱼卵〕,〔108 其他受精卵〕

协定税率(%)															特惠税率(%)			对美税率	出口税率	出口退税率	Article Description
智利	新西兰	澳大利亚	瑞士	冰岛	秘鲁	哥斯达	东盟	亚太	新加坡	巴基斯坦	港/澳/台	韩国	格鲁吉亚	毛里求斯	亚太	老/柬/缅	LDC 97/95				
																		12.5	0	6	
																					Coral and similar materials, unworked or simply prepared but not otherwise worked; shells of molluscs, crustaceans or echinoderms and cuttle-bone, unworked or simply prepared but not cut to shape, powder and waste thereof:
0	0	0	2.4	0	0	0	0				0/0/	3.6	0	0			0/0				---Powder and waste
																		39.5	0	0	
																		39.5	0	9	
0	0	0	2.4	0	0	0	0			6	0/0/	3.6	0	0			0/0				---Other
																		39.5	0	0	
																		39.5	0	9	
																					Ambergris, castoreum, civet and musk; cantharides; bile, whether of not dried; glands and other animal products used in the preparation of pharmaceutical products, fresh, chilled, frozen or otherwise provisionally preserved:
0	0	0	0	0	0	0	0			0	0/0/	0	0	0			0/0			6	---Bezoar
																			0		
																			0		
																			0		
0	0	0	0	0	0	0	0			3	0/0/	0	0	0			0/0			6	---Ambergris, castoreum and civet
																		9.5	0		
																		9.5	0		
0	0	0	0	0	0	0	0			3	0/0/	0	0	0			0/0			0	---Musk
																		9.5	0		
0	0	0	0	0	0	0	0			3	0/0/	0	0	0			0/0			6	---Cantharides
																		9.5	0		
0	0	0	0	0	0	0	0			4	0/0/	0	0	0			0/0				---Other
																		8.5	0	0	
																		8.5	0	6	
																					Animal products not elsewhere specified or included; dead animals of Chapter 1 or 3, unfit for human consumption:
																	0/0				-Bovine semen
																			0	0	
																			0	9	
0	0	0	2.4	0	0	0	0			6	0/0/	0	0	0			0/0				----Fertilized fish eggs
																			0	0	
																			0	6	
0	0	0	2.4	3.2	0	0	0				0/0/	3.6	0	0			0/0				----Other

商品编号	商品名称及备注[检验检疫编码及名称]	进口关税(%) 最惠国	进口关税(%) 普通	增值税率(%)	消费税	计量单位	监管条件	检验检疫类别
0511911910	濒危鱼的非食用产品(包括鱼肚)①	12	35	9		千克	ABFE	P/Q
0511911990	其他鱼的非食用产品(包括鱼肚)②	12	35	9		千克	AB	P/Q
05119190	---其他							
0511919010	濒危水生无脊椎动物产品(包括甲壳动物、软体动物,第三章死动物)③	12	35	9		千克	ABFE	P/Q
0511919020[暂6]	丰年虫卵(丰年虾卵)[999]	12	35	9		千克	AB	P/Q
0511919090	其他水生无脊椎动物产品(包括甲壳动物、软体动物、第三章死动物)④	12	35	9		千克	AB	P/Q
05119910	---动物精液(牛的精液除外)							
0511991010	濒危野生动物精液(牛的精液除外)[999]	0	0	9		千克	AFEB	P/Q
0511991090	其他动物精液(牛的精液除外)⑤	0	0	9		千克	AB	P/Q
05119920	---动物胚胎							
0511992010	濒危野生动物胚胎[999]	0	0	9		千克	AFEB	P/Q
0511992090	其他动物胚胎⑥	0	0	9		千克	AB	P/Q
05119930	---蚕种							
0511993000	蚕种[999]	0	0	9		千克	AB	P/Q
05119940	---马毛及废马毛,不论是否制成有或无衬垫的毛片							
0511994010	废马毛(不论是否制成有或无衬垫的毛片)⑦	15	90	9		千克	9B	P/Q
0511994090	其他马毛(不论是否制成有或无衬垫的毛片)⑧	15	90	9		千克	AB	P/Q
05119990	---其他							
0511999010	其他编号未列名濒危野生动物产品(包括不适合供人食用的第一章的死动物)⑨	12	35	9		千克	AFEB	P/Q
0511999090	其他编号未列名的动物产品(包括不适合供人食用的第一章的死动物)⑩	12	35	9		千克	AB	P/Q

① [101 受精卵],[102 用作鱼饵的海水鱼],[103 用作鱼饵的淡水鱼]

② [101 受精卵],[102 用作鱼饵的海水鱼],[103 用作鱼饵的淡水鱼]

③ [101 头索类],[102 头索类以外]

④ [101 头索类],[102 头索类以外]

⑤ [101 猪精液],[102 绵羊精液],[103 山羊精液],[104 马精液],[105 其他精液]

⑥ [101 牛胚胎],[102 猪胚胎],[103 马胚胎],[104 绵羊胚胎],[105 山羊胚胎],[106 其他胚胎]

⑦ [101 马鬃毛(含马尾毛)(未经加工马(鬃)尾毛除外)],[102 其他饲养奇蹄动物鬃毛],[103 野马鬃毛(含尾毛)(未经加工马(鬃)尾毛除外)],[104 其他野生奇蹄动物鬃毛],[105 未经加工马(鬃)尾毛]

⑧ [101 马鬃毛(含马尾毛)(未经加工马(鬃)尾毛除外)],[102 其他饲养奇蹄动物鬃毛],[103 野马鬃毛(含尾毛)],[104 其他野生奇蹄动物鬃毛],[105 未经加工马(鬃)尾毛]

⑨ [101 其他动物卵细胞],[102 其他动物繁殖材料],[103 其他野生奇蹄动物鬃毛],[104 其他野生偶蹄动物鬃毛],[105 偶蹄动物标本],[106 奇蹄动物标本],[107 禽鸟标本],[108 爬行动物标本],[109 其他动物标本],[110 动物尸体],[111 药用穿山甲],[112 药用蛤蚧],[113 药用蟾酥],[114 药用金钱白花蛇],[115 药用蛇蜕],[116 药用蕲蛇],[117 药用乌梢蛇],[118 药用其他动物源性中药材],[119 乌梢蛇(食用)],[120 未经加工马属动物(鬃)尾毛],[121 未经加工鹿毛],[122 未经加工负鼠毛],[998 其他动物源性中药材(食用)]

⑩ [101 鳖卵],[102 龟卵],[103 蚕卵],[104 牛卵细胞],[105 猪卵细胞],[106 绵羊卵细胞],[107 山羊卵细胞],[108 其他动物卵细胞],[109 其他动物繁殖材料],[110 其他昆虫(其他动物)],[111 其他饲养奇蹄动物鬃毛],[112 其他饲养偶蹄动物鬃毛],[113 其他禽鸟羽毛],[114 蚕茧(未经加工的蚕茧除外)],[115 蚕蛹(未经加工的蚕蛹除外)],[116 其他蚕产品(不包含蚕丝等纺织原料)],[117 偶蹄动物标本],[118 奇蹄动物标本],[119 禽鸟标本],[120 爬行动物标本],[121 其他动物标本],[122 动物尸体],[131 药用穿山甲(鳞片)],[132 药用蛤蚧],[133 药用蟾酥],[134 药用金钱白花蛇],[135 药用蕲蛇],[136 药用乌梢蛇],[137 宠物食品加工用动物副产品],[138 未经加工的蚕茧],[139 未经加工的蚕蛹],[140 未经加工的长吐,滞头],[141 未经加工的蜂巢],[142 未经加工的蜂胶],[143 未经加工马属动物(鬃)尾毛],[144 未经加工鹿毛],[145 未经加工负鼠毛]

协定税率(%)															特惠税率(%)			对美税率	出口税率	出口退税率	Article Description
智利	新西兰	澳大利亚	瑞士	冰岛	秘鲁	哥斯达	东盟	亚太	新加坡	巴基斯坦	港/澳/台	韩国	格鲁吉亚	毛里求斯	亚太	老/柬/缅	LDC 97/95				
																		14.5	0	0	
																		14.5	0	6	
0	0	0	2.4	0	0	0	0			4.8	0/0/	3.6	0	0			0/0				---Other
																		24.5	0	0	
																		18.5	0		
																		24.5	0	9	
																	0/0				---Animal semen, other than bovine semen
																			0	0	
																			0	6	
																	0/0				---Animal embryo
																			0	0	
																			0	6	
																	0/0			6	---Silkworm graine
																			0		
0	0	0	3	0	0	0	0			9.6	0/0/	4.5	0	0			0/0				---Horsehair and horsehair waste, whether or not put up as a layer with or without supporting material
																		17.5	0	6	
																		17.5	0	6	
0	0	0	2.4	0	0	0	0			4.8	0/0/	3.6	0	0			0/0				---Other
																		39.5	0	0	
																		39.5	0	6	

第 二 类
植 物 产 品

注释：

本类所称"团粒"，是指直接挤压或加入按重量计比例不超过3%的黏合剂制成的粒状产品。

第 六 章
活树及其他活植物；
鳞茎、根及类似品；
插花及装饰用簇叶

注释：

一、除品目06.01的菊苣植物及其根以外，本章只包括通常由苗圃或花店供应为种植或装饰用的活树及其他货品（包括植物秧苗）；但不包括马铃薯、洋葱、青葱、大蒜及其他第七章的产品。

二、品目06.03、06.04的各种货品，包括全部或部分用这些货品制成的花束、花篮、花圈及类似品，不论是否有其他材料制成的附件。但这些货品不包括品目97.01的拼贴画或类似的装饰板。

商品编号	商品名称及备注[检验检疫编码及名称]	进口关税(%)		增值税率(%)	消费税	计量单位	监管条件	检验检疫类别
		最惠国	普通					
0601	**鳞茎、块茎、块根、球茎、根颈及根茎，休眠、生长或开花的；菊苣植物及其根，但品目12.12的根除外：**							
06011010	---番红花球茎							
0601101000	休眠的番红花球茎〔999〕	4	14	9		个/千克	AB	P/Q
06011021	----种用							
0601102100	种用休眠的百合球茎〔999〕	0	0	9		个/千克	AB	P/Q
06011029	----其他							
0601102900	其他休眠的百合球茎〔999〕	5	40	9		个/千克	AB	P/Q
06011091	----种用							
0601109110	种用休眠的兰花块茎(包括球茎、根颈及根茎)〔999〕	0	0	9		个/千克	AFEB	P/Q
0601109191	种用休眠其他濒危植物鳞茎等(包括球茎、根颈、根茎、鳞茎、块茎、块根)〔999〕	0	0	9		个/千克	ABFE	P/Q
0601109199	种用休眠的其他鳞茎、块茎、块根(包括球茎、根颈及根茎)①	0	0	9		个/千克	AB	P/Q
06011099	----其他							
0601109910	其他休眠的兰花块茎(包括球茎、根颈及根茎)〔999〕	5	40	9		个/千克	AFEB	P/Q
0601109991	其他休眠濒危植物鳞茎等(包括球茎、根颈、根茎、鳞茎、块茎、块根)〔999〕	5	40	9		个/千克	AFEB	P/Q
0601109999	其他休眠的其他鳞茎、块茎、块根(包括球茎、根颈及根茎)〔101 水仙花球茎〕,〔102 其他鳞球块根茎〕	5	40	9		个/千克	AB	P/Q
06012000	-生长或开花的鳞茎、块茎、块根、球茎、根颈及根茎；菊苣植物及其根							
0601200010	生长或开花的兰花块茎(包括球茎、根颈及根茎)〔999〕	15	80	9		个/千克	AFEB	P/Q
0601200020	生长或开花的仙客来鳞茎〔999〕	15	80	9		个/千克	AFEB	P/Q
0601200091	生长或开花的其他濒危植物鳞茎等(包括球茎、根颈、根茎、鳞茎、块茎、块根、菊苣植物)〔999〕	15	80	9		个/千克	AFEB	P/Q
0601200099	生长或开花的其他鳞茎及菊苣植物(包括块茎、块根、球茎、根颈及根茎，品目12.12的根除外)②	15	80	9		个/千克	AB	P/Q
0602	**其他活植物(包括其根)、插枝及接穗；蘑菇菌丝：**							
06021000	-无根插枝及接穗							
0602100010	濒危植物的无根插枝及接穗〔101 营养体〕,〔102 其他组培苗〕	0	0	9		株/千克	ABFE	P/Q
0602100090	其他无根插枝及接穗〔101 其他观赏花木〕,〔102 营养体〕	0	0	9		株/千克	AB	P/Q
06022010	---种用苗木							

① 〔101 球根海棠〕,〔102 其他观赏花木〕,〔103 洋葱(鳞球块根茎)〕,〔104 蒜(种用)〕,〔105 芋艿(种用)〕,〔106 郁金香球茎〕,〔107 朱顶兰球茎〕,〔108 睡莲块根〕,〔109 水仙花球茎〕,〔110 其他鳞球块根茎〕

② 〔101 洋葱(鳞球块根茎)〕,〔102 蒜(种用)〕,〔103 芋艿(种用)〕,〔104 甘薯块茎〕,〔105 百合球茎〕,〔106 郁金香球茎〕,〔107 朱顶兰球茎〕,〔108 睡莲块根〕,〔109 水仙花球茎〕,〔110 其他鳞球块根茎〕

SECTION Ⅱ
VEGETABLE PRODUCTS

Section Note:

In this Section the term "pellets" means products which have been agglomerated either directly by compression or by the addition of a binder in a proportion not exceeding 3% by weight.

Chapter 6
Live trees and other plants; bulbs, roots and the like; cut flowers and ornamental foliage

Chapter Notes:

1. Subject to the second part of heading 06.01, this Chapter covers only live trees and goods (including seedling vegetables) of a kind commonly supplied by nursery gardeners or florists for planting or for ornamental use; nevertheless it does not include potatoes, onions, shallots, garlic or other products of Chapter 7.

2. Any reference in heading 06.03 or 06.04 to goods of any kind shall be construed as including a reference to bouquets, floral baskets, wreaths and similar articles made wholly or partly of goods of that kind, account not being taken of accessories of other materials. However, these headings do not include collages or similar decorative plaques of heading 97.01.

协定税率(%)															特惠税率(%)			对美税率	出口税率	出口退税率	Article Description
智利	新西兰	澳大利亚	瑞士	冰岛	秘鲁	哥斯达	东盟	亚太	新加坡	巴基斯坦	港/澳/台	韩国	格鲁吉亚	毛里求斯	亚太	老/柬/缅	LDC 97/95				
																					Bulbs, tubers, tuberous roots, corms, crowns and rhizomes, dormant, in growth or in flower; chicory plants and roots other than roots of heading 12.12:
0	0	0	0	0	0	0	0	2		0	0/0/	0	0	0		0//	0/0			6	---Stigma croci corms
																		6.5	0		
																	0/0			0	----Seed
																			0		
0	0	0	0	0	0	0	0	2.5		0	0/0/	0	0	0		0//	0/0			0	----Other
																		7.5	0		
																	0/0				----Seed
																		2.5	0	6	
																		2.5	0	0	
																		2.5	0	6	
0	0	0	0	0	0	0	0	2.5		0	0/0/	0	0	0		0//	0/0				----Other
																		7.5	0	6	
																		7.5	0	0	
																		7.5	0	6	
0	0	0	3	0	0	0	0	7.5		6	0/0/	4.5	0	0			0/0				-Bulbs, tubers, tuberous roots, corms, crowns and rhizomes, in growth or in flower; chicory plants and roots
																		20	0	6	
																		20	0	6	
																		20	0	0	
																		20	0	6	
																					Other live plants (including their roots) cuttings and ships; mushroom spawn:
																	0/0				-Unrooted cuttings and slips
																		2.5	0	0	
																		2.5	0	6	
																	0/0			0	---Seedlings

商品编号	商品名称及备注[检验检疫编码及名称]	进口关税(%) 最惠国	普通	增值税率(%)	消费税	计量单位	监管条件	检验检疫类别
0602201000	食用水果及坚果树的种用苗木(包括食用果灌木种用苗木)①	0	0	9		株/千克	AB	P/Q
06022090	---其他							
0602209000	其他食用水果、坚果树及灌木(不论是否嫁接)〔999〕	10	80	9		株/千克	AB	P/Q
06023010	---种用							
0602301000	种用杜鹃(不论是否嫁接)〔101 杜鹃(观赏花木)〕,〔102 其他组培苗〕,〔103 营养体〕	0	0	9		株/千克	AB	P/Q
06023090	---其他							
0602309000	其他杜鹃(不论是否嫁接)〔999〕	15	80	9		株/千克	AB	P/Q
06024010	---种用							
0602401000	种用玫瑰(不论是否嫁接)〔101 玫瑰〕,〔102 其他组培苗〕,〔103 营养体〕	0	0	9		株/千克	AB	P/Q
06024090	---其他							
0602409000	其他玫瑰(不论是否嫁接)〔999〕	15	80	9		株/千克	AB	P/Q
06029010	---蘑菇菌丝							
0602901000	蘑菇菌丝〔999〕	0	0	9		千克	AB	P/Q
06029091	----种用苗木							
0602909110	种用兰花②	0	0	9		株/千克	AFEB	P/Q
0602909120	种用红豆杉苗木〔999〕	0	0	9		株/千克	AFEB	P/Q
0602909191	其他濒危植物种用苗木③	0	0	9		株/千克	AFEB	P/Q
0602909199	其他种用苗木④	0	0	9		株/千克	AB	P/Q
06029092	----兰花							
0602909200	其他兰花(种用除外)〔101 蝴蝶兰〕,〔102 兰花〕	10	80	9		株/千克	ABFE	P/Q
06029093	----菊花							
0602909300	其他菊花(种用除外)〔999〕	10	80	9		株/千克	AB	P/Q
06029094	----百合							
0602909410	芦荟(种用除外)〔999〕	10	80	9		株/千克	ABEFQ	P/Q
0602909490	其他百合(种用除外)〔101 观赏花木〕,〔102 药用百合〕	10	80	9		株/千克	AB	P/Q
06029095	----康乃馨							
0602909500	其他康乃馨(种用除外)〔999〕	10	80	9		株/千克	AB	P/Q
06029099	----其他							
0602909910	苏铁(铁树)类〔999〕	10	80	9		株/千克	ABFE	P/Q
0602909920	仙人掌(包括仙人球、仙人柱、仙人指)〔999〕	10	80	9		株/千克	ABFE	P/Q
0602909930	红豆杉(种用除外)〔999〕	10	80	9		株/千克	ABFE	P/Q
0602909991	其他濒危活植物(种用除外)〔101 其他观赏花木〕,〔102 其他盆景〕,〔103 组培苗〕,〔104 营养体〕	10	80	9		株/千克	AFEB	P/Q
0602909999	其他活植物(种用除外)⑤	10	80	9		株/千克	AB	P/Q
0603	**制花束或装饰用的插花及花蕾,鲜、干、染色、漂白、浸渍或用其他方法处理的:**							
06031100	--玫瑰							
0603110000	鲜的玫瑰(制花束或装饰用的)〔999〕	10	100	9		千克/枝	AB	P/Q
06031200	--康乃馨							
0603120000	鲜的康乃馨(制花束或装饰用的)〔999〕	10	100	9		千克/枝	AB	P/Q
06031300	--兰花							
0603130000	鲜的兰花(制花束或装饰用的)〔101 洋兰切花〕,〔102 鹤望兰切花〕,〔103 其他切花〕	10	100	9		千克/枝	ABEF	P/Q
06031400	--菊花							
0603140000	鲜的菊花(制花束或装饰用的)〔999〕	10	100	9		千克/枝	AB	P/Q
06031500	--百合花(百合属)							

① 〔101 芭蕉苗木〕,〔102 番石榴苗木〕,〔103 柑橘苗木〕,〔104 海棠苗木〕,〔105 胡桃苗木〕,〔106 梨苗木〕,〔107 李苗木〕,〔108 荔枝苗木〕,〔109 芒果苗木〕,〔110 葡萄苗木〕,〔111 苹果苗木〕,〔112 木瓜苗木〕,〔113 山核桃苗木〕,〔114 山楂苗木〕,〔115 柿苗木〕,〔116 香蕉苗木〕,〔117 杏苗木〕,〔118 椰子苗木〕,〔119 枇杷苗木〕,〔120 橄榄苗木〕,〔121 桃苗木〕,〔122 草莓苗木〕,〔123 樱桃苗木〕,〔124 甘蔗苗木〕,〔125 木莓苗木〕,〔126 其他果树苗木〕,〔127 其他组培苗〕

② 〔101 春兰〕,〔102 君子兰〕,〔103 蝴蝶兰〕,〔104 惠兰〕,〔105 石槲兰〕,〔106 卡特利亚兰〕,〔107 舞女兰〕,〔108 兰花〕,〔109 其他组培苗〕,〔110 营养体〕

③ 〔101 其他林木苗木〕,〔102 其他观赏花木〕,〔103 其他组培苗〕,〔104 营养体〕

④ 〔101 白腊槭苗木〕,〔102 长叶松苗木〕,〔103 岛松苗木〕,〔104 其他松属苗木〕,〔105 黄檀苗木〕,〔106 柳苗木〕,〔107 榆苗木〕,〔108 杉属苗木〕,〔109 梧桐苗木〕,〔110 棕榈苗木〕,〔111 栎树苗木〕,〔112 槟榔苗木〕,〔113 其他林木苗木〕,〔114 牡丹〕,〔115 安祖花〕,〔116 其他观赏花木〕,〔117 其他组培苗〕,〔118 营养体〕

⑤ 〔101 长春花〕,〔102 复盆子〕,〔103 龙舌兰〕,〔104 水仙〕,〔105 黄杨〕,〔106 郁金香〕,〔107 茶花〕,〔108 春兰〕,〔109 君子兰〕,〔110 芦荟〕,〔111 含笑花〕,〔112 仙客来〕,〔113 万年青〕,〔114 牡丹〕,〔115 月季〕,〔116 惠兰〕,〔117 洋桔梗〕,〔118 天竺葵〕,〔119 唐菖蒲〕,〔120 一品红〕,〔121 非洲菊〕,〔122 满天星〕,〔123 安祖花〕,〔124 球根海棠〕,〔125 马蹄莲〕,〔126 石槲兰〕,〔127 卡特利亚兰〕,〔128 舞女兰〕,〔129 海枣〕,〔130 富贵竹〕,〔131 散尾葵〕,〔132 万寿菊〕,〔133 绿藤〕,〔134 姜花〕,〔135 年桔〕,〔136 草皮〕,〔137 其他观赏花木〕,〔138 三角枫盆景〕,〔139 五角枫盆景〕,〔140 鸡爪槭盆景〕,〔141 山茶花盆景〕,〔142 翠竹盆景〕,〔143 白花杜鹃盆景〕,〔144 金豆盆景〕,〔145 腊梅盆景〕,〔146 榕盆景〕,〔147 榆盆景〕,〔148 五针松盆景〕,〔149 罗汉松盆景〕,〔150 金钱松盆景〕,〔151 福建茶盆景〕,〔152 乌头叶蛇葡萄盆景〕,〔153 朱砂根盆景〕,〔154 紫金牛盆景〕,〔155 凌宵盆景〕,〔156 花孝顺竹盆景〕,〔157 凤尾竹盆景〕,〔158 黄杨盆景〕,〔159 锦鸡儿盆景〕,〔160 雪松属盆景〕,〔161 朴盆景〕,〔162 木桃盆景〕,〔163 代代盆景〕,〔164 佛手盆景〕,〔165 金桔盆景〕,〔166 其他盆景〕,〔167 花卉组培苗〕,〔168 马铃薯组培苗〕,〔169 葡萄苗组培苗〕,〔170 甘薯组培苗〕,〔171 苹果组培苗〕,〔172 水稻组培苗〕,〔173 其他组培苗〕,〔174 营养体〕,〔175 杜鹃切花〕,〔176 山茶花切花〕,〔177 月季切花〕,〔178 芍药切花〕,〔179 满天星切花〕,〔180 美人蕉切花〕,〔181 木兰花切花〕,〔182 樱花切花〕,〔183 牡丹切花〕,〔184 郁金香切花〕,〔185 杂草〕

协定税率(%)															特惠税率(%)			对美税率	出口税率	出口退税率	Article Description
智利	新西兰	澳大利亚	瑞士	冰岛	秘鲁	哥斯达	东盟	亚太	新加坡	巴基斯坦	港/澳/台	韩国	格鲁吉亚	毛里求斯	亚太	老/柬/缅	LDC 97/95				
																		2.5	0		
0	0	0	0	0	0	0	0	5		4	0/0/	3	0	0			0/0			6	---Other
																		32.5	0		
																	0/0			6	---Seedlings
																		2.5	0		
0	0	0	3	0	0	0	0			9.6	0/0/	4.5	0	0			0/0			6	---Other
																		17.5	0		
																	0/0			6	---Seedlings
																			0		
0	0	0	3	0	0	0	0			9.6	0/0/	4.5	0	0			0/0			6	---Other
																		17.5	0		
																	0/0			6	---Mushroom spawn
																			0		
																	0/0			0	----Seedlings
																		2.5	0		
																		2.5	0		
																		2.5	0		
																		2.5	0		
0	0	0	0	0	0	0	0			4	0/0/	3	0	0			0/0			6	----Orchid
																		12.5	0		
0	0	0	0	0	0	0	0			4	0/0/	3	0	0			0/0				----Chrysanthemum
																		12.5	0	0	
0	0	0	0	0	0	0	0			4	0/0/	3	0	0			0/0				----Lily
																			0	6	
																		12.5	0	0	
0	0	0	0	0	0	0	0			4	0/0/	3	0	0			0/0			6	----Carnation
																		12.5	0		
0	0	0	0	0	0	0	0	5		4	0/0/	3	0	0			0/0				----Other
																		37.5	0	6	
																		37.5	0	6	
																		37.5	0	0	
																		37.5	0	0	
																		37.5	0	6	
																					Cut flowers and flower buds of akind suitable for bouquets or for ornamental purposes, fresh, dried, dyed, bleached, impregnated or otherwise prepared:
0	0	0	0	0	0	0	0	5		4	0/0/	3	0	0		0//	0/0			6	--Roses
																		12.5	0		
0	0	0	0	0	0	0	0	5		4	0/0/	3	0	0		0//	0/0			6	--Carnations
																		12.5	0		
0	0	0	0	0	0	0	0	5		4	0/0/0	3	0	0		0//	0/0			6	--Orchids
																		12.5	0		
0	0	0	0	0	0	0	0	5		4	0/0/	3	0	0		0//	0/0			6	--Chrysanthemums
																		12.5	0		
0	0	0	0	0	0	0	0	5		4	0/0/	3	0	0		0//	0/0			6	--Lilies (Lilium spp.)

商品编号	商品名称及备注[检验检疫编码及名称]	进口关税(%)		增值税率(%)	消费税	计量单位	监管条件	检验检疫类别
		最惠国	普通					
0603150000	鲜的百合花(百合属)(制花束或装饰用的)〔999〕	10	100	9		千克/枝	AB	P/Q
06031900	--其他							
0603190010	鲜的濒危植物插花及花蕾(制花束或装饰用的)〔999〕	10	100	9		千克/枝	ABFE	P/Q
0603190090	其他鲜的插花及花蕾(制花束或装饰用的)〔999〕	10	100	9		千克/枝	AB	P/Q
06039000	-其他							
0603900010	干或染色等加工濒危植物插花及花蕾(制花束或装饰用的,鲜的除外)〔999〕	23	100	13		千克/枝	ABFE	P/Q
0603900090	其他干或染色等加工的插花及花蕾(制花束或装饰用的,鲜的除外)〔999〕	23	100	13		千克/枝	AB	P/Q
0604	**制花束或装饰用的不带花及花蕾的植物枝、叶或其他部分、草、苔藓及地衣,鲜、干、染色、漂白、浸渍或用其他方法处理的:**							
06042010	---苔藓及地衣							
0604201000	鲜的苔藓及地衣〔101 苔藓及地衣〕,〔102 苔藓(栽培介质)〕,〔103 泥炭藓(栽培介质)〕	23	100	9		千克	AB	P/Q
06042090	---其他							
0604209010	其他鲜濒危植物枝、叶或其他部分,草(枝、叶或其他部分是指制花束或装饰用并且不带花及花蕾)〔999〕	10	100	9		千克	ABFE	P/Q
0604209090	其他鲜植物枝、叶或其他部分,草(枝、叶或其他部分是指制花束或装饰用并且不带花及花蕾)①	10	100	9		千克	AB	P/Q
06049010	---苔藓及地衣							
0604901000	其他苔藓及地衣〔101 苔藓及地衣〕,〔102 苔藓(栽培介质)〕,〔103 泥炭藓(栽培介质)〕	23	100	9		千克	AB	P/Q
06049090	---其他							
0604909010	其他染色或经加工濒危植物枝、叶或其他部分,草等(枝、叶或其他部分是指制花束或装饰用并且不带花及花蕾)〔999〕	10	100	13		千克	ABFE	P/Q
0604909090	其他染色或加工的植物枝、叶或其他部分,草(枝、叶或其他部分是指制花束或装饰用并且不带花及花蕾)〔101 干花〕,〔102 未列出的其他植物产品〕	10	100	13		千克	AB	P/Q

① 〔101 其他林木苗木〕,〔102 其他观赏花木〕,〔103 富贵竹切花〕,〔104 未列出的其他植物〕,〔105 达迷草叶〕

协定税率(%)															特惠税率(%)			对美税率	出口税率	出口退税率	Article Description
智利	新西兰	澳大利亚	瑞士	冰岛	秘鲁	哥斯达	东盟	亚太	新加坡	巴基斯坦	港/澳/台	韩国	格鲁吉亚	毛里求斯	亚太	老/柬/缅	LDC 97/95				
																		12.5	0		
0	0	0	0	0	0	0	0	5		4	0/0/	3	0	0		0//	0/0				--Other
																		37.5	0	0	
																		37.5	0	6	
0	0	0	4.6	0	0	0	0	11.5		9.2	0/0/	14.9	0	18.4		0//	0/0				-Other
																		53	0	0	
																		53	0	6	
																					Foliage, branches and other parts of plants, without flowers or flowerbuds, and grasses, mosses and lichens, being goods of a kind suitable for bouquets or for ornamental purposes, fresh, dried, dyed, bleached, impregnated or otherwise prepared:
0	0	0	4.6	0	0	0	0			23	0/0/	6.9	0	18.4			0/0			6	---Mosses and lichens
																		53	0		
0	0	0	0	0	0	0	0			4	0/0/	3	0	0			0/0				---Other
																		37.5	0	0	
																		37.5	0	6	
0	0	0	4.6	0	0	0	0			23	0/0/	6.9	0	18.4			0/0			6	---Mosses and lichens
																		28	0		
0	0	0	0	0	0	0	0			4	0/0/	3	0	0			0/0				---Other
																		37.5	0	0	
																		37.5	0	6	

第 七 章
食用蔬菜、根及块茎

注释:

一、本章不包括品目 12.14 的草料。

二、品目 07.09、07.10、07.11 及 07.12 所称"蔬菜",包括食用的蘑菇、块菌、油橄榄、刺山柑、菜葫芦、南瓜、茄子、甜玉米、辣椒、茴香菜、欧芹、细叶芹、龙蒿、水芹、甜茉乔栾那。

三、品目 07.12 包括干制的归入品目 07.01 至 07.11 的各种蔬菜,但下列各项除外:
(一) 做蔬菜用的脱荚干豆(品目 07.13);
(二) 品目 11.02 至 11.04 所列形状的甜玉米;
(三) 马铃薯细粉、粗粉、粉末、粉片、颗粒及团粒(品目 11.05);
(四) 用品目 07.13 的干豆制成的细粉、粗粉及粉末(品目 11.06)。

四、本章不包括辣椒干及辣椒粉(品目 09.04)。

商品编号	商品名称及备注[检验检疫编码及名称]	进口关税(%)		增值税率(%)	消费税	计量单位	监管条件	检验检疫类别
		最惠国	普通					
0701	**鲜或冷藏的马铃薯:**							
07011000	-种用							
0701100000	种用马铃薯〔999〕	13	70	9		千克	AB	P/Q
07019000	-其他							
0701900000	其他鲜或冷藏的马铃薯〔999〕	13	70	9		千克	AB	P. R/Q. S
0702	**鲜或冷藏的番茄:**							
07020000	鲜或冷藏的番茄							
0702000000	鲜或冷藏的番茄〔999〕	13	70	9		千克	AB	P. R/Q. S
0703	**鲜或冷藏的洋葱、青葱、大蒜、韭葱及其他葱属蔬菜:**							
07031010	---洋葱							
0703101000	鲜或冷藏的洋葱〔999〕	13	70	9		千克	AB	P. R/Q. S
07031020	---青葱							
0703102000	鲜或冷藏的青葱〔999〕	13	70	9		千克	AB	P. R/Q. S
07032010	---蒜头							
0703201000	鲜或冷藏的蒜头〔101 大蒜〕,〔102 药用大蒜(蒜头)〕,〔999〕	13	70	9		千克	AB	P. R/Q. S
07032020	---蒜薹及蒜苗(青蒜)							
0703202000	鲜或冷藏的蒜薹及蒜苗(包括青蒜)〔101 蒜薹〕,〔102 蒜苗〕,〔103 青蒜〕	13	70	9		千克	AB	P. R/Q. S
07032090	---其他							
0703209000	鲜或冷藏的其他大蒜(包括切片、切碎、切丝、捣碎、磨碎、去皮等)〔999〕	13	70	9		千克	AB	P. R/Q. S
07039010	---韭葱							
0703901000	鲜或冷藏的韭葱〔999〕	13	70	9		千克	AB	P. R/Q. S
07039020	---大葱							
0703902000	鲜或冷藏的大葱〔999〕	13	70	9		千克	AB	P. R/Q. S
07039090	---其他							
0703909000	鲜或冷藏的其他葱属蔬菜〔101 分葱〕,〔102 荞头〕,〔999 分葱、荞头除外〕	13	70	9		千克	AB	P. R/Q. S
0704	**鲜或冷藏的卷心菜、菜花、球茎甘蓝、羽衣甘蓝及类似的食用芥菜类蔬菜:**							
07041000	-菜花及硬花甘蓝							
0704100001	鲜、冷硬花甘蓝〔101 羽衣甘蓝〕,〔999 羽衣甘蓝除外〕	10	70	9		千克	AB	P. R/Q. S
0704100002	鲜、冷花椰菜(花椰菜也叫菜花)〔999〕	10	70	9		千克	AB	P. R/Q. S
07042000	-抱子甘蓝							
0704200000	鲜或冷藏的抱子甘蓝〔999〕	13	70	9		千克	AB	P. R/Q. S
07049010	---卷心菜							
0704901000	鲜或冷藏的卷心菜(学名结球甘蓝,又名圆白菜、洋白菜,属十字花科芸苔属甘蓝变种)〔999〕	13	70	9		千克	AB	P. R/Q. S
07049020	---西兰花							
0704902000	鲜或冷藏的西兰花(西兰花,又称青花菜、绿菜花,属十字花科芸苔属甘蓝变种)〔999〕	13	70	9		千克	AB	P. R/Q. S
07049090	---其他							
0704909001	鲜、冷其他甘蓝〔999〕	13	70	9		千克	AB	P. R/Q. S
0704909090	鲜或冷藏的其他食用芥菜类蔬菜〔101 芥蓝〕,〔999 芥蓝除外〕	13	70	9		千克	AB	P. R/Q. S
0705	**鲜或冷藏的莴苣及菊苣:**							

Chapter 7
Edible vegetables and certain roots and tubers

Chapter Notes:

1. This Chapter does not cover forage products of heading 12. 14.

2. In headings 07. 09, 07. 10, 07. 11 and 07. 12 the word "vegetables" includes edible mushrooms, truffles, olives, capers, marrows, pumpkins, aubergines, sweet corn (*Zea mays var. saccharate*), fruits of the genus *Capsicum*or of the genus *Pimenta*, fennel, parsley, chervil, tarragon, cress and sweet marjoram (*Majorana hortensis or Origanum majorana*).

3. Heading 07. 12 covers all dried vegetables of the kinds falling in headings 07. 01 to 07. 11, other than:
   (a) dried leguminous vegetables, shelled (heading 07. 13);
   (b) sweet corn in the forms specified in headings 11. 02 to 11. 04;
   (c) flour, meal, powder, flakes, granules and pellets of potatoes (heading 11. 05);
   (d) flour, meal and powder of the dried leguminous vegetables of heading 07. 13 (heading 11. 06).

4. However, dried or crushed or ground fruits of the genus *Capsicum* or of the genus *Pimenta* are excluded from this Chapter (heading 09. 04).

协定税率(%)															特惠税率(%)			对美税率	出口税率	出口退税率	Article Description
智利	新西兰	澳大利亚	瑞士	冰岛	秘鲁	哥斯达	东盟	亚太	新加坡	巴基斯坦	港/澳/台	韩国	格鲁吉亚	毛里求斯	亚太	老/柬/缅	LDC 97/95				
																					Potatoes, fresh or chilled:
0	0	0	2.6		0	0	0			5.2	0/0/	3.9	0	0			0/0			0	-Seeds
																		40.5	0		
0	0	0	2.6	0	0	0	0	9		4	0/0/	3.9	0	0		/0/	0/0			0	-Other
																		43	0		
																					Tomatoes, fresh or chilled:
0	0	0	2.6	0	0	0	0			5.2	0/0/	3.9	0	0			0/0			0	Tomatoes, fresh or chilled
																		43	0		
																					Onions, shallots, garlic, leeks and other alliaceous vegetables, fresh or chilled:
0	0	0	2.6	0	0	0	0	6.5		4	0/0/	3.9	0	0		/0/0	0/0			0	---Onions
																		43	0		
0	0	0	2.6	0	0	0	0	6.5		4	0/0/	3.9	0	0		/0/0	0/0			0	---Shallots
																		43	0		
0	0	0	2.6	0	0	0	0	6.5		0	0/0/	3.9	0	0			0/0			0	---Garlic bulbs
																		43	0		
0	0	0	2.6	0	0	0	0	6.5		0	0/0/	3.9	0	0			0/0			0	---Garlic stems, garlic seedlings
																		43	0		
0	0	0	2.6	0	0	0	0	6.5		0	0/0/	3.9	0	0			0/0			0	---Other
																		43	0		
0	0	0	2.6	0	0	0	0			5.2	0/0/	3.9	0	0		/0/	0/0			0	---Leeks
																		43	0		
0	0	0	2.6	0	0	0	0			5.2	0/0/	3.9	0	0		/0/	0/0			0	---Scallion
																		43	0		
0	0	0	2.6	0	0	0	0			5.2	0/0/	3.9	0	0		/0/	0/0			0	---Other
																		43	0		
																					Cabbages, cauliflowers, kohlrabi, kale and similar edible brassicas, fresh or chilled:
0	0	0	0		0	0	0			4	0/0/	3	0	0			0/0			0	-Cauliflowers and headed broccoli
																		40	0		
																		40	0		
0	0	0	2.6	0	0	0	0			5.2	0/0/	3.9	0	0			0/0			0	-Brussels sprouts
																		43	0		
0	0	0	2.6	0	0	0	0			5.2	0/0/	3.9	0	0		0//	0/0			0	---Cabbages (Brassica oleracea var. capitata)
																		43	0		
0	0	0	2.6	0	0	0	0			5.2	0/0/	3.9	0	0		0//	0/0			0	---Broccolis (Brassica oleracea var. italica)
																		43	0		
0	0	0	2.6	0	0	0	0			5.2	0/0/	3.9	0	0		0//	0/0			0	---Other
																		43	0		
																		43	0		
																					Lettuce (lactuca sativa) and chicory (Cichorium spp.), fresh or chilled:

商品编号	商品名称及备注[检验检疫编码及名称]	进口关税(%) 最惠国	进口关税(%) 普通	增值税率(%)	消费税	计量单位	监管条件	检验检疫类别
07051100	--结球莴苣(包心生菜)							
0705110000	鲜或冷藏的结球莴苣(包心生菜)〔999〕	10	70	9		千克	AB	P. R/Q. S
07051900	--其他							
0705190000	鲜或冷藏的其他莴苣〔101 莴苣〕,〔999 莴苣除外〕	10	70	9		千克	AB	P. R/Q. S
07052100	--维特罗夫菊苣							
0705210000	鲜或冷藏的维特罗夫菊苣〔999〕	13	70	9		千克	AB	P. R/Q
07052900	--其他							
0705290000	鲜或冷藏的其他菊苣〔101 苦苣〕,〔999 苦苣除外〕	13	70	9		千克	AB	P. R/Q
0706	**鲜或冷藏的胡萝卜、芜菁、色拉甜菜根、婆罗门参、块根芹、萝卜及类似的食用根茎:**							
07061000	-胡萝卜及芜菁〔999〕							
0706100001	鲜、冷胡萝卜〔999〕	13	70	9		千克	AB	P. R/Q. S
0706100090	鲜或冷藏的芜菁〔999〕	13	70	9		千克	AB	P. R/Q. S
07069000	-其他							
0706900000	鲜或冷藏的萝卜及类似食用根茎(包括色拉甜菜根、婆罗门参、块根芹)〔101 小萝卜〕,〔102 萝卜〕	13	70	9		千克	AB	P. R/Q. S
0707	**鲜或冷藏的黄瓜及小黄瓜:**							
07070000	鲜或冷藏的黄瓜及小黄瓜							
0707000000	鲜或冷藏的黄瓜及小黄瓜〔999〕	13	70	9		千克	AB	P. R/Q. S
0708	**鲜或冷藏的豆类蔬菜,不论是否脱荚:**							
07081000	-豌豆							
0708100000	鲜或冷藏的豌豆(不论是否脱荚)〔999〕	13	70	9		千克	AB	P. R/Q. S
07082000	-豇豆属及菜豆属							
0708200000	鲜或冷藏的豇豆及菜豆(不论是否脱荚)〔101 豇豆〕,〔102 菜豆〕	13	70	9		千克	AB	P. R/Q. S
07089000	-其他豆类蔬菜							
0708900000	鲜或冷藏的其他豆类蔬菜(不论是否脱荚)①	13	70	9		千克	AB	P. R/Q. S
0709	**鲜或冷藏的其他蔬菜:**							
07092000	-芦笋							
0709200000	鲜或冷藏的芦笋〔999〕	13	70	9		千克	AB	P. R/Q. S
07093000	-茄子							
0709300000	鲜或冷藏的茄子〔999〕	13	70	9		千克	AB	P. R/Q. S
07094000	-芹菜,但块根芹除外							
0709400000	鲜或冷藏的芹菜(块根芹除外)〔101 欧芹〕,〔999 欧芹除外〕	10	70	9		千克	AB	P. R/Q. S
07095100	--伞菌属蘑菇							
0709510000	鲜或冷藏的伞菌属蘑菇〔999〕	13	90	9		千克	AB	P. R/Q. S
07095910	---松茸							
0709591000	鲜或冷藏的松茸〔999〕	13	90	9		千克	ABE	P. R/Q. S
07095920	---香菇							
0709592000	鲜或冷藏的香菇〔999〕	13	90	9		千克	AB	P. R/Q. S
07095930	---金针菇							
0709593000	鲜或冷藏的金针菇〔999〕	13	90	9		千克	AB	P. R/Q. S
07095940	---草菇							
0709594000	鲜或冷藏的草菇〔999〕	13	90	9		千克	AB	P. R/Q. S
07095950	---口蘑							
0709595000	鲜或冷藏的口蘑〔999〕	13	90	9		千克	AB	P. R/Q. S
07095960	---块菌							
0709596000	鲜或冷藏的块菌〔101 银耳〕,〔102 木耳〕,〔103 其他块菌〕	13	90	9		千克	AB	P. R/Q. S
07095990	---其他							
0709599000	鲜或冷藏的其他蘑菇②	13	90	9		千克	AB	P. R/Q. S
07096000	-辣椒属及多香果属的果实							
0709600000	鲜或冷藏的辣椒属及多香果属的果实(包括甜椒)〔999〕	13	70	9		千克	AB	P. R/Q. S
07097000	-菠菜							
0709700000	鲜或冷藏的菠菜〔999〕	13	70	9		千克	AB	P. R/Q. S
07099100	--洋蓟							

① 〔101 蚕豆〕,〔102 毛豆〕,〔103 四棱豆〕,〔104 豆苗〕,〔105 豆芽〕,〔106 其他豆科蔬菜〕
② 〔101 杏鲍菇〕,〔102 猴头菇〕,〔103 姬菇〕,〔104 平菇〕,〔105 秀珍菇〕,〔106 牛肝菌〕,〔107 其他食用菌〕,〔108 双孢菇〕

协定税率(%)															特惠税率(%)			对美税率	出口税率	出口退税率	Article Description
智利	新西兰	澳大利亚	瑞士	冰岛	秘鲁	哥斯达	东盟	亚太	新加坡	巴基斯坦	港/澳/台	韩国	格鲁吉亚	毛里求斯	亚太	老/柬/缅	LDC 97/95				
0	0	0	0	0	0	0	0			0	0/0/	3	0	0			0/0			0	--Cabbage lettuce(head lettuce)
																		40	0		
0	0	0	0	0	0	0	0			0	0/0/	3	0	0			0/0			0	--Other
																		40	0		
0	0	0	2.6	0	0	0	0			0	0/0/	3.9	0	0			0/0			0	--Witloof chicory (Cichoriym intybus var. foliosum)
																		43	0		
0	0	0	2.6	0	0	0	0			0	0/0/	3.9	0	0			0/0			0	--Other
																		43	0		
																					Carrots, turnips, salad beetroot, salsify, celeriac, radishes and similar edible roots, fresh or chilled:
0	0	0	2.6		0	0	0			5.2	0/0/	3.9	0	0			0/0			0	-Carrots and turnips
																		43	0		
																		43	0		
0	0	0	2.6	0	0	0	0			5.2	0/0/	3.9	0	0			0/0			0	-Other
																		43	0		
																					Cucumbers and gherkins, fresh or chilled:
0	0	0	2.6	0	0	0	0	6.5		4	0/0/	3.9	0	0		/0/	0/0			0	Cucumbers and gherkins, fresh or chilled
																		43	0		
																					Leguminous vegetables, shelled or unshelled, fresh or chilled:
0	0	0	2.6	0	0	0	0	6.5		0	0/0/	3.9	0	0		/0/	0/0			0	-Peas(Pisum sativum)
																		43	0		
0	0	0	2.6	0	0	0	0	6.5		0	0/0/	3.9	0	0		0/0/	0/0			0	-Beans(Vigna spp., Phaseolus spp.)
																		43	0		
0	0	0	2.6	0	0	0	0	6.5		0	0/0/	3.9	0	0		/0/	0/0			0	-Other leguminous vegetables
																		43	0		
																					Other vegetables, fresh or chilled:
0	0	0	2.6	0	0	0	0	6.5		0	0/0/	3.9	0	0			0/0			0	-Asparagus
																		43	0		
0	0	0	2.6	0	0	0	0	6.5		0	0/0/	3.9	0	0			0/0			0	-Aubergines(egg-plants)
																		43	0		
0	0	0	0	0	0	0	0			0	0/0/	3	0	0			0/0			0	-Celery other than celeriac
																		40	0		
0	0	0	2.6	0	0	0	0			0	0/0/	3.9	0	0		/0/	0/0			0	--Mushrooms of the genus Agaricus
																		43	0		
0	0	0	2.6	0	0	0	0			0	0/0/	3.9	0	0		/0/	0/0			0	---Sungmo
																		43	0		
0	0	0	2.6	0	0	0	0			0	0/0/	3.9	0	0		/0/	0/0			0	---Shiitake
																		43	0		
0	0	0	2.6	0	0	0	0			0	0/0/0	3.9	0	0		/0/	0/0			0	---Winter mushroom
																		43	0		
0	0	0	2.6	0	0	0	0			0	0/0/	3.9	0	0		/0/	0/0			0	---Paddy Straw mushroom
																		43	0		
0	0	0	2.6	0	0	0	0			0	0/0/	3.9	0	0		/0/	0/0			0	---Tricholoma mongolicum Imai
																		43	0		
0	0	0	2.6	0	0	0	0			0	0/0/	3.9	0	0			0/0			9	---Truffle
																		43	0		
0	0	0	2.6	0	0	0	0			0	0/0/	3.9	0	0		/0/	0/0			0	---Other
																		43	0		
0	0	0	2.6	0	0	0	0	6.5		0	0/0/	3.9	0	0		/0/	0/0			0	-Fruits of the genus Capsicum or of the genus Pimenta
																		43	0		
0	0	0	2.6	0	0	0	0			0	0/0/	3.9	0	0			0/0			0	-Spinach, New Zealand spinach and orache spinach(garden spinach)
																		43	0		
0	0	0	2.6	0	0	0	0			0	0/0/	3.9	0	0		/0/	0/0			6	--Globe artichokes

商品编号	商品名称及备注[检验检疫编码及名称]	进口关税(%)		增值税率(%)	消费税	计量单位	监管条件	检验检疫类别
		最惠国	普通					
0709910000	鲜或冷藏的洋蓟〔999〕	13	70	9		千克	AB	P. R/Q. S
07099200	--油橄榄							
0709920000	鲜或冷藏的油橄榄〔999〕	13	70	9		千克	AB	P. R/Q. S
07099300	--南瓜、笋瓜及瓠瓜(南瓜属)							
0709930000	鲜或冷藏的南瓜、笋瓜及瓠瓜(南瓜属)〔101 南瓜〕,〔102 笋瓜〕,〔103 瓠瓜〕	13	70	9		千克	AB	P. R/Q. S
07099910	---竹笋							
0709991010	鲜或冷藏的酸竹笋〔999〕	13	70	9		千克	ABE	P. R/Q. S
0709991090	鲜或冷藏的其他竹笋〔999〕	13	70	9		千克	AB	P. R/Q. S
07099990	---其他							
0709999001	鲜或冷藏的丝瓜〔999〕	13	70	9		千克	AB	P. R/Q. S
0709999002	鲜或冷藏的青江菜〔999〕	13	70	9		千克	AB	P. R/Q. S
0709999003	鲜或冷藏的小白菜〔999〕	13	70	9		千克	AB	P. R/Q. S
0709999004	鲜或冷藏的苦瓜〔999〕	13	70	9		千克	AB	P. R/Q. S
0709999005	鲜或冷藏的山葵〔999〕	13	70	9		千克	AB	P. R/Q. S
0709999010	鲜或冷藏的莼菜〔999〕	13	70	9		千克	ABE	P. R/Q. S
0709999090	鲜或冷藏的其他蔬菜①	13	70	9		千克	AB	P. R/Q. S
0710	**冷冻蔬菜(不论是否蒸煮):**							
07101000	-马铃薯							
0710100000	冷冻马铃薯(不论是否蒸煮)〔999〕	13	70	9		千克	AB	P. R/Q. S
07102100	--豌豆							
0710210000	冷冻豌豆(不论是否蒸煮)〔999〕	13	70	9		千克	AB	P. R/Q. S
07102210	---红小豆(赤豆)							
0710221000	冷冻的红小豆(赤豆)(不论是否蒸煮)〔999〕	13	70	9		千克	AB	P. R/Q. S
07102290	---其他							
0710229000	冷冻豇豆及菜豆(不论是否蒸煮)〔101 豇豆〕,〔102 菜豆〕	13	70	9		千克	AB	P. R/Q. S
07102900	--其他							
0710290000	冷冻其他豆类蔬菜(不论是否蒸煮)〔999〕	13	70	9		千克	AB	P. R/Q. S
07103000	-菠菜							
0710300000	冷冻菠菜(不论是否蒸煮)〔999〕	13	70	9		千克	AB	P. R/Q. S
07104000	-甜玉米							
0710400000	冷冻甜玉米(不论是否蒸煮)〔999〕	10	70	9		千克	AB	P. R/Q. S
07108010	---松茸							
0710801000	冷冻松茸(不论是否蒸煮)〔999〕	13	70	9		千克	ABE	P. R/Q. S
07108020	---蒜薹及蒜苗(青蒜)							
0710802000	冷冻蒜薹及蒜苗(包括青蒜)(不论是否蒸煮)〔101 蒜薹〕,〔102 蒜苗〕,〔103 青蒜〕	13	70	9		千克	AB	P. R/Q. S
07108030	---蒜头							
0710803000	冷冻蒜头(不论是否蒸煮)〔999〕	13	70	9		千克	AB	P. R/Q. S
07108040	---牛肝菌							
0710804000	冷冻牛肝菌(不论是否蒸煮)〔999〕	13	70	9		千克	AB	P. R/Q. S
07108090	---其他							
0710809010	冷冻的大蒜瓣(不论是否蒸煮)〔999〕	13	70	9		千克	AB	P. R/Q. S
0710809020	冷冻的香菇(不论是否蒸煮)〔999〕	13	70	9		千克	AB	P. R/Q. S
0710809030	冷冻莼菜(不论是否蒸煮)〔999〕	13	70	9		千克	ABE	P. R/Q. S
0710809090	冷冻的未列名蔬菜(不论是否蒸煮)②	13	70	9		千克	AB	P. R/Q. S
07109000	-什锦蔬菜							

① 〔101 魔芋〕,〔102 其他薯类〕,〔103 大白菜〕,〔104 小松菜〕,〔105 青梗菜〕,〔106 油菜〕,〔107 菜心〕,〔108 芥蓝〕,〔109 其他十字花科蔬菜〕,〔110 牛蒡〕,〔111 苦苣〕,〔112 茼蒿〕,〔113 其他菊科蔬菜〕,〔114 韭菜〕,〔115 荞头〕,〔116 百合〕,〔117 金针菜〕,〔118 其他百合科蔬菜〕,〔119 芫荽〕,〔120 结球茴香〕,〔121 其他伞形科蔬菜〕,〔122 其他茄科蔬菜〕,〔123 冬瓜〕,〔124 其他葫芦科蔬菜〕,〔125 黄秋葵〕,〔126 生姜〕,〔127 芡实〕,〔128 茭白〕,〔129 玉米笋〕,〔130 香椿芽〕,〔131 鱼腥草〕,〔132 食用大黄〕,〔133 马齿苋〕,〔134 苋菜〕,〔135 番杏〕,〔136 落葵〕,〔137 蕨菜〕,〔138 紫苏〕,〔139 薄荷〕,〔140 保鲜其他未列出蔬菜〕,〔141 欧芹〕,〔142 芜菁〕,〔143 茼蒿〕,〔144 西葫芦〕,〔145 苏子叶〕

② 〔101 冷冻魔芋〕,〔102 冷冻其他薯类〕,〔103 冷冻萝卜〕,〔104 冷冻芜菁〕,〔105 冷冻山葵〕,〔106 冷冻大白菜〕,〔107 冷冻甘蓝〕,〔108 冷冻抱子甘蓝〕,〔109 冷冻羽衣甘蓝〕,〔110 冷冻小松菜〕,〔111 冷冻青梗菜〕,〔112 冷冻小白菜〕,〔113 冷冻油菜〕,〔114 冷冻菜心〕,〔115 冷冻芥蓝〕,〔116 冷冻青江菜〕,〔117 冷冻芥菜〕,〔118 冷冻花椰菜〕,〔119 冷冻西兰花〕,〔120 冷冻其他十字花科蔬菜〕,〔121 冷冻牛蒡〕,〔122 冷冻洋蓟〕,〔123 冷冻苦苣〕,〔124 冷冻菊苣〕,〔125 冷冻茼蒿〕,〔126 冷冻莴苣〕,〔127 冷冻生菜〕,〔128 冷冻其他菊科蔬菜〕,〔129 冷冻洋葱〕,〔130 冷冻大葱〕,〔131 冷冻青葱〕,〔132 冷冻韭葱〕,〔133 冷冻韭菜〕,〔134 冷冻荞头〕,〔135 冷冻百合〕,〔136 冷冻金针菜〕,〔137 冷冻芦笋〕,〔138 冷冻其他百合科蔬菜〕,〔139 冷冻胡萝卜〕,〔140 冷冻芹菜〕,〔141 冷冻芫荽〕,〔142 冷冻结球茴香〕,〔143 冷冻其他伞形科蔬菜〕,〔144 冷冻茄子〕,〔145 冷冻辣椒、甜椒〕,〔146 冷冻其他茄科蔬菜〕,〔147 冷冻黄瓜〕,〔148 冷冻南瓜〕,〔149 冷冻西葫芦〕,〔150 冷冻瓠瓜〕,〔151 冷冻苦瓜〕,〔152 冷冻冬瓜〕,〔153 冷冻丝瓜〕,〔154 冷冻其他葫芦科蔬菜〕,〔155 冷冻蚕豆〕,〔156 冷冻毛豆〕,〔157 冷冻四棱豆〕,〔158 冷冻豆苗〕,〔159 冷冻豆芽〕,〔160 冷冻银耳〕,〔161 冷冻木耳〕,〔162 冷冻蘑菇〕,〔163 冷冻金针菇〕,〔164 冷冻杏鲍菇〕,〔165 冷冻草菇、甜椒〕,〔166 冷冻猴头菇〕,〔167 冷冻姬菇〕,〔168 冷冻平菇〕,〔169 冷冻秀珍菇〕,〔170 冷冻口蘑〕,〔171 冷冻其他块菌〕,〔172 冷冻其他食用菌〕,〔173 冷冻黄秋葵〕,〔174 冷冻生姜〕,〔175 冷冻芡实〕,〔176 冷冻茭白〕,〔177 冷冻玉米笋〕,〔178 冷冻竹笋〕,〔179 冷冻香椿芽〕,〔180 冷冻鱼腥草〕,〔181 冷冻食用大黄〕,〔182 冷冻马齿苋〕,〔183 冷冻苋菜〕,〔184 冷冻番杏〕,〔185 冷冻落葵〕,〔186 冷冻蕨菜〕,〔187 冷冻紫苏〕,〔188 冷冻薄荷〕,〔189 冷冻油橄榄〕,〔190 冷冻其他未列出蔬菜〕

协定税率(%)															特惠税率(%)			对美税率	出口税率	出口退税率	Article Description
智利	新西兰	澳大利亚	瑞士	冰岛	秘鲁	哥斯达	东盟	亚太	新加坡	巴基斯坦	港/澳/台	韩国	格鲁吉亚	毛里求斯	亚太	老/柬/缅	LDC 97/95				
																		43	0		
0	0	0	2.6	0	0	0	0			0	0/0/	3.9	0	0		/0/	0/0			6	--Olives
																		43	0		
0	0	0	2.6	0	0	0	0			0	0/0/	3.9	0	0		/0/	0/0			0	--Pumpkins, squash and gourds (Cucurbita spp.)
																		43	0		
0	0	0	2.6	0	0	0	0			0	0/0/	3.9	0	0		0/0/	0/0			0	---Bamboo shoots
																		43	0		
																		43	0		
0	0	0	2.6	0	0	0	0			0	0/0/	3.9	0	0		/0/	0/0			0	---Other
																		43	0		
																		43	0		
																		43	0		
																		43	0		
																		43	0		
																		43	0		
																		43	0		
																					Vegetables (uncooked or cooked by steaming or boiling in water), frozen:
0	0	0	2.6		0	0	0			5.2	0/0/	3.9	0	0			0/0				-Potatoes
																		28	0	0	
0	0	0	2.6	0	0	0	0			5.2	0/0/	3.9	0	0			0/0				--Peas (Pisum sativum)
																		43	0	0	
0	0	0	2.6	0	0	0	0			5.2	0/0/	3.9	0	0		/0/	0/0				---Small red (Adzuki) beans (Phaseolus or Vigna angularis)
																		15.5	0	0	
0	0	0	2.6	0	0	0	0			5.2	0/0/	3.9	0	0		/0/	0/0				---Other
																		28	0	0	
0	0	0	2.6	0	0	0	0			5.2	0/0/	3.9	0	0		/0/	0/0				--Other
																		43	0	0	
0	0	0	2.6	0	0	0	0			5.2	0/0/	3.9	0	0			0/0				-Spinach, New Zealand spinach and orache spinach (garden spinach)
																		43	0	0	
0	0	0	0	0	0	0	0			4	0/0/	3	0	0			0/0				-Sweet corn
																		25	0	0	
0	0	0	2.6	0	0	0	0			5.2	0/0/	3.9	0	0		/0/	0/0				---Sungmo
																		15.5	0	0	
0	0	0	2.6	0	0	0	0			5.2	0/0/	3.9	0	0		/0/	0/0				---Garlic stems, garlic seedlings
																		15.5	0	0	
0	0	0	2.6	0	0	0	0			5.2	0/0/	3.9	0	0		/0/	0/0				---Garlic bulbs
																		15.5	0	0	
0	0	0	2.6	0	0	0	0			5.2	0/0/	3.9	0	0		/0/	0/0				---Boletus
																		15.5	0	0	
0	0	0	2.6	0	0	0	0			5.2	0/0/	3.9	0	0		/0/	0/0				---Other
																		28	0	0	
																		28	0	0	
																		28	0	0	
																		28	0	0	
0	0	0	0	0	0	0	0			4	0/0/	3	0	0		/0/	0/0				-Mixtures of vegetables

商品编号	商品名称及备注[检验检疫编码及名称]	进口关税(%) 最惠国	进口关税(%) 普通	增值税率(%)	消费税	计量单位	监管条件	检验检疫类别
0710900000	冷冻什锦蔬菜(不论是否蒸煮)〔999〕	10	70	9		千克	AB	P. R/Q. S
0711	**暂时保藏(例如,使用二氧化硫气体、盐水、亚硫酸水或其他防腐液)的蔬菜,但不适于直接食用的:**							
07112000	-油橄榄							
0711200000	暂时保藏的油橄榄(用二氧化硫气体、盐水等物质处理,但不适于直接食用的)〔999〕	13	70	9		千克	AB	P. R/Q. S
07114000	-黄瓜及小黄瓜							
0711400000	暂时保藏的黄瓜及小黄瓜(用二氧化硫气体、盐水等物质处理,但不适于直接食用的)〔999〕	13	70	9		千克	AB	P. R/Q. S
07115112	----白蘑菇							
0711511200	盐水小白蘑菇(洋蘑菇)(指小白蘑菇,不适于直接食用的)〔999〕	13	90	9		千克	AB	P. R/Q. S
07115119	----其他							
0711511900	盐水的其他伞菌属蘑菇(不适于直接食用的)〔101 腌渍草菇〕,〔102 腌渍姬菇〕,〔103 腌渍口蘑〕,〔104 腌渍其他食用菌〕	13	90	9		千克	AB	P. R/Q. S
07115190	---其他							
0711519000	暂时保藏的其他伞菌属蘑菇(不适于直接食用的)〔101 腌渍草菇〕,〔102 腌渍姬菇〕,〔103 腌渍口蘑〕,〔104 腌渍其他食用菌〕	13	90	9		千克	AB	P. R/Q. S
07115911	----松茸							
0711591100	盐水松茸(不适于直接食用的)〔999〕	13	90	9		千克	EAB	P. R/Q. S
07115919	----其他							
0711591910	盐水的香菇(不适于直接食用的)〔999〕	13	90	9		千克	AB	P. R/Q. S
0711591990	盐水的其他非伞菌属蘑菇及块菌(不适于直接食用的)①	13	90	9		千克	AB	P. R/Q. S
07115990	---其他							
0711599010	暂时保藏的香菇(用二氧化硫气体等物质处理,但不适于直接食用的)〔999〕	13	90	9		千克	AB	P. R/Q. S
0711599090	暂时保藏的蘑菇及块菌(用二氧化硫气体等物质处理,但不适于直接食用的)〔101 腌渍蘑菇〕,〔102 腌渍其他块菌〕	13	90	9		千克	AB	P. R/Q. S
07119031	----竹笋							
0711903110	盐水酸竹笋(不适于直接食用的)〔999〕	13	70	9		千克	ABE	P. R/Q. S
0711903190	其他盐水竹笋(不适于直接食用的)〔999〕	13	70	9		千克	AB	P. R/Q. S
07119034	----大蒜							
0711903410	盐水简单腌制的大蒜头、大蒜瓣(无论是否去皮,但不适于直接食用)〔999〕	13	70	9		千克	AB	P. R/Q. S
0711903490	盐水简单腌制的其他大蒜(不含蒜头、蒜瓣,无论是否去皮,但不适于直接食用)〔999〕	13	70	9		千克	AB	P. R/Q. S
07119039	----其他							
0711903900	盐水的其他蔬菜及什锦蔬菜(不适于直接食用的)②	13	70	9		千克	AB	P. R/Q. S
07119090	---其他							
0711909000	暂时保藏的其他蔬菜及什锦蔬菜(用二氧化硫气体等物质处理,但不适于直接食用的)③	13	90	9		千克	AB	P. R/Q. S
0712	**干蔬菜,整个、切块、切片、破碎或制成粉状,但未经进一步加工的:**							
07122000	-洋葱							
0712200000	干制洋葱(整个,切块,切片,破碎或制成粉状,但未经进一步加工的)〔999〕	13	80	9		千克	AB	P. R/Q. S
07123100	--伞菌属蘑菇							
0712310000	干伞菌属蘑菇(整个,切块,切片,破碎或制成粉状,但未经进一步加工的)④	13	80	9		千克	AB	P. R/Q. S
07123200	--木耳							
0712320000	干木耳(整个,切块,切片,破碎或制成粉状,但未经进一步加工的)〔999〕	13	100	9		千克	AB	P. R/Q. S
07123300	--银耳							
0712330000	干银耳(白木耳)(整个,切块,切片,破碎或制成粉状,但未经进一步加工的)〔999〕	13	90	9		千克	AB	P. R/Q. S
07123910	---香菇							
0712391000	干制香菇(整个,切块,切片,破碎或制成粉状,但未经进一步加工的)〔999〕	13	100	9		千克	ABE	P. R/Q. S
07123920	---金针菇							
0712392000	干制金针菇(整个,切块,切片,破碎或制成粉状,但未经进一步加工的)〔999〕	13	100	9		千克	AB	P. R/Q. S

① 〔101 腌渍牛肝菌〕,〔102 腌渍其他块菌〕

② 〔101 腌渍萝卜〕,〔102 腌渍芜菁(包括大头菜)〕,〔103 腌渍甘蓝(包菜、卷心菜)〕,〔104 腌渍芥菜〕,〔105 腌渍洋葱〕,〔106 腌渍荞头〕,〔107 腌渍胡萝卜〕,〔108 腌渍茄子〕,〔109 腌渍豇豆〕,〔110 腌渍菜豆〕,〔111 腌渍其他豆科蔬菜〕,〔112 腌渍生姜〕,〔113 腌渍蕨菜〕,〔114 腌渍紫苏〕,〔115 腌渍其他包叶菜类蔬菜〕,〔116 腌渍其他小叶菜类蔬菜〕,〔117 腌渍其他根菜类蔬菜〕,〔118 腌渍其他果菜类蔬菜〕,〔119 盐渍其他瓜菜类蔬菜〕,〔120 腌渍其他未列出蔬菜〕

③ 〔101 腌渍萝卜〕,〔102 腌渍芜菁(包括大头菜)〕,〔103 腌渍甘蓝(包菜、卷心菜)〕,〔104 腌渍芥菜〕,〔105 腌渍洋葱〕,〔106 腌渍荞头〕,〔107 腌渍胡萝卜〕,〔108 腌渍茄子〕,〔109 腌渍豇豆〕,〔110 腌渍菜豆〕,〔111 腌渍其他豆科蔬菜〕,〔112 腌渍生姜〕,〔113 腌渍鱼腥草〕,〔114 腌渍食用大黄〕,〔115 腌渍马齿苋〕,〔116 腌渍蕨菜〕,〔117 腌渍紫苏〕,〔118 腌渍薄荷〕,〔119 腌渍其他未列出蔬菜〕

④ 〔101 脱水杏鲍菇〕,〔102 脱水姬菇〕,〔103 脱水秀珍菇〕,〔104 脱水姬松茸〕

协定税率(%)															特惠税率(%)			对美税率	出口税率	出口退税率	Article Description
智利	新西兰	澳大利亚	瑞士	冰岛	秘鲁	哥斯达	东盟	亚太	新加坡	巴基斯坦	港/澳/台	韩国	格鲁吉亚	毛里求斯	亚太	老/柬/缅	LDC 97/95				
																		25	0	0	
																					Vegetables provisionally preserved (for example, by sulphur dioxide gas, in brine, in suphur water or in other preservative solutions), but unsuitable in that state for immediate consumption:
0	0	0	2.6	0	0	0	0			0	0/0/	3.9	0	0			0/0			6	-Olives
																		15.5	0		
0	0	0	2.6	0	0	0	0			0	0/0/	3.9	0	0			0/0			9	-Cucumbers and gherkins
																		15.5	0		
0	0	0	2.6	0	0	0	0			0	0/0/	3.9	0	0			0/0			9	----White mushroom
																		15.5	0		
0	0	0	2.6	0	0	0	0			0	0/0/	3.9	0	0			0/0			9	----Other
																		15.5	0		
0	0	0	2.6	0	0	0	0			0	0/0/	3.9	0	0			0/0			9	---Other
																		15.5	0		
0	0	0	2.6	0	0	0	0			0	0/0/	3.9	0	0			0/0			9	----Sungmo
																		15.5	0		
0	0	0	2.6	0	0	0	0			0	0/0/	3.9	0	0			0/0			9	----Other
																		15.5	0		
																		15.5	0		
0	0	0	2.6	0	0	0	0			0	0/0/	3.9	0	0			0/0			6	---Other
																		15.5	0		
																		15.5	0		
0	0	0	2.6	0	0	0	0	6.5		0	0/0/	3.9	0	0			0/0			6	----Bamboo shoots
																		15.5	0		
																		15.5	0		
0	0	0	2.6	0	0	0	0	6.5		0	0/0/	3.9	0	0			0/0			6	----Garlic
																		15.5	0		
																		15.5	0		
0	0	0	2.6	0	0	0	0	6.5		0	0/0/	3.9	0	0			0/0			6	----Other
																		15.5	0		
0	0	0	2.6	0	0	0	0	6.5		0	0/0/	3.9	0	0			0/0			9	---Other
																		15.5	0		
																					Dried vegetables, whole, cut, sliced, broken or in powder, but not further prepared:
0	0	0	2.6	0	0	0	0			5.2	0/0/	3.9	0	0			0/0				-Onions
																		43	0	0	
0	0	0	2.6	0	0	0	0	9		4	0/0/	3.9	0	0			0/0				--Mushrooms of the genus Agaricus
																		43	0	0	
0	0	0	2.6	0	0	0	0			5.2	0/0/	3.9	0	0			0/0				--Wood ears (Auricularia spp.)
																		43	0	0	
0	0	0	2.6	0	0	0	0			5.2	0/0/	3.9	0	0			0/0				--Jelly fungi (Tremella spp.)
																		43	0	0	
0	0	0	2.6	0	0	0	0	9		4	0/0/	3.9	0	0			0/0				---Shiitake
																		43	0	0	
0	0	0	2.6	0	0	0	0	9		4	0/0/	3.9	0	0			0/0				---Winter mushroom
																		43	0	0	

商品编号	商品名称及备注[检验检疫编码及名称]	进口关税(%)		增值税率(%)	消费税	计量单位	监管条件	检验检疫类别
		最惠国	普通					
07123950	---牛肝菌							
0712395000	干制牛肝菌(整个,切块,切片,破碎或制成粉状,但未经进一步加工的)〔999〕	13	100	9		千克	AB	P. R/Q. S
07123991	----羊肚菌							
0712399100	干制羊肚菌(整个,切块,切片,破碎或制成粉状,但未经进一步加工的)〔999〕	13	100	9		千克	AB	P. R/Q. S
07123999	----其他							
0712399910	干制松茸(整个,切块,切片,破碎或制成粉状,但未经进一步加工的)〔999〕	13	100	9		千克	ABE	P. R/Q. S
0712399990	其他干制蘑菇及块菌(整个,切块,切片,破碎或制成粉状,但未经进一步加工的)①	13	100	9		千克	AB	P. R/Q. S
07129010	---笋干丝							
0712901010	酸竹笋干丝〔999〕	13	80	9		千克	ABE	P. R/Q. S
0712901090	其他笋干丝〔999〕	13	80	9		千克	AB	P. R/Q. S
07129020	---紫萁(薇菜干)							
0712902000	紫萁(薇菜干)(整条,切段,破碎或制成粉状,但未经进一步加工的)〔999〕	13	80	9		千克	AB	P. R/Q. S
07129030	---金针菜(黄花菜)							
0712903000	干金针菜(黄花菜)(整条,切段,破碎或制成粉状,但未经进一步加工的)〔999〕	13	80	9		千克	AB	P. R/Q. S
07129040	---蕨菜							
0712904000	蕨菜干(整个,切段,破碎或制成粉状,但未经进一步加工的)〔999〕	13	80	9		千克	AB	P. R/Q. S
07129050	---大蒜							
0712905010	干燥或脱水的大蒜头、大蒜瓣(无论是否去皮)〔999〕	13	80	13		千克	AB	P. R/Q. S
0712905090	干燥或脱水的其他大蒜(不含蒜头、蒜瓣,无论是否去皮)〔999〕	13	80	13		千克	AB	P. R/Q. S
07129091	----辣根							
0712909100	干辣根(整个,切块,切片,破碎或制成粉状,但未经进一步加工的)〔999〕	13	80	9		千克	AB	P. R/Q. S
07129099	----其他							
0712909910	干莼菜(整个,切块,切片,破碎或制成粉状,但未经进一步加工的)〔999〕	13	80	9		千克	ABE	P. R/Q. S
0712909990	干制的其他蔬菜及什锦蔬菜(整个,切块,切片,破碎或制成粉状,但未经进一步加工的)②	13	80	9		千克	AB	P. R/Q. S
0713	**脱荚的干豆,不论是否去皮或分瓣:**							
07131010	---种用							
0713101000	种用干豌豆(不论是否去皮或分瓣)〔999〕	0	0	9		千克	AB	P/N. Q
07131090	---其他							
0713109000	其他干豌豆(不论是否去皮或分瓣)〔101 食用〕,〔201 饲用〕,〔999〕	5	20	9		千克	AB	P. R/Q. S
07132010	---种用							
0713201000	种用干鹰嘴豆(不论是否去皮或分瓣)〔999〕	0	0	9		千克	AB	P/N. Q
07132090	---其他							
0713209000	其他干鹰嘴豆(不论是否去皮或分瓣)〔999〕	7	20	9		千克	AB	P. R/Q. S
07133110	---种用							
0713311000	种用干绿豆(不论是否去皮或分瓣)〔999〕	0	0	9		千克	AB	P/N. Q
07133190	---其他							
0713319000	其他干绿豆(不论是否去皮或分瓣)〔999〕	3	11	9		千克	AB	P. R/Q. S
07133210	---种用							
0713321000	种用红小豆(赤豆)(不论是否去皮或分瓣)〔999〕	0	0	9		千克	AB	P/N. Q
07133290	---其他							
0713329000	其他干赤豆(不论是否去皮或分瓣)〔101 干赤豆〕,〔102 药用赤小豆〕	3	14	9		千克	AB	P. R/Q. S
07133310	---种用							
0713331000	种用干芸豆(不论是否去皮或分瓣)〔999〕	0	0	9		千克	AB	P/N. Q
07133390	---其他							
0713339000	其他干芸豆(不论是否去皮或分瓣)〔999〕	7.5	20	9		千克	AB	P. R/Q. S
07133400	--巴姆巴拉豆							
0713340000	干巴姆巴拉豆(不论是否去皮或分瓣)〔999〕	7	20	9		千克	AB	P. R/Q. S
07133500	--牛豆(豇豆)							
0713350000	干牛豆(豇豆)(不论是否去皮或分瓣)〔101 豇豆〕,〔102 脱水豇豆〕	7	20	9		千克	AB	P. R/Q. S
07133900	--其他							
0713390000	其他干豇豆属及菜豆属(不论是否去皮或分瓣)〔101 豇豆〕,〔102 脱水豇豆〕,〔103 脱水菜豆〕	7	20	9		千克	AB	P. R/Q. S
07134010	---种用							
0713401000	种用干扁豆(不论是否去皮或分瓣)〔999〕	0	0	9		千克	AB	P/N. Q

① 〔101 脱水蘑菇〕,〔102 脱水猴头菇〕,〔103 脱水平菇〕,〔104 脱水其他块菌〕,〔105 脱水竹荪〕,〔106 脱水其他食用菌〕,〔107 干制榛蘑〕

② 〔101 脱水马铃薯〕,〔102 脱水魔芋〕,〔103 脱水其他薯类〕,〔104 脱水萝卜〕,〔105 脱水甘蓝(包菜、卷心菜)〕,〔106 脱水芥菜〕,〔107 脱水花椰菜(白花菜)〕,〔108 脱水西兰花(绿花菜)〕,〔109 脱水其他十字花科蔬菜〕,〔110 脱水牛蒡〕,〔111 脱水青葱〕,〔112 脱水芦笋〕,〔113 脱水胡萝卜〕,〔114 脱水芹菜〕,〔115 干甜椒〕,〔116 脱水南瓜〕,〔117 脱水西葫芦(笋瓜)〕,〔118 脱水瓠瓜〕,〔119 脱水苦瓜〕,〔120 脱水甜玉米〕,〔121 脱水鱼腥草〕,〔122 脱水食用大黄〕,〔123 脱水马齿苋〕,〔124 脱水菠菜〕,〔125 脱水紫苏〕,〔126 脱水薄荷〕,〔127 脱水山野菜〕,〔128 脱水其他未列出蔬菜〕,〔129 马蹄叶〕,〔130 刺嫩芽〕,〔131 地瓜梗〕,〔132 蓖麻叶〕,〔133 甜墨角兰〕,〔134 莳萝的粉〕

协定税率(%)															特惠税率(%)			对美税率	出口税率	出口退税率	Article Description
智利	新西兰	澳大利亚	瑞士	冰岛	秘鲁	哥斯达	东盟	亚太	新加坡	巴基斯坦	港/澳/台	韩国	格鲁吉亚	毛里求斯	亚太	老/柬/缅	LDC 97/95				
0	0	0	2.6	0	0	0	0	9		4	0/0/	3.9	0	0			0/0				---Boletus
																		43	0	0	
0	0	0	2.6	0	0	0	0	9		9	0/0/	3.9	0	0			0/0				----Tripe bacteria
																		43	0	0	
0	0	0	2.6	0	0	0	0	9		9	0/0/	3.9	0	0			0/0				----Other
																		43	0	0	
																		43	0	0	
0	0	0	2.6	0	0	0	0			5.2	0/0/	3.9	0	0			0/0			0	---Bamboo shoots
																		43	0		
																		43	0		
0	0	0	2.6	0	0	0	0			5.2	0/0/	3.9	0	0			0/0				---Osmund
																		43	0	0	
0	0	0	2.6	0	0	0	0			5.2	0/0/	3.9	0	0			0/0				---Day lily flowers
																		43	0	0	
0	0	0	2.6	0	0	0	0			5.2	0/0/	3.9	0	0			0/0				---Wild brake
																		43	0	0	
0	0	0	2.6	0	0	0	0			5.2	0/0/	3.9	0	0			0/0				---Garlic
																		43	0	0	
																		43	0	0	
0	0	0	2.6	0	0	0	0			5.2	0/0/	3.9	0	0			0/0				----Horseradish
																		43	0	0	
0	0	0	2.6	0	0	0	0			5.2	0/0/	3.9	0	0			0/0				----Other
																		43	0	0	
																		43	0	0	
																					Dried leguminous vegetables, shelled, whether or not skinned or split:
																	0/0			0	---Seed
																		25	0		
0	0	0	0	0	0	0	0			0	0/0/	0	0	0			0/0			0	---Other
																		32.5	0		
																	0/0			9	---Seed
																		25	0		
0	0	0	0	0	0	0	0			3	0/0/	0	0	0			0/0			9	---Other
																		34.5	0		
																	0/0			9	---Seed
																		25	0		
0	0	0	0	0	0	0	0	1.5		0	0/0/	0	0	0		/0/0	0/0			9	---Other
																		30.5	0		
																	0/0			9	---Seed
																		25	0		
0	0	0	0	0	0	0	0			0	0/0/	0	0	0		/0/	0/0			9	---Other
																		30.5	0		
																	0/0			0	---Seed
																		25	0		
0	0	0	0	0	0	0	0			3	0/0/	0	0	0		/0/	0/0			0	---Other
																		37.5	0		
0	0	0	0	0	0	0	0	3.5		0	0/0/	0	0	0		/0/	0/0			9	--Bambara beans (Vigna subterranea or Voandzeia subterranea)
																		34.5	0		
0	0	0	0	0	0	0	0	3.5		0	0/0/	0	0	0		/0/	0/0			9	--Cow peas (Vigna unguiculata)
																		34.5	0		
0	0	0	0	0	0	0	0	3.5		0	0/0/	0	0	0		/0/	0/0			0	--Other
																		34.5	0		
																	0/0			0	---Seed
																		25	0		

商品编号	商品名称及备注[检验检疫编码及名称]	进口关税(%)最惠国	进口关税(%)普通	增值税率(%)	消费税	计量单位	监管条件	检验检疫类别
07134090	---其他							
0713409000	其他干扁豆(不论是否去皮或分瓣)〔101 干扁豆〕,〔102 药用白扁豆〕	7	20	9		千克	AB	P. R/Q. S
07135010	---种用							
0713501000	种用干蚕豆(不论是否去皮或分瓣)〔999〕	0	0	9		千克	AB	P/N. Q
07135090	---其他							
0713509000	其他干蚕豆(不论是否去皮或分瓣)〔999〕	7	20	9		千克	AB	P. R/Q. S
07136010	---种用							
0713601000	种用干木豆(木豆属)(不论是否去皮或分瓣)〔999〕	0	0	9		千克	AB	P/N. Q
07136090	---其他							
0713609000	其他干木豆(木豆属)(不论是否去皮或分瓣)〔999〕	7	20	9		千克	AB	P. R/Q. S
07139010	---种用干豆							
0713901000	种用干豆(不论是否去皮或分瓣)〔999〕	0	0	9		千克	AB	P/N. Q
07139090	---其他							
0713909000	其他干豆(不论是否去皮或分瓣)①	7	20	9		千克	AB	P. R/Q. S
0714	**鲜、冷、冻或干的木薯、竹芋、兰科植物块茎、菊芋、甘薯及含有高淀粉或菊粉的类似根茎,不论是否切片或制成团粒;西谷茎髓:**							
07141010	---鲜的							
0714101000	鲜木薯(不论是否切片)〔999〕	10	30	9		千克	7AB	P. R/Q. S
07141020	---干的							
0714102000	干木薯(不论是否切片或制成团粒)〔101 饲用〕,〔102 食品加工〕,〔103 工业用〕	5	30	9		千克	7AB	P. R/Q. S
07141030	---冷或冻的							
0714103000	冷或冻的木薯(不论是否切片或制成团粒)〔999〕	10	80	9		千克	7AB	P. R/Q
07142011	----种用							
0714201100	鲜种用甘薯〔999〕	0	50	9		千克	AB	P/Q
07142019	----其他							
0714201900	其他非种用鲜甘薯(不论是否切片)〔999〕	13	50	9		千克	AB	P. R/Q. S
07142020	---干的							
0714202000	干甘薯(不论是否切片或制成团粒)〔999〕	13	50	9		千克	AB	P. R/Q. S
07142030	---冷或冻的							
0714203000	冷或冻的甘薯(不论是否切片或制成团粒)〔101 冷藏甘薯〕,〔102 冻藏甘薯〕	13	80	9		千克	AB	P. R/Q. S
07143000	-山药							
0714300000	鲜、冷、冻或干的山药(不论是否切片或制成团粒)②	13	50	9		千克	AB	P. R/Q
07144000	-芋头(芋属)							
0714400001	鲜、冷芋头(芋属)(不论是否切片或制成团粒;芋头又称芋艿,为天南星科芋属植物。分旱芋、水芋)〔999〕	13	50	9		千克	AB	P. R/Q
0714400090	冻、干的芋头(芋属)(不论是否切片或制成团粒;芋头又称芋艿,为天南星科芋属植物。分旱芋、水芋)〔101 冷冻芋头〕,〔102 脱水芋头〕	13	50	9		千克	AB	P. R/Q
07145000	-箭叶黄体芋(黄肉芋属)							
0714500000	鲜、冷、冻或干的箭叶黄体芋(黄肉芋属)(不论是否切片或制成团粒,鲜、冷、冻或干的)〔101 鲜、冷箭叶黄体芋〕,〔102 冷冻箭叶黄体芋〕,〔103 脱水箭叶黄体芋〕	13	50	9		千克	AB	P. R/Q
07149010	---荸荠							
0714901000	鲜、冷、冻、干的荸荠(不论是否切片或制成团粒)③	13	50	9		千克	AB	P. R/Q. S
07149021	----种用							
0714902100	种用藕(不论是否去皮或分瓣)〔999〕	0	0	9		千克	AB	P/N. Q
07149029	----其他							
0714902900	鲜、冷、冻、干的非种用藕(不论是否切片或制成团粒)④	13	50	9		千克	AB	P. R/Q. S
07149090	---其他							
0714909010	鲜、冷、冻、干的兰科植物块茎⑤	13	50	9		千克	ABFE	P. R/Q
0714909091	含高淀粉或菊粉其他濒危类似根茎(包括西谷茎髓,不论是否切片或制成团粒,鲜、冷、冻或干的)⑥	13	50	9		千克	ABFE	P. R/Q
0714909099	含有高淀粉或菊粉的其他类似根茎(包括西谷茎髓,不论是否切片或制成团粒,鲜、冷、冻或干的)⑦	13	50	9		千克	AB	P. R/Q

① 〔101 其他食用豆类〕,〔102 药用黑豆〕,〔103 红腰豆〕,〔104 角豆〕,〔105 眉豆〕,〔106 饭豆〕,〔107 黑豆〕,〔108 竹豆〕,〔109 珍珠豆〕,〔110 白豆〕,〔111 瓜尔豆〕,〔112 白凤豆〕,〔999〕

② 〔101 鲜、冷的山药〕,〔102 冷冻山药〕,〔103 脱水山药〕,〔104 药用山药〕

③ 〔101 鲜、冷的马蹄(荸荠)〕,〔102 冷冻马蹄(荸荠)〕,〔103 脱水马蹄(荸荠)〕

④ 〔101 鲜、冷的莲藕〕,〔102 冷冻莲藕〕,〔103 脱水莲藕〕

⑤ 〔101 鲜、冷、干的兰科植物块茎〕,〔999 冻的兰科植物块茎〕

⑥ 〔101 鲜、冷的〕,〔102 冷冻的〕,〔103 干的〕,〔104 腌渍的〕,〔999 其他鳞球块根茎〕

⑦ 〔101 鲜、冷的〕,〔102 冷冻的〕,〔103 干的〕,〔104 腌渍的〕,〔999 其他鳞球块根茎〕

协定税率(%)															特惠税率(%)			对美税率	出口税率	出口退税率	Article Description
智利	新西兰	澳大利亚	瑞士	冰岛	秘鲁	哥斯达	东盟	亚太	新加坡	巴基斯坦	港/澳/台	韩国	格鲁吉亚	毛里求斯	亚太	老/柬/缅	LDC 97/95				
0	0	0	0	0	0	0	0			3	0/0/	0	0	0			0/0			0	---Other
																		34.5	0		
																	0/0			9	---Seed
																		25	0		
0	0	0	0	0	0	0	0			3	0/0/	0	0	0			0/0			9	---Other
																		34.5	0		
																	0/0			6	---Seed
																		25	0		
0	0	0	0	0	0	0	0			3	0/0/	0	0	0			0/0			9	---Other
																		34.5	0		
																	0/0			0	---Seed
																		25	0		
0	0	0	0	0	0	0	0			5	0/0/	0	0	0			0/0				---Other
																		34.5	0	0	
																					Manioc, arrowroot, salep, Jerusalem artichokes, sweet potatoes and similar roots and tubers with high starch or inulin content, fresh, chilled, frozen or dried, whether or not sliced or in the form of pellets; sago pith:
0	0	0	0	0	0	0	0			4	0/0/	0	0	0		0/0/	0/0			9	---Fresh
																		37.5	0		
0	0	0	0	0	0	0	0			0	0/0/	0	0	0		0/0/	0/0			9	---Dried
																		30	0		
0	0	0	0	0	0	0	0			4	0/0/	3	0	0		0/0/	0/0			9	---Chilled or frozen
																		12.5	0		
																	0/0			0	----For cultivation
																		25	0		
0	0	0	2.6	0	0	0	0	6.5		4	0/0/	3.9	0	0		0/0/	0/0			0	----Other
																		43	0		
0	0	0	2.6	0	0	0	0	6.5		4	0/0/	3.9	0	0		0/0/	0/0			0	---Dried
																		43	0		
0	0	0	2.6	0	0	0	0	6.5		4	0/0/	3.9	0	0		0/0/	0/0			0	---Chilled or frozen
																		38	0		
0	0	0	2.6	0	0	0	0	6.5		4	0/0/	3.9	0	0		0/0/	0/0			0	-Yams (Dioscorea spp.)
																		43	0		
0	0	0	2.6	0	0	0	0	6.5		4	0/0/	3.9	0	0			0/0			0	-Taro (Colocasia spp.)
																		43	0		
																		43	0		
0	0	0	2.6	0	0	0	0	6.5		4	0/0/	3.9	0	0		0/0/	0/0			9	-Yautia (Xanthosoma spp.)
																		43	0		
0	0	0	2.6	0	0	0	0	6.5		4	0/0/	3.9	0	0		0/0/	0/0			0	---Water chestnut
																		43	0		
																	0/0			0	----For cultivation
																		25	0		
0	0	0	2.6	0	0	0	0	6.5		4	0/0/	3.9	0	0		0/0/	0/0			0	----Other
																		43	0		
0	0	0	2.6	0	0	0	0	6.5		4	0/0/	3.9	0	0		0/0/	0/0				---Other
																		43	0	0	
																		43	0	0	
																		43	0	0	

第 八 章
食用水果及坚果；柑橘属水果或甜瓜的果皮

注释：

一、本章不包括非供食用的坚果或水果。

二、冷藏的水果和坚果应按相应的鲜果品目归类。

三、本章的干果可以部分复水或为下列目的进行其他处理，但必须保持干果的特征：

（一）为保藏或保持其稳定性（例如，经适度热处理或硫化处理、添加山梨酸或山梨酸钾）；

（二）为改进或保持其外观（例如，添加植物油或少量葡萄糖浆）。

商品编号	商品名称及备注[检验检疫编码及名称]	进口关税(%) 最惠国	进口关税(%) 普通	增值税率(%)	消费税	计量单位	监管条件	检验检疫类别
0801	**鲜或干的椰子、巴西果及腰果，不论是否去壳或去皮：**							
08011100	--干的							
0801110000[暂7]	干的椰子(不论是否去壳或去皮)①	12	80	9		千克	AB	P. R/Q. S
08011200	--未去内壳(内果皮)							
0801120000	鲜的未去内壳(内果皮)椰子②	12	80	9		千克	AB	P. R/Q. S
08011910	---种用							
0801191000	种用椰子〔999〕	0	0	9		千克	AB	P/Q. N
08011990	---其他							
0801199000	其他鲜椰子〔999〕	12	80	9		千克	AB	P. R/Q. S
08012100	--未去壳							
0801210000[暂7]	鲜或干的未去壳巴西果③	10	80	9		千克	AB	P. R/Q. S
08012200	--去壳							
0801220000[暂7]	鲜或干的去壳巴西果④	10	80	9		千克	AB	P. R/Q
08013100	--未去壳							
0801310000[暂7]	鲜或干的未去壳腰果⑤	20	70	9		千克	AB	P. R/Q. S
08013200	--去壳							
0801320000[暂7]	鲜或干的去壳腰果⑥	10	70	9		千克	AB	P. R/Q. S
0802	**鲜或干的其他坚果，不论是否去壳或去皮：**							
08021100	--未去壳							
0802110000[暂10]	鲜或干的未去壳扁桃核⑦	24	70	9		千克	AB	P. R/Q. S
08021200	--去壳							
0802120000	鲜或干的去壳扁桃仁⑧	10	70	9		千克	AB	
08022100	--未去壳							
0802210000	鲜或干的未去壳榛子⑨	25	70	9		千克	AB	P. R/Q. S
08022200	--去壳							
0802220000	鲜或干的去壳榛子⑩	10	70	9		千克	AB	P. R/Q. S
08023100	--未去壳							
0802310000	鲜或干的未去壳核桃⑪	25	70	9		千克	AB	P. R/Q. S

① 〔101 其他工艺〕,〔102 蜜饯〕,〔103 提取(晒干的除外)、压榨、烹制、烘焙、冻干、脱水、裹糖屑、发酵、冷冻(经漂汤和杀青,并在-18 度以下冷冻)、浸酸、腌渍、炒制等工艺进行加工处理的〕

② 〔101 椰青〕,〔102 加工用去皮老椰子〕,〔999 椰青和加工用去皮老椰子除外〕

③ 〔101 提取(晒干的除外)、压榨、烹制、烘焙、冻干、脱水、裹糖屑、发酵、冷冻(经漂汤和杀青,并在-19 度以下冷冻)、浸酸、腌渍、炒制等工艺进行加工处理的〕,〔999 其他工艺〕

④ 〔101 提取(晒干的除外)、压榨、烹制、烘焙、冻干、脱水、裹糖屑、发酵、冷冻(经漂汤和杀青,并在-20 度以下冷冻)、浸酸、腌渍、炒制等工艺进行加工处理的〕,〔999 其他工艺〕

⑤ 〔101 提取(晒干的除外)、压榨、烹制、烘焙、冻干、脱水、裹糖屑、发酵、冷冻(经漂汤和杀青,并在-21 度以下冷冻)、浸酸、腌渍、炒制等工艺进行加工处理的〕,〔999 其他工艺〕

⑥ 〔101 提取(晒干的除外)、压榨、烹制、烘焙、冻干、脱水、裹糖屑、发酵、冷冻(经漂汤和杀青,并在-22 度以下冷冻)、浸酸、腌渍、炒制等工艺进行加工处理的〕,〔999 其他工艺〕

⑦ 〔101 提取(晒干的除外)、压榨、烹制、烘焙、冻干、脱水、裹糖屑、发酵、冷冻(经漂汤和杀青,并在-23 度以下冷冻)、浸酸、腌渍、炒制等工艺进行加工处理的〕,〔999 其他工艺〕

⑧ 〔101 巴旦木(其他工艺)〕,〔102 其他蜜饯〕,〔103 巴旦木[提取(晒干的除外)、压榨、烹制、烘焙、冻干、脱水、裹糖屑、发酵、冷冻(经漂汤和杀青,并在-18 度以下冷冻)、浸酸、腌渍、炒制等工艺进行加工处理的]〕

⑨ 〔101 提取(晒干的除外)、压榨、烹制、烘焙、冻干、脱水、裹糖屑、发酵、冷冻(经漂汤和杀青,并在-23 度以下冷冻)、浸酸、腌渍、炒制等工艺进行加工处理的〕,〔999 其他工艺〕

⑩ 〔101 提取(晒干的除外)、压榨、烹制、烘焙、冻干、脱水、裹糖屑、发酵、冷冻(经漂汤和杀青,并在-24 度以下冷冻)、浸酸、腌渍、炒制等工艺进行加工处理的〕,〔999 其他工艺〕

⑪ 〔101 提取(晒干的除外)、压榨、烹制、烘焙、冻干、脱水、裹糖屑、发酵、冷冻(经漂汤和杀青,并在-25 度以下冷冻)、浸酸、腌渍、炒制等工艺进行加工处理的〕,〔999 其他工艺〕

Chapter 8
Edible fruit and nuts;
peel of citrus fruit or melons

Chapter Notes:

1. This Chapter does not cover inedible nuts or fruits.

2. Chilled fruits and nuts are to be classified in the same headings as the corresponding fresh fruits and nuts.

3. Dried fruit or dried nuts of this Chapter may be partially rehydrated, or treated for the following purposes:
   (a) For additional preservation or stabilisation (for example, by moderate heat treatment, sulphuring, the addition of sorbic acid or potassium sorbate);
   (b) To improve or maintain their appearance (for example, by the addition of vegetable oil or small quantities of glucose syrup), provided that they retain the character of dried fruit or dried nuts.

协定税率(%)															特惠税率(%)			对美税率	出口税率	出口退税率	Article Description
智利	新西兰	澳大利亚	瑞士	冰岛	秘鲁	哥斯达	东盟	亚太	新加坡	巴基斯坦	港/澳/台	韩国	格鲁吉亚	毛里求斯	亚太	老/柬/缅	LDC 97/95				
																					Coconuts, Brazil nuts and cashew nuts, fresh or dried, whether or not shelled or peeled:
0	0	0	2.4	0	0	3.2	0	6		4	0/0/	0	0	0		/0/	0/0	52	0	9	--Desiccated
0	0	0	2.4	0	0	3.2	0	6		4	0/0/	0	0	0		/0/	0/0	57	0	9	--In the inner shell (endocarp)
																	0/0	25	0	9	---Seedlings
0	0	0	2.4	0	0	3.2	0	6		4	0/0/	0	0	0		/0/	0/0	57	0	9	---Other
0	0	0	0	0	0	2.7	0			4	0/0/	0	0	0			0/0	52	0	6	--In shell
0	0	0	0	0	0	2.7	0			4	0/0/	0	0	0			0/0	52	0	6	--Shelled
0	0	0	4	0	0	5.3	0				0/0/	6	0	0		/0/	0/0	52	0	9	--In shell
0	0	0	0	0	0	2.7	0			4	0/0/	3	0	0		/0/0	0/0	52	0	9	--Shelled
																					Other nuts, fresh or dried, whether or not shelled or peeled:
0	0	0	4.8	0	0	6.4	0				0/0/	7.2	0	19.2			0/0	55	0	9	--In shell
0	0	0	0	0	0	2.7	0			4	0/0/	3	0	0			0/0	55	0	9	--Shelled
0	0	0	5	0	0	6.7	0				0/0/	16.2	0	20			0/0	65	0	6	--In shell
0	0	0	0	0	0	2.7	0			4	0/0/	3	0	0			0/0	55	0	9	--Shelled
0	0	0	5	0	0	6.7	0				0/0/	16.2	0	20			0/0	70	0	9	--In shell

商品编号	商品名称及备注[检验检疫编码及名称]	进口关税(%)		增值税率(%)	消费税	计量单位	监管条件	检验检疫类别
		最惠国	普通					
08023200	--去壳							
0802320000	鲜或干的去壳核桃①	20	70	9		千克	AB	P. R/Q. S
08024110	---板栗							
0802411000	鲜或干的未去壳板栗②	25	70	9		千克	AB	P. R/Q. S
08024190	---其他							
0802419000[暂20]	鲜或干的其他未去壳栗子(板栗除外)(不论是否去壳或去皮)③	25	70	9		千克	AB	P. R/Q. S
08024210	---板栗							
0802421000	鲜或干去壳板栗(不论是否去皮)④	25	70	9		千克	AB	P. R/Q. S
08024290	---其他							
0802429000[暂20]	鲜或干的其他去壳栗子(板栗除外)(不论是否去皮)⑤	25	70	9		千克	AB	P. R/Q. S
08025100	--未去壳							
0802510000[暂5]	鲜或干的未去壳阿月浑子果(开心果)⑥	10	70	9		千克	AB	P. R/Q. S
08025200	--去壳							
0802520000[暂5]	鲜或干的去壳阿月浑子果(开心果)⑦	10	70	9		千克	AB	P. R/Q. S
08026110	---种用							
0802611000	鲜或干的种用未去壳马卡达姆坚果(夏威夷果)〔999〕	0	70	9		千克	AB	P/Q
08026190	---其他							
0802619000[暂12]	鲜或干的其他未去壳马卡达姆坚果(夏威夷果)⑧	24	70	9		千克	AB	P. R/Q. S
08026200	--去壳							
0802620000[暂12]	鲜或干的去壳马卡达姆坚果(夏威夷果)(不论是否去皮)⑨	24	70	9		千克	AB	P. R/Q. S
08027000	-可乐果(可乐果属)							
0802700000	鲜或干的可乐果(可乐果属)(不论是否去壳或去皮)⑩	24	70	9		千克	AB	P. R/Q. S
08028000	-槟榔果							
0802800001	鲜的槟榔果(不论是否去壳或去皮)〔999〕	10	30	9		千克	AB	P. R/Q. S
0802800090	干的槟榔果(不论是否去壳或去皮)⑪	10	30	9		千克	AB	P. R/Q. S
08029020	---白果							
0802902000[暂20]	鲜或干的白果(不论是否去壳或去皮)⑫	25	70	9		千克	ABE	P. R/Q
08029030	---松子仁							
0802903010	鲜或干的红松子仁⑬	25	70	9		千克	ABE	P. R/Q. S
0802903020	鲜或干的其他濒危松子仁⑭	25	70	9		千克	ABEF	P. R/Q. S
0802903090	鲜或干的其他松子仁⑮	25	70	9		千克	AB	P. R/Q. S
08029090	---其他							
0802909010	鲜或干的榧子、红松子(不论是否去壳或去皮)⑯	24	70	9		千克	ABE	P. R/Q. S
0802909020	鲜或干的其他濒危松子(不论是否去壳或去皮)⑰	24	70	9		千克	ABEF	P. R/Q. S

① 〔101 提取(晒干的除外)、压榨、烹制、烘焙、冻干、脱水、裹糖屑、发酵、冷冻(经漂汤和杀青,并在-26 度以下冷冻)、浸酸、腌渍、炒制等工艺进行加工处理的〕,〔999 其他工艺〕

② 〔101 提取(晒干的除外)、压榨、烹制、烘焙、冻干、脱水、裹糖屑、发酵、冷冻(经漂汤和杀青,并在-27 度以下冷冻)、浸酸、腌渍、炒制等工艺进行加工处理的〕,〔999 其他工艺〕

③ 〔101 提取(晒干的除外)、压榨、烹制、烘焙、冻干、脱水、裹糖屑、发酵、冷冻(经漂汤和杀青,并在-28 度以下冷冻)、浸酸、腌渍、炒制等工艺进行加工处理的〕,〔999 其他工艺〕

④ 〔101 提取(晒干的除外)、压榨、烹制、烘焙、冻干、脱水、裹糖屑、发酵、冷冻(经漂汤和杀青,并在-29 度以下冷冻)、浸酸、腌渍、炒制等工艺进行加工处理的〕,〔999 其他工艺〕

⑤ 〔101 提取(晒干的除外)、压榨、烹制、烘焙、冻干、脱水、裹糖屑、发酵、冷冻(经漂汤和杀青,并在-30 度以下冷冻)、浸酸、腌渍、炒制等工艺进行加工处理的〕,〔999 其他工艺〕

⑥ 〔101 提取(晒干的除外)、压榨、烹制、烘焙、冻干、脱水、裹糖屑、发酵、冷冻(经漂汤和杀青,并在-31 度以下冷冻)、浸酸、腌渍、炒制等工艺进行加工处理的〕,〔999 其他工艺〕

⑦ 〔101 提取(晒干的除外)、压榨、烹制、烘焙、冻干、脱水、裹糖屑、发酵、冷冻(经漂汤和杀青,并在-32 度以下冷冻)、浸酸、腌渍、炒制等工艺进行加工处理的〕,〔999 其他工艺〕

⑧ 〔101 提取(晒干的除外)、压榨、烹制、烘焙、冻干、脱水、裹糖屑、发酵、冷冻(经漂汤和杀青,并在-33 度以下冷冻)、浸酸、腌渍、炒制等工艺进行加工处理的〕,〔999 其他工艺〕

⑨ 〔101 提取(晒干的除外)、压榨、烹制、烘焙、冻干、脱水、裹糖屑、发酵、冷冻(经漂汤和杀青,并在-34 度以下冷冻)、浸酸、腌渍、炒制等工艺进行加工处理的〕,〔999 其他工艺〕

⑩ 〔101 提取(晒干的除外)、压榨、烹制、烘焙、冻干、脱水、裹糖屑、发酵、冷冻(经漂汤和杀青,并在-35 度以下冷冻)、浸酸、腌渍、炒制等工艺进行加工处理的〕,〔999 其他工艺〕

⑪ 〔101 其他工艺〕,〔102 其他蜜饯〕,〔103 提取(晒干的除外)、压榨、烹制、烘焙、冻干、脱水、裹糖屑、发酵、冷冻(经漂汤和杀青,并在-36 度以下冷冻)、浸酸、腌渍、炒制等工艺进行加工处理的〕

⑫ 〔101 药用白果〕,〔102 白果(其他工艺)〕,〔103 白果[提取(晒干的除外)、压榨、烹制、烘焙、冻干、脱水、裹糖屑、发酵、冷冻(经漂汤和杀青,并在-18 度以下冷冻)、浸酸、腌渍、炒制等工艺进行加工处理的]〕

⑬ 〔101 提取(晒干的除外)、压榨、烹制、烘焙、冻干、脱水、裹糖屑、发酵、冷冻(经漂汤和杀青,并在-19 度以下冷冻)、浸酸、腌渍、炒制等工艺进行加工处理的,〔999 其他工艺〕

⑭ 〔101 提取(晒干的除外)、压榨、烹制、烘焙、冻干、脱水、裹糖屑、发酵、冷冻(经漂汤和杀青,并在-20 度以下冷冻)、浸酸、腌渍、炒制等工艺进行加工处理的,〔999 其他工艺〕

⑮ 〔101 提取(晒干的除外)、压榨、烹制、烘焙、冻干、脱水、裹糖屑、发酵、冷冻(经漂汤和杀青,并在-21 度以下冷冻)、浸酸、腌渍、炒制等工艺进行加工处理的,〔999 其他工艺〕

⑯ 〔101 药用榧子〕,〔102 其他工艺〕,〔103 其他工艺〕,〔104 松子[提取(晒干的除外)、压榨、烹制、烘焙、冻干、脱水、裹糖屑、发酵、冷冻(经漂汤和杀青,并在-18 度以下冷冻)、浸酸、腌渍、炒制等工艺进行加工处理的)〕,〔105 榧子(提取(晒干的除外)、压榨、烹制、烘焙、冻干、脱水、裹糖屑、发酵、冷冻(经漂汤和杀青,并在-19 度以下冷冻)、浸酸、腌渍、炒制等工艺进行加工处理的]〕

⑰ 〔101 提取(晒干的除外)、压榨、烹制、烘焙、冻干、脱水、裹糖屑、发酵、冷冻(经漂汤和杀青,并在-21 度以下冷冻)、浸酸、腌渍、炒制等工艺进行加工处理的〕,〔999 其他工艺〕

协定税率(%)															特惠税率(%)			对美税率	出口税率	出口退税率	Article Description
智利	新西兰	澳大利亚	瑞士	冰岛	秘鲁	哥斯达	东盟	亚太	新加坡	巴基斯坦	港/澳/台	韩国	格鲁吉亚	毛里求斯	亚太	老/柬/缅	LDC 97/95				
0	0	0	4	0	0	5.3	0				0/0/	10.6	0	0			0/0			9	--Shelled
																		65	0		
0	0	0	5	0	0	6.7	0				0/0/		0	20			0/0			9	---Chestnuts
																		70	0		
0	0	0	5	0	0	6.7	0				0/0/	16.2	0	20			0/0			9	---Other
																		50	0		
0	0	0	5	0	0	6.7	0				0/0/	16.2	0	20			0/0			9	---Chestnuts
																		55	0		
0	0	0	5	0	0	6.7	0				0/0/	16.2	0	20			0/0			6	---Other
																		65	0		
0	0	0	0	0	0	2.7	0			4	0/0/	3	0	0			0/0			9	--In shell
																		50	0		
0	0	0	0	0	0	2.7	0			4	0/0/	3	0	0			0/0			9	--Shelled
																		50	0		
																	0/0			6	---Seed
																		25	0		
0	0	0	4.8	0	0	6.4	0				0/0/	7.2	0	19.2			0/0			6	---Other
																		57	0		
0	0	0	4.8	0	0	6.4	0				0/0/	7.2	0	19.2			0/0			9	--Shelled
																		57	0		
0	0	0	4.8	0	0	6.4	0				0/0/	15.6	0	19.2			0/0			6	-Kola nuts(Cola spp.)
																		54	0		
0	0	0	0	0	0	2.7	0	5		4	0/0/	3	0	0			0/0			6	-Areca nuts
																		55	0		
																		55	0		
0	0	0	5	0	0	6.7	0				0/0/	16.2	0	20			0/0			6	---Gingko nuts
																		50	0		
0	0	0	5	0	0	6.7	0			0	0/0/	16.2	0	20			0/0				---Pine-nuts, shelled
																		70	0	9	
																		70	0	0	
																		70	0	9	
0	0	0	4.8	0	0	6.4	0			0	0/0/	15.6	0	19.2			0/0				---Other
																		69	0	0	
																		69	0	0	

商品编号	商品名称及备注[检验检疫编码及名称]	进口关税(%) 最惠国	进口关税(%) 普通	增值税率(%)	消费税	计量单位	监管条件	检验检疫类别
0802909030	鲜或干的巨籽棕(海椰子)果仁①	24	70	9		千克	ABEF	P. R/Q. S
0802909040[暂7]	鲜或干的碧根果(不论是否去壳或去皮)②	24	70	9		千克	AB	P. R/Q. S
0802909090	鲜或干的其他坚果(不论是否去壳或去皮)③	24	70	9		千克	AB	P. R/Q. S
0803	**鲜或干的香蕉,包括芭蕉:**							
08031000	-芭蕉							
0803100000	鲜或干的芭蕉④	10	40	9		千克	AB	P. R/Q. S
08039000	-其他							
0803900000	鲜或干的香蕉⑤	10	40	9		千克	AB	P. R/Q. S
0804	**鲜或干的椰枣、无花果、菠萝、鳄梨、番石榴、芒果及山竹果:**							
08041000	-椰枣							
0804100000	鲜或干的椰枣⑥	15	40	9		千克	AB	P. R/Q
08042000	-无花果							
0804200000	鲜或干的无花果⑦	30	70	9		千克	AB	P. R/Q
08043000	-菠萝							
0804300001	鲜菠萝[999]	12	80	9		千克	AB	P. R/Q. S
0804300090	干菠萝⑧	12	80	9		千克	AB	P. R/Q. S
08044000	-鳄梨							
0804400000[暂7]	鲜或干的鳄梨⑨	25	80	9		千克	AB	P. R/Q
08045010	---番石榴							
0804501001	鲜番石榴[999]	15	80	9		千克	AB	P. R/Q
0804501090	干番石榴⑩	15	80	9		千克	AB	P. R/Q
08045020	---芒果							
0804502001	鲜芒果[999]	15	80	9		千克	AB	P. R/Q
0804502090	干芒果⑪	15	80	9		千克	AB	P. R/Q
08045030	---山竹果							
0804503000	鲜或干的山竹果⑫	15	80	9		千克	AB	P. R/Q
0805	**鲜或干的柑橘属水果:**							
08051000	-橙							
0805100000	鲜或干的橙⑬	11	100	9		千克	AB	P. R/Q. S
08052110	---蕉柑							
0805211000	鲜或干的蕉柑⑭	12	100	9		千克	AB	P. R/Q. S
08052190	---其他							
0805219000	鲜或干的柑橘(包括小蜜橘及萨摩蜜柑橘)⑮	12	100	9		千克	AB	P. R/Q. S
08052200	--克里曼丁橘							

① [101 提取(晒干的除外)、压榨、烹制、烘焙、冻干、脱水、裹糖屑、发酵、冷冻(经漂汤和杀青,并在-22 度以下冷冻)、浸酸、腌渍、炒制等工艺进行加工处理的],[999 其他工艺]

② [101 核桃(其他工艺)],[102 核桃仁(其他工艺)],[103 药用核桃仁],[104 核桃或核桃仁[提取(晒干的除外)、压榨、烹制、烘焙、冻干、脱水、裹糖屑、发酵、冷冻(经漂汤和杀青,并在-23 度以下冷冻)、浸酸、腌渍、炒制等工艺进行加工处理的]]

③ [101 干的其他瓜子],[102 其他干果],[103 其他坚果(其他工艺)],[104 巴西坚果(其他工艺)],[105 鲍鱼果(其他工艺)],[106 干橡子仁(其他工艺)],[107 白皮松子(其他工艺)],[108 提取(晒干的除外)、压榨、烹制、烘焙、冻干、脱水、裹糖屑、发酵、冷冻(经漂汤和杀青,并在-24 度以下冷冻)、浸酸、腌渍、炒制等工艺进行加工处理的]

④ [101 鲜芭蕉],[102 干的芭蕉(其他工艺)],[103 其他蜜饯],[104 干的芭蕉[提取(晒干的除外)、压榨、烹制、烘焙、冻干、脱水、裹糖屑、发酵、冷冻(经漂汤和杀青,并在-18 度以下冷冻)、浸酸、腌渍、炒制等工艺进行加工处理的]]

⑤ [101 鲜香蕉],[102 干的香蕉(其他工艺)],[103 其他蜜饯],[104 干的香蕉[提取(晒干的除外)、压榨、烹制、烘焙、冻干、脱水、裹糖屑、发酵、冷冻(经漂汤和杀青,并在-18 度以下冷冻)、浸酸、腌渍、炒制等工艺进行加工处理的]]

⑥ [101 提取(晒干的除外)、压榨、烹制、烘焙、冻干、脱水、裹糖屑、发酵、冷冻(经漂汤和杀青,并在-19 度以下冷冻)、浸酸、腌渍、炒制等工艺进行加工处理的],[999 其他工艺]

⑦ [101 鲜的无花果],[102 干的无花果(其他工艺)],[103 其他蜜饯],[104 干的无花果[提取(晒干的除外)、压榨、烹制、烘焙、冻干、脱水、裹糖屑、发酵、冷冻(经漂汤和杀青,并在-18 度以下冷冻)、浸酸、腌渍、炒制等工艺进行加工处理的]]

⑧ [101 干菠萝(其他工艺)],[102 其他蜜饯],[103 干菠萝[提取(晒干的除外)、压榨、烹制、烘焙、冻干、脱水、裹糖屑、发酵、冷冻(经漂汤和杀青,并在-18 度以下冷冻)、浸酸、腌渍、炒制等工艺进行加工处理的]]

⑨ [101 鲜的鳄梨],[102 干的鳄梨(其他工艺)],[103 其他蜜饯],[104 干的鳄梨[提取(晒干的除外)、压榨、烹制、烘焙、冻干、脱水、裹糖屑、发酵、冷冻(经漂汤和杀青,并在-18 度以下冷冻)、浸酸、腌渍、炒制等工艺进行加工处理的]]

⑩ [101 干番石榴(其他工艺)],[102 其他蜜饯],[103 干番石榴[提取(晒干的除外)、压榨、烹制、烘焙、冻干、脱水、裹糖屑、发酵、冷冻(经漂汤和杀青,并在-18 度以下冷冻)、浸酸、腌渍、炒制等工艺进行加工处理的]]

⑪ [101 干芒果(其他工艺)],[102 其他蜜饯],[103 干芒果[提取(晒干的除外)、压榨、烹制、烘焙、冻干、脱水、裹糖屑、发酵、冷冻(经漂汤和杀青,并在-18 度以下冷冻)、浸酸、腌渍、炒制等工艺进行加工处理的]]

⑫ [101 鲜的山竹果],[102 干的山竹果(其他工艺)],[103 其他蜜饯],[104 干的山竹果[提取(晒干的除外)、压榨、烹制、烘焙、冻干、脱水、裹糖屑、发酵、冷冻(经漂汤和杀青,并在-18 度以下冷冻)、浸酸、腌渍、炒制等工艺进行加工处理的]]

⑬ [101 鲜的橙],[102 干的橙(其他工艺)],[103 其他蜜饯],[104 干的橙[提取(晒干的除外)、压榨、烹制、烘焙、冻干、脱水、裹糖屑、发酵、冷冻(经漂汤和杀青,并在-18 度以下冷冻)、浸酸、腌渍、炒制等工艺进行加工处理的]]

⑭ [101 鲜的蕉柑],[102 干的蕉柑[提取(晒干的除外)、压榨、烹制、烘焙、冻干、脱水、裹糖屑、发酵、冷冻(经漂汤和杀青,并在-18 度以下冷冻)、浸酸、腌渍、炒制等工艺进行加工处理的]],[999 干的蕉柑(其他工艺)]

⑮ [101 鲜的柑橘],[102 干的柑橘[提取(晒干的除外)、压榨、烹制、烘焙、冻干、脱水、裹糖屑、发酵、冷冻(经漂汤和杀青,并在-18 度以下冷冻)、浸酸、腌渍、炒制等工艺进行加工处理的]],[999 干的柑橘(其他工艺)]

协定税率(%)															特惠税率(%)			对美税率	出口税率	出口退税率	Article Description
智利	新西兰	澳大利亚	瑞士	冰岛	秘鲁	哥斯达	东盟	亚太	新加坡	巴基斯坦	港/澳/台	韩国	格鲁吉亚	毛里求斯	亚太	老/柬/缅	LDC 97/95				
																		69	0	9	
																		52	0	9	
																		69	0	9	
																					Bananas, including plantains, fresh or dried:
0	0	0	0	0	0	2.7	0	6.9		4	0/0/0	3	0	0		0/0/	0/0			9	-Plantains
																		55	0		
0	0	0	0	0	0	2.7	0	6.9		4	0/0/0	3	0	0		0/0/	0/0			9	-Other
																		55	0		
																					Dates, figs, pineapples, avocados, guavas, mangoes and mangosteens, fresh or dried:
0	0	0	3	0	0	4	0			0	0/0/	4.5	0	0			0/0			9	-Dates
																		60	0		
0	0	0	14.1	0	0	8	0			0	0/0/	19.5	0	24			0/0			9	-Figs
																		75	0		
0	0	0	2.4	0	0	3.2	0	7.9		0	0/0/	3.6	0	0		/0/	0/0			9	-Pineapples
																		57	0		
																		57	0		
0	0	0	5	0	0	6.7	0	12.5		0	0/0/	16.2	0	20		/0/	0/0			6	-Avocados
																		52	0		
0	0	0	3	0	0	4	0	7.5		0	0/0/	4.5	0	0			0/0			6	---Guavas
																		60	0		
																		60	0		
0	0	0	3	0	0	4	0	10.7		0	0/0/	4.5	0	0			0/0			6	---Mangoes
																		60	0		
																		60	0		
0	0	0	3	0	0	4	0	7.5		0	0/0/	4.5	0	0			0/0			6	---Mangosteens
																		60	0		
																					Citrus fruit, fresh or dried:
0	0	2.4	2.2	0	0	2.9	0			0	0/0/0	3.3	0	0			0/0			9	-Oranges
																		56	0		
0	0	2.7	2.4	0	0	3.2	0			0	0/0/	3.6	0	0			0/0			6	---Chiao-Kan
																		42	0		
0	0	2.7	2.4	0	0	3.2	0			0	0/0/	3.6	0	0			0/0			9	---Other
																		57	0		
0	0	2.7	2.4	0	0	3.2	0			0	0/0/	3.6	0	0			0/0			6	--Clementines

商品编号	商品名称及备注[检验检疫编码及名称]	进口关税(%)		增值税率(%)	消费税	计量单位	监管条件	检验检疫类别
		最惠国	普通					
0805220000	鲜或干的克里曼丁橘①	12	100	9		千克	AB	P. R/Q. S
08052900	--其他							
0805290000	鲜或干的韦尔金橘及其他类似的杂交柑橘②	12	100	9		千克	AB	P. R/Q. S
08054000	-葡萄柚,包括柚							
0805400001	鲜葡萄柚,包括鲜柚〔101 柚〕,〔102 葡萄柚〕	12	100	9		千克	AB	P. R/Q. S
0805400090	干葡萄柚,包括干柚③	12	100	9		千克	AB	P. R/Q. S
08055000	-柠檬及酸橙							
0805500000	鲜或干的柠檬及酸橙④	11	100	9		千克	AB	P. R/Q. S
08059000	-其他							
0805900000	鲜或干的其他柑橘属水果⑤	30	100	9		千克	AB	P. R/Q. S
0806	**鲜或干的葡萄:**							
08061000	-鲜的							
0806100000	鲜葡萄〔999〕	13	80	9		千克	AB	P. R/Q. S
08062000	-干的							
0806200000	葡萄干⑥	10	80	9		千克	AB	P. R/Q. S
0807	**鲜的甜瓜(包括西瓜)及番木瓜:**							
08071100	--西瓜							
0807110000	鲜西瓜〔999〕	25	70	9		千克	AB	P. R/Q. S
08071910	---哈密瓜							
0807191000	鲜哈密瓜〔999〕	12	70	9		千克	AB	P. R/Q. S
08071920	---罗马甜瓜及加勒比甜瓜							
0807192000	鲜罗马甜瓜及加勒比甜瓜〔999〕	12	70	9		千克	AB	P. R/Q. S
08071990	---其他							
0807199000	其他鲜甜瓜〔101 其他甜瓜〕,〔102 香瓜〕	12	70	9		千克	AB	P. R/Q. S
08072000	-番木瓜							
0807200000	鲜番木瓜〔999〕	25	70	9		千克	AB	P. R/Q. S
0808	**鲜的苹果、梨及榅桲:**							
08081000	-苹果							
0808100000	鲜苹果〔999〕	10	100	9		千克	AB	P. R/Q. S
08083010	---鸭梨及雪梨							
0808301000	鲜鸭梨及雪梨〔101 鸭梨〕,〔102 其他梨〕	12	100	9		千克	AB	P. R/Q. S
08083020	---香梨							
0808302000	鲜香梨〔999〕	12	100	9		千克	AB	P. R/Q. S
08083090	---其他							
0808309000	其他鲜梨〔101 砂梨属〕,〔102 中国梨〕,〔103 其他梨〕	10	100	9		千克	AB	P. R/Q. S
08084000	-榅桲							
0808400000	鲜榅桲(QUINCES)〔999〕	16	100	9		千克	AB	P. R/Q
0809	**鲜的杏、樱桃、桃(包括油桃)、李及黑刺李:**							
08091000	-杏							
0809100000	鲜杏〔999〕	25	70	9		千克	AB	P. R/Q
08092100	--欧洲酸樱桃							
0809210000	鲜欧洲酸樱桃〔999〕	10	70	9		千克	AB	P. R/Q
08092900	--其他							
0809290000	其他鲜樱桃〔999〕	10	70	9		千克	AB	P. R/Q
08093000	-桃,包括油桃							
0809300000	鲜桃,包括鲜油桃〔101 鲜油桃除外〕,〔102 鲜油桃〕,〔999〕	10	70	9		千克	AB	P. R/Q. S
08094000	-李及黑刺李							
0809400001	鲜黑刺李〔999〕	10	70	9		千克	AB	P. R/Q. S

① 〔101 鲜的克里曼丁橘〕,〔102 提取(晒干的除外)、压榨、烹制、烘焙、冻干、脱水、裹糖屑、发酵、冷冻(经漂汤和杀青,并在-24 度以下冷冻)、浸酸、腌渍、炒制等工艺进行加工处理的〕,〔999 干的克里曼丁橘(其他工艺)〕

② 〔101 鲜的韦尔金橘及其他类似的杂交柑橘〕,〔102 干的韦尔金橘及其他类似的杂交柑橘[提取(晒干的除外)、压榨、烹制、烘焙、冻干、脱水、裹糖屑、发酵、冷冻(经漂汤和杀青,并在-18 度以下冷冻)、浸酸、腌渍、炒制等工艺进行加工处理的]〕,〔999 干的韦尔金橘及其他类似的杂交柑橘(其他工艺)〕

③ 〔101 干的葡柚,包括干柚(其他工艺)〕,〔102 其他蜜饯〕,〔103 干的葡柚,包括干柚[提取(晒干的除外)、压榨、烹制、烘焙、冻干、脱水、裹糖屑、发酵、冷冻(经漂汤和杀青,并在-18 度以下冷冻)、浸酸、腌渍、炒制等工艺进行加工处理的]〕

④ 〔101 鲜的柠檬〕,〔102 鲜的酸橙〕,〔103 干的酸橙(其他工艺)〕,〔104 其他蜜饯〕,〔105 柠檬干(其他工艺)〕,〔106 干的酸橙[提取(晒干的除外)、压榨、烹制、烘焙、冻干、脱水、裹糖屑、发酵、冷冻(经漂汤和杀青,并在-18 度以下冷冻)、浸酸、腌渍、炒制等工艺进行加工处理的]〕,〔107 柠檬干(提取(晒干的除外)、压榨、烹制、烘焙、冻干、脱水、裹糖屑、发酵、冷冻(经漂汤和杀青,并在-19 度以下冷冻)、浸酸、腌渍、炒制等工艺进行加工处理的]〕

⑤ 〔101 鲜的榅桲〕,〔102 鲜的其他柑橘〕,〔103 干的其他柑橘属水果(其他工艺)〕,〔104 其他蜜饯〕,〔105 干的其他柑橘属水果[提取(晒干的除外)、压榨、烹制、烘焙、冻干、脱水、裹糖屑、发酵、冷冻(经漂汤和杀青,并在-18 度以下冷冻)、浸酸、腌渍、炒制等工艺进行加工处理的]〕

⑥ 〔101 提取(晒干的除外)、压榨、烹制、烘焙、冻干、脱水、裹糖屑、发酵、冷冻(经漂汤和杀青,并在-18 度以下冷冻)、浸酸、腌渍、炒制等工艺进行加工处理的〕,〔999 其他工艺〕

协定税率(%)															特惠税率(%)			对美税率	出口税率	出口退税率	Article Description
智利	新西兰	澳大利亚	瑞士	冰岛	秘鲁	哥斯达	东盟	亚太	新加坡	巴基斯坦	港/澳/台	韩国	格鲁吉亚	毛里求斯	亚太	老/柬/缅	LDC 97/95				
																		57	0		
0	0	2.7	2.4	0	0	3.2	0			0	0/0/	3.6	0	0			0/0			9	--Other
																		57	0		
0	0	2.7	2.4	0	0	3.2	0			0	0/0/	3.6	0	0			0/0			6	-Grapefruit, including pomelos
																		57	0		
																		57	0		
0	0	2.4	2.2	0	0	2.9	0	5.5		0	0/0/0	3.3	0	0			0/0			6	-Lemons (Citrus limon, Citrus limonum) and limes (Citrus aurantifolia)
																		56	0		
0	0	6.7	14.1	0	0	8	0	15		0	0/0/	19.5	0	24			0/0			9	-Other
																		75	0		
																					Grapes, fresh or dried:
0	0	0	2.6	0	0	0	0			5.2	0/0/	3.9	0	0			0/0			6	-Fresh
																		58	0		
0	0	0	0	0	0	0	0			4	0/0/	3	0	0			0/0			9	-Dried
																		55	0		
																					Melons (including watermelons) and papaws (papayas), fresh:
0	0	0	5	0	0	0	0	12.5		10	0/0/	16.2	0	20			0/			6	--Watermelons
																		70	0		
0	0	0	2.4	0	0	0	0	6		4	0/0/0	3.6	0	0			0/0			6	---Hami melons
																		57	0		
0	0	0	2.4	0	0	0	0	6		4	0/0/	3.6	0	0			0/0			6	---Cantaloupe and Calia melons
																		42	0		
0	0	0	2.4	0	0	0	0	6		4	0/0/	3.6	0	0			0/0			6	---Other
																		42	0		
0	0	0	5	0	0	0	0			20	0/0/	7.5	0	20		/0/	0/0			6	-Papaws (papayas)
																		70	0		
																					Apples, pears and quinces, fresh:
0	0	0	0	0	0	0	0			4	0/0/	3	0	0			0/0			9	-Apples
																		55	0		
0	0	0	2.4	0	0	0	0	10		4	0/0/	3.6	0	0			0/0			9	---Ya pears, Hsueh pears
																		57	0		
0	0	0	2.4	0	0	0	0	10		4	0/0/	3.6	0	0			0/0			6	---Xiang pears
																		42	0		
0	0	0	0	0	0	0	0			4	0/0/	3	0	0			0/0			9	---Other
																		55	0		
0	0	0	3.2	0	0	0	0			10.2	0/0/	8.5	0	0			0/0			9	-Quinces
																		46	0		
																					Apricots, cherries, peaches (including nectarines), plums and sloes, fresh:
0	0	0	5	0	0	0	0			25	0/0/	16.2	0	20			0/0			6	-Apricots
																		55	0		
0	0	0	0	0	0	0	0			4	0/0/	3	0	0			0/0			6	--Sour cherries (Prunus cerasus)
																		55	0		
0	0	0	0	0	0	0	0			0	0/0/	3	0	0			0/0			9	--Other
																		55	0		
0	0	0	0	0	0	0	0			4	0/0/	3	0	0			0/0			9	-Peaches, including nectarines
																		55	0		
0	0	0	0	0	0	0	0			4	0/0/	3	0	0			0/0			6	-Plums and sloes
																		55	0		

商品编号	商品名称及备注[检验检疫编码及名称]	进口关税(%)		增值税率(%)	消费税	计量单位	监管条件	检验检疫类别
		最惠国	普通					
0809400090	鲜李子〔999〕	10	70	9		千克	AB	P. R/Q. S
0810	**其他鲜果:**							
08101000	-草莓							
0810100000	鲜草莓〔999〕	14	80	9		千克	AB	P. R/Q
08102000	-木莓、黑莓、桑葚及罗甘莓							
0810200000	鲜的木莓、黑莓、桑葚及罗甘莓〔101 树莓(木莓)〕,〔102 其他瓜果〕	25	80	9		千克	AB	P. R/Q
08103000	-黑、白或红的穗醋栗(加仑子)及醋栗							
0810300000	鲜的黑、白或红的穗醋栗(加仑子)及醋栗〔999〕	25	80	9		千克	AB	P. R/Q
08104000	-蔓越橘、越橘及其他越橘属植物果实							
0810400010[暂15]	鲜蔓越橘〔101〕	30	80	9		千克	AB	P. R/Q
0810400090	越橘及其他越橘属植物果实〔101 蓝莓〕,〔102 蓝莓除外〕	30	80	9		千克	AB	P. R/Q
08105000	-猕猴桃							
0810500000	鲜猕猴桃〔999〕	20	80	9		千克	AB	P. R/Q. S
08106000	-榴莲							
0810600000	鲜榴莲〔999〕	20	80	9		千克	AB	P. R/Q
08107000	-柿子							
0810700000	鲜柿子〔999〕	20	80	9		千克	AB	P. R/Q. S
08109010	---荔枝							
0810901000	鲜荔枝〔999〕	30	80	9		千克	AB	P. R/Q. S
08109030	---龙眼							
0810903000	鲜龙眼〔999〕	12	80	9		千克	AB	P. R/Q. S
08109040	---红毛丹							
0810904000	鲜红毛丹〔999〕	20	80	9		千克	AB	P. R/Q. S
08109050	---番荔枝							
0810905000	鲜蕃荔枝〔999〕	20	80	9		千克	AB	P. R/Q. S
08109060	---杨桃							
0810906000	鲜杨桃〔999〕	20	80	9		千克	AB	P. R/Q. S
08109070	---莲雾							
0810907000	鲜莲雾〔999〕	20	80	9		千克	AB	P. R/Q. S
08109080	---火龙果							
0810908000	鲜火龙果〔999〕	20	80	9		千克	AB	P. R/Q. S
08109090	---其他							
0810909001	鲜枣〔999〕	20	80	9		千克	AB	P. R/Q. S
0810909002	鲜枇杷〔999〕	20	80	9		千克	AB	P. R/Q. S
0810909010	鲜的翅果油树果〔999〕	20	80	9		千克	ABE	P. R/Q. S
0810909090	其他鲜果①	20	80	9		千克	AB	P. R/Q. S
0811	**冷冻水果及坚果,不论是否蒸煮、加糖或其他甜物质:**							
08111000	-草莓							
0811100000	冷冻草莓〔999〕	30	80	9		千克	AB	P. R/Q. S
08112000	-木莓,黑莓,桑葚,罗甘莓,黑、白或红的穗醋栗(加仑子)及醋栗							
0811200000	冷冻木莓,黑莓,桑葚,罗甘莓,黑、白或红的穗醋栗(加仑子)及醋栗②	30	80	9		千克	AB	P. R/Q
08119010	---栗子,未去壳							
0811901000	未去壳的冷冻栗子〔999〕	30	80	9		千克	AB	P. R/Q. S
08119090	---其他							
0811909010	冷冻的白果〔999〕	30	80	9		千克	ABE	P. R/Q. S
0811909021	冷冻的红松子(不论是否去壳或去皮)〔999〕	30	80	9		千克	ABE	P. R/Q. S
0811909022	冷冻的其他濒危松子(不论是否去壳或去皮)〔999〕	30	80	9		千克	ABEF	P. R/Q. S
0811909030	冷冻的榧子〔999〕	30	80	9		千克	ABE	P. R/Q. S
0811909040	冷冻的翅果油树果〔999〕	30	80	9		千克	ABE	P. R/Q. S
0811909050	冷冻的巨籽棕(海椰子)果仁〔999〕	30	80	9		千克	ABEF	P. R/Q. S
0811909060[暂7]	冷冻的鳄梨〔999〕	30	80	9		千克	AB	P. R/Q. S

① 〔101 杨梅〕,〔102 椰青〕,〔103 椰子〕,〔104 巴旦杏(水果)〕,〔105 槟榔〕,〔106 山楂〕,〔107 余甘子〕,〔108 西番莲〕,〔109 石榴〕,〔110 菱角〕,〔111 橄榄〕,〔112 菠萝蜜〕,〔113 蓝莓〕,〔114 其他瓜果〕,〔115 罗望子〕,〔116 人心果〕,〔117 蛇皮果〕,〔118 椰色果〕,〔119 蓝靛果〕,〔120 鲜木瓜〕,〔121 鲜梅〕

② 〔101 冷冻木莓〕,〔102 冷冻黑莓〕,〔103 冷冻桑葚〕,〔104 黑、白或红的穗醋栗(加仑子)及醋栗〕,〔105 罗甘莓〕,〔999〕

协定税率(%)															特惠税率(%)			对美税率	出口税率	出口退税率	Article Description
智利	新西兰	澳大利亚	瑞士	冰岛	秘鲁	哥斯达	东盟	亚太	新加坡	巴基斯坦	港/澳/台	韩国	格鲁吉亚	毛里求斯	亚太	老/柬/缅	LDC 97/95				
																		55	0		
																					Other fruit, fresh:
0	0	0	2.8	0	0	0	0			11.2	0/0/	4.2	0	0			0/0			9	-Strawberries
																		59	0		
0	0	0	5	0	0	0	0			25	0/0/	16.2	0	20			0/0			9	-Raspberries, blackberries, mulberries and loganberries
																		70	0		
0	0	0	5	0	0	0	0			25	0/0/	16.2	0	20			0/0			9	-Black, white or red currants and gooseberries
																		55	0		
0	0	0	14.1	0	0	0	0			30	0/0/	19.5	0	24			0/			9	-Cranberries, bilberries and other fruits of the genus Vaccinium
																		60	0		
																		75	0		
0	0	0	4	0	0	0	0	16.4		16	0/0/	10.6	0	0			0/0			6	-Kiwifruit
																		65	0		
0	0	0	4	0	0	0	0			16	0/0/	6	0	0		/0/	0/0			6	-Durian
																		65	0		
0	0	0	4	0	0	0	0	16.4		12.8	0/0/	10.6	0	0			0/0			9	-Persimmons
																		65	0		
0	0	0	14.1	0	0	0	0	20.1		16	0/0/	19.5	0	24			0/0			6	---Lychee
																		75	0		
0	0	0	2.4	0	0	0	0			4.8	0/0/	3.6	0	0		/0/	0/0			6	---Longan
																		57	0		
0	0	0	4	0	0	0	0			16	0/0/	6	0	0			0/0			6	---Rambutan
																		65	0		
0	0	0	4	0	0	0	0			16	0/0/	6	0	0			0/0			6	---Sugar apple
																		65	0		
0	0	0	4	0	0	0	0			16	0/0/	10.6	0	0			0/0			6	---Carambola
																		65	0		
0	0	0	4	0	0	0	0	16.4		12.8	0/0/	6	0	0			0/0			6	---Wax apple
																		65	0		
0	0	0	4	0	0	0	0	16.4		12.8	0/0/0	6	0	0			0/0			6	---Dragon fruit
																		65	0		
0	0	0	4	0	0	0	0	16.4		0	0/0/	10.6	0	0			0/0			9	---Other
																		65	0		
																		65	0		
																		65	0		
																		65	0		
																					Fruit and nuts, uncooked or cooked by steaming or boiling in water, frozen, whether or not containing added sugar or other sweetening matter:
0	0	0		0	0	0	0			0	0/0/	19.5	0	24			0/0			9	-Strawberries
																		70	0		
0	0	0		0	0	0	0				0/0/	19.5	0	24			0/0			9	-Raspberries, blackberries, mulberries, loganberries, black, white or red currants and gooseberries
																		75	0		
0	0	0		0	0	0	0				0/0/	19.5	0	24			0/0			9	---Chestnuts, in shell
																			0		
0	0	0		0	0	0	0				0/0/	19.5	0	24			0/				---Other
																		75	0	9	
																		75	0	9	
																		75	0	0	
																		75	0	9	
																		75	0	9	
																		75	0	9	
																		52	0		

商品编号	商品名称及备注[检验检疫编码及名称]	进口关税(%)		增值税率(%)	消费税	计量单位	监管条件	检验检疫类别
		最惠国	普通					
0811909090	其他未列名冷冻水果及坚果①	30	80	9		千克	AB	
0812	**暂时保藏(例如,使用二氧化硫气体、盐水、亚硫酸水或其他防腐液)的水果及坚果,但不适于直接食用的:**							
08121000	-樱桃							
0812100000	暂时保藏的樱桃(用二氧化硫气体、盐水等物质处理,但不适于直接食用的)〔999〕	30	80	9		千克	AB	P. R/Q
08129000	-其他							
0812900010	暂时保存的白果(用二氧化硫气体、盐水等物质处理,但不适于直接食用的)〔999〕	25	80	9		千克	ABE	P. R/Q. S
0812900021	暂时保存的红松子(用二氧化硫气体、盐水等物质处理,但不适于直接食用的)〔999〕	25	80	9		千克	ABE	P. R/Q. S
0812900022	暂时保存的其他濒危松子(用二氧化硫气体、盐水等物质处理,但不适于直接食用的)〔999〕	25	80	9		千克	ABEF	P. R/Q. S
0812900030	暂时保存的榧子(用二氧化硫气体、盐水等物质处理,但不适于直接食用的)〔999〕	25	80	9		千克	ABE	P. R/Q. S
0812900040	暂时保存的翅果油树果(用二氧化硫气体、盐水等物质处理,但不适于直接食用的)〔999〕	25	80	9		千克	ABE	P. R/Q. S
0812900050	暂时保存的巨籽棕(海椰子)果仁(用二氧化硫气体、盐水等物质处理,但不适于直接食用的)〔999〕	25	80	9		千克	ABEF	P. R/Q. S
0812900090	暂时保存的其他水果及坚果(用二氧化硫气体、盐水等物质处理,但不适于直接食用的)〔999〕	25	80	9		千克	AB	P. R/Q. S
0813	**品目 08.01 至 08.06 以外的干果;本章的什锦坚果或干果:**							
08131000	-杏							
0813100000	杏干(品目 08.01 至 08.06 的干果除外)②	25	70	9		千克	AB	P. R/Q. S
08132000	-梅及李							
0813200000	梅干及李干(品目 08.01 至 08.06 的干果除外)③	25	70	9		千克	AB	P. R/Q. S
08133000	-苹果							
0813300000	苹果干(品目 08.01 至 08.06 的干果除外)④	25	70	9		千克	AB	P. R/Q. S
08134010	---龙眼干、肉							
0813401000	龙眼干、肉(品目 08.01 至 08.06 的干果除外)⑤	20	70	9		千克	AB	P. R/Q. S
08134020	---柿饼							
0813402000	柿饼(品目 08.01 至 08.06 的干果除外)⑥	25	70	9		千克	AB	P. R/Q. S
08134030	---红枣							
0813403000	干红枣(品目 08.01 至 08.06 的干果除外)⑦	25	70	9		千克	AB	P. R/Q. S
08134040	---荔枝干							
0813404000	荔枝干(品目 08.01 至 08.06 的干果除外)⑧	25	70	9		千克	AB	P. R/Q. S
08134090	---其他							
0813409010	翅果油树干果⑨	25	70	9		千克	ABE	P. R/Q. S
0813409020 暂15	蔓越橘干⑩	25	70	9		千克	AB	P. R/Q. S

① 〔101 冷冻荔枝〕,〔102 冷冻菠萝〕,〔103 冷冻桃〕,〔104 冷冻草莓〕,〔105 冷冻苹果〕,〔106 冷冻梨〕,〔107 冷冻西瓜〕,〔108 冷冻樱桃〕,〔109 冷冻猕猴桃〕,〔110 冷冻龙眼〕,〔111 冷冻葡萄〕,〔112 冷冻榴莲〕,〔113 冷冻菠萝蜜〕,〔115 其他未列名冷冻坚果〕,〔116 冷冻蔓越莓〕,〔117 冷冻无花果〕,〔118 冷冻越橘〕,〔119 冷冻黑莓〕,〔120 冷冻木莓〕,〔121 冷冻穗醋栗〕,〔122 冷冻香蕉〕,〔123 冷冻柠檬〕,〔124 冷冻蓝莓〕,〔125 冷冻芒果〕,〔126 冷冻鳄梨〕,〔999 其他冷冻植物产品〕

② 〔101 杏干(其他工艺)〕,〔102 其他蜜饯〕,〔103 杏干[提取(晒干的除外)、压榨、烹制、烘焙、冻干、脱水、裹糖屑、发酵、冷冻(经漂汤和杀青,并在-18 度以下冷冻)、浸酸、腌渍、炒制等工艺进行加工处理的]〕

③ 〔101 药用乌梅〕,〔102 李干(其他工艺)〕,〔103 梅干(其他工艺)〕,〔104 话梅〕,〔105 其他蜜饯〕,〔106 李干[提取(晒干的除外)、压榨、烹制、烘焙、冻干、脱水、裹糖屑、发酵、冷冻(经漂汤和杀青,并在-18 度以下冷冻)、浸酸、腌渍、炒制等工艺进行加工处理的]〕,〔107 梅干[提取(晒干的除外)、压榨、烹制、烘焙、冻干、脱水、裹糖屑、发酵、冷冻(经漂汤和杀青,并在-18 度以下冷冻)、浸酸、腌渍、炒制等工艺进行加工处理的]〕

④ 〔101 提取(晒干的除外)、压榨、烹制、烘焙、冻干、脱水、裹糖屑、发酵、冷冻(经漂汤和杀青,并在-18 度以下冷冻)、浸酸、腌渍、炒制等工艺进行加工处理的〕,〔999 其他工艺〕

⑤ 〔101 药用龙眼肉〕,〔102 龙眼干(其他工艺)〕,〔103 其他蜜饯〕,〔104 提取(晒干的除外)、压榨、烹制、烘焙、冻干、脱水、裹糖屑、发酵、冷冻(经漂汤和杀青,并在-19 度以下冷冻)、浸酸、腌渍、炒制等工艺进行加工处理的〕

⑥ 〔101 柿饼(其他工艺)〕,〔102 其他蜜饯〕,〔103 柿饼[提取(晒干的除外)、压榨、烹制、烘焙、冻干、脱水、裹糖屑、发酵、冷冻(经漂汤和杀青,并在-18 度以下冷冻)、浸酸、腌渍、炒制等工艺进行加工处理的]〕

⑦ 〔101 药用大枣〕,〔102 干枣(其他工艺)〕,〔103 其他蜜饯〕,〔104 干枣[提取(晒干的除外)、压榨、烹制、烘焙、冻干、脱水、裹糖屑、发酵、冷冻(经漂汤和杀青,并在-18 度以下冷冻)、浸酸、腌渍、炒制等工艺进行加工处理的]〕

⑧ 〔101 提取(晒干的除外)、压榨、烹制、烘焙、冻干、脱水、裹糖屑、发酵、冷冻(经漂汤和杀青,并在-19 度以下冷冻)、浸酸、腌渍、炒制等工艺进行加工处理的〕,〔999 其他工艺〕

⑨ 〔101 提取(晒干的除外)、压榨、烹制、烘焙、冻干、脱水、裹糖屑、发酵、冷冻(经漂汤和杀青,并在-20 度以下冷冻)、浸酸、腌渍、炒制等工艺进行加工处理的〕,〔999 其他工艺〕

⑩ 〔101 提取(晒干的除外)、压榨、烹制、烘焙、冻干、脱水、裹糖屑、发酵、冷冻(经漂汤和杀青,并在-21 度以下冷冻)、浸酸、腌渍、炒制等工艺进行加工处理的〕,〔999 其他工艺〕

协定税率(%)															特惠税率(%)			对美税率	出口税率	出口退税率	Article Description
智利	新西兰	澳大利亚	瑞士	冰岛	秘鲁	哥斯达	东盟	亚太	新加坡	巴基斯坦	港/澳/台	韩国	格鲁吉亚	毛里求斯	亚太	老/柬/缅	LDC 97/95				
																		75	0		
																					Fruit and nuts, provisionally preserved (for example, by sulphur dioxide gas, in brine, in sulphur water or in other preservative solutions), but unsuitable in that state for immediate consumption:
0	0	0		0	0	0	0				0/0/	19.5	0	24			0/			6	-Cherries
																		45	0		
0	0	0	5	0	0	0	0				0/0/	16.2	0	20			0/0				-Other
																		40	0	9	
																		40	0	9	
																		40	0	0	
																		40	0	9	
																		40	0	9	
																		40	0	9	
																		40	0	9	
																					Fruit, dried, other than that of headings 08.01 to 08.06; mixtures of nuts or dried fruits of this Chapter:
0	0	0	5	0	0	0	0				0/0/	16.2	0	20			0/0			9	-Apricots
																		70	0		
0	0	0	5	0	0	0	0				0/0/	16.2	0	20			0/0			9	-Prunes
																		70	0		
0	0	0	5	0	0	0	0				0/0/	16.2	0	20			0/0			9	-Apples
																		70	0		
0	0	0	4	0	0	0	0			0	0/0/	6	0	0		/0/	0/0			6	---Longans and longan pulps
																		65	0		
0	0	0	5	0	0	0	0			0	0/0/	16.2	0	20		/0/	0/0			6	---Persimmons
																		70	0		
0	0	0	5	0	0	0	0				0/0/	16.2	0	20		/0/	0/0			6	---Red jujubes
																		70	0		
0	0	0	5	0	0	0	0				0/0/	7.5	0	20		/0/	0/0			6	---Preserved litchi
																		70	0		
0	0	0	5	0	0	0	0			0	0/0/	16.2	0	20		/0/	0/0			9	---Other
																		70	0		
																		60	0		

商品编号	商品名称及备注[检验检疫编码及名称]	进口关税(%) 最惠国	进口关税(%) 普通	增值税率(%)	消费税	计量单位	监管条件	检验检疫类别
0813409090	其他干果(品目08.01至08.06的干果除外)①	25	70	9		千克	AB	P. R/Q. S
08135000	-本章的什锦坚果或干果							
0813500000	本章的什锦坚果或干果(品目08.01至08.06的干果除外)②	18	70	9		千克	AB	P. R/Q. S
0814	**柑橘属水果或甜瓜(包括西瓜)的果皮,鲜、冻、干或用盐水、亚硫酸水或其他防腐液暂时保藏的:**							
08140000	柑橘属水果或甜瓜(包括西瓜)的果皮,鲜、冻、干或用盐水、亚硫酸水或其他防腐液暂时保藏的							
0814000000	柑橘属水果或甜瓜(包括西瓜)的果皮(仅包括鲜、冻、干或暂时保藏的)③	25	70	9		千克	AB	P. R/Q. S

① 〔101 药用芡实〕,〔102 药用薏米(薏苡仁)〕,〔103 薏米〕,〔104 山楂干(其他工艺)〕,〔105 其他干(坚)果(其他工艺)〕,〔106 桑葚干(其他工艺)〕,〔107 其他蜜饯〕,〔108 菠萝蜜干(其他工艺)〕,〔109 草莓干(其他工艺)〕,〔110 橄榄干(其他工艺)〕,〔111 哈密瓜干(其他工艺)〕,〔112 蓝莓干(其他工艺)〕,〔113 榴莲干(其他工艺)〕,〔114 甜角(其他工艺)〕,〔115 蔓越橘干果(其他工艺)〕,〔116 蔓越莓干(其他工艺)〕,〔117 玫瑰果干(其他工艺)〕,〔118 樱桃干(其他工艺)〕,〔119 猕猴桃干(其他工艺)〕,〔120 木瓜干(其他工艺)〕,〔121 酸角(其他工艺)〕,〔122 蔷薇果干(其他工艺)〕,〔123 桃干(其他工艺)〕,〔124 甜瓜干(其他工艺)〕,〔125 西西果干(其他工艺)〕,〔126 罗望子干(其他工艺)〕,〔127 提取(晒干的除外)、压榨、烹制、烘焙、冻干、脱水、裹糖屑、发酵、冷冻(经漂汤和杀青,并在-22 度以下冷冻)、浸酸、腌渍、炒制等工艺进行加工处理的〕

② 〔101 提取(晒干的除外)、压榨、烹制、烘焙、冻干、脱水、裹糖屑、发酵、冷冻(经漂汤和杀青,并在-23 度以下冷冻)、浸酸、腌渍、炒制等工艺进行加工处理的〕,〔999 其他工艺〕

③ 〔101 果脯〕,〔102 其他蜜饯〕,〔103 药用陈皮(橘皮)〕,〔104 冻的、干的〕,〔105 鲜或暂时保藏的[提取(晒干的除外)、压榨、烹制、烘焙、冻干、脱水、裹糖屑、发酵、冷冻(经漂汤和杀青,并在-18 度以下冷冻)、浸酸、腌渍、炒制等工艺进行加工处理的]〕,〔106 鲜或暂时保藏的(橘子皮)(其他工艺)〕,〔107 鲜或暂时保藏的(柠檬皮)(其他工艺)〕,〔108 鲜或暂时保藏的(蓝莓皮)(其他工艺)〕,〔109 鲜或暂时保藏的(山竹果皮)(其他工艺)〕

协定税率(%)															特惠税率(%)			对美税率	出口税率	出口退税率	Article Description
智利	新西兰	澳大利亚	瑞士	冰岛	秘鲁	哥斯达	东盟	亚太	新加坡	巴基斯坦	港/澳/台	韩国	格鲁吉亚	毛里求斯	亚太	老/柬/缅	LDC 97/95				
																		70	0		
0	0	0	3.6	0	0	0	0			14.4	0/0/	9.6	0	0			0/0			9	-Mixtures of nuts or dried fruits of this Chapter
																		63	0		
																					Peel of citrus fruit or melons (including watermelons), fresh, frozen, dried or provisionally preserved in brine, in sulphur water or in other preservative solutions:
0	0	0	5	0	0	0	0				0/0/	16.2	0	20			0/0			9	Peel of citrus fruit or melons(including watermelons), fresh, frozen, dried or provisionally preserved in brine, in sulphur water or in other preservative solutions
																		50	0		

第 九 章
咖啡、茶、马黛茶及调味香料

注释：

一、品目 09.04 至 09.10 所列产品的混合物，应按下列规定归类：

（一）同一税号的两种或两种以上产品的混合物仍应归入该税号；

（二）不同税号的两种或两种以上产品的混合物应归入品目 09.10。

品目 09.04 至 09.10 的产品［或上述（一）或（二）项的混合物］如添加了其他物质，只要所得的混合物保持了原产品的基本特性，其归类应不受影响。基本特性已经改变的，则不应归入本章；构成混合调味品的，应归入品目 21.03。

二、本章不包括荜澄茄椒或品目 12.11 的其他产品。

商品编号	商品名称及备注[检验检疫编码及名称]	进口关税(%)		增值税率(%)	消费税	计量单位	监管条件	检验检疫类别
		最惠国	普通					
0901	**咖啡,不论是否焙炒或浸除咖啡碱;咖啡豆荚及咖啡豆皮;含咖啡的咖啡代用品:**							
09011100	--未浸除咖啡碱							
0901110000	未浸除咖啡碱的未焙炒咖啡①	8	50	13		千克	AB	P. R/Q. S
09011200	--已浸除咖啡碱							
0901120000	已浸除咖啡碱的未焙炒咖啡②	8	50	13		千克	AB	P. R/Q. S
09012100	--未浸除咖啡碱							
0901210000	未浸除咖啡碱的已焙炒咖啡〔101 咖啡粉〕,〔999 经焙烤后的咖啡豆〕	15	80	13		千克	AB	P. R/Q. S
09012200	--已浸除咖啡碱							
0901220000	已浸除咖啡碱的已焙炒咖啡〔999〕	15	80	13		千克	AB	P. R/Q. S
09019010	---咖啡豆荚及咖啡豆皮							
0901901000	咖啡豆荚及咖啡豆皮〔999〕	10	30	13		千克	AB	P. R/Q. S
09019020	---含咖啡的咖啡代用品							
0901902000	含咖啡的咖啡代用品〔999〕	30	80	13		千克	AB	P. R/Q
0902	**茶,不论是否加香料:**							
09021010	---花茶							
0902101000	每件净重≤不超过 3 千克的花茶(未发酵的,净重指内包装)〔999〕	15	100	9		千克	AB	P. R/S
09021090	---其他							
0902109000	每件净重≤3 千克的其他绿茶(未发酵的,净重指内包装)〔101 绿茶〕,〔102 白茶〕	15	100	9		千克	AB	P. R/S
09022010	---花茶							
0902201000	每件净重>3 千克的花茶(未发酵的,净重指内包装)〔999〕	15	100	9		千克	AB	P. R/S
09022090	---其他							
0902209000	每件净重>3 千克的其他绿茶(未发酵的,净重指内包装)〔101 绿茶〕,〔102 白茶〕	15	100	9		千克	AB	P. R/S
09023010	---乌龙茶							
0902301000	每件净重≤3 千克的乌龙茶(净重指内包装)〔999〕	15	100	9		千克	AB	P. R/S
09023031	----普洱茶(熟茶)							
0902303100	每件净重≤3 千克的普洱茶(熟茶)(净重指内包装)〔999〕	15	100	9		千克	AB	P. R/S
09023039	----其他							
0902303900	每件净重≤3 千克的其他黑茶(净重指内包装)〔999〕	15	100	9		千克	AB	P. R/S
09023090	---其他							
0902309000	红茶内包装每件净重≤3 千克(包括其他部分发酵茶)〔999〕	15	100	9		千克	AB	P. R/S
09024010	---乌龙茶							
0902401000	每件净重>3 千克的乌龙茶(净重指内包装)〔999〕	15	100	9		千克	AB	P. R/S
09024031	----普洱茶(熟茶)							
0902403100	每件净重>3 千克的普洱茶(熟茶)(净重指内包装)〔999〕	15	100	9		千克	AB	P. R/S
09024039	----其他							
0902403900	每件净重>3 千克的其他黑茶(净重指内包装)〔999〕	15	100	9		千克	AB	P. R/S
09024090	---其他							
0902409000	红茶(内包装每件净重>3 千克)(包括其他部分发酵茶)〔999〕	15	100	9		千克	AB	P. R/S
0903	**马黛茶:**							
09030000	马黛茶							
0903000000	马黛茶〔999〕	10	100	9		千克	AB	P. R/Q

① 〔101 提取(晒干的除外)、压榨、烹制、烘焙、冻干、脱水、裹糖屑、发酵、冷冻(经漂汤和杀青,并在-18 度以下冷冻)、浸酸、腌渍、炒制等工艺进行加工处理的〕,〔999 其他工艺〕

② 〔101 提取(晒干的除外)、压榨、烹制、烘焙、冻干、脱水、裹糖屑、发酵、冷冻(经漂汤和杀青,并在-19 度以下冷冻)、浸酸、腌渍、炒制等工艺进行加工处理的〕,〔999 其他工艺〕

Chapter 9
Coffee, tea, mate and spices

Chapter Notes:

1. Mixtures of the products of headings 09. 04 to 09. 10 are to be classified as follows:
   (a) Mixtures of two or more of the products of the same heading are to be classified in that heading;
   (b) Mixtures of two or more of the products of different headings are to be classified in heading 09. 10.
   The addition of other substances to the products of headings 09. 04 to 09. 10 (or to the mixtures referred to in paragraph (a) or (b) above) shall not affect their classification provided the resulting mixtures retain the essential character of the goods of those headings. Otherwise such mixtures are not classified in this Chapter; those constituting mixed condiments or mixed seasonings are classified in heading 21. 03.

2. This Chapter does not cover Cubeb pepper (*Piper cubeba*) or other products of heading 12. 11.

协定税率(%)															特惠税率(%)			对美税率	出口税率	出口退税率	Article Description
智利	新西兰	澳大利亚	瑞士	冰岛	秘鲁	哥斯达	东盟	亚太	新加坡	巴基斯坦	港/澳/台	韩国	格鲁吉亚	毛里求斯	亚太	老/柬/缅	LDC 97/95				
																					Coffee, whether or not roasted or decaffeinated; coffee husks and skins; coffee substitutes containing coffee in any proportion:
0	0	0	0	0		0	5				0/0/	0		6.4		0/0/	0/0	33	0	6	--Not decaffeinated
0	0	0	0	0			5				0/0/	0		6.4		0/0/	0/0	33	0	6	--Decaffeinated
0	0	0	7.8	0		0	5				0/0/	4.5		12		0/0/	0/0	40	0	13	--Not decaffeinated
0	0	0	3	0			0			12	0/0/	4.5		12		0/0/	0/0	40	0	13	--Decaffeinated
0	0	0	0	0	0	0	0		0	4	0/0/	3		8		0/0/	0/0	22.5	0	6	---Coffee husks and skins
0	0	0		0			0		0		0/0/	19.5		24		0/0/	0/0		0	13	---Coffee substitutes containing coffee
																					Tea, whether or not flavoured:
0	0	0	3	0	0	0	0	7.5	0	7.5	0/0/	4.5	0				0/0	40	0	6	---Flavoured
0	0	0	3	0	0	0	0	7.5	0	7.5	0/0/0	4.5	0				0/0	40	0	6	---Other
0	0	0	3	0	0	0	0	7.5	0	7.5	0/0/	4.5	0				0/0		0	6	---Flavoured
0	0	0	3	0	0	0	0	7.5	0	7.5	0/0/0	4.5	0				0/0	40	0	6	---Other
0	0	0	3	0	0	0	0	7.5	0	7.5	0/0/0	4.5	0				0/0	40	0	6	---Oolong tea
0	0	0	3	0	0	0	0	7.5	0	7.5	0/0/	4.5	0	12.9			0/0		0		----Puer tea(ripe tea)
0	0	0	3	0	0	0	0	7.5	0	7.5	0/0/0	4.5	0	12.9			0/0	40	0		----Other
0	0	0	3	0	0	0	0	7.5	0	7.5	0/0/0	4.5	0	12.9			0/0	40	0	6	---Other
0	0	0	3	0	0	0	0	7.5	0	7.5	0/0/0	4.5	0			0/0/0	0/0		0	6	---Oolong tea
0	0	0	3	0	0	0	0	7.5	0	7.5	0/0/	4.5	0	12.9		0/0/0	0/0		0		----Puer tea(ripe tea)
0	0	0	3	0	0	0	0	7.5	0	7.5	0/0/0	4.5	0	12.9		0/0/0	0/0	40	0		----Other
0	0	0	3	0	0	0	0	7.5	0	7.5	0/0/0	4.5	0	12.9		0/0/0	0/0	40	0	6	---Other
																					Mate:
0	0	0	0	0	0	0	0		0	4	0/0/	3	0	0			0/0		0	13	Mate

商品编号	商品名称及备注[检验检疫编码及名称]	进口关税(%) 最惠国	普通	增值税率(%)	消费税	计量单位	监管条件	检验检疫类别
0904	**胡椒;辣椒干及辣椒粉:**							
09041100	--未磨							
0904110010	毕拨〔101 药用荜茇〕,〔102 调味料〕	20	70	9		千克	QAB	P. R/Q. S
0904110090	未磨胡椒(毕拨除外)〔101 药用未磨胡椒〕,〔102 调味料〕	20	70	9		千克	AB	P. R/Q. S
09041200	--已磨							
0904120000	已磨胡椒〔101 药用已磨胡椒〕,〔102 调味料〕	20	70	9		千克	AB	P. R/Q. S
09042100	--干,未磨							
0904210000	干且未磨辣椒〔101 药用辣椒(干)〕,〔102 辣椒干〕	20	70	9		千克	AB	P. R/Q. S
09042200	--已磨							
0904220000	已磨辣椒〔999〕	20	70	9		千克	AB	P. R/Q. S
0905	**香子兰豆:**							
09051000	-未磨							
0905100000	未磨的香子兰豆〔999〕	15	50	9		千克	AB	P. R/Q
09052000	-已磨							
0905200000	已磨的香子兰豆〔999〕	15	50	9		千克	AB	P. R/Q
0906	**肉桂及肉桂花:**							
09061100	--锡兰肉桂							
0906110000	未磨锡兰肉桂〔999〕	5	50	9		千克	AB	P. R/Q. S
09061900	--其他							
0906190000	其他未磨肉桂及肉桂花〔101 药用未磨肉桂(桂枝)〕,〔102 调味料〕	5	50	9		千克	AB	P. R/Q. S
09062000	-已磨							
0906200000	已磨肉桂及肉桂花①	15	50	9		千克	QAB	P. R/Q. S
0907	**丁香(母丁香、公丁香及丁香梗):**							
09071000	-未磨							
0907100000	未磨的丁香(母丁香、公丁香及丁香梗)〔101 药用未磨丁香〕,〔102 调味料〕	3	14	9		千克	QAB	P. R/Q
09072000	-已磨							
0907200000	已磨的丁香(母丁香、公丁香及丁香梗)②	3	14	9		千克	QAB	P. R/Q
0908	**肉豆蔻、肉豆蔻衣及豆蔻:**							
09081100	--未磨							
0908110000	未磨的肉豆蔻〔101 药用未磨肉豆蔻〕,〔102 调味料〕	8	30	9		千克	QABE	P. R/Q
09081200	--已磨							
0908120000	已磨的肉豆蔻〔101 药用已磨肉豆蔻〕,〔102 调味料〕	8	30	9		千克	QABE	P. R/Q
09082100	--未磨							
0908210000	未磨的肉豆蔻衣〔999〕	8	30	9		千克	ABE	P. R/Q
09082200	--已磨							
0908220000	已磨的肉豆蔻衣〔999〕	8	30	9		千克	ABE	P. R/Q
09083100	--未磨							
0908310000	未磨的豆蔻〔101 药用未磨豆蔻〕,〔102 调味料〕	3	14	9		千克	QABE	P. R/Q
09083200	--已磨							
0908320000	已磨的豆蔻〔101 药用已磨豆蔻〕,〔102 调味料〕	3	14	9		千克	QABE	P. R/Q
0909	**茴芹子、八角茴香、小茴香子、芫荽子、枯茗子及贳蒿子**							
09092100	--未磨							
0909210000	未磨的芫荽子〔999〕	15	50	9		千克	AB	P. R/Q
09092200	--已磨							
0909220000	已磨的芫荽子〔999〕	15	50	9		千克	AB	P. R/Q
09093100	--未磨							
0909310000	未磨的枯茗子〔999〕	15	50	9		千克	AB	P. R/Q
09093200	--已磨							
0909320000	已磨的枯茗子〔999〕	15	50	9		千克	AB	P. R/Q
09096110	---八角茴香							
0909611000	未磨的八角茴香〔101 药用未磨八角茴香〕,〔102 调味料〕	20	90	9		千克	QAB	P. R/Q. S
09096190	---其他							
0909619010	未磨的小茴香子;未磨的杜松果〔101 药用未磨小茴香〕,〔102 调味料〕	15	50	9		千克	QAB	P. R/Q. S
0909619090	未磨的茴芹子;未磨的贳蒿子〔101 茴芹子〕,〔102 贳蒿子〕	15	50	9		千克	AB	P. R/Q
09096210	---八角茴香							

① 〔101 药用已磨肉桂(桂枝)〕,〔102 调味料〕,〔103 调味料(玉桂)〕
② 〔101 药用已磨丁香〕,〔102 调味料〕,〔103 非工业用有检疫要求食品添加剂〕

协定税率(%)															特惠税率(%)			对美税率	出口税率	出口退税率	Article Description
智利	新西兰	澳大利亚	瑞士	冰岛	秘鲁	哥斯达	东盟	亚太	新加坡	巴基斯坦	港/澳/台	韩国	格鲁吉亚	毛里求斯	亚太	老/柬/缅	LDC 97/95				
																					Pepper of the genus Piper; dried or crushed or ground fruits of the genus Capsicum or of the genus Pimenta:
0	0	0	4	0	0	0	5				0/0/	10.6	0	16			0/0			6	--Neither crushed nor ground
																		45	0		
																		45	0		
0	0	0	4	0	0	0	5	10		10	0/0/	10.6	0	0			0/0			13	--Crushed or ground
																		45	0		
0	0	0	4	0	0	0	0	10	0	10	0/0/	10.6	0	0			0/0			0	--Dried, neither crushed nor ground
																			0		
0	0	0	4	0	0	0	0	10	0	10	0/0/	10.6	0	0			0/0				--Crushed or ground
																		45	0	6	
																					Vanilla:
0	0	0	3	0	0	0	0		0	12	0/0/	4.5	0	0			0/0			6	-Neither crushed nor ground
																			0		
0	0	0	3	0	0	0	0		0	12	0/0/	4.5	0	0			0/0			6	-Crushed or ground
																			0		
																					Cinnamon and cinnamon-tree flowers:
0	0	0	0	0	0	0	0			0	0/0/	0	0	0			0/0			6	--Cinnamon (Cinnamomum zeylanicum Blume)
																			0		
0	0	0	0	0	0	0	0			0	0/0/	0	0	0			0/0			6	--Other
																		30	0		
0	0	0	3	0	0	0	0		0	12	0/0/	4.5	0	0			0/0			13	-Crushed or ground
																			0		
																					Cloves (whole fruit, cloves and stems):
0	0	0	0	0	0	0	0			0	0/0/	0	0	0		/0/	0/0			6	-Neither crushed nor ground
																			0		
0	0	0	0	0	0	0	0			0	0/0/	0	0	0		/0/	0/0			6	-Crushed or ground
																			0		
																					Nutmeg, mace and cardamoms:
0	0	0	0	0	0	0	0			3	0/0/	0	0	0		0/0/	0/0			6	--Neither crushed nor ground
																			0		
0	0	0	0	0	0	0	0			3	0/0/	0	0	0		0/0/	0/0			6	--Crushed or ground
																			0		
0	0	0	0	0	0	0	0			3	0/0/	0	0	0		0/0/	0/0			6	--Neither crushed nor ground
																			0		
0	0	0	0	0	0	0	0			3	0/0/	0	0	0		0/0/	0/0			6	--Crushed or ground
																			0		
0	0	0	0	0	0	0	0			0	0/0/	0	0	0		0/0/	0/0			6	--Neither crushed nor ground
																			0		
0	0	0	0	0	0	0	0			0	0/0/	0	0	0		0/0/	0/0			13	--Crushed or ground
																			0		
																					Seeds of anise, badian, fennel, coriander, cumin or caraway; juniper berries:
0	0	0	3	0	0	0	0		0	12	0/0/	4.5	0	0			0/0			6	--Neither crushed nor ground
																			0		
0	0	0	3	0	0	0	0		0	12	0/0/	4.5	0	0			0/0			13	--Crushed or ground
																			0		
0	0	0	3	0	0	0	0	7.5	0	6	0/0/	4.5	0	0			0/0			6	--Neither crushed nor ground
																			0		
0	0	0	3	0	0	0	0	7.5	0	6	0/0/	4.5	0	0			0/0			13	--Crushed or ground
																		40	0		
0	0	0	4	0	0	0	0		0		0/0/	10.6	0	0			0/0			6	---Badian
																			0		
0	0	0	3	0	0	0	0		0	12	0/0/	4.5	0	0			0/0			6	---Other
																			0		
																			0		
0	0	0	4	0	0	0	0		0		0/0/	10.6	0	0			0/0			13	---Badian

商品编号	商品名称及备注[检验检疫编码及名称]	进口关税(%) 最惠国	进口关税(%) 普通	增值税率(%)	消费税	计量单位	监管条件	检验检疫类别
0909621000	已磨的八角茴香〔101 药用已磨八角茴香〕,〔102 调味料〕	20	90	9		千克	QAB	P. R/Q. S
09096290	---其他							
0909629010	已磨的小茴香子;已磨的杜松果〔101 药用已磨小茴香〕,〔102 调味料〕	15	50	9		千克	QAB	P. R/Q. S
0909629090	已磨的茴芹子;已磨的贳蒿子〔101 茴芹子〕,〔102 贳蒿子〕	15	50	9		千克	AB	P. R/Q
0910	**姜、番红花、姜黄、麝香草、月桂叶、咖喱及其他调味香料:**							
09101100	--未磨							
0910110000	未磨的姜〔101 药用未磨干姜〕,〔102 药用未磨生姜〕,〔103 调味料〕	15	50	9		千克	AB	P. R/Q. S
09101200	--已磨							
0910120000	已磨的姜〔101 药用已磨干姜〕,〔102 调味料〕	15	50	9		千克	AB	P. R/Q. S
09102000	-番红花							
0910200000	番红花(西红花)〔101 药用番红花(西红花)〕,〔102 调味料〕	2	14	9		千克	QAB	P. R/Q. S
09103000	-姜黄							
0910300000	姜黄①	15	50	9		千克	QAB	P. R/Q. S
09109100	--本章注释一(二)所述的混合物							
0910910000	混合调味香料[本章注释一(二)所述的混合物]〔101 五香〕,〔102 咖喱粉〕,〔999 其他〕	15	50	13		千克	AB	P. R/Q. S
09109900	--其他							
0910990000	其他调味香料②	15	50	13		千克	AB	P. R/Q. S

① 〔101 食用姜黄〕,〔102 药用姜黄〕,〔103 调味料〕,〔104 姜黄浸膏(有检疫要求食品添加剂)〕

② 〔101 药用花椒〕,〔102 调味料〕,〔103 奥勒岗〕,〔104 龙蒿〕,〔105 咖喱粉〕,〔106 百里香叶、百里香叶粉〕,〔107 干薄荷叶〕,〔108 香草〕,〔109 花椒〕,〔110 芥末粉〕,〔111 多香果〕,〔112 罗勒粉〕,〔113 莳萝子粉〕,〔114 芹菜子〕,〔115 葫芦巴子〕,〔116 牛至叶 、牛至叶粉〕,〔117 月桂〕,〔118 众香子〕,〔119 洋苏叶〕,〔120 墨角兰〕,〔121 迷迭香〕,〔122 香叶〕,〔123 草果〕

协定税率(%)															特惠税率(%)			对美税率	出口税率	出口退税率	Article Description
智利	新西兰	澳大利亚	瑞士	冰岛	秘鲁	哥斯达	东盟	亚太	新加坡	巴基斯坦	港/澳/台	韩国	格鲁吉亚	毛里求斯	亚太	老/柬/缅	LDC 97/95				
																			0		
0	0	0	3	0	0	0	0		0	12	0/0/	4.5	0	0			0/0			13	---Other
																		27.5	0		
																		27.5	0		
																					Ginger, saffron, turmeric (cnrcuma), thyme, bay leaves, curry and other spices:
0	0	0	3	0	0	0	0	7.5	0	6	0/0/	4.5	0	0		0/0/	0/0			0	--Neither crushed nor ground
																			0		
0	0	0	3	0	0	0	0	7.5	0	6	0/0/	4.5	0	0		0/0/	0/0			6	--Crushed or ground
																		40	0		
0	0	0	0	0	0	0	0			0	0/0/	0	0	0			0/0				-Saffron
																			0	6	
0	0	0	3	0	0	0	0	7.5	0	6	0/0/	4.5	0	0		/0/	0/0			6	-Turmric(curcuma)
																			0		
0	0	0	3	0	0	0	0	7.5	0	0	0/0/	4.5	0	0			0/0			13	--Mixtures referred to in Note 1(b) to this Chapter
																		40	0		
0	0	0	3	0	0	0	0		0	0	0/0/	4.5	0	0			0/0				--Other
																		40	0	6	

第 十 章
谷 物

注释:

一、(一) 本章各品目所列产品必须带有谷粒,不论是否成穗或带秆。

(二) 本章不包括已去壳或经其他加工的谷物。但去壳、碾磨、磨光、上光、半熟或破碎的稻米仍应归入品目 10.06。

二、品目 10.05 不包括甜玉米 (第七章)。

子目注释:

所称"硬粒小麦",是指硬粒小麦属的小麦及以该属具有相同染色体数目 (28) 的小麦种间杂交所得的小麦。

商品编号	商品名称及备注[检验检疫编码及名称]	进口关税(%)		增值税率(%)	消费税	计量单位	监管条件	检验检疫类别
		最惠国	普通					
1001	**小麦及混合麦:**							
10011100	--种用							
1001110001	种用硬粒小麦(配额内)〔999〕	1	180	9		千克	4xABty	M. P/N. Q
1001110090	种用硬粒小麦(配额外)〔999〕	65	180	9		千克	4xABy	M. P/N. Q
10011900	--其他							
1001190001	其他硬粒小麦(配额内)〔101 食用小麦〕,〔102 工业用小麦〕,〔103 饲用小麦〕	1	180	9		千克	4xABty	M. P. R/Q. S
1001190090	其他硬粒小麦(配额外)〔101 食用小麦〕,〔102 工业用小麦〕,〔103 饲用小麦〕	65	180	9		千克	4xABy	M. P. R/Q. S
10019100	--种用							
1001910001	其他种用小麦及混合麦(配额内)〔999〕	1	180	9		千克	4xABty	M. P/N. Q
1001910090	其他种用小麦及混合麦(配额外)〔999〕	65	180	9		千克	4xABy	M. P/N. Q
10019900	--其他							
1001990001	其他小麦及混合麦(配额内)〔101 食用小麦〕,〔102 工业用小麦〕,〔103 饲用小麦〕	1	180	9		千克	4xABty	M. P. R/Q. S
1001990090	其他小麦及混合麦(配额外)〔101 食用小麦〕,〔102 工业用小麦〕,〔103 饲用小麦〕	65	180	9		千克	4xABy	M. P. R/Q. S
1002	**黑麦:**							
10021000	-种用							
1002100000	种用黑麦〔999〕	0	0	9		千克	AB	P/Q
10029000	-其他							
1002900000	其他黑麦〔201 食用〕,〔202 饲用〕,〔999〕	3	8	9		千克	AB	P. R/Q
1003	**大麦:**							
10031000	-种用							
1003100000	种用大麦〔999〕	0	160	9		千克	7AB	M. P/N. Q
10039000	-其他							
1003900000	其他大麦〔101 食用〕,〔102 饲料用〕	3	160	9		千克	7AB	M. P. R/Q. S
1004	**燕麦:**							
10041000	-种用							
1004100000	种用燕麦〔999〕	0	0	9		千克	AB	P/Q
10049000	-其他							
1004900000	其他燕麦〔101 食用〕,〔201 饲用〕,〔999〕	2	8	9		千克	AB	P. R/Q
1005	**玉米:**							
10051000	-种用							
1005100001	种用玉米(配额内)〔999〕	1	180	9		千克	4xAByt	P/Q
1005100090	种用玉米(配额外)〔999〕	20	180	9		千克	4xABy	P/Q
10059000	-其他							
1005900001	其他玉米(配额内)〔101 食用玉米〕,〔102 工业用玉米〕,〔103 饲用玉米〕	1	180	9		千克	4xAByt	P. R/Q. S
1005900090	其他玉米(配额外)〔101 食用玉米〕,〔102 工业用玉米〕,〔103 饲用玉米〕	65	180	9		千克	4xABy	P. R/Q. S
1006	**稻谷、大米:**							
10061021	----长粒米							
1006102101	种用长粒米稻谷(配额内)〔999〕	1	180	9		千克	4xAByt	P/N. Q
1006102190	种用长粒米稻谷(配额外)〔999〕	65	180	9		千克	4xABy	P/N. Q
10061029	----其他							
1006102901	其他种用稻谷(配额内)〔999〕	1	180	9		千克	4xAByt	P/N. Q
1006102990	其他种用稻谷(配额外)〔999〕	65	180	9		千克	4xABy	P/N. Q
10061081	----长粒米							
1006108101	其他长粒米稻谷(配额内)〔999〕	1	180	9		千克	4xAByt	P. R/Q. S
1006108190	其他长粒米稻谷(配额外)〔999〕	65	180	9		千克	4xABy	P. R/Q. S
10061089	----其他							

Chapter 10
Cereals

Chapter Notes:

1. (a) The products specified in the headings of this Chapter are to be classified in those headings only if grains are present, whether or not in the ear or on the stalk.

   (b) The Chapter does not cover grains which have been hulled or otherwise worked. However, rice, husked, milled, polished, glazed, parboiled or broken remains classified in heading 10.06.

2. Heading 10.05 does not cover sweet corn (Chapter 7).

Subheading Note:

The term "durum wheat" means wheat of the *Triticum durum* species and the hybrids derived from the inter-specific crossing of *Triticum durum* which have the same number (28) of chromosomes as that species.

协定税率(%)															特惠税率(%)			对美税率	出口税率	出口退税率	Article Description
智利	新西兰	澳大利亚	瑞士	冰岛	秘鲁	哥斯达	东盟	亚太	新加坡	巴基斯坦	港/澳/台	韩国	格鲁吉亚	毛里求斯	亚太	老/柬/缅	LDC 97/95				
																					Wheat and maslin:
							5				0/0/									0	--Seed
																			0		
																			0		
							5				0/0/									0	--Other
																		26	0		
																		90	0		
							5				0/0/									0	--Seed
																			0		
																			0		
							5				0/0/									0	--Other
																		26	0		
																		90	0		
																					Rye:
																	0/0			0	-Seed
																		5	0		
0	0	0	0	0	0	0	0			0	0/0/	0	0.6	0			0/0			0	-Other
																		8	0		
																					Barley:
																	0/0			0	-Seed
																		5	0		
0	0	0	0	0	0	0	0	0		0	0/0/	0	0.6	0			0/0			0	-Other
																		8	0		
																					Oats:
																	0/0			0	-Seed
																		5	0		
0	0	0	0	0	0	0	0			0	0/0/	0	0.4	0			0/0			0	-Other
																		7	0		
																					Maize(corn):
											0/0/									0	-Seed
																			0		
																			0		
							50				0/0/									0	-Other
																		26	0		
																		90	0		
																					Rice:
							50				0/0/									0	----Long grain
																		26	0		
																		90	0		
							50				0/0/									0	----Other
																		26	0		
																		90	0		
							50				0/0/									0	----Long grain
																		26	0		
																		90	0		
							50				0/0/									0	----Other

商品编号	商品名称及备注[检验检疫编码及名称]	进口关税(%)		增值税率(%)	消费税	计量单位	监管条件	检验检疫类别
		最惠国	普通					
1006108901	其他稻谷(配额内)〔999〕	1	180	9		千克	4xAByt	P. R/Q. S
1006108990	其他稻谷(配额外)〔999〕	65	180	9		千克	4xABy	P. R/Q. S
10062020	---长粒米							
1006202001	长粒米糙米(配额内)〔999〕	1	180	9		千克	4xAByt	M. P. R/Q. S
1006202090	长粒米糙米(配额外)〔999〕	65	180	9		千克	4xABy	M. P. R/Q. S
10062080	---其他							
1006208001	其他糙米(配额内)〔999〕	1	180	9		千克	4xAByt	M. P. R/Q. S
1006208090	其他糙米(配额外)〔999〕	65	180	9		千克	4xABy	M. P. R/Q. S
10063020	---长粒米							
1006302001	长粒米精米[不论是否磨光或上光(配额内)]〔201 食用白米〕,〔202 食用蒸煮米〕,〔203 食用其他加工米〕	1	180	9		千克	4xAByt	M. P. R/Q. S
1006302090	长粒米精米[不论是否磨光或上光(配额外)]〔201 食用白米〕,〔202 食用蒸煮米〕,〔203 食用其他加工米〕	65	180	9		千克	4xABy	M. P. R/Q. S
10063080	---其他							
1006308001	其他精米[不论是否磨光或上光(配额内)]〔201 食用白米〕,〔202 食用蒸煮米〕,〔203 食用其他加工米〕	1	180	9		千克	4xAByt	M. P. R/Q. S
1006308090	其他精米[不论是否磨光或上光(配额外)]〔201 食用白米〕,〔202 食用蒸煮米〕,〔203 食用其他加工米〕	65	180	9		千克	4xABy	M. P. R/Q. S
10064020	---长粒米							
1006402001	长粒米碎米(配额内)〔201 食用白米〕,〔202 食用蒸煮米〕,〔203 食用其他加工米〕	1	180	9		千克	4xAByt	M. P. R/Q. S
1006402090	长粒米碎米(配额外)〔201 食用白米〕,〔202 食用蒸煮米〕,〔203 食用其他加工米〕	10	180	9		千克	4xABy	M. P. R/Q. S
10064080	---其他							
1006408001	其他碎米(配额内)〔201 食用白米〕,〔202 食用蒸煮米〕,〔203 食用其他加工米〕	1	180	9		千克	4xAByt	M. P. R/Q. S
1006408090	其他碎米(配额外)〔201 食用白米〕,〔202 食用蒸煮米〕,〔203 食用其他加工米〕	10	180	9		千克	4xABy	M. P. R/Q. S
1007	**食用高粱:**							
10071000	-种用							
1007100000	种用食用高粱〔101 种用〕,〔102 食用、带壳〕,〔103 食用、去壳〕	0	0	9		千克	7AB	P/N. Q
10079000	-其他							
1007900000	其他食用高粱〔101 饲用〕,〔102 食用、带壳〕,〔103 食用、去壳〕	2	8	9		千克	7AB	P. R/Q. S
1008	**荞麦、谷子及加那利草子;其他谷物:**							
10081000	-荞麦							
1008100000	荞麦〔101 食用、带壳〕,〔102 食用、去壳〕	2	8	9		千克	AB	P. R/Q. S
10082100	--种用							
1008210000	种用谷子〔999〕	2	8	9		千克	AB	P/Q
10082900	--其他							
1008290000	其他谷子〔101 食用、带壳〕,〔102 食用、去壳〕	2	8	9		千克	AB	P. R/Q. S
10083000	-加那利草子							
1008300000	加那利草子〔999〕	2	8	9		千克	AB	P. R/Q
10084010	---种用							
1008401000	种用直长马唐(马唐属)〔999〕	0	0	9		千克	AB	P/N. Q
10084090	---其他							
1008409000	其他直长马唐(马唐属)〔999〕	3	8	9		千克	AB	P. R/Q. S
10085010	---种用							
1008501000	种用昆诺阿藜〔999〕	0	0	9		千克	AB	P/N. Q
10085090	---其他							
1008509000	其他昆诺阿藜〔999〕	3	8	9		千克	AB	P. R/Q. S
10086010	---种用							
1008601000	种用黑小麦〔999〕	0	0	9		千克	AB	P/N. Q
10086090	---其他							
1008609000	其他黑小麦〔101 食用〕,〔102 工业用〕,〔103 饲用〕	3	80	9		千克	AB	P. R/Q. S
10089010	---种用							
1008901000	其他种用谷物〔101 粟种子〕,〔102 荞麦种子〕,〔103 其他谷物种子〕	0	0	9		千克	AB	P/N. Q
10089090	---其他							
1008909000	其他谷物①	3	8	9		千克	AB	P. R/Q. S

① 〔101 饲用其他粮谷〕,〔102 食用、去壳黍子〕,〔103 食用、带壳黍子〕,〔104 食用谷穗〕,〔105 食用其他粮谷〕,〔106 野米〕,〔107 薏米〕,〔108 藜麦〕

协定税率(%)															特惠税率(%)			对美税率	出口税率	出口退税率	Article Description
智利	新西兰	澳大利亚	瑞士	冰岛	秘鲁	哥斯达	东盟	亚太	新加坡	巴基斯坦	港/澳/台	韩国	格鲁吉亚	毛里求斯	亚太	老/柬/缅	LDC 97/95				
																		26	0		
																		90	0		
							50				0/0/									0	---Long grain
																		26	0		
																		90	0		
							50				0/0/									0	---Other
																		26	0		
																		90	0		
							50				0/0/									0	---Long grain
																		26	0		
																		90	0		
							50				0/0/									0	---Other
																		26	0		
																		90	0		
							5				0/0/									0	---Long grain
																		26	0		
																		35	0		
							5				0/0/									0	---Other
																		26	0		
																		35	0		
																					Grain sorghum:
																	0/0			0	-Seed
																		5	0		
0	0	0	0	0	0	0	0			0	0/0/	0	0.4	0			0/0			0	-Other
																		27	0		
																					Buckwheat, millet and canary seed; other cereals:
0	0	0	0	0	0	0	0			0	0/0/	0	0.4	0			0/0			0	-Buckwheat
																		7	0		
0	0	0	0	0	0	0	0			0	0/0/	0	0	0		0//	0/0			0	--Seed
																		7	0		
0	0	0	0	0	0	0	0			0	0/0/	0	0.4	0		0//	0/0			0	--Other
																		7	0		
0	0	0	0	0	0	0	0			0	0/0/	0	0	0		0//	0/0			9	-Canary seed
																		7	0		
																	0/0			0	---Seed
																		5	0		
0	0	0	0	0	0	0	0			0	0/0/	0	0	0		0//	0/0			0	---Other
																		8	0		
																	0/0			0	---Seed
																		5	0		
0	0	0	0	0	0	0	0			0	0/0/	0	0	0		0//	0/0			0	---Other
																		8	0		
																	0/0			0	---Seed
																		5	0		
0	0	0	0	0	0	0	0			0	0/0/	0	0	0		0//	0/0			0	---Other
																		8	0		
																	0/0			0	---Seed
																		5	0		
0	0	0	0	0	0	0	0			0	0/0/	0	0.6	0		0//	0/0			0	---Other
																		8	0		

第十一章
制粉工业产品；麦芽；淀粉；菊粉；面筋

注释：

一、本章不包括：

（一）作为咖啡代用品的焙制麦芽（品目09.01或21.01）；

（二）品目19.01的经制作的细粉、粗粒、粗粉或淀粉；

（三）品目19.04的玉米片及其他产品；

（四）品目20.01、20.04或20.05的经制作或保藏的蔬菜；

（五）药品（第三十章）；或

（六）具有芳香料制品或化妆盥洗品性质的淀粉（第三十三章）。

二、（一）下表所列谷物碾磨产品按干制品重量计如果同时符合以下两个条件，应归入本章；但是，整粒、滚压、制片或磨碎的谷物胚芽均归入品目11.04：

1. 淀粉含量（按修订的尤艾斯旋光法测定）超过表列第（2）栏的比例；以及

2. 灰分含量（除去任何添加的矿物质）不超过表列第（3）栏的比例。

否则，应归入品目23.02。

（二）符合上述规定归入本章的产品，如果用表列第（4）或第（5）栏规定孔径的金属丝网筛过筛，其通过率按重量计不低于表列比例的，应归入品目11.01或11.02。

否则，应归入品目11.03或11.04。

谷　物 （1）	淀粉含量 （2）	灰分含量 （3）	通过下列孔径筛子的比率	
			315微米 （4）	500微米 （5）
小麦及黑麦	45%	2.5%	80%	-
大　麦	45%	3%	80%	-
燕　麦	45%	5%	80%	-
玉米及高粱	45%	2%	-	90%
大　米	45%	1.6%	80%	-
荞　麦	45%	4%	80%	-

三、品目11.03所称“粗粒”及“粗粉”，是指谷物经碾碎所得的下列产品：

（一）玉米产品，用2毫米孔径的金属丝网筛过筛，通过率按重量计不低于95%的；

（二）其他谷物产品，用1.25毫米孔径的金属丝网筛过筛，通过率按重量计不低于95%的。

商品编号	商品名称及备注[检验检疫编码及名称]	进口关税(%) 最惠国	进口关税(%) 普通	增值税率(%)	消费税	计量单位	监管条件	检验检疫类别
1101	**小麦或混合麦的细粉：**							
11010000	小麦或混合麦的细粉							
1101000001	小麦或混合麦的细粉(配额内)〔999〕	6	130	9		千克	4ABtxy	P. R/Q. S
1101000090	小麦或混合麦的细粉(配额外)〔999〕	65	130	9		千克	4ABxy	P. R/Q. S
1102	**其他谷物细粉，但小麦或混合麦的细粉除外：**							
11022000	-玉米细粉							
1102200001	玉米细粉(配额内)〔999〕	9	130	9		千克	4ABtxy	P. R/Q. S
1102200090	玉米细粉(配额外)〔999〕	40	130	9		千克	4ABxy	P. R/Q. S
11029021	----长粒米的							
1102902101	长粒米大米细粉(配额内)〔999〕	9	130	9		千克	4ABtxy	P. R/Q. S
1102902190	长粒米大米细粉(配额外)〔999〕	40	130	9		千克	4ABxy	P. R/Q. S
11029029	----其他							
1102902901	其他大米细粉(配额内)〔201 食用米粉〕,〔202 食用其他粮食加工产品〕	9	130	9		千克	4ABtxy	P. R/Q. S
1102902990	其他大米细粉(配额外)〔201 食用米粉〕,〔202 食用其他粮食加工产品〕	40	130	9		千克	4ABxy	P. R/Q. S
11029090	---其他							
1102909000	其他谷物细粉〔101 食用荞麦仁、粉〕,〔102 食用其他面粉类〕,〔103 食用其他粮食加工产品〕,〔104 黑麦粉〕	5	14	9		千克	AB	P. R/Q. S
1103	**谷物的粗粒、粗粉及团粒：**							
11031100	--小麦的							
1103110001	小麦粗粒及粗粉(配额内)〔999〕	9	130	9		千克	4ABtxy	P. R/Q. S
1103110090	小麦粗粒及粗粉(配额外)〔999〕	65	130	9		千克	4ABxy	P. R/Q. S

Chapter 11
Products of the milling industry; malt; starches; inulin; wheat gluten

Chapter Notes:

1. This Chapter does not cover:
   (a) Roasted malt put up as coffee substitutes (heading 09. 01 or 21. 01);
   (b) Prepared flours, groats, meals or starches of heading 19. 01;
   (c) Corn flakes or other products of heading 19. 04;
   (d) Vegetables, prepared or preserved, of heading 20. 01, 20. 04 or 20. 05;
   (e) Pharmaceutical products (Chapter 30); or
   (f) Starches having the character of perfumery, cosmetic or toilet preparations (Chapter 33).

2. (a) Products from the milling of the cereals listed in the table below fall in this Chapter if they have, by weight on the dry product:

   (i) a starch content (determined by the modified Ewers polarimetric method) exceeding that indicated in Column (2); and
   (ii) an ash content (after deduction of any added minerals) not exceeding that indicated in Column (3).
   Otherwise, they fall in heading 23. 02. However, germ of cereals, whole, rolled, flaked or ground is always classified in heading 11. 04.

   (b) Products falling in this Chapter under the above provisions shall be classified in heading 11. 01 or 11. 02 if the percentage passing through a woven metal wire cloth sieve with the aperture indicated in Column (4) or (5) is not less, by weight, than that shown against the cereal concerned. Otherwise, they fall in heading 11. 03 or 11. 04.

Cereal (1)	Starch content (2)	Ash content (3)	Rate of passage through a sieve with an aperture of	
			315 micrometres (microns) (4)	500 micrometres (microns) (5)
Wheat and rye	45%	2. 5%	80%	-
Barley	45%	3%	80%	-
Oats	45%	5%	80%	-
Maize (corn) and grain Sorghum	45%	2%	-	90%
Rice	45%	1. 6%	80%	-
Buckwheat	45%	4%	80%	-

3. For the purposes of heading 11. 03, the terms "groats" and "meal" mean products obtained by the fragmentation of cereal grains, of which:
   (a) in the case of maize (corn) products, at least 95% by weight passes through a woven metal wire cloth sieve with an aperture of 2mm;
   (b) in the case of other cereal products, at least 95% by weight passes through a woven metal wire cloth sieve with an aperture of 1. 25mm.

协定税率(%)															特惠税率(%)			对美税率	出口税率	出口退税率	Article Description
智利	新西兰	澳大利亚	瑞士	冰岛	秘鲁	哥斯达	东盟	亚太	新加坡	巴基斯坦	港/澳/台	韩国	格鲁吉亚	毛里求斯	亚太	老/柬/缅	LDC 97/95				
																					Wheat or maslin flour:
							50				0/0/									9	Wheat or maslin flour
																		31	0		
																		90	0		
																					Cereal flours other than of wheat or maslin:
											0/0/									0	-Maize (corn) flour
																		34	0		
																		65	0		
											0/0/									0	----Of long grain
																		34	0		
																		65	0		
							40				0/0/									0	----Other
																		34	0		
																		65	0		
0	0	0	0	0	0	0	0			0	0/0/	0	1	0		/0/	0/0			0	---Other
																		30	0		
																					Cereal groats, meal and pellets:
							50				0/0/									9	--Of wheat
																		34	0		
																		90	0		

商品编号	商品名称及备注[检验检疫编码及名称]	进口关税(%) 最惠国	进口关税(%) 普通	增值税率(%)	消费税	计量单位	监管条件	检验检疫类别
11031300	--玉米的							
1103130001	玉米粗粒及粗粉(配额内)〔999〕	9	130	9		千克	4ABtxy	P. R/Q. S
1103130090	玉米粗粒及粗粉(配额外)〔999〕	65	130	9		千克	4ABxy	P. R/Q. S
11031910	---燕麦的							
1103191000	燕麦粗粒及粗粉〔999〕	5	14	9		千克	AB	P. R/Q
11031931	----长粒米的							
1103193101	长粒米大米粗粒及粗粉(配额内)〔999〕	9	70	9		千克	4ABtxy	P. R/Q. S
1103193190	长粒米大米粗粒及粗粉(配额外)〔999〕	10	70	9		千克	4ABxy	P. R/Q. S
11031939	----其他							
1103193901	其他大米粗粒及粗粉(配额内)〔201 食用米粉〕,〔202 食用其他粮食加工产品〕	9	70	9		千克	4ABtxy	P. R/Q. S
1103193990	其他大米粗粒及粗粉(配额外)〔201 食用〕,〔202 食用米粉〕,〔203 食用其他粮食加工产品〕	10	70	9		千克	4ABxy	P. R/Q. S
11031990	---其他							
1103199000	其他谷物粗粒及粗粉〔101 食用荞麦仁、粉〕,〔102 食用黑麦粉〕,〔103 食用其他粮食加工产品〕	5	14	9		千克	AB	P. R/Q. S
11032010	---小麦的							
1103201001	小麦团粒(配额内)〔999〕	10	180	9		千克	4ABtxy	P. R/Q
1103201090	小麦团粒(配额外)〔999〕	65	180	9		千克	4ABxy	P. R/Q
11032090	---其他							
1103209000	其他谷物团粒〔101 食用荞麦仁、粉〕,〔102 食用黑麦粉〕,〔103 食用燕麦粉〕,〔104 食用其他面粉类〕	20	50	9		千克	AB	P. R/Q
1104	**经其他加工的谷物(例如,去壳、滚压、制片、制成粒状、切片或粗磨),但品目 10.06 的稻谷、大米除外;谷物胚芽,整粒、滚压、制片或磨碎的:**							
11041200	--燕麦的							
1104120000	滚压或制片的燕麦〔999〕	20	50	13		千克	AB	P. R/Q
11041910	---大麦的							
1104191000	滚压或制片的大麦〔999〕	20	50	13		千克	AB	P. R/Q
11041990	---其他							
1104199010	滚压或制片的玉米〔999〕	20	50	13		千克	4ABxy	P. R/Q
1104199090	滚压或制片的其他谷物〔999〕	20	50	13		千克	AB	P. R/Q
11042200	--燕麦的							
1104220000	经其他加工的燕麦〔999〕	20	50	13		千克	AB	P. R/Q
11042300	--玉米的							
1104230001	经其他加工的玉米(配额内)〔101 食用玉米粉〕,〔102 食用其他粮食加工产品〕	10	180	9		千克	4ABtxy	P. R/Q
1104230090	经其他加工的玉米(配额外)〔101 食用玉米粉〕,〔102 食用其他粮食加工产品〕	65	180	9		千克	4ABxy	P. R/Q
11042910	---大麦的							
1104291000	经其他加工的大麦〔999〕	65	114	9		千克	AB	P. R/Q. S
11042990	---其他							
1104299000	经其他加工的其他谷物〔101 食用小麦粉〕,〔102 食用荞麦仁、粉〕,〔103 食用燕麦粉〕,〔104 食用其他粮食加工产品〕,〔105 黑麦粉〕,〔106 野米〕,〔107 薏仁米〕	20	50	9		千克	AB	P. R/Q. S
11043000	-谷物胚芽,整粒、滚压、制片或磨碎的							
1104300000	整粒或经加工的谷物胚芽(经加工是指滚压、制片或磨碎)〔101 食用其他麦芽〕,〔102 食用其他粮食加工产品〕	20	50	9		千克	AB	M. P. R/Q
1105	**马铃薯的细粉、粗粉、粉末、粉片、颗粒及团粒:**							
11051000	-细粉、粗粉及粉末							
1105100000	马铃薯细粉、粗粉及粉末〔999〕	15	50	13		千克	AB	P. R/Q
11052000	-粉片、颗粒及团粒							
1105200000	马铃薯粉片、颗粒及团粒〔999〕	15	50	13		千克	AB	P. R/Q
1106	**用品目 07.13 的干豆或品目 07.14 的西谷茎髓及植物根茎、块茎制成的细粉、粗粉及粉末;用第八章的产品制成的细粉、粗粉及粉末:**							
11061000	-用品目 07.13 的干豆制成的							
1106100000	干豆细粉、粗粉及粉末(干豆仅指品目 07.13 所列的干豆)〔999〕	10	30	13		千克	AB	P. R/Q. S
11062000	-用品目 07.14 的西谷茎髓及植物根茎、块茎制成的							
1106200000	西谷茎髓粉、木薯粉及类似粉(仅包括品目 07.14 所列货品的粉)〔999〕	20	50	13		千克	AB	P. R/Q. S

协定税率(%)															特惠税率(%)			对美税率	出口税率	出口退税率	Article Description
智利	新西兰	澳大利亚	瑞士	冰岛	秘鲁	哥斯达	东盟	亚太	新加坡	巴基斯坦	港/澳/台	韩国	格鲁吉亚	毛里求斯	亚太	老/柬/缅	LDC 97/95				
							50				0/0/									0	--Of maize(corn)
																		14	0		
																		70	0		
0	0	0	0	0	0	0	0			0	0/0/	0	1	0			0/0			0	---Of oats
																		10	0		
							5				0/0/									0	----Of long grain
																		34	0		
																		35	0		
							5				0/0/									0	----Other
																		34	0		
																		35	0		
0	0	0	0	0	0	0	0			0	0/0/	0	1	0		/0/	0/0			0	---Other
																		10	0		
							50				0/0/									9	---Of wheat
																		15	0		
																		70	0		
0	0	0	4	0	0	0	0		0		0/0/	10.6		0			0/0			0	---Of other cereals
																		25	0		
																					Cereal grains otherwise worked (for example, hulled, rolled, flaked, pearled, sliced or kibbled), except rice of heading 10.06; germ of cereals, whole, rolled, flaked or ground:
0	0	0	4	0	0	0	0		0		0/0/	10.6		0			0/0			0	--Of oats
																		45	0		
0	0	0	4	0	0	0	0		0		0/0/	10.6		0			0/0			0	---Of barley
																		25	0		
0	0	0	4	0	0	0	0		0		0/0/	10.6		0			0/0			0	---Other
																		30	0		
																		30	0		
0	0	0	4	0	0	0	0		0		0/0/	10.6		0			0/0			0	--Of oats
																		45	0		
							50				0/0/									0	--Of maize corn
																		15	0		
																		70	0		
0	0	0			0	0	0		0		0/0/			52			0/0			0	---Of barley
																		70	0		
0	0	0	4	0	0	0	0		0		0/0/	10.6		0			0/0			0	---Other
																		45	0		
0	0	0	4	0	0	0	0		0		0/0/	10.6	0	0			0/0			0	-Germ of cereals, whole, rolled, flaked or ground
																		40	0		
																					Flour, meal, powder, flakes, granules and pellets of potatoes:
0	0	0	3	0	0	0	0		0	12	0/0/	4.5		0			0/0			13	-Flour, meal and powder
																		27.5	0		
0	0	0	3	0	0	0	0		0	12	0/0/	4.5		0			0/0			13	-Flakes, granules and pellets
																		40	0		
																					Flour, meal and powder of the dried leguminous vegetables of heading 07.13, of sago or of roots or tubers of heading 07.14; or of the products of Chapter 8:
0	0	0	0	0	0	0	0		0		0/0/	3	0	0		/0/	0/0			13	-Of the dried leguminous vegetables of heading 07.13
																		22.5	0		
0	·0	0	4	0	0	0	0		0		0/0/	10.6	0	0		0/0/0	0/0			13	-Of sago or of roots or tubers of heading 07.14
																		25	0		

商品编号	商品名称及备注[检验检疫编码及名称]	进口关税(%)		增值税率(%)	消费税	计量单位	监管条件	检验检疫类别
		最惠国	普通					
11063000	-用第八章的产品制成的							
1106300000	水果及坚果的细粉、粗粉及粉末(仅包括第八章所列货品的粉)①	20	80	13		千克	AB	P. R/Q. S
1107	**麦芽,不论是否焙制:**							
11071000	-未焙制							
1107100000	未焙制麦芽〔101 食用〕,〔102 药用未焙制麦芽〕	10	50	13		千克	AB	P. R/Q. S
11072000	-已焙制							
1107200000	已焙制麦芽〔101 食用〕,〔102 食用其他粮食加工产品〕,〔103 药用已焙制麦芽〕,〔104 其他粮食制品〕	10	50	13		千克	AB	P. R/Q. S
1108	**淀粉;菊粉:**							
11081100	--小麦淀粉							
1108110000	小麦淀粉〔999〕	20	50	13		千克	AB	P. R/Q. S
11081200	--玉米淀粉							
1108120000	玉米淀粉〔101 饲用〕,〔102 工业用〕,〔999 食用〕	20	50	13		千克	AB	P. R/Q. S
11081300	--马铃薯淀粉							
1108130000	马铃薯淀粉〔999〕	15	50	13		千克	AB	P. R/Q. S
11081400	--木薯淀粉							
1108140000	木薯淀粉〔999〕	10	50	13		千克	AB	P. R/Q. S
11081900	--其他							
1108190000	其他淀粉〔101 其他粮食加工产品,不包括马铃薯及木薯淀粉(其他粮食加工产品)〕,〔102 其他粮食制品〕,〔103 其他淀粉制品〕,〔104 淀粉〕	20	50	13		千克	AB	P. R/Q
11082000	-菊粉							
1108200000	菊粉〔999〕	20	50	13		千克	AB	P. R/Q. S
1109	**面筋,不论是否干制:**							
11090000	面筋,不论是否干制							
1109000000	面筋(不论是否干制)〔101 面筋〕,〔102 其他粮食制品〕	18	80	13		千克	AB	P. R/Q. S

① 〔101 其他籽仁为坚硬外壳包被的籽实[提取(晒干的除外)、压榨、烹制、烘焙、冻干、脱水、裹糖屑、发酵、冷冻(经漂汤和杀青,并在-18 度以下冷冻)、浸酸、腌渍、炒制等工艺进行加工处理的]〕,〔102 其他籽仁为皮或衣等包被的籽实[提取(晒干的除外)、压榨、烹制、烘焙、冻干、脱水、裹糖屑、发酵、冷冻(经漂汤和杀青,并在-19 度以下冷冻)、浸酸、腌渍、炒制等工艺进行加工处理的]〕,〔103 其他籽仁为坚硬外壳包被的籽实(扁桃仁粉)(其他工艺)〕,〔104 其他籽仁为坚硬外壳包被的籽实(椰子粉、椰壳粉、椰浆粉)(其他工艺)〕,〔105 其他籽仁为坚硬外壳包被的籽实(杏仁粉)(其他工艺)〕,〔106 其他籽仁为坚硬外壳包被的籽实(巴旦杏粉)(其他工艺)〕,〔107 其他籽仁为坚硬外壳包被的籽实(榴莲粉)(其他工艺)〕,〔108 其他籽仁为坚硬外壳包被的籽实(榛子粉)(其他工艺)〕,〔109 其他籽仁为坚硬外壳包被的籽实(罗望子粉)(其他工艺)〕,〔110 其他籽仁为皮或衣等包被的籽实(蓝莓粉)(其他工艺)〕,〔111 其他籽仁为皮或衣等包被的籽实(香蕉粉)(其他工艺)〕,〔112 其他籽仁为皮或衣等包被的籽实(樱桃粉)(其他工艺)〕,〔113 其他籽仁为皮或衣等包被的籽实(阿萨伊果粉)(其他工艺)〕,〔114 其他籽仁为皮或衣等包被的籽实(竹芋果粉)(其他工艺)〕,〔115 其他籽仁为皮或衣等包被的籽实(蔓越莓粉)(其他工艺)〕,〔116 其他籽仁为皮或衣等包被的籽实(柠檬粉、柠檬皮粉)(其他工艺)〕,〔117 其他籽仁为皮或衣等包被的籽实(柑橘粉、橘子粉)(其他工艺)〕,〔118 其他籽仁为皮或衣等包被的籽实(梅粉)(其他工艺)〕,〔998 其他籽仁为坚硬外壳包被的籽实(其他工艺)〕,〔999 其他籽仁为皮或衣等包被的籽实(其他工艺)〕

协定税率(%)															特惠税率(%)			对美税率	出口税率	出口退税率	Article Description
智利	新西兰	澳大利亚	瑞士	冰岛	秘鲁	哥斯达	东盟	亚太	新加坡	巴基斯坦	港/澳/台	韩国	格鲁吉亚	毛里求斯	亚太	老/柬/缅	LDC 97/95				
0	0	0	4	0	0	0	0	10	0	10	0/0/	10.6	0	0			0/0				-Of the products of Chapter 8
																		45	0	9	
																					Malt, whether or not roasted:
0	0	0	0	0	0	0	0		0	4	0/0/	3	0	0			0/0			13	-Not roasted
																		35	0		
0	0	0	0	0	0	0	0		0	4	0/0/	3	0	0			0/0			13	-Roasted
																		35	0		
																					Starches; inulin:
0	0	0	4	0	0	0	0		0		0/0/	10.6		0			0/0			0	--Wheat starch
																		25	0		
0	0	0	4	0	0	0	0		0		0/0/	10.6		0			0/0				--Maize(corn) starch
																		30	0	9	
0	0	0	3	0	0	0	0		0	12	0/0/	4.5		0			0/0			13	--Potato starch
																		40	0		
0	0	0	0	0	0	0	0		0	5	0/0/	3		0			0/0			13	--Manioc (cassava) starch
																		35	0		
0	0	0	4	0	0	0	0		0		0/0/	10.6		0			0/0			13	--Other starches
																		45	0		
0	0	0	4	0	0	0	0		0		0/0/	6	0	0			0/0			13	-Inulin
																		25	0		
																					Wheat gluten, whether or not dried:
0	0	0	3.6	0	0	0	0		0	14.4	0/0/	9.6	0	0			0/0			13	Wheat gluten, whether or not dried
																		43	0		

第十二章
含油子仁及果实；杂项子仁及果实；工业用或药用植物；稻草、秸秆及饲料

注释：

一、品目 12.07 主要包括棕榈果及棕榈仁、棉子、蓖麻子、芝麻、芥子、红花子、罂粟子、牛油树果，但不包括品目 08.01 或 08.02 的产品及油橄榄（第七章或第二十章）。

二、品目 12.08 不仅包括未脱脂的细粉和粗粉，而且包括部分或全部脱脂以及用其本身的油料全部或部分复脂的细粉和粗粉。但不包括品目 23.04 至 23.06 的残渣。

三、甜菜子、草子及其他草本植物种子、观赏用花的种子、蔬菜种子、林木种子、果树种子、巢菜子（蚕豆除外）、羽扇豆属植物种子，可一律视为种植用种子，归入品目 12.09。

但下列各项即使作种子用，也不归入品目 12.09：
（一）豆类蔬菜或甜玉米（第七章）；
（二）第九章的调味香料及其他产品；
（三）谷物（第十章）；或
（四）品目 12.01 至 12.07 或 12.11 的产品。

四、品目 12.11 主要包括下列植物或这些植物的某部分：罗勒、琉璃苣、人参、海索草、甘草、薄荷、迷迭香、芸香、鼠尾草及苦艾。

但品目 12.11 不包括：
（一）第三十章的药品；
（二）第三十三章的芳香料制品及化妆盥洗品；或
（三）品目 38.08 的杀虫剂、杀菌剂、除草剂、消毒剂及类似产品。

五、品目 12.12 的“海草及其他藻类”不包括：
（一）品目 21.02 的已死的单细胞微生物；
（二）品目 30.02 的培养微生物；或
（三）品目 31.01 或 31.05 的肥料。

子目注释：

子目 1205.10 所称“低芥子酸油菜子”，是指所榨取的固定油中芥子酸含量按重量计低于 2%，以及所得的固体成分每克葡萄糖苷酸（酯）含量低于 30 微摩尔的油菜子。

商品编号	商品名称及备注[检验检疫编码及名称]	进口关税(%)		增值税率(%)	消费税	计量单位	监管条件	检验检疫类别
		最惠国	普通					
1201	**大豆，不论是否破碎：**							
12011000	-种用							
1201100000	种用大豆〔999〕	0	180	9		千克	7AB	M. P/N. Q
12019010	---黄大豆							
1201901000	非种用黄大豆(不论是否破碎)〔101 榨油用〕,〔102 饲料用〕,〔103 食品加工用〕	3	180	9		千克	7AB	M. P. R/Q. S
12019020	---黑大豆							
1201902000	非种用黑大豆(不论是否破碎)〔101 榨油用〕,〔102 饲料用〕,〔103 食品加工用〕	3	180	9		千克	7AB	M. P. R/Q. S
12019030	---青大豆							
1201903000	非种用青大豆(不论是否破碎)〔101 榨油用〕,〔102 饲料用〕,〔103 食品加工用〕	3	180	9		千克	7AB	M. P. R/Q. S
12019090	---其他							
1201909000	非种用其他大豆(不论是否破碎)〔101 榨油用〕,〔102 饲料用〕,〔103 食品加工用〕	3	180	9		千克	7AB	M. P. R/Q. S
1202	**未焙炒或未烹煮的花生，不论是否去壳或破碎：**							
12023000	-种用							
1202300000	种用花生〔999〕	0	0	9		千克	AB	P/N. Q
12024100	--未去壳							
1202410000	其他未去壳花生(未焙炒或未烹煮的)①	15	70	9		千克	AB	P. R/Q. S
12024200	--去壳，不论是否破碎							

① 〔101 提取(晒干的除外)、压榨、烹制、烘焙、冻干、脱水、裹糖屑、发酵、冷冻(经漂汤和杀青，并在-18 度以下冷冻)、浸酸、腌渍、炒制等工艺进行加工处理的〕,〔999 其他工艺〕

Chapter 12

Oil seeds and oleaginous fruits; miscellaneous grains, seeds and fruit; industrial or medicinal plants; straw and fodder

Chapter Notes:

1. Heading 12. 07 applies, *inter alia*, to palm nuts and kernels, cotton seeds, castor oil seeds, sesamum seeds, mustard seeds, safflower seeds, poppy seeds and shea nuts (karite nuts). It does not apply to products of heading 08. 01 or 08. 02 or to olives (Chapter 7 or Chapter 20).

2. Heading 12. 08 applies not only to non-defatted flours and meals but also to flours and meals which have been partially defatted or defatted and wholly or partially refatted with their original oils. It does not, however, apply to residues of headings 23. 04 to 23. 06.

3. For the purposes of heading 12. 09, beet seeds, grass and other herbage seeds, seeds of ornamental flowers, vegetable seeds, seeds of forest trees, seeds of fruit trees, seeds of vetches (other than those of the species *vicia faba*) or of lupines are to be regarded as "seeds of a kind used for sowing".
   Heading 12. 09 does not, however, apply to the following even if for sowing:
   (a) Leguminous vegetables or sweet corn (Chapter 7);
   (b) Spices or other products of Chapter 9;
   (c) Cereals (Chapter 10); or
   (d) Products of headings 12. 01 to 12. 07 or 12. 11.

4. Heading 12. 11 applies, *inter alia*, to the following plants or parts thereof: basil, borage, ginseng, hyssop, liquorice, all species of mint, rosemary, rue, sage and wormwood.
   Heading 12. 11 does not, however, apply to:
   (a) Medicaments of Chapter 30;
   (b) Perfumery, cosmetic or toilet preparations of Chapter 33; or
   (c) Insecticides, fungicides, herbicides, disinfectants or similar products of heading 38. 08.

5. For the purposes of heading 12. 12, the term "seaweeds and other algae" does not include:
   (a) Dead single-cell micro-organisms of heading 21. 02;
   (b) Cultures of micro-organisms of heading 30. 02; or
   (c) Fertilisers of heading 31. 01 or 31. 05.

Subheading Note:

For the purposes of subheading 1205. 10, the expression "low erucic acid rape or colza seeds" means rape or cloza seeds yielding a fixed oil which has an erucic acid content of less than 2% by weight and yielding a solid component which contains less than 30 micromoles of glucosinolates per gram.

协定税率(%)															特惠税率(%)			对美税率	出口税率	出口退税率	Article Description
智利	新西兰	澳大利亚	瑞士	冰岛	秘鲁	哥斯达	东盟	亚太	新加坡	巴基斯坦	港/澳/台	韩国	格鲁吉亚	毛里求斯	亚太	老/柬/缅	LDC 97/95				
																					Soya beans, whether or not broken:
																	0/0			0	-Seed
																		5	0		
0	0		0	0	0	0	0	0		0	0/0/	0				0/0/	0/0			0	---Yellow soya beans
																		30. 5	0		
0	0		0	0	0	0	0	0		0	0/0/	0				0/0/	0/0			0	---Black soya beans
																		28	0		
0	0		0	0	0	0	0	0		0	0/0/	0				0/0/	0/0			0	---Green soya beans
																		8	0		
0	0		0	0	0	0	0	0		0	0/0/	0					0/0			0	---Other
																		8	0		
																					Ground-nuts, not roasted or otherwise cooked, whether or not shelled or broken:
																	0/0			0	-Seed
																		5	0		
0	0	0	3	0	0	0	0		0	0	0/0/	4. 5		0		0//	0/0			0	--In shell
																		25	0		
0	0	0	3	0	0	0	0		0	0	0/0/	4. 5		0		0//	0/0			0	--Shelled, whether or not broken

商品编号	商品名称及备注[检验检疫编码及名称]	进口关税(%) 最惠国	进口关税(%) 普通	增值税率(%)	消费税	计量单位	监管条件	检验检疫类别
1202420000	其他去壳花生,不论是否破碎(未焙炒或未烹煮的)①	15	70	9		千克	AB	P. R/Q. S
1203	**干椰子肉:**							
12030000	干椰子肉							
1203000000	干椰子肉②	15	30	9		千克	AB	P. R/Q
1204	**亚麻子,不论是否破碎:**							
12040000	亚麻子,不论是否破碎							
1204000000	亚麻子(不论是否破碎)〔999〕	15	70	9		千克	AB	P. R/Q
1205	**油菜子,不论是否破碎:**							
12051010	---种用							
1205101000	种用低芥子酸油菜子〔999〕	0	80	9		千克	7AB	P/N. Q
12051090	---其他							
1205109000	其他低芥子酸油菜子(不论是否破碎)〔999〕	9	80	9		千克	7AB	P. R/Q. S
12059010	---种用							
1205901000	其他种用油菜子〔999〕	0	80	9		千克	7AB	P/N. Q
12059090	---其他							
1205909000	其他油菜子(不论是否破碎)〔999〕	9	80	9		千克	7AB	P. R/Q. S
1206	**葵花子,不论是否破碎:**							
12060010	---种用							
1206001000	种用葵花子〔999〕	0	0	9		千克	AB	P/N. Q
12060090	---其他							
1206009000	其他葵花子(不论是否破碎)③	15	70	9		千克	AB	P. R/Q. S
1207	**其他含油子仁及果实,不论是否破碎:**							
12071010	---种用							
1207101010	种用濒危棕榈果及棕榈仁〔999〕	0	0	9		千克	ABEF	P/N. Q
1207101090	其他种用棕榈果及棕榈仁〔999〕	0	0	9		千克	AB	P/N. Q
12071090	---其他							
1207109010	其他濒危棕榈果及棕榈仁(不论是否破碎)〔999〕	10	70	9		千克	ABEF	P. R/Q. S
1207109090	其他棕榈果及棕榈仁(不论是否破碎)〔999〕	10	70	9		千克	AB	P. R/Q. S
12072100	--种用							
1207210000	种用棉子〔999〕	0	0	9		千克	AB	P/N. Q
12072900	--其他							
1207290000	其他棉子(不论是否破碎)〔999〕	15	70	9		千克	AB	P. R/Q. S
12073010	---种用							
1207301000	种用蓖麻子〔999〕	0	0	9		千克	AB	P/N. Q
12073090	---其他							
1207309000	其他蓖麻子(不论是否破碎)〔999〕	15	70	9		千克	AB	P. R/Q. S
12074010	---种用							
1207401000	种用芝麻(不论是否破碎)〔999〕	0	0	9		千克	AB	P/N. Q
12074090	---其他							
1207409000	其他芝麻(不论是否破碎)〔101 食用〕,〔102 药用黑芝麻〕	10	70	9		千克	AB	P. R/Q. S
12075010	---种用							
1207501000	种用芥子(不论是否破碎)〔999〕	0	0	9		千克	AB	P/N. Q
12075090	---其他							
1207509000	其他芥子(不论是否破碎)〔999〕	15	70	9		千克	AB	P. R/Q
12076010	---种用							
1207601000	种用红花子〔999〕	0	0	9		千克	AB	P/N. Q
12076090	---其他							
1207609000	其他红花子(不论是否破碎)〔999〕	20	70	9		千克	AB	P. R/Q. S
12077010	---种用							
1207701000	种用甜瓜的子(包括西瓜属和甜瓜属的子)〔101 西瓜种子〕,〔102 哈密瓜种子〕,〔103 甜瓜种子〕	0	0	9		千克	AB	P/Q
12077091	----黑瓜子							

① 〔101 提取(晒干的除外)、压榨、烹制、烘焙、冻干、脱水、裹糖屑、发酵、冷冻(经漂汤和杀青,并在-19 度以下冷冻)、浸酸、腌渍、炒制等工艺进行加工处理的〕,〔999 其他工艺〕

② 〔101 提取(晒干的除外)、压榨、烹制、烘焙、冻干、脱水、裹糖屑、发酵、冷冻(经漂汤和杀青,并在-20 度以下冷冻)、浸酸、腌渍、炒制等工艺进行加工处理的〕,〔999 其他工艺〕

③ 〔101 非熟制(其他工艺)〕,〔102 熟制〕,〔103 非熟制[提取(晒干的除外)、压榨、烹制、烘焙、冻干、脱水、裹糖屑、发酵、冷冻(经漂汤和杀青,并在-18 度以下冷冻)、浸酸、腌渍、炒制等工艺进行加工处理的]〕

协定税率(%)															特惠税率(%)			对美税率	出口税率	出口退税率	Article Description
智利	新西兰	澳大利亚	瑞士	冰岛	秘鲁	哥斯达	东盟	亚太	新加坡	巴基斯坦	港/澳/台	韩国	格鲁吉亚	毛里求斯	亚太	老/柬/缅	LDC 97/95				
																		40	0		
																					Copra:
0	0	0	3	0	0	0	0	7.5	0	6	0/0/	4.5	0	0		/0/	0/0			6	Copra
																		20	0		
																					Linseed, whether or not broken:
0	0	0	3	0	0	0	0		0	12	0/0/	4.5		0			0/0			9	Linseed, whether or not broken
																		40	0		
																					Rape or colza seeds, whether or not broken:
																	0/0			0	---Seed
																		5	0		
0	0		0	0	0	0	0	0		0	0/0/	0					0/0			9	---Other
																		14	0		
																	0/0			0	---Seed
																		5	0		
0	0		0	0	0	0	0	0		0	0/0/	0		0			0/0			9	---Other
																		14	0		
																					Sunflower seeds, whether or not broken:
																	0/0			9	---Seed
																			0		
0	0	0	3	0	0	0	0		0	12	0/0/	4.5		0			0/0			9	---Other
																		40	0		
																					Other oil seeds and oleaginous fruits, whether or not broken:
																	0/0				---Seed
																		5	0	0	
																		5	0	6	
0	0	0	0	0	0	0	0		0	4	0/0/	3	0	0		/0/	0/0				---Other
																		20	0	0	
																		20	0	6	
																	0/0			6	--Seed
																		5	0		
0	0	0	3	0	0	0	0		0	12	0/0/	4.5		0			0/0			6	--Other
																		20	0		
																	0/0			6	---Seed
																		5	0		
0	0	0	3	0	0	0	0		0		0/0/	4.5		0		0/0/0	0/0			6	---Other
																		20	0		
																	0/0			9	---Seeds for cultivation
																		5	0		
0	0	0	0	0	0	0	0	9	0	0	0/0/	3		0		0/0/0	0/0			9	---Other
																		15	0		
																	0/0			9	---Seeds for cultivation
																		5	0		
0	0	0	3	0	0	0	0		0	12	0/0/	4.5	0	0			0/0			9	---Other
																		40	0		
																	0/0			9	---Seed
																		5	0		
0	0	0	4	0	0	0	0		0		0/0/	10.6	0	0			0/0			9	---Other
																		25	0		
																	0/0			0	---Seed
																			0		
0	0	0	4	0	0	0	0		0		0/0/	10.6	0	0			0/0			9	----Black watermelon seeds

商品编号	商品名称及备注[检验检疫编码及名称]	进口关税(%)		增值税率(%)	消费税	计量单位	监管条件	检验检疫类别
		最惠国	普通					
1207709100	非种用黑瓜子或其他黑瓜子(不论是否破碎)①	20	80	9		千克	AB	P. R/Q. S
12077092	----红瓜子							
1207709200	非种用红瓜子或其他红瓜子(不论是否破碎)②	20	80	9		千克	AB	P. R/Q. S
12077099	----其他							
1207709900	其他甜瓜的子(包括西瓜属和甜瓜属的子;不论是否破碎)③	30	70	9		千克	AB	P. R/Q. S
12079100	--罂粟子							
1207910000	罂粟子(不论是否破碎)〔999〕	20	70	9		千克	AB	P/Q
12079910	---种用							
1207991000	其他种用含油子仁及果实④	0	0	9		千克	AB	P/N. Q
12079991	----牛油树果							
1207999100	牛油树果(不论是否破碎)〔999〕	20	70	9		千克	AB	P. R/Q
12079999	----其他							
1207999900	其他含油子仁及果实(不论是否破碎)⑤	10	70	9		千克	AB	P. R/Q. S
1208	**含油子仁或果实的细粉及粗粉,但芥子粉除外:**							
12081000	-大豆粉							
1208100000	大豆粉〔999〕	9	70	13		千克	AB	P. R/Q. S
12089000	-其他							
1208900000	其他含油子仁或果实的细粉及粗粉(芥子粉除外)〔999〕	15	80	13		千克	AB	P. R/Q. S
1209	**种植用的种子、果实及孢子:**							
12091000	-糖甜菜子							
1209100000	糖甜菜子〔999〕	0	0	9		千克	AB	P/Q
12092100	--紫苜蓿子							
1209210000	紫苜蓿子〔999〕	0	0	9		千克	AB	P/Q
12092200	--三叶草子							
1209220000	三叶草子〔999〕	0	0	9		千克	AB	P/Q
12092300	--羊茅子							
1209230000	羊茅子〔999〕	0	0	9		千克	AB	P/Q
12092400	--草地早熟禾子							
1209240000	草地早熟禾子〔999〕	0	0	9		千克	AB	P/Q
12092500	--黑麦草种子							
1209250000	黑麦草种子〔999〕	0	0	9		千克	AB	P/Q
12092910	---甜菜子,糖甜菜子除外							
1209291000	甜菜子,糖甜菜子除外〔999〕	0	0	9		千克	AB	P/Q
12092990	---其他							
1209299000	其他饲料植物种子⑥	0	0	9		千克	AB	P/Q
12093000	-草本花卉植物种子							
1209300010	濒危草本花卉植物种子〔999〕	0	0	9		千克	AFEB	P/Q
1209300090	其他草本花卉植物种子⑦	0	0	9		千克	AB	P/Q
12099100	--蔬菜种子							
1209910000	蔬菜种子⑧	0	0	9		千克	AB	P/Q
12099900	--其他							

① 〔101 非熟制(其他工艺)〕,〔102 熟制〕,〔103 非熟制[提取(晒干的除外)、压榨、烹制、烘焙、冻干、脱水、裹糖屑、发酵、冷冻(经漂汤和杀青,并在-18 度以下冷冻)、浸酸、腌渍、炒制等工艺进行加工处理的]〕

② 〔101 提取(晒干的除外)、压榨、烹制、烘焙、冻干、脱水、裹糖屑、发酵、冷冻(经漂汤和杀青,并在-20 度以下冷冻)、浸酸、腌渍、炒制等工艺进行加工处理的〕,〔999 其他工艺〕

③ 〔101 提取(晒干的除外)、压榨、烹制、烘焙、冻干、脱水、裹糖屑、发酵、冷冻(经漂汤和杀青,并在-21 度以下冷冻)、浸酸、腌渍、炒制等工艺进行加工处理的〕,〔999 其他工艺〕

④ 〔101 亚麻种子〕,〔102 蓖麻种子〕,〔103 油棕果种子〕,〔104 红花籽〕,〔105 其他油料种子〕

⑤ 〔101 未去壳油用花生〕,〔102 其他籽仁为皮或衣等包被的油籽〕,〔103 油用茶籽〕,〔104 油用大麻籽〕,〔105 油橄榄〕,〔106 油桐籽〕,〔107 油用橡子仁〕,〔108 葡萄籽〕,〔109 其他籽仁为坚硬外壳包被的油籽〕,〔110 去壳油用花生〕,〔111 油棕果、油棕仁〕,〔112 西豆〕,〔113 黑加仑籽〕,〔114 琉璃苣籽〕,〔115 苏籽〕,〔116 月见草籽〕,〔117 水飞蓟籽〕,〔118 奇亚籽〕

⑥ 〔101 鸭茅属种子〕,〔102 苜蓿属种子,紫苜蓿种子除外〕,〔103 车轴草属种子〕,〔104 杂高粱种子〕,〔105 苏丹草种子〕,〔106 草芦属种子〕,〔107 狼尾草属种子〕,〔108 梯牧草子〕

⑦ 〔101 地毯草种子〕,〔102 散尾葵种子〕,〔103 唐倡蒲种子〕,〔104 鸢尾种子〕,〔105 兔尾草种子〕,〔106 鹤望兰种子〕,〔107 其他花卉种子〕

⑧ 〔101 菜豆种子〕,〔102 番茄种子〕,〔103 葱种子〕,〔104 莴苣种子〕,〔105 萝卜种子〕,〔106 黄瓜种子〕,〔107 辣椒种子〕,〔108 白菜种子〕,〔109 菠菜种子〕,〔110 南瓜种子〕,〔111 茄子种子〕,〔112 西葫芦种子〕,〔113 甜菜种子〕,〔114 牛蒡种子〕,〔115 黄秋葵种子〕,〔116 芦笋种子〕,〔117 空心菜种子〕,〔118 苦瓜种子〕,〔119 韭菜种子〕,〔120 花椰菜种子〕,〔121 芹属种子〕,〔122 蕹菜种子〕,〔123 生菜种子〕,〔124 青瓜种子〕,〔125 非种用芥菜种子〕,〔126 芥兰种子〕,〔127 甘蓝种子〕,〔128 刺葵种子〕,〔129 豆薯种子〕,〔130 丝瓜种子〕,〔131 芫荽种子〕,〔132 刀豆种子〕,〔133 其他蔬菜种子〕

协定税率(%)															特惠税率(%)			对美税率	出口税率	出口退税率	Article Description
智利	新西兰	澳大利亚	瑞士	冰岛	秘鲁	哥斯达	东盟	亚太	新加坡	巴基斯坦	港/澳/台	韩国	格鲁吉亚	毛里求斯	亚太	老/柬/缅	LDC 97/95				
																		25	0		
0	0	0	4	0	0	0	0		0		0/0/	10.6	0	0			0/0			9	----Red watermelon seeds
																		25	0		
0	0	0		0	0	0	0				0/0/	19.5	0	24			0/0			9	----Other
																		35	0		
0	0	0	4	0	0	0	0		0		0/0/	10.6	0	0			0/0			9	--Poppy seeds
																		25	0		
																	0/0			9	---Seed
																		5	0		
0	0	0	4	0	0	0	0		0		0/0/	10.6	0	0		//0	0/0			6	----Shea nuts (karite nuts)
																		25	0		
0	0	0	0	0	0	0	0		0	5	0/0/	3		0		0/0/0	0/0			6	----Other
																		35	0		
																					Flours and meals of oil seeds or oleaginous fruits, other than those of mustard:
0	0	0	0	0	0	0	0			5	0/0/	0	1.8	0		/0/	0/0			0	-Of soya beans
																		14	0		
0	0	0	3	0	0	0	0		0	12	0/0/	4.5		0		/0/	0/0			13	-Other
																		20	0		
																					Seeds, fruit and spores, of a kind used for sowing:
																	0/0			9	-Sugar beet seed
																		5	0		
																	0/0			0	--Lucerne(alfalfa) seed
																			0		
																	0/0			0	--Clover(Trifblium spp.) seed
																			0		
																	0/0			0	--Fescue seed
																			0		
																	0/0			0	--Kentucky blue grass (Poa pratensis L.) seed
																			0		
																	0/0			0	--Rye grass (Lolium multiflorum Lam., Lolium perenne L.) seed
																			0		
																	0/0			9	---Beet seed, excluding sugar beet seed
																			0		
																	0/0			0	---Other
																		5	0		
																	0/0			0	-Seeds of herbaceous plants cultivated principally for their flowers
																			0		
																			0		
																	0/0			0	--Vegetable seeds
																			0		
																	0/0			0	--Other

商品编号	商品名称及备注［检验检疫编码及名称］	进口关税(%)		增值税率(%)	消费税	计量单位	监管条件	检验检疫类别
		最惠国	普通					
1209990010	其他种植用濒危种子、果实及孢子［101 其他花卉种子］,［102 其他林木种子］,［103 其他经济类植物种子］	0	0	9		千克	AFEB	P/Q
1209990090	其他种植用的种子、果实及孢子①	0	0	9		千克	AB	P/Q
1210	**鲜或干的啤酒花,不论是否研磨或制成团粒;蛇麻腺:**							
12101000	-啤酒花,未经研磨也未制成团粒							
1210100000	未研磨也未制成团粒的啤酒花(鲜或干的)②	20	50	13		千克	AB	P. R/Q. S
12102000	-啤酒花,经研磨或制成团粒;蛇麻腺							
1210200000	已研磨或制成团粒的啤酒花(包括蛇麻腺,鲜或干的)③	10	50	13		千克	AB	P. R/Q. S
1211	**主要用作香料、药料、杀虫、杀菌或类似用途的植物或这些植物的某部分(包括子仁及果实),鲜、冷、冻或干的,不论是否切割、压碎或研磨成粉:**							
12112010	---西洋参							
1211201000	鲜、冷、冻或干的西洋参(不论是否切割、压碎或研磨成粉)［999 药用西洋参］	7.5	70	9		千克	AQBFE	M. P. R/Q. S
12112020	---野山参(西洋参除外)							
1211202010	鲜、冷、冻或干的野山参(不论是否切割、压碎或研磨成粉,仅限俄罗斯属)④	20	90	9		千克	ABEF	P. R/Q. S
1211202090	鲜、冷、冻或干的野山参(不论是否切割、压碎或研磨成粉,非俄罗斯属)［101 药用野山参］	20	90	9		千克	AB	P. R/Q. S
12112091	----鲜的							
1211209110	其他鲜人参(不论是否切割、压碎或研磨成粉,仅限俄罗斯属)⑤	20	50	9		千克	ABEF	P. R/Q. S
1211209190	其他鲜人参(不论是否切割、压碎或研磨成粉,非俄罗斯属)［101 药用鲜人参］,［102 食用鲜人参］	20	50	9		千克	AB	P. R/Q. S
12112099	----其他							
1211209910	其他冷、冻或干的人参(不论是否切割、压碎或研磨成粉,仅限俄罗斯属)⑥	20	50	9		千克	ABEFQ	P. R/Q. S
1211209990	其他冷、冻或干的人参(不论是否切割、压碎或研磨成粉,非俄罗斯属)⑦	20	50	9		千克	ABQ	P. R/Q. S
12113000	-古柯叶							
1211300010	药用古柯叶(不论是否切割、压碎或研磨成粉)［999 药用古柯叶］	9	50	9		千克	ABI	P/Q
1211300020	做香料用古柯叶(不论是否切割、压碎或研磨成粉)［999］	9	50	9		千克	AB	P/Q
1211300090	杀虫杀菌用古柯叶(不论是否切割、压碎或研磨成粉)［999］	9	50	9		千克	AB	P/Q
12114000	-罂粟秆							
1211400010	药用罂粟秆(不论是否切割、压碎或研磨成粉)［999 药用罂粟秆］	9	50	9		千克	AB	P/Q
1211400020	做香料用罂粟秆(不论是否切割、压碎或研磨成粉)［999］	9	50	9		千克	AB	P/Q
1211400090	杀虫杀菌用罂粟秆(不论是否切割、压碎或研磨成粉)［999］	9	50	9		千克	AB	P/Q
12115000	-麻黄							
1211500011	药料用麻黄草粉［999］	9	30	9		千克	23AQB	P/Q
1211500019	药料用麻黄草［999］	9	30	9		千克	4AQxy	P/Q
1211500021	香料用麻黄草粉［999 有检疫要求食品添加剂］	9	30	9		千克	23AB	P. R/Q
1211500029	香料用麻黄草［999 有检疫要求食品添加剂］	9	30	9		千克	8A	R/
1211500091	其他用麻黄草粉［999］	9	30	9		千克	23AB	P/Q
1211500099	其他用麻黄草［999］	9	30	9		千克	8A	P/Q
12119011	----当归							
1211901100	鲜、冷、冻或干的当归(不论是否切割、压碎或研磨成粉)［101 药用当归］,［102 药用三七］	6	30	9		千克	AQB	P. R/Q
12119012	----三七(田七)							

① ［101 其他花卉种子］,［102 乔荆相思种子］,［103 银荆相思种子］,［104 红槭种子］,［105 糖槭种子］,［106 雪松种子］,［107 崖柏种子］,［108 珙桐种子］,［109 赤桉种子］,［110 黑核桃种子］,［111 班克松种子］,［112 黄花松种子］,［113 晚松种子］,［114 火炬松种子］,［115 希蒙得木种子］,［116 湿地松种子］,［117 黑木相思种子］,［118 其他林木种子］,［119 剪股颖属种子］,［120 早熟禾属种子］,［121 黍属种子］,［122 臂形草属种子］,［123 狗尾草属种子］,［124 笔花豆属种子］,［125 雀稗属种子］,［126 狗牙根种子］,［127 其他牧草种子］,［128 大麻种子］,［129 烟草种子］,［130 药用植物种子］,［131 糖类植物种子］,［132 种用甜菜］,［133 罂粟子］,［134 其他经济类植物种子］,［135 洋香瓜种子］,［136 梅子种子］,［137 其他瓜果种子］

② ［101 提取(晒干的除外)、压榨、烹制、烘焙、冻干、脱水、裹糖屑、发酵、冷冻(经漂汤和杀青,并在-22 度以下冷冻)、浸酸、腌渍、炒制等工艺进行加工处理的］,［999 其他工艺］

③ ［101 提取(晒干的除外)、压榨、烹制、烘焙、冻干、脱水、裹糖屑、发酵、冷冻(经漂汤和杀青,并在-23 度以下冷冻)、浸酸、腌渍、炒制等工艺进行加工处理的］,［999 其他工艺］

④ ［101 药用野山参］,［102 食用野山参］

⑤ ［101 药用鲜人参］,［102 食用鲜人参］

⑥ ［101 药用人参］,［102 药用红参］,［103 食用人参］

⑦ ［101 药用人参］,［102 药用红参］,［103 食用人参］

协定税率(%)															特惠税率(%)			对美税率	出口税率	出口退税率	Article Description
智利	新西兰	澳大利亚	瑞士	冰岛	秘鲁	哥斯达	东盟	亚太	新加坡	巴基斯坦	港/澳/台	韩国	格鲁吉亚	毛里求斯	亚太	老/柬/缅	LDC 97/95				
																			0		
																			0		
																					Hop cones, fresh or dried, whether or not ground, powdered or in the form of pellets; lupulin:
0	0	0	4	0	0	0	0		0	20	0/0/	10.6	0	0			0/0			13	-Hop cones, neither ground nor powdered nor in the form of pellets
																		25	0		
0	0	0	0	0	0	0	0		0	4	0/0/	3	0	0			0/0			13	-Hop cones, ground, powdered or in the form of pellets; lupulin
																		30	0		
																					Plants and parts of plants (including seeds and fruits), of a kind used primarily in perfumery, in pharmacy or for insecticidal, fungicidal or similar purposes, fresh, chilled, frozen or dried, whether or not cut, crushed or powdered:
0	0	0	0	0	0	0	0		0	3	0/0/	0	0	0			0/0			9	---American ginseng
																		32.5	0		
0	0	0	4	0	0	0	0	16.4	0	16	0/0/	10.6	0	0			0/0			9	---Wild ginseng (other than American ginseng)
																		25	0		
																		25	0		
0	0	0	4	0	0	0	0		0		0/0/	10.6	0	0			0/0			9	----Fresh
																		40	0		
																		40	0		
0	0	0	4	0	0	0	0		0		0/0/		0	0			0/0			9	----Other
																		40	0		
																		40	0		
0	0	0	0	0	0	0	0			3	0/0/	0	0	0		/0/	0/0				-Coca leaf
																		14	0		
																		14	0		
																		14	0		
0	0	0	0	0	0	0	0			3	0/0/	0	0	0		/0/	0/0			9	-Poppy straw
																		14	0		
																		14	0		
																		14	0		
0	0	0	0	0	0	0	0	4.5		0	0/0/	0	0	0		/0/	0/0			9	-Ephedra
																		14	0		
																		14	0		
																		14	0		
																		14	0		
																		14	0		
																		14	0		
0	0	0	0	0	0	0	0	3		0	0/0/	0	0	0		/0/	0/0			9	----Radix angelicae sinensis
																		11	0		
0	0	0	0	0	0	0	0	3		0	0/0/	0	0	0		/0/	0/0			9	----Radix pseudoginseng

商品编号	商品名称及备注[检验检疫编码及名称]	进口关税(%) 最惠国	普通	增值税率(%)	消费税	计量单位	监管条件	检验检疫类别
1211901200	鲜、冷、冻或干的三七(田七)(不论是否切割、压碎或研磨成粉)〔101 药用田七〕,〔102 药用党参〕,〔999〕	6	20	9		千克	AQB	P. R/Q
12119013	----党参							
1211901300	鲜、冷、冻或干的党参(不论是否切割、压碎或研磨成粉)〔999 药用党参〕	6	20	9		千克	AQB	P. R/Q
12119014	----黄连							
1211901400	鲜、冷、冻或干的黄连(不论是否切割、压碎或研磨成粉)〔999 药用黄连〕	6	20	9		千克	AQB	P/Q
12119015	----菊花							
1211901500	鲜、冷、冻或干的菊花(不论是否切割、压碎或研磨成粉)①	6	20	9		千克	AQB	P. R/Q. S
12119016	----冬虫夏草							
1211901600	鲜、冷、冻或干的冬虫夏草(不论是否切割、压碎或研磨成粉)〔999 药用冬虫夏草〕	6	20	9		千克	AQBE	P/Q
12119017	----贝母							
1211901700	鲜、冷、冻或干的贝母(不论是否切割、压碎或研磨成粉)〔999 药用贝母〕	6	20	9		千克	AQB	P. R/Q
12119018	----川芎							
1211901800	鲜、冷、冻或干的川芎(不论是否切割、压碎或研磨成粉)〔101 药用川芎〕,〔102 食用〕	6	20	9		千克	AQB	P. R/Q
12119019	----半夏							
1211901900	鲜、冷、冻或干的半夏(不论是否切割、压碎或研磨成粉)〔999 药用半夏〕	6	20	9		千克	AQB	P/Q
12119021	----白芍							
1211902100	鲜、冷、冻或干的白芍(不论是否切割、压碎或研磨成粉)〔101 药用白芍〕,〔102 食用〕	6	20	9		千克	AQB	P. R/Q
12119022	----天麻							
1211902200	鲜、冷、冻或干的天麻(不论是否切割、压碎或研磨成粉)〔101 药用天麻〕,〔102 食用〕	6	20	9		千克	AQBFE	P. R/Q
12119023	----黄芪							
1211902300	鲜、冷、冻或干的黄芪(不论是否切割、压碎或研磨成粉)〔101 药用黄芪〕,〔102 食用〕	6	30	9		千克	AQB	P. R/Q
12119024	----大黄、籽黄							
1211902400	鲜、冷、冻或干的大黄、籽黄(不论是否切割、压碎或研磨成粉)〔999 药用大黄〕	6	20	9		千克	AQB	P. R/Q
12119025	----白术							
1211902500	鲜、冷、冻或干的白术(不论是否切割、压碎或研磨成粉)〔101 药用白术〕,〔102 食用〕	6	20	9		千克	AQB	P. R/Q
12119026	----地黄							
1211902600	鲜、冷、冻或干的地黄(不论是否切割、压碎或研磨成粉)〔101 药用地黄〕,〔102 食用〕	6	20	9		千克	AQB	P. R/Q
12119027	----槐米							
1211902700	鲜、冷、冻或干的槐米(不论是否切割、压碎或研磨成粉)〔101 药用槐米〕,〔102 食用槐米〕	6	20	9		千克	AQB	P. R/Q. S
12119028	----杜仲							
1211902800	鲜、冷、冻或干的杜仲(不论是否切割、压碎或研磨成粉)〔101 药用〕,〔102 食用〕,〔999 药用杜仲〕	6	20	9		千克	ABQ	P. R/Q
12119029	----茯苓							
1211902900	鲜、冷、冻或干的茯苓(不论是否切割、压碎或研磨成粉)〔101 药用茯苓〕,〔102 食用茯苓〕	6	20	9		千克	AQB	P. R/Q. S
12119031	----枸杞							
1211903100	鲜、冷、冻或干的枸杞(不论是否切割、压碎或研磨成粉)〔101 药用枸杞子〕,〔102 食用枸杞子〕	6	30	9		千克	AQB	P. R/Q. S
12119032	----大海子							
1211903200	鲜、冷、冻或干的大海子(不论是否切割、压碎或研磨成粉)〔101 药用大海子(胖大海)〕,〔102 食用大海子(胖大海)〕	6	20	9		千克	AQB	P. R/Q. S
12119033	----沉香							
1211903300	鲜、冷、冻或干的沉香(不论是否切割、压碎或研磨成粉)〔999 药用沉香〕	3	20	9		千克	AQFEB	P/Q
12119034	----沙参							
1211903400	鲜、冷、冻或干的沙参(不论是否切割、压碎或研磨成粉)〔101 药用〕,〔102 食用〕,〔999 药用沙参〕	6	20	9		千克	AQB	P. R/Q
12119035	----青蒿							
1211903500	鲜、冷、冻或干的青蒿(不论是否切割、压碎或研磨成粉)〔999 药用青蒿〕	6	20	9		千克	AB	P/Q
12119036	----甘草							
1211903600[暂0]	鲜、冷、冻或干的甘草(不论是否切割、压碎或研磨成粉)〔101 药用甘草〕,〔102 非工业用有检疫要求食品添加剂〕,〔103 食用甘草〕	6	30	9		千克	AQB4xy	P. R/Q. S
12119037	----黄芩							

① 〔101 药用野菊花〕,〔102 药用菊花〕,〔103 食用菊花〕

协定税率(%)															特惠税率(%)			对美税率	出口税率	出口退税率	Article Description
智利	新西兰	澳大利亚	瑞士	冰岛	秘鲁	哥斯达	东盟	亚太	新加坡	巴基斯坦	港/澳/台	韩国	格鲁吉亚	毛里求斯	亚太	老/柬/缅	LDC 97/95				
																		11	0		
0	0	0	0	0	0	0	0	3		0	0/0/	0	0	0			0/0			9	----Radix codonopsitis
																		11	0		
0	0	0	0	0	0	0	0	3		0	0/0/	0	0	0			0/0			9	----Rhizoma coptidis
																		11	0		
0	0	0	0	0	0	0	0	3		0	0/0/	0	0	0		/0/	0/0				----Flos chrysanthemi
																		11	0	0	
0	0	0	0	0	0	0	0	3		0	0/0/	0	0	0		/0/	0/0			9	----Cordyceps sinensis
																		11	0		
0	0	0	0	0	0	0	0	3		0	0/0/	0	0	0		/0/	0/0			9	----Bulbs fritillariae thunbergii
																		11	0		
0	0	0	0	0	0	0	0	3		0	0/0/	0	0	0		/0/	0/0			9	----Rhizoma ligustici
																		11	0		
0	0	0	0	0	0	0	0	3		0	0/0/	0	0	0		/0/	0/0			9	----Rhizoma pinelliae
																		11	0		
0	0	0	0	0	0	0	0	3		0	0/0/	0	0	0		/0/	0/0			9	----Radix paeoniae lactifiorae
																		11	0		
0	0	0	0	0	0	0	0	3		0	0/0/	0	0	0		/0/	0/0			9	----Rhizoma gastrodiae
																		11	0		
0	0	0	0	0	0	0	0	3		0	0/0/	0	0	0		/0/	0/0			9	----Radix astragali
																		11	0		
0	0	0	0	0	0	0	0	3		0	0/0/	0	0	0		/0/	0/0			9	----Rhubarb
																		11	0		
0	0	0	0	0	0	0	0	3		0	0/0/	0	0	0		/0/	0/0			9	----Rhizoma atractylodis macrocephalae
																		11	0		
0	0	0	0	0	0	0	0	3		0	0/0/	0	0	0		/0/	0/0			9	----Radix rehmanniae
																		11	0		
0	0	0	0	0	0	0	0	3		0	0/0/	0	0	0		/0/	0/0			9	----Flos sophorae
																		11	0		
0	0	0	0	0	0	0	0	3		0	0/0/	0	0	0		/0/	0/0			9	----Cortex eucommiae
																		11	0		
0	0	0	0	0	0	0	0	3		0	0/0/	0	0	0		0/0/0	0/0			9	----Poria
																		11	0		
0	0	0	0	0	0	0	0	3		0	0/0/	0	0	0		/0/	0/0			9	----Fructus lycii
																		11	0		
0	0	0	0	0	0	0	0	3		0	0/0/	0	0	0		/0/	0/0			9	----Bantaroi seeds
																		11	0		
0	0	0	0	0	0	0	0	1.5		0	0/0/	0	0	0		/0/	0/0			9	----Aloes wood
																		8	0		
0	0	0	0	0	0	0	0	3		0	0/0/	0	0	0		/0/	0/0			9	----Adenophora axilliflora
																		11	0		
0	0	0	0	0	0	0	0			5	0/0/	0	0	0		/0/	0/0			0	----Southernwood
																		11	0		
0	0	0	0	0	0	0	0			0	0/0/	0	1.2	0			0/0			9	----Liquorice roots
																		5	0		
0	0	0	0	0	0	0	0	3		0	0/0/	0	0	0		0/0/0	0/0			9	----Radix astragali

商品编号	商品名称及备注[检验检疫编码及名称]	进口关税(%)		增值税率(%)	消费税	计量单位	监管条件	检验检疫类别
		最惠国	普通					
1211903700	鲜、冷、冻或干的黄芩(不论是否切割、压碎或研磨成粉)〔101 药用〕,〔102 食用〕,〔999 药用黄芩〕	6	20	9		千克	ABQ	P/Q
12119038	----椵树(欧椵)花及叶							
1211903810	海南椵、紫椵(籽椵)花及叶(不论是否切割、压碎或研磨成粉)〔999〕	6	30	9		千克	ABEQ	P/Q
1211903890	其他椵树(欧椵)花及叶〔999〕	6	30	9		千克	ABQ	P/Q
12119039	----其他							
1211903930	大麻〔999〕	6	20	9		千克	ABI	P/Q
1211903940	罂粟壳〔999 药用罂粟壳〕	6	20	9		千克	ABI	P/Q
1211903950	鲜、冷、冻或干的木香(不论是否切割、压碎或研磨成粉)〔101 药用〕,〔102 食用〕,〔999 药用木香〕	6	20	9		千克	ABFE	P/Q
1211903960	鲜、冷、冻或干的黄草及枫斗(石斛)(不论是否切割、压碎或研磨成粉)〔101 药用石斛〕,〔102 食用〕	6	20	9		千克	ABFE	P/Q
1211903970	鲜、冷、冻或干的苁蓉(不论是否切割,压碎或研磨成粉)〔999 药用肉苁蓉〕	6	20	9		千克	ABFE	P/Q
1211903981[暂0]	鲜或干的红豆杉皮、枝叶等(不论是否切割,压碎或研磨成粉)〔999〕	6	20	9		千克	ABFE	P/Q
1211903989	冷或冻的红豆杉皮、枝叶等(不论是否切割,压碎或研磨成粉)〔999〕	6	20	9		千克	ABFE	P/Q
1211903991	其他主要用作药料鲜、冷、冻或干的濒危植物(包括其某部分,不论是否切割、压碎或研磨成粉)①	6	20	9		千克	ABFE	P/Q
1211903992	加纳籽、车前子壳粉、育亨宾皮(包括其某部分,不论是否切割、压碎或研磨成粉)〔101 药用〕,〔102 食用〕,〔999〕	6	20	9		千克	AB	P/Q
1211903993	恰特草(Catha edulis Forssk;包括其某部分,不论是否切割、压碎或研磨成粉)〔999〕	6	20	9		千克	ABI	P/Q
1211903999	其他主要用作药料的鲜、冷、冻或干的植物(包括其某部分,不论是否切割、压碎或研磨成粉)②	6	20	9		千克	ABQ	P/Q
12119050	---主要用作香料的植物及其某部分							
1211905030	香料用沉香木及拟沉香木(包括其某部分,不论是否切割、压碎或研磨成粉)〔999 有检疫要求食品添加剂〕	8	50	9		千克	ABFE	P. R/Q
1211905091	其他主要用作香料的濒危植物(包括其某部分,不论是否切割、压碎或研磨成粉)〔101 香辛料〕,〔102 其他调味料〕,〔999〕	8	50	9		千克	ABFE	P. R/Q
1211905099	其他主要用作香料的植物(包括其某部分,不论是否切割,压碎或研磨成粉)③	8	50	9		千克	AB	M. P. R/N. Q
12119091	----鱼藤根、除虫菊							
1211909100	鲜、冷、冻或干的鱼藤根、除虫菊(不论是否切割、压碎或研磨成粉)〔999〕	3	11	9		千克	ABS	M. P/N. Q
12119099	----其他							
1211909991	其他鲜、冷、冻或干的杀虫、杀菌用濒危植物(不论是否切割、压碎或研磨成粉)〔999〕	9	30	9		千克	ABFE	P/Q
1211909999	其他鲜、冷、冻或干的杀虫、杀菌用植物(不论是否切割、压碎或研磨成粉)〔999〕	9	30	9		千克	AB	P/Q

① 〔101 其他药用濒危植物中药材〕,〔102 食用濒危植物中药材〕,〔103 药用黄柏〕,〔999〕

② 〔101 药用玉竹〕,〔102 药用白芷〕,〔103 药用桔梗〕,〔104 药用高良姜〕,〔105 药用黄精〕,〔106 药用葛根〕,〔107 药用白茅根〕,〔108 药用芦根〕,〔109 药用薤白〕,〔110 药用白芨〕,〔111 药用板蓝根〕,〔112 药用苍术〕,〔113 药用柴胡〕,〔114 药用赤芍〕,〔115 药用刺五加〕,〔116 药用丹参〕,〔117 药用地骨皮〕,〔118 药用地榆〕,〔119 药用独活〕,〔120 药用莪术〕,〔121 药用防风〕,〔122 药用附子〕,〔123 药用钩藤〕,〔124 药用骨碎补〕,〔125 药用何首乌〕,〔126 药用红景天〕,〔127 药用厚朴〕,〔128 药用黄柏〕,〔129 药用麦冬(麦门冬)〕,〔130 药用牡丹皮〕,〔131 药用木通〕,〔132 药用牛膝〕,〔133 药用前胡〕,〔134 药用羌活〕,〔135 药用秦艽〕,〔136 药用青风藤〕,〔137 药用桑白皮〕,〔138 药用升麻〕,〔139 药用石菖蒲〕,〔140 药用太子参〕,〔141 药用天冬(天门冬)〕,〔142 药用土茯苓〕,〔143 药用威灵仙〕,〔144 药用五加皮〕,〔145 药用细辛〕,〔146 药用香附〕,〔147 药用续断(川断)〕,〔148 药用玄参〕,〔149 药用延胡索(元胡)〕,〔150 药用远志〕,〔151 药用泽泻〕,〔152 药用知母〕,〔153 药用竹茹〕,〔154 药用茜草〕,〔155 药用巴戟天〕,〔156 药用木贼〕,〔157 药用首乌藤〕,〔158 药用桑枝〕,〔159 药用金银花〕,〔160 药用桑叶〕,〔161 药用荷叶〕,〔162 药用淡竹叶〕,〔163 药用紫苏〕,〔164 药用山银花〕,〔165 药用艾叶〕,〔166 药用杜仲叶〕,〔167 药用番泻叶〕,〔168 药用红花〕,〔169 药用厚朴花〕,〔170 药用芦荟〕,〔171 药用玫瑰花〕,〔172 药用木棉花〕,〔173 药用枇杷叶〕,〔174 药用蒲黄〕,〔175 药用辛夷〕,〔176 药用淫羊藿〕,〔177 药用银杏叶〕,〔178 药用佩兰〕,〔179 药用侧柏叶〕,〔180 药用泽兰〕,〔181 药用罗布麻〕,〔182 药用金荞麦〕,〔183 药用刀豆〕,〔184 药用山楂〕,〔185 药用木瓜〕,〔186 药用火麻仁〕,〔187 药用决明子〕,〔188 药用余甘子〕,〔189 药用佛手〕,〔190 药用沙棘〕,〔191 药用罗汉果〕,〔192 药用青果〕,〔193 药用栀子〕,〔194 药用砂仁〕,〔196 药用香橼〕,〔197 药用桑葚〕,〔198 药用橘红〕,〔199 药用橘皮或陈皮〕,〔200 药用莱菔子〕,〔201 药用紫苏子〕,〔202 药用酸枣仁〕,〔203 药用覆盆子〕,〔204 药用柏子仁〕,〔205 药用补骨脂〕,〔206 药用瓜蒌〕,〔207 药用诃子〕,〔208 药用芥子〕,〔209 药用连翘〕,〔210 药用牛蒡子〕,〔211 药用青皮〕,〔212 药用山茱萸〕,〔213 药用菟丝子〕,〔214 药用吴茱萸〕,〔215 药用五味子〕,〔216 药用夏枯草(球)〕,〔217 药用亚麻子〕,〔218 药用郁李仁〕,〔219 药用枳壳〕,〔220 药用枳实〕,〔221 药用韭菜子〕,〔222 药用沙苑子〕,〔223 药用槐角〕,〔224 药用蒺藜〕,〔225 药用金樱子〕,〔226 药用女贞子〕,〔227 药用益智〕,〔228 药用灵芝〕,〔229 药用猪苓〕,〔230 药用薄荷〕,〔231 药用藿香〕,〔232 药用大蓟〕,〔233 药用墨旱莲〕,〔234 药用益母草〕,〔235 药用茵陈〕,〔236 药用马齿苋〕,〔237 药用小蓟〕,〔238 药用鱼腥草〕,〔239 药用香薷〕,〔240 药用蒲公英〕,〔241 药用车前草〕,〔242 药用鸡骨草〕,〔243 药用积雪草〕,〔244 药用金钱草〕,〔245 药用荆芥〕,〔247 食品添加剂用甘草根〕,〔248 药用片姜黄〕,〔249 食用罗汉果〕,〔250 食用金银花〕,〔251 药用车前子〕,〔252 食用玉竹〕,〔253 食用白芷〕,〔254 食用桔梗〕,〔255 食用高良姜〕,〔256 食用黄精〕,〔257 食用葛根〕,〔258 食用白茅根〕,〔259 食用芦根〕,〔260 食用薤白〕,〔261 食用桑叶〕,〔262 食用荷叶〕,〔263 食用淡竹叶〕,〔264 食用紫苏〕,〔265 食用山楂〕,〔266 食用火麻仁〕,〔267 食用决明子〕,〔268 食用余甘子〕,〔269 食用佛手〕,〔270 食用沙棘〕,〔271 食用青果〕,〔272 食用栀子〕,〔273 食用砂仁〕,〔274 食用香橼〕,〔275 食用桑葚〕,〔276 食用橘红〕,〔277 食用橘皮或陈皮〕,〔278 食用莱菔子〕,〔279 食用紫苏子〕,〔280 食用酸枣仁〕,〔281 食用覆盆子〕,〔282 食用郁李仁〕,〔283 食用益智仁〕,〔284 食用薄荷〕,〔285 食用藿香〕,〔286 食用马齿苋〕,〔287 食用小蓟〕,〔288 食用鱼腥草〕,〔289 食用香薷〕,〔290 食用蒲公英〕,〔291 食用夏枯草(球)〕,〔292 其他药用根和根茎类中药材〕,〔293 其他食用根和根茎类中药材〕,〔294 其他药用茎、皮类中药材〕,〔295 其他食用茎、皮类中药材〕,〔296 其他药用叶、花类中药材〕,〔297 其他食用叶、花类中药材〕,〔298 其他药用果实类中药材〕,〔299 其他食用果实类中药材〕,〔300 其他药用种子类中药材〕,〔301 其他食用种子类中药材〕,〔302 其他药用全草类中药材〕,〔303 其他食用全草类中药材〕,〔304 其他药用未列明类别中药材〕,〔305 其他食用未列明类别中药材〕,〔306 食用凉粉草〕,〔307 白头翁 PULSATILLAE RADIX〕,〔308 北豆根 MENISPERMI RHIZOMA〕,〔309 槟榔 ARECAE SEMEN〕,〔310 草豆蔻(草寇)ALPINIAE KATSUMADAI SEMEN〕,〔311 穿山龙 DIOSCOREAE NIPPONICAE RHIZOMA〕,〔312 大腹皮(茯毛)ARECAE PERICARPIUM〕,〔313 防己 STEPHANIAE TETRANDRAE RADIX〕,〔314 黄藤 FIBRAUREAE CAULIS〕,〔315 鸡血藤 SPATHOLOB CAULIS〕,〔316 老鹳草(玄草)ERODII HERBA GERANII HERBA〕,〔317 莲须 NELUMBINIS STAMEN〕,〔318 马钱子 STRYCHNI SEMEN〕,〔319 马钱子粉 STRYCHNI SEMEN PULVERATUM〕,〔320 蔓荆子 VITICIS FRUCTUS〕,〔321 猫爪草 RANUNCULI TERNATI RADIX〕,〔322 山豆根 SOPHORAE TONKINENSIS RADIX ET RHIZOMA〕,〔323 水飞蓟 SILYBI FRUCTUS〕,〔324 松花粉 PINI POLLEN〕,〔325 天仙子 HYOSCYAMI SEMEN〕,〔326 西青果 CHEBULAE FRUCTUS IMMATURUS〕,〔327 仙茅 CURCULIGINIS RHIZOMA〕,〔328 郁金 CURCUMAE RADIX〕,〔329 重楼 PARIDIS RHIZOMA〕,〔330 紫草 ARNEBIAE RADIX〕,〔331 胡芦巴(葫芦巴)TRIGONELLAE SEMEN〕,〔332 药用吐根〕,〔333 药用白鲜皮〕,〔997 药用其他植物药材〕,〔998 食用〕

③ 〔101 莳萝籽〕,〔102 众香子〕,〔103 玫瑰茄〕,〔104 酶处理异槲皮苷〕,〔111 香辛料〕,〔112 其他调味料〕,〔113 干薄荷叶〕,〔114 罗勒粉〕,〔115 香叶〕,〔116 牛至叶(包括牛至叶粉)〕,〔117 洋苏叶〕,〔118 野生墨角兰〕,〔119 迷迭香〕

协定税率(%)															特惠税率(%)			对美税率	出口税率	出口退税率	Article Description
智利	新西兰	澳大利亚	瑞士	冰岛	秘鲁	哥斯达	东盟	亚太	新加坡	巴基斯坦	港/澳/台	韩国	格鲁吉亚	毛里求斯	亚太	老/柬/缅	LDC 97/95				
																		11	0		
0	0	0	0	0	0	0	0	3		0	0/0/	0	0	0		0/0/0	0/0			9	----Linden flower and leaf
																		11	0		
																		11	0		
0	0	0	0	0	0	0	0	3		0	0/0/	0	0	0		0/0/0	0/0				----Other
																		31	0	9	
																		31	0	9	
																		31	0	9	
																		31	0	9	
																		31	0	9	
																		25	0	9	
																		31	0	9	
																		31	0	0	
																		31	0	9	
																		31	0	9	
																		31	0	9	
0	0	0	0	0	0	0	0	4		0	0/0/	0	0	6.9		/0/	0/0				---Of a kind used primarily in perfumery
																		33	0	0	
																		33	0	0	
																		33	0	9	
0	0	0	0	0	0	0	0	1.5		0	0/0/	0	0	0		/0/	0/0			9	----Derris roots and pyrethrum
																		8	0		
0	0	0	0	0	0	0	0	4.5		2.7	0/0/	0	0	0		/0/	0/0				----Other
																		34	0	0	
																		34	0	9	

商品编号	商品名称及备注[检验检疫编码及名称]	进口关税(%) 最惠国	进口关税(%) 普通	增值税率(%)	消费税	计量单位	监管条件	检验检疫类别
1212	**鲜、冷、冻或干的刺槐豆、海草及其他藻类、甜菜及甘蔗,不论是否碾磨;主要供人食用的其他税号未列名的果核、果仁及植物产品(包括未焙制的菊苣根):**							
12122110	---海带							
1212211000	适合供人食用的鲜、冷、冻或干的海带(不论是否碾磨)①	20	70	9		千克	AB	P. R/Q. S
12122120	---发菜							
1212212000	适合供人食用的鲜、冷、冻或干的发菜(不论是否碾磨)②	20	70	9		千克	8A	P. R/Q. S
12122131	----干的							
1212213100	适合供人食用的干的裙带菜(不论是否碾磨)〔101 干的养殖裙带菜〕,〔102 干的野生裙带菜〕	15	70	9		千克	AB	P. R/Q. S
12122132	----鲜的							
1212213200	适合供人食用的鲜的裙带菜(不论是否碾磨)〔101 鲜的养殖裙带菜〕,〔102 鲜的野生裙带菜〕	15	70	9		千克	AB	P. R/Q. S
12122139	----其他							
1212213900	适合供人食用的冷、冻的裙带菜(不论是否碾磨)③	15	70	9		千克	AB	P. R/Q. S
12122141	----干的							
1212214100	适合供人食用的干的紫菜(不论是否碾磨)〔101 干的养殖紫菜〕,〔102 干的野生紫菜〕	15	70	9		千克	AB	P. R/Q. S
12122142	----鲜的							
1212214200	适合供人食用的鲜的紫菜(不论是否碾磨)〔101 鲜的养殖紫菜〕,〔102 鲜的野生紫菜〕	15	70	9		千克	AB	P. R/Q. S
12122149	----其他							
1212214900	适合供人食用的冷、冻紫菜(不论是否碾磨)④	15	70	9		千克	AB	P. R/Q. S
12122161	----干的							
1212216100	适合供人食用的干的麒麟菜(不论是否碾磨)〔101 干的养殖麒麟菜〕,〔102 干的野生麒麟菜〕	15	70	9		千克	AB	P. R/Q. S
12122169	----其他							
1212216900	适合供人食用的鲜、冷或冻的麒麟菜(不论是否碾磨)⑤	15	70	9		千克	AB	P. R/Q. S
12122171	----干的							
1212217100	适合供人食用的干的江蓠(不论是否碾磨)〔101 干的养殖江蓠〕,〔102 干的野生江蓠〕	15	70	9		千克	AB	P. R/Q. S
12122179	----其他							
1212217900	适合供人食用的鲜、冷或冻的江蓠(不论是否碾磨)⑥	15	70	9		千克	AB	P. R/Q. S
12122190	---其他							
1212219000暂2	其他适合供人食用的鲜、冷、冻或干海草及藻类(不论是否碾磨)⑦	15	70	9		千克	AB	P. R/Q. S
12122910	---马尾藻							
1212291000暂2	不适合供人食用的鲜、冷、冻或干的马尾藻(不论是否碾磨)〔999〕	15	70	9		千克	AB	P/Q
12122990	---其他							
1212299000暂2	其他不适合供人食用的鲜、冷、冻或干海草及藻类(不论是否碾磨)〔999〕	15	70	9		千克	AB	P/Q
12129100	--甜菜							
1212910000	鲜、冷、冻或干的甜菜(不论是否碾磨)〔999〕	20	70	9		千克	AB	P. R/Q
12129200	--刺槐豆							
1212920000	鲜、冷、冻或干的刺槐豆(不论是否碾磨)〔999〕	20	70	9		千克	AB	P. R/Q
12129300	--甘蔗							
1212930000	鲜、冷、冻或干的甘蔗(不论是否碾磨)〔999〕	20	70	9		千克	AB	P. R/Q
12129400	--菊苣根							
1212940000	菊苣根(不论是否碾磨)〔101 药用菊苣(干)〕,〔999〕	20	70	9		千克	AB	P. R/Q. S
12129911	----苦杏仁							

① 〔101 鲜、冷的养殖海带〕,〔102 冻的养殖海带〕,〔103 干的养殖海带〕,〔104 鲜、冷的野生海带〕,〔105 冻的野生海带〕,〔106 干的野生海带〕,〔107 药用昆布〕
② 〔101 鲜、冷的养殖发菜〕,〔102 冻的养殖发菜〕,〔103 干的养殖发菜〕,〔104 鲜、冷的野生发菜〕,〔105 冻的野生发菜〕,〔106 干的野生发菜〕
③ 〔101 冷藏养殖裙带菜〕,〔102 冻藏养殖裙带菜〕,〔103 冷藏野生裙带菜〕,〔104 冻藏野生裙带菜〕
④ 〔101 冷藏养殖紫菜〕,〔102 冻藏养殖紫菜〕,〔103 冷藏野生紫菜〕,〔104 冻藏野生紫菜〕
⑤ 〔101 鲜、冷的养殖麒麟菜〕,〔102 冻藏养殖麒麟菜〕,〔103 鲜、冷的野生麒麟菜〕,〔104 冻藏野生麒麟菜〕
⑥ 〔101 鲜、冷的养殖江蓠〕,〔102 冻藏养殖江蓠〕,〔103 鲜、冷的野生江蓠〕,〔104 冻藏野生江蓠〕
⑦ 〔101 鲜、冷的养殖海草及藻类〕,〔102 冻藏养殖海草及藻类〕,〔103 干的养殖海草及藻类〕,〔104 鲜、冷的野生海草及藻类〕,〔105 冻藏野生海草及藻类〕,〔106 干的野生海草及藻类〕

协定税率(%)															特惠税率(%)			对美税率	出口税率	出口退税率	Article Description
智利	新西兰	澳大利亚	瑞士	冰岛	秘鲁	哥斯达	东盟	亚太	新加坡	巴基斯坦	港/澳/台	韩国	格鲁吉亚	毛里求斯	亚太	老/柬/缅	LDC 97/95				
																					Locust beans, seaweeds and other algae, sugar beet and sugar cane, fresh, chilled, frozen or dried, whether or not ground; fruit stones and kernels and other vegetable products (including unroasted chicory roots of the variety Cichorium intybus sativum) of a kind used primarily for human consumption, not elsewhere specified or included:
0	0	0	4	0	0	0	0	10	0	8	0/0/	10.6	0	0			0/0	25	0	0	---Sea tangle
0	0	0	4	0	0	0	0	10	0	8	0/0/	10.6	0	0			0/0	25	0	9	---Black moss
0	0	0	3	0	0	0	0	7.5	0	6	0/0/	4.5	0	0			0/0	20	0	9	----Dried
0	0	0	3	0	0	0	0	7.5	0	6	0/0/	4.5	0	0			0/0	20	0	9	----Fresh
0	0	0	3	0	0	0	0	7.5	0	6	0/0/	4.5	0	0			0/0	20	0	9	----Other
0	0	0	3	0	0	0	0	7.5	0	6	0/0/	4.5	0	0			0/0	20	0	0	----Dried
0	0	0	3	0	0	0	0	7.5	0	6	0/0/	4.5	0	0			0/0	20	0	0	----Fresh
0	0	0	3	0	0	0	0	7.5	0	6	0/0/	4.5	0	0			0/0	20	0	0	----Other
0	0	0	3	0	0	0	0	7.5		6	0/0/	4.5	0	0			0/0	20	0	9	----Dried
0	0	0	3	0	0	0	0	7.5		6	0/0/	4.5	0	0			0/0	20	0	9	----Other
0	0	0	3	0	0	0	0	7.5		6	0/0/	4.5	0	0			0/0	20	0	9	----Dried
0	0	0	3	0	0	0	0	7.5		6	0/0/	4.5	0	0			0/0	20	0	9	----Other
0	0	0	3	0	0	0	0	7.5	0	6	0/0/	4.5	0	0			0/0	27	0	9	---Other
0	0	0	3	0	0	0	0	7.5	0	6	0/0/	0	0	0			0/0	7	0	9	---Sargassum
0	0	0	3	0	0	0	0	7.5	0	6	0/0/	0	0	0			0/0	7	0	9	---Other
0	0	0	4	0	0	0	0		0		0/0/	10.6	0	0			0/0	30	0	6	--Sugar beet
0	0	0	4	0	0	0	0	10	0	10	0/0/	10.6	0	0			0/0	25	0	9	--Locust beans (carob)
0	0	0	4	0	0	0	0				0/0/	6	0	0		0/0/0	0/0	25	0	6	--Sugar cane
0	0	0		0	0	0	0				0/0/	10.6	0	0			0/0	25	0	6	--Chicory roots
0	0	0	4	0	0	0	0		0		0/0/	10.6	0	0			0/0			9	----Bitter apricot kernels

商品编号	商品名称及备注[检验检疫编码及名称]	进口关税(%) 最惠国	进口关税(%) 普通	增值税率(%)	消费税	计量单位	监管条件	检验检疫类别
1212991100	苦杏仁①	20	80	9		千克	QAB	P. R/Q. S
12129912	----甜杏仁							
1212991200	甜杏仁②	20	80	9		千克	AB	P. R/Q. S
12129919	----其他							
1212991900	其他杏核,桃、梅或李的核及核仁(杏仁除外,包括油桃)③	20	80	9		千克	AB	P. R/Q. S
12129993	----白瓜子							
1212999300	白瓜子④	20	80	9		千克	AB	P. R/Q. S
12129994	----莲子							
1212999400	莲子〔101 药用莲子心〕,〔102 药用莲子〕,〔103 非药用〕	20	80	9		千克	AB	P. R/Q. S
12129996	----甜叶菊叶							
1212999600	甜叶菊叶〔999〕	30	70	9		千克	AB	P. R/Q. S
12129999	----其他							
1212999910	其他供人食用濒危植物产品(包括未焙制的菊苣根,包括果核、仁等)⑤	30	70	9		千克	ABFE	P. R/Q. S
1212999990	其他供人食用果核、仁及植物产品(包括未焙制的菊苣根)⑥	30	70	9		千克	AB	P. R/Q. S
1213	**未经处理的谷类植物的茎、秆及谷壳,不论是否切碎、碾磨、挤压或制成团粒:**							
12130000	未经处理的谷类植物的茎、秆及谷壳,不论是否切碎、碾磨、挤压或制成团粒							
1213000000	未经处理的谷类植物的茎、秆及谷壳(不论是否切碎、碾磨、挤压或制成团粒)⑦	12	35	9		千克	AB	P/Q
1214	**芜菁甘蓝、饲料甜菜、饲料用根、干草、紫苜蓿、三叶草、驴喜豆、饲料羽衣甘蓝、羽扇豆、巢菜及类似饲料,不论是否制成团粒:**							
12141000	-紫苜蓿粗粉及团粒							
1214100000	紫苜蓿粗粉及团粒⑧	5	35	0		千克	AB	M. P/Q
12149000	-其他							
1214900001[暂7]	其他紫苜蓿(粗粉及团粒除外)⑨	9	35	0		千克	AB	M. P/Q
1214900002[暂4]	以除紫苜蓿外的禾本科和豆科为主的多种混合天然饲草⑩	9	35	0		千克	AB	M. P/Q
1214900090	芜菁甘蓝.饲料甜菜.其他植物饲料(包括饲料用根.干草.三叶草.驴喜豆等,不论是否制成团粒)⑪	9	35	0		千克	AB	M. P/Q

① 〔101 药用苦杏仁〕,〔102 非药用(其他工艺)〕,〔103 非药用[提取(晒干的除外)、压榨、烹制、烘焙、冻干、脱水、裹糖屑、发酵、冷冻(经漂汤和杀青,并在-18 度以下冷冻)、浸酸、腌渍、炒制等工艺进行加工处理的]〕

② 〔101 提取(晒干的除外)、压榨、烹制、烘焙、冻干、脱水、裹糖屑、发酵、冷冻(经漂汤和杀青,并在-23 度以下冷冻)、浸酸、腌渍、炒制等工艺进行加工处理的〕,〔999 其他工艺〕

③ 〔101 药用桃仁〕,〔102 非熟制(其他工艺)〕,〔103 熟制〕,〔104 非熟制[提取(晒干的除外)、压榨、烹制、烘焙、冻干、脱水、裹糖屑、发酵、冷冻(经漂汤和杀青,并在-18 度以下冷冻)、浸酸、腌渍、炒制等工艺进行加工处理的]〕

④ 〔101 非熟制(其他工艺)〕,〔102 熟制〕,〔103 饲用〕,〔104 非熟制[提取(晒干的除外)、压榨、烹制、烘焙、冻干、脱水、裹糖屑、发酵、冷冻(经漂汤和杀青,并在-18 度以下冷冻)、浸酸、腌渍、炒制等工艺进行加工处理的]〕

⑤ 〔101 其他干(坚)果(其他工艺)〕,〔102 供制食品或医药用的植物产品〕,〔103 批准为新食品原料〕,〔104 其他干(坚)果[提取(晒干的除外)、压榨、烹制、烘焙、冻干、脱水、裹糖屑、发酵、冷冻(经漂汤和杀青,并在-18 度以下冷冻)、浸酸、腌渍、炒制等工艺进行加工处理的]〕

⑥ 〔101 瓜子〕,〔102 其他干(坚)果(其他工艺)〕,〔103 供制食品或医药用的植物产品〕,〔104 批准为新食品原料〕,〔105 干橡子仁(其他工艺)〕,〔106 海底椰干(其他工艺)〕,〔107 其他干(坚)果(提取(晒干的除外)、压榨、烹制、烘焙、冻干、脱水、裹糖屑、发酵、冷冻(经漂汤和杀青,并在-18 度以下冷冻)、浸酸、腌渍、炒制等工艺进行加工处理)〕,〔108 凉粉草(其他工艺)〕,〔109 凉粉草[提取(晒干的除外)、压榨、烹制、烘焙、冻干、脱水、裹糖屑、发酵、冷冻(经漂汤和杀青,并在-18 度以下冷冻)、浸酸、腌渍、炒制等工艺进行加工处理的]〕

⑦ 〔101 其他饲用粮谷〕,〔102 稻草及其制品〕,〔103 其他草及草制品〕,〔104 饲用燕麦草〕,〔105 饲用稻草〕,〔106 其他饲草〕,〔107 饲用其他淀粉〕,〔108 饲用植物颗粒和植物粉〕,〔109 其他植物饲料〕

⑧ 〔201 苜蓿草〕,〔202 苜蓿草颗粒〕,〔999 除苜蓿草和苜蓿草颗粒外〕

⑨ 〔101 三叶草、驴喜豆等,不论是否制成团粒(其他饲草)〕,〔102 三叶草、驴喜豆等,不论是否制成团粒(饲用其他淀粉)〕,〔103 三叶草、驴喜豆等,不论是否制成团粒(饲用植物颗粒和植物粉)〕,〔104 三叶草、驴喜豆等,不论是否制成团粒(其他植物饲料)〕

⑩ 〔101 天然饲草除外〕,〔102 三叶草、驴喜豆等,不论是否制成团粒(饲用其他淀粉)〕,〔103 三叶草、驴喜豆等,不论是否制成团粒(饲用植物颗粒和植物粉)〕,〔104 三叶草、驴喜豆等,不论是否制成团粒(其他植物饲料)〕,〔105 天然饲草〕

⑪ 〔101 其他未列明饲草〕,〔102 饲用其他淀粉〕,〔103 饲用植物颗粒和植物粉〕,〔104 其他植物饲料〕,〔105 燕麦草〕,〔106 梯牧草〕,〔107 羊草〕,〔108 小叶章〕,〔109 狼尾草〕,〔110 稻草〕,〔111 碱草〕

协定税率(%)															特惠税率(%)			对美税率	出口税率	出口退税率	Article Description
智利	新西兰	澳大利亚	瑞士	冰岛	秘鲁	哥斯达	东盟	亚太	新加坡	巴基斯坦	港/澳/台	韩国	格鲁吉亚	毛里求斯	亚太	老/柬/缅	LDC 97/95				
																		25	0		
0	0	0	4	0	0	0	0		0		0/0/	10.6	0	0			0/0			9	----Sweet apricot kernels
																		45	0		
0	0	0	4	0	0	0	0		0		0/0/	10.6	0	0			0/0			9	----Other
																		30	0		
0	0	0	4	0	0	0	0		0		0/0/	10.6	0	0			0/0			9	----Pumpkin seeds
																		25	0		
0	0	0	4	0	0	0	0		0		0/0/	10.6	0	0			0/0			9	----Lotus seeds (Semen Nelumbinis)
																		25	0		
0	0	0		0	0	0	0		0		0/0/		0	24			0/0			9	----Stevia leaf
																		35	0		
0	0	0		0	0	0	0		0		0/0/		0	24			0/0				----Other
																		55	0	0	
																		55	0	9	
																					Cereal straw and husks, unprepared, whether or not chopped, ground, pressed or in the form of pellets:
0	0	0	2.4	0	0	0	0		0	4.8	0/0/	3.6	0	0		/0/	0/0			9	Cereal straw and husks, unprepared, whether or not chopped, ground, pressed or in the form of pellets
																		17	0		
																					Swedes, manigolds, fodder roots, hay, lucerne (alfalfa), clover, sainfoin, forage kale, lupines, vetches and similar forage products, whether or not in the form of pellets:
0	0	0	0	0	0	0	0			0	0/0/	0	0	0		/0/	0/0			0	-Lucerne(alfalfa) meal and pellets
																			0		
0	0	0	0	0	0	0	0			3	0/0/	0	0	0		/0/	0/0			0	-Other
																			0		
																			0		
																			0		

第十三章
虫胶；树胶、树脂及其他植物液、汁

注释：

品目 13.02 主要包括甘草、除虫菊、啤酒花、芦荟的浸膏及鸦片，但不包括：

一、按重量计蔗糖含量在10%以上或制成糖食的甘草浸膏（品目 17.04）；

二、麦芽膏（品目 19.01）；

三、咖啡精、茶精、马黛茶精（品目 21.01）；

四、构成含酒精饮料的植物汁、液（第二十二章）；

五、樟脑、甘草甜及品目 29.14 或 29.38 的其他产品；

六、按重量计生物碱含量不低于50%的罂粟秆的浓缩物（品目 29.39）；

七、品目 30.03 或 30.04 的药品及品目 30.06 的血型试剂；

八、鞣料或染料的浸膏（品目 32.01 或 32.03）；

九、精油、浸膏、净油、香膏、提取的油树脂或精油的水馏液及水溶液；饮料制造业用的以芳香物质为基料的制剂（第三十三章）；或

十、天然橡胶、巴拉塔胶、古塔波胶、银胶菊胶、糖胶树胶或类似的天然树胶（品目 40.01）。

本国注释：

编号 13021100 的鸦片，我国禁止进口。

商品编号	商品名称及备注[检验检疫编码及名称]	进口关税(%)		增值税率(%)	消费税	计量单位	监管条件	检验检疫类别
		最惠国	普通					
1301	**虫胶；天然树胶、树脂、树胶脂及油树脂（例如，香树脂）：**							
13012000	-阿拉伯胶							
1301200000	阿拉伯胶①	15	40	9		千克	AB	P. R/Q
13019010	---胶黄耆树胶（卡喇杆胶）							
1301901000	胶黄耆树胶〔101 植物产品〕,〔102 黄蓍胶（非工业用有检疫要求食品添加剂）〕	15	40	9		千克	AB	P/Q
13019020	---乳香、没药及血竭							
1301902000	乳香、没药及血竭②	3	17	9		千克	ABQ	P/Q
13019030	---阿魏							
1301903000	阿魏〔101 植物产品〕,〔102 药用阿魏〕,〔103 阿魏油〕	3	17	9		千克	AB	P/Q
13019040	---松脂							
1301904010	濒危松科植物的松脂③	15	45	9		千克	ABE	M. P/N. Q
1301904090	其他松脂④	15	45	9		千克	AB	M. P. R/N. Q
13019090	---其他							
1301909010	龙血树脂、大戟脂、愈疮树脂〔999〕	15	45	9		千克	ABFE	P/Q
1301909020	大麻脂〔999〕	15	45	9		千克	ABI	P/Q
1301909091	其他濒危植物的天然树胶、树脂［包括天然树胶、树脂及其他油树脂（例如香树脂）］⑤	15	45	9		千克	ABFE	P/Q
1301909099	其他天然树胶、树脂［包括天然树胶、树脂及其他油树脂（例如香树脂）］⑥	15	45	9		千克	AB	P/Q
1302	**植物液汁及浸膏；果胶、果胶酸盐及果胶酸酯；从植物产品制得的琼脂、其他胶液及增稠剂，不论是否改性：**							

① 〔101 饲料添加剂〕,〔102 有检疫要求食品添加剂〕,〔301 需申报仅用于工业用途不用于食品添加剂有检疫要求的化学品〕

② 〔101 植物产品〕,〔102 药用乳香〕,〔103 药用没药〕,〔104 药用血竭〕,〔105 乳香油〕

③ 〔301 属于危险化学品的食品添加剂〕,〔302 一般化学品,需申报仅用于工业用途不用于食品添加剂有检疫要求〕,〔303 易燃液体,需申报仅用于工业用途不用于食品添加剂有检疫要求〕,〔304 有检疫要求食品添加剂〕,〔999 未列出的其他植物产品〕

④ 〔301 属于危险化学品的食品添加剂〕,〔302 一般化学品,需申报仅用于工业用途不用于食品添加剂有检疫要求〕,〔303 易燃液体,需申报仅用于工业用途不用于食品添加剂有检疫要求〕,〔304 有检疫要求食品添加剂〕,〔999 未列出的其他植物产品〕

⑤ 〔301 属于危险化学品的食品添加剂〕,〔999 未列出的其他植物产品〕

⑥ 〔101 药用干漆〕,〔102 药用安息香〕,〔103 药用苏合香〕,〔104 药用枫香脂〕,〔105 茨茨棕树胶〕,〔106 糖胶树胶〕,〔107 达瓦树胶〕,〔108 香荚兰油树脂〕,〔109 香脂冷杉油树脂〕,〔110 巴拉塔树胶〕,〔111 刺梧桐胶〕,〔112 安息香树脂〕,〔113 白胡椒油树脂〕,〔114 刺柏提取物〕,〔115 刺梧桐树胶〕,〔116 德国鸢尾树脂〕,〔117 其他植物产品〕,〔301 属于危险化学品的食品添加剂〕

Chapter 13
Lac; gums, resins and other vegetable saps and extracts

Chapter Notes:

Heading 13.02 applies, *inter alia*, to liquorice extract and extract of pyrethrum, extract of hops, extract of aloes and opium. The heading does not apply to:

1. Liquorice extract containing more than 10% by weight of sucrose or put up as confectionery (heading 17.04);

2. Malt extract (heading 19.01);

3. Extracts of coffee, tea or maté (heading 21.01);

4. Vegetable saps or extracts constituting alcoholic beverages (Chapter 22);

5. Camphor, glycyrrhizin or other products of heading 29.14 or 29.38;

6. Concentrates of poppy straw containing not less than 50% by weight of alkaloids (heading 29.39);

7. Medicaments of heading 30.03 or 30.04 or blood-grouping reagents (heading 30.06);

8. Tanning or dyeing extracts (heading 32.01 or 32.03);

9. Essential oils, concretes, absolutes, resinoids, extracted oleoresins, aqueous distillates or aqueous solutions of essential oils or preparations based on odoriferous substances of a kind used for the manufacture of beverages (Chapter 33); or

10. Natural rubber, balata, gutta-percha, guayule, chicle or similar natural gums (heading 40.01).

National note:

Opium of Subheading 1302.1100 is subject to import ban.

协定税率(%)															特惠税率(%)			对美税率	出口税率	出口退税率	Article Description
智利	新西兰	澳大利亚	瑞士	冰岛	秘鲁	哥斯达	东盟	亚太	新加坡	巴基斯坦	港/澳/台	韩国	格鲁吉亚	毛里求斯	亚太	老/柬/缅	LDC 97/95				
																					Lac; natural gums, resins, gum-resins and oleoresins (for example, balsams):
0	0	0	3	0	0	0	0		0	0	0/0/	4.5	0	0			0/0			6	-Gum Arabic
																		35	0		
0	0	0	3	0	0	0	0		0	0	0/0/	4.5	0	0			0/0			6	---Gum tragacanth
																			0		
0	0	0	0	0	0	0	0			0	0/0/	0	0	0			0/0			6	---Olibanum, myrrh and dragon's blood
																		8	0		
0	0	0	0	0	0	0	0			0	0/0/	0	0	0			0/0			6	---Asafoetida
																		8	0		
0	0	0	3	0	0	0	0		0	0	0/0/	4.5	0	0			0/0				---Pine-resin
																			0	0	
																			0	6	
0	0	0	3	0	0	0	0		0	0	0/0/	4.5	0	0			0/0				---Other
																		35	0	6	
																		35	0	6	
																		35	0	0	
																		35	0	6	
																					Vegetable saps and extracts; pecticsubstances, pectinates and pectates; agar and other mucilages and thickeners, whether or not modified, derived from vegetable products:

商品编号	商品名称及备注[检验检疫编码及名称]	进口关税(%) 最惠国	普通	增值税率(%)	消费税	计量单位	监管条件	检验检疫类别
13021100	--鸦片							
1302110000	鸦片液汁及浸膏(也称阿片)①	0	0	0		千克	9BI	M. P/N. Q
13021200	--甘草的							
1302120000[暂0]	甘草液汁及浸膏②	6	20	13		千克	4xAy	R/
13021300	--啤酒花的							
1302130000	啤酒花液汁及浸膏〔301 有检疫要求食品添加剂〕,〔999 啤酒花制品〕	10	80	13		千克	AB	P. R/Q. S
13021400	--麻黄的							
1302140011	供制农药用麻黄浸膏及浸膏粉〔999〕	9.5	80	13		千克	23AB	P/Q
1302140012	供制医药用麻黄浸膏及浸膏粉〔101 供工业用的植物及植物提取物〕	9.5	80	13		千克	Q23AB	P/Q
1302140019	其他麻黄浸膏及浸膏粉〔101 供工业用的植物及植物提取物〕	9.5	80	13		千克	23AB	P/Q
1302140020	麻黄液汁〔101 供工业用的植物及植物提取物〕	9.5	80	13		千克	Q23AB	P/Q
13021910	---生漆							
1302191000	生漆〔101 植物产品〕,〔102 毒害品〕,〔301 其他危险化学品〕	20	90	13		千克	AB	M. P/N. Q
13021920	---印楝素							
1302192000	印楝素〔999〕	3	11	13		千克	ABS	P/Q
13021930	---除虫菊的或含鱼藤酮植物根茎的							
1302193000	除虫菊或含鱼藤酮植物根茎的液汁及浸膏〔101 供工业用的植物及植物提取物〕,〔102 灭虫碱〕	3	11	13		千克	ABS	M. P/N. Q
13021940	---银杏的							
1302194000	银杏的液汁及浸膏〔999〕	9.5	80	13		千克	ABE	P/Q
13021990	---其他							
1302199001	苦参碱〔999〕	9.5	80	13		千克	ABS	P/Q
1302199013	供制农药用的濒危植物液汁及浸膏〔999〕	9.5	80	13		千克	ABFE	P/Q
1302199019	供制农药用的其他植物液汁及浸膏③	9.5	80	13		千克	AB	P. R/Q
1302199095	红豆杉液汁及浸膏④	9.5	80	13		千克	ABFE	P/Q
1302199096	黄草汁液及浸膏⑤	9.5	80	13		千克	ABFE	P/Q
1302199097	其他濒危植物液汁及浸膏⑥	9.5	80	13		千克	ABFE	P/Q
1302199099	其他植物液汁及浸膏⑦	9.5	80	13		千克	AB	M. P. R/N. Q. S
13022000	-果胶、果胶酸盐及果胶酸酯							
1302200000	果胶、果胶酸盐及果胶酸酯〔999 有检疫要求食品添加剂〕	20	80	13		千克	A	R/
13023100	--琼脂							
1302310000	琼脂〔101 饲料添加剂〕,〔102 有检疫要求食品添加剂〕	10	80	13		千克	A	R/
13023200	--从刺槐豆、刺槐豆子或瓜尔豆制得的胶液及增稠剂,不论是否改性							
1302320000	刺槐豆胶液及增稠剂(从刺槐豆、刺槐豆子或瓜尔豆制得的,不论是否改性)⑧	10	80	13		千克	A	R/
13023911	----卡拉胶							
1302391100	卡拉胶(不论是否改性)⑨	8	80	13		千克	A	R/
13023912	----褐藻胶							
1302391200	褐藻胶(不论是否改性)〔999〕	8	80	13		千克	AB	P/Q
13023919	----其他							
1302391900	海草及其他藻类胶液及增稠剂(不论是否改性)⑩	8	80	13		千克	AB	P/Q
13023990	---其他							
1302399010	未列名濒危植物胶液及增稠剂⑪	8	80	13		千克	ABFE	P/Q
1302399090	其他未列名植物胶液及增稠剂⑫	8	80	13		千克	AB	M. P. R/Q

① 〔101 供制食品或医药用的植物提取物〕,〔102 藤黄〕,〔103 全阿片素〕,〔301 其他危险化学品〕
② 〔101 供制食品或医药用的植物提取物〕,〔102 甘草提取物(粉)(有检疫要求食品添加剂)〕,〔103 甘草流浸膏(有检疫要求食品添加剂)〕
③ 〔101 供工业用的植物及植物提取物〕,〔102 保植宁水软膏〕
④ 〔101 供工业用的植物及植物提取物〕,〔102 供制食品或医药用的植物提取物〕
⑤ 〔101 供工业用的植物及植物提取物〕,〔102 供制食品或医药用的植物提取物〕
⑥ 〔101 供工业用的植物及植物提取物〕,〔102 供制食品或医药用的植物提取物〕
⑦ 〔101 供工业用的植物及植物提取物〕,〔102 供制食品或医药用的植物提取物〕,〔103 批准为新食品原料〕,〔104 斑蝥素〕,〔105 苹果酸〕,〔106 菝葜提取物〕,〔107 白栎木屑提取物〕,〔108 白山核桃树皮提取物〕,〔109 藏红花提取物〕,〔110 橙苷(桔皮甙提取物)〕,〔111 胡芦巴〕,〔112 良姜根提取物〕,〔113 香蜂草〕,〔301 属于危险化学品的食品添加剂〕,〔302 斑蝥素,毒性物质,需申报仅用于工业用途不用于食品添加剂有检疫要求〕,〔303 一般化学品,需申报仅用于工业用途不用于食品添加剂有检疫要求〕,〔304 易燃液体,需申报仅用于工业用途不用于食品添加剂有检疫要求〕,〔305 有检疫要求食品添加剂〕
⑧ 〔101 饲料添加剂〕,〔102 1-丁烯-1-基甲基硫醚〕,〔103 半乳甘露聚糖〕,〔104 瓜尔胶〕,〔105 槐豆胶〕,〔301 有检疫要求食品添加剂〕
⑨ 〔101 硒化卡拉胶(有检疫要求食品添加剂)〕,〔102 卡拉胶(有检疫要求食品添加剂)〕,〔301 需申报仅用于工业用途不用于食品添加剂有检疫要求的化学品〕
⑩ 〔101 海索草提取物(神香草提取物)〕,〔102 海萝胶〕,〔103 非食品添加剂〕
⑪ 〔101 有机过氧化物〕,〔102 非工业用有检疫要求食品添加剂〕
⑫ 〔101 土荆芥油〕,〔102 小烛树蜡〕,〔103 竹叶抗氧化物〕,〔104 田菁胶〕,〔105 亚麻籽胶(富兰克胶)〕,〔106 皂荚糖胶〕,〔107 来开欧胶〕,〔108 黄原胶(汉生胶)〕,〔109 可乐果提取物〕,〔110 刺云实胶〕,〔111 葫芦巴胶〕,〔112 黄蜀葵胶〕,〔301 有检疫要求食品添加剂〕

协定税率(%)															特惠税率(%)			对美税率	出口税率	出口退税率	Article Description
智利	新西兰	澳大利亚	瑞士	冰岛	秘鲁	哥斯达	东盟	亚太	新加坡	巴基斯坦	港/澳/台	韩国	格鲁吉亚	毛里求斯	亚太	老/柬/缅	LDC 97/95				
																	0/0			13	--Opium
																		5	0		
0	0	0	0	0	0	0	0			0	0/0/	0	0	0			0/0			13	--Of liquorice
																		25	0		
0	0	0	0	0	0	0	0		0	4	0/0/	3	0	0			0/0			13	--Of hops
																		22.5	0		
0	0	0	0	0	0	0	0	7.1	0	0	0/0/	10.6	0	0			0/0			13	--Of ephedra
																		12	0		
																		12	0		
																		12	0		
																		12	0		
0	0	0	4	0	0	0	0		0		0/0/	10.6	0	0			0/0			6	---Crude lacquer
																			0		
0	0	0	0	0	0	0	0			0	0/0/	0	0	0			0/0			6	---Azadirachtin
																		8	0		
0	0	0	0	0	0	0	0			0	0/0/	0	0	0			0/0			13	---Of pyrethrum or of the roots of plants containing rotenone
																		8	0		
0	0	0	0	0	0	0	0	7.1	0	15	0/0/	10.6	0	0			0/0			13	---Of ginkgo
																		12	0		
0	0	0	0	0	0	0	0	7.1	0	0	0/0/	10.6	0	0			0/0				---Other
																		29.5	0	13	
																		29.5	0	0	
																		29.5	0	13	
																		29.5	0	13	
																		29.5	0	13	
																		29.5	0	0	
																		29.5	0	13	
0	0	0	4	0	0	0	0		0		0/0/	10.6	0	0			0/0			13	-Pectic substances, pectinates and pectates
																		45	0		
0	0	0	0	0	0	0	0		0	4	0/0/	3	0	0			0/0			13	--Agar
																		37.5	0		
0	0	0	3	0	0	0	0	6.7	0	0	0/0/	4.5	0	0			0/0			13	--Mucilages and thickeners, whether or not modified, derived from locust beans, locust bean seeds or guar seeds
																		32.5	0		
0	0	0	3	0	0	0	0		0	12	0/0/	4.5	0	0			0/0			13	----Carrageenan
																		18	0		
0	0	0	3	0	0	0	0		0	12	0/0/	4.5	0	0			0/0			13	----Algin
																		10.5	0		
0	0	0	3	0	4.4	0	0		0	12	0/0/	4.5	0	0			0/0			13	----Other
																		28	0		
0	0	0	3	0	0	0	0		0	12	0/0/	4.5	0	0			0/0				---Other
																		33	0	0	
																		33	0	13	

第十四章
编结用植物材料；其他植物产品

注释：

一、本章不包括归入第十一类的下列产品：
主要供纺织用的植物材料或植物纤维，不论其加工程度如何；或经过处理使其只能作为纺织原料用的其他植物材料。

二、品目14.01主要包括竹（不论是否劈开、纵锯、切段、圆端、漂白、磨光、染色或进行不燃处理）、劈开的柳条、芦苇及类似品和藤心、藤丝、藤片。但不包括木片条（品目44.04）。

三、品目14.04不包括木丝（品目44.05）及供制帚、制刷用成束、成簇的材料（品目96.03）。

商品编号	商品名称及备注[检验检疫编码及名称]	进口关税(%)		增值税率(%)	消费税	计量单位	监管条件	检验检疫类别
		最惠国	普通					
1401	**主要作编结用的植物材料(例如,竹、藤、芦苇、灯芯草、柳条、酒椰叶,已净、漂白或染色的谷类植物的茎秆,椴树皮):**							
14011000	-竹							
1401100010	酸竹〔999〕	10	70	9		千克	ABE	P/Q
1401100090	其他竹〔101 原竹〕,〔102 其他竹及竹制品〕	10	70	9		千克	AB	P/Q
14012000	-藤							
1401200010	濒危藤〔999〕	10	35	9		千克	ABFE	P/Q
1401200090	其他藤〔999〕	10	35	9		千克	AB	P/Q
14019010	---谷类植物的茎秆(麦秸除外)							
1401901000	谷类植物的茎秆(麦秸除外)(已净、漂白或染色的)〔999〕	10	70	9		千克	AB	P/Q
14019020	---芦苇							
1401902000	芦苇(已净、漂白或染色的)〔999〕	10	70	9		千克	AB	P/Q
14019031	----蔺草							
1401903100	蔺草(已净、漂白或染色的)〔999〕	10	70	9		千克	AB4xy	P/Q
14019039	----其他							
1401903900	其他灯芯草属植物材料(已净、漂白或染色的)〔999〕	10	70	9		千克	AB	P/Q
14019090	---其他							
1401909000	未列名主要用作编结用的植物材料(已净、漂白或染色的)〔999〕	10	70	9		千克	AB	P/Q
1404	**其他税号未列名的植物产品:**							
14042000	-棉短绒							
1404200000	棉短绒〔999〕	4	30	9		千克	AB	P/Q
14049010	---主要供染料、鞣料用的植物原料							
1404901000	主要供染料或鞣料用的植物原料〔999〕	5	45	9		千克	AB	P/Q
14049090	---其他							
1404909010[暂4]	椰糠(条/块)〔999〕	15	70	9		千克	AB	P/Q
1404909090	其他编号未列名植物产品①	15	70	9		千克	AB	P/Q

① 〔101 其他竹及竹制品〕,〔102 藤及藤制品〕,〔103 柳及柳制品〕,〔104 其他草及草制品〕,〔105 芦苇及芦苇制品〕,〔106 棕及棕制品〕,〔107 葵及葵制品〕,〔108 其他竹藤柳草类〕,〔109 软木(栽培介质)〕,〔110 木屑(栽培介质)〕,〔111 稻壳(栽培介质)〕,〔112 花生壳(栽培介质)〕,〔113 棉子壳(栽培介质)〕,〔114 其他有机栽培介质〕,〔115 植物标本〕,〔116 未列出的其他植物产品〕,〔999〕

Chapter 14
Vegetable plaiting materials; vegetable products not elsewhere specified or included

Chapter Notes:

1. This Chapter does not cover the following products which are to be classified in Section XI:
vegetable materials or fibres of vegetable materials of a kind used primarily in the manufacture of textiles, however prepared, or other vegetable materials which have undergone treatment so as to render them suitable for use only as textile materials.

2. Heading 14.01 applies, *inter alia*, to bamboos (whether or not split, sawn lengthwise, cut to length, rounded at the ends, bleached, rendered non-inflammable, polished or dyed), split osier, reeds and the like, to rattan cores and to drawn or split rattans. The heading does not apply to chipwood (heading 44.04).

3. Heading 14.04 does not apply to wood wool (heading 44.05) and prepared knots or tufts for broom or brush making (heading 96.03).

协定税率(%)															特惠税率(%)			对美税率	出口税率	出口退税率	Article Description
智利	新西兰	澳大利亚	瑞士	冰岛	秘鲁	哥斯达	东盟	亚太	新加坡	巴基斯坦	港/澳/台	韩国	格鲁吉亚	毛里求斯	亚太	老/柬/缅	LDC 97/95				
																					Vegetable materials of a kind used primarily for plaiting (for example, bamboos, rattans, reeds, rushes, osier, raffia, cleaned, bleached or dyed cere-al straw, and lime bark):
0	0	0	0	0	0	0	0		0	4	0/0/	3	0	0		0/0/	0/0			9	-Bamboos
																		35	0		
																		35	0		
0	0	0	0	0	0	0	0		0	4	0/0/	3	0	0		0/0/	0/0				-Rattans
																		15	0	0	
																		15	0	9	
0	0	0	0	0	0	0	0		0	4	0/0/	3	0	0		/0/	0/0			9	---Cereal straw(other than wheat straw)
																		15	0		
0	0	0	0	0	0	0	0		0	4	0/0/	3	0	0		/0/	0/0			9	---Reeds
																		15	0		
0	0	0	0	0	0	0	0		0	4	0/0/	3	0	0		/0/	0/0			9	----Mat rush
																		15	0		
0	0	0	0	0	0	0	0		0	4	0/0/	3	0	0		/0/	0/0			9	----Other
																		15	0		
0	0	0	0	0	0	0	0		0	4	0/0/	3	0	0		/0/	0/0			9	---Other
																		15	0		
																					Vegetable products not elsewhere specified or included:
0	0	0	0	0	0	0	0			0	0/0/	0	0	0			0/0			9	-Cotton linters
																		29	0		
0	0	0	0	0	0	0	0	4.3		0	0/0/	0	0	0			0/0			9	---Raw vegetable materials of a kind used primarily in dyeing or tanning
																		10	0		
0	0	0	3	0	0	0	0		0	0	0/0/	4.5	0	0			0/0			9	---Other
																		29	0		
																		40	0		

第 三 类
动、植物油、脂及其分解产品；
精制的食用油脂；动、植物蜡

第十五章
动、植物油、脂及其分解产品；
精制的食用油脂；动、植物蜡

注释：

一、本章不包括：

（一）品目 02.09 的猪脂肪及家禽脂肪；

（二）可可脂、可可油（品目 18.04）；

（三）按重量计品目 04.05 所列产品的含量超过 15%的食品（通常归入第二十一章）；

（四）品目 23.01 的油渣或品目 23.04 至 23.06 的残渣；

（五）第六类的脂肪酸、精制蜡、药品、油漆、清漆、肥皂、芳香料制品、化妆盥洗品、磺化油及其他货品；或

（六）从油类提取的油膏（品目 40.02）。

二、品目 15.09 不包括用溶剂提取的橄榄油(品目 15.10)。

三、品目 15.18 不包括变性的油、脂及其分离品,这些货品应归入其相应的未变性油、脂及其分离品的税号。

四、皂料、油脚、硬脂沥青、甘油沥青及羊毛脂残渣,归入品目 15.22。

子目注释：

子目 1514.11 及 1514.19 所称“低芥子酸菜子油”,是指按重量计芥子酸含量低于 2%的固定油。

商品编号	商品名称及备注[检验检疫编码及名称]	进口关税(%) 最惠国	进口关税(%) 普通	增值税率(%)	消费税	计量单位	监管条件	检验检疫类别
1501	**猪脂肪(包括已炼制的猪油)及家禽脂肪,但品目 02.09 及 15.03 的货品除外：**							
15011000	-猪油							
1501100000	猪油(但品目 02.09 及 15.03 的货品除外)〔101 工业用猪油脂〕,〔102 饲料用猪油脂〕,〔103 饲料用野生猪、牛、羊油脂〕,〔104 未炼制的食用猪油(脂)〕,〔105 已炼制的食用猪油(脂)〕	10	35	13		千克	AB	M. P. R/Q. S
15012000	-其他猪脂肪							
1501200000	其他猪脂肪(但品目 02.09 及 15.03 的货品除外)〔101 工业用猪油脂〕,〔102 饲料用猪油脂〕,〔103 饲料用野生猪、牛、羊油脂〕,〔104 未炼制的食用猪油(脂)〕,〔105 已炼制的食用猪油(脂)〕	10	35	13		千克	AB	M. P. R/Q. S
15019000	-其他							
1501900000	家禽脂肪(但品目 02.09 及 15.03 的货品除外)①	10	35	13		千克	AB	M. P. R/Q. S
1502	**牛、羊脂肪,但品目 15.03 的货品除外：**							
15021000	-牛、羊油脂							
1502100000[暂2]	牛、羊油脂(但品目 15.03 的货品除外)②	8	30	13		千克	AB	M. P. R/Q. S
15029000	-其他							

① 〔101 工业用禽油脂〕,〔102 饲料用禽油脂〕,〔103 未炼制的食用家禽油(脂)〕,〔104 已炼制的食用家禽油(脂)〕

② 〔101 工业用牛油脂〕,〔102 工业用羊油脂〕,〔103 工业用野生猪、牛、羊油脂〕,〔104 饲料用牛油脂〕,〔105 饲料用羊油脂〕,〔106 饲料用野生猪、牛、羊油脂〕,〔107 未炼制的食用牛油(脂)〕,〔108 未炼制的食用羊油(脂)〕,〔109 已炼制的食用牛油(脂)〕,〔110 已炼制的食用羊油(脂)〕

SECTION Ⅲ
ANIMAL OR VEGETABLE FATS AND OILS AND THEIR CLEAVAGE PRODUCTS; PREPARED EDIBLE FATS; ANIMAL OR VEGETABLE WAXES

Chapter 15
Animal or vegetable fats and oils and their cleavage products; prepared edible fats; animal or vegetable waxes

Chapter Notes:

1. This Chapter does not cover:
   (a) Pig fat or poultry fat of heading 02. 09;
   (b) Cocoa butter, fat or oil (heading 18. 04);
   (c) Edible preparations containing by weight more than 15% of the products of heading 04. 05 (generally Chapter 21);
   (d) Greaves (heading 23. 01) or residues of headings 23. 04 to 23. 06;
   (e) Fatty acids, prepared waxes, medicaments, paints, varnishes, soap, perfumery, cosmetic or toilet preparations, sulphonated oils or other goods of Section VI; or
   (f) Factice derived from oils (heading 40. 02).

2. Heading 15. 09 does not apply to oils obtained from olives by solvent extraction (heading 15. 10).

3. Heading 15. 18 does not cover fats or oils or their fractions, merely denatured, which are to be classified in the heading appropriate to the corresponding undenatured fats and oils and their fractions.

4. Soap-stocks, oil foots and dregs, stearin pitch, glycerol pitch and wool grease residues fall in heading 15. 22.

Subheading Note:

For the purposes of subheadings 1514. 11 and 1514. 19, the expression "low erucic acid rape or colzaoil" means the fixed oil which has an erucic acid content of less than 2% by weight.

协定税率(%)												特惠税率(%)						对美税率	出口税率	出口退税率	Article Description
智利	新西兰	澳大利亚	瑞士	冰岛	秘鲁	哥斯达	东盟	亚太	新加坡	巴基斯坦	港/澳/台	韩国	格鲁吉亚	毛里求斯	亚太	老/柬/缅	LDC 97/95				
																					Pig fat (including lard) and poultry fat, other than that of heading 02. 09 or 15. 03:
0	0	0	0	0	0	0	0		0		0/0/	3	0	0			0/0			13	-Lard
																		15	0		
0	0	0	0	0	0	0	0		0		0/0/	3	0	0			0/0			13	-Other pig fat
																		15	0		
0	0	0	0	0	0	0	0		0		0/0/	3	0	0			0/0			13	-Other
																		15	0		
																					Fats of bovine animals, sheep or goats, other than those of heading 15. 03:
0	0	0	0	0	0	0	0	0		0	0/0/	0	0	0			0/0			13	-Tallow
																		7	0		
0	0	0	0	0	0	0	0	0		0	0/0/	0	0	0			0/0			6	-Other

商品编号	商品名称及备注[检验检疫编码及名称]	进口关税(%) 最惠国	普通	增值税率(%)	消费税	计量单位	监管条件	检验检疫类别
1502900000[暂4]	其他牛、羊脂肪(但品目15.03的货品除外)①	8	70	13		千克	AB	M. P. R/Q. S
1503	**猪油硬脂、液体猪油、油硬脂、食用或非食用脂油,未经乳化、混合或其他方法制作:**							
15030000	猪油硬脂、液体猪油、油硬脂、食用或非食用脂油,未经乳化、混合或其他方法制作							
1503000000	未经制作的猪油硬脂、油硬脂等(包括液体猪油及脂油,未经乳化、混合或其他方法制作)②	10	30	13		千克	AB	P. R/Q. S
1504	**鱼或海生哺乳动物的油、脂及其分离品,不论是否精制,但未经化学改性:**							
15041000	-鱼肝油及其分离品							
1504100010	濒危鱼鱼肝油及其分离品〔101 食用保健食品〕,〔102 野生鱼鱼肝油原料〕	12	30	13		千克	ABEF	P. R/Q. S
1504100090	其他鱼鱼肝油及其分离品③	12	30	13		千克	AB	P. R/Q. S
15042000	-除鱼肝油以外的鱼油、脂及其分离品							
1504200011[暂6]	濒危鱼油软胶囊(鱼肝油除外)〔101 保健食品〕,〔102 除保健食品以外〕	12	50	13		千克	ABEF	P. R/Q. S
1504200019	濒危鱼其他鱼油、脂及其分离品(鱼肝油除外)④	12	50	13		千克	ABEF	P. R/Q. S
1504200091[暂6]	其他鱼油软胶囊(鱼肝油除外)〔101 保健食品〕,〔102 除保健食品以外〕	12	50	13		千克	AB	P. R/Q. S
1504200099	其他鱼油、脂及其分离品(鱼肝油除外)⑤	12	50	13		千克	AB	P. R/Q. S
15043000	-海生哺乳动物的油、脂及其分离品							
1504300010	濒危哺乳动物的油、脂及其分离品(仅指海生)⑥	14	50	13		千克	ABFE	P. R/Q. S
1504300090	其他海生哺乳动物油、脂及其分离品⑦	14	50	13		千克	AB	P. R/Q. S
1505	**羊毛脂及从羊毛脂制得的脂肪物质(包括纯净的羊毛脂):**							
15050000	羊毛脂及从羊毛脂制得的脂肪物质(包括纯净的羊毛脂)							
1505000000	羊毛脂及羊毛脂肪物质(包括纯净的羊毛脂)〔101 工业用羊毛脂〕,〔102 饲料用羊毛脂〕	20	70	13		千克	AB	P/Q. S
1506	**其他动物油、脂及其分离品,不论是否精制,但未经化学改性:**							
15060000	其他动物油、脂及其分离品,不论是否精制,但未经化学改性							
1506000010	其他濒危动物为原料制取的脂肪(包括河马、熊、野兔、海龟为原料的及海龟蛋油)⑧	20	70	13		千克	ABFE	P. R/Q. S
1506000090	其他动物油、脂及其分离品(不论是否精制,但未经化学改性)⑨	20	70	13		千克	AB	P. R/Q. S
1507	**豆油及其分离品,不论是否精制,但未经化学改性:**							
15071000	-初榨的,不论是否脱胶							

① 〔101 工业用牛油脂〕,〔102 工业用羊油脂〕,〔103 工业用野生猪、牛、羊油脂〕,〔104 饲料用牛油脂〕,〔105 饲料用羊油脂〕,〔106 饲料用野生猪、牛、羊油脂〕,〔107 未炼制的食用牛脂肪〕,〔108 未炼制的食用羊脂肪〕,〔109 已炼制的食用牛油(脂)〕,〔110 已炼制的食用羊油(脂)〕,〔111(未炼制的食用牛脂肪)〔冰鲜未炼制牛脂肪(食用,不包括内脏脂肪)〕〕,〔112(未炼制的食用牛脂肪)〔冰鲜未炼制牛脂肪(食用,不包括内脏脂肪,12 月龄以下)〕〕,〔113(未炼制的食用牛脂肪)〔冰鲜未炼制牛脂肪(食用,不包括内脏脂肪,30 月龄以下)〕〕,〔114(未炼制的食用牛脂肪)〔冷冻未炼制牛脂肪(食用,不包括内脏脂肪)〕〕,〔115(未炼制的食用牛脂肪)〔冷冻未炼制牛脂肪(食用,不包括内脏脂肪,12 月龄以下)〕〕,〔116(未炼制的食用牛脂肪)〔冷冻未炼制牛脂肪(食用,不包括内脏脂肪,30 月龄以下)〕〕,〔117(未炼制的食用羊脂肪)〔冰鲜未炼制绵羊脂肪(食用,不包括内脏脂肪)〕〕,〔118(未炼制的食用羊脂肪)〔冰鲜未炼制山羊脂肪(食用,不包括内脏脂肪)〕〕,〔119(未炼制的食用羊脂肪)〔冷冻未炼制绵羊脂肪(食用,不包括内脏脂肪)〕〕,〔120(未炼制的食用羊脂肪)〔冷冻未炼制山羊脂肪(食用,不包括内脏脂肪)〕〕,〔121 冷冻未炼制绵羊羔羊脂肪(食用,不包括内脏脂肪)〕,〔122 冷冻未炼制山羊羔羊脂肪(食用,不包括内脏脂肪)〕

② 〔101 工业用猪油脂〕,〔102 工业用其他野生偶蹄动物油脂〕,〔103 未列出的工业用其他动物油脂〕,〔104 饲料用猪油脂〕,〔105 饲料用其他野生偶蹄动物油脂〕,〔106 未炼制的食用猪油(脂)〕

③ 〔101 工业用鱼油脂〕,〔102 未列出的工业用其他动物油脂〕,〔103 饲料用鱼油脂〕,〔104 未列出的饲料用其他动物油脂〕,〔105 养殖鱼鱼肝油原料〕,〔106 野生鱼鱼肝油原料〕,〔201 保健食品〕

④ 〔101 工业用鱼油脂〕,〔102 未列出的工业用其他动物油脂〕,〔103 饲料用鱼油脂〕,〔104 未列出的饲料用其他动物油脂〕,〔105 养殖鱼鱼油〕,〔106 野生鱼鱼油〕,〔107 保健食品〕

⑤ 〔101 工业用鱼油脂〕,〔102 未列出的工业用其他动物油脂〕,〔103 饲料用鱼油脂〕,〔104 未列出的饲料用其他动物油脂〕,〔105 养殖鱼鱼油〕,〔106 野生鱼鱼油〕,〔107 保健食品〕

⑥ 〔101 工业用海生哺乳动物油脂〕,〔102 未列出的工业用其他动物油脂〕,〔103 饲料用海生哺乳动物油脂〕,〔104 野生鱼鱼油〕

⑦ 〔101 工业用海生哺乳动物油脂〕,〔102 未列出的工业用其他动物油脂〕,〔103 饲料用海生哺乳动物油脂〕,〔104 野生鱼鱼油〕

⑧ 〔101 工业用其他野生偶蹄动物油脂〕,〔102 未列出的工业用其他动物油脂〕,〔103 饲料用其他野生偶蹄动物油脂〕,〔104 未列出的饲料用其他动物油脂〕,〔105 未炼制的食用濒危动物油(脂)〕,〔106 已炼制的食用濒危动物油(脂)〕

⑨ 〔101 工业用其他饲养偶蹄动物油脂〕,〔102 工业用野生猪、牛、羊油脂〕,〔103 工业用其他野生偶蹄动物油脂〕,〔104 工业用马油脂〕,〔105 未列出的工业用其他动物油脂〕,〔106 饲料用其他饲养偶蹄动物油脂〕,〔107 饲料用其他野生偶蹄动物油脂〕,〔108 饲料用马油脂〕,〔109 未列出的饲料用其他动物油脂〕,〔110 未炼制的其他食用动物油(脂)〕,〔111 已炼制的其他食用动物油(脂)〕,〔112 奶油发酵起子蒸馏物〕,〔113 养殖虾虾油〕,〔114 野生虾虾油〕,〔115 其他养殖水产动物油脂〕,〔116 其他野生水产动物油脂〕

协定税率(%)															特惠税率(%)			对美税率	出口税率	出口退税率	Article Description
智利	新西兰	澳大利亚	瑞士	冰岛	秘鲁	哥斯达	东盟	亚太	新加坡	巴基斯坦	港/澳/台	韩国	格鲁吉亚	毛里求斯	亚太	老/柬/缅	LDC 97/95				
																		9	0		
																					Lard stearin, lard oil, oleostearin, oleooil and tallow oil, not emulsified or mixed or otherwise prepared:
0	0	0	0	0	0	0	0		0		0/0/	3	0	0			0/0			13	Lard stearin, lard oil, oleostearin, oleooil and tallow oil, not emulsified ormixed or otherwise prepared
																		15	0		
																					Fats and oils and their fractions, of fish or marine mammals, whether or not refined, but not chemically modified:
0	0	0	2.4	0	0	0	0		0		0/0/	3.6	0	0			0/0				-Fish-liver oils and their fractions
																		37	0	0	
																		37	0	13	
0	0	0	5.6	0	0	0	0		0		0/0/	3.6	0	9.6			0/0				-Fats and oils and their fractions, of fish, other than liver oils
																		26	0	0	
																		32	0	0	
																		26	0	13	
																		32	0	13	
0	0	0	2.9	0	0	0	0		0		0/0/	4.3	0	0			0/0				-Fats and oils and their fractions, of marine mammals
																		16.5	0	0	
																		16.5	0	13	
																					Wool grease and fatty substances derived therefrom (including lanolin):
0	0	0	4	0	0	0	0		0		0/0/	10.6	0	0			0/0			13	Wool grease and fatty substances derived therefrom (including lanolin)
																		25	0		
																					Other animal fats and oils and their fractions, whether or not refined, but not chemically modified:
0	0	0	4	0	0	0	0		0		0/0/	10.6	0	0			0/0				Other animal fats and oils and their fractions, whether or not refined, but not chemically modified
																		45	0	0	
																		45	0	13	
																					Soya-bean oil and its fractions, whether or not refined, but not chemically modified:
											0/0/									0	-Crude oil whether or not degummed

商品编号	商品名称及备注[检验检疫编码及名称]	进口关税(%) 最惠国	进口关税(%) 普通	增值税率(%)	消费税	计量单位	监管条件	检验检疫类别
1507100000	初榨的豆油(但未经化学改性)〔999〕	9	190	9		千克	7AB	M. P. R/Q. S
15079000	-其他							
1507900000	精制的豆油及其分离品(包括初榨豆油的分离品,但未经化学改性)〔101 初榨食用大豆油〕,〔102 食用豆油〕	9	190	9		千克	7AB	M. R/S
1508	**花生油及其分离品,不论是否精制,但未经化学改性:**							
15081000	-初榨的							
1508100000	初榨的花生油(但未经化学改性)〔999〕	10	100	9		千克	AB	P. R/Q. S
15089000	-其他							
1508900000	精制的花生油及其分离品(包括初榨花生油的分离品,但未经化学改性)〔999〕	10	100	9		千克	AB	M. R/S
1509	**油橄榄油及其分离品,不论是否精制,但未经化学改性:**							
15091000	-初榨的							
1509100000	初榨油橄榄油(但未经化学改性)〔999〕	10	30	9		千克	7AB	P. R/Q. S
15099000	-其他							
1509900000	精制的油橄榄油及其分离品(包括初榨油橄榄油的分离品,但未经化学改性)〔999〕	10	30	13		千克	7AB	R/S
1510	**其他橄榄油及其分离品,不论是否精制,但未经化学改性,包括掺有品目 15. 09 的油或分离品的混合物:**							
15100000	其他橄榄油及其分离品,不论是否精制,但未经化学改性,包括掺有品目 15. 09 的油或分离品的混合物							
1510000000	其他橄榄油及其分离品(不论是否精制,但未经化学改性,包括掺有品目 15. 09 的油或分离品的混合物)①	10	30	13		千克	7AB	P. R/Q. S
1511	**棕榈油及其分离品,不论是否精制,但未经化学改性:**							
15111000	-初榨的							
1511100000	初榨的棕榈油(但未经化学改性)〔999〕	9	60	9		千克	7AB	M. P. R/Q. S
15119010	---棕榈液油(熔点 19℃~24℃)							
1511901000	棕榈液油(熔点为 19℃~24℃,未经化学改性)〔999〕	9	60	9		千克	7AB	M. R/S
15119020	---棕榈硬脂(熔点 44℃~56℃)							
1511902001[暂2]	固态棕榈硬脂(50℃≤熔点≤56℃)(未经化学改性)〔999〕	8	60	9		千克	7AB	M. R/S
1511902090	棕榈硬脂(44℃≤熔点<50℃,未经化学改性)〔999〕	8	60	9		千克	AB	M. R/S
15119090	---其他							
1511909000	其他精制棕榈油(包括棕榈油的分离品,但未经化学改性)〔999〕	9	60	13		千克	7AB	M. R/S
1512	**葵花油、红花油或棉子油及其分离品,不论是否精制,但未经化学改性:**							
15121100	--初榨的							
1512110000	初榨的葵花油和红花油(但未经化学改性)〔101 初榨食用葵花油〕,〔102 初榨食用红花油〕,〔103 其他食用植物油〕	9	160	9		千克	AB	P. R/Q. S
15121900	--其他							
1512190000	精制的葵花油和红花油及其分离品(包括初榨葵花油和红花油的分离品,但未经化学改性)〔101 食用葵花子油〕,〔102 其他食用植物油〕	9	160	13		千克	AB	R/S
15122100	--初榨的,不论是否去除棉子酚							
1512210000	初榨的棉子油(不论是否去除棉子酚)〔999〕	10	70	9		千克	AB	P. R/Q. S
15122900	--其他							
1512290000	精制的棉子油及其分离品(包括初榨棉子油的分离品,但未经化学改性)〔999〕	10	70	13		千克	AB	R/S

① 〔101 初榨食用橄榄油〕,〔102 其他初榨植物食用油〕,〔103 食用橄榄油〕

协定税率(%)															特惠税率(%)			对美税率	出口税率	出口退税率	Article Description
智利	新西兰	澳大利亚	瑞士	冰岛	秘鲁	哥斯达	东盟	亚太	新加坡	巴基斯坦	港/澳/台	韩国	格鲁吉亚	毛里求斯	亚太	老/柬/缅	LDC 97/95				
																		34	0		
											0/0/									0	-Other
																		34	0		
																					Ground-nut oil and its fractions, whether or not refined, but not chemically modified:
						0			0		0/0/									0	-Crude oil
																		35	0		
						0			0		0/0/									0	-Other
																		35	0		
																					Olive oil and its fractions, whether or not refined, but not chemically modified:
0	0		0	0	0	0	0		0		0/0/	3					0/0			0	-Virgin
																		35	0		
0	0		0	0	0	0	0		0		0/0/	3					0/0			0	-Other
																		35	0		
																					Other oils and their fractions, obtained solely from olives, whether or not refined, but not chemically modified, including blends of these oils or fractions with oils or fractions of heading 15.09:
0	0		0	0	0	0	0		0		0/0/	3					0/0			0	Other oils and their fractions, obtained solely from olives, whether or not refined, but not chemically modified, including blends of these oils or fractions with oils or fractions of heading 15.09
																		15	0		
																					Palm oil and its fractions, whether or not refined, but not chemically modified:
											0/0/									0	-Crude oil
																		14	0		
											0/0/									0	---Palm olein (melting point: 19℃~24℃)
																		14	0		
											0/0/									0	---Palm stearin (melting point: 44℃~56℃)
																		7	0		
																		13	0		
											0/0/									0	---Other
																		14	0		
																					Sunflower-seed, safflower or cottonseed oil and fractions thereof, whether or not refined, but not chemically modified:
						0					0/0/									0	--Crude oil
																		34	0		
						0					0/0/									0	--Other
																		34	0		
						0			0		0/0/									0	--Crude oil, whether or not gossypol has been removed
																		15	0		
						0			0		0/0/									0	--Other
																		20	0		

商品编号	商品名称及备注[检验检疫编码及名称]	进口关税(%)		增值税率(%)	消费税	计量单位	监管条件	检验检疫类别
		最惠国	普通					
1513	**椰子油、棕榈仁油或巴巴苏棕榈果油及其分离品,不论是否精制,但未经化学改性:**							
15131100	--初榨的							
1513110000	初榨椰子油(但未经化学改性)〔999〕	9	40	9		千克	AB	M. P. R/Q. S
15131900	--其他							
1513190000	其他椰子油及其分离品(包括初榨椰子油的分离品,但未经化学改性)〔999〕	9	40	9		千克	AB	M. P. R/Q. S
15132100	--初榨的							
1513210000	初榨棕榈仁油或巴巴苏棕榈果油(未经化学改性)〔101 初榨食用棕榈油〕,〔102 其他初榨植物食用油〕	9	40	9		千克	AB	M. P. R/Q. S
15132900	--其他							
1513290000	精制的棕榈仁油或巴巴苏棕榈果油(包括分离品,但未经化学改性,初榨的除外)〔999〕	9	40	13		千克	AB	M. R/S
1514	**菜子油或芥子油及其分离品,不论是否精制,但未经化学改性:**							
15141100	--初榨的							
1514110000	初榨的低芥子酸菜子油(但未经化学改性)〔999〕	9	170	9		千克	7AB	M. P. R/Q. S
15141900	--其他							
1514190000	其他低芥子酸菜子油(包括其分离品,但未经化学改性)〔999〕	9	170	9		千克	7AB	M. P. R/Q. S
15149110	---菜子油							
1514911000	初榨的非低芥子酸菜子油(但未经化学改性)〔999〕	9	170	9		千克	7AB	M. P. R/Q. S
15149190	---芥子油							
1514919000	初榨的芥子油(但未经化学改性)〔999〕	9	170	9		千克	7AB	M. P. R/Q. S
15149900	--其他							
1514990000	精制非低芥子酸菜子油、芥子油(包括其分离品,但未经化学改性)〔101 食用菜子油〕,〔102 其他食用植物油〕	9	170	13		千克	7AB	M. R/S
1515	**其他固定植物油、脂(包括希蒙得木油)及其分离品,不论是否精制,但未经化学改性:**							
15151100	--初榨的							
1515110000	初榨亚麻子油(但未经化学改性)〔999〕	15	30	9		千克	AB	M. P. R/Q. S
15151900	--其他							
1515190000	精制的亚麻子油及其分离品(包括初榨亚麻子油的分离品,但未经化学改性)〔999〕	15	30	13		千克	AB	R/S
15152100	--初榨的							
1515210000	初榨的玉米油(但未经化学改性)〔999〕	10	160	9		千克	AB	P. R/Q. S
15152900	--其他							
1515290000	精制的玉米油及其分离品(包括初榨玉米油的分离品,但未经化学改性)〔999〕	10	160	13		千克	AB	R/S
15153000	-蓖麻油及其分离品							
1515300000	蓖麻油及其分离品(不论是否精制,但未经化学改性)①	10	70	13		千克	AB	M. P/Q. S
15155000	-芝麻油及其分离品							
1515500000	芝麻油及其分离品(不论是否精制,但未经化学改性)②	12	20	9		千克	AB	P. R/Q. S
15159010	---希蒙得木油(霍霍巴油)及其分离品							
1515901000	希蒙得木油及其分离品(不论是否精制,但未经化学改性)〔101 初榨食用桐油〕,〔102 其他初榨植物食用油〕	20	70	13		千克	AB	P. R/Q. S
15159020	---印楝油及其分离品							
1515902000	印楝油及其分离品(不论是否精制,但未经化学改性)③	20	70	13		千克	ABS	P. R/Q. S
15159030	---桐油及其分离品							
1515903000	桐油及其分离品(不论是否精制,但未经化学改性)④	20	70	13		千克	AB	P. R/Q. S
15159090	---其他							

① 〔101 初榨食用蓖麻油〕,〔102 1-己烯-3-醇〕,〔103 蓖麻油〕
② 〔101 初榨食用芝麻油〕,〔102 食用芝麻油〕,〔103 芝麻(CO2)提取物〕,〔104 芝麻蒸馏物〕
③ 〔101 其他初榨植物食用油〕,〔102 食用茶油〕,〔103 其他食用植物油〕
④ 〔101 初榨食用桐油〕,〔102 其他初榨植物食用油〕,〔103 其他食用植物油〕

协定税率(%)															特惠税率(%)			对美税率	出口税率	出口退税率	Article Description
智利	新西兰	澳大利亚	瑞士	冰岛	秘鲁	哥斯达	东盟	亚太	新加坡	巴基斯坦	港/澳/台	韩国	格鲁吉亚	毛里求斯	亚太	老/柬/缅	LDC 97/95				
																					Coconut(copra), palm kernel or babassu oil and fractions thereof, whether or not refined, but not chemically modified:
0	0		0	0	0	0	0	4.5		4.5	0/0/	0					0/0			0	--Crude oil
																		34	0		
0	0		0	0	0	0	0	4.5		4.5	0/0/	0					0/0			0	--Other
																		34	0		
0	0		0	0	0	0	0				0/0/	0					0/0			0	--Crude oil
																		14	0		
0	0		0	0	0	0	0				0/0/	0					0/0			0	--Other
																		14	0		
																					Rape, colza or mustard oil and fractions thereof, whether or not refined, but not chemically modified:
											0/0/									0	--Crude oil
																		34	0		
											0/0/									0	--Other
																		14	0		
							9				0/0/									0	---Rape oil
																		14	0		
											0/0/									0	---Mustard oil
																		14	0		
							9				0/0/									0	--Other
																		34	0		
																					Other fixed vegetable fats and oils (including jojoba oil) and fractions thereof, whether or not refined, but not chemically modified:
0	0		3	0	0	0	0		0		0/0/	4.5					0/0			0	--Crude oil
																		40	0		
0	0		3	0	0	0	0		0		0/0/	4.5					0/0			0	--Other
																		25	0		
							0		0		0/0/					0/0/	0/0			0	--Crude oil
																		15	0		
							0		0		0/0/					0/0/	0/0			0	--Other
																		35	0		
0	0	0	0	0	0	0	0		0		0/0/	3				0/0/	0/0			6	-Castor oil and its fractions
																		35	0		
0	0	0	2.4	0	0	0	0		0		0/0/	3.6				0/0/	0/0			0	-Sesame oil and its fractions
																		37	0		
0	0	0	4	0		0	0		0		0/0/	10.6				/0/	0/0			6	---Jojoba oil and its fractions
																		45	0		
0	0	0	4	0		0	0		0		0/0/	10.6					0/0			6	---Neemoil and its fractions
																		25	0		
0	0	0	4	0		0	0		0		0/0/	10.6				/0/	0/0			6	---Tung oil and its fractions
																		25	0		
0	0	0	4	0		0	0		0		0/0/					0/0/0	0/0			0	---Other

商品编号	商品名称及备注[检验检疫编码及名称]	进口关税(%) 最惠国	普通	增值税率(%)	消费税	计量单位	监管条件	检验检疫类别
1515909010	红松籽油(不论是否精制,但未经化学改性)〔101 其他初榨植物食用油〕,〔102 其他食用植物油〕	20	70	13		千克	ABE	P. R/Q. S
1515909090	其他固定植物油、脂及其分离品(不论是否精制,但未经化学改性)①	20	70	13		千克	AB	M. P. R/N. Q. S
1516	**动、植物油、脂及其分离品,全部或部分氢化、相互酯化、再酯化或反油酸化,不论是否精制,但未经进一步加工:**							
15161000	-动物油、脂及其分离品							
1516100000	氢化、酯化或反油酸化动物油、脂(包括其分离品,不论是否精制,但未经进一步加工)〔999〕	5	70	13		千克	AB	R/S
15162000	-植物油、脂及其分离品							
1516200000	氢化、酯化或反油酸化植物油、脂(包括其分离品,不论是否精制,但未经进一步加工)②	25	70	13		千克	AB	R/S
1517	**人造黄油;本章各种动、植物油、脂及其分离品混合制成的食用油、脂或制品,但品目15.16的食用油、脂及其分离品除外:**							
15171000	-人造黄油,但不包括液态的							
1517100000	人造黄油(但不包括液态的)③	30	80	13		千克	AB	M. R/S
15179010	---起酥油							
1517901001	动物油脂制造的起酥油(品目15.16的食用油、脂及其分离品除外)④	25	70	13		千克	AB	R/S
1517901090	植物油脂制造的起酥油(品目15.16的食用油、脂及其分离品除外)⑤	25	70	9		千克	AB	R/S
15179090	---其他							
1517909001	其他混合制成的动物质食用油脂或制品(品目15.16的食用油、脂及其分离品除外)⑥	25	70	13		千克	AB	R/S
1517909090	其他混合制成的植物质食用油脂或制品(品目15.16的食用油、脂及其分离品除外)⑦	25	70	9		千克	AB	R/S
1518	**动、植物油、脂及其分离品,经过熟炼、氧化、脱水、硫化、吹制或在真空、惰性气体中加热聚合及用其他化学方法改性的,但品目15.16的产品除外;本章各种油、脂及其分离品混合制成的其他税号未列名的非食用油、脂或制品:**							
15180000	动、植物油、脂及其分离品,经过熟炼、氧化、脱水、硫化、吹制或在真空、惰性气体中加热聚合及其他化学方法改性的,但品目15.16的产品除外;本章各种油、脂及其分离品混合制成的其他税号未列名的非食用油、脂或制品							
1518000000	化学改性的动、植物油、脂(包括其分离品及本章油脂混合制成的非食用油脂或制品,品目15.16的产品除外)⑧	10	70	13		千克	AB	M. R/S
1520	**粗甘油;甘油水及甘油碱液:**							

① 〔101 饲料添加剂〕,〔102 其他初榨植物食用油〕,〔103 食用茶油〕,〔104 其他食用植物油〕,〔105 腰果壳油〕,〔301 属于危险化学品的食品添加剂〕,〔302 一般化学品,需申报仅用于工业用途不用于食品添加剂有检疫要求〕,〔303 易燃液体,需申报仅用于工业用途不用于食品添加剂有检疫要求〕,〔304 有检疫要求食品添加剂〕

② 〔101 其他食用植物油〕,〔102 食用植脂末〕,〔103 食用起酥油〕,〔104 食用其他加工油脂〕,〔105 氢化植物油〕,〔301 氢化植物油(无检疫要求食品添加剂)〕

③ 〔101 食用植物奶油〕,〔102 食用其他加工油脂〕,〔301 无检疫要求食品添加剂〕

④ 〔301 无检疫要求食品添加剂〕,〔999 动物油脂制造的食用起酥油〕

⑤ 〔101 食用植物调和油〕,〔102 食用其他加工油脂〕,〔301 无检疫要求食品添加剂〕

⑥ 〔101 混合制成的动物质食用油(脂)或制品〕,〔102 食用其他加工油脂〕,〔103 白脱脂〕,〔301 无检疫要求食品添加剂〕

⑦ 〔101 食用植物调和油〕,〔102 其他食用植物油〕,〔103 食用其他加工油脂〕,〔301 无检疫要求食品添加剂〕

⑧ 〔101 化学改性的动物质食用动物油(脂)〕,〔102 食用植物奶油〕,〔103 食用植脂末〕,〔104 食用起酥油〕,〔105 食用其他加工油脂〕,〔106 花生四烯酸油脂(发酵法)〕,〔107 饲用棕榈脂肪粉〕,〔108 棕榈油〕,〔301 无检疫要求食品添加剂〕,〔302 属于危险化学品的食品添加剂〕,〔303 一般化学品,需申报仅用于工业用途不用于食品添加剂无检疫要求〕,〔304 易燃液体,需申报仅用于工业用途不用于食品添加剂无检疫要求〕

协定税率(%)															特惠税率(%)			对美税率	出口税率	出口退税率	Article Description
智利	新西兰	澳大利亚	瑞士	冰岛	秘鲁	哥斯达	东盟	亚太	新加坡	巴基斯坦	港/澳/台	韩国	格鲁吉亚	毛里求斯	亚太	老/柬/缅	LDC 97/95				
																		40	0		
																		40	0		
																					Animal or vegetable fats and oil and fractions thereof, partly or wholly hydrogenated, interesterified, reesterified or elaidinized, whether or not refined, but not further prepared:
0	0	0	0	0	0	0	0				0/0/	0	0	0			0/0			13	-Animal fats and oils and fractions thereof
																		30	0		
0	0	0		0	0	0	0			0	0/0/			20			0/0			0	-Vegetable fats and oils and fractions thereof
																		50	0		
																					Margarine; edible mixtures or preparations of animal or vegetable fats or oils or of fractions of different fats or oils of this Chapter, other than ediblefats or oils or their fracitions of heading 15.16:
0	0	0				0	0		0		0/0/			24						0	-Margarine, excluding liquid margarine
																		55	0		
0	0	0	5	0	0	0	0				0/0/			20			0/0				---Shortening
																		50	0	13	
																		50	0	0	
0	0		11.8	0	0	0	0				0/0/						0/0				---Other
																		50	0	13	
																		50	0	0	
																					Animal or vegetable fats and oils and fractions thereof, boiled, oxidized, dehydrated, sulphurized, blown, polymerized by heat in vacuum or in inert gas or otherwise chemically modified, excluding those of heading 15.16; inedible mixtures or preparations of animal or vegetable fats or oils or of fractions of different fats or oils of this Chapter, not elsewhere specified or included:
0	0		0	0	0	0	0		0		0/0/	6.5		0			0/0			13	Animal or vegetable fats and oils and fractions thereof, boiled, oxidized, dehydrated, sulphurized, blown, polymerized by heat in vacuum or in inert gas or otherwise chemically modified, ex-cluding those of heading 15.16; inedible mixtures or preparations of animal or vegetable fats or oils or of fractions of different fats or oils of this Chapter, not elsewhere specified or included
																		30	0		
																					Glycerol, crude; glycerol waters and glycerol lyes:

商品编号	商品名称及备注[检验检疫编码及名称]	进口关税(%) 最惠国	进口关税(%) 普通	增值税率(%)	消费税	计量单位	监管条件	检验检疫类别
15200000	粗甘油;甘油水及甘油碱液							
1520000000[暂6]	粗甘油,甘油水及甘油碱液①	20	50	13		千克	AB	M. R/S
1521	**植物蜡(甘油三酯除外)、蜂蜡、其他虫蜡及鲸蜡,不论是否精制或着色:**							
15211000	-植物蜡							
1521100010	小烛树蜡〔999〕	20	80	13		千克	ABEF	P. R/Q
1521100090	其他植物蜡〔101 吗琳脂肪酸盐(果蜡)〕,〔102 巴西棕榈蜡〕	20	80	13		千克	AB	P. R/Q. S
15219010	---蜂蜡							
1521901000	蜂蜡(不论是否精制或着色)②	20	80	13		千克	AB	P. R/Q. S
15219090	---其他							
1521909010	鲸蜡(不论是否精制或着色)〔999〕	20	80	13		千克	AFEB	P/Q
1521909090	其他虫蜡(不论是否精制或着色)〔101 其他动物产品〕,〔102 药用五倍子〕	20	80	13		千克	AB	P/Q
1522	**油鞣回收脂;加工处理油脂物质及动、植物蜡所剩的残渣:**							
15220000	油鞣回收脂;加工处理油脂物质及动、植物蜡所剩的残渣							
1522000000	油鞣回收脂(包括加工处理油脂物质及动、植物蜡所剩的残渣)〔999〕	20	50	13		千克	9	

① 〔301 无检疫要求食品添加剂〕,〔302 需申报仅用于工业用途不用于食品添加剂无检疫要求的化学品〕,〔999〕
② 〔101 其他动物产品〕,〔102 食品添加剂用蜂蜡〕,〔103 食品添加剂用蜂蜡净油〕,〔104 工业用未经加工蜂蜡〕

协定税率(%)															特惠税率(%)			对美税率	出口税率	出口退税率	Article Description
智利	新西兰	澳大利亚	瑞士	冰岛	秘鲁	哥斯达	东盟	亚太	新加坡	巴基斯坦	港/澳/台	韩国	格鲁吉亚	毛里求斯	亚太	老/柬/缅	LDC 97/95				
0	0	0	4	0	0	0	0		0		0/0/	10.6	0	0			0/0			13	Glycerol, crude; glycerol waters and glycerol lyes
																		31	0		
																					Vegetable waxes (other than triglycerides), beeswax, other insect waxes and spermaceti, whether or not refined or coloured:
0	0	0	4	0	0	0	0		0		0/0/	10.6	0	0			0/0			13	-Vegetable waxes
																		40	0		
																		40	0		
0	0	0	4	0	0	0	0		0		0/0/	10.6	0	0			0/0			13	---Beeswax
																		30	0		
0	0	0	4	0	0	0	0		0		0/0/	10.6	0	0			0/0			13	---Other
																		25	0		
																		25	0		
																					Degras; residues resulting from the treatment of fatty substances of animal or vegetable waxes:
0	0	0	4	0	0	0	0		0		0/0/	10.6	0	0			0/0			13	Degras; residues resulting from the treatment of fatty substances of animal or vegetable waxes
																		25	0		

第 四 类
食品；饮料、酒及醋；烟草、烟草及烟草代用品的制品

注释：

本类所称“团粒”，是指直接挤压或加入按重量计比例不超过3%的黏合剂制成的粒状产品。

第十六章
肉、鱼、甲壳动物、软体动物及其他水生无脊椎动物的制品

注释：

一、本章不包括用第二章、第三章及品目05.04所列方法制作或保藏的肉、食用杂碎、鱼、甲壳动物、软体动物或其他水生无脊椎动物。

二、本章的食品按重量计必须含有20%以上的香肠、肉、食用杂碎、动物血、鱼、甲壳动物、软体动物或其他水生无脊椎动物及其混合物。对于含有两种或两种以上前述产品的食品，则应按其中重量最大的产品归入第十六章的相应税号。但本条规定不适用于品目19.02的包馅食品和品目21.03及21.04的食品。

子目注释：

一、子目1602.10的“均化食品”，是指用肉、食用杂碎或动物血经精细均化制成适合供婴幼儿食用或营养用的零售包装食品（每件净重不超过250克）。为了调味、保藏或其他目的，均化食品中可以加入少量其他配料，还可以含有少量可见的肉粒或食用杂碎粒。归类时该子目优先于品目16.02的其他子目。

二、品目16.04或16.05项下各子目所列的是鱼、甲壳动物、软体动物及其他水生无脊椎动物的俗名，它们与第三章中相同名称的鱼、甲壳动物、软体动物及其他水生无脊椎动物种类范围相同。

商品编号	商品名称及备注[检验检疫编码及名称]	进口关税(%)		增值税率(%)	消费税	计量单位	监管条件	检验检疫类别
		最惠国	普通					
1601	**肉、食用杂碎或动物血制成的香肠及类似产品；用香肠制成的食品：**							
16010010	---用天然肠衣做外包装的香肠及类似产品							
1601001010	濒危野生动物肉、杂碎、血制天然肠衣香肠（含品目02.08的野生动物，包括类似品）①	5	90	13		千克	ABFE	P. R/Q. S
1601001090	其他动物肉，杂碎及血制天然肠衣香肠（包括类似品）②	5	90	13		千克	AB	P. R/Q. S
16010020	---其他香肠及类似产品							
1601002010	濒危野生动物肉、杂碎、血制其他肠衣香肠（含品目02.08的野生动物，包括类似品）③	5	90	13		千克	ABFE	P. R/Q. S
1601002090	其他动物肉，杂碎及血制其他肠衣香肠（包括类似品）④	5	90	13		千克	AB	P. R/Q. S
16010030	---用香肠制成的食品							
1601003010	用含濒危野生动物成分的香肠制的食品（含品目02.08的野生动物）⑤	5	90	13		千克	ABFE	P. R/Q. S
1601003090	用含其他动物成分的香肠制的食品⑥	5	90	13		千克	AB	P. R/Q. S
1602	**其他方法制作或保藏的肉、食用杂碎或动物血：**							
16021000	-均化食品							

① 〔101 动物肉及杂碎〕，〔102 其他熟制禽肉制品〕，〔103 其他熟制畜肉制品〕

② 〔101 其他动物肉，杂碎（包括类似品）（动物肉及杂碎）〕，〔102 其他动物肠衣香肠（包括类似品）（其他熟制禽肉制品）〕，〔103 其他动物肠衣香肠（包括类似品）（其他熟制畜肉制品）〕

③ 〔101 动物肉及杂碎〕，〔102 其他熟制禽肉制品〕，〔103 其他熟制畜肉制品〕

④ 〔101 其他动物肉，杂碎（包括类似品）（动物肉及杂碎）〕，〔102 其他动物肠衣香肠（包括类似品）（其他熟制禽肉制品）〕，〔103 其他动物肠衣香肠（包括类似品）（其他熟制畜肉制品）〕，〔104 其他养殖制作及保藏水产制品〕，〔105 其他野生制作及保藏水产制品〕

⑤ 〔101 其他熟制禽肉制品〕，〔102 其他熟制畜肉制品〕

⑥ 〔101 其他熟制禽肉制品〕，〔102 其他熟制畜肉制品〕

SECTION Ⅳ
PREPARED FOODSTUFFS; BEVERAGES, SPIRITS AND VINEGAR; TOBACCO AND MANUFACTURED TOBACCO SUBSTITUTES

Chapter Note:

In this Section the term "pellets" means products which have been agglomerated either directly by compression or by the addition of a binder in a proportion not exceeding 3% by weight.

Chapter 16
Preparations of meat, of fish or of crustaceans, molluscs or other aquatic invertebrates

Chapter Notes:

1. This Chapter does not cover meat, meat offal, fish, crustaceans, molluscs or other aquatic invertebrates, prepared or preserved by the processes specified in Chapter 2 or 3 or heading 05. 04.

2. Food preparations fall in this Chapter provided that they contain more than 20% by weight of sausage, meat, meat offal, blood, fish or crustaceans, molluscs or other aquatic invertebrates, or any combination thereof. In cases where the preparation contains two or more of the products mentioned above, it is classified in the heading of Chapter 16 corresponding to the component or components which predominate by weight. These provisions do not apply to the stuffed products of heading 19. 02 or to the preparations of heading 21. 03 or 21. 04.

Subheading Notes:

1. For the purposes of subheading 1602. 10, the expression "homogenised preparations" means preparations of meat, meat offal or blood, finely homogenised, put up for retail sale as food suitable for infants or young children or for dietetic purposes, in containers of a net weight content not exceeding 250g. For the application of this definition no account is to be taken of small quantities of any ingredients which may have been added to the preparation for seasoning, preservation or other purposes. These preparations may contain a small quantity of visible pieces of meat or meat offal. This subheading takes precedence over all other subheadings of heading 16. 02.

2. The fish, crustaceans, molluscs and other aquatic invertebrates specified in the subheadings of heading 16. 04 or 16. 05 under their common names only, are of the same species as those mentioned in Chapter 3 under the same name.

协定税率(%)															特惠税率(%)			对美税率	出口税率	出口退税率	Article Description
智利	新西兰	澳大利亚	瑞士	冰岛	秘鲁	哥斯达	东盟	亚太	新加坡	巴基斯坦	港/澳/台	韩国	格鲁吉亚	毛里求斯	亚太	老/柬/缅	LDC 97/95				
																					Sausages and similar products, of meat, meat offal or blood; food preparations based on these products:
0	0	0	3	0	0	0	0		0	12	0/0/	4.5	0	0			0/0				---Sausages and similar products, with a natural casing
																		30	0	0	
																		30	0	13	
0	0	0	3	0	0	0	0		0	12	0/0/	4.5	0	0			0/0				---Other sausages and similar products
																		30	0	0	
																		30	0	13	
0	0	0	3	0	0	0	0		0	12	0/0/	4.5	0	0			0/0				---Food preparations based on sausages and similar produts
																		7.5	0	0	
																		7.5	0	6	
																					Other prepared or preserved meat, meat offal or blood:
0	0	0	3	0	0	0	0		0	12	0/0/	4.5	0	0			0/0				-Homogenized preparations

商品编号	商品名称及备注[检验检疫编码及名称]	进口关税(%) 最惠国	进口关税(%) 普通	增值税率(%)	消费税	计量单位	监管条件	检验检疫类别
1602100010	含濒危野生动物成分的均化食品(指用肉、食用杂碎或动物血经精细均化制成,零售包装)①	5	90	13		千克	ABFE	R/S
1602100090	其他动物肉或食用杂碎的均化食品(指用肉、食用杂碎或动物血经精细均化制成,零售包装)②	5	90	13		千克	AB	R/S
16022000	-动物肝							
1602200010	制作或保藏的濒危动物肝(第2、3章所列方法制作或保藏的除外)③	5	90	13		千克	ABEF	P. R/Q. S
1602200090	制作或保藏的其他动物肝(第2、3章所列方法制作或保藏的除外)④	5	90	13		千克	AB	P. R/Q. S
16023100	--火鸡的							
1602310000	制作或保藏的火鸡肉及杂碎(第2、3章所列方法制作或保藏的除外)⑤	5	90	13		千克	AB	P. R/Q. S
16023210	---罐头							
1602321000	鸡罐头[999]	5	90	13		千克	AB	P. R/Q. S
16023291	----鸡胸肉							
1602329100	其他方法制作或保藏的鸡胸肉(第2、3章所列方法制作或保藏的除外)⑥	5	90	13		千克	AB	P. R/Q. S
16023292	----鸡腿肉							
1602329200	其他方法制作或保藏的鸡腿肉(第2、3章所列方法制作或保藏的除外)⑦	5	90	13		千克	AB	P. R/Q. S
16023299	----其他							
1602329900	其他方法制作或保藏的其他鸡产品(第2、3章所列方法制作或保藏的除外;鸡胸肉、鸡腿肉除外)⑧	5	90	13		千克	AB	P. R/Q. S
16023910	---罐头							
1602391000	其他家禽肉及杂碎的罐头⑨	5	90	13		千克	AB	P. R/Q. S
16023991	----鸭的							
1602399100	其他方法制作或保藏的鸭(第2、3章所列方法制作或保藏的除外)⑩	5	90	13		千克	AB	P. R/Q. S
16023999	----其他							
1602399900	其他方法制作或保藏的其他家禽肉及杂碎(第2、3章所列方法制作或保藏的除外;鸡、鸭除外)⑪	5	90	13		千克	AB	P. R/Q. S
16024100	--后腿及其肉块							
1602410010	制作或保藏的鹿豚、姬猪后腿及肉块⑫	5	90	13		千克	ABFE	P. R/Q. S
1602410090	制作或保藏的猪后腿及其肉块⑬	5	90	13		千克	AB	P. R/Q. S
16024200	--前腿及其肉块							
1602420010	制作或保藏的鹿豚、姬猪前腿及肉块⑭	5	90	13		千克	ABFE	P. R/Q. S
1602420090	制作或保藏的猪前腿及其肉块⑮	5	90	13		千克	AB	P. R/Q. S
16024910	---罐头							
1602491010	其他含鹿豚、姬猪肉及杂碎的罐头[999]	5	90	13		千克	ABFE	P. R/Q. S
1602491090	其他猪肉及杂碎的罐头⑯	5	90	13		千克	AB	P. R/Q. S
16024990	---其他							
1602499010	制作或保藏的其他鹿豚、姬猪肉,杂碎(包括血等)⑰	5	90	13		千克	ABFE	P. R/Q. S
1602499090	制作或保藏的其他猪肉,杂碎,血⑱	5	90	13		千克	AB	P. R/Q. S
16025010	---罐头							
1602501010	含濒危野牛肉的罐头[999]	5	90	13		千克	ABFE	P. R/Q. S
1602501090	其他牛肉及牛杂碎罐头(含野牛肉的除外)[999]	5	90	13		千克	AB	P. R/Q. S
16025090	---其他							
1602509010	其他制作或保藏的濒危野牛肉、杂碎(包括血等)⑲	5	90	13		千克	ABFE	P. R/Q. S
1602509090	其他制作或保藏的牛肉,杂碎,血⑳	5	90	13		千克	AB	P. R/Q. S
16029010	---罐头							
1602901010	其他濒危野生动物肉及杂碎罐头[999]	5	90	13		千克	ABFE	P. R/Q. S

① [102 其他熟制禽肉制品],[103 其他去骨熟制畜肉制品],[104 其他带骨熟制畜肉制品],[999 未列出的其他动物肉脏及杂碎制品]

② [102 其他熟制禽肉制品],[103 其他去骨熟制畜肉制品],[104 其他带骨熟制畜肉制品],[105 以上述产品为原料制成的猪肉均化食品],[106 以上述产品为原料制成的牛肉均化食品],[999 未列出的其他动物肉脏及杂碎制品]

③ [101 动物肉及杂碎],[102 其他熟制禽肉制品],[103 其他熟制畜肉制品]

④ [101 动物肉及杂碎],[102 其他熟制禽肉制品],[103 其他熟制畜肉制品]

⑤ [101 火鸡肉及杂碎],[102 热处理火鸡肉],[103 其他热处理火鸡肉]

⑥ [101 非热处理鸡肉],[102 热处理鸡肉],[103 其他热处理鸡肉]

⑦ [101 非热处理鸡肉],[102 热处理鸡肉],[103 其他热处理鸡肉]

⑧ [101 非热处理其他禽肉],[102 热处理鸡肉],[103 其他热处理鸡肉]

⑨ [101 鸭肉罐头],[102 鹅肉罐头],[103 其他家禽肉及杂碎的罐头]

⑩ [101 非热处理其他禽肉],[102 热处理鸭肉],[103 其他热处理鸭肉]

⑪ [101 非热处理其他禽肉],[102 热处理鹅肉],[103 其他热处理鹅肉],[104 其他熟制禽肉制品]

⑫ [101 猪蹄],[102 去骨熟制猪肉制品],[103 带骨熟制猪肉制品]

⑬ [101 猪蹄],[102 去骨熟制猪肉制品],[103 带骨熟制猪肉制品],[104 以上述产品为原料制成的熟制猪肉产品]

⑭ [101 猪蹄],[102 去骨熟制猪肉制品],[103 带骨熟制猪肉制品]

⑮ [101 猪蹄],[102 去骨熟制猪肉制品],[103 带骨熟制猪肉制品],[104 上述产品为原料制成的熟制猪肉产品]

⑯ [101 猪肉罐头],[102 午餐肉罐头],[103 火腿午餐肉罐头],[104 火腿罐头],[105 云腿罐头]

⑰ [101 其他猪杂碎],[102 去骨熟制猪肉制品],[103 带骨熟制猪肉制品]

⑱ [101 制作或保藏的其他猪肉,杂碎(猪杂碎)],[102 制作或保藏的其他猪肉,杂碎(去骨熟制猪肉制品)],[103 制作或保藏的其他猪肉,杂碎)(带骨熟制猪肉制品)]

⑲ [101 野牛肉及杂碎],[102 去骨熟制牛肉制品],[103 带骨熟制牛肉制品]

⑳ [101 其他牛杂碎],[102 去骨熟制牛肉制品],[103 带骨熟制牛肉制品],[104 以上述产品为原料制成的熟制牛肉产品]

协定税率(%)															特惠税率(%)			对美税率	出口税率	出口退税率	Article Description
智利	新西兰	澳大利亚	瑞士	冰岛	秘鲁	哥斯达	东盟	亚太	新加坡	巴基斯坦	港/澳/台	韩国	格鲁吉亚	毛里求斯	亚太	老/柬/缅	LDC 97/95				
																		30	0	0	
																		30	0	13	
0	0	0	3	0	0	0	0		0	12	0/0/	4.5	0	0			0/0				-Of liver of any animal
																		7.5	0	0	
																		7.5	0	13	
0	0	0	3	0	0	0	0		0	12	0/0/	4.5	0	0			0/0			13	--Of turkeys
																		15	0		
0	0	0	3	0	0	0	0		0	12	0/0/	4.5	0	0			0/0			13	---In airtight containers
																		7.5	0		
0	0	0	3	0	0	0	0		0	12	0/0/	4.5	0	0			0/0			13	----Chicken breast filets
																		15	0		
0	0	0	3	0	0	0	0		0	12	0/0/	4.5	0	0			0/0			13	----Chicken leg meat
																		7.5	0		
0	0	0	3	0	0	0	0		0	12	0/0/	4.5	0	0			0/0			13	----Other
																		7.5	0		
0	0	0	3	0	0	0	0		0	12	0/0/	4.5	0	0			0/0			13	---In airtight containers
																		7.5	0		
0	0	0	3	0	0	0	0		0	12	0/0/	4.5	0	0			0/0				----Of duck
																		7.5	0	6	
0	0	0	3	0	0	0	0		0	12	0/0/	4.5	0	0			0/0			13	----Other
																		7.5	0		
0	0	0	3	0	0	0	0		0	12	0/0/	4.5	0	0			0/0			13	--Hams and cuts thereof
																		30	0		
																		30	0		
0	0	0	3	0	0	0	0		0	12	0/0/	4.5	0	0			0/0			13	--Shoulders and cuts thereof
																		7.5	0		
																		7.5	0		
0	0	0	3	0	0	0	0		0	12	0/0/	4.5	0	0			0/0			13	---In airtight containers
																		7.5	0		
																		7.5	0		
0	0	0	3	0	0	0	0		0	12	0/0/	4.5	0	0			0/0			13	---Other
																		7.5	0		
																		7.5	0		
0	0	0	2.4	0	0	0	0		0	6	0/0/	3.6	0	0			0/0				---In airtight containers
																		7.5	0	0	
																		7.5	0	13	
0	0	0	2.4	0	0	0	0		0	6	0/0/	3.6	0	0			0/0				---Other
																		30	0	0	
																		30	0	13	
0	0	0	3	0	0	0	0		0	12	0/0/	4.5	0	0			0/0				---In airtight containers
																		7.5	0	0	

商品编号	商品名称及备注[检验检疫编码及名称]	进口关税(%) 最惠国	进口关税(%) 普通	增值税率(%)	消费税	计量单位	监管条件	检验检疫类别
1602901090	其他肉及杂碎罐头①	5	90	13		千克	AB	P. R/Q. S
16029090	---其他							
1602909010	制作或保藏的其他濒危野生动物肉(包括杂碎、血)②	5	90	13		千克	ABFE	P. R/Q. S
1602909090	经制作或保藏的其他肉、杂碎及血③	5	90	13		千克	AB	P. R/Q. S
1603	**肉、鱼、甲壳动物、软体动物或其他水生无脊椎动物的精及汁:**							
16030000	肉、鱼、甲壳动物、软体动物或其他水生无脊椎动物的精及汁							
1603000010	含濒危野生动物及鱼类成分的肉(指品目02.08及编号030192野生动物及鱼类)〔101 水产制品〕,〔102 鱼类罐头〕	5	90	13		千克	ABFE	P. R/Q. S
1603000090	肉及水产品的精、汁(水产品指鱼、甲壳动物、软体动物或其他水生无脊椎动物)〔101 养殖水产制品〕,〔102 野生水产制品〕	5	90	13		千克	AB	P. R/Q. S
1604	**制作或保藏的鱼;鲟鱼子酱及鱼卵制的鲟鱼子酱代用品:**							
16041110	---大西洋鲑鱼							
1604111000	制作或保藏的大西洋鲑鱼(整条或切块,但未绞碎)④	10	90	13		千克	AB	P. R/Q. S
16041190	---其他							
1604119010	制作或保藏的川陕哲罗鲑鱼(整条或切块,但未绞碎)〔101 水产制品〕,〔102 鱼类罐头〕	10	90	13		千克	AB	P. R/Q. S
1604119020	制作或保藏的秦岭细鳞鲑鱼(整条或切块,但未绞碎)〔101 水产制品〕,〔102 鱼类罐头〕	10	90	13		千克	AB	P. R/Q. S
1604119090	制作或保藏的其他鲑鱼〔101 水产制品〕,〔102 鱼类罐头〕	10	90	13		千克	AB	P. R/Q. S
16041200	--鲱鱼							
1604120000	制作或保藏的鲱鱼(整条或切块,但未绞碎)〔101 水产制品〕,〔102 鱼类罐头〕	5	90	13		千克	AB	P. R/Q. S
16041300	--沙丁鱼、小沙丁鱼属、黍鲱或西鲱							
1604130000	制作或保藏的沙丁鱼、小沙丁鱼属、黍鲱或西鲱(整条或切块,但未绞碎)⑤	5	90	13		千克	AB	P. R/Q. S
16041400	--金枪鱼、鲣鱼及狐鲣(狐鲣属)							
1604140000	制作或保藏的金枪鱼、鲣鱼及狐鲣(狐鲣属)(整条或切块,但未绞碎)⑥	5	90	13		千克	AB	P. R/Q. S
16041500	--鲭鱼							
1604150000	制作或保藏的鲭鱼(整条或切块,但未绞碎)⑦	5	90	13		千克	AB	P. R/Q. S
16041600	--鳀鱼							
1604160000	制作保藏的醍鱼(Anchovies)(整条或切块,但未绞碎)⑧	5	90	13		千克	AB	P. R/Q. S
16041700	--鳗鱼							
1604170010	制作或保藏的花鳗鲡(整条或切块,但未绞碎)⑨	5	90	13		千克	ABE	P. R/Q. S
1604170020	制作或保藏的欧洲鳗鲡(整条或切块,但未绞碎)⑩	5	90	13		千克	ABEF	P. R/Q. S
1604170090	其他制作或保藏的鳗鱼(整条或切块,但未绞碎)⑪	5	90	13		千克	AB	P. R/Q. S
16041800	--鲨鱼翅							
1604180010	制作或保藏的濒危鲨鱼鱼翅(整条或切块,但未绞碎)〔999〕	12	90	13		千克	AFEB	P. R/Q. S
1604180090	制作或保藏的其他鲨鱼鱼翅(整条或切块,但未绞碎)〔999〕	12	90	13		千克	AB	P. R/Q. S
16041920	---罗非鱼							
1604192000	制作或保藏的罗非鱼(整条或切块,但未绞碎)⑫	5	90	13		千克	AB	P. R/Q. S
16041931	----斑点叉尾鱼							
1604193100	制作或保藏的斑点叉尾鮰鱼(整条或切块,但未绞碎)⑬	5	90	13		千克	AB	P. R/Q. S
16041939	----其他							

① 〔101 鸟肉罐头〕,〔102 香肠罐头〕,〔103 羊肉罐头〕,〔104 鹿肉罐头〕,〔105 袋鼠肉罐头〕,〔106 马肉罐头〕,〔107 食用〕

② 〔101 其他动物肉脏及杂碎〕,〔102 其他熟制禽肉制品〕,〔103 其他去骨熟制畜肉制品〕,〔104 其他带骨熟制畜肉制品〕

③ 〔101 其他动物肉脏及杂碎〕,〔102 去骨熟制羊肉制品〕,〔103 带骨熟制羊肉制品〕,〔104 去骨熟制鹿肉制品〕,〔105 带骨熟制鹿肉制品〕,〔106 去骨熟制马肉制品〕,〔107 带骨熟制马肉制品〕,〔108 其他熟制禽肉制品〕,〔109 其他去骨熟制畜肉制品〕,〔110 其他带骨熟制畜肉制品〕

④ 〔101 养殖水产制品〕,〔102 野生水产制品〕,〔103 养殖鱼类罐头〕,〔104 野生鱼类罐头〕

⑤ 〔101 沙丁鱼水产制品〕,〔102 小沙丁鱼属水产制品〕,〔103 黍鲱水产制品〕,〔104 西鲱水产制品〕,〔105 沙丁鱼罐头〕,〔106 小沙丁鱼属罐头〕,〔107 黍鲱罐头〕,〔108 西鲱罐头〕

⑥ 〔101 金枪鱼水产制品〕,〔102 鲣鱼水产制品〕,〔103 狐鲣(狐鲣属)水产制品〕,〔104 金枪鱼罐头〕,〔105 鲣鱼罐头〕,〔106 狐鲣(狐鲣属)罐头〕

⑦ 〔101 养殖水产制品〕,〔102 野生水产制品〕,〔103 养殖鱼类罐头〕,〔104 野生鱼类罐头〕

⑧ 〔101 养殖水产制品〕,〔102 野生水产制品〕,〔103 养殖鱼类罐头〕,〔104 野生鱼类罐头〕

⑨ 〔101 养殖水产制品〕,〔102 野生水产制品〕,〔103 养殖鱼类罐头〕,〔104 野生鱼类罐头〕,〔105 养殖花鳗鲡制成的烤鳗〕,〔106 野生花鳗鲡制成的烤鳗〕,〔107 养殖花鳗鲡制成的其他水产制品〕,〔108 野生花鳗鲡制成的其他水产制品〕

⑩ 〔101 养殖水产制品〕,〔102 野生水产制品〕,〔103 养殖鱼类罐头〕,〔104 野生鱼类罐头〕,〔105 养殖欧洲鳗鲡制成的烤鳗〕,〔106 野生欧洲鳗鲡制成的烤鳗〕,〔107 养殖欧洲鳗鲡制成的其他水产制品〕,〔108 野生欧洲鳗鲡制成的其他水产制品〕

⑪ 〔101 养殖水产制品〕,〔102 野生水产制品〕,〔103 养殖鱼类罐头〕,〔104 野生鱼类罐头〕,〔105 养殖日本鳗鲡制成的烤鳗〕,〔106 野生日本鳗鲡制成的烤鳗〕,〔107 养殖日本鳗鲡制成的其他水产制品〕,〔108 野生日本鳗鲡制成的其他水产制品〕,〔109 其他养殖鳗鲡制成的烤鳗〕,〔110 其他野生鳗鲡制成的烤鳗〕,〔111 其他养殖鳗鲡制成的其他水产制品〕,〔112 其他野生鳗鲡制成的其他水产制品〕

⑫ 〔101 养殖水产制品〕,〔102 野生水产制品〕,〔103 养殖鱼类罐头〕,〔104 野生鱼类罐头〕

⑬ 〔101 养殖水产制品〕,〔102 野生水产制品〕,〔103 养殖鱼类罐头〕,〔104 野生鱼类罐头〕

协定税率(%)															特惠税率(%)			对美税率	出口税率	出口退税率	Article Description
智利	新西兰	澳大利亚	瑞士	冰岛	秘鲁	哥斯达	东盟	亚太	新加坡	巴基斯坦	港/澳/台	韩国	格鲁吉亚	毛里求斯	亚太	老/柬/缅	LDC 97/95				
																		7.5	0	13	
0	0	0	3	0	0	0	0		0	12	0/0/	4.5	0	0			0/0				---Other
																		7.5	0	0	
																		7.5	0	13	
																					Extracts and juices of meat, fish or crustaceans, molluscs or other aquatic invertebrates:
0	0	0	4.6	0	0	0	0		0		0/0/	14.9	0	18.4			0/0				Extracts and juices of meat, fish or crustaceans, molluscs or other aquatic invertebrates
																		30	0	0	
																		30	0	13	
																					Prepared or preserved fish; caviar and caviar substitutes prepared from fish eggs:
0	0	0		0		0	0		0	4.8	0/0/	3.6	0	0			0/0			13	---Atlantic salmon
																		35	0		
0	0	0		0		0	0		0	4.8	0/0/	3.6	0	0			0/0			13	---Other
																		35	0		
																		35	0		
																		35	0		
0	0	0	2.4	0	0	0	0		0	4.8	0/0/	3.6	0	0			0/0			13	--Herrings
																		30	0		
0	0	0	0	0	0	0	0			0	0/0/	0	0	0		/0/	0/0			13	--Sardines, sardinella, brisling or sprats
																		30	0		
0	0	0	0	0	0	0	0			0	0/0/	0	0	0		/0/	0/0			13	--Tunas, skipjack or bonito
																		30	0		
0	0	0	2.4	0	0	0	0		0	4.8	0/0/	3.6	0	0			0/0			13	--Mackerel
																		30	0		
0	0	0	2.4	0	0	0	0		0	4.8	0/0/	3.6	0	0			0/0			13	--Anchovies
																		30	0		
0	0	0	2.4	0		0	0	4.1	0	4	0/0/	3.6	0	0			0/0			13	--Eels
																		30	0		
																		30	0		
																		30	0		
0	0	0	2.4	0		0	0	9.8	0	4	0/0/	3.6	0				0/0				--Shark fins
																		37	0	0	
																		37	0	13	
0	0	0	2.4	0		0	0		0	4.8	0/0/	3.6	0	0			0/0			13	---Tilapia
																		30	0		
0	0	0	2.4	0		0	0	4.1	0	4	0/0/	3.6	0	0			0/0			13	----Channel catfish (Ictalurus punctatus)
																		30	0		
0	0	0	2.4	0		0	0	4.1	0	4	0/0/	3.6	0	0			0/0			13	----Other

商品编号	商品名称及备注[检验检疫编码及名称]	进口关税(%) 最惠国	普通	增值税率(%)	消费税	计量单位	监管条件	检验检疫类别
1604193900	制作或保藏的其他叉尾鮰鱼(整条或切块,但未绞碎)①	5	90	13		千克	AB	P. R/Q. S
16041990	---其他							
1604199010	制作或保藏的濒危鱼类(整条或切块,但未绞碎)②	5	90	13		千克	AFEB	P. R/Q. S
1604199090	制作或保藏的其他鱼(整条或切块,但未绞碎)③	5	90	13		千克	AB	P. R/Q. S
16042011	----鱼翅							
1604201110	濒危鲨鱼鱼翅罐头〔999〕	12	90	13		千克	ABFE	P. R/Q. S
1604201190	其他鲨鱼鱼翅罐头〔999〕	12	90	13		千克	AB	P. R/Q. S
16042019	----其他							
1604201910	非整条或切块的濒危鱼罐头(鱼翅除外)〔999〕	5	90	13		千克	ABFE	P. R/Q. S
1604201990	非整条或切块的其他鱼罐头(鱼翅除外)④	5	90	13		千克	AB	P. R/Q. S
16042091	----鱼翅							
1604209110	制作或保藏的濒危鲨鱼鱼翅(非整条、非切块、非罐头)〔999〕	12	90	13		千克	ABFE	P. R/Q. S
1604209190	制作或保藏其他鲨鱼鱼翅(非整条、非切块、非罐头)〔999〕	12	90	13		千克	AB	P. R/Q. S
16042099	----其他							
1604209910	其他制作或保藏的濒危鱼(非整条、非切块、非罐头,鱼翅除外)〔999〕	5	90	13		千克	ABFE	P. R/Q. S
1604209990	其他制作或保藏的鱼(非整条、非切块、非罐头 ,鱼翅除外)⑤	5	90	13		千克	AB	P. R/Q. S
16043100	--鲟鱼子酱							
1604310000	鲟鱼子酱〔999〕	5	90	13		千克	ABFE	P. R/Q. S
16043200	--鲟鱼子酱代用品							
1604320000	鲟鱼子酱代用品〔999〕	5	90	13		千克	AB	P. R/Q. S
1605	**制作或保藏的甲壳动物、软体动物及其他水生无脊椎动物:**							
16051000	-蟹							
1605100000	制作或保藏的蟹⑥	5	90	13		千克	AB	P. R/Q. S
16052100	--非密封包装							
1605210000	制作或保藏的非密封包装小虾及对虾⑦	5	90	13		千克	AB	P. R/Q. S
16052900	--其他							
1605290000	其他制作或保藏的小虾及对虾⑧	5	90	13		千克	AB	P. R/Q. S
16053000	-龙虾							
1605300000	制作或保藏的龙虾⑨	5	90	13		千克	AB	P. R/Q. S
16054011	----虾仁							
1605401100	制作或保藏的淡水小龙虾仁⑩	5	90	13		千克	AB	P. R/Q. S
16054019	----其他							
1605401900	制作或保藏的带壳淡水小龙虾⑪	5	90	13		千克	AB	P. R/Q. S
16054090	---其他							
1605409000	制作或保藏的其他甲壳动物⑫	5	90	13		千克	AB	P. R/Q. S
16055100	--牡蛎							
1605510000	制作或保藏的牡蛎(蚝)⑬	5	90	13		千克	AB	P. R/Q. S
16055200	--扇贝,包括海扇							
1605520010	制作或保藏的大珠母贝⑭	5	90	13		千克	ABE	P. R/Q. S
1605520090	其他制作或保藏的扇贝,包括海扇⑮	5	90	13		千克	AB	P. R/Q. S
16055300	--贻贝							

① 〔101 养殖水产制品〕,〔102 野生水产制品〕,〔103 养殖鱼类罐头〕,〔104 野生鱼类罐头〕

② 〔101 野生水产制品〕,〔102 野生鱼类罐头〕

③ 〔101 养殖石斑鱼〕,〔102 养殖鮰鱼〕,〔103 养殖鲷科〕,〔104 养殖安康鱼〕,〔105 养殖海鲂〕,〔106 养殖鲆鱼〕,〔107 养殖鲽鱼〕,〔108 养殖红鱼〕,〔109 养殖鲈鱼〕,〔110 养殖黄鱼〕,〔111 养殖鲮鱼〕,〔112 其他养殖鱼〕,〔113 野生石斑鱼〕,〔114 野生鮰鱼〕,〔115 野生鲷科〕,〔116 野生安康鱼〕,〔117 野生海鲂〕,〔118 野生鲆鱼〕,〔119 野生鲽鱼〕,〔120 野生红鱼〕,〔121 海鲫鱼〕,〔122 金线鱼〕,〔123 马面鱼〕,〔124 野生鲮鱼〕,〔125 野生鲈鱼〕,〔126 野生黄鱼〕,〔127 马鲛鱼〕,〔128 带鱼〕,〔129 其他野生鱼〕,〔130 养殖石斑鱼罐头〕,〔131 养殖鮰鱼罐头〕,〔132 养殖鲷科罐头〕,〔133 养殖安康鱼罐头〕,〔134 养殖海鲂罐头〕,〔135 养殖鲆鱼罐头〕,〔136 养殖鲽鱼罐头〕,〔137 养殖红鱼罐头〕,〔138 其他养殖鱼罐头〕,〔139 野生石斑鱼罐头〕,〔140 野生鮰鱼罐头〕,〔141 野生鲷科罐头〕,〔142 野生安康鱼罐头〕,〔143 野生海鲂罐头〕,〔144 野生鲆鱼罐头〕,〔145 野生鲽鱼罐头〕,〔146 野生红鱼罐头〕,〔147 海鲫鱼罐头〕,〔148 金线鱼罐头〕,〔149 马面鱼罐头〕,〔150 马鲛鱼罐头〕,〔151 其他野生鱼罐头〕

④ 〔101 养殖石斑鱼〕,〔102 养殖鮰鱼〕,〔103 养殖鲷科〕,〔104 养殖安康鱼〕,〔105 养殖海鲂〕,〔106 养殖鲆鱼〕,〔107 养殖鲽鱼〕,〔108 养殖红鱼〕,〔109 其他养殖鱼〕,〔110 野生石斑鱼〕,〔111 野生鮰鱼〕,〔112 野生鲷科〕,〔113 野生安康鱼〕,〔114 野生海鲂〕,〔115 野生鲆鱼〕,〔116 野生鲽鱼〕,〔117 野生红鱼〕,〔118 海鲫鱼〕,〔119 金线鱼〕,〔120 马面鱼〕,〔121 马鲛鱼〕,〔122 其他野生鱼〕

⑤ 〔101 养殖石斑鱼〕,〔102 养殖鮰鱼〕,〔103 养殖鲷科〕,〔104 养殖安康鱼〕,〔105 养殖海鲂〕,〔106 养殖鲆鱼〕,〔107 养殖鲽鱼〕,〔108 养殖红鱼〕,〔109 其他养殖鱼〕,〔110 野生石斑鱼〕,〔111 野生鮰鱼〕,〔112 野生鲷科〕,〔113 野生安康鱼〕,〔114 野生海鲂〕,〔115 野生鲆鱼〕,〔116 野生鲽鱼〕,〔117 野生红鱼〕,〔118 海鲫鱼〕,〔119 金线鱼〕,〔120 马面鱼〕,〔121 马鲛鱼〕,〔122 其他野生鱼〕

⑥ 〔101 养殖水产制品〕,〔102 野生水产制品〕,〔103 养殖甲壳类罐头〕,〔104 野生甲壳类罐头〕

⑦ 〔101 养殖水产制品〕,〔102 野生水产制品〕,〔103 养殖甲壳类罐头〕,〔104 野生甲壳类罐头〕

⑧ 〔101 养殖水产制品〕,〔102 野生水产制品〕,〔103 养殖甲壳类罐头〕,〔104 野生甲壳类罐头〕

⑨ 〔101 养殖水产制品〕,〔102 野生水产制品〕,〔103 养殖甲壳类罐头〕,〔104 野生甲壳类罐头〕

⑩ 〔101 养殖水产制品〕,〔102 野生水产制品〕,〔103 养殖甲壳类罐头〕,〔104 野生甲壳类罐头〕

⑪ 〔101 养殖水产制品〕,〔102 野生水产制品〕,〔103 养殖甲壳类罐头〕,〔104 野生甲壳类罐头〕

⑫ 〔101 养殖水产制品〕,〔102 野生水产制品〕,〔103 养殖甲壳类罐头〕,〔104 野生甲壳类罐头〕

⑬ 〔101 养殖水产制品〕,〔102 野生水产制品〕,〔103 养殖贝类罐头〕,〔104 野生贝类罐头〕

⑭ 〔101 养殖水产制品〕,〔102 野生水产制品〕,〔103 养殖贝类罐头〕,〔104 野生贝类罐头〕

⑮ 〔101 养殖水产制品〕,〔102 野生水产制品〕,〔103 养殖贝类罐头〕,〔104 野生贝类罐头〕

协定税率(%)															特惠税率(%)			对美税率	出口税率	出口退税率	Article Description
智利	新西兰	澳大利亚	瑞士	冰岛	秘鲁	哥斯达	东盟	亚太	新加坡	巴基斯坦	港/澳/台	韩国	格鲁吉亚	毛里求斯	亚太	老/柬/缅	LDC 97/95				
																		30	0		
0	0	0	2.4	0		0	0	4.1	0	4	0/0/	3.6	0	0			0/0				---Other
																		30	0	0	
																		30	0	13	
0	0		2.4	0	0	0	0	9.8	0	4	0/0/		0	0			0/0				----Shark's fin
																		37	0	0	
																		37	0	13	
0	0	0	2.4	0	0	0	0	4.1	0	4	0/0/	3.6	0	0			0/0				----Other
																		30	0	0	
																		30	0	13	
0	0		2.4	0	0	0	0	9.8	0	4	0/0/		0	0			0/0				----Shark's fin
																		37	0	0	
																		37	0	13	
0	0	0	2.4	0	0	0	0	4.1	0	4	0/0/	3.6	0	0			0/0				----Other
																		30	0	0	
																		30	0	13	
0	0	0	2.4	0	0	0	0		0	4.8	0/0/	3.6	0	0			0/0			13	--Caviar
																		30	0		
0	0	0	2.4	0	0	0	0		0	4.8	0/0/	3.6	0	0			0/0			13	--Caviar substitutes
																		30	0		
																					Crustaceans, molluscs and other aquatic invertebrates, prepared or preserved:
0	0	0	0	0	0	0	0			0	0/0/	0	0	0			0/0			13	-Crab
																		35	0		
0	0	0	0	0	0	0	0			0	0/0/	0	0	0		/0/	0/0			13	--Not in airtight container
																		30	0		
0	0	0	0	0	0	0	0			0	0/0/	0	0	0		/0/	0/0			13	--Other
																		30	0		
0	0	0	0	0	0	0	0			0	0/0/	0	0	0		/0/	0/0			13	-Lobster
																		30	0		
0	0	0	0	0	0	0	0			0	0/0/	0	0	0		/0/	0/0			13	----Shelled
																		30	0		
0	0	0	0	0	0	0	0			0	0/0/	0	0	0		/0/	0/0			13	----Other
																		35	0		
0	0	0	0	0	0	0	0			0	0/0/	0	0	0		/0/	0/0			13	---Other
																		30	0		
0	0	0	0	0	0	0	0	3.9		0	0/0/	0	0	0			0/0			13	--Oysters
																		30	0		
0	0	0	0	0	0	0	0	3.9		0	0/0/	0	0	0			0/0			13	--Scallops, including queen scallops
																		30	0		
																		30	0		
0	0	0	0	0	0	0	0	3.9		0	0/0/	0	0	0			0/0			13	--Mussels(Mytilus spp., Perna spp.)

商品编号	商品名称及备注[检验检疫编码及名称]	进口关税(%)		增值税率(%)	消费税	计量单位	监管条件	检验检疫类别
		最惠国	普通					
1605530000	制作或保藏的贻贝①	5	90	13		千克	AB	P. R/Q. S
16055400	--墨鱼及鱿鱼							
1605540000	制作或保藏的墨鱼及鱿鱼②	5	90	13		千克	AB	P. R/Q. S
16055500	--章鱼							
1605550000	制作或保藏的章鱼③	5	90	13		千克	AB	P. R/Q. S
16055610	---蛤							
1605561000	制作或保藏的蛤④	5	90	13		千克	AB	P. R/Q. S
16055620	---鸟蛤及舟贝							
1605562010	制作或保藏的砗磲⑤	5	90	13		千克	ABEF	P. R/Q. S
1605562090	其他制作或保藏的鸟蛤及舟贝⑥	5	90	13		千克	AB	P. R/Q. S
16055700	--鲍鱼							
1605570000	制作或保藏的鲍鱼⑦	5	90	13		千克	AB	P. R/Q. S
16055800	--蜗牛及螺,海螺除外							
1605580010	制作或保藏的濒危蜗牛及螺,海螺除外[101 野生水产制品],[102 野生水产罐头]	5	90	13		千克	ABFE	P. R/Q. S
1605580090	其他制作或保藏的蜗牛及螺,海螺除外[101 野生水产制品],[102 野生水产罐头]	5	90	13		千克	AB	P. R/Q. S
16055900	--其他							
1605590010	其他制作或保藏的濒危软体动物⑧	5	90	13		千克	ABFE	P. R/Q. S
1605590090	其他制作或保藏的软体动物⑨	5	90	13		千克	AB	P. R/Q. S
16056100	--海参							
1605610010	制作或保藏的暗色刺参⑩	5	90	13		千克	ABFE	P. R/Q. S
1605610090	其他制作或保藏的海参⑪	5	90	13		千克	AB	P. R/Q. S
16056200	--海胆							
1605620000	制作或保藏的海胆⑫	5	90	13		千克	AB	P. R/Q. S
16056300	--海蜇							
1605630000	制作或保藏的海蜇⑬	5	90	13		千克	AB	P. R/Q. S
16056900	--其他							
1605690010	其他制作或保藏的濒危水生无脊椎动物⑭	5	90	13		千克	ABFE	P. R/Q. S
1605690090	其他制作或保藏的水生无脊椎动物⑮	5	90	13		千克	AB	P. R/Q. S

① [101 养殖水产制品],[102 野生水产制品],[103 养殖贝类罐头],[104 野生贝类罐头]
② [101 养殖水产制品],[102 野生水产制品],[103 养殖水产罐头],[104 野生水产罐头]
③ [101 养殖水产制品],[102 野生水产制品],[103 养殖水产罐头],[104 野生水产罐头]
④ [101 养殖水产制品],[102 野生水产制品],[103 养殖贝类罐头],[104 野生贝类罐头]
⑤ [101 养殖水产制品],[102 野生水产制品],[103 养殖贝类罐头],[104 野生贝类罐头]
⑥ [101 养殖水产制品],[102 野生水产制品],[103 养殖贝类罐头],[104 野生贝类罐头]
⑦ [101 养殖水产制品],[102 野生水产制品],[103 养殖贝类罐头],[104 野生贝类罐头]
⑧ [101 野生水产制品],[102 野生水产罐头]
⑨ [101 养殖水产制品],[102 野生水产制品],[103 养殖水产罐头],[104 野生水产罐头]
⑩ [101 养殖水产制品],[102 野生水产制品],[103 养殖水产罐头],[104 野生水产罐头]
⑪ [101 养殖水产制品],[102 野生水产制品],[103 养殖水产罐头],[104 野生水产罐头]
⑫ [101 野生水产制品],[102 野生水产罐头]
⑬ [101 养殖水产制品],[102 野生水产制品],[103 养殖水产罐头],[104 野生水产罐头]
⑭ [101 野生水产制品],[102 野生水产罐头]
⑮ [101 养殖水产制品],[102 野生水产制品],[103 养殖水产罐头],[104 野生水产罐头]

协定税率(%)															特惠税率(%)			对美税率	出口税率	出口退税率	Article Description
智利	新西兰	澳大利亚	瑞士	冰岛	秘鲁	哥斯达	东盟	亚太	新加坡	巴基斯坦	港/澳/台	韩国	格鲁吉亚	毛里求斯	亚太	老/柬/缅	LDC 97/95				
																		30	0		
0	0	0	0	0	0	0	0	3.9		0	0/0/	0	0	0			0/0			13	--Cuttle fish and squid
																		30	0		
0	0	0	0	0	0	0	0	3.9		0	0/0/	0	0	0			0/0			13	--Octopus
																		30	0		
0	0	0	0	0		0	0	3.9		0	0/0/	0	0	0			0/0				---Clams
																		30	0	9	
0	0	0	0	0	0	0	0	3.9		0	0/0/	0	0	0			0/0			13	---Cockles and arkshells
																		30	0		
																		30	0		
0	0	0	0	0	0	0	0	3.9		0	0/0/	0	0	0			0/0			13	--Abalone
																		30	0		
0	0	0	0	0	0	0	0	3.9		0	0/0/	0	0	0			0/0				--Snails, other than sea snails
																		30	0	0	
																		30	0	13	
0	0	0	0	0	0	0	0	3.9		0	0/0/	0	0	0			0/0				--Other
																		30	0	0	
																		30	0	13	
0	0	0	0	0	0	0	0	3.9		0	0/0/	0	0	0			0/0			13	--Sea cucumbers
																		35	0		
																		35	0		
0	0	0	0	0	0	0	0	3.9		0	0/0/	0	0	0			0/0			13	--Sea urchins
																		30	0		
0	0	0	3	0		0	0		0	12	0/0/	4.5	0	0			0/0				--Jelly fish
																		30	0	9	
0	0	0	0	0	0	0	0	3.9		0	0/0/	0	0	0			0/0				--Other
																		30	0	0	
																		30	0	13	

第十七章
糖及糖食

注释：

本章不包括：

一、含有可可的糖食（品目 18.06）；

二、品目 29.40 的化学纯糖（蔗糖、乳糖、麦芽糖、葡萄糖及果糖除外）及其他产品；或

三、第三十章的药品及其他产品。

子目注释：

一、子目 1701.12、1701.13 及 1701.14 所称“原糖”，是指按重量计干燥状态的蔗糖含量对应的旋光读数低于 99.5°的糖。

二、子目 1701.13 仅包括非离心甘蔗糖，其按重量计干燥状态的蔗糖含量对应的旋光读数不低于 69°但低于 93°。该产品仅含肉眼不可见的不规则形状天然他形微晶，外被糖蜜残余及其他甘蔗成分。

商品编号	商品名称及备注[检验检疫编码及名称]	进口关税(%)		增值税率(%)	消费税	计量单位	监管条件	检验检疫类别
		最惠国	普通					
1701	**固体甘蔗糖、甜菜糖及化学纯蔗糖：**							
17011200	--甜菜糖							
1701120001	未加香料或着色剂的甜菜原糖[按重量计干燥状态的糖含量低于旋光读数 99.5 度(配额内)]〔999〕	15	125	13		千克	ABt	M. P. R/Q. S
1701120090	未加香料或着色剂的甜菜原糖[按重量计干燥状态的糖含量低于旋光读数 99.5 度(配额外)]〔999〕	50	125	13		千克	7AB	M. P. R/Q. S
17011300	--本章子目注释二所述的甘蔗糖							
1701130001	未加香料或着色剂的本章子目注释二所述的甘蔗原糖[按重量计干燥状态的蔗糖含量对应的旋光读数不低于 69 度,但低于 93 度(配额内)]②	15	125	13		千克	ABt	M. P. R/Q. S
1701130090	未加香料或着色剂的本章子目注释二所述的甘蔗原糖[按重量计干燥状态的蔗糖含量对应的旋光读数不低于 69 度,但低于 93 度(配额外)]③	50	125	13		千克	7AB	M. P. R/Q. S
17011400	--其他甘蔗糖							
1701140001	未加香料或着色剂其他甘蔗原糖[按重量计干燥状态的糖含量低于旋光读数 99.5 度(配额内)]④	15	125	13		千克	ABt	M. P. R/Q. S
1701140090	未加香料或着色剂其他甘蔗原糖[按重量计干燥状态的糖含量低于旋光读数 99.5 度(配额外)]⑤	50	125	13		千克	7AB	M. P. R/Q. S
17019100	--加有香料或着色剂							
1701910001	加有香料或着色剂的糖[指甘蔗糖、甜菜糖及化学纯蔗糖(配额内)]〔999〕	15	125	13		千克	ABt	R/S
1701910090	加有香料或着色剂的糖[指甘蔗糖、甜菜糖及化学纯蔗糖(配额外)]〔999〕	50	125	13		千克	7AB	R/S
17019910	---砂糖							
1701991010	砂糖(配额内)〔101 白砂糖〕,〔102 冰砂糖〕	15	125	13		千克	ABt	M. R/S
1701991090	砂糖(配额外)〔101 白砂糖〕,〔102 冰砂糖〕	50	125	13		千克	7AB	M. R/S
17019920	---绵白糖							
1701992001	绵白糖(配额内)〔999〕	15	125	13		千克	BAt	R/S
1701992090	绵白糖(配额外)〔999〕	50	125	13		千克	7AB	R/S
17019990	---其他							
1701999001	其他精制糖(配额内)⑥	15	125	13		千克	ABt	R/S
1701999090	其他精制糖(配额外)⑦	50	125	13		千克	7AB	R/S

① 国别关税配额税率:15%。
② 〔101 冰糖〕,〔102 冰片糖〕,〔103 原糖〕
③ 〔101 冰糖〕,〔102 冰片糖〕,〔103 原糖〕
④ 〔101 冰糖〕,〔102 冰片糖〕,〔103 原糖〕
⑤ 〔101 冰糖〕,〔102 冰片糖〕,〔103 原糖〕
⑥ 〔101 方糖〕,〔102 冰糖〕,〔103 红塘〕,〔104 冰片糖内〕,〔105 糖浆〕,〔106 糖霜〕,〔107 其他食糖〕
⑦ 〔101 方糖〕,〔102 冰糖〕,〔103 红塘〕,〔104 冰片糖内〕,〔105 糖浆〕,〔106 糖霜〕,〔107 其他食糖〕

Chapter 17
Sugars and sugar confectionery

Chapter Notes:

This Chapter does not cover:

1. Sugar confectionery containing cocoa (heading 18. 06);

2. Chemically pure sugars (other than sucrose, lactose, maltose, glucose and fructose) or other products of heading 29. 40; or

3. Medicaments or other products of Chapter 30.

Subheading Note:

1. For the purposes of subheadings 1701. 12, 1701. 13 and 1701. 14, "raw sugar" means sugar whose content of sucrose by weight, in the dry state, corresponds to a polarimeter reading of less than 99. 5°.

2. Subheading 1701. 13 covers only cane sugar obtained without centrifugation, whose content of sucrose by weight, in the dry state, corresponds to a polarimeter reading of 69° or more but less than 93°. The product contains only natural anhedral microcrystals, of irregular shape, not visible to the naked eye, which are surrounded by residues of molasses and other constituents of sugar cane.

协定税率(%)												特惠税率(%)						对美税率	出口税率	出口退税率	Article Description
智利	新西兰	澳大利亚	瑞士	冰岛	秘鲁	哥斯达	东盟	亚太	新加坡	巴基斯坦	港/澳/台	韩国	格鲁吉亚	毛里求斯	亚太	老/柬/缅	LDC 97/95				
																					Cane or beet sugar and chemically pure sucrose, in solid form:
											0/0/			①						13	--Beet sugar
																		20	0		
																		55	0		
											0/0/			①						13	--Cane sugar specified in subheading note 2 of this Chapter
																		20	0		
																		55	0		
											0/0/			①						13	--Other cane sugar
																		40	0		
																		75	0		
											0/0/			①						13	--Containing added flavouring or colouring matter
																		25	0		
																		60	0		
											0/0/			①						13	---Granulated sugar
																		40	0		
																		75	0		
											0/0/			①						13	---Superfine sugar
																		20	0		
																		55	0		
											0/0/			①						13	---Other
																		35	0		
																		70	0		

商品编号	商品名称及备注[检验检疫编码及名称]	进口关税(%) 最惠国	进口关税(%) 普通	增值税率(%)	消费税	计量单位	监管条件	检验检疫类别
1702	**其他固体糖,包括化学纯乳糖、麦芽糖、葡萄糖及果糖;未加香料或着色剂的糖浆;人造蜜,不论是否掺有天然蜂蜜;焦糖:**							
17021100	--按重量计干燥无水乳糖含量在99%及以上							
1702110000[暂5]	无水乳糖(按重量计干燥无水乳糖含量在99%及以上)〔999〕	10	80	13		千克	AB	R/S
17021900	--其他							
1702190000	其他乳糖及乳糖浆〔101 异构化乳糖液〕,〔102 可溶性大豆多糖〕,〔111 其他乳糖及乳糖浆〕,〔301 可溶性大豆多糖(无检疫要求食品添加剂)〕,〔302 异构化乳糖液(无检疫要求食品添加剂)〕	10	80	13		千克	AB	R/S
17022000	-槭糖及槭糖浆							
1702200000	槭糖及槭糖浆①	30	80	13		千克	AB	R/S
17023000	-葡萄糖及葡萄糖浆,不含果糖或按重量计干燥状态的果糖含量在20% 以下							
1702300000	低果糖含量的葡萄糖及糖浆(仅指按重量计干燥状态的果糖含量在20%以下的葡萄糖)②	30	80	13		千克	BA	R/S
17024000	-葡萄糖及葡萄糖浆,按重量计干燥状态的果糖含量在20%及以上,但在50%以下,转化糖除外							
1702400000	中果糖含量的葡萄糖及糖浆(仅指干燥果糖重量在20%~50%的葡萄糖,转化糖除外)〔101 葡萄糖浆〕,〔102 葡萄糖〕	30	80	13		千克	BA	R/S
17025000	-化学纯果糖							
1702500000	化学纯果糖③	30	80	13		千克	AB	R/S
17026000	- 其他果糖及果糖浆,按重量计干燥状态的果糖含量在50%以上,转化糖除外							
1702600000	其他果糖及糖浆(仅指干燥果糖重量在50%以上的,转化糖除外)〔101 冰糖〕,〔102 糖浆〕,〔103 其他食糖〕,〔104 合成糖〕,〔105 其他糖果〕,〔106 低聚果糖(无检疫要求食品添加剂)〕	30	80	13		千克	BA	R/S
17029011	----甘蔗糖或甜菜糖水溶液							
1702901100	甘蔗糖或甜菜糖水溶液〔999〕	30	80	13		千克	AB	R/S
17029012	----蔗糖含量超过50%的甘蔗糖、甜菜糖与其他糖的简单固体混合物							
1702901200	蔗糖含量超过50%的甘蔗糖、甜菜糖与其他糖的简单固体混合物〔999〕	30	80	13		千克	AB	R/S
17029090	---其他							
1702909010	人造蜜④	30	80	13		千克	AB	R/S
1702909090	其他固体糖、糖浆及焦糖(包括转化糖及按重量计干燥状态果糖含量50%的糖、糖浆)⑤	30	80	13		千克	AB	R/S
1703	**制糖后所剩的糖蜜:**							
17031000	-甘蔗糖蜜							
1703100000	甘蔗糖蜜〔101 冰片糖〕,〔102 糖浆〕,〔103 糖霜〕,〔104 其他食糖〕,〔105 废糖蜜〕,〔301 需申报仅用于工业用途不用于食品添加剂无检疫要求的化学品〕	8	50	13		千克	9B	R/S
17039000	-其他							
1703900000	其他糖蜜〔101 冰片糖〕,〔102 糖浆〕,〔103 糖霜〕,〔104 其他食糖〕,〔105 糖蜜提取物〕,〔106 废糖蜜〕,〔301 糖蜜提取物(无检疫要求食品添加剂)〕,〔302 需申报仅用于工业用途不用于食品添加剂无检疫要求的化学品〕	8	50	13		千克	9B	R/S
1704	**不含可可的糖食(包括白巧克力):**							
17041000	-口香糖,不论是否裹糖							

① 〔101 槭糖浆〕,〔102 槭糖〕,〔301 需申报仅用于工业用途不用于食品添加剂无检疫要求的化学品〕
② 〔101 葡萄糖浆〕,〔102 葡萄糖〕,〔103 变性淀粉〕,〔104 结冷胶〕,〔105 酵母 β-葡萄糖〕,〔301 无检疫要求食品添加剂〕
③ 〔101 合成糖〕,〔102 阿思巴甜(无检疫要求食品添加剂)〕,〔301 需申报仅用于工业用途不用于食品添加剂无检疫要求的化学品〕
④ 〔101 人造糖浆〕,〔102 合成糖〕,〔103 阿思巴甜(无检疫要求食品添加剂)〕
⑤ 〔101 合成糖〕,〔102 其他糖果〕,〔301 无检疫要求食品添加剂〕

协定税率(%)															特惠税率(%)			对美税率	出口税率	出口退税率	Article Description
智利	新西兰	澳大利亚	瑞士	冰岛	秘鲁	哥斯达	东盟	亚太	新加坡	巴基斯坦	港/澳/台	韩国	格鲁吉亚	毛里求斯	亚太	老/柬/缅	LDC 97/95				
																					Other sugars, including chemically pure lactose, maltose, glucose and fructose, in solid form; sugar syrups not containing added flavouring or colouring matter; artificial honey, whether or not mixed with natural honey; caramel:
0	0	0	0		0	0	0		0	5	0/0/	3	0	0			0/0			13	--Containing by weight 99% or more lactose, expressed as anhydrous lactose, calculated on the dry matter
																		15	0		
0	0	0	0		0	0	0		0	5	0/0/	3	0	0			0/0			13	--Other
																		20	0		
0	0	0			0	0	0		0		0/0/	19.5		24			0/			13	-Maple sugar and maple syrup
																		55	0		
0	0	0			0	0	0		0	0	0/0/			24			0/			13	-Glucose and glucose syrup, not containing fructose or containing in the dry state less than 20% by weight of fructose
																		55	0		
0	0	0			0	0	0		0		0/0/			24			0/			13	-Glucose and glucose syrup, containing in the dry state at least 20% but less than 50% by weight of fructose, excluding invert sugar
																		35	0		
0	0	0		0	0	0	0		0		0/0/			24			0/			13	-Chemically pure fructose
																		55	0		
0	0	0		0	0	0	0		0		0/0/			24			0/			13	-Other fructose and fructose syrup, containing in the dry state more than 50% by weight of fructose, excluding invert sugar
																		50	0		
0	0	0	14.1	0	8.8	0	0		0		0/0/			24			0/0				----Aqueous solution of cane sugar or beet sugar
																		50	0		
0	0	0	14.1	0	8.8	0	0		0		0/0/			24			0/0				----Simple solid mixtures of cane sugar, beet sugar and other sugar containing more than 50% by weight of cane sugar
																		50	0		
0	0	0	14.1	0	8.8	0	0		0		0/0/			24			0/0				---Other
																		50	0		
																		50	0		
																					Molasses resulting from the extraction or refining or sugar:
0	0	0	0	0	0	0	0			5	0/0/	0	0	0			0/0			13	-Cane molasses
																		13	0		
0	0	0	0	0	0	0	0			5	0/0/	0	0	0			0/0			13	-Other
																		13	0		
																					Sugar confectionery (including white chocolate), not containing cocoa:
0	0	0	2.4	0	3.5	0	0	9.5	0	0	0/0/		0	0			0/0			13	-Chewing gum, whether or not sugarcoated

商品编号	商品名称及备注[检验检疫编码及名称]	进口关税(%)		增值税率(%)	消费税	计量单位	监管条件	检验检疫类别
		最惠国	普通					
1704100000	口香糖(不论是否裹糖)〔101 无糖口香糖〕,〔102 凝胶口香糖〕,〔103 胶基口香糖〕,〔104 其他口香糖〕	12	50	13		千克	AB	R/S
17049000	-其他							
1704900000	其他不含可可的糖食(包括白巧克力)〔101 合成糖〕,〔102 硬糖果〕,〔103 硬质夹心糖果〕,〔104 凝胶糖果〕,〔105 乳脂糖果〕,〔106 抛光糖果〕,〔107 胶基糖果〕,〔108 充气糖果〕,〔109 压片糖果〕,〔110 裱花软糖〕,〔111 其他糖果〕,〔112 巧克力,不适用非可可脂添加量超过 5%的产品〕,〔113 其他糖与糖果,巧克力与可可制品〕	10	50	13		千克	AB	R/S

协定税率(%)															特惠税率(%)			对美税率	出口税率	出口退税率	Article Description
智利	新西兰	澳大利亚	瑞士	冰岛	秘鲁	哥斯达	东盟	亚太	新加坡	巴基斯坦	港/澳/台	韩国	格鲁吉亚	毛里求斯	亚太	老/柬/缅	LDC 97/95				
																		37	0		
0	0	0	0	0	0	0	0	8.2	0	0	0/0/	6.5	0	0			0/0			13	-Other
																		35	0		

第十八章
可可及可可制品

注释：

一、本章不包括品目 04.03、19.01、19.04、19.05、21.05、22.02、22.08、30.03、30.04 的制品。

二、品目 18.06 包括含有可可的糖食及注释一以外的其他含可可的食品。

商品编号	商品名称及备注[检验检疫编码及名称]	进口关税(%) 最惠国	进口关税(%) 普通	增值税率(%)	消费税	计量单位	监管条件	检验检疫类别
1801	**整颗或破碎的可可豆,生的或焙炒的:**							
18010000	整颗或破碎的可可豆,生的或焙炒的							
1801000000[暂2]	生或焙炒的整颗或破碎的可可豆①	8	30	13		千克	AB	M. P. R/Q. S
1802	**可可荚、壳、皮及废料:**							
18020000	可可荚、壳、皮及废料							
1802000000	可可荚、壳、皮及废料〔999〕	10	30	13		千克	AB	P/Q. S
1803	**可可膏,不论是否脱脂:**							
18031000	-未脱脂							
1803100000	未脱脂可可膏〔999〕	10	30	13		千克	AB	R/S
18032000	-全脱脂或部分脱脂							
1803200000	全脱脂或部分脱脂的可可膏〔999〕	10	30	13		千克	AB	R/S
1804	**可可脂、可可油:**							
18040000	可可脂、可可油							
1804000010	可可脂〔999〕	22	70	13		千克	AB	R/S
1804000090	可可油②	22	70	13		千克	AB	R/S
1805	**未加糖或其他甜物质的可可粉:**							
18050000	未加糖或其他甜物质的可可粉							
1805000000	未加糖或其他甜物质的可可粉〔101 可可粉〕,〔102 脱脂可可粉〕	15	40	13		千克	AB	P. R/Q. S
1806	**巧克力及其他含可可的食品:**							
18061000	-加糖或其他甜物质的可可粉							
1806100000	含糖或其他甜物质的可可粉〔101 可可粉〕,〔102 可可粉固体饮料〕	10	50	13		千克	AB	P. R/Q. S
18062000	-其他重量超过 2 千克的块状或条状含可可食品,或液状、膏状、粉状、粒状或其他散装形状的含可可食品,容器包装或内包装每件净重超过 2 千克的							
1806200000	每件净重超过 2 千克的含可可食品③	10	50	13		千克	AB	R/S
18063100	--夹心							
1806310000	其他夹心块状或条状的含可可食品(每件净重不超过 2 千克)④	8	50	13		千克	AB	R/S
18063200	--不夹心							
1806320000	其他不夹心块状或条状含可可食品(每件净重不超过 2 千克)⑤	10	50	13		千克	AB	R/S
18069000	-其他							
1806900000	其他巧克力及含可可的食品(每件净重不超过 2 千克)⑥	8	50	13		千克	AB	R/S

① 〔101 生的[提取(晒干的除外)、压榨、烹制、烘焙、冻干、脱水、裹糖屑、发酵、冷冻(经漂汤和杀青,并在-18 度以下冷冻)、浸酸、腌渍、炒制等工艺进行加工处理的]〕,〔102 焙炒的〕,〔999 生的(其他工艺)〕

② 〔101 可可油〕,〔102 可可壳酊(无检疫要求食品添加剂)〕,〔103 可可酊(无检疫要求食品添加剂)〕

③ 〔101 乳脂糖果〕,〔102 巧克力,不适用非可可脂添加量超过 5%的产品〕,〔103 可可粉固体饮料〕,〔104 巧克力〕

④ 〔101 硬糖果〕,〔102 巧克力,不适用非可可脂添加量超过 5%的产品〕,〔103 巧克力,适用非可可脂添加量超过 5%的产品〕

⑤ 〔101 巧克力,不适用非可可脂添加量超过 5%的产品〕,〔102 其他糖与糖果,巧克力与可可制品〕,〔103 巧克力,适用非可可脂添加量超过 5%的产品〕

⑥ 〔101 巧克力,不适用非可可脂添加量超过 5%的产品〕,〔102 其他可可制品〕,〔103 其他糖与糖果,巧克力与可可制品〕,〔104 巧克力,适用非可可脂添加量超过 5%的产品〕

Chapter 18
Cocoa and cocoa preparations

Chapter Notes:

1. This Chapter does not cover the preparations of heading 04.03, 19.01, 19.04, 19.05, 21.05, 22.02, 22.08, 30.03 or 30.04.

2. Heading 18.06 includes sugar confectionery containing cocoa and, subject to Note 1 to this Chapter, other food preparations containing cocoa.

协定税率(%)															特惠税率(%)			对美税率	出口税率	出口退税率	Article Description
智利	新西兰	澳大利亚	瑞士	冰岛	秘鲁	哥斯达	东盟	亚太	新加坡	巴基斯坦	港/澳/台	韩国	格鲁吉亚	毛里求斯	亚太	老/柬/缅	LDC 97/95				
																					Cocoa beans, whole or broken, raw or roasted:
0	0	0	0	0	0	0	0			3	0/0/	0	0	0			0/0				Cocoa beans, whole or broken, raw or roasted
																		27	0	6	
																					Cocoa shells, husks, skins and other cocoa waste:
0	0	0	0	0	0	0	0		0	4	0/0/	3	0	0			0/0			6	Cocoa shells, husks, skins and other cocoa waste
																		15	0		
																					Cocoa paste, whether or not defatted:
0	0	0	0	0	0	0	0			4	0/0/	3	0	0			0/0			13	-Not defatted
																		35	0		
0	0	0	0	0	0	0	0			4	0/0/	3	0	0			0/0			13	-Wholly or partly defatted
																		15	0		
																					Cocoa butter, fat and oil:
0	0	0	4.4	0	0	0	0				0/0/	14.3	0	17.6			0/0			13	Cocoa butter, fat and oil
																		47	0		
																		47	0		
																					Cocoa powder, not containing added sugar or other sweetening matter:
0	0	0	3	0	0	0	0			12	0/0/	4.5	0	0			0/0			13	Cocoa powder, not containing added sugar or other sweetening matter
																		40	0		
																					Chocolate and other food preparations containing cocoa:
0	0	0	0	0	0	0	0			4	0/0/	3	0	0			0/0			13	-Cocoa powder, containing added sugar or other sweetening matter
																		20	0		
0	0	0	0	0	0	0	0	7.7	0	4	0/0/	3	0	0			0/0			13	-Other preparations in blocks, slabs or bars weighing more than 2kg or in liquid, paste, powder, granular or other bulk form in containers or immediate packings, of a content exceeding 2kg
																		35	0		
0	0	0	0	0	0	0	0	6.4		4	0/0/	4.2	0	0			0/0			13	--Filled
																		33	0		
0	0	0	0	0	0	0	0	7.7	0	4	0/0/	5.3	0	0			0/0			13	--Not filled
																		35	0		
0	0	0	1.6	0	0	0	0	6.4		4	0/0/	4.2	0	0			0/0			13	-Other
																		33	0		

第十九章
谷物、粮食粉、淀粉或乳的制品；糕饼点心

注释：

一、本章不包括：

（一）按重量计含香肠、肉、食用杂碎、动物血、鱼、甲壳动物、软体动物、其他水生无脊椎动物及其混合物超过20%的食品（第十六章），但品目19.02的包馅食品除外；

（二）用粮食粉或淀粉制的专作动物饲料用的饼干及其他制品（品目23.09）；或

（三）第三十章的药品及其他产品。

二、品目19.01所称：

（一）“粗粒”是指第十一章的谷物粗粒。

（二）“细粉”及“粗粉”，是指：

1. 第十一章的谷物细粉及粗粉；以及
2. 其他章所列植物的细粉、粗粉及粉末，但不包括干蔬菜、马铃薯和干豆类的细粉、粗粉及粉末（应分别归入品目07.12、11.05和11.06）。

三、品目19.04不包括按重量计全脱脂可可含量超过6%或用巧克力完全包裹的食品或品目18.06的其他含可可食品（品目18.06）。

四、品目19.04所称“其他方法制作的”，是指制作或加工程度超过第十章或第十一章各品目或注释所规定范围的。

商品编号	商品名称及备注[检验检疫编码及名称]	进口关税(%)		增值税率(%)	消费税	计量单位	监管条件	检验检疫类别
		最惠国	普通					
1901	**麦精;细粉、粗粒、粗 粉、淀粉或麦精制的其他税号未列名的食品,不含可可或按重量计全脱脂可可含量<40%;品目04.01至04.04所列货品制的其他税号未列名的食品,不含可可或按重量计全脱脂可可含量<5%:**							
19011010	---配方奶粉							
1901101010[暂0]	早产儿/低出生体重婴儿配方(乳基)、母乳营养补充剂(乳基)特殊婴幼儿配方食品(按重量计全脱脂可可含量<5%乳品制)〔101 早产儿/低出生体重婴儿配方(乳基食品)〕,〔102 母乳营养补充剂(乳基)特殊婴幼儿配方〕	15	40	13		千克	7AB	R/S
1901101090[暂5]	其他供婴幼儿食用的零售包装配方奶粉(按重量计全脱脂可可含量<5%乳品制)①	15	40	13		千克	7AB	R/S
19011090	---其他							
1901109000[暂2]	其他供婴幼儿食用的零售包装食品(按重量计全脱脂可可含量<40%粉、淀粉或麦精制;按重量计全脱脂可可含量<5%乳品制)②	15	40	13		千克	AB	R/S
19012000	-供烘焙品目19.05所列面包糕饼用的调制品及面团							
1901200000	供烘焙品目19.05所列面包糕饼用的调制品及面团(按重量计全脱脂可可含量<40%粉、淀粉或麦精制;按重量计全脱脂可可含量<5%乳品制)③	10	80	13		千克	AB	R/S
19019000	-其他							
1901900000[暂5]	麦精、粮食粉等制食品及乳制食品(按重量计全脱脂可可含量<40%粉、淀粉、麦精制;按重量计全脱脂可可含量<5%乳品制)④	10	80	13		千克	AB	R/S
1902	**面食,不论是否煮熟、包馅(肉馅或其他馅)或其他方法制作,例如,通心粉、意大利面条、面条、汤团、馄饨、饺子、奶油面卷;古斯古斯面食,不论是否制作:**							
19021100	--含蛋							

① 〔101 乳基婴儿配方食品〕,〔102 乳基较大婴儿配方食品〕,〔103 乳基幼儿配方食品〕,〔104 乳基婴儿配方液态奶〕,〔105 乳基较大婴儿配方液态奶〕,〔106 乳基幼儿配方液态奶〕

② 〔101 其他含肉速冻粮食制品〕,〔102 其他不含肉速冻粮食制品〕,〔103 其他不含馅速冻粮食制品〕,〔104 豆基婴儿配方食品〕,〔105 豆基较大婴儿和幼儿配方食品〕,〔106 婴幼儿谷类辅助食品〕,〔107 婴幼儿罐装辅助食品〕,〔108 婴幼儿配方液态乳〕

③ 〔101 速食粮食产品〕,〔102 其他粮食制品〕,〔103 其他含肉速冻粮食制品〕,〔104 其他不含肉速冻粮食制品〕,〔105 其他不含馅速冻粮食制品〕

④ 〔101 其他冷冻饮品〕,〔102 纯麦片〕,〔103 发酵豆制品〕,〔104 方便米、粉〕,〔105 通心粉〕,〔106 米粉〕,〔107 速食粮食产品〕,〔108 其他粮食制品〕,〔109 其他含肉速冻粮食制品〕,〔110 其他不含肉速冻粮食制品〕,〔111 其他不含馅速冻粮食制品〕,〔112 非发酵豆制品〕,〔113 婴幼儿谷类辅助食品〕,〔114 婴幼儿罐装辅助食品〕,〔115 特殊医学用途配方食品〕,〔116 灭菌工艺调制乳〕,〔117 其他调制乳〕,〔118 儿童调制乳粉〕,〔119 孕产妇调制乳粉〕,〔120 其他调制乳粉〕,〔121 淡炼乳〕,〔122 加糖炼乳〕,〔123 调制淡炼乳〕,〔124 调制加糖炼乳〕,〔125 其他炼乳〕,〔126 乳基婴儿配方乳粉基粉〕,〔127 乳基较大婴儿和幼儿配方乳粉基粉〕,〔128 其他乳与乳制品〕,〔129 巴氏杀菌工艺调制乳〕,〔130 其他纯谷物的冲调谷物制品〕,〔131 含其他原料的谷物类冲调谷物制品〕,〔132 淀粉质类冲调谷物制品〕,〔133 其他食糖〕

Chapter 19
Preparations of cereals, flour, starch or milk; pastrycooks' products

Chapter Notes:

1. This Chapter does not cover:
   (a) Except in the case of stuffed products of heading 19.02, food preparations containing more than 20% by weight of sausage, meat, meat offal, blood, fish or crustaceans, molluscs or other aquatic invertebrates, or any combination thereof (Chapter 16);
   (b) Biscuits or other articles made from flour or from starch, specially prepared for use in animal feeding (heading 23.09); or
   (c) Medicaments or other products of Chapter 30.

2. For the purposes of heading 19.01:
   (a) The term "groats" means cereal groats of Chapter 11.
   (b) The terms "flour" and "meal" mean:
      (i) Cereal flour and meal of Chapter 11; and
      (ii) Flour, meal and power of vegetable origin of any Chapter, other than flour, meal or powder of dried vegetables (heading 07.12), of potatoes (heading 11.05) or of dried leguminous vegetables (heading 11.06).

3. Heading 19.04 does not cover preparations containing more than 6% by weight of cocoa calculated on a totally defatted basis or completely coated with chocolate or other food preparations containing cocoa of heading 18.06 (heading 18.06).

4. For the purposes of heading 19.04, the expression "otherwise prepared" means prepared or processed to an extent beyond that provided for in the headings of or Notes to Chapter 10 or 11.

协定税率(%)															特惠税率(%)			对美税率	出口税率	出口退税率	Article Description
智利	新西兰	澳大利亚	瑞士	冰岛	秘鲁	哥斯达	东盟	亚太	新加坡	巴基斯坦	港/澳/台	韩国	格鲁吉亚	毛里求斯	亚太	老/柬/缅	LDC 97/95				
																					Malt extract; food preparations of flour, groats, meal, starch or malt extract, not containing cocoa or containing less than 40% by weight of cocoa calculated on a totally defatted basis, not elsewhere specified or included; food preparations of goods of headings 04.01 to 04.04, not containing cocoa or containing less than 5% by weight of cocoa calculated on a totally defatted basis, not elsewhere specified or included:
0	0	0	3	0	0	0	0		0	0	0/0/			0			0/0			13	---Powdered formulas
																		25	0		
																		30	0		
0	0	0	3	0	0	0	0		0	0	0/0/			0			0/0			13	---Other
																		12	0		
0	0	0	5	0	0	0	0		0		0/0/	16.2	5	20			0/0				-Mixes and doughs for the preparation of bakers' wares of heading 19.05
																		35	0	6	
0	0	0	0	0	0	0	0		0	0	0/0/	5.3	2	0			0/0			13	-Other
																		30	0		
																					Pasta, whether or not cooked or stuffed (with meat or other substances) or otherwise prepared, such as spaghetti, macaroni, noodles, lasagne, gnocchi, ravioli, cannelloni; couscous, whether or not prepared:
0	0	0	3		0	0	0		0	12	0/0/	4.5	0	0			0/0			6	--Containing eggs

商品编号	商品名称及备注[检验检疫编码及名称]	进口关税(%) 最惠国	进口关税(%) 普通	增值税率(%)	消费税	计量单位	监管条件	检验检疫类别
1902110010	未包馅或未制作的含蛋生面食,非速冻的①	10	80	9		千克	AB	P. R/Q. S
1902110090	其他未包馅或未制作的含蛋生面食②	10	80	13		千克	AB	P. R/Q. S
19021900	--其他							
1902190010暂8	其他未包馅或未制作的生面食,非速冻的③	10	80	9		千克	AB	P. R/Q. S
1902190090暂8	其他未包馅或未制作的生面食④	10	80	13		千克	AB	P. R/Q. S
19022000	-包馅面食,不论是否烹煮或经其他方法制作							
1902200000	包馅面食(不论是否烹煮或经其他方法制作)⑤	10	80	13		千克	AB	P. R/Q. S
19023010	---米粉干							
1902301000	米粉干⑥	10	80	13		千克	AB	P. R/Q. S
19023020	---粉丝							
1902302000	粉丝〔101 粉丝〕,〔102 其他粮食制品〕	10	80	13		千克	AB	P. R/Q. S
19023030	---即食或快熟面条							
1902303000	即食或快熟面条⑦	10	80	13		千克	AB	R/S
19023090	---其他							
1902309000	其他面食⑧	10	80	13		千克	AB	P. R/Q. S
19024000	-古斯古斯面食							
1902400000	古斯古斯面食(古斯古斯粉是一种经热处理的硬麦粗粉)⑨	10	80	13		千克	AB	R/S
1903	**珍粉及淀粉制成的珍粉代用品,片、粒、珠、粉或类似形状的:**							
19030000	珍粉及淀粉制成的珍粉代用品,片、粒、珠、粉或类似形状的							
1903000000	珍粉及淀粉制成的珍粉代用品(片、粒、珠、粉或类似形状的)⑩	10	80	13		千克	AB	R/S
1904	**谷物或谷物产品经膨化或烘炒制成的食品(例如,玉米片);其他税号未列名的预煮或经其他方法制作的谷粒(玉米除外)、谷物片或经其他加工的谷粒(细粉、粗粒及粗粉除外):**							
19041000	-谷物或谷物产品经膨化或烘炒制成的食品							
1904100000	膨化或烘炒谷物制成的食品⑪	10	80	13		千克	AB	R/S
19042000	-未烘炒谷物片制成的食品及未烘炒的谷物片与烘炒的谷物片或膨化的谷物混合制成的食品							
1904200000	未烘炒谷物片制成的食品(包括未烘炒谷物片与烘炒谷物片或膨化谷物混合制成食品)⑫	10	80	13		千克	AB	P. R/Q. S
19043000	-碾碎的干小麦							
1904300000	碾碎的干小麦〔101 食用小麦粉〕,〔102 其他粮食制品〕	10	80	13		千克	AB	P. R/Q. S
19049000	-其他							

① 〔101 生面食〕,〔102 面条(如挂面等)〕,〔103 通心粉〕,〔104 速食粮食产品〕,〔105 其他粮食制品〕

② 〔101 生面食〕,〔102 面条(如挂面等)〕,〔103 通心粉〕,〔104 速食粮食产品〕,〔105 其他粮食制品〕

③ 〔101 生面食〕,〔102 面条(如挂面等)〕,〔103 通心粉〕,〔104 湿面〕,〔105 速食粮食产品〕,〔106 其他粮食制品〕,〔107 馒头〕

④ 〔101 生面食〕,〔102 面条(如挂面等)〕,〔103 通心粉〕,〔104 湿面〕,〔105 速食粮食产品〕,〔106 其他粮食制品〕,〔107 馒头〕

⑤ 〔101 月饼〕,〔102 蛋糕〕,〔103 其他糕点〕,〔104 饼干〕,〔105 甜饼干〕,〔106 其他饼干〕,〔107 面包〕,〔108 膨化食品〕,〔109 生面食〕,〔110 其他糕点饼干〕,〔111 速食粮食产品〕,〔112 其他粮食制品〕,〔113 含肉包子〕,〔114 不含肉包子〕,〔115 含肉饺子〕,〔116 不含肉饺子〕,〔117 含肉春卷〕,〔118 不含肉春卷〕,〔119 其他含肉速冻粮食制品〕,〔120 其他不含肉速冻粮食制品〕

⑥ 〔101 方便米、粉〕,〔102 米粉〕,〔103 其他粮食制品〕,〔104 其他不含馅速冻粮食制品〕

⑦ 〔101 快熟面条〕,〔102 即食面条〕,〔103 面条(如挂面等)〕,〔104 方便面〕,〔105 方便米、粉〕,〔106 速食通粉〕

⑧ 〔101 面食罐头〕,〔102 其他糕点饼干〕,〔103 面条(如挂面等)〕,〔104 方便面〕,〔105 方便米、粉〕,〔106 通心粉〕,〔107 即食通粉沙律〕,〔108 湿面〕,〔109 速食粮食产品〕,〔110 其他粮食制品〕,〔111 馒头〕,〔112 其他含肉速冻粮食制品〕,〔113 其他不含肉速冻粮食制品〕,〔114 其他不含馅速冻粮食制品〕

⑨ 〔101 其他糕点饼干〕,〔102 速食粮食产品〕,〔103 其他粮食制品〕

⑩ 〔101 其他糕点饼干〕,〔102 速食粮食产品〕,〔103 其他粮食制品〕,〔104 其他淀粉制品〕

⑪ 〔101 熟制谷物坚果炒货〕,〔102 膨化食品〕,〔103 纯麦片〕,〔104 速食粮食产品〕,〔105 其他粮食制品〕,〔106 其他纯谷物的冲调谷物制品〕,〔107 含其他原料的谷物类冲调谷物制品〕,〔108 淀粉质类冲调谷物制品〕

⑫ 〔101 其他糕点饼干〕,〔102 纯麦片〕,〔103 湿粉〕,〔104 速食粮食产品〕,〔105 其他粮食制品〕,〔106 其他含肉速冻粮食制品〕,〔107 其他不含肉速冻粮食制品〕,〔108 其他不含馅速冻粮食制品〕,〔109 其他纯谷物的冲调谷物制品〕,〔110 含其他原料的谷物类冲调谷物制品〕,〔111 淀粉质类冲调谷物制品〕

协定税率(%)															特惠税率(%)			对美税率	出口税率	出口退税率	Article Description
智利	新西兰	澳大利亚	瑞士	冰岛	秘鲁	哥斯达	东盟	亚太	新加坡	巴基斯坦	港/澳/台	韩国	格鲁吉亚	毛里求斯	亚太	老/柬/缅	LDC 97/95				
																		35	0		
																		35	0		
0	0	0	3		0	0	0		0	0	0/0/	8	3	0			0/0			9	--Other
																		33	0		
																		33	0		
0	0	0		0	0	0	0		0	12	0/0/	8	3	0			0/0				-Stuffed pasta, whether or not cooked or otherwise prepared
																		35	0	9	
0	0	0	3	0	0	0	0		0	12	0/0/	4.5	0	0			0/0			9	---Rice vermicelli, cooked
																		20	0		
0	0	0	3	0	0	0	0		0	12	0/0/	4.5	0	0			0/0			13	---Bean vermicelli, cooked
																		12.5	0		
0	0	0	3	0	0	0	0	8.7	0	7.5	0/0/	9.7	3	0			0/0				---Instant noodle
																		35	0	9	
0	0	0		0	0	0	0	8.7	0	7.5	0/0/	8	3	0			0/0				---Other
																		35	0	9	
0	0	0	5	0	0	0	0		0		0/0/	16.2	5	20			0/0				-Couscous
																		12.5	0	6	
																					Tapioca and substitutes therefor prepared from starch, in the form of flakes, grains, pearls, siftings or in similar forms:
0	0	0	3	0	0	0	0		0	12	0/0/	4.5	3	0			0/0			13	Tapioca and substitutes therefor prepared from starch, in the form of flakes, grains, pearls, siftings or in similar forms
																		12.5	0		
																					Prepared foods obtained by the swelling or roasting of cereals or cereal products (for example, corn flakes); cereals (other than maize (corn)) in grain form or in the form of flakes or other worked grains (except flour, groats and meal), precooked or otherwise prepared, not elsewhere specified or included:
0	0	0	8.3	0	0	0	0		0		0/0/	16.2	0	20			0/0			13	-Prepared foods obtained by the swelling or roasting of cereals or cereal products
																		35	0		
0	0	0	0	0	6	0	0		0		0/0/	19.5	0	24			0/			13	-Prepared foods obtained from unroasted cereal flakes or from mixtures of unroasted cereal flakes and roasted cereal flakes or swelled cereals
																		35	0		
0	0	0		0	6	0	0		0		0/0/	19.5	6	24			0/			13	-Bulgur wheat
																		20	0		
0	0	0	0	0	0	0	0		0		0/0/	19.5	6	24			0/			13	-Other

商品编号	商品名称及备注[检验检疫编码及名称]	进口关税(%)		增值税率(%)	消费税	计量单位	监管条件	检验检疫类别
		最惠国	普通					
1904900000	预煮或经其他方法制作的谷粒[包括其他经加工的谷粒(除细粉、粗粒及粗粉),玉米除外]①	10	80	13		千克	AB	P. R/Q. S
1905	**面包、糕点、饼干及其他烘焙糕饼,不论是否含可可;圣餐饼、装药空囊、封缄、糯米纸及类似制品:**							
19051000	-黑麦脆面包片							
1905100000	黑麦脆面包片〔999〕	10	80	13		千克	AB	R/S
19052000	-姜饼及类似品							
1905200000	姜饼及类似品〔101 姜饼〕,〔102 姜饼类似品〕	10	80	13		千克	AB	R/S
19053100	--甜饼干							
1905310000	甜饼干〔999〕	10	80	13		千克	AB	R/S
19053200	--华夫饼干及圣餐饼							
1905320000	华夫饼干及圣餐饼〔101 华夫饼干〕,〔102 圣餐饼〕,〔103 饼干〕	10	80	13		千克	AB	R/S
19054000	-面包干、吐司及类似的烤面包							
1905400000	面包干,吐司及类似的烤面包〔999〕	10	80	13		千克	AB	R/S
19059000	-其他							
1905900000	其他面包,糕点,饼干及烘焙糕饼(包括装药空囊、封缄、糯米纸及类似制品)②	10	80	13		千克	AB	R/S

① 〔101 其他粮食加工产品(食用)〕,〔102 膨化食品〕,〔103 其他糕点饼干〕,〔104 纯麦片〕,〔105 方便米、粉〕,〔106 速食粮食产品〕,〔107 其他粮食制品〕,〔108 其他含肉速冻粮食制品〕,〔109 其他不含肉速冻粮食制品〕,〔110 其他不含馅速冻粮食制品〕,〔111 其他纯谷物的冲调谷物制品〕,〔112 含其他原料的谷物类冲调谷物制品〕,〔113 淀粉质类冲调谷物制品〕

② 〔101 未列出的其他熟制坚果炒货〕,〔102 糖与糖果,巧克力与可可制品〕,〔103 月饼〕,〔104 蛋糕〕,〔105 其他糕点〕,〔106 饼干〕,〔107 甜饼干〕,〔108 其他饼干〕,〔109 面包〕,〔110 膨化食品〕,〔111 其他糕点饼干〕,〔112 发酵豆制品〕,〔113 其他含肉速冻粮食制品〕,〔114 其他不含肉速冻粮食制品〕,〔115 其他不含馅速冻粮食制品〕,〔116 其他淀粉制品〕,〔117 非发酵豆制品〕

协定税率(%)															特惠税率(%)			对美税率	出口税率	出口退税率	Article Description
智利	新西兰	澳大利亚	瑞士	冰岛	秘鲁	哥斯达	东盟	亚太	新加坡	巴基斯坦	港/澳/台	韩国	格鲁吉亚	毛里求斯	亚太	老/柬/缅	LDC 97/95				
																		35	0		
																					Bread, pastry, cakes, biscuits and other bakers' wares, whether or not containing cocoa; communion wafers, empty cachets of a kind suitable for pharmaceutical use, sealing wafers, rice paper and similar products:
0	0	0	4	0	0	0	0		0		0/0/	10.6	0	0			0/0			13	-Crispbread
																		12.5	0		
0	0	0	4	0	0	0	0		0		0/0/	10.6	0	0			0/0			13	-Gingerbread and the like
																		12.5	0		
0	0	0	5	0	0	0	0	8.2	0	0	0/0/	8	0	0	5		0/0			13	--Sweet biscuits
																		35	0		
0	0	0	0	0	0	0	0	8.2	0	7.5	0/0/	8	0	0	5		0/0			13	--Waffles and wafers
																		35	0		
0	0	0	4		0	0	0		0		0/0/	10.6	0	0			0/0			13	-Rusks, toasted bread and similar toasted products
																		35	0		
0	0	0	4	0	0	0	0	8.6	0	0	0/0/	13	4	0	5		0/0			13	-Other
																		35	0		

第二十章
蔬菜、水果、坚果或植物
其他部分的制品

注释:

一、本章不包括:

(一)用第七章、第八章或第十一章所列方法制作或保藏的蔬菜、水果或坚果;

(二)按重量计含香肠、肉、食用杂碎、动物血、鱼、甲壳动物、软体动物、其他水生无脊椎动物及其混合物超过20%的食品(第十六章);

(三)品目19.05的烘焙糕饼及其他制品;或

(四)品目21.04的均化混合食品。

二、品目20.07及20.08不包括制成糖食的果冻、果膏、糖衣杏仁或类似品(品目17.04)及巧克力糖食(品目18.06)。

三、品目20.01、20.04及20.05仅酌情包括用本章注释一(一)以外的方法制作或保藏的第七章或品目11.05、11.06的产品(第八章产品的细粉、粗粉除外)。

四、干重量在7%及以上的番茄汁归入品目20.02。

五、品目20.07所称"烹煮制成的",是指在常压或减压状态下,通过减少产品中的水分或其他方法增加产品黏稠度的热处理制得的。

六、品目20.09所称"未发酵及未加酒精的水果汁",是指按容量计酒精浓度(标准见第二十二章注释二)不超过0.5%的水果汁。

子目注释:

一、子目2005. 10所称"均化蔬菜",是指蔬菜经精细均化制成适合供婴幼儿食用或营养用的零售包装食品(每件净重不超过250克)。为了调味、保藏或其他目的,均化蔬菜中可以加入少量其他配料,还可以含有少量可见的蔬菜粒。归类时,子目2005. 10优先于品目20.05的其他子目。

二、子目2007.10所称"均化食品",是指果实经精细均化制成适合供婴幼儿食用或营养用的零售包装食品(每件净重不超过250克)。为了调味、保藏或其他目的,均化食品中可以加入少量其他配料,还可以含有少量可见的果粒。归类时,子目2007.10优先于品目20.07的其他子目。

三、子目2009.12、2009.21、2009.31、2009.41、2009.61及2009.71所称"白利糖度值",是指在20℃时直接从白利糖度计读取的度数或从折射计直接读取的以蔗糖百分比含量计的折射率,在其他温度下读取的数值应折算为20℃时的数值。

商品编号	商品名称及备注[检验检疫编码及名称]	进口关税(%)		增值税率(%)	消费税	计量单位	监管条件	检验检疫类别
		最惠国	普通					
2001	**蔬菜、水果、坚果及植物的其他食用部分,用醋或醋酸制作或保藏的:**							
20011000	-黄瓜及小黄瓜							
2001100000	用醋或醋酸制作的黄瓜及小黄瓜[999]	5	70	13		千克	AB	R/S
20019010	---大蒜							
2001901010	用醋或醋酸腌制的大蒜头、大蒜瓣(无论是否加糖或去皮)[999]	5	70	13		千克	AB	R/S
2001901090	用醋或醋酸腌制的其他大蒜(不含蒜头、蒜瓣,无论是否加糖或去皮)[999]	5	70	13		千克	AB	R/S
20019090	---其他							
2001909010	用醋或醋酸制作或保藏的松茸[999]	5	70	13		千克	ABE	R/S
2001909020	用醋或醋酸制作或保藏的酸竹笋[999]	5	70	13		千克	ABE	R/S
2001909030	用醋或醋酸制作或保藏的芦荟[999]	5	70	13		千克	ABFE	R/S
2001909040	用醋或醋酸制作或保藏的仙人掌植物[999]	5	70	13		千克	ABFE	R/S
2001909050	用醋或醋酸制作或保藏的莼菜[999]	5	70	13		千克	ABE	R/S
2001909090	用醋制作的其他果、菜及食用植物(包括用醋酸制作或保藏的)①	5	70	13		千克	AB	R/S
2002	**番茄,用醋或醋酸以外的其他方法制作或保藏的:**							
20021010	---罐头							
2002101000	非用醋制作的整个或切片番茄罐头[999]	5	80	13		千克	AB	R/S

① [101腌渍蘑菇],[102腌渍其他未列出蔬菜]

Chapter 20
Preparations of vegetables, fruit, nuts or other parts of plants

Chapter Notes:

1. This Chapter does not cover:
   (a) Vegetables, fruit or nuts, prepared or preserved by the processes specified in Chapter 7, 8 or 11;
   (b) Food preparations containing more than 20% by weight of sausage, meat, meat offal, blood, fish or crustaceans, molluscs or other aquatic invertebrates, or any combination thereof (Chapter 16);
   (c) Bakers' wares and other products of heading 19. 05; or
   (d) Homogenised composite food preparations of heading 21. 04.

2. Headings 20. 07 and 20. 08 do not apply to fruit jellies, fruit pastes, sugar-coated almonds or the like in the form of sugar confectionery (heading 17. 04) or chocolate confectionery (heading 18. 06).

3. Headings 20. 01, 20. 04 and 20. 05 cover, as the case may be, only those products of Chapter 7 or of heading 11. 05 or 11. 06 (other than flour, meal and powder of the products of Chapter 8) which have been prepared or preserved by processes other than those referred to in Note 1 (a).

4. Tomato juice the dry weight content of which is 7% or more is to be classified in heading 20. 02.

5. For the purposes of heading 20. 07, the expression "obtained by cooking" means obtained by heat treatment at atmospheric pressure or under reduced pressure to increase the viscosity of a product through reduction of water content or other means.

6. For the purposes of heading 20. 09, the expression "juices, unfermented and not containing added spirit" means juices of an alcoholic strength by volume (see Note 2 to Chapter 22) not exceeding 0. 5% vol.

Subheading Notes:

1. For the purposes of subheading 2005. 10, the expression "homogenised vegetables" means preparations of vegetables, finely homogenised, put up for retail sale as food suitable for infants or young children or for dietetic purposes, in containers of a net weight content not exceeding 250g. For the application of this definition no account is to be taken of small quantities of any ingredients which may have been added to the preparation for seasoning, preservation or other purposes. These preparations may contain a small quantity of visible pieces of vegetables. Subheading 2005. 10 takes precedence over all other subheadings of heading 20. 05.

2. For the purposes of subheading 2007. 10, the expression "homogenised preparations" means preparations of fruit, finely homogenised, put up for retail as food suitable for infants or young children or for dietetic purposes, in containers of a net weight content not exceeding 250g. For the application of this definition no account is to be taken of small quantities of any ingredients which may have been added to the preparation for seasoning, preservation or other purposes. These preparations may contain a small quantity of visible pieces of fruit. Subheading 2007. 10 takes precedence over all other subheadings of heading 20. 07.

3. For the purposes of subheadings 2009. 12, 2009. 21, 2009. 31, 2009. 41, 2009. 61 and 2009. 71, the expression "Brix value" means the direct reading of degrees Brix obtained form a Brix hydrometer or of refractive index expressed in terms of percentage sucrose content obtained from a refractometer, at a temperature of 20℃ or corrected for 20℃ if the reading is made at a different temperature.

协定税率(%)															特惠税率(%)			对美税率	出口税率	出口退税率	Article Description
智利	新西兰	澳大利亚	瑞士	冰岛	秘鲁	哥斯达	东盟	亚太	新加坡	巴基斯坦	港/澳/台	韩国	格鲁吉亚	毛里求斯	亚太	老/柬/缅	LDC 97/95				
																					Vegetables, fruit, nuts and other edible parts of plants, prepared or preserved by vinegar or acetic acid:
0	0	0	5	0	0	0	0		0	20	0/0/	16.2	0	20			0/0				-Cucumbers and gherkins
																		30	0	9	
0	0	0	5	0	0	0	0		0	25	0/0/	16.2	0	20	2.5		0/0				---Garlic
																		10	0	9	
																		10	0	9	
0	0	0	5	0	0	0	0		0		0/0/	16.2	0	20	2.5		0/0				---Other
																		30	0	9	
																		30	0	9	
																			0	9	
																		30	0	9	
																		30	0	9	
																		30	0	9	
																					Tomatoes prepared or preserved otherwise than by vinegar or acetic acid:
0	0	0	3.8	0	0	0	0		0	19	0/0/	10.1	0	0			0/0			13	---In airtight containers
																		30	0		

商品编号	商品名称及备注[检验检疫编码及名称]	进口关税(%) 最惠国	进口关税(%) 普通	增值税率(%)	消费税	计量单位	监管条件	检验检疫类别
20021090	---其他							
2002109000	非用醋制作的其他整个或切片番茄〔101 冷冻番茄〕,〔102 脱水番茄〕	5	70	13		千克	AB	P. R/Q
20029011	----重量≤5 千克的							
2002901100	重量≤5 千克的番茄酱罐头〔999〕	5	80	13		千克	AB	R/S
20029019	----重量>5 千克的							
2002901900	重量>5 千克的番茄酱罐头〔999〕	5	80	13		千克	AB	R/S
20029090	---其他							
2002909000	非用醋制作的绞碎番茄(用醋或醋酸以外其他方法制作或保藏的)①	5	70	13		千克	AB	P. R/Q. S
2003	**蘑菇及块菌,用醋或醋酸以外的其他方法制作或保藏的:**							
20031011	----小白蘑菇							
2003101100	小白蘑菇罐头(指洋蘑菇,用醋或醋酸以外其他方法制作或保藏的)〔999〕	5	90	13		千克	AB	R/S
20031019	----其他							
2003101900	其他伞菌属蘑菇罐头(用醋或醋酸以外其他方法制作或保藏的)②	5	90	13		千克	AB	R/S
20031090	---其他							
2003109000	非用醋制作的其他伞菌属蘑菇(用醋或醋酸以外其他方法制作或保藏的)③	5	90	13		千克	AB	R/S
20039010	---罐头							
2003901010	非用醋制作的香菇罐头[用醋或醋酸以外其他方法制作或保藏的(非伞菌属蘑菇)]〔999〕	5	90	13		千克	AB	R/S
2003901020	非用醋制作的松茸罐头(用醋或醋酸以外其他方法制作或保藏的)〔999〕	5	90	13		千克	ABE	R/S
2003901090	非用醋制作的其他蘑菇罐头[用醋或醋酸以外其他方法制作或保藏的(非伞菌属蘑菇)]④	5	90	13		千克	AB	R/S
20039090	---其他							
2003909010	非用醋制作的其他香菇[用醋或醋酸以外其他方法制作或保藏的(非伞菌属蘑菇)]⑤	5	90	13		千克	AB	P. R/Q. S
2003909020	非用醋制作的其他松茸(用醋或醋酸以外其他方法制作或保藏的)⑥	5	90	13		千克	ABE	P. R/Q. S
2003909090	非用醋制作的其他蘑菇[用醋或醋酸以外其他方法制作或保藏的(非伞菌属蘑菇)]⑦	5	90	13		千克	AB	P. R/Q. S
2004	**其他冷冻蔬菜,用醋或醋酸以外的其他方法制作或保藏的,但品目 20.06 的产品除外:**							
20041000	-马铃薯							
2004100000	非用醋制作的冷冻马铃薯(品目 20.06 的货品除外)〔999〕	5	70	13		千克	AB	P. R/Q. S
20049000	-其他蔬菜及什锦蔬菜							
2004900010	非用醋制作的冷冻松茸〔999〕	5	70	13		千克	ABE	P. R/Q. S
2004900020	非用醋制作的冷冻酸竹笋〔999〕	5	70	13		千克	ABE	P. R/Q. S
2004900030	非用醋制作的冷冻芦荟〔999〕	5	70	13		千克	ABFE	P. R/Q. S
2004900040	非用醋制作的冷冻仙人掌植物〔999〕	5	70	13		千克	ABFE	P. R/Q. S
2004900090	非用醋制作的其他冷冻蔬菜(品目 20.06 的货品除外)⑧	5	70	13		千克	AB	P. R/Q. S
2005	**其他未冷冻蔬菜,用醋或醋酸以外的其他方法制作或保藏的,但品目 20.06 的产品除外:**							
20051000	-均化蔬菜							
2005100000	非用醋制作的未冷冻均化蔬菜〔999〕	5	70	13		千克	AB	P. R/Q. S
20052000	-马铃薯							
2005200000	非用醋制作的未冷冻马铃薯〔999〕	5	70	13		千克	AB	P. R/Q. S
20054000	-豌豆							
2005400000	非用醋制作的未冷冻豌豆⑨	5	70	13		千克	AB	P. R/Q. S
20055111	----赤豆馅							

① 〔101 冷冻番茄〕,〔102 脱水番茄〕
② 〔101 草菇罐头〕,〔102 金针菇罐头〕,〔103 其他食用菌罐头〕
③ 〔101 冷冻其他伞菌属蘑菇〕,〔102 脱水其他伞菌属蘑菇〕,〔103 腌渍蘑菇〕,〔104 腌渍其他伞菌属蘑菇〕
④ 〔101 滑子蘑罐头〕,〔102 猴头菇罐头〕,〔103 鸡油菌罐头〕,〔104 牛肝菌罐头〕,〔105 姬菇罐头〕,〔106 鲍鱼菇罐头〕,〔107 白灵菇罐头〕,〔108 平菇罐头〕,〔109 茶树菇罐头〕,〔110 凤尾菇罐头〕,〔111 灰树花菇罐头〕,〔112 黑木耳罐头〕,〔113 球盖菇罐头〕,〔114 鸡腿菇罐头〕,〔115 松茸罐头〕,〔116 什锦菇罐头〕,〔117 其他蘑菇类罐头〕,〔118 其他木耳类罐头〕,〔119 其他食用菌罐头〕
⑤ 〔101 冷冻香菇〕,〔102 脱水香菇〕,〔103 腌渍香菇〕
⑥ 〔101 冷冻松茸〕,〔102 脱水松茸〕,〔103 腌渍松茸〕
⑦ 〔101 冷冻其他非伞菌属蘑菇〕,〔102 脱水其他非伞菌属蘑菇〕,〔103 腌渍其他非伞菌属蘑菇〕
⑧ 〔101 其他冷冻植物产品〕,〔102 其他含肉速冻粮食制品〕,〔103 其他不含肉速冻粮食制品〕,〔104 冷冻其他未列出蔬菜〕
⑨ 〔101 青豆罐头〕,〔102 即食豌豆沙律〕,〔103 熟制豌豆炒货〕,〔104 发酵豆制品〕,〔105 非发酵豆制品〕

协定税率(%) 智利	新西兰	澳大利亚	瑞士	冰岛	秘鲁	哥斯达	东盟	亚太	新加坡	巴基斯坦	港/澳/台	韩国	格鲁吉亚	毛里求斯	特惠税率(%) 亚太	老/柬/缅	LDC 97/95	对美税率	出口税率	出口退税率	Article Description
0	0	0	5	0	0	0	0		0	25	0/0/	16.2	0	20			0/0				---Other
																		10	0	9	
0	0	0	4	0	0	0	0		0	20	0/0/	10.6	0	0			0/0			13	----Weighing not more than 5kg
																		17.5	0		
0	0	0	4	0	0	0	0		0	20	0/0/	6	0	0			0/0			13	----Weighing more than 5kg
																		17.5	0		
0	0	0	3.6	0	0	0	0		0	11.5	0/0/	9.6	0	0			0/0				---Other
																		15	0	9	
																					Mushrooms and truffles, prepared or preserved otherwise than by vinegar or acetic acid:
0	0	0	5	0	0	0	0		0		0/0/	7.5	0	20			0/0			13	----Small white agaric
																		30	0		
0	0	0	5	0	0	0	0		0		0/0/	7.5	0	20			0/0			13	----Other
																		10	0		
0	0	0	5	0	0	0	0		0		0/0/	7.5	0	20			0/0				---Other
																		10	0	9	
0	0	0	5	0	0	0	0		0		0/0/	7.5	0	20			0/0			13	---In airtight containers
																		30	0		
																		30	0		
																		30	0		
0	0	0	5	0	0	0	0		0		0/0/	7.5	0	20			0/0				---Other
																		10	0	9	
																		10	0	9	
																		10	0	9	
																					Other vegetables prepared or preserved otherwise than by vinegar or acetic acid, frozen, other than products of heading 20.06:
0	0	0	2.6		0	0	0		0	5.2	0/0/	3.9	0	0			0/0				-Potatoes
																		15	0	9	
0	0	0	5	0	0	0	0		0		0/0/	7.5	0	20			0/0				-Other vegetables and mixtures of vegetables
																		30	0	9	
																		30	0	9	
																			0	9	
																		30	0	9	
																		30	0	9	
																					Other vegetables prepared or pre-served otherwise than by vinegar or acetic acid, not frozen, other than products of heading 20.06:
0	0	0	5	0	0	0	0		0		0/0/	7.5	0	20			0/0			13	-Homogenized vegetables
																		15	0		
0	0	0	3		0	0	0		0	0	0/0/	4.5	0	0			0/0				-Potatoes
																		30	0	9	
0	0	0	5	0	0	0	0		0		0/0/	7.5	0	20			0/0				-Peas(Pisum sativum)
																		30	0	9	
0	0	0	5	0	0	0	0		0		0/0/	7.5	0	20			0/0			13	----Red bean paste

商品编号	商品名称及备注[检验检疫编码及名称]	进口关税(%)		增值税率(%)	消费税	计量单位	监管条件	检验检疫类别
		最惠国	普通					
2005511100	非用醋制作的赤豆馅罐头〔101 红豆罐头〕,〔102 豆类罐头〕	5	80	13		千克	AB	R/S
20055119	----其他							
2005511900	其他非用醋制作的脱荚豇豆及菜豆罐头〔999〕	5	80	13		千克	AB	R/S
20055191	----赤豆馅							
2005519100	非用醋制作的赤豆馅,罐头除外〔101 红豆馅〕,〔102 其他粮食制品〕	5	70	13		千克	AB	P. R/Q. S
20055199	----其他							
2005519900	非用醋制作的其他脱荚豇豆及菜豆,罐头除外①	5	70	13		千克	AB	P. R/Q. S
20055910	---罐头							
2005591000	非用醋制作的其他豇豆及菜豆罐头〔999〕	5	80	13		千克	AB	R/S
20055990	---其他							
2005599000	非用醋制作的其他豇豆及菜豆〔101 腌渍豇豆〕,〔102 腌渍菜豆〕	5	70	13		千克	AB	P. R/Q. S
20056010	---罐头							
2005601000	非用醋制作的芦笋罐头〔999〕	5	80	13		千克	AB	R/S
20056090	---其他							
2005609000	非用醋制作的其他芦笋②	5	70	13		千克	AB	P. R/Q. S
20057000	-油橄榄							
2005700000	非用醋制作的未冷冻油橄榄〔999〕	5	70	13		千克	AB	P. R/Q. S
20058000	-甜玉米							
2005800000	非用醋制作的未冷冻甜玉米〔101 甜玉米罐头〕,〔102 玉米穗丝〕	5	80	13		千克	AB	P. R/Q. S
20059110	---竹笋罐头							
2005911010	非用醋制作的酸竹笋罐头〔999〕	5	80	13		千克	ABE	R/S
2005911090	非用醋制作的其他竹笋罐头〔999〕	5	80	13		千克	AB	R/S
20059190	---其他							
2005919010	非用醋制作的酸竹笋〔999〕	5	70	13		千克	ABE	P. R/Q. S
2005919090	非用醋制作的其他竹笋③	5	70	13		千克	AB	P. R/Q. S
20059920	---蚕豆罐头							
2005992000	非用醋制作的蚕豆罐头〔999〕	5	80	13		千克	AB	R/S
20059940	---榨菜							
2005994000	榨菜〔999〕	5	70	13		千克	AB	R/S
20059950	---咸蕨菜							
2005995000	咸蕨菜〔999〕	5	70	13		千克	AB	R/S
20059960	---咸藠头							
2005996000	咸荞(藠)头〔999〕	5	70	13		千克	AB	R/S
20059991	----罐头							
2005999100	其他蔬菜及什锦蔬菜罐头(非用醋制作)④	5	70	13		千克	AB	R/S
20059999	----其他							
2005999910	非用醋制作的仙人掌⑤	5	70	13		千克	ABFE	P. R/Q. S
2005999920	非用醋制作的芦荟⑥	5	70	13		千克	ABFE	P. R/Q. S
2005999990	非用醋制作的其他蔬菜及什锦蔬菜〔999〕	5	70	13		千克	AB	P. R/Q. S
2006	**糖渍蔬菜、水果、坚果、果皮及植物的其他部分(沥干、糖渍或裹糖的):**							
20060010	---蜜枣							
2006001000	蜜枣〔999〕	5	90	13		千克	AB	R/S
20060020	---橄榄							
2006002000	糖渍制橄榄〔999〕	5	90	13		千克	AB	R/S
20060090	---其他							
2006009010	糖渍制松茸〔999〕	5	90	13		千克	ABE	R/S
2006009090	其他糖渍蔬菜,水果,坚果,果皮(包括糖渍植物的其他部分)⑦	5	90	13		千克	AB	R/S

① 〔101 冷冻脱荚豇豆〕,〔102 冷冻脱荚菜豆〕
② 〔101 冷冻芦笋〕,〔102 脱水芦笋〕,〔103 腌渍芦笋〕
③ 〔101 冷冻竹笋〕,〔102 腌渍竹笋〕,〔103 脱水竹笋〕
④ 〔101 荞头罐头〕,〔102 其他鳞茎类罐头〕,〔103 红焖大头菜罐头〕,〔104 其他芸苔属类罐头〕,〔105 香菜心罐头〕,〔106 雪菜罐头〕,〔107 橄榄菜罐头〕,〔108 其他叶菜类罐头〕,〔109 其他茄果类罐头〕,〔110 美味黄瓜罐头〕,〔111 苦瓜罐头〕,〔112 其他瓜类罐头〕,〔113 青刀豆罐头〕,〔114 芸豆罐头〕,〔115 红豆罐头〕,〔116 发酵豆类罐头〕,〔117 其他豆类罐头〕,〔118 其他茎类罐头〕,〔119 胡萝卜罐头〕,〔120 姜罐头〕,〔121 地瓜罐头〕,〔122 其他根茎类和薯芋类罐头〕,〔123 莲藕罐头〕,〔124 清水莲子罐头〕,〔125 其他水生类罐头〕,〔126 绿豆芽罐头〕,〔127 黄豆芽罐头〕,〔128 其他芽菜类罐头〕,〔129 其他多年生蔬菜罐头〕,〔130 玉米笋罐头〕,〔131 四鲜烤夫罐头〕,〔132 什锦蔬菜罐头〕,〔133 其他蔬菜罐头〕
⑤ 〔101 冷冻仙人掌〕,〔102 脱水仙人掌〕,〔103 腌渍仙人掌〕
⑥ 〔101 冷冻芦荟〕,〔102 脱水芦荟〕,〔103 腌渍芦荟〕
⑦ 〔101 红豆馅〕,〔102 果脯〕,〔103 话梅〕,〔104 其他蜜饯〕

协定税率(%)															特惠税率(%)			对美税率	出口税率	出口退税率	Article Description
智利	新西兰	澳大利亚	瑞士	冰岛	秘鲁	哥斯达	东盟	亚太	新加坡	巴基斯坦	港/澳/台	韩国	格鲁吉亚	毛里求斯	亚太	老/柬/缅	LDC 97/95				
																		10	0		
0	0	0	5	0	0	0	0		0		0/0/	16.2	0	20			0/0			13	----Other
																		30	0		
0	0	0	5	0	0	0	0		0		0/0/	7.5	0	20			0/0			13	----Red bean paste
																		10	0		
0	0	0	5		0	0	0		0		0/0/	16.2	0	20			0/0				----Other
																		10	0	9	
0	0	0	5		0	0	0		0		0/0/	7.5	0	20			0/0			13	---In airtight containers
																		30	0		
0	0	0	5		0	0	0		0		0/0/	7.5	0	20			0/0				---Other
																		10	0	9	
0	0	0	5		0	0	0		0		0/0/	7.5	0	20			0/0			13	---In airtight containers
																			0		
0	0	0	5	0	0	0	0		0		0/0/	7.5	0	20			0/0				---Other
																		10	0	9	
0	0	0	0	0	0	0	0		0	4	0/0/	3	0	0			0/0				-Olives
																		30	0	9	
0	0	0	0	0	0	0	0		0	4	0/0/	3	0	0			0/0				-Sweet corn(Zea mays var. saccharata)
																		30	0	9	
0	0	0	5	0	0	0	0		0		0/0/	7.5	0	20			0/0			13	---Bamboo shoots, in airtight containers
																		10	0		
																		10	0		
0	0	0	5	0	0	0	0		0		0/0/	7.5	0	20			0/0				---Other
																		10	0	9	
																		10	0	9	
0	0	0	5	0	0	0	0		0	20	0/0/	7.5	0	20			0/0			13	---Broad beans, in airtight containers
																		10	0		
0	0	0	5	0	0	0	0		0	20	0/0/	7.5	0	20			0/0				---Hot pickled mustard tubers
																		10	0	9	
0	0	0	5	0	0	0	0		0	20	0/0/	7.5	0	20			0/0				---Chueh tsai (fiddle-head), salted
																		10	0	9	
0	0	0	5	0	0	0	0		0	20	0/0/	7.5	0	20			0/0				---Scallion, salted
																		10	0	9	
0	0	0	5	0	0	0	0		0		0/0/	16.2	0	20			0/0			13	----In airtight containers
																		30	0		
0	0	0	5	0	0	0	0		0		0/0/	16.2	0	20			0/0				----Other
																		30	0	9	
																			0	9	
																		30	0	9	
																					Vegetables, fruit, nuts, fruit-peel and other parts of plants, preserved by sugar (drained, glace or crystallized):
0	0	0		0	0	0	0		0		0/0/	19.5	0	24		//0	0/0			13	---Preserved jujubes
																			0		
0	0	0		0	8.8	0	0		0		0/0/	19.5	0	24		//0	0/0			13	---Preserved olives
																		30	0		
0	0	0	0	0	8.8	0	0		0		0/0/	19.5	0	24		//0	0/0			13	---Other
																		30	0		
																		30	0		

商品编号	商品名称及备注[检验检疫编码及名称]	进口关税(%) 最惠国	进口关税(%) 普通	增值税率(%)	消费税	计量单位	监管条件	检验检疫类别
2007	**烹煮的果酱、果冻、柑橘酱、果泥及果膏,不论是否加糖或其他甜物质:**							
20071000	-均化食品							
2007100000	烹煮的果子均化食品(包括果酱、果冻、果泥、果膏)①	5	80	13		千克	AB	R/S
20079100	--柑橘属水果的							
2007910000	烹煮的柑橘属水果(包括果酱、果冻、果泥、果膏)②	5	80	13		千克	AB	R/S
20079910	---罐头							
2007991000	其他烹煮的果酱、果冻罐头(包括果泥、果膏)③	5	80	13		千克	AB	R/S
20079990	---其他							
2007999000	其他烹煮的果酱、果冻(包括果泥、果膏)④	5	80	13		千克	AB	R/S
2008	**用其他方法制作或保藏的其他税号未列名水果、坚果及植物的其他食用部分,不论是否加酒、加糖或其他甜物质:**							
20081110	---花生米罐头							
2008111000	花生米罐头〔999〕	5	90	13		千克	AB	R/S
20081120	---烘焙花生							
2008112000	烘焙花生〔999〕	5	80	13		千克	AB	P. R/Q. S
20081130	---花生酱							
2008113000	花生酱〔999〕	5	90	13		千克	AB	R/S
20081190	---其他							
2008119000	其他非用醋制作的花生(用醋或醋酸以外其他方法制作或保藏的)〔101 熟制〕,〔102 花生罐头〕	5	80	13		千克	AB	P. R/Q. S
20081910	---核桃仁罐头							
2008191000	核桃仁罐头〔999〕	5	90	13		千克	AB	R/S
20081920	---其他果仁罐头							
2008192000	其他果仁罐头〔999〕	5	90	13		千克	AB	R/S
20081991	----栗仁							
2008199100	栗仁(用醋或醋酸以外其他方法制作或保藏的)〔999〕	5	80	13		千克	AB	P. R/Q. S
20081992	----芝麻							
2008199200	芝麻(用醋或醋酸以外其他方法制作或保藏的)⑤	5	80	13		千克	AB	P. R/Q. S
20081999	----其他							
2008199910	其他方法制作或保藏的红松子仁(用醋或醋酸以外其他方法制作或保藏的)⑥	5	80	13		千克	ABE	P. R/Q. S
2008199990	未列名制作或保藏的坚果及其他子仁(用醋或醋酸以外其他方法制作或保藏的)⑦	5	80	13		千克	AB	P. R/Q. S
20082010	---罐头							
2008201000	菠萝罐头⑧	5	90	13		千克	AB	R/S
20082090	---其他							
2008209000	非用醋制作的其他菠萝(用醋或醋酸以外其他方法制作或保藏的)〔999〕	5	80	13		千克	AB	P. R/Q
20083010	---罐头							
2008301000	柑橘属水果罐头⑨	5	90	13		千克	AB	R/S
20083090	---其他							
2008309000	非用醋制作的其他柑橘属水果(用醋或醋酸以外其他方法制作或保藏的)⑩	5	80	13		千克	AB	P. R/Q. S
20084010	---罐头							
2008401000	梨罐头⑪	5	90	13		千克	AB	R/S
20084090	---其他							
2008409000	非用醋制作的其他梨(用醋或醋酸以外其他方法制作或保藏的)〔999〕	5	80	13		千克	AB	P. R/Q
20085000	-杏							

① 〔201 非罐头工艺生产的果酱〕,〔999 果酱罐头〕
② 〔201 非罐头工艺生产的果酱〕,〔999 果酱罐头〕
③ 〔101 什锦果酱罐头〕,〔102 杏酱罐头〕,〔103 菠萝酱罐头〕,〔104 苹果酱罐头〕,〔105 西瓜酱罐头〕,〔106 猕猴桃酱罐头〕,〔107 其他果酱罐头〕,〔108 果冻罐头〕
④ 〔201 非罐头工艺生产的果酱〕,〔999 果脯〕
⑤ 〔101 芝麻罐头〕,〔102 即食芝麻沙律〕,〔103 熟制芝麻炒货〕,〔104 芝麻酱〕
⑥ 〔101 熟制红松子仁〕,〔102 其他红松子仁炒货〕
⑦ 〔101 杏仁罐头〕,〔102 银杏罐头〕,〔103 板栗罐头〕,〔104 腰果罐头〕,〔105 其他坚果罐头〕,〔106 熟制杏仁〕,〔107 熟制开心果〕,〔108 熟制松子〕,〔109 熟制夏威夷果〕,〔110 熟制南瓜子〕,〔111 熟制西瓜子〕,〔112 未列名的即食坚果沙律〕,〔113 未列出的其他熟制坚果炒货〕,〔114 榛子酱〕,〔115 扁桃仁酱〕,〔116 其他坚果及籽类的泥(酱)〕
⑧ 〔101 马口铁菠萝罐头〕,〔102 玻璃瓶菠萝罐头〕,〔103 复合塑料袋菠萝罐头〕,〔104 其他材质菠萝罐头〕
⑨ 〔101 桔子罐头〕,〔102 糖水橘子罐头〕,〔103 橘子囊胞罐头〕,〔104 其他橘子罐头〕
⑩ 〔101 食品工业用浓缩液(汁、浆)〕,〔999 果脯〕
⑪ 〔101 梨罐头〕,〔102 糖水梨罐头〕,〔103 糖水洋梨罐头〕,〔104 其他梨罐头〕

协定税率(%)															特惠税率(%)			对美税率	出口税率	出口退税率	Article Description
智利	新西兰	澳大利亚	瑞士	冰岛	秘鲁	哥斯达	东盟	亚太	新加坡	巴基斯坦	港/澳/台	韩国	格鲁吉亚	毛里求斯	亚太	老/柬/缅	LDC 97/95				
																					Jams, fruit jellies, marmalades, fruit or nut puree and fruit or nut pastes, being cooked preparations, whether or not containing added sugar or other sweetening matter:
0	0	0	0	0	8.8	0	0		0		0/0/	19.5	0	24			0/			13	-Homogenized preparations
																		27.5	0		
0	0	0	0	0	0	0	0		0		0/0/	19.5	0	24		//0	0/0			13	--Citrus fruit
																		30	0		
0	0	0	0	0	0	0	0			0	0/0/	0	0	0	2.5		0/0			13	---In airtight containers
																		30	0		
0	0	0	0	0	0	1.3	0			0	0/0/	0	0	0	2.5		0/0			13	---Other
																		30	0		
																					Fruit, nuts and other edible parts of plants, otherwise prepared, or preserved, whether or not containing added sugar or other sweetening matter or spirit, not elsewhere specified or included:
0	0	0		0		0	0		0		0/0/	19.5	0	24			0/			13	---Ground-nut kernels, in airtight containers
																		27.5	0		
0	0	0		0		0	0		0		0/0/	19.5	0	24		/0/	0/0			13	---Roasted ground-nuts
																		20	0		
0	0	0		0		0	0		0		0/0/	19.5	0	24			0/			13	---Ground-nut butter
																		20	0		
0	0	0		0		0	0		0		0/0/	19.5	0	24			0/				---Other
																		30	0	9	
0	0	0	4	0	0	0	0	2.5	0	10	0/0/	10.6	0	0		0/0/	0/0			13	---Walnut meats, in airtight containers
																		7.5	0		
0	0	0	2.6	0	0	0	0	2.5	0	4	0/0/	3.9	0	0		0/0/	0/0			13	---Other nuts, in airtight containers
																		15	0		
0	0	0	4.7	0	0	0	0	2.5	0	4	0/0/	3	0	0		0/0/	0/0				----Chestnut seed
																		7.5	0	9	
0	0	0	0		0	0	0	2.5	0	4	0/0/	3	0	0			0/0				----Sesame
																		7.5	0	9	
0	0	0	0	0	0	0	0	2.5	0	4	0/0/	3	0	0		0/0/	0/0				----Other
																		30	0	0	
																		30	0	9	
0	0	0	3	0	0	4	5				0/0/	4.5	0	0		0//	0/0			13	---In airtight containers
																		7.5	0		
0	0	0	3	0	0	4	5				0/0/	4.5	0	0		0//	0/0				---Other
																		7.5	0	9	
0	0	0	4	0	0	5.3	0		0		0/0/	10.6	0	0		0//	0/0			13	---In airtight containers
																		7.5	0		
0	0	0	4	0	0	0	0		0		0/0/	13	0	0		0//	0/0				---Other
																		15	0	9	
0	0	0	4	0	0	0	0		0		0/0/	10.6	0	0		0//	0/0			13	---In airtight containers
																		7.5	0		
0	0	0	4	0	0	0	0		0		0/0/	10.6	0	0		0//	0/0				---Other
																		7.5	0	9	
0	0	0	4	0	0	0	0		0		0/0/	10.6	0	0			0/0				-Apricots

商品编号	商品名称及备注[检验检疫编码及名称]	进口关税(%) 最惠国	普通	增值税率(%)	消费税	计量单位	监管条件	检验检疫类别
2008500000	非用醋制作的杏(用醋或醋酸以外其他方法制作或保藏的)①	5	90	13		千克	AB	P. R/Q. S
20086010	---罐头							
2008601000	非用醋制作的樱桃罐头(用醋或醋酸以外其他方法制作或保藏的)②	5	90	13		千克	AB	P. R/Q. S
20086090	---其他							
2008609000	非用醋制作的樱桃,罐头除外(用醋或醋酸以外其他方法制作或保藏的)③	5	90	13		千克	AB	P. R/Q. S
20087010	---罐头							
2008701000	桃罐头,包括油桃罐头〔999〕	5	90	13		千克	AB	R/S
20087090	---其他							
2008709000	非用醋制作的其他桃,包括油桃(用醋或醋酸以外其他方法制作或保藏的)④	5	80	13		千克	AB	P. R/Q. S
20088000	-草莓							
2008800000	非用醋制作的草莓(用醋或醋酸以外其他方法制作或保藏的)⑤	5	90	13		千克	AB	P. R/Q. S
20089100	--棕榈芯							
2008910000	非用醋制作的棕榈芯(用醋或醋酸以外其他方法制作或保藏的)〔999〕	5	80	13		千克	AB	P. R/Q. S
20089300	--蔓越橘(大果蔓越橘、小果蔓越橘、越橘)							
2008930000	非用醋制作的蔓越橘(大果蔓越橘、小果蔓越橘、越橘)(用醋或醋酸以外其他方法制作或保藏的)〔999〕	15	80	13		千克	AB	P. R/Q. S
20089700	--什锦果实							
2008970000	非用醋制作的什锦果实(用醋或醋酸以外其他方法制作或保藏的)⑥	5	80	13		千克	AB	P. R/Q. S
20089910	---荔枝罐头							
2008991000	荔枝罐头⑦	5	90	13		千克	AB	R/S
20089920	---龙眼罐头							
2008992000	龙眼罐头⑧	5	80	13		千克	AB	R/S
20089931	----调味紫菜							
2008993100	调味紫菜〔101 养殖〕,〔102 野生〕,〔999〕	15	90	13		千克	AB	R/S
20089932	----盐腌海带							
2008993200	盐腌海带〔101 养殖〕,〔102 野生〕,〔999〕	10	80	13		千克	AB	P. R/Q. S
20089933	----盐腌裙带菜							
2008993300	盐腌裙带菜〔101 养殖〕,〔102 野生〕,〔999〕	10	80	13		千克	AB	P. R/Q. S
20089934	----烤紫菜							
2008993400	烤紫菜〔998 养殖〕,〔999 野生〕	10	80	13		千克	AB	R/S
20089939	----其他							
2008993900	海草及其他藻类制品⑨	10	80	13		千克	AB	P. R/Q. S
20089940	---清水马蹄罐头							
2008994000	清水荸荠(马蹄)罐头〔999〕	5	80	13		千克	AB	R/S
20089990	---其他							
2008999000	未列名制作或保藏的水果、坚果(包括植物的其他食用部分)⑩	5	80	13		千克	AB	P. R/Q. S
2009	**未发酵及未加酒精的水果汁(包括酿酒葡萄汁)、蔬菜汁,不论是否加糖或其他甜物质:**							
20091100	--冷冻的							
2009110000	冷冻的橙汁(未发酵及未加酒精的,不论是否加糖或其他甜物质)〔999〕	7.5	90	13		千克	AB	P. R/Q. S
20091200	--非冷冻的,白利糖度值不超过 20 的							
2009120010暂15	白利糖度值不超过 20 的非冷冻橙汁,最小独立包装净重≥180 千克(未发酵及未加酒精的,不论是否加糖或其他甜物质)⑪	30	90	13		千克	AB	P. R/Q. S

① 〔101 杏子罐头〕,〔102 果脯〕
② 〔101 樱桃罐头〕,〔102 果脯〕
③ 〔101 果脯〕,〔102 其他蜜饯〕
④ 〔101 其他桃罐头〕,〔102 果脯〕
⑤ 〔101 果脯〕,〔102 其他蜜饯〕
⑥ 〔101 马口铁什锦水果罐头〕,〔102 玻璃瓶什锦水果罐头〕,〔103 复合塑料袋什锦水果罐头〕,〔104 其他材质什锦水果罐头〕,〔105 果脯〕
⑦ 〔101 马口铁荔枝罐头〕,〔102 玻璃瓶荔枝罐头〕,〔103 复合塑料袋荔枝罐头〕,〔104 其他材质荔枝罐头〕
⑧ 〔101 马口铁龙眼罐头〕,〔102 玻璃瓶龙眼罐头〕,〔103 复合塑料袋龙眼罐头〕,〔104 其他材质龙眼罐头〕
⑨ 〔101 未列出的其他饮料、冷冻饮品、咖啡、果冻〕,〔102 果脯〕,〔103 其他蜜饯〕,〔104 养殖水产制品〕,〔105 野生水产制品〕
⑩ 〔101 苹果罐头〕,〔102 葡萄罐头〕,〔103 海棠罐头〕,〔104 干装苹果罐头〕,〔105 什锦水果罐头〕,〔106 马口铁什锦水果罐头〕,〔107 玻璃瓶什锦水果罐头〕,〔108 复合塑料袋什锦水果罐头〕,〔109 橄榄罐头〕,〔110 芒果罐头〕,〔111 双色罐头〕,〔112 枇杷罐头〕,〔113 杨梅罐头〕,〔114 猕猴桃罐头〕,〔115 番石榴罐头〕,〔116 番荔枝罐头〕,〔117 山楂罐头〕,〔118 李子罐头〕,〔119 榴莲罐头〕,〔120 其他瓜果类罐头〕,〔121 其他浆果和小型水果类罐头〕,〔122 其他核果类水果罐头〕,〔123 其他热带和亚热带水果罐头〕,〔124 其他未列名水果罐头〕,〔125 熟制葵花子〕,〔126 未列出的其他熟制坚果炒货〕,〔127 果脯〕,〔128 其他蜜饯〕,〔129 冷冻油炸甘薯〕
⑪ 〔101 可直接饮用的蔬菜果汁类饮料〕,〔102 浓缩蔬菜果汁饮料(包括冷冻的)〕,〔103 食品工业用浓缩液(汁、浆)〕

协定税率(%)															特惠税率(%)			对美税率	出口税率	出口退税率	Article Description
智利	新西兰	澳大利亚	瑞士	冰岛	秘鲁	哥斯达	东盟	亚太	新加坡	巴基斯坦	港/澳/台	韩国	格鲁吉亚	毛里求斯	亚太	老/柬/缅	LDC 97/95				
																		30	0	9	
0	0	0	4	0	0	0	0		0		0/0/	10.6	0	0			0/0			13	---In airtight containers
																		30	0		
0	0	0	4	0	0	0	0		0		0/0/	10.6	0	0			0/0				---Other
																		17.5	0	6	
0	0	0	0	0	0	0	0		0	4	0/0/	3	0	0		0//	0/0			13	---In airtight containers
																		30	0		
0	0	0	4	0	0	0	0		0		0/0/	10.6	0	0		0//	0/0				---Other
																		7.5	0	9	
0	0	0	3	0	0	0	0		0	12	0/0/	4.5	0	0			0/0				-Strawberries
																		30	0	9	
0	0	0	0	0	0	0	0			0	0/0/	0	0	0		/0/	0/0				--Palm hearts
																		10	0	6	
0	0	0	0	0	0	0	0		0	12	0/0/	4.5	0	0		/0/	0/0				--Cranberries (Vaccinium macrocarpon, Vaccinium oxycoccos, Vaccinium vitis-idaea)
																		45	0	9	
0	0	0	0	0	0	0	0		0	4	0/0/	3	0	0		/0/	0/0				--Mixtures
																		30	0	9	
0	0	0	4	0	0	0	0		0		0/0/	10.6	0	0			0/0			13	---Lychee can
																		7.5	0		
0	0	0	3	0	0	0	5				0/0/	4.5	0	0		/0/	0/0			13	---Longan can
																		7.5	0		
0	0	0	3	0	0	0	0	13.8	0	0	0/0/	9.7	0	0		/0/	0/0			13	----Seasoned laver
																		40	0		
0	0	0	3	0	0	0	0			12	0/0/	4.5	0	0		/0/	0/0				----Sea tangle, salted
																		12.5	0	6	
0	0	0	3	0	0	0	0			0	0/0/	4.5	0	0		/0/	0/0				----Pinnatifida, salted
																		12.5	0	6	
0	0	0	3	0	0	0	0			9.6	0/0/	4.5	0	0		/0/	0/0			13	----Laver, baked
																		12.5	0		
0	0	0	3	0	0	0	0			9.6	0/0/	4.5	0	0		/0/	0/0				----Other
																		12.5	0	6	
0	0	0	5	0	0	0	0		0	20	0/0/	7.5	0	20			0/0			13	---Water chestnut, in airtight containers
																		10	0		
0	0	0	0	0	0	0	0		0	0	0/0/	4.5	0	0		/0/	0/0				---Other
																		15	0	9	
																					Fruit juices (including grape must) and vegetable juices, unfermented and not containing added spirit, whether or not containing added sugar or other sweetening matter:
0	0	0.9	0	0	0	0	0			3	0/0/	0	0	0		0/0/	0/0			13	--Frozen
																		32.5	0		
0	0	3.8	0	0	0		0		0		0/0/	19.5	0			0/0/	0/0			13	--Not frozen, of a Brix value not exceeding 20
																		40	0		

商品编号	商品名称及备注[检验检疫编码及名称]	进口关税(%) 最惠国	进口关税(%) 普通	增值税率(%)	消费税	计量单位	监管条件	检验检疫类别
2009120090	其他非冷冻白利糖浓度不超过 20 的橙汁(未发酵及未加酒精的,不论是否加糖或其他甜物质)①	30	90	13		千克	AB	P. R/Q. S
20091900	--其他							
2009190010[暂15]	白利糖度值超过 20 的非冷冻橙汁,最小独立包装净重≥180 千克(未发酵及未加酒精的,不论是否加糖或其他甜物质)②	30	90	13		千克	AB	R/S
2009190090	非冷冻白利糖浓度超过 20 的橙汁(未发酵及未加酒精的,不论是否加糖或其他甜物质)③	30	90	13		千克	AB	R/S
20092100	--白利糖度值不超过 20 的							
2009210000	白利糖浓度不超过 20 的葡萄柚(包括柚)汁(未发酵及未加酒精的,不论是否加糖或其他甜物质)④	5	90	13		千克	AB	P. R/Q. S
20092900	--其他							
2009290000	白利糖浓度超过 20 的葡萄柚(包括柚)汁(未发酵及未加酒精的,不论是否加糖或其他甜物质)⑤	5	90	13		千克	AB	R/S
20093110	---柠檬汁							
2009311000	白利糖浓度≤20 的柠檬汁(未发酵及未加酒精的,不论是否加糖或其他甜物质)⑥	5	90	13		千克	AB	P. R/Q. S
20093190	---其他							
2009319000	其他未混合的白利糖浓度≤20 的柑橘属果汁(未发酵及未加酒精的;柠檬汁除外)⑦	5	90	13		千克	AB	P. R/Q. S
20093910	---柠檬汁							
2009391000	白利糖浓度>20 的柠檬汁(未发酵及未加酒精的,不论是否加糖或其他甜物质)⑧	5	90	13		千克	AB	R/S
20093990	---其他							
2009399000	其他未混合白利糖浓度>20 的柑橘属果汁(未发酵及未加酒精的;柠檬汁除外)[999]	5	90	13		千克	AB	R/S
20094100	--白利糖度值不超过 20 的							
2009410000	白利糖浓度不超过 20 的菠萝汁(未发酵及未加酒精的,不论是否加糖或其他甜物质)⑨	5	90	13		千克	AB	P. R/Q. S
20094900	--其他							
2009490000	白利糖浓度超过 20 的菠萝汁(未发酵及未加酒精的,不论是否加糖或其他甜物质)⑩	5	90	13		千克	AB	R/S
20095000	-番茄汁							
2009500000	番茄汁(未发酵及未加酒精的,不论是否加糖或其他甜物质)⑪	5	80	13		千克	AB	R/S
20096100	--白利糖度值不超过 30 的							
2009610000	白利糖≤30 的葡萄汁(包括酿酒葡萄汁)(未发酵及未加酒精的,不论是否加糖或其他甜物质)⑫	5	90	13		千克	AB	P. R/Q. S
20096900	--其他							
2009690000	白利糖>30 的葡萄汁(包括酿酒葡萄汁)(未发酵及未加酒精的,不论是否加糖或其他甜物质)⑬	5	90	13		千克	AB	R/S
20097100	--白利糖度值不超过 20 的							
2009710000	白利糖浓度不超过 20 的苹果汁(未发酵及未加酒精的,不论是否加糖或其他甜物质)⑭	5	90	13		千克	AB	P. R/Q. S
20097900	--其他							
2009790000	白利糖浓度超过 20 的苹果汁(未发酵及未加酒精的,不论是否加糖或其他甜物质)⑮	10	90	13		千克	AB	R/S
20098100	--蔓越橘汁(大果蔓越橘、小果蔓越橘、越橘)							
2009810000	未混合蔓越橘汁(大果蔓越橘、小果蔓越橘、越橘)(未发酵及未加酒精的,不论是否加糖或其他甜物质)⑯	5	90	13		千克	AB	P. R/Q. S
20098912	----芒果汁							

① [101 可直接饮用的蔬菜果汁类饮料],[102 浓缩蔬菜果汁饮料(包括冷冻的)],[103 食品工业用浓缩液(汁、浆)]
② [101 可直接饮用的蔬菜果汁类饮料],[102 浓缩蔬菜果汁饮料(包括冷冻的)],[103 食品工业用浓缩液(汁、浆)]
③ [101 可直接饮用的蔬菜果汁类饮料],[102 浓缩蔬菜果汁饮料(包括冷冻的)],[103 食品工业用浓缩液(汁、浆)]
④ [101 可直接饮用的蔬菜果汁类饮料],[102 浓缩蔬菜果汁饮料(包括冷冻的)],[103 食品工业用浓缩液(汁、浆)]
⑤ [101 可直接饮用的蔬菜果汁类饮料],[102 浓缩蔬菜果汁饮料(包括冷冻的)],[103 食品工业用浓缩液(汁、浆)],[999]
⑥ [101 可直接饮用的蔬菜果汁类饮料],[102 浓缩蔬菜果汁饮料(包括冷冻的)],[103 食品工业用浓缩液(汁、浆)]
⑦ [101 可直接饮用的蔬菜果汁类饮料],[102 浓缩蔬菜果汁饮料(包括冷冻的)],[103 食品工业用浓缩液(汁、浆)]
⑧ [101 浓缩蔬菜果汁饮料(包括冷冻的)],[102 可直接饮用的蔬菜果汁类饮料],[103 食品工业用浓缩液(汁、浆)]
⑨ [101 可直接饮用的蔬菜果汁类饮料],[102 浓缩蔬菜果汁饮料(包括冷冻的)]
⑩ [101 可直接饮用的蔬菜果汁类饮料],[102 浓缩蔬菜果汁饮料(包括冷冻的)]
⑪ [101 可直接饮用的蔬菜果汁类饮料],[102 浓缩蔬菜果汁饮料(包括冷冻的)]
⑫ [101 浓缩蔬菜果汁饮料(包括冷冻的)],[102 未发酵葡萄酒],[103 可直接饮用的蔬菜果蔬汁类饮料]
⑬ [101 浓缩蔬菜果汁饮料(包括冷冻的)],[102 未发酵葡萄酒]
⑭ [101 可直接饮用的蔬菜果汁类饮料],[102 浓缩蔬菜果汁饮料(包括冷冻的)]
⑮ [101 可直接饮用的蔬菜果汁类饮料],[102 浓缩蔬菜果汁饮料(包括冷冻的)]
⑯ [101 可直接饮用的蔬菜果汁类饮料],[102 浓缩蔬菜果汁饮料(包括冷冻的)],[103 食品工业用浓缩液(汁、浆)],[999]

协定税率(%)															特惠税率(%)			对美税率	出口税率	出口退税率	Article Description
智利	新西兰	澳大利亚	瑞士	冰岛	秘鲁	哥斯达	东盟	亚太	新加坡	巴基斯坦	港/澳/台	韩国	格鲁吉亚	毛里求斯	亚太	老/柬/缅	LDC 97/95				
																		55	0		
0	0	3.8		0	0		0		0		0/0/	19.5	0			0/0/	0/0			13	--Other
																		25	0		
																		40	0		
0	0	0	3	0	0	0	0		0	12	0/0/	4.5	0	0		0//	0/0			13	--Of a Brix value not exceeding 20
																		30	0		
0	0	0	3	0	0	0	0		0	12	0/0/	4.5	0	0		0//	0/0			13	--Other
																		30	0		
0	0	0	3.6	0	0	0	0	4.7	0	14.4	0/0/	9.6	0	0	2.5	/0/	0/0			13	---Lemon juice
																		30	0		
0	0	0	3.6	0	0	0	0	4.7	0	14.4	0/0/	9.6	0	0	2.5	/0/	0/0			13	---Other
																		7.5	0		
0	0	0	3.6	0	0	0	0	4.7	0	14.4	0/0/	9.6	0	0	2.5	/0/	0/0			13	---Lemon juice
																		30	0		
0	0	0	3.6	0	0	0	0	4.7	0	14.4	0/0/	9.6	0	0	2.5	/0/	0/0			13	---Other
																		7.5	0		
0	0	0	0	0	0	0	5				0/0/	3	0	0		0/0/	0/0			13	--Of a Brix value not exceeding 20
																		30	0		
0	0	0	0	0	0	0	5				0/0/	3	0			0/0/	0/0			13	--Other
																		30	0		
0	0	0		0	0	0	0		0		0/0/	19.5	0		2.5	0//	0/0			13	-Tomato juice
																		20	0		
0	0	0	4	0	0	0	0		0		0/0/	10.6	0	0			0/0			13	--Of a Brix value not exceeding 30
																		30	0		
0	0	0	4	0	0	0	0		0		0/0/	10.6	0	0			0/0			13	--Other
																		30	0		
0	0	0	4	0	0	0	0		0		0/0/	10.6	0	0			0/0			13	--Of a Brix value not exceeding 20
																		30	0		
0	0	0	4	0	0	0	0		0		0/0/	10.6	0	0			0/0			13	--Other
																		35	0		
0	0	0	4	0	0	0	0	2.5	0	10	0/0/	10.6	0	0		0//0	0/0			13	--Cranberries (Vaccinium macrocarpon, Vaccinium oxycoccos, Vaccinium vitis-idaea) juice
																		17.5	0		
0	0	0	4	0	0	0	0	4.4	0	0	0/0/	10.6	0	0		0//0	0/0			13	----Mango juice

商品编号	商品名称及备注[检验检疫编码及名称]	进口关税(%)		增值税率(%)	消费税	计量单位	监管条件	检验检疫类别
		最惠国	普通					
2009891200	未混合芒果汁(未发酵及未加酒精的,不论是否加糖或其他甜物质)①	5	90	13		千克	AB	P. R/Q. S
20098913	----西番莲果汁							
2009891300	未混合西番莲果汁(未发酵及未加酒精的,不论是否加糖或其他甜物质)②	5	90	13		千克	AB	P. R/Q. S
20098914	----番石榴果汁							
2009891400	未混合番石榴果汁(未发酵及未加酒精的,不论是否加糖或其他甜物质)③	5	90	13		千克	AB	P. R/Q. S
20098915	----梨汁							
2009891500	未混合梨汁(未发酵及未加酒精的,不论是否加糖或其他甜物质)④	5	90	13		千克	AB	P. R/Q. S
20098919	----其他							
2009891900	其他未混合的水果汁(未发酵及未加酒精的,不论是否加糖或其他甜物质)⑤	5	90	13		千克	AB	P. R/Q. S
20098920	---蔬菜汁							
2009892000	其他未混合的蔬菜汁(未发酵及未加酒精的,不论是否加糖或其他甜物质)⑥	5	80	13		千克	AB	P. R/Q. S
20099010	---水果汁							
2009901000	混合水果汁(未发酵及未加酒精的,不论是否加糖或其他甜物质)⑦	5	90	13		千克	AB	P. R/Q. S
20099090	---其他							
2009909000	混合蔬菜汁、水果与蔬菜的混合汁(未发酵及未加酒精的,不论是否加糖或其他甜物质)⑧	5	80	13		千克	AB	P. R/Q. S

① 〔101 可直接饮用的蔬菜果汁类饮料〕,〔102 浓缩蔬菜果汁饮料(包括冷冻的)〕,〔103 食品工业用浓缩液(汁、浆)〕,〔999〕
② 〔101 可直接饮用的蔬菜果汁类饮料〕,〔102 浓缩蔬菜果汁饮料(包括冷冻的)〕,〔103 食品工业用浓缩液(汁、浆)〕,〔999〕
③ 〔101 可直接饮用的蔬菜果汁类饮料〕,〔102 浓缩蔬菜果汁饮料(包括冷冻的)〕,〔103 食品工业用浓缩液(汁、浆)〕,〔999〕
④ 〔101 可直接饮用的蔬菜果汁类饮料〕,〔102 浓缩蔬菜果汁饮料(包括冷冻的)〕,〔103 食品工业用浓缩液(汁、浆)〕,〔999〕
⑤ 〔101 可直接饮用的蔬菜果汁类饮料〕,〔102 浓缩蔬菜果汁饮料(包括冷冻的)〕,〔103 食品工业用浓缩液(汁、浆)〕,〔999〕
⑥ 〔101 可直接饮用的蔬菜果汁类饮料〕,〔102 浓缩蔬菜果汁饮料(包括冷冻的)〕,〔103 食品工业用浓缩液(汁、浆)〕
⑦ 〔101 可直接饮用的蔬菜果汁类饮料〕,〔102 浓缩蔬菜果汁饮料(包括冷冻的)〕,〔103 食品工业用浓缩液(汁、浆)〕
⑧ 〔101 可直接饮用的蔬菜果汁类饮料〕,〔102 浓缩蔬菜果汁饮料(包括冷冻的)〕,〔103 食品工业用浓缩液(汁、浆)〕

协定税率(%)															特惠税率(%)			对美税率	出口税率	出口退税率	Article Description
智利	新西兰	澳大利亚	瑞士	冰岛	秘鲁	哥斯达	东盟	亚太	新加坡	巴基斯坦	港/澳/台	韩国	格鲁吉亚	毛里求斯	亚太	老/柬/缅	LDC 97/95				
																		30	0		
0	0	0	4	0	0	0	0	4.4	0	16	0/0/	10.6	0	0		0//0	0/0			13	----Passion-fruit juice
																		30	0		
0	0	0	4	0	0	0	0	4.4	0	16	0/0/	10.6	0	0		0//0	0/0			13	----Guva juice
																		30	0		
0	0	0	4	0	0	0	0	2.5	0	0	0/0/	10.6	0	0		0//0	0/0			13	----Pear juice
																		7.5	0		
0	0	0	4	0	0	0	0	2.5	0	0	0/0/	10.6	0	0		0//0	0/0			13	----Other
																		17.5	0		
0	0	0	4	0	0	0	0	2.5	0	10	0/0/	10.6	0	0		//0	0/0			13	---Vegetable juice
																		30	0		
0	0	0	4	0	0	0	0	4.4	0	0	0/0/	10.6	0	0	2.5	0/0/	0/0			13	---Of fruit juices
																		30	0		
0	0	0	4	0	0	0	0		0	0	0/0/	10.6	0	0	2.5	0/0/	0/0			13	---Other
																		30	0		

第二十一章
杂项食品

注释：

一、本章不包括：

（一）品目07.12的什锦蔬菜；

（二）含咖啡的焙炒咖啡代用品（品目09.01）；

（三）加香料的茶（品目09.02）；

（四）品目09.04至09.10的调味香料或其他产品；

（五）按重量计含香肠、肉、食用杂碎、动物血、鱼、甲壳动物、软体动物、其他水生无脊椎动物及其混合物超过20%的食品（第十六章），但品目21.03或21.04的产品除外；

（六）品目30.03或30.04的药用酵母及其他产品；或

（七）品目35.07的酶制品。

二、上述注释一（二）所述咖啡代用品的精汁归入品目21.01。

三、品目21.04所称"均化混合食品"，是指两种或两种以上的基本配料，例如，肉、鱼、蔬菜或果实等，经精细均化制成适合供婴幼儿食用或营养用的零售包装食品（每件净重不超过250克）。为了调味、保藏或其他目的，可以加入少量其他配料，还可以含有少量可见的小块配料。

商品编号	商品名称及备注[检验检疫编码及名称]	进口关税(%)		增值税率(%)	消费税	计量单位	监管条件	检验检疫类别
		最惠国	普通					
2101	**咖啡、茶、马黛茶的浓缩精汁及以其为基本成分或以咖啡、茶、马黛茶为基本成分的制品；烘焙菊苣和其他烘焙咖啡代用品及其浓缩精汁：**							
21011100	--浓缩精汁							
2101110000	咖啡浓缩精汁①	12	130	13		千克	AB	R/S
21011200	--以浓缩精汁或咖啡为基本成分的制品							
2101120000	以咖啡为基本成分的制品(包括以咖啡浓缩精汁为基本成分的制品)②	12	130	13		千克	AB	R/S
21012000	-茶、马黛茶浓缩精汁及以其为基本成分或以茶、马黛茶为基本成分的制品							
2101200000	茶、马黛茶浓缩精汁及其制品〔999〕	12	130	13		千克	AB	R/S
21013000	-烘焙菊苣和其他烘焙咖啡代用品及其浓缩精汁							
2101300000	烘焙咖啡代用品及其浓缩精汁③	12	130	13		千克	AB	R/S
2102	**酵母(活性或非活性)；已死的其他单细胞微生物(不包括品目30.02的疫苗)；发酵粉：**							
21021000	-活性酵母							
2102100000	活性酵母④	25	80	13		千克	AB	P. R/Q. S
21022000	-非活性酵母；已死的其他单细胞微生物							
2102200000	非活性酵母，已死单细胞微生物(品目30.02疫苗除外)⑤	25	70	9		千克	AB	P. R/Q. S
21023000	-发酵粉							
2102300000	发酵粉⑥	25	70	13		千克	AB	P. R/Q. S

① 〔101 速溶咖啡〕，〔102 其他咖啡〕，〔103 植脂末(咖啡伴侣)〕，〔104 未列出的其他饮料、冷冻饮品、咖啡、果冻〕

② 〔101 茶饮料〕，〔102 咖啡粉〕，〔103 速溶咖啡〕，〔104 其他咖啡〕，〔105 未列出的其他饮料、冷冻饮品、咖啡、果冻〕

③ 〔101 其他咖啡〕，〔102 植脂末(咖啡伴侣)〕，〔103 未列出的其他饮料、冷冻饮品、咖啡、果冻〕

④ 〔101 饲料添加剂〕，〔102 具有保健食品批准文号〕，〔103 富硒酵母〕，〔104 食品加工用酵母制品(活性酵母)〕

⑤ 〔201 食品加工用酵母制品(非活性酵母)〕，〔301 有检疫要求食品添加剂〕，〔999 其他饲料添加剂〕

⑥ 〔101 饲料添加剂〕，〔102 其他粮食制品〕，〔103 食品加工用酵母制品(活性酵母)〕，〔104 食品加工用酵母制品(非活性酵母)〕，〔105 食品加工用酵母衍生制品〕，〔106 食品加工用其他酵母产品〕

Chapter 21
Miscellaneous edible preparations

Chapter Notes:

1. This Chapter does not cover:
   (a) Mixed vegetables of heading 07. 12;
   (b) Roasted coffee substitutes containing coffee in any proportion (heading 09. 01);
   (c) Flavoured tea (heading 09. 02);
   (d) Spices or other products of headings 09. 04 to 09. 10;
   (e) Food preparations, other than the products described in heading 21. 03 or 21. 04, containing more than 20% by weight of sausage, meat, meat offal, blood, fish or crustaceans, molluscs or other aquatic invertebrates, or any combination thereof (Chapter 16);
   (f) Yeast put up as a medicament or other products of heading 30. 03 or 30. 04; or
   (g) Prepared enzymes of heading 35. 07.

2. Extracts of the substitutes referred to in Note 1 (b) above are to be classified in heading 21. 01.

3. For the purposes of heading 21. 04, the expression "homogenised composite food preparations" means preparations consisting of a finely homogenised mixture of two or more basic ingredients such as meat, fish, vegetables, fruit or nuts, put up for retail sale as food suitable for infants or young children or for dietetic purposes, in containers of a net weight content not exceeding 250g. For the application of this definition, no account is to be taken of small quantities of any ingredients which may be added to the mixture for seasoning, preservation or other purposes. Such preparations may contain a small quantity of visible pieces of ingredients.

协定税率(%)															特惠税率(%)			对美税率	出口税率	出口退税率	Article Description
智利	新西兰	澳大利亚	瑞士	冰岛	秘鲁	哥斯达	东盟	亚太	新加坡	巴基斯坦	港/澳/台	韩国	格鲁吉亚	毛里求斯	亚太	老/柬/缅	LDC 97/95				
																					Extracts, essences and concentrates, of coffee, tea or maté and preparations with a basis of these products or with a basis of coffee, tea or maté; roasted chicory and other roasted coffee substitutes, and extracts, essences and concentrates thereof:
0	0	0		0		0	0		0	13. 6	0/0/	9	0	0			0/0			13	--Extracts, essences and concentrates
																		37	0		
0	0	0		0		0	0		0		0/0/	19. 5	0	24			0/			13	--Preparations with a basis of extracts, essences or concentrates or with a basis of coffee
																		37	0		
0	0	0	0	0	0	0	0	6	0	16	0/0/		0	25. 6			0/0			13	-Extracts, essences and concentrates, of tea or maté, and preparations with abasis of these extracts, essences or concentrates or with a basis of tea or maté
																		37	0		
0	0	0				0	0		0		0/0/	20. 8	0	25. 6			0/0			13	-Roasted chicory and other roasted coffee substitutes, and extracts, essences and concentrates thereof
																		17	0		
																					Yeasts (active or inactive); other single-cell micro-organisms, dead (but not including vaccines of heading 30. 02); prepared baking powders:
0	0	0	0	0	0	0	0		0	25	0/0/	16. 2	0	20			0/0			13	-Active yeasts
																		50	0		
0	0	0	0	0	0	0	0		0	20	0/0/	16. 2	0	20			0/0			13	-Inactive yeasts; other single-cell microorganisms, dead
																		50	0		
0	0	0		0	0	0	0		0	20	0/0/	16. 2	0	20			0/0			13	-Prepared baking powders
																		50	0		

商品编号	商品名称及备注〔检验检疫编码及名称〕	进口关税(%) 最惠国	进口关税(%) 普通	增值税率(%)	消费税	计量单位	监管条件	检验检疫类别
2103	**调味汁及其制品;混合调味品;芥子粉及其调制品:**							
21031000	-酱油							
2103100000	酱油①	12	90	13		千克	AB	R/S
21032000	-番茄沙司及其他番茄调味汁							
2103200000	番茄沙司及其他番茄调味汁②	12	90	13		千克	AB	R/S
21033000	-芥子粉及其调制品							
2103300000	芥子粉及其调味品〔998 未列出的其他调味品〕,〔999 香辛料〕	12	70	13		千克	AB	P. R/Q. S
21039010	---味精							
2103901000	味精〔999〕	12	130	13		千克	AB	R/S
21039020	---别特酒(Aromatic bitters),按体积计酒精含量44.2%~49.2%,按重量计含1.5%~6%的香料、各种配料以及4%~10%的糖							
2103902000	别特酒(Aromatic bitters,仅做烹饪用,不适于饮用)〔999〕	12	90	13		千克	AB	R/S
21039090	---其他							
2103909000	其他调味品③	12	90	13		千克	AB	R/S
2104	**汤料及其制品;均化混合食品:**							
21041000	-汤料及其制品							
2104100000	汤料及其制品④	12	90	13		千克	AB	P. R/Q. S
21042000	-均化混合食品							
2104200000	均化混合食品⑤	12	90	13		千克	AB	R/S
2105	**冰淇淋及其他冰制食品,不论是否含可可:**							
21050000	冰淇淋及其他冰制食品,不论是否含可可							
2105000000	冰淇淋及其他冰制食品(不论是否含可可)⑥	12	90	13		千克	AB	R/S
2106	**其他品目未列名的食品:**							
21061000	-浓缩蛋白质及人造蛋白物质							
2106100000	浓缩蛋白质及人造蛋白物质⑦	10	90	13		千克	AB	R/S
21069010	---制造碳酸饮料的浓缩物							
2106901000	制造碳酸饮料的浓缩物⑧	12	100	13		千克	AB	R/S
21069020	---制造饮料用的复合酒精制品							
2106902000	制造饮料用的复合酒精制品〔999〕	12	180	13	5%	千克	AB	R/S
21069030	---蜂王浆制剂							
2106903010	含濒危植物成分的蜂王浆制剂〔101 具有保健食品批准文号〕,〔102 蜂王浆及制品〕	3	80	13		千克	ABFE	R/S
2106903090	其他蜂王浆制剂〔101 具有保健食品批准文号〕,〔102 蜂王浆及制品〕	3	80	13		千克	AB	R/S
21069040	---椰子汁							
2106904000	椰子汁〔999〕	10	90	13		千克	AB	P. R/Q. S
21069050	---海豹油胶囊							
2106905010	濒危海豹油胶囊〔999 食用保健食品〕	5	90	13		千克	ABEF	R/S
2106905090	其他海豹油胶囊〔999 食用保健食品〕	5	90	13		千克	AB	R/S

① 〔101 酿造酱油〕,〔102 配制酱油〕,〔103 鲜味汁〕,〔104 其他酱油〕

② 〔101 番茄沙司〕,〔102 番茄调味汁〕

③ 〔101 食用茶油〕,〔102 食用芝麻油〕,〔103 食用植物调和油〕,〔104 海鲜酱〕,〔105 即食沙律酱〕,〔106 冰梅酱〕,〔107 柱侯酱〕,〔108 排骨酱〕,〔109 沙茶酱〕,〔110 沙爹酱〕,〔111 豆瓣酱〕,〔112 甜酸酱〕,〔113 黄豆酱〕,〔114 其他酱〕,〔115 酿造食醋〕,〔116 配制食醋〕,〔117 白米醋〕,〔118 添丁甜醋〕,〔119 苹果醋〕,〔120 大红浙醋〕,〔121 其他食醋〕,〔122 调味剂〕,〔123 鸡精〕,〔124 鲜味粉〕,〔125 鲜味膏〕,〔126 其他鲜味剂〕,〔127 混合调味品〕,〔128 豆豉〕,〔129 姜豉〕,〔130 沙姜粉〕,〔131 五香粉〕,〔132 调味汁〕,〔133 未列出的其他调味品〕,〔134 红豆馅〕,〔135 芝麻酱〕,〔136 榛子酱〕,〔137 扁桃仁酱〕,〔138 其他坚果及籽类的泥(酱)〕,〔139 水产调味品〕

④ 〔101 制汤调料〕,〔102 其他含肉速冻粮食制品〕,〔103 其他不含肉速冻粮食制品〕

⑤ 〔101 汤料〕,〔102 混合调味品〕,〔103 未列出的其他调味品〕,〔104 具有保健食品批准文号〕

⑥ 〔101 冰淇淋〕,〔102 冷冻饮品制作料〕,〔103 冰棍〕,〔104 食用冰〕,〔105 其他冷冻饮品〕

⑦ 〔101 蛋白型固体饮料〕,〔102 具有保健食品批准文号〕,〔103 特殊医学用途婴幼儿配方食品〕,〔104 大豆蛋白〕,〔105 豌豆蛋白〕,〔106 特殊医学用途配方食品〕,〔107 蚕豆蛋白〕,〔108 其他豆类蛋白〕,〔109 小麦蛋白〕,〔110 燕麦蛋白〕,〔111 大米蛋白〕,〔112 玉米蛋白〕,〔113 其他谷类蛋白〕,〔114 花生蛋白〕,〔115 其他坚果及籽类蛋白〕,〔116 马铃薯蛋白〕,〔117 其他薯类蛋白〕,〔118 其他未列明植物蛋白〕,〔119 过瘤蛋白〕

⑧ 〔101 其他软饮料〕,〔102 果香型固体饮料(如菊花精、柠檬茶、果珍)〕,〔103 未列出的其他饮料、冷冻饮品、咖啡、果冻〕

协定税率(%)															特惠税率(%)			对美税率	出口税率	出口退税率	Article Description
智利	新西兰	澳大利亚	瑞士	冰岛	秘鲁	哥斯达	东盟	亚太	新加坡	巴基斯坦	港/澳/台	韩国	格鲁吉亚	毛里求斯	亚太	老/柬/缅	LDC 97/95				
																					Sauces and preparations therefor; mixed condiments and mixes seasonings; mustard flour and meal and prepared mustard:
0	0	0	5.6	0	0	0	0		0	22.4	0/0/	18.2	0	22.4		/0/	0/0			13	-Soya sauce
																		37	0		
0	0	0	3		0	0	0		0	12	0/0/	4.5	0	0		/0/	0/0			13	-Tomato ketchup and other tomato sauces
																		22	0		
0	0	0	3		0	0	0		0	12	0/0/	4.5	0	0		/0/	0/0			13	-Mustard flour and meal and prepared mustard
																		22	0		
0	0	0	4.2	0	0	0	0	10.4	0	14.6	0/0/	13.6	0	0			0/0			13	---Gourmet powder
																		14.5	0		
0	0	0	4.2	0	6.2	0	0		0		0/0/	13.6	0	0			0/0			13	---Aromatic bitters, 44.2% ~ 49.2% of which is alcoholic strength by volume, 1.5%~6% of which is spiles and various ingredients by weight and 4%~10% of which is sugar by weight
																		14.5	0		
0	0	0	7	0	0	0	0	10.6	0	18.4	0/0/	13.6	0	0			0/0				---Other
																		37	0	9	
																					Soups and broths and preparations therefor; homogenized composite food preparations:
0	0	0	3	0	0	0	0		0	12	0/0/	4.5	0	0			0/0			13	-Soups and broths and preparations therefor
																		37	0		
0	0	0			0	0	0		0		0/0/	20.8	0	25.6			0/0			13	-Homogenized composite food preparations
																		22	0		
																					Ice cream and other edible ice, whether or not containing cocoa:
0	0	0	0	0	0	0	0		0	0	0/0/		0	0			0/0			13	Ice cream and other edible ice, whether or not containing cocoa
																		37	0		
																					Food preparations not elsewhere specified or included:
0	0	0	0	0	0	0	0		0	4	0/0/	3	0	0			0/0				-Protein concentrates and textured protein substances
																		20	0	6	
0	0	0		0	0	0	0		0		0/0/	22.7	0	28			0/0			13	---Beverage bases
																			0		
0	0	0	4	0	0	0	0		0		0/0/	10.6	0	0			0/0			13	---Compound alcoholic preparations of a kind used for the manufacture of beverages
																		14.5	0		
0	0	0	0	0	0	0	0			0	0/0/	0	0	0		0//	0/0				---Royal jelly, put up as tonic essences
																		8	0	0	
																		8	0	13	
0	0	0	0	0	0	0	5	9		9	0/0/	3	0	0		0//0	0/0			13	---Coconut juice
																		35	0		
0	0	0	5	0	0	0	0	4.6	0	18.4	0/0/	18.4	0	0			0/0				---Seal oil capsules
																		7.5	0	0	
																		7.5	0	13	

商品编号	商品名称及备注[检验检疫编码及名称]	进口关税(%) 最惠国	进口关税(%) 普通	增值税率(%)	消费税	计量单位	监管条件	检验检疫类别
21069061	----含香料或着色剂的甘蔗糖或甜菜糖水溶液;							
2106906100	含香料或着色剂的甘蔗糖或甜菜糖水溶液[999]	12	90	13		千克	AB	R/S
21069062	----蔗糖含量超过50%的甘蔗糖、甜菜糖与其他食品原料的简单固体混合物							
2106906200	蔗糖含量超过50%的甘蔗糖、甜菜糖与其他食品原料的简单固体混合物[999]	12	90	13		千克	AB	R/S
21069090	---其他							
2106909001暂0	无乳糖配方或低乳糖配方、乳蛋白部分水解配方、乳蛋白深度水解配方或氨基酸配方、早产/低出生体重婴儿配方(非乳基)、氨基酸代谢障碍配方、母乳营养补充剂(非乳基)特殊婴幼儿配方食品①	12	90	13		千克	AB	R/S
2106909011	含濒危鱼软骨素胶囊[999]	12	90	13		千克	ABEF	R/S
2106909019	含濒危动植物成分的其他编号未列名食品②	12	90	13		千克	ABEF	R/S
2106909090	其他编号未列名的食品③	12	90	13		千克	AB	R/S

① 〔101 乳基婴儿配方食品〕,〔102 乳基较大婴儿配方食品〕,〔103 氨基酸代谢障碍配方特殊医学用途婴儿配方食品〕,〔104 无乳糖配方特殊医学用途婴儿配方食品〕,〔105 乳蛋白部分水解配方特殊医学用途婴儿配方食品〕,〔106 乳蛋白深度水解配方特殊医学用途婴儿配方食品〕,〔107 乳基幼儿配方食品〕,〔999〕

② 〔101 蛋白型固体饮料〕,〔102 果香型固体饮料(如菊花精、柠檬茶、果珍)〕,〔103 未列出的其他饮料、冷冻饮品、咖啡、果冻〕,〔104 发酵豆制品〕,〔105 红豆馅〕,〔106 其他粮食制品〕,〔107 具有保健食品批准文号〕,〔108 非发酵豆制品〕,〔109 婴幼儿谷类辅助食品〕,〔110 婴幼儿罐装辅助食品〕,〔111 特殊医学用途配方食品〕,〔112 食用植脂末〕

③ 〔101 其他食用植物调和油〕,〔102 其他食用植物油〕,〔103 代用茶〕,〔104 其他茶叶及制品〕,〔105 其他乳与乳制品〕,〔106 即食坚果沙律〕,〔107 熟制坚果炒货〕,〔108 含乳饮料〕,〔109 植物蛋白饮料〕,〔110 蛋白型固体饮料〕,〔111 果香型固体饮料(如菊花精、柠檬茶、果珍)〕,〔112 果冻〕,〔113 可吸果冻〕,〔114 其他果冻〕,〔115 未列出的其他饮料、冷冻饮品、咖啡、果冻〕,〔116 其他原酒〕,〔117 广东米酒〕,〔118 未列出的其他酒〕,〔119 冰片糖〕,〔120 糖浆〕,〔121 糖霜〕,〔122 胶基糖果〕,〔123 其他食糖〕,〔124 硬糖果〕,〔125 凝胶糖果〕,〔126 裱花软糖〕,〔127 其他糖果〕,〔128 其他糖与糖果,巧克力与可可制品〕,〔129 发酵豆制品〕,〔130 红豆馅〕,〔131 即食通粉沙律〕,〔132 湿粉〕,〔133 湿面〕,〔134 速食粮食产品〕,〔135 其他粮食制品〕,〔136 含肉饺子〕,〔137 不含肉饺子〕,〔138 其他不含馅速冻粮食制品〕,〔139 其他蜜饯〕,〔140 具有保健食品批准文号〕,〔141 母乳营养补充剂〕,〔142 婴幼儿谷类辅助食品〕,〔143 婴幼儿罐装辅助食品〕,〔144 特殊医学用途配方食品〕,〔145 食用植脂末〕,〔146 食用其他加工油脂〕,〔147 含批准为新食品原料的加工食品〕,〔148 其他未列出的加工食品〕,〔149 燕窝制品,以燕窝为主要原料的食品〕,〔150 运动营养食品〕,〔151 孕产妇营养补充品〕,〔152 辅食营养补充品〕,〔153 非发酵豆制品〕,〔154 其他蛋白饮料〕,〔155 其他特殊用途饮料〕,〔156 植物饮料〕,〔157 其他酿酒原料〕,〔158 酵母制品[食品加工用酵母制品(活性酵母)]〕,〔159 酵母制品酵母制品[食品加工用酵母制品(非活性酵母)]〕,〔160 酵母制品酵母衍生制品(食品加工用酵母衍生制品)〕,〔161 酵母制品(食品加工用其他酵母产品)〕,〔162 酵母制品(食品加工用乳酸菌)〕,〔163 食品加工用乳酸菌产品〕,〔164 酵母制品(其他食品加工用菌种及其产品)〕,〔165 酵母制品(乳酸菌饮料)〕,〔166 大豆蛋白〕,〔167 豌豆蛋白〕,〔168 蚕豆蛋白〕,〔169 其他豆类蛋白〕,〔170 小麦蛋白〕,〔171 燕麦蛋白〕,〔172 大米蛋白〕,〔173 玉米蛋白〕,〔174 其他谷类蛋白〕,〔175 花生蛋白〕,〔176 其他坚果及籽类蛋白〕,〔177 马铃薯蛋白〕,〔178 其他薯类蛋白〕,〔179 其他植物蛋白〕,〔180 纯麦片〕,〔181 其他纯谷物的冲调谷物制品〕,〔182 含其他原料的谷物类冲调谷物制品〕,〔183 淀粉质类冲调谷物制品〕,〔184 保健食品原料〕,〔301 无检疫要求食品添加剂〕

协定税率(%)															特惠税率(%)			对美税率	出口税率	出口退税率	Article Description
智利	新西兰	澳大利亚	瑞士	冰岛	秘鲁	哥斯达	东盟	亚太	新加坡	巴基斯坦	港/澳/台	韩国	格鲁吉亚	毛里求斯	亚太	老/柬/缅	LDC 97/95				
0	0	0	6.7	0	0	0	0	11	0	0	0/0/	18.4		16			0/0				----Aqueous solution of cane sugar or beet sugar containing flavouring and colouring matter
																		10	0		
0	0	0	6.7	0	0	0	0	11	0	0	0/0/	18.4		16			0/0				----Simple solid mixtures of cane sugar, beet sugar and other food ingredients containing more than 50% by weight of cane sugar
																		10	0		
0	0	0	6.7	0	0	0	0	11	0	0	0/0/	18.4		16			0/0				---Other
																		10	0	13	
																		22	0	0	
																		22	0	0	
																		22	0	6	

第二十二章
饮料、酒及醋

注释：

一、本章不包括：

（一）本章的产品（品目22.09的货品除外）经配制后，用于烹饪而不适于作为饮料的制品（通常归入品目21.03）；

（二）海水（品目25.01）；

（三）蒸馏水、导电水及类似的纯净水（品目28.53）；

（四）按重量计浓度超过10%的醋酸（品目29.15）；

（五）品目30.03或30.04的药品；或

（六）芳香料制品及盥洗品（第三十三章）。

二、本章及第二十章和第二十一章所称"按容量计酒精浓度"，应是温度在20℃时测得的浓度。

三、品目22.02所称"无酒精饮料"，是指按容量计酒精浓度不超过0.5%的饮料。含酒精饮料应分别归入品目22.03至22.06或品目22.08。

子目注释：

子目2204.10所称"汽酒"，是指温度在20℃时装在密封容器中超过大气压力3巴及以上的酒。

商品编号	商品名称及备注[检验检疫编码及名称]	进口关税(%)		增值税率(%)	消费税	计量单位	监管条件	检验检疫类别
		最惠国	普通					
2201	**未加糖或其他甜物质及未加味的水，包括天然或人造矿泉水及汽水；冰及雪：**							
22011010	---矿泉水							
2201101000	未加糖及未加味的矿泉水(包括天然或人造矿泉水)〔999 天然矿泉水〕	5	90	13		升/千克	AB	R/S
22011020	---汽水							
2201102000	未加糖及未加味的汽水①	5	90	13		升/千克	AB	R/S
22019011	----已包装							
2201901100	已包装的天然水(未加味、加糖或其他甜物质)〔999〕	5	30	13		千升/千克	AB	R/S
22019019	----其他							
2201901900	其他天然水(未加味、加糖或其他甜物质)〔999〕	5	30	13		千升/千克		
22019090	---其他							
2201909000	其他水、冰及雪(未加味、加糖或其他甜物质)②	5	30	13		千升/千克	AB	R/S
2202	**加味、加糖或其他甜物质的水，包括矿泉水及汽水，其他无酒精饮料，但不包括品目20.09的水果汁或蔬菜汁：**							
22021000	-加味、加糖或其他甜物质的水，包括矿泉水及汽水							
2202100010	含濒危动植物成分的加味、加糖或其他甜物质的水(包括矿泉水及汽水)③	5	100	13		升/千克	ABEF	R/S
2202100090	其他加味、加糖或其他甜物质的水(包括矿泉水及汽水)④	5	100	13		升/千克	AB	R/S
22029100	--无醇啤酒							
2202910011	含濒危动植物成分散装无醇啤酒〔999〕	5	100	13		升/千克	ABEF	R/S
2202910019	其他散装无醇啤酒〔999〕	5	100	13		升/千克	AB	R/S
2202910091	含濒危动植物成分其他包装无醇啤酒〔999〕	5	100	13		升/千克	ABEF	R/S
2202910099	其他包装无醇啤酒〔999〕	5	100	13		升/千克	AB	R/S
22029900	--其他							
2202990011	其他含濒危动植物成分散装无酒精饮料(不包括品目20.09的水果汁或蔬菜汁)⑤	5	100	13		升/千克	ABEF	R/S

① 〔101 碳酸饮料〕,〔102 饮用水(如矿泉水、纯净水等)〕

② 〔101 饮用水(如矿泉水、纯净水等)〕,〔102 食用冰〕,〔103 其他冷冻饮品〕,〔104 未列出的其他饮料、冷冻饮品、咖啡、果冻〕,〔301 需申报仅用于工业用途不用于食品添加剂无检疫要求的化学品〕

③ 〔101 碳酸饮料〕,〔102 可直接饮用的蔬菜果汁类饮料〕,〔103 含乳饮料〕,〔104 植物蛋白饮料〕,〔105 茶饮料〕,〔106 运动饮料〕,〔107 其他软饮料〕,〔108 具有保健食品批准文号〕,〔109 植物饮料〕,〔110 乳酸菌饮料〕

④ 〔101 碳酸饮料〕,〔102 可直接饮用的蔬菜果汁类饮料〕,〔103 含乳饮料〕,〔104 植物蛋白饮料〕,〔105 茶饮料〕,〔106 运动饮料〕,〔107 其他软饮料〕,〔108 具有保健食品批准文号〕,〔109 植物饮料〕,〔110 乳酸菌饮料〕

⑤ 〔101 碳酸饮料〕,〔102 含乳饮料〕,〔103 植物蛋白饮料〕,〔104 茶饮料〕,〔105 运动饮料〕,〔106 其他软饮料〕,〔107 未列出的其他饮料、冷冻饮品、咖啡、果冻〕,〔108 具有保健食品批准文号〕,〔109 植物饮料〕,〔110 乳酸菌饮料〕

Chapter 22
Beverages, spirits and vinegar

Chapter Notes:

1. This Chapter does not cover:
   (a) Products of this Chapter (other than those of heading 22. 09) prepared for culinary purposes and thereby rendered unsuitable for consumption as beverages (generally heading 21. 03);
   (b) Sea water (heading 25. 01);
   (c) Distilled or conductivity water or water of similar purity (heading 28. 53);
   (d) Acetic acid of a concentration exceeding 10% by weight of acetic acid (heading 29. 15);
   (e) Medicaments of heading 30. 03 or 30. 04; or
   (f) Perfumery or toilet preparations (Chapter 33).

2. For the purposes of this Chapter and of Chapters 20 and 21, the "alcoholic strength by volume" shall be determined at a temperature of 20℃.

3. For the purposes of heading 22. 02, the term "non-alcoholic beverages" means beverages of an alcoholic strength by volume not exceeding 0. 5% vol. Alcoholic beverages are classified in headings 22. 03 to 22. 06 or heading 22. 08 as appropriate.

Subheading Note:

For the purposes of subheading 2204. 10, the expression "sparkling wine" means wine which, when kept at a temperature of 20℃ in closed containers, has an excess pressure of not less than 3 bars.

协定税率(%)															特惠税率(%)			对美税率	出口税率	出口退税率	Article Description
智利	新西兰	澳大利亚	瑞士	冰岛	秘鲁	哥斯达	东盟	亚太	新加坡	巴基斯坦	港/澳/台	韩国	格鲁吉亚	毛里求斯	亚太	老/柬/缅	LDC 97/95				
																					Waters, including natural or artificial mineral waters and aerated waters, not containing added sugar or other sweetening matter or flavoured; ice and snow:
0	0	0	4	0	0	0	0		0	20	0/0/	13	0	0			0/0			0	---Mineral waters
																		30	0		
0	0	0	4	0	0	0	0		0	16	0/0/	10. 6	0	0			0/0			13	---Aerated waters
																		30	0		
0	0	0	0	0	0	0	0		0	4	0/0/	3	0	0						0	----Packaged
																		30	0		
0	0	0	0	0	0	0	0		0	4	0/0/	3	0	0						0	----Other
																		30	0		
0	0	0	0	0	0	0	0		0	4	0/0/	3	0	0			0/0			0	---Other
																		30	0		
																					Waters, including mineral waters and aerated waters, containing added sugar or other sweetening matter or flavoured, and other non-alcoholic beverages, not including fruit or vegetable juices of heading 20. 09:
0	0	0	4	0	0	0	0		0	0	0/0/	13	0	0			0/0				-Waters, including mineral waters and aerated waters, containing added sugar or other sweetening matter or flavoured
																		30	0	0	
																		30	0	13	
0	0	0	5	0	0	0	0	4. 2	0	29. 5	0/0/	22. 7	0	28			0/0				--Non-alcoholic beer
																		32. 5	0	0	
																		32. 5	0	13	
																		32. 5	0	0	
																		32. 5	0	13	
0	0	0	5	0	0	0	0	4. 2	0	29. 5	0/0/	22. 7	0	28			0/0				--Other
																		32. 5	0	0	

商品编号	商品名称及备注[检验检疫编码及名称]	进口关税(%) 最惠国	进口关税(%) 普通	增值税率(%)	消费税	计量单位	监管条件	检验检疫类别
2202990019	其他散装无酒精饮料(不包括品目20.09的水果汁或蔬菜汁)①	5	100	13		升/千克	AB	R/S
2202990091	其他含濒危动植物成分其他包装无酒精饮料(不包括品目20.09的水果汁或蔬菜汁)②	5	100	13		升/千克	ABEF	R/S
2202990099	其他包装无酒精饮料(不包括品目20.09的水果汁或蔬菜汁)③	5	100	13		升/千克	AB	R/S
2203	**麦芽酿造的啤酒:**							
22030000	麦芽酿造的啤酒							
2203000000	麦芽酿造的啤酒〔999〕	见附表2	见附表2	13	④	升/千克	AB	R/S
2204	**鲜葡萄酿造的酒,包括加酒精的;品目20.09以外的酿酒葡萄汁:**							
22041000	-汽酒							
2204100000	葡萄汽酒〔999〕	14	180	13	10%	升/千克	AB	R/S
22042100	--装入2升及以下容器的							
2204210000	小包装的鲜葡萄酿造的酒(小包装指装入两升及以下容器的)〔999〕	14	180	13	10%	升/千克	AB	R/S
22042200	--装入2升以上但不超过10升容器的							
2204220000	中等包装鲜葡萄酿造的酒(中等包装是指装入两升以上但不超过10升容器的)⑤	20	180	13	10%	升/千克	AB	R/S
22042900	--其他							
2204290000	其他包装鲜葡萄酿造的酒(其他包装指装入十升以上容器的)⑥	20	180	13	10%	升/千克	AB	R/S
22043000	-其他酿酒葡萄汁							
2204300000	其他酿酒葡萄汁(品目20.09以外的)⑦	30	90	13	10%	升/千克	AB	R/S
2205	**味美思酒及其他加植物或香料的用鲜葡萄酿造的酒:**							
22051000	-装入2升及以下容器的							
2205100000暂14	小包装的味美思酒及类似酒(2升及以下容器包装,加植物或香料的用鲜葡萄酿造的酒)⑧	65	180	13	10%	升/千克	AB	R/S
22059000	-其他							
2205900000	其他包装的味美思酒及类似酒(2升以上容器包装,加植物或香料的用鲜葡萄酿造的酒)⑨	65	180	13	10%	升/千克	AB	R/S
2206	**其他发酵饮料(例如,苹果酒、梨酒、蜂蜜酒、清酒);其他品目未列名的发酵饮料的混合物及发酵饮料与无酒精饮料的混合物:**							
22060010	---黄酒							
2206001000	黄酒(以稻米、黍米、玉米、小米、小麦等为主要原料,经进一步加工制成)〔999〕	40	180	13	0.2495元/升	升/千克	AB	R/S
22060090	---其他							
2206009000	其他发酵饮料(未列名发酵饮料混合物及发酵饮料与无酒精饮料的混合物)⑩	40	180	13	10%	升/千克	AB	R/S
2207	**未改性乙醇,按容量计酒精浓度在80%及以上;任何浓度的改性乙醇及其他酒精:**							
22071000	-未改性乙醇,按容量计酒精浓度在80%及以上							
2207100000	酒精浓度在80%及以上的未改性乙醇⑪	40	100	13		升/千克	ABG	M.R/N.S

① 〔101碳酸饮料〕,〔102含乳饮料〕,〔103植物蛋白饮料〕,〔104茶饮料〕,〔105运动饮料〕,〔106其他软饮料〕,〔107未列出的其他饮料、冷冻饮品、咖啡、果冻〕,〔108植物饮料〕,〔109乳酸菌饮料〕,〔999保健食品〕

② 〔101碳酸饮料〕,〔102含乳饮料〕,〔103植物蛋白饮料〕,〔104茶饮料〕,〔105运动饮料〕,〔106其他软饮料〕,〔107未列出的其他饮料、冷冻饮品、咖啡、果冻〕,〔108具有保健食品批准文号〕,〔109植物饮料〕,〔110乳酸菌饮料〕

③ 〔101碳酸饮料〕,〔102含乳饮料〕,〔103植物蛋白饮料〕,〔104茶饮料〕,〔105运动饮料〕,〔106其他软饮料〕,〔107蛋白型固体饮料〕,〔108其他咖啡〕,〔109未列出的其他饮料、冷冻饮品、咖啡、果冻〕,〔110燕窝制品,以燕窝主要原料制成的饮料〕,〔111乳酸菌饮料〕,〔112植物饮料〕

④ 进口完税价格≥0.3745美元/升的麦芽酿造啤酒,税率为0.253元/升;进口税价格<0.3745美元/升的麦芽酿造啤酒,税率为0.227元/升。

⑤ 〔101葡萄酒〕,〔102未发酵葡萄酒〕,〔103其他原酒〕

⑥ 〔101葡萄酒〕,〔102未发酵葡萄酒〕,〔103其他原酒〕

⑦ 〔101未发酵葡萄酒〕,〔102其他原酒〕,〔301需申报仅用于工业用途不用于食品添加剂无检疫要求的化学品〕

⑧ 〔101发酵酒配制酒〕,〔102未列出的其他酒〕

⑨ 〔101其他配制酒〕,〔102未列出的其他酒〕

⑩ 〔101含乳饮料〕,〔102未列出的其他饮料、冷冻饮品、咖啡、果冻〕,〔103果酒〕,〔104清酒〕,〔105其他发酵酒〕,〔106发酵酒配制酒〕

⑪ 〔101食用酒精〕,〔102其他原酒〕,〔103乙醇(无水)(危险化学品)〕,〔104乙醇溶液(-18℃≤闪点<23℃)(危险化学品)〕,〔105乙醇(无水)(危险化学品&食品添加剂)〕,〔106乙醇溶液(-18℃≤闪点<23℃)(危险化学品&食品添加剂)〕,〔301易燃液体,需申报仅用于工业用途不用于食品添加剂无检疫要求〕,〔302属于危险化学品的食品添加剂〕

协定税率(%)															特惠税率(%)			对美税率	出口税率	出口退税率	Article Description
智利	新西兰	澳大利亚	瑞士	冰岛	秘鲁	哥斯达	东盟	亚太	新加坡	巴基斯坦	港/澳/台	韩国	格鲁吉亚	毛里求斯	亚太	老/柬/缅	LDC 97/95				
																		32.5	0	13	
																		32.5	0	0	
																		32.5	0	13	
																					Beer made from malt:
																	0/0				Beer made from malt
																		0元/升 25	0	13	
																					Wine of fresh grapes, including fortified wines; grape must other than that of heading 20.09:
0	0	0	2.8	0	0	0	0		0	11.2	0/0/	4.2	0	0			0/0			13	-Sparkling wine
																		54	0		
0	0	0	2.8	0	2.8	0	0		0	11.2	0/0/	4.2	0	0			0/0			13	--In containers holding 2L or less
																		54	0		
0	0	0	4	0	4	0	0		0		0/0/	10.6	0	0			0/0			13	--In containers holding more than 2L but not more than 10L
																		45	0		
0	0	0	4	0	4	0	0		0		0/0/	10.6	0	0			0/0			13	--Other
																		60	0		
0	0	0		0	0	0	0		0		0/0/	19.5	6	24						13	-Other grape must
																		50	0		
																					Vermouth and other wine of fresh grapes flavoured with plants or aromatic substances:
0	0	0			0	0	0		0		0/0/	42.2	0	52						13	-In containers holding 2L or less
																		39	0		
0	0	0			0	0	0		0		0/0/	42.2	0	52						13	-Other
																		75	0		
																					Other fermented beverages (for example, cider perry, mead); mixtures of fermented beverages and mixtures of fermented beverages and non-alcoholic beverages, not elsewhere specified or included:
0	0	0		0	0	0	0		0		0/0/	26	0	32			0/0				---Yellow rice wine
																		45	0	13	
0	0	0		0	0	0	0		0		0/0/	26	0	32			0/0			13	---Other
																		65	0		
																					Undenatured ethyl alcohol of an alcoholic strength by volume of 80% vol or higher; ethyl alcohol and other spirits, denatured, of any strength:
0	0	0		0	0	0	0		0	0	0/0/	26	0	32			0/0			13	-Undenatured ethyl alcohol of an alcoholic, strength by volume of 80% vol or higher
																		65	0		

商品编号	商品名称及备注[检验检疫编码及名称]	进口关税(%) 最惠国	进口关税(%) 普通	增值税率(%)	消费税	计量单位	监管条件	检验检疫类别
22072000	-任何浓度的改性乙醇及其他酒精							
2207200010	任何浓度的改性乙醇①	30	80	13		升/千克	ABG	M. R/N. S
2207200090	任何浓度的其他酒精②	30	80	13		升/千克	ABG	M. R/N. S
2208	**未改性乙醇,按容量计酒精浓度在80%以下;蒸馏酒、利口酒及其他酒精饮料:**							
22082000	-蒸馏葡萄酒制得的烈性酒							
2208200010暂5	装入200升及以上容器的蒸馏葡萄酒制得的烈性酒③	10	180	13	20%/0.912元/升	升/千克	AB	R/S
2208200090暂5	其他蒸馏葡萄酒制得的烈性酒④	10	180	13	20%/0.912元/升	升/千克	AB	R/S
22083000	-威士忌酒							
2208300000暂5	威士忌酒〔999〕	10	180	13	20%/0.912元/升	升/千克	AB	R/S
22084000	-朗姆酒及蒸馏已发酵甘蔗产品制得的其他烈性酒							
2208400000	朗姆酒及蒸馏已发酵甘蔗产品制得的其他烈性酒⑤	10	180	13	20%/0.912元/升	升/千克	AB	R/S
22085000	-杜松子酒							
2208500000	杜松子酒〔999〕	10	180	13	20%/0.912元/升	升/千克	AB	R/S
22086000	-伏特加酒							
2208600000	伏特加酒〔999〕	10	180	13	20%/0.912元/升	升/千克	AB	R/S
22087000	-利口酒及柯迪尔酒							
2208700000	利口酒及柯迪尔酒〔999〕	10	180	13	20%/0.912元/升	升/千克	AB	R/S
22089010	---龙舌兰酒							
2208901010	濒危龙舌兰酒〔999〕	10	180	13	20%/0.912元/升	升/千克	ABFE	R/S
2208901090	其他龙舌兰酒〔999〕	10	180	13	20%/0.912元/升	升/千克	AB	R/S
22089020	---白酒							
2208902000	白酒〔999〕	10	180	13	20%/0.912元/升	升/千克	AB	R/S
22089090	---其他							
2208909001	酒精浓度在80%以下的未改性乙醇⑥	10	180	13		升/千克	AB	R/S
2208909021	含濒危野生动植物成分的薯类蒸馏酒⑦	10	180	13	20%/0.912元/升	升/千克	ABEF	R/S

① 〔101 硝化甘油乙醇溶液(含硝化甘油≤5%)〕,〔102 硝酸乙酯醇溶液〕,〔103 变性乙醇〕,〔301 属于危险化学品的食品添加剂〕,〔302 无检疫要求食品添加剂〕,〔303 一般化学品,需申报仅用于工业用途不用于食品添加剂无检疫要求〕,〔304 易燃液体,需申报仅用于工业用途不用于食品添加剂无检疫要求〕

② 〔101 食用酒精〕,〔102 其他原酒〕,〔301 属于危险化学品的食品添加剂〕,〔302 无检疫要求食品添加剂〕,〔303 一般化学品,需申报仅用于工业用途不用于食品添加剂无检疫要求〕,〔304 易燃液体,需申报仅用于工业用途不用于食品添加剂无检疫要求〕

③ 〔101 白兰地〕,〔102 其他蒸馏酒〕

④ 〔101 白兰地〕,〔102 其他蒸馏酒〕

⑤ 〔101 朗姆酒〕,〔102 其他蒸馏酒〕

⑥ 〔101 食用酒精〕,〔102 其他原酒〕,〔103 广东米酒〕,〔301 属于危险化学品的食品添加剂〕,〔302 无检疫要求食品添加剂〕,〔303 一般化学品,需申报仅用于工业用途不用于食品添加剂无检疫要求〕,〔304 易燃液体,需申报仅用于工业用途不用于食品添加剂无检疫要求〕

⑦ 〔101 中国白酒〕,〔102 其他蒸馏酒〕,〔103 蒸馏酒配制酒〕,〔104 未列出的其他酒〕,〔105 具有保健食品批准文号〕

协定税率(%)															特惠税率(%)			对美税率	出口税率	出口退税率	Article Description
智利	新西兰	澳大利亚	瑞士	冰岛	秘鲁	哥斯达	东盟	亚太	新加坡	巴基斯坦	港/澳/台	韩国	格鲁吉亚	毛里求斯	亚太	老/柬/缅	LDC 97/95				
0	0	0		0	0	0	0		0	0	0/0/	19.5	0	24			0/0			0	-Ethyl alcohol and other spirits, denatured of any strength
																		70	0		
																		70	0		
																					Undenaturated ethyl alcohol of an alcoholic strength by volume of less than 80%vol; spirits, liqueurs and other spirituous beverages:
0	0	0	0	0	0	0	0		0	5	0/0/	3	0	0			0/0				-Spirits obtained by distilling grape wine or grape marc
																		30	0	13	
																		30	0	13	
0	0	0	0	0	0	0	0		0	5	0/0/	3	0	0			0/0				-Whiskies
																		30	0	13	
0	0	0	0	0	0	0	0		0	5	0/0/	3	2	0			0/0				-Rum and other spirits obtained by distilling fermented sugar-caneproducts
																		35	0	13	
0	0	0	0		0	0	0		0	4	0/0/	3	2	0			0/0				-Gin and geneva
																		35	0	13	
0	0	0	0		0	0	0	8.8	0	4	0/0/	3	0	0			0/0				-Vodka
																		35	0	13	
0	0	0	0	0	0	0	0	8.8	0	4	0/0/	3	0	0			0/0				-Liqueurs and cordials
																		35	0	13	
0	0	0	0	0	0	0	0	8.8	0	4	0/0/	3	2	0			0/0				---Tequila, Mezcal
																		35	0	0	
																		35	0	13	
0	0	0	0	0	0	0	0	8.8	0	4	0/0/	3	2	0			0/0			13	---Chinese Baijiu
																		35	0		
0	0	0	0	0	0	0	0	8.8	0	5	0/0/	6.5	0	0			0/0				---Other
																		35	0	13	
																		35	0	0	

商品编号	商品名称及备注[检验检疫编码及名称]	进口关税(%)		增值税率(%)	消费税	计量单位	监管条件	检验检疫类别
		最惠国	普通					
2208909029	其他薯类蒸馏酒①	10	180	13	20%/0.912元/升	升/千克	AB	R/S
2208909091	含濒危野生动植物成分的其他蒸馏酒及酒精饮料②	10	180	13	20%/0.912元/升	升/千克	ABEF	R/S
2208909099	其他蒸馏酒及酒精饮料③	10	180	13	20%/0.912元/升	升/千克	AB	M. R/N. S
2209	**醋及用醋酸制得的醋代用品:**							
22090000	醋及用醋酸制得的醋代用品							
2209000000	醋及用醋酸制得的醋代用品④	5	70	13		升/千克	AB	R/S

① 〔101 中国白酒〕,〔102 其他蒸馏酒〕,〔103 蒸馏酒配制酒〕,〔104 未列出的其他酒〕
② 〔101 中药酒〕,〔102 其他蒸馏酒〕,〔103 蒸馏酒配制酒〕,〔104 其他蒸馏配制酒〕,〔105 未列出的其他酒〕,〔106 具有保健食品批准文号〕
③ 〔101 其他蒸馏酒〕,〔102 蒸馏酒配制酒〕,〔103 其他蒸馏配制酒〕,〔104 未列出的其他酒〕,〔105 含乙醇饮料(按体积比乙醇≥24%,每一容器盛装>5L 的)〕
④ 〔101 配制食醋〕,〔102 其他食醋〕,〔103 未列出的其他调味品〕,〔104 具有保健食品批准文号〕

协定税率(%)															特惠税率(%)			对美税率	出口税率	出口退税率	Article Description
智利	新西兰	澳大利亚	瑞士	冰岛	秘鲁	哥斯达	东盟	亚太	新加坡	巴基斯坦	港/澳/台	韩国	格鲁吉亚	毛里求斯	亚太	老/柬/缅	LDC 97/95				
																		35	0	13	
																		35	0	0	
																		35	0	13	
																					Vinegar and substitutes for vinegar obtained from acetic acid:
0	0	0	4	0	0	0	0		0		0/0/	10.6	0	0			0/0			13	Vinegar and substitutes for vinegar obtained from acetic acid
																		30	0		

第二十三章
食品工业的残渣及废料；
配制的动物饲料

注释：

品目 23.09 包括其他税号未列名的配制动物饲料，这些饲料是由动、植物原料加工而成的，并且已改变了原料的基本特性，但加工过程中的植物废料、植物残渣及副产品除外。

子目注释：

子目 2306.41 所称的“低芥子酸油菜子”，是指第十二章子目注释一所定义的菜子。

商品编号	商品名称及备注[检验检疫编码及名称]	进口关税(%)		增值税率(%)	消费税	计量单位	监管条件	检验检疫类别
		最惠国	普通					
2301	**不适于供人食用的肉、杂碎、鱼、甲壳动物、软体动物或其他水生无脊椎动物的渣粉及团粒；油渣：**							
23011011	----含牛羊成分的							
2301101100	含牛羊成分的肉骨粉(不适于供人食用的)①	2	11	9		千克	AB	M. P/Q
23011019	----其他							
2301101900	其他肉骨粉(不适于供人食用的)②	2	11	9		千克	AB	M. P/Q
23011020	---油渣							
2301102000	油渣(不适于供人食用的)③	5	50	9		千克	AB	P/Q
23011090	---其他							
2301109000	其他不适于供人食用的肉渣粉(包括杂碎渣粉)〔999〕	5	30	9		千克	AB	P/Q
23012010	---饲料用鱼粉							
2301201000	饲料用鱼粉〔101 饲料用红鱼粉〕,〔102 饲料用白鱼粉〕	2	11	0		千克	AB	M. P/Q
23012090	---其他							
2301209000	其他不适于供人食用的水产品渣粉〔999〕	5	30	0		千克	AB	P/Q
2302	**谷物或豆类植物在筛、碾或其他加工过程中所产生的糠、麸及其他残渣，不论是否制成团粒：**							
23021000	-玉米的							
2302100000	玉米糠、麸及其他残渣〔999〕	5	30	0		千克	AB	M. P/Q
23023000	-小麦的							
2302300000	小麦糠、麸及其他残渣〔101 饲用麦麸〕,〔102 其他饲用加工植物蛋白〕	3	30	0		千克	AB	P/Q
23024000	-其他谷物的							
2302400000	其他谷物糠、麸及其他残渣④	5	30	0		千克	AB	P/Q
23025000	-豆类植物的							
2302500000	豆类植物糠、麸及其他残渣〔999〕	5	30	9		千克	AB	P/Q
2303	**制造淀粉过程中的残渣及类似的残渣，甜菜渣、甘蔗渣及制糖过程中的其他残渣，酿造及蒸馏过程中的糟粕及残渣，不论是否制成团粒：**							
23031000	-制造淀粉过程中的残渣及类似的残渣							
2303100000	制造淀粉过程中的残渣及类似品⑤	5	30	9		千克	AB	P/Q
23032000	-甜菜渣、甘蔗渣及制糖过程中的其他残渣							
2303200000	甜菜渣、甘蔗渣及类似残渣⑥	5	30	9		千克	AB	P/Q
23033000	-酿造及蒸馏过程中的糟粕及残渣							
2303300011	干玉米酒糟〔999〕	5	30	0		千克	7AB	P/Q

① 〔101 饲料用牛肉粉(肉成分 67%以上)〕,〔102 饲料用牛肉骨粉〕,〔103 饲料用牛血粉〕,〔104 羊肉粉(饲料用羊肉粉(肉成分 67%以上)〕,〔105 饲料用羊肉骨粉〕,〔106 饲料用羊血粉〕,〔107 饲料用混合型饲养偶蹄动物肉骨粉〕,〔108 饲料用野生偶蹄猪、牛、羊肉骨粉〕,〔109 饲料用野生偶蹄猪、牛、羊血粉〕

② 〔101 饲料用猪肉粉(肉成分 67%以上)〕,〔102 饲料用猪肉骨粉〕,〔103 饲料用猪血粉〕,〔104 饲料用鹿肉骨粉〕,〔105 饲料用鹿血粉〕,〔106 饲料用混合型饲养偶蹄动物肉骨粉〕,〔107 饲料用其他饲养偶蹄动物粉〕,〔108 饲料用野生偶蹄猪、牛、羊肉粉(肉成分 67%以上)〕,〔109 饲料用其他野生偶蹄动物粉〕,〔110 饲料用禽肉骨粉〕,〔111 饲料用禽血粉〕,〔112 饲料用其他动物肉粉(肉成分 67%以上)〕,〔113 饲料用其他动物肉骨粉〕,〔114 饲料用其他动物血粉〕

③ 〔101 工业用其他动物油脂〕,〔102 饲料用动物油渣〕,〔103 其他饲用加工植物蛋白〕

④ 〔101 饲用米糠〕,〔102 其他饲用加工植物蛋白〕,〔103 米糠粕〕

⑤ 〔101 木薯渣除外〕,〔102 饲用植物颗粒和植物粉〕,〔103 其他植物饲料〕,〔104 木薯渣〕

⑥ 〔101 饲用甜菜粕〕,〔102 其他饲用加工植物蛋白〕,〔103 甘蔗渣(栽培介质)〕

Chapter 23
Residues and waste from the food industries; prepared animal fodder

Chapter Note:

Heading 23. 09 includes products of a kind used in animal feeding, not elsewhere specified or included, obtained by processing vegetable or animal materials to such an extent that they have lost the essential characteristics of the original material, other than vegetable waste, vegetable residues and by-products of such processing.

Subheading Note:

For the purposes of subheading 2306. 41, the expression "low erucic acid rape or colza seeds" means seeds as defined in Subheading Note 1 to Chapter 12.

协定税率(%)															特惠税率(%)			对美税率	出口税率	出口退税率	Article Description
智利	新西兰	澳大利亚	瑞士	冰岛	秘鲁	哥斯达	东盟	亚太	新加坡	巴基斯坦	港/澳/台	韩国	格鲁吉亚	毛里求斯	亚太	老/柬/缅	LDC 97/95				
																					Flours, meals and pellets, of meat or meat offal, of fish or of crustaceans, molluscs or other aquatic invertebrates, unfit, for human consumption; greaves:
0	0	0	0	0	0	0	0			0	0/0/	0	0	0			0/0			13	----Of bovine and sheep
																		7	0		
0	0	0	0	0	0	0	0			0	0/0/	0	0	0			0/0			13	----Other
																		12	0		
0	0	0	0	0	0	0	0			0	0/0/	0	0	0			0/0			0	---Greaves
																		10	0		
0	0	0	0	0	0	0	0			0	0/0/	0	0	0			0/0			0	---Other
																		15	0		
0	0	0	0	0	0	0	0	0		0	0/0/	0	0	0			0/0			0	---Flours and meals of fish, of a kind used in animal feeding
																			0		
0	0	0	0	0	0	0	0	0		0	0/0/	0	0	0			0/0			0	---Other
																			0		
																					Bran, sharps and other residues, whether or not in the form of pellets, derived from the sifting, milling or other working of cereals or of leguminous plants:
0	0	0	0	0	0	0	0			0	0/0/	0	1	0			0/0			0	-Of maize(corn)
																			0		
0	0	0	0	0	0	0	0			0	0/0/	0	0.6	0			0/0			0	-Of wheat
																			0		
0	0	0	0	0	0	0	0			0	0/0/	0	1	0			0/0			0	-Of other cereals
																			0		
0	0	0	0	0	0	0	0			0	0/0/	0	1	0			0/0			0	-Of leguminous plants
																		10	0		
																					Residues of starch manufacture and similar residues, beet-pulp, bagasses and other waste of sugar manufacture, brewing or distilling dregs and waste, whether or not in the form of pellets:
0	0	0	0	0	0	0	0			0	0/0/	0	1	0			0/0				-Residues of starch manufacture and similar residues
																		10	0	9	
0	0	0	0	0	0	0	0			0	0/0/	0	1	0			0/0				-Beet-pulp, bagasses and other waste of sugar manufacture
																		15	0	0	
0	0	0	0	0	0	0	0			0	0/0/	0	1	0			0/0			0	-Brewing or distilling dregs and waste
																			0		

商品编号	商品名称及备注[检验检疫编码及名称]	进口关税(%) 最惠国	普通	增值税率(%)	消费税	计量单位	监管条件	检验检疫类别
2303300019	其他玉米酒糟〔999〕	5	30	9		千克	7AB	P/Q
2303300090	其他酿造及蒸馏过程中的糟粕及残渣〔999〕	5	30	9		千克	AB	P/Q
2304	**提炼豆油所得的油渣饼及其他固体残渣,不论是否碾磨或制成团粒:**							
23040010	---油渣饼							
2304001000	提炼豆油所得的油渣饼(豆饼)〔999〕	5	30	9		千克	7AB	P/N. Q
23040090	---其他							
2304009000	提炼豆油所得的其他固体残渣(不论是否研磨或制成团)〔999〕	5	30	9		千克	7AB	P/N. Q
2305	**提炼花生油所得的油渣饼及其他固体残渣,不论是否碾磨或制成团粒:**							
23050000	提炼花生油所得的油渣饼及其他固体残渣,不论是否碾磨或制成团粒							
2305000000暂0	花生饼及类似油渣〔999〕	5	30	0		千克	AB	P/N. Q
2306	**品目 23. 04 或 23. 05 以外的提炼植物油脂所得的油渣饼及其他固体残渣,不论是否碾磨或制成团粒:**							
23061000	-棉子的							
2306100000暂0	棉子油渣饼及固体残渣(品目 23. 04 或 23. 05 以外提炼植物油脂所得的)〔999〕	5	30	0		千克	AB	P/N. Q
23062000	-亚麻子的							
2306200000暂0	亚麻子油渣饼及固体残渣(品目 23. 04 或 23. 05 以外提炼植物油脂所得的)〔999〕	5	30	0		千克	AB	P/N. Q
23063000	-葵花子的							
2306300000暂0	葵花子油渣饼及固体残渣(品目 23. 04 或 23. 05 以外提炼植物油脂所得的)〔999〕	5	30	0		千克	AB	P/N. Q
23064100	--低芥子酸的							
2306410000暂0	低芥子酸油菜子油渣饼及固体残渣(品目 23. 04 或 23. 06 以外提炼植物油脂所得的)〔999〕	5	30	0		千克	AB	P/N. Q
23064900	--其他							
2306490000暂0	其他油菜子油渣饼及固体残渣(品目 23. 04 或 23. 05 以外提炼植物油脂所得的)〔999〕	5	30	0		千克	AB	P/N. Q
23065000	-椰子或干椰肉的							
2306500000暂0	椰子或干椰肉油渣饼及固体残渣(品目 23. 04 或 23. 05 以外提炼植物油脂所得的)〔999〕	5	30	9		千克	AB	P/N. Q
23066000	-棕榈果或棕榈仁的							
2306600010暂0	濒危棕榈果或濒危棕榈仁油渣饼及固体残渣(品目 23. 04 或 23. 05 以外提炼植物油脂所得的)〔999〕	5	30	9		千克	ABEF	P/N. Q
2306600090暂0	其他棕榈果或其他棕榈仁油渣饼及固体残渣(品目 23. 04 或 23. 05 以外提炼植物油脂所得的)〔999〕	5	30	9		千克	AB	P/N. Q
23069000	-其他							
2306900000暂0	其他油渣饼及固体残渣(品目 23. 04 或 23. 05 以外提炼植物油脂所得的)①	5	30	9		千克	AB	P/N. Q
2307	**葡萄酒渣;粗酒石:**							
23070000	葡萄酒渣;粗酒石							
2307000000	葡萄酒渣、粗酒石〔301 需申报仅用于工业用途不用于食品添加剂无检疫要求的化学品〕,〔999 其他植物饲料〕	5	30	0		千克	AB	R/S
2308	**动物饲料用的其他品目未列名的植物原料、废料、残渣及副产品,不论是否制成团粒:**							
23080000	动物饲料用的其他编号未列名的植物原料、废料、残渣及副产品,不论是否制成团粒							
2308000000暂0	其他饲料用植物产品(包括废料、残渣及副产品)②	5	35	9		千克	AB	P/Q

① 〔101 饲用芝麻饼、粕〕,〔102 其他饲用加工植物蛋白〕

② 〔101 饲用苜蓿草〕,〔102 饲用燕麦草〕,〔103 其他饲草〕,〔104 饲用其他淀粉〕,〔105 饲用青贮〕,〔106 饲用植物颗粒和植物粉〕,〔107 其他未列明植物饲料〕,〔108 辣椒粕〕,〔109 橄榄粕〕,〔110 榴莲粕〕,〔111 扁桃仁粕〕

协定税率(%)															特惠税率(%)			对美税率	出口税率	出口退税率	Article Description
智利	新西兰	澳大利亚	瑞士	冰岛	秘鲁	哥斯达	东盟	亚太	新加坡	巴基斯坦	港/澳/台	韩国	格鲁吉亚	毛里求斯	亚太	老/柬/缅	LDC 97/95				
																			0		
																			0		
																					Oil-cake and other solid residues, whether or not ground or in the form of pellets, resulting from the extraction of soyabean oil:
0	0	0	0	0	0	0	0	0		0	0/0/	0	1	0			0/0			0	---Oil-cake
																			0		
0	0	0	0	0	0	0	0	0		0	0/0/	0	1	0			0/0			0	---Other
																		30	0		
																					Oil-cake and other solid residues, whether or not ground or in the form of pellets, resulting from the extraction of ground nutoil:
0	0	0	0	0	0	0	0			0	0/0/	0	1	0			0/0			0	Oil-cake and other solid residues, whether or not ground or in the form of pellets, resulting from the extraction of groundnut oil
																			0		
																					Oil-cake and other solid residues, whether or not ground or in the form of pellets, resulting from the extraction of vegetable fats or oils, other than those of heading 23. 04 or 23. 05:
0	0	0	0	0	0	0	0			0	0/0/	0	1	0			0/0			9	-Of cotton seeds
																			0		
0	0	0	0	0	0	0	0			0	0/0/	0	1	0		0//	0/0			9	-Of linseed
																			0		
0	0	0	0	0	0	0	0			0	0/0/	0	1	0			0/0			9	-Of sunflower seeds
																			0		
0	0	0	0	0	0	0	0			0	0/0/	0	1	0			0/0			9	--Of low erucic acid rape or colza seeds
																			0		
0	0	0	0	0	0	0	0			0	0/0/	0	1	0			0/0			9	--Other
																			0		
0	0	0	0	0	0	0	0	2.5		0	0/0/	0	0	0		/0/	0/0			9	-Of coconut or copra
																		5	0		
0	0	0	0	0	0	0	0			0	0/0/	0	0	0		/0/	0/0				-Of palm nuts or kernels
																		5	0	0	
																		5	0	9	
0	0	0	0	0	0	0	0			0	0/0/	0	1	0		0//	0/0				-Other
																		25	0	0	
																					Wine lees; argol:
0	0	0	0	0	0	0	0			0	0/0/	0	0	0			0/0			0	Wine lees; argol
																			0		
																					Vegetable materials and vesetable waste, vegetable residues and by-products, whether or not in the form of pellets, of a kind used in animal feeding, not elsewhere specified or included:
0	0	0	0	0	0	0	0			0	0/0/	0	0	0			0/0				Vegetable materials and vegetable waste, vegetable residues and by-products, whether or not in the form of pellets, of a kind used in animal feeding, not elsewhere specified or included
																		5	0	0	

商品编号	商品名称及备注[检验检疫编码及名称]	进口关税(%)		增值税率(%)	消费税	计量单位	监管条件	检验检疫类别
		最惠国	普通					
2309	配制的动物饲料:							
23091010	---罐头							
2309101000[暂4]	狗食或猫食罐头[999]	15	90	9		千克	AB	P/Q
23091090	---其他							
2309109000[暂4]	其他零售包装的狗食或猫食[101 非罐装宠物食品],[102 咀嚼物]	15	90	9		千克	AB	P/Q
23099010	---制成的饲料添加剂							
2309901000	制成的饲料添加剂①	5	14	13		千克	AB	M. P/Q
23099090	---其他							
2309909000[暂4]	其他配制的动物饲料②	6.5	14	9		千克	AB	M. P/Q

① [101 含动物源性饲料添加剂],[102 含植物源性饲料添加剂],[103 其他饲料添加剂]

② [101 饲料用乳粉、乳清粉],[102 未列出的饲料用其他动物粉],[103 添加剂预混合饲料],[104 浓缩饲料],[105 全价配合饲料],[106 精料补充料],[107 其他配制的动物饲料],[108 其他宠物食品],[109 饲用蛋粉]

协定税率(%)															特惠税率(%)			对美税率	出口税率	出口退税率	Article Description
智利	新西兰	澳大利亚	瑞士	冰岛	秘鲁	哥斯达	东盟	亚太	新加坡	巴基斯坦	港/澳/台	韩国	格鲁吉亚	毛里求斯	亚太	老/柬/缅	LDC 97/95				
																					Preparations of a kind used in animal feeding:
0	0	0	3	0	0	0	0		0	12	0/0/	4.5	0	0			0/0			9	---In airtight containers
																		34	0		
0	0	0	3	0	0	0	0		0	12	0/0/	4.5	0	0			0/0			9	---Other
																		29	0		
0	0	0	0	0	0	0	0	2.5		0	0/0/	0	0	0			0/0				---Preparations for use in making the complete feeds or supplementary feeds
																		15	0	9	
0	0	0	0	0	0	0	0	3.3		0	0/0/	1.9	0	0			0/0				---Other
																		14	0	0	

第二十四章
烟草、烟草及烟草代用品的制品

注释：

本章不包括药用卷烟（第三十章）。

子目注释：

子目 2403.11 所称“水烟料”，是指由烟草和甘油混合而成用水烟筒吸用的烟草，不论是否含有芳香油及提取物、糖蜜或糖，也不论是否用水果调味，但供在水烟筒中吸用的非烟草产品除外。

商品编号	商品名称及备注[检验检疫编码及名称]	进口关税(%)		增值税率(%)	消费税	计量单位	监管条件	检验检疫类别
		最惠国	普通					
2401	**烟草；烟草废料：**							
24011010	---烤烟							
2401101000	未去梗的烤烟〔999〕	10	70	13		千克	7AB	M. P/Q. S
24011090	---其他							
2401109000	其他未去梗的烟草〔101 香料烟〕,〔102 白肋烟〕	10	70	13		千克	7AB	M. P/Q. S
24012010	---烤烟							
2401201000	部分或全部去梗的烤烟〔999〕	10	70	13		千克	7AB	P/Q. S
24012090	---其他							
2401209000	部分或全部去梗的其他烟草〔101 香料烟〕,〔102 白肋烟〕	10	70	13		千克	7AB	P/Q. S
24013000	-烟草废料							
2401300000	烟草废料〔999〕	10	70	13		千克	AB7	P/Q. S
2402	**烟草或烟草代用品制成的雪茄烟及卷烟：**							
24021000	-烟草制的雪茄烟							
2402100000	烟草制的雪茄烟〔999〕	25	180	13	36%	千克/千支	7	
24022000	-烟草制的卷烟							
2402200000	烟草制的卷烟〔999〕	25	180	13		千克/千支	7	
24029000	-其他							
2402900001	烟草代用品制的卷烟〔999〕	25	180	13		千克/千支	7	
2402900009	烟草代用品制的雪茄烟〔999〕	25	180	13	36%	千克/千支	7	
2403	**其他烟草及烟草代用品的制品；“均化”或“再造”烟草；烟草精汁：**							
24031100	--本章子目注释所述的水烟料							
2403110000	供吸用的本章子目注释所述的水烟料（不论是否含有任何比例的烟草代用品）〔999〕	57	180	13	30%	千克	7AB	P/Q. S
24031900	--其他							
2403190000	其他供吸用的烟草（不论是否含有任何比例的烟草代用品）〔999〕	57	180	13	30%	千克	7AB	P/Q. S
24039100	--“均化”或“再造”烟草							
2403910010	再造烟草〔999〕	57	180	13	30%	千克	AB7	P/Q
2403910090	均化烟草〔999〕	57	180	13	30%	千克	AB7	P/Q
24039900	--其他							
2403990010	烟草精汁〔999〕	57	180	13		千克	7AB	M. P/N. Q. S
2403990090	其他烟草及烟草代用品的制品〔101 其他烟草及烟草代用品的制品〕,〔102 烟用香精〕	57	180	13	30%	千克	AB	P/Q. S

Chapter 24
Tobacco and manufactured tobacco substitutes

Chapter Note:

This Chapter does not cover medicinal cigarettes (Chapter 30).

Subheading Notes:

For the purposes of Subheading 2403. 11, the expression "water pipe tobacco" means tobacco intended for smoking in a water pipe and which consists of a mixture of tobacco and glycerol, whether or not containing aromatic oils and extracts, molasses or sugar, and whether or not flavoured with fruit. However, tobacco-free products intended for smoking in a water pipe are excluded from this Subheading.

协定税率(%)															特惠税率(%)			对美税率	出口税率	出口退税率	Article Description
智利	新西兰	澳大利亚	瑞士	冰岛	秘鲁	哥斯达	东盟	亚太	新加坡	巴基斯坦	港/澳/台	韩国	格鲁吉亚	毛里求斯	亚太	老/柬/缅	LDC 97/95				
																					Unmanufactured tobacco; tobacco refuse:
0	0						5	9.4		9.4	0/0/										---Flue-cured
																		35	0	9	
0	0						5				0/0/									9	---Other
																		35	0		
0	0						5				0/0/										---Flue-cured
																		35	0	9	
0	0						5				0/0/									13	---Other
																		35	0		
0	0				0		5				0/0/						0/0				-Tobacco refuse
																		35	0	9	
																					Cigars, cheroots, cigarillos and cigarettes, of tobacco or of tobacco substitutes:
0	0										0/0/									0	-Cigars, cheroots and cigarillos, containing tobacco
																		50	0		
0	0										0/0/										-Cigarettes containing tobacco
																		50	0	0	
0	0										0/0/										-Other
																		50	0	0	
																		50	0	0	
																					Other manufactured tobacco and manufactured tobacco substitutes; "homogenized" or "reconstituted" tobacco; tobacco extracts and essences:
0	0						50	50.2		50	0/0/									13	--Water pipe tobacco specified in subheading note 1 of this Chapter
																		82	0		
0	0						50	50.2		50	0/0/									13	--Other
																		82	0		
0	0						50				0/0/									13	--"Homogenized" or "reconstituted" tobacco
																		65	0		
																		82	0		
0	0						50				0/0/										--Other
																		82	0	13	
																		82	0	13	

第五类
矿产品

第二十五章
盐；硫磺；泥土及石料；石膏料、石灰及水泥

注释：

一、除条文及注释四另有规定的以外，本章各品目只包括原产状态的矿产品，或只经过洗涤（包括用化学物质清除杂质而未改变产品结构的）、破碎、磨碎、研粉、淘洗、筛分以及用浮选、磁选和其他机械物理方法（不包括结晶法）精选过的货品，但不得经过焙烧、煅烧、混合或超过税号所列的加工范围。

本章产品可含有添加的抗尘剂，但所加剂料并不使原产品改变其一般用途而适合于某些特殊用途。

二、本章不包括：

（一）升华硫磺、沉淀硫磺及胶态硫磺（品目28.02）；

（二）土色料，按重量计三氧化二铁含量在70%及以上（品目28.21）；

（三）第三十章的药品及其他产品；

（四）芳香料制品及化妆盥洗品（第三十三章）；

（五）长方砌石、路缘石、扁平石（品目68.01）、镶嵌石或类似石料（品目68.02）及铺屋顶、饰墙面或防潮用的板岩（品目68.03）；

（六）宝石或半宝石（品目71.02或71.03）；

（七）每颗重量不低于2.5克的氯化钠或氧化镁培养晶体（光学元件除外）（品目38.24）；氯化钠或氧化镁制的光学元件（品目90.01）；

（八）台球用粉块（品目95.04）；或

（九）书写或绘画用粉笔及裁缝划粉（品目96.09）。

三、既可归入品目25.17，又可归入本章其他税号的产品，应归入品目25.17。

四、品目25.30主要包括：未膨胀的蛭石、珍珠岩及绿泥石；不论是否煅烧或混合的土色料；天然云母氧化铁；海泡石（不论是否磨光成块）；琥珀；模制后未经进一步加工的片、条、杆或类似形状的黏聚海泡石及黏聚琥珀；黑玉；菱锶矿（不论是否煅烧），但不包括氧化锶；陶器、砖或混凝土的碎块。

商品编号	商品名称及备注[检验检疫编码及名称]	进口关税(%)		增值税率(%)	消费税	计量单位	监管条件	检验检疫类别
		最惠国	普通					
2501	**盐(包括精制盐及变性盐)及纯氯化钠,不论是否为水溶液,也不论是否添加抗结块剂或松散剂;海水:**							
25010011	----食用盐							
2501001100	食用盐〔101 饲料用盐〕,〔102 食盐〕	0	0	9		千克	AB	R/S
25010019	----其他							
2501001900	其他盐①	0	0	13		千克	AB	R/S
25010020	---纯氯化钠							
2501002000	纯氯化钠〔101 矿物源性饲料添加剂〕,〔102 其他盐〕	3	35	13		千克		
25010030	---海水							
2501003000	海水〔999〕	0	0	13		千克		
2502	**未焙烧的黄铁矿:**							
25020000	未焙烧的黄铁矿							
2502000000暂2	未焙烧的黄铁矿〔999〕	3	20	13		千克		
2503	**各种硫磺,但升华硫磺、沉淀硫磺及胶态硫磺除外:**							
25030000	各种硫磺,但升华硫磺、沉淀硫磺及胶态硫磺除外							

① 〔101 饲料添加剂〕,〔102 矿盐〕,〔103 海盐〕,〔104 除海盐、矿盐外〕

SECTION V
MINERAL PRODUCTS

Chapter 25
Salt; sulphur; earth and stone; plastering materials, lime and cement

Chapter Notes:

1. Except where their context or Note 4 to this Chapter otherwise requires, the headings of this Chapter cover only products which are in the crude state or which have been washed (even with chemical substances eliminating the impurities without changing the structure of the product), crushed, ground, powdered, levigated, sifted, screened, concentrated by flotation, magnetic separation or other mechanical or physical processes (except crystallisation), but not products which have been roasted, calcined, obtained by mixing or subjected to processing beyond that mentioned in each heading.
The products of this Chapter may contain an added anti-dusting agent, provided that such addition does not render the product particularly suitable for specific use rather than for general use.

2. This Chapter does not cover:
(a) Sublimed sulphur, precipitated sulphur or colloidal sulphur (heading 28.02);
(b) Earth colours containing 70% or more by weight of combined iron evaluated as Fe_2O_3 (heading 28.21);
(c) Medicaments or other products of Chapter 30;
(d) Perfumery, cosmetic or toilet preparations (Chapter 33);
(e) Setts, curbstones or flagstones (heading 68.01); mosaic cubes or the like (heading 68.02); roofing, facing or damp course slates (heading 68.03);
(f) Precious or semi-precious stones (heading 71.02 or 71.03);
(g) Cultured crystals (other than optical elements) weighing not less than 2.5g each, of sodium chloride or of magnesium oxide, of heading 38.24; optical elements of sodium chloride or of magnesium oxide (heading 90.01);
(h) Billiard chalks (heading 95.04); or
(ij) Writing or drawing chalks or tailors' chalks (heading 96.09).

3. Any products classifiable in heading 25.17 and any other heading of the Chapter are to be classified in heading 25.17.

4. Heading 25.30 applies, inter alia, to: vermiculite, perlite and chlorites, unexpanded; earth colours, whether or not calcined or mixed together; natural micaceous iron oxides; meerschaum (whether or not in polished pieces); amber; agglomerated meerschaum and agglomerated amber, in plates, rods, sticks or similar forms, not worked after moulding; jet; strontianite (whether or not calcined), other than strontium oxide; broken pieces of pottery, brick or concrete.

协定税率(%)															特惠税率(%)			对美税率	出口税率	出口退税率	Article Description
智利	新西兰	澳大利亚	瑞士	冰岛	秘鲁	哥斯达	东盟	亚太	新加坡	巴基斯坦	港/澳/台	韩国	格鲁吉亚	毛里求斯	亚太	老/柬/缅	LDC 97/95				
																					Salt (including table salt and denatured salt) and pure sodium chloride, whether or not in aqueous solution or containing added anticaking or freeflowing agents; sea water:
																	0/0			9	----Edible salt
																		25	0		
																	0/0			13	----Other
																		25	0		
0	0	0	0	0	0	0	0	1.5		0	0/0/	0	0	0		0//	0/0			13	---Pure sodium chloride
																		15.5	0		
																	0/0			0	---Sea water
																		10	0		
																					Unroasted iron pyrites:
0	0	0	0	0	0	0	0	1.5		0	0/0/	0	0	0			0/0			0	Unroasted iron pyrites
																		29.5	0		
																					Sulphur of all kinds, other than sublimed sulphur, precipitated sulphur and colloidal sulphur:
0	0	0	0	0	0	0	0	1.5		0	0/0/	0	0	0			0/0			0	Sulphur of all kinds, other than sublimed sulphur, precipitated sulphur and colloidal sulphur

商品编号	商品名称及备注[检验检疫编码及名称]	进口关税(%)		增值税率(%)	消费税	计量单位	监管条件	检验检疫类别
		最惠国	普通					
2503000000[暂1]	各种硫磺(升华硫磺、沉淀硫磺及胶态硫磺除外)①	3	17	13		千克	AB	M. R/N. S
2504	**天然石墨:**							
25041010	---粉片							
2504101000[暂1]	鳞片状天然石墨〔999〕	3	30	13		千克		
25041091	----球化石墨							
2504109100	球化石墨(天然石墨经球化加工、分级得到的产品,直径120微米以下)〔999〕	3	30	13		千克		
25041099	----其他							
2504109900	其他粉末状天然石墨〔999〕	3	30	13		千克		
25049000	-其他							
2504900000	其他天然石墨〔999〕	3	30	13		千克		
2505	**各种天然砂,不论是否着色,但第二十六章的含金属矿砂除外:**							
25051000	-硅砂及石英砂							
2505100000[暂1]	硅砂及石英砂(不论是否着色)〔101 栽培介质〕,〔102 硅砂〕	3	40	13		千克	48xy	
25059000	-其他							
2505900010[暂1]	标准砂(不论是否着色,第二十六章的金属矿砂除外)〔101 栽培介质〕,〔102 硅砂〕	3	40	13		千克	4xy	
2505900090[暂1]	其他天然砂(不论是否着色,第二十六章的金属矿砂除外)②	3	40	13		千克	48xy	
2506	**石英(天然砂除外);石英岩,不论是否粗加修整或仅用锯或其他方法切割成矩形(包括正方形)的板、块:**							
25061000	-石英							
2506100000[暂1]	石英(天然砂除外)③	3	40	13		千克		
25062000	-石英岩							
2506200000[暂1]	石英岩(不论是否粗加修整或仅用锯或其他方法切割成矩形板或块)④	3	40	13		千克		
2507	**高岭土及类似土,不论是否煅烧:**							
25070010	---高岭土							
2507001000[暂1]	不论是否煅烧的高岭土〔101 非工业用无检疫要求食品添加剂〕,〔102 高岭土〕	3	50	13		千克		
25070090	---其他							
2507009000[暂1]	不论是否煅烧的其他高岭土类似土〔999〕	3	50	13		千克		
2508	**其他黏土(不包括品目68.06的膨胀黏土)、红柱石、蓝晶石及硅线石,不论是否煅烧;富铝红柱石;火泥及第纳斯土:**							
25081000	-膨润土							
2508100000	膨润土,不论是否煅烧〔101 无检疫要求食品添加剂〕,〔102 膨润土〕	3	50	13		千克		
25083000	-耐火黏土							
2508300000[暂1]	耐火黏土,不论是否煅烧(包括矾土、焦宝石及其他耐火黏土)〔999〕	3	20	13		千克	4xy	
25084000	-其他黏土							
2508400000	其他黏土,不论是否煅烧〔101 凹凸棒黏土〕,〔102 其他黏土〕	3	50	13		千克		
25085000	-红柱石、蓝晶石及硅线石							
2508500000	红柱石、蓝晶石及硅线石,不论是否煅烧〔999〕	3	40	13		千克		
25086000	-富铝红柱石							
2508600000	富铝红柱石〔999〕	3	40	13		千克		
25087000	-火泥及第纳斯土							
2508700000	火泥及第纳斯土〔998 火泥〕,〔999 第纳斯土〕	3	20	13		千克		
2509	**白垩:**							
25090000	白垩							
2509000000	白垩〔999〕	3	45	13		千克		
2510	**天然磷酸钙、天然磷酸铝钙及磷酸盐白垩:**							
25101010	---磷灰石							
2510101000[暂0]	未碾磨磷灰石〔999〕	3	11	13		千克	4xy	

① 〔101 属于危险化学品的食品添加剂〕,〔102 易燃固体,需申报仅用于工业用途不用于食品添加剂无检疫要求〕,〔103 硫磺〕,〔104 需申报仅用于工业用途不用于食品添加剂无检疫要求〕

② 〔101 栽培介质〕,〔102 硅砂〕

③ 〔101 石英砂〕,〔102 石英粉〕,〔103 熔融石英砂〕,〔104 熔融石英粉〕,〔105 其他石英〕

④ 〔101 栽培介质〕,〔102 石英岩〕

协定税率(%)															特惠税率(%)			对美税率	出口税率	出口退税率	Article Description
智利	新西兰	澳大利亚	瑞士	冰岛	秘鲁	哥斯达	东盟	亚太	新加坡	巴基斯坦	港/澳/台	韩国	格鲁吉亚	毛里求斯	亚太	老/柬/缅	LDC 97/95				
																		28.5	0		
																					Natural graphite:
0	0	0	0.6	0	0	0	0	1.5		0	0/0/	0	0	0			0/0			0	---In flakes
																		13.5	0		
0	0	0	0	0	0	0	0			0	0/0/	0	0	0			0/0			13	----Spheroidized graphite
																		30.5	0		
0	0	0	0	0	0	0	0	1.5		0	0/0/	0	0	0			0/0			0	----Other
																		25.5	0		
0	0	0	0	0	0	0	0	1.5		0	0/0/	0	0	0			0/0			0	-Other
																		30.5	0		
																					Natural sands of all kinds, whether or not coloured, other than metal-bearing sands of Chapter 26:
0	0	0	0	0	0	0	0			0	0/0/	0	0	0			0/0			0	-Silica sands and quartz sands
																		23.5	0		
0	0	0	0	0	0	0	0	1.5		0	0/0/	0	0	0			0/0			0	-Other
																		28.5	0		
																		28.5	0		
																					Quartz (other than natural sands); quartzite, whether or not roughly trimmed or merely cut, by sawing or otherwise, into blocks or slabs of a rectangular (including square) shape:
0	0	0	0	0	0	0	0	1.5		0	0/0/	0	0	0			0/0			0	-Quartz
																		13.5	0		
0	0	0	0	0	0	0	0	1.5		0	0/0/	0	0	0			0/0			0	-Quartzite
																		28.5	0		
																					Kaolin and other kaolinic clays, whether or not calcined:
0	0	0	0	0	0	0	0			0	0/0/	0	0	0			0/0			0	---Kaolin
																			0		
0	0	0	0	0	0	0	0			0	0/0/	0	0	0			0/0			0	---Other
																		28.5	0		
																					Other clays (not including expanded clays of heading 68.06), andalusite, kyanite and sillimanite, whether or not calcined; mullite; chamotte or dinas earths:
0	0	0	0	0	0	0	0	1.5		0	0/0/	0	0	0			0/0			0	-Bentonite
																		15.5	0		
0	0	0	0	0	0	0	0	1.5		0	0/0/	0	0	0			0/0			0	-Fire-clay
																		23.5	0		
0	0	0	0	0	0	0	0			0	0/0/	0	0	0			0/0			0	-Other clays
																		25.5	0		
0	0	0	0	0	0	0	0	1.5		0	0/0/	0	0	0			0/0			0	-Andalusite, kyanite and sillimanite
																		15.5	0		
0	0	0	0	0	0	0	0			0	0/0/	0	0	0			0/0			0	-Mullite
																		15.5	0		
0	0	0	0.6	0	0	0	0			0	0/0/	0	0	0			0/0			0	-Chamotte or dinas earths
																		5.5	0		
																					Chalk:
0	0	0	0	0	0	0	0			0	0/0/	0	0	0			0/0			0	Chalk
																		30.5	0		
																					Natural calcium phosphates, natural aluminium calcium phosphates and phosphatic chalk:
0	0	0	0	0	0	0	0			0	0/0/	0	0	0			0/0			0	---Apatite
																		2.5	0		

商品编号	商品名称及备注[检验检疫编码及名称]	进口关税(%) 最惠国	进口关税(%) 普通	增值税率(%)	消费税	计量单位	监管条件	检验检疫类别
25101090	---其他							
2510109000	其他未碾磨天然磷酸钙(包括天然磷酸铝钙及磷酸盐白垩,磷灰石除外)〔999〕	3	20	13		千克	4xy	
25102010	---磷灰石							
2510201000暂0	已碾磨磷灰石〔999〕	3	11	13		千克	4xy	
25102090	---其他							
2510209000	其他已碾磨天然磷酸钙(包括天然磷酸铝钙及磷酸盐白垩,磷灰石除外)〔999〕	3	20	13		千克	4xy	
2511	**天然硫酸钡(重晶石);天然碳酸钡(毒重石),不论是否煅烧,但品目28.16的氧化钡除外:**							
25111000	-天然硫酸钡(重晶石)							
2511100000	天然硫酸钡(重晶石)〔101 重晶石块〕,〔102 重晶石粉〕	3	45	13		千克		
25112000	-天然碳酸钡(毒重石)							
2511200000	天然碳酸钡(毒重石)(不论是否煅烧,但品目2816的氧化钡除外)〔999〕	3	45	13		千克		
2512	**硅质化石粗粉(例如,各种硅藻土)及类似的硅质土,不论是否煅烧,其表观比重不超过1:**							
25120010	---硅藻土							
2512001000	硅藻土(不论是否煅烧,表观比重≤1)〔101 无检疫要求食品添加剂〕,〔102 硅藻土〕	3	40	13		千克	A	R/
25120090	---其他							
2512009000	其他硅质化石粗粉及类似的硅质土(不论是否煅烧,表观比重≤1)〔999〕	3	40	13		千克		
2513	**浮石;刚玉岩;天然刚玉砂;天然石榴石及其他天然磨料,不论是否热处理:**							
25131000	-浮石							
2513100000	浮石〔999〕	3	35	13		千克		
25132000	-刚玉岩、天然刚玉砂、天然石榴石及其他天然磨料							
2513200000	刚玉岩、天然刚玉砂等天然磨料(包括天然石榴石及其他天然磨料)〔101 刚玉岩〕,〔102 天然刚玉砂〕,〔103 天然石榴石〕	3	17	13		千克		
2514	**板岩,不论是否粗加修整或仅用锯或其他方法切割成矩形(包括正方形)的板、块:**							
25140000	板岩,不论是否粗加修整或仅用锯或其他方法切割成矩形(包括正方形)的板、块							
2514000000	板岩(不论是否粗加修整或仅用锯或其他方法切割成矩形板或块)〔999〕	3	50	13		千克		
2515	**大理石、石灰华及其他石灰质碑用或建筑用石,表观比重≥2.5,蜡石,不论是否粗加修整或仅用锯或其他方法切割成矩形(包括正方形)的板、块:**							
25151100	--原状或粗加修整							
2515110000暂0	原状或粗加修整的大理石及石灰华〔999〕	4	80	13		千克		
25151200	--用锯或其他方法切割成矩形,包括正方形							
2515120000暂0	矩形大理石及石灰华(用锯或其他方法切割成矩形)〔999〕	4	80	13		千克		
25152000	-其他石灰质碑用或建筑用石;蜡石							
2515200000暂0	其他石灰质碑用或建筑用石,蜡石〔999〕	3	50	13		千克		

协定税率(%)															特惠税率(%)			对美税率	出口税率	出口退税率	Article Description
智利	新西兰	澳大利亚	瑞士	冰岛	秘鲁	哥斯达	东盟	亚太	新加坡	巴基斯坦	港/澳/台	韩国	格鲁吉亚	毛里求斯	亚太	老/柬/缅	LDC 97/95				
0	0	0	0	0	0	0	0			0	0/0/	0	0	0			0/0			0	---Other
																		5.5	0		
0	0	0	0	0	0	0	0			0	0/0/	0	0	0			0/0			0	---Apatite
																		27.5	0		
0	0	0	0	0	0	0	0			0	0/0/	0	0	0			0/0			0	---Other
																		5.5	0		
																					Natural barinm sulphate(barytes); natural barium carbonate (witherite), whether or not calcined, other than barium oxide of heading 28.16:
0	0	0	0	0	0	0	0	1.5		0	0/0/	0	0	0			0/0			0	-Natural barium sulphate(barytes)
																		15.5	0		
0	0	0	0	0	0	0	0			0	0/0/	0	0	0			0/0			0	-Natural barium carbonate(witherite)
																		5.5	0		
																					Siliceous fossil meals (for example, kieselguhr, tripolite and diatomite) and similar siliceous earths, whether or not calcined, of an apparent specific gravity of 1 or less:
0	0	0	0	0	0	0	0	1.5		0	0/0/	0	0	0			0/0			0	---Kieselguhr
																			0		
0	0	0	0	0	0	0	0	1.5		0	0/0/	0	0	0			0/0			0	---Other
																		30.5	0		
																					Pumice stone; emery; natural corundum, natural garnet and other natural abrasives, whether or not heat-treated:
0	0	0	0	0	0	0	0			0	0/0/	0	0	0			0/0			0	-Pumice stone
																		30.5	0		
0	0	0	0	0	0	0	0	1.5		0	0/0/	0	0	0			0/0			0	-Emery, natural corundum, narural garnet and other natural abrasives
																		15.5	0		
																					Slate, whether or not roughly trimmed or merely cut, by sawing or otherwise, into blocks or slabs of a rectangular (including square) shape:
0	0	0	0	0	0	0	0	1.5		0	0/0/	0	0	0			0/0			0	Slate, whether or not roughly trimmed or merely cut, by sawing or otherwise, into blocks or slabs of a rectangular (including square) shape
																		5.5	0		
																					Marble, travertine, ecaussine and other calcareous monumental or building stone of an apparent specific gravity of 2.5 or more, and alabaster, whether or not roughly trimmed or merely cut, by sawing or otherwise, into blocks or slabs of a rectangular (including square) shape:
0	0	0	0	0	0	0	0	2		0	0/0/	0	0	0			0/0			0	--Crude or roughly trimmed
																		27.5	0		
0	0	0	0	0	0	0	0	2		0	0/0/	0	0	0			0/0			0	--Merely cut, by sawing or otherwise, into blocks or slabs of a rectangular (including square) shape
																		27.5	0		
0	0	0	0	0	0	0	0			0	0/0/	0	0.6	0			0/0			0	-Ecaussine and other calcareous monumental or building stone; alabaster
																		27.5	0		

商品编号	商品名称及备注[检验检疫编码及名称]	进口关税(%) 最惠国	普通	增值税率(%)	消费税	计量单位	监管条件	检验检疫类别
2516	**花岗岩、斑岩、玄武岩、砂岩以及其他碑用或建筑用石,不论是否粗加修整或仅用锯或其他方法切割成矩形(包括正方形)的板、块:**							
25161100	--原状或粗加修整							
2516110000暂0	原状或粗加修整花岗岩〔999〕	4	50	13		千克	A	M/
25161200	--仅用锯或其他方法切割成矩形,包括正方形							
2516120000暂0	矩形花岗岩(用锯或其他方法切割成矩形)〔999〕	4	50	13		千克	A	M/
25162000	-砂岩							
2516200001暂0	原状或粗加修整砂岩〔999〕	3	50	13		千克	A	M/
2516200090暂0	矩形(包括正方形)砂岩(用锯或其他方法切割成矩形的板、块)〔999〕	3	50	13		千克		
25169000	-其他碑用或建筑用石							
2516900000暂0	其他碑用或建筑用石〔999〕	3	50	13		千克		
2517	**通常作混凝土粒料、铺路、铁道路基或其他路基用的卵石、砾石及碎石,圆石子及燧石,不论是否热处理;矿渣、浮渣及类似的工业残渣,不论是否混有本税目第一部分所列的材料;沥青碎石;品目25.15、25.16所列各种石料的碎粒、碎屑及粉末,不论是否热处理:**							
25171000	-通常作混凝土粒料、铺路、铁道路基或其他路基用的卵石、砾石及碎石,圆石子及燧石,不论是否热处理							
2517100000	卵石,砾石及碎石,圆石子及燧石(通常作混凝土粒料、铺路或其他路基用,不论是否热处理)〔999〕	4	50	13		千克		
25172000	-矿渣、浮渣及类似的工业残渣,不论是否混有编号251710所列的材料							
2517200000	矿渣,浮渣及类似的工业残渣(不论是否混有编号25171000所列的材料)〔999〕	3	50	13		千克	9	
25173000	-沥青碎石							
2517300000	沥青碎石〔999〕	3	50	13		千克	9	
25174100	--大理石							
2517410000	大理石碎粒、碎屑及粉末(不论是否热处理)〔999〕	3	50	13		千克		
25174900	--其他							
2517490000	品目25.15及25.16所列其他石碎粒等(不论是否热处理)〔999〕	3	50	13		千克		
2518	**白云石,不论是否煅烧或烧结、粗加修整或仅用锯或其他方法切割成矩形(包括正方形)的板、块;夯混白云石:**							
25181000	-未煅烧或烧结的白云石							
2518100000暂0	未煅烧或烧结的白云石(不论是否粗加修整或仅用锯或其他方法切割成矩形板、块)〔999〕	3	40	13		千克		
25182000	-已煅烧或烧结的白云石							
2518200000暂0	已煅烧或烧结的白云石(不论是否粗加修整或仅用锯或其他方法切割成矩形板、块)〔999〕	3	40	13		千克		
25183000	-夯混白云石							
2518300000暂0	夯混白云石(包括沥青白云石)〔999〕	3	40	13		千克		

协定税率(%)															特惠税率(%)			对美税率	出口税率	出口退税率	Article Description
智利	新西兰	澳大利亚	瑞士	冰岛	秘鲁	哥斯达	东盟	亚太	新加坡	巴基斯坦	港/澳/台	韩国	格鲁吉亚	毛里求斯	亚太	老/柬/缅	LDC 97/95				
																					Granite, porphyry, basalt, sandstone and other monumental or building stone, whether or not building stone, whether or not roughly trimmed or merely cut, by sawing or otherwise, into blocks or slabs of a rectangular (including square) shape:
0	0	0	0	0	0	0	0	2		0	0/0/	0	0	0			0/0			0	--Crude or roughly trimmed
																		27.5	0		
0	0	0	0	0	0	0	0	2		0	0/0/	0	0	0			0/0			0	--Merely cut, by sawing or otherwise, into blocks or slabs of a rectangular (including square) shape
																		27.5	0		
0	0	0	0	0	0	0	0	2.1		0	0/0/	0	0	0			0/0			0	-Sandstone
																		27.5	0		
																		27.5	0		
0	0	0	0	0	0	0	0	2.1		0	0/0/	0	0	0			0/0			0	-Other monumental or building stone
																		27.5	0		
																					Pebbles, gravel, broken or crushed stone, of a kind commonly used for concrete aggregates, for road metalling or for railway or other ballast, shingle and flint, whether or not heat-treated; macadan of slag, dross or similar industrial waste, whether or not incorporating the materials cited in the first part of the heading; tarred macadam; granules, chippings and powder, of stones of heading 25.15 or 25.16, whether or not heat treated:
0	0	0	0	0	0	0	0	2		0	0/0/	0	0	0			0/0			0	-Pebbles, gravel, broken or crushed stone, of a kind commonly used for concrete aggregates, for road metalling or for railway or other ballast, shingle and flint, whether or not bead-treated
																		31.5	0		
0	0	0	0	0	0	0	0			0	0/0/	0	0	0			0/0			0	-Macadam of slag, dross or similar industrial waste, whether or not incorporating the materials cited in subheading 2517.10
																			0		
0	0	0	0	0	0	0	0			0	0/0/	0	0	0			0/0			0	-Tarred macadam
																		5.5	0		
0	0	0	0	0	0	0	0	1.5		0	0/0/	0	0	0			0/0			0	--Of marble
																		15.5	0		
0	0	0	0	0	0	0	0			0	0/0/	0	0	0			0/0			0	--Other
																		30.5	0		
																					Dolomite, whether or not calcined; including dolomite roughly trimmed or merely cut, by sawing or otherwise, into blocks or slabs of a rectangular (including square) shape; dolomite ramming mix:
0	0	0	0	0	0	0	0	1.5		0	0/0/	0	0	0			0/0			0	-Dolomite, not calcinecd or sintered
																		27.5	0		
0	0	0	0	0	0	0	0			0	0/0/	0	0	0			0/0			0	-Calcined or sintered dolomite
																		2.5	0		
0	0	0	0	0	0	0	0			0	0/0/	0	0	0			0/0			0	-Dolomite ramming mix
																		2.5	0		

商品编号	商品名称及备注[检验检疫编码及名称]	进口关税(%) 最惠国	进口关税(%) 普通	增值税率(%)	消费税	计量单位	监管条件	检验检疫类别
2519	**天然碳酸镁(菱镁矿);熔凝镁氧矿;烧结镁氧矿,不论烧结前是否加入少量其他氧化物;其他氧化镁,不论是否纯净:**							
25191000	-天然碳酸镁(菱镁矿)							
2519100000暂1	天然碳酸镁(菱镁矿)〔999〕	3	40	13		千克	y4x	
25199010	---熔凝镁氧矿							
2519901000暂1	熔凝镁氧矿(电熔镁,包括喷补料)〔999〕	3	40	13		千克	y4x	
25199020	---烧结镁氧矿(重烧镁)							
2519902000暂1	烧结镁氧矿(重烧镁)(包括喷补料)〔999〕	3	40	13		千克	y4x	
25199030	---碱烧镁(轻烧镁)							
2519903000暂1	碱烧镁(轻烧镁)〔999〕	3	40	13		千克	y4x	
25199091	----化学纯氧化镁							
2519909100	化学纯氧化镁①	3	35	13		千克	A	R/
25199099	----其他							
2519909910暂1	其他氧化镁含量≥70%的矿产品②	3	40	13		千克	4xy	
2519909990	其他氧化镁〔101 矿物源性饲料添加剂〕,〔102 氧化镁〕	3	40	13		千克		
2520	**生石膏;硬石膏;熟石膏(由煅烧的生石膏或硫酸钙构成),不论是否着色,也不论是否带有少量促凝剂或缓凝剂:**							
25201000	-生石膏;硬石膏							
2520100000	生石膏,硬石膏〔999〕	5	80	13		千克		
25202010	---牙科用							
2520201000	牙科用熟石膏(不论是否着色或带有少量促凝剂或缓凝剂)〔999〕	5	40	13		千克		
25202090	---其他							
2520209000	其他熟石膏(不论是否着色或带有少量促凝剂或缓凝剂)〔999〕	5	80	13		千克		
2521	**石灰石助熔剂;通常用于制造石灰或水泥的石灰石及其他钙质石:**							
25210000	石灰石助熔剂;通常用于制造石灰或水泥的石灰石及其他钙质石							
2521000000	石灰石助熔剂、石灰石及其他钙石〔999〕	5	50	13		千克		
2522	**生石灰、熟石灰及水硬石灰,但品目 28.25 的氧化钙及氢氧化钙除外:**							
25221000	-生石灰							
2522100000	生石灰〔999〕	5	80	13		千克		
25222000	-熟石灰							
2522200000	熟石灰〔999〕	5	80	13		千克		
25223000	-水硬石灰							
2522300000	水硬石灰〔999〕	5	80	13		千克		
2523	**硅酸盐水泥、矾土水泥、矿渣水泥、富硫酸盐水泥及类似的水凝水泥,不论是否着色,包括水泥熟料:**							
25231000	-水泥熟料							
2523100000	水泥熟料〔999〕	5	30	13		千克		
25232100	--白水泥,不论是否人工着色							
2523210000	白水泥,不论是否人工着色〔999〕	5	30	13		千克		
25232900	--其他							
2523290000	其他硅酸盐水泥〔999〕	5	30	13		千克	A	M/
25233000	-矾土水泥							
2523300000	矾土水泥〔999〕	5	30	13		千克		
25239000	-其他水凝水泥							

① 〔101 矿物源性饲料添加剂〕,〔102 氧化镁(包括轻质和重质)(无检疫要求食品添加剂)〕,〔103 氧化镁〕
② 〔101 矿物源性饲料添加剂〕,〔102 氧化镁〕

协定税率(%)															特惠税率(%)			对美税率	出口税率	出口退税率	Article Description
智利	新西兰	澳大利亚	瑞士	冰岛	秘鲁	哥斯达	东盟	亚太	新加坡	巴基斯坦	港/澳/台	韩国	格鲁吉亚	毛里求斯	亚太	老/柬/缅	LDC 97/95				
																					Natural magnesium carbonate (magnesite); fused magnesia; dead-burned (simtered) magnesia, whether or not containing small quantities of other oxides added before sintering; other magnesinm oxide, whether or not pure:
0	0	0	0	0	0	0	0			0	0/0/	0	0	0			0/0			0	-Natural magnesium carbonate(magnesite)
																			0		
0	0	0	0	0	0	0	0			0	0/0/	0	0	0			0/0			0	---Fused magnesia
																		28.5	0		
0	0	0	0	0	0	0	0			0	0/0/	0	0	0			0/0			0	---Dead-burned(sintered) magnesia
																		28.5	0		
0	0	0	0	0	0	0	0			0	0/0/	0	0	0			0/0			0	---Light-burned magnesia
																		28.5	0		
0	0	0	0	0	0	0	0			0	0/0/	0	0	0			0/0			0	----Magnesium oxide, chemically pure
																			0		
0	0	0	0	0	0	0	0			0	0/0/	0	0	0			0/0			0	----Other
																		23.5	0		
																		25.5	0		
																					Gypsum; anhydrite; plasters (consisting of calcined gypsum or calcium sulphate) whether or not coloured, with or without small quantities of accelerators or retarders:
0	0	0	0	0	0	0	0	2.5		0	0/0/	0	1	0		0//	0/0			0	-Gypsum; anhydrite
																		32.5	0		
0	0	0	0	0	0	0	0			0	0/0/	0	0	0		0//	0/0			0	---For dental use
																		17.5	0		
0	0	0	0	0	0	0	0			0	0/0/	1.5	0	0		0//	0/0			0	---Other
																		17.5	0		
																					Limestone flux; limestone and other calcareous stone, of a kind used for the manufacture of lime or cement:
0	0	0	0	0	0	0	0	2.5		0	0/0/	0	0	0			0/0			0	Limestone flux; limestone and other calcareous stone, of a kind used for the manufacture of lime or cement
																		27.5	0		
																					Quicklime, slaked lime and hydraulic lime, other than calcium oxide and hydroxide of heading 28.25:
0	0	0	0	0	0	0	0	2.5		0	0/0/	0	0	0			0/0			0	-Quick lime
																		32.5	0		
0	0	0	0	0	0	0	0	2.5		0	0/0/	0	0	0			0/0			0	-Slaked lime
																		32.5	0		
0	0	0	0	0	0	0	0			0	0/0/	0	0	0			0/0			0	-Hydraulic lime
																		7.5	0		
																					Portland cement, aluminous cement, slag cement, supersulphate cement and similar hydraulic cements, whether or not coloured or in the form of clinkers:
0	0	0	0	0	0	0	0	2.5		3	0/0/0	0	0	0			0/0			0	-Cement clinkers
																		32.5	0		
0	0	0	0	0	0	0	0	3.8		0	0/0/0	0	0	0			0/0			0	--White cement, whether or not artificially coloured
																		17.5	0		
0	0	0	0	0	0	0	0	3.8		0	0/0/0	0	0	0			0/0			0	--Other
																		17.5	0		
0	0	0	0	0	0	0	0	2.5		4	0/0/	0	0	0			0/0			0	-Aluminous cement
																		32.5	0		
0	0	0	0	0	0	0	0			3	0/0/	0	0	0			0/0			0	-Other hydraulic cements

商品编号	商品名称及备注[检验检疫编码及名称]	进口关税(%) 最惠国	进口关税(%) 普通	增值税率(%)	消费税	计量单位	监管条件	检验检疫类别
2523900000	其他水凝水泥〔101 矿渣水泥〕,〔102 其他水泥〕	5	30	13		千克	A	M/
2524	石棉:							
25241000	-青石棉							
2524100000	青石棉①	5	30	13		千克	89	
25249010	---长纤维的							
2524901010	长纤维阳起石石棉(包括长纤维铁石棉、透闪石石棉及直闪石石棉)②	5	30	13		千克	89	
2524901090	其他长纤维石棉③	5	30	13		千克		
25249090	---其他的							
2524909010	其他阳起石石棉(包括其他铁石棉、透闪石石棉及直闪石石棉)④	5	35	13		千克	89	
2524909090	其他石棉〔101 栽培介质〕,〔102 石棉〕,〔301 属于危险化学品杂项物质〕	5	35	13		千克		
2525	**云母,包括云母片;云母废料:**							
25251000	-原状云母及劈开的云母片							
2525100000[暂1]	原状云母及劈开的云母片〔999〕	5	30	13		千克		
25252000	-云母粉							
2525200000	云母粉〔999〕	5	30	13		千克		
25253000	-云母废料							
2525300000	云母废料(指云母机械加工产生的边角料)⑤	5	30	13		千克	9	M/
2526	**天然冻石,不论是否粗加修整或仅用锯或其他方法切割成矩形(包括正方形)的板、块;滑石:**							
25261010	---冻石							
2526101000	未破碎及未研粉的天然冻石(不论是否粗加修整或仅用锯或其他方法切割成矩形板块)〔999〕	3	50	13		千克		
25261020	---滑石							
2526102000[暂1]	未破碎及未研粉的滑石(不论是否粗加修整或仅用锯或其他方法切割成矩形板块)〔999〕	3	50	13		千克	4xy	
25262010	---冻石							
2526201000	已破碎或已研粉的天然冻石〔999〕	3	50	13		千克		
25262020	---滑石							
2526202001[暂1]	滑石粉(体积百分比≥90%的产品颗粒度≤18 微米的)〔999〕	3	50	13		千克	4Axy	R/
2526202090[暂1]	已破碎或已研粉的其他天然滑石〔999〕	3	50	13		千克	4xy	
2528	**天然硼酸盐及其精矿(不论是否煅烧),但不包括从天然盐水析离的硼酸盐;天然粗硼酸,含硼酸干重≤85%:**							
25280010	---天然硼砂及其精矿(不论是否煅烧)							
2528001000[暂0]	天然硼砂及其精矿(不论是否煅烧,不含从天然盐水析离的硼酸盐)〔999〕	3	30	13		千克	A	M/
25280090	---其他							
2528009000[暂0]	其他天然硼酸盐及精矿;天然粗硼酸,含硼酸干重≤85%〔999〕	5	30	13		千克		
2529	**长石;白榴石;霞石及霞石正长岩;萤石(氟石):**							
25291000	-长石							
2529100000[暂1]	长石〔101 栽培介质〕,〔102 长石〕	3	50	13		千克		
25292100	--按重量计氟化钙含量≤97%							
2529210000	按重量计氟化钙含量≤97%的萤石〔999〕	3	50	13		千克	4xy	
25292200	--按重量计氟化钙含量>97%							
2529220000	按重量计氟化钙含量>97%的萤石〔999〕	3	50	13		千克	4xy	
25293000	-白榴石;霞石及霞石正长岩							
2529300000	白榴石,霞石及霞石正长岩〔101 栽培介质〕,〔102 石材〕	5	50	13		千克		
2530	**其他税号未列名的矿产品:**							

① 〔101 栽培介质〕,〔102 石棉〕,〔301 属于危险化学品杂项物质〕,〔302 其他化工产品〕
② 〔101 栽培介质〕,〔102 毒害品〕,〔103 长纤维石棉〕,〔301 属于危险化学品杂项物质〕
③ 〔101 栽培介质〕,〔102 长纤维石棉〕,〔301 属于危险化学品杂项物质〕
④ 〔101 栽培介质〕,〔102 石棉〕,〔301 属于危险化学品杂项物质〕
⑤ 〔101 其他云母〕,〔102 废矿〕

智利	新西兰	澳大利亚	瑞士	冰岛	秘鲁	哥斯达	东盟	亚太	新加坡	巴基斯坦	港/澳/台	韩国	格鲁吉亚	毛里求斯	亚太	老/柬/缅	LDC 97/95	对美税率	出口税率	出口退税率	Article Description
协定税率(%)															特惠税率(%)						
																		17.5	0		
																					Asbestos:
0	0	0	0	0	0	0	0			0	0/0/	0	0	0			0/0			0	-Crocidolite
																		7.5	0		
0	0	0	0	0	0	0	0			0	0/0/	0	0	0			0/0			0	---Of long staple
																		7.5	0		
																		7.5	0		
0	0	0	0	0	0	0	0			0	0/0/	0	0	0			0/0			0	---Other
																		32.5	0		
																		32.5	0		
																					Mica, including splittings; mica waste:
0	0	0	0	0	0	0	0	2.5		0	0/0/	0	0	0			0/0			0	-Crude mica and mica rifted into sheets or splittings
																		28.5	0		
0	0	0	0	0	0	0	0	2.5		0	0/0/	0	0	0			0/0			0	-Mica powder
																		17.5	0		
0	0	0	0	0	0	0	0			0	0/0/	0	0	0			0/0			0	-Mica waste
																		7.5	0		
																					Natural steatite, whether or not roughly trimmed or merely cut, by sawing or otherwise, into blocks or slabs or a rectangular (including square) shape; talc:
0	0	0	0	0	0	0	0			0	0/0/	0	0	0			0/0			0	---Natural steatite
																		5.5	0		
0	0	0	0	0	0	0	0	1.5		0	0/0/	0	0	0			0/0			0	---Talc
																		3.5	0		
0	0	0	0	0	0	0	0			0	0/0/	0	0	0			0/0			0	---Natural steatite
																		5.5	0		
0	0	0	0	0	0	0	0			0	0/0/	0	0	0			0/0			0	---Talc
																			0		
																			0		
																					Natural borates and concentrates thereof (whether or not calcined), but not including borates separated from natural brine; natural boric acid containing not more than 85% of H3BO3 calculated on the dry weight:
0	0	0	0	0	0	0	0			0	0/0/	0	0	0			0/0			0	---Natural sodium borates and concentrates thereof (whether or not calcined)
																		27.5	0		
0	0	0	0	0	0	0	0			0	0/0/	0	0	0			0/0			0	---Other
																		27.5	0		
																					Felspar; leucite; nepheline and nepheline syenite; fluorspar:
0	0	0	0	0	0	0	0	1.5		0	0/0/	0	0	0			0/0			0	-Felspar
																		28.5	0		
0	0	0	0	0	0	0	0	1.5		0	0/0/	0	0	0			0/0			0	--Containing by weight 97% or less of calcium fluoride
																		5.5	0		
0	0	0	0	0	0	0	0			0	0/0/	0	0	0			0/0			0	--Containing by weight more than 97% of calcium fluoride
																		5.5	0		
0	0	0	0	0	0	0	0			0	0/0/	0	0	0			0/0			0	-Leucite; nepheline and nepheline syenite
																		32.5	0		
																					Mineral substances not elsewhere specified or included:

商品编号	商品名称及备注[检验检疫编码及名称]	进口关税(%)		增值税率(%)	消费税	计量单位	监管条件	检验检疫类别
		最惠国	普通					
25301010	---绿泥石							
2530101000	未膨胀的绿泥石〔999〕	5	30	13		千克		
25301020	---未膨胀的蛭石和珍珠岩							
2530102000	未膨胀的蛭石及珍珠岩①	5	30	13		千克		
25302000	-硫镁矾矿及泻盐矿(天然硫酸镁)							
2530200000	硫镁矾矿及泻盐矿(天然硫酸镁)〔999〕	3	30	13		千克		
25309010	---矿物性药材							
2530901000	矿物性药材〔999〕	3	30	13		千克		
25309020	---稀土金属矿							
2530902000	其他稀土金属矿〔999〕	0	0	13		千克	4Bxy	/N
25309091	----硅灰石							
2530909100	硅灰石〔999〕	3	50	13		千克		
25309099	----其他							
2530909910[暂0]	废镁砖〔999〕	3	50	13		千克	49xy	
2530909920[暂0]	叶蜡石〔999〕	3	50	13		千克		
2530909930[暂0]	未煅烧的水镁石〔999〕	3	50	13		千克	4xy	
2530909940[暂0]	钟乳石〔999〕	3	50	13		千克	u	
2530909992[暂0]	其他品目未列名氧化镁含量≥70%的矿产品〔999〕	3	50	13		千克		
2530909999[暂0]	其他矿产品〔999〕	3	50	13		千克		

① 〔101 蛭石(栽培介质)〕,〔102 珍珠岩(栽培介质)〕,〔103 石材〕

协定税率(%)															特惠税率(%)			对美税率	出口税率	出口退税率	Article Description
智利	新西兰	澳大利亚	瑞士	冰岛	秘鲁	哥斯达	东盟	亚太	新加坡	巴基斯坦	港/澳/台	韩国	格鲁吉亚	毛里求斯	亚太	老/柬/缅	LDC 97/95				
0	0	0	0	0	0	0	0			0	0/0/	0	0	0			0/0			0	---Chlorites
																		7.5	0		
0	0	0	0	0	0	0	0	2.5		0	0/0/	0	0	0			0/0			0	---Vermiculite, perlite unexpanded
																		32.5	0		
0	0	0	0	0	0	0	0			0	0/0/	0	0	0			0/0			0	-Kieserite, epsomite (natural magnesium sulphates)
																		15.5	0		
0	0	0	0	0	0	0	0			0	0/0/	0	0	0			0/0			0	---Mineral medicinal substances
																		5.5	0		
																	0/0			0	---Ores of rare earth metals
																			0		
0	0	0	0	0	0	0	0	1.5		0	0/0/	0	0	0			0/0			0	----Wollastonite
																		15.5	0		
0	0	0	0		0	0	0	1.5		0	0/0/	0	0	0			0/0			0	----Other
																		27.5	0		
																		27.5	0		
																		27.5	0		
																		27.5	0		
																		27.5	0		
																		27.5	0		

第二十六章
矿砂、矿渣及矿灰

注释：

一、本章不包括：

（一）供铺路用的矿渣及类似的工业废渣（品目25.17）；

（二）天然碳酸镁（菱镁矿），不论是否煅烧（品目25.19）；

（三）主要含有石油的石油储罐的淤渣（品目27.10）；

（四）第三十一章的碱性熔渣；

（五）矿物棉（品目68.06）；

（六）贵金属或包贵金属的废碎料；主要用于回收贵金属的含贵金属或贵金属化合物的其他废碎料（品目71.12）；或

（七）通过熔炼所产生的铜锍、镍锍或钴锍（第十五类）。

二、品目26.01至26.17所称"矿砂"，是指冶金工业中提炼汞、品目28.44的金属以及第十四类、第十五类金属的矿物，即使这些矿物不用于冶金工业，也包括在内。但品目26.01至26.17不包括不是以冶金工业正常加工方法处理的各种矿物。

三、品目26.20仅适用于：

（一）在工业上提炼金属或作为生产金属化合物基本原料的矿渣、矿灰及残渣，但焚化城市垃圾所产生的灰、渣除外（品目26.21）；以及

（二）含有砷的矿渣、矿灰及残渣，不论其是否含有金属，用于提取或生产砷或金属及其化合物。

子目注释：

一、子目2620.21所称"含铅汽油的淤渣及含铅抗震化合物的淤渣"，是指含铅汽油及含铅抗震化合物（例如，四乙基铅）储罐的淤渣，主要含有铅、铅化合物以及铁的氧化物。

二、含有砷、汞、铊及其混合物的矿渣、矿灰及残渣，用于提取或生产砷、汞、铊及其化合物，归入子目2620.60。

商品编号	商品名称及备注[检验检疫编码及名称]	进口关税(%)		增值税率(%)	消费税	计量单位	监管条件	检验检疫类别
		最惠国	普通					
2601	**铁矿砂及其精矿，包括焙烧黄铁矿：**							
26011110	---平均粒度小于0.8毫米的							
2601111000	未烧结铁矿砂及其精矿（平均粒度小于0.8毫米的，焙烧黄铁矿除外）〔999〕	0	0	13		千克	7A	M/
26011120	---平均粒度不小于0.8毫米，但不大于6.3毫米的							
2601112000	未烧结铁矿砂及其精矿（平均粒度不小于0.8毫米，但不大于6.3毫米的，焙烧黄铁矿除外）〔999〕	0	0	13		千克	7A	M/
26011190	---其他							
2601119000	平均粒度大于6.3毫米的未烧结铁矿砂及其精矿（焙烧黄铁矿除外）〔999〕	0	0	13		千克	7A	M/
26011200	--已烧结							
2601120000	已烧结铁矿砂及其精矿（焙烧黄铁矿除外）〔999〕	0	0	13		千克	7A	M/
26012000	-焙烧黄铁矿							
2601200000	焙烧黄铁矿〔999〕	0	0	13		千克	7A	M/
2602	**锰矿砂及其精矿，包括以干重计含锰量在20%及以上的锰铁矿及其精矿：**							
26020000	锰矿砂及其精矿，包括以干重计含锰量在20%及以上的锰铁矿及其精矿							
2602000000	锰矿砂及其精矿（包括以干重计含锰量在20%及以上的锰铁矿及其精矿）〔999〕	0	0	13		千克	A	M/
2603	**铜矿砂及其精矿：**							
26030000	铜矿砂及其精矿							
2603000010	铜矿砂及其精矿（黄金价值部分）〔998 铜精矿〕，〔999 铜矿〕	0	0	0		千克	7A	M/
2603000090	铜矿砂及其精矿（非黄金价值部分）〔998 铜精矿〕，〔999 铜矿〕	0	0	13		千克	7A	M/
2604	**镍矿砂及其精矿：**							
26040000	镍矿砂及其精矿							
2604000001	镍矿砂及其精矿（黄金价值部分）〔999〕	0	0	0		千克		
2604000090	镍矿砂及其精矿（非黄金价值部分）〔999〕	0	0	13		千克		
2605	**钴矿砂及其精矿：**							
26050000	钴矿砂及其精矿							
2605000001	钴矿砂及其精矿（黄金价值部分）〔999〕	0	0	0		千克		

Chapter 26
Ores, slag and ash

Chapter Notes:

1. This Chapter does not cover:
   (a) Slag or similar industrial waste prepared as macadam (heading 25.17);
   (b) Natural magnesium carbonate (magnesite); whether or not calcined (heading 25.19);
   (c) Sludges from the storage tanks of petroleum oils consisting mainly of such oils (heading 27.10);
   (d) Basic slag of Chapter 31;
   (e) Slag wool, rock wool or similar mineral wools (heading 68.06);
   (f) Waste or scrap of precious metal or of metal clad with precious metal; other waste or scrap containing precious metal or precious metal compounds, of a kind used principally for the recovery of precious metal (heading 71.12); or
   (g) Copper, nickel or cobalt mattes produced by any process of smelting (Section XV).
2. For the purposes of headings 26.01 to 26.17, the term "ores" means minerals of mineralogical species actually used in the metallurgical industry for the extraction of mercury, of the metals of heading 28.44 or of the metals of Section XIV or XV, even if they are intended for non-metallurgical purposes. Headings 26.01 to 26.17 do not, however, include minerals which have been submitted to processes not normal to the metallurgical industry.
3. Heading 26.20 applies only to:
   (a) Slag, ash and residues of a kind used in industry either for the extraction of metals or as a basis for the manufacture of chemical compounds of metals, excluding ash and residues from the incineration of municipal waste (heading 26.21); and
   (b) Slag, ash and residues containing arsenic,
   whether or not containing metals, of a kind used either for the extraction of arsenic or metals or for the manufacture of their chemical compounds.

Subheading Notes:

1. For the purposes of subheading 2620.21, "leaded gasoline sludges and leaded anti-knock compound sludges" means suldges obtained from storage tanks of leaded gasoline and leaded anti-knock compounds (for example, tetraethyllead), and consisting essentially of lead, lead compounds and iron oxide.
2. Slag, ash and residues containing arsenic, mercury, thallium or their mixtures, of a kind used for the extraction of arsenic or those metals or for the manufacture of their chemical compounds, are to be classified in subheading 2620.60.

协定税率(%)															特惠税率(%)			对美税率	出口税率	出口退税率	Article Description
智利	新西兰	澳大利亚	瑞士	冰岛	秘鲁	哥斯达	东盟	亚太	新加坡	巴基斯坦	港/澳/台	韩国	格鲁吉亚	毛里求斯	亚太	老/柬/缅	LDC 97/95				
																					Iron ores and concentrates, including roasted iron pyrites:
																	0/0			0	---The average grain size less than 0.8mm
																			0		
																	0/0			0	---The average grain size not less than 0.8mm, but not more than 6.3mm
																			0		
																	0/0			0	---Other
																			0		
																	0/0			0	--Agglomerated
																		25	0		
																	0/0			0	-Roasted iron pyrites
																			0		
																					Manganese ores and concentrates, including ferruginous manganese ores and concentrates with a manganese content of 20% or more, calculated on the dry weight:
																	0/0			0	Manganese ores and concentrates, including ferruginous manganese ores and concentrates with a manganese content of 20% or more, calculated on the dry weight
																		25	0		
																					Copper ores and concentrates:
																	0/0			0	Copper ores and concentrates
																			0		
																		25	0		
																					Nickel ores and concentrates:
																	0/0			0	Nickel ores and concentrates
																			0		
																		25	0		
																					Cobalt ores and concentrates:
																	0/0			0	Cobalt ores and concentrates
																			0		

商品编号	商品名称及备注[检验检疫编码及名称]	进口关税(%) 最惠国	进口关税(%) 普通	增值税率(%)	消费税	计量单位	监管条件	检验检疫类别
2605000090	钴矿砂及其精矿(非黄金价值部分)〔999〕	0	0	13		千克		
2606	**铝矿砂及其精矿:**							
26060000	铝矿砂及其精矿							
2606000000	铝矿砂及其精矿〔999〕	0	0	13		千克	4xy	
2607	**铅矿砂及其精矿:**							
26070000	铅矿砂及其精矿							
2607000001	铅矿砂及其精矿(黄金价值部分)〔998 铅精矿〕,〔999 铅矿〕	0	0	0		千克	A	M/
2607000090	铅矿砂及其精矿(非黄金价值部分)〔998 铅精矿〕,〔999 铅矿〕	0	0	13		千克	A	M/
2608	**锌矿砂及其精矿:**							
26080000	锌矿砂及其精矿							
2608000001[暂0]	灰色饲料氧化锌(氧化锌 ZnO 含量大于 80%)〔999〕	0	0	13		千克	A	M/
2608000090	其他锌矿砂及其精矿〔998 锌精矿〕,〔999 锌矿〕	0	0	13		千克	A	M/
2609	**锡矿砂及其精矿:**							
26090000	锡矿砂及其精矿							
2609000000[暂0]	锡矿砂及其精矿〔999〕	0	0	13		千克	4xy	
2610	**铬矿砂及其精矿:**							
26100000	铬矿砂及其精矿							
2610000000	铬矿砂及其精矿〔999〕	0	0	13		千克	A	M/
2611	**钨矿砂及其精矿:**							
26110000	钨矿砂及其精矿							
2611000000	钨矿砂及其精矿〔999〕	0	0	13		千克	4xy	
2612	**铀或钍矿砂及其精矿:**							
26121000	-铀矿砂及其精矿							
2612100000	铀矿砂及其精矿〔999〕	0	0	13		千克		
26122000	-钍矿砂及其精矿							
2612200000	钍矿砂及其精矿〔999〕	0	0	13		千克	4xy	
2613	**钼矿砂及其精矿:**							
26131000	-已焙烧							
2613100000	已焙烧钼矿砂及其精矿〔999〕	0	0	13		千克	4xy	
26139000	-其他							
2613900000	其他钼矿砂及其精矿〔999〕	0	0	13		千克	4xy	
2614	**钛矿砂及其精矿:**							
26140000	钛矿砂及其精矿							
2614000000	钛矿砂及其精矿〔999〕	0	0	13		千克		
2615	**铌、钽、钒或锆矿砂及其精矿:**							
26151000	-锆矿砂及其精矿							
2615100000	锆矿砂及其精矿〔101 锆(悬浮于易燃液体中的)〕,〔102 锆英砂矿〕	0	0	13		千克		
26159010	---水合钽铌原料(钽铌矿富集物)							
2615901000	水合钽铌原料(钽铌矿富集物)〔999〕	0	0	13		千克		
26159090	---其他							
2615909010	铌、钽精矿及其矿砂〔999〕	0	0	13		千克		
2615909090	钒矿砂;钒精矿〔999〕	0	0	13		千克		
2616	**贵金属矿砂及其精矿:**							
26161000	-银矿砂及其精矿							
2616100000	银矿砂及其精矿〔999〕	0	0	13		千克		
26169000	-其他							
2616900001	黄金矿砂〔999〕	0	0	0		千克		
2616900009	其他贵金属矿砂及其精矿〔999〕	0	0	13		千克		
2617	**其他矿砂及其精矿:**							
26171010	---生锑(锑精矿,选矿产品)							
2617101000	生锑(锑精矿,选矿产品)〔999〕	0	0	13		千克	4xy	
26171090	---其他							
2617109001	其他锑矿砂及其精矿(黄金价值部分)〔999〕	0	0	0		千克	4xy	
2617109090	其他锑矿砂及其精矿(非黄金价值部分)〔999〕	0	0	13		千克	4xy	
26179010	---朱砂(辰砂)							
2617901000	朱砂(辰砂)〔301 毒性物质和感染性物质〕,〔999 其他金属矿砂及精矿〕	3	14	13		千克		
26179090	---其他							

协定税率(%)															特惠税率(%)			对美税率	出口税率	出口退税率	Article Description
智利	新西兰	澳大利亚	瑞士	冰岛	秘鲁	哥斯达	东盟	亚太	新加坡	巴基斯坦	港/澳/台	韩国	格鲁吉亚	毛里求斯	亚太	老/柬/缅	LDC 97/95				
																			0		
																					Aluminium ores and concentrates:
																	0/0			0	Aluminium ores and concentrates
																			0		
																					Lead ores and concentrates:
																	0/0			0	Lead ores and concentrates
																			30		
																		10	30		
																					Zinc ores and concentrates:
																	0/0			0	Zinc ores and concentrates
																		25	30[0]		
																		25	30		
																					Tin ores and concentrates:
																	0/0			0	Tin ores and concentrates
																			50[20]		
																					Chromium ores and concentrates:
																	0/0			0	Chromium ores and concentrates
																			0		
																					Tungsten ores and concentrates:
																	0/0			0	Tungsten ores and concentrates
																			20		
																					Uranium or thorium ores and concentrates:
																	0/0			0	-Uranium ores and concentrates
																			0		
																	0/0			0	-Thorium ores and concentrates
																			0		
																					Molybdenum ores and concentrates:
																	0/0			0	-Roasted
																		10	0		
																	0/0			0	-Other
																		10	0		
																					Titanium ores and concentrates:
																	0/0			0	Titanium ores and concentrates
																		25	0		
																					Niobium, tantalum, vanadium or zirconium ores and concentrates:
																	0/0			0	-Zirconium ores and concentrates
																		25	0		
																	0/0			0	---Hydrated Tantalum/Niobium materials or enriched materials from Tantalum/Niobium Ore
																			30		
																	0/0			0	---Other
																		25	30		
																		25	30		
																					Precious metal ores and concentrates:
																	0/0			0	-Silver ores and concentrates
																			0		
																	0/0			0	-Other
																			0		
																		25	0		
																					Other ores and concentrates:
																	0/0			0	---Crude antimony (Antimony concentrates which are mineral products)
																			20		
																	0/0			0	---Other
																			0		
																			0		
0	0	0	0	0	0	0	0			0	0/0/	0	0	0			0/0			0	---Cinnabar
																		5.5	0		
																	0/0			0	---Other

商品编号	商品名称及备注[检验检疫编码及名称]	进口关税(%) 最惠国	普通	增值税率(%)	消费税	计量单位	监管条件	检验检疫类别
2617909000	其他矿砂及其精矿〔999〕	0	0	13		千克		
2618	**冶炼钢铁所产生的粒状熔渣(熔渣砂):**							
26180010	---主要含锰							
2618001001	主要含锰的冶炼钢铁产生的粒状熔渣,含锰量>25 %(包括熔渣砂)〔999〕	4	35	13		千克	9A	M/
2618001090	其他主要含锰的冶炼钢铁产生的粒状熔渣(包括熔渣砂)〔999〕	4	35	13		千克	9A	M/
26180090	---其他							
2618009000	其他的冶炼钢铁产生的粒状熔渣(包括熔渣砂)〔999〕	4	35	13		千克	9A	M/
2619	**冶炼钢铁所产生的熔渣、浮渣(粒状熔渣除外)、氧化皮及其他废料:**							
26190000	冶炼钢铁所产生的熔渣、浮渣(粒状熔渣除外)、氧化皮及其他废料							
2619000010	轧钢产生的氧化皮〔999〕	4	35	13		千克	9A	M/
2619000021	冶炼钢铁所产生的含钒浮渣、熔渣,五氧化二钒含量>20%(冶炼钢铁所产生的粒状熔渣除外)〔999〕	4	35	13		千克	9	M/
2619000029	其他冶炼钢铁所产生的含钒浮渣、熔渣(冶炼钢铁所产生的粒状熔渣除外)〔999〕	4	35	13		千克	9	M/
2619000030	含铁>80%的冶炼钢铁产生的渣钢铁〔999〕	4	35	13		千克	9A	M/
2619000090	冶炼钢铁产生的其他熔渣、浮渣及其他废料(冶炼钢铁所产生的粒状熔渣除外)①	4	35	13		千克	9A	M/
2620	**含有金属、砷及其化合物的矿渣、矿灰及残渣(冶炼钢铁所产生的灰、渣除外):**							
26201100	--含硬锌							
2620110000	含硬锌的矿渣、矿灰及残渣(冶炼钢铁所产生灰、渣的除外)〔999〕	4	35	13		千克	9	
26201900	--其他							
2620190000	其他主要含锌的矿渣、矿灰及残渣(冶炼钢铁所产生灰、渣的除外)〔999〕	4	35	13		千克	9	M/
26202100	--含铅汽油的淤渣及含铅抗震化合物的淤渣							
2620210000	含铅汽油淤渣及含铅抗震化合物的淤渣〔999〕	4	35	13		千克	9	
26202900	--其他							
2620290000	其他主要含铅的矿渣、矿灰及残渣(冶炼钢铁所产生灰、渣的除外)〔999〕	4	35	13		千克	9	
26203000	-主要含铜							
2620300000	主要含铜的矿渣、矿灰及残渣(冶炼钢铁所产生灰、渣的除外)〔999〕	4	35	13		千克	9	
26204000	-主要含铝							
2620400000	主要含铝的矿渣、矿灰及残渣(冶炼钢铁所产生灰、渣的除外)〔999〕	4	35	13		千克	9	
26206000	-含砷、汞、铊及其混合物,用于提取或生产砷、汞、铊及其化合物							
2620600000	含砷,汞,铊及混合物矿渣、矿灰与残渣(用于提取或生产砷、汞、铊及其化合物)〔999〕	4	35	13		千克	9	
26209100	--含锑、铍、镉、铬及其混合物							
2620910000	含锑,铍,镉,铬及混合物的矿渣、矿灰及残渣〔999〕	4	35	13		千克	9	
26209910	---主要含钨							
2620991000	其他主要含钨的矿渣、矿灰及残渣〔999〕	4	35	13		千克	y4x9	
26209990	---其他							
2620999011	含其他金属及其化合物的矿渣、矿灰及残渣,五氧化二钒>20%(冶炼钢铁所产生的及含钒废催化剂除外)〔999〕	4	35	13		千克	9	M/
2620999019	含其他金属及其化合物的矿渣、矿灰及残渣,10%<五氧化二钒≤20%的(冶炼钢铁所产生的及含钒废催化剂除外)〔999〕	4	35	13		千克	9	M/
2620999020	含铜大于10%的铜冶炼转炉渣及火法精炼渣、其他铜冶炼渣②	4	35	13		千克	9	M/
2620999090	含其他金属及其化合物的矿渣、矿灰及残渣(冶炼钢铁所产生灰、渣的除外)〔999〕	4	35	13		千克	9	
2621	**其他矿渣及矿灰,包括海藻灰(海草灰);焚化城市垃圾所产生的灰、渣:**							
26211000	-焚化城市垃圾所产生的灰、渣							

① 〔101 炉渣(栽培介质)〕,〔102 矿渣(栽培介质)〕
② 〔101 用作铜冶炼的原料〕,〔102 用作除锈磨料的其他铜冶炼渣〕

协定税率(%)															特惠税率(%)			对美税率	出口税率	出口退税率	Article Description
智利	新西兰	澳大利亚	瑞士	冰岛	秘鲁	哥斯达	东盟	亚太	新加坡	巴基斯坦	港/澳/台	韩国	格鲁吉亚	毛里求斯	亚太	老/柬/缅	LDC 97/95				
																		25	0		
																					Granulated slag (slag sand) from the manufacture of iron or steel:
0	0	0	0	0	0	0	0			0	0/0/	0	0	0			0/0			0	---Containing mainly Manganese
																		29	0		
																		29	0		
0	0	0	0	0	0	0	0	3.2		0	0/0/	0	0	0			0/0			0	---Other
																			0		
																					Slag, dross (other than granulated slag), scalings and other waste from the manufacture of iron or steel:
0	0	0	0	0	0	0	0			0	0/0/	0	0	0			0/0			0	Slag, dross (other than granulated slag), scalings and other waste from the manufacture of iron or steel
																		29	0		
																		29	0		
																		29	0		
																		29	0		
																		29	0		
																					Slag, ash and residues (other than from the manufacture of iron or steel) containing metals, arsenic or their compounds:
0	0	0	0	0	0	0	0			0	0/0/	0	0	0			0/0			0	--Hard zinc spelter
																			0		
0	0	0	0	0	0	0	0			0	0/0/	0	0	0			0/0			0	--Other
																			0		
0	0	0	0	0	0	0	0			0	0/0/	0	0	0			0/0			0	--Leaded gasoline sludges and leaded anti-knock compound sludges
																			0		
0	0	0	0	0	0	0	0			0	0/0/	0	0	0			0/0			0	--Other
																			0		
0	0	0	0	0	0	0	0			0	0/0/	0	0	0			0/0			0	-Containing mainly copper
																			0		
0	0	0	0	0	0	0	0			0	0/0/	0	0	0			0/0			0	-Containing mainly aluminium
																			0		
0	0	0	0	0	0	0	0			0	0/0/	0	0	0			0/0			0	-Containing arsenic, mercury, thallium or their mixtures, of a kind used for the extraction of arsenic or those metals or for the manufacture of their chemical compounds
																			0		
0	0	0	0	0	0	0	0			0	0/0/	0	0	0			0/0			0	--Containing antimony, beryllinm, cadmium, chromium or their mixtures
																			0		
0	0	0	0	0	0	0	0			0	0/0/	0	0	0			0/0			0	---Containing mainly tungsten
																			0		
0	0	0	0	0	0	0	0			0	0/0/	0	0	0			0/0			0	---Other
																		29	0		
																		29	0		
																		29	0		
																		29	0		
																					Other slag and ash, including seaweed ash (kelp); ash and residues from the incineration of municipal waste:
0	0	0	0	0	0	0	0			0	0/0/		0	0			0/0			0	-Ash and residues from the incineration of municipal waste

商品编号	商品名称及备注[检验检疫编码及名称]	进口关税(%)		增值税率(%)	消费税	计量单位	监管条件	检验检疫类别
		最惠国	普通					
2621100000	焚化城市垃圾所产生的灰、渣〔999〕	4	35	13		千克	9	
26219000	-其他							
2621900010	海藻灰及其他植物灰(包括稻壳灰)〔999〕	4	35	13		千克	9	
2621900090	其他矿渣及矿灰〔999〕	4	35	13		千克	9	

协定税率(%)															特惠税率(%)			对美税率	出口税率	出口退税率	Article Description
智利	新西兰	澳大利亚	瑞士	冰岛	秘鲁	哥斯达	东盟	亚太	新加坡	巴基斯坦	港/澳/台	韩国	格鲁吉亚	毛里求斯	亚太	老/柬/缅	LDC 97/95				
																			0		
0	0	0	0	0	0	0	0			0	0/0/	0	0	0			0/0			0	-Other
																		14	0		
																		14	0		

第二十七章
矿物燃料、矿物油及其蒸馏产品；沥青物质；矿物蜡

注释：

一、本章不包括：

（一）单独的已有化学定义的有机化合物，但纯甲烷及纯丙烷应归入品目 27.11；

（二）品目 30.03 及 30.04 的药品；或

（三）品目 33.01、33.02 及 38.05 的不饱和烃混合物。

二、品目 27.10 所称“石油及从沥青矿物提取的油类”，不仅包括石油、从沥青矿物提取的油及类似油，还包括那些用任何方法提取的主要含有不饱和烃混合物的油，但其非芳族成分的重量必须超过芳族成分。

然而，它不包括采用减压蒸馏法，在压力转换为 1013 毫巴下的温度 300℃时，以体积计馏出量小于 60%的液体合成聚烯烃（第三十九章）。

三、品目 27.10 所称“废油”，是指主要含石油及从沥青矿物提取的油类（参见本章注释二）的废油，不论其是否与水混合。它们包括：

（一）不再适于作为原产品使用的废油（例如，用过的润滑油、液压油及变压器油）；

（二）石油储罐的淤渣油，主要含废油及高浓度的在生产原产品时使用的添加剂（例如，化学品）；以及

（三）水乳浊液状的或与水混合的废油，例如，浮油、清洗油罐所得的油或机械加工中已用过的切削油。

子目注释：

一、子目 2701.11 所称“无烟煤”，是指含挥发物（以干燥、无矿物质计）不超过 14%的煤。

二、子目 2701.12 所称“烟煤”，是指含挥发物（以干燥、无矿物质计）超过 14%，并且热值（以潮湿、无矿物质计）等于或大于 5833 大卡/千克的煤。

三、子目 2707.10、2707.20、2707.30 及 2707.40 所称“粗苯”“粗甲苯”“粗二甲苯”及“萘”，是分别指按重量计苯、甲苯、二甲苯或萘的含量在 50%以上的产品。

四、子目 2710.12 所称“轻油及其制品”，是指根据 ISO 3405 方法（等同于 ASTM D 86 方法），温度在 210℃时以体积计馏出量（包括损耗）在 90%及以上的产品。

五、品目 27.10 的子目所称“生物柴油”，是指从动植物油脂（不论是否使用过）得到的用作燃料的脂肪酸单烷基酯。

商品编号	商品名称及备注[检验检疫编码及名称]	进口关税(%)		增值税率(%)	消费税	计量单位	监管条件	检验检疫类别
		最惠国	普通					
2701	**煤；煤砖、煤球及用煤制成的类似固体燃料：**							
27011100	--无烟煤							
2701110010	无烟煤（不论是否粉化，但未制成型）〔999〕	3	20	13		千克	47Axy	M/
2701110090	无烟煤滤料〔999〕	3	20	13		千克	7A	M/
27011210	---炼焦煤							
2701121000	未制成型的炼焦煤（不论是否粉化）〔999〕	3	20	13		千克	47Axy	M/
27011290	---其他							
2701129000	其他烟煤（不论是否粉化，但未制成型）〔999〕	6	20	13		千克	47Axy	M/
27011900	--其他煤							
2701190000	其他煤（不论是否粉化，但未制成型）〔999〕	5	20	13		千克	47Axy	M/
27012000	-煤砖、煤球及用煤制成的类似固体燃料							
2701200000	煤砖、煤球及类似用煤制固体燃料〔999〕	5	50	13		千克		
2702	**褐煤，不论是否制成型，但不包括黑玉：**							
27021000	-褐煤，不论是否粉化，但未制成型							
2702100000	褐煤（不论是否粉化，但未制成型）〔999〕	3	20	13		千克	4Axy	M/

Chapter 27
Mineral fuels, mineral oils and products of their distillation; bituminous substances; mineral waxes

Chapter Notes:

1. This Chapter does not cover:
   (a) Separate chemically defined organic compounds, other than pure methane and propane which are to be classified in heading 27.11;
   (b) Medicaments of heading 30.03 or 30.04; or
   (c) Mixed unsaturated hydrocarbons of heading 33.01, 33.02 or 38.05.

2. References in heading 27.10 to "petroleum oils and oils obtained from bituminous minerals" include not only petroleum oils and oils obtained from bituminous minerals but also similar oils, as well as those consisting mainly of mixed unsaturated hydrocarbons, obtained by any process, provided that the weight of the non-aromatic constituents exceeds that of the aromatic constituents.
   However, the references do not include liquid synthetic polyolefins of which less than 60% by volume distils at 300℃, after conversion to 1,013 millibar when a reduced-pressure distillation method is used (Chapter 39).

3. For the purposes of heading 27.10, "waste oils" means waste containing mainly petroleum oils and oils obtained from bituminous minerals (as described in Note 2 to this Chapter), whether or not mixed with water. These include:
   (a) Such oils no longer fit for use as primary products (for example, used lubricating oils, used hydraulic oils and used transformer oils);
   (b) Sludge oils from the storage tanks of petroleum oils, mainly containing such oils and a high concentration of additives (for example, chemicals) used in the manufacture of the primary products; and
   (c) Such oils in the form of emulsions in water or mixtures with water, such as those resulting from oil spills or storage tank washings, or from the use of cutting oils for machining operations.

Subheading Notes:

1. For the purposes of subheading 2701.11, "anthracite" means coal having a volatile matter limit (on a dry, mineral-matter-free basis) not exceeding 14%.

2. For the purposes of subheading 2701.12, "bituminous coal" means coal having a volatile matter limit (on a dry, mineral-matter-free basis) exceeding 14% and a calorific value limit (on a moist, mineral-matter-free basis) equal to or greater than 5,833 kcal/kg.

3. For the purposes of subheadings 2707.10, 2707.20, 2707.30 and 2707.40 the terms "benzol (benzene)" "toluol (toluene)" "xylol (xylenes)" and "naphthalene" apply to products which contain more than 50% by weight of benzene, toluene, xylenes or naphthalene, respectively.

4. For the purposes of subheading 2710.12, "light oils and preparations" are those of which 90 % or more by volume (including losses) distil at 210℃ according to the ISO 3405 method (equivalent to the ASTM D 86 method).

5. For the purposes of the Subheadings of heading 27.10, the term "biodiesel" means mono-alkyl esters of fatty acids of a kind used as a fuel, derived from animal or vegetable fats and oils whether or not used.

协定税率(%)															特惠税率(%)			对美税率	出口税率	出口退税率	Article Description
智利	新西兰	澳大利亚	瑞士	冰岛	秘鲁	哥斯达	东盟	亚太	新加坡	巴基斯坦	港/澳/台	韩国	格鲁吉亚	毛里求斯	亚太	老/柬/缅	LDC 97/95				
																					Coal; briquettes, ovoids and similar solid fuels manufactured from coal:
0	0	0	0	0	0	0	0			0	0/0/	0	0	0		0//	0/0			0	--Anthracite
																		28	0		
																		28	0		
0	0	0	0	0	0	0	0			0	0/0/	0	0	0		0//	0/0			0	---Coking coal
																		30.5	0		
0	0	0	0	0	0	0	0			0	0/0/	0	0	0		0//	0/0			0	---Other
																		31	0		
0	0	0	0	0	0	0	0	3.5		0	0/0/	0	0	0		0//	0/0			0	--Other coal
																		30	0		
0	0	0	0	0	0	0	0			0	0/0/	0	0	0		0//	0/0			0	-Briquettes, ovoids and similar solid fuels manufactured from coal
																		30	0		
																					Lignite, whether or not agglomerated, excluding jet:
0	0	0	0	0	0	0	0			0	0/0/	0	0	0			0/0			0	-Lignite, whether or not pulverized, but not agglomerated
																		28	0		

商品编号	商品名称及备注[检验检疫编码及名称]	进口关税(%) 最惠国	普通	增值税率(%)	消费税	计量单位	监管条件	检验检疫类别
27022000	-制成型的褐煤							
2702200000	制成型的褐煤〔999〕	3	20	13		千克	A	M/
2703	**泥煤(包括肥料用泥煤),不论是否制成型:**							
27030000	泥煤(包括肥料用泥煤),不论是否制成型							
2703000010	泥炭(草炭)[沼泽(湿地)中,地上植物枯死、腐烂堆积而成的有机矿体(不论干湿)]〔101 栽培介质〕,〔102 化工产品〕	5	20	13		千克	8AB	P/Q
2703000090	泥煤(包括肥料用泥煤)(不论是否制成型)〔101 栽培介质〕,〔102 泥煤〕	5	20	13		千克	AB	P/Q
2704	**煤、褐煤或泥煤制成的焦炭及半焦炭,不论是否制成型;甑炭:**							
27040010	---焦炭及半焦炭							
2704001000[暂0]	焦炭或半焦炭(煤,褐煤或泥煤制成的,不论是否成型)〔999〕	5	11	13		千克	4xy	
27040090	---其他							
2704009000[暂0]	甑炭〔999〕	5	11	13		千克		
2705	**煤气、水煤气、炉煤气及类似气体,但石油气及其他烃类气除外:**							
27050000	煤气、水煤气、炉煤气及类似气体,但石油气及其他烃类气除外							
2705000010[暂1]	煤气〔999〕	5	20	9		千克	AB	M/N
2705000090[暂1]	水煤气、炉煤气及类似气体(石油气及其他烃类气除外)〔301 毒性气体〕,〔998 其他危险化学品〕,〔999 其他化工产品〕	5	20	9		千克		
2706	**从煤、褐煤或泥煤蒸馏所得的焦油及其他矿物焦油,不论是否脱水或部分蒸馏,包括再造焦油:**							
27060000	从煤、褐煤或泥煤蒸馏所得的焦油及其他矿物焦油,不论是否脱水或部分蒸馏,包括再造焦油							
2706000001[暂1]	含蒽油≥50%及沥青≥40%的"炭黑油"〔998 其他危险化学品〕,〔999 其他化工产品〕	6	30	13		千克		
2706000090[暂1]	其他从煤、褐煤或泥煤蒸馏所得的焦油及矿物焦油(不论是否脱水或部分蒸馏,包括再造焦油)①	6	30	13		千克	AB	M/N
2707	**蒸馏高温煤焦油所得的油类及其他产品;芳族成分重量超过非芳族成分的类似产品:**							
27071000	-粗苯							
2707100000	粗苯〔301 易燃液体〕,〔302 其他化工产品〕,〔999〕	6	20	13		千克	AB	M/N
27072000	-粗甲苯							
2707200000	粗甲苯〔301 易燃液体〕,〔302 其他化工产品〕,〔999〕	6	30	13		千克		
27073000	-粗二甲苯							
2707300000[暂2]	粗二甲苯〔301 易燃液体〕,〔302 其他化工产品〕,〔999〕	6	20	13		千克		
27074000	-萘							
2707400000	萘〔101 萘饼(粗萘)〕,〔102 1-甲基萘〕,〔301〕	7	30	13		千克	AB	M/N
27075000	-其他芳烃混合物,根据 ISO 3405 方法(等同于 ASTM D 86 方法),温度在 250℃时的馏出量以体积计(包括损耗)在 65%及以上							
2707500000	其他芳烃混合物[根据 ISO 3405 方法(等同于 ASTM D 86 方法),温度在 250℃时的馏出量以体积计(包括损耗)在 65%及以上]〔998 其他危险化学品〕,〔999 其他化工产品〕	7	30	13		千克		
27079100	--杂酚油							
2707910000	杂酚油〔998 其他危险化学品〕,〔999 其他化工产品〕	7	30	13		千克		
27079910	---酚							

① 〔101 煤焦油〕,〔102 其他焦油〕,〔103 煤焦沥青〕,〔104 蒽油乳剂(其他危险化学品)〕,〔105 蒽油乳膏(其他危险化学品)〕,〔301 其他化工产品〕

协定税率(%)															特惠税率(%)			对美税率	出口税率	出口退税率	Article Description
智利	新西兰	澳大利亚	瑞士	冰岛	秘鲁	哥斯达	东盟	亚太	新加坡	巴基斯坦	港/澳/台	韩国	格鲁吉亚	毛里求斯	亚太	老/柬/缅	LDC 97/95				
0	0	0	0	0	0	0	0			0	0/0/	0	0	0			0/0			0	-Agglomerated lignite
																		28	0		
																					Peat (including peat litter), whether or not agglomerated:
0	0	0	0	0	0	0	0	2.5		0	0/0/	0	0	0			0/0			0	Peat(including peat litter), whether or not agglomerated
																		30	0		
																		30	0		
																					Coke and semi-coke of coal, of lignite or of peat, whether or not agglomerated; retort carbon:
0	0	0	0	0	0	0	0	2.5		0	0/0/	0	0	0			0/0			0	---Coke and semi-coke
																		25	0		
0	0	0	0	0	0	0	0	2.5		0	0/0/	0	0	0			0/0			0	---Other
																		25	0		
																					Coal gas, water gas, producer gas and similar gases, other than petroleum gases and other gaseous hydrocarbons:
0	0	0	0	0	0	0	0			0	0/0/	0	0	0			0/0			0	Coal gas, water gas, producer gas and similar gases, other than petroleum gases and other gaseous hydrocarbons
																		26	0		
																		26	0		
																					Tar distilled from coal, from lignite or from peat, and other mineral tars, whether or not dehydrated or partially distilled, including reconstituted tars:
0	0	0	0	0	0	0	0			4	0/0/	0	0	0			0/0			0	Tar distilled from coal, from lignite or from peat, and other mineral tars, whether or not dehydrated or partially distilled, including reconstituted tars
																		26	0		
																		26	0		
																					Oils and other products of the distillation of high temperature coal tar; similar products in which the weight of the aromatic constituents exceeds that of the non-aromatic constituents:
0	0	0	0	0	0	0	0			4	0/0/	3.2	0	0			0/0			0	-Benzole
																		31	0		
0	0	0	0	0	0	0	0			4	0/0/	0	0	0			0/0			0	-Toluole
																		31	0		
0	0	0	0	0	0	0	0		0	4	0/0/	3.2	0	0			0/0			0	-Xylole
																		27	0		
0	0	0	0	0	0	0	0	6	0	3	0/0/	3.7	0	0			0/0			0	-Naphthalene
																		32	0		
0	0	0	0	0	0	0	0		0	3	0/0/	3.7	0	0			0/0			0	-Other aromatic hydrocarbon mixtures of which 65% or more by volume (including losses) distils at 250℃ by the ISO 3405 method (equivalent to the ASTM D 86 method)
																		32	0		
0	0	0	0	0	0	0	0			3	0/0/	2.1	0	0			0/0			0	--Creosote oils
																		32	0		
0	0	0	0	0	0	0	0		0	3	0/0/	0	0	0			0/0			0	---Phenols

商品编号	商品名称及备注[检验检疫编码及名称]	进口关税(%) 最惠国	进口关税(%) 普通	增值税率(%)	消费税	计量单位	监管条件	检验检疫类别
2707991000	酚〔998 其他危险化学品〕,〔999 其他化工产品〕	7	30	13		千克		
27079990	---其他							
2707999000	蒸馏煤焦油所得的其他产品(包括芳族成分重量超过非芳族成分的其他类似产品)①	7	30	13		千克		
2708	**从煤焦油或其他矿物焦油所得的沥青及沥青焦:**							
27081000	-沥青							
2708100000	沥青〔998 杂项物质〕,〔999 其他化工产品〕	7	35	13		千克		
27082000	-沥青焦							
2708200001[暂3]	针状沥青焦〔998 其他危险化学品〕,〔999 其他化工产品〕	6	11	13		千克		
2708200090	其他沥青焦〔998 其他危险化学品〕,〔999 其他化工产品〕	6	11	13		千克		
2709	**石油原油及从沥青矿物提取的原油:**							
27090000	石油原油及从沥青矿物提取的原油							
2709000000	石油原油(包括从沥青矿物提取的原油)〔999〕	见附表2	见附表2	13		千克	4x7AByv	M/N
2710	**石油及从沥青矿物提取的油类,但原油除外;以上述油为基本成分(按重量计不低于70%)的其他税号未列名制品;废油:**							
27101210	---车用汽油及航空汽油							
2710121000[暂1]	车用汽油及航空汽油,不含生物柴油〔101 汽油(闪点<-18℃)〕,〔102 汽油(闪点<-18℃)〕,〔103 汽油(-18℃≤闪点<23℃)〕,〔104 汽油(-18℃≤闪点<23℃)〕,〔301〕	5	14	13	1.52元/升	千克/升	47ABvy	M/N
27101220	---石脑油							
2710122000[暂0]	石脑油,不含生物柴油〔301 易燃液体〕,〔302 其他化工产品〕,〔999〕	6	20	13	1.52元/升	千克/升	47ABvy	M/N
27101230	---橡胶溶剂油、油漆溶剂油、抽提溶剂油							
2710123000	橡胶溶剂油、油漆溶剂油、抽提溶剂油,不含生物柴油〔301 易燃液体〕,〔302 其他化工产品〕,〔999〕	6	30	13	1.52元/升	千克/升		
27101291	----壬烯							
2710129101[暂4]	壬烯,不含生物柴油(碳九异构体混合物含量>90%)〔301 易燃液体〕,〔999 其他化工产品〕	9	20	13		千克	4Ay	M/
2710129190	其他壬烯,不含生物柴油〔301 易燃液体〕,〔999 其他化工产品〕	9	20	13		千克	4Ay	M/
27101299	----其他							
2710129910[暂5]	异戊烯同分异构体混合物,不含生物柴油〔301 易燃液体〕,〔999 其他化工产品〕	9	20	13		千克	4Ay	M/
2710129920	脱模剂(包括按重量计含油≥70%的制品)〔101 其他化工产品〕,〔102 易燃液体〕	9	20	13		千克	4Ay	M/
2710129990	其他轻油及制品,不含生物柴油(包括按重量计含油≥70%的制品)〔301 其他化工产品〕,〔999 易燃液体〕	9	20	13		千克	4Ay	M/
27101911	----航空煤油							
2710191100[暂0]	航空煤油,不含生物柴油〔301 易燃液体〕,〔999 其他化工产品〕	9	14	13		千克/升	47ABvy	M/N
27101912	----灯用煤油							
2710191200	灯用煤油,不含生物柴油〔301 易燃液体〕,〔999 其他化工产品〕	9	14	13	1.2元/升	千克/升	47ABvy	M/N
27101919	----其他							
2710191910	正构烷烃(C9-C13),不含生物柴油〔998 其他危险化学品〕,〔999 其他化工产品〕	6	20	13	1.2元/升	千克/升	4y	
2710191920	异构烷烃溶剂,不含生物柴油(初沸点225℃,闪点92℃,密度0.79克/立方厘米,黏度3.57平方毫米/秒)〔999 易燃液体〕	6	20	13	1.2元/升	千克/升	4ABy	M/N
2710191990	其他煤油馏分的油及制品,不含生物柴油〔101 磺化煤油〕,〔102 煤油〕,〔301 其他化工产品〕,〔302 易燃液体〕	6	20	13	1.2元/升	千克/升	4ABy	M/N
27101922	----5~7号燃料油							
2710192210[暂1]	低硫的5~7号燃料油(硫含量不高于0.5% m/m),不含生物柴油〔301 其他化工产品〕,〔302 其他危险化学品〕	6	20	13	1.2元/升	千克/升	47ABv	M/N

① 〔101 分离焦油〕,〔102 塑料印油〕,〔103 偶氮紫苯溶液〕,〔104 塑料薄膜油墨〕,〔105 闪烁液〕,〔301 易燃液体〕,〔302 其他化工产品〕,〔303 杂项物质〕

协定税率(%)															特惠税率(%)			对美税率	出口税率	出口退税率	Article Description
智利	新西兰	澳大利亚	瑞士	冰岛	秘鲁	哥斯达	东盟	亚太	新加坡	巴基斯坦	港/澳/台	韩国	格鲁吉亚	毛里求斯	亚太	老/柬/缅	LDC 97/95				
																		32	0		
0	0	0	0	0	0	0	0		0	3	0/0/	3.7	0	0			0/0			0	---Other
																		32	0		
																					Pitch and pitch coke, obtained from coal tar or from other mineral tars:
0	0	0	0	0	0	0	0			3	0/0/	0	0	0			0/0			0	-Pitch
																		32	0		
0	0	0	0	0	0	0	0			4	0/0/	1.8	0	0			0/0			0	-Pitch coke
																		28	0		
																		31	0		
																					Petroleum oils and oils obtained from bituminous minerals, crude:
																	0/0			0	Petroleum oils and oils obtained from bituminous minerals, crude
																		0元/吨+ 2.5	0		
																					Petroleum oils and oils obtained from bituminous minerals, other than crude; preparations not elsewhere specified or included, containing by weight 70% or more of petroleum oils or of oils obtained from bituminous minerals, these oils being the basic constituents of the preparations; waste oils:
0	0	0	0	0		0	0		0	0	0/0/	2.6	0	0			0/0				---Mortor gasoline, aviation gasoline
																		26	0	13	
0	0	0	0	0		0	0	5.4	0	0	0/0/	3.2	0	0			0/0			0	---Naphtha
																		25	0		
0	0	0	0	0		0	5				0/0/	3.2	0	0			0/			0	---Rubber solvent, paint solvent, extractive solvent
																		31	0		
0	0	0	0	0		0	5				0/0/	4.8	1.8	0			0/			0	----Nonene
																		29	0		
																		34	0		
0	0	0	0	0		0	5				0/0/	4.8	1.8	0			0/			0	----Other
																		30	0		
																			0		
																		34	0		
0	0	0	0	0	0	0	0		0	3	0/0/0	0	0	0			0/0				----Aviation kerosene
																		25	0	13	
0	0	0	0	0	0	0	5				0/0/	4.8	1.8	0			0/			0	----Lamp-kerosene
																		34	0		
0	0	0	0	0	0	0	0		0	0	0/0/0	0	0	0			0/0			0	----Other
																		27	0		
																			0		
																		31	0		
0	0	0	0	0	0	0	0		0	4	0/0/	0	0	0			0/0			0	----Fuel oils No. 5 ~ No. 7
																		26	0		

商品编号	商品名称及备注[检验检疫编码及名称]	进口关税(%) 最惠国	进口关税(%) 普通	增值税率(%)	消费税	计量单位	监管条件	检验检疫类别
2710192290[暂1]	其他5~7号燃料油,不含生物柴油〔301 其他化工产品〕,〔302 其他危险化学品〕	6	20	13	1.2元/升	千克/升	7ABv	M/N
27101923	----柴油							
2710192300[暂1]	柴油〔301 易燃液体〕,〔302 其他化工产品〕,〔999〕	6	11	13	1.2元/升	千克/升	47ABvy	M/N
27101929	----其他							
2710192910[暂0]	蜡油,不含生物柴油(350℃以下馏出物体积<20%,550℃以下馏出物体积>80%)〔998 其他危险化学品〕,〔999 其他化工产品〕	6	20	13	1.2元/升	千克/升	7ABv	M/N
2710192990	其他燃料油,不含生物柴油〔301 易燃液体〕,〔999 其他化工产品〕	6	20	13	1.2元/升	千克/升	7ABv	M/N
27101991	----润滑油							
2710199100	润滑油,不含生物柴油〔998 其他危险化学品〕,〔999 其他化工产品〕	6	17	13	1.52元/升	千克/升	4Axy	M/
27101992	----润滑脂							
2710199200	润滑脂,不含生物柴油〔998 其他危险化学品〕,〔999 其他化工产品〕	6	17	13	1.52元/升	千克/升	4Axy	M/
27101993	----润滑油基础油							
2710199310	润滑油基础油,不含生物柴油(产品黏度100℃时37~47,黏度指数80及以上,颜色实测2.0左右,倾点实测-8℃左右)〔101 其他化工产品〕,〔102 易燃液体〕	6	17	13	1.52元/升	千克/升	4xy	
2710199390	其他润滑油基础油,不含生物柴油〔101 其他化工产品〕,〔102 其他危险化学品〕	6	17	13	1.52元/升	千克/升	4xy	
27101994	----液体石蜡和重质液体石蜡							
2710199400	液体石蜡和重质液体石蜡,不含生物柴油①	6	20	13		千克	AB	M.R/N.S
27101999	----其他							
2710199910	白油(液体烃类混合物组成的无色透明油状液体,由原油分馏所得)[商品成分为100%白矿油,40℃时该产品黏度为65平方毫米/秒,闪点为225℃,倾点为-10℃,比重(20℃/20℃)为0.885]〔301 易燃液体〕,〔302 其他化工产品〕,〔999〕	6	20	13	1.2元/升	千克/升	B	/N
2710199990	其他重油;其他重油制品,不含生物柴油(包括按重量计含油≥70%的制品)〔301 易燃液体〕,〔302 其他化工产品〕,〔999〕	6	20	13	1.2元/升	千克/升	B	/N
27102000	-石油及从沥青矿物提取的油类(但原油除外)以及以上述油为基本成分(按重量计≥70%)的其他品目未列名制品,含有生物柴油,但废油除外							
2710200000	石油及从沥青矿物提取的油类(但原油除外)以及以上述油为基本成分(按重量计≥70%)的其他品目未列名制品(含生物柴油<30%,废油除外)〔301 易燃液体〕,〔999 其他化工产品〕	6	20	13	1.2元/升	千克/升	4Ay	M/
27109100	--含多氯联苯(PCBs)、多氯三联(PCTs)或多溴联苯(PBBs)的							
2710910000	含多氯联苯、多溴联苯的废油(包括含多氯三联苯的废油)〔998 其他危险化学品〕,〔999 其他化工产品〕	6	20	13		千克	9	
27109900	--其他							
2710990000	其他废油〔998 其他危险化学品〕,〔999 其他化工产品〕	6	20	13		千克	9	
2711	**石油气及其他烃类气:**							
27111100	--天然气							
2711110000	液化天然气〔101 天然气(含甲烷的;液化的)〕,〔102 甲烷(液化的)〕,〔301〕	0	20	9		千克	4ABy	M/N
27111200	--丙烷							
2711120000[暂1]	液化丙烷〔101 丙烷(危险化学品)〕,〔102 丙烷(危险化学品 & 食品添加剂)〕,〔301〕	5	20	9		千克	AB	M/N
27111310	---直接灌注香烟打火机及类似打火器用,其包装容器的容积>300立方厘米							
2711131000	直接灌注香烟打火机等用液化丁烷(包装容器容积>300立方厘米)〔999〕	5	80	13		千克		
27111390	---其他							

① 〔101 石油石蜡(费-托合成法)〕,〔102 石蜡〕,〔103 白油(液体石蜡)〕,〔104 矿物油〕,〔301 属于危险化学品的食品添加剂〕,〔302 无检疫要求食品添加剂〕,〔303 一般化学品,需申报仅用于工业用途不用于食品添加剂无检疫要求〕,〔304 易燃液体,需申报仅用于工业用途不用于食品添加剂无检疫要求〕

协定税率(%)															特惠税率(%)			对美税率	出口税率	出口退税率	Article Description
智利	新西兰	澳大利亚	瑞士	冰岛	秘鲁	哥斯达	东盟	亚太	新加坡	巴基斯坦	港/澳/台	韩国	格鲁吉亚	毛里求斯	亚太	老/柬/缅	LDC 97/95				
																		26	0		
0	0	0	0	0	0	0	5				0/0/	3.2	0	0							----Diesel oils
																		26	0	13	
0	0	0	0	0	0	0	0		0	4	0/0/	3.2	0	0			0/			0	----Other
																		25	0		
																		31	0		
0	0	0	0	0	0	0	0	5.4	0	0	0/0/	3.2	0	0			0/0			0	----Lubricating grease
																			0		
0	0	0	0	0	0	0	0	5.4	0	0	0/0/	3.2	0	0			0/0			0	----Lubricating oils
																			0		
0	0	0	0	0	0	0	0		0	3	0/0/0	3.2	0	0			0/0			0	----Basic oils for lubricating oils
																			0		
																		31	0		
0	0	0	0	0	0	0	0	5.4	0	0	0/0/0	0	0	0			0/0			0	----Liquid paraffin and heavy liquid paraffin
																		31	0		
0	0	0	0	0	0	0	0		0	0	0/0/	3.9	0	0			0/0			0	----Other
																			0		
																		31	0		
0	0	0	0	0		0	0		0	0	0/0/0	3.2	0	0			0/0			0	-Petroleum oils and oils obtained from bituminous minerals (other than crude) and preparations not elsewhere specified or included, containing by weight 70% or more of petroleum oils or of oils obtained from bituminous minerals, these oils being the basic constituents of the preparations, containing biodiesel, other than waste oils
																		31	0		
0	0	0	0	0	0	0	0			3	0/0/		0	0			0/0			0	--Containing poly chlorinated biphenyls (PCBs), polychlorinated terphenyls (PCTs) or polybrominated biphenyls (PBBs)
																		31	0		
0	0	0	0	0	0	0	0		0	3	0/0/	0	0	0			0/0			0	--Other
																		31	0		
																					Petroleum gases and other gaseous hydrocarbons:
																	0/0			0	--Natural gas
																		25	0		
0	0	0	0	0	0	0	0	3.5	0	0	0/0/	0	0	0			0/0			0	--Propane
																		26	0		
0	0	0	2.2	0	0	0	0		0	4	0/0/	3.3	0	0			0/0			0	---Liquid or liquefied-gas fuels in containers of a kind used for filling or refilling cigarette or similar lighters and of a capacity exceeding 300cm3
																		30	0		
0	0	0	0	0	0	0	0		0	0	0/0/	1.5	0	0			0/			0	---Other

商品编号	商品名称及备注[检验检疫编码及名称]	进口关税(%) 最惠国	进口关税(%) 普通	增值税率(%)	消费税	计量单位	监管条件	检验检疫类别
2711139000[暂1]	其他液化丁烷〔101 正丁烷〕,〔102 异丁烷〕,〔103 石油气(液化的)〕,〔104 丁烷〕,〔301 易燃气体〕	5	20	9		千克		
27111400	--乙烯、丙烯、丁烯及丁二烯							
2711140010	液化的乙烯〔999〕	5	20	13		千克	AB	M/N
2711140090	液化的丙烯、丁烯及丁二烯〔999〕	5	20	13		千克		
27111910	---直接灌注香烟打火机及类似打火器用的燃料,其包装容器的容积超过 300 立方厘米							
2711191000	其他直接灌注打火机等用液化燃料(包装容器容积超过 300 立方厘米)〔101 易燃气体〕,〔102 其他化工产品〕,〔999〕	5	80	13		千克		
27111990	---其他							
2711199010	其他液化石油气〔999〕	3	20	9		千克	AB	M/N
2711199090	其他液化烃类气〔101 易燃气体〕,〔102 其他化工产品〕,〔999〕	3	20	9		千克		
27112100	--天然气							
2711210000	气态天然气〔101 天然气(含甲烷的;压缩的)〕,〔102 甲烷(压缩的)〕,〔301〕	0	20	9		千克	AB	M/N
27112900	--其他							
2711290010	其他气态石油气〔999〕	5	20	9		千克	AB	M/N
2711290090	其他气态烃类气〔301 易燃气体〕,〔302 其他化工产品〕,〔999〕	5	20	9		千克		
2712	**凡士林;石蜡、微晶石蜡、疏松石蜡、地蜡、褐煤蜡、泥煤蜡、其他矿物蜡及用合成或其他方法制得的类似产品,不论是否着色:**							
27121000	-凡士林							
2712100000	凡士林〔999 需申报仅用于工业用途不用于食品添加剂无检疫要求的化学品〕	8	45	13		千克	A	R/
27122000	-石蜡,按重量计含油量小于 0.75%							
2712200000	石蜡,不论是否着色(按重量计含油量小于 0.75%)〔301 需申报仅用于工业用途不用于食品添加剂无检疫要求的化学品〕,〔998 其他危险化学品〕,〔999 其他化工产品〕	8	45	13		千克	4Ax	R/
27129010	---微晶石蜡							
2712901010	食品级微晶石蜡(相应指标符合《食品级微晶石蜡》(GB22160-2008)的要求)〔101 微晶蜡(无检疫要求食品添加剂)〕,〔102 无检疫要求食品添加剂〕	8	45	13		千克	4Ax	R/
2712901090	其他微晶石蜡〔999 需申报仅用于工业用途不用于食品添加剂无检疫要求的化学品〕	8	45	13		千克	4Ax	R/
27129090	---其他							
2712909000	其他矿物蜡,不论是否着色(包括疏松石蜡、地蜡、褐煤蜡、泥煤蜡等)〔998 其他危险化学品〕,〔999 其他化工产品〕	8	45	13		千克		
2713	**石油焦、石油沥青及其他石油或从沥青矿物提取的油类的残渣:**							
27131110	---硫的重量百分比小于 3%的							
2713111000	硫的重量百分比小于 3%的未煅烧石油焦〔998 其他危险化学品〕,〔999 其他化工产品〕	3	11	13		千克		
27131190	---其他							
2713119000	其他未煅烧石油焦〔998 其他危险化学品〕,〔999 其他化工产品〕	3	11	13		千克		
27131210	---硫的重量百分比小于 0.8%的							
2713121000	已煅烧石油焦(硫的重量百分比小于 0.8%)〔998 其他危险化学品〕,〔999 其他化工产品〕	3	11	13		千克		
27131290	---其他							
2713129000	其他已煅烧石油焦〔998 其他危险化学品〕,〔999 其他化工产品〕	3	11	13		千克		
27132000	-石油沥青							
2713200000	石油沥青〔998 其他危险化学品〕,〔999 其他化工产品〕	8	35	13		千克		
27139000	-其他石油或从沥青矿物提取的油类的残渣							
2713900000	其他石油等矿物油类的残渣〔998 其他危险化学品〕,〔999 其他化工产品〕	6	35	13		千克	9	
2714	**天然沥青(地沥青);沥青页岩、油页岩及焦油砂;沥青岩:**							

协定税率(%)															特惠税率(%)			对美税率	出口税率	出口退税率	Article Description
智利	新西兰	澳大利亚	瑞士	冰岛	秘鲁	哥斯达	东盟	亚太	新加坡	巴基斯坦	港/澳/台	韩国	格鲁吉亚	毛里求斯	亚太	老/柬/缅	LDC 97/95				
																		28.5	0		
0	0	0	0	0	0	0	0		0	0	0/0/	2.6	0	0			0/0			0	--Ethylene, propylene, butylene and butadiene
																		30	0		
																		30	0		
0	0	0	0	0	0	0	0	3.5	0	4	0/0/	3	0	0			0/0			0	---Liquid or liquefied-gas fuels in containers of a kind used for filling or refilling cigarette or similar lighters and of a capacity exceeding 300cm3
																		30	0		
0	0	0	0	0	0	0	0	2.1	0	0	0/0/	0	0	0			0/			0	---Other
																		28	0		
																		28	0		
																	0/0			0	--Natural gas
																		25	0		
0	0	0	0	0	0	0	0		0	0	0/0/	0	0	0			0/0			0	--Other
																		30	0		
																		30	0		
																					Petroleum jelly; paraffin wax, micro-crystalline petroleum wax, slack wax, ozokerite, lignite wax, peat wax, other mineral waxes, and similar products obtained by synthesis or by other processes, whether or not coloured:
0	0	0	0	0	0	0	0			3	0/0/	0	0	0			0/0			0	-Petroleum jelly
																		35.5	0		
0	0	0	0	0	0	0	0			3	0/0/	2.4	0	6.4			0/0			0	-Paraffin wax containing by weight less than 0.75% of oil
																		35.5	0		
0	0	0	0	0	0	0	0		0	3	0/0/	2.4	0	0			0/0			0	---Microcrystalline petroleum wax
																			0		
																		35.5	0		
0	0	0	0	0	0	0	0		0	3	0/0/	2.4	0	0			0/0			0	---Other
																		35.5	0		
																					Petroleum coke, Petroleum bitumen and other residues of petroleum oils or of oils obtained from bituminous minerals:
0	0	0	0	0	0	0	0			0	0/0/	1.6	0	0			0/0			0	---Containing by weight less than 3% of sulphur
																		28	0		
0	0	0	0	0	0	0	0			0	0/0/	1.6	0	0			0/0			0	---Other
																		30.5	0		
0	0	0	0	0	0	0	0			0	0/0/	1.6	0	0			0/0			0	---Containing by weight less than 0.8% of sulphur
																		30.5	0		
0	0	0	0	0	0	0	0			0	0/0/	1.6	0	0			0/0			0	---Other
																		28	0		
0	0	0	0	0	0	0	0	5.6	0	3	0/0/	4.2	0	0			0/0			0	-Petroleum bitumen
																		35.5	0		
0	0	0	0	0	0	0	0		0	0	0/0/	0	0	0			0/0			0	-Other residues of petroleum oils or of oils obtained from bituminous minerals
																		33.5	0		
																					Bitumen and asphalt, natural; bituminous or oil shale and tar sands; asphaltites and asphaltic rocks:S

商品编号	商品名称及备注[检验检疫编码及名称]	进口关税(%) 最惠国	普通	增值税率(%)	消费税	计量单位	监管条件	检验检疫类别
27141000	-沥青页岩、油页岩及焦油砂							
2714100000	沥青页岩、油页岩及焦油砂〔998 其他危险化学品〕,〔999 其他化工产品〕	6	20	13		千克		
27149010	---天然沥青(地沥青)							
2714901000[暂4]	天然沥青(地沥青)〔998 其他危险化学品〕,〔999 其他化工产品〕	8	35	13		千克		
27149020	---乳化沥青							
2714902000	乳化沥青〔998 其他危险化学品〕,〔999 其他化工产品〕	0	20	13		千克		
27149090	---其他							
2714909000	沥青岩〔998 其他危险化学品〕,〔999 其他化工产品〕	3	20	13		千克		
2715	**以天然沥青(地沥青)、石油沥青、矿物焦油或矿物焦油沥青为基本成分的沥青混合物(例如,沥青胶粘剂、稀释沥青):**							
27150000	以天然沥青(地沥青)、石油沥青、矿物焦油或矿物焦油沥青为基本成分的沥青混合物(例如,沥青胶粘剂、稀释沥青)							
2715000000	天然沥青等为基本成分的沥青混合物(包括石油沥青、矿物焦油、矿物焦油沥青等的沥青混合物)〔301 易燃固体〕,〔302 其他化工产品〕,〔999〕	8	35	13		千克		
2716	**电力:**							
27160000	电力							
2716000000	电力〔999〕	0	8	13		千瓦时		

协定税率(%)															特惠税率(%)			对美税率	出口税率	出口退税率	Article Description
智利	新西兰	澳大利亚	瑞士	冰岛	秘鲁	哥斯达	东盟	亚太	新加坡	巴基斯坦	港/澳/台	韩国	格鲁吉亚	毛里求斯	亚太	老/柬/缅	LDC 97/95				
0	0	0	0	0	0	0	0		0	4	0/0/	0	0	0			0/0			0	-Bituminous or oil shale and tar sands
																		33.5	0		
0	0	0	0	0	0	0	0		0	3	0/0/	4.2	0	0			0/0			0	---Natural bitumen and asphalt
																		31.5	0		
																	0/0			0	---Emulsified bitumen and asphalt
																		25	0		
0	0	0	0	0	0	0	0		0	0	0/0/	0	0	0			0/0			0	---Other
																		30.5	0		
																					Bituminous mixtures based on natural asphalt, on natural bitumen, on petroleum bitumen, on mineral tar or on mineral tar pitch (for example, bituminous mastics, cut-backs):
0	0	0	0	0	0	0	0		0	3	0/0/	2.4	0	0			0/0			0	Bituminous mixtures based on natura asphalt, on natural bitumen, on petroleum bitumen, on mineral tar or on mineral tar pitch (for example, bituminous mastics, cut-backs)
																		33	0		
																					Electrical energy:
																	0/0			13	Electrical energy
																			0		

第 六 类
化学工业及其相关工业的产品

注释：

一、（一）凡符合品目28.44或28.45规定的货品（放射性矿砂除外），应分别归入这两个税号而不归入本协调制度的其他税号。

（二）除上述（一）款另有规定的以外，凡符合品目28.43、28.46或28.52规定的货品，应分别归入以上税号而不归入本类的其他税号。

二、除上述注释一另有规定的以外，凡由于按一定剂量或作为零售包装而可归入品目30.04、30.05、30.06、32.12、33.03、33.04、33.05、33.06、33.07、35.06、37.07或38.08的货品，应分别归入以上税号，而不归入本协调制度的其他税号。

三、由两种或两种以上单独成分配套的货品，其部分或全部成分属于本类范围以内，混合后则构成第六类或第七类的货品，应按混合后产品归入相应的税号，但其组成成分必须符合下列条件：

（一）其包装形式足以表明这些成分不需经过改装就可一起使用的；

（二）一起报验的；以及

（三）这些成分的属性及相互比例足以表明是相互配用的。

第二十八章
无机化学品；贵金属、稀土金属、放射性元素及其同位素的有机及无机化合物

注释：

一、除条文另有规定的以外，本章各税号只适用于：

（一）单独的化学元素及单独的已有化学定义的化合物，不论是否含有杂质；

（二）上述（一）款产品的水溶液；

（三）溶于其他溶剂的上述（一）款产品，但该产品处于溶液状态只是为了安全或运输所采取的正常必要方法，其所用溶剂并不使该产品改变其一般用途而适合于某些特殊用途；

（四）为了保存或运输需要，加入稳定剂（包括抗结块剂）的上述（一）、（二）、（三）款产品；

（五）为了便于识别或安全起见，加入抗尘剂或着色剂的上述（一）、（二）、（三）、（四）款产品，但所加剂料并不使原产品改变其一般用途而适合于某些特殊用途。

二、除以有机物质稳定的连二亚硫酸盐及次硫酸盐（品目28.31），无机碱的碳酸盐及过碳酸盐（品目28.36），无机碱的氰化物、氧氰化物及氰络合物（品目28.37），无机碱的雷酸盐、氰酸盐及硫氰酸盐（品目28.42），品目28.43至28.46及28.52的有机产品，以及碳化物（品目28.49）之外，本章仅包括下列碳化合物：

（一）碳的氧化物，氰化氢及雷酸、异氰酸、硫氰酸及其他简单或络合氰酸（品目28.11）；

（二）碳的卤氧化物（品目28.12）；

（三）二硫化碳（品目28.13）；

（四）硫代碳酸盐、硒代碳酸盐、碲代碳酸盐、硒代氰酸盐、碲代氰酸盐、四氰硫基二氨基络酸盐及其他无机碱络合氰酸盐（品目28.42）；

（五）用尿素固化的过氧化氢（品目28.47）、氧硫化碳、硫代羰基卤化物、氰、卤化氰、氨基氰及其金属衍生物（品目28.53），不论是否纯净，但氰氨化钙除外（第三十一章）。

三、除第六类注释一另有规定的以外，本章不包括：

（一）氯化钠或氧化镁（不论是否纯净）及第五类的其他产品；

（二）上述注释二所述以外的有机-无机化合物；

（三）第三十一章注释二、三、四或五所述的产品；

（四）品目32.06的用作发光剂的无机产品；品目32.07的搪瓷玻璃料及其他玻璃，呈粉、粒或粉片状的；

（五）人造石墨（品目38.01）；品目38.13的灭火器的装配药及已装药的灭火弹；品目38.24的零售包装的除墨剂；品目38.24的每颗重量不少于2.5克的碱金属或碱土金属卤化物的培养晶体（光学元件除外）；

（六）宝石或半宝石（天然、合成或再造）及这些宝石、半宝石的粉末（品目71.02至71.05），第七十一章的贵金属及贵金属合金；

SECTION Ⅵ
PRODUCTS OF THE CHEMICAL OR ALLIED INDUSTRIES

Section Notes:

1. (a) Goods (other than radioactive ores) answering to a description in heading 28.44 or 28.45 are to be classified in those headings and in no other heading of the Nomenclature.
   (b) Subject to paragraph (a) above, goods answering to a description in heading 28.43, 28.46 or 28.52 are to be classified in those headings and in no other heading of this Section.

2. Subject to Note 1 above, goods classifiable in heading 30.04, 30.05, 30.06, 32.12, 33.03, 33.04, 33.05, 33.06, 33.07, 35.06, 37.07 or 38.08 by reason of being put up in measured doses or for retail sale are to be classified in those headings and in no other heading of the Nomenclature.

3. Goods put up in sets consisting of two or more separate constituents, some or all of which fall in this Section and are intended to be mixed together to obtain a product of Section VI or VII, are to be classified in the heading appropriate to that product, provided that the constituents are:
   (a) having regard to the manner in which they are put up, clearly identifiable as being intended to be used together without first being repacked;
   (b) presented together; and
   (c) identifiable, whether by their nature or by the relative proportions in which they are present, as being complementary one to another.

Chapter 28
Inorganic chemicals; organic or inorganic compounds of precious metals, of rare-earth metals, of radioactive elements or of isotopes

Chapter Notes:

1. Except where the context otherwise requires, the headings of this Chapter apply only to:
   (a) Separate chemical elements and separate chemically defined compounds, whether or not containing impurities;
   (b) The products mentioned in (a) above dissolved in water;
   (c) The products mentioned in (a) above dissolved in other solvents provided that the solution constitutes a normal and necessary method of putting up these products adopted solely for reasons of safety or for transport and that the solvent does not render the product particularly suitable for specific use rather than for general use;
   (d) The products mentioned in (a), (b) or (c) above with an added stabiliser (including an anti-caking agent) necessary for their preservation or transport;
   (e) The products mentioned in (a), (b), (c) or (d) above with an added anti-dusting agent or a colouring substance added to facilitate their identification or for safety reasons, provided that the additions do not render the product particularly suitable for specific use rather than for general use.

2. In addition to dithionites and sulphoxylates, stabilised with organic substances (heading 28.31), carbonates and peroxocarbonates of inorganic bases (heading 28.36), cyanides, cyanide oxides and complex cyanides of inorganic bases (heading 28.37), fulminates, cyanates and thiocyanates, of inorganic bases (heading 28.42), organic products included in heading 28.43 to 28.46 and 28.52 and carbides (heading 28.49), only the following compounds of carbon are to be classified in this Chapter:
   (a) Oxides of carbon, hydrogen cyanide and fulminic, isocyanic, thiocyanic and other simple or complex cyanogen acids (heading 28.11);
   (b) Halide oxides of carbon (heading 28.12);
   (c) Carbon disulphide (heading 28.13);
   (d) Thiocarbonates, selenocarbonates, tellurocarbonates, selenocyanates, tellurocyanates, tetrathio-cyanatodiamminochromates (reineckates) and other complex cyanates, of inorganic bases (heading 28.42);
   (e) Hydrogen peroxide, solidified with urea (heading 28.47), carbon oxysulphide, thiocarbonyl halides, cyanogen, cyanogen halides and cyanamide and its metal derivatives (heading 28.53) other than calcium cyanamide, whether or not pure (Chapter 31).

3. Subject to the provisions of Note 1 to Section VI, this Chapter does not cover:
   (a) Sodium chloride or magnesium oxide, whether or not pure, or other products of Section V;
   (b) Organo-inorganic compounds other than those mentioned in Note 2 above;
   (c) Products mentioned in Note 2, 3, 4 or 5 to Chapter 31;
   (d) Inorganic products of a kind used as luminophores, of heading 32.06; glass frit and other glass in the form of powder, granules or flakes, of heading 32.07;
   (e) Artificial graphite (heading 38.01); products put up as charges for fire-extinguishers or put up in fire-extinguishing grenades, of heading 38.13; ink removers put up in packings for retail sale, of heading 38.24; cultured crystals (other than optical elements) weighing not less than 2.5g each, of the halides of the alkali or alkaline-earth metals, of heading 38.24;
   (f) Precious or semi-precious stones (natural, synthetic or reconstructed) or dust or powder of such stones (headings 71.02 to 71.05), or precious

（七）第十五类的金属（不论是否纯净）、金属合金或金属陶瓷，包括硬质合金（与金属烧结的金属碳化物）；或

（八）光学元件，例如，用碱金属或碱土金属卤化物制成的（品目 90.01）。

四、由本章第二分章的非金属酸和第四分章的金属酸所构成的已有化学定义的络酸，应归入品目 28.11。

五、品目 28.26 至 28.42 只适用于金属盐、铵盐及过氧酸盐。
除条文另有规定的以外，复盐及络盐应归入品目 28.42。

六、品目 28.44 只适用于：
（一）锝（原子序数 43）、钷（原子序数 61）、钋（原子序数 84）及原子序数大于 84 的所有化学元素；
（二）天然或人造放射性同位素（包括第十四类及第十五类的贵金属和贱金属的放射性同位素），不论是否混合；

（三）上述元素或同位素的无机或有机化合物，不论是否已有化学定义或是否混合；
（四）含有上述元素或同位素及其无机或有机化合物并且具有某种放射性强度超过 74 贝克勒尔/克（0.002 微居里/克）的合金、分散体（包括金属陶瓷）、陶瓷产品及混合物；
（五）核反应堆已耗尽（已辐照）的燃料元件（释热元件）；
（六）放射性的残渣，不论是否有用。
品目 28.44、28.45 及本注释所称“同位素”，是指：
1. 单独的核素，但不包括自然界中以单一同位素状态存在的核素；
2. 同一元素的同位素混合物，其中一种或几种同位素已被浓缩，即人工地改变了该元素同位素的自然构成。

七、品目 28.53 包括按重量计含磷量超过 15% 的磷化铜（磷铜）。

八、经掺杂用于电子工业的化学元素（例如，硅、硒），如果拉制后未经加工或呈圆筒形、棒形，应归入本章；如果已切成圆片、薄片或类似形状，则归入品目 38.18。

子目注释：

子目 2852.10 所称“已有化学定义”是指符合第二十八章注释一（一）至（五）或第二十九章注释一（一）至（八）规定的汞的无机或有机化合物。

商品编号	商品名称及备注[检验检疫编码及名称]	进口关税(%) 最惠国	进口关税(%) 普通	增值税率(%)	消费税	计量单位	监管条件	检验检疫类别
2801	**氟、氯、溴及碘：**							
28011000	-氯							
2801100000	氯〔999〕	5	80	13		千克	AB	M/N
28012000	-碘							
2801200000[暂1]	碘〔999〕	5	30	13		千克	G	
28013010	---氟							
2801301000	氟〔999〕	5	30	13		千克	AB	M/N
28013020	---溴							
2801302000[暂1]	溴〔999〕	5	30	13		千克	23AB	M/N
2802	**升华硫磺、沉淀硫磺；胶态硫磺：**							
28020000	升华硫磺、沉淀硫磺；胶态硫磺							
2802000000[暂1]	升华、沉淀、胶态硫磺〔101 胶体硫〕,〔102 硫磺〕,〔301 其他化工产品〕	5	17	13		千克	AB	M/N
2803	**碳（炭黑及其他税号未列名的其他形态的碳）：**							
28030000	碳（炭黑及其他税号未列名的其他形态的碳）							
2803000000	碳（包括碳黑及其他品目未列名的其他形态的碳）〔999〕	5	35	13		千克		
2804	**氢、稀有气体及其他非金属：**							
28041000	-氢							
2804100000	氢①	5	30	13		千克/立方米	AB	M/N
28042100	--氩							

① 〔101 压缩的〕,〔102 液化的〕,〔103 氢气和甲烷混合物(压缩的)〕,〔104 氢气〕,〔301 压缩或液化的氢气〕

metals or precious metal alloys of Chapter 71;

(g) The metals, whether or not pure, metal alloys or cermets, including sintered metal carbides (metal carbides sintered with a metal), of Section XV; or

(h) Optical elements, for example, of the halides of the alkali or alkaline-earth metals (heading 90. 01).

4. Chemically defined complex acids consisting of a non-metal acid of sub-Chapter II and a metal acid of sub-Chapter IV are to be classified in heading 28. 11.

5. Headings 28. 26 to 28. 42 apply only to metal or ammonium salts or peroxysalts.

Except where the context otherwise requires, double or complex salts are to be classified in heading 28. 42.

6. Heading 28. 44 applies only to:

(a) Technetium (atomic No. 43), promethium (atomic No. 61), polonium (atomic No. 84) and all elements with an atomic number greater than 84;

(b) Natural or artificial radioactive isotopes (including those of the precious metals or of the base metals of Sections XIV and XV), whether or not mixed together;

(c) Compounds, inorganic or organic, of these elements or isotopes, whether or not chemically defined, whether or not mixed together;

(d) Alloys, dispersions (including cermets), ceramic products and mixtures containing these elements or isotopes or inorganic or organic compounds thereof and having a specific radioactivity exceeding 74 Bq/g (0. 002 μci/g);

(e) Spent (irradiated) fuel elements (cartridges) of nuclear reactors;

(f) Radioactive residues whether or not usable.

The term "isotopes", for the purposes of this Note and of the wording of headings 28. 44 and 28. 45, refers to:

(i) individual nuclides, excluding, however, those existing in nature in the monoisotopic state;

(ii) mixtures of isotopes of one and the same element, enriched in one or several of the said isotopes, that is, elements of which the natural isotopic composition has been artificially modified.

7. Heading 28. 53 includes copper phosphide (phosphor copper) containing more than 15% by weight of phosphorus.

8. Chemical elements (for example, silicon and selenium) doped for use in electronics are to be classified in this Chapter, provided that they are in forms unworked as drawn, or in the form of cylinders or rods. When cut in the form of discs, wafers or similar forms, they fall in heading 38. 18.

Subheading Note:

For the purposes of Subheading 2852. 10, the expression "chemically defined" means all organic or inorganic compounds of mercury meeting the requirements of paragraphs (a) to (e) of Note 1 to Chapter 28 or paragraphs (a) to (h) of Note 1 to Chapter 29.

协定税率(%)															特惠税率(%)			对美税率	出口税率	出口退税率	Article Description
智利	新西兰	澳大利亚	瑞士	冰岛	秘鲁	哥斯达	东盟	亚太	新加坡	巴基斯坦	港/澳/台	韩国	格鲁吉亚	毛里求斯	亚太	老/柬/缅	LDC 97/95				
																					Fluorine, chlorine, bromine and iodine:
0	0	0	0	0	0	0	0			0	0/0/	0	0	0			0/0			0	-Chlorine
																		32. 5	0		
	0	0	0	0		0	0			0	0/0/	0	0	0			0/0			0	-Iodine
																		26	0		
0	0	0	0	0	0	0	0	4. 5		0	0/0/	0	0	0			0/0			0	---Fluorine
																			0		
0	0	0	0	0	0	0	0			0	0/0/	0	0	0			0/0			0	---Bromine
																		28. 5	0		
																					Sulphur, sublimed or precipitated; colloidal sulphur:
0	0	0	0	0	0	0	0			0	0/0/	0	0	0			0/0			0	Sulphur, sublimed or precipitated; colloidal sulphur
																		23. 5	0		
																					Carbon (carbon blacks and other forms of carbon not elsewhere specified or included):
0	0	0	0		0	0	0	3. 3		0	0/0/0	2. 9	0	0			0/0			0	Carbon (carbon blacks and other forms of carbon not elsewhere specified or included)
																		17. 5	0		
																					Hydrogen, rare gases and other non-metals:
0	0	0	0	0	0	0	0			0	0/0/	1. 6	0	0			0/0			0	-Hydrogen
																		27. 5	0		
0	0	0	0	0	0	0	0			0	0/0/	0	0	0			0/0			0	--Argon

商品编号	商品名称及备注[检验检疫编码及名称]	进口关税(%)		增值税率(%)	消费税	计量单位	监管条件	检验检疫类别
		最惠国	普通					
2804210000	氩〔101 压缩的〕,〔102 液化的〕,〔301〕	5	30	13		千克/立方米	AB	M/N
28042900	--其他							
2804290000	其他稀有气体①	5	30	13		千克/立方米		
28043000	-氮							
2804300000	氮〔101 压缩的〕,〔102 液化的〕,〔103 稀有气体和氮气混合物〕,〔104 氮气〕,〔301〕	5	30	13		千克/立方米	AB	M/N
28044000	-氧							
2804400000	氧〔101 压缩的〕,〔102 液化的〕,〔103 稀有气体和氧气混合物〕,〔301〕	5	80	13		千克/立方米	AB	M/N
28045000	-硼;碲							
2804500001[暂0]	碲〔999〕	5	17	13		千克		
2804500010	颗粒<500 微米的硼及其合金(含量≥97%,不论球形,椭球体,雾化,片状,研碎金属燃料)〔999〕	5	17	13		千克	3	
2804500020	能量密度>40 兆焦耳/千克的硼浆(硼溶于溶剂形成的硼浆)〔999〕	5	17	13		千克	3	
2804500090	其他硼〔999〕	5	17	13		千克		
28046117	----直径≥30 厘米的							
2804611700	电子工业用直径≥30 厘米单晶硅棒(按重量计含硅量≥99.99%)〔999〕	4	11	13		千克		
28046119	----其他							
2804611900	电子工业用 7.5 厘米≤直径<30 厘米单晶硅棒(按重量计含硅量≥99.99%)〔999〕	4	11	13		千克		
28046120	---经掺杂用于电子工业的其他单晶硅棒							
2804612000	电子工业用直径<7.5 厘米单晶硅棒(按重量计含硅量≥99.99%)〔999〕	4	17	13		千克		
28046190	---其他							
2804619011	含硅量>99.9999999%的多晶硅废碎料(太阳能级多晶硅除外)〔101 多晶硅〕,〔102 硅废碎料〕	4	30	13		千克	9	M/
2804619012	含硅量>99.9999999%的太阳能级多晶硅〔999〕	4	30	13		千克		
2804619013	含硅量>99.9999999%的太阳能级多晶硅废碎料〔999〕	4	30	13		千克	A9	M/
2804619019	其他含硅量>99.9999999%的多晶硅(太阳能级多晶硅除外)〔999〕	4	30	13		千克		
2804619091	其他含硅量≥99.99%的硅废碎料(太阳能级多晶硅除外)〔101 其他硅〕,〔102 硅废碎料〕	4	30	13		千克	9	M/
2804619092	含硅量≥99.99%的太阳能级多晶硅〔999〕	4	30	13		千克		
2804619093	含硅量≥99.99%的太阳能级多晶硅废碎料〔999〕	4	30	13		千克	A9	M/
2804619099	其他含硅量≥99.99%的硅(太阳能级多晶硅除外)〔301〕,〔302 易燃固体〕,〔999〕	4	30	13		千克		
28046900	--其他							
2804690000	其他含硅量<99.99%的硅〔101 化工产品〕,〔102 金属硅〕,〔103 其他硅〕,〔301 易燃固体〕	4	30	13		千克		
28047010	---黄磷(白磷)							
2804701000	黄磷(白磷)〔999〕	5	30	13		千克	AB	M/N
28047090	---其他							
2804709010[暂5]	红磷〔101 红磷溶液〕,〔102 易燃固体〕,〔301〕	5	30	13		千克	ABG	M/N
2804709090[暂5]	其他磷〔998 其他危险化学品〕,〔999 其他化工产品〕	5	30	13		千克		
28048000	-砷							
2804800000	砷〔101 砷〕,〔102 砷粉〕,〔301 毒性物质和感染性物质〕	5	30	13		千克	AB	M/N
28049010	---经掺杂用于电子工业的晶体棒							
2804901000	经掺杂用于电子工业的硒晶体棒〔999〕	4	17	13		千克		
28049090	---其他							
2804909000[暂0]	其他硒〔301 毒性物质和感染性物质〕,〔998 其他危险化学品〕,〔999 其他化工产品〕	5	30	13		千克		
2805	**碱金属、碱土金属;稀土金属、钪及钇,不论是否相互混合或相互熔合;汞:**							
28051100	--钠							
2805110000	钠〔101 碱金属、碱土金属〕,〔102 金属钠〕	5	30	13		千克	AB	M/N
28051200	--钙							
2805120010[暂1]	高纯度钙[金属杂质(除镁外)含量<1‰,硼含量小于十万分之一]〔101 碱金属、碱土金属〕,〔102 金属钙〕	5	30	13		千克	3A	M/

① 〔101 氦(压缩的)〕,〔102 氦(液化的)〕,〔103 氖(压缩的)〕,〔104 氖(液化的)〕,〔105 氪(压缩的)〕,〔106 氪(液化的)〕,〔107 氙(压缩的)〕,〔108 氙(液化的)〕,〔109 稀有气体混合物,如:氦氖混合气〕,〔301 其他稀有气体〕

协定税率(%)															特惠税率(%)			对美税率	出口税率	出口退税率	Article Description
智利	新西兰	澳大利亚	瑞士	冰岛	秘鲁	哥斯达	东盟	亚太	新加坡	巴基斯坦	港/澳/台	韩国	格鲁吉亚	毛里求斯	亚太	老/柬/缅	LDC 97/95				
																		32.5	0		
0	0	0	0	0	0	0	0			0	0/0/	0	0	0			0/0			0	--Other
																		12.5	0		
0	0	0	0	0	0	0	0			0	0/0/	0	0	0			0/0			0	-Nitrogen
																		12.5	0		
0	0	0	0	0	0	0	0			0	0/0/	0	0	0			0/0			0	-Oxygen
																		12.5	0		
0	0	0	0	0	0	0	0			0	0/0/	0	0	0			0/0			13	-Boron; tellurium
																		27.5	0		
																		32.5	0		
																		32.5	0		
																		32.5	0		
0	0	0	0	0	0	0	0			0	0/0/	0	0	0			0/0			13	----30cm or more in diameter
																		11.5	0		
0	0	0	0	0	0	0	0			0	0/0/		0	0			0/0			0	----Other
																		19	0		
0	0	0	0	0	0	0	0	3.6		0	0/0/	0	0	0			0/0			0	---Other monocrystals doped for use in electronics, in the form of cylinders or rods
																		31.5	0		
0	0	0	0	0	0	0	0			0	0/0/	2.1	0	0			0/0			0	---Other
																		26.5	0		
																		26.5	0		
																		26.5	0		
																			0		
																		26.5	0		
																		26.5	0		
																		26.5	0		
																		26.5	0		
0	0	0	0	0	0	0	0			0	0/0/	0	0	0			0/0			0	--Other
																		31.5	0		
0	0	0	0	0	0	0	0			0	0/0/	0	0	0			0/0			0	---Yellow phosphorus (white phosphorus)
																			20		
0	0	0	0	0	0	0	0			0	0/0/	1.6	0	0			0/0			0	---Other
																		27.5	20[10]		
																		27.5	20[10]		
0	0	0	0	0	0	0	0			0	0/0/	0	0	0			0/0			0	-Arsenic
																		32.5	0		
0	0	0	0	0	0	0	0	3.2		0	0/0/	0	0	0			0/0			0	---Crystals doped for use in electronics, in the form of cylinders or rods
																			0		
0	0	0	0	0	1.5	0	0			0	0/0/	0	0	0			0/0			13	---Other
																		27.5	0		
																					Alkali or alkaline-earth metals; rare-earth metals, scandium and yttrium, whether or not intermixed or interalloyed; mercury:
0	0	0	0	0	0	0	0			0	0/0/	0	0	0			0/0			0	--Sodium
																		12.5	0		
0	0	0	0	0	0	0	0			0	0/0/	0	0	0			0/0			0	--Calcium
																		28.5	0		

商品编号	商品名称及备注[检验检疫编码及名称]	进口关税(%) 最惠国	进口关税(%) 普通	增值税率(%)	消费税	计量单位	监管条件	检验检疫类别
2805120090[暂1]	其他钙①	5	30	13		千克		
28051910	---锂							
2805191000[暂1]	锂[999 属于危险化学品的金属]	5	30	13		千克	AB	M/N
28051990	---其他							
2805199000[暂1]	其他碱金属及碱土金属②	5	30	13		千克		
28053011	----钕							
2805301100[暂0]	钕(未相互混合或相互熔合)③	5	30	13		千克	4Bxy	/N
28053012	----镝							
2805301200[暂0]	镝(未相互混合或相互熔合)[999]	5	30	13		千克	4Bxy	/N
28053013	----铽							
2805301300[暂0]	铽(未相互混合或相互熔合)[999]	5	30	13		千克	4Bxy	/N
28053014	----镧							
2805301400[暂0]	镧(未相互混合或相互熔合)④	5	30	13		千克	4Bxy	/N
28053015	----铈							
2805301510[暂0]	颗粒<500 微米的铈及其合金(含量≥97%,不论球形,椭球体,雾化,片状,研碎金属燃料;未相互混合或相互熔合)⑤	5	30	13		千克	3B	/N
2805301590[暂0]	其他金属铈(未相互混合或相互熔合)⑥	5	30	13		千克	4Bxy	/N
28053016	----镨							
2805301600[暂0]	金属镨(未相互混合或相互熔合)[999]	5	30	13		千克	4Bxy	/N
28053017	----钇							
2805301700[暂0]	金属钇(未相互混合或相互熔合)[999]	5	30	13		千克	4Bxy	/N
28053019	----其他							
2805301900[暂0]	其他稀土金属(未相互混合或相互熔合)⑦	5	30	13		千克	4Bxy	/N
28053021	----电池级							
2805302100[暂0]	其他电池级的稀土金属、钪及钇(已相互混合或相互熔合)⑧	5	30	13		千克	4Bxy	/N
28053029	----其他							
2805302900[暂0]	其他稀土金属、钪及钇(已相互混合或相互熔合)⑨	5	30	13		千克	4Bxy	/N
28054000	-汞							
2805400000	汞[999 属于危险化学品的金属]	5	17	13		千克	ABX	M/N
2806	**氯化氢(盐酸);氯磺酸:**							
28061000	-氯化氢(盐酸)							
2806100000	氯化氢(盐酸)⑩	5	80	13		千克	23AB	M. R/N. S
28062000	-氯磺酸							
2806200000	氯磺酸[999]	5	40	13		千克	AB	M/N
2807	**硫酸;发烟硫酸:**							
28070000	硫酸;发烟硫酸							
2807000010[暂1]	硫酸⑪	5	35	13		千克	32	
2807000090[暂1]	发烟硫酸[999]	5	35	13		千克	AB	M/N
2808	**硝酸;磺硝酸:**							
28080000	硝酸;磺硝酸							
2808000010	红发烟硝酸[999]	5	40	13		千克	3A	M/
2808000090	磺硝酸及其他硝酸[101 硝酸],[102 废硝酸]	5	40	13		千克		
2809	**五氧化二磷;磷酸;多磷酸,不论是否已有化学定义:**							
28091000	-五氧化二磷							
2809100000	五氧化二磷[999]	1	8	13		千克	AB	M/N
28092011	----食品级磷酸							
2809201100	食品级磷酸(食品级磷酸的具体技术指标参考 GB3149-2004)⑫	1	8	13		千克	AB	R/N. S

① [101 碱金属、碱土金属],[102 金属钙粉],[103 钙合金粉],[104 铜钙合金],[301 钙的合金],[302 其他化工产品],[303 属于危险化学品的金属]

② [101 碱金属、碱土金属],[102 钡合金],[103 金属钾],[104 钾合金],[105 钾钠合金],[106 金属铷],[107 金属铯],[108 金属锶],[109 金属钡],[110 其他二级有机钡化合物],[301 易于自燃的物质],[302 遇水放出易燃气体的物质]

③ [101 稀土金属],[102 金属钕(浸在煤油中的)],[301 属于危险化学品的稀土],[302 不属于危险化学品的稀土]

④ [301 属于危险化学品的稀土],[302 不属于危险化学品的稀土],[999 属于危险化学品的稀土]

⑤ [101 稀土金属],[102 铈(粉、屑)],[301 属于危险化学品的稀土],[302 不属于危险化学品的稀土]

⑥ [301 属于危险化学品的稀土],[302 不属于危险化学品的稀土],[999 属于危险化学品的稀土]

⑦ [101 金属钐],[102 金属铕],[103 金属钪],[104 稀土金属],[105 金属镧(浸在煤油中的)],[106 金属铈(浸在煤油中的)]

⑧ [101 稀土金属],[102 其他稀土],[301]

⑨ [101 稀土金属],[102 米许合金(浸在煤油中的)],[103 其他稀土],[301 米许合金,属于危险化学品的稀土],[302 不属于危险化学品的稀土]

⑩ [101 氯化氢(无水)],[102 危险化学品],[103 危险化学品 & 食品添加剂],[301 腐蚀性物质,需申报仅用于工业用途不用于食品添加剂无检疫要求],[302 属于危险化学品的食品添加剂],[303 毒性气体,需申报仅用于工业用途不用于食品添加剂无检疫要求]

⑪ [101 废硫酸],[102 电池液(酸性的)],[103 危险化学品],[104 属于危险化学品的食品添加剂]

⑫ [101 饲料添加剂],[102 属于危险化学品的食品添加剂]

协定税率(%)															特惠税率(%)			对美税率	出口税率	出口退税率	Article Description
智利	新西兰	澳大利亚	瑞士	冰岛	秘鲁	哥斯达	东盟	亚太	新加坡	巴基斯坦	港/澳/台	韩国	格鲁吉亚	毛里求斯	亚太	老/柬/缅	LDC 97/95				
																		28.5	0		
0	0	0	0	0	0	0	0			0	0/0/	0	0	0			0/0			0	---Lithium
																		8.5	0		
0	0	0	0	0	0	0	0			0	0/0/	0	0	0			0/0			0	---Other
																		8.5	0		
0	0	0	0	0	0	0	0			0	0/0/	0	0	0			0/0			0	----Neodymium
																			0		
0	0	0	0	0	0	0	0			0	0/0/	0	0	0			0/0			0	----Dysprosium
																		7.5	0		
0	0	0	0	0	0	0	0			0	0/0/	0	0	0			0/0			0	----Terbium
																			0		
0	0	0	0	0	0	0	0			0	0/0/	0	0	0			0/0			0	----Lanthanum
																		7.5	0		
0	0	0	0	0	0	0	0			0	0/0/	0	0	0			0/0			0	----Cerium
																		7.5	0		
																		7.5	0		
0	0	0	0	0	0	0	0			0	0/0/	0	0	0			0/0			0	----Praseodymium
																			0		
0	0	0	0	0	0	0	0			0	0/0/	0	0	0			0/0			0	----Yttrium
																		7.5	0		
0	0	0	0	0	0	0	0			0	0/0/	0	0	0			0/0			0	----Other
																		7.5	0		
0	0	0	0	0	0	0	0			0	0/0/	0	0	0			0/0			0	----Battery grade
																			0		
0	0	0	0	0	0	0	0			0	0/0/	0	0	0			0/0			0	----Other
																		27.5	0		
0	0	0	0	0	0	0	0			0	0/0/	0	0	0			0/0			0	-Mercury
																			0		
																					Hydrogen chloride (hydrochloric acid); chorosulphuric acid:
0	0	0	0	0	0	0	0			0	0/0/	0	0	0			0/0			0	-Hydrogen chloride(hydrochloric acid)
																		17.5	0		
0	0	0	0	0	0	0	0			0	0/0/	0	0	0			0/0			0	-Chlorosulphuric acid
																			0		
																					Sulphuric acid; oleum:
0	0	0	0	0	0	0	0			0	0/0/	0	0	0			0/0			0	Sulphuric acid; oleum
																		28.5	0		
																		28.5	0		
																					Nitric acid; sulphonitric acids:
0	0	0	0	0	0	0	0			0	0/0/	0	0	0			0/0			0	Nitric acid; sulphonitric acids
																		32.5	0		
																		32.5	0		
																					Diphosphorus pentaoxide; phosphoric acid; polyphosphoric acids, whether or not chemically defined:
0	0	0	0	0	0	0	0			0	0/0/	0	0	0			0/0			0	-Diphosphorus pentaoxide
																		6	0		
0	0	0	0	0	0	0	0			0	0/0/	0	0	0			0/0			0	----Phosphoric acid, food grade
																			0		

商品编号	商品名称及备注[检验检疫编码及名称]	进口关税(%)		增值税率(%)	消费税	计量单位	监管条件	检验检疫类别
		最惠国	普通					
28092019	----其他							
2809201900	其他磷酸及偏磷酸、焦磷酸(食品级磷酸除外)①	1	8	13		千克	B	/N
28092090	---其他							
2809209000	其他多磷酸[101 饲料添加剂],[102 化工产品],[301 腐蚀性物质]	5	35	13		千克		
2810	**硼的氧化物;硼酸:**							
28100010	---硼的氧化物							
2810001000	硼的氧化物[999]	5	30	13		千克		
28100020	---硼酸							
2810002000	硼酸[999 其他危险化学品]	5	30	13		千克	AB	M/N
2811	**其他无机酸及非金属无机氧化物:**							
28111110	---电子级氢氟酸							
2811111000	电子级氢氟酸[301]	5.5	35	13		千克	3AB	M/N
28111190	---其他							
2811119000	其他氢氟酸[301]	5	35	13		千克	3AB	M/N
28111200	--氰化氢(氢氰酸)							
2811120000	氢氰酸(包括氰化氢)[999]	5	35	13		千克	23	
28111920	---硒化氢							
2811192000	硒化氢[999]	5	35	13		千克	AB	M/N
28111990	---其他							
2811199010	氢碘酸[999]	5	35	13		千克	ABG	M/N
2811199020	砷酸、焦砷酸、偏砷酸[101 砷酸],[102 偏砷酸],[103 焦砷酸],[301]	5	35	13		千克		
2811199090	其他无机酸②	5	35	13		千克	AB	M.R/N.S
28112100	--二氧化碳							
2811210000	二氧化碳③	5	30	13		千克	AB	M.R/N.S
28112210	---硅胶							
2811221000	二氧化硅硅胶[999 本子目所指硅胶,包括全部或部分着色产品]	5	30	13		千克	A	R/
28112290	---其他							
2811229000	其他二氧化硅④	5	30	13		千克	A	R/
28112900	--其他							
2811290010	三氧化二砷、五氧化二砷[亚砷(酸)酐,砒霜,白砒,氧化亚砷,砷(酸)酐,三氧化砷][101 三氧化(二)砷],[102 伦敦紫],[103 五氧化(二)砷],[301]	5	30	13		千克		
2811290020	四氧化二氮[999]	5	30	13		千克	3A	M/
2811290090	其他非金属无机氧化物⑤	5	30	13		千克		
2812	**非金属卤化物及卤氧化物:**							
28121100	--碳酰二氯(光气)							
2812110000	碳酰二氯(光气)[999]	5	30	13		千克	23	
28121200	--氧氯化磷							
2812120000	氧氯化磷(即磷酰氯,三氯氧磷)[999]	5	30	13		千克	23	
28121300	--三氯化磷							
2812130000	三氯化磷[999]	5	30	13		千克	23AB	M/N
28121400	--五氯化磷							
2812140000	五氯化磷[999]	5	30	13		千克	23AB	M/N
28121500	--一氯化硫							
2812150000	一氯化硫(氯化硫)[999]	5	30	13		千克	23AB	M/N
28121600	--二氯化硫							

① [101 饲料添加剂],[102 正磷酸(酸性腐蚀品)],[301 腐蚀性物质],[302 需申报仅用于工业用途不用于食品添加剂无检疫要求的化学品],[303 其他化工产品]

② [101 高氯酸(浓度>72%)],[102 硫化氢(液化的)],[103 碘化氢(无水)],[104 溴化氢(无水)],[105 硒化氢(无水)],[106 高氯酸(含酸 50%~72%)],[107 氯酸溶液(浓度≤10%)],[108 高氯酸醋酐溶液],[109 高碘酸],[110 碘酸],[111 硝化酸混合物],[112 废硝化混合酸],[113 含铬硫酸],[114 淤渣硫酸],[115 亚硫酸],[116 亚硝基硫酸],[117 硝基盐酸],[118 氢溴酸],[119 溴化氢乙酸溶液],[120 溴酸],[121 高氯酸(含酸≤50%)],[122 氟磺酸],[123 氟硅酸],[124 氟硼酸],[125 氟磷酸(无水)],[126 二氟磷酸(无水)],[127 六氟合磷氢酸(无水)],[128 硒酸],[129 铬酸溶液],[130 亚磷酸],[131 次磷酸],[132 多聚磷酸],[133 氨基磺酸],[134 氯铂酸],[301 其他危险化学品,需申报仅用于工业用途不用于食品添加剂无检疫要求],[302 无检疫要求食品添加剂],[303 一般化学品,需申报仅用于工业用途不用于食品添加剂无检疫要求],[304 属于危险化学品的食品添加剂],[305 毒性气体,需申报仅用于工业用途不用于食品添加剂无检疫要求],[306 氧化性物质,需申报仅用于工业用途不用于食品添加剂无检疫要求],[307 腐蚀性物质,需申报仅用于工业用途不用于食品添加剂无检疫要求]

③ [101 二氧化碳和氧气混合物],[102 二氧化碳和环氧乙烷混合物(含环氧乙烷≤6%)],[103 压缩的(危险化学品)],[104 液化的(危险化学品)],[105 压缩的(危险化学品和食品添加剂)],[106 液化的(危险化学品和食品添加剂)],[301 二氧化碳和环氧乙烷混合物],[302 非易燃无毒气体,需申报仅用于工业用途不用于食品添加剂无检疫要求],[303 需申报仅用于工业用途不用于食品添加剂无检疫要求的化学品],[304 属于危险化学品的食品添加剂]

④ [101 饲料添加剂],[102 硅粉(非晶形的)],[301 需申报仅用于工业用途不用于食品添加剂无检疫要求的化学品],[302 无检疫要求食品添加剂]

⑤ [101 一氧化碳],[102 一氧化二氮(压缩的)],[103 一氧化二氮(液化的)],[104 二氧化碳和一氧化二氮混合物],[105 一氧化氮],[106 一氧化氮和四氧化二氮混合物],[107 三氧化二氮(特许的)],[108 四氧化二氮(液化的)],[109 二氧化硫(液化的)],[110 五氧化二碘],[111 二氧化硒],[112 三氧化硫(抑制了的)],[113 三氧化(二)磷],[114 二氧化硫],[301 易燃气体],[302 非易燃无毒气体],[303 毒性气体],[304 氧化性物质],[305 毒性物质和感染性物质],[306 腐蚀性物质],[307 其他化工产品]

协定税率(%)															特惠税率(%)			对美税率	出口税率	出口退税率	Article Description
智利	新西兰	澳大利亚	瑞士	冰岛	秘鲁	哥斯达	东盟	亚太	新加坡	巴基斯坦	港/澳/台	韩国	格鲁吉亚	毛里求斯	亚太	老/柬/缅	LDC 97/95				
0	0	0	0	0	0	0	0			0	0/0/	0.3	0	0			0/0			0	----Other
																		26	0		
0	0	0	0	0	0	0	0			0	0/0/	0	0	0			0/0			0	---Other
																		12.5	0		
																					Oxides of boron; boric acids:
0	0	0	0	0	0	0	0	4.5		0	0/0/	0	0	0			0/0			0	---Oxides of boron
																		12.5	0		
0	0	0	0	0	0	0	0			0	0/0/	0	0	0			0/0			0	---Boric acids
																			0		
																					Other inorganic acids and other inorganic oxygen compounds of non-metals:
0	0	0	0	0	0	0	0			0	0/0/	0	0	0			0/0			0	---Hydrofluoric acid, electronic-grade
																			0		
0	0	0	0	0	0	0	0			0	0/0/	0	0	0			0/0			0	---Other
																		30	0		
0	0	0	0	0	0	0	0	4		0	0/0/	0	0	0			0/0			0	--Hydrocyanic acid
																			0		
0	0	0	0	0	0	0	0			0	0/0/	1.6	0	0			0/0			0	---Hydrogen selenide
																			0		
0	0	0	0	0	0	0	0			0	0/0/	1.6	0	0			0/0			0	---Other
																		27.5	0		
																		27.5	0		
																		27.5	0		
0	0	0	0	0	0	0	0			0	0/0/	0	0	0			0/0			0	--Carbon dioxide
																		32.5	0		
0	0	0	0	0	0	0	0			0	0/0/	0	0	0			0/0			10	---Silica gel
																		12.5	0		
0	0	0	0	0	0	0	0			0	0/0/	0	0	0			0/0			10	---Other
																		27.5	0		
0	0	0	0	0	0	0	0			0	0/0/	0	0	0			0/0			0	--Other
																		17.5	0		
																		17.5	0		
																		17.5	0		
																					Halides and halide oxides of non-metals:
0	0	0	0	0	0	0	0			0	0/0/	0	0	0			0/0			0	--Carbonyl dichloride (phosgene)
																			0		
0	0	0	0	0	0	0	0			0	0/0/	0	0	0			0/0			0	--Phosphorus oxychloride (phosphoryl monochloride; phosphorus oxytrichloride)
																		12.5	0		
0	0	0	0	0	0	0	0			0	0/0/	0	0	0			0/0			0	--Phosphorus trichloride
																			0		
0	0	0	0	0	0	0	0			0	0/0/	0	0	0			0/0			0	--Phosphorus pentachloride
																			0		
0	0	0	0	0	0	0	0			0	0/0/	0	0	0			0/0			0	--Sulfur monochloride
																			0		
0	0	0	0	0	0	0	0			0	0/0/	0	0	0			0/0			0	--Sulfur dichloride

商品编号	商品名称及备注[检验检疫编码及名称]	进口关税(%)		增值税率(%)	消费税	计量单位	监管条件	检验检疫类别
		最惠国	普通					
2812160000	二氯化硫〔999〕	5	30	13		千克	23AB	M/N
28121700	--亚硫酰氯							
2812170000	亚硫酰氯〔999〕	5	30	13		千克	23AB	M/N
28121900	--其他							
2812190020	三氯化砷〔999〕	5	30	13		千克	23AB	M/N
2812190091	其他非金属氯化物①	5	30	13		千克		
2812190099	其他非金属氯氧化物②	5	30	13		千克		
28129011	----三氟化氮							
2812901100	三氟化氮〔999〕	5	30	13		千克	AB	M/N
28129019	----其他							
2812901910	三氟化氯〔999〕	5	30	13		千克	3A	M/
2812901920	三氟化砷(氟化亚砷)〔999〕	5	30	13		千克		
2812901930	硫酰氟〔999〕	5	30	13		千克	S	
2812901940[暂3]	三氟化磷〔999〕	5	30	13		千克		
2812901950[暂3]	三氟化硼〔999〕	5	30	13		千克		
2812901990	其他氟化物及氟氧化物③	5	30	13		千克		
28129090	---其他							
2812909010	三溴化砷,三碘化砷(溴化亚砷,碘化亚砷)④	5	30	13		千克		
2812909090	其他非金属卤化物及卤氧化物⑤	5	30	13		千克		
2813	**非金属硫化物;商品三硫化二磷:**							
28131000	-二硫化碳							
2813100000	二硫化碳〔999〕	5	30	13		千克	AB	M/N
28139000	-其他							
2813900010	五硫化二磷〔999 遇水放出易燃气体的物质〕	5	30	13		千克	23	
2813900020	三硫化二磷〔999〕	5	30	13		千克	AB	M/N
2813900090	其他非金属硫化物⑥	5	30	13		千克		
2814	**氨及氨水:**							
28141000	-氨							
2814100000[暂0]	氨⑦	5	35	13		千克	AB	M/N
28142000	-氨水							
2814200010[暂0]	氨水(含量≥10%)⑧	5	35	13		千克	AB	M/N
2814200090[暂0]	其他氨水〔101 饲料添加剂〕,〔102 化工产品〕	5	35	13		千克		
2815	**氢氧化钠(烧碱);氢氧化钾(苛性钾);过氧化钠及过氧化钾:**							
28151100	--固体							
2815110000	固体氢氧化钠⑨	5	35	13		千克	ABG	M. R/N. S
28151200	--水溶液(氢氧化钠浓溶液及液体烧碱)							
2815120000	氢氧化钠水溶液,液体烧碱⑩	5	35	13		千克	ABG	M/N
28152000	-氢氧化钾(苛性钾)							
2815200000	氢氧化钾(苛性钾)⑪	5	30	13		千克	AB	M. R/N. S
28153000	-过氧化钠及过氧化钾							
2815300000	过氧化钠及过氧化钾⑫	5	30	13		千克	AB	M/N

① 〔301 易燃气体〕,〔302 毒性气体〕,〔303 腐蚀性物质〕,〔304 其他化工产品〕,〔999 毒性物质和感染性物质〕

② 〔301 毒性气体〕,〔302 腐蚀性物质〕,〔303 毒性物质和感染性物质〕,〔999 其他化工产品〕

③ 〔101 三氟化溴〕,〔102 五氟化溴〕,〔103 五氟化碘〕,〔301 非易然无毒气体〕,〔302 毒性气体〕,〔303 氧化性物质〕,〔304 毒性物质和感染性物质〕,〔305 其他化工产品〕,〔306 腐蚀性物质〕

④ 〔101 三溴化砷〕,〔102 三碘化砷〕,〔301〕

⑤ 〔101 六氟化硫〕,〔102 三氟化氮〕,〔103 三氟化磷〕,〔104 三氟化硼〕,〔105 四氟化硫〕,〔106 四氟化硅〕,〔107 五氟化氯〕,〔108 五氟化磷〕,〔109 六氟化硒〕,〔110 六氟化碲〕,〔111 氯化溴〕,〔112 过氯酰氟〕,〔113 羰基氟〕,〔114 溴化硒〕,〔115 四溴化硒〕,〔116 氧氯化硫〕,〔117 氯化二硫酰〕,〔118 氧溴化磷〕,〔119 三溴化磷〕,〔120 五溴化磷〕,〔121 三溴化硼〕,〔122 二水合三氟化硼〕,〔123 硫代磷酰氯〕,〔124 一溴化碘〕,〔125 三溴化碘〕,〔301 易于自燃的物质〕,〔302 氧化性物质〕,〔303 毒性物质和感染性物质〕,〔304 腐蚀性物质〕,〔305 其他化工产品〕,〔306 毒性气体〕

⑥ 〔101 三硫化(二)磷〕,〔102 三硫化(四)磷〕,〔103 七硫化(四)磷〕,〔104 二硫化硒〕,〔105 二氯硫化碳〕,〔301 毒性物质和感染性物质〕,〔302 其他化工产品〕,〔303 易燃固体〕

⑦ 〔101 饲料添加剂〕,〔102 氨(液化的,含氨>50%)〕,〔301 毒性气体〕

⑧ 〔101 饲料添加剂〕,〔102 氨溶液(35%<含氨≤50%)(危险化学品)〕,〔103 氨溶液(10%<含氨≤35%)(危险化学品)〕,〔104 氨溶液(35%<含氨≤50%)(危险化学品和食品添加剂)〕,〔105 氨溶液(10%<含氨≤35%)(危险化学品和食品添加剂)〕,〔301 腐蚀性物质〕

⑨ 〔101 饲料添加剂〕,〔102 危险化学品〕,〔103 属于危险化学品的食品添加剂〕,〔301 腐蚀性物质,需申报仅用于工业用途不用于食品添加剂无检疫要求〕

⑩ 〔101 饲料添加剂〕,〔102 氢氧化钠溶液〕,〔301 腐蚀性物质〕,〔302 其他化工产品〕

⑪ 〔101 氢氧化钾溶液〕,〔102 氢氧化钾(危险化学品)〕,〔103 氢氧化钾(非工业用无检疫要求食品添加剂)〕,〔301 腐蚀性物质,需申报仅用于工业用途不用于食品添加剂无检疫要求〕,〔302 属于危险化学品的食品添加剂〕

⑫ 〔101 过氧化钠〕,〔102 过氧化钾〕,〔103 超氧化钠〕,〔104 超氧化钾〕,〔301〕

协定税率(%)															特惠税率(%)			对美税率	出口税率	出口退税率	Article Description
智利	新西兰	澳大利亚	瑞士	冰岛	秘鲁	哥斯达	东盟	亚太	新加坡	巴基斯坦	港/澳/台	韩国	格鲁吉亚	毛里求斯	亚太	老/柬/缅	LDC 97/95				
																			0		
0	0	0	0	0	0	0	0			0	0/0/	0	0	0			0/0			0	--Thionyl chloride
																			0		
0	0	0	0	0	0	0	0			0	0/0/	0	0	0			0/0			0	--Other
																		32.5	0		
																		32.5	0		
																		32.5	0		
0	0	0	0	0	0	0	0			0	0/0/	2.9	0	0			0/0			10	----Nitrogen trifluoride
																		27.5	0		
0	0	0	0	0	0	0	0			0	0/0/	0	1.1	0			0/0			0	----Other
																		12.5	0		
																		12.5	0		
																		12.5	0		
																		10.5	0		
																		10.5	0		
																		12.5	0		
0	0	0	0	0	0	0	0			0	0/0/	1.6	0	0			0/0			0	---Other
																		12.5	0		
																		12.5	0		
																					Sulphides of non-metals; commercial phosphorus trisuiphides:
0	0	0	0	0	0	0	0			0	0/0/	0	0	0			0/0			0	-Carbon disulphide
																			0		
0	0	0	0	0	0	0	0			0	0/0/	0	0	0			0/0			0	-Other
																		17.5	0		
																		17.5	0		
																		17.5	0		
																					Ammonia, anhydrous or in aqueous solution:
0	0	0	0	0	0	0	0			0	0/0/	0	0	0			0/0			0	-Anhydrous ammonia
																		25	0		
0	0	0	0	0	0	0	0			0	0/0/	0	0	0			0/0			0	-Ammonia in aqueous solution
																		27.5	0		
																		27.5	0		
																					Sodium hydroxide (caustic soda); potassium hydroxide (caustic potash); peroxides or sodium or postassium:
0	0	0	0	0	0	0	5	3.3		7	0/0/	3	0	0			0/0			0	--Solid
																		32.5	0		
0	0	0	0	0	0	0	5	3.3		5.6	0/0/	2.4	0	0			0/0			0	--In aqueous solution (soda lye or liquid soda)
																		17.5	0		
0	0	0	0	0	0	0	0			0	0/0/	0	0	0			0/0			13	-Potassium hydroxide (caustic potash)
																		12.5	0		
0	0	0	0	0	0	0	0			0	0/0/	0	0	0			0/0			0	-Peroxides of sodium or potassium
																		32.5	0		

商品编号	商品名称及备注[检验检疫编码及名称]	进口关税(%) 最惠国	进口关税(%) 普通	增值税率(%)	消费税	计量单位	监管条件	检验检疫类别
2816	**氢氧化镁及过氧化镁;锶或钡的氧化物、氢氧化物及过氧化物:**							
28161000	-氢氧化镁及过氧化镁							
2816100010	过氧化镁〔999〕	5	30	13		千克	AB	M/N
2816100090	氢氧化镁〔999〕	5	30	13		千克		
28164000	-锶或钡的氧化物、氢氧化物及过氧化物							
2816400000[暂2]	锶或钡的氧化物、氢氧化物(及其过氧化物)①	5	30	13		千克		
2817	**氧化锌及过氧化锌:**							
28170010	---氧化锌							
2817001000	氧化锌②	5	40	13		千克	A	R/
28170090	---过氧化锌							
2817009000	过氧化锌〔999〕	5	30	13		千克	AB	M/N
2818	**人造刚玉,不论是否已有化学定义;氧化铝;氢氧化铝:**							
28181010	---棕刚玉							
2818101000	棕刚玉(不论是否已有化学定义)〔999〕	5	20	13		千克		
28181090	---其他							
2818109000	其他人造刚玉(不论是否已有化学定义,棕刚玉除外)③	5	20	13		千克		
28182000	-氧化铝,但人造刚玉除外							
2818200000[暂0]	氧化铝,但人造刚玉除外〔101 饲料添加剂〕,〔102 化工产品〕	5	30	13		千克		
28183000	-氢氧化铝							
2818300000	氢氧化铝〔999〕	5	30	13		千克		
2819	**铬的氧化物及氢氧化物:**							
28191000	-三氧化铬							
2819100000	三氧化铬〔999〕	5	20	13		千克	AB	M/N
28199000	-其他							
2819900000	其他铬的氧化物及氢氧化物〔998 其他危险化学品〕,〔999 其他化工产品〕	5	30	13		千克		
2820	**锰的氧化物:**							
28201000	-二氧化锰							
2820100000	二氧化锰〔101 矿物源性饲料添加剂〕,〔102 化工产品〕	5	40	13		千克		
28209000	-其他							
2820900000	其他锰的氧化物〔101 矿物源性饲料添加剂〕,〔102 化工产品〕	5	30	13		千克		
2821	**铁的氧化物及氢氧化物;土色料,按重量计三氧化二铁含量在70%及以上:**							
28211000	-铁的氧化物及氢氧化物							
2821100000	铁的氧化物及氢氧化物〔101 矿物源性饲料添加剂〕,〔102 氧化铁红〕	5	30	13		千克		
28212000	-土色料							
2821200000	土色料(三氧化二铁含量在70%及以上)〔101 矿物源性饲料添加剂〕,〔102 化工产品〕	5	45	13		千克		
2822	**钴的氧化物及氢氧化物;商品氧化钴:**							
28220010	---四氧化三钴							
2822001000[暂2]	四氧化三钴〔999〕	5	30	13		千克	4xy	
28220090	---其他							
2822009000[暂2]	其他钴的氧化物及氢氧化物(包括商品氧化钴,但四氧化三钴除外)④	5	30	13		千克	4xy	
2823	**钛的氧化物:**							
28230000	钛的氧化物							
2823000000	钛的氧化物〔999〕	5	30	13		千克		
2824	**铅的氧化物;铅丹及铅橙:**							
28241000	-一氧化铅(铅黄、黄丹)							
2824100000	一氧化铅(铅黄,黄丹)〔101 一氧化铅〕,〔102 四氧化(三)铅〕,〔301 其他危险化学品〕	5	30	13		千克	AB	M/N
28249010	---铅丹及铅橙							

① 〔101 过氧化锶〕,〔102 过氧化钡〕,〔103 氯化钡〕,〔104 硒粉〕,〔105 氧化钡〕,〔106 氢氧化钡〕,〔301 氧化性物质〕,〔302 腐蚀性物质〕,〔303 其他化工产品〕,〔304 其他危险化学品〕

② 〔101 矿物源性饲料添加剂〕,〔102 无检疫要求食品添加剂〕,〔301 需申报仅用于工业用途不用于食品添加剂无检疫要求的化学品〕

③ 〔101 化工产品〕,〔102 人造刚玉〕,〔103 白刚玉〕,〔104 黑刚玉〕,〔105 锆刚玉〕

④ 〔998 其他危险化学品〕,〔999 其他化工产品〕

协定税率(%)															特惠税率(%)			对美税率	出口税率	出口退税率	Article Description
智利	新西兰	澳大利亚	瑞士	冰岛	秘鲁	哥斯达	东盟	亚太	新加坡	巴基斯坦	港/澳/台	韩国	格鲁吉亚	毛里求斯	亚太	老/柬/缅	LDC 97/95				
																					Hydroxide and peroxide of magnesium; oxides, hydroxides and peroxides, of strontium or barium:
0	0	0	0	0	0	0	0			0	0/0/	1.6	0	0			0/0			0	-Hydroxide and peroxide of magnesium
																		32.5	0		
																		32.5	0		
0	0	0	0	0	0	0	0			0	0/0/	0	0	0			0/0			0	-Oxides, hydroxides and peroxides, of strontium or barium
																		9.5	0		
																					Zinc oxide; zinc peroxide:
0	0	0	0	0	0	0	0			0	0/0/	0	0	0			0/0			0	---Zinc oxide
																		27.5	0		
0	0	0	0	0	0	0	0	4.5		0	0/0/	0	0	0			0/0			0	---Zinc peroxide
																		17.5	0		
																					Artificial corundum, whether or not chemically defined; aluminium oxide; aluminium hydroxide:
0	0	0	0	0	0	0	0			0	0/0/	1.6	0	0			0/0			0	---Brown fused alumina
																		32.5	0		
0	0	0	0	0	0	0	0			0	0/0/	0	0	0			0/0			0	---Other
																			0		
0	0	0	0	0	0	0	0		0	3	0/0/	0	0	0			0/0			0	-Aluminium oxide, other than artificial corundum
																		27.5	0		
0	0	0	0	0	0	0	0			0	0/0/	0	0	0			0/0			0	-Aluminium hydroxide
																		27.5	0		
																					Chromium oxides and hydroxides:
0	0	0	0	0	0	0	0			0	0/0/	1.6	0	0			0/0			0	-Chromium trioxide
																		10	0		
0	0	0	0	0	0	0	0			0	0/0/	0	0	0			0/0			0	-Other
																		17.5	0		
																					Manganese oxide:
0	0	0	0	0	0	0	0			0	0/0/	0	0	0			0/0			0	-Manganese dioxide
																		12.5	0		
0	0	0	0	0	0	0	0			0	0/0/	0	0	0			0/0			0	-Other
																		27.5	0		
																					Iron oxides and hydroxides; earth colours containing 70% or more by weight of combined iron evaluated as Fe2O3:
0	0	0	0	0	0	0	0			0	0/0/	2.9	0	0			0/0			0	-Iron oxides and hydroxides
																		25	0		
0	0	0	0	0	0	0	0			0	0/0/	1.6	0	0			0/0			0	-Earth colours
																		17.5	0		
																					Cobalt oxides and hydroxides; commercial cobalt oxides:
0	0	0	0	0	0	0	0			0	0/0/	0	0	0			0/0			13	---Cobalt tetroxide
																			0		
0	0	0	0	0	0	0	0			0	0/0/	0	0	0			0/0			0	---Other
																		29.5	0		
																					Titanium oxides:
0	0	0	0	0	0	0	0			0	0/0/	0	0	0			0/0			0	Titanium oxides
																		32.5	0		
																					Lead oxides; red lead and orange lead:
0	0	0	0	0	0	0	0			0	0/0/	0	0	0			0/0			0	-Lead monoxide(litharge, massicot)
																			0		
0	0	0	0	0	0	0	0			0	0/0/	0	0	0			0/0			0	---Red lead and orange lead

商品编号	商品名称及备注[检验检疫编码及名称]	进口关税(%) 最惠国	进口关税(%) 普通	增值税率(%)	消费税	计量单位	监管条件	检验检疫类别
2824901000	铅丹及铅橙[四氧化(三)铅](红丹)〔999〕	5	45	13		千克	AB	M/N
28249090	---其他							
2824909000	其他铅的氧化物〔301 其他化工产品〕,〔999 氧化性物质〕	5	30	13		千克		
2825	**肼(联氨)、胲(羟胺)及其无机盐;其他无机碱;其他金属氧化物、氢氧化物及过氧化物:**							
28251010	---水合肼							
2825101010	纯度70%及以上的水合肼〔999〕	5	30	13		千克	3A	M/
2825101090	纯度70%以下的水合肼〔101 水合肼(含肼≤64%)〕,〔102 肼水溶液(含肼≤64%)〕,〔301〕	5	30	13		千克	AB	M/N
28251020	---硫酸羟胺							
2825102000	硫酸羟胺〔999〕	5	30	13		千克	AB	M/N
28251090	---其他							
2825109000	其他肼、胲及其无机盐①	5	30	13		千克		
28252010	---氢氧化锂							
2825201000	氢氧化锂〔101 氢氧化锂〕,〔102 氢氧化锂溶液〕,〔301〕	5	30	13		千克	AB	M/N
28252090	---其他							
2825209000	锂的氧化物〔301 其他化工产品〕,〔302 氧化性物质〕,〔999〕	5	30	13		千克		
28253010	---五氧化二钒							
2825301000	五氧化二钒〔999〕	5	30	13		千克	4ABxy	M/N
28253090	---其他							
2825309000	其他钒的氧化物及氢氧化物②	5	30	13		千克	4xy	
28254000	-镍的氧化物及氢氧化物							
2825400000[暂2]	镍的氧化物及氢氧化物〔999〕	5	30	13		千克		
28255000	-铜的氧化物及氢氧化物							
2825500000	铜的氧化物及氢氧化物〔101 矿物源性饲料添加剂〕,〔102 化工产品〕	5	30	13		千克		
28256000	-锗的氧化物及二氧化锆							
2825600001	锗的氧化物〔999〕	5	30	13		千克	4xy	
2825600090	二氧化锆〔999〕	5	30	13		千克	3	
28257000	-钼的氧化物及氢氧化物							
2825700000	钼的氧化物及氢氧化物〔999〕	5	30	13		千克	4xy	
28258000	-锑的氧化物							
2825800000	锑的氧化物〔301 毒性物质和感染性物质〕,〔999 其他化工产品〕	5	30	13		千克	4xBy	/N
28259011	----钨酸							
2825901100	钨酸〔999〕	5	30	13		千克	4xy	
28259012	----三氧化钨							
2825901200	三氧化钨〔999〕	5	30	13		千克	4xy	
28259019	----其他							
2825901910	蓝色氧化钨〔999〕	5	30	13		千克	4xy	
2825901990	其他钨的氧化物及氢氧化物〔999〕	5	30	13		千克		
28259021	----三氧化二铋							
2825902100	三氧化二铋③	5	30	13		千克	4Axy	R/
28259029	----其他							
2825902900	其他铋的氧化物及氢氧化物④	5	30	13		千克	4Axy	R/
28259031	----二氧化锡							
2825903100	二氧化锡⑤	5	30	13		千克	4Axy	R/
28259039	----其他							
2825903900	其他锡的氧化物及氢氧化物⑥	5	30	13		千克	4Axy	R/
28259041	----一氧化铌							
2825904100	一氧化铌〔999〕	5	30	13		千克	A	M/
28259049	----其他							
2825904900	其他铌的氧化物及氢氧化物⑦	5	30	13		千克	AB	M. R/N
28259090	---其他							

① 〔101 四氟(代)肼〕,〔102 硝酸羟胺〕,〔301 爆炸品〕,〔302 其他化工产品〕,〔303 腐蚀性物质〕
② 〔301 毒性物质〕,〔302 其他化工产品〕,〔999〕
③ 〔999 需申报仅用于工业用途不用于食品添加剂无检疫要求的化学品〕
④ 〔999 需申报仅用于工业用途不用于食品添加剂无检疫要求的化学品〕
⑤ 〔999 需申报仅用于工业用途不用于食品添加剂无检疫要求的化学品〕
⑥ 〔999 需申报仅用于工业用途不用于食品添加剂无检疫要求的化学品〕
⑦ 〔999 需申报仅用于工业用途不用于食品添加剂无检疫要求的化学品〕

协定税率(%)															特惠税率(%)			对美税率	出口税率	出口退税率	Article Description
智利	新西兰	澳大利亚	瑞士	冰岛	秘鲁	哥斯达	东盟	亚太	新加坡	巴基斯坦	港/澳/台	韩国	格鲁吉亚	毛里求斯	亚太	老/柬/缅	LDC 97/95				
																			0		
0	0	0	0	0	0	0	0			0	0/0/	0	0	0			0/0			0	---Other
																		12.5	0		
																					Hydrazine and hydroxylamine and their inorganic salts; other inorganic bases; othermetal oxides, hydroxides and peroxides:
0	0	0	0	0	0	0	0			0	0/0/	1.6	0	0			0/0			0	---Hydrazine hydrate
																		7.5	0		
																		7.5	0		
0	0	0	0	0	0	0	0			0	0/0/	1.6	0	0			0/0			0	---Hydroxylamine sulfate
																		7.5	0		
0	0	0	0	0	0	0	0			0	0/0/	0	0	0			0/0			0	---Other
																		30	0		
0	0	0	0	0	0	0	0			0	0/0/	0	0	0			0/0			0	---Lithium hydroxide
																		27.5	0		
0	0	0	0	0	0	0	0			0	0/0/	0	0	0			0/0			0	---Other
																			0		
0	0	0	0	0	0	0	0			0	0/0/	1.6	0	0			0/0			0	---Divanadium pentaoxide
																		32.5	0		
0	0	0	0	0	0	0	0			0	0/0/	0	0	0			0/0			0	---Other
																		32.5	0		
0	0	0	0	0	0	0	0			0	0/0/	0	0	0			0/0			13	-Nickel oxides and hydroxides
																			0		
0	0	0	0	0	0	0	0			0	0/0/	0	0	0			0/0			0	-Copper oxides and hydroxides
																		12.5	0		
0	0	0	0	0	0	0	0			0	0/0/	0	0	0			0/0			0	-Germanium oxides and zirconium dioxide
																		12.5	0		
																		12.5	0		
0	0	0	0	0		0	0			0	0/0/	0	0	0			0/0			0	-Molybdenum oxides and hydroxides
																		17.5	0		
0	0	0	0	0	0	0	0			0	0/0/	0	0	0			0/0			0	-Antimony oxides
																		32.5	0		
0	0	0	0	0	0	0	0			0	0/0/	0	0	0			0/0			0	----Tungstic acid
																			0		
0	0	0	0	0	0	0	0			0	0/0/	0	0	0			0/0			0	----Tungstic oxide
																		32.5	0		
0	0	0	0	0	0	0	0			0	0/0/	0	0	0			0/0			0	----Other
																			0		
																			0		
0	0	0	0	0	0	0	0			0	0/0/	0	0	0			0/0			13	----Dibismuth trioxide
																		27.5	0		
0	0	0	0	0	0	0	0			0	0/0/	0	0	0			0/0			0	----Other
																			0		
0	0	0	0	0	0	0	0			0	0/0/	0	0	0			0/0			0	----Tin dioxide
																		32.5	0		
0	0	0	0	0	0	0	0			0	0/0/	0	0	0			0/0			0	----Other
																			0		
0	0	0	0	0	0	0	0			0	0/0/	0	0	0			0/0			0	----Niobium monoxide
																			0		
0	0	0	0	0	0	0	0			0	0/0/	0	0	0			0/0			0	----Other
																			0		
0	0	0	0	0	0	0	0			0	0/0/	0	0	0			0/0			0	---Other

商品编号	商品名称及备注[检验检疫编码及名称]	进口关税(%)		增值税率(%)	消费税	计量单位	监管条件	检验检疫类别
		最惠国	普通					
2825909000	其他金属的氧化物及氢氧化物①	5	30	13		千克	AB	M. R/N. S
2826	**氟化物;氟硅酸盐、氟铝酸盐及其他氟络盐:**							
28261210	---无水氟化铝							
2826121000	无水氟化铝〔999〕	5.5	30	13		千克		
28261290	---其他							
2826129000	其他氟化铝〔999〕	5	30	13		千克		
28261910	---铵的氟化物							
2826191010	氟化氢铵〔999〕	5	30	13		千克	3A	M/
2826191090	其他铵的氟化物〔301 其他化工产品〕,〔999 毒性物质和感染性物质〕	5	30	13		千克		
28261920	---钠的氟化物							
2826192010	氟化钠〔999 危险化学品,需申报仅用于工业用途不用于食品添加剂无检疫要求〕	5	30	13		千克	3AB	M. R/N. S
2826192020	氟化氢钠〔999〕	5	30	13		千克	3A	M/
2826192090	其他钠的氟化物〔999〕	5	30	13		千克		
28261990	---其他							
2826199010	氟化钾〔999〕	5	30	13		千克	3A	M/
2826199020	氟化氢钾〔999〕	5	30	13		千克	3A	M/
2826199030	氟化铅,四氟化铅,氟化镉②	5	30	13		千克		
2826199090	其他氟化物③	5	30	13		千克		
28263000	-六氟铝酸钠(人造冰晶石)							
2826300000	六氟铝酸钠(人造冰晶石)〔999〕	5	30	13		千克		
28269010	---氟硅酸盐							
2826901000	氟硅酸盐④	5	30	13		千克		
28269020	---六氟磷酸锂							
2826902000	六氟磷酸锂〔999〕	5.5	30	13		千克		
28269090	---其他							
2826909010	氟钽酸钾〔999〕	5	30	13		千克		
2826909030	氟硼酸铅,氟硼酸镉⑤	5	30	13		千克		
2826909090	氟铝酸盐及其他氟络盐⑥	5	30	13		千克		
2827	**氯化物、氯氧化物及氢氧基氯化物;溴化物及溴氧化物;碘化物及碘氧化物:**							
28271010	---肥料用							
2827101000	肥料用氯化铵〔999〕	4	11	13		千克	G	
28271090	---其他							
2827109000	非肥料用氯化铵〔999〕	5	30	13		千克	G	
28272000	-氯化钙							
2827200000	氯化钙⑦	5	50	13		千克	A	R/
28273100	--氯化镁							
2827310000	氯化镁⑧	5	30	13		千克	A	R/
28273200	--氯化铝							
2827320000	氯化铝〔101 三氯化铝(无水)〕,〔102 三氯化铝溶液〕	5	30	13		千克		
28273500	--氯化镍							
2827350000	氯化镍〔999〕	5	30	13		千克	AB	M/N
28273910	---氯化锂							
2827391000	氯化锂〔999〕	5	30	13		千克		
28273920	---氯化钡							

① 〔101 过氧化锂〕,〔102 过氧化钙〕,〔103 氧化亚铊〕,〔104 氧化铊〕,〔105 氢氧化铊〕,〔106 氧化铍〕,〔107 氢氧化铍〕,〔108 四氧化锇〕,〔109 氢氧化铷〕,〔110 氢氧化铷溶液〕,〔111 氢氧化铯〕,〔112 氢氧化铯溶液〕,〔113 氧化钠〕,〔114 氧化钾〕,〔115 钠石灰(含氢氧化钠>4%)〕,〔116 氧化钙〕,〔117 煅烧钙〕,〔118 氢氧化钙〕,〔301 其他危险化学品,需申报仅用于工业用途不用于食品添加剂无检疫要求〕,〔302 煅烧钙(无检疫要求食品添加剂)〕,〔303 氢氧化钙(无检疫要求食品添加剂)〕,〔304 无检疫要求食品添加剂〕,〔305 一般化学品,需申报仅用于工业用途不用于食品添加剂无检疫要求〕,〔306 属于危险化学品的食品添加剂〕,〔307 氧化性物质,需申报仅用于工业用途不用于食品添加剂无检疫要求〕,〔308 毒性物质和感染性物质,需申报仅用于工业用途不用于食品添加剂无检疫要求〕,〔309 腐蚀性物质,需申报仅用于工业用途不用于食品添加剂无检疫要求〕

② 〔101 氟化铅〕,〔102 四氟化铅〕,〔103 氟化镉〕,〔301 毒性物质和感染性物质〕,〔302 杂项物质〕

③ 〔101 六氟化钨〕,〔102 二氟化氧〕,〔103 氟化锂〕,〔104 氟化铷〕,〔105 氟化铯〕,〔106 氟化钡〕,〔107 氟化亚锑〕,〔108 三氟化铋〕,〔109 五氟化铋〕,〔110 氟化铜〕,〔111 氟化锌〕,〔112 氟化锆〕,〔113 氟化亚钴〕,〔114 氟化钴〕,〔115 其他二级无机氟化合物〕,〔116 五氟化锑〕,〔117 氟化铬〕,〔301 毒性物质和感染性物质〕,〔302 腐蚀性物质〕,〔303 杂项物质〕,〔304 其他危险化学品〕,〔305 其他化工产品〕,〔306 毒性气体〕,〔307 氧化性物质〕

④ 〔101 其他二级无机氟硼酸盐类〕,〔102 氟硅酸钠〕,〔103 氟硅酸钾〕,〔104 氟硅酸铵〕,〔105 氟硅酸镁〕,〔106 氟硅酸钡〕,〔107 氟硅酸锌〕,〔301 毒性物质和感染性物质〕,〔302 其他化工产品〕

⑤ 〔101 氟硼酸镉〕,〔102 氟硼酸铅〕,〔103 氟硼酸铅溶液(含量>28%)〕,〔301 毒性物质和感染性物质〕

⑥ 〔101 氟硼酸锌〕,〔102 氟钽酸钾〕,〔103 氟锆酸钾〕,〔301 毒性物质和感染性物质〕,〔302 腐蚀性物质〕,〔303 其他化工产品〕

⑦ 〔101 矿物源性饲料添加剂〕,〔102 无检疫要求食品添加剂〕,〔103 需申报仅用于工业用途不用于食品添加剂无检疫要求的化学品〕

⑧ 〔101 矿物源性饲料添加剂〕,〔102 无检疫要求食品添加剂〕,〔103 需申报仅用于工业用途不用于食品添加剂无检疫要求的化学品〕

协定税率(%)															特惠税率(%)			对美税率	出口税率	出口退税率	Article Description
智利	新西兰	澳大利亚	瑞士	冰岛	秘鲁	哥斯达	东盟	亚太	新加坡	巴基斯坦	港/澳/台	韩国	格鲁吉亚	毛里求斯	亚太	老/柬/缅	LDC 97/95				
																		27.5	0		
																					Fluorides; fluorosilicates, fluoroaluminates and other complex fluorine salts:
0	0	0	0	0	0	0	0			0	0/0/	0	0	0			0/0			0	---Aluminium fluoride(anhydrous)
																		30.5	0		
0	0	0	0	0	0	0	0			0	0/0/	0	0	0			0/0			0	---Other
																			0		
0	0	0	0	0	0	0	0			0	0/0/	0	0	0			0/0			0	---Of ammonium
																			0		
																			0		
0	0	0	0	0	0	0	0			0	0/0/	0	0	0			0/0			0	---Of sodium
																		27.5	0		
																		27.5	0		
																		27.5	0		
0	0	0	0	0	0	0	0			0	0/0/	0	0	0			0/0			0	---Other
																		17.5	0		
																		17.5	0		
																		17.5	0		
																		17.5	0		
0	0	0	0	0	0	0	0			0	0/0/	0	0	0			0/0			13	-Sodium hexafluoroaluminate (synthetic cryolite)
																			0		
0	0	0	0	0	0	0	0			0	0/0/	1.6	0	0			0/0			0	---Fluorosilicates
																		32.5	0		
0	0	0	0	0	0	0	0			0	0/0/	2.9	0	0			0/0			13	---Lithium hexafluorophosphate
																		30.5	0		
0	0	0	0	0	0	0	0			0	0/0/	2.9	0	0			0/0			0	---Other
																		32.5	30		
																		32.5	0		
																		32.5	0		
																					Chlorides, chloride oxides and chloride hydroxides; bromides and bromide oxides; iodides and iodide oxides:
0	0	0	0	0	0	0	0			0	0/0/	0	0.8	0			0/0			0	---For use as fertilizer
																		6.5	0		
0	0	0	0	0	0	0	0			0	0/0/	0	0	0			0/0			0	---Other
																		32.5	0		
0	0	0	0	0	0	0	0			0	0/0/	0	0	0			0/0			10	-Calcium chloride
																		32.5	0		
0	0	0	0	0	0	0	0			0	0/0/	1.6	0	0			0/0			0	--Of magnesium
																		12.5	0		
0	0	0	0	0	0	0	0			0	0/0/	0	0	0			0/0			0	--Of aluminium
																		17.5	0		
0	0	0	0	0	0	0	0			0	0/0/	0	0	0			0/0			0	--Of nickel
																		32.5	0		
0	0	0	0	0		0	0	3.3		0	0/0/	0	0	0			0/0			0	---Lithium chloride
																		32.5	0		
0	0	0		0		0	0	3.3		0	0/0/	0	0	0			0/0			0	---Barium chloride

商品编号	商品名称及备注[检验检疫编码及名称]	进口关税(%) 最惠国	普通	增值税率(%)	消费税	计量单位	监管条件	检验检疫类别
2827392000	氯化钡〔999〕	5	30	13		千克	AB	M/N
28273930	---氯化钴							
2827393000	氯化钴①	5	30	13		千克	4ABxy	M. R/N. S
28273990	---其他							
2827399000	其他氯化物②	5	30	13		千克	AB	M. R/N. S
28274100	--铜的氯氧化物及氢氧基氯化物							
2827410000	铜的氯氧化物及氢氧基氯化物〔999〕	5	30	13		千克		
28274910	---锆的氯氧化物及氢氧基氯化物							
2827491000	锆的氯氧化物及氢氧基氯化物〔999〕	5	30	13		千克		
28274990	---其他							
2827499000	其他氯氧化物及氢氧基氯化物③	5	30	13		千克		
28275100	--溴化钠及溴化钾							
2827510000	溴化钠及溴化钾〔999〕	5	30	13		千克		
28275900	--其他							
2827590000	其他溴化物及溴氧化物④	5	30	13		千克		
28276000	-碘化物及碘氧化物							
2827600000	碘化物及碘氧化物⑤	5	30	13		千克	AB	M. R/N. S
2828	**次氯酸盐;商品次氯酸钙;亚氯酸盐;次溴酸盐:**							
28281000	-商品次氯酸钙及其他钙的次氯酸盐							
2828100000	商品次氯酸钙及其他钙的次氯酸盐⑥	5	80	13		千克		
28289000	-其他							
2828900000	次溴酸盐、亚氯酸盐、其他次氯酸盐⑦	5	30	13		千克	AB	M. R/N. S
2829	**氯酸盐及高氯酸盐;溴酸盐及过溴酸盐;碘酸盐及高碘酸盐:**							
28291100	--氯酸钠							
2829110000	氯酸钠〔101 氯酸钠〕,〔102 氯酸钠溶液〕,〔301〕	5	30	13		千克	AB	M/N
28291910	---氯酸钾(洋硝)							
2829191000	氯酸钾(洋硝)〔101 氯酸钾〕,〔102 氯酸钾溶液〕,〔301〕	5	20	13		千克	9B	/N
28291990	---其他							
2829199000	其他氯酸盐⑧	5	30	13		千克		
28299000	-其他							
2829900010	颗粒<500 微米的球形高氯酸铵⑨	5	30	13		千克	3A	M/
2829900090	其他高氯酸盐,溴酸盐等(包括过溴酸盐、碘酸盐及高碘酸盐)⑩	5	30	13		千克		
2830	**硫化物;多硫化物,无论是否已有化学定义:**							
28301010	---硫化钠							

① 〔101 矿物源性饲料添加剂〕,〔102 危险化学品,需申报仅用于工业用途不用于食品添加剂无检疫要求〕

② 〔101 矿物源性饲料添加剂〕,〔102 三氯化钛〕,〔103 氯化亚铊〕,〔104 氯化铍〕,〔105 三氯化锑〕,〔106 五氯化锑〕,〔107 四氯化锗〕,〔108 四氯化铅〕,〔109 三氯化钛混合物〕,〔110 四氯化钛〕,〔111 四氯化钒〕,〔112 四氯化锡(无水)〕,〔113 三氯化铁〕,〔114 三氯化铁溶液〕,〔115 三氯化钼〕,〔116 五氯化钼〕,〔117 五氯化铌〕,〔118 五氯化钽〕,〔119 四氯化锆〕,〔120 三氯化钛溶液〕,〔121 三氯化钒〕,〔122 四氯化锡五水合物〕,〔123 氯化铜〕,〔124 氯化锌〕,〔125 氯化锌溶液〕,〔126 氯化钾〕,〔301 其他危险化学品,需申报仅用于工业用途不用于食品添加剂无检疫要求〕,〔302 无检疫要求食品添加剂〕,〔303 一般化学品,需申报仅用于工业用途不用于食品添加剂无检疫要求〕,〔304 属于危险化学品的食品添加剂〕,〔305 易于自燃的物质,需申报仅用于工业用途不用于食品添加剂无检疫要求〕,〔306 毒性物质和感染性物质,需申报仅用于工业用途不用于食品添加剂无检疫要求〕,〔307 腐蚀性物质,需申报仅用于工业用途不用于食品添加剂无检疫要求〕,〔308 杂项物质,需申报仅用于工业用途不用于食品添加剂无检疫要求〕

③ 〔101 氧氯化铬〕,〔102 三氯氧化钒〕,〔301 氧化性物质〕,〔302 毒性物质和感染性物中〕,〔303 其他化工产品〕,〔304 腐蚀性物质〕

④ 〔101 溴化亚铊〕,〔102 三溴化铝(无水)〕,〔103 三溴化合铝溶液〕,〔104 三溴化锑〕,〔105 四溴化锡〕,〔301 毒性物质和感染性物质〕,〔302 腐蚀性物质〕,〔303 其他化工产品〕

⑤ 〔101 矿物源性饲料添加剂〕,〔102 碘化亚铊〕,〔103 三碘化铊〕,〔104 三碘化锑〕,〔105 四碘化锡〕,〔106 碘化钾〕,〔107 碘酸钾〕,〔108 碘化钠〕,〔109 工业用途无检疫要求食品添加剂〕,〔301 其他危险化学品,需申报仅用于工业用途不用于食品添加剂无检疫要求〕,〔302 无检疫要求食品添加剂〕,〔303 一般化学品,需申报仅用于工业用途不用于食品添加剂无检疫要求〕,〔304 属于危险化学品的食品添加剂〕,〔305 毒性物质和感染性物质,需申报仅用于工业用途不用于食品添加剂无检疫要求〕,〔306 腐蚀性物质,需申报仅用于工业用途不用于食品添加剂无检疫要求〕

⑥ 〔101 次氯酸钙(含有效氯>39%)〕,〔102 漂粉精(含有效氯>39%)〕,〔103 次氯酸钙混合物(含有效氯>39%)〕,〔104 次氯酸钙混合物或水合物(含有效氯 10%~39%)〕,〔105 次氯酸钙(含有效氯 10%~39%)〕,〔106 漂白粉〕,〔107 其他次氯酸钙混合或水合物(含水量 5.5%~10%)〕,〔301〕,〔302〕

⑦ 〔101 次氯酸锂〕,〔102 次氯酸钡(含有效氯>22%)〕,〔103 亚氯酸钠〕,〔104 亚氯酸钠溶液(含有效氯>5%)〕,〔105 次氯酸钠溶液(含有效氯>5%)〕,〔106 次氯酸钾溶液(含有效氯>5%)〕,〔107 其他次氯酸盐溶液(含有效氯>5%)〕,〔108 次氯酸钠〕,〔301 其他危险化学品,需申报仅用于工业用途不用于食品添加剂无检疫要求〕,〔302 无检疫要求食品添加剂〕,〔303 一般化学品,需申报仅用于工业用途不用于食品添加剂无检疫要求〕,〔304 属于危险化学品的食品添加剂〕,〔305 氧化性物质,需申报仅用于工业用途不用于食品添加剂无检疫要求〕,〔306 腐蚀性物质,需申报仅用于工业用途不用于食品添加剂无检疫要求〕

⑧ 〔101 氯酸铵〕,〔102 氯酸镁〕,〔103 氯酸铯〕,〔104 氯酸锶〕,〔105 氯酸钡〕,〔106 氯酸钙〕,〔107 氯酸钙溶液〕,〔108 氯酸铜〕,〔109 氯酸锌〕,〔110 氯酸铊〕,〔301 氧化性物质〕,〔302 其他化工产品〕,〔307 毒性物质和感染性物质〕

⑨ 〔101 高氯酸铵〕,〔102 高氯酸铵(颗粒小于 500 微米,球形)〕,〔301 爆炸品〕,〔302 氧化性物质〕

⑩ 〔101 矿物源性饲料添加剂〕,〔102 高氯酸钙〕,〔103 高氯酸钠〕,〔104 高氯酸钾〕,〔105 高氯酸锂〕,〔106 高氯酸镁〕,〔107 高氯酸钡〕,〔108 高氯酸锶〕,〔109 高氯酸铅〕,〔110 高氯酸亚铁〕,〔111 溴酸钠〕,〔112 溴酸钾〕,〔113 溴酸镁〕,〔114 溴酸锶〕,〔115 溴酸钡〕,〔116 溴酸锌〕,〔117 溴酸镉〕,〔118 溴酸铅〕,〔119 高碘酸铵〕,〔120 高碘酸钡〕,〔121 高碘酸钠〕,〔122 仲高碘酸钠〕,〔123 偏高碘酸钠〕,〔124 高碘酸钾〕,〔125 仲高碘酸钾〕,〔126 偏高碘酸钾〕,〔127 碘酸铵〕,〔128 碘酸钠〕,〔129 碘酸钾〕,〔130 碘酸钾合一碘酸〕,〔131 碘酸钾合二碘酸〕,〔132 碘酸锂〕,〔133 碘酸钙〕,〔134 碘酸锶〕,〔135 碘酸钡〕,〔136 碘酸锰〕,〔137 碘酸铁〕,〔138 碘酸锌〕,〔139 碘酸镉〕,〔140 碘酸铅〕,〔301 氧化性物质〕,〔302 其他化工产品〕

协定税率(%)															特惠税率(%)			对美税率	出口税率	出口退税率	Article Description
智利	新西兰	澳大利亚	瑞士	冰岛	秘鲁	哥斯达	东盟	亚太	新加坡	巴基斯坦	港/澳/台	韩国	格鲁吉亚	毛里求斯	亚太	老/柬/缅	LDC 97/95				
																		27.5	0		
0	0	0	0	0	0	0	0	3.3		0	0/0/	0	0	0			0/0			0	---Cobalt chloride
																		17.5	0		
0	0	0	0	0		0	0	3.3		0	0/0/	0	0	0			0/0			0	---Other
																		12.5	0		
0	0	0	0	0	0	0	0			0	0/0/	0	0	0			0/0			0	--Of copper
																		12.5	0		
0	0	0	0	0	0	0	0			0	0/0/	0	0	0			0/0			0	---Of zirconium
																		32.5	0		
0	0	0	0	0	0	0	0			0	0/0/	0	0	0			0/0			0	---Other
																		12.5	0		
0	0	0	0	0	0	0	0			0	0/0/	0	0	0			0/0			0	--Bromides of sodium or of potassium
																		32.5	0		
0	0	0	0	0	0	0	0			0	0/0/台	1.6	0	0			0/0			0	--Other
																		32.5	0		
0	0	0	0	0		0	0			0	0/0/	0	0	0			0/0			0	-Iodides and iodide oxides
																		32.5	0		
																					Hypochlorites; commercial calcium hypochlorite; chlorites; hypobromites:
0	0	0	2.4	0	0	0	0	3.3	0	4	0/0/	3.6	0	0			0/0			6	-Commercial calcium hypochlorite and other calcium hypochlorites
																		10	0		
0	0	0	0	0	0	0	0			0	0/0/	0	0	0			0/0			0	-Other
																		32.5	0		
																					Chlorates and perchlorates; bromates and perbromates; iodates and periodates:
0	0	0	2.4	0	0	0	0		0	6	0/0/	3.6	0	0			0/0			0	--Of sodium
																		10	0		
0	0	0	0	0	0	0	0			0	0/0/	0	0	0			0/0			0	---Potassium chlorate
																			0		
0	0	0	0	0	0	0	0			0	0/0/	0	0	0			0/0			0	---Other
																			0		
0	0	0	0	0	0	0	0			0	0/0/	0	0	0			0/0			0	-Other
																		17.5	0		
																		17.5	0		
																					Sulphides; polysulphides, whether or not chemically defined:
0	0	0	0	0	0	0	0			0	0/0/	0	0	0			0/0			0	---Sodium sulphide

商品编号	商品名称及备注[检验检疫编码及名称]	进口关税(%) 最惠国	进口关税(%) 普通	增值税率(%)	消费税	计量单位	监管条件	检验检疫类别
2830101000	硫化钠〔101 硫化钠(无水或含结晶水<30%)〕,〔102 硫化钠(含结晶水≥30%)〕	5	40	13		千克	3AB	M/N
28301090	---其他							
2830109000	其他钠的硫化物①	5	30	13		千克		
28309020	---硫化锑							
2830902000	硫化锑〔301 毒性物质和感染性物质〕,〔999 硫化锑及其精矿〕	5	45	13		千克	B	/N
28309030	---硫化钴							
2830903000	硫化钴〔999〕	5	30	13		千克		
28309090	---其他							
2830909000	其他硫化物、多硫化物②	5	30	13		千克		
2831	**连二亚硫酸盐及次硫酸盐:**							
28311010	---钠的连二亚硫酸盐							
2831101000	钠的连二亚硫酸盐③	5	30	13		千克	AB	M. R/N. S
28311020	---钠的次硫酸盐							
2831102000	钠的次硫酸盐〔999〕	5	30	13		千克		
28319000	-其他							
2831900000	其他连二亚硫酸盐及次硫酸盐④	5	30	13		千克		
2832	**亚硫酸盐;硫代硫酸盐:**							
28321000	-钠的亚硫酸盐							
2832100000	钠的亚硫酸盐⑤	5	30	13		千克		
28322000	-其他亚硫酸盐							
2832200000	其他亚硫酸盐⑥	5	30	13		千克	AB	M. R/N. S
28323000	-硫代硫酸盐							
2832300000	硫代硫酸盐〔999〕	5	30	13		千克		
2833	**硫酸盐;矾;过硫酸盐:**							
28331100	--硫酸钠							
2833110000	硫酸二钠〔101 矿物源性饲料添加剂〕,〔102 化工产品〕	5	40	13		千克	4xy	
28331900	--其他							
2833190000	钠的其他硫酸盐〔101 硫酸氢钠〕,〔102 硫酸钠〕,〔301 其他危险化学品〕,〔302 其他化工产品〕	5	30	13		千克		
28332100	--硫酸镁							
2833210000	硫酸镁⑦	5	30	13		千克	A	R/
28332200	--硫酸铝							
2833220000	硫酸铝〔999〕	5	30	13		千克		
28332400	--镍的硫酸盐							
2833240000[暂2]	镍的硫酸盐〔999〕	5	30	13		千克		
28332500	--铜的硫酸盐							
2833250000	铜的硫酸盐〔101 矿物源性饲料添加剂〕,〔102 硫酸铜(危险化学品)〕,〔103 其他化工产品〕	5	30	13		千克		
28332700	--硫酸钡							
2833270000	硫酸钡〔999〕	5	30	13		千克	G	
28332910	---硫酸亚铁							
2833291000	硫酸亚铁⑧	5	45	13		千克	A	R/
28332920	---铬的硫酸盐							
2833292000	铬的硫酸盐〔999〕	5	30	13		千克		
28332930	---硫酸锌							
2833293000	硫酸锌⑨	5	30	13		千克	A	R/
28332990	---其他							
2833299010[暂2]	硫酸钴⑩	5	30	13		千克	4ABxy	R/S

① 〔101 硫氢化钠(含结晶水<25%)〕,〔102 硫氢化钠(含结晶水≥25%)〕,〔301 易于自燃的物质〕,〔302 其他化工产品〕

② 〔101 硫化钾(无水或含结晶水<30%)〕,〔102 多硫化铵溶液〕,〔103 硫化铵溶液〕,〔104 硫化钾(含结晶水≥30%)〕,〔105 硫化钡〕,〔106 硫氢化钙〕,〔301 易燃液体〕,〔302 易于自燃的物质〕,〔303 腐蚀性物质〕,〔304 杂项物质〕,〔305 其他危险化学品〕,〔306 其他化工产品〕,〔307 毒性物质和感染性物质〕

③ 〔101 连二亚硫酸钠〕,〔102 连二亚硫酸钠(保险粉)〕,〔103 低亚硫酸钠〕,〔301 其他危险化学品,需申报仅用于工业用途不用于食品添加剂无检疫要求〕,〔302 无检疫要求食品添加剂〕,〔303 一般化学品,需申报仅用于工业用途不用于食品添加剂无检疫要求〕,〔304 属于危险化学品的食品添加剂〕,〔305 易于自燃的物质,需申报仅用于工业用途不用于食品添加剂无检疫要求〕

④ 〔101 连二亚硫酸钾〕,〔102 连二亚硫酸钙〕,〔103 连二亚硫酸锌〕,〔301 易于自燃的物质〕,〔302 其他化工产品〕,〔303 杂项物质〕

⑤ 〔101 亚硫酸氢钠(危险化学品)〕,〔102 亚硫酸钠〕,〔103 焦亚硫酸钠〕,〔104 亚硫酸氢钠(属于危险化学品的食品添加剂)〕,〔301 其他化工产品〕

⑥ 〔101 亚硫酸氢铵〕,〔102 亚硫酸氢钙〕,〔103 亚硫酸氢钾〕,〔104 亚硫酸氢锌〕,〔105 亚硫酸氢镁〕,〔106 其他亚硫酸氢盐及其溶液〕,〔107 焦亚硫酸钾〕,〔301 其他危险化学品,需申报仅用于工业用途不用于食品添加剂无检疫要求〕,〔302 无检疫要求食品添加剂〕,〔303 一般化学品,需申报仅用于工业用途不用于食品添加剂无检疫要求〕,〔304 属于危险化学品的食品添加剂〕

⑦ 〔101 矿物源性饲料添加剂〕,〔102 无检疫要求食品添加剂〕,〔103 需申报仅用于工业用途不用于食品添加剂无检疫要求的化学品〕

⑧ 〔101 矿物源性饲料添加剂〕,〔102 无检疫要求食品添加剂〕,〔103 需申报仅用于工业用途不用于食品添加剂无检疫要求的化学品〕

⑨ 〔101 矿物源性饲料添加剂〕,〔102 无检疫要求食品添加剂〕,〔103 需申报仅用于工业用途不用于食品添加剂无检疫要求的化学品〕

⑩ 〔101 矿物源性饲料添加剂〕,〔102 化工产品〕,〔301 杂项物质,需申报仅用于工业用途不用于食品添加剂无检疫要求〕

协定税率(%)															特惠税率(%)			对美税率	出口税率	出口退税率	Article Description
智利	新西兰	澳大利亚	瑞士	冰岛	秘鲁	哥斯达	东盟	亚太	新加坡	巴基斯坦	港/澳/台	韩国	格鲁吉亚	毛里求斯	亚太	老/柬/缅	LDC 97/95				
																		12.5	0		
0	0	0	0	0	0	0	0			0	0/0/	0	0	0			0/0			0	---Other
																		12.5	0		
0	0	0	0	0	0	0	0			0	0/0/	0	0	0			0/0			0	---Antimony sulphide
																			0		
0	0	0	0	0	0	0	0			0	0/0/	1.6	0	0			0/0			0	---Cobalt sulphide
																		12.5	0		
0	0	0	0	0	0	0	0			0	0/0/	0	0	0			0/0			0	---Other
																		27.5	0		
																					Dithionites and sulphoxylates:
0	0	0	0	0	0	0	0			0	0/0/	0	0	0			0/0			0	---Sodium dithionites
																		32.5	0		
0	0	0	0	0	0	0	0			0	0/0/	0	0	0			0/0			0	---Sodium sulphoxylates
																			0		
0	0	0	0	0	0	0	0			0	0/0/	0	0	0			0/0			0	-Other
																			0		
																					Sulphites; thiosulphates:
0	0	0	0	0	0	0	0			0	0/0/	0	0	0			0/0			0	-Sodium sulphites
																		32.5	0		
0	0	0	0	0	0	0	0			0	0/0/	0	0	0			0/0			0	-Other sulphites
																		27.5	0		
0	0	0	0	0	0	0	0			0	0/0/	0	0	0			0/0			0	-Thiosulphates
																		27.5	0		
																					Sulphates; alums; peroxosulphates (persul-phates):
0	0	0	1.1	0	0	0	0	2.5		0	0/0/	0	0	0			0/0			0	--Disodium sulphate
																		32.5	0		
0	0	0	0	0	0	0	0			0	0/0/	0	0	0			0/0			0	--Other
																		12.5	0		
0	0	0	0	0	0	0	0			0	0/0/	0	0	0			0/0			0	--Of magnesium
																		32.5	0		
0	0	0	0	0	0	0	0			0	0/0/	0	0	0			0/0			0	--Of aluminium
																		32.5	0		
0	0	0	0	0	0	0	0			0	0/0/	0	0	0			0/0			0	--Of nickel
																		24.5	0		
0	0	0	0	0	0	0	0			0	0/0/	0	0	0			0/0			0	--Of copper
																		17.5	0		
0	0	0	0	0	0	0	0			0	0/0/	1.6	0	0			0/0			0	--Of barium
																		32.5	0		
0	0	0	0	0	0	0	0			0	0/0/	0	0	0			0/0			0	---Ferrous sulphate
																		32.5	0		
0	0	0	0	0	0	0	0			0	0/0/	0	0	0			0/0			0	---Chromium sulphates
																		32.5	0		
0	0	0	0	0	0	0	0			0	0/0/	1.6	0	0			0/0			6	---Zine sulphate
																		17.5	0		
0	0	0	1.1	0	0	0	0			0	0/0/	0	0	0			0/0			0	---Other
																		14.5	0		

商品编号	商品名称及备注[检验检疫编码及名称]	进口关税(%)		增值税率(%)	消费税	计量单位	监管条件	检验检疫类别
		最惠国	普通					
2833299020暂2	其他钴的硫酸盐〔101 矿物源性饲料添加剂〕,〔301 其他危险化学品,需申报仅用于工业用途不用于食品添加剂无检疫要求〕	5	30	13		千克	AB	M. R/N. S
2833299090	其他硫酸盐①	5	30	13		千克	AB	M. R/N
28333010	---钾铝矾							
2833301000	钾铝矾〔999 无检疫要求食品添加剂〕	5	45	13		千克		
28333090	---其他							
2833309000	其他矾②	5	30	13		千克		
28334000	-过硫酸盐							
2833400000	过硫酸盐〔101 过硫酸铵〕,〔102 过硫酸钠〕,〔103 过硫酸钾〕,〔301 氧化性物质〕,〔302 其他化工产品〕	5	30	13		千克		
2834	**亚硝酸盐;硝酸盐:**							
28341000	-亚硝酸盐							
2834100000	亚硝酸盐③	5	30	13		千克	AB	M. R/N. S
28342110	---肥料用							
2834211000暂1	肥料用硝酸钾〔998 其他危险化学品〕,〔999 其他化工产品〕	4	11	13		千克	AB	M/N
28342190	---其他							
2834219000	非肥料用硝酸钾④	5	30	13		千克	AB	M/N
28342910	---硝酸钴							
2834291000	硝酸钴〔999〕	5	30	13		千克	AB	M/N
28342990	---其他							
2834299001暂2	硝酸钡〔999〕	5	30	13		千克	AB	M/N
2834299090	其他硝酸盐⑤	5	30	13		千克		
2835	**次磷酸盐、亚磷酸盐及磷酸盐;多磷酸盐,无论是否已有化学定义:**							
28351000	-次磷酸盐及亚磷酸盐							
2835100000	次磷酸盐及亚磷酸盐〔301 易燃固体〕,〔302 其他化工产品〕,〔999〕	5	20	13		千克		
28352200	--磷酸一钠及磷酸二钠							
2835220000	磷酸一钠及磷酸二钠〔101 矿物源性饲料添加剂〕,〔102 化工产品〕	5	20	13		千克		
28352400	--钾的磷酸盐							
2835240000	钾的磷酸盐⑥	5	20	13		千克		
28352510	---饲料级的							
2835251000	饲料级的正磷酸氢钙(磷酸二钙)〔101 矿物源性饲料添加剂〕,〔102 化工产品〕	5	20	13		千克	AB	R/S
28352520	---食品级的							
2835252000	食品级的正磷酸氢钙(磷酸二钙)⑦	5	20	13		千克	A	R/
28352590	---其他							
2835259000	其他正磷酸氢钙(磷酸二钙)〔999〕	5	20	13		千克		
28352600	--其他磷酸钙							
2835260000	其他磷酸钙⑧	5	20	13		千克		
28352910	---磷酸三钠							
2835291000	磷酸三钠〔301 需申报仅用于工业用途不用于食品添加剂无检疫要求的化学品〕,〔999 其他化工产品〕	5	20	13		千克	A	R/
28352990	---其他							

① 〔101 矿物源性饲料添加剂〕,〔102 其他一级灭鼠固态农药〕,〔103 硫酸亚铊〕,〔104 硫酸铍〕,〔105 硫酸铍钾〕,〔106 硫酸铊粉剂(含量 3%~30%)〕,〔107 硫酸铅(含游离酸>3%)〕,〔108 硫酸氢钠溶液〕,〔109 硫酸氢铵〕,〔110 硫酸氢钾〕,〔111 硫酸锰〕,〔301 其他危险化学品,需申报仅用于工业用途不用于食品添加剂无检疫要求〕,〔302 无检疫要求食品添加剂〕,〔303 需申报仅用于工业用途不用于食品添加剂无检疫要求的化学品〕,〔304 属于危险化学品的食品添加剂〕,〔305 毒性物质和感染性物质,需申报仅用于工业用途不用于食品添加剂无检疫要求〕,〔306 腐蚀性物质,需申报仅用于工业用途不用于食品添加剂无检疫要求〕

② 〔101 其他化工产品〕,〔102 硫酸铝铵(铵明矾)(无检疫要求食品添加剂)〕,〔301 毒性物质和感染性物质〕

③ 〔101 亚硝酸铵〕,〔102 亚硝酸锌铵〕,〔103 亚硝酸钙〕,〔104 亚硝酸钡〕,〔105 亚硝酸镍〕,〔106 亚硝酸钠(危险化学品)〕,〔107 亚硝酸钾(危险化学品)〕,〔108 亚硝酸钠(危险化学品和食品添加剂)〕,〔109 亚硝酸钾(危险化学品和食品添加剂)〕,〔301 其他危险化学品,需申报仅用于工业用途不用于食品添加剂无检疫要求〕,〔302 无检疫要求食品添加剂〕,〔303 一般化学品,需申报仅用于工业用途不用于食品添加剂无检疫要求〕,〔304 属于危险化学品的食品添加剂〕,〔305 氧化性物质,需申报仅用于工业用途不用于食品添加剂无检疫要求〕

④ 〔101 硝酸钾(非肥料用)〕,〔102 硝酸钾(无检疫要求食品添加剂)〕,〔301 氧化性物质〕

⑤ 〔101 硝酸脲(含水≥20%)〕,〔102 硝酸镨〕,〔103 硝酸钕〕,〔104 硝酸锂〕,〔105 硝酸钕镨〕,〔106 硝酸钙〕,〔107 硝酸钐〕,〔108 硝酸铯〕,〔109 硝酸镝〕,〔110 硝酸锶〕,〔111 硝酸铒〕,〔112 硝酸铍〕,〔113 硝酸镧〕,〔114 硝酸锌〕,〔115 硝酸铈铵〕,〔116 硝酸锆〕,〔117 硝酸铈钠〕,〔118 硝酸铅〕,〔119 硝酸铈钾〕,〔120 硝酸镁〕,〔121 硝酸镱〕,〔122 硝酸铝〕,〔123 硝酸镥〕,〔124 硝酸铬〕,〔125 硝酸锰〕,〔126 硝酸铁〕,〔127 硝酸镍〕,〔128 硝酸镍铵〕,〔129 硝酸铜〕,〔130 硝酸氧锆〕,〔131 硝酸镉〕,〔132 硝酸镓〕,〔133 硝酸铟〕,〔134 硝酸铋〕,〔135 硝酸钇〕,〔136 硝酸铊〕,〔137 硝酸钠〕,〔301 爆炸品〕,〔302 氧化性物质〕,〔303 硝酸钠(无检疫要求食品添加剂)〕,〔304 其他化工产品〕,〔305 毒性物质和感染性物质〕

⑥ 〔101 矿物源性饲料添加剂〕,〔102 磷酸二氢钾〕,〔103 磷酸氢二钾〕,〔104 磷酸三钾〕,〔105 焦磷酸四钾〕

⑦ 〔101 矿物源性饲料添加剂〕,〔102 食品添加剂(无检疫要求食品添加剂)〕

⑧ 〔101 矿物源性饲料添加剂〕,〔102 磷酸三钙〕,〔103 磷酸二氢钙〕,〔104 磷酸钙(无检疫要求食品添加剂)〕

协定税率(%)															特惠税率(%)			对美税率	出口税率	出口退税率	Article Description
智利	新西兰	澳大利亚	瑞士	冰岛	秘鲁	哥斯达	东盟	亚太	新加坡	巴基斯坦	港/澳/台	韩国	格鲁吉亚	毛里求斯	亚太	老/柬/缅	LDC 97/95				
																		14.5	0		
																		17.5	0		
0	0	0	0	0	0	0	0			0	0/0/	1.6	0	0			0/0			0	---Potassium aluminum sulfate
																			0		
0	0	0	0	0	0	0	0			0	0/0/	1.6	0	0			0/0			0	---Other
																		12.5	0		
0	0	0	0	0	0	0	0			0	0/0/	1.6	0	0			0/0			0	-Peroxosulphates (persulphates)
																		17.5	0		
																					Nitrites; nitrates:
0	0	0	0	0	0	0	0			0	0/0/	0	0	0			0/0			0	-Nitrites
																		17.5	0		
0	0	0	0	0	0	0	0			0	0/0/	0		0			0/0			0	---For use as fertilizer
																		3.5	0		
0	0	0	0	0	0	0	0			0	0/0/	0	0	0			0/0			0	---Other
																		32.5	0		
0	0	0	0	0	0	0	0			0	0/0/	0	0	0			0/0			0	---Of cobalt
																		12.5	0		
0	0	0	0	0	0	0	0			0	0/0/	0	0	0			0/0			0	---Other
																		9.5	0		
																		12.5	0		
																					Phosphinates (hypophosphites), phosphonates (phosphites) and phosphates; polyphosphates, whether or not chemically defined:
0	0	0	0	0	0	0	0			0	0/0/	0	0	0			0/0			0	-Phosphinates (hypophosphites) and phosphonates (phosphites)
																		32.5	0		
0	0	0	0	0	0	0	0			0	0/0/	1.6	0	0			0/0			0	--Of mono-or disodium
																		27.5	0		
0	0	0	0	0	0	0	0			0	0/0/	0	0	0			0/0			0	--Of potassium
																		27.5	0		
0	0	0	0	0	0	0	0			0	0/0/	0	0	0			0/0			0	---Feed grade
																			0		
0	0	0	0	0	0	0	0			0	0/0/	0	0	0			0/0			6	---Food grade
																		32.5	0		
0	0	0	2.6	0	0	0	0			0	0/0/	0	0	0			0/0			0	---Other
																		12.5	0		
0	0	0	0	0	0	0	0			0	0/0/	1.6	0	0			0/0			0	--Other phosphates of calcium
																		12.5	0		
0	0	0	0	0	0	0	0			0	0/0/	0	0	0			0/0			0	---Trisodium phosphate
																		32.5	0		
0	0	0	0	0	0	0	0			0	0/0/	1.6	0	0			0/0			0	---Other

商品编号	商品名称及备注[检验检疫编码及名称]	进口关税(%) 最惠国	进口关税(%) 普通	增值税率(%)	消费税	计量单位	监管条件	检验检疫类别
2835299000	其他磷酸盐①	5	20	13		千克	A	M. R/
28353110	---食品级的							
2835311000	食品级的三磷酸钠(三聚磷酸钠)〔999 无检疫要求食品添加剂〕	5	20	13		千克	A	R/
28353190	---其他							
2835319000	其他三磷酸钠(三聚磷酸钠)〔999〕	5	20	13		千克		
28353911	----食品级的							
2835391100	食品级的六偏磷酸钠〔999 无检疫要求食品添加剂〕	5	20	13		千克	A	R/
28353919	----其他							
2835391900	其他六偏磷酸钠〔999〕	5	20	13		千克		
28353990	---其他							
2835399000	其他多磷酸盐〔101 矿物源性饲料添加剂〕,〔102 焦磷酸一氢三钠〕	5	20	13		千克		
2836	**碳酸盐;过碳酸盐;含氨基甲酸铵的商品碳酸铵:**							
28362000	-碳酸钠(纯碱)							
2836200000	碳酸钠(纯碱)②	5	35	13		千克	AG	M. R/
28363000	-碳酸氢钠(小苏打)							
2836300000	碳酸氢钠(小苏打)③	5	45	13		千克	AG	R/
28364000	-钾的碳酸盐							
2836400000	钾的碳酸盐〔101 碳酸氢钾〕,〔102 碳酸钾〕	5	30	13		千克		
28365000	-碳酸钙							
2836500000	碳酸钙④	5	45	13		千克	A	R/
28366000	-碳酸钡							
2836600000暂1	碳酸钡〔999〕	5	40	13		千克		
28369100	--锂的碳酸盐							
2836910000暂2	锂的碳酸盐〔999〕	5	30	13		千克		
28369200	--锶的碳酸盐							
2836920000暂2	锶的碳酸盐〔999〕	5	30	13		千克		
28369910	---碳酸镁							
2836991000	碳酸镁〔301 无检疫要求食品添加剂〕,〔302 需申报仅用于工业用途不用于食品添加剂无检疫要求的化学品〕,〔999〕	5	45	13		千克	A	R/
28369930	---碳酸钴							
2836993000暂2	碳酸钴〔101 矿物源性饲料添加剂〕,〔102 化工产品〕	5	30	13		千克	4xy	
28369940	---商品碳酸铵及其他铵的碳酸盐							
2836994000	商品碳酸铵及其他铵的碳酸盐〔101 矿物源性饲料添加剂〕,〔102 碳酸氢铵〕	5	30	13		千克		
28369950	---碳酸锆							
2836995000	碳酸锆〔999〕	5	30	13		千克	AB	R/S
28369990	---其他							
2836999000	其他碳酸盐及过碳酸盐⑤	5	30	13		千克	A	M. R/
2837	**氰化物、氧氰化物及氰络合物:**							
28371110	---氰化钠							
2837111000	氰化钠(山奈)〔999〕	5	20	13		千克	23AB	M/N
28371120	---氧氰化钠							
2837112000	氧氰化钠〔999〕	5	30	13		千克		
28371910	---氰化钾							
2837191000	氰化钾〔999〕	5	20	13		千克	23AB	M/N
28371990	---其他							

① 〔101 矿物源性饲料添加剂〕,〔102 磷酸亚铊〕,〔103 酸性磷酸铝钠〕,〔104 磷酸二氢钠〕,〔105 焦磷酸二氢二钠〕,〔106 焦磷酸钠〕,〔107 磷酸三钠〕,〔108 磷酸氢二钠〕,〔109 焦磷酸铁〕,〔110 磷酸二氢铵〕,〔301 其他危险化学品,需申报仅用于工业用途不用于食品添加剂无检疫要求〕,〔302 无检疫要求食品添加剂〕,〔303 一般化学品,需申报仅用于工业用途不用于食品添加剂无检疫要求〕,〔304 属于危险化学品的食品添加剂〕,〔305 毒性物质和感染性物质〕

② 〔101 矿物源性饲料添加剂〕,〔102 食品添加剂(无检疫要求食品添加剂)〕,〔301 需申报仅用于工业用途不用于食品添加剂无检疫要求的化学品〕

③ 〔101 矿物源性饲料添加剂〕,〔102 碳酸氢钠〕,〔103 复合膨松剂〕,〔301 碳酸氢钠(无检疫要求食品添加剂)〕,〔302 复合膨松剂(无检疫要求食品添加剂)〕,〔303 需申报仅用于工业用途不用于食品添加剂无检疫要求的化学品〕

④ 〔101 矿物源性饲料添加剂〕,〔102 碳酸钙(包括轻质和重质碳酸钙)(无检疫要求食品添加剂)〕,〔103 生物碳酸钙(无检疫要求食品添加剂)〕,〔104 活性钙(无检疫要求食品添加剂)〕,〔301 需申报仅用于工业用途不用于食品添加剂无检疫要求的化学品〕

⑤ 〔101 矿物源性饲料添加剂〕,〔102 过(二)碳酸钠〕,〔103 碳酸亚铊〕,〔104 碳酸铍〕,〔105 碳酸氢三钠(倍半碳酸钠)〕,〔106 过氧碳酸钠〕,〔107 二甲基二碳酸盐〕,〔301 氧化性物质,需申报仅用于工业用途不用于食品添加剂无检疫要求〕,〔302 其他危险化学品,需申报仅用于工业用途不用于食品添加剂无检疫要求〕,〔303 无检疫要求食品添加剂〕,〔304 一般化学品,需申报仅用于工业用途不用于食品添加剂无检疫要求〕,〔305 属于危险化学品的食品添加剂〕,〔306 高锰酸钾(属于危险化学品的食品添加剂)〕,〔307 毒性物质和感染性物质,需申报仅用于工业用途不用于食品添加剂无检疫要求〕

协定税率(%)															特惠税率(%)			对美税率	出口税率	出口退税率	Article Description
智利	新西兰	澳大利亚	瑞士	冰岛	秘鲁	哥斯达	东盟	亚太	新加坡	巴基斯坦	港/澳/台	韩国	格鲁吉亚	毛里求斯	亚太	老/柬/缅	LDC 97/95				
																		27.5	0		
0	0	0	0	0	0	0	0			0	0/0/	0	0	0			0/0			13	---Food grade
																		32.5	0		
0	0	0	0	0	0	0	0			0	0/0/	1.6	0	0			0/0			13	---Other
																		12.5	0		
0	0	0	0	0	0	0	0			0	0/0/	0	0	0			0/0			10	----Food grade
																		12.5	0		
0	0	0	0	0	0	0	0			0	0/0/	1.6	0	0			0/0			0	----Other
																		12.5	0		
0	0	0	0		0	0	0			0	0/0/	0	0	0			0/0			0	---Other
																		17.5	0		
																					Carbonates; peroxocarbonates (percarbonates); commercial ammonium carbonate containing ammonium carbamate:
0	0	0	0	0	0	0	0			0	0/0/	0	0	0			0/0			10	-Disodium carbonate
																		12.5	0		
0	0	0	0	0	0	0	0			0	0/0/	1.6	0	0			0/0			10	-Sodium hydrogencarbonate (sodium bicarbonate)
																		15	0		
0	0	0	0	0	0	0	0			0	0/0/	0	0	0			0/0			0	-Potassium carbonates
																		12.5	0		
0	0	0	0	0	0	0	0			0	0/0/	0	0	0			0/0			0	-Calcium carbonate
																		27.5	0		
0	0	0	0	0	0	0	0			0	0/0/	0	0	0			0/0			0	-Barium carbonate
																		28.5	0		
0	0	0	0		0	0	0			0	0/0/	0	0	0			0/0			0	--Lithium carbonates
																		29.5	0		
0	0	0	0	0	0	0	0			0	0/0/	0	0	0			0/0			0	--Strontium carbonate
																		29.5	0		
0	0	0	0	0	0	0	0			0	0/0/	1.6	0	0			0/0			0	---Magnesium carbonate
																		32.5	0		
0	0	0	0	0	0	0	0	4		0	0/0/	0	0	0			0/0			0	---Cobalt carbonate
																			0		
0	0	0	0	0	0	0	0			0	0/0/	0	0	0			0/0			0	---Commercial ammonium carbonate and other ammonium carbonates
																		32.5	0		
0	0	0	0	0	0	0	0			0	0/0/	0	0	0			0/0			0	---Zirconium carbonate
																			0		
0	0	0	0	0	0	0	0			0	0/0/	0	0	0			0/0			13	---Other
																		17.5	0		
																					Cyanides, cyanide oxides and complex cyanides:
0	0	0	0	0	0	0	0			0	0/0/	2.9	0	0			0/0			0	---Sodium cyanide
																			0		
0	0	0	0	0	0	0	0	3.3		0	0/0/	0	0	0			0/0			0	---Sodium cyanide oxide
																			0		
0	0	0	0	0	0	0	0	4		0	0/0/	0	0	0			0/0			0	---Potassium cyanide
																		32.5	0		
0	0	0	0	0	0	0	0			0	0/0/	2.9	0	0			0/0			0	---Other

商品编号	商品名称及备注[检验检疫编码及名称]	进口关税(%) 最惠国	普通	增值税率(%)	消费税	计量单位	监管条件	检验检疫类别
2837199011	氰化锌、氰化亚铜、氰化铜(氰化高铜)〔101 氰化铜〕,〔102 氰化锌〕,〔103 氰化亚铜〕,〔301〕	5	30	13		千克		
2837199012	氰化镍、氰化钙(氰化亚镍)①	5	30	13		千克		
2837199013	氰化钡、氰化镉、氰化铅〔101 氰化钡〕,〔102 氰化镉〕,〔103 氰化铅〕,〔301〕	5	30	13		千克		
2837199014	氰化钴[氰化钴(II)、氰化钴(III)]〔999〕	5	30	13		千克		
2837199090	其他氰化物及氧氰化物〔998 其他危险化学品〕,〔999 其他化工产品〕	5	30	13		千克		
28372000	-氰络合物							
2837200011	氰化镍钾、氰化钠铜锌(氰化钾镍、镍氰化钾、铜盐)〔999〕	5	30	13		千克		
2837200012	氰化亚铜(三)钠、氰化亚铜(三)钾(紫铜盐、紫铜矾、氰化铜钠、氰化亚铜钾、亚铜氰化钾)〔101 氰化亚铜(三)钠〕,〔102 氰化亚铜(三)钾〕,〔103 氰化亚铜(三)钠溶液〕	5	30	13		千克		
2837200090	其他氰络合物〔998 其他危险化学品〕,〔999 其他化工产品〕	5	30	13		千克		
2839	**硅酸盐;商品碱金属硅酸盐:**							
28391100	--偏硅酸钠							
2839110000	偏硅酸钠〔999〕	5	40	13		千克	AB	M/N
28391910	---硅酸钠							
2839191000	硅酸钠〔999〕	5	30	13		千克	A	M/
28391990	---其他							
2839199000	其他钠盐〔999〕	5	30	13		千克		
28399000	-其他							
2839900001[暂2]	锆的硅酸盐〔999〕	5	30	13		千克		
2839900010	硅酸铅〔999〕	5	30	13		千克		
2839900090	其他硅酸盐;商品碱金属硅酸盐〔101 硅酸镁〕,〔102 硅酸钙铝〕	5	30	13		千克		
2840	**硼酸盐及过硼酸盐:**							
28401100	--无水四硼酸钠							
2840110000[暂2]	无水四硼酸钠〔999〕	5	20	13		千克		
28401900	--其他							
2840190000[暂2]	其他四硼酸钠〔999〕	5	20	13		千克		
28402000	-其他硼酸盐							
2840200000	其他硼酸盐〔999〕	5	30	13		千克		
28403000	-过硼酸盐							
2840300000	过硼酸盐〔301 氧化性物质〕,〔302 其他化工产品〕,〔999〕	5	30	13		千克		
2841	**金属酸盐及过金属酸盐:**							
28413000	-重铬酸钠							
2841300000	重铬酸钠〔999〕	5.5	20	13		千克	AB	M/N
28415000	-其他铬酸盐及重铬酸盐,过铬酸盐							
2841500000	其他铬酸盐及重铬酸盐,过铬酸盐②	5.5	30	13		千克		
28416100	--高锰酸钾							
2841610000	高锰酸钾〔101 氧化性物质〕,〔102 属于危险化学品的食品添加剂〕	5.5	30	13		千克	23AB	M.R/N.S
28416910	---锰酸锂							
2841691000	锰酸锂〔999〕	5.5	30	13		千克		
28416990	---其他							
2841699000	亚锰酸盐,其他锰酸盐及其他高锰酸盐③	5.5	30	13		千克		
28417010	---钼酸铵							
2841701000	钼酸铵〔999〕	5.5	30	13		千克	4xy	
28417090	---其他							
2841709000	其他钼酸盐〔101 矿物源性饲料添加剂〕,〔102 化工产品〕	5.5	30	13		千克	4xy	
28418010	---仲钨酸铵							
2841801000	仲钨酸铵〔999〕	5.5	30	13		千克	4xy	
28418020	---钨酸钠							
2841802000	钨酸钠〔999〕	5.5	30	13		千克	4xy	
28418030	---钨酸钙							
2841803000	钨酸钙〔999〕	5.5	30	13		千克	4xy	
28418040	---偏钨酸铵							
2841804000	偏钨酸铵〔999〕	5.5	30	13		千克	4xy	

① 〔101 氰化钙〕,〔102 氰化镍〕,〔103 氰化镍钾〕,〔301 氰化亚镍〕,〔302 氰化钙〕,〔303 氰化镍〕

② 〔101 重铬酸铵〕,〔102 二水合重铬酸锂〕,〔103 重铬酸钾〕,〔104 重铬酸铯〕,〔105 重铬酸钡〕,〔106 重铬酸铝〕,〔107 重铬酸铜〕,〔108 重铬酸锌〕,〔301〕,〔302 其他化工产品〕

③ 〔101 高锰酸钠〕,〔102 高锰酸钙〕,〔103 高锰酸钡〕,〔104 高锰酸锌〕,〔105 锰酸钾〕,〔301 氧化性物质〕,〔302 其他化工产品〕

协定税率(%)															特惠税率(%)			对美税率	出口税率	出口退税率	Article Description
智利	新西兰	澳大利亚	瑞士	冰岛	秘鲁	哥斯达	东盟	亚太	新加坡	巴基斯坦	港/澳/台	韩国	格鲁吉亚	毛里求斯	亚太	老/柬/缅	LDC 97/95				
																		32.5	0		
																		32.5	0		
																		32.5	0		
																		32.5	0		
																		32.5	0		
0	0	0	0	0	0	0	0			0	0/0/	0	0	0			0/0			0	-Complex cyanides
																		32.5	0		
																		32.5	0		
																		32.5	0		
																					Silicates; commercial alkali metal silicates:
0	0	0	0	0	0	0	0			0	0/0/	1.6	0	0			0/0			0	--Sodium metasilicates
																		12.5	0		
0	0	0	0	0	0	0	0			0	0/0/	1.6	0	0			0/0			0	---Sodium silicate
																		17.5	0		
0	0	0	0	0	0	0	0			0	0/0/	1.6	0	0			0/0			0	---Other
																		32.5	0		
0	0	0	1.1	0	0	0	0			0	0/0/	0	0	0			0/0			0	-Other
																		9.5	0		
																		12.5	0		
																		12.5	0		
																					Borates; peroxoborates (perborates):
0	0	0	0	0	0	0	0			0	0/0/	0	0	0			0/0			0	--Anhydrous
																			0		
0	0	0	0	0	0	0	0			0	0/0/	0	0	0			0/0			0	--Other
																			0		
0	0	0	0	0	0	0	0			0	0/0/	1.6	0	0			0/0			0	-Other borates
																		12.5	0		
0	0	0	0	0	0	0	0			0	0/0/	0	0	0			0/0			0	-Peroxoborates(perborates)
																		17.5	0		
																					Salts of oxometanic or peroxometallicacids:
0	0	0	0	0	0	0	0			0	0/0/	0	0	0			0/0			0	-Sodium dichromate
																		8	0		
0	0	0	0	0	0	0	0			0	0/0/	0	0	0			0/0			0	-Other chromates and dichromates; peroxochromates
																		33	0		
0	0	0	0	0	0	0	0			0	0/0/	0	0	0			0/0			0	--Potassium permanganate
																		18	0		
0	0	0	0	0	0	0	0			0	0/0/	0	0	0			0/0			13	---Lithium manganate
																		8	0		
0	0	0	0	0	0	0	0			0	0/0/	0	0	0			0/0			0	---Other
																		18	0		
0	0	0	0	0	0	0	0	2.8		0	0/0/	0	0	0			0/0			0	---Ammonium molybdates
																		13	0		
0	0	0	0	0	0	0	0			0	0/0/	0	0	0			0/0			0	---Other
																		28	0		
0	0	0	0	0	0	0	0			0	0/0/	0	0	0			0/0			0	---Ammonium paratungstate
																		8	0		
0	0	0	0	0	0	0	0			0	0/0/	0	0	0			0/0			0	---Sodium tungstate
																		13	0		
0	0	0	0	0	0	0	0			0	0/0/	0	0	0			0/0			0	---Calcium wolframate
																		8	0		
0	0	0	0	0	0	0	0			0	0/0/	0	0	0			0/0			0	---Ammonium metatungstate
																		8	0		

商品编号	商品名称及备注[检验检疫编码及名称]	进口关税(%)		增值税率(%)	消费税	计量单位	监管条件	检验检疫类别
		最惠国	普通					
28418090	---其他							
2841809000	其他钨酸盐〔999〕	5.5	30	13		千克		
28419000	-其他							
2841900010[暂2]	钴酸锂〔999〕	5.5	30	13		千克		
2841900020[暂0]	铼酸盐及高铼酸盐〔999〕	5.5	30	13		千克		
2841900090	其他金属酸盐及过金属酸盐①	5.5	30	13		千克		
2842	**其他无机酸盐或过氧酸盐(包括不论是否已有化学定义的硅铝酸盐),但叠氮化物除外:**							
28421000	-硅酸复盐及硅酸络盐(包括不论是否已有化学定义的硅铝酸盐)							
2842100000	硅酸复盐及硅酸络盐(包括不论是否已有化学定义的硅铝酸盐)②	5.5	30	13		千克	AB	M. R/N. S
28429011	----硫氰酸钠							
2842901100	硫氰酸钠③	5.5	30	13		千克		
28429019	----其他							
2842901910	其他硫氰酸盐〔301 其他危险化学品〕,〔302 其他化工产品〕,〔999〕	5.5	30	13		千克	AB	M/N
2842901990	雷酸盐及氰酸盐〔998 其他危险化学品〕,〔999 其他化工产品〕	5.5	30	13		千克		
28429020	---碲化镉							
2842902000	碲化镉〔999〕	5.5	30	13		千克	AB	M/N
28429030	---锂镍钴锰氧化物							
2842903000	锂镍钴锰氧化物〔999〕	5.5	30	13		千克	AB	R/S
28429040	---磷酸铁锂							
2842904000	磷酸铁锂〔999〕	5.5	30	13		千克	A	M/
28429050	---硒酸盐及亚硒酸盐							
2842905000	硒酸盐及亚硒酸盐④	5.5	30	13		千克	AB	M. R/N. S
28429060	---锂镍钴铝氧化物							
2842906000	锂镍钴铝氧化物〔999〕	5.5	30	13		千克	AB	M. R/N. S
28429090	---其他							
2842909013	亚砷酸钠,亚砷酸钾,亚砷酸钙(偏亚砷酸钠)⑤	5.5	30	13		千克		
2842909014	亚砷酸锶,亚砷酸钡,亚砷酸铁⑥	5.5	30	13		千克		
2842909015	亚砷酸铜,亚砷酸锌,亚砷酸铅(亚砷酸氢铜)⑦	5.5	30	13		千克		
2842909016	亚砷酸锑,砷酸铵,砷酸氢二铵〔999〕	5.5	30	13		千克		
2842909017	砷酸钠,砷酸氢二钠,砷酸二氢钠(砷酸三钠)⑧	5.5	30	13		千克		
2842909018	砷酸钾,砷酸二氢钾,砷酸镁⑨	5.5	30	13		千克		
2842909019	砷酸钙,砷酸钡,砷酸铁(砷酸三钙)⑩	5.5	30	13		千克		
2842909021	砷酸亚铁,砷酸铜,砷酸锌⑪	5.5	30	13		千克		
2842909022	砷酸铅,砷酸锑,偏砷酸钠⑫	5.5	30	13		千克		
2842909023	硒化铅,硒化镉⑬	5.5	30	13		千克		
2842909090	其他无机酸盐及过氧酸盐(迭氮化物除外)⑭	5.5	30	13		千克	AB	M. R/N. S

① 〔101 高铼酸铵〕,〔102 高铼酸钾〕,〔103 铬酸铍〕,〔104 钒酸钾〕,〔105 偏钒酸钾〕,〔106 偏钒酸铵〕,〔107 聚钒酸铵〕,〔108 钒酸铵钠〕,〔109 铝酸钠溶液〕,〔110 固体铝酸钠〕,〔301 毒性物质和感染性物质〕,〔302 腐蚀性物质〕,〔303 其他化工产品〕

② 〔101 矿物源性饲料添加剂〕,〔102 硅铝酸钠〕,〔301 其他危险化学品,需申报仅用于工业用途不用于食品添加剂无检疫要求〕,〔302 无检疫要求食品添加剂〕,〔303 一般化学品,需申报仅用于工业用途不用于食品添加剂无检疫要求〕,〔304 属于危险化学品的食品添加剂〕

③ 〔101 硫氰酸钙〕,〔102 硫氰酸汞〕,〔103 硫氰酸汞钾〕,〔104 硫氰酸汞铵〕,〔105 其他一级其他液态农药〕,〔301〕

④ 〔101 亚硒酸钠〕,〔102 亚硒酸氢钠〕,〔103 亚硒酸钾〕,〔104 亚硒酸镁〕,〔105 亚硒酸钙〕,〔106 亚硒酸钡〕,〔107 亚硒酸铝〕,〔108 亚硒酸铜〕,〔109 亚硒酸银〕,〔110 亚硒酸铈〕,〔111 其他亚硒酸盐类〕,〔112 硒酸钠〕,〔113 硒酸钾〕,〔114 硒酸钡〕,〔115 硒酸铜〕,〔116 其他硒酸盐类〕,〔301 其他危险化学品,需申报仅用于工业用途不用于食品添加剂无检疫要求〕,〔302 无检疫要求食品添加剂〕,〔303 一般化学品,需申报仅用于工业用途不用于食品添加剂无检疫要求〕,〔304 属于危险化学品的食品添加剂〕,〔305 毒性物质和感染性物质,需申报仅用于工业用途不用于食品添加剂无检疫要求〕,〔306 杂项物质,需申报仅用于工业用途不用于食品添加剂无检疫要求〕

⑤ 〔101 亚砷酸钠〕,〔102 亚砷酸钠水溶液〕,〔103 亚砷酸钾〕,〔104 亚砷酸钙〕,〔301〕

⑥ 〔101 亚砷酸锶〕,〔102 亚砷酸钡〕,〔103 亚砷酸铁〕,〔301〕

⑦ 〔101 亚砷酸锌〕,〔102 亚砷酸铅〕,〔103 亚砷酸银〕,〔301 毒性物质和感染性物质〕

⑧ 〔101 砷酸钠〕,〔102 砷酸氢二钠〕,〔103 砷酸二氢钠〕,〔301〕

⑨ 〔101 砷酸钾〕,〔102 砷酸二氢钾〕,〔103 砷酸镁〕,〔301〕

⑩ 〔101 砷酸钙〕,〔102 砷酸钡〕,〔103 砷酸铁〕,〔301〕

⑪ 〔101 砷酸亚铁〕,〔102 砷酸铜〕,〔103 砷酸锌〕,〔301〕

⑫ 〔101 砷酸铅〕,〔102 砷酸铵〕,〔103 砷酸氢二铵〕,〔104 偏砷酸钠〕,〔105 砷酸银〕,〔106 砷酸锑〕,〔107 砷酸汞〕,〔301〕

⑬ 〔101 硒化镉〕,〔102 硒化铅〕,〔301 毒性物质和感染性物质〕,〔302 杂项物质〕

⑭ 〔101 矿物源性饲料添加剂〕,〔102 硒化铁〕,〔103 硒化锌〕,〔104 氟铍酸铵〕,〔105 其他铍化合物〕,〔106 氯锇酸铵〕,〔107 碲化镉〕,〔108 三硫化二锑〕,〔109 亚碲酸钠〕,〔110 亚硒酸钠〕,〔301 其他危险化学品,需申报仅用于工业用途不用于食品添加剂无检疫要求〕,〔302 无检疫要求食品添加剂〕,〔303 一般化学品,需申报仅用于工业用途不用于食品添加剂无检疫要求〕,〔304 属于危险化学品的食品添加剂〕,〔305 氧化性物质,需申报仅用于工业用途不用于食品添加剂无检疫要求〕,〔306 毒性物质和感染性物质,需申报仅用于工业用途不用于食品添加剂无检疫要求〕

协定税率(%)															特惠税率(%)			对美税率	出口税率	出口退税率	Article Description
智利	新西兰	澳大利亚	瑞士	冰岛	秘鲁	哥斯达	东盟	亚太	新加坡	巴基斯坦	港/澳/台	韩国	格鲁吉亚	毛里求斯	亚太	老/柬/缅	LDC 97/95				
0	0	0	0	0	0	0	0	2.8		0	0/0/	0	0	0			0/0			0	---Other
																		18	0		
0	0	0	0	0	0	0	0			0	0/0/	1.6	0	0			0/0				-Other
																		29.5	0	13	
																		27.5	0	0	
																		33	0	0	
																					Other Salts of inorganic acids or peroxoacids (including aluminosilicates whether or not chemically defined), other than azides:
0	0	0	2.6	0	0	0	0			0	0/0/	0	0	0			0/0			0	-Double or complex silicates, including aluminosilicates whether or not chemically defined
																		28	0		
0	0	0	0	0	0	0	0			0	0/0/	0	0	0			0/0			0	----Sodium thiocyanate
																		8	0		
0	0	0	0	0	0	0	0			0	0/0/	0	0	0			0/0			0	----Other
																		8	0		
																		8	0		
0	0	0	0	0	0	0	0			0	0/0/	0	0	0			0/0			0	---Cadmium telluride
																		8	0		
0	0	0	0	0	0	0	0			0	0/0/	0	0	0			0/0			13	---Lithium nickel cobalt manganese oxides
																		33	0		
0	0	0	0	0	0	0	0			0	0/0/	1.6	0	0			0/0			0	---Lithium iron phosphate
																		33	0		
0	0	0	0	0	0	0	0			0	0/0/	0	0	0			0/0			0	---Selenate and selenite
																		28	0		
0	0	0	0	0	0	0	0			0	0/0/	0	0	0			0/0			13	---Lithium nickel cobalt aluminum oxides
																			0		
0	0	0	0	0	0	0	0			0	0/0/	0	0	0			0/0			13	---Other
																		28	0		
																		28	0		
																		28	0		
																		28	0		
																		28	0		
																		28	0		
																		28	0		
																		28	0		
																		28	0		
																		28	0		
																		28	0		

商品编号	商品名称及备注[检验检疫编码及名称]	进口关税(%) 最惠国	进口关税(%) 普通	增值税率(%)	消费税	计量单位	监管条件	检验检疫类别
2843	**胶态贵金属;贵金属的无机或有机化合物,不论是否已有化学定义;贵金属汞齐:**							
28431000	-胶态贵金属							
2843100000	胶态贵金属〔999〕	5.5	30	13		克		
28432100	--硝酸银							
2843210000	硝酸银〔999〕	5.5	30	13		克	AB	M/N
28432900	--其他							
2843290010	氰化银,氰化银钾,亚砷酸银(银氰化钾,砷酸银)〔101 氰化银〕,〔102 氰化银钾〕,〔103 亚砷酸铜〕,〔301〕	5.5	30	13		克		
2843290090	其他银化合物(不论是否已有化学定义)①	5.5	30	13		克		
28433000	-金化合物							
2843300010	氰化金,氰化金钾(含金40%)等[包括氰化亚金(I)钾(含金68.3%)、氰化亚金(III)钾(含金57%)]〔999〕	5.5	30	13		克	J	
2843300090	其他金化合物(不论是否已有化学定义)〔999〕	5.5	30	13		克		
28439000	-其他贵金属化合物;贵金属汞齐							
2843900010	氯化钯〔999〕	5.5	30	13		克	G	
2843900020	氯化铂〔999〕	5.5	30	13		克	4xy	
2843900031[暂0]	奥沙利铂、卡铂、奈达铂、顺铂及其他含铂的抗癌药品制剂及原材料〔999〕	5.5	30	3		克	4xy	
2843900039	其他铂化合物(因拆分抗癌药品原料药产生的兜底税号)②	5.5	30	13		克	4xy	
2843900091	贵金属汞齐(不论是否已有化学定义)③	5.5	30	13		克	4Xxy	
2843900099	其他贵金属化合物(不论是否已有化学定义)④	5.5	30	13		克	4xy	
2844	**放射性化学元素及放射性同位素(包括可裂变或可转换的化学元素及同位素)及其化合物;含上述产品的混合物及残渣:**							
28441000	-天然铀及其化合物;含天然铀或天然铀化合物的合金、分散体(包括金属陶瓷)、陶瓷产品及混合物							
2844100010[暂0]	天然铀及其化合物〔999〕	5	30	13		克/百万贝可	23	
2844100090	含天然铀或天然铀化合物的合金、分散体(包括金属陶瓷)、陶瓷产品及混合物〔999〕	5	30	13		克/百万贝可	23	
28442000	-U235浓缩铀及其化合物;钚及其化合物;含U235浓缩铀、钚或它们的化合物的合金、分散体(包括金属陶瓷)、陶瓷产品及混合物							
2844200010[暂0]	含U235浓度低于5%的低浓铀及其化合物〔999〕	5	30	13		克/百万贝可	23	
2844200090	其他U235浓缩铀,钚及其化合物(包括其合金、分散体、陶瓷产品及混合物)〔999〕	5	30	13		克/百万贝可	23	
28443000	-U235贫化铀及其化合物;钍及其化合物;含U235贫化铀、钍或它们的化合物的合金、分散体(包括金属陶瓷)、陶瓷产品及混合物							
2844300000	U235贫化铀,钍及其化合物(包括其合金、分散体、陶瓷产品及混合物)〔999〕	5	30	13		克/百万贝可	23	
28444010	---镭及镭盐							
2844401010	镭-226及其化合物、混合物(两用物项管制商品)〔999〕	4	14	13		克/百万贝可	23	
2844401090	其他镭及镭盐〔999〕	4	14	13		克/百万贝可	2	
28444020	---钴及钴盐							
2844402000	放射性钴及放射性钴盐(包括其合金、分散体、陶瓷产品等)〔999〕	4	14	13		克/百万贝可	2	
28444090	---其他							

① 〔101 高氯酸银〕,〔102 氯酸银〕,〔103 亚氯酸钙〕,〔104 高锰酸银〕,〔105 溴酸银〕,〔106 碘酸银〕,〔107 重铬酸银〕,〔108 氧化银〕,〔109 氟硼酸银〕,〔301 氧化性物质〕,〔302 腐蚀性物质〕,〔303 其他化工产品〕,〔304 易燃固体〕,〔305 毒性物质和感染性物质〕

② 〔301 腐蚀性物质〕,〔302 其他化工品〕,〔999〕

③ 〔101 其他碱金属汞齐〕,〔102 硝酸铑〕,〔103 硝酸钯〕

④ 〔101 其他碱金属汞齐〕,〔102 硝酸铑〕,〔103 硝酸钯〕,〔104 毒性物质和感染性物质〕

协定税率(%)															特惠税率(%)			对美税率	出口税率	出口退税率	Article Description
智利	新西兰	澳大利亚	瑞士	冰岛	秘鲁	哥斯达	东盟	亚太	新加坡	巴基斯坦	港/澳/台	韩国	格鲁吉亚	毛里求斯	亚太	老/柬/缅	LDC 97/95				
																					Colloidal precious metals; inorganic or organic compounds of precious metals, whether or not chemically defined; amalgams of precious metals:
0	0	0	0	0	0	0	0			0	0/0/	0	0	0			0/0			0	-Colloidal precious metals
																		33	0		
0	0	0	0	0	0	0	0			0	0/0/	0	0	0			0/0			0	--Silver nitrate
																		13	0		
0	0	0	0	0	0	0	0			0	0/0/	0	0	0			0/0			0	--Other
																		13	0		
																		13	0		
0	0	0	0	0	0	0	0	4.4		0	0/0/	0	0	0			0/0			0	-Gold compounds
																		20.5	0		
																		20.5	0		
0	0	0		0	0	0	0			0	0/0/	0	0	0			0/0				-Other compounds; amalgams
																		13	0	0	
																		13	0	0	
																		7.5	0	0	
																		13	0	0	
																			0		
																			0		
																					Radioactive chemical elements and radioactive isotopes (including the fissile or fertile chemical elements and isotopes) and their compounds; mixtures and residues containing these products:
0	0	0	0	0	0	0	0			0	0/0/	0	0	0			0/0			0	-Natural uranium and its compounds; aloys, dispersions (including cermets), ceramic products and mixtures containing natural uranium or natural uranium compouds
																		27.5	0		
																		32.5	0		
0	0	0	0	0	0	0	0			0	0/0/	0	0	0			0/0			0	-Uranium enriched in U235 and its compounds; plutonium and its compounds; alloys dispersion (including cermets), ceramic products and mixtures containing uranium enriched in U235, plutonium or compounds of these products
																		27.5	0		
																		32.5	0		
0	0	0	0	0	0	0	0			0	0/0/	0	0	0			0/0			0	-Uranium depleted in U235 and its compounds; thorium and its compounds; alloys, dispersions (including cermets), ceramic products and mixtures containing uranium depleted in U235, thorium or compounds of these products
																		12.5	0		
0	0	0	0	0	0	0	0			0	0/0/	0	0	0			0/0			0	---Radium and its salts
																		26.5	0		
																		26.5	0		
0	0	0	0	0	0	0	0			0	0/0/	0	0	0			0/0			0	---Cobalt and its salts
																		31.5	0		
																				0	---Other

商品编号	商品名称及备注[检验检疫编码及名称]	进口关税(%)		增值税率(%)	消费税	计量单位	监管条件	检验检疫类别
		最惠国	普通					
2844409010	铀-233及其化合物(包括呈金属、合金、化合物或浓缩物形态的各种材料)〔999〕	5	30	13		克/百万贝可	23	
2844409020	氚、氚化物和氚的混合物,以及含有上述任何一种物质的产品[氚-氢原子比超过千分之一的,不包括含氚(任何形态)量小于 1.48×10^3 GBq 的产品]〔999〕	5	30	13		克/百万贝可	23	
2844409030	氦-3(3He)、含有氦-3的混合物(不包括氦-3的含量<1克的产品)〔999〕	5	30	13		克/百万贝可	3	
2844409040	发射α粒子,其α半衰期为10天或更长但小于200年的放射性核素(1. 单质;2. 含有α总活度为37GBq/kg或更大的任何这类放射性核素的化合物;3. 含有α总活度为37GBq/kg或更大的任何这类放射性核素的混合物;4. 含有任何上述物质的产品,不包括所含α活度小于3.7GBq的产品)〔999〕	5	30	13		克/百万贝可	23	
2844409090	其他放射性元素、同位素及其化合物(编号284410、284420、284430以外的放射性元素,同位素)〔999〕	5	30	13		克/百万贝可	2	
28445000	-核反应堆已耗尽(已辐照)的燃料元件(释热元件)							
2844500000	核反应堆已耗尽的燃料元件〔999〕	5	30	13		克		
2845	**品目28.44以外的同位素;这些同位素的无机或有机化合物,不论是否已有化学定义:**							
28451000	-重水(氧化氘)							
2845100000	重水(氧化氘)〔999〕	5	30	13		克	3	
28459000	-其他							
2845900010	除重水外的氘及氘化物〔999〕	5	30	13		克	3	
2845900020	硼-10同位素及其化合物、混合物(硼-10同位素占硼总量>20%的硼及其化合物、混合物)〔999〕	5	30	13		克	3	
2845900030	富集锂-6同位素及其化合物混合物(富集锂-6同位素指锂-6同位素富集度>7.5%(按原子数计))〔999〕	5	30	13		克	3	
2845900090	其他同位素及其他化合物(品目28.44以外的同位素)〔999〕	5	30	13		克		
2846	**稀土金属、钇、钪及其混合物的无机或有机化合物:**							
28461010	---氧化铈							
2846101000[暂0]	氧化铈〔999〕	5	30	13		千克	4Bxy	/N
28461020	---氢氧化铈							
2846102000[暂0]	氢氧化铈〔999〕	5	30	13		千克	4Bxy	/N
28461030	---碳酸铈							
2846103000[暂0]	碳酸铈〔999〕	5	30	13		千克	4Bxy	/N
28461090	---其他							
2846109010[暂0]	氰化铈〔999〕	5	30	13		千克	4Bxy	/N
2846109090[暂0]	铈的其他化合物①	5	30	13		千克	4Bxy	/N
28469011	----氧化钇							
2846901100[暂0]	氧化钇〔999〕	5	30	13		千克	4xBy	/N
28469012	----氧化镧							
2846901200[暂0]	氧化镧〔999〕	5	30	13		千克	4Bxy	/N
28469013	----氧化钕							
2846901300[暂0]	氧化钕〔999〕	5	30	13		千克	4Bxy	/N
28469014	----氧化铕							
2846901400[暂0]	氧化铕〔999〕	5	30	13		千克	4Bxy	/N
28469015	----氧化镝							
2846901500[暂0]	氧化镝〔999〕	5	30	13		千克	4Bxy	/N
28469016	----氧化铽							
2846901600[暂0]	氧化铽〔999〕	5	30	13		千克	4Bxy	/N
28469017	----氧化镨							
2846901700[暂0]	氧化镨〔999〕	5	30	13		千克	4Bxy	/N
28469019	----其他							
2846901920[暂0]	氧化铒〔999〕	5	30	13		千克	4Bxy	/N
2846901930[暂0]	氧化钆〔999〕	5	30	13		千克	4Bxy	/N
2846901940[暂0]	氧化钐〔999〕	5	30	13		千克	4Bxy	/N
2846901970[暂0]	氧化镱〔999〕	5	30	13		千克	4Bxy	/N
2846901980[暂0]	氧化钪〔999〕	5	30	13		千克	4Bxy	/N
2846901991[暂0]	灯用红粉〔999〕	5	30	13		千克	4Bxy	/N

① 〔101 矿物源性饲料添加剂〕,〔102 硝酸铈〕,〔103 稀土(不属于危险化学品的稀土)〕,〔301 属于危险化学品的稀土〕

协定税率(%)															特惠税率(%)			对美税率	出口税率	出口退税率	Article Description
智利	新西兰	澳大利亚	瑞士	冰岛	秘鲁	哥斯达	东盟	亚太	新加坡	巴基斯坦	港/澳/台	韩国	格鲁吉亚	毛里求斯	亚太	老/柬/缅	LDC 97/95				
																		17.5	0		
																		17.5	0		
																		17.5	0		
																		17.5	0		
																			0		
0	0	0	0	0	0	0	0			0	0/0/	0	0	0			0/0			0	-Spent (irradiated) fuel elements (cartridges) of nuclear reactors
																		7.5	0		
																					Isotopes other than those of heading 28.44; compounds, inorganic or organic, of such isotopes, whether or not chemically defined:
0	0	0	0	0	0	0	0			0	0/0/	0	0	0			0/0			0	-Heavy water (deuterium oxide)
																		17.5	0		
0	0	0	0	0	0	0	0			0	0/0/	0	0	0			0/0			0	-Other
																			0		
																			0		
																			0		
																			0		
																					Compounds, inorganic or organic, of rare-earth metals, of yttrium or of scandium or of mixtures of these metals:
0	0	0	0	0	0	0	0	2.5		0	0/0/	0	0	0			0/0			0	---Cerium oxide
																		22.5	0		
0	0	0	0	0	0	0	0	2.5		0	0/0/	0	0	0			0/0			0	---Cerium hydroxide
																		7.5	0		
0	0	0	0	0	0	0	0	2.5		0	0/0/	0	0	0			0/0			0	---Cerium carbonate
																			0		
0	0	0	0	0	0	0	0	2.5		0	0/0/	0	0	0			0/0			0	---Other
																		7.5	0		
																		7.5	0		
0	0	0	0	0	0	0	0			0	0/0/	0	0	0			0/0			0	----Yttrium oxide
																		27.5	0		
0	0	0	0	0	0	0	0			0	0/0/	0	0	0			0/0			0	----Lanthanum oxide
																		22.5	0		
0	0	0	0	0	0	0	0			0	0/0/	0	0	0			0/0			0	----Neodymium oxide
																			0		
0	0	0	0	0	0	0	0			0	0/0/	0	0	0			0/0			0	----Eurapium oxide
																			0		
0	0	0	0	0	0	0	0			0	0/0/	0	0	0			0/0			0	----Dysprosium oxide
																			0		
0	0	0	0	0	0	0	0			0	0/0/	0	0	0			0/0			0	----Terbium oxide
																			0		
0	0	0	0	0	0	0	0			0	0/0/	0	0	0			0/0			0	----Praseodymium oxide (sesquioxide)
																		27.5	0		
0	0	0	0	0	0	0	0			0	0/0/	0	0	0			0/0			0	----Other
																		27.5	0		
																		27.5	0		
																		27.5	0		
																		27.5	0		
																		27.5	0		
																		27.5	0		

商品编号	商品名称及备注[检验检疫编码及名称]	进口关税(%) 最惠国	普通	增值税率(%)	消费税	计量单位	监管条件	检验检疫类别
2846901992[暂0]	按重量计中重稀土总含量≥30%的其他氧化稀土(灯用红粉、氧化铈除外)〔999〕	5	30	13		千克	4Bxy	/N
2846901999[暂0]	其他氧化稀土(灯用红粉、氧化铈除外)〔999〕	5	30	13		千克	4Bxy	/N
28469021	----氯化铽							
2846902100[暂0]	氯化铽〔999〕	5	30	13		千克	4Bxy	/N
28469022	----氯化镝							
2846902200[暂0]	氯化镝〔999〕	5	30	13		千克	4Bxy	/N
28469023	----氯化镧							
2846902300[暂0]	氯化镧〔999〕	5	30	13		千克	4Bxy	/N
28469024	----氯化钕							
2846902400[暂0]	氯化钕〔999〕	5	30	13		千克	4Bxy	/N
28469025	----氯化镨							
2846902500[暂0]	氯化镨〔999〕	5	30	13		千克	4Bxy	/N
28469026	----氯化钇							
2846902600[暂0]	氯化钇〔999〕	5	30	13		千克	4Bxy	/N
28469028	----混合氯化稀土							
2846902800[暂0]	混合氯化稀土〔999〕	5	30	13		千克	4Bxy	/N
28469029	----其他							
2846902900[暂0]	其他未混合氯化稀土〔999〕	5	30	13		千克	4Bxy	/N
28469031	----氟化铽							
2846903100[暂0]	氟化铽〔999〕	5	30	13		千克	4Bxy	/N
28469032	----氟化镝							
2846903200[暂0]	氟化镝〔999〕	5	30	13		千克	4Bxy	/N
28469033	----氟化镧							
2846903300[暂0]	氟化镧〔999 属于危险化学品的稀土〕	5	30	13		千克	4ABxy	M/N
28469034	----氟化钕							
2846903400[暂0]	氟化钕〔999〕	5	30	13		千克	4Bxy	/N
28469035	----氟化镨							
2846903500[暂0]	氟化镨〔999〕	5	30	13		千克	4Bxy	/N
28469036	----氟化钇							
2846903600[暂0]	氟化钇〔999〕	5	30	13		千克	4Bxy	/N
28469039	----其他							
2846903900[暂0]	其他氟化稀土〔301 不属于危险化学品的稀土〕,〔302 属于危险化学品的稀土〕,〔999〕	5	30	13		千克	4Bxy	/N
28469041	----碳酸镧							
2846904100[暂0]	碳酸镧〔999〕	5	30	13		千克	4Bxy	/N
28469042	----碳酸铽							
2846904200[暂0]	碳酸铽〔999〕	5	30	13		千克	4Bxy	/N
28469043	----碳酸镝							
2846904300[暂0]	碳酸镝〔999〕	5	30	13		千克	4Bxy	/N
28469044	----碳酸钕							
2846904400[暂0]	碳酸钕〔999〕	5	30	13		千克	4Bxy	/N
28469045	----碳酸镨							
2846904500[暂0]	碳酸镨〔999〕	5	30	13		千克	4Bxy	/N
28469046	----碳酸钇							
2846904600[暂0]	碳酸钇〔999〕	5	30	13		千克	4Bxy	/N
28469048	----混合碳酸稀土							
2846904810[暂0]	按重量计中重稀土总含量≥30%的混合碳酸稀土〔999〕	5	30	13		千克	4Bxy	/N
2846904890[暂0]	其他混合碳酸稀土〔999〕	5	30	13		千克	4Bxy	/N
28469049	----其他							
2846904900[暂0]	其他未混合碳酸稀土〔999〕	5	30	13		千克	4Bxy	/N
28469091	----镧的其他化合物							
2846909100[暂0]	镧的其他化合物〔301 不属于危险化学品的稀土〕,〔302 属于危险化学品的稀土〕,〔999〕	5	30	13		千克	4Bxy	/N
28469092	----钕的其他化合物							
2846909200[暂0]	钕的其他化合物〔301 不属于危险化学品的稀土〕,〔302 属于危险化学品的稀土〕,〔999〕	5	30	13		千克	4Bxy	/N
28469093	----铽的其他化合物							
2846909300[暂0]	铽的其他化合物〔999〕	5	30	13		千克	4Bxy	/N
28469094	----镝的其他化合物							
2846909400[暂0]	镝的其他化合物〔301 不属于危险化学品的稀土〕,〔302 属于危险化学品的稀土〕,〔999〕	5	30	13		千克	4Bxy	/N

协定税率(%)															特惠税率(%)						
智利	新西兰	澳大利亚	瑞士	冰岛	秘鲁	哥斯达	东盟	亚太	新加坡	巴基斯坦	港/澳/台	韩国	格鲁吉亚	毛里求斯	亚太	老/柬/缅	LDC 97/95	对美税率	出口税率	出口退税率	Article Description
																		27.5	0		
																		27.5	0		
0	0	0	0	0	0	0	0			0	0/0/	0	0	0			0/0			0	----Terbium chloride
																		7.5	0		
0	0	0	0	0	0	0	0			0	0/0/	0	0	0			0/0			0	----Dysprosium chloride
																			0		
0	0	0	0	0	0	0	0			0	0/0/	0	0	0			0/0			0	----Lanthanum chloride
																		7.5	0		
0	0	0	0	0	0	0	0			0	0/0/	0	0	0			0/0			0	----Neodymium chloride
																			0		
0	0	0	0	0	0	0	0			0	0/0/	0	0	0			0/0			0	----Praseodymium chloride
																			0		
0	0	0	0	0	0	0	0			0	0/0/	0	0	0			0/0			0	----Yttrium chloride
																		7.5	0		
0	0	0	0	0	0	0	0			0	0/0/	0	0	0			0/0			0	----Mixture of rare-earth chlorides
																			0		
0	0	0	0	0	0	0	0			0	0/0/	0	0	0			0/0			0	----Other
																		12.5	0		
0	0	0	0	0	0	0	0			0	0/0/	0	0	0			0/0			0	----Terbium fluoride
																			0		
0	0	0	0	0	0	0	0			0	0/0/	0	0	0			0/0			0	----Dysprosium fluoride
																			0		
0	0	0	0	0	0	0	0			0	0/0/	0	0	0			0/0			0	----Lanthanum fluoride
																			0		
0	0	0	0	0	0	0	0			0	0/0/	0	0	0			0/0			0	----Neodymium fluoride
																			0		
0	0	0	0	0	0	0	0			0	0/0/	0	0	0			0/0			0	----Praseodymium fluoride
																			0		
0	0	0	0	0	0	0	0			0	0/0/	0	0	0			0/0			0	----Yttrium fluoride
																			0		
0	0	0	0	0	0	0	0			0	0/0/	0	0	0			0/0			0	----Other
																			0		
0	0	0	0	0	0	0	0			0	0/0/	0	0	0			0/0			0	----Lanthanum carbonate
																			0		
0	0	0	0	0	0	0	0			0	0/0/	0	0	0			0/0			0	----Terbium carbonate
																			0		
0	0	0	0	0	0	0	0			0	0/0/	0	0	0			0/0			0	----Dysprosium carbonate
																			0		
0	0	0	0	0	0	0	0			0	0/0/	0	0	0			0/0			0	----Neodymium carbonate
																			0		
0	0	0	0	0	0	0	0			0	0/0/	0	0	0			0/0			0	----Praseodymium carbonate
																			0		
0	0	0	0	0	0	0	0			0	0/0/	0	0	0			0/0			0	----Yttrium carbonate
																			0		
0	0	0	0	0	0	0	0			0	0/0/	0	0	0			0/0			0	----Mixture of rare-earth carbonate
																		25	0		
																		25	0		
0	0	0	0	0	0	0	0			0	0/0/	0	0	0			0/0			0	----Other
																			0		
0	0	0	0	0	0	0	0			0	0/0/	0	0	0			0/0			0	----Other compounds of lanthanum
																		7.5	0		
0	0	0	0	0	0	0	0			0	0/0/	0	0	0			0/0			0	----Other compounds of neodymium
																		7.5	0		
0	0	0	0	0	0	0	0			0	0/0/	0	0	0			0/0			0	----Other compounds of terbium
																		27.5	0		
0	0	0	0	0	0	0	0			0	0/0/	0	0	0			0/0			0	----Other compounds of dysprosium
																			0		

商品编号	商品名称及备注[检验检疫编码及名称]	进口关税(%) 最惠国	普通	增值税率(%)	消费税	计量单位	监管条件	检验检疫类别
28469095	----镨的其他化合物							
2846909500[暂0]	镨的其他化合物①	5	30	13		千克	4Bxy	/N
28469096	----钇的其他化合物							
2846909601[暂0]	LED 用荧光粉(成分含钇的其他化合物)〔999〕	5	30	13		千克	B	/N
2846909690[暂0]	钇的其他化合物(LED 用荧光粉除外)②	5	30	13		千克	4Bxy	/N
28469099	----其他							
2846909901[暂0]	LED 用荧光粉(成分含稀土金属、钪的其他化合物,铈的化合物除外)〔999〕	5	30	13		千克	B	/N
2846909910[暂0]	按重量计中重稀土总含量≥30%的稀土金属、钪的其他化合物(LED 用荧光粉、铈的化合物除外)〔999〕	5	30	13		千克	4Bxy	/N
2846909990[暂0]	其他稀土金属、钪的其他化合物(LED 用荧光粉、铈的化合物除外)③	5	30	13		千克	4Bxy	/N
2847	**过氧化氢,不论是否用尿素固化:**							
28470000	过氧化氢,不论是否用尿素固化							
2847000000	过氧化氢(不论是否用尿素固化)④	5.5	30	13		千克	AB	M.R/N.S
2849	**碳化物,不论是否已有化学定义:**							
28491000	-碳化钙							
2849100000	碳化钙〔999〕	5.5	45	13		千克	AB	M/N
28492000	-碳化硅							
2849200000	碳化硅〔999〕	5.5	30	13		千克	4xy	
28499010	---碳化硼							
2849901000	碳化硼〔999〕	5.5	30	13		千克		
28499020	---碳化钨							
2849902000	碳化钨〔999〕	5.5	30	13		千克	4xy	
28499090	---其他							
2849909000	其他碳化物⑤	5.5	30	13		千克		
2850	**氢化物、氮化物、叠氮化物、硅化物及硼化物,不论是否已有化学定义,但可归入品目 28.49 的碳化物除外:**							
28500011	----氮化锰							
2850001100	氮化锰〔999〕	5.5	30	13		千克		
28500012	----氮化硼							
2850001200	氮化硼〔999〕	5.5	30	13		千克		
28500019	----其他							
2850001900	其他氮化物(包括迭氮化物)⑥	5.5	30	13		千克		
28500090	---其他							
2850009010[暂3]	砷化氢(砷烷、砷化三氢、胂)〔999〕	5.5	30	13		千克		
2850009090	其他氢化物、硅化物等(包括硼化物,可归入品目 28.49 的碳化物除外)⑦	5.5	30	13		千克		
2852	**汞的无机或有机化合物,汞齐除外:**							
28521000	-已有化学定义的							
2852100000	汞的无机或有机化合物,汞齐除外,已有化学定义的⑧	5.5	30	13		千克		
28529000	-其他							

① 〔301 不属于危险化学品的稀土〕,〔302 属于危险化学品的稀土〕,〔999〕

② 〔301 不属于危险化学品的稀土〕,〔302 属于危险化学品的稀土〕

③ 〔101 饲料添加剂〕,〔102 其他稀土〕,〔301 不属于危险化学品的稀土〕,〔302 属于危险化学品的稀土〕

④ 〔101 过氧化氢(含量>60%,特许的)〕,〔102 过氧化氢(20%≤含量≤60%)〕,〔103 过氧化氢(8%≤含量<20%)〕,〔104 过氧化氢尿素〕,〔105 非工业用无检疫要求食品添加剂〕,〔301 氧化性物质,需申报仅用于工业用途不用于食品添加剂无检疫要求〕,〔302 属于危险化学品的食品添加剂〕

⑤ 〔301 其他化工产品〕,〔999 遇水放出易燃气体的物质〕

⑥ 〔101 迭氮(化)钡(干的或含水<50%)〕,〔102 迭氮(化)铅(含水或水加乙醇≥20%)〕,〔103 迭氮钡(含水≥50%)〕,〔104 氮化锂〕,〔105 氮化镁〕,〔106 迭氮(化)钠〕,〔301 爆炸品〕,〔302 易燃气体〕,〔303 毒性气体〕,〔304 易燃固体〕,〔305 遇水放出易燃气体的物质〕,〔306 毒性物质和感染性物质〕,〔307 其他化工产品〕

⑦ 〔101 乙硼烷〕,〔102 四氢化硅〕,〔103 甲基氯硅烷〕,〔104 锑化氢〕,〔105 锗烷〕,〔106 氢化钛〕,〔107 氢化锆〕,〔108 癸硼烷〕,〔109 硼氢化铝〕,〔110 氢化锂〕,〔111 氢化钠〕,〔112 氢化钾〕,〔113 氢化镁〕,〔114 氢化钙〕,〔115 氢化铝〕,〔116 氢化铝锂〕,〔117 氢化铝钠〕,〔118 硅锂〕,〔119 硅铁锂〕,〔120 硅铁铝(粉末状的)〕,〔121 硅化镁〕,〔122 硅化钙〕,〔123 硼氢化锂〕,〔124 硼氢化钠〕,〔125 硼氢化钾〕,〔126 氢化钡〕,〔301 易燃气体〕,〔302 毒性气体〕,〔303 易燃固体〕,〔304 易于自燃的物质〕,〔305 遇水放出易燃气体的物质〕,〔306 其他化工产品〕,〔307 爆炸品〕,〔308 毒性物质和感染性物质〕

⑧ 〔101 金属及制品〕,〔102 雷(酸)汞(含水或水加乙醇≥20%)〕,〔103 氰化汞〕,〔104 氰化汞钾〕,〔105 氧氰化汞(钝化的)〕,〔106 砷化汞〕,〔107 硝酸汞〕,〔108 氟化汞〕,〔109 氯化汞〕,〔110 碘化汞〕,〔111 其他一级无机汞化合物〕,〔112 乙酸汞〕,〔113 油酸汞〕,〔114 葡萄糖酸汞〕,〔115 核酸汞〕,〔116 水杨酸汞〕,〔117 乙酸甲氧基乙基汞〕,〔118 氯化甲氧基乙基汞〕,〔119 氯化甲基汞〕,〔120 羟基甲基汞〕,〔121 氢氧化苯汞〕,〔122 硝酸苯汞〕,〔123 苯甲酸汞〕,〔124 赛力散〕,〔125 西力生〕,〔126 谷乐生〕,〔127 其他一级含汞固态农药〕,〔128 一级含汞液态农药〕,〔129 一级有机锡固态农药〕,〔130 氯化铵汞〕,〔131 氯化钾汞〕,〔132 溴化汞〕,〔133 溴化亚汞〕,〔134 碘化亚汞〕,〔135 碘化钾汞〕,〔136 氧化汞〕,〔137 氧化亚汞〕,〔138 硝酸亚汞〕,〔139 硫酸汞〕,〔140 硫酸亚汞〕,〔141 焦硫酸汞〕,〔142 其他二级无机汞化合物〕,〔143 二乙(基)汞〕,〔144 乙酸亚汞〕,〔145 草酸汞〕,〔146 萘磺汞〕,〔147 二苯(基)汞〕,〔148 4-氯汞苯甲酸〕,〔149 2-氯汞苯酚〕,〔150 五氯(苯)酚汞〕,〔151 五氯苯酚苯基汞〕,〔152 其他二级有机汞化合物〕,〔153 氯化苯汞〕,〔154 磺胺乙汞〕,〔155 富民隆〕,〔156 亚胺乙汞〕,〔157 其他一级有机汞化合物〕,〔301 毒性物质和感染性物质〕,〔302 不属于危险化学品的金属〕,〔303 爆炸品〕

协定税率(%)															特惠税率(%)			对美税率	出口税率	出口退税率	Article Description
智利	新西兰	澳大利亚	瑞士	冰岛	秘鲁	哥斯达	东盟	亚太	新加坡	巴基斯坦	港/澳/台	韩国	格鲁吉亚	毛里求斯	亚太	老/柬/缅	LDC 97/95				
0	0	0	0	0	0	0	0			0	0/0/	0	0	0			0/0			0	----Other compounds of praseodymium
																			0		
0	0	0	0	0	0	0	0			0	0/0/	0	0	0			0/0			0	----Other compounds of yttrium
																		27.5	0		
																		27.5	0		
0	0	0	0	0	0	0	0			0	0/0/	0	0	0			0/0			0	----Other
																		22.5	0		
																		22.5	0		
																		22.5	0		
																					Hydrogen peroxide, whether or not solidified with urea:
0	0	0	0	0	0	0	0			0	0/0/	2.9	0	0			0/0			0	Hydrogen peroxide, whether or not solidified with urea
																		33	0		
																					Carbides, whether or not chemically defined:
0	0	0	0	0	0	0	0			0	0/0/	0	0	0			0/0			0	-Of calcium
																		8	0		
0	0	0	0	0	0	0	0			0	0/0/	1.6	0	0			0/0			0	-Of silicon
																		28	0		
0	0	0	0	0	0	0	0			0	0/0/	0	0	0			0/0			0	---Of boron
																		8	0		
0	0	0	0	0	0	0	0			0	0/0/	0	0	0			0/0			0	---Of tungsten
																		13	0		
0	0	0	0	0	0	0	0			0	0/0/	0	0	0			0/0			0	---Other
																		28	0		
																					Hydrides, nitrides, azides, silicides and borides, whether or not chemically defined, other than compounds which are also carbides of heading 28.49:
0	0	0	0	0	0	0	0	3.6		0	0/0/	0	0	0			0/0			0	----Manganese nitride
																		8	0		
0	0	0	0	0	0	0	0	3.6		0	0/0/	0	0	0			0/0			0	----Boron nitride
																			0		
0	0	0	0	0	0	0	0	3.6		0	0/0/	0	0	0			0/0			0	----Other
																		28	0		
0	0	0	0	0	0	0	0	3.6		0	0/0/	2.9	0	0			0/0			0	---Other
																		10.5	0		
																		13	0		
																					compounds, inorganic or organic, of mercury, excluding amalgams:
0	0	0	0	0	0	0	0			0	0/0/	0	0	0			0/0			0	-Chemically defined
																		8	0		
0	0	0	0	0	0	0	0			0	0/0/	0	0	0			0/0			0	-Other

商品编号	商品名称及备注[检验检疫编码及名称]	进口关税(%) 最惠国	普通	增值税率(%)	消费税	计量单位	监管条件	检验检疫类别
2852900000	其他汞的无机或有机化合物,汞齐除外,已有化学定义的除外①	5.5	30	13		千克		
2853	**磷化物,不论是否已有化学定义,但磷铁除外;其他无机化合物(包括蒸馏水、导电水及类似的纯净水);液态空气(不论是否除去稀有气体);压缩空气;汞齐,但贵金属汞齐除外:**							
28531000	-氯化氰							
2853100000	氯化氰〔999〕	5.5	30	13		千克	23AB	M/N
28539010	---饮用蒸馏水							
2853901000	饮用蒸馏水〔998 食用〕,〔999 实验用〕	5.5	70	13		千克	AB	R/S
28539030	---镍钴锰氢氧化物							
2853903000	镍钴锰氢氧化物〔999〕	6.5	30	13		千克		
28539040	---磷化物,不论是否已有化学定义,但不包括磷铁							
2853904010	磷化铝,磷化锌〔999〕	5.5	20	13		千克	S	
2853904020[暂3]	磷烷〔999〕	5.5	20	13		千克		
2853904090	其他磷化物(不论是否已有化学定义,但不包括磷铁)②	5.5	20	13		千克		
28539050	---镍钴铝氢氧化物							
2853905000	镍钴铝氢氧化物〔999〕	5.5	30	13		千克		
28539090	---其他							
2853909010	饮用纯净水〔998 食用〕,〔999 实验用〕	5.5	30	13		千克	AB	M/N
2853909021	氰,氰化碘,氰化溴(包括氰气、碘化氰、溴化氰)③	5.5	30	13		千克		
2853909022	砷化锌,砷化镓〔999〕	5.5	30	13		千克		
2853909023	铅汞齐④	5.5	30	13		千克	X	
2853909024	其他汞齐⑤	5.5	30	13		千克	X	
2853909025	单氰胺	5.5	30	13		千克	X	
2853909090	其他无机化合物、压缩空气等(包括导电水、液态空气等)⑥	5.5	30	13		千克		

① 〔301 毒性物质和感染性物质〕,〔998 其他危险化学品〕,〔999 其他化工产品〕
② 〔301 毒性气体〕,〔302 遇水放出易燃气体的物质〕,〔303 其他化工产品〕,〔304 毒性气体〕,〔999〕
③ 〔301 毒性气体〕,〔302 毒性物质和感染性物质〕,〔999 遇水放出易燃气体的物质〕
④ 〔301 毒性气体〕,〔302 毒性物质和感染性物质〕,〔303 遇水放出易燃气体的物质〕
⑤ 〔301 遇水放出易燃气体的物质〕,〔302 毒性物质和感染性物质〕,〔303 杂项物质〕,〔304 其他危险化学品〕,〔305 其他化工产品〕
⑥ 〔301 遇水放出易燃气体的物质〕,〔302 毒性物质和感染性物质〕,〔303 杂项物质〕,〔304 其他危险化学品〕,〔305 其他化工产品〕,〔306 毒性气体〕,〔307 易于自燃的物质〕,〔308 氧化性物质〕,〔309 腐蚀性物质〕,〔999〕

协定税率(%)															特惠税率(%)			对美税率	出口税率	出口退税率	Article Description
智利	新西兰	澳大利亚	瑞士	冰岛	秘鲁	哥斯达	东盟	亚太	新加坡	巴基斯坦	港/澳/台	韩国	格鲁吉亚	毛里求斯	亚太	老/柬/缅	LDC 97/95				
																		8	0		
																					Phosphides, whether or not chemically defined, excluding ferrophosphorus; other inorganic compounds (including distilled or conductivity water and water of similar purity); liquid air (whether or not rare gases have been removed); compressed air; amalgams, other than amalgams of precious metals:
0	0	0	0	0	0	0	0			0	0/0/	0	0	0			0/0			0	-Cyanogen chloride (chlorcyan)
																		8	0		
0	0	0	0	0	0	0	0			0	0/0/	0	0	0			0/0			0	---Distilled water for human consumption
																		33	0		
0	0	0	0	0	0	0	0			4	0/0/	0	0	0			0/0			13	---Nickel cobalt manganese composite hydroxide
																		9	0		
0	0	0	0	0	0	0	0			0	0/0/	1.6	0	0			0/0			0	---Phosphides, whether or not chemically defined, excluding ferrophosphorus
																		13	0		
																		10.5	0		
																		13	0		
0	0	0	0	0	0	0	0			0	0/0/	0	0	0			0/0			13	---Nickel cobalt aluminum composite hydroxide
																		8	0		
0	0	0	0	0	0	0	0			0	0/0/	0	0	0			0/0			0	---Other
																		13	0		
																		13	0		
																		13	0		
																		13	0		
																		13	0		
																		13	0		
																		13	0		

第二十九章
有机化学品

注释：

一、除条文另有规定的以外，本章各税号只适用于：

（一）单独的已有化学定义的有机化合物，不论是否含有杂质；

（二）同一有机化合物的两种或两种以上异构体的混合物（不论是否含有杂质），但无环烃异构体的混合物（立体异构体除外），不论是否饱和，应归入第二十七章；

（三）品目 29.36 至 29.39 的产品，品目 29.40 的糖醚、糖缩醛、糖酯及其盐类和品目 29.41 的产品，不论是否已有化学定义；

（四）上述（一）、（二）、（三）款产品的水溶液；

（五）溶于其他溶剂的上述（一）、（二）、（三）款的产品，但该产品处于溶液状态只是为了安全或运输所采取的正常必要方法，其所用溶剂并不使该产品改变其一般用途而适合于某些特殊用途；

（六）为了保存或运输的需要，加入稳定剂（包括抗结块剂）的上述（一）、（二）、（三）、（四）、（五）各款产品；

（七）为了便于识别或安全起见，加入抗尘剂、着色剂或气味剂的上述（一）、（二）、（三）、（四）、（五）、（六）各款产品，但所加剂料并不使原产品改变其一般用途而适合于某些特殊用途；

（八）为生产偶氮染料而稀释至标准浓度的下列产品：重氮盐，用于重氮盐、可重氮化的胺及其盐类的耦合剂。

二、本章不包括：

（一）品目 15.04 的货品及品目 15.20 的粗甘油；

（二）乙醇（品目 22.07 或 22.08）；

（三）甲烷及丙烷（品目 27.11）；

（四）第二十八章注释二所述的碳化合物；

（五）品目 30.02 的免疫制品；

（六）尿素（品目 31.02 或 31.05）；

（七）植物性或动物性着色料（品目 32.03）、合成有机着色料、用作荧光增白剂或发光体的合成有机产品（品目为 32.04）及零售包装的染料或其他着色料（品目 32.12）；

（八）酶（品目 35.07）；

（九）聚乙醛、六亚甲基四胺（乌洛托品）及类似物质，制成片、条或类似形状作为燃料用的，以及包装容器的容积不超过 300 立方厘米的直接灌注香烟打火机及类似打火器用的液体燃料或液化气体燃料（品目 36.06）；

（十）灭火器的装配药及已装药的灭火弹（品目 38.13）；零售包装的除墨剂（品目 38.24）；或

（十一）光学元件，例如，用酒石酸乙二胺制成的（品目 90.01）。

三、可以归入本章两个或两个以上税号的货品，应归入有关税号中的最后一个税号。

四、品目 29.04 至 29.06、29.08 至 29.11 及 29.13 至 29.20 的卤化、磺化、硝化或亚硝化衍生物均包括复合衍生物，例如，卤磺化、卤硝化、磺硝化及卤磺硝化衍生物。

硝基及亚硝基不作为品目 29.29 的含氮基官能团。

品目 29.11、29.12、29.14、29.18 及 29.22 所称“含氧基”，仅限于品目 29.05 至 29.20 的各种含氧基（其特征为有机含氧基）。

五、（一）本章第一分章至第七分章的酸基有机化合物与这些分章的有机化合物构成的酯，应归入有关分章的最后一个税号。

（二）乙醇与本章第一分章至第七分章的酸基有机化合物所构成的酯，应按有关酸基化合物归类。

（三）除第六类注释一及第二十八章注释二另有规定的以外：

1. 第一分章至第十分章及品目 29.42 的有机化合物的无机盐，例如，含酸基、酚基或烯醇基的化合物及有机碱的无机盐，应归入相应的有机化合物的税号；
2. 第一分章至第十分章及品目 29.42 的有机化合物之间生成的盐，应按生成该盐的碱或酸（包括酚基或烯醇基化合物）归入本章有关税号中的最后一个税号；以及
3. 除第十一分章或品目 29.41 的产品外，配位化合物应按该化合物所有金属键（金属-碳键除外）“断开”所形成的片段归入第二十九章有关税号中的最后一个税号。

（四）除乙醇外，金属醇化物应按相应的醇归类（品目 29.05）。

（五）羧酸酰卤化物应按相应的酸归类。

六、品目 29.30 及 29.31 的化合物是指有机化合物，其分子中除含氢、氧或氮原子外，还含有与碳原子直接连接的其他非金属或金属原子（例如，硫、砷或铅）。

Chapter 29
Organic chemicals

Chapter Notes:

1. Except where the context otherwise requires, the headings of this Chapter apply only to:
   (a) Separate chemically defined organic compounds, whether or not containing impurities;
   (b) Mixtures of two or more isomers of the same organic compound (whether or not containing impurities), except mixtures of acyclic hydrocarbon isomers (other than stereoisomers), whether or not saturated (Chapter 27);
   (c) The products of headings 29.36 to 29.39 or the sugar ethers, sugar acetals and sugar esters, and their salts, of heading 29.40, or the products of heading 29.41, whether or not chemically defined;
   (d) The products mentioned in (a), (b) or (c) above dissolved in water;
   (e) The products mentioned in (a), (b) or (c) above dissolved in other solvents provided that the solution constitutes a normal and necessary method of putting up these products adopted solely for reasons of safety or for transport and that the solvent does not render the product particularly suitable for specific use rather than for general use;
   (f) The products mentioned in (a), (b), (c), (d) or (e) above with an added stabiliser (including an anti-caking agent) necessary for their preservation or transport;
   (g) The products mentioned in (a), (b), (c), (d), (e) or (f) above with an added anti-dusting agent or a colouring or odoriferous substance added to facilitate their identification or for safety reasons, provided that the additions do not render the product particularly suitable for specific use rather than for general use;
   (h) The following products, diluted to standard strengths, for the production of azo dyes: diazonium salts, couplers used for these salts and diazotisable amines and their salts.

2. This Chapter does not cover:
   (a) Goods of heading 15.04 or crude glycerol of heading 15.20;
   (b) Ethyl alcohol (heading 22.07 or 22.08);
   (c) Methane or propane (heading 27.11);
   (d) The compounds of carbon mentioned in Note 2 to Chapter 28;
   (e) Immunological products of heading 30.02;
   (f) Urea (heading 31.02 or 31.05);
   (g) Colouring matter of vegetable or animal origin (heading 32.03), synthetic organic colouring matter, synthetic organic products of a kind used as fluorescent brightening agents or as luminophores (heading 32.04) or dyes or other colouring matter put up in forms or packings for retail sale (heading 32.12);
   (h) Enzymes (heading 35.07);
   (ij) Metaldehyde, hexamethylenetetramine or similar substances, put up in forms (for example, tablets, sticks or similar forms) for use as fuels, or liquid or liquefied-gas fuels in containers of a kind used for filling or refilling cigarette or similar lighters and of a capacity not exceeding $300cm^3$ (heading 36.06);
   (k) Products put up as charges for fire-extinguisher or put up in fire-extinguishing grenades, of heading 38.13; ink removers put up in packings for retail sale of heading 38.24; or
   (l) Optical elements, for example, of ethylenediamine tartrate (heading 90.01).

3. Goods which could be included in two or more of the headings of this Chapter are to be classified in that one of those headings which occurs last in numerical order.

4. In headings 29.04 to 29.06, 29.08 to 29.11 and 29.13 to 29.20, any reference to halogenated, sulphonated nitrated or nitrosated derivatives includes a reference to compound derivatives, such as sulphohalogenated nitrohalogenated, nitroslphonated or nitroslphohalogenated derivatives.
   Nitro or nitroso groups are not to be taken a "nitrogen-functions" for the purpose of heading 29.29.
   For the purposes of headings 29.11, 29.12, 29.14, 29.18 and 29.22, "oxygen-function" is to be restricted to the functions (the characteristic organic oxygen-containing groups) referred to in headings 29.05 to 29.20.

5. (a) The esters of acid-function organic compounds of sub-Chapters I to VII with organic compounds of these sub-Chapters are to be classified with that compound which is classified in the heading which occurs last in numerical order in these sub-Chapters.
   (b) Esters of ethyl alcohol with acid-function organic compounds of sub-Chapters I to VII are to be classified in the same heading as the corresponding acid-function compounds.
   (c) Subject to Note 1 to Section VI and Note 2 to Chapter 28:
      (i) Inorganic salts of organic compounds such as acid-, phenol- or enol-function compounds or organic bases, of sub-Chapters I to X or heading 29.42, are to be classified in the heading appropriate to the organic compound;
      (ii) Salts formed between organic compounds of sub-Chapters I to X or heading 29.42 are to be classified in the heading appropriate to the base or to the acid (including phenol- or enol-function compounds) from which they are formed, whichever occurs last in numerical order in the Chapter; and
      (iii) Co-ordination compounds, other than products classifiable in sub-Chapter XI or heading 29.41, are to be classified in the heading which occurs last in numerical order in Chapter 29, among those appropriate to the fragments formed by "cleaving" of all metal bonds, other than metal-carbon bonds.
   (d) Metal alcoholates are to be classified in the same heading as the corresponding alcohols except in the case of ethanol (heading 29.05).
   (e) Halides of carboxylic acids are to be classified in the same heading as the corresponding acids.

6. The compounds of headings 29.30 and 29.31 are organic compounds the molecules of which contain, in addition to atoms of hydrogen, oxygen or nitrogen, atoms of other nonmetals or of metals (such as sulphur, arsenic or lead) directly linked to carbon atoms.

品目 29.30（有机硫化合物）及品目 29.31（其他有机-无机化合物）不包括某些磺化或卤化衍生物（含复合衍生物）。这些衍生物分子中除氢、氧、氮之外，只有具有磺化或卤化衍生物（或复合衍生物）性质的硫原子或卤素原子与碳原子直接连接。

七、品目 29.32、29.33 及 29.34 不包括三节环环氧化物、过氧化酮、醛或硫醛的环聚合物、多元羧酸酐、多元醇或酚与多元酸构成的环酯及多元酸酰亚胺。

本条规定只适用于由本条所列环化功能形成环内杂原子的化合物。

八、品目 29.37 所称：

（一）“激素”，包括激素释放因子、激素刺激和释放因子、激素抑制剂以及激素抗体；

（二）“主要用作激素的”，不仅适用于主要起激素作用的激素衍生物及结构类似物，也适用于在本税号所列产品合成过程中主要用作中间体的激素衍生物及结构类似物。

子目注释：

一、属于本章任一税号项下的一种（组）化合物的衍生物，如果该税号其他子目未明确将其包括在内，而且有关的子目中又无列名为“其他”的子目，则应与该种（组）化合物归入同一子目。

二、第二十九章注释三不适用于本章的子目。

商品编号	商品名称及备注[检验检疫编码及名称]	进口关税(%)		增值税率(%)	消费税	计量单位	监管条件	检验检疫类别
		最惠国	普通					
2901	无环烃：							
29011000	-饱和							
2901100000	饱和无环烃①	2	30	13		千克		
29012100	--乙烯							
2901210000[暂1]	乙烯〔999〕	2	20	13		千克	AB	M/N
29012200	--丙烯							
2901220000[暂1]	丙烯〔999〕	2	20	13		千克	AB	M/N
29012310	---1-丁烯							
2901231000	1-丁烯〔999〕	2	20	13		千克	AB	M/N
29012320	---2-丁烯							
2901232000	2-丁烯〔101 易燃气体〕,〔102(+/-)-2-苯基-4-甲基-2-已烯醛〕,〔103 1-乙氧基-3-甲基-2-丁烯〕,〔301〕	2	20	13		千克	AB	M/N
29012330	---2-甲基丙烯							
2901233000	2-甲基丙烯〔999〕	2	20	13		千克		
29012410	---1,3-丁二烯							
2901241000	1,3-丁二烯〔101 1,3-丁二烯(抑制了的)〕,〔102 2-甲基-1,3-丁二烯(抑制了的)〕,〔301〕	2	20	13		千克	AB	M/N
29012420	---异戊二烯							
2901242000	异戊二烯〔999〕	2	20	13		千克		
29012910	---异戊烯							
2901291000	异戊烯〔101 2-甲基-1-丁烯〕,〔102 3-甲基-1-丁烯〕,〔103 2-甲基-2-丁烯〕,〔104 其他异戊烯〕,〔301〕	2	30	13		千克	AB	M/N
29012920	---乙炔							
2901292000	乙炔〔999〕	2	45	13		千克	AB	M/N
29012990	---其他							
2901299010	诱虫烯〔999〕	2	30	13		千克	S	
2901299090	其他不饱和无环烃②	2	30	13		千克		
2902	环烃：							
29021100	--环已烷							

① 〔101 乙烷(压缩的)〕,〔102 乙烷(液化的)〕,〔103 2,2-二甲基丙烷〕,〔104 正戊烷〕,〔105 2-甲基丁烷〕,〔106 正己烷(危险化学品)〕,〔107 2-甲基戊烷〕,〔108 2,2-二甲基丁烷〕,〔109 2,3-二甲基丁烷〕,〔110 己烷异构体混合物〕,〔111 其他己烷及其异构体〕,〔112 3-甲基戊烷〕,〔113 正庚烷〕,〔114 2-甲基己烷〕,〔115 3-甲基己烷〕,〔116 2,2-二甲基戊烷〕,〔117 2,3-二甲基戊烷〕,〔118 2,4-二甲基戊烷〕,〔119 3,3-二甲基戊烷〕,〔120 3-乙基戊烷〕,〔121 2,2,3-三甲基丁烷〕,〔122 其他庚烷异构体〕,〔123 正辛烷〕,〔124 异辛烷〕,〔125 2,2,3-三甲基戊烷〕,〔126 2,2,4-三甲基戊烷〕,〔127 2,3,4-三甲基戊烷〕,〔128 2,2-二甲基己烷〕,〔129 2,3-二甲基己烷〕,〔130 2,4-二甲基己烷〕,〔131 3,3-二甲基己烷〕,〔132 3,4-二甲基己烷〕,〔133 2-甲基庚烷〕,〔134 3-甲基庚烷〕,〔135 4-甲基庚烷〕,〔136 3-乙基己烷〕,〔137 2-甲基-3-乙基戊烷〕,〔138 其他辛烷异构体〕,〔139 2,2,4-三甲基己烷〕,〔140 2,2,5-三甲基己烷〕,〔141 壬烷及其异构体〕,〔142 2,2-二甲基庚烷〕,〔143 2,3-二甲基庚烷〕,〔144 2,4-二甲基庚烷〕,〔145 2,5-二甲基庚烷〕,〔146 3,3-二甲基庚烷〕,〔147 3,4-二甲基庚烷〕,〔148 3,5-二甲基庚烷〕,〔149 4,4-二甲基庚烷〕,〔150 正癸烷〕,〔151 五甲基庚烷〕,〔152 2,2,3′,3′-四甲基丁烷〕,〔153 正己烷(危险化学品 & 食品添加剂)〕,〔301 易燃气体〕,〔302 易燃液体〕,〔303 其他化工产品〕

② 〔101 丙二烯(抑制了的)〕,〔102 1,3-戊二烯(抑制了的)〕,〔103 1,4-戊二烯(抑制了的)〕,〔104 1-丁炔(抑制了的)〕,〔105 丙炔和丙二烯混合物(稳定的)〕,〔106 1-戊烯〕,〔107 2-戊烯〕,〔108 1-己烯〕,〔109 2-己烯〕,〔110 异己烯〕,〔111 2,3-二甲基-1-丁烯〕,〔112 2,3-二甲基-2-丁烯〕,〔113 2-甲基-1-戊烯〕,〔114 2-甲基-2-戊烯〕,〔115 3-甲基-1-戊烯〕,〔116 3-甲基-2-戊烯〕,〔117 4-甲基-1-戊烯〕,〔118 4-甲基-2-戊烯〕,〔119 2-乙基-1-丁烯〕,〔120 其他己烯异构体〕,〔121 异庚烯〕,〔122 1,3-己二烯〕,〔123 1,4-己二烯〕,〔124 1,5-己二烯〕,〔125 2,4-己二烯〕,〔126 其他己二烯〕,〔127 甲基戊二烯〕,〔128 2-丁炔〕,〔129 1-戊炔〕,〔130 1-己炔〕,〔131 2-己炔〕,〔132 3-己炔〕,〔133 1-庚炔〕,〔134 1-辛炔〕,〔135 2-辛炔〕,〔136 3-辛炔〕,〔137 4-辛炔〕,〔138 异丙烯基乙炔〕,〔139 3-甲基-1-丁烯〕,〔140 1-庚烯〕,〔141 2-庚烯〕,〔142 3-庚烯〕,〔143 2-辛烯〕,〔144 异辛烯〕,〔145 2,4,4-三甲基-1-戊烯〕,〔146 2,4,4-三甲基-2-戊烯〕,〔147 其他辛烯异构体〕,〔148 辛二烯〕,〔149 2,6-二甲基-3-庚烯〕,〔150 1-辛烯(危险化学品)〕,〔151 1-壬烯〕,〔152 2-壬烯〕,〔153 3-壬烯〕,〔154 4-壬烯〕,〔155 1-癸烯〕,〔156 2,5-二甲基-1,5-己二烯〕,〔157 2,5-二甲基-2,4-己二烯〕,〔158 月桂烯〕,〔159 1-辛烯(危险化学品 & 食品添加剂)〕,〔301 易燃气体〕,〔302 易燃液体〕,〔303 其他化工产品〕

Heading 29.30 (organo-sulphur compounds) and heading 29.31 (other organo-inorganic compounds) do not include sulphonated or halogenated derivatives (including compound derivatives) which, apart from hydrogen, oxygen and nitrogen, only have directly linked to carbon the atoms of sulphur or of a halogen which give them their nature of sulphonated or halogenated derivatives (or compound derivatives).

7. Headings 29.32, 29.33 and 29.34 do not include epoxides with a three-membered ring, ketone peroxides, cyclic polymers of aldehydes or of thioaldehydes, anhydrides of polybasic carboxylic acids, cyclic esters of polyhydric alcohols or phenols with polybasic acids, or imides of polybasic acids.
These provisions apply only when the ring-position hetero-atoms are those resulting solely from the cyclising function or functions here listed.
8. For the purposes of heading 29.37:
(a) the term "hormones" includes hormone-releasing or hormone-stimulating factors, hormone inhibitors and hormone antagonists (anti-hormones);
(b) the expression "used primarily as hormones" applies not only to hormone derivatives and structural analogues used primarily for their hormonal effect, but also to those derivatives and structural analogues used primarily as intermediates in the synthesis of products of this heading.

Subheading Notes:

1. Within any one heading of this Chapter, derivatives of a chemical compound (or group of chemical compounds) are to be classified in the same subheading as that compound (or group of compounds) provided that they are not more specifically covered by any other subheading and that there is no residual subheading named "Other" in the series of subheadings concerned.

2. Note 3 to chapter 29 does not apply to the subheading of this chapter.

协定税率(%)															特惠税率(%)			对美税率	出口税率	出口退税率	Article Description
智利	新西兰	澳大利亚	瑞士	冰岛	秘鲁	哥斯达	东盟	亚太	新加坡	巴基斯坦	港/澳/台	韩国	格鲁吉亚	毛里求斯	亚太	老/柬/缅	LDC 97/95				
																					Acyclic hydrocarbons:
0	0	0	0	0	0	0	0			0	0/0/	0	0	0			0/0			10	-Saturated
																		7	0		
0	0	0	0	0	0	0	0		0	0	0/0/	0.6	0	0			0/0			10	--Ethylene
																		26	0		
0	0	0	0	0	0	0	0			0	0/0/0	0.6	0	0			0/0			10	--Propene(propylene)
																		26	0		
0	0	0	0	0	0	0	0			0	0/0/	0.6	0	0			0/0			10	---1-Butene
																			0		
0	0	0	0	0	0	0	0	1.6		0	0/0/	0	0	0			0/0			10	---2-Butene
																		7	0		
0	0	0	0	0	0	0	0			0	0/0/	0	0	0			0/0			10	---2-methyl-propylene
																		27	0		
0	0	0	0	0	0	0	0			0	0/0/0	0.6	0	0			0/0			13	---Buta-1,3-diene
																		27	0		
0	0	0	0	0	0	0	0			0	0/0/0	1	0	0			0/0			10	---Isoprene
																		27	0		
0	0	0	0	0	0	0	0	1.6		0	0/0/	0	0	0			0/0			10	---Isopentene
																			0		
0	0	0	0	0	0	0	0	1.6		0	0/0/	0	0	0			0/0			10	---Acetylene
																		27	0		
0	0	0	0	0	0	0	0			0	0/0/	0.6	0	0			0/0				---Other
																		7	0	9	
																		7	0	10	
																					Cyclic hydrocarbons:
0	0	0	0	0	0	0	0			0	0/0/	0	0	0			0/0			10	--Cyclohexane

商品编号	商品名称及备注[检验检疫编码及名称]	进口关税(%)		增值税率(%)	消费税	计量单位	监管条件	检验检疫类别
		最惠国	普通					
2902110000	环己烷①	2	30	13		千克	AB	M/N
29021910	---蒎烯							
2902191000	蒎烯②	2	30	13		千克		
29021920	---4-烷基-4'-烷基双环己烷							
2902192000	4-烷基-4'-烷基双环己烷〔999〕	2	30	13		千克		
29021990	---其他							
2902199011	1-甲基环丙烯〔999〕	2	30	13		千克	S	
2902199012	d-柠檬烯〔999〕	2	30	13		千克		
2902199090	其他环烷烃、环烯及环萜烯③	2	30	13		千克		
29022000	-苯							
2902200000暂2	苯〔101 溶剂苯〕,〔102〕	2	20	13		千克	AB	M/N
29023000	-甲苯							
2902300000	甲苯〔999〕	2	30	13		千克	23AB	M/N
29024100	--邻二甲苯							
2902410000	邻二甲苯〔999〕	2	20	13		千克		
29024200	--间二甲苯							
2902420000	间二甲苯〔999〕	2	20	13		千克		
29024300	--对二甲苯							
2902430000	对二甲苯〔101 1,4-二甲苯〕,〔102 二丁基羟基甲苯〕,〔301〕	2	20	13		千克		
29024400	--混合二甲苯异构体							
2902440000	混合二甲苯异构体〔999〕	2	20	13		千克		
29025000	-苯乙烯							
2902500000	苯乙烯〔101 苯乙烯(抑制了的)〕,〔102 苏合香烯〕,〔301〕	2	30	13		千克	AB	M/N
29026000	-乙苯							
2902600000	乙苯〔999〕	2	30	13		千克	AB	M/N
29027000	-异丙基苯							
2902700000	异丙基苯〔101 异丙(基)苯〕,〔102 1-甲基-3-甲氧基-4-异丙基苯〕,〔301〕	2	30	13		千克	AB	M/N
29029010	---四氢萘							
2902901000	四氢萘〔999〕	2	11	13		千克		
29029020	---精萘							
2902902000	精萘〔999〕	2	35	13		千克	AB	M/N
29029030	---十二烷基苯							
2902903000	十二烷基苯〔999〕	2	30	13		千克		
29029040	---4-(4'-烷基环己基)环己基乙烯							
2902904000	4-(4'-烷基环己基)环己基乙烯〔999〕	2	30	13		千克		
29029050	---1-烷基-4-(4-烷烯基-1,1'-双环己基)苯							
2902905000	1-烷基-4-(4-烷烯基-1,1'-双环已基)苯〔999〕	2	30	13		千克		
29029090	---其他							
2902909000	其他环烃④	2	30	13		千克		
2903	**烃的卤化衍生物:**							
29031100	--一氯甲烷及氯乙烷							
2903110000	一氯甲烷及氯乙烷〔999〕	5.5	30	13		千克		
29031200	--二氯甲烷							
2903120001	纯度在99%及以上的二氯甲烷〔999〕	8	30	13		千克		
2903120090	其他二氯甲烷〔999〕	8	30	13		千克		
29031300	--氯仿(三氯甲烷)							
2903130000	三氯甲烷(氯仿)〔999〕	10	30	13		千克	23AB	M/N
29031400	--四氯化碳							

① 〔101 甲基环己烷〕,〔102 1,1-二甲基环己烷〕,〔103 1,2-二甲基环己烷〕,〔104 1,3-二甲基环己烷〕,〔105 1,4-二甲基环己烷〕,〔106 叔丁基环己烷〕,〔107 其他环己烷〕,〔108 其他环己烷衍生物〕,〔301〕

② 〔101α-蒎烯〕,〔102β-蒎烯〕,〔301 易燃液体,需申报仅用于工业用途不用于食品添加剂无检疫要求的化工品〕,〔302 属于危险化学品的食品添加剂〕

③ 〔101 环丙烷(液化的)〕,〔102 环丁烷〕,〔103 二环庚二烯〕,〔104 环戊烷〕,〔105 环戊烯〕,〔106 1,2-环氧丁烷(抑制了的)〕,〔107 1,4-二氧杂环己烷〕,〔108 甲基环戊烷〕,〔109 乙基环戊烷〕,〔110 1,1-二甲基环戊烷〕,〔111 1,2-二甲基环戊烷〕,〔112 1,3-二甲基环戊烷〕,〔113 正丙基环戊烷〕,〔114 其他环戊烷衍生物〕,〔115 环庚烷〕,〔116 1-甲基-1-环戊烯〕,〔117 1,3-环戊二烯〕,〔118 环已烯〕,〔119 4-甲基-1-环己烯〕,〔120 4-乙烯-1-环已烯〕,〔121 其他环己烯衍生物〕,〔122 1,3-环己二烯〕,〔123 1,4-环己二烯〕,〔124 环庚烯〕,〔125 1,3,5-环庚三烯〕,〔126 环辛烯〕,〔127 1,3,5,7-环辛四烯〕,〔128 环辛烷〕,〔129 乙基环己烷〕,〔130 正丁基环戊烷〕,〔131 异丁基环戊烷〕,〔132 1-环己基正丁烷〕,〔133 环己基异丁烷〕,〔134 2-环己基丁烷〕,〔135 二聚环戊二烯〕,〔136 甲基环戊二烯〕,〔137 1,3-环辛二烯〕,〔138 1,5-环辛二烯〕,〔139 十氢化萘〕,〔140 莰烯(危险化学品)〕,〔141 1,5,9-环十二碳三烯〕,〔142 异松油烯〕,〔143d-苧烯〕,〔144α-金合欢烯〕,〔145α-水芹烯〕,〔146α-松油烯〕,〔147β-石竹烯〕,〔148γ-松油烯〕,〔149 巴伦西亚橘烯〕,〔150 白柠檬萜烯〕,〔151 柏木油萜烯〕,〔152 聚苧烯〕,〔153 莰烯(危险化学品 & 食品添加剂)〕,〔301 易燃液体〕,〔302 易燃固体〕,〔303 其他化工产品〕,〔304 其他危险化学品〕,〔305 易燃气体〕

④ 〔101 易燃液体〕,〔102 易燃固体〕,〔105 其他化工产品〕,〔301 其他危险化学品〕,〔302 毒性物质和感染性物质〕,〔303 杂项物质〕

协定税率(%)															特惠税率(%)			对美税率	出口税率	出口退税率	Article Description
智利	新西兰	澳大利亚	瑞士	冰岛	秘鲁	哥斯达	东盟	亚太	新加坡	巴基斯坦	港/澳/台	韩国	格鲁吉亚	毛里求斯	亚太	老/柬/缅	LDC 97/95				
																		27	0		
0	0	0	0	0	0	0	0			0	0/0/	0	0	0			0/0			10	---Pinene
																		7	0		
0	0	0	0	0	0	0	0			0	0/0/	0	0	0			0/0			10	---4-Alkyl-4'-alkylbicyclohexane
																			0		
0	0	0	0	0	0	0	0			0	0/0/	0	0	0			0/0				---Other
																		27	0	9	
																		27	0	9	
																		27	0	10	
0	0	0	0	0	0	0	0			0	0/0/	1	0	0			0/0			0	-Benzene
																		27	40^0		
0	0	0	0	0	0	0	0		0	0	0/0/	1	0	0			0/0			13	-Toluene
																		27	0		
0	0	0	0	0	0	0	0			0	0/0/0	0.6	0.4	0			0/0			10	--o-Xylene
																		27	0		
0	0	0	0	0	0	0	0			0	0/0/0	0	0.4	0			0/0			10	--m-Xylene
																		27	0		
0	0	0	0.4	0	0	0	0		0	0	0/0/0			0			0/0			13	--p-Xylene
																		27	0		
0	0	0	0	0	0	0	0			0	0/0/0	0	0.4	0			0/0			13	--Mixed xylene isomers
																		27	0		
0	0	0	0.4	0	0	0		1.3		0	0/0/	1.3	0	0						10	-Styrene
																		27	0		
0	0	0	0	0	0	0	0			0	0/0/	0.6	0	0			0/0			10	-Ethylbenzene
																		27	0		
0	0	0	0	0	0	0	0		0	0	0/0/	0	0	0			0/0			10	-Cumene
																		27	0		
0	0	0	0	0	0	0	0			0	0/0/	0	0	0			0/0			10	---Tetrahydronaphthalene(tetralin)
																		12	0		
0	0	0	0	0	0	0	0	1.6		0	0/0/	1	0	0			0/0			10	---Naphthalene
																		22	0		
0	0	0	0	0	0	0	0			0	0/0/0		0	0			0/0			10	---Dodecylbenzene
																			0		
0	0	0	0	0	0	0	0			0	0/0/	0	0	0			0/0			13	---4-(4'-alkylcyclohexyl) cyclohexyl ethylene
																			0		
0	0	0	0	0	0	0	0			0	0/0/	0	0	0			0/0				---1-alkyl-(N-4-enyl-1, 1'-propylcyclohexyl)benzene
																			0	9	
0	0	0	0	0	0	0	0			0	0/0/	0	0	0			0/0				---Other
																		22	0	9	
																					Halogenated derivatives of hydrocarbons:
0	0	0	0	0	0	0	0			0	0/0/	0	0	0			0/0			10	--Chloromethane (methyl chloride) and chloroethane(ethyl chloride)
																		10.5	0		
0	0	0	0	0	0	0	0			3	0/0/	4.2	0	0			0/0			10	--Dichloromethane(methylene chloride)
																		18	0		
																		18	0		
0	0	0	0	0	0	0	0	9		4	0/0/0	3	0	0			0/0			10	--Chloroform(trichloromethane)
																			0		
0	0	0	0	0	0	0	0			3	0/0/	0	0	0			0/0			10	--Carbon tetrachloride

商品编号	商品名称及备注[检验检疫编码及名称]	进口关税(%) 最惠国	进口关税(%) 普通	增值税率(%)	消费税	计量单位	监管条件	检验检疫类别
2903140010	非用于清洗剂的四氯化碳〔999〕	8	30	13		千克	49Bxy	/N
2903140090	用于清洗剂的四氯化碳〔999〕	8	30	13		千克	89	
29031500	--1,2-二氯乙烷							
2903150000暂1	1,2-二氯乙烷(ISO)①	5.5	30	13		千克	AB	M.R/N.S
29031910	---1,1,1-三氯乙烷(甲基氯仿)							
2903191010	1,1,1-三氯乙烷(甲基氯仿)(用于清洗剂的除外)〔999〕	8	30	13		千克	14ABxy	M/N
2903191090	1,1,1-三氯乙烷(甲基氯仿)(用于清洗剂的)〔999〕	8	30	13		千克	18A	M/
29031990	---其他							
2903199000	其他无环烃的饱和氯化衍生物②	5.5	30	13		千克		
29032100	--氯乙烯							
2903210000暂1	氯乙烯〔999〕	5.5	30	13		千克	AB	M/N
29032200	--三氯乙烯							
2903220000	三氯乙烯〔999〕	8	30	13		千克	AB	M/N
29032300	--四氯乙烯(全氯乙烯)							
2903230000	四氯乙烯〔999〕	5.5	30	13		千克	AB	M/N
29032910	---3-氯-1-丙烯(氯丙烯)							
2903291000	3-氯-1-丙烯(氯丙烯)〔999〕	5.5	30	13		千克		
29032990	---其他							
2903299010	1,1-二氯乙烯〔999〕	5.5	30	13		千克		
2903299090	其他无环烃的不饱和氯化衍生物③	5.5	30	13		千克		
29033100	--1,2-二溴乙烷(ISO)							
2903310000	1,2-二溴乙烷(ISO)〔999〕	5.5	30	13		千克	89	
29033910	---1,1,3,3,3-五氟-2三氟甲基-1-丙烯(全氟异丁烯;八氟异丁烯)							
2903391000	1,1,3,3,3-五氟-2-三氟甲基-1-丙烯(全氟异丁烯;八氟异丁烯)〔999〕	5.5	30	13		千克	23	
29033990	---其他							
2903399010	二溴甲烷〔999〕	5.5	30	13		千克	AB	M/N
2903399020	溴甲烷(别名甲基溴)〔101〕,〔102 三溴甲烷〕,〔103 四溴甲烷〕,〔301 一溴甲烷〕	5.5	30	13		千克	14ABxy	M/N
2903399030	碘甲烷〔999〕	5.5	30	13		千克	AB	M/N
2903399090	其他无环烃的氟化、溴化或碘化衍生物④	5.5	30	13		千克		
29037100	--一氯二氟甲烷							
2903710000	一氯二氟甲烷〔999〕	5.5	30	13		千克	14ABxy	M/N
29037200	--二氯三氟乙烷							
2903720000	二氯三氟乙烷〔999〕	5.5	30	13		千克	14xy	
29037300	--二氯一氟乙烷							
2903730000	二氯一氟乙烷〔999〕	5.5	30	13		千克	14xy	
29037400	--一氯二氟乙烷							
2903740000	一氯二氟乙烷〔999〕	5.5	30	13		千克	14xy	
29037500	--二氯五氟丙烷							
2903750010	1,1,1,2,2-五氟-3,3-二氯丙烷〔999〕	5.5	30	13		千克	14xy	
2903750020	1,1,2,2,3-五氟-1,3-二氯丙烷〔999〕	5.5	30	13		千克	14xy	
2903750090	其他二氯五氟丙烷〔999〕	5.5	30	13		千克	14xy	
29037600	--溴氯二氟甲烷、溴三氟甲烷及二溴四氟乙烷							
2903760010	溴氯二氟甲烷(Halon-1211)〔999〕	5.5	30	13		千克	14xy	
2903760020	溴三氟甲烷(Halon-1301)〔999〕	5.5	30	13		千克	14ABxy	M/N
2903760030	二溴四氟乙烷〔999〕	5.5	30	13		千克		

① 〔101 1,1-二氯乙烷〕,〔102〕,〔301 易燃液体,需申报仅用于工业用途不用于食品添加剂无检疫要求〕,〔302 属于危险化学品的食品添加剂〕

② 〔101 1-氯丙烷〕,〔102 2-氯丙烷〕,〔103 1-氯丁烷〕,〔104 氯代异丁烷〕,〔105 2-氯丁烷〕,〔106 氯代叔丁烷〕,〔107 氯代正戊烷〕,〔108 1-氯-3-甲基丁烷〕,〔109 1,2-二氯丙烷〕,〔110 3-氯-1-丁烯〕,〔111 1-氯-2-甲基-2-丙烯〕,〔112 1,1-二氯乙烯(抑制了的)〕,〔113 1,2-二氯乙烯〕,〔114 2,3-二氯丙烯〕,〔115 1,3-二氯丙烷〕,〔116 1,4-二氯丁烷〕,〔117 1,5-二氯戊烷〕,〔118 氯(代)正己烷〕,〔119 1,1,2-三氯乙烷〕,〔120 1,1,2,2-四氯乙烷〕,〔121 五氯乙烷〕,〔122 六氯乙烷〕,〔123 1,2,3-三氯丙烷〕,〔124 2-氯-2-甲基丁烷〕,〔301 易燃液体〕,〔302 毒性物质和感染性物质〕,〔303 杂项物质〕,〔304 其他化工产品〕,〔305 其他危险化学品〕

③ 〔101 氟乙烯(抑制了的)〕,〔102 1,1-二氟乙烯〕,〔103 四氟乙烯(抑制了的)〕,〔104 八氟异丁烯〕,〔105 2-氯-1,3-丁二烯(抑制了的)〕,〔106 2-氯丙烯〕,〔107 1,2-二氯丙烯〕,〔108 1,3-二氯丙烯〕,〔109 1,3-二氯-2-丁烯〕,〔110 1,4-二氯-2-丁烯〕,〔111 三氯丁烯〕,〔112 六氯-1,3-丁二烯〕,〔301 易燃气体〕,〔302 毒性气体〕,〔303 易燃液体〕,〔304 其他化工产品〕,〔305 其他危险化学品〕,〔306 毒性物质和感染性物质〕,〔307 腐蚀性物质〕

④ 〔101 氟甲烷〕,〔102 氟乙烷〕,〔103 1,1-二氟乙烷〕,〔104 1,1,1-三氟乙烷〕,〔105 溴乙烯(抑制了的)〕,〔106 三氟甲烷〕,〔107 四氟甲烷〕,〔108 六氟乙烷〕,〔109 八氟丙烷〕,〔110 六氟丙烯〕,〔111 八氟-2-丁烯〕,〔112 2-溴丙烷〕,〔113 1-溴丁烷〕,〔114 1-溴-2-甲基丙烷〕,〔115 2-溴丁烷〕,〔116 2-溴-2-甲基丙烷〕,〔117 1-溴-3-甲基丁烷〕,〔118 2-溴戊烷〕,〔119 3-溴-1-丙烯〕,〔120 3-溴丙炔〕,〔121 1-碘丙烷〕,〔122 2-碘丙烷〕,〔123 1-碘-2-甲基丙烷〕,〔124 2-碘丁烷〕,〔125 2-碘-2-甲基丙烷〕,〔126 3-碘-1-丙烯〕,〔127 3-碘-2-丙烯〕,〔128 溴己烷〕,〔129 1-溴丙烷〕,〔130 溴代正戊烷〕,〔131 1-碘丁烷〕,〔132 1-碘戊烷〕,〔133 溴甲烷和二溴乙烷液体混合物〕,〔134 溴(化)乙烷〕,〔135 1,1,2,2-四溴乙烷〕,〔136 1,2-二溴丙烷〕,〔137 二溴异丙烷〕,〔138 碘甲烷〕,〔139 二碘甲烷〕,〔140 三碘甲烷〕,〔141 碘乙烷〕,〔142 1-碘-3-甲基丁烷〕,〔143 三溴乙烯〕,〔144 二苯甲基溴〕,〔301 易燃气体〕,〔302 非易燃无毒气体〕,〔303 易燃液体〕,〔305 毒性物质和感染性物质〕,〔306 腐蚀性物质〕,〔307 杂项物质〕,〔308 其他危险化学品〕,〔309 其他化工产品〕

协定税率(%)															特惠税率(%)			对美税率	出口税率	出口退税率	Article Description
智利	新西兰	澳大利亚	瑞士	冰岛	秘鲁	哥斯达	东盟	亚太	新加坡	巴基斯坦	港/澳/台	韩国	格鲁吉亚	毛里求斯	亚太	老/柬/缅	LDC 97/95				
																			0		
																			0		
0	0	0	0	0		0	5				0/0/	0	0	0			0/			0	--1,2-Dichloroethane(ethylene dichloride)
																		26	0		
0	0	0	0	0	0	0	0			3	0/0/	0	0	0			0/0			10	---1, 1, 1-Trichloroethane (methylchloroform)
																			0		
																			0		
0	0	0	0	0	0	0	0			4	0/0/	1.6	0	0			0/0			10	---Other
																		30.5	0		
0	0	0	0	0	0	0	0	3.6		0	0/0/0	0	0	0			0/0			10	--Vinyl chloride(chloroethylene)
																			0		
0	0	0	0	0	0	0	0			3	0/0/	4.2	0	0			0/0			10	--Trichloroethylene
																		13	0		
0	0	0	0	0	0	0	0	4.4		0	0/0/	0	0	0			0/0			10	--Tetrachloroethylene(perchloroethylene)
																		30.5	0		
0	0	0	0	0	0	0	0			0	0/0/	0	0	0			0/0			10	---3-Chloro-1-propene (Chloro propene)
																		10.5	0		
0	0	0	0	0	0	0	0			0	0/0/	0	0	0			0/0			10	---Other
																			0		
																			0		
0	0	0	0	0	0	0	0			4	0/0/	0	0	0			0/0			0	--Ethylene dibromide (ISO)(1,2-dibromoethane)
																			0		
0	0	0	0	0	0	0	0			0	0/0/	0	0	0			0/0			10	---1, 1, 3, 3, 3-Pentafluro-2-trifluromethyl-1-propene (Perfluorolisobutylene, isobutylene octafluoride)
																			0		
0	0	0	0	0	0	0	0			4	0/0/	0	0	0			0/0			10	---Other
																			0	10	
																			0	0	
																			0	13	
																			0	13	
0	0	0	0	0	0	0	0			4	0/0/	0	0	0			0/0			13	--Chlorodifluoromethane
																			0		
0	0	0	0	0	0	0	0			4	0/0/	0	0	0			0/0			10	--Dichlorotrifluoroethanes
																			0		
0	0	0	0	0	0	0	0			4	0/0/	0	0	0			0/0			10	--Dichlorofluoroethanes
																			0		
0	0	0	0	0	0	0	0			4	0/0/	0	0	0			0/0			10	--Chlorodifluoroethanes
																			0		
0	0	0	0	0	0	0	0			4	0/0/	0	0	0			0/0			10	--Dichloropentafluoropropanes
																			0		
																			0		
																			0		
0	0	0	0	0	0	0	0			0	0/0/	0	0	0			0/0			10	--Bromochlorodifluoromethane, bromotrifluoromethane and dibromotertraf luorothane
																			0		
																			0		
																			0		

商品编号	商品名称及备注[检验检疫编码及名称]	进口关税(%)		增值税率(%)	消费税	计量单位	监管条件	检验检疫类别
		最惠国	普通					
29037710	---三氯氟甲烷							
2903771000	三氯氟甲烷(CFC-11)〔999〕	5.5	30	13		千克	14xy	
29037720	---其他仅含氟和氯的甲烷、乙烷及丙烷的全卤化物							
2903772011	二氯二氟甲烷(CFC-12)〔101 不燃气体〕,〔102 二氯二氟甲烷和环氧乙烷混合物(含环氧乙烷≤12%)〕	5.5	30	13		千克	14ABxy	M/N
2903772012	三氯三氟乙烷,用于清洗剂除外(CFC-113)〔999〕	5.5	30	13		千克	14xy	
2903772013	三氯三氟乙烷,用于清洗剂(CFC-113)〔999〕	5.5	30	13		千克	89	
2903772014	二氯四氟乙烷(CFC-114)〔999〕	5.5	30	13		千克	14ABxy	M/N
2903772015	一氯五氟乙烷(CFC-115)〔999〕	5.5	30	13		千克	14ABxy	M/N
2903772016	一氯三氟甲烷(CFC-13)〔999〕	5.5	30	13		千克	14ABxy	M/N
2903772090	其他仅含氟和氯的甲烷、乙烷及丙烷的全卤化物①	5.5	30	13		千克		
29037790	---其他							
2903779000	其他无环烃全卤化物(指仅含氟和氯的)②	5.5	30	13		千克		
29037800	--其他全卤化衍生物							
2903780000	其他无环烃全卤化衍生物(指含两种或两种以上不同卤素的)③	5.5	30	13		千克		
29037910	---其他仅含氟和氯的甲烷、乙烷及丙烷的卤化衍生物							
2903791011	一氟二氯甲烷〔999〕	5.5	30	13		千克	14xy	
2903791012	1,1,1,2-四氟-2-氯乙烷〔999〕	5.5	30	13		千克	14xy	
2903791013	三氟一氯乙烷〔999〕	5.5	30	13		千克	14xy	
2903791014	1-氟-1,1-二氯乙烷〔999〕	5.5	30	13		千克	14xy	
2903791015	1,1-二氟-1-氯乙烷〔999〕	5.5	30	13		千克	14xy	
2903791090	其他仅含氟和氯的甲烷、乙烷及丙烷的卤化衍生物〔999〕	5.5	30	13		千克	14xy	
29037990	---其他							
2903799010	二溴氯丙烷(1,2-二溴-3-氯丙烷)〔999〕	5.5	30	13		千克	89	
2903799021	其他仅含溴、氟的甲烷、乙烷和丙烷④	5.5	30	13		千克	14xy	
2903799090	其他无环烃卤化衍生物(含二种或二种以上不同卤素的其他无环烃卤化衍生物)⑤	5.5	30	13		千克		
29038100	--1,2,3,4,5,6-六氯环已烷[六六六(ISO)],包括林丹(ISO,INN)							
2903810010	林丹(ISO,INN)⑥	5.5	30	13		千克	89	
2903810020	α-六氯环已烷、β-六氯环已烷〔999〕	5.5	30	13		千克	89	
2903810090	其他1,2,3,4,5,6-六氯环已烷[六六六(ISO)](混合异构体)⑦	5.5	30	13		千克		
29038200	--艾氏剂(ISO)、氯丹(ISO)及七氯(ISO)							
2903820010	艾氏剂(ISO)及七氯(ISO)⑧	5.5	30	13		千克	89	
2903820090	氯丹(ISO)(别名八氯化甲桥茚)⑨	5.5	30	13		千克	89	
29038300	--灭蚁灵(ISO)							
2903830000	灭蚁灵〔999〕	5.5	30	13		千克	89	
29038900	--其他							
2903890010	毒杀芬⑩	5.5	30	13		千克	89	
2903890020	六溴环十二烷〔999〕	5.5	30	13		千克	X	
2903890090	其他环烷烃、环烯烃或环萜烯烃的卤化衍生物⑪	5.5	30	13		千克		
29039110	---邻二氯苯							
2903911000	邻二氯苯〔999〕	5.5	30	13		千克		
29039190	---其他							

① 〔998 其他危险化学品〕,〔999 其他化工产品〕
② 〔301 毒性物质和感染性物质〕,〔302 毒性气体〕,〔998 其他危险化学品〕,〔999 其他化工产品〕
③ 〔301 易燃气体〕,〔302 杂项物质〕,〔998 其他危险化学品〕,〔999 其他化工产品〕
④ 〔301 非易燃无毒气体〕,〔302 其他危险化学品〕,〔999 其他化工产品〕
⑤ 〔101 三氟氯乙烯(抑制了的)〕,〔102 三氟溴乙烯〕,〔103 氯溴甲烷〕,〔104 1-氯-2-溴乙烷〕,〔105 1-氯-1-溴丙烷〕,〔106 1-氯-2-溴丙烷〕,〔107 1-氯-3-溴丙烷〕,〔108 2-氯-1-溴丙烷〕,〔109 2-氯-2-溴丙烷〕,〔110 其他危险化学品〕,〔111 其他化工产品〕
⑥ 〔101 林丹〕,〔102 林丹烟雾剂〕,〔103 林丹乳剂(含量>5%)〕,〔301〕
⑦ 〔101 六六六〕,〔102 六六六乳剂〕,〔301〕
⑧ 〔101 艾氏剂(含量>75%)〕,〔102 异艾氏剂(含量>10%)〕,〔103 狄氏剂〕,〔104 艾氏剂乳剂(含量>75%)〕,〔105 异艾氏剂乳剂(含量>10%)〕,〔106 异狄氏剂乳剂(含量>5%)〕,〔107 其他一级有机氯液态农药〕,〔108 艾氏剂可湿性粉剂(含量 7%~75%)〕,〔109 七氯(含量>8%)〕,〔110 艾氏剂乳剂(含量 2%~75%)〕,〔111 七氯乳剂(含量 2%~80%)〕,〔301 七氯〕,〔302 其他化工产品〕
⑨ 〔101 氯丹粉剂、颗粒剂(含量>55%)〕,〔102 开蓬乳剂(含量>4%)〕,〔103 氯丹(含量>10%)〕,〔301〕
⑩ 〔101 毒杀芬(含量>10%)〕,〔102 毒杀芬乳剂(含量>3%)〕,〔301〕
⑪ 〔101 八氟环丁烷〕,〔102 氯化环戊烷〕,〔103 1-氯-2-丁烯〕,〔104 氟代苯〕,〔105 1,2-二氟苯〕,〔106 1,3-二氟苯〕,〔107 1,4-二氟苯〕,〔108 溴代环戊烷〕,〔109 六氯环戊二烯〕,〔110 八氯环戊烯〕,〔111 异艾氏剂粉剂(含量 1%~10%)〕,〔112 异艾氏剂乳剂(含量<10%)〕,〔301 非易燃无毒气体〕,〔302 易燃液体〕,〔303 毒性物质和感染性物质〕,〔304 其他化工产品〕,〔305 其他危险化学品〕

协定税率(%)															特惠税率(%)			对美税率	出口税率	出口退税率	Article Description
智利	新西兰	澳大利亚	瑞士	冰岛	秘鲁	哥斯达	东盟	亚太	新加坡	巴基斯坦	港/澳/台	韩国	格鲁吉亚	毛里求斯	亚太	老/柬/缅	LDC 97/95				
0	0	0	0	0	0	0	0			4	0/0/	0	0	0			0/0			10	---Trichlorofluoromethane
																			0		
0	0	0	0	0	0	0	0			0	0/0/	0	0	0			0/0			10	---Other methane, ethane and propane perhalogenated derivatives only with fluorine and chlorine
																			0		
																			0		
																			0		
																			0		
																			0		
																			0		
																			0		
0	0	0	0	0	0	0	0			4	0/0/	1.6	0	0			0/0			13	---Other
																			0		
0	0	0	0	0	0	0	0			0	0/0/	0	0	0			0/0			10	--Other perhalogenated derivatives
																		10.5	0		
0	0	0	0	0	0	0	0			4	0/0/	0	0	0			0/0			10	---Other methane, ethane and propane halogenated derivatives only with fluorine and chlorine
																			0		
																			0		
																			0		
																			0		
																			0		
																			0		
0	0	0	0	0	0	0	0			0	0/0/	0	0	0			0/0			10	---Other
																		15.5	0		
																		15.5	0		
																		15.5	0		
0	0	0	0	0	0	0	0			0	0/0/	0	0	0			0/0			0	--1, 2, 3, 4, 5, 6-Hexachlorocyclohexane (HCH (ISO)), including linadne (ISO, INN)
																			0		
																			0		
																			0		
0	0	0	0	0	0	0	0			0	0/0/	0	0	0			0/0			0	--Aldrin (ISO), chlordane (ISO) and heptachlor (ISO)
																			0		
																			0		
0	0	0	0	0	0	0	0			0	0/0/	0	0	0			0/0			0	--Mirex (ISO)
																			0		
0	0	0	0	0	0	0	0			0	0/0/	0	0	0			0/0				--Other
																		30.5	0	0	
																		30.5	0	13	
																		30.5	0	13	
0	0	0	0	0	0	0	0			0	0/0/	1.6	0	0			0/0			10	---o-Dichlorobenzene
																			0		
0	0	0	0	0	0	0	0			0	0/0/	0	0	0			0/0				---Other

商品编号	商品名称及备注[检验检疫编码及名称]	进口关税(%)		增值税率(%)	消费税	计量单位	监管条件	检验检疫类别
		最惠国	普通					
2903919010	1,4-二氯苯(又称对二氯苯)〔999〕	5.5	30	13		千克	S	
2903919090	氯苯〔999〕	5.5	30	13		千克	AB	M/N
29039200	--六氯苯(ISO)及滴滴涕(ISO,INN)[1,1,1-三氯-2,2-双(4-氯苯基)乙烷]							
2903920000	六氯苯(ISO)及滴滴涕(ISO,INN)[六氯苯别名过氯苯,滴滴涕别名1,1,1-三氯-2,2-双(4-氯苯基)乙烷]①	5.5	30	13		千克	89	
29039300	--五氯苯(ISO)							
2903930000	五氯苯〔999〕	5.5	30	13		千克	89	
29039400	--六溴联苯							
2903940000	六溴联苯〔999〕	5.5	30	13		千克	89	
29039910	---对氯甲苯							
2903991000	对氯甲苯〔999〕	5.5	30	13		千克	AB	M/N
29039920	---3,4-二氯三氟甲苯							
2903992000	3,4-二氯三氟甲苯〔999〕	5.5	30	13		千克		
29039930	---4-(4'-烷基苯基)-1-(4'-烷基苯基)-2-氟苯							
2903993000	4-(4'-烷基苯基)-1-(4'-烷基苯基)-2-氟苯〔999〕	5.5	30	13		千克		
29039990	---其他							
2903999010	多氯联苯、多溴联苯〔101 多氯联苯〕,〔102α,α,α-三氯甲(基)苯〕,〔103 多溴联苯〕	5.5	30	13		千克	89	
2903999030	多氯三联苯(PCT)〔999〕	5.5	30	13		千克	X	
2903999040	稗草烯〔999〕	5.5	30	13		千克	S	
2903999090	其他芳烃卤化衍生物②	5.5	30	13		千克		
2904	**烃的磺化、硝化或亚硝化衍生物,不论是否卤化:**							
29041000	-仅含磺基的衍生物及其盐和乙酯							
2904100000	仅含磺基的衍生物及其盐和乙酯③	5.5	30	13		千克		
29042010	---硝基苯							
2904201000	硝基苯〔101 1,3,5-三硝基苯(干的或含水<30%)〕,〔102 毒性物质和感染性物质〕	5.5	20	13		千克	AB	M/N
29042020	---硝基甲苯							
2904202000	硝基甲苯〔101 2-硝基甲苯〕,〔102 3-硝基甲苯〕,〔103 4-硝基甲苯〕	5.5	30	13		千克		
29042030	---二硝基甲苯							
2904203000	二硝基甲苯〔101 2,4-二硝基甲苯〕,〔102 2,6-二硝基甲苯〕,〔301〕	5.5	20	13		千克	AB	M/N
29042040	---三硝基甲苯(TNT)							
2904204000	三硝基甲苯(TNT)④	5.5	40	13		千克	ABk	M/N
29042090	---其他							
2904209010	六硝基芪〔999〕	5.5	30	13		千克	3	
2904209020	4-硝基联苯〔999〕	5.5	30	13		千克		
2904209090	其他仅含硝基或亚硝基衍生物⑤	5.5	30	13		千克		
29043100	--全氟辛基磺酸							
2904310000	全氟辛基磺酸〔999〕	5.5	30	13		千克	X	
29043200	--全氟辛基磺酸铵							
2904320000	全氟辛基磺酸铵〔999〕	5.5	30	13		千克	X	
29043300	--全氟辛基磺酸锂							
2904330000	全氟辛基磺酸锂〔999〕	5.5	30	13		千克	X	
29043400	--全氟辛基磺酸钾							

① 〔101 滴滴涕(含量>20%)〕,〔102 滴滴涕乳剂〕,〔103 滴滴混剂〕,〔301 其他化工品〕,〔302 毒性物质和感染性物质〕

② 〔101 2-氟甲苯〕,〔102 3-氟甲苯〕,〔103 4-氟甲苯〕,〔104 三氟甲苯〕,〔105 溴苯〕,〔106 二溴苯〕,〔107 2-氯甲苯〕,〔108 3-氯甲苯〕,〔109 三氟氯化甲苯〕,〔110 2,4-二硝基氯化苄〕,〔111 苯肼化(二)氯〕,〔112 氯化苄〕,〔113 二氯化苄〕,〔114 溴化苄〕,〔115 碘化苄〕,〔116 1,2,3-三氯(代)苯〕,〔117 1,2,4-三氯(代)苯〕,〔118 1,3,5-三氯(代)苯〕,〔119 1,2,3,4-四氯(代)苯〕,〔120 1,2,3,5-四氯(代)苯〕,〔121 1,2,4,5-四氯(代)苯〕,〔122 2,4-二氯甲苯〕,〔123 2,5-二氯甲苯〕,〔124 2,6-二氯甲苯〕,〔125 3,4-二氯甲苯〕,〔126 4-氯二甲苯〕,〔127 4-氯苄基氯〕,〔128 3,4-二氯苄基氯〕,〔129 氯乙酰苯〕,〔130 4-氯(化)联苯〕,〔131 1-氯化萘〕,〔132 2-氯氟苯〕,〔133 3-氯氟苯〕,〔134 4-氯氟苯〕,〔135 2-氯三氟甲苯〕,〔136 3-氯三氟甲苯〕,〔137 4-氯三氟甲苯〕,〔138 2-溴甲苯〕,〔139 3-溴甲苯〕,〔140 4-溴甲苯〕,〔141 3-溴-1,2-二甲(基)苯〕,〔142 4-溴-1,2-二甲(基)苯〕,〔143 甲(基)苄基溴〕,〔144 1,2,3,4-四氯化萘〕,〔145 邻-甲基苯硫酚〕,〔301 易燃液体〕,〔302 毒性物质和感染性物质〕,〔303 杂项物质〕,〔304 其他化工产品〕,〔305 其他危险化学品〕,〔306 毒性气体〕,〔307 腐蚀性物质〕

③ 〔101 甲(基)磺酸〕,〔102 1,3-苯二磺酸溶液〕,〔103 烷基、芳基或甲苯磺酸(含游离硫酸≤5%)〕,〔301 腐蚀性物质〕,〔302 其他化工产品〕,〔303 其他危险化学品〕

④ 〔101 2,4,6-三硝基甲苯(干的或含水<30%)〕,〔102 2,4,6-三硝基二甲苯〕,〔103 2,4,6-三硝基甲苯(含水≥30%)〕

⑤ 〔101 三硝基萘〕,〔102 四硝基萘〕,〔103 二亚硝基苯〕,〔104 硝基甲烷〕,〔105 硝基乙烷〕,〔106 1-硝基丙烷〕,〔107 2-硝基丙烷〕,〔108 1,3-二硝基丙烷〕,〔109 1-硝基丁烷〕,〔110 2-硝基丁烷〕,〔111 1,5-二硝基萘〕,〔112 1,8-二硝基萘〕,〔113 1-硝基萘〕,〔114 2-硝基萘〕,〔115 硝基苊〕,〔116 2-硝基联苯〕,〔117 二硝基联苯〕,〔118 5-叔丁基-2,4,6-三硝基间二甲苯〕,〔119 2,7-二硝基芴〕,〔120 2,2-二硝基丙烷〕,〔121 三硝基苯(含水≥30%)〕,〔122 四硝基甲烷〕,〔123 1,2-二硝基苯〕,〔124 1,3-二硝基苯〕,〔125 1,4-二硝基苯〕,〔126 2-硝基-1,3-二甲苯〕,〔127 2-硝基-1,4-二甲苯〕,〔128 3-硝基-1,2-二甲苯〕,〔129 4-硝基-1,2-二甲苯〕,〔130 4-硝基-1,3 二甲苯〕,〔131 5-硝基-1,3 二甲苯〕,〔132 邻硝基乙苯〕,〔133 对硝基乙苯〕,〔301 爆炸品〕,〔302 易燃液体〕,〔303 易燃固体〕,〔304 毒性物质和感染性物质〕,〔305 杂项物质〕,〔306 其他化工产品〕,〔307 其他危险化学品〕

协定税率(%)															特惠税率(%)			对美税率	出口税率	出口退税率	Article Description
智利	新西兰	澳大利亚	瑞士	冰岛	秘鲁	哥斯达	东盟	亚太	新加坡	巴基斯坦	港/澳/台	韩国	格鲁吉亚	毛里求斯	亚太	老/柬/缅	LDC 97/95				
																		30.5	0	9	
																		30.5	0	10	
0	0	0	0	0	0	0	0			0	0/0/	0	0	0			0/0			0	--Hexachlorobenzene(ISO) and DDT(ISO)(clofenotane(INN), 1, 1, 1-trichloro-2, 2-bis(p-chlorophenyl) ethane)
																			0		
0	0	0	0	0	0	0	0			0	0/0/	0	0	0			0/0			10	--Pentachlorobenzene (ISO)
																			0		
0	0	0	0	0	0	0	0			0	0/0/	0	0	0			0/0			10	--Hexabromobiphenyls
																			0		
0	0	0	0	0	0	0	0			0	0/0/	0	0	0			0/0			10	---p-Chlorotoluene
																			0		
0	0	0	0	0	0	0	0	4.4		0	0/0/	0	0	0			0/0			10	---3,4-Dichlorotrifluoride toluene
																			0		
0	0	0	0	0	0	0	0			0	0/0/	0	0	0			0/0			13	---4-(4'-alkylphenyl)-1 (4'-alkylphenyl)-2-fluoroben zene
																			0		
0	0	0	0	0	0	0	0			0	0/0/	0	0	0			0/0				---Other
																		10.5	0	10	
																		10.5	0	10	
																		10.5	0	0	
																		10.5	0	10	
																					Sulphonated, nitrated or nitrosated derivatives of hydrocarbons, whether or not halogenated:
0	0	0	0	0	0	0	0			0	0/0/	0	0	0			0/0			10	-Derivatives containing only sulpho groups, their salts and ethyl esters
																		15.5	0		
0	0	0	0	0	0	0	0	4.4		0	0/0/	0	0	0			0/0			10	---Nitrobenzene
																			0		
0	0	0	0	0	0	0	0			0	0/0/	0	0	0			0/0			10	---Nitrotoluene and nitrochlorobenzene
																			0		
0	0	0	0	0	0	0	0	4.4		0	0/0/	0	0	0			0/0			10	---Dinitrotoluene and dinitrochlorobenzene
																			0		
0	0	0	0	0	0	0	0	4.4		0	0/0/	0	0	0			0/0			10	---Trinitrotoluene
																			0		
0	0	0	0	0	0	0	0			0	0/0/	0	0	0			0/0			10	---Other
																		10.5	0		
																		10.5	0		
																		10.5	0		
0	0	0	0	0	0	0	0			0	0/0/	0	0	0			0/0			10	--Perfluorooctane sulphonic acid
																			0		
0	0	0	0	0	0	0	0			0	0/0/	0	0	0			0/0			10	--Ammonium perfluorooctane sulphonate
																			0		
0	0	0	0	0	0	0	0			0	0/0/	0	0	0			0/0			10	--Lithium perfluorooctane sulphonate
																			0		
0	0	0	0	0	0	0	0			0	0/0/	0	0	0			0/0			10	--Potassium perfluorooctane sulphonate

商品编号	商品名称及备注[检验检疫编码及名称]	进口关税(%)		增值税率(%)	消费税	计量单位	监管条件	检验检疫类别
		最惠国	普通					
2904340000	全氟辛基磺酸钾〔999〕	5.5	30	13		千克	X	
29043500	--其他全氟辛基磺酸盐							
2904350000	其他全氟辛基磺酸盐〔301 其他危险化学品〕,〔302 其他化工产品〕,〔999〕	5.5	30	13		千克	X	
29043600	--全氟辛基磺酰氟							
2904360000	全氟辛基磺酰氟〔999〕	5.5	30	13		千克	X	
29049100	--三氯硝基甲烷(氯化苦)							
2904910000	三氯硝基甲烷(氯化苦)〔999〕	5.5	30	13		千克	23S	
29049900	--其他							
2904990011	氯硝丙烷〔999〕	5.5	30	13		千克	S	
2904990012	四氯硝基苯〔999〕	5.5	30	13		千克	S	
2904990013	五氯硝基苯〔999〕	5.5	30	13		千克	S	
2904990090	其他烃的磺化、硝化、亚硝化衍生物(不论是否卤化)①	5.5	30	13		千克		
2905	**无环醇及其卤化、磺化、硝化或亚硝化衍生物:**							
29051100	--甲醇							
2905110000	甲醇〔101 黄染料母醇 10%甲醇溶液〕,〔102 危险化学品〕,〔103 危险化学品 & 食品添加剂〕,〔301〕	5.5	30	13		千克	AB	M/N
29051210	---丙醇							
2905121000	正丙醇〔101 危险化学品〕,〔102 危险化学品 & 食品添加剂〕,〔301〕	5.5	30	13		千克	AB	M/N
29051220	---异丙醇							
2905122000	异丙醇〔101 危险化学品〕,〔102 危险化学品 & 食品添加剂〕,〔301〕	5.5	30	13		千克	ABG	M/N
29051300	--正丁醇							
2905130000	正丁醇②	5.5	30	13		千克	AB	M.R/N.S
29051410	---异丁醇							
2905141000	异丁醇〔999〕	5.5	30	13		千克		
29051420	---仲丁醇							
2905142000	仲丁醇〔999〕	5.5	30	13		千克		
29051430	---叔丁醇							
2905143000	叔丁醇〔999〕	5.5	30	13		千克		
29051610	---正辛醇							
2905161000	正辛醇〔101 2-辛醇〕,〔102 非工业用无检疫要求食品添加剂〕	5.5	30	13		千克		
29051690	---其他							
2905169000	辛醇的异构体〔999〕	5.5	30	13		千克		
29051700	--十二醇、十六醇及十八醇							
2905170000	十二醇、十六醇及十八醇〔999〕	7	30	13		千克		
29051910	---3,3-二甲基丁-2-醇(频哪基醇)							
2905191000	3,3-二甲基丁-2-醇(频哪基醇)〔999〕	5.5	30	13		千克	23	
29051990	---其他							
2905199010	三十烷醇〔999〕	5.5	30	13		千克	S	
2905199090	其他饱和一元醇③	5.5	30	13		千克		
29052210	---香叶醇、橙花醇(3,7-二甲基-2,6-辛二烯-1-醇)							
2905221000	香叶醇、橙花醇(3,7-二甲基-2,6-辛二烯-1-醇)④	5.5	30	13		千克		
29052220	---香茅醇(3,7-二甲基-6-辛烯-1-醇)							
2905222000	香茅醇(3,7-二甲基-6-辛烯-1-醇)〔999〕	5.5	30	13		千克		
29052230	---芳樟醇							
2905223000	芳樟醇⑤	5.5	30	13		千克	A	R/

① 〔301 爆炸品〕,〔302 毒性物质和感染性物质〕,〔303 腐蚀性物质〕,〔304 杂项物质〕,〔305 其他化工产品〕,〔306 其他危险化学品〕,〔307 易燃固体〕,〔999〕

② 〔301 易燃液体,需申报仅用于工业用途不用于食品添加剂无检疫要求〕,〔302 属于危险化学品的食品添加剂〕,〔999〕

③ 〔101 乙醇钠乙醇溶液〕,〔102 2-丙烯-1-醇〕,〔103 2-甲基-2-丙醇〕,〔104 1-戊醇〕,〔105 3-甲基-1-丁醇〕,〔106 2-戊醇(危险化学品)〕,〔107 2-甲基-2-丁醇〕,〔108 2-甲基-1-丁醇(危险化学品)〕,〔109 3-甲基-2-丁醇(危险化学品)〕,〔110 1-甲基戊醇〕,〔111 2-甲基-1-戊醇〕,〔112 2-甲基-2-戊醇〕,〔113 2-甲基-3-戊醇〕,〔114 3-甲基-3-戊醇〕,〔115 4-甲基-2-戊醇〕,〔116 1-乙基丁醇〕,〔117 2-乙基丁醇〕,〔118 十一醇〕,〔119 四氢芳樟醇〕,〔120 四氢香叶醇〕,〔121 叶醇(顺式-3-己烯-1-醇)〕,〔122 异戊醇〕,〔123 杂醇油(精制)〕,〔124 正庚醇〕,〔125 正癸醇〕,〔126 正己醇〕,〔127 正壬醇〕,〔128 正戊醇〕,〔129 1-十六醇〕,〔130 1-戊烯-3-醇〕,〔131 1-辛烯-3-醇〕,〔132 2,6-二甲基-4-庚醇〕,〔133 2,6-壬二烯-1-醇〕,〔134 2-庚醇〕,〔135 2-己烯-1-醇〕,〔136 2-十一醇〕,〔137 2-乙基己醇〕,〔138 3,5,5-三甲基-1-己醇〕,〔139 3,5,5-三甲基环己醇〕,〔140 3-己醇〕,〔141 3-甲硫基-1-己醇〕,〔142 3-甲硫基丙醇〕,〔143 3-辛醇〕,〔144 4-己烯-1-醇〕,〔145 1,2-二氯乙烷〕,〔146 4-乙基苯甲醛〕,〔147 2-甲基-1-丁醇(危险化学品 & 食品添加剂)〕,〔148 2-戊醇(危险化学品 & 食品添加剂)〕,〔149 3-甲基-2-丁醇(危险化学品 & 食品添加剂)〕,〔301 易燃液体〕,〔302 毒性物质和感染性物质〕,〔303 其他化工产品〕,〔304 其他危险化学品〕,〔305 易于自燃的物质〕,〔306 腐蚀性物质〕

④ 〔101 反式-3-己烯醇〕,〔102 香叶醇〕,〔103 橙花醇〕

⑤ 〔101 氧化芳樟醇〕,〔102 无检疫要求食品添加剂〕,〔301 需申报仅用于工业用途不用于食品添加剂无检疫要求的化学品〕

协定税率(%)															特惠税率(%)			对美税率	出口税率	出口退税率	Article Description
智利	新西兰	澳大利亚	瑞士	冰岛	秘鲁	哥斯达	东盟	亚太	新加坡	巴基斯坦	港/澳/台	韩国	格鲁吉亚	毛里求斯	亚太	老/柬/缅	LDC 97/95				
																			0		
0	0	0	0	0	0	0	0			0	0/0/	0	0	0			0/0			10	--Other salts of perfluorooctane sulphonic acid
																			0		
0	0	0	0	0	0	0	0			0	0/0/	0	0	0			0/0			10	--Perfluorooctane sulphonyl fluoride
																			0		
0	0	0	0	0	0	0	0			0	0/0/	0	0	0			0/0			0	--Trichloronitromethane (chloropicrin)
																			0		
0	0	0	0	0	0	0	0			0	0/0/	0	0	0			0/0				--Other
																		25.5	0	0	
																		25.5	0	0	
																		25.5	0	0	
																		25.5	0	10	
																					Acyclic alcohols and their halogenated, sulphonated, nitrated or nitrosated derivatives:
0	0	0	0	0		0	0			0	0/0/		0	0						13	--Methanol (methyl alcohol)
																		30.5	0		
0	0	0	0	0	0	0	0			0	0/0/	2.9	0	0			0/0			10	---Propan-1-ol (propyl alcohol)
																		8	0		
0	0	0	0	0	0	0	0			0	0/0/0	2.9	0	0			0/0			10	---Propan-2-ol (isopropyl alcohol)
																		30.5	0		
0	0	0	0	0	0	0	0			0	0/0/0	2.9	0	0			0/0			13	--Butan-1-ol (n-butyl alcohol)
																		15.5	0		
0	0	0	0	0	0	0	0			0	0/0/0	2.9	0	0			0/0			10	---Isobutanol
																		15.5	0		
0	0	0	0	0	0	0	0			0	0/0/	2.9	0	0			0/0			10	---Secbutanol
																			0		
0	0	0	0	0	0	0	0			0	0/0/	2.9	0	0			0/0			10	---Tertiary butanol
																		25.5	0		
0	0	0	0	0		0	0			0	0/0/		0	0						13	---n-Octanol
																		30.5	0		
0	0	0	0	0		0	0			0	0/0/		0	0						10	---Other
																		30.5	0		
0	0	0	0	0	0	0	0			3	0/0/	3.7	0	0			0/0			10	--Dodecan-1-ol (lauryl alcohol), hexadecan-1-ol (cetyl alcohol) and octadecan-1-ol (stearyl alcohol)
																		32	0		
0	0	0	0	0	0	0	0	4.4		0	0/0/	0	0	0			0/0			10	---3,3-Dimethyl-2-butanol (pinacolyl alcohol)
																			0		
0	0	0	1.1	0	0	0	0			0	0/0/	0	0	0			0/0				---Other
																			0	9	
																			0	13	
0	0	0	0	0	0	0	0			0	0/0/	0	0	0			0/0			13	---Geraniol, nerol (cis-3, 7-Dimethyl-2, 6-octadien-1-ol)
																		10.5	0		
0	0	0	0	0	0	0	0			0	0/0/	0	0	0			0/0			13	---Citronellol (3,7-Dimethyl-6-octen-1-ol)
																		10.5	0		
0	0	0		0	0	0	0			0	0/0/	0	0	0			0/0			13	---Linalool
																		10.5	0		

商品编号	商品名称及备注[检验检疫编码及名称]	进口关税(%)		增值税率(%)	消费税	计量单位	监管条件	检验检疫类别
		最惠国	普通					
29052290	---其他							
2905229000	其他无环萜烯醇①	5.5	30	13		千克		
29052900	--其他							
2905290000	其他不饱和一元醇②	5.5	30	13		千克		
29053100	--1,2-乙二醇							
2905310000	1,2-乙二醇[999]	5.5	30	13		千克		
29053200	--1,2-丙二醇							
2905320000[暂3]	1,2-丙二醇[101 饲料添加剂],[102 丙二醇]	5.5	30	13		千克		
29053910	---2,5-二甲基己二醇							
2905391000	2,5-二甲基己二醇[999]	4	11	13		千克		
29053990	---其他							
2905399001[暂3]	1,3-丙二醇[101 饲料添加剂],[102 化工产品]	5.5	30	13		千克	AB	R/S
2905399002	1,4-丁二醇[999]	5.5	30	13		千克	AB	R/S
2905399010	驱蚊醇[999]	5.5	30	13		千克	S	
2905399091[暂0]	白消安③	5.5	30	3		千克	AB	M.R/N.S
2905399099	其他二元醇(因拆分抗癌药品原料药产生的兜底税号)④	5.5	30	13		千克	AB	M.R/N.S
29054100	--2-乙基-2-(羟甲基)丙烷-1,3-二醇(三羟甲基丙烷)							
2905410000	三羟甲基丙烷[2-乙基-2-(羟甲基)丙烷-1,3-二醇][999]	5.5	30	13		千克		
29054200	--季戊四醇							
2905420000	季戊四醇[999]	5.5	30	13		千克		
29054300	--甘露糖醇							
2905430000	甘露糖醇⑤	8	30	13		千克	A	R/
29054400	--山梨醇							
2905440000	山梨醇[101 饲料添加剂],[102 非工业用无检疫要求食品添加剂]	8	40	13		千克		
29054500	--丙三醇(甘油)							
2905450000[暂3]	丙三醇(甘油)⑥	8	50	13		千克	A	R/
29054910	---木糖醇							
2905491000	木糖醇[999 无检疫要求食品添加剂]	5.5	30	13		千克	A	R/
29054990	---其他							
2905499000	其他多元醇⑦	5.5	30	13		千克		
29055100	--乙氯维诺(INN)							
2905510000	乙氯维诺(INN)[999]	5.5	30	13		千克	I	
29055900	--其他							
2905590010	乙氯维诺的盐[999]	5.5	30	13		千克	I	
2905590020	2-氯乙醇[999]	5.5	30	13		千克	3A	M/
2905590040	鼠甘伏,溴硝醇[999]	5.5	30	13		千克	S	
2905590090	其他无环醇的卤化、磺化等衍生物⑧	5.5	30	13		千克		
2906	**环醇及其卤化、磺化、硝化或亚硝化衍生物:**							
29061100	--薄荷醇							
2906110000	薄荷醇⑨	5	70	13		千克		
29061200	--环己醇、甲基环己醇及二甲基环己醇							
2906120010	甲基环己醇[999]	5.5	30	13		千克	AB	M/N
2906120090	环己醇,二甲基环己醇[999]	5.5	30	13		千克		
29061310	---固醇							
2906131000[暂3]	固醇[999]	5.5	30	13		千克		

① [101 2-丁烯-1-醇],[102 2-甲基烯丙醇],[103 羟基香茅醇],[104 顺式-2-已烯-1-醇],[105 顺式-2-壬烯-1-醇],[106 橙花叔醇],[107 反式-3-顺式-6-壬二烯醇],[301 易燃液体],[302 毒性物质和感染性物质],[303 腐蚀性物质],[304 其他化工产品]

② [101 环丙基甲醇],[102 丙炔醇],[103 1-丁炔-3-醇],[104 2-甲基-3-丁炔-2-醇],[105 3-甲基-1-戊炔-3-醇],[106 3-甲基-2-戊烯-4-炔醇],[107 其他化工产品],[108 其他危险化学品],[109 顺式-5-辛烯-1-醇],[110 顺式-6-壬烯-1-醇],[111 脱氢芳樟醇],[112 植醇,叶绿醇,叶黄醇烯(3,7,11,15-四甲基-2-十六烯-1-醇)],[113 (R,S)-3-羟基丁酸 l-薄荷酯],[114 2-甲基-4-苯基-2-丁醇],[115 对-孟-1,8(10)二烯-9-醇],[116 对-孟-3-烯-1 醇],[117 反式,反式-3,5-辛二烯-2-酮],[118 反式-2-壬烯-1-醇],[119 反式-2-辛烯-1-醇],[120 反式-2-辛烯-4-醇],[121 反式-3-己烯醇],[122 金合欢醇],[301 易燃液体],[302 毒性物质和感染性物质]

③ [301 无检疫要求食品添加剂],[302 需申报仅用于工业用途不用于食品添加剂无检疫要求的化学品]

④ [301 无检疫要求食品添加剂],[302 需申报仅用于工业用途不用于食品添加剂无检疫要求的化学品],[303 属于危险化学品的食品添加剂]

⑤ [101 饲料添加剂],[102 无检疫要求食品添加剂],[103 需申报仅用于工业用途不用于食品添加剂无检疫要求的化学品]

⑥ [101 饲料添加剂],[102 无检疫要求食品添加剂],[103 需申报仅用于工业用途不用于食品添加剂无检疫要求的化学品]

⑦ [101 2-苯乙硫醇],[102 赤藓糖醇],[103 2,5-二甲基-3-呋喃硫醇],[104 2-丙硫醇],[105 2-甲基-1-丁硫醇],[106 2-戊基硫醇],[107 3-甲基-2-丁硫醇],[108 3-甲基丁基硫醇],[109 4-甲氧基-2-甲基-2-丁硫醇]

⑧ [101 甲醇钠甲醇溶液],[102 2,2,2-三氟乙醇],[103 甲醇钠],[104 除鼠磷 203],[105 除鼠磷 205],[106 鼠甘伏],[107 2-氯-1-丙醇],[108 3-氯-1-丙醇],[109 1-氯-2-丙醇],[110 1,3-二氯-2-丙醇],[111 3-氯-1,2-丙二醇],[112 2-溴乙醇],[113N,N-二(正)丁基氨基乙醇],[114 抗菌剂 402],[301 易燃液体],[302 遇水放出易燃气体的物质],[303 毒性物质和感染性物质],[304 腐蚀性物质],[305 其他化工产品],[306 其他危险化学品],[307 易于自燃的物质]

⑨ [101 薄荷脑(dl-薄荷脑,l-薄荷脑)],[102 异胡薄荷醇],[103d-新薄荷醇],[301 无检疫要求食品添加剂]

协定税率(%)															特惠税率(%)			对美税率	出口税率	出口退税率	Article Description
智利	新西兰	澳大利亚	瑞士	冰岛	秘鲁	哥斯达	东盟	亚太	新加坡	巴基斯坦	港/澳/台	韩国	格鲁吉亚	毛里求斯	亚太	老/柬/缅	LDC 97/95				
0	0	0	2.6	0	0	0	0			0	0/0/	0	0	0			0/0			10	---Other
																		30.5	0		
0	0	0	0	0	0	0	0			0	0/0/	0	0	0			0/0			13	--Other
																		30.5	0		
0	0	0		0		0	5				0/0/			0						10	--Ethylene glycol(ethanediol)
																		30.5	0		
0	0	0	0	0	0	0	0			0	0/0/	1.6	0	0			0/0			10	--Propylene glycol(propane-1,2-diol)
																		13	0		
0	0	0	0	0	0	0	0			0	0/0/	0	0	0			0/0			10	---2,5-dimethyl hexandiol
																		24	0		
0	0	0	0	0	0	0	0			0	0/0/		0	0			0/0				---Other
																			0	10	
																		15.5	0	10	
																		15.5	0	9	
																		10	0	10	
																		15.5	0	10	
0	0	0	0	0	0	0	0			0	0/0/	0	0	0			0/0			10	--2-Ethyl-2-(hydroxymethyl) propane-1,3-diol(trimethylolpropane)
																		30.5	0		
0	0	0	0	0	0	0	0			0	0/0/	1.6	0	0			0/0			13	--Pentaerythritol
																		30.5	0		
0	0	0	0	0	0	0	0			3	0/0/	0	0	0			0/0			13	--Mannitol
																		33	0		
0	0	0	2.8	0	0	0	0		0	11.2	0/0/	4.2	0	0			0/0			13	--D-glucitol(sorbitol)
																			0		
0	0	0	2.8	0	0	0	0	5.2	0	7	0/0/	4.2	0	0			0/0			13	--Glycerol
																		28	0		
0	0	0	0	0	0	0	0			0	0/0/	0	0	0			0/0			10	---Xylitol
																		10.5	0		
0	0	0	0	0	0	0	0			0	0/0/	0	0	0			0/0			10	---Other
																		10.5	0		
0	0	0	0	0	0	0	0			0	0/0/	0	0	0			0/0			10	--Ethchlorvynol(INN)
																			0		
0	0	0	0	0	0	0	0			0	0/0/	1.6	0	0			0/0				--Other
																		25.5	0	10	
																		25.5	0	10	
																		25.5	0	9	
																		25.5	0	10	
																					Cyclic alcohols and their halogenated, snlphonated, nitrated or nitrosated derivatives:
0	0	0	0	0	0	0	0			0	0/0/	0	0	0			0/0			13	--Menthol
																		30	0		
0	0	0	0	0	0	0	0			0	0/0/	0	0	0			0/0			10	--Cyclohexanol, methylcyclohexanols and dimethylcyctohexanols
																		15.5	0		
																		15.5	0		
0	0	0	0	0	0	0	0			0	0/0/	1.6	0	0			0/0			10	---Sterol
																		8	0		

商品编号	商品名称及备注[检验检疫编码及名称]	进口关税(%) 最惠国	普通	增值税率(%)	消费税	计量单位	监管条件	检验检疫类别
29061320	---肌醇							
2906132000	肌醇①	5.5	30	13		千克	A	R/
29061910	---萜品醇							
2906191000	萜品醇〔101 松油醇〕,〔102α-松油醇〕	5.5	30	13		千克		
29061990	---其他							
2906199011	5α-雄烷-3α, 17α-二醇(阿法雄烷二醇)[包括 5α-雄烷-3β, 17β-二醇(倍他雄烷二醇)]〔999〕	5.5	30	13		千克	L	
2906199012	雄甾-4-烯-3α, 17α-二醇[4-雄烯二醇(3α, 17α)]{包括雄甾-4-烯-3α, 17β-二醇[4-雄烯二醇(3α, 17β)]}〔999〕	5.5	30	13		千克	L	
2906199013	雄甾-5-烯-3α, 17α-二醇(5-雄烯二醇(3α, 17α))(包括雄甾-5-烯-3α, 17β-二醇(5-雄烯二醇(3α, 17β)))〔999〕	5.5	30	13		千克	L	
2906199014	2-雄烯醇(5α-雄甾-2-烯-17-醇)〔999〕	5.5	30	13		千克	L	0
2906199015	3-雄烯醇(5α-雄甾-3-烯-17-醇)〔999〕	5.5	30	13		千克	L	0
2906199090	其他环烷醇,环烯醇及环萜烯醇②	5.5	30	13		千克		
29062100	--苄醇							
2906210000	苄醇〔999〕	5	30	13		千克		
29062910	---2-苯基乙醇							
2906291000	2-苯基乙醇〔999〕	5.5	30	13		千克		
29062990	---其他							
2906299010	三氯杀螨醇、杀螨醇〔999〕	5.5	30	13		千克	S	
2906299090	其他芳香醇③〔999〕	5.5	30	13		千克		
2907	**酚;酚醇:**							
29071110	---苯酚							
2907111000	苯酚〔101 苯酚溶液〕,〔102 苯酚树酯〕,〔103 危险化学品〕,〔104 危险化学品 & 食品添加剂〕,〔301〕	5.5	30	13		千克	AB	M/N
29071190	---其他							
2907119000	苯酚的盐④	5.5	30	13		千克		
29071211	----间甲酚							
2907121100[暂3]	间甲酚⑤	5.5	30	13		千克		
29071212	----邻甲酚							
2907121200[暂3]	邻甲酚〔101 2-甲(苯)酚〕,〔102 3,4-二甲(苯)酚〕,〔103 邻-甲酚〕	5.5	30	13		千克		
29071219	----其他							
2907121900	其他甲酚⑥	5.5	30	13		千克	AB	M. R/N. S
29071290	---其他							
2907129000	甲酚的盐〔101〕,〔102 对-乙基苯酚〕,〔103 对-乙烯基苯酚〕	5.5	30	13		千克		
29071310	---壬基酚							
2907131000	壬基酚、对壬基酚、支链-4-壬基酚(包括 4-壬基苯酚、壬基苯酚)〔301 危险化学品〕,〔302〕,〔999〕	5.5	30	13		千克	AB	M/N
29071390	---其他							
2907139000	辛基酚及其异构体(包括辛基酚及其异构体的盐和壬基酚盐)〔301〕,〔302〕,〔999〕	5.5	30	13		千克		
29071510	---2-萘酚(β-萘酚)							
2907151000	β-萘酚(2-萘酚)〔999〕	5.5	30	13		千克		
29071590	---其他							
2907159000	其他萘酚及萘酚盐⑦	5.5	30	13		千克	AB	R/S
29071910	---邻仲丁基酚、邻异丙基酚							
2907191010[暂2]	邻异丙基(苯)酚〔999〕	4	11	13		千克	AB	M/N
2907191090[暂2]	邻仲丁基酚〔999〕	4	11	13		千克		
29071990	---其他							

① 〔101 饲料添加剂〕,〔102 无检疫要求食品添加剂〕,〔103 需申报仅用于工业用途不用于食品添加剂无检疫要求的化学品〕

② 〔101 环戊醇〕,〔102 2-莰醇〕,〔103 檀香醇(α,β)〕,〔104 香芹醇〕,〔105 小茴香醇〕,〔106 异龙脑〕,〔107 紫苏醇〕,〔108β-石竹烯醇〕,〔109β-紫罗兰醇(乙位紫罗兰醇)〕,〔110 二氢乙位紫罗兰醇〕,〔111 反式,反式-2,4-癸二烯醇〕,〔112 龙脑〕,〔301 易燃固体〕,〔302 毒性物质和感染性物质〕,〔303 其他化工产品〕,〔304 其他危险化学品〕,〔305 易燃液体〕

③ 〔101α-甲基苯基甲醇〕,〔102 1-苯基丙醇-1〕,〔103 对异丙基苄醇〕,〔104 肉桂醇〕,〔105 苏合香醇(α-甲基苄醇)〕,〔106 1-对-孟烯-4-醇〕,〔107 1-对-孟烯-8-硫醇〕,〔108 1-庚烯-3-醇〕,〔109α-丙基苯乙醇〕,〔110 苯丙醇〕,〔111 苯甲醇〕,〔112 苯乙醇〕,〔113 对,αα 三甲基苄醇〕,〔114 对,α-二甲基苄醇〕,〔115α-戊基肉桂醇〕,〔116 二甲基苄基原醇〕,〔301 毒性物质和感染性物质〕,〔302 其他化工产品〕,〔303 其他危险化学品〕,〔999〕

④ 〔101 苯酚钠〕,〔102 2,5-二甲基苯酚〕,〔103 2,6-二甲基苯酚〕,〔104 2-甲氧基-4-丙基苯酚〕,〔105 2-甲氧基-4-甲基苯酚〕,〔301 腐蚀性物质〕,〔302 其他化工产品〕,〔303 其他危险化学品〕

⑤ 〔101 3-甲(苯)酚〕,〔102 2,5-二甲(苯)酚〕,〔103 2,6-二甲(苯)酚〕,〔104 3,5-二甲(苯)酚〕,〔105 其他间甲酚〕

⑥ 〔101 甲苯基酸〕,〔102 4-甲(苯)酚〕,〔103 甲(苯)酚异构体混合物〕,〔104 2,3-二甲(苯)酚〕,〔105 2,4-二甲(苯)酚〕,〔106 其他二甲(苯)酚〕,〔107 2,6-二叔丁基对甲酚(BHT)/二丁基羟基甲苯(BHT)〕,〔108 对-甲酚〕,〔301 其他危险化学品,需申报仅用于工业用途不用于食品添加剂无检疫要求〕,〔302 无检疫要求食品添加剂〕,〔303 一般化学品,需申报仅用于工业用途不用于食品添加剂无检疫要求〕,〔304 属于危险化学品的食品添加剂〕,〔305 毒性物质和感染性物质,需申报仅用于工业用途不用于食品添加剂无检疫要求〕

⑦ 〔301 其他危险化学品,需申报仅用于工业用途不用于食品添加剂无检疫要求〕,〔302 无检疫要求食品添加剂〕,〔303 一般化学品,需申报仅用于工业用途不用于食品添加剂无检疫要求〕,〔304 属于危险化学品的食品添加剂〕,〔999〕

协定税率(%)															特惠税率(%)						
智利	新西兰	澳大利亚	瑞士	冰岛	秘鲁	哥斯达	东盟	亚太	新加坡	巴基斯坦	港/澳/台	韩国	格鲁吉亚	毛里求斯	亚太	老/柬/缅	LDC 97/95	对美税率	出口税率	出口退税率	Article Description
0	0	0	0	0	0	0	0			0	0/0/	0	0	0			0/0			10	---Inositol
																		25.5	0		
0	0	0	0	0	0	0	0			0	0/0/	0	0	0			0/0			10	---Terpineols
																		15.5	0		
0	0	0		0	0	0	0			0	0/0/	0	0	0			0/0			13	---Other
																		25.5	0		
																		25.5	0		
																		25.5	0		
																		25.5	0		
																		25.5	0		
																		25.5	0		
0	0	0	0	0	0	0	0			0	0/0/	0	0	0			0/0			10	--Benzyl alcohol
																		30	0		
0	0	0	0	0	0	0	0			0	0/0/	0	0	0			0/0			10	---2-Phenylethyl alcohol
																		10.5	0		
0	0	0	2.6	0	0	0	0			0	0/0/	1.6	0	0			0/0				---Other
																		30.5	0	9	
																		30.5	0	10	
																					Phenols; phenol-alcohols:
0	0	0	0	0	0	0	0			0	0/0/		0	0			0/0			13	---Phenol
																		15.5	0		
0	0	0	1.1	0	0	0	0			0	0/0/		0	0			0/0			10	---Other
																		10.5	0		
0	0	0	0	0	0	0	0			0	0/0/	0	0	0			0/0			10	----m-Cresol
																		8	0		
0	0	0	0	0	0	0	0			0	0/0/	0	0	0			0/0			10	----o-Cresol
																		28	0		
0	0	0	0	0	0	0	0			0	0/0/	1.6	0	0			0/0			10	----Other
																		30.5	0		
0	0	0	0	0	0	0	0			0	0/0/	0	0	0			0/0			10	---Other
																			0		
0	0	0	0	0	0	0	0			0	0/0/		0	0			0/0			10	---Nonylphenol
																			0		
0	0	0	0	0	0	0	0			0	0/0/	2.9	0	0			0/0			10	---Other
																			0		
0	0	0	0	0	0	0	0			0	0/0/	0	0	0			0/0			10	---2-Naphthols(β-naphthol)
																			0		
0	0	0	0	0	0	0	0			0	0/0/	0	0	0			0/0			10	---Other
																		15.5	0		
0	0	0	0.8	0	0	0	0			0	0/0/	0	0	0			0/0			10	---o-Sec-butyl phenol, o-isopropyl phenol
																		7	0		
																		7	0		
0	0	0	1.1	0	0	0	0			0	0/0/	0	0	0			0/0				---Other

商品编号	商品名称及备注[检验检疫编码及名称]	进口关税(%)		增值税率(%)	消费税	计量单位	监管条件	检验检疫类别
		最惠国	普通					
2907199012	邻烯丙基苯酚及盐①	5.5	30	13		千克	S	
2907199090	其他一元酚②	5.5	30	13		千克		
29072100	--间苯二酚及其盐							
2907210001	间苯二酚③	5.5	30	13		千克		
2907210090	间苯二酚盐〔101 无检疫要求食品添加剂〕,〔102 化工产品〕	5.5	30	13		千克		
29072210	---对苯二酚							
2907221000	对苯二酚〔101 1,4-苯二酚,对苯二酚〕,〔102 特丁基对苯二酚〕,〔301〕	5.5	30	13		千克		
29072290	---其他							
2907229000	对苯二酚的盐〔999〕	5.5	30	13		千克		
29072300	--4,4'-异亚丙基联苯酚(双酚 A,二苯基酚丙烷)及其盐							
2907230001	双酚 A(4,4-异亚丙基联苯酚)〔999〕	5.5	30	13		千克		
2907230090	双酚 A 的盐(4,4-异亚丙基联苯酚的盐)〔999〕	5.5	30	13		千克		
29072910	---邻苯二酚							
2907291000	邻苯二酚〔999〕	4	11	13		千克		
29072990	---其他							
2907299001	特丁基对苯二酚〔999〕	5.5	30	13		千克	AB	M. R/N. S
2907299010	毒菌酚〔999〕	5.5	30	13		千克	S	
2907299090	其他多元酚;酚醇④	5.5	30	13		千克	AB	M. R/N. S
2908	**酚及酚醇的卤化、磺化、硝化或亚硝化衍生物:**							
29081100	--五氯苯酚(ISO)							
2908110000	五氯苯酚(五氯酚)〔101 五氯苯酚(含量>5%)〕,〔102 五氯苯酚乳剂(含量>1%)〕,〔301〕	5.5	30	13		千克	AB	M/N
29081910	---对氯苯酚							
2908191000	对氯苯酚〔999〕	4	11	13		千克		
29081990	---其他							
2908199021	格螨酯〔999〕	5.5	30	13		千克	S	
2908199022	双氯酚〔999〕	5.5	30	13		千克	S	
2908199023	五氯酚钠〔999〕	5.5	30	13		千克	S	
2908199090	其他仅含卤素取代基的衍生物及盐⑤	5.5	30	13		千克		
29089100	--地乐酚(ISO)及其盐							
2908910000	地乐酚及其盐和酯⑥	5.5	30	13		千克	89	
29089200	--4,6-二硝基邻甲酚[二硝酚(ISO)]及其盐							
2908920000	4,6—二硝基邻甲酚⑦	5.5	30	13		千克	89	
29089910	---对硝基酚、对硝基酚钠							
2908991010	4-硝基苯酚(对硝基苯酚)〔101 2-硝基-4-甲(苯)酚〕,〔102 4-硝基(苯)酚〕	5.5	30	13		千克		
2908991090	对硝基苯酚钠〔101 二硝基邻甲(苯)酚钠(干的或含水<15%)〕,〔102 对硝基(苯)酚钠〕,〔301〕	5.5	30	13		千克	S	
29089990	---其他							
2908999021	芬螨酯〔999〕	5.5	30	13		千克	S	
2908999022	消螨酚〔999〕	5.5	30	13		千克	S	
2908999023	戊硝酚〔999〕	5.5	30	13		千克	S	
2908999024	特乐酚〔999〕	5.5	30	13		千克	S	
2908999025	壬菌铜〔999〕	5.5	30	13		千克	S	
2908999030	苦味酸(2,4,6-三硝基苯酚)〔999〕	5.5	30	13		千克	k	

① 〔101 对异丙基(苯)酚〕,〔102 邻-丙基苯酚〕,〔301 腐蚀性物质〕,〔302 其他化工产品〕

② 〔101 其他丁基苯酚类〕,〔102 2-叔丁基苯酚〕,〔103 4-叔丁基苯酚〕,〔104 香芹酚〕,〔105 4-苯基苯酚〕,〔106 2-甲氧基-4-乙烯基苯酚〕,〔107 百里香酚〕,〔108 苄基异丁香酚〕,〔301 腐蚀性物质〕,〔302 杂项物质〕,〔303 其他化工产品〕,〔304 其他危险化学品〕,〔305 毒性物质和感染性物质〕

③ 〔101 毒害品〕,〔102 4-己基间苯二酚〕,〔103 危险化学品 & 食品添加剂〕,〔301〕

④ 〔101 间苯三酚〕,〔102 乙基麦芽酚〕,〔103 对-丙基苯酚〕,〔301 其他危险化学品,需申报仅用于工业用途不用于食品添加剂无检疫要求〕,〔302 无检疫要求食品添加剂〕,〔303 一般化学品,需申报仅用于工业用途不用于食品添加剂无检疫要求〕,〔304 属于危险化学品的食品添加剂〕

⑤ 〔101 2-氯苯酚〕,〔102 2,5-二氯(苯)酚〕,〔103 2,3-二氯(苯)酚〕,〔104 2,4-二氯(苯)酚〕,〔105 2,6-二氯(苯)酚〕,〔106 3,4-二氯(苯)酚〕,〔107 2,4,5-三氯(苯)酚〕,〔108 2,4,6-三氯(苯)酚〕,〔109 2,3,4,6-四氯(苯)酚〕,〔110 2-氯间甲酚〕,〔111 4-氯间甲酚〕,〔112 6-氯间甲酚〕,〔113 3-溴(苯)酚〕,〔114 4-溴(苯)酚〕,〔115 4-碘(苯)酚〕,〔116 3-氯苯酚〕,〔117 4-氯苯酚〕,〔118 五氯(苯)酚锌〕,〔119 五氯(苯)酚铜〕,〔120 2-溴(苯)酚〕,〔121 3-硝基(苯)酚〕,〔301 毒性物质和感染性物质〕,〔302 其他化工产品〕,〔303 其他危险化学品〕,〔304 易燃液体〕,〔305 腐蚀性物质〕,〔306 杂项物质〕

⑥ 〔101 地乐消(含量>10%)〕,〔102 地乐消乳剂(含量>3%)〕,〔103 地乐酚(含量>5%)〕,〔301 毒性物质和感染性物质〕,〔302 其他化工产品〕,〔303 其他危险化学品〕

⑦ 〔二硝酚(ISO)〕及其盐〔301 其他危险化学品〕,〔302 其他化工产品〕,〔303 爆炸品〕,〔304 毒性物质和感染性物质〕,〔999〕

协定税率(%)															特惠税率(%)			对美税率	出口税率	出口退税率	Article Description
智利	新西兰	澳大利亚	瑞士	冰岛	秘鲁	哥斯达	东盟	亚太	新加坡	巴基斯坦	港/澳/台	韩国	格鲁吉亚	毛里求斯	亚太	老/柬/缅	LDC 97/95				
																		15.5	0	0	
																		15.5	0	10	
0	0	0	0	0	0	0	0			0	0/0/	1.6	0	0			0/0			10	--m-Dihydroxybenzene (resorcinol) and its salts
																		25.5	0		
																		25.5	0		
0	0	0	0	0	0	0	0			0	0/0/	0	0	0			0/0			10	---Hydroquinone
																		10.5	0		
0	0	0	0	0	0	0	0			0	0/0/	0	0	0			0/0			10	---Other
																		10.5	0		
0	0	0	0	0	0	0	0			0	0/0/		0	0			0/0			10	--4, 4'-Isopropylidenediphenol (bisphenol A, diphenylolpropane) and its salts
																		30.5	0		
																		30.5	0		
0	0	0	0	0	0	0	0			0	0/0/		0	0			0/0			10	---o-Dihydroxybenzene (catechol, pyrocatechol)
																		14	0		
0	0	0	0	0	0	0	0			0	0/0/	2.9	0	0			0/0				---Other
																		10.5	0	10	
																		10.5	0	0	
																		10.5	0	10	
																					Halogenated, sulphonated, nitrated ornitrosated derivatives of phenols or phenolalcohols:
0	0	0	0	0	0	0	0			0	0/0/	0	0	0			0/0			0	--Pentachlorophenol (ISO)
																			0		
0	0	0	0	0	0	0	0			0	0/0/	0	0	0			0/0			10	---p-Chlorophenol
																			0		
0	0	0	0	0	0	0	0			0	0/0/	0	0	0			0/0				---Other
																		15.5	0	0	
																		15.5	0	0	
																		15.5	0	0	
																		15.5	0	10	
0	0	0	0	0	0	0	0			0	0/0/	0	0	0			0/0			0	--Dinoseb (ISO) and its salts
																			0		
0	0	0	0	0	0	0	0			0	0/0/	0	0	0			0/0			10	--4, 6-Dinitro-o-cresol (DNOC (ISO)) and its salts
																			0		
0	0	0	0	0	0	0	0			0	0/0/	0	0	0			0/0				---p-Nitrophenol, sodium p-nitro-phenolate
																			0	10	
																			0	0	
0	0	0	0	0	0	0	0			0	0/0/	1.6	0	0			0/0				---Other
																		30.5	0	0	
																		30.5	0	0	
																		30.5	0	0	
																		30.5	0	0	
																		30.5	0	0	
																		30.5	0	10	

商品编号	商品名称及备注[检验检疫编码及名称]	进口关税(%)		增值税率(%)	消费税	计量单位	监管条件	检验检疫类别
		最惠国	普通					
2908999090	其他酚及酚醇的卤化等衍生物(包括其磺化、硝化或亚硝化衍生物)①	5.5	30	13		千克		
2909	**醚、醚醇、醚酚、醚醇酚、过氧化醇、过氧化醚、过氧化酮(不论是否已有化学定义)及其卤化、磺化、硝化或亚硝化衍生物:**							
29091100	--乙醚							
2909110000	乙醚〔101 危险化学品〕,〔102 引擎开导剂〕,〔103 危险化学品 & 食品添加剂〕,〔301〕	5.5	30	13		千克	23AB	M/N
29091910	---甲醚							
2909191000	甲醚〔999〕	5.5	30	13		千克		
29091990	---其他							
2909199011	八氯二丙醚〔999〕	5.5	30	13		千克	S	
2909199012	二氯异丙醚〔999〕	5.5	30	13		千克	S	
2909199090	其他无环醚及其卤化等衍生物(包括其磺化、硝化或亚硝化衍生物)②	5.5	30	13		千克		
29092000	-环烷醚、环烯醚或环萜烯醚及其卤化、磺化、硝化或亚硝化衍生物							
2909200000	环烷醚、环烯醚或环萜烯醚及其卤化、磺化、硝化或亚硝化衍生物③	5.5	30	13		千克		
29093010	---1-烷氧基-4-(4-乙烯基环己基)-2,3-二氟苯							
2909301000	1-烷氧基-4-(4-乙烯基环己基)-2,3-二氟苯〔999〕	5.5	30	13		千克		
29093020	---4-(4-烷氧基苯基)-4'-烷烯基-1,1'-双环己烷及其氟代衍生物							
2909302000	4-(4-烷氧基苯基)-4'-烷烯基-1,1'-双环己烷及其氟代衍生物〔999〕	5.5	30	13		千克		
29093090	---其他							
2909309011	甲氧滴滴涕、除草醚〔999〕	5.5	30	13		千克	S	
2909309012	醚菊酯、苄螨醚、三氟醚〔999〕	5.5	30	13		千克	S	
2909309013	氯苯甲醚、甲氧除草醚〔999〕	5.5	30	13		千克	S	
2909309014	三氟硝草醚、草枯醚〔999〕	5.5	30	13		千克	S	
2909309015	氟除草醚、乙氧氟草醚〔999〕	5.5	30	13		千克	S	
2909309016	四溴二苯醚、五溴二苯醚、六溴二苯醚、七溴二苯醚〔999〕	5.5	30	13		千克	89	
2909309090	其他芳香醚及其卤化、磺化、硝化衍生物(包括其亚硝化衍生物)④	5.5	30	13		千克		
29094100	--2,2'-氧联二乙醇(二甘醇)							
2909410000[暂3]	2,2-氧联二乙醇(二甘醇)〔999〕	5.5	30	13		千克		
29094300	--乙二醇或二甘醇的单丁醚							
2909430000	乙二醇或二甘醇的单丁醚⑤	5.5	30	13		千克		
29094400	--乙二醇或二甘醇的其他单烷基醚							
2909440000	乙二醇或二甘醇的其他单烷基醚⑥	5.5	30	13		千克		

① 〔101 二硝基重氮酚(含水或水加乙醇≥40%)〕,〔102 三硝基间苯二酚铅(含水或水加乙醇≥20%)〕,〔103 2,4,6-三硝基苯酚(干的或含水<30%)〕,〔104 2,4,6-三硝基苯酚钠〕,〔105 2,4,6-三硝基苯酚铵(干的或含水<10%)〕,〔106 三硝基间甲酚〕,〔107 2,4,6-三硝基间苯二酚〕,〔108 二硝基(苯)酚(干的或含水<15%)〕,〔109 二硝基间苯二酚(干的或含水<15%)〕,〔110 硝基芳香族衍生物钾盐(爆炸性的)〕,〔111 二硝基(苯)酚碱金属盐(干的或含水<15%)〕,〔112 4,6-二硝基-2-氨基苯酚钠(干的或含水<20%)〕,〔113 4,6-二硝基-2-氨基苯酚锆(干的或含水<20%)〕,〔114 4-亚硝基(苯)酚〕,〔115 2,4-二硝基间苯二酚(含水≥15%)〕,〔116 二硝基邻甲酚钠(含水≥15%)〕,〔117 2,4,6-三硝基苯酚(含水≥30%)〕,〔118 2,4,6-三硝基苯酚铵(含水≥10%)〕,〔119 2,4,6-三硝基苯酚银(含水≥30%)〕,〔120 苦味酸努及其盐〕,〔121 4,6-二硝基-2-氨基苯酚钠(含水≥20%)〕,〔122 4,6-二硝基-2-氨基苯酚锆(含水≥20%)〕,〔123 4,6-二硝基-2-氨基苯酚〕,〔124 2,4-二硝基萘酚钠〕,〔125 2,4-二亚硝基间苯二酚〕,〔126 火补胶〕,〔127 2,4-二硝基(苯)酚(含水≥15%)〕,〔128 2,5-二硝基(苯)酚(含水≥15%)〕,〔129 2,6-二硝基(苯)酚(含水≥15%)〕,〔130 4,6-二硝基邻甲苯酚〕,〔131 二硝基苯酚溶液〕,〔132 二硝基邻甲酚铵〕,〔133 2,2'-亚甲基-双-(3,4,6-三氯苯酚)〕,〔134 2-硝基(苯)酚〕,〔135 邻硝基(苯)酚钠〕,〔136 邻硝基(苯)酚钾〕,〔137 对硝基(苯)酚钾〕,〔138 2,4-二硝基(苯)酚钠〕,〔139 4-氯-2-硝基(苯)酚〕,〔140 4-氯-2-硝基(苯)酚钠盐〕,〔141 5-亚硝基-2-甲(苯)酚〕,〔142 2,4-二硝基萘酚〕,〔143 2-氨基(苯)酚〕,〔144 3-氨基(苯)酚〕,〔145 4-氨基(苯)酚〕,〔146 盐酸-2-氨基酚〕,〔147 盐酸-3-氨基酚〕,〔148 盐酸-4-氨基酚〕,〔149 邻氨基(苯)酚铜盐〕,〔150 4-氯-2-氨基(苯)酚〕,〔151 4-硝基-2-氨基(苯)酚〕,〔152 5-硝基-2-氨基(苯)酚〕,〔153 4-亚硝基间苯二酚〕,〔154 苯酚二磺酸硫酸溶液〕,〔155 苯酚磺酸〕,〔301 爆炸品〕,〔302 易燃液体〕,〔303 易燃固体〕,〔304 毒性物质和感染性物质〕,〔305 腐蚀性物质〕,〔306 杂项物质〕,〔307 其他化工产品〕,〔308 其他危险化学品〕

② 〔101 甲乙醚〕,〔102 乙烯基甲醚(抑制了的)〕,〔103 正丙醚〕,〔104 异丙醚〕,〔105 甲基丙基醚〕,〔106 乙基丙基醚〕,〔107 乙烯基乙醚(抑制了的)〕,〔108 乙氧基乙烯〕,〔109 二乙烯基醚(抑制了的)〕,〔110 甲基正丁基醚〕,〔111 甲基叔丁基醚〕,〔112 乙基正丁基醚〕,〔113 乙基烯丙基醚〕,〔114 正丁基乙烯(基)醚(抑制了的)〕,〔115 异丁基乙烯(基)醚(抑制了的)〕,〔116 二烯丙基醚〕,〔117 氯甲基甲醚〕,〔118 氯甲基乙醚〕,〔119 乙烯(2-氯乙基)醚〕,〔120 2-溴乙基乙醚〕,〔121 天青醇溶液〕,〔122 六甲基二硅醚〕,〔123 二(正)丁醚〕,〔124 二异戊醚〕,〔125 二氯(二)甲醚〕,〔126 1,2-二氯二乙醚〕,〔127 2,2-二氯二乙醚〕,〔128 仲丁基乙醚〕,〔129 2,4-二甲基大茴香醚〕,〔301 易燃气体〕,〔302 易燃液体〕,〔303 毒性物质和感染性物质〕,〔304 腐蚀性物质〕,〔305 其他化工产品〕,〔306 其他危险化学品〕

③ 〔101 桉叶油醇〕,〔102 1,2-环氧-3-乙氧基丙烷〕,〔103 其他化工产品〕

④ 〔101 饲料添加剂〕,〔102 三硝基苯甲醚〕,〔103 三硝基苯乙醚〕,〔104 苯甲醚〕,〔105 2,4-二硝基苯甲醚〕,〔106 2-硝基苯甲醚〕,〔107 3-硝基苯甲醚〕,〔108 4-硝基苯甲醚〕,〔109 2-硝基苯乙醚〕,〔110 4-硝基苯乙醚〕,〔111 4-溴苯甲醚〕,〔112 乙基苄基醚〕,〔113 联苯醚(二苯醚)〕,〔114 丁基羟基茴香醚(BHA)〕,〔115β-萘甲醚〕,〔116β-萘乙醚〕,〔117 苄基丁基醚〕,〔118 苄基甲基硫醚〕,〔119 橙花醚〕,〔120 大茴香醚〕,〔121 大茴香脑〕,〔122 对-丙基茴香醚〕,〔123 对甲酚甲醚〕,〔124 二糠基醚〕,〔125 甲基苯乙醚〕,〔126 间二甲氧基苯〕,〔127 邻-甲基大茴香醚〕,〔301 爆炸品〕,〔302 易燃气体〕,〔303 易燃固体〕,〔304 毒性物质和感染性物质〕,〔305 杂项物质〕,〔306 其他化工产品〕,〔307 易燃液体〕,〔308 其他危险化学品〕,〔309 腐蚀性物质〕

⑤ 〔101 1,2-二甲氧基乙烷〕,〔102 2,2-二甲氧基丙烷〕,〔103 其他化工产品〕,〔104 毒性物质和感染性物质〕

⑥ 〔101 乙二醇甲醚〕,〔102 乙二醇乙醚〕,〔103 乙二醇异丙醚〕,〔301 易燃液体〕,〔302 其他化工产品〕,〔303 其他危险化学品〕

协定税率(%)															特惠税率(%)			对美税率	出口税率	出口退税率	Article Description
智利	新西兰	澳大利亚	瑞士	冰岛	秘鲁	哥斯达	东盟	亚太	新加坡	巴基斯坦	港/澳/台	韩国	格鲁吉亚	毛里求斯	亚太	老/柬/缅	LDC 97/95				
																		30.5	0	10	
																					Ethers, ether-alcohols, ether-phenols, ether-alcohol-phenols, alcohol peroxides, ether peroxides, ketone peroxides (whether or not chemically defined), and their halogenated, sulphonated, nitrated or nitrosated derivatives:
0	0	0	0	0	0	0	0			0	0/0/	0	0	0			0/0			10	--Diethyl ether
																		10.5	0		
0	0	0	0	0		0	0			0	0/0/	2.9	0	0			0/			9	---Methyl ether
																		10.5	0		
0	0	0	0	0		0	0			0	0/0/	2.9	0	0			0/			9	---Other
																		25.5	0	9	
																		25.5	0	9	
																		25.5	0	9	
0	0	0	0	0	0	0	0			0	0/0/	0	0	0			0/0			10	-Cyclanic, cyclenic or cycloterpenic ethers and their halogenated, sulphonated, nitrated or nitrosated derivatives
																		25.5	0		
0	0	0	0	0	0	0	0			0	0/0/	0	0	0			0/0			10	---1-Alkoxy-4-(4-vinylcyclohexyl)-2,3-difluorobenzene
																			0		
0	0	0	0	0	0	0	0			0	0/0/	0	0	0			0/0			13	---4-(4-alkoxy)-4'-N-alkenyl-1, 1'-and Fluoro derivatives of cyclohexane
																			0		
0	0	0	0	0	0	0	0			0	0/0/	0	0	0			0/0				---Other
																		25.5	0	0	
																		25.5	0	9	
																		25.5	0	9	
																		25.5	0	9	
																		25.5	0	9	
																		25.5	0	10	
																		25.5	0	10	
0	0	0	0	0		0	0			0	0/0/0	0	0	0			0/			10	--2, 2'-Oxydiethanol (diethylene glycol, digol)
																		28	0		
0	0	0	0	0	0	0	0			0	0/0/0	0	0	0			0/0			10	--Monobutyl ethers of ethylene glycol or of diethylene glycol
																		10.5	0		
0	0	0	0	0	0	0	0			0	0/0/	2.9	0	0			0/0			10	--Other monoalkylethers of ethylene glycol or of diethylene glycol
																		10.5	0		

商品编号	商品名称及备注[检验检疫编码及名称]	进口关税(%)		增值税率(%)	消费税	计量单位	监管条件	检验检疫类别
		最惠国	普通					
29094910	---间苯氧基苄醇							
2909491000	间苯氧基苄醇〔999〕	4	11	13		千克		
29094990	---其他							
2909499000	其他醚醇及其衍生物(包括其卤化、磺化、硝化或亚硝化衍生物)①	5.5	30	13		千克		
29095000	-醚酚、醚醇酚及其卤化、磺化、硝化或亚硝化衍生物							
2909500000	醚酚、醚醇酚及其衍生物(包括其卤化、磺化、硝化或亚硝化衍生物)②	5.5	30	13		千克		
29096000	-过氧化醇、过氧化醚、过氧化酮及其卤化、磺化、硝化或亚硝化衍生物							
2909600000	过氧化醇、过氧化醚、过氧化酮(含其卤化、磺化、硝化或亚硝化衍生物)③	5.5	30	13		千克		
2910	**三节环环氧化物、环氧醇、环氧酚、环氧醚及其卤化、磺化、硝化或亚硝化衍生物:**							
29101000	-环氧乙烷(氧化乙烯)							
2910100000	环氧乙烷④	5.5	30	13		千克	AB	M/N
29102000	-甲基环氧乙烷(氧化丙烯)							
2910200000	甲基环氧乙烷(氧化丙烯)⑤	5.5	30	13		千克		
29103000	-1-氯-2,3-环氧丙烷(表氯醇)							
2910300000	1-氯-2,3-环氧丙烷(表氯醇)(环氧氯丙烷)〔999〕	5.5	30	13		千克	AB	M/N
29104000	-狄氏剂(ISO,INN)							
2910400000	狄氏剂(ISO,INN)⑥	5.5	30	13		千克	89	
29105000	-异狄氏剂(ISO)							
2910500000	异狄氏剂〔999〕	5.5	30	13		千克	89	
29109000	-其他							
2910900020	灭草环〔999〕	5.5	30	13		千克	S	
2910900090	三节环环氧化物,环氧醇(酚,醚)(包括其卤化、磺化、硝化或亚硝化的衍生物)⑦	5.5	30	13		千克		
2911	**缩醛及半缩醛,不论是否含有其他含氧基,及其卤化、磺化、硝化或亚硝化衍生物:**							

① 〔101 乙二醇二乙醚〕,〔102 丙二醇乙醚〕,〔103 2-丁氧基乙醇〕,〔104 茴香醇〕,〔301 易燃液体〕,〔302 毒性物质和感染性物质〕,〔303 其他化工产品〕,〔304 其他危险化学品〕

② 〔101 杂酚〕,〔102 香兰基丁醚〕,〔103 香兰基乙醚〕,〔104 异丁香酚〕,〔105 异丁香酚甲醚〕,〔106 愈疮木酚〕,〔107 4-乙基愈疮木酚〕,〔108 丁香酚〕,〔109 甲基丁香酚〕,〔301 其他危险化学品〕,〔302 其他化工产品〕

③ 〔101 2,2-过氧化二氢丙烷(含量≤27,带有惰性固体)〕,〔102 2,5-二甲基-2,5-过氧化二氢己烷(含量≤82%,含水)〕,〔103 2,2-双-(过氧化叔丁基)丙烷(在溶液中,含量≤52%)〕,〔104 2,2-双-(过氧化叔丁基)丙烷(含量≤42%,带有惰性固体,带有 A 型稀释剂≥13%)〕,〔105 2,2-双-(过氧化叔丁基)丁烷(在溶液中,含量≤52%)〕,〔106 2,5-二甲基-2,5-双-(过氧化叔丁基)己烷(工业纯)〕,〔107 2,5-二甲基-2,5-双-(过氧化叔丁基)己烷(含量≤52%,带有惰性固体)〕,〔108 2,2-双-(4,4-二叔丁基过氧化环己基)丙烷(含量≤42%,带有惰性固体)〕,〔109 2,5-二甲基-2,5-双-(过氧化-2-乙基己酰)己烷(工业纯)〕,〔110 2,5-二甲基-2,5-双-(过氧化-3,5,5-三甲基己酰)己烷(在溶液中,含量≤77%)〕,〔111 2,5-二甲基-2,5-双-(过氧化苯甲酰)己烷(工业纯)〕,〔112 2,5-二甲基-2,5-双-(过氧化苯甲酰)己烷(含量≤82%,带有惰性固体)〕,〔113 2,5-二甲基-2,5-双-(过氧化苯甲酰)己烷(含量≤82%,含水)〕,〔114 1,1-双-(过氧化叔丁基)环己烷(工业纯)〕,〔115 1,1-双-(过氧化叔丁基)环己烷(在溶液中,含量≤52%)〕,〔116 1,1-双-(过氧化叔丁基)环己烷(在溶液中,52%<含量≤77%)〕,〔117 1,1-双-(过氧化叔丁基)环己烷(含量≤42%,带有惰性固体,带有 A 型稀释剂≥13%)〕,〔118 1,1-双-(过氧化叔丁基)环己烷(在溶液中,含量≤27%,带有 A 型稀释剂≥36%和乙基苯≥36%)〕,〔119 1,1-双-(过氧化叔丁基)-3,3,5-三甲基环己烷(工业纯)〕,〔120 1,1-双-(过氧化叔丁基)-3,3,5-三甲基环己烷(在溶液中,含量≤57%)〕,〔121 1,1-双-(过氧化叔丁基)-3,3,5-三甲基环己烷(含量≤57%,带有惰性固体)〕,〔122 过氧化乙酰磺酰环己烷(含量≤82%,含水≥12%)〕,〔123 过氧化乙酰磺酰环己烷(在溶液中,含量≤32%)〕,〔124 过氧化双-(1-羟基环己烷)(工业纯)〕,〔125 2,5-二甲基-2,5-双-(过氧化叔丁基)-3-己炔(工业纯)〕,〔126 2,5-二甲基-2,5-双-(过氧化叔丁基)-3-己炔(含量≤52%,带有惰性固体)〕,〔127 过氧化氢异丙基〕,〔128 过氧化氢叔丁基(含量≤80%,带有氢过氧化二叔丁基和/或 A 型稀释剂)〕,〔129 过氧化氢叔丁基(含量≤72%,含水)〕,〔130 过氧化氢叔丁基(72%<含量≤90%,含水)〕,〔131 过氧化氢叔丁基(含量≤82%,含水≥7%,含氢过氧化二叔丁基≥9%))〕,〔132 过氧化氢叔戊基(在溶液中,含量≤88%,含水≥6%)〕,〔133 1,1,3,3-四甲基丁基过氧化氢(工业纯)〕,〔134 过氧化氢异丙苯(工业纯)〕,〔135 过氧化氢二异丙(基)苯(在溶液中,含量≤72%)〕,〔136 过氧化氢二叔丁基异丙(基)苯〕,〔137 过氧化氢蒎烷(工业纯)〕,〔138 过氧化氢(对)孟烷(工业纯)〕,〔139 过氧化氢四氢化萘(工业纯)〕,〔140 过氧化二叔丁基(工业纯)〕,〔141 过氧化叔丁基苯(工业纯)〕,〔142 过氧化叔丁基异丙(基)苯(工业纯)〕,〔143 1,3-双-(2-叔丁基过氧化异丙基)苯(工业纯)〕,〔144 1,3-双-(2-叔丁基过氧化异丙基)苯(含量>42%,带有惰性固体)〕,〔145 1,4-双-(2-叔丁基过氧化异丙基)苯(工业纯)〕,〔146 1,4-双-(2-叔丁基过氧化异丙基)苯(含量>42%,带有惰性固体)〕,〔147 过氧化二异丙苯(工业纯)〕,〔148 过氧化二异丙苯(含量>42%,带有惰性固体)〕,〔149 过氧化异丁基甲基甲酮(在溶液中,含量≤62%,带有 A 型稀释剂)〕,〔150 过氧化异丁基甲基甲酮(含 A 型稀释剂≥19%和含甲基异丁基酮≥19%)〕,〔151 过氧化甲乙酮(在溶液中,含量≤45%,含有效氧≤10%)〕,〔152 过氧化甲乙酮(在溶液中,含量≤52%,含有效氧>10%)〕,〔153 过氧化甲乙酮(在尼龙酸二异丁酯中,含量≤40%,含有效氧≤8.2%)〕,〔154 过氧化乙酰丙酮(在溶液中,含量≤42%,含水≥8%,含 A 型稀释剂≥48%,含有效氧≤4.7%)〕,〔155 过氧化乙酰丙酮(糊状物,含量≤32%,含溶剂≥44%,含水≥9%,带有惰性固体≥11%)〕,〔156 过氧化环己酮(在溶液中,含量≤72%,含有效氧≤9%)〕,〔157 过氧化环己酮(含量≤91%,含水)〕,〔158 过氧化环己酮(糊状物,含量≤72%,含有效氧≤9%)〕,〔159 催化剂糊 H〕,〔160 催化剂糊 HCH〕,〔161 其他过氧化环己酮浆〕,〔162 过氧化甲基环己酮(在溶液中,含量≤67%)〕,〔163 过氧化二丙酮醇(在混合物中,含量≤57%,含水≥8%,含二丙酮醇≤26%,含过氧化氢≤9%,含有效氧≤10%)〕,〔164 过氧化新癸叔戊酯(在溶液中,含量≤77%)〕,〔301 自反应物质〕,〔302 有机过氧化物〕,〔303 其他化工品〕

④ 〔101 易燃气体〕,〔102 二氧化碳和环氧乙烷混合物(含环氧乙烷>6%)(有毒气体)〕,〔301〕

⑤ 〔101 1,2-环氧丙烷(抑制了的)〕,〔102 环氧乙烷和氧化丙烯混合物(含环氧乙烷≤30%)〕

⑥ 〔101 狄氏剂粉剂、颗粒剂(含量 10%~90%)〕,〔102 狄氏剂乳剂(含量 2%~90%)〕,〔301 其他〕

⑦ 〔101 烯丙基缩水甘油醚〕,〔102 3,3,6,6,9,9-六甲基-1,2,4,5-四氧环壬烷(工业纯)〕,〔103 3,3,6,6,9,9-六甲基-1,2,4,5-四氧环壬烷(在溶液中,含量≤52%)〕,〔104 3,3,6,6,9,9-六甲基-1,2,4,5-四氧环壬烷(含量≤52%,带有惰性固体)〕,〔105 3-溴-1,2-环氧丙烷〕,〔106 二(2-环氧丙基)醚〕,〔107 双环氧丙烷苯基醚〕,〔301 有机过氧化物〕,〔302 毒性物质和感染性物质〕,〔303 其他化工产品〕,〔304 易燃液体〕,〔305 其他危险化学品〕

协定税率(%)															特惠税率(%)			对美税率	出口税率	出口退税率	Article Description
智利	新西兰	澳大利亚	瑞士	冰岛	秘鲁	哥斯达	东盟	亚太	新加坡	巴基斯坦	港/澳/台	韩国	格鲁吉亚	毛里求斯	亚太	老/柬/缅	LDC 97/95				
0	0	0	0	0	0	0	0			0	0/0/	0	0	0			0/0			10	---m-Phenoxy benzalcohol
																			0		
0	0	0	0	0	0	0	0			0	0/0/	2.9	0	0			0/0			10	---Other
																		15.5	0		
0	0	0	0		0	0	0			0	0/0/	2.9	0	0			0/0			10	-Ether-phenols, ether-alcohol-phenols and their halogenated, sulphonated, nitrated or nitrosated derivatives
																		30.5	0		
0	0	0	0	0	0	0	0			0	0/0/	2.9	0	0			0/0			10	-Alcohol peroxides, ether peroxides, ketone peroxides and their halogenated, sulphonated, nitrated or nitrosated derivatives
																		10.5	0		
																					Epoxides, epoxyalcohols, epoxyphenols and epoxyethers, with a three-membered ring, and their halogenated, sulphonated, nitrated or nitrosated derivatives:
0	0	0	0	0	0	0	0			0	0/0/	2.9	0	0			0/0			13	-Oxirane(ethylene oxide)
																			0		
0	0	0	0	0	0	0	0			0	0/0/	2.9	0	0			0/0			0	-Methyloxirane (propylene oxide)
																		15.5	0		
0	0	0	0	0	0	0	0			0	0/0/0	1.6	0	0			0/0			0	-1-Chloro-2, 3-epoxypropane (epichlorohydrin)
																		30.5	0		
0	0	0	0	0	0	0	0			0	0/0/	0	0	0			0/0			0	-Dieldrin (ISO, INN)
																			0		
0	0	0	2.6	0	0	0	0			0	0/0/	0	0	0			0/0			0	-Endrin (ISO)
																			0		
0	0	0	2.6	0	0	0	0			0	0/0/	0	0	0			0/0				-Other
																		15.5	0	9	
																		15.5	0	13	
																					Acetals and hemiacetals, whether or not with other oxygen function, and their halogenated, sulphonated, nitrated or nitrosated derivatives:

商品编号	商品名称及备注[检验检疫编码及名称]	进口关税(%)		增值税率(%)	消费税	计量单位	监管条件	检验检疫类别
		最惠国	普通					
29110000	缩醛及半缩醛,不论是否含有其他含氧基,及其卤化、磺化、硝化或亚硝化衍生物							
2911000000	缩醛、半缩醛,不论含否其他含氧基(包括其卤化、磺化、硝化或亚硝化的衍生物)①	5.5	30	13		千克		
2912	**醛,不论是否含有其他含氧基;环聚醛;多聚甲醛:**							
29121100	--甲醛							
2912110000	甲醛〔301 易燃液体〕,〔302 腐蚀性物质〕,〔999〕	5.5	30	13		千克	AB	M/N
29121200	--乙醛							
2912120000	乙醛〔101 危险化学品〕,〔102 危险化学品 & 食品添加剂〕,〔301〕	5.5	30	13		千克	AB	M/N
29121900	--其他							
2912190001[暂3]	乙二醛〔999〕	5.5	30	13		千克		
2912190030	丙烯醛〔999〕	5.5	30	13		千克		
2912190090	其他无环醛(指不含其他含氧基)②	5.5	30	13		千克		
29122100	--苯甲醛							
2912210000	苯甲醛〔101 2-羰基-4-甲基苯甲醛〕,〔102 非工业用无检疫要求食品添加剂〕	5.5	30	13		千克		
29122910	---铃兰醛(对叔丁基-α-甲基-氧化肉桂醛)							
2912291000	铃兰醛(即对叔丁基-α-甲基-氧化肉桂醛)〔999〕	5.5	30	13		千克		
29122990	---其他							
2912299000	其他环醛(指不含其他含氧基)③	5.5	30	13		千克		
29124100	--香草醛(3-甲氧基-4-羟基苯甲醛)							
2912410000	香草醛(3-甲氧基-4-羟基苯甲醛)〔101 双香兰素〕,〔102 香兰素〕	5.5	30	13		千克		
29124200	--乙基香草醛(3-乙氧基-4-羟基苯甲醛)							
2912420000	乙基香草醛〔999〕	5.5	30	13		千克		
29124910	---醛醇							
2912491000	醛醇(指不含其他含氧基)④	5.5	30	13		千克		
29124990	---其他							
2912499010	间苯氧基苯甲醛〔301〕	5.5	30	13		千克		
2912499090	其他醛醚、醛酚(包括含其他含氧基的醛)〔301 2,3-环氧-1-丙醛〕,〔302 其他化工产品〕	5.5	30	13		千克		
29125000	-环聚醛							
2912500010	四聚乙醛〔999〕	5.5	30	13		千克	S	
2912500090	其他环聚醛⑤	5.5	30	13		千克		
29126000	-多聚甲醛							
2912600000	多聚甲醛〔999〕	5.5	30	13		千克	AB	M/N

① 〔101 二甲氧基甲烷〕,〔102 1,1-二甲氧基乙烷〕,〔103 二乙氧基甲烷〕,〔104 1,1-二乙氧基乙烷〕,〔105 二甲基氯乙缩醛〕,〔106 香兰素-1,2-丙二醇缩醛〕,〔107 香兰素 3-(L-孟氧基)丙-1,2-二醇缩醛〕,〔108 香兰素苏和赤-2,3-丁二醇缩醛〕,〔109 辛醛二甲缩醛〕,〔110 乙基香兰素 1,2-丙二醇缩醛〕,〔111 乙醛苯乙醇丙醇缩醛〕,〔112 乙醛二乙缩醛〕,〔113 乙醛二异戊醇缩醛〕,〔114 乙醛乙醇顺式-3-己烯醇缩醛〕,〔115 异戊醛二乙缩醛〕,〔116 2,6-壬二烯醛二乙缩醛〕,〔117 2,8-二硫杂-4-壬烯-4-醛;5-甲硫基-2-甲硫基甲基 2-2-戊烯醛〕,〔118α-戊基肉桂醛二甲缩醛〕,〔119 苯甲醛丙二醇缩醛〕,〔120 苯甲醛二乙缩醛〕,〔121 苯甲醛甘油缩醛〕,〔122 苯乙醛二甲缩醛〕,〔123 苯乙醛甘油缩醛〕,〔124 龙葵醛二甲缩醛〕,〔125 柠檬醛〕,〔126 柠檬醛丙二醇缩醛〕,〔127 柠檬醛二甲缩醛〕,〔128 柠檬醛二乙缩醛〕,〔301 易燃液体〕,〔302 其他化工产品〕,〔303 其他危险化学品〕

② 〔101 异丁醛(危险化学品)〕,〔102 正丁醛〕,〔103 正戊醛〕,〔104 3-甲基丁醛〕,〔105 2-乙基丁醛〕,〔106 3,3-二乙氧基丙烯〕,〔107 2-丁烯醛(抑制了的)〕,〔108α-甲基丙烯醛〕,〔109 丙醛(危险化学品)〕,〔110 正己醛〕,〔111 2-甲基戊醛(危险化学品)〕,〔112 正庚醛〕,〔113 2,3-二甲基戊醛〕,〔114 其他辛醛〕,〔115 乙基己醛〕,〔116 3-羟(基)丁醛〕,〔117 2-羟基苯甲醛〕,〔118 1,5,5,9-四甲基-13-氧杂三环-[8,3,0,0(4,9)]十三烷〕,〔119 4-守醇〕,〔120 反式-4-己烯醛〕,〔121 十六醛(杨梅醛)〕,〔122 十四醛〕,〔123 十一醛〕,〔124 顺式-3-己烯醛〕,〔125 顺式-4-己烯醛〕,〔126 顺式-4-十二烯醛〕,〔127 顺式-5-辛烯醛〕,〔128 顺式-6-壬烯醛〕,〔129 戊醛〕,〔130 香茅醛〕,〔131 辛醛〕,〔132 异戊醛〕,〔133 月桂醛〕,〔134 正癸醛(癸醛)〕,〔135 羟基香茅醛〕,〔136 3,5,5-三甲基己醛〕,〔137(+/-)-反式和顺式-4,8-二甲基 3,7-壬二烯-2-醇〕,〔138(6R)-3-甲基-6-(1-甲基乙基)-2-环己烯-1-酮〕,〔139 1,2-环己二酮〕,〔140 1,2-乙二硫醇〕,〔141 2,4,7-癸三烯醛〕,〔142 2,4-庚二烯醛〕,〔143 2,4-癸二烯醛〕,〔144 2,4-壬二烯醛(反式-2-反式-4-壬二烯醛)〕,〔145 2,4-十一碳二烯醛〕,〔146 2,4-戊二烯醛〕,〔147 2,6,6-三甲基-1 或 2-环己烯-1-甲醛〕,〔148 2,6-二甲基-5-庚烯醛〕,〔149 2-己烯醛(叶醛)〕,〔150 2-甲基-2-丁烯醛〕,〔151 2-甲基-2-戊烯醛〕,〔152 2-甲基丁醛〕,〔153 2-壬烯醛〕,〔154 2-十二碳烯醛〕,〔155 2-十三烯醛〕,〔156 2-十一烯醛〕,〔157 3-甲基-2-丁烯醛〕,〔158 3-甲基己醛〕,〔159 3-甲硫基丙醛〕,〔160 3-甲硫基丁醛〕,〔161 3-甲硫基己醛〕,〔162 4-庚烯醛〕,〔163 4-戊烯醛〕,〔164 5-甲基糠醛〕,〔165 9-癸烯醛〕,〔166 9-十一烯醛〕,〔167β-甜橙醛〕,〔168 丁醛〕,〔169 对-孟-1-烯-9-醛〕,〔170 反式,反式,2,4-十二碳二烯醛〕,〔171 反式,反式-2,4 己二烯醛〕,〔172 反式,反式-2,4-辛二烯醛〕,〔173 反式,反式-2,6-辛二烯醛〕,〔174 反式-2-反式-6-壬二烯醛〕,〔175 反式-2-庚烯醛〕,〔176 反式-2-顺式-6-壬二烯醛〕,〔177 反式-2-顺式-6-十二碳二烯醛〕,〔178 庚醛〕,〔179 庚醛二甲缩醛〕,〔180 己醛〕,〔181β-环高柠檬醛〕,〔182 3-苯丙酸〕,〔183 1,3-丙二硫醇〕,〔184 2-(3-苯丙基)四氢呋喃〕,〔185 2-甲基戊醛(属于危险化学品的食品添加剂)〕,〔186 异丁醛(属于危险化学品的食品添加剂)〕,〔187 丙醛(属于危险化学品的食品添加剂)〕,〔301 易燃液体〕,〔302 毒性物质和感染性物质〕,〔303 其他化工产品〕,〔304 腐蚀性物质〕

③ 〔101 1,2,3,6-四氢化苯甲醛〕,〔102 肉桂醛〕,〔103 兔耳草醛(仙客来醛)〕,〔104 乙二醇缩肉桂醛〕,〔105 紫苏醛〕,〔106 桂醛〕,〔107α-丁基肉桂醛〕,〔108α-己基肉桂醛〕,〔109α-甲基肉桂醛〕,〔110α-戊基桂醛〕,〔111 苯乙醛〕,〔112 对-甲苯基乙醛〕,〔113 对-异丙基苯乙醛〕,〔114 庚醛甘油缩醛〕,〔115 甲基苯甲醛(邻、对、间位混合物)〕,〔116 枯茗醛〕,〔117 顺式-8-十四烯醛〕,〔301 易燃液体〕,〔302 毒性物质和感染性物质〕,〔303 其他化工产品〕

④ 〔301 其他危险化学品〕,〔302 其他化工产品〕,〔303 毒性物质和感染性物质〕,〔999〕

⑤ 〔101 三聚乙醛〕,〔102 二聚丙烯醛(抑制了的)〕,〔103 三聚甲醛〕,〔104 蜗牛敌〕,〔105 2-苯基-2-丁烯醛〕,〔106 4,5-环氧反式-2-癸烯醛〕,〔107 4-甲基-2-苯基-2-戊烯醛〕,〔108 5-甲基-2-苯基-2-已烯醛〕,〔301 易燃固体〕,〔302 其他化工产品〕,〔303 易燃液体〕

协定税率(%)															特惠税率(%)			对美税率	出口税率	出口退税率	Article Description
智利	新西兰	澳大利亚	瑞士	冰岛	秘鲁	哥斯达	东盟	亚太	新加坡	巴基斯坦	港/澳/台	韩国	格鲁吉亚	毛里求斯	亚太	老/柬/缅	LDC 97/95				
0	0	0	2.6	0	0	0	0			0	0/0/	1.6	0	0			0/0			10	Acetals and hemiacetals, whether or not with other oxygen function, and their haogenated, sulphonated, nitrated or nitrosated derivatives
																		30.5	0		
																					Aldehydes, whether or not with other oxygen function; cyclic polymers of aldehydes; paraformaldehyde:
0	0	0	0	0	0	0	0			0	0/0/	0	0	0			0/0			10	--Methanal(formaldehyde)
																		10.5	0		
0	0	0	0	0	0	0	0			0	0/0/	0	0	0			0/0			10	--Ethanal(acetaldehyde)
																			0		
0	0	0	1.1	0	0	0	0			0	0/0/	2.9	0	0			0/0			13	--Other
																		13	0		
																		15.5	0		
																		15.5	0		
0	0	0	0	0	0	0	0			0	0/0/	0	0	0			0/0			10	--Benzaldehyde
																		30.5	0		
0	0	0	0	0	0	0	0	4.4		0	0/0/	0	0	0			0/0			10	---Lilial (p-tert-butyl-α-methyl-oxocinnamaldehyde)
																		15.5	0		
0	0	0	2.6	0	0	0	0			0	0/0/	0	0	0			0/0			13	---Other
																		10.5	0		
0	0	0	0	0	0	0	0			0	0/0/	0	0	0			0/0			13	--Vanillin (4-hydroxy-3-methoxybenzaldehyde)
																		25.5	0		
0	0	0	0	0	0	0	0			0	0/0/	0	0	0			0/0			13	--Ethylvanillin (3-ethoxy-4-hydroxybenzaldehyde)
																		10.5	0		
0	0	0	0	0	0	0	0			0	0/0/	0	0	0			0/0			13	---Aldehyde-alcohols
																		30.5	0		
0	0	0	0	0	0	0	0			0	0/0/	0	0	0			0/0			10	---Other
																		30.5	0		
																		30.5	0		
0	0	0		0	0	0	0			0	0/0/	2.9	0	0			0/0				-Cyclic polymers of aldehydes
																			0	9	
																			0	10	
0	0	0	0	0	0	0	0			0	0/0/	2.9	0	0			0/0			10	-Paraformaldehyde
																		15.5	0		

商品编号	商品名称及备注[检验检疫编码及名称]	进口关税(%)		增值税率(%)	消费税	计量单位	监管条件	检验检疫类别
		最惠国	普通					
2913	**品目 29.12 所列产品的卤化、磺化、硝化或亚硝化衍生物:**							
29130000	品目 29.12 所列产品的卤化、磺化、硝化或亚硝化衍生物							
2913000010	三氯乙醛〔999〕	5.5	30	13		千克	ABG	M/N
2913000090	品目 29.12 所列产品的其他衍生物(指卤化、磺化、硝化或亚硝化的衍生物)①	5.5	30	13		千克		
2914	**酮及醌,不论是否含有其他含氧基,及其卤化、磺化、硝化或亚硝化衍生物:**							
29141100	--丙酮							
2914110000	丙酮(二甲基甲酮、二甲酮、醋酮、木酮)②	5.5	20	13		千克	23AB	M/N
29141200	--丁酮[甲基乙基(甲) 酮]							
2914120000	丁酮[甲基乙基(甲)酮](甲乙酮)〔101 2-丁酮〕,〔102 甲乙酮〕	5.5	30	13		千克	23	
29141300	--4-甲基-2-戊酮[甲基异丁基(甲)酮]							
2914130000	4-甲基-2-戊酮(甲基异丁基(甲)酮)〔999〕	5.5	30	13		千克	AB	M/N
29141900	--其他							
2914190010	频哪酮〔999〕	5.5	30	13		千克	23	
2914190090	其他不含其他含氧基的无环酮③	5.5	30	13		千克		
29142200	--环已酮及甲基环已酮							
2914220000	环已酮及甲基环已酮〔101 甲基环已酮〕,〔102 环已酮〕,〔301〕	5.5	30	13		千克	AB	M/N
29142300	--芷香酮及甲基芷香酮							
2914230000	芷香酮及甲基芷香酮〔999〕	5.5	30	13		千克		
29142910	---樟脑							
2914291000	樟脑〔101 2-莰酮〕,〔102dl-樟脑〕,〔103d-樟脑〕,〔301 属于其他危险化学品〕,〔302 其他化工产品〕	5.5	40	13		千克	B	/N
29142990	---其他							
2914299010	5α-雄烷-2-烯-17-酮④	5.5	30	13		千克	L	
2914299011	3-雄烯酮(5α-雄甾-3-烯-17-酮)〔999〕	5.5	30	13		千克	L	0
2914299090	其他环烷酮、环烯酮或环萜烯酮(指不含其他含氧基的)⑤	5.5	30	13		千克		
29143100	--苯丙酮(苯基丙-2-酮)							
2914310000	苯丙酮(苯基丙-2-酮)〔999〕	5.5	30	13		千克	23	
29143910	---苯乙酮							
2914391000	苯乙酮〔101 4-甲基苯乙酮〕,〔102 非工业用无检疫要求食品添加剂〕	4	11	13		千克		
29143990	---其他							
2914399011	杀鼠酮〔999〕	5.5	30	13		千克	S	
2914399012	鼠完〔999〕	5.5	30	13		千克	S	
2914399013	敌鼠〔101 含量<2%〕,〔102 敌鼠乳剂(含量<2%)〕	5.5	30	13		千克	S	
2914399014	邻氯苯基环戊酮〔999〕	5.5	30	13		千克	23	
2914399015	1-苯基-1-丙酮〔999〕	5.5	30	13		千克	23	
2914399090	其他不含其他含氧基的芳香酮〔101 2-甲基苯乙酮〕,〔102 二苯甲酮〕	5.5	30	13		千克		
29144000	-酮醇及酮醛							
2914400010	敌鼠钠盐〔999〕	5.5	30	13		千克	S	
2914400020	表雄酮(3β-羟基-5α-雄烷-17-酮)、表睾酮〔999〕	5.5	30	13		千克	L	
2914400030	1-表雄酮(3β-羟基-5α-雄甾-1-烯-17-酮),1-雄铜(3α-羟基-5α-雄甾-1-烯-17-酮)〔999〕	5.5	30	13		千克	L	

① 〔101 一氯乙醛〕,〔102 三溴乙醛〕,〔103 二氯乙醛〕,〔104 二氯化膦苯〕,〔301 毒性物质和感染性物质〕,〔302 腐蚀性物质〕,〔303 其他化工产品〕

② 〔101 丙酮〕,〔102 去光水〕,〔103 1-巯基-2-丙酮〕,〔104 危险化学品 & 食品添加剂〕,〔301〕

③ 〔101 3-戊酮〕,〔102 2-戊酮(危险化学品)〕,〔103 4-甲基-2-戊酮〕,〔104 2-甲基-3-戊酮〕,〔105 2,4-二甲基-3-戊酮〕,〔106 3-丁烯-2-酮〕,〔107 甲基异丙烯(甲)酮(抑制了的)〕,〔108 3-甲基-2-丁酮〕,〔109 二甲基(乙)二酮〕,〔110 1-戊烯-3-酮(危险化学品)〕,〔111 甲基叔丁基(甲)酮〕,〔112 2-已酮〕,〔113 3-已酮〕,〔114 2-庚酮(危险化学品)〕,〔115 3-庚酮(危险化学品)〕,〔116 4-庚酮〕,〔117 5-甲基-2-已酮〕,〔118 3-辛酮(危险化学品)〕,〔119 二异丁基(甲)酮〕,〔120 2,4-戊二酮〕,〔121 4-甲基-3-戊烯-2-酮(危险化学品)〕,〔122 5-已烯-2-酮〕,〔123 1,2-丁二硫醇〕,〔124 10-十一碳烯酸〕,〔125 1-辛烯-3-酮〕,〔126 2,2,6-三甲基-2-环已烯-1,4-二酮〕,〔127 2,2,6-三甲基环已酮〕,〔128 2,3-庚二酮〕,〔129 2,3-已二酮〕,〔130 2,3-十一碳二酮〕,〔131 2,3-戊二酮〕,〔132 2,3-辛二酮〕,〔133 2-呋喃基-2-丙酮〕,〔134 2-癸酮〕,〔135 2-甲基四氢噻吩-3-酮〕,〔136 2-壬酮〕,〔137 2-十三酮〕,〔138 2-十五酮〕,〔139 2-十一酮〕,〔140 2-羰基-3,5,5-三甲基-2-环已烯酮〕,〔141 2-辛酮〕,〔142 3,4-二甲基-1,2-环戊二酮〕,〔143 3,4-已二酮〕,〔144 3,5-二甲基-1,2-环戊二酮〕,〔145 3-庚烯-2-酮〕,〔146 3-癸烯-2-酮〕,〔147 3-甲基-1-环十五酮〕,〔148 3-辛烯-2-酮〕,〔149 4-(2-呋喃基)-3-丁烯-2-酮〕,〔150 4-(对甲氧基苯基)-2-丁酮〕,〔151 4,5-二甲基-3-羰基-2,5-二氢呋喃-2-酮〕,〔152 4,5-二氢-3(2H)噻吩酮(四氢噻吩-3-酮)〕,〔153 4-苯基-3-丁烯-2 酮〕,〔154 4-已烯-3-酮〕,〔155 4-甲基-1-苯基-2 戊酮〕,〔156 4-甲基-2,3-戊二酮〕,〔157 4-甲硫基-2-丁酮〕,〔158 4-羰基-2,5-二甲基-3(2H)呋喃酮〕,〔159 4-乙酰氧基-2,5-二甲基-3(2H)呋喃酮〕,〔160 5-甲基-2,3-已二酮〕,〔161 5-甲基-2-庚烯-4-酮〕,〔162 5-甲基-3-已烯-2-酮〕,〔163 6,10-二甲基-5,9-十一碳二烯-2-酮〕,〔164 6-甲基-3,5-庚二烯-2-酮〕,〔165 6-甲基-5-庚烯-2-酮〕,〔166 丁二酮(2,3-丁二酮)〕,〔167 反式-1,5-辛二烯-3-酮〕,〔168 2-庚酮(危险化学品 & 食品添加剂)〕,〔169 3-庚酮(危险化学品 & 食品添加剂)〕,〔170 3-辛酮(危险化学品 & 食品添加剂)〕,〔171 4-甲基-3-戊烯-2-酮(危险化学品 & 食品添加剂)〕,〔172 2-戊酮(危险化学品 & 食品添加剂)〕,〔173 1-戊烯-3-酮(危险化学品 & 食品添加剂)〕,〔301 易燃液体〕,〔302 其他化工产品〕,〔303 毒性物质和感染性物质〕

④ 〔301 易燃液体〕,〔302 毒性物质和感染性物质〕,〔303 腐蚀性物质〕,〔304 其他化工产品〕

⑤ 〔301 易燃液体〕,〔302 毒性物质和感染性物质〕,〔303 腐蚀性物质〕,〔304 其他化工产品〕

协定税率(%)															特惠税率(%)			对美税率	出口税率	出口退税率	Article Description
智利	新西兰	澳大利亚	瑞士	冰岛	秘鲁	哥斯达	东盟	亚太	新加坡	巴基斯坦	港/澳/台	韩国	格鲁吉亚	毛里求斯	亚太	老/柬/缅	LDC 97/95				
																					Halogenated, sulphonated, nitrated or nitrosated derivatives of products of heading 29.12:
0	0	0	0	0	0	0	0			4	0/0/	0	0	0			0/0			10	Halogenated, sulphonated, nitrated or nitrosated derivatives of products of heading 29.12
																		30.5	0		
																		30.5	0		
																					Ketones and quinones, whether or not with other oxygen function, and their halogenated, sulphonated, nitrated or nitrosated derivatives:
0	0	0	0	0	0	0	0			0	0/0/		0	0			0/0			13	--Acetone
																		30.5	0		
0	0	0	0	0	0	0	0			0	0/0/		0	0			0/0			10	--Butanone(methyl ethyl ketone)
																		30.5	0		
0	0	0	0	0	0	0	0			0	0/0/	2.9	0	0			0/0			10	--4-Methl1-2-pentanone(isobutylmethyl ketone)
																		25.5	0		
0	0	0	0	0	0	0	0			0	0/0/	2.9	0	0			0/0				--Other
																		10.5	0	10	
																		10.5	0	10	
0	0	0	0	0	0	0	0			0	0/0/	2.9	0	0			0/0			10	--Cyclohexanone and methylcyclohexanone
																		15.5	0		
0	0	0		0	0	0	0			0	0/0/	0	0	0			0/0			13	--Ionones and methylionones
																		30.5	0		
0	0	0	0	0	0	0	0			0	0/0/	0	0	0			0/0				---Camphor
																		10.5	0	9	
0	0	0		0	0	0	0			0	0/0/	1.6	0	0			0/0			13	---Other
																		15.5	0		
																		15.5	0		
																		15.5	0		
0	0	0	0	0	0	0	0			0	0/0/	0	0	0			0/0			10	--Propiophenone(phenyl propan-2-one)
																		10.5	0		
0	0	0	0	0	0	0	0			0	0/0/	0	0	0			0/0			10	---Acetophenone
																		29	0		
0	0	0	1.1	0	0	0	0			0	0/0/	0	0	0			0/0				---Other
																		30.5	0	9	
																		30.5	0	0	
																		30.5	0	9	
																		30.5	0	9	
																		30.5	0		
																		30.5	0	13	
0	0	0	1.1	0	0	0	0			0	0/0/	0	0	0			0/0				-Ketone-alcohols and ketone-aldehydes
																		30.5	0	0	
																		30.5	0	10	
																		30.5	0		

商品编号	商品名称及备注[检验检疫编码及名称]	进口关税(%)		增值税率(%)	消费税	计量单位	监管条件	检验检疫类别
		最惠国	普通					
2914400090	其他酮醇及酮醛①	5.5	30	13		千克		
29145011	----覆盆子酮							
2914501100	覆盆子酮〔101 覆盆子酮(悬钩子酮)〕,〔102 复盆子酮〕	5.5	30	13		千克		
29145019	----其他							
2914501900	其他酮酚〔999〕	5.5	30	13		千克		
29145020	---2-羟基-4-甲氧基二苯甲酮							
2914502000	2-羟基-4-甲氧基二苯甲酮〔999〕	5.5	30	13		千克		
29145090	---其他							
2914509011	苯草酮,双炔酰菌胺〔999〕	5.5	30	13		千克	S	
2914509012	甲氧虫酰肼〔999〕	5.5	30	13		千克	S	
2914509013	14-羟基芸苔素甾醇,苯丙烯	5.5	30	13		千克	S	
2914509090	含其他含氧基的酮②	5.5	30	13		千克	S	
29146100	--蒽醌							
2914610000	蒽醌〔999〕	5.5	30	13		千克		
29146200	--辅酶 Q10[癸烯醌(INN)]							
2914620000	辅酶 Q10〔999〕	5.5	30	13		千克		
29146900	--其他							
2914690010	大黄素甲醚〔999〕	5.5	30	13		千克	S	
2914690090	其他醌〔301 其他危险化学品〕,〔302 其他化工产品〕,〔303 毒性物质和感染性物质〕,〔999〕	5.5	30	13		千克		
29147100	--十氯酮(ISO)							
2914710000	十氯酮〔999〕	5.5	30	13		千克	89	
29147900	--其他							
2914790011	氯鼠酮、苯菌酮、茚草酮〔301〕,〔302〕,〔999〕	5.5	30	13		千克	S	
2914790012	二氯萘醌〔999〕	5.5	30	13		千克	S	
2914790013	四氯对醌〔999〕	5.5	30	13		千克	S	
2914790014	六氯丙酮〔999〕	5.5	30	13		千克	S	
2914790015	氯敌鼠钠盐〔999〕	5.5	30	13		千克	S	
2914790016	1-苯基-2-溴-1-丙酮〔999〕	5.5	30	13		千克	23	
2914790090	其他酮及醌的卤化、磺化衍生物(包括硝化或亚硝化衍生物)③	5.5	30	13		千克		
2915	**饱和无环一元羧酸及其酸酐、酰卤化物、过氧化物和过氧酸,以及它们的卤化、磺化、硝化或亚硝化衍生物:**							
29151100	--甲酸							
2915110000	甲酸〔101 饲料添加剂〕,〔102 危险化学品〕,〔103 危险化学品 & 食品添加剂〕,〔301 腐蚀性物质〕	5.5	40	13		千克	AB	M/N
29151200	--甲酸盐							
2915120000	甲酸盐〔101 饲料添加剂〕,〔102 甲酸亚铊〕,〔103 甲酸钡〕,〔301 毒性物质和感染性物质〕,〔302 其他化工产品〕	5.5	30	13		千克		
29151300	--甲酸酯							
2915130000	甲酸酯④	5.5	30	13		千克		
29152111	----食品级的							
2915211100	食品级冰乙酸(冰醋酸)(GB1903-2008)⑤	5.5	30	13		千克	ABG	M.R/N.S
29152119	----其他							
2915211900	其他冰乙酸(冰醋酸)〔101 饲料添加剂〕,〔102 化工产品〕	5.5	30	13		千克	G	
29152190	---其他							
2915219010	乙酸溶液,80≥含量>10%〔101 饲料添加剂〕,〔102 乙酸溶液(含量>10%~80%)〕,〔301 腐蚀性物质〕	5.5	50	13		千克	ABG	M/N
2915219020	乙酸,含量>80%〔101 饲料添加剂〕,〔102 乙酸(含量>80%)〕,〔301 腐蚀性物质〕	5.5	50	13		千克	ABG	M/N

① 〔101 4-羟基-4-甲基-2-戊酮〕,〔102 3-羟基-2-丁酮〕,〔103 5-羟基-2-戊酮〕,〔104 乙酰乙酸乙酯丙二醇缩酮〕,〔301 易燃液体〕,〔302 其他化工产品〕,〔303 毒性物质和感染性物质〕

② 〔101 4-甲氧基-4-甲基-2-戊酮〕,〔102 新甲基橙皮苷二氢查尔酮〕,〔103 安息香(二苯乙醇酮)〕,〔104 对-甲氧基苯乙酮〕,〔105 甲基 β-萘酮〕,〔106 甲基环戊烯醇酮(3-甲基-2-羰基-2-环戊烯-1-酮)〕,〔301 易燃液体〕,〔302 其他化工产品〕,〔303 有机过氧化物〕

③ 〔301 爆炸品〕,〔302 毒性气体〕,〔303 易燃液体〕,〔304 易燃固体〕,〔305 毒性物质和感染性物质〕,〔306 腐蚀性物质〕,〔307 其他化工产品〕,〔999〕

④ 〔101 甲酸甲酯〕,〔102 甲酸乙酯(危险化学品)〕,〔103 甲酸正丙酯〕,〔104 甲酸异丙酯〕,〔105 甲酸正丁酯〕,〔106 甲酸异丁酯〕,〔107 原甲酸(三)甲酯〕,〔108 甲酸烯丙酯〕,〔109 氯甲酸甲酯〕,〔110 氯甲酸乙酯〕,〔111 氯甲酸异丙酯〕,〔112 其他甲酸酯类化合物〕,〔113 甲酸正戊酯〕,〔114 甲酸异戊酯(危险化学品)〕,〔115 甲酸正己酯〕,〔116 原甲酸(三)乙酯〕,〔117 甲酸环己酯〕,〔118 甲酸 3-巯基 3-甲基丁酯〕,〔119 甲酸 α-戊基肉桂酯〕,〔120 甲酸苯乙酯〕,〔121 甲酸苄酯〕,〔122 甲酸丙酯〕,〔123 甲酸橙花酯〕,〔124 甲酸大茴香酯〕,〔125 甲酸丁酯〕,〔126 甲酸二甲基苄基原酯〕,〔127 甲酸芳樟酯〕,〔128 甲酸己酯〕,〔129 甲酸龙脑酯〕,〔130 甲酸肉桂酯〕,〔131 甲酸松油酯〕,〔132 甲酸戊酯〕,〔133 甲酸香茅酯〕,〔134 甲酸香叶酯〕,〔135 甲酸叶醇酯(顺式-3-己烯醇甲酸酯)〕,〔136 甲酸异戊酯(属于危险化学品的食品添加剂)〕,〔137 甲酸乙酯(属于危险化学品的食品添加剂)〕,〔301 易燃液体〕,〔302 毒性物质和感染性物质〕,〔303 其他化工产品〕

⑤ 〔101 饲料添加剂〕,〔102 乙酸(醋酸)〕,〔103 乙酸〕,〔104 冰乙酸(低压羰基化法)〕,〔105 冰乙酸(冰醋酸)〕,〔301 属于危险化学品的食品添加剂〕

协定税率(%)															特惠税率(%)			对美税率	出口税率	出口退税率	Article Description
智利	新西兰	澳大利亚	瑞士	冰岛	秘鲁	哥斯达	东盟	亚太	新加坡	巴基斯坦	港/澳/台	韩国	格鲁吉亚	毛里求斯	亚太	老/柬/缅	LDC 97/95				
																		30.5	0	10	
0	0	0	0	0	0	0	0			0	0/0/	0	0	0			0/0			13	----Raspberry ketone
																		15.5	0		
0	0	0	1.1	0	0	0	0			0	0/0/	0	0	0			0/0			10	----Other
																		30.5	0		
0	0	0	0	0	0	0	0			0	0/0/	0	0	0			0/0			10	---2-Hydroxy-4-methoxydibenzophenone
																		30.5	0		
0	0	0	0	0	0	0	0			0	0/0/	1.6	0	0			0/0				---Other
																		30.5	0	9	
																		30.5	0	9	
																		30.5	0	9	
																		30.5	0	10	
0	0	0	0	0	0	0	0			0	0/0/	1.6	0	0			0/0			10	--Anthraquinone
																		30.5	0		
0	0	0	0	0	0	0	0			0	0/0/	1.6	0	0			0/0			13	--Coenzyme Q10 (ubidecarenone (INN))
																		10.5	0		
0	0	0	0	0	0	0	0			0	0/0/	1.6	0	0			0/0			10	--Other
																		30.5	0		
																		30.5	0		
0	0	0		0	0	0	0			0	0/0/	1.6	0	0			0/0			10	--Chlordecone (ISO)
																		10.5	0		
0	0	0		0	0	0	0			0	0/0/	1.6	0	0			0/0				--Other
																		10.5	0	0	
																		10.5	0	0	
																		10.5	0	0	
																		10.5	0	0	
																		10.5	0	9	
																		10.5	0	10	
																		10.5	0	10	
																					Saturated acyclic monocarboxylic acids and their anhydrides, halides, peroxides and peroxyacids; their halogenated, sulphonated, nitrated or nitrosated derivatives:
0	0	0	0	0	0	0	0			4	0/0/	1.6	0	0			0/0			10	--Formic acid
																		25.5	0		
0	0	0	0	0	0	0	0			4	0/0/	1.6	0	0			0/0			10	--Salts of formic acid
																		30.5	0		
0	0	0	0	0	0	0	0			4	0/0/	0	0	0			0/0			10	--Esters of formic acid
																		30.5	0		
0	0	0	0	0	0	0	0			4	0/0/0	0	0	0			0/0			10	----Food grade
																		10.5	0		
0	0	0	0	0	0	0	0			4	0/0/0	0	0	0			0/0			10	----Other
																		30.5	0		
0	0	0	0	0	0	0	0			4	0/0/	0	0	0			0/0			10	---Other
																		30.5	0		
																		30.5	0		

商品编号	商品名称及备注[检验检疫编码及名称]	进口关税(%)		增值税率(%)	消费税	计量单位	监管条件	检验检疫类别
		最惠国	普通					
2915219090	其他乙酸①	5.5	50	13		千克	ABG	M.R/N.S
29152400	--乙酸酐							
2915240000	乙酸酐(醋酸酐)〔999〕	5.5	50	13		千克	23AB	M/N
29152910	---乙酸钠							
2915291000	乙酸钠②	5.5	50	13		千克	AG	R/
29152990	---其他							
2915299011	乙酸铜〔999〕	5.5	50	13		千克		
2915299023	乙酸铅(醋酸铅)〔999〕	5.5	50	13		千克		
2915299090	其他乙酸盐③	5.5	50	13		千克	AB	M.R/N.S
29153100	--乙酸乙酯							
2915310000	乙酸乙酯④	5.5	30	13		千克	ABG	M.R/N.S
29153200	--乙酸乙烯酯							
2915320000	乙酸乙烯酯〔999〕	5.5	30	13		千克	AB	M/N
29153300	--乙酸(正)丁酯							
2915330000	乙酸正丁酯〔101 中闪点液体〕,〔102 乙酸对-甲酚酯〕,〔301〕	5.5	30	13		千克	AB	M/N
29153600	--地乐酚(ISO)乙酸酯							
2915360000	地乐酚(ISO)乙酸酯〔999〕	5.5	30	13		千克	S	
29153900	--其他							
2915390011	三氯杀虫酯〔999〕	5.5	30	13		千克	S	
2915390013	特乐酯〔999〕	5.5	30	13		千克	S	
2915390014	灭螨醌〔999〕	5.5	30	13		千克	S	
2915390015	信铃酯〔999〕	5.5	30	13		千克	S	
2915390016	种衣酯〔999〕	5.5	30	13		千克	S	
2915390090	其他乙酸酯⑤	5.5	30	13		千克	AB	M.R/N.S
29154000	-一氯代乙酸、二氯乙酸或三氯乙酸及其盐和酯							
2915400010	一氯醋酸钠〔999〕	5.5	30	13		千克		
2915400090	其他一氯代乙酸的盐和酯(包括二氯乙酸或三氯乙酸的盐和酯)⑥	5.5	30	13		千克		
29155010	---丙酸							
2915501000[暂3]	丙酸〔101 饲料添加剂〕,〔102 危险化学品〕,〔103 危险化学品 & 食品添加剂〕,〔301 腐蚀性物质〕,〔302 属于危险化学品的食品添加剂〕	5.5	30	13		千克	AB	M.R/N.S
29155090	---其他							

① 〔101 饲料添加剂〕,〔102 2,4-二氯苯氧乙酸〕,〔103 甘氨酸(氨基乙酸)〕,〔104 脱氢乙酸〕,〔105 烯丙基乙酸〕,〔301 腐蚀性物质,需申报仅用于工业用途不用于食品添加剂无检疫要求〕,〔302 无检疫要求食品添加剂〕,〔303 需申报仅用于工业用途不用于食品添加剂无检疫要求的化学品〕,〔304 属于危险化学品的食品添加剂〕

② 〔101 饲料添加剂〕,〔102 非工业用无检疫要求食品添加剂〕,〔103 醋酸钠〕,〔104 二醋酸钠〕,〔105 4-氯苯氧乙酸钠〕,〔301 无检疫要求食品添加剂〕,〔302 需申报仅用于工业用途不用于食品添加剂无检疫要求的化学品〕

③ 〔101 饲料添加剂〕,〔102 乙酸铍〕,〔103 乙酸亚铊〕,〔104 乙酸钡〕,〔105 三氟乙酸铬〕,〔106 双乙酸钠〕,〔107 脱氢乙酸钠〕,〔108 乙酸钙〕,〔301 其他危险化学品,需申报仅用于工业用途不用于食品添加剂无检疫要求〕,〔302 无检疫要求食品添加剂〕,〔303 一般化学品,需申报仅用于工业用途不用于食品添加剂无检疫要求〕,〔304 属于危险化学品的食品添加剂〕,〔305 毒性物质和感染性物质,需申报仅用于工业用途不用于食品添加剂无检疫要求〕,〔306 杂项物质,需申报仅用于工业用途不用于食品添加剂无检疫要求〕

④ 〔101 危险化学品〕,〔102 2-(甲硫基)乙酸乙酯〕,〔103 危险化学品 & 食品添加剂〕,〔301 易燃液体,需申报仅用于工业用途不用于食品添加剂无检疫要求〕,〔302 属于危险化学品的食品添加剂〕

⑤ 〔101 乙酸正丙酯〕,〔102 乙酸甲酯(危险化学品)〕,〔103 乙酸三甲酯〕,〔104 乙酸仲丁酯〕,〔105 乙酸异丙酯(危险化学品)〕,〔106 乙酸叔丁酯〕,〔107 乙酸异丙烯酯〕,〔108 乙酸异丁酯(危险化学品)〕,〔109 乙酸烯丙酯(危险化学品)〕,〔110 乙酸乙二醇甲醚〕,〔111 乙酸乙二醇乙醚〕,〔112 3-甲氧基乙酸丁酯〕,〔113 其他乙酸酯类化合物〕,〔114 乙酸正戊酯(危险化学品)〕,〔115 乙酸异戊酯(危险化学品)〕,〔116 乙酸正已酯〕,〔117 乙酸仲已酯〕,〔118 乙酸环已酯(危险化学品)〕,〔119 乙酸乙基丁酯〕,〔120 乙酸氯乙酯〕,〔121 乙酸间甲酚酯〕,〔122 2-异丁基-4-甲基-1,3-二氧环戊烷(异戊醛 1,2 丙二醇缩醛)〕,〔123 冰结构蛋白〕,〔124 2-异丙基苯酚〕,〔125 2-乙基苯硫酚〕,〔126 3,4-二甲酚〕,〔127 2-戊烯醛〕,〔128 2-辛烯醛〕,〔129 2-异丙基-5-甲基-2-已烯醛〕,〔130 3,4-二甲氧基苯甲醛〕,〔131 3-(2-呋喃基)-丙烯醛〕,〔132 2-仲丁基环已酮〕,〔133 顺式-3-已烯-1-醇乙酸酯(乙酸叶醇酯)〕,〔134 顺式-3-已烯醇丙酸酯〕,〔135 顺式-3-已烯酸叶醇酯(顺式-3-已烯酸顺式-3-已烯酯)〕,〔136 苯乙酸愈创木酚酯〕,〔137 乙酸 1-乙氧基乙醇酯〕,〔138 乙酸 2-乙基丁酯〕,〔139 乙酸 α-戊基肉桂酯〕,〔140 乙酸 1,3,3-三甲基-2-降龙脑酯〕,〔141 乙酸-2-甲基丁酯〕,〔142 乙酸 2-戊酯〕,〔143 乙酸 2-辛烯醇酯〕,〔144 乙酸 3-(乙酰巯基)已酯〕,〔145 乙酸-3-苯丙酯〕,〔146 乙酸 3-甲硫基丙酯〕,〔147 乙酸 3-巯基庚酯〕,〔148 乙酸 3-辛酯〕,〔149 乙酸 L-龙脑酯〕,〔150 乙酸柏木酯〕,〔151 乙酸苯乙酯〕,〔152 乙酸苄酯〕,〔153 乙酸丙酯〕,〔154 乙酸薄荷酯〕,〔155 乙酸橙花酯〕,〔156 乙酸丁香酯〕,〔157 乙酸丁酯〕,〔158 乙酸二甲基苯乙基原酯〕,〔159 乙酸二甲基苄基原酯〕,〔160 乙酸二氢葛缕酯〕,〔161 乙酸芳樟酯〕,〔162 乙酸葛缕酯〕,〔163 乙酸庚酯〕,〔164 乙酸癸酯〕,〔165 乙酸胡椒醛酯〕,〔166 乙酸环已基乙酯〕,〔167 乙酸茴香酯〕,〔168 乙酸已酯〕,〔169 乙酸甲基苄醇酯(邻-,间-,对-混合物)〕,〔170 乙酸糠酯〕,〔171 乙酸龙脑烯醇酯〕,〔172 乙酸龙脑酯〕,〔173 乙酸玫瑰酯〕,〔174 乙酸壬酯〕,〔175 乙酸肉桂酯〕,〔176 乙酸十二醇酯〕,〔177 乙酸顺式和反式-对 1,(7)8-孟二烯-2-醇酯〕,〔178 乙酸四氢糠酯〕,〔179 乙酸松油酯〕,〔180 乙酸苏合香酯〕,〔181 乙酸檀香酯〕,〔182 乙酸桃金娘烯酯〕,〔183 乙酸香兰素酯〕,〔184 乙酸香茅酯〕,〔185 乙酸香叶酯〕,〔186 乙酸辛酯〕,〔187 乙酸异丁香酯〕,〔188 乙酸异胡薄荷酯〕,〔189 乙酸异龙脑酯〕,〔190 乙酸油醇酯(顺 9-十八烯醇乙酸酯)〕,〔191 乙酸植醇酯〕,〔192 乙酸紫苏酯(对-1,8-孟二烯-7-醇乙酸酯)〕,〔193 三乙酸甘油酯〕,〔194 1-辛烯-3-醇乙酸酯〕,〔195 3-甲硫基-1-已醇乙酸酯〕,〔196 苯甲酰基乙酸乙酯〕,〔197 苯氧乙酸烯丙酯〕,〔198 对-甲苯氧基乙酸乙酯〕,〔199 对-叔丁基苯乙酸甲酯〕,〔200 乙酸 2-已烯酯〕,〔201 乙酸 3-巯基已酯〕,〔202 2-氧代戊二酸〕,〔203L-苏氨酸〕,〔204 3,5-二甲基-1,2,4-三硫杂环戊烷〕,〔205 2-乙基-3-甲基-4-羟基二氢-2,5-呋喃-5-酮〕,〔206 2-乙基-4-羟基-5-甲基-3(2H)-呋喃酮〕,〔207 2-乙基呋喃〕,〔208 2-乙酰基-5-甲基呋喃〕,〔209 2-乙酰基呋喃〕,〔210 2-乙酰基吡啶〕,〔211 2-异丁基吡啶〕,〔212 乙酸环已酯(危险化学品 & 食品添加剂)〕,〔213 乙酸正戊酯(危险化学品 & 食品添加剂)〕,〔214 乙酸异戊酯(危险化学品 & 食品添加剂)〕,〔215 乙酸甲酯(危险化学品 & 食品添加剂)〕,〔216 乙酸异丙酯(危险化学品 & 食品添加剂)〕,〔217 乙酸异丁酯(危险化学品 & 食品添加剂)〕,〔218 乙酸烯丙酯(危险化学品 & 食品添加剂)〕,〔301 其他危险化学品,需申报仅用于工业用途不用于食品添加剂无检疫要求〕,〔302 无检疫要求食品添加剂〕,〔303 一般化学品,需申报仅用于工业用途不用于食品添加剂无检疫要求〕,〔304 属于危险化学品的食品添加剂〕,〔305 易燃液体,需申报仅用于工业用途不用于食品添加剂无检疫要求〕

⑥ 〔101 氯乙酸异丙酯〕,〔102 氯乙酸甲酯〕,〔103 氯乙酸乙酯〕,〔104 氯乙酸乙烯酯〕,〔105 其他一级氯乙酸酯类〕,〔106 氯乙酸丁酯〕,〔107 氯乙酸仲丁酯〕,〔108 氯乙酸叔丁酯〕,〔109 二氯乙酸甲酯〕,〔110 二氯乙酸乙酯〕,〔111 三氯乙酸甲酯〕,〔112 氯乙酸〕,〔113 氯乙酸酐〕,〔114 二氯乙酸〕,〔115 三氯乙酸〕,〔301 毒性物质和感染性物质〕,〔302 腐蚀性物质〕,〔303 其他危险化学品〕,〔304 其他化工产品〕,〔305 易燃液体〕

协定税率(%)															特惠税率(%)			对美税率	出口税率	出口退税率	Article Description
智利	新西兰	澳大利亚	瑞士	冰岛	秘鲁	哥斯达	东盟	亚太	新加坡	巴基斯坦	港/澳/台	韩国	格鲁吉亚	毛里求斯	亚太	老/柬/缅	LDC 97/95				
																		30.5	0		
0	0	0	0	0	0	0	0	4.4		0	0/0/	0	0	0			0/0			10	--Acetic anhydride
																		25.5	0		
0	0	0	0	0	0	0	0			4	0/0/	0	0	0			0/0			10	---Sodium acetate
																		15.5	0		
0	0	0	0	0	0	0	0			4	0/0/	1.6	0	0			0/0				---Other
																		15.5	0	9	
																		15.5	0	10	
																		15.5	0	10	
0	0	0	0	0	0	0	0			4	0/0/	0	0	0			0/0			10	--Ethyl acetate
																		25.5	0		
0	0	0	0	0	0	0	0			4	0/0/0	0	0	0			0/0			13	--Vinyl acetate
																		30.5	0		
0	0	0	0	0	0	0	0			0	0/0/	2.9	0	0			0/0			10	--n-Butyl acetate
																		15.5	0		
0	0	0	0	0	0	0	0			4	0/0/	0	0	0			0/0			0	--Dinoseb (ISO) acetate
																		10.5	0		
0	0	0	1.1	0	0	0	0			4	0/0/	2.9	0	0			0/0				--Other
																		10.5	0	9	
																		10.5	0	9	
																		10.5	0	0	
																		10.5	0	9	
																		10.5	0	9	
																		10.5	0	13	
0	0	0	0	0	0	0	0			4	0/0/	0	0	0			0/0				-Mono-, di-or trichloroacetic acids, their salts and esters
																		30.5	0	0	
																		30.5	0	10	
0	0	0	0	0	0	0	0			4	0/0/	0	0	0			0/0			10	---Propionic acid
																		8	0		
0	0	0	0	0	0	0	0			4	0/0/	2.9	0	0			0/0			10	---Other

商品编号	商品名称及备注[检验检疫编码及名称]	进口关税(%)		增值税率(%)	消费税	计量单位	监管条件	检验检疫类别
		最惠国	普通					
2915509000	丙酸盐和酯①	5.5	30	13		千克	AB	M. R/N. S
29156000	-丁酸、戊酸及其盐和酯							
2915600000	丁酸、戊酸及其盐和酯②	5.5	30	13		千克		
29157010	---硬脂酸							
2915701000	硬脂酸(以干燥重量计,纯度在90%及以上)③	7	50	13		千克	A	R/
29157090	---其他							
2915709000	棕榈酸及其盐和酯、硬脂酸盐、酯④	5.5	30	13		千克		
29159000	-其他							
2915900011	茅草枯〔999〕	5.5	30	13		千克	S	
2915900012	抑草蓬〔999〕	5.5	30	13		千克	S	
2915900013	四氟丙酸〔999〕	5.5	30	13		千克	S	
2915900020	氟乙酸钠〔999〕	5.5	30	13		千克	89	

① 〔101 饲料添加剂〕,〔102 丙酸仲丁酯〕,〔103 钛酸(四)乙酯〕,〔104 钛酸(四)正丙酯〕,〔105 钛酸(四)异丙酯〕,〔106 丙酸甲酯(危险化学品)〕,〔107 丙酸异丙酯(危险化学品)〕,〔108 丙酸异丁酯(危险化学品)〕,〔109 丙酸乙酯(危险化学品)〕,〔110 丙酸烯丙酯(危险化学品)〕,〔111 丙酸正丁酯〕,〔112 丙酸正戊酯〕,〔113 丙酸异戊酯〕,〔114 原丙酸(三)乙酯〕,〔115 其他丙酸酯类化合物〕,〔116 丙二酸铊〕,〔117 2-巯基丙酸(危险化学品)〕,〔118 丙(酸)酐〕,〔119 2-氯丙酸〕,〔120 3-氯丙酸〕,〔121 三氟化硼丙酸络合物〕,〔122 丙酸钙〕,〔123 丙酸钠〕,〔124 1-甲基-2,3-环己二酮〕,〔125 2-(4-甲氧基苯氧基)-丙酸钠〕,〔126 2-(甲基二硫基)丙酸乙酯〕,〔127 2-巯基丙酸乙酯〕,〔128 3-环己基丙酸烯丙酯〕,〔129 3-甲硫基丙酸甲酯〕,〔130 3-甲硫基丙酸乙酯〕,〔131 3-糠硫基丙酸乙酯〕,〔132 3-巯基丙酸乙酯〕,〔133 苯丙酸乙酯(氢化肉桂酸乙酯)〕,〔134 丙酸苯乙酯〕,〔135 丙酸苄酯〕,〔136 丙酸丙酯〕,〔137 丙酸橙花酯〕,〔138 丙酸丁酯〕,〔139 丙酸芳樟酯〕,〔140 丙酸癸酯〕,〔141 丙酸己酯〕,〔142 丙酸甲基苯基原酯〕,〔143 丙酸糠酯〕,〔144 丙酸麦芽酚酯〕,〔145 丙酸肉桂酯〕,〔146 丙酸松油酯〕,〔147 丙酸香茅酯〕,〔148 丙酸香叶酯〕,〔149 丙酸甲酯(危险化学品 & 食品添加剂)〕,〔150 丙酸异丙酯(危险化学品 & 食品添加剂)〕,〔151 丙酸异丁酯(危险化学品 & 食品添加剂)〕,〔152 丙酸乙酯(危险化学品 & 食品添加剂)〕,〔153 丙酸烯丙酯(危险化学品 & 食品添加剂)〕,〔154 2-巯基丙酸(危险化学品 & 食品添加剂)〕,〔301 其他危险化学品,需申报仅用于工业用途不用于食品添加剂无检疫要求〕,〔302 无检疫要求食品添加剂〕,〔303 一般化学品,需申报仅用于工业用途不用于食品添加剂无检疫要求〕,〔304 属于危险化学品的食品添加剂〕,〔305 易燃液体,需申报仅用于工业用途不用于食品添加剂无检疫要求〕,〔306 腐蚀性物质,需申报仅用于工业用途不用于食品添加剂无检疫要求〕

② 〔101 饲料添加剂〕,〔102 正丁酸甲酯〕,〔103 正丁酸乙烯酯(抑制了的)〕,〔104 正戊酸甲酯〕,〔105 2,2-二甲基丙酸甲酯〕,〔106 异丁酸乙酯(危险化学品)〕,〔107 异戊酸甲酯(危险化学品)〕,〔108 异丁酸异丙酯(危险化学品)〕,〔109 异丁酸甲酯(危险化学品)〕,〔110 异丁酸(危险化学品)〕,〔111 异丁(酸)酐〕,〔112 丁酮缩醛酯〕,〔113 正丁酸乙酯〕,〔114 正丁酸正丙酯〕,〔115 正丁酸异丙酯〕,〔116 正丁酸正丁酯〕,〔117 丁酸戊酯(危险化学品)〕,〔118 异丁酸正丙酯〕,〔119 异丁酸异丁酯(危险化学品)〕,〔120 2-羟基异丁酸乙酯〕,〔121 丁酸丙烯酯〕,〔122 正戊酸乙酯〕,〔123 异戊酸乙酯(危险化学品)〕,〔124 正戊酸正丙酯〕,〔125 异戊酸异丙酯〕,〔126 其他戊酸酯类化合物〕,〔127 其他丁酸酯类化合物〕,〔128 丁酸酐〕,〔129 丁酸(危险化学品)〕,〔130 1-(对-甲氧基苯基)-1-戊烯-3-酮〕,〔131 1-辛烯-3-醇丁酸酯〕,〔132 2-丁烯酸异丁酯〕,〔133 2-甲基丁酸〕,〔134 2-甲基丁酸-2-甲基丁酯〕,〔135 2-甲基丁酸-3-己烯酯〕,〔136 2-甲基丁酸苯乙酯〕,〔137 2-甲基丁酸丁酯〕,〔138 2-甲基丁酸己酯〕,〔139 2-甲基丁酸甲酯〕,〔140 2-甲基丁酸辛酯〕,〔141 2-甲基丁酸乙酯〕,〔142 2-甲基丁酸异丙酯〕,〔143 2-甲基丁酸异戊酯〕,〔144 2-甲基戊酸〕,〔145 2-甲基戊酸乙酯〕,〔146 2-甲硫基丁酸甲酯〕,〔147 2-氧代丁酸〕,〔148 2-乙基丁酸〕,〔149 2-乙基丁酸烯丙酯〕,〔150 2-乙基丁酸香叶酯〕,〔151 3-(甲硫基)丁酸乙酯〕,〔152 3-甲基丁酸己酯〕,〔153 4-氨基丁酸(丙位氨基丁酸)〕,〔154 4-甲基戊酸甲酯〕,〔155 丁酸 3-(甲硫基)丙酯〕,〔156 丁酸 3-丁酮-2-醇酯〕,〔157 丁酸 3-巯基己酯〕,〔158 丁酸苯乙酯〕,〔159 丁酸苄酯〕,〔160 丁酸丙酯〕,〔161 丁酸丁酯〕,〔162 丁酸二甲基苄基原酯〕,〔163 丁酸反式-2-辛烯醇酯〕,〔164 丁酸反式-2-己烯酯〕,〔165 丁酸芳樟酯〕,〔166 丁酸庚酯〕,〔167 丁酸环己酯〕,〔168 丁酸茴香酯〕,〔169 丁酸己酯〕,〔170 丁酸甲酯〕,〔171 丁酸玫瑰酯〕,〔172 丁酸肉桂酯〕,〔173 丁酸松油酯〕,〔174 丁酸苏合香酯〕,〔175 丁酸烯丙酯〕,〔176 丁酸香茅酯〕,〔177 丁酸香叶酯〕,〔178 丁酸辛酯〕,〔179 丁酸乙酯〕,〔180 丁酸异丙酯〕,〔181 丁酸异丁酯〕,〔182 丁酸异戊酯〕,〔183 顺式-3-己烯醇丁酸酯(丁酸叶醇酯)〕,〔184 戊酸〕,〔185 戊酸丁酯〕,〔186 戊酸甲酯〕,〔187 戊酸糠酯〕,〔188 戊酸顺-3-己烯酯(戊酸叶醇酯)〕,〔189 异丁酸 2-苯氧基乙酯〕,〔190 异丁酸-3-苯丙酯〕,〔191 异丁酸苯乙酯〕,〔192 异丁酸苄酯〕,〔193 异丁酸丙酯〕,〔194 异丁酸橙花酯〕,〔195 异丁酸丁酯〕,〔196 异丁酸对-甲酚酯〕,〔197 异丁酸二甲基苯乙基原酯〕,〔198 异丁酸芳樟酯〕,〔199 异丁酸庚酯〕,〔200 异丁酸己酯〕,〔201 异丁酸甲基苯基原酯(异丁酸苏合香酯)〕,〔202 异丁酸邻-甲酚酯〕,〔203 异丁酸麦芽酚酯〕,〔204 异丁酸玫瑰酯〕,〔205 异丁酸肉桂酯〕,〔206 异丁酸十二酯〕,〔207 异丁酸松油酯〕,〔208 异丁酸香兰素酯〕,〔209 异丁酸香茅酯〕,〔210 异丁酸香叶酯〕,〔211 异丁酸辛酯〕,〔212 异丁酸叶醇酯(顺式-3-己烯醇异丁酸酯)〕,〔213 异丁酸乙基香兰素酯〕,〔214 异丁酸异龙脑酯〕,〔215 异丁酸异戊酯〕,〔216 异戊酸〕,〔217 异戊酸 3-苯丙酯〕,〔218 异戊酸 α-戊基肉桂酯〕,〔219 异戊酸 2-甲基丁酯〕,〔220 异戊酸 3-己烯酯(3-甲基丁酸 3-己烯酯)〕,〔221 异戊酸苯乙酯〕,〔222 异戊酸苄酯〕,〔223 异戊酸薄荷酯〕,〔224 异戊酸丁酯〕,〔225 异戊酸芳樟酯〕,〔226 异戊酸环己酯〕,〔227 异戊酸甲硫醇酯(3-甲基硫代丁酸 S-甲酯)〕,〔228 异戊酸糠酯〕,〔229 异戊酸龙脑酯〕,〔230 异戊酸壬酯〕,〔231 异戊酸肉桂酯〕,〔232 异戊酸烯丙酯〕,〔233 异戊酸香叶酯〕,〔234 异戊酸辛酯〕,〔235 异戊酸异丁酯〕,〔236(+/-)-3-甲硫基丁酸异丁酯〕,〔237 异戊酸异戊酯〕,〔238 丁酸戊酯(危险化学品 & 食品添加剂)〕,〔239 异丁酸(危险化学品 & 食品添加剂)〕,〔240 异丁酸异丁酯(危险化学品 & 食品添加剂)〕,〔241 异戊酸乙酯(危险化学品 & 食品添加剂)〕,〔242 异丁酸乙酯(危险化学品 & 食品添加剂)〕,〔243 丁酸(危险化学品 & 食品添加剂)〕,〔244 异戊酸甲酯(危险化学品 & 食品添加剂)〕,〔245 异丁酸异丙酯(危险化学品 & 食品添加剂)〕,〔246 异丁酸甲酯(危险化学品 & 食品添加剂)〕,〔301 易燃液体〕,〔302 腐蚀性物质〕,〔303 杂项物质〕,〔304 其他化工产品〕,〔305 有机过氧化物〕

③ 〔101 饲料添加剂〕,〔102 化工产品〕,〔301 无检疫要求食品添加剂〕,〔302 需申报仅用于工业用途不用于食品添加剂无检疫要求的化学品〕

④ 〔101 饲料添加剂〕,〔102 十二酸钡〕,〔103 其他化工产品〕,〔104 茶多酚(维多酚)〕,〔105 1,4-桉叶素〕,〔106 4-癸烯醛〕,〔107 三甘油脂肪酸酯〕,〔108 棕榈酸〕,〔109 硬脂酸钙〕,〔110 硬脂酸钾〕,〔111 硬脂酸镁〕,〔112 三聚甘油单硬脂酸酯〕,〔113 十四酸甲酯(肉豆蔻酸甲酯)〕,〔114 十四酸异丙酯〕,〔115 十五内酯〕,〔116 十一酸乙酯〕,〔117 硬脂酸乙酯〕,〔118 棕榈酸乙酯(十六酸乙酯)〕,〔119 硬脂酸钠〕,〔120 木糖醇酐单硬脂酸酯〕,〔121 乙酰化单双脂肪酸甘油酯〕

协定税率(%)															特惠税率(%)			对美税率	出口税率	出口退税率	Article Description
智利	新西兰	澳大利亚	瑞士	冰岛	秘鲁	哥斯达	东盟	亚太	新加坡	巴基斯坦	港/澳/台	韩国	格鲁吉亚	毛里求斯	亚太	老/柬/缅	LDC 97/95				
																		30.5	0		
0	0	0	0	0	0	0	0			4	0/0/	1.6	0	0			0/0			10	-Butanoic acids, pentanoic acids, their salts and esters
																		10.5	0		
0	0	0	0	0	0	0	0			3	0/0/	0	0	0			0/0			10	---Stearic acid
																		32	0		
0	0	0	0	0	0	0	0			4	0/0/	2.9	0	0			0/0			13	---Other
																		25.5	0		
0	0	0	1.1	0	0	0	0			0	0/0/	0	0	0			0/0				-Other
																		25.5	0	0	
																		25.5	0	0	
																		25.5	0	9	
																		25.5	0	10	

商品编号	商品名称及备注[检验检疫编码及名称]	进口关税(%) 最惠国	进口关税(%) 普通	增值税率(%)	消费税	计量单位	监管条件	检验检疫类别
2915900090	其他饱和无环一元羧酸及其酸酐[(酰卤、过氧)化物,过氧酸及其卤化、硝化、磺化、亚硝化衍生物]①	5.5	30	13		千克	AB	M. R/N. S
2916	**不饱和无环一元羧酸、环一元羧酸及其酸酐、酰卤化物、过氧化物和过氧酸,以及它们的卤化、磺化、硝化或亚硝化衍生物:**							
29161100	--丙烯酸及其盐							
2916110000	丙烯酸及其盐[301 腐蚀性物质],[302 其他化工产品],[999]	6.5	30	13		千克		
29161210	---丙烯酸甲酯							
2916121000	丙烯酸甲酯[999]	6.5	30	13		千克	AB	M/N
29161220	---丙烯酸乙酯							
2916122000	丙烯酸乙酯[101 丙烯酸乙酯(抑制了的)],[102 非工业用无检疫要求食品添加剂],[301]	6.5	30	13		千克	AB	M/N
29161230	---丙烯酸丁酯							
2916123001	丙烯酸正丁酯[999]	6.5	30	13		千克	AB	M/N
2916123090	丙烯酸异丁酯[999]	6.5	30	13		千克	AB	M/N
29161240	---丙烯酸异辛酯							
2916124000	丙烯酸异辛酯[999]	6.5	30	13		千克		
29161290	---其他							
2916129000	其他丙烯酸酯②	6.5	30	13		千克		
29161300	--甲基丙烯酸及其盐							
2916130010	甲基丙烯酸[999]	6.5	80	13		千克	AB	M/N
2916130090	甲基丙烯酸盐[999]	6.5	80	13		千克		
29161400	--甲基丙烯酸酯							
2916140010	甲基丙烯酸甲酯[301 爆炸品],[302 易燃液体]	6.5	80	13		千克		
2916140090	其他甲基丙烯酸酯[301 爆炸品],[302 易燃液体],[303 其他化工产品]	6.5	80	13		千克		
29161500	--油酸、亚油酸或亚麻酸及其盐和酯							
2916150000	油酸、亚油酸或亚麻酸及其盐和酯③	6.5	30	13		千克		

① [101 三氟乙酰氯],[102 乙酰氯],[103 丙酰氯],[104 正丁酰氯],[105 异丁酰氯],[106 三氟乙酸乙酯],[107 甲氧基乙酸甲酯],[108 正己酸甲酯],[109 2-氯丙酸甲酯],[110 2-氯丙酸乙酯],[111 3-氯丙酸乙酯],[112 2-氯丙酸异丙酯],[113 正己酸乙酯],[114 过氧化(二)乙酰(在溶液中,含量≤27%)],[115 过氧化(二)丙酰(在溶液中,含量≤27%)],[116 过氧化(二)异丁酰(在溶液中,含量≤52%)],[117 过氧化(二)正辛酰(工业纯)],[118 过氧化(二)正壬酰(工业纯)],[119 过氧化(二)异壬酰(工业纯)],[120 过氧化(二)癸酰(工业纯)],[121 过氧化十二(烷)酰(工业纯)],[122 过氧化十二(烷)酰(含量≤42%,在水中均匀分布)],[123 过甲酸],[124 过乙酸(含量≤43%,含水≥5%,含乙酸≥35%,含过氧化氢≤6%,含有稳定剂)],[125 过乙酸(含量≤16%,含水≥39%,含乙酸≥15%,含过氧化氢≤24%,含有稳定剂)],[126 过氧化乙酸叔丁酯(在溶液中,52%<含量≤77%)],[127 过氧化乙酸叔丁酯(在溶液中,含量≤52%)],[128 过氧化二乙基乙酸叔丁酯],[129 过氧化二乙基乙酸叔丁酯(工业纯)],[130 过氧化二乙基乙酸叔丁酯(在溶液中,含量≤33%,带有过氧化苯甲酸叔丁酯≤33%)],[131 3,3-双-(过氧化叔丁基)丁酸乙酯(工业纯)],[132 3,3-双-(过氧化叔丁基)丁酸乙酯(在溶液中,含量≤77%)],[133 3,3-双-(过氧化叔丁基)丁酸乙酯(含量≤52%,带有惰性固体)],[134 过氧化异丁酸叔丁酯(在溶液中,52%<含量≤77%)],[135 过氧化异丁酸叔丁酯(在溶液中,含量≤52%)],[136 4,4-双-(过氧化叔丁基)戊酸正丁酯(工业纯)],[137 4,4-双-(过氧化叔丁基)戊酸正丁酯(含量≤52%,带有惰性固体)],[138 过氧化新戊酸叔丁酯(在溶液中,67%<含量≤77%)],[139 过氧化新戊酸叔丁酯(在溶液中,含量≤67%)],[140 过氧化新戊酸叔戊酯(在溶液中,含量≤77%)],[141 过氧化新戊酸异丙基苯酯(在溶液中,含量≤77%)],[142 过氧化-2-乙基己酸叔丁酯(工业纯)],[143 过氧化-2-乙基己酸叔丁酯(含量≤31%,含 2,2-二-(过氧化叔丁基)丁烷≤36%,含钝感剂≥33%)],[144 过氧化-2-乙基己酸叔丁酯(含量≤12%,含 2,2-二-(过氧化叔丁基)丁烷≤14%,含 A 型稀释剂≥14%,带有惰性固体≥60%)],[145 过氧化-2-乙基己酸叔丁酯(在溶液中,含量≤52%)],[146 过氧化-2-乙基己酸叔戊酯(工业纯)],[147 过氧化-2-乙基己酸-1,1,3,3-四甲基丁酯(工业纯)],[148 过氧化-3,5,5-三甲基己酸叔丁酯(工业纯)],[149 过氧化新癸酸叔丁酯(工业纯)],[150 过氧化新癸酸叔丁酯(在溶液中,含量≤77%)],[151 过氧化新癸酸异丙基苯酯(在溶液中,含量≤77%)],[152 氟乙酸],[153 氟乙酸钾],[154 氯甲酸(正)丙酯],[155 氯甲酸三氯甲酯],[156 氯甲酸氯甲酯],[157 氯甲酸-2-乙基已酯],[158 氯甲酸环丁酯],[159 氯甲酸环已酯],[160 氯甲酸苯酯],[161 其他一级氯甲酸酯类],[162 溴乙酸甲酯],[163 溴乙酸乙酯],[164 其他一级溴乙酸酯类],[165 七氟丁酸],[166 七氟丁酸钠],[167 氟乙酸乙酯],[168 氯甲酸(正)丁酯],[169 氯甲酸异丁酯],[170 氯甲酸仲丁酯],[171 氯甲酸正戊酯],[172 氯甲酸叔丁基环己(基)酯],[173 其他二级氯甲酸酯类],[174 2-氯正丁酸乙酯],[175 3-氯正丁酸乙酯],[176 4-氯正丁酸乙酯],[177 溴乙酸(正)丙酯],[178 溴乙酸异丙酯],[179 溴乙酸正丁酯],[180 溴乙酸异丁酯],[181 溴乙酸叔丁酯],[182 其他溴乙酸酯类],[183 2-溴丙酸],[184 3-溴丙酸],[185 2-溴-2-甲基丙酸乙酯],[186 三氟乙酸],[187 三氟乙酸酐],[188 三氟化硼乙酸酐],[189 溴(化)乙酰],[190 溴(化)丙酰],[191 溴乙酰溴],[192 1-溴丙酰溴],[193 2-溴丙酰溴],[194 碘(化)乙酰],[195 戊酰氯],[196 异戊酰氯],[197 己酰氯],[198 乙二酰氯],[199 丙二酰氯],[200 丁二酰氯],[201 癸二酰氯],[202 三甲基乙酰氯],[203 氯乙酰氯],[204 二氯乙酰氯],[205 三氯乙酰氯],[206 二甲氨基甲酰氯],[207 呋喃甲酰氯],[208 溴乙酸],[209 三溴乙酸],[210 碘乙酸],[211 三碘乙酸],[212 巯基乙酸],[213 三氟化硼乙酸络合物],[214 辛酰氯],[215 己酸(危险化学品)],[216 十二(烷)酰氯],[217 十四(烷)酰氯],[218 十六(烷)酰氯],[219 十八(烷)酰氯],[220 己二酰(二)氯],[221 氯甲酸烯丙(基)酯(含有稳定剂)],[222 氯甲酸苄酯],[223 硫代氯甲酸乙酯],[224 辛基苯氧聚乙烯氧基],[225 月桂酸],[226 山嵛酸],[227 单油酸甘油酯],[228 庚酸甲酯],[229 庚酸烯丙酯],[230 壬酸],[231 十二酸(月桂酸)],[232 十六酸(棕榈酸)],[233 十四酸(肉豆蔻酸)],[234 十一酸],[235 天然康酿克油],[236 烯丙硫醇己酸酯],[237 辛酸],[238 辛酸 α-糠酯],[239 辛酸苯乙酯],[240 辛酸对-甲酚酯],[241 辛酸己酯],[242 辛酸甲酯],[243 辛酸壬酯],[244 辛酸戊酯],[245 辛酸烯丙酯],[246 辛酸辛酯],[247 辛酸乙酯],[248 辛酸异戊酯],[249 椰子油混合酸乙酯],[250 异己酸],[251 月桂酸乙酯(十二酸乙酯)],[252 月桂酸异戊酯(十二酸异戊酯)],[253 正己酸异丁酯],[254 正戊酸乙酯],[255 正戊酸正戊酯],[256 异戊酸异丙酯],[257 单辛酸甘油酯],[258 单脂肪酸甘油酯],[259 单、双硬脂酸甘油酯],[260 丙二醇脂肪酸酯],[261 聚氧乙烯(20)山梨醇酐单硬脂酸酯(吐温 60)],[262 聚氧乙烯(20)山梨醇酐单油酸酯(吐温 80)],[263 1,6-己二硫醇],[264 2,4,7-癸三烯酸乙酯],[265 2-己烯酸甲酯],[266 2-甲基-3-戊烯酸乙酯],[267 2-甲基-4-戊烯酸乙酯],[268 2-硫代糠酸甲酯],[269 2-壬烯酸甲酯],[270 2-辛烯酸乙酯],[271 3,7-二甲基-6-辛烯酸甲酯],[272 3-苯基缩水甘油酸乙酯],[273 3-己烯酸甲酯],[274 3-壬烯酸甲酯],[275 4-乙基辛酸],[276 丙二酸二乙酯],[277 庚酸],[278 庚酸丙酯],[279 庚酸丁酯],[280 庚酸戊酯],[281 庚酸乙酯],[282 癸二酸二乙酯],[283 癸酸],[284 癸酸乙酯],[285 己酸苯乙酯],[286 己酸丙酯],[287 己酸丁酯],[288 己酸反式-2-己烯酯],[289 己酸芳樟酯],[290 己酸己酯],[291 己酸甲酯],[292 己酸戊酯],[293 己酸烯丙酯],[294 己酸香叶酯],[295 己酸乙酯],[296 己酸异戊酯],[297 己酸(危险化学品 & 食品添加剂)],[301 其他危险化学品,需申报仅用于工业用途不用于食品添加剂无检疫要求],[302 无检疫要求食品添加剂],[303 一般化学品,需申报仅用于工业用途不用于食品添加剂无检疫要求],[304 属于危险化学品的食品添加剂],[305 易燃液体,需申报仅用于工业用途不用于食品添加剂无检疫要求],[306 易燃液体,需申报仅用于工业用途不用于食品添加剂无检疫要求],[307 有机过氧化物,需申报仅用于工业用途不用于食品添加剂无检疫要求],[308 毒性物质和感染性物质,需申报仅用于工业用途不用于食品添加剂无检疫要求],[309 腐蚀性物质,需申报仅用于工业用途不用于食品添加剂无检疫要求],[310 杂项物质,需申报仅用于工业用途不用于食品添加剂无检疫要求]

② [101 其他丙烯酸酯类化合物],[102 丙烯酸-2-硝基丁酯],[103 乳糖醇],[104 壬酸乙酯],[301 易燃液体],[302 腐蚀性物质],[303 杂项物质],[304 其他化工产品]

③ [101 亚麻酸],[102 亚油酸],[103 亚油酸甲酯(48%),亚麻酸甲酯(52%)混合物],[104 亚油酸乙酯],[105 油酸乙酯],[106 单,双甘油脂肪酸酯]

协定税率(%)															特惠税率(%)			对美税率	出口税率	出口退税率	Article Description
智利	新西兰	澳大利亚	瑞士	冰岛	秘鲁	哥斯达	东盟	亚太	新加坡	巴基斯坦	港/澳/台	韩国	格鲁吉亚	毛里求斯	亚太	老/柬/缅	LDC 97/95				
																			0	10	
																					Unsaturated acyclie monocarboxylic acids, cyclic monocarboxylie acids, their anhydrides, halides, peroxides and peroxyacids; their halogenated, sulphonated, nitrated or nitrosated derivatives:
0	0	0	0	0	0	0	0				0/0/	3.4	0	0			0/0			10	--Acrylic acid and its salts
																		31.5	0		
0	0	0	3.1	0	0	0	0		0	4	0/0/	3.4	0	0			0/0			10	---Methyl acrylate
																			0		
0	0	0	0	0	0	0	0		0	4	0/0/	3.4	0	0			0/0			10	---Ethyl acrylate
																		16.5	0		
0	0	0	0	0	0	0	0		0	4	0/0/		0	0			0/0			10	---Butyl acrylate
																		11.5	0		
																		11.5	0		
0	0	0	0	0	0	0	0		0	4	0/0/	3.4	0	0			0/0			10	---Isooctyl acrylate
																		31.5	0		
0	0	0	0	0	0	0	0		0	4	0/0/		0	0			0/0			10	---Other
																		26.5	0		
0	0	0	0	0	0	0	0			4	0/0/0	0	0	0			0/0			13	--Methacrylie acid and its salts
																		31.5	0		
																		31.5	0		
0	0	0	0	0	0	0	0			0	0/0/0	0	0	0			0/0			13	--Esters of methacrylie acid
																		31.5	0		
																		31.5	0		
0	0	0	0	0	0	0	0			4	0/0/	3.4	0	0			0/0			10	--Oleic, linoleic or linotenic acids, their salts and esters
																		16.5	0		

商品编号	商品名称及备注[检验检疫编码及名称]	进口关税(%) 最惠国	进口关税(%) 普通	增值税率(%)	消费税	计量单位	监管条件	检验检疫类别
29161600	--乐杀螨							
2916160000	乐杀螨(ISO)〔101 乐杀螨(含量>25%)〕,〔102 乐杀螨乳剂(含量>5%)〕,〔301〕	6.5	30	13		千克	S	
29161900	--其他							
2916190011	烯虫乙酯〔999〕	6.5	30	13		千克	S	
2916190012	烯虫炔酯〔999〕	6.5	30	13		千克	S	
2916190013	消螨普〔999〕	6.5	30	13		千克	S	
2916190090	其他不饱和无环一元羧酸(包括其酸酐、酰卤化物、过氧化物和过氧酸及它们的衍生物)①	6.5	30	13		千克	AB	M.R/N.S
29162010	---二溴菊酸、DV 菊酸甲酯							
2916201000	DV 菊酸甲酯、二溴菊酸〔999〕	4	11	13		千克		
29162090	---其他							
2916209021	苄菊酯、苯醚菊酯(包括右旋苯醚菊酯、富右旋反式苯醚菊酯)〔999〕	6.5	30	13		千克	S	
2916209022	苄烯菊酯、氯菊酯(包括生物氯菊酯)②	6.5	30	13		千克	S	
2916209023	氯烯炔菊酯、联苯菊酯〔999〕	6.5	30	13		千克	S	
2916209024	七氟菊酯、四氟苯菊酯、五氟苯菊酯、七氟甲醚菊酯(包括甲氧苄氟菊酯、氯氟醚菊酯)〔999〕	6.5	30	13		千克	S	
2916209025	戊菊酯、环螨酯〔999〕	6.5	30	13		千克	S	
2916209026	四氟甲醚菊酯、烯炔菊酯、四氟醚菊酯(包括右旋烯炔菊酯、富右旋反式烯炔菊酯)〔999〕	6.5	30	13		千克	S	
2916209027	炔丙菊酯(包括右旋炔丙菊酯、富右旋反式炔丙菊酯)〔999〕	6.5	30	13		千克	S	
2916209028	氯丙炔菊酯(包括右旋反式氯丙炔菊酯)〔999〕	6.5	30	13		千克	S	
2916209090	其他(环烷、环烯、环萜烯)一元羧酸(包括酸酐、酰卤化物、过氧化物和过氧酸及其衍生物)③	6.5	30	13		千克	AB	M.R/N.S
29163100	--苯甲酸及其盐和酯							
2916310000	其他苯甲酸及其盐和酯④	6.5	30	13		千克	AB	M.R/N.S
29163200	--过氧化苯甲酰及苯甲酰氯							
2916320000	过氧化苯甲酰及苯甲酰氯⑤	6.5	30	13		千克	AB	M.R/N.S
29163400	--苯乙酸及其盐							
2916340010	苯乙酸〔101 苯乙酸乙醇溶液〕,〔102 非工业用无检疫要求食品添加剂〕	6.5	30	13		千克	23	
2916340090	苯乙酸盐〔999〕	6.5	30	13		千克		
29163910	---邻甲基苯甲酸							
2916391000	邻甲基苯甲酸〔999〕	6.5	30	13		千克		
29163920	---布洛芬							

① 〔101 饲料添加剂〕,〔102 丁烯酸甲酯〕,〔103 丁烯酸乙酯〕,〔104 异丁烯酸甲酯(抑制了的)〕,〔105 异丁烯酸乙酯(抑制了的)〕,〔106 过氧化丁烯酸叔丁酯(在溶液中,含量≤77%)〕,〔107 甲基丙烯酸二甲基氨基乙酯〕,〔108 丁烯二酰氯(反式)〕,〔109 丙炔酸〕,〔110 2-丁烯酸〕,〔111 二氯醛基丙烯酸〕,〔112 滑石粉〕,〔113 二氧化硅(矽)〕,〔114 亚铁氰化钾(黄血盐钾)〕,〔115 硅酸钙〕,〔116 山梨酸〕,〔117 山梨酸钾〕,〔118 山梨醇酐单硬脂酸酯(斯潘 60)〕,〔119 山梨醇酐单油酸酯(斯潘 80)〕,〔120 山梨醇酐单月桂酸酯(司盘 20)〕,〔121 山梨醇酐单棕榈酸酯(司盘 40)〕,〔122 山梨醇酐叁硬脂酸酯〕,〔123 山梨糖醇液〕,〔124 反式-2-丁烯酸顺式-3-己烯酯(反式-2-丁烯酸叶醇酯)〕,〔125 反式-2-丁烯酸叶醇酯〕,〔126 山梨酸甲酯〕,〔127 顺式-4,7-辛二烯酸乙酯〕,〔128 顺式-4-庚烯酸乙酯〕,〔129 顺式-4-羟基-6-十二烯酸内酯〕,〔130 顺式-4-辛烯酸乙酯〕,〔131 惕各酸〕,〔132 惕各酸苯乙酯〕,〔133 惕各酸苄酯〕,〔134 惕各酸乙酯〕,〔135 辛炔羧酸甲酯〕,〔136 2-甲基-2-戊烯酸(草莓酸)〕,〔137 不饱和脂肪酸单甘脂〕,〔138 聚氧乙烯木糖醇酐单硬脂酸酯〕,〔139(S1)-甲氧基-3-庚硫醇〕,〔140 2-甲基-4-戊烯酸〕,〔141 2-甲基-3-戊烯酸〕,〔142 3,7-二甲基-6-辛烯酸〕,〔143 3-己烯酸〕,〔144 9-癸烯酸〕,〔145 9-十一烯酸甲酯〕,〔146 当归酸异丁酯〕,〔147 反式-2-丁烯酸乙酯〕,〔148 反式-2-癸烯酸乙酯〕,〔149 反式-2-顺式-4-癸二烯酸乙酯〕,〔150 庚炔羧酸甲酯〕,〔151 柠檬酸脂肪酸甘油酯〕,〔152 对羟基苯甲酸丙酯〕,〔153(反式,反式)-2,4-壬二烯〕,〔154 2,4,6-三甲基二氢-4H-1,3,5-二噻嗪〕,〔301 其他危险化学品〕,〔302 无检疫要求的食品添加剂〕,〔303 需申报仅用于工业用途不用于食品添加剂无检疫要求的化学品〕,〔304 属于危险化学品的食品添加剂〕,〔305 易燃液体,需申报仅用于工业用途不用于食品添加剂无检疫要求〕,〔306 有机过氧化物,需申报仅用于工业用途不用于食品添加剂无检疫要求〕,〔307 毒性物质和感染性物质,需申报仅用于工业用途不用于食品添加剂无检疫要求〕,〔308 腐蚀性物质,需申报仅用于工业用途不用于食品添加剂无检疫要求〕,〔309 爆炸品〕

② 〔101 苄氯菊酯乙醇溶液〕,〔102 氯氰菊酯〕,〔103 丙烯菊酯(含量>30%)〕,〔301 其他化工产品〕

③ 〔101 环烷酸钴(粉状的)〕,〔102 环烷酸锌〕,〔103 过氧化苯甲酸叔丁酯〕,〔104 过氧化苯甲酸叔丁酯(工业纯)〕,〔105 过氧化苯甲酸叔丁酯(在溶液中,含量>77%)〕,〔106 过氧化苯甲酸叔丁酯(在溶液中,含量≤77%)〕,〔107 过氧化苯甲酸叔丁酯(含量≤52%,带有惰性固体)〕,〔108 过氧化苯甲酸叔戊酯(在溶液中,含量≤92%)〕,〔109 过氧化邻苯二甲酸叔丁酯(工业纯)〕,〔110 双-(过氧化叔丁基)邻苯二甲酸酯(工业纯)〕,〔111 双-(过氧化叔丁基)邻苯二甲酸酯(在溶液中,含量≤52%)〕,〔112 双-(过氧化叔丁基)邻苯二甲酸酯(糊状物,含量≤52%)〕,〔113 二氯苯醚菊酯乳剂〕,〔114 除虫菊〕,〔115 葡萄柚油萜烯〕,〔116 10-十一烯酸乙酯〕,〔117 2-甲基-4-戊烯酸(浆果酸)〕,〔118 2-甲基庚酸〕,〔119 2-甲基己酸〕,〔120 3-己烯酸乙酯〕,〔121 3-甲基巴豆酸〕,〔122 4-甲基壬酸〕,〔123 4-甲基辛酸〕,〔124N,2,3-三甲基-2-异丙基丁酰胺〕,〔125 二氢茉莉酮酸甲酯〕,〔126 反式-2-己烯酸〕,〔127 反式-2-己烯酸乙酯〕,〔128 环己基丁酸烯丙酯〕,〔129 环己基乙酸烯丙酯〕,〔130 环己烷基甲酸〕,〔301 其他危险化学品,需申报仅用于工业用途不用于食品添加剂无检疫要求〕,〔302 无检疫要求食品添加剂〕,〔303 一般化学品,需申报仅用于工业用途不用于食品添加剂无检疫要求〕,〔304 属于危险化学品的食品添加剂〕,〔305 易燃固体,需申报仅用于工业用途不用于食品添加剂无检疫要求〕,〔306 有机过氧化物,需申报仅用于工业用途不用于食品添加剂无检疫要求〕

④ 〔101 饲料添加剂〕,〔102 2,4,6-三硝基苯甲酸(干的或含水<30%)〕,〔103 三硝基苯甲酸(含水≥30%)〕,〔104 3-过氧化叔丁基-3-邻羟甲基苯甲酸内酯(工业纯)〕,〔105 苯甲酸甲酯(危险化学品)〕,〔106 对硝基苯甲酰氯〕,〔107 3-硝基苯甲酰溴〕,〔108 对羟基苯甲酸甲脂钠〕,〔109 苯甲酸钠〕,〔110 对羟基苯甲酸甲酯〕,〔111 苯甲酸〕,〔112 苯甲酸苯乙酯〕,〔113 苯甲酸苄酯〕,〔114 苯甲酸丙酯〕,〔115 苯甲酸芳樟酯〕,〔116 苯甲酸己酯〕,〔117 苯甲酸甲硫醇酯〕,〔118 苯甲酸顺式-3-己烯酯(苯甲酸叶醇酯)〕,〔119 苯甲酸香叶酯〕,〔120 苯甲酸乙酯〕,〔121 苯甲酸异丁酯〕,〔122 苯甲酸及其钠盐〕,〔123 苯甲酸异戊酯〕,〔124 苯甲酸甲酯(危险化学品 & 食品添加剂)〕,〔301 其他危险化学品,需申报仅用于工业用途不用于食品添加剂无检疫要求〕,〔302 无检疫要求食品添加剂〕,〔303 一般化学品,需申报仅用于工业用途不用于食品添加剂无检疫要求〕,〔304 属于危险化学品的食品添加剂〕

⑤ 〔101 过氧化(二)苯甲酰(工业纯)〕,〔102 过氧化(二)苯甲酰(含量>52%,带有惰性固体)〕,〔103 过氧化(二)苯甲酰(糊状物,含量≤72%)〕,〔104 过氧化(二)苯甲酰(77%<含量<95%,含水)〕,〔105 过氧化(二)苯甲酰(32%≤含量≤52%,带有惰性固体)〕,〔106 过氧化(二)苯甲酰(含量≤77%,含水)〕,〔107 过氧化(二)苯甲酰(含量≤62%,带有惰性固体≥28%,含水≥10%)〕,〔108 过氧化(二)苯甲酰油膏〕,〔109 过氧化二-(2-甲基苯甲酰)(含量≤87%,含水)〕,〔110 过氧化二-(2-氯苯甲酰)(含量≤77%,含水)〕,〔111 过氧化二-(4-氯苯甲酰)(含量≤77%,含水)〕,〔112 过氧化二-(4-氯苯甲酰)(糊状物,含量≤52%)〕,〔113 过氧化二-(4-氯苯甲酰)(在溶液中,含量≤52%)〕,〔114 过氧化二-(2,4-二氯苯甲酰)(含量≤77%,含水)〕,〔115 过氧化二-(2,4-二氯苯甲酰)(糊状物,含量≤52%)〕,〔116 过氧化二-(2,4-二氯苯甲酰)(在溶液中,含量≤52%)〕,〔117 过氧化乙酰苯甲酰(在溶液中含量≤45%)〕,〔118 过氧化氢苯甲酰〕,〔119 苯甲酰氯〕,〔120 2-氯苯甲酰氯〕,〔121 4-氯苯甲酰氯〕,〔122 2-溴苯甲酰氯〕,〔123 4-溴苯甲酰氯〕,〔301 其他危险化学品,需申报仅用于工业用途不用于食品添加剂无检疫要求〕,〔302 属于危险化学品的食品添加剂〕,〔303 有机过氧化物,需申报仅用于工业用途不用于食品添加剂无检疫要求〕,〔304 腐蚀性物质,需申报仅用于工业用途不用于食品添加剂无检疫要求〕

协定税率(%)															特惠税率(%)			对美税率	出口税率	出口退税率	Article Description
智利	新西兰	澳大利亚	瑞士	冰岛	秘鲁	哥斯达	东盟	亚太	新加坡	巴基斯坦	港/澳/台	韩国	格鲁吉亚	毛里求斯	亚太	老/柬/缅	LDC 97/95				
0	0	0	0	0	0	0	0			4	0/0/	0	0	0			0/0			0	--Binapacryl(ISO)
																			0		
0	0	0		0	0	0	0			4	0/0/	0	0	0			0/0				--Other
																		16.5	0	9	
																		16.5	0	9	
																		16.5	0	9	
																		16.5	0	10	
0	0	0	0	0	0	0	0			0	0/0/	0	0	0			0/0			10	---Dibromochrysanthermic acid, DVchrysanthemimono carboxylate
																			0		
0	0	0	3.1	0	0	0	0			4	0/0/	0	0	0			0/0				---Other
																		31.5	0	9	
																		31.5	0	9	
																		31.5	0	9	
																		31.5	0	9	
																		31.5	0	9	
																		31.5	0	9	
																		31.5	0	9	
																		31.5	0	9	
																		31.5	0	10	
0	0	0		0	0	0	0			4	0/0/	1.9	0	0			0/0			10	--Benzoic acid, its salts and esters
																		26.5	0		
0	0	0	0	0	0	0	0			4	0/0/	1.9	0	0			0/0			10	--Benzoyl peroxied and benzoyl chloride
																		31.5	0		
0	0	0		0	0	0	0			4	0/0/	0	0	0			0/0			10	--phenylacetic acid and its salts
																		26.5	0		
																		26.5	0		
0	0	0	0	0	0	0	0			4	0/0/	0	0	0			0/0			10	---o-Methylbenzoic acid
																		11.5	0		
0	0	0	0	0	0	0	0			4	0/0/	0	0	0			0/0			10	---Brufen(Ibuprofen)

商品编号	商品名称及备注[检验检疫编码及名称]	进口关税(%)		增值税率(%)	消费税	计量单位	监管条件	检验检疫类别
		最惠国	普通					
2916392000	布洛芬〔999〕	6.5	30	13		千克		
29163930	---2-(3-碘-4-乙基苯基)-2-甲基丙酸							
2916393000	2-(3-碘-4-乙基苯基)-2-甲基丙酸〔999〕	6.5	30	13		千克		
29163990	---其他							
2916399012	草芽畏、燕麦酯〔999〕	6.5	30	13		千克	S	
2916399013	5-硝基邻甲氧基苯酚钠〔999〕	6.5	30	13		千克	S	
2916399014	对氯苯氧乙酸及其盐〔999〕	6.5	30	13		千克	S	
2916399015	三碘苯甲酸〔999〕	6.5	30	13		千克	S	
2916399016	萘乙酸〔999〕	6.5	30	13		千克	S	
2916399017	伐草克〔999〕	6.5	30	13		千克	S	
2916399018	α-萘乙酸及其盐〔999〕	6.5	30	13		千克	S	
2916399090	其他芳香一元羧酸①	6.5	30	13		千克		
2917	**多元羧酸及其酸酐、酰卤化物、过氧化物和过氧酸,以及它们的卤化、磺化、硝化或亚硝化衍生物:**							
29171110	---草酸							
2917111000	草酸〔999〕	6.5	40	13		千克		
29171120	---草酸钴							
2917112000	草酸钴〔999〕	9	30	13		千克	4xy	
29171190	---其他							
2917119000	其他草酸盐和酯②	6.5	30	13		千克		
29171200	--己二酸及其盐和酯							
2917120001	己二酸〔999 无检疫要求食品添加剂〕	6.5	30	13		千克	A	R/
2917120090	己二酸盐和酯③	6.5	30	13		千克	A	R/
29171310	---癸二酸及其盐和酯							
2917131000	癸二酸及其盐和酯〔999〕	6.5	30	13		千克		
29171390	---其他							
2917139000	壬二酸及其盐和酯〔999〕	6.5	30	13		千克		
29171400	--马来酐							
2917140000	马来酐〔999〕	6.5	30	13		千克		
29171900	--其他							
2917190010	驱虫特,硝苯菌酯〔999〕	6.5	30	13		千克	S	
2917190090	其他无环多元羧酸④	6.5	30	13		千克		
29172010	---四氢苯酐							
2917201000	四氢苯酐〔999〕	4	11	13		千克		
29172090	---其他							
2917209010	驱蚊灵〔999〕	6.5	30	13		千克	S	
2917209090	其他(环烷、环烯、环萜烯)多元羧酸⑤	6.5	30	13		千克	AB	M. R/N. S
29173200	--邻苯二甲酸二辛酯							
2917320000	邻苯二甲酸二辛酯〔999〕	6.5	30	13		千克		
29173300	--邻苯二甲酸二壬酯及邻苯二甲酸二癸酯							
2917330000	邻苯二甲酸二壬酯等(包括邻苯二甲酸二癸酯)〔999〕	6.5	30	13		千克		
29173410	---邻苯二甲酸二丁酯							
2917341010	驱蚊叮〔999〕	6.5	30	13		千克	S	
2917341090	其他邻苯二甲酸二丁酯〔301 杂项物质〕,〔302 其他化工产品〕,〔999〕	6.5	30	13		千克		
29173490	---其他							
2917349000	其他邻苯二甲酸酯〔301 其他危险化学品〕,〔302 其他化工产品〕,〔303 杂项物质〕,〔999〕	6.5	30	13		千克		
29173500	--邻苯二甲酸酐							

① 〔101 可得然胶〕,〔102 硫酸钙(石膏)〕,〔103 4-茴香酸〕,〔104 肉桂酸〕,〔105 肉桂酸-3-苯丙酯〕,〔106 肉桂酸苯乙酯〕,〔107 肉桂酸苄酯〕,〔108 肉桂酸芳樟酯〕,〔109 肉桂酸甲酯〕,〔110 肉桂酸肉桂酯〕,〔111 肉桂酸烯丙酯〕,〔112 肉桂酸乙酯〕,〔113 肉桂酸异丁酯〕,〔114 肉桂酸异戊酯〕,〔115 薪草提取物〕,〔116 其他危险化学品〕,〔117 其他化工品〕,〔301 爆炸品〕,〔302 易燃固体〕,〔303 有机过氧化物〕,〔304 腐蚀性物质〕

② 〔101 乙二酸二甲酯〕,〔102 乙二酸二乙酯〕,〔103 乙二酸二丁酯〕,〔104 乙二酸二烯丙酯〕,〔105 其他乙二酸酯类〕,〔301 其他危险化学品〕,〔302 需申报仅用于工业用途不用于食品添加剂无检疫要求的化学品〕,〔303 毒性物质和感染性物质〕

③ 〔301 无检疫要求食品添加剂〕,〔302 需申报仅用于工业用途不用于食品添加剂无检疫要求的化学品〕,〔999 其他化工产品〕

④ 〔101 饲料添加剂〕,〔102 过氧化(二)丁二酸(工业纯)〕,〔103 过氧化(二)丁二酸(含量≤72%,含水)〕,〔104 双过氧化壬二酸(含量≤27%,含壬二酸≥13%,含硫酸钠≥53%)〕,〔105 双过氧化十二烷二酸(含量≤42%,含硫酸钠≥56%)〕,〔106 过氧化顺式丁烯二酸叔丁酯(工业纯)〕,〔107 过氧化顺式丁烯二酸叔丁酯(在溶液中,含量≤52%)〕,〔108 过氧化顺式丁烯二酸叔丁酯(糊状物,含量≤52%)〕,〔109 十三碳二酸环乙二醇二酯〕,〔110 戊二酸单 l-薄荷醇酯〕,〔111 蒸馏单硬脂酸甘油酯〕,〔112 聚合松香(包括木松香、妥尔松香)甘油酯〕,〔113 琥珀酸单甘油酯〕,〔114 聚甘油蓖麻醇酯〕,〔115 聚甘油单油酸酯〕,〔116 聚甘油脂肪酸酯〕,〔117 富马酸〕,〔118 富马酸一钠〕,〔119 丁二酸二乙酯〕,〔120 琥珀酸〕,〔121 琥珀酸二甲酯〕,〔122 富马酸亚铁〕,〔123 琥珀酸二钠〕,〔124 聚甘油聚亚油酸酯〕,〔301 有机过氧化物〕,〔302 毒性物质和感染性物质〕,〔303 其他化工产品〕,〔304 易燃液体〕,〔305 腐蚀性物质〕

⑤ 〔301 其他危险化学品,需申报仅用于工业用途不用于食品添加剂无检疫要求〕,〔302 无检疫要求食品添加剂〕,〔303 一般化学品,需申报仅用于工业用途不用于食品添加剂无检疫要求〕,〔304 属于危险化学品的食品添加剂〕,〔999〕

协定税率(%)															特惠税率(%)			对美税率	出口税率	出口退税率	Article Description
智利	新西兰	澳大利亚	瑞士	冰岛	秘鲁	哥斯达	东盟	亚太	新加坡	巴基斯坦	港/澳/台	韩国	格鲁吉亚	毛里求斯	亚太	老/柬/缅	LDC 97/95				
																		16.5	0		
0	0	0	3.1	0	0	0	0			4	0/0/	0	0	0			0/0			13	---2-(3-iodo-ethylphenyl)-2-methylpropionic acid
																			0		
0	0	0	3.1	0	0	0	0			4	0/0/	0	0	0			0/0				---Other
																		16.5	0	9	
																		16.5	0	0	
																		16.5	0	9	
																		16.5	0	0	
																		16.5	0	9	
																		16.5	0	9	
																		16.5	0	9	
																		16.5	0	10	
																					Polycarboxylic acids, their anhydrides, halides, peroxides and peroxyacids; their halogenated, sulphonated, nitrated or nitrosated derivatives:
0	0	0	0	0	0	0	0			4	0/0/	1.9	0	0			0/0			10	---Oxalie acid
																		26.5	0		
0	0	0	0	0	0	0	0			3	0/0/	0	0	0			0/0			10	---Cobalt oxalate
																			0		
0	0	0	0	0	0	0	0			4	0/0/	1.9	0	0			0/0			10	---Other
																		11.5	0		
0	0	0	0	0	0	0	0			4	0/0/		0	0			0/0			13	--Adipic acid, its salts and esters
																		31.5	0		
																		31.5	0		
0	0	0	0	0	0	0	0			4	0/0/	3.4	0	0			0/0			10	---Sebacic acid, its salts and esters
																		31.5	0		
0	0	0	0	0	0	0	0	5.2		4	0/0/	0	0	0			0/0			10	---Other
																		11.5	0		
0	0	0	0	0	0	0	0			4	0/0/	1.9	0	0			0/0			10	--Maleic anhydride
																		31.5	0		
0	0	0	0	0	0	0	0			4	0/0/	0	0	0			0/0				--Other
																		16.5	0	0	
																		16.5	0	10	
0	0	0	0	0	0	0	0			0	0/0/	2.1	0	0			0/0			10	---Tetrahydrobenzoic anhydride
																		29	0		
0	0	0	0	0	0	0	0			4	0/0/	3.4	0	0			0/0			10	---Other
																		26.5	0	0	
																		26.5	0	10	
0	0	0	0	0	0	0	0			0	0/0/0		0	0			0/0			10	--Dioctyl orthophthalates
																		31.5	0		
0	0	0	0	0	0	0	0			4	0/0/0	0	0	0			0/0			10	--Dinonyl or didecyl orthophthalates
																		16.5	0		
0	0	0	0	0	0	0	0			4	0/0/	1.9	0	0			0/0				---Dibutyl orthophthalates
																		26.5	0	0	
																		26.5	0	10	
0	0	0	0	0	0	0	0			4	0/0/0	0	0	0			0/0			10	---Other
																		16.5	0		
0	0	0	0	0	0	0	0			0	0/0/		0	0			0/0			10	--Phthalic anhydride

商品编号	商品名称及备注[检验检疫编码及名称]	进口关税(%)最惠国	进口关税(%)普通	增值税率(%)	消费税	计量单位	监管条件	检验检疫类别
2917350000	邻苯二甲酸酐(苯酐)〔301 腐蚀性物质〕,〔302 其他化工产品〕,〔999〕	6.5	30	13		千克	AB	M/N
29173611	----精对苯二甲酸							
2917361100	精对苯二甲酸[白色针状结晶或粉末,密度 1.510,主要技术指标为 4-羧基苯甲醛(4-CBA)≤25PPM]〔999〕	6.5	30	13		千克		
29173619	----其他							
2917361900	其他对苯二甲酸〔999〕	6.5	30	13		千克		
29173690	---其他							
2917369000	对苯二甲酸盐〔999〕	6.5	30	13		千克		
29173700	--对苯二甲酸二甲酯							
2917370000	对苯二甲酸二甲酯〔999〕	6.5	30	13		千克		
29173910	---间苯二甲酸							
2917391000	间苯二甲酸〔999〕	6.5	30	13		千克		
29173990	---其他							
2917399011	酞菌酯〔999〕	6.5	30	13		千克	S	
2917399012	氯酞酸甲酯〔999〕	6.5	30	13		千克	S	
2917399013	氯酞酸〔999〕	6.5	30	13		千克	S	
2917399090	其他芳香多元羧酸①	6.5	30	13		千克		
2918	**含附加含氧基的羧酸及其酸酐、酰卤化物、过氧化物和过氧酸,以及它们的卤化、磺化、硝化或亚硝化衍生物:**							
29181100	--乳酸及其盐和酯							
2918110000	乳酸及其盐和酯②	6.5	30	13		千克	AB	M. R/N. S
29181200	--酒石酸							
2918120000	酒石酸③	6.5	35	13		千克	A	R/
29181300	--酒石酸盐及酒石酸酯							
2918130000	酒石酸盐及酒石酸酯④	6.5	30	13		千克	AB	M. R/N. S
29181400	--柠檬酸							
2918140000	柠檬酸⑤	6.5	35	13		千克	4Axy	R/
29181500	--柠檬酸盐及柠檬酸酯							
2918150000	柠檬酸盐及柠檬酸酯⑥	6.5	30	13		千克	4Axy	R/
29181600	--葡糖酸及其盐和酯							
2918160000	葡糖酸及其盐和酯〔101 葡萄糖酸钙〕,〔102 葡萄糖酸锌〕,〔103 葡萄糖酸亚铁〕,〔104 葡萄糖酸钠〕	6.5	30	13		千克		
29181700	--2,2-二苯基-2-羟基乙酸(二苯基乙醇酸)							
2918170000	2,2-二苯基-2-羟基乙酸(二苯羟乙酸、二苯乙醇酸)〔999〕	6.5	30	13		千克	23	
29181800	--乙酯杀螨醇(ISO)							
2918180000	乙酯杀螨醇(包括其酸酐、酰卤化物、过氧化物和过氧酸及其衍生物)⑦	6.5	30	13		千克	S	
29181900	--其他							
2918190010	二苯乙醇酸甲酯(包括其酸酐、酰卤化物、过氧化物和过氧酸及其衍生物)〔999〕	6.5	30	13		千克	23	
2918190030	γ-羟基丁酸及其盐〔999〕	6.5	30	13		千克	I	
2918190041	丙酯杀螨醇〔999〕	6.5	30	13		千克	S	
2918190042	溴螨酯〔999〕	6.5	30	13		千克	S	
2918190043	茐丁酯〔999〕	6.5	30	13		千克	S	
2918190044	整形醇〔999〕	6.5	30	13		千克	S	

① 〔101 1,8-萘二甲酸酐〕,〔102 六氯内次甲基四氢邻苯二甲酸酐〕,〔103 均苯四甲酸酐〕,〔104 四氢邻苯二甲酸酐(含马来酐>0.05%)〕,〔105 白脱酸〕,〔301 易燃固体〕,〔302 腐蚀性物质〕,〔303 其他危险化学品〕,〔304 其他化工产品〕,〔305 有机过氧化物〕,〔306 杂项物质〕

② 〔101 饲料添加剂〕,〔102 2-羟基丙酸甲酯〕,〔103 2-羟基丙酸乙酯〕,〔104 乳酸锑〕,〔105 乳酸脂肪酸甘油酯〕,〔106 硬脂酰乳酸钠〕,〔107 乳酸钾〕,〔108 乳酸钠(溶液)〕,〔109 乳酸〕,〔110 乳酸钙〕,〔111 乳酸 L-薄荷酯〕,〔112 乳酸叶醇酯(顺式-3-己烯醇乳酸酯)〕,〔113 乳酸乙酯〕,〔114 乳酸亚铁〕,〔115L-乳酸钙〕,〔116 工业用途无检疫要求食品添加剂〕,〔301 其他危险化学品,需申报仅用于工业用途不用于食品添加剂无检疫要求〕,〔302 无检疫要求食品添加剂〕,〔303 一般化学品,需申报仅用于工业用途不用于食品添加剂无检疫要求〕,〔304 属于危险化学品的食品添加剂〕,〔305 易燃液体,需申报仅用于工业用途不用于食品添加剂无检疫要求〕,〔306 毒性物质和感染性物质,需申报仅用于工业用途不用于食品添加剂无检疫要求〕

③ 〔101 饲料添加剂〕,〔102 偏酒石酸〕,〔103L(+)-酒石酸〕,〔104 非工业用无检疫要求食品添加剂〕,〔301 无检疫要求食品添加剂〕,〔302 需申报仅用于工业用途不用于食品添加剂无检疫要求的化学品〕

④ 〔101 酒石酸锑钾〕,〔102 双乙酰酒石酸单双甘油酯〕,〔103 左旋肉碱左旋酒石酸盐(微生物法及化学合成法制备)〕,〔104 酒石酸氢钾〕,〔105 酒石酸二乙酯〕,〔106L-肉碱酒石酸盐〕,〔301 毒性物质和感染性物质〕,〔302 无检疫要求食品添加剂〕,〔303 属于危险化学品的食品添加剂〕,〔304 一般化工品〕

⑤ 〔101 饲料添加剂〕,〔102 无检疫要求食品添加剂〕,〔103 需申报仅用于工业用途不用于食品添加剂无检疫要求的化学品〕

⑥ 〔101 饲料添加剂〕,〔102 柠檬酸钙(三水)〕,〔103 柠檬酸钾〕,〔104 柠檬酸钠〕,〔105 柠檬酸亚锡二钠〕,〔106 柠檬酸三乙酯〕,〔107 柠檬酸钙〕,〔108 柠檬酸铁〕,〔109 柠檬酸铁铵〕,〔110 柠檬酸锌〕,〔111 柠檬酸脂肪酸甘油酯〕,〔112 柠檬酸一钠〕,〔301 无检疫要求食品添加剂〕,〔302 需申报仅用于工业用途不用于食品添加剂无检疫要求的化学品〕

⑦ 〔101 乙酯杀螨醇〕,〔102 乙酯杀螨醇乳剂(含量>35%)〕,〔301 毒性物质和感染性物质〕,〔302 杂项物质〕

协定税率(%)															特惠税率(%)			对美税率	出口税率	出口退税率	Article Description
智利	新西兰	澳大利亚	瑞士	冰岛	秘鲁	哥斯达	东盟	亚太	新加坡	巴基斯坦	港/澳/台	韩国	格鲁吉亚	毛里求斯	亚太	老/柬/缅	LDC 97/95				
																			0		
0	0	0	3.1	0		0	0	6	0	0	0/0/			0			0/0			13	----PTA(Purified terephthalic acid)
																		31.5	0		
0	0	0	3.1	0	0	0	0	6	0	0	0/0/		1.3	0			0/0			10	----Other
																		31.5	0		
0	0	0	0	0	0	0	0			4	0/0/		0	0			0/0			10	---Other
																		11.5	0		
0	0	0	0	0	0	0	0			4	0/0/	3.4	0	0			0/0			10	--Dimethyl terephthalate
																		31.5	0		
0	0	0	0	0	0	0	0			0	0/0/		0	0			0/0			10	---m-phthalic acid
																		31.5	0		
0	0	0	0	0	0	0	0			0	0/0/	3.4	0	0			0/0				---Other
																		26.5	0	9	
																		26.5	0	9	
																		26.5	0	9	
																		26.5	0	10	
																					Carboxylic acids with additional oxygen function and their anhydrides, halides, peroxides and peroxyacids; their halogenated, sulphonated, nitrated or nitrosated derivatives:
0	0	0	0	0	0	0	0			4	0/0/	1.9	0	0			0/0			13	--Lactic acid, its salts and esters
																		26.5	0		
0	0	0	0	0	0	0	0			4	0/0/	0	0	0			0/0			10	--Tartaric acid
																		31.5	0		
0	0	0	0	0	0	0	0			4	0/0/	0	0	0			0/0			10	--Salts and esters of tartaric acid
																		31.5	0		
0	0	0	0	0	0	0	0			4	0/0/	1.9	0	0			0/0			13	--Citric acid
																		26.5	0		
0	0	0	0	0	0	0	0			4	0/0/	0	0	0			0/0			13	--Salts and esters of citric acid
																		16.5	0		
0	0	0	0	0	0	0	0			4	0/0/	0	0	0			0/0			13	--Gluconic acid, its salts and esters
																		16.5	0		
0	0	0	0	0	0	0	0			4	0/0/	0	0	0			0/0			10	--2, 2-Diphenyl-2-hydroxyacetic acid (benzilic acid)
																			0		
0	0	0	0	0	0	0	0			4	0/0/	0	0	0			0/0			0	--Chlorobenzilate (ISO)
																			0		
0	0	0	0	0	0	0	0			4	0/0/	0	0	0			0/0				--Other
																		16.5	0	10	
																		16.5	0	10	
																		16.5	0	0	
																		16.5	0	9	
																		16.5	0	9	
																		16.5	0	9	

商品编号	商品名称及备注[检验检疫编码及名称]	进口关税(%)		增值税率(%)	消费税	计量单位	监管条件	检验检疫类别
		最惠国	普通					
2918190090	其他含醇基但不含其他含氧基羧酸(包括其酸酐、酰卤化物、过氧化物和过氧酸及其衍生物)①	6.5	30	13		千克		
29182110	---水杨酸、水杨酸钠							
2918211000	水杨酸、水杨酸钠〔999〕	6.5	20	13		千克		
29182190	---其他							
2918219000	其他水杨酸盐〔999〕	6.5	30	13		千克		
29182210	---邻乙酰水杨酸(阿司匹林)							
2918221000	邻乙酰水杨酸(阿司匹林)〔999〕	6	20	13		千克		
29182290	---其他							
2918229000	邻乙酰水杨酸盐和酯〔999〕	6.5	30	13		千克		
29182300	--水杨酸的其他酯及其盐							
2918230000	水杨酸其他酯及其盐②	6.5	30	13		千克		
29182900	--其他							
2918290000	其他含酚基但不含其他含氧基羧酸(包括其酸酐、酰卤化物、过氧化物和过氧酸及其衍生物)③	6.5	30	13		千克	A	R/
29183000	-含醛基或酮基但不含其他含氧基的羧酸及其酸酐、酰卤化物、过氧化物和过氧酸,以及它们的衍生物							
2918300011	除虫菊素I〔999〕	6.5	30	13		千克	S	
2918300012	瓜叶菊素I、瓜叶菊素II〔999〕	6.5	30	13		千克	S	
2918300013	茉酮菊素I、茉酮菊素II〔999〕	6.5	30	13		千克	S	
2918300014	环戊烯丙菊酯〔999〕	6.5	30	13		千克	S	
2918300015	调环酸、抗倒酯、环虫菊酯〔999〕	6.5	30	13		千克	S	
2918300016	烯丙菊酯(包括右旋烯丙菊酯、富右旋反式烯丙菊酯、右旋反式烯丙菊酯)〔999〕	6.5	30	13		千克	S	
2918300017	Es-生物烯丙菊酯、生物烯丙菊酯等(包括S-生物烯丙菊酯)〔999〕	6.5	30	13		千克	S	
2918300018	乙酰氟菊酯〔999〕	6.5	30	13		千克	S	
2918300090	其他含醛基或酮基不含其他含氧基羧酸(包括酸酐、酰卤化物、过氧化物和过氧酸及其衍生物)④	6.5	30	13		千克		
29189100	--2,4,5-涕(ISO)(2,4,5-三氯苯氧基乙酸)及其盐或酯							
2918910000	2,4,5-涕(ISO)(2,4,5-三氯苯氧乙酸)及其盐或酯⑤	6.5	30	13		千克	89	
29189900	--其他							
2918990021	2,4-滴及其盐和酯、2,4-滴丙酸、2,4-滴丁酸等(包括精2,4-滴丙酸、苯醚菌酯)⑥	6.5	30	13		千克	S	
2918990022	2甲4氯及其盐和酯、2甲4氯丙酸等(包括精2甲4氯丙酸)⑦	6.5	30	13		千克	S	
2918990023	2甲4氯丁酸〔999〕	6.5	30	13		千克	S	
2918990024	麦草畏及其盐、杀草畏⑧	6.5	30	13		千克	S	
2918990025	禾草灵、乳氟禾草灵〔999〕	6.5	30	13		千克	S	
2918990026	氟萘禾草灵、甲羧除草醚〔999〕	6.5	30	13		千克	S	
2918990027	三氟羧草醚、乙羧氟草醚〔999〕	6.5	30	13		千克	S	
2918990028	氟乳醚、调果酸、座果酸〔999〕	6.5	30	13		千克	S	
2918990029	增糖酯、S-诱抗素(包括烯虫酯)〔999〕	6.5	30	13		千克	S	
2918990030	调环酸钙〔999〕	6.5	30	13		千克	S	
2918990090	其他含其他附加含氧基羧酸(包括其酸酐、酰卤化物、过氧化物和过氧酸及其衍生物)⑨	6.5	30	13		千克		
2919	**磷酸酯及其盐,包括乳磷酸盐,以及它们的卤化、磺化、硝化或亚硝化衍生物:**							
29191000	-三(2,3-二溴丙基)磷酸酯							

① 〔101 饲料添加剂〕,〔301 其他危险化学品〕,〔302 其他化工产品〕,〔303 易燃液体〕,〔304 有机过氧化物〕,〔999 毒害品〕

② 〔101 水杨酸苯乙酯〕,〔102 水杨酸苯酯〕,〔103 水杨酸苄酯(柳酸苄酯)〕,〔104 水杨酸甲酯(柳酸甲酯)〕,〔105 水杨酸乙酯(柳酸乙酯)〕,〔106 水杨酸异丁酯〕,〔107 水杨酸异戊酯(柳酸异戊酯)〕,〔108 柳酸丁酯(水杨酸丁酯)〕

③ 〔101 对羟基苯甲酸乙酯〕,〔102 对羟基苯甲酸乙酯钠〕,〔103 没食子酸丙酯(PG)〕,〔301 无检疫要求食品添加剂〕,〔302 对羟基苯甲酸乙酯(需申报仅用于工业用途不用于食品添加剂无检疫要求的化学品)〕

④ 〔101 乙酰丙酸〕,〔102 乙酰丙酸乙酯〕,〔103 乙酰乙酸乙酯〕,〔104 乙酰化双淀粉己二酸酯〕,〔105 丙酮酸〕,〔106 丙酮酸顺式-3-己烯酯(丙酮酸叶醇酯)〕,〔107 丙酮酸叶醇酯(丙酮酸顺式-3-己烯酯)〕,〔108 丙酮酸乙酯〕,〔109 丙酮酸异戊酯〕,〔110 茉莉酮酸甲酯〕,〔111 其他危险化学品〕,〔112 其他化工产品〕,〔301 腐蚀性物质〕

⑤ 〔101 2,4,5-涕(含量>60%)〕,〔102 2,4,5-涕乳剂(含量>15%)〕,〔301 毒性物质和感染性物质〕,〔302 其他化工产品〕

⑥ 〔101 2,4-滴丙酸乳剂(含量>40%)〕,〔102 2,4-滴(含量>75%)〕,〔301 毒性物质和感染性物质〕,〔302 其他化工产品〕,〔303 其他危险化学品〕

⑦ 〔101 2甲4氯〕,〔102 2甲4氯丙酸〕,〔103 除草佳〕,〔104 2甲4氯乳剂(含量>35%)〕,〔105 2甲4氯丙酸乳剂(含量>30%)〕,〔301 其他化工产品〕

⑧ 〔101 杀草畏(含量>60%)〕,〔102 麦草畏〕,〔103 杀草畏乳剂(含量>50%)〕,〔104 麦草畏乳剂(含量>50%)〕,〔301 其他化工产品〕

⑨ 〔101 2,4,4-三甲基戊基-2-过氧化苯氧基乙酸酯(在溶液中,含量≤37%)〕,〔102 大茴香酸甲酯〕,〔103 大茴香酸乙酯〕,〔104 丁酰乳酸丁酯〕,〔105 3-(l-薄荷氧基)-2-甲基-1,2-丙二醇〕,〔301 有机过氧化物〕,〔302 其他化工产品〕,〔303 易燃液体〕,〔304 腐蚀性物质〕,〔305 杂项物质〕,〔306 其他危险化学品〕

协定税率(%)															特惠税率(%)			对美税率	出口税率	出口退税率	Article Description
智利	新西兰	澳大利亚	瑞士	冰岛	秘鲁	哥斯达	东盟	亚太	新加坡	巴基斯坦	港/澳/台	韩国	格鲁吉亚	毛里求斯	亚太	老/柬/缅	LDC 97/95				
																		16.5	0	10	
0	0	0	3.1	0	0	0	0			4	0/0/	1.9	0	0			0/0			10	---Salicylic acid and sodium salicylate
																		26.5	0		
0	0	0	0	0	0	0	0			4	0/0/	0	0	0			0/0			10	---Other
																		16.5	0		
0	0	0	0	0	0	0	0			5	0/0/	0	0	0			0/0			10	---Acetylsalicylic acid
																		11	0		
0	0	0	0	0	0	0	0			5	0/0/	0	0	0			0/0			10	---Other
																			0		
0	0	0		0	0	0	0			4	0/0/	0	0	0			0/0			13	--Other esters of salicylic acid and their salts
																		11.5	0		
0	0	0	0	0	0	0	0			5	0/0/	3.4	0	0			0/0			10	--Other
																			0		
0	0	0	3.1	0	0	0	0			5	0/0/	0	0	0			0/0				-Carboxylic acids with aldehyde or ketone function but without other oxygen function, their anhydrides, halides, peroxides, peroxyacids and their derivatives
																		16.5	0	9	
																		16.5	0	9	
																		16.5	0	9	
																		16.5	0	9	
																		16.5	0	9	
																		16.5	0	9	
																		16.5	0	9	
																		16.5	0	9	
																		16.5	0	13	
0	0	0	0	0	0	0	0			5	0/0/	0	0	0			0/0			0	--2,4,5-T(ISO) (2,4,5-trichlorophenoxyacetic acid), its salts and esters
																			0		
0	0	0	3.1	0	0	0	0			5	0/0/	0	0	0			0/0				--Other
																		16.5	0	9	
																		16.5	0	9	
																		16.5	0	9	
																		16.5	0	9	
																		16.5	0	9	
																		16.5	0	9	
																		16.5	0	9	
																		16.5	0	9	
																		16.5	0	9	
																		16.5	0	13	
																		16.5	0	13	
																					Phosphoric esters and their salts, including lactophosphates; their halogenated, sulphonated, nitrated or nitrosated derivatives:
0	0	0	0	0	0	0	0			5	0/0/	0	0	0			0/0			10	-Tris(2,3-dibromopropyl) phosphate

商品编号	商品名称及备注[检验检疫编码及名称]	进口关税(%) 最惠国	进口关税(%) 普通	增值税率(%)	消费税	计量单位	监管条件	检验检疫类别
2919100000	三(2,3-二溴丙基)磷酸酯〔999〕	6.5	30	13		千克	89	
29199000	-其他							
2919900020	磷酸三丁酯〔999〕	6.5	30	13		千克	3	
2919900031	敌敌钙、敌敌畏①	6.5	30	13		千克	S	
2919900032	速灭磷、二溴磷②	6.5	30	13		千克	S	
2919900033	巴毒磷、杀虫畏③	6.5	30	13		千克	S	
2919900034	毒虫畏、甲基毒虫畏④	6.5	30	13		千克	S	
2919900035	庚烯磷、特普〔999〕	6.5	30	13		千克	S	
2919900036	三乙膦酸铝、乙膦酸〔999〕	6.5	30	13		千克	S	
2919900037	氯瘟磷、伐草磷〔999〕	6.5	30	13		千克	S	
2919900090	其他磷酸酯及其盐(包括乳磷酸盐)(包括它们的卤化、磺化、硝化或亚硝化衍生物)⑤	6.5	30	13		千克	AB	M.R/N.S
2920	**其他非金属无机酸酯(不包括卤化氢的酯)及其盐,以及它们的卤化、磺化、硝化或亚硝化衍生物:**							
29201100	--对硫磷(ISO)及甲基对硫磷(ISO)							
2920110000	对硫磷(ISO)及甲基对硫磷(ISO)⑥	6.5	30	13		千克		
29201900	--其他							
2920190012	氯氧磷、虫螨畏〔999〕	6.5	30	13		千克	S	
2920190013	杀螟硫磷、除线磷⑦	6.5	30	13		千克	S	
2920190014	异氯磷、皮蝇磷〔101 异氯磷粉剂、可湿性粉剂〕,〔102 皮蝇磷粉剂、丸剂、可湿性粉剂〕,〔103 皮蝇磷乳剂、水混悬剂〕,〔301 其他化工产品〕	6.5	30	13		千克	S	
2920190015	溴硫磷、乙基溴硫磷、硝虫硫磷⑧	6.5	30	13		千克	S	
2920190017	碘硫磷、苯稻瘟净〔999〕	6.5	30	13		千克	S	
2920190018	甲基立枯磷、克菌磷〔999〕	6.5	30	13		千克	S	
2920190019	速杀硫磷、丰丙磷〔101 丰丙磷颗粒剂〕,〔102 丰丙磷〕,〔301 毒性物质和感染性物质〕	6.5	30	13		千克	S	
2920190090	其他硫代磷酸酯及其盐(包括它们的卤化、磺化、硝化或亚硝化衍生物)⑨	6.5	30	13		千克		
29202100	--亚磷酸二甲酯							
2920210000	亚磷酸二甲酯〔999〕	6.5	30	13		千克	23	
29202200	--亚磷酸二乙酯							
2920220000	亚磷酸二乙酯〔999〕	6.5	30	13		千克	23	
29202300	--亚磷酸三甲酯							
2920230000	亚磷酸三甲酯〔999〕	6.5	30	13		千克	23AB	M/N
29202400	--亚磷酸三乙酯							
2920240000	亚磷酸三乙酯〔999〕	6.5	30	13		千克	23AB	M/N
29202910	---其他亚磷酸酯							
2920291000	其他亚磷酸酯〔301 易燃液体〕,〔302 杂项物质〕,〔303 其他化工产品〕,〔999 毒性物质和感染性物质〕	6.5	30	13		千克		
29202990	---其他							
2920299010	浸种磷〔999〕	6.5	30	13		千克	S	
2920299090	其他亚磷酸酯及其盐以及它们的卤化、磺化、硝化或亚硝化衍生物⑩	6.5	30	13		千克		

① 〔101 敌敌畏颗粒剂(含量5%~35%)〕,〔102 敌敌畏〕,〔301 毒性物质和感染性物质〕

② 〔101 速灭磷(含量>5%)〕,〔102 二溴磷粉剂(含量>50%)〕,〔103 速灭磷乳剂、水剂(含量<5%)〕,〔104 二溴磷乳剂(含量>10%)〕,〔301 二溴磷乳剂(毒性物质和感染性物质)〕,〔302 杂项物质〕

③ 〔101 毒虫畏(含量>20%)〕,〔102 杀虫畏粉剂、可湿性粉剂〕,〔103 杀虫畏乳剂〕,〔301 毒性物质和感染性物质〕

④ 〔101 毒虫畏粉剂、颗粒剂(含量2%~20%)〕,〔102 毒虫畏乳剂(含量0.5%~20%)〕,〔301 毒性物质和感染性物质〕

⑤ 〔101 四磷酸六乙酯和压缩气体混合物〕,〔102 焦磷酸四乙酯和压缩气体混合物〕,〔103 二硫代焦磷酸四乙酯和压缩气体混合物〕,〔104 磷酸三甲苯酯〕,〔105 二硫代焦磷酸四乙酯〕,〔106 氟磷酸(二)异丙酯〕,〔107 磷胺(含量>30%)〕,〔108 丙氟磷〕,〔109 百治磷(含量>25%)〕,〔110 保米磷〕,〔111 甲硫磷〕,〔112 四磷酸六乙酯〕,〔113 二(2-乙基已基)磷酸酯〕,〔114 P204 磷酸酯萃取剂〕,〔115 P507 磷酸酯萃取剂〕,〔116 二异丙基二硫代磷酸锑〕,〔117 丁烯磷粉剂(含量>15%)〕,〔118 保米磷粉剂、可湿性粉剂、饵剂〕,〔119 吡唑磷(含量<5%)〕,〔120 丁烯磷乳剂(含量>3%)〕,〔121 2,4-滴磷酯乳剂(含量>35%)〕,〔122 植酸(肌醇六磷酸)〕,〔123 植酸钠〕,〔124 乙酰化二淀粉磷酸酯〕,〔125 羟丙基二淀粉磷酸酯〕,〔126 磷酸化二淀粉磷酸酯〕,〔127 工业用途无检疫要求食品添加剂〕,〔301 毒性物质和感染性物质,需申报仅用于工业用途不用于食品添加剂无检疫要求〕,〔302 无检疫要求食品添加剂〕,〔303 一般化学品,需申报仅用于工业用途不用于食品添加剂无检疫要求〕,〔304 属于危险化学品的食品添加剂〕,〔305 腐蚀性物质,需申报仅用于工业用途不用于食品添加剂无检疫要求〕

⑥ 〔101 对硫磷(含量>4%)〕,〔102 对硫磷粉剂(含量<4%)〕,〔103 甲基对硫磷粉剂(含量1%~15%)〕,〔104 对硫磷乳剂(含量<40%)〕,〔105 甲基对硫磷乳剂(含量<15%)〕,〔106 丙胺磷粉剂、颗粒剂〕,〔301 毒性物质和感染性物质〕

⑦ 〔101 杀螟硫磷粉剂、可湿性粉剂〕,〔102 除线磷(含量>50%)〕,〔103 杀螟硫磷(含量>10%)〕,〔104 除线磷乳剂(含量>10%)〕,〔301 其他化工产品〕

⑧ 〔101 乙基溴硫磷可湿性粉剂、颗粒剂(含量>10%)〕,〔102 乙基溴硫磷〕,〔301 毒性物质和感染性物质〕,〔302 其他化工产品〕

⑨ 〔101 丙胺磷〕,〔102 甲基异柳磷〕,〔103 异丙胺磷〕,〔104 1059(含量>3%)〕,〔105 治螟磷(含量>10%)〕,〔106 丰索磷(含量>4%)〕,〔107 氧乐果(含量>3%)〕,〔108 毒壤磷(含量>30%)〕,〔109 氯甲硫磷〕,〔110 果虫磷〕,〔111 治线磷(含量>5%)〕,〔112 田乐磷〕,〔113 甲拌磷(含量>2%)〕,〔114 乙拌磷(含量>15%)〕,〔115 异丙磷〕,〔116 三硫磷乳剂(含量>20%)〕,〔117 特丁磷〕,〔118 地虫磷(含量>6%)〕,〔119 乙硫磷(含量>25%)〕,〔120 氯甲磷(含量>15%)〕,〔121 灭蚜磷(含量>30%)〕,〔122 保棉丰乳剂〕,〔123 发果(含量>15%)〕,〔124 砜拌磷(含量>5%)〕,〔125 敌杀磷(含量>40%)〕,〔126 甲胺磷乳剂〕,〔127 溴代毒鼠磷〕,〔128 除鼠磷 206〕,〔129 克灭鼠(含量>80%)〕,〔301 毒性物质和感染性物质〕,〔302 其他化工产品〕

⑩ 〔301 其他危险化学品〕,〔302 其他化工产品〕,〔999 毒性物质和感染性物质〕

协定税率(%)															特惠税率(%)			对美税率	出口税率	出口退税率	Article Description
智利	新西兰	澳大利亚	瑞士	冰岛	秘鲁	哥斯达	东盟	亚太	新加坡	巴基斯坦	港/澳/台	韩国	格鲁吉亚	毛里求斯	亚太	老/柬/缅	LDC 97/95				
																			0		
0	0	0	0	0	0	0	0			5	0/0/	0	0	0			0/0				-Other
																		26.5	0	10	
																		26.5	0	9	
																		26.5	0	9	
																		26.5	0	0	
																		26.5	0	0	
																		26.5	0	0	
																		26.5	0	9	
																		26.5	0	0	
																		26.5	0	9	
																					Esters of other inorganic acids of non-metals (excluding esters of hydrogen halides) and their salts; their halogenated, sulphonated, nitrated or nitrosated derivatives:
0	0	0	0	0	0	0	0			5	0/0/	0	0	0			0/0			0	--Parathion (ISO) and parathion-methyl (ISO) (methyl-parathion)
																			0		
0	0	0	0	0	0	0	0			5	0/0/	0	0	0			0/0				--Other
																		26.5	0	0	
																		26.5	0	9	
																		26.5	0	9	
																		26.5	0	9	
																		26.5	0	0	
																		26.5	0	9	
																		26.5	0	9	
																		26.5	0	10	
0	0	0	0	0	0	0	0	5.2		5	0/0/	0	0	0			0/0			10	--Dimethyl phosphite
																			0		
0	0	0	0	0	0	0	0	5.2		5	0/0/	0	0	0			0/0			10	--Diethyl phosphite
																			0		
0	0	0	0	0	0	0	0	5.2		5	0/0/	0	0	0			0/0			10	--Trimethyl phosphite
																		11.5	0		
0	0	0	0	0	0	0	0	5.2		5	0/0/	0	0	0			0/0			10	--Triethyl phosphite
																			0		
0	0	0	0	0	0	0	0			5	0/0/	0	0	0			0/0				---Other Phosphite esters
																		16.5	0	9	
0	0	0	0	0	0	0	0			5	0/0/	0	0	0			0/0				---Other
																		11.5	0	0	
																		11.5	0	10	

商品编号	商品名称及备注[检验检疫编码及名称]	进口关税(%)		增值税率(%)	消费税	计量单位	监管条件	检验检疫类别
		最惠国	普通					
29203000	-硫丹							
2920300000	硫丹〔999〕	6.5	30	13		千克	89	
29209000	-其他							
2920900011[暂2]	碳酸二苯酯〔999〕	6.5	30	13		千克		
2920900012	治螟磷〔301 毒性物质和感染性物质〕,〔302 其他化工产品〕,〔999〕	6.5	30	13		千克	S	
2920900013	消螨通〔999〕	6.5	30	13		千克	S	
2920900014	炔螨特〔999〕	6.5	30	13		千克	S	
2920900015	赛松〔999〕	6.5	30	13		千克	S	
2920900016	三乙基砷酸酯〔999〕	6.5	30	13		千克		
2920900020	太安(PETN)(季戊四醇四硝酸酯)〔999 爆炸品〕	6.5	30	13		千克	k	
2920900090	其他无机酸酯(不包括卤化氢的酯)(包括其盐以及它们的卤化、磺化、硝化或亚硝化衍生物)①	6.5	30	13		千克		
2921	**氨基化合物:**							
29211100	--甲胺、二甲胺或三甲胺及其盐							
2921110010	二甲胺〔101 二甲胺(无水)〕,〔102 二甲胺溶液〕,〔301 易燃气体〕,〔302 易燃液体〕	6.5	30	13		千克	23	
2921110020	二甲胺盐酸盐〔999〕	6.5	30	13		千克	23	
2921110030	甲胺盐〔301 硝酸甲胺〕,〔302 其他化工产品〕,〔999〕	6.5	30	13		千克		
2921110090	甲胺,三甲胺及其盐,其他二甲胺盐②	6.5	30	13		千克	AB	M/N
29211200	--2-(N,N-二甲基氨基)氯乙烷盐酸盐							
2921120000	2-(N,N-二甲基氨基)氯乙烷盐酸盐〔999〕	6.5	30	13		千克		
29211300	--2-(N,N-二乙基氨基)氯乙烷盐酸盐							
2921130000	2-(N,N-二乙基氨基)氯乙烷盐酸盐〔999〕	6.5	30	13		千克		
29211400	--2-(N,N-二异丙基氨基)氯乙烷盐酸盐							
2921140000	2-(N,N-二异丙基氨基)氯乙烷盐酸盐〔999〕	6.5	30	13		千克		
29211910	---二正丙胺							
2921191000	二正丙胺〔101 2-氨基丙烷〕,〔102 二(正)丙胺〕,〔301 易燃液体〕	4	11	13		千克	AB	M/N
29211920	---异丙胺							
2921192000[暂2]	异丙胺〔999〕	6.5	30	13		千克		
29211930	---N,N-二(2-氯乙基)乙胺							
2921193000	N,N-二(2-氯乙基)乙胺〔999〕	6.5	30	13		千克	32	
29211940	---N,N-二(2-氯乙基)甲胺							
2921194000	N,N-二(2-氯乙基)甲胺〔999〕	6.5	30	13		千克	32	
29211950	---三(2-氯乙基)胺							
2921195000	三(2-氯乙基)胺〔999〕	6.5	30	13		千克	32	
29211960	---二烷(甲、乙、正丙或异丙)氨基乙基-2-氯及其质子化盐							
2921196000	二烷氨基乙基-2-氯及相应质子盐(其中烷基指甲、乙、正丙或异丙基)〔999〕	6.5	30	13		千克	23	
29211990	---其他							
2921199011	三乙胺(单一成分,用做点火剂)〔101 三乙胺〕,〔102 危险化学品 & 食品添加剂〕,〔301 易燃液体〕	6.5	30	13		千克	3A	M/
2921199020	二异丙胺〔999〕	6.5	30	13		千克	3	
2921199031	2-氨基丁烷〔999〕	6.5	30	13		千克	S	
2921199033	胺鲜酯〔999〕	6.5	30	13		千克	S	
2921199090	其他无环单胺及其衍生物及其盐③	6.5	30	13		千克		
29212110	---乙二胺							
2921211000	乙二胺〔999〕	6.5	30	13		千克		
29212190	---其他							
2921219000	乙二胺盐④	6.5	30	13		千克		

① 〔301 爆炸品〕,〔302 易燃气体〕,〔303 易燃液体〕,〔304 有机过氧化物〕,〔305 毒性物质和感染性物质〕,〔306 腐蚀性物质〕,〔307 杂项物质〕,〔308 其他化工产品〕,〔309 非易燃无毒气体〕,〔310 氧化性物质〕,〔999〕

② 〔101 一甲胺(无水)〕,〔102 三甲胺(无水)〕,〔103 甲胺水溶液〕,〔104 三甲胺溶液〕,〔105 三甲基胺〕,〔301 易燃气体〕,〔302 易燃液体〕,〔303 其他化工产品〕

③ 〔101 乙胺(危险化学品)〕,〔102 乙胺水溶液(浓度 50%~70%)〕,〔103 二乙胺〕,〔104 3-氨基丙烯〕,〔105N,N-二甲基丙胺〕,〔106 正丁胺〕,〔107 异丁胺〕,〔108 叔丁胺〕,〔109N-甲基(正)丁胺〕,〔110 二仲丁胺〕,〔111 正戊胺〕,〔112 异戊胺(危险化学品)〕,〔113 仲戊胺〕,〔114 1,3-二甲基丁胺〕,〔115N,N-二异丙基乙胺〕,〔116 二烯丙(基)胺〕,〔117 丙烯亚胺(抑制了的)〕,〔118 仲丁胺(危险化学品)〕,〔119 三正丙胺〕,〔120 二异丁胺〕,〔121 正己胺〕,〔122 叔辛胺〕,〔123(正)庚胺〕,〔124 二(正)丁胺〕,〔125 三(正)丁胺〕,〔126 2-乙基己胺〕,〔127 乙二胺四乙酸二钠钙〕,〔128 乙二胺四乙酸二钠〕,〔129 丁胺〕,〔130 乙二胺四乙酸铁钠〕,〔131 乙胺(危险化学品 & 食品添加剂)〕,〔132 异戊胺(危险化学品 & 食品添加剂)〕,〔133 仲丁胺(危险化学品 & 食品添加剂)〕,〔301 易燃气体〕,〔302 易燃液体〕,〔303 易燃固体〕,〔304 毒性物质和感染性物质〕,〔305 腐蚀性物质〕,〔306 其他化工产品〕

④ 〔101N,N-二乙基乙(撑)二胺〕,〔102 铜乙二胺溶液〕,〔103 3,3,5-三甲基己撑二胺〕,〔301 腐蚀性物质〕,〔302 其他化工产品〕

协定税率(%)															特惠税率(%)			对美税率	出口税率	出口退税率	Article Description
智利	新西兰	澳大利亚	瑞士	冰岛	秘鲁	哥斯达	东盟	亚太	新加坡	巴基斯坦	港/澳/台	韩国	格鲁吉亚	毛里求斯	亚太	老/柬/缅	LDC 97/95				
0	0	0	0	0	0	0	0			5	0/0/	0	0	0			0/0			0	-Endosulfan (ISO)
																			0		
0	0	0	0	0	0	0	0			5	0/0/	0	0	0			0/0				-Other
																		12	0	10	
																		16.5	0	0	
																		16.5	0	0	
																		16.5	0	9	
																		16.5	0	0	
																		16.5	0	10	
																		16.5	0	10	
																		16.5	0	10	
																					Amine-function compounds:
0	0	0	0	0	0	0	0			5	0/0/	0	0	0			0/0			10	--Methylamine, di-or trimethylamine and their salts
																		26.5	0		
																		26.5	0		
																		26.5	0		
																		26.5	0		
0	0	0	0	0	0	0	0			5	0/0/	0	0	0			0/0			10	--2-(N, N-Dimethylamino) ethylchloride hydrochloride
																		11.5	0		
0	0	0	0	0	0	0	0			5	0/0/	0	0	0			0/0			10	--2-(N, N-Diethylamino) ethylchloride hydrochloride
																			0		
0	0	0	0	0	0	0	0			5	0/0/	0	0	0			0/0			10	--2-(N, N-Diisopropylamino) ethylchloride hydrochloride
																			0		
0	0	0	0	0	0	0	0	3.6		0	0/0/	0	0	0			0/0			10	---Di-n-propylamine
																			0		
0	0	0	0	0	0	0	0			5	0/0/	0	0	0			0/0			10	---Isopropyl amine
																			0		
0	0	0	0	0	0	0	0	5.2		5	0/0/	0	0	0			0/0			10	---N,N-Bis(2-chloroethyl) ethylamine
																			0		
0	0	0	0	0	0	0	0	5.2		5	0/0/	0	0	0			LDC			10	---N,N-Bis(2-chloroethyl) methylamine
																			0		
0	0	0	0	0	0	0	0	5.2		5	0/0/	0	0	0			0/0			10	---Tri-(2-chloroethyl) amine
																			0		
0	0	0	0	0	0	0	0	5.2		5	0/0/	0	0	0			0/0			10	---N,N-Dialkyl (Me,Et,n-Pr or i-Pr) aminoethyl-2-chlorides and corresponding protonated salts
																			0		
0	0	0	0	0	0	0	0			5	0/0/	0	0	0			0/0				---Other
																		16.5	0	10	
																		16.5	0	10	
																		16.5	0	0	
																		16.5	0	9	
																		16.5	0	10	
0	0	0	0	0	0	0	0			5	0/0/	3.4	0	0			0/0			10	---Ethylenediamine
																		11.5	0		
0	0	0	3.1	0	0	0	0			5	0/0/	1.9	0	0			0/0			10	---Other
																		16.5	0		

商品编号	商品名称及备注[检验检疫编码及名称]	进口关税(%) 最惠国	进口关税(%) 普通	增值税率(%)	消费税	计量单位	监管条件	检验检疫类别
29212210	---己二酸己二胺盐(尼龙-66 盐)							
2921221000	己二酸己二胺盐(尼龙-66 盐)〔999〕	6.5	20	13		千克		
29212290	---其他							
2921229000	六亚甲基二胺及其他盐①	6.5	30	13		千克		
29212900	--其他							
2921290010	辛菌胺②	6.5	30	13		千克	S	
2921290090	其他无环多胺及其衍生物(包括它们的盐)③	6.5	30	13		千克		
29213000	-环烷单胺或多胺、环烯单胺或多胺、环萜烯单胺或多胺及其衍生物,以及它们的盐							
2921300010	丙己君及其盐〔999〕	6.5	30	13		千克	I	
2921300030	氨基羧酸环丙烷〔999〕	6.5	30	13		千克	S	
2921300040	乙撑亚胺〔999〕	6.5	30	13		千克	AB	M/N
2921300090	其他环(烷、烯、萜烯)单胺或多胺(包括其衍生物及它们的盐)④	6.5	30	13		千克		
29214110	---苯胺							
2921411000	苯胺〔999〕	6.5	20	13		千克	AB	M/N
29214190	---其他							
2921419000	苯胺盐⑤	6.5	30	13		千克		
29214200	--苯胺衍生物及其盐							
2921420012	敌锈钠〔999〕	6.5	30	13		千克	S	
2921420013	苯草醚〔999〕	6.5	30	13		千克	S	
2921420020	邻氯对硝基苯胺〔999〕	6.5	30	13		千克		
2921420090	其他苯胺衍生物及其盐⑥	6.5	30	13		千克		
29214300	--甲苯胺及其衍生物,以及它们的盐							
2921430001	间甲苯胺或对甲苯胺〔999〕	6.5	30	13		千克		
2921430010	氟乐灵〔999〕	6.5	30	13		千克	S	
2921430020	邻甲苯胺〔999〕	6.5	30	13		千克		
2921430031	溴鼠胺〔999〕	6.5	30	13		千克	S	
2921430032	乙丁氟灵〔999〕	6.5	30	13		千克	S	
2921430033	氯乙氟灵〔999〕	6.5	30	13		千克	S	
2921430034	环丙氟灵〔999〕	6.5	30	13		千克	S	
2921430035	乙丁烯氟灵〔999〕	6.5	30	13		千克	S	
2921430036	地乐灵〔999〕	6.5	30	13		千克	S	
2921430037	氯乙灵〔999〕	6.5	30	13		千克	S	
2921430038	氟节胺〔999〕	6.5	30	13		千克	S	

① 〔101N,N,N′,N′-四甲基乙二胺〕,〔102 1,6-己二胺〕,〔301 易燃液体〕,〔302 腐蚀性物质〕,〔303 其他危险化学品〕,〔304 其他化工产品〕

② 〔101 饲料添加剂〕,〔102N,N-二甲基-2,3-丙二胺〕,〔103 1,4-丁二胺〕,〔104 1,5-戊二胺〕,〔105 1-二乙基氨基-4-氨基戊烷〕,〔106 环己二胺〕,〔107 二(正)戊胺〕,〔108N-亚硝基二甲胺〕,〔109 三氟化硼乙胺〕,〔110N,N′-氟磷酰二异丙胺〕,〔111 二烯丙基(代)氰胺〕,〔112 二亚乙基三胺〕,〔113 三亚乙基四胺〕,〔114 1,2-丙二胺〕,〔115 1,3-丙二胺〕,〔116 聚乙烯聚胺〕,〔117 四亚乙基五胺〕,〔118 3-二乙氨基丙胺〕,〔119 3,3′-二氨基二丙胺〕,〔301 易燃液体〕,〔302 毒性物质和感染性物质〕,〔303 腐蚀性物质〕,〔304 其他化工产品〕

③ 〔101 饲料添加剂〕,〔102N,N-二甲基-2,3-丙二胺〕,〔103 1,4-丁二胺〕,〔104 1,5-戊二胺〕,〔105 1-二乙基氨基-4-氨基戊烷〕,〔106 环己二胺〕,〔107 二(正)戊胺〕,〔108N-亚硝基二甲胺〕,〔109 三氟化硼乙胺〕,〔110N,N′-氟磷酰二异丙胺〕,〔111 二烯丙基(代)氰胺〕,〔112 二亚乙基三胺〕,〔113 三亚乙基四胺〕,〔114 1,2-丙二胺〕,〔115 1,3-丙二胺〕,〔116 聚乙烯聚胺〕,〔117 四亚乙基五胺〕,〔118 3-二乙氨基丙胺〕,〔119 3,3′-二氨基二丙胺〕,〔301 易燃液体〕,〔302 毒性物质和感染性物质〕,〔303 腐蚀性物质〕,〔304 其他化工产品〕

④ 〔101 环戊胺〕,〔102 三烯丙(基)胺〕,〔103 乙撑亚胺(抑制了的)〕,〔104 亚硝酸二环己胺〕,〔105 环己胺〕,〔106N,N-二甲基环己胺〕,〔107 三甲基环己胺〕,〔301 易燃液体〕,〔302 易燃固体〕,〔303 毒性物质和感染性物质〕,〔304 腐蚀性物质〕,〔305 其他化工产品〕

⑤ 〔301 其他危险化学品〕,〔302 其他化工产品〕,〔303 毒性物质和感染性物质〕,〔304 杂项物质〕,〔999〕

⑥ 〔101 2,4,6-三硝基苯胺〕,〔102 2,3,4,6-四硝基苯胺〕,〔103 六硝基二苯胺〕,〔104 六硝基二苯胺铵盐〕,〔105 4-亚硝基-N,N-二甲基苯胺〕,〔106 4-亚硝基-N,N-二乙基苯胺〕,〔107N,N-二甲(基)苯胺〕,〔108N-正丁基苯胺〕,〔109 其他一级 N-取代苯胺类〕,〔110 硝酸苯胺〕,〔111 硫酸苯胺〕,〔112 盐酸苯胺〕,〔113 乙酸苯胺〕,〔114 邻苯二甲酸苯胺〕,〔115 硫酸-2-甲苯胺〕,〔116 硫酸-3-甲苯胺〕,〔117 盐酸-4-甲苯胺〕,〔118 二甲(基)苯胺异构体混合物〕,〔119 2-乙基苯胺〕,〔120 2-苄基二甲苯胺〕,〔121N-甲基苯胺〕,〔122N-乙基苯胺〕,〔123N-正丙基苯胺〕,〔124N,N-二乙(基)苯胺〕,〔125N,N-二丁(基)苯胺〕,〔126N,N-二乙基邻甲苯胺〕,〔127N,N-二乙基间甲苯胺〕,〔128N,N-二乙基对甲苯胺〕,〔129 其他二级 N-取代苯胺类〕,〔130 盐酸-N-甲基苯胺〕,〔131 盐酸-N-乙基苯胺〕,〔132 盐酸-N,N-二甲基苯胺〕,〔133 盐酸-N,N-二乙基苯胺〕,〔134 其他盐酸-N-取代苯胺类〕,〔135N-苯(基)乙酰胺〕,〔136 2-氟苯胺〕,〔137 3-氟苯胺〕,〔138 4-氟苯胺〕,〔139 三氟乙酰苯胺〕,〔140 氢氟硅酸苯胺〕,〔141 2-氯苯胺〕,〔142 3-氯苯胺〕,〔143 4-氯苯胺〕,〔144 盐酸-2-氯苯胺〕,〔145 盐酸-3-氯苯胺〕,〔146 2,3-二氯苯胺〕,〔147 2,4-二氯苯胺〕,〔148 2,5-二氯苯胺〕,〔149 2,6-二氯苯胺〕,〔150 3,4-二氯苯胺〕,〔151 3,5-二氯苯胺〕,〔152 二氯苯胺异构体混合物〕,〔153 2,4,5-三氯苯胺〕,〔154 2,4,6-三氯苯胺〕,〔155 5-氯-2-甲基苯胺〕,〔156 氯甲苯胺异构体混合物〕,〔157 盐酸-4-氯-2-甲苯胺〕,〔158 2-氯-4-硝基苯胺〕,〔159 4-氯-2-硝基苯胺〕,〔160 2-氯乙酰-N-乙酰苯胺〕,〔161 2-溴苯胺〕,〔162 3-溴苯胺〕,〔163 4-溴苯胺〕,〔164 2,4-二溴苯胺〕,〔165 2,5-二溴苯胺〕,〔166 2,4,6-三溴苯胺〕,〔167 2-硝基苯胺〕,〔168 3-硝基苯胺〕,〔169 4-硝基苯胺〕,〔170 2,4-二硝基苯胺〕,〔171 2,6-二硝基苯胺〕,〔172 3,5-二硝基苯胺〕,〔173 2-硝基-4-甲苯胺〕,〔174 3-硝基-4-甲苯胺〕,〔175 4-硝基-2-甲苯胺〕,〔176 2-硝基-N,N-二甲基苯胺〕,〔177 3-硝基-N,N-二甲基苯胺〕,〔178 4-硝基-N,N-二甲基苯胺〕,〔179 2-硝基-N,N-二乙基苯胺〕,〔180 3-硝基-N,N-二乙基苯胺〕,〔181 4-硝基-N,N-二乙基苯胺〕,〔182 硫酸邻乙基间硝基苯胺〕,〔183 盐酸-4-亚硝基-N,N-二甲基苯胺〕,〔184 2-甲氧基苯胺〕,〔185 3-甲氧基苯胺〕,〔186 4-甲氧基苯胺〕,〔187 2-乙氧基苯胺〕,〔188 3-乙氧基苯胺〕,〔189 4-乙氧基苯胺〕,〔190 3-甲基-6-甲氧基苯胺〕,〔191 4-硝基-2-甲氧基苯胺〕,〔192 2-氯-4-甲氧基苯胺〕,〔193 2-氯-6-甲氧基苯胺〕,〔194 3-氯-2-甲氧基苯胺〕,〔195 3-氯-4-甲氧基苯胺〕,〔196 3-氯-5-甲氧基苯胺〕,〔197 4-氯-2-甲氧基苯胺〕,〔198 4-氯-3-甲氧基苯胺〕,〔199 5-氯-2-甲氧基苯胺〕,〔200 4-氨基-N,N-二甲基苯胺〕,〔201 硫酸-4-氨基-N,N-二甲基苯胺〕,〔202 硫酸-4-氨基-N,N-二乙基苯胺〕,〔203 盐酸-4-氨基-N,N-二乙基苯胺〕,〔204 草酸-4-氨基-N,N-二甲基苯胺〕,〔205 4-甲氧基二苯胺-4-氯化重氮苯〕,〔301 爆炸品〕,〔302 易燃液体〕,〔303 易于自燃的物质〕,〔304 毒性物质和感染性物质〕,〔305 杂项物质〕,〔306 其他危险化学品〕,〔307 其他化工产品〕

协定税率(%)															特惠税率(%)			对美税率	出口税率	出口退税率	Article Description
智利	新西兰	澳大利亚	瑞士	冰岛	秘鲁	哥斯达	东盟	亚太	新加坡	巴基斯坦	港/澳/台	韩国	格鲁吉亚	毛里求斯	亚太	老/柬/缅	LDC 97/95				
0	0	0	0	0	0	0	0	5.2		5	0/0/	0	0	0			0/0			10	---Hexamethylene adipamide (nylon-66 salt)
																			0		
0	0	0	0	0	0	0	0			5	0/0/	1.9	0	0			0/0			10	---Other
																		11.5	0		
0	0	0	0	0	0	0	0			0	0/0/	1.9	0	0			0/0			10	--Other
																		16.5	0		
																		16.5	0		
0	0	0	0	0	0	0	0			5	0/0/	0	0	0			0/0				-Cyclanic, cyclenic or cycloterpenic monoor polyamines, and their derivatives; salts thereof
																		26.5	0	10	
																		26.5	0	9	
																		26.5	0	10	
																		26.5	0	10	
0	0	0	0	0	0	0	0	5.2		5	0/0/	0	0	0			0/0			10	---Aniline
																			0		
0	0	0		0	0	0	0			5	0/0/	0	0	0			0/0			10	---Other
																			0		
0	0	0		0	0	0	0			0	0/0/	1.9	0	0			0/0				--Aniline derivatives and their salts
																		31.5	0	9	
																		31.5	0	9	
																		31.5	0	10	
																		31.5	0	10	
0	0	0	0	0	0	0	0			5	0/0/	3.4	0	0			0/0				--Toluidines and their derivatives; salts thereof
																		26.5	0	10	
																		26.5	0	9	
																		26.5	0	10	
																		26.5	0	0	
																		26.5	0	9	
																		26.5	0	9	
																		26.5	0	9	
																		26.5	0	9	
																		26.5	0	9	
																		26.5	0	9	
																		26.5	0	9	

商品编号	商品名称及备注[检验检疫编码及名称]	进口关税(%) 最惠国	进口关税(%) 普通	增值税率(%)	消费税	计量单位	监管条件	检验检疫类别
2921430090	甲苯胺盐、甲苯胺衍生物及其盐①	6.5	30	13		千克		
29214400	--二苯胺及其衍生物,以及它们的盐							
2921440000	二苯胺及其衍生物,以及它们的盐②	6.5	30	13		千克		
29214500	--1-萘胺(α-萘胺)、2-萘胺(β-萘胺)及其衍生物,以及它们的盐							
2921450010	2-萘胺[999]	6.5	30	13		千克		
2921450090	1-萘胺和2-萘胺的衍生物及盐(包括1-萘胺)③	6.5	30	13		千克		
29214600	--安非他明(INN)、苄非他明(INN)、右苯丙胺(INN)、乙非他明、芬坎法明(INN)、利非他明、左苯丙胺(INN)、美芬雷司(INN)、苯丁胺(INN),以及它们的盐							
2921460011	安非他明、苄非他明、右苯丙胺(包括它们的盐)[999]	6.5	30	13		千克	I	
2921460012	乙非他明、芬坎法明、利非他明(包括它们的盐)[999]	6.5	30	13		千克	I	
2921460013	左苯丙胺、美芬雷司、芬特明(包括它们的盐)[999]	6.5	30	13		千克	I	
29214910	---对异丙基苯胺							
2921491000	对异丙基苯胺[999]	4	11	13		千克		
29214920	---二甲基苯胺							
2921492000	二甲基苯胺④	6.5	20	13		千克		
29214930	---2,6-甲基乙基苯胺							
2921493000	2,6-甲基乙基苯胺[999]	4	11	13		千克		
29214940	---2,6-二乙基苯胺							
2921494000	2,6-二乙基苯胺[999]	6.5	20	13		千克		
29214990	---其他							
2921499011	异丙乐灵[999]	6.5	30	13		千克	S	
2921499012	仲丁灵[999]	6.5	30	13		千克	S	
2921499013	二甲戊灵[999]	6.5	30	13		千克	S	
2921499020	4-氨基联苯[999]	6.5	30	13		千克		
2921499031	乙环利定、二甲基安非他明(以及它们的盐)[999]	6.5	30	13		千克	I	
2921499032	芬氟拉明、右旋芬氟拉明(以及它们的盐)[999]	6.5	30	13		千克	I	
2921499090	其他芳香单胺及衍生物及它们的盐⑤	6.5	30	13		千克		
29215110	---邻苯二胺							
2921511000	邻苯二胺[999]	4	11	13		千克		
29215190	---其他							
2921519011	氨氟灵[999]	6.5	30	13		千克	S	
2921519012	氨氟乐灵[999]	6.5	30	13		千克	S	
2921519020	2,4-二氨基甲苯[999]	6.5	30	13		千克		
2921519090	间-、对-苯二胺、二氨基甲苯等(包括衍生物及它们的盐)⑥	6.5	30	13		千克		
29215900	--其他							
2921590010	三氨基三硝基苯[999]	6.5	30	13		千克	3	
2921590020	联苯胺(4,4’-二氨基联苯)[999]	6.5	30	13		千克	89	
2921590031	4,4’-二氨基-3,3’-二氯二苯基甲烷[999]	6.5	30	13		千克		
2921590032	3,3’-二氯联苯胺[999]	6.5	30	13		千克		
2921590033	4,4’-二氨基二苯基甲烷[999]	6.5	30	13		千克		
2921590090	其他芳香多胺及衍生物及它们的盐⑦	6.5	30	13		千克		

① [101N-乙基邻甲苯胺],[102N-乙基间甲苯胺],[103N-乙基对甲苯胺],[104 2-甲基苯胺],[105 3-甲基苯胺],[106 4-甲基苯胺],[107 苄胺],[108N-苄基-N-乙基苯胺],[109N-乙基苄基甲苯胺],[110 2-三氟甲基苯胺],[111 3-三氟甲基苯胺],[112 三氟化硼甲苯胺],[301 毒性物质和感染性物质],[302 其他危险化学品],[303 其他化工产品],[304 杂项物质]

② [301 毒性物质和感染性物质],[302 腐蚀性物质],[303 其他化工产品],[304 其他危险化学品],[305 爆炸品],[999]

③ [101 四硝基萘胺],[102 1-萘胺],[103 盐酸-1-萘胺],[104 盐酸-2-萘胺],[105N-乙基-1-萘胺],[106N,N-二乙基-1-萘胺],[107 1-硝基-2-萘胺],[108 2-硝基-1-萘胺],[109N-苯基-2-萘胺],[110 5,6,7,8-四氢-1-萘胺],[111 盐酸-1-萘乙二胺],[301 杂项物质],[302 其他危险化学品],[303 其他化工产品],[304 毒性物质和感染性物质],[305 爆炸品]

④ [101 2,3-二甲(基)苯胺],[102 2,4-二甲(基)苯胺],[103 2,5-二甲(基)苯胺],[104 2,6-二甲(基)苯胺],[105 3,4-二甲(基)苯胺],[106 3,5-二甲(基)苯胺],[301 毒性物质和感染性物质],[302 杂项物质]

⑤ [101 硫酸-2,4-二氨基甲苯],[102 硫酸-2,5-二氨基甲苯],[103N-亚硝基二苯胺],[104 2,4-二硝基二苯胺],[105 3,4-二硝基二苯胺],[106 4-氨基二苯胺],[107 苄基二甲胺],[108 苯乙胺],[301 爆炸品],[302 腐蚀性物质],[303 杂项物质],[304 其他危险化学品],[305 其他化工产品],[306 毒性物质和感染性物质]

⑥ [101 1,3-苯二胺],[102 1,4-苯二胺],[103 盐酸邻苯二胺],[104 盐酸间苯二胺],[105 盐酸对苯二胺],[106 硫酸间苯二胺],[107 硫酸对苯二胺],[108 盐酸-4-硝基间苯二胺],[109 对苯二胺和间二氨基甲苯混合物],[110 仲丁基对苯二胺],[111N-乙酰对苯二胺],[112 2,5-二氨基甲苯],[113 2,6-二氨基甲苯],[301 毒性物质和感染性物质],[302 杂项物质],[303 其他危险化学品],[304 其他化工产品]

⑦ [101 2-氨基联苯],[102 硫酸-4,4’-二氨基联苯],[103 盐酸-4,4’-二氨基联苯],[104 3,3’-二甲基-4,4’-二氨基联苯],[105 盐酸-3,3’-二甲基-4,4’-二氨基联苯],[106 2,2’-二甲氧基-4,4’-二氨基联苯],[107 盐酸-2,2’-二甲氧基-4,4’-二氨基联苯],[108 3,3’-二甲氧基-4,4’-二氨基联苯],[109 盐酸-3,3’-二甲氧基-4,4’-二氨基联苯],[110 盐酸-3,3’-二氨基联苯胺],[111 盐酸-3,3’-二氯联苯胺],[112 亮蓝],[113 亮蓝铝色淀],[301 毒性物质和感染性物质],[302 腐蚀性物质],[303 杂项物质],[304 其他危险化学品],[305 其他化工产品]

协定税率(%)															特惠税率(%)			对美税率	出口税率	出口退税率	Article Description
智利	新西兰	澳大利亚	瑞士	冰岛	秘鲁	哥斯达	东盟	亚太	新加坡	巴基斯坦	港/澳/台	韩国	格鲁吉亚	毛里求斯	亚太	老/柬/缅	LDC 97/95				
																		26.5	0	10	
0	0	0		0	0	0	0			5	0/0/	1.9	0	0			0/0			13	--Diphenylamine and its derivatives; salts thereof
																		31.5	0		
0	0	0		0	0	0	0			5	0/0/	0	0	0			0/0			10	--1-Naphthylamine (α-naphthy lamine), 2-naphthylamine (β-naphthylamine) and their derivatives; salts thereof
																		31.5	0		
																		31.5	0		
0	0	0	0	0	0	0	0			5	0/0/	0	0	0			0/0			10	--Amfetamine (INN), benzfetamine (INN), dexamfetamine (INN), etilamfetamine (INN), fencamfamin (INN), lefetamine (INN), levamfetamine (INN), mefenorex (INN) and phentermine (INN); salts thereof
																		11.5	0		
																		11.5	0		
																		11.5	0		
0	0	0	0	0	0	0	0			0	0/0/	0	0	0			0/0			13	---p-Isopropyl-aniline
																			0		
0	0	0	0	0	0	0	0			5	0/0/	1.9	0	0			0/0			13	---Dimethylanilines
																		26.5	0		
0	0	0	0	0	0	0	0	3.2		0	0/0/	0	0	0			0/0			13	---2,6-Methyl ethyl aniline
																		9	0		
0	0	0		0	0	0	0			5	0/0/	0	0	0			0/0			13	---2,6-Diethylaniline
																			0		
0	0	0		0	0	0	0			5	0/0/	0	0	0			0/0				---Other
																		26.5	0	9	
																		26.5	0	9	
																		26.5	0	9	
																		26.5	0	13	
																		26.5	0	13	
																		26.5	0	13	
																		26.5	0	13	
0	0	0	0	0	0	0	0	3.2		0	0/0/	0	0	0			0/0			10	---o-Phenylenediamine
																		9	0		
0	0	0	0	0	0	0	0			5	0/0/	0	0	0			0/0				---Other
																		31.5	0	9	
																		31.5	0	9	
																		31.5	0	13	
																		31.5	0	13	
0	0	0		0	0	0	0			5	0/0/	1.9	0	0			0/0				--Other
																		31.5	0	10	
																		31.5	0	10	
																		31.5	0	10	
																		31.5	0	10	
																		31.5	0	13	
																		31.5	0	13	

商品编号	商品名称及备注[检验检疫编码及名称]	进口关税(%) 最惠国	进口关税(%) 普通	增值税率(%)	消费税	计量单位	监管条件	检验检疫类别
2922	**含氧基氨基化合物:**							
29221100	--单乙醇胺及其盐							
2922110001	单乙醇胺①	6.5	30	13		千克	AB	M. R/N. S
2922110090	单乙醇胺盐〔999〕	6.5	30	13		千克		
29221200	--二乙醇胺及其盐							
2922120001	二乙醇胺〔999〕	6.5	30	13		千克		
2922120090	二乙醇胺盐〔301 毒性物质和感染性物质〕,〔302 腐蚀性物质〕,〔999 其他化工产品〕	6.5	30	13		千克		
29221400	--右丙氧吩(INN)及其盐							
2922140000	右丙氧吩(INN)及其盐〔999〕	6.5	30	13		千克	I	
29221500	--三乙醇胺							
2922150000	三乙醇胺〔999〕	6.5	30	13		千克	23A	R/
29221600	--全氟辛基磺酸二乙醇铵							
2922160000	全氟辛基磺酸二乙醇胺〔999〕	6.5	30	13		千克	X	
29221700	--甲基二乙醇胺和乙基二乙醇胺							
2922170000	甲基二乙醇胺和乙基二乙醇胺〔999〕	6.5	30	13		千克	23	
29221800	--2-(N,N-二异丙基氨基)乙醇							
2922180000	2-(N,N-二异丙基氨基)乙醇〔999〕	6.5	30	13		千克		
29221910	---乙胺丁醇							
2922191000	乙胺丁醇〔999〕	6.5	30	13		千克		
29221921	----二甲氨基乙醇及其质子化盐							
2922192100	二甲氨基乙醇及其质子化盐〔301 腐蚀性物质〕,〔302 其他化工产品〕,〔999〕	6.5	30	13		千克		
29221922	----二乙氨基乙醇及其质子化盐							
2922192210	2-二乙氨基乙醇(或称 N,N-二乙基乙醇胺)〔999〕	6.5	30	13		千克	3	
2922192290	二乙氨基乙醇的质子化盐〔999〕	6.5	30	13		千克		
29221929	----其他							
2922192900	其他二烷氨基乙-2-醇及质子化盐(烷基指正丙或异丙基)〔301 腐蚀性物质〕,〔302 其他化工产品〕,〔999〕	6.5	30	13		千克	23	
29221930	---乙基二乙醇胺的盐							
2922193000	乙基二乙醇胺的盐〔999〕	6.5	30	13		千克		
29221940	---甲基二乙醇胺的盐							
2922194000	甲基二乙醇胺的盐〔999〕	6.5	30	13		千克		
29221950	---本芴醇							
2922195000	本芴醇〔999〕	6.5	30	13		千克		
29221990	---其他							
2922199010	增产胺〔999〕	6.5	30	13		千克	S	
2922199020	克仑特罗〔999〕	6.5	30	13		千克	L	
2922199031	醋美沙朵、阿醋美沙朵、阿法美沙朵(以及它们的盐)〔999〕	6.5	30	13		千克	I	
2922199032	倍醋美沙多、倍他美沙多(以及它们的盐)〔999〕	6.5	30	13		千克	I	
2922199033	地美沙多、地美庚醇、诺美沙多(以及它们的盐)〔999〕	6.5	30	13		千克	I	
2922199041	三乙醇胺盐酸盐〔999〕	6.5	30	13		千克	23	
2922199049	其他三乙醇胺的盐〔999〕	6.5	30	13		千克		
2922199090	其他氨基醇及其醚、酯和它们的盐(但含有一种以上含氧基的除外)②	6.5	30	13		千克		
29222100	--氨基羟基萘磺酸及其盐							
2922210000	氨基羟基萘磺酸及其盐(但含有一种以上含氧基的除外)〔301 毒性物质和感染性物质〕,〔302 其他化工产品〕,〔999〕	6.5	30	13		千克		
29222910	---茴香胺、二茴香胺、氨基苯乙醚及其盐							
2922291000	茴香胺、二茴香胺、氨基苯乙醚等(但含有一种以上含氧基的除外)③	6.5	30	13		千克		
29222990	---其他							
2922299011	布苯丙胺、二甲氧基乙基安非他明(以及它们的盐)〔999〕	6.5	30	13		千克	I	
2922299012	二甲氧基安非他明、副甲氧基安非他明(以及它们的盐)〔999〕	6.5	30	13		千克	I	

① 〔101N,N-二甲基乙醇胺〕,〔102 1-氨基乙醇〕,〔103 2-氨基乙醇〕,〔301 1-氨基乙醇,无检疫要求食品添加剂〕,〔302 1-氨基乙醇,一般化学品,需申报仅用于工业用途不用于食品添加剂无检疫要求〕,〔303N,N-二甲基乙醇胺,易燃液体,需申报仅用于工业用途不用于食品添加剂无检疫要求〕,〔304 2-氨基乙醇,腐蚀性物质,需申报仅用于工业用途不用于食品添加剂无检疫要求〕,〔305 属于危险化学品的食品添加剂〕

② 〔101N,N-二甲基丙醇胺〕,〔102N,N-二甲基异丙醇胺〕,〔103N,N-二甲基甲酰胺〕,〔104 2,2'-二羟基二丙胺〕,〔301 易燃液体〕,〔302 腐蚀性物质〕,〔303 其他危险化学品〕,〔304 其他化工产品〕,〔305 毒性物质和感染性物质〕

③ 〔301 其他危险化学品〕,〔302 其他化工产品〕,〔303 毒性物质和感染性物质〕,〔999〕

协定税率(%)															特惠税率(%)			对美税率	出口税率	出口退税率	Article Description
智利	新西兰	澳大利亚	瑞士	冰岛	秘鲁	哥斯达	东盟	亚太	新加坡	巴基斯坦	港/澳/台	韩国	格鲁吉亚	毛里求斯	亚太	老/柬/缅	LDC 97/95				
																					Oxygen-function amino-compounds:
0	0	0	0	0	0	0	0			5	0/0/		0	0			0/0			10	--Monoethanolamine and its salts
																		11.5	0		
																		11.5	0		
0	0	0	0	0	0	0	0			5	0/0/		0	0			0/0			10	--Diethanolamine and its salts
																		16.5	0		
																		16.5	0		
0	0	0	0	0	0	0	0			5	0/0/	0	0	0			0/0			10	--Dextropropoxyphene (INN) and its salts
																			0		
0	0	0	0	0	0	0	0			5	0/0/	3.4	0	0			0/0			10	--Triethanolamine
																		11.5	0		
0	0	0	0	0	0	0	0			5	0/0/	0	0	0			0/0			10	--Diethanolammonium perfluorooctane sulphonate
																			0		
0	0	0	0	0	0	0	0			5	0/0/	0	0	0			0/0				--Methyldiethanolamine and ethyldiethanolamine
																		11.5	0	10	
0	0	0	0	0	0	0	0			5	0/0/	0	0	0			0/0			13	--2-(N,N-Diisopropylamino) ethanol
																			0		
0	0	0	0	0	0	0	0			5	0/0/	0	0	0			0/0			13	---Ethylamino butanol(Ethambutol)
																			0		
0	0	0	0	0	0	0	0			5	0/0/	0	0	0			0/0			13	----N, N-Dimethylaminoethanol and corresponding protonated salts
																		11.5	0		
0	0	0	0	0	0	0	0			5	0/0/	0	0	0			0/0			10	----N, N-Diethylaminoethanol and corresponding protonated salts
																		16.5	0		
																		16.5	0		
0	0	0	0	0	0	0	0	5.2		5	0/0/	0	0	0			0/0			10	----Other
																			0		
0	0	0	0	0	0	0	0	5.2		5	0/0/	0	0	0			0/0			10	---Ethyldiethanolamine
																			0		
0	0	0	0	0	0	0	0	5.2		5	0/0/	0	0	0			0/0			13	---Methyldiethanolamine
																		11.5	0		
0	0	0	0	0	0	0	0			5	0/0/	0	0	0			0/0			13	---Benflumetol
																		26.5	0		
0	0	0	0	0	0	0	0			5	0/0/	0	0	0			0/0				---Other
																		11.5	0	9	
																		11.5	0	9	
																		11.5	0	9	
																		11.5	0	9	
																		11.5	0	9	
																		11.5	0	10	
																		11.5	0	10	
																		11.5	0	9	
0	0	0	0	0	0	0	0			5	0/0/	1.9	0	0			0/0			13	--Aminohydroxynaphthalenesulphonic acid and their salts
																		16.5	0		
0	0	0	0	0	0	0	0			5	0/0/	1.9	0	0			0/0			13	---Anisidines, dianisidines, phenetidines, and their salts
																			0		
0	0	0	0	0	0	0	0			5	0/0/	0	0	0			0/0			13	---Other
																		31.5	0		
																		31.5	0		

商品编号	商品名称及备注[检验检疫编码及名称]	进口关税(%) 最惠国	进口关税(%) 普通	增值税率(%)	消费税	计量单位	监管条件	检验检疫类别
2922299013	二甲氧基甲苯异丙胺、三甲氧基安非他明(以及它们的盐)〔999〕	6.5	30	13		千克	I	
2922299014	2,5-二甲氧基-4-溴苯乙胺、地佐辛(以及它们的盐)〔999〕	6.5	30	13		千克	I	
2922299015	他喷他多(Tapentadol;CAS 号:175591-23-8)〔999〕	6.5	30	13		千克	I	
2922299016	2,5-二甲氧基-4-碘苯乙胺(2,5-Dimethoxy-4-iodophenethylamine;CAS 号:69587-11-7)〔999〕	6.5	30	13		千克	I	
2922299017	2,5-二甲氧基苯乙胺(2,5-Dimethoxy-phenethylamine;CAS 号:3600-86-0)〔999〕	6.5	30	13		千克	I	
2922299090	其他氨基(萘酚、酚)及醚、酯(包括它们的盐,但含有一种以上含氧基的除外)①	6.5	30	13		千克		
29223100	--安非拉酮(INN)、美沙酮(INN)和去甲美沙酮(INN)以及它们的盐							
2922310010	安非拉酮及其盐〔999〕	6.5	30	13		千克	I	
2922310020	美沙酮、去甲美沙酮及它们的盐〔999〕	6.5	30	13		千克	I	
29223910	---4-甲基甲卡西酮							
2922391000	4-甲基甲卡西酮及其盐〔999〕	6.5	30	13		千克	I	
29223920	---安非他酮及其盐							
2922392000	安非他酮及其盐〔999〕	6.5	30	13		千克		
29223990	---其他							
2922399010	氯胺酮及其盐〔999〕	6.5	30	13		千克	I	
2922399020	灭藻醌〔999〕	6.5	30	13		千克	S	
2922399030	异美沙酮及其盐〔999〕	6.5	30	13		千克	I	
2922399040	甲卡西酮及其盐〔999〕	6.5	30	13		千克	I	
2922399050	4-甲基乙卡西酮(4-MEC)(4-Methylethcathinone;CAS 号:1225617-18-4)〔999〕	6.5	30	13		千克	I	
2922399090	其他氨基醛、氨基酮及其盐(包括氨基醌及其盐,但含有一种以上含氧基的除外)②	6.5	30	13		千克		
29224110	---赖氨酸							
2922411000	赖氨酸③	5	20	13		千克	AB	M.P/Q
29224190	---其他							
2922419000[暂5]	赖氨酸酯和赖氨酸盐(包括赖氨酸酯的盐)④	6	30	13		千克	AB	M.P.R/Q
29224210	---谷氨酸							
2922421000	谷氨酸〔101 饲料添加剂〕,〔102L-谷氨酸(有检疫要求食品添加剂)〕	5	90	13		千克	A	M.P/
29224220	---谷氨酸钠							
2922422000	谷氨酸钠〔101 饲料添加剂〕,〔102 有检疫要求食品添加剂〕	5	130	13		千克	A	M.P/
29224290	---其他							
2922429000	其他谷氨酸盐〔101 饲料添加剂〕,〔102L-谷氨酰胺(有检疫要求食品添加剂)〕	6.5	30	13		千克	A	M.P/
29224310	---邻氨基苯甲酸(氨茴酸)							
2922431000	邻氨基苯甲酸(氨茴酸)〔101 饲料添加剂〕,〔102 化工产品〕	6.5	20	13		千克	23	
29224390	---其他							
2922439000	邻氨基苯甲酸(氨茴酸)盐⑤	6.5	30	13		千克		
29224400	--替利定(INN)及其盐							
2922440000	替利定(INN)及其盐〔999〕	6.5	30	13		千克	I	
29224911	----氨甲环酸							
2922491100	氨甲环酸〔101 饲料添加剂〕,〔102 化工产品〕	6.5	20	13		千克	AB	M.R/S
29224919	----其他							
2922491910	安咪奈丁〔101 饲料添加剂〕,〔102 化工产品〕	6.5	20	13		千克	I	
2922491990	其他氨基酸⑥	6.5	20	13		千克	AB	M.P.R/Q
29224991	----普鲁卡因							
2922499100	普鲁卡因〔999〕	6	20	13		千克		
29224999	----其他							
2922499911	草灭畏〔999〕	6.5	30	13		千克	AS	M.P/
2922499912	灭杀威、灭除威、混灭威等(害扑威、速灭威、残杀威、猛杀威)⑦	6.5	30	13		千克	ABS	M/N
2922499913	兹克威、除害威⑧	6.5	30	13		千克	ABS	M/N
2922499914	异丙威⑨	6.5	30	13		千克	ABS	M/N

① 〔301 毒性物质和感染性物质〕,〔302 其他化工产品〕,〔303 爆炸品〕,〔304 易燃固体〕,〔305 毒性物质和感染性物质〕,〔306 其他危险化学品〕,〔999〕

② 〔101〕,〔102 邻氨基苯乙酮〕

③ 〔101 饲料添加剂〕,〔102L-赖氨酸〕,〔103L-盐酸赖氨酸〕,〔301L-赖氨酸(有检疫要求食品添加剂)〕,〔302L-盐酸赖氨酸(有检疫要求食品添加剂)〕

④ 〔101 饲料添加剂〕,〔102L-赖氨酸盐酸盐(有检疫要求食品添加剂)〕

⑤ 〔101 饲料添加剂〕,〔102 邻氨基苯甲酸甲酯〕,〔103 邻氨基苯甲酸烯丙酯〕,〔104 邻氨基苯甲酸乙酯〕,〔105 邻氨基苯甲酸异丁酯〕

⑥ 〔101 饲料添加剂〕,〔102 天门冬氨酸钙(有检疫要求食品添加剂)〕,〔103L-丝氨酸(有检疫要求食品添加剂)〕,〔104 10-十一烯酸烯丙酯(有检疫要求食品添加剂)〕,〔105dL-缬氨酸(有检疫要求食品添加剂)〕,〔106L-精氨酸(有检疫要求食品添加剂)〕,〔107l-组氨酸(有检疫要求食品添加剂)〕,〔108 甘氨酸(有检疫要求食品添加剂)〕,〔109 牛磺酸(2-氨基乙基磺酸)(有检疫要求食品添加剂)〕,〔110L-酪氨酸(有检疫要求食品添加剂)〕,〔301 需申报仅用于工业用途不用于食品添加剂有检疫要求的化学品〕

⑦ 〔101 二甲威〕,〔102 灭杀威〕,〔103 残杀威粉剂(含量>15%)〕,〔104 速灭威〕,〔105 害扑威〕,〔106 猛杀威粉剂(含量>15%)〕,〔107 混灭威〕,〔108 二甲威乳剂〕,〔109 灭杀威乳剂〕,〔110 残杀威乳剂(含量>40%)〕,〔111 速灭威乳剂〕,〔112 害扑威乳剂〕,〔113 猛杀威乳剂(含量>3%)〕,〔114 混灭威乳剂〕,〔301 毒性物质和感染性物质〕,〔302 其他化工产品〕

⑧ 〔101 灭多威(含量>30%)〕,〔102 灭害威粉剂(含量>6%~60%)〕,〔103 自克威粉剂(含量 2%~25%)〕,〔104 除害威〕,〔105 灭害威乳剂(含量 1%~60%)〕,〔106 自克威乳剂(含量<25%)〕,〔107 除害威乳剂〕,〔301 毒性物质和感染性物质〕,〔302 其他化工品〕

⑨ 〔101 杀线威〕,〔102 异丙威乳剂〕,〔103 间异丙威乳剂〕,〔104 其他异丙威〕,〔301 毒性物质和感染性物质〕,〔302〕

协定税率(%)															特惠税率(%)			对美税率	出口税率	出口退税率	Article Description
智利	新西兰	澳大利亚	瑞士	冰岛	秘鲁	哥斯达	东盟	亚太	新加坡	巴基斯坦	港/澳/台	韩国	格鲁吉亚	毛里求斯	亚太	老/柬/缅	LDC 97/95				
																		31.5	0		
																		31.5	0		
																		31.5	0		
																		31.5	0		
																		31.5	0		
																		31.5	0		
0	0	0	0	0	0	0	0			5	0/0/	0	0	0			0/0			10	--Amfepramone (INN), methadone (INN) and normethadone (INN); salts thereof
																		11.5	0		
																		11.5	0		
0	0	0	0	0	0	0	0			5	0/0/	0	0	0			0/0			10	---4-Methylmethcathinone
																			0		
0	0	0	0	0	0	0	0			5	0/0/	0	0	0			0/0				---Bupropion and its salts
																			0	9	
0	0	0	0	0	0	0	0			5	0/0/	0	0	0			0/0				---Other
																		31.5	0	10	
																		31.5	0	9	
																		31.5	0	10	
																		31.5	0	10	
																		31.5	0	10	
																		31.5	0	10	
0	0	0	0	0	0	0	0			0	0/0/	2.6	0	0			0/0			13	---Lysine
																		30	0		
0	0	0	0	0	0	0	0			5	0/0/	0	0	0			0/0			13	---Other
																		10	0		
0	0	0	0	0	0	0	0	3.3	0	4	0/0/	3	0	0			0/0			10	---Glutamic acid
																		30	0		
0	0	0	0	0	0	0	0		0	4	0/0/	3	0	0			0/0			13	---Sodium glutamate
																		30	0		
0	0	0	0	0	0	0	0			5	0/0/	0	0	0			0/0			10	---Other
																		26.5	0		
0	0	0	0	0	0	0	0			5	0/0/	0	0	0			0/0			10	---Anthranilic acid
																			0		
0	0	0	0	0	0	0	0			5	0/0/	0	0	0			0/0			10	---Other
																		11.5	0		
0	0	0	0	0	0	0	0			5	0/0/	0	0	0			0/0			10	--Tilidine(INN) and its salts
																			0		
0	0	0	0	0	0	0	0			5	0/0/	3.4	0	0			0/0			13	----Tranexamic acid
																		31.5	0		
0	0	0	0	0	0	0	0			5	0/0/	3.4	0	0			0/0			13	----Other
																		16.5	0		
																		16.5	0		
0	0	0	0	0	0	0	0	3.6		5	0/0/	0	0	0			0/0			13	----Procaine
																		11	0		
0	0	0	0	0	0	0	0			5	0/0/	0	0	0			0/0				----Other
																		11.5	0	9	
																		11.5	0	9	
																		11.5	0	0	
																		11.5	0	9	

商品编号	商品名称及备注[检验检疫编码及名称]	进口关税(%) 最惠国	进口关税(%) 普通	增值税率(%)	消费税	计量单位	监管条件	检验检疫类别
2922499915	仲丁威、畜虫威、合杀威〔101 仲丁威〕,〔102 合杀威〕,〔103 仲丁威乳剂〕,〔104 合杀威乳剂〕,〔105 畜虫威〕	6.5	30	13		千克	ABS	M/N
2922499916	甲萘威、地麦威、蜱虱威〔301 毒性物质和感染性物质〕,〔302 其他化工品〕,〔999〕	6.5	30	13		千克	AS	M.P/
2922499917	除线威〔999〕	6.5	30	13		千克	AS	M.P/
2922499918	氨酰丙酸(盐酸盐)〔101 饲料添加剂〕,〔102 化工产品〕	6.5	30	13		千克	AS	M.P/
2922499919	安咪奈丁的盐〔999〕	6.5	20	13		千克	I	
2922499990	其他氨基酸及其酯及它们的盐(含有一种以上含氧基的除外)①	6.5	30	13		千克	AB	M.R/N.Q
29225010	---对羟基苯甘氨酸及其邓钾盐							
2922501000	对羟基苯甘氨酸及其邓钾盐〔999〕	6.5	30	13		千克	A	R/
29225020	---莱克多巴胺和盐酸莱克多巴胺							
2922502000	莱克多巴胺和盐酸莱克多巴胺〔999〕	6.5	30	13		千克	89	
29225090	---其他							
2922509010	曲马多〔999〕	6.5	30	13		千克	I	
2922509020[暂5]	苏氨酸〔101 饲用〕,〔301 有检疫要求食品添加剂〕,〔999 其他化工产品〕	6.5	20	13		千克	A	R/
2922509091[暂0]	盐酸米托蒽醌②	6.5	30	3		千克	A	R/
2922509099	其他氨基醇酚、氨基酸酚(包括其他含氧基氨基化合物)(因拆分抗癌药品原料药产生的兜底税号)③	6.5	30	13		千克	A	R/
2923	**季铵盐及季铵碱;卵磷脂及其他磷氨基类脂,不论是否已有化学定义:**							
29231000	-胆碱及其盐							
2923100000	胆碱及其盐④	6.5	30	13		千克	A	R/
29232000	-卵磷脂及其他磷氨基类脂							
2923200000	卵磷脂及其他磷氨基类脂⑤	6.5	30	13		千克	A	R/
29233000	-全氟辛基磺酸四乙基铵							
2923300000	全氟辛基磺酸四乙基铵〔301 毒性物质和感染性物质〕,〔999 其他化工产品〕	6.5	30	13		千克	X	
29234000	-全氟辛基磺酸二癸基二甲基铵							
2923400000	全氟辛基磺酸二癸基二甲基铵〔301 其他危险化学品〕,〔302 杂项物质〕,〔999 其他化工产品〕	6.5	30	13		千克	X	
29239000	-其他							
2923900011	矮壮素〔101 矮壮素水剂(含量>30%)〕,〔102 其他〕	6.5	30	13		千克	S	
2923900012	菊胺酯〔999〕	6.5	30	13		千克	S	
2923900090	其他季铵盐及季铵碱⑥	6.5	30	13		千克		
2924	**羧基酰胺基化合物;碳酸酰胺基化合物:**							
29241100	--甲丙氨酯(INN)							
2924110000	甲丙氨酯(INN)〔999〕	6.5	30	13		千克	I	
29241200	--氟乙酰胺(ISO)、久效磷(ISO)及磷胺(ISO)							
2924120010	氟乙酰胺(ISO)(氟乙酰胺别名敌蚜胺)⑦	6.5	30	13		千克	89	
2924120090	久效磷(ISO)及磷胺(ISO)⑧	6.5	30	13		千克		
29241910	---二甲基甲酰胺							

① 〔101 饲料添加剂〕,〔102 克百威(含量>10%)〕,〔103 自克威(含量>25%)〕,〔104 伐虫脒(含量>40%)〕,〔105 抗虫威〕,〔106 肟杀威〕,〔107 间异丙威〕,〔108 涕灭威〕,〔109 恶虫威(含量>65%)〕,〔110 异索威(含量>20%)〕,〔111 毒鼠磷〕,〔112 氯灭杀威〕,〔113 凝乳酶 A〕,〔114 凝乳酶 B〕,〔115 凝乳酶或粗制凝乳酶〕,〔116L-苯基丙氨酸〕,〔117L-和 dL-丙氨酸〕,〔118L-亮氨酸〕,〔119L-天冬氨酸〕,〔120β-丙氨酸〕,〔121L-半胱氨酸盐酸盐〕,〔122d,L-异亮氨酸〕,〔123L-丙氨酸〕,〔124 工业用途无检疫要求食品添加剂〕,〔125 工业用途有检疫要求食品添加剂〕,〔301 有检疫要求食品添加剂〕,〔302 需申报仅用于工业用途不用于食品添加剂无检疫要求的化学品〕,〔303 需申报仅用于工业用途不用于食品添加剂有检疫要求的化学品〕,〔304 毒性物质和感染性物质〕

② 〔301 无检疫要求食品添加剂〕,〔302 需申报仅用于工业用途不用于食品添加剂无检疫要求的化学品〕

③ 〔301 无检疫要求食品添加剂〕,〔302 需申报仅用于工业用途不用于食品添加剂无检疫要求的化学品〕

④ 〔101 饲料添加剂〕,〔102 胆碱(无检疫要求食品添加剂)〕,〔103 需申报仅用于工业用途不用于食品添加剂无检疫要求的化学品〕

⑤ 〔101 饲料添加剂〕,〔102 具有保健食品批准文号〕,〔103 改性大豆磷脂〕,〔104 酶解大豆磷脂〕,〔301 改性大豆磷脂(无检疫要求食品添加剂)〕,〔302 酶解大豆磷脂(无检疫要求食品添加剂)〕,〔303 需申报仅用于工业用途不用于食品添加剂无检疫要求的化学品〕

⑥ 〔101 饲料添加剂〕,〔102 地乐施(含量>80%)〕,〔103 特乐酚(含量>50%)〕,〔104 灭散白蚁药粉〕,〔105 生牛皮杀虫药〕,〔106 蚕杀虫药〕,〔107 特乐酚乳剂(含量>50%)〕,〔108 壮棉丹〕,〔109 四甲基氢氧化铵〕,〔110 四乙基氢氧化铵〕,〔111 四丁基氢氧化铵〕,〔112 甜菜碱(天然提取)〕,〔113 左旋肉碱〕,〔114 磷脂〕,〔301 易燃液体〕,〔302 毒性物质和感染性物质〕,〔303 腐蚀性物质〕,〔304 其他化工产品〕,〔305 无检疫要求食品添加剂〕

⑦ 〔101UK-786〕,〔102 氟乙酰胺粉剂〕,〔103 氟乙酰胺乳剂(含量<10%)〕,〔301 毒性物质和感染性物质〕

⑧ 〔101 久效磷(含量>25%)〕,〔102 吡唑磷(含量>5%)〕,〔103 对氧磷〕,〔104 甲基对硫磷(含量>15%)〕,〔105 苯硫磷(含量>15%)〕,〔106 水胺硫磷〕,〔107 氯硫磷(含量>5%)〕,〔108 蝇毒磷(含量>30%)〕,〔109 因毒磷(含量>45%)〕,〔110 对溴磷〕,〔111 碘吸磷〕,〔112 保棉磷(含量>20%)〕,〔113 杀扑磷(含量>40%)〕,〔114 氯亚磷〕,〔115 威菌磷(含量>20%)〕,〔116 硫环磷(含量>15%)〕,〔117 甲胺磷〕,〔118 益棉磷(含量>25%)〕,〔119 其他一级有机磷固态农药〕,〔120 久效磷颗粒剂(含量 3%~25%)〕,〔121 磷胺粉剂(含量 3%~30%)〕,〔122 久效磷乳剂(含量 0.5%~25%)〕,〔123 磷胺乳剂(含量 0.5%~30%)〕,〔301 毒性物质和感染性物质〕

协定税率(%)															特惠税率(%)			对美税率	出口税率	出口退税率	Article Description
智利	新西兰	澳大利亚	瑞士	冰岛	秘鲁	哥斯达	东盟	亚太	新加坡	巴基斯坦	港/澳/台	韩国	格鲁吉亚	毛里求斯	亚太	老/柬/缅	LDC 97/95				
																		11.5	0	9	
																		11.5	0	9	
																		11.5	0	9	
																		11.5	0	9	
																		11.5	0	13	
																		11.5	0	10	
0	0	0	0	0	0	0	0			5	0/0/	0	0	0			0/0			13	---D-p-hydroxyphenylglycine and its monopotassium salt
																			0		
0	0	0	0	0	0	0	0			5	0/0/	3.4	0	0			0/0			10	---Ractopamine and ractopamine hydrochloride
																			0		
0	0	0	0	0	0	0	0			5	0/0/	1.9	0	0			0/0			13	---Other
																		31.5	0		
																		30	0		
																		25	0		
																		31.5	0		
																					Quaternary ammonium salts and hydroxides; leeithins and other phosphoaminolipids, whether or not chemically defined:
0	0	0	0	0	0	0	0			5	0/0/	0	0	0			0/0			10	-Choline and its salts
																		16.5	0		
0	0	0	0	0	0	0	0			5	0/0/	1.9	0	0			0/0			10	-Lecithins and other phosphoam-inolipids
																		16.5	0		
0	0	0	0	0	0	0	0			5	0/0/	0	0	0			0/0			10	-Tetraethylammonium perfluorooctane sulphonate
																			0		
0	0	0	0	0	0	0	0			5	0/0/	0	0	0			0/0			10	-Didecyldimethylammonium perfluorooctane sulphonate
																			0		
0	0	0	0	0	0	0	0			5	0/0/	0	0	0			0/0				-Other
																		16.5	0	9	
																		16.5	0	9	
																		16.5	0	10	
																					Carboxyamide-function compounds; amidefunction compounds of carbonicacid:
0	0	0	0	0	0	0	0			5	0/0/	0	0	0			0/0			10	--Meprobamate(INN)
																			0		
0	0	0	0	0	0	0	0			5	0/0/	0	0	0			0/0			0	--Fluoroacetamide (ISO), monocrotophos (ISO) and phosphamidon (ISO)
																			0		
																			0		
0	0	0	0	0	0	0	0			5	0/0/0	0	0	0			0/0			10	---N,N-dimethylformamide

商品编号	商品名称及备注[检验检疫编码及名称]	进口关税(%)		增值税率(%)	消费税	计量单位	监管条件	检验检疫类别
		最惠国	普通					
2924191000	二甲基甲酰胺〔999〕	6.5	30	13		千克		
29241990	---其他							
2924199012	百治磷①	6.5	30	13		千克	S	
2924199013	溴乙酰胺〔999〕	6.5	30	13		千克	S	
2924199014	霜霉威及其盐〔999〕	6.5	30	13		千克	S	
2924199015	叶枯炔〔999〕	6.5	30	13		千克	S	
2924199016	二丙烯草胺〔101 草毒死颗粒剂(含量>35%)〕,〔102 草毒死(含量>35%)〕	6.5	30	13		千克	S	
2924199018	驱蚊酯〔999〕	6.5	30	13		千克	S	
2924199030	甲丙氨酯的盐〔999〕	6.5	30	13		千克	I	
2924199040	丙烯酰胺〔999〕	6.5	30	13		千克		
2924199090	其他无环酰胺(包括无环氨基甲酸酯)(包括其衍生物及其盐)②	6.5	30	13		千克		
29242100	--烷基脲及其衍生物以及它们的盐							
2924210010	氟环脲〔999〕	6.5	30	13		千克	S	
2924210020	绿麦隆〔999〕	6.5	30	13		千克	S	
2924210090	其他烷基脲及其衍生物以及它们的盐〔101 饲料添加剂〕,〔301 杂项物质〕,〔302 其他化工产品〕,〔303 爆炸品〕	6.5	30	13		千克		
29242300	--2-乙酰氨基苯甲酸(N-乙酰邻氨基苯甲酸)及其盐							
2924230010	2-乙酰氨基苯甲酸、N-乙酰邻氨基苯酸(包括 N-乙酰邻氨基苯甲酸)〔999〕	6.5	30	13		千克	23	
2924230090	2-乙酰氨基苯甲酸的盐〔999〕	6.5	30	13		千克		
29242400	--炔己蚁胺(INN)							
2924240000	炔已蚁胺(INN)〔999〕	6.5	30	13		千克	I	
29242500	--甲草胺(ISO)							
2924250000	甲草胺〔999〕	6.5	30	13		千克	S	
29242910	---对乙酰氨基苯乙醚(非那西丁)							
2924291000	对乙酰氨基苯乙醚(非那西丁)〔999〕	6	30	13		千克	Q	
29242920	---对乙酰氨基酚(扑热息痛)							
2924292000	对乙酰氨基酚(扑热息痛)〔999〕	6	30	13		千克	Q	
29242930	---阿斯巴甜							
2924293000	阿斯巴甜〔999〕	6.5	30	13		千克		
29242990	---其他							
2924299011	避蚊胺、灭锈胺、叶枯酞、水杨菌胺、氟丁酰草胺(包括苯酰菌胺)〔999〕	6.5	30	13		千克	S	
2924299012	萘草胺、新燕灵、非草隆、氯炔灵、苄草隆〔301 杂项物质〕,〔302 其他化工产品〕,〔999〕	6.5	30	13		千克	S	
2924299013	燕麦灵、苄胺灵、特草灵、特胺灵、环丙酰亚胺③	6.5	30	13		千克	S	
2924299014	毒草胺、丁烯草胺、二氯己酰草胺〔301 杂项物质〕,〔302 其他化工产品〕,〔999〕	6.5	30	13		千克	S	
2924299015	萘丙胺、牧草胺、溴丁酰草胺〔999〕	6.5	30	13		千克	S	
2924299016	氯甲酰草胺、麦草伏 M、麦草伏〔999〕	6.5	30	13		千克	S	
2924299017	氯虫酰肼、异丙甲草胺、苯肽胺酸等(包括精异丙甲草胺、缬霉威)〔999〕	6.5	30	13		千克	S	
2924299018	灭害威〔999〕	6.5	30	13		千克	S	
2924299019	苯氧威〔999〕	6.5	30	13		千克	S	
2924299020	氟酰脲、环丙酰草胺、烯草胺〔999〕	6.5	30	13		千克	S	
2924299031	苯胺灵、苯霜灵、丙草胺、敌稗等(包括丙炔草胺、草不隆、草完隆、除虫脲、除幼脲)④	6.5	30	13		千克	S	
2924299032	敌草胺、敌草隆、二甲苯草胺等(包括丁草胺、丁酰草胺、二甲草胺、氟苯脲、氟草隆)〔999〕	6.5	30	13		千克	S	
2924299033	庚酰草胺、环丙草胺、环酰草胺等(包括氟虫脲、氟铃脲、氟酰胺、氟蚁灵、氟幼脲)〔999〕	6.5	30	13		千克	S	
2924299034	甲氯酰草胺、甲霜灵、环草隆等(包括环莠隆、甲氧隆、克草胺、枯草隆)〔301 杂项物质〕,〔302 其他化工产品〕,〔999〕	6.5	30	13		千克	S	
2924299035	甲基杀草隆、枯莠隆、邻酰胺等(包括氯苯胺灵、麦草氟甲酯、麦草氟异丙酯)〔999〕	6.5	30	13		千克	S	
2924299036	灭草隆、灭幼脲、炔苯酰草胺等(包括麦锈灵、棉胺宁、灭草灵、炔草隆、杀草胺)⑤	6.5	30	13		千克	S	
2924299037	虱螨脲、双苯酰草胺、双酰草胺等(包括杀草隆、杀铃脲、杀螺胺及其盐、莎稗磷、缬菌胺、溴虫氟苯双酰胺)〔101 草乃敌(含量>55%)〕,〔102 草乃敌乳剂(含量>10%)〕	6.5	30	13		千克	S	
2924299038	甜菜安、特丁草胺、乙氧苯草胺等(包括甜菜宁、戊菌隆、酰草隆、乙草胺、乙霉威)⑥	6.5	30	13		千克	S	

① 〔101 百治磷粉剂(含量 3%~25%)〕,〔102 百治磷乳剂(含量 0.5%~25%)〕,〔301〕

② 〔101 饲料添加剂〕,〔102 硝基脲〕,〔103 硝基脲(干的或含水<20%)〕,〔104 十八烷基乙酰胺〕,〔105 1-萘基脲〕,〔106 灭蚜胺〕,〔107 氨丙灵〕,〔108 硫代甲酰胺〕,〔109 叶枯散〕,〔110 氨基甲酸胺〕,〔111 12-甲基十三醛〕,〔112L-天冬酰胺〕,〔113N-乳酰基乙醇胺〕,〔114N,2,3-三甲基-2-异丙基丁酰胺〕,〔301 爆炸品〕,〔302 易燃液体〕,〔303 易燃固体〕,〔304 毒性物质和感染性物质〕,〔305 其他危险化学品〕,〔306 其他化工产品〕,〔307 腐蚀性物质〕

③ 〔101 燕麦灵可湿性粉剂〕,〔102 燕麦灵乳剂(含量>30%)〕,〔301 杂项物质〕,〔302 其他化工产品〕

④ 〔101 敌稗〕,〔102 敌稗乳剂(含量>25%)〕

⑤ 〔101 灭草灵〕,〔102 灭草灵乳剂〕

⑥ 〔301 杂项物质〕,〔302 其他化工产品〕,〔999〕

协定税率(%)															特惠税率(%)			对美税率	出口税率	出口退税率	Article Description
智利	新西兰	澳大利亚	瑞士	冰岛	秘鲁	哥斯达	东盟	亚太	新加坡	巴基斯坦	港/澳/台	韩国	格鲁吉亚	毛里求斯	亚太	老/柬/缅	LDC 97/95				
																		11.5	0		
0	0	0	0	0	0	0	0			5	0/0/	3.4	0	0			0/0				---Other
																		26.5	0	0	
																		26.5	0	0	
																		26.5	0	9	
																		26.5	0	0	
																		26.5	0	9	
																		26.5	0	9	
																		26.5	0	10	
																		26.5	0	10	
																		26.5	0	13	
0	0	0	0	0	0	0	0			5	0/0/	0	0	0			0/0				--Ureides and their derivatives; salts thereof
																		31.5	0	9	
																		31.5	0	10	
																		31.5	0	10	
0	0	0		0	0	0	0			5	0/0/	0	0	0			0/0			10	--2-Acetamidobenzoic acid (N-acety-lanthranilic acid) and its salts
																			0		
																			0		
0	0	0	0	0	0	0	0			5	0/0/	0	0	0			0/0			10	--Ethinamate (INN)
																			0		
0	0	0	1.3	0	0	0	0			0	0/0/	0	0	0			0/0				--Alachlor (ISO)
																			0	9	
0	0	0	0	0	0	0	0	4.8		0	0/0/	0	0	0			0/0			10	---Phenacetin
																			0		
0	0	0	0	0	0	0	0	4.8		0	0/0/	0	0	0			0/0			10	---p-Acetaminophenol (paracetanol)
																		26	0		
0	0	0	1.3	0	0	0	0			0	0/0/	0	0	0			0/0			13	---Aspartame
																		31.5	0		
0	0	0	1.3	0	0	0	0			0	0/0/	0	0	0			0/0				---Other
																		31.5	0	9	
																		31.5	0	9	
																		31.5	0	9	
																		31.5	0	9	
																		31.5	0	9	
																		31.5	0	9	
																		31.5	0	9	
																		31.5	0	9	
																		31.5	0	9	
																		31.5	0	9	
																		31.5	0	9	
																		31.5	0	9	
																		31.5	0	9	
																		31.5	0	9	
																		31.5	0	9	
																		31.5	0	9	
																		31.5	0	9	
																		31.5	0	9	

商品编号	商品名称及备注〔检验检疫编码及名称〕	进口关税(%) 最惠国	普通	增值税率(%)	消费税	计量单位	监管条件	检验检疫类别
2924299039	乙酰甲草胺、异丙隆、异草完隆等(包括异丙草胺、异丁草胺)〔999〕	6.5	30	13		千克	S	
2924299040	炔已蚁胺的盐〔999〕	6.5	30	13		千克	I	
2924299050	地恩丙胺及其盐〔999〕	6.5	30	13		千克	I	
2924299091[暂0]	氟他胺〔999〕	6.5	30	3		千克		0
2924299099	其他环酰胺(包括环氨基甲酸酯)(包括其衍生物以及它们的盐)(因拆分抗癌药品原料药产生的兜底税号)①	6.5	30	13		千克		
2925	**羧基酰亚胺化合物(包括糖精及其盐)及亚胺基化合物:**							
29251100	--糖精及其盐							
2925110000	糖精及其盐②	9	90	13		千克	A	R/
29251200	--格鲁米特(INN)							
2925120000	格鲁米特(INN)〔999〕	6.5	30	13		千克	I	
29251900	--其他							
2925190010	格鲁米特的盐〔999〕	6.5	30	13		千克	I	
2925190021	腐霉利〔999〕	6.5	30	13		千克	S	
2925190022	菌核净、菌核利、甲菌利、乙菌利〔999〕	6.5	30	13		千克	S	
2925190023	氟烯草酸〔999〕	6.5	30	13		千克	S	
2925190024	胺菊酯(包括右旋胺菊酯、右旋反式胺菊酯、富右旋反式胺菊酯)〔999〕	6.5	30	13		千克	S	
2925190090	其他酰亚胺及其衍生物、盐〔301〕,〔302〕,〔999〕	6.5	30	13		千克		
29252100	--杀虫脒(ISO)							
2925210000	杀虫脒(ISO)③	6.5	30	13		千克	89	
29252900	--其他							
2925290011	杀螨特、杀螨脒〔999〕	6.5	30	13		千克	S	
2925290012	单甲脒及其盐、伐虫脒、丙烷脒〔301 毒性物质和感染性物质〕,〔302 其他化工产品〕,〔999〕	6.5	30	13		千克	S	
2925290013	烯肟菌胺、烯肟菌酯、醚菌酯〔999〕	6.5	30	13		千克	S	
2925290014	双胍辛胺、多果啶、双胍辛胺乙酸盐等(包括双胍三辛烷基苯磺酸盐)〔999〕	6.5	30	13		千克	S	
2925290015	禾草灭、氟草醚、增产肟〔999〕	6.5	30	13		千克	S	
2925290016	氯代水杨胺、双胍辛乙酸盐、顺己烯醇〔999〕	6.5	30	13		千克	S	
2925290020	羟亚胺及其盐〔999〕	6.5	30	13		千克	23	
2925290030	双甲脒〔999〕	6.5	30	13		千克	S	
2925290090	其他亚胺及其衍生物以及它们的盐④	6.5	30	13		千克		
2926	**腈基化合物:**							
29261000	-丙烯腈							
2926100000[暂3]	丙烯腈(即 2-丙烯腈、乙烯基氰)〔999〕	6.5	30	13		千克		
29262000	-1-氰基胍(双氰胺)							
2926200000	1-氰基胍(双氰胺)〔999〕	6.5	30	13		千克		
29263000	-芬普雷司(INN)及其盐;美沙酮(INN)中间体(4-氰基-2-二甲氨基-4,4-二苯基丁烷)							
2926300010	美沙酮中间体(4-氰基-2-二甲氨基-4,4-二苯基丁烷)〔999〕	6.5	30	13		千克	I	
2926300020	芬普雷司及其盐〔999〕	6.5	30	13		千克	I	
29264000	-α-苯基乙酰基乙腈							
2926400000	α-苯基乙酰基乙腈〔999〕	6.5	30	13		千克		
29269010	---对氯氰苄							
2926901000	对氯氰苄〔999〕	4	11	13		千克		
29269020	---间苯二甲腈							
2926902000	间苯二甲腈〔999〕	6.5	30	13		千克		
29269090	---其他							
2926909010	甲氰菊酯、S-氰戊菊酯、氯氟氰菊酯(包括氰氟虫腙)〔999〕	6.5	30	13		千克	S	
2926909020[暂1]	己二腈〔999〕	6.5	30	13		千克		
2926909031	氯氰菊酯、氟氯氰菊酯等(包括高效氯氰菊酯、高效反式氯氰菊酯、高效氟氯氰菊酯)〔301 杂项物质〕,〔302 其他化工产品〕,〔999〕	6.5	30	13		千克	S	
2926909032	杀螟腈、甲基辛硫磷等(包括敌草腈、碘苯腈、辛酰碘苯腈、溴苯腈、辛酰溴苯腈)⑤	6.5	30	13		千克	S	
2926909033	氯辛硫磷、戊氰威、苯醚氰菊酯等(包括稻瘟酰胺、丙螨氰、右旋苯醚氰菊酯)〔999〕	6.5	30	13		千克	S	

① 〔301 易燃固体、自反应物质及固态退敏爆炸品〕,〔302 毒性物质和感染性物质〕,〔303 其他危险化学品〕,〔304 其他化工产品〕

② 〔101 饲料添加剂〕,〔102 糖精钠(无检疫要求食品添加剂)〕,〔103 需申报仅用于工业用途不用于食品添加剂无检疫要求的化学品〕

③ 〔101 杀虫脒(含量>50%)〕,〔102 杀虫脒盐酸(含量>70%)〕,〔103 杀虫脒乳剂(含量>10%)〕,〔301 毒性物质和感染性物质〕,〔302 杂项物质〕

④ 〔101 六亚甲基亚胺〕,〔102 六甲基二硅烷胺〕,〔103 硝基胍(含水≥20%)〕,〔104 氨基胍重碳酸盐〕,〔105 硝酸胍〕,〔106 杀虫脒盐酸盐乳剂(含量>15%)〕,〔107 拒食胺〕,〔108 拒食胺乳剂〕,〔301 易燃液体〕,〔302 易燃固体〕,〔303 氧化性物质〕,〔304 其他化工产品〕,〔305 毒性物质和感染性物质〕

⑤ 〔101 杀螟腈粉剂〕,〔102 辛硫磷〕,〔103 杀螟腈〕,〔104 碘苯腈(含量>20%)〕,〔105 溴苯腈(含量>35%)〕,〔106 异草完隆(含量>80%)〕,〔107 除草剂一号〕,〔108 碘苯腈乳剂、水剂(含量>5%)〕,〔109 溴苯腈乳剂、水剂(含量>10%)〕,〔110 鱼藤酮液剂(含量>6%)〕,〔301 毒性物质和感染性物质〕,〔302 其他化工产品〕

协定税率(%)															特惠税率(%)			对美税率	出口税率	出口退税率	Article Description
智利	新西兰	澳大利亚	瑞士	冰岛	秘鲁	哥斯达	东盟	亚太	新加坡	巴基斯坦	港/澳/台	韩国	格鲁吉亚	毛里求斯	亚太	老/柬/缅	LDC 97/95				
																		31.5	0	9	
																		31.5	0	13	
																		31.5	0	13	
																		25	0	13	
																		31.5	0	13	
																					Carboxyimide-function compounds (including saccharin and its salts) and imine-function compounds:
0	0	0	0	0	0	0	0			3	0/0/	2.7		0			0/0			10	--Saccharin and its salts
																		34	0		
0	0	0	0	0	0	0	0			5	0/0/	0	0	0			0/0			10	--Glutethimide(INN)
																			0		
0	0	0	3.1	0	0	0	0			5	0/0/	0	0	0			0/0				--Other
																		11.5	0	10	
																		11.5	0	9	
																		11.5	0	9	
																		11.5	0	9	
																		11.5	0	9	
																		11.5	0	10	
0	0	0	0	0	0	0	0			5	0/0/	0	0	0			0/0			0	--Chlordimeform (ISO)
																			0		
0	0	0	0	0	0	0	0			5	0/0/	0	0	0			0/0				--Other
																		31.5	0	9	
																		31.5	0	9	
																		31.5	0	9	
																		31.5	0	9	
																		31.5	0	9	
																		31.5	0	9	
																		31.5	0	10	
																		31.5	0	9	
																		31.5	0	10	
																					Nitrile-function compounds:
0	0	0	0	0	0	0	5				0/0/			0			0/0			13	-Acrylonitrile
																		28	0		
0	0	0	0	0	0	0	0			5	0/0/	1.9	0	0			0/0			13	-1-cyanoguanidine(dicyandiamide)
																		16.5	0		
0	0	0	0	0	0	0	0			5	0/0/	0	0	0			0/0			10	-Fenproporex (INN) and its salts; methadone (INN) intermediate (4-cyano-2-dimethylamino-4,4-diphenylbutane)
																			0		
																			0		
0	0	0	1.3	0	0	0	0			0	0/0/	0	0	0			0/0			10	-alpha-Phenylacetoacetonitrile
																			0		
0	0	0	0	0	0	0	0			0	0/0/	0	0	0			0/0			10	---p-Chlorobenzyl cyanide
																			0		
0	0	0	0	0	0	0	0	5.2		5	0/0/	0	0	0			0/0			10	---m-Phthalonitrile
																			0		
0	0	0	1.3	0	0	0	0			0	0/0/	0	0	0			0/0				---Other
																		11.5	0	9	
																			0	10	
																		11.5	0	9	
																		11.5	0	9	
																		11.5	0	9	

商品编号	商品名称及备注[检验检疫编码及名称]	进口关税(%) 最惠国	进口关税(%) 普通	增值税率(%)	消费税	计量单位	监管条件	检验检疫类别
2926909034	戊烯氰氯菊酯、溴氯氰菊酯(包括高效氯氟氰菊酯、精高效氯氟氰菊酯)〔999〕	6.5	30	13		千克	S	
2926909035	溴氰菊酯、四溴菊酯、氟丙菊酯〔999〕	6.5	30	13		千克	S	
2926909036	氟氯苯菊酯、氰戊菊酯、乙氰菊酯〔999〕	6.5	30	13		千克	S	
2926909037	氟氰戊菊酯、溴氟菊酯、溴灭菊酯〔999〕	6.5	30	13		千克	S	
2926909038	氰菌胺、百菌清、霜脲氰、溴菌腈〔999〕	6.5	30	13		千克	S	
2926909039	氟胺氰菊酯、氰氟草酯(包括富右旋反式苯氰菊酯)〔999〕	6.5	30	13		千克	S	
2926909041	氰烯菌酯〔999〕	6.5	30	13		千克	S	
2926909050	辛硫磷〔999〕	6.5	30	13		千克	S	
2926909060	丁氟螨酯〔999〕	6.5	30	13		千克	S	
2926909070	3-氧-2-苯基丁腈〔999〕	6.5	30	13		千克	23	
2926909090	其他腈基化合物①	6.5	30	13		千克		
2927	**重氮化合物、偶氮化合物及氧化偶氮化合物:**							
29270000	重氮化合物、偶氮化合物及氧化偶氮化合物							
2927000010	敌磺钠(包括氧化偶氮化合物)〔999〕	6.5	30	13		千克	S	
2927000090	其他重氮化合物、偶氮化合物等(包括氧化偶氮化合物)②	6.5	30	13		千克		
2928	**肼(联氨)及胲(羟胺)的有机衍生物:**							
29280000	肼(联氨)及胲(羟胺)的有机衍生物							
2928000010	偏二甲肼〔999〕	6.5	20	13		千克	3	
2928000020	甲基肼〔999〕	6.5	20	13		千克	3A	M/
2928000031	抑食肼、虫酰肼、丁酰肼、联苯肼酯(包括肟菌酯、苯氧菌胺)〔999〕	6.5	20	13		千克	S	
2928000032	绿谷隆、溴谷隆、利谷隆、氯溴隆〔999〕	6.5	20	13		千克	S	
2928000033	溴酚肟、乙二肟〔999〕	6.5	20	13		千克	S	
2928000034	苯螨特〔999〕	6.5	20	13		千克	S	
2928000035	醌肟腙〔999〕	6.5	20	13		千克	S	
2928000036	三甲苯草酮〔999〕	6.5	20	13		千克	S	
2928000037	环角菌胺	6.5	20	13		千克	S	
2928000090	其他肼(联氨)及胲(羟胺)的有机衍生物③	6.5	20	13		千克		
2929	**其他含氮基化合物:**							
29291010	---2,4-和2,6-甲苯二异氰酸酯混合物(甲苯二异氰酸酯 TDI)							
2929101000	甲苯二异氰酸酯(TDI)〔999〕	6.5	30	13		千克	AB	M/N
29291020	---二甲苯二异氰酸酯(TODI)							
2929102000	二甲苯二异氰酸酯(TODI)〔999〕	6.5	30	13		千克		
29291030	---二苯基甲烷二异氰酸酯(纯 MDI)							
2929103000	二苯基甲烷二异氰酸酯(纯 MDI)〔999〕	6.5	30	13		千克		
29291040	---六亚甲基二异氰酸酯							
2929104000	六亚基甲烷二异氰酸酯〔999〕	6.5	30	13		千克		
29291090	---其他							
2929109000	其他异氰酸酯④	6.5	30	13		千克		

① 〔101 乙腈〕,〔102 丙腈〕,〔103 正丁腈〕,〔104 异丁腈〕,〔105 甲基丙烯腈(抑制了的)〕,〔106N,N-二甲基氨基乙腈〕,〔107 丙酮氰醇〕,〔108 2-丁烯腈(反式)〕,〔109 3-丁烯腈〕,〔110 3-氯丙腈〕,〔111 溴苯乙腈〕,〔112 苯乙醇腈〕,〔113 甲氰菊酯乳剂〕,〔114 戊腈〕,〔115 异戊腈〕,〔116 已腈〕,〔117 4-甲基戊腈〕,〔118 庚腈〕,〔119 正辛腈〕,〔120 丙二腈〕,〔121 丁二腈〕,〔122 戊二腈〕,〔123 庚二腈〕,〔124 辛二腈〕,〔125β,β′-氧化二丙腈〕,〔126β,β′-亚氨基二丙腈〕,〔127β,β′-硫代二丙腈〕,〔128 氯(代)乙腈〕,〔129 二氯乙腈〕,〔130 三氯乙腈〕,〔131 3-溴丙腈〕,〔132β-二甲氨基丙腈〕,〔133 二乙(基)氨基氰〕,〔134 苯甲腈〕,〔135 2-甲基苯甲腈〕,〔136 3-甲基苯甲腈〕,〔137 4-甲基苯甲腈〕,〔138 3-氨基苯甲腈〕,〔139 苯乙腈〕,〔140 4-硝基苯乙腈〕,〔141 3,6-二羟基邻苯二甲腈〕,〔142 1-萘甲腈〕,〔143 氰(基)乙酸〕,〔144 氰(基)乙酸乙酯〕,〔145 氰(基)乙酸丁酯〕,〔146 异氰(基)乙酸乙酯〕,〔147 4-氰基苯甲酸〕,〔148 双(1-氰基-2-乙氧基苯)〕,〔149 双(1-氰基-3-乙氧基苯)〕,〔150 四氰基(代)乙烯〕,〔151 三聚氰酸三烯丙酯〕,〔152 嘧啶硫磷颗粒剂(含量>30%)〕,〔153 2,3-二氰-5,6-二氯氢醌〕,〔301 易燃液体〕,〔302 毒性物质和感染性物质〕,〔303 杂项物质〕,〔304 其他危险化学品〕,〔305 其他化工产品〕,〔306 腐蚀性物质〕

② 〔101 重氮甲烷〕,〔102 硝酸重氮苯〕,〔103 重氮乙酸乙酯〕,〔104 偶氮二甲酰胺〕,〔105 2,2'-偶氮二异丁腈〕,〔106 2,2'-偶氮-二-(2-甲基丁腈)〕,〔107 2,2'-偶氮-二-(2,4-二甲基戊腈)〕,〔108 1,1'-偶氮-二-(六氢苄腈)〕,〔109 2,2'-偶氮-二-(2,4-二甲基-4-甲氧基戊腈)〕,〔110 3-氯-4-二乙氨基苯重氮氯化锌盐〕,〔111 4-二丙基氨基苯重氮氯化锌盐〕,〔112 3-(2-羟基乙氧基)-4-吡咯烷基-1-苯重氮氯化锌盐〕,〔113 2,5-二乙氧基-4-吗啉代苯重氮氯化锌盐〕,〔114 4-(苄基(甲基)氨基)-3-乙氧基苯重氮氯化锌盐〕,〔115 4-(苄基(乙基)氨基)-3-乙氧基苯重氮氯化锌盐〕,〔116 4-二甲基氨基-6-(2-二甲基氨基乙氧基)甲苯-2-重氮氯化锌盐〕,〔117 重氮氨基苯〕,〔118 2-重氮-1-萘酚-4-磺酸钠〕,〔119 2-重氮-1-萘酚-5-磺酸钠〕,〔120 2-重氮-1-萘酚-4-磺酰氯〕,〔121 2-重氮-1-萘酚-5-磺酰氯〕,〔122 感光剂蓝 BB 色盐〕,〔123 其他三嗪固态农药〕,〔301 爆炸品〕,〔302 易燃气体〕,〔303 易燃液体〕,〔304 易燃固体〕,〔305 自反应物质和混合物〕,〔306 易于自燃的物质〕,〔307 毒性物质和感染性物质〕,〔308 其他化工产品〕,〔309 其他危险化学品〕

③ 〔101 脒基亚硝氨基脒基叉肼(含水≥30%)〕,〔102 脒基亚硝氨基脒基四氮烯(含水或水加乙醇≥30%)〕,〔103 1,2-二甲基肼〕,〔104 乙醛肟〕,〔105 丁醛肟〕,〔106 二乙(基)肼(不对称)〕,〔107 2,4-二硝基苯肼〕,〔108 苯磺酰肼〕,〔109 1,3-二磺酰肼苯〕,〔110 二-(苯磺酰肼)醚〕,〔111 苯肼〕,〔112 硫酸苯肼〕,〔113 盐酸苯肼〕,〔114 2-硝基苯肼〕,〔115 3-硝基苯肼〕,〔116 4-硝基苯肼〕,〔117 间硝基苯甲酰肼〕,〔118 对硝基苯甲酰肼〕,〔119 4-溴苯肼〕,〔120 甲酰苯肼〕,〔121 1,1-二苯肼〕,〔122 1,2-二苯肼〕,〔123 4,4'-二硝基二苯基二氨基脲〕,〔301 爆炸品〕,〔302 易燃液体〕,〔303 易燃固体〕,〔304 自反应物质和混合物〕,〔305 易于自燃的物质〕,〔306 毒性物质和感染性物质〕,〔307 杂项物质〕,〔308 其他危险化学品〕,〔309 其他化工产品〕

④ 〔101 异氰酸甲酯〕,〔102 异氰酸乙酯〕,〔103 异氰酸正丙酯〕,〔104 异氰酸异丙酯〕,〔105 异氰酸正丁酯〕,〔106 异氰酸异丁酯〕,〔107 异氰酸叔丁酯〕,〔108 甲氧基异氰酸甲酯〕,〔109 硫代异氰酸甲酯〕,〔110 其他异氰酸酯类(易燃的)〕,〔111 异氰酸三氟甲苯酯〕,〔112 硫氰酸甲酯〕,〔113 异氰酸-3-氯-4-甲苯酯〕,〔114 异氰酸二氯苯酯〕,〔115 异氰酸环已酯〕,〔116 异氰酸苯酯〕,〔117 其他一级异氰酸酯类(有毒的)〕,〔118 异氰酸十八酯〕,〔119 异氰酸对硝基苯(酯)〕,〔120 异氰酸对溴苯酯〕,〔121 异氰酸-1-萘酯〕,〔122 异氰酸联苯酯〕,〔123 其他二级异氰酸酯类(有毒的)〕,〔124 异佛尔酮二异氰酸酯〕,〔125 三甲基已基二异氰酸酯〕,〔126 乙(基)苯(基)二异氰酸酯〕,〔127 其他二级二异氰酸酯类〕,〔128 异硫氰酸-1-萘酯〕,〔129 其他一级二异氰酸酯类〕,〔130 硫氰酸乙酯〕,〔301 易燃液体〕,〔302 毒性物质和感染性物质〕,〔303 腐蚀性物质〕,〔304 其他危险化学品〕,〔305 其他化工产品〕

协定税率(%)															特惠税率(%)			对美税率	出口税率	出口退税率	Article Description
智利	新西兰	澳大利亚	瑞士	冰岛	秘鲁	哥斯达	东盟	亚太	新加坡	巴基斯坦	港/澳/台	韩国	格鲁吉亚	毛里求斯	亚太	老/柬/缅	LDC 97/95				
																		11.5	0	9	
																		11.5	0	9	
																		11.5	0	9	
																		11.5	0	9	
																		11.5	0	9	
																		11.5	0	9	
																		11.5	0	10	
																		11.5	0	10	
																		11.5	0	10	
																		11.5	0	10	
																		11.5	0	10	
																					Diazo-, azo-or azoxy-compounds:
0	0	0	0	0	0	0	0			5	0/0/	0	0	0			0/0				Diazo-, azo-or azoxy-compounds
																		31.5	0	9	
																		31.5	0	10	
																					Organic derivatives of hydrazine or of hydroxylamine:
0	0	0	0	0	0	0	0			5	0/0/	1.9	0	0			0/0				Organic derivatives of hydrazine or of hydroxylamine
																		26.5	0	10	
																		26.5	0	10	
																		26.5	0	9	
																		26.5	0	9	
																		26.5	0	9	
																		26.5	0	9	
																		26.5	0	9	
																		26.5	0	9	
																		26.5	0	9	
																		26.5	0	10	
																					Compounds with other nitrogen function:
0	0	0	0	0	0	0	0			0	0/0/0	3.4	0	0			0/0			10	---Toluene diisocyanate
																		31.5	0		
0	0	0		0	0	0	0			5	0/0/	0	0	0			0/0			10	---o-Xylene diisocyanate
																			0		
0	0	0	1.3	0	0	0	0			0	0/0/		0	0			0/0			13	---Diphenylmethane diisocyanate
																		31.5	0		
0	0	0	0	0	0	0	0			5	0/0/	1.9	0	0			0/0			10	---Hexamethelene diisocyanate
																			0		
0	0	0	0	0	0	0	0			0	0/0/	0	0	0			0/0			13	---Other
																		16.5	0		

商品编号	商品名称及备注[检验检疫编码及名称]	进口关税(%)		增值税率(%)	消费税	计量单位	监管条件	检验检疫类别
		最惠国	普通					
29299010	---环已基氨基磺酸钠(甜蜜素)							
2929901000	环已基氨基磺酸钠(甜蜜素)①	9	90	13		千克	A	R/
29299020	---二烷(甲、乙、正丙或异丙)氨基膦酰二卤							
2929902000	二烷氨基膦酰二卤(其中烷基指甲、乙、正丙或异丙基)[999]	6.5	30	13		千克	23	
29299030	---二烷(甲、乙、正丙或异丙)氨基膦酸二烷(甲、乙、正丙或异丙)酯							
2929903000	二烷氨基膦酸二烷酯(其中烷基指甲、乙、正丙或异丙基)[999]	6.5	30	13		千克	23	
29299040	---乙酰甲胺磷							
2929904000	乙酰甲胺磷[999]	6.5	30	13		千克	S	
29299090	---其他							
2929909011	胺丙畏、胺草磷、抑草磷,丁苯草酮等(包括甲基胺草磷)[999]	6.5	30	13		千克	S	
2929909012	异柳磷、甲基异柳磷、丙胺氟磷等②	6.5	30	13		千克	S	
2929909013	八甲磷、育畜磷、甘氨硫磷等(包括甲氟磷、毒鼠磷、水胺硫磷)③	6.5	30	13		千克	S	
2929909014	N-{1-[二烷基(少于或等于10个碳原子的碳链,包括环烷)胺基]亚烷基(氢、少于或等于10个碳原子的碳链,包括环烷)}-P-氟膦酰胺和相应的烷基化盐或质子化盐	6.5	30	13		千克	23	
2929909015	N-[1-二烷基(少于或等于10个碳原子的碳链,包括环烷)胺基]亚烷基(氢、少于或等于10个碳原子的碳链,包括环烷)胺基氟磷酸烷(氢、少于或等于10个碳原子的碳链,包括环烷)酯和相应的烷基化盐或质子化盐	6.5	30	13		千克	23	
2929909090	其他含氮基化合物④	6.5	30	13		千克		
2930	**有机硫化合物:**							
29302000	-硫代氨基甲酸盐(或酯)及二硫代氨基甲酸盐							
2930200011	禾草丹、杀螟丹⑤	6.5	30	13		千克	S	
2930200012	威百亩、代森钠、丙森锌、福美铁等(包括福美锌、代森福美锌、安百亩)⑥	6.5	30	13		千克	S	
2930200013	燕麦敌、野麦畏、硫草敌⑦	6.5	30	13		千克	S	
2930200014	苄草丹、戊草丹、坪草丹、仲草丹[999]	6.5	30	13		千克	S	
2930200015	丁草敌、克草敌、茵草敌、灭草敌等(包括环草敌)[999]	6.5	30	13		千克	S	
2930200016	硫菌威、菜草畏[301 杂项物质],[302 其他化工产品],[999]	6.5	30	13		千克	S	
2930200090	其他硫代氨基甲酸盐(或酯)(包括二硫代氨基甲酸盐)⑧	6.5	30	13		千克		
29303000	-一硫化二烃氨基硫羰、二硫化二烃氨基硫羰及四硫化二烃氨基硫羰							
2930300010	福美双[101 福美双乳剂(含量>25%)],[102]	6.5	30	13		千克	S	
2930300090	其他一硫化二烃氨基硫羰等(包括二硫化二烃氨基硫羰及四硫化二烃氨基硫羰)[999]	6.5	30	13		千克		
29304000	-甲硫氨酸(蛋氨酸)							
2930400000[暂5]	甲硫氨酸(蛋氨酸)[101 饲料添加剂],[102dL-蛋氨酸],[103L-蛋氨酸]	6.5	30	13		千克	A	M.P/
29306000	-2-(N,N-二乙基氨基)乙硫醇							
2930600000	2-(N,N-二乙基氨基)乙硫醇[999]	6.5	30	13		千克		
29307000	-二(2-羟乙基)硫醚[硫二甘醇(INN)]							
2930700000	硫二甘醇[二(2-羟乙基)硫醚、硫代双乙醇][999]	6.5	30	13		千克	23	
29308000	-涕灭威(ISO)、敌菌丹(ISO)及甲胺磷(ISO)							
2930800010	甲胺磷(ISO)[999]	6.5	30	13		千克		
2930800020	敌菌丹(ISO)[999]	6.5	30	13		千克	S	
2930800030	涕灭威(ISO)[999]	6.5	30	13		千克	S	
29309010	---双巯丙氨酸(胱氨酸)							
2930901000	双巯丙氨酸(胱氨酸)[101 饲料添加剂],[102L-半胱氨酸],[103L-胱氨酸],[104L-硒-甲基硒代半胱氨酸]	6.5	30	13		千克	A	M.P/
29309020	---二硫代碳酸酯(或盐)[黄原酸酯(或盐)]							

① [101 环己基氨基磺酸钙],[102 环己基氨基磺酸钠,环己基氨基磺酸钙(甜蜜素)],[301 环己基氨基磺酸钙(无检疫要求食品添加剂)],[302 环己基氨基磺酸钠,环己基氨基磺酸钙(甜蜜素)(无检疫要求食品添加剂)],[303 需申报仅用于工业用途不用于食品添加剂无检疫要求的化学品]

② [101 甲基异柳磷粉剂],[102 异丙胺磷颗粒剂],[103 乙酰甲胺磷粉剂],[104 乙酰甲胺磷乳剂(含量>40%)],[301 毒性物质和感染性物质],[302 其他危险化学品],[303 其他化工产品]

③ [101 甲氟磷粉剂(含量<2%)],[102 甲氟磷乳剂(含量<2%)],[103 育畜磷乳剂(含量>20%)],[104 育畜磷(含量>90%)],[301 毒性物质和感染性物质],[302 其他化工产品]

④ [101 硝基胍(干的或含水<20%)],[102 2,4,6-三硝基苯甲硝胺],[103 环三次甲基三硝胺(含水≥15%)],[104 环三次甲基三硝胺(钝感的)],[105 灭鼠优],[106 安妥],[107 氯甲脒],[108 5-硝基呋喃甲脒],[109N,N'-二苯基乙脒],[301 爆炸品],[302 毒性物质和感染性物质],[303 其他化工产品],[304 杂项物质]

⑤ [101 巴丹],[102 杀草丹颗粒剂],[103 杀草丹]

⑥ [101 代森钠(含量>80%)],[102 福美锌],[103 代森钠乳剂(含量>20%)],[104 百亩威粉剂(含量>10%)],[105 威百亩粉剂(含量>50%)],[106 威百亩水剂(含量>10%)],[301 毒性物质和感染性物质],[302 杂项物质],[303 其他化工产品]

⑦ [101 野麦畏(含量>30%)],[102 燕麦敌粉剂(含量>80%)],[103 燕麦敌二号],[104 燕麦敌乳剂(含量>20%)],[105 燕麦敌二号乳剂],[106 燕麦敌二号蒽油乳油],[301 其他化工产品]

⑧ [101 草克死颗粒剂],[102 奎宁盐酸盐]

协定税率(%)															特惠税率(%)			对美税率	出口税率	出口退税率	Article Description
智利	新西兰	澳大利亚	瑞士	冰岛	秘鲁	哥斯达	东盟	亚太	新加坡	巴基斯坦	港/澳/台	韩国	格鲁吉亚	毛里求斯	亚太	老/柬/缅	LDC 97/95				
0	0	0	0	0	0	0	0	7.2		3	0/0/	0	0	0			0/0			10	---Sodium cyclamate
																			0		
0	0	0	0	0	0	0	0	5.2		5	0/0/	0	0	0			0/0			10	---N,N-Dialkyl(Me,Et,n-Pr or i-Pr) phosphoramidic dihalides
																			0		
0	0	0	0	0	0	0	0	5.2		5	0/0/	0	0	0			0/0			10	---Dialkyl(Me,Et,n-Pr or i-Pr) N,N-dialkyl (Me,Et,n-Pr or i-Pr)-phosphoramidates
																			0		
0	0	0	0	0	0	0	0			5	0/0/	0	0	0			0/0				---Acephate
																			0	9	
0	0	0	0	0	0	0	0			5	0/0/	3.4	0	0			0/0				---Other
																		26.5	0	9	
																		26.5	0	0	
																		26.5	0	9	
																		26.5	0	9	
																		26.5	0	9	
																		26.5	0	10	
																					Organo-sulphur compounds:
0	0	0	0	0	0	0	0			5	0/0/	0	0	0			0/0				-Thiocarbamates and dithiocarbamates
																		11.5	0	9	
																		11.5	0	9	
																		11.5	0	9	
																		11.5	0	9	
																		11.5	0	9	
																		11.5	0	9	
																		11.5	0	10	
0	0	0	0	0	0	0	0			5	0/0/	0	0	0			0/0				-Thiuram mono-, di or tetrasulphide
																		26.5	0	9	
																		26.5	0	10	
0	0	0	0	0	0	0	0			0	0/0/	0	0	0			0/0			13	-Methionine
																		30	0		
0	0	0	0	0	0	0	0			5	0/0/	0	0	0			0/0			13	-2-(N,N-Diethylamino)ethanethiol
																			0		
0	0	0	0	0	0	0	0			5	0/0/	0	0	0			0/0			10	-Bis (2-hydroxyethyl) sulfide (thiodiglycol (INN))
																			0		
0	0	0	0	0	0	0	0			5	0/0/	0	0	0			0/0			0	-Aldicarb (ISO), captafol (ISO) and methamidophos (ISO)
																			0		
																			0		
																			0		
0	0	0	0	0	0	0	0			5	0/0/	0	0	0			0/0			10	---Cystine
																		31.5	0		
0	0	0	0	0	0	0	0			5	0/0/	0	0	0			0/0			13	---Dithiocarbonates (xanthates)

商品编号	商品名称及备注［检验检疫编码及名称］	进口关税(%)		增值税率(%)	消费税	计量单位	监管条件	检验检疫类别
		最惠国	普通					
2930902000	二硫代碳酸酯(或盐)［黄原酸酯(或盐)］〔301〕,〔302〕,〔303 易于自燃的物质〕,〔999〕	6.5	30	13		千克		
29309090	---其他							
2930909011	烯禾啶、双环磺草酮、氟虫酰胺、氟苯虫酰胺〔999〕	6.5	30	13		千克	S	
2930909013	2-氯乙基氯甲基硫醚〔999〕	6.5	30	13		千克	32	
2930909014	二(2-氯乙基)硫醚(即芥子气)〔999〕	6.5	30	13		千克	32	
2930909015	二(2-氯乙硫基)甲烷〔999〕	6.5	30	13		千克	32	
2930909016	1,2-二(2-氯乙硫基)乙烷(即倍半芥气)〔999〕	6.5	30	13		千克	32	
2930909017	1,3-二(2-氯乙硫基)正丙烷〔999〕	6.5	30	13		千克	32	
2930909018	1,4-二(2-氯乙硫基)正丁烷〔999〕	6.5	30	13		千克	32	
2930909019	1,5-二(2-氯乙硫基)正戊烷〔999〕	6.5	30	13		千克	32	
2930909021	二(2-氯乙硫基甲基)醚〔999〕	6.5	30	13		千克	32	
2930909022	二(2-氯乙硫基乙基)醚(即氧芥气)〔999〕	6.5	30	13		千克	32	
2930909023	胺吸膦(硫代磷酸二乙基-S-2-二乙氨基乙酯及烷基化或质子化盐)〔999〕	6.5	30	13		千克	23	
2930909024	烷基氨基乙-2-硫醇及相应质子盐〔999〕	6.5	30	13		千克	23	
2930909026	烷基硫代膦酸烷 S-2-二烷氨基乙酯(包括相应烷基化盐、质子化盐,烷基指甲、乙、正丙、异丙基)〔999〕	6.5	30	13		千克	23	
2930909027	含一磷原子与甲、乙、丙基结合化合物(不包括地虫磷)〔999〕	6.5	30	13		千克	23	
2930909028	内吸磷〔999〕	6.5	30	13		千克		
2930909031	4-甲基硫基安非他明〔999〕	6.5	30	13		千克	I	
2930909032	莫达非尼〔999〕	6.5	30	13		千克	I	
2930909051	甲基硫菌灵、硫菌灵、苯螨醚等(包括乙蒜素、敌灭生、丁酮威、丁酮砜威、棉铃威)①	6.5	30	13		千克	S	
2930909052	灭多威、乙硫苯威等(包括杀线威、甲硫威、多杀威、涕灭砜威、硫双威、)②	6.5	30	13		千克	S	
2930909053	丁醚脲、久效威、苯硫威等(包括敌螨特)③	6.5	30	13		千克	S	
2930909054	杀虫双、杀虫单、灭虫脲等(包括避虫醇、烯虫硫酯、三氯杀螨砜、杀螨醚、杀螨酯)④	6.5	30	13		千克	S	
2930909055	代森锌、代森锰、代森锰锌等(包括福美胂、福美甲胂、代森铵、代森联)⑤	6.5	30	13		千克	S	
2930909056	烯草酮、磺草酮、嗪草酸甲酯、硝磺草酮等(包括苯氟磺胺、甲磺乐灵、氯硫酰草胺、脱叶磷)⑥	6.5	30	13		千克	S	
2930909057	灭菌丹、克菌丹、杀螨硫醚等(包括氟杀螨、硫肟醚、莠不生)〔999〕	6.5	30	13		千克	S	
2930909058	稻瘟净、异稻瘟净、稻丰散等(包括敌瘟磷)⑦	6.5	30	13		千克	S	
2930909059	安妥、灭鼠特、二硫氰基甲烷等(包括灭鼠肼、氟硫隆)⑧	6.5	30	13		千克	S	
2930909061	马拉硫磷、苏硫磷、赛硫磷等(包括丙虫磷、双硫磷、亚砜磷、异亚砜磷)⑨	6.5	30	13		千克	S	
2930909062	丙溴磷、田乐磷、特丁硫磷等(包括硫丙磷、地虫硫膦、乙硫磷、丙硫磷、甲基乙拌磷)⑩	6.5	30	13		千克	S	
2930909063	乐果、益硫磷、氧乐果等(包括甲拌磷、乙拌磷、虫螨磷、果虫磷)⑪	6.5	30	13		千克	S	
2930909064	氯胺磷、家蝇磷、灭蚜磷等(包括安硫磷、四甲磷、丁苯硫磷、苯线磷、蚜灭磷)⑫	6.5	30	13		千克	S	
2930909065	硫线磷、氯甲硫磷、杀虫磺等(包括砜吸磷、砜拌磷、异拌磷、三硫磷、芬硫磷)⑬	6.5	30	13		千克	S	
2930909066	倍硫磷、甲基内吸磷、乙酯磷等(包括丰索磷、内吸磷、发硫磷)⑭	6.5	30	13		千克	S	
2930909067	灭线磷〔999〕	6.5	30	13		千克	S	
2930909068[暂0]	青霉胺〔999〕	6.5	30	3		千克		0
2930909091	DL-羟基蛋氨酸〔101 饲料添加剂〕,〔102 化工产品〕	6.5	30	13		千克	A	M.P/
2930909092[暂0]	比卡鲁胺〔999〕	6.5	30	3		千克		0

① 〔301 其他危险化学品〕,〔302 其他化工产品〕,〔303 毒性物质和感染性物质〕,〔999〕

② 〔101 已酮肟威〕,〔102 灭害威〕,〔103 敌蝇威(含量>50%)〕,〔104 腈叉威〕,〔105 乙硫甲威颗粒剂〕,〔106 灭多虫粉剂(含量 3%~30%)〕,〔107 灭虫威粉剂(含量>10%)〕,〔108 多杀威〕,〔109 涕灭威粉剂(含量<1%)〕,〔110 硫双威〕,〔111 乙硫甲威〕,〔112 灭多威乳剂(含量 0.5%~30%)〕,〔113 多杀威乳剂〕,〔114 杀线威乳剂(含量<10%)〕,〔115 涕灭威乳剂(含量<1%)〕,〔301 毒性物质和感染性物质〕,〔302 杂项物质〕,〔303 其他化工产品〕,〔999〕

③ 〔301 毒性物质和感染性物质〕,〔302 杂项物质〕,〔303 其他化工产品〕,〔999〕

④ 〔101 一氯杀螨砜〕,〔102 杀螨酯〕,〔103 一氯杀螨砜乳剂〕,〔104 杀螨酯乳剂〕

⑤ 〔101 代森锰及其制品(含代森锰>60%)〕,〔102 代森锰及其制品(抑制了的)〕,〔103 代森铵〕,〔301 易于自燃的物质〕,〔302 其他化工产品〕

⑥ 〔101 脱叶磷粉剂〕,〔102 脱叶磷〕,〔103 脱叶亚磷〕,〔301 毒性物质和感染性物质〕,〔302 杂项物质〕,〔303 其他化工产品〕

⑦ 〔101 稻瘟净粉剂、可湿性粉剂〕,〔102 异稻瘟净粉剂〕,〔103 稻丰散粉剂〕,〔104 稻瘟净〕,〔105 异稻瘟净〕,〔106 稻丰散〕,〔301 毒性物质和感染性物质〕,〔302 其他化工产品〕,〔303 腐蚀性物质〕

⑧ 〔301 毒性物质和感染性物质〕,〔302 其他化工产品〕,〔999〕

⑨ 〔101 双硫磷(含量>50%)〕,〔102 马拉硫磷〕,〔301 杂项物质〕,〔302 其他化工产品〕

⑩ 〔101 乙硫磷粉剂、可湿性粉剂、颗粒剂(含量 2%~25%)〕,〔102 甲基乙拌磷(含量>50%)〕,〔103 乙硫磷乳剂(含量 0.5%~25%)〕,〔301 毒性物质和感染性物质〕,〔302 其他化工产品〕

⑪ 〔101 果虫磷可湿性粉剂、颗粒剂〕,〔102 甲拌磷粉剂(含量<20%)〕,〔103 乙拌磷粉剂、可湿性粉剂〕,〔104 甲基乙拌磷粉剂(含量 5%~50%)〕,〔105 特丁磷颗粒剂〕,〔106 乐果粉剂、可湿性粉剂(含量>30%)〕,〔107 甲拌磷乳剂(含量<2%)〕,〔108 乙拌磷乳剂(含量<15%)〕,〔109 乐果(含量>10%)〕,〔301 毒性物质和感染性物质〕,〔302 其他化工产品〕

⑫ 〔101 苯硫磷粉剂(含量 3%~15%)〕,〔102 灭蚜磷粉剂、可湿性粉剂(含量 4%~25%)〕,〔103 苯硫磷乳剂(含量 3%~15%)〕,〔301 毒性物质和感染性物质〕,〔302 其他化工产品〕

⑬ 〔101 甲硫磷可湿性粉剂、颗粒剂〕,〔102 氯甲硫磷可湿性粉剂、颗粒剂〕,〔103 砜吸磷(含量 2%~90%)〕,〔104 三硫磷粉剂、可湿性粉剂〕,〔105 甲基三硫磷粉剂(含量>15%)〕,〔106 氯硫磷乳剂(含量<5%)〕,〔107 砜吸磷(含量>90%)〕,〔108 三硫磷乳剂(含量 0.5%~20%)〕,〔109 甲基三硫磷(含量<4%)〕,〔110 砜拌磷乳剂(含量<5%)〕,〔111 芬硫磷(含量>2%)〕,〔301 毒性物质和感染性物质〕,〔302 其他化工产品〕

⑭ 〔101 内吸磷粉剂(含量<3%)〕,〔102 甲基内吸磷粉剂(含量>10%)〕,〔103 倍硫磷粉剂、可湿性粉剂、颗粒剂(含量>60%)〕,〔104 甲基内吸磷(含量>3%)〕,〔105 倍硫磷(含量>15%)〕,〔106 丰索磷乳剂(含量<4%)〕,〔301 毒性物质和感染性物质〕,〔302 其他化工产品〕

协定税率(%)															特惠税率(%)			对美税率	出口税率	出口退税率	Article Description
智利	新西兰	澳大利亚	瑞士	冰岛	秘鲁	哥斯达	东盟	亚太	新加坡	巴基斯坦	港/澳/台	韩国	格鲁吉亚	毛里求斯	亚太	老/柬/缅	LDC 97/95				
																		31.5	0		
0	0	0	0	0	0	0	0			5	0/0/	0	0	0			0/0				---Other
																		11.5	0	9	
																		11.5	0	10	
																		11.5	0	10	
																		11.5	0	10	
																		11.5	0	10	
																		11.5	0	10	
																		11.5	0	10	
																		11.5	0	10	
																		11.5	0	10	
																		11.5	0	10	
																		11.5	0	10	
																		11.5	0	10	
																		11.5	0	10	
																		11.5	0	10	
																		11.5	0	10	
																		11.5	0	10	
																		11.5	0	10	
																		11.5	0	9	
																		11.5	0	0	
																		11.5	0	9	
																		11.5	0	9	
																		11.5	0	9	
																		11.5	0	9	
																		11.5	0	9	
																		11.5	0	9	
																		11.5	0	9	
																		11.5	0	9	
																		11.5	0	9	
																		11.5	0	9	
																		11.5	0	9	
																		11.5	0	9	
																		11.5	0	9	
																		11.5	0	9	
																		5	0	13	
																		11.5	0	13	
																		5	0	13	

商品编号	商品名称及备注[检验检疫编码及名称]	进口关税(%)		增值税率(%)	消费税	计量单位	监管条件	检验检疫类别
		最惠国	普通					
2930909099	其他有机硫化合物①	6.5	30	13		千克		
2931	**其他有机—无机化合物:**							
29311000	-四甲基铅及四乙基铅							
2931100000	四甲基铅及四乙基铅〔101 四甲基铅〕,〔102 四乙基铅〕	6.5	30	13		千克	ABX	M/N
29312000	-三丁基锡化合物							
2931200000	三丁基锡化合物②	6.5	30	13		千克	X	
29313100	--甲基膦酸二甲酯							
2931310000	甲基膦酸二甲酯〔999〕	6.5	30	13		千克	23	
29313200	--丙基膦酸二甲酯							
2931320000	丙基膦酸二甲酯〔999〕	6.5	30	13		千克	AB	M. R/N. S
29313300	--乙基膦酸二乙酯							
2931330000	乙基膦酸二乙酯〔999〕	6.5	30	13		千克	23	
29313400	--3-(三羟基硅烷基)丙基甲基膦酸钠							
2931340000	3-(三羟基硅烷基)丙基甲基膦酸钠〔999〕	6.5	30	13		千克	AB	M. R/N. S
29313500	--1-丙基磷酸环酐							
2931350000	1-丙基磷酸环酐〔999〕	6.5	30	13		千克	2AB	M. R/N. S
29313600	--(5-乙基-2-甲基-2-氧代-1,3,2-二氧磷杂环己-5-基)甲基膦酸二甲酯							
2931360000	(5-乙基-2-甲基-2-氧代-1,3,2-二氧磷杂环己-5-基)甲基膦酸二甲酯(CAS 号:41203-81-0)〔999〕	6.5	30	13		千克	23	
29313700	--双[(5-乙基-2-甲基-2-氧代-1,3,2-二氧磷杂环己-5-基)甲基]甲基膦酸酯(阻燃剂 FRC-1)							
2931370000	双[(5-乙基-2-甲基-2-氧代-1,3,2-二氧磷杂环己-5-基)甲基]甲基膦酸酯(阻燃剂 FRC-1)(CAS 号:42595-45-9)〔999〕	6.5	30	13		千克	AB	M. R/N. S
29313800	--甲基膦酸和脒基尿素(1:1)生成的盐							
2931380000	甲基膦酸和脒基尿素(1:1)生成的盐〔999〕	6.5	30	13		千克	AB	M. R/N. S
29313910	---双甘膦							
2931391000	双甘膦〔999 需申报仅用于工业用途不用于食品添加剂无检疫要求的化学品〕	6.5	30	13		千克	AB	R/S
29313990	---其他							
2931399011	烷基亚膦酰烷基-2-二烷氨基乙酯(包括相应烷基化盐或质子化盐)〔999〕	6.5	30	13		千克	23	
2931399012	氯沙林、氯梭曼(氯沙林即甲基氯膦酸异丙酯,氯梭曼即甲基氯膦酸频那酯)〔999〕	6.5	30	13		千克	23	
2931399013	烷基氟膦酸烷酯,10 碳原子以下(烷基指甲、乙、正丙、异丙基,例如沙林、梭曼)〔999〕	6.5	30	13		千克	23	
2931399014	二烷氨基氰膦酸烷酯 10 碳原子以下(烷基指甲、乙、正丙、异丙基,例如塔崩)〔999〕	6.5	30	13		千克	23	
2931399015	烷基膦酰二氟(烷基指甲、乙、正丙、异丙基,例如,DF:甲基膦酰二氟)〔999〕	6.5	30	13		千克	23	
2931399016	草甘膦及其盐〔999〕	6.5	30	13		千克	S	
2931399017	草铵膦、精草铵膦、草硫膦、杀木膦等(包括双丙氨膦、增甘膦及其盐)〔999〕	6.5	30	13		千克	S	
2931399018	三丁氯苄鏻〔999〕	6.5	30	13		千克	S	

① 〔101 六硝基二苯硫(干的或含水<10%)〕,〔102 甲硫醇(危险化学品)〕,〔103 羰基硫〕,〔104 甲硫醚〕,〔105 正丙硫醇〕,〔106 2-丁基硫醇〕,〔107 叔丁基硫醇〕,〔108 硫代乙酸〕,〔109 二硫化二甲基〕,〔110(二)乙硫醚〕,〔111 正丁硫醇(危险化学品)〕,〔112 2-甲基-1-丙硫醇〕,〔113 1-戊硫醇〕,〔114 3-甲基-1-丁硫醇〕,〔115 2-甲基-2-丁硫醇〕,〔116 2-甲基-1-丁硫醇〕,〔117 戊硫醇异构体混合物〕,〔118 2-丙烯-1-硫醇〕,〔119 环己(基)硫醇〕,〔120 二丙硫醚〕,〔121 六硝基二苯硫(含水≥10%)〕,〔122 全氯甲硫醇〕,〔123 苯(基)硫醇〕,〔124 2-巯基乙醇〕,〔125 抗菌剂 401〕,〔126 己硫醇〕,〔127 叔己硫醇〕,〔128 正辛硫醇〕,〔129 1,1,3,3-四甲基-1-丁硫醇〕,〔130 十二烷基硫醇〕,〔131 苄硫醇〕,〔132 苯(基)乙硫醇〕,〔133 对氯苯硫醇〕,〔134 邻氨基苯硫醇〕,〔135 2-硫代呋喃甲醇〕,〔136 其他硫醇类〕,〔137 二烯丙基硫醚(危险化学品)〕,〔138 羟基乙硫醚〕,〔139 二(2-氯乙基)硫醚〕,〔140 其他硫醚类〕,〔141 丁撑亚砜〕,〔142 4-硫代戊醛〕,〔143 二硝基巯基苯〕,〔144 硫脲〕,〔145 2-甲苯硫酚〕,〔146 3-甲苯硫酚〕,〔147 4-甲苯硫酚〕,〔148 甲苯-3,4-二硫酚〕,〔149 二苄基二硫醚〕,〔150 二巯基甲烷〕,〔151 二乙基二硫醚〕,〔152 二异丙基三硫醚〕,〔153 甲基乙基三硫醚〕,〔154 甲硫基乙酸甲酯〕,〔155 三硫丙酮〕,〔156 双-(2,5-二甲基-3-呋喃基)二硫醚〕,〔157 双(2-甲基-3-呋喃基)四硫醚〕,〔158 双(2-甲基-3-呋喃基)二硫醚〕,〔159 烯丙基丙基二硫醚〕,〔160 烯丙基二硫醚〕,〔161 烯丙基甲基二硫醚〕,〔162 烯丙基硫醇〕,〔163 异丁基硫醇〕,〔164 异硫氰酸 2-丁酯〕,〔165 异硫氰酸 3-丁烯酯〕,〔166 异硫氰酸 3-甲硫基丙酯〕,〔167 异硫氰酸-4-戊烯酯〕,〔168 异硫氰酸 5-(甲硫基)戊酯〕,〔169 异硫氰酸-5-己烯酯〕,〔170 异硫氰酸 6-(甲硫基)乙酯〕,〔171 异硫氰酸苯乙酯〕,〔172 异硫氰酸苄酯〕,〔173 异硫氰酸丁酯〕,〔174 异硫氰酸戊酯〕,〔175 异硫氰酸烯丙酯〕,〔176 异硫氰酸异丙酯〕,〔177 异硫氰酸异丁酯〕,〔178 异硫氰酸异戊酯〕,〔179 异戊烯基硫醇〕,〔180 正己硫醇〕,〔181 硫代二丙酸二月桂酯〕,〔182(+/-)-1-苯乙基硫醇〕,〔183(+/-)-4-巯基-4-甲基-2-戊醇〕,〔184(5H)-5-甲基-6,7-二氢环戊基并(b)吡嗪〕,〔185 10-十一烯醛〕,〔186 2,3,5-三硫杂己烷〕,〔187 2,3-二巯基丁烷〕,〔188 2,6-二甲基苯硫酚〕,〔189 2-庚硫醇〕,〔190 2-甲基-2-(甲二硫基)-丙醛〕,〔191 2-甲基-4-丙基-1,3-噁唑烷〕,〔192 2-巯基噻吩〕,〔193 2-噻吩基二硫醚〕,〔194 2-戊基噻吩〕,〔195 2-乙基-4,5-二甲基噁唑〕,〔196 3,5-二乙基-1,2,4-三硫杂环戊烷〕,〔197 3-乙酰基-2,5-二甲基噻吩〕,〔198 8-巯基薄荷酮〕,〔199 吡嗪乙硫醇〕,〔200 苄基硫醇〕,〔201 丙硫醇〕,〔202 丙烯基丙基二硫醚〕,〔203 二-(1-丙烯基)硫醚(异构体混合物)〕,〔204 二(甲硫基)甲烷〕,〔205 二丙基二硫醚〕,〔206 二丙基三硫醚〕,〔207 二丁基硫醚〕,〔208 二环己基二硫醚〕,〔209 二甲基二硫醚〕,〔210 二甲基硫醚〕,〔211 二甲基三硫醚〕,〔212 二糠基二硫醚〕,〔213 二烯丙基三硫醚〕,〔214 二烯丙基四硫醚(而烯丙基多硫醚)〕,〔215 二乙基硫醚〕,〔216 二异丙基二硫醚〕,〔217 甲基-1-丙烯基二硫醚〕,〔218 甲基 2-甲基-3-呋喃基二硫醚〕,〔219 甲基苯基二硫醚〕,〔220 甲基苄基二硫醚〕,〔221 甲基丙基二硫醚〕,〔222 甲基丙基三硫醚〕,〔223 甲基糠基二硫醚〕,〔224 甲基烯丙基三硫醚〕,〔225 甲基乙基硫醚〕,〔226 甲基异戊基二硫醚〕,〔227 甲硫醇乙酸酯〕,〔228 甲硫磺酸 S-甲酯〕,〔229 甲硫基甲硫醇〕,〔230 糠基甲基硫醚〕,〔231 糠基硫醇(咖啡醛)〕,〔232 糠基异丙基硫醚〕,〔233 糠硫醇甲酸酯〕,〔234 邻-甲硫基苯酚〕,〔235 硫代丙酸糠酯〕,〔236 硫代丁酸甲酯〕,〔237 硫代香叶醇〕,〔238 硫代乙酸丙酯〕,〔239 硫代乙酸糠酯〕,〔240 硫代乙酸乙酯〕,〔241 硫化铵〕,〔242 蒎烷硫醇〕,〔243 2-甲基-3-呋喃硫醇〕,〔244 乙硫醇〕,〔245 二烯丙基硫醚(危险化学品 & 食品添加剂)〕,〔246 甲硫醇(危险化学品 & 食品添加剂)〕,〔247 正丁硫醇(危险化学品 & 食品添加剂)〕,〔248 其他化工产品〕,〔301 爆炸品〕,〔302 易燃气体〕,〔303 毒性气体〕,〔304 易燃液体〕,〔305 易于自燃的物质〕,〔306 毒性物质和感染性物质〕,〔307 腐蚀性物质〕,〔308 杂项物质〕,〔309 其他危险化学品〕

② 〔301 其他危险化学品〕,〔302 其他化工产品〕,〔303 毒性物质和感染性物质〕,〔999〕

协定税率(%)															特惠税率(%)			对美税率	出口税率	出口退税率	Article Description
智利	新西兰	澳大利亚	瑞士	冰岛	秘鲁	哥斯达	东盟	亚太	新加坡	巴基斯坦	港/澳/台	韩国	格鲁吉亚	毛里求斯	亚太	老/柬/缅	LDC 97/95				
																		11.5	0	13	
																					Other organo-inorganic compounds:
0	0	0	0	0	0	0	0			5	0/0/	0	0	0			0/0			10	-Tetramethyl lead and tetraethyl lead
																			0		
0	0	0	0	0	0	0	0			5	0/0/	0	0	0			0/0			0	-Tributyltin compounds
																			0		
0	0	0	0	0	0	0	0			5	0/0/	0	0	0			0/0			10	--Dimethyl methylphosphonate
																			0		
0	0	0	0	0	0	0	0			5	0/0/	0	0	0			0/0			10	--Dimethyl propylphosphonate
																			0		
0	0	0	0	0	0	0	0			5	0/0/	0	0	0			0/0			10	--Diethyl ethylphosphonate
																			0		
0	0	0	0	0	0	0	0			5	0/0/	0	0	0			0/0			10	--Sodium 3-(trihydroxysilyl) propyl methylphosphonate
																			0		
0	0	0	0	0	0	0	0			5	0/0/	0	0	0			0/0			10	--2,4,6-Tripropyl-1,3,5,2,4,6-trioxatriphosphinane 2,4,6-trioxide
																			0		
0	0	0	0	0	0	0	0			5	0/0/	0	0	0			0/0			10	--(5-Ethyl-2-methyl-2-oxido-1,3,2-dioxaphosphinan-5-yl) methyl methyl methylphosphonate
																			0		
0	0	0	0	0	0	0	0			5	0/0/	0	0	0			0/0			10	--Bis[(5-ethyl-2-methyl-2-oxido-1,3,2-dioxaphosphinan-5-yl) methyl] methylphosphonate
																			0		
0	0	0	0	0	0	0	0			5	0/0/	0	0	0			0/0			10	--Salt of methylphosphonic acid and (aminoiminomethyl) urea (1:1)
																			0		
0	0	0	0	0	0	0	0			5	0/0/	0	0	0			0/0			0	---N-(Phosphonomethyl) iminodiacetic acid
																			0		
0	0	0	0	0	0	0	0			5	0/0/	0	0	0			0/0				---Other
																		31.5	0	10	
																		31.5	0	10	
																		31.5	0	10	
																		31.5	0	10	
																		31.5	0	10	
																		31.5	0	0	
																		31.5	0	9	
																		31.5	0	9	

商品编号	商品名称及备注[检验检疫编码及名称]	进口关税(%)		增值税率(%)	消费税	计量单位	监管条件	检验检疫类别
		最惠国	普通					
2931399019	乙烯利[999]	6.5	30	13		千克	S	
2931399021	敌百虫、氟硅菊酯、毒壤膦等(包括苯硫膦、溴苯膦、苯腈膦、丁酯膦)①	6.5	30	13		千克	S	
2931399022	甲基膦酰二氯、丙基膦酸、甲基膦酸、甲基膦酸二聚乙二醇酯(CAS 号:294675-51-7){甲基膦酸二[5-(5-乙基-2-甲基-2-氧代-1,3,2-二氧磷杂环己基)甲基]酯(CAS 号:42595-45-9),地虫磷除外}[999]	6.5	30	13		千克	23	
2931399023	N-{1-[二烷基(少于或等于 10 个碳原子的碳链,包括环烷)胺基]亚烷基(氢、少于或等于 10 个碳原子的碳链,包括环烷)}-P-烷基(少于或等于 10 个碳原子的碳链,包括环烷)氟膦酰胺和相应的烷基化盐或质子化盐	6.5	30	13		千克	23	
2931399024	[双(二乙胺基)亚甲基]甲氟膦酰胺(CAS:2387496-14-0)	6.5	30	13		千克	23	
2931399090	其他含磷原子的有机-无机化合物②	6.5	30	13		千克	AB	M.R/N.S
29319000	-其他							
2931900001	六甲基环三硅氧烷(包括八甲基环四硅氧烷、十甲基环五硅氧烷、十二甲基环六硅氧烷)[999]	6.5	30	13		千克		
2931900011	2-氯乙烯基二氯胂[999]	6.5	30	13		千克	23	
2931900012	二(2-氯乙烯基)氯胂[999]	6.5	30	13		千克	23	
2931900013	三(2-氯乙烯基)胂[999]	6.5	30	13		千克	23	
2931900014	锆试剂、二甲胂酸等(包括 4-二甲氨基偶氮苯-4'-胂酸、卡可基酸、二甲基胂酸钠)③	6.5	30	13		千克		
2931900015	4-氨基苯胂酸钠、二氯化苯胂(对氨基苯胂酸钠、二氯苯胂、苯胂化二氯)[999]	6.5	30	13		千克		
2931900016	蒽醌-1-胂酸、三环锡(普特丹)等(包括月桂酸三丁基锡、醋酸三丁基锡)④	6.5	30	13		千克		
2931900017	硫酸三乙基锡、二丁基氧化锡等(包括氧化二丁基锡、乙酸三乙基锡、三乙基乙酸锡)[999]	6.5	30	13		千克		
2931900018	四乙基锡、乙酸三甲基锡(四乙锡、醋酸三甲基锡)[999]	6.5	30	13		千克		
2931900019	毒菌锡(三苯基羟基锡(含量>20%))[999]	6.5	30	13		千克		
2931900021	乙酰亚砷酸铜、二苯(基)胺氯胂(祖母绿;翡翠绿;醋酸亚砷酸铜、吩吡嗪化氯;亚当氏气)[999]	6.5	30	13		千克		
2931900022	3-硝基-4-羟基苯胂酸(4-羟基-3-硝基苯胂酸)[999]	6.5	30	13		千克		
2931900023	乙基二氯胂、二苯(基)氯胂(包括二氯化乙基胂、氯化二苯胂)[999]	6.5	30	13		千克		
2931900024	甲(基)胂酸、丙(基)胂酸、二碘化苯胂(苯基二碘胂)[999]	6.5	30	13		千克		
2931900025	苯胂酸、2-硝基苯胂酸等(包括邻硝基苯胂酸、3-硝基苯胂酸、间硝基苯胂酸等)⑤	6.5	30	13		千克		
2931900026	4-硝基苯胂酸、2-氨基苯胂酸(对硝基苯胂酸、邻氨基苯胂酸)[999]	6.5	30	13		千克		
2931900027	3-氨基苯胂酸、4-氨基苯胂酸(间氨基苯胂酸、对氨基苯胂酸)[999]	6.5	30	13		千克		
2931900028	三苯锡、三苯基乙酸锡等(包括三苯基氯化锡、三苯基氢氧化锡、苯丁锡、三唑锡)⑥	6.5	30	13		千克	S	
2931900029	田安[999]	6.5	30	13		千克	S	
2931900031	乙烯硅[999]	6.5	30	13		千克	S	
2931900090	其他有机-无机化合物⑦	6.5	30	13		千克	AB	M.R/N.S
2932	**仅含有氧杂原子的杂环化合物:**							
29321100	--四氢呋喃							
2932110000	四氢呋喃⑧	6	20	13		千克	AB	M/N
29321200	--2-糠醛							
2932120000	2-糠醛[101 高闪点液体],[102 危险化学品 & 食品添加剂],[301 毒性物质和感染性物质]	6	20	13		千克	B	/N
29321300	--糠醇及四氢糠醇							
2932130000	糠醇及四氢糠醇[101 2-呋喃甲醇],[102 四氢糠醇],[103 糠醇]	6	20	13		千克		
29321400	--三氯蔗糖							
2932140000	三氯蔗糖[999]	6.5	20	13		千克		
29321900	--其他							
2932190011	喃烯菊酯、炔呋菊酯等(包括甲呋炔菊酯、溴苄呋菊酯、右旋炔呋菊酯)[999]	6.5	20	13		千克	S	
2932190012	呋菌胺、酯菌胺、抑霉胺等(包括环菌胺、甲呋酰胺、二甲呋酰胺)[999]	6.5	20	13		千克	S	
2932190013	呋氧草醚、环庚草醚、呋草酮等(包括茵多酸、呋喃磺草酮、莪术醇)[999]	6.5	20	13		千克	S	
2932190014	楝素、呋霜灵等(包括呋菌隆、螺螨酯)[999]	6.5	20	13		千克	S	
2932190015	苄呋菊酯(包括右旋苄呋菊酯、生物苄呋菊酯)[999]	6.5	20	13		千克	S	

① [301 其他危险化学品],[302 其他化工产品],[303 毒性物质和感染性物质],[999]

② [301 需申报仅用于工业用途不用于食品添加剂无检疫要求的化学品],[302 其他危险化学品],[303 无检疫要求的食品添加剂],[304 属于危险化学品的食品添加剂],[305 易于自燃的物质],[306 毒性物质和感染性物质],[307 腐蚀性物质],[999 毒性物质和感染性物质]

③ [301 其他危险化学品],[302 其他化工产品],[303 毒性物质和感染性物质],[999]

④ [301 其他危险化学品],[302 其他化工产品],[303 毒性物质和感染性物质],[999]

⑤ [301 其他危险化学品],[302 其他化工产品],[303 毒性物质和感染性物质],[999]

⑥ [301 其他危险化学品],[302 其他化工产品],[303 毒性物质和感染性物质],[999]

⑦ [301 其他危险化学品],[302 无检疫要求的食品添加剂],[303 属于危险化学品的食品添加剂],[304 其他化工产品],[305 易燃气体],[306 毒性气体],[307 易燃液体],[308 易于自燃的物质],[309 遇水放出易燃气体的物质],[310 毒性物质和感染性物质],[311 腐蚀性物质],[312 杂项物质],[999 毒性物质和感染性物质]

⑧ [101 低闪点液体],[102 2-甲基四氢呋喃],[103 2,5-二乙基四氢呋喃],[104 2-甲基-3-四氢呋喃硫醇],[301 易燃液体],[302 2,5-二乙基四氢呋喃(无检疫要求食品添加剂)],[303 2-甲基-3-四氢呋喃硫醇(无检疫要求食品添加剂)]

协定税率(%)															特惠税率(%)			对美税率	出口税率	出口退税率	Article Description
智利	新西兰	澳大利亚	瑞士	冰岛	秘鲁	哥斯达	东盟	亚太	新加坡	巴基斯坦	港/澳/台	韩国	格鲁吉亚	毛里求斯	亚太	老/柬/缅	LDC 97/95				
																		31.5	0	9	
																		31.5	0	9	
																		31.5	0	9	
																		31.5	0	9	
																		31.5	0	9	
																		31.5	0	9	
0	0	0	0	0	0	0	0			5	0/0/	0	0	0			0/0				-Other
																		11.5	0	10	
																		11.5	0	0	
																		11.5	0	0	
																		11.5	0	0	
																		11.5	0	0	
																		11.5	0	0	
																		11.5	0	0	
																			0	10	
																		11.5	0	10	
																		11.5	0	10	
																		11.5	0	0	
																		11.5	0	0	
																		11.5	0	0	
																		11.5	0	0	
																		11.5	0	0	
																		11.5	0	0	
																		11.5	0	0	
																		11.5	0	9	
																		11.5	0	9	
																		11.5	0	9	
																		11.5	0	13	
																					Heterocyclic compounds with oxygen hetero-atom(s) only:
0	0	0	0	0	0	0	0			5	0/0/0	0	0	0			0/0			10	--Tetrahydrofuran
																		26	0		
0	0	0	0	0	0	0	0			5	0/0/	0	0	0			0/0				--2-Furaldehyde(furfuraldehyde)
																		31	0	9	
0	0	0	0	0	0	0	0			5	0/0/	0	0	0			0/0			10	--Furfuryl alcohol and tetrahydrofurfuryl alcohol
																		16	0		
0	0	0		0	0	0	0			5	0/0/	0	0	0			0/0			13	--Sucralose
																		11.5	0		
0	0	0		0	0	0	0			5	0/0/	0	0	0			0/0				--Other
																		16.5	0	9	
																		16.5	0	9	
																		16.5	0	9	
																		16.5	0	9	
																		16.5	0	9	

商品编号	商品名称及备注[检验检疫编码及名称]	进口关税(%)		增值税率(%)	消费税	计量单位	监管条件	检验检疫类别
		最惠国	普通					
2932190016	呋虫胺〔999〕	6.5	20	13		千克	S	
2932190020	呋芬雷司〔999〕	6.5	20	13		千克	I	
2932190030[暂0]	恩格列净〔999〕	6.5	20	13		千克		
2932190090	其他结构上有非稠合呋喃环化合物①	6.5	20	13		千克		
29322010	---香豆素、甲基香豆素及乙基香豆素							
2932201000	香豆素、甲基香豆素及乙基香豆素②	6.5	20	13		千克		
29322090	---其他内酯							
2932209011	杀鼠灵、克鼠灵、敌鼠灵、溴鼠灵等(包括氯灭鼠灵、氟鼠灵、鼠得克、杀鼠醚)③	6.5	20	13		千克	S	
2932209012	赤霉酸〔999〕	6.5	20	13		千克	S	
2932209013	蝇毒磷、茴蒿素、溴敌隆、呋酰胺等(包括四氯苯酞、畜虫磷)④	6.5	20	13		千克	S	
2932209014	丁香菌酯〔999〕	6.5	20	13		千克	S	
2932209015	甲氨基阿维菌素及其盐〔999〕	6.5	20	13		千克	S	
2932209016	阿维菌素〔999〕	6.5	20	13		千克	S	
2932209017	丙酰芸苔素内酯,螺螨双酯〔999〕	6.5	20	13		千克		
2932209020	鬼臼毒素〔999〕	6.5	20	13		千克	EF	
2932209090	其他内酯⑤	6.5	20	13		千克		
29329100	--4-丙烯基-1,2-亚甲二氧基苯(异黄樟脑)							
2932910000	4-丙烯基-1,2-亚甲二氧基苯(即异黄樟脑)〔999〕	6.5	20	13		千克	23	
29329200	--1-(1,3-苯并二噁茂-5基)丙烷-2酮							
2932920000	1-(1,3-苯并二噁茂-5-基)丙烷-2-酮(即3,4-亚甲基二氧苯基-2-丙酮)〔999〕	6.5	20	13		千克	23	
29329300	--3,4-亚甲二氧基苯甲醛(胡椒醛)							
2932930000	3,4-亚甲二氧基苯甲醛(胡椒醛)(别名洋茉莉醛、天芥菜精)〔999〕	6.5	20	13		千克	23	
29329400	--4-烯丙基-1,2-亚甲二氧基苯(黄樟脑)							
2932940000	4-烯丙基-1,2-亚甲二氧基苯(即黄樟脑)〔999〕	6.5	20	13		千克	23	
29329500	--四氢大麻酚(所有的异构体)							
2932950000	四氢大麻酚(所有异构体)〔999〕	6.5	20	13		千克	I	
29329910	---7-羟基苯并呋喃(呋喃酚)							
2932991000	呋喃酚〔999〕	4	11	13		千克		
29329920	---2,2'-双甲氧羰基-4,4'-双甲氧基-5,6,5',6'-双亚甲二氧基联苯(联苯双酯)							
2932992000	联苯双酯(即4,4双甲氧基5,6,56双次甲二氧基2,2双甲氧羰基苯)〔999〕	6.5	20	13		千克		
29329930	---蒿甲醚							
2932993000	蒿甲醚〔999〕	6.5	20	13		千克		
29329990	---其他							
2932999011	克百威〔101 克百威粉剂(含量>10%)〕,〔102 克百威乳剂(含量<10%)〕,〔301 毒性物质和感染性物质〕	6.5	20	13		千克	S	
2932999012	二氧威、恶虫威、丙硫克百威等(包括丁硫克百威、呋线威)⑥	6.5	20	13		千克	S	
2932999013	因毒磷、敌恶磷、碳氯灵⑦	6.5	20	13		千克	S	
2932999014	增效特、增效砜、增效醚、增效酯等(包括增效环、增效散)〔999〕	6.5	20	13		千克		
2932999015	吡喃灵、吡喃隆、乙氧呋草黄等(包括呋草黄、氟草肟)〔999〕	6.5	20	13		千克	S	
2932999016	避蚊酮、苯虫醚、鱼藤酮,环虫酰肼〔999〕	6.5	20	13		千克	S	
2932999017	调呋酸、芸苔素内酯〔999〕	6.5	20	13		千克	S	
2932999021[暂0]	紫杉醇〔999〕	6.5	20	3		千克	QFE	
2932999022	三尖杉宁碱〔999〕	6.5	20	13		千克	FE	
2932999023	十去乙酰基巴卡丁三(红豆杉提取物 10-DAB)〔999〕	6.5	20	13		千克	FE	
2932999024	十去乙酰基紫杉醇(红豆杉提取物 10-DAT)〔999〕	6.5	20	13		千克	FE	

① 〔101 2-甲基呋喃(危险化学品)〕,〔102 四氢吡喃〕,〔103 2,5-二甲基呋喃(危险化学品)〕,〔104 氧茚〕,〔105(+/-)3-巯基丁酸乙酯〕,〔106(+/-)-反式和顺式-4,8-二甲基-3,7-壬二烯-2-醇乙酸酯〕,〔107(反式和顺式)-1-甲氧基-1-癸烯〕,〔108 1-(4-甲氧苯基)-4-甲基-1-戊烯-3-酮〕,〔109 1-甲基-2-乙酰基吡咯〕,〔110 2,2,6-三甲基-6-乙烯基四氢吡喃〕,〔111 2,2-二甲基-5-(1-甲基-1-丙烯基)四氢呋喃〕,〔112 2,3-二甲基苯并呋喃〕,〔113 2,5-二甲基-3(2H)呋喃酮〕,〔114 2,5-二甲基-4-甲氧基-3(2H)呋喃酮〕,〔115 2-呋喃基丙烯酸丙酯〕,〔116 2-甲基-3(2-呋喃基)丙烯醛〕,〔117 2-甲基四氢呋喃-3-酮〕,〔118 2-戊基呋喃〕,〔119 2-乙基呋喃〕,〔120 3-乙酰硫基-2-甲基呋喃〕,〔121 4,5,6,7-四氢-3,6-二甲基苯并呋喃(薄荷呋喃)〕,〔122 6-乙酰氧基二氢茶螺烷〕,〔123 丙酸四氢糠酯〕,〔124 茶螺烷(1-氧杂螺-(4,5)-2,6,10,10-四甲基-6-癸烯)〕,〔125 糠酸甲酯〕,〔126 2,5-二甲基呋喃(危险化学品 & 食品添加剂)〕,〔127 2-甲基呋喃(危险化学品 & 食品添加剂)〕,〔301 易燃液体〕,〔302 其他化工产品〕,〔303 腐蚀性物质〕

② 〔101 6-甲基香豆素〕,〔102 八氢香豆素〕,〔103 二氢香豆素〕,〔301 无检疫要求食品添加剂〕,〔302 其他化工产品〕

③ 〔101 克灭鼠水溶剂(含量>20%)〕,〔102 杀鼠灵(含量>2%)〕,〔103 杀鼠迷〕,〔104 溴联苯杀鼠迷〕,〔105 敌拿鼠〕,〔106 灭鼠安〕,〔107 扑灭鼠〕,〔108 双杀鼠灵(含量>2%)〕,〔109 氯杀鼠灵(含量>10%)〕,〔301 其他危险化学品〕,〔302 毒性物质和感染性物质〕,〔303 其他化工产品〕

④ 〔101 蝇毒磷乳剂(含量 0.5%~30%)〕,〔102 蝇毒磷粉剂、可湿性粉剂〕,〔301 毒性物质和感染性物质〕,〔302 其他化工产品〕

⑤ 〔101 乙酰(基)乙烯酮(抑制了的)〕,〔102 普鲁兰多糖〕,〔103 葡萄糖酸-δ-内酯〕,〔104δ-十二内酯〕,〔105 桃醛(γ-十一烷内酯)〕,〔106 脱氢薄荷呋喃内酯〕,〔107 威士忌内酯〕,〔108D-异抗坏血酸〕,〔109 1,3-壬二醇乙酸酯(混合酯)〕,〔110 1,8-桉叶素〕,〔111 1-苯基-3-甲基-戊醇-3〕,〔112 1-苯基-1,2-丙二酮〕,〔113 1-吡咯啉〕,〔114 3-正丁基苯肽〕,〔115 5-羟基-2-癸烯酸 δ-内酯〕,〔116α-当归内酯〕,〔117β-十二内酯〕,〔118β-十一内酯〕,〔119β-辛内酯〕,〔120γ-丁内酯〕,〔121γ-庚内酯〕,〔122γ-癸内酯〕,〔123γ-己内酯〕,〔124γ-甲基癸内酯〕,〔125γ-壬内酯〕,〔126γ-十二内酯〕,〔127γ-戊内酯〕,〔128γ-辛内酯〕,〔129δ-癸内酯〕,〔130δ-己内酯〕,〔131δ-壬内酯〕,〔132δ-十六内酯〕,〔133δ-十三内酯〕,〔134δ-十四内酯〕,〔135δ-十一内酯〕,〔136δ-辛内酯〕,〔137ε-十二内酯〕,〔138 薄荷内酯〕,〔139 黄葵内酯〕,〔140 香紫苏内酯〕,〔141 1-丁醇〕,〔301 毒性物质和感染性物质〕,〔302 无检疫要求食品添加剂〕,〔303 其他化工产品〕

⑥ 〔101 丁硫威粉剂〕,〔102 恶虫威粉剂(含量 5%~65%)〕,〔103 二氧威乳剂(含量>3%)〕,〔104 丁硫威〕,〔105 二氧威粉剂(含量>10%)〕

⑦ 〔101 硫丹(含量>80%)〕,〔102 因毒磷粉剂(含量 5%~45%)〕,〔103 因毒磷(含量 1%~45%)〕,〔104 碳氯灵粉剂(含量<1%)〕,〔105 碳氯灵乳剂(含量<1%)〕,〔301 毒性物质和感染性物质〕,〔302〕,〔303〕,〔304〕

协定税率(%)															特惠税率(%)			对美税率	出口税率	出口退税率	Article Description
智利	新西兰	澳大利亚	瑞士	冰岛	秘鲁	哥斯达	东盟	亚太	新加坡	巴基斯坦	港/澳/台	韩国	格鲁吉亚	毛里求斯	亚太	老/柬/缅	LDC 97/95				
																		16.5	0	9	
																		16.5	0	10	
																		10	0		
																		16.5	0	10	
0	0	0	0	0	0	0	0			5	0/0/	0	0	0			0/0			13	---Coumarin, methylcoumarins and ethylcoumarins
																		26.5	0		
0	0	0	1.3	0	0	0	0			5	0/0/	0	0	0			0/0				---Other lactones
																		26.5	0	0	
																		26.5	0	9	
																		26.5	0	0	
																		26.5	0	9	
																		26.5	0	9	
																		26.5	0	9	
																		26.5	0	9	
																		26.5	0	13	
																		26.5	0	13	
0	0	0	0	0	0	0	0			5	0/0/	0	0	0			0/0			10	--Isosafrole
																			0		
0	0	0	0	0	0	0	0			5	0/0/	0	0	0			0/0			10	--1-(1,3-Benzodioxol-5-yl) propan-2-one
																			0		
0	0	0	0	0	0	0	0			5	0/0/	0	0	0			0/0			13	--Piperonal
																			0		
0	0	0	0	0	0	0	0			5	0/0/	0	0	0			0/0			13	--Safrole
																			0		
0	0	0	0	0	0	0	0			5	0/0/	0	0	0			0/0			10	--Tetrahydrocannabinols(all is omers)
																		11.5	0		
0	0	0	0	0	0	0	0	3.6		0	0/0/	2.1	0	0			0/0			13	---Furan phenol
																			0		
0	0	0	0	0	0	0	0	5.2		5	0/0/	0	0	0			0/0			13	---Bifendate
																			0		
0	0	0	1.3	0	0	0	0			5	0/0/	0	0	0			0/0			13	---Artemether
																		11.5	0		
0	0	0	1.3	0	0	0	0			0	0/0/	0	0	0			0/0				---Other
																		26.5	0	9	
																		26.5	0	9	
																		26.5	0	9	
																		26.5	0	9	
																		26.5	0	9	
																		26.5	0	9	
																		26.5	0	9	
																		20	0	0	
																		26.5	0	13	
																		26.5	0	13	
																		26.5	0	0	

商品编号	商品名称及备注〔检验检疫编码及名称〕	进口关税(%)		增值税率(%)	消费税	计量单位	监管条件	检验检疫类别
		最惠国	普通					
2932999025	巴卡丁三〔999〕	6.5	20	13		千克	FE	
2932999026	7-表紫杉醇〔999〕	6.5	20	13		千克	FE	
2932999027	10-去乙酰 7-表紫杉醇〔999〕	6.5	20	13		千克	FE	
2932999028	7,10-双(三氯乙酰基)-10-去乙酰基巴卡丁三类似物〔999〕	6.5	20	13		千克	EF	
2932999029[暂0]	多烯紫杉醇(多西他赛)〔999〕	6.5	20	3		千克	EF	
2932999031	7,10-双(三氯乙酰基)-多西他赛〔999〕	6.5	20	13		千克	EF	
2932999032[暂0]	贝前列素钠〔999〕	6.5	20	13		千克	EF	
2932999040	替苯丙胺及其盐〔999〕	6.5	20	13		千克	I	
2932999051	(1,2-二甲基庚基)羟基四氢甲基二苯吡喃(包括六氢大麻酚)〔999〕	6.5	20	13		千克	I	
2932999052	甲羟芬胺、乙芬胺、羟芬胺〔999〕	6.5	20	13		千克	I	
2932999053	二亚甲基双氧安非他明及其盐(MDMA)〔999〕	6.5	20	13		千克	I	
2932999054	3,4-亚甲二氧基甲卡西酮(3,4-methylenedioxy-N-methylcathinone;CAS 号:186028-79-5)〔999〕	6.5	20	13		千克	I	
2932999060	二恶英、呋喃(多氯二苯并对二恶英、多氯二苯并呋喃)〔999〕	6.5	20	13		千克	89	
2932999070	1,4-二噁烷〔999〕	6.5	20	13		千克		
2932999080	二氢黄樟素〔999〕	6.5	20	13		千克	G	
2932999091	其他濒危植物提取的仅含氧杂原子的杂环化合物〔999〕	6.5	20	13		千克	EF	
2932999092[暂0]	阿卡波糖水合物〔999〕	6.5	20	13		千克		
2932999099	其他仅含氧杂原子的杂环化合物①	6.5	20	13		千克		
2933	**仅含有氮杂原子的杂环化合物:**							
29331100	--二甲基苯基吡唑酮(安替比林)及其衍生物							
2933110000	二甲基苯基吡唑酮及其衍生物(二甲基苯基吡唑酮即安替比林)〔999〕	6.5	20	13		千克		
29331920	---安乃近							
2933192000	安乃近〔999〕	6	20	13		千克	Q	
29331990	---其他							
2933199011	吡硫磷、吡唑硫磷、敌蝇威、乙虫腈等(包括异索威、吡唑威)②	6.5	20	13		千克	S	
2933199012	氟虫腈、唑螨酯、吡螨胺等(包括吡唑醚菌酯)〔999〕	6.5	20	13		千克	S	
2933199013	吡草醚、吡唑草胺、氟氯草胺等(包括野燕枯、苄草唑、吡唑特、吡草酮)〔999〕	6.5	20	13		千克	S	
2933199014	吡唑萘菌胺、氟唑环菌胺、氟唑菌酰胺、氟唑菌苯胺(包括氟唑菌胺、乙唑螨腈、异丙吡草酯、唑虫酰胺)〔999〕	6.5	20	13		千克	S	
2933199015	苯并烯氟菌唑〔999〕	6.5	20	13		千克	S	
2933199016	苯唑氟草酮,丁虫腈,氟唑菌酰羟胺,腈吡螨酯,嗪虫唑酰胺,三唑磺草酮,双唑草酮,唑菌酯〔999〕	6.5	20	13		千克	S	
2933199090	其他结构上有非稠合吡唑环化合物〔301 毒性物质和感染性物质〕,〔302 其他化工品〕,〔999〕	6.5	20	13		千克		
29332100	--乙内酰脲及其衍生物							
2933210000	乙内酰脲及其衍生物〔999〕	6.5	30	13		千克		
29332900	--其他							
2933290011	异菌脲〔999〕	6.5	20	13		千克	S	
2933290012	咪鲜胺及其盐,抑霉唑及其盐,咪菌腈等(包括克霉唑、咪鲜胺锰盐)〔999〕	6.5	20	13		千克	S	
2933290013	咪草酸、丁咪酰胺〔999〕	6.5	20	13		千克	S	
2933290014	果绿啶〔999〕	6.5	20	13		千克	S	
2933290015	氟菌唑〔999〕	6.5	20	13		千克	S	
2933290090	其他结构上有非稠合咪唑环化合物〔301 其他危险化学品〕,〔302 其他化工产品〕,〔303 毒性物质和感染性物质〕,〔999〕	6.5	20	13		千克		
29333100	--吡啶及其盐							
2933310010	吡啶〔101 卡尔费休试剂〕,〔103 非工业用无检疫要求食品添加剂〕,〔104 其他吡啶〕,〔301 易燃液体〕	6	20	13		千克	AB	M/N
2933310090	吡啶盐〔999〕	6	20	13		千克		
29333210	---六氢吡啶(哌啶)							
2933321000	哌啶(六氢吡啶)〔101 哌啶〕,〔102〕,〔301 腐蚀性物质〕	4	11	13		千克	23	
29333220	---六氢吡啶(哌啶)盐							
2933322000	哌啶(六氢吡啶)盐〔999〕	6.5	20	13		千克		

① 〔101 2,3-二氢吡喃〕,〔102 二氧戊环〕,〔103 氧化环已烯〕,〔104 2,5-二甲基-1,4-二恶烷〕,〔105 4,4-二甲基-1,3-二恶烷〕,〔106 苦毒浆果(木防已属)〕,〔107 鼠完(含量>55%)〕,〔108 杀鼠酮(含量>55%)〕,〔109 氯鼠酮(含量>4%)〕,〔110 溴敌隆〕,〔111α-氯醛糖〕,〔112 氧化石竹烯〕,〔113 脱乙酰甲壳素(壳聚糖)〕,〔114 3-丙叉苯酞〕,〔115 3-丁叉苯酞〕,〔116 麦芽酚〕,〔117 其他化工产品〕,〔301 易燃液体〕,〔302 毒性物质和感染性物质〕,〔303 其他化工产品〕,〔304 有机过氧化物〕

② 〔101 异索威粉剂(含量 2%~20%)〕,〔102 敌蝇威粉剂(含量 5%~50%)〕,〔103 异索威乳剂(含量 0.5%~20%)〕,〔104 敌蝇威乳剂(含量 1%~50%)〕,〔105 其他化工产品〕

协定税率(%)															特惠税率(%)						
智利	新西兰	澳大利亚	瑞士	冰岛	秘鲁	哥斯达	东盟	亚太	新加坡	巴基斯坦	港/澳/台	韩国	格鲁吉亚	毛里求斯	亚太	老/柬/缅	LDC 97/95	对美税率	出口税率	出口退税率	Article Description
																		26.5	0	13	
																		26.5	0	0	
																		26.5	0	0	
																		26.5	0	13	
																		20	0	0	
																		26.5	0	13	
																		20	0		
																		26.5	0	13	
																		26.5	0	13	
																		26.5	0	13	
																		26.5	0	13	
																		26.5	0	9	
																		26.5	0	13	
																		26.5	0	13	
																		26.5	0	13	
																		26.5	0	0	
																		20	0	13	
																		26.5	0	9	
																					Heterocyclic compounds with nitrogen hetero-atom(s) only:
0	0	0	0	0	0	0	0	4.2		5	0/0/	0	0	0			0/0			10	--Phenazone(antipyrin) and its derivatives
																		31.5	0		
0	0	0	0	0	0	0	0	4.8		5	0/0/	0	0	0			0/0			10	---Analgin
																			0		
0	0	0	0	0	0	0	0			5	0/0/	0	0	0			0/0				---Other
																		31.5	0	9	
																		31.5	0	9	
																		31.5	0	9	
																		31.5	0	9	
																		31.5	0	13	
																		31.5	0	13	
																		31.5	0	13	
0	0	0	0	0	0	0	0			5	0/0/	0	0	0			0/0			10	--Hydantoin and its derivatives
																		11.5	0		
0	0	0	3.1	0	0	0	0			5	0/0/	1.9	0	0			0/0				--Other
																		26.5	0	9	
																		26.5	0	9	
																		26.5	0	9	
																		26.5	0	9	
																		26.5	0	9	
																		26.5	0	13	
0	0	0	0	0	0	0	0			5	0/0/0	0	0	0			0/0			10	--Pyridine and its salts
																			0		
																			0		
0	0	0	0	0	0	0	0			0	0/0/	0	0	0			0/0			10	---Hexahydropyridine(piperidine)
																		29	0		
0	0	0	0	0	0	0	0			5	0/0/	0	0	0			0/0			10	---Isoniazidum
																			0		

商品编号	商品名称及备注[检验检疫编码及名称]	进口关税(%)		增值税率(%)	消费税	计量单位	监管条件	检验检疫类别
		最惠国	普通					
29333300	--阿芬太尼(INN)、阿尼利定(INN)、苯氰米特(INN)、溴西泮(INN)、地芬诺新(INN)、地芬诺酯(INN)、地匹哌酮(INN)、芬太尼(INN)、凯托米酮(INN)、哌醋甲酯(INN)、喷他左辛(INN)、哌替啶(INN)、哌替啶中间体 A(INN)、苯环利定(INN)(PCP)、苯哌利定(INN)、哌苯甲醇(INN)、哌氰米特(INN)、哌丙吡胺(INN)和三甲利定(INN)以及它们的盐							
2933330011	阿芬太尼、芬太尼(以及它们的盐)①	6.5	20	13		千克	I	
2933330012	哌替啶、地芬诺酯(以及它们的盐)〔999〕	6.5	20	13		千克	I	
2933330013	哌腈(氰)米特、丙吡兰(哌丙吡胺)(以及它们的盐)〔999〕	6.5	20	13		千克	I	
2933330021	哌醋甲酯、喷他左辛、溴西泮(以及它们的盐)〔999〕	6.5	20	13		千克	I	
2933330022	苯环利定、哌苯甲醇(以及它们的盐)〔999〕	6.5	20	13		千克	I	
2933330031	地匹哌酮、凯托米酮、地芬诺新(以及它们的盐)〔999〕	6.5	20	13		千克	I	
2933330032	哌替啶中间体 A、苯哌利定、三甲利定(以及它们的盐)〔999〕	6.5	20	13		千克	I	
2933330033	阿尼利定、苯氰米特(以及它们的盐)〔999〕	6.5	20	13		千克	I	
29333910	---二苯乙醇酸-3-奎宁环脂							
2933391000	二苯乙醇酸-3-奎宁环酯(即 BZ)〔999〕	6.5	20	13		千克	23	
29333920	---奎宁环-3-醇							
2933392000	奎宁环-3-醇〔999〕	6.5	20	13		千克	23	
29333990	---其他							
2933399011	氟氯吡啶酯,氟醚菌酰胺,环吡氟草酮,氯氟吡啶酯,哌虫啶,三氟吡啶胺,四唑虫酰胺						S	
2933399021	精吡氟禾草灵及其酯,毒死蜱,二氯氨基吡啶羧酸、啶酰菌胺、羟哌酯(包括二氟吡隆、三氟甲吡醚、氯虫苯甲酰胺)〔101 毒死蜱粉剂、颗粒剂(含量>15%)〕,〔102 毒死蜱乳剂(含量>4%)〕	6.5	20	13		千克	S	
2933399022	百草枯、啶虫脒〔101 百草枯(含量>4%)〕,〔102 百草枯水剂(含量 4%~40%)〕,〔103 啶虫脒〕	6.5	20	13		千克	S	
2933399023	精喹禾灵〔999〕	6.5	20	13		千克	S	
2933399024	喹禾灵、氟吡禾灵、吡氟禾草灵等(包括炔禾灵、氟吡乙禾灵、氟吡菌胺、卤草啶)〔999〕	6.5	20	13		千克	S	
2933399025	高效氟吡甲禾灵、氟吡甲禾灵等(包括鼠特灵、灭鼠优、灭鼠安、氟鼠啶)②	6.5	20	13		千克	S	
2933399026	甲基毒死蜱、吡虫啉等(包括吡氯氰菊酯、啶蜱脲、氟啶脲、哒幼酮、吡丙醚)〔999〕	6.5	20	13		千克	S	
2933399027	驱蝇啶、烯啶虫胺〔999〕	6.5	20	13		千克	S	
2933399028	咪唑烟酸、甲咪唑烟酸、咪唑乙烟酸等(包括氨氯吡啶酸,三氯吡氧乙酸及其盐和酯,氯氟吡氧乙酸及其盐和酯,二氯吡啶酸)〔999〕	6.5	20	13		千克	S	
2933399029	炔草酯及其游离酸、哌草磷、哌草丹、稗草丹等(包括吡氟酰草胺、氟吡酰草胺、氟啶草酮、氟硫草啶、甲氧咪草烟)〔999〕	6.5	20	13		千克	S	
2933399030	3-羟基-1-甲基哌啶〔999〕	6.5	20	13		千克	23	
2933399040	3-奎宁环酮〔999〕	6.5	20	13		千克	23	
2933399051	甲哌鎓、抗倒胺、氯吡脲、吡啶醇〔999〕	6.5	20	13		千克	S	
2933399052	啶菌噁唑、苯锈啶、啶斑肟等(包括啶菌腈)〔999〕	6.5	20	13		千克	S	
2933399053	氟啶胺、氟啶虫酰胺、三氯甲基吡啶〔999〕	6.5	20	13		千克	S	
2933399054	咪唑嗪、丁硫啶、氯苯吡啶、哌丙灵〔999〕	6.5	20	13		千克	S	
2933399055	氟吡菌酰胺〔999〕	6.5	20	13		千克	S	
2933399056	氯啶菌酯〔999〕	6.5	20	13		千克	S	
2933399057	氯氨吡啶酸〔999〕	6.5	20	13		千克	S	
2933399058	哌壮素〔999〕	6.5	20	13		千克	S	
2933399060	啶氧菌酯(包括氟啶虫胺腈、环啶菌胺、四氯虫酰胺、溴氰虫酰胺、玉雄杀)〔999〕	6.5	20	13		千克	S	
2933399071	乙酰阿法甲基芬太尼、烯丙罗定、阿法美罗定(以及它们的盐)〔999〕	6.5	20	13		千克	I	
2933399072	阿法甲基芬太尼、阿法罗定、苄替啶(以及它们的盐)〔999〕	6.5	20	13		千克	I	
2933399073	倍他羟基芬太尼、倍他羟基-3-甲基芬太尼、倍他美罗定(以及它们的盐)〔999〕	6.5	20	13		千克	I	
2933399074	倍他罗定、依托利定、羟哌替啶、美他佐辛(以及它们的盐)〔999〕	6.5	20	13		千克	I	
2933399075	3-甲基芬太尼、1-甲基-4-苯基-4-哌啶丙酸酯、诺匹哌酮(以及它们的盐)〔999〕	6.5	20	13		千克	I	
2933399076	对氟芬太尼、1-苯乙基-4-苯基-4-哌啶乙酸酯(以及它们的盐)〔999〕	6.5	20	13		千克	I	
2933399077	哌替啶中间体 B、哌替啶中间体 C(以及它们的盐)〔999〕	6.5	20	13		千克	I	
2933399078	非那丙胺、非那佐辛、匹米诺定、丙哌利定(以及它们的盐)〔999〕	6.5	20	13		千克	I	

① 〔301 其他危险化学品〕,〔302 其他化工产品〕,〔303 毒性物质和感染性物质〕,〔999〕
② 〔101RH-908〕,〔102 敌鼠(含量>2%)〕,〔301 毒性物质和感染性物质〕,〔302 其他化工品〕

协定税率(%)															特惠税率(%)			对美税率	出口税率	出口退税率	Article Description
智利	新西兰	澳大利亚	瑞士	冰岛	秘鲁	哥斯达	东盟	亚太	新加坡	巴基斯坦	港/澳/台	韩国	格鲁吉亚	毛里求斯	亚太	老/柬/缅	LDC 97/95				
0	0	0	0	0	0	0	0			5	0/0/	3.4	0	0			0/0			10	--Alfentanil(INN), anileridine(INN), bezitramide (INN), bromazepam (INN), difenoxin(INN), diphenoxylate(INN), dipipanone (INN), fentanyl (INN), ketobemidone (INN), methylphenidate (INN), pentazocine (INN), pethidine (INN), intermediate A(INN), phencyclidine (INN) (PCP), phenoperidine (INN), pipradrol (INN), piritramide (INN), propiram (INN) and trimeperidine(INN); salts thereof
																		11.5	0		
																		11.5	0		
																		11.5	0		
																		11.5	0		
																		11.5	0		
																		11.5	0		
																		11.5	0		
																		11.5	0		
0	0	0	0	0	0	0	0	5.2		5	0/0/	0	0	0			0/0			10	---Benzilic acid-3-quinuclidinate
																			0		
0	0	0	0	0	0	0	0	5.2		5	0/0/	0	0	0			0/0			10	---Quinuclidine-3-ol
																			0		
0	0	0	1.3	0	0	0	0			0	0/0/	0	0	0			0/0				---Other
0	0	0	1.3	0	0	0	0			0	0/0/	0	0	0			0/0				---Other
																		14	0	9	
																		14	0	9	
																		14	0	9	
																		14	0	9	
																		14	0	9	
																		14	0	9	
																		14	0	9	
																		14	0	9	
																		14	0	9	
																		14	0	13	
																		14	0	13	
																		14	0	9	
																		14	0	9	
																		14	0	9	
																		14	0	9	
																		14	0	9	
																		14	0	13	
																		14	0	13	
																		14	0	9	
																		14	0	9	
																		14	0	13	
																		14	0	13	
																		14	0	13	
																		14	0	13	
																		14	0	13	
																		14	0	13	
																		14	0	13	
																		14	0	13	

商品编号	商品名称及备注［检验检疫编码及名称］	进口关税(%)		增值税率(%)	消费税	计量单位	监管条件	检验检疫类别
		最惠国	普通					
2933399080	瑞芬太尼及其盐〔999〕	6.5	20	13		千克	I	
2933399091[暂0]	抗癌药原料(吉美嘧啶、甲磺酸阿帕替尼、西达本胺、甲苯磺酸尼拉帕利)〔999〕	6.5	20	3		千克		
2933399092	N-苯乙基-4-哌啶酮、4-苯胺基-N-苯乙基哌啶〔999〕	6.5	20	13		千克	23	
2933399093	瑞马唑仑(包括瑞马唑仑的盐及异构体)〔999〕	6.5	20	13		千克	I	
2933399095	氨基甲酸酯类(二甲胺基甲酸吡啶酯类季铵盐和双季铵盐)〔999〕	6.5	20	13		千克	23	
2933399099	其他结构上含有一个非稠合吡啶环(不论是否氢化)的化合物(因拆分抗癌药品原料药产生的兜底税号)①	6.5	20	13		千克		
29334100	--左非诺(INN)及其盐							
2933410000	左非诺(INN)及其盐〔999〕	6.5	20	13		千克	I	
29334900	--其他							
2933490011	丙烯酸喹啉酯,苯氧喹啉〔999〕	6.5	20	13		千克	S	
2933490012	咯喹酮〔999〕	6.5	20	13		千克	S	
2933490013	氯甲喹啉酸、喹啉铜、二氯喹啉草酮〔101 饲料添加剂〕,〔102 化工产品〕	6.5	20	13		千克	S	
2933490014	二氯喹啉酸〔999〕	6.5	20	13		千克	S	
2933490015	FG-4592(CAS 号 808118-40-3)(一种缺氧诱导因子-脯氨酸羟化酶抑制剂)〔999〕	6.5	20	13		千克		
2933490021	羟蒂巴酚、左美沙芬、左芬啡烷〔999〕	6.5	20	13		千克	I	
2933490022	去甲左啡诺、非诺啡烷、消旋甲啡烷、消旋啡烷〔999〕	6.5	20	13		千克	I	
2933490030	布托啡诺〔999〕	6.5	20	13		千克	I	
2933490040[暂0]	抗癌药原料(马来酸吡咯替尼)〔999〕	6.5	20	3		千克		
2933490090	其他含喹琳或异喹啉环系的化合物(但未进一步稠合的)②	6.5	20	13		千克		
29335200	--丙二酰脲(巴比土酸)及其盐							
2933520000	丙二酰脲(巴比妥酸)及其盐〔999〕	6.5	20	13		千克		
29335300	--阿洛巴比妥(INN)、异戊巴比妥(INN)、巴比妥(INN)、布他比妥(INN)、正丁巴比妥(INN)、环已巴比妥(INN)、甲苯巴比妥(INN)、戊巴比妥(INN)、苯巴比妥(INN)、仲丁巴比妥(INN)、司可巴比妥(INN)和乙烯比妥(INN)以及它们的盐							
2933530011	阿洛巴比妥、仲丁巴比妥(以及它们的盐)〔999〕	6.5	20	13		千克	I	
2933530012	乙烯比妥、布他比妥、丁巴比妥(以及它们的盐)〔999〕	6.5	20	13		千克	I	
2933530013	环已巴比妥、甲苯巴比妥(以及它们的盐)〔999〕	6.5	20	13		千克	I	
2933530014	司可巴比妥、异戊巴比妥(以及它们的盐)〔999〕	6.5	20	13		千克	I	
2933530015	戊巴比妥、苯巴比妥、巴比妥(以及它们的盐)〔999〕	6.5	20	13		千克	I	
29335400	--其他丙二酰脲(巴比土酸)的衍生物,以及它们的盐							
2933540000	其他丙二酰脲的衍生物及它们的盐〔999〕	6.5	20	13		千克		
29335500	--氯普唑仑(INN)、甲氯喹酮(INN)、甲喹酮 (INN)和齐培丙醇(INN),以及它们的盐							
2933550011	甲氯喹酮、甲喹酮(以及它们的盐)〔999〕	6.5	20	13		千克	I	
2933550012	氯普唑仑、齐培丙醇(以及它们的盐)〔999〕	6.5	20	13		千克	I	
29335910	---胞嘧啶							
2933591000	胞嘧啶〔999〕	6.5	20	13		千克		
29335920	---环丙氟哌酸							
2933592000	环丙氟哌酸〔999〕	6.5	20	13		千克		
29335990	---其他							
2933599011	嘧啶磷、甲基嘧啶磷、二嗪磷、双苯嘧草酮等(包括嘧啶氧磷、乙嘧硫磷)③	6.5	20	13		千克	S	
2933599012	烯腺嘌呤、苄腺嘌呤、丁基嘧啶磷、嘧啶肟草醚等(包括苄氨基嘌呤、羟烯腺嘌呤)〔999〕	6.5	20	13		千克	S	
2933599013	嘧草醚、双草醚、除草啶、环草啶等(包括异草啶、异丙酯草醚、嘧草硫醚、特草啶)〔999〕	6.5	20	13		千克	S	
2933599014	吡菌磷、嘧霉胺、嘧菌胺、嘧菌酯等(包括嘧菌环胺、嘧菌腙)〔999〕	6.5	20	13		千克	S	

① 〔301 易燃液体〕,〔302 易燃固体、自反应物质及固态退敏爆炸品〕,〔303 毒性物质和感染性物质〕,〔304 其他危险化学品〕,〔305 其他化工产品〕,〔306 杂项物质〕

② 〔101 1,4-二甲基哌嗪〕,〔102 喹啉(危险化学品)〕,〔103 2-甲基喹啉〕,〔104 4-甲基喹啉〕,〔105 6-甲基喹啉(危险化学品)〕,〔106 7-甲基喹啉〕,〔107 8-甲基喹啉〕,〔108 1-甲基异喹啉〕,〔109 3-甲基异喹啉〕,〔110 4-甲基异喹啉〕,〔111 5-甲基异喹啉〕,〔112 6-甲基异喹啉〕,〔113 7-甲基异喹啉〕,〔114 8-甲基异喹啉〕,〔115 3-氨基喹啉〕,〔116 4-氨基喹啉〕,〔117 2,4,5-三甲基-δ-3-噻噁啉〕,〔118 5-甲基喹噁啉〕,〔119 喹啉黄〕,〔120 5,6,7,8-四氢喹噁啉〕,〔121 喹啉(危险化学品 & 食品添加剂)〕,〔122 6-甲基喹啉(危险化学品 & 食品添加剂)〕,〔301 易燃液体〕,〔302 毒性物质和感染性物质〕,〔303 其他危险化学品〕,〔304 其他化工产品〕,〔305 爆炸品〕,〔306 易燃固体〕

③ 〔101 嘧啶氧磷粉剂〕,〔102 嘧啶氧磷〕

协定税率(%)															特惠税率(%)			对美税率	出口税率	出口退税率	Article Description
智利	新西兰	澳大利亚	瑞士	冰岛	秘鲁	哥斯达	东盟	亚太	新加坡	巴基斯坦	港/澳/台	韩国	格鲁吉亚	毛里求斯	亚太	老/柬/缅	LDC 97/95				
																		14	0	13	
																		7.5	0	13	
																		14	0		
																		14	0		
																		14	0		
																		14	0	9	
0	0	0	0	0	0	0	0			5	0/0/	0	0	0			0/0			10	--Levorpharol(INN) and its salts
																		11.5	0		
0	0	0	0	0	0	0	0			5	0/0/	0	0	0			0/0				--Other
																		31.5	0	9	
																		31.5	0	9	
																		31.5	0	9	
																		31.5	0	9	
																		31.5	0	13	
																		31.5	0	13	
																		31.5	0	13	
																		31.5	0	13	
																		25	0		
																		31.5	0	13	
0	0	0	0	0	0	0	0			5	0/0/	0	0	0			0/0			10	--Malonylurea (barbituric acid) and its salts
																		11.5	0		
0	0	0	0	0	0	0	0			5	0/0/	0	0	0			0/0			10	--Allobarbital (INN), amobarbital (INN), barbital (INN), butalbital (INN), butobarbital (INN), cyclobarbital (INN), methylphenobarbital(INN), pentobarbital (INN), phenobarbital (INN), secbutabarbital (INN), secobarbital(INN) and vinylbital(INN); salts thereof
																		26.5	0		
																		26.5	0		
																		26.5	0		
																		26.5	0		
																		26.5	0		
0	0	0	0	0	0	0	0			5	0/0/	0	0	0			0/0			10	--Other derivatives of malonylurea (barbituric acid); salts thereof
																			0		
0	0	0	0	0	0	0	0			5	0/0/	0	0	0			0/0			10	--Loprazolam (INN), mecloqualone (INN), methaqualone (INN) and zipeprol(INN); salts thereof
																			0		
																			0		
0	0	0	0	0	0	0	0	4.2		0	0/0/	0	0	0			0/0			13	---Cytosine
																		11.5	0		
0	0	0	0	0	0	0	0	4.2		5	0/0/	0	0	0			0/0			10	---Ciprofloxacin
																			0		
0	0	0	1.3	0	0	0	0	4.2		0	0/0/	0	0	0			0/0				---Other
																		31.5	0	9	
																		31.5	0	9	
																		31.5	0	9	
																		31.5	0	9	

商品编号	商品名称及备注[检验检疫编码及名称]	进口关税(%) 最惠国	进口关税(%) 普通	增值税率(%)	消费税	计量单位	监管条件	检验检疫类别
2933599015	嘧啶威、抗蚜威、环虫腈、嘧螨醚等(包括嘧螨酯)①	6.5	20	13		千克	S	
2933599016	氯苯嘧啶醇、环丙嘧啶醇、呋嘧醇等(包括氟苯嘧啶醇)〔999〕	6.5	20	13		千克	S	
2933599017	氟蚁腙、鼠立死、三氟苯嘧啶〔301 氟蚁腙〕,〔302 鼠立死〕,〔999〕	6.5	20	13		千克	S	
2933599018	二甲嘧酚、乙嘧酚、乙嘧酚磺酸酯〔999〕	6.5	20	13		千克	S	
2933599019	嗪氨灵、咪唑喹啉酸、丙酯草醚〔999〕	6.5	20	13		千克	S	
2933599020	氟丙嘧草酯、氯丙嘧啶酸〔999〕	6.5	20	13		千克	S	
2933599030	溴嘧草醚〔999〕	6.5	20	13		千克	S	
2933599040	唑嘧菌胺〔999〕	6.5	20	13		千克	S	
2933599051	依他喹酮(Etaqualone;CAS 号:7432-25-9)〔999〕	6.5	20	13		千克	I	
2933599052	苄基哌嗪(Benzylpiperazine;CAS 号:2759-28-6)〔999〕	6.5	20	13		千克	I	
2933599053[暂0]	恩替卡韦〔999〕	6.5	20	13		千克		0
2933599060[暂0]	利格列汀〔999〕	6.5	20	13		千克		
2933599091[暂0]	抗癌药原料(甲磺酸伊马替尼、硫唑嘌呤、培美曲塞二钠、左亚叶酸钙、甲磺酸氟马替尼、甲磺酸阿美替尼、泽布替尼)〔999〕	6.5	20	3		千克		
2933599099	其他结构上有嘧啶环等的化合物(包括其他结构上有哌嗪环的化合物)(因拆分抗癌药品原料药产生的兜底税号)〔301 腐蚀性物质〕,〔302 其他化工产品〕,〔303 易燃液体〕	6.5	20	13		千克		
29336100	--三聚氰胺(蜜胺)							
2933610000	三聚氰胺(蜜胺)〔999〕	6.5	20	13		千克	A	M/
29336910	---三聚氰氯							
2933691000	三聚氰氯〔999〕	6	20	13		千克		
29336921	----二氯异氰脲酸							
2933692100	二氯异氰脲酸〔999〕	6.5	20	13		千克		
29336922	----三氯异氰脲酸							
2933692200	三氯异氰脲酸〔999〕	6.5	20	13		千克	AB	M/N
29336929	----其他							
2933692910	二氯异氰尿酸钠〔999〕	6.5	20	13		千克	A	R/
2933692990	其他异氰脲酸氯化衍生物〔999 其他化工产品〕	6.5	20	13		千克		
29336990	---其他							
2933699011	西玛津、莠去津、扑灭津、草达津等(包括特丁津、氰草津、环丙津、甘扑津、甘草津)〔999〕	6.5	20	13		千克	S	
2933699012	西草净、扑草净、敌草净、莠灭净等(包括特丁净、异丙净、异戊乙净、氰草净、氟草净、甲氧丙净)②	6.5	20	13		千克	S	
2933699013	扑灭通、仲丁通〔999〕	6.5	20	13		千克	S	
2933699014	丁嗪草酮、环嗪酮、嗪草酮等(包括苯嗪草酮、乙嗪草酮)〔999〕	6.5	20	13		千克	S	
2933699015	灭蚜硫磷、灭蝇胺、吡蚜酮等(包括敌菌灵)〔999〕	6.5	20	13		千克	S	
2933699016	三嗪氟草胺、茚嗪氟草胺〔999〕	6.5	20	13		千克	S	
2933699091[暂0]	奥替拉西钾〔301 其他危险化学品〕,〔302 其他化工产〕,〔999〕	6.5	20	3		千克		
2933699099	其他结构上含非稠合三嗪环化合物(因拆分抗癌药品原料药产生的兜底税号)③	6.5	20	13		千克		
29337100	--6-己内酰胺							
2933710000	6-己内酰胺〔999〕	9	35	13		千克	A	M/
29337200	--氯巴占(INN)和甲乙哌酮(INN)							
2933720000	氯巴占和甲乙哌酮(INN)〔999〕	9	15	13		千克	I	
29337900	--其他内酰胺							
2933790010	氯巴占和甲乙哌酮的盐〔999〕	9	20	13		千克	I	
2933790020	灭菌磷、螺虫乙酯〔999〕	9	20	13		千克	S	
2933790030	佐匹克隆(Zopiclone;CAS 号:43200-80-2)〔999〕	9	20	13		千克	I	
2933790041	甲氧哌啶乙酯〔999〕	9	20	3		千克		0
2933790042[暂0]	吡非尼酮〔999〕	9	20	3		千克		0
2933790091[暂0]	来那度胺〔999〕	9	20	3		千克		
2933790099	其他内酰胺〔301 其他危险化学品〕,〔302 其他化工产品〕,〔303 毒性物质和感染性物质〕,〔999〕	9	20	13		千克		

① 〔101 抗蚜威粉剂(含量>75%)〕,〔102 嘧啶威可湿性粉剂、颗粒剂〕,〔103 嘧啶威〕
② 〔101 扑草灭颗粒剂〕,〔102 扑草灭(含量>80%)〕,〔103 西草净〕,〔104 莠灭净〕,〔105 敌草净〕
③ 〔301 其他危险化学品〕,〔302 其他化工产品〕,〔303 易燃固体〕,〔304 毒性物质和感染性物质〕,〔305 杂项物质〕,〔999〕

协定税率(%)															特惠税率(%)			对美税率	出口税率	出口退税率	Article Description
智利	新西兰	澳大利亚	瑞士	冰岛	秘鲁	哥斯达	东盟	亚太	新加坡	巴基斯坦	港/澳/台	韩国	格鲁吉亚	毛里求斯	亚太	老/柬/缅	LDC 97/95				
																		31.5	0	9	
																		31.5	0	9	
																		31.5	0	9	
																		31.5	0	9	
																		31.5	0	9	
																		31.5	0	9	
																		31.5	0	9	
																		31.5	0	13	
																		31.5	0	13	
																		31.5	0	13	
																		25	0	13	
																		25	0		
																		25	0	13	
																		31.5	0	13	
0	0	0	0	0	0	0	0			5	0/0/	0	0	0			0/0			10	--Melamine
																		31.5	0		
0	0	0	0	0	0	0	0	5.4		5	0/0/	0	0	0			0/0			10	---Cyanuric chloride
																			0		
0	0	0	0	0	0	0	0	5.2		5	0/0/	0	0	0			0/0			10	----Dichloroisooyanurate acid
																			0		
0	0	0	0	0	0	0	0			5	0/0/	0	0	0			0/0			10	----Trichloroisocyanurate acid
																			0		
0	0	0	0	0	0	0	0			5	0/0/	0	0	0			0/0			10	----Other
																		31.5	0		
																		31.5	0		
0	0	0	0	0	0	0	0			5	0/0/	1.9	0	0			0/0				---Other
																			0	9	
																		16.5	0	9	
																		16.5	0	9	
																		16.5	0	9	
																		16.5	0	9	
																		16.5	0	9	
																		10	0	10	
																		16.5	0	10	
0	0	0	0	0		0	5				0/0/		1.8	0						10	--6-Hexanolactam (epsilon-caprolactam)
																			0		
0	0	0	0	0	0	0	0			3	0/0/	0	1.8	0			0/0			10	--Clobazam (INN) and methyprylon(INN)
																			0		
0	0	0		0	0	0	0			3	0/0/	0	0	0			0/0				--Other lactams
																		19	0	10	
																		19	0	9	
																		19	0	10	
																		10	0	10	
																		10	0	10	
																		10	0	10	
																		19	0	10	

商品编号	商品名称及备注[检验检疫编码及名称]	进口关税(%)		增值税率(%)	消费税	计量单位	监管条件	检验检疫类别
		最惠国	普通					
29339100	--阿普唑仑(INN)、卡马西泮(INN)、氯氮卓(INN)、氯硝西泮(INN)、氯拉卓酸、地洛西泮(INN)、地西泮(INN)、艾司唑仑(INN)、氯氟卓乙酯(INN)、氟地西泮(INN)、氟硝西泮(INN)、氟西泮(INN)、哈拉西泮(INN)、劳拉西泮(INN)、氯甲西泮(INN)、马吲哚(INN)、美达西泮(INN)、咪达唑仑(INN)、硝甲西泮(INN)、硝西泮(INN)、去甲西泮(INN)、奥沙西泮(INN)、匹那西泮(INN)、普拉西泮(INN)、吡咯戊酮(INN)、替马西泮(INN)、四氢西泮(INN)和三唑仑(INN),以及它们的盐							
2933910011	阿普唑仑、卡马西泮、氯氮卓(以及它们的盐)〔999〕	6.5	20	13		千克	I	
2933910012	氯硝西泮、氯拉卓酸、地洛西泮(以及它们的盐)〔999〕	6.5	20	13		千克	I	
2933910013	地西泮、艾司唑仑、氯氟卓乙酯(以及它们的盐)〔999〕	6.5	20	13		千克	I	
2933910014	氟地西泮、氟硝西泮、氟西泮(以及它们的盐)〔999〕	6.5	20	13		千克	I	
2933910015	哈拉西泮、劳拉西泮、氯甲西泮(以及它们的盐)〔999〕	6.5	20	13		千克	I	
2933910016	马吲哚、咪达唑仑、硝西泮(以及它们的盐)〔999〕	6.5	20	13		千克	I	
2933910017	奥沙西泮、匹那西泮、普拉西泮(以及它们的盐)〔999〕	6.5	20	13		千克	I	
2933910018	去甲西泮、三唑仑(以及它们的盐)〔999〕	6.5	20	13		千克	I	
2933910021	硝甲西泮、美达西泮(以及它们的盐)〔999〕	6.5	20	13		千克	I	
2933910022	吡咯戊酮、替马西泮、四氢西泮(以及它们的盐)〔999〕	6.5	20	13		千克	I	
29339200	--甲基谷硫磷(ISO)							
2933920000	甲基谷硫磷(ISO)〔999〕	6.5	20	13		千克		
29339900	--其他							
2933990011	抑芽丹、三唑磷、虫线磷、喹硫磷、唑啶草酮等(包括哒嗪硫磷、亚胺硫磷、氯亚胺硫磷、保棉磷、益棉磷、威菌磷)①	6.5	20	13		千克	S	
2933990012	氯唑磷、炔咪菊酯、吲哚酮草酯等(包括呋喃虫酰肼、唑蚜威、不育胺、虫螨腈、抗螨唑、四螨嗪)〔999〕	6.5	20	13		千克	S	
2933990013	多菌灵、苯菌灵、氰菌灵、麦穗宁、氟哒嗪草酯等(包括咪菌威、丙硫多菌灵、氟氯菌核利、哒菌酮、拌种咯、杀草强)②	6.5	20	13		千克	S	
2933990014	三唑酮、醚草敏、三唑醇、唑草酮等(包括四氯喹恶啉、己唑醇、腈苯唑、亚胺唑、四氟醚唑、氟环唑)〔101 三唑酮〕,〔102 三唑醇〕	6.5	20	13		千克	S	
2933990015	苄氯三唑醇、戊菌唑、粉唑醇等(包括联苯三唑醇、腈菌唑、环丙唑醇、烯唑醇、戊唑醇、氟硅唑)〔999〕	6.5	20	13		千克	S	
2933990016	环菌唑、叶菌唑、灭菌唑、种菌唑等(包括申嗪霉素、氟喹唑、哒螨灵、喹螨醚、氟草敏、氟咯草酮)〔999〕	6.5	20	13		千克	S	
2933990017	唑草酯、四环唑、恶草酸烯唑醇、氯氟醚菌唑等(包括喹禾糠酯、哒草特、咯草隆、禾草敌、唑草胺、敌草快及其盐、氯草敏、丙硫菌唑)③	6.5	20	13		千克	S	
2933990018	氟胺草唑、氨唑草酮、三氟苯唑等(包括吲哚丁酸、溴莠敏、吲熟酯、三唑磺、四唑酰草胺)〔999〕	6.5	20	13		千克	S	
2933990019	多效唑、烯效唑、抑芽唑等(包括叶枯净、叶锈特、吡喃草酮、吲哚乙酸)〔999〕	6.5	20	13		千克	S	
2933990021	氯尼他秦〔999〕	6.5	20	13		千克	I	
2933990022	依托尼秦〔999〕	6.5	20	13		千克	I	
2933990023	普罗庚嗪、布桂嗪〔999〕	6.5	20	13		千克	I	
2933990030	扎莱普隆、唑吡坦(以及它们的盐)〔999〕	6.5	20	13		千克	I	
2933990040	齐帕特罗,2-(三氟甲基)-4-[(2R)-2-[(1R)-2,2,2-三氟-1-羟基乙基]-1-吡咯烷基]苯甲腈,3-甲基-4-[[(1R,2S)-1-[5-(4-氰基苯基)-1,3,4-噁二唑-2-基]-2-羟基丙基]氨基]-2-氯苯甲腈〔999〕	6.5	20	13		千克	L	
2933990051	二甲基色胺、二乙基色胺〔999〕	6.5	20	13		千克	I	
2933990052	乙色胺、咯环利定〔999〕	6.5	20	13		千克	I	
2933990053	[1-(5-氟戊基)-1H-吲哚-3-基](2-碘苯基)甲酮[1-[(5-Fluoropentyl)-1H-indol-3-yl]-(2-iodophenyl)methanone;CAS 号:335161-03-0]〔999〕	6.5	20	13		千克	I	
2933990054	1-(5-氟戊基)-3-(1-萘甲酰基)-1H-吲哚[1-(5-Fluoropentyl)-3-(1-naphthoyl)indole;CAS 号:335161-24-5]〔999〕	6.5	20	13		千克	I	

① 〔101 喹硫磷颗粒剂〕,〔102 三唑磷粉剂〕,〔103 亚胺硫磷粉剂、可湿性粉剂(含量>15%)〕,〔104 益棉磷粉剂、可湿性粉剂(含量 2%~25%)〕,〔105 威菌磷(含量 2%~20%)〕,〔106 喹硫磷〕,〔107 三唑磷〕,〔108 保棉磷乳剂(含量 0.5%~20%)〕,〔109 亚胺硫磷乳剂(含量>4%)〕,〔110 益棉磷乳剂(含量 0.25%~25%)〕,〔301 毒性物质和感染性物质〕,〔302 其他化工产品〕

② 〔301 属于危险化学品杂项物质〕,〔302 其他化工产品〕,〔999 杂项物质〕

③ 〔101 草达灭颗粒剂〕,〔102 草达灭(含量>25%)〕,〔103 敌草快(含量>45%)〕,〔104 敌草快浓水剂(含量>10%)〕,〔105 其他化工产品〕

协定税率(%) 智利	新西兰	澳大利亚	瑞士	冰岛	秘鲁	哥斯达	东盟	亚太	新加坡	巴基斯坦	港/澳/台	韩国	格鲁吉亚	毛里求斯	特惠税率(%) 亚太	老/柬/缅	LDC 97/95	对美税率	出口税率	出口退税率	Article Description
0	0	0	0	0	0	0	0			5	0/0/	0	0	0			0/0			13	--Alprazolam (INN), camazepam (INN), chlordiazepoxide (INN), clonazepam (INN), clorazepate, delorazepam (INN), diazepam (INN), estazolam (INN), ethyl loflazepate (INN), fludiazepam (INN), flunitrazepam (INN), flurazepam (INN), halazepam (INN), lorazepam (INN), lormetazepam (INN), mazindol (INN), medazepam (INN), midazolam (INN), nimetazepam (INN), nitrazepam (INN), nordazepam (INN), oxazepam (INN), pinazepam (INN), prazepam (INN), pyrovalerone (INN), temazepam (INN), tetrazepam (INN) and triazolam (INN); salts thereof
																		11.5	0		
																		11.5	0		
																		11.5	0		
																		11.5	0		
																		11.5	0		
																		11.5	0		
																		11.5	0		
																		11.5	0		
																		11.5	0		
																		11.5	0		
0	0	0	3.1	0	0	0	0			0	0/0/	0	0	0			0/0			13	--Azinphos-methyl (ISO)
																			0		
0	0	0	3.1	0	0	0	0			0	0/0/	0	0	0			0/0				--Other
																		31.5	0	9	
																		31.5	0	9	
																		31.5	0	9	
																		31.5	0	9	
																		31.5	0	9	
																		31.5	0	9	
																		31.5	0	9	
																		31.5	0	9	
																		31.5	0	9	
																		31.5	0	13	
																		31.5	0	13	
																		31.5	0	13	
																		31.5	0	13	
																		31.5	0	13	
																		31.5	0	13	
																		31.5	0	13	
																		31.5	0	13	
																		31.5	0	13	

商品编号	商品名称及备注[检验检疫编码及名称]	进口关税(%)		增值税率(%)	消费税	计量单位	监管条件	检验检疫类别
		最惠国	普通					
2933990055	1-戊基-3-(1-萘甲酰基)吲哚[1-Pentyl-3-(1-naphthoyl) indole; CAS 号:209414-07-3]〔999〕	6.5	20	13		千克	I	
2933990056	1-丁基-3-(1-萘甲酰基)吲哚[1-Butyl-3-(1-naphthoyl) indole; CAS 号:208987-48-8]〔999〕	6.5	20	13		千克	I	
2933990057	2-(2-甲氧基苯基)-1-(1-戊基-1H-吲哚-3-基)乙酮[2-(2-Methoxyphenyl)-1-(1-pentyl-1H-indol-3-yl) ethanone; CAS 号:864445-43-2]〔999〕	6.5	20	13		千克	I	
2933990060	(环)四亚甲基四硝胺(俗名奥托金 HMX)〔999〕	6.5	20	13		千克	3k	
2933990070	(环)三亚甲基三硝基胺(俗名黑索金 RDX)〔999〕	6.5	20	13		千克	3k	
2933990080	丁羟咯酮(包括杀雄啉、杀雄嗪酸、双唑草腈、唑酮草酯)〔999〕	6.5	20	13		千克	S	
2933990091[暂0]	阿托伐他汀钙〔999〕	6.5	20	13		千克		
2933990092[暂0]	阿那曲唑、来曲唑、硼替佐米、替莫唑胺〔999〕	6.5	20	3		千克		0
2933990093[暂0]	维格列汀〔999〕	6.5	20	13		千克		
2933990099	其他仅含氮杂原子的杂环化合物①	6.5	20	13		千克		
2934	**核酸及其盐,无论是否已有化学定义;其他杂环化合物:**							
29341010	---三苯甲基氨噻肟酸							
2934101000	三苯甲基氨噻肟酸〔999〕	6.5	20	13		千克		
29341090	---其他							
2934109011	噻螨酮〔999〕	6.5	20	13		千克	S	
2934109012	噻唑膦、噻唑硫磷〔999〕	6.5	20	13		千克	S	
2934109013	噻唑烟酸、噻唑菌胺〔999〕	6.5	20	13		千克	S	
2934109014	氯噻啉、氟螨噻〔999〕	6.5	20	13		千克	S	
2934109015	噻菌灵,噻菌胺,异噻菌胺,噻丙腈,氟噻唑吡乙酮,氟烯线砜〔999〕	6.5	20	13		千克	S	
2934109016	噻呋酰胺、噻虫胺、噻虫嗪、噻虫啉〔999〕	6.5	20	13		千克	S	
2934109017	辛噻酮、拌种灵〔999〕	6.5	20	13		千克	S	
2934109018	稻瘟灵〔999〕	6.5	20	13		千克	S	
2934109019	甲噻诱胺〔999〕	6.5	20	13		千克	S	
2934109091[暂0]	达沙替尼〔301 其他危险化学品〕,〔302 其他化工产品〕,〔999〕	6.5	20	3		千克		
2934109099	其他结构上含有非稠合噻唑环的化合物(非稠合噻唑环不论是否氢化)(因拆分抗癌药品原料药产生的兜底税号)②	6.5	20	13		千克		
29342000	-结构上含有一个苯并噻唑环系(不论是否氢化)的化合物,但未经进一步稠合的							
2934200011	噻螨威、噻霉酮〔999〕	6.5	20	13		千克	S	
2934200012	苯噻硫氰〔999〕	6.5	20	13		千克	S	
2934200013	烯丙苯噻唑〔999〕	6.5	20	13		千克	S	
2934200014	草除灵〔999〕	6.5	20	13		千克	S	
2934200015	噻唑禾草灵〔999〕	6.5	20	13		千克	S	
2934200016	苯噻隆〔999〕	6.5	20	13		千克	S	
2934200017	甲基苯噻隆〔999〕	6.5	20	13		千克	S	
2934200018	苯噻酰草胺〔999〕	6.5	20	13		千克	S	
2934200019	苯噻菌酯〔999〕	6.5	20	13		千克	S	
2934200021[暂0]	利鲁唑〔999〕	6.5	20	3		千克		0
2934200022	苯噻菌胺,毒氟磷〔999〕	6.5	20	3		千克		0
2934200090	其他含一个苯并噻唑环系的化合物〔999〕	6.5	20	13		千克		
29343000	-结构上含有一个吩噻嗪环系(不论是否氢化)的化合物,但未经进一步稠合的							
2934300000	含一个吩噻嗪环系的化合物(吩噻嗪环系不论是否氢化,化合物未经进一步稠合的)〔999〕	6.5	20	13		千克		

① 〔101 四唑并-1-乙酸〕,〔102 5-巯基四唑并-1-乙酸〕,〔103 吡咯(危险化学品)〕,〔104N,N'-二亚硝基五亚甲基四胺(含钝感剂)〕,〔105 咔唑〕,〔106 吖啶〕,〔107 乙氧基喹〕,〔108 乙酰基吡嗪〕,〔109(E)2-癸烯酸〕,〔110 1-(对-甲氧基苯基)-2-丙酮〕,〔111 1,1-二甲氧基乙烷〕,〔112 2,3,5,6-四甲基吡嗪〕,〔113 2,3,5-三甲基吡嗪〕,〔114 2,3-二甲基吡嗪〕,〔115 2,3-二乙基-5-甲基吡嗪〕,〔116 2,3-二乙基吡嗪〕,〔117 2,5-二甲基吡嗪〕,〔118 2-,5 或 6-甲氧基-3-甲基吡嗪〕,〔119 2,6-二甲基吡嗪〕,〔120 2-甲基-3(5 或 6)-甲硫基吡嗪〕,〔121 2-甲基吡嗪〕,〔122 2-甲硫基吡嗪〕,〔123 2-甲氧基-3-异丁基吡嗪〕,〔124 2-甲氧基-3-仲丁基吡嗪〕,〔125 2-甲氧基吡嗪〕,〔126 2-乙基-3,(5 或 6)-二甲基吡嗪〕,〔127 2-乙基-3-甲基吡嗪〕,〔128 2-乙基-5-甲基吡嗪〕,〔129 2-乙基-6-甲基吡嗪〕,〔130 2-乙基吡嗪〕,〔131 2-乙酰基-3,5(或 6)-二甲基吡嗪〕,〔132 2-乙酰基 3-甲基吡嗪〕,〔133 2-乙酰基-3-乙基吡嗪〕,〔134 2-乙酰基吡咯〕,〔135 2-异丁基-3-甲基吡嗪〕,〔136 3-乙基-2,6-二甲基吡嗪〕,〔137 5-异丙基-2-甲基吡嗪〕,〔138L-脯氨酸〕,〔139N-糠基吡咯〕,〔140N-乙基-2-乙酰基吡咯〕,〔141β-甲基吲哚〕,〔142 吡嗪〕,〔143L-色氨酸〕,〔144 吡咯(危险化学品 & 食品添加剂)〕,〔301 爆炸品〕,〔302 易燃液体〕,〔303 易燃固体〕,〔304 杂项物质〕,〔305 一般化工产品〕,〔306 毒性物质和感染性物质〕

② 〔301 麦草净〕,〔302 2-氨基噻唑硫酸盐〕,〔303 2-氨基噻唑盐酸盐〕

协定税率(%)															特惠税率(%)			对美税率	出口税率	出口退税率	Article Description
智利	新西兰	澳大利亚	瑞士	冰岛	秘鲁	哥斯达	东盟	亚太	新加坡	巴基斯坦	港/澳/台	韩国	格鲁吉亚	毛里求斯	亚太	老/柬/缅	LDC 97/95				
																		31.5	0	13	
																		31.5	0	13	
																		31.5	0	13	
																		31.5	0	13	
																		31.5	0	13	
																		31.5	0	13	
																		25	0	13	
																		25	0	13	
																		25	0		
																		31.5	0	13	
																					Nucleic acids and their salts, whether or not chemically defined; Other heteroeyclic compounds:
0	0	0	0	0	0	0	0			5	0/0/	3.4	0	0			0/0				---MethoxyiMinoacetic acid
																			0	9	
0	0	0	0	0	0	0	0			5	0/0/	3.4	0	0			0/0				---Other
																		31.5	0	9	
																		31.5	0	9	
																		31.5	0	9	
																		31.5	0	9	
																		31.5	0	9	
																		31.5	0	9	
																		31.5	0	9	
																		31.5	0	9	
																		31.5	0	9	
																		25	0	10	
																		31.5	0	10	
0	0	0	0	0	0	0	0			5	0/0/	1.9	0	0			0/0				-Compounds containing in the structure a benzothiazole ring-system (whether or not hydrogenated), not further fused
																		26.5	0	9	
																		26.5	0	9	
																		26.5	0	9	
																		26.5	0	9	
																		26.5	0	9	
																		26.5	0	9	
																		26.5	0	9	
																		26.5	0	9	
																		26.5	0	9	
																		20	0	13	
																		20	0	13	
																		26.5	0	13	
0	0	0	0	0	0	0	0			5	0/0/	0	0	0			0/0			13	-Compounds containing in the structure a phenothiazine ring-system (whether or not hydrogenated), not further fused
																		26.5	0		

商品编号	商品名称及备注[检验检疫编码及名称]	进口关税(%)		增值税率(%)	消费税	计量单位	监管条件	检验检疫类别
		最惠国	普通					
29349100	--阿米雷司(INN)、溴替唑仑(INN)、氯噻西泮(INN)、氯恶唑仑(INN)、右吗拉胺(INN)、卤恶唑仑(INN)、凯他唑仑(INN)、美索卡(INN)、恶唑仑(INN)、匹莫林(INN)、苯巴曲嗪(INN)、芬美曲嗪(INN)和舒芬太尼(INN)、以及它们的盐							
2934910011	阿米雷司、溴替唑仑、氯噻西泮(以及它们的盐)〔999〕	6.5	20	13		千克	I	
2934910012	氯恶唑仑、卤沙(恶)唑仑(以及它们的盐)〔999〕	6.5	20	13		千克	I	
2934910013	凯他唑仑、美索卡、奥沙(恶)唑仑(以及它们的盐)〔999〕	6.5	20	13		千克	I	
2934910014	匹莫林、苯甲曲嗪、芬美曲嗪(以及它们的盐)〔999〕	6.5	20	13		千克	I	
2934910020	右吗拉胺、舒芬太尼(以及它们的盐)〔999〕	6.5	20	13		千克	I	
29349910	---磺内酯及磺内酰胺							
2934991000	磺内酯及磺内酰胺〔999〕	6.5	30	13		千克		
29349920	---呋喃唑酮							
2934992000	呋喃唑酮〔999〕	6	20	13		千克	A	M/
29349930	---核酸及其盐							
2934993010	人类核酸及其盐〔999〕	6.5	35	13		千克	V	
2934993090	其他核酸及其盐①	6.5	35	13		千克		
29349940	---奈韦拉平、依发韦仑、利托那韦及它们的盐							
2934994000	奈韦拉平、依发韦仑、利托那韦及它们的盐〔999〕	6.5	20	13		千克		
29349950	---克拉维酸及其盐							
2934995000	克拉维酸及其盐〔999〕	6.5	20	13		千克		
29349960	---7-苯乙酰氨基-3-氯甲基-4-头孢烷酸对甲氧基苄酯、7-氨基头孢烷酸、7-氨基脱乙酰氧基头孢烷酸							
2934996000	7-苯乙酰氨基-3-氯甲基-4-头孢烷酸对甲氧基苄酯、7-氨基头孢烷酸、7-氨基脱乙酰氧基头孢烷酸〔999〕	6	20	13		千克		
29349990	---其他							
2934999001	核苷酸类食品添加剂②	6.5	20	13		千克	A	R/
2934999010	恶草酮、氟噻草胺、活化酯、高效二甲吩草胺(包括吡噻菌胺)〔999〕	6.5	20	13		千克	S	
2934999021	恶唑磷、蔬果磷、茂硫磷、除害磷等(包括甲基吡恶磷、丁硫环磷、硫环磷、杀扑磷、伏杀硫磷、地胺磷)③	6.5	20	13		千克	S	
2934999022	环线威、杀虫环、杀虫钉、多噻烷等(包括甲基硫环磷、噻嗪酮、恶虫酮、茚虫威、氟吡呋喃酮、硅噻菌胺、糠氨基嘌呤、双丙环虫酯、噁唑虫酰胺、砜吡草唑、氟嘧菌酯)④	6.5	20	13		千克	S	
2934999023	恶唑禾草灵、毒鼠硅、噻鼠灵等(包括福拉比、噻节因、糠菌唑、精恶唑禾草灵)⑤	6.5	20	13		千克	S	
2934999024	代森硫、代森环、氟吗啉、咯菌腈等(包括稻瘟酯、烯酰吗啉、噻菌腈、土菌灵、恶霜灵、恶霉灵)〔101 代森硫〕,〔102 代森环〕	6.5	20	13		千克	S	
2934999025	噻森铜、丙环唑、乙环唑等(包括噁唑菌酮、金核霉素、呋菌唑、叶枯唑、呋醚唑、苯醚甲环唑)〔999〕	6.5	20	13		千克	S	
2934999026	嗪草酸、噻氟隆、丁噻隆、异恶隆等(包括噻苯隆、磺噻隆、恶唑隆、异恶草醚、噻吩草胺、二甲吩草胺)〔999〕	6.5	20	13		千克	S	
2934999027	苯草灭、灭草松、灭草唑等(包括异噁草松、恶嗪草酮、环苯草酮、丙炔氟草胺)〔999〕	6.5	20	13		千克	S	
2934999028	丙炔恶草酮、噻草酮等(包括糠氨基嘌呤、苯螨噻、异恶酰草胺、异恶唑草酮)〔999〕	6.5	20	13		千克	S	
2934999029	噻唑锌(包括噻菌茂、硅丰环)〔999〕	6.5	20	13		千克	S	
2934999031	多抗霉素、灰瘟素〔301 毒性物质和感染性物质〕,〔302 其他化工产品〕,〔999 毒性物质和感染性物质〕	6.5	20	13		千克	S	
2934999032	三环唑、氧环唑〔999〕	6.5	20	13		千克	S	
2934999033	灭螨猛、克杀螨、螨蜱胺〔301 毒性物质和感染性物质〕,〔302 其他化工产品〕,〔303 杂项物质〕,〔999〕	6.5	20	13		千克	S	
2934999034	二氰蒽醌、吗菌威〔101 二噻农〕,〔102 二噻农乳剂(含量>50%)〕	6.5	20	13		千克	S	

① 〔101 医学或生命科学用途〕,〔102 非医学或生命科学用途〕,〔401《人间传染的病原微生物名录》内一类病原微生物的核酸(两用物项管制遗传物质除外)〕,〔402《人间传染的病原微生物名录》内二类病原微生物的核酸(两用物项管制遗传物质除外)〕,〔403《人间传染的病原微生物名录》内三类病原微生物的核酸(两用物项管制遗传物质除外)〕,〔404《人间传染的病原微生物名录》内四类病原微生物的核酸〕,〔405 新发传染病或名录外再现传染病病原微生物的核酸〕

② 〔101 5'-肌苷酸二钠〕,〔102 5'-鸟苷酸二钠〕,〔103 5'-呈味核苷酸二钠〕,〔104 工业用途无检疫要求食品添加剂〕,〔301 无检疫要求食品添加剂〕,〔302 需申报仅用于工业用途不用于食品添加剂无检疫要求的化学品〕

③ 〔101 蔬果磷粉剂〕,〔102 伏杀硫磷粉剂、可湿性粉剂(含量>20%)〕,〔103 杀扑磷可湿性粉剂(含量 4%~40%)〕,〔104 硫环磷粉剂、颗粒剂(含量 2%~15%)〕,〔105 伏杀硫磷乳剂(含量>5%)〕,〔106 杀扑磷乳剂(含量 1%~40%)〕,〔107 硫环磷乳剂(含量 0.5%~15%)〕,〔301 毒性物质和感染性物质〕,〔302 其他化工产品〕

④ 〔101 甲基硫环磷颗粒剂〕,〔102 3-甲基-1,2,4-三噻烷〕

⑤ 〔301 其他化工产品〕,〔302 其他危险化学品〕,〔303 毒性物质和感染性物质〕,〔999〕

协定税率(%)															特惠税率(%)			对美税率	出口税率	出口退税率	Article Description
智利	新西兰	澳大利亚	瑞士	冰岛	秘鲁	哥斯达	东盟	亚太	新加坡	巴基斯坦	港/澳/台	韩国	格鲁吉亚	毛里求斯	亚太	老/柬/缅	LDC 97/95				
0	0	0	0	0	0	0	0			5	0/0/	0	0	0			0/0			13	--Aminorex (INN), brotizolam (INN), clotiazepam (INN), cloxazolam (INN), dextromoramide (INN), haloxazolam (INN), ketazolam (INN), mesocarb (INN), oxazolam (INN), pemoline (INN), phendimet razine (INN), phenmetrazine (INN) and sufentanil (INN); salts thereof
																		11.5	0		
																		11.5	0		
																		11.5	0		
																		11.5	0		
																		11.5	0		
0	0	0	0	0	0	0	0			5	0/0/	0	0	0			0/0			13	---Sultones and sultams
																		31.5	0		
0	0	0		0	0	0	0	4.8		5	0/0/	0	0	0			0/0			13	---Furazolidone
																			0		
0	0	0	0	0	0	0	0			4	0/0/	0	0	0			0/0			13	---Nucleic acids and their salts
																		11.5	0		
																		11.5	0		
0	0	0	0	0	0	0	0			5	0/0/	0	0	0			0/0			13	---Nevirapine, efavirenz, ritonavir and their salts
																			0		
0	0	0	0	0	0	0	0			5	0/0/	0	0	0			0/0			13	---Clavulanic acid and its salts
																			0		
0	0	0	0	0	0	0	0	5		0	0/0/	0	0	0			0/0				---7-Phenylacetamide-3-chlorormethyl-3-cepham-4-carboxylicacidP-m-ethoxybenzyl ester, 7-aminocephalosporianic acid, 7-aminodeacetoxycephalosporanic acid
																			0	10	
0	0	0	0	0	0	0	0			0	0/0/	0	0	0			0/0				---Other
																		34	0	13	
																		34	0	9	
																		34	0	9	
																			0	9	
																		34	0	9	
																		34	0	9	
																		34	0	9	
																		34	0	9	
																		34	0	9	
																		34	0	9	
																		34	0	9	
																		34	0	9	
																		34	0	9	
																		34	0	9	
																		34	0	9	

商品编号	商品名称及备注[检验检疫编码及名称]	进口关税(%)		增值税率(%)	消费税	计量单位	监管条件	检验检疫类别
		最惠国	普通					
2934999035	十二环吗啉、十三吗啉〔999〕	6.5	20	13		千克	S	
2934999036	杀螺吗啉、丁苯吗啉〔101 蜗螺净粉剂、颗粒剂〕,〔102 蜗螺净乳剂〕	6.5	20	13		千克	S	
2934999037	噻菌酮、肼菌酮〔999〕	6.5	20	13		千克	S	
2934999038	萎锈灵、氧化萎锈灵〔999〕	6.5	20	13		千克	S	
2934999039	棉隆、乙烯菌核利〔999〕	6.5	20	13		千克	S	
2934999041	环酯草醚〔999〕	6.5	20	13		千克	S	
2934999042	噻菌铜〔999〕	6.5	20	13		千克	S	
2934999043	苯唑草酮〔999〕	6.5	20	13		千克	S	
2934999044	丁吡吗啉〔999〕	6.5	20	13		千克	S	
2934999045	环戊噁草酮〔999〕	6.5	20	13		千克	S	
2934999050	恶唑酰草胺(包括环氧虫啶、噻嗯菊酯、双苯噁唑酯 、乙螨唑、异恶氯草酮、唑啉草酯)〔999〕	6.5	20	13		千克	S	
2934999061	甲米雷司及其盐〔999〕	6.5	20	13		千克	I	
2934999062	替诺环定及其盐〔999〕	6.5	20	13		千克	I	
2934999071	硫代芬太尼、阿法甲基硫代芬太尼(以及它们的盐)〔999〕	6.5	20	13		千克	I	
2934999072	二乙噻丁、二甲噻丁 、吗苯丁酯、乙甲噻丁(以及它们的盐)〔999〕	6.5	20	13		千克	I	
2934999073	呋替啶、左吗拉胺、3-甲基硫代芬太尼(以及它们的盐)〔999〕	6.5	20	13		千克	I	
2934999074	吗拉胺中间体、吗哌利定、苯吗庚酮、消旋吗拉胺(以及它们的盐)〔999〕	6.5	20	13		千克	I	
2934999075	亚甲基二氧吡咯戊酮(Methylenedioxypyrovalerone;CAS 号:687603-66-3)〔999〕	6.5	20	13		千克	I	
2934999091[暂0]	抗癌药原料(地西他滨、氟脲苷、环磷酰胺、吉非替尼、卡培他滨、雷替曲塞、磷酸氟达拉滨、替加氟、盐酸阿糖胞苷、盐酸吉西他滨、盐酸埃克替尼、异环磷酰胺、呋喹替尼)〔999〕	6.5	20	3		千克		
2934999099	其他杂环化合物(因拆分抗癌药品原料药产生的兜底税号)①	6.5	20	13		千克		
2935	**磺(酰)胺:**							
29351000	-N-甲基全氟辛基磺酰胺							
2935100000	N-甲基全氟辛基磺酰胺〔999〕	6.5	35	13		千克	X	
29352000	-N-乙基全氟辛基磺酰胺							
2935200000	N-乙基全氟辛基磺酰胺〔999〕	6.5	35	13		千克	X	
29353000	-N-乙基-N-(2-羟乙基)全氟辛基磺酰胺							
2935300000	N-乙基-N-(2-羟乙基)全氟辛基磺酰胺〔999〕	6.5	35	13		千克	X	
29354000	-N-(2-羟乙基)-N-甲基全氟辛基磺酰胺							
2935400000	N-(2-羟乙基)-N-甲基全氟辛基磺酰胺〔999〕	6.5	35	13		千克	X	
29355000	-其他全氟辛基磺酰胺							
2935500000	其他全氟辛基磺酰胺〔999〕	6.5	35	13		千克		
29359000	-其他							
2935900011	氟唑磺隆、氟吡磺隆、磺酰磺隆、氯酯磺草胺等(包括甲酰氨基嘧磺隆、乙氧磺隆、氯磺隆、甲磺隆、苯磺隆、胺苯磺隆)〔999〕	6.5	35	13		千克	S	
2935900012	醚苯磺隆、噻吩磺隆及其盐、醚磺隆、氟啶嘧磺隆等(包括氟胺磺隆、氟磺隆、甲嘧磺隆、氯嘧磺隆、氟嘧磺隆)〔999〕	6.5	35	13		千克	S	
2935900013	苄嘧磺隆、吡嘧磺隆、烟嘧磺隆、双氯磺草胺等(包括啶嘧磺隆、砜嘧磺隆、唑嘧磺隆)〔999〕	6.5	35	13		千克	S	
2935900014	四唑嘧磺隆、唑吡嘧磺隆、三氟甲磺隆等(包括氯吡嘧磺隆、酰嘧磺隆、环丙嘧磺隆、甲基二磺隆)〔999〕	6.5	35	13		千克	S	
2935900015	氟磺酰草胺、甲磺草胺、嘧苯胺磺隆等(包括唑嘧磺草胺、双氟磺草胺、五氟磺草胺)〔999〕	6.5	35	13		千克	S	
2935900016	氟磺胺草醚、磺草灵、吲唑磺菌胺等(包括单嘧磺酯、磺草唑胺、三氟啶磺隆钠盐、氟酮磺草胺、嗪吡嘧磺隆、丙嗪嘧磺隆、单嘧磺隆)〔999〕	6.5	35	13		千克	S	
2935900017	磺草膦、氨磺乐灵、三氟啶磺隆、啶磺草胺等(包括甲基碘磺隆钠盐)〔999〕	6.5	35	13		千克	S	
2935900018	磺菌胺、增糖胺等(包括甲苯氟磺胺、氟虫胺)〔999〕	6.5	35	13		千克	S	
2935900019	畜蜱磷、伐灭磷、地散磷等(包括磺菌威、氰霜唑)②	6.5	35	13		千克	S	
2935900020	环氧嘧磺隆〔999〕	6.5	35	13		千克	S	
2935900031	苯嘧磺草胺〔999〕	6.5	35	13		千克	S	
2935900032	噻酮磺隆〔999〕	6.5	35	13		千克	S	
2935900033	磺胺嘧啶〔999〕	6.5	35	13		千克		
2935900034	磺胺双甲基嘧啶〔999〕	6.5	35	13		千克	A	M/
2935900035	磺胺甲噁唑(磺胺甲基异噁唑、新诺明、新明磺)〔999〕	6.5	35	13		千克		
2935900036[暂0]	波生坦〔999〕	6.5	35	3		千克		0

① 〔301 易燃液体〕,〔302 毒性物质和感染性物质〕,〔303 腐蚀性物质〕,〔304 其他化工产品〕,〔305 易燃固体〕
② 〔301 毒性物质和感染性物质〕,〔302 其他化工产品〕,〔303 杂项物质〕,〔999〕

协定税率(%)															特惠税率(%)			对美税率	出口税率	出口退税率	Article Description
智利	新西兰	澳大利亚	瑞士	冰岛	秘鲁	哥斯达	东盟	亚太	新加坡	巴基斯坦	港/澳/台	韩国	格鲁吉亚	毛里求斯	亚太	老/柬/缅	LDC 97/95				
																		34	0	9	
																		34	0	9	
																		34	0	9	
																		34	0	9	
																		34	0	9	
																		34	0	9	
																		34	0	9	
																		34	0	9	
																		34	0	9	
																		34	0	13	
																		34	0	9	
																		34	0	13	
																		34	0	13	
																		34	0	13	
																		34	0	13	
																		34	0	13	
																		34	0	13	
																		34	0	13	
																			0	13	
																		34	0	13	
																					Sulphonamides:
0	0	0	3.1	0	0	0	0			0	0/0/	0	0	0			0/0				-N-Methylperfluorooctane sulphonamide
																			0	9	
0	0	0	3.1	0	0	0	0			0	0/0/	0	0	0			0/0				-N-Ethylperfluorooctane sulphonamide
																			0	9	
0	0	0	3.1	0	0	0	0			0	0/0/	0	0	0			0/0				-N-Ethyl-N-(2-hydroxyethyl) perfluorooctane sulphonamide
																			0	9	
0	0	0	3.1	0	0	0	0			0	0/0/	0	0	0			0/0				-N-(2-Hydroxyethyl)-N-methylperfluorooctane sulphonamide
																			0	9	
0	0	0	3.1	0	0	0	0			0	0/0/	0	0	0			0/0			10	-Other perfluorooctane sulphonamides
																			0		
0	0	0	3.1	0	0	0	0			0	0/0/	0	0	0			0/0				-Other
																		26.5	0	9	
																		26.5	0	9	
																		26.5	0	9	
																		26.5	0	9	
																		26.5	0	9	
																		26.5	0	9	
																		26.5	0	9	
																		26.5	0	9	
																		26.5	0	9	
																		26.5	0	9	
																		26.5	0	9	
																		26.5	0	9	
																		26.5	0	10	
																		26.5	0	10	
																		26.5	0	10	
																		20	0	10	

商品编号	商品名称及备注[检验检疫编码及名称]	进口关税(%)		增值税率(%)	消费税	计量单位	监管条件	检验检疫类别
		最惠国	普通					
2935900090	其他磺(酰)胺①	6.5	35	13		千克		
2936	**天然或合成再制的维生素原和维生素(包括天然浓缩物)及其主要用作维生素的衍生物,上述产品的混合物,不论是否溶于溶剂:**							
29362100	--维生素A及其衍生物							
2936210000	未混合的维生素A及其衍生物(不论是否溶于溶剂)②	4	20	13		千克	A	R/
29362200	--维生素B1及其衍生物							
2936220000	未混合的维生素B1及其衍生物(不论是否溶于溶剂)③	4	20	13		千克	A	R/
29362300	--维生素B2及其衍生物							
2936230000	未混合的维生素B2及其衍生物(不论是否溶于溶剂)④	4	20	13		千克	A	R/
29362400	--D-或DL-泛酸(维生素B3或维生素B5)及其衍生物							
2936240000	未混合的D或DL-泛酸及其衍生物(不论是否溶于溶剂)⑤	4	20	13		千克	A	R/
29362500	--维生素B6及其衍生物							
2936250000	未混合的维生素B6及其衍生物(不论是否溶于溶剂)⑥	4	20	13		千克	A	R/
29362600	--维生素B12及其衍生物							
2936260000	未混合的维生素B12及其衍生物(不论是否溶于溶剂)⑦	4	20	13		千克	A	R/
29362700	--维生素C及其衍生物							
2936270010	未混合的维生素C原粉(不论是否溶于溶剂)⑧	4	20	13		千克	A	R/
2936270020	未混合的维生素C钙、维生素C钠(不论是否溶于溶剂)⑨	4	20	13		千克	A	R/
2936270030	颗粒或包衣维生素C(不论是否溶于溶剂)⑩	4	20	13		千克	A	R/
2936270090	维生素C酯类及其他(不论是否溶于溶剂)⑪	4	20	13		千克	A	R/
29362800	--维生素E及其衍生物							
2936280000	未混合的维生素E及其衍生物(不论是否溶于溶剂)⑫	4	20	13		千克	A	R/
29362900	--其他维生素及其衍生物							
2936290000	其他未混合的维生素及其衍生物(不论是否溶于溶剂)⑬	4	20	13		千克	A	R/
29369010	---维生素AD3							
2936901000	维生素AD3(包括天然浓缩物,不论是否溶于溶剂)⑭	4	20	13		千克	A	R/
29369090	---其他							
2936909000	维生素原、混合维生素原、其他混合维生素及其衍生物(包括天然浓缩物,不论是否溶于溶剂)⑮	4	20	13		千克	A	R/
2937	**天然或合成再制的激素、前列腺素、血栓烷和白细胞三烯以及它们的衍生物和结构类似物,包括主要用作激素的改性链多肽:**							

① 〔101 偶氮甲酰胺〕,〔102 4-甲基-5-(β-羟乙基)噻唑〕,〔301 其他危险化学品〕,〔302 其他化工产品〕,〔303 易燃固体〕,〔304 毒性物质和感染性物质〕,〔305 杂项物质〕

② 〔101 饲料添加剂〕,〔102 维生素A(包括视黄醇、醋酸视黄酯、棕榈酸视黄醇)〕,〔301 维生素A(包括视黄醇、醋酸视黄酯、棕榈酸视黄醇)(无检疫要求食品添加剂)〕,〔302 需申报仅用于工业用途不用于食品添加剂无检疫要求的化学品〕

③ 〔101 饲料添加剂〕,〔102 维生素B1〕,〔103 盐酸硫胺素〕,〔301 维生素B1(无检疫要求食品添加剂)〕,〔302 盐酸硫胺素(无检疫要求食品添加剂)〕,〔303 需申报仅用于工业用途不用于食品添加剂无检疫要求的化学品〕

④ 〔101 饲料添加剂〕,〔102 维生素B2〕,〔103 核黄素5'—磷酸钠〕,〔301 维生素B2(无检疫要求食品添加剂)〕,〔302 核黄素5'—磷酸钠(无检疫要求食品添加剂)〕,〔303 需申报仅用于工业用途不用于食品添加剂无检疫要求的化学品〕

⑤ 〔101 饲料添加剂〕,〔102 维生素D2〕,〔103 烟酸〕,〔104 烟酰胺〕,〔105 泛酸〕,〔106 泛酸钙〕,〔301 维生素D2(无检疫要求食品添加剂)〕,〔302 烟酸(无检疫要求食品添加剂)〕,〔303 烟酰胺(无检疫要求食品添加剂)〕,〔304 泛酸(无检疫要求食品添加剂)〕,〔305 泛酸钙(无检疫要求食品添加剂)〕,〔306 需申报仅用于工业用途不用于食品添加剂无检疫要求的化学品〕

⑥ 〔101 饲料添加剂〕,〔102 维生素B6〕,〔301 维生素B6(无检疫要求食品添加剂)〕,〔302 需申报仅用于工业用途不用于食品添加剂无检疫要求的化学品〕

⑦ 〔101 饲料添加剂〕,〔102 维生素B12(氰钴铵或羟钴铵)〕,〔103 氰钴胺〕,〔301 维生素B12(氰钴铵或羟钴铵)(无检疫要求食品添加剂)〕,〔302 氰钴胺(无检疫要求食品添加剂)〕,〔303 需申报仅用于工业用途不用于食品添加剂无检疫要求的化学品〕

⑧ 〔301 无检疫要求食品添加剂〕,〔302 需申报仅用于工业用途不用于食品添加剂无检疫要求的化学品〕,〔999〕

⑨ 〔101 抗坏血酸钙〕,〔102 抗坏血酸钠〕,〔103 化工产品〕,〔301 抗坏血酸钙(无检疫要求食品添加剂)〕,〔302 抗坏血酸钠(无检疫要求食品添加剂)〕,〔303 需申报仅用于工业用途不用于食品添加剂无检疫要求的化学品〕

⑩ 〔301 无检疫要求食品添加剂〕,〔302 需申报仅用于工业用途不用于食品添加剂无检疫要求的化学品〕,〔999 其他化工产品〕

⑪ 〔101 饲料添加剂〕,〔102 化工产品〕,〔301 无检疫要求食品添加剂〕,〔302 需申报仅用于工业用途不用于食品添加剂无检疫要求的化学品〕

⑫ 〔101 饲料添加剂〕,〔102 具有保健食品批准文号〕,〔103 生育酚〕,〔104 维生素E〕,〔105 天然维生素E〕,〔106d-α 醋酸生育酚〕,〔301 生育酚(无检疫要求食品添加剂)〕,〔302 维生素E(无检疫要求食品添加剂)〕,〔303 天然维生素E(无检疫要求食品添加剂)〕,〔304d-α 醋酸生育酚(无检疫要求食品添加剂)〕,〔305 需申报仅用于工业用途不用于食品添加剂无检疫要求的化学品〕

⑬ 〔101 饲料添加剂〕,〔102 生物素〕,〔103 维生素D〕,〔104 维生素B族〕,〔105 维生素k(植物甲萘醌)〕,〔301 生物素(无检疫要求食品添加剂)〕,〔302 维生素D(无检疫要求食品添加剂)〕,〔303 维生素B族(无检疫要求食品添加剂)〕,〔304 维生素k(植物甲萘醌)(无检疫要求食品添加剂)〕,〔305 需申报仅用于工业用途不用于食品添加剂无检疫要求的化学品〕

⑭ 〔101 饲料添加剂〕,〔102 具有保健食品批准文号〕,〔103 无检疫要求食品添加剂〕

⑮ 〔101 饲料添加剂〕,〔102 具有保健食品批准文号〕,〔103 叶酸〕,〔104 工业用途无检疫要求食品添加剂〕,〔301 叶酸(无检疫要求食品添加剂)〕,〔302 需申报仅用于工业用途不用于食品添加剂无检疫要求的化学品〕

协定税率(%)															特惠税率(%)			对美税率	出口税率	出口退税率	Article Description
智利	新西兰	澳大利亚	瑞士	冰岛	秘鲁	哥斯达	东盟	亚太	新加坡	巴基斯坦	港/澳/台	韩国	格鲁吉亚	毛里求斯	亚太	老/柬/缅	LDC 97/95				
																		26.5	0	10	
																					Provitamins and vitamins, natural or reproduced by synthesis (including natural concentrates), derivatives thereof used primarily as vitamins, and intermixtures of the foregoing, whether or not in any solvent:
0	0	0	1.9	0	0	0	0			0	0/0/	0	0	0			0/0			13	--Vitamins A and their derivatives
																		29	0		
0	0	0	0	0	0	0	0			0	0/0/	0	0	0			0/0			13	--Vitamin B1 and its derivatives
																		29	0		
0	0	0	0	0	0	0	0			0	0/0/	0	0	0			0/0			13	--Vitamin B2 and its derivatives
																		29	0		
0	0	0	0	0	0	0	0			0	0/0/	0	0	0			0/0			13	--D-or DL-Pantothenic acid (Vitamin B3 or Vitamin B5) and its derivatives
																		29	0		
0	0	0	0	0	0	0	0			0	0/0/	0	0	0			0/0			13	--Vitamin B6 and its derivatives
																		24	0		
0	0	0	0.8	0	0	0	0			0	0/0/	0	0	0			0/0			13	--Vitamin B12 and its derivatives
																		29	0		
0	0	0	0	0	0	0	0			0	0/0/	0	0	0			0/0			13	--Vitamin C and its derivatives
																		24	0		
																		24	0		
																		24	0		
																		24	0		
0	0	0	0.8	0	0	0	0			0	0/0/	0	0	0			0/0			13	--Vitamin E and its derivatives
																		14	0		
0	0	0	0.8	0	0	0	0			0	0/0/	0	0	0			0/0			13	--Other vitamins and their derivatives
																			0		
0	0	0	0	0	0	0	0			0	0/0/	0	0	0			0/0			13	---Vitamin AD3
																			0		
0	0	0	0	0	0	0	0			0	0/0/	0	0	0			0/0			13	---Other
																		14	0		
																					Hormones, prostaglandins, thromboxanes and leukotrienes, natural or reproduced by synthesis; derivatives and structural analogues thereof, including chain modified polypeptides, used primarily as hormones:

商品编号	商品名称及备注[检验检疫编码及名称]	进口关税(%) 最惠国	进口关税(%) 普通	增值税率(%)	消费税	计量单位	监管条件	检验检疫类别
29371100	--生长激素及其衍生物和结构类似物							
2937110010	生长激素(GH)〔999〕	4	20	13		千克	L	
2937110020	其他《兴奋剂目录》所列商品	4	20	13		千克	L	
2937110090	生长激素的衍生物和结构类似物〔999〕	4	20	13		千克	L	
29371210	---重组人胰岛素及其盐							
2937121000[暂0]	重组人胰岛素及其盐〔999〕	4	20	13		千克	L	
29371290	---其他							
2937129000[暂0]	其他胰岛素及其盐〔999〕	4	20	13		千克	L	
29371900	--其他							
2937190013	绒促性素、促黄体生成素等[包括生长激素释放肽类(GHRPs)、普拉莫瑞林(生长激素释放肽-2)、CJC-1295(CAS号863288-34-0)、生长激素释放肽-6、生长激素释放激素及其类似物、生长激素促分泌剂]〔999〕	4	20	13		千克	L	
2937190015	促皮质素类等肽类激素(包括艾瑞莫瑞林、阿那瑞林、布舍瑞林、可的瑞林、海沙瑞林、伊莫瑞林、舍莫瑞林、替莫瑞林、戈那瑞林、葛瑞林(脑肠肽)及葛瑞林模拟物类)〔999〕	4	20	13		千克	L	
2937190016	亮丙瑞林〔999〕	4	20	13		千克	L	
2937190017	其他《兴奋剂目录》所列商品	4	20	13		千克	L	
2937190091[暂0]	醋酸曲普瑞林〔999〕	4	20	3		千克	Q	0
2937190093	卵泡抑素〔999〕	4	20	13		千克	L	0
2937190099	其他多肽激素及衍生物和结构类似物(包括蛋白激素、糖蛋白激素及其衍生物和结构类似物)(因拆分抗癌药品原料药产生的兜底税号)〔401 医学科研用〕,〔999 其他化工产品〕	4	20	13		千克	Q	
29372100	--可的松、氢化可的松、脱氢可的松及脱氢皮质醇							
2937210000	可的松、氢化可的松等[包括脱氢皮(质甾)醇]〔999〕	4	20	13		千克	Q	
29372210	---地塞米松							
2937221000	地塞米松〔999〕	4	30	13		千克	Q	
29372290	---其他							
2937229000	其他肾上腺皮质激素的卤化衍生物〔999〕	4	30	13		千克	Q	
29372311	----孕马结合雌激素							
2937231100	孕马结合雌激素〔999〕	4	30	13		千克	Q	
29372319	----其他							
2937231910[暂0]	福美坦〔999〕	4	30	3		千克	Q	0
2937231990	其他动物源雌(甾)激素和孕激素(因拆分抗癌药品原料药产生的兜底税号)〔999〕	4	30	13		千克	Q	
29372390	---其他							
2937239010	泽仑诺、孕三烯酮、替勃龙(包括四氢孕三烯酮)〔999〕	4	30	13		千克	L	
2937239090	其他雌(甾)激素及孕激素(因拆分抗癌药品原料药产生的兜底税号)〔999〕	4	30	13		千克	Q	0
29372900	--其他							
2937290011	1-雄烯二醇;1-雄烯二酮{包括雄甾-4-烯-3β, 17α-二醇[4-雄烯二醇(3β, 17α)];雄甾-5-烯-3β, 17α-二醇[5-雄烯二醇(3β, 17α)]}〔999〕	4	30	13		千克	L	
2937290012	4-雄烯二醇;5-雄烯二酮{包括5α-雄烷-3α, 17β-二醇[雄烷二醇(3α, 17β)];5α-雄烷-3β, 17α-二醇[雄烷二醇(3β, 17α)];勃拉睾酮;5β-雄烷-3α, 17β-二醇[5β-雄烷二醇(3α, 17β)]}〔999〕	4	30	13		千克	L	
2937290013	勃地酮、卡芦睾酮(包括氯司替勃、甲基氯司替勃)〔999〕	4	30	13		千克	L	
2937290014	达那唑、去氢氯甲睾酮(包括普拉睾酮、去氧甲睾酮)〔999〕	4	30	13		千克	L	
2937290015	双氢睾酮、屈他雄酮(包括表双氢睾酮、乙雌烯醇、氟甲睾酮、甲酰勃龙)〔999〕	4	30	13		千克	L	
2937290016	夫拉扎勃(包括4-羟基睾酮、3α-羟基-5α-雄烷-17-酮)〔999〕	4	30	13		千克	L	
2937290017	美雄诺龙、美睾酮、美雄酮(包括甲基屈他雄酮)〔999〕	4	30	13		千克	L	
2937290018	甲基-1-睾酮、甲睾酮、甲诺睾酮(包括甲二烯诺龙、去甲雄酮)〔999〕	4	30	13		千克	L	
2937290019	美替诺龙、美雄醇(包括美曲勃龙)〔999〕	4	30	13		千克	L	
2937290021	米勃酮、诺龙、诺勃酮、诺司替勃(包括19-去甲雄烯二酮、诺乙雄龙)〔999〕	4	30	13		千克	L	
2937290022	19-去甲本胆烷醇酮(包括羟勃龙、氧雄龙)〔999 包括羟勃龙;氧雄龙〕	4	30	13		千克	L	0
2937290023	羟甲睾酮、羟甲烯龙(包括前列他唑)〔999〕	4	30	13		千克	L	
2937290024	奎勃龙、司坦唑醇、司腾勃龙(包括1-睾酮、睾酮、群勃龙)〔999〕	4	30	13		千克	L	
2937290025	7α-羟基-普拉睾酮〔999〕	4	30	13		千克	L	
2937290026	7β-羟基-普拉睾酮〔999〕	4	30	13		千克	L	
2937290027	7-羰基-普拉睾酮〔999〕	4	30	13		千克	L	
2937290028	胆烷醇酮〔999〕	4	30	13		千克	L	
2937290031	雄甾-5-烯-3β,17β-二醇[5-雄烯二醇(3β, 17β)]〔999〕	4	30	13		千克	L	
2937290032	雄甾-4-烯-3,17-二酮(4-雄烯二酮)〔999〕	4	30	13		千克	L	
2937290034	雄酮〔999〕	4	30	13		千克	L	

协定税率(%)															特惠税率(%)			对美税率	出口税率	出口退税率	Article Description
智利	新西兰	澳大利亚	瑞士	冰岛	秘鲁	哥斯达	东盟	亚太	新加坡	巴基斯坦	港/澳/台	韩国	格鲁吉亚	毛里求斯	亚太	老/柬/缅	LDC 97/95				
0	0	0	0	0	0	0	0			0	0/0/	0	0	0			0/0			13	--Somatotropin, its derivatives and structural analogues
																			0		
																			0		
																			0		
0	0	0	0	0	0	0	0			0	0/0/	0	0	0			0/0			13	---Recombinant human insulin and its salts
																			0		
0	0	0	0	0	0	0	0			0	0/0/	0	0	0			0/0			13	---Other
																		25	0		
0	0	0	0.8	0	0	0	0			0	0/0/	0	0	0			0/0			13	--Other
																		29	0		
																		29	0		
																		29	0		
																		29	0		
																		25	0		
																		29	0		
																		29	0		
0	0	0	0	0	0	0	0			0	0/0/	0	0	0			0/0			10	--Cortisone, hydrocortisone, prednisone (dehydrocortisone) and prednisolone (dehydrohydrocortisone)
																			0		
0	0	0	0	0	0	0	0			0	0/0/	0	0	0			0/0			10	---Dexamethasone
																			0		
0	0	0	0	0	0	0	0			0	0/0/	0	0	0			0/0			10	---Other
																		29	0		
0	0	0	0	0	0	0	0			0	0/0/	0	0	0			0/0			13	----Progesterone conjugated equine estrogen
																			0		
0	0	0	0	0	0	0	0			0	0/0/	0	0	0			0/0			13	----Other
																			0		
																			0		
0	0	0	0	0	0	0	0			0	0/0/	0	0	0			0/0			13	---Other
																		29	0		
																		29	0		
0	0	0	0	0	0	0	0			0	0/0/	0	0	0			0/0			13	--Other
																		29	0		
																		29	0		
																		29	0		
																		29	0		
																		29	0		
																		29	0		
																		29	0		
																		29	0		
																		29	0		
																		29	0		
																		29	0		
																		29	0		
																		29	0		
																		29	0		
																		29	0		
																		29	0		
																		29	0		
																		29	0		
																		29	0		
																		29	0		

商品编号	商品名称及备注〔检验检疫编码及名称〕	进口关税(%) 最惠国	进口关税(%) 普通	增值税率(%)	消费税	计量单位	监管条件	检验检疫类别
2937290035	1,4-雄烯二酮(雄甾-1,4-二烯-3,17-二酮)〔999〕	4	30	13		千克	L	0
2937290036	其他《兴奋剂目录》所列商品	4	30	13		千克	L	0
2937290091[暂0]	依西美坦〔999〕	4	30	3		千克	Q	0
2937290099	其他甾类激素及其衍生物和结构类似物(因拆分抗癌药品原料药产生的兜底税号)〔999〕	4	30	13		千克	Q	
29375000	-前列腺素、血栓烷和白细胞三烯及其衍生物和结构类似物							
2937500000	前列腺素、血栓烷和白细胞三烯(包括它们的衍生物和结构类似物)〔999〕	4	30	13		千克		
29379000	-其他							
2937900010	氨基酸衍生物〔999 需申报仅用于工业用途不用于食品添加剂无检疫要求的化学品〕	4	30	13		千克	AQ	R/
2937900011	马昔瑞林〔999〕	4	30	13		千克	L	0
2937900090	其他激素及其衍生物和结构类似物〔301 其他危险化学品〕,〔302 其他化工产品〕,〔303 毒性物质和感染性物质〕,〔999〕	4	30	13		千克	Q	
2938	**天然或合成再制的苷(配糖物)及其盐、醚、酯和其他衍生物:**							
29381000	-芸香苷及其衍生物							
2938100000	芸香苷及其衍生物〔999〕	6.5	20	13		千克	Q	
29389010	---齐多夫定、拉米夫定、司他夫定、地达诺新及它们的盐							
2938901000	齐多夫定、拉米夫定、司他夫定、地达诺新及它们的盐〔999〕	6.5	20	13		千克		
29389090	---其他							
2938909010[暂3]	甘草酸粉〔999〕	6.5	20	13		千克	y4x	
2938909020	甘草酸盐类①	6.5	20	13		千克	4Axy	R/
2938909030	甘草次酸及其衍生物〔999〕	6.5	20	13		千克	y4x	
2938909040[暂3]	其他甘草酸〔999〕	6.5	20	13		千克	4	
2938909090	其他天然或合成再制的苷及其盐等(包括醚、酯和其他衍生物)②	6.5	20	13		千克		
2939	**天然或合成再制的生物碱及其盐、醚、酯和其他衍生物:**							
29391100	--罂粟秆浓缩物、丁丙诺啡(INN)、可待因、双氢可待因(INN)、乙基吗啡、埃托啡(INN)、海洛因、氢可酮(INN)、氢吗啡酮(INN)、吗啡、尼可吗啡(INN)、羟考酮(INN)、羟吗啡酮(INN)、福尔可定(INN)、醋氢可酮(INN)和蒂巴因,以及它们的盐							
2939110011	罂粟秆浓缩物〔999〕	4	50	13		千克	I	
2939110012	可待因、双氢可待因、乙基吗啡(以及它们的盐)〔999〕	4	50	13		千克	I	
2939110013	埃托啡、海洛因、氢可酮(以及它们的盐)〔999〕	4	50	13		千克	I	
2939110014	氢吗啡酮、吗啡、尼可吗啡(以及它们的盐)〔999〕	4	50	13		千克	I	
2939110015	羟考酮、羟吗啡酮、福尔可定(以及它们的盐)〔999〕	4	50	13		千克	I	
2939110016	醋氢可酮、蒂巴因(以及它们的盐)〔999〕	4	50	13		千克	I	
2939110020	丁丙诺啡及其盐〔999〕	4	50	13		千克	I	
29391900	--其他							
2939190010	二氢埃托啡及其盐〔999〕	4	50	13		千克	I	
2939190021	苄吗啡、可多克辛、地索吗啡、醋托啡(以及它们的盐)〔999〕	4	50	13		千克	I	
2939190022	双氢吗啡、氢吗啡醇、甲地索啡、甲二氢吗啡(以及它们的盐)〔999〕	4	50	13		千克	I	
2939190023	美托酮、吗啡-N-氧化物、麦罗啡、去甲吗啡(以及它们的盐)〔999〕	4	50	13		千克	I	
2939190024	醋氢可待因、尼可待因、尼二氢可待因、去甲可待因(以及它们的盐)〔999〕	4	50	13		千克	I	
2939190025	吗啡甲溴化物及其盐〔999〕	4	50	13		千克	I	
2939190030	纳布啡及其盐〔999〕	4	50	13		千克	I	
2939190040	奥列巴文(Oripavine;CAS 号 467-04-9)〔999〕	4	50	13		千克	I	
2939190090	其他鸦片碱及其衍生物及它们的盐〔999〕	4	50	13		千克	Q	

① 〔101 甘草酸一钾盐(甘草甜素单钾盐)〕,〔102 甘草酸铵〕,〔103 甘草酸一钾及三钾〕,〔301 需申报仅用于工业用途不用于食品添加剂无检疫要求的化学品〕,〔302 无检疫要求食品添加剂〕

② 〔101 毒毛旋花苷 G〕,〔102 毒毛旋花苷 K〕,〔103 阿片〕,〔104 烟碱〕,〔105 硫酸化烟碱〕,〔106 烟碱氯化氢〕,〔107 酒石酸化烟碱〕,〔108 水杨酸化烟碱〕,〔109 番木鳖碱〕,〔110 马钱子碱〕,〔111 硫酸马钱子碱〕,〔112 盐酸马钱子碱〕,〔113 硝基马钱子碱〕,〔301 毒性物质和感染性物质〕,〔302 无检疫要求食品添加剂〕,〔303 其他化工产品〕,〔304 杂项物质〕

协定税率(%)															特惠税率(%)			对美税率	出口税率	出口退税率	Article Description
智利	新西兰	澳大利亚	瑞士	冰岛	秘鲁	哥斯达	东盟	亚太	新加坡	巴基斯坦	港/澳/台	韩国	格鲁吉亚	毛里求斯	亚太	老/柬/缅	LDC 97/95				
																		29	0		
																		29	0		
																		25	0		
																		29	0		
0	0	0	0	0	0	0	0			0	0/0/	0	0	0			0/0			10	-Prostaglandins, thromboxanes and leukotrienes, their derivatives and structural analogues
																		29	0		
0	0	0	0	0	0	0	0			0	0/0/	0	0	0			0/0			10	-Other
																		9	0		
																		9	0		
																		9	0		
																					Glycosides, natural or reproduced bysynthesis, and their salts, ethers, esters and other derivatives:
0	0	0	0	0	0	0	0			5	0/0/	0	0	0			0/0			13	-Rutoside(rutin) and its derivatives
																			0		
0	0	0	0	0	0	0	0			5	0/0/	0	0	0			0/0			13	---Zidovudine, lamivudine, stavudine, didanosine and their salts
																			0		
0	0	0	0	0	0	0	0			5	0/0/	0	0	0			0/0			13	---Other
																		28	0		
																		31.5	0		
																		31.5	0		
																		28	0		
																		31.5	0		
																					Alkaloids, natural or reproduced by synthesis, and their salts, ethers, esters and other derivatives:
0	0	0	0	0	0	0	0			0	0/0/	0	0	0			0/0			13	--Concentrates of poppy straw; buprenorphine (INN), codeine, dihydrocodeine (INN), ethylmorphine, etorphine(INN), heroin, hydrocodone (INN), hydromorphone (INN), morphine, nicomorphine (INN), oxycodone(INN), oxymorphone (INN), pholcodine (INN), thebacon (INN) and thebaine; salts thereof
																		24	0		
																		24	0		
																		24	0		
																		24	0		
																		24	0		
																		24	0		
																		24	0		
0	0	0	0	0	0	0	0			0	0/0/	0	0	0			0/0			13	--Other
																		29	0		
																		29	0		
																		29	0		
																		29	0		
																		29	0		
																		29	0		
																		29	0		
																		29	0		
																		29	0		

商品编号	商品名称及备注[检验检疫编码及名称]	进口关税(%)		增值税率(%)	消费税	计量单位	监管条件	检验检疫类别
		最惠国	普通					
29392000	-金鸡纳生物碱及其衍生物,以及它们的盐							
2939200000	金鸡纳生物碱及其衍生物以及它们的盐〔999〕	4	20	13		千克	Q	
29393000	-咖啡因及其盐							
2939300010	咖啡因①	4	20	13		千克	AI	R/
2939300090	咖啡因的盐②	4	20	13		千克	AI	R/
29394100	--麻黄碱及其盐							
2939410010	麻黄碱(麻黄素、盐酸麻黄碱)〔999〕	4	20	13		千克	23Q	
2939410020	硫酸麻黄碱〔999〕	4	20	13		千克	23Q	
2939410030	消旋盐酸麻黄碱〔999〕	4	20	13		千克	23Q	
2939410040	草酸麻黄碱〔999〕	4	20	13		千克	23Q	
2939410090	麻黄碱盐〔999〕	4	20	13		千克	Q	
29394200	--假麻黄碱及其盐							
2939420010	伪麻黄碱(伪麻黄素、盐酸伪麻黄碱)〔999〕	4	20	13		千克	23Q	
2939420020	硫酸伪麻黄碱〔999〕	4	20	13		千克	23Q	
2939420090	假麻黄碱盐(D-2-甲胺基-1-苯基丙醇)〔999〕	4	20	13		千克	Q	
29394300	--d-去甲假麻黄碱(INN)及其盐							
2939430000	d-去甲假麻黄碱(INN)及其盐〔999〕	4	20	13		千克	I	
29394400	--去甲麻黄碱及其盐							
2939440000	去甲麻黄碱及其盐〔999〕	4	20	13		千克	23	
29394900	--其他							
2939490010	盐酸甲基麻黄碱〔999〕	4	20	13		千克	Q23	
2939490020	消旋盐酸甲基麻黄碱〔999〕	4	20	13		千克	Q23	
2939490090	其他麻黄碱及其盐〔999〕	4	20	13		千克	Q	
29395100	--芬乙茶碱(INN)及其盐							
2939510000	芬乙茶碱及其盐〔999〕	4	20	13		千克	I	
29395900	--其他							
2939590000	其他茶碱和氨茶碱及其衍生物、盐〔999〕	4	20	13		千克	Q	
29396100	--麦角新碱(INN)及其盐							
2939610010	麦角新碱〔999〕	4	20	13		千克	3Q2	
2939610090	麦角新碱盐〔999〕	4	20	13		千克	Q	
29396200	--麦角胺(INN)及其盐							
2939620010	麦角胺〔999〕	4	20	13		千克	3Q2	
2939620090	麦角胺盐〔999〕	4	20	13		千克	Q	
29396300	--麦角酸及其盐							
2939630010	麦角酸〔999〕	4	20	13		千克	3Q2	
2939630090	麦角酸盐〔999〕	4	20	13		千克	Q	
29396900	--其他							
2939690010	麦角二乙胺及其盐〔999〕	4	20	13		千克	I	
2939690090	其他麦角生物碱及其衍生物(包括它们的盐)〔999〕	4	20	13		千克	Q	
29397110	---可卡因及其盐							
2939711000	可卡因及其盐〔999〕	4	20	13		千克	I	
29397190	---其他							
2939719011	左甲苯丙胺(以及它们的盐、酯及其他衍生物)〔999〕	4	20	13		千克	I	
2939719012	去氧麻黄碱(以及它们的盐、酯及其他衍生物)〔999〕	4	20	13		千克	I	
2939719013	去氧麻黄碱外消旋体(以及它们的盐、酯及其他衍生物)〔999〕	4	20	13		千克	I	
2939719014	氯代麻黄碱〔999〕	4	20	13		千克	23I	
2939719020	芽子碱(以及它们的盐、酯及其他衍生物)〔999〕	4	20	13		千克	I	
29397910	---烟碱及其盐							
2939791010	烟碱〔999〕	4	20	13		千克	ABQ	M/N
2939791090	烟碱盐〔999〕	4	20	13		千克	Q	
29397920	---番木鳖碱(士的年)及其盐							
2939792010	番木鳖碱〔999〕	4	17	13		千克	ABQ	M/N
2939792090	番木鳖碱盐〔999〕	4	17	13		千克	Q	
29397990	---其他							
2939799011	卡西酮、麦司卡林(以及它们的盐)〔999〕	4	20	13		千克	I	
2939799012	赛洛新、赛洛西宾(以及它们的盐)〔999〕	4	20	13		千克	I	
2939799091[暂0]	酒石酸长春瑞滨、硫酸长春新碱、盐酸托泊替康、盐酸伊立替康③	4	20	3		千克	ABQ	M. R/N

① 〔301 无检疫要求食品添加剂〕,〔302 需申报仅用于工业用途不用于食品添加剂无检疫要求的化学品〕,〔999〕
② 〔301 需申报仅用于工业用途不用于食品添加剂无检疫要求的化学品〕,〔999 其他化工产品〕
③ 〔301 无检疫要求食品添加剂〕,〔302 需申报仅用于工业用途不用于食品添加剂无检疫要求的化学品〕

协定税率(%)															特惠税率(%)			对美税率	出口税率	出口退税率	Article Description
智利	新西兰	澳大利亚	瑞士	冰岛	秘鲁	哥斯达	东盟	亚太	新加坡	巴基斯坦	港/澳/台	韩国	格鲁吉亚	毛里求斯	亚太	老/柬/缅	LDC 97/95				
0	0	0	0	0	0	0	0			0	0/0/	0	0	0			0/0			13	-Alkaloids of cinchona and their derivatives; salts thereof
																			0		
0	0	0	0	0	0	0	0			0	0/0/	0	0	0			0/0			10	-Caffeine and its salts
																		9	0		
																		9	0		
0	0	0	0	0	0	0	0			0	0/0/	0	0	0			0/0			13	--Ephedrine and its salts
																			0		
																			0		
																			0		
																			0		
																			0		
0	0	0	0	0	0	0	0			0	0/0/	0	0	0			0/0			13	--Pseudoephedrine and its salts
																		9	0		
																		9	0		
																		9	0		
0	0	0	0	0	0	0	0			0	0/0/	0	0	0			0/0			13	--d-Norpseudoephedrine(INN) and its salts
																			0		
0	0	0	0	0	0	0	0			0	0/0/	0	0	0			0/0			13	--Norpseudoephedrine and its salts
																			0		
0	0	0	0	0	0	0	0			0	0/0/	0	0	0			0/0			13	--Other
																			0		
																			0		
																			0		
0	0	0	0	0	0	0	0			0	0/0/	0	0	0			0/0			13	--Fenetylline(INN) and its salts
																			0		
0	0	0	0	0	0	0	0			0	0/0/	0	0	0			0/0			13	--Other
																			0		
0	0	0	0	0	0	0	0			0	0/0/	0	0	0			0/0			13	--Ergometrine(INN) and its salts
																			0		
																			0		
0	0	0	0	0	0	0	0			0	0/0/	0	0	0			0/0			13	--Ergotamine(INN) and its salts
																			0		
																			0		
0	0	0	0	0	0	0	0			0	0/0/	0	0	0			0/0			13	--Lysergic acid and its salts
																			0		
																			0		
0	0	0	0.8	0	0	0	0			0	0/0/	0	0	0			0/0			13	--Other
																			0		
																			0		
0	0	0	0	0	0	0	0			0	0/0/	0	0	0			0/0			13	---Cocaine and its salts
																			0		
0	0	0	0	0	0	0	0			0	0/0/	0	0	0			0/0			13	---Other
																		9	0		
																		9	0		
																		9	0		
																		9	0		
																		9	0		
0	0	0	0	0	0	0	0			0	0/0/	0	0	0			0/0			13	---Nicotine and its salts
																			0		
																			0		
0	0	0	0	0	0	0	0			0	0/0/	0	0	0			0/0			13	---Strychnine and its salts
																			0		
																			0		
0	0	0	0.8	0	0	0	0			0	0/0/	0	0	0			0/0			13	---Other
																			0		
																			0		
																			0		

商品编号	商品名称及备注[检验检疫编码及名称]	进口关税(%) 最惠国	普通	增值税率(%)	消费税	计量单位	监管条件	检验检疫类别
2939799099	其他植物碱及其衍生物(包括植物碱的盐、酯及其他衍生物)(因拆分抗癌药品原料药产生的兜底税号)①	4	20	13		千克	ABQ	M. R/N
29398000	-其他(相应子目,例如品目29.33和29.34项下的)							
2939800000	其他生物碱及其衍生物(包括生物碱的盐、酯及其他衍生物)②	4	20	13		千克	ABQ	M. R/N
2940	**化学纯糖,但蔗糖、乳糖、麦芽糖、葡萄糖及果糖除外;糖醚、糖缩醛和糖酯及其盐,但不包括品目29.37、29.38及29.39的产品:**							
29400010	---木糖							
2940001000	木糖③	6	30	13		千克	AQ	R/
29400090	---其他							
2940009010	氨基寡糖素	6	30	13		千克	AS	R/
2940009090	其他化学纯糖,糖醚、糖酯及其盐(蔗糖、乳糖、麦芽糖、葡萄糖、品目29.37~29.39产品除外)④	6	30	13		千克	AQ	R/
2941	**抗菌素:**							
29411011	----氨苄青霉素							
2941101100	氨苄青霉素[999]	6	20	13		千克	Q	
29411012	----氨苄青霉素三水酸							
2941101200	氨苄青霉素三水酸[999]	6	20	13		千克	Q	
29411019	----其他							
2941101900	氨苄青霉素盐[999]	6	20	13		千克	Q	
29411091	----羟氨苄青霉素							
2941109100	羟氨苄青霉素[999]	4	20	13		千克	Q	
29411092	----羟氨苄青霉素三水酸							
2941109200	羟氨苄青霉素三水酸[999]	4	20	13		千克	Q	
29411093	----6-氨基青霉烷酸(6APA)							
2941109300	6-氨基青霉烷酸(6APA)[999]	4	20	13		千克		
29411094	----青霉素V							
2941109400	青霉素V[999]	4	20	13		千克	Q	
29411095	----磺苄青霉素							
2941109500	磺苄青霉素[999]	4	20	13		千克	Q	
29411096	----邻氯青霉素							
2941109600	邻氯青霉素[999]	4	20	13		千克	Q	
29411099	----其他							
2941109900	其他青霉素或衍生物及其盐(包括具有青霉烷酸结构和青霉素衍生物及其盐)[999]	4	20	13		千克	Q	
29412000	-链霉素及其衍生物,以及它们的盐							
2941200000	链霉素及其衍生物、盐[999]	4	20	13		千克	Q	
29413011	----四环素							
2941301100	四环素[999]	4	20	13		千克	Q	
29413012	----四环素盐							
2941301200	四环素盐[999]	4	20	13		千克	Q	
29413020	---四环素衍生物及其盐							
2941302000	四环素衍生物及其盐[999]	4	20	13		千克	Q	
29414000	-氯霉素及其衍生物,以及它们的盐							
2941400000	氯霉素及其衍生物以及它们的盐[999]	4	20	13		千克	Q	
29415000	-红霉素及其衍生物,以及它们的盐							
2941500000	红霉素及其衍生物、盐[999]	4	20	13		千克	Q	

① [301 毒性物质和感染性物质],[302 其他危险化学品],[303 需申报仅用于工业用途不用于食品添加剂无检疫要求的化学品]

② [301 需申报仅用于工业用途不用于食品添加剂无检疫要求的化学品],[999 毒性物质和感染性物质]

③ [101 饲料添加剂],[102 蔗糖脂肪酸酯],[103 乙酰磺胺酸钾(安赛蜜)],[104 蔗糖聚丙烯醚],[105 麦芽糖醇液],[106d-核糖],[107d-木糖],[108L-阿戊糖],[109L-鼠李糖],[110 八乙酸蔗糖酯],[301 蔗糖脂肪酸酯(无检疫要求食品添加剂)],[302 乙酰磺胺酸钾(安赛蜜)(无检疫要求食品添加剂)],[303 蔗糖聚丙烯醚(无检疫要求食品添加剂)],[304 麦芽糖醇液(无检疫要求食品添加剂)],[305d-核糖(无检疫要求食品添加剂)],[306d-木糖(无检疫要求食品添加剂)],[307L-阿戊糖(无检疫要求食品添加剂)],[308L-鼠李糖(无检疫要求食品添加剂)],[309 八乙酸蔗糖酯(无检疫要求食品添加剂)]

④ [101 饲料添加剂],[102 蔗糖脂肪酸酯],[103 乙酰磺胺酸钾(安赛蜜)],[104 蔗糖聚丙烯醚],[105 麦芽糖醇液],[106d-核糖],[107d-木糖],[108L-阿戊糖],[109L-鼠李糖],[110 八乙酸蔗糖酯],[201 合成糖],[301 蔗糖脂肪酸酯(无检疫要求食品添加剂)],[302 乙酰磺胺酸钾(安赛蜜)(无检疫要求食品添加剂)],[303 蔗糖聚丙烯醚(无检疫要求食品添加剂)],[304 麦芽糖醇液(无检疫要求食品添加剂)],[305d-核糖(无检疫要求食品添加剂)],[306d-木糖(无检疫要求食品添加剂)],[307L-阿戊糖(无检疫要求食品添加剂)],[308L-鼠李糖(无检疫要求食品添加剂)],[309 八乙酸蔗糖酯(无检疫要求食品添加剂)],[310 需申报仅用于工业用途不用于食品添加剂无检疫要求的化学品],[311 毒性物质和感染性物质]

协定税率(%)															特惠税率(%)			对美税率	出口税率	出口退税率	Article Description
智利	新西兰	澳大利亚	瑞士	冰岛	秘鲁	哥斯达	东盟	亚太	新加坡	巴基斯坦	港/澳/台	韩国	格鲁吉亚	毛里求斯	亚太	老/柬/缅	LDC 97/95				
																			0		
0	0	0	0.8	0	0	0	0			0	0/0/	0	0	0			0/0			13	-Other
																		29	0		
																					Sugars, chemically pure, other than sucrose, lactose, maltose, glucose and fructose; sugar ethers, sugar acetals and sugar esters, and their salts, other than products of heading 29.37, 29.38 or 29.39:
0	0	0	0	0	0	0	0			5	0/0/	1.8		0			0/0			13	---Xylose
																			0		
0	0	0	0	0	0	0	0			5	0/0/	1.8		0			0/0			13	---Other
																		26	0		
																			0		
																					Antibiotics:
0	0	0	0	0	0	0	0	3		0	0/0/	0	0	0			0/0			13	----Ampicillin
																			0		
0	0	0	0	0	0	0	0	3		0	0/0/	0	0	0			0/0			13	----Ampicillin trihydrate
																			0		
0	0	0	0	0	0	0	0	3		0	0/0/	0	0	0			0/0			13	----Other
																		11	0		
0	0	0	0	0	0	0	0			0	0/0/	0	0	0			0/0			13	----Amoxycillin
																			0		
0	0	0	0	0	0	0	0	3.2		0	0/0/	0	0	0			0/0			13	----Amoxycillin trihydrate
																			0		
0	0	0	0	0	0	0	0			0	0/0/	0	0	0			0/0			13	----6-Aminopenicillanic acid
																		29	0		
0	0	0	0	0	0	0	0			0	0/0/	0	0	0			0/0			13	----Penicillin V
																			0		
0	0	0	0	0	0	0	0			0	0/0/	0	0	0			0/0			13	----Sulfobenzylpenicillin
																			0		
0	0	0	0	0	0	0	0			0	0/0/	0	0	0			0/0			13	----Cloxacillin
																			0		
0	0	0	0	0	0	0	0			0	0/0/	0	0	0			0/0			13	----Other
																			0		
0	0	0	0.8	0	0	0	0			0	0/0/	0	0	0			0/0			13	-Streptomycins and their derivatives; salts thereof
																		9	0		
0	0	0	0	0	0	0	0			0	0/0/	0	0	0			0/0			13	----Tetracyclines
																			0		
0	0	0	0	0	0	0	0			0	0/0/	0	0	0			0/0			13	----Salts of tetracyclines
																			0		
0	0	0	0	0	0	0	0			0	0/0/	0	0	0			0/0			13	---Tetracyclines derivatives and their salts
																			0		
0	0	0	0	0	0	0	0			0	0/0/	0	0	0			0/0			13	-Chloramphenicol and its derivatives; salts thereof
																			0		
0	0	0	0	0	0	0	0			0	0/0/	0	0	0			0/0			13	-Erythromycin and its derivatives; salts thereof
																			0		

商品编号	商品名称及备注[检验检疫编码及名称]	进口关税(%) 最惠国	进口关税(%) 普通	增值税率(%)	消费税	计量单位	监管条件	检验检疫类别
29419010	---庆大霉素及其衍生物,以及它们的盐							
2941901000	庆大霉素及其衍生物、盐〔999〕	4	20	13		千克	Q	
29419020	---卡那霉素及其衍生物,以及它们的盐							
2941902000	卡那霉素及其衍生物、盐〔999〕	4	20	13		千克	Q	
29419030	---利福平及其衍生物,以及它们的盐							
2941903000	利福平及其衍生物、盐〔999〕	4	20	13		千克	Q	
29419040	---林可霉素及其衍生物,以及它们的盐							
2941904000	林可霉素及其衍生物、盐〔999〕	4	20	13		千克	Q	
29419052	----头孢氨苄及其盐							
2941905200	头孢氨苄及其盐〔999〕	6	20	13		千克	Q	
29419053	----头孢唑啉及其盐							
2941905300	头孢唑啉及其盐〔999〕	6	20	13		千克	Q	
29419054	----头孢拉啶及其盐							
2941905400	头孢拉啶及其盐〔999〕	6	20	13		千克	Q	
29419055	----头孢三嗪(头孢曲松)及其盐							
2941905500[暂0]	头孢三嗪(头孢曲松)及其盐〔999〕	6	20	13		千克	Q	
29419056	----头孢哌酮及其盐							
2941905600	头孢哌酮及其盐〔999〕	6	20	13		千克	Q	
29419057	----头孢噻肟及其盐							
2941905700	头孢噻肟及其盐〔999〕	6	20	13		千克	Q	
29419058	----头孢克罗及其盐							
2941905800	头孢克罗及其盐〔999〕	6	20	13		千克	Q	
29419059	----其他							
2941905910	放线菌酮〔999〕	6	20	13		千克	QS	
2941905990	其他头孢菌素及其衍生物(包括它们的盐)〔999〕	6	20	13		千克	Q	
29419060	---麦迪霉素及其衍生物,以及它们的盐							
2941906000	麦迪霉素及其衍生物(包括它们的盐)〔999〕	6	20	13		千克	Q	
29419070	---乙酰螺旋霉素及其衍生物,以及它们的盐							
2941907000	乙酰螺旋霉素及其衍生物(包括它们的盐)〔999〕	4	20	13		千克	Q	
29419090	---其他							
2941909011	中生菌素〔101〕,〔102 纳他霉素〕	6	20	13		千克	QS	
2941909012	春雷霉素〔101〕,〔102 纳他霉素〕	6	20	13		千克	QS	
2941909013[暂0]	吗替麦考酚酯〔999〕	6	20	13		千克	Q	0
2941909014[暂0]	盐酸阿柔比星〔999〕	6	20	13		千克	Q	0
2941909091[暂0]	吡柔比星、丝裂霉素、盐酸表柔比星、盐酸多柔比星、盐酸平阳霉素、盐酸柔红霉素、盐酸伊达比星〔301 其他化工产品〕,〔302〕,〔999〕	6	20	3		千克	Q	0
2941909099	其他抗菌素(因拆分抗癌药品原料药产生的兜底税号)①	6	20	13		千克	Q	
2942	**其他有机化合物:**							
29420000	其他有机化合物							
2942000000	其他有机化合物②	6.5	30	13		千克		

① 〔301 其他化工产品〕,〔302 其他危险化学品〕,〔303 毒性物质和感染性物质〕,〔999〕

② 〔101 饲料添加剂〕,〔102 三氟化硼甲醚络合物〕,〔103 六氯砷酸钾〕,〔104 氧化亚氮〕,〔105 五碳双缩醛(又名戊二醛)〕,〔106 羟基硬脂精(氧化硬脂精)〕,〔107 聚氧乙烯(20)山梨醇酐单月桂酸酯(吐温 20)〕,〔108 聚氧乙烯(20)山梨醇酐单棕榈酸酯(吐温 40)〕,〔109 索马甜〕,〔110 反-2-丁烯酸(巴豆酸)〕,〔111 乳化香精〕,〔112 山梨醇酐三硬脂酸酯(司盘 65)〕,〔113 顺式-3-己烯醇乙酸酯(乙酸叶醇酯)〕,〔114 稳定态二氧化氯溶液〕,〔115 醋酸乙烯酯-月桂酸乙烯酶共聚物〕,〔116L-抗坏血酸棕榈酸酯〕,〔117L-a-天冬氨酰-N-(2,2,4,4-四甲基-3-硫化三亚甲基)-D-丙氨酰胺(阿力甜)〕,〔118 甜菊糖甙〕,〔119L-薄荷酮甘油缩酮〕,〔120 高碳醇脂肪酸酯复合物〕,〔121 非工业用无检疫要求食品添加剂〕,〔122 环己基丙酸烯丙酯〕,〔123 甲基吡嗪〕,〔124 三甲基吡嗪〕,〔125 麝香草酚〕,〔126 食用香精〕,〔127 四甲基吡嗪〕,〔128 咸味食品香精〕,〔301 爆炸品〕,〔302 易燃气体〕,〔303 非易燃无毒气体〕,〔304 毒性气体〕,〔305 易燃液体〕,〔306 易燃固体〕,〔307 易于自燃的物质〕,〔308 遇水放出易燃气体的物质〕,〔309 氧化性物质〕,〔310 有机过氧化物〕,〔311 毒性物质和感染性物质〕,〔312 腐蚀性物质〕,〔313 杂项物质〕,〔314 其他危险化学品〕,〔315 其他化工产品〕

协定税率(%)															特惠税率(%)			对美税率	出口税率	出口退税率	Article Description
智利	新西兰	澳大利亚	瑞士	冰岛	秘鲁	哥斯达	东盟	亚太	新加坡	巴基斯坦	港/澳/台	韩国	格鲁吉亚	毛里求斯	亚太	老/柬/缅	LDC 97/95				
0	0	0	0	0	0	0	0			0	0/0/	0	0	0			0/0			13	---Gentamycin and its derivatives; salts thereof
																		29	0		
0	0	0	0	0	0	0	0			0	0/0/	0	0	0			0/0			13	---Kanamycin and its derivatives; salts thereof
																			0		
0	0	0	0	0	0	0	0			0	0/0/	0	0	0			0/0			13	---Rifampicin(RFP);salts thereof
																			0		
0	0	0	0	0	0	0	0			0	0/0/	0	0	0			0/0			13	---Lincomycin and its derivatives; salts thereof
																			0		
0	0	0	0	0	0	0	0	3.9		0	0/0/	0	0	0			0/0			13	----Cefalexin and its salts
																			0		
0	0	0	0	0	0	0	0	3		0	0/0/	0	0	0			0/0			13	----Cefazolin and its salts
																			0		
0	0	0	0	0	0	0	0	3		0	0/0/	0	0	0			0/0			13	----Cefradine and its salts
																			0		
0	0	0	2.8	0	0	0	0	3		0	0/0/	0	0	0			0/0			13	----Ceftriaxone and its salts
																			0		
0	0	0	0	0	0	0	0	3		0	0/0/	0	0	0			0/0			13	----Cefoperazone and its salts
																			0		
0	0	0	0	0	0	0	0	3		0	0/0/	0	0	0			0/0			13	----Cefotaxime and its salts
																			0		
0	0	0	0	0	0	0	0	5		0	0/0/	0	0	0			0/0			13	----Cefaclor and its salts
																		8.5	0		
0	0	0	0	0	0	0	0	5		0	0/0/	1.8	0	0			0/0			13	----Other
																		31	0		
																		31	0		
0	0	0	0	0	0	0	0	3		0	0/0/	0	0	0			0/0			13	---Midecamycin and its derivatives; salts thereof
																		8.5	0		
0	0	0	0	0	0	0	0			0	0/0/	0	0	0			0/0			13	---Acetyl-spiramycin and its derivatives; salts thereof
																			0		
0	0	0	0	0	0	0	0	3.9		0	0/0/	0	0	0			0/0			13	---Other
																		11	0		
																		11	0		
																		5	0		
																		5	0		
																		5	0		
																		11	0		
																					Other organic compounds:
0	0	0	0	0	0	0	0			5	0/0/	0	0	0			0/0			10	Other organic compounds
																		11.5	0		

第三十章
药　品

注释：

一、本章不包括：

（一）食品及饮料（例如，营养品、糖尿病食品、强化食品、保健食品、滋补饮料及矿泉水），但不包括供静脉摄入用的滋养品（第四类）；

（二）用于帮助吸烟者戒烟的制剂，例如，片剂、咀嚼胶或透皮贴片（品目 21.06 或 38.24）；

（三）经特殊煅烧或精细研磨的牙科用熟石膏（品目 25.20）；

（四）适合医药用的精油水馏液及水溶液（品目 33.01）；

（五）品目 33.03 至 33.07 的制品，不论是否具有治疗及预防疾病的作用；

（六）加有药料的肥皂及品目 34.01 的其他产品；

（七）以熟石膏为基本成分的牙科用制品（品目 34.07）；或

（八）不作治疗及预防疾病用的血清蛋白（品目 35.02）。

二、品目 30.02 所称的"免疫制品"是指直接参与免疫过程调节的多肽及蛋白质(品目 29.37 的货品除外)，例如，单克隆抗体(MAB)、抗体片段、抗体偶联物及抗体片段偶联物、白介素、干扰素(IFN)、趋化因子及特定的肿瘤坏死因子(TNF)、生长因子(GF)、促红细胞生成素及集落刺激因子(CSF)。

三、品目 30.03 及 30.04，以及本章注释四(四)所述的非混合产品及混合产品，按下列规定处理：

(一)非混合产品：

1. 溶于水的非混合产品；

2. 第二十八章及第二十九章的所有货品；以及

3. 品目 13.02 的单一植物浸膏，只经标定或溶于溶剂的。

(二)混合产品：

1. 胶体溶液及悬浮液(胶态硫磺除外)；

2. 从植物性混合物加工所得的植物浸膏；以及

3. 蒸发天然矿质水所得的盐及浓缩物。

四、品目 30.06 仅适用于下列物品(这些物品只能归入品目 30.06，而不得归入本协调制度其他税号)：

(一)无菌外科肠线、类似的无菌缝合材料(包括外科或牙科用无菌可吸收缝线)及外伤创口闭合用的无菌黏合胶布；

(二)无菌昆布及无菌昆布塞条；

(三)外科或牙科用无菌吸收性止血材料；外科或牙科用无菌抗粘连阻隔材料，不论是否可吸收；

(四)用于病人的 X 光检查造影剂及其他诊断试剂，这些药剂是由单一产品配定剂量或由两种以上成分混合而成的；

(五)血型试剂；

(六)牙科粘固剂及其他牙科填料；骨骼粘固剂；

(七)急救药箱、药包；

(八)以激素、品目 29.37 的其他产品或杀精子剂为基本成分的化学避孕药物；

(九)专用于人类或作兽药用的凝胶制品，作为外科手术或体检时躯体部位的润滑剂，或者作为躯体和医疗器械之间的耦合剂；

(十)废药物，即因超过有效保存期等原因而不适合作原用途的药品；以及

(十一)可确定用于造口术的用具，即裁切成型的结肠造口术、回肠造口术、尿道造口术用袋及其具有黏性的片或底盘。

子目注释：

一、子目 3002.13 及 3002.14 所述的非混合产品、纯物质及混合产品，按下列规定处理：

(一)非混合产品或纯物质，不论是否含有杂质；

(二)混合产品：

1. 上述(一)款所述的产品溶于水或其他溶剂的；

2. 为保存或运输需要，上述(一)款及(二)1. 项所述的产品加入稳定剂的；以及

3. 上述(一)款、(二)1. 项及(二)2. 项所述的产品添加其他添加剂的。

二、子目 3003.60 和 3004.60 包括的药品含有与其他药用活性成分配伍的口服用青蒿素(INN)，或者含有下列任何一种活性成分，不论是否与其他药用活性成分配伍：阿莫地喹(INN)、蒿醚林酸及其盐(INN)、双氢青蒿素(INN)、蒿乙醚(INN)、蒿甲醚(INN)、青蒿琥酯(INN)、氯喹(INN)、二氢青蒿素(INN)、苯芴醇(INN)、甲氟喹(INN)、哌喹(INN)、乙胺嘧啶(INN)或磺胺多辛(INN)。

Chapter 30
Pharmaceutical products

Chapter Notes:

1. This Chapter does not cover:
   (a) Foods or beverages (such as dietetic, diabetic or fortified foods, food supplements, tonic beverages and mineral waters), other than nutritional preparations for intravenous administration (Section IV);
   (b) Preparations, such as tablets, chewing gum or patches (transdermal systems), intended to assist smokers to stop smoking (heading 21.06 or 38.24);
   (c) Plasters specially calcined or finely ground for use in dentistry (heading 25.20);
   (d) Aqueous distillates or aqueous solutions of essential oils, suitable for medicinal uses (heading 33.01);
   (e) Preparations of headings 33.03 to 33.07, even if they have therapeutic or prophylactic properties;
   (f) Soap or other products of heading 34.01 containing added medicaments;
   (g) Preparations with a basis of plaster for use in dentistry (heading 34.07); or
   (h) Blood albumin not prepared for therapeutic or prophylactic uses (heading 35.02).

2. For the purposes of heading 30.02, the expression "immunological products" applies to peptides and proteins (other than goods of heading 29.37) which are directly involved in the regulation of immunological processes, such as monoclonal antibodies (MAB), antibody fragments, antibody conjugates and antibody fragment conjugates, interleukins, interferons (IFN), chemokines and certain tumor necrosis factors (TNF), growth factors (GF), hematopoietins and colony stimulating factors (CSF).

3. For the purposes of headings 30.03 and 30.04 and of Note 4 (d) to this Chapter, the following are to be treated:
   (a) As unmixed products:
      (i) Unmixed products dissolved in water;
      (ii) All goods of Chapter 28 or 29; and
      (iii) Simple vegetable extracts of heading 13.02, merely standardised or dissolved in any solvent.
   (b) As products which have been mixed:
      (i) Colloidal solutions and suspensions (other than colloidal sulphur);
      (ii) Vegetable extracts obtained by the treatment of mixtures of vegetable materials; and
      (iii) Salts and concentrates obtained by evaporating natural mineral waters.

4. Heading 30.06 applies only to the following, which are to be classified in that heading and in no other heading of the Nomenclature:
   (a) Sterile surgical catgut, similar sterile suture materials (including sterile absorbable surgical or dental yarns) and sterile tissue adhesives for surgical wound closure;
   (b) Sterile laminaria and sterile laminaria tents;
   (c) Sterile absorbable surgical or dental haemostatics; sterile surgical or dental adhesion barriers, whether or not absorbable;
   (d) Opacifying preparations for X-ray examinations and diagnostic reagents designed to be administered to the patient, being unmixed products put up in measured doses or products consisting of two or more ingredients which have been mixed together for such uses;
   (e) Blood-grouping reagents;
   (f) Dental cements and other dental fillings; bone reconstruction cements;
   (g) First-aid boxes and kits;
   (h) Chemical contraceptive preparations based on hormones, on other products of heading 29.37 or on spermicides;
   (ij) Gel preparations designed to be used in human or veterinary medicine as a lubricant for parts of the body for surgical operations or physical examinations or as a coupling agent between the body and medical instruments;
   (k) Waste pharmaceuticals, that is, pharmaceutical products which are unfit for their original intended purpose due to, for example, expiry of shelf life; and
   (l) Appliances identifiable for ostomy use, that is, colostomy, ileostomy and urostomy pouches cut to shape and their adhesive wafers or faceplates.

Subheading Notes:

1. For the purposes of subheadings 3002.13 and 3002.14, the following are to be treated :
   (a) As unmixed products, pure products, whether or not containing impurities;
   (b) As products which have been mixed:
      (i) The products mentioned in (a) above dissolved in water or in other solvents;
      (ii) The products mentioned in (a) and (b) (1) above with an added stabiliser necessary for their preservation or transport; and
      (iii) The products mentioned in (a), (b) (1) and (b) (2) above with any other additive.

2. Subheadings 3003.60 and 3004.60 cover medicaments containingartemisinin (INN) for oral ingestion combined with other pharmaceutical active ingredients, or containing any of the following active principles, whether or not combined with other pharmaceutical active ingredients: amodiaquine (INN); artelinic acid or its salts; artenimol (INN); artemotil (INN); artemether (INN); artesunate (INN); chloroquine (INN); dihydroartemisinin (INN); lumefantrine (INN); mefloquine (INN); piperaquine (INN); pyrimethamine (INN) or sulfadoxine (INN).

商品编号	商品名称及备注[检验检疫编码及名称]	进口关税(%) 最惠国	进口关税(%) 普通	增值税率(%)	消费税	计量单位	监管条件	检验检疫类别
3001	**已干燥的器官疗法用腺体及其他器官,不论是否制成粉末;器官疗法用腺体、其他器官及其分泌物的提取物;肝素及其盐;其他供治疗或预防疾病用的其他税号未列名的人体或动物制品:**							
30012000	-腺体、其他器官及其分泌物的提取物							
3001200010	其他濒危野生动物腺体、器官(包括分泌物)①	3	30	13		千克	AQFEB	P/Q
3001200021	含人类遗传资源的人类腺体、器官及其分泌物的提取物②	3	30	13		千克	ABV	V/W
3001200029	其他人类的腺体、器官及其分泌物的提取物〔999〕	3	30	13		千克	ABV	V/W
3001200090	其他腺体、器官及其分泌物提取物③	3	30	13		千克	AB	P/Q
30019010	---肝素及其盐							
3001901000	肝素及其盐〔999〕	3	30	13		千克	Q	
30019090	---其他							
3001909010	蛇毒制品(供治疗或预防疾病用)〔999〕	3	30	13		千克	AQFEB	P.V/Q.W
3001909020	含有人类遗传资源的人体制品④	3	30	13		千克	ABQV	V/W
3001909091	其他濒危动物制品(供治疗或预防疾病用)⑤	3	30	13		千克	ABFEQ	P/Q
3001909092	人类腺体、器官、组织(供治疗或预防疾病用)⑥	3	30	13		千克	AB	V/W
3001909099	其他未列名的人体或动物制品(供治疗或预防疾病用)⑦	3	30	13		千克	ABQ	P.V/Q.W
3002	**人血;治病、防病或诊断用的动物血制品;抗血清、其他血份及免疫制品,不论是否修饰或通过生物工艺加工制得;疫苗、毒素、培养微生物(不包括酵母)及类似产品:**							
30021100	--疟疾诊断试剂盒							
3002110000[暂0]	疟疾诊断试剂盒〔101 医用诊断试剂〕,〔999 其他化工产品〕	3	20	13		千克	AB	P.V/Q.W
30021200	--抗血清及其他血份							
3002120011[暂0]	唾液酸促红素、促红素衍生肽、氨甲酰促红素、达促红素、培促红素 β-促红素〔101 医用细胞因子〕,〔401 用于人类医学、生命科学相关领域〕,〔999 其他化工产品〕	3	20	13		千克	ABL	P.V/Q.W
3002120012[暂0]	胰岛素样生长因子 1(IGF-1)及其类似物⑧	3	20	13		千克	ABL	P.V/Q.W
3002120013[暂0]	机械生长因子类〔101 医用细胞因子〕,〔401 用于人类医学、生命科学相关领域〕,〔999 其他化工产品〕	3	20	13		千克	ABL	P.V/Q.W
3002120014[暂0]	成纤维细胞生长因子类(FGFs)〔101 医用细胞因子〕,〔401 用于人类医学、生命科学相关领域〕,〔999 其他化工产品〕	3	20	13		千克	ABL	P.V/Q.W
3002120015[暂0]	肝细胞生长因子(HGF)〔101 医用细胞因子〕,〔401 用于人类医学、生命科学相关领域〕,〔999 其他化工产品〕	3	20	13		千克	ABL	P.V/Q.W
3002120016[暂0]	血小板衍生生长因子(PDGF)〔101 医用细胞因子〕,〔401 用于人类医学、生命科学相关领域〕,〔999 其他化工产品〕	3	20	13		千克	ABL	P.V/Q.W
3002120017[暂0]	血管内皮生长因子(VEGF)〔101 医用细胞因子〕,〔401 用于人类医学、生命科学相关领域〕,〔999 其他化工产品〕	3	20	13		千克	ABL	P.V/Q.W
3002120018[暂0]	转化生长因子-β(TGF-β)信号传导抑制剂类⑨	3	20	13		千克	ABL	P.V/Q.W
3002120019[暂0]	培尼沙肽、罗特西普〔101 其他医用蛋白〕,〔401 用于人类医学、生命科学相关领域〕,〔999 其他化工产品〕	3	20	13		千克	ABL	P.V/Q.W

① 〔101 动物培养器官〕,〔102 动物培养细胞〕,〔103 动物微生物培养培养基〕,〔104 其他动物器官、细胞、培养基〕,〔105 未列出的其他动物产品〕,〔106 其他化工产品〕

② 〔101 人体器官〕,〔102 人体组织〕,〔103 人体细胞〕,〔104 人源细胞系〕,〔105 人体胚胎、人胚活细胞〕,〔106 人体排泄物、分泌物〕,〔107 殡葬目的的人类尸体、骸骨〕,〔108 其他人体组织器官〕,〔999〕

③ 〔101 动物白蛋白〕,〔102 动物球蛋白〕,〔103 动物纤维蛋白原〕,〔104 其他动物血清蛋白〕,〔105 动物培养器官〕,〔106 动物培养细胞〕,〔107 动物微生物培养培养基〕,〔108 其他动物器官、细胞、培养基〕,〔109 未列出的其他动物产品〕,〔110 其他化工产品〕,〔111 医用动物细胞系〕,〔112 其他医用生物制品〕,〔113 工业用牛胰腺〕,〔114 工业用猪胰腺〕,〔115 牛胆汁〕,〔116 牛胆粉、牛胆膏〕

④ 〔101(供治疗或预防疾病用、药用血余炭)〕,〔102(供治疗或预防疾病用、药用紫河车)〕,〔103(供治疗或预防疾病用、医用抗体)〕,〔104(供治疗或预防疾病用、医用抗原)〕,〔105(供治疗或预防疾病用、其他医用生物制品)〕,〔999〕

⑤ 〔101 动物性血液制品〕,〔102 其他化工产品〕

⑥ 〔401 含《人间传染的病原微生物名录》内一类病原微生物〕,〔402 含《人间传染的病原微生物名录》内二类病原微生物〕,〔403 含《人间传染的病原微生物名录》内三类病原微生物〕,〔404 含《人间传染的病原微生物名录》内四类病原微生物〕,〔405 含《人间传染的病原微生物名录》内含新发传染病或名录外再现传染病病原微生物〕,〔406 含寄生虫〕,〔407 经灭活处理的组织切片〕,〔408 其他人类腺体、器官、组织〕

⑦ 〔101 动物性血液产品〕,〔102 其他化工产品〕,〔103(供治疗或预防疾病用、医用抗体)〕,〔104(供治疗或预防疾病用、医用抗原)〕,〔105(供治疗或预防疾病用、诊疗目的的组织标本、手术样本)〕,〔106(供治疗或预防疾病用、其他医用生物制品)〕,〔107 其他医用生物制品〕,〔401 人体制品〕

⑧ 〔101 医用细胞因子〕,〔401 用于人类医学、生命科学相关领域〕,〔999 其他化工产品〕

⑨ 〔101 医用细胞因子〕,〔401 用于人类医学、生命科学相关领域〕,〔999 其他化工产品〕

智利	新西兰	澳大利亚	瑞士	冰岛	秘鲁	哥斯达	东盟	亚太	新加坡	巴基斯坦	港/澳/台	韩国	格鲁吉亚	毛里求斯	亚太	老/柬/缅	LDC 97/95	对美税率	出口税率	出口退税率	Article Description
协定税率(%)															特惠税率(%)						
																					Glands and other organs for organo-therapeutic uses, dried, whether or not powdered; extracts of glands or other organs or of their secretions for organo-therapeutic uses; heparin and its salts; other human or animal substances prepared for therapeutic or prophylactic uses, not elsewhere specified or included:
0	0	0	0	0	0	0	0			0	0/0/	0	0	0			0/0				-Extracts of glands or other organs or of their secretions
																			0	0	
																			0	13	
																			0	13	
																			0	13	
0	0	0	0	0	0	0	0			0	0/0/	0	0	0			0/0			13	---Heparin and its salts
																			0		
0	0	0	0	0	0	0	0			0	0/0/	0	0	0			0/0				---Other
																			0	13	
																			0	13	
																			0	0	
																			0		
																			0	9	
																					Human blood; animal blood prepared for therapeutic, prophylactic or diagnostic uses; antisera, other blood fractions and immunological products, whether or not modified or obtained by means of biotechnological processes; vaccines, toxins, cultures of micro-organisms (excluding yeasts) and similar products:
0	0	0	1.4	0	0	0	0			0	0/0/	0	0	0			0/0			13	--Malaria diagnostic test kits
																			0		
0	0	·0	1.4	0	0	0	0			0	0/0/	0	0	0			0/0			13	--Antisera and other blood fractions
																			0		
																			0		
																			0		
																			0		
																			0		
																			0		
																			0		
																			0		
																			0		

商品编号	商品名称及备注[检验检疫编码及名称]	进口关税(%) 最惠国	进口关税(%) 普通	增值税率(%)	消费税	计量单位	监管条件	检验检疫类别
3002120021[暂0]	缺氧诱导因子(HIF)激活剂类、缺氧诱导因子(HIF)稳定剂类①	3	20	13		千克	ABL	P. V/Q. W
3002120022[暂0]	EPO-Fc(IgG4)融合蛋白、EPO-Fc 融合蛋白②	3	20	13		千克	ABL	P. V/Q. W
3002120023[暂0]	含有人类遗传资源的抗血清及其他血份③	3	20	13		千克	ABV	P. V/Q. W
3002120024	其他《兴奋剂目录》所列商品	3	20	13		千克	ABL	P. V/Q. W
3002120030[暂0]	兽用血清制品〔999〕	3	20	13		千克	ABR	P. V/Q. W
3002120093[暂0]	罕见病药品制剂(包括罕见病药品清单第一批、第二批相关商品)④	3	20	3		千克	AB	P. V/Q. W
3002120099[暂0]	其他抗血清及其他血份(因拆分抗癌药产生的兜底税号)⑤	3	20	13		千克	AB	P. V/Q. W
30021300	--非混合的免疫制品,未配定剂量或制成零售包装							
3002130000[暂0]	非混合的免疫制品,未配定剂量或制成零售包装⑥	3	20	13		千克	AB	P. V/Q. W
30021400	--混合的免疫制品,未配定剂量或制成零售包装							
3002140000[暂0]	混合的免疫制品,未配定剂量或制成零售包装⑦	3	20	13		千克	AB	P. V/Q. W
30021500	--免疫制品,已配定剂量或制成零售包装							
3002150010[暂0]	抗(防)癌药品制剂(不含癌症辅助治疗药品)(包括抗癌药品清单第一批、第二批相关商品)〔301 其他化工产品〕,〔401 生物制品〕	3	20	3		千克	AB	
3002150030[暂0]	罕见病药品制剂(包括罕见病药品清单第一批、第二批相关商品)⑧	3	20	3		千克	AB	
3002150040[暂0]	兽用诊断制品〔999〕	3	20	13		千克	ABR	P. V/Q. W
3002150050	以免疫制品为基本特征的新型冠状病毒(COVID-19)检测试剂盒,已配定剂量或制成零售包装〔999〕	3	20	13		千克	ABR	P. V/Q. W
3002150090[暂0]	其他免疫制品,已配定剂量或制成零售包装(因拆分抗癌药产生的兜底税号)⑨	3	20	13		千克	AB	
30021900	--其他							
3002190000[暂0]	其他抗血清、其他血份及免疫制品,不论是否修饰或通过生物工艺加工制得⑩	3	20	13		千克	AB	
30022000	-人用疫苗							
3002200000[暂0]	人用疫苗〔401 预防疾病用〕,〔402 医学科研用〕,〔999〕	3	20	13		千克	ABQ	V/W
3002200011	新型冠状病毒(COVID-19)疫苗,已配定剂量或制成零售包装〔401 预防疾病用〕,〔402 医学科研用〕	3	20	13		千克	ABQ	V/W
3002200019	新型冠状病毒(COVID-19)疫苗,未配定剂量或制成零售包装〔401 预防疾病用〕,〔402 医学科研用〕	3	20	13		千克	ABQ	V/W
3002200099	其他人用疫苗〔401 预防疾病用〕,〔402 医学科研用〕	3	20	13		千克	ABQ	V/W
30023000	-兽用疫苗							
3002300000	兽用疫苗⑪	3	20	13		千克	R	
30029010	---石房蛤毒素							
3002901000	石房蛤毒素〔301 毒性物质和感染性物质〕,〔999〕	3	20	13		千克	23Q	
30029020	---蓖麻毒素							
3002902000	蓖麻毒素〔401 医学用途〕,〔999 非医学用途〕	3	20	13		千克	23Q	
30029030	---细菌及病毒							
3002903010	两用物项管制细菌及病毒⑫	3	20	13		千克/株	3AB	P. V/Q. W

① 〔101 其他医用蛋白〕,〔401 用于人类医学、生命科学相关领域〕,〔999 其他化工产品〕

② 〔101 其他医用蛋白〕,〔401 用于人类医学、生命科学相关领域〕,〔999 其他化工产品〕

③ 〔401 含《人间传染的病原微生物名录》内一类病原微生物〕,〔402 含《人间传染的病原微生物名录》内二类病原微生物〕,〔403 含《人间传染的病原微生物名录》内三类病原微生物〕,〔404 含《人间传染的病原微生物名录》内四类病原微生物〕,〔405 含《人间传染的病原微生物名录》内新发传染病或名录外再现传染病病原微生物〕,〔406 含寄生虫〕,〔407 其他抗血清〕,〔408 其他血份〕,〔999〕

④ 〔301 其他化工产品〕,〔401 其他人血制品〕

⑤ 〔301 其他化工产品〕,〔401 其他人血制品〕,〔402 临床采集,含《人间传染的病原微生物名录》内一类病原微生物〕,〔403 临床采集,含《人间传染的病原微生物名录》内二类病原微生物〕,〔404 临床采集,含《人间传染的病原微生物名录》内三类病原微生物〕,〔405 临床采集,含《人间传染的病原微生物名录》内四类病原微生物〕,〔406 临床采集,含新发传染病或名录外再现传染病病原微生物〕,〔407 临床采集,含寄生虫〕,〔408 临床采集,经过血液传播病原体筛查为阴性〕,〔409 商品化含《人间传染的病原微生物名录》内一类病原微生物〕,〔410 商品化含《人间传染的病原微生物名录》内二类病原微生物〕,〔411 商品化含《人间传染的病原微生物名录》内三类病原微生物〕,〔412 商品化含《人间传染的病原微生物名录》内四类病原微生物〕,〔413 商品化经过血液传播病原体筛查为阴性〕,〔414 临床用捐献配型的特殊血型血液的血份〕,〔415 按药品管理的人抗血清〕,〔416 其他人抗血清〕,〔417 其他人血份〕,〔418 用于人类医学、生命科学相关领域的多克隆抗体〕

⑥ 〔101 其他医用生物制品〕,〔401 纯化抗体〕,〔402 细胞因子〕,〔403 其他医学免疫实验用试剂〕,〔999 其他化工产品〕

⑦ 〔101 其他医用生物制品〕,〔401 纯化抗体〕,〔402 细胞因子〕,〔403 其他医学免疫实验用试剂〕,〔999 其他化工产品〕

⑧ 〔401 治疗人类疾病用〕,〔402 医学科研用〕

⑨ 〔301 其他化工产品〕,〔401 诊断人类疾病用〕,〔402 治疗人类疾病用〕,〔403 医学免疫实验用试剂或试剂盒〕

⑩ 〔101 猪全血〕,〔102 马全血〕,〔103 兔全血〕,〔104 狗全血〕,〔105 其他动物全血〕,〔106 猪血浆〕,〔107 马血浆〕,〔108 兔血浆〕,〔109 狗血浆〕,〔110 其他动物血浆〕,〔111 胎牛血清〕,〔112 小(犊)牛血清〕,〔113 猪血清〕,〔114 马血清〕,〔115 兔血清〕,〔116 小鼠血清〕,〔117 其他动物血清〕,〔118 动检抗原〕,〔119 动检抗体〕,〔120 动检抗血清〕,〔121 动检补体〕,〔122 动检溶血素〕,〔123 动物球蛋白〕,〔124 动物纤维蛋白原〕,〔125 其他动物血清蛋白〕,〔126 其他动物血液制品〕,〔127 动物微生物培养培养基〕,〔128 诊断用试剂及试剂盒〕,〔129 医用诊断试剂〕,〔130 医用检测试剂〕,〔131 医用抗体〕,〔132 医用抗毒素〕,〔133 医用抗原〕,〔134 医用变态反应原〕,〔135 生长因子之外医用细胞因子〕,〔136 其他医用蛋白〕,〔137 其他医用生物制品〕,〔301 其他化工产品〕,〔999 其他化工产品〕

⑪ 〔101 动检灭活疫苗〕,〔102 动检强毒疫苗〕,〔103 动检弱毒疫苗〕,〔104 动检基因疫苗〕,〔105 动检菌苗〕,〔106 其他动物疫苗〕

⑫ 〔101 动检细菌〕,〔102 动检病毒〕,〔103 动检真菌〕,〔104 动检放线菌〕,〔105 动检螺旋体〕,〔106 动检立克次氏体〕,〔107 动检支原体〕,〔108 动检衣原体〕,〔109 动检菌种〕,〔110 动检毒种〕,〔111 其他动检微生物〕,〔112 动检寄生虫〕,〔113 植物细菌〕,〔114 植物病毒〕,〔115 医用细菌〕,〔116 医用病毒〕,〔117 其他医用微生物〕,〔401 两用物项管制目录内人及人兽共患病病原体〕

协定税率(%)															特惠税率(%)			对美税率	出口税率	出口退税率	Article Description
智利	新西兰	澳大利亚	瑞士	冰岛	秘鲁	哥斯达	东盟	亚太	新加坡	巴基斯坦	港/澳/台	韩国	格鲁吉亚	毛里求斯	亚太	老/柬/缅	LDC 97/95				
																			0		
																			0		
																			0		
																			0		
																			0		
																			0		
																			0		
0	0	0	1.4	0	0	0	0			0	0/0/	0	0	0			0/0			13	--Immunological products, unmixed, not put up in measured doses or in forms or packings for retail sale
																			0		
0	0	0	1.4	0	0	0	0			0	0/0/	0	0	0			0/0			13	--Immunological products, mixed, not put up in measured doses or in forms or packings for retail sale
																			0		
0	0	0	1.4	0	0	0	0			0	0/0/	0	0	0			0/0			13	--Immunological products, put up in measured doses or in forms or packings for retail sale
																			0		
																			0		
																			0		
																			0		
																			0		
0	0	0	1.4	0	0	0	0			0	0/0/	0	0	0			0/0			13	--Other
																			0		
0	0	0	0.6	0	0	0	0			0	0/0/	0	0	0			0/0			13	-Vaccines for human medicine
																			0		
																			0		
																			0		
																			0		
0	0	0	0	0	0	0	0			0	0/0/	0	0	0			0/0			13	-Vaccines for veterinary medicine
																			0		
0	0	0	0	0	0	0	0			0	0/0/	0	0	0			0/0			13	---Saxitoxin
																			0		
0	0	0	0	0	0	0	0			0	0/0/	0	0	0			0/0			13	---Ricitoxin
																			0		
0	0	0	0.6	0	0	0	0			0	0/0/	0	0	0			0/0			13	---Bacteria and Virus
																			0		

商品编号	商品名称及备注[检验检疫编码及名称]	进口关税(%)		增值税率(%)	消费税	计量单位	监管条件	检验检疫类别
		最惠国	普通					
3002903020	苏云金杆菌〔999〕	3	20	13		千克/株	ABS	P/Q
3002903030	枯草芽孢杆菌〔401 环保及医学相关用途〕,〔999 非环保及医学相关用途〕	3	20	13		千克/株	ABS	P. V/Q. W
3002903090	其他细菌及病毒①	3	20	13		千克/株	AB	P. V/Q. W
30029040	---遗传物质和基因修饰生物体							
3002904010[暂0]	两用物项管制遗传物质和基因修饰生物体②	3	20	13		千克	3AB	P. V/Q. W
3002904090[暂0]	其他遗传物质和基因修饰生物体③	3	20	13		千克	AB	P. V/Q. W
30029090	---其他							
3002909011[暂0]	濒危动物血制品④	3	20	13		千克	ABQFE	P/Q
3002909019[暂0]	其他人血制品、动物血制品⑤	3	20	13		千克	ABQ	P. V/Q. W
3002909021[暂0]	噬菌核霉〔101 用于非医学、环保领域〕,〔102 用于医学、环保领域〕,〔999〕	3	20	13		千克	ABS	P. V/Q. W
3002909022[暂0]	淡紫拟青霉〔101 用于非医学、环保领域〕,〔102 用于医学、环保领域〕,〔999〕	3	20	13		千克	ABS	P. V/Q. W
3002909023[暂0]	哈茨木霉菌〔101 用于非医学、环保领域〕,〔102 用于医学、环保领域〕,〔999〕	3	20	13		千克	ABS	P. V/Q. W
3002909024[暂0]	寡雄腐霉菌〔101 用于非医学、环保领域〕,〔102 用于医学、环保领域〕,〔999〕	3	20	13		千克	ABS	P. V/Q. W
3002909091[暂0]	两用物项管制毒素⑥	3	20	13		千克	3AB	P. V/Q. W
3002909092[暂0]	人血⑦	3	20	13		千克	ABV	P. V/Q. W
3002909099[暂0]	其他毒素等(包括培养微生物(不包括酵母)及类似产品)⑧	3	20	13		千克	AB	P. V/Q. W

① 〔101 动检细菌〕,〔102 动检病毒〕,〔103 动检真菌〕,〔104 动检放线菌〕,〔105 动检螺旋体〕,〔106 动检立克次氏体〕,〔107 动检支原体〕,〔108 动检衣原体〕,〔109 动检菌种〕,〔110 动检毒种〕,〔111 其他动检微生物〕,〔112 动检寄生虫〕,〔113 植物细菌〕,〔114 植物病毒〕,〔115 医用细菌〕,〔116 医用病毒〕,〔117 医用真菌〕,〔118 除细菌、真菌、病毒以外的其他医用微生物〕,〔119 环保微生物〕,〔120 人体寄生虫〕,〔121 医用微生态制剂〕,〔131 食品加工用酵母制品(活性酵母)〕,〔132 食品加工用酵母制品(非活性酵母)〕,〔133 食品加工用酵母衍生制品〕,〔134 食品加工用其他酵母产品〕,〔135 食品加工用乳酸菌〕,〔136 食品加工用乳酸菌产品〕,〔137 其他食品加工用菌种及其产品〕,〔401 两用物项管制外的《人间传染的病原微生物名录》内第一类病毒〕,〔402 两用物项管制外的《人间传染的病原微生物名录》内第二类细菌〕,〔403 两用物项管制外的《人间传染的病原微生物名录》内第二类病毒(含 Prion)〕,〔404 两用物项管制外的《人间传染的病原微生物名录》内第三类细菌〕,〔405 两用物项管制外的《人间传染的病原微生物名录》内第三类病毒(含 Prion)〕,〔406《人间传染的病原微生物名录》内第四类病毒〕,〔407 新发传染病或名录外再现传染病细菌〕,〔408 新发传染病或名录外再现传染病病毒〕,〔409 非菌剂类环保微生物〕,〔410 经基因编辑的细菌及病毒(环保微生物除外)〕,〔411 其他细菌及病毒〕,〔412 环保用微生物菌剂〕

② 〔101 动检细菌〕,〔102 动检病毒〕,〔103 动检真菌〕,〔104 动检放线菌〕,〔105 动检螺旋体〕,〔106 动检立克次氏体〕,〔107 动检支原体〕,〔108 动检衣原体〕,〔109 动检菌种〕,〔110 动检毒种〕,〔111 其他动检微生物〕,〔112 动检寄生虫〕,〔113 其他化工产品〕,〔114 医用核酸及其制品〕,〔115 其他医用生物制品〕,〔401 两用物项管制目录内人及人兽共患病病原体的遗传物质和基因修饰生物体〕

③ 〔101 动检细菌〕,〔102 动检病毒〕,〔103 动检真菌〕,〔104 动检放线菌〕,〔105 动检螺旋体〕,〔106 动检立克次氏体〕,〔107 动检支原体〕,〔108 动检衣原体〕,〔109 动检菌种〕,〔110 动检毒种〕,〔111 其他动检微生物〕,〔112 动检寄生虫〕,〔113 医用核酸及其制品〕,〔114 其他医用生物制品〕

④ 〔101 猪全血〕,〔102 马全血〕,〔103 兔全血〕,〔104 狗全血〕,〔105 其他动物全血〕,〔106 猪血浆〕,〔107 马血浆〕,〔108 兔血浆〕,〔109 狗血浆〕,〔110 其他动物血浆〕,〔111 胎牛血清〕,〔112 小(犊)牛血清〕,〔113 猪血清〕,〔114 马血清〕,〔115 兔血清〕,〔116 小鼠血清〕,〔117 其他动物血清〕,〔118 动检抗原〕,〔119 动检抗体〕,〔120 动检抗血清〕,〔121 动检补体〕,〔122 动检溶血素〕,〔123 动物球蛋白〕,〔124 动物纤维蛋白原〕,〔125 其他动物血清蛋白〕,〔126 其他动物性血液制品〕,〔127 动物微生物培养培养基〕,〔128 诊断用试剂及试剂盒〕,〔129 其他化工产品〕,〔130 牛血清成品〕,〔131 牛血蛋白〕,〔132 牛血清白蛋白〕

⑤ 〔101 猪全血〕,〔102 马全血〕,〔103 兔全血〕,〔104 狗全血〕,〔105 其他动物全血〕,〔106 猪血浆〕,〔107 马血浆〕,〔108 兔血浆〕,〔109 狗血浆〕,〔110 其他动物血浆〕,〔111 胎牛血清〕,〔112 小(犊)牛血清〕,〔113 猪血清〕,〔114 马血清〕,〔115 兔血清〕,〔116 小鼠血清〕,〔117 其他动物血清〕,〔118 动检抗原〕,〔119 动检抗体〕,〔120 动检抗血清〕,〔121 动检补体〕,〔122 动检溶血素〕,〔123 动物球蛋白〕,〔124 动物纤维蛋白原〕,〔125 其他动物血清蛋白〕,〔126 其他动物性血液制品〕,〔127 动物微生物培养培养基〕,〔128 诊断用试剂及试剂盒〕,〔129 医用抗体〕,〔130 医用抗原〕,〔131 其他医用生物制品〕,〔132 人源血浆〕,〔133 人源血清〕,〔134 血细胞[人源血细胞(红细胞、白细胞、血小板)]〕,〔135 血浆蛋白[人血浆蛋白(白蛋白、球蛋白、纤维蛋白原)]〕,〔136 人血液因子制剂〕,〔137 其他人血制品〕,〔138 牛血清成品〕,〔139 牛血蛋白〕,〔140 牛血清白蛋白〕,〔401 按药品管理人血浆蛋白制品(白蛋白、球蛋白、纤维蛋白原)〕,〔402 按药品管理人凝血因子制品〕,〔403 其他人血制品〕

⑥ 〔101 动检细菌〕,〔102 动检病毒〕,〔103 动检真菌〕,〔104 动检放线菌〕,〔105 动检螺旋体〕,〔106 动检立克次氏体〕,〔107 动检支原体〕,〔108 动检衣原体〕,〔109 其他动检微生物〕,〔110 动检寄生虫〕,〔111 猪全血〕,〔112 马全血〕,〔113 兔全血〕,〔114 狗全血〕,〔115 其他动物全血〕,〔116 猪血浆〕,〔117 马血浆〕,〔118 兔血浆〕,〔119 狗血浆〕,〔120 其他动物血浆〕,〔121 胎牛血清〕,〔122 小牛血清(小(犊)牛血清〕,〔123 猪血清〕,〔124 马血清〕,〔125 兔血清〕,〔126 小鼠血清〕,〔127 其他动物血清〕,〔128 动检抗原〕,〔129 动检抗体〕,〔130 动检抗血清〕,〔131 动检补体〕,〔132 动检溶血素〕,〔133 动物球蛋白〕,〔134 动物纤维蛋白原〕,〔135 其他动物血清蛋白〕,〔136 其他动物性血液制品〕,〔137 动物微生物培养培养基〕,〔138 诊断用试剂及试剂盒〕,〔139 其他化工产品〕,〔140 毒素〕,〔141 牛血清成品〕,〔142 牛血蛋白〕,〔143 牛血清白蛋白〕,〔401 医学科研用〕

⑦ 〔101 人源全血〕,〔102 人源血浆〕,〔103 人源血清〕,〔104 血细胞、人源血细胞、红细胞、白细胞、血小板〕,〔105 脐带血〕,〔106 其他人血制品〕,〔401 临床采集,含《人间传染的病原微生物名录》内一类病原微生物的的人全血〕,〔402 临床采集,含《人间传染的病原微生物名录》内二类病原微生物的人全血〕,〔403 临床采集,含《人间传染的病原微生物名录》内三类病原微生物的人全血〕,〔404 临床采集,含《人间传染的病原微生物名录》内四类病原微生物的人全血〕,〔405 临床采集,含新发传染病或名录外再现传染病病原微生物的人全血〕,〔406 临床采集,含寄生虫的人全血〕,〔407 临床采集,经过血液传播病原体筛查为阴性的人全血〕,〔408 商品化含《人间传染的病原微生物名录》内一类病原微生物的的人全血〕,〔409 商品化含《人间传染的病原微生物名录》内二类病原微生物的人全血〕,〔410 商品化含《人间传染的病原微生物名录》内三类病原微生物的人全血〕,〔411 商品化含《人间传染的病原微生物名录》内四类病原微生物的人全血〕,〔412 商品化经过血液传播病原体筛查为阴性的人全血〕,〔413 临床用捐献配型的特殊血型血液〕,〔414 其他人血〕

⑧ 〔101[包括培养微生物(不包括酵母)及类似产品](动检细菌)〕,〔102[包括培养微生物(不包括酵母)及类似产品](动检病毒)〕,〔103[包括培养微生物(不包括酵母)及类似产品](动检真菌)〕,〔104[包括培养微生物(不包括酵母)及类似产品](动检放线菌)〕,〔105[包括培养微生物(不包括酵母)及类似产品](动检螺旋体)〕,〔106[包括培养微生物(不包括酵母)及类似产品](动检立克次氏体)〕,〔107[包括培养微生物(不包括酵母)及类似产品](动检支原体)〕,〔108[包括培养微生物(不包括酵母)及类似产品](动检衣原体)〕,〔109[包括培养微生物(不包括酵母)及类似产品](其他动检微生物)〕,〔110[包括培养微生物(不包括酵母)及类似产品](动检寄生虫)〕,〔111[包括培养微生物(不包括酵母)及类似产品](猪全血)〕,〔112[包括培养微生物(不包括酵母)及类似产品](马全血)〕,〔113[包括培养微生物(不包括酵母)及类似产品](兔全血)〕,〔114[包括培养微生物(不包括酵母)及类似产品](狗全血)〕,〔115[包括培养微生物(不包括酵母)及类似产品](其他动物全血)〕,〔116[包括培养微生物(不包括酵母)及类似产品](猪血浆)〕,〔117[包括培养微生物(不包括酵母)及类似产品](马血浆)〕,〔118[包括培养微生物(不包括酵母)及类似产品](兔血浆)〕,〔119[包括培养微生物(不包括酵母)及类似产品](狗血浆)〕,〔120[包括培养微生物(不包括酵母)及类似产品](其他动物血浆)〕,〔121[包括培养微生物(不包括酵母)及类似产品](胎牛血清)〕,〔122[包括培养微生物(不包括酵母)及类似产品][小(犊)牛血清]〕,〔123[包括培养微生物(不包括酵母)及类似产品](猪血清)〕,〔124[包括培养微生物(不包括酵母)及类似产品](马血清)〕,〔125[包括培养微生物(不包括酵母)及类似产品](兔血清)〕,〔126[包括培养微生物(不包括酵母)及类似产品](小鼠血清)〕,〔127[包括培养微生物(不包括酵母)及类似产品](其他动物血清)〕,〔128[包括培养微生物(不包括酵母)及类似产品](动检抗原)〕,〔129[包括培养微生物(不包括酵母)及类似产品](动检抗体)〕,〔130[包括培养微生物(不包括酵母)及类似产品](动检抗血清)〕,〔131[包括培养微生物(不包括酵母)及类似产品](动检补体)〕,〔132[包括培养微生物(不包括酵母)及类似产品](动检溶血素)〕,〔133[包括培养微生物(不包括酵母)及类似产品](动物白蛋白)〕,〔134[包括培养微生物(不包括酵母)及类似产品](动物球蛋白)〕,〔135[包括培养微生物(不包括酵母)及类似产品](动物纤维蛋白原)〕,〔136[包括培养微生物(不包括酵母)及类似产品](其他动物血清蛋白)〕,〔137[包括培养微生物(不包括酵母)及类似产品](其他动物性血液制品)〕,〔138[包括培养微生物(不包括酵母)及类似产品](动物微生物培养培养基)〕,〔139[包括培养微生物(不包括酵母)及类似产品](诊断用试剂及试剂盒)〕,〔140[包括培养微生物(不包括酵母)及类似产品](医用抗体)〕,〔141[包括培养微生物(不包括酵母)及类似产品](医用抗原)〕,〔142[包括培养微生物(不包括酵母)及类似产品](毒素)〕,〔143[包括培养微生物(不包括酵母]及类似产品](其他医用生物制品)〕,〔144[包括培养微生物(不包括酵母)及类似产品](环保微生物)〕,〔145 人源血浆〕,〔146 人源血清〕,〔147 血细胞[人源血细胞(红细胞、白细胞、血小板)]〕,〔148 脐带血〕,〔149 其他人血制品〕,〔150 环保微生物〕,〔151 牛血清成品〕,〔152 牛血蛋白〕,〔153 牛血清白蛋白〕,〔301 毒性物质和感染性物质〕,〔401 医学科研用其他毒素〕,〔402 医学科研用其他类毒素〕,〔403 人源血细胞〕,〔404 临床用捐献配型的骨髓造血干细胞〕,〔405 临床用捐献配型的外周血造血干细胞〕,〔406 临床用捐献配型的脐带血造血干细胞〕,〔407 其他人源干细胞〕,〔408 国际知名保藏机构的人源细胞株(系)〕,〔409 经基因编辑的人源细胞(细胞株)〕,〔410 其他培养的人源细胞〕,〔411《人间传染的病原微生物名录》内第二类真菌〕,〔412《人间传染的病原微生物名录》内第三类真菌〕,〔413《人间传染的病原微生物名录》内的放线菌〕,〔414《人间传染的病原微生物名录》内的衣原体〕,〔415《人间传染的病原微生物名录》内的支原体〕,〔416 两用物项外的《人间传染的病原微生物名录》内的立克次体〕,〔417《人间传染的病原微生物名录》内的螺旋体〕,〔418 新发传染病或名录外再现传染病真菌、放线菌、衣原体、支原体、立克次体、螺旋体〕,〔419 医用科研用其他真菌、放线菌、衣原体、支原体、立克次体、螺旋体〕

协定税率(%)															特惠税率(%)			对美税率	出口税率	出口退税率	Article Description
智利	新西兰	澳大利亚	瑞士	冰岛	秘鲁	哥斯达	东盟	亚太	新加坡	巴基斯坦	港/澳/台	韩国	格鲁吉亚	毛里求斯	亚太	老/柬/缅	LDC 97/95				
																			0		
																			0		
																			0		
0	0	0	0	0	0	0	0			0	0/0/	0	0	0			0/0			13	---Genetics material and Gene modified Organism
																			0		
																			0		
0	0	0	0	0	0	0	0			0	0/0/	0	0	0			0/0				---Other
																			0	0	
																			0	13	
																			0	13	
																			0	13	
																			0	13	
																			0	13	
																			0	13	
																			0	13	
																			0	13	

商品编号	商品名称及备注[检验检疫编码及名称]	进口关税(%) 最惠国	进口关税(%) 普通	增值税率(%)	消费税	计量单位	监管条件	检验检疫类别
3003	**两种或两种以上成分混合而成的治病或防病用药品(不包括品目 30.02、30.05 或 30.06 的货品),未配定剂量或制成零售包装:**							
30031011	----氨苄青霉素							
3003101100	氨苄青霉素(未配定剂量或非零售包装)〔101 其他化工产品〕,〔999 含有青霉素及链霉素的药品(未配定剂量)〕	0	30	13		千克	Q	
30031012	----羟氨苄青霉素							
3003101200	羟氨苄青霉素(未配定剂量或非零售包装)〔101 其他化工产品〕,〔999 含有青霉素及链霉素的药品(未配定剂量)〕	0	30	13		千克	Q	
30031013	----青霉素 V							
3003101300	青霉素 V(未配定剂量或非零售包装)〔101 其他化工产品〕,〔999 含有青霉素及链霉素的药品(未配定剂量)〕	0	30	13		千克	Q	
30031019	----其他							
3003101900	其他青霉素(未配定剂量或非零售包装)〔101 其他化工产品〕,〔999 含有青霉素及链霉素的药品(未配定剂量)〕	0	30	13		千克	Q	
30031090	---其他							
3003109000	其他含有青霉素或链霉素的混合药(未配定剂量或非零售包装,混合指含两种或两种以上成分)〔101 其他化工产品〕,〔999 含有青霉素及链霉素的药品(未配定剂量)〕	0	30	13		千克	Q	
30032011	----头孢噻肟							
3003201100	头孢噻肟(未配定剂量或非零售包装)〔999〕	0	30	13		千克	Q	
30032012	----头孢他啶							
3003201200	头孢他啶(未配定剂量或非零售包装)〔999〕	0	30	13		千克	Q	
30032013	----头孢西丁							
3003201300	头孢西丁(未配定剂量或非零售包装)〔999〕	0	30	13		千克	Q	
30032014	----头孢替唑							
3003201400	头孢替唑(未配定剂量或非零售包装)〔999〕	0	30	13		千克	Q	
30032015	----头孢克罗							
3003201500	头孢克罗(未配定剂量或非零售包装)〔999〕	0	30	13		千克	Q	
30032016	----头孢呋辛							
3003201600	头孢呋辛(未配定剂量或非零售包装)〔999〕	0	30	13		千克	Q	
30032017	----头孢三嗪(头孢曲松)							
3003201700	头孢三嗪(头孢曲松)(未配定剂量或非零售包装)〔999〕	0	30	13		千克	Q	
30032018	----头孢哌酮							
3003201800	头孢哌酮(未配定剂量或非零售包装)〔999〕	0	30	13		千克	Q	
30032019	----其他							
3003201900	其他头孢菌素(未配定剂量或非零售包装)〔999〕	0	30	13		千克	Q	
30032090	---其他							
3003209000	含有其他抗菌素的混合药品(未配定剂量或非零售包装,混合指含两种或两种以上成分)〔999〕	0	30	13		千克	Q	
30033100	--含有胰岛素							
3003310000	含有胰岛素的混合药品(不含抗菌素且未配定剂量或非零售包装,混合指含两种或两种以上成分)〔999〕	0	30	13		千克	Q	
30033900	--其他							
3003390000	其他含品目 2937 激素等的混合药(不含抗菌素且未配定剂量或非零售包装,混合指含两种或两种以上成分)〔101 其他化工产品〕,〔999 其他含有激素的药品(未配定剂量)〕	0	30	13		千克	Q	
30034100	--含有麻黄碱及其盐							
3003410000	含有麻黄碱及其盐的混合药品(未配定剂量或非零售包装,混合指含两种或两种以上成分)〔998 药品〕,〔999 其他化工产品〕	5	35	13		千克	Q	
30034200	--含有伪麻黄碱(INN)及其盐							
3003420000	含有伪麻黄碱(INN)及其盐的混合药品(未配定剂量或非零售包装,混合指含两种或两种以上成分)〔998 药品〕,〔999 其他化工产品〕	5	30	13		千克	Q	
30034300	--含有去甲麻黄碱及其盐							
3003430000	含有去甲麻黄碱及其盐的混合药品(未配定剂量或非零售包装,混合指含两种或两种以上成分)〔998 药品〕,〔999 其他化工产品〕	5	35	13		千克	Q	
30034900	--其他							

协定税率(%)															特惠税率(%)			对美税率	出口税率	出口退税率	Article Description
智利	新西兰	澳大利亚	瑞士	冰岛	秘鲁	哥斯达	东盟	亚太	新加坡	巴基斯坦	港/澳/台	韩国	格鲁吉亚	毛里求斯	亚太	老/柬/缅	LDC 97/95				
																					Medicaments (excluding goods of heading 30.02, 30.05 or 30.06) consisting of two or more constituents which have been mixed together for therapeutic or prophylactic uses, not put up in measured doses or in forms or packings for retail sale:
																	0/0		0	13	----Ampicillin
																	0/0		0	13	----Amoxycillin
																	0/0		0	13	----Penicillin V
																	0/0		0	13	----Other
																	0/0		0	13	---Other
																	0/0		0	13	----Cefotaxime
																	0/0		0	13	----Ceftazidime
																	0/0		0	13	----Cefoxitin
																	0/0		0	13	----Ceftezole
																	0/0		0	13	----Cefaclor
																	0/0		0	13	----Cefuroxime
																	0/0		0	13	----Ceftriaxone
																	0/0		0	13	----Cefoperazone
																	0/0		0	13	----Other
																	0/0		0	13	---Other
																	0/0	2.5	0	13	--Containing insulin
																	0/0		0	13	--Other
0	0	0	0	0	0	0	0			0	0/0/	0	0	0			0/0		0	13	--Containing ephedrine or its salts
0	0	0	0	0	0	0	0			0	0/0/	0	0	0			0/0		0	13	--Containing pseudoephedrine (INN) or its salts
0	0	0	0	0	0	0	0			0	0/0/	0	0	0			0/0		0	13	--Containing norephedrine or its salts
0	0	0	0	0	0	0	0			0	0/0/	0	0	0			0/0			13	--Other

商品编号	商品名称及备注〔检验检疫编码及名称〕	进口关税(%)		增值税率(%)	消费税	计量单位	监管条件	检验检疫类别
		最惠国	普通					
3003490010	含奎宁或其盐的混合药品(未配定剂量或非零售包装,混合指含两种或两种以上成分)〔998 药品〕,〔999 其他化工产品〕	5	35	13		千克	Q	
3003490090	含其他生物碱及衍生物的混合药品(未配定剂量或非零售包装,混合指含两种或两种以上成分)〔998 药品〕,〔999 其他化工产品〕	5	30	13		千克	Q	
30036010	---含有青蒿素及其衍生物							
3003601000	含有青蒿素及其衍生物的混合药品(未配定剂量或非零售包装,混合指含两种或两种以上成分)〔998 药品〕,〔999 其他化工产品〕	0	30	13		千克	Q	
30036090	---其他							
3003609010	含有磺胺类的混合药品(未配定剂量或非零售包装,混合指含两种或两种以上成分)〔998 药品〕,〔999 其他化工产品〕	0	30	13		千克	Q	
3003609020	含濒危动植物的混合药品(未配定剂量或非零售包装,混合指含两种或两种以上成分)〔998 药品〕,〔999 其他化工产品〕	0	30	13		千克	EFQ	
3003609090	其他含有本章子目注释二所列抗疟疾活性成分的混合药品(未配定剂量或非零售包装,混合指含两种或两种以上成分)〔998 药品〕,〔999 其他化工产品〕	0	30	13		千克	Q	
30039000	-其他							
3003900010	含紫杉醇的混合药品(未配定剂量或非零售包装,混合指含两种或两种以上成分)〔998 药品〕,〔999 其他化工产品〕	0	30	13		千克	EFQ	
3003900020	其他含未列名濒危动植物混合药品(未配定剂量或非零售包装,混合指含两种或两种以上成分)〔998 药品〕,〔999 其他化工产品〕	0	30	13		千克	EFQ	
3003900030	其他含磺胺类的混合药品(未配定剂量或非零售包装,混合指含两种或两种以上成分)〔998 药品〕,〔999 其他化工产品〕	0	30	13		千克	Q	
3003900090	其他含未列名成分混合药品(未配定剂量或非零售包装,混合指含两种或两种以上成分)〔998 药品〕,〔999 其他化工产品〕	0	30	13		千克	Q	
3004	**由混合或非混合产品构成的治病或防病用药品(不包括品目 30.02、30.05 或 30.06 的货品),已配定剂量(包括制成皮肤摄入形式的)或制成零售包装:**							
30041011	----氨苄青霉素制剂							
3004101100	氨苄青霉素制剂	0	30	13		千克	Q	
30041012	----羟氨苄青霉素制剂							
3004101210	已配剂量兽用制剂(包括进口兽药管理目录的商品,包括零售包装)〔101 含有青霉素和链霉素及其衍生物的药品(已配定剂量)〕,〔999 其他化工产品〕	0	30	13		千克	R	
3004101290	其他羟氨苄青霉素制剂〔101 含有青霉素和链霉素及其衍生物的药品(已配定剂量)〕,〔999 其他化工产品〕	0	30	13		千克	Q	
30041013	----青霉素 V 制剂							
3004101300	青霉素 V 制剂(包括制成零售包装)①	0	30	13		千克	Q	
30041019	----其他							
3004101910	已配剂量兽用制剂(包括进口兽药管理目录的商品,包括零售包装)〔999〕	0	30	13		千克	R	
3004101990	其他已配剂量青霉素制剂(包括零售包装)〔999〕	0	30	13		千克	Q	
30041090	---其他							
3004109000	其他已配剂量含有青霉素或链霉素药品(包括制成零售包装)〔999〕	0	30	13		千克	Q	
30042011	----头孢噻肟制剂							
3004201100	已配剂量头孢噻肟制剂(包括制成零售包装)〔999〕	0	30	13		千克	Q	
30042012	----头孢他啶制剂							
3004201200	已配剂量头孢他啶制剂(包括制成零售包装)〔999〕	0	30	13		千克	Q	
30042013	----头孢西丁制剂							
3004201300	已配剂量头孢西丁制剂(包括制成零售包装)〔999〕	0	30	13		千克	Q	
30042014	----头孢替唑制剂							
3004201400	已配剂量头孢替唑制剂(包括制成零售包装)〔999〕	0	30	13		千克	Q	
30042015	----头孢克罗制剂							
3004201500	已配剂量头孢克罗制剂(包括制成零售包装)〔999〕	0	30	13		千克	Q	
30042016	----头孢呋辛制剂							
3004201600	已配剂量头孢呋辛制剂(包括制成零售包装)〔999〕	0	30	13		千克	Q	
30042017	----头孢三嗪(头孢曲松)制剂							
3004201700	已配剂量头孢三嗪(头孢曲松)制剂(包括制成零售包装)〔999〕	0	30	13		千克	Q	
30042018	----头孢哌酮制剂							
3004201800	已配剂量头孢哌酮制剂(包括制成零售包装)〔999〕	0	30	13		千克	Q	

① 〔101 其他化工产品〕,〔999 含有青霉素和链霉素及其衍生物的药品(已配定剂量)〕

协定税率(%)															特惠税率(%)			对美税率	出口税率	出口退税率	Article Description
智利	新西兰	澳大利亚	瑞士	冰岛	秘鲁	哥斯达	东盟	亚太	新加坡	巴基斯坦	港/澳/台	韩国	格鲁吉亚	毛里求斯	亚太	老/柬/缅	LDC 97/95				
																			0		
																			0		
																	0/0			13	---Containing artemisinins and their derivatives
																		2.5	0		
																	0/0				---Other
																		2.5	0	13	
																		2.5	0	0	
																		2.5	0	13	
																	0/0				-Other
																			0	0	
																			0	0	
																			0	13	
																			0	13	
																					Medicaments(excluding goods of heading 30.02, 30.05 or 30.06) consisting of mixed or unmixed products for therapeutic or prophylactic uses, put up in measured doses (including those in the form of transdermal administration systems) or in forms or packings for retail sale:
																	0/0			13	----Ampicillin
																			0		
																	0/0			13	----Amoxycillin
																			0		
																			0		
																	0/0			13	----Penicillin V
																			0		
																	0/0			13	----Other
																			0		
																			0		
																	0/0			13	---Other
																			0		
																	0/0			13	----Cefotaxime
																			0		
																	0/0			13	----Ceftazidime
																			0		
																	0/0			13	----Cefoxitin
																			0		
																	0/0			13	----Ceftezole
																			0		
																	0/0			13	----Cefaclor
																			0		
																	0/0			13	----Cefuroxime
																			0		
																	0/0			13	----Ceftriaxone
																			0		
																	0/0			13	----Cefoperazone
																			0		

商品编号	商品名称及备注[检验检疫编码及名称]	进口关税(%) 最惠国	普通	增值税率(%)	消费税	计量单位	监管条件	检验检疫类别
30042019	----其他							
3004201920	已配剂量兽用制剂(包括进口兽药管理目录的商品,包括零售包装)〔999〕	0	30	13		千克	R	
3004201990	其他已配剂量头孢菌素制剂(包括零售包装的制成品,包括零售包装)〔999〕	0	30	13		千克	Q	
30042090	---其他							
3004209020	已配剂量兽用制剂(包括进口兽药管理目录的商品,包括零售包装)〔999〕	0	30	13		千克	R	
3004209091	抗(防)癌药品制剂(不含癌症辅助治疗药品)(包括抗癌药品清单第一批相关商品)〔999〕	0	30	3		千克	Q	
3004209099	其他已配剂量含有其他抗菌素的药品(包括制成零售包装)(因拆分抗癌药产生的兜底税号)〔999〕	0	30	13		千克	Q	
30043110	---含有重组人胰岛素的							
3004311010	已配剂量含重组人胰岛素的单方制剂(包括零售包装)〔999〕	0	30	13		千克	L	
3004311090	已配剂量含重组人胰岛素的其他药品(不含抗菌素,包括零售包装)〔999〕	0	30	13		千克	Q	
30043190	---其他							
3004319010	其他已配剂量含胰岛素的单方制剂(包括零售包装)〔999〕	0	30	13		千克	L	
3004319090	其他已配剂量含胰岛素的其他药品(不含抗菌素,包括零售包装)〔999〕	0	30	13		千克	Q	
30043200	--含有皮质甾类激素及其衍生物或结构类似物							
3004320011	已配剂量含1-雄烯二醇或1-雄烯二酮的单方制剂(包括其衍生物及结构类似物,包括零售包装)〔999〕	0	30	13		千克	L	
3004320012	已配剂量含甲睾勃龙的单方制剂(包括其衍生物及结构类似物,包括零售包装)〔999〕	0	30	13		千克	L	
3004320013	已配剂量含雄甾-4-烯-3β, 17α-二醇(4-雄烯二醇(3β, 17α))的单方制剂(包括其衍生物及结构类似物,包括零售包装)〔999〕	0	30	13		千克	L	
3004320014	已配剂量含雄甾-5-烯-3β, 17α-二醇(5-雄烯二醇(3β, 17α))的单方制剂(包括其衍生物及结构类似物,包括零售包装)〔999〕	0	30	13		千克	L	
3004320015	已配剂量含4-雄烯二醇或乙雌烯醇的单方制剂(包括其衍生物及结构类似物,包括零售包装)〔999〕	0	30	13		千克	L	
3004320016	已配剂量含5-雄烯二酮的单方制剂(包括其衍生物及结构类似物,包括零售包装)〔999〕	0	30	13		千克	L	
3004320017	已配剂量含5α-雄烷-3α, 17β-二醇(雄烷二醇(3α, 17β))或5β-雄烷-3α, 17β-二醇(5β-雄烷二醇(3α, 17β))的单方制剂(包括其衍生物及其结构类似物,包括零售包装)〔999〕	0	30	13		千克	L	
3004320018	已配剂量5α-雄烷-3β, 17α-二醇[雄烷二醇(3β, 17α)]的单方制剂(包括其衍生物及结构类似物,包括零售包装)〔999〕	0	30	13		千克	L	
3004320019	已配剂量含勃拉睾酮的单方制剂(包括其衍生物及结构类似物,包括零售包装)〔999〕	0	30	13		千克	L	
3004320021	已配剂量含勃地酮的单方制剂(包括其衍生物及结构类似物,包括零售包装)〔999〕	0	30	13		千克	L	
3004320022	已配剂量含勃二酮的单方制剂(包括其衍生物及结构类似物,包括零售包装)〔999〕	0	30	13		千克		
3004320023	已配剂量含卡芦睾酮或达那唑的单方制剂(包括其衍生物及结构类似物,包括零售包装)〔999〕	0	30	13		千克	L	
3004320024	已配剂量含氯司替勃的单方制剂(包括其衍生物及结构类似物,包括零售包装)〔999〕	0	30	13		千克	L	
3004320025	已配剂量含去氢氯甲睾酮的单方制剂(包括其衍生物及结构类似物,包括零售包装)〔999〕	0	30	13		千克	L	
3004320026	已配剂量含甲基氯司替勃的单方制剂(包括其衍生物及结构类似物,包括零售包装)〔999〕	0	30	13		千克	L	
3004320028	已配剂量含普拉睾酮或屈他雄酮的单方制剂(包括其衍生物及结构类似物,包括零售包装)〔999〕	0	30	13		千克	L	
3004320029	已配剂量含去氧甲睾酮或双氢睾酮的单方制剂(包括其衍生物及结构类似物,包括零售包装)〔999〕	0	30	13		千克	L	
3004320031	已配剂量含表双氢睾酮或氟甲睾酮的单方制剂(包括其衍生物及结构类似物,包括零售包装)〔999〕	0	30	13		千克	L	
3004320032	已配剂量含夫拉扎勃的单方制剂(包括其衍生物及结构类似物,包括零售包装)〔999〕	0	30	13		千克	L	
3004320033	已配剂量含孕三烯酮或4-羟基睾酮的单方制剂(包括其衍生物及结构类似物,包括零售包装)〔999〕	0	30	13		千克	L	
3004320034	含3α-羟基-5α-雄烷-17-酮的单方制剂(包括其衍生物及结构类似物,已配剂量或制成零售包装)〔999〕	0	30	13		千克		
3004320035	已配剂量含美睾酮或美雄酮的单方制剂(包括其衍生物及结构类似物,包括零售包装)〔999〕	0	30	13		千克	L	
3004320036	已配剂量含甲基屈他雄酮的单方制剂(包括其衍生物及结构类似物,包括零售包装)〔999〕	0	30	13		千克	L	
3004320037	已配剂量含甲二烯诺龙的单方制剂(包括其衍生物及结构类似物,包括零售包装)〔999〕	0	30	13		千克	L	

协定税率(%)															特惠税率(%)			对美税率	出口税率	出口退税率	Article Description
智利	新西兰	澳大利亚	瑞士	冰岛	秘鲁	哥斯达	东盟	亚太	新加坡	巴基斯坦	港/澳/台	韩国	格鲁吉亚	毛里求斯	亚太	老/柬/缅	LDC 97/95				
												1.8					0/0			13	----Other
																			0		
																			0		
																	0/0			13	---Other
																			0		
																			0		
																			0		
																	0/0			13	---Containing recombinant human insulin
																			0		
																			0		
																	0/0			13	---Other
																			0		
																			0		
																	0/0			13	--Containing corticosteroid hormones, their derivatives and structural analogues
																			0		
																			0		
																			0		
																			0		
																			0		
																			0		
																			0		
																			0		
																			0		
																			0		
																			0		
																			0		
																			0		
																			0		
																			0		
																			0		
																			0		
																			0		
																			0		
																			0		
																			0		
																			0		
																			0		
																			0		

商品编号	商品名称及备注[检验检疫编码及名称]	进口关税(%) 最惠国	普通	增值税率(%)	消费税	计量单位	监管条件	检验检疫类别
3004320038	已配剂量含甲基-1-睾酮或甲诺睾酮的单方制剂(包括其衍生物及结构类似物,包括零售包装)〔999〕	0	30	13		千克	L	
3004320039	已配剂量含美曲勃龙的单方制剂(包括其衍生物及结构类似物,包括零售包装)〔999〕	0	30	13		千克	L	
3004320041	已配剂量含美雄诺龙或美替诺龙的单方制剂(包括其衍生物及结构类似物,包括零售包装)〔999〕	0	30	13		千克	L	
3004320042	已配剂量含美雄醇或甲睾酮或米勃酮的单方制剂(包括其衍生物及结构类似物,包括零售包装)〔999〕	0	30	13		千克	L	
3004320043	已配剂量含诺龙或诺勃酮或诺司替勃的单方制剂(包括其衍生物及结构类似物,包括零售包装)〔999〕	0	30	13		千克	L	
3004320044	已配剂量含19-去甲雄烯二酮的单方制剂(包括其衍生物及结构类似物,包括零售包装)〔999〕	0	30	13		千克	L	
3004320045	已配剂量含去甲雄酮或诺乙雄龙的单方制剂(包括其衍生物及结构类似物,包括零售包装)〔999〕	0	30	13		千克	L	
3004320046	已配剂量含19-去甲本胆烷醇酮的单方制剂(包括其衍生物及结构类似物,包括零售包装)〔999 包括其衍生物及结构类似物,包括零售包装〕	0	30	13		千克	L	0
3004320047	已配剂量含羟勃龙或氧雄龙的单方制剂(包括其衍生物及结构类似物,包括零售包装)〔999〕	0	30	13		千克	L	
3004320048	已配剂量含羟甲睾酮或羟甲烯龙的单方制剂(包括其衍生物及结构类似物,包括零售包装)〔999〕	0	30	13		千克	L	
3004320049	已配剂量含前列他唑的单方制剂(包括其衍生物及结构类似物,包括零售包装)〔999〕	0	30	13		千克	L	
3004320051	含奎勃龙或替勃龙或群勃龙的单方制剂(包括其衍生物及结构类似物,已配剂量或制成零售包装)〔999〕	0	30	13		千克	L	
3004320052	已配剂量含司坦唑醇或司腾勃龙的单方制剂(包括其衍生物及结构类似物,包括零售包装)〔999〕	0	30	13		千克	L	
3004320053	已配剂量含1-睾酮或睾酮的单方制剂(包括其衍生物及结构类似物,包括零售包装)〔999〕	0	30	13		千克	L	
3004320054	已配剂量含四氢孕三烯酮或泽仑诺的单方制剂(包括其衍生物及结构类似物,包括零售包装)〔999〕	0	30	13		千克	L	
3004320061	已配剂量兽用制剂(包括进口兽药管理目录的商品,包括零售包装)〔999〕	0	30	13		千克	R	
3004320071	已配剂量含雄甾-5-烯-3β, 17β-二醇(5-雄烯二醇(3β, 17β))的单方制剂(包括其衍生物及结构类似物,不含抗菌素,包括零售包装)〔999〕	0	30	13		千克	L	
3004320072	已配剂量含雄甾-4-烯-3,17-二酮(4-雄烯二酮)的单方制剂(包括其衍生物及结构类似物,不含抗菌素,包括零售包装)〔999〕	0	30	13		千克	L	
3004320074	已配剂量含7α-羟基-普拉睾酮的单方制剂(包括其衍生物及结构类似物,不含抗菌素,包括零售包装)〔999〕	0	30	13		千克	L	
3004320075	已配剂量含7β-羟基-普拉睾酮的单方制剂(包括其衍生物及结构类似物,不含抗菌素,包括零售包装)〔999〕	0	30	13		千克	L	
3004320076	已配剂量含7-羰基-普拉睾酮的单方制剂(包括其衍生物及结构类似物,不含抗菌素,包括零售包装)〔999〕	0	30	13		千克	L	
3004320077	已配剂量含胆烷醇酮的单方制剂(包括其衍生物及结构类似物,不含抗菌素,包括零售包装)〔999〕	0	30	13		千克	L	
3004320078	已配剂量含1,4-雄烯二酮(雄甾-1,4-二烯-3,17 -二酮)的单方制剂(包括其衍生物及结构类似物,不含抗菌素,包括零售包装)①	0	30	13		千克	L	0
3004320099	其他已配剂量含其他皮质甾类激素的药品(包括其衍生物及结构类似物,不含抗菌素,包括零售包装)(因拆分抗癌药产生的兜底税号)〔301 氢化可的松涂膜剂(易燃液体)〕,〔999 其他〕	0	30	13		千克	Q	
30043900	--其他							
3004390011	已配剂量含克仑特罗的单方制剂(包括零售包装)〔999〕	0	30	13		千克	L	
3004390025	已配剂量含绒促性素、促黄体生成素等的单方制剂(包括含生长激素释放肽类(GH-RPs)、普拉莫瑞林(生长激素释放肽-2)、CJC-1295(CAS 号 863288-34-0)、生长激素释放肽-6、生长激素释放激素及其类似物、生长激素促分泌剂,零售包装)〔999〕	0	30	13		千克	L	
3004390026	已配剂量含促皮质素类等肽类激素的单方制剂[包括零售包装,以及已配剂量或零售包装的艾瑞莫瑞林、阿那瑞林、布舍瑞林、可的瑞林、海沙瑞林、伊莫瑞林、舍莫瑞林、替莫瑞林、戈那瑞林、葛瑞林(脑肠肽)及其模拟物类的单方制剂]〔999〕	0	30	13		千克	L	
3004390027	已配剂量含亮丙瑞林的单方制剂〔999〕	0	30	13		千克	L	
3004390028	已配剂量含雄酮的单方制剂〔999〕	0	30	13		千克	L	
3004390029	其他《兴奋剂目录》所列商品	0	30	13		千克	L	
3004390040	已配剂量兽用制剂(包括进口兽药管理目录的商品,包括零售包装)〔999〕	0	30	13		千克	R	

① 〔999 包括其衍生物及结构类似物,不含抗菌素,包括零售包装〕

协定税率(%)															特惠税率(%)			对美税率	出口税率	出口退税率	Article Description
智利	新西兰	澳大利亚	瑞士	冰岛	秘鲁	哥斯达	东盟	亚太	新加坡	巴基斯坦	港/澳/台	韩国	格鲁吉亚	毛里求斯	亚太	老/柬/缅	LDC 97/95				
																			0		
																			0		
																			0		
																			0		
																			0		
																			0		
																			0		
																			0		
																			0		
																			0		
																			0		
																			0		
																			0		
																			0		
																			0		
																			0		
																			0		
																			0		
																			0		
																			0		
																			0		
																			0		
																			0		
																			0		
																	0/0			13	--Other
																			0		
																			0		
																			0		
																			0		
																			0		
																			0		
																			0		

商品编号	商品名称及备注[检验检疫编码及名称]	进口关税(%) 最惠国	进口关税(%) 普通	增值税率(%)	消费税	计量单位	监管条件	检验检疫类别
3004390091	抗(防)癌药品制剂(不含癌症辅助治疗药品)(包括抗癌药品清单第一批、第二批相关商品)〔999〕	0	30	3		千克	Q	
3004390092	其他已配剂量含卵泡抑素的单方制剂〔999〕	0	30	13		千克	L	0
3004390093	其他已配剂量含马昔瑞林的单方制剂〔999〕	0	30	13		千克	L	0
3004390095	罕见病药品制剂(包括罕见病药品清单第一批、第二批相关商品)〔999〕	0	30	3		千克	Q	
3004390099	其他已配剂量含激素或品目29.37产品的药品(不含抗菌素,包括零售包装)(因拆分抗癌药产生的兜底税号)〔999〕	0	30	13		千克	Q	
30044100	--含有麻黄碱及其盐							
3004410010	盐酸麻黄碱片、盐酸麻黄碱注射剂、硫酸麻黄碱片〔998药品〕,〔999其他化工产品〕	5	30	13		千克	23Q	
3004410020	其他含麻黄碱及其盐的单方制剂(已配定剂量或制成零售包装)〔998药品〕,〔999其他化工产品〕	5	30	13		千克	I	
3004410090	其他含有麻黄碱及其盐的药品(已配定剂量或制成零售包装)〔998药品〕,〔999其他化工产品〕	5	30	13		千克	Q	
30044200	--含有伪麻黄碱(INN)及其盐							
3004420010	盐酸伪麻黄碱片〔998药品〕,〔999其他化工产品〕	5	30	13		千克	23Q	
3004420020	其他含伪麻黄碱及其盐的单方制剂(已配定剂量或制成零售包装)〔998药品〕,〔999其他化工产品〕	5	30	13		千克	I	
3004420090	其他含有伪麻黄碱及其盐的药品(已配定剂量或制成零售包装)〔998药品〕,〔999其他化工产品〕	5	30	13		千克	Q	
30044300	--含有去甲麻黄碱及其盐							
3004430010	去甲麻黄碱及其盐的单方制剂(已配定剂量或制成零售包装)〔998药品〕,〔999其他化工产品〕	5	30	13		千克	I	
3004430090	其他含有去甲麻黄碱及其盐的药品(已配定剂量或制成零售包装)〔998药品〕,〔999其他化工产品〕	5	30	13		千克	Q	
30044900	--其他							
3004490010	含有奎宁或其盐的药品(已配定剂量或制成零售包装)〔998药品〕,〔999其他化工产品〕	5	35	13		千克	Q	
3004490020	含可待因及衍生物及盐的复方制剂(已配定剂量或制成零售包装)〔998药品〕,〔999其他化工产品〕	5	30	13		千克	I	
3004490031	丁丙诺啡透皮贴剂(包括其衍生物,已配定剂量或制成零售包装)〔998药品〕,〔999其他化工产品〕	5	30	13		千克	I	
3004490039	其他含生物碱类精神药品的单方制剂(包括其衍生物,已配定剂量或制成零售包装)〔998药品〕,〔999其他化工产品〕	5	30	13		千克	I	
3004490040	含生物碱类麻醉药品的单方制剂(包括其衍生物,已配定剂量或制成零售包装)〔998药品〕,〔999其他化工产品〕	5	30	13		千克	I	
3004490050	吗啡阿托品注射液〔998药品〕,〔999其他化工产品〕	5	30	13		千克	I	
3004490061	含有氨酚氢可酮片或其盐〔998药品〕,〔999其他化工产品〕	5	30	13		千克	I	
3004490062	含有麦角胺咖啡因片/安钠咖或其盐〔998药品〕,〔999其他化工产品〕	5	30	13		千克	I	
3004490063	阿桔片、复方甘草片(含阿片粉,已配定剂量或制成零售包装)〔998药品〕,〔999其他化工产品〕	5	30	13		千克	I	
3004490070	氨酚双氢可待因片〔998药品〕,〔999其他化工产品〕	5	30	13		千克	I	
3004490080	已配剂量兽用制剂(包括进口兽药管理目录的商品,包括零售包装)〔999〕	5	30	13		千克	R	
3004490091[暂0]	具有抗癌作用的含有生物碱及其衍生物的药品(包括抗癌药品清单第一批相关商品,混合或非混合,治病或防病用已配定剂量或零售包装)〔999〕	5	30	3		千克	Q	
3004490092[暂0]	噻托溴铵粉吸入剂、噻托溴铵喷雾剂、吸入用复方异丙托溴铵溶液、异丙托溴铵气雾剂(已配定剂量或制成零售包装)〔999〕	5	30	13		千克	Q	
3004490099	其他含有生物碱及其衍生物的药品(已配定剂量或制成零售包装)〔301其他化工产品〕,〔999药品〕	5	30	13		千克	Q	
30045000	-其他,含有维生素或品目29.36所列产品							
3004500000	已配剂量含有维生素等的其他药品(包括含有品目29.36所列产品的,包括零售包装)〔999〕	0	40	13		千克	Q	
30046010	---含有青蒿素及其衍生物							
3004601000	含有青蒿素及其衍生物的药品(已配定剂量或制成零售包装)〔998药品〕,〔999其他化工产品〕	0	30	13		千克	Q	
30046090	---其他							
3004609010	含有磺胺类的混合药品(已配定剂量或制成零售包装)〔998药品〕,〔999其他化工产品〕	0	30	13		千克	Q	
3004609021	含濒危动植物成分的中式成药(已配定剂量或零售包装)〔998药品〕,〔999其他化工产品〕	0	30	13		千克	EFQ	
3004609029	含其他成分的中式成药(已配定剂量或零售包装)〔998药品〕,〔999其他化工产品〕	0	30	13		千克	Q	

协定税率(%)															特惠税率(%)			对美税率	出口税率	出口退税率	Article Description
智利	新西兰	澳大利亚	瑞士	冰岛	秘鲁	哥斯达	东盟	亚太	新加坡	巴基斯坦	港/澳/台	韩国	格鲁吉亚	毛里求斯	亚太	老/柬/缅	LDC 97/95				
																			0		
																			0		
																			0		
																			0		
																			0		
0	0	0	0	0	0	0	0			0	0/0/	0	0	0			0/0			13	--Containing ephedrine or its salts
																			0		
																			0		
																			0		
0	0	0	0	0	0	0	0			0	0/0/	0	0	0			0/0			13	--Containing pseudoephedrine (INN) or its salts
																			0		
																			0		
																			0		
0	0	0	0	0	0	0	0			0	0/0/	0	0	0			0/0			13	--Containing norephedrine or its salts
																			0		
																			0		
0	0	0	0	0	0	0	0			0	0/0/	0	0	0			0/0			13	--Other
																			0		
																			0		
																			0		
																			0		
																			0		
																			0		
																			0		
																			0		
																			0		
																			0		
																			0		
																			0		
																			0		
																			0		
																	0/0			13	-Other, containing vitamins or other products of heading 29.36
																			0		
																	0/0			13	---Containing artemisinins and their derivatives
																		2.5	0		
																	0/0				---Other
																		2.5	0	13	
																		2.5	0	0	
																		2.5	0	13	

商品编号	商品名称及备注[检验检疫编码及名称]	进口关税(%) 最惠国	进口关税(%) 普通	增值税率(%)	消费税	计量单位	监管条件	检验检疫类别
3004609030	其他含濒危野生动植物成分的药品(已配定剂量或零售包装)〔998 药品〕,〔999 其他化工产品〕	0	30	13		千克	EFQ	
3004609090	其他含有本章子目注释二所列抗疟疾活性成分的药品(已配定剂量或零售包装)〔998 药品〕,〔999 其他化工产品〕	0	30	13		千克	Q	
30049010	---含有磺胺类							
3004901010	已配剂量兽用制剂(包括进口兽药管理目录的商品,包括零售包装)〔999〕	0	40	13		千克	R	
3004901020	抗(防)癌药品制剂(不含癌症辅助治疗药品)(包括抗癌药品清单第二批相关商品,包括零售包装)〔999〕	0	40	3		千克	Q	
3004901030	罕见病药品制剂(包括罕见病药品清单第二批相关商品,包括零售包装)〔999〕	0	40	3		千克	Q	
3004901090	其他已配剂量含有磺胺类的药品(包括零售包装)〔999〕	0	40	13		千克	Q	
30049020	---含有联苯双酯							
3004902000	含联苯双酯的药品(包括零售包装)〔999〕	4	30	13		千克	Q	
30049051	----中药酒							
3004905110	含濒危动植物成分的中药酒(已配定剂量或零售包装)①	0	30	13		千克	FE	
3004905190	含其他成分的中药酒(已配定剂量或零售包装)②	0	30	13		千克		
30049052	----片仔癀							
3004905200	片仔癀(已配定剂量或零售包装)〔101 其他化工产品〕,〔999 其他〕	3	30	13		千克	QFE	
30049053	----白药							
3004905310	含天然麝香的白药(已配定剂量或零售包装)〔999〕	3	30	13		千克	FEQ	
3004905390	含人工麝香的白药(已配定剂量或零售包装)〔999〕	3	30	13		千克	Q	
30049054	----清凉油							
3004905400	清凉油(已配定剂量或零售包装)〔101 其他化工产品〕,〔999 其他〕	0	30	13		千克	Q	
30049055	----安宫牛黄丸							
3004905510	含天然麝香的安宫牛黄丸(已配定剂量或零售包装)〔999〕	3	30	13		千克	QFE	
3004905590	其他安宫牛黄丸(已配定剂量或零售包装)〔101 其他化工产品〕,〔999 其他〕	3	30	13		千克	Q	
30049059	----其他							
3004905910	含濒危动植物成分的中式成药(已配定剂量或零售包装)〔999〕	0	30	13		千克	QFE	
3004905990	含其他成分的中式成药(已配定剂量或零售包装)〔101 其他化工产品〕,〔999 其他〕	0	30	13		千克	Q	
30049090	---其他							
3004909010	含濒危野生动植物成分的药品(已配定剂量或零售包装,不含紫杉醇)〔999〕	0	30	13		千克	FEQ	
3004909020	含紫杉醇成分的药品(已配定剂量或制成零售包装)〔999〕	0	30	3		千克	EFQ	
3004909030	其他含第二十九章麻醉药品的单方制剂(已配定剂量或制成零售包装)③	0	30	13		千克	I	
3004909041	地芬诺酯复方制剂(已配定剂量或制成零售包装)〔101 其他化工产品〕,〔999 其他〕	0	30	13		千克	I	
3004909049	其他含第二十九章精神药品的单方制剂(已配定剂量或制成零售包装)④	0	30	13		千克	I	
3004909050	含右丙氧芬及其盐的复方制剂(已配定剂量或制成零售包装)〔999〕	0	30	13		千克	I	
3004909060	复方樟脑酊(含阿片酊、樟脑、苯甲酸、八角茴香油等,包括零售包装)⑤	0	30	13		千克	I	
3004909071	已配剂量含雄甾-4-烯-3α, 17β-二醇(4-雄烯二醇(3α, 17β))的单方制剂(包括零售包装)〔999〕	0	30	13		千克	L	
3004909072	已配剂量含雄甾-5-烯-3α, 17α-二醇(5-雄烯二醇(3α, 17α))的单方制剂(包括零售包装)〔999〕	0	30	13		千克	L	
3004909073	已配剂量含雄甾-5-烯-3α, 17β-二醇(5-雄烯二醇(3α, 17β))的单方制剂(包括零售包装)〔999〕	0	30	13		千克	L	
3004909074	已配剂量含 5α-雄烷-3α, 17α-二醇(阿法雄烷二醇)或雄甾-4-烯-3α, 17α-二醇(4-雄烯二醇(3α, 17α))的单方制剂(包括零售包装)〔999〕	0	30	13		千克	L	
3004909075	已配剂量含 5α-雄烷-3β, 17β-二醇(倍他雄烷二醇)的单方制剂(包括零售包装)〔999〕	0	30	13		千克	L	
3004909077	含表雄酮(3β-羟基-5α-雄烷-17-酮)的单方制剂(已配剂量或制成零售包装)⑥	0	30	13		千克	L	
3004909078	已配剂量含齐帕特罗的单方制剂(包括零售包装)〔999〕	0	30	13		千克	L	
3004909079	已配剂量含表睾酮的单方制剂(包括零售包装)〔999〕	0	30	13		千克	L	
3004909083	含 1-表雄酮(3β-羟基-5α-雄甾-1-烯-17-酮)的单方制剂(包括零售包装)〔999〕	0	30	13		千克	L	
3004909084	已配剂量兽用制剂(包括进口兽药管理目录的商品,包括零售包装)〔999〕	0	30	13		千克	R	
3004909085	其他《兴奋剂目录》所列商品	0	30	13		千克	L	
3004909091	含 FG-4592(CAS 号 808118-40-3,一种缺氧诱导因子-脯氨酸羟化酶抑制剂)的已配定剂量的制剂(包括零售包装)〔999〕	0	30	13		千克	Q	
3004909092	已配剂量含 5α-雄烷-2-烯-17-酮的单方制剂(包括零售包装)〔999〕	0	30	13		千克	L	
3004909093	抗(防)癌药品制剂(不含癌症辅助治疗药品)(包括抗癌药品清单第一批、第二批相关商品)〔999〕	0	30	3		千克	Q	

① 〔101 中药酒〕,〔102 具有保健食品批准文号(保健食品)〕,〔999 其他〕
② 〔101 中药酒〕,〔102 具有保健食品批准文号〕,〔103 其他化工产品〕,〔999 其他〕
③ 〔101 其他化工产品〕,〔999 其他〕
④ 〔101 其他化工产品〕,〔999 其他〕
⑤ 〔101 八角茴香及其油〕,〔102 八角茴香油〕,〔999〕
⑥ 〔101 其他化工产品〕,〔999 其他〕

协定税率(%)															特惠税率(%)			对美税率	出口税率	出口退税率	Article Description
智利	新西兰	澳大利亚	瑞士	冰岛	秘鲁	哥斯达	东盟	亚太	新加坡	巴基斯坦	港/澳/台	韩国	格鲁吉亚	毛里求斯	亚太	老/柬/缅	LDC 97/95				
																		2.5	0	0	
																		2.5	0	13	
																	0/0			13	---Containing sulfa drugs
																			0		
																			0		
																			0		
																			0		
0	0	0	0	0	0	0	0	2		0	0/0/	0	0	0			0/0			13	---Containing biphenyl dicarbxybte
																			0		
																	0/0				----Medicated liquors or wines
																		2.5	0	0	
																		2.5	0	13	
0	0	0	0	0	0	0	0	1.5		0	0/0/	0	0	0			0/0			13	----Pien Tzu Huang
																			0		
0	0	0	0	0	0	0	0	1.5		0	0/0/	0	0	0			0/0			13	----Bai Yao
																			0		
																			0		
																	0/0			13	----Essential balm
																		2.5	0		
0	0	0	0	0	0	0	0	1.5		0	0/0/	0	0	0			0/0				----Angong niuhuang wan
																			0	0	
																			0	13	
																	0/0				----Other
																			0	0	
																			0	13	
																	0/0				---Other
																			0	0	
																			0	0	
																			0	13	
																			0	13	
																			0	13	
																			0	13	
																			0	13	
																			0	13	
																			0	13	
																			0	13	
																			0	13	
																			0	13	
																			0	13	
																			0	13	
																			0	13	
																			0		
																			0		
																			0	13	
																			0	13	
																			0	13	
																			0	13	

商品编号	商品名称及备注[检验检疫编码及名称]	进口关税(%)		增值税率(%)	消费税	计量单位	监管条件	检验检疫类别
		最惠国	普通					
3004909094	已配剂量含2-雄烯醇(5α-雄甾-2-烯-17-醇)的单方制剂(包括零售包装)〔999包括零售包装〕	0	30	13		千克	L	0
3004909095	已配剂量含3-雄烯醇(5α-雄甾-3-烯-17-醇)的单方制剂(包括零售包装)〔999包括零售包装〕	0	30	13		千克	L	0
3004909096	已配剂量含3-雄烯酮(5α-雄甾-3-烯-17-酮)的单方制剂(包括零售包装)〔999包括零售包装〕	0	30	13		千克	L	0
3004909098	罕见病药品制剂(包括罕见病药品清单第一批、第二批相关商品)〔999〕	0	30	3		千克	Q	
3004909099	其他已配定剂量的药品(包括零售包装)①	0	30	13		千克	Q	
3005	**软填料、纱布、绷带及类似物品(例如,敷料、橡皮膏、泥罨剂),经过药物浸涂或制成零售包装供医疗、外科、牙科或兽医用:**							
30051010	---橡皮膏							
3005101000	橡皮膏(制成零售包装供医疗、外科、牙科或兽医用)〔101其他化工产品〕,〔999其他〕	5	70	13		千克		
30051090	---其他							
3005109000	其他胶粘敷料及有胶粘涂层的物品(经药物浸涂或制成零售包装,供医疗、外科、牙科或兽医用)〔101其他化工产品〕,〔999其他〕	5	35	13		千克		
30059010	---药棉、纱布、绷带							
3005901000	药棉、纱布、绷带(经药物浸涂或制成零售包装,供医疗、外科、牙科或兽医用)〔999〕	5	70	13		千克		
30059090	---其他							
3005909000	其他软填料及类似物品(经药物浸涂或制成零售包装,供医疗、外科、牙科或兽医用)〔101其他化工产品〕,〔999其他〕	5	35	13		千克		
3006	**本章注释四所规定的医药用品:**							
30061000	-无菌外科肠线、类似的无菌缝合材料(包括外科或牙科用无菌可吸收缝线)及外伤创口闭合用的无菌黏合胶布;无菌昆布及无菌昆布塞条;外科或牙科用无菌吸收性止血材料;外科或牙科用无菌抗粘连阻隔材料,不论是否可吸收							
3006100000	无菌外科肠线、类似的无菌缝合材料,无菌昆布及其塞条(无菌吸收性止血材料,无菌抗粘连阻隔材料,外伤创口闭合用无菌粘合胶布)〔101其他化工产品〕,〔999其他〕	5	30	13		千克		
30062000	-血型试剂							
3006200000	血型试剂〔401医学诊断用〕,〔402医学科研用〕,〔999〕	3	20	13		千克	AB	V/W
30063000	-X光检查造影剂;用于病人的诊断试剂							
3006300000	X光检查造影剂、诊断试剂〔101其他化工产品〕,〔102医用诊断试剂〕,〔401医学诊断用〕	4	30	13		千克	ABQ	V/W
30064000	-牙科粘固剂及其他牙科填料;骨骼粘固剂							
3006400000	牙科粘固剂及其他牙科填料(包括骨骼粘固剂)〔101其他化工产品〕,〔999其他〕	5	30	13		千克		
30065000	-急救药箱、药包							
3006500000	急救药箱、药包〔101其他化工产品〕,〔999其他〕	5	30	13		千克		
30066010	---以激素为基本成分的避孕药							
3006601000	以激素为基本成分的避孕药〔101其他化工产品〕,〔999其他〕	0	0	0		千克	Q	
30066090	---其他							
3006609000	其他化学避孕药(以品目29.37的其他产品或杀精子剂为基本成分)〔101其他化工产品〕,〔999其他〕	0	0	0		千克	Q	

① 〔101鸡眼水〕,〔102硫汞白癜疯擦药〕,〔999其他〕

协定税率(%)															特惠税率(%)			对美税率	出口税率	出口退税率	Article Description
智利	新西兰	澳大利亚	瑞士	冰岛	秘鲁	哥斯达	东盟	亚太	新加坡	巴基斯坦	港/澳/台	韩国	格鲁吉亚	毛里求斯	亚太	老/柬/缅	LDC 97/95				
																			0	13	
																			0	13	
																			0	13	
																			0		
																			0	13	
																					Wadding, gauze, bandages and similar articles (for example, dressings, adhesive plasters, poultices), impregnated or coated with pharmaceutical substances or put up in forms or packings for retail sale for medical, surgical, dental or veterinary purposes:
0	0	0	0	0	0	0	0	4		0	0/0/	0	0	0			0/0			13	---Adhesive plasters
																		32.5	0		
0	0	0	0		0	0	0			0	0/0/	0	0	0			0/0			13	---Other
																		12.5	0		
0	0	0	0	0	0	0	0	3		0	0/0/	0	0	0			0/0			13	---Absorbent cotton, gauze, bandages
																		12.5	0		
0	0	0	0		0	0	0			0	0/0/	0	0	0			0/0			13	---Other
																		12.5	0		
																					Pharmaceutical goods specified in Note 4 to this Chapter:
0	0	0	0	0	0	0	0			0	0/0/	0	0	0			0/0			13	-Sterile surgical catgut, similar sterile suture materials (including sterile absorbable surgical or dental yarns) and sterile tissue adhesives for surgical wound closure; sterile laminaria and sterile laminaria tents; sterile absorbable surgical or dental haemostatics; sterile surgical or dental adhesion barriers, whether or not absorbable
																		10	0		
0	0	0	0.6	0	0	0	0			0	0/0/	0	0	0			0/0			13	-Blood-grouping reagents
																		10.5	0		
0	0	0	0	0	0	0	0			0	0/0/	0	0	0			0/0			13	-Opacifying preparations for X-ray examinations; diagnostic reagents designed to be administered to the patient
																		31.5	0		
0	0	0	0	0	0	0	0			0	0/0/	1.5	0	0			0/0			13	-Dental cements and other dental fillings; bone reconstruction cements
																		17.5	0		
0	0	0	0	0	0	0	0			0	0/0/	0	0	0			0/0			13	-First-aid boxes and kits
																		17.5	0		
																	0/0			0	---Contraceptive preparations based on hormones
																		25	0		
																	0/0			0	---Other
																			0		

商品编号	商品名称及备注[检验检疫编码及名称]	进口关税(%)		增值税率(%)	消费税	计量单位	监管条件	检验检疫类别
		最惠国	普通					
30067000	-专用于人类或作兽药用的凝胶制品,作为外科手术或体检时躯体部位的润滑剂,或者作为躯体和医疗器械之间的耦合剂							
3006700000	医用凝胶制品、润滑剂、耦合剂(用于人类或作兽药用,或外科手术,体检时用)〔999〕	6.5	30	13		千克		
30069100	--可确定用于造口术的用具							
3006910000[暂5]	可确定用于造口术的用具〔101 其他化工产品〕,〔999 其他〕	10	80	13		千克		
30069200	--废药物							
3006920000	废药物(超过有效保存期等原因而不适于原用途的药品)〔101 其他化工产品〕,〔999 其他〕	5	30	13		千克	9	

协定税率(%)															特惠税率(%)			对美税率	出口税率	出口退税率	Article Description
智利	新西兰	澳大利亚	瑞士	冰岛	秘鲁	哥斯达	东盟	亚太	新加坡	巴基斯坦	港/澳/台	韩国	格鲁吉亚	毛里求斯	亚太	老/柬/缅	LDC 97/95				
0	0	0	0	0	0	0	0			4	0/0/	0	0	0			0/0			13	-Gel preparations designed to be used in human or veterinary medicine as a lubricant for parts of the body for surgical operations or physical examinations or as a coupling agent between the body and medical instruments
																		19	0		
0	0	0	0	0	0	0	0	5	0	9.2	0/0/	3	0	0			0/0			13	--Appliances identifiable for ostomy use
																		32.5	0		
0	0	0	0	0	0	0	0			0	0/0/	0	0	0			0/0			13	--Waste pharmaceuticals
																			0		

第三十一章
肥　料

注释：

一、本章不包括：

（一）品目 05.11 的动物血；

（二）单独的已有化学定义的化合物［符合下列注释二（一）、三（一）、四（一）或五所规定的化合物除外］；或

（三）品目 38.24 的每颗重量不低于 2.5 克的氯化钾培养晶体（光学元件除外）；氯化钾光学元件（品目 90.01）。

二、品目 31.02 只适用于下列货品，但未制成品目 31.05 所述形状或包装：

（一）符合下列任何一条规定的货品：

1. 硝酸钠，不论是否纯净；
2. 硝酸铵，不论是否纯净；
3. 硫酸铵及硝酸铵的复盐，不论是否纯净；
4. 硫酸铵，不论是否纯净；
5. 硝酸钙及硝酸铵的复盐（不论是否纯净）或硝酸钙及硝酸铵的混合物；
6. 硝酸钙及硝酸镁的复盐（不论是否纯净）或硝酸钙及硝酸镁的混合物；
7. 氰氨化钙，不论是否纯净或用油处理；
8. 尿素，不论是否纯净。

（二）由上述（一）款任何货品相互混合的肥料。

（三）由氯化铵或上述（一）或（二）款任何货品与白垩、石膏或其他无肥效无机物混合而成的肥料。

（四）由上述（一）2 或 8 项的货品或其混合物溶于水或液氨的液体肥料。

三、品目 31.03 只适用于下列货品，但未制成品目 31.05 所述形状或包装：

（一）符合下列任何一条规定的货品：

1. 碱性熔渣；
2. 品目 25.10 的天然磷酸盐，已焙烧或经过超出清除杂质范围的热处理；
3. 过磷酸钙（一过磷酸钙、二过磷酸钙或三过磷酸钙）；
4. 磷酸氢钙，按干燥无水产品重量计含氟量不低于 0.2%。

（二）由上述（一）款的任何货品相互混合的肥料，不论含氟量多少。

（三）由上述（一）或（二）款的任何货品与白垩、石膏或其他无肥效无机物混合而成的肥料，不论含氟量多少。

四、品目 31.04 只适用于下列货品，但未制成品目 31.05 所述形状或包装：

（一）符合下列任何一条规定的货品：

1. 天然粗钾盐（例如，光卤石、钾盐镁矾及钾盐）；
2. 氯化钾，不论是否纯净，但上述注释一（三）所述的产品除外；
3. 硫酸钾，不论是否纯净；
4. 硫酸镁钾，不论是否纯净。

（二）由上述（一）款任何货品相互混合的肥料。

五、磷酸二氢铵及磷酸氢二铵（不论是否纯净）及其相互之间的混合物应归入品目 31.05。

六、品目 31.05 所称“其他肥料”，仅适用于其基本成分至少含有氮、磷、钾中一种肥效元素的肥料用产品。

商品编号	商品名称及备注［检验检疫编码及名称］	进口关税（%）		增值税率（%）	消费税	计量单位	监管条件	检验检疫类别
		最惠国	普通					
3101	**动物或植物肥料，不论是否相互混合或经化学处理；动植物产品经混合或化学处理制成的肥料：**							
31010011	----鸟粪							
3101001100	未经化学处理的鸟粪〔999〕	3	11	9		千克	AB	P/Q
31010019	----其他							
3101001910	未经化学处理的森林凋落物（包括腐叶、腐根、树皮、树叶、树根等森林腐殖质）①	6.5	30	9		千克	8AB	P/Q

① 〔101 树皮（栽培介质）〕，〔102 其他有机栽培介质〕，〔103 植物有机肥〕，〔104 其他动植物肥料〕

Chapter 31
Fertilisers

Chapter Notes:

1. This Chapter does not cover:
   (a) Animal blood of heading 05. 11;
   (b) Separate chemically defined compounds (other than those answering to the descriptions in Note 2 (a), 3 (a), 4 (a) or 5 below); or
   (c) Cultured potassium chloride crystals (other than optical elements) weighing not less than 2. 5g each, of heading 38. 24; optical elements of potassium chloride (heading 90. 01).

2. Heading 31. 02 applies only to the following goods, provided that they are notput up in the forms or packages described in heading 31. 05:
   (a) Goods which answer to one or other of the descriptions given below:
      (i) Sodium nitrate, whether or not pure;
      (ii) Ammonium nitrate, whether or not pure;
      (iii) Double salts, whether or not pure, of ammonium sulphate and ammoniumnitrate;
      (iv) Ammonium sulphate, whether or not pure;
      (v) Double salts (whether or not pure) or mixtures of calcium nitrate and ammonium nitrate;
      (vi) Double salts (whether or not pure) or mixtures of calcium nitrate and magnesium nitrate;
      (vii) Calcium cyanamide, whether or not pure or treated with oil;
      (viii) Urea, whether or not pure.
   (b) Fertilisers consisting of any of the goods described in (a) above mixed together.
   (c) Fertilisers consisting of ammonium chloride or of any of the goods described in (a) or (b) above mixed with chalk, gypsum or other inorganic non-fertilising substances.
   (d) Liquid fertilisers consisting of the goods of subparagraph (a) (ii) or (viii) above, or of mixtures of those goods, in an aqueous or ammoniacal solution.

3. Heading 31. 03 applies only to the following goods, provided that they are not put up in the forms or packages described in heading 31. 05:
   (a) Goods which answer to one or other of the descriptions given below:
      (i) Basic slag;
      (ii) Natural phosphates of heading 25. 10, calcined or further heat-treated than for the removal of impurities;
      (iii) Superphosphates (single, double or triple);
      (iv) Calcium hydrogenorthophosphate containing not less than 0. 2% by weight of fluorine calculated on the dry anhydrous product.
   (b) Fertilisers consisting of any of the goods described in (a) above mixed together, but with no account being taken of the fluorine content limit.
   (c) Fertilisers consisting of any of the goods described in (a) or (b) above, but with no account being taken of the fluorine content limit, mixed with chalk, gypsum or other inorganic non-fertilising substances.

4. Heading 31. 04 applies only to the following goods, provided that they are not put up in the forms or packages described in heading 31. 05:
   (a) Goods which answer to one or other of the descriptions given below:
      (i) Crude natural potassium salts (for example, carnallite, kainite and sylvite);
      (ii) Potassium chloride, whether or not pure, except as provided in Note 1 (c) above;
      (iii) Potassium sulphate, whether or not pure;
      (iv) Magnesium potassium sulphate, whether or not pure.
   (b) Fertilisers consisting of any of the goods described in (a) above mixed together.

5. Ammonium dihydrogenorthophosphate (monoammonium phosphate) and diammonium hydrogenorthophosphate (diammonium phosphate), whether or not pure, and intermixtures thereof, are to be classified in heading 31. 05.

6. For the purposes of heading 31. 05, the term "other fertilisers" applies only to products of a kind used as fertilisers and containing, as an essential constituent, at least one of the fertilising elements nitrogen, phosphorus or potassium.

协定税率(%)															特惠税率(%)			对美税率	出口税率	出口退税率	Article Description
智利	新西兰	澳大利亚	瑞士	冰岛	秘鲁	哥斯达	东盟	亚太	新加坡	巴基斯坦	港/澳/台	韩国	格鲁吉亚	毛里求斯	亚太	老/柬/缅	LDC 97/95				
																					Animal or vegetable fertilizers, whether or not mixed together or chemically treated; fertilizers produced by the mixing or chemical treatment of animal or vegetable products:
0	0	0	0	0	0	0	0			0	0/0/	0	0	0			0/0			0	----Guano
																			0		
0	0	0	0	0	0	0	0	3. 3		4	0/0/	0	0	0			0/0			0	----Other
																		11. 5	0		

商品编号	商品名称及备注[检验检疫编码及名称]	进口关税(%) 最惠国	进口关税(%) 普通	增值税率(%)	消费税	计量单位	监管条件	检验检疫类别
3101001990	未经化学处理的其他动植物肥料①	6.5	30	9		千克	AB	P/Q
31010090	---其他							
3101009010	经化学处理的含动物源性成分(如粪、羽毛等)动植物肥料②	4	11	9		千克	AB	P/Q
3101009020	经化学处理的森林凋落物(包括腐叶、腐根、树皮、树叶、树根等森林腐殖质)③	4	11	9		千克	8AB	P/Q
3101009090	经化学处理的其他动植物肥料④	4	11	9		千克	AB	P/Q
3102	**矿物氮肥及化学氮肥:**							
31021000	-尿素,不论是否水溶液							
3102100010[暂1]	尿素(配额内,不论是否水溶液)〔101 饲料添加剂〕,〔102 非工业用无检疫要求食品添加剂〕	4	150	9		千克	tA	M/
3102100090	尿素(配额外,不论是否水溶液)〔101 饲料添加剂〕,〔102 其他化工产品〕	50	150	9		千克	A	M/
31022100	--硫酸铵							
3102210000	硫酸铵⑤	4	11	9		千克	7Av	R/
31022900	--其他							
3102290000	硫酸铵和硝酸铵的复盐及混合物〔999〕	4	11	9		千克	7v	
31023000	-硝酸铵,不论是否水溶液							
3102300000	硝酸铵(不论是否水溶液)⑥	4	11	9		千克	9k	M/
31024000	-硝酸铵与碳酸钙或其他无肥效无机物的混合物							
3102400000	硝酸铵与碳酸钙等的混合物(包括硝酸铵与其他无效肥及无机物的混合物)〔999〕	4	11	9		千克	7v	
31025000	-硝酸钠							
3102500000	硝酸钠⑦	4	11	9		千克	7ABv	M/N.S
31026000	-硝酸钙和硝酸铵的复盐及混合物							
3102600000	硝酸钙和硝酸铵的复盐及混合物〔999〕	4	11	9		千克	7v	
31028000	-尿素及硝酸铵混合物的水溶液或氨水溶液							
3102800000	尿素及硝酸铵混合物的水溶液(包括氨水溶液)〔301 腐蚀性物质〕,〔302 其他化工品〕,〔999〕	4	11	9		千克	7v	
31029010	---氰氨化钙							
3102901000	氰氨化钙〔301 遇水放出易燃气体的物质〕,〔302 其他化工产品〕,〔999〕	4	11	9		千克	7ABv	M/N
31029090	---其他							
3102909000	其他矿物氮肥及化学氮肥(包括上述编号未列名的混合物)〔301 腐蚀性物质〕,〔302 其他化工产品〕,〔999〕	4	11	9		千克	7v	
3103	**矿物磷肥及化学磷肥:**							
31031110	---重过磷酸钙							
3103111000[暂1]	重过磷酸钙[按重量计五氧化二磷(P205)含量≥35%]〔999〕	4	11	9		千克	7Av	M/
31031190	---其他							
3103119000[暂1]	其他按重量计五氧化二磷(P205)含量≥35%的过磷酸钙〔999〕	4	11	9		千克	7Av	M/
31031900	--其他							
3103190000[暂1]	其他过磷酸钙〔999〕	4	11	9		千克	7Av	M/
31039000	-其他							
3103900000[暂1]	其他矿物磷肥或化学磷肥〔999〕	4	11	9		千克	7v	
3104	**矿物钾肥及化学钾肥:**							
31042020	---纯氯化钾							
3104202000	纯氯化钾(按重量计氯化钾含量≥99.5%)〔999〕	3	11	9		千克	7Av	M/
31042090	---其他							
3104209000[暂1]	其他氯化钾⑧	3	11	9		千克	7Av	R/

① 〔101 其他动物器官、细胞、培养基〕,〔102 猪、牛、羊等偶蹄动物粪便〕,〔103 马等奇蹄动物粪〕,〔104 其他动物粪便〕,〔105 动物性肥料、垃圾〕,〔106 其他动物性废弃物〕,〔107 植物有机肥〕,〔108 其他动物源性肥料〕,〔109 禽源性有机肥〕

② 〔101 其他动物器官、细胞、培养基〕,〔102 猪、牛、羊等偶蹄动物粪便〕,〔103 马等奇蹄动物粪〕,〔104 其他动物粪便〕,〔105 动物性肥料、垃圾〕,〔106 其他动物性废弃物〕,〔107 其他化工产品〕,〔108 禽源性有机肥〕

③ 〔101 其他动物器官、细胞、培养基〕,〔102 植物有机肥〕,〔103 其他化工产品〕

④ 〔101 其他动物器官、细胞、培养基〕,〔102 猪、牛、羊等偶蹄动物粪便〕,〔103 马等奇蹄动物粪〕,〔104 其他动物粪便〕,〔105 动物性肥料、垃圾〕,〔106 其他动物性废弃物〕,〔107 植物有机肥〕,〔108 其他动物源性肥料〕,〔109 其他化工产品〕,〔110 禽源性有机肥〕

⑤ 〔101 矿物源性饲料添加剂〕,〔102 无检疫要求食品添加剂〕,〔103 需申报仅用于工业用途不用于食品添加剂无检疫要求的化学品〕

⑥ 〔101 硝酸铵(含可燃物>0.2%,包括以碳计算的任何有机物,但不包括任何其他添加剂)〕,〔102 硝酸铵肥料[比硝酸铵(含可燃物>0.2%,包括以碳计算的任何有机物,但不包括任何其他添加剂)更易爆炸]〕,〔103 硝酸铵(含可燃物≤0.2%)〕,〔104 硝酸铵肥料(含可燃物≤0.4%)〕,〔301 爆炸品〕,〔302 氧化性物质〕,〔303 其他化工产品〕

⑦ 〔301 氧化性物质,需申报仅用于工业用途不用于食品添加剂无检疫要求〕,〔302 无检疫要求食品添加剂〕,〔303 一般化学品,需申报仅用于工业用途不用于食品添加剂无检疫要求〕,〔304 属于危险化学品的食品添加剂〕,〔999〕

⑧ 〔101 矿物源性饲料添加剂〕,〔102 化工产品〕,〔301 需申报仅用于工业用途不用于食品添加剂无检疫要求的化学品〕

协定税率(%)															特惠税率(%)			对美税率	出口税率	出口退税率	Article Description
智利	新西兰	澳大利亚	瑞士	冰岛	秘鲁	哥斯达	东盟	亚太	新加坡	巴基斯坦	港/澳/台	韩国	格鲁吉亚	毛里求斯	亚太	老/柬/缅	LDC 97/95				
																		11.5	0		
0	0	0	0	0	0	0	0			0	0/0/	2.1	0	0			0/0			0	---Other
																		24	0		
																		24	0		
																		24	0		
																					Mineral or chemical fertilizers, nitrogenous:
								40		40	0/0/						/			0	-Urea, whether or not in aqueous solution
																		26			
																		75	0		
0	0	0	0	0	0	0	0			0	0/0/	0	0	0			0/0			0	--Ammonium sulphate
																		16.5	0		
0	0	0	0	0	0	0	0			0	0/0/	0	0	0			0/0			0	--Other
																		6.5	0		
0	0	0	0	0	0	0	0			0	0/0/	0	0	0			0/0			0	-Ammonium nitrate, whether or not in aqueous solution
																		6.5	0		
0	0	0	0	0	0	0	0			0	0/0/	0	0	0			0/0			0	-Mixtures of ammonium nitrate with calcium carbonate or other inorganic nonfertilizing substances
																		6.5	0		
0	0	0	0	0	0	0	0			0	0/0/	0	0	0			0/0			0	-Sodium nitrate
																		31.5	0		
0	0	0	0	0	0	0	0			0	0/0/	0	0	0			0/0			0	-Double salts and mixtures of calcium nitrate and ammonium nitrate
																		6.5	0		
0	0	0	0	0	0	0	0			0	0/0/	0	0.8	0			0/0			0	-Mixtures of urea and ammonium nitrate in aqueous or ammoniacal solution
																		6.5	0		
0	0	0	0	0	0	0	0			0	0/0/	0	0	0			0/0			0	---Calcium cyanamide
																		6.5	0		
0	0	0	0	0	0	0	0			0	0/0/	0	0	0			0/0			0	---Other
																		31.5	0		
																					Mineral or chemical fertilizers, phosphatic:
0	0	0	0	0	0	0	0			0	0/0/	0	0	0			0/0			0	---Triple superphosphates
																		3.5	0		
0	0	0	0	0	0	0	0			0	0/0/	0	0	0			0/0			0	---Other
																		3.5	0		
0	0	0	0	0	0	0	0			0	0/0/	0	0	0			0/0			0	--Other
																		8.5	0		
0	0	0	0	0	0	0	0			0	0/0/	0	0.8	0			0/0			0	-Other
																		3.5	0		
																					Mineral or chemical fertilizers, potassic:
0	0	0	0	0	0	0	0			0	0/0/	0	0	0			0/0			0	---Pure potassium chloride
																		30.5	0		
0	0	0	0	0	0	0	0			0	0/0/	0	0	0			0/0			0	---Other
																		28.5	0		

商品编号	商品名称及备注[检验检疫编码及名称]	进口关税(%) 最惠国	进口关税(%) 普通	增值税率(%)	消费税	计量单位	监管条件	检验检疫类别
31043000	-硫酸钾							
3104300000[暂1]	硫酸钾〔101 矿物源性饲料添加剂〕,〔102 化工产品〕	3	11	9		千克	7Av	M/
31049010	---光卤石、钾盐及其他天然粗钾盐							
3104901000[暂1]	光卤石、钾盐及其他天然粗钾盐〔999〕	3	11	9		千克	7v	
31049090	---其他							
3104909000[暂1]	其他矿物钾肥及化学钾肥〔999〕	3	11	9		千克	7v	
3105	**含氮、磷、钾中两种或三种肥效元素的矿物肥料或化学肥料;其他肥料;制成片及类似形状或每包毛重不超过10千克的本章各项货品:**							
31051000	-制成片及类似形状或每包毛重不超过10千克的本章各项货品							
3105100010[暂1]	制成片状及类似形状或零售包装的硝酸铵(零售包装每包毛重不超过10千克)〔999〕	4	11	9		千克	9	
3105100090[暂1]	制成片状及类似形状或零售包装的第三十一章其他货品(零售包装每包毛重不超过10千克)〔999〕	4	11	9		千克	7v	
31052000	-含氮、磷、钾三种肥效元素的矿物肥料或化学肥料							
3105200010[暂1]	化学肥料或矿物肥料(配额内,含氮、磷、钾三种肥效元素)〔301 腐蚀性物质〕,〔302 其他化工品〕,〔999〕	4	150	9		千克	At	M/
3105200090	化学肥料或矿物肥料(配额外,含氮、磷、钾三种肥效元素)〔301 腐蚀性物质〕,〔302 其他化工品〕,〔999〕	50	150	9		千克	A	M/
31053000	-磷酸氢二铵							
3105300010[暂1]	磷酸氢二铵(配额内)①	4	150	9		千克	At	R/
3105300090	磷酸氢二铵(配额外)②	50	150	9		千克	A	R/
31054000	-磷酸二氢铵及磷酸二氢铵与磷酸氢二铵的混合物							
3105400000[暂1]	磷酸二氢铵(包括磷酸二氢铵与磷酸氢二铵的混合物)〔101 矿物源性饲料添加剂〕,〔102 化工产品〕	4	11	9		千克	7Av	M/
31055100	--含有硝酸盐及磷酸盐							
3105510000[暂1]	含有硝酸盐及磷酸盐的肥料(包括矿物肥料或化学肥料)③	4	11	9		千克	7Av	M/
31055900	--其他							
3105590000[暂1]	其他含氮、磷两种元素肥料(包括矿物肥料或化学肥料)④	4	11	9		千克	7Av	M/
31056000	-含磷、钾两种肥效元素的矿物肥料或化学肥料							
3105600000[暂1]	含磷、钾两种元素的肥料(包括矿物肥料或化学肥料)〔999〕	4	11	9		千克	7Av	M/
31059010	---有机—无机复混肥料							
3105901000[暂1]	有机-无机复混肥料⑤	4	11	9		千克	7Av	M/
31059090	---其他							
3105909000[暂1]	其他肥料⑥	4	11	9		千克	7Av	M/

① 〔101 饲料添加剂〕,〔102 磷酸氢二铵〕,〔301 需申报仅用于工业用途不用于食品添加剂无检疫要求的化学品〕
② 〔101 矿物源性饲料添加剂〕,〔102 化工产品〕,〔301 需申报仅用于工业用途不用于食品添加剂无检疫要求的化学品〕
③ 〔301 其他危险化学品〕,〔302 无检疫要求的食品添加剂〕,〔303 属于危险化学品的食品添加剂〕,〔304 腐蚀性物质〕,〔999〕
④ 〔101 矿物源性饲料添加剂〕,〔102 化工产品〕,〔301 腐蚀性物质〕,〔302 其他化工品〕
⑤ 〔301 其他危险化学品〕,〔302 腐蚀性物质〕,〔999 其他化工产品〕
⑥ 〔301 其他危险化学品〕,〔302 腐蚀性物质〕,〔999 其他化工产品〕

协定税率(%)															特惠税率(%)			对美税率	出口税率	出口退税率	Article Description
智利	新西兰	澳大利亚	瑞士	冰岛	秘鲁	哥斯达	东盟	亚太	新加坡	巴基斯坦	港/澳/台	韩国	格鲁吉亚	毛里求斯	亚太	老/柬/缅	LDC 97/95				
0	0	0	0	0	0	0	0			0	0/0/	1.6	0	0			0/0			0	-Potassium sulphate
																		28.5	0		
0	0	0	0	0	0	0	0			0	0/0/	0	0	0			0/0			0	---Carnallite, sylvite and other crude natural potassium salts
																		3.5	0		
0	0	0	0	0	0	0	0			0	0/0/	0		0			0/0			0	---Other
																		8.5	0		
																					Mineral or chemical fertilizers containing two or three of the fertilizing elements nitrogen, phosphorus and potassium; other fertilizers; goods of this Chapter in tablets or similar forms or in packages of a gross weight not exceeding 10kg:
0	0	0	0	0	0	0	0			0	0/0/	0	0	0			0/0			0	-Goods of this Chapter in tablets or similar forms or in packages of a gross weight not exceeding 10kg
																		26	0		
																		26	0		
											0/0/									0	-Mineral or chemical fertilizers containing the three fertilizing elements nitrogen, phosphorus and potassium
																		26	0		
																		75	0		
											0/0/									0	-Diammonium hydrogenorthophosphate (diammonium phosphate)
																		11	0		
																		60	0		
0	0	0	0	0	0	0	0			0	0/0/	0	0	0			0/0			0	-Ammonium dihydrogenorthophosphate (monoammonium phosphate) and mixtures thereof with diammonium hydrogenorthophosphate (diammonium phosphate)
																		28.5	0		
0	0	0	0	0	0	0	0			0	0/0/	0	0.8	0			0/0			0	--Containing nitrates and phosphates
																		3.5	0		
0	0	0	0	0	0	0	0			0	0/0/	0	0.8	0			0/0			0	--Other
																		8.5	0		
0	0	0	0	0	0	0	0			0	0/0/	0	0.8	0			0/0			0	-Mineral or chemical fertilizers containing the two fertilizing elements phosphorus and potassium
																		23.5	0		
0	0	0	0	0	0	0	0			0	0/0/	0	0.8	0			0/0			0	---Fertilizers containing the two fertilizing elements organic and inorganic
																		8.5	0		
0	0	0	0	0	0	0	0			0	0/0/	0	0.8	0			0/0			0	---Other
																		23.5	0		

第三十二章
鞣料浸膏及染料浸膏；鞣酸及其衍生物；染料、颜料及其他着色料；油漆及清漆；油灰及其他类似胶黏剂；墨水、油墨

注释：

一、本章不包括：

（一）单独的已有化学定义的化学元素及化合物（品目 32.03 及 32.04 的货品、品目 32.06 的用作发光体的无机产品、品目 32.07 所述形状的熔融石英或其他熔融硅石制成的玻璃及品目 32.12 的零售形状或零售包装的染料及其他着色料除外）；

（二）品目 29.36 至 29.39、29.41 及 35.01 至 35.04 的鞣酸盐及其他鞣酸衍生物；或

（三）沥青胶黏剂（品目 27.15）。

二、品目 32.04 包括生产偶氮染料用的稳定重氮盐与偶合物的混合物。

三、品目 32.03、32.04、32.05 及 32.06 也包括以着色料为基本成分的制品（例如，品目 32.06 包括以品目 25.30 或第二十八章的颜料，金属粉片及金属粉末为基本成分的制品）。该制品是用作原材料着色剂的拼料。但以上税号不包括分散在非水介质中呈液状或浆状的制漆用颜料，例如，品目 32.12 的瓷漆及品目 32.07、32.08、32.09、32.10、32.12、32.13 及 32.15 的其他制品。

四、品目 32.08 包括由品目 39.01 至 39.13 所列产品溶于挥发性有机溶剂的溶液（胶棉除外），但溶剂重量必须超过溶液重量的 50%。

五、本章所称“着色料”，不包括作为油漆填料的产品，不论这些产品能否用于水浆涂料的着色。

六、品目 32.12 所称“压印箔”，只包括用以压印诸如书本封面或帽带之类的薄片，这些薄片由以下材料构成：

（一）金属粉（包括贵金属粉）或颜料经胶水、明胶及其他黏合剂凝结而成的；或

（二）金属（包括贵金属）或颜料沉积于任何材料衬片上的。

商品编号	商品名称及备注[检验检疫编码及名称]	进口关税(%)		增值税率(%)	消费税	计量单位	监管条件	检验检疫类别
		最惠国	普通					
3201	**植物鞣料浸膏；鞣酸及其盐、醚、酯和其他衍生物：**							
32011000	-坚木浸膏							
3201100000	坚木浸膏〔999〕	5	35	13		千克		
32012000	-荆树皮浸膏							
3201200000	荆树皮浸膏〔999〕	6.5	35	13		千克		
32019010	---其他鞣料浸膏							
3201901010	其他濒危植物鞣料浸膏〔999〕	6.5	40	13		千克	FE	
3201901090	其他植物鞣料浸膏〔999〕	6.5	40	13		千克		
32019090	---其他							
3201909000	鞣酸及其盐、醚、酯和其他衍生物〔101 食用单宁〕,〔102 单宁酸〕,〔103 固化单宁〕	6.5	35	13		千克		
3202	**有机合成鞣料；无机鞣料；鞣料制剂，不论是否含有天然鞣料；预鞣用酶制剂：**							
32021000	-有机合成鞣料							
3202100000	有机合成鞣料〔999〕	6.5	35	13		千克		
32029000	-其他							
3202900010暂3	无铬鞣料(不论是否含有天然鞣料,包括预鞣用酶制剂)〔999〕	6.5	35	13		千克		
3202900090	其他无机鞣料、鞣料制剂等(不论是否含有天然鞣料,包括预鞣用酶制剂)〔999〕	6.5	35	13		千克		
3203	**动植物质着色料(包括染料浸膏,但动物炭黑除外),不论是否已有化学定义;本章注释三所述的以动植物质着色料为基本成分的制品：**							
32030011	----天然靛蓝及以其为基本成分的制品							
3203001100	天然靛蓝及以其为基本成分的制品〔301 无检疫要求食品添加剂〕,〔302 需申报仅用于工业用途不用于食品添加剂无检疫要求的化学品〕,〔999〕	6.5	80	13		千克	A	R/
32030019	----其他							

Chapter 32
Tanning or dyeing extracts; tannins and their derivatives; dyes, pigments and other colouring matter; paints and varnishes; putty and other mastics; inks

Chapter Notes:

1. This Chapter does not cover:
   (a) Separate chemically defined elements or compounds (except those of heading 32. 03 or 32. 04, inorganic products of a kind used as luminophores (heading 32. 06), glass obtained from fused quartz or other fused silica in the forms provided for in heading 32. 07, and also dyes and other colouring matter put up in forms or packings for retail sale, of heading 32. 12);
   (b) Tannates or other tannin derivatives of products of headings 29. 36 to 29. 39, 29. 41 or 35. 01 to 35. 04; or
   (c) Mastics of asphalt or other bituminous mastics (heading 27. 15).

2. Heading 32. 04 includes mixtures of stabilised diazonium salts and couplers for the production of azo dyes.

3. Headings 32. 03, 32. 04, 32. 05 and 32. 06 apply also to preparations based on colouring matter (including, in the case of heading 32. 06, colouring pigments of heading 25. 30 or Chapter 28, metal flakes and metal powders), of a kind used for colouring any material or used as ingredients in the manufacture of colouring preparations. The headings do not apply, however, to pigments dispersed in non-aqueous media, in liquid or paste form, of a kind used in the manufacture of paints, including enamels (heading 32. 12), or to other preparations of heading 32. 07, 32. 08, 32. 09, 32. 10, 32. 12, 32. 13 or 32. 15.

4. Heading 32. 08 includes solutions (other than collodions) consisting of any of the products specified in headings 39. 01 to 39. 13 in volatile organic solvents when the weight of the solvent exceeds 50% of the weight of the solution.

5. The expression "colouring matter" in this Chapter does not include products of a kind used as extenders in oil paints, whether or not they are also suitable for colouring distempers.

6. The expression "stamping foils" in heading 32. 12 applies only to thin sheets of a kind used for printing, for example, book covers or hat bands, and consisting of:
   (a) Metallic powder (including powder of precious metal) or pigment, agglomerated with glue, gelatin or other binder; or
   (b) Metal (including precious metal) or pigment, deposited on a supporting sheet of any material.

协定税率(%)															特惠税率(%)			对美税率	出口税率	出口退税率	Article Description
智利	新西兰	澳大利亚	瑞士	冰岛	秘鲁	哥斯达	东盟	亚太	新加坡	巴基斯坦	港/澳/台	韩国	格鲁吉亚	毛里求斯	亚太	老/柬/缅	LDC 97/95				
																					Tanning extracts of vegetable origin; tannins and their salts, ethers, esters and other derivatives:
0	0	0	0	0	0	0	0			0	0/0/	0	0	0			0/0			0	-Quebracho extract
																		30	0		
0	0	0	0	0	0	0	0			4	0/0/	0	0	0			0/0			0	-Wattle extract
																		9	0		
0	0	0	0	0	0	0	0			4	0/0/	0	0	0			0/0			0	---Other tanning extracts
																		34	0		
																		34	0		
0	0	0	0	0	0	0	0			3	0/0/	0	0	0			0/0			0	---Other
																		34	0		
																					Synthetic organic tanning substances; inorganic tanning substances; tanning preparations, whether or not containing natural tanning substances; enzymatic preparations for pre-tanning:
0	0	0	0	0	0	0	0			0	0/0/	0	0	0			0/0			0	-Synthetic organic tanning substances
																		34	0		
0	0	0	0	0	0	0	0			3	0/0/	0	0	0			0/0			0	-Other
																		30. 5	0		
																		34	0		
																					Colouring matter of vegetable or animal origin (including dyeing extracts but excluding animal black), whether or not chemically defined; preparations as specified in Note 3 to this Chapter based on colouring matter of vegetable or animal origin:
0	0	0	0	0	1. 8	0	0			3	0/0/	0	0	0			0/0			0	----Natural indigo and preparations based thereon
																		14	0		
0	0	0	0	0	1. 8	0	0			4	0/0/	0	0	0			0/0				----Other

商品编号	商品名称及备注[检验检疫编码及名称]	进口关税(%) 最惠国	进口关税(%) 普通	增值税率(%)	消费税	计量单位	监管条件	检验检疫类别
3203001910	濒危植物质着色料及制品(制品是指以植物质着色料为基本成分的)①	6.5	45	13		千克	ABEF	R/S
3203001990	其他植物质着色料及制品(制品是指以植物质着色料为基本成分的)②	6.5	45	13		千克	AB	R/S
32030020	---动物质着色料及以其为基本成分的制品							
3203002000	动物质着色料及制品(制品是指以动物质着色料为基本成分的)③	6.5	50	13		千克	A	M. R/
3204	**有机合成着色料,不论是否已有化学定义;本章注释三所述的以有机合成着色料为基本成分的制品;用作荧光增白剂或发光体的有机合成产品,不论是否已有化学定义:**							
32041100	--分散染料及以其为基本成分的制品							
3204110000	分散染料及以其为基本成分的制品,不论是否有化学定义④	6.5	35	13		千克	AB	R/S
32041200	--酸性染料(不论是否预金属络合)及以其为基本成分的制品;媒染染料及以其为基本成分的制品							
3204120000	酸性染料及制品、媒染染料及制品(包括以酸性染料或媒染染料为基本成分的制品,不论是否有化学定义)⑤	6.5	35	13		千克	AB	R/S
32041300	--碱性染料及以其为基本成分的制品							
3204130000	碱性染料及以其为基本成分的制品⑥	6.5	35	13		千克	AB	R/S
32041400	--直接染料及以其为基本成分的制品							
3204140000	直接染料及以其为基本成分的制品⑦	6.5	35	13		千克	AB	R/S
32041510	---合成靛蓝(还原靛蓝)							
3204151000	合成靛蓝(还原靛蓝)⑧	6.5	35	13		千克	A	R/
32041590	---其他							
3204159000	其他还原染料及以其为基本成分品(包括颜料用的)〔999〕	6.5	35	13		千克		
32041600	--活性染料及以其为基本成分的制品							
3204160000	活性染料及以其为基本成分的制品(不论是否有化学定义)〔999〕	6.5	35	13		千克		
32041700	--颜料及以其为基本成分的制品							
3204170010[暂3]	彩色光刻胶用光刻胶颜料分散液〔999〕	6.5	35	13		千克		
3204170090	其他颜料及以其为基本成分的制品〔999〕	6.5	35	13		千克		
32041911	----硫化黑(硫化青)及以其为基本成分的制品							
3204191100	硫化黑及以其为基本成分的制品(硫化黑即硫化青)〔999〕	6.5	35	13		千克		
32041919	----其他							
3204191900	其他硫化染料及以其为基本成分品〔999〕	6.5	35	13		千克		
32041990	---其他							

① 〔101 饲料添加剂〕,〔102 金合欢净油〕,〔103 九里香浸膏〕,〔104 韭葱油〕,〔105 酒花酊〕,〔106 酒花浸膏〕,〔107 多穗柯棕〕,〔108 金樱子棕〕,〔109 工业用途无检疫要求食品添加剂〕,〔301 其他危险化学品,需申报仅用于工业用途不用于食品添加剂无检疫要求〕,〔302 无检疫要求食品添加剂〕,〔303 一般化学品,需申报仅用于工业用途不用于食品添加剂无检疫要求〕,〔304 属于危险化学品的食品添加剂〕

② 〔101 饲料添加剂〕,〔102 姜黄(色)素〕,〔103 葡萄皮红〕,〔104 桑葚红〕,〔105 沙棘黄〕,〔106 酸枣色〕,〔107 天然苋菜红〕,〔108 甜菜红〕,〔109 苋菜红〕,〔110 苋菜红铝色淀〕,〔111 橡子壳棕〕,〔112 胭脂红〕,〔113 胭脂红铝色淀〕,〔114 胭脂树橙(红木素,降红木素)〕,〔115 杨梅红〕,〔116 叶绿素铜钾盐〕,〔117 叶绿素铜钠盐〕,〔118 诱惑红〕,〔119 诱惑红铝色淀〕,〔120 玉米黄〕,〔121 越橘红〕,〔122 越橘红〕,〔123 藻蓝(淡、海水)〕,〔124 栀子黄〕,〔125 紫草红〕,〔126 叶绿素铜〕,〔127 紫甘薯色素〕,〔128 红曲黄色素〕,〔129 天然胡萝卜素〕,〔130 叶黄素〕,〔131β-胡萝卜素(天然)〕,〔132 茶黄色素〕,〔133 茶绿色素〕,〔134 番茄红〕,〔135 柑橘黄〕,〔136 高粱红〕,〔137 黑豆红〕,〔138 黑加仑红〕,〔139 红花黄〕,〔140 红米红〕,〔141 红曲红〕,〔142 红曲米〕,〔143 花生衣红〕,〔144 可可壳色〕,〔145 辣椒橙〕,〔146 辣椒红〕,〔147 蓝锭果红〕,〔148 萝卜红〕,〔149 落葵红〕,〔150 玫瑰茄红〕,〔151 密蒙黄〕,〔152 柠檬黄〕,〔153 柠檬黄铝色淀〕,〔154 工业用途无检疫要求食品添加剂〕,〔301 其他危险化学品,需申报仅用于工业用途不用于食品添加剂无检疫要求〕,〔302 无检疫要求食品添加剂〕,〔303 一般化学品,需申报仅用于工业用途不用于食品添加剂无检疫要求〕,〔304 属于危险化学品的食品添加剂〕

③ 〔101 虫胶清漆〕,〔102 胭脂虫红〕,〔103 紫胶红(虫胶红)〕,〔104 工业用途无检疫要求食品添加剂〕,〔301 其他危险化学品,需申报仅用于工业用途不用于食品添加剂无检疫要求〕,〔302 无检疫要求食品添加剂〕,〔303 一般化学品,需申报仅用于工业用途不用于食品添加剂无检疫要求〕,〔304 属于危险化学品的食品添加剂〕

④ 〔301 其他危险化学品,需申报仅用于工业用途不用于食品添加剂无检疫要求〕,〔302 无检疫要求食品添加剂〕,〔303 需申报仅用于工业用途不用于食品添加剂无检疫要求的化学品〕,〔304 一般化学品,需申报仅用于工业用途不用于食品添加剂无检疫要求〕,〔305 属于危险化学品的食品添加剂〕,〔999〕

⑤ 〔101 酸性红(偶氮玉红)〕,〔102 赤藓红〕,〔103 赤藓红铝色锭〕,〔104 工业用途无检疫要求食品添加剂〕,〔301 其他危险化学品,需申报仅用于工业用途不用于食品添加剂无检疫要求〕,〔302 无检疫要求食品添加剂〕,〔303 一般化学品,需申报仅用于工业用途不用于食品添加剂无检疫要求〕,〔304 属于危险化学品的食品添加剂〕

⑥ 〔301 其他危险化学品,需申报仅用于工业用途不用于食品添加剂无检疫要求〕,〔302 无检疫要求食品添加剂〕,〔303 需申报仅用于工业用途不用于食品添加剂无检疫要求的化学品〕,〔304 一般化学品,需申报仅用于工业用途不用于食品添加剂无检疫要求〕,〔305 属于危险化学品的食品添加剂〕,〔999〕

⑦ 〔101 日落黄〕,〔102 日落黄铝色淀〕,〔103 工业用途无检疫要求食品添加剂〕,〔301 其他危险化学品,需申报仅用于工业用途不用于食品添加剂无检疫要求〕,〔302 无检疫要求食品添加剂〕,〔303 一般化学品,需申报仅用于工业用途不用于食品添加剂无检疫要求〕,〔304 属于危险化学品的食品添加剂〕

⑧ 〔101 靛蓝(无检疫要求食品添加剂)〕,〔102 靛蓝铝色淀(无检疫要求食品添加剂)〕,〔103 需申报仅用于工业用途不用于食品添加剂无检疫要求的化学品〕

协定税率(%)															特惠税率(%)			对美税率	出口税率	出口退税率	Article Description
智利	新西兰	澳大利亚	瑞士	冰岛	秘鲁	哥斯达	东盟	亚太	新加坡	巴基斯坦	港/澳/台	韩国	格鲁吉亚	毛里求斯	亚太	老/柬/缅	LDC 97/95				
																		34	0	0	
																		34	0	13	
0	0	0	0	0	1.8	0	0			3	0/0/	0	0	0			0/0			13	---Colouring matter of animal origin and preparations based thereon
																		9	0		
																					Synthetic organic colouring matter, whether or not chemically defined; preparations as specified in Note 3 to this Chapter based on synthetic organic colouring natter; synthetic organic products of a kind used as fluorescent brightening agents or as luminophores, whether or not chemically defined:
0	0	0		0	0	0	0	4.2		0	0/0/	0	0	0			0/0			0	--Disperse dyes and preparations based thereon
																		34	0		
0	0	0	3.1	0	0	0	0	4.2		0	0/0/0	0	0	0			0/0			0	--Acid dyes, whether or not premetallized, and preparations based thereon; mordant dyes and preparations based thereon
																		34	0		
0	0	0	0	0	0	0	0	4.2		0	0/0/	0	0	0			0/0			0	--Basic dyes and preparations based thereon
																		34	0		
0	0	0	1.3	0	0	0	0	4.2		0	0/0/0	0	0	0			0/0			0	--Direct dyes and preparations based thereon
																		19	0		
0	0	0	0	0	0	0	0	4.2		0	0/0/	1.9	0	0			0/0			0	---Synthetic indigo(reductive indigo)
																		14	0		
0	0	0	0	0	0	0	0	4.2		0	0/0/	1.9	0	0			0/0			0	---Other
																		29	0		
0	0	0	3.1	0	0	0	0	4.2		0	0/0/0	0	0	0			0/0			0	--Reactive dyes and preparations based thereon
																		34	0		
0	0	0	1.3	0	0	0	0	4.2		0	0/0/0	0	0	0			0/0			0	--Pigments and preparations based thereon
																		25.5	0		
																		29	0		
0	0	0	0	0	0	0	0	4.2		0	0/0/	1.9	0	0			0/0			0	----Sulphur black and preparations based thereon
																		34	0		
0	0	0	0	0	0	0	0	4.2		0	0/0/	1.9	0	0			0/0			0	----Other
																		34	0		
0	0	0		0	0	0	0	4.2		0	0/0/0	0	0	0			0/0			0	---Other

商品编号	商品名称及备注[检验检疫编码及名称]	进口关税(%)		增值税率(%)	消费税	计量单位	监管条件	检验检疫类别
		最惠国	普通					
3204199000	其他着色料组成的混合物①	6.5	35	13		千克	AB	R/S
32042000	-用作荧光增白剂的有机合成产品							
3204200000	用作荧光增白剂的有机合成产品〔301 其他危险化学品〕,〔302 其他化工产品〕,〔999〕	6.5	40	13		千克	A	M/
32049010	---生物染色剂及染料指示剂							
3204901000	生物染色剂及染料指示剂〔999〕	6.5	20	13		千克		
32049020	---胡萝卜素及类胡萝卜素							
3204902000	胡萝卜素及类胡萝卜素〔998 无检疫要求食品添加剂〕,〔999 其他化工产品〕	6.5	20	13		千克		
32049090	---其他							
3204909000	其他用作发光体的有机合成产品〔301 易燃液体〕,〔302 其他化工产品〕,〔999〕	6.5	40	13		千克		
3205	**色淀;本章注释三所述的以色淀为基本成分的制品:**							
32050000	色淀;本章注释三所述的以色淀为基本成分的制品							
3205000000	色淀及以色淀为基本成分的制品②	6.5	35	13		千克	A	R/
3206	**其他着色料;本章注释三所述的制品,但品目 32.03、32.04 及 32.05 的货品除外;用作发光体的无机产品,不论是否已有化学定义:**							
32061110	---钛白粉							
3206111000	钛白粉〔999〕	6.5	30	13		千克	4xy	
32061190	---其他							
3206119000	其他干量计二氧化钛≥80%的颜料〔999〕	6.5	30	13		千克		
32061900	--其他							
3206190000	其他二氧化钛为基料的颜料及制品〔999〕	10	30	13		千克		
32062000	-以铬化合物为基本成分的颜料及制品							
3206200000	以铬化合物为基本成分的颜料及制品〔301 易燃液体〕,〔302 其他化工产品〕,〔999〕	6.5	35	13		千克		
32064100	--群青及以其为基本成分的制品							
3206410000	群青及以其为基本成分的制品〔999〕	6.5	35	13		千克		
32064210	---锌钡白							
3206421000	锌钡白〔999〕	6.5	30	13		千克		
32064290	---其他							
3206429000	其他以硫化锌为基本成分的颜料(包括制品)〔999〕	6.5	30	13		千克		
32064911	----以钒酸铋为基本成分的颜料及制品							
3206491100	以钒酸铋为基本成分的颜料及制品〔999〕	6.5	35	13		千克		
32064919	----其他							
3206491900	其他以铋化合物为基本成分的颜料及制品〔999〕	6.5	35	13		千克		
32064990	---其他							
3206499000	其他无机着色料及其制品〔999〕	6.5	35	13		千克		
32065000	-用作发光体的无机产品							
3206500000	用作发光体的无机产品〔999〕	6.5	35	13		千克		
3207	**陶瓷、搪瓷及玻璃工业用的调制颜料、遮光剂、着色剂、珐琅和釉料、釉底料(泥釉)、光瓷釉以及类似产品;搪瓷玻璃料及其他玻璃,呈粉、粒或粉片状的:**							

① 〔101 饲料添加剂〕,〔102 β-胡萝卜素(合成)〕,〔103 β-胡萝卜素(发酵法)〕,〔104 工业用途无检疫要求食品添加剂〕,〔301 其他危险化学品,需申报仅用于工业用途不用于食品添加剂无检疫要求〕,〔302 无检疫要求食品添加剂〕,〔303 一般化学品,需申报仅用于工业用途不用于食品添加剂无检疫要求〕,〔304 属于危险化学品的食品添加剂〕

② 〔101 新红〕,〔102 新红铝色淀〕,〔103 工业用途无检疫要求食品添加剂〕,〔301 新红(无检疫要求食品添加剂)〕,〔302 新红铝色淀(无检疫要求食品添加剂)〕,〔303 需申报仅用于工业用途不用于食品添加剂无检疫要求的化学品〕

协定税率(%)															特惠税率(%)			对美税率	出口税率	出口退税率	Article Description
智利	新西兰	澳大利亚	瑞士	冰岛	秘鲁	哥斯达	东盟	亚太	新加坡	巴基斯坦	港/澳/台	韩国	格鲁吉亚	毛里求斯	亚太	老/柬/缅	LDC 97/95				
																		29	0		
0	0	0	3.1	0	0	0	0	4.2		0	0/0/0	0	0	0			0/0			13	-Synthetic organic products of a kind used as flourescent brightening agents
																		14	0		
0	0	0	1.3	0	0	0	0	4.2		0	0/0/	0	0	0			0/0			0	---Biological stains and dye indicators
																		29	0		
0	0	0	0	0	0	0	0	4.2		0	0/0/	0	0	0			0/0			13	---Carotenes and carotenoids
																		34	0		
0	0	0	0	0	0	0	0	4.2		0	0/0/	0	0	0			0/0			0	---Other
																		29	0		
																					Colour lakes; preparations as specified in Note 3 to this Chapter based on colour lakes:
0	0	0	0	0	0	0	0			3	0/0/	3.4	0	0			0/0			0	Colour lakes; preparations as specified in Note 3 to this Chapter based on colour lakes
																		14	0		
																					Other colouring matter; preparations as specified in Note 3 to this Chapter, other than those of heading 32.03, 32.04 or 32.05; inorganic products of a kind used as luminophores, whether or not chemically defined:
0	0	0	0	0	0	0	0			3	0/0/0	0	0	0			0/0			0	---Titanium White
																		19	0		
0	0	0	0	0	0	0	0			3	0/0/	0	0	0			0/0			0	---Other
																		29	0		
0	0	0	0	0	0	0	0		0	4	0/0/0	3	0	0			0/0			0	--Other
																		22.5	0		
0	0	0	0	0	0	0	0			3	0/0/	0	0	0			0/0			0	-Pigments and preparations based on chromium compounds
																		19	0		
0	0	0	0	0	0	0	0			3	0/0/	0	0	0			0/0			0	--Ultramarine and preparations based thereon
																		34	0		
0	0	0	0	0	0	0	0			3	0/0/	0	0	0			0/0			0	---Lithopone
																		34	0		
0	0	0	0	0	0	0	0			3	0/0/	1.9	0	0			0/0			0	---Other
																		29	0		
0	0	0	0	0	0	0	0	3.3		0	0/0/0	1.9	0	0			0/0			0	----Pigments and preparations based on bismuth vanadate
																		34	0		
0	0	0	0	0	0	0	0	3.3		0	0/0/0	1.9	0	0			0/0			0	----Other
																		14	0		
0	0	0	0	0	0	0	0	3.3		0	0/0/0	1.9	0	0			0/0			0	---Other
																		19	0		
0	0	0	0	0	0	0	0	4.2		4	0/0/	1.9	0	0			0/0			0	-Inorganic products of a kind used as luminophores
																		19	0		
																					Prepared pigments, prepared opacifiers and prepared colours, vitrifiable enamels and glazes, engobes (slips), liquid lustres and similar preparations, of a kind used in the ceramic, enamelling or glass industry; glass frit and other glass, in the form of powder, granules or flakes:

商品编号	商品名称及备注[检验检疫编码及名称]	进口关税(%) 最惠国	进口关税(%) 普通	增值税率(%)	消费税	计量单位	监管条件	检验检疫类别
32071000	-调制颜料、遮光剂、着色剂及类似制品							
3207100000	调制颜料、遮光剂、着色剂及类似品〔301 易燃液体〕,〔302 其他化工产品〕,〔999〕	5	50	13		千克		
32072000	-珐琅和釉料、釉底料(泥釉)及类似制品							
3207200000	珐琅和釉料、釉底料及类似制品〔999〕	5	50	13		千克		
32073000	-光瓷釉及类似制品							
3207300000	光瓷釉及类似制品〔999〕	5	50	13		千克		
32074000	-搪瓷玻璃料及其他玻璃,呈粉、粒或粉片状的							
3207400000	呈粉、粒状搪瓷玻璃料及其他玻璃〔999〕	5	50	13		千克		
3208	**以合成聚合物或化学改性天然聚合物为基本成分的油漆及清漆(包括瓷漆及大漆),分散于或溶于非水介质的;本章注释四所述溶液:**							
32081000	-以聚酯为基本成分							
3208100010	分散于或溶于非水介质的聚酯油漆及清漆,施工状态下挥发性有机物含量大于420克/升[以聚酯为基本成分的(包括瓷漆及大漆)]①	10	50	13	4%	千克	A	M/
3208100090	其他分散于或溶于非水介质的聚酯油漆及清漆;以聚酯为基本成分的本章注释四所述溶液[以聚酯为基本成分的(包括瓷漆及大漆)]②	10	50	13		千克	A	M/
32082010	---以丙烯酸聚合物为基本成分							
3208201020	以丙烯酸聚合物为基本成分的油漆、清漆等,施工状态下挥发性有机物含量大于420克/升(分散于或溶于非水质的以丙烯酸聚合物为基本成分,包括瓷漆及大漆)〔998 属于危险化学品的涂料〕,〔999 不属于危险化学品的涂料〕	10	50	13		千克	A	M/
3208201090	以丙烯酸聚合物为基本成分的油漆、清漆等;以丙烯酸聚合物为基本成分的本章注释四所述溶液(分散于或溶于非水质的以丙烯酸聚合物为基本成分,包括瓷漆及大漆)〔998 属于危险化学品的涂料〕,〔999 不属于危险化学品的涂料〕	10	50	13		千克	A	M/
32082020	---以乙烯聚合物为基本成分							
3208202010	溶于非水介质的聚乙烯油漆及清漆,施工状态下挥发性有机物含量大于420克/升[以乙烯聚合物为基本成分(包括瓷漆及大漆)]③	10	50	13	4%	千克	A	M/
3208202090	其他分散于或溶于非水介质的以乙烯聚合物为基本成分的油漆及清漆;以乙烯聚合物基本成分的本章注释四所述溶液[以乙烯聚合物为基本成分(包括瓷漆及大漆)]④	10	50	13		千克	A	M/
32089010	---以聚胺酯类化合物为基本成分							
3208901011	分散于或溶于非水介质的光导纤维用涂料,施工状态下挥发性有机物含量大于420克/升(主要成分为聚胺酯丙烯酸酯类化合物,以聚胺酯类化合物为基本成分)⑤	10	50	13	4%	千克	A	M/
3208901019	其他分散于或溶于非水介质的光导纤维用涂料(主要成分为聚胺酯丙烯酸酯类化合物,以聚胺酯类化合物为基本成分)⑥	10	50	13		千克	A	M/
3208901091	其他聚胺酯油漆、清漆等,施工状态下挥发性有机物含量大于420克/升(溶于非水介质以聚胺酯类化合物为基本成分,含瓷漆及大漆)⑦	10	50	13	4%	千克	A	L. M/
3208901099	其他聚胺酯油漆、清漆等;以聚氨酯类化合物为基本成分的本章注释四所述溶液(分散于或溶于非水介质以聚胺酯类化合物为基本成分,含瓷漆及大漆)⑧	10	50	13		千克	A	L. M/
32089090	---其他							
3208909010	分散于或溶于非水介质其他油漆、清漆溶液,施工状态下挥发性有机物含量大于420克/升(包括以聚合物为基本成分的漆,本章注释四所述溶液)⑨	10	50	13	4%	千克	A	L. M/

① 〔101 甲级清喷漆(静电用)〕,〔102 凡立水〕,〔103 聚酯树脂绝缘漆〕,〔104 聚酯树脂漆包线漆〕,〔301 属于危险化学品的涂料〕,〔302 不属于危险化学品的涂料〕

② 〔101 甲级清喷漆(静电用)〕,〔102 凡立水〕,〔103 聚酯树脂绝缘漆〕,〔104 聚酯树脂漆包线漆〕,〔301 属于危险化学品的涂料〕,〔302 不属于危险化学品的涂料〕

③ 〔101 乙烯防腐漆〕,〔102 过氯乙烯木器漆〕,〔103 过氯乙烯可剥漆〕,〔104 过氯乙烯底漆〕,〔105 过氯乙烯清漆〕,〔106 过氯乙烯磁漆〕,〔107 过氯乙烯防腐清漆〕,〔108 过氯乙烯防腐磁漆〕,〔109 过氯乙烯防腐漆〕,〔110 过氯乙烯防潮清漆〕,〔111 过氯乙烯锤纹漆〕,〔112 偏氯乙烯清漆〕,〔113 乙烯防腐底漆〕,〔114 过氯乙烯耐氨磁漆〕,〔115 过氯乙烯氯化橡胶磁漆〕,〔116 苯乙烯焦油涂料〕,〔117 铝粉乙烯底漆〕,〔118 偏氯乙烯磁漆〕,〔119 偏氯乙烯底漆〕,〔301 属于危险化学品的涂料〕,〔302 不属于危险化学品的涂料〕

④ 〔101 乙烯防腐漆〕,〔102 过氯乙烯木器漆〕,〔103 过氯乙烯可剥漆〕,〔104 过氯乙烯底漆〕,〔105 过氯乙烯清漆〕,〔106 过氯乙烯磁漆〕,〔107 过氯乙烯防腐清漆〕,〔108 过氯乙烯防腐磁漆〕,〔109 过氯乙烯防腐漆〕,〔110 过氯乙烯防潮清漆〕,〔111 过氯乙烯锤纹漆〕,〔112 偏氯乙烯清漆〕,〔113 乙烯防腐底漆〕,〔114 过氯乙烯耐氨磁漆〕,〔115 过氯乙烯氯化橡胶磁漆〕,〔116 苯乙烯焦油涂料〕,〔117 铝粉乙烯底漆〕,〔118 偏氯乙烯磁漆〕,〔119 偏氯乙烯底漆〕,〔301 属于危险化学品的涂料〕,〔302 不属于危险化学品的涂料〕

⑤ 〔301 属于危险化学品的涂料〕,〔302 不属于危险化学品的涂料〕,〔999 属于危险化学品的涂料〕

⑥ 〔301 属于危险化学品的涂料〕,〔302 不属于危险化学品的涂料〕,〔999 属于危险化学品的涂料〕

⑦ 〔301 属于危险化学品的涂料〕,〔302 不属于危险化学品的涂料〕,〔999 属于危险化学品的涂料〕

⑧ 〔301 属于危险化学品的涂料〕,〔302 不属于危险化学品的涂料〕,〔999 属于危险化学品的涂料〕

⑨ 〔101 属于危险化学品的涂料〕,〔102 银幕白漆〕,〔103 聚酯树脂清漆〕,〔104 红丹油性防锈漆〕,〔105 远红外线辐射涂料〕,〔106 硼钡酚醛防锈漆〕,〔107 互感器环氧酯磁漆〕,〔108 环氧防腐漆〕,〔109 环氧绝缘烘漆〕,〔110 环氧绝缘漆〕,〔111 环氧烘漆〕,〔112 环氧清漆〕,〔113 环氧磁漆〕,〔114 环氧醇酸清烘漆〕,〔115 环氧酚醛防腐烘漆〕,〔116 环氧腻子〕,〔117 环氧富锌底漆〕,〔118 环氧聚氯酯耐水漆〕,〔119 环烷酸铜防虫漆〕,〔120 松香防污漆〕,〔121 氨基透明烘漆〕,〔122 氨基清烘漆〕,〔123 氨基静电清烘漆〕,〔124 氨基醇酸绝缘漆〕,〔125 酚醛绝缘漆〕,〔126 酚醛烘漆〕,〔127 酚醛清漆〕,〔128 酚醛漆包线漆〕,〔129 酚醛透明漆〕,〔130 酚醛硅钢片漆〕,〔131 铝红酚醛防锈漆〕,〔132 铝粉酚醛磁漆〕,〔133 铝粉缩醛磁漆〕,〔134 铝粉醇酸磁漆〕,〔135 银灰氨基锤纹漆〕,〔136 银灰酚醛磁漆〕,〔137 聚酰亚胺漆包线漆〕,〔138 醇酸绝缘漆〕,〔139 醇酸烘漆〕,〔140 醇酸清漆〕,〔141 醇酸漆包线漆〕,〔301 属于危险化学品的涂料〕,〔302 不属于危险化学品的涂料〕

协定税率(%)															特惠税率(%)			对美税率	出口税率	出口退税率	Article Description
智利	新西兰	澳大利亚	瑞士	冰岛	秘鲁	哥斯达	东盟	亚太	新加坡	巴基斯坦	港/澳/台	韩国	格鲁吉亚	毛里求斯	亚太	老/柬/缅	LDC 97/95				
0	0	0	0	0	0	0	0			0	0/0/	1.5	0	0			0/0			0	-Prepared pigments, prepared opacifiers, prepared colours and similar preparations
																		30	0		
0	0	0	0	0	0	0	0			0	0/0/	2.6	0	0			0/0			0	-Vitrifiable enamels and glazes, engobes (slips) and similar preparations
																		30	0		
0	0	0	0	0	0	0	0			0	0/0/	0	0	0			0/0			0	-Liquid lustres and similar preparations
																		30	0		
0	0	0	0	0	0	0	0			0	0/0/	0	0	0			0/0			0	-Glass frit and other glass, in the form of powder, granules or flakes
																		15	0		
																					Paints and varnishes (including enamels and lacquers) based on synthetic polymers or chemically modified natural polymers, dispersed or dissolved in a nonaqueous medium; solutions as defined in Note 4 to this Chapter:
0	0	0	0	0	0	0	0	9	0	4	0/0/0	6.5	0	0			0/0				-Based on polyesters
																		37.5	0	0	
																		37.5	0	0	
0	0	0	0	0	0	0	0	9	0	4	0/0/0	6.5	0	0			0/0				---Based on acrylic polymers
																		32.5	0		
																		32.5	0		
0	0	0	0	0	0	0	0	9		4	0/0/	3	0	0			0/0				---Based on vinyl polymers
																		37.5	0	0	
																		37.5	0	0	
0	0	0	0	0	0	0	0	9	0	4	0/0/	3	0	0			0/0				---Based on polyurethane polymers
																		28.5	0	0	
																		28.5	0	0	
																		32.5	0	0	
																		32.5	0	0	
0	0	0	2	0	0	0	0	9	0	4	0/0/0	6.5	0	0			0/0				---Other
																		32.5	0	0	

商品编号	商品名称及备注[检验检疫编码及名称]	进口关税(%)		增值税率(%)	消费税	计量单位	监管条件	检验检疫类别
		最惠国	普通					
3208909090	分散于或溶于非水介质其他油漆、清漆溶液;其他本章注释四所述溶液(包括以聚合物为基本成分的漆,本章注释四所述溶液)①	10	50	13		千克	A	L. M/
3209	**以合成聚合物或化学改性天然聚合物为基本成分的油漆及清漆(包括瓷漆及大漆),分散于或溶于水介质的:**							
32091000	-以丙烯酸聚合物或乙烯聚合物为基本成分							
3209100010	溶于水介质的聚丙烯酸油漆及清漆,施工状态下挥发性有机物含量大于420克/升[以聚丙烯酸或聚乙烯为基本成分的(包括瓷漆及大漆)]②	10	50	13	4%	千克	A	M/
3209100090	其他溶于水介质的聚丙烯酸油漆及清漆[以聚丙烯酸或聚乙烯为基本成分的(包括瓷漆及大漆)]③	10	50	13		千克	A	M/
32099010	---以环氧树脂为基本成分							
3209901010	以环氧树脂为基本成分的油漆及清漆,施工状态下挥发性有机物含量大于420克/升(包括瓷漆及大漆,分散于或溶于水介质)④	10	50	13	4%	千克	A	M/
3209901090	其他以环氧树脂为基本成分的油漆及清漆(包括瓷漆及大漆,分散或溶于水介质)⑤	10	50	13		千克	A	M/
32099020	---以氟树脂为基本成分							
3209902010	以氟树脂为基本成分的油漆及清漆,施工状态下挥发性有机物含量大于420克/升(包括瓷漆及大漆,分散于或溶于水介质)⑥	10	50	13	4%	千克	A	M/
3209902090	其他以氟树脂为基本成分的油漆及清漆(包括瓷漆及大漆,分散于或溶于水介质)⑦	10	50	13		千克	A	M/
32099090	---其他							
3209909010	溶于水介质其他聚合物油漆及清漆,施工状态下挥发性有机物含量大于420克/升(以合成聚合物或化学改性天然聚合物为基本成分的)⑧	10	50	13	4%	千克	A	M/
3209909090	溶于水介质其他聚合物油漆及清漆,施工状态下挥发性有机物含量不大于420克/升(以合成聚合物或化学改性天然聚合物为基本成分的)⑨	10	50	13		千克	A	M/
3210	**其他油漆及清漆(包括瓷漆、大漆及水浆涂料);加工皮革用的水性颜料:**							
32100000	其他油漆及清漆(包括瓷漆、大漆及水浆涂料);加工皮革用的水性颜料							
3210000020	油漆及清漆,皮革用水性颜料,施工状态下挥发性有机物含量大于420克/升(包括非聚合物为基料的瓷漆、大漆及水浆涂料)〔998 属于危险化学品的涂料〕,〔999 不属于危险化学品的涂料〕	10	50	13		千克		
3210000090	油漆及清漆,皮革用水性颜料,施工状态下挥发性有机物含量不大于420克/升(包括非聚合物为基料的瓷漆、大漆及水浆涂料)〔998 属于危险化学品的涂料〕,〔999 不属于危险化学品的涂料〕	10	50	13		千克		
3211	**配制的催干剂:**							
32110000	配制的催干剂							
3211000000	配制的催干剂〔301 易燃液体〕,〔302 其他化工产品〕,〔999〕	10	50	13		千克		
3212	**制造油漆(含瓷漆)用的颜料(包括金属粉末或金属粉片),分散于非水介质中呈液状或浆状的;压印箔;零售形状及零售包装的染料或其他着色料:**							

① 〔101 纤维素漆〕,〔102 银幕白漆〕,〔103 聚酯树脂清漆〕,〔104 红丹油性防锈漆〕,〔105 远红外线辐射涂料〕,〔106 硼钡酚醛防锈漆〕,〔107 互感器环氧酯磁漆〕,〔108 环氧防腐漆〕,〔109 环氧绝缘烘漆〕,〔110 环氧绝缘漆〕,〔111 环氧烘漆〕,〔112 环氧清漆〕,〔113 环氧磁漆〕,〔114 环氧醇酸清烘漆〕,〔115 环氧酚醛防腐烘漆〕,〔116 环氧腻子〕,〔117 环氧富锌底漆〕,〔118 环氧聚氯酯耐水漆〕,〔119 环烷酸铜防虫漆〕,〔120 松香防污漆〕,〔121 氨基透明烘漆〕,〔122 氨基清烘漆〕,〔123 氨基静电清烘漆〕,〔124 氨基醇酸绝缘漆〕,〔125 酚醛绝缘漆〕,〔126 酚醛烘漆〕,〔127 酚醛清漆〕,〔128 酚醛漆包线漆〕,〔129 酚醛透明漆〕,〔130 酚醛硅钢片漆〕,〔131 铝红酚醛防锈漆〕,〔132 铝粉酚醛磁漆〕,〔133 铝粉缩醛磁漆〕,〔134 铝粉醇酸磁漆〕,〔135 银灰氨基锤纹漆〕,〔136 银灰酚醛磁漆〕,〔137 聚酰亚胺漆包线漆〕,〔138 醇酸绝缘漆〕,〔139 醇酸烘漆〕,〔140 醇酸清漆〕,〔141 醇酸漆包线漆〕,〔301 属于危险化学品的涂料〕,〔302 不属于危险化学品的涂料〕

② 〔301 不属于危险化学品的涂料〕,〔302 属于危险化学品的涂料〕,〔999〕

③ 〔301 不属于危险化学品的涂料〕,〔302 属于危险化学品的涂料〕,〔999〕

④ 〔301 不属于危险化学品的涂料〕,〔302 属于危险化学品的涂料〕,〔999〕

⑤ 〔301 不属于危险化学品的涂料〕,〔302 属于危险化学品的涂料〕,〔999〕

⑥ 〔301 不属于危险化学品的涂料〕,〔302 属于危险化学品的涂料〕,〔999〕

⑦ 〔301 不属于危险化学品的涂料〕,〔302 属于危险化学品的涂料〕,〔999〕

⑧ 〔101 有机硅建筑防水剂〕,〔102 硝基木器清漆〕,〔103 硝基底漆〕,〔104 硝基透明清漆〕,〔105 硝基清漆〕,〔106 硝基磁漆〕,〔107 硝基绝缘漆〕,〔108 硝基铅笔漆(包括底漆)〕,〔109 硝基涂布清漆〕,〔110 硝基铝箔清漆〕,〔111 硝基裂纹漆〕,〔112 硝基锤纹漆〕,〔113 硝基静电清烘漆〕,〔114 硝基漆防潮剂〕,〔115 硝基罐头漆〕,〔116 聚苯乙烯塑料地板漆〕,〔117 磷化底漆〕,〔301 不属于危险化学品的涂料〕,〔302 属于危险化学品的涂料〕

⑨ 〔101 有机硅建筑防水剂〕,〔102 硝基木器清漆〕,〔103 硝基底漆〕,〔104 硝基透明清漆〕,〔105 硝基清漆〕,〔106 硝基磁漆〕,〔107 硝基绝缘漆〕,〔108 硝基铅笔漆(包括底漆)〕,〔109 硝基涂布清漆〕,〔110 硝基铝箔清漆〕,〔111 硝基裂纹漆〕,〔112 硝基锤纹漆〕,〔113 硝基静电清烘漆〕,〔114 硝基漆防潮剂〕,〔115 硝基罐头漆〕,〔116 聚苯乙烯塑料地板漆〕,〔117 磷化底漆〕,〔301 不属于危险化学品的涂料〕,〔302 属于危险化学品的涂料〕

协定税率(%)															特惠税率(%)			对美税率	出口税率	出口退税率	Article Description
智利	新西兰	澳大利亚	瑞士	冰岛	秘鲁	哥斯达	东盟	亚太	新加坡	巴基斯坦	港/澳/台	韩国	格鲁吉亚	毛里求斯	亚太	老/柬/缅	LDC 97/95				
																		32.5	0	0	
																					Paints and varnishes (including enamels and lacquers) based on synthetic polymers or chemically modified natural polymers, dispersed or dissolved in an aqueous medium:
0	0	0	0	0	0	0	0	6.5	0	4	0/0/	3	0	0			0/0				-Based on acrylic or vinyl polymers
																		22.5	0	0	
																		22.5	0	0	
0	0	0	0	0	0	0	0		0	4	0/0/0	6.5	0	0			0/0				---Based on epoxy resin
																		32.5	0	0	
																		32.5	0	0	
0	0	0	0	0	0	0	0		0	4	0/0/	3	0	0			0/0				---Based on fluororesin
																		37.5	0	13	
																		37.5	0	13	
0	0	0	2	0	0	0	0		0	4	0/0/0	6.5	0	0			0/0				---Other
																		32.5	0	0	
																		32.5	0	0	
																					Other paints and varnishes (including enamels, lacquers and distempers); prepared water pigments of a kind used for finishing leather:
0	0	0	0	0	0	0	0	6.5	0	4	0/0/0	0	0	0			0/0				Other paints and varnishes (including enamels, lacquers and distempers); prepared water pigments of a kind used for finishing leather
																		32.5	0		
																		32.5	0		
																					Prepared driers:
0	0	0	2	0	0	0	0		0	4	0/0/	5.3	0	0			0/0			0	Prepared driers
																		32.5	0		
																					Pigments (including metallic powders and flakes) dispersed in non-aqueous media, in liquid or paste form, of a kind used in the manufacture of paints (including enamels); stamping foils; dyes and other colouring matter put up in forms or packings for retail sale:

商品编号	商品名称及备注[检验检疫编码及名称]	进口关税(%) 最惠国	进口关税(%) 普通	增值税率(%)	消费税	计量单位	监管条件	检验检疫类别
32121000	-压印箔							
3212100000	压印箔〔999〕	15	80	13		千克		
32129000	-其他							
3212900000	制漆用颜料及零售包装染料、色料(制漆用颜料指溶于非水介质中呈液状或浆状的)①	10	50	13		千克		
3213	**艺术家、学生和广告美工用的颜料、调色料、文娱颜料及类似品,片状、管装、罐装、瓶装、扁盒装以及类似形状或包装的:**							
32131000	-成套的颜料							
3213100000	成套的颜料(艺术家、学生和广告美工用的)②	6.5	70	13		千克		
32139000	-其他							
3213900000	非成套颜料、调色料及类似品(片状、管装、罐装、瓶装、扁盒装等类似形状或包装的)③	6.5	70	13		千克		
3214	**安装玻璃用油灰、接缝用油灰、树脂胶泥、嵌缝胶及其他类似胶粘剂;漆工用填料;非耐火涂面制剂,涂门面、内墙、地板、天花板等用:**							
32141010	---半导体器件封装材料							
3214101000	半导体器件封装材料〔999〕	9	70	13		千克		
32141090	---其他							
3214109000	其他安装玻璃用油灰等;漆工用填料(包括接缝用油灰、树脂胶泥、嵌缝胶及其他胶粘剂)④	9	70	13		千克		
32149000	-其他							
3214900010	非耐火涂面制剂,施工状态下挥发性有机物含量大于420克/升(涂门面、内墙、地板、天花板等用)〔301 易燃液体〕,〔302 其他化工产品〕,〔999〕	9	70	13	4%	千克		
3214900090	其他非耐火涂面制剂(涂门面、内墙、地板、天花板等用)〔301 易燃液体〕,〔302 其他化工产品〕,〔999〕	9	70	13		千克		
3215	**印刷油墨、书写或绘图墨水及其他墨类,不论是否固体或浓缩:**							
32151100	--黑色							
3215110010	黑色,用于装入编号844331、844332或844339所列设备的工程形态的固体油墨〔998 其他危险化学品〕,〔999 其他化工产品〕	1.1/0⑤	45	13		千克	AB	M/N
3215110090	其他黑色印刷油墨(不论是否固体或浓缩)⑥	6.5	45	13		千克	AB	M/N
32151900	--其他							
3215190010	其他用于装入编号844331、844332或844339所列设备的工程形态的固体油墨〔998 其他危险化学品〕,〔999 其他化工产品〕	1.1/0⑤	45	13		千克		
3215190090	其他印刷油墨(不论是否固体或浓缩)⑦	6.5	45	13		千克		
32159010	---书写墨水							
3215901000	书写墨水(不论是否固体或浓缩)⑧	5	70	13		千克		
32159020	---水性喷墨墨水							
3215902000	水性喷墨墨水〔999〕	10	70	13		千克		
32159090	---其他							
3215909000	其他绘图墨水及其他墨类(不论是否固体或浓缩)⑨	10	70	13		千克		

① 〔301 易燃液体〕,〔302 其他化工产品〕,〔998 其他危险化学品〕,〔999 其他化工产品〕
② 〔301 易燃液体〕,〔302 其他化工产品〕,〔998 其他危险化学品〕,〔999 其他化工产品〕
③ 〔301 易燃液体〕,〔302 其他化工产品〕,〔998 其他危险化学品〕,〔999 其他化工产品〕
④ 〔101 贴胡胶〕,〔102 聚氨酯导电黏合剂〕,〔103 多用粘结胶〕,〔104 FS203C 胶〕,〔105 压敏胶〕,〔106 嵌缝油膏〕,〔301 易燃液体〕,〔302 其他化工产品〕
⑤ 最惠国税率中,"/"左边的税率截止日期为2021年6月30日,"/"右边的税率有效日期为2021年7月1日~2999年12月31日。
⑥ 〔301 易燃液体〕,〔302 其他化工产品〕,〔998 其他危险化学品〕,〔999 其他化工产品〕
⑦ 〔101 醇溶凹印油墨〕,〔102 其他塑料油墨〕,〔103 塑料凸板油墨〕,〔104 塑料喷涂油墨〕,〔105 影印油墨〕,〔106 氧化锌静电复印油墨〕,〔301 易燃液体〕,〔302 其他化工产品〕
⑧ 〔301 易燃液体〕,〔302 其他化工产品〕,〔998 其他危险化学品〕,〔999 其他化工产品〕
⑨ 〔101 软管滚涂油墨〕,〔102 软管白墨〕,〔103 其他化工产品〕,〔301 易燃液体〕,〔302 其他化工产品〕

协定税率(%)															特惠税率(%)			对美税率	出口税率	出口退税率	Article Description
智利	新西兰	澳大利亚	瑞士	冰岛	秘鲁	哥斯达	东盟	亚太	新加坡	巴基斯坦	港/澳/台	韩国	格鲁吉亚	毛里求斯	亚太	老/柬/缅	LDC 97/95				
0	0	0	3	0	0	0	0		0	12	0/0/	4.5	0	0			0/0			0	-Stamping foils
																		35	0		
0	0	0	0	0	0	0	0		0	4	0/0/	3	0	0			0/0			0	-Other
																		22.5	0		
																					Artists', students' or signboard painters' colours, modifying tints, amusement colours and the like, in tablets, tubes, jars, bottles, pans or in similar forms or packings:
0	0	0	0	0	0	0	0			4	0/0/	3	0	0			0/0			13	-Colours in sets
																		16.5	0		
0	0	0	0	0	0	0	0	4.2		4	0/0/	3	0	8			0/0			13	-Other
																		11.5	0		
																					Glaziers' putty, grafting putty, resin cements, caulking compounds and other mastics; painters' fillings; non-refractory surfacing preparations for facades, indoor walls, floors, ceilings or the like:
0	0	0	0	0	0	0	0			3	0/0/		1.8	0			0/0			13	---Encapsulation material for semiconductor device
																		36.5	0		
0	0	0	1.8	0	0	0	0			3	0/0/	0	0	0			0/0			13	---Other
																		21.5	0		
0	0	0	0	0	0	0	0			4	0/0/	4.8	0	0			0/0				-Other
																		21.5	0	0	
																		21.5	0	0	
																					Printing ink, writing or drawing ink and other inks, whether or not concentrated or solid:
0	0	0	0	0	0	0	0	4.2		0	0/0/	0	0	0			0/0			0	--Black
																		23.6	0		
																		29	0		
0	0	0	1.3	0	0	0	0	4.6		0	0/0/0	1.9	0	0			0/0			0	--Other
																		23.6	0		
																		29	0		
0	0	0	0	0	0	0	0			3	0/0/	0	0	0			0/0			13	---Writing or drawing inks
																		30	0		
0	0	0	2	0	0	0	0		0	4	0/0/	0	0	0			0/0			13	---Water-based inkjet inks
																		17.5	0		
0	0	0	2	0	0	0	0		0	4	0/0/	0	0	0			0/0			13	---Other
																		22.5	0		

第三十三章
精油及香膏；芳香料制品及化妆盥洗品

注释：

一、本章不包括：

（一）品目 13.01 或 13.02 的天然油树脂或植物浸膏；

（二）品目 34.01 的肥皂及其他产品；或

（三）品目 38.05 的脂松节油、木松节油和硫酸盐松节油及其他产品。

二、品目 33.02 所称"香料"，仅指品目 33.01 所列的物质、从这些物质离析出来的香料组分，以及合成芳香剂。

三、品目 33.03 至 33.07 主要包括适合作这些税号所列用途的零售包装产品，不论其是否混合（精油水馏液及水溶液除外）。

四、品目 33.07 所称"芳香料制品及化妆盥洗品"，主要适用于下列产品：香袋；通过燃烧散发香气的制品；香纸及用化妆品浸渍或涂布的纸；隐形眼镜片或假眼用的溶液；用香水或化妆品浸渍、涂布、包覆的絮胎、毡呢及无纺织物；动物用盥洗品。

商品编号	商品名称及备注[检验检疫编码及名称]	进口关税(%)		增值税率(%)	消费税	计量单位	监管条件	检验检疫类别
		最惠国	普通					
3301	**精油(无萜或含萜),包括浸膏及净油;香膏;提取的油树脂;用花香吸取法或浸渍法制成的含浓缩精油的脂肪、固定油、蜡及类似品;精油脱萜时所得的萜烯副产品;精油水馏液及水溶液:**							
33011200	--橙油							
3301120000	橙油(包括浸膏及净油)①	20	80	13		千克	A	R/
33011300	--柠檬油							
3301130000	柠檬油(包括浸膏及净油)②	20	80	13		千克	A	R/
33011910	---白柠檬油(酸橙油)							
3301191000	白柠檬油(酸橙油)(包括浸膏及净油)③	20	80	13		千克	A	R/
33011990	---其他							
3301199000	其他柑橘属果实的精油(包括浸膏及净油)④	20	80	13		千克	A	R/
33012400	--胡椒薄荷油							
3301240000	胡椒薄荷油(包括浸膏及净油)⑤	20	90	13		千克	A	R/
33012500	--其他薄荷油							
3301250000[暂5]	其他薄荷油(包括浸膏及净油)⑥	15	90	13		千克	A	R/
33012910	---樟脑油							
3301291000	樟脑油(包括浸膏及精油)⑦	20	90	13		千克	ABE	M. R/N
33012920	---香茅油							
3301292000	香茅油(包括浸膏及净油)⑧	15	70	13		千克	A	R/
33012930	---茴香油							
3301293000	茴香油(包括浸膏及净油)⑨	20	80	13		千克	A	R/
33012940	---桂油							
3301294000	桂油(包括浸膏及净油)⑩	20	80	13		千克	A	R/

① 〔101 香精油〕,〔102 甜橙皮提取物〕,〔103 甜橙油〕,〔104 甜橙油萜烯〕,〔105 柚皮油〕,〔106 圆柚油〕,〔111 面部香精油〕,〔112 发用香精精油〕,〔113 体用香精精油〕,〔301 易燃液体〕,〔302 无检疫要求食品添加剂〕,〔303 无检疫要求的食品添加剂〕,〔304 属于危险化学品的食品添加剂〕

② 〔101 香精油〕,〔102 无萜柠檬油〕,〔103 香柠檬油〕,〔104 柠檬油〕,〔105 冷磨柠檬油〕,〔111 面部香精油〕,〔112 发用香精精油〕,〔113 体用香精精油〕,〔301 易燃液体〕,〔302 无检疫要求食品添加剂〕,〔303 无检疫要求的食品添加剂〕,〔304 属于危险化学品的食品添加剂〕

③ 〔101 香精油〕,〔102 橘叶油〕,〔111 面部香精油〕,〔112 发用香精精油〕,〔113 体用香精精油〕,〔301 易燃液体〕,〔302 无检疫要求食品添加剂〕,〔303 无检疫要求的食品添加剂〕,〔304 属于危险化学品的食品添加剂〕

④ 〔101 香精油〕,〔102 香橙皮油〕,〔103 红橘油〕,〔104 橘柚油〕,〔105 柠檬提取物〕,〔106 柠檬叶油〕,〔111 面部香精油〕,〔112 发用香精精油〕,〔113 体用香精精油〕,〔301 无检疫要求食品添加剂〕

⑤ 〔101 香精油〕,〔102 胡薄荷油(唇萼薄荷油)〕,〔103 椒样薄荷油〕,〔111 面部香精油〕,〔112 发用香精精油〕,〔113 体用香精精油〕,〔301 无检疫要求食品添加剂〕

⑥ 〔101 香精油〕,〔102 天然薄荷脑〕,〔103 亚洲薄荷素油〕,〔104 亚洲薄荷油〕,〔111 面部香精油〕,〔112 发用香精精油〕,〔113 体用香精精油〕,〔301 无检疫要求食品添加剂〕,〔302 需申报仅用于工业用途不用于食品添加剂无检疫要求的化学品〕

⑦ 〔101 香精油〕,〔102 樟脑油〕,〔111 面部香精油〕,〔112 发用香精精油〕,〔113 体用香精精油〕,〔301 易燃液体〕,〔302 无检疫要求食品添加剂〕,〔303 无检疫要求的食品添加剂〕,〔304 属于危险化学品的食品添加剂〕

⑧ 〔101 香精油〕,〔102 香茅油〕,〔111 面部香精油〕,〔112 发用香精精油〕,〔113 体用香精精油〕,〔301 无检疫要求食品添加剂〕

⑨ 〔101 香茅油〕,〔102 甜小茴香油〕,〔103 小茴香町〕,〔104 小茴香油(普通小茴香油)〕,〔105 大茴香油(茴芹油)〕,〔111 面部香精油〕,〔112 发用香精精油〕,〔113 体用香精精油〕,〔301 无检疫要求食品添加剂〕

⑩ 〔101 香茅油〕,〔102 斯里兰卡桂皮油〕,〔103 斯里兰卡桂叶油〕,〔104 西印度月桂叶提取物〕,〔105 西印度月桂叶油〕,〔111 面部香精油〕,〔112 发用香精精油〕,〔113 体用香精精油〕,〔301 无检疫要求食品添加剂〕

Chapter 33
Essential oils and resinoids; perfumery, cosmetic or toilet preparations

Chapter Notes:

1. This Chapter does not cover:
   (a) Natural oleoresins or vegetable extracts of heading 13. 01 or 13. 02;
   (b) Soap or other products of heading 34. 01; or
   (c) Gum, wood or sulphate turpentine or other products of heading 38. 05.

2. The expression "odoriferous substances" in heading 33. 02 refers only to the substances of heading 33. 01, to odoriferous constituents isolated from those substances or to synthetic aromatics.

3. Headings 33. 03 to 33. 07 apply, inter alia, to products, whether or not mixed (other than aqueous distillates and aqueous solutions of essential oils), suitable for use as goods of these headings and put up in packings of a kind sold by retail for such use.

4. The expression "perfumery, cosmetic or toilet preparations" in heading 33. 07 applies, inter alia, to the following products: scented sachets; odoriferous preparations which operate by burning; perfumed papers and papers impregnated or coated with cosmetics; contact lens or artificial eye solutions; wadding, felt and nonwovens, impregnated, coated or covered with perfume or cosmetics; animal toilet preparations.

协定税率(%)															特惠税率(%)			对美税率	出口税率	出口退税率	Article Description
智利	新西兰	澳大利亚	瑞士	冰岛	秘鲁	哥斯达	东盟	亚太	新加坡	巴基斯坦	港/澳/台	韩国	格鲁吉亚	毛里求斯	亚太	老/柬/缅	LDC 97/95				
																					Essential oils (terpeneless or not), including concretes and absolutes; resinoids; extracted oleoresins; concentrates of essential oils in fats, in fixedoils, in waxes or the like, obtained by enfleurage or maceration; terpenicbyproducts of the deterpenation of essential oils; aqueous distillates and aqueous solutions of essential oils:
0	0	0	6.7	0	0	0	0		0		0/0/	10.6	4	0			0/0			10	--Of orange
																		27.5	0		
0	0	0	0	0	0	0	0		0		0/0/	10.6	0	0			0/0			13	--Of lemon
																		27.5	0		
0	0	0	4	0	0	0	0		0		0/0/	10.6	0	0			0/0			10	---Of lime
																		27.5	0		
0	0	0	4	0	0	0	0		0		0/0/	10.6	0	0			0/0			10	---Other
																		27.5	0		
0	0	0	4	0	0	0	0		0		0/0/	10.6	0	0			0/0			10	--Of peppermint (Mentha piperita)
																		27.5	0		
0	0	0	3	0	0	0	0	14	0	12	0/0/	4.5	0	0			0/0			13	--Of other mints
																		15	0		
0	0	0	4	0	0	0	0		0		0/0/	10.6	0	0			0/0			10	---Of camphor
																		27.5	0		
0	0	0	3	0	0	0	0		0	12	0/0/	4.5	0	0			0/0			10	---Of citronella
																		35	0		
0	0	0	4	0	0	0	0		0		0/0/	10.6	0	0			0/0			9	---Of aniseed
																		27.5	0		
0	0	0	4	0	0	0	0		0		0/0/	10.6	0	0			0/0			10	---Of cassia
																		47.5	0		

商品编号	商品名称及备注[检验检疫编码及名称]	进口关税(%)		增值税率(%)	消费税	计量单位	监管条件	检验检疫类别
		最惠国	普通					
33012950	---山苍子油							
3301295000	山苍子油(包括浸膏及净油)①	20	80	13		千克	A	R/
33012960	---桉叶油							
3301296000	桉叶油(包括浸膏及净油)②	20	80	13		千克	AB	M. R/N
33012991	----老鹳草油(香叶油)							
3301299100	老鹳草油(香叶油)(包括浸膏及精油)③	20	80	13		千克	A	R/
33012999	----其他							
3301299910[暂7]	黄樟油④	15	80	13		千克	23A	R/
3301299991	其他濒危植物精油(柑橘属果实除外)(包括浸膏及净油)⑤	15	80	13		千克	AFE	R/
3301299999	其他非柑橘属果实的精油(包括浸膏及净油)⑥	15	80	13		千克	A	R/
33013010	---鸢尾凝脂							
3301301000[暂10]	鸢尾凝脂(香膏类)〔101〕,〔102 鸢尾浸膏〕,〔103 鸢尾脂(鸢尾凝脂)〕	20	80	13		千克		
33013090	---其他							
3301309010	其他濒危植物香膏〔101 香精油〕,〔102 其他化妆品〕,〔999〕	20	80	13		千克	FE	
3301309090	其他香膏⑦	20	80	13		千克		
33019010	---提取的油树脂							
3301901010	濒危植物提取的油树脂〔999〕	20	80	13		千克	FE	
3301901090	其他提取的油树脂⑧	20	80	13		千克		
33019020	---柑橘属果实的精油脱萜的萜烯副产品							
3301902000	柑橘属果实精油脱萜的萜烯副产品⑨	20	80	13		千克		
33019090	---其他							
3301909000	吸取浸渍法制成含浓缩精油的脂肪(含固定油、蜡及类似品,精油水溶液及水馏液)⑩	20	80	13		千克		

① 〔101 香茅油〕,〔102 山苍籽油〕,〔111 面部香精油〕,〔112 发用香精精油〕,〔113 体用香精精油〕,〔301 无检疫要求食品添加剂〕

② 〔101 香茅油〕,〔102 桉叶油〕,〔103 桉叶油(蓝桉油)〕,〔111 面部香精油〕,〔112 发用香精精油〕,〔113 体用香精精油〕,〔301 无检疫要求食品添加剂〕

③ 〔101 面部香精油〕,〔102 发用香精精油〕,〔103 体用香精精油〕,〔301 无检疫要求食品添加剂〕,〔999〕

④ 〔101 面部香精油〕,〔102 发用香精精油〕,〔103 体用香精精油〕,〔301 无检疫要求食品添加剂〕,〔999〕

⑤ 〔101 香精油〕,〔102 众香果油〕,〔111 面部香精油〕,〔112 发用香精精油〕,〔113 体用香精精油〕,〔301 无检疫要求食品添加剂〕

⑥ 〔101 香精油〕,〔102 罗汉果甜苷〕,〔103 海藻净油〕,〔104 卡黎皮提取物〕,〔105 苦艾〕,〔106 苦艾提取物〕,〔107 蜡菊净油〕,〔108 辣椒酊〕,〔109 赖百当油〕,〔110 灵猫净油〕,〔111 没药树脂提取物〕,〔112 玫瑰果籽提取物〕,〔113 摩洛哥豆蔻提取物〕,〔114 茉莉浸膏〕,〔115 墨西哥牛至油树脂〕,〔116 欧芹叶油〕,〔117 葡萄籽提取物〕,〔118 蒲公英根固体提取物〕,〔119 蒲公英流浸膏〕,〔120 芹菜花油〕,〔121 芹菜叶油〕,〔122 芹菜子(CO2)提取物〕,〔123 芹菜子提取物(固体)〕,〔124 芹菜子油〕,〔125 人造康乃克油〕,〔126 肉豆蔻酊〕,〔127 肉豆蔻衣油〕,〔128 肉豆蔻油〕,〔129 山达草流浸膏〕,〔130 山楂酊〕,〔131 生姜提取物(生姜浸膏)〕,〔132 莳萝草油(莳萝油)〕,〔133 鼠尾草油〕,〔134 鼠尾草油树脂/提取物〕,〔135 树兰花酊〕,〔136 树兰花浸膏〕,〔137 树兰油〕,〔138 树苔浸膏〕,〔139 树苔净油〕,〔140 四氢吡咯(吡咯烷)〕,〔141 松焦油〕,〔142 松针油〕,〔143 苏格兰留兰香油〕,〔144 苏合香提取物〕,〔145 苏合香油〕,〔146 素方花净油〕,〔147 穗花槭提取物(固体)〕,〔148 穗薰衣草油〕,〔149 檀香油〕,〔150 桃树叶净油〕,〔151 甜叶菊油〕,〔152 头状百里香油〕,〔153 吐鲁酊(提取物)〕,〔154 晚香玉净油〕,〔155 万寿菊油〕,〔156 西班牙鼠尾草油〕,〔157 夏至草提取物〕,〔158 香葱油〕,〔159 香风茶油〕,〔160 香附子油〕,〔161 香根浸膏〕,〔162 香根油〕,〔163 香菇素〕,〔164 香厚壳桂皮油〕,〔165 香荚兰豆酊〕,〔166 香荚兰豆浸膏〕,〔167 香叶提取物〕,〔168 香叶油〕,〔169 香脂冷杉油〕,〔170 香紫苏油〕,〔171 橡苔净油〕,〔172 小豆蔻酊〕,〔173 小豆蔻油〕,〔174 小花茉莉浸膏〕,〔175 小花茉莉净油〕,〔176 薰衣草净油〕,〔177 胭脂树提取物〕,〔178 芫荽籽油〕,〔179 岩蔷薇浸膏(赖百当浸膏)〕,〔180 野玫瑰浸膏〕,〔181 银白金合欢净油(含羞草净油)〕,〔182 印蒿油〕,〔183 鹰爪豆净油〕,〔184 愈疮木油〕,〔185 栀子花浸膏〕,〔186 紫罗兰浸膏〕,〔187 棕芥末提取物〕,〔188 沙蒿胶〕,〔189 生姜(精)油(蒸馏)〕,〔190 迷迭香提取物〕,〔191 麦芽糖醇〕,〔192 巴拉圭茶净油/提取物〕,〔193 白百里香油〕,〔194 白胡椒油〕,〔195 白康酿克油〕,〔196 白兰花油〕,〔197 白兰浸膏〕,〔198 白兰净油〕,〔199 白兰叶油〕,〔200 白柠檬油〕,〔201 白樟油〕,〔202 百里香油〕,〔203 柏木油(北美香柏)〕,〔204 波罗尼花净油〕,〔205 布枯叶油〕,〔206 蚕豆花酊〕,〔207 苍术脂(苍术硬脂、苍术油)〕,〔208 茶树油〕,〔209 长角豆油〕,〔210 橙花净油〕,〔211 橙叶油〕,〔212 春黄菊花净油(提取物)(罗马)〕,〔213 春黄菊花油(罗马)〕,〔214 大花茉莉浸膏〕,〔215 大花茉莉净油〕,〔216 大蒜油〕,〔217 玳玳果皮油〕,〔218 玳玳果油〕,〔219 玳玳花浸膏〕,〔220 玳玳花油〕,〔221 当归根油〕,〔222 当归籽油〕,〔223 丁香花蕾酊〕,〔224 丁香花蕾油〕,〔225 丁香茎油〕,〔226 丁香叶油〕,〔227 冬青油〕,〔228 豆豉酊〕,〔229 独活酊〕,〔230 杜松籽油(刺柏子油)〕,〔231 二氢香芹醇〕,〔232 防风根油〕,〔233 枫槭浸膏〕,〔234 枫槭油〕,〔235 佛手油〕,〔236 甘草酊〕,〔237 甘牛至油〕,〔238 甘松油〕,〔239 格蓬油〕,〔240 葛缕籽油〕,〔241 古巴香脂油〕,〔242 瓜拉纳提取物〕,〔243 广藿香油〕,〔244 桂花酊〕,〔245 桂花浸膏〕,〔246 桂花净油〕,〔247 桂圆酊〕,〔248 海草(藻)提取物〕,〔249 海索草油〕,〔250 杭白菊浸膏(杭菊花流浸膏)〕,〔251 杭白菊油〕,〔252 黑胡椒油〕,〔253 黑胡椒油提取物〕,〔254 黑加仑酊〕,〔255 黑加仑浸膏〕,〔256 红茶酊〕,〔257 红没药烯〕,〔258 红三叶草提取物(固体)〕,〔259 红枣浸膏〕,〔260 胡椒烯酮〕,〔261 胡萝卜籽油〕,〔262 葫芦巴酊〕,〔263 葫芦巴籽浸膏〕,〔264 桦焦油〕,〔265 槐树花浸膏〕,〔266 槐树花净油〕,〔267 黄葵酊〕,〔268 黄葵籽净油〕,〔269 黄葵籽油〕,〔270 黄龙胆根提取物〕,〔271 黄色金鸡纳树皮提取物〕,〔272 加拿大飞蓬草油〕,〔273 加州胡椒油〕,〔274 姜黄油〕,〔275 姜黄油树脂〕,〔276 姜油(生姜油)〕,〔277 姜油酮〕,〔278 焦木酸〕,〔279 焦木酸提取物〕,〔280 角豆提取物〕,〔281 接骨木花净油〕,〔282 接骨木花提取物〕,〔283 金合欢浸膏〕,〔284 金纽扣油树脂〕,〔285 酒花油〕,〔286 桔子油〕,〔287 菊苣浸膏〕,〔288 咖啡酊〕,〔289 卡黎皮油〕,〔290 卡南伽油〕,〔291 枯茗油〕,〔292 枯茗籽油(孜然油)〕,〔293 苦橙花油〕,〔294 苦橙叶净油〕,〔295 苦橙油〕,〔296 苦木提取物〕,〔297 苦杏仁油〕,〔298 蜡菊提取物〕,〔299 辣根油〕,〔300 赖百当净油(岩蔷薇净油)〕,〔301 朗姆酒净油〕,〔302 朗姆醚〕,〔303 留兰香提取物〕,〔304 留兰香油〕,〔305 龙蒿油〕,〔306 芦荟提取物〕,〔307 绿茶酊〕,〔308 罗汉果酊〕,〔309 罗勒提取物〕,〔310 罗勒烯〕,〔311 罗勒油〕,〔312 罗望子提取物(浸膏)〕,〔313 马鞭草烯酮〕,〔314 没药油〕,〔315 玫瑰草油〕,〔316 玫瑰醇〕,〔317 玫瑰花油〕,〔318 玫瑰浸膏〕,〔319 玫瑰净油〕,〔320 玫瑰醚〕,〔321 玫瑰木油〕,〔322 美国栗树叶提取物〕,〔323 迷迭香油〕,〔324 蜜蜂花油〕,〔325 莫哈弗丝兰提取物〕,〔326 墨红花浸膏〕,〔327 墨红花净油〕,〔328 母菊油(匈牙利春黄菊油)〕,〔329 牡荆叶油〕,〔330 苜蓿提取物〕,〔331 柠檬草油〕,〔332 欧当归提取物(圆叶当归提取物)〕,〔333 欧洲山松针叶油〕,〔334 罗望子多糖胶〕,〔335 辣椒油树脂〕,〔336 菊花黄浸膏〕,〔337 高倍天然苹果香料〕,〔338 工业用精油〕,〔339 无检疫要求食品添加剂〕,〔401 面部香精油〕,〔402 发用香精精油〕,〔403 体用香精精油〕,〔404 易燃液体〕,〔405 毒性物质和感染性物质〕

⑦ 〔101 香精油〕,〔102 其他化妆品〕,〔103 吐鲁香膏〕,〔104 晚香玉浸膏〕,〔105 香榧子壳浸膏〕,〔106 秘鲁香膏油〕,〔107 秘鲁香脂〕

⑧ 〔101 香精油〕,〔102 乳香油〕,〔103 迷迭香油〕,〔104 硬脂酰乳酸钙〕,〔105 大蒜油树脂〕,〔106 榄香香树脂〕,〔107 榄香油/提取物/香树脂〕,〔108 肉豆蔻衣油树脂/提取物〕,〔109 肉豆蔻油树脂〕,〔110 生姜油树脂〕,〔111 小米辣椒油树脂〕,〔112 洋葱油树脂〕,〔113 脂檀油〕,〔114 木松香甘油酯〕,〔115 丁香花蕾油树脂〕,〔116 豆豉油树脂〕,〔117 甘牛至油树脂/提取物〕,〔118 黑胡椒油树脂〕,〔119 葫芦巴油树脂〕,〔120 黄芥末提取物/黄芥末油树脂〕,〔121 牛至〕,〔122 欧芹油树脂〕,〔123 二聚松香(包括松香、木松香、妥尔松香)甘油酯〕,〔124 二十二碳六烯酸油脂(发酵法)〕,〔125 微晶纤维素〕,〔301 易燃液体〕,〔302 无检疫要求食品添加剂〕,〔303 属于危险化学品的食品添加剂〕

⑨ 〔101〕,〔102 除萜白柠檬油〕,〔103 除萜桔子油〕,〔104 除萜甜橙油〕,〔105 柠檬油萜烯〕

⑩ 〔101〕,〔102 缬草根提取物〕,〔103 缬草油〕,〔104 杏仁油〕,〔105 匈牙利春黄菊(母菊)花净油〕,〔106 薰衣草油〕,〔107 芫荽油〕,〔108 燕根(萝藦科植物)提取物〕,〔109 洋艾油〕,〔110 洋葱油〕,〔111 药鼠李提取物〕,〔112 野黑樱桃树皮提取物〕,〔113 依兰依兰油〕,〔114 圆叶当归油(欧当归油)〕,〔115 月桂叶提取物/油树脂〕,〔116 月桂叶油〕,〔117 云木香油〕,〔118 芸香油〕,〔119 杂薰衣草油〕,〔120 皂树皮提取物〕,〔121 中国肉桂油〕,〔122 众香叶油〕,〔123 众香子油树脂/提取物〕,〔124 紫苏油〕,〔125 白千层油〕,〔126 除萜甜橙皮油〕,〔127 除萜香叶油〕,〔128 药蜀葵〕

协定税率(%)															特惠税率(%)			对美税率	出口税率	出口退税率	Article Description
智利	新西兰	澳大利亚	瑞士	冰岛	秘鲁	哥斯达	东盟	亚太	新加坡	巴基斯坦	港/澳/台	韩国	格鲁吉亚	毛里求斯	亚太	老/柬/缅	LDC 97/95				
0	0	0	4	0	0	0	0		0		0/0/	10.6	0	0			0/0			10	---Of litsea cubeba
																		27.5	0		
0	0	0	4	0	0	0	0		0		0/0/	10.6	0	0			0/0			10	---Of eucalyptus
																		27.5	0		
0	0	0	4	0	0	0	0		0		0/0/	10.6	0	0			0/0			10	----Of geranium
																		42.5	0		
0	0	0	3	0	0	0	0		0	12	0/0/	8	0	0			0/0				----Other
																		12	0	10	
																		20	0	0	
																		20	0	10	
0	0	0	4	0	0	0	0		0		0/0/	10.6	0	0			0/0			13	---Balsam of irises
																		37.5	0		
0	0	0	4	0	0	0	0		0		0/0/	10.6	0	0			0/0				---Other
																		42.5	0	0	
																		42.5	0	10	
0	0	0	4	0	0	0	0	13	0	18	0/0/	10.6	0	0			0/0				---Extracted oleoresins
																		27.5	0	0	
																		27.5	0	10	
0	0	0	4	0	0	0	0	13	0	18	0/0/	10.6	0	0			0/0			10	---Terpenic byproducts of the deterpenation of essential oils of citrus fruit
																		27.5	0		
0	0	0	4	0	0	0	0	13	0	18	0/0/	10.6	0	0			0/0			10	---Other
																		42.5	0		

商品编号	商品名称及备注[检验检疫编码及名称]	进口关税(%)		增值税率(%)	消费税	计量单位	监管条件	检验检疫类别
		最惠国	普通					
3302	**工业原料用的混合香料以及以一种或多种香料为基本成分的混合物(包括酒精溶液);生产饮料用的以香料为基本成分的其他制品:**							
33021010	---生产饮料用的以香料为基本成分的制品,按容量计酒精浓度不超过0.5%的							
3302101000	以香料为基本成分的制品(生产饮料用,按容量计酒精浓度≤0.5%)〔999〕	15	90	13		千克	A	R/
33021090	---其他							
3302109001	生产食品、饮料用混合香料及制品(含以香料为基本成分的混合物,按容量计酒精浓度>0.5%)①	15	130	13	5%	千克	A	R/

① 〔101 乌梅町〕,〔102 枣子酊〕,〔103 中国肉桂〕,〔104 中国肉桂皮酊(提取物)〕,〔301 易燃液体〕,〔302 无检疫要求食品添加剂〕,〔303 无检疫要求的食品添加剂〕,〔304 属于危险化学品的食品添加剂〕

协定税率(%)															特惠税率(%)			对美税率	出口税率	出口退税率	Article Description
智利	新西兰	澳大利亚	瑞士	冰岛	秘鲁	哥斯达	东盟	亚太	新加坡	巴基斯坦	港/澳/台	韩国	格鲁吉亚	毛里求斯	亚太	老/柬/缅	LDC 97/95				
																					Mixtures of odoriferous substances and mixtures (including alcoholic solutions) with a basis of one or more of these substances, of a kind used as raw materials in industry; other preparations based on odoriferous substances, of a kind used for the manufacture of beverages:
0	0	0	3	0	0	0	0	9.8	0	0	0/0/	4.5	3	0			0/0			13	---Preparations based on odoriferous substances, of a kind used for the manufacture of beverages, alcoholic strength by volume not exceeding 0.5% vol
																		40	0		
0	0	0	3	0	0	0	0		0	0	0/0/	4.5	0	0			0/0			13	---Other
																		20	0		

商品编号	商品名称及备注[检验检疫编码及名称]	进口关税(%)		增值税率(%)	消费税	计量单位	监管条件	检验检疫类别
		最惠国	普通					
3302109090	其他生产食品用混合香料及制品(含以香料为基本成分的混合物)①	15	130	13		千克	A	R/
33029000	-其他							
3302900000	其他工业用混合香料及香料混合物(以一种或多种香料为基本成分的混合物)②	10	130	13		千克		
3303	**香水及花露水:**							
33030000	香水及花露水							
3303000010	包装标注含量以重量计的香水及花露水③	3	150	13	15%	千克/件	AB	M/N
3303000020	包装标注含量以体积计的香水及花露水④	3	150	13	15%	千克/件	AB	M/N
3304	**美容品或化妆品及护肤品(药品除外),包括防晒油或晒黑油;指(趾)甲化妆品:**							
33041000	-唇用化妆品							

① 〔101N-对苯乙腈基薄荷烷基甲酰胺 N-p-benzeneacetonitrilementhanecarboxamide〕,〔102N-[2-(吡啶-2-基)乙基]薄荷烷基甲酰胺 N-[2-(Pyridin-2-yl)ethyl]-3-p-menthanecarboxamide〕,〔103 1,3-二苯基-2-丙酮〕,〔104 1-氨基-2-丙醇〕,〔105 1-戊硫醇〕,〔106 2-(4-甲基-2-羟基苯基)-丙酸-γ 内酯〕,〔107 2-(4-甲基-5-噻唑基)乙醇癸酸酯〕,〔108 2-(4-甲基-5-噻唑基)乙醇甲酸酯〕,〔109 2-(4-甲基-5-噻唑基)乙醇辛酸酯〕,〔110 2-(4-甲基-5-噻唑基)乙醇异丁酸酯〕,〔111 2-(4-羟基苯基)-乙胺(酪胺)〕,〔112 2-(丙酰氧基)丙酸甲硫醇酯〕,〔113 2-(乙酰氧基)丙酸甲硫醇酯〕,〔114 2,2´-(硫代二亚甲基)-二呋喃二糠基硫醚〕,〔115 2,3,4-三甲基-3-戊醇〕,〔116 2,4,5-三甲基噁唑〕,〔117 2,4-二甲基-1,3-二氧戊环(乙醛 1,2-丙二醇缩醛)〕,〔118 2,4-二甲基-5-乙酰基噻唑〕,〔119 2,4-癸二烯酸丙酯〕,〔120 2,4-己二烯-1-醇〕,〔121 2,5-二甲基-2,5-二羟基-1,4-二硫代环己烷〕,〔122 2,5-二甲基-3-硫代乙酰氧基呋喃〕,〔123 2,5-二甲基-3-氧代(2H)-4-呋喃丁酸酯〕,〔124 2,5-二甲基-4-乙氧基-3(2H)呋喃酮〕,〔125 2,5-二羟基-1,4-二噻烷(巯基乙醛二聚体)〕,〔126 2,5-二乙基-3-甲基吡嗪〕,〔127 2,6-二甲基-4-庚酮〕,〔128 2,8-表硫-顺-对孟烷-(4,7,7-三甲基-6-硫杂双环[3,2,1]辛烷)〕,〔129 2-苯基-3-(2-呋喃基)丙-2-烯醛〕,〔130 2-丙酰基-1-吡咯啉〕,〔131 2-丙酰基-2-噻唑啉〕,〔132 2-丁烯酸己酯〕,〔133 2-甲基(或乙基)-3(5 或 6)-甲氧基吡嗪〕,〔134 2-甲基-3(5 或 6)-糠硫基吡嗪〕,〔135 2-甲基-3(5 或 6)-乙氧基吡嗪〕,〔136 2-甲基-3-(对甲基苯基)丙醛〕,〔137 2-甲基-4-苯丁醛〕,〔138 2-甲基-1,3-二硫环戊烷〕,〔139 2-甲酰基-6,6-二甲基双环[3,1,1]-庚-2-烯(桃金娘烯醛)〕,〔140 2-甲氧基-3(5 或 6)-异丙基吡嗪〕,〔141 2-羟基-4-甲基戊酸甲酯〕,〔142 2-羟基苯乙酮〕,〔143 2-巯基-3-丁醇〕,〔144 2-巯基苯甲醚〕,〔145 2-壬烯酸 γ-内酯〕,〔146 2-十一烯-1-醇〕,〔147 2-酮基-4-丁硫醇〕,〔148 2-戊基-5 或 6-酮-1,4-二噁烷〕,〔149 3,6-二乙基-1,2,4,5-四硫杂环己烷与 3,5-二乙基-1,2,4-三硫杂环戊烷的混合物〕,〔150 3,7-二甲基-2,6-辛二烯酸甲酯(香叶酸甲酯)〕,〔151-3,8-二醇对 p-〕,〔152 3-[(2-甲基-3-呋喃)硫基]-2-丁酮〕,〔153 3-丙烯基-6-乙氧基苯酚(丙烯基乙基愈创木酚)〕,〔154 3-己烯醛(反式/顺式混合物)〕,〔155 3-甲基-2-丁烯硫醇乙酸酯〕,〔156 3-甲基 2-丁烯酸 2-苯乙酯(千里酸苯乙酯)〕,〔157 3-甲基-2-(3-甲基-2-丁烯)呋喃〕,〔158 3-甲基-2-丁烯-1-醇〕,〔159 3-甲基-2-丁烯-1-醇乙酸酯(乙酸异戊烯酯)〕,〔160 3-甲基 2-羟基-2-环戊烯-1-酮〕,〔161 3-甲基丁酸对-甲酚酯(异戊酸对甲酚酯)〕,〔162 3-甲基戊酸(酐酪酸)〕,〔163 3-甲硫基-2-丁酮〕,〔164 3-羟基-2-丁酮(乙偶姻)〕,〔165 3-羟甲基-2-辛酮〕,〔166 3-巯基-2-甲基戊醛〕,〔167 3-巯基-2-戊酮〕,〔168 3-巯基-3-甲基-1-丁醇乙酸酯〕,〔169 3-巯基-2-丁酮(3-巯基-丁-2-酮)〕,〔170 3-巯基-2-甲基戊醇〕,〔171 3-巯基-3-甲基-1-丁醇〕,〔172 3-巯基己醇〕,〔173 3-壬酮〕,〔174 3-壬烯-2-酮〕,〔175 3-戊烯-2-酮〕,〔176 3-辛酮-1-醇〕,〔177 3-乙基-2-羟基-4-甲基-2-环戊烯-1-酮〕,〔178 3-乙酰基-2,5-二甲基呋喃〕,〔179 3-乙酰氧基己酸甲酯〕,〔180 3-已酮〕,〔181 4-(2-呋喃基)丁酸异戊酯〕,〔182 4-(甲硫基)-2-戊酮〕,〔183 4,5-二甲基-2-乙基-3-噻唑啉〕,〔184 4,5-二氢-3(2H)噻吩酮(四氢噻吩-3-酮)〕,〔185 4[(2-呋喃甲基)硫基]-2-戊酮(4 糠硫基-2-戊酮)〕,〔186 4-苯基-3-丁烯-2-醇〕,〔187 4-苯基 2-丁醇〕,〔188 4-苯基丁酸甲酯(苯丁酸甲酯)〕,〔189 4-苯基丁酸乙酯(苯丁酸乙酯)〕,〔190 4-庚酮〕,〔191 4-庚烯-3-酮〕,〔192 4-甲基-1-苯基-2-戊酮〕,〔193 4-甲基-2,6-二甲氧基苯酚〕,〔194 4-甲基-2-戊基-1,3-二氧戊环(已醛 1,2-丙二醇缩醛)〕,〔195 4-甲基-2-戊酮〕,〔196 4-羟基-2-丁烯酸 γ 内酯[2(5H)呋喃酮]〕,〔197 4-羟基-3,5-二甲氧基苯甲醛〕,〔198 4-羟基-5-甲基-3(2H)呋喃酮〕,〔199 4-烯丙基-2,6-二甲氧基苯酚〕,〔200 4-乙酰基-6-叔丁基-1,1-二甲基茚满〕,〔201 4-异丙基-2-环已烯酮〕,〔202 5,7-二氢-2-甲基噻嗯并-(3,4-d)嘧啶〕,〔203 5-Z-辛烯酸甲酯〕,〔204 5-苯基戊醇〕,〔205 5 和 6-癸烯酸(牛奶内酯)〕,〔206 5-环已基戊酸烯丙酯〕,〔207 5-甲基-2-噻吩甲醛〕,〔208 5-羟基-8-十一碳烯酸 δ-内酯〕,〔209 5-羟基-十二酸甘油酯〕,〔210 5-羟基-2,4-癸二烯酸内酯(6-戊基-α-吡喃酮)〕,〔211 5-羟基-4-辛酮〕,〔212 5-羟基-7-癸烯酸内酯(茉莉内酯)〕,〔213 5-羟基癸酸甘油酯〕,〔214 5-乙烯基-4-甲基噻唑〕,〔215 6-环已基已酸烯丙酯〕,〔216 6-羟基二氢茶螺烷〕,〔217d,l-(3-氨基-3-羧基丙基)二甲基氯化锍(甲基蛋氨酸-氯化锍)〕,〔218D,L-薄荷脑(+/-)-1,2-丙二醇碳酸酯〕,〔219d,L-薄荷酮甘油缩酮〕,〔220L-基甲基醚(2-异丙基-5-甲基环已基甲基醚)〕,〔221l-薄荷醇丙二醇碳酸酯〕,〔222L-苧烯〕,〔223N-(4-庚基)-(3,4-亚甲二氧基)苯甲酰胺〕,〔224N-(4-羟基-3-甲氧基苄基)壬酰胺〕,〔225N-(乙氧羰基甲基)-对烷-3-甲酰胺〕,〔226N1-(2,4 二甲氧基苄基)-N2-[2-(2-吡啶基)乙基]草酰胺〕,〔227N1-(2-甲氧基-4-甲基苄基)-N2-[2-(5-甲基-2-吡啶基)乙基]草酰胺〕,〔228N-3,7-二甲基-2,6-辛二烯-环基甲烷酰胺〕,〔229N-环丙基-反式-2-顺式-壬二烯胺〕,〔230N-甲基吡咯-2-甲醛〕,〔231N-甲基邻氨基苯甲酸异丁酯〕,〔232N-葡糖酰基乙醇胺〕,〔233N-乙基-反式-2-顺式-6-壬二烯酰胺〕,〔234N-乙酰基邻氨基苯甲酸甲酯〕,〔235N-异丁基-反-2-反-4-癸二烯酸酰胺〕,〔236S-烯丙基-L-半胱氨酸〕,〔237α-甲基-β-羟基丙基 α-甲基-β-巯丙基硫醚〕,〔238α-紫罗兰醇(甲位紫罗兰醇)〕,〔239β-愈疮木烯〕,〔240β-紫罗兰醇(乙位紫罗兰醇)〕,〔241 丙酮醛〕,〔242 橙皮素〕,〔243 赤、苏-3-巯基-2-甲基丁-1-醇(3 巯基-2-甲基丁醇)〕,〔244 德国春黄菊花(母菊花)提取物〕,〔245 丁二酸单薄荷酯(琥珀酸单薄荷酯)〕,〔246 冬香草油〕,〔247 对甲氧基肉桂醛〕,〔248 对-孟-1-烯-3-醇〕,〔249 对孟-1-烯-9-醇乙酸酯〕,〔250 对-孟烷-2-酮〕,〔251 儿茶酚〕,〔252 二苯乙醇酮(2-羟基-2-苯基苯乙酮)〕,〔253 二苄醚〕,〔254 二羟基丙酮〕,〔255 二氢猕猴桃内酯[(+/-)2,6,6-三甲基-2-羟基环亚己基乙酸 γ-内酯)〕,〔256 二氢茉莉酮(2-戊基-3-甲基-2-环戊烯-1-酮)〕,〔257 反式-2-己烯醛二乙缩醛〕,〔258 反式-2-顺式-4-癸二烯酸甲酯〕,〔259 反式-2-顺式-4-顺式-7-十三碳三烯醛〕,〔260 反式-2-己烯酸己酯〕,〔261 反式-2-己烯酸顺式-3-己烯酯〕,〔262 反式-2-甲基 2-丁酸顺式-3-己烯酯(惕各酸叶醇酯)〕,〔263 反式-2-辛烯酸甲酯〕,〔264 反式-4-癸烯酸乙酯〕,〔265 反式 6-甲基-3-庚烯-2-酮〕,〔266 反式-7-甲基-3-辛烯-2-酮〕,〔267 反式-α-突厥酮〕,〔268 反式和顺式-4,8-二甲基-3,7-壬二烯-2-酮〕,〔269 根皮素〕,〔270 庚醇-3〕,〔271 癸醛二甲缩醛(1,1-二甲氧基癸烷)〕,〔272 核桃壳提取物〕,〔273 胡薄荷酮〕,〔274 胡椒基丙酮〕,〔275 花椒提取物〕,〔276 己醛二乙缩醛〕,〔277 己酸 3-巯基己酯〕,〔278 己酸苄酯〕,〔279 己酸甲硫醇酯〕,〔280 己酸甲硫基甲酯〕,〔281 顺式-3-己烯醇己酸酯(己酸叶醇酯)〕,〔282 己酸异丙酯〕,〔283 加拿大细辛油〕,〔284 甲基-对-甲苯缩水甘油酸乙酯〕,〔285 甲基 3-甲基 1-丁烯基二硫醚〕,〔286 甲基苯甲醛甘油缩醛(邻-、间-、对-异构体混合物)〕,〔287 甲基蛋氨酸-氯化锍[d,l-(3-氨基-3-羧基丙基)二甲基氯化锍]〕,〔288 甲基壬乙醛(2-甲基十一醛)〕,〔289 甲基亚磺酰甲烷〕,〔290 甲酸 α-戊基肉桂酯〕,〔291 甲酸桃金娘烯酯〕,〔292 甲酸异丙酯〕,〔293 甲酸异丁酯〕,〔294 糠基甲基醚〕,〔295 邻氨基苯甲酸苯乙酯〕,〔296 邻-甲氧基苯甲酸甲酯〕,〔297 硫化氢(仅用于 processflavors)〕,〔298 龙蒿脑〕,〔299 龙葵醇(β-甲基苯乙醇)〕,〔300 螺[2,4-二硫杂-1-甲基-8-氧杂双环[3. 3. 0]-辛烷-3,3´-(1´-氧杂-2´甲基)环戊烷]-〕,〔301 羟基香茅醛二甲缩醛〕,〔302 羟基香茅醛二乙缩醛〕,〔303 壬酸甲酯〕,〔304 壬酸烯丙酯〕,〔305 肉豆蔻酸乙酯(十四酸乙酯)〕,〔306 肉桂皮油/油树脂〕,〔307 肉桂酸丙酯〕,〔308 肉桂酸异丙酯〕,〔309 三丙酸甘油酯〕,〔310 三丁酸甘油酯〕,〔311 山梨酸乙酯(2,4-己二烯乙酯)〕,〔312 山楂核烟熏香味料Ⅰ号〕,〔313 山楂核烟熏香味料Ⅱ号〕,〔314 十八酸丁酯(硬脂酸丁酯)〕,〔315 十二酸甲酯(月桂酸甲酯)〕,〔316 十六烷酸甲酯〕,〔317 石榴果汁浓缩物〕,〔318 顺式和反式-2-庚基环丙烷羧酸〕,〔319 顺式和反式-2-异丙基-4-甲基-1,3-二氧戊环(异丁醛 1,2-丙二醇缩醛)〕,〔320 桃金娘烯醇〕,〔321 惕各酸烯丙酯(反式-2-甲基-2-丁烯酸烯丙酯)〕,〔322 脱氢二氢紫罗兰醇〕,〔323 烷醇-2 对 p-〕,〔324 晚香玉内酯(二氢-5-[(Z,Z)-2,5-辛二烯-2(3H)-呋喃酮)〕,〔325 夏香草油〕,〔326 辛烯基琥珀酸单阿拉伯胶酯〕,〔327 氧基)乙醇 2-(L2-(〕,〔328 氧基-1,2-丙二醇 3-l3-〕,〔329 乙基薪醇〕,〔330 乙基香芹酚〕,〔331 异黄葵内酯〕,〔332 异喹啉〕,〔333 异茉莉酮〕,〔334 异亚戊基异戊胺〕,〔335 硬木烟熏香味料 SEF7525〕,〔336 硬木烟熏香味料 SmokEzC-10〕,〔337 顺式-4-葵酸乙酸酯〕,〔338 惕各酸香叶酯〕,〔339N-苯甲酰邻氨基苯甲酸〕,〔340 2,6,10-三甲基-2,6,10-十五碳三烯-14-酮〕,〔341 2,5-二甲基噻唑〕,〔342 甲硫基甲醇丁酸酯〕,〔343 2-甲硫基乙醇〕,〔344 二乙基三硫醚〕,〔345 顺式和反式-1-巯基-对-MENG-3-酮〕,〔346 4-羟基-4-甲基-7-顺式-葵烯酸 γ-内酯〕,〔347 2-甲基辛醛〕,〔348 3-甲基-5-丙基-2 环已烯-1-酮〕,〔349 2,4-壬二烯-1-醇〕,〔350 环戊硫醇〕,〔351 甲位已基肉桂醛〕,〔352 1,4-二噻烷〕,〔353 1-乙基-2-甲酰基吡咯(茶吡咯)〕,〔354 2-(2-羟基-4-甲基-3-环已烯基)-丙酸 γ-内酯〕,〔355 2-(3-苯丙基)吡啶〕,〔356 2(4)-异丙基-4(2),6-二甲基二氢(4H)-1,3,5-二噻嗪〕,〔357 2-(4-甲基-5-噻唑基)乙醇丁酸酯〕,〔358 2-(4-甲基-5-噻唑基)乙醇己酸酯〕,〔359 2,4,6-三硫杂庚烷〕,〔360 2-辛烯-4-酮〕,〔361 2-乙基-6-甲基吡嗪〕,〔362 2-乙基苯酚〕,〔363 2-乙基丁醛〕,〔364 2-乙烯基-2-甲基-5-(1-甲基乙烯基)四氢呋喃〕,〔365 2-乙酰基-1-吡咯啉〕,〔366 2-仲丁基-4,5-二甲基-3-噻唑啉〕,〔367 3-(2-呋喃基)丙酸乙酯〕,〔368 3-(2-呋喃基)丙酸异丁酯〕,〔369 3(2-呋喃基)丙酸异戊酯〕,〔370 3-(2-甲基丙基)吡啶〕,〔371 3,5-二乙基-2-甲基吡嗪〕,〔372 3,7,11-三甲基十二碳-2,6,10-三烯醇乙酸酯〕,〔373 4-甲基-2-戊烯醛〕,〔374 4-甲基联苯〕,〔375 4-甲硫基-4-甲基-2-戊酮〕,〔376 4-巯基-2-戊酮〕,〔377 4-巯基-4-甲基-2-戊酮〕,〔378 5-羟基-4-甲基已酸 δ-内酯〕,〔379 阿魏液态提取物(流浸膏)〕,〔380 安古树皮提取物〕,〔381 白藓牛至〕,〔382 白芷酊〕,〔383 柏木烯醇〕,〔384 苯丙醛(3-苯基丙醛)〕,〔385 苯乙醛二异丁缩醛〕,〔386 苯乙酸对-甲酚酯〕,〔387 毕澄茄〕,〔388 毕澄茄油〕,〔389 苄基异丁基原醇(α-异丁基苯乙醇)〕,〔390 丙基 2-甲基-3-呋喃基二硫醚〕,〔391 丙酸 3-苯基丙酯〕,〔392 丙酸反式-2-己烯酯〕,〔393 丙酸茴香酯〕,〔394 丙酸顺式-5-辛烯酯〕,〔395 丙酸顺式-3-己烯酯和丙酸反式-2-己烯酯〕,〔396 二苯基二硫醚〕,〔397 癸酸甲酯〕,〔398 香叶酸〕,〔399-乙氧基)-乙氧基)丙烷 1,2-二((1〕,〔400 异丁基 β-萘醚〕,〔401 叔丁基-4-羟基茴香醚〕,〔501 其他危险化学品〕,〔502 无检疫要求食品添加剂〕,〔503 无检疫要求的食品添加剂〕,〔504 属于危险化学品的食品添加剂〕

② 〔101 其他香水类〕,〔102 其他化妆品〕,〔103(-)-高圣草酚钠盐〕,〔104 易燃液体〕

③ 〔101 液体香水、香氛〕,〔102 固体香膏(粉)〕,〔103 花露水、去痱水〕,〔104 化妆品半成品〕

④ 〔101 液体香水、香氛〕,〔102 固体香膏(粉)〕,〔103 花露水、去痱水〕,〔104 化妆品半成品〕

协定税率(%)															特惠税率(%)			对美税率	出口税率	出口退税率	Article Description
智利	新西兰	澳大利亚	瑞士	冰岛	秘鲁	哥斯达	东盟	亚太	新加坡	巴基斯坦	港/澳/台	韩国	格鲁吉亚	毛里求斯	亚太	老/柬/缅	LDC 97/95				
																		20	0		
0	0	0	0	0	0	0	0		0	4	0/0/	3	0	0			0/0			13	-Other
																		30	0		
																					Perfumes and toilet waters:
0	0	0	0	0	0	0	0	2	0	4	0/0/		0	0			0/0				Perfumes and toilet waters
																		28	0	13	
																		28	0	13	
																					Beauty or make-up preparations and preparations for the care of the skin (other than medicaments), including sunscreen or sun tan preparations; manicure or pedicure preparations:
0	0	0	0	0	0	0	0		0	4	0/0/		0	0			0/0				-Lip make-up preparations

商品编号	商品名称及备注[检验检疫编码及名称]	进口关税(%)		增值税率(%)	消费税	计量单位	监管条件	检验检疫类别
		最惠国	普通					
3304100011	包装标注含量以重量计的含濒危物种成分唇用化妆品①	5	150	13	15%	千克/件	ABEF	M/N
3304100012	包装标注含量以体积计的含濒危物种成分唇用化妆品②	5	150	13	15%	千克/件	ABEF	M/N
3304100013	包装标注规格为"片"或"张"的含濒危物种成分唇用化妆品③	5	150	13	15%	千克/件	ABEF	M/N
3304100020	含汞唇用化妆品(含汞量超过百万分之一)④	5	150	13	15%	千克/件	89	
3304100091	包装标注含量以重量计的其他唇用化妆品⑤	5	150	13	15%	千克/件	AB	M/N
3304100092	包装标注含量以体积计的其他唇用化妆品⑥	5	150	13	15%	千克/件	AB	M/N
3304100093	包装标注规格为"片"或"张"的其他唇用化妆品⑦	5	150	13	15%	千克/件	AB	M/N
33042000	-眼用化妆品							
3304200011	包装标注含量以重量计的含濒危物种成分眼用化妆品⑧	5	150	13	15%	千克/件	ABEF	M/N
3304200012	包装标注含量以体积计的含濒危物种成分眼用化妆品⑨	5	150	13	15%	千克/件	ABEF	M/N
3304200013	包装标注规格为"片"或"张"的含濒危物种成分眼用化妆品⑩	5	150	13	15%	千克/件	ABEF	M/N
3304200020	含汞眼用化妆品(含汞量超过百万分之一),不包括以汞为防腐剂且无有效安全替代防腐剂的眼部化妆品⑪	5	150	13	15%	千克/件	89	
3304200091	包装标注含量以重量计的其他眼用化妆品⑫	5	150	13	15%	千克/件	AB	M/N
3304200092	包装标注含量以体积计的其他眼用化妆品⑬	5	150	13	15%	千克/件	AB	M/N
3304200093	包装标注规格为"片"或"张"的其他眼用化妆品⑭	5	150	13	15%	千克/件	AB	M/N
33043000	-指(趾)甲化妆品							
3304300001	包装标注含量以重量计的指(趾)甲化妆品⑮	5	150	13	15%	千克/件	AB	M/N
3304300002	包装标注含量以体积计的指(趾)甲化妆品⑯	5	150	13	15%	千克/件	AB	M/N
3304300003	包装标注规格为"片"或"张"的指(趾)甲化妆品⑰	5	150	13	15%	千克/件	AB	M/N
3304300004	指(趾)甲化妆品(含汞量超过百万分之一)⑱	5	150	13	15%	千克/件	89	
33049100	--粉,不论是否压紧							
3304910010	粉状含汞化妆品(含汞量超过百万分之一),不论是否压紧⑲	5	150	13	15%	千克/件	89	
3304910090	其他粉状化妆品,不论是否压紧⑳	5	150	13	15%	千克/件	AB	M/N
33049900	--其他							
3304990010	其他含汞化妆品(含汞量超过百万分之一)㉑	1	150	13	15%	千克/件	89	
3304990021	包装标注含量以重量计含濒危物种成分的美容品或化妆品及护肤品(包括防晒油或晒黑油,但药品除外)㉒	1	150	13	15%	千克/件	ABEF	M/N

① 〔101 防晒化妆品〕,〔102 婴幼儿驻留类肤用化妆品〕,〔103 成人口唇驻留类化妆品〕,〔104 成人口唇淋洗类化妆品〕,〔105 成人口唇膜类化妆品〕,〔106 成人口唇美容化妆品〕

② 〔101 防晒化妆品〕,〔102 婴幼儿驻留类肤用化妆品〕,〔103 成人口唇驻留类化妆品〕,〔104 成人口唇淋洗类化妆品〕,〔105 成人口唇膜类化妆品〕,〔106 成人口唇美容化妆品〕

③ 〔101 成人口唇膜类化妆品〕,〔102 眼唇用清洁品〕,〔103 唇用美容化妆品〕,〔104 化妆品半成品〕

④ 〔101 防晒化妆品〕,〔102 婴幼儿驻留类肤用化妆品〕,〔103 成人口唇驻留类化妆品〕,〔104 成人口唇淋洗类化妆品〕,〔105 成人口唇膜类化妆品〕,〔106 成人口唇美容化妆品〕,〔999〕

⑤ 〔101 防晒化妆品〕,〔102 婴幼儿驻留类肤用化妆品〕,〔103 成人口唇驻留类化妆品〕,〔104 成人口唇淋洗类化妆品〕,〔105 成人口唇膜类化妆品〕,〔106 成人口唇美容化妆品〕

⑥ 〔101 防晒化妆品〕,〔102 婴幼儿驻留类肤用化妆品〕,〔103 成人口唇驻留类化妆品〕,〔104 成人口唇淋洗类化妆品〕,〔105 成人口唇膜类化妆品〕,〔106 成人口唇美容化妆品〕

⑦ 〔101 成人口唇膜类化妆品〕,〔102 眼唇用清洁品〕,〔103 唇用美容化妆品〕,〔104 化妆品半成品〕

⑧ 〔101 美白化妆品〕,〔102 防晒化妆品〕,〔103 婴幼儿驻留类肤用化妆品〕,〔104 成人眼部驻留类化妆品〕,〔105 成人眼部淋洗类化妆品〕,〔106 成人眼部膜类化妆品〕,〔107 成人眼部美容化妆品〕

⑨ 〔101 美白化妆品〕,〔102 防晒化妆品〕,〔103 婴幼儿驻留类肤用化妆品〕,〔104 成人眼部驻留类化妆品〕,〔105 成人眼部淋洗类化妆品〕,〔106 成人眼部膜类化妆品〕,〔107 成人眼部美容化妆品〕

⑩ 〔101 成人眼部膜类化妆品〕,〔102 眼唇用清洁品〕,〔103 眼用美容化妆品〕,〔104 化妆品半成品〕

⑪ 〔101 美白化妆品〕,〔102 防晒化妆品〕,〔103 婴幼儿驻留类肤用化妆品〕,〔104 成人眼部驻留类化妆品〕,〔105 成人眼部淋洗类化妆品〕,〔106 成人眼部膜类化妆品〕,〔107 成人眼部美容化妆品〕,〔999〕

⑫ 〔101 美白化妆品〕,〔102 防晒化妆品〕,〔103 婴幼儿驻留类肤用化妆品〕,〔104 成人眼部驻留类化妆品〕,〔105 成人眼部淋洗类化妆品〕,〔106 成人眼部膜类化妆品〕,〔107 成人眼部美容化妆品〕

⑬ 〔101 美白化妆品〕,〔102 防晒化妆品〕,〔103 婴幼儿驻留类肤用化妆品〕,〔104 成人眼部驻留类化妆品〕,〔105 成人眼部淋洗类化妆品〕,〔106 成人眼部膜类化妆品〕,〔107 成人眼部美容化妆品〕

⑭ 〔101 成人眼部膜类化妆品〕,〔102 眼唇用清洁品〕,〔103 眼用美容化妆品〕,〔104 化妆品半成品〕

⑮ 〔101 成人指(趾)甲护理化妆品〕,〔102 成人指(趾)甲美容化妆品〕,〔103 婴幼儿指(趾)甲化妆品〕,〔104 化妆品半成品〕

⑯ 〔101 成人指(趾)甲护理化妆品〕,〔102 成人指(趾)甲美容化妆品〕,〔103 婴幼儿指(趾)甲化妆品〕,〔104 化妆品半成品〕

⑰ 〔101 成人指(趾)甲护理化妆品〕,〔102 成人指(趾)甲美容化妆品〕,〔103 婴幼儿指(趾)甲化妆品〕,〔104 化妆品半成品〕

⑱ 〔101 成人指(趾)甲护理化妆品〕,〔102 成人指(趾)甲美容化妆品〕,〔103 婴幼儿指(趾)甲化妆品〕,〔999〕

⑲ 〔101 成人爽身粉〕,〔102 成人面部用美容化妆品〕,〔103 成人体用美容化妆品〕,〔104 婴幼儿美容化妆品〕,〔105 固体香膏(粉)〕,〔106 美白化妆品〕,〔107 防晒化妆品〕,〔108 婴幼儿爽身粉〕,〔109 婴幼儿驻留类肤用化妆品〕,〔110 婴幼儿淋洗类肤用化妆品〕,〔111 成人面部驻留类化妆品〕,〔112 成人面部淋洗类化妆品〕,〔113 婴幼儿淋洗类发用化妆品〕,〔114 成人淋洗类毛发用化妆品〕,〔115 成人驻留类毛发用化妆品〕,〔116 成人眼部美容化妆品〕,〔117 成人眉用美容化妆品〕,〔999〕

⑳ 〔101 成人爽身粉〕,〔102 成人面部用美容化妆品〕,〔103 成人体用美容化妆品〕,〔104 婴幼儿美容化妆品〕,〔105 其他美容类化妆品〕,〔106 化妆品半成品〕,〔107 防晒化妆品〕,〔108 婴幼儿爽身粉〕,〔109 婴幼儿驻留类肤用化妆品〕,〔110 婴幼儿淋洗类肤用化妆品〕,〔111 成人面部驻留类化妆品〕,〔112 成人面部淋洗类化妆品〕,〔113 婴幼儿淋洗类发用化妆品〕,〔114 成人淋洗类毛发用化妆品〕,〔115 成人驻留类毛发用化妆品〕,〔116 成人眼部美容化妆品〕,〔117 成人眉用美容化妆品〕

㉑ 〔101 婴儿护肤品〕,〔102 面部用护肤品〕,〔103 眼唇用护肤品〕,〔104 身体和手部用护肤品〕,〔105 婴儿洗浴产品〕,〔106 面部用清洁品〕,〔107 沐浴制剂及手部清洁品〕,〔108 磨砂膏霜〕,〔109 美容皂〕,〔110 晒黑剂〕,〔111 其他肤用化妆品〕,〔112 其他美容类化妆品〕,〔113 化妆品半成品〕,〔214 成人体用美容化妆品〕,〔215 成人睫毛用美容化妆品〕,〔216 成人眉用美容化妆品〕,〔217 婴幼儿美容化妆品〕,〔218 面部香精油〕,〔219 发用香精精油〕,〔220 体用香精精油〕,〔221 美白化妆品〕,〔222 防晒化妆品〕,〔223 美乳化妆品〕,〔224 健美化妆品〕,〔225 脱毛化妆品〕,〔999〕

㉒ 〔201 婴幼儿驻留类肤用化妆品〕,〔202 婴幼儿淋洗类肤用化妆品〕,〔203 成人面部驻留类化妆品〕,〔204 成人面部淋洗类化妆品〕,〔205 成人面部膜类化妆品〕,〔206 成人眼部驻留类化妆品〕,〔207 成人口唇驻留类化妆品〕,〔208 成人眼部淋洗类化妆品〕,〔209 成人口唇淋洗类化妆品〕,〔210 成人体用驻留类化妆品〕,〔211 成人体用淋洗类化妆品〕,〔212 成人体用膜类化妆品〕,〔213 成人面部用美容化妆品〕,〔214 成人体用美容化妆品〕,〔215 成人睫毛用美容化妆品〕,〔216 成人眉用美容化妆品〕,〔217 婴幼儿美容化妆品〕,〔218 面部香精油〕,〔219 发用香精精油〕,〔220 体用香精精油〕,〔221 美白化妆品〕,〔222 防晒化妆品〕,〔223 美乳化妆品〕,〔224 健美化妆品〕,〔225 脱毛化妆品〕

协定税率(%)															特惠税率(%)			对美税率	出口税率	出口退税率	Article Description
智利	新西兰	澳大利亚	瑞士	冰岛	秘鲁	哥斯达	东盟	亚太	新加坡	巴基斯坦	港/澳/台	韩国	格鲁吉亚	毛里求斯	亚太	老/柬/缅	LDC 97/95				
																		30	0	0	
																		30	0	0	
																		30	0	0	
																		30	0		
																		30	0	13	
																		30	0	13	
																		30	0	13	
0	0	0	0	0	0	0	0		0	4	0/0/		0	0			0/0				-Eye make-up preparations
																		30	0	0	
																		30	0	0	
																		30	0	0	
																		30	0		
																		30	0	13	
																		30	0	13	
																		30	0	13	
0	0	0	3	0	0	0	0		0	0	0/0/		0	0			0/0				-Manicture or pedicure preparations
																		30	0	13	
																		30	0	13	
																		30	0	13	
																		30	0		
0	0	0	0	0	0	0	0		0	4	0/0/		2	0			0/0				--Powders, whether or not compressed
																		30	0		
																		30	0		
0	0	0	0	0	0	0	0		0	0	0/0/	5.2	0	0			0/0				--Other
																		28.5	0		
																		28.5	0	0	

商品编号	商品名称及备注[检验检疫编码及名称]	进口关税(%)		增值税率(%)	消费税	计量单位	监管条件	检验检疫类别
		最惠国	普通					
3304990029	包装标注含量以重量计的其他美容品或化妆品及护肤品(包括防晒油或晒黑油,但药品除外)①	1	150	13	15%	千克/件	AB	M/N
3304990031	包装标注含量以体积计的含濒危物种成分美容品或化妆品及护肤品(包括防晒油或晒黑油,但药品除外)②	1	150	13	15%	千克/件	ABFE	M/N
3304990039	包装标注含量以体积计的其他美容品或化妆品及护肤品(包括防晒油或晒黑油,但药品除外)③	1	150	13	15%	千克/件	AB	M/N
3304990041	包装标注规格为"片"或"张"的含濒危物种成分美容品或化妆品及护肤品(包括防晒油或晒黑油,但药品除外)④	1	150	13	15%	千克/件	ABFE	M/N
3304990049	包装标注规格为"片"或"张"的其他美容品或化妆品及护肤品(包括防晒油或晒黑油,但药品除外)⑤	1	150	13	15%	千克/件	AB	M/N
3304990091	其他包装标注规格的含濒危物种成分美容品或化妆品及护肤品(包括防晒油或晒黑油,但药品除外)⑥	1	150	13	15%	千克/件	ABFE	M/N
3304990099	其他包装标注规格的其他美容品或化妆品及护肤品(包括防晒油或晒黑油,但药品除外)⑦	1	150	13	15%	千克/件	AB	M/N
3305	**护发品:**							
33051000	-洗发剂(香波)							
3305100010[暂2]	含濒危物种成分的洗发剂⑧	3	150	13		千克	ABFE	M/N
3305100090[暂2]	其他洗发剂(香波)⑨	3	150	13		千克	AB	M/N
33052000	-烫发剂							
3305200000	烫发剂⑩	3	150	13		千克	AB	M/N
33053000	-定型剂							
3305300000	定型剂⑪	3	150	13		千克	AB	M/N
33059000	-其他							
3305900000	其他护发品⑫	3	150	13		千克	AB	M/N
3306	**口腔及牙齿清洁剂,包括假牙稳固剂及粉;清洁牙缝用的纱线(牙线),单独零售包装的:**							
33061010	---牙膏							
3306101010	含濒危物种成分牙膏⑬	3	150	13		千克	ABEF	R/S
3306101090	其他牙膏⑭	3	150	13		千克	AB	R/S
33061090	---其他							
3306109000	其他洁齿品〔999〕	3	150	13		千克		

① 〔201 婴幼儿驻留类肤用化妆品〕,〔202 婴幼儿淋洗类肤用化妆品〕,〔203 成人面部驻留类化妆品〕,〔204 成人面部淋洗类化妆品〕,〔205 成人面部膜类化妆品〕,〔206 成人眼部驻留类化妆品〕,〔207 成人口唇驻留类化妆品〕,〔208 成人眼部淋洗类化妆品〕,〔209 成人口唇淋洗类化妆品〕,〔210 成人体用驻留类化妆品〕,〔211 成人体用淋洗类化妆品〕,〔212 成人体用膜类化妆品〕,〔213 成人面部用美容化妆品〕,〔214 成人体用美容化妆品〕,〔215 成人睫毛用美容化妆品〕,〔216 成人眉用美容化妆品〕,〔217 婴幼儿美容化妆品〕,〔218 面部香精油〕,〔219 发用香精精油〕,〔220 体用香精精油〕,〔221 美白化妆品〕,〔222 防晒化妆品〕,〔223 美乳化妆品〕,〔224 健美化妆品〕,〔225 脱毛化妆品〕

② 〔201 婴幼儿驻留类肤用化妆品〕,〔202 婴幼儿淋洗类肤用化妆品〕,〔203 成人面部驻留类化妆品〕,〔204 成人面部淋洗类化妆品〕,〔205 成人面部膜类化妆品〕,〔206 成人眼部驻留类化妆品〕,〔207 成人口唇驻留类化妆品〕,〔208 成人眼部淋洗类化妆品〕,〔209 成人口唇淋洗类化妆品〕,〔210 成人体用驻留类化妆品〕,〔211 成人体用淋洗类化妆品〕,〔212 成人体用膜类化妆品〕,〔213 成人面部用美容化妆品〕,〔214 成人体用美容化妆品〕,〔215 成人睫毛用美容化妆品〕,〔216 成人眉用美容化妆品〕,〔217 婴幼儿美容化妆品〕,〔218 面部香精油〕,〔219 发用香精精油〕,〔220 体用香精精油〕,〔221 美白化妆品〕,〔222 防晒化妆品〕,〔223 美乳化妆品〕,〔224 健美化妆品〕,〔225 脱毛化妆品〕

③ 〔201 婴幼儿驻留类肤用化妆品〕,〔202 婴幼儿淋洗类肤用化妆品〕,〔203 成人面部驻留类化妆品〕,〔204 成人面部淋洗类化妆品〕,〔205 成人面部膜类化妆品〕,〔206 成人眼部驻留类化妆品〕,〔207 成人口唇驻留类化妆品〕,〔208 成人眼部淋洗类化妆品〕,〔209 成人口唇淋洗类化妆品〕,〔210 成人体用驻留类化妆品〕,〔211 成人体用淋洗类化妆品〕,〔212 成人体用膜类化妆品〕,〔213 成人面部用美容化妆品〕,〔214 成人体用美容化妆品〕,〔215 成人睫毛用美容化妆品〕,〔216 成人眉用美容化妆品〕,〔217 婴幼儿美容化妆品〕,〔218 面部香精油〕,〔219 发用香精精油〕,〔220 体用香精精油〕,〔221 美白化妆品〕,〔222 防晒化妆品〕,〔223 美乳化妆品〕,〔224 健美化妆品〕,〔225 脱毛化妆品〕

④ 〔201 成人面部膜类化妆品〕,〔202 成人眼部膜类化妆品〕,〔203 成人口唇膜类化妆品〕,〔204 成人体用膜类化妆品〕,〔205 美白化妆品〕

⑤ 〔201 成人面部膜类化妆品〕,〔202 成人眼部膜类化妆品〕,〔203 成人口唇膜类化妆品〕,〔204 成人体用膜类化妆品〕,〔205 美白化妆品〕

⑥ 〔101 婴幼儿驻留类肤用化妆品〕,〔102 面部用护肤品〕,〔103 成人面部驻留类化妆品〕,〔104 成人体用驻留类化妆品〕,〔105 婴幼儿淋洗类肤用化妆品〕,〔106 成人面部淋洗类化妆品〕,〔107 成人口唇淋洗类化妆品〕,〔108 成人体用淋洗类化妆品〕,〔109 磨砂膏霜〕,〔110 美容皂〕,〔111 脱毛产品〕,〔112 防晒化妆品〕,〔113 其他肤用化妆品〕,〔114 面部用美容化妆品〕,〔115 眼用美容化妆品〕,〔116 唇用美容化妆品〕,〔117 身体用美容化妆品〕,〔118 其他美容类化妆品〕,〔119 化妆品半成品〕,〔120 成人面部膜类化妆品〕,〔121 成人眼部驻留类化妆品〕,〔122 成人口唇驻留类化妆品〕,〔123 成人眼部淋洗类化妆品〕,〔124 成人体用膜类化妆品〕,〔125 面部香精油〕,〔126 发用香精精油〕,〔127 体用香精精油〕,〔128 美白化妆品〕

⑦ 〔101 婴幼儿驻留类肤用化妆品〕,〔102 面部用护肤品〕,〔103 成人面部驻留类化妆品〕,〔104 成人体用驻留类化妆品〕,〔105 婴幼儿淋洗类肤用化妆品〕,〔106 成人面部淋洗类化妆品〕,〔107 成人口唇淋洗类化妆品〕,〔108 成人体用淋洗类化妆品〕,〔109 磨砂膏霜〕,〔110 美容皂〕,〔111 脱毛产品〕,〔112 防晒化妆品〕,〔113 其他肤用化妆品〕,〔114 面部用美容化妆品〕,〔115 眼用美容化妆品〕,〔116 唇用美容化妆品〕,〔117 身体用美容化妆品〕,〔118 其他美容类化妆品〕,〔119 化妆品半成品〕,〔120 成人面部膜类化妆品〕,〔121 成人眼部驻留类化妆品〕,〔122 成人口唇驻留类化妆品〕,〔123 成人眼部淋洗类化妆品〕,〔124 成人体用膜类化妆品〕,〔125 面部香精油〕,〔126 发用香精精油〕,〔127 体用香精精油〕,〔128 美白化妆品〕

⑧ 〔101 婴幼儿洗浴产品(包括洗发沐浴 2 合一产品)〕,〔102 婴幼儿淋洗类发用化妆品〕,〔103 洗发水〕,〔104 洗发粉〕,〔107 成人淋洗类毛发用化妆品〕

⑨ 〔101 婴幼儿洗浴产品(包括洗发沐浴 2 合一产品)〕,〔102 婴幼儿淋洗类发用化妆品〕,〔103 洗发水〕,〔104 洗发粉〕,〔107 成人淋洗类毛发用化妆品〕

⑩ 〔101 烫发化妆品〕,〔102 化妆品半成品〕,〔301 其他危险化学品〕

⑪ 〔101 摩丝〕,〔102 发胶〕,〔107 婴幼儿驻留类发用化妆品〕,〔108 成人驻留类毛发用化妆品〕,〔301 其他危险化学品〕

⑫ 〔101 婴幼儿护发产品〕,〔102 护发素〕,〔103 焗油膏〕,〔104 发膜〕,〔105 发油〕,〔108 染发化妆品〕,〔109 育发化妆品〕,〔110 婴幼儿淋洗类发用化妆品〕,〔111 婴幼儿驻留类发用化妆品〕,〔112 成人淋洗类毛发用化妆品〕,〔113 成人驻留类毛发用化妆品〕,〔301 其他危险化学品〕

⑬ 〔101 牙膏〕,〔102 婴幼儿牙膏〕,〔104 成人牙膏〕,〔105 婴幼儿口腔类产品〕

⑭ 〔101 牙膏〕,〔102 婴幼儿牙膏〕,〔104 成人牙膏〕,〔105 婴幼儿口腔类产品〕

协定税率(%)															特惠税率(%)			对美税率	出口税率	出口退税率	Article Description
智利	新西兰	澳大利亚	瑞士	冰岛	秘鲁	哥斯达	东盟	亚太	新加坡	巴基斯坦	港/澳/台	韩国	格鲁吉亚	毛里求斯	亚太	老/柬/缅	LDC 97/95				
																		28.5	0	13	
																		28.5	0	0	
																		28.5	0	13	
																		28.5	0	0	
																		28.5	0	13	
																		28.5	0	0	
																		28.5	0	13	
																					Preparations for use on the hair:
0	0	0	0		0	0	0	2	0	3	0/0/	4.2	0	0			0/0				-Shampoos
																		27	0	0	
																		27	0	13	
0	0	0	3	0	0	0	0		0	12	0/0/		0	0			0/0			13	-Preparations for permanent waving or straightening
																		28	0		
0	0	0	3	0	0	0	0		0	12	0/0/		0	0			0/0			13	-Hair lacquers
																		28	0		
0	0	0	0		0	0	0	2	0	4	0/0/	6.5	0	0			0/0			13	-Other
																		28	0		
																					Preparations for oral or dental hygiene, including denture fixative pastes and powders; yarn used to clean between the teeth (dental floss), in individual retail package:
0	0	0	0	0	0	0	0	2	0	4	0/0/	3	0	0			0/0				---Toothpastes
																		28	0	0	
																		28	0	13	
0	0	0	0	0	0	0	0	2	0	4	0/0/	3	0	0			0/0			10	---Other
																		28	0		

商品编号	商品名称及备注[检验检疫编码及名称]	进口关税(%)		增值税率(%)	消费税	计量单位	监管条件	检验检疫类别
		最惠国	普通					
33062000	-清洁牙缝用的纱线(牙线)							
3306200000	清洁牙缝用的纱线(牙线)〔999〕	3	70	13		千克		
33069010	---漱口剂							
3306901000	漱口剂①	3	70	13		千克	AB	R/S
33069090	---其他							
3306909000	其他口腔及牙齿清洁剂(包括假牙稳固剂及粉)②	3	70	13		千克	AB	R/S
3307	**剃须用制剂、人体除臭剂、泡澡用制剂、脱毛剂和其他品目未列名的芳香料制品及化妆盥洗品;室内除臭剂,不论是否加香水或消毒剂:**							
33071000	-剃须用制剂							
3307100000	剃须用制剂〔103 成人面部驻留类化妆品〕,〔104 成人淋洗类毛发用化妆品〕,〔999〕	3	150	13		千克	AB	M/N
33072000	-人体除臭剂及止汗剂							
3307200000	人体除臭剂及止汗剂③	3	150	13		千克	AB	M/N
33073000	-香浴盐及其他泡澡用制剂							
3307300000	香浴盐及其他泡澡用制剂〔101 婴幼儿淋洗类肤用化妆品〕,〔112 成人体用淋洗类化妆品〕	3	150	13		千克	AB	M/N
33074100	--神香及其他通过燃烧散发香气的制品							
3307410000	神香及其他通过燃烧散发香气制品〔999〕	3	150	13		千克		
33074900	--其他							
3307490000	其他室内除臭制品(不论是否加香水或消毒剂)〔999〕	3	150	13		千克		
33079000	-其他							
3307900000	其他编号未列名的芳香料制品(包括化妆盥洗品)④	3	150	13		千克		

① 〔201 包括漱口水、口腔清新喷雾〕,〔202 成人非液体口腔产品(包括牙粉、牙贴、假牙模膏)〕,〔203 婴幼儿口腔类产品(包括漱口水、口腔清新喷雾)〕
② 〔201 成人非液体口腔产品(包括牙粉、牙贴、假牙模膏)〕,〔202 婴幼儿口腔类产品〕,〔203 其他〕
③ 〔101 液体香水〕,〔102 膏状香水〕,〔106 除臭化妆品〕
④ 〔101 美容皂〕,〔102 盥洗用皂〕,〔103 其他肤用化妆品〕,〔104 其他美容类化妆品〕,〔105 其他香水类〕,〔106 化妆品半成品〕,〔107 其他化妆品〕,〔999〕

协定税率(%)															特惠税率(%)			对美税率	出口税率	出口退税率	Article Description
智利	新西兰	澳大利亚	瑞士	冰岛	秘鲁	哥斯达	东盟	亚太	新加坡	巴基斯坦	港/澳/台	韩国	格鲁吉亚	毛里求斯	亚太	老/柬/缅	LDC 97/95				
0	0	0	0	0	0	0	0	2		4	0/0/	3	0	0			0/0			10	-Yarn used to clean between the teeth (dental floss)
																		28	0		
0	0	0	0	0	0	0	0		0	4	0/0/	3	0	0			0/0			13	---Gargle
																		28	0		
0	0	0	0	0	0	0	0		0	4	0/0/	3	0	0			0/0			13	---Other
																		28	0		
																					Pre-shave, shaving or after-shave preparations, personal deodorants, bath preparations, depilatories and other perfumery, cosmetic or toilet preparations, not elsewhere specified or included; prepared room deodorizers, whether or not perfumed or having disinfectant properties:
0	0	0	0	0	0	0	0	2	0	4	0/0/		0	0			0/0			13	-Pre-shave, shaving or after-shave preparations
																		28	0		
0	0	0	0	0	0	0	0	2	0	4	0/0/		0	0			0/0			13	-Personal deodorants and antiperspirants
																		28	0		
0	0	0	0	0	0	0	0	2	0	4	0/0/	6.5	0	0			0/0			13	-Perfumed bath salts and other bath preparations
																		28	0		
0	0	0	0	0	0	0	0		0	4	0/0/	3	0	0			0/0			13	--Agarbatti and other odoriferous preparations which operate by burning
																		28	0		
0	0	0	0	0	0	0	0		0	4	0/0/	3	0	0			0/0			13	--Other
																		28	0		
0	0	0	0	0	0	0	0	2		4	0/0/	5.8	0	0			0/0			13	-Other
																		28	0		

第三十四章
肥皂、有机表面活性剂、洗涤剂、润滑剂、人造蜡、调制蜡、光洁剂、蜡烛及类似品、塑型用膏、“牙科用蜡”及牙科用熟石膏制剂

注释：

一、本章不包括：

（一）用作脱模剂的食用动植物油、脂混合物或制品（品目15.17）；

（二）单独的已有化学定义的化合物；或

（三）含肥皂或其他有机表面活性剂的洗发剂、洁齿品、剃须膏及泡澡用制剂（品目33.05、33.06及33.07）。

二、品目34.01所称“肥皂”，只适用于水溶性肥皂。品目34.01的肥皂及其他产品可以含有添加料（例如，消毒剂、磨料粉、填料或药料）。含磨料粉的产品，只有条状、块状或模制形状可以归入品目34.01。其他形状的应作为“去污粉及类似品”归入品目34.05。

三、品目34.02所称“有机表面活性剂”，是指温度在20℃时与水混合配成0.5%浓度的水溶液，并在同样温度下搁置1小时后与下列规定相符的产品：

（一）成为透明或半透明的液体或稳定的乳浊液而未离析出不溶解物质；以及

（二）将水的表面张力降低到每厘米45达因及以下。

四、品目34.03所称“石油及从沥青矿物提取的油类”，适用于第二十七章注释二所规定的产品。

五、品目34.04所称“人造蜡及调制蜡”，仅适用于：

（一）用化学方法生产的具有蜡质特性的有机产品，不论是否为水溶性的；

（二）各种蜡混合制成的产品；

（三）以一种或几种蜡为基本原料并含有油脂、树脂、矿物质或其他原料的具有蜡质特性的产品。

本税号不包括：

（一）品目15.16、34.02或38.23的产品，不论是否具有蜡质特性；

（二）品目15.21的未混合的动物蜡或未混合的植物蜡，不论是否精制或着色；

（三）品目27.12的矿物蜡或类似产品，不论是否相互混合或仅经着色；或

（四）混合、分散或溶解于液体溶剂的蜡（品目34.05、38.09等）。

商品编号	商品名称及备注[检验检疫编码及名称]	进口关税(%)		增值税率(%)	消费税	计量单位	监管条件	检验检疫类别
		最惠国	普通					
3401	**肥皂;作肥皂用的有机表面活性产品及制品,条状、块状或模制形状的,不论是否含有肥皂;洁肤用的有机表面活性产品及制品,液状或膏状并制成零售包装的,不论是否含有肥皂;用肥皂或洗涤剂浸渍、涂面或包覆的纸、絮胎、毡呢及无纺织物:**							
34011100	--盥洗用(包括含有药物的产品)							
3401110010	盥洗用含汞亮肤肥皂(包括含有药物的产品),条状、块状或模制形状的,以及用肥皂浸渍、涂面或包覆的纸、絮胎、毡呢及无纺织物(含汞量超过百万分之一)①	6.5	130	13		千克	89	
3401110090	其他盥洗用皂及有机表面活性产品(包括含有药物的产品,呈条状、块状或模制形状)②	6.5	130	13		千克	AB	M/N
34011910	---洗衣皂							
3401191000	洗衣皂(呈条状、块状或模制形状的)〔999〕	6.5	80	13		千克		
34011990	---其他							
3401199010	其他含汞亮肤肥皂,条状、块状或模制形状的,以及用肥皂浸渍、涂面或包覆的纸、絮胎、毡呢及无纺织物(含汞量超过百万分之一)〔999〕	6.5	130	13		千克	89	
3401199090	其他有机表面活性产品及制品(包括用肥皂或洗涤剂浸、涂或包覆的纸、絮胎及无纺织物)〔999〕	6.5	130	13		千克		
34012000	-其他形状的肥皂							
3401200010	其他形状的含汞亮肤肥皂(含汞量超过百万分之一)〔999〕	6.5	130	13		千克	89	
3401200090	其他形状的肥皂(除条状、块状或模制形状以外的)〔999〕	6.5	130	13		千克		

① 〔101 婴幼儿淋洗类肤用化妆品〕,〔102 成人面部淋洗类化妆品〕,〔103 成人体用淋洗类化妆品〕,〔104 其他产品〕

② 〔101 婴幼儿淋洗类肤用化妆品〕,〔102 成人面部淋洗类化妆品〕,〔103 成人体用淋洗类化妆品〕,〔104 其他产品〕

Chapter 34

Soap, organic surface-active agents, washing preparations, lubricating preparations, artificial waxes, prepared waxes, polishing or scouring preparations, candles and similar articles, modelling pastes, "dental waxes" and dental preparations with a basis of plaster

Chapter Notes:

1. This Chapter does not cover:
   (a) Edible mixtures or preparations of animal or vegetable fats or oils of a kind used as mould release preparations (heading 15. 17);
   (b) Separate chemically defined compounds; or
   (c) Shampoos, dentifrices, shaving creams and foams, or bath preparations, containing soap or other organic surface-active agents (heading 33. 05, 33. 06 or 33. 07).

2. For the purposes of heading 34. 01, the expression "soap" applies only to soap soluble in water. Soap and the other products of heading 34. 01 may contain added substances (for example, disinfectants, abrasive powders, fillers or medicaments). Products containing abrasive powders remain classified in heading 34. 01 only if in the form of bars, cakes or moulded pieces or shapes. In other forms they are to be classified in heading 34. 05 as "scouring powders and similar preparations".

3. For the purposes of heading 34. 02, "organic surface-active agents" are products which when mixed with water at a concentration of 0. 5% at 20℃ and left to stand for one hour at the same temperature:
   (a) give a transparent or translucent liquid or stable emulsion without separation of insoluble matter; and
   (b) reduce the surface tension of water to 4.5×10^{-2} N/m (45 dyne/cm) or less.

4. In heading 34. 03 the expression "petroleum oils and oils obtained from bituminous minerals" applies to the products defined in Note 2 to Chapter 27.

5. In heading 34. 04, subject to the exclusions provided below, the expression "artificial waxes and prepared waxes" applies only to:
   (a) Chemically produced organic products of a waxy character, whether or not water-soluble;
   (b) Products obtained by mixing different waxes;
   (c) Products of a waxy character with a basis of one or more waxes and containing fats, resins, mineral substances or other materials.

   The heading does not apply to:
   (a) Products of heading 15. 16, 34. 02 or 38. 23, even if having a waxy character;
   (b) Unmixed animal waxes or unmixed vegetable waxes, whether or not refined or coloured, of heading 15. 21;
   (c) Mineral waxes or similar products of heading 27. 12, whether or not intermixed or merely coloured; or
   (d) Waxes mixed with, dispersed in or dissolved in a liquid medium (headings 34. 05, 38. 09, etc.).

协定税率(%)															特惠税率(%)		对美税率	出口税率	出口退税率	Article Description
智利	新西兰	澳大利亚	瑞士	冰岛	秘鲁	哥斯达	东盟	亚太	新加坡	巴基斯坦	港/澳/台	韩国	格鲁吉亚	毛里求斯	亚太	老/柬/缅	LDC 97/95			
																				Soap; organic surface-active products and preparations for use as soap, in the form of bars, cakes, moulded pieces or shapes, whether or not containing soap; organic surface-active products and preparations for washing the skin, in the form of liguid or cream and put up for retail sale, whether or not containing soap; paper, wadding, felt and nonwovens, impregnated, coated or covered with soap or detergent:
0	0	0	0	0	0	0	0	4. 2	0	0	0/0/	3	0	0	0		0/0			13	--For toilet use (including medicated products)
																		31. 5	0		
																		31. 5	0		
0	0	0	0	0	0	0	0		0	4	0/0/		0	0			0/0			13	---Laundry soap
																		31. 5	0		
0	0	0	3	0	0	0	0			0	0/0/	4. 5	0	0			0/0			13	---Other
																		26. 5	0		
																		26. 5	0		
0	0	0	3	0	0	0	0	4. 2		0	0/0/	4. 5	0	0	0		0/0			13	-Soap in other forms
																		31. 5	0		
																		31. 5	0		

商品编号	商品名称及备注[检验检疫编码及名称]	进口关税(%)		增值税率(%)	消费税	计量单位	监管条件	检验检疫类别
		最惠国	普通					
34013000	-洁肤用的有机表面活性产品及制品,液状或膏状并制成零售包装的,不论是否含有肥皂							
3401300010	洁肤用有机表面活性产品及制品,液状或膏状并制成零售包装的,含有含汞亮肤肥皂(含汞量超过百万分之一)①	6.5	130	13		千克	89	
3401300090	洁肤用有机表面活性产品及制品(液状或膏状并制成零售包装的,不论是否含有肥皂)②	6.5	130	13		千克	AB	M/N
3402	**有机表面活性剂(肥皂除外);表面活性剂制品、洗涤剂(包括助洗剂)及清洁剂,不论是否含有肥皂,但品目34.01的产品除外:**							
34021100	--阴离子型							
3402110000	阴离子型有机表面活性剂(不论是否零售包装,肥皂除外)〔999〕	6.5	30	13		千克		
34021200	--阳离子型							
3402120000	阳离子型有机表面活性剂(不论是否零售包装,肥皂除外)③	6.5	30	13		千克		
34021300	--非离子型							
3402130010	含有壬基酚聚氧乙烯醚的有机表面活性剂(不论是否零售包装,肥皂除外)④	6.5	30	13		千克		
3402130090	其他非离子型有机表面活性剂(不论是否零售包装,肥皂除外)⑤	6.5	30	13		千克		
34021900	--其他							
3402190000	其他有机表面活性剂(不论是否零售包装,肥皂除外)⑥	6.5	30	13		千克		
34022010	---合成洗涤粉							
3402201000	零售包装的合成洗涤粉〔999〕	6.5	80	13		千克		
34022090	---其他							
3402209000	其他零售包装有机表面活性剂制品(包括洗涤剂及清洁剂,不论是否含有肥皂)⑦	6.5	80	13		千克		
34029000	-其他							
3402900001	十二烷基苯磺酸钙甲醇溶液(非零售包装,十二烷基苯磺酸钙含量高于70%)〔101化妆品半成品〕,〔102其他化妆品〕,〔999〕	6.5	80	13		千克		
3402900090	非零售包装有机表面活性剂制品(包括洗涤剂及清洁剂,不论是否含有肥皂)⑧	6.5	80	13		千克		
3403	**润滑剂(包括以润滑剂为基本成分的切削油制剂、螺栓或螺母松开剂、防锈或防腐蚀制剂及脱模剂)及用于纺织材料、皮革、毛皮或其他材料油脂处理的制剂,但不包括以石油或从沥青矿物提取的油类为基本成分(按重量计不低于70%)的制剂:**							
34031100	--处理纺织材料、皮革、毛皮或其他材料的制剂							
3403110000	含有石油类的处理纺织等材料制剂[指含石油或沥青矿物油(重量<70%)的制剂]〔301易燃液体〕,〔302其他化工产品〕,〔999〕	10	50	13		千克		
34031900	--其他							
3403190000	其他含有石油或矿物提取油类制剂[指含石油或沥青矿物油(重量<70%)的制剂]〔301易燃液体〕,〔302其他化工产品〕,〔999〕	10	50	13		千克		
34039100	--处理纺织材料、皮革、毛皮或其他材料的制剂							
3403910000	其他处理纺织等材料的制剂(包括处理皮革、毛皮或其他材料的制剂)〔999〕	10	50	13		千克		

① 〔101婴幼儿淋洗类肤用化妆品〕,〔102成人面部淋洗类化妆品〕,〔103成人体用淋洗类化妆品〕
② 〔101婴幼儿淋洗类肤用化妆品〕,〔102成人面部淋洗类化妆品〕,〔103成人体用淋洗类化妆品〕
③ 〔101面部用清洁品〕,〔102沐浴制剂及手部清洁品〕,〔103其他肤用化妆品〕,〔104化妆品半成品〕,〔105其他化妆品〕,〔106阳离子表面活性洗涤剂〕,〔999〕
④ 〔101面部用清洁品〕,〔102沐浴制剂及手部清洁品〕,〔103其他肤用化妆品〕,〔104化妆品半成品〕,〔105其他化妆品〕,〔301易燃液体〕,〔302其他化工产品〕,〔303杂项物质〕,〔999〕
⑤ 〔101面部用清洁品〕,〔102沐浴制剂及手部清洁品〕,〔103其他肤用化妆品〕,〔104化妆品半成品〕,〔105其他化妆品〕,〔999〕
⑥ 〔101面部用清洁品〕,〔102沐浴制剂及手部清洁品〕,〔103其他肤用化妆品〕,〔104化妆品半成品〕,〔105其他化妆品〕,〔999〕
⑦ 〔101面部用清洁品〕,〔102沐浴制剂及手部清洁品〕,〔103其他肤用化妆品〕,〔104其他化妆品〕,〔301易燃液体〕,〔302其他化工产品〕,〔999〕
⑧ 〔101化妆品半成品〕,〔102其他化妆品〕,〔103煤炭浮选剂〕,〔301易燃液体〕,〔302腐蚀性物质〕

协定税率(%)															特惠税率(%)			对美税率	出口税率	出口退税率	Article Description
智利	新西兰	澳大利亚	瑞士	冰岛	秘鲁	哥斯达	东盟	亚太	新加坡	巴基斯坦	港/澳/台	韩国	格鲁吉亚	毛里求斯	亚太	老/柬/缅	LDC 97/95				
0	0	0	0	0	0	0	0		0	4	0/0/	3	0	0			0/0			13	-Organic surface-active products and preparations for washing the skin, in the form of liquid or cream and put up for retail sale, whether or not cotaining soap
																		16.5	0		
																		16.5	0		
																					Organic surface-active agents (other than soap); surface-active preparations, washing preparations (including auxiliary washing preparations) and cleaning preparations, whether or not containing soap, other than those of heading 34.01:
0	0	0	0	0	0	0	0	4.2		4	0/0/	4.2	0	0			0/0			13	--Anionic
																		11.5	0		
0	0	0	0	0	0	0	0	4.2		3	0/0/	4.2	0	0			0/0			13	--Cationic
																		11.5	0		
0	0	0	1.3	0	0	0	0	4.2	0	0	0/0/0	3.4	0	0			0/0			13	--Non-ionic
																			0		
																			0		
0	0	0	0	0	0	0	0	4.2		3	0/0/	4.2	0	0			0/0			13	--Other
																		16.5	0		
0	0	0	0	0	0	0	0	4.2	0	4	0/0/	6.5	0	0			0/0			13	---Synthetic detergents in powder form
																		26.5	0		
0	0	0	0	0	0	0	0	4.2	0	4	0/0/	6.5	0	0			0/0			13	---Other
																		16.5	0		
0	0	0	1.8	0	0	0	0	4.2	0	0	0/0/	0	1.8	0			0/0			13	-Other
																		16.5	0		
																		16.5	0		
																					Lubricating preparations (including cutting-oil preparations, bolt or nutrelease preparations, anti-rust or anticorrosion preparations and mould release preparations, based on lubricants) and preparations of a kind used for the oil or grease treatment of textile materials, leather, furskins or other materials, but excluding preparations containing, as basic constituents, 70% or more by weight of petroleum oils or of oils obtained from bituminous minerals:
0	0	0	0	0	0	0	0	6.5	0	4	0/0/	3	0	0			0/0			13	--Preparations for the treatment of textile materials, leather, furskins or other materials
																		28	0		
0	0	0	0	0	0	0	0		0	4	0/0/	0	0	0			0/0			13	--Other
																			0		
0	0	0	0	0	0	0	0		0	4	0/0/	0	0	0			0/0			13	--Preparations for the treatment of textile materials, leather, furskins or other materials
																		33	0		

商品编号	商品名称及备注[检验检疫编码及名称]	进口关税(%) 最惠国	普通	增值税率(%)	消费税	计量单位	监管条件	检验检疫类别
34039900	--其他							
3403990000	其他润滑剂(含油<70%)(包括以润滑剂为基本成分的切削油制剂、螺栓松开剂等)①	10	50	13		千克		
3404	**人造蜡及调制蜡:**							
34042000	-聚氧乙烯(聚乙二醇)蜡							
3404200000	聚乙二醇蜡〔999〕	10	70	13		千克		
34049000	-其他							
3404900010	短链氯化石蜡(具有人造蜡特性)〔101 其他化工产品〕,〔102 无检疫要求食品添加剂〕	10	70	13		千克	X	
3404900090	其他人造蜡及调制蜡〔101 其他化工产品〕,〔102 无检疫要求食品添加剂〕	10	70	13		千克		
3405	**鞋靴、家具、地板、车身、玻璃或金属用的光洁剂、擦洗膏、去污粉及类似制品(包括用这类制剂浸渍、涂面或包覆的纸、絮胎、毡呢、无纺织物、泡沫塑料或海绵橡胶),但不包括品目34.04的蜡:**							
34051000	-鞋靴或皮革用的上光剂及类似制品							
3405100000	鞋靴或皮革用的上光剂及类似制品②	6.5	80	13		千克		
34052000	-保养木制家具、地板或其他木制品用的上光剂及类似制品							
3405200000	保养木制品的上光剂及类似制品(指保养木家具、地板或其他木制品的上光剂及类似制品)〔301 易燃液体〕,〔302 其他化工产品〕,〔999〕	6.5	80	13		千克		
34053000	-车身用的上光剂及类似制品,但金属用的光洁剂除外							
3405300000	车身用的上光剂及类似制品(但金属用的光洁剂除外)③	6.5	80	13		千克		
34054000	-擦洗膏、去污粉及类似制品							
3405400000	擦洗膏、去污粉及类似品〔999〕	6.5	80	13		千克		
34059000	-其他							
3405900000	其他玻璃或金属用的光洁剂(不包括擦洗膏、去污粉及类似制品)④	6.5	80	13		千克		
3406	**各种蜡烛及类似品:**							
34060000	各种蜡烛及类似品							
3406000010	含濒危动物成分的蜡烛及类似品〔101 含木制品〕,〔102 不含木制品〕	6.5	130	13		千克	EF	
3406000090	其他各种蜡烛及类似品〔101 含木制品〕,〔102 不含木制品〕	6.5	130	13		千克		
3407	**塑型用膏,包括供儿童娱乐用的在内;通称为"牙科用蜡"或"牙科造形膏"的制品,成套、零售包装或制成片状、马蹄形、条状及类似形状的;以熟石膏(煅烧石膏或硫酸钙)为基本成分的牙科用其他制品:**							
34070010	---牙科用蜡及造型膏							
3407001000	牙科用蜡及造型膏(成套、零售包装或制成片状、马蹄形、条状及类似形状的)〔999〕	6.5	30	13		千克		
34070020	---以熟石膏为基本成分的牙科用其他制品							
3407002000	以熟石膏为成分的牙科用其他制品(包括以煅烧石膏或硫酸钙为基本成分的)〔999〕	6.5	40	13		千克		
34070090	---其他							
3407009000	其他塑型用膏(包括供儿童娱乐用物品)〔999〕	10	100	13		千克		

① 〔101 其他化妆品〕,〔102 汽油稀型防锈油〕,〔103 半干型防锈油〕,〔104 溶剂稀释型防锈油〕,〔105 薄层防锈油〕,〔106 驻退液〕,〔301 易燃液体〕,〔302 其他化工产品〕,〔303 腐蚀性物质〕

② 〔101 皮革光滑剂〕,〔102 皮革顶层涂饰剂〕,〔103 皮革光亮剂〕,〔301 易燃液体〕,〔302 其他化工产品〕

③ 〔301 易燃液体〕,〔302 其他化工产品〕,〔999〕

④ 〔101 其他化妆品〕,〔102 修相油〕,〔103 油画上光油〕,〔104 油画色调合油〕,〔105 闪烁体材料〕,〔106 活性白土〕,〔301 易燃液体〕,〔302 其他化工产品〕

协定税率(%)															特惠税率(%)			对美税率	出口税率	出口退税率	Article Description
智利	新西兰	澳大利亚	瑞士	冰岛	秘鲁	哥斯达	东盟	亚太	新加坡	巴基斯坦	港/澳/台	韩国	格鲁吉亚	毛里求斯	亚太	老/柬/缅	LDC 97/95				
0	0	0	2	0	0	0	0		0	4	0/0/	0	0	0			0/0			13	--Other
																			0		
																					Artificial waxes and prepared waxes:
0	0	0	0	0	0	0	0			4	0/0/		0	0			0/0			13	-Of poly (oxyethylene) (polyethyleneglycol)
																		15	0		
0	0	0	0	0	0	0	0			0	0/0/	0	0	0			0/0			0	-Other
																		20	0		
																		20	0		
																					Polishes and creams for footwear, furniture, floors, coachwork, glass or metal, scouring pastes and powders and similar preparations (whether or not in the form of paper, wadding, felt, nonwovens, cellular plastics or cellular rubber, impregnated, coated or covered with such preparations), excluding waxes of heading 34.04:
0	0	0	0	0	0	0	0		0	4	0/0/	3	0	0			0/0			13	-Polishes, creams and similar preparations for footwear or leather
																		26.5	0		
0	0	0	0	0	0	0	0		0	4	0/0/	3	0	0			0/0			13	-Polishes, creams and similar preparations for the maintenance of wooden furniture, floors or other woodwork
																		16.5	0		
0	0	0	0	0	0	0	0		0	4	0/0/	3	0	0			0/0			13	-Polishes and similar preparations for coachwork, other than metal polishes
																		16.5	0		
0	0	0	0	0	0	0	0			4	0/0/	3	0	0			0/0			13	-Scouring pastes and powders and other scouring preparations
																		16.5	0		
0	0	0	0	0	0	0	0	4.2	0	4	0/0/	0	0	0			0/0			13	-Other
																		16.5	0		
																					Candles, tapers and the like:
0	0	0	0	0	0	0	0		0	4	0/0/	3	0	0			0/0				Candles, tapers and the like
																		14	0	0	
																		14	0	13	
																					Modelling pastes, including those put up for children's amusement; preparations known as "dental wax" or as "dental impression compounds", put up in sets, in packings for retail sale or in plates, horseshoe shapes, sticks or similar forms; other preparations for use in dentistry, with a basis of plaster (of calcined gypsum or calcium sulphate):
0	0	0	1.3	0	0	0	0			3	0/0/	1.9	0	0			0/0			10	---Preparations of a kind known as "dental wax" or as "dental impression compounds"
																		16.5	0		
0	0	0	0	0	0	0	0			3	0/0/	0	0	0			0/0			10	---Other preparations for use in dentistry, with a basis of plaster
																		31.5	0		
0	0	0	0	0	0	0	0			4	0/0/	3	0	0			0/0			10	---Other
																		30	0		

第三十五章
蛋白类物质；改性淀粉；胶；酶

注释：

一、本章不包括：

（一）酵母（品目21.02）；

（二）第三十章的血份（非治病、防病用的血清白蛋白除外）、药品及其他产品；

（三）预糅用酶制剂（品目32.02）；

（四）第三十四章的加酶的浸透剂、洗涤剂及其他产品；

（五）硬化蛋白（品目39.13）；或

（六）印刷工业用的明胶产品（第四十九章）。

二、品目35.05所称"糊精"，是指淀粉的降解产品，其还原糖含量以右旋糖的干重量计不超过10%。

如果还原糖含量超过10%，应归入品目17.02。

商品编号	商品名称及备注[检验检疫编码及名称]	进口关税(%) 最惠国	进口关税(%) 普通	增值税率(%)	消费税	计量单位	监管条件	检验检疫类别
3501	**酪蛋白、酪蛋白酸盐及其他酪蛋白衍生物；酪蛋白胶：**							
35011000	-酪蛋白							
3501100000	酪蛋白①	10	35	13		千克	AB	R/S
35019000	-其他							
3501900000	酪蛋白酸盐及其衍生物，酪蛋白胶②	10	35	13		千克	A	R/
3502	**白蛋白（包括按重量计干质成分的乳清蛋白含量超过80%的两种或两种以上的乳清蛋白浓缩物）、白蛋白盐及其他白蛋白衍生物：**							
35021100	--干的							
3502110000	干的卵清蛋白〔101食用〕，〔999〕	10	80	13		千克	AB	P/Q
35021900	--其他							
3502190000	其他卵清蛋白〔101食用〕，〔999〕	10	80	13		千克	AB	P/Q
35022000	-乳白蛋白，包括两种或两种以上的乳清蛋白浓缩物							
3502200010[暂5]	乳清蛋白粉（按重量计干质成分的乳清蛋白含量超过80%）〔101食用乳清蛋白粉〕，〔999食用乳清蛋白粉除外〕	10	35	13		千克	AB	R/S
3502200020[暂5]	乳铁蛋白〔301无检疫要求食品添加剂〕，〔302需申报仅用于工业用途不用于食品添加剂无检疫要求的化学品〕，〔999动物白蛋白〕	10	35	13		千克	AB	R/S
3502200090	其他乳白蛋白（包括两种或两种以上乳清蛋白浓缩物）③	10	35	13		千克	AB	R/S
35029000	-其他							
3502900000	其他白蛋白及白蛋白盐（包括白蛋白衍生物）④	10	35	13		千克	A	R/
3503	**明胶（包括长方形、正方形明胶薄片，不论是否表面加工或着色）及其衍生物；鱼鳔胶；其他动物胶，但不包括品目35.01的酪蛋白胶：**							
35030010	---明胶及其衍生物							
3503001001[暂5]	明胶〔101饲用〕，〔102工业用〕，〔103有检疫要求食品添加剂〕	12	35	13		千克	AB	P.R/Q
3503001090	明胶的衍生物（包括长方形、正方形明胶薄片，不论是否表面加工或着色）〔101饲用〕，〔102工业用〕	12	35	13		千克	AB	P/Q
35030090	---其他							
3503009000	鱼鳔胶、其他动物胶（但不包括品目35.01的酪蛋白胶）⑤	12	50	13		千克	AB	P.R/Q
3504	**蛋白胨及其衍生物；其他税号未列名的蛋白质及其衍生物；皮粉，不论是否加入铬矾：**							
35040010	---蛋白胨							
3504001000	蛋白胨⑥	3	11	13		千克	A	R/

① 〔101食用〕，〔301无检疫要求食品添加剂〕，〔302需申报仅用于工业用途不用于食品添加剂无检疫要求的化学品〕，〔999非食用性乳品〕

② 〔101非食用性乳品〕，〔102酪蛋白酸钠（酪朊酸钠）（无检疫要求食品添加剂）〕，〔103需申报仅用于工业用途不用于食品添加剂无检疫要求的化学品〕

③ 〔301无检疫要求食品添加剂〕，〔302需申报仅用于工业用途不用于食品添加剂无检疫要求的化学品〕，〔999动物白蛋白〕

④ 〔301无检疫要求食品添加剂〕，〔302需申报仅用于工业用途不用于食品添加剂无检疫要求的化学品〕，〔401用于人类医学、生命科学相关领域，非用于治疗或预防疾病用〕，〔999动物白蛋白〕

⑤ 〔101药用龟甲胶〕，〔102药用阿胶〕，〔103药用鹿角胶〕，〔104紫胶（虫胶）（有检疫要求食品添加剂）〕，〔105工业用〕，〔999食用〕

⑥ 〔101具有保健食品批准文号〕，〔102无检疫要求食品添加剂〕，〔103工业用动物骨蛋白胨〕，〔301需申报仅用于工业用途不用于食品添加剂无检疫要求的化学品〕

Chapter 35
Albuminoidal substances; modified starches; glues; enzymes

Chapter Notes:

1. This Chapter does not cover:
   (a) Yeasts (heading 21.02);
   (b) Blood fractions (other than blood albumin not prepared for therapeutic or prophylactic uses), medicaments or other products of Chapter 30;
   (c) Enzymatic preparations for pre-tanning (heading 32.02);
   (d) Enzymatic soaking or washing preparations or other products of Chapter 34;
   (e) Hardened proteins (heading 39.13); or
   (f) Gelatin products of the printing industry (Chapter 49).

2. For the purposes of heading 35.05, the term "dextrins" means starch degradation products with a reducing sugar content, expressed as dextrose on the dry substance, not exceeding 10%.
   Such products with a reducing sugar content exceeding 10% fall in heading 17.02.

协定税率(%)															特惠税率(%)			对美税率	出口税率	出口退税率	Article Description
智利	新西兰	澳大利亚	瑞士	冰岛	秘鲁	哥斯达	东盟	亚太	新加坡	巴基斯坦	港/澳/台	韩国	格鲁吉亚	毛里求斯	亚太	老/柬/缅	LDC 97/95				
																					Casein, caseinates and other casein derivatives; casein glues:
0	0	0	0	0	0	0	0		0	4	0/0/	3	0	0			0/0			13	-Casein
																		35	0		
0	0	0	0	0	0	0	0			4	0/0/	3	0	0			0/0			13	-Other
																		30	0		
																					Albumins (including concentrates of two or more whey proteins, containing by weight more than 80% whey proteins, calculated on the dry matter), albuminates and other albumin derivatives:
0	0	0	0	0	0	0	0			4	0/0/	3	0	0			0/0			13	--Dried
																		15	0		
0	0	0	0	0	0	0	0			4	0/0/	3	0	0			0/0			13	--Other
																		15	0		
0	0	0	0	0	0	0	0			4	0/0/	3	0	0			0/0			13	-Milk albumin, including concentrates of two or more whey proteins
																		10	0		
																		10	0		
																		15	0		
0	0	0	0	0	0	0	0			4	0/0/	3	0	0			0/0			13	-Other
																		30	0		
																					Gelatin (including gelatin in rectangular (including square) sheets, whether or not surface-worked or coloured) and gelatin derivatives; isinglass; other glues of animal origin, excluding casein glues of heading 35.01:
0	0	0	2.4	0	0	0	0	9.6	0	0	0/0/	3.6	0	0			0/0			13	---Gelatin and gelatin derivatives
																		12.5	0		
																		19.5	0		
0	0	0	2.4	0	0	0	0	9.6	0	6	0/0/	3.6	0	0			0/0			13	---Other
																		14.5	0		
																					Peptones and their derivatives; other protein substances and their derivatives, not elsewhere specified or included; hide powder, whether or not chromed:
0	0	0	0	0	0	0	0			0	0/0/	0	0	0			0/0			13	---Peptones
																		8	0		

商品编号	商品名称及备注[检验检疫编码及名称]	进口关税(%)		增值税率(%)	消费税	计量单位	监管条件	检验检疫类别
		最惠国	普通					
35040090	---其他							
3504009000	其他编号未列名蛋白质及其衍生物[包括蛋白胨的衍生物及皮粉(不论是否加入铬矾)]①	8	35	13		千克	A	R/
3505	**糊精及其他改性淀粉(例如,预凝化淀粉或酯化淀粉);以淀粉、糊精或其他改性淀粉为基本成分的胶:**							
35051000	-糊精及其他改性淀粉							
3505100000[暂6]	糊精及其他改性淀粉②	12	50	13		千克	A	M. R/
35052000	-胶							
3505200000	以淀粉糊精等为基本成分的胶③	20	50	13		千克	A	M. R/
3506	**其他税号未列名的调制胶及其他调制黏合剂;适于作胶或黏合剂用的产品,零售包装每件净重不超过1千克:**							
35061000	-适于作胶或黏合剂用的产品,零售包装每件净重不超过1千克							
3506100010	硅酮结构密封胶(零售包装每件净重不超过1千克)④	10	90	13		千克	A	M/
3506100090	其他适于作胶或黏合剂的零售产品(零售包装每件净重不超过1千克)⑤	10	90	13		千克		
35069110	---以聚酰胺为基本成分的							
3506911000	以聚酰胺为基本成分的黏合剂〔301 易燃液体〕,〔302 其他化工产品〕,〔999〕	10	90	13		千克		
35069120	---以环氧树脂为基本成分的							
3506912000	以环氧树脂为基本成分的黏合剂〔301 易燃液体〕,〔302 其他化工产品〕,〔999〕	10	90	13		千克		
35069190	---其他							
3506919010	非零售,硅酮结构密封胶〔301 其他危险化学品〕,〔302 其他化工产品〕,〔999〕	10	90	13		千克	A	M/
3506919020	专门或主要用于显示屏或触摸屏制造的光学透明膜黏合剂和光固化液体黏合剂[包括以人造树脂(环氧树脂除外)为基本成分的]⑥	0	90	13		千克		
3506919090	其他橡胶或塑料为基本成分的黏合剂[包括以人造树脂(环氧树脂除外)为基本成分的]⑦	10	90	13		千克		
35069900	--其他							
3506990000	其他编号未列名的调制胶、黏合剂〔301 易燃液体〕,〔302 其他化工产品〕,〔999〕	10	90	13		千克		
3507	**酶;其他税号未列名的酶制品:**							
35071000	-粗制凝乳酶及其浓缩物							
3507100000	粗制凝乳酶及其浓缩物⑧	6	30	13		千克	A	R/
35079010	---碱性蛋白酶							
3507901000	碱性蛋白酶⑨	6	30	13		千克	A	R/
35079020	---碱性脂肪酶							
3507902000	碱性脂肪酶⑩	6	30	13		千克	A	R/
35079090	---其他							

① 〔101 具有保健食品批准文号〕,〔102 乳铁蛋白(无检疫要求食品添加剂)〕,〔103 需申报仅用于工业用途不用于食品添加剂无检疫要求的化学品〕,〔104 其他医用蛋白〕,〔105 大豆蛋白〕,〔106 豌豆蛋白〕,〔107 蚕豆蛋白〕,〔108 其他豆类蛋白〕,〔109 小麦蛋白〕,〔110 燕麦蛋白〕,〔111 大米蛋白〕,〔112 玉米蛋白〕,〔113 其他谷类蛋白〕,〔114 花生蛋白〕,〔115 其他坚果及籽类蛋白〕,〔116 马铃薯蛋白〕,〔117 其他薯类蛋白〕,〔118 其他植物蛋白〕,〔119 浓缩牛奶蛋白〕,〔401 用于人类医学、生命科学相关领域,非用于治疗或预防疾病用〕

② 〔101 饲料添加剂〕,〔102 变性淀粉〕,〔103 硝化淀粉(含水≥20%)〕,〔104α-环状糊精〕,〔105γ-环状糊精〕,〔106 羧甲基淀粉钠〕,〔107 氧化淀粉〕,〔108 羟丙基淀粉〕,〔109 酸处理淀粉〕,〔110 氧化羟丙基淀粉〕,〔111 醋酸酯淀粉〕,〔112 淀粉磷酸酯钠〕,〔113 辛烯基琥珀酸铝淀粉〕,〔114 辛烯基琥珀酸淀粉钠〕,〔115β-环状糊精〕,〔116 磷酸酯双淀粉〕,〔117 工业用途无检疫要求食品添加剂〕,〔301 爆炸品,需申报仅用于工业用途不用于食品添加剂无检疫要求〕,〔302 无检疫要求食品添加剂〕,〔303 一般化学品,需申报仅用于工业用途不用于食品添加剂无检疫要求〕,〔304 属于危险化学品的食品添加剂〕

③ 〔101 变性淀粉〕,〔102 封口胶〕,〔103 工业用途无检疫要求食品添加剂〕,〔301 其他危险化学品,需申报仅用于工业用途不用于食品添加剂无检疫要求〕,〔302 无检疫要求食品添加剂〕,〔303 一般化学品,需申报仅用于工业用途不用于食品添加剂无检疫要求〕,〔304 属于危险化学品的食品添加剂〕

④ 〔301 其他危险化学品〕,〔302 其他化工产品〕,〔999〕

⑤ 〔101 301 胶粘剂〕,〔102 303 胶粘剂〕,〔103 730 胶粘剂〕,〔104 1452#胶粘剂〕,〔105JX-15 胶粘剂〕,〔106JY-7 胶粘剂〕,〔107SF-5 胶粘剂〕,〔301 易燃液体〕,〔302 腐蚀性物质〕,〔303 其他危险化学品〕,〔304 其他化工产品〕

⑥ 〔301 易燃液体〕,〔302 其他化工产品〕,〔999〕

⑦ 〔101 丙烯酸酯胶粘剂〕,〔102 氯丁酚醛胶粘剂〕,〔103 聚氨基甲酸酯胶粘剂〕,〔104 202 胶粘剂〕,〔105 传真纸黏合剂〕,〔106 聚氨酯黏合剂〕,〔107 嫌气性密封黏合剂〕,〔108 酚醛·丁腈黏合剂〕,〔109 酚醛·缩醛有机硅黏合剂〕,〔110 酚醛·缩醛黏合剂〕,〔111 聚乙烯醇缩醛胶〕,〔112 聚硅氧橡皮基印模膏〕,〔113 过氯乙烯胶〕,〔114 体患除凝胶〕,〔115 汽车门窗胶〕,〔116 橡胶金属胶〕,〔117 液体密封胶〕,〔118 聚氨酯涂层胶〕,〔119 黑醇酸隔热胶〕,〔120 橡胶水〕,〔121 蜡纸胶水〕,〔122 氟橡胶胶浆〕,〔123 硝基胶液〕,〔124 缩醛胶液〕,〔125 缩醛烘干胶液〕,〔126 硅酸苯悬浮液〕,〔127 聚氨酯化学灌浆材料〕,〔128 伏栏〕,〔129 电子束光刻胶〕,〔301 易燃液体〕,〔302 腐蚀性物质〕,〔303 其他危险化学品〕,〔999 其他化工产品〕

⑧ 〔301 无检疫要求食品添加剂〕,〔302 需申报仅用于工业用途不用于食品添加剂无检疫要求的化学品〕,〔999 饲用酶制剂〕

⑨ 〔301 无检疫要求食品添加剂〕,〔302 需申报仅用于工业用途不用于食品添加剂无检疫要求的化学品〕,〔401 用于人类医学、生命科学相关领域〕,〔999 饲用酶制剂〕

⑩ 〔301 无检疫要求食品添加剂〕,〔302 需申报仅用于工业用途不用于食品添加剂无检疫要求的化学品〕,〔401 用于人类医学、生命科学相关领域〕,〔999 饲用酶制剂〕

协定税率(%)															特惠税率(%)			对美税率	出口税率	出口退税率	Article Description
智利	新西兰	澳大利亚	瑞士	冰岛	秘鲁	哥斯达	东盟	亚太	新加坡	巴基斯坦	港/澳/台	韩国	格鲁吉亚	毛里求斯	亚太	老/柬/缅	LDC 97/95				
0	0	0	0	0	0	0	0			3	0/0/	0	0	0			0/0			13	---Other
																		18	0		
																					Dextrins and other modified starches (for example, pregelatinized or esterified starches); glues based on starches, or on dextrins or other modified starches:
0	0	0	2.4	0	0	0	0		0	4.8	0/0/	3.6	0	0			0/0			13	-Dextrins and other modified starches
																		18.5	0		
0	0	0	4	0	0	0	0		0		0/0/	10.6	0	0			0/0			13	-Glues
																		30	0		
																					Prepared glues and other prepared adhesives, not elsewhere specified or included; products suitable for use as glues or adhesives, put up for retail sale as glues or adhesives, not exceeding a net weight of 1kg:
0	0	0	2		0	0	0	6.5	0	4	0/0/0	0	0	0			0/0			13	-Products suitable for use as glues or adhesives, put up for retail sale as glues or adhesives, not exceeding a net weight, of 1kg
																		20	0		
																		20	0		
0	0	0	0	0	0	0	0	7	0	4	0/0/0	5.3	0	0			0/0			13	---Based on polyamide
																		20	0		
0	0	0	2	0	0	0	0	6.5	0	4	0/0/0	6.5	0	0			0/0			13	---Based on epoxy resin
																		20	0		
0	0	0	2	0	0	0	0	7	0	4	0/0/0	3	2	0			0/0			13	---Other
																		35	0		
																		25	0		
																		35	0		
0	0	0	2	0	0	0	0	6.5	0	4	0/0/0	6.5	0	0			0/0			13	--Other
																		20	0		
																					Enzymes; prepared enzymes not elsewhere specified or included:
0	0	0	0	0	0	0	0			0	0/0/	0	0	0			0/0			13	-Rennet and concentrates thereof
																			0		
0	0	0	0	0	0	0	0			0	0/0/	1.8	0	0			0/0			13	---Basic proteinase
																		11	0		
0	0	0	0	0	0	0	0			0	0/0/	1.8	0	0			0/0			13	---Basic lipase
																		16	0		
0	0	0	0	0	0	0	0			0	0/0/	0	0	0			0/0			13	---Other

商品编号	商品名称及备注[检验检疫编码及名称]	进口关税(%)		增值税率(%)	消费税	计量单位	监管条件	检验检疫类别
		最惠国	普通					
3507909010[暂0]	门冬酰胺酶①	6	30	3		千克	AB	R. V/W
3507909090	其他酶及酶制品(因拆分抗癌药品原料药产生的兜底税号)②	6	30	13		千克	AB	R. V/W

① 〔301 其他化工产品〕,〔401 用于人类医学、生命科学相关领域,非用于治疗或预防疾病用〕

② 〔101 饲用酶制剂〕,〔301 无检疫要求食品添加剂〕,〔302 需申报仅用于工业用途不用于食品添加剂无检疫要求的化学品〕,〔401 用于人类医学、生命科学相关领域,非用于治疗或预防疾病用〕,〔402 医用检测试剂〕,〔403 医用酶及酶制剂〕,〔404 其他医用生物制品〕,〔405 用于人类医学、生命科学相关领域,用于治疗或预防疾病用〕

协定税率(%)															特惠税率(%)			对美税率	出口税率	出口退税率	Article Description
智利	新西兰	澳大利亚	瑞士	冰岛	秘鲁	哥斯达	东盟	亚太	新加坡	巴基斯坦	港/澳/台	韩国	格鲁吉亚	毛里求斯	亚太	老/柬/缅	LDC 97/95				
																		10	0		
																		16	0		

第三十六章
炸药；烟火制品；火柴；引火合金；易燃材料制品

注释：

一、本章不包括单独的已有化学定义的化合物，但下列注释二（一）、（二）所述物品除外。

二、品目 36.06 所称“易燃材料制品”，只适用于：

（一）聚乙醛、六亚甲基四胺（六甲撑四胺）及类似物质，已制成片、棒或类似形状作燃料用的；以酒精为基本成分的固体或半固体燃料及类似的配制燃料；

（二）直接灌注香烟打火机及类似打火器用的液体燃料或液化气体燃料，其包装容器的容积不超过 300 立方厘米；以及

（三）树脂火炬、引火物及类似品。

商品编号	商品名称及备注[检验检疫编码及名称]	进口关税(%)		增值税率(%)	消费税	计量单位	监管条件	检验检疫类别
		最惠国	普通					
3601	**发射药：**							
36010000	发射药							
3601000010	模压的胶质推进剂〔999〕	9	50	13		千克	3	
3601000020	含硝化粘接剂及铝粉>5%的推进剂〔999〕	9	50	13		千克	3	
3601000030	黑火药〔999〕	9	50	13		千克	k	
3601000091	民用推进剂(限于购买、销售、运输管理)〔999〕	9	50	13		千克	k	
3601000099	其他发射药〔999〕	9	50	13		千克		
3602	**配制炸药，但发射药除外：**							
36020010	---硝铵炸药							
3602001010	符合特定标准的硝铵炸药(硝胺类物质超过 2%，或密度>1.8g/cm3、爆速>8000m/s)①	9	50	13		千克	3	
3602001091	其他铵梯类炸药、铵油类炸药、膨化硝铵炸药、胶状乳化炸药、粉状乳化炸药、震源药柱、其他工业炸药〔999 爆炸品〕	9	50	13		千克	k	
3602001099	其他硝铵炸药，但发射药除外〔999〕	9	50	13		千克		
36020090	---其他							
3602009010	符合特定标准的其他配制炸药[含有超过 2%(按重量计)的下述任何一种物质：(环)四亚甲基四硝胺(HMX)；(环)三亚甲基三硝基胺(RDX)；三氨基三硝基苯(TATB)；氨基二硝基苯并氧化呋咱或 7-氨基-4，6-硝基苯并呋咱-1-氧化物；六硝基芪(HNS)等；或晶体密度大于 $1.8g/cm^3$、爆速超过 8000m/s 的各种炸药。]②	9	50	13		千克	3k	
3602009091	民用的其他配置炸药，但发射药除外〔999〕	9	50	13		千克	k	
3602009099	其他配制炸药，但发射药除外〔999〕	9	50	13		千克		
3603	**安全导火索；导爆索；火帽或雷管；引爆器；电雷管：**							
36030000	安全导火索；导爆索；火帽或雷管；引爆器；电雷管							
3603000010	爆炸桥〔999〕	9	50	13		千克	3	
3603000020	爆炸桥丝〔999〕	9	50	13		千克	3	
3603000030	冲击片〔999〕	9	50	13		千克	3	
3603000040	爆炸箔起爆器〔999〕	9	50	13		千克	3	
3603000050	使用单个或多个雷管的装置(由单一点火信号同时起爆，不包括仅使用起药的雷管)〔999〕	9	50	13		千克	3	
3603000061	工业用炸药雷管点火装置(用于引爆上述品目 36.03 各编号列名的爆炸配件的雷管)〔999〕	9	50	13		千克	3	
3603000069	其他炸药雷管点火装置(用于引爆上述品目 36.03 各编号列名的爆炸配件的雷管)〔999〕	9	50	13		千克	3	
3603000091	民用的其他安全导火索、导爆索等引爆器件〔999〕	9	50	13		千克	k	
3603000099	其他安全导火索导爆索等引爆器件(包括火帽或雷管、引爆器、电雷管)〔999〕	9	50	13		千克		
3604	**烟花、爆竹、信号弹、降雨火箭、浓雾信号弹及其他烟火制品：**							
36041000	-烟花、爆竹							

① 〔101 环四次甲基四硝胺(含水≥15%)〕,〔102 硝铵炸药〕,〔103 环四次甲基四硝胺(钝感的)〕,〔104 季戊四醇四硝酸酯与三硝基甲苯混合物(干的或含水<15%)〕,〔301 爆炸品〕

② 〔101 硝化淀粉(干的或含水<20%)〕,〔102 硝化纤维素[干的或含水(或乙醇)<25%]〕,〔103 三硝基甲苯与三硝基苯混合物〕,〔104 三硝基甲苯与六硝基-1,2-二苯乙烯混合物〕,〔105 三硝基甲苯与三硝基苯和六硝基-1,2-二苯乙烯混合物〕,〔106 三硝基甲苯与硝基萘混合物〕,〔107 环三次甲基三硝胺与三硝基甲苯混合物(干的或含水<15%)〕,〔108 环三次甲基三硝胺与三硝基甲苯和铝粉混合物〕,〔109 环三次甲基三硝胺与环四次甲基四硝胺混合物(含水≥15%或含钝感剂≥10%)〕,〔110 环四次甲基四硝胺与三硝基甲苯混合物(干的或含水<15%)〕,〔301 爆炸品〕

Chapter 36

Explosives; pyrotechnic products; matches; pyrophoric alloys; certain combustible preparations

Chapter Notes:

1. This Chapter does not cover separate chemically defined compounds other than those described in Note 2 (a) or (b) below.

2. The expression "articles of combustible materials" in heading 36. 06 applies only to:
   (a) Metaldehyde, hexamethylenetetramine and similar substances, put up in forms (for example, tablets, sticks or similar forms) for use as fuels; fuels with a basis of alcohol, and similar prepared fuels, in solid or semi-solid form;
   (b) Liquid or liquefied-gas fuels in containers of a kind used for filling or refilling cigarette or similar lighters and of a capacity not exceeding 300cm^3; and
   (c) Resin torches, firelighters and the like.

协定税率(%)															特惠税率(%)			对美税率	出口税率	出口退税率	Article Description
智利	新西兰	澳大利亚	瑞士	冰岛	秘鲁	哥斯达	东盟	亚太	新加坡	巴基斯坦	港/澳/台	韩国	格鲁吉亚	毛里求斯	亚太	老/柬/缅	LDC 97/95				
																					Propellent powders:
0	0	0	0	0	0	0	0			3	0/0/	0	0	0			0/0			0	Propellent powders
																		16. 5	0		
																		16. 5	0		
																		16. 5	0		
																		16. 5	0		
																		16. 5	0		
																					Prepared explosives, other than propellent powders:
0	0	0	0	0	0	0	0			3	0/0/	0	0	0			0/0			0	---Based on ammonals nitrate
																		11. 5	0		
																		11. 5	0		
																		11. 5	0		
0	0	0	0	0	0	0	0			3	0/0/	0	0	0			0/0			0	---Other
																		11. 5	0		
																		11. 5	0		
																		11. 5	0		
																					Safety fuses; detonating fuses; percussion or detonating caps; igniters; electric detonators:
0	0	0	0	0	0	0	0			3	0/0/	0	0	0			0/0			0	Safety fuses; detonating fuses; percussion or detonating caps; igniters; electric detonators
																		21. 5	0		
																		21. 5	0		
																		21. 5	0		
																		21. 5	0		
																		21. 5	0		
																		21. 5	0		
																		21. 5	0		
																		21. 5	0		
																		21. 5	0		
																					Fireworks, signalling flares, rain rockets, fog signals and other pyrotechnicarticles:
0	0	0	0	0	0	0	0			0	0/0/	0	0	0			0/0			13	-Fireworks

商品编号	商品名称及备注[检验检疫编码及名称]	进口关税(%) 最惠国	进口关税(%) 普通	增值税率(%)	消费税	计量单位	监管条件	检验检疫类别
3604100000	烟花、爆竹①	6	130	13	15%	千克	AB	M/N
36049000	-其他							
3604900010	人工影响天气用燃爆器材、海上救生烟火信号及其他特殊用途烟火制品〔999〕	6	100	13		千克	k	
3604900090	其他信号弹,降雨火箭及其他烟火制品〔999〕	6	100	13		千克		
3605	**火柴,但品目 36.04 的烟火制品除外:**							
36050000	火柴,但品目 36.04 的烟火制品除外							
3605000000	火柴,但品目 36.04 的烟火制品除外〔101 含木制品的其他轻工品〕,〔102 火柴(任何地方可擦燃)〕	6	100	13		千克		
3606	**各种形状的铈铁及其他引火合金;本章注释二所述的易燃材料制品:**							
36061000	-直接灌注香烟打火机及类似打火器用的液体燃料或液化气体燃料,其包装容器的容积≤300 立方厘米							
3606100000	打火机等用液体或液化气体燃料(其包装容器的容积≤300 立方厘米)〔301 易燃液体〕,〔302 其他化工产品〕,〔999〕	6	80	13		千克		
36069011	----已切成形可直接使用							
3606901100	已切成形可直接使用的铈铁(包括其他引火合金)〔999〕	6	80	13		千克		
36069019	----其他							
3606901900	未切成形不可直接使用的铈铁(包括其他引火合金)②	6	50	13		千克		
36069090	---其他							
3606909000	其他易燃材料制品(本章注释二所述的)③	6	80	13		千克		

① 〔101 喷花类玩具烟花爆竹〕,〔102 旋转类玩具烟花爆竹〕,〔103 旋转升空类玩具烟花爆竹〕,〔104 火箭类玩具烟花爆竹〕,〔105 吐珠类玩具烟花爆竹〕,〔106 线香类玩具烟花爆竹〕,〔107 摩擦炮类玩具烟花爆竹〕,〔108 造型玩具类玩具烟花爆竹〕,〔109 地面礼花类玩具烟花爆竹〕,〔110 烟雾类玩具烟花爆竹〕,〔111 礼花弹类玩具烟花爆竹〕,〔112 玩具烟花爆竹组合〕,〔113 爆竹〕,〔114 喷花类大型烟花〕,〔115 旋转类大型烟花〕,〔116 火箭类大型烟花〕,〔117 吐珠类大型烟花〕,〔118 地面礼花类大型烟花〕,〔119 礼花弹类大型烟花〕,〔120 大型烟花组合〕

② 〔101 其他铁合金〕,〔102 铁铈齐〕,〔301 铁铈齐〕,〔302 其他化工产品〕

③ 〔101 六亚甲基四胺〕,〔102 铝导线焊接药包〕,〔301 易燃固体〕,〔302 其他化工产品〕

协定税率(%)															特惠税率(%)			对美税率	出口税率	出口退税率	Article Description
智利	新西兰	澳大利亚	瑞士	冰岛	秘鲁	哥斯达	东盟	亚太	新加坡	巴基斯坦	港/澳/台	韩国	格鲁吉亚	毛里求斯	亚太	老/柬/缅	LDC 97/95				
																		13.5	0		
0	0	0	0	0	0	0	0			0	0/0/	0	0	0			0/0				-Other
																		13.5	0	13	
																		13.5	0	13	
																					Matches, other than pyrotechnic articles of heading 36.04:
0	0	0	0	0	0	0	0			0	0/0/	0	0	0			0/0			0	Matches, other than pyrotechnic articles of heading 36.04
																		8.5	0		
																					Ferro-cerium and other pyrophoric alloys in all forms; articles of combustible materials as specified in Note 2 to this Chapter:
0	0	0	0	0	0	0	0			4	0/0/	3	0	0			0/0			0	-Liquid or liquefied-gas fuels in containers of a kind used for filling or refilling cigarette or similar lighters and of a capacity not exceeding 300cm3
																		11	0		
0	0	0	0	0	0	0	0			3	0/0/	0	0	0			0/0			0	----Cut to shape, for immediate use
																		11	0		
0	0	0	0	0	0	0	0			3	0/0/	0	0	0			0/0			0	----Other
																			0		
0	0	0	0	0	0	0	0			3	0/0/	0	0	0			0/0			0	---Other
																			0		

第三十七章
照相及电影用品

注释：

一、本章不包括废碎料。

二、本章所称“摄影”，是指光或其他射线作用于感光面上直接或间接形成可见影像的过程。

商品编号	商品名称及备注[检验检疫编码及名称]	进口关税(%) 最惠国	进口关税(%) 普通	增值税率(%)	消费税	计量单位	监管条件	检验检疫类别
3701	**未曝光的摄影感光硬片及平面软片，用纸、纸板及纺织物以外任何材料制成；未曝光的一次成像感光平片，不论是否分装：**							
37011000	-X 光用							
3701100000[暂10]	未曝光的 X 光感光硬片及平面软片〔999〕	20	40	13		千克/平方米		
37012000	-一次成像平片							
3701200000	未曝光的一次成像感光平片(平面，不论是否分装)〔999〕	5	40	13		千克		
37013021	----激光照排片							
3701302100	未曝光照相制版用激光照排片(任何一边>255 毫米)〔999〕	0	50	13		千克/平方米		
37013022	----PS 版							
3701302200	未曝光照相制版用 PS 版(任何一边>255 毫米)〔999〕	0	50	13		千克/平方米		
37013024	----CTP 版							
3701302400	未曝光照相制版用 CTP 版(任何一边>255 毫米)〔999〕	0	50	13		千克/平方米		
37013025	----柔性印刷版							
3701302500	柔性印刷版(厚度<3 毫米的)(任何一边>255 毫米)〔999〕	0	50	13		千克/平方米		
37013029	----其他							
3701302900	其他未曝光照相制版用感光硬软片(任何一边>255 毫米)〔999〕	0	50	13		千克/平方米		
37013090	---其他							
3701309000	未曝光其他用途的感光硬片及软片(平面软片，任何一边>255 毫米)〔999〕	0	70	13		千克/平方米		
37019100	--彩色摄影用							
3701910000	其他用未曝光彩色硬片及平面软片(边长≤255 毫米)〔999〕	20	70	13		千克		
37019920	---照相制版用							
3701992001	石英玻璃基质的未曝光感光硬片〔999〕	3.8/2.5①	40	13		千克/平方米		
3701992090	照相制版用其他未曝光软片及硬片(非彩色摄影用，边长≤255 毫米)〔999〕	3.8/2.5①	40	13		千克/平方米		
37019990	---其他							
3701999000	其他用未曝光软片及硬片(非彩色摄影用，边长≤255 毫米)〔999〕	9.4/6.3①	70	13		千克/平方米		
3702	**成卷的未曝光摄影感光胶片，用纸、纸板及纺织物以外任何材料制成；未曝光的一次成像感光卷片：**							
37021000	-X 光用							
3702100000	成卷的未曝光的 X 光感光胶片〔999〕	10	40	13		千克/平方米		
37023110	---一次成像卷片							
3702311000	未曝光无齿孔彩色窄一次成像感光卷片(窄胶卷指宽度≤105 毫米，彩色摄影用)〔999〕	5	40	13		千克/平方米		
37023190	---其他							

① 最惠国税率中，“/”左边的税率截止日期为 2021 年 6 月 30 日，“/”右边的税率有效日期为 2021 年 7 月 1 日~2999 年 12 月 31 日。

Chapter 37
Photographic or cinematographic goods

Chapter Notes:

1. This Chapter does not cover waste or scrap.

2. In this Chapter the word "photographic" relates to the process by which visible images are formed, directly or indirectly, by the action of light or other forms of radiation on photosensitive surfaces.

协定税率(%)															特惠税率(%)			对美税率	出口税率	出口退税率	Article Description
智利	新西兰	澳大利亚	瑞士	冰岛	秘鲁	哥斯达	东盟	亚太	新加坡	巴基斯坦	港/澳/台	韩国	格鲁吉亚	毛里求斯	亚太	老/柬/缅	LDC 97/95				
																					Photographic plates and film in the flat, sensitized, unexposed, of any material other than paper, paperboard or textiles; instant print film in the flat, sensitized, unexposed, whether or not in packs:
0	0	0	4	0	0	0	5	16			0/0/	16	0	0			0/0			13	-For X-ray
																		22.5	0		
0	0	0	2.4	0	0	0	0			0	0/0/	1.5	0	0			0/0			13	-Instant print film
																		30	0		
							5					1.1元/平方米					0/0			13	----Laser phototypesetting film
																		2.5	0		
							5					2.4元/平方米					0/0			13	----Precoated sensitized plate
																		27.5	0		
										3		2.4元/平方米					0/0			13	----CTP plate
																		27.5	0		
												4.5元/平方米					0/0			13	----Flexographic printing plates
																		7.5	0		
							5					0元/平方米					0/0			13	----Other
																		12.5	0		
												10.6					0/0			13	---Other
																		22.5	0		
0	0	0	4.4	0	0	0	0		0		0/0/		0	17.6			0/0			13	--For colour photography (polychrome)
																		45	0		
0	0	0	0	0	0	0	0			4	0/0/	3	0	0			0/0			13	---For preparing printing plates or cylinders
																		31.3	0		
																		31.3	0		
0	0	0	5	0	0	0	0		0		0/0/		0	0			0/0			13	---Other
																		16.9	0		
																					Photographic film in rolls, sensitized, unexposed, of any material other than paper, paperboard or textiles; instant print film in rolls, sensitized, unexposed:
0	0	0	0	0	0	0	5	8			0/0/	5.3	0	8.6			0/0			13	-For X-ray
																		35	0		
0	0	0	0	0	0	0	0			0	0/0/	0	0	4.3			0/0			13	---Instant print film
																			0		
0	0	0		0	0	0	0		0		0/0/		0	34.3			0/0			13	---Other

商品编号	商品名称及备注[检验检疫编码及名称]	进口关税(%) 最惠国	普通	增值税率(%)	消费税	计量单位	监管条件	检验检疫类别
3702319000	其他未曝光无齿孔彩色窄胶卷(窄胶卷指宽度≤105毫米,彩色摄影用)〔999〕	见附表2	见附表2	13		千克/平方米		
37023210	---一次成像卷片							
3702321000	照相制版涂卤化银液无齿孔窄一次成像感光卷片(成卷未曝光感光胶片,窄胶卷指宽度≤105毫米)〔999〕	5	40	13		千克/平方米		
37023220	---照相制版用							
3702322000	照相制版涂卤化银液无齿孔窄胶卷(成卷未曝光感光胶片,窄胶卷指宽度≤105毫米)〔999〕	见附表2	见附表2	13		千克/平方米		
37023290	---其他							
3702329000	其他涂卤化银乳液无齿孔窄胶卷(成卷未曝光感光胶片,窄胶卷指宽度≤105毫米)〔999〕	见附表2	见附表2	13		千克/平方米		
37023920	---照相制版用							
3702392000	照相制版用其他无齿孔窄感光胶卷(成卷未曝光感光胶片,窄胶卷指宽度≤105毫米)〔999〕	见附表2	见附表2	13		千克/平方米		
37023990	---其他							
3702399000	其他用无齿孔窄感光胶卷(成卷未曝光感光胶片,窄胶卷指宽度≤105毫米)〔999〕	见附表2	见附表2	13		千克/平方米		
37024100	--彩色摄影用,宽度超过610毫米,长度超过200米							
3702410000	未曝光无齿孔宽长彩色胶卷(宽长胶卷指宽度>610毫米,长度>200米)〔999〕	见附表2	见附表2	13		千克/平方米		
37024221	----印刷电路板制造用光致抗蚀干膜							
3702422100	印刷电路板制造用光致抗蚀干膜(指宽度>610毫米,长度>200米)〔999〕	见附表2	见附表2	13		千克/平方米		
37024229	----其他							
3702422900①	照相制版其他未曝光无齿宽长胶卷(宽长指宽度>610毫米,长度>200米,非彩色摄影用)〔999〕	见附表2	见附表2	13		千克/平方米		
37024292	----红色或红外激光胶片							
3702429201②	未曝光红色或红外激光胶片(宽长胶卷指宽度>800毫米,长度>1000米)〔999〕	见附表2	见附表2	13		千克/平方米		
3702429290	其他未曝光红色或红外激光胶片(610毫米<宽度≤800毫米,200米<长度≤1000米)〔999〕	见附表2	见附表2	13		千克/平方米		
37024299	----其他							
3702429900	其他未曝光无齿孔宽长胶卷(宽长胶卷指宽度>610毫米,长度>200米,非彩色摄影用)〔999〕	见附表2	见附表2	13		千克/平方米		
37024321	----激光照排片							
3702432100	照相制版用激光照排片(宽度>610毫米,长度≤200米)〔999〕	见附表2	见附表2	13		千克/平方米		
37024329	----其他							

① 此商品编码适用暂定税率:1.0元/平方米。
② 此商品编码适用暂定税率:0.5元/平方米。

协定税率(%)															特惠税率(%)			对美税率	出口税率	出口退税率	Article Description
智利	新西兰	澳大利亚	瑞士	冰岛	秘鲁	哥斯达	东盟	亚太	新加坡	巴基斯坦	港/澳/台	韩国	格鲁吉亚	毛里求斯	亚太	老/柬/缅	LDC 97/95				
																		56元/平方米+5	0		
0	0	0	0	0	0	0	0			0	0/0/	0	0	4.3			0/0			13	---Instant print film
																			0		
0	0	0	0	0	0	0	0			1.4元/平方米	0/0/	1.3元/平方米	0	8.6			0/0			13	---For preparing printing plates or cylinders
																			0		
0	0	0	4.4	0	0	0	0		0		0/0/	13.6元/平方米	0	18.9			0/0			13	---Other
																		21元/平方米+10	0		
0	0	0	0	0	0	0	0			3.6元/平方米	0/0/	3.6元/平方米	0	8.6			0/0			13	---For preparing printing plates or cylinders
																		12元/平方米+7.5	0		
0	0	0	4.4	0	0	0	0		0		0/0/	15.6元/平方米	0	18.9			0/0			13	---Other
																		24元/平方米+10	0		
0	0	0	3.2	0	0						0/0/		0	13.7			0/0			13	--Of a width exceeding 610mm and of a length exceeding 200m, for colour photography (polychrome)
																			0		
0	0	0	0	0	0	0	0		0	0.2元/平方米	0/0/		0	8.6			0/0			13	----Wide anticorrosive photographic plate for printed circuit processing
																		0.6元/平方米+25	0		
0	0	0	0	0	0	0	0	8		0.5元/平方米	0/0/	0.4元/平方米	0	8.6			0/0			13	----Other
																		1.0元/平方米+25	0		
0	0	0	3.2	0	0	0	0	12.8	0		0/0/	0.7元/平方米	0	13.7			0/0			13	----Red or infrared laser film
																		0.5元/平方米+27.5	0		
																		2.4元/平方米+27.5	0		
0	0	0	3.2	0	0	0	0	12.8	0		0/0/	2.1元/平方米	0	13.7			0/0			13	----Other
																		7元/平方米+30	0		
0	0	0	0	0	0	0	0	8		0.5元/平方米	0/0/	0.5元/平方米	0	8.6			0/0			13	----Laser phototypesetting film
																			0		
0	0	0	0	0	0	0	0	9		1.1元/平方米	0/0/	1.1元/平方米	0	8.6			0/0			13	----Other

商品编号	商品名称及备注[检验检疫编码及名称]	进口关税(%)		增值税率(%)	消费税	计量单位	监管条件	检验检疫类别
		最惠国	普通					
3702432900	其他照相制版用未曝光无齿孔胶卷(指宽度>610 毫米,长度≤200 米)〔999〕	见附表 2	见附表 2	13		千克/平方米		
37024390	---其他							
3702439000	其他用未曝光无齿孔中长胶卷(中长胶卷指宽度>610 毫米,长度≤200 米)〔999〕	见附表 2	见附表 2	13		千克/平方米		
37024421	----激光照排片							
3702442100	照相制版用未曝光激光照排片(105 毫米<宽度≤610 毫米)〔999〕	见附表 2	见附表 2	13		千克/平方米		
37024422	----印刷电路板制造用光致抗蚀干膜							
3702442200	印刷电路板制造用光致抗蚀干膜(105 毫米<宽度≤610 毫米)〔999〕	见附表 2	见附表 2	13		千克/平方米		
37024429	----其他							
3702442900	其他照相制版用无齿孔未曝光胶卷(105 毫米<宽度≤610 毫米)〔999〕	见附表 2	见附表 2	13		千克/平方米		
37024490	---其他							
3702449000	其他用无齿孔未曝光中宽胶卷(中宽胶卷指 105 毫米<宽度≤610 毫米)〔999〕	见附表 2	见附表 2	13		千克/平方米		
37025200	--宽度不超过 16 毫米							
3702520000	未曝光中窄彩色胶卷(中窄胶卷指宽度≤16 毫米)〔999〕	见附表 2	见附表 2	13		千克/平方米		
37025300	--幻灯片用,宽度超过 16 毫米,但不超过 35 毫米,长度不超过 30 米							
3702530000	幻灯片用未曝光彩色摄影胶卷(16 毫米<宽度≤35 毫米,长度≤30 米)〔999〕	见附表 2	见附表 2	13		千克/平方米		
37025410	---宽度为 35 毫米,长度不超过 2 米							
3702541000	非幻灯片用彩色摄影胶卷(宽度=35 毫米,长度≤2 米)〔999〕	见附表 2	见附表 2	13		千克/平方米		
37025490	---其他							
3702549000	其他非幻灯片用彩色摄影胶卷(16 毫米<宽度≤35 毫米,长度≤30 米)〔999〕	见附表 2	见附表 2	13		千克/平方米		
37025520	---电影胶片							
3702552000	未曝光的彩色电影胶卷(16 毫米<宽度≤35 毫米,长度>30 米)〔999〕	见附表 2	见附表 2	13		千克/平方米		
37025590	---其他							
3702559000	其他未曝光窄长彩色胶卷(窄长胶卷指 16 毫米<宽度≤35 毫米,长度>30 米)〔999〕	见附表 2	见附表 2	13		千克/平方米		
37025620	---电影胶片							
3702562000	未曝光的中宽彩色电影胶卷(中宽胶卷指宽度>35 毫米)〔999〕	见附表 2	见附表 2	13		千克/平方米		
37025690	---其他							
3702569000	其他未曝光的中宽彩色胶卷(中宽胶卷指宽度>35 毫米)〔999〕	见附表 2	见附表 2	13		千克/平方米		

协定税率(%)															特惠税率(%)			对美税率	出口税率	出口退税率	Article Description
智利	新西兰	澳大利亚	瑞士	冰岛	秘鲁	哥斯达	东盟	亚太	新加坡	巴基斯坦	港/澳/台	韩国	格鲁吉亚	毛里求斯	亚太	老/柬/缅	LDC 97/95				
																		3.7元/平方米+12.5	0		
0	0	0	4	0	0	0	0	16	0		0/0/	9元/平方米	0	17.1			0/0			13	---Other
																		17元/平方米+10	0		
0	0	0	0	0	0	0	0	9		0.6元/平方米	0/0/	0.6元/平方米	0	8.6			0/0			13	----Laser phototypesetting film
																			0		
0	0	0	0	0	0	0	0			0.3元/平方米	0/0/		0	8.6			0/0			13	----Narrow anticorrosive photographic plate for printed circuit processing
																		5元/平方米+27.5	0		
0	0	0	0	0	0	0	0			0.9元/平方米	0/0/	0.8元/平方米	0	8.6			0/0			13	----Other
																		2.9元/平方米+27.5	0		
0	0	0	4	0	0	0	0	16	0		0/0/	14.4元/平方米	0	17.1			0/0			13	---Other
																		27元/平方米+27.5	0		
0	0	0		0	0	0	0		0		0/0/		0	40.3			0/0			13	--Of a width not exceeding 16mm
																		91元/平方米+5	0		
0	0	0		0	0	0	0				0/0/		0	40.3			0/0			13	--Of a width exceeding 16mm but not exceeding 35mm and of a length not exceeding 30m, for slides
																		122.6元/平方米+5	0		
0	0	0	3.6	0	0	0	5	8			0/0/	11.7元/平方米	0	15.4			0/0			13	---Of a width 35mm and of a length not exceeding 2m
																		18元/平方米+7.5	0		
0	0	0	3.6	0	0	0	5	14.4			0/0/	12.8元/平方米	0	15.4			0/0			13	---Other
																			0		
0	0	0		0	0	0	5	20			0/0/		0	22.3			0/0			13	---Cinematographic film
																		8.7元/平方米+10	0		
0	0	0		0		0	5	32			0/0/		0	34.3			0/			13	---Other
																			0		
0	0	0	4.8	0	0	0	0		0		0/0/	8.4元/平方米	0	20.6			0/0			13	---Cinematographic film
																		13元/平方米+10	0		
0	0	0		0	0	0	0		0		0/0/		0	34.3			0/0			13	---Other
																		74元/平方米+5	0		

商品编号	商品名称及备注[检验检疫编码及名称]	进口关税(%) 最惠国	进口关税(%) 普通	增值税率(%)	消费税	计量单位	监管条件	检验检疫类别
37029600	--宽度不超过 35 毫米,长度不超过 30 米							
3702960000	宽度≤35 毫米,长度≤30 米有齿孔未曝光非彩色胶卷(用纸、纸板及纺织物以外任何材料制成)〔999〕	见附表 2	见附表 2	13		千克/平方米		
37029700	--宽度不超过 35 毫米,长度超过 30 米							
3702970000	宽度≤35 毫米,长度>30 米有齿孔未曝光非彩色胶卷(用纸、纸板及纺织物以外任何材料制成)〔101 硝化纤维片基〕,〔999 其他〕	见附表 2	见附表 2	13		千克/平方米		
37029800	--宽度超过 35 毫米							
3702980000	宽度>35 毫米有齿孔未曝光非彩色胶卷(用纸、纸板及纺织物以外任何材料制成)〔999〕	见附表 2	见附表 2	13		千克/平方米		
3703	**未曝光的摄影感光纸、纸板及纺织物:**							
37031010	---感光纸及纸板							
3703101000	成卷未曝光的宽幅感光纸及纸板(宽幅指成卷宽度>610 毫米)〔999〕	18	100	13		千克		
37031090	---其他							
3703109000	成卷未曝光的宽幅感光布(宽幅指成卷宽度>610 毫米)〔999〕	18	70	13		千克		
37032010	---感光纸及纸板							
3703201000	未曝光的彩色感光纸及纸板(成卷的宽幅感光纸及纸板除外)〔999〕	35	100	13		千克		
37032090	---其他							
3703209000	未曝光的彩色感光布(成卷的宽幅感光布除外)〔999〕	18	70	13		千克		
37039010	---感光纸及纸板							
3703901000	其他未曝光的非彩色感光纸及纸板(成卷的宽幅感光纸及纸板除外)〔999〕	35	100	13		千克		
37039090	---其他							
3703909000	其他未曝光的非彩色感光布(成卷的宽幅感光布除外)〔999〕	18	70	13		千克		
3704	**已曝光未冲洗的摄影硬片、软片、纸、纸板及纺织物:**							
37040010	---电影胶片							
3704001010	含有人类遗传资源信息资料的电影胶片(已曝光但未冲洗)〔999〕	6.5	30	13		千克	V	
3704001020	录有广播电影电视节目的电影胶片(已曝光但未冲洗)〔999〕	6.5	30	13		千克	b	
3704001090	其他电影胶片(已曝光但未冲洗)〔999〕	6.5	30	13		千克		
37040090	---其他							
3704009010	含有人类遗传资源信息资料的其他已曝光未冲洗的摄影硬、软片(包括已曝光未冲洗的感光纸、纸板及纺织物)〔999〕	18	70	13		千克	V	
3704009090	其他已曝光未冲洗的摄影硬、软片(包括已曝光未冲洗的感光纸、纸板及纺织物)〔999〕	18	70	13		千克		
3705	**已曝光已冲洗的摄影硬片及软片,但电影胶片除外:**							
37050010	---教学专用幻灯片							
3705001010	含有人类遗传资源信息资料的教学专用幻灯片(已曝光已冲洗)〔999〕	0	0	13		千克	V	
3705001020	录有广播电影电视节目的教学专用幻灯片(已曝光已冲洗)〔999〕	0	0	13		千克	b	
3705001090	其他教学专用幻灯片(已曝光已冲洗)〔999〕	0	0	13		千克		
37050021	----书籍、报刊的							
3705002110	含有人类遗传资源信息资料的书籍、报刊用缩微胶片(已曝光已冲洗)〔999〕	0	0	13		千克	V	
3705002190	其他书籍、报刊用缩微胶片(已曝光已冲洗)〔999〕	0	0	13		千克		
37050029	----其他							
3705002910	含有人类遗传资源信息资料的其他缩微胶片(已曝光已冲洗)〔999〕	0	14	13		千克	V	
3705002990	其他缩微胶片(已曝光已冲洗)〔999〕	0	14	13		千克		
37050090	---其他							
3705009010	含有人类遗传资源信息资料的其他摄影硬、软片(已曝光已冲洗)(电影胶片除外)〔999〕	0	70	13		千克	V	

协定税率(%)															特惠税率(%)			对美税率	出口税率	出口退税率	Article Description
智利	新西兰	澳大利亚	瑞士	冰岛	秘鲁	哥斯达	东盟	亚太	新加坡	巴基斯坦	港/澳/台	韩国	格鲁吉亚	毛里求斯	亚太	老/柬/缅	LDC 97/95				
0	0	0	4	0	0	0	5				0/0/	11.2元/平方米	0	17.1			0/0			13	--Of a width not exceeding 35mm and of a length not exceeding 30m
																		21元/平方米+10	0		
0	0	0	3.6	0	0	0	5				0/0/	4.8元/平方米	0	15.4			0/0			13	--Of a width not exceeding 35mm and of a length exceeding 30m
																		9元/平方米+10	0		
0	0	0	3.6	0	0	0	0		0	8元/平方米	0/0/	3元/平方米	0	15.4			0/0			13	--Of a width exceeding 35mm
																			0		
																					Photographic paper, paperboard and textiles, sensitized, unexposed:
0	0	0	3.6	0	0	0	5	14.4			0/0/	9.6	0	15.4			0/0			13	---Photographic paper and paperboard
																		23	0		
0	0	0	3.6	0	0	0	5	14.4			0/0/	9.6	0	15.4			0/0			13	---Other
																		23	0		
0	0	0		0		0	5				0/0/		0	30			0/			13	---Photographic paper and paperboard
																		45	0		
0	0	0	3.6	0	0	0	5				0/0/	9.6	0	15.4			0/0			13	---Other
																		23	0		
0	0	0		0		0	5				0/0/		0	30			0/			13	---Photographic paper and paperboard
																		45	0		
0	0	0	3.6	0	0	0	5				0/0/	9.6	0	15.4			0/0			13	---Other
																		23	0		
																					Photographic plates, film, paper, paperboard and textiles, exposed but not developed:
0	0	0	0	0	0	0	0			3	0/0/	0	0	0			0/0			13	---Cinematographic film
																		9	0		
																		9	0		
																		9	0		
0	0	0	3.6	0	0	0	0		0	14.4	0/0/	5.4	0	0			0/0			13	---Other
																		28	0		
																		28	0		
																					Photographic plates and film, exposed and developed, other than cinematographic film:
																	0/0			13	---Lantern slides, for educational use only
																		5	0		
																		5	0		
																		5	0		
																	0/0			13	----For printed books and newspapers
																		5	0		
																		5	0		
																	0/0			13	----Other
																		2.5	0		
																		2.5	0		
										14.4		5.4					0/0			13	---Other
																		7.5	0		

商品编号	商品名称及备注[检验检疫编码及名称]	进口关税(%)		增值税率(%)	消费税	计量单位	监管条件	检验检疫类别
		最惠国	普通					
3705009090	其他摄影硬、软片(已曝光已冲洗)(电影胶片除外)〔999〕	0	70	13		千克		
3706	**已曝光已冲洗的电影胶片,不论是否配有声道或仅有声道:**							
37061010	---教学专用							
3706101010	录有广播电影电视节目的已冲洗的教学专用中宽电影胶片〔999〕	0	0	13		千克/米	b	
3706101090	其他已冲洗的教学专用中宽电影胶片(中宽胶片指宽度≥35 毫米,不论是否配有声道或仅有声道)〔999〕	0	0	13		千克/米		
37061090	---其他							
3706109010	录有广播电影电视节目的已冲洗的其他中宽电影胶片〔999〕	5	14	13		千克/米	b	
3706109090	其他已冲洗的其他中宽电影胶片(中宽胶片指宽度≥35 毫米,不论是否配有声道或仅有声道)〔999〕	5	14	13		千克/米		
37069010	---教学专用							
3706901010	录有广播电影电视节目的教学专用其他已冲洗的电影胶片〔999〕	0	0	13		千克/米	b	
3706901090	其他教学专用其他已冲洗的电影胶片(宽度<35 毫米)〔999〕	0	0	13		千克/米		
37069090	---其他							
3706909010	录有广播电影电视节目的其他已冲洗的电影胶片〔999〕	4	14	13		千克/米	b	
3706909090	其他已冲洗的电影胶片(宽度<35 毫米)〔999〕	4	14	13		千克/米		
3707	**摄影用化学制剂(不包括上光漆、胶水、黏合剂及类似制剂);摄影用未混合产品,定量包装或零售包装可立即使用的:**							
37071000	-感光乳液							
3707100001[暂4]	不含银的感光乳液剂〔301 易燃液体〕,〔302 其他化工产品〕,〔999〕	8	35	13		千克		
3707100090	其他感光乳液①	8	35	13		千克		
37079010	---冲洗照相胶卷及相片用							
3707901000	冲洗胶卷及相片用化学制剂(包括摄影用未混合产品,定量或零售包装即可使用的)②	6/4③	100	13		千克		
37079020	---复印机用							
3707902000	复印机用化学制剂(不包括上光漆、胶水、黏合剂及类似制剂)〔999〕	3. 8/2. 5③	45	13		千克		
37079090	---其他							
3707909000	其他摄影用化学制剂(包括摄影用未混合产品)④	3/2③	35	13		千克		

① 〔101 尼龙丝网感光浆〕,〔102 易燃液体〕,〔301 易燃液体〕,〔302 其他化工产品〕,〔999〕
② 〔101 照相红碘水〕,〔102 显影液〕,〔301 易燃液体〕,〔302 其他化工产品〕,〔999〕
③ 最惠国税率中,"/"左边的税率截止日期为 2021 年 6 月 30 日,"/"右边的税率有效日期为 2021 年 7 月 1 日~2999 年 12 月 31 日。
④ 〔101 清除液(照相用)〕,〔102 涂底液(照相用)〕,〔301 易燃液体〕,〔302 其他化工产品〕,〔999〕

协定税率(%)															特惠税率(%)			对美税率	出口税率	出口退税率	Article Description
智利	新西兰	澳大利亚	瑞士	冰岛	秘鲁	哥斯达	东盟	亚太	新加坡	巴基斯坦	港/澳/台	韩国	格鲁吉亚	毛里求斯	亚太	老/柬/缅	LDC 97/95				
																		7.5	0		
																					Cinematographic film, exposed and developed, whether or not incorporating sound track or consisting only of sound track:
																	0/0			13	---For educational use only
																		5	0		
																		5	0		
0	0	0	0	0	0	0	0			0	0/0/	2.6	0	0			0/0			13	---Other
																		10	0		
																		10	0		
																	0/0			13	---For educational use only
																			0		
																			0		
0	0	0	0	0	0	0	0			0	0/0/	0	0	0			0/0			13	---Other
																			0		
																			0		
																					Chemical preparations for photographic uses (other than varnishes, glues, adhesives and similar preparations); unmixed products for photographic uses, put up in measured portions or put up for retail sale in a form ready for use:
0	0	0	1.6	0	0	0	0			3	0/0/	4.2	0	0			0/0			13	-Sensitizing emulsions
																			0		
																			0		
0	0	0	3.2	0	0	0	0		0	12.8	0/0/	8.5	0	0			0/0			13	---For use in developing photographic film and photographs
																		33.5	0		
0	0	0	0	0	0	0	0		0	4	0/0/	3	0	0			0/0			13	---For use in photo-copying apparatus
																		26.3	0		
0	0	0	1.6	0	0	0	0			3	0/0/	2.4	0	0			0/0			13	---Other
																		25.5	0		

第三十八章
杂项化学产品

注释：

一、本章不包括：

（一）单独的已有化学定义的元素及化合物，但下列各项除外：

1. 人造石墨（品目38.01）；
2. 制成品目38.08所述的形状或包装的杀虫剂、杀鼠剂、杀菌剂、除草剂、抗萌剂、植物生长调节剂、消毒剂及类似产品；
3. 灭火器的装配药及已装药的灭火弹（品目38.13）；
4. 下列注释二所规定的有证标准样品；
5. 下列注释三（一）及三（三）所规定的产品。

（二）化学品与食品或其他营养物质的混合物，配制食品用的（一般归入品目21.06）。

（三）含有金属、砷及其混合物，并符合第二十六章注释三（一）或三（二）的规定的矿渣、矿灰和残渣（包括淤渣，但下水道淤泥除外）（品目26.20）。

（四）药品（品目30.03及30.04）。

（五）用于提取贱金属或生产贱金属化合物的废催化剂（品目26.20），主要用于回收贵金属的废催化剂（品目71.12），或某种形状（例如，精细粉末或纱网状）的金属或金属合金催化剂（第十四类或第十五类）。

二、(一)品目38.22所称的"有证标准药品"，是指附有证书的参照物，该证书标明了参照物属性的指标、确定这些指标的方法以及与每一指标相关的确定度，这些参照物用于分析、校准和比较。

(二)除第二十八和二十九章的产品外，有证标准药品在本目录中应优先归入品目38.22。

三、品目38.24包括不归入本协调制度其他税号的下列货品：

(一)每颗重量不小于2.5克的氧化镁、碱金属或碱土金属卤化物制成的培养晶体(光学元件除外)；

(二)杂醇油；骨焦油；

(三)零售包装的除墨剂；

(四)零售包装的蜡纸改正液、其他改正液及改正带(品目96.12的产品除外)；以及

(五)可熔性陶瓷测温器(例如，塞格测温锥)。

四、本目录所称"城市垃圾"，是指从家庭、宾馆、餐厅、医院、商店、办公室等收集来的废物，马路和人行道的垃圾，以及建筑垃圾或拆建垃圾。城市垃圾通常含有大量各种各样的材料，例如，塑料、橡胶、木材、纸张、纺织品、玻璃、金属、食物、破烂家具和其他已损坏或被丢弃的物品。但"城市垃圾"不包括：

(一)已从垃圾中分拣出来的单独的材料或物品，例如，废的塑料、橡胶、木材、纸张、纺织品、玻璃、金属和电池的废品，这些材料或物品应归入本目录中适当税号；

(二)工业废物；

(三)第三十章注释四(十)所规定的废药物；或

(四)本章注释六(一)所规定的医疗废物。

五、品目38.25所称"下水道淤泥"，是指经城市污水处理厂处理的淤泥，包括预处理的废料、刷洗污垢和性质不稳定的淤泥。但适合作为肥料用的性质稳定的淤泥除外(第三十一章)。

六、品目38.25所称的"其他废物"适用于：

(一)医疗废物，即医学研究、诊断、治疗，以及其他内科、外科、牙科或兽医治疗所产生的被污染的废物，通常含有病菌和药物，需作专门处理(例如，脏的敷料、用过的手套及注射器)；

(二)废有机溶剂；

(三)废的金属酸洗液、液压油、制动油及防冻液；以及

(四)化学工业及相关工业的其他废物。

但不包括主要含有石油及从沥青矿物提取的油类的废油(品目27.10)。

七、品目38.26所称的"生物柴油"，是指从动植物油脂(不论是否使用过)得到的用作燃料的脂肪酸单烷基酯。

子目注释：

一、子目3808.52及3808.59仅包括品目38.08的货品，含有一种或多种下列物质：甲草胺(ISO)、涕灭威(ISO)、艾氏剂(ISO)、谷硫磷(ISO)、乐杀螨(ISO)、毒杀芬(ISO)、敌菌丹(ISO)、氯丹(ISO)、杀虫脒(ISO)、乙酯杀螨醇(ISO)、滴滴涕(ISO,INN)[1,1,1-三氯-2,2-双(4-氯苯基)乙烷]、狄氏剂(ISO,INN)、4,6-二硝基邻甲酚[二硝酚(ISO)]及其盐、地乐酚(ISO)及其盐或酯、硫丹(ISO)、1,2-二溴乙烷(ISO)、1,2-二氯乙烷(ISO)、氟乙酰胺(ISO)、七氯(ISO)、六氯苯(ISO)、1,2,3,4,5,6-六氯环己烷[六六六(ISO)]，包括林丹(ISO,INN)、汞化合物、甲胺磷(ISO)、久效磷(ISO)、环氧乙烷(氧化乙烯)、对硫磷(ISO)、甲基对硫磷(ISO)、五溴二苯醚及八溴二苯醚、五氯苯酚(ISO)及其盐或酯、全氟辛基磺酸及其盐、全氟辛基磺胺、全氟辛基磺酰氯、磷胺(ISO)、2,4,5-涕(ISO)(2,4,5-三氯苯氧基乙酸)及其盐或酯、三丁基锡化合物。

Chapter 38
Miscellaneous chemical products

Chapter Notes:

1. This Chapter does not cover:
   (a) Separate chemically defined elements or compounds with the exception of the following:
      (i) Artificial graphite (heading 38.01);
      (ii) Insecticides, rodenticides, fungicides, herbicides, anti-sprouting products and plant-growth regulators, disinfectants and similar products, put up as described in heading 38.08;
      (iii) Products put up as charges for fire-extinguishers or put up in fire-extinguishing grenades (heading 38.13);
      (iv) Certified reference materials specified in Note 2 below;
      (v) Products specified in Note 3 (a) or 3 (c) below.
   (b) Mixtures of chemicals with foodstuffs or other substances with nutritive value, of a kind used in the preparation of human foodstuffs (generally heading 21.06).
   (c) Slag, ash and residues (including sludges, other than sewage sludge), containing metals, arsenic or their mixtures and meeting the requirements of Note 3 (a) or 3 (b) to Chapter 26 (heading 26.20).
   (d) Medicaments (heading 30.03 or 30.04); or
   (e) Spent catalysts of a kind used for the extraction of base metals or for the manufacture of chemical compounds of base metals (heading 26.20), spent catalysts of a kind used principally for the recovery of precious metal (heading 71.12) or catalysts consisting of metals or metal alloys in the form of, for example, finely divided powder or woven gauze (Section XIV or XV).

2. (a) For the purpose of heading 38.22, the expression "certified reference materials" means reference materials which are accompanied by a certificate which indicates the values of the certified properties, the methods used to determine these values and the degree of certainty associated with each value and which are suitable for analytical, calibrating or referencing purposes.
   (b) With the exception of the products of Chapter 28 or 29, for the classification of certified reference materials, heading 38.22 shall take precedence over any other heading in the Nomenclature.

3. Heading 38.24 includes the following goods which are not to be classified in any other heading of the Nomenclature:
   (a) Cultured crystals (other than optical elements) weighing not less than 2.5g each, of magnesium oxide or of the halides of the alkali or alkaline-earth metals;
   (b) Fusel oil; Dippel's oil;
   (c) Ink removers put up in packings for retail sale;
   (d) Stencil correctors, other correcting fluids and correction tapes (other than those of heading 96.12), put up in packings for retail sale; and
   (e) Ceramic firing testers, fusible (for example, Seger cones).

4. Throughout the Nomenclature, "municipal waste" means waste of a kind collected from households, hotels, restaurants, hospitals, shops, offices, etc., road and pavement sweepings, as well as construction and demolition waste. Municipal waste generally contains a large variety of materials such as plastics, rubber, wood, paper, textiles, glass, metals, food materials, broken furniture and other damaged or discarded articles. The term "municipal waste", however, does not cover:
   (a) Individual materials or articles segregated from the waste, such as wastes of plastics, rubber, wood, paper, textiles, glass or metals and spent batteries which fall in their appropriate headings of the Nomenclature;
   (b) Industrial waste;
   (c) Waste pharmaceuticals, as defined in Note 4 (k) to Chapter 30; or
   (d) Clinical waste, as defined in Note 6 (a) below.

5. For the purposes of heading 38.25, "sewage sludge" means sludge arising from urban effluent treatment plant and includes pre-treatment waste, scourings and unstabilised sludge. Stabilised sludge when suitable for use as fertiliser is excluded (Chapter 31).

6. For the purposes of heading 38.25, the expression "other wastes" applies to:
   (a) Clinical waste, that is, contaminated waste arising from medical research, diagnosis, treatment or other medical, surgical, dental or veterinary procedures, which often contain pathogens and pharmaceutical substances and require special disposal procedures (for example, soiled dressings, used gloves and used syringes);
   (b) Waste organic solvents;
   (c) Wastes of metal pickling liquors, hydraulic fluids, brake fluids and anti-freezing fluids; and
   (d) Other wastes from chemical or allied industries.
   The expression "other wastes" does not, however, cover wastes which contain mainly petroleum oils or oils obtained from bituminous minerals (heading 27.10).

7. For the purposes of heading 38.26, the term "biodiesel" means mono-alkyl esters of fatty acids of a kind used as a fuel, derived from animal or vegetable fats and oils whether or not used.

Subheading Notes:

1. Subheadings 3808.52 and 3808.59 cover only goods of heading 38.08, containing one or more of the following substances: alachlor (ISO); aldicarb (ISO); aldrin (ISO); azinphos-methyl (ISO); binapacryl (ISO); camphechlor (ISO) (toxaphene); captafol (ISO); chlordane (ISO); chlordimeform (ISO); chlorobenzilate (ISO); DDT (ISO) (clofenotane (INN), 1,1,1-trichloro-2,2-bis(p-chlorophenyl)ethane); dieldrin (ISO, INN); 4,6-dinitro-o-cresol (DNOC (ISO)) or its salts; dinoseb (ISO), its salts or itsesters; endosulfan (ISO); ethylene dibromide (ISO) (1,2-dibromoethane); ethylene dichloride (ISO) (1,2-dichloroethane); fluoroacetamide (ISO); heptachlor (ISO); hexachlorobenzene (ISO); 1,2,3,4,5,6- hexachlorocyclohexane (HCH (ISO)), including lindane (ISO, INN); mercury compounds; methamidophos (ISO); monocrotophos (ISO); oxirane (ethylene oxide); parathion (ISO); parathion-methyl (ISO) (methyl- parathion); penta- and octabromodiphenyl ethers; pentachlorophenol (ISO), its salts or its esters; perfluorooctane sulphonic acid and its salts; perfluorooctane sulphonamides; perfluorooctane sulphonyl fluoride; phosphamidon (ISO); 2,4,5-T (ISO) (2,4,5-trichlorophenoxyacetic acid), its salts or its esters; tributyltin compounds.
   Subheading 3808.59 also covers dustable powder formulations containing a mixture of benomyl (ISO), carbofuran (ISO) and thiram (ISO).

子目 3808.59 还包括含有苯菌灵(ISO)、克百威(ISO)及福美双(ISO)混合物的粉状制剂。

二、子目 3808.61 至 3808.69 仅包括品目 38.08 项下含有下列物质的货品:α-氯氰菊酯(ISO)、恶虫威(ISO)、联苯菊酯(ISO)、虫螨腈(ISO)、氟氯氰菊酯(ISO)、溴氰菊酯(INN,ISO)、醚菊酯(INN)、杀螟硫磷(ISO)、高效氯氟氰菊酯(ISO)、马拉硫磷(ISO)、甲基嘧啶磷(ISO)、或残杀威(ISO)。

三、子目 3824.81 至 3824.88 仅包括含有下列一种或多种物质的混合物及制品:环氧乙烷(氧化乙烯)、多溴联苯(PBBs)、多氯联苯(PCBs)、多氯三联苯(PCTs)、三(2,3-二溴丙基)磷酸酯、艾氏剂(ISO)、毒杀芬(ISO)、氯丹(ISO)、十氯酮(ISO)、滴滴涕(ISO,INN)[1,1,1-三氯-2,2-双(4-氯苯基)乙烷]、狄氏剂(ISO,INN)、硫丹(ISO)、异狄氏剂(ISO)、七氯(ISO)、灭蚁灵(ISO)、1,2,3,4,5,6-六氯环己烷[六六六(ISO)],包括林丹(ISO,INN)、五氯苯(ISO)、六氯苯(ISO)、全氟辛基磺酸及其盐、全氟辛基磺胺、全氟辛基磺酰氯,或四、五、六、七或八溴联苯醚。

四、子目 3825.41 和 3825.49 所称"废有机溶剂",是指主要含有有机溶剂的废物,不适合再作原产品使用,不论其是否用于回收溶剂。

商品编号	商品名称及备注[检验检疫编码及名称]	进口关税(%) 最惠国	进口关税(%) 普通	增值税率(%)	消费税	计量单位	监管条件	检验检疫类别
3801	**人造石墨;胶态或半胶态石墨;以石墨或其他碳为基本成分的糊状、块状、板状制品或其他半制品:**							
38011000	-人造石墨							
3801100010暂3	核级石墨(纯度高于百万分之五硼当量,密度大于 1.50 克/立方厘米)〔999〕	6.5	30	13		千克	3	
3801100020暂3	人造细晶粒整体石墨(20℃下的密度、拉伸断裂应变、热膨胀系数符合特殊要求)〔999〕	6.5	30	13		千克	3	
3801100090暂3	其他人造石墨〔999〕	6.5	30	13		千克	3	
38012000	-胶态或半胶态石墨							
3801200000	胶态或半胶态石墨①	6.5	30	13		千克		
38013000	-电极用碳糊及炉衬用的类似糊							
3801300000	电极用碳糊及炉衬用的类似糊〔999〕	6.5	35	13		千克		
38019010	---表面处理的球化石墨							
3801901000	表面处理的球化石墨〔999〕	6.5	35	13		千克	3	
38019090	---其他							
3801909000	其他以石墨或其他碳为基料的制品(呈糊状、块状、板状的制品或其他半制品)〔999〕	6.5	35	13		千克	3	
3802	**活性炭;活性天然矿产品;动物炭黑,包括废动物炭黑:**							
38021010	---木质的							
3802101000	木质的活性碳〔101〕,〔102 植物活性炭〕,〔103 活性炭〕	6.5	20	13		千克	G	
38021090	---其他							
3802109000	其他活性碳〔999〕	6.5	20	13		千克	G	
38029000	-其他							
3802900010	濒危动物炭黑(包括废动物炭黑)〔999〕	10	45	13		千克	FE	
3802900090	活性天然矿产品;其他动物炭黑(包括废动物炭黑)〔101 珍珠岩〕,〔102 矿产品〕	10	45	13		千克		
3803	**妥尔油,不论是否精炼:**							
38030000	妥尔油,不论是否精炼							
3803000000	妥尔油,不论是否精炼〔999〕	6.5	35	13		千克		
3804	**木浆残余碱液,不论是否浓缩、脱糖或经化学处理,包括木素磺酸盐,但不包括品目 38.03 的妥尔油:**							
38040000	木浆残余碱液,不论是否浓缩、脱糖或经化学处理,包括木素磺酸盐,但不包括品目 38.03 的妥尔油							
3804000010	未经浓缩、脱糖或经过化学处理的木浆残余碱液(妥尔油除外)〔999〕	6.5	35	13		千克	9	

① 〔101 电子束管石墨乳〕,〔102 电子数码管石墨乳〕,〔103 胶体石墨乙醇制剂〕,〔104 其他石墨〕

2. Subheadings 3808. 61 to 3808. 69 cover only goods of heading 38. 08, containing alpha-cypermethrin (ISO), bendiocarb (ISO), bifenthrin (ISO), chlorfenapyr (ISO), cyfluthrin (ISO), deltamethrin (INN, ISO), etofenprox (INN), fenitrothion (ISO), lambda-cyhalothrin (ISO), malathion (ISO), pirimiphos-methyl (ISO) or propoxur (ISO).

3. Subheadings 3824. 81 to 3824. 88 cover only mixtures and preparations containing one or more of the following substances: oxirane (ethylene oxide), polybrominated biphenyls (PBBs), polychlorinated biphenyls (PCBs), polychlorinated terphenyls (PCTs), tris (2, 3-dibromopropyl) phosphate, aldrin (ISO), camphechlor (ISO) (toxaphene), chlordane (ISO), chlordecone (ISO), DDT (ISO) (clofenotane (INN), 1, 1, 1-trichloro-2, 2- bis (p-chlorophenyl) ethane), dieldrin (ISO, INN), endosulfan (ISO), endrin (ISO), heptachlor (ISO), mirex (ISO), 1, 2, 3, 4, 5, 6-hexachlorocyclohexane [HCH (ISO)], including lindane (ISO, INN), pentachlorobenzene (ISO), hexachlorobenzene (ISO), perfluorooctane sulphonic acid, its salts, perfluorooctane sulphonamides, perfluorooctane sulphonyl flouride or tetra-, penta-, hexa-, hepta- or octabromodiphenyl ethers.

4. For the purposes of subheadings 3825. 41 and 3825. 49, “waste organic solvents” are wastes containing mainly organic solvents, not fit for further use as presented as primary products, whether or not intended for recovery of the solvents.

协定税率(%)															特惠税率(%)			对美税率	出口税率	出口退税率	Article Description
智利	新西兰	澳大利亚	瑞士	冰岛	秘鲁	哥斯达	东盟	亚太	新加坡	巴基斯坦	港/澳/台	韩国	格鲁吉亚	毛里求斯	亚太	老/柬/缅	LDC 97/95				
																					Artificial graphite; colloidal or semicolloidal graphite; preparations based on graphite or other carbon in the form of pastes, blocks, plates or other semi-manufactures:
0	0	0	1.3	0	0	0	0			0	0/0/	1.9	0	0			0/0			0	-Artificial graphite
																		13	0		
																		13	0		
																		13	0		
0	0	0	0	0	0	0	0			3	0/0/	3.4	0	0			0/0			0	-Colloidal or semi-colloidal graphite
																		11.5	0		
0	0	0	1.3	0	0	0	0			3	0/0/	0	0	0			0/0			0	-Carbonaceous pastes for electrodes and similar pastes for furnace linings
																		16.5	0		
0	0	0	0	0	0	0	0			3	0/0/	0	0	0			0/0			13	---Spheroidized graphite by Surface treatment
																		31.5	0		
0	0	0	0	0	0	0	0			0	0/0/	0	0	0			0/0			0	---Other
																		16.5	0		
																					Activated carbon; activated natural mineral products; animal black, including spent animal black:
0	0	0	0	0	0	0	0	4.2		3	0/0/	0	0	0			0/0			0	---Wood based
																		14	0		
0	0	0	0	0	0	0	0	4.2		3	0/0/	0	0	0			0/0			0	---Other
																		29	0		
0	0	0	0	0	0	0	0		0	4	0/0/	3	0	0			0/0			0	-Other
																		15	0		
																		15	0		
																					Tall oil, whether or not refined:
0	0	0	0	0	0	0	0			3	0/0/	0	0	0			0/0			0	Tall oil, whether or not refined
																			0		
																					Residual lyes from the manufacture of wood pulp, whether or not concentrated, desugared or chemically treated, including lignin sulphonates, but excluding tall oil of heading 38. 03:
0	0	0	0	0	0	0	0			3	0/0/	1.9	0	0			0/0			0	Residual lyes from the manufacture of wood pulp, whether or not concentrated, desugared or chemically treated, including lignin sulphonates, but excluding tall oil of heading 38. 03
																		16.5	0		

商品编号	商品名称及备注[检验检疫编码及名称]	进口关税(%) 最惠国	进口关税(%) 普通	增值税率(%)	消费税	计量单位	监管条件	检验检疫类别
3804000090	经浓缩、脱糖或经过化学处理的木浆残余碱液,包括木素磺酸盐(妥尔油除外)〔999〕	6.5	35	13		千克		
3805	**脂松节油、木松节油和硫酸盐松节油及其他萜烯油,用蒸馏或其他方法从针叶木制得;粗制二聚戊烯;亚硫酸盐松节油及其他粗制对异丙基苯甲烷;以α萜品醇为基本成分的松油:**							
38051000	-脂松节油、木松节油和硫酸盐松节油							
3805100000	松节油(包括脂松节油、木松节油和硫酸盐松节油)①	6.5	50	13		千克	AB	M/N
38059010	---松油							
3805901000	以α萜品醇为基本成分的松油②	6.5	50	13		千克	AB	M/N
38059090	---其他							
3805909000	粗制二聚戊烯、亚硫酸盐松节油等(包括其他粗制对异丙基苯甲烷及其他萜烯油)③	6.5	50	13		千克		
3806	**松香和树脂酸及其衍生物;松香精及松香油;再熔胶:**							
38061010	---松香							
3806101000	松香(包括松香渣)〔301 易燃固体〕,〔302 其他化工产品〕,〔999〕	10	70	13		千克		
38061020	---树脂酸							
3806102000	树脂酸〔999〕	10	70	13		千克		
38062010	---松香盐及树脂酸盐							
3806201000	松香盐及树脂酸盐④	6.5	40	13		千克		
38062090	---其他							
3806209000	松香或树脂酸衍生物的盐(松香加合物的盐除外)〔999〕	6.5	40	13		千克		
38063000	-酯胶							
3806300000	酯胶⑤	6.5	50	13		千克	AB	P. R/Q. S
38069000	-其他							
3806900000	其他松香及树脂酸衍生物(包括松香精及松香油;再熔胶)〔301 易燃液体〕,〔302 其他化工产品〕,〔999〕	6.5	40	13		千克		
3807	**木焦油;精制木焦油;木杂酚油;粗木精;植物沥青;以松香、树脂酸或植物沥青为基本成分的啤酒桶沥青及类似制品:**							
38070000	木焦油;精制木焦油;木杂酚油;粗木精;植物沥青;以松香、树脂酸或植物沥青为基本成分的啤酒桶沥青及类似制品							
3807000000	木焦油木杂酚油粗木精植物沥青等(包括以松香、树脂酸植物沥青为基料的啤酒桶沥青及类似)〔301 腐蚀性物质〕,〔302 其他化工产品〕,〔999〕	6.5	35	13		千克		
3808	**杀虫剂、杀鼠剂、杀菌剂、除草剂、抗萌剂、植物生长调节剂、消毒剂及类似产品,零售形状、零售包装或制成制剂及成品(例如,经硫磺处理的带子、杀虫灯芯、蜡烛及捕蝇纸):**							
38085200	--DDT(ISO)[滴滴涕(INN)],每包净重不超过 300 克							
3808520000	DDT(ISO)[滴滴涕(INN)],每包净重不超过 300 克〔301 毒性物质和感染性物质〕,〔999 其他化工产品〕	9	35	9		千克	89S	
38085910	---零售包装的							
3808591010	零售包装含一种第三十八章子目注释一所列物质的货品〔301 其他危险化学品〕,〔999 其他化工产品〕	9	35	9		千克	S	

① 〔101 松焦油〕,〔102 松节油〕,〔103 水蒸气蒸馏松节油〕,〔301 易燃液体〕,〔302 其他化工产品〕
② 〔101 松油〕,〔102 苏格兰松油〕,〔301 易燃液体〕,〔302 其他化工产品〕
③ 〔101 松节油混合萜〕,〔102 双戊烯〕,〔103 萜品油烯〕,〔301 易燃液体〕,〔302 其他化工产品〕
④ 〔101 树脂酸钙〕,〔102 树脂酸铝〕,〔103 树脂酸锰〕,〔104 树脂酸钴〕,〔105 树脂酸锌〕,〔301 易燃固体〕,〔302 其他化工产品〕
⑤ 〔101 松香季戊四醇酯〕,〔102 松香(包括松香、木松香、妥尔松香)季戊四醇酯〕,〔103 妥尔松香甘油酯〕,〔104 松香甘油酯和氢化松香甘油酯〕,〔301 其他危险化学品〕,〔302 无检疫要求的食品添加剂〕,〔303 属于危险化学品的食品添加剂〕

协定税率(%)															特惠税率(%)			对美税率	出口税率	出口退税率	Article Description
智利	新西兰	澳大利亚	瑞士	冰岛	秘鲁	哥斯达	东盟	亚太	新加坡	巴基斯坦	港/澳/台	韩国	格鲁吉亚	毛里求斯	亚太	老/柬/缅	LDC 97/95				
																		16.5	0		
																					Gum, wood or sulphate turpentine and othe terpenic oils produced by the distillation or other treatment of coniferous woods; crude dipentene; sulphite turpentine and other crude paracymene; pine oil containing alpha terpineol as the main constituent:
0	0	0	0	0	0	0	0			3	0/0/	0	0	0			0/0			0	-Gum, wood or sulphate turpentine oils
																		31.5	0		
0	0	0	0	0	0	0	0			3	0/0/	0	0	0			0/0			0	---Pine oil
																		31.5	0		
0	0	0	0	0	0	0	0			3	0/0/	0	0	0			0/0			0	---Other
																		31.5	0		
																					Rosin and resin acids, and derivatives thereof; rosin spirit and rosin oils; run-gums:
0	0	0	0	0	0	0	0		0	4	0/0/	3	0	0			0/0			0	---Rosin
																		35	0		
0	0	0	0	0	0	0	0			4	0/0/	3	0	0			0/0			0	---Resin acides
																			0		
0	0	0	0	0	0	0	0			3	0/0/	0	0	0			0/0			13	---Salts of rosin, of resin acids
																		11.5	0		
0	0	0	0	0	0	0	0			3	0/0/	0	0	0			0/0			13	---Other
																		11.5	0		
0	0	0	0	0	0	0	0			3	0/0/	0	0	0			0/0			0	-Ester gums
																		11.5	0		
0	0	0	0	0	0	0	0			3	0/0/	0	0	0			0/0			0	-Other
																		16.5	0		
																					Wood tar; wood tar oils; wood creosote; wood naphtha; vegetable pitch; brewers'pitch and similar preparations based on rosin, resin acids or on vegetable pitch:
0	0	0	0	0	0	0	0			3	0/0/	0	0	0			0/0			0	Wood tar; wood tar oils; wood creosote; wood naphtha; vegetable pitch; brewers'pitch and similar preparations based on rosin, resin acids or on vegetable pitch
																		11.5	0		
																					Insecticides, rodenticides, fungicides, herbicides, anti-sprouting products and plantgrowth regulators, disinfectants and similar products, put up in forms or packings for retail sale or as preparations or articles (for example, sulphur-treated bands, wicks and candles, and fly-papers):
0	0	0	0	0	0	0	0			3	0/0/	0	0	0			0/0			6	--DDT (ISO) (clofenotane (INN)), in packings of a net weight content not exceeding 300g
																			0		
0	0	0	0	0	0	0	0			3	0/0/	0	0	0			0/0			6	---Put up for retail sale
																			0		

商品编号	商品名称及备注[检验检疫编码及名称]	进口关税(%) 最惠国	普通	增值税率(%)	消费税	计量单位	监管条件	检验检疫类别
3808591020	零售包装含艾氏剂、毒杀芬、氯丹、滴滴涕、狄氏剂、硫丹、七氯、六氯苯、α-六氯环己烷、β-六氯环己烷、林丹或五溴二苯醚的货品〔999 其他化工产品〕	9	35	9		千克	89	
3808591090	零售包装含多种第三十八章子目注释一所列物质的货品〔301 其他危险化学品〕,〔999 其他化工产品〕	9	35	9		千克		
38085990	---其他							
3808599010	非零售包装的含有一种第三十八章子目注释一所列物质的货品〔301 其他危险化学品〕,〔999 其他化工产品〕	5	11	9		千克	AS	M/
3808599020	非零售包装含艾氏剂、毒杀芬、氯丹、滴滴涕、狄氏剂、硫丹、七氯、六氯苯、α-六氯环己烷、β-六氯环己烷、林丹或五溴二苯醚的货品〔999 其他化工产品〕	5	11	9		千克	89	
3808599090	非零售包装含多种第三十八章子目注释一所列物质的货品〔301 其他危险化学品〕,〔302 其他化工产品〕,〔999〕	5	11	9		千克		
38086100	--每包净重不超过 300 克							
3808610000	含第三十八章子目注释二所列物质的货品,每包净重不超过 300 克〔301 其他危险化学品〕,〔302 其他化工产品〕,〔999〕	10	35	9		千克	AS	M/
38086200	--每包净重超过 300 克,但不超过 7.5 千克							
3808620000	含第三十八章子目注释二所列物质的货品,每包净重超过 300 克,但不超过 7.5 千克〔301 其他危险化学品〕,〔999 其他化工产品〕	10	35	9		千克	AS	M/
38086900	--其他							
3808690000	其他含第三十八章子目注释二所列物质的货品〔301 其他危险化学品〕,〔999 其他化工产品〕	6	11	9		千克	AS	M/
38089111	----蚊香							
3808911100	蚊香(不含有一种或多种第三十八章子目注释一所列物质的货品)〔301 其他危险化学品〕,〔302 其他化工产品〕,〔999〕	10	80	13		千克	AS	M/
38089112	----生物杀虫剂							
3808911210	零售包装的含汞生物杀虫剂〔301 其他危险化学品〕,〔302 其他化工产品〕	10	35	9		千克	89	
3808911290	零售包装的其他生物杀虫剂〔301 其他危险化学品〕,〔302 其他化工产品〕	10	35	9		千克	AS	M/
38089119	----其他							
3808911910	零售包装的含有灭蚁灵或十氯酮的杀虫剂①	10	35	9		千克	89	
3808911920	零售包装的其他含汞杀虫剂②	10	35	9		千克	89S	
3808911990	其他零售包装的杀虫剂成药③	10	35	9		千克	AS	M/
38089190	---其他							
3808919010	非零售包装的含有灭蚁灵或十氯酮的杀虫剂〔301 其他危险化学品〕,〔302 其他化工产品〕	6	11	9		千克	89	
3808919020	非零售包装的含汞杀虫剂〔301 其他危险化学品〕,〔302 其他化工产品〕	6	11	9		千克	89S	
3808919030	多杀霉素,乙基多杀霉素	6	11	9		千克	AS	
3808919090	其他非零售包装杀虫剂成药〔301 其他危险化学品〕,〔302 其他化工产品〕	6	11	9		千克	AS	M/
38089210	---零售包装							
3808921010	零售包装的含汞杀菌剂〔999〕	9	35	13		千克	89	
3808921090	零售包装的其他杀菌剂成药〔999〕	9	35	13		千克	S	
38089290	---其他							
3808929010	非零售包装的医用杀菌剂〔999〕	6	11	13		千克		
3808929021	经农药杀菌剂浸渍的纸质水果套袋〔999〕	6	11	13		千克	S	
3808929029	非零售包装的其他农用杀菌剂成药〔999〕	6	11	9		千克	S	
3808929030	非零售包装的含汞杀菌剂〔999〕	6	35	13		千克	89	
3808929090	非零售包装的非农用杀菌剂成药(包括非医用杀菌剂)〔999〕	6	11	9		千克		
38089311	----零售包装							
3808931110	零售包装的含汞除草剂〔999〕	9	35	9		千克	89	
3808931190	零售包装的除草剂成药〔301 其他危险化学品〕,〔302 其他化工产品〕	9	35	9		千克	AS	M/
38089319	----其他							
3808931910	非零售包装百草枯母液〔301 毒性物质和感染性物质〕,〔999〕	5	11	9		千克	AS	M/
3808931920	非零售包装的含汞除草剂〔999〕	5	11	9		千克	89	
3808931990	其他非零售包装的除草剂成药〔301 其他危险化学品〕,〔302 其他化工产品〕,〔999〕	5	11	9		千克	AS	M/
38089391	----零售包装							
3808939110	零售包装含汞抗萌剂及植物生长调节剂〔999〕	9	35	9		千克	89	
3808939190	零售包装其他抗萌剂及植物生长调节剂〔999〕	9	35	9		千克	S	
38089399	----其他							
3808939910	非零售包装的含汞抗萌剂及植物生长调节剂〔999〕	6	14	9		千克	89	

① 〔301 其他危险化学品〕,〔302 其他化工产品〕,〔303 毒性气体〕
② 〔301 其他危险化学品〕,〔302 其他化工产品〕,〔303 毒性气体〕
③ 〔301 其他危险化学品〕,〔302 其他化工产品〕,〔303 毒性气体〕

协定税率(%)															特惠税率(%)			对美税率	出口税率	出口退税率	Article Description
智利	新西兰	澳大利亚	瑞士	冰岛	秘鲁	哥斯达	东盟	亚太	新加坡	巴基斯坦	港/澳/台	韩国	格鲁吉亚	毛里求斯	亚太	老/柬/缅	LDC 97/95				
																			0		
																			0		
0	0	0	0	0	0	0	0			0	0/0/	0	0	0			0/0			6	---Other
																			0		
																			0		
																			0		
0	0	0	0	0	0	0	0	6.5		0	0/0/	3	0	0						6	--In packings of a net weight content not exceeding 300g
																			0		
0	0	0	0	0	0	0	0	6.5		0	0/0/	3	0	0			0/0			6	--In packings of a net weight content exceeding 300g but not exceeding 7.5kg
																			0		
0	0	0	1.2	0	0	0	0	3.9		0	0/0/	0	0	0			0/0			6	--Other
																		31	0		
0	0	0	0	0	0	0	0	0		0	0/0/	0	0	0			0/0			6	----Mosquito smudges
																			0		
0	0	0	0	0	0	0	0	6.5		4	0/0/	3	0	0			0/0			6	----Biopesticide
																			0		
																			0		
0	0	0	0	0	0	0	0	6.5		4	0/0/	3	0	0			0/0			6	----Other
																		35	0		
																		35	0		
																		35	0		
0	0	0	1.2	0	0	0	0	3.9		0	0/0/	0	0	0			0/0			6	---Other
																		11	0		
																		11	0		
																		11	0		
																		11	0		
0	0	0	1.8	0	0	0	0			3	0/0/	0	0	0			0/0			6	---Put up for retail sale
																		34	0		
																		34	0		
0	0	0	1.2	0	0	0	0			0	0/0/	0	0	0			0/0			6	---Other
																		26	0		
																		26	0		
																		26	0		
																		26	0		
																		26	0		
0	0	0	0	0	0	0	0			3	0/0/	0	0	0			0/0			6	----Put up for retail sale
																		34	0		
																		34	0		
0	0	0	1	0	0	0	0	3.3		0	0/0/	0	0	0			0/0			6	----Other
																		15	0		
																		15	0		
																		15	0		
0	0	0	0	0	0	0	0	5.9		3	0/0/	0	0	0			0/0			6	----Put up for retail sale
																		14	0		
																		14	0		
0	0	0	0	0	0	0	0	3.9		0	0/0/	0	0	0			0/0			6	----Other
																		16	0		

商品编号	商品名称及备注[检验检疫编码及名称]	进口关税(%) 最惠国	普通	增值税率(%)	消费税	计量单位	监管条件	检验检疫类别
3808939990	非零售包装的其他抗萌剂及植物生长调节剂〔999〕	6	14	9		千克	S	
38089400	--消毒剂							
3808940010	医用消毒剂〔101 碘酒〕,〔999〕	9	35	13		千克		
3808940020	兽用已配剂量含戊二醛、癸甲溴铵消毒剂等(包括复方煤焦油酸溶液消毒防腐药)〔999〕	9	35	9		千克	R	
3808940030	含汞消毒剂〔999〕	9	35	9		千克	89	
3808940040	兽用已配剂量消毒剂(包括进口兽药管理目录的商品)〔999〕	9	35	9		千克	R	
3808940090	其他非医用消毒剂〔301 易燃液体〕,〔302〕,〔999〕	9	35	9		千克		
38089910	---零售包装							
3808991000	零售包装的杀鼠剂及其他农药(包括类似品)〔999〕	9	35	9		千克	S	
38089990	---其他							
3808999000	非零售包装的杀鼠剂及其他农药(包括类似品)①	9	14	9		千克	S	
3809	**纺织、造纸、制革及类似工业用的其他税号未列名的整理剂、染料加速着色或固色助剂及其他产品和制剂(例如,修整剂及媒染剂):**							
38091000	-以淀粉物质为基本成分							
3809100000	以淀粉为基料的纺织等工业用制剂(纺织、造纸、制革等工业用整理剂、固色剂及其他制剂)〔999〕	10	35	13		千克		
38099100	--纺织工业及类似工业用							
3809910000	纺织工业用其他未列名产品和制剂(包括整理剂、染料加速着色或固色助剂及其他制剂)〔101 塑料增光剂〕,〔102 硬脂酰氯化铬〕,〔999 其他〕	6.5	35	13		千克		
38099200	--造纸工业及类似工业用							
3809920000	造纸工业用其他未列名产品和制剂(包括整理剂、染料加速着色或固色助剂及其他制剂)〔999〕	6.5	35	13		千克		
38099300	--制革工业及类似工业用							
3809930000	制革工业用其他未列名产品和制剂(包括整理剂、染料加速着色或固色助剂及其他制剂)〔301 易燃液体〕,〔302〕,〔999〕	6.5	35	13		千克		
3810	**金属表面酸洗剂;焊接用的焊剂及其他辅助剂;金属及其他材料制成的焊粉或焊膏;作焊条芯子或焊条涂料用的制品:**							
38101000	-金属表面酸洗剂;金属及其他材料制成的焊粉或焊膏							
3810100000	金属表面酸洗剂焊粉或焊膏(金属及其他材料制成的焊粉或焊膏)〔999〕	6.5	35	13		千克		
38109000	-其他							
3810900000	焊接用的焊剂及其他辅助剂等(包括作焊条芯子或焊条涂料用的制品)〔101 快干助焊剂〕,〔999 其他〕	6.5	35	13		千克		

① 〔101 壤虫威〕,〔102 三嗪液态农药〕,〔103 氯氟草除〕,〔104 鱼尼汀(含量>30%)〕,〔105 除虫菊粉剂〕,〔106 氰脱灵〕,〔107 矮健素〕,〔108 氰脱灵乳剂〕,〔109 敌菌腙(含量>20%)〕,〔110 矮健素水剂〕,〔111 其他二级灭鼠液态药剂〕,〔112 其他二级灭鼠固态药剂〕,〔113 其他酰胺类液态农药〕,〔114 其他酰胺类固态农药〕,〔115 其他双吡啶液态农药〕,〔116 其他双吡啶固态农药〕,〔117 其他杂环类液态农药〕,〔118 其他杂环类固态农药〕,〔119 其他硝基苯酚液态农药〕,〔120 其他硝基苯酚固态农药〕,〔121 其他苯氧基液态农药〕,〔122 其他苯氧基固态农药〕,〔123 其他二级氨基甲酸酯液态农药〕,〔124 其他二级氨基甲酸酯固态农药〕,〔125 二级含铜液态农药〕,〔126 二级含铜固态农药〕,〔127 其他二级有机锡固态农药〕,〔128 其他二级含汞固态农药〕,〔129 其他二级有机硫液态农药〕,〔130 其他二级有机硫固态农药〕,〔131 其他二级含砷液态农药〕,〔132 二级含砷固态农药〕,〔133 其他二级有机氯液态农药〕,〔134 其他二级有机氯固态农药〕,〔135 其他二级有机磷液态农药〕,〔136 其他二级有机磷固态农药〕,〔137 其他二级其他无机农药〕,〔138 其他二级含硫无机农药〕,〔139 其他一级其他固态农药〕,〔140 其他一级灭鼠液态农药〕,〔141 其他一级氨基甲酸酯液态农药〕,〔142 其他一级氨基甲酸酯固态农药〕,〔143 其他一级有机磷液态农药〕,〔144 二级有机锡液态农药〕,〔301〕,〔999〕

协定税率(%)															特惠税率(%)			对美税率	出口税率	出口退税率	Article Description
智利	新西兰	澳大利亚	瑞士	冰岛	秘鲁	哥斯达	东盟	亚太	新加坡	巴基斯坦	港/澳/台	韩国	格鲁吉亚	毛里求斯	亚太	老/柬/缅	LDC 97/95				
																		16	0		
0	0	0	1.8	0	0	0	0			4	0/0/	0	1.8	0			0/0			6	--Disinfectants
																			0		
																			0		
																		19	0		
																		19	0		
																		19	0		
0	0	0	0	0	0	0	0			3	0/0/	0	0	0			0/0				---Put up for retail sale
																			0	6	
0	0	0	0	0	0	0	0			3	0/0/	0	0	0			0/0				---Other
																		14	0	6	
																					Finishing agents, dye carriers to accelerate the dyeing or fixing of dye-stuffs and other products and preparations (for example, dressings and mordants), of a kind used in the textile, paper, leather or like industries, not elsewhere specified or included:
0	0	0	0	0	0	0	0		0	0	0/0/	3	0	0			0/0			0	-With a basis of amylaceous substances
																		35	0		
0	0	0	1.3	0	0	0	0	6		0	0/0/	0	0	0			0/0			0	--Of a kind used in the textile or like industries
																		26.5	0		
0	0	0	0	0	0	0	0			0	0/0/	1.9	0	0			0/0			0	--Of a kind used in the paper or like industries
																		11.5	0		
0	0	0	0	0	0	0	0			0	0/0/	0	0	0			0/0			0	--Of a kind used in the leather or like industries
																		26.5	0		
																					Pickling preparations for metal surfaces; fluxes and other auxiliary preparations for soldering, brazing or welding; soldering, brazing or welding powders and pastes consisting of metal and other materials; preparations of a kind used as cores or coatings for welding electrodes or rods:
0	0	0	0	0	0	0	0	6		0	0/0/	3.4	0	0			0/0			13	-Pickling preparations for metal surfaces; soldering, brazing or welding powders and pastes consisting of metal and other materials
																		26.5	0		
0	0	0	0	0	0	0	0			0	0/0/	3.4	0	0			0/0			0	-Other
																		16.5	0		

商品编号	商品名称及备注[检验检疫编码及名称]	进口关税(%)		增值税率(%)	消费税	计量单位	监管条件	检验检疫类别
		最惠国	普通					
3811	**抗震剂、抗氧剂、防胶剂、黏度改良剂、防腐蚀制剂及其他配制添加剂,用于矿物油(包括汽油)或与矿物油同样用途的其他液体:**							
38111100	--以铅化合物为基本成分							
3811110000	以铅化合物为基本成分的抗震剂〔999〕	6.5	35	13		千克		
38111900	--其他							
3811190000	其他抗震剂〔999〕	6.5	35	13		千克		
38112100	--含有石油或从沥青矿物提取的油类							
3811210000	含有石油的润滑油添加剂(包括含有从沥青矿物提取的油类的润滑油添加剂)〔999〕	6.5	35	13		千克		
38112900	--其他							
3811290000	不含石油的润滑油添加剂〔999〕	6.5	35	13		千克		
38119000	-其他							
3811900000	其他矿物油用的配制添加剂(抗氧剂、防胶剂、黏度改良剂、防腐剂及其他配制添加剂)〔999〕	6.5	35	13		千克		
3812	**配制的橡胶促进剂;其他税号未列名的橡胶或塑料用复合增塑剂;橡胶或塑料用抗氧制剂及其他复合稳定剂:**							
38121000	-配制的橡胶促进剂							
3812100000	配制的橡胶促进剂〔999〕	6	20	13		千克		
38122000	-橡胶或塑料用复合增塑剂							
3812200000	橡胶或塑料用复合增塑剂〔999〕	6.5	35	13		千克		
38123100	--2,2,4-三甲基-1,2-二氢化喹啉(TMQ)低聚体混合物							
3812310000	2,2,4-三甲基-1,2-二氢化喹啉(TMQ)低聚体混合物〔999〕	6	20	13		千克		
38123910	---其他橡胶防老剂							
3812391000	其他橡胶防老剂〔301 易燃固体〕,〔302 其他危险化学品〕,〔999 其他化工产品〕	6	20	13		千克		
38123990	---其他							
3812399000	其他橡胶或塑料用抗氧制剂及其他复合稳定剂〔301 易燃固体〕,〔302 其他危险化学品〕,〔999 其他化工产品〕	6.5	35	13		千克		
3813	**灭火器的装配药;已装药的灭火弹:**							
38130010	---灭火器的装配药							
3813001000	灭火器的装配药〔101 灭火器药剂(腐蚀性液体)〕,〔999〕	6.5	35	13		千克		L/
38130020	---已装药的灭火弹							
3813002000	已装药的灭火弹〔999〕	10	70	13		千克		
3814	**其他税号未列名的有机复合溶剂及稀释剂;除漆剂:**							
38140000	其他税号未列名的有机复合溶剂及稀释剂;除漆剂							
3814000000	有机复合溶剂及稀释剂,除漆剂(指其他编号未列名的)①	10	50	13		千克		
3815	**其他税号未列名的反应引发剂、反应促进剂、催化剂:**							
38151100	--以镍及其化合物为活性物的							

① 〔101 脱漆剂〕,〔102 有机硅漆稀释剂〕,〔103 过氯乙烯锤纹漆稀释剂〕,〔104 过氯乙烯漆稀释剂〕,〔105 沥青漆稀释剂〕,〔106 环氧漆稀释剂〕,〔107 氨基漆稀释剂〕,〔108 氨基静电漆稀释剂〕,〔109 酚醛皱纹漆稀释剂〕,〔110 硝基铝箔漆稀释剂〕,〔111 硝基漆稀释剂〕,〔112 聚氨酯漆稀释剂〕,〔113 聚酯漆包线漆稀释剂〕,〔114 聚酯漆稀释剂〕,〔115 缩醛漆稀释剂〕,〔116 醇酸漆稀释剂〕,〔301 易燃液体〕,〔302 其他化工产品〕

协定税率(%)															特惠税率(%)			对美税率	出口税率	出口退税率	Article Description
智利	新西兰	澳大利亚	瑞士	冰岛	秘鲁	哥斯达	东盟	亚太	新加坡	巴基斯坦	港/澳/台	韩国	格鲁吉亚	毛里求斯	亚太	老/柬/缅	LDC 97/95				
																					Anti-knock preparations, oxidation inhibitors, gum inhibitors, viscosity improvers, anti-corrosive preparations and other prepared additives, for mineral oils (including gasoline) or for otherliquids used for the same purposes as mineral oils:
0	0	0	0	0	0	0	0			3	0/0/	0	0	0			0/0			0	--Based on lead compounds
																			0		
0	0	0	0	0	0	0	0			3	0/0/	0	0	0			0/0			0	--Other
																		16.5	0		
0	0	0	0	0	0	0	0			0	0/0/	0	0	0			0/0			0	--Containing petroleum oils or oils obtained from bituminous minerals
																			0		
0	0	0	0	0	0	0	0	5.5		3	0/0/	1.9	0	0			0/0			0	--Other
																			0		
0	0	0	0	0	0	0	0			3	0/0/	0	1.3	0			0/0			0	-Other
																		11.5	0		
																					Prepared rubber accelerators; compounds plasticizers for rubber or plastics, not elsewhere specified or included; anti-oxidizing preparations and other compound stabilizers for rubber or plastics:
0	0	0	0	0	0	0	0			0	0/0/	3.2	0	0			0/0			13	-Prepared rubber accelerators
																		26	0		
0	0	0	0	0	0	0	0			0	0/0/	3.4	0	0			0/0			6	-Compound plasticizers for rubber or plastics
																		16.5	0		
0	0	0	0	0	0	0	0			0	0/0/	3.2	0	0			0/0			6	--Mixtures of oligomers of 2,2,4-trimethyl-1,2-dihydroquinoline (TMQ)
																		31	0		
0	0	0	0	0	0	0	0			0	0/0/	3.2	0	0			0/0			6	---Other rubber antioxidants
																		16	0		
0	0	0	1.3	0	0	0	0	4.6		0	0/0/	0	0	0			0/0			6	---Other
																		16.5	0		
																					Preparations and charges for fire-extinguishers; charged fire-extinguishing grenades:
0	0	0	0	0	0	0	0			3	0/0/	1.9	0	0			0/0			0	---Preparations and charges for fire-extinguishers
																		11.5	0		
0	0	0	0	0	0	0	0			4	0/0/	3	0	0			0/0			0	---Charged fire-extinguishing grenades
																		15	0		
																					Organic composite solvents and thinners, not elsewhere specified or included; prepared paint or varnish removers:
0	0	0	2	0	0	0	0	9	0	4	0/0/	6.5	0	0			0/0			0	Organic composite solvents and thinners, not elsewhere specified or included; prepared paint or varnish removers
																		20	0		
																					Reaction initiators, reaction accelerators and catalytic preparations, not elsewhere specified or included:
0	0	0	0	0	0	0	0			3	0/0/	1.9	0	0			0/0			13	--With nickel or nickel compounds as the active substance

商品编号	商品名称及备注[检验检疫编码及名称]	进口关税(%) 最惠国	进口关税(%) 普通	增值税率(%)	消费税	计量单位	监管条件	检验检疫类别
3815110000	以镍为活性物的载体催化剂(包括以镍化合物为活性物的)①	6.5	35	13		千克		
38151200	--以贵金属及其化合物为活性物的							
3815120010暂4	载铂催化剂(为了从重水中回收氚或为了生产重水而专门设计或制备,用于加速氢和水之间的氢同位素交换反应)〔999〕	6.5	35	13		千克	3	
3815120090暂4	其他以贵金属为活性物的载体催化剂〔999〕	6.5	35	13		千克		
38151900	--其他							
3815190000	其他载体催化剂〔301 易燃固体、自反应物质及固态退敏爆炸品〕,〔302 其他化工产品〕,〔999〕	6.5	35	13		千克		
38159000	-其他							
3815900000	其他未列名的反应引发剂、促进剂(包括反应催化剂)②	6.5	35	13		千克		
3816	**耐火的水泥、灰泥、混凝土及类似耐火混合制品,但品目 38.01 的产品除外:**							
38160000	耐火的水泥、灰泥、混凝土及类似耐火混合制品,但品目 38.01 的产品除外							
3816000000	耐火水泥、灰泥及类似耐火材料(耐火混凝土及类似耐火混合制品,但品目 38.01 的产品除外)〔999〕	6.5	35	13		千克		
3817	**混合烷基苯及混合烷基萘,但品目 27.07 及 29.02 的货品除外:**							
38170000	混合烷基苯及混合烷基萘,但品目 27.07 及 29.02 的货品除外							
3817000000	混合烷基苯和混合烷基萘(品目 27.07 及 29.02 的货品除外)③	6.5	35	13		千克		
3818	**经掺杂用于电子工业的化学元素,已切成圆片、薄片或类似形状;经掺杂用于电子工业的化合物:**							
38180011	----直径在 15.24 厘米及以下的							
3818001100	7.5 厘米≤直径≤15.24 厘米单晶硅片(经掺杂用于电子工业的)〔999〕	0	11	13		千克/片		
38180019	----其他							
3818001900	直径>15.24 厘米的单晶硅片(经掺杂用于电子工业的)〔999〕	0	11	13		千克/片		
38180090	---其他							
3818009000	其他经掺杂用于工业的晶体切片(包括经掺杂用于电子工业的化学元素及化合物)〔999〕	0	17	13		千克		
3819	**闸用液压油及其他液压传动用液体,不含石油或从沥青矿物提取的油类,或者按重量计石油或从沥青矿物提取的油类含量低于 70%:**							
38190000	闸用液压油及其他液压传动用液体,不含石油或从沥青矿物提取的油类,或者按重量计石油或从沥青矿物提取的油类含量低于 70%							
3819000000	闸用液压油及其他液压传动用液体(按重量计石油或从矿物提取的油类含量低于 70%)〔999〕	6.5	35	13		千克		
3820	**防冻剂及解冻剂:**							
38200000	防冻剂及解冻剂							
3820000000	防冻剂及解冻剂〔999〕	10	35	13		千克		
3821	**制成的供微生物(包括病毒及类似品)或植物、人体、动物细胞生长或维持用的培养基:**							

① 〔101 铝镍合金氢化催化剂〕,〔102 镍催化剂〕,〔301 易燃固体〕,〔999 其他〕
② 〔101 金属钝化剂〕,〔102 纽扣磨光剂〕,〔103 烷基锂〕,〔301 腐蚀性物质〕,〔302 易于自燃的物质〕,〔999 其他〕
③ 〔101 但马酸二甲苯溶液〕,〔102 环化橡胶二甲苯溶液〕,〔103 环庚亚胺二甲苯溶剂〕,〔301 易燃液体〕,〔302 其他化工产品〕

协定税率(%)															特惠税率(%)						
智利	新西兰	澳大利亚	瑞士	冰岛	秘鲁	哥斯达	东盟	亚太	新加坡	巴基斯坦	港/澳/台	韩国	格鲁吉亚	毛里求斯	亚太	老/柬/缅	LDC 97/95	对美税率	出口税率	出口退税率	Article Description
																		11.5	0		
0	0	0	0	0	0	0	0			0	0/0/	1.9	0	0			0/0			13	--With precious metal or precious metal compounds as the active substance
																			0		
																			0		
0	0	0	0	0	0	0	0	4.6		0	0/0/	0	0	0			0/0			13	--Other
																			0		
0	0	0	1.3	0	0	0	0	4.2		0	0/0/	0	0	0			0/0			13	-Other
																			0		
																					Refractory cements, mortars, concretes and similar compositions, other than products of heading 38. 01:
0	0	0	0	0	0	0	0			3	0/0/	0	0	0			0/0			0	Refractory cements, mortars, concretes and similar compositions, other than products of heading 38. 01
																		16.5	0		
																					Mixed alkylbenzentes and mixed alkylnaphthalenes, other than those of heading 27. 07 or 29. 02:
0	0	0	0	0	0	0	0			3	0/0/0	3.4	0	0			0/0			13	Mixed alkylbenzenes and alkylnaphthalenes, other than those of heading 27. 07 or 29. 02
																		31.5	0		
																					Chemical elements doped for use in electronics, in the form of discs, wafers or similar forms; chemical compouds doped for use in electronics:
																	0/0			13	----Diameter not exceeding 15. 24cm
																		10	0		
																	0/0			13	----Other
																			0		
																	0/0			13	---Other
																			0		
																					Hydraulic brake fluids and other prepared liquids for hydraulic transmission, not containing or containing less than 70% by weight of petroleum oils or oils obtained from bituminous minerals:
0	0	0	0	0	0	0	0			4	0/0/	0	0	0			0/0			0	Huydraulic brake fluids and other prepared liquids for hydraulic transmission, not containing or containing less than 70% by weight of petroleum oils or oils obtaines from bituminous minerals
																		16.5	0		
																					Anti-freezing preparations and prepared de-icing fluids:
0	0	0	0	0	0	0	0		0	4	0/0/	3	0	0			0/0			13	Anti-freezing preparations and prepared deicing fluids
																		20	0		
																					Prepared culture media for the development or maintenance of micro-organisms (including viruses and the like) or of plant, human or animal cells:

商品编号	商品名称及备注[检验检疫编码及名称]	进口关税(%) 最惠国	普通	增值税率(%)	消费税	计量单位	监管条件	检验检疫类别
38210000	制成的供微生物(包括病毒及类似品)或植物、人体、动物细胞生长或维持用的培养基							
3821000000[暂2]	制成的供微生物(包括病毒及类似品)生长或维持用培养基(及制成的供植物、人体或动物细胞生长或维持用的培养基)①	3	11	13		千克		
3822	**附于衬背上的诊断或实验用试剂及不论是否附于衬背上的诊断或实验用配制试剂,但品目30.02及30.06的货品除外;有证标准样品:**							
38220010	---附于衬背上的							
3822001010	兽用诊断试剂(附于衬背上的)②	4	35	13		千克	ABR	V/W
3822001020	新型冠状病毒试剂盒,品目30.02的货品除外[999]	4	35	13		千克	AB	V/W
3822001090	其他附于衬背上的诊断或实验用试剂③	4	35	13		千克	AB	V/W
38220090	---其他							
3822009010	兽用其他诊断试剂④	5	35	13		千克	ABR	V/W
3822009020	其他新型冠状病毒检测试剂盒,品目32.02的货品除外[999]	5	35	13		千克	AB	V/W
3822009090	其他诊断或实验用配制试剂;有证标准样品⑤	5	35	13		千克	AB	V/W
3823	**工业用单羧脂肪酸;精炼所得的酸性油;工业用脂肪醇:**							
38231100	--硬脂酸							
3823110000	硬脂酸[101 其他饲料添加剂],[102 硬脂酸(十八烷酸)],[999 其他]	16	50	13		千克		
38231200	--油酸							
3823120000[暂8]	油酸⑥	16	50	13		千克	A	R/
38231300	--妥尔油脂肪酸							
3823130000	妥尔油脂肪酸[999]	16	50	13		千克		
38231900	--其他							
3823190001[暂5]	植物酸性油(酸性油仅指精炼所得的)[999]	16	50	13		千克		
3823190090	其他工业用单羧脂肪酸、酸性油(酸性油仅指精炼所得的)[999]	16	50	13		千克		
38237000	-工业用脂肪醇							
3823700000[暂9]	工业用脂肪醇[999]	13	50	13		千克		
3824	**铸模及铸芯用黏合剂;其他税号未列名的化学工业及其相关工业的化学产品及配制品(包括由天然产品混合组成的):**							
38241000	-铸模及铸芯用黏合剂							
3824100000	铸模及铸芯用黏合剂[301 易燃液体],[302 其他化工产品],[303 毒性物质和感染性物质],[999]	6.5	35	13		千克		
38243000	-自身混合或与金属黏合剂混合的未烧结金属碳化物							
3824300010	混合的未烧结金属碳化钨(包括自身混合或与金属黏合剂混合的)[999]	6.5	35	13		千克	4xy	
3824300090	其他混合的未烧结金属碳化物(包括自身混合或与金属黏合剂混合的)[999]	6.5	35	13		千克		
38244010	---高效减水剂							
3824401000	高效减水剂[999]	6.5	35	13		千克		

① [101 动物微生物培养培养基],[102 其他医用生物制品],[103 含有牛源性成分的培养基],[401 含人血及其成分、人体组织、细胞、体液、分泌物、排泄物],[402 含人血及其成分、人体组织、细胞、体液、分泌物、排泄物]

② [101 其他动物性血液制品],[102 诊断用试剂及试剂盒],[103 化学试剂],[401 须取得医疗器械注册证],[402 含人血及其成分,取得医疗器械注册证的除外],[403 含人体组织、细胞、体液、分泌物、排泄物的,取得医疗器械注册证的除外],[404 含人间传染的病原微生物成分,取得医疗器械注册证的除外],[405 含除人血及其成分、人体组织、细胞、体液、分泌物、排泄物外、病原微生物外其他特殊物品成分的,取得医疗器械注册证的除外]

③ [101 其他动物性血液制品],[102 诊断用试剂及试剂盒],[103 化学试剂],[401 须取得医疗器械注册证],[402 含人血及其成分,取得医疗器械注册证的除外],[403 含人体组织、细胞、体液、分泌物、排泄物的,取得医疗器械注册证的除外],[404 含人间传染的病原微生物成分,取得医疗器械注册证的除外],[405 含除人血及其成分、人体组织、细胞、体液、分泌物、排泄物外、病原微生物外其他特殊物品成分的,取得医疗器械注册证的除外]

④ [101 诊断用试剂及试剂盒],[102 化学试剂],[301 腐蚀性物质],[401 须取得医疗器械注册证],[402 含人血及其成分,取得医疗器械注册证的除外],[403 含人体组织、细胞、体液、分泌物、排泄物的,取得医疗器械注册证的除外],[404 含人间传染的病原微生物成分,取得医疗器械注册证的除外],[405 含除人血及其成分、人体组织、细胞、体液、分泌物、排泄物外、病原微生物外其他特殊物品成分,取得医疗器械注册证的除外]

⑤ [101 诊断用试剂及试剂盒],[102 化学试剂],[301 腐蚀性物质],[401 须取得医疗器械注册证],[402 含人血及其成分,取得医疗器械注册证的除外],[403 含人体组织、细胞、体液、分泌物、排泄物的,取得医疗器械注册证的除外],[404 含人间传染的病原微生物成分,取得医疗器械注册证的除外],[405 含除人血及其成分、人体组织、细胞、体液、分泌物、排泄物外、病原微生物外其他特殊物品成分,取得医疗器械注册证的除外]

⑥ [101 非工业用无检疫要求食品添加剂],[102 工业用途无检疫要求食品添加剂],[301 无检疫要求食品添加剂],[302 需申报仅用于工业用途不用于食品添加剂无检疫要求的化学品],[999]

协定税率(%)															特惠税率(%)			对美税率	出口税率	出口退税率	Article Description
智利	新西兰	澳大利亚	瑞士	冰岛	秘鲁	哥斯达	东盟	亚太	新加坡	巴基斯坦	港/澳/台	韩国	格鲁吉亚	毛里求斯	亚太	老/柬/缅	LDC 97/95				
0	0	0	0	0	0	0	0			0	0/0/	0	0	0			0/0			0	Prepared culture media for the development or maintenance of micro-organisms (including viruses and the like) or of plant, human or animal cells
																		7	0		
																					Diagnostic or laboratory reagents on a backing and prepared diagnostic or laboratory reagents whether or not on a backing, other than those of heading 30.02 or 30.06; certified reference materials:
0	0	0	0	0	0	0	0			0	0/0/	0	0	0			0/0			13	---On a backing
																			0		
																			0		
																			0		
0	0	0	0	0	0	0	0			0	0/0/	0	0	0			0/0			13	---Other
																			0		
																			0		
																			0		
																					Industrial monocarboxylic fatty acids; acid oils from refining; industrial fatty alcohols:
0	0	0	3.2		0	0	0			12.8	0/0/	8.5	0	0			0/0			13	--Stearic acid
																		41	0		
0	0	0	3.2		0	0	0		0	12.8	0/0/	8.5	0	0			0/0			10	--Oleic acid
																		33	0		
0	0	0	3.2	0	0	0	0		0	12.8	0/0/	8.5	0	0			0/0			0	--Tall oil fatty acids
																		21	0		
0	0	0	3.2	0	0	0	0		0	12.8	0/0/	8.5	0	0			0/0			0	--Other
																		30	0		
																		41	0		
0	0	0	2.6	0	0	0	0		0	6.5	0/0/	6.9	0	0			0/0			0	-Industrial fatty alcohols
																		34	0		
																					Prepared binders for foundry moulds or cores; chemical products and preparations of the chemical or allied industries (including those consisting of mixtures of natural products), not elsewhere specified or included:
0	0	0	0	0	0	0	0			3	0/0/	1.9	0	0			0/0			6	-Prepared binders for foundry moulds or cores
																		16.5	0		
0	0	0	0	0	0	0	0			3	0/0/	0	0	0			0/0			0	-Non-agglomerated metal carbides mixed together or with metallic binders
																		11.5	0		
																		11.5	0		
0	0	0	0	0	0	0	0			3	0/0/	3.4	0	0			0/0			13	---High efficiency water reducing agent
																		31.5	0		

商品编号	商品名称及备注[检验检疫编码及名称]	进口关税(%)		增值税率(%)	消费税	计量单位	监管条件	检验检疫类别
		最惠国	普通					
38244090	---其他							
3824409000	其他水泥、灰泥及混凝土用添加剂〔999〕	6.5	35	13		千克		L/
38245000	-非耐火的灰泥及混凝土							
3824500000	非耐火的灰泥及混凝土〔999〕	6.5	35	13		千克		
38246000	-编号 290544 以外的山梨醇							
3824600000	编号 290544 以外的山梨醇〔999〕	14	40	13		千克		
38247100	--含全氯氟烃(CFCs)的,不论是否含氢氯氟烃(HCFCs)、全氟烃(PFCs)或氢氟烃(HFCs)							
3824710011	二氯二氟甲烷和二氟乙烷的混合物(R-500)〔101 二氯二氟甲烷和二氟乙烷共沸物〕,〔301 非易燃无毒气体〕,〔999〕	6.5	35	13		千克	14ABxy	M/N
3824710012	一氯二氟甲烷和二氯二氟甲烷的混合物(R-501)〔999〕	6.5	35	13		千克	14xy	
3824710013	一氯二氟甲烷和一氯五氟乙烷的混合物(R-502)〔101 氯二氟甲烷和氯五氟乙烷共沸物〕,〔301 非易燃无毒气体〕,〔999〕	6.5	35	13		千克	14ABxy	M/N
3824710014	三氟甲烷和一氯三氟甲烷的混合物(R-503)〔101 氯三氟甲烷和三氟甲烷共沸物〕,〔301 非易燃无毒气体〕,〔999〕	6.5	35	13		千克	14ABxy	M/N
3824710015	二氟甲烷和一氯五氟乙烷的混合物(R-504)〔999〕	6.5	35	13		千克	14xy	
3824710016	二氯二氟甲烷和一氟一氯甲烷的混合物(R-505)〔999〕	6.5	35	13		千克	14xy	
3824710017	一氟一氯甲烷和二氯四氟乙烷的混合物(R-506)〔999〕	6.5	35	13		千克	14xy	
3824710018	二氯二氟甲烷和二氯四氟乙烷的混合物(R-400)〔999〕	6.5	35	13		千克	14xy	
3824710090	其他含甲烷、乙烷或丙烷的全氯氟烃(CFCs)混合物[不论是否含甲烷、乙烷或丙烷的氢氯氟烃(HCFCs)、全氟烃(PFCs)或氢氟烃(HFCs)]〔999〕	6.5	35	13		千克		
38247200	--含溴氯二氟甲烷、溴三氟甲烷或二溴四氟乙烷的							
3824720000	含溴氯二氟甲烷、溴三氟甲烷或二溴四氟乙烷的混合物〔999〕	6.5	35	13		千克		
38247300	--含氢溴氟烃(HBFCs)的							
3824730000	含甲烷、乙烷或丙烷的氢溴氟烃(HBFCs)的混合物〔999〕	6.5	35	13		千克		
38247400	--含氢氯氟烃(HCFCs)的,不论是否含全氟烃(PFCs)或氢氟烃(HFCs),但不含全氯氟烃(CFCs)							
3824740011	二氟一氯甲烷、二氟乙烷和一氯四氟乙烷的混合物(R-401)〔999〕	6.5	35	13		千克	14xy	
3824740012	五氟乙烷、丙烷和二氟一氯甲烷的混合物(R402)〔999〕	6.5	35	13		千克	14xy	
3824740013	丙烷、二氟一氯甲烷和八氟丙烷的混合物(R403)〔999〕	6.5	35	13		千克	14xy	
3824740014	二氟一氯甲烷、二氟乙烷、一氯二氟乙烷和八氟环丁烷的混合物(R405)〔999〕	6.5	35	13		千克	14xy	
3824740015	二氟一氯甲烷、2-甲基丙烷(异丁烷)和一氯二氟乙烷的混合物(R406)〔999〕	6.5	35	13		千克	14xy	
3824740016	五氟乙烷、三氟乙烷和二氟一氯甲烷的混合物(R408)〔999〕	6.5	35	13		千克	14xy	
3824740017	二氟一氯甲烷、一氯四氟乙烷和一氯二氟乙烷的混合物(R409)〔999〕	6.5	35	13		千克	14xy	
3824740018	丙烯、二氟一氯甲烷和二氟乙烷的混合物(R411)〔999〕	6.5	35	13		千克	14xy	
3824740019	二氟一氯甲烷、八氟丙烷和一氯二氟乙烷的混合物(R412)〔999〕	6.5	35	13		千克	14xy	
3824740021	二氟一氯甲烷、一氯四氟乙烷、一氯二氟乙烷和 2-甲基丙烷的混合物(R414)〔999〕	6.5	35	13		千克	14xy	
3824740022	二氟一氯甲烷和二氟乙烷的混合物(R415)〔999〕	6.5	35	13		千克	14xy	
3824740023	四氟乙烷、一氯四氟乙烷和丁烷的混合物(R416)〔999〕	6.5	35	13		千克	14xy	
3824740024	丙烷、二氟一氯甲烷和二氟乙烷的混合物(R418)〔999〕	6.5	35	13		千克	14xy	
3824740025	二氟一氯甲烷和八氟丙烷的混合物(R509)〔999〕	6.5	35	13		千克	14xy	
3824740026	二氟一氯甲烷和一氯二氟乙烷的混合物〔101 二氟一氯甲烷,氯二氟甲烷〕,〔999 其他〕	6.5	35	13		千克	14xy	
3824740090	其他含甲烷、乙烷或丙烷的氢氯氟烃混合物(不论是否含甲烷、乙烷或丙烷的全氟烃或氢氟烃,但不含全氯氟烃)〔999〕	6.5	35	13		千克	14xy	
38247500	--含四氯化碳的							
3824750000	含四氯化碳的混合物〔301 毒性物质和感染性物质〕,〔302 其他化工产品〕,〔303 氧化性物质〕,〔999〕	6.5	35	13		千克		
38247600	--含 1,1,1-三氯乙烷(甲基氯仿)的							
3824760000	含 1,1,1-三氯乙烷(甲基氯仿)的混合物①	6.5	35	13		千克		

① 〔101 汽油氯仿混合液〕,〔301 易燃液体〕,〔302 其他危险化学品〕,〔303 其他化工产品〕,〔999 其他〕

协定税率(%) 智利	新西兰	澳大利亚	瑞士	冰岛	秘鲁	哥斯达	东盟	亚太	新加坡	巴基斯坦	港/澳/台	韩国	格鲁吉亚	毛里求斯	特惠税率(%) 亚太	老/柬/缅	LDC 97/95	对美税率	出口税率	出口退税率	Article Description
0	0	0	0	0	0	0	0			3	0/0/	0	0	0			0/0			0	---Other
																		16.5	0		
0	0	0	0	0	0	0	0			3	0/0/	0	0	0			0/0			0	-Non-refractory mortars and concretes
																		26.5	0		
0	0	0	2.8	0	0	0	0		0	11.2	0/0/	4.2	0	0			0/0			0	-Sorbitol other than that of subheading 2905.44
																		24	0		
0	0	0	0	0	0	0	0			3	0/0/	0	0	0			0/0			0	--Containing chlorofluorocarbons (CFCs), whether or not containing hydrochlorofluorocarbons (HCFCs), perfluorocarbons (PFCs) or hydrofluorocarbons (HFCs)
																		11.5	0		
																		11.5	0		
																		11.5	0		
																		11.5	0		
																		11.5	0		
																		11.5	0		
																		11.5	0		
																		11.5	0		
																		11.5	0		
0	0	0	0	0	0	0	0			3	0/0/	0	0	0			0/0			0	--Containing bromochlorodifluoromethane, bromotrifluoromethane or dibromotetrafluoroethanes
																			0		
0	0	0	0	0	0	0	0			3	0/0/	0	0	0			0/0			0	--Containing hydrobromofluorocarbons (HBFCs)
																			0		
0	0	0	0	0	0	0	0			3	0/0/	0	0	0			0/0			13	--Containing hydrochlorofluorocarbons (HCFCs), whether or not containing perfluorocarbons (PFCs) or hydrofluorocarbons (HFCs), but not containing chlorofluorocarbons (CFCs)
																			0		
																			0		
																			0		
																			0		
																			0		
																			0		
																			0		
																			0		
																			0		
																			0		
																			0		
																			0		
																			0		
																			0		
																			0		
																			0		
0	0	0	0	0	0	0	0	4.2		3	0/0/	0	0	0			0/0			0	--Containing carbon tetrachloride
																		11.5	0		
0	0	0	0	0	0	0	0	4.2		3	0/0/	0	0	0			0/0			0	--Containing 1,1,1-trichloroethane (methyl chloroform)
																		31.5	0		

商品编号	商品名称及备注[检验检疫编码及名称]	进口关税(%) 最惠国	普通	增值税率(%)	消费税	计量单位	监管条件	检验检疫类别
38247700	--含溴化甲烷(甲基溴)或溴氯甲烷的							
3824770000	含溴化甲烷(甲基溴)或溴氯甲烷的混合物〔999〕	6.5	35	13		千克		
38247800	--含全氟烃(PFCs)或氢氟烃(HFCs)的,但不含全氯氟烃(CFCs)或氢氯氟烃(HCF-Cs)的							
3824780000	含甲、乙或丙烷的全氟烃(PFCs)或氢氟烃(HFCs)混合物(但不含甲烷、乙烷或丙烷的全氯氟烃(CFCs)或氢氯氟烃(HCFCs)的混合物)〔999〕	6.5	35	13		千克		
38247900	--其他							
3824790000	其他含甲烷、乙烷或丙烷的卤化衍生物的混合物①	6.5	35	13		千克		
38248100	--含环氧乙烷(氧化乙烯)的							
3824810000	含环氧乙烷(氧化乙烯)的混合物〔999〕	6.5	35	13		千克		
38248200	--含多氯联苯(PCBs)、多氯三联苯(PCTs)或多溴联苯(PBBs)的							
3824820010	含多氯联苯(PCBs)或六溴联苯的混合物〔301 属于危险化学品杂项物质〕,〔302 其他化工产品〕	6.5	35	13		千克	89	
3824820090	含多氯三联苯(PCTs)或其他多溴联苯(PBBs)的混合物〔301 属于危险化学品杂项物质〕,〔302 其他化工产品〕	6.5	35	13		千克		
38248300	--含三(2,3-二溴丙基)磷酸酯的							
3824830000	含三(2,3-二溴丙基)磷酸酯的混合物〔999〕	6.5	35	13		千克		
38248400	--含艾氏剂(ISO)、毒杀芬(ISO)、氯丹(ISO)、十氯酮(ISO)、DDT(ISO)[滴滴涕(INN)、1,1,1-三氯-2,2-双(4-氯苯基)乙烷]、狄氏剂(ISO,INN)、硫丹(ISO)、异狄氏剂(ISO)、七氯(ISO)或灭蚁灵(ISO)的							
3824840000	含艾氏剂(ISO)、毒杀芬(ISO)、氯丹(ISO)、十氯酮(ISO)、DDT(ISO)[滴滴涕(INN)、1,1,1-三氯-2,2-双(4-氯苯基)乙烷]、狄氏剂(ISO,INN)、硫丹(ISO)、异狄氏剂(ISO)、七氯(ISO)或灭蚁灵(ISO)的〔301 其他危险化学品〕,〔999 其他化工产品〕	6.5	35	13		千克	89	
38248500	--含1,2,3,4,5,6-六氯环己烷[六六六(ISO)],包括林丹(ISO,INN)的							
3824850000	含1,2,3,4,5,6-六氯环己烷〔六六六(ISO)〕,包括林丹(ISO,INN)〔999 其他化工产品〕	6.5	35	13		千克	89	
38248600	--含五氯苯(ISO)或六氯苯(ISO)的							
3824860000	含五氯苯(ISO)或六氯苯(ISO)的〔301 其他危险化学品〕,〔999 其他化工产品〕	6.5	35	13		千克	89	
38248700	--含全氟辛基磺酸及其盐,全氟辛基磺胺或全氟辛基磺酰氯的							
3824870000	含全氟辛基磺酸及其盐,全氟辛基磺胺或全氟辛基磺酰氯的〔301 其他危险化学品〕,〔999 其他化工产品〕	6.5	35	13		千克		
38248800	--含四、五、六、七或八溴联苯醚的							
3824880010	含四、五、六或七溴联苯醚的〔301 属于危险化学品杂项物质〕,〔302 其他化工产品〕	6.5	35	13		千克	89	
3824880020	含八溴联苯醚的〔301 属于危险化学品杂项物质〕,〔302 其他化工产品〕	6.5	35	13		千克		
38249100	--主要由(5-乙基-2-甲基-2-氧代-1,3,2-二氧磷杂环己-5-基)甲基膦酸二甲酯和双[(5-乙基-2-甲基-2-氧代-1,3,2-二氧磷杂环己-5-基)甲基]甲基膦酸酯(阻燃剂FRC-1)组成的混合物及制品							

① 〔101 氯甲烷和二氯甲烷混合物〕,〔301 遇水放出易燃气体的物质〕,〔302 易燃气体〕,〔303 非易燃无毒气体〕,〔304 其他化工产品〕,〔999 其他〕

协定税率(%)															特惠税率(%)			对美税率	出口税率	出口退税率	Article Description
智利	新西兰	澳大利亚	瑞士	冰岛	秘鲁	哥斯达	东盟	亚太	新加坡	巴基斯坦	港/澳/台	韩国	格鲁吉亚	毛里求斯	亚太	老/柬/缅	LDC 97/95				
0	0	0	0	0	0	0	0			3	0/0/	0	0	0			0/0			0	--Containing bromomethane (methyl bromide) or bromochloro methane
																			0		
0	0	0	0	0	0	0	0	4.2		3	0/0/	0	0	0			0/0			13	--Containing perfluorocarbons (PFCs) or hydrofluorocarbons (HFCs), but not containing chlorofluorocarbons (CFCs) or hydrochlorofluorocarbons (HCFCs)
																		26.5	0		
0	0	0	0	0	0	0	0			3	0/0/	0	0	0			0/0			0	--Other
																		31.5	0		
0	0	0	0	0	0	0	0	4.2		3	0/0/	0	0	0			0/0			0	--Containing oxirane (ethylene oxide)
																		31.5	0		
0	0	0	0	0	0	0	0	4.2		3	0/0/	0	0	0			0/0			0	--Containing polychlorinated biphenyls (PCBs), polychlorinated terphenyls (PCTs) or polybrominated biphenyls (PBBs)
																			0		
																			0		
0	0	0	0	0	0	0	0	4.2		3	0/0/	0	0	0			0/0			0	--Containing tris (2, 3-dibromopropyl) phosphate
																			0		
0	0	0		0	0	0	0	4.2	0	0	0/0/	3.4	0	0			0/0			0	--Containing aldrin (ISO), camphechlor (ISO) (toxaphene), chlordane (ISO), chlordecone (ISO), DDT (ISO) (clofenotane (INN), 1, 1, 1-trichloro-2, 2-bis (4-chlorophenyl) ethane), dieldrin (ISO, INN), endosulfan (ISO), endrin (ISO), heptachlor (ISO) or mirex (ISO)
																			0		
0	0	0		0	0	0	0	4.2	0	0	0/0/	3.4	0	0			0/0			0	--Containing 1, 2, 3, 4, 5, 6-hexachlorocyclohexane (HCH (ISO)), including lindane (ISO, INN)
																			0		
0	0	0		0	0	0	0	4.2	0	0	0/0/	3.4	0	0			0/0			6	--Containing pentachlorobenzene (ISO) or hexachlorobenzene (ISO)
																			0		
0	0	0		0	0	0	0	4.2	0	0	0/0/	3.4	0	0			0/0			6	--Containing perfluorooctane sulphonic acid, its salts, perfluorooctane sulphonamides, or perfluorooctane sulphonyl fluoride
																			0		
0	0	0		0	0	0	0	4.2	0	0	0/0/	3.4	0	0			0/0			6	--Containing tetra-, penta-, hexa-hepta-or octabromodiphenyl ethers
																			0		
																			0		
0	0	0		0	0	0	0	4.2	0	0	0/0/	3.4	0	0			0/0			6	--Mixtures and preparations consisting mainly of (5-ethyl-2-methyl-2-oxido-1, 3, 2-dioxaphosphinan-5-yl) methyl methyl methylphosphonate and bis ((5-ethyl-2-methyl-2-oxido-1, 3, 2-dioxaphosphinan-5-yl) methyl) methylphosphonate

商品编号	商品名称及备注[检验检疫编码及名称]	进口关税(%)		增值税率(%)	消费税	计量单位	监管条件	检验检疫类别
		最惠国	普通					
3824910000	主要由(5-乙基-2-甲基-2 氧代-1,3,2-二氧磷杂环己-5-基)甲基膦酸二甲酯和双[(5-乙基-2-甲基-2 氧代-1,3,2-二氧磷杂环己-5-基)甲基]甲基膦酸酯(阻燃剂 FRC-1)组成的混合物及制品〔301 其他危险化学品〕,〔999 其他化工产品〕	6.5	35	13		千克		
38249910	---杂醇油							
3824991000	杂醇油〔301 易燃液体〕,〔999 其他化工产品〕	6.5	40	13		千克		
38249920	---除墨剂、蜡纸改正液及类似品							
3824992000	除墨剂、蜡纸改正液及类似品①	9	80	13		千克		
38249930	---增炭剂							
3824993000	增炭剂〔301 其他危险化学品〕,〔999 其他化工产品〕	6.5	35	13		千克		
38249991	----按重量计含滑石 50%以上的混合物							
3824999100	按重量计含滑石 50%以上的混合物〔999〕	6.5	35	13		千克	4xy	
38249992	----按重量计含氧化镁 70%以上的混合物							
3824999200	按重量计含氧化镁 70%以上的混合物〔999〕	6.5	35	13		千克	4xy	
38249993	----表面包覆钴化物的氢氧化镍(掺杂碳)							
3824999300	表层包覆钴化合物的氢氧化镍(掺杂碳)〔301 其他危险化学品〕,〔999 其他化工产品〕	6.5	35	13		千克		
38249999	----其他							
3824999910	粗制碳化硅[其中碳化硅含量大于 15%(按重量计)]〔999〕	6.5	35	13		千克	y4x	
3824999920	混胺(二甲胺和三乙胺混合物的水溶液)〔301 易燃液体〕,〔302 其他化工产品〕,〔999〕	6.5	35	13		千克	3	
3824999930	氰化物的混合物〔301 毒性物质和感染性物质〕,〔302 其他化工产品〕,〔999〕	6.5	35	13		千克		
3824999940	膨胀石墨〔999〕	6.5	35	13		千克	3	
3824999950	三乙醇胺混合物、甲基二乙醇胺混合物、环状膦酸酯 A 和环状膦酸酯 B 的混合物〔999〕	6.5	35	13		千克	23	
3824999960暂0	高钛渣(二氧化钛质量百分含量>70%的)〔301 其他危险化学品〕,〔999 其他化工产品〕	6.5	35	13		千克		
3824999970	核苷酸类食品添加剂②	6.5	35	13		千克	AB	R/S
3824999980暂3	按重量计氧化锌含量在 50%及以上的混合物〔301 其他危险化学品〕,〔999 其他化工产品〕	6.5	35	13		千克		
3824999991	短链氯化石蜡(不具有人造蜡特性)〔101 其他危险化学品〕,〔102 其他化工产品〕	6.5	35	13		千克	X	
3824999992暂0	用于生产聚酰胺的发酵液(含氨基酸、有机酸、有机胺、有机醇、核苷酸、多糖等)[包括水解物或水解料、DMC(六甲基环三硅氧烷,八甲基环四硅氧烷,十甲基环五硅氧烷,十二甲基环六硅氧烷中任何 2 种、3 种或 4 种组成的混合物)]〔101 其他危险化学品〕,〔102 其他化工产品〕	6.5	35	13		千克		
3824999993暂0	载金炭〔101 其他危险化学品〕,〔102 其他化工产品〕	6.5	35	13		千克		
3824999999	其他编号未列名的化工产品[包括水解物或水解料、DMC(六甲基环三硅氧烷,八甲基环四硅氧烷,十甲基环五硅氧烷,十二甲基环六硅氧烷中任何 2 种、3 种或 4 种组成的混合物)]③	6.5	35	13		千克		
3825	**其他税号未列名的化学工业及其相关工业的副产品;城市垃圾;下水道淤泥;本章注释六所规定的其他废物:**							
38251000	-城市垃圾							
3825100000	城市垃圾(包括未经分拣的混合生活垃圾)〔999〕	6.5	35	13		千克	9	
38252000	-下水道淤泥							
3825200000	下水道淤泥〔999〕	6.5	35	13		千克	9	
38253000	-医疗废物							
3825300000	医疗废物〔999〕	6.5	35	13		千克	9	
38254100	--卤化物的							
3825410000	废卤化物的有机溶剂〔999〕	6.5	35	13		千克	9	
38254900	--其他							
3825490000	其他废有机溶剂〔999〕	6.5	35	13		千克	9	

① 〔301 其他危险化学品〕,〔302 易燃液体〕,〔303 其他化工产品〕,〔999 其他化工产品〕
② 〔301 有检疫要求食品添加剂〕,〔302 需申报仅用于工业用途不用于食品添加剂有检疫要求的化学品〕,〔999 其他化工产品〕
③ 〔101 其他危险化学品〕,〔102 其他化工产品〕,〔301 易燃气体〕,〔302 非易燃无毒气体〕,〔303 毒性气体〕,〔304 易燃液体〕,〔305 易燃固体〕,〔306 氧化性物质〕,〔307 有机过氧化物〕,〔308 腐蚀性物质〕,〔309 杂项物质〕,〔310 遇水放出易燃气体的物质〕,〔311 属于危险化学品的金属〕

协定税率(%)															特惠税率(%)			对美税率	出口税率	出口退税率	Article Description
智利	新西兰	澳大利亚	瑞士	冰岛	秘鲁	哥斯达	东盟	亚太	新加坡	巴基斯坦	港/澳/台	韩国	格鲁吉亚	毛里求斯	亚太	老/柬/缅	LDC 97/95				
																			0		
0	0	0	0	0	0	0	0	4.2	0	4	0/0/	1.9	0	0			0/0			0	---Fusel oil
																		16.5	0		
0	0	0	0	0	0	0	0	5.9	0	3	0/0/	0	0	0			0/0			0	---Ink-removers, stencil correctors and the like
																		29	0		
0	0	0	0	0	0	0	0	5.2	0	3	0/0/	0	0	0			0/0			0	---Carburetant
																			0		
0	0	0	0	0	0	0	0	4.2	0	3	0/0/	0	0	0			0/0			0	----Mixtures containing more than 50% by weight of talc
																		31.5	0		
0	0	0	0	0	0	0	0	4.2	0	3	0/0/	0	0	0			0/0			0	----Mixtures containing more than 70% by weight of magnesium oxide
																			0		
0	0	0		0	0	0	0	4.2	0	3	0/0/	3.4	0	0			0/0			6	----Nickelous hydroxide (doped carbon) covered on the face side with cobalt compound
																			0		
0	0	0		0	0	0	0	4.2	0	0	0/0/	3.4	0	0			0/0				----Other
																			0	0	
																			0	0	
																			0	0	
																			0	0	
																			0	6	
																			0	0	
																			0	6	
																			0	0	
																			0		
																			0		
																			0		
																			0		
																					Residual products of the chemical or allied industries, not elsewhere specified or included; municipal waste; sewage sludge; other wastes specified in Note 6 to this Chapter:
0	0	0	0	0	0	0	0			3	0/0/	0	0	0			0/0			0	-Municipal waste
																			0		
0	0	0	0	0	0	0	0			3	0/0/	0	0	0			0/0			0	-Sewage sludge
																			0		
0	0	0	0	0	0	0	0			3	0/0/	0	0	0			0/0			0	-Clinical waste
																			0		
0	0	0	0	0	0	0	0			3	0/0/	0	0	0			0/0			0	--Halogenated
																			0		
0	0	0	0	0	0	0	0			3	0/0/	0	0	0			0/0			0	--Other
																			0		

商品编号	商品名称及备注[检验检疫编码及名称]	进口关税(%)		增值税率(%)	消费税	计量单位	监管条件	检验检疫类别
		最惠国	普通					
38255000	-废的金属酸液、液压油、制动油及防冻液							
3825500000	废的金属酸洗液、液压油及制动油(还包括废的防冻液)〔999〕	6.5	35	13		千克	9	
38256100	--主要含有有机成分的							
3825610000	主要含有有机成分的化工废物(其他化学工业及相关工业的废物)〔999〕	6.5	35	13		千克	9	
38256900	--其他							
3825690000	其他化工废物(其他化学工业及相关工业的废物)〔301 腐蚀性物质〕,〔302 其他〕,〔999〕	6.5	35	13		千克	9	
38259000	-其他							
3825900010	浓缩糖蜜发酵液①	6.5	35	13		千克	A	R/
3825900090	其他商品编号未列名化工副产品及废物〔999〕	6.5	35	13		千克	9	
3826	**生物柴油及其混合物,不含或含有按重量计低于70%的石油或从沥青矿物提取的油类:**							
38260000	生物柴油及其混合物,不含或含有按重量计低于70%的石油或从沥青矿物提取的油类							
3826000001	纯生物柴油〔999〕	6.5	35	13		千克/升		
3826000090	其他生物柴油及其混合物〔999〕	6.5	35	13	120%	千克/升		

① 〔301 无检疫要求食品添加剂〕,〔302 需申报仅用于工业用途不用于食品添加剂无检疫要求的化学品〕,〔999〕

协定税率(%)															特惠税率(%)			对美税率	出口税率	出口退税率	Article Description
智利	新西兰	澳大利亚	瑞士	冰岛	秘鲁	哥斯达	东盟	亚太	新加坡	巴基斯坦	港/澳/台	韩国	格鲁吉亚	毛里求斯	亚太	老/柬/缅	LDC 97/95				
0	0	0	0	0	0	0	0		0	3	0/0/	0	0	0			0/0			0	-Wastes of metal pickling liquors, hydraulic fluids, brake fluids and antifreeze fluids
																			0		
0	0	0	0	0	0	0	0			3	0/0/	0	0	0			0/0			0	--Mainly containing organic constituents
																			0		
0	0	0	0	0	0	0	0			3	0/0/	0	0	0			0/0			0	--Other
																			0		
0	0	0	0	0	0	0	0			3	0/0/	0	0	0			0/0			0	-Other
																		31.5	0		
																		31.5	0		
																					Biodiesel and mixtures thereof, not containing or containing less than 70% by weight of petroleum oils or oils obtained from bituminous minerals:
0	0	0		0	0	0	0	4.2		3	0/0/	3.4	0	0			0/0			0	Biodiesel and mixtures thereof, not containing or containing less than 70% by weight of petroleum oils or oils obtained from bituminous minerals
																		31.5	0		
																		31.5	0		

第 七 类
塑料及其制品；橡胶及其制品

注释：

一、由两种或两种以上单独成分配套的货品，其部分或全部成分属于本类范围以内，混合后则构成第六类或第七类的货品，应按混合后产品归入相应的税号，但其组成成分必须同时符合下列条件：

（一）其包装形式足以表明这些成分不需经过改装就可以一起使用的；

（二）一起报验的；以及

（三）这些成分的属性及相互比例足以表明是相互配用的。

二、除品目 39.18 或 39.19 的货品外，印有花纹、文字、图画的塑料、橡胶及其制品，如果所印花纹、字画作为其主要用途，应归入第四十九章。

第三十九章
塑料及其制品

注释：

一、本协调制度所称"塑料"，是指品目 39.01 至 39.14 的材料，这些材料能够在聚合时或聚合后在外力（一般是热力和压力，必要时加入溶剂或增塑剂）作用下通过模制、浇铸、挤压、滚轧或其他工序制成一定的形状，成形后除去外力，其形状仍保持不变。

本协调制度所称"塑料"，还应包括钢纸，但不包括第十一类的纺织材料。

二、本章不包括：

（一）品目 27.10 或 34.03 的润滑剂；

（二）品目 27.12 或 34.04 的蜡；

（三）单独的已有化学定义的有机化合物（第二十九章）；

（四）肝素及其盐（品目 30.01）；

（五）品目 39.01 至 39.13 所列的任何产品溶于挥发性有机溶剂的溶液（胶棉除外），但溶剂的重量必须超过溶液重量的 50%（品目 32.08）；品目 32.12 的压印箔；

（六）有机表面活性剂或品目 34.02 的制剂；

（七）再熔胶及酯胶（品目 38.06）；

（八）矿物油（包括汽油）或与矿物油用途相同的其他液体用的配制添加剂（品目 38.11）；

（九）以第三十九章的聚乙二醇、聚硅氧烷或其他聚合物为基本成分配制的液压用液体（品目 38.19）；

（十）附于塑料衬背上的诊断或实验用试剂（品目 38.22）；

（十一）第四十章规定的合成橡胶及其制品；

（十二）鞍具及挽具（品目 42.01）；品目 42.02 的衣箱、提箱、手提包及其他容器；

（十三）第四十六章的缏条、编结品及其他制品；

（十四）品目 48.14 的壁纸；

（十五）第十一类的货品（纺织原料及纺织制品）；

（十六）第十二类的物品（例如，鞋靴、帽类、雨伞、阳伞、手杖、鞭子、马鞭及其零件）；

（十七）品目 71.17 的仿首饰；

（十八）第十六类的物品（机器、机械器具或电气器具）；

（十九）第十七类的航空器零件及车辆零件；

（二十）第九十章的物品（例如，光学元件、眼镜架及绘图仪器）；

（二十一）第九十一章的物品（例如，钟壳及表壳）；

（二十二）第九十二章的物品（例如，乐器及其零件）；

（二十三）第九十四章的物品（例如，家具、灯具、照明装置、灯箱及活动房屋）；

（二十四）第九十五章的物品（例如，玩具、游戏品及运动用品）；或

（二十五）第九十六章的物品（例如，刷子、纽扣、拉链、梳子、烟斗的嘴及柄、香烟嘴及类似品、保温瓶的零件及类似品、钢笔、活动铅笔、独脚架、双脚架、三角架及类似品）。

三、品目 39.01 至 39.11 仅适用于化学合成的下列货品：

（一）采用减压蒸馏法，在压力转换为 1013 毫巴下的温度 300℃时，以体积计馏出量小于 60%的液体合成聚烯烃（品目 39.01 及 39.02）；

（二）非高度聚合的苯并呋喃-茚树脂（品目 39.11）；

（三）平均至少有五个单体单元的其他合成聚合物；

（四）聚硅氧烷（品目 39.10）；

（五）甲阶酚醛树脂（品目 39.09）及其他预聚物。

四、所称"共聚物"，包括在整个聚合物中按重量计没有一种单体单元的含量在 95%及以上的各种聚合物。

在本章中，除条文另有规定的以外，共聚物（包括共缩聚物、共加聚物、嵌段共聚物及接枝共聚物）及聚合物混合体应按聚合物中重量最大的那种共聚单体单元所构成的聚合物归入相应税号。在本注释中，归入同一税号的聚合物的共聚单体单元应作为一种单体单元对待。

如果没有任何一种共聚单体单元重量为最大，共聚物或聚合物混合体应按号列顺序归入其可归入的最末一个税号。

五、化学改性聚合物，即聚合物主链上的支链通过化学反应发生了变化的聚合物，应按未改性的聚合物的相应税号归类。本规定不适用于接枝共聚物。

六、品目 39.01 至 39.14 所称"初级形状"，只限于下列各种形状：

SECTION VII
PLASTICS AND ARTICLES THEREOF; RUBBER AND ARTICLES THEREOF

Section Notes:

1. Goods put up in sets consisting of two or more separate constituents, some or all of which fall in this Section and are intended to be mixed together to obtain a product of Section VI or VII, are to be classified in the heading appropriate to that product, provided that the constituents are:
(a) having regard to the manner in which they are put up, clearly identifiable as being intended to be used together without first being repacked;
(b) presented together; and
(c) identifiable, whether by their nature or by the relative proportions in which they are present, as being complementary one to another.

2. Except for the goods of heading 39. 18 or 39. 19, plastics, rubber, and articles thereof, printed with motifs, characters or pictorial representations, which are not merely incidental to the primary use of the goods, fall in Chapter 49.

Chapter 39
Plastics and articles thereof

Chapter Notes:

1. Throughout the Nomenclature the expression "plastics" means those materials of headings 39. 01 to 39. 14 which are or have been capable, either at the moment of polymerisation or at some subsequent stage, of being formed under external influence (usually heat and pressure, if necessary with a solvent or plasticiser) by moulding, casting, extruding, rolling or other process into shapes which are retained on the removal of the external influence.
Throughout the Nomenclature any reference to "plastics" also includes vulcanised fibre. The expression, however, does not apply to materials regarded as textile materials of Section XI.

2. This Chapter does not cover:
(a) Lubricating preparations of heading 27. 10 or 34. 03;
(b) Waxes of heading 27. 12 or 34. 04;
(c) Separate chemically defined organic compounds (Chapter 29);
(d) Heparin or its salts (heading 30. 01);
(e) Solutions (other than collodions) consisting of any of the products specified in headings 39. 01 to 39. 13 in volatile organic solvents when the weight of the solvent exceeds 50% of the weight of the solution (heading 32. 08); stamping foils of heading 32. 12;
(f) Organic surface-active agents or preparations of heading 34. 02;
(g) Run gums or ester gums (heading 38. 06);
(h) Prepared additives for mineral oils (including gasoline) or for other liquids used for the same purposes as mineral oils (heading 38. 11);
(ij) Prepared hydraulic fluids based on polyglycols, silicones or other polymers of Chapter 39 (heading 38. 19);
(k) Diagnostic or laboratory reagents on a backing of plastics (heading 38. 22);
(l) Synthetic rubber, as defined for the purposes of Chapter 40, or articles thereof;
(m) Saddlery or harness (heading 42. 01) or trunks,
suitcases, handbags or other containers of heading 42. 02;
(n) Plaits, wickerwork or other articles of Chapter 46;
(o) Wall coverings of heading 48. 14;
(p) Goods of Section XI (textiles and textile articles);
(q) Articles of Section XII (for example, footwear, headgear, umbrellas, sun umbrellas, walking-sticks, whips, riding-crops or parts thereof);
(r) Imitation jewellery of heading 71. 17;
(s) Articles of Section XVI (machines and mechanical or electrical appliances);
(t) Parts of aircraft or vehicles of Section XVII;
(u) Articles of Chapter 90 (for example, optical elements, spectacle frames, drawing instruments);
(v) Articles of Chapter 91 (for example, clock or watch cases);
(w) Articles of Chapter 92 (for example, musical instruments or parts thereof);
(x) Articles of Chapter 94 (for example, furniture, lamps and lighting fittings, illuminated signs, prefabricated buildings);
(y) Articles of Chapter 95 (for example, toys, games, sports requisites); or
(z) Articles of Chapter 96 (for example, brushes, buttons, slide fasteners, combs, mouthpieces or stems for smoking pipes, cigarette-holders or the like, parts of vacuum flasks or the like, pens, propelling pencils, and monopods, bipods, tripods and similar articles).

3. Headings 39. 01 to 39. 11 apply only to goods of a kind produced by chemical synthesis, falling in the following categories:
(a) Liquid synthetic polyolefins of which less than 60% by volume distils at 300℃, after conversion to 1013 milibars when a reduced-pressure distillation method is used (headings 39. 01 and 39. 02);
(b) Resins, not highly polymerised, of the coumarone-indene type (heading 39. 11);
(c) Other synthetic polymers with an average of at least 5 monomer units;
(d) Silicones (heading 39. 10);
(e) Resols (heading 39. 09) and other prepolymers.

4. The expression "copolymers" covers all polymers in which no single monomer unit contributes 95% or more by weight to the total polymer content.
For the purposes of this Chapter, except where the context otherwise requires, copolymers (including co-polycondensates, co-polyaddition products, block copolymers and graft copolymers) and polymer blends are to be classified in the heading covering polymers of that comonomer unit which predominates by weight over every other single comonomer unit. For the purposes of this Note, constituent comonomer units of polymers falling in the same heading shall be taken together.
If no single comonomer unit predominates, copolymers or polymer blends, as the case may be, are to be classified in the heading which occurs last in numerical order among those which equally merit consideration.

5. Chemically modified polymers, that is those in which only appendages to the main polymer chain have been changed by chemical reaction, are to be classified in the heading appropriate to the unmodified polymer. This provision does not apply to graft copolymers.

6. In headings 39. 01 to 39. 14, the expression "primary forms" applies only to the following forms:

(一)液状及糊状,包括分散体(乳浊液及悬浮液)及溶液;
(二)不规则形状的块,团、粉(包括压型粉)、颗粒、粉片及类似的散装形状。

七、品目 39.15 不适用于已制成初级形状的单一的热塑材料废碎料及下脚料(品目 39.01 至 39.14)。

八、品目 39.17 所称“管子”,是指通常用于输送或供给气体或液体的空心制品或半制品(例如,肋纹浇花软管、多孔管),还包括香肠用肠衣及其他扁平管。除肠衣及扁平管外,内截面如果不呈圆形、椭圆形、矩形(其长度不超过宽度的 1.5 倍)或正几何形,则不能视为管子,而应作为异型材。

九、品目 39.18 所称“塑料糊墙品”,适用于墙壁或天花板装饰用的宽度不小于 45 厘米的成卷产品,这类产品是将塑料牢固地附着在除纸张以外任何材料的衬背上,并且在塑料面起纹、压花、着色、印制图案或用其他方法装饰。

十、品目 39.20 及 39.21 所称“板、片、膜、箔、扁条”,只适用于未切割或仅切割成矩形(包括正方形)(含切割后即可供使用的),但未经进一步加工的板、片、膜、箔、扁条(第五十四章的物品除外)及正几何形块,不论是否经过印制或其他表面加工。

十一、品目 39.25 只适用于第二分章以前各税号未包括的下列物品:
(一)容积超过 300 升的囤、柜(包括化粪池)、罐、桶及类似容器;
(二)用于地板、墙壁、隔墙、天花板或屋顶等方面的结构件;
(三)槽管及其附件;
(四)门、窗及其框架和门槛;
(五)阳台、栏杆、栅栏、栅门及类似品;
(六)窗板、百叶窗(包括威尼斯式百叶窗)或类似品及其零件、附件;
(七)商店、工棚、仓库等用的拼装式固定大形货架;
(八)建筑用的特色(例如,凹槽、圆顶及鸽棚式)装饰件;以及
(九)固定装于门窗、楼梯、墙壁或建筑物其他部位的附件及架座,例如,球形把手、拉手、挂钩、托架、毛巾架、开关板及其他护板。

子目注释:

一、属于本章任一税号项下的聚合物(包括共聚物)及化学改性聚合物应按下列规则归类:

(一)在同级子目中有一个“其他”子目的:

1. 子目所列聚合物名称冠有“聚(多)”的(例如,聚乙烯及聚酰胺-6,6),是指列名的该种聚合物单体单元含量在整个聚合物中按重量计必须占 95%及以上。
2. 子目 3901.30、3901.40、3903.20、3903.30 及 3904.30 所列的共聚物,如果该种共聚单体单元含量在整个聚合物中按重量计占 95%及以上,应归入上述子目。
3. 化学改性聚合物如未在其他子目具体列名,应归入列明为“其他”的子目内。

4. 不符合上述 1、2、3 款规定的聚合物,应按聚合物中重量最大的那种单体单元(与其他各种单一的共聚单体单元相比)所构成的聚合物归入该级其他相应子目。为此,归入同一子目的聚合物单体单元应作为一种单体单元对待。只有在同级子目中的聚合物共聚单体单元才可以进行比较。

(二)在同级子目中没有“其他”子目的:

1. 聚合物应按聚合物中重量最大的那种单体单元(与其他各种单一的共聚单体单元相比)所构成的聚合物归入该级相应子目。为此,归入同一子目的聚合物单体单元应作为一种单体单元对待。只有在同级子目中的聚合物共聚单体单元才可以进行比较。

2. 化学改性聚合物应按相应的未改性聚合物的子目归类。
   聚合物混合体应按单体单元比例相等、种类相同的聚合物归入相应子目。

二、子目 3920.43 所称“增塑剂”,包括“次级增塑剂”。

商品编号	商品名称及备注[检验检疫编码及名称]	进口关税(%) 最惠国	进口关税(%) 普通	增值税率(%)	消费税	计量单位	监管条件	检验检疫类别
3901	初级形状的乙烯聚合物:							
39011000	-聚乙烯,比重小于 0.94							
3901100001[暂3]	初级形状比重<0.94 的聚乙烯(进口 CIF 价高于 3800 美元/吨)〔999〕	6.5	45	13		千克		
3901100090	初级形状比重<0.94 的聚乙烯〔999〕	6.5	45	13		千克		
39012000	-聚乙烯,比重在 0.94 及以上							
3901200011[暂3]	茂金属高密度聚乙烯(密度 0.962 克/立方厘米,熔流率 0.85 克/10 分钟)(进口 CIF 价高于 3800 美元/吨)〔999〕	6.5	45	13		千克		
3901200019	茂金属高密度聚乙烯(密度 0.962 克/立方厘米,熔流率 0.85 克/10 分钟)〔999〕	6.5	45	13		千克		
3901200091[暂3]	其他初级形状比重≥0.94 的聚乙烯(进口 CIF 价高于 3800 美元/吨)〔999〕	6.5	45	13		千克		
3901200099	其他初级形状比重≥0.94 的聚乙烯〔999〕	6.5	45	13		千克		
39013000	-乙烯—乙酸乙烯酯共聚物							
3901300000	初级形状乙烯—乙酸乙烯酯共聚物〔999〕	6.5	45	13		千克		
39014010	---乙烯—丙烯共聚物(乙丙橡胶)							

(a) Liquids and pastes, including dispersions (emulsions and suspensions) and solutions;
(b) Blocks of irregular shape, lumps, powders (including moulding powders), granules, flakes and similar bulk forms.

7. Heading 39. 15 does not apply to waste, parings and scrap of a single thermoplastic material, transformed into primary forms (headings 39. 01 to 39. 14).

8. For the purposes of heading 39. 17, the expression "tubes, pipes and hoses" means hollow products, whether semi-manufactures or finished products, of a kind generally used for conveying, conducting or distributing gases or liquids (for example, ribbed garden hose, perforated tubes). This expression also includes sausage casings and other lay-flat tubing. However, except for the last-mentioned, those having an internal cross-section other than round, oval, rectangular (in which the length does not exceed 1. 5 times the width) or in the shape of a regular polygon are not to be regarded as tubes, pipes and hoses but as profile shapes.

9. For the purposes of heading 39. 18, the expression "wall or ceiling coverings of plastics" applies to products in rolls, of a width not less than 45cm, suitable for wall or ceiling decoration, consisting of plastics fixed permanently on a backing of any material other than paper, the layer of plastics (on the face side) being grained, embossed, coloured, design-printed or otherwise decorated.

10. In headings 39. 20 and 39. 21, the expression "plates, sheets, film, foil and strip" applies only to plates, sheets, film, foil and strip (other than those of Chapter 54) and to blocks of regular geometric shape, whether or not printed or otherwise surface-worked, uncut or cut into rectangles (including squares) but not further worked (even if when so cut they become articles ready for use).

11. Heading 39. 25 applies only to the following articles, not being products covered by any of the earlier headings of sub-Chapter II:
(a) Reservoirs, tanks (including septic tanks), vats and similar containers, of a capacity exceeding 300L;
(b) Structural elements used, for example, in floors, walls or partitions, ceilings or roofs;
(c) Gutters and fittings thereof;
(d) Doors, windows and their frames and thresholds for doors;
(e) Balconies, balustrades, fencing, gates and similar barriers;
(f) Shutters, blinds (including Venetian blinds) and similar articles and parts and fittings thereof;
(g) Large-scale shelving for assembly and permanent installation, for example, in shops, workshops, warehouses;
(h) Ornamental architectural features, for example, flutings, cupolas, dovecotes; and
(ij) Fittings and mountings intended for permanent installation in or on doors, windows, staircases, walls or other parts of buildings, for example, knobs, handles, hooks, brackets, towel rails, switch-plates and other protective plates.

Subheading Notes:

1. Within any one heading of this Chapter, polymers (including copolymers) and chemically modified polymers are to be classified according to the following provisions:
(a) Where there is a subheading named "Other" in the same series:
(i) The designation in a subheading of a polymer by the prefix "poly" (for example, polyethylene and polyamide-6,6) means that the constituent monomer unit or monomer units of the named polymer taken together must contribute 95% or more by weight of the total polymer content.
(ii) The copolymers named in subheadings 3901. 30, 3901. 40, 3903. 20, 3903. 30 and 3904. 30 are to be classified in those subheadings, provided that the comonomer units of the named copolymers contribute 95% or more by weight of the total polymer content.
(iii) Chemically modified polymers are to be classified in the subheading named "Other", provided that the chemically modified polymers are not more specifically covered by another subheading.
(iv) Polymers not meeting (i), (ii) or (iii) above, are to be classified in the subheading, among the remaining subheadings in the series, covering polymers of that monomer unit which predominates by weight over every other single comonomer unit. For this purpose, constituent monomer units of polymers falling in the same subheading shall be taken together. Only the constituent comonomer units of the polymers in the series of subheadings under consideration are to be compared.
(b) Where there is no subheading named "Other" in the same series:
(i) Polymers are to be classified in the subheading covering polymers of that monomer unit which predominates by weight over every other single comonomer unit. For this purpose, constituent monomer units of polymers falling in the same subheading shall be taken together. Only the constituent comonomer units of the polymers in the series under consideration are to be compared.
(ii) Chemically modified polymers are to be classified in the subheading appropriate to the unmodified polymer.
Polymer blends are to be classified in the same subheading as polymers of the same monomer units in the same proportions.

2. For the purposes of subheading 3920. 43, the term "plasticisers" includes secondary plasticisers.

协定税率(%)															特惠税率(%)			对美税率	出口税率	出口退税率	Article Description
智利	新西兰	澳大利亚	瑞士	冰岛	秘鲁	哥斯达	东盟	亚太	新加坡	巴基斯坦	港/澳/台	韩国	格鲁吉亚	毛里求斯	亚太	老/柬/缅	LDC 97/95				
																					Polymers of ethylene, in primary forms:
0	0	0	3.1	0		0		6		6	0/0/	5.9		0						13	-Polyethylene having a specific gravity of less than 0.94
																			0		
																			0		
0	0	0	3.1	0		0		6		6	0/0/	5.9		0						13	-Polyethylene having a specific gravity of 0.94 or more
																			0		
																			0		
																		30.5	0		
																		34	0		
0	0	0	0	0	0	0	0	6	0	4	0/0/	5.9		0			0/0			10	-Ethylene-vinyl acetate copolymers
																		34	0		
0	0	0	0	0	0	0	0		0	0	0/0/	3.4	0	0			0/0			10	---Ethylene-propylene copolymers

商品编号	商品名称及备注[检验检疫编码及名称]	进口关税(%) 最惠国	普通	增值税率(%)	消费税	计量单位	监管条件	检验检疫类别
3901401010	粘指剂,比重小于0.94(初级形状,乙烯单体单元65%,丙烯单体单元35%)〔999〕	6.5	45	13		千克		
3901401090	乙烯—丙烯共聚物(乙丙橡胶),比重小于0.94(初级形状,乙烯单体单元的含量大于丙烯单体单元)〔999〕	6.5	45	13		千克		
39014020	---线型低密度聚乙烯							
3901402010	线型低密度的乙烯与1-辛烃共聚物,比重小于0.94(初级形状的)〔999〕	6.5	45	13		千克		
3901402090	线型低密度聚乙烯,比重小于0.94(初级形状的)〔999〕	6.5	45	13		千克		
39014090	---其他							
3901409000	其他乙烯-α-烯烃共聚物,比重小于0.94〔999〕	6.5	45	13		千克		
39019010	---乙烯—丙烯共聚物(乙丙橡胶)							
3901901000	其他乙烯—丙烯共聚物(乙丙橡胶)(初级形状,乙烯单体单元的含量大于丙烯单体单元)〔999〕	6.5	45	13		千克		
39019090	---其他							
3901909000	其他初级形状的乙烯聚合物〔999〕	6.5	45	13		千克		
3902	**初级形状的丙烯或其他烯烃聚合物:**							
39021000	-聚丙烯							
3902100010[暂3]	电工级初级形状聚丙烯树脂(灰分含量不大于30ppm)〔999〕	6.5	45	13		千克		
3902100020	共聚抗冲等级初级形状聚丙烯[熔融指数MI<0.5g/10min,UL认证黄卡中RTI(相当于长期工作温度)115℃,悬臂梁缺口冲击强度(测量方法ISO 180):23℃时为64KJ/m^2,-40℃时为4.0KJ/m^2]〔999〕	6.5	45	13		千克		
3902100090	其他初级形状的聚丙烯〔999〕	6.5	45	13		千克		
39022000	-聚异丁烯							
3902200000	初级形状的聚异丁烯①	6.5	45	13		千克	A	R/
39023010	---乙烯—丙烯共聚物(乙丙橡胶)							
3902301000	乙烯—丙烯共聚物(乙丙橡胶)(丙烯单体单元的含量大于乙烯单体单元)〔999〕	6.5	45	13		千克		
39023090	---其他							
3902309000	其他初级形状的丙烯共聚物〔999〕	6.5	45	13		千克		
39029000	-其他							
3902900010	端羧基聚丁二烯,CTPB(做粘接剂或燃料)〔999〕	6.5	45	13		千克	3	
3902900020	端羟基聚丁二烯,HTPB(做粘接剂或燃料)〔999〕	6.5	45	13		千克	3	
3902900090	其他初级形状的烯烃聚合物〔101 聚丁烯〕,〔999〕	6.5	45	13		千克		
3903	**初级形状的苯乙烯聚合物:**							
39031100	--可发性的							
3903110000	初级形状的可发性聚苯乙烯〔101 聚苯乙烯珠体(可发性的)〕,〔102 聚苯乙烯〕,〔301 杂项物质〕,〔302 易燃固体、自反应物质及固态退敏爆炸品〕,〔303 其他化工产品〕,〔999〕	6.5	45	13		千克		
39031910	---改性的							
3903191000	改性的初级形状的非可发性的聚苯乙烯〔999〕	6.5	45	13		千克		
39031990	---其他							
3903199000	其他初级形状的聚苯乙烯〔999〕	6.5	45	13		千克		
39032000	-苯乙烯—丙烯腈(SAN)共聚物							
3903200000	初级形状苯乙烯—丙烯腈共聚物〔999〕	12	45	13		千克		
39033010	---改性的							
3903301000	改性的丙烯腈—丁二烯—苯乙烯共聚物(初级形状的ABS树脂)〔999〕	6.5	45	13		千克		
39033090	---其他							
3903309000	其他丙烯腈—丁二烯—苯乙烯共聚物(初级形状的ABS树脂)〔999〕	6.5	45	13		千克		
39039000	-其他							
3903900000	初级形状的其他苯乙烯聚合物〔999〕	6.5	45	13		千克		
3904	**初级形状的氯乙烯或其他卤化烯烃聚合物:**							
39041010	---糊树脂							
3904101000	聚氯乙烯糊树脂(纯指未掺其他物质)〔999〕	6.5	45	13		千克		
39041090	---其他							
3904109001	聚氯乙烯纯粉(纯指未掺其他物质)〔999〕	6.5	45	13		千克		
3904109090	其他初级形状的纯聚氯乙烯(纯指未掺其他物质)〔999〕	6.5	45	13		千克		
39042100	--未塑化							
3904210000	初级形状未塑化的聚氯乙烯〔999〕	6.5	45	13		千克		
39042200	--已塑化							
3904220000	初级形状已塑化的聚氯乙烯〔999〕	6.5	45	13		千克		
39043000	-氯乙烯—乙酸乙烯酯共聚物							

① 〔101 无检疫要求食品添加剂〕,〔301 需申报仅用于工业用途不用于食品添加剂无检疫要求的化学品〕,〔999〕

协定税率(%)															特惠税率(%)			对美税率	出口税率	出口退税率	Article Description
智利	新西兰	澳大利亚	瑞士	冰岛	秘鲁	哥斯达	东盟	亚太	新加坡	巴基斯坦	港/澳/台	韩国	格鲁吉亚	毛里求斯	亚太	老/柬/缅	LDC 97/95				
																			0		
																		34	0		
0	0	0		0		0	0		0	0	0/0/			0			0/0			13	---Linearity low density polyethylene
																			0		
																		34	0		
0	0	0	0	0	0	0	0	4.2	0	0	0/0/	4.2	0	0			0/0			13	---Other
																			0		
0	0	0	0	0	0	0	0		0	0	0/0/	3.4	0	0			0/0			10	---Ethylene-propylene copolymers
																		34	0		
0	0	0	0	0	0	0	0	4.2	0	0	0/0/	4.2	0	0			0/0			13	---Other
																			0		
																					Polymers of propylene or of other olefins, in primary forms:
0	0	0	3.1	0		0	0		0	4	0/0/			0						13	-Polypropylene
																		30.5	0		
																			0		
																		34	0		
0	0	0	0	0	0	0	0			3	0/0/		0	0			0/0			10	-Polyisobutylene
																		34	0		
0	0	0	0	0	0	0	0	6	0	0	0/0/0	3.4	0	0			0/0			10	---Ethylene-propylene copolymers
																		34	0		
0	0	0	0	0	0	0	0	6	0	4	0/0/	5.9		0			0/0			13	---Other
																		34	0		
0	0	0	0	0	0	0	0		0	0	0/0/0		0	0			0/0			10	-Other
																		19	0		
																		19	0		
																		19	0		
																					Polymers of styrene, in primary forms:
0	0	0	0	0	0	0	0	6	0	0	0/0/	5.9	1.3	0			0/0			10	--Expansible
																		14	0		
0	0	0	0	0	0	0	0	6	0	0	0/0/	4.2		0			0/0			13	---Modified
																		34	0		
0	0	0	0	0	0	0	0	6	0	0	0/0/	4.2		0			0/0			10	---Other
																		34	0		
0	0	0	2.4	0	0	0	0		0	6	0/0/0	9.6	0	0			0/0			10	-Styrene-acrylonitrile (SAN) copolymers
																		39.5	0		
0	0	0	3.1	0	0	0	0	6	0	4	0/0/	4.2		0			0/0			13	---Modified
																		34	0		
0	0	0	1.3	0	0	0	0	6	0	4	0/0/	4.2		0			0/0			10	---Other
																		34	0		
0	0	0	0	0	0	0	0	6	0	0	0/0/0	3.4	0	0			0/0			10	-Other
																		19	0		
																					Polymers of vinyl chloride or of other halogenated olefins, in primary forms:
0	0	0	0	0	0	0	0	4.2	0	0	0/0/	4.2	1.3	0			0/0			13	---Paste resins
																		34	0		
0	0	0	0	0	0	0	0	4.2	0	0	0/0/	4.2		0			0/0			13	---Other
																			0		
																			0		
0	0	0	0	0	0	0	0		0	3	0/0/	4.2	1.3	0			0/0			13	--Non-plasticized
																		14	0		
0	0	0	0	0	0	0	0		0		0/0/	4.2		0			0/0			13	--Plasticized
																		19	0		
0	0	0	0	0	0	0	0	8.6		3	0/0/	4.8	0	0			0/0			10	-Vinyl chloride-vinyl acetate copolymers

商品编号	商品名称及备注[检验检疫编码及名称]	进口关税(%)		增值税率(%)	消费税	计量单位	监管条件	检验检疫类别
		最惠国	普通					
3904300000	氯乙烯—乙酸乙烯酯共聚物(初级形状的)〔999〕	9	45	13		千克		
39044000	-其他氯乙烯共聚物							
3904400000	初级形状的其他氯乙烯共聚物〔999〕	12	45	13		千克		
39045000	-偏二氯乙烯聚合物							
3904500010	偏二氯乙烯—氯乙烯共聚树脂〔999〕	6.5	45	13		千克		
3904500090	其他偏二氯乙烯聚合物〔999〕	6.5	45	13		千克		
39046100	--聚四氟乙烯							
3904610000	初级形状的聚四氟乙烯〔999〕	10	45	13		千克		
39046900	--其他							
3904690000	初级形状的其他氟聚合物〔999〕	6.5	45	13		千克		
39049000	-其他							
3904900000	初级形状的其他卤化烯烃聚合物〔999〕	10	45	13		千克		
3905	**初级形状的乙酸乙烯酯或其他乙烯酯聚合物;初级形状的其他乙烯基聚合物:**							
39051200	--水分散体							
3905120000	聚乙酸乙烯酯的水分散体〔101PM2035 溶液〕,〔999 其他〕	10	45	13		千克		
39051900	--其他							
3905190000	其他初级形状聚乙酸乙烯酯〔101 聚醋酸乙烯酯〕,〔999〕	10	45	13		千克		
39052100	--水分散体							
3905210000	乙酸乙烯酯共聚物的水分散体〔999〕	10	45	13		千克		
39052900	--其他							
3905290000	其他初级形状的乙酸乙烯酯共聚物〔999〕	10	45	13		千克		
39053000	-聚乙烯醇,不论是否含有未水解的乙酸酯基							
3905300000	初级形状的聚乙烯醇(不论是否含有未水解的乙酸酯基)①	14	45	13		千克	A	R/
39059100	--共聚物							
3905910000	其他乙烯酯或乙烯基的共聚物(初级形状的)〔999〕	10	45	13		千克		
39059900	--其他							
3905990000	其他乙烯酯或乙烯基的聚合物(初级形状的,共聚物除外)②	10	45	13		千克		
3906	**初级形状的丙烯酸聚合物:**							
39061000	-聚甲基丙烯酸甲酯							
3906100000	初级形状的聚甲基丙烯酸甲酯〔999〕	6.5	45	13		千克		
39069010	---聚丙烯酰胺							
3906901000	聚丙烯酰胺③	6.5	45	13		千克	A	R/
39069020	---丙烯酸-丙烯酸钠交联共聚物							
3906902000	丙烯酸-丙烯酸钠交联共聚物④	6.5	45	13		千克		
39069090	---其他							
3906909000	其他初级形状的丙烯酸聚合物〔301 易燃液体〕,〔302 其他化工产品〕,〔999 饲料添加剂〕	6.5	45	13		千克		
3907	**初级形状的聚缩醛、其他聚醚及环氧树脂;初级形状的聚碳酸酯、醇酸树脂、聚烯丙基酯及其他聚酯:**							
39071010	---聚甲醛							
3907101010	聚甲醛(均聚聚甲醛及改性聚甲醛除外)〔999〕	6.5	45	13		千克		
3907101090	其他聚甲醛〔999〕	6.5	45	13		千克		
39071090	---其他							
3907109010	共聚聚甲醛(改性聚甲醛除外)〔999〕	6.5	45	13		千克		
3907109090	其他聚缩醛〔301 易燃固体、自反应物质及固态退敏爆炸品〕,〔302 其他〕,〔999〕	6.5	45	13		千克		
39072010	---聚四亚甲基醚二醇							
3907201000[暂3]	聚四亚甲基醚二醇〔999〕	6.5	45	13		千克		
39072090	---其他							
3907209000	初级形状的其他聚醚⑤	6.5	45	13		千克		

① 〔101 聚乙烯醇(无检疫要求食品添加剂)〕,〔301 需申报仅用于工业用途不用于食品添加剂无检疫要求的化学品〕,〔999〕

② 〔101 聚乙二醇〕,〔102 不溶性聚乙烯聚吡咯烷酮〕,〔301 易燃液体〕,〔302〕,〔999〕

③ 〔101 非工业用无检疫要求食品添加剂〕,〔102 工业用途无检疫要求食品添加剂〕,〔301 无检疫要求食品添加剂〕,〔302 需申报仅用于工业用途不用于食品添加剂无检疫要求的化学品〕,〔999〕

④ 〔301 无检疫要求食品添加剂〕,〔302 需申报仅用于工业用途不用于食品添加剂无检疫要求的化学品〕

⑤ 〔101 含一级易燃溶剂的合成树脂(-18℃≤闪点<23℃),环氧树脂〕,〔102 聚氧丙烯甘油醚〕,〔103 聚氧丙烯氧化乙烯甘油醚〕,〔104 聚氧乙烯聚氧丙烯胺醚〕,〔105 聚氧乙烯聚氧丙烯季戊四醇醚〕,〔301 易燃液体〕,〔302 其他化工产品〕,〔999〕

协定税率(%)															特惠税率(%)			对美税率	出口税率	出口退税率	Article Description
智利	新西兰	澳大利亚	瑞士	冰岛	秘鲁	哥斯达	东盟	亚太	新加坡	巴基斯坦	港/澳/台	韩国	格鲁吉亚	毛里求斯	亚太	老/柬/缅	LDC 97/95				
																		31.5	0		
0	0	0	2.4	0	0	0	0	7.8	0	6	0/0/	6.4	0	0			0/0			10	-Other vinyl chloride copolymers
																		37	0		
0	0	0	0	0	0	0	0			3	0/0/	0	0	0			0/0			10	-Vinylidene chloride polymers
																		29	0		
																		29	0		
0	0	0	0	0	0	0	0		0	4	0/0/	3	0	0			0/0			13	--Polytetrafluoroethylene
																		17.5	0		
0	0	0	0	0	0	0	0			3	0/0/	0	0	0			0/0			13	--Other
																		14	0		
0	0	0	0	0	0	0	0			4	0/0/	5.3	0	0			0/0			10	-Other
																		17.5	0		
																					Polymers of vinyl acetate or of other vinyl esters, in primary forms; other vinyl polymers in primary forms:
0	0	0	0	0	0	0	0		0		0/0/	5.3	0	0			0/0			10	--In aqueous dispersion
																		17.5	0		
0	0	0	0	0	0	0	0			4	0/0/	5.3	0	0			0/0			10	--Other
																		37.5	0		
0	0	0	0	0	0	0	0		0	4	0/0/0	5.3	0	0			0/0			10	--In aqueous dispersion
																		37.5	0		
0	0	0		0	0	0	0		0	4	0/0/	5.3	0	0			0/0			10	--Other
																		37.5	0		
0	0	0	2.8	0	0	0	0		0	11.2	0/0/0	4.2	0	0			0/0			10	-Poly (vinyl alcohol), whether or not containing unhydrolyzed acetate groups
																		34	0		
0	0	0	0	0	0	0	0			4	0/0/	5.3	0	0			0/0			10	--Copolymers
																		17.5	0		
0	0	0	0	0	0	0	0				0/0/	5.3	0	0			0/0			10	--Other
																		17.5	0		
																					Acrylic polymers in primary forms:
0	0	0	0	0	0	0	0	6		3	0/0/0	5.9	1.3	0			0/0			13	-Poly(methyl methacrylate)
																		34	0		
0	0	0	0	0	0	0	0	6		0	0/0/0	5.9	0	0			0/0			10	---Polyacrylamide
																		34	0		
0	0	0	1.3	0	0	0	0	6		0	0/0/0	1.9	0	0			0/0				---Acrylic acid-acrylic acid sodium cross-linked copolymer
																			0		
0	0	0	1.3	0	0	0	0	6		0	0/0/0	1.9	0	0			0/0				---Other
																			0	10	
																					Polyacetals, other polyethers and epoxide resins, in primary forms; polycarbonates, alkyd resins, polyallyl esters and other polyesters, in primary forms:
0	0	0	0	0	0	0	0	6.1	0	0	0/0/0	3.4	0	0			0/0			13	---Polyoxymethylene(POM)
																		29	0		
																		29	0		
0	0	0	0	0	0	0	0	4.2	0	3	0/0/	0	0	0			0/0			10	---Other
																		29	0		
																		29	0		
0	0	0	0	0	0	0	0	6.1	0	0	0/0/0	0	0	0			0/0			10	---Polytetramethylene ether glycol (PTMEG)
																		30.5	0		
0	0	0	1.3	0	0	0	0	6.1	0	0	0/0/	3.4	0	0			0/0			13	---Other
																			0		

商品编号	商品名称及备注[检验检疫编码及名称]	进口关税(%)		增值税率(%)	消费税	计量单位	监管条件	检验检疫类别
		最惠国	普通					
39073000	-环氧树脂							
3907300001[暂4]	初级形状溴质量≥18%或进口 CIF 价>3800 美元/吨的环氧树脂(如溶于溶剂,以纯环氧树脂折算溴的百分比含量)〔301 其他危险化学品〕,〔999 其他〕	6.5	45	13		千克	A	M/
3907300090	初级形状的环氧树脂(溴重量百分比含量在 18%以下)〔301 其他危险化学品〕,〔999 其他〕	6.5	45	13		千克	AB	M/N
39074000	-聚碳酸酯							
3907400000	初级形状的聚碳酸酯〔301 有机过氧化物〕,〔302 其他化工产品〕,〔999〕	6.5	45	13		千克		
39075000	-醇酸树脂							
3907500000	初级形状的醇酸树脂①	10	45	13		千克	AB	M/N
39076110	---切片							
3907611000	聚对苯二甲酸乙二酯切片,粘数在 78 毫升/克或以上〔301 易燃液体〕,〔999 其他化工产品〕	6.5	45	13		千克		
39076190	---其他							
3907619000	其他初级形状聚对苯二甲酸乙二酯,粘数在 78 毫升/克或以上〔301 易燃液体〕,〔999 其他化工产品〕	6.5	45	13		千克		
39076910	---切片							
3907691000	其他聚对苯二甲酸乙二酯切片,粘数在 78 毫升/克以下〔301 易燃液体〕,〔999 其他化工产品〕	6.5	45	13		千克		
39076990	---其他							
3907699000	其他初级形状聚对苯二甲酸乙二酯,粘数在 78 毫升/克以下〔301 易燃液体〕,〔999 其他化工产品〕	6.5	45	13		千克		
39077000	-聚乳酸							
3907700000[暂3]	初级形状的聚乳酸〔999〕	6.5	45	13		千克		
39079100	--不饱和							
3907910000	初级形状的不饱和聚酯②	6.5	45	13		千克		
39079910	---聚对苯二甲酸丁二酯							
3907991001	未经增强或改性的初级形状 PBT 树脂〔999〕	6.5	45	13		千克		
3907991090	其他聚对苯二甲酸丁二酯〔999〕	6.5	45	13		千克		
39079991	----聚对苯二甲酸-己二酸-丁二醇酯							
3907999110	初级形状的热塑性液晶聚对苯二甲酸-己二酸-丁二醇酯〔999〕	1.1/0③	45	13		千克	AB	R/S
3907999190	其他初级形状的聚对苯二甲酸-己二酸-丁二醇酯〔999〕	6.5	45	13		千克	AB	R/S
39079999	----其他							
3907999910	初级形状的热塑性液晶其他聚酯〔999〕	1.1/0③	45	13		千克	AB	R/S
3907999990	初级形状的其他聚酯〔301 无检疫要求食品添加剂〕,〔302 需申报仅用于工业用途不用于食品添加剂无检疫要求的化学品〕,〔999 其他〕	6.5	45	13		千克	AB	R/S
3908	**初级形状的聚酰胺:**							
39081011	----聚酰胺-6,6 切片							
3908101101	聚酰胺-6,6 切片〔999〕	6.5	45	13		千克		
3908101190	改性聚酰胺-6,6 切片(经螺杆二次混炼加入玻璃纤维、矿物质、增韧剂、阻燃剂的改性聚酰胺-6,6 切片)〔999〕	6.5	45	13		千克		
39081012	----聚酰胺-6 切片							
3908101200	聚酰胺-6 切片(锦纶 6 切片)〔999〕	6.5	45	13		千克		
39081019	----其他							
3908101900	其他聚酰胺切片(包括聚酰胺 -11;-12;-6,9;-6,10;-6,12)〔999〕	6.5	45	13		千克		
39081090	---其他							
3908109000	其他初级形状的聚酰胺-6,6 等(包括聚酰胺-6;-6,9;-6,10;-6,12;-11;-12)〔999〕	6.5	45	13		千克		
39089010	---芳香族聚酰胺及其共聚物							
3908901000	初级形状的芳香族聚酰胺及其共聚物④	10	45	13		千克		
39089020	---半芳香族聚酰胺及其共聚物							
3908902000	初级形状的半芳香族聚酰胺及其共聚物⑤	10	45	13		千克		
39089090	---其他							

① 〔101 含一级易燃溶剂的合成树脂(-18℃≤闪点<23℃),醇酸树脂〕,〔102 干性醇酸树脂(以二甲苯、乙酸丁酯、200#溶剂油等为溶剂的)〕,〔103 无油醇酸树脂〕,〔104 不干性醇酸树脂(以二甲苯、200#溶剂油等为溶剂的)〕,〔105 合成树脂(包括萜烯树脂)〕,〔301 易燃液体〕,〔999 其他〕

② 〔101 含一级易燃溶剂的合成树脂(-18℃≤闪点<23℃),不饱和聚酯树脂〕,〔301 易燃液体〕,〔302 其他化工产品〕,〔999 其他〕

③ 最惠国税率中,"/"左边的税率截止日期为 2021 年 6 月 30 日,"/"右边的税率有效日期为 2021 年 7 月 1 日~2999 年 12 月 31 日。

④ 〔101 含易燃溶剂的合成树脂(闭杯闪点≤60℃)〕,〔102 含一级易燃溶剂的合成树脂(-18℃≤闪点<23℃),酚醛树脂〕,〔103 其他〕,〔301 易燃液体〕,〔302 其他化工产品〕

⑤ 〔101 含易燃溶剂的合成树脂(闭杯闪点≤60℃)〕,〔102 含一级易燃溶剂的合成树脂(-18℃≤闪点<23℃),酚醛树脂〕,〔103 其他〕,〔301 易燃液体〕,〔302 其他化工产品〕

协定税率(%)															特惠税率(%)			对美税率	出口税率	出口退税率	Article Description
智利	新西兰	澳大利亚	瑞士	冰岛	秘鲁	哥斯达	东盟	亚太	新加坡	巴基斯坦	港/澳/台	韩国	格鲁吉亚	毛里求斯	亚太	老/柬/缅	LDC 97/95				
0	0	0	3.1	0	0	0	0	6.1	0	0	0/0/0	3.4	0	0			0/0			10	-Epoxide resins
																			0		
																			0		
0	0	0	1.3	0	0	0	0	6.1	0	0	0/0/0	3.4	0	0			0/0			13	-Polycarbonates
																			0		
0	0	0	0	0	0	0	0	6.5	0	4	0/0/0	3	0	0			0/0			10	-Alkyd resins
																		37.5	0		
0	0	0	0	0	0	0	5				0/0/	4.2	1.3	0			0/0			13	---In the form of slices or chips
																		34	0		
0	0	0	0	0	0	0	0		0	0	0/0/	3.4	0	0			0/0			13	---Other
																		29	0		
0	0	0	0	0	0	0	5			0	0/0/	4.2		0			0/0			13	---In the form of slices or chips
																		19	0		
0	0	0	0	0	0	0	0		0	0	0/0/	3.4	0	0			0/0			13	---Other
																		29	0		
0	0	0	0	0	0	0	0	4.2		3	0/0/	0	0	0			0/0			10	-Poly(lactic acid)
																		8	0		
0	0	0	0	0	0	0	0		0	0	0/0/0	1.9	0	0			0/0			10	--Unsaturated
																		29	0		
0	0	0	0	0	0	0	0	4.2	0	0	0/0/	3.4		0			0/0			13	---PBT(Polybutylene terephthalate)
																		29	0		
																		29	0		
0	0	0	0	0	0	0	0	4.2	0	0	0/0/0	0	0	0			0/0			10	----Poly(butyleneadipate-co-terep- hthalate)(PBAT)
																		8.6	0		
																		14	0		
0	0	0	0	0	0	0	0	4.2	0	0	0/0/0	0	0	0			0/0			10	----Other
																			0		
																			0		
																					Polyamides in primary forms:
0	0	0	1.3	0	0	0	0		0	3	0/0/			0			0/0			13	----Of polyamide -66
																			0		
																			0		
0	0	0	3.1	0	0	0	0		0	3	0/0/			0			0/0			13	----Of polyamide -6
																		34	0		
0	0	0	3.1	0	0	0	0		0	3	0/0/			0			0/0			13	----Other
																		19	0		
0	0	0	1.3	0	0	0	0		0	3	0/0/			0			0/0			10	---Other
																		29	0		
0	0	0		0	0	0	0		0	4	0/0/			0			0/0			10	---Aromatic polyamides and copolymers thereof
																			0		
0	0	0		0	0	0	0		0	4	0/0/			0			0/0			10	---Semi-aromatic polyamides and copoly- mers thereof
																			0		
0	0	0		0	0	0	0		0	4	0/0/			0			0/0			10	---Other

商品编号	商品名称及备注[检验检疫编码及名称]	进口关税(%) 最惠国	普通	增值税率(%)	消费税	计量单位	监管条件	检验检疫类别
3908909000	初级形状的其他聚酰胺①	10	45	13		千克		
3909	**初级形状的氨基树脂、酚醛树脂及聚氨酯类:**							
39091000	-尿素树脂;硫尿树脂							
3909100000	初级形状的尿素树脂及硫尿树脂〔999〕	6.5	45	13		千克		
39092000	-蜜胺树脂							
3909200000	初级形状的蜜胺树脂②	6.5	45	13		千克		
39093100	--聚(亚甲基苯基异氰酸酯)(粗 MDI、聚合 MDI)							
3909310000	聚(亚甲基苯基异氰酸酯)(聚合 MDI 或粗 MDI)〔999〕	6.5	35	13		千克		
39093900	--其他							
3909390000	其他初级形状的氨基树脂〔301 易燃液体〕,〔999 其他化工产品〕	6.5	45	13		千克	AB	M/N
39094000	-酚醛树脂							
3909400000	初级形状的酚醛树脂〔101 丁醇改性酚醛树脂〕,〔301 易燃液体〕,〔999 其他〕	6.5	45	13		千克	AB	M/N
39095000	-聚氨基甲酸酯							
3909500000	初级形状的聚氨基甲酸酯③	6.5	45	13		千克	AB	M/N
3910	**初级形状的聚硅氧烷:**							
39100000	初级形状的聚硅氧烷							
3910000000	初级形状的聚硅氧烷④	6.5	45	13		千克		
3911	**初级形状的石油树脂、苯并呋喃-茚树脂、多萜树脂、多硫化物、聚砜及本章注释三所规定的其他税号未列名产品:**							
39111000	-石油树脂、苯并呋喃树脂、茚树脂、苯并呋喃-茚树脂及多萜树脂							
3911100000	初级形状的石油树脂等(等指苯并呋喃树脂、茚树脂、苯并呋喃-茚树脂及多萜树脂)〔999〕	6.5	45	13		千克		
39119000	-其他							
3911900001[暂3]	芳基酸与芳基胺预缩聚物〔999〕	6.5	45	13		千克		
3911900003[暂3]	改性三羟乙基脲酸酯类预缩聚物〔999〕	6.5	45	13		千克		
3911900004	聚苯硫醚〔999〕	6.5	45	13		千克		
3911900005[暂3]	偏苯三酸酐和异氰酸预缩聚物〔999〕	6.5	45	13		千克		
3911900090	其他初级形状的多硫化物、聚砜等(等包括本章注释三所规定的其他编号未列名产品)⑤	6.5	45	13		千克		
3912	**初级形状的其他税号未列名的纤维素及其化学衍生物:**							
39121100	--未塑化							
3912110000	初级形状的未塑化醋酸纤维素〔999〕	6.5	40	13		千克		
39121200	--已塑化							
3912120000	初级形状的已塑化醋酸纤维素〔999〕	6.5	40	13		千克		
39122000	-硝酸纤维素(包括胶棉)							
3912200000	初级形状的硝酸纤维素(包括棉胶)⑥	6.5	45	13		千克		
39123100	--羧甲基纤维素及其盐							
3912310000	初级形状的羧甲基纤维素及其盐〔101 其他饲料添加剂〕,〔102 羧甲基纤维素钠〕,〔999 其他〕	6.5	45	13		千克		
39123900	--其他							
3912390000	初级形状的其他纤维素醚〔999〕	6.5	45	13		千克		
39129000	-其他							
3912900000	初级形状的其他未列名的纤维素(包括化学衍生物)⑦	6.5	45	13		千克		

① 〔101 含易燃溶剂的合成树脂(闭杯闪点≤60℃)〕,〔102 含一级易燃溶剂的合成树脂(-18℃≤闪点<23℃),酚醛树脂〕,〔103 其他〕,〔301 易燃液体〕,〔302 其他化工产品〕

② 〔101 含一级易燃溶剂的合成树脂(-18℃≤闪点<23℃),三聚氰胺甲醛树脂〕,〔102 含一级易燃溶剂的合成树脂(-18℃≤闪点<23℃),三聚氰胺树脂〕,〔103 含一级易燃溶剂的合成树脂(-18℃≤闪点<23℃),甲醇改性三羟甲基三聚氰胺甲醛树脂〕,〔104 含一级易燃溶剂的合成树脂(-18℃≤闪点<23℃),苯代三聚氰胺甲醛树脂〕,〔301 易燃液体〕,〔302 其他化工产品〕,〔999 其他〕

③ 〔101 含二级易燃溶剂的合成树脂,聚氨基甲酸酯树脂〕,〔102 含二级易燃溶剂的合成树脂,聚氨酯树脂〕,〔103 含二级易燃溶剂的合成树脂,潮气固化型聚氨基甲酸酯〕,〔301 易燃液体〕,〔302 其他化工产品〕,〔999〕

④ 〔101 含一级易燃溶剂的合成树脂(-18℃≤闪点<23℃),有机硅树脂〕,〔102 乳化硅油〕,〔103 聚二甲基硅氧烷(乳液)〕,〔104 聚二甲基硅氧烷〕,〔999 其他〕

⑤ 〔301 无检疫要求食品添加剂〕,〔302 腐蚀性物质〕,〔303 其他化工产品〕,〔999 其他〕

⑥ 〔101 硝化纤维素(含乙醇≥25%)〕,〔102 硝化纤维素(含增塑剂≥18%)〕,〔103 硝化纤维素溶液(含氮量≤12.6%,含硝化纤维素≤55%)〕,〔104 硝化纤维素(含水≥25%)〕,〔105 硝化纤维素(含氮≤12.6%,含醇≥25%)〕,〔106 硝化纤维素(含氮≤12.6%,含增塑物质≥18%)〕,〔107 硝化纤维塑料(板、片、棒、管、卷等状;不包括碎屑)〕,〔108 硝化纤维塑料碎屑〕,〔301 爆炸品〕,〔302 易燃液体〕,〔303 易燃固体〕,〔999 其他〕

⑦ 〔101 羟丙基甲基纤维素(HPMC)〕,〔102 纤维素〕,〔103 甲基纤维素〕,〔301 易于自燃的物质〕,〔999 不易于自燃的物质〕

协定税率(%)															特惠税率(%)			对美税率	出口税率	出口退税率	Article Description
智利	新西兰	澳大利亚	瑞士	冰岛	秘鲁	哥斯达	东盟	亚太	新加坡	巴基斯坦	港/澳/台	韩国	格鲁吉亚	毛里求斯	亚太	老/柬/缅	LDC 97/95				
																			0		
																					Amino-resins, phenolic resins and polyurethanes, in primary forms:
0	0	0	0	0	0	0	0	4.2		3	0/0/0	0	0	0			0/0			10	-Urea resins; thiourea resins
																		34	0		
0	0	0	0	0	0	0	0	4.2		3	0/0/0	0	0	0			0/0			10	-Melamine resins
																		19	0		
0	0	0	0	0	0	0	0	6.1	0	0	0/0/	3.4	0	0			0/0			13	--Poly (methylene phenyl isocyanate) (crude MDI, polymeric MDI)
																		31.5	0		
0	0	0	0	0	0	0	0		0	3	0/0/0	0	0	0			0/0			10	--Other
																		31.5	0		
0	0	0	0	0	0	0	0	6.1		0	0/0/0	1.9	0	0			0/0			10	-Phenolic resins
																		29	0		
0	0	0	0	0	0	0	0	4.2	0	4	0/0/0	0	0	0			0/0			13	-Polyurethanes
																		29	0		
																					Silicones in primary forms:
0	0	0	0	0	0	0	0	6.1		4	0/0/0	1.9	0	0			0/0			13	Silicones in primary forms
																			0		
																					Petroleum resins, eonmarone-indene resins, polyterpenes, polysulphides, polysulphones and other products specified in Note 3 to this Chapter, not elsewhere specified or included, in primary forms:
0	0	0	0	0	0	0	0	4.2		3	0/0/0	3.4	0	0			0/0			10	-Petroleum resins, coumarone, indene or coumarone-indene resins and polyterpenes
																		19	0		
0	0	0	0	0	0	0	0			0	0/0/	0	0	0			0/0				-Other
																			0	10	
																			0	10	
																			0	13	
																			0	10	
																			0	13	
																					Cellulose and its chemical derivatives, not elsewhere specified or included, in primary forms:
0	0	0	0	0	0	0	0			3	0/0/	1.9	0	0			0/0				--Non-plasticized
																			0	0	
0	0	0	0	0	0	0	0	5.9		3	0/0/	0	0	0			0/0			0	--Plasticized
																		14	0		
0	0	0	0	0	0	0	0			3	0/0/	0	0	0			0/0			0	-Cellulose nitrates (including collodions)
																		34	0		
0	0	0	0	0	0	0	0			3	0/0/	0	0	0			0/0			0	--Carboxymethylcellulose and its salts
																		19	0		
0	0	0	0	0	0	0	0			3	0/0/	0	0	0			0/0			0	--Other
																		14	0		
0	0	0	0	0	0	0	0			0	0/0/	0	0	0			0/0			0	-Other
																		14	0		

商品编号	商品名称及备注[检验检疫编码及名称]	进口关税(%) 最惠国	普通	增值税率(%)	消费税	计量单位	监管条件	检验检疫类别
3913	**初级形状的其他税号未列名的天然聚合物(例如,藻酸)及改性天然聚合物(例如,硬化蛋白、天然橡胶的化学衍生物):**							
39131000	-藻酸及其盐和酯							
3913100000	初级形状的藻酸及盐和酯①	10	45	13		千克	AB	R/S
39139000	-其他							
3913900011	香菇多糖〔101 其他饲料添加剂〕,〔999 其他〕	6.5	50	13		千克	S	
3913900090	其他初级形状的未列名天然聚合物[包括改性天然聚合物(如硬化蛋白)]〔101 其他饲料添加剂〕,〔999 其他〕	6.5	50	13		千克		
3914	**初级形状的离子交换剂,以品目 39.01 至 39.13 的聚合物为基本成分的:**							
39140000	初级形状的离子交换剂,以品目 39.01 至 39.13 的聚合物为基本成分的							
3914000000	初级形状的离子交换剂(以品目 39.01 至 39.13 的聚合物为基本成分的)〔101 离子交换树脂〕,〔999〕	6.5	45	13		千克		
3915	**塑料的废碎料及下脚料:**							
39151000	-乙烯聚合物的							
3915100000	乙烯聚合物的废碎料及下脚料〔101 不包括铝塑复合膜〕,〔102 铝塑复合膜〕,〔999〕	6.5	50	13		千克	9A	M/
39152000	-苯乙烯聚合物的							
3915200000	苯乙烯聚合物的废碎料及下脚料〔101 不包括废 PET 饮料瓶(砖)的废塑料〕,〔999〕	6.5	50	13		千克	9A	M/
39153000	-氯乙烯聚合物的							
3915300000	氯乙烯聚合物的废碎料及下脚料〔101 不包括废 PET 饮料瓶(砖)的废塑料〕,〔999〕	6.5	50	13		千克	9A	M/
39159010	---聚对苯二甲酸乙二酯的							
3915901000	聚对苯二甲酸乙二酯废碎料及下脚料②	6.5	50	13		千克	9A	M/
39159090	---其他							
3915909000	其他塑料的废碎料及下脚料③	6.5	50	13		千克	9A	M/
3916	**塑料制的单丝(截面直径超过 1 毫米)、条、杆、型材及异型材,不论是否经表面加工,但未经其他加工:**							
39161000	-乙烯聚合物制							
3916100000	乙烯聚合物制单丝、条、杆及型材(包括异型材,单丝截面直径超过 1 毫米)〔999〕	10	45	13		千克		
39162010	---异型材							
3916201000	氯乙烯聚合物制异型材〔999〕	10	45	13		千克		
39162090	---其他							
3916209000	其他氯乙烯聚合物制单丝、条、杆及型材(单丝截面直径超过 1 毫米)〔999〕	10	45	13		千克		
39169010	---聚酰胺制							
3916901000	聚酰胺制的单丝、条、杆及型材(包括异型材,单丝截面直径超过 1 毫米)〔999〕	10	45	13		千克		
39169090	---其他							
3916909000	其他塑料制单丝、条、杆及型材(包括异型材,单丝截面直径超过 1 毫米)〔999〕	10	45	13		千克		
3917	**塑料制的管子及其附件(例如,接头、肘管、法兰):**							
39171000	-硬化蛋白或纤维素材料制的人造肠衣(香肠用肠衣)							
3917100000	硬化蛋白或纤维素材料制人造肠衣(香肠用肠衣)〔999〕	10	50	13		千克	A	R/
39172100	--乙烯聚合物制							
3917210000	乙烯聚合物制的硬管〔999〕	10	45	13		千克		
39172200	--丙烯聚合物制							
3917220000	丙烯聚合物制的硬管〔999〕	10	45	13		千克		
39172300	--氯乙烯聚合物制							
3917230000	氯乙烯聚合物制的硬管〔999〕	10	45	13		千克		
39172900	--其他塑料制							

① 〔101 其他饲料添加剂〕,〔102 海藻酸钾〕,〔103 褐藻酸钠〕,〔104 海藻酸〕,〔105 海藻酸铵〕,〔106 海藻酸钠〕,〔107 海藻酸丙二醇酯〕,〔108 工业用途无检疫要求食品添加剂〕,〔301 其他危险化学品,需申报仅用于工业用途不用于食品添加剂无检疫要求〕,〔302 无检疫要求食品添加剂〕,〔303 一般化学品,需申报仅用于工业用途不用于食品添加剂无检疫要求〕,〔304 属于危险化学品的食品添加剂〕,〔999〕

② 〔101 不包括废 PET 饮料瓶(砖)〕,〔102 废 PET 饮料瓶(砖)〕,〔999〕

③ 〔101 不包括废光盘破碎料〕,〔102 废光盘破碎料〕,〔301 硝化纤维塑料碎屑〕,〔999〕

协定税率(%)															特惠税率(%)			对美税率	出口税率	出口退税率	Article Description
智利	新西兰	澳大利亚	瑞士	冰岛	秘鲁	哥斯达	东盟	亚太	新加坡	巴基斯坦	港/澳/台	韩国	格鲁吉亚	毛里求斯	亚太	老/柬/缅	LDC 97/95				
																					Natural polymers (for example, alginic acid) and modified natural polymers (for example, hardened proteins, chemical derivatives of natural rubber), not elsewhere specified or included, in primary forms:
0	0	0	0	0		0	0		0	4	0/0/	3	0	0			0/0			0	-Alginic acid, its salts and esters
																		37.5	0		
0	0	0	0	0	0	0	0			3	0/0/	0	1.3	0			0/0			13	-Other
																		14	0		
																		14	0		
																					Ion-exchangers based on polymers of headings 39.01 to 39.13, in primary forms:
0	0	0	0		0	0	0			3	0/0/	0	0	0			0/0			10	Ion-exchangers based on polymers of headings 39.01 to 39.13, in primary forms
																		19	0		
																					Waste, parings and scrap, of plastics:
0	0	0	0	0	0	0	0		0	0	0/0/	3.4	0	0			0/0			0	-Of polymers of ethylene
																		31.5	0		
0	0	0	0	0	0	0	0		0	4	0/0/	3.4	0	0			0/0			0	-Of polymers of styrene
																		31.5	0		
0	0	0	0	0	0	0	0		0	4	0/0/	3.4	0	0			0/0			0	-Of polymers of vinyl chloride
																		31.5	0		
0	0	0	1.3	0	0	0	0		0	0	0/0/	3.4	0	0			0/0			0	---Of pdyethylene glycol tevephthalate
																		31.5	0		
0	0	0	1.3	0	0	0	0		0	0	0/0/	3.4	0	0			0/0			0	---Other
																		31.5	0		
																					Monofilament of which any cross-sectional dimension exceeds 1mm, rods, sticks and profile shapes, whether or not surfaceworked but not otherwise worked, of plastics:
0	0	0	0	0	0	0	0		0	4	0/0/	3	0	0			0/0			13	-Of polymers of ethylene
																		37.5	0		
0	0	0	0	0	0	0	0	6.5		4	0/0/	3	0	0			0/0			13	---Sections
																		37.5	0		
0	0	0	0	0	0	0	0	6.5		4	0/0/	3	0	0			0/0			13	---Other
																		37.5	0		
0	0	0	0	0	0	0	0		0	4	0/0/	3	0	0			0/0			13	---Of polyamides
																		37.5	0		
0	0	0	0	0	0	0	0		0	4	0/0/	3	0	0			0/0			13	---Other
																		22.5	0		
																					Tubes, pipes and hoses, and fittings therefor (for example, joints, elbows, flanges), of plastics:
0	0	0	0	0	0	0	0	8		4	0/0/	3	0	0			0/0			13	-Artificial guts (sausage casings) of hardened protein or of cellulosic materials
																		37.5	0		
0	0	0	0	0	0	0	0		0	4	0/0/	3	0	0			0/0			13	--Of polymers of ethylene
																		32.5	0		
0	0	0	0	0	0	0	0			0	0/0/	3	0	0			0/0			13	--Of polymers of propylene
																		37.5	0		
0	0	0	0	0	0	0	0		0	4	0/0/	3	0	0			0/0			13	--Of polymers of vinyl chloride
																		32.5	0		
0	0	0	2	0	0	0	0		0	4	0/0/	3	0	0			0/0			13	--Of other plastics

商品编号	商品名称及备注[检验检疫编码及名称]	进口关税(%) 最惠国	普通	增值税率(%)	消费税	计量单位	监管条件	检验检疫类别
3917290000	其他塑料制的硬管〔301 易燃固体〕,〔302 其他化工品〕,〔999〕	10	45	13		千克		
39173100	--软管,爆破压力不低于 27.6 兆帕斯卡							
3917310000	塑料制的软管(最小爆破压力为 27.6 兆帕斯卡)〔999〕	10	45	13		千克		
39173200	--其他未装有附件的管子,未经加强也未与其他材料合制							
3917320000	其他未装有附件的塑料制管子(未经加强也未与其他材料合制)〔301 易燃固体〕,〔302 其他化工品〕,〔999〕	6.5	45	13		千克		
39173300	--其他装有附件的管子,未经加强也未与其他材料合制							
3917330000	其他装有附件的塑料管子(未经加强也未与其他材料合制)〔301 易燃固体〕,〔302 其他化工品〕,〔999〕	6.5	45	13		千克		
39173900	--其他							
3917390000	塑料制的其他管子(经加强或与其他材料合制的)〔999〕	6.5	45	13		千克		
39174000	-管子附件							
3917400000	塑料制的管子附件(如接头、衬管及法兰等)〔999〕	10	45	13		千克		
3918	**块状或成卷的塑料铺地制品,不论是否胶粘;本章注释九所规定的塑料糊墙品:**							
39181010	---糊墙品							
3918101000	氯乙烯聚合物制糊墙品(本章注释九所规定的糊墙品)〔999〕	10	45	13		千克		
39181090	---其他							
3918109000	氯乙烯聚合物制的铺地制品(块状或成卷的,不论是否胶粘)〔999〕	10	45	13		千克		
39189010	---糊墙品							
3918901000	其他塑料制的糊墙品(成卷或块状的)〔999〕	10	45	13		千克		
39189090	---其他							
3918909000	其他塑料制的铺地制品(成卷或块状的,不论是否胶粘)〔999〕	10	45	13		千克		
3919	**自粘的塑料板、片、膜、箔、带、扁条及其他扁平形状材料,不论是否成卷:**							
39191010	---丙烯酸树脂类为基本成分							
3919101000	丙烯酸树脂类为主的自粘塑料板等(含片、膜、箔、带、扁条及其他扁平形状材料,成卷的,宽≤20 厘米)〔999〕	6.5	45	13		千克		
39191091	----胶囊型反光膜							
3919109100	宽度≤20 厘米的胶囊型反光膜〔999〕	6.5	45	13		千克		
39191099	----其他							
3919109900	其他宽度≤20 厘米的自粘塑料板片等(包括膜、箔、带、扁条及其他扁平形状材料,成卷的)〔999〕	6.5	45	13		千克		
39199010	---胶囊型反光膜							
3919901000	其他胶囊型反光膜〔999〕	6.5	45	13		千克		
39199090	---其他							
3919909010	半导体晶圆制造用自粘式圆形抛光垫〔999〕	1.1/0①	45	13		千克		
3919909090	其他自粘塑料板、片、膜等材料(包括箔、带、扁条及其他扁平形状材料,不论是否成卷)〔101 车身反光标识零部件〕,〔999 其他〕	6.5	45	13		千克		
3920	**其他非泡沫塑料的板、片、膜、箔及扁条,未用其他材料强化、层压、支撑或用类似方法合制:**							
39201010	---乙烯聚合物制电池隔膜							
3920101000暂3	乙烯聚合物制电池隔膜〔999〕	6.5	45	13		千克		
39201090	---其他							
3920109010	农用非泡沫聚乙烯薄膜(未用其他材料强化、层压、支撑或用类似方法合制)〔999〕	6.5	45	9		千克		
3920109090	其他非泡沫乙烯聚合物板、片、膜、箔及扁条(未用其他材料强化、层压、支撑或用类似方法合制,非农用)〔999〕	6.5	45	13		千克		
39202010	---丙烯聚合物制电池隔膜							
3920201000	丙烯聚合物制电池隔膜〔999〕	6.5	45	13		千克		
39202090	---其他							
3920209010	农用非泡沫聚丙烯薄膜(未用其他材料强化、层压、支撑或用类似方法合制)〔999〕	6.5	45	9		千克		

① 最惠国税率中,"/"左边的税率截止日期为 2021 年 6 月 30 日,"/"右边的税率有效日期为 2021 年 7 月 1 日~2999 年 12 月 31 日。

协定税率(%)															特惠税率(%)			对美税率	出口税率	出口退税率	Article Description
智利	新西兰	澳大利亚	瑞士	冰岛	秘鲁	哥斯达	东盟	亚太	新加坡	巴基斯坦	港/澳/台	韩国	格鲁吉亚	毛里求斯	亚太	老/柬/缅	LDC 97/95				
																		22.5	0		
0	0	0	0	0	0	0	0	6.5	0	4	0/0/	0	0	0			0/0			13	--Flexible tubes, pipes and hoses, having a minimum burst pressure of 27.6MPa
																		22.5	0		
0	0	0	1.3	0	0	0	0	4.6		0	0/0/	0	0	0			0/0			13	--Other, not reinforced or otherwise combined with other materials, without fittings
																		19	0		
0	0	0	0	0	0	0	0	4.2		0	0/0/	0	0	0			0/0			13	--Other, not reinforced or otherwise combined with other materials, with fittings
																		14	0		
0	0	0	0	0	0	0	0	4.2	0	0	0/0/	3.4	0	0			0/0			13	--Other
																		19	0		
0	0	0	2	0	0	0	0	6.5	0	4	0/0/	0	0	0			0/0			13	-Fittings
																		22.5	0		
																					Floor coverings of plastics, whether or not self-adhesive, in rolls or in the form of tiles; wall or ceiling coverings of plastics, as defined in Note 9 to this Chapter:
0	0	0	0	0	0	0	0			4	0/0/	3	0	0			0/0			13	---Wall or ceiling coverings
																		17.5	0		
0	0	0	2	0	0	0	0			4	0/0/		0	0			0/0			13	---Other
																		37.5	0		
0	0	0	0	0	0	0	0			4	0/0/	3	0	0			0/0			13	---Wall or ceiling coverings
																		17.5	0		
0	0	0	0	0	0	0	0			4	0/0/	3	0	0			0/0			13	---Other
																		22.5	0		
																					Self-adhesive plates, sheets, film, foil, tape, strip and other flat shapes, of plastics, whether or not in rolls:
0	0	0	0	0	0	0	0			0	0/0/	0	0	0			0/0			13	---Based on acrylic resin
																		19	0		
0	0	0	0	0	0	0	0			0	0/0/	0	0	0			0/0			13	----Encapsulant reflective film
																		34	0		
0	0	0	1.3	0	0	0	0			0	0/0/0		0	0			0/0			13	----Other
																		19	0		
0	0	0	0	0	0	0	0	4.2		0	0/0/	3.4	0	0			0/0			13	---Encapsulant reflective film
																		34	0		
0	0	0	0	0	0	0	0	4.6		0	0/0/0	3.4	0	0			0/0			13	---Other
																			0		
																			0		
																					Other plates, sheets, film, foil and strip, of plastics, non-cellular and not reinforced, laminated, supported or similarly combined with other materials:
0	0	0	0	0	0	0	0	4.2		0	0/0/	1.9	0	0			0/0			13	---Battery separator, of polymers of ethylene
																		30.5	0		
0	0	0	1.3	0	0	0	0	4.6		0	0/0/0	3.4	0	0			0/0				---Other
																			0	0	
																			0	13	
0	0	0	0	0	0	0	0			0	0/0/		0	0			0/0			13	---Battery separator, of polymers of propylene
																		14	0		
0	0	0	1.3	0	0	0	0			0	0/0/0	1.9	0	0			0/0				---Other
																		29	0	0	

商品编号	商品名称及备注[检验检疫编码及名称]	进口关税(%) 最惠国	进口关税(%) 普通	增值税率(%)	消费税	计量单位	监管条件	检验检疫类别
3920209090	非泡沫丙烯聚合物板、片、膜、箔及扁条(未用其他材料强化、层压、支撑或用类似方法合制,非农用)〔999〕	6.5	45	13		千克		
39203000	-苯乙烯聚合物制							
3920300000	非泡沫苯乙烯聚合物板、片、膜、箔、扁条(未用其他材料强化、层压、支撑或用类似方法合制)〔999〕	6.5	45	13		千克		
39204300	--按重量计增塑剂含量不小于6%							
3920430010	农用软质聚氯乙烯薄膜(增塑剂含量≥6%,未用其他材料强化、层压、支撑)〔999〕	6.5	45	9		千克		
3920430090	氯乙烯聚合物板、片、膜、箔及扁条(增塑剂含量≥6%,未用其他材料强化、层压、支撑)〔999〕	6.5	45	13		千克		
39204900	--其他							
3920490010	其他农用软质聚氯乙烯薄膜(非泡沫料的,未用其他材料强化、层压、支撑)〔999〕	6.5	45	9		千克		
3920490090	其他氯乙烯聚合物板、片、膜、箔及扁条(非泡沫料的,未用其他材料强化、层压、支撑、非农用)〔999〕	6.5	45	13		千克		
39205100	--聚甲基丙烯酸甲酯制							
3920510000	聚甲基丙烯酸甲酯板、片、膜、箔及扁条(非泡沫料的,未用其他材料强化、层压、支撑)〔999〕	6.5	45	13		千克		
39205900	--其他							
3920590000	其他丙烯酸聚合物板、片、膜、箔及扁条(非泡沫料的,未用其他材料强化、层压、支撑)〔999〕	6.5	45	13		千克		
39206100	--聚碳酸酯制							
3920610000	聚碳酸酯制板、片、膜、箔、扁条(非泡沫料的,未用其他材料强化、层压、支撑)〔999〕	6.5	45	13		千克		
39206200	--聚对苯二甲酸乙二酯制							
3920620000	聚对苯二甲酸乙二酯板、片、膜等(包括箔及扁条,非泡沫料,未用其他材料强化、层压、支撑)〔999〕	6.5	45	13		千克		
39206300	--不饱和聚酯制							
3920630000	不饱和聚酯板、片、膜、箔及扁条(非泡沫料的,未用其他材料强化、层压、支撑)〔999〕	10	45	13		千克		
39206900	--其他聚酯制							
3920690000	其他聚酯板、片、膜、箔及扁条(非泡沫料的,未用其他材料强化、层压、支撑)〔999〕	10	45	13		千克		
39207100	--再生纤维素制							
3920710000	再生纤维素制板、片、膜、箔及扁条(非泡沫料的,未用其他材料强化、层压、支撑)〔999〕	6.5	45	13		千克		
39207300	--乙酸纤维素制							
3920730000	醋酸纤维素制板、片、膜、箔及扁条(非泡沫料,未用其他材料强化、层压、支撑)〔999〕	6.5	45	13		千克		
39207900	--其他纤维素衍生物制							
3920790000	其他纤维素衍生物制板、片、膜箔及扁条(非泡沫料的,未用其他村料强化、层压、支撑)〔301 硝化纤维塑料,不包括碎屑〕,〔999〕	10	45	13		千克		
39209100	--聚乙烯醇缩丁醛制							
3920910001[暂3]	聚乙烯醇缩丁醛膜(厚度不超过3毫米)(非泡沫料的,未用其他材料强化、层压、支撑)〔999〕	6.5	45	13		千克		
3920910090	聚乙烯醇缩丁醛板、片、箔、扁条及厚度超过3毫米的膜(非泡沫料的,未用其他材料强化、层压、支撑)〔999〕	6.5	45	13		千克		
39209200	--聚酰胺制							
3920920000	聚酰胺板、片、膜、箔、扁条(非泡沫料的,未用其他材料强化、层压、支撑)〔999〕	10	45	13		千克		
39209300	--氨基树脂制							
3920930000	氨基树脂板、片、膜、箔、扁条(非泡沫料的,未用其他材料强化、层压、支撑)〔999〕	6.5	45	13		千克		
39209400	--酚醛树脂制							
3920940000	酚醛树脂板、片、膜、箔、扁条(非泡沫料的,未用其他材料强化、层压、支撑)〔999〕	10	45	13		千克		
39209910	---聚四氟乙烯制							
3920991000	聚四氟乙烯制非泡沫塑料板、片、箔(含膜及扁条,未用其他材料层压、支撑或类似方法合制)〔999〕	6.5	45	13		千克		
39209990	---其他塑料制							
3920999001[暂3]	聚酰亚胺膜,厚度≤0.03毫米(未用其他材料强化、层压、支撑)〔999〕	6.5	45	13		千克		
3920999090	其他非泡沫塑料板、片、膜、箔、扁条(未用其他材料强化、层压、支撑)〔999〕	6.5	45	13		千克		
3921	**其他塑料板、片、膜、箔、扁条:**							
39211100	--苯乙烯聚合物制							
3921110000	泡沫聚苯乙烯板、片、带、箔、扁条〔999〕	10	45	13		千克		
39211210	---人造革及合成革							
3921121000	泡沫聚氯乙烯人造革及合成革〔999〕	9	70	13		千克/米		
39211290	---其他							

协定税率(%)															特惠税率(%)			对美税率	出口税率	出口退税率	Article Description
智利	新西兰	澳大利亚	瑞士	冰岛	秘鲁	哥斯达	东盟	亚太	新加坡	巴基斯坦	港/澳/台	韩国	格鲁吉亚	毛里求斯	亚太	老/柬/缅	LDC 97/95				
																		29	0	10	
0	0	0	0	0	0	0	0	4.2		0	0/0/0	1.9	0	0			0/0			13	-Of polymers of styrene
																		34	0		
0	0	0	0	0	0	0	0	4.2	0	0	0/0/0	1.9	0	0			0/0				--Containing by weight not less than 6% of plasticisers
																		29	0	0	
																		29	0	10	
0	0	0	1.3	0	0	0	0	4.2		0	0/0/0	3.4	0	0			0/0				--Other
																		19	0	0	
																		19	0	10	
0	0	0	0	0	0	0	0	4.6		0	0/0/0	1.9	0	0			0/0			13	--Of poly(methyl methacrylate)
																		29	0		
0	0	0	0	0	0	0	0			3	0/0/	3.4	0	0			0/0			13	--Other
																		29	0		
0	0	0	0	0	0	0	0	4.6		0	0/0/0	3.4	0	0			0/0			13	--Of polycarbonates
																		29	0		
0	0	0	0	0	0	0	0	4.6		0	0/0/0	3.4	0	0			0/0			13	--Of poly(ethylene terephthalate)
																			0		
0	0	0	0	0	0	0	0			4	0/0/	3	0	0			0/0			13	--Of unsaturated polyesters
																		37.5	0		
0	0	0	0	0	0	0	0	6.5	0	4	0/0/0	6.5	0	0			0/0			13	--Of other polyesters
																		22.5	0		
0	0	0	0	0	0	0	0			3	0/0/	1.9	0	0			0/0			13	--Of regenerated cellulose
																		19	0		
0	0	0	0	0	0	0	0			3	0/0/	0	0	0			0/0			13	--Of cellulose acetate
																		34	0		
0	0	0	0	0	0	0	0			4	0/0/	3	0	0			0/0			13	--Of other cellulose derivatives
																		37.5	0		
0	0	0	0	0	0	0	0			0	0/0/	3.4	0	0			0/0			13	--Of poly(vinyl butyral)
																		25.5	0		
																		29	0		
0	0	0	0	0	0	0	0		0	4	0/0/	0	0	0			0/0			13	--Of polyamides
																		32.5	0		
0	0	0	0	0	0	0	0			3	0/0/	0	0	0			0/0			13	--Of amino-resins
																		14	0		
0	0	0	0	0	0	0	0	6.5	0	4	0/0/	3	0	0			0/0			13	--Of phenolic resins
																		32.5	0		
0	0	0	0	0	0	0	0			0	0/0/	3.4	0	0			0/0			13	---Of polytetrafluoroethylene
																		14	0		
0	0	0	0	0	0	0	0			0	0/0/0	1.9	0	0			0/0			13	---Of other plastics
																			0		
																			0		
																					Other plates, sheets, film, foil and strip, of plastics:
0	0	0	0	0	0	0	0	6.5		4	0/0/	3	0	0			0/0			13	--Of polymers of styrene
																		17.5	0		
0	0	0	0	0	0	0	0		0	3	0/0/0	4.8	0	0			0/0			13	---Combined with textile fabrics
																		36.5	0		
0	0	0	1.3	0	0	0	0			0	0/0/	0	0	0			0/0			13	---Other

商品编号	商品名称及备注[检验检疫编码及名称]	进口关税(%) 最惠国	进口关税(%) 普通	增值税率(%)	消费税	计量单位	监管条件	检验检疫类别
3921129000	泡沫聚氯乙烯板、片、带、箔、扁条〔999〕	6.5	45	13		千克		
39211310	---人造革及合成革							
3921131000	泡沫聚氨酯制人造革及合成革〔999〕	9	70	13		千克/米		
39211390	---其他							
3921139000	泡沫聚氨酯板、片、带、箔、扁条〔999〕	6.5	45	13		千克		
39211400	--再生纤维素制							
3921140000	泡沫再生纤维素板、片、膜、箔、扁条〔999〕	10	45	13		千克		
39211910	---人造革及合成革							
3921191000	其他泡沫塑料制人造革及合成革〔999〕	9	45	13		千克/米		
39211990	---其他							
3921199010[暂3]	电池隔膜〔999〕	6.5	45	13		千克		
3921199090	其他泡沫塑料板、片、膜、箔、扁条〔999〕	6.5	45	13		千克		
39219020	---聚乙烯嵌有玻璃纤维的板、片							
3921902000	以聚乙烯为基本成分的板片(以玻璃纤维加强的)〔999〕	6.5	45	13		千克		
39219030	---以聚异丁烯为基本成分的附有人造毛毡的板、片、卷材							
3921903000	以聚异丁烯为基本成分的板片卷材(附有人造毛毡的)〔999〕	6.5	45	13		千克		
39219090	---其他							
3921909001[暂5]	离子交换膜〔999〕	6.5	45	13		千克		
3921909010	两用物项管制结构复合材料的层压板(用纤维和丝材增强而制成的各种预浸件和预成形件,其中增强材料的比拉伸强度大于 7.62×10^4 米和比模量大于 3.18×10^6 米)〔999〕	6.5	45	13		千克	3	
3921909090	未列名塑料板、片、膜、箔、扁条(离子交换膜、两用物项管制结构复合材料的层压板除外)〔301 易燃固体〕,〔302 其他化工品〕,〔999〕	6.5	45	13		千克		
3922	**塑料浴缸、淋浴盘、洗涤槽、盥洗盆、坐浴盆、便盆、马桶座圈及盖、抽水箱及类似卫生洁具:**							
39221000	-浴缸、淋浴盘、洗涤槽及盥洗盆							
3922100000	塑料浴缸、淋浴盘、洗涤槽及盥洗盆〔999〕	6.5	80	13		千克		
39222000	-马桶座圈及盖							
3922200000	塑料马桶座圈及盖〔999〕	6.5	80	13		千克		
39229000	-其他							
3922900000	塑料便盆,抽水箱等类似卫生洁具〔999〕	6.5	80	13		千克		
3923	**供运输或包装货物用的塑料制品;塑料制的塞子、盖子及类似品:**							
39231000	-盒、箱(包括板条箱)及类似品							
3923100010	具有特定形状或装置,供运输或包装半导体晶圆、掩模或光罩的塑料盒、箱、板条箱及类似物品〔999〕	0	80	13		千克		
3923100090	其他塑料制盒、箱及类似品(包括塑料制板条箱,供运输或包装货物用的)〔101 食品用其他塑料包装〕,〔999 非食品用塑料制品〕	10	80	13		千克		
39232100	--乙烯聚合物制							
3923210000	乙烯聚合物制袋及包(供运输或包装货物用的)〔101 食品用其他塑料包装〕,〔999 非食品用塑料制品〕	10	80	13		千克		
39232900	--其他塑料制							
3923290000	其他塑料制的袋及包(供运输或包装货物用的)〔101 食品用其他塑料包装〕,〔999 非食品用塑料制品〕	10	80	13		千克		
39233000	-坛、瓶及类似品							
3923300000	塑料制坛、瓶及类似品(供运输或包装货物用的)〔101 食品用其他塑料包装〕,〔999 非食品用塑料制品〕	6.5	80	13		千克		
39234000	-卷轴、纡子、筒管及类似品							
3923400000	塑料制卷轴、纡子、筒管及类似品①	10	35	13		千克		
39235000	-塞子、盖子及类似品							
3923500000	塑料制塞子、盖子及类似品〔101 食品用其他塑料包装〕,〔999 非食品用塑料制品〕	10	80	13		千克		
39239000	-其他							
3923900000	供运输或包装货物用其他塑料制品〔101 食品用其他塑料包装〕,〔999 非食品用塑料制品〕	10	80	13		千克		

① 〔101 食品接触其他塑料产品〕,〔102 食品用其他塑料包装〕,〔999 非食品用塑料制品〕

协定税率(%)															特惠税率(%)			对美税率	出口税率	出口退税率	Article Description
智利	新西兰	澳大利亚	瑞士	冰岛	秘鲁	哥斯达	东盟	亚太	新加坡	巴基斯坦	港/澳/台	韩国	格鲁吉亚	毛里求斯	亚太	老/柬/缅	LDC 97/95				
																		34	0		
0	0	0	0	0	0	0	0	5.9	0	3	0/0/0	4.8	0	0			0/0			13	---Combined with textile fabrics
																		36.5	0		
0	0	0	0	0	0	0	0	4.6		0	0/0/	1.9	0	0			0/0			13	---Other
																		19	0		
0	0	0	0	0	0	0	0			4	0/0/	3	0	0			0/0			13	--Of regenerated cellulose
																		17.5	0		
0	0	0	0	0	0	0	0	6.3		3	0/0/	4.8	0	0			0/0			13	---Combined with textile fabrics
																		21.5	0		
0	0	0	1.3	0	0	0	0	4.2		0	0/0/0	3.4	0	0			0/0			13	---Other
																		15.5	0		
																		19	0		
0	0	0	1.3	0	0	0	0	4.2		0	0/0/	0	0	0			0/0			13	---Plates, sheets of polyethylene with glass fibres
																		29	0		
0	0	0	0	0	0	0	0	4.2		0	0/0/	1.9	0	0			0/0			13	---Plates, sheets, coils of poly-isobutylene with man-made felt
																		29	0		
0	0	0	1.3	0	0	0	0	4.6		0	0/0/0	3.4	0	0			0/0			13	---Other
																			0		
																			0		
																			0		
																					Baths, shower-baths, sinks, washbasins, bidets, lavatory pans, seats and covers, flushing cisterns and similar sanitary ware, of plastics:
0	0	0	0	0	0	0	0			4	0/0/	3	0	0		0//	0/0			13	-Baths, shower-baths, sinks and wash-basins
																		34	0		
0	0	0	0	0	0	0	0			4	0/0/	3	0	0		0//	0/0			13	-Lavatory seats and covers
																		26.5	0		
0	0	0	0	0	0	0	0			4	0/0/	3	0	0			0/0			13	-Other
																		26.5	0		
																					Articles for the conveyance or packing of goods, of plastics; stoppers, lids, caps and other closures, of plastics:
0	0	0	0	0	0	0	0	6.5	0	4	0/0/0	6.5	0	0			0/0			13	-Boxes, cases, crates and similar articles
																		22.5	0		
																		32.5	0		
0	0	0	0	0	0	0	0		0	0	0/0/	0	0	0			0/0			13	--Of polymers of ethylene
																		22.5	0		
0	0	0	0	0	0	0	0		0	4	0/0/	5.3	0	8			0/0			13	--Of other plastics
																		22.5	0		
0	0	0	0	0		0	0		0	4	0/0/	3.4	0	0			0/0			13	-Carboys, bottles, flasks and similar articles
																		19	0		
0	0	0	0	0	0	0	0	6.5	0	4	0/0/	5.3	0	0			0/0			13	-Spools, cops, bobbins and similar supports
																		37.5	0		
0	0	0	2	0	0	0	0		0	4	0/0/0	3	0	0			0/0			13	-Stoppers, lids, caps and other closures
																		22.5	0		
0	0	0	0	0	0	0	0	6.5	0	4	0/0/0	6.5	0	0			0/0			13	-Other
																		32.5	0		

商品编号	商品名称及备注[检验检疫编码及名称]	进口关税(%) 最惠国	进口关税(%) 普通	增值税率(%)	消费税	计量单位	监管条件	检验检疫类别
3924	**塑料制的餐具、厨房用具、其他家庭用具及卫生或盥洗用具:**							
39241000	-餐具及厨房用具							
3924100000	塑料制餐具及厨房用具①	6.5	80	13		千克	A	R/
39249000	-其他							
3924900000	塑料制其他家庭用具及卫生或盥洗用具〔999〕	6.5	80	13		千克	A	M/
3925	**其他税号未列名的建筑用塑料制品:**							
39251000	-囤、柜、罐、桶及类似容器,容积超过300升							
3925100000	塑料制囤、柜、罐、桶及类似容器(容积超过300升)〔101 食品用其他塑料包装〕,〔999 非食品用塑料容器〕	6.5	80	13		千克		
39252000	-门、窗及其框架、门槛							
3925200000	塑料制门、窗及其框架、门槛〔999〕	6.5	80	13		千克		
39253000	-窗板、百叶窗(包括威尼斯式百叶窗)或类似制品及其零件							
3925300000	塑料制窗板、百叶窗及类似制品(包括威尼斯式百叶窗和塑料制窗零件)〔999〕	6.5	80	13		千克		
39259000	-其他							
3925900000	其他未列名的建筑用塑料制品〔999〕	6.5	80	13		千克		
3926	**其他塑料制品及品目39.01至39.14所列其他材料的制品:**							
39261000	-办公室或学校用品							
3926100000	办公室或学校用塑料制品〔999〕	10	80	13		千克		
39262011	----聚氯乙烯制							
3926201100	聚氯乙烯制手套(包括分指手套、连指手套及露指手套)〔999〕	6.5	90	13		千克/双		
39262019	----其他							
3926201900	其他塑料制手套(包括分指手套、连指手套及露指手套)(聚氯乙烯制除外)〔999〕	6.5	90	13		千克/双		
39262090	---其他							
3926209000	其他塑料制衣服及衣着附件[手套(包括分指手套、连指手套及露指手套)除外]〔999〕	6.5	90	13		千克		
39263000	-家具、车厢或类似品的附件							
3926300000	塑料制家具、车厢及类似品的附件〔101 车辆内饰零部件〕,〔999 其他〕	10	80	13		千克		L/
39264000	-小雕塑品及其他装饰品							
3926400000	塑料制小雕塑品及其他装饰品〔999〕	6.5	100	13		千克		
39269010	---机器及仪器用零件							
3926901000	塑料制机器及仪器用零件〔999〕	10	35	13		千克		
39269090	---其他							
3926909010	两用物项管制结构复合材料的预成形件和制品(用纤维和丝材增强而制成的各种预浸件和预成形件,其中增强材料的比拉伸强度大于 7.62×10^4 米和比模量大于 3.18×10^6 米)〔999〕	10	80	13		千克	3	
3926909020暂0	聚氨酯制避孕套〔999〕	10	80	0		千克		
3926909090	其他塑料制品(包括品目39.01至39.14所列材料的制品)②	10	80	13		千克		

① 〔101 食品接触聚苯乙烯产品〕,〔102 食品接触聚乙烯产品〕,〔103 食品接触聚丙烯产品〕,〔104 食品接触聚氯乙烯产品〕,〔105 食品接触三聚氰胺-甲醛产品〕,〔106 食品接触丙烯腈-丁二烯-苯乙烯产品〕,〔107 食品接触丙烯腈-苯乙烯产品〕,〔108 食品接触不饱和聚酯树脂及其玻璃钢产品〕,〔109 食品接触对苯二甲酸乙二醇酯产品〕,〔110 食品接触尼龙产品〕,〔111 食品接触聚碳酸酯产品〕,〔112 食品接触聚偏二氯乙烯产品〕,〔113 食品接触聚甲基丙烯酸甲酯产品〕,〔114 食品接触聚甲基戊烯产品〕,〔115 食品接触复合塑料(仅指多种塑料材质复合)产品〕,〔116 食品接触其他塑料产品〕,〔117 食品用聚苯乙烯包装〕,〔118 食品用聚乙烯包装〕,〔119 食品用聚丙烯包装〕,〔120 食品用聚氯乙烯瓶盖垫片〕,〔121 食品用其他聚氯乙烯包装〕,〔122 食品用三聚氰胺-甲醛包装〕,〔123 食品用丙烯腈-丁二烯-苯乙烯包装〕,〔124 食品用丙烯腈-苯乙烯包装〕,〔125 食品用不饱和聚酯树脂及其玻璃钢包装〕,〔126 食品用对苯二甲酸乙二醇酯包装〕,〔127 食品用尼龙包装〕,〔128 食品用聚碳酸酯包装〕,〔129 食品用聚偏二氯乙烯包装〕,〔130 食品用聚甲基丙烯酸甲酯包装〕,〔131 食品用聚甲基戊烯包装〕,〔132 食品用复合塑料(仅指多种塑料材质复合)包装〕,〔133 食品用其他塑料包装〕,〔999 非食品用塑料容器用具〕

② 〔101 含一级易燃溶剂的其他制品(-18℃≤闪点<23℃),胶套〕,〔102 塑料沥青〕,〔999 其他〕

协定税率(%)															特惠税率(%)			对美税率	出口税率	出口退税率	Article Description
智利	新西兰	澳大利亚	瑞士	冰岛	秘鲁	哥斯达	东盟	亚太	新加坡	巴基斯坦	港/澳/台	韩国	格鲁吉亚	毛里求斯	亚太	老/柬/缅	LDC 97/95				
																					Tableware, kitchenware, other household articles and hygienic or toilet articles, of plastics:
0	0	0	0	0	0	0	0		0	4	0/0/	5.3	0	8	0		0/0			13	-Tableware and kitchenware
																		26.5	0		
0	0	0	0	0	0	0	0		0	0	0/0/	3	0	8			0/0			13	-Other
																		34	0		
																					Builders' ware of plastics, not elsewhere specified or included:
0	0	0	0	0	0	0	0			4	0/0/	3	0	0			0/0			13	-Reservoirs, tanks, vats and similar containers, of a capacity exceeding 300L
																		34	0		
0	0	0	0	0	0	0	0	4.2		4	0/0/	3	0	0			0/0			13	-Doors, windows and their frames and thresholds for doors
																		11.5	0		
0	0	0	0	0	0	0	0			4	0/0/	3	0	0			0/0			13	-Shutters, blinds (including Venetian blinds) and similar articles and parts thereof
																		26.5	0		
0	0	0	4.7	0	0	0	0			4	0/0/	3	0	0			0/0			13	-Other
																		11.5	0		
																					Other articles of plastics and articles of other materials of headings 39.01 to 39.14:
0	0	0	0	0	0	0	0		0	4	0/0/	3	0	0			0/0			13	-Office or school supplies
																		37.5	0		
0	0	0	0	0	0	0	0		0		0/0/	3	0	0			0/0			13	----Of poly(vinyl chloride)
																		21.5	0		
0	0	0	0	0	0	0	0		0		0/0/	3	0	0			0/0			13	----Other
																		21.5	0		
0	0	0	0	0	0	0	0		0		0/0/	3	0	0			0/0			13	---Other
																		26.5	0		
0	0	0	0	0	0	0	0		0	4	0/0/	5.3	0	0			0/0			13	-Fittings for furniture, coachwork or the like
																		32.5	0		
0	0	0	0	0	0	0	0	4.2		4	0/0/	3	0	0			0/0			13	-Statuettes and other ornamental articles
																		26.5	0		
0	0	0	2	0	0	0	0	6.5	0	0	0/0/0	3	0	0			0/0			13	---Of a kind for used in machines or instruments
																		25	0		
0	0	0	2	0	0	0	0	6.5	0	9.2	0/0/0	3	0	0			0/0				---Other
																			0	13	
																			0	0	
																			0	13	

第四十章
橡胶及其制品

注释：

一、除条文另有规定的以外，本协调制度所称“橡胶”，是指不论是否硫化或硬化的下列产品：天然橡胶、巴拉塔胶、古塔波胶、银胶菊胶、糖胶树胶及类似的天然树胶、合成橡胶、从油类中提取的油膏，以及上述物品的再生品。

二、本章不包括：
（一）第十一类的货品（纺织原料及纺织制品）；
（二）第六十四章的鞋靴及其零件；
（三）第六十五章的帽类及其零件（包括游泳帽）；
（四）第十六类的硬质橡胶制的机械器具、电气器具及其零件（包括各种电气用品）；
（五）第九十章、第九十二章、第九十四章或第九十六章的物品；或
（六）第九十五章的物品（运动用分指手套、连指手套及露指手套及品目 40.11 至 40.13 的制品除外）。

三、品目 40.01 至 40.03 及 40.05 所称“初级形状”，只限于下列形状：
（一）液状及糊状，包括胶乳（不论是否预硫化）及其他分散体和溶液；
（二）不规则形状的块，团、包、粉、粒、碎屑及类似的散装形状。

四、本章注释一和品目 40.02 所称“合成橡胶”，适用于：
（一）不饱和合成物质，即用硫磺硫化能使其不可逆地变为非热塑物质，这种物质能在温度 18℃～29℃之间被拉长到其原长度的 3 倍而不致断裂，拉长到原长度的 2 倍时，在 5 分钟内能回复到不超过原长度的 1.5 倍。为了进行上述试验，可以加入交联所需的硫化活化剂或促进剂；也允许含有注释五（二）2 及 3 所述的物质。但不能加入非交联所需的物质，例如，增量剂、增塑剂及填料。

（二）聚硫橡胶（TM）。
（三）与塑料接枝共聚或混合而改性的天然橡胶、解聚天然橡胶，以及不饱和合成物质与饱和合成高聚物的混合物，但这些产品必须符合以上（一）款关于硫化、延伸及回复的要求。

五、（一）品目 40.01 及 40.02 不适用于任何凝结前或凝结后与下列物质相混合的橡胶或橡胶混合物：
1. 硫化剂、促进剂、防焦剂或活性剂（为制造预硫胶乳所加入的除外）；
2. 颜料或其他着色料，但仅为易于识别而加入的除外；
3. 增塑剂或增量剂（用油增量的橡胶中所加的矿物油除外）、填料、增强剂、有机溶剂或其他物质，但以下（二）款所述的除外。

（二）含有下列物质的橡胶或橡胶混合物，只要仍具有原料的基本特性，应归入品目 40.01 或 40.02：

1. 乳化剂或防粘剂；
2. 少量的乳化剂分解产品；
3. 微量的下列物质：热敏剂（一般为制造热敏胶乳用）、阳离子表面活性剂（一般为制造阳性胶乳用）、抗氧剂、凝固剂、碎裂剂、抗冻剂、胶溶剂、保存剂、稳定剂、黏度控制剂或类似的特殊用途添加剂。

六、品目 40.04 所称“废碎料及下脚料”，是指在橡胶或橡胶制品生产或加工过程中由于切割、磨损或其他原因明显不能按橡胶或橡胶制品使用的废橡胶及下脚料。

七、全部用硫化橡胶制成的线，其任一截面的尺寸超过 5 毫米的，应作为带、杆或型材及异型材归入品目 40.08。

八、品目 40.10 包括用橡胶浸渍、涂布、包覆或层压的织物制成的或用橡胶浸渍、涂布、包覆或套裹的纱线或绳制成的传动带、输送带。

九、品目 40.01、40.02、40.03、40.05 及 40.08 所称“板”“片”“带”，仅指未切割或只简单切割成矩形（包括正方形）的板、片、带及正几何形块，不论是否具有成品的特征，也不论是否经过印制或其他表面加工，但未切割成其他形状或进一步加工。

品目 40.08 所称“杆”或“型材及异型材”，仅指不论是否切割成一定长度或表面加工，但未经进一步加工的该类产品。

商品编号	商品名称及备注[检验检疫编码及名称]	进口关税(%)		增值税率(%)	消费税	计量单位	监管条件	检验检疫类别
		最惠国	普通					
4001	天然橡胶、巴拉塔胶、古塔波胶、银胶菊胶、糖胶树胶及类似的天然树胶，初级形状或板、片、带：							
40011000	-天然胶乳，不论是否预硫化							
4001100000①	天然胶乳（不论是否预硫化）②	20	40	13		千克		

① 本商品编号适用暂定税率：10%或 900 元/吨，两者从低。
② 〔101 天然橡胶（乳胶固形物）（有检疫要求食品添加剂）〕，〔999 其他〕

Chapter 40
Rubber and articles thereof

Chapter Notes:

1. Except where the context otherwise requires, throughout the Nomenclature the expression "rubber" means the following products, whether or not vulcanised or hard: natural rubber, balata, gutta-percha, guayule, chicle and similar natural gums, synthetic rubber, factice derived from oils, and such substances reclaimed.

2. This Chapter does not cover:
   (a) Goods of Section XI (textiles and textile articles);
   (b) Footwear or parts thereof of Chapter 64;
   (c) Headgear or parts thereof (including bathing caps) of Chapter 65;
   (d) Mechanical or electrical appliances or parts thereof of Section XVI (including electrical goods of all kinds), of hard rubber;
   (e) Articles of Chapter 90, 92, 94 or 96; or
   (f) Articles of Chapter 95 (other than sports gloves, mittens and mitts and articles of headings 40. 11 to 40. 13).

3. In headings 40. 01 to 40. 03 and 40. 05, the expression "primary forms" applies only to the following forms:
   (a) Liquids and pastes (including latex, whether or not pre-vulcanised, and other dispersions and solutions);
   (b) Blocks of irregular shape, lumps, bales, powders, granules, crumbs and similar bulk forms.

4. In Note 1 to this Chapter and in heading 40. 02, the expression "synthetic rubber" applies to:
   (a) Unsaturated synthetic substances which can be irreversibly transformed by vulcanisation with sulphur into non-thermoplastic substances which, at a temperature between 18℃ and 29℃, will not break on being extended to three times their original length and will return, after being extended to twice their original length, within a period of five minutes, to a length not greater than one and a half times their original length. For the purposes of this test, substances necessary for the cross-linking, such as vulcanising activators or accelerators, may be added; the presence of substances as provided for by Note 5 (b) (ii) and (iii) is also permitted. However, the presence of any substances not necessary for the cross-linking, such as extenders, plasticisers and fillers, is not permitted.
   (b) Thioplasts (TM); and
   (c) Natural rubber modified by grafting or mixing with plastics, depolymerised natural rubber, mixtures of unsaturated synthetic substances with saturated synthetic high polymers provided that all the above-mentioned products comply with the requirements concerning vulcanisation, elongation and recovery in (a) above.

5. (a) Headings 40. 01 and 40. 02 do not apply to any rubber or mixture of rubbers which has been compounded, before or after coagulation, with:
      (i) vulcanising agents, accelerators, retarders or activators (other than those added for the preparation of pre-vulcanised rubber latex);
      (ii) pigments or other colouring matter, other than those added solely for the purpose of identification;
      (iii) plasticisers or extenders (except mineral oil in the case of oil-extended rubber), fillers, reinforcing agents, organic solvents or any other substances, except those permitted under (b);
   (b) The presence of the following substances in any rubber or mixture of rubbers shall not affect its classification in heading 40. 01 or 40. 02, as the case may be, provided that such rubber or mixture of rubbers retains its essential character as a raw material:
      (i) emulsifiers or anti-tack agents;
      (ii) small amounts of breakdown products of emulsifiers;
      (iii) very small amounts of the following: heat-sensitive agents (generally for obtaining thermosensitive rubber latexes), cationic surface-active agents (generally for obtaining electropositive rubber latexes), antioxidants, coagulants, crumbling agents, freeze-resisting agents, peptisers, preservatives, stabilisers, viscosity-control agents, or similar special-purpose additives.

6. For the purposes of heading 40. 04, the expression "waste, parings and scrap" means rubber waste, parings and scrap from the manufacture or working of rubber and rubber goods definitely not usable as such because of cutting-up, wear or other reasons.

7. Thread wholly of vulcanised rubber, of which any cross-sectional dimension exceeds 5mm, is to be classified as strip, rods or profile shapes, of heading 40. 08.

8. Heading 40. 10 includes conveyor or transmission belts or belting of textile fabric impregnated, coated, covered or laminated with rubber or made from textile yarn or cord impregnated, coated, covered or sheathed with rubber.

9. In headings 40. 01, 40. 02, 40. 03, 40. 05 and 40. 08, the expressions "plates" "sheets" and "strip" apply only to plates, sheets and strip and to blocks of regular geometric shape, uncut or simply cut to rectangular (including square) shape, whether or not having the character of articles and whether or not printed or otherwise surface-worked, but not otherwise cut to shape or further worked.
   In heading 40. 08 the expressions "rods" and "profile shapes" apply only to such products, whether or not cut to length or surface-worked but not otherwise worked.

协定税率(%)															特惠税率(%)			对美税率	出口税率	出口退税率	Article Description
智利	新西兰	澳大利亚	瑞士	冰岛	秘鲁	哥斯达	东盟	亚太	新加坡	巴基斯坦	港/澳/台	韩国	格鲁吉亚	毛里求斯	亚太	老/柬/缅	LDC 97/95				
																					Natural rubber, balata, gutta-percha, guayule, chicle and similar natural gums, in primary forms or in plates, sheets or strip:
0	0	0	4	0		0					0/0/	10. 6								9	-Natural rubber latex, whether or not pre-vulcanized
																			0		

商品编号	商品名称及备注[检验检疫编码及名称]	进口关税(%)		增值税率(%)	消费税	计量单位	监管条件	检验检疫类别
		最惠国	普通					
40012100	--烟胶片							
4001210000①	天然橡胶烟胶片〔999〕	20	40	13		千克		
40012200	--技术分类天然橡胶(TSNR)							
4001220000①	技术分类天然橡胶(TSNR)[初级形状(胶乳,烟胶片除外)或板、片、带]〔999〕	20	40	13		千克		
40012900	--其他							
4001290000	其他初级形状的天然橡胶(胶乳除外的初级形状或板、片、带状)〔999〕	20	40	13		千克		
40013000	-巴拉塔胶、古塔波胶、银胶菊胶、糖胶树胶及类似的天然树胶							
4001300000	巴拉塔胶等及类似的天然树胶(包括古塔波胶、糖胶树胶等,胶乳外的初级形状或板、片、带)〔101 杜仲胶溶液〕,〔102 节路顿胶〕,〔999 其他〕	20	40	13		千克		
4002	**合成橡胶及从油类提取的油膏,初级形状或板、片、带;品目 40.01 所列产品与本税号所列产品的混合物,初级形状或板、片、带:**							
40021110	---羧基丁苯橡胶							
4002111000	羧基丁苯橡胶胶乳〔999〕	7.5	14	13		千克		
40021190	---其他							
4002119000	其他胶乳〔999〕	7.5	14	13		千克		
40021911	----未经任何加工的丁苯橡胶(溶聚的除外)							
4002191100	初级形状未经任何加工丁苯橡胶(溶聚的除外)(胶乳除外)〔101 丁二烯-苯乙烯 75/25,50/50 橡胶(丁苯橡胶)〕,〔999〕	7.5	14	13		千克		
40021912	----充油丁苯橡胶(溶聚的除外)							
4002191200	初级形状充油丁苯橡胶(溶聚的除外)(胶乳除外)〔999〕	7.5	14	13		千克		
40021913	----热塑丁苯橡胶							
4002191300	初级形状热塑丁苯橡胶(胶乳除外)〔999〕	7.5	14	13		千克		
40021914	----充油热塑丁苯橡胶							
4002191400	初级形状充油热塑丁苯橡胶(胶乳除外)〔999〕	7.5	14	13		千克		
40021915	----未经任何加工的溶聚丁苯橡胶							
4002191500	初级形状未经任何加工的溶聚丁苯橡胶(胶乳除外)〔999〕	7.5	14	13		千克		
40021916	----充油溶聚丁苯橡胶							
4002191600	初级形状充油溶聚丁苯橡胶(胶乳除外)〔999〕	7.5	14	13		千克		
40021919	----其他							
4002191900	其他初级形状羧基丁苯橡胶等(胶乳除外)〔999〕	7.5	14	13		千克		
40021990	---其他							
4002199001	简单处理的丁苯橡胶,热塑或充油热塑丁苯橡胶除外(指为便于运输,对初级形状进行压缩、挤压等简单成型处理)〔999〕	7.5	35	13		千克		
4002199090	其他丁苯橡胶及羧基丁苯橡胶板、片、带(4002199001 项下的除外)〔999〕	7.5	35	13		千克		
40022010	---初级形状的							
4002201000	初级形状的丁二烯橡胶〔999〕	7.5	14	13		千克		
40022090	---其他							
4002209000	丁二烯橡胶板、片、带〔999〕	7.5	35	13		千克		
40023110	---初级形状的							
4002311000	初级形状的异丁烯-异戊二烯橡胶〔101 异丁烯-异戊二烯共聚物(丁基橡胶)〕,〔999〕	6	14	13		千克		
40023190	---其他							
4002319000	异丁烯-异戊二烯胶板、片、带〔999〕	7.5	35	13		千克		
40023910	---初级形状的							
4002391000	初级形状的其他卤代丁基橡胶〔999〕	7.5	14	13		千克		
40023990	---其他							
4002399000	卤代丁基橡胶板、片、带〔999〕	7.5	35	13		千克		
40024100	--胶乳							
4002410000	氯丁二烯橡胶胶乳〔999〕	7.5	14	13		千克		
40024910	---初级形状的							
4002491000	初级形状的氯丁二烯橡胶(胶乳除外)〔999〕	7.5	14	13		千克		
40024990	---其他							
4002499000	氯丁二烯橡胶板、片、带〔999〕	7.5	35	13		千克		

① 本商品编号适用暂定税率:20%或 1500 元/吨,两者从低。

协定税率(%)															特惠税率(%)			对美税率	出口税率	出口退税率	Article Description
智利	新西兰	澳大利亚	瑞士	冰岛	秘鲁	哥斯达	东盟	亚太	新加坡	巴基斯坦	港/澳/台	韩国	格鲁吉亚	毛里求斯	亚太	老/柬/缅	LDC 97/95				
0	0	0	4	0		0		17		17	0/0/	10.6								9	--Smoked sheets
																			0		
0	0	0	4	0		0					0/0/									9	--Technically specified natural rubber (TSNR)
																			0		
0	0	0	4	0		0		17		17	0/0/									9	--Other
																		45	0		
0	0	0	4	0	0	0	0		0		0/0/	10.6	0				0/0			9	-Balata, gutta-percha, guayule, chicle and similar natural gums
																			0		
																					Synthetic rubber and factice derived-from oils, in primary forms or in plates, sheets or strip; mixtures of any products of heading 40.01 with any product of this heading, in primary forms or in plates, sheets or strip:
0	0	0	0	0	0	0	0			3	0/0/	4	0	0			0/0			10	---Carboxylated styrene-butadiene rubber (XSBR)
																		32.5	0		
0	0	0	0	0	0	0	0			3	0/0/	4	0	0			0/0			10	---Other
																		17.5	0		
0	0	0	0	0	0	0	0		0	3	0/0/	4	0	0			0/0			13	----SBR, not worked (other than SSBR)
																		17.5	0		
0	0	0	0	0	0	0	0		0	3	0/0/	4	0	0			0/0			10	----SBR, oil-fitted (other than SSBR)
																		32.5	0		
0	0	0	0	0	0	0	0		0	3	0/0/	4	0	0			0/0			10	----SBR, thermo-plasticated
																		27.5	0		
0	0	0	0	0	0	0	0		0	3	0/0/	4	0	0			0/0			10	----SBR, oil-filled and thermo-plasticated
																		27.5	0		
0	0	0	0	0	0	0	0		0	3	0/0/	4	0	0			0/0			13	----Solution polymerized styrene-butadiene rubber (SSBR), not worked
																		32.5	0		
0	0	0	0	0	0	0	0		0	3	0/0/	4	0	0			0/0			10	----SSBR, oil-fitted
																		32.5	0		
0	0	0	0	0	0	0	5				0/0/	4	0	0			0/0			10	----Other
																		12.5	0		
0	0	0	0	0	0	0	0	4.9	0	3	0/0/	4	0	0			0/0				---Other
																		27.5	0	10	
																		27.5	0	0	
0	0	0	0	0	0	0	0			3	0/0/	4	0	0			0/0			10	---In primary forms
																		32.5	0		
0	0	0	0	0	0	0	0	7		3	0/0/	4	0	0			0/0			0	---Other
																		27.5	0		
0	0	0	0	0	0	0	0	3.9		0	0/0/	3.2	0	0			0/0			10	---In primary forms
																		26	0		
0	0	0	0	0	0	0	0	4.9		3	0/0/	4	0	0			0/0			0	---Other
																		17.5	0		
0	0	0	0	0	0	0	0			3	0/0/	4	0	0			0/0			10	---In pimary forms
																		12.5	0		
0	0	0	0	0	0	0	0	4.9		3	0/0/	4	0	0			0/0			0	---Other
																		32.5	0		
0	0	0	0	0	0	0	0	4.9		3	0/0/	0	0	0			0/0			10	--Latex
																		17.5	0		
0	0	0	0	0	0	0	0			3	0/0/		0	0			0/0			10	---In primary forms
																		32.5	0		
0	0	0	0	0	0	0	0	4.9		3	0/0/	4	0	0			0/0			0	---Other
																		32.5	0		

商品编号	商品名称及备注[检验检疫编码及名称]	进口关税(%)		增值税率(%)	消费税	计量单位	监管条件	检验检疫类别
		最惠国	普通					
40025100	--胶乳							
4002510000	丁腈橡胶胶乳〔999〕	7.5	14	13		千克		
40025910	---初级形状的							
4002591000	初级形状的丁腈橡胶(胶乳除外)〔999〕	7.5	14	13		千克		
40025990	---其他							
4002599000	丁腈橡胶板、片、带〔999〕	7.5	35	13		千克		
40026010	---初级形状的							
4002601000	初级形状的异戊二烯橡胶〔999〕	3	14	13		千克		
40026090	---其他							
4002609000	异戊二烯橡胶板、片、带〔999〕	5	35	13		千克		
40027010	---初级形状的							
4002701000	初级形状的乙丙非共轭二烯橡胶〔999〕	7.5	14	13		千克		
40027090	---其他							
4002709000	乙丙非共轭二烯橡胶板、片、带〔999〕	7.5	35	13		千克		
40028000	-品目40.01所列产品与本编号所列产品的混合物							
4002800000	天然橡胶与合成橡胶的混合物〔999〕	7.5	35	13		千克		
40029100	--胶乳							
4002910000	本编号其他未列名的胶乳〔999〕	7.5	14	13		千克		
40029911	----初级形状的							
4002991100	其他初级形状的合成橡胶〔999〕	7.5	14	13		千克		
40029919	----其他							
4002991900	其他合成橡胶板、片、带(胶乳除外)〔999〕	7.5	35	13		千克		
40029990	---其他							
4002999000	从油类提取的油膏〔999〕	4	14	13		千克		
4003	**再生橡胶,初级形状或板、片、带:**							
40030000	再生橡胶,初级形状或板、片、带							
4003000000	初级形状或板、片、带状再生橡胶〔999〕	8	30	13		千克		
4004	**橡胶(硬质橡胶除外)的废碎料、下脚料及其粉、粒:**							
40040000	橡胶(硬质橡胶除外)的废碎料、下脚料及其粉、粒							
4004000010	废轮胎及其切块〔999〕	8	30	13		千克	9	
4004000020	硫化橡胶废碎料、下脚料及其粉、粒(硬质橡胶的除外)(不包括符合GB/T19208标准的硫化橡胶粉产品)〔999〕	8	30	13		千克	9	
4004000090	未硫化橡胶废碎料、下脚料及其粉、粒〔101橡胶皮革废碎料〕,〔999其他〕	8	30	13		千克	9	M/
4005	**未硫化的复合橡胶,初级形状或板、片、带:**							
40051000	-与炭黑或硅石混合							
4005100000	与碳黑等混合的未硫化复合橡胶(包括与硅石混合,初级形状或板、片、带)〔999〕	8	35	13		千克	A	M/
40052000	-溶液;编号400510以外的分散体							
4005200000	未硫化的复合橡胶溶液及分散体(分散体指编号400510以外的)〔999〕	8	35	13		千克	A	M/
40059100	--板、片、带							
4005910000	其他未硫化的复合橡胶板、片、带〔999〕	8	35	13		千克	A	M/
40059900	--其他							
4005990000	其他未硫化的初级形状复合橡胶〔999〕	8	35	13		千克	A	M/
4006	**其他形状(例如,杆、管或型材及异型材)的未硫化橡胶及未硫化橡胶制品(例如,盘、环):**							
40061000	-轮胎翻新用胎面补料胎条							
4006100000	未硫化轮胎翻新用胎面补料胎条〔999〕	8	35	13		千克		
40069010	---其他形状的未硫化橡胶							
4006901000	未硫化橡胶的杆、管、型材及异型材(初级形状或板、片、带以外形状)〔999〕	8	35	13		千克		
40069020	---未硫化橡胶制品							
4006902000	未硫化橡胶制品(盘、环等)〔999〕	14	80	13		千克		

协定税率(%)															特惠税率(%)			对美税率	出口税率	出口退税率	Article Description
智利	新西兰	澳大利亚	瑞士	冰岛	秘鲁	哥斯达	东盟	亚太	新加坡	巴基斯坦	港/澳/台	韩国	格鲁吉亚	毛里求斯	亚太	老/柬/缅	LDC 97/95				
0	0	0	0	0	0	0	0	4.9		3	0/0/	4	0	0			0/0			10	--Latex
																		32.5	0		
0	0	0	0	0	0	0	0			3	0/0/	4	0	0			0/0			10	---In primary forms
																		27.5	0		
0	0	0	0	0	0	0	0			3	0/0/	4	0	0			0/0			0	---Other
																		27.5	0		
0	0	0	0	0	0	0	0			0	0/0/	1.6	0	0			0/0			10	---In primary forms
																		13	0		
0	0	0	0	0	0	0	0	3.3		0	0/0/	2.6	0	0			0/0			0	---Other
																		30	0		
0	0	0	0	0	0	0	0			3	0/0/	4	0	0			0/0			10	---In primary forms
																		12.5	0		
0	0	0	0	0	0	0	0	7.1		3	0/0/	4	0	0			0/0			0	---Other
																		12.5	0		
0	0	0	0	0	0	0	0			3	0/0/	4	0	0			0/0			0	-Mixtures of any product of heading 40.01 with any product of this heading
																		32.5	0		
0	0	0	0	0	0	0	0			3	0/0/	4	0	0			0/0			0	--Latex
																		27.5	0		
0	0	0	0	0	0	0	0			3	0/0/0	4	0	0			0/0			13	----In primary forms
																		12.5	0		
0	0	0	0	0	0	0	0			3	0/0/	4	0	0			0/0			0	----Other
																		17.5	0		
0	0	0	0	0	0	0	0			0	0/0/	0	0	0			0/0			13	---Other
																		29	0		
																					Reclaimed rubber in primary forms or in plates, sheets or strip:
0	0	0	0	0	0	0	0			3	0/0/	4.2	0	0			0/0			13	Reclaimed rubber in primary forms or in plates, sheets or strip
																		28	0		
																					Waste, parings and scrap of rubber (other than hard rubber) and powders and granules obtained therefrom:
0	0	0	0	0	0	0	0	5.2		3	0/0/	0	0	0			0/0			0	Waste, parings and scrap of rubber (other than hard rubber) and powders and granules obtained therefrom
																			0		
																			0		
																			0		
																					Compounded rubber, unvulcanized, in primary forms or in plates, sheets or strip:
0	0	0	0	0	0	0	0			3	0/0/	4.2		0			0/0			0	-Compounded with carbon black or silica
																		28	0		
0	0	0	0	0	0	0	0			3	0/0/	4.2		0			0/0			0	-Solutions; dispersions other than those of sub-heading 4005.10
																		33	0		
0	0	0	0	0	0	0	0			3	0/0/	0		0			0/0			0	--Plates, sheets and strip
																		18	0		
0	0	0	0	0	0	0	0			3	0/0/	4.2		0			0/0			0	--Other
																		28	0		
																					Other forms (for example, rods, tubes and profile shapes) and articles (for example, discs and rings), or unvulcanized rubber:
0	0	0	0	0	0	0	0			3	0/0/	0	0	0			0/0			0	-Camel-back strips for retreading rubber tyres
																		33	0		
0	0	0	0	0	0	0	0			3	0/0/	2.4	0	0			0/0			0	---Other forms of unvulcanized rubber
																		18	0		
0	0	0	2.8	0	0	0	0		0	11.2	0/0/	4.2	0	0			0/0			0	---Articles of unvulcanized rubber
																		19	0		

商品编号	商品名称及备注[检验检疫编码及名称]	进口关税(%)		增值税率(%)	消费税	计量单位	监管条件	检验检疫类别
		最惠国	普通					
4007	**硫化橡胶线及绳:**							
40070000	硫化橡胶线及绳							
4007000000	硫化橡胶线及绳[999]	14	80	13		千克		
4008	**硫化橡胶(硬质橡胶除外)制的板、片、带、杆或型材及异型材:**							
40081100	--板、片、带							
4008110000	海绵硫化橡胶制的板、片及带[999]	8	35	13		千克		
40081900	--其他							
4008190000	海绵硫化橡胶制型材、异型材及杆[999]	8	35	13		千克		
40082100	--板、片、带							
4008210000	非海绵硫化橡胶制板、片及带[999]	8	35	13		千克		
40082900	--其他							
4008290000	非海绵硫化橡胶型材、异型材及杆[999]	8	35	13		千克		
4009	**硫化橡胶(硬质橡胶除外)制的管子,不论是否装有附件(例如,接头、肘管、法兰):**							
40091100	--未装有附件							
4009110000	未加强或其他材料合制硫化橡胶管(不带附件,硬质橡胶除外)[999]	10	40	13		千克		L/
40091200	--装有附件							
4009120000	未加强或其他材料合制硫化橡胶管(装有附件,硬质橡胶除外)[999]	10	40	13		千克		L/
40092100	--未装有附件							
4009210000	加强或只与金属合制的硫化橡胶管(不带附件,硬质橡胶除外)[999]	10	40	13		千克		L/
40092200	--装有附件							
4009220000	加强或只与金属合制的硫化橡胶管(装有附件,硬质橡胶除外)[999]	10	40	13		千克		L/
40093100	--未装有附件							
4009310000	加强或与纺织材料合制的硫化橡胶管(不带附件,硬质橡胶除外)[999]	10	40	13		千克		L/
40093200	--装有附件							
4009320000	加强或与纺织材料合制的硫化橡胶管(装有附件,硬质橡胶除外)[999]	10	40	13		千克		L/
40094100	--未装有附件							
4009410000	加强或与其他材料合制的硫化橡胶管(不带附件,硬质橡胶除外)[999]	10	40	13		千克		
40094200	--装有附件							
4009420000	加强或与其他材料合制的硫化橡胶管(装有附件,硬质橡胶除外)[999]	10	40	13		千克		
4010	**硫化橡胶制的传动带或输送带及带料:**							
40101100	--仅用金属加强的							
4010110000	金属加强的硫化橡胶输送带(包括带料)[999]	10	35	13		千克		
40101200	--仅用纺织材料加强的							
4010120000	纺织材料加强的硫化橡胶输送带(包括带料)[999]	10	35	13		千克		
40101900	--其他							
4010190000	其他硫化橡胶制的输送带及带料[999]	10	35	13		千克		
40103100	--梯形截面的环形传动带(三角带),V形肋状的,外周长超过60厘米,但不超过180厘米							
4010310000	60厘米<周长≤180厘米V形肋状三角带(硫化橡胶制梯形截面的环形传动带,不论是否开槽)[999]	8	35	13		千克		
40103200	--梯形截面的环形传动带(三角带),外周长超过60厘米,但不超过180厘米,V形肋状的除外							
4010320000	60厘米<周长≤180厘米三角带(硫化橡胶制梯形截面的环形传动带,V形肋状带除外)[999]	8	35	13		千克		
40103300	--梯形截面的环形传动带(三角带),V形肋状的,外周长超过180厘米,但不超过240厘米							
4010330000	180厘米<周长≤240厘米V形肋状带(硫化橡胶制梯形截面的环形传动带)[999]	8	35	13		千克		
40103400	--梯形截面的环形传动带(三角带),外周长超过180厘米,但不超过240厘米,V形肋状的除外							

协定税率(%)															特惠税率(%)			对美税率	出口税率	出口退税率	Article Description
智利	新西兰	澳大利亚	瑞士	冰岛	秘鲁	哥斯达	东盟	亚太	新加坡	巴基斯坦	港/澳/台	韩国	格鲁吉亚	毛里求斯	亚太	老/柬/缅	LDC 97/95				
																					Vulcanized rubber thread and cord:
0	0	0	2.8	0	0	0	0		0	11.2	0/0/	4.2	0	0			0/0			13	Vulcanized rubber thread and cord
																		39	0		
																					Plates, sheets, strip, rods and profile shapes, of vulcanized rubber other than hard rubber:
0	0	0	0	0	0	0	0			3	0/0/	4.2	0	0			0/0			13	--Plates, sheets and strip
																		28	0		
0	0	0	0	0	0	0	0			3	0/0/	0	0	0			0/0			13	--Other
																		18	0		
0	0	0	0	0	0	0	0			3	0/0/	0	0	0			0/0			13	--Plates, sheets and strip
																		18	0		
0	0	0	0	0	0	0	0			3	0/0/	0	0	0			0/0			13	--Other
																		28	0		
																					Tubes, pipes and hoses, of vulcanized rubber other than hard rubber, witn or without their fittings (for example, joints, elbows, flanges):
0	0	0	2.1	0	0	0	0		0	4	0/0/	3.1	0	0			0/0			13	--Without fittings
																		30	0		
0	0	0	0	0	0	0	0			4	0/0/	3	0	0			0/0			10	--With fittings
																		30	0		
0	0	0	2.1	0	0	0	0		0	4	0/0/	3.1	0	0			0/0			13	--Without fittings
																		20	0		
0	0	0	0	0	0	0	0		0	4	0/0/	3	0	0			0/0			13	--With fittings
																		20	0		
0	0	0	2.1	0	0	0	0		0	4	0/0/	6.8	0	0			0/0			13	--Without fittings
																		30	0		
0	0	0	0	0	0	0	0			4	0/0/	3	2	0			0/0			13	--With fittings
																		35	0		
0	0	0	2.1	0	0	0	0		0	4	0/0/	3.1	0	0			0/0			13	--Without fittings
																		20	0		
0	0	0	0	0	0	0	0		0	4	0/0/	3	0	0			0/0			10	--With fittings
																		20	0		
																					Conveyor or transmission belts or belting, of vulcanized rubber:
0	0	0	3.3	0	0	0	0			4	0/0/	3	0	0			0/0			13	--Reinforced only with metal
																		35	0		
0	0	0	0	0	0	0	0			4	0/0/	3	0	0			0/0			13	--Reinforced only with textile materials
																		20	0		
0	0	0	0	0	0	0	0			4	0/0/	3	0	0			0/0			13	--Other
																		20	0		
0	0	0	0	0	0	0	0			3	0/0/	0	0	0			0/0			13	--Endless transmission belts of trapezoidal cross-section (V-belts), V-ribbed, of an outside circumference exceeding 60cm but not exceeding 180cm
																		33	0		
0	0	0	0	0	0	0	0			3	0/0/	0	0	0			0/0			13	--Endless transmission belts of trapezoidal cross-section (V-belts), other than V-ribbed, of an outside circumference exceeding 60cm but not exceeding 180cm
																		28	0		
0	0	0	0	0	0	0	0			3	0/0/	0	0	0			0/0			13	--Endless transmission belts of trapezoidal cross-section (V-belts), V-ribbed, of an outside circumference exceeding 180cm but not exceeding 240cm
																		28	0		
0	0	0	0	0	0	0	0			3	0/0/	0	0	0			0/0			13	--Endless transmission belts of trapezoidal cross-section (V-belts), other than V-ribbed, of an outside circumference exceeding 180cm but not exceeding 240cm

商品编号	商品名称及备注[检验检疫编码及名称]	进口关税(%) 最惠国	进口关税(%) 普通	增值税率(%)	消费税	计量单位	监管条件	检验检疫类别
4010340000	180 厘米<周长≤240 厘米 V 形肋状带除外(硫化橡胶制梯形截面的环形传动带)〔999〕	8	35	13		千克		
40103500	--环形同步带,外周长超过 60 厘米,但不超过 150 厘米							
4010350000	60 厘米<周长≤150 厘米的环形同步带(硫化橡胶制)〔999〕	10	35	13		千克		
40103600	--环形同步带,外周长超过 150 厘米,但不超过 198 厘米							
4010360000	150 厘米<周长≤198 厘米的环形同步带(硫化橡胶制)〔999〕	10	35	13		千克		
40103900	--其他							
4010390000	其他硫化橡胶制的传动带及带料〔999〕	8	35	13		千克		
4011	**新的充气橡胶轮胎:**							
40111000	-机动小客车(包括旅行小客车及赛车)用							
4011100000	机动小客车用新的充气轮胎(橡胶轮胎,包括旅行小客车及赛车用)〔101 有内胎〕,〔102 无内胎〕,〔999 其他车辆零部件〕	10	50	13		千克/条	A	L. M/
40112000	-客运机动车辆或货运机动车辆用							
4011200010	断面宽≥30 英寸客或货车用新充气橡胶轮胎(指机动车辆用橡胶轮胎,断面宽度≥30 英寸)〔101 轻型、微型载重汽车轮胎〕,〔102 其他载重轮胎〕,〔999 其他车辆零部件〕	10	50	13		千克/条	A	M/
4011200090	其他客或货车用新充气橡胶轮胎(指机动车辆用橡胶轮胎)〔101 轻型、微型载重汽车轮胎〕,〔102 其他载重轮胎〕,〔999 其他车辆零部件〕	10	50	13		千克/条	A	L. M/
40113000	-航空器用							
4011300000	航空器用新的充气橡胶轮胎〔999〕	1	11	13		千克/条		
40114000	-摩托车用							
4011400000	摩托车用新的充气橡胶轮胎〔999〕	15	80	13		千克/条	A	L. M/
40115000	-自行车用							
4011500000	自行车用新的充气橡胶轮胎〔999〕	20	80	13		千克/条		
40117010	---人字形胎面或类似胎面							
4011701000	人字形胎面轮胎(新充气橡胶轮胎,含胎面类似人字形的,农林车辆及机器用)〔999〕	17	50	13		千克/条	A	M/
40117090	---其他							
4011709000	其他新的充气橡胶轮胎(非人字形胎面,农林车辆及机器用)〔999〕	25	50	13		千克/条		
40118011	----辋圈尺寸不超过 61 厘米							
4011801110	断面宽≥24 英寸人字形轮胎(建筑业、采矿业或工业搬运车辆及机器用,辋圈≤61 厘米,新充气橡胶胎,含类似人字形)〔999〕	17	50	13		千克/条	A	M/
4011801190	其他人字形胎面轮胎(建筑业、采矿业或工业搬运车辆及机器用,辋圈≤61 厘米,新充气橡胶胎,含类似人字形)〔999〕	17	50	13		千克/条	A	M/
40118012	----辋圈尺寸超过 61 厘米							
4011801200	人字形胎面轮胎(建筑业、采矿业或工业搬运车辆及机器用,辋圈>61 厘米,新充气橡胶胎,含类人字形)〔999〕	17	50	13		千克/条	A	M/
40118091	----辋圈尺寸不超过 61 厘米							
4011809100	建筑业、采矿业或工业搬运车辆及机器用,辋圈尺寸≤61 厘米的非人字面的新充气橡胶胎〔999〕	25	50	13		千克/条		
40118092	----辋圈尺寸超过 61 厘米							
4011809210[暂17]	其他断面宽度≥24 英寸轮胎(建筑业、采矿业或工业搬运车辆及机器用,辋圈>61 厘米,新充气橡胶胎,非人字形胎面)〔999〕	25	50	13		千克/条		
4011809290	其他新的充气橡胶轮胎(建筑业、采矿业或工业搬运车辆及机器用,辋圈>61 厘米,新充气橡胶胎,非人字形胎面)〔999〕	25	50	13		千克/条		
40119010	---人字形胎面或类似胎面的							
4011901000	人字形胎面轮胎(其他用途,新充气橡胶轮胎,含胎面类似人字形的)〔999〕	17	50	13		千克/条	A	M/
40119090	---其他							
4011909010[暂17]	其他断面宽度≥30 英寸轮胎(其他用途,新充气橡胶轮胎,非人字形胎面)〔999〕	25	50	13		千克/条		
4011909090	其他新的充气橡胶轮胎(其他用途,新充气橡胶轮胎,非人字形胎面)〔999〕	25	50	13		千克/条		L/
4012	**翻新的或旧的充气橡胶轮胎;实心或半实心橡胶轮胎、橡胶胎面及橡胶轮胎衬带:**							
40121100	--机动小客车(包括旅行小客车及赛车)用							
4012110000	机动小客车用翻新轮胎(包括旅行小客车及赛车用翻新轮胎)〔999〕	20	50	13		千克/条	A	M/
40121200	--机动大客车或货运机动车辆用							
4012120000	机动大客车或货运车用翻新轮胎〔999〕	20	50	13		千克/条	A	M/

协定税率(%)															特惠税率(%)			对美税率	出口税率	出口退税率	Article Description
智利	新西兰	澳大利亚	瑞士	冰岛	秘鲁	哥斯达	东盟	亚太	新加坡	巴基斯坦	港/澳/台	韩国	格鲁吉亚	毛里求斯	亚太	老/柬/缅	LDC 97/95				
																		28	0		
0	0	0	0	0	0	0	0		0	4	0/0/	3	0	0			0/0			13	--Endless synchronous belts, of an outside circumference exceeding 60cm but not exceeding 150cm
																		30	0		
0	0	0	0	0	0	0	0			4	0/0/	3	0	0			0/0			13	--Endless synchronous belts, of an outside circumference exceeding 150cm but not exceeding 198cm
																		30	0		
0	0	0	0	0	0	0	0	5.2		3	0/0/	0	0	0			0/0			13	--Other
																		28	0		
																					New pneumatic tyres, of rubber:
0	0	0	0	0		0	0	6.5	0	4	0/0/0	5.3	0	0			0/0			13	-Of a kind used on motor cars (including station wagons and racing cars)
																		15	0		
0	0	0	0	0	0	0	0	6.5	0	4	0/0/0	5.3	0	0			0/0			13	-Of a kind used on buses or lorries
																		13	0		
																		15	0		
0	0	0	0	0	0	0	0			0	0/0/	0	0	0			0/0			13	-Of a kind used on aircraft
																		11	0		
0	0	0	3	0	0	0	0		0	12	0/0/0	8	0	0			0/0			13	-Of a kind used on motorcycles
																		40	0		
0	0	0	4	0	0	0	0		0		0/0/0	10.6	0	0			0/0			13	-Of a kind used on bicycles
																		22.5	0		
0	0	0	3.5	0	0	0	0		0	14	0/0/0	5.2	0	0			0/0			13	---Having a "herring-bone" or similar tread
																		44.5	0		
0	0	0		0		0	0		0		0/0/0	16.2	0	20			0/0			13	---Other
																		37.5	0		
0	0	0	3.5	0	0	0	0		0	14	0/0/	5.2	0	0			0/0			13	----Rim size not exceeding 61cm
																		44.5	0		
																		44.5	0		
0	0	0	3.5	0	0	0	0		0	14	0/0/	5.2	0	0			0/0			13	----Rim size exceeding 61cm
																		44.5	0		
0	0	0		0		0	0		0		0/0/	16.2	0	20			0/			13	----Rim size not exceeding 61cm
																		52.5	0		
0	0	0		0		0	0		0		0/0/	16.2	0	20			0/			13	----Rim size exceeding 61cm
																		29.5	0		
																		37.5	0		
0	0	0	3.5	0	0	0	0		0	14	0/0/0	5.2	0	0			0/0			13	---Having a "herring-bone" or similar tread
																		24.5	0		
0	0	0		0		0	0		0		0/0/	16.2	0	20			0/			13	---Other
																		44.5	0		
																		52.5	0		
																					Retreaded or used pneumatic tyres of rubber; solid or cushion tyres, tyre treads and tyre flaps, of rubber:
0	0	0	4	0	0	0	0		0		0/0/	10.6	0	0			0/0			13	--Of a kind used on motor cars, (including station wagons and racing cars)
																			0		
0	0	0	4	0	0	0	0		0		0/0/	10.6	0	0			0/0			13	--Of a kind used on buses or lorries
																		25	0		

商品编号	商品名称及备注[检验检疫编码及名称]	进口关税(%) 最惠国	普通	增值税率(%)	消费税	计量单位	监管条件	检验检疫类别
40121300	--航空器用							
4012130000暂4	航空器用翻新轮胎〔999〕	20	50	13		千克/条		
40121900	--其他							
4012190000	其他翻新轮胎〔999〕	20	50	13		千克/条		
40122010	---汽车用							
4012201000	汽车用旧的充气橡胶轮胎〔999〕	25	50	13		千克/条	A	M/
40122090	---其他							
4012209000	其他用途旧的充气橡胶轮胎〔999〕	25	80	13		千克/条		
40129010	---航空器用							
4012901000	航空器用实心或半实心橡胶轮胎(包括橡胶胎面及橡胶轮胎衬带)〔999〕	3	11	13		千克		
40129020	---汽车用							
4012902000	汽车用实心或半实心轮胎〔101 充气轮胎轮辋实心轮胎〕,〔102 压配式实心轮胎〕,〔999 其他车辆零部件〕	22	50	13		千克	A	M/
40129090	---其他							
4012909000	其他用实心或半实心轮胎〔999〕	22	50	13		千克		
4013	**橡胶内胎:**							
40131000	-机动小客车(包括旅行小客车及赛车)、客运、机动车辆或货运机动车辆用							
4013100000	汽车用橡胶内胎[机动小客车(包括旅行小客车及赛车)、客运车或货运车用]①	15	50	13	3%	千克/条	A	M/
40132000	-自行车用							
4013200000	自行车用橡胶内胎〔999〕	15	80	13		千克/条		
40139010	---航空器用							
4013901000	航空器用橡胶内胎〔999〕	3	11	13		千克/条		
40139090	---其他							
4013909000	其他用橡胶内胎〔999〕	15	50	13	3%	千克/条		
4014	**硫化橡胶(硬质橡胶除外)制的卫生及医疗用品(包括奶嘴),不论是否装有硬质橡胶制的附件:**							
40141000	-避孕套							
4014100000	硫化橡胶制避孕套〔999〕	0	0	0		千克		
40149000	-其他							
4014900000	硫化橡胶制其他卫生及医疗用品(包括奶嘴,不论有无硬质橡胶配件,硬化橡胶的除外)〔101 其他医疗器具〕,〔102 食品接触橡胶产品〕,〔103 食品用橡胶包装〕	17	50	13		千克	A	M/
4015	**硫化橡胶(硬质橡胶除外)制的衣着用品及附件(包括分指手套、连指手套及露指手套):**							
40151100	--外科用							
4015110000	硫化橡胶制外科用手套(硬质橡胶的除外)〔999〕	8	30	13		千克/双		
40151900	--其他							
4015190000	硫化橡胶制其他手套(硬质橡胶的除外)〔999〕	10	80	13		千克/双		
40159010	---医疗用							
4015901000	医疗用硫化橡胶衣着用品及附件(硬质橡胶的除外)〔999〕	8	30	13		千克		
40159090	---其他							
4015909000	其他硫化橡胶制衣着用品及附件(硬质橡胶的除外)〔999〕	10	90	13		千克		
4016	**硫化橡胶(硬质橡胶除外)的其他制品:**							
40161010	---机器及仪器用零件							
4016101000	硫化海绵橡胶制机器及仪器用零件(硬质橡胶的除外)〔999〕	8	30	13		千克		
40161090	---其他							
4016109000	硫化海绵橡胶制其他制品(硬质橡胶的除外)〔999〕	15	80	13		千克		
40169100	--铺地制品及门垫							
4016910000	硫化橡胶制铺地制品及门垫(硬质橡胶的除外)〔999〕	10	80	13		千克		L/
40169200	--橡皮擦							
4016920000	硫化橡胶制橡皮擦〔999〕	10	80	13		千克		

① 〔101 轿车轮胎〕,〔102 载重轮胎〕,〔999 其他车辆零部件〕

协定税率(%)															特惠税率(%)			对美税率	出口税率	出口退税率	Article Description
智利	新西兰	澳大利亚	瑞士	冰岛	秘鲁	哥斯达	东盟	亚太	新加坡	巴基斯坦	港/澳/台	韩国	格鲁吉亚	毛里求斯	亚太	老/柬/缅	LDC 97/95				
0	0	0	4	0	0	0	0		0		0/0/	10.6	0	0			0/0			13	--Of a kind used on aircraft
																		29	0		
0	0	0	4	0	0	0	0		0		0/0/	10.6	0	0			0/0			13	--Other
																			0		
0	0	0		0		0	0		0		0/0/	16.2	0	20						13	---Of a kind used on motor cars, buses or lorries
																		50	0		
0	0	0		0		0	0		0		0/0/	16.2	0	20						13	---Other
																		50	0		
0	0	0	0	0	0	0	0			0	0/0/	0	0	0			0/0			13	---Of a kind used on aircraft
																		8	0		
0	0	0	4.4	0	0	0	0		0		0/0/	14.3	0	17.6			0/0			13	---Of a kind used on motor cars, buses or lorries
																		29.5	0		
0	0	0	4.4	0	0	0	0		0		0/0/	14.3	0	17.6			0/0			13	---Other
																		49.5	0		
																					Inner tubes, of rubber:
0	0	0	3	0	0	0	0	13.1	0	7.5	0/0/	8	0	0			0/0			13	-Of a kind used on motor cars (including staton wagons and racing cars), buses or lorries
																		20	0		
0	0	0	3	0	0	0	0		0	12	0/0/	4.5	0	0			0/0			13	-Of a kind used on bicycles
																			0		
0	0	0	0	0	0	0	0	1.8		0	0/0/	0	0	0			0/0			13	---Of a kind used on aircraft
																		8	0		
0	0	0	3	0	0	0	0		0	12	0/0/	4.5	0	0			0/0			13	---Other
																		40	0		
																					Hygienic or pharmaceutical articles (including teats), of vulcanized rubber other than hard rubber, with or without fittings of hard rubber:
																	0/0			0	-Sheath contraceptives
																		25	0		
0	0	0	3.5	0	0	0	0		0	14	0/0/	5.2	0	0			0/0			13	-Other
																		29.5	0		
																					Articles of apparel and clothing accessories (including gloves, mittens and mitts), for all purposes, of vulcanized rubber other than hard rubber:
0	0	0	0	0	0	0	0			3	0/0/	0	0	0			0/0			13	--Surgical
																		33	0		
0	0	0	3.6	0	0	0	0		0		0/0/	5.4	0	0			0/0			13	--Other
																		35	0		
0	0	0	0		0	0	0			3	0/0/	0	0	0			0/0			13	---For medical purpose
																		18	0		
0	0	0	3	0	0	0	0		0		0/0/	4.5	0	0			0/0			13	---Other
																		35	0		
																					Other articles of vulcanized rubber other than hard rubber:
0	0	0	0	0	0	0	0			3	0/0/	4.2	0	0			0/0			13	---Of a kind used in machines or instruments
																		18	0		
0	0	0	3	0	0	0	0		0	12	0/0/	4.5	0	0			0/0			13	---Other
																		25	0		
0	0	0	3.6	0	0	0	0		0		0/0/	5.4	0	0			0/0			13	--Floor coverings and mats
																		35	0		
0	0	0	3.6	0	0	0	0				0/0/	5.4	0	0			0/0			13	--Erasers
																		35	0		

商品编号	商品名称及备注[检验检疫编码及名称]	进口关税(%)		增值税率(%)	消费税	计量单位	监管条件	检验检疫类别
		最惠国	普通					
40169310	---机器及仪器用							
4016931000	其他硫化橡胶制密封制品(硫化橡胶密封圈,机器、仪器用,硬质橡胶的除外)〔999〕	8	30	13		千克		
40169390	---其他							
4016939000	硫化橡胶制其他用垫片,垫圈(包括密封垫,硬质橡胶除外)〔999〕	15	80	13		千克		
40169400	--船舶或码头的碰垫,不论是否可充气							
4016940000	硫化橡胶制船舶或码头的碰垫(不论是否可充气,硬质橡胶除外)〔999〕	18	80	13		千克		
40169500	--其他可充气制品							
4016950010[暂9]	轨道机车用气囊升弓装置〔999〕	18	80	13		千克		
4016950090	硫化橡胶制其他可充气制品〔999〕	18	80	13		千克		
40169910	---机器及仪器用零件							
4016991001[暂4]	奶衬(硬质橡胶除外)〔999〕	8	30	13		千克		
4016991090	硫化橡胶制机器及仪器用其他零件(硬质橡胶除外)〔999〕	8	30	13		千克		
40169990	---其他							
4016999001[暂5]	动车组用胶囊,外风挡板(硬质橡胶除外)①	10	80	13		千克		
4016999090	其他未列名硫化橡胶制品(硬质橡胶除外)②	10	80	13		千克		
4017	**各种形状的硬质橡胶(例如,纯硬质胶),包括废碎料;硬质橡胶制品:**							
40170010	---各种形状的硬质橡胶,包括废碎料							
4017001010	各种形状的硬质橡胶废碎料〔999〕	8	35	13		千克	9	
4017001090	各种形状的硬质橡胶〔999〕	8	35	13		千克		
40170020	---硬质橡胶制品							
4017002000	硬质橡胶制品〔999〕	15	90	13		千克		

① 〔101 硫化橡胶制品〕,〔102 食品接触橡胶产品〕,〔103 食品用橡胶包装〕
② 〔101 硫化橡胶制品〕,〔102 硫化橡胶制品〕,〔103 食品接触橡胶产品〕,〔104 食品用橡胶包装〕

协定税率(%)															特惠税率(%)			对美税率	出口税率	出口退税率	Article Description
智利	新西兰	澳大利亚	瑞士	冰岛	秘鲁	哥斯达	东盟	亚太	新加坡	巴基斯坦	港/澳/台	韩国	格鲁吉亚	毛里求斯	亚太	老/柬/缅	LDC 97/95				
0	0	0	1.6	0	0	0	0			4	0/0/	0	1.6	0			0/0			13	---Of a kind used in machines or instruments
																		18	0		
0	0	0	3	0	0	0	0		0		0/0/	0	0	0			0/0			13	---Other
																		25	0		
0	0	0	3.6	0	0	0	0		0		0/0/	5.4	0	0			0/0			13	--Boat or dock fenders, whether or not inflatable
																		45.5	0		
0	0	0	3.6	0	0	0	0		0		0/0/	5.4	0	0			0/0			13	--Other inflatable articles
																		21.5	0		
																		30.5	0		
0	0	0	1.6	0	0	0	0	7.6		3	0/0/	4.2	1.6	0			0/0			13	---Of a kind used in machines or instruments
																		24	0		
																		28	0		
0	0	0	2	0	0	0	0	6.5	0	4	0/0/	3	2	0			0/0			13	---Other
																		15	0		
																		20	0		
																					Hard rubber (for example, ebonite) in all forms, including waste and scrap; articles of hard rubber:
0	0	0	0	0	0	0	0	4.8		3	0/0/	2.4	0	0			0/0			10	---Hard rubber in all forms, including waste and scrap
																		33	0		
																		33	0		
0	0	0	3	0	0	0	0		0	12	0/0/	4.5	0	0			0/0			13	---Articles of hard rubber
																		25	0		

第　八　类
生皮、皮革、毛皮及其制品；鞍具及挽具；旅行用品、手提包及类似容器；动物肠线（蚕胶丝除外）制品

第四十一章
生皮（毛皮除外）及皮革

注释：

一、本章不包括：

（一）生皮的边角废料（品目05.11）。

（二）品目05.05或67.01的带羽毛或羽绒的整张或部分鸟皮。

（三）带毛生皮或已鞣的带毛皮张（第四十三章）；但下列动物的带毛生皮应归入第四十一章：牛（包括水牛）、马、绵羊及羔羊（不包括阿斯特拉罕、喀拉科尔、波斯羔羊或类似羔羊、印度、中国或蒙古羔羊）、山羊或小山羊（不包括也门、蒙古或西藏的山羊及小山羊）、猪（包括野猪）、小羚羊、瞪羚、骆驼（包括单峰骆驼）、驯鹿、麋、鹿、狍或狗。

二、（一）品目41.04至41.06不包括经逆鞣（包括预鞣）加工的皮（酌情归入品目41.01至41.03）。

（二）品目41.04至41.06所称“坯革”，包括在干燥前经复鞣、染色或加油（加脂）的皮。

三、本协调制度所称“再生皮革”，仅指品目41.15的皮革。

商品编号	商品名称及备注[检验检疫编码及名称]	进口关税(%) 最惠国	普通	增值税率(%)	消费税	计量单位	监管条件	检验检疫类别
4101	**生牛皮(包括水牛皮)、生马科动物皮(鲜的、盐腌的、干的、石灰浸渍的、浸酸的或以其他方法保藏,但未鞣制、未经羊皮纸化处理或进一步加工的),不论是否去毛或剖层:**							
41012011	----经逆鞣处理的							
4101201110	规定重量退鞣未剖层整张濒危生野牛皮(指每张,简单干燥≤8千克,干盐渍≤10千克,鲜或湿盐≤16千克)〔999〕	8	17	9		千克/张	ABFE	P/Q
4101201190	规定重量未剖层退鞣处理整张生牛皮(包括水牛皮)(指每张,简单干燥≤8千克,干盐渍≤10千克,鲜或湿盐≤16千克)〔101牛皮〕,〔102水牛皮〕,〔103牦牛皮〕	8	17	9		千克/张	AB	P/Q
41012019	----其他							
4101201910	规定重量非退鞣未剖层整张濒危生野牛皮(指每张,简单干燥≤8千克,干盐渍≤10千克,鲜或湿盐≤16千克)〔999〕	5	17	9		千克/张	ABFE	P/Q
4101201990	规定重量非退鞣未剖层处理整张生牛皮(包括水牛皮)(指每张,简单干燥≤8千克,干盐渍≤10千克,鲜或湿盐≤16千克)〔101牛皮〕,〔102水牛皮〕,〔103牦牛皮〕	5	17	9		千克/张	AB	P/Q
41012020	---马科动物皮							
4101202011[暂2]	规定重量未剖层整张濒危生野驴皮(指每张,简单干燥≤8千克,干盐渍≤10千克,鲜或湿盐≤16千克)〔999〕	5	30	9		千克/张	ABFE	P/Q
4101202019	规定重量未剖层整张其他濒危生野马科动物皮(指每张,简单干燥≤8千克,干盐渍≤10千克,鲜或湿盐≤16千克)〔999〕	5	30	9		千克/张	ABFE	P/Q
4101202091[暂2]	规定重量未剖层整张生驴皮(指每张,简单干燥≤8千克,干盐渍≤10千克,鲜或湿盐≤16千克)〔999〕	5	30	9		千克/张	AB	P/Q
4101202099	规定重量未剖层整张其他生马科动物皮(指每张,简单干燥≤8千克,干盐渍≤10千克,鲜或湿盐≤16千克)〔999〕	5	30	9		千克/张	AB	P/Q
41015011	----经逆鞣处理的							
4101501110	重>16千克退鞣整张濒危生野牛皮〔999〕	8	17	9		千克/张	ABFE	P/Q
4101501190	重>16千克退鞣处理整张生牛皮(包括水牛皮)〔101牛皮〕,〔102水牛皮〕,〔103牦牛皮〕	8	17	9		千克/张	AB	P/Q
41015019	----其他							
4101501910	重>16千克非退鞣整张濒危生野牛皮〔999〕	5	17	9		千克/张	ABFE	P/Q
4101501990	重>16千克非退鞣处理整张生牛皮(包括水牛皮)〔101牛皮〕,〔102水牛皮〕,〔103牦牛皮〕	5	17	9		千克/张	AB	P/Q
41015020	---马科动物皮							

SECTION Ⅷ
RAW HIDES AND SKINS, LEATHER, FURSKINS AND ARTICLES THEREOF; SADDLERY AND HARNESS; TRAVEL GOODS, HANDBAGS AND SIMILAR CONTAINERS; ARTICLES OF ANIMAL GUT (OTHER THAN SILK-WORM GUT)

Chapter 41
Raw hides and skins (other than furskins) and leather

Chapter Notes:

1. This Chapter does not cover:
   (a) Parings or similar waste, of raw hides or skins (heading 05.11).
   (b) Birdskins or parts of birdskins, with their feathers or down, of heading 05.05 or 67.01; or
   (c) Hides or skins, with the hair or wool on, raw, tanned or dressed (Chapter 43); the following are, however, to be classified in Chapter 41, namely, raw hides and skins with the hair or wool on, of bovine animals (including buffalo), of equine animals, of sheep or lambs (except Astrakhan, Broadtail, Caracul, Persian or similar lambs, Indian, Chinese, Mongolian or Tibetan lambs), of goats or kids (except Yemen, Mongolian or Tibetan goats and kids), of swine (including peccary), of chamois, of gazelle of camels (including dromedaries), of reindeer, of elk, of deer, of roebucks or of dogs.

2. (a) Headings 41.04 to 41.06 do not cover hides and skins which have undergone a tanning (including pre-tanning) process which is reversible (headings 41.01 to 41.03, as the case may be).
   (b) For the purposes of headings 41.04 to 41.06, the term "crust" includes hides and skins that have been retanned, coloured or fat-liquored (stuffed) prior to drying.

3. Throughout the Nomenclature the expression "composition leather" means only substances of the kind referred to in heading 41.15.

协定税率(%)															特惠税率(%)			对美税率	出口税率	出口退税率	Article Description
智利	新西兰	澳大利亚	瑞士	冰岛	秘鲁	哥斯达	东盟	亚太	新加坡	巴基斯坦	港/澳/台	韩国	格鲁吉亚	毛里求斯	亚太	老/柬/缅	LDC 97/95				
																					Raw hides and skins of bovine (including buffalo) or equine animals (fresh, or salted, dried, limed, pickled or otherwise preserved, but not tanned, parchment-dressed or further prepared), whether or not dehaired or split:
0	0	1	0	0	0	0	0	6		3	0/0/	0	0	0			0/0			0	----Have undergone a reversible tanning process
																		13	0		
																		13	0		
0	0	0.6	0	0	0	0	0		0	0/0/	0	0	0			0/0/	0/0			0	----Other
																		30	0		
																		30	0		
0	0	0	0	0	0	0	0			0	0/0/	0	0	0		0/0/	0/0			0	---Of equine animals
																		7	0		
																		10	0		
																		7	0		
																		10	0		
0	0	1.1	0	0	0	0	0	6.6		3	0/0/	0	0	0			0/0			0	----Have undergone a reversible tanning process
																			0		
																			0		
0	0	0.6	0	0	0	0	0			0	0/0/	0	0	0		0/0/	0/0			0	----Other
																		10	0		
																		10	0		
0	0	0	0	0	0	0	0			0	0/0/	0	0	0		0/0/	0/0			0	---Of equine animals

商品编号	商品名称及备注[检验检疫编码及名称]	进口关税(%) 最惠国	进口关税(%) 普通	增值税率(%)	消费税	计量单位	监管条件	检验检疫类别
4101502010	重>16 千克整张濒危生野马科动物皮〔999〕	5	30	9		千克/张	ABFE	P/Q
4101502090	重>16 千克整张生马科动物皮〔999〕	5	30	9		千克/张	AB	P/Q
41019011	----经逆鞣处理的							
4101901110	其他退鞣处理濒危生野牛皮(包括整张或半张的背皮及腹皮)〔999〕	8	17	9		千克	FEAB	P/Q
4101901190	其他退鞣处理生牛皮(包括整张或半张的背皮及腹皮)〔101 牛皮〕,〔102 水牛皮〕,〔103 牦牛皮〕	8	17	9		千克	AB	P/Q
41019019	----其他							
4101901910	其他濒危生野牛皮(包括整张或半张的背皮及腹皮)〔999〕	5	17	9		千克	FEAB	P/Q
4101901990	其他生牛皮(包括整张或半张的背皮及腹皮)〔101 牛皮〕,〔102 水牛皮〕,〔103 牦牛皮〕	5	17	9		千克	AB	P/Q
41019020	---马科动物皮							
4101902010	其他濒危生野马科动物皮(包括整张或半张的背皮及腹皮)〔999〕	5	30	9		千克	FEAB	P/Q
4101902090	其他生马科动物皮(包括整张或半张的背皮及腹皮)〔999〕	5	30	9		千克	AB	P/Q
4102	**绵羊或羔羊生皮(鲜的、盐腌的、干的、石灰浸渍的、浸酸的或经其他方法保藏,但未鞣制、未经羊皮纸化处理或进一步加工的),不论是否带毛或剖层,但本章注释一(三)所述不包括的生皮除外:**							
41021000	-带毛							
4102100000	带毛的绵羊或羔羊生皮[本章注释一(三)所述不包括的生皮除外]〔999〕	7	30	9		千克/张	AB	P/Q
41022110	---经逆鞣处理的							
4102211000	浸酸退鞣不带毛绵羊或羔羊生皮[本章注释一(三)所述不包括的生皮除外]〔999〕	14	30	9		千克/张	AB	P/Q
41022190	---其他							
4102219000	浸酸非退鞣不带毛绵羊或羔羊生皮[本章注释一(三)所述不包括的生皮除外]〔999〕	9	30	9		千克/张	AB	P/Q
41022910	---经逆鞣处理的							
4102291000	其他不带毛退鞣绵羊或羔羊生皮[浸酸的及本章注释一(三)所述不包括的生皮除外]〔999〕	14	30	9		千克/张	AB	P/Q
41022990	---其他							
4102299000	其他不带毛非退鞣绵羊或羔羊生皮[浸酸的及本章注释一(三)所述不包括的生皮除外]〔999〕	7	30	9		千克/张	AB	P/Q
4103	**其他生皮(鲜的、盐腌的、干的、石灰浸腌的、浸酸的或以其他方法保藏,但未鞣制、未经羊皮纸化处理或进一步加工的),不论是否去毛或剖层,但本章注释一(二)或(三)所述不包括的生皮除外:**							
41032000	-爬行动物皮							
4103200010	濒危爬行动物的生皮〔101 鳄鱼皮〕,〔102 蜥蜴皮〕,〔103 蛇皮〕,〔104 蟒蛇皮〕,〔105 未列出的其他动物皮张〕	9	30	9		千克/张	FEAB	P/Q
4103200090	其他爬行动物的生皮〔101 鳄鱼皮〕,〔102 蜥蜴皮〕,〔103 蛇皮〕,〔104 蟒蛇皮〕,〔105 未列出的其他动物皮张〕	9	30	9		千克/张	AB	P/Q
41033000	-猪皮							
4103300010	生鹿豚、姬猪皮〔999〕	9	30	9		千克/张	ABFE	P/Q
4103300090	生猪皮〔999〕	9	30	9		千克/张	AB	P/Q
41039011	----经逆鞣处理的							
4103901100	退鞣山羊板皮[本章注释一(三)所述不包括的生皮除外]〔101 山羊皮〕,〔102 野羊皮〕	14	35	9		千克/张	AB	P/Q
41039019	----其他							
4103901900	非退鞣山羊板皮[本章注释一(三)所述不包括的生皮除外]〔101 山羊皮〕,〔102 野羊皮〕	9	35	9		千克/张	AB	P/Q
41039021	----经逆鞣处理的							
4103902100	其他退鞣山羊或小山羊皮[山羊板皮及本章注释一(三)所述不包括的生皮除外]〔101 山羊皮〕,〔102 野羊皮〕	14	30	9		千克/张	AB	P/Q
41039029	----其他							

协定税率(%)															特惠税率(%)			对美税率	出口税率	出口退税率	Article Description
智利	新西兰	澳大利亚	瑞士	冰岛	秘鲁	哥斯达	东盟	亚太	新加坡	巴基斯坦	港/澳/台	韩国	格鲁吉亚	毛里求斯	亚太	老/柬/缅	LDC 97/95				
																		10	0		
																		10	0		
0	0	1.1	0	0	0	0	0	6.6		3	0/0/	0	0	0			0/0			0	----Have undergone a reversible tanning process
																			0		
																			0		
0	0	0.6	0	0	0	0	0			0	0/0/	0	0	0		0/0/	0/0			0	----Other
																		25	0		
																		25	0		
0	0	0	0	0	0	0	0			0	0/0/	0	0	0		0/0/	0/0			0	---Of equine animals
																		10	0		
																		10	0		
																					Raw skins of sheep or lambs (fresh, or salted, dried, limed, pickled or otherwise preserved, but not tanned, parchment-dressed or further prepared), whether or not with wool on or split, other than those excluded by Note 1(c) to this Chapter:
0	0	0	0	0		0	0			3	0/0/	0	0	0			0/0			0	-With wool on
																		32	0		
0	0	1.8	2.8	0		0	0		0	11.2	0/0/	4.2	0	0			0/0			0	---Have undergone a reversible tanning process
																		19	0		
0	0	1.1	0	0	0	0	0	8		3	0/0/	0	0	0			0/0			0	---Other
																		14	0		
0	0	1.8	2.8	0	0	0	0		0	7	0/0/	4.2	0	0			0/0			0	---Have undergone a reversible tanning process
																		19	0		
0	0	0.9	0	0	0	0	0	6		3	0/0/	0	0	0			0/0			0	---Other
																		12	0		
																					Other raw hides and skins (fresh, or salted, dried, limed, pickled or otherwise preserved, but not tanned, parchment-dressed or further prepared), whether or not dehaired or split, other than those excluded by Note 1(b) or 1(c) to this Chapter:
0	0	1.1	0	0	0	0	0			3	0/0/	0	0	0			0/0			0	-Of reptiles
																		14	0		
																		14	0		
0	0	0	0	0	0	0	0			3	0/0/	0	0	0		//0	0/0			0	-Of swine
																		14	0		
																		14	0		
0	0	1.8	2.8	0	0	0	0		0	7	0/0/	4.2	0	0			0/0			0	----Have undergone a reversible tanning process
																		19	20		
0	0	0	0	0	0	0	0			3	0/0/	0	0	0			0/0			0	----Other
																		14	20		
0	0	1.8	2.8	0	0	0	0		0	7	0/0/	4.2	0	0			0/0			0	----Have undergone a reversible tanning process
																		19	0		
0	0	0	0	0	0	0	0			3	0/0/	0	0	0			0/0			0	----Other

商品编号	商品名称及备注[检验检疫编码及名称]	进口关税(%) 最惠国	进口关税(%) 普通	增值税率(%)	消费税	计量单位	监管条件	检验检疫类别
4103902900	其他非退鞣山羊或小山羊皮[山羊板皮及本章注释一(三)所述不包括的生皮除外]〔101 山羊皮〕,〔102 野羊皮〕	9	30	9		千克/张	AB	P/Q
41039090	---其他							
4103909010	其他濒危野生动物生皮[本章注释一(二)或(三)所述不包括的生皮除外]①	9	30	9		千克/张	ABEF	P/Q
4103909090	其他生皮[本章注释一(二)或(三)所述不包括的生皮除外]②	9	30	9		千克/张	AB	P/Q
4104	**经鞣制的不带毛牛皮(包括水牛皮)、马科动物皮及其坯革,不论是否剖层,但未经进一步加工:**							
41041111	----蓝湿的							
4104111110[暂3]	蓝湿濒危野牛皮(全粒面未剖或粒面剖层,经鞣制不带毛)〔999〕	6	17	13		千克	ABFE	P/Q
4104111190[暂3]	全粒面未剖层或粒面剖层蓝湿牛皮(经鞣制不带毛)〔999〕	6	17	13		千克	AB	P/Q
41041119	----其他							
4104111910	湿濒危野牛皮(全粒面未剖或粒面剖层,经鞣制不带毛)〔999〕	6	35	13		千克	EF	
4104111990	全粒面未剖层或粒面剖层湿牛皮(经鞣制不带毛)〔999〕	6	35	13		千克		
41041120	---马科动物皮							
4104112010	湿濒危野马科动物皮(全粒面未剖或粒面剖层,经鞣制不带毛)〔999〕	5	35	13		千克	EF	
4104112090	全粒面未剖层或粒面剖层湿马科动物皮(经鞣制不带毛)〔999〕	5	35	13		千克		
41041911	----蓝湿的							
4104191110[暂3]	其他蓝湿濒危野牛皮(经鞣制不带毛)〔999〕	6	17	13		千克	ABFE	P/Q
4104191190[暂3]	其他蓝湿牛皮(经鞣制不带毛)〔999〕	6	17	13		千克	AB	P/Q
41041919	----其他							
4104191910	其他湿濒危野牛皮(经鞣制不带毛)〔999〕	7	35	13		千克	EF	
4104191990	其他湿牛皮(经鞣制不带毛)〔999〕	7	35	13		千克		
41041920	---马科动物皮							
4104192010	其他湿濒危野马科动物皮(经鞣制不带毛)〔999〕	5	35	13		千克	EF	
4104192090	其他湿马科动物皮(经鞣制不带毛)〔999〕	5	35	13		千克		
41044100	--全粒面未剖层革;粒面剖层革							
4104410010[暂3]	濒危野牛马干革(全粒面未剖或粒面剖层,经鞣制不带毛)〔999〕	5	35	13		千克	EF	
4104410090[暂3]	全粒面未剖层或粒面剖层干革(经鞣制不带毛)〔999〕	5	35	13		千克		
41044910	---机器带用牛、马皮革							
4104491010	其他机器带用濒危野牛马皮革(经鞣制不带毛)〔999〕	5	20	13		千克	FE	
4104491090	其他机器带用牛马皮革(经鞣制不带毛)〔101 马皮革〕,〔102 牛皮革〕	5	20	13		千克		
41044990	---其他							
4104499010	其他濒危野牛马皮革(经鞣制不带毛)〔999〕	7	35	13		千克	EF	
4104499090	其他牛马皮革(经鞣制不带毛)〔101 马皮革〕,〔102 牛皮革〕	7	35	13		千克		
4105	**经鞣制的不带毛绵羊或羔羊皮革及其坯革,不论是否剖层,但未经进一步加工:**							
41051010	---蓝湿的							
4105101000[暂10]	蓝湿绵羊或羔羊皮(经鞣制不带毛)〔999〕	14	50	13		千克	AB	P/Q
41051090	---其他							
4105109000	其他绵羊或羔羊湿革(经鞣制不带毛)〔999〕	10	50	13		千克		
41053000	-干革(坯革)							
4105300000	绵羊或羔羊干革(经鞣制不带毛)〔999〕	8	50	13		千克		
4106	**经鞣制的其他不带毛动物皮革及其坯革,不论是否剖层,但未经进一步加工:**							
41062100	--湿革(包括蓝湿皮)							
4106210001[暂10]	蓝湿山羊皮(经鞣制不带毛)〔999〕	14	50	13		千克		
4106210090	其他山羊或小山羊湿革(经鞣制不带毛)③	14	50	13		千克		
41062200	--干革(坯革)							
4106220000	山羊或小山羊干革(经鞣制不带毛)〔101 山羊皮革〕,〔102 未列出的其他动物皮革〕	14	50	13		千克		
41063110	---蓝湿的							
4106311010[暂10]	蓝湿鹿豚、姬猪皮(经鞣制不带毛)〔999〕	14	50	13		千克	FEAB	P/Q

① 〔101 斑马皮〕,〔102 野驴皮〕,〔103 其他野生奇蹄动物皮张〕,〔104 野骆驼皮〕,〔105 野鹿皮〕,〔106 其他野生偶蹄动物皮张〕,〔107 其他禽鸟皮〕,〔108 象皮〕,〔109 袋鼠皮〕,〔110 海豹皮〕,〔111 蛇皮〕,〔112 貂皮〕,〔113 狐狸皮〕,〔114 未列出的其他动物皮张〕,〔115 艾鼬皮〕,〔116 臭鼬皮〕,〔117 短尾猫皮〕,〔118 负鼠皮〕,〔119 海狸皮〕,〔120 旱獭皮〕,〔121 貉子皮〕,〔122 浣熊皮〕,〔123 灰鼠皮〕,〔124 狼皮〕,〔125 猞猁皮〕,〔126 麝鼠皮〕,〔127 水獭皮〕,〔128 松鼠皮〕

② 〔101 驴皮〕,〔102 骡皮〕,〔103 其他饲养奇蹄动物皮张〕,〔104 骆驼皮〕,〔105 鹿皮〕,〔106 其他饲养偶蹄动物皮张〕,〔107 其他禽鸟皮〕,〔108 象皮〕,〔109 袋鼠皮〕,〔110 海豹皮〕,〔111 蛇皮〕,〔112 貂皮〕,〔113 狐狸皮〕,〔114 未列出的其他动物皮张〕,〔115 艾鼬皮〕,〔116 臭鼬皮〕,〔117 短尾猫皮〕,〔118 负鼠皮〕,〔119 海狸皮〕,〔120 旱獭皮〕,〔121 貉子皮〕,〔122 浣熊皮〕,〔123 灰鼠皮〕,〔124 狼皮〕,〔125 猞猁皮〕,〔126 麝鼠皮〕,〔127 水獭皮〕,〔128 松鼠皮〕

③ 〔101 山羊皮革〕,〔102 未列出的其他动物皮革〕

协定税率(%)															特惠税率(%)			对美税率	出口税率	出口退税率	Article Description
智利	新西兰	澳大利亚	瑞士	冰岛	秘鲁	哥斯达	东盟	亚太	新加坡	巴基斯坦	港/澳/台	韩国	格鲁吉亚	毛里求斯	亚太	老/柬/缅	LDC 97/95				
																		14	0		
0	0	0	0	0	0	0	0			3	0/0/	0	0	0		//0	0/0			0	---Other
																		14	0		
																		14	0		
																					Tanned or crust hides and skins of bovine (including buffalo) or equineanimals, without hair on, whether or not split, but not further prepared:
0	0	0	0	0	0	0	0	3		0	0/0/	0	0	0	1.2		0/0			0	----Wet-blue
																		8	0		
																		8	0		
0	0	0	0	0	0	0	0	3		0	0/0/	0	0	0	1.5		0/0			0	----Other
																		11	0		
																		11	0		
0	0	0	0	0	0	0	0	2.5		0	0/0/	0	0	0	2		0/0			0	---Of equine animals
																		10	0		
																		10	0		
0	0	0	0	0	0	0	0	3		3	0/0/	0	0	0	1.5		0/0			0	----Wet-blue
																		28	0		
																		28	0		
0	0	0	0	0	0	0	0	3.5		0	0/0/	0	0	0	1.8		0/0			0	----Other
																		12	0		
																		12	0		
0	0	0	0	0	0	0	0	2.5		0	0/0/	0	0	0	1.5		0/0			0	---Of equine animals
																			0		
																			0		
0	0	0	0	0	0	0	0	3.5		0	0/0/	0	0	0	2		0/0			0	--Full grain, unsplit; grain splits
																		28	0		
																		28	0		
0	0	0	0	0	0	0	0	3.5		0	0/0/	0	0	0	0		0/0			0	---For machinery belting
																		10	0		
																		10	0		
0	0	0	0	0	0	0	0	4.9		0	0/0/	3.7	0	0	2.1		0/0			0	---Other
																		32	0		
																		32	0		
																					Tanned or crust skins of sheep or lambs, without wool on, whether or not split, but not further prepared:
0	0	0	2.8	0		0	0	7	0	4	0/0/	4.2	0	0	2.1		0/0			0	---Wet-blue
																		15	0		
0	0	0	0	0	0	0	0	5		4	0/0/	3	0	0	2		0/0			0	---Other
																		15	0		
0	0	0	0	0	0	0	0	5.6		5.6	0/0/	2.4	0	0	4.8		0/0			0	-In the dry state (crust)
																		13	0		
																					Tanned or crust hides and skins of other animals, without wool or hair on, whether or not split, but not further prepared:
0	0	0	2.8	0	0	0	0	12	0	12	0/0/	4.2	0	0	2.1		0/0			0	--In the wet state (including wet-blue)
																		15	0		
																		19	0		
0	0	0	2.8	0		0	0	9.8	0	0	0/0/	4.2	0	0	8.4		0/0			0	--In the dry state (crust)
																		19	0		
0	0	0	2.8	0	0	0	0		0	11.2	0/0/	4.2	0	0	4.2		0/0			0	---Wet-blue
																		35	0		

商品编号	商品名称及备注[检验检疫编码及名称]	进口关税(%) 最惠国	进口关税(%) 普通	增值税率(%)	消费税	计量单位	监管条件	检验检疫类别
4106311090[暂10]	其他蓝湿猪皮(经鞣制不带毛)〔999〕	14	50	13		千克	AB	P/Q
41063190	---其他							
4106319010	鹿豚、姬猪湿革(经鞣制不带毛)〔999〕	14	50	13		千克	EF	
4106319090	其他猪湿革(经鞣制不带毛)〔999〕	14	50	13		千克		
41063200	--干革(坯革)							
4106320010	鹿豚、姬猪干革(经鞣制不带毛,坯革)〔999〕	14	50	13		千克	EF	
4106320090	其他猪干革(经鞣制不带毛,坯革)〔999〕	14	50	13		千克		
41064000	-爬行动物的							
4106400010	濒危爬行动物皮革(经鞣制不带毛)①	14	50	13		千克	FE	
4106400090	其他爬行动物皮革(经鞣制不带毛)②	14	50	13		千克		
41069100	--湿革(包括蓝湿皮)							
4106910010	其他濒危野生动物湿革(经鞣制不带毛)〔999〕	14	50	13		千克	FE	
4106910090	其他动物湿革(经鞣制不带毛)〔999〕	14	50	13		千克		
41069200	--干革(坯革)							
4106920010	其他濒危野生动物干革(经鞣制不带毛)〔999〕	14	50	13		千克	FE	
4106920090	其他动物干革(经鞣制不带毛)〔999〕	14	50	13		千克		
4107	**经鞣制或半硝处理后进一步加工的不带毛的牛皮革(包括水牛皮革)及马科动物皮革,包括羊皮纸化处理的皮革,不论是否剖层,但品目41.14的皮革除外:**							
41071110	---牛皮							
4107111010	全粒面未剖层整张濒危野牛皮(经鞣制或半硝后进一步加工,羊皮纸化处理)〔999〕	6	50	13		千克/张	FE	
4107111090	全粒面未剖层整张牛皮(经鞣制或半硝后进一步加工,羊皮纸化处理)〔999〕	6	50	13		千克/张		
41071120	---马科动物皮							
4107112010	全粒面未剖层整张濒危野马科动物皮(经鞣制或半硝后进一步加工,羊皮纸化处理)〔999〕	5	50	13		千克/张	FE	
4107112090	全粒面未剖层整张马科动物皮(经鞣制或半硝后进一步加工,羊皮纸化处理)〔999〕	5	50	13		千克/张		
41071210	---牛皮							
4107121010	粒面剖层整张濒危野牛皮(经鞣制或半硝后进一步加工,羊皮纸化处理)〔999〕	6	50	13		千克/张	FE	
4107121090	粒面剖层整张牛皮(经鞣制或半硝后进一步加工,羊皮纸化处理)〔999〕	6	50	13		千克/张		
41071220	---马科动物皮							
4107122010	粒面剖层整张濒危野马科动物皮(经鞣制或半硝后进一步加工,羊皮纸化处理)〔999〕	5	50	13		千克/张	FE	
4107122090	粒面剖层整张马科动物皮(经鞣制或半硝后进一步加工,羊皮纸化处理)〔999〕	5	50	13		千克/张		
41071910	---机器带用							
4107191010	其他机器带用整张濒危野牛马皮革(经鞣制或半硝后进一步加工,羊皮纸化处理)〔999〕	5	50	13		千克/张	FE	
4107191090	其他机器带用整张牛马皮革(经鞣制或半硝后进一步加工,羊皮纸化处理)〔101 马皮革〕,〔102 牛皮革〕	5	50	13		千克/张		
41071990	---其他							
4107199010	其他整张濒危野牛马皮革(经鞣制或半硝后进一步加工,羊皮纸化处理)〔999〕	7	50	13		千克/张	EF	
4107199090	其他整张牛马皮革(经鞣制或半硝后进一步加工,羊皮纸化处理)〔101 马皮革〕,〔102 牛皮革〕	7	50	13		千克/张		
41079100	--全粒面未剖层革							
4107910010	全粒面未剖层非整张濒危野牛马皮(经鞣制或半硝后进一步加工,羊皮纸化处理)〔999〕	5	50	13		千克	EF	
4107910090	全粒面未剖层非整张革(经鞣制或半硝后进一步加工,羊皮纸化处理)③	5	50	13		千克		
41079200	--粒面剖层革							
4107920010	粒面剖层非整张濒危野牛马皮革(经鞣制或半硝后进一步加工,羊皮纸化处理)〔999〕	5	50	13		千克	FE	
4107920090	粒面剖层非整张革(经鞣制或半硝后进一步加工,羊皮纸化处理)④	5	50	13		千克		
41079910	---机器带用							
4107991010	其他机器带用非整张濒危野牛马皮(经鞣制或半硝后进一步加工,羊皮纸化处理)〔999〕	5	50	13		千克	FE	
4107991090	其他机器带用非整张牛马皮革(经鞣制或半硝后进一步加工,羊皮纸化处理)〔101 马皮革〕,〔102 牛皮革〕	5	50	13		千克		
41079990	---其他							

① 〔101 鳄鱼皮〕,〔102 鳄鱼皮革〕,〔103 蜥蜴皮〕,〔104 蟒蛇皮〕,〔105 蛇皮革〕,〔106 未列出的其他动物皮革〕
② 〔101 鳄鱼皮〕,〔102 鳄鱼皮革〕,〔103 蜥蜴皮〕,〔104 蟒蛇皮〕,〔105 蛇皮革〕,〔106 未列出的其他动物皮革〕
③ 〔101 马皮革〕,〔102 牛皮革〕,〔103 未列出的其他动物皮革〕
④ 〔101 马皮革〕,〔102 牛皮革〕,〔103 未列出的其他动物皮革〕

协定税率(%)															特惠税率(%)			对美税率	出口税率	出口退税率	Article Description
智利	新西兰	澳大利亚	瑞士	冰岛	秘鲁	哥斯达	东盟	亚太	新加坡	巴基斯坦	港/澳/台	韩国	格鲁吉亚	毛里求斯	亚太	老/柬/缅	LDC 97/95				
																		35	0		
0	0	0	2.8	0	0	0	0		0	7	0/0/	4.2	0	0	4.2		0/0			0	---Other
																		19	0		
																		19	0		
0	0	0	2.8	0	0	0	0		0	11.2	0/0/	4.2	0	0	4.2		0/0			0	--In the dry state (crust)
																		19	0		
																		19	0		
0	0	0	2.8	0	0	0	0		0	7	0/0/	4.2	0	0	0		0/0			0	-Of reptiles
																		19	0		
																		19	0		
0	0	0	2.8	0	0	0	0		0	11.2	0/0/	4.2	0	0	0		0/0			0	--In the wet state (including wet-blue)
																		19	0		
																		19	0		
0	0	0	2.8	0	0	0	0		0	0	0/0/	4.2	0	0	0		0/0			0	--In the dry state (crust)
																		19	0		
																		19	0		
																					Leather further prepared after tanning or crusting, including parchment-dressed leather, of bovine (including buffalo) or equine animals, without hair on, whether or not split, other than leather of heading 41.14:
0	0	0	0	0		0	0			0	0/0/	4.2	0	6.4						0	---Of bovine animals
																		31	0		
																		31	0		
0	0	0	0	0	0	0	0			0	0/0/	0	0	0			0/0			0	---Of equine animals
																		10	0		
																		10	0		
0	0	0	0	0		0	0			0	0/0/	2.4	0	0							---Of bovine animals
																		31	0	0	
																		31	0	0	
0	0	0	0	0	0	0	0			0	0/0/	0	0	0			0/0			0	---Of equine animals
																		10	0		
																		10	0		
0	0	0	0	0	0	0	0			0	0/0/	1.5	0	0			0/0			0	---For machinery belting
																		10	0		
																		10	0		
0	0	0	0	0		0	0				0/0/	0	0	0							---Other
																		32	0	0	
																		32	0	0	
0	0	0	0	0	0	0	0			0	0/0/	1.5	0	0			0/0			0	--Full grains, unsplit
																		30	0		
																		30	0		
0	0	0	0	0	0	0	0			0	0/0/	2.6	0	0			0/0			0	--Grain splits
																		30	0		
																		30	0		
0	0	0	0	0	0	0	0			0	0/0/	0	0	0			0/0			0	---For machinery belting
																		10	0		
																		10	0		
0	0	0	0	0	0	0	0				0/0/	3.7	0	0			0/0			0	---Other

商品编号	商品名称及备注[检验检疫编码及名称]	进口关税(%) 最惠国	进口关税(%) 普通	增值税率(%)	消费税	计量单位	监管条件	检验检疫类别
4107999010	其他非整张濒危野牛马皮革(经鞣制或半硝后进一步加工,羊皮纸化处理)〔999〕	7	50	13		千克	EF	
4107999090	其他非整张牛马皮革(经鞣制或半硝后进一步加工,羊皮纸化处理)〔101 马皮革〕,〔102 牛皮革〕	7	50	13		千克		
4112	**经鞣制或半硝处理后进一步加工的不带毛的绵羊或羔羊皮革,包括羊皮纸化处理的,不论是否剖层,但品目 41.14 的皮革除外:**							
41120000	经鞣制或半硝处理后进一步加工的不带毛的绵羊或羔羊皮革,包括羊皮纸化处理的,不论是否剖层,但税目 41.14 的皮革除外							
4112000000	加工的绵羊或羔羊皮革(经鞣制或半硝后进一步加工,不带毛,羊皮纸化处理)〔999〕	8	50	13		千克		
4113	**经鞣制或半硝处理后进一步加工的不带毛的其他动物皮革,包括羊皮纸化处理的,不论是否剖层,但品目 41.14 的皮革除外:**							
41131000	-山羊或小山羊皮的							
4113100000	加工的山羊或小山羊皮革(经鞣制或半硝后进一步加工,不带毛,羊皮纸化处理)〔101 山羊皮革〕,〔102 未列出的其他动物皮革〕	14	50	13		千克		
41132000	-猪皮的							
4113200010	加工的鹿豚、姬猪皮革(经鞣制或半硝后进一步加工,不带毛,羊皮纸化处理)〔999〕	14	50	13		千克	EF	
4113200090	加工的猪皮革(经鞣制或半硝后进一步加工,不带毛,羊皮纸化处理)〔999〕	14	50	13		千克		
41133000	-爬行动物皮的							
4113300010	加工的濒危爬行动物皮革(经鞣制或半硝后进一步加工,不带毛,羊皮纸化处理)①	14	50	13		千克	FE	
4113300090	加工的其他爬行动物皮革(经鞣制或半硝后进一步加工,不带毛,羊皮纸化处理)②	14	50	13		千克		
41139000	-其他							
4113900010	加工的其他濒危野生动物皮革(经鞣制或半硝后进一步加工,不带毛,羊皮纸化处理)③	14	50	13		千克	FE	
4113900090	加工的其他动物皮革(经鞣制或半硝后进一步加工,不带毛,羊皮纸化处理)④	14	50	13		千克		
4114	**油鞣皮革(包括结合鞣制的油鞣皮革);漆皮及层压漆皮;镀金属皮革:**							
41141000	-油鞣皮革(包括结合鞣制的油鞣皮革)							
4114100010	油鞣其他濒危野生动物皮革(包括结合鞣制的油鞣皮革)〔999〕	14	50	13		千克	FE	
4114100090	油鞣其他动物皮革(包括结合鞣制的油鞣皮革;野生动物皮革除外)〔999〕	14	50	13		千克		
41142000	-漆皮及层压漆皮;镀金属皮革							
4114200000	漆皮及层压漆皮;镀金属皮革〔999〕	10	50	13		千克		
4115	**以皮革或皮革纤维为基本成分的再生皮革,成块、成张或成条的,不论是否成卷;皮革或再生皮革的边角废料,不适宜作皮革制品用;皮革粉末:**							
41151000	-以皮革或皮革纤维为基本成分的再生皮革,成块、成张或成条,不论是否成卷							
4115100000	再生皮革(以皮革或皮革纤维为基本成分,成块,张,条,不论是否成卷)〔999〕	14	50	13		千克		

① 〔101 鳄鱼皮〕,〔102 鳄鱼皮革〕,〔103 蜥蜴皮〕,〔104 蟒蛇皮〕,〔105 蛇皮革〕,〔106 未列出的其他动物皮革〕
② 〔101 鳄鱼皮〕,〔102 鳄鱼皮革〕,〔103 蜥蜴皮〕,〔104 蟒蛇皮〕,〔105 蛇皮革〕,〔106 未列出的其他动物皮革〕
③ 〔101 其他奇蹄动物皮革〕,〔102 骆驼皮革〕,〔103 鹿皮革〕,〔104 其他偶蹄动物皮革〕,〔105 象皮革〕,〔106 袋鼠皮革〕,〔107 兔皮革〕,〔108 海豹皮革〕,〔109 未列出的其他动物皮革〕
④ 〔101 驴皮革〕,〔102 骡皮革〕,〔103 其他奇蹄动物皮革〕,〔104 骆驼皮革〕,〔105 鹿皮革〕,〔106 其他偶蹄动物皮革〕,〔107 象皮革〕,〔108 袋鼠皮革〕,〔109 兔皮革〕,〔110 未列出的其他动物皮革〕

协定税率(%)															特惠税率(%)			对美税率	出口税率	出口退税率	Article Description
智利	新西兰	澳大利亚	瑞士	冰岛	秘鲁	哥斯达	东盟	亚太	新加坡	巴基斯坦	港/澳/台	韩国	格鲁吉亚	毛里求斯	亚太	老/柬/缅	LDC 97/95				
																		32	0		
																		32	0		
																					Leather further prepared after tanning or crusting, including parchment-dressed leather, of sheep or lamb, without wool on, whether or not split, other than leather of heading 41.14:
0	0	0	0	0	0	0	0	5.6		0	0/0/	4.2	0	0			0/0			0	Leather further prepared after tanning or crusting, including parchment -dressed leather, of sheep or lamb, without wool on, whether or not split, other than leather of heading 41.14
																		33	0		
																					Leather further prepared after tan-ning or crusting, including parchment-dressed leather, of other animals, without wool or hair on, whether or not split, other than leather of heading 41.14:
0	0	0	2.8			0	0	9.8	0	0	0/0/	4.2	0	0			0/0			0	-Of goats or kids
																		39	0		
0	0	0	2.8	0	0	0	0		0		0/0/	4.2	0	0			0/0			0	-Of swine
																		39	0		
																		39	0		
0	0	0	2.8		0	0	0		0	0	0/0/	4.2	0	0			0/0			0	-Of reptiles
																		34	0		
																		34	0		
0	0	0	2.8	0	0	0	0		0	0	0/0/	4.2	0	0			0/0			0	-Other
																		39	0		
																		39	0		
																					Chamois including combination chamois) leather; patent leather and patent laminated leather; metallised leather:
0	0	0	2.8	0	0	0	0		0		0/0/	4.2	0	0			0/0				-Chamois (including combination chamois) leather
																		34	0	0	
																		34	0	0	
0	0	0	0	0		0	0	9	0	9	0/0/	6.5	0	0						0	-Patent leather and patent laminated leather; metallised leather
																		35	0		
																					Composition leather with a basis of leather or leather fibre, in slabs, sheets or strip, whether or not in rolls; parings and other waste of leather or of composition leather, not suitable for the manufacture of leather articles; leather dust, powder and flour:
0	0	0	2.8	0		0	0		0		0/0/	4.2	0	0						0	-Composition leather with a basis of leather or leather fibre, in slabs, sheets or strip, whether or not in rolls
																		39	0		

商品编号	商品名称及备注[检验检疫编码及名称]	进口关税(%)		增值税率(%)	消费税	计量单位	监管条件	检验检疫类别
		最惠国	普通					
41152000	-皮革或再生皮革的边角废料,不适宜作皮革制品用;皮革粉末							
4115200010	皮革废渣、灰渣、淤渣及粉末〔999〕	14	50	13		千克	9	
4115200090	成品皮革、皮革制品或再生皮革的边角料〔101 未列出的其他动物皮革〕,〔102 橡胶皮革废碎料〕	14	50	13		千克	9	

协定税率(%)															特惠税率(%)			对美税率	出口税率	出口退税率	Article Description
智利	新西兰	澳大利亚	瑞士	冰岛	秘鲁	哥斯达	东盟	亚太	新加坡	巴基斯坦	港/澳/台	韩国	格鲁吉亚	毛里求斯	亚太	老/柬/缅	LDC 97/95				
0	0	0	2.8	0	0	0	0		0		0/0/	4.2	0	0	4.2		0/0			0	-Parings and other waste of leather or of composition leather, not suitable for the manufacture of leather articles; leather dust, powder and flour
																		19	0		
																		19	0		

第四十二章
皮革制品；鞍具及挽具；旅行用品、手提包及类似容器；动物肠线（蚕胶丝除外）制品

注释：

一、本章所称的"皮革"包括油鞣皮革（含结合鞣制的油鞣皮革）、漆皮、层压漆皮和镀金属皮革。

二、本章不包括：
（一）外科用无菌肠线或类似的无菌缝合材料（品目30.06）；
（二）以毛皮或人造毛皮衬里或作面（仅饰边的除外）的衣服及衣着附件（分指手套、连指手套及露指手套除外）（品目43.03或43.04）；
（三）网线袋及类似品（品目56.08）；
（四）第六十四章的物品；
（五）第六十五章的帽类及其零件；
（六）品目66.02的鞭子、马鞭或其他物品；
（七）袖扣、手镯或其他仿首饰（品目71.17）；
（八）单独报验的挽具附件或装饰物，例如，马镫、马嚼子、马铃铛及类似品、带扣（一般归入第十五类）；
（九）弦线、鼓面皮或类似品及其他乐器零件（品目92.09）；
（十）第九十四章的物品（例如，家具，灯具及照明装置）；
（十一）第九十五章的物品（例如，玩具、游戏品及运动用品）；或
（十二）品目96.06的纽扣、揿扣、纽扣芯或这些物品的其他零件、纽扣坯。

三、（一）除上述注释二所规定的以外，品目42. 02也不包括：
1. 非供长期使用的带把手塑料薄膜袋，不论是否印制（品目39.23）；
2. 编结材料制品（品目46.02）。
（二）品目42.02及42.03的制品，如果装有用贵金属、包贵金属、天然或养殖珍珠、宝石或半宝石（天然、合成或再造）制的零件，即使这些零件不是仅作为小配件或小饰物的，只要其未构成物品的基本特征，仍应归入上述税号。但如果这些零件已构成物品的基本特征，则应归入第七十一章。

四、品目42.03所称"衣服及衣着附件"，主要适用于分指手套、连指手套及露指手套（包括运动手套及防护手套）、围裙及其他防护用衣着、裤吊带、腰带、子弹带及腕带，但不包括表带（品目91.13）。

商品编号	商品名称及备注[检验检疫编码及名称]	进口关税(%)		增值税率(%)	消费税	计量单位	监管条件	检验检疫类别
		最惠国	普通					
4201	**各种材料制成的鞍具及挽具(包括缰绳、挽绳、护膝垫、口套、鞍褥、马褡裢、狗外套及类似品),适合各种动物用:**							
42010000	各种材料制成的鞍具及挽具(包括缰绳、挽绳、护膝垫、口套、鞍褥、马褡裢、狗外套及类似品),适合各种动物用							
4201000010	濒危野生动物材料制的鞍具及挽具(适合各种动物用)〔101 含木制品〕,〔102 不含木制品〕	10	100	13		千克	FE	
4201000090	各种材料制成的鞍具及挽具(野生动物材料制的除外,适合各种动物用)〔101 含木制品〕,〔102 不含木制品〕	10	100	13		千克		
4202	**衣箱、提箱、小手袋、公文箱、公文包、书包、眼镜盒、望远镜盒、照相机套、乐器盒、枪套及类似容器;旅行包、食品或饮料保温包、化妆包、帆布包、手提包、购物袋、钱夹、钱包、地图盒、烟盒、烟袋、工具包、运动包、瓶盒、首饰盒、粉盒、刀叉餐具盒及类似容器,用皮革或再生皮革、塑料片、纺织材料、钢纸或纸板制成,或者全部或主要用上述材料或纸包覆制成:**							
42021110	---衣箱							
4202111010	以含濒危野生动物皮革或再生皮革作面的衣箱〔999〕	8	100	13		千克/个	FE	
4202111090	其他以皮革或再生皮革作面的衣箱〔999〕	8	100	13		千克/个		
42021190	---其他							

Chapter 42
Articles of leather; saddlery and harness; travel goods, handbags and similar containers; articles of animal gut (other than silk-worm gut)

Chapter Notes:

1. For the purposes of this Chapter, the term "leather" includes chamois (including combination chamois) leather, patent leather, patent laminated leather and metallised leather.

2. This Chapter does not cover:
   (a) Sterile surgical catgut or similar sterile suture materials (heading 30.06);
   (b) Articles of apparel or clothing accessories (except gloves, mittens and mitts), lined with furskin or artificial fur or to which furskin or artificial fur is attached on the outside except as mere trimming (heading 43.03 or 43.04);
   (c) Made up articles of netting (heading 56.08);
   (d) Articles of Chapter 64;
   (e) Headgear or parts thereof of Chapter 65;
   (f) Whips, riding-crops or other articles of heading 66.02;
   (g) Cuff-links, bracelets or other imitation jewellery (heading 71.17);
   (h) Fittings or trimmings for harness, such as stirrups, bits, horse brasses and buckles, separately presented (generally Section XV);
   (ij) Strings, skins for drums or the like, or other parts of musical instruments (heading 92.09);
   (k) Articles of Chapter 94 (for example, furniture, lamps and lighting fittings);
   (l) Articles of Chapter 95 (for example, toys, games, sports requisites); or
   (m) Buttons, press-fasteners, snap-fasteners, press-studs, button moulds or other parts of these articles, button blanks, of heading 96.06.

3. (a) In addition to the provisions of Note 2 above, heading 42.02 does not cover:
      (i) Bags made of sheeting of plastics, whether or not printed, with handles, not designed for prolonged use (heading 39.23);
      (ii) Articles of plaiting materials (heading 46.02).
   (b) Articles of headings 42.02 and 42.03 which have parts of precious metal or metal clad with precious metal, of natural or cultured pearls, of precious or semi-precious stones (natural, synthetic or reconstructed) remain classified in those headings even if such parts constitute more than minor fittings or minor ornamentation, provided that these parts do not give the articles their essential character. If, on the other hand, the parts give the articles their essential character, the articles are to be classified in Chapter 71.

4. For the purposes of heading 42.03, the expression "articles of apparel and clothing accessories" applies, inter alia, to gloves, mittens and mitts (including those for sport or for protection), aprons and other protective clothing, braces, belts, bandoliers and wrist straps, but excluding watch straps (heading 91.13).

协定税率(%)															特惠税率(%)			对美税率	出口税率	出口退税率	Article Description
智利	新西兰	澳大利亚	瑞士	冰岛	秘鲁	哥斯达	东盟	亚太	新加坡	巴基斯坦	港/澳/台	韩国	格鲁吉亚	毛里求斯	亚太	老/柬/缅	LDC 97/95				
																					Saddlery and harness for any animal (including traces, leads, knee pads, muzzles, saddle cloths, saddle bags, dog coats and the like), of any material:
0	0	0	4	0	0	0	0	6	0	10	0/0/	10.6	0	0	4		0/0				Saddlery and harness for any animal (including traces, leads, knee pads, muzzles, saddle cloths, saddle bags, dog coats and the like), of any material
																		35	0	0	
																		35	0	13	
																					Trunks, suit-cases, vanity-cases, executive cases, brief-cases, school satchels, spectacle cases, birocular cases, camera cases, musical instrument cases, gun cases, holsters and similar containers; travelling-bags, insulated food or beverages bags, toilet bags, ruck-sacks, handbags, shopping-bags, wallets, purses, map-cases, cigarett-cases, tobacco-pouches, tool bags, sports bags, bottle-cases, jewellery boxes, powder-boxes, cutlery cases and similar containers, of leather or of composition leather, of sheeting of plastics, of textile materials, of vulcanized fibre or of paperboard, or wholly or mainly covered with such materials or with paper:
0	0	0	3	0	0	0	0		0	12	0/0/	4.5	0	0	4.4		0/0				---Trunks
																		33	0	0	
																		33	0	13	
0	0	0	2	0	0	0	0			4	0/0/	3	0	0	4.8		0/0				---Other

商品编号	商品名称及备注[检验检疫编码及名称]	进口关税(%)		增值税率(%)	消费税	计量单位	监管条件	检验检疫类别
		最惠国	普通					
4202119010	以含濒危野生动物皮革或再生皮革作面的箱包(包括提箱、小手袋、公文包、书包及类似容器,但不包括衣箱)〔101 皮箱〕,〔102 皮包〕	6	100	13		千克/个	FE	
4202119090	其他以皮革或再生皮革作面的箱包(包括提箱、小手袋、公文包、书包及类似容器,但不包括衣箱)〔101 皮箱〕,〔102 儿童用皮包〕,〔103 非儿童用皮包〕	6	100	13		千克/个		
42021210	---衣箱							
4202121000	以塑料或纺织材料作面的衣箱〔101 塑料类〕,〔102 纺织材料类〕	10	100	13		千克/个		
42021290	---其他							
4202129000	以塑料或纺织材料作面的其他箱包(包括提箱、小手袋、公文箱、公文包、书包及类似容器)①	10	100	13		千克/个		
42021900	--其他							
4202190000	以钢纸或纸板作面的衣箱等(包括提箱、小手袋、公文箱、公文包、书包及类似容器)〔101 其他箱〕,〔102 其他包〕	10	100	13		千克/个		
42022100	--以皮革或再生皮革作面							
4202210010	以含濒危野生动物皮革或再生皮革作面的手提包(不论是否有背带,包括无把手的)〔999〕	6	100	13		千克/个	FE	
4202210090	其他以皮革或再生皮革作面的手提包(不论是否有背带,包括无把手的)〔999〕	6	100	13		千克/个		
42022200	--以塑料片或纺织材料作面							
4202220000	以塑料片或纺织材料作面的手提包(不论是否有背带,包括无把手的)〔101 塑料包〕,〔102 纺织材料包〕	6	100	13		千克/个		
42022900	--其他							
4202290000	以钢纸或纸板作面的手提包(不论是否有背带,包括无把手的)〔999〕	10	100	13		千克/个		
42023100	--以皮革或再生皮革作面							
4202310010	以含濒危野生动物皮革或再生皮革作面的钱包等物品(指通常置于口袋或手提包内的物品)〔999〕	6	100	13		千克/个	FE	
4202310090	以皮革或再生皮革作面的钱包等物品(指通常置于口袋或手提包内的物品)〔999〕	6	100	13		千克/个		
42023200	--以塑料片或纺织材料作面							
4202320000	塑料片或纺织材料作面的钱包等物品(指通常置于口袋或手提包内的物品)〔101 塑料包〕,〔102 纺织材料包〕	10	100	13		千克/个		
42023900	--其他							
4202390000	以钢纸或纸板作面的钱包等物品(指通常置于口袋或手提包内的物品)〔999〕	10	100	13		千克/个		
42029100	--以皮革或再生皮革作面							
4202910010	以含濒危野生动物皮革或再生皮革作面的其他容器〔999〕	6	100	13		千克/个	FE	
4202910090	其他皮革或再生皮革作面其他容器〔999〕	6	100	13		千克/个		
42029200	--以塑料片或纺织材料作面							
4202920000	塑料片或纺织材料作面的其他容器〔101 塑料包〕,〔102 纺织材料包〕	6	100	13		千克/个		
42029900	--其他							
4202990000	以钢纸或纸板作面的其他容器〔999〕	10	100	13		千克/个		
4203	**皮革或再生皮革制的衣服及衣着附件:**							
42031000	-衣服							
4203100010	含濒危野生动物皮革制的衣服(包括再生野生动物皮革制作的)〔999〕	6	100	13		千克/件	EF	
4203100090	皮革或再生皮革制的衣服(野生动物皮革制作的除外)〔999〕	6	100	13		千克/件		
42032100	--专供运动用							
4203210010	含濒危野生动物皮革制的运动手套(包括再生野生动物皮革制作的)〔999〕	10	100	13		千克/双	FE	
4203210090	皮革或再生皮革制专供运动用手套(包括连指或露指的,野生动物皮革制作的除外)〔999〕	10	100	13		千克/双		
42032910	---劳保手套							
4203291010	含濒危野生动物皮革制的劳保手套(包括再生野生动物皮革制作的)〔999〕	10	100	13		千克/双	FE	
4203291090	皮革或再生皮革制的劳保手套(野生动物皮革制作的除外)〔999〕	10	100	13		千克/双		
42032990	---其他							
4203299010	含濒危野生动物皮革制的其他手套(包括再生野生动物皮革制作的)〔999〕	10	100	13		千克/双	FE	
4203299090	皮革或再生皮革制的其他手套(包括连指或露指的)〔999〕	10	100	13		千克/双		
42033010	---腰带							
4203301010	含濒危野生动物皮革制的腰带(包括再生野生动物皮革制作的)〔999〕	6	100	13		千克	FE	

① 〔101 塑料箱〕,〔102 纺织材料箱〕,〔103 儿童用塑料包〕,〔104 非儿童用塑料包〕,〔105 儿童用纺织材料包〕,〔106 非儿童用纺织材料包〕

协定税率(%)															特惠税率(%)			对美税率	出口税率	出口退税率	Article Description
智利	新西兰	澳大利亚	瑞士	冰岛	秘鲁	哥斯达	东盟	亚太	新加坡	巴基斯坦	港/澳/台	韩国	格鲁吉亚	毛里求斯	亚太	老/柬/缅	LDC 97/95				
																		31	0	0	
																		31	0	13	
0	0	0	4	0	0	0	0	6.5	0	0	0/0/0	10.6	0	0			0/0			13	---Trunks
																		35	0		
0	0	0	4	0	0	0	0	6.5	0	0	0/0/0	6	0	16			0/0			13	---Other
																		35	0		
0	0	0	4	0	0	0	0		0	0	0/0/0	10.6	0	0	4		0/0			13	--Other
																		35	0		
0	0	0	2	0	0	0	0	3.9		0	0/0/	3	0	0			0/0				--With outer surface of leather or of composition leather
																		31	0	0	
																		31	0	13	
0	0	0	2	0	0	0	0	3.9	0	0	0/0/0	3	0	8			0/0			13	--With outer surface of plastic sheeting or of textile materials
																		31	0		
0	0	0	4	0	0	0	0	6.5	0	14	0/0/	10.6	0	0	4		0/0			13	--Other
																			0		
0	0	0	2	0	0	0	0	3.9		4	0/0/	3	0	0			0/0				--With outer surface of leather or of composition leather
																		31	0	0	
																		31	0	13	
0	0	0	4	0	0	0	0	6.5	0	14	0/0/	6	0	16			0/0			13	--With outer surface of plastic sheeting or of textile materials
																		35	0		
0	0	0	4	0	0	0	0	6.5	0	14	0/0/	10.6	0	0	4		0/0			13	--Other
																		35	0		
0	0	0	2	0	0	0	0	3.9		4	0/0/	3	0	0			0/0				--With outer surface of leather or of composition leather
																		31	0	0	
																		31	0	13	
0	0	0	0	0	0	0	0	3.9	0	0	0/0/	3	0	0			0/0				--With outer surface of plastic sheeting or of textile materials
																		31	0	13	
0	0	0	9.4	0	0	0	0		0		0/0/	10.6	0	16			0/0				--Other
																		35	0	13	
																					Articles of apparel and clothing accessories, of leather or of composition leather:
0	0	0	0	0	0	0	0			0	0/0/	0	0	0	4.8		0/0				-Articles of apparel
																		31	0	0	
																		31	0	13	
0	0	0	4		0	0	0	6.5	0	0	0/0/	10.6	0	0			0/0				--Specially designed for use in sports
																		35	0	0	
																		35	0	13	
0	0	0	4		0	0	0		0	0	0/0/	10.6	0	0	4		0/0				---Working gloves
																		35	0	0	
																		35	0	13	
0	0	0	4		0	0	0		0	0	0/0/	10.6	0	0	4		0/0				---Other
																		35	0	0	
																		35	0	13	
0	0	0	0	0	0	0	0			0	0/0/	3	0	0	4.8		0/0				---Belts
																		31	0	0	

商品编号	商品名称及备注[检验检疫编码及名称]	进口关税(%) 最惠国	进口关税(%) 普通	增值税率(%)	消费税	计量单位	监管条件	检验检疫类别
4203301090	其他动物皮革制的腰带(包括再生动物皮革制作的)〔999〕	6	100	13		千克		
42033020	---子弹带							
4203302010	含濒危野生动物皮革制的子弹带(包括再生野生动物皮革制作的)〔999〕	6	100	13		千克	FE	
4203302090	其他动物皮革制的子弹带(包括再生动物皮革制作的)〔999〕	6	100	13		千克		
42034000	-其他衣着附件							
4203400010	含濒危野生动物皮革制的衣着附件(包括再生野生动物皮革制作的)〔999〕	10	100	13		千克	FE	
4203400090	皮革或再生皮革制的其他衣着附件〔999〕	10	100	13		千克		
4205	**皮革或再生皮革的其他制品:**							
42050010	---坐具套							
4205001010	含濒危野生动物皮革制的坐具套(包括再生野生动物皮革制作的)〔999〕	6	100	13		千克	FE	
4205001090	其他动物皮革制的坐具套(包括再生皮革制作的)〔999〕	6	100	13		千克		
42050020	---机器、机械器具或其他专门技术用途的							
4205002010	含濒危野生动物皮革制工业用皮革或再生皮革制品(工业用指机器、机械器具或其他专门技术用途的)〔999〕	6	35	13		千克	FE	
4205002090	其他工业用皮革或再生皮革制品(工业用指机器、机械器具或其他专门技术用途的)〔999〕	6	35	13		千克		
42050090	---其他							
4205009010	含濒危野生动物皮革的其他制品(包括再生野生动物皮革制作的)〔999〕	6	100	13		千克	FE	
4205009020	皮革或再生皮革制宠物用品〔999〕	6	100	13		千克	AB	P/Q
4205009090	皮革或再生皮革的其他制品〔999〕	6	100	13		千克		
4206	**肠线(蚕胶丝除外)、肠膜、膀胱或筋腱制品:**							
42060000	肠线(蚕胶丝除外)、肠膜、膀胱或筋腱制品							
4206000000	肠线、肠膜、膀胱或筋腱制品(不包括外科用无菌肠线或制成乐器弦的肠线,蚕胶丝除外)〔999〕	10	90	13		千克		

协定税率(%)															特惠税率(%)			对美税率	出口税率	出口退税率	Article Description
智利	新西兰	澳大利亚	瑞士	冰岛	秘鲁	哥斯达	东盟	亚太	新加坡	巴基斯坦	港/澳/台	韩国	格鲁吉亚	毛里求斯	亚太	老/柬/缅	LDC 97/95				
																		31	0	13	
0	0	0	0	0	0	0	0	5.4		0	0/0/	3	0	0	4.8		0/0				---bandoliers
																			0	0	
																			0	13	
0	0	0	4		0	0	0		0	0	0/0/	10.6	0	0	4		0/0				-Other clothing accessories
																		35	0	0	
																		35	0	13	
																					Other articles of leather or of composition leather:
0	0	0	2.4	0	0	0	0		0	0	0/0/		0	0	3.9		0/0				---Cover of seat
																		31	0	0	
																		31	0	13	
0	0	0	3.8	0	0	0	0			3	0/0/	2.4	0	0			0/0				---Of a kind used in machinery or mechanical appliances or for other technical uses
																		31	0	0	
																		31	0	13	
0	0	0	2.4	0	0	0	0		0	0	0/0/	6.4	0	9.6	3.9		0/0				---Other
																		31	0	0	
																		31	0	13	
																		31	0	13	
																					Articles of gut (other than silkwormgut), of goldbeater's skin, of bladders or of tendons:
0	0	0	4	0	0	0	0		0		0/0/	10.6	0	0			0/0			6	Articles of gut (other than silkwormgut), of goldbeater's skin, of bladders or of tendons
																			0		

第四十三章
毛皮、人造毛皮及其制品

注释：

一、本协调制度所称"毛皮"，是指已鞣的各种动物的带毛毛皮，但不包括品目 43.01 的生毛皮。

二、本章不包括：

（一）带羽毛或羽绒的整张或部分鸟皮（品目 05.05 或 67.01）；

（二）第四十一章的带毛生皮［参见该章注释一（三）］；

（三）用皮革与毛皮或用皮革与人造毛皮制成的分指手套、连指手套及露指手套（品目 42.03）；

（四）第六十四章的物品；

（五）第六十五章的帽件及其零件；或

（六）第九十五章的物品（例如，玩具、游戏品及运动用品）。

三、品目 43.03 包括加有其他材料缝合的毛皮和毛皮部分品，以及缝合成衣服、衣服部分品、衣着附件或其他制品的毛皮和毛皮部分品。

四、以毛皮或人造毛皮衬里或作面（仅饰边的除外）的衣服及衣着附件（不包括注释二所述的货品），应分别归入品目 43.03 或 43.04，但毛皮或人造毛皮仅作为装饰的除外。

五、本协调制度所称"人造毛皮"，是指以毛、发或其他纤维粘附或缝合于皮革、织物或其他材料之上而构成的仿毛皮，但不包括以机织或针织方法制得的仿毛皮（一般应归入品目 58.01 或 60.01）。

商品编号	商品名称及备注[检验检疫编码及名称]	进口关税(%) 最惠国	进口关税(%) 普通	增值税率(%)	消费税	计量单位	监管条件	检验检疫类别
4301	**生毛皮(包括适合加工皮货用的头、尾、爪及其他块、片),但品目 41.01、41.02 或 41.03 的生皮除外:**							
43011000	-整张水貂皮,不论是否带头、尾或爪							
4301100000[暂10]	整张生水貂皮(不论是否带头、尾或爪)〔999〕	15	100	9		千克	AB	P/Q
43013000	-下列羔羊的整张毛皮,不论是否带头、尾或爪:阿斯特拉罕、喀拉科尔、波斯羔羊及类似羔羊、印度、中国或蒙古羔羊							
4301300000	阿斯特拉罕等羔羊的整张生毛皮(还包括喀拉科尔、波斯、印度、中国或蒙古等羔羊)〔101 绵羊皮〕,〔102 山羊皮〕	20	90	9		千克	AB	P/Q
43016000	-整张狐皮,不论是否带头、尾或爪							
4301600010[暂10]	整张濒危生狐皮(不论是否带头、尾或爪)〔999〕	20	100	9		千克/张	AFEB	P/Q
4301600090[暂10]	其他整张生狐皮(不论是否带头、尾或爪)〔999〕	20	100	9		千克/张	AB	P/Q
43018010	---整张兔皮,不论是否带头、尾或爪							
4301801010	整张生濒危野兔皮(不论是否带头、尾或爪)〔999〕	20	90	9		千克/张	AFEB	P/Q
4301801090	整张生兔皮(不论是否带头、尾或爪)〔999〕	20	90	9		千克/张	AB	P/Q
43018090	---其他							
4301809010[暂15]	整张的其他生濒危野生动物毛皮(不论是否带头、尾或爪,包括整张濒危生海豹皮)①	20	90	9		千克/张	ABEF	P/Q
4301809090[暂15]	整张的其他生毛皮(不论是否带头、尾或爪、包括整张生海豹皮)②	20	90	9		千克/张	AB	P/Q
43019010	---黄鼠狼尾							
4301901000	未鞣制的黄鼠狼尾〔999〕	20	50	9		千克	ABEF	P/Q
43019090	---其他							
4301909010	其他濒危野生动物未鞣头尾(加工皮货用,包括爪及其他块、片)〔101 松鼠尾〕,〔999 松鼠尾除外〕	20	90	9		千克	ABFE	P/Q
4301909090	适合加工皮货用的其他未鞣头、尾(包括爪及其他块、片)〔101 松鼠尾〕,〔999 松鼠尾除外〕	20	90	9		千克	AB	P/Q

① 〔101 斑马皮〕,〔102 野驴皮〕,〔103 其他野生奇蹄动物皮张〕,〔104 野猪皮〕,〔105 野羊皮〕,〔106 野骆驼皮〕,〔107 野鹿皮〕,〔108 其他野生偶蹄动物皮张〕,〔109 其他禽鸟皮〕,〔110 象皮〕,〔111 袋鼠皮〕,〔112 海豹皮〕,〔113 鳄鱼皮〕,〔114 蜥蜴皮〕,〔115 蛇皮〕,〔116 蟒蛇皮〕,〔117 未列出的其他动物皮张〕,〔118 艾鼬皮〕,〔119 臭鼬皮〕,〔120 短尾猫皮〕,〔121 负鼠皮〕,〔122 海狸皮〕,〔123 旱獭皮〕,〔124 貉子皮〕,〔125 浣熊皮〕,〔126 灰鼠皮〕,〔127 狼皮〕,〔128 猞猁皮〕,〔129 麝鼠皮〕,〔130 水獭皮〕,〔131 松鼠皮〕

② 〔101 驴皮〕,〔102 骡皮〕,〔103 其他饲养奇蹄动物皮张〕,〔104 猪皮〕,〔105 绵羊皮〕,〔106 山羊皮〕,〔107 骆驼皮〕,〔108 鹿皮〕,〔109 其他饲养偶蹄动物皮张〕,〔110 鸡、鸭、鹅皮〕,〔111 兔皮〕,〔112 未列出的其他动物皮张〕,〔113 艾鼬皮〕,〔114 臭鼬皮〕,〔115 短尾猫皮〕,〔116 负鼠皮〕,〔117 海狸皮〕,〔118 旱獭皮〕,〔119 貉子皮〕,〔120 浣熊皮〕,〔121 灰鼠皮〕,〔122 狼皮〕,〔123 猞猁皮〕,〔124 麝鼠皮〕,〔125 水獭皮〕,〔126 松鼠皮〕

Chapter 43
Furskins and artificial fur; manufactures thereof

Chapter Notes:

1. Throughout the Nomenclature references to "furskins", other than to raw furskins of heading 43. 01, apply to hides or skins of all animals which have been tanned or dressed with the hair or wool on.

2. This Chapter does not cover:
   (a) Birdskins or parts of birdskins, with their feathers or down (heading 05. 05 or 67. 01);
   (b) Raw hides or skins, with the hair or wool on, of Chapter 41 (see Note 1 (c) to that Chapter);
   (c) Gloves, mittens and mitts, consisting of leather and furskin or of leather and artificial fur (heading 42. 03);
   (d) Articles of Chapter 64;
   (e) Headgear or parts thereof of Chapter 65; or
   (f) Articles of Chapter 95 (for example, toys, games, sports requisites).

3. Heading 43. 03 includes furskins and parts thereof, assembled with the addition of other materials, and furskins and parts thereof, sewn together in the form of garments or parts or accessories of garments or in the form of other articles.

4. Articles of apparel and clothing accessories (except those excluded by Note 2) lined with furskin or artificial fur or to which furskin or artificial fur is attached on the outside except as mere trimming are to be classified in heading 43. 03 or 43. 04 as the case may be.

5. Throughout the Nomenclature the expression "artificial fur" means any imitation of furskin consisting of wool, hair or other fibres gummed or sewn on to leather, woven fabric or other materials, but does not include imitation furskins obtained by weaving or knitting (generally, heading 58. 01 or 60. 01).

协定税率(%)															特惠税率(%)			对美税率	出口税率	出口退税率	Article Description
智利	新西兰	澳大利亚	瑞士	冰岛	秘鲁	哥斯达	东盟	亚太	新加坡	巴基斯坦	港/澳/台	韩国	格鲁吉亚	毛里求斯	亚太	老/柬/缅	LDC 97/95				
																					Raw furskins (including heads, tails, paws and other pieces or cuttings, suitable for furriers' use), other than raw hides and skins of heading 41. 01, 41. 02 or 41. 03:
0	0	0	3	0	0	0	0	12	0	12	0/0/	4. 5	0	0			0/0			0	-Of mink, whole, with or without head, tail or paws
																		30	0		
0	0	0	4	0	0	0	0		0		0/0/	10. 6	0	0			0/0			0	-Of lamb, the following: Astrakhan, Broadtail, Caracul, Persian and similar lamb, Indian, Chinese, Mongolian or Tibetan lamb, whole, with or withouthead, tail or paws
																		25	0		
0	0	0	4	0	0	0	0	14	0		0/0/	10. 6	0	0			0/0			0	-Of fox, whole, with or without head, tail or paws
																		15	0		
																		15	0		
0	0	0	4	0	0	0	0	14	0		0/0/	10. 6	0	0			0/0			0	---Of rabbit or hare, whole, with or without head, tail or paws
																		25	0		
																		25	0		
0	0	0	4	0	0	0	0	14	0		0/0/	10. 6	0	0			0/0			0	---Other
																		20	0		
																		20	0		
0	0	0	4	0	0	0	0		0		0/0/	10. 6	0	0			0/0			0	---Weasel tails
																		25	0		
0	0	0	4	0	0	0	0		0		0/0/	10. 6	0	0			0/0			0	---Other
																		45	0		
																		45	0		

商品编号	商品名称及备注[检验检疫编码及名称]	进口关税(%)		增值税率(%)	消费税	计量单位	监管条件	检验检疫类别
		最惠国	普通					
4302	**未缝制或已缝制(不加其他材料)的已鞣毛皮(包括头、尾、爪及其他块、片),但品目43.03的货品除外:**							
43021100	--水貂皮							
4302110000	已鞣未缝制的整张水貂皮(不论是否带头、尾或爪)〔999〕	12	130	13		千克/张		
43021910	---灰鼠皮、白鼬皮、其他貂皮、狐皮、水獭皮、旱獭皮及猞猁皮							
4302191010	已鞣未缝制的濒危狐皮(兰狐皮、银狐皮除外)〔999〕	10	130	13		千克/张	EF	
4302191020	已鞣未缝制的兰狐皮、银狐皮〔999〕	10	130	13		千克/张		
4302191090	已鞣未缝制的其他贵重濒危动物毛皮(灰鼠皮、白鼬皮、其他貂皮、水獭皮、旱獭皮、猞猁皮)〔999〕	10	130	13		千克/张	EF	
43021920	---兔皮							
4302192010	已鞣未缝制的整张濒危野兔皮(不论是否带头、尾或爪)〔999〕	10	100	13		千克/张	FE	
4302192090	已鞣未缝制的整张兔皮(不论是否带头、尾或爪)〔999〕	10	100	13		千克/张		
43021930	---下列羔羊皮:阿斯特拉罕、喀拉科尔、波斯羔羊及类似羔羊、印度、中国或蒙古羔羊							
4302193000	已鞣未缝制阿斯特拉罕等羔羊皮(还包括喀拉科尔,波斯,印度,中国或蒙古羔羊皮)〔999〕	20	100	13		千克/张		
43021990	---其他							
4302199010	已鞣未缝制其他濒危野生动物毛皮〔999〕	10	100	13		千克/张	EF	
4302199090	已鞣未缝制的其他毛皮〔999〕	10	100	13		千克/张		
43022000	-未缝制的头、尾、爪及其他块、片							
4302200010	已鞣未缝濒危野生动物头、尾、爪等(包括块、片)〔999〕	20	100	13		千克	EF	
4302200090	已鞣未缝制的头、尾、爪及其他块片〔999〕	20	100	13		千克		
43023010	---灰鼠、白鼬、貂、狐、水獭、旱獭及猞猁的整张毛皮及其块、片							
4302301010	已鞣已缝制貂皮、狐皮及其块、片(兰狐、银狐、水貂、艾虎的整张毛皮及块、片除外)〔999〕	20	130	13		千克	EF	
4302301090	已鞣已缝制的贵重濒危动物毛皮及其块、片(灰鼠皮、白鼬皮、其他貂皮、水獭皮、旱獭皮、猞猁皮及块、片)〔999〕	20	130	13		千克	EF	
43023090	---其他							
4302309010	已鞣缝的其他整张濒危野生毛皮(包括块、片)〔999〕	20	100	13		千克	EF	
4302309090	已鞣已缝制的其他整张毛皮及块片〔999〕	20	100	13		千克		
4303	**毛皮制的衣服、衣着附件及其他物品:**							
43031010	---毛皮衣服							
4303101010	含濒危野生动物毛皮衣服〔999〕	10	150	13		千克/件	EF	
4303101090	其他毛皮衣服〔999〕	10	150	13		千克/件		
43031020	---毛皮衣着附件							
4303102010	含濒危野生动物毛皮衣着附件〔999〕	10	150	13		千克	EF	
4303102090	其他毛皮衣着附件〔999〕	10	150	13		千克		
43039000	-其他							
4303900010	含濒危野生动物毛皮制其他物品〔999〕	10	150	13		千克	EF	
4303900090	其他毛皮制物品〔999〕	10	150	13		千克		
4304	**人造毛皮及其制品:**							
43040010	---人造毛皮							
4304001000	人造毛皮〔999〕	10	130	13		千克		
43040020	---人造毛皮制品							
4304002000	人造毛皮制品〔101 其他装饰用纺织制品〕,〔102 其他纺织制品〕	10	150	13		千克		

协定税率(%)															特惠税率(%)			对美税率	出口税率	出口退税率	Article Description
智利	新西兰	澳大利亚	瑞士	冰岛	秘鲁	哥斯达	东盟	亚太	新加坡	巴基斯坦	港/澳/台	韩国	格鲁吉亚	毛里求斯	亚太	老/柬/缅	LDC 97/95				
																					Tanned or dressed furskins (including heads, tails, paws and other pieces or cuttings), unassembled, or assembled (without the addition of other materials) other than those of heading 43.03:
0	0	0	2.4	0	0	0	0	8.4	0	6	0/0/	3.6	0	0			0/0			6	--Of mink
																		37	0		
0	0	0	0	0	0	0	0	7		4	0/0/	3	0	0			0/0				---Of grey squirrel, ermine, other marten, fox, otter, marmot and lynx
																		35	0	0	
																		35	0	6	
																		35	0	0	
0	0	0	0	0	0	0	0			4	0/0/	3	0	0			0/0				---Of rabbit or hare
																		15	0	0	
																		15	0	6	
0	0	0	4		0	0	0		0		0/0/	10.6	0	0			0/0			6	---Of lamb, the following: Astrakhan, Broadtail, Caracul, Persian and similar lamb, Indian, Chinese, Mongolian or Tibetan lamb
																		25	0		
0	0	0	0	0	0	0	0				0/0/	3	0	0			0/0				---Other
																		35	0	0	
																		35	0	6	
0	0	0	4	0	0	0	0		0		0/0/	10.6	0	0			0/0				-Heads, tails, paws and other pieces or cuttings, not assembled
																		45	0	0	
																		45	0	6	
0	0	0	4	0	0	0	0		0		0/0/	10.6	0	0			0/0				---Of grey squirrel, ermine, other marten, fox, otter, marmot and lynx
																		25	0	6	
																		25	0	0	
0	0	0	4		0	0	0		0		0/0/	10.6	0	0			0/0				---Other
																		25	0	0	
																		25	0	6	
																					Articles of apparel, clothing accessories and other articles of furskin:
0	0	0	4.6		0	0	0		0		0/0/	14.9	0	18.4	4.5		0/0				---Articles of appare
																		35	0	0	
																		35	0	13	
0	0	0	3.6		0	0	0		0		0/0/	5.4	0	0	5.5		0/0				---Clothing accessories
																		35	0	0	
																		35	0	13	
0	0	0	3.6		0	0	0		0	14.4	0/0/	5.4	0	0	5.5		0/0				-Other
																		35	0	0	
																		35	0	13	
																					Artifieial fur and articles thereof:
0	0	0	3.6		0	0	0		0		0/0/	5.4	0	0	6		0/0			13	---Artificial fur
																			0		
0	0	0	3.6		0	0	0		0	14.4	0/0/	5.4	0	0	6		0/0			13	---Articles of artificial fur
																		35	0		

第 九 类
木及木制品；木炭；软木及软木制品；稻草、秸秆、针茅或其他编结材料制品；篮筐及柳条编结品

第四十四章
木及木制品；木炭

注释：

一、本章不包括：

（一）主要作香料、药料、杀虫、杀菌或类似用途的木片、刨花、碎木、木粒或木粉（品目 12.11）；

（二）竹或主要作编结用的其他木质材料，呈原木状，不论是否经劈开、纵锯或切段（品目 14.01）；

（三）主要作染料或鞣料用的木片、刨花、木粒或木粉（品目 14.04）；

（四）活性炭（品目 38.02）；

（五）品目 42.02 的物品；

（六）第四十六章的货品；

（七）第六十四章的鞋靴及其零件；

（八）第六十六章的货品（例如，伞、手杖及其零件）；

（九）品目 68.08 的货品；

（十）品目 71.17 的仿首饰；

（十一）第十六类或第十七类的货品（例如，机器零件，机器及器具的箱、罩、壳，车辆部件）；

（十二）第十八类的货品（例如，钟壳、乐器及其零件）；

（十三）火器的零件（品目 93.05）；

（十四）第九十四章的物品（例如，家具、灯具及照明装置、活动房屋）；

（十五）第九十五章的物品（例如，玩具、游戏品及运动用品）；

（十六）第九十六章的物品（例如，烟斗及其零件、纽扣、铅笔、独脚架、双脚架、三脚架及类似品），但品目 96.03 所列物品的木身及木柄除外；或

（十七）第九十七章的物品（例如，艺术品）。

二、本章所称"强化木"，是指经过化学或物理方法处理（对于多层黏合木材，其处理应超出一般黏合需要），从而增加了密度或硬度并改善了机械强度、抗化学或抗电性能的木材。

三、品目 44.14 至 44.21 适用于碎料板或类似木质材料板、纤维板、层压板或强化木的制品。

四、品目 44.10、44.11 或 44.12 的产品，可以加工成品目 44.09 所述的各种形状，也可以加工成弯曲、瓦楞、多孔或其他形状（正方形或矩形除外），以及经其他任何加工，但未具有其他税号所列制品的特性。

五、品目 44.17 不包括装有第八十二章注释一所述材料制成的刀片、工作刃、工作面或其他工作部件的工具。

六、除上述注释一及其他条文另有规定的以外，本章税号中所称"木"，也包括竹及其他木质材料。

子目注释：

一、子目 4401.31 所称"木屑棒"是指由木材加工业、家具制造业及其他木材加工活动中产生的副产品（例如，刨花、锯末及碎木片）直接压制而成或加入按重量计不超过 3%的黏合剂后黏聚而成的产品。此类产品呈圆柱状，其直径不超过 25 毫米，长度不超过 100 毫米。

商品编号	商品名称及备注[检验检疫编码及名称]	进口关税(%) 最惠国	进口关税(%) 普通	增值税率(%)	消费税	计量单位	监管条件	检验检疫类别
4401	薪柴(圆木段、块、枝、成捆或类似形状)；木片或木粒；锯末、木废料及碎片，不论是否粘结成圆木段、块、片或类似形状：							
44011100	--针叶木							
4401110000	针叶木薪柴(圆木段、块、枝、成捆或类似形状)〔999〕	0	70	13		千克	AB	P/Q
44011200	--非针叶木							
4401120000	非针叶木薪柴(圆木段、块、枝、成捆或类似形状)〔999〕	0	70	13		千克	AB	P/Q
44012100	--针叶木							

SECTION Ⅸ
WOOD AND ARTICLES OF WOOD; WOOD CHARCOAL; CORK AND ARTICLES OF CORK; MANUFACTURES OF STRAW, OF ESPARTO OR OF OTHER PLAITING MATERIALS; BASKETWARE AND WICKERWORK

Chapter 44
Wood and articles of wood; wood charcoal

Chapter Notes:

1. This Chapter does not cover:
   (a) Wood, in chips, in shavings, crushed, ground or powdered, of a kind used primarily in perfumery, in pharmacy, or for insecticidal, fungicidal or similar purposes (heading 12.11);
   (b) Bamboos or other materials of a woody nature of a kind used primarily for plaiting, in the rough, whether or not split, sawn lengthwise or cut to length (heading 14.01);
   (c) Wood, in chips, in shavings, ground or powdered, of a kind used primarily in dyeing or in tanning (heading 14.04);
   (d) Activated charcoal (heading 38.02);
   (e) Articles of heading 42.02;
   (f) Goods of Chapter 46;
   (g) Footwear or parts thereof of Chapter 64;
   (h) Goods of Chapter 66 (for example, umbrellas and walking-sticks and parts thereof);
   (ij) Goods of heading 68.08;
   (k) Imitation jewellery of heading 71.17;
   (l) Goods of Section XVI or Section XVII (for example, machine parts, cases, covers, cabinets for machines and apparatus and wheelwrights' wares);
   (m) Goods of Section XVIII (for example, clock cases and musical instruments and parts thereof);
   (n) Parts of firearms (heading 93.05);
   (o) Articles of Chapter 94 (for example, furniture, lamps and lighting fittings, prefabricated buildings);
   (p) Articles of Chapter 95 (for example, toys, games, sports requisites);
   (q) Articles of Chapter 96 (for example, smoking pipes and parts thereof, buttons, pencils, and monopods, bipods, tripods and similar articles) excluding bodies and handles, of wood, for articles of heading 96.03; or
   (r) Articles of Chapter 97 (for example, works of art).

2. In this Chapter, the expression "densified wood" means wood which has been subjected to chemical or physical treatment (being, in the case of layers bonded together, treatment in excess of that needed to ensure a good bond), and which has thereby acquired increased density or hardness together with improved mechanical strength or resistance to chemical or electrical agencies.

3. Headings 44.14 to 44.21 apply to articles of the respective descriptions of particle board or similar board, fibreboard, laminated wood or densified wood as they apply to such articles of wood.

4. Products of heading 44.10, 44.11 or 44.12 may be worked to form the shapes provided for in respect of the goods of heading 44.09, curved, corrugated, perforated, cut or formed to shapes other than square or rectangular or submitted to any other operation provided it does not give them the character of articles of other headings.

5. Heading 44.17 does not apply to tools in which the blade, working edge, working surface or other working part is formed by any of the materials specified in Note 1 to Chapter 82.

6. Subject to Note 1 above and except where the context otherwise requires, any reference to "wood" in a heading of this Chapter applies also to bamboos and other materials of a woody nature.

Subheading Notes:

1. For the purposes of Subheading 4401.31, the expression "wood pellets" means by-products such as cutter shavings, sawdust or chips, of the mechanical wood processing industry, furniture-making industry or other wood transformation activities, which have been agglomerated either directly by compression or by the addition of a binder in a proportion not exceeding 3% by weight. Such pellets are cylindrical, with a diameter not exceeding 25mm and a length not exceeding 100mm.

协定税率(%)															特惠税率(%)			对美税率	出口税率	出口退税率	Article Description
智利	新西兰	澳大利亚	瑞士	冰岛	秘鲁	哥斯达	东盟	亚太	新加坡	巴基斯坦	港/澳/台	韩国	格鲁吉亚	毛里求斯	亚太	老/柬/缅	LDC 97/95				
																					Fuel wood, in logs, in billets, in twigs, in faggots or in similar forms; wood in chips or particles; sawdust and wood waste and scrap, whether or not agglomerated in logs, briquettes, pellets or similar forms:
																	0/0			0	--Coniferous
																			0		
																	0/0			0	--Non-coniferous
																		25	0		
																	0/0			0	--Coniferous

商品编号	商品名称及备注[检验检疫编码及名称]	进口关税(%)		增值税率(%)	消费税	计量单位	监管条件	检验检疫类别
		最惠国	普通					
4401210010	濒危针叶木木片或木粒〔999〕	0	8	13		千克	ABFE	P/Q
4401210090	其他针叶木木片或木粒〔999〕	0	8	13		千克	AB	P/Q
44012200	--非针叶木							
4401220010	濒危非针叶木木片或木粒〔999〕	0	8	13		千克	ABFE	P/Q
4401220090	其他非针叶木木片或木粒〔999〕	0	8	13		千克	AB	P/Q
44013100	--木屑棒							
4401310000	木屑棒〔101 锯末〕,〔102 木废料〕,〔999〕	0	8	13		千克	9AB	M. P/Q
44013900	--其他							
4401390000	其他锯末、木废料及碎片(粘结成圆木段、块、片或类似形状)〔101 锯末〕,〔102 木废料〕,〔999〕	0	8	13		千克	9AB	M. P/Q
44014000	-锯末、木废料及碎片,未粘结的							
4401400000	锯末、木废料及碎片(未粘结成圆木段、块、片或类似形状)〔999〕	0	8	13		千克	AB	M. P/Q
4402	**木炭(包括果壳炭及果核炭),不论是否结块:**							
44021000	-竹的							
4402100000[暂2]	竹炭〔999〕	6	70	13		千克		
44029000	-其他							
4402900010[暂2]	以木材为原料直接烧制的木炭〔999〕	6	70	13		千克	8	
4402900090[暂2]	其他木炭(包括果壳炭及果核炭,不论是否结块)〔999〕	6	70	13		千克		
4403	**原木,不论是否去皮、去边材或粗锯成方:**							
44031100	--针叶木							
4403110010	油漆、着色剂等处理的红豆杉原木(包括用杂酚油或其他防腐剂处理)〔999〕	0	8	9		千克/立方米	8AF	P/Q
4403110020	油漆、着色剂等处理的其他濒危针叶木原木(包括用杂酚油或其他防腐剂处理)〔999〕	0	8	9		千克/立方米	8AF	P/Q
4403110090	其他油漆、着色剂等处理的针叶木原木(包括用杂酚油或其他防腐剂处理)〔999〕	0	8	9		千克/立方米	8A	P/Q
44031200	--非针叶木							
4403120010	油漆、着色剂等处理的濒危非针叶木原木(包括用杂酚油或其他防腐剂处理)〔999〕	0	8	9		千克/立方米	8AF	P/Q
4403120090	其他油漆、着色剂等处理的非针叶木原木(包括用杂酚油或其他防腐剂处理)〔999〕	0	8	9		千克/立方米	8A	P/Q
44032110	---红松和樟子松							
4403211010	截面尺寸在 15 厘米及以上的红松原木(用油漆、着色剂、杂酚油或其他防腐剂处理的除外)〔999〕	0	8	9		千克/立方米	8AEF	P/Q
4403211090	截面尺寸在 15 厘米及以上的樟子松原木(用油漆、着色剂、杂酚油或其他防腐剂处理的除外)〔999〕	0	8	9		千克/立方米	8A	P/Q
44032120	---辐射松							
4403212000	截面尺寸在 15 厘米及以上的辐射松原木(用油漆、着色剂、杂酚油或其他防腐剂处理的除外)〔999〕	0	8	9		千克/立方米	8A	P/Q
44032190	---其他							
4403219010	截面尺寸在 15 厘米及以上的濒危松木(松属)原木(用油漆、着色剂、杂酚油或其他防腐剂处理的除外)〔999〕	0	8	9		千克/立方米	8AF	M. P/Q
4403219090	截面尺寸在 15 厘米及以上的其他松木(松属)原木(用油漆、着色剂、杂酚油或其他防腐剂处理的除外)〔999〕	0	8	9		千克/立方米	8A	M. P/Q
44032210	---红松和樟子松							
4403221010	截面尺寸在 15 厘米以下的红松原木(用油漆、着色剂、杂酚油或其他防腐剂处理的除外)〔999〕	0	8	9		千克/立方米	8AEF	P/Q
4403221090	截面尺寸在 15 厘米以下的樟子松原木(用油漆、着色剂、杂酚油或其他防腐剂处理的除外)〔999〕	0	8	9		千克/立方米	8A	P/Q
44032220	---辐射松							
4403222000	截面尺寸在 15 厘米以下的辐射松原木(用油漆、着色剂、杂酚油或其他防腐剂处理的除外)〔999〕	0	8	9		千克/立方米	8A	P/Q
44032290	---其他							
4403229010	截面尺寸在 15 厘米以下的濒危其他松木(松属)原木(用油漆、着色剂、杂酚油或其他防腐剂处理的除外)〔999〕	0	8	9		千克/立方米	8AF	M. P/Q
4403229090	截面尺寸在 15 厘米以下的其他松木(松属)原木(用油漆、着色剂、杂酚油或其他防腐剂处理的除外)〔999〕	0	8	9		千克/立方米	8A	M. P/Q

协定税率(%)															特惠税率(%)			对美税率	出口税率	出口退税率	Article Description
智利	新西兰	澳大利亚	瑞士	冰岛	秘鲁	哥斯达	东盟	亚太	新加坡	巴基斯坦	港/澳/台	韩国	格鲁吉亚	毛里求斯	亚太	老/柬/缅	LDC 97/95				
																		25	0		
																		25	0		
																	0/0			0	--Non-coniferous
																		25	0		
																		25	0		
																	0/0			0	--Wood pellets
																		25	0		
																	0/0			0	--Other
																		25	0		
																	0/0			0	-Sawdust and wood waste and scrap, whether or not agglomerated in logs, briquettes, pellets or similar
																		25	0		
																					Wood charcoal (including shell or nut charcoal), whether or not agglomerated:
0	0	0	2.1	0	0	0	0		0	4	0/0/	3.1		0			0/0			0	-Of bamboo
																			0		
0	0	0	2.1	0	0	0	0		0	4	0/0/	3.1		0			0/0			0	-Other
																		27	0		
																		27	0		
																					Wood in the rough, whether or not stripped of bark or sapwood, or roughly squared:
																	0/0			0	--Coniferous
																		25	0		
																		25	0		
																		25	0		
																	0/0			0	--Non-coniferous
																		20	0		
																		20	0		
																	0/0			0	---Korean pine and Mongolian scotch pine
																		25	0		
																		25	0		
																	0/0			0	---Radiata pine
																			0		
																	0/0			0	---Other
																		25	0		
																		25	0		
																	0/0			0	---Korean pine and Mongolian scotch pine
																			0		
																			0		
																	0/0			0	---Radiata pine
																			0		
																	0/0			0	---Other
																		20	0		
																		20	0		

商品编号	商品名称及备注[检验检疫编码及名称]	进口关税(%) 最惠国	进口关税(%) 普通	增值税率(%)	消费税	计量单位	监管条件	检验检疫类别
44032300	--冷杉和云杉,截面尺寸在15厘米及以上							
4403230010	截面尺寸在15厘米及以上的濒危云杉和冷杉原木(用油漆、着色剂、杂酚油或其他防腐剂处理的除外)〔999〕	0	8	9		千克/立方米	8AF	P/Q
4403230090	截面尺寸在15厘米及以上的其他云杉和冷杉原木(用油漆、着色剂、杂酚油或其他防腐剂处理的除外)〔999〕	0	8	9		千克/立方米	8A	P/Q
44032400	--其他冷杉和云杉							
4403240010	截面尺寸在15厘米以下的濒危云杉和冷杉原木(用油漆、着色剂、杂酚油或其他防腐剂处理的除外)〔999〕	0	8	9		千克/立方米	8AF	P/Q
4403240090	截面尺寸在15厘米以下的其他云杉和冷杉原木(用油漆、着色剂、杂酚油或其他防腐剂处理的除外)〔999〕	0	8	9		千克/立方米	8A	P/Q
44032510	---落叶松							
4403251000	截面尺寸在15厘米及以上的落叶松原木(用油漆、着色剂、杂酚油或其他防腐剂处理的除外)〔999〕	0	8	9		千克/立方米	8A	MP/
44032520	---花旗松							
4403252000	截面尺寸在15厘米及以上的花旗松原木(用油漆、着色剂、杂酚油或其他防腐剂处理的除外)〔999〕	0	8	9		千克/立方米	8A	MP/
44032590	---其他							
4403259010	截面尺寸在15厘米及以上的红豆杉原木(用油漆、着色剂、杂酚油或其他防腐剂处理的除外)〔999〕	0	8	9		千克/立方米	8AF	MP/
4403259020	截面尺寸在15厘米及以上的其他濒危针叶木原木(用油漆、着色剂、杂酚油或其他防腐剂处理的除外)〔999〕	0	8	9		千克/立方米	8AF	MP/
4403259090	截面尺寸在15厘米及以上的其他针叶木原木(用油漆、着色剂、杂酚油或其他防腐剂处理的除外)〔999〕	0	8	9		千克/立方米	8A	MP/
44032610	---落叶松							
4403261000	截面尺寸在15厘米以下的落叶松原木(用油漆、着色剂、杂酚油或其他防腐剂处理的除外)〔999〕	0	8	9		千克/立方米	8A	MP/
44032620	---花旗松							
4403262000	截面尺寸在15厘米以下的花旗松原木(用油漆、着色剂、杂酚油或其他防腐剂处理的除外)〔999〕	0	8	9		千克/立方米	8A	MP/
44032690	---其他							
4403269010	截面尺寸在15厘米以下的红豆杉原木(用油漆、着色剂、杂酚油或其他防腐剂处理的除外)〔999〕	0	8	9		千克/立方米	8AF	MP/
4403269020	截面尺寸在15厘米以下的其他濒危针叶木原木(用油漆、着色剂、杂酚油或其他防腐剂处理的除外)〔999〕	0	8	9		千克/立方米	8AF	MP/
4403269090	截面尺寸在15厘米以下的其他针叶木原木(用油漆、着色剂、杂酚油或其他防腐剂处理的除外)〔999〕	0	8	9		千克/立方米	8A	MP/
44034100	--深红色红柳桉木、浅红色红柳桉木及巴栲红柳桉木							
4403410000	其他红柳桉木原木(指深红色红柳桉木、浅红色红柳桉及巴栲红色红柳桉木)〔999〕	0	8	9		千克/立方米	8A	P/Q
44034910	---柚木							
4403491000	其他柚木原木(用油漆、着色剂、杂酚油或其他防腐剂处理的除外)〔999〕	0	35	9		千克/立方米	8A	P/Q
44034920	---奥克曼(奥克榄)							
4403492000	其他奥克曼 OKOUME 原木(奥克榄 Aukoumed klaineana)〔999〕	0	35	9		千克/立方米	8A	P/Q
44034930	---龙脑香木(克隆)							
4403493000	其他龙脑香木、克隆原木(龙脑香木 Dipterocarpus spp.,克隆 Keruing)〔999〕	0	35	9		千克/立方米	8A	P/Q
44034940	---山樟(香木)							
4403494000	其他山樟 Kapur 原木(香木 Dryobalanops spp.)〔999〕	0	35	9		千克/立方米	8A	P/Q
44034950	---印茄木(波罗格)							
4403495000	其他印加木 Intsia spp. 原木(波罗格 Mengaris)〔999〕	0	35	9		千克/立方米	8A	P/Q
44034960	---大干巴豆(门格里斯或康派斯)							
4403496000	其他大干巴豆 Koompassia spp.(门格里斯 Mengaris 或康派斯 Kempas)〔999〕	0	35	9		千克/立方米	8A	P/Q
44034970	---异翅香木							
4403497000	其他异翅香木 Anisopter spp.〔999〕	0	35	9		千克/立方米	8A	P/Q

协定税率(%)															特惠税率(%)			对美税率	出口税率	出口退税率	Article Description
智利	新西兰	澳大利亚	瑞士	冰岛	秘鲁	哥斯达	东盟	亚太	新加坡	巴基斯坦	港/澳/台	韩国	格鲁吉亚	毛里求斯	亚太	老/柬/缅	LDC 97/95				
																	0/0			0	--Of fir (Abies spp.) and spruce (Picea spp.), of which any cross-sectional dimension is 15cm or more
																		20	0		
																		20	0		
																	0/0			0	--Of fir (Abies spp.) and spruce (Picea spp.), other
																		25	0		
																		25	0		
																	0/0				---Larch
																			0		
																	0/0				---Douglas fir
																		20	0		
																	0/0				---Other
																		5	0		
																		5	0		
																		5	0		
																	0/0				---Larch
																			0		
																	0/0				---Douglas fir
																		20	0		
																	0/0				---Other
																		20	0		
																		20	0		
																		20	0		
																	0/0			0	--Dark Red Meranti, Light Red Meranti and Meranti Bakau
																			0		
																	0/0			0	---Teak
																			0		
																	0/0			0	---Okoume (Aukoumed Klaineana)
																			0		
																	0/0			0	---Dipterocarpus spp. (Keruing)
																			0		
																	0/0			0	---Kapur (Dryobalanops spp.)
																			0		
																	0/0			0	---Intsia spp. (Mengaris)
																			0		
																	0/0			0	---Koompassia spp. (Mengaris or Kempas)
																			0		
																	0/0			0	---Anisopter spp.
																			0		

商品编号	商品名称及备注[检验检疫编码及名称]	进口关税(%) 最惠国	普通	增值税率(%)	消费税	计量单位	监管条件	检验检疫类别
44034980	---红木							
4403498010	濒危热带红木原木(用油漆、着色剂、杂酚油或其他防腐剂处理的除外)〔999〕	0	35	9		千克/立方米	8AEF	P/Q
4403498090	其他热带红木原木(用油漆、着色剂、杂酚油或其他防腐剂处理的除外)〔999〕	0	35	9		千克/立方米	8A	P/Q
44034990	---其他							
4403499010	南美蒺藜木(玉檀木)原木(用油漆、着色剂、杂酚油或其他防腐剂处理的除外)〔101〕,〔102〕,〔103〕,〔104〕,〔105〕	0	8	9		千克/立方米	8AEF	P/Q
4403499020	其他濒危热带原木(用油漆、着色剂、杂酚油或其他防腐剂处理的除外)〔999〕	0	8	9		千克/立方米	8AF	P/Q
4403499090	其他热带原木(用油漆、着色剂、杂酚油或其他防腐剂处理的除外)①	0	8	9		千克/立方米	8A	P/Q
44039100	--栎木(橡木)							
4403910010	蒙古栎原木(用油漆、着色剂、杂酚油或其他防腐剂处理的除外)〔999〕	0	8	9		千克/立方米	8AEF	P/Q
4403910090	其他栎木(橡木)原木(用油漆、着色剂、杂酚油或其他防腐剂处理的除外)〔999〕	0	8	9		千克/立方米	8A	P/Q
44039300	--水青冈木(山毛榉木),截面尺寸在15厘米及以上							
4403930000	水青冈木(山毛榉木),截面尺寸在15厘米及以上(用油漆、着色剂、杂酚油或其他防腐剂处理的除外)〔999〕	0	8	9		千克/立方米	8A	P/Q
44039400	--其他水青冈木(山毛榉木)							
4403940000	其他水青冈木(山毛榉木)(用油漆、着色剂、杂酚油或其他防腐剂处理的除外)〔999〕	0	8	9		千克/立方米	8A	P/Q
44039500	--桦木,截面尺寸在15厘米及以上							
4403950010	濒危的桦木,截面尺寸在15厘米及以上(用油漆、着色剂、杂酚油或其他防腐剂处理的除外)〔999〕	0	8	9		千克/立方米	8AF	P/Q
4403950090	其他桦木,截面尺寸在15厘米及以上(用油漆、着色剂、杂酚油或其他防腐剂处理的除外)〔999〕	0	8	9		千克/立方米	8A	P/Q
44039600	--其他桦木							
4403960010	濒危的桦木,截面尺寸在15厘米及以下(用油漆、着色剂、杂酚油或其他防腐剂处理的除外)〔999〕	0	8	9		千克/立方米	8AF	P/Q
4403960090	其他桦木,截面尺寸在15厘米及以下(用油漆、着色剂、杂酚油或其他防腐剂处理的除外)〔999〕	0	8	9		千克/立方米	8A	P/Q
44039700	--杨木							
4403970000	杨木(用油漆、着色剂、杂酚油或其他防腐剂处理的除外)〔999〕	0	8	9		千克/立方米	8A	P/Q
44039800	--桉木							
4403980000	桉木(用油漆、着色剂、杂酚油或其他防腐剂处理的除外)〔999〕	0	8	9		千克/立方米	8A	P/Q
44039930	---红木,但编号44034980所列热带红木除外							
4403993010	濒危红木原木,但编号44034980所列热带红木除外(用油漆、着色剂、杂酚油或其他防腐剂处理的除外)〔999〕	0	35	9		千克/立方米	8AEF	P/Q
4403993090	其他红木原木,但编号44034980所列热带红木除外(用油漆、着色剂、杂酚油或其他防腐剂处理的除外)〔999〕	0	35	9		千克/立方米	8A	P/Q
44039940	---泡桐木							
4403994000	泡桐木原木(用油漆、着色剂、杂酚油或其他防腐剂处理的除外)〔999〕	0	8	9		千克/立方米	8A	P/Q
44039950	---水曲柳							
4403995000	水曲柳原木(用油漆、着色剂、杂酚油或其他防腐剂处理的除外)〔999〕	0	8	9		千克/立方米	8AF	P/Q
44039960	---北美硬阔叶木							
4403996000	北美硬阔叶木〔999〕	0	8	9		千克/立方米	8A	P/Q
44039980	---未列名的温带非针叶木							
4403998010	其他未列名温带濒危非针叶木原木(用油漆、着色剂、杂酚油或其他防腐剂处理的除外)②	0	8	9		千克/立方米	8AF	P/Q

① 〔101 针叶原木〕,〔102 白柳桉原木及其他柳桉原木〕,〔103 羯布罗香木等原木〕,〔104 安哥拉香桃花心木等原木〕,〔105 其他非针叶原木〕

② 〔101 加蓬榄木、非洲白梧桐木等原木〕,〔102 白柳桉原木及其他柳桉原木〕,〔103 羯布罗香木等原木〕,〔104 安哥拉香桃花心木等原木〕,〔105 其他非针叶原木〕

协定税率(%)															特惠税率(%)			对美税率	出口税率	出口退税率	Article Description
智利	新西兰	澳大利亚	瑞士	冰岛	秘鲁	哥斯达	东盟	亚太	新加坡	巴基斯坦	港/澳/台	韩国	格鲁吉亚	毛里求斯	亚太	老/柬/缅	LDC 97/95				
																	0/0			0	---Of rosewood
																			0		
																			0		
																	0/0			0	---Other
																			0		
																			0		
																			0		
																	0/0			0	--Of oak(Quercus spp.)
																		25	0		
																			0		
																	0/0			0	--Of beech (Fagus spp.), of which any cross-sectional dimension is 15cm or more
																			0		
																	0/0			0	--Of beech (Fagus spp.), other
																			0		
																	0/0			0	--Of birch (Betula spp.), of which any cross-sectional dimension is 15cm or more
																		25	0		
																		25	0		
																	0/0			0	--Of birch (Betula spp.), other
																			0		
																			0		
																	0/0			0	--Of poplar and aspen (Populus spp.)
																		25	0		
																	0/0			0	--Of eucalyptus (Eucalyptus spp.)
																		25	0		
																	0/0			0	---Of rosewood, other than tropical wood of Subheading 4403. 4980
																			0		
																			0		
																	0/0			0	---Of Kiri(Paulownia)
																			0		
																	0/0			0	---Ash
																			0		
																	0/0			0	---North American hard wood
																			0		
																	0/0			0	---Temperate non-coniferous not specified
																		25	0		

商品编号	商品名称及备注[检验检疫编码及名称]	进口关税(%)		增值税率(%)	消费税	计量单位	监管条件	检验检疫类别
		最惠国	普通					
4403998090	其他未列名温带非针叶木原木(用油漆、着色剂、杂酚油或其他防腐剂处理的除外)①	0	8	9		千克/立方米	8A	P/Q
44039990	---其他							
4403999012	沉香木及拟沉香木原木(用油漆、着色剂、杂酚油或其他防腐剂处理的除外)〔999〕	0	8	9		千克/立方米	8AEF	P/Q
4403999019	其他未列名濒危非针叶原木(用油漆、着色剂、杂酚油或其他防腐剂处理的除外)②	0	8	9		千克/立方米	8AEF	P/Q
4403999090	其他未列名非针叶原木(用油漆、着色剂、杂酚油或其他防腐剂处理的除外)③	0	8	9		千克/立方米	8A	P/Q
4404	**箍木;木劈条;已削尖但未经纵锯的木桩;粗加修整但未经车圆、弯曲或其他方式加工的木棒,适合制手杖、伞柄、工具把柄及类似品;木片条及类似品:**							
44041000	-针叶木的							
4404100010暂2	濒危针叶木的箍木等及类似品(包括木劈条、棒及类似品)〔999〕	6	50	13		千克	ABFE	P/Q
4404100090暂2	其他针叶木的箍木等及类似品(包括木劈条、棒及类似品)〔999〕	6	50	13		千克	AB	P/Q
44042000	-非针叶木的							
4404200010暂2	濒危非针叶木箍木等(包括木劈条、棒及类似品)〔999〕	6	50	13		千克	ABFE	P/Q
4404200090暂2	其他非针叶木箍木等(包括木劈条、棒及类似品)〔101 其他木制品〕,〔102 其他碎木料、锯末、刨花〕	6	50	13		千克	AB	P/Q
4405	**木丝;木粉:**							
44050000	木丝;木粉							
4405000000暂2	木丝及木粉〔999〕	6	40	13		千克	AB	P/Q
4406	**铁道及电车道枕木:**							
44061100	--针叶木							
4406110000	未浸渍的铁道及电车道针叶木枕木〔999〕	0	14	13		千克/立方米	4ABxy	P/Q
44061200	--非针叶木							
4406120000	未浸渍的铁道及电车道非针叶木枕木〔999〕	0	14	13		千克/立方米	4ABxy	P/Q
44069100	--针叶木							
4406910010	濒危已浸渍针叶木铁道及电车道枕木〔999〕	0	14	13		千克/立方米	FE	
4406910090	其他已浸渍的针叶木铁道及电车道枕木〔999〕	0	14	13		千克/立方米		
44069200	--非针叶木							
4406920010	濒危已浸渍非针叶木铁道及电车道枕木〔999〕	0	14	13		千克/立方米	FE	
4406920090	其他已浸渍的非针叶木铁道及电车道枕木〔999〕	0	14	13		千克/立方米		
4407	**经纵锯、纵切、刨切或旋切的木材,不论是否刨平、砂光或端部接合,厚度超过 6 毫米:**							
44071110	---红松和樟子松							
4407111011	端部接合的红松厚板材(经纵锯、纵切、刨切或旋切的,厚度超过 6 毫米)〔999〕	0	14	13		千克/立方米	ABEF	P/Q
4407111019	端部接合的樟子松厚板材(经纵锯、纵切、刨切或旋切的,厚度超过 6 毫米)〔999〕	0	14	13		千克/立方米	AB	P/Q
4407111091	非端部接合的红松厚板材(经纵锯、纵切、刨切或旋切的,厚度超过 6 毫米)〔999〕	0	14	13		千克/立方米	4ABEFxy	P/Q
4407111099	非端部接合的樟子松厚板材(经纵锯、纵切、刨切或旋切的,厚度超过 6 毫米)〔999〕	0	14	13		千克/立方米	4ABxy	P/Q
44071120	---辐射松							

① 〔101 加蓬榄木、非洲白梧桐木等原木〕,〔102 白柳桉原木及其他柳桉原木〕,〔103 羯布罗香木等原木〕,〔104 安哥拉香桃花心木等原木〕,〔105 其他非针叶原木〕
② 〔101 加蓬榄木、非洲白梧桐木等原木〕,〔102 白柳桉原木及其他柳桉原木〕,〔103 羯布罗香木等原木〕,〔104 安哥拉香桃花心木等原木〕,〔105 其他非针叶原木〕
③ 〔101 加蓬榄木、非洲白梧桐木等原木〕,〔102 白柳桉原木及其他柳桉原木〕,〔103 羯布罗香木等原木〕,〔104 安哥拉香桃花心木等原木〕,〔105 其他非针叶原木〕

协定税率(%)															特惠税率(%)			对美税率	出口税率	出口退税率	Article Description
智利	新西兰	澳大利亚	瑞士	冰岛	秘鲁	哥斯达	东盟	亚太	新加坡	巴基斯坦	港/澳/台	韩国	格鲁吉亚	毛里求斯	亚太	老/柬/缅	LDC 97/95				
																		25	0		
																	0/0			0	---Other
																		25	0		
																		25	0		
																		25	0		
																					Hoopwood; split poles; piles, pickets and stakes of wood, pointed but not sawn lengthwise; wooden sticks, roughly trimmed but not turned, bentor otherwise worked, suitable for the manufacture of walking-sticks, umbrellas, tool handles or the like; chipwood and the like:
0	0	0	0	0	0	0	0		0	3	0/0/	0		0			0/0			0	-Coniferous
																			0		
																			0		
0	0	0	0	0	0	0	0		0	3	0/0/	0		0			0/0			0	-Non-coniferous
																		22	0		
																		22	0		
																					Wood wool; wood flour:
0	0	0	0	0	0	0	0		0	3	0/0/	0		0			0/0			0	Wood wool; wood flour
																		27	0		
																					Railway or tramway sleepers (crossties) of wood:
																	0/0			0	--Coniferous
																			0		
																	0/0			0	--Non-coniferous
																			0		
																	0/0			0	--Coniferous
																		5	0		
																		5	0		
																	0/0			0	--Non-coniferous
																			0		
																			0		
																					Wood sawn or chipped lengthwise, sliced or peeled, whether or not planed, sanded or end-jointed, of a thickness exceeding 6mm:
																	0/0			0	---Korean pine and Mongolian scotch pine
																		25	0		
																		25	0		
																		25	0		
																		25	0		
																	0/0			0	---Rediata pine

商品编号	商品名称及备注[检验检疫编码及名称]	进口关税(%) 最惠国	普通	增值税率(%)	消费税	计量单位	监管条件	检验检疫类别
4407112010	端部接合的辐射松厚板材(经纵锯、纵切、刨切或旋切的,厚度超过6毫米)〔999〕	0	14	13		千克/立方米	AB	P/Q
4407112090	非端部接合的辐射松厚板材(经纵锯、纵切、刨切或旋切的,厚度超过6毫米)〔999〕	0	14	13		千克/立方米	4ABxy	P/Q
44071190	---其他							
4407119011	端部接合其他濒危松木厚板材(经纵锯、纵切、刨切或旋切的,厚度超过6毫米)〔999〕	0	14	13		千克/立方米	ABEF	P/Q
4407119019	端部接合其他松木厚板材(经纵锯、纵切、刨切或旋切的,厚度超过6毫米)〔999〕	0	14	13		千克/立方米	AB	P/Q
4407119091	非端部接合其他濒危松木厚板材(经纵锯、纵切、刨切或旋切的,厚度超过6毫米)〔999〕	0	14	13		千克/立方米	4ABEFxy	P/Q
4407119099	非端部接合的其他松木厚板材(经纵锯、纵切、刨切或旋切的,厚度超过6毫米)〔999〕	0	14	13		千克/立方米	4ABxy	P/Q
44071200	--冷杉及云杉							
4407120011	端部接合的濒危云杉及冷杉厚板材(经纵锯、纵切、刨切或旋切的,厚度超过6毫米)〔999〕	0	14	13		千克/立方米	ABEF	P/Q
4407120019	端部接合的其他云杉及冷杉厚板材(经纵锯、纵切、刨切或旋切的,厚度超过6毫米)〔999〕	0	14	13		千克/立方米	AB	P/Q
4407120091	非端部接合濒危云杉及冷杉厚板材(经纵锯、纵切、刨切或旋切的,厚度超过6毫米)〔999〕	0	14	13		千克/立方米	4ABEFxy	P/Q
4407120099	非端部接合其他云杉及冷杉厚板材(经纵锯、纵切、刨切或旋切的,厚度超过6毫米)〔999〕	0	14	13		千克/立方米	4ABxy	P/Q
44071910	---花旗松							
4407191010	端部接合的花旗松厚板材(经纵锯、纵切、刨切或旋切的,厚度超过6毫米)〔999〕	0	14	13		千克/立方米	AB	MP/Q
4407191090	非端部接合的花旗松厚板材(经纵锯、纵切、刨切或旋切的,厚度超过6毫米)〔999〕	0	14	13		千克/立方米	4ABxy	MP/Q
44071990	---其他							
4407199011	端部接合其他濒危针叶木厚板材(经纵锯、纵切、刨切或旋切的,厚度超过6毫米)〔999〕	0	14	13		千克/立方米	ABEF	MP/Q
4407199019	端部接合其他针叶木厚板材(经纵锯、纵切、刨切或旋切的,厚度超过6毫米)〔999〕	0	14	13		千克/立方米	AB	MP/Q
4407199091	非端部接合其他濒危针叶木厚板材(经纵锯、纵切、刨切或旋切的,厚度超过6毫米)〔999〕	0	14	13		千克/立方米	4ABEFxy	MP/Q
4407199099	非端部接合的其他针叶木厚板材(经纵锯、纵切、刨切或旋切的,厚度超过6毫米)〔999〕	0	14	13		千克/立方米	4ABxy	MP/Q
44072100	--美洲桃花心木							
4407210010	端部接合美洲桃花心木(经纵锯、纵切、刨切或旋切的,厚度超过6毫米)〔999〕	0	14	13		千克/立方米	FEAB	P/Q
4407210090	非端部接合美洲桃花心木(经纵锯、纵切、刨切或旋切的,厚度超过6毫米)〔999〕	0	14	13		千克/立方米	4ABEFxy	P/Q
44072200	--苏里南肉豆蔻木、细孔绿心樟及美洲轻木							
4407220010	端部接合的苏里南肉豆蔻木、细孔绿心樟及美洲轻木(经纵锯、纵切、刨切或旋切的,厚度超过6毫米)〔999〕	0	14	13		千克/立方米	AB	P/Q
4407220090	非端部接合的苏里南肉豆蔻木、细孔绿心樟及美洲轻木(经纵锯、纵切、刨切或旋切的,厚度超过6毫米)〔999〕	0	14	13		千克/立方米	4ABxy	P/Q
44072500	--深红色红柳桉木、浅红色红柳桉木及巴栲红柳桉木							
4407250010	端部接合的红柳桉木板材(指深红色、浅红色及巴栲红柳桉木,厚度超过6毫米)〔999〕	0	14	13		千克/立方米	AB	P/Q
4407250090	非端部接合的红柳桉木板材(指深红色、浅红色及巴栲红柳桉木,经纵锯、纵切、刨切或旋切的,厚度超过6毫米)〔999〕	0	14	13		千克/立方米	y4xAB	P/Q
44072600	--白柳桉木、白色红柳桉木、白色柳桉木、黄色红柳桉木及阿兰木							
4407260010	端部接合的白柳桉、其他柳桉木和阿兰木板材(经纵锯、纵切、刨切或旋切的,厚度超过6毫米)〔999〕	0	14	13		千克/立方米	AB	P/Q
4407260090	非端部接合的白柳桉、其他柳桉木和阿兰木板材(经纵锯、纵切、刨切或旋切的,厚度超过6毫米)〔999〕	0	14	13		千克/立方米	y4xAB	P/Q
44072700	--沙比利							
4407270010	端部接合的沙比利木板材(经纵锯、纵切、刨切或旋切的,厚度超过6毫米)〔999〕	0	40	13		千克/立方米	AB	P/Q
4407270090	非端部接合的沙比利木板材(经纵锯、纵切、刨切或旋切的,厚度超过6毫米)〔999〕	0	40	13		千克/立方米	4ABxy	P/Q

协定税率(%) 智利	新西兰	澳大利亚	瑞士	冰岛	秘鲁	哥斯达	东盟	亚太	新加坡	巴基斯坦	港/澳/台	韩国	格鲁吉亚	毛里求斯	特惠税率(%) 亚太	老/柬/缅	LDC 97/95	对美税率	出口税率	出口退税率	Article Description
																		25	0		
																		25	0		
																	0/0			0	---Other
																		25	0		
																		25	0		
																		25	0		
																		25	0		
																	0/0			0	--Of fir (Abies spp.) and spruce (Picea spp.)
																		25	0		
																		25	0		
																		25	0		
																		25	0		
																	0/0				---Douglas fir
																		25	0		
																		25	0		
																	0/0				---Other
																		25	0		
																		25	0		
																		25	0		
																		25	0		
																	0/0			0	--Mahogany (Swietenia spp.)
																			0		
																			0		
																	0/0			0	--Virola, Imbuia and Balsa
																			0		
																			0		
																	0/0			0	--Dark Red Meranti, Light Red Metanti and Meranti Bakau
																			0		
																			0		
																	0/0			0	--White Lauan, White Meranti, White Seraya, Yellow Meranti and Alan
																			0		
																			0		
																	0/0			0	--Sapelli
																			0		
																			0		

商品编号	商品名称及备注[检验检疫编码及名称]	进口关税(%)		增值税率(%)	消费税	计量单位	监管条件	检验检疫类别
		最惠国	普通					
44072800	--伊罗科木							
4407280010	端部接合的伊罗科木板材(经纵锯、纵切、刨切或旋切的,厚度超过6毫米)〔999〕	0	14	13		千克/立方米	AB	P/Q
4407280090	非端部接合的伊罗科木板材(经纵锯、纵切、刨切或旋切的,厚度超过6毫米)〔999〕	0	14	13		千克/立方米	4ABxy	P/Q
44072910	---柚木							
4407291010	端部接合的柚木板材(经纵锯、纵切、刨切或旋切的,厚度超过6毫米)〔999〕	0	40	13		千克/立方米	AB	P/Q
4407291090	非端部接合的柚木板材(经纵锯、纵切、刨切或旋切的,厚度超过6毫米)〔999〕	0	40	13		千克/立方米	y4xAB	P/Q
44072920	---非洲桃花心木							
4407292010	端部接合的非洲桃花心木板材(经纵锯、纵切、刨切或旋切的,厚度超过6毫米)〔999〕	0	40	13		千克/立方米	AB	P/Q
4407292090	非端部接合的非洲桃花心木板材(经纵锯、纵切、刨切或旋切的,厚度超过6毫米)〔999〕	0	40	13		千克/立方米	AB	P/Q
44072930	---波罗格							
4407293010	端部接合的波罗格 Merban 板材(经纵锯、纵切、刨切或旋切的,厚度超过6毫米)〔999〕	0	40	13		千克/立方米	AB	P/Q
4407293090	非端部接合的波罗格 Merban 板材(经纵锯、纵切、刨切或旋切的,厚度超过6毫米)〔999〕	0	40	13		千克/立方米	AB	P/Q
44072940	---红木							
4407294011	端部接合濒危热带红木厚板材(经纵锯、纵切、刨切或旋切的,厚度超过6毫米)〔999〕	0	40	13		千克/立方米	FEAB	P/Q
4407294019	端部接合其他热带红木厚板材(经纵锯、纵切、刨切或旋切的,厚度超过6毫米)〔999〕	0	40	13		千克/立方米	AB	P/Q
4407294091	非端部接合濒危热带红木厚板材(经纵锯、纵切、刨切或旋切的,厚度超过6毫米)〔999〕	0	40	13		千克/立方米	4ABEFxy	P/Q
4407294099	非端部接合其他热带红木厚板材(经纵锯、纵切、刨切或旋切的,厚度超过6毫米)〔999〕	0	40	13		千克/立方米	4ABxy	P/Q
44072990	---其他							
4407299011	端部接合拉敏木厚板材(经纵锯、纵切、刨切或旋切的,厚度超过6毫米)〔999〕	0	14	13		千克/立方米	FEAB	P/Q
4407299012	端部接合的南美蒺藜木(玉檀木)厚板材(经纵锯、纵切、刨切或旋切的,厚度超过6毫米)〔101〕,〔102 加蓬榄木、非洲白梧桐等木厚板材〕	0	14	13		千克/立方米	FEAB	P/Q
4407299013	端部接合其他未列名濒危热带木厚板材(经纵锯、纵切、刨切或旋切的,厚度超过6毫米)〔999〕	0	14	13		千克/立方米	FEAB	P/Q
4407299019	端部接合其他未列名热带木厚板材(经纵锯、纵切、刨切或旋切的,厚度超过6毫米)〔101〕,〔102 加蓬榄木、非洲白梧桐等木厚板材〕	0	14	13		千克/立方米	AB	P/Q
4407299091	非端部接合的南美蒺藜木(玉檀木)厚板材(经纵锯、纵切、刨切或旋切的,厚度超过6毫米)〔101〕,〔102 加蓬榄木、非洲白梧桐等木厚板材〕	0	14	13		千克/立方米	y4xAFEB	P/Q
4407299092	非端部接合其他未列名濒危热带木板材(经纵锯、纵切、刨切或旋切的,厚度超过6毫米)〔999〕	0	14	13		千克/立方米	y4xAFEB	P/Q
4407299099	非端部接合其他未列名热带木板材(经纵锯、纵切、刨切或旋切的,厚度超过6毫米)〔101 加蓬榄木、非洲白梧桐等木厚板材〕,〔102 其他热带木木材〕,〔103 橡胶木方〕	0	14	13		千克/立方米	y4xAB	P/Q
44079100	--栎木(橡木)							
4407910011	端部接合的蒙古栎厚板材(经纵锯、纵切、刨切或旋切的,厚度超过6毫米)〔999〕	0	14	13		千克/立方米	ABEF	P/Q
4407910019	端部接合的其他栎木(橡木)厚板材(经纵锯、纵切、刨切或旋切的,厚度超过6毫米)〔999〕	0	14	13		千克/立方米	AB	P/Q
4407910091	非端部接合的蒙古栎厚板材(经纵锯、纵切、刨切或旋切的,厚度超过6毫米)〔999〕	0	14	13		千克/立方米	4ABEFxy	P/Q
4407910099	非端部接合的其他栎木(橡木)厚板材(经纵锯、纵切、刨切或旋切的,厚度超过6毫米)〔999〕	0	14	13		千克/立方米	y4xAB	P/Q
44079200	--水青冈木(山毛榉木)							
4407920010	端部接合的水青冈木(山毛榉木)厚板材(经纵锯、纵切、刨切或旋切的,厚度超过6毫米)〔999〕	0	14	13		千克/立方米	ABE	P/Q
4407920090	非端部接合的水青冈木(山毛榉木)厚板材(经纵锯、纵切、刨切或旋切的,厚度超过6毫米)〔999〕	0	14	13		千克/立方米	4ABExy	P/Q
44079300	--槭木(枫木)							
4407930010	端部接合的槭木(枫木)厚板材(经纵锯、纵切、刨切或旋切,厚度超过6毫米)〔999〕	0	14	13		千克/立方米	AB	P/Q
4407930090	非端部接合的槭木(枫木)厚板材(经纵锯、纵切、刨切或旋切,厚度超过6毫米)〔999〕	0	14	13		千克/立方米	4ABxy	P/Q

协定税率(%)															特惠税率(%)			对美税率	出口税率	出口退税率	Article Description
智利	新西兰	澳大利亚	瑞士	冰岛	秘鲁	哥斯达	东盟	亚太	新加坡	巴基斯坦	港/澳/台	韩国	格鲁吉亚	毛里求斯	亚太	老/柬/缅	LDC 97/95				
																	0/0			0	--Iroko
																			0		
																			0		
																	0/0			0	---Teak
																		25	0		
																		25	0		
																	0/0			0	---Acajou
																			0		
																			0		
																	0/0			0	---Merbau
																		25	0		
																		25	0		
																	0/0			0	---Of rosewood
																			0		
																			0		
																			0		
																			0		
																	0/0			0	---Other
																		25	0		
																		25	0		
																		25	0		
																		25	0		
																		25	0		
																		25	0		
																		25	0		
																	0/0			0	--Of oak(Ouercus spp.)
																		25	0		
																			0		
																		25	0		
																			0		
																	0/0			0	--Of beech (Fagus spp.)
																		25	0		
																		25	0		
																	0/0			0	--Of maple (Acer spp.)
																		5	0		
																		5	0		

商品编号	商品名称及备注[检验检疫编码及名称]	进口关税(%) 最惠国	普通	增值税率(%)	消费税	计量单位	监管条件	检验检疫类别
44079400	--樱桃木							
4407940010	端部接合的樱桃木厚板材(经纵锯、纵切、刨切或旋切,厚度超过6毫米)〔999〕	0	14	13		千克/立方米	AB	P/Q
4407940090	非端部接合的樱桃木厚板材(经纵锯、纵切、刨切或旋切,厚度超过6毫米)〔999〕	0	14	13		千克/立方米	4ABxy	P/Q
44079500	--白蜡木							
4407950011	端部接合的水曲柳厚板材(经纵锯、纵切、刨切或旋切的,厚度超过6毫米)〔999〕	0	14	13		千克/立方米	ABEF	P/Q
4407950019	端部接合的其他白蜡木厚板材(经纵锯、纵切、刨切或旋切的,厚度超过6毫米)〔999〕	0	14	13		千克/立方米	AB	P/Q
4407950091	非端部接合的水曲柳厚板材(经纵锯、纵切、刨切或旋切的,厚度超过6毫米)〔999〕	0	14	13		千克/立方米	4ABEFxy	P/Q
4407950099	非端部接合的其他白蜡木厚板材(经纵锯、纵切、刨切或旋切的,厚度超过6毫米)〔999〕	0	14	13		千克/立方米	4ABxy	P/Q
44079600	--桦木							
4407960011	端部接合的濒危桦木板材(经纵锯、纵切、刨切或旋切,厚度超过6毫米)〔999〕	0	14	13		千克/立方米	ABEF	P/Q
4407960019	端部接合的其他桦木厚板材(经纵锯、纵切、刨切或旋切,厚度超过6毫米)〔999〕	0	14	13		千克/立方米	AB	P/Q
4407960091	非端部结合的濒危桦木厚板材(经纵锯、纵切、刨切或旋切,厚度超过6毫米)〔999〕	0	14	13		千克/立方米	4ABEFxy	P/Q
4407960099	非端部接合的其他桦木厚板材(经纵锯、纵切、刨切或旋切,厚度超过6毫米)〔999〕	0	14	13		千克/立方米	4ABxy	P/Q
44079700	--杨木							
4407970010	端部接合的杨木厚板材(经纵锯、纵切、刨切或旋切,厚度超过6毫米)〔999〕	0	14	13		千克/立方米	AB	P/Q
4407970090	非端部接合的杨木厚板材(经纵锯、纵切、刨切或旋切,厚度超过6毫米)〔999〕	0	14	13		千克/立方米	4ABxy	P/Q
44079910	---红木,但编号44072940所列热带红木除外							
4407991011	端部接合濒危红木厚板材,但编号44072940所列热带红木除外(经纵锯、纵切、刨切或旋切的,厚度超过6毫米)〔999〕	0	40	13		千克/立方米	AFEB	P/Q
4407991019	端部接合其他红木厚板材,但编号44072940所列热带红木除外(经纵锯、纵切、刨切或旋切的,厚度超过6毫米)〔999〕	0	40	13		千克/立方米	AB	P/Q
4407991091	非端部接合濒危红木厚板材,但编号44072940所列热带红木除外(经纵锯、纵切、刨切或旋切的,厚度超过6毫米)〔999〕	0	40	13		千克/立方米	y4xAFEB	P/Q
4407991099	非端部接合其他红木厚板材,但编号44072940所列热带红木除外(经纵锯、纵切、刨切或旋切的,厚度超过6毫米)〔999〕	0	40	13		千克/立方米	4ABxy	P/Q
44079920	---泡桐木							
4407992010	端部接合的泡桐木厚板材(经纵锯、纵切、刨切或旋切的,厚度超过6毫米)〔999〕	0	14	13		千克/立方米	AB	P/Q
4407992090	非端部接合的泡桐木厚板材(经纵锯、纵切、刨切或旋切的,厚度超过6毫米)〔999〕	0	14	13		千克/立方米	AB	P/Q
44079930	---北美硬阔叶木							
4407993010	端部接合的北美硬阔叶材厚板材(纵锯纵切刨切或旋切,厚度超过6毫米)〔999〕	0	14	13		千克/立方米	AB	P/Q
4407993090	非端部接合的北美硬阔叶材厚板材(纵锯纵切刨切或旋切,厚度超过6毫米)〔999〕	0	14	13		千克/立方米	AB	P/Q
44079980	---其他温带非针叶木							
4407998011	端部接合其他温带濒危非针叶板材(纵锯、纵切、刨切或旋切的,厚度超过6毫米)〔999〕	0	14	13		千克/立方米	FEAB	P/Q
4407998019	端部接合的其他温带非针叶厚板材(纵锯、纵切、刨切或旋切的,厚度超过6毫米)〔999〕	0	14	13		千克/立方米	AB	P/Q
4407998091	非端部结合其他温带濒危非针叶厚板材(纵锯、纵切、刨切或旋切的,厚度超过6毫米)〔999〕	0	14	13		千克/立方米	4ABEFxy	P/Q
4407998099	非端部接合的其他温带非针叶厚板材(纵锯、纵切、刨切或旋切的,厚度超过6毫米)〔999〕	0	14	13		千克/立方米	4ABxy	P/Q
44079990	---其他							
4407999012	端部接合的沉香木及拟沉香木厚板材(经纵锯、纵切、刨切或旋切的,厚度超过6毫米)〔999〕	0	14	13		千克/立方米	AFEB	P/Q
4407999015	端部接合的其他濒危木厚板材(经纵锯、纵切、刨切或旋切的,厚度超过6毫米)〔101针叶木木材〕,〔102其他非针叶木材〕	0	14	13		千克/立方米	AFEB	P/Q
4407999019	端部接合的其他木厚板材(经纵锯、纵切、刨切或旋切的,厚度超过6毫米)〔101针叶木木材〕,〔102其他非针叶木材〕	0	14	13		千克/立方米	AB	P/Q

协定税率(%)															特惠税率(%)			对美税率	出口税率	出口退税率	Article Description
智利	新西兰	澳大利亚	瑞士	冰岛	秘鲁	哥斯达	东盟	亚太	新加坡	巴基斯坦	港/澳/台	韩国	格鲁吉亚	毛里求斯	亚太	老/柬/缅	LDC 97/95				
																	0/0			0	--Of cherry (Prunus spp.)
																			0		
																			0		
																	0/0			0	--Of ash (Fraxinus spp.)
																		20	0		
																			0		
																		20	0		
																			0		
																	0/0			0	--Of birch (Betula spp.)
																		25	0		
																		25	0		
																		25	0		
																		25	0		
																	0/0			0	--Of poplar and aspen (Populus spp.)
																		5	0		
																		5	0		
																	0/0			0	---Of rosewood, other than tropical wood of Subheading 4407. 2940
																		25	0		
																		25	0		
																		25	0		
																		25	0		
																	0/0			13	---Of Paulownia
																			0		
																			0		
																	0/0			0	---North American hard wood
																			0		
																			0		
																	0/0			0	---Other temperate non-coniferous wood
																		25	0		
																		25	0		
																		25	0		
																		25	0		
																	0/0			0	---Other
																		20	0		
																		20	0		
																		20	0		

商品编号	商品名称及备注[检验检疫编码及名称]	进口关税(%)		增值税率(%)	消费税	计量单位	监管条件	检验检疫类别
		最惠国	普通					
4407999092	非端部接合的沉香木及拟沉香木厚板材(经纵锯、纵切、刨切或旋切的,厚度超过6毫米)〔999〕	0	14	13		千克/立方米	y4xAFEB	P/Q
4407999095	非端部接合的其他濒危木厚板材(经纵锯、纵切、刨切或旋切的,厚度超过6毫米)〔101 针叶木木材〕,〔102 其他非针叶木材〕	0	14	13		千克/立方米	y4xAFEB	P/Q
4407999099	非端部接合的其他木厚板材(经纵锯、纵切、刨切或旋切的,厚度超过6毫米)〔101 针叶木木材〕,〔102 其他非针叶木材〕	0	14	13		千克/立方米	y4xAB	P/Q
4408	**饰面用单板(包括刨切积层木获得的单板)、制胶合板或类似多层板用单板以及其他经纵锯、刨切或旋切的木材,不论是否刨平、砂光、拼接或端部接合,厚度不超过6毫米:**							
44081011	----用胶合板等多层板制的							
4408101110[暂2]	胶合板等多层板制濒危针叶木单板(厚度≤6毫米,饰面用)〔999〕	6	40	13		千克	ABFE	M. P/Q
4408101190[暂2]	其他胶合板等多层板制针叶木单板(厚度≤6毫米,饰面用)〔999〕	6	40	13		千克	AB	M. P/Q
44081019	----其他							
4408101910[暂1]	其他饰面濒危针叶木单板(厚度≤6毫米)〔999〕	4	40	13		千克	ABFE	M. P/Q
4408101990[暂1]	其他饰面针叶木单板(厚度≤6毫米)〔999〕	4	40	13		千克	AB	M. P/Q
44081020	---制胶合板用单板							
4408102010[暂1]	制胶合板用濒危针叶木单板(厚度≤6毫米)〔999〕	4	17	13		千克	ABFE	M. P/Q
4408102090[暂1]	其他制胶合板用针叶木单板(厚度≤6毫米)〔999〕	4	17	13		千克	AB	M. P/Q
44081090	---其他							
4408109010[暂1]	其他濒危针叶木单板材(经纵锯、刨切或旋切的,厚度≤6毫米)〔999〕	4	30	13		千克	ABFE	M. P/Q
4408109090[暂1]	其他针叶木单板材(经纵锯、刨切或旋切的,厚度≤6毫米)〔999〕	4	30	13		千克	AB	M. P/Q
44083111	----用胶合板等多层板制的							
4408311100[暂2]	胶合板多层板制饰面红柳桉木单板(指深红色、浅红色红柳桉木及巴栲红柳桉木,厚度≤6毫米)〔999〕	6	40	13		千克	AB	M. P/Q
44083119	----其他							
4408311900[暂1]	其他饰面用红柳桉木单板(深红色、浅红色红柳桉木巴栲红柳桉木,厚度≤6毫米)〔999〕	4	40	13		千克	AB	M. P/Q
44083120	---制胶合板用单板							
4408312000[暂1]	红柳桉木制的胶合板用单板(深红色、浅红色红柳桉木巴栲红柳桉木,厚度≤6毫米)〔999〕	4	17	13		千克	AB	M. P/Q
44083190	---其他							
4408319000[暂1]	红柳桉木制的其他单板(深红色、浅红色红柳桉木巴栲红柳桉木,厚度≤6毫米)〔999〕	4	30	13		千克	AB	M. P/Q
44083911	----用胶合板等多层板制的							
4408391110[暂2]	胶合板多层板制饰面桃花心木单板(厚度≤6毫米)〔999〕	6	40	13		千克	ABFE	M. P/Q
4408391120[暂2]	胶合板多层板制饰面拉敏木单板(厚度≤6毫米)〔999〕	6	40	13		千克	AB	M. P/Q
4408391130[暂2]	厚度≤6毫米胶合板多层板制饰面濒危热带木单板〔101 针叶木薄板〕,〔102 非针叶木薄板〕	6	40	13		千克	ABFE	M. P/Q
4408391190[暂2]	厚度≤6毫米胶合板多层板制饰面热带木单板〔101 针叶木薄板〕,〔102 非针叶木薄板〕	6	40	13		千克	AB	M. P/Q
44083919	----其他							
4408391910[暂2]	其他饰面用桃花心木单板(厚度不超过6毫米)〔999〕	4	40	13		千克	ABFE	M. P/Q
4408391930[暂2]	厚度≤6毫米其他濒危热带木制饰面用单板〔101 针叶木薄板〕,〔102 非针叶木薄板〕	4	40	13		千克	ABFE	M. P/Q
4408391990[暂2]	厚度≤6毫米其他热带木饰面用单板〔101 针叶木薄板〕,〔102 非针叶木薄板〕	4	40	13		千克	AB	M. P/Q
44083920	---制胶合板用单板							
4408392010[暂1]	其他桃花心木制的胶合板用单板(厚度≤6毫米)〔999〕	4	17	13		千克	ABFE	M. P/Q
4408392020[暂1]	其他拉敏木制的胶合板用单板(厚度≤6毫米)〔999〕	4	17	13		千克	AB	M. P/Q
4408392030[暂1]	其他濒危热带木制的胶合板用单板(厚度≤6毫米)〔101 针叶木薄板〕,〔102 非针叶木薄板〕	4	17	13		千克	ABFE	M. P/Q
4408392090[暂1]	其他列名热带木制的胶合板用单板(厚度≤6毫米)〔101 针叶木薄板〕,〔102 非针叶木薄板〕	4	17	13		千克	AB	M. P/Q
44083990	---其他							
4408399010[暂1]	其他桃花心木制的其他单板(厚度≤6毫米)〔999〕	4	30	13		千克	ABFE	M. P/Q
4408399030[暂1]	其他列名濒危热带木制的其他单板(厚度≤6毫米)〔101 针叶木薄板〕,〔102 非针叶木薄板〕	4	30	13		千克	ABFE	M. P/Q
4408399090[暂1]	其他列名的热带木制的其他单板(厚度≤6毫米)〔101 针叶木薄板〕,〔102 非针叶木薄板〕	4	30	13		千克	AB	M. P/Q
44089011	----用胶合板等多层板制的							

协定税率(%)															特惠税率(%)			对美税率	出口税率	出口退税率	Article Description
智利	新西兰	澳大利亚	瑞士	冰岛	秘鲁	哥斯达	东盟	亚太	新加坡	巴基斯坦	港/澳/台	韩国	格鲁吉亚	毛里求斯	亚太	老/柬/缅	LDC 97/95				
																		20	0		
																		20	0		
																		20	0		
																					Sheets for veneering (including those obtained by slicing laminated wood), for plywood or for similar laminated wood and other wood, sawn lengthwise, sliced or peeled, whether or not planed, sanded, spliced or end-jointed, of a thickness not exceeding 6mm:
0	0	0	0	0	0	0	5				0/0/	4.2		0			0/			0	----Of laminated plywood
																			0		
																			0		
0	0	0	0	0	0	0	0		0	0	0/0/	0		0			0/0			0	----Other
																		21	0		
																		21	0		
0	0	0	0	0	0	0	0		0	0	0/0/	0		0			0/0			0	---Sheets for plywood
																			0		
																			0		
0	0	0	0	0	0	0	0		0	0	0/0/	0		0			0/0			0	---Other
																		26	0		
																		26	0		
0	0	0	0	0	0	0	5				0/0/	5.3		0			0/			0	----Of laminated plywood
																			0		
0	0	0	0	0	0	0	0		0	0	0/0/	0		0			0/0			0	----Other
																		26	0		
0	0	0	0	0	0	0	0		0	0	0/0/	0		0			0/0			0	---Sheets for plywood
																			0		
0	0	0	0	0	0	0	0		0	0	0/0/	0		0			0/0			0	---Other
0	0	0	0	0	0	0	5	4.2			0/0/	5.3		0			0/			0	----Of laminated plywood
																			0		
																			0		
																			0		
																			0		
0	0	0	0	0	0	0	0		0	0	0/0/	0		0			0/0			0	----Other
																		27	0		
																		27	0		
																		27	0		
0	0	0	0	0	0	0	0	3.6	0	0	0/0/	0		0			0/0			0	---Sheets for plywood
																			0		
																			0		
																			0		
																			0		
0	0	0	0	0	0	0	0		0	0	0/0/	0		0			0/0			0	---Other
																		26	0		
																		26	0		
																		26	0		
0	0	0	0	0	0	0		2.8			0/0/	2.1		0			0/			0	----Of laminated plywood

商品编号	商品名称及备注[检验检疫编码及名称]	进口关税(%)		增值税率(%)	消费税	计量单位	监管条件	检验检疫类别
		最惠国	普通					
4408901110[暂1]	胶合板多层板制饰面濒危木单板(厚度≤6毫米)〔101 针叶木薄板〕,〔102 非针叶木薄板〕	4	40	13		千克	ABFE	M. P/Q
4408901190[暂1]	胶合板多层板制饰面其他木单板(厚度≤6毫米,针叶木、热带木除外)〔101 针叶木薄板〕,〔102 非针叶木薄板〕	4	40	13		千克	AB	M. P/Q
44089012	----温带非针叶木制							
4408901210[暂1]	温带濒危非针叶木制饰面用木单板(厚度≤6毫米,针叶木、热带木除外)〔999〕	3	40	13		千克	ABFE	M. P/Q
4408901290[暂1]	其他温带非针叶木制饰面用木单板(厚度≤6毫米,针叶木、热带木除外)〔999〕	3	40	13		千克	AB	M. P/Q
44089013	----竹制							
4408901310[暂1]	濒危竹制饰面用单板(厚度≤6毫米)〔999〕	4	40	13		千克	ABE	M. P/Q
4408901390[暂1]	其他竹制饰面用单板(厚度≤6毫米)〔999〕	4	40	13		千克	AB	M. P/Q
44089019	----其他							
4408901911[暂1]	家具饰面用濒危木单板(厚度≤6毫米)〔101 针叶木薄板〕,〔102 非针叶木薄板〕	3	40	13		千克	ABFE	M. P/Q
4408901919[暂1]	其他家具饰面用单板(厚度≤6毫米)〔101 针叶木薄板〕,〔102 非针叶木薄板〕	3	40	13		千克	AB	M. P/Q
4408901991[暂1]	其他饰面用濒危木单板(厚度≤6毫米)〔101 针叶木薄板〕,〔102 非针叶木薄板〕	3	40	13		千克	ABFE	M. P/Q
4408901999[暂1]	其他饰面用单板(厚度≤6毫米)〔101 针叶木薄板〕,〔102 非针叶木薄板〕	3	40	13		千克	AB	M. P/Q
44089021	----温带非针叶木制							
4408902110[暂1]	温带濒危非针叶木制胶合板用单板(厚度≤6毫米)〔999〕	3	17	13		千克	ABFE	M. P/Q
4408902190[暂1]	其他温带非针叶木制胶合板用单板(厚度≤6毫米)〔999〕	3	17	13		千克	AB	M. P/Q
44089029	----其他							
4408902911[暂1]	其他濒危木制胶合板用旋切单板(厚度≤6毫米)〔101 针叶木薄板〕,〔102 非针叶木薄板〕	3	17	13		千克	ABFE	M. P/Q
4408902919[暂1]	其他濒危木制胶合板用其他单板(厚度≤6毫米,旋切单板除外)〔101 针叶木薄板〕,〔102 非针叶木薄板〕	3	17	13		千克	ABFE	M. P/Q
4408902991[暂1]	其他木制胶合板用旋切单板(厚度≤6毫米)〔101 针叶木薄板〕,〔102 非针叶木薄板〕	3	17	13		千克	AB	M. P/Q
4408902999[暂1]	其他木制胶合板用其他单板(厚度≤6毫米,旋切单板除外)〔101 针叶木薄板〕,〔102 非针叶木薄板〕	3	17	13		千克	AB	M. P/Q
44089091	----温带非针叶木制							
4408909110[暂1]	温带濒危非针叶木制其他单板材(经纵锯、刨切或旋切的,厚度≤6毫米)〔999〕	3	30	13		千克	ABFE	M. P/Q
4408909190[暂1]	温带非针叶木制其他单板材(经纵锯、刨切或旋切的,厚度≤6毫米)〔999〕	3	30	13		千克	AB	M. P/Q
44089099	----其他							
4408909910[暂1]	其他濒危木制的其他单板材(经纵锯、刨切或旋切的,厚度≤6毫米)〔101 针叶木薄板〕,〔102 非针叶木薄板〕	3	30	13		千克	ABFE	M. P/Q
4408909990[暂1]	其他木材,但针叶木热带木除外(经纵锯,刨切或旋切的,厚度≤6毫米)〔999〕	3	30	13		千克	AB	M. P/Q
4409	**任何一边、端或面制成连续形状(舌榫、槽榫、半槽榫、斜角、V形接头、珠榫、缘饰、刨圆及类似形状)的木材(包括未装拼的拼花地板用板条及缘板),不论其任意一边或面是否刨平、砂光或端部接合:**							
44091010	---地板条(块)							
4409101010[暂2]	一边或面制成连续形状的濒危针叶木制地板条、块(包括未装拼的拼花地板用板条及缘板)〔999〕	6	50	13	5%	千克	ABFE	P/Q
4409101090[暂2]	一边或面制成连续形状的其他针叶木地板条、块(包括未装拼的拼花地板用板条及缘板)〔999〕	6	50	13	5%	千克	AB	P/Q
44091090	---其他							
4409109010[暂2]	一边或面制成连续形状濒危针叶木材〔999〕	6	50	13		千克	ABFE	P/Q
4409109090[暂2]	其他一边或面制成连续形状的针叶木材〔999〕	6	50	13		千克	AB	P/Q
44092110	---地板条(块)							
4409211010[暂1]	一边或面制成连续形状的濒危竹地板条(块)(包括未装拼的拼花竹地板用板条及缘板)〔999〕	4	50	13		千克	ABE	P/Q
4409211090[暂1]	一边或面制成连续形状的竹地板条(块)(包括未装拼的拼花竹地板用板条及缘板)〔999〕	4	50	13		千克	AB	P/Q
44092190	---其他							
4409219010[暂1]	一边或面制成连续形状的其他濒危竹材〔999〕	4	50	13		千克	ABE	P/Q
4409219090[暂1]	一边或面制成连续形状的其他竹材〔999〕	4	50	13		千克	AB	P/Q
44092210	---地板条(块)							
4409221020[暂1]	一边或面制成连续形状的桃花心木地板条、块(包括未装拼的桃花心木拼花地板用板条及缘板)〔999〕	4	50	13	5%	千克	ABFE	P/Q
4409221030[暂1]	一边或面制成连续形状的其他濒危热带木地板条、块(包括未装拼的其他濒危热带木拼花地板用板条及缘板)〔999〕	4	50	13	5%	千克	ABFE	P/Q

协定税率(%)															特惠税率(%)			对美税率	出口税率	出口退税率	Article Description
智利	新西兰	澳大利亚	瑞士	冰岛	秘鲁	哥斯达	东盟	亚太	新加坡	巴基斯坦	港/澳/台	韩国	格鲁吉亚	毛里求斯	亚太	老/柬/缅	LDC 97/95				
																		21	0		
																		21	0		
0	0	0	0	0	0	0	0		0	0	0/0/	0		0			0/0			0	----Of temperate non-coniferous wood
																		21	0		
																		21	0		
0	0	0	0	0	0	0		2.8			0/0/	2.1		0			0/			0	----Of bamboo
																			0		
																			0		
0	0	0	0	0	0	0	0		0	0	0/0/	0		0			0/0			0	----Other
																		6	0		
																		6	0		
																		6	0		
																		6	0		
0	0	0	0	0	0	0	0		0	0	0/0/	0		0			0/0			0	----Of temperate non-coniferous wood
																		26	0		
																		26	0		
0	0	0	0	0	0	0	0		0	0	0/0/	0		0			0/0			0	----Other
																			0		
																			0		
																			0		
																			0		
0	0	0	0	0	0	0	0		0	0	0/0/	0		0			0/0			0	----Of temperate non-coniferous wood
																		26	0		
																		26	0		
0	0	0	0	0	0	0	0		0	0	0/0/	0		0			0/0			0	----Other
																		21	0		
																		21	0		
																					Wood (including strips and friezes for parquet flooring, not assembled) continuously shaped (tongues, grooved, rebated, chamfered, V-jointed, beaded, moulded, rounded or the like) along any of its "edges, ends or faces, whether or not planed, sanded or end-jointed":
0	0	0	0	0	0	0	0		0	3	0/0/	2.2		0			0/0			0	---Floor board strips
																			0		
																			0		
0	0	0	0	0	0	0	0		0	3	0/0/	0		0			0/0			0	---Other
																			0		
																			0		
0	0	0	0	0	0	0	0		0	0	0/0/	0		0			0/0				---Floor board strips
																			0	0	
																			0	13	
0	0	0	0	0	0	0	0		0	0	0/0/	0	0	0			0/0				---Other
																			0	0	
																			0	13	
0	0	0	0	0	0	0	0		0	0	0/0/	0		0			0/0			0	---Floor board strips
																			0		
																			0		

商品编号	商品名称及备注[检验检疫编码及名称]	进口关税(%)		增值税率(%)	消费税	计量单位	监管条件	检验检疫类别
		最惠国	普通					
4409221090[暂1]	一边或面制成连续形状的其他热带木地板条、块(包括未装拼的其他热带木拼花地板用板条及缘板)〔999〕	4	50	13	5%	千克	AB	P/Q
44092290	---其他							
4409229020[暂1]	一边或面制成连续形状的桃花心木〔999〕	4	50	13		千克	ABFE	P/Q
4409229030[暂1]	一边或面制成连续形状的其他濒危热带木〔999〕	4	50	13		千克	ABFE	P/Q
4409229090[暂1]	一边或面制成连续形状的其他热带木〔999〕	4	50	13		千克	AB	P/Q
44092910	---地板条(块)							
4409291030[暂1]	一边或面制成连续形状的其他濒危木地板条、块(包括未装拼的其他濒危木拼花地板用板条及缘板)〔999〕	4	50	13	5%	千克	ABFE	P/Q
4409291090[暂1]	一边或面制成连续形状的其他非针叶木地板条、块(包括未装拼的其他非针叶木拼花地板用板条及缘板)〔999〕	4	50	13	5%	千克	AB	P/Q
44092990	---其他							
4409299030[暂1]	一边或面制成连续形状的其他濒危木〔101 针叶木木材〕,〔102 其他非针叶木材〕	4	50	13		千克	ABFE	P/Q
4409299090[暂1]	一边或面制成连续形状的其他非针叶木材〔999〕	4	50	13		千克	AB	P/Q
4410	**碎料板、定向刨花板(OSB)及类似板(例如,华夫板),木或其他木质材料制,不论是否用树脂或其他有机黏合剂黏合:**							
44101100	--碎料板							
4410110000[暂1]	木制碎料板(不论是否用树脂或其他有机黏合剂粘合)〔101 其他胶合板〕,〔102 其他碎木料、锯末、刨花〕	4	40	13		千克	AB	P/Q
44101200	--定向刨花板(OSB)							
4410120000[暂2]	木制定向刨花板(OSB)(不论是否用树脂或其他有机黏合剂粘合)〔999〕	4	40	13		千克	AB	P/Q
44101900	--其他							
4410190000[暂1]	其他木制板(不论是否用树脂或其他有机黏合剂粘合)〔999〕	4	40	13		千克	AB	P/Q
44109011	----麦稻秸秆制							
4410901100	麦稻秸秆制碎料板(不论是否用树脂或其他有机黏合剂粘合)〔999〕	6	40	13		千克	AB	P/Q
44109019	----其他							
4410901900	其他碎料板(不论是否用树脂或其他有机黏合剂粘合)〔999〕	6	40	13		千克	AB	P/Q
44109090	---其他							
4410909000	其他板(不论是否用树脂或其他有机黏合剂粘合)〔101 其他厚度超过 6 毫米的板材、方材、垫木〕,〔102 其他厚度小于或等于 6 毫米的薄板〕	6	40	13		千克	AB	P/Q
4411	**木纤维板或其他木质材料纤维板,不论是否用树脂或其他有机黏合剂黏合:**							
44111211	----未经机械加工或盖面的							
4411121100[暂1]	密度>0.8 克/立方厘米且厚度≤5 毫米的中密度纤维板(未经机械加工或盖面的)〔101 针叶木纤维板〕,〔102 非针叶木纤维板〕,〔103 其他纤维板〕	4	40	13		千克	AB	P/Q
44111219	----其他							
4411121900[暂1]	密度>0.8 克/立方厘米且厚度≤5 毫米的其他中密度纤维板〔101 针叶木纤维板〕,〔102 非针叶木纤维板〕,〔103 其他纤维板〕	6	40	13		千克	AB	P/Q
44111221	----辐射松制的							
4411122100[暂1]	辐射松制的 0.5 克/立方厘米<密度≤0.8 克/立方厘米且厚≤5 毫米的中密度纤维板〔999〕	4	40	13		千克	AB	P/Q
44111229	----其他							
4411122900[暂1]	0.5 克/立方厘米<密度≤0.8 克/立方厘米且厚度≤5 毫米的其他中密度纤维板(辐射松制的除外)〔101 针叶木纤维板〕,〔102 非针叶木纤维板〕,〔103 其他纤维板〕	4	40	13		千克	AB	P/Q
44111291	----未经机械加工或盖面的							
4411129100[暂1]	未经机械加工或盖面的其他厚度≤5 毫米的中密度纤维板〔101 针叶木纤维板〕,〔102 非针叶木纤维板〕,〔103 其他纤维板〕	6	40	13		千克	AB	P/Q
44111299	----其他							
4411129900[暂1]	其他厚度≤5 毫米的中密度纤维板〔999〕	4	40	13		千克	AB	P/Q
44111311	----未经机械加工或盖面的							
4411131100[暂1]	密度>0.8 克/立方厘米且 5 毫米<厚度≤9 毫米的中密度纤维板(未经机械加工或盖面的)〔101 针叶木纤维板〕,〔102 非针叶木纤维板〕,〔103 其他纤维板〕	4	40	13		千克	AB	P/Q
44111319	----其他							
4411131900[暂3]	密度>0.8 克/立方厘米且 5 毫米<厚度≤9 毫米的其他中密度纤维板〔101 针叶木纤维板〕,〔102 非针叶木纤维板〕,〔103 其他纤维板〕	6	40	13		千克	AB	M. P/Q

协定税率(%)															特惠税率(%)			对美税率	出口税率	出口退税率	Article Description
智利	新西兰	澳大利亚	瑞士	冰岛	秘鲁	哥斯达	东盟	亚太	新加坡	巴基斯坦	港/澳/台	韩国	格鲁吉亚	毛里求斯	亚太	老/柬/缅	LDC 97/95				
																			0		
0	0	0	0	0	0	0	0		0	0	0/0/	0		0			0/0			0	---Other
																			0		
																			0		
																			0		
0	0	0	0	0	0	0	0		0	0	0/0/	0		0			0/0			0	---Floor board strips
																		6	0		
																		6	0		
0	0	0	0	0	0	0	0		0	0	0/0/	0		0			0/0			0	---Other
																		26	0		
																		26	0		
																					Particle board, oriented strand board (OSB) and similar board (for example, waferboard) of wood or other ligneous materials, whether or not agglomerated with resins or other organic binding substances:
0	0		0								0/0/			0						13	--Particle board
																		26	0		
0	0		0								0/0/			0						13	--Oriented strand board (OSB)
																		27	0		
0	0		0								0/0/			0						13	--Other
																		26	0		
																				13	----Of wheat or rice straw
																			0		
																				13	----Other
																		11	0		
																				13	---Other
																			0		
																					Fibreboard of wood or other ligneous materials, whether or not bonded with resins or other organic substances:
0	0		0								0/0/	2.1		0						13	----Not mechanically worked or surface covered
																		26	0		
0	0		0								0/0/	0		0						13	----Other
																		21	0		
0	0	0	0								0/0/	2.1		0			0/			13	----Of radiata pine
																			0		
0	0		0								0/0/	2.1		0						13	----Other
																		21	0		
0	0		0				5				0/0/	4		0						13	----Not mechanically worked or surface covered
																			0		
	0		0								0/0/	2.1		0						13	----Other
																			0		
	0		0								0/0/			0						13	----Not mechanically worked or surface covered
																		21	0		
	3.5		3.5											0						13	----Other
																		28	0		

商品编号	商品名称及备注[检验检疫编码及名称]	进口关税(%)		增值税率(%)	消费税	计量单位	监管条件	检验检疫类别
		最惠国	普通					
44111321	----辐射松制的							
4411132100[暂1]	辐射松制的0.5克/立方厘米<密度≤0.8克/立方厘米且5毫米<厚度≤9毫米中密度纤维板[999]	4	40	13		千克	AB	P/Q
44111329	----其他							
4411132900[暂1]	0.5克/立方厘米<密度≤0.8克/立方厘米且5毫米<厚度≤9毫米其他中密度纤维板(辐射松制的除外)[101针叶木纤维板],[102非针叶木纤维板],[103其他纤维板]	4	40	13		千克	AB	P/Q
44111391	----未经机械加工或盖面的							
4411139100[暂2]	未机械加工或盖面的其他5毫米<厚度≤9毫米中密度纤维板[101针叶木纤维板],[102非针叶木纤维板],[103其他纤维板]	6	40	13		千克	AB	P/Q
44111399	----其他							
4411139900[暂1]	其他5毫米<厚度≤9毫米中密度纤维板[101针叶木纤维板],[102非针叶木纤维板],[103其他纤维板]	4	40	13		千克	AB	P/Q
44111411	----未经机械加工或盖面的							
4411141100[暂1]	密度>0.8克/立方厘米且厚度>9毫米的中密度纤维板(未经机械加工或盖面的)[999]	4	40	13		千克	AB	P/Q
44111419	----其他							
4411141900[暂3]	密度>0.8克/立方厘米且厚度>9毫米的其他中密度纤维板[999]	6	40	13		千克	AB	M.P/Q
44111421	----辐射松制的							
4411142100[暂1]	辐射松制的0.5克/立方厘米<密度≤0.8克/立方厘米且厚度>9毫米中密度纤维板[999]	4	40	13		千克	AB	P/Q
44111429	----其他							
4411142900[暂1]	0.5克/立方厘米<密度≤0.8克/立方厘米且厚度>9毫米其他中密度纤维板(辐射松制的除外)[101针叶木纤维板],[102非针叶木纤维板],[103其他纤维板]	4	40	13		千克	AB	P/Q
44111491	----未经机械加工或盖面的							
4411149100[暂2]	未经机械加工或盖面的其他厚度>9毫米中密度纤维板[999]	6	40	13		千克	AB	P/Q
44111499	----其他							
4411149900[暂1]	其他厚度>9毫米的中密度纤维板[101针叶木纤维板],[102非针叶木纤维板],[103其他纤维板]	4	40	13		千克	AB	P/Q
44119210	---未经机械加工或盖面的							
4411921000[暂1]	密度>0.8克/立方厘米的未经机械加工或盖面的其他纤维板[101针叶木纤维板],[102非针叶木纤维板],[103其他纤维板]	4	40	13		千克	AB	P/Q
44119290	---其他							
4411929000[暂2]	密度>0.8克/立方厘米的其他纤维板[999]	6	40	13		千克	AB	M.P/Q
44119310	---辐射松制的							
4411931000[暂1]	辐射松制的0.5克/立方厘米<密度≤0.8克/立方厘米的其他纤维板[999]	4	40	13		千克	AB	P/Q
44119390	---其他							
4411939000[暂1]	0.5克/立方厘米<密度≤0.8克/立方厘米的其他纤维板(辐射松制的除外)[101针叶木纤维板],[102非针叶木纤维板],[103其他纤维板]	4	40	13		千克	AB	P/Q
44119410	---密度超过每立方厘米0.35克,但未超过每立方厘米0.5克							
4411941000[暂2]	0.35克/立方厘米<密度≤0.5克/立方厘米的其他纤维板[999]	6	40	13		千克	AB	P/Q
44119421	----未经机械加工或盖面的							
4411942100[暂2]	密度≤0.35克/立方厘米的未经机械加工或盖面的木纤维板[101针叶木纤维板],[102非针叶木纤维板],[103其他纤维板]	6	40	13		千克	AB	P/Q
44119429	----其他							
4411942900[暂1]	密度≤0.35克/立方厘米的其他木纤维板[999]	4	40	13		千克	AB	P/Q
4412	**胶合板、单板饰面板及类似的多层板:**							
44121011	----至少有一表层是热带木							
4412101111[暂2]	至少有一表层为濒危热带木薄板制濒危竹胶合板(每层厚度≤6毫米)[999]	6	30	13		千克/立方米	ABFE	M.P/Q
4412101119[暂2]	至少有一表层为濒危热带木薄板制其他竹胶合板(每层厚度≤6毫米)[999]	6	30	13		千克/立方米	ABFE	M.P/Q
4412101191[暂2]	至少有一表层是其他热带木薄板制濒危竹胶合板(每层厚度≤6毫米)[999]	6	30	13		千克/立方米	ABEF	M.P/Q
4412101199[暂2]	至少有一表层是其他热带木薄板制其他竹胶合板(每层厚度≤6毫米)[999]	6	30	13		千克/立方米	AB	M.P/Q

协定税率(%)															特惠税率(%)			对美税率	出口税率	出口退税率	Article Description
智利	新西兰	澳大利亚	瑞士	冰岛	秘鲁	哥斯达	东盟	亚太	新加坡	巴基斯坦	港/澳/台	韩国	格鲁吉亚	毛里求斯	亚太	老/柬/缅	LDC 97/95				
0	0	0	0								0/0/			0			0/			13	----Of radiata pine
																			0		
0	0		0								0/0/			0						13	----Other
																			0		
0	0		0				5				0/0/			0						13	----Not mechanically worked or surface covered
																			0		
0	0		0								0/0/	2.1		0						13	----Other
																			0		
	0		0								0/0/	2.1		0						13	----Not mechanically worked or surface covered
																			0		
	3.5		3.5									4		0						13	----Other
																		28	0		
0	0	0	0								0/0/	2.1		0			0/			13	----Of radiata pine
																		26	0		
0	0		0								0/0/	2.1		0						13	----Other
																		26	0		
0	0		0				5				0/0/	4		0						13	----Not mechanically worked or surface covered
																			0		
0	0		0								0/0/	2.1		0						13	----Other
																		26	0		
0	0		0								0/0/	2.1		0						13	---Not mechanically worked or surface covered
																		26	0		
0	0		0								0/0/	4		0						13	---Other
																		27	0		
	0	0	0								0/0/			0			0/			13	---Of radiata pine
																			0		
0	0		0								0/0/			0						13	---Other
																		26	0		
0	0		0				5				0/0/	4		0						13	---Of a density exceeding 0.35g/cm3 but not exceeding 0.5g/cm3
																		27	0		
	0		0								0/0/	4		0						13	----Not mechanically worked or surface covered
																			0		
	0		0								0/0/	2.1		0						13	----Other
																		6	0		
																					Plywood, veneered panels and similar laminated wood:
0	0	0	2.4	0	0	0	5				0/0/	6.4		0			0/				----With at least one outer ply of tropical wood
																		7	0	0	
																		7	0	0	
																		7	0	0	
																		7	0	13	

商品编号	商品名称及备注[检验检疫编码及名称]	进口关税(%)		增值税率(%)	消费税	计量单位	监管条件	检验检疫类别
		最惠国	普通					
44121019	----其他							
4412101911[暂1]	至少有一表层为濒危非针叶木薄板胶合板(至少有一表层为温带非针叶木制,每层厚度≤6毫米)〔999〕	4	30	13		千克/立方米	ABFE	M. P/Q
4412101919[暂1]	其他至少有一表层为非针叶木薄板胶合板(至少有一表层为温带非针叶木制,每层厚度≤6毫米)〔999〕	4	30	13		千克/立方米	AB	M. P/Q
4412101921[暂1]	濒危竹地板层叠胶合而成的多层板(每层厚度≤6毫米)〔999〕	4	30	13		千克/立方米	ABE	M. P/Q
4412101929[暂1]	其他竹地板层叠胶合而成的多层板(每层厚度≤6毫米)〔999〕	4	30	13		千克/立方米	AB	M. P/Q
4412101991[暂1]	其他濒危竹胶合板(每层厚度≤6毫米)〔999〕	4	30	13		千克/立方米	ABE	M. P/Q
4412101999[暂1]	其他竹胶合板(每层厚度≤6毫米)〔999〕	4	30	13		千克/立方米	AB	M. P/Q
44121020	---其他,至少有一表层是非针叶木							
4412102011[暂2]	至少有一表层是濒危非针叶木的濒危竹制多层板(每层厚度≤6毫米)〔999〕	6	30	13		千克/立方米	ABFE	M. P/Q
4412102019[暂2]	至少有一表层是其他非针叶木的其他濒危竹制多层板(每层厚度≤6毫米)〔999〕	6	30	13		千克/立方米	ABEF	M. P/Q
4412102091[暂2]	至少有一表层是濒危非针叶木的其他竹制多层板(每层厚度≤6毫米)〔999〕	6	30	13		千克/立方米	ABEF	M. P/Q
4412102099[暂2]	至少有一表层是其他非针叶木的其他竹制多层板(每层厚度≤6毫米)〔999〕	6	30	13		千克/立方米	AB	M. P/Q
44121091	----至少有一层是热带木							
4412109110[暂2]	至少有一层是热带木的濒危竹制多层板〔999〕	6	30	13		千克/立方米	ABEF	M. P/Q
4412109190[暂2]	至少有一层是热带木的其他竹制多层板〔999〕	6	30	13		千克/立方米	AB	M. P/Q
44121092	----至少含有一层木碎料板							
4412109210[暂2]	至少含有一层木碎料板的濒危竹制多层板〔999〕	6	30	13		千克/立方米	ABEF	M. P/Q
4412109290[暂2]	至少含有一层木碎料板的其他竹制多层板〔999〕	6	30	13		千克/立方米	AB	M. P/Q
44121099	----其他							
4412109910[暂1]	其他濒危竹制多层板〔999〕	4	30	13		千克/立方米	ABE	M. P/Q
4412109990[暂1]	其他竹制多层板〔999〕	4	30	13		千克/立方米	AB	M. P/Q
44123100	--至少有一表层是热带木							
4412310010[暂2]	至少有一表层为桃花心木薄板制胶合板(每层厚度≤6毫米)〔999〕	6	30	13		千克/立方米	ABFE	M. P/Q
4412310020[暂2]	至少有一表层为拉敏木薄板制胶合板(每层厚度≤6毫米)〔999〕	6	30	13		千克/立方米	AB	M. P/Q
4412310030[暂2]	至少有一表层为濒危热带木薄板制胶合板(每层厚度≤6毫米)〔999〕	6	30	13		千克/立方米	ABFE	M. P/Q
4412310090[暂2]	至少有一表层是其他热带木制的胶合板(每层厚度≤6毫米,竹制除外)〔999〕	6	30	13		千克/立方米	AB	M. P/Q
44123300	--其他,至少有一表层是下列非针叶木:桤木、白蜡木、水青冈木(山毛榉木)、桦木、樱桃木、栗木、榆木、桉木、山核桃、七叶树、椴木、槭木、栎木(橡木)、悬铃木、杨木、刺槐木、鹅掌楸或核桃木							
4412330010[暂1]	至少有一表层是濒危的下列非针叶木:白蜡木、水青冈木(山毛榉木)、桦木、樱桃木、榆木、椴木、槭木、鹅掌楸木薄板制胶合板(每层厚度≤6毫米,竹制除外)〔999〕	4	30	13		千克/立方米	ABFE	M. P/Q
4412330090[暂1]	至少有一表层是下列非针叶木:桤木、白蜡木、水青冈木(山毛榉木)、桦木、樱桃木、栗木、榆木、桉木、山核桃、七叶树、椴木、槭木、栎木(橡木)、悬铃木、杨木、刺槐木、鹅掌楸或核桃木薄板制胶合板(每层厚度≤6毫米,竹制除外)〔999〕	4	30	13		千克/立方米	AB	M. P/Q
44123410	---其他,至少有一表层是温带非针叶木(编号44123300的非针叶木除外)							

协定税率(%)															特惠税率(%)			对美税率	出口税率	出口退税率	Article Description
智利	新西兰	澳大利亚	瑞士	冰岛	秘鲁	哥斯达	东盟	亚太	新加坡	巴基斯坦	港/澳/台	韩国	格鲁吉亚	毛里求斯	亚太	老/柬/缅	LDC 97/95				
	0		0								0/0/	2.1		0							----Other
																		26	0	0	
																		26	0	13	
																		26	0	0	
																		26	0	13	
																		26	0	0	
																		26	0	13	
	0	0	0		0	0	5			4	0/0/	5.3		0			0/				---Other, with at least one outer ply of non-coniferous wood
																			0	0	
																			0	0	
																			0	0	
																			0	13	
	0		0								0/0/	4.2		0							----With at least one outer ply of tropical wood
																			0	0	
																			0	13	
	0		0								0/0/	5.3		0							----Containing at least one layer of particle board
																			0	0	
																			0	13	
0	0	0	0	0	0	0	0		0	0	0/0/	0		0			0/0				----Other
																			0	0	
																			0	13	
0	0	0	2.4	0	0	0	5				0/0/	6.4		0			0/				--With at least one outer ply of tropical wood
																		27	0	6	
																		27	0	6	
																		27	0	0	
																		27	0	13	
	0		0								0/0/	2.1		0							--Other, with at least one outer ply Of non-coniferous wood Of the species alder (Alnus spp.), ash (Fraxinus spp.), beech (Fagus spp.), birch (Betula spp.), cherry (Prunus spp.), chestnut (Castanea spp.), elm (Ulmus spp.), eucalyptus (eucalyptus spp.)
																		26	0	0	
																		26	0	13	
	0		0								0/0/	2.1		0							---With at least one outer ply of temperate non-coniferous wood (other than non-coniferous wood of subheading 4412.33)

商品编号	商品名称及备注[检验检疫编码及名称]	进口关税(%)		增值税率(%)	消费税	计量单位	监管条件	检验检疫类别
		最惠国	普通					
4412341010[暂1]	至少有一表层是濒危温带非针叶木薄板制胶合板(每层厚度≤6毫米,竹制除外)〔999〕	4	30	13		千克/立方米	ABEF	M. P/Q
4412341090[暂1]	至少有一表层是其他温带非针叶木薄板制胶合板(每层厚度≤6毫米,竹制除外)〔999〕	4	30	13		千克/立方米	AB	M. P/Q
44123490	---其他							
4412349010[暂1]	至少有一表层是濒危其他非针叶胶合板(每层厚度≤6毫米,竹制除外)〔999〕	4	30	13		千克/立方米	ABEF	M. P/Q
4412349090[暂1]	至少有一表层是其他非针叶胶合板(每层厚度≤6毫米,竹制除外)〔999〕	4	30	13		千克/立方米	AB	M. P/Q
44123900	--其他,上下表层均为针叶木							
4412390010[暂1]	其他濒危薄板制胶合板,上下表层均为针叶木(每层厚度≤6毫米,竹制除外)〔101针叶木胶合板〕,〔102非针叶木胶合板〕,〔103其他胶合板〕	4	30	13		千克/立方米	ABFE	M. P/Q
4412390090[暂1]	其他薄板制胶合板,上下表层均为针叶木(每层厚度≤6毫米,竹制除外)〔101针叶木胶合板〕,〔102非针叶木胶合板〕,〔103其他胶合板〕	4	30	13		千克/立方米	AB	M. P/Q
44129410	---至少有一表层是非针叶木							
4412941010[暂2]	至少有一表层是桃花心木的木块芯胶合板等(还包括侧板条芯胶合板及板条芯胶合板)〔999〕	6	30	13		千克/立方米	ABFE	M. P/Q
4412941020[暂2]	至少有一表层是拉敏木的木块芯胶合板等(还包括侧板条芯胶合板及板条芯胶合板)〔999〕	6	30	13		千克/立方米	AB	M. P/Q
4412941030[暂2]	至少有一表层是濒危热带木的木块芯胶合板等(还包括侧板条芯胶合板及板条芯胶合板)〔999〕	6	30	13		千克/立方米	ABFE	M. P/Q
4412941040[暂2]	至少有一表层是濒危非针叶木的木块芯胶合板等(还包括侧板条芯胶合板及板条芯胶合板)〔999〕	6	30	13		千克/立方米	ABFE	M. P/Q
4412941090[暂2]	至少有一表层是非针叶木的木块芯胶合板等(还包括侧板条芯胶合板及板条芯胶合板)〔999〕	6	30	13		千克/立方米	AB	M. P/Q
44129491	----至少有一层是热带木							
4412949110[暂2]	至少有一层是濒危热带木的针叶木面木块芯胶合板等(还包括侧板条芯胶合板及板条芯胶合板)〔999〕	6	30	13		千克/立方米	ABFE	M. P/Q
4412949190[暂2]	至少有一层是热带木的针叶木面木块芯胶合板等(还包括侧板条芯胶合板及板条芯胶合板)〔999〕	6	30	13		千克/立方米	AB	M. P/Q
44129492	----其他,至少含有一层木碎料板							
4412949210[暂2]	至少含有一层木碎料板的濒危针叶木面木块芯胶合板等(还包括侧板条芯胶合板及板条芯胶合板)〔999〕	6	30	13		千克/立方米	ABFE	M. P/Q
4412949290[暂2]	至少含有一层木碎料板的针叶木面木块芯胶合板等(还包括侧板条芯胶合板及板条芯胶合板)〔999〕	6	30	13		千克/立方米	AB	M. P/Q
44129499	----其他							
4412949910[暂1]	其他濒危针叶木面木块芯胶合板等(还包括侧板条芯胶合板及板条芯胶合板)〔999〕	4	30	13		千克/立方米	ABEF	M. P/Q
4412949990[暂1]	其他针叶木面木块芯胶合板等(还包括侧板条芯胶合板及板条芯胶合板)〔999〕	4	30	13		千克/立方米	AB	M. P/Q
44129910	---至少有一表层是非针叶木							
4412991010[暂2]	至少有一表层是桃花心木的多层板〔999〕	6	30	13		千克/立方米	ABFE	M. P/Q
4412991020[暂2]	至少有一表层是拉敏木的多层板〔999〕	6	30	13		千克/立方米	ABFE	M. P/Q
4412991030[暂2]	至少有一表层是濒危热带木的多层板〔999〕	6	30	13		千克/立方米	ABFE	M. P/Q
4412991040[暂2]	其他至少有一表层是濒危非针叶木的多层板〔999〕	6	30	13		千克/立方米	ABFE	M. P/Q
4412991090[暂2]	其他至少有一表层是非针叶木的多层板〔999〕	6	30	13		千克/立方米	AB	M. P/Q
44129991	----至少有一层是热带木							
4412999110[暂2]	其他至少有一层是濒危热带木的针叶木面多层板〔999〕	6	30	13		千克/立方米	ABFE	M. P/Q
4412999190[暂2]	其他至少有一层是热带木的针叶木面多层板〔999〕	6	30	13		千克/立方米	AB	M. P/Q
44129992	----其他,至少含有一层木碎料板							

协定税率(%)															特惠税率(%)			对美税率	出口税率	出口退税率	Article Description
智利	新西兰	澳大利亚	瑞士	冰岛	秘鲁	哥斯达	东盟	亚太	新加坡	巴基斯坦	港/澳/台	韩国	格鲁吉亚	毛里求斯	亚太	老/柬/缅	LDC 97/95				
																		26	0	0	
																		26	0	13	
	0		0								0/0/	2.1		0							---Other
																		26	0	0	
																		26	0	13	
0	0	0	0	0	0	0	0		0	0	0/0/	0		0			0/0				--Other, with both outer plies of coniferous wood
																		26	0	0	
																		26	0	13	
0	0		0				5			4	0/0/	5.3		0							---With at least one outer ply of non-coniferous wood
																		27	0	6	
																		27	0	6	
																		27	0	0	
																		27	0	0	
																		27	0	13	
0	0		0								0/0/	4.2		0							----With at least one outer ply of tropical wood
																			0	0	
																			0	13	
0	0		0								0/0/	5.3		0							----Other, containing at least one layer of particle board
																			0	0	
																			0	13	
0	0	0	0	0	0	0	0		0	0	0/0/	0		0			0/0				----Other
																			0	0	
																			0	13	
0	0		0				5			4	0/0/	5.3		0							---With at least one outer ply of non-coniferous wood
																		27	0	0	
																		27	0	0	
																		27	0	0	
																		27	0	0	
																		27	0	13	
0	0		0								0/0/	4.2		0							----With at least one outer ply of tropical wood
																			0	0	
																			0	13	
0	0		0								0/0/	5.3		0							----Other, containing at least one layer of particle board

商品编号	商品名称及备注[检验检疫编码及名称]	进口关税(%)		增值税率(%)	消费税	计量单位	监管条件	检验检疫类别
		最惠国	普通					
4412999210[暂2]	其他至少含有一层木碎料板的濒危针叶木面多层板[999]	6	30	13		千克/立方米	ABFE	M. P/Q
4412999290[暂2]	其他至少含有一层木碎料板的针叶木面多层板[999]	6	30	13		千克/立方米	AB	M. P/Q
44129999	----其他							
4412999910[暂1]	其他濒危针叶木面多层板[999]	4	30	13		千克/立方米	ABFE	M. P/Q
4412999990[暂1]	其他针叶木面多层板[999]	4	30	13		千克/立方米	AB	M. P/Q
4413	**强化木,成块、板、条或异型的:**							
44130000	强化木,成块、板、条或异型的							
4413000000[暂2]	强化木(成块、板、条或异型的)[999]	6	20	13		千克	AB	M. P/Q
4414	**木制的画框、相框、镜框及类似品:**							
44140010	---辐射松制的							
4414001000[暂2]	辐射松木制的画框、相框、镜框及类似品[999]	7	100	13		千克	AB	P/Q
44140090	---其他							
4414009010	拉敏木制画框、相框、镜框及类似品[999]	7	100	13		千克	ABFE	P/Q
4414009020	濒危木制画框、相框、镜框及类似品[999]	7	100	13		千克	ABFE	P/Q
4414009090	其他木制的画框、相框、镜框及类似品[999]	7	100	13		千克	AB	P/Q
4415	**包装木箱、木盒、板条箱、圆桶及类似的包装容器;木制电缆卷筒;木托板、箱形托盘及其他装载用木板;木制的托盘护框:**							
44151000	-箱、盒、板条箱、圆桶及类似的包装容器;电缆卷筒							
4415100010[暂2]	拉敏木制木箱及类似包装容器(电缆卷筒)[999]	6	80	13		千克/件	ABFE	P/Q
4415100020[暂2]	濒危木制木箱及类似包装容器(电缆卷筒)[101 针叶木木质包装],[102 非针叶木木质包装]	6	80	13		千克/件	ABFE	P/Q
4415100090[暂2]	木箱及类似的包装容器,电缆卷筒[101 针叶木木质包装],[102 非针叶木木质包装],[103 其他木质包装]	6	80	13		千克/件	AB	P/Q
44152010	---辐射松制的							
4415201000[暂2]	辐射松木制托板、箱形托盘及其他装载用辐射松木板(包括辐射松木制托盘护框)[999]	6	80	13		千克/件	AB	P/Q
44152090	---其他							
4415209010[暂3]	拉敏木托板、箱形托盘及装载木板(包括拉敏木制托盘护框)[999]	6	80	13		千克/件	AB	P/Q
4415209020[暂3]	濒危木托板、箱形托盘及装载木板(包括濒危木制托盘护框)①	6	80	13		千克/件	ABFE	P/Q
4415209090[暂3]	其他木制托板、箱形托盘及其他装载木板(包括其他木制托盘护框)②	6	80	13		千克/件	AB	P/Q
4416	**木制大桶、琵琶桶、盆和其他木制箍桶及其零件,包括桶板:**							
44160010	---辐射松制的							
4416001000[暂5]	辐射松木制大桶、琵琶桶、盆和其他箍桶及其零件(包括辐射松木制桶板)[101 其他木制品],[102 针叶木木质包装]	12	80	13		千克	AB	P/Q
44160090	---其他							
4416009010	拉敏木制大桶、琵琶桶、盆和其他箍桶及其零件(包括拉敏木制桶板)[101 其他木制品],[102 非针叶木木质包装]	12	80	13		千克	ABFE	P/Q
4416009020	濒危木制大桶、琵琶桶、盆和其他箍桶及其零件(包括濒危木制桶板)③	12	80	13		千克	ABFE	P/Q
4416009090	其他木制大桶、琵琶桶、盆和其他箍桶及其零件(包括其他木制桶板)④	12	80	13		千克	AB	P/Q
4417	**木制的工具、工具支架、工具柄、扫帚及刷子的身及柄;木制鞋靴楦及楦头:**							
44170010	---辐射松制的							
4417001000[暂5]	辐射松木制工具、工具支架、工具柄、扫帚及刷子的身及柄(包括辐射松木制鞋靴楦及楦头)[999]	12	80	13		千克	AB	P/Q
44170090	---其他							

① [101 针叶木木质包装],[102 非针叶木木质包装],[103 其他木质包装]
② [101 针叶木木质包装],[102 非针叶木木质包装],[103 其他木质包装]
③ [101 其他木制品],[102 针叶木木质包装],[103 非针叶木木质包装],[104 其他木质包装]
④ [101 其他木制品],[102 针叶木木质包装],[103 非针叶木木质包装]

协定税率(%)															特惠税率(%)			对美税率	出口税率	出口退税率	Article Description
智利	新西兰	澳大利亚	瑞士	冰岛	秘鲁	哥斯达	东盟	亚太	新加坡	巴基斯坦	港/澳/台	韩国	格鲁吉亚	毛里求斯	亚太	老/柬/缅	LDC 97/95				
																			0	0	
																			0	13	
0	0	0	0	0	0	0	0	2.8	0	0	0/0/	0		0			0/0				----Other
																		26	0	0	
																		26	0	13	
																					Densified wood, in blocks, plates, strips or profile shapes:
0	0	0	0	0	0	0	0		0	0	0/0/	1.8		0			0/0			13	Densified wood, in blocks, plates, strips or profile shapes
																		27	0		
																					Wooden frames for paintings, photographs, mirrors or similar objects:
0	0	0									0/0/			0			0/			13	---Of radiata pine
																		22	0		
																					---Other
																		27	0	13	
																		27	0	0	
																		27	0	13	
																					Packing cases, boxes, crates, drums and similar packings, of wood; cabledrums of wood; pallets, box pallets and other load boards, of wood; pallet collars of wood:
0	0	0	0	0	0	0	0		0	3	0/0/	2.2		0			0/0				-Cases, boxes, crates, drums and similar packing; cable-drums
																		27	0	6	
																		27	0	0	
																		27	0	13	
0	0	0					5				0/0/			0			0/			10	---Of radiata pine
																			0		
	5						5														---Other
																		28	0	6	
																		28	0	0	
																		28	0	13	
																					Casks, barrels, vats, tubs and other coopers' products and parts thereof, of wood, including staves:
0	0	0									0/0/			0			0/			0	---Of radiata pine
																			0		
																				0	---Other
																		32	0		
																		32	0		
																		32	0		
																					Tools, tool bodies, tool handles, broom or brush bodies and handles, of wood; boot or shoe lasts and trees, of wood:
0	0	0									0/0/			0			0/			0	---Of radiata pine
																			0		
																				0	---Other

商品编号	商品名称及备注[检验检疫编码及名称]	进口关税(%)		增值税率(%)	消费税	计量单位	监管条件	检验检疫类别
		最惠国	普通					
4417009010	拉敏木制工具、工具支架、工具柄、扫帚及刷子的身及柄(包括拉敏木制鞋靴楦及楦头)〔999〕	12	80	13		千克	ABFE	P/Q
4417009020	濒危木制工具、工具支架、工具柄、扫帚及刷子的身及柄(包括濒危木制鞋靴楦及楦头)〔999〕	12	80	13		千克	ABFE	P/Q
4417009090	其他木制工具、工具支架、工具柄、扫帚及刷子的身及柄(包括其他木制鞋靴楦及楦头)〔999〕	12	80	13		千克	AB	P/Q
4418	**建筑用木工制品,包括蜂窝结构木镶板、已装拼的地板、木瓦及盖屋板:**							
44181010	---辐射松制的							
4418101000[暂1]	辐射松木制的木窗、落地窗及其框架〔999〕	4	70	13		千克	AB	L. P/Q
44181090	---其他							
4418109010	拉敏木制木窗、落地窗及其框架〔999〕	4	70	13		千克	ABFE	L. P/Q
4418109020	濒危木制木窗、落地窗及其框架〔999〕	4	70	13		千克	ABFE	L. P/Q
4418109090	其他木制木窗、落地窗及其框架〔999〕	4	70	13		千克	AB	L. P/Q
44182000	-门及其框架和门槛							
4418200010[暂1]	拉敏木制的木门及其框架和门槛〔999〕	4	70	13		千克	ABFE	P/Q
4418200020[暂1]	濒危木制的木门及其框架和门槛〔999〕	4	70	13		千克	ABFE	P/Q
4418200090[暂1]	木门及其框架和门槛〔101 木门〕,〔102 其他木制品〕	4	70	13		千克	AB	L. P/Q
44184000	-水泥构件的模板							
4418400000[暂1]	水泥构件的木模板〔999〕	4	70	13		千克	AB	P/Q
44185000	-木瓦及盖屋板							
4418500000[暂2]	木瓦及盖屋板〔101 木瓦〕,〔102 其他木制品〕	6	70	13		千克	AB	P/Q
44186000	-柱和梁							
4418600010[暂1]	濒危木制柱和梁〔999〕	4	70	13		千克	FEAB	P/Q
4418600090[暂1]	其他木制柱和梁〔999〕	4	70	13		千克	AB	P/Q
44187310	---马赛克地板用							
4418731000[暂1]	已装拼的竹的或至少顶层(耐磨层)是竹的马赛克地板〔999〕	4	70	13		千克	AB	P/Q
44187320	---其他,竹制多层的							
4418732000[暂1]	已装拼的竹制多层地板〔999〕	4	70	13		千克	AB	P/Q
44187390	---其他							
4418739000[暂1]	已装拼的竹制其他地板〔999〕	4	70	13		千克	AB	P/Q
44187400	--其他,马赛克地板用							
4418740010[暂1]	已装拼的拉敏木制马赛克地板〔999〕	4	70	13		千克	ABFE	P/Q
4418740020[暂1]	已装拼的其他濒危木制马赛克地板〔999〕	4	70	13		千克	ABFE	P/Q
4418740090[暂1]	已装拼的其他木制马赛克地板〔999〕	4	70	13		千克	AB	P/Q
44187500	--其他,多层的							
4418750010[暂1]	已装拼的拉敏木制多层地板〔999〕	4	70	13		千克	ABFE	P/Q
4418750020[暂1]	已装拼的其他濒危木制多层地板〔999〕	4	70	13		千克	ABFE	P/Q
4418750090[暂1]	已装拼的其他木制多层地板〔999〕	4	70	13		千克	AB	P/Q
44187900	--其他							
4418790010[暂1]	已装拼的拉敏木制其他地板〔999〕	4	70	13		千克	ABFE	P/Q
4418790020[暂1]	已装拼的其他濒危木制地板〔999〕	4	70	13		千克	ABFE	P/Q
4418790090[暂1]	已装拼的木制其他地板〔999〕	4	70	13		千克	AB	P/Q
44189100	--竹的							
4418910010[暂1]	濒危竹制其他建筑用木工制品(包括蜂窝结构的木镶板)〔999〕	4	70	13		千克	ABE	P/Q
4418910090[暂1]	其他竹制其他建筑用木工制品(包括蜂窝结构的木镶板)〔999〕	4	70	13		千克	AB	P/Q
44189900	--其他							
4418990010[暂1]	拉敏木制其他建筑用木工制品(包括蜂窝结构的木镶板)〔999〕	4	70	13		千克	FEAB	P/Q
4418990020[暂1]	濒危木制其他建筑用木工制品(包括蜂窝结构的木镶板)〔999〕	4	70	13		千克	FEAB	P/Q
4418990090[暂1]	其他建筑用木工制品(包括蜂窝结构的木镶板)〔999〕	4	70	13		千克	AB	P/Q
4419	**木制餐具及厨房用具:**							
44191100	--切面包板、砧板及类似板							
4419110000	竹制的切面包板、砧板及类似板〔999〕	0	100	13		千克	AB	P. R/Q
44191210	---一次性筷子							
4419121010	酸竹制一次性筷子〔998 竹筷〕,〔999 食品接触木制产品〕	0	100	13		千克	ABE	P. R/Q
4419121090	其他竹制一次性筷子〔998 竹筷〕,〔999 食品接触木制产品〕	0	100	13		千克	AB	P. R/Q
44191290	---其他							
4419129000	竹制的其他筷子〔998 竹筷〕,〔999 食品接触木制产品〕	0	100	13		千克	AB	P. R/Q
44191900	--其他							

协定税率(%)															特惠税率(%)			对美税率	出口税率	出口退税率	Article Description
智利	新西兰	澳大利亚	瑞士	冰岛	秘鲁	哥斯达	东盟	亚太	新加坡	巴基斯坦	港/澳/台	韩国	格鲁吉亚	毛里求斯	亚太	老/柬/缅	LDC 97/95				
																		37	0		
																		37	0		
																		37	0		
																					Builders' joinery and carpentry of wood, including cellular wood panels, assembled flooring panels, shingles and shakes:
	0	0									0/0/			0			0/			10	---Of radiata pine
																			0		
											0/0/			0			0/				---Other
																		29	0	6	
																		29	0	0	
																		29	0	13	
0	0	0	0	0	0	0	0		0	0	0/0/	0		0			0/0				-Doors and their frames and thresholds
																		26	0	6	
																		26	0	0	
																		26	0	13	
0	0	0	0	0	0	0	0			0	0/0/	0		0			0/0			13	-Shuttering for concrete constructional work
																			0		
0	0	0	0	0	0	0	0			3	0/0/	0		0			0/0			13	-Shingles and shakes
																			0		
0	0	0	0	0	0	0	0		0	0	0/0/	0		0			0/0				-Posts and beams
																		26	0	0	
																		26	0	13	
0	0	0	0	0	0	0	0		0	0	0/0/	0		0			0/0			0	---For mosaic floors
																			0		
0	0	0	0	0	0	0	0		0	0	0/0/	0		0			0/0			13	---Other, multilayer of bamboo
																			0		
0	0	0	0	0	0	0	0		0	0	0/0/	0		0			0/0			13	---Other
																			0		
0	0	0	0	0	0	0	0		0	0	0/0/	0		0			0/0			0	--Other, for mosaic floors
																			0		
																			0		
																			0		
0	0	0	0	0	0	0	0		0	0	0/0/	0	0	0			0/0			0	--Other, multilayer
																		26	0		
																		26	0		
																		26	0		
0	0	0	0	0	0	0	0		0	0	0/0/	0		0			0/0			0	--Other
																		21	0		
																		21	0		
																		21	0		
0	0	0	0	0	0	0	0		0	0	0/0/	0		0			0/0				--Of bamboo
																			0	0	
																			0	13	
0	0	0	0	0	0	0	0		0	0	0/0/	0		0			0/0				--Other
																		26	0	6	
																		26	0	0	
																		26	0	13	
																					Tableware and kitchenware, of wood:
																	0/0			13	--Bread boards, chopping boards and similar boards
																		5	0		
																	0/0				---One-time chopsticks
																		5	0	0	
																		5	0	13	
																	0/0			13	---Other
																		5	0		
																	0/0			13	--Other

商品编号	商品名称及备注[检验检疫编码及名称]	进口关税(%)		增值税率(%)	消费税	计量单位	监管条件	检验检疫类别
		最惠国	普通					
4419190000	竹制的其他餐具及厨房用具〔999〕	0	100	13		千克	AB	P. R/Q
44199010	---一次性筷子							
4419901000	木制一次性筷子〔998 木质餐具及厨房用具〕,〔999 食品接触木制产品〕	0	100	13	5%	千克	AB	P/Q
44199090	---其他							
4419909010	拉敏木制的其他餐具及厨房用具〔999〕	0	100	13		千克	FEAB	P. R/Q
4419909020	濒危木制的其他餐具及厨房用具〔999〕	0	100	13		千克	FEAB	P. R/Q
4419909090	其他木制其他餐具及厨房用具〔999〕	0	100	13		千克	AB	P. R/Q
4420	**镶嵌木(包括细工镶嵌木);装珠宝或刀具用的木制盒子和小匣子及类似品;木制小雕像及其他装饰品;第九十四章以外的木制家具:**							
44201011	----木刻							
4420101120	濒危木制的木刻〔999〕	0	100	13		千克	FEAB	P/Q
4420101190	其他木刻〔101 木制工艺品〕,〔102 其他木制品〕	0	100	13		千克	AB	P/Q
44201012	----竹刻							
4420101200	竹刻〔999〕	0	100	13		千克	AB	P/Q
44201020	---木扇							
4420102020	濒危木制的木扇〔999〕	0	100	13		千克	FEAB	P/Q
4420102090	木扇〔999〕	0	100	13		千克	AB	P/Q
44201090	---其他							
4420109030	沉香木及拟沉香木制其他小雕像及其他装饰品〔999〕	0	100	13		千克	FEAB	P/Q
4420109040	其他濒危木制其他小雕像及其他装饰品〔999〕	0	100	13		千克	FEAB	P/Q
4420109090	其他木制小雕像及其他装饰品〔999〕	0	100	13		千克	AB	P/Q
44209010	---镶嵌木							
4420901010	拉敏木制的镶嵌木〔999〕	0	45	13		千克	FEAB	P/Q
4420901020	濒危木制的镶嵌木〔999〕	0	45	13		千克	FEAB	P/Q
4420901090	镶嵌木〔999〕	0	45	13		千克	AB	P/Q
44209090	---其他							
4420909010	拉敏木盒及类似品;非落地木家具(前者用于装珠宝或家具;后者不包括第九十四章的家具)〔999〕	0	100	13		千克	FEAB	P/Q
4420909020	濒危木盒及类似品;非落地木家具(前者用于装珠宝或家具;后者不包括第九十四章的家具)〔999〕	0	100	13		千克	FEAB	P/Q
4420909090	木盒子及类似品;非落地式木家具(前者用于装珠宝或家具,后者不包括第九十四章的家具)〔999〕	0	100	13		千克	AB	P/Q
4421	**其他木制品:**							
44211000	-衣架							
4421100010	拉敏木制木衣架〔999〕	0	90	13		千克	AB	P/Q
4421100020	濒危木制木衣架〔999〕	0	90	13		千克	FEAB	P/Q
4421100090	木衣架〔999〕	0	90	13		千克	AB	P/Q
44219110	---圆签、圆棒、冰果棒、压舌片及类似一次性制品							
4421911010	酸竹制圆签、圆棒、冰果棒、压舌片及类似一次性制品〔998 其他竹及竹制品〕,〔999 食品接触竹制产品〕	0	35	13		千克	ABE	P/Q
4421911090	其他竹制圆签、圆棒、冰果棒、压舌片及类似一次性制品〔998 其他竹及竹制品〕,〔999 食品接触竹制产品〕	0	35	13		千克	AB	P/Q
44219190	---其他							
4421919010	其他未列名的濒危竹制品〔999〕	0	90	13		千克	FEAB	P/Q
4421919090	其他未列名的竹制品〔999〕	0	35	13		千克	AB	P/Q
44219910	---木制圆签、圆棒、冰果棒、压舌片及类似一次性制品							
4421991010	拉敏木制圆签、圆棒、冰果棒、压舌片及类似一次性制品〔998 其他木制品〕,〔999 食品接触木制产品〕	0	35	13		千克	FEAB	P/Q
4421991020	濒危木制圆签、圆棒、冰果棒、压舌片及类似一次性制品〔998 其他木制品〕,〔999 食品接触木制产品〕	0	35	13		千克	FEAB	P/Q
4421991090	其他木制圆签、圆棒、冰果棒、压舌片及类似一次性制品〔998 其他木制品〕,〔999 食品接触木制产品〕	0	35	13		千克	AB	P/Q
44219990	---其他							
4421999010	拉敏木制的未列名的木制品〔999〕	0	35	13		千克	FEAB	P/Q
4421999020	濒危木制的未列名的木制品〔999〕	0	35	13		千克	FEAB	P/Q
4421999090	未列名的木制品〔999〕	0	35	13		千克	AB	P/Q

协定税率(%)															特惠税率(%)			对美税率	出口税率	出口退税率	Article Description
智利	新西兰	澳大利亚	瑞士	冰岛	秘鲁	哥斯达	东盟	亚太	新加坡	巴基斯坦	港/澳/台	韩国	格鲁吉亚	毛里求斯	亚太	老/柬/缅	LDC 97/95				
																		5	0		
																	0/0			0	---One-time chopsticks
																		5	0		
																	0/0				---Other
																		25	0	6	
																		25	0	0	
																		25	0	10	
																					Wood marquetry and inlaid wood; caskets and cases for jewellery or cutlery, and similar articles, of wood; statuettes and other ornaments, of wood; wooden articles or furniture not falling in Chapter 94:
																	0/0				----Wood carvings
																		25	0	0	
																		25	0	13	
																	0/0			13	----Bamboo carvings
																			0		
																	0/0				---Wooden fans
																			0	0	
																			0	13	
																	0/0				---Other
																		25	0	0	
																		25	0	0	
																		25	0	13	
																	0/0				---Wood marquetry and inlaid wood
																		5	0	10	
																		5	0	0	
																		5	0	13	
																	0/0				---Other
																		25	0	6	
																		25	0	0	
																		25	0	13	
																					Other articles of wood:
																	0/0				-Clothes hangers
																		25	0	6	
																		25	0	0	
																		25	0	13	
																	0/0				---Circle sticks, circle bars, popsicle sticks, spatula and the like
																		25	0	0	
																		25	0	13	
																	0/0				---Other
																		20	0	0	
																		20	0	13	
																	0/0			0	---Of wood, circle sticks, circle bars, popsicle sticks, spatula and the like
																			0		
																			0		
																			0		
																	0/0				---Other
																		25	0	10	
																		25	0	0	
																		25	0	13	

第四十五章
软木及软木制品

注释：

本章不包括：

一、第六十四章的鞋靴及其零件；

二、第六十五章的帽类及其零件；或

三、第九十五章的物品（例如，玩具、游戏品及运动用品）。

商品编号	商品名称及备注[检验检疫编码及名称]	进口关税(%)		增值税率(%)	消费税	计量单位	监管条件	检验检疫类别
		最惠国	普通					
4501	**未加工或简单加工的天然软木；软木废料；碎的、粒状的或粉状的软木：**							
45011000	-未加工或简单加工的天然软木							
4501100000[暂0]	未加工或简单加工的天然软木〔999〕	6	17	13		千克	AB	P/Q
45019010	---软木废料							
4501901000	软木废料〔101 软木、软木粒及软木制品〕,〔102 木废料〕	0	17	13		千克	9AB	M. P/Q
45019020	---碎的、粒状的或粉状的软木（软木碎、软木粒或软木粉）							
4501902000	碎的、粒状的或粉状的软木（软木碎、软木粒或软木粉）〔999〕	0	17	13		千克	AB	P/Q
4502	**天然软木，除去表皮或粗切成方形，或成长方块、正方块、板、片或条状（包括作塞子用的方块坯料）：**							
45020000	天然软木，除去表皮或粗切成方形，或成长方块、正方块、板、片或条状（包括作塞子用的方块坯料）							
4502000000[暂2]	块、板、片或条状的天然软木（包括作塞子用的方块坯料）〔999〕	8	30	13		千克	AB	P/Q
4503	**天然软木制品：**							
45031000	-塞子							
4503100000[暂2]	天然软木塞子〔101 软木、软木粒及软木制品〕,〔102 食品接触木制产品〕	8	50	13		千克	AB	P/Q
45039000	-其他							
4503900000[暂2]	其他天然软木制品〔999〕	8	50	13		千克	AB	P/Q
4504	**压制软木（不论是否使用黏合剂压成）及其制品：**							
45041000	-块、板、片及条；任何形状的砖、瓦；实心圆柱体，包括圆片							
4504100010[暂2]	压制软木塞（包括任何形状的压制软木的砖、瓦、实心圆柱体、圆片）〔999〕	8	30	13		千克	AB	P/Q
4504100090[暂2]	块、板、片及条状压制软木，压制软木塞除外（包括任何形状的压制软木的砖、瓦、实心圆柱体、圆片）〔999〕	8	30	13		千克	AB	P/Q
45049000	-其他							
4504900000	其他压制软木及其制品（不论是否使用黏合剂压成）〔999〕	0	50	13		千克	AB	P/Q

Chapter 45
Cork and articles of cork

Chapter Notes:

This Chapter does not cover:

1. Footwear or parts of footwear of Chapter 64;
2. Headgear or parts of headgear of Chapter 65; or
3. Articles of Chapter 95 (for example, toys, games, sports requisites).

协定税率(%)															特惠税率(%)			对美税率	出口税率	出口退税率	Article Description
智利	新西兰	澳大利亚	瑞士	冰岛	秘鲁	哥斯达	东盟	亚太	新加坡	巴基斯坦	港/澳/台	韩国	格鲁吉亚	毛里求斯	亚太	老/柬/缅	LDC 97/95				
																					Natural cork, raw or simply pre-pared; waste cork; crushed, granulated or ground cork:
0	0	0	0	0	0	0	0			0	0/0/	0		0			0/0			0	-Natrual cork, raw or simply prepared
																			0		
																	0/0			0	---Waste cork
																		25	0		
																	0/0			0	---Crushed, granulated or ground cork
																		25	0		
																					Natural cork, debarked or roughly squared, or in rectangular (including square) blocks, plates, sheets or strip (including sharp-edged blanks for corks or stoppers):
0	0	0	0	0	0	0	0			3	0/0/	0		0			0/0			0	Natural cork, debarked or roughly squared, or in rectangular (including square) blocks, plates, sheets or strip, (including sharp-edged blanks for corks or stoppers)
																			0		
																					Articles of natural cork:
0	0	0	0	0	0	0	0			3	0/0/	0		0			0/0			0	-Corks and stoppers
																		27	0		
0	0	0	2.1	0	0	0	0		0	4	0/0/	3.1		0			0/0			0	-Other
																		22	0		
																					Agglomerated cork (with or without a binding substance) and articles of ag-glomerated cork:
0	0	0	0	0	0	0	0			3	0/0/	2.5		0			0/0			0	-Blocks, plates, sheets and strip; tiles of any shape; solid cylinders, including discs
																		27	0		
																		27	0		
																	0/0			0	-Other
																		25	0		

第四十六章
稻草、秸秆、针茅或其他编结材料制品；篮筐及柳条编结品

注释：

一、本章所称“编结材料”，是指其状态或形状适于编结、交织或类似加工的材料，包括稻草、秸秆、柳条、竹、藤、灯芯草、芦苇、木片条、其他植物材料扁条（例如，树皮条、狭叶、酒椰叶纤维或其他从阔叶获取的条）、未纺的天然纺织纤维、塑料单丝及扁条、纸带，但不包括皮革、再生皮革、毡呢或无纺织物的扁条、人发、马毛、纺织粗纱或纱线以及第五十四章的单丝和扁条。

二、本章不包括：

（一）品目48.14的壁纸；

（二）不论是否编结而成的线、绳、索、缆（品目56.07）；

（三）第六十四章和第六十五章的鞋靴、帽类及其零件；

（四）编结而成的车辆或车身（第八十七章）；或

（五）第九十四章的物品（例如，家具、灯具及照明装置）。

三、品目46.01所称“平行连结的成片编结材料、缏条或类似的编结材料产品”，是指编结材料、缏条及类似的编结材料产品平行排列连结成片的制品，其连结材料不论是否为纺制的纺织材料。

商品编号	商品名称及备注[检验检疫编码及名称]	进口关税(%) 最惠国	进口关税(%) 普通	增值税率(%)	消费税	计量单位	监管条件	检验检疫类别
4601	**用编结材料编成的缏条及类似产品,不论是否缝合成宽条;平行连结或编织的成片编结材料、缏条或类似的编结材料产品,不论是否制成品(例如,席子、席料、帘子):**							
46012100	--竹制的							
4601210000	竹制的席子、席料及帘子〔101 竹帘〕,〔102 竹席〕	7	90	13		千克/张	AB	P/Q
46012200	--藤制的							
4601220000	藤制的席子、席料及帘子〔999〕	7	100	13		千克/张	AB	P/Q
46012911	----灯心草属材料制的							
4601291111	蔺草制的提花席、双苜席、垫子(单位面积>1平方米,不论是否包边)〔999〕	7	90	13		千克/张	4ABxy	P/Q
4601291112	蔺草制的其他席子(单位面积>1平方米,不论是否包边)〔999〕	7	90	13		千克/张	4ABxy	P/Q
4601291119	蔺草制的其他席子、席料及帘子(单位面积≤1平方米,不论是否包边)〔999〕	7	90	13		千克/张	AB	P/Q
4601291190	其他灯心草属材料制的席子等(包括席子、席料、帘子、垫子)〔999〕	7	90	13		千克/张	AB	P/Q
46012919	----其他							
4601291900	其他草制的席子,席料及帘子〔101 稻草及其制品〕,〔102 其他草及草制品〕	7	90	13		千克/张	AB	P/Q
46012921	----苇帘							
4601292100	苇帘〔999〕	7	90	13		千克/张	AB	P/Q
46012929	----其他							
4601292900	芦苇制的席子、席料〔999〕	7	90	13		千克/张	AB	P/Q
46012990	---其他							
4601299000	其他植物材料制席子,席料及帘子〔101 其他草及草制品〕,〔102 棕及棕制品〕,〔103 葵及葵制品〕,〔104 其他竹藤柳草类〕	7	90	13		千克/张	AB	P/Q
46019210	---缏条及类似产品,不论是否缝合成宽条							
4601921000	竹制缏条及类似产品(不论是否缝合成宽条)〔101 其他竹及竹制品〕,〔102 其他竹藤柳草类〕	7	100	13		千克	AB	P/Q
46019290	---其他							
4601929000	竹制的其他编结材料产品〔101 其他竹及竹制品〕,〔102 其他竹藤柳草类〕	7	90	13		千克	AB	P/Q
46019310	---缏条及类似产品,不论是否缝合成宽条							
4601931000	藤制的缏条及类似产品(不论是否缝合成宽条)〔999〕	7	100	13		千克	AB	P/Q
46019390	---其他							
4601939000	藤制的其他编结材料产品〔999〕	7	90	13		千克	AB	P/Q
46019411	----缏条(绳)							
4601941100	稻草制的缏条(绳)及类似产品(不论是否缝合成宽条)〔999〕	7	90	13		千克	AB	P/Q
46019419	----其他							
4601941900	稻草制的其他编结材料产品〔101 稻草及其制品〕,〔102 其他草及草制品〕	7	90	13		千克	AB	P/Q

Chapter 46
Manufactures of straw, of esparto or of other plaiting materials; basketware and wickerwork

Chapter Notes:

1. In this Chapter the expression "plaiting materials" means materials in a state or form suitable for plaiting, interlacing or similar processes; it includes straw, osier or willow, bamboos, rattans, rushes, reeds, strips of wood, strips of other vegetable material (for example, strips of bark, narrow leaves and raffia or other strips obtained from broad leaves), unspun natural textile fibres, monofilament and strip and the like of plastics and strips of paper, but not strips of leather or composition leather or of felt or nonwovens, human hair, horsehair, textile rovings or yarns, or monofilament and strip and the like of Chapter 54.

2. This Chapter does not cover:
   (a) Wall coverings of heading 48.14;
   (b) Twine, cordage, ropes or cables, plaited or not (heading 56.07);
   (c) Footwear or headgear or parts thereof of Chapter 64 or 65;
   (d) Vehicles or bodies for vehicles of basketware (Chapter 87); or
   (e) Articles of Chapter 94 (for example, furniture, lamps and lighting fittings).

3. For the purposes of heading 46.01, the expression "plaiting materials, plaits and similar products of plaiting materials, bound together in parallel strands" means plaiting materials, plaits and similar products of plaiting materials, placed side by side and bound together, in the form of sheets, whether or not the binding materials are of spun textile materials.

协定税率(%)															特惠税率(%)			对美税率	出口税率	出口退税率	Article Description
智利	新西兰	澳大利亚	瑞士	冰岛	秘鲁	哥斯达	东盟	亚太	新加坡	巴基斯坦	港/澳/台	韩国	格鲁吉亚	毛里求斯	亚太	老/柬/缅	LDC 97/95				
																					Plaits and similar products of plaiting materials, whether or not assembled into strips; plaiting materials, plaits and similar products of plaiting materials, bound together in parallel strands or woven, in sheet form, whether or not being finished articles (for example, mats, matting, screens):
0	0	0	0	0	0	0	0			3	0/0/	0	0	0		0//	0/0			13	--Of bamboo
																		32	0		
0	0	0	0	0	0	0	0			3	0/0/	0	0	0		0//	0/0			13	--Of rattan
																			0		
0	0	0	0	0	0	0	0			3	0/0/	0	0	0		0//	0/0			13	----Of rushes
																			0		
																			0		
																			0		
																			0		
0	0	0	0	0	0	0	0			3	0/0/	0	0	0		0//	0/0			13	----Other
																			0		
0	0	0	0	0	0	0	0			3	0/0/	0	0	0		0//	0/0			13	----Screens of reeds
																			0		
0	0	0	0	0	0	0	0			3	0/0/	0	0	0		0//	0/0			13	----Other
																			0		
0	0	0	0	0	0	0	0			3	0/0/	0	0	0		0//	0/0			13	---Other
																			0		
0	0	0	0	0	0	0	0			3	0/0/	0	0	0		0//	0/0			13	---Plaits and similar products of plaiting meterials, whether or not assembled into strips
																			0		
0	0	0	0	0	0	0	0			3	0/0/	0	0	0			0/0			13	---Other
																			0		
0	0	0	0	0	0	0	0			3	0/0/	0	0	0		0//	0/0			13	---Plaits and similar products of plaiting meterials, whether or not assembled into strips
																			0		
0	0	0	0	0		0	0			3	0/0/	0	0	0			0/			13	---Other
																			0		
0	0	0	0	0	0	0	0			4	0/0/	3	0	0			0/0			13	----Plaits
																			0		
0	0	0	0	0	0	0	0			4	0/0/	3	0	0			0/0			13	----Other
																			0		

商品编号	商品名称及备注[检验检疫编码及名称]	进口关税(%)		增值税率(%)	消费税	计量单位	监管条件	检验检疫类别
		最惠国	普通					
46019491	----缏条及类似产品,不论是否缝合成宽条							
4601949100	其他植物材料制缏条及类似产品(不论是否缝合成宽条)①	7	100	13		千克	AB	P/Q
46019499	----其他							
4601949900	其他植物编结材料产品②	7	90	13		千克	AB	P/Q
46019910	---缏条及类似产品,不论是否缝合成宽条							
4601991000	非植物材料制缏条及类似产品(不论是否缝合成宽条)〔999〕	7	90	13		千克		
46019990	---其他							
4601999000	其他非植物编结材料产品〔999〕	7	90	13		千克		
4602	**用编结材料直接编成或用品目 46.01 所列货品制成的篮筐、柳条编结品及其他制品;丝瓜络制品:**							
46021100	--竹制的							
4602110000	竹编制的篮筐及其他制品③	7	100	13		千克	AB	P/Q
46021200	--藤制的							
4602120000	藤编制的篮筐及其他制品〔101 藤及藤制品〕,〔102 其他竹藤柳草类〕	7	100	13		千克	AB	P/Q
46021910	---草制的							
4602191000	草编制的篮筐及其他制品④	7	100	13		千克	AB	P/Q
46021920	---玉米皮制的							
4602192000	玉米皮编制的篮筐及其他制品〔101 其他草及草制品〕,〔102 其他竹藤柳草类〕	7	100	13		千克	AB	P/Q
46021930	---柳条制的							
4602193000	柳条编制的篮筐及其他制品〔101 柳及柳制品〕,〔102 其他竹藤柳草类〕	7	100	13		千克	AB	P/Q
46021990	---其他							
4602199000	其他植物材料编制篮筐及其他制品〔101 藤及藤制品〕,〔102 其他草及草制品〕,〔103 棕及棕制品〕,〔104 葵及葵制品〕,〔105 其他竹藤柳草类〕	7	100	13		千克	AB	P/Q
46029000	-其他							
4602900000	其他编结材料制品及其他制品(非植物材料制的)〔999〕	7	100	13		千克		

① 〔101 其他竹及竹制品〕,〔102 藤及藤制品〕,〔103 柳及柳制品〕,〔104 其他草及草制品〕,〔105 棕及棕制品〕,〔106 葵及葵制品〕,〔107 其他竹藤柳草类〕
② 〔101 藤及藤制品〕,〔102 柳及柳制品〕,〔103 其他草及草制品〕,〔104 棕及棕制品〕,〔105 葵及葵制品〕,〔106 其他竹藤柳草类〕
③ 〔101 竹片、竹地板〕,〔102 竹工艺品〕,〔103 竹叶〕,〔104 竹帘〕,〔105 竹椅〕,〔106 竹席〕,〔107 竹蒌〕,〔108 其他竹及竹制品〕
④ 〔101 蔺草及其制品〕,〔102 稻草及其制品〕,〔103 其他草及草制品〕,〔104 其他竹藤柳草类〕

协定税率(%)															特惠税率(%)			对美税率	出口税率	出口退税率	Article Description
智利	新西兰	澳大利亚	瑞士	冰岛	秘鲁	哥斯达	东盟	亚太	新加坡	巴基斯坦	港/澳/台	韩国	格鲁吉亚	毛里求斯	亚太	老/柬/缅	LDC 97/95				
0	0	0	0	0	0	0	0			3	0/0/	0	0	0		0//	0/0			13	----Plaits and similar products of plaiting meterials, whether or not assembled into strips
																			0		
0	0	0	0	0	0	0	0			3	0/0/	0	0	0			0/0			13	----Other
																			0		
0	0	0	0	0	0	0	0			3	0/0/	0	0	0		0//	0/0			13	---Plaits and similar products of plaiting materials, whether or not assembled into strips
																			0		
0	0	0	0	0	0	0	0			3	0/0/	2.7	0	0			0/0			13	---Other
																		27	0		
																					Basketwork, wickerwork and other articles, made directly to shape from plaiting materials or made up from goods of heading 46.01; articles of loofah:
0	0	0	0	0	0	0	0	4.2		3	0/0/	0	0	0		/0/	0/0			13	--Of bamboo
																			0		
0	0	0	0	0		0	0	4.2		3	0/0/	0	0	0		/0/	0/0			13	--Of rattan
																			0		
0	0	0	0	0	0	0	0			3	0/0/	0	0	0		/0/	0/0			13	---Of grass or straw
																		32	0		
0	0	0	0	0	0	0	0			3	0/0/	0	0	0		/0/	0/0			13	---Of maize-shuck
																			0		
0	0	0	0	0	0	0	0			3	0/0/	0	0	0		/0/	0/0			13	---Of osier
																			0		
0	0	0	0	0		0	0			3	0/0/	0	0	0		/0/	0/0			13	---Other
																		32	0		
0	0	0	0	0	0	0	0	4.6		3	0/0/	0	0	0		/0/	0/0			13	-Other
																		32	0		

第 十 类
木浆及其他纤维状纤维素浆；回收（废碎）纸或纸板；纸、纸板及其制品

第四十七章
木浆及其他纤维状纤维素浆；回收（废碎）纸或纸板

注释：

品目 47.02 所称“化学木浆，溶解级”，是指温度在 20℃时浸入含 18%氢氧化钠的苛性碱溶液内，一小时后，按重量计含有 92%及以上的不溶级分的碱木浆或硫酸盐木浆，或者含有 88%及以上的不溶级分的亚硫酸盐木浆。对于亚硫酸盐木浆，按重量计灰分含量不得超过 0.15%。

商品编号	商品名称及备注[检验检疫编码及名称]	进口关税(%)		增值税率(%)	消费税	计量单位	监管条件	检验检疫类别
		最惠国	普通					
4701	**机械木浆：**							
47010000	机械木浆							
4701000000	机械木浆〔999〕	0	8	13		千克		
4702	**化学木浆，溶解级：**							
47020000	化学木浆，溶解级							
4702000001	用于生产粘胶等化学纤维（不含醋酸纤维）的化学木浆，溶解级（浆粕的黏度≥3.7dl/g，且<6.4dl/g，或者≥350ml/g，且<700ml/g，α 纤维素含量（R18，硫酸盐法）<95.5%，或者 α 纤维素含量（R18，亚硫酸盐法）<94%，灰分≤0.15%）〔999〕	0	8	13		千克		
4702000090	其他化学木浆，溶解级〔999〕	0	8	13		千克		
4703	**碱木浆或硫酸盐木浆，但溶解级的除外：**							
47031100	--针叶木的							
4703110000	未漂白针叶木碱木浆或硫酸盐木浆（溶解级的除外）〔999〕	0	8	13		千克		
47031900	--非针叶木的							
4703190000	未漂白非针叶木碱木浆等（包括硫酸盐木浆，但溶解级的除外）〔999〕	0	8	13		千克		
47032100	--针叶木的							
4703210001	用于生产粘胶等化学纤维（不含醋酸纤维）的漂白针叶木碱木浆或硫酸盐木浆（包括半漂白的，溶解级的除外）（浆粕的黏度≥3.7dl/g，且<6.4dl/g，或者≥350ml/g，且<700ml/g，α 纤维素含量（R18，硫酸盐法）≥88%，且<95.5%，灰分≤0.15%）〔999〕	0	8	13		千克		
4703210090	其他漂白针叶木碱木浆或硫酸盐木浆（包括半漂白的，溶解级的除外）〔999〕	0	8	13		千克		
47032900	--非针叶木的							
4703290000	漂白非针叶木碱木浆或硫酸盐木浆（包括半漂白的，溶解级的除外）〔999〕	0	8	13		千克		
4704	**亚硫酸盐木浆，但溶解级的除外：**							
47041100	--针叶木的							
4704110000	未漂白的针叶木亚硫酸盐木浆（溶解级的除外）〔999〕	0	8	13		千克		
47041900	--非针叶木的							
4704190000	未漂白的非针叶木亚硫酸盐木浆（溶解级的除外）〔999〕	0	8	13		千克		
47042100	--针叶木的							
4704210000	漂白的针叶木亚硫酸盐木浆（包括半漂白的，溶解级的除外）〔999〕	0	8	13		千克		
47042900	--非针叶木的							
4704290000	漂白的非针叶木亚硫酸盐木浆（包括半漂白的，溶解级的除外）〔999〕	0	8	13		千克		
4705	**用机械与化学联合制浆法制得的木浆：**							
47050000	用机械与化学联合制浆法制得的木浆							
4705000000	机械与化学联合制浆法制的木浆〔999〕	0	8	13		千克		
4706	**从回收（废碎）纸或纸板提取的纤维浆或其他纤维状纤维素浆：**							
47061000	-棉短绒纸浆							
4706100001	用于生产粘胶等化学纤维（不含醋酸纤维）的棉短绒浆粕（浆粕的黏度≥3.7dl/g，且<6.4dl/g，或者≥350ml/g，且<700ml/g，α 纤维素含量（R18，硫酸盐法）<95.5%，或者 α 纤维素含量（R18，亚硫酸盐法）<94%，灰分≤0.15%）〔999〕	0	8	13		千克		

SECTION X
PULP OF WOOD OR OF OTHER FIBROUS CELLULOSIC MATERIAL; RECOVERED (WASTE AND SCRAP) PAPER OR PAPERBOARD; PAPER AND PAPERBOARD AND ARTICLES THEREOF

Chapter 47
Pulp of wood or of other fibrous cellulosic material; recovered (waste and scrap) paper or paperboard

Chapter Note:

For the purposes of heading 47.02, the expression "chemical wood pulp, dissolving grades" means chemical wood pulp having by weight an insoluble fraction of 92% or more for soda or sulphate wood pulp or of 88% or more for sulphite wood pulp after one hour in a caustic soda solution containing 18% sodium hydroxide (NaOH) at 20℃, and for sulphite wood pulp an ash content that does not exceed 0.15% by weight.

协定税率(%)															特惠税率(%)			对美税率	出口税率	出口退税率	Article Description
智利	新西兰	澳大利亚	瑞士	冰岛	秘鲁	哥斯达	东盟	亚太	新加坡	巴基斯坦	港/澳/台	韩国	格鲁吉亚	毛里求斯	亚太	老/柬/缅	LDC 97/95				
																					Mechanical wood pulp:
																	0/0			0	Mechanical wood pulp
																		5	0		
																					Chemical wood pulp, dissolving grades:
																	0/0			0	Chemical wood pulp, dissolving grades
																		5	0		
																		5	0		
																					Chemical wood pulp, soda or sul-phate, other than dissolving grades:
																	0/0			0	--Coniferous
																		5	0		
																	0/0			0	--Non-coniferous
																		5	0		
																	0/0			0	--Coniferous
																		5	0		
																			0		
																	0/0			0	--Non-coniferous
																		5	0		
																					Chemical wood pulp, sulphite, other than dissolving grades:
																	0/0			0	--Coniferous
																		5	0		
																	0/0			0	--Non-coniferous
																		5	0		
																	0/0			0	--Coniferous
																		5	0		
																	0/0			0	--Non-coniferous
																		5	0		
																					Wood pulp obtained by a combination of mechanical and chemical pulping processes:
																	0/0			0	Wood pulp obtained by a combination of mechanical and chemical pulping processes
																		5	0		
																					Pulps of fibres derived from recovered (waste and scrap) paper or paperboard or of other fibrous cellulosic material:
																	0/0			13	-Cotton linters pulp
																		5	0		

商品编号	商品名称及备注[检验检疫编码及名称]	进口关税(%)		增值税率(%)	消费税	计量单位	监管条件	检验检疫类别
		最惠国	普通					
4706100090	其他棉短绒纸浆〔999〕	0	8	13		千克		
47062000	-从回收(废碎)纸或纸板提取的纤维浆							
4706200000	从回收纸或纸板提取的纤维浆〔999〕	0	8	13		千克		
47063000	-其他,竹浆							
4706300001	用于生产粘胶等化学纤维(不含醋酸纤维)的其他纤维状纤维素竹浆(包括机械浆、化学浆、半化学浆)(浆粕的黏度≥3.7dl/g,且<6.4dl/g,或者≥350ml/g,且<700ml/g,α 纤维素含量(R18,硫酸盐法)<95.5%,或者 α 纤维素含量(R18,亚硫酸盐法)<94%,灰分≤0.15%)〔999〕	0	8	13		千克		
4706300090	其他纤维状纤维素竹浆(包括机械浆、化学浆、半化学浆)〔999〕	0	8	13		千克		
47069100	--机械浆							
4706910000	其他纤维状纤维素机械浆〔999〕	0	8	13		千克		
47069200	--化学浆							
4706920000	其他纤维状纤维素化学浆〔999〕	0	8	13		千克		
47069300	--用机械和化学联合法制得的浆							
4706930000	用机械和化学联合法制得的其他纤维状纤维素浆〔999〕	0	8	13		千克		
4707	**回收(废碎)纸或纸板:**							
47071000	-未漂白的牛皮纸或纸板及瓦楞纸或纸板							
4707100000	回收(废碎)的未漂白牛皮、瓦楞纸或纸板〔999〕	0	8	13		千克	9AB	M. P/Q
47072000	-主要由漂白化学木浆制成未经本体染色的其他纸和纸板							
4707200000	回收(废碎)的漂白化学木浆制的纸和纸板(未经本体染色)〔999〕	0	8	13		千克	9AB	M. P/Q
47073000	-主要由机械浆制成的纸或纸板(例如,报纸、杂志及类似印刷品)							
4707300000	回收(废碎)的机械木浆制的纸或纸板(例如,废报纸,杂志及类似印刷品)〔999〕	0	8	13		千克	9AB	M. P/Q
47079000	-其他,包括未分选的废碎品							
4707900010	回收(废碎)墙(壁)纸、涂蜡纸、浸蜡纸、复写纸(包括未分选的废碎品)〔999〕	0	8	13		千克	9AB	M. P/Q
4707900090	其他回收纸或纸板(包括未分选的废碎品)〔999〕	0	8	13		千克	9B	M. P/Q

协定税率(%)															特惠税率(%)			对美税率	出口税率	出口退税率	Article Description
智利	新西兰	澳大利亚	瑞士	冰岛	秘鲁	哥斯达	东盟	亚太	新加坡	巴基斯坦	港/澳/台	韩国	格鲁吉亚	毛里求斯	亚太	老/柬/缅	LDC 97/95				
																		5	0		
																	0/0			0	-Pulps of fibres derived from recovered (waste and scrap) paper or paperboard
																			0		
																	0/0			0	-Other, of bamboo
																			0		
																			0		
																	0/0			0	--Mechanical
																			0		
																	0/0			0	--Chemical
																		25	0		
																	0/0			0	--Obtained by a combination of mechanical and chemical processes
																			0		
																					Recovered (waste and scrap) paper or paperboard:
																	0/0			0	-Unbleached kraft paper or paperboard or of corrugated paper or paperboard
																		25	0		
																	0/0			0	-Other paper or paperboard made mainly of bleached chemical pulp, not coloured in the mass
																		25	0		
																	0/0			0	-Paper or paperboard made mainly of mechanical pulp (for example, newspapers, journals and similar printed matter)
																		25	0		
																	0/0			0	-Other, including unsorted waste and scrap
																		25	0		
																		25	0		

第四十八章
纸及纸板；纸浆、纸或纸板制品

注释：

一、除条文另有规定外，本章所称“纸”包括纸板（不考虑其厚度或每平方米重量）。

二、本章不包括：

（一）第三十章的物品；

（二）品目32.12的压印箔；

（三）香纸及用化妆品浸渍或涂布的纸（第三十三章）；

（四）用肥皂或洗涤剂浸渍、覆盖或涂布的纸或纤维素絮纸（品目34.01）和用光洁剂、擦光膏及类似制剂浸渍、覆盖或涂布的纸或纤维素絮纸（品目34.05）；

（五）品目37.01至37.04的感光纸或感光纸板；

（六）用诊断或实验用试剂浸渍的纸（品目38.22）；

（七）第三十九章的用纸强化的层压塑料板，用塑料覆盖或涂布的单层纸或纸板（塑料部分占总厚度的一半以上），以及上述材料的制品，但品目48.14的壁纸除外；

（八）品目42.02的物品（例如，旅行用品）；

（九）第四十六章的物品（编结材料制品）；

（十）纸纱线或纸纱线纺织物（第十一类）；

（十一）第六十四章或第六十五章的物品；

（十二）品目68.05的砂纸或品目68.14的用纸或纸板衬底的云母（但涂布云母粉的纸及纸板归入本章）；

（十三）用纸或纸板衬底的金属箔（通常归入第十四类或第十五类）；

（十四）品目92.09的制品；

（十五）第九十五章的物品（例如，玩具、游戏品及运动用品）；或

（十六）第九十六章的物品[例如，纽扣，卫生巾（护垫）及止血塞、婴儿尿布及尿布衬里]。

三、除注释七另有规定的以外，品目48.01至48.05包括经研光、高度研光、釉光或类似处理、仿水印、表面施胶的纸及纸板；同时还包括用各种方法本体着色或染成斑纹的纸、纸板、纤维素絮纸及纤维素纤维网纸。除品目48.03另有规定的以外，上述税号不适用于经过其他方法加工的纸、纸板、纤维素絮纸或纤维素纤维网纸。

四、本章所称“新闻纸”，是指所含用机械或化学-机械方法制得的木纤维不少于全部纤维重量的50%的未经涂布的报刊用纸，未施胶或微施胶，每面粗糙度[帕克印刷表面粗糙度（1兆帕）]超过2.5微米，每平方米重量不小于40克，但不超过65克，并且仅适用于下列规格的纸：

（一）成条或成卷，宽度超过28厘米；或

（二）成张矩形（包括正方形），一边超过28厘米，另一边超过15厘米（以未折叠计）。

五、品目48.02所称“书写、印刷或类似用途的纸及纸板”“未打孔的穿孔卡片和穿孔纸带纸”，是指主要用漂白纸浆或用机械或化学-机械方法制得的纸浆制成的纸及纸板，并且符合下列任一标准：

每平方米重量不超过150克的纸或纸板：

（一）用机械或化学-机械方法制得的纤维含量在10%及以上，并且

1. 每平方米重量不超过80克；或

2. 本体着色；

（二）灰分含量在8%以上，并且

1. 每平方米重量不超过80克；或

2. 本体着色；

（三）灰分含量在3%以上，亮度在60%及以上；或

（四）灰分含量在3%以上，但不超过8%，亮度低于60%，耐破指数等于或小于2.5千帕斯卡·平方米/克；或

（五）灰分含量在3%及以下，亮度在60%及以上，耐破指数等于或小于2.5千帕斯卡·平方米/克。

每平方米重量超过150克的纸或纸板：

（一）本体着色；或

（二）亮度在60%及以上，并且

1. 厚度在225微米及以下；或

2. 厚度在225微米以上，但不超过508微米，灰分含量在3%以上；或

（三）亮度低于60%，厚度不超过254微米，灰分含量在8%以上。

品目48.02不包括滤纸及纸板（含茶袋纸）或毡纸及纸板。

六、本章所称“牛皮纸及纸板”，是指所含用硫酸盐法或烧碱法制得的纤维不少于全部纤维重量的80%的纸及纸板。

七、除税号条文另有规定的以外，符合品目48.01至48.11中两个或两个以上税号所规定的纸、纸板、纤维素絮纸及纤维素纤维网纸，应按号列顺序归入有关税号中的最末一个税号。

八、品目48.03至48.09仅适用于下列规格的纸、纸板、纤维素絮纸及纤维素纤维网纸：

（一）成条或成卷，宽度超过36厘米；或

（二）成张矩形（包括正方形），一边超过36厘米，另一边超过15厘米（以未折叠计）。

九、品目48.14所称“壁纸及类似品”，仅限于：

（一）适合作墙壁或天花板装饰用的成卷纸张，宽度不小于45厘米，但不超过160厘米：

Chapter 48
Paper and paperboard; articles of paper pulp, of paper or of paperboard

Chapter Notes:

1. For the purposes of this Chapter, except where the context otherwise requires, a reference to "paper" includes references to paperboard (irrespective of thickness or weight per square meter).

2. This Chapter does not cover:
   (a) Articles of Chapter 30;
   (b) Stamping foils of heading 32.12;
   (c) Perfumed papers or papers impregnated or coated with cosmetics (Chapter 33);
   (d) Paper or cellulose wadding impregnated, coated or covered with soap or detergent (heading 34.01), or with polishes, creams or similar preparations (heading 34.05);
   (e) Sensitised paper or paperboard of headings 37.01 to 37.04;
   (f) Paper impregnated with diagnostic or laboratory reagents (heading 38.22);
   (g) Paper-reinforced stratified sheeting of plastics, or one layer of paper or paperboard coated or covered with a layer of plastics (the latter constituting more than half the total thickness), or articles of such materials, other than wall coverings of heading 48.14 (Chapter 39);
   (h) Articles of heading 42.02 (for example, travel goods);
   (ij) Articles of Chapter 46 (manufactures of plaiting material);
   (k) Paper yarn or textile articles of paper yarn (Section XI);
   (l) Articles of Chapter 64 or Chapter 65;
   (m) Abrasive paper or paperboard (heading 68.05) or paper-backed or paperboard-backed mica (heading 68.14) (paper and paperboard coated with mica powder are, however, to be classified in this Chapter);
   (n) Metal foil backed with paper or paperboard (generally to be classified in section XIV or XV);
   (o) Articles of heading 92.09;
   (p) Articles of Chapter 95 (for example, toys, games, sports requisites); or
   (q) Articles of Chapter 96 (for example, buttons, sanitary towels (pads) and tampons, napkins (diapers) and napkin liners for babies).

3. Subject to the provisions of Note 7, headings 48.01 to 48.05 include paper and paperboard which have been subjected to calendering, super-calendering, glazing or similar finishing, false water-marking or surface sizing, and also paper, paperboard, cellulose wadding and webs of cellulose fibres, coloured or marbled throughout the mass by any method. Except where heading 48.03 otherwise requires, these headings do not apply to paper, paperboard, cellulose wadding or webs of cellulose fibres which have been otherwise processed.

4. In this Chapter the expression "newsprint" means uncoated paper of a kind used for the printing of newspapers, of which not less than 50% by weight of the total fibre content consists of wood fibres obtained by a mechanical or chemi-mechanical process, unsized or very lightly sized, having a surface roughness Parker Print Surf (1 MPa) on each side exceeding 2.5 micrometres (microns), weighing not less than $40g/m^2$ and not more than $65g/m^2$, and apply only to paper:
   (a) in strips or rolls of a width exceeding 28 cm; or
   (b) in rectangular (including square) sheets with one side exceeding 28cm and the other side exceeding 15cm in the unfolded state.

5. For the purposes of heading 48.02, the expressions "paper and paperboard, of a kind used for writing, printing or other graphic purposes" and "non perforated punch-cards and punch tape paper" mean paper and paperboard made mainly from bleached pulp or from pulp obtained by a mechanical or chemi-mechanical process and satisfying any of the following criteria:
   For paper or paperboard weighing not more than $150g/m^2$:
   (a) containing 10% or more of fibres obtained by a mechanical or chemi-mechanical process, and
      (i) weighing not more than $80g/m^2$, or
      (ii) coloured throughout the mass; or
   (b) containing more than 8% ash, and
      (i) weighing not more than $80g/m^2$, or
      (ii) coloured throughout the mass; or
   (c) containing more than 3% ash and having a brightness of 60% or more; or
   (d) containing more than 3% but not more than 8% ash, having a brightness less than 60%, and a burst index equal to or less than $2.5kPam^2/g$; or
   (e) containing 3% ash or less, having a brightness of 60% or more and a burst index equal to or less than $2.5kPam^2/g$.
   For paper or paperboard weighing more than $150g/m^2$:
   (a) coloured throughout the mass; or
   (b) having a brightness of 60% or more, and
      (i) a caliper of 225 micrometre (micron) or less, or
      (ii) a caliper of more than 225 micrometre (micron) but not more than 508 micrometre (micron) and an ash content of more than 3%; or
   (c) having a brightness of less than 60%, a caliper of 254micrometre (micron) or less and an ash content of more than 8%.
   Heading 48.02 does not, however, cover filter paper or paperboard (including tea-bag paper) or felt paper or paperboard.

6. In this Chapter "kraft paper and paperboard" means paper and paperboard of which not less than 80% by weight of the total fibre content consists of fibres obtained by the chemical sulphate or soda processes.

7. Except where the terms of the headings otherwise require, paper, paperboard, cellulose wadding and webs of cellulose fibres answering to a description in two or more of the headings 48.01 to 48.11 are to be classified under that one of such headings which occurs last in numerical order in the Nomenclature.

8. Headings 48.03 to 48.09 apply only to paper, paperboard, cellulose wadding and webs of cellulose fibres:
   (a) in strips or rolls of a width exceeding 36cm; or
   (b) in rectangular (including square) sheets with one side exceeding 36cm and the other side exceeding 15cm in the unfolded state.

9. For the purposes of heading 48.14, the expression "wallpaper and similar wall coverings" applies only to:
   (a) Paper in rolls, of a width of not less than 45cm and not more than 160cm, suitable for wall or ceiling decoration:

1. 起纹、压花、染面、印有图案或经其他装饰的(例如,植绒),不论是否用透明的防护塑料涂布或覆盖;

2. 表面饰有木粒或草粒而凹凸不平的;
3. 表面用塑料涂布或覆盖并起纹、压花、染面、印有图案或经其他装饰的;或

4. 表面用不论是否平行连结或编织的编结材料覆盖的。
(二)适于装饰墙壁或天花板用的经上述加工的纸边及纸条,不论是否成卷。
(三)由几幅拼成的壁纸,成卷或成张,贴到墙上可组成印刷的风景画或图案。
既可作铺地制品,也可作壁纸的以纸或纸板为底的产品,应归入品目 48.23。

十、品目 48.20 不包括切成一定尺寸的活页纸张或卡片,不论是否印制、压花、打孔。

十一、品目 48.23 主要适用于提花机或类似机器用的穿孔纸或卡片,以及纸花边。

十二、除品目 48.14 及 48.21 的货品外,印有图案、文字或图画的纸、纸板、纤维素絮纸及其制品,如果所印图案、文字或图画作为其主要用途,应归入第四十九章。

子目注释:

一、子目 4804.11 及 4804.19 所称"牛皮衬纸",是指所含用硫酸盐法或烧碱法制得的木纤维不少于全部纤维重量的 80%的成卷机器整饰或上光纸及纸板,每平方米重量超过 115 克,并且最低缪伦耐破度符合下表所示(其他重量的耐破度可参照下表换算):

重量(克/平方米)	最低耐破度(千帕斯卡)
115	393
125	417
200	637
300	824
400	961

二、子目 4804.21 及 4804.29 所称"袋用牛皮纸",是指所含用硫酸盐法或烧碱法制得的木纤维不少于全部纤维重量的 80%的成卷机器上光纸,每平方米重量不少于 60 克,但不超过 115 克,并且符合下列一种规格:

(一)缪伦耐破指数不小于 3.7 千帕斯卡·平方米/克,并且横向伸长率大于 4.5%,纵向伸长率大于 2%;

(二)至少能达到下表所示的最小撕裂度和抗张强度(其他重量的可参照下表换算):

重量(克/平方米)	最小撕裂度(毫牛顿)		最小抗张强度(千牛顿/米)	
	纵向	纵向加横向	横向	纵向加横向
60	700	1510	1.9	6
70	830	1790	2.3	7.2
80	965	2070	2.8	8.3
100	1230	2635	3.7	10.6
115	1425	3060	4.4	12.3

三、子目 4805.11 所称"半化学的瓦楞纸",是指所含用机械和化学联合法制得的未漂白硬木纤维不少于全部纤维重量的 65%的成卷纸张,并且在温度为 23℃和相对湿度为 50%时,经过 30 分钟的瓦楞芯纸平压强度测定(CMT30),抗压强度超过 1.8 牛顿/克/平方米。

四、子目 4805.12 包括主要用机械和化学联合法制得的草浆制成的成卷纸张,每平方米重量在 130 克及以上,并且在温度为 23℃和相对湿度为 50%时,经过 30 分钟的瓦楞芯纸平压强度测定(CMT30),抗压强度超过 1.4 牛顿/克/平方米。

五、子目 4805.24 和 4805.25 包括全部或主要由回收(废碎)纸或纸板制得的纸浆制成的纸和纸板。强韧箱纸板也可以有一面用染色纸或漂白或未漂白的非再生浆制得的纸做表层。这些产品缪伦耐破指数不小于 2 千帕斯卡·平方米/克。

六、子目 4805.30 所称"亚硫酸盐包装纸",是指所含用亚硫酸盐法制得的木纤维超过全部纤维重量的 40%的机器研光纸,灰分含量不超过 8%,并且缪伦耐破指数不小于 1.47 千帕卡·平方米/克。

七、子目 4810.22 所称"轻质涂布纸",是指双面涂布纸,其每平方米总重量不超过 72 克,每面每平方米的涂层重量不超过 15 克,原纸中所含用机械方法制得的木纤维不少于全部纤维重量的 50%。

(i) Grained, embossed, surface-coloured, design-printed or otherwise surface-decorated (for example, with textile flock), whether or not coated or covered with transparent protective plastics;
(ii) With an uneven surface resulting from the incorporation of particles of wood, straw, etc.;
(iii) Coated or covered on the face side with plastics, the layer of plastics being grained, embossed, coloured, design-printed or otherwise decorated; or
(iv) Covered on the face side with plaiting material, whether or not bound together in parallel strands or woven.
(b) Borders and friezes, of paper, treated as above, whether or not in rolls, suitable for wall or ceiling decoration.
(c) Wall coverings of paper made up of several panels, in rolls or sheets, printed so as to make up a scene, design or motif when applied to a wall.
Products on a base of paper or paperboard, suitable for use both as floor coverings and as wall coverings, are to be classified in heading 48.23.

10. Heading 48.20 does not cover loose sheets or cards, cut to size, whether or not printed, embossed or perforated.

11. Heading 48.23 applies, inter alia, to perforated paper or paperboard cards for Jacquard or similar machines and paper lace.

12. Except for the goods of heading 48.14 or 48.21, paper, paperboard, cellulose wadding and articles thereof, printed with motifs, characters or pictorial representations, which are not merely incidental to the primary use of the goods, fall in Chapter 49.

Subheading Notes:

1. For the purposes of subheadings 4804.11 and 4804.19, "kraftliner" means machine-finished or machine-glazed paper and paperboard, of which not less than 80% by weight of the total fibre content consists of wood fibres obtained by the chemical sulphate or soda processes, in rolls, weighing more than 115g/m² and having a minimum Mullen bursting strength as indicated in the following table or the linearly interpolated or extrapolated equivalent for any other weight.

Weight (g/m²)	Minimum Mullen bursting strength (kPa)
115	393
125	417
200	637
300	824
400	961

2. For the purposes of subheadings 4804.21 and 4804.29, "sack kraft paper" means machine-finished paper, of which not less than 80% by weight of the total fibre content consists of fibres obtained by the chemical sulphate or soda processes, in rolls, weighing not less than 60g/m² but not more than 115g/m² and meeting one of the following sets of specifications:
(a) Having a Mullen burst index of not less than 3.7kPa · m²/g and a stretch factor of more than 4.5% in the cross direction and of more than 2% in the machine direction.
(b) Having minima for tear and tensile as indicated in the following table or the linearly interpolated equivalent for any other weight:

Weight (g/m²)	Minimum tear (mN)		Minimum tensile (kN/m)	
	Machine direction	Machine direction plus cross direction	Cross direction	Machine direction plus cross direction
60	700	1510	1.9	6
70	830	1790	2.3	7.2
80	965	2070	2.8	8.3
100	1230	2635	3.7	10.6
115	1425	3060	4.4	12.3

3. For the purposes of subheading 4805.11, "semi-chemical fluting paper" means paper, in rolls, of which not less than 65% by weight of the total fibre content consists of unbleached hardwood fibres obtained by a combination of mechanical and chemical pulping processes, and having a CMT 30 (Corrugated Medium Test with 30minutes of conditioning) crush resistance exceeding 1.8N/g/m² at 50% relative humidity, at 23℃.

4. Subheading 4805.12 cover paper, in rolls, made mainly of straw pulp obtained by a combination of mechanical and chemical processes, weighing 130g/m² or more, and having a CMT 30 (Corrugated Medium Test with 30 minutes of conditioning) crush resistance exceeding 1.4N/g/m² at 50% relative humidity, at 23℃.

5. Subheading 4805.24 and 4805.25 cover paper and paperboard made wholly or mainly of pulp of recovered (waste and scrap) paper or paperboard, Testliner may also have a surface layer of dyed paper or of paper made of bleached or unbleached non-recovered pulp. These products have a Mullen burst index of not less than 2kPa · m²/g.

6. For the purposes of subheading 4805.30, "sulphite wrapping paper" means machine-glazed paper, of which more than 40% by weight of the total fibre content consists of wood fibres obtained by the chemical sulphite process, having an ash content not exceeding 8% and having a Mullen burst index of not less than 1.47kPa · m²/g.

7. For the purposes of subheading 4810.22, "light-weight coated paper" means paper, coated on both sides, of a total weight not exceeding 72g/m², with a coating weight not exceeding 15g/m² per side, on a base of which not less than 50% by weight of the total fibre content consists of wood fibres obtained by a mechanical process.

商品编号	商品名称及备注[检验检疫编码及名称]	进口关税(%)		增值税率(%)	消费税	计量单位	监管条件	检验检疫类别
		最惠国	普通					
4801	**成卷或成张的新闻纸:**							
48010010	---成卷的							
4801001000	成卷的新闻纸〔999〕	5	30	13		千克		
48010090	---其他							
4801009000	成张及其他的新闻纸〔999〕	5	30	13		千克		
4802	**书写、印刷或类似用途的未经涂布的纸及纸板、未打孔的穿孔卡片及穿孔纸带纸、成卷或成张矩形(包括正方形),任何尺寸,但品目 48.01 或 48.03 的纸除外;手工制纸及纸板:**							
48021010	---宣纸							
4802101000[暂4]	宣纸〔999〕	6	70	13		千克		
48021090	---其他							
4802109000[暂5]	其他手工制纸及纸板〔999〕	6	70	13		千克		
48022010	---照相原纸							
4802201000[暂5]	照相原纸(未经涂布的,成卷或成张)〔999〕	6	40	13		千克		
48022090	---其他							
4802209000[暂5]	其他光,热,电敏纸,纸板的原纸[未经涂布的,成卷或成张(包括原纸板)]〔999〕	6	40	13		千克		
48024000	-壁纸原纸							
4802400000	壁纸原纸(未经涂布的,成卷或成张)〔999〕	6	40	13		千克		
48025400	--每平方米重量<40 克							
4802540000	书写,印刷等用未涂布薄纸或纸板(每平方米重<40 克,机械或化学-机械法制得的纤维含量≤10%)〔999〕	6	30	13		千克		
48025500	--≤40 克每平方米重量<150 克,成卷							
4802550010	40 克<每平方米重≤150 克的胶版纸(成卷,机械或化学-机械法制得的纤维含量≤10%)〔999〕	5	30	13		千克		
4802550090	40 克<每平方米重≤150 克未涂布中厚纸(书写印刷用,成卷,含机械或化学-机械法制纤维≤10%)〔999〕	5	30	13		千克		
48025600	--≤40 克每平方米重≤150 克,一边≤435 毫米,另一边≤297 毫米(以未折叠计)成张的							
4802560010	成张 40 克<每平方米重≤150 克胶版纸(长≤435 毫米,宽≤297 毫米含机械或化学-机械法制纤维≤10%)〔999〕	5	30	13		千克		
4802560090	40 克<每平方米重≤150 克未涂布纸,成张(书写印刷,长≤435 毫米,宽≤297 毫米含机械或半化学浆≤10%)〔999〕	5	30	13		千克		
48025700	--其他,40 克≤每平方米重≤150 克							
4802570010	其他 40 克<每平方米重≤150 克的胶版纸(机械或化学-机械法制得的纤维含量≤10%)〔999〕	5	30	13		千克		
4802570090	其他 40 克<每平方米重≤150 克未涂中厚纸(书写印刷用,含机械或化学-机械法制纤维≤10%)〔999〕	5	30	13		千克		
48025800	--每平方米重量>150 克							
4802580000	书写、印刷等用未涂布厚纸(板)(每平方米重>150 克,机械或化学-机械法制得的纤维含量≤10%)〔999〕	5	30	13		千克		
48026100	--成卷的							
4802610000	成卷书写、印刷用未涂布纸(机械或化学-机械法制得的纤维含量>10%)〔999〕	5	30	13		千克		
48026200	--成张的,一边≤435 毫米,另一边≤297 毫米(以未折叠计)							
4802620000	成张书写、印刷用未涂布纸(长≤435 毫米,宽≤297 毫米含机械或化学-机械法制纤维>10%)〔999〕	5	30	13		千克		
48026900	--其他							
4802690000	其他书写、印刷用未涂布纸(机械或化学-机械法制得的纤维含量>10%)〔999〕	5	30	13		千克		

协定税率(%)														特惠税率(%)				对美税率	出口税率	出口退税率	Article Description
智利	新西兰	澳大利亚	瑞士	冰岛	秘鲁	哥斯达	东盟	亚太	新加坡	巴基斯坦	港/澳/台	韩国	格鲁吉亚	毛里求斯	亚太	老/柬/缅	LDC 97/95				
																					Newsprint, in rolls or sheets:
																				0	---In rolls
																		30	0		
																				0	---Other
																		30	0		
																					Uncoated paper and paperboard, of a kind used for writing, printing or other graphic purposes, and non perforated punch-cards and punch tape paper, in rolls or rectangular (including square) sheets, of any size, other than paper of heading 48. 01 or 48. 03; hand-made paper and paper-board:
	5						5													13	---Xuan paper
																			0		
	5						5													13	---Other
																		30	0		
											0/0/			0			0/			0	---Photo paper base
																		30	0		
	5						5				0/0/			0			0/			0	---Other
																		25	0		
											0/0/			0			0/			0	-Wallpaper base
																			0		
											0/0/			0			0/			0	--Weighing less than $40g/m^2$
																		31	0		
											0/0/			0			0/			0	--Weighing $40g/m^2$ or more but not more than $150g/m^2$, in rolls
																		30	0		
																		30	0		
											0/0/			0			0/			0	--Weighing $40g/m^2$ or more but not more than $150g/m^2$, in sheets with one side not exceeding 435mm and the other side not exceeding 297mm in the unfolded state
																		30	0		
																		30	0		
											0/0/			0			0/			0	--Other, weighing $40g/m^2$ or more but not more than $150g/m^2$
																		30	0		
																		30	0		
											0/0/			0			0/			0	--Weighing more than $150g/m^2$
																		25	0		
											0/0/			0			0/			0	--In rolls
																		25	0		
											0/0/			0			0/			0	--In sheets with one side not exceeding 435mm and the other side not exceeding 297mm in the unfolded state
																		30	0		
											0/0/			0			0/			0	--Other
																		30	0		

商品编号	商品名称及备注[检验检疫编码及名称]	进口关税(%) 最惠国	进口关税(%) 普通	增值税率(%)	消费税	计量单位	监管条件	检验检疫类别
4803	**卫生纸、面巾纸、餐巾纸以及家庭或卫生用的类似纸、纤维素絮纸和纤维素纤维网纸,不论是否起纹、压花、打孔、染面、饰面或印花,成卷或成张的:**							
48030000	卫生纸、面巾纸、餐巾纸以及家庭或卫生用的类似纸、纤维素絮纸和纤维素纤维网纸,不论是否起纹、压花、打孔、染面、饰面或印花,成卷或成张的							
4803000000	卫生纸、面巾纸、餐巾纸及类似纸(成条或成卷宽>36 厘米,或一边>36 厘米,一边>15 厘米的成张矩形)〔101 卫生纸原纸、卫生纸〕,〔102 面巾纸、餐巾纸及类似纸〕,〔103 擦拭用纸〕	5	40	13		千克	A	M/
4804	**成卷或成张的未经涂布的牛皮纸及纸板,但不包括品目 48.02 或 48.03 的货品:**							
48041100	--未漂白							
4804110000	未漂白的牛皮挂面纸〔999〕	5	30	13		千克		
48041900	--其他							
4804190000	漂白的牛皮挂面纸(成卷或成张的及未经涂布的)〔999〕	5	30	13		千克		
48042100	--未漂白							
4804210000	未漂白的袋用牛皮纸(成卷或成张的及未经涂布的)〔999〕	5	30	13		千克		
48042900	--其他							
4804290000	漂白的袋用牛皮纸(成卷或成张的及未经涂布的)〔999〕	5	30	13		千克		
48043100	--未漂白							
4804310020	未漂白的其他薄牛皮纸及纸板[抗张指数(横向+纵向)≥69N · m/g,撕裂指数(纵向)≥10mN · m^2/g,抗张能量吸收指数(横向)≥1.0J/g,抗张能量吸收指数(纵向)≥0.8J/g,透气度≥3.4μm/(Pa · s),伸长率(纵向)≥2%](薄纸指每平方米重≤150 克,成卷或成张未经涂布的)〔999〕	2	30	13		千克		
4804310090	未漂白的其他薄牛皮纸及纸板(薄纸指每平方米重≤150 克,成卷或成张未经涂布的)〔999〕	2	30	13		千克		
48043900	--其他							
4804390000	每平方米重量≤150 克的其他牛皮纸及纸板〔999〕	2	30	13		千克		
48044100	--未漂白							
4804410000	未漂白的其他中厚牛皮纸及纸板(中厚指 150 克<每平方米重<225 克,成卷或成张未涂布的)〔999〕	2	30	13		千克		
48044200	--本体均匀漂白,所含用化学方法制得的木纤维超过全部纤维重量的 95%							
4804420000	本体均匀漂白的中厚牛皮纸及纸板(中厚指 150 克<每平方米重<225 克,成卷或成张未经涂布的)〔999〕	5	30	13		千克		
48044900	--其他							
4804490000	其他漂白的中厚牛皮纸及纸板(中厚指 150 克<每平方米重<225 克,成卷或成张未经涂布)〔999〕	2	30	13		千克		
48045100	--未漂白							
4804510000	未漂白的其他厚牛皮纸及纸板(厚纸指每平方米重≥225 克,成卷或成张未经涂布的)〔999〕	2	30	13		千克		
48045200	--本体均匀漂白,所含用化学方法制得的木纤维超过全部纤维重量的 95%							
4804520000	本体均匀漂白的厚牛皮纸及纸板(厚纸指每平方米重≥225 克,成卷或成张未经涂布的)〔999〕	5	30	13		千克		
48045900	--其他							
4804590000	其他漂白的厚牛皮纸及纸板(厚纸指每平方米重≥225 克,成卷或成张未经涂布的)〔999〕	2	30	13		千克		

协定税率(%)															特惠税率(%)			对美税率	出口税率	出口退税率	Article Description
智利	新西兰	澳大利亚	瑞士	冰岛	秘鲁	哥斯达	东盟	亚太	新加坡	巴基斯坦	港/澳/台	韩国	格鲁吉亚	毛里求斯	亚太	老/柬/缅	LDC 97/95				
																					Toilet or facial tissue stock, towel or napkin stock and similar paper of a kind used for household or sanitary purposes, cellulose wadding and webs of cellulose fibres, whether or not creped, crinkled, embossed, perforated, surface-coloured, surface-decorated or printed, in rolls or sheets:
																				0	Toilet or facial tissue stock, towel or napkin stock and similar paper of a kind used for household or sanitary purposes, cellulose wadding and webs of cellulose fibres, whether or not creped, crinkled, embossed, perforated, surface-coloured, surface-decorated or printed, in rolls or sheets
																		30	0		
																					Uncoated kraft paper and paper-board, in rolls or sheets, other than that of heading 48.02 or 48.03:
																				0	--Unbleached
																		10	0		
																				0	--Other
																		25	0		
																				0	--Unbleached
																		10	0		
																				0	--Other
																		30	0		
																				0	--Unbleached
																		27	0		
																		27	0		
																				0	--Other
																		7	0		
																				0	--Unbleached
																		7	0		
																				0	--Bleached uniformly throughout the mass and of which more than 95% by weight of the total fibre content consists of wood fibres obtained by a chemical process
																		30	0		
																				0	--Other
																		27	0		
																				0	--Unbleached
																		7	0		
																				0	--Bleached uniformly throughout the mass and of which more than 95% by weight of the total fibre content consists of wood fibres obtained by a chemical process
																		10	0		
																				0	--Other
																		7	0		

商品编号	商品名称及备注[检验检疫编码及名称]	进口关税(%)		增值税率(%)	消费税	计量单位	监管条件	检验检疫类别
		最惠国	普通					
4805	**成卷或成张的其他未经涂布的纸及纸板,加工程度不超过本章注释三所列范围:**							
48051100	--半化学的瓦楞原纸							
4805110000	半化学的瓦楞原纸(成卷或成张的及未经涂布)〔999〕	6	30	13		千克		
48051200	--草浆瓦楞原纸							
4805120000	草浆瓦楞原纸(成卷或成张的及未经涂布)〔999〕	6	30	13		千克		
48051900	--其他							
4805190000[暂5]	其他瓦楞原纸(成卷或成张的及未经涂布)〔999〕	6	30	13		千克		
48052400	--每平方米重≤150克							
4805240000	强韧箱纸板(再生挂面纸板)(成卷或成张的及未经涂布,每平方米重≤150克)〔999〕	6	30	13		千克		
48052500	--每平方米重量>150克							
4805250000	强韧箱纸板(再生挂面纸板)(成卷或成张的及未经涂布,每平方米重>150克)〔999〕	6	30	13		千克		
48053000	-亚硫酸盐包装纸							
4805300000	亚硫酸盐包装纸(成卷或成张的及未经涂布)〔999〕	6	30	13		千克		
48054000	-滤纸及纸板							
4805400000	滤纸及纸板(成卷或成张的及未经涂布)〔999〕	6	30	13		千克		
48055000	-毡纸及纸板							
4805500000	毡纸及纸板(成卷或成张的及未经涂布)〔999〕	6	30	13		千克		
48059110	---电解电容器原纸							
4805911000	电解电容器原纸(每平方米重≤150克,成卷或成张的)〔999〕	6	30	13		千克		
48059190	---其他							
4805919000[暂5]	其他未经涂布薄纸及纸板(薄纸指每平方米重≤150克,成卷或成张的)〔999〕	6	30	13		千克		
48059200	--每平方米重量>150克,但<225克							
4805920000	其他未经涂布中厚纸及纸板(中厚指150克<每平方米重<225克成卷或成张的)〔999〕	6	30	13		千克		
48059300	--每平方米重≥225克							
4805930000	其他未经涂布厚纸及纸板(厚纸指每平方米重≥225克成卷或成张的)〔999〕	6	30	13		千克		
4806	**成卷或成张的植物羊皮纸、防油纸、描图纸、半透明纸及其他高光泽透明或半透明纸:**							
48061000	-植物羊皮纸							
4806100000[暂5]	植物羊皮纸(成卷或成张的)〔999〕	6	40	13		千克		
48062000	-防油纸							
4806200000[暂5]	防油纸(成卷或成张的)〔999〕	6	40	13		千克		
48063000	-描图纸							
4806300000[暂5]	描图纸(成卷或成张的)〔999〕	6	30	13		千克		
48064000	-高光泽透明或半透明纸							
4806400000[暂5]	高光泽透明或半透明纸(成卷或成张的)〔999〕	6	40	13		千克		
4807	**成卷或成张的复合纸及纸板(用黏合剂黏合各层纸或纸板制成),未经表面涂布或未浸渍,不论内层是否有加强材料:**							
48070000	成卷或成张的复合纸及纸板(用黏合剂黏合各层纸或纸板制成),未经表面涂布或未浸渍,不论内层是否有加强材料							
4807000000[暂5]	成卷或成张的复合纸及纸板(未经表面涂布或未浸渍,不论内层是否有加强材料)〔999〕	6	40	13		千克		
4808	**成卷或成张的瓦楞纸及纸板(不论是否与平面纸胶合)、皱纹纸及纸板、压纹纸及纸板、穿孔纸及纸板,但品目48.03的纸除外:**							

协定税率(%)															特惠税率(%)			对美税率	出口税率	出口退税率	Article Description
智利	新西兰	澳大利亚	瑞士	冰岛	秘鲁	哥斯达	东盟	亚太	新加坡	巴基斯坦	港/澳/台	韩国	格鲁吉亚	毛里求斯	亚太	老/柬/缅	LDC 97/95				
																					Other uncoated paper and paper-board, in rolls or sheets, not further worked or processed than as specified in Note 3 to this Chapter:
											0/0/			0			0/			0	--Semi-chemical fluting paper
																			0		
											0/0/			0			0/			0	--Straw fluting paper
																			0		
							5				0/0/			0			0/			0	--Other
																		30	0		
											0/0/			0			0/			0	--Weighing 150g/m^2 or less
																			0		
											0/0/			0			0/			0	--Weighing more than 150g/m^2
																		31	0		
																				0	-Sulphite wrapping paper
																		31	0		
																				0	-Filter paper and paperboard
																		11	0		
																				0	-Felt paper and paperboard
																			0		
	5						5				0/0/			0			0/			0	---Paper base for electrolytic capacitor
																		25	0		
	5						5				0/0/			0			0/			0	---Other
																		25	0		
																				0	--Weighing more than 150g/m^2 but less than 225g/m^2
																		26	0		
											0/0/			0			0/			0	--Weighing 225g/m^2 or more
																		31	0		
																					Vegetable parchment, greaseproof papers, tracing papers and glassine and other glazed transparent or translucent papers, in rolls or sheets:
	5						5													0	-Vegetable parchment
																		30	0		
	5						5													0	-Greaseproof papers
																		30	0		
	5						5													0	-Tracing papers
																		10	0		
	5						5													0	-Glassine and other glazed transparent or translucent papers
																		25	0		
																					Composite paper and paperboard (made by sticking flat layers of paper or paper-board together with an adhesive), not surface-coated or impregnated, whether or not internally reinforced, in rolls or sheets:
																				0	Composite paper and paperboard (made by sticking flat layers of paper or paperboard together with an adhesive), not surface-coated or impregnated, whether or not internally reinforced, in rolls or sheets
																		30	0		
																					Paper and paperboard, corrugated (with or without glued flat surface sheets), creped, crinkled, embossed or perforated, in rolls or sheets, other than paper of the kind described in heading 48.03:

商品编号	商品名称及备注[检验检疫编码及名称]	进口关税(%)		增值税率(%)	消费税	计量单位	监管条件	检验检疫类别
		最惠国	普通					
48081000	-瓦楞纸及纸板,不论是否穿孔							
4808100000暂5	瓦楞纸及纸板(成卷或成张的,不论是否穿孔)〔999〕	6	30	13		千克		
48084000	-皱纹牛皮纸,不论是否压花或穿孔							
4808400000	皱纹牛皮纸,不论是否压花或穿孔(成卷或成张的)〔999〕	6	40	13		千克		
48089000	-其他							
4808900000	其他皱纹纸及纸板,压纹纸及纸板(包括穿孔纸及纸板)〔999〕	6	40	13		千克		
4809	**复写纸、自印复写纸及其他拷贝或转印纸(包括涂布或浸渍的油印蜡纸或胶印版纸),不论是否印制,成卷或成张的:**							
48092000	-自印复写纸							
4809200000	大张(卷)的自印复写纸[成卷(宽>36厘米),成张(至少有一边>36厘米)]〔999〕	6	40	13		千克		
48099000	-其他							
4809900000	其他大张(卷)的复写纸及类似拷贝纸或转印纸[成卷(宽>36厘米),成张(至少有一边>36厘米)]〔999〕	6	40	13		千克		
4810	**成卷或成张矩形(包括正方形)的任何尺寸的单面或双面涂布高岭土或其他无机物质(不论是否加黏合剂)的纸及纸板,但未涂布其他涂料,不论是否染面、饰面或印花:**							
48101300	--成卷的							
4810130001	成卷的铜版纸(所含用机械或化学-机械法制得的纤维≤10%)〔999〕	5	40	13		千克		
4810130090	涂无机物的其他书写/印刷或类似用途纸/纸板(成卷的,所含用机械或化学-机械法制得的纤维≤10%)〔999〕	5	40	13		千克		
48101400	--成张的,一边≤435毫米,另一边≤297毫米(以未折叠计)							
4810140000	成张的书写、印刷的纸及纸板(一边≤435毫米,另一边≤297毫米,机械或化学-机械纤维≤10%)〔999〕	5	40	13		千克		
48101900	--其他							
4810190000	其他书写、印刷或类似用途的纸及纸板(所含用机械或化学-机械法制得的纤维≤10%)〔999〕	5	40	13		千克		
48102200	--轻质涂布纸							
4810220000	书写、印刷用途的轻质涂布纸(所含用机械或化学-机械法制得的纤维>10%)〔999〕	5	40	13		千克		
48102900	--其他							
4810290000	涂无机物的其他书写、印刷用途的纸及纸板(所含用机械或化学-机械法制得的纤维>10%)〔999〕	5	40	13		千克		
48103100	--本体均匀漂白,所含用化学方法制得的木纤维超过全部纤维重量的95%,每平方米重量≤150克							
4810310010	涂无机物的白板纸、白卡纸(薄纸指重量≤150克/平方米,含用化学方法制得木纤维)〔999〕	5	40	13		千克		
4810310090	涂无机物的薄漂白牛皮纸及纸板(薄纸指重量≤150克/平方米,含用化学方法制得的木纤维)〔999〕	5	40	13		千克		
48103200	--本体均匀漂白,所含用化学方法制得的木纤维超过全部纤维重量的95%,每平方米重量>150克							
4810320010	涂无机物的白板纸、白卡纸(厚纸指重量>150克/平方米,含用化学方法制得的木纤维)〔999〕	5	40	13		千克		
4810320090	涂无机物的厚漂白牛皮纸及纸板(厚纸指重量>150克/平方米,含用化学方法制得的木纤维)〔999〕	5	40	13		千克		
48103900	--其他							
4810390000	涂无机物的其他牛皮纸及纸板(成卷或成张的)〔999〕	5	40	13		千克		
48109200	--多层的							

协定税率(%)															特惠税率(%)			对美税率	出口税率	出口退税率	Article Description
智利	新西兰	澳大利亚	瑞士	冰岛	秘鲁	哥斯达	东盟	亚太	新加坡	巴基斯坦	港/澳/台	韩国	格鲁吉亚	毛里求斯	亚太	老/柬/缅	LDC 97/95				
	3.5		3.5											0						0	-Corrugated paper and paperboard, whether or not perforated
																		30	0		
																				0	-Kraft paper, creped or crinkled, whether or not embossed or perforated
																		11	0		
																				0	-Other
																		26	0		
																					Carbon paper, self-copy paper and other copying or transfer papers (including coated or impregnated paper for duplicator stencils or offset plates), whether or not printed, in rolls or sheets:
																				0	-Self-copy paper
																		11	0		
																				0	-Other
																		26	0		
																					Paper and paperboard, coated on one or both sides with kaolín (China clay) or other inorganic substances, with or without a binder, and with no other coating, whether or not surface-coloured, surface-decorated or printed, in rolls or rectangular (including square) sheets, of any size:
											0/0/			0			0/			0	--In rolls
																		10	0		
																		10	0		
											0/0/			0			0/			0	--In sheets with one side not exceeding 435mm and the other side not exceeding 297mm in the unfolded state
																		25	0		
											0/0/			0			0/			0	--Other
																		25	0		
																				0	--Light-weight coated paper
																		25	0		
											0/0/			0			0/			0	--Other
																		30	0		
											0/0/			0			0/			0	--Bleached uniformly throughout the mass and of which more than 95% by weight of the total fibre content consists of wood fibres obtained by a chemical process, and weighing 150g/m^2 or less
																		30	0		
																		30	0		
											0/0/			0			0/			0	--Bleached uniformly throughout the mass and of which more than 95% by weight of the total fibre content consists of wood fibres obtained by a chemical process, and weighing more than 150g/m^2
																		10	0		
																		10	0		
											0/0/			0			0/			0	--Other
																		10	0		
											0/0/			0			0/			0	--Multiply

商品编号	商品名称及备注[检验检疫编码及名称]	进口关税(%) 最惠国	进口关税(%) 普通	增值税率(%)	消费税	计量单位	监管条件	检验检疫类别
4810920000	其他涂无机物的多层纸及纸板(成卷或成张的)〔999〕	5	40	13		千克		
48109900	--其他							
4810990000[暂5]	其他涂无机物的纸及纸板(成卷或成张的)〔999〕	6	40	13		千克		
4811	**成卷或成张矩形(包括正方形)的任何尺寸的经涂布、浸渍、覆盖、染面、饰面或印花的纸、纸板、纤维素絮纸及纤维素纤维网纸,但品目 48.03、48.09 或 48.10 的货品除外:**							
48111000	-焦油纸及纸板、沥青纸及纸板							
4811100000[暂5]	焦油纸及纸板,沥青纸及纸板(成卷或成张的,品目 48.03,48.09,48.10 的货品除外)〔999〕	6	40	13		千克		
48114100	--自粘的							
4811410000[暂5]	自粘的胶粘纸及纸板(成卷或成张的,品目 48.03,48.09,48.10 的货品除外)〔999〕	6	40	13		千克		
48114900	--其他							
4811490000[暂5]	其他胶粘纸及纸板(成卷或成张的,品目 48.03,48.09,48.10 的货品除外)〔999〕	6	40	13		千克		
48115110	---彩色相纸用双面涂塑纸							
4811511000[暂5]	漂白的彩色相纸用双面涂塑厚纸(每平方米重量>150 克,成卷或成张的)〔999〕	6	40	13		千克		
48115191	----纸塑铝复合材料							
4811519100[暂5]	漂白的纸塑铝复合材料(厚纸指每平方米重量>150 克,成卷或成张)〔999〕	6	40	13		千克		
48115199	----其他							
4811519900	漂白的其他涂,浸,盖厚纸及纸板(厚纸指每平方米重量>150 克,成卷或成张,包括以纸或纸板为底制成的铺地制品)〔999〕	6	40	13		千克		
48115910	---绝缘纸及纸板							
4811591000[暂5]	用塑料浸涂的绝缘纸及纸板(成卷或成张任何尺寸的)〔999〕	6	30	13		千克		
48115991	----镀铝的							
4811599100[暂5]	镀铝的用塑料涂布,浸渍的其他纸及纸板(成卷或成张任何尺寸的,包括以纸或纸板为底制成的铺地制品)〔999〕	6	40	13		千克		
48115999	----其他							
4811599900[暂5]	用塑料涂布,浸渍的其他纸及纸板(成卷或成张任何尺寸的,包括以纸或纸板为底制成的铺地制品)〔999〕	6	40	13		千克		
48116010	---绝缘纸及纸板							
4811601000[暂5]	用蜡或油等涂布的绝缘纸及纸板(指用石蜡,硬脂精,油或甘油涂布的,成卷或成张)〔999〕	6	30	13		千克		
48116090	---其他							
4811609000[暂5]	用蜡或油等涂布的其他纸及纸板(用石蜡,硬脂精,油或甘油涂布,成卷或成张,包括以纸或纸板为底制成的铺地制品)〔999〕	6	40	13		千克		
48119000	-其他纸、纸板、纤维素絮纸及纤维素纤维网纸							
4811900000[暂5]	其他经涂布,浸渍,覆盖的纸及纸板(包括纤维素絮纸及纤维素纤维网纸,成卷或成张,包括以纸或纸板为底制成的铺地制品)〔999〕	6	40	13		千克		
4812	**纸浆制的滤块、滤板及滤片:**							
48120000	纸浆制的滤块、滤板及滤片							
4812000000	纸浆制的滤块,滤板及滤片〔999〕	6	40	13		千克		
4813	**卷烟纸,不论是否切成一定尺寸、成小本或管状:**							
48131000	-成小本或管状							
4813100000	成小本或管状的卷烟纸〔999〕	7.5	100	13		千克	7	
48132000	-宽度≤5 厘米成卷的							
4813200000	宽度≤5 厘米成卷的卷烟纸〔999〕	7.5	100	13		千克	7	
48139000	-其他							
4813900000	其他卷烟纸(不论是否切成一定尺寸,品目 48.13 未具体列名的)〔999〕	7.5	100	13		千克	7	
4814	**壁纸及类似品;窗用透明纸:**							

协定税率(%)															特惠税率(%)			对美税率	出口税率	出口退税率	Article Description
智利	新西兰	澳大利亚	瑞士	冰岛	秘鲁	哥斯达	东盟	亚太	新加坡	巴基斯坦	港/澳/台	韩国	格鲁吉亚	毛里求斯	亚太	老/柬/缅	LDC 97/95				
																		30	0		
	5						5				0/0/			0			0/			0	--Other
																		25	0		
																					Paper, paperboard, cellulose wadding and webs of cellulose fibres, coated, impregnated, covered, surface coloured, surface-decorated or printed, in rolls or rectangular (including square) sheets, of any size, other than goods of the kind described in heading 48.03, 48.09 or 48.10:
	5						5				0/0/			0			0/			0	-Tarred, bituminised or asphalted paper and paperboard
																			0		
	5						5				0/0/			0			0/			0	--Self-adhesive
																		25	0		
	5						5				0/0/			0			0/			0	--Other
																		10	0		
	5						5				0/0/			0			0/			0	---Paper coated on both sides with plastics for colour photography
																		30	0		
	5						5				0/0/			0			0/			13	----Aluminium-plastic composite paper and paperboard
																			0		
											0/0/			0			0/			0	----Other
																		26	0		
	5						5				0/0/			0			0/			0	---Insulating paper and paperboard
																		25	0		
	5						5				0/0/			0			0/			13	----Aluminium plated
																		10	0		
	5						5				0/0/			0			0/			0	----Other
																		10	0		
	5						5				0/0/			0			0/			0	---Insulating paper and paperboard
																		10	0		
	5						5				0/0/			0			0/			0	---Other
																		25	0		
	5						5				0/0/			0			0/			0	-Other paper, paperboard, cellulose wadding and webs of cellulose fibres
																		10	0		
																					Filter blocks, slabs and plates, of paper pulp:
																				0	Filter blocks, slabs and plates, of paper pulp
																		26	0		
																					Cigarette paper, whether or not cut to size or in the form of booklets or tubes:
																				0	-In the form of booklets or tubes
																			0		
																				0	-In rolls of a width not exceeding 5cm
																			0		
																				0	-Other
																			0		
																					Wallpaper and similar wall coverings; window transparencies of paper:

商品编号	商品名称及备注[检验检疫编码及名称]	进口关税(%) 最惠国	进口关税(%) 普通	增值税率(%)	消费税	计量单位	监管条件	检验检疫类别
48142000	-用塑料涂面或盖面的壁纸及类似品,起纹、压花、着色、印刷图案或经其他装饰							
4814200000暂5	用塑料涂面或盖面的壁纸及类似品(包括起纹,压花,着色,印制图案或经其他装饰)〔999〕	6	50	13		千克		
48149000	-其他							
4814900010暂5	用木粒或草粒等饰面的壁纸〔999〕	6	50	13		千克		
4814900090暂5	其他壁纸及类似品,窗用透明纸〔999〕	6	50	13		千克		
4816	**复写纸、自印复写纸及其他拷贝或转印纸(不包括品目48.09的纸)、油印蜡纸或胶印版纸,不论是否盒装:**							
48162000	-自印复写纸							
4816200000	小卷(张)自印复写纸(不包括品目48.09的纸,宽度≤36厘米,不论是否盒装)〔999〕	6	70	13		千克		
48169010	---热敏转印纸							
4816901000	小卷(张)热敏转印纸(不包括品目48.09的纸,宽度≤36厘米,不论是否盒装)〔999〕	6	40	13		千克		
48169090	---其他							
4816909000	复写纸及其他拷贝纸或转印纸、油印蜡纸或胶印版纸(不包括品目48.09的纸,宽度≤36厘米,不论是否盒装)〔999〕	6	70	13		千克		
4817	**纸或纸板制的信封、封缄信片、素色明信片及通信卡片;纸或纸板制的盒子、袋子及夹子,内装各种纸制文具:**							
48171000	-信封							
4817100000	信封〔999〕	5	80	13		千克		
48172000	-封缄信片、素色明信片及通信卡片							
4817200000	封缄信片、素色明信片及通信卡片〔999〕	5	80	13		千克		
48173000	-纸或纸板制的盒子、袋子及夹子,内装各种纸制文具							
4817300000	纸或纸板制的盒子,袋子及夹子(内装各种纸制文具的)〔999〕	5	80	13		千克		
4818	**卫生纸及类似纸、家庭或卫生用纤维素絮纸及纤维素纤维网纸,成卷宽度≤36厘米或切成一定尺寸或形状的;纸浆、纸、纤维素絮纸或纤维素纤维网纸制的手帕、面巾、台布、餐巾、床单及类似的家庭、卫生或医院用品、衣服及衣着附件:**							
48181000	-卫生纸							
4818100000	小卷(张)卫生纸(成卷或矩形成张的宽度≤36厘米,或制成特殊形状的)〔999〕	5	80	13		千克	A	M/
48182000	-纸手帕及纸面巾							
4818200000	小卷(张)纸手帕及纸面巾(成卷或矩形成张的宽度≤36厘米,或制成特殊形状的)〔101 面巾纸、餐巾纸及类似纸〕,〔102 擦拭用纸〕	5	90	13		千克	A	M/
48183000	-纸台布及纸餐巾							
4818300000	小卷(张)纸台布及纸餐巾(成卷或矩形成张的宽度≤36厘米,或制成特殊形状的)〔101 面巾纸、餐巾纸及类似纸〕,〔102 擦拭用纸〕	5	90	13		千克	A	M/
48185000	-衣服及衣着附件							
4818500000暂2	纸制衣服及衣着附件(纸浆,纸,纤维素絮纸和纤维素纤维网纸制的)〔101 服装生产用纸板或衬里〕,〔102 一次性生活用纸〕	5	90	13		千克	A	M/
48189000	-其他							

协定税率(%)															特惠税率(%)			对美税率	出口税率	出口退税率	Article Description
智利	新西兰	澳大利亚	瑞士	冰岛	秘鲁	哥斯达	东盟	亚太	新加坡	巴基斯坦	港/澳/台	韩国	格鲁吉亚	毛里求斯	亚太	老/柬/缅	LDC 97/95				
	5						5													13	-Wallpaper and similar wall coverings, consisting of paper coated or covered, on the face side, with a grained, embossed, coloured, design-printed or otherwise decorated layer of plastics
																		25	0		
	5						5													0	-Other
																		25	0		
																		25	0		
																					Carbon paper, self-copy paper and other copying or transfer papers (other than those of heading 48.09), duplicator stencils and offset plates, of paper, whether or not put up in boxes:
																				0	-Self-copy paper
																		31	0		
																				0	---Heat transfer paper
																		11	0		
																				0	---Other
																		26	0		
																					Envelopes, letter cards, plain postcards and correspondence cards, of paper or paperboard; boxes, pouches, wallets and writing compendiums, of paper or paperhoard, containing an assortment of paper stationery:
							5													13	-Envelopes
																		30	0		
							5													13	-Letter cards, plain postcards and correspondence cards
																		30	0		
							5													13	-Boxes, pouches, wallets and writing compendiums, of paper or paperboard, containing an assortment of paper stationery
																		30	0		
																					Toilet paper and similar paper, cellulose wadding or webs of cellulose fibres, of a kind used for household or sanitary purposes, in rolls of a width not exceeding 36cm, or cut to size or shape; handkerchiefs, cleansing tissues, towels, tablecloths, serviettes, napkins for babies, tampons, bed sheets and similar household, sanitary or hospital articles, articles of apparel and clothing accessories, of paper pulp, paper, cellulose wadding or webs of cellulose fibres:
																				6	-Toilet paper
																		30	0		
																				6	-Handkerchiefs, cleansing or facial tissues and towels
																		30	0		
							5													6	-Tablecloths and serviettes
																		30	0		
0	0	0	0	0	0	0	0			3	0/0/	0		0			0/0			13	-Articles of apparel and clothing accessories
																			0		
																				13	-Other

商品编号	商品名称及备注[检验检疫编码及名称]	进口关税(%) 最惠国	进口关税(%) 普通	增值税率(%)	消费税	计量单位	监管条件	检验检疫类别
4818900000	纸床单及类似家庭,卫生,医院用品(纸浆,纸,纤维素絮纸和纤维素纤维网纸制的)〔999〕	5	90	13		千克	A	M/
4819	**纸、纸板、纤维素絮纸或纤维素纤维网纸制的箱、盒、匣、袋及其他包装容器;纸或纸板制的卷宗盒、信件盘及类似品,供办公室、商店及类似场所使用的:**							
48191000	-瓦楞纸或纸板制的箱、盒、匣							
4819100000	瓦楞纸或纸板制的箱,盒,匣〔999〕	5	80	13		千克		
48192000	-非瓦楞纸或纸板制的可折叠箱、盒、匣							
4819200000	非瓦楞纸或纸板制可折叠箱,盒,匣〔999〕	5	80	13		千克		
48193000	-底宽≥40 厘米的纸袋							
4819300000[暂3]	底宽≥40 厘米的纸袋〔999〕	6	80	13		千克		
48194000	-其他纸袋,包括锥形袋							
4819400000	其他纸袋(包括锥形袋)〔999〕	5	80	13		千克		
48195000	-其他包装容器,包括唱片套							
4819500000	其他纸包装容器(包括唱片套)〔999〕	5	80	13		千克	A	R/
48196000	-办公室、商店及类似场所使用的卷宗盒、信件盘、存储盒及类似品							
4819600000	纸卷宗盒、信件、盘存储盒及类似品(办公室,商店及类似场所使用的)〔999〕	5	80	13		千克		
4820	**纸或纸板制的登记本、账本、笔记本、订货本、收据本、信笺本、记事本、日记本及类似品、练习本、吸墨纸本、活动封面(活页及非活页)、文件夹、卷宗皮、多联商业表格纸、页间夹有复写纸的本及其他文具用品;纸或纸板制的样品簿、粘贴簿及书籍封面:**							
48201000	-登记本、账本、笔记本、订货本、收据本、信笺本、记事本、日记本及类似品							
4820100000	登记本,账本,笔记本等及类似品(包括订货本,收据本,信笺本,记事本,日记本)〔999〕	5	80	13		千克		
48202000	-练习本							
4820200000	练习本〔999〕	5	80	13		千克		
48203000	-活动封面(书籍封面除外)、文件夹及卷宗皮							
4820300000	纸制活动封面、文件夹及卷宗皮〔999〕	5	80	13		千克		
48204000	-多联商业表格纸、页间夹有复写纸的本							
4820400000[暂2]	多联商业表格纸(本)(包括页间夹有复写纸的本)〔999〕	5	80	13		千克		
48205000	-样品簿及粘贴簿							
4820500000	纸制样品簿及粘贴簿〔999〕	5	80	13		千克		
48209000	-其他							
4820900000	其他纸制文具用品〔999〕	5	80	13		千克		
4821	**纸或纸板制的各种标签,不论是否印制:**							
48211000	-印制							
4821100000[暂5]	纸或纸板印制的各种标签〔999〕	6	50	13		千克		
48219000	-其他							
4821900000[暂5]	纸或纸板制的其他各种标签〔999〕	6	50	13		千克		
4822	**纸浆、纸或纸板(不论是否穿孔或硬化)制的筒管、卷轴、纡子及类似品:**							

协定税率(%)															特惠税率(%)			对美税率	出口税率	出口退税率	Article Description
智利	新西兰	澳大利亚	瑞士	冰岛	秘鲁	哥斯达	东盟	亚太	新加坡	巴基斯坦	港/澳/台	韩国	格鲁吉亚	毛里求斯	亚太	老/柬/缅	LDC 97/95				
																		10	0		
																					Cartons, boxes, cases, bags and other packing containers, of paper, paperboard, cellulose wadding or webs of cellulose fibres; box files, letter trays and similar articles, of paper or paperboard of a kind used in offices, shops or the like:
											0/0/			0			0/			13	-Cartons, boxes and cases, of corrugated paper or paperboard
																		30	0		
											0/0/			0			0/			13	-Folding cartons, boxes and cases, of non-corrugated paper or paperboard
																		30	0		
0	0	0	0	0	0	0	0		0	3	0/0/	0		0			0/0			13	-Sacks and hags, having a base of a width of 40cm or more
																		28	0		
							5													13	-Other sacks and bags, including cones
																		30	0		
							5													13	-Other packing containers, including record sleeves
																		30	0		
							5													13	-Box files, letter trays, storage boxes and similar articles, of a kind used in offices, shops or the like
																		30	0		
																					Registers, account books, note books, order books, receipt books, letter pads, memorandum pads, diaries and similar articles, exercise books, blotting-pads, binders (loose-leaf or other), folders, file covers, manifold business forms, interleaved carbon sets and other articles of stationery, of paper or paperboard; albums for samples or for collections and book covers, of paper or paperboard:
							5													13	-Registers, account books, note nooks, order books, receipt books, letter pads, memorandum pads, diaries and similar articles
																		30	0		
							5													13	-Exercise books
																		30	0		
							5													13	-Binders (other than book covers), folders and file covers
																		30	0		
0	0	0	0	0	0	0	0			4	0/0/	2.2		0			0/0			13	-Manifold business forms and interleaved carbon sets
																		27	0		
							5													13	-Albums for samples or for collections
																		10	0		
							5													13	-Other
																		30	0		
																					Paper or paperboard labels of all kinds, whether or not printed:
	5						5				0/0/			0			0/			13	-Printed
																		25	0		
	5						5													13	-Other
																		25	0		
																					Bobbins, spools, cops and similar supports of paper pulp, paper or paperboard (whether or not perforated or hardened):

商品编号	商品名称及备注[检验检疫编码及名称]	进口关税(%)		增值税率(%)	消费税	计量单位	监管条件	检验检疫类别
		最惠国	普通					
48221000	-纺织纱线用							
4822100000[暂5]	纺织纱线用纸制的筒管,卷轴,纡子(包括类似品)〔999〕	6	35	13		千克		
48229000	-其他							
4822900000[暂5]	纸制的其他筒管,卷轴,纡子(包括类似品)〔999〕	6	70	13		千克		
4823	**切成一定尺寸或形状的其他纸、纸板、纤维素絮纸及纤维素纤维网纸;纸浆、纸、纸板、纤维素絮纸及纤维素纤维网纸制的其他物品:**							
48232000	-滤纸及纸板							
4823200000	切成形的滤纸及纸板〔999〕	6	30	13		千克		
48234000	-已印制的自动记录器用打印纸卷、纸张及纸盘							
4823400000[暂5]	已印制的自动记录器用打印纸(切成一定尺寸或形状的打印纸卷,纸张及纸盘)〔999〕	6	30	13		千克		
48236100	--竹浆纸制							
4823610000[暂2]	竹浆纸制的盘,碟,盆,杯及类似品①	5	90	13		千克	A	M/
48236910	---非木植物浆制							
4823691000[暂2]	其他非木植物浆纸制的盘,碟,盆,杯及类似品②	5	90	13		千克	A	M/
48236990	---其他							
4823699000[暂2]	其他纸制的盘,碟,盆,杯及类似品③	5	90	13		千克	A	M/
48237000	-压制或模制纸浆制品							
4823700000[暂5]	压制或模制纸浆制品〔999〕	6	90	13		千克		
48239010	---以纸或纸板为底制成的铺地制品							
4823901000[暂2]	其他以纸或纸板为底制成的铺地制品〔999〕	6	90	13		千克		
48239020	---神纸及类似用品							
4823902000	神纸及类似用品〔999〕	6	180	13		千克		
48239030	---纸扇							
4823903000[暂2]	纸扇〔999〕	5	90	13		千克		
48239090	---其他							
4823909000	其他纸及纸制品(包括纤维素絮纸及纤维素纤维网纸制的其他物品)④	6	90	13		千克		

① 〔101 食品接触复合纸产品(纸和塑料膜等其他材料复合)〕,〔102 食品接触上蜡纸产品〕,〔103 食品接触其他纸产品〕,〔104 食品用复合纸包装(纸和塑料膜等其他材料复合)〕,〔105 食品用上蜡纸包装〕,〔106 食品用其他纸包装〕

② 〔101 食品接触复合纸产品(纸和塑料膜等其他材料复合)〕,〔102 食品接触上蜡纸产品〕,〔103 食品接触其他纸产品〕,〔104 食品用复合纸包装(纸和塑料膜等其他材料复合)〕,〔105 食品用上蜡纸包装〕,〔106 食品用其他纸包装〕

③ 〔101 食品接触原纸产品〕,〔102 食品接触复合纸产品(纸和塑料膜等其他材料复合)〕,〔103 食品接触上蜡纸产品〕,〔104 食品接触其他纸产品〕,〔105 食品用原纸包装〕,〔106 食品用复合纸包装(纸和塑料膜等其他材料复合)〕,〔107 食品用上蜡纸包装〕,〔108 食品用其他纸包装〕

④ 〔101 其他纸及纸制品〕,〔102 食品接触原纸产品〕,〔103 食品接触复合纸产品(纸和塑料膜等其他材料复合)〕,〔104 食品接触上蜡纸产品〕,〔105 食品接触其他纸产品〕,〔106 食品用原纸包装〕,〔107 食品用复合纸包装(纸和塑料膜等其他材料复合)〕,〔108 食品用上蜡纸包装〕,〔109 食品用其他纸包装〕

协定税率(%)															特惠税率(%)			对美税率	出口税率	出口退税率	Article Description
智利	新西兰	澳大利亚	瑞士	冰岛	秘鲁	哥斯达	东盟	亚太	新加坡	巴基斯坦	港/澳/台	韩国	格鲁吉亚	毛里求斯	亚太	老/柬/缅	LDC 97/95				
	5						5													13	-Of a kind used for winding textile yarn
																		30	0		
	5						5													13	-Other
																		25	0		
																					Other paper, paperboard, cellulose wadding and webs of cellulose fibres, cut to size or shape; other articles of paper pulp, paper, paperboard, cellulose wadding or webs of cellulose fibres:
																				13	-Filter paper and paperboard
																		26	0		
							5													13	-Rolls, sheets and dials, printed for self-recording apparatus
																		10	0		
0	0	0	0	0	0	0	0			3	0/0/	0		0			0/0			13	--Of bamboo
																			0		
0	0	0	0	0	0	0	0			3	0/0/	2.2		0			0/0			13	---Of vegetable pulp, other than wood pulp
																		27	0		
0	0	0	0	0	0	0	0			3	0/0/	2.2		6			0/0			13	---Other
																		27	0		
	5						5													13	-Moulded or pressed articles of paper pulp
																		30	0		
	0		0				5				0/0/	4		0						0	---Floor coverings on a base of paper or of paperboard, whether or not cut to size
																		27	0		
0	0	0	0	0	0	0	0			3	0/0/	0		0			0/0			13	---Joss paper and the like
																			0		
0	0	0	0	0	0	0	0			3	0/0/	0		0			0/0			13	---Paper fans
																			0		
											0/0/						0/			13	---Other
																		26	0		

第四十九章
书籍、报纸、印刷图画及其他印刷品；手稿、打字稿及设计图纸

注释：

一、本章不包括：

（一）透明基的照相负片或正片（第三十七章）；

（二）立体地图、设计图表或地球仪、天体仪，不论是否印刷（品目 90.23）；

（三）第九十五章的扑克牌或其他物品；或

（四）雕版画、印刷画、石印画的原本（品目 97.02），品目 97.04 的邮票、印花税票、纪念封、首日封、邮政信笺及类似品，以及第九十七章的超过 100 年的古物或其他物品。

二、第四十九章所称“印刷”，也包括用胶版复印机、油印机印制，在自动数据处理设备控制下打印绘制，压印、冲印、感光复印、热敏复印或打字。

三、用纸以外材料装订成册的报纸、杂志和期刊，以及一期以上装订在同一封面里的成套报纸、杂志和期刊，应归入品目 49.01，不论是否有广告材料。

四、品目 49.01 还包括：

（一）附有说明文字，每页编有号数以便装订成一册或几册的整集印刷复制品，例如，美术作品、绘画；

（二）随同成册书籍的图画附刊；以及

（三）供装订书籍或小册子用的散页、集页或书帖形式的印刷品，已构成一部作品的全部或部分。

但没有说明文字的印刷图画或图解，不论是否散页或书帖形式，应归入品目 49.11。

五、除本章注释三另有规定的以外，品目 49.01 不包括主要做广告用的出版物（例如，小册子、散页印刷品、商业目录、同业公会出版的年鉴、旅游宣传品），这类出版物应归入品目 49.11。

六、品目 49.03 所称“儿童图画书”，是指以图画为主、文字为辅，供儿童阅览的书籍。

商品编号	商品名称及备注[检验检疫编码及名称]	进口关税(%)		增值税率(%)	消费税	计量单位	监管条件	检验检疫类别
		最惠国	普通					
4901	**书籍、小册子、散页印刷品及类似印刷品，不论是否单张：**							
49011000	-单张的，不论是否折叠							
4901100000	单张的书籍，小册子及类似印刷品（不论是否折叠，还包括散页印刷品）〔999〕	0	0	9		千克		
49019100	--字典或百科全书及其连续出版的分册							
4901910000	字典，百科全书（包括连续出版的分册）〔999〕	0	0	9		千克		
49019900	--其他							
4901990000	其他书籍，小册子及类似的印刷品（非单张的）〔999〕	0	0	9		千克		
4902	**报纸、杂志及期刊，不论有无插图或广告材料：**							
49021000	-每周至少出版四次							
4902100000	每周至少出版四次的报纸，杂志（包括期刊，不论有无插图或广告材料）〔999〕	0	0	9		千克		
49029000	-其他							
4902900000	其他报纸，杂志及期刊（不论有无插图或广告材料）〔999〕	0	0	9		千克		
4903	**儿童图画书、绘画或涂色书：**							
49030000	儿童图画书、绘画或涂色书							
4903000000	儿童图画书，绘画或涂色书〔999〕	0	0	9		千克		
4904	**乐谱原稿或印本，不论是否装订或印有插图：**							
49040000	乐谱原稿或印本，不论是否装订或印有插图							
4904000000	乐谱原稿或印本（不论是否装订或印有插图）〔999〕	0	0	9		千克		
4905	**各种印刷的地图、水道图及类似图表，包括地图册、挂图、地形图及地球仪、天体仪：**							
49051000	-地球仪、天体仪							
4905100000	地球仪、天体仪〔999〕	0	0	13		千克		
49059100	--成册的							

Chapter 49
Printed books, newspapers, pictures and other products of the printing industry; manuscripts, typescripts and plans

Chapter Notes:

1. This Chapter does not cover:
   (a) Photographic negatives or positives on transparent bases (Chapter 37);
   (b) Maps, plans or globes, in relief, whether or not printed (heading 90.23);
   (c) Playing cards or other goods of Chapter 95; or
   (d) Original engravings, prints or lithographs (heading 97.02), postage or revenue stamps, stamp-postmarks, first-day covers, postal stationery or the like of heading 97.04, antiques of an age exceeding one hundred years or other articles of Chapter 97.

2. For the purposes of Chapter 49, the term "printed" also means reproduced by means of a duplicating machine, produced under the control of an automatic data processing machine, embossed, photographed, photocopied, thermocopied or typewritten.

3. Newspapers, journals and periodicals which are bound otherwise than in paper, and sets of newspapers, journals or periodicals comprising more than one number under a single cover are to be classified in heading 49.01, whether or not containing advertising material.

4. Heading 49.01 also covers:
   (a) A collection of printed reproductions of, for example, works of art or drawings, with a relative text, put up with numbered pages in a form suitable for binding into one or more volumes;
   (b) A pictorial supplement accompanying, and subsidiary to, a bound volume; and
   (c) Printed parts of books or booklets, in the form of assembled or separate sheets or signatures, constituting the whole or a part of a complete work and designed for binding.
   However, printed pictures or illustrations not bearing a text, whether in the form of signatures or separate sheets, fall in heading 49.11.

5. Subject to Note 3 to this Chapter, heading 49.01 does not cover publications which are essentially devoted to advertising (for example, brochures, pamphlets, leaflets, trade catalogues, year books published by trade associations, tourist propaganda). Such publications are to be classified in heading 49.11.

6. For the purposes of heading 49.03, the expression "children's picture books" means books for children in which the pictures form the principal interest and the text is subsidiary.

协定税率(%)															特惠税率(%)			对美税率	出口税率	出口退税率	Article Description
智利	新西兰	澳大利亚	瑞士	冰岛	秘鲁	哥斯达	东盟	亚太	新加坡	巴基斯坦	港/澳/台	韩国	格鲁吉亚	毛里求斯	亚太	老/柬/缅	LDC 97/95				
																					Printed books, brochures, leaflets and similar printed matter, whether or not in single sheets:
																	0/0				-In single sheets, whether or not folded
																		25	0	0	
																	0/0				--Dictionaries and encyclopaedias, and serial instalments thereof
																		25	0	0	
																	0/0				--Other
																			0	0	
																					Newspapers, journals and periodicals, whether or not illustrated or containing advertising material:
																	0/0				-Appearing at least four times a week
																			0	9	
																	0/0				-Other
																			0	9	
																					Children's picture, drawing or colouring books:
																	0/0				Children's picture, drawing or colouring books
																		5	0	0	
																					Music, printed or in manuscript, whether or not bound or illustrated:
																	0/0				Music, printed or in manuscript, whether or not bound or illustrated
																		5	0	0	
																					Maps and hydrographic or similar charts of all kinds, including atlases, wall maps, topographical plans and globes, printed:
																	0/0			13	-Globes
																		5	0		
																	0/0				--In book form

商品编号	商品名称及备注[检验检疫编码及名称]	进口关税(%)		增值税率(%)	消费税	计量单位	监管条件	检验检疫类别
		最惠国	普通					
4905910000	成册的各种印刷的地图及类似图表(包括水道图、地图册、地形图)〔999〕	0	0	13		千克		
49059900	--其他							
4905990000	其他各种印刷的地图及类似图表(包括水道图、挂图、地形图,成册的除外)〔999〕	0	0	13		千克		
4906	**手绘的建筑、工程、工业、商业、地形或类似用途的设计图纸原稿;手稿;用感光纸照相复印或用复写纸誊写的上述物品复制件:**							
49060000	手绘的建筑、工程、工业、商业、地形或类似用途的设计图纸原稿;手稿;用感光纸照相复印或用复写纸誊写的上述物品复制件							
4906000010	含有人类遗传资源信息的设计图纸原稿或手稿及其复制件(手绘的建筑、工程、工业、商业、地形或类似用途的)〔999〕	0	0	13		千克	V	
4906000090	其他设计图纸原稿或手稿及其复制件(手绘的建筑、工程、工业、商业、地形或类似用途的)〔999〕	0	0	13		千克		
4907	**在承认或将承认其面值的国家流通或新发行并且未经使用的邮票、印花税票及类似票证;印有邮票或印花税票的纸品;钞票;空白支票;股票、债券及类似所有权凭证:**							
49070010	---邮票							
4907001000[暂3]	新的邮票(包括印花税票、空白支票、债券及类似的所有权凭证)〔999〕	6	50	13		千克		
49070020	---钞票							
4907002000	新的钞票〔999〕	0	50	13		千克		
49070030	---证券凭证							
4907003000	证券凭证(包括印花税票,空白支票,债券及类似的所有权凭证)〔999〕	0	50	13		千克		
49070090	---其他							
4907009011[暂0]	特许权使用凭证(包括软件升级许可证、软件用户许可证等,但游戏软件升级许可证、游戏软件用户许可证除外)〔999〕	6	50	13		千克		
4907009019	其他给予存取、安装、复制或使用软件(含游戏)、数据、互联网内容物(含游戏内或应用程序内内容物)、服务或电信服务(含移动服务)权利的印刷品(特许权使用凭证除外)〔999〕	1.3/0①	50	13		千克		
4907009090	其他印有邮票等的其他纸品(包括印有印花税票的纸品)〔999〕	6	50	13		千克		
4908	**转印贴花纸(移画印花法用图案纸):**							
49081000	-釉转印贴花纸(移画印花法用图案纸)							
4908100000[暂3]	釉转印贴花纸(移画印花法用图案纸)〔999〕	6	50	13		千克		
49089000	-其他							
4908900000[暂2]	其他转印贴花纸(移画印花法用图案纸)〔999〕	6	50	13		千克		
4909	**印刷或有图画的明信片;印有个人问候、祝贺、通告的卡片,不论是否有图画、带信封或饰边:**							
49090010	---印刷或有图画的明信片							
4909001000[暂3]	印刷或有图画的明信片〔999〕	6	50	13		千克		
49090090	---其他							
4909009000[暂3]	其他致贺或通告卡片(贺卡及类似卡片,不论是否有图画、带信封或饰边)〔999〕	6	50	13		千克		
4910	**印刷的各种日历,包括日历芯:**							
49100000	印刷的各种日历,包括日历芯							
4910000000[暂5]	印刷的各种日历(包括日历芯)〔999〕	6	50	13		千克		
4911	**其他印刷品,包括印刷的图片及照片:**							

① 最惠国税率中,"/"左边的税率截止日期为2021年6月30日,"/"右边的税率有效日期为2021年7月1日~2999年12月31日。

协定税率(%)															特惠税率(%)			对美税率	出口税率	出口退税率	Article Description
智利	新西兰	澳大利亚	瑞士	冰岛	秘鲁	哥斯达	东盟	亚太	新加坡	巴基斯坦	港/澳/台	韩国	格鲁吉亚	毛里求斯	亚太	老/柬/缅	LDC 97/95				
																		25	0	0	
																	0/0				--Other
																		25	0	0	
																					Plans and drawings for architectural, engineering, industrial, commercial, topographical or similar purposes, being originals drawn by hand; hand-written text; photographic reproductions on sensitized paper and carbon copies of the foregoing:
																	0/0			13	Plans and drawings for architectural, engineering, industrial, commercial topographical or similar purposes, being originals drawn by hand; hand-written text; photographic reqroduetions on sensitized paper and carbon copies of the foregoing
																		25	0		
																		25	0		
																					Unused postage, revenue or similar stamps of current or new issue in the country in which they have, or will have, a recognised face value; stamp-impressed paper; banknotes; cheque forms; stock, share or bond certificates and similar documents of title:
	0		0				5				0/0/	4		0			0/0			13	---Postage
																		8	0		
																	0/0			13	---Banknotes
																		20	0		
																	0/0			13	---Documents of title
																			0		
	0		0				5				0/0/	4		0			0/0			13	---Other
																		5	0		
																		6.3	0		
																		11	0		
																					Transfers(decalcomanias):
	0		0				5				0/0/	4		0			0/0			13	-Transfers(decalcomanias), vitrifiable
																		23	0		
	0		0				5				0/0/	4		0			0/0			13	-Other
																		27	0		
																					Printed or illustrated postcards; printed cards bearing personal greetings, messages or announcements, whether or not illustrated, with or without envelopes or trimmings:
	0		0				5				0/0/	4		0			0/0			13	---Printed or illustrated postcards
																		23	0		
	0		0				5				0/0/	4		0			0/0			13	---Other
																		23	0		
																					Calendars of any kind, printed, including calendar blocks:
	1.5		1.5				5				0/0/	4		6			0/0			13	Calendars of any kind, printed, including calendar blocks
																		30	0		
																					Other printed matter, including printed pictures and photographs:

商品编号	商品名称及备注[检验检疫编码及名称]	进口关税(%)		增值税率(%)	消费税	计量单位	监管条件	检验检疫类别
		最惠国	普通					
49111010	---无商业价值的							
4911101000	无商业价值的广告品及类似印刷品(包括无商业价值的商品目录)〔999〕	0	0	13		千克		
49111090	---其他							
4911109000[暂5]	其他商业广告品及类似印刷品(包括商品目录)〔999〕	6	50	13		千克		
49119100	--图片、设计图样及照片							
4911910010[暂3]	含有人类遗传资源信息的印刷图片、设计图样及照片〔999〕	6	50	13		千克	V	
4911910090[暂3]	其他印刷的图片、设计图样及照片〔999〕	6	50	13		千克		
49119910	---纸质的							
4911991010	给予存取、安装、复制或使用软件(含游戏)、数据、互联网内容物(含游戏内或应用程序内内容物)、服务或电信服务(含移动服务)权利的印刷品〔999〕	1.3/0①	50	13		千克		
4911991020[暂2]	含有人类遗传资源信息的纸质印刷品〔999〕	6	50	13		千克	V	
4911991090[暂2]	其他纸质的印刷品〔999〕	6	50	13		千克		
49119990	---其他							
4911999010	给予存取、安装、复制或使用软件(含游戏)、数据、互联网内容物(含游戏内或应用程序内内容物)、服务或电信服务(含移动服务)权利的印刷品〔999〕	1.3/0①	50	13		千克		
4911999020[暂2]	含有人类遗传资源信息的其他印刷品〔999〕	6	50	13		千克	V	
4911999090[暂2]	其他印刷品〔999〕	6	50	13		千克		

① 最惠国税率中,"/"左边的税率截止日期为 2021 年 6 月 30 日,"/"右边的税率有效日期为 2021 年 7 月 1 日~2999 年 12 月 31 日。

协定税率(%)															特惠税率(%)			对美税率	出口税率	出口退税率	Article Description
智利	新西兰	澳大利亚	瑞士	冰岛	秘鲁	哥斯达	东盟	亚太	新加坡	巴基斯坦	港/澳/台	韩国	格鲁吉亚	毛里求斯	亚太	老/柬/缅	**LDC 97/95**				
																	0/0			13	---No commercial value
																		20	0		
	1.5		1.5				5				0/0/	4		6			0/0			13	---Other
																		25	0		
	0		0				5				0/0/	4		0			0/0			13	--Pictures, designs and photographs
																		23	0		
																		23	0		
	0		3.5	0			5				0/0/	4		0			0/0			13	---Of paper
																		26.3	0		
																		27	0		
																		27	0		
	0		3.5	0			5				0/0/	4		6			0/0			13	---Other
																		21.3	0		
																		22	0		
																		22	0		

第十一类
纺织原料及纺织制品

注释：

一、本类不包括：

（一）制刷用的动物鬃、毛（税目05.02）；马毛及废马毛（税目05.11）；

（二）人发及人发制品（税目05.01、67.03或67.04），但通常用于榨油机或类似机器的滤布除外（税目59.11）；

（三）第十四章的棉短绒或其他植物材料；

（四）税目25.24的石棉、税目68.12或68.13的石棉制品或其他产品；

（五）税目30.05或30.06的物品；税目33.06的用于清洁牙缝的纱线（牙线），单独零售包装的；

（六）税目37.01至37.04的感光布；

（七）截面尺寸超过1毫米的塑料单丝和表面宽度超过5毫米的塑料扁条及类似品（例如，人造草）（第三十九章），以及上述单丝或扁条的缏条、织物、篮筐或柳条编结品（第四十六章）；

（八）第三十九章的用塑料浸渍、涂布、包覆或层压的机织物、针织物或钩编织物、毡呢或无纺织物及其制品；

（九）第四十章的用橡胶浸渍、涂布、包覆或层压的机织物、针织物或钩编织物、毡呢或无纺织物及其制品；

（十）带毛皮张（第四十一章或第四十三章）、税目43.03或43.04的毛皮制品、人造毛皮及其制品；

（十一）税目42.01或42.02的用纺织材料制成的物品；

（十二）第四十八章的产品或物品（例如，纤维素絮纸）；

（十三）第六十四章的鞋靴及其零件、护腿、裹腿及类似品；

（十四）第六十五章的发网、其他帽类及其零件；

（十五）第六十七章的货品；

（十六）涂有研磨料的纺织材料（税目68.05）以及税目68.15的碳纤维及其制品；

（十七）玻璃纤维及其制品，但可见底布的玻璃线刺绣品除外（第七十章）；

（十八）第九十四章的物品（例如，家具、寝具、灯具及照明装置）；

（十九）第九十五章的物品（例如，玩具、游戏品、运动用品及网具）；

（二十）第九十六章的物品［例如，刷子、旅行用成套缝纫用具、拉链、打字机色带、卫生巾（护垫）及止血塞、婴儿尿布及尿布衬里］；或

（二十一）第九十七章的物品。

二、（一）可归入第五十章至第五十五章及税目58.09或59.02的由两种或两种以上纺织材料混合制成的货品，应按其中重量最大的那种纺织材料归类。

当没有一种纺织材料重量较大时，应按可归入的有关税号中最后一个税号所列的纺织材料归类。

（二）应用上述规定时：

1. 马毛粗松螺旋花线（税目51.10）和含金属纱线（税目56.05）均应作为一种单一的纺织材料，其重量应为它们在纱线中的合计重量；在机织物的归类中，金属线应作为一种纺织材料；

2. 在选择合适的税号时，应首先确定章，然后再确定该章的有关税号，至于不归入该章的其他材料可不予考虑；

3. 当归入第五十四章及第五十五章的货品与其他章的货品进行比较时，应将这两章作为一个单一的章对待；

4. 同一章或同一税号所列各种不同的纺织材料应作为单一的纺织材料对待。

（三）上述（一）、（二）两款规定亦适用于以下注释三、四、五或六所述纱线。

三、（一）本类的纱线（单纱、多股纱线或缆线）除下列（二）款另有规定的以外，凡符合以下规格的应作为“线、绳、索、缆”：

1. 丝或绢丝纱线，细度在20000分特以上。
2. 化学纤维纱线（包括第五十四章的用两根及以上单丝纺成的纱线），细度在10000分特以上。
3. 大麻或亚麻纱线：
   （1）加光或上光的，细度在1429分特及以上；或
   （2）未加光或上光的，细度在20000分特以上。
4. 三股或三股以上的椰壳纤维纱线。
5. 其他植物纤维纱线，细度在20000分特以上。
6. 用金属线加强的纱线。

（二）下列各项不按上述（一）款规定办理：

1. 羊毛或其他动物毛纱线及纸纱线，但用金属线加强的纱线除外；
2. 第五十五章的化学纤维长丝丝束以及第五十四章的未加捻或捻度每米少于5转的复丝纱线；
3. 税目50.06的蚕胶丝及第五十四章的单丝；
4. 税目56.05的含金属纱线；但用金属线加强的纱线按上述（一）款6项规定办理；以及
5. 税目56.06的绳绒线、粗松螺旋花线及纵行起圈纱线。

四、（一）除下列（二）款另有规定的以外，第五十章、第五十一章、第五十二章、第五十四章和第五十五章所称“供零售用”纱线，是指以下列方式包装的纱线（单纱、多股纱线或缆线）：

1. 绕于纸板、线轴、纱管或类似芯子上，其重量（含线芯）符合下列规定：
   （1）丝、绢丝或化学纤维长丝纱线，不超过85克；或
   （2）其他纱线，不超过125克。
2. 绕成团、绞或束，其重量符合下列规定：
   （1）细度在3000分特以下的化学纤维长丝纱线，丝或绢丝纱线，不超过85克；
   （2）细度在2000分特以下的任何其他纱线，不超过125克；或

SECTION XI
TEXTILES AND TEXTILE ARTICLES

Section Notes:

1. This Section does not cover:
   - (a) Animal brush-making bristles or hair (heading 05.02); horsehair or horsehair waste (heading 05.11);
   - (b) Human hair or articles of human hair (heading 05.01, 67.03 or 67.04), except straining cloth of a kind commonly used in oil presses or the like (heading 59.11);
   - (c) Cotton linters or other vegetable materials of Chapter 14;
   - (d) Asbestos of heading 25.24 or articles of asbestos or other products of heading 68.12 or 68.13;
   - (e) Articles of heading 30.05 or 30.06; yarn used to clean between the teeth (dental floss), in individual retail packages, of heading 33.06;
   - (f) Sensitised textiles of headings 37.01 to 37.04;
   - (g) Monofilament of which any cross-sectional dimension exceeds 1mm or strip or the like (for example, artificial straw) of an apparent width exceeding 5mm, of plastics (Chapter 39), or plaits or fabrics or other basketware or wickerwork of such monofilament or strip (Chapter 46);
   - (h) Woven, knitted or crocheted fabrics, felt or nonwovens, impregnated, coated, covered or laminated with plastics, or articles thereof, of Chapter 39;
   - (ij) Woven, knitted or crocheted fabrics, felt or nonwovens, impregnated, coated, covered or laminated with rubber, or articles thereof, of Chapter 40;
   - (k) Hides or skins with their hair or wool on (Chapter 41 or 43) or articles of furskin, artificial fur or articles thereof, of heading 43.03 or 43.04;
   - (l) Articles of textile materials of heading 42.01 or 42.02;
   - (m) Products or articles of Chapter 48 (for example, cellulose wadding);
   - (n) Footwear or parts of footwear, gaiters or leggings or similar articles of Chapter 64;
   - (o) Hair-nets or other headgear or parts thereof of Chapter 65;
   - (p) Goods of Chapter 67;
   - (q) Abrasive-coated textile material (heading 68.05) and also carbon fibres or articles of carbon fibres of heading 68.15;
   - (r) Glass fibres or articles of glass fibres, other than embroidery with glass thread on a visible ground of fabric (Chapter 70);
   - (s) Articles of Chapter 94 (for example, furniture, bedding, lamps and lighting fittings);
   - (t) Articles of Chapter 95 (for example, toys, games, sports requisites and nets);
   - (u) Articles of Chapter 96 (for example, brushes, travel sets for sewing, slide fasteners, typewriter ribbons, sanitary towels (pads) and tampons, napkins (diapers) and napkin liners for babies); or
   - (v) Articles of Chapter 97.

2. (a) Goods classifiable in Chapters 50 to 55 or of heading 58.09 or in heading 58.09 or 59.02 and of a mixture of two or more textile materials are to be classified as if consisting wholly of that one textile material which predominates by weight over any other single textile material.

   When no one textile material predominates by weight, the goods are to be classified as if consisting wholly of that one textile material which is covered by the heading which occurs last in numerical order among those which equally merit consideration.

   (b) For the purposes of the above rule:
   - (i) Gimped horsehair yarn (heading 51.10) and metallised yarn (heading 56.05) are to be treated as a single textile material the weight of which is to be taken as the aggregate of the weights of its components; for the classification of woven fabrics, metal thread is to be regarded as a textile material;
   - (ii) The choice of appropriate heading shall be effected by determining first the Chapter and then the applicable heading within that Chapter, disregarding any materials not classified in that Chapter;
   - (iii) When both Chapters 54 and 55 are involved with any other Chapter, Chapters 54 and 55 are to be treated as a single Chapter;
   - (iv) Where a Chapter or a heading refers to goods of different textile materials, such materials are to be treated as a single textile material.

   (c) The provisions of paragraphs (a) and (b) above apply also to the yarns referred to in Note 3, 4, 5 or 6 below.

3. (a) For the purposes of this Section, and subject to the exceptions in paragraph (b) below, yarns (single, multiple (folded) or cabled) of the following descriptions are to be treated as "twine, cordage, ropes and cables":
   - (i) Of silk or waste silk, measuring more than 20000 decitex.
   - (ii) Of man-made fibres (including yarn of two or more monofilaments of Chapter 54), measuring more than 10000 decitex.
   - (iii) Of true hemp or flax:
     - i) Polished or glazed, measuring 1429 decitex or more; or
     - ii) Not polished or glazed, measuring more than 20000 decitex.
   - (iv) Of coir, consisting of three or more plies;
   - (v) Of other vegetable fibres, measuring more than 20000 decitex; or
   - (vi) Reinforced with metal thread.

   (b) Exceptions:
   - (i) Yarn of wool or other animal hair and paper yarn, other than yarn reinforced with metal thread;
   - (ii) Man-made filament tow of Chapter 55 and multifilament yarn without twist or with a twist of less than 5 turns per metre of Chapter 54;
   - (iii) Silk worm gut of heading 50.06, and monofilaments of Chapter 54;
   - (iv) Metallised yarn of heading 56.05; yarn reinforced with metal thread is subject to paragraph (a) (vi) above; and
   - (v) Chenille yarn, gimped yarn and loop wale-yarn of heading 56.06.

4. (a) For the purposes of Chapters 50, 51, 52, 54 and 55, the expression "put up for retail sale" in relation to yarn means, subject to the exceptions in paragraph (b) below, yarn (single, multiple (folded) or cabled) put up:
   - (i) On cards, reels, tubes or similar supports, of a weight (including support) not exceeding:
     - i) 85g in the case of silk, waste silk or man-made filaments; or
     - ii) 125g in other cases.
   - (ii) In balls, hanks or skeins of a weight not exceeding:
     - i) 85g in the case of man-made filament yarn of less than 3000 decitex, silk or silk waste;
     - ii) 125g in the case of all other yarns of less than 2000 decitex; or

(3) 其他纱线，不超过500克。

3. 绕成绞或束，每绞或每束中有若干用线分开的小绞或小束，每小绞或小束的重量相等，并且符合下列规定：

(1) 丝、绢丝或化学纤维长丝纱线，不超过85克；或

(2) 其他纱线，不超过125克。

(二) 下列各项不按上述（一）款规定办理：

1. 各种纺织材料制的单纱，但下列两种除外：

(1) 未漂白的羊毛或动物细毛单纱；以及

(2) 漂白、染色或印色的羊毛或动物细毛单纱，细度在5000分特以上。

2. 未漂白的多股纱线或缆线：

(1) 丝或绢丝制的，不论何种包装；或

(2) 除羊毛或动物细毛外其他纺织材料制，成绞或成束的。

3. 漂白、染色或印色丝或绢丝制的多股纱线或缆线，细度在133分特及以下。

4. 任何纺织材料制的单纱、多股纱线或缆线：

(1) 交叉绕成绞或束的；或

(2) 绕于纱芯上或以其他方式卷绕，明显用于纺织工业的（例如，绕于纱管、加捻管、纬纱管、锥形筒管或锭子上的或者绕成蚕茧状以供绣花机使用的纱线）。

五、税目52.04、54.01及55.08所称"缝纫线"，是指下列多股纱线或缆线：

(一) 绕于芯子（例如，线轴、纱管）上，重量（包括纱芯）不超过1000克；

(二) 作为缝纫线上过浆的；以及

(三) 终捻为反手（Z）捻的。

六、本类所称"高强力纱"，是指断裂强度大于下列标准的纱线：

尼龙、其他聚酰胺或聚酯制的单纱60厘牛顿/特克斯；

尼龙、其他聚酰胺或聚酯制的多股纱线或缆线53厘牛顿/特克斯；

粘胶纤维制的单纱、多股纱线或缆线27厘牛顿/特克斯。

七、本类所称"制成的"，是指：

(一) 裁剪成除正方形或长方形以外的其他形状的；

(二) 呈制成状态，无需缝纫或其他进一步加工（或仅需剪断分隔联线）即可使用的（例如，某些抹布、毛巾、台布、方披巾、毯子）；

(三) 裁剪成一定尺寸，至少有一边为带有可见的锥形或压平形的热封边，其余各边经本注释其他各项所述加工，但不包括为防止剪边脱纱而用热切法或其他简单方法处理的织物；

(四) 已缝边或滚边，或者在任一边带有结制的流苏，但不包括为防止剪边脱纱而锁边或用其他简单方法处理的织物；

(五) 裁剪成一定尺寸并经抽纱加工的；

(六) 缝合、胶合或用其他方法拼合而成的（将两段或两段以上同样料子的织物首尾连接而成的匹头，以及由两层或两层以上的织物，不论中间有无胎料，层叠而成的匹头除外）；

(七) 针织或钩编成一定形状，不论报验时是单件还是以若干件相连成幅的。

八、对于第五十章至第六十章：

(一) 第五十章至第五十五章和第六十章，以及除条文另有规定以外的第五十六章至第五十九章，不适用于上述注释七所规定的制成货品；以及

(二) 第五十章至第五十五章及第六十章不包括第五十六章至第五十九章的货品。

九、第五十章至第五十五章的机织物包括由若干层平行纱线以锐角或直角相互层叠，在纱线交叉点用黏合剂或以热黏合法黏合而成的织物。

十、以纺织材料和橡胶线制成的弹性产品归入本类。

十一、本类所称"浸渍"，包括"浸泡"。

十二、本类所称"聚酰胺"，包括"芳族聚酰胺"。

十三、本类及本协调制度所称"弹性纱线"，是指合成纤维纺织材料制成的长丝纱线（包括单丝），但变形纱线除外。这些纱线可拉伸至原长的三倍而不断裂，并可在拉伸至原长两倍后五分钟内回复到不超过原长度一倍半。

十四、除条文另有规定的以外，各种服装即使成套包装供零售用，也应按各自税号分别归类。本注释所称"纺织服装"，是指税目61.01至61.14及税目62.01至62.11所列的各种服装。

子目注释：

一、本类及本协调制度所用有关名词解释如下：

(一) 未漂白纱线

1. 带有纤维自然色泽并且未经漂染（不论是否整体染色）或印色的纱线；或

2. 从回收纤维制得，色泽未定的纱线（本色纱）。

这种纱线可用无色浆料或易褪色染料（可轻易地用肥皂洗去）处理，如果是化学纤维纱线，则整体用消光剂（例如，二氧化钛）进行处理。

(二) 漂白纱线

1. 经漂白加工、用漂白纤维制得或经染白（除条文另有规定的以外）（不论是否整体染色）及用白浆料处理的纱线；

2. 用未漂白纤维和漂白纤维混纺制得的纱线；或

iii) 500g in other cases.

(iii) In hanks or skeins comprising several smaller hanks or skeins separated by dividing threads which render them independent one of the other, each of uniform weight not exceeding:

i) 85g in the case of silk, waste silk or man-made filaments; or

ii) 125g in other cases.

(b) Exceptions:

(i) Single yarn of any textile material, except:

i) Single yarn of wool or fine animal hair, unbleached; and

ii) Single yarn of wool or fine animal hair, bleached, dyed or printed, measuring more than 5000 decitex.

(ii) Multiple (folded) or cabled yarn, unbleached:

i) Of silk or waste silk, however put up; or

ii) Of other textile material except wool or fine animal hair, in hanks or skeins.

(iii) Multiple (folded) or cabled yarn of silk or waste silk, bleached, dyed or printed, measuring 133 decitex or less; and

(iv) Single, multiple (folded) or cabled yarn of any textile material:

i) In cross-reeled hanks or skeins; or

ii) Put up on supports or in some other manner indicating its use in the textile industry (for example, on cops, twisting mill tubes, pirns, conical bobbins or spindles, or reeled in the form of cocoons for embroidery looms).

5. For the purposes of headings 52.04, 54.01 and 55.08, the expression "sewing thread" means multiple (folded) or cabled yarn:

(a) Put up on supports (for example, reels, tubes) of a weight (including support) not exceeding 1000g;

(b) Dressed for use as sewing thread; and

(c) With a final "Z" twist.

6. For the purposes of this Section, the expression "high tenacity yarn" means yarn having a tenacity, expressed in cN/tex (centinewton per tex), greater than the following:

Single yarn of nylon or other polyamides, or of polyesters 60cN/tex;

Multiple (folded) or cabled yarn of nylon or other polyamides, or of polyesters 53cN/tex;

Single, multiple (folded) or cabled yarn of viscose rayon 27cN/tex.

7. For the purposes of this Section, the expression "made up" means:

(a) Cut otherwise than into squares or rectangles;

(b) Produced in the finished state, ready for use (or merely needing separation by cutting dividing threads) without sewing or other working (for example, certain dusters, towels, table cloths, scarf squares, blankets);

(c) Cut to size and with at least one heat-sealed edge with a visibly tapered or compressed border and the other edges treated as described in any other subparagraph of this Note, but excluding fabrics the cut edges of which have been prevented from unravelling by hot cutting or by other simple means;

(d) Hemmed or with rolled edges, or with a knotted fringe at any of the edges, but excluding fabrics the cut edges of which have been prevented from unravelling by whipping or by other simple means;

(e) Cut to size and having undergone a process of drawn thread work;

(f) Assembled by sewing, gumming or otherwise (other than piece goods consisting of two or more lengths of identical material joined end to end and piece goods composed of two or more textiles assembled in layers, whether or not padded);

(g) Knitted or crocheted to shape, whether presented as separate items or in the form of a number of items in the length.

8. For the purposes of Chapters 50 to 60:

(a) Chapters 50 to 55 and 60 and, except where the context otherwise requires, Chapters 56 to 59 do not apply to goods made up within the meaning of Note 7 above; and

(b) Chapters 50 to 55 and 60 do not apply to goods of Chapters 56 to 59.

9. The woven fabrics of Chapters 50 to 55 include fabrics consisting of layers of parallel textile yarns superimposed on each other at acute or right angles. These layers are bonded at the intersections of the yarns by an adhesive or by thermal bonding.

10. Elastic products consisting of textile materials combined with rubber threads are classified in this Section.

11. For the purposes of this Section, the expression "impregnated" includes "dipped".

12. For the purposes of this Section, the expression "polyamides" includes "aramids".

13. For the purposes of this Section and, where applicable, throughout the Nomenclature, the expression "elastomeric yarn" means filament yarn, including monofilament, of synthetic textile material, other than textured yarn, which does not break on being extended to three times its original length and which returns, after being extended to twice its original length, within a period of five minutes, to a length not greater than one and a half times its original length.

14. Unless the context otherwise requires, textile garments of different headings are to be classified in their own headings even if put up in sets for retail sale. For the purposes of this Note, the expression "textile garments" means garments of headings 61.01 to 61.14 and headings 62.01 to 62.11.

Subheading Notes:

1. In this Section and, where applicable, throughout the Nomenclature, the following expressions have the meanings hereby assigned to them:

(a) Unbleached yarn which:

(i) has the natural colour of its constituent fibres and has not been bleached, dyed (whether or not in the mass) or printed; or

(ii) is of indeterminate colour ("grey yarn"), manufactured from garnetted stock.

Such yarn may have been treated with a colourless dressing or fugitive dye (which disappears after simple washing with soap) and, in the case of man-made fibres, treated in the mass with delustring agents (for example, titanium dioxide).

(b) Bleached yarn which:

(i) has undergone a bleaching process, is made of bleached fibres or, unless the context otherwise requires, has been dyed white (whether or not in the mass) or treated with a white dressing;

(ii) consists of a mixture of unbleached and bleached fibres; or

3. 用未漂白纱和漂白纱纺成多股纱线或缆线。

(三) 着色(染色或印色)纱线

1. 染成彩色(不论是否整体染色,但白色或易褪色除外)或印色的纱线,以及用染色或印色纤维纺制的纱线;
2. 用各色染色纤维混合纺制或用未漂白或漂白纤维与着色纤维混合制得的纱线(夹色纱或混色纱),以及用一种或几种颜色间隔印色而获得点纹印迹的纱线;
3. 用已经印色的纱条或粗纱纺制的纱线;或
4. 用未漂白纱和漂白纱与着色纱纺成的多股纱线或缆线。

上述定义在必要的地方稍作修改后,可适用于第五十四章的单丝、扁条或类似产品。

(四) 未漂白机织物

用未漂白纱线织成后未经漂白、染色或印花的机织物。这类织物可用无色浆料或易褪色染料处理。

(五) 漂白机织物

1. 经漂白、染白或用白浆料处理(除条文另有规定的以外)的成匹机织物;
2. 用漂白纱线织成的机织物;或
3. 用未漂白纱线和漂白纱线织成的机织物。

(六) 染色机织物

1. 除条文另有规定的以外,染成白色以外的其他单一颜色或用白色以外的其他有色整理剂处理的成匹机织物;或
2. 以单一颜色的着色纱线织成的机织物。

(七) 色织机织物

除印花机织物以外的下列机织物:

1. 用各种不同颜色纱线或同一颜色不同深浅(纤维的自然色彩除外)纱线织成的机织物;
2. 用未漂白或漂白纱线与着色纱线织成的机织物;或
3. 用夹色纱线或混色纱线织成的机织物。不论何种情况,布边或布头的纱线均可忽略不计。

(八) 印花机织物

成匹印花的机织物,不论是否用各色纱线织成。用刷子或喷枪、经转印纸转印、植绒或蜡防印花等方法印成花纹图案的机织物亦可视为印花机织物。

上述各类纱线或织物如经丝光工艺处理并不影响其归类。

上述第(四)至(八)项的定义在必要的地方稍加修改后,可适用于针织或钩编织物。

(九) 平纹组织

每根纬纱在并排的经纱间上下交错而过,而每根经纱也在并排的纬纱间上下交错而过的织物组织。

二、(一) 含有两种或两种以上纺织材料的第五十六章至第六十三章的产品,应根据本类注释二对第五十章至第五十五章或税目58.09的此类纺织材料产品归类的规定来确定归类。

(二) 运用本条规定时:

1. 应酌情考虑按归类总规则第三条来确定归类;
2. 对由底布和绒面或毛圈面构成的纺织品,在归类时可不考虑底布的属性;
3. 对税目58.10的刺绣品及其制品,归类时应只考虑底布的属性,但不见底布的刺绣品及其制品应根据绣线的属性确定归类。

第五十章
蚕　丝

商品编号	商品名称及备注[检验检疫编码及名称]	进口关税(%) 最惠国	进口关税(%) 普通	增值税率(%)	消费税	计量单位	监管条件	检验检疫类别
5001	**适于缫丝的蚕茧:**							
50010010	---适于缫丝的桑蚕茧							
5001001000	适于缫丝的桑蚕茧〔101 未经加工的蚕茧〕,〔999 未经加工的蚕茧除外〕	6	70	13		千克	AB	P/Q
50010090	---其他							
5001009000	适于缫丝的其他蚕茧〔101 未经加工的蚕茧〕,〔999 未经加工的蚕茧除外〕	6	70	13		千克	AB	P/Q
5002	**生丝(未加捻):**							
50020011	----厂丝							
5002001100	未加捻的桑蚕厂丝〔101 生丝〕,〔102 粗丝〕,〔103 初级加工丝〕	9	80	13		千克	AB	P/Q
50020012	----土丝							
5002001200	未加捻的桑蚕土丝〔999〕	9	80	13		千克	AB	P/Q
50020013	----双宫丝							
5002001300	未加捻的桑蚕双宫丝〔999〕	9	80	13		千克	AB	P/Q
50020019	----其他							
5002001900	其他未加捻的桑蚕丝〔999〕	9	80	13		千克	AB	P/Q
50020020	---柞蚕丝							
5002002000	未加捻柞蚕丝〔999〕	9	80	13		千克	AB	P/Q
50020090	---其他							
5002009000	未加捻其他生丝〔999〕	9	80	13		千克	AB	P/Q
5003	**废丝(包括不适于缫丝的蚕茧、废纱及回收纤维):**							

(iii) is multiple (folded) or cabled and consists of unbleached and bleached yarns.

(c) Coloured (dyed or printed) yarn which:

(i) is dyed (whether or not in the mass) other than white or in a fugitive colour, or printed, or made from dyed or printed fibres;

(ii) consists of a mixture of dyed fibres of different colours or of a mixture of unbleached or bleached fibres with coloured fibres (marl or mixture yarns), or is printed in one or more colours at intervals to give the impression of dots;

(iii) is obtained from slivers or rovings which have been printed; or

(iv) is multiple (folded) or cabled and consists of unbleached or bleached yarn and coloured yarn.

The above definitions also apply, mutatis mutandis, to monofilament and to strip or the like of Chapter 54.

(d) Unbleached woven fabric

Woven fabric made from unbleached yarn and which has not been bleached, dyed or printed. Such fabric may have been treated with a colourless dressing or a fugitive dye.

(e) Bleached woven fabric

Woven fabric which:

(i) has been bleached or, unless the context otherwise requires, dyed white or treated with a white dressing, in the piece;

(ii) consists of bleached yarn; or

(iii) consists of unbleached and bleached yarns.

(f) Dyed woven fabric

Woven fabric which:

(i) is dyed a single uniform colour other than white (unless the context otherwise requires) or has been treated with a coloured finish other than white (unless the context otherwise requires), in the piece; or

(ii) consists of coloured yarn of a single uniform colour.

(g) Woven fabric of yarns of different colours

Woven fabric (other than printed woven fabric) which:

(i) consists of yarns of different colours or yarns of different shades of the same colour (other than the natural colour of the constituent fibres);

(ii) consists of unbleached or bleached yarn and coloured yarn; or

(iii) consists of marl or mixture yarns. (In all cases, the yarn used in selvedges and piece ends is not taken into consideration.)

(h) Printed woven fabric

Woven fabric which has been printed in the piece, whether or not made from yarns of different colours. (The following are also regarded as printed woven fabrics: woven fabrics bearing designs made, for example, with a brush or spray gun, by means of transfer paper, by flocking or by the batik process.)

The process of mercerisation does not affect the classification of yarns or fabrics within the above categories.

The definitions at (d) to (h) above apply, mutatis mutandis, to knitted or crocheted fabrics.

(ij) Plain weave

A fabric construction in which each yarn of the weft passes alternately over and under successive yarns of the warp and each yarn of the warp passes alternately over and under successive yarns of the weft.

2. (a) Products of Chapters 56 to 63 containing two or more textile materials are to be regarded as consisting wholly of that textile material which would be selected under Note 2 to this Section for the classification of a product of Chapters 50 to 55 consisting of the same textile materials.

(b) For the application of this rule:

(i) where appropriate, only the part which determines the classification under Interpretative Rule 3 shall be taken into account;

(ii) in the case of textile products consisting of a ground fabric and a pile or looped surface no account shall be taken of the ground fabric;

(iii) in the case of embroidery of heading 58.10 and goods thereof, only the ground fabric shall be taken into account. However, embroidery without visible ground, and goods thereof, shall be classified with reference to the embroidering threads alone.

Chapter 50
Silk

协定税率(%)															特惠税率(%)			对美税率	出口税率	出口退税率	Article Description
智利	新西兰	澳大利亚	瑞士	冰岛	秘鲁	哥斯达	东盟	亚太	新加坡	巴基斯坦	港/澳/台	韩国	格鲁吉亚	毛里求斯	亚太	老/柬/缅	LDC 97/95				
																					Silk-worm cocoons suitable for reeling:
0	0	0	0	0	0	0	0			4	0/0/	0	0	0			0/0			9	---Bombyx mori cocoons (Mulberry feeding silk-worm cocoons)
																		11	0		
0	0	0	0	0	0	0	0			5	0/0/	0	0	0			0/0			9	---Other
																		11	0		
																					Raw silk (not thrown):
0	0	0	0	0	0	0	0			3	0/0/	0	0	0			0/0			13	----Plant reeled (filature silk)
																			0		
0	0	0	0	0	0	0	0			3	0/0/	0	0	0			0/0			13	----Home reeled
																			0		
0	0	0	0	0	0	0	0			3	0/0/	0	0	0			0/0			13	----Doupion
																			0		
0	0	0	0	0	0	0	0			3	0/0/	0	0	0			0/0			13	----Other
																			0		
0	0	0	0	0	0	0	0			3	0/0/	0	0	0			0/0			13	---Tussah silk
																			0		
0	0	0	0	0	0	0	0			3	0/0/	0	0	0			0/0			13	---Other
																			0		
																					Silk waste (including cocoons unsuitable for reeling, yarn waste and garnetted stock):

商品编号	商品名称及备注[检验检疫编码及名称]	进口关税(%)		增值税率(%)	消费税	计量单位	监管条件	检验检疫类别
		最惠国	普通					
50030011	----下茧、茧衣、长吐、滞头							
5003001100	未梳的下茧、茧衣、长吐、滞头①	9	70	13		千克	AB	P/Q
50030012	----回收纤维							
5003001200	未梳的回收纤维[999]	9	70	13		千克	AB	P/Q
50030019	----其他							
5003001900	其他未梳废丝(包括不适于缫丝的废纱)[999]	9	70	13		千克	AB	P/Q
50030091	----绵球							
5003009100	绵球[999]	9	70	13		千克	AB	P/Q
50030099	----其他							
5003009900	其他废丝(包括不适于缫丝的蚕茧、废纱及回收纤维)[999]	9	70	13		千克	AB	P/Q
5004	**丝纱线(绢纺纱线除外),非供零售用:**							
50040000	丝纱线(绢纺纱线除外),非供零售用							
5004000000	非供零售用丝纱线(绢纺纱线除外)②	6	90	13		千克		
5005	**绢纺纱线,非供零售用:**							
50050010	---䌷丝纱线							
5005001000	非供零售用䌷丝纱线[999]	6	90	13		千克		
50050090	---其他							
5005009000	非供零售用其他绢纺纱线(含丝及绢丝)③	6	90	13		千克		
5006	**丝纱线及绢纺纱线,供零售用;蚕胶丝:**							
50060000	丝纱线及绢纺纱线,供零售用;蚕胶丝							
5006000000	零售用丝纱线,绢纺纱线;蚕胶丝(含丝及绢丝)[999]	6	100	13		千克		
5007	**丝或绢丝机织物:**							
50071010	---未漂白(包括未练白或练白)或漂白							
5007101000	未漂白或漂白的䌷丝机织物(未练白或练白)[999]	8	130	13		米/千克		
50071090	---其他							
5007109000	其他䌷丝机织物[999]	8	130	13		米/千克		
50072011	----未漂白(包括未练白或练白)或漂白							
5007201100	未漂白或漂白的桑蚕丝机织物(包括未练白或练白,按重量计丝或绢丝含量85%及以上)[999]	8	130	13		米/千克		
50072019	----其他							
5007201900	其他桑蚕丝机织物(按重量计丝或绢丝含量在85%及以上)[999]	8	130	13		米/千克		
50072021	----未漂白(包括未练白或练白)或漂白							
5007202100	未漂白或漂白的柞蚕丝机织物(包括未练白或练白,按重量计丝或绢丝含量85%及以上)[999]	8	130	13		米/千克		
50072029	----其他							
5007202900	其他柞蚕丝机织物(按重量计丝或绢丝含量在85%及以上)[999]	8	130	13		米/千克		
50072031	----未漂白(包括未练白或练白)或漂白							
5007203100	未漂白或漂白的绢丝机织物(包括未练白或练白,按重量计丝或绢丝含量85%及以上)[999]	8	130	13		米/千克		
50072039	----其他							
5007203900	其他绢丝机织物(按重量计丝或绢丝含量在85%及以上)[999]	8	130	13		米/千克		
50072090	---其他							
5007209000	其他丝机织物(按重量计丝或绢丝含量在85%及以上)[999]	8	130	13		米/千克		
50079010	---未漂白(包括未练白或练白)或漂白							
5007901000	未漂白或漂白其他丝机织物(未练白或练白,含丝及绢丝在85%以下,)[999]	8	130	13		米/千克		
50079090	---其他							
5007909000	其他丝机织物(含丝及绢丝在85%以下)[999]	8	130	13		米/千克		

① [101 未经加工的蚕茧、削口茧],[102 未经加工的长吐,滞头],[999 未经加工的蚕茧、削口茧、长吐,滞头除外]
② [101 桑蚕捻线丝],[102 双宫捻线丝],[103 土丝捻线丝],[104 特种加工丝]
③ [101 桑蚕绢丝],[102 柞蚕绢丝],[103 木薯绢丝]

协定税率(%)															特惠税率(%)			对美税率	出口税率	出口退税率	Article Description
智利	新西兰	澳大利亚	瑞士	冰岛	秘鲁	哥斯达	东盟	亚太	新加坡	巴基斯坦	港/澳/台	韩国	格鲁吉亚	毛里求斯	亚太	老/柬/缅	LDC 97/95				
0	0	0	0	0	0	0	0			3	0/0/	0	0	0			0/0			13	----Spoiledcocoon, cocoon outer floss, frison, frigon
																			0		
0	0	0	0	0	0	0	0			3	0/0/	0	0	0			0/0			13	----Garnetted stock
																			0		
0	0	0	0	0	0	0	0			3	0/0/	0	0	0			0/0			13	----Other
																			0		
0	0	0	0	0	0	0	0			3	0/0/	0	0	0			0/0			13	----Silk top
																			0		
0	0	0	0	0	0	0	0			3	0/0/	0	0	0			0/0			13	----Other
																			0		
																					Silk yarn (other than yarn spun from silk waste) not put up for retail sale:
0	0	0	0	0	0	0	0			0	0/0/	0	0	0			0/0			13	Silk yarn (other than yarn spun from silk waste) not put up for retail sale
																			0		
																					Yarn spun from silk waste, not put up for retail sale:
0	0	0	0	0	0	0	0			0	0/0/	0	0	0			0/0			13	---Spun from noil
																			0		
0	0	0	0	0	0	0	0			0	0/0/	0	0	0			0/0			13	---Other
																			0		
																					Silk yarn and yarn spun from silk waste, put up for retail sale; silk-worm gut:
0	0	0	0	0	0	0	0			0	0/0/	0	0	0			0/0			13	Silk yarn and yarn spun from silk waste, put up for retail sale; silk-worm gut
																			0		
																					Woven fabrics of silk or of silk waste:
0	0	0	0	0	0	0	0			4	0/0/	0	0	0		0//	0/0			13	---Unbleaded (unscoured or scoured) or bleached
																			0		
0	0	0	0	0	0	0	0			4	0/0/	0	0	0		0//	0/0			13	---Other
																			0		
0	0	0	0	0	0	0	0	5.2		4	0/0/	0	0	0		0//	0/0			13	----Unbleached (unscoured or scoured) or bleached
																		28	0		
0	0	0	0	0	0	0	0	5.2		4	0/0/	5.3	0	0		0//	0/0			13	----Other
																		33	0		
0	0	0	0	0	0	0	0	5.2		4	0/0/	0	0	0		0//	0/0			13	----Unbleaded (unscoured or scoured) or bleached
																			0		
0	0	0	0	0	0	0	0	5.2		4	0/0/	0	0	0		0//	0/0			13	----Other
																			0		
0	0	0	0	0	0	0	0	5.2		4	0/0/	0	0	0		0//	0/0			13	----Unbleached (unscoured or scoured) or bleached
																			0		
0	0	0	0	0	0	0	0	5.2		4	0/0/	0	0	0		0//	0/0			13	----Other
																		33	0		
0	0	0	0	0	0	0	0	5.2		4	0/0/	0	0	0		0//	0/0			13	---Of other silk
																		33	0		
0	0	0	0	0	0	0	0	5.2		4	0/0/	0	0	0		0//	0/0			13	---Unbleached (unscoured or scoured) or bleached
																		33	0		
0	0	0	0	0	0	0	0	5.2		4	0/0/	0	0	0		0//	0/0			13	---Other
																		33	0		

第五十一章
羊毛、动物细毛或粗毛；马毛纱线及其机织物

注释：

本协调制度所称：

一、“羊毛”，是指绵羊或羔羊身上长的天然纤维。

二、“动物细毛”，是指下列动物的毛：羊驼、美洲驼、驼马、骆驼（包括单峰骆驼）、牦牛、安哥拉山羊、西藏山羊、克什米尔山羊及类似山羊（普通山羊除外）、家兔（包括安哥拉兔）、野兔、海狸、河狸鼠或麝鼠。

三、“动物粗毛”，是指以上未提及的其他动物的毛，但不包括制刷用鬃、毛（品目05.02）以及马毛（品目05.11）。

商品编号	商品名称及备注[检验检疫编码及名称]	进口关税(%)		增值税率(%)	消费税	计量单位	监管条件	检验检疫类别
		最惠国	普通					
5101	**未梳的羊毛：**							
51011100	--剪羊毛							
5101110001	未梳的含脂剪羊毛(配额内)〔101 绵羊毛〕,〔102 山羊毛〕	1	50	9		千克	tAB	P/Q
5101110090	未梳的含脂剪羊毛(配额外)〔101 绵羊毛〕,〔102 山羊毛〕	38	50	9		千克	AB	P/Q
51011900	--其他							
5101190001	未梳的其他含脂羊毛(配额内)〔101 绵羊毛〕,〔102 山羊毛〕	1	50	9		千克	tAB	P/Q
5101190090	未梳的其他含脂羊毛(配额外)〔101 绵羊毛〕,〔102 山羊毛〕	38	50	9		千克	AB	P/Q
51012100	--剪羊毛							
5101210001	未梳的脱脂剪羊毛(未碳化)(配额内)〔101 洗净绵羊毛〕,〔102 洗净山羊毛〕	1	50	13		千克	tAB	P/Q
5101210090	未梳的脱脂剪羊毛(未碳化)(配额外)〔101 洗净绵羊毛〕,〔102 洗净山羊毛〕	38	50	13		千克	AB	P/Q
51012900	--其他							
5101290001	未梳的其他脱脂羊毛(未碳化)(配额内)〔101 洗净绵羊毛〕,〔102 洗净山羊毛〕	1	50	13		千克	tAB	P/Q
5101290090	未梳的其他脱脂羊毛(未碳化)(配额外)〔101 洗净绵羊毛〕,〔102 洗净山羊毛〕	38	50	13		千克	AB	P/Q
51013000	-碳化羊毛							
5101300001	未梳碳化羊毛(配额内)〔999〕	1	50	13		千克	tAB	P/Q
5101300090	未梳碳化羊毛(配额外)〔999〕	38	50	13		千克	AB	P/Q
5102	**未梳的动物细毛或粗毛：**							
51021100	--克什米尔山羊的							
5102110000	未梳喀什米尔山羊的细毛〔101 未洗净山羊毛〕,〔102 洗净山羊毛〕,〔103 山羊绒〕	9	45	13		千克	AB	P/Q
51021910	---兔毛							
5102191010	未梳濒危兔毛〔101 未洗净兔毛〕,〔102 洗净兔毛〕	9	50	13		千克	ABFE	P/Q
5102191090	其他未梳兔毛〔101 未洗净兔毛〕,〔102 洗净兔毛〕	9	50	13		千克	AB	P/Q
51021920	---其他山羊绒							
5102192000	其他未梳山羊绒①	9	45	13		千克	AB	P/Q
51021930	---骆驼毛、骆驼绒							
5102193010	未梳濒危野生骆驼科动物毛、绒②	9	45	13		千克	FEAB	P/Q
5102193090	其他未梳骆驼毛、绒③	9	45	13		千克	AB	P/Q
51021990	---其他							
5102199010	未梳的其他濒危野生动物细毛④	9	45	13		千克	FEAB	P/Q
5102199090	未梳的其他动物细毛⑤	9	45	13		千克	AB	P/Q
51022000	-粗毛							

① 〔101 未洗净山羊绒〕,〔102 未洗净野羊毛(绒)〕,〔103 洗净山羊绒〕,〔104 洗净野山羊绒)〕

② 〔101 未洗净驼毛〕,〔102 未洗净驼绒〕,〔103 未洗净其他野生偶蹄动物鬃毛〕,〔104 洗净驼毛(绒)〕,〔105 洗净其他野生偶蹄动物鬃毛〕

③ 〔101 未洗净驼毛〕,〔102 未洗净驼绒〕,〔103 洗净驼毛〕,〔104 洗净驼绒〕

④ 〔101 未洗净其他野生奇蹄动物鬃毛〕,〔102 未洗净野牛毛(绒)〕,〔103 未洗净其他野生偶蹄动物鬃毛〕,〔104 未洗净兔绒〕,〔105 未洗净未列出的其他动物鬃毛〕,〔106 洗净未列出的野生奇蹄动物鬃毛〕,〔107 洗净野牛毛(绒)〕,〔108 洗净未列出的野生偶蹄动物鬃毛〕,〔109 洗净兔绒〕,〔110 洗净其他动物毛〕

⑤ 〔101 未洗净其他饲养奇蹄动物鬃毛〕,〔102 未洗净其他野生奇蹄动物鬃毛〕,〔103 未洗净牦牛绒〕,〔104 未洗净其他饲养偶蹄动物鬃毛〕,〔105 未洗净其他野生偶蹄动物鬃毛〕,〔106 未洗净兔绒〕,〔107 未洗净未列出的其他动物鬃毛〕,〔108 洗净未列出的饲养奇蹄动物鬃毛〕,〔109 洗净未列出的野生奇蹄动物鬃毛〕,〔110 洗净牦牛绒〕,〔111 洗净未列出的饲养偶蹄动物鬃毛〕,〔112 洗净未列出的野生偶蹄动物鬃毛〕,〔113 洗净兔绒〕,〔114 洗净其他动物毛〕

Chapter 51
Wool, fine or coarse animal hair; horsehair yarn and woven fabric

Chapter Notes:

Throughout the Nomenclature:

1. "Wool" means the natural fibre grown by sheep or lambs.

2. "Fine animal hair" means the hair of alpaca, llama, vicuna, camel (including dromedary), yak, Angora, Tibetan, Kashmir or similar goats (but not common goats), rabbit (including Angora rabbit), hare, beaver, nutria or musk-rat.

3. "Coarse animal hair" means the hair of animals not mentioned above, excluding brush-making hair and bristles (heading 05.02) and horsehair (heading 05.11).

协定税率(%)															特惠税率(%)			对美税率	出口税率	出口退税率	Article Description
智利	新西兰	澳大利亚	瑞士	冰岛	秘鲁	哥斯达	东盟	亚太	新加坡	巴基斯坦	港/澳/台	韩国	格鲁吉亚	毛里求斯	亚太	老/柬/缅	LDC 97/95				
																					Wool, not carded or combed:
	国别配额税率	零国别关税配额税率					5				0/0/									9	--Shorn wool
																		26	0		
																		63	0		
	国别配额税率	零国别关税配额税率					5				0/0/									9	--Other
																		6	0		
																		43	0		
	国别配额税率	零国别关税配额税率					5				0/0/									13	--Shorn wool
																		6	0		
																		43	0		
	国别配额税率	零国别关税配额税率					5				0/0/									13	--Other
																		6	0		
																		43	0		
	国别配额税率	零国别关税配额税率					5				0/0/									13	-Carbonized
																		6	0		
																		43	0		
																					Fine or coarse animal hair, not carded or combed:
0	0	0	0	0	0	0	0			3	0/0/	0	0	0			0/0			0	--Of kashmir (cashmere) goats
																		14	0		
0	0	0	0	0	0	0	0			3	0/0/	0	0	0			0/0				---Of rabbit and hare
																		14	0	0	
																		14	0	6	
0	0	0	0	0	0	0	0			4	0/0/	0	0	0			0/0			0	---Of other goats
																		14	0		
0	0	0	0	0	0	0	0			3	0/0/	0	0	0			0/0				---Of camel
																		14	0	0	
																		14	0	9	
0	0	0	0	0	0	0	0			3	0/0/	0	0	0			0/0				---Other
																		14	0	0	
																		14	0	9	
0	0	0	0	0	0	0	0			4	0/0/	0	0	0			0/0				-Coarse animal hair

商品编号	商品名称及备注[检验检疫编码及名称]	进口关税(%)		增值税率(%)	消费税	计量单位	监管条件	检验检疫类别
		最惠国	普通					
5102200010	未梳的濒危野生动物粗毛①	9	50	13		千克	FEAB	P/Q
5102200090	未梳的其他动物粗毛②	9	50	13		千克	AB	P/Q
5103	**羊毛或动物细毛或粗毛的废料,包括废纱线,但不包括回收纤维:**							
51031010	---羊毛落毛							
5103101001	羊毛落毛(配额内)③	1	50	13		千克	tAB	P/Q
5103101090	羊毛落毛(配额外)④	38	50	13		千克	AB	P/Q
51031090	---其他							
5103109010	其他濒危野生动物细毛的落毛⑤	9	50	13		千克	FEAB	P/Q
5103109090	其他动物细毛的落毛⑥	9	50	13		千克	9B	P/Q
51032010	---羊毛废料							
5103201000	羊毛废料(包括废纱线,不包括回收纤维)〔999〕	13.5	20	13		千克	AB	P/Q
51032090	---其他							
5103209010	其他濒危野生动物细毛废料(包括废纱线,不包括回收纤维)〔999〕	9	50	13		千克	FEAB	P/Q
5103209090	其他动物细毛废料(包括废纱线,不包括回收纤维)〔101 其他动物纤维〕,〔102 废纺织原料〕	9	50	13		千克	9B	M. P/Q
51033000	-动物粗毛废料							
5103300010	濒危野生动物粗毛废料(包括废纱线,不包括回收纤维)〔999〕	9	50	13		千克	FEAB	P/Q
5103300090	其他动物粗毛废料(包括废纱线,不包括回收纤维)〔101 其他动物纤维〕,〔102 废纺织原料〕	9	50	13		千克	9B	M. P/Q
5104	**羊毛或动物细毛或粗毛的回收纤维:**							
51040010	---羊毛的回收纤维							
5104001000	羊毛的回收纤维〔999〕	15	20	13		千克	AB	P/Q
51040090	---其他							
5104009010	其他濒危野生动物细毛(包括粗毛回收纤维)⑦	5	50	13		千克	FEAB	P/Q
5104009090	其他动物细毛或粗毛的回收纤维⑧	5	50	13		千克	9B	P/Q
5105	**已梳的羊毛及动物细毛或粗毛(包括精梳片毛):**							
51051000	-粗梳羊毛							
5105100001	粗梳羊毛(配额内)〔999〕	3	50	13		千克	tAB	P/Q
5105100090	粗梳羊毛(配额外)〔999〕	38	50	13		千克	AB	P/Q
51052100	--精梳片毛							
5105210001	精梳羊毛片毛(配额内)〔999〕	3	50	13		千克	tAB	P/Q
5105210090	精梳羊毛片毛(配额外)〔999〕	38	50	13		千克	AB	P/Q
51052900	--其他							
5105290001	羊毛条及其他精梳羊毛(配额内)〔999〕	3	50	13		千克	tAB	P/Q
5105290090	羊毛条及其他精梳羊毛(配额外)〔999〕	38	50	13		千克	AB	P/Q
51053100	--克什米尔山羊的							
5105310000	已梳喀什米尔山羊的细毛〔999〕	5	50	13		千克	AB	P/Q
51053910	---兔毛							
5105391010	已梳濒危兔毛〔999〕	5	70	13		千克	ABFE	P/Q
5105391090	其他已梳兔毛〔999〕	5	70	13		千克	AB	P/Q

① 〔101 未洗净其他野生奇蹄动物鬃毛〕,〔102 未洗净野牛毛(绒)〕,〔103 未洗净其他野生偶蹄动物鬃毛〕,〔104 未洗净未列出的其他动物鬃毛〕,〔105 洗净未列出的野生奇蹄动物鬃毛〕,〔106 洗净未列出的野生偶蹄动物鬃毛〕,〔107 洗净未列出的其他动物鬃毛〕

② 〔101 未洗净其他饲养奇蹄动物鬃毛〕,〔102 未洗净其他野生奇蹄动物鬃毛〕,〔103 未洗净其他饲养偶蹄动物鬃毛〕,〔104 未洗净野牛毛(绒)〕,〔105 未洗净其他野生偶蹄动物鬃毛〕,〔106 未洗净未列出的其他动物鬃毛〕,〔107 洗净未列出的其他动物鬃毛〕

③ 〔101 未洗净绵羊毛〕,〔102 未洗净山羊毛〕,〔103 未洗净山羊绒〕,〔104 未洗净野羊毛(绒)〕,〔105 洗净羊毛〕

④ 〔101 未洗净绵羊毛〕,〔102 未洗净山羊毛〕,〔103 未洗净山羊绒〕,〔104 未洗净野羊毛(绒)〕,〔105 洗净羊毛〕

⑤ 〔101 未洗净其他野生奇蹄动物鬃毛〕,〔102 未洗净野牛毛(绒)〕,〔103 未洗净其他野生偶蹄动物鬃毛〕,〔104 未洗净兔绒〕,〔105 未洗净未列出的其他动物鬃毛〕,〔106 洗净濒危野生动物细毛〕

⑥ 〔101 未洗净其他饲养奇蹄动物鬃毛〕,〔102 未洗净其他野生奇蹄动物鬃毛〕,〔103 未洗净牦牛绒〕,〔104 未洗净驼绒〕,〔105 未洗净其他饲养偶蹄动物鬃毛〕,〔106 未洗净其他野生偶蹄动物鬃毛〕,〔107 兔绒〕,〔108 未列出的其他动物鬃毛〕,〔109 洗净动物细毛〕,〔110〕

⑦ 〔101 毛回收纤维〕,〔102 用于纺织原料的其他动物纤维〕

⑧ 〔101 毛回收纤维〕,〔102 用于纺织原料的其他动物纤维〕,〔103 废纺织原料〕

协定税率(%)															特惠税率(%)			对美税率	出口税率	出口退税率	Article Description
智利	新西兰	澳大利亚	瑞士	冰岛	秘鲁	哥斯达	东盟	亚太	新加坡	巴基斯坦	港/澳/台	韩国	格鲁吉亚	毛里求斯	亚太	老/柬/缅	LDC 97/95				
																		14	0	0	
																		14	0	9	
																					Waste of wool or of fine or coarse animal hair, including yarn waste but excluding garnetted stock:
	国别配额税率	零国别关税配额税率					5				0/0/									9	---Of wool
																		26	0		
																		63	0		
0	0	0	0	0	0	0	0			3	0/0/	0	0	0			0/0				---Other
																		34	0	0	
																		34	0	6	
0	0	0	2.7	0	0	0	0		0	6.8	0/0/	4	0	0			0/0			6	---Of wool
																		18.5	0		
0	0	0	0	0	0	0	0			3	0/0/	0	0	0			0/0				---Other
																		34	0	0	
																		34	0	6	
0	0	0	0	0	0	0	0			3	0/0/	0	0	0			0/0				-Waste of coarse animal hair
																		34	0	0	
																		34	0	6	
																					Garnetted stock of wool or of fine or coarse animal hair:
0	0	0	3	0	0	0	0		0	12	0/0/	4.5	0	0			0/0			6	---Of wool
																			0		
0	0	0	0	0	0	0	0			0	0/0/	0	0	0			0/0				---Other
																		30	0	0	
																		30	0	13	
																					Wool and fine or coarse animal hair, carded or combed (including combed wool in fragments):
	国别配额税率										0/0/									13	-Carded woo
																			0		
																			0		
	国别配额税率										0/0/									13	--Combed wool in fragments
																			0		
																			0		
	国别配额税率										0/0/									13	--Other
																			0		
																			0		
0	0	0	0	0	0	0	0			0	0/0/	0	0	0			0/0			0	--Of kashmir(cashmere) goats
																			0		
0	0	0	0	0		0	0	3.5		0	0/0/	0	0	0			0/0				---Of rabbit or hare
																			0	0	
																			0	13	

商品编号	商品名称及备注[检验检疫编码及名称]	进口关税(%)		增值税率(%)	消费税	计量单位	监管条件	检验检疫类别
		最惠国	普通					
51053921	----无毛山羊绒							
5105392100	其他已梳无毛山羊绒〔999〕	5	50	13		千克	AB	P/Q
51053929	----其他							
5105392900	其他已梳山羊绒〔999〕	5	50	13		千克	AB	P/Q
51053990	---其他							
5105399010	其他已梳濒危野生动物细毛〔999〕	5	50	13		千克	ABEF	P/Q
5105399090	其他已梳动物细毛〔999〕	5	50	13		千克	AB	P/Q
51054000	-已梳动物粗毛							
5105400010	其他已梳濒危野生动物粗毛〔999〕	5	50	13		千克	FEAB	P/Q
5105400090	其他已梳动物粗毛〔999〕	5	50	13		千克	AB	P/Q
5106	**粗梳羊毛纱线,非供零售用:**							
51061000	-按重量计羊毛含量在85%及以上							
5106100000	非零售用粗梳羊毛纱线(按重量计羊毛含量≥85%)〔999〕	5	70	13		千克		
51062000	-按重量计羊毛含量在85%以下							
5106200000	非零售用粗梳混纺羊毛纱线(混纺以羊毛纱线为主,但羊毛含量<85%)〔999〕	5	70	13		千克		
5107	**精梳羊毛纱线,非供零售用:**							
51071000	-按重量计羊毛含量在85%及以上							
5107100000	非供零售用精梳纯羊毛纱线(按重量计羊毛含量≥85%)〔999〕	5	70	13		千克		
51072000	-按重量计羊毛含量在85%以下							
5107200000	非供零售用精梳混纺羊毛纱线(混纺以羊毛纱线为主,但羊毛含量<85%)〔999〕	5	70	13		千克		
5108	**动物细毛(粗梳或精梳)纱线,非供零售用:**							
51081011	----山羊绒的							
5108101100	非供零售用粗梳山羊绒纱线(按重量计山羊绒含量≥85%)〔999〕	5	70	13		千克		
51081019	----其他							
5108101910	非供零售用粗梳其他濒危动物细毛纱线(按重量计其他动物细毛含量≥85%)〔999〕	5	70	13		千克	FE	
5108101990	非供零售用粗梳其他动物细毛纱线(按重量计其他动物细毛含量≥85%)〔999〕	5	70	13		千克		
51081090	---其他							
5108109010	非供零售用粗梳其他濒危动物细毛纱线(按重量计其他粗梳动物细毛含量<85%)〔999〕	5	70	13		千克	FE	
5108109090	非供零售用粗梳其他动物细毛纱线(按重量计其他粗梳动物细毛含量<85%)〔999〕	5	70	13		千克		
51082011	----山羊绒的							
5108201100	非供零售用精梳山羊绒纱线(按重量计山羊绒含量≥85%)〔999〕	5	70	13		千克		
51082019	----其他							
5108201910	非供零售用精梳其他濒危动物细毛纱线(按重量计其他动物细毛含量≥85%)〔999〕	5	70	13		千克	FE	
5108201990	非供零售用精梳其他动物细毛纱线(按重量计其他动物细毛含量≥85%)〔999〕	5	70	13		千克		
51082090	---其他							
5108209010	非供零售用精梳其他濒危动物细毛纱线(按重量计其他精梳动物细毛含量<85%)〔999〕	5	70	13		千克	FE	
5108209090	非供零售用精梳其他动物细毛纱线(按重量计其他精梳动物细毛含量<85%)〔999〕	5	70	13		千克		
5109	**羊毛或动物细毛的纱线,供零售用:**							
51091011	----山羊绒的							
5109101100	零售用山羊绒纱线(按重量计山羊绒含量≥85%)〔999〕	6	80	13		千克		
51091019	----其他							
5109101900	零售用其他动物细毛纱线(按重量计其他动物细毛含量≥85%)〔999〕	6	80	13		千克		
51091090	---其他							
5109109000	零售用羊毛纱线(按重量计羊毛含量≥85%)〔999〕	6	80	13		千克		
51099011	----山羊绒的							
5109901100	零售用混纺山羊绒纱线(混纺以羊毛纱线为主,但羊毛含量<85%)〔999〕	6	80	13		千克		
51099019	----其他							
5109901900	零售用混纺其他动物细毛纱线(混纺以羊毛纱线为主,但羊毛含量<85%)〔999〕	6	80	13		千克		
51099090	---其他							
5109909000	零售用混纺羊毛纱线(混纺以羊毛纱线为主,但羊毛含量<85%)〔999〕	6	80	13		千克		

协定税率(%)															特惠税率(%)			对美税率	出口税率	出口退税率	Article Description
智利	新西兰	澳大利亚	瑞士	冰岛	秘鲁	哥斯达	东盟	亚太	新加坡	巴基斯坦	港/澳/台	韩国	格鲁吉亚	毛里求斯	亚太	老/柬/缅	LDC 97/95				
0	0	0	0	0		0	0	3.5		0	0/0/	0	0	0			0/0			0	----Dehaired goats wool
																			0		
0	0	0	0	0		0	0	3.5		0	0/0/	0	0	0			0/0			0	----Other
																			0		
0	0	0	0	0		0	0	3.5		0	0/0/	0	0	0			0/0				---Other
																			0	0	
																			0	13	
0	0	0	0	0		0	0			0	0/0/	0	0	0			0/0				-Coarse animal hair, carded or combed
																			0	0	
																			0	13	
																					Yarn of carded wool, not put up for retailsale:
0	0	0	0	0	0	0	0			0	0/0/	0	0	0			0/0			13	-Containing 85% or more by weight of wool
																			0		
0	0	0	0	0	0	0	0			0	0/0/	0	0	0			0/0			13	-Containing less than 85% by weight of wool
																		30	0		
																					Yarn of combed wool, not put up for retail sale:
0	0	0	0		0	0	0	2.5		0	0/0/	0	0	0			0/0			13	-Containing 85% or more by weight of wool
																		30	0		
0	0	0	0	0	0	0	0			0	0/0/	0	0	0			0/0			13	-Containing less than 85% by weight of wool
																		30	0		
																					Yarn of fine animal hair (carded or combed), not put up for retail sale:
0	0	0	0	0	0	0	0	3.3		0	0/0/	0	0	0			0/0			13	----Of goats
																		30	0		
0	0	0	0	0	0	0	0	3.3		0	0/0/	0	0	0			0/0				----Other
																			0	0	
																			0	13	
0	0	0	0	0	0	0	0	3.3		0	0/0/	0	0	0			0/0				---Other
																		30	0	0	
																		30	0	13	
0	0	0	0	0		0	0			0	0/0/	0	0	0			0/0			13	----Of goats
																			0		
0	0	0	0	0		0	0			0	0/0/	0	0	0			0/0				----Other
																			0	0	
																			0	13	
0	0	0	0	0		0	0			0	0/0/	0	0	0			0/0				---Other
																		30	0	0	
																		30	0	13	
																					Yarn of wool or of fine animal hair, put up for retail sale:
0	0	0	0	0	0	0	0			0	0/0/	0	0	0			0/0			13	----Of goats
																			0		
0	0	0	0	0	0	0	0			0	0/0/	0	0	0			0/0			13	----Other
																			0		
0	0	0	0	0	0	0	0			0	0/0/	0	0	0			0/0			13	---Other
																		26	0		
0	0	0	0	0		0	0	4.2		0	0/0/	0	0	0			0/0			13	----Of goats
																			0		
0	0	0	0	0		0	0	4.2		0	0/0/	0	0	0			0/0			13	----Other
																			0		
0	0	0	0	0		0	0			0	0/0/	0	0	0			0/0			13	---Other
																		31	0		

商品编号	商品名称及备注[检验检疫编码及名称]	进口关税(%) 最惠国	进口关税(%) 普通	增值税率(%)	消费税	计量单位	监管条件	检验检疫类别
5110	**动物粗毛或马毛的纱线(包括马毛粗松螺旋花线),不论是否供零售用:**							
51100000	动物粗毛或马毛的纱线(包括马毛粗松螺旋花线),不论是否供零售用							
5110000010	濒危动物粗毛的纱线(包括马毛粗松螺旋花线,不论是否供零售用)〔999〕	6	70	13		千克	FE	
5110000090	其他动物粗毛或马毛的纱线(包括马毛粗松螺旋花线,不论是否供零售用)〔999〕	6	70	13		千克		
5111	**粗梳羊毛或粗梳动物细毛的机织物:**							
51111111	----山羊绒的							
5111111100	每平方米重≤300克山羊绒机织物(按重量计粗梳山羊绒含量≥85%)〔999〕	10	130	13		米/千克		
51111119	----其他							
5111111900	每平方米重≤300克其他动物细毛机织物(按重量计其他粗梳动物细毛含量≥85%)〔999〕	10	130	13		米/千克		
51111190	---其他							
5111119000	每平方米重≤300克羊毛机织物(按重量计粗梳羊毛含量≥85%)〔999〕	10	130	13		米/千克		
51111911	----山羊绒的							
5111191100	每平方米重>300克山羊绒机织物(按重量计粗梳山羊绒含量≥85%)〔999〕	10	130	13		米/千克		
51111919	----其他							
5111191900	每平方米重>300克其他动物细毛机织物(按重量计其他粗梳动物细毛含量≥85%)〔999〕	10	130	13		米/千克		
51111990	---其他							
5111199000	每平方米重>300克羊毛机织物(按重量计粗梳羊毛含量≥85%)〔999〕	10	130	13		米/千克		
51112000	-其他,主要或仅与化学纤维长丝混纺							
5111200000	其他主要或仅与化学纤维长丝混纺的粗梳羊毛或粗梳动物细毛的机织物(粗梳羊毛或动物细毛含量<85%)〔999〕	8	130	13		米/千克		
51113000	-其他,主要或仅与化学纤维短纤混纺							
5111300000	其他主要或仅与化学纤维短纤混纺的粗梳羊毛或粗梳动物细毛的机织物(粗梳羊毛或动物细毛含量<85%)〔999〕	8	130	13		米/千克		
51119000	-其他							
5111900000	其他粗梳羊毛或粗梳动物细毛的机织物(与其他混纺,粗梳羊毛或动物细毛含量<85%)〔999〕	8	130	13		米/千克		
5112	**精梳羊毛或精梳动物细毛的机织物:**							
51121100	--每平方米重量不超过200克							
5112110000	每平方米重量不超过200克的精梳羊毛或精梳动物细的机织物(精梳羊毛或动物细毛含量≥85%)〔999〕	8	130	13		米/千克		
51121900	--其他							
5112190000	每平方米重量超过200克的精梳羊毛或精梳动物细的机织物(精梳羊毛或动物细毛含量≥85%)〔999〕	8	130	13		米/千克		
51122000	-其他,主要或仅与化学纤维长丝混纺							
5112200000	主要或仅与化学纤维长丝混纺的精梳羊毛或精梳动物细的机织物(精梳羊毛或动物细毛含量<85%)〔999〕	8	130	13		米/千克		
51123000	-其他,主要或仅与化学纤维短纤混纺							
5112300000	主要或仅与化学纤维短纤混纺的精梳羊毛或精梳动物细的机织物(精梳羊毛或动物细毛含量<85%)〔999〕	8	130	13		米/千克		
51129000	-其他							
5112900000	与其他纤维混纺的精梳羊毛或精梳动物细毛的机织物(精梳羊毛或动物细毛含量<85%)〔999〕	8	130	13		米/千克		
5113	**动物粗毛或马毛的机织物:**							
51130000	动物粗毛或马毛的机织物							
5113000000	动物粗毛或马毛的机织物〔999〕	8	130	13		米/千克		

协定税率(%)															特惠税率(%)			对美税率	出口税率	出口退税率	Article Description
智利	新西兰	澳大利亚	瑞士	冰岛	秘鲁	哥斯达	东盟	亚太	新加坡	巴基斯坦	港/澳/台	韩国	格鲁吉亚	毛里求斯	亚太	老/柬/缅	LDC 97/95				
																					Yarn of coarse animal hair or of horsehair (including gimped horsehair yarn), whether or not put up for retail sale:
0	0	0	0	0	0	0	0			0	0/0/	0	0	0			0/0				Yarn of coarse animal hair or of horse hair (including gimped horsehair yarn), whether or not put up for retail sale
																			0	0	
																			0	13	
																					Woven fabrics of carded wool or of carded fine animal hair:
0	0	0	0	0	0	0	0	6.5	0	4	0/0/	0	0	0			0/0			13	----Of goats
																			0		
0	0	0	0	0	0	0	0	6.5	0	4	0/0/	0	0	0			0/0			13	----Other
																		35	0		
0	0	0	0	0	0	0	0	6.5	0	4	0/0/	0	0	0			0/0			13	---Other
																		35	0		
0	0	0	0	0	0	0	0	6.5	0	4	0/0/	0	0	0			0/0			13	----Of goats
																			0		
0	0	0	0	0	0	0	0	6.5	0	4	0/0/	0	0	0			0/0			13	----Other
																		35	0		
0	0	0	0	0	0	0	0	6.5	0	4	0/0/	0	0	0			0/0			13	---Other
																		35	0		
0	0	0	0	0	0	0	0		0	4	0/0/	0	0	0			0/0			13	-Other, mixed mainly or solely with manmade filaments
																		33	0		
0	0	0	0	0	0	0	0	5.2	0	4	0/0/	0	0	0			0/0			13	-Other, mixed mainly or solely with manmade staple fibres
																		33	0		
0	0	0	0		0	0	0		0	4	0/0/	0	0	0			0/0			13	-Other
																		33	0		
																					Woven fabrics of combed wool or of combed fine animal hair:
0	0	0	0	0	0	0	0	4	0	4	0/0/	0	0	0			0/0			13	--Of a weight not exceeding 200g/m^2
																		33	0		
0	0	0	0	0	0	0	0	4	0	4	0/0/	0	0	0		0/0/0	0/0			13	--Other
																		33	0		
0	0	0	0	0	0	0	0		0	4	0/0/	0	0	0			0/0			13	-Other, mixed mainly or solely with manmade filaments
																		33	0		
0	0	0	0	0	0	0	0		0	4	0/0/	0	0	0			0/0			13	-Other, mixed mainly or solely with manmade staple fibres
																		33	0		
0	0	0	0	0	0	0	0		0	4	0/0/	0	0	0			0/0			13	-Other
																		33	0		
																					Woven fabrics of coarse animal hair or of horsehair:
0	0	0	0	0	0	0	0		0	4	0/0/	0	0	0			0/0			13	Woven fabrics of coarse animal hair or of horsehair
																			0		

第五十二章
棉　花

子目注释：

子目 5209.42 及 5211.42 所称“粗斜纹布（劳动布）”，是指用不同颜色的纱线织成的三线或四线斜纹织物，包括破斜纹组织的织物，这种织物以经纱为面，经纱染成一种相同的颜色，纬纱未漂白或经漂白、染成灰色或比经纱稍浅的颜色。

商品编号	商品名称及备注[检验检疫编码及名称]	进口关税(%)		增值税率(%)	消费税	计量单位	监管条件	检验检疫类别
		最惠国	普通					
5201	**未梳的棉花：**							
52010000	未梳的棉花							
5201000001	未梳的棉花[包括脱脂棉花(配额内)]〔999〕	1	125	9		千克	t4xAB	M. P/Q
5201000080	未梳的棉花[包括脱脂棉花(关税配额外暂定)]〔999〕	0	0	9		千克	4ABex	M. P/Q
5201000090	未梳的棉花[包括脱脂棉花(配额外)]〔999〕	40	125	9		千克	4xAB	M. P/Q
5202	**废棉(包括废棉纱线及回收纤维)：**							
52021000	-废棉纱线(包括废棉线)							
5202100000	废棉纱线(包括废棉线)〔999〕	10	30	13		千克	9	M/
52029100	--回收纤维							
5202910000	棉的回收纤维〔101 棉花〕,〔102〕	10	30	13		千克	9B	M. P/Q
52029900	--其他							
5202990000	其他废棉〔101 棉花〕,〔102〕	10	30	13		千克	9B	M. P/Q
5203	**已梳的棉花：**							
52030000	已梳的棉花							
5203000001	已梳的棉花(配额内)〔999〕	1	125	13		千克	t4xAB	M. P/Q
5203000090	已梳的棉花(配额外)〔999〕	40	125	13		千克	4xAB	M. P/Q
5204	**棉制缝纫线，不论是否供零售用：**							
52041100	--按重量计含棉量在 85%及以上							
5204110000	非零售棉缝纫线(按重量计含棉量在 85%及以上)〔999〕	5	40	13		千克		
52041900	--其他							
5204190000	非零售棉缝纫线(按重量计含棉量在 85%以下)〔999〕	5	40	13		千克		
52042000	-供零售用							
5204200000	零售用棉制缝纫线〔999〕	5	50	13		千克		
5205	**棉纱线(缝纫线除外)，按重量计含棉量在 85%及以上，非供零售用：**							
52051100	--细度在 714.29 分特及以上(不超过 14 公支)							
5205110000	非零售粗梳粗支纯棉单纱(粗支指单纱细度≥714.29 分特，含棉量≥85%)〔999〕	5	40	13		千克		
52051200	--细度在 714.29 分特以下，但不细于 232.56 分特(超过 14 公支，但不超过 43 公支)							
5205120000	非零售粗梳中支纯棉单纱(中支指单纱细度为 232.56~714.29 分特之间，含棉量≥85%)〔999〕	5	40	13		千克		
52051300	--细度在 232.56 分特以下，但不细于 192.31 分特(超过 43 公支，但不超过 52 公支)							
5205130000	非零售粗梳细支纯棉单纱(细支指单纱细度在 192.31~232.56 分特之间，含棉量≥85%)〔999〕	5	40	13		千克		
52051400	--细度在 192.31 分特以下，但不细于 125 分特(超过 52 公支，但不超过 80 公支)							
5205140000	非零售粗梳较细支纯棉单纱(较细支指单纱细度在 125~192.31 分特之间，含棉量≥85%)〔999〕	5	40	13		千克		

Chapter 52
Cotton

Subheading Note:

For the purposes of subheadings 5209. 42 and 5211. 42, the expression "denim" means fabrics of yarns of different colours, of 3-thread or 4-thread twill, including broken twill, warp faced, the warp yarns of which are of one and the same colour and the weft yarns of which are unbleached, bleached, dyed grey or coloured a lighter shade of the colour of the warp yarns.

协定税率(%)															特惠税率(%)			对美税率	出口税率	出口退税率	Article Description
智利	新西兰	澳大利亚	瑞士	冰岛	秘鲁	哥斯达	东盟	亚太	新加坡	巴基斯坦	港/澳/台	韩国	格鲁吉亚	毛里求斯	亚太	老/柬/缅	LDC 97/95				
																					Cotton, not carded or combed:
							5				0/0/									9	Cotton, not carded or combed
																		26	0		
																		关税配额外适用滑准税形式暂定税率+25	0		
																		65	0		
																					Cotton waste (including yarn waste and garnetted stock):
0	0	0	0	0	0	0	0		0	0	0/0/	3					0/0			13	-Yarn waste (including thread waste)
																		35	0		
0	0	0	0	0	0	0	0		0		0/0/	0					0/0			13	--Garnetted stock
																		35	0		
0	0	0	0	0		0	0		0	0	0/0/	3								9	--Other
																		35	0		
																					Cotton, carded or combed:
											0/0/									9	Cotton, carded or combed
																		26	0		
																		65	0		
																					Cotton sewing thread, whether or not put up for retail sale:
0	0	0	0	0	0	0	0			0	0/0/	0	0			0//	0/0			13	--Containing 85% or more by weight of cotton
																		30	0		
0	0	0	0	0	0	0	0			0	0/0/	0	0				0/0			13	--Other
																		15	0		
0	0	0	0	0	0	0	0			0	0/0/	0	0			0//	0/0			13	-Put up for retail sale
																		15	0		
																					Cotton yarn (other than sewing thread), containing 85% or more by weight of cotton, not put up for retail sale:
0	0	1.1	0	0	0	0	0	3.5		0	0/0/0	2.6	1			0/0/0	0/0			13	--Measuring 714. 29 decitex or more (not exceeding 14 metric number)
																		30	0		
0	0	1.1	0	0	0	0	0	3.5		0	0/0/0	2.6	1			0/0/0	0/0			13	--Measuring less than 714. 29 decitex but not less than 232. 56 decitex (exceeding 14 metric number but not exceeding 43 metric number)
																		30	0		
0	0	1.1	0	0	0	0	0	3.5		0	0/0/	2.6	1				0/0			13	--Measuring less than 232. 56 decitex but not less than 192. 31 decitex (exceeding 43 metric number but not exceeding 52 metric number)
																		25	0		
0	0	1.1	0	0	0	0	0	3.5		0	0/0/	3.5	1			0//0	0/0			13	--Measuring less than 192. 31 decitex but not less than 125 decitex (exceeding 52 metric number but not exceeding 80 metric number)
																			0		

商品编号	商品名称及备注[检验检疫编码及名称]	进口关税(%)		增值税率(%)	消费税	计量单位	监管条件	检验检疫类别
		最惠国	普通					
52051500	--细度在 125 分特以下(超过 80 公支)							
5205150000	非零售粗梳特细支纯棉单纱(特细支指单纱细度<125 分特,含棉量≥85%)〔999〕	5	40	13		千克		
52052100	--细度在 714.29 分特及以上(不超过 14 公支)							
5205210000	非零售精梳粗支纯棉单纱(粗支指单纱细度≥714.29 分特,含棉量≥85%)〔999〕	5	40	13		千克		
52052200	--细度在 714.29 分特以下,但不细于 232.56 分特(超过 14 公支,但不超过 43 公支)							
5205220000	非零售精梳中支纯棉单纱(中支指单纱细度为 232.56~714.29 分特之间,含棉量≥85%)〔999〕	5	40	13		千克		
52052300	--细度在 232.56 分特以下,但不细于 192.31 分特(超过 43 公支,但不超过 52 公支)							
5205230000	非零售精梳细支纯棉单纱(细支指单纱细度在 192.31~232.56 分特之间,含棉量≥85%)〔999〕	5	40	13		千克		
52052400	--细度在 192.31 分特以下,但不细于 125 分特(超过 52 公支,但不超过 80 公支)							
5205240000	非零售精梳较细支纯棉单纱(较细支指单纱细度在 125~192.31 分特之间,含棉量≥85%)〔999〕	5	40	13		千克		
52052600	--细度在 125 分特以下,但不细于 106.38 分特(超过 80 公支,但不超过 94 公支)							
5205260000	非零售精梳特细支纯棉单纱(特细支指单纱细度在 106.38~125 分特之间,含棉量≥85%)〔999〕	5	40	13		千克		
52052700	--细度在 106.38 分特以下,但不细于 83.33 分特(超过 94 公支,但不超过 120 公支)							
5205270000	非零售精梳超特细支纯棉单纱(超特细支指单纱细度在 83.33~106.38 分特之间,含棉量≥85%)〔999〕	5	40	13		千克		
52052800	--细度在 83.33 分特以下(超过 120 公支)							
5205280000	非零售精梳微支纯棉单纱(微支指单纱细度<83.33 分特,含棉量≥85%)〔999〕	5	40	13		千克		
52053100	--每根单纱细度在 714.29 分特及以上(每根单纱不超过 14 公支)							
5205310000	非零售粗梳粗支纯棉多股纱(粗支指单纱细度≥714.29 分特,含棉量≥85%)〔999〕	5	40	13		千克		
52053200	--每根单纱细度在 714.29 分特以下,但不细于 232.56 分特(每根单纱超过 14 公支,但不超过 43 公支)							
5205320000	非零售粗梳中支纯棉多股纱(中支指单纱细度为 232.56~714.29 分特之间,含棉量≥85%)〔999〕	5	40	13		千克		
52053300	--每根单纱细度在 232.56 分特以下,但不细于 192.31 分特(每根单纱超过 43 公支,但不超过 52 公支)							
5205330000	非零售粗梳细支纯棉多股纱(细支指单纱细度在 192.31~232.56 分特之间,含棉量≥85%)〔999〕	5	40	13		千克		
52053400	--每根单纱细度在 192.31 分特以下,但不细于 125 分特(每根单纱超过 52 公支,但不超过 80 公支)							
5205340000	非零售粗梳较细支纯棉多股纱(较细支指单纱细在 125~192.31 分特之间,含棉量≥85%)〔999〕	5	40	13		千克		

协定税率(%)															特惠税率(%)			对美税率	出口税率	出口退税率	Article Description
智利	新西兰	澳大利亚	瑞士	冰岛	秘鲁	哥斯达	东盟	亚太	新加坡	巴基斯坦	港/澳/台	韩国	格鲁吉亚	毛里求斯	亚太	老/柬/缅	LDC 97/95				
0	0	1.1	0	0	0	0	0	3.5		3.5	0/0/	2.6	1				0/0			13	--Measuring less than 125 decitex (exceeding 80 metric number)
																			0		
0	0	1.1	0	0	0	0	0	3.5		0	0/0/	2.6	1			//0	0/0			13	--Measuring 714.29 decitex or more (not exceeding 14 metric number)
																			0		
0	0	1.1	0	0	0	0	0	3.5		0	0/0/	2.6	1				0/0			13	--Measuring less than 714.29 decitex but not less than 232.56 decitex (exceeding 14 metric number but not exceeding 43 metric number)
																		30	0		
0	0	1.1	0	0	0	0	0	3.5		0	0/0/	1.5	1				0/0			13	--Measuring less than 232.56 decitex but not less than 192.31 decitex (exceeding 43 metric number but not exceeding 52 metric number)
																			0		
0	0	1.1	0	0	0	0	0	3.5		0	0/0/	1.5	1			0//0	0/0			13	--Measuring less than 192.31 decitex but not less than 125 decitex (exceeding 52 metric number but not exceeding 80 metric number)
																		30	0		
0	0	1.1	0	0	0	0	0			0	0/0/	2.6	1				0/0			13	--Measuring less than 125 decitex but not less than 106.38 decitex (exceeding 80 metric number but not exceeding 94 metric number)
																			0		
0	0	1.1	0	0	0	0	0				0/0/	2.6	1				0/0			13	--Measuring less than 106.38 decitex but not less than 83.33 decitex (exceeding 94 metric number but not exceeding 120 metric number)
																			0		
0	0	1.1	0	0	0	0	0				0/0/	2.6	1				0/0			13	--Measuring less than 83.33 decitex (exceeding 120 metric number)
																			0		
0	0	1.1	0	0		0	0	4.5		0	0/0/	2.6	1							13	--Measuring per single yarn 714.29 decitex or more (not exceeding 14 metric number per single yarn)
																		25	0		
0	0	1.1	0	0	0	0	0	3.5		0	0/0/	2.6	1				0/0			13	--Measuring per single yarn less than 714.29 decitex but not less than 232.56 decitex (exceeding 14 metric number but not exceeding 43 metric number per single yarn)
																			0		
0	0	1.1	0	0	0	0	0				0/0/	2.6	1				0/0			13	--Measuring per single yarn less than 232.56 decitex but not less than 192.31 decitex (exceeding 43 metric number but not exceeding 52 metric number per single yarn)
																			0		
0	0	1.1	0	0	0	0	0			0	0/0/	2.6	1				0/0			13	--Measuring per single yarn less than 192.31 decitex but not less than 125 decitex (exceeding 52 metric number but not exceeding 80 metric number per single yarn)
																			0		

商品编号	商品名称及备注[检验检疫编码及名称]	进口关税(%) 最惠国	普通	增值税率(%)	消费税	计量单位	监管条件	检验检疫类别
52053500	--每根单纱细度在 125 分特以下(每根单纱超过 80 公支)							
5205350000	非零售粗梳特细支纯棉多股纱(特细支指单纱细度<125 分特,含棉量≥85%)〔999〕	5	40	13		千克		
52054100	--每根单纱细度在 714. 29 分特及以上(每根单纱不超过 14 公支)							
5205410000	非零售精梳粗支纯棉多股纱(粗支指单纱细度≥714. 29 分特,含棉量≥85%)〔999〕	5	40	13		千克		
52054200	--每根单纱细度在 714. 29 分特以下,但不细于 232. 56 分特(每根单纱超过 14 公支,但不超过 43 公支)							
5205420000	非零售精梳中支纯棉多股纱(中支指单纱细度为 232. 56~714. 29 分特之间,含棉量≥85%)〔999〕	5	40	13		千克		
52054300	--每根单纱细度在 232. 56 分特以下,但不细于 192. 31 分特(每根单纱超过 43 公支,但不超过 52 公支)							
5205430000	非零售精梳细支纯棉多股纱(细支指单纱细度在 192. 31~232. 56 分特之间,含棉量≥85%)〔999〕	5	40	13		千克		
52054400	--每根单纱细度在 192. 31 分特以下,但不细于 125 分特(每根单纱超过 52 公支,但不超过 80 公支)							
5205440000	非零售精梳较细支纯棉多股纱(较细支指单纱细度在 125~192. 31 分特之间,含棉量≥85%)〔999〕	5	40	13		千克		
52054600	--每根单纱细度在 125 分特以下,但不细于 106. 38 分特(每根单纱超过 80 公支,但不超过 94 公支)							
5205460000	非零售精梳特细支纯棉多股纱(特细支指单纱细度在 106. 38~125 分特之间,含棉量≥85%)〔999〕	5	40	13		千克		
52054700	--每根单纱细度在 106. 38 分特以下,但不细于 83. 33 分特(每根单纱超过 94 公支,但不超过 120 公支)							
5205470000	非零售精梳超特细支多股纱(超特细支指单纱细度在 83. 33~106. 38 分特之间,含棉量≥85%)〔999〕	5	40	13		千克		
52054800	--每根单纱细度在 83. 33 分特以下(每根单纱超过 120 公支)							
5205480000	非零售精梳微支纯棉多股纱(微支指单纱细度<83. 33 分特,含棉量≥85%)〔999〕	5	40	13		千克		
5206	**棉纱线(缝纫线除外),按重量计含棉量在 85%以下,非供零售用:**							
52061100	--细度在 714. 29 分特及以上(不超过 14 公支)							
5206110000	非零售粗梳粗支混纺棉单纱(粗支指单纱细度≥714. 29 分特,含棉量<85%)〔999〕	5	40	13		千克		
52061200	--细度在 714. 29 分特以下,但不细于 232. 56 分特(超过 14 公支,但不超过 43 公支)							
5206120000	非零售粗梳中支混纺棉单纱(中支指单纱细度在 232. 56~714. 29 分特之间,含棉量<85%)〔999〕	5	40	13		千克		
52061300	--细度在 232. 56 分特以下,但不细于 192. 31 分特(超过 43 公支,但不超过 52 公支)							

协定税率(%)															特惠税率(%)			对美税率	出口税率	出口退税率	Article Description
智利	新西兰	澳大利亚	瑞士	冰岛	秘鲁	哥斯达	东盟	亚太	新加坡	巴基斯坦	港/澳/台	韩国	格鲁吉亚	毛里求斯	亚太	老/柬/缅	LDC 97/95				
0	0	1.1	0	0	0	0	0				0/0/	2.6	1				0/0			13	--Measuring per single yarn less than 125 decitex(exceeding 80 metric number per single yarn)
																			0		
0	0	1.1	0	0		0	0	4.5		4.5	0/0/	2.6	1				0/0			13	--Measuring per single yarn 714.29 decitex or more(not exceeding 14 metric number per single yarn)
																			0		
0	0	1.1	0	0	0	0		3.5		0	0/0/	3.5	1				0/0			13	--Measuring per single yarn less than 714.29 decitex but not less than 232.56 decitex(exceeding 14 metric number but not exceeding 43 metric number per single yarn)
																			0		
0	0	1.1	0	0		0	0			4	0/0/	2.6	1				0/0			13	--Measuring per singleyarn less than 232.56 decitex but not less than 192.31 decitex(exceeding 43 metric number but not exceeding 52 metric number per single yarn)
																		30	0		
0	0	1.1	0	0	0	0	0			0	0/0/	2.6	1				0/0			13	--Measuring per single yarn less than 192.31 decitex but not less than 125 decitex(exceeding 52 metric number but not exceeding 80 metric number per single yarn)
																			0		
0	0	1.1	0	0	0	0	0	4.5		3.6	0/0/	2.6	1				0/0			13	--Measuring per single yarn less than 125 decitex but not less than 106.38 decitex (exceeding 80 metric number but not exceeding 94 metric number per single yarn)
																			0		
0	0	1.1	0	0	0	0	0	4.5		3.6	0/0/	2.6	1				0/0			13	--Measuring per singleyarn less than 106.38 decitex but not less than 83.33 decitex(exceeding 94 metric number but not exceeding 120 metric number per single yarn)
																			0		
0	0	1.1	0	0	0	0	0	4.5		4.5	0/0/	2.6	1				0/0			13	--Measuring per single yarn less than 83.33 decitex(exceeding 120 metric number per single yarn)
																			0		
																					Cotton yarn (other than sewing thread), containing less than 85% by weight of cotton, not put up for retail sale:
0	0	1.1	0	0		0	0	3.5		3.5	0/0/	2.6	1							13	--Measuring 714.29 decitex or more(not exceeding 14 metric number)
																			0		
0	0	1.1	0	0	0	0	0	3.5		0	0/0/0	2.6	1				0/0			13	--Measuring less than 714.29 decitex but not less than 232.56 decitex(exceeding 14 metric number but not exceeding 43 metric number)
																		30	0		
0	0	1.1	0	0	0	0	0				0/0/	2.6	1				0/0			13	--Measuring less than 232.56 decitex but not less than 192.31 decitex(exceeding 43 metric number but not exceeding 52 metric number)

商品编号	商品名称及备注[检验检疫编码及名称]	进口关税(%)		增值税率(%)	消费税	计量单位	监管条件	检验检疫类别
		最惠国	普通					
5206130000	非零售粗梳细支混纺棉单纱(细支指单纱细度在192.31~232.56分特之间,含棉量<85%)〔999〕	5	40	13		千克		
52061400	--192.31分特<细度≤125分特(52公支<细度≤80公支)							
5206140000	非零售粗梳较细支混纺棉单纱(较细支指单纱细在125~192.31分特之间,含棉量<85%)〔999〕	5	40	13		千克		
52061500	--细度在125分特以下(超过80公支)							
5206150000	非零售粗梳特细支混纺棉单纱(特细支指单纱细度<125分特,含棉量<85%)〔999〕	5	40	13		千克		
52062100	--细度在714.29分特及以上(不超过14公支)							
5206210000	非零售精梳粗支混纺棉单纱(粗支指单纱细度≥714.29分特,含棉量<85%)〔999〕	5	40	13		千克		
52062200	--细度在714.29分特以下,但不细于232.56分特(超过14公支,但不超过43公支)							
5206220000	非零售精梳中支混纺棉单纱(中支指单纱细度在232.56~714.29分特之间,含棉量<85%)〔999〕	5	40	13		千克		
52062300	--细度在232.56分特以下,但不细于192.31分特(超过43公支,但不超过52公支)							
5206230000	非零售精梳细支混纺棉单纱(细支指单纱细度在192.31~232.56分特之间,含棉量<85%)〔999〕	5	40	13		千克		
52062400	--细度在192.31分特以下,但不细于125分特(超过52公支,但不超过80公支)							
5206240000	非零售精梳较细支混纺棉单纱(较细支指单纱细度在125~192.31分特之间,含棉量<85%)〔999〕	5	40	13		千克		
52062500	--细度在125分特以下(超过80公支)							
5206250000	非零售精梳特细支混纺棉单纱(特细支指单纱细度<125分特,含棉量<85%)〔999〕	5	40	13		千克		
52063100	--每根单纱细度在714.29分特及以上(每根单纱不超过14公支)							
5206310000	非零售粗梳粗支混纺棉多股纱或缆线(粗支指单纱细度≥714.29分特,含棉量<85%)〔999〕	5	40	13		千克		
52063200	--每根单纱细度在714.29分特以下,但不细于232.56分特(每根单纱超过14公支,但不超过43公支)							
5206320000	非零售粗梳中支混纺棉多股纱或缆线(中支指单纱细度在232.56~714.29分特之间,含棉量<85%)〔999〕	5	40	13		千克		
52063300	--每根单纱细度在232.56分特以下,但不细于192.31分特(每根单纱超过43公支,但不超过52公支)							
5206330000	非零售粗梳细支其他混纺棉多股纱或缆线(细支指单纱细度在192.31~232.56分特之间,含棉量<85%)〔999〕	5	40	13		千克		
52063400	--每根单纱细度在192.31分特以下,但不细于125分特(每根单纱超过52公支,但不超过80公支)							
5206340000	非零售粗梳较细混纺棉多股纱或缆线(较细支指单纱细度在125~192.31分特之间,含棉量<85%)〔999〕	5	40	13		千克		
52063500	--每根单纱细度在125分特以下(每根单纱超过80公支)							

协定税率(%)															特惠税率(%)			对美税率	出口税率	出口退税率	Article Description
智利	新西兰	澳大利亚	瑞士	冰岛	秘鲁	哥斯达	东盟	亚太	新加坡	巴基斯坦	港/澳/台	韩国	格鲁吉亚	毛里求斯	亚太	老/柬/缅	LDC 97/95				
																		15	0		
0	0	1.1	0	0	0	0	0			4	0/0/	2.6	1				0/0			13	--Measuring less than 192.31 decitex but not less than 125 decitex (exceeding 52 metric number but not exceeding 80 metric number)
																			0		
0	0	1.1	0	0	0	0	0	3.5		3.5	0/0/	2.6	1				0/0			13	--Measuring less than 125 decitex (exceeding 80 metric number)
																			0		
0	0	1.1	0	0	0	0	0	4.5		4.5	0/0/	2.6	1				0/0			13	--Measuring 714.29 decitex or more (not exceeding 14 metric number)
																			0		
0	0	1.1	0	0	0	0	0			0	0/0/0	2.6	1				0/0			13	--Measuring less than 714.29 decitex but not less than 232.56 decitex (exceeding 14 metric number but not exceeding 43 metric number)
																			0		
0	0	1.1	0	0	0	0	0				0/0/	2.6	1				0/0			13	--Measuring less than 232.56 decitex but not less than 192.31 decitex (exceeding 43 metric number but not exceeding 52 metric number)
																		30	0		
0	0	1.1	0	0	0	0	0			4	0/0/0	2.6	1				0/0			13	--Measuring less than 192.31 decitex but not less than 125 decitex (exceeding 52 metric number but not exceeding 80 metric number)
																			0		
0	0	1.1	0	0	0	0	0				0/0/	2.6	1				0/0			13	--Measuring less than 125 decitex (exceeding 80 metric number)
																			0		
0	0	1.1	0	0	0	0	0				0/0/	2.6	1				0/0			13	--Measuring per single yarn 714.29 decitex or more (not exceeding 14 metric number per single yarn)
																		30	0		
0	0	1.1	0	0	0	0	0			0	0/0/	2.6	1				0/0			13	--Measuring per single yarn less than 714.29 decitex but not less than 232.56 decitex (exceeding 14 metric number but not exceeding 43 metric number per single yarn)
																			0		
0	0	1.1	0	0	0	0	0				0/0/	2.6	1				0/0			13	--Measuring per single yarn less than 232.56 decitex but not less than 192.31 decitex (exceeding 43 metric number but not exceeding 52 metric number per single yarn)
																			0		
0	0	1.1	0	0	0	0	0				0/0/	2.6	1				0/0			13	--Measuring per single yarn less than 192.31 decitex but not less than 125 decitex (exceeding 52 metric number but not exceeding 80 metric number per single yarn)
																			0		
0	0	1.1	0	0	0	0	0				0/0/	2.6	1				0/0			13	--Measuring per single yarn less than 125 decitex (exceeding 80 metric number per single yarn)

商品编号	商品名称及备注[检验检疫编码及名称]	进口关税(%) 最惠国	进口关税(%) 普通	增值税率(%)	消费税	计量单位	监管条件	检验检疫类别
5206350000	非零售粗梳特细混纺棉多股纱或缆线(特细支指单纱细度<125 分特,含棉量<85%)〔999〕	5	40	13		千克		
52064100	--每根单纱细度在 714.29 分特及以上(每根单纱不超过 14 公支)							
5206410000	非零售精梳粗支混纺棉多股纱(粗支指单纱细度≥714.29 分特,含棉量<85%)〔999〕	5	40	13		千克		
52064200	--每根单纱细度在 714.29 分特以下,但不细于 232.56 分特(每根单纱超过 14 公支,但不超过 43 公支)							
5206420000	非零售精梳中支混纺棉多股纱(中支指单纱细度为 232.56~714.29 分特之间,含棉量<85%)〔999〕	5	40	13		千克		
52064300	--每根单纱细度在 232.56 分特以下,但不细于 192.31 分特(每根单纱超过 43 公支,但不超过 52 公支)							
5206430000	非零售精梳细支混纺棉多股纱(细支指单纱细度在 192.31~232.56 分特之间,含棉量<85%)〔999〕	5	40	13		千克		
52064400	--每根单纱细度在 192.31 分特以下,但不细于 125 分特(每根单纱超过 52 公支,但不超过 80 公支)							
5206440000	非零售精梳较细混纺棉多股纱(较细支指单纱细度在 125~192.31 分特之间,含棉量<85%)〔999〕	5	40	13		千克		
52064500	--每根单纱细度在 125 分特以下(每根单纱超过 80 公支)							
5206450000	非零售精梳特细混纺棉多股纱(特细支指单纱细度<125 分特,含棉量<85%)〔999〕	5	40	13		千克		
5207	**棉纱线(缝纫线除外),供零售用:**							
52071000	-按重量计含棉量在 85%及以上							
5207100000	供零售用纯棉纱线(纯棉纱线指按重量计含棉量≥85%,缝纫线除外)〔999〕	5	50	13		千克		
52079000	-其他							
5207900000	供零售用混纺棉纱线(混棉纱线指按重量计含棉量<85%,缝纫线除外)〔999〕	5	50	13		千克		
5208	**棉机织物,按重量计含棉量在 85%及以上,每平方米重量不超过 200 克:**							
52081100	--平纹机织物,每平方米重量不超过 100 克							
5208110000	未漂白棉平纹机织物(每平方米重量不超过 100 克,含棉 85%及以上)〔999〕	8	70	13		米/千克		
52081200	--平纹机织物,每平方米重量超过 100 克							
5208120000	未漂白棉平纹机织物(100 克<每平方米重量≤200 克,含棉 85%及以上)〔999〕	8	70	13		米/千克		
52081300	--三线或四线斜纹机织物,包括双面斜纹机织物							
5208130000	未漂白全棉三、四线斜纹布(每平方米重量≤200 克,含棉≥85%,包括双面斜纹机织物)〔999〕	8	70	13		米/千克		
52081900	--其他机织物							
5208190000	未漂白的其他棉机织物(每平方米重量不超过 200 克,含棉 85%及以上)〔999〕	8	70	13		米/千克		
52082100	--平纹机织物,每平方米重量不超过 100 克							
5208210010	漂白全棉平纹府绸及细平布(每平方米重量≤100 克,含棉 85%及以上)〔999〕	8	70	13		米/千克		M/
5208210020	漂白全棉平纹机织平布(每平方米重量不超过 100 克,68 号及以下)〔999〕	8	70	13		米/千克		M/
5208210030	漂白全棉平纹奶酪布(每平方米重量不超过 100 克,含棉 85%及以上)〔999〕	8	70	13		米/千克		M/
5208210040	漂白全棉平纹印染用布(每平方米重量不超过 100 克,43~68 号)〔999〕	8	70	13		米/千克		M/
5208210050	漂白全棉平纹巴里纱及薄细布(每平方米重量不超过 100 克,69 号及以上)〔999〕	8	70	13		米/千克		M/
5208210060	漂白全棉医用纱布(每平方米重量不超过 100 克,含棉 85%及以上)〔999〕	8	70	13		米/千克		M/

协定税率(%)															特惠税率(%)			对美税率	出口税率	出口退税率	Article Description
智利	新西兰	澳大利亚	瑞士	冰岛	秘鲁	哥斯达	东盟	亚太	新加坡	巴基斯坦	港/澳/台	韩国	格鲁吉亚	毛里求斯	亚太	老/柬/缅	LDC 97/95				
																			0		
0	0	1.1	0	0	0	0	0				0/0/	2.6	1				0/0			13	--Measuring per single yarn 714.29 decitex or more(not exceeding 14 metric number per single yarn)
																			0		
0	0	1.1	0	0	0	0	0				0/0/	2.6	1				0/0			13	--Measuring per single yarn less than 714.29 deeitex but not less than 232.56 decitex(exceeding 14 metric number but not exceeding 43 metric number per single yarn)
																			0		
0	0	1.1	0	0	0	0	0				0/0/	2.6	1				0/0			13	--Measuring per single yarn less than 232.56 decitex but not less then 192.31 decitex(exceeding 43 metric number but not exceeding 52 metric number per single yarn)
																			0		
0	0	1.1	0	0	0	0	0				0/0/	2.6	1				0/0			13	--Measuring per single yarn less than 192.31 decitex but not less than 125 decitex(exceeding 52 metric number but not exceeding 80 metric number per single yarn)
																			0		
0	0	1.1	0	0	0	0	0				0/0/	2.6	1				0/0			13	--Measuring per single yarn less than 125 decitex(exceeding 80 metric number per single yarn)
																			0		
																					Cotton yarn(other than sewing thread) put up for retail sale:
0	0	0	0	0	0	0	0	4.2		4	0/0/	0	0				0/0			13	-Containing 85% or more by weight of cotton
																		30	0		
0	0	0	0	0	0	0	0			4	0/0/	0	0				0/0			13	-Other
																			0		
																					Woven fabrics of cotton, containing 85% or more by weight of cotton, weighing not more than 200g/m^2:
0	0	0	0	0	0	0	0			0	0/0/	0	0	0			0/0			13	--Plain weave, weighing not more than 100g/m^2
																		33	0		
0	0	0	0	0	0	0	0		0	0	0/0/	0	0	0			0/0			13	--Plain weave, weighing more than 100g/m^2
																		33	0		
0	0	0	0	0	0	0	0	5.2		0	0/0/	3	0	0			0/0			13	--3-thread or 4-thread twill, including cross twill
																			0		
0	0	0	0	0	0	0	0		0	0	0/0/	0	0	0			0/0			13	--Other fabrics
																		33	0		
0	0	0	0	0	0	0	0			0	0/0/	0	0	0			0/0			13	--Plain weave, weighing not more than 100g/m^2
																			0		
																			0		
																			0		
																			0		
																			0		
																			0		

商品编号	商品名称及备注[检验检疫编码及名称]	进口关税(%) 最惠国	进口关税(%) 普通	增值税率(%)	消费税	计量单位	监管条件	检验检疫类别
52082200	--平纹机织物,每平方米重量超过100克							
5208220010	漂白全棉平纹府绸及细平布(100克<每平方米重量≤200克,含棉85%及以上)〔999〕	8	70	13		米/千克		M/
5208220020	漂白全棉平纹机织平布(100克<每平方米重量≤200克,68号及以下)〔999〕	8	70	13		米/千克		M/
5208220030	漂白全棉平纹奶酪布(100克<每平方米重量≤200克,含棉85%及以上)〔999〕	8	70	13		米/千克		M/
5208220040	漂白全棉平纹印染用布(100克<每平方米重量≤200克,43~68号)〔999〕	8	70	13		米/千克		M/
5208220050	漂白全棉巴里纱及薄细布(100克<每平方米重量≤200克,69号及以上)〔999〕	8	70	13		米/千克		M/
52082300	--三线或四线斜纹机织物,包括双面斜纹机织物							
5208230000	漂白的全棉三、四线斜纹布(每平方米重量≤200克,含棉≥85%,包括双面斜纹机织物)〔999〕	8	70	13		米/千克		M/
52082900	--其他机织物							
5208290010	漂白其他全棉机织缎布(每平方米重量不超过200克,含棉85%及以上)〔999〕	8	70	13		米/千克		M/
5208290020	漂白其他全棉机织斜纹布(每平方米重量不超过200克,含棉85%及以上)〔999〕	8	70	13		米/千克		M/
5208290030	漂白其他全棉机织牛津布(每平方米重量不超过200克,含棉85%及以上)〔999〕	8	70	13		米/千克		M/
5208290090	漂白其他全棉机织物(每平方米重量不超过200克,含棉85%及以上)〔999〕	8	70	13		米/千克		M/
52083100	--平纹机织物,每平方米重量不超过100克							
5208310010	染色全棉手工织布(每平方米重量不超过100克,含棉85%及以上)〔999〕	8	70	13		米/千克		M/
5208310091	染色全棉平纹府绸及细平布(每平方米重量不超过100克,含棉85%及以上)〔999〕	8	70	13		米/千克		M/
5208310092	染色全棉平纹机织平布(每平方米重量不超过100克,68号及以下)〔999〕	8	70	13		米/千克		M/
5208310093	染色全棉平纹奶酪布(每平方米重量不超过100克,含棉85%及以上)〔999〕	8	70	13		米/千克		M/
5208310094	染色全棉平纹印染用布(每平方米重量不超过100克,43~68号)〔999〕	8	70	13		米/千克		M/
5208310095	染色全棉巴里纱及薄细布(每平方米重量不超过100克,69号及以上)〔999〕	8	70	13		米/千克		M/
52083200	--平纹机织物,每平方米重量超过100克							
5208320010	染色全棉手工织布(100克<每平方米重量≤200克,含棉85%及以上)〔999〕	8	70	13		米/千克		M/
5208320091	染色全棉平纹府绸及细平布(100克<每平方米重量≤200克,含棉85%及以上)〔999〕	8	70	13		米/千克		M/
5208320092	染色全棉平纹机织平布(100克<每平方米重量≤200克,68号及以下)〔999〕	8	70	13		米/千克		M/
5208320093	染色全棉平纹奶酪布(100克<每平方米重量≤200克,含棉85%及以上)〔999〕	8	70	13		米/千克		M/
5208320094	染色全棉平纹印染用布(100克<每平方米重量≤200克,43~68号)〔999〕	8	70	13		米/千克		M/
5208320095	染色全棉巴里纱及薄细布(100克<每平方米重量≤200克,69号及以上)〔999〕	8	70	13		米/千克		M/
52083300	--三线或四线斜纹机织物,包括双面斜纹机织物							
5208330000	染色的全棉三、四线斜纹布(每平方米重量≤200克,含棉≥85%,包括双面斜纹机织物)〔999〕	8	70	13		米/千克		M/
52083900	--其他机织物							
5208390010	染色其他全棉机织缎布(每平方米重量不超过200克,含棉85%及以上)〔999〕	8	70	13		米/千克		M/
5208390020	染色其他全棉机织斜纹布(每平方米重量不超过200克,含棉85%及以上)〔999〕	8	70	13		米/千克		M/
5208390030	染色其他全棉机织牛津布(每平方米重量不超过200克,含棉85%及以上)〔999〕	8	70	13		米/千克		M/
5208390090	染色其他全棉机织物(每平方米重量不超过200克,含棉85%及以上)〔999〕	8	70	13		米/千克		M/
52084100	--平纹机织物,每平方米重量不超过100克							
5208410010	色织的全棉手工织布(每平方米重量不超过100克,含棉85%及以上)〔999〕	8	70	13		米/千克		M/
5208410090	色织的全棉平纹机织物(每平方米重量不超过100克,含棉85%及以上)〔999〕	8	70	13		米/千克		M/
52084200	--平纹机织物,每平方米重量超过100克							
5208420010	色织的全棉手工织布(100克<每平方米重量≤200克,含棉85%及以上)〔999〕	8	70	13		米/千克		M/
5208420090	色织的全棉平纹机织物(100克<每平方米重量≤200克,含棉85%及以上)〔999〕	8	70	13		米/千克		M/
52084300	--三线或四线斜纹机织物,包括双面斜纹机织物							
5208430000	色织的全棉三、四线斜纹布(每平方米重量≤200克,含棉≥85%,包括双面斜纹机织物)〔999〕	8	70	13		米/千克		M/
52084900	--其他机织物							
5208490010	色织的其他全棉提花机织物(每平方米重量不超过200克,含棉85%及以上)〔999〕	8	70	13		米/千克		M/
5208490090	色织的其他全棉机织物(每平方米重量不超过200克,含棉85%及以上)〔999〕	8	70	13		米/千克		M/
52085100	--平纹机织物,每平方米重量不超过100克							
5208510010	印花全棉手工织布(每平方米重量不超过100克,含棉85%及以上)〔999〕	8	70	13		米/千克		M/
5208510091	印花全棉平纹府绸及细平布(每平方米重量不超过100克,含棉85%及以上)〔999〕	8	70	13		米/千克		M/

协定税率(%)															特惠税率(%)			对美税率	出口税率	出口退税率	Article Description
智利	新西兰	澳大利亚	瑞士	冰岛	秘鲁	哥斯达	东盟	亚太	新加坡	巴基斯坦	港/澳/台	韩国	格鲁吉亚	毛里求斯	亚太	老/柬/缅	LDC 97/95				
0	0	0	0	0	0	0	0		0	0	0/0/	0	0	0		0/0/0	0/0			13	--Plain weave, weighing more than 100g/m²
																		33	0		
																		33	0		
																		33	0		
																		33	0		
																		33	0		
0	0	0	5.6	0	0	0	0		0	0	0/0/	0	0	0			0/0			13	--3-thread or 4-thread twill, inluding cross twill
																			0		
0	0	0	0	0	0	0	0			0	0/0/	0	0	0			0/0			13	--Other fabrics
																		33	0		
																		33	0		
																		33	0		
																		33	0		
0	0	0	0	0	0	0	0			0	0/0/0	0	0	0			0/0			13	--Plain weave, weighing not more than 100g/m²
																		33	0		
																		33	0		
																		33	0		
																		33	0		
																		33	0		
																		33	0		
0	0	0	0	0	0	0	0	5.2	0	0	0/0/0	0	0	0			0/0			13	--Plain weave, weighing more than 100g/m²
																		33	0		
																		33	0		
																		33	0		
																		33	0		
																		33	0		
																		33	0		
0	0	0	0	0	0	0	0	5.2		0	0/0/	0	0	0		0/0/0	0/0			13	--3-thread or 4-thread twill, including cross twill
																			0		
0	0	0	0	0	0	0	0	5.2	0	0	0/0/0	0	0	0			0/0			13	--Other fabrics
																		33	0		
																		33	0		
																		33	0		
																		33	0		
0	0	0	2	0	0	0	0		0	0	0/0/	0	0	0			0/0			13	--Plain weave, weighing not more than 100g/m²
																			0		
																			0		
0	0	0	2	0	0	0	0	5.2	0	0	0/0/0	0	0	8			0/0			13	--Plain weave, weighing more than 100g/m²
																		33	0		
																		33	0		
0	0	0	2	0	0	0	0			0	0/0/	0	0	0			0/0			13	--3-thread or 4-thread twill, including cross twill
																		33	0		
0	0	0	0	0	0	0	0	5.2	0	0	0/0/	0	0	8		0/0/0	0/0			13	--Other fabrics
																		33	0		
																		33	0		
0	0	0	0	0	0	0	0			0	0/0/	0	0	0			0/0			13	--Plain weave, weighing not more than 100g/m²
																		33	0		
																		33	0		

商品编号	商品名称及备注[检验检疫编码及名称]	进口关税(%)		增值税率(%)	消费税	计量单位	监管条件	检验检疫类别
		最惠国	普通					
5208510092	印花全棉平纹机织平布(每平方米重量不超过100克,68号及以下)〔999〕	8	70	13		米/千克		M/
5208510093	印花全棉平纹奶酪布(每平方米重量不超过100克,含棉85%及以上)〔999〕	8	70	13		米/千克		M/
5208510094	印花全棉平纹印染用布(每平方米重量不超过100克,43~68号)〔999〕	8	70	13		米/千克		M/
5208510095	印花全棉平纹巴里纱及薄细布(每平方米重量不超过100克,69号及以上)〔999〕	8	70	13		米/千克		M/
52085200	--平纹机织物,每平方米重量超过100克							
5208520010	印花的全棉手工织布(100克<每平方米重量≤200克,含棉85%及以上)〔999〕	8	70	13		米/千克		M/
5208520091	印花的全棉平纹府绸及细平布(100克<每平方米重量≤200克,含棉85%及以上)〔999〕	8	70	13		米/千克		M/
5208520092	印花的全棉平纹机织平布(100克<每平方米重量≤200克,68号及以下)〔999〕	8	70	13		米/千克		M/
5208520093	印花的全棉平纹奶酪布(100克<每平方米重量≤200克,含棉85%及以上)〔999〕	8	70	13		米/千克		M/
5208520094	印花的全棉平纹印染用布(100克<每平方米重量≤200克,43~68号)〔999〕	8	70	13		米/千克		M/
5208520095	印花的全棉巴里纱及薄细布(100克<每平方米重量≤200克,69号及以上)〔999〕	8	70	13		米/千克		M/
52085910	---三线或四线斜纹机织物,包括双面斜纹机织物							
5208591000	印花的全棉三、四线斜纹布(每平方米重量≤200克,含棉≥85%,包括双面斜纹机织物)〔999〕	8	70	13		米/千克		M/
52085990	---其他							
5208599010	印花其他全棉机织缎布(每平方米重量不超过200克,含棉85%及以上)〔999〕	8	70	13		米/千克		M/
5208599020	印花其他全棉机织斜纹布(每平方米重量不超过200克,含棉85%及以上)〔999〕	8	70	13		米/千克		M/
5208599030	印花其他全棉机织牛津布(每平方米重量不超过200克,含棉85%及以上)〔999〕	8	70	13		米/千克		M/
5208599090	印花其他全棉机织物(每平方米重量不超过200克,含棉85%及以上)〔999〕	8	70	13		米/千克		M/
5209	**棉机织物,按重量计含棉量在85%及以上,每平方米重量超过200克:**							
52091100	--平纹机织物							
5209110000	未漂白的棉平纹机织物(指每平方米重超过200克,含棉85%及以上)〔999〕	8	70	13		米/千克		
52091200	--三线或四线斜纹机织物,包括双面斜纹机织物							
5209120000	未漂白的全棉三、四线斜纹布(指每平方米重>200克,含棉≥85%包括双面斜纹机织物)〔999〕	8	70	13		米/千克		
52091900	--其他机织物							
5209190000	未漂白的其他棉机织物(指每平方米重超过200克,含棉85%及以上)〔999〕	8	70	13		米/千克		
52092100	--平纹机织物							
5209210000	漂白的棉平纹机织物(指每平方米重超过200克,含棉85%及以上)〔999〕	8	70	13		米/千克		
52092200	--三线或四线斜纹机织物,包括双面斜纹机织物							
5209220000	漂白的全棉三、四线斜纹布(指每平方米重超过200克,含棉≥85%,包括双面斜纹机织物)〔999〕	8	70	13		米/千克		
52092900	--其他机织物							
5209290000	漂白的其他棉机织物(指每平方米重超过200克,含棉85%及以上)〔999〕	8	70	13		米/千克		
52093100	--平纹机织物							
5209310010	染色全棉手工织布(指每平方米重超过200克,含棉85%及以上)〔999〕	8	70	13		米/千克		M/
5209310091	染色全棉平纹府绸及细平布(指每平方米重超过200克,含棉85%及以上)〔999〕	8	70	13		米/千克		M/
5209310092	染色的全棉平纹机织平布(指每平方米重超过200克,含棉85%及以上)〔999〕	8	70	13		米/千克		M/
5209310093	染色的全棉平纹机织帆布(指每平方米重超过200克,含棉85%及以上)〔999〕	8	70	13		米/千克		M/
52093200	--三线或四线斜纹机织物,包括双面斜纹机织物							
5209320000	染色的全棉三、四线斜纹布(指每平方米重超过200克,含棉≥85%,包括双面斜纹机织物)〔999〕	8	70	13		米/千克		M/
52093900	--其他机织物							
5209390010	染色的其他全棉机织缎布(指每平方米重超过200克,含棉85%及以上)〔999〕	8	70	13		米/千克		M/
5209390020	染色的其他全棉机织斜纹布(指每平方米重超过200克,含棉85%及以上)〔999〕	8	70	13		米/千克		M/
5209390030	染色的其他全棉机织帆布(指每平方米重超过200克,含棉85%及以上)〔999〕	8	70	13		米/千克		M/
5209390090	染色的其他全棉机织物(指每平方米重超过200克,含棉85%及以上)〔999〕	8	70	13		米/千克		M/
52094100	--平纹机织物							
5209410010	色织的全棉手工织布(指每平方米重超过200克,含棉85%及以上)〔999〕	8	70	13		米/千克		M/
5209410090	色织的全棉平纹机织物(指每平方米重超过200克,含棉85%及以上)〔999〕	8	70	13		米/千克		M/
52094200	--粗斜纹布(劳动布)							
5209420010	色织全棉蓝粗斜纹布(劳动布)(指每平方米重超过200克,含棉85%及以上)〔999〕	8	70	13		米/千克		M/
5209420090	色织其他全棉粗斜纹布(劳动布)(指每平方米重超过200克,含棉85%及以上)〔999〕	8	70	13		米/千克		M/
52094300	--其他三线或四线斜纹机织物,包括双面斜纹机织物							

协定税率(%)															特惠税率(%)			对美税率	出口税率	出口退税率	Article Description
智利	新西兰	澳大利亚	瑞士	冰岛	秘鲁	哥斯达	东盟	亚太	新加坡	巴基斯坦	港/澳/台	韩国	格鲁吉亚	毛里求斯	亚太	老/柬/缅	LDC 97/95				
																		33	0		
																		33	0		
																		33	0		
																		33	0		
0	0	0	0	0	0	0	0	5.2	0	0	0/0/	6.5	0	0			0/0			13	--Plain weave, weighing more than 100g/m^2
																		33	0		
																		33	0		
																		33	0		
																		33	0		
																		33	0		
																		33	0		
0	0	0	0	0	0	0	0			0	0/0/	0	0	0			0/0			13	---3-thread or 4-thread twill, including cross twill
																			0		
0	0	0	0	0	0	0	0	5.2		0	0/0/0	0	0	0			0/0			13	---Other
																		33	0		
																		33	0		
																		33	0		
																		33	0		
																					Woven fabrics of cotton, containing 85% or more by weight of cotton, weighing more than 200g/m^2:
0	0	0	0	0		0	5			0	0/0/	6.5	0	0			0/0			13	--Plain weave
																		33	0		
0	0	0	0	0	0	0	0	5.2	0	0	0/0/	0	0	0			0/0			13	--3-thread or 4-thread twill, including cross twill
																		33	0		
0	0	0	0	0	0	0	0		0	0	0/0/	0	0	0			0/0			13	--Other fabrics
																		33	0		
0	0	0	2.4	0	0	0	0		0	0	0/0/	0	0	0			0/0			13	--Plain weave
																		33	0		
0	0	0	2.4	0	0	0	0		0	0	0/0/	0	0	0			0/0			13	--3-thread or 4-thread twill, including cross twill
																		33	0		
0	0	0	2.4	0	0	0	0		0	0	0/0/	0	0	0			0/0			13	--Other fabrics
																		33	0		
0	0	0	0	0	0	0	0	5.2	0	0	0/0/0	0	0	0		0/0/0	0/0			13	--Plain weave
																		33	0		
																		33	0		
																		33	0		
																		33	0		
0	0	0	0	0	0	0	0	5.2	0	0	0/0/0	0	0	0		0/0/0	0/0			13	--3-thread or 4-thread twill, including cross twill
																		33	0		
0	0	0	0	0	0	0	0	5.2	0	0	0/0/0	0	0	0		0/0/0	0/0			13	--Other fabrics
																		33	0		
																		33	0		
																		33	0		
																		33	0		
0	0	0	0	0	0	0	0		0	0	0/0/0	0	0	0			0/0			13	--Plain weave
																		33	0		
																		33	0		
0	0	0	0	0	0	0	0	5.2	0	0	0/0/0	0	0	0		0/0/0	0/0			13	--Denim
																		33	0		
																		33	0		
0	0	0	0	0	0	0	0	5.2		0	0/0/	0	0	0			0/0			13	--Other fabrics of 3-thread or 4-thread twill, including cross twill

商品编号	商品名称及备注[检验检疫编码及名称]	进口关税(%)		增值税率(%)	消费税	计量单位	监管条件	检验检疫类别
		最惠国	普通					
5209430000	其他色织的全棉三、四线斜纹布(指每平方米重超过 200 克,含棉≥85%,包括双面斜纹机织物)〔999〕	8	70	13		米/千克		M/
52094900	--其他机织物							
5209490010	色织的其他全棉提花机织物(指每平方米重超过 200 克,含棉 85%及以上)〔999〕	8	70	13		米/千克		M/
5209490090	色织的其他全棉机织物(指每平方米重超过 200 克,含棉 85%及以上)〔999〕	8	70	13		米/千克		M/
52095100	--平纹机织物							
5209510010	印花全棉手工织布(指每平方米重超过 200 克,含棉 85%及以上)〔999〕	8	70	13		米/千克		M/
5209510091	印花全棉平纹府绸及细平布(指每平方米重超过 200 克,含棉 85%及以上)〔999〕	8	70	13		米/千克		M/
5209510092	印花全棉平纹机织平布(指每平方米重超过 200 克,含棉 85%及以上)〔999〕	8	70	13		米/千克		M/
5209510093	印花全棉平纹机织帆布(指每平方米重超过 200 克,含棉 85%及以上)〔999〕	8	70	13		米/千克		M/
52095200	--三线或四线斜纹机织物,包括双面斜纹机织物							
5209520000	印花的全棉三、四线斜纹布(指每平方米重超过 200 克,含棉 85%及以上,双面斜纹布)〔999〕	8	70	13		米/千克		M/
52095900	--其他机织物							
5209590010	印花的其他全棉机织缎布(指每平方米重超过 200 克,含棉 85%及以上)〔999〕	8	70	13		米/千克		M/
5209590020	印花的其他全棉机织斜纹布(指每平方米重超过 200 克,含棉 85%及以上)〔999〕	8	70	13		米/千克		M/
5209590030	印花的其他全棉机织帆布(指每平方米重超过 200 克,含棉 85%及以上)〔999〕	8	70	13		米/千克		M/
5209590090	印花的其他全棉机织物(指每平方米重超过 200 克,含棉 85%及以上)〔999〕	8	70	13		米/千克		M/
5210	**棉机织物,按重量计含棉量在 85%以下,主要或仅与化学纤维混纺,每平方米重量不超过 200 克:**							
52101100	--平纹机织物							
5210110011[暂6]	未漂白与聚酯短纤混纺的棉制府绸(指每平方米重≤200 克,含棉 85%以下,含平细布)〔999〕	8	90	13		米/千克		
5210110012[暂6]	未漂白与聚酯短纤混纺棉机织平布(指每平方米重≤200 克,≤68 号,含棉 85%以下)〔999〕	8	90	13		米/千克		
5210110013[暂6]	未漂白与聚酯短纤混纺棉奶酪布(指每平方米重≤200 克,含棉 85%以下)〔999〕	8	90	13		米/千克		
5210110014[暂6]	未漂白与聚酯短纤混纺棉印染用布(指每平方米重≤200 克,43~68 号,含棉 85%以下)〔999〕	8	90	13		米/千克		
5210110015[暂6]	未漂白与聚酯短纤混纺棉巴里纱(指每平方米重≤200 克,≥69 号,含棉 85%以下,含薄细布)〔999〕	8	90	13		米/千克		
5210110091[暂6]	未漂白与其他化纤混纺棉府绸(指每平方米重≤200 克,含棉 85%以下,含细平布)〔999〕	8	90	13		米/千克		
5210110092[暂6]	未漂白与其他化纤混纺棉机织平布(指每平方米重≤200 克,≤68 号,含棉 85%以下)〔999〕	8	90	13		米/千克		
5210110093[暂6]	未漂白与其他化纤混纺棉奶酪布(指每平方米重≤200 克,含棉 85%以下)〔999〕	8	90	13		米/千克		
5210110094[暂6]	未漂白与其他化纤混纺棉印染用布(指每平方米重≤200 克,43~68 号,含棉 85%以下)〔999〕	8	90	13		米/千克		
5210110095[暂6]	未漂白与其他化纤混纺棉巴里纱(指每平方米重≤200 克,≥69 号,含棉 85%以下,含薄细布)〔999〕	8	90	13		米/千克		
52101910	---三线或四线斜纹机织物,包括双面斜纹机织物							
5210191000	未漂白与化纤混纺 3/4 线或双面棉斜纹机织物(每平方米重≤200 克,含棉 85%以下)〔999〕	8	90	13		米/千克		
52101990	---其他							
5210199011[暂6]	其他未漂白与聚酯短纤混纺的缎布(每平方米重≤200 克,含棉 85%以下)〔999〕	8	90	13		米/千克		
5210199012[暂6]	其他未漂白与聚酯短纤混纺斜纹布(每平方米重≤200 克,含棉 85%以下)〔999〕	8	90	13		米/千克		
5210199013[暂6]	其他未漂白与聚酯短纤混纺牛津布(每平方米重≤200 克,含棉 85%以下)〔999〕	8	90	13		米/千克		
5210199019[暂6]	其他未漂白与聚酯短纤混纺棉布(每平方米重≤200 克,含棉 85%以下)〔999〕	8	90	13		米/千克		
5210199091[暂6]	其他未漂白与其他化纤混纺缎布(每平方米重≤200 克,含棉 85%以下)〔999〕	8	90	13		米/千克		
5210199092[暂6]	其他未漂白与其他化纤混纺斜纹布(每平方米重≤200 克,含棉 85%以下)〔999〕	8	90	13		米/千克		
5210199093[暂6]	其他未漂白与其他化纤混牛津布(每平方米重≤200 克,含棉 85%以下)〔999〕	8	90	13		米/千克		
5210199099[暂6]	其他未漂白与其他化纤混纺棉布(每平方米重≤200 克,含棉 85%以下)〔999〕	8	90	13		米/千克		
52102100	--平纹机织物							
5210210000	漂白与化纤混纺棉平纹机织物(每平方米重≤200 克,含棉 85%以下)〔999〕	8	90	13		米/千克		
52102910	---三线或四线斜纹机织物,包括双面斜纹机织物							
5210291000	漂白与化纤混纺 3/4 线或双面棉斜纹机织物(每平方米重≤200 克,含棉 85%以下)〔999〕	8	90	13		米/千克		
52102990	---其他							
5210299000	漂白与化纤混纺棉机织物(每平方米重≤200 克,含棉 85%以下)〔999〕	8	90	13		米/千克		

协定税率(%)															特惠税率(%)			对美税率	出口税率	出口退税率	Article Description
智利	新西兰	澳大利亚	瑞士	冰岛	秘鲁	哥斯达	东盟	亚太	新加坡	巴基斯坦	港/澳/台	韩国	格鲁吉亚	毛里求斯	亚太	老/柬/缅	LDC 97/95				
																		33	0		
0	0	0	0	0	0	0	0		0	0	0/0/	5.3	0	0			0/0			13	--Other fabrics
																		33	0		
																		33	0		
0	0	0	0	0	0	0	0	5.2	0	0	0/0/	0	0	0			0/0			13	--Plain weave
																		33	0		
																		33	0		
																		33	0		
																		33	0		
0	0	0	0	0	0	0	0			0	0/0/	0	0	0			0/0			13	--3-thread or 4-thread twill, including cross twill
																			0		
0	0	0	0	0	0	0	0	5.2		0	0/0/	0	0	0			0/0			13	--Other fabrics
																		33	0		
																		33	0		
																		33	0		
																		33	0		
																					Woven fabrics of cotton, containing less than 85% by weight of cotton, mixed mainly or solely with manmade fibres, weighing not more than 200g/m²:
0	0	0	2.4	0	0	0	0	5.2	0	0	0/0/	0	0	0			0/0			13	--Plain weave
																		31	0		
																		31	0		
																		31	0		
																		31	0		
																		31	0		
																		31	0		
																		31	0		
																		31	0		
																		31	0		
																		31	0		
0	0	0	2.4	0	0	0	0	4.8	0	0	0/0/	0	0	0			0/0			13	---3-thread or 4-thread twill, including cross twill
																			0		
0	0	0	2.4	0	0	0	0		0	0	0/0/	0	0	0			0/0			13	---Other
																		31	0		
																		31	0		
																		31	0		
																		31	0		
																		31	0		
																		31	0		
																		31	0		
																		31	0		
0	0	0	2.8	0	0	0	0		0	0	0/0/	4.2	0	0			0/0			13	--Plain weave
																			0		
0	0	0	2.8	0	0	0	0		0	0	0/0/	4.2	0	0			0/0			13	---3-thread or 4-thread twill, including cross twill
																			0		
0	0	0	2.8	0	0	0	0		0	0	0/0/	4.2	0	0			0/0			13	---Other
																			0		

商品编号	商品名称及备注［检验检疫编码及名称］	进口关税(%)		增值税率(%)	消费税	计量单位	监管条件	检验检疫类别
		最惠国	普通					
52103100	--平纹机织物							
5210310000	染色与化纤混纺棉平纹机织物(每平方米重≤200克,含棉85%以下)〔999〕	8	90	13		米/千克		
52103200	--三线或四线斜纹机织物,包括双面斜纹机织物							
5210320000	染色与化纤混纺的3/4线斜纹棉机织物(每平方米重不超过200克,含棉85%以下,含双面斜纹机织物)〔999〕	8	90	13		米/千克		
52103900	--其他机织物							
5210390000	其他染色与化纤混纺棉机织物(每平方米重≤200克,含棉85%以下)〔999〕	8	90	13		米/千克		
52104100	--平纹机织物							
5210410000	色织与化纤混纺棉平纹机织物(每平方米重≤200克,含棉85%以下)〔999〕	8	90	13		米/千克		
52104910	---三线或四线斜纹机织物,包括双面斜纹机织物							
5210491000	色织化纤混纺3/4斜纹棉机织物(每平方米重≤200克,含棉85%以下,含双面斜纹机织物)〔999〕	8	90	13		米/千克		
52104990	---其他							
5210499000	其他色织与化纤混纺棉机织物(每平方米重不超过200克,含棉85%以下)〔999〕	8	90	13		米/千克		
52105100	--平纹机织物							
5210510000	印花与化纤混纺棉平纹机织物(每平方米重≤200克,含棉85%以下)〔999〕	8	90	13		米/千克		
52105910	---三线或四线斜纹机织物,包括双面斜纹机织物							
5210591000	印花化纤混纺3/4线斜纹棉机织物(每平方米重不超过200克,含棉85%以下,含双面斜纹机织物)〔999〕	8	90	13		米/千克		
52105990	---其他							
5210599000	其他印花与化纤混纺棉机织物(每平方米重不超过200克,含棉85%以下)〔999〕	8	90	13		米/千克		
5211	**棉机织物,按重量计含棉量在85%以下,主要或仅与化学纤维混纺,每平方米重量超过200克:**							
52111100	--平纹机织物							
5211110011[暂6]	未漂白与聚酯短纤混纺棉府绸(每平方米重>200克,含棉85%以下,含细平布)〔999〕	8	90	13		米/千克		
5211110012[暂6]	未漂白与聚酯短纤混纺棉机织平布(每平方米重>200克,含棉85%以下)〔999〕	8	90	13		米/千克		
5211110019[暂6]	未漂白与聚酯短纤混纺棉平纹帆布(每平方米重>200克,含棉85%以下)〔999〕	8	90	13		米/千克		
5211110091[暂6]	未漂白与其他化纤混纺棉府绸(每平方米重>200克,含棉85%以下,含细平布)〔999〕	8	90	13		米/千克		
5211110092[暂6]	未漂白与其他化纤混纺棉机织平布(每平方米重>200克,含棉85%以下)〔999〕	8	90	13		米/千克		
5211110099[暂6]	未漂白与其他化纤混纺棉平纹帆布(每平方米重>200克,含棉85%以下)〔999〕	8	90	13		米/千克		
52111200	--三线或四线斜纹机织物,包括双面斜纹机织物							
5211120010[暂6]	未漂白聚酯短纤混纺斜纹棉布(每平方米重>200克,含棉85%以下,3/4线斜纹布,双面斜纹布)〔999〕	8	90	13		米/千克		
5211120090[暂6]	未漂白其他化纤混纺斜纹棉布(每平方米重>200克,含棉85%以下,3/4线斜纹布,双面斜纹布)〔999〕	8	90	13		米/千克		
52111900	--其他机织物							
5211190000	其他未漂白与化纤混纺棉机织物(每平方米重>200克,含棉85%以下)〔999〕	8	90	13		米/千克		
52112000	-漂白							
5211200000	漂白主要或仅与其他化纤混纺的棉机织布(每平方米重超过200克,含棉85%以下)〔999〕	8	90	13		米/千克		
52113100	--平纹机织物							
5211310000	染色与化纤混纺的平纹机织物(每平方米重>200克,含棉85%以下)〔999〕	8	90	13		米/千克		
52113200	--三线或四线斜纹机织物,包括双面斜纹机织物							
5211320000	染色与化纤混纺3/4线斜纹棉机织物(每平方米重>200克,含棉85%以下,含双面斜纹布)〔999〕	8	90	13		米/千克		
52113900	--其他机织物							
5211390000	其他染色与化纤混纺棉机织物(每平方米重>200克,含棉85%以下)〔999〕	8	90	13		米/千克		
52114100	--平纹机织物							
5211410000	色织与化纤混纺平纹棉机织物(每平方米重超过200克,含棉85%以下)〔999〕	8	90	13		米/千克		
52114200	--粗斜纹布(劳动布)							
5211420010	色织与化纤混纺蓝色粗斜纹棉布(每平方米重超过200克,含棉85%以下)〔999〕	8	90	13		米/千克		
5211420090	色织与化纤混纺非蓝色粗斜纹棉布(每平方米重超过200克,含棉85%以下)〔999〕	8	90	13		米/千克		
52114300	--其他三线或四线斜纹机织物,包括双面斜纹机织物							

协定税率(%)															特惠税率(%)			对美税率	出口税率	出口退税率	Article Description
智利	新西兰	澳大利亚	瑞士	冰岛	秘鲁	哥斯达	东盟	亚太	新加坡	巴基斯坦	港/澳/台	韩国	格鲁吉亚	毛里求斯	亚太	老/柬/缅	LDC 97/95				
0	0	0	0	0	0	0	0	5.2	0	0	0/0/0	6.5	0	0			0/0			13	--Plain weave
																		33	0		
0	0	0	0	0	0	0	0	5.2	0	0	0/0/	0	0	0			0/0			13	--3-thread or 4-thread twill, including cross twill
																		33	0		
0	0	0	0	0	0	0	0	5.2	0	0	0/0/0	5.3	0	0			0/0			13	--Other fabrics
																		33	0		
0	0	0	0	0	0	0	0		0	0	0/0/0	0	0	0			0/0			13	--Plain weave
																		33	0		
0	0	0	0	0	0	0	0		0	0	0/0/	0	0	0			0/0			13	---3-thread or 4-thread twill, including cross twill
																		33	0		
0	0	0	0	0	0	0	0		0	0	0/0/0	0	0	0			0/0			13	---Other
																		33	0		
0	0	0	0	0	0	0	0			0	0/0/	0	0	0			0/0			13	--Plain weave
																		33	0		
0	0	0	0	0	0	0	0			0	0/0/	0	0	0			0/0			13	---3-thread or 4-thread twill, including cross twill
																			0		
0	0	0	0	0	0	0	0			0	0/0/	0	0	0			0/0			13	---Other
																		33	0		
																					Woven fabrics of cotton, containing less than 85% by weight of cotton, mixed mainly or solely with man-made fibres, weighing more than $200g/m^2$:
0	0	0	2.4	0	0	0	0		0	0	0/0/	6.4	0	0			0/0			13	--Plain weave
																		31	0		
																		31	0		
																		31	0		
																		31	0		
																		31	0		
																		31	0		
0	0	0	2.4	0	0	0	0		0	0	0/0/	0	0	0			0/0			13	--3-thread or 4-thread twill, including cross twill
																		31	0		
																		31	0		
0	0	0	2.4	0	0	0	0		0	0	0/0/	0	0	0			0/0			13	--Other fabrics
																			0		
0	0	0	2.8	0	0	0	0		0	0	0/0/	4.2	0	0			0/0			13	-Bleached
																		33	0		
0	0	0	0	0	0	0	0	6.8	0	0	0/0/	8.5	0	0			0/0			13	--Plain weave
																		33	0		
0	0	0	0	0	0	0	0	5.2	0	0	0/0/	0	0	0			0/0			13	--3-thread or 4-thread twill, including cross twill
																		33	0		
0	0	0	0	0	0	0	0	5.2	0	0	0/0/0	5.3	0	0			0/0			13	--Other fabrics
																		33	0		
0	0	0	0	0	0	0	0			0	0/0/	0	0	0			0/0			13	--Plainweave
																		33	0		
0	0	0	0	0	0	0	0		0	0	0/0/	0	0	0			0/0			13	--Denim
																		33	0		
																		33	0		
0	0	0	0	0	0	0	0			0	0/0/	0	0	0			0/0			13	--Other fabrics of 3-thread or 4-thread twill, including cross twill

商品编号	商品名称及备注[检验检疫编码及名称]	进口关税(%)		增值税率(%)	消费税	计量单位	监管条件	检验检疫类别
		最惠国	普通					
5211430000	色织与化纤混纺 3/4 线斜纹棉机织物(每平方米重超过 200 克,含棉 85%以下,含双面斜纹机织物)〔999〕	8	90	13		米/千克		
52114900	--其他机织物							
5211490000	其他色织与化纤混纺棉机织物(每平方米重超过 200 克,含棉 85%以下)〔999〕	8	90	13		米/千克		
52115100	--平纹机织物							
5211510000	印花与化纤混纺的平纹机织物(每平方米重超过 200 克,含棉 85%以下)〔999〕	8	90	13		米/千克		
52115200	--三线或四线斜纹机织物,包括双面斜纹机织物							
5211520000	印花与化纤混纺 3/4 线斜纹棉机织物(每平方米重超过 200 克,含棉 85%以下,含双面斜纹机织物)〔999〕	8	90	13		米/千克		
52115900	--其他机织物							
5211590000	其他印花与化纤混纺棉机织物(每平方米重超过 200 克,含棉 85%以下)〔999〕	8	90	13		米/千克		
5212	**其他棉机织物:**							
52121100	--未漂白							
5212110000	未漂白的其他混纺棉机织物(每平方米重≤200 克)〔999〕	8	80	13		米/千克		
52121200	--漂白							
5212120000	漂白的其他混纺棉机织物(每平方米重≤200 克)〔999〕	8	80	13		米/千克		
52121300	--染色							
5212130000	染色的其他混纺棉机织物(每平方米重≤200 克)〔999〕	8	80	13		米/千克		
52121400	--色织							
5212140000	色织的其他混纺棉机织物(每平方米重≤200 克)〔999〕	8	80	13		米/千克		
52121500	--印花							
5212150000	印花的其他混纺棉机织物(每平方米重≤200 克)〔999〕	8	80	13		米/千克		
52122100	--未漂白							
5212210011[暂6]	未漂白其他混纺棉布(每平方米重>200 克,与 36%及以上精梳羊毛/动物细毛混纺)〔999〕	8	80	13		米/千克		
5212210019[暂6]	未漂白其他混纺棉布(每平方米重>200 克,与 36%及以下精梳羊毛/动物细毛混纺)〔999〕	8	80	13		米/千克		
5212210021[暂6]	未漂白其他混纺棉布(每平方米重>200 克,与 36%及以上其他羊毛/动物细毛混纺)〔999〕	8	80	13		米/千克		
5212210029[暂6]	未漂白其他混纺棉布(每平方米重>200 克,与 36%及以下其他羊毛/动物细毛混纺)〔999〕	8	80	13		米/千克		
5212210030[暂6]	未漂白其他混纺府绸及平细布(每平方米重>200 克,与化纤以外其他纤维混纺)〔999〕	8	80	13		米/千克		
5212210040[暂6]	未漂白其他混纺棉机织平布(每平方米重>200 克,与化纤以外其他纤维混纺)〔999〕	8	80	13		米/千克		
5212210050[暂6]	未漂白其他混纺棉帆布(每平方米重>200 克,与化纤以外其他纤维混纺)〔999〕	8	80	13		米/千克		
5212210060[暂6]	未漂白其他混纺棉缎布(每平方米重>200 克,与化纤以外其他纤维混纺)〔999〕	8	80	13		米/千克		
5212210070[暂6]	未漂白其他混纺斜纹棉布(每平方米重>200 克,与化纤以外其他纤维混纺)〔999〕	8	80	13		米/千克		
5212210090[暂6]	未漂白其他混纺棉布(每平方米重>200 克,与化纤以外其他纤维混纺)〔999〕	8	80	13		米/千克		
52122200	--漂白							
5212220000	漂白的其他混纺棉机织物(每平方米重>200 克)〔999〕	8	80	13		米/千克		
52122300	--染色							
5212230000	染色的其他混纺棉机织物(每平方米重>200 克)〔999〕	8	80	13		米/千克		
52122400	--色织							
5212240000	色织的混纺棉机织物(每平方米重>200 克)〔999〕	8	80	13		米/千克		
52122500	--印花							
5212250000	印花的其他混纺棉机织物(每平方米重>200 克)〔999〕	8	80	13		米/千克		

协定税率(%)															特惠税率(%)			对美税率	出口税率	出口退税率	Article Description
智利	新西兰	澳大利亚	瑞士	冰岛	秘鲁	哥斯达	东盟	亚太	新加坡	巴基斯坦	港/澳/台	韩国	格鲁吉亚	毛里求斯	亚太	老/柬/缅	LDC 97/95				
																		33	0		
0	0	0	0	0	0	0	0		0	0	0/0/	5.3	0	0			0/0			13	--Other fabrics
																		33	0		
0	0	0	0	0	0	0	0			0	0/0/	0	0	0			0/0			13	--Plain weave
																		33	0		
0	0	0	0	0	0	0	0			0	0/0/	0	0	0			0/0			13	--3-thread or 4-thread twill, including cross twill
																		28	0		
0	0	0	0	0	0	0	0	5.2		0	0/0/	0	0	0			0/0			13	--Other fabrics
																		18	0		
																					Other woven fabrics of cotton:
0	0	0	2.4	0	0	0	0		0	0	0/0/	0	0	0			0/0			13	--Unbleached
																			0		
0	0	0	2.8	0	0	0	0		0	0	0/0/	4.2	0	0			0/0			13	--Bleached
																		13	0		
0	0	0	0	0	0	0	0			0	0/0/	0	0	0			0/0			13	--Dyed
																		33	0		
0	0	0	0	0	0	0	0			0	0/0/	0	0	0			0/0			13	--Of yarns of different colours
																		33	0		
0	0	0	0	0	0	0	0			0	0/0/	0	0	0			0/0			13	--Printed
																		33	0		
0	0	0	2.4	0	0	0	0		0	0	0/0/	0	0	0			0/0			13	--Unbleached
																		31	0		
																		31	0		
																		31	0		
																		31	0		
																		31	0		
																		31	0		
																		31	0		
																		31	0		
																		31	0		
																		31	0		
0	0	0	2.8	0	0	0	0		0	0	0/0/	4.2	0	0			0/0			13	--Bleached
																		28	0		
0	0	0	0	0	0	0	0			0	0/0/	0	0	0			0/0			13	--Dyed
																		33	0		
0	0	0	0	0	0	0	0			0	0/0/	0	0	0			0/0			13	--Of yarns of different colours
																		33	0		
0	0	0	0	0	0	0	0			0	0/0/	0	0	0			0/0			13	--Printed
																		33	0		

第五十三章
其他植物纺织纤维；纸纱线及其机织物

商品编号	商品名称及备注[检验检疫编码及名称]	进口关税(%)		增值税率(%)	消费税	计量单位	监管条件	检验检疫类别
		最惠国	普通					
5301	**亚麻,生的或经加工但未纺制的;亚麻短纤及废麻(包括废麻纱线及回收纤维):**							
53011000	-生的或经沤制的亚麻							
5301100000	生的或沤制的亚麻〔101 亚麻〕,〔102 麻纤维〕	6	30	13		千克	AB	P/Q
53012100	--破开的或打成的							
5301210000[暂1]	破开或打成的亚麻〔101 亚麻〕,〔102 麻纤维〕	6	30	13		千克	AB	P/Q
53012900	--其他							
5301290000	栉梳或经其他加工未纺制的亚麻〔101 亚麻〕,〔102 麻纤维〕	6	30	13		千克	AB	P/Q
53013000	-亚麻短纤及废麻							
5301300000[暂1]	亚麻短纤及废麻(包括废麻纱线及回收纤维)〔999〕	6	30	13		千克	AB	P/Q
5302	**大麻,生的或经加工但未纺制的;大麻短纤及废麻(包括废麻纱线及回收纤维):**							
53021000	-生的或经沤制的大麻							
5302100000	生的或经沤制的大麻〔101 麻〕,〔102 麻纤维〕	6	30	13		千克	AB	P/Q
53029000	-其他							
5302900000	加工未纺的大麻、大麻短纤及废麻(包括废麻纱线及回收纤维)〔999〕	6	30	13		千克	AB	P/Q
5303	**黄麻及其他纺织用韧皮纤维(不包括亚麻、大麻及苎麻),生的或经加工但未纺制的;上述纤维的短纤及废麻(包括废纱线及回收纤维):**							
53031000	-生的或经沤制的黄麻及其他纺织用韧皮纤维							
5303100000	生或沤制黄麻,其他纺织韧皮纤维(不包括亚麻,大麻,苎麻)〔101 麻〕,〔102 麻纤维〕	5	20	9		千克	AB	P/Q
53039000	-其他							
5303900000	加工未纺的黄麻及纺织用韧皮纤维(包括短纤、废麻、废纱线及回收纤维,不含亚麻、大麻、苎麻)〔999〕	5	30	13		千克	AB	P/Q
5305	**椰壳纤维、蕉麻(马尼拉麻)、苎麻及其他税号未列名的纺织用植物纤维,生的或经加工但未纺制的;上述纤维的短纤、落麻及废料(包括废纱线及回收纤维):**							
53050011	----生的							
5305001100	生的苎麻〔101 麻〕,〔102 麻纤维〕	5	30	13		千克	AB	P/Q
53050012	----经加工但未纺制的							
5305001200	经加工、未纺制的苎麻〔101 麻〕,〔102 麻纤维〕	5	30	13		千克	AB	P/Q
53050013	----短纤及废料							
5305001300	苎麻短纤及废麻(包括废纱线及回收纤维)〔999〕	5	30	13		千克	AB	P/Q
53050019	----其他							
5305001900	经加工的未列名纺织用苎麻纤维(包括短纤,落麻,废料,废纱线及回收纤维)〔999〕	5	20	13		千克	AB	P/Q
53050020	---蕉麻							
5305002000	生的或经加工、未纺制的蕉麻(包括短纤,落麻,废料,废蕉麻纱线及回收纤维)〔999〕	3	20	13		千克	AB	P/Q
53050091	----西沙尔麻及其他纺织用龙舌兰类纤维							
5305009100	生的或经加工、未纺制的西沙尔麻及纺织用龙舌兰纤维(包括短纤,落麻,废料,废纱线及回收纤维)〔999〕	5	30	13		千克	AB	P/Q
53050092	----椰壳纤维							
5305009200	生的或经加工、未纺制的椰壳纤维(包括短纤,落麻,废料,废椰壳纱线及回收纤维)〔999〕	5	30	13		千克	AB	P/Q
53050099	----其他							
5305009900	生的或经加工的未列名纺织用植物纤维(包括短纤,落麻,废料,废纱线及回收纤维)〔999〕	5	30	13		千克	AB	P/Q

Chapter 53
Other vegetable textile fibres; paper yarn and woven fabrics of paper yarn

协定税率(%)															特惠税率(%)			对美税率	出口税率	出口退税率	Article Description
智利	新西兰	澳大利亚	瑞士	冰岛	秘鲁	哥斯达	东盟	亚太	新加坡	巴基斯坦	港/澳/台	韩国	格鲁吉亚	毛里求斯	亚太	老/柬/缅	LDC 97/95				
																					Flax, raw or processed but not spun; flax tow and waste (including yarn waste and garnetted stock):
0	0	0	0	0	0	0	0			0	0/0/	0	0	0			0/0			9	-Flax, raw or retted
																		11	0		
0	0	0	0	0	0	0	0			0	0/0/	0	0	0			0/0			9	--Broken or scutched
																		6	0		
0	0	0	0	0	0	0	0			0	0/0/	0	0	0			0/0			9	--Other
																		11	0		
0	0	0	0	0	0	0	0			0	0/0/	0	0	0			0/0			9	-Flax tow and waste
																		6	0		
																					True hemp (Cannabis sativa L), raw or processed but not spun; tow and waste of true hemp (including yarn waste and garnetted stock):
0	0	0	0	0	0	0	0			0	0/0/	0	0	0			0/0			9	-True hemp, raw or retted
																		11	0		
0	0	0	0	0	0	0	0			0	0/0/	0	0	0			0/0			9	-Other
																		11	0		
																					Jute and other textile bast fibres (excluding flax, true hemp and ramie), raw or processed but not spun; tow and waste of these fibres (including yarn waste and garnetted stock):
0	0	0	0	0	0	0	0			0	0/0/	0	0	0	0	0/0/0	0/0			9	-Jute and other textile bast fibres, raw or retted
																			0		
0	0	0	0	0	0	0	0			0	0/0/	0	0	0		0/0/0	0/0			9	-Other
																			0		
																					Coconut, abaca (Manila hemp or Musatextilis Nee), ramie and other vegetable textile fibres, not elsewhere specified or included, raw or processed but not spun; tow, noils and waste of these fibres (including yarn waste and garnetted stock):
0	0	0	0	0	0	0	0			0	0/0/	0	0	0			0/0			9	----Raw
																			0		
0	0	0	0	0	0	0	0	3		0	0/0/	0	0	0			0/0			9	----Processed but not spun
																			0		
0	0	0	0	0	0	0	0	3		0	0/0/	0	0	0			0/0			9	----Tow and waste
																			0		
0	0	0	0	0	0	0	0			0	0/0/	0	0	0			0/0			9	----Other
																			0		
0	0	0	0	0	0	0	0	1. 8		0	0/0/	0	0	0			0/0			9	---Of abaca
																			0		
0	0	0	0	0	0	0	0	3		0	0/0/	0	0	0			0/0			9	----Sisal and other textile fibres of the genus Agave, raw
																			0		
0	0	0	0	0	0	0	0	3. 3		0	0/0/	0	0	0		0/0/0	0/0			6	----Of coconut (coir)
																			0		
0	0	0	0	0	0	0	0	3		0	0/0/	0	0	0			0/0			9	----Other
																			0		

商品编号	商品名称及备注[检验检疫编码及名称]	进口关税(%) 最惠国	进口关税(%) 普通	增值税率(%)	消费税	计量单位	监管条件	检验检疫类别
5306	**亚麻纱线:**							
53061000	-单纱							
5306100000	亚麻单纱〔999〕	5	50	13		千克		
53062000	-多股纱线或缆线							
5306200000	亚麻多股纱线或缆线〔101 麻纱线〕,〔102 绳、索、缆〕	5	50	13		千克		
5307	**黄麻纱线或品目 53.03 的其他纺织用韧皮纤维纱线:**							
53071000	-单纱							
5307100000	黄麻及其他纺织用韧皮纤维单纱〔999〕	5	35	13		千克		
53072000	-多股纱线或缆线							
5307200000	黄麻及其他韧皮纤维多股纱或缆线〔101 麻纱线〕,〔102 绳、索、缆〕	5	35	13		千克		
5308	**其他植物纺织纤维纱线;纸纱线:**							
53081000	-椰壳纤维纱线							
5308100000	椰壳纤维纱线〔999〕	5	45	13		千克		
53082000	-大麻纱线							
5308200000	大麻纱线〔999〕	5	45	13		千克		
53089011	----按重量计苎麻含量在 85%及以上的未漂白或漂白纱线							
5308901100	漂白或未漂白的纯苎麻纱线(纯按重量计苎麻含量在 85%及以上)〔999〕	5	50	13		千克		
53089012	----按重量计苎麻含量在 85%及以上的色纱线							
5308901200	纯苎麻色纱线(纯按重量计苎麻含量在 85%及以上)〔999〕	5	50	13		千克		
53089013	----按重量计苎麻含量在 85%以下的未漂白或漂白纱线							
5308901300	漂白或未漂白其他苎麻纱线(按重量计苎麻含量在 85%以下)〔999〕	5	50	13		千克		
53089014	----按重量计苎麻含量在 85%以下的色纱线							
5308901400	其他苎麻色纱线(按重量计苎麻含量在 85%以下)〔999〕	5	50	13		千克		
53089091	----纸纱线							
5308909100	纸纱线〔999〕	5	70	13		千克		
53089099	----其他							
5308909900	其他植物纺织纤维纱线〔999〕	5	45	13		千克		
5309	**亚麻机织物:**							
53091110	---未漂白							
5309111000	未漂白的纯亚麻机织物(按重量计亚麻含量在 85%及以上)〔999〕	8	80	13		米/千克		
53091120	---漂白							
5309112000	漂白的纯亚麻机织物(按重量计亚麻含量在 85%及以上)〔999〕	8	80	13		米/千克		
53091900	--其他							
5309190000	其他全亚麻机织物(按重量计亚麻含量在 85%及以上)〔999〕	8	80	13		米/千克		
53092110	---未漂白							
5309211000	未漂白的混纺亚麻机织物(亚麻含量在 85%以下)〔101 棉混纺坯布〕,〔102 亚麻混纺织物〕	8	80	13		米/千克		
53092120	---漂白							
5309212000	漂白的混纺亚麻机织物(亚麻含量在 85%以下)〔101 漂白棉混纺布〕,〔102 亚麻混纺织物〕	8	80	13		米/千克		
53092900	--其他							
5309290000	其他混纺亚麻机织物(亚麻含量在 85%以下)〔999〕	8	80	13		米/千克		
5310	**黄麻或品目 53.03 的其他纺织用韧皮纤维机织物:**							
53101000	-未漂白							
5310100000	未漂白黄麻或其他韧皮纤维机织物〔999〕	8	40	13		米/千克		
53109000	-其他							
5310900000	其他黄麻机织物或其他韧皮纤维机织物〔999〕	8	40	13		米/千克		
5311	**其他纺织用植物纤维机织物;纸纱线机织物:**							
53110012	----按重量计苎麻含量在 85%及以上的未漂白机织物							
5311001200	未漂白的苎麻机织物(苎麻含量在 85%及以上)〔999〕	8	80	13		米/千克		
53110013	----按重量计苎麻含量在 85%及以上的其他机织物							
5311001300	其他苎麻机织物(苎麻含量≥85%)〔999〕	8	80	13		米/千克		

协定税率(%)															特惠税率(%)			对美税率	出口税率	出口退税率	Article Description
智利	新西兰	澳大利亚	瑞士	冰岛	秘鲁	哥斯达	东盟	亚太	新加坡	巴基斯坦	港/澳/台	韩国	格鲁吉亚	毛里求斯	亚太	老/柬/缅	LDC 97/95				
																					Flax yarn:
0	0	0	0	0	0	0	0			0	0/0/	0	0	0			0/0			13	-Single
																			0		
0	0	0	0	0	0	0	0			4	0/0/	0	0	0			0/0			13	-Multiple(folded) or cabled
																		30	0		
																					Yarn of jute or of other textile bast fibres of heading 53.03:
0	0	0	0	0	0	0	0			0	0/0/	0	0	0	2.5	/0/	0/0			13	-Single
																			0		
0	0	0	0	0	0	0	0			0	0/0/	0	0	0	2.5	/0/	0/0			13	-Multiple(folded) or cabled
																			0		
																					Yarn of other vegetable textile fibres; paper yarn:
0	0	0	0	0	0	0	0			0	0/0/	0	0	0			0/0			13	-Coir yarn
																			0		
0	0	0	0	0	0	0	0			0	0/0/	0	0	0			0/0			13	-True hemp yarn
																			0		
0	0	0	0	0	0	0	0	3.5		0	0/0/	0	0	0			0/0			13	----Containing 85% or more by weight of ramie, unbleached or bleached yarn
																			0		
0	0	0	0	0	0	0	0	3.5		0	0/0/	0	0	0			0/0			13	----Containing 85% or more by weight of ramie, coloured yarn
																			0		
0	0	0	0	0	0	0	0	3.5		0	0/0/	0	0	0			0/0			13	----Containing less than 85% by weight of ramie, unbleached or bleached yarn
																			0		
0	0	0	0	0	0	0	0	3.5		0	0/0/	0	0	0			0/0			13	----Containing less than 85% by weight of coloured yarn
																			0		
0	0	0	0	0	0	0	0	3.5		0	0/0/	0	0	0			0/0			13	----Paper yarn
																			0		
0	0	0	0	0	0	0	0			0	0/0/	0	0	0			0/0			13	----Other
																			0		
																					Woven fabrics of flax:
0	0	0	0	0	0	0	0			0	0/0/	0	0	0			0/0			13	---Unbleached
																		33	0		
0	0	0	0	0	0	0	0			0	0/0/	0	0	0			0/0			13	---Bleached
																			0		
0	0	0	0	0	0	0	0	5.2		0	0/0/	0	0	0			0/0			13	--Other
																		33	0		
0	0	0	0	0	0	0	0			0	0/0/	0	0	0			0/0			13	---Unbleached
																		33	0		
0	0	0	0	0	0	0	0			0	0/0/	0	0	0			0/0			13	---Bleached
																			0		
0	0	0	0	0	0	0	0	5.2		0	0/0/	0	0	0			0/0			13	--Other
																		33	0		
																					Woven fabrics of jute or of other textile-bast fibres of heading 53.03:
0	0	0	0	0	0	0	0			4	0/0/	0	0	0	4	/0/	0/0			13	-Unbleached
																			0		
0	0	0	0	0	0	0	0			4	0/0/	0	0	0	4	/0/	0/0			13	-Other
																			0		
																					Woven fabrics of other vegetable textile fibres; woven fabrics of paper yarn:
0	0	0	0	0	0	0	0			4	0/0/	0	0	0			0/0			13	----Containing 85% or more by weight of ramie, unbleached woven fabrics
																			0		
0	0	0	2.4	0	0	0	0		0	6	0/0/	0	0	0			0/0			13	----Containing 85% or more by weight of ramie, other wo-ven fabrics
																			0		

商品编号	商品名称及备注[检验检疫编码及名称]	进口关税(%)		增值税率(%)	消费税	计量单位	监管条件	检验检疫类别
		最惠国	普通					
53110014	----按重量计苎麻含量在85%以下的未漂白机织物							
5311001400	未漂白的苎麻机织物(苎麻含量在85%以下)〔101 棉混纺坯布〕,〔102 苎麻混纺织物〕,〔103 其他麻织物〕	8	80	13		米/千克		
53110015	----按重量计苎麻含量在85%以下的其他机织物							
5311001500	其他苎麻机织物(指按重量计苎麻含量在85%以下)〔101 苎麻混纺织物〕,〔102 其他麻织物〕	8	80	13		米/千克		
53110020	---纸纱线的							
5311002000	纸纱线机织物〔999〕	8	90	13		米/千克		
53110030	---大麻的							
5311003000	大麻机织物〔999〕	8	50	13		米/千克		
53110090	---其他							
5311009000	其他纺织用植物纤维其他机织物〔999〕	8	50	13		米/千克		

协定税率(%)															特惠税率(%)			对美税率	出口税率	出口退税率	Article Description
智利	新西兰	澳大利亚	瑞士	冰岛	秘鲁	哥斯达	东盟	亚太	新加坡	巴基斯坦	港/澳/台	韩国	格鲁吉亚	毛里求斯	亚太	老/柬/缅	LDC 97/95				
0	0	0	0	0	0	0	0	4.8		4	0/0/	0	0	0			0/0			13	----Containing less than 85% by weight of ramie, unbleached woven fabrics
																			0		
0	0	0	2.4	0	0	0	0		0	6	0/0/	0	0	0			0/0			13	----Containing less than 85% by weight of ramie, other woven fabrics
																			0		
0	0	0	0	0	0	0	0	4.8		4	0/0/	0	0	0			0/0			13	---Of paper yarn
																			0		
0	0	0	0	0	0	0	0	5.2		4	0/0/	0	0	0			0/0			13	---Of true hemp
																			0		
0	0	0	0	0	0	0	0	5.2		4	0/0/	0	0	0			0/0			13	---Other
																			0		

第五十四章
化学纤维长丝；化学纤维纺织材料制扁条及类似品

注释：

一、本协调制度所称"化学纤维"，是指通过下列任一方法加工制得的有机聚合物的短纤或长丝：

（一）将有机单体物质加以聚合而制成的聚合物，例如，聚酰胺、聚酯、聚烯烃、聚氨基甲酸酯；或通过上述加工得到的聚合物经化学改性制得（例如，聚乙酸乙烯酯水解制得的聚乙烯醇）；或

（二）将天然有机聚合物（例如，纤维素）溶解或化学处理制成聚合物，例如，铜铵纤维或粘胶纤维；或将天然有机聚合物（例如，纤维素、酪蛋白及其他蛋白质或藻酸）经化学改性制成聚合物，例如，醋酸纤维素纤维或藻酸盐纤维。

对于化学纤维，所称"合成"，是指（一）款所述的纤维；所称"人造"，是指（二）款所述的纤维。品目 54.04 或 54.05 的扁条及类似品不视作化学纤维。

对于纺织材料，所称"化学纤维""合成纤维"及"人造纤维"，其含义应与上述解释相同。

二、品目 54.02 及 54.03 不适用于第五十五章的合成纤维或人造纤维的长丝丝束。

商品编号	商品名称及备注[检验检疫编码及名称]	进口关税(%)		增值税率(%)	消费税	计量单位	监管条件	检验检疫类别
		最惠国	普通					
5401	**化学纤维长丝纺制的缝纫线，不论是否供零售用：**							
54011010	---非供零售用							
5401101000	非供零售用合成纤维长丝缝纫线〔999〕	5	70	13		千克		
54011020	---供零售用							
5401102000	供零售用合成纤维长丝缝纫线〔999〕	5	90	13		千克		
54012010	---非供零售用							
5401201000	非供零售用人造纤维长丝缝纫线〔999〕	5	35	13		千克		
54012020	---供零售用							
5401202000	供零售用人造纤维长丝缝纫线〔999〕	5	90	13		千克		
5402	**合成纤维长丝纱线(缝纫线除外)，非供零售用，包括细度在 67 分特以下的合成纤维单丝：**							
54021110	---聚间苯二甲酰间苯二胺纺制							
5402111000	聚间苯二甲酰间苯二胺纺制的高强力纱(非供零售用)〔999〕	5	70	13		千克		
54021120	---聚对苯二甲酰对苯二胺纺制							
5402112000	聚对苯二甲酰对苯二胺纺制的高强力纱(非供零售用)〔999〕	5	70	13		千克		
54021190	---其他							
5402119000	其他芳香族聚酰胺纺制的高强力纱(非供零售用)〔999〕	5	70	13		千克		
54021910	---聚酰胺-6(尼龙-6)纺制的							
5402191000	聚酰胺-6(尼龙-6)纺制高强力纱(非供零售用)〔999〕	5	70	13		千克		
54021920	---聚酰胺-66(尼龙-66)纺制的							
5402192000	聚酰胺-6,6(尼龙 6,6)纺制的高强力纱(非供零售用)〔999〕	5	70	13		千克		
54021990	---其他							
5402199000	其他尼龙或其他聚酰胺制高强力纱(非供零售用)〔999〕	5	70	13		千克		
54022000	-聚酯高强力纱，不论是否经变形加工							
5402200010	非零售聚酯高强力纱，不论是否经变形加工(单丝/未捻或捻度<5 转/米的复丝单纱)〔999〕	5	70	13		千克		
5402200020	非零售聚酯高强力纱，不论是否经变形加工(捻度≥5 转/米的复丝单纱)〔999〕	5	70	13		千克		
5402200090	非零售聚酯高强力多股纱，不论是否经变形加工〔999〕	5	70	13		千克		
54023111	----聚酰胺-6(尼龙-6)纺制的							
5402311100	聚酰胺-6(尼龙-6)纺制弹力丝(非供零售用，指每根单纱细度不超过 50 特)〔999〕	5	80	13		千克		
54023112	----聚酰胺-66(尼龙-66)纺制的							
5402311200	聚酰胺-6,6 纺制的弹力丝(非供零售用，尼龙-66，指每根单纱细度不超过 50 特)〔999〕	5	80	13		千克		
54023113	----芳香族聚酰胺纺制的							
5402311300	芳香族聚酰胺纺制弹力丝(非供零售用，指每根单纱细度不超过 50 特)〔999〕	5	80	13		千克		
54023119	----其他							
5402311900	其他尼龙或其他聚酰胺制弹力丝(指每根单纱细度不超过 50 特，非供零售用)〔999〕	5	80	13		千克		
54023190	---其他							
5402319000	非零售其他细尼龙变形纱线(指每根单纱细度不超过 50 特，包括其他聚酰胺变形丝)〔999〕	5	70	13		千克		
54023211	----聚酰胺-6(尼龙-6)纺制的							

Chapter 54
Man-made filaments; strip and the like of man-made textile materials

Chapter Notes:

1. Throughout the Nomenclature, the term "man-made fibres" means staple fibres and filaments of organic polymers produced by manufacturing processes, either:
   (a) By polymerisation of organic monomers to produce polymers such as polyamides, polyesters, polyolefins or polyurethanes, or by chemical modification of polymers produced by this process (for example, poly (vinyl alcohol) prepared by the hydrolysis of poly (vinyl acetate)); or
   (b) By dissolution or chemical treatment of natural organic polymers (for example, cellulose) to produce polymers such as cuprammonium rayon (cupro) or viscose rayon, or by chemical modification of natural organic polymers (for example, cellulose, casein and other proteins, or alginic acid), to produce polymers such as cellulose acetate or alginates.

   The terms "synthetic" and "artificial", used in relation to fibres, mean: synthetic: fibres as defined at (a); artificial: fibres as defined at (b). Strip and the like of heading 54.04 or 54.05 are not considered to be man-made fibres.

   The terms "man-made" "synthetic" and "artificial" shall have the same meanings when used in relation to "textile materials".

2. Headings 54.02 and 54.03 do not apply to synthetic or artificial filament tow of Chapter 55.

协定税率(%)															特惠税率(%)			对美税率	出口税率	出口退税率	Article Description
智利	新西兰	澳大利亚	瑞士	冰岛	秘鲁	哥斯达	东盟	亚太	新加坡	巴基斯坦	港/澳/台	韩国	格鲁吉亚	毛里求斯	亚太	老/柬/缅	LDC 97/95				
																					Sewing thread of man-made fila-ments, whether or not put up for retail sale:
0	0	0	0	0	0	0	0			0	0/0/0	2.6	0	0			0/0			13	---Not put up for retail sale
																		25	0		
0	0	0	0	0	0	0	0			0	0/0/	0	0	0			0/0			13	---Put up for retail sale
																		30	0		
0	0	0	0	0	0	0	0			0	0/0/	0	0	0			0/0			13	---Not put up for retail sale
																			0		
0	0	0	0	0	0	0	0			0	0/0/	0	0	0			0/0			13	---Put up for retail sale
																			0		
																					Synthetic filament yarn (other than sewing thread), not put up for retail sale, including synthetic monofilament of less than 67 decitex:
0	0	0	0	0	0	0	0			0	0/0/	2.6	0	0			0/0			13	---Of polyisophthaloyl metaphenylene diamine
																		15	0		
0	0	0	0	0	0	0	0			0	0/0/	2.6	0	0			0/0			13	---Of poly-p-phenylene terephthamide
																		15	0		
0	0	0	0	0	0	0	0			0	0/0/	2.6	0	0			0/0			13	---Other
																		30	0		
0	0	0	0	0	0	0	0			0	0/0/		0	0			0/0			13	---Of nylon-6
																		30	0		
0	0	0	0	0	0	0	0			0	0/0/		0	0			0/0			13	---Of nylon-66
																		30	0		
0	0	0	0	0	0	0	0			0	0/0/	2.6	0	0			0/0			13	---Other
																		30	0		
0	0	0	0	0	0	0	0			0	0/0/0	2.6	0	0			0/0			13	-High tenacity yarn of nylon or other polyamides, whether or not through texturing processing
																		30	0		
																		30	0		
																		30	0		
0	0	0	0	0	0	0	0			0	0/0/		0	0			0/0			13	----Of nylon-6
																		30	0		
0	0	0	0	0	0	0	0			0	0/0/		0	0			0/0			13	----Of nylon-66
																		30	0		
0	0	0	0	0	0	0	0	3		0	0/0/		0	0			0/0			13	----Of aramides
																			0		
0	0	0	0	0	0	0	0			0	0/0/	2.6	0	0			0/0			13	----Other
																		30	0		
0	0	0	0	0	0	0	0			0	0/0/	2.6	0	0			0/0			13	---Other
																		30	0		
0	0	0	0	0	0	0	0			0	0/0/		0	0			0/0			13	----Of nylon-6

商品编号	商品名称及备注[检验检疫编码及名称]	进口关税(%)		增值税率(%)	消费税	计量单位	监管条件	检验检疫类别
		最惠国	普通					
5402321100	聚酰胺-6(尼龙-6)纺制的弹力丝(指每根单纱细度超过50特，非供零售用)〔999〕	5	80	13		千克		
54023212	----聚酰胺-66(尼龙-66)纺制的							
5402321200	聚酰胺-6,6纺制的弹力丝(指每根单纱细度超过50特，尼龙-66，非供零售用)〔999〕	5	80	13		千克		
54023213	----芳香族聚酰胺纺制的							
5402321300	芳香族聚酰胺纺制的弹力丝(指每根单纱细度超过50特，非供零售用)〔999〕	5	80	13		千克		
54023219	----其他							
5402321900	其他尼龙或其他聚酰胺制弹力丝(指每根单纱细度超过50特,非供零售用)〔999〕	5	80	13		千克		
54023290	---其他							
5402329000	非零售其他粗尼龙变形纱线(粗指每根单纱细度超过50特,包括其他聚酰胺变形丝)〔999〕	5	70	13		千克		
54023310	---弹力丝							
5402331000	非零售聚酯弹力丝〔999〕	5	90	13		千克		
54023390	---其他							
5402339000	非零售聚酯变形纱线〔999〕	5	70	13		千克		
54023400	--聚丙烯纺制							
5402340000	聚丙烯长丝变形纱线(非供零售用)〔101 合成纤维纱线〕,〔102 绳、索、缆〕	5	70	13		千克		
54023900	--其他							
5402390000	其他合成纤维长丝变形纱线(非供零售用)〔999〕	5	70	13		千克		
54024410	---氨纶纱线							
5402441000	氨纶弹性单纱(未加捻或捻度每米不超过50转,非供零售用)〔101 合成纤维纱线〕,〔102 绳、索、缆〕	5	70	13		千克		
54024490	---其他							
5402449000	其他合成纤维长丝弹性单纱(非供零售用,未加捻或捻度每米不超过50转)〔999〕	5	70	13		千克		
54024510	---聚酰胺-6(尼龙-6)纺制的							
5402451000	聚酰胺-6(尼龙-6)纺制的其他单纱(非供零售用,未加捻或捻度每米不超过50转)〔101 合成纤维纱线〕,〔102 绳、索、缆〕	5	70	13		千克		
54024520	---聚酰胺-66(尼龙-66)纺制的							
5402452000	聚酰胺-6,6(尼龙-6,6)纺制的其他单纱(非供零售用,未加捻或捻度每米不超过50转)〔101 合成纤维纱线〕,〔102 绳、索、缆〕	5	70	13		千克		
54024530	---芳香族聚酰胺纺制的							
5402453000	芳香族聚酰胺纺制的其他单纱(非供零售用,未加捻或捻度每米不超过50转)〔101 合成纤维纱线〕,〔102 绳、索、缆〕	5	70	13		千克		
54024590	---其他							
5402459000	其他尼龙或其他聚酰胺单纱纺制的其他单纱(非供零售用,未加捻或捻度每米不超过50转)〔101 合成纤维纱线〕,〔102 绳、索、缆〕	5	70	13		千克		
54024600	--其他,部分定向聚酯纱线							
5402460000	其他部分定向聚酯单纱(非供零售用,未加捻或捻度每米不超过50转)〔999〕	5	70	13		千克		
54024700	--其他,聚酯纱线							
5402470000	其他聚酯单纱(非供零售用,未加捻或捻度每米不超过50转)〔999〕	5	70	13		千克		
54024800	--其他,聚丙烯纱线							
5402480000	其他聚丙烯单纱(非供零售用,未加捻或捻度每米不超过50转)〔101 合成纤维纱线〕,〔102 绳、索、缆〕	5	70	13		千克		
54024910	---断裂强度大于等于22cN/dtex,且初始模量大于等于750cN/dtex的聚乙烯纱线							
5402491000	聚乙烯长丝纱线(单纱)(断裂强度在22cN/dtex及以上,且初始模量在750cN/dtex及以上,非供零售用,未加捻或捻度每米不超过50转,缝纫线除外)〔999〕	5	70	13		千克		
54024990	---其他							
5402499001	非弹性氨纶单纱(非供零售用,未加捻或捻度每米不超过50转,缝纫线除外)〔999〕	5	70	13		千克		
5402499090	其他合成纤维长丝单纱(非供零售用,未加捻或捻度每米不超过50转,缝纫线除外)〔999〕	5	70	13		千克		
54025110	---聚酰胺-6(尼龙-6)制							
5402511000	聚酰胺-6(尼龙-6)纺制的单纱(指捻度每米超过50转，非供零售用)〔999〕	5	70	13		千克		
54025120	---聚酰胺-66(尼龙-66)制							
5402512000	聚酰胺-6,6纺制的单纱(指捻度每米超过50转,尼龙-66，非供零售用)〔999〕	5	70	13		千克		
54025130	---芳香族聚酰胺制							
5402513000	芳香族聚酰胺纺制的单纱(指捻度每米超过50转，非供零售用)〔999〕	5	70	13		千克		
54025190	---其他							
5402519000	其他尼龙或其他聚酰胺单纱(指捻度每米超过50转，非供零售用)〔999〕	5	70	13		千克		
54025200	--聚酯纱线							
5402520000	非零售加捻的其他聚酯纱线(加捻指捻度每米超过50转)〔999〕	5	70	13		千克		
54025300	--聚丙烯纱线							

协定税率(%)															特惠税率(%)			对美税率	出口税率	出口退税率	Article Description
智利	新西兰	澳大利亚	瑞士	冰岛	秘鲁	哥斯达	东盟	亚太	新加坡	巴基斯坦	港/澳/台	韩国	格鲁吉亚	毛里求斯	亚太	老/柬/缅	LDC 97/95				
																		15	0		
0	0	0	0	0	0	0	0			0	0/0/		0	0			0/0			13	----Of nylon-66
																		15	0		
0	0	0	0	0	0	0	0			0	0/0/	2.6	0	0			0/0			13	----Of aramides
																			0		
0	0	0	0	0	0	0	0			0	0/0/		0	0			0/0			13	----Other
																		30	0		
0	0	0	0	0	0	0	0	3.3		0	0/0/	3.2	0	0			0/0			13	---Other
																		15	0		
0	0	0	0	0	0	0	0			0	0/0/0	0	0	0			0/0			13	---Elastic filament
																		30	0		
0	0	0	0	0	0	0				0	0/0/	1.5	0	0			0/0			13	---Other
																		30	0		
0	0	0	0	0	0	0	0			0	0/0/	1.5	0	0			0/0			13	--Of polypropylene
																		30	0		
0	0	0	0	0	0	0	0			0	0/0/	1.5	0	0			0/0			13	--Other
																		30	0		
0	0	0	0	0	0	0	0			0	0/0/		0	0			0/0			13	---Of polyurethane
																		30	0		
0	0	0	0	0	0	0	0	3.3		0	0/0/	0	0	0			0/0			13	---Other
																			0		
0	0	0	0	0	0	0	0	3.3		0	0/0/	3.2	0	0			0/0			13	---Of nylon-6
																		30	0		
0	0	0	0	0	0	0	0	3.3		0	0/0/	3.2	0	0			0/0			13	---Of nylon-66
																		15	0		
0	0	0	0	0	0	0	0	3.3		0	0/0/	2.6	0	0			0/0			13	---Of aramides
																		15	0		
0	0	0	0	0	0	0	0	3.3		0	0/0/	3.2	0	0			0/0			13	---Other
																		15	0		
0	0	0	0	0	0	0				0	0/0/	1.5	0	0			0/0			13	--Other, of polyesters, partially oriented
																		15	0		
0	0	0	1	0	0	0		3.3		0	0/0/	3.2	0	0			0/0			13	--Other, of polyesters
																		30	0		
0	0	0	0	0	0	0	0			0	0/0/	0	0	0			0/0			13	--Other, of polypropylene
																		30	0		
0	0	0	0	0	0	0	0			0	0/0/		0	0			0/0			13	---Of polyethylene (having an breaking strength of 22cN/dtex or more and initial modulus of 750cN/dtex or more)
																		15	0		
0	0	0	0	0	0	0	0			0	0/0/		0	0			0/0			13	---Other
																		15	0		
																		15	0		
0	0	0	0	0	0	0				0	0/0/		0	0			0/0			13	---Of nylon-6
																		30	0		
0	0	0	0	0	0	0	0	4.5		0	0/0/		0	0			0/0			13	---Of nylon-66
																			0		
0	0	0	0	0	0	0	0	3.5		0	0/0/	2.6	0	0			0/0			13	---Of aramides
																			0		
0	0	0	0	0	0	0	0			0	0/0/	2.6	0	0			0/0			13	---Other
																			0		
0	0	0	0	0	0	0		3.3		0	0/0/	1.5	0	0			0/0			13	--Of polyesters
																		30	0		
0	0	0	0	0	0	0	0			0	0/0/	0	0	0			0/0			13	--Of polypropylene

商品编号	商品名称及备注[检验检疫编码及名称]	进口关税(%)		增值税率(%)	消费税	计量单位	监管条件	检验检疫类别
		最惠国	普通					
5402530000	聚丙烯纱线(捻度每米超过50转,非供零售用)〔999〕	5	70	13		千克		
54025920	---断裂强度大于等于22cN/dtex,且初始模量大于等于750cN/dtex的聚乙烯纱线							
5402592000	聚乙烯长丝纱线(单纱)(断裂强度≥22cN/dtex,且初始模量≥750cN/dtex,非供零售用,捻度每米超过50转,缝纫线除外)〔999〕	5	70	13		千克		
54025990	---其他							
5402599000	其他合成纤维长丝纱线(捻度每米超过50转,非供零售用)〔999〕	5	70	13		千克		
54026110	---聚酰胺-6(尼龙-6)制							
5402611000	聚酰胺-6(尼龙-6)纺制的纱线(包括多股纱线或缆线,非供零售用)〔101合成纤维纱线〕,〔102绳、索、缆〕	5	70	13		千克		
54026120	---聚酰胺-66(尼龙-66)制							
5402612000	聚酰胺-6,6纺制的纱线(包括多股纱线或缆线,尼龙-66,非供零售用)〔101合成纤维纱线〕,〔102绳、索、缆〕	5	70	13		千克		
54026130	---芳香族聚酰胺制							
5402613000	芳香族聚酰胺纺制的纱线(包括多股纱线或缆线,非供零售用)〔101合成纤维纱线〕,〔102绳、索、缆〕	5	70	13		千克		
54026190	---其他							
5402619000	其他尼龙或其他聚酰胺纺制纱线(包括多股纱线或缆线,非供零售用)〔101合成纤维纱线〕,〔102绳、索、缆〕	5	70	13		千克		
54026200	--聚酯纺制							
5402620000	非零售聚酯多股纱线(包括缆线)〔101合成纤维纱线〕,〔102绳、索、缆〕	5	70	13		千克		
54026300	--聚丙烯纺制							
5402630000	聚丙烯纱线(包括多股纱线或缆线,非供零售用)〔999〕	5	70	13		千克		
54026920	---氨纶纱线							
5402692000	氨纶纱线(包括多股纱线或缆线,非供零售用)〔101合成纤维纱线〕,〔102绳、索、缆〕	5	70	13		千克		
54026990	---其他							
5402699000	其他合成纤维长丝多股纱线或缆线(非供零售用)〔101合成纤维纱线〕,〔102绳、索、缆〕	5	70	13		千克		
5403	**人造纤维长丝纱线(缝纫线除外),非供零售用,包括细度在67分特以下的人造纤维单丝:**							
54031000	-粘胶纤维纺制的高强力纱							
5403100000	非零售粘胶纤维高强力纱〔999〕	5	35	13		千克		
54033110	---竹制							
5403311000	非零售竹制粘胶纤维单纱(未捻或捻度≤120转/米的单纱,包括变形纱线)〔999〕	5	35	13		千克		
54033190	---其他							
5403319000	其他非零售粘胶纤维单纱(未捻或捻度≤120转/米的单纱,包括变形纱线)〔999〕	5	35	13		千克		
54033210	---竹制							
5403321000	非零售的竹制粘胶纤维单纱(加捻捻度>120转/米包括变形纱线)〔999〕	5	35	13		千克		
54033290	---其他							
5403329000	其他非零售粘胶纤维单纱(加捻捻度>120转/米包括变形纱线)〔999〕	5	35	13		千克		
54033310	---二醋酸纤维纺制							
5403331010	非零售二醋酸纤维单纱(单丝/未捻或捻度<5转/米以下的复丝单纱,包括变形纱线)〔999〕	5	40	13		千克		
5403331020	非零售二醋酸纤维单纱(5转/米≤捻度≤250转/米,包括变形纱线)〔999〕	5	40	13		千克		
5403331090	非零售二醋酸纤维单纱(捻度>250转/米)〔999〕	5	40	13		千克		
54033390	---其他							
5403339000	非零售其他醋酸纤维单纱〔999〕	5	35	13		千克		
54033900	--其他							
5403390000	非零售其他人造纤维长丝单纱〔999〕	5	35	13		千克		
54034100	--粘胶纤维纺制							
5403410000	非零售粘胶长丝多股纱线或缆线(包括变形纱线)〔999〕	5	35	13		千克		
54034200	--醋酸纤维纺制							
5403420000	非零售醋酸长丝多股纱线或缆线(包括变形纱线)〔999〕	5	35	13		千克		
54034900	--其他							
5403490000	非零售其他人造纤维长丝多股纱或缆线(包括变形纱线)〔999〕	5	35	13		千克		

协定税率(%)															特惠税率(%)			对美税率	出口税率	出口退税率	Article Description
智利	新西兰	澳大利亚	瑞士	冰岛	秘鲁	哥斯达	东盟	亚太	新加坡	巴基斯坦	港/澳/台	韩国	格鲁吉亚	毛里求斯	亚太	老/柬/缅	LDC 97/95				
																		30	0		
0	0	0	0	0	0	0	0			0	0/0/	0	0	0			0/0			13	---Of polyethylene, of which breaking strength≥22cN/dtex and initial modulus ≥750cN/dtex
																		15	0		
0	0	0	0	0	0	0	0			0	0/0/	0	0	0			0/0			13	---Other
																		15	0		
0	0	0	0	0	0	0	0			0	0/0/	2.6	0	0			0/0			13	---Of nylon-6
																		30	0		
0	0	0	0	0	0	0	0			0	0/0/	2.6	0	0			0/0			13	---Of nylon-66
																		30	0		
0	0	0	0	0	0	0	0			0	0/0/	2.6	0	0			0/0			13	---Of aramides
																		25	0		
0	0	0	0	0	0	0	0			0	0/0/	0	0	0			0/0			13	---Other
																		30	0		
0	0	0	0	0	0	0	0			0	0/0/0	0	0	0			0/0			13	--Of polyesters
																		30	0		
0	0	0	0	0	0	0	0			0	0/0/	2.6	0	0			0/0			13	--Of polypropylene
																		30	0		
0	0	0	0	0	0	0	0			0	0/0/		0	0			0/0			13	---Of polyurethane
																		30	0		
0	0	0	0	0	0	0	0			0	0/0/	1.5	0	0			0/0			13	---Other
																		25	0		
																					Artificial filament yarn (other than sewing thread), not put up for retail sale, including artificial monofilament of less than 67 decitex:
0	0	0	0	0	0	0	0			0	0/0/	0	0	0			0/0			13	-High tenacity yarn of viscose rayon
																		15	0		
0	0	0	0	0	0	0	0			0	0/0/	0	0	0			0/0			13	---Of bamboo
																			0		
0	0	0	0	0	0	0	0			0	0/0/	0	0	0			0/0			13	---Other
																			0		
0	0	0	0	0	0	0	0			0	0/0/	0	0	0			0/0			13	---Of bamboo
																			0		
0	0	0	0	0	0	0	0			0	0/0/	0	0	0			0/0			13	---Other
																			0		
0	0	0	0	0	0	0	0			0	0/0/	0	0	0			0/0			13	---Of cellulose diacetate
																		15	0		
																		15	0		
																		15	0		
0	0	0	0	0	0	0	0			0	0/0/	0	0	0			0/0			13	---Other
																		15	0		
0	0	0	0	0	0	0	0			0	0/0/	0	0	0			0/0			13	--Other
																			0		
0	0	0	0	0	0	0	0			0	0/0/	0	0	0			0/0			13	--Of viscose rayon
																			0		
0	0	0	0	0	0	0	0			0	0/0/	0	0	0			0/0			13	--Of cellulose acetate
																			0		
0	0	0	0	0	0	0	0			0	0/0/	0	0	0			0/0			13	--Other
																		30	0		

商品编号	商品名称及备注[检验检疫编码及名称]	进口关税(%)		增值税率(%)	消费税	计量单位	监管条件	检验检疫类别
		最惠国	普通					
5404	**截面尺寸不超过1毫米,细度在67分特及以上的合成纤维单丝;表观宽度不超过5毫米的合成纤维纺织材料制扁条及类似品(例如,人造草):**							
54041100	--弹性单丝							
5404110010	细度≥67分特的涤纶纤维弹性单丝(截面尺寸≤1毫米,细度<67分特的合成纤维单丝归入品目54.02)〔999〕	5	80	13		千克		
5404110090	细度≥67分特的其他合成纤维弹性单丝(截面尺寸≤1毫米,细度<67分特的合成纤维单丝归入品目54.02)〔999〕	5	80	13		千克		
54041200	--其他,聚丙烯单丝							
5404120000	细度≥67分特的其他聚丙烯单丝(截面尺寸≤1毫米, 细度<67分特的合成纤维单丝归入品目54.02)〔999〕	5	80	13		千克		
54041900	--其他							
5404190010	细度≥67分特的涤纶纤维单丝(截面尺寸≤1毫米,细度<67分特的合成纤维单丝归入品目54.02)〔999〕	5	80	13		千克		
5404190090	细度≥67分特的其他合成纤维单丝(截面尺寸≤1毫米,细度<67分特的合成纤维单丝归入品目54.02)〔999〕	5	80	13		千克		
54049000	-其他							
5404900000	其他合成纺织材料制扁条及类似品(表观宽度≤5毫米,例如人造草)〔999〕	5	80	13		千克		
5405	**截面尺寸不超过1毫米,细度在67分特及以上的人造纤维单丝;表观宽度不超过5毫米的人造纤维纺织材料制扁条及类似品(例如,人造草):**							
54050000	截面尺寸不超过1毫米,细度在67分特及以上的人造纤维单丝;表观宽度不超过5毫米的人造纤维纺织材料制扁条及类似品(例如,人造草)							
5405000000	细度≥67分特其他人纤单丝及其扁条(单丝截面尺寸≤1毫米,扁条及其类似品宽度≤5毫米)〔999〕	5	80	13		千克		
5406	**化学纤维长丝纱线(缝纫线除外),供零售用:**							
54060010	---合成纤维长丝纱线							
5406001000	供零售用合成纤维长丝纱线(缝纫线除外)〔999〕	5	90	13		千克		
54060020	---人造纤维长丝纱线							
5406002000	供零售用人造纤维长丝纱线(缝纫线除外)〔999〕	5	90	13		千克		
5407	**合成纤维长丝纱线的机织物,包括品目54.04所列材料的机织物:**							
54071010	---尼龙或其他聚酰胺高强力纱纺制							
5407101000	高强力纱纺制机织物(由尼龙或其他聚酰胺高强力纱纺制的)〔999〕	8	130	13		米/千克		
54071020	---聚酯高强力纱纺制							
5407102010	聚酯高强力纱纺制机织物(重量≤170克/平方米)〔999〕	8	130	13		米/千克		
5407102090	聚酯高强力纱纺制机织物(重量>170克/平方米)〔999〕	8	130	13		米/千克		
54072000	-扁条及类似品的机织物							
5407200000	合成纤维扁条及类似品机织物〔999〕	8	130	13		米/千克		
54073000	-第十一类注释九所列的机织物							
5407300000	平行纱线相互层叠并粘合织物(第十一类注释九所列的机织物)〔999〕	8	130	13		米/千克		
54074100	--未漂白或漂白							
5407410000	未漂白的或漂白的尼龙或其他聚酰胺长丝机织物(尼龙或其他聚酰胺长丝含量≥85%)〔999〕	8	130	13		米/千克		
54074200	--染色							
5407420000	染色的纯尼龙机织物(按重量计尼龙或其他聚酰胺长丝含量≥85%)〔999〕	8	130	13		米/千克		
54074300	--色织							
5407430000	色织的纯尼龙机织物(按重量计尼龙或其他聚酰胺长丝含量≥85%)〔999〕	8	130	13		米/千克		
54074400	--印花							
5407440000	印花的纯尼龙机织物(按重量计尼龙或其他聚酰胺长丝含量≥85%)〔999〕	8	130	13		米/千克		
54075100	--未漂白或漂白							

协定税率(%)															特惠税率(%)			对美税率	出口税率	出口退税率	Article Description
智利	新西兰	澳大利亚	瑞士	冰岛	秘鲁	哥斯达	东盟	亚太	新加坡	巴基斯坦	港/澳/台	韩国	格鲁吉亚	毛里求斯	亚太	老/柬/缅	LDC 97/95				
																					Synthetic monofilament of 67 decitex or more and of which no cross-sectional dimension exceeding 1mm; strip and the like (for example, artificial straw) of synthetic textile materials of an apparent width not exceeding 5mm:
0	0	0	0	0	0	0	0			0	0/0/	2.6	0	0			0/0			13	--Elastomeric
																		15	0		
																		15	0		
0	0	0	0	0	0	0	0			0	0/0/	0	0	0			0/0			13	--Other, of polypropylene
																			0		
0	0	0	0	0	0	0	0			0	0/0/	1.5	0	0			0/0			13	--Other
																		25	0		
																		25	0		
0	0	0	0	0	0	0	0			0	0/0/	1.5	0	0			0/0			13	-Other
																		25	0		
																					Artificial monofilament of 67 decitex or more and of which no cross-sectional dimension exceeds 1mm; strip and the like (for example, artificial straw) of artificial textile materials of an apparent width not exceeding 5mm:
0	0	0	0	0	0	0	0			0	0/0/	0	0	0			0/0			13	Artificial monofilament of 67 decitex or more and of which no cross-sectional dimension exceeds 1mm; strip and the like (for example, artificial straw) of artificial textile materials of an apparent width not exceeding 5mm
																		25	0		
																					Man-made filament yarn (other than sewing thread), put up for retail sale:
0	0	0	0	0	0	0	0			0	0/0/	0	0	0			0/0			13	---Synthetic filament yarn
																		25	0		
0	0	0	0	0	0	0	0			0	0/0/	0	0	0			0/0			13	---Artificial filament yarn
																			0		
																					Woven fabrics of synthetic filament yarn, including woven fabrics obtained from materials of heading 54.04:
0	0	0	0	0	0	0	0		0	0	0/0/0	0	0	0			0/0			13	---Of nylon or other polyamides
																		33	0		
0	0	0	0	0	0	0	0		0	0	0/0/0	0	0	0			0/0			13	---Of polyesters
																		33	0		
																		33	0		
0	0	0	0	0	0	0	0		0	0	0/0/	6.5	0	0			0/0			13	-Woven fabrics obtained from strip or the like
																		28	0		
0	0	0	0	0	0	0	0		0	0	0/0/	0	0	0			0/0			13	-Fabrics specified in Note 9 to Section XI
																		23	0		
0	0	0	0	0	0	0	0		0	0	0/0/0	0	0	0			0/0			13	--Unbleached or bleached
																		33	0		
0	0	0	0	0	0	0	0	5.2	0	0	0/0/0	6.5	0	0		0/0/0	0/0			13	--Dyed
																		33	0		
0	0	0	0	0	0	0	0	5.2	0	0	0/0/0	0	0	0			0/0			13	--Of yarns of different colours
																		33	0		
0	0	0	0	0	0	0	0		0	0	0/0/	6.5	0	0			0/0			13	--Printed
																		33	0		
0	0	0	0	0	0	0	0	5.2	0	0	0/0/0	0	0	0			0/0			13	--Unbleached or bleached

商品编号	商品名称及备注[检验检疫编码及名称]	进口关税(%)最惠国	进口关税(%)普通	增值税率(%)	消费税	计量单位	监管条件	检验检疫类别
5407510000	未漂白或漂白纯聚酯变形长丝机织物(聚酯变形长丝含量≥85%)〔999〕	8	130	13		米/千克		
54075200	--染色							
5407520000	染色的聚酯变形长丝机织物(聚酯变形长丝含量≥85%)〔999〕	8	130	13		米/千克		
54075300	--色织							
5407530000	色织的聚酯变形长丝机织物(聚酯变形长丝含量≥85%)〔999〕	8	130	13		米/千克		
54075400	--印花							
5407540000	印花的聚酯变形长丝机织物(聚酯变形长丝含量≥85%)〔999〕	8	130	13		米/千克		
54076100	--按重量计聚酯非变形长丝含量在85%及以上							
5407610000	聚酯非变形长丝机织物(聚酯非变形长丝含量≥85%)〔999〕	8	130	13		米/千克		
54076900	--其他							
5407690000	其他聚酯长丝机织物(聚酯长丝含量≥85%)〔999〕	8	130	13		米/千克		
54077100	--未漂白或漂白							
5407710000	未漂白或漂白其他纯合成纤维长丝机织物(按重量计其他合成纤维长丝含量≥85%)〔999〕	8	130	13		米/千克		
54077200	--染色							
5407720000	染色的其他纯合成纤维长丝布(纯合纤布指按重量计其他合成纤维长丝含量≥85%)〔999〕	8	130	13		米/千克		
54077300	--色织							
5407730000	色织的其他纯合成纤维长丝布(纯合纤布指按重量计其他合成纤维长丝含量≥85%)〔999〕	8	130	13		米/千克		
54077400	--印花							
5407740000	印花的其他纯合成纤维长丝布(纯合纤布指按重量计其他合成纤维长丝含量≥85%)〔999〕	8	130	13		米/千克		
54078100	--未漂白或漂白							
5407810000	未漂白或漂白与棉混纺其他合成纤维长丝机织物(按重量计其他合成纤维长丝含量在85%以下)〔101 棉混纺坯布〕,〔102 漂白棉混纺布〕,〔103 合成纤维混纺机织物〕	8	130	13		米/千克		
54078200	--染色							
5407820000	染色的与棉混纺其他合成纤维长丝机织物(按重量计其他合成纤维长丝含量在85%以下)〔101 棉混纺染色布〕,〔102 合成纤维混纺机织物〕	8	130	13		米/千克		
54078300	--色织							
5407830000	色织的与棉混纺其他合成纤维长丝机织物(按重量计其他合成纤维长丝含量在85%以下)〔101 色织棉混纺布〕,〔102 合成纤维混纺机织物〕	8	130	13		米/千克		
54078400	--印花							
5407840000	印花的与棉混纺其他合成纤维长丝机织物(按重量计其他合成纤维长丝含量在85%以下)〔101 棉混纺印花布〕,〔102 合成纤维混纺机织物〕	8	130	13		米/千克		
54079100	--未漂白或漂白							
5407910000	未漂白或漂白的其他混纺合成纤维长丝机织物(按重量计其他合成纤维长丝含量在85%以下)〔999〕	8	130	13		米/千克		
54079200	--染色							
5407920000	染色的其他混纺合成纤维长丝机织物(按重量计其他合成纤维长丝含量在85%以下)〔999〕	8	130	13		米/千克		
54079300	--色织							
5407930000	色织的其他混纺合成纤维长丝机织物(按重量计其他合成纤维长丝含量在85%以下)〔999〕	8	130	13		米/千克		
54079400	--印花							
5407940000	印花的其他混纺合成纤维长丝机织物(按重量计其他合成纤维长丝含量在85%以下)〔999〕	8	130	13		米/千克		
5408	**人造纤维长丝纱线的机织物,包括品目54.05所列材料的机织物:**							
54081000	-粘胶纤维高强力纱的机织物							
5408100000	粘胶纤维高强力纱的机织物〔999〕	8	130	13		米/千克		
54082110	---粘胶纤维制							
5408211000	未漂白或漂白粘胶长丝机织物(按重量计粘胶纤维长丝、扁条或类似品含量≥85%)〔999〕	8	130	13		米/千克		
54082120	---醋纤纤维制							
5408212000	未漂白或漂白醋酸长丝机织物(按重量计醋酸纤维长丝、扁条或类似品含量≥85%)〔999〕	8	130	13		米/千克		
54082190	---其他							

协定税率(%)															特惠税率(%)			对美税率	出口税率	出口退税率	Article Description
智利	新西兰	澳大利亚	瑞士	冰岛	秘鲁	哥斯达	东盟	亚太	新加坡	巴基斯坦	港/澳/台	韩国	格鲁吉亚	毛里求斯	亚太	老/柬/缅	LDC 97/95				
																		33	0		
0	0	0	0	0	0	0	0	5.2	0	0	0/0/0	6.5	0	0		0/0/0	0/0			13	--Dyed
																		33	0		
0	0	0	0	0	0	0	0		0	0	0/0/0	0	0	0			0/0			13	--Of yarns of different colours
																		33	0		
0	0	0	0	0	0	0	0		0	0	0/0/0	5.3	0	0			0/0			13	--Printed
																		33	0		
0	0	0	0	0	0	0	0	5.2	0	0	0/0/0	6.5	0	0			0/0			13	--Containing 85% or more by weight of non-textured polyester filaments
																		33	0		
0	0	0	0	0	0	0	0	5.2	0	0	0/0/0	6.5	0	0			0/0			13	--Other
																		33	0		
0	0	0	0	0	0	0	0	5.2	0	0	0/0/0	0	0	0			0/0			13	--Unbleached or bleached
																		33	0		
0	0	0	0	0	0	0	0	5.2	0	0	0/0/0	6.5	0	0		0/0/0	0/0			13	--Dyed
																		33	0		
0	0	0	0	0	0	0	0		0	0	0/0/	6.5	0	0			0/0			13	--Of yarns of different colours
																		33	0		
0	0	0	0	0	0	0	0	5.2	0	0	0/0/	0	0	0			0/0			13	--Printed
																		33	0		
0	0	0	0	0	0	0	0		0	0	0/0/	0	0	0			0/0			13	--Unbleached or bleached
																		33	0		
0	0	0	0	0	0	0	0		0	0	0/0/0	6.5	0	0			0/0			13	--Dyed
																		33	0		
0	0	0	0	0	0	0	0		0	0	0/0/0	0	0	0			0/0			13	--Of yarns of different colours
																		33	0		
0	0	0	0	0	0	0	0		0	0	0/0/	0	0	0			0/0			13	--Printed
																		28	0		
0	0	0	0	0	0	0	0		0	0	0/0/	6.5	0	0			0/0			13	--Unbleached or bleached
																		33	0		
0	0	0	0	0	0	0	0		0	0	0/0/0	6.5	0	0		0/0/0	0/0			13	--Dyed
																		33	0		
0	0	0	0	0	0	0	0		0	0	0/0/0	0	0	0			0/0			13	--Of yarns of different colours
																		28	0		
0	0	0	0	0	0	0	0		0	0	0/0/	0	0	0			0/0			13	--Printed
																		33	0		
																					Woven fabrics of artificial filament yarn, including woven fabrics obtained from materials of heading 54.05:
0	0	0	0	0	0	0	0		0	0	0/0/	0	0	0			0/0			13	-Woven fabrics obtained from high tenacity yarn of viscose rayon
																		18	0		
0	0	0	2.4	0	0	0	0		0	0	0/0/	0	0	0			0/0			13	---Of yarns of viscose rayon
																		33	0		
0	0	0	2.4	0	0	0	0		0	0	0/0/	7.8	0	0			0/0			13	---Of yarns of cellulose acetate
																			0		
0	0	0	2.4	0	0	0	0		0	0	0/0/	0	0	0			0/0			13	---Other

商品编号	商品名称及备注[检验检疫编码及名称]	进口关税(%)		增值税率(%)	消费税	计量单位	监管条件	检验检疫类别
		最惠国	普通					
5408219000	未漂白或漂白其他纯人造纤维长丝机织物(包括扁条布,按重量计其他人造纤维长丝含量≥85%)〔999〕	8	130	13		米/千克		
54082210	---粘胶纤维制							
5408221000	染色的粘胶长丝机织物(按重量计粘胶纤维长丝、扁条或类似品含量≥85%)〔999〕	8	130	13		米/千克		
54082220	---醋纤纤维制							
5408222000	染色的醋酸长丝机织物(按重量计醋酸纤维长丝、扁条或类似品含量≥85%)〔999〕	8	130	13		米/千克		
54082290	---其他							
5408229000	染色的其他人造纤维长丝机织物(按重量计其他人造纤维长丝,扁条含量≥85%)〔999〕	8	130	13		米/千克		
54082310	---粘胶纤维制							
5408231000	色织的粘胶长丝机织物(按重量计粘胶纤维长丝、扁条或类似品含量≥85%)〔999〕	8	130	13		米/千克		
54082320	---醋纤纤维制							
5408232000	色织的醋酸长丝机织物(按重量计醋酸纤维长丝、扁条或类似品含量≥85%)〔999〕	8	130	13		米/千克		
54082390	---其他							
5408239000	色织的其他人造纤维长丝机织物(按重量计其他人造纤维长丝,扁条含量≥85%)〔999〕	8	130	13		米/千克		
54082410	---粘胶纤维制							
5408241000	印花的粘胶长丝机织物(按重量计粘胶纤维长丝、扁条或类似品含量≥85%)〔999〕	8	130	13		米/千克		
54082420	---醋纤纤维制							
5408242000	印花的醋酸长丝机织物(按重量计醋酸纤维长丝、扁条或类似品含量≥85%)〔999〕	8	130	13		米/千克		
54082490	---其他							
5408249000	其他印花人造纤维长丝,扁条机织物(按重量计人造纤维长丝、扁条或类似品含量≥85%)〔999〕	8	130	13		米/千克		
54083100	--未漂白或漂白							
5408310000	未漂白或漂白人造纤维长丝其他混纺机织物(按重量计人造纤维长丝、扁条或类似品含量在85%以下)〔999〕	8	130	13		米/千克		
54083200	--染色							
5408320000	染色的人造纤维长丝其他机织物(按重量计人造纤维长丝、扁条或类似品含量在85%以下)〔999〕	8	130	13		米/千克		
54083300	--色织							
5408330000	色织的人造纤维长丝其他机织物(按重量计人造纤维长丝、扁条或类似品含量在85%以下)〔999〕	8	130	13		米/千克		
54083400	--印花							
5408340000	印花的人造纤维长丝其他机织物(按重量计人造纤维长丝、扁条或类似品含量在85%以下)〔999〕	8	130	13		米/千克		

协定税率(%)															特惠税率(%)			对美税率	出口税率	出口退税率	Article Description
智利	新西兰	澳大利亚	瑞士	冰岛	秘鲁	哥斯达	东盟	亚太	新加坡	巴基斯坦	港/澳/台	韩国	格鲁吉亚	毛里求斯	亚太	老/柬/缅	LDC 97/95				
																		33	0		
0	0	0	0	0	0	0	0		0	0	0/0/	0	0	0			0/0			13	---Of yarns of viscose rayon
																		33	0		
0	0	0	0	0	0	0	0		0	0	0/0/0	0	0	0			0/0			13	---Of yarns of cellulose acetate
																			0		
0	0	0	0	0	0	0	0		0	0	0/0/0	0	0	0			0/0			13	---Other
																		33	0		
0	0	0	0	0	0	0	0		0	0	0/0/	0	0	0			0/0			13	---Of yarns of viscose rayon
																		33	0		
0	0	0	0	0	0	0	0		0	0	0/0/	0	0	0			0/0			13	---Of yarns of cellulose acetate
																			0		
0	0	0	0	0	0	0	0		0	0	0/0/0	0	0	0			0/0			13	---Other
																		33	0		
0	0	0	0	0	0	0	0		0	0	0/0/	0	0	0			0/0			13	---Of yarns of viscose rayon
																			0		
0	0	0	0	0	0	0	0		0	0	0/0/	0	0	0			0/0			13	---Of yarns of cellulose acetate
																			0		
0	0	0	0	0	0	0	0		0	0	0/0/	0	0	0			0/0			13	---Other
																			0		
0	0	0	0	0	0	0	0		0	0	0/0/	0	0	0			0/0			13	--Unbleached or bleached
																			0		
0	0	0	0	0	0	0	0	5.2	0	0	0/0/0	5.3	0	0			0/0			13	--Dyed
																		33	0		
0	0	0	0	0	0	0	0		0	0	0/0/	0	0	0			0/0			13	--Of yarns of different colours
																		33	0		
0	0	0	0	0	0	0	0		0	0	0/0/	0	0	0			0/0			13	--Printed
																		33	0		

第五十五章
化学纤维短纤

注释：

品目 55. 01 和 55. 02 仅适用于每根与丝束长度相等的平行化学纤维长丝丝束。前述丝束应同时符合下列规格：

一、丝束长度超过 2 米；
二、捻度每米少于 5 转；
三、每根长丝细度在 67 分特以下；
四、合成纤维长丝丝束，须经拉伸处理，即本身不能被拉伸至超过本身长度的一倍；
五、丝束总细度大于 20000 分特。

丝束长度不超过 2 米的归入品目 55. 03 或 55. 04。

商品编号	商品名称及备注[检验检疫编码及名称]	进口关税(%)		增值税率(%)	消费税	计量单位	监管条件	检验检疫类别
		最惠国	普通					
5501	**合成纤维长丝丝束：**							
55011000	-尼龙或其他聚酰胺制							
5501100000	尼龙或其他聚酰胺长丝丝束〔999〕	5	70	13		千克		
55012000	-聚酯制							
5501200000	聚酯长丝丝束〔999〕	5	70	13		千克		
55013000	-聚丙烯腈或变性聚丙烯腈制							
5501300010	聚丙烯腈制长丝丝束(不包括变性聚丙烯腈制)〔999〕	5	35	13		千克		
5501300090	变性聚丙烯腈长丝丝束〔999〕	5	35	13		千克		
55014000	-聚丙烯制							
5501400000	聚丙烯长丝丝束〔999〕	5	70	13		千克		
55019000	-其他							
5501900000	其他合成纤维长丝丝束〔999〕	5	70	13		千克		
5502	**人造纤维长丝丝束：**							
55021010	---二醋酸纤维丝束							
5502101000	二醋酸纤维丝束〔999〕	3	40	13		千克	7	
55021090	---其他							
5502109000	其他醋酸纤维丝束〔999〕	5	35	13		千克		
55029000	-其他							
5502900000	其他人造纤维长丝丝束〔999〕	5	35	13		千克		
5503	**合成纤维短纤，未梳或未经其他纺前加工：**							
55031110	---聚间苯二甲酰间苯二胺纺制							
5503111000	未梳的聚间苯二甲酰间苯二胺纺制的短纤(包括未经其他纺前加工的)〔999〕	5	70	13		千克		
55031120	---聚对苯二甲酰对苯二胺纺制							
5503112000	未梳的聚对苯二甲酰对苯二胺纺制的短纤(包括未经其他纺前加工的)〔999〕	5	70	13		千克		
55031190	---其他							
5503119000	未梳的其他芳香族聚酰胺纺制的短纤(包括未经其他纺前加工的)〔999〕	5	70	13		千克		
55031900	--其他							
5503190000	未梳的尼龙或其他聚酰胺短纤(包括未经其他纺前加工的)〔999〕	5	70	13		千克		
55032000	-聚酯制							
5503200000	未梳的聚酯短纤(包括未经其他纺前加工的)〔999〕	5	70	13		千克		
55033000	-聚丙烯腈或变性聚丙烯腈制							
5503300010	未梳或未经其他纺前加工的聚丙烯腈制短纤维(不包括变性聚丙烯腈制)〔999〕	5	35	13		千克		
5503300090	未梳或未经其他纺前加工的变性聚丙烯腈制短纤维〔999〕	5	35	13		千克		
55034000	-聚丙烯制							
5503400000	未梳的聚丙烯短纤(包括未经其他纺前加工的)〔999〕	5	70	13		千克		
55039010	---聚苯硫醚制							
5503901000	未梳的聚苯硫醚短纤(包括未经其他纺前加工的)〔999〕	5	70	13		千克		
55039090	---其他							
5503909000	未梳的其他合成纤维短纤(包括未经其他纺前加工的)〔999〕	5	70	13		千克		
5504	**人造纤维短纤，未梳或未经其他纺前加工：**							
55041010	---竹制							
5504101000	未梳的竹制粘胶短纤(包括未经其他纺前加工的)〔999〕	5	35	13		千克		
55041021	----阻燃的							
5504102100	未梳的木制阻燃粘胶短纤(包括未经其他纺前加工的)〔999〕	5	35	13		千克		
55041029	----其他							
5504102900	其他未梳的木制非阻燃粘胶短纤〔999〕	5	35	13		千克		

Chapter 55
Man-made staple fibres

Chapter Note:

Headings 55. 01 and 55. 02 apply only to man-made filament tow, consisting of parallel filaments of a uniform length equal to the length of the tow, meeting the following specifications:

1. Length of tow exceeding 2m;
2. Twist less than 5 turns per metre;
3. Measuring per filament less than 67 decitex;
4. Synthetic filament tow only: the tow must be drawn, that is to say, be incapable of being stretched by more than 100% of its length;
5. Total measurement of tow more than 20000 decitex.

Tow of a length not exceeding 2m is to be classified in heading 55. 03 or 55. 04.

协定税率(%)															特惠税率(%)			对美税率	出口税率	出口退税率	Article Description
智利	新西兰	澳大利亚	瑞士	冰岛	秘鲁	哥斯达	东盟	亚太	新加坡	巴基斯坦	港/澳/台	韩国	格鲁吉亚	毛里求斯	亚太	老/柬/缅	LDC 97/95				
																					Synthetic filament tow:
0	0	0	0	0	0	0	0			0	0/0/	0	0	0			0/0			13	-Of nylon or other polyamides
																		30	0		
0	0	0	0	0	0	0				0	0/0/	1.5	0	0			0/0			13	-Of polyesters
																		15	0		
0	0	0	0	0		0		3.3		0	0/0/	2.6	0	0			0/0			13	-Acrylic or modacrylic
																		30	0		
																		30	0		
0	0	0	0	0	0	0	0			0	0/0/	0	0	0			0/0			13	-Of polypropylene
																			0		
0	0	0	0	0	0	0	0			0	0/0/	1.5	0	0			0/0			13	-Other
																		30	0		
																					Artificial filament tow:
0	0	0	0	0	0	0	0	2		0	0/0/	0	0	0			0/0			13	---Cellulose diacetate filament tow
																		13	0		
0	0	0	0	0	0	0	0	3.3		0	0/0/	2.6	0	0			0/0			13	---Other
																			0		
0	0	0	0	0	0	0	0	3.3		0	0/0/	2.6	0	0			0/0			13	-Other
																			0		
																					Synthetic staple fibres, not carded, combed or otherwise processed for spinning:
0	0	0	0	0	0	0	0			0	0/0/		0	0			0/0			13	---Of polyisophthaloyl metaphenylene diamine
																		30	0		
0	0	0	0	0	0	0	0			0	0/0/		0	0			0/0			13	---Of poly-p-phenylene terephthamide
																		15	0		
0	0	0	1	0	0	0	0			0	0/0/		0	0			0/0			13	---Other
																		30	0		
0	0	0	1	0	0	0	0			0	0/0/	1.5	0	0			0/0			13	--Other
																		15	0		
0	0	0	0	0	0	0		3.3		0	0/0/	2.6	0	0			0/0			13	-Of polyesters
																		30	0		
0	0	0	0	0	0	0		3.3		0	0/0/	1.5	0	0			0/0			13	-Acrylic or modacrylie
																		30	0		
																		30	0		
0	0	0	0	0	0	0	0			0	0/0/	1.5	0	0			0/0			13	-Of polypropylene
																		30	0		
0	0	0	0	0	0	0	0			0	0/0/0	1.5	0	0			0/0			13	---Of polyphenylene sulfide
																		30	0		
0	0	0	0	0	0	0	0			0	0/0/0	0	0	0			0/0			13	---Other
																		30	0		
																					Artificial staple fibres, not carded, combed or otherwise processed for spinning:
0	0	0	0	0	0	0	0	4.5		0	0/0/	0	0	0			0/0			13	---Of bamboo
																			0		
0	0	0	0	0	0	0	0	4		0	0/0/	1.5	0	0			0/0			13	----Flame resistant
																			0		
0	0	0	0	0	0	0	0			0	0/0/	1.5	0	0			0/0			13	----Other
																			0		

商品编号	商品名称及备注[检验检疫编码及名称]	进口关税(%)		增值税率(%)	消费税	计量单位	监管条件	检验检疫类别
		最惠国	普通					
55041090	---其他							
5504109000	其他未梳的粘胶短纤(包括未经其他纺前加工的)〔999〕	5	35	13		千克		
55049000	-其他							
5504900000	未梳的其他人造纤维短纤(包括未经其他纺前加工的)〔999〕	5	35	13		千克		
5505	**化学纤维废料(包括落绵、废纱及回收纤维):**							
55051000	-合成纤维的							
5505100000	合成纤维废料(包括落绵、废纱及回收纤维)〔999〕	5	70	13		千克	9	M/
55052000	-人造纤维的							
5505200000	人造纤维废料(包括落绵、废纱及回收纤维)〔999〕	5	70	13		千克	9	M/
5506	**合成纤维短纤,已梳或经其他纺前加工:**							
55061011	----聚间苯二甲酰间苯二胺纺制							
5506101100	已梳聚间苯二甲酰间苯二胺纺制的短纤(包括经其他纺前加工的)〔999〕	5	70	13		千克		
55061012	----聚对苯二甲酰对苯二胺纺制							
5506101200	已梳聚对苯二甲酰对苯二胺纺制的短纤(包括经其他纺前加工的)〔999〕	5	70	13		千克		
55061019	----其他							
5506101900	其他已梳芳香族聚酰胺纺制的短纤(包括经其他纺前加工的)〔999〕	5	70	13		千克		
55061090	---其他							
5506109000	其他已梳的尼龙或其他聚酰胺短纤(包括经其他纺前加工的)〔999〕	5	70	13		千克		
55062000	-聚酯制							
5506200000	已梳的聚酯短纤(包括经其他纺前加工的)〔999〕	5	70	13		千克		
55063000	-聚丙烯腈或变性聚丙烯腈制							
5506300010	已梳或经其他纺前加工的聚丙烯腈制短纤(不包括变性聚丙烯腈制)〔999〕	5	35	13		千克		
5506300090	已梳或经其他纺前加工的变性聚丙烯腈制短纤〔999〕	5	35	13		千克		
55064000	-聚丙烯制							
5506400000	已梳的聚丙烯短纤(包括经其他纺前加工的)〔999〕	5	70	13		千克		
55069010	---聚苯硫醚制							
5506901000	已梳的聚苯硫醚短纤(包括经其他纺前加工的)〔999〕	5	70	13		千克		
55069090	---其他							
5506909000	已梳的其他合成纤维短纤(包括经其他纺前加工的)〔999〕	5	70	13		千克		
5507	**人造纤维短纤,已梳或经其他纺前加工:**							
55070000	人造纤维短纤,已梳或经其他纺前加工							
5507000000	已梳的人造纤维短纤(包括经其他纺前加工的)〔999〕	5	35	13		千克		
5508	**化学纤维短纤纺制的缝纫线,不论是否供零售用:**							
55081000	-合成纤维短纤纺制							
5508100000	合成纤维短纤制缝纫线〔999〕	5	90	13		千克		
55082000	-人造纤维短纤纺制							
5508200000	人造纤维短纤制缝纫线〔999〕	5	70	13		千克		
5509	**合成纤维短纤纺制的纱线(缝纫线除外),非供零售用:**							
55091100	--单纱							
5509110000	非零售纯尼龙短纤单纱(纯指按重量计尼龙或其他聚酰胺短纤含量≥85%)〔999〕	5	90	13		千克		
55091200	--多股纱线或缆线							
5509120000	非零售纯尼龙短纤多股纱线(包括缆线,纯指按重量计尼龙或其他聚酰胺短纤含量≥85%)〔999〕	5	90	13		千克		
55092100	--单纱							
5509210000	非零售纯聚酯短纤单纱(纯指按重量计聚酯短纤含量≥85%)〔999〕	5	90	13		千克		
55092200	--多股纱线或缆线							
5509220000	非零售聚酯短纤多股纱线或缆线(聚酯短纤含量≥85%,缝纫线除外)〔999〕	5	90	13		千克		
55093100	--单纱							
5509310000	非零售纯聚丙烯腈短纤单纱(纯指按重量计聚丙烯腈或变性聚丙烯腈短纤含量≥85%)〔999〕	5	90	13		千克		
55093200	--多股纱线或缆线							
5509320000	非零售纯聚丙烯腈短纤多股纱线(包括缆线,纯指按重量计聚丙烯腈或其变性短纤含量≥85%)〔999〕	5	90	13		千克		
55094100	--单纱							

协定税率(%)															特惠税率(%)			对美税率	出口税率	出口退税率	Article Description
智利	新西兰	澳大利亚	瑞士	冰岛	秘鲁	哥斯达	东盟	亚太	新加坡	巴基斯坦	港/澳/台	韩国	格鲁吉亚	毛里求斯	亚太	老/柬/缅	LDC 97/95				
0	0	0	0	0	0	0	0			0	0/0/	1.5	0	0			0/0			13	---Other
																		30	0		
0	0	0	0	0	0	0	0			0	0/0/0	0	0	0			0/0			13	-Other
																		30	0		
																					Waste (including noils, yarn waste and garnetted stock) of man-made fibres:
0	0	0	0	0	0	0	0			0	0/0/	1.5	0	0			0/0			13	-Of synthetic fibres
																		30	0		
0	0	0	0	0	0	0	0	3.5		0	0/0/	1.5	0	0			0/0			13	-Of artificial fibres
																		30	0		
																					Synthetic staple fibres, carded, combed or otherwise processed for spinning:
0	0	0	0	0	0	0	0			0	0/0/		0	0			0/0			13	----Of polyisophthaloyl metaphenylene diamine
																		30	0		
0	0	0	0	0	0	0	0			0	0/0/		0	0			0/0			13	----Of polyphenylene terephthamide
																		15	0		
0	0	0	0	0	0	0	0			0	0/0/	2.6	0	0			0/0			13	----Other
																			0		
0	0	0	0	0	0	0	0			0	0/0/	0	0	0			0/0			13	---Other
																		30	0		
0	0	0	0	0	0	0		3.3		4.5	0/0/	1.5	0	0			0/0			13	-Of polyesters
																		30	0		
0	0	0	0	0	0	0		3.3		4.5	0/0/	1.5	0	0			0/0			13	-Acrylic or modacrylic
																		25	0		
																		25	0		
0	0	0	0	0	0	0	0			0	0/0/	2.6	0	0			0/0			13	-Of polypropylene
																			0		
0	0	0	0	0	0	0	0			0	0/0/	2.6	0	0			0/0			13	---Of polyphenylene sulfide
																			0		
0	0	0	0	0	0	0	0			0	0/0/	2.6	0	0			0/0			13	---Other
																		15	0		
																					Artificial staple fibres, carded, combed or otherwise processed for spinning:
0	0	0	0	0	0	0	0			0	0/0/	0	0	0			0/0			13	Artificial staple fibres, carded, combed or otherwise processed for spinning
																		30	0		
																					Sewing thread of man-made staple fibres, whether or not put up for retail sale:
0	0	0	0	0	0	0	0	3.3		0	0/0/	0	0	0			0/0			13	-Of synthetic staple fibres
																		30	0		
0	0	0	0	0	0	0	0			0	0/0/	0	0	0			0/0			13	-Of artificial staple fibres
																			0		
																					Yarn (other than sewing thread) of synthetic staple fibres, not put up for retail sale:
0	0	0	0	0	0	0	0			0	0/0/	0	0	0			0/0			13	--Single yarn
																		15	0		
0	0	0	0	0	0	0	0			0	0/0/	0	0	0			0/0			13	--Multiple (folded) or cabled yarn
																		30	0		
0	0	0	0	0	0	0	0			0	0/0/	0	0	0			0/0			13	--Single yarn
																		30	0		
0	0	0	0	0	0	0	0			0	0/0/	0	0	0			0/0			13	--Multiple (folded) or cabled yarn
																		30	0		
0	0	0	0	0	0	0	0			0	0/0/	0	0	0			0/0			13	--Single yarn
																			0		
0	0	0	0	0	0	0	0	3.3		0	0/0/0	0	0	0			0/0			13	--Multiple (folded) or cabled yarn
																		30	0		
0	0	0	0	0	0	0	0			0	0/0/	0	0	0			0/0			13	--Single yarn

商品编号	商品名称及备注[检验检疫编码及名称]	进口关税(%) 最惠国	进口关税(%) 普通	增值税率(%)	消费税	计量单位	监管条件	检验检疫类别
5509410000	非零售纯合成纤维短纤单纱(纯指按重量计其他合成纤维短纤含量≥85%)〔999〕	5	90	13		千克		
55094200	--多股纱线或缆线							
5509420000	非零售纯合成纤维短纤多股纱线(包括缆线,纯指按重量计含其他合成纤维含量≥85%)〔999〕	5	90	13		千克		
55095100	--主要或仅与人造纤维短纤混纺							
5509510000	非零售与人造纤维短纤混纺聚酯短纤纱(混纺指按重量计聚酯短纤含量<85%)〔999〕	5	90	13		千克		
55095200	--主要或仅与羊毛或动物细毛混纺							
5509520000	非零售与毛混纺聚酯短纤纱线(混纺指按重量计聚酯短纤含量<85%)〔999〕	5	90	13		千克		
55095300	--主要或仅与棉混纺							
5509530000	非零售与棉混纺聚酯短纤纱线(混纺指按重量计聚酯短纤含量<85%)〔999〕	5	90	13		千克		
55095900	--其他							
5509590000	非零售与其他混纺聚酯短纤纱线(混纺指按重量计聚酯短纤含量<85%)〔999〕	5	90	13		千克		
55096100	--主要或仅与羊毛或动物细毛混纺							
5509610000	非零售与毛混纺腈纶短纤纱线(混纺指按重量计聚丙烯腈及其变性短纤含量<85%)〔999〕	5	90	13		千克		
55096200	--主要或仅与棉混纺							
5509620000	非零售与棉混纺腈纶短纤纱线(混纺指按重量计聚丙烯腈及其变性短纤含量<85%)〔999〕	5	90	13		千克		
55096900	--其他							
5509690000	非零售与其他混纺腈纶短纤纱线(混纺指按重量计聚丙烯腈及其变性短纤含量<85%)〔999〕	5	90	13		千克		
55099100	--主要或仅与羊毛或动物细毛混纺							
5509910000	非零售与毛混纺其他合成纤维短纤纱线(混纺指按重量计其他合成纤维短纤含量<85%)〔999〕	5	90	13		千克		
55099200	--主要或仅与棉混纺							
5509920000	非零售与棉混纺其他合成纤维短纤纱线(混纺指按重量计其他合成纤维短纤含量<85%)〔999〕	5	90	13		千克		
55099900	--其他							
5509990000	非零售与其他混纺合成纤维短纤纱线(混纺指按重量计其他合成纤维短纤含量<85%)〔999〕	5	90	13		千克		
5510	**人造纤维短纤纺制的纱线(缝纫线除外),非供零售用:**							
55101100	--单纱							
5510110000	非零售其他纯人造纤维短纤单纱(纯指按重量计其纤维短纤含量≥85%)〔999〕	5	70	13		千克		
55101200	--多股纱线或缆线							
5510120000	非零售其他纯人造纤维短纤多股纱线(包括缆线,纯指按重量计其他人造纤维短纤含量≥85%)〔999〕	5	70	13		千克		
55102000	-其他纱线,主要或仅与羊毛或动物细毛混纺							
5510200000	非零售与毛混纺其他人造纤维短纤纱线(混纺指按重量计其他人造纤维短纤含量<85%)〔999〕	5	70	13		千克		
55103000	-其他纱线,主要或仅与棉混纺							
5510300000	非零售与棉混纺其他人造纤维短纤纱线(混纺指按重量计其他人造纤维短纤含量<85%)〔999〕	5	70	13		千克		
55109000	-其他							
5510900000	非零售与其他混纺人造纤维短纤纱线(混纺指按重量计其他人造纤维短纤含量<85%)〔999〕	5	70	13		千克		
5511	**化学纤维短纤纺制的纱线(缝纫线除外),供零售用:**							
55111000	-按重量计合成纤维短纤含量≥85%							
5511100000	零售用纯合成纤维短纤纱线(纯指按重量计其他合成纤维短纤含量≥85%)〔999〕	5	90	13		千克		
55112000	-按重量计合成纤维短纤含量<85%							
5511200000	零售用混纺合成纤维短纤纱线(混纺指按重量计其他合成纤维含量<85%)〔999〕	5	90	13		千克		
55113000	-人造纤维短纤纺制							

协定税率(%)															特惠税率(%)			对美税率	出口税率	出口退税率	Article Description
智利	新西兰	澳大利亚	瑞士	冰岛	秘鲁	哥斯达	东盟	亚太	新加坡	巴基斯坦	港/澳/台	韩国	格鲁吉亚	毛里求斯	亚太	老/柬/缅	LDC 97/95				
																			0		
0	0	0	0	0	0	0	0			0	0/0/	1.5	0	0			0/0			13	--Multiple (folded) or cabled yarn
																		30	0		
0	0	0	0	0	0	0	0			0	0/0/	1.5	0	0			0/0			13	--Mixed mainly or solely with artificial staple fibres
																		30	0		
0	0	0	0	0	0	0	0			0	0/0/	0	0	0			0/0			13	--Mixed mainly or solely with wool or fine animal hair
																		30	0		
0	0	0	0	0	0	0	0	3.3		0	0/0/0	0	0	0			0/0			13	--Mixed mainly or solely with cotton
																		30	0		
0	0	0	0	0	0	0	0			0	0/0/	0	0	0			0/0			13	--Other
																		15	0		
0	0	0	0	0	0	0	0			0	0/0/	0	0	0			0/0			13	--Mixed mainly or solely with wool or fine animal hair
																		30	0		
0	0	0	0	0	0	0	0	3.3		0	0/0/	0	0	0			0/0			13	--Mixed mainly or solely with cotton
																			0		
0	0	0	0	0	0	0	0			0	0/0/	0	0	0			0/0			13	--Other
																			0		
0	0	0	0		0	0	0			0	0/0/	0	0	0			0/0			13	--Mixed mainly or solely with wool or fine animal hair
																			0		
0	0	0	0	0	0	0	0			0	0/0/0	0	0	0			0/0			13	--Mixed mainly or solely with cotton
																			0		
0	0	0	0	0	0	0	0			0	0/0/	0	0	0			0/0			13	--Other
																		25	0		
																					Yarn (other than sewing thread) of artificial staple fibres, not put up for retail sale:
0	0	0	0	0	0	0	0	3.3		0	0/0/0	2.6	0	0			0/0			13	--Single yarn
																			0		
0	0	0	0	0	0	0	0			0	0/0/0	2.6	0	0			0/0			13	--Multiple (folded) or cabled yarn
																		30	0		
0	0	0	0	0	0	0	0			0	0/0/	0	0	0			0/0			13	-Other yarn, mixed mainly or solely with wool or fine animal hair
																		30	0		
0	0	0	0	0	0	0	0	3.3		0	0/0/0	0	0	0			0/0			13	-Other yarn, mixed mainly or solely with cotton
																			0		
0	0	0	0	0	0	0	0	3.3		0	0/0/	1.5	0	0			0/0			13	-Other yarn
																			0		
																					Yarn (other than sewing thread) of man-made staple fibres, put up for retail sale:
0	0	0	0	0	0	0	0			0	0/0/	0	0	0			0/0			13	-Of synthetic staple fibres, containing 85% or more by weight of such fibres
																		25	0		
0	0	0	0	0	0	0	0			0	0/0/	0	0	0			0/0			13	-Of synthetic staple fibres, containing less than 85% by weight of such fibres
																		30	0		
0	0	0	0	0	0	0	0			0	0/0/	0	0	0			0/0			13	-Of artificial staple fibres

商品编号	商品名称及备注[检验检疫编码及名称]	进口关税(%)		增值税率(%)	消费税	计量单位	监管条件	检验检疫类别
		最惠国	普通					
5511300000	零售用人造纤维短纤纱线〔999〕	5	90	13		千克		
5512	**合成纤维短纤纺制的机织物,按重量计合成纤维短纤含量在85%及以上:**							
55121100	--未漂白或漂白							
5512110000	未漂或漂白聚酯短纤机织物(按重量计聚酯短纤含量≥85%)〔999〕	8	130	13		米/千克		
55121900	--其他							
5512190000	聚酯短纤其他机织物(按重量计聚酯短纤含量≥85%)〔999〕	8	130	13		米/千克		
55122100	--未漂白或漂白							
5512210000	未漂白或漂白腈纶短纤机织物(按重量计腈纶短纤含量≥85%)〔999〕	8	130	13		米/千克		
55122900	--其他							
5512290000	腈纶短纤其他机织物(按重量计腈纶短纤含量≥85%)〔999〕	8	130	13		米/千克		
55129100	--未漂白或漂白							
5512910000	未漂白或漂白其他合成纤维短纤其他机织物(按重量计其他合成纤维短纤含量≥85%)〔999〕	8	130	13		米/千克		
55129900	--其他							
5512990000	其他合成纤维短纤其他机织物(按重量计其他合成纤维短纤含量≥85%)〔999〕	8	130	13		米/千克		
5513	**合成纤维短纤纺制的机织物,按重量计合成纤维短纤含量在85%以下,主要或仅与棉混纺,每平方米重量不超过170克:**							
55131110	---未漂白							
5513111000	与棉混纺未漂白聚酯短纤平纹机织物(含聚酯短纤<85%)〔101 棉混纺坯布〕,〔102 合成纤维混纺机织物〕	8	130	13		米/千克		
55131120	---漂白							
5513112010	与棉混纺漂白聚酯短纤平纹府绸(含聚酯短纤<85%,每平方米重≤170克,含细平布)〔101 漂白棉混纺布〕,〔102 合成纤维混纺机织物〕	8	130	13		米/千克		
5513112020	与棉混纺漂白聚酯短纤机织平布(混纺为含聚酯短纤<85%,轻质指每平方米重≤170克)〔101 漂白棉混纺布〕,〔102 合成纤维混纺机织物〕	8	130	13		米/千克		
5513112030	与棉混纺漂白聚酯平纹印染用布(混纺为含聚酯短纤<85%,轻质指每平方米重≤170克)〔101 漂白棉混纺布〕,〔102 合成纤维混纺机织物〕	8	130	13		米/千克		
5513112040	与棉混纺漂白聚酯短纤平纹奶酪布等(含聚酯短纤<85%,每平方米重≤170克,含薄细布,巴里纱)〔101 漂白棉混纺布〕,〔102 合成纤维混纺机织物〕	8	130	13		米/千克		
55131210	---未漂白							
5513121000	与棉混纺未漂白的轻质聚酯斜纹布(混纺为含聚酯短纤<85%,轻质指每平方米重≤170克)〔101 棉混纺坯布〕,〔102 漂白棉混纺布〕,〔103 合成纤维混纺机织物〕	8	130	13		米/千克		
55131220	---漂白							
5513122000	与棉混纺漂白的轻质聚酯斜纹布(混纺为含聚酯短纤<85%,轻质指每平方米重≤170克)〔101 漂白棉混纺布〕,〔102 合成纤维混纺机织物〕	8	130	13		米/千克		
55131310	---未漂白							
5513131000	与棉混纺未漂聚酯短纤其他机织物(含聚酯纤<85%)〔101 棉混纺坯布〕,〔102 合成纤维混纺机织物〕	8	130	13		米/千克		
55131320	---漂白							
5513132000	与棉混纺漂白聚酯短纤其他机织物(含聚酯短纤<85%)〔101 漂白棉混纺布〕,〔102 合成纤维混纺机织物〕	8	130	13		米/千克		
55131900	--其他机织物							
5513190000	与棉混纺的未漂白或漂白的其他合成纤维短纤机织物(其他合成纤维短纤含量<85%)〔101 棉混纺坯布〕,〔102 漂白棉混纺布〕,〔103 合成纤维混纺机织物〕	8	130	13		米/千克		
55132100	--聚酯短纤纺制的平纹机织物							
5513210000	与棉混染色聚酯短纤平纹机织物(聚酯短纤85%以下)〔101 棉混纺染色布〕,〔102 合成纤维混纺机织物〕	8	130	13		米/千克		
55132310	---聚酯短纤纺制的三线或四线斜纹机织物,包括双面斜纹机织物							
5513231000	与棉混纺染色的轻质聚酯斜纹机织物(包括三线或四线、双面斜纹机织物,聚酯短纤<85%,轻质指每平方米重≤170克)〔101 棉混纺染色布〕,〔102 合成纤维混纺机织物〕	8	130	13		米/千克		
55132390	---其他							
5513239000	与棉混纺染色聚酯短纤其他机织物(混纺为含聚酯短纤<85%,每平方米重≤170克)〔101 棉混纺染色布〕,〔102 合成纤维混纺机织物〕	8	130	13		米/千克		
55132900	--其他机织物							
5513290000	与棉混纺染色其他合成纤维短纤其他布(含其他合成纤维短纤<85%)〔101 棉混纺染色布〕,〔102 合成纤维混纺机织物〕	8	130	13		米/千克		
55133100	--聚酯短纤纺制的平纹机织物							

协定税率(%)															特惠税率(%)			对美税率	出口税率	出口退税率	Article Description
智利	新西兰	澳大利亚	瑞士	冰岛	秘鲁	哥斯达	东盟	亚太	新加坡	巴基斯坦	港/澳/台	韩国	格鲁吉亚	毛里求斯	亚太	老/柬/缅	LDC 97/95				
																			0		
																					Woven fabrics of synthetic staple fibres, containing 85% or more by weight of synthetic staple fibres:
0	0	0	3	0	0	0	0	5.2	0	0	0/0/0	4.5	0	0			0/0	33	0	13	--Unbleached or bleached
0	0	0	0	0	0	0	0		0	0	0/0/0	6.5	0	0			0/0	33	0	13	--Other
0	0	0	2.6	0	0	0	0		0	0	0/0/	3.9	0	0			0/0	28	0	13	--Unbleached or bleached
0	0	0	0	0	0	0	0	5.2	0	0	0/0/	0	0	0			0/0	18	0	13	--Other
0	0	0	3.6	0	0	0	0		0	0	0/0/	5.4	0	0			0/0	33	0	13	--Unbleached or bleached
0	0	0	0	0	0	0	0		0	0	0/0/0	5.3	0	0		0/0/0	0/0	33	0	13	--Other
																					Woven fabrics of synthetic staple fibres, containing less than 85% by weight of such fibres, mixed mainly or solely with cotton, of a weight not exceeding 170g/m²:
0	0	0	3.2	0	0	0	0	4.8	0	0	0/0/	4.8	0	0			0/0	13	0	13	---Unbleached
0	0	0	3	0	0	0	0	4.8	0	0	0/0/	4.5	0	0			0/0	13	0	13	---Bleached
																		13	0		
																		13	0		
																		13	0		
0	0	0	3.2	0	0	0	0		0	0	0/0/	4.8	0	0			0/0	13	0	13	---Unbleached
0	0	0	3.6	0	0	0	0		0	0	0/0/	5.4	0	0			0/0	13	0	13	---Bleached
0	0	0	3.2	0	0	0	0	7.2	0	0	0/0/	4.8	0	0			0/0	13	0	13	---Unbleached
0	0	0	3.6	0	0	0	0		0	0	0/0/	5.4	0	0			0/0	13	0	13	---Bleached
0	0	0	3.6	0	0	0	0	4.8	0	0	0/0/	5.4	0	0			0/0	13	0	13	--Other woven fabrics
0	0	0	0	0	0	0	0	5.2	0	0	0/0/0	0	0	0			0/0	33	0	13	--Of polyester staple fibres, plain weave
0	0	0	0	0	0	0	0		0	0	0/0/	0	0	0			0/0		0	13	---3-thread or 4-thread twill, including cross twill, of polyester staple fibres
0	0	0	0	0	0	0	0		0	0	0/0/	3	0	0			0/0	33	0	13	---Other
0	0	0	0	0	0	0	0		0	0	0/0/	0	0	0			0/0	33	0	13	--Other woven fabrics
0	0	0	0	0	0	0	0		0	0	0/0/	4.5	0	0			0/0			13	--Of polyester staple fibres, plain weave

商品编号	商品名称及备注[检验检疫编码及名称]	进口关税(%)		增值税率(%)	消费税	计量单位	监管条件	检验检疫类别
		最惠国	普通					
5513310000	与棉混纺色织的聚酯短纤平纹布(含聚酯短纤<85%,每平方米重≤170克)〔101 色织棉混纺布〕,〔102 合成纤维混纺机织物〕	8	130	13		米/千克		
55133910	---聚酯短纤纺制的三线或四线斜纹机织物,包括双面斜纹机织物							
5513391000	与棉混纺色织的聚酯短纤三线或四线斜纹布(含聚酯短纤<85%,每平方米重≤170克,包括双面斜纹机织物)〔101 色织棉混纺布〕,〔102 合成纤维混纺机织物〕	8	130	13		米/千克		
55133920	---其他聚酯短纤纺制的机织物							
5513392000	与棉混纺色织聚酯短纤其他机织物(混纺为含聚酯短纤<85%,每平方米重≤170克)〔101 色织棉混纺布〕,〔102 合成纤维混纺机织物〕	8	130	13		米/千克		
55133990	---其他							
5513399000	与棉混纺色织其他合成纤维短纤其他布(混纺为含其他合成纤维短纤<85%,每平方米重≤170克)〔101 色织棉混纺布〕,〔102 合成纤维混纺机织物〕	8	130	13		米/千克		
55134100	--聚酯短纤纺制的平纹机织物							
5513410000	与棉混印花聚酯短纤平纹机织物(含聚酯短纤<85%,指每平方米重≤170克)〔101 棉混纺印花布〕,〔102 合成纤维混纺机织物〕	8	130	13		米/千克		
55134910	---聚酯短纤纺制的三线或四线斜纹机织物,包括双面斜纹机织物							
5513491000	与棉混纺印花的轻质聚酯三线或四线斜纹布(混纺为含聚酯短纤<85%,轻质指每平方米重≤170克,包括双面斜纹机织物)〔101 棉混纺印花布〕,〔102 合成纤维混纺机织物〕	8	130	13		米/千克		
55134920	---其他聚酯短纤纺制的机织物							
5513492000	与棉混纺印花聚酯短纤其他机织物(混纺为含聚酯短纤<85%,每平方米重≤170克)〔101 棉混纺印花布〕,〔102 合成纤维混纺机织物〕	8	130	13		米/千克		
55134990	---其他							
5513499000	与棉混纺印花其他合成纤维纤短纤其他布(混纺为含其他合成纤维短纤<85%,轻质指每平方米重≤170克)〔101 棉混纺印花布〕,〔102 合成纤维混纺机织物〕	8	130	13		米/千克		
5514	**合成纤维短纤纺制的机织物,按重量计合成纤维短纤含量在85%以下,主要或仅与棉混纺,每平方米重量超过170克:**							
55141110	---未漂白							
5514111000	与棉混纺未漂白聚酯短纤平纹机织物(含聚酯短纤<85%,每平方米重>170克)〔101 棉混纺坯布〕,〔102 合成纤维混纺机织物〕	8	130	13		米/千克		
55141120	---漂白							
5514112000	与棉混纺漂白聚酯短纤平纹机织物(含聚酯短纤<85%,每平方米重>170克)〔101 漂白棉混纺布〕,〔102 合成纤维混纺机织物〕	8	130	13		米/千克		
55141210	---未漂白							
5514121000	与棉混纺未漂白的重质聚酯斜纹布(混纺为含聚酯短纤<85%,重质指每平方米重>170克)〔101 棉混纺坯布〕,〔102 合成纤维混纺机织物〕	8	130	13		米/千克		
55141220	---漂白							
5514122000	与棉混纺漂白的聚酯短纤斜纹布(含聚酯短纤<85%,每平方米重>170克)〔101 漂白棉混纺布〕,〔102 合成纤维混纺机织物〕	8	130	13		米/千克		
55141911	----未漂白							
5514191100	与棉混纺未漂白聚酯短纤其他机织物(混纺为含聚酯短纤<85%,每平方米重>170克)〔101 棉混纺坯布〕,〔102 合成纤维混纺机织物〕	8	130	13		米/千克		
55141912	----漂白							
5514191200	与棉混纺漂白聚酯短纤其他机织物(混纺为含聚酯短纤<85%,每平方米重>170克)〔101 漂白棉混纺布〕,〔102 合成纤维混纺机织物〕	8	130	13		米/千克		
55141990	---其他							
5514199000	与棉混纺未漂白或漂白其他合成纤维短纤布(其他合成纤维短纤<85%,每平方米重>170克,指其他机织物)〔101 棉混纺坯布〕,〔102 漂白棉混纺布〕,〔103 合成纤维混纺机织物〕	8	130	13		米/千克		
55142100	--聚酯短纤纺制的平纹机织物							
5514210000	与棉混纺染色聚酯短纤平纹机织物(聚酯短纤<85%,每平方米重>170克)〔101 棉混纺染色布〕,〔102 合成纤维混纺机织物〕	8	130	13		米/千克		
55142200	--聚酯短纤纺制的三线或四线斜纹机织物,包括双面斜纹机织物							
5514220000	与棉混纺染色的重质聚酯斜纹布(混纺为含聚酯短纤<85%,重质指每平方米重>170克)〔101 棉混纺染色布〕,〔102 合成纤维混纺机织物〕	8	130	13		米/千克		
55142300	--其他聚酯短纤纺制的机织物							

协定税率(%) 智利	新西兰	澳大利亚	瑞士	冰岛	秘鲁	哥斯达	东盟	亚太	新加坡	巴基斯坦	港/澳/台	韩国	格鲁吉亚	毛里求斯	特惠税率(%) 亚太	老/柬/缅	LDC 97/95	对美税率	出口税率	出口退税率	Article Description
																		33	0		
0	0	0	0	0	0	0	0	5.2	0	0	0/0/	0	0	0			0/0			13	---3-thread or 4-thread twill, including cross twill, of polyester staple fibres
																			0		
0	0	0	0	0	0	0	0		0	0	0/0/	0	0	0			0/0			13	---Other woven fabrics of polyester staple fibres
																			0		
0	0	0	0	0	0	0	0		0	0	0/0/	0	0	0			0/0			13	---Other
																			0		
0	0	0	0	0	0	0	0		0	0	0/0/	0	0	0		0/0/0	0/0			13	--Of polyester staple fibres, plain weave
																			0		
0	0	0	0	0	0	0	0		0	0	0/0/	0	0	0			0/0			13	---3-thread or 4-thread twill, including cross twill, of polyester staple fibres
																			0		
0	0	0	0	0	0	0	0		0	0	0/0/	0	0	0			0/0			13	---Other woven fabrics of polyester staple fibres
																			0		
0	0	0	0	0	0	0	0		0	0	0/0/	0	0	0			0/0			13	---Other
																			0		
																					Woven fabrics of synthetic staple fibres, containing less than 85% by weight of such fibres, mixed mainly or solely with cotton, of a weight exceeding 170g/m^2:
0	0	0	3.2	0	0	0	0	5.2	0	0	0/0/	4.8	0	0			0/0			13	---Unbleached
																		13	0		
0	0	0	3.6	0	0	0	0		0	0	0/0/	5.4	0	0			0/0			13	---Bleached
																		33	0		
0	0	0	3.2	0	0	0	0		0	0	0/0/	4.8	0	0			0/0			13	---Unbleached
																		13	0		
0	0	0	3.6	0	0	0	0		0	0	0/0/	5.4	0	0			0/0			13	---Bleached
																		13	0		
0	0	0	3.2	0	0	0	0		0	0	0/0/	4.8	0	0			0/0			13	----Unbleached
																		18	0		
0	0	0	3.6	0	0	0	0		0	0	0/0/	5.4	0	0			0/0			13	----Bleached
																		13	0		
0	0	0	3.2	0	0	0	0	5.2	0	0	0/0/	4.8	0	0			0/0			13	---Other
																		33	0		
0	0	0	0	0	0	0	0		0	0	0/0/	0	0	0			0/0			13	--Of polyester staple fibres, plain weave
																		33	0		
0	0	0	0	0	0	0	0		0	0	0/0/	0	0	0			0/0			13	--3-thread or 4-thread twill, including cross twill, of polyester staple fibres
																		33	0		
0	0	0	0	0	0	0	0		0	0	0/0/	0	0	0		0/0/0	0/0			13	--Other woven fabrics of polyester staple fibres

商品编号	商品名称及备注[检验检疫编码及名称]	进口关税(%)		增值税率(%)	消费税	计量单位	监管条件	检验检疫类别
		最惠国	普通					
5514230000	与棉混纺染色聚酯短纤其他机织物(聚酯短纤<85%,每平方米重>170克)〔101 棉混纺染色布〕,〔102 合成纤维混纺机织物〕	8	130	13		米/千克		
55142900	--其他机织物							
5514290000	与棉混纺染色其他合成纤维短纤其他机织物(混纺为含其他合成纤维短纤<85%,重质指每平方米重>170克)〔101 棉混纺染色布〕,〔102 合成纤维混纺机织物〕	8	130	13		米/千克		
55143010	---聚酯短纤纺制的平纹机织物							
5514301000	与棉混纺色织的重质聚酯平纹布(混纺为含聚酯短纤<85%,重质指每平方米重>170克)〔101 色织棉混纺布〕,〔102 合成纤维混纺机织物〕	8	130	13		米/千克		
55143020	---聚酯短纤纺制的三线或四线斜纹机织物,包括双面斜纹机织物							
5514302000	与棉混纺色织聚酯短纤三四线斜纹布(聚酯短纤<85%,每平方米重>170克,包括双面斜纹机织物)〔101 色织棉混纺布〕,〔102 合成纤维混纺机织物〕	8	130	13		米/千克		
55143030	---其他聚酯短纤纺制的机织物							
5514303000	与棉混纺色织聚酯短纤其他机织物(混纺为含聚酯短纤<85%,每平方米重>170克)〔101 色织棉混纺布〕,〔102 合成纤维混纺机织物〕	8	130	13		米/千克		
55143090	---其他机织物							
5514309000	与棉混纺色织合成纤维短纤其他机织物(混纺为含其他合成纤维短纤<85%,每平方米重>170克)〔101 色织棉混纺布〕,〔102 合成纤维混纺机织物〕	8	130	13		米/千克		
55144100	--聚酯短纤纺制的平纹机织物							
5514410000	与棉混纺印花聚酯短纤平纹机织物(混纺为含聚酯短纤<85%,重质指每平方米重>170克)〔101 棉混纺印花布〕,〔102 合成纤维混纺机织物〕	8	130	13		米/千克		
55144200	--聚酯短纤纺制的三线或四线斜纹机织物,包括双面斜纹机织物							
5514420000	与棉混纺印花的重质聚酯斜纹布(混纺为含聚酯短纤<85%,重质指每平方米重>170克)〔101 棉混纺印花布〕,〔102 合成纤维混纺机织物〕	8	130	13		米/千克		
55144300	--其他聚酯短纤纺制的机织物							
5514430000	与棉混纺印花聚酯短纤其他机织物(混纺为含聚酯短纤<85%,重质指每平方米重>170克)〔101 棉混纺印花布〕,〔102 合成纤维混纺机织物〕	8	130	13		米/千克		
55144900	--其他机织物							
5514490000	与棉混纺印花其他合成纤维纤短纤其他机织物(混纺为含其他合成纤维短纤<85%,重质指每平方米重>170克)〔101 棉混纺印花布〕,〔102 合成纤维混纺机织物〕	8	130	13		米/千克		
5515	**合成纤维短纤纺制的其他机织物:**							
55151100	--主要或仅与粘胶纤维短纤混纺							
5515110000	主要或仅与粘胶纤维短纤混纺聚酯短纤其他机织物(聚酯短纤含量<85%,主要或仅与粘胶纤维短纤混纺)〔999〕	8	130	13		米/千克		
55151200	--主要或仅与化学纤维长丝混纺							
5515120000	主要或仅与化学纤维长丝混纺聚酯短纤其他机织物(聚酯短纤含量<85%,与化纤长丝混纺)〔999〕	8	130	13		米/千克		
55151300	--主要或仅与羊毛或动物细毛混纺							
5515130000	主要或仅与羊毛或动物细毛混纺聚酯短纤其他机织物(聚酯短纤含量<85%)〔999〕	8	130	13		米/千克		
55151900	--其他							
5515190000	其他聚酯短纤其他机织物(聚酯短纤含量<85%,与其他纤维混纺)〔999〕	8	130	13		米/千克		
55152100	--主要或仅与化学纤维长丝混纺							
5515210000	主要或仅与化学纤维长丝混纺腈纶短纤机织物(腈短纤含量<85%,主要或仅与化纤长丝混纺)〔999〕	8	130	13		米/千克		
55152200	--主要或仅与羊毛或动物细毛混纺							
5515220000	主要或仅与羊毛或动物细毛混纺腈纶短纤机织物(腈短纤含量<85%)〔999〕	8	130	13		米/千克		
55152900	--其他							
5515290000	其他腈纶短纤与其他纤维混机织物(腈短纤含量<85%,与其他纤维混纺)〔999〕	8	130	13		米/千克		
55159100	--主要或仅与化学纤维长丝混纺							
5515910000	主要或仅与化学纤维长丝混纺其他合成纤维短纤其他机织物(与化学纤维长丝混纺,合成纤维短纤含量<85%)〔999〕	8	130	13		米/千克		
55159900	--其他							
5515990000	其他合成纤维短纤其他机织物(合成纤维短纤含量<85%,与其他纤维混纺)〔999〕	8	130	13		米/千克		

协定税率(%)															特惠税率(%)			对美税率	出口税率	出口退税率	Article Description
智利	新西兰	澳大利亚	瑞士	冰岛	秘鲁	哥斯达	东盟	亚太	新加坡	巴基斯坦	港/澳/台	韩国	格鲁吉亚	毛里求斯	亚太	老/柬/缅	LDC 97/95				
																		33	0		
0	0	0	0	0	0	0	0		0	0	0/0/	0	0	0			0/0			13	--Other woven fabrics
																		33	0		
0	0	0	0	0	0	0	0		0	0	0/0/	0	0	0			0/0			13	---Of polyester staple fibres, plain weave
																		33	0		
0	0	0	0	0	0	0	0		0	0	0/0/	0	0	0			0/0			13	---3-thread or 4-thread twill, including cross twill, of polyester staple fibres
																			0		
0	0	0	0	0	0	0	0		0	0	0/0/	0	0	0			0/0			13	---Other woven fabrics of polyester staple fibres
																		28	0		
0	0	0	0	0	0	0	0		0	0	0/0/	0	0	0			0/0			13	---Other woven fabrics
																		33	0		
0	0	0	0	0	0	0	0		0	0	0/0/	0	0	0			0/0			13	--Of polyester staple fibres, plain weave
																		18	0		
0	0	0	0	0	0	0	0		0	0	0/0/	0	0	0			0/0			13	--3-thread or 4-thread twill, including cross twill, of polyester staple fibres
																			0		
0	0	0	0	0	0	0	0		0	0	0/0/	0	0	0			0/0			13	--Other woven fabrics of polyester staple fibres
																		18	0		
0	0	0	0	0	0	0	0		0	0	0/0/	0	0	0			0/0			13	--Other woven fabrics
																			0		
																					Other woven fabrics of synthetic staple fibres:
0	0	0	0	0	0	0	0	5.2	0	0	0/0/0	0	0	0			0/0			13	--Mixed mainly or solely with viscose rayon staple fibres
																		33	0		
0	0	0	0	0	0	0	0	5.2	0	0	0/0/0	0	0	0			0/0			13	--Mixed mainly or solely with man-made filaments
																		33	0		
0	0	0	0	0	0	0	0		0	0	0/0/	0	0	0			0/0			13	--Mixed mainly or solely with wool or fine animal hair
																		33	0		
0	0	0	0	0	0	0	0	5.2	0	0	0/0/	0	0	0			0/0			13	--Other
																		33	0		
0	0	0	0	0	0	0	0		0	0	0/0/	0	0	0			0/0			13	--Mixed mainly or solely with man-made filaments
																		18	0		
0	0	0	2.4	0	0	0	0		0	0	0/0/	0	0	0			0/0			13	--Mixed mainly or solely with wool or fine animal hair
																			0		
0	0	0	0	0	0	0	0		0	0	0/0/	0	0	0			0/0			13	--Other
																		33	0		
0	0	0	0	0	0	0	0		0	0	0/0/	0	0	0			0/0			13	--Mixed mainly or solely with man-made filaments
																		33	0		
0	0	0	0	0	0	0	0	5.2	0	0	0/0/	0	0	0			0/0			13	--Other
																		28	0		

商品编号	商品名称及备注[检验检疫编码及名称]	进口关税(%)		增值税率(%)	消费税	计量单位	监管条件	检验检疫类别
		最惠国	普通					
5516	**人造纤维短纤纺制的机织物:**							
55161100	--未漂白或漂白							
5516110000	未漂白或漂白的纯人造纤维短纤机织物(按重量计人造纤维短纤含量≥85%)〔999〕	8	130	13		米/千克		
55161200	--染色							
5516120000	染色的纯人造纤维短纤布(纯人造纤维布指按重量计人造纤维短纤含量≥85%)〔999〕	8	130	13		米/千克		
55161300	--色织							
5516130000	色织的纯人造纤维短纤布(纯人造纤维布指按重量计人造纤维短纤含量≥85%)〔999〕	8	130	13		米/千克		
55161400	--印花							
5516140000	印花的纯人造纤维短纤布(纯人造纤维布指按重量计人造纤维短纤含量≥85%)〔999〕	8	130	13		米/千克		
55162100	--未漂白或漂白							
5516210000	未漂白或漂白的人造纤维短纤机织物(人造纤维短纤含量<85%,与化学纤维长丝混纺)〔999〕	8	130	13		米/千克		
55162200	--染色							
5516220000	染色人造纤维短纤机织物(人造纤维短纤含量<85%,与化学纤维长丝混纺)〔999〕	8	130	13		米/千克		
55162300	--色织							
5516230000	色织人造纤维短纤机织物(人造纤维短纤含量<85%,与化学纤维长丝混纺)〔999〕	8	130	13		米/千克		
55162400	--印花							
5516240000	印花人造纤维短纤机织物(人造纤维短纤含量<85%,与化学纤维长丝混纺)〔999〕	8	130	13		米/千克		
55163100	--未漂白或漂白							
5516310000	未漂白或漂白人造纤维短纤机织物(按重量计人造纤维短纤含量<85%,主要或仅与羊毛或动物细毛混纺)〔999〕	8	130	13		米/千克		
55163200	--染色							
5516320000	染色人造纤维短纤机织物(按重量计人造纤维短纤含量<85%,主要或仅与羊毛或动物细毛混纺)〔999〕	8	130	13		米/千克		
55163300	--色织							
5516330000	色织人造纤维短纤机织物(按重量计人造纤维短纤含量<85%,主要或仅与羊毛或动物细毛混纺)〔999〕	8	130	13		米/千克		
55163400	--印花							
5516340000	印花人造纤维短纤机织物(按重量计人造纤维短纤含量<85%,主要或仅与羊毛或动物细毛混纺)〔999〕	8	130	13		米/千克		
55164100	--未漂白或漂白							
5516410000	与棉混纺的未漂白或漂白人造纤维短纤机织物(按重量计人造纤维短纤含量<85%,主要或仅与棉混纺)〔101 棉混纺坯布〕,〔102 漂白棉混纺布〕,〔103 人造纤维混纺机织物〕	8	130	13		米/千克		
55164200	--染色							
5516420000	与棉混纺的染色人造纤维短纤机织物(按重量计人造纤维短纤含量<85%,主要或仅与棉混纺)〔101 棉混纺染色布〕,〔102 人造纤维混纺机织物〕	8	130	13		米/千克		
55164300	--色织							
5516430000	与棉混纺的色织人造纤维短纤机织物(按重量计人造纤维短纤含量<85%,主要或仅与棉混纺)〔101 色织棉混纺布〕,〔102 人造纤维混纺机织物〕	8	130	13		米/千克		
55164400	--印花							
5516440000	与棉混纺的印花人造纤维短纤机织物(按重量计人造纤维短纤含量<85%,主要或仅与棉混纺)〔101 棉混纺印花布〕,〔102 人造纤维混纺机织物〕	8	130	13		米/千克		
55169100	--未漂白或漂白							
5516910000	未漂或漂白人造纤维短纤其他机织物(与其他纤维混纺,人造纤维短纤含量<85%以下)〔999〕	8	130	13		米/千克		
55169200	--染色							
5516920000	染色人造纤维短纤其他机织物(与其他纤维混纺,人造纤维短纤含量<85%)〔999〕	8	130	13		米/千克		
55169300	--色织							
5516930000	色织人造纤维短纤其他机织物(与其他纤维混纺,人造纤维短纤含量<85%)〔999〕	8	130	13		米/千克		
55169400	--印花							
5516940000	印花人造纤维短纤府绸、细平布、平布、印染用布、奶酪布、帆布、缎纹或斜纹机织物、牛津布(与其他纤维混纺,人造纤维短纤含量<85%)〔999〕	8	130	13		米/千克		

协定税率(%)															特惠税率(%)			对美税率	出口税率	出口退税率	Article Description
智利	新西兰	澳大利亚	瑞士	冰岛	秘鲁	哥斯达	东盟	亚太	新加坡	巴基斯坦	港/澳/台	韩国	格鲁吉亚	毛里求斯	亚太	老/柬/缅	LDC 97/95				
																					Woven fabrics of artificial staple fibres:
0	0	0	2.4	0	0	0	0		0	0	0/0/	0	0	0			0/0	33	0	13	--Unbleached or bleached
0	0	0	0	0	0	0	0		0	0	0/0/0	0	0	0			0/0	28	0	13	--Dyed
0	0	0	0	0	0	0	0		0	0	0/0/	0	0	0			0/0	33	0	13	--Of yarns of different colours
0	0	0	0	0	0	0	0		0	0	0/0/	0	0	0			0/0	33	0	13	--Printed
0	0	0	2.4	0	0	0	0		0	0	0/0/	0	0	0			0/0	28	0	13	--Unbleached or bleached
0	0	0	0	0	0	0	0	5.2	0	0	0/0/0	5.3	0	0			0/0	33	0	13	--Dyed
0	0	0	0	0	0	0	0		0	0	0/0/	0	0	0			0/0	28	0	13	--Of yarns of different colours
0	0	0	0	0	0	0	0		0	0	0/0/	0	0	0			0/0		0	13	--Printed
0	0	0	2.4	0	0	0	0		0	0	0/0/	0	0	0			0/0		0	13	--Unbleached or bleached
0	0	0	0	0	0	0	0		0	0	0/0/	0	0	0			0/0		0	13	--Dyed
0	0	0	0	0	0	0	0		0	0	0/0/	0	0	0			0/0	33	0	13	--Of yarns of different colours
0	0	0	0	0	0	0	0		0	0	0/0/	0	0	0			0/0		0	13	--Printed
0	0	0	2.4	0	0	0	0		0	0	0/0/	0	0	0			0/0	33	0	13	--Unbleached or bleached
0	0	0	2.4	0	0	0	0		0	0	0/0/	0	0	0			0/0	33	0	13	--Dyed
0	0	0	0	0	0	0	0		0	0	0/0/	0	0	0			0/0	28	0	13	--Of yarns of different colours
0	0	0	0	0	0	0	0		0	0	0/0/	0	0	0			0/0		0	13	--Printed
0	0	0	2.4	0	0	0	0		0	0	0/0/	0	0	0			0/0		0	13	--Unbleached or bleached
0	0	0	0	0	0	0	0		0	0	0/0/	5.3	0	0			0/0	33	0	13	--Dyed
0	0	0	0	0	0	0	0		0	0	0/0/	0	0	0			0/0	33	0	13	--Of yarns of different colours
0	0	0	0	0	0	0	0	5.2	0	0	0/0/	0	0	0			0/0	33	0	13	--Printed

第五十六章
絮胎、毡呢及无纺织物；特种纱线；线、绳、索、缆及其制品

注释：

一、本章不包括：

（一）用各种物质或制剂（例如，第三十三章的香水或化妆品、品目 34.01 的肥皂或洗涤剂、品目 34.05 的光洁剂及类似制剂、品目 38.09 的织物柔软剂）浸渍、涂布、包覆的絮胎、毡呢或无纺织物，其中的纺织材料仅作为承载介质；

（二）品目 58.11 的纺织产品；

（三）以毡呢或无纺织物为底的砂布及类似品（品目 68.05）；

（四）以毡呢或无纺织物为底的黏聚或复制云母（品目 68.14）；

（五）以毡呢或无纺织物为底的金属箔（通常归入第十四类或第十五类）；或

（六）品目 96.19 的卫生巾（护垫）及卫生棉条、婴儿尿布及尿布衬里和类似品。

二、所称"毡呢"，包括针刺机制毡呢以及纤维本身通过缝编工序增强了抱合力的纺织纤维网状织物。

三、品目 56.02 及 56.03 分别包括用各种性质（紧密结构或泡沫状）的塑料或橡胶浸渍、涂布、包覆或层压的毡呢及无纺织物。

品目 56.03 还包括用塑料或橡胶作黏合材料的无纺织物。

但品目 56.02 及 56.03 不包括：

（一）用塑料或橡胶浸渍、涂布、包覆或层压，按重量计纺织材料含量在 50%及以下的毡呢或者完全嵌入塑料或橡胶之内的毡呢（第三十九章或第四十章）；

（二）完全嵌入塑料或橡胶之内的无纺织物，以及用肉眼可辨别出两面都用塑料或橡胶涂布、包覆的无纺织物，涂布或包覆所引起的颜色变化可不予考虑（第三十九章或第四十章）；或

（三）与毡呢或无纺织物混制的泡沫塑料或海绵橡胶板、片或扁条，纺织材料仅在其中起增强作用（第三十九章或第四十章）。

四、品目 56.04 不包括用肉眼无法辨别出是否经过浸渍、涂布或包覆的纺织纱线或品目 54.04 或 54.05 的扁条及类似品（通常归入第五十章至第五十五章）；运用本条规定，可不考虑浸渍、涂布或包覆所引起的颜色变化。

商品编号	商品名称及备注[检验检疫编码及名称]	进口关税(%)		增值税率(%)	消费税	计量单位	监管条件	检验检疫类别
		最惠国	普通					
5601	**纺织材料絮胎及其制品；长度不超过 5 毫米的纺织纤维（纤维屑）、纤维粉末及球结：**							
56012100	--棉制							
5601210000	棉制的絮胎及絮胎制品〔999〕	8	50	13		千克		
56012210	---卷烟滤嘴							
5601221000	化学纤维制的卷烟滤嘴〔999〕	8	100	13		千克	7	
56012290	---其他							
5601229000	化学纤维制的絮胎及絮胎制品〔999〕	8	100	13		千克		
56012900	--其他							
5601290000	其他纺织材料制絮胎及制品〔999〕	8	90	13		千克		
56013000	-纤维屑、纤维粉末及球结							
5601300010暂5	由两种或以上有机聚合物纺制的纤维(横截面为皮芯结构或并列结构或海岛结构，长度不超过 5 毫米)〔999〕	8	100	13		千克		
5601300090	纺织纤维屑、纤维粉末及球结(纺织纤维长度不超过 5 毫米)〔999〕	8	100	13		千克		
5602	**毡呢，不论是否浸渍、涂布、包覆或层压：**							
56021000	-针刺机制毡呢及纤维缝编织物							
5602100000	针刺机制毡呢及纤维缝编织物(不论是否浸渍、涂布、包覆或层压)〔999〕	8	100	13		千克		
56022100	--羊毛或动物细毛制							
5602210000	羊毛及动物细毛制其他毡呢(未浸渍、涂布、包覆或层压)〔999〕	8	100	13		千克		
56022900	--其他纺织材料制							
5602290000	其他纺织材料制其他毡呢(未浸渍、涂布、包覆或层压)〔999〕	8	100	13		千克		
56029000	-其他							
5602900000	其他纺织材料制其他毡呢(浸渍、涂布、包覆或层压)〔999〕	8	100	13		千克		
5603	**无纺织物，不论是否浸渍、涂布、包覆或层压：**							
56031110	---经浸渍、涂布、包覆或层压							
5603111000	化学纤维长丝制无纺织物(浸渍、涂布、包覆或层压，每平方米重≤25 克)〔999〕	8	70	13		千克		
56031190	---其他							
5603119000	其他化学纤维长丝制无纺织物(每平方米重≤25 克)〔999〕	8	130	13		千克		

Chapter 56
Wadding, felt and nonwovens; special yarns; twine, cordage, ropes and cables and articles thereof

Chapter Notes:

1. This Chapter does not cover:
   (a) Wadding, felt or nonwovens, impregnated, coated or covered with substances or preparations (for example, perfumes or cosmetics of Chapter 33, soaps or detergents of heading 34. 01, polishes, creams or similar preparations of heading 34. 05, fabric softeners of heading 38. 09) where the textile material is present merely as a carrying medium;
   (b) Textile products of heading 58. 11;
   (c) Natural or artificial abrasive powder or grain, on a backing of felt or nonwovens (heading 68. 05);
   (d) Agglomerated or reconstituted mica, on a backing of felt or nonwovens (heading 68. 14);
   (e) Metal foil on a backing of felt or nonwovens (generally Section XIV or XV); or
   (f) Sanitary towels (pads) and tampons, napkins and napkin liners for babies and similar articles of heading 96. 19.

2. The term "felt" includes needleloom felt and fabrics consisting of a web of textile fibres the cohesion of which has been enhanced by a stitch-bonding process using fibres from the web itself.

3. Headings 56. 02 and 56. 03 cover respectively felt and nonwovens, impregnated, coated, covered or laminated with plastics or rubber whatever the nature of these materials (compact or cellular).
   Heading 56. 03 also includes nonwovens in which plastics or rubber forms the bonding substance.
   Headings 56. 02 and 56. 03 do not, however, cover:
   (a) Felt impregnated, coated, covered or laminated with plastics or rubber, containing 50% or less by weight of textile material or felt completely embedded in plastics or rubber (Chapter 39 or 40);
   (b) Nonwovens, either completely embedded in plastics or rubber, or entirely coated or covered on both sides with such materials, provided that such coating or covering can be seen with the naked eye with no account being taken of any resulting change of colour (Chapter 39 or 40); or
   (c) Plates, sheets or strip of cellular plastics or cellular rubber combined with felt or nonwovens, where the textile material is present merely for reinforcing purposes (Chapter 39 or 40).

4. Heading 56. 04 does not cover textile yarn, or strip or the like of heading 54. 04 or 54. 05, in which the impregnation, coating or covering cannot be seen with the naked eye (usually Chapters 50 to 55); for the purpose of this provision, no account should be taken of any resulting change of colour.

协定税率(%)															特惠税率(%)			对美税率	出口税率	出口退税率	Article Description
智利	新西兰	澳大利亚	瑞士	冰岛	秘鲁	哥斯达	东盟	亚太	新加坡	巴基斯坦	港/澳/台	韩国	格鲁吉亚	毛里求斯	亚太	老/柬/缅	LDC 97/95				
																					Wadding of textile materials and articles thereof; textile fibres, not exceeding 5mm in length (flock), textile dust and mill neps:
0	0	0	0	0	0	0	0		0	4	0/0/	0	0	0			0/0			13	--Of cotton
																		33	0		
0	0		2. 4	0	0	0	0		0	4. 8	0/0/			0			0/0			13	---Cigarette filter tips
																			0		
0	0	0	2. 4	0	0	0	0		0		0/0/0	6. 4	0	0			0/0			13	---Other
																		18	0		
0	0	0	0	0	0	0	0		0	4	0/0/	0	0	0			0/0			13	--Other
																		33	0		
0	0	0	0	0	0	0	0		0	4	0/0/	0	0	0			0/0			13	-Textile flock and dust and mill neps
																		15	0		
																		18	0		
																					Felt, whether or not impregnated, coated, covered or laminated:
0	0	0	0	0	0	0	0		0	4	0/0/	0	0	0			0/0			13	-Needleloom felt and stitch-bonded fibre fabrics
																		18	0		
0	0	0	0	0	0	0	0		0	4	0/0/	0	0	0			0/0			13	--Of wool or fine animal hair
																		33	0		
0	0	0	0	0	0	0	0		0	4	0/0/	0	0	0			0/0			13	--Of other textile materials
																		28	0		
0	0	0	0	0	0	0	0		0	4	0/0/	0	0	0			0/0			13	-Other
																		28	0		
																					Nonwovens, whether or not impregnated, coated, covered or laminated:
0	0	0	0	0	0	0	0	5. 2	0	0	0/0/0	0	0	0		0/0/0	0/0			13	---Impregnated, coated, covered or laminated
																		33	0		
0	0	0	0	0	0	0	0	6. 8	0	0	0/0/	3	0	0			0/0			13	---Other
																		33	0		

商品编号	商品名称及备注[检验检疫编码及名称]	进口关税(%) 最惠国	进口关税(%) 普通	增值税率(%)	消费税	计量单位	监管条件	检验检疫类别
56031210	---经浸渍、涂布、包覆或层压							
5603121000	25 克<每平方米重≤70 克浸渍长丝无纺布(浸渍包括涂布、包覆或压层;长丝指化学纤维长丝)〔999〕	8	70	13		千克		
56031290	---其他							
5603129000	25 克<每平方米重≤70 克其他长丝无纺布(长丝指化学纤维长丝)〔999〕	8	130	13		千克		
56031310	---经浸渍、涂布、包覆或层压							
5603131000	70 克<每平方米重≤150 克浸渍长丝无纺(浸渍包括涂布、包覆或压层;长丝指化学纤维长丝)〔999〕	8	70	13		千克		
56031390	---其他							
5603139000	70 克<每平方米重≤150 克其他长丝无纺(长丝指化学纤维长丝)〔999〕	8	130	13		千克		
56031410	---经浸渍、涂布、包覆或层压							
5603141000	每平方米重>150 克经浸渍长丝无纺布(浸渍包括涂布、包覆或压层;长丝指化纤长丝)〔999〕	8	70	13		千克		
56031490	---其他							
5603149000	每平方米重>150 克的其他长丝无纺布(长丝指化学纤维长丝)〔999〕	8	130	13		千克		
56039110	---经浸渍、涂布、包覆或层压							
5603911010暂5	每平方米重≤25 克经浸渍的乙烯聚合物制电池隔膜基布(浸渍包括涂布、包覆或压层)〔999〕	8	70	13		千克		
5603911090	每平方米重≤25 克经浸渍其他无纺布(浸渍包括涂布、包覆或压层)〔999〕	8	70	13		千克		
56039190	---其他							
5603919000	每平方米重≤25 克的其他无纺布〔999〕	8	85	13		千克		
56039210	---经浸渍、涂布、包覆或层压							
5603921010暂5	25 克<每平方米重≤70 克浸渍的乙烯聚合物制电池隔膜基布(浸渍包括涂布、包覆或压层)〔999〕	8	70	13		千克		
5603921090	25 克<每平方米重≤70 克浸渍其他无纺布(浸渍包括涂布、包覆或压层)〔999〕	8	70	13		千克		
56039290	---其他							
5603929000	25 克<每平方米重≤70 克其他无纺布〔999〕	8	85	13		千克		
56039310	---经浸渍、涂布、包覆或层压							
5603931010暂5	70 克<每平方米重≤150 克浸渍的乙烯聚合物制电池隔膜基布(浸渍包括涂布、包覆或压层)〔999〕	8	70	13		千克		
5603931090	70 克<每平方米重≤150 克浸渍其他无纺布(浸渍包括涂布、包覆或压层)〔999〕	8	70	13		千克		
56039390	---其他							
5603939000	70 克<每平方米重≤150 克的其他无纺布〔999〕	8	85	13		千克		
56039410	---经浸渍、涂布、包覆或层压							
5603941000	其他材料制无纺织物(浸渍、涂布、包覆或压层,每平方米重>150 克)〔999〕	8	70	13		千克		
56039490	---其他							
5603949000	其他材料制无纺织物(每平方米重>150 克)〔999〕	8	85	13		千克		
5604	**用纺织材料包覆的橡胶线及绳;用橡胶或塑料浸渍、涂布、包覆或套裹的纺织纱线及品目 54.04 或 54.05 的扁条及类似品:**							
56041000	-用纺织材料包覆的橡胶线及绳							
5604100000	用纺织材料包覆的橡胶线及绳〔999〕	5	80	13		千克		
56049000	-其他							
5604900000	其他纺织纱线及品目 54.04 或 54.05 的扁条及类似品(用橡胶或塑料浸渍、涂布、包覆、套裹)〔999〕	5	80	13		千克		
5605	**含金属纱线,不论是否螺旋花线,由纺织纱线或品目 54.04 或 54.05 的扁条及类似品与金属线、扁条或粉末混合制得或用金属包覆制得:**							
56050000	含金属纱线,不论是否螺旋花线,由纺织纱线或品目 54.04 或 54.05 的扁条及类似品与金属线、扁条或粉末混合制得或用金属包覆制得							

协定税率(%)															特惠税率(%)			对美税率	出口税率	出口退税率	Article Description
智利	新西兰	澳大利亚	瑞士	冰岛	秘鲁	哥斯达	东盟	亚太	新加坡	巴基斯坦	港/澳/台	韩国	格鲁吉亚	毛里求斯	亚太	老/柬/缅	LDC 97/95				
0	0	0	0	0	0	0	0	5.2	0	0	0/0/	5.3	0	0		0/0/0	0/0			13	---Impregnated, coated, covered or laminated
																		18	0		
0	0	0	0	0	0	0	0		0	0	0/0/0	0	0	0			0/0			13	---Other
																			0		
0	0	0	0	0	0	0	0	5.2	0	0	0/0/0	0	0	0			0/0			13	---Impregnated, coated, covered or laminated
																			0		
0	0	0	0	0	0	0	0		0	0	0/0/0	0	0	0			0/0			13	---Other
																			0		
0	0	0	0	0	0	0	0	5.2	0	0	0/0/0	5.3	0	0			0/0			13	---Impregnated, coated, covered or laminated
																		28	0		
0	0	0	0	0	0	0	0	5.2	0	0	0/0/0	0	0	0			0/0			13	---Other
																		28	0		
0	0	0	0	0	0	0	0	5.2	0	0	0/0/	3	0	0			0/0			13	---Impregnated, coated, covered or laminated
																		25	0		
																		28	0		
0	0	0	0	0	0	0	0	6.8	0	0	0/0/	3	0	0			0/0			13	---Other
																		33	0		
0	0	0	0	0	0	0	0	5.2	0	0	0/0/	3	0	0			0/0			13	---Impregnated, coated, covered or laminated
																		15	0		
																		18	0		
0	0	0	0	0	0	0	0	5.2		0	0/0/0	0	0	0		0/0/0	0/0			13	---Other
																		18	0		
0	0	0	0	0	0	0	0	5.2	0	0	0/0/	3	0	0			0/0			13	---Impregnated, coated, covered or laminated
																		25	0		
																		28	0		
0	0	0	0	0	0	0	0	5.2	0	0	0/0/0	0	0	0			0/0			13	---Other
																		28	0		
0	0	0	0	0	0	0	0	5.2	0	0	0/0/0	0	0	0			0/0			13	---Impregnated, coated, covered or laminated
																		28	0		
0	0	0	0	0	0	0	0	5.2	0	0	0/0/0	5.3	0	0		0/0/0	0/0			13	---Other
																		28	0		
																					Rubber thread and cord, textile covered; textile yarn, and strip and the like of heading 54.04 or 54.05, impregnated, coated, covered or sheathed with rubber or plastics:
0	0	0	0	0	0	0	0			0	0/0/	0	0	0		0/0/0	0/0			13	-Rubber thread and cord, textile covered
																		15	0		
0	0	0	0	0	0	0	0			0	0/0/	1.5	0	0			0/0			13	-Other
																		15	0		
																					Metallized yarn, whether or not gimped, being textile yarn, or strip or the like of heading 54.04 or 54.05, combined with metal in the form of thread, strip or powder or covered with metal:
0	0	0	0	0	0	0	0			0	0/0/	0	0	0			0/0			13	Metallized yarn, whether or not gimped, being textile yarn, or strip or the like of heading 54.04 or 54.05, combined with metal in the form of thread, strip or powder or covered with metal

商品编号	商品名称及备注[检验检疫编码及名称]	进口关税(%) 最惠国	普通	增值税率(%)	消费税	计量单位	监管条件	检验检疫类别
5605000000	含金属纱线,不论是否螺旋花线,由纺织纱线或品目 54.04 或 54.05 的扁条及类似品与金属线、扁条或粉末混合制得或用金属包覆制得〔999〕	5	70	13		千克		
5606	**粗松螺旋花线,品目 54.04 或 54.05 的扁条及类似品制的螺旋花线(品目 56.05 的货品及马毛粗松螺旋花线除外);绳绒线(包括植绒绳绒线);纵行起圈纱线:**							
56060000	粗松螺旋花线,品目 54.04 或 54.05 的扁条及类似品制的螺旋花线(品目 56.05 的货品及马毛粗松螺旋花线除外);绳绒线(包括植绒绳绒线);纵行起圈纱线							
5606000000	绳绒线及粗松螺旋花线(包括纵行起圈纱线,但品目 56.05 的货品及马毛粗松线除外)〔999〕	5	70	13		千克		
5607	**线、绳、索、缆,不论是否编织或编结而成,也不论是否用橡胶或塑料浸渍、涂布、包覆或套裹:**							
56072100	--包扎用绳							
5607210000	西沙尔麻或其他纺织用龙舌兰类纤维纺制包扎用绳(农机用,可编织或编结,可用橡胶或塑料浸涂包套)〔999〕	5	50	13		千克		
56072900	--其他							
5607290000	剑麻或龙舌兰纤维制其他线绳索缆(可编织或编结,可用橡胶或塑料浸渍、涂布,包覆,套裹)〔999〕	5	50	13		千克		
56074100	--包扎用绳							
5607410000	聚乙烯或聚丙烯纺制包扎用绳(可编织或编结,可用橡胶或塑料浸渍、涂布,包覆,套裹)〔999〕	5	100	13		千克		
56074900	--其他							
5607490000	其他聚乙烯或聚丙烯制线绳索缆(可编织或编结,可用橡胶或塑料浸渍、涂布,包覆,套裹)〔999〕	5	100	13		千克		
56075000	-其他合成纤维纺制							
5607500000	其他合纤制线绳索缆(不论是否编织或编结而成,可用橡胶或塑料浸渍、涂布,包覆,套裹)〔999〕	5	100	13		千克		
56079010	---蕉麻(马尼拉麻)或其他硬质(叶)纤维纺制							
5607901000	蕉麻或硬质(叶)纤维制线,绳,索,缆(可编织或编结,可用橡胶或塑料浸渍、涂布,包覆,套裹)〔999〕	5	50	13		千克		
56079090	---其他							
5607909000	其他纺织材料制线,绳,索,缆(可编织或编结,可用橡胶或塑料浸渍、涂布,包覆,套裹)〔999〕	5	100	13		千克		
5608	**线、绳或索结制的网料;纺织材料制成的渔网及其他网:**							
56081100	--制成的渔网							
5608110000	化学纤维材料制成的渔网〔999〕	8	50	13		千克		
56081900	--其他							
5608190000	化学纤维材料制成的网料和其他网(包括化学纤维线、绳、索结制的网料,罗网及篓状网除外)〔999〕	8	100	13		千克		
56089000	-其他							
5608900000	其他纺织纤维制成的渔网、其他网及网料(罗网及篓状网除外)〔999〕	8	100	13		千克		
5609	**用纱线、品目 54.04 或 54.05 的扁条及类似品或线、绳、索、缆制成的其他税号未列名物品:**							
56090000	用纱线、品目 54.04 或 54.05 的扁条及类似品或线、绳、索、缆制成的其他税号未列名物品							
5609000000	用纱线,扁条,绳,索,缆制其他物品(扁条及类似品指品目 54.04 或 54.05 的物品)〔999〕	8	100	13		千克		

协定税率(%)															特惠税率(%)			对美税率	出口税率	出口退税率	Article Description
智利	新西兰	澳大利亚	瑞士	冰岛	秘鲁	哥斯达	东盟	亚太	新加坡	巴基斯坦	港/澳/台	韩国	格鲁吉亚	毛里求斯	亚太	老/柬/缅	LDC 97/95				
																		30	0		
																					Gimped yarn, and strip and the like of heading 54. 04 or 54. 05, gimped (other than those of heading 56. 05 and gimped horsehair yarn); chenille yarn (including flock chenille yarn); loopwale yarn:
0	0	0	0	0	0	0	0			0	0/0/	0	0	0			0/0			13	Gimped yarn, and strip and the like of heading 54. 04 or 54. 05, gimped (other than those of heading 56. 05 and gimped horsehair yarn); chenille yarn (including flock chenille yarn); loopwale yarn
																		30	0		
																					Twine, cordage, rope sand cables, whether or not plaited or braided and whether or not impregnated, coated, covered or sheathed with rubber or plastics:
0	0	0	0	0	0	0	0			0	0/0/	0	0	0			0/0			13	--Binder or baler twine
																			0		
0	0	0	0	0	0	0	0			0	0/0/	0	0	0			0/0			13	--Other
																			0		
0	0	0	0	0	0	0	0			0	0/0/	0	0	0			0/0			13	--Binder or baler twine
																		15	0		
0	0	0	0	0	0	0	0			0	0/0/	0	0	0			0/0			13	--Other
																		15	0		
0	0	0	0	0	0	0	0			0	0/0/0	0	0	0			0/0			13	-Of other synthetic fibres
																		15	0		
0	0	0	0	0	0	0	0			0	0/0/	0	0	0			0/0			13	---Of abaca (Manila hemp or Muse textilis Nee) or other hard (leaf) fibres
																			0		
0	0	0	0	0	0	0	0			0	0/0/	0	0	0	2. 5	0/0/0	0/0			13	---Other
																		25	0		
																					Knotted netting of twine, cordage or rope; made up fishing nets and other made up nets, of textile materials:
0	0	0	0	0	0	0	0			4	0/0/	0	0	0			0/0			13	--Made up fishing nets
																			0		
0	0	0	2. 4	0	0	0	0		0	0	0/0/0	0	0	0			0/0			13	--Other
																		28	0		
0	0	0	0	0	0	0	0			4	0/0/	0	0	0			0/0			13	-Other
																		28	0		
																					Articles of yarn, strip or the like of heading 54. 04 or 54. 05, twine, cordage, rope or cables, not elsewhere specified or included:
0	0	0	0	0	0	0	0			4	0/0/	0	0	8	0		0/0			13	Articles of yarn, strip or the like of heading 54. 04 or 54. 05, twine, cordage, rope or cables, not elsewhere specified or included
																		33	0		

第五十七章
地毯及纺织材料的其他铺地制品

注释：

一、本章所称“地毯及纺织材料的其他铺地制品”，是指使用时以纺织材料作面的铺地制品，也包括具有纺织材料铺地制品特征但作其他用途的物品。

二、本章不包括铺地制品衬垫。

商品编号	商品名称及备注[检验检疫编码及名称]	进口关税(%) 最惠国	普通	增值税率(%)	消费税	计量单位	监管条件	检验检疫类别
5701	**结织栽绒地毯及纺织材料的其他结织栽绒铺地制品，不论是否制成的：**							
57011000	-羊毛或动物细毛制							
5701100000	羊毛或动物细毛制的结织栽绒地毯(包括羊毛或动物细毛制的其他结织栽绒铺地制品)〔999〕	6	130	13		千克/平方米		
57019010	---化学纤维制							
5701901000	化学纤维制的结织栽绒地毯(包括化学纤维制的结织栽绒铺地制品)〔999〕	6	130	13		千克/平方米		
57019020	---丝制							
5701902000	丝制结织栽绒铺地制品(其他铺地制品，未簇绒或未植绒，不论是否制成)〔999〕	6	100	13		千克/平方米		
57019090	---其他							
5701909000	其他纺织材料制结织栽绒地毯(包括其他纺织材料制结织栽绒铺地制品)〔999〕	6	100	13		千克/平方米		
5702	**机织地毯及纺织材料的其他机织铺地制品，未簇绒或未植绒，不论是否制成的，包括“开来姆”“苏麦克”“卡拉马尼”及类似的手织地毯：**							
57021000	-“开来姆”“苏麦克”“卡拉马尼”及类似的手织地毯							
5702100000	“开来姆”，“苏麦克”，“卡拉马尼”地毯(包括类似的手织地毯)〔999〕	6	130	13		千克/平方米		
57022000	-椰壳纤维制的铺地制品							
5702200000	椰壳纤维制的铺地制品(未簇绒或未植绒，不论是否制成的)〔999〕	6	100	13		千克/平方米		
57023100	--羊毛或动物细毛制							
5702310000	未制成的羊毛起绒地毯及铺地制品(包括动物细毛制，未簇绒或未植绒)〔999〕	4	130	13		千克/平方米		
57023200	--化学纤维制							
5702320000	未制成的化学纤维起绒地毯及铺地制品(未簇绒或未植绒)〔999〕	6	130	13		千克/平方米		
57023900	--其他纺织材料制							
5702390000	其他纺织料未制成起绒铺地制品(未簇绒或未植绒)〔999〕	6	100	13		千克/平方米		
57024100	--羊毛或动物细毛制							
5702410000	制成的羊毛起绒地毯及铺地制品(包括动物细毛制，未簇绒或未植绒)〔999〕	4	130	13		千克/平方米		
57024200	--化学纤维制							
5702420000	制成的化学纤维起绒地毯及铺地制品(未簇绒或未植绒)〔999〕	4	130	13		千克/平方米		
57024900	--其他纺织材料制							
5702490000	其他纺织材料制成的起绒铺地制品〔999〕	6	100	13		千克/平方米		
57025010	---羊毛或动物细毛制							
5702501000	未制成羊毛非起绒地毯及铺地制品(包括动物细毛制，未簇绒或未植绒)〔999〕	6	130	13		千克/平方米		
57025020	---化学纤维制							
5702502000	未制成化学纤维非起绒地毯及铺地制品(未簇绒或未植绒)〔999〕	6	130	13		千克/平方米		
57025090	---其他纺织材料制							
5702509000	未制成其他纺织料制非起绒铺地制品〔999〕	6	100	13		千克/平方米		
57029100	--羊毛或动物细毛制							
5702910000	制成的毛制非起绒铺地制品(指羊毛或动物细毛)〔999〕	6	130	13		千克/平方米		
57029200	--化学纤维制							
5702920000	制成的化学纤维非起绒地毯及铺地制品(未簇绒或未植绒)〔999〕	6	130	13		千克/平方米		
57029900	--其他纺织材料制							
5702990000	制成的其他纺材制非起绒铺地制品〔999〕	6	100	13		千克/平方米		
5703	**簇绒地毯及纺织材料的其他簇绒铺地制品，不论是否制成的：**							
57031000	-羊毛或动物细毛制							
5703100000	羊毛簇绒地毯及其他簇绒铺地制品(包括动物细毛制，不论是否制成)〔999〕	6	130	13		千克/平方米		

Chapter 57
Carpets and other textile floor coverings

Chapter Notes:

1. For the purposes of this Chapter, the term "carpets and other textile floor coverings" means floor coverings in which textile materials serve as the exposed surface of the article when in use and includes articles having the characteristics of textile floor coverings but intended for use for other purposes.

2. This Chapter does not cover floor covering underlays.

协定税率(%)															特惠税率(%)			对美税率	出口税率	出口退税率	Article Description
智利	新西兰	澳大利亚	瑞士	冰岛	秘鲁	哥斯达	东盟	亚太	新加坡	巴基斯坦	港/澳/台	韩国	格鲁吉亚	毛里求斯	亚太	老/柬/缅	LDC 97/95				
																					Carpets and other textile floor coverings knotted, whether or not made up:
0	0	0	2.8	0	0	0	0		0	0	0/0/	4.2	0	0			0/0			13	-Of wool or fine animal hair
																		31	0		
0	0	0	3.2	0	0	0	0		0	12.8	0/0/	4.8	0	0			0/0			13	---Of man-made textile materials
																		31	0		
0	0	0	2.8	0	0	0	0		0	7	0/0/	4.2	0	0			0/0			13	---Of silk
																		31	0		
0	0	0	2.8	0	0	0	0		0	7	0/0/	4.2	0	0			0/0			13	---Other
																		31	0		
																					Carpets and other textile floor coverings, woven, not tufted or flocked, whether or not made up, including "Kelem" "Schumacks" "Karamanie" and similar handwoven rugs:
0	0	0	2.8	0	0	0	0		0	0	0/0/	4.2	0	0	0		0/0			13	-"Kelem" "Schumacks" "Karamanie" and similar handwoven rugs
																		31	0		
0	0	0	2.8	0	0	0	0		0	0	0/0/	4.2	0	0			0/0			13	-Floor coverings of coconut fibres(coir)
																			0		
0	0	0	2	0	0	0	0		0	0	0/0/	0	0	0			0/0			13	--Of wool or fine animal hair
																		29	0		
0	0	0	3.2	0	0	0	0		0	0	0/0/	4.8	0	0			0/0			13	--Of man-made textile materials
																		31	0		
0	0	0	2.8	0	0	0	0		0	0	0/0/	4.2	0	0	0		0/0			13	--Of other textile materials
																			0		
0	0	0	0	0	0	0	0		0	0	0/0/	0	0	0			0/0			13	--Of wool or fine animal hair
																		29	0		
0	0	0	0	0	0	0	0		0	0	0/0/	0	0	0			0/0			13	--Of man-made textile materials
																		29	0		
0	0	0	2.8	0	0	0	0	4	0	0	0/0/	4.2	0	0			0/0			13	--Of other textile materials
																			0		
0	0	0	2.8	0	0	0	0		0	0	0/0/	4.2	0	0			0/0			13	---Of wool or fine animal hair
																			0		
0	0	0	3.2	0	0	0	0		0	0	0/0/	4.8	0	0			0/0			13	---Of man-made textile materials
																			0		
0	0	0	2.8	0	0	0	0		0	0	0/0/	4.2	0	0			0/0			13	---Of other textile materials
																			0		
0	0	0	2.8	0	0	0	0		0	0	0/0/	4.2	0	0			0/0			13	--Of wool or fine animal hair
																		31	0		
0	0	0	3.2	0	0	0	0		0	0	0/0/	4.8	0	0			0/0			13	--Of man-made textile materials
																		31	0		
0	0	0	2.8	0	0	0	0		0	0	0/0/	4.2	0	0			0/0			13	--Of other textile materials
																		31	0		
																					Carpets and other textile floor coverings, tufted, whether or not made up:
0	0	0	2.8	0	0	0	0		0		0/0/	4.2	0	0			0/0			13	-Of wool or fine animal hair
																		16	0		

商品编号	商品名称及备注[检验检疫编码及名称]	进口关税(%)		增值税率(%)	消费税	计量单位	监管条件	检验检疫类别
		最惠国	普通					
57032000	-尼龙或其他聚酰胺制							
5703200000	尼龙簇绒地毯及其他簇绒铺地制品(包括其他聚酰胺制,不论是否制成)〔999〕	4	130	13		千克/平方米		
57033000	-其他化学纤维制							
5703300000	化学纤维簇绒地毯及其他簇绒铺地制品(尼龙制的除外,不论是否制成)〔999〕	4	130	13		千克/平方米		
57039000	-其他纺织材料制							
5703900000	其他簇绒地毯及其他簇绒铺地制品(羊毛、化学纤维制除外,不论是否制成)〔999〕	6	100	13		千克/平方米		
5704	**毡呢地毯及纺织材料的其他毡呢铺地制品,未簇绒或未植绒,不论是否制成的:**							
57041000	-最大表面面积≤0.3平方米							
5704100000	毡呢铺地制品,最大面积≤0.3平方米(未簇绒或未植绒)〔999〕	6	130	13		千克/平方米		
57042000	-0.3平方米<最大表面面积≤1平方米							
5704200000	毡呢铺地制品,0.3平方米<最大面积≤1平方米(未簇绒或未植绒)〔999〕	4	130	13		千克/平方米		
57049000	-其他							
5704900000	毡呢铺地制品,最大面积>1平方米(未簇绒或未植绒)〔999〕	4	130	13		千克/平方米		
5705	**其他地毯及纺织材料的其他铺地制品,不论是否制成的:**							
57050010	---羊毛或动物细毛制							
5705001000	羊毛制其他地毯及其他铺地制品(包括动物细毛制,不论是否制成的)〔999〕	6	130	13		千克/平方米		
57050020	---化学纤维制							
5705002000	化学纤维制其他地毯及其他铺地制品(不论是否制成的)〔999〕	4	130	13		千克/平方米		
57050090	---其他							
5705009000	其他纺材制未列名地毯及铺地制品〔999〕	6	100	13		千克/平方米		

协定税率(%)															特惠税率(%)			对美税率	出口税率	出口退税率	Article Description
智利	新西兰	澳大利亚	瑞士	冰岛	秘鲁	哥斯达	东盟	亚太	新加坡	巴基斯坦	港/澳/台	韩国	格鲁吉亚	毛里求斯	亚太	老/柬/缅	LDC 97/95				
0	0	0	0	0	0	0	0		0	4	0/0/	6.5	0	0			0/0			13	-Of nylon or other polyamides
																		14	0		
0	0	0	0	0	0	0	0		0		0/0/	0	0	0			0/0			13	-Of other man-made textile materials
																		29	0		
0	0	0	2.8	0	0	0	0		0	11.2	0/0/	4.2	0	0	0		0/0			13	-Of other textile materials
																		16	0		
																					Carpets and other textile floor coverings, of felt, not tufted or flocked, whether or not made up:
0	0	0	2.8	0	0	0	0		0	7	0/0/	4.2	0	0			0/0			13	-Tiles, having a maximum surface area of 0.3m²
																			0		
0	0	0	0	0	0	0	0		0	3	0/0/	0	0	0			0/0			13	-Tiles, having a maximum surface area more then 0.3m² but not more than 1m²
																		29	0		
0	0	0	0	0	0	0	0		0	3	0/0/	0	0	0			0/0			13	-Other
																		29	0		
																					Other carpets and other textile floor coverings, whether or not made up:
0	0	0	2.8	0	0	0	0		0	11.2	0/0/	4.2	0	0	0		0/0			13	---Of wool or fine animal hair
																		31	0		
0	0	0	0	0	0	0	0		0	4	0/0/	0	0	0	0		0/0			13	---Of man-made textile materials
																		14	0		
0	0	0	2.8	0	0	0	0		0	11.2	0/0/	4.2	0	0	0		0/0			13	---Other
																		31	0		

第五十八章
特种机织物；簇绒织物；花边；装饰毯；装饰带；刺绣品

注释：

一、本章不适用于经浸渍、涂布、包覆或层压的第五十九章注释一所述的纺织物或第五十九章的其他货品。

二、品目 58.01 也包括因未将浮纱割断而使表面无竖绒的纬起绒织物。

三、品目 58.03 所称"纱罗"，是指经线全部或部分由地经纱和绞经纱构成的织物，其中绞经纱绕地经纱半圈、一圈或几圈而形成圈状，纬纱从圈中穿过。

四、品目 58.04 不适用于品目 56.08 的线、绳、索结制的网状织物。

五、品目 58.06 所称"狭幅机织物"，是指：
（一）幅宽不超过 30 厘米的机织物，不论是否织成或从宽幅料剪成，但两侧必须有织成的、胶粘的或用其他方法制成的布边；
（二）压平宽度不超过 30 厘米的圆筒机织物；以及
（三）折边的斜裁滚条布，其未折边时的宽度不超过 30 厘米。
流苏状的狭幅机织物归入品目 58.08。

六、品目 58.10 所称"刺绣品"，除了一般纺织材料绣线绣制的刺绣品外，还包括在可见底布上用金属线或玻璃线刺绣的刺绣品，也包括用珠片、饰珠、纺织材料或其他材料制的装饰用花纹图案所缝绣的贴花织物。该税号不包括手工针绣嵌花装饰毯（品目 58.05）。

七、除品目 58.09 的产品外，本章还包括金属线制的用于衣着、装饰及类似用途的物品。

商品编号	商品名称及备注[检验检疫编码及名称]	进口关税(%)		增值税率(%)	消费税	计量单位	监管条件	检验检疫类别
		最惠国	普通					
5801	**起绒机织物及绳绒织物，但品目 58.02 或 58.06 的织物除外：**							
58011000	-羊毛或动物细毛制							
5801100000	毛制起绒机织物及绳绒织物(品目 58.02 或 58.06 的织物除外)〔999〕	8	130	13		米/千克		
58012100	--不割绒的纬起绒织物							
5801210000	不割绒的棉制纬起绒织物(品目 58.02 或 58.06 的织物除外)〔101 棉混纺坯布〕,〔102 其他特种机织物〕	8	70	13		米/千克		
58012200	--割绒的灯芯绒							
5801220000	割绒的棉制灯芯绒(品目 58.02 或 58.06 的织物除外)〔999〕	8	70	13		米/千克		
58012300	--其他纬起绒织物							
5801230000	其他棉制纬起绒织物(品目 58.02 或 58.06 的织物除外)〔101 棉混纺坯布〕,〔102 其他特种机织物〕	8	70	13		米/千克		
58012600	--绳绒织物							
5801260000	棉制绳绒织物(品目 58.02 或 58.06 的织物除外)〔101 棉混纺坯布〕,〔102 其他特种机织物〕	8	70	13		米/千克		
58012710	---不割绒的(棱纹绸)							
5801271000	棉制不割绒的经起绒织物(棱纹绸)(品目 58.02 或 58.06 的织物除外)〔999〕	8	70	13		米/千克		
58012720	---割绒的							
5801272000	棉制割绒的经起绒织物(品目 58.02 或 58.06 的织物除外)〔101 棉混纺坯布〕,〔102 其他特种机织物〕	8	70	13		米/千克		
58013100	--不割绒的纬起绒织物							
5801310000	不割绒的化学纤维制纬起绒织物(品目 58.02 或 58.06 的织物除外)〔999〕	8	130	13		米/千克		
58013200	--割绒的灯芯绒							
5801320000	割绒的化学纤维制灯芯绒(品目 58.02 或 58.06 的织物除外)〔999〕	8	130	13		米/千克		
58013300	--其他纬起绒织物							
5801330000	其他化学纤维纬起绒织物(品目 58.02 或 58.06 的织物除外)〔999〕	8	130	13		米/千克		
58013600	--绳绒织物							
5801360000	化学纤维绳绒织物(品目 58.02 或 58.06 的织物除外)〔999〕	8	130	13		米/千克		
58013710	---不割绒的(棱纹绸)							
5801371000	化学纤维制不割绒经起绒织物(棱纹绸)(品目 58.02 或 58.06 的织物除外)〔999〕	8	130	13		米/千克		
58013720	---割绒的							
5801372000	化学纤维制割绒的经起绒织物(品目 58.02 或 58.06 的织物除外)〔999〕	8	130	13		米/千克		
58019010	---丝及绢丝制							
5801901000	丝及绢丝制起绒机织物及绳绒织物(品目 58.02 或 58.06 的织物除外)〔999〕	8	130	13		米/千克		
58019090	---其他							

Chapter 58
Special woven fabrics; tufted textile fabrics; lace; tapestries; trimmings; embroidery

Chapter Notes:

1. This Chapter does not apply to textile fabrics referred to in Note 1 to Chapter 59, impregnated, coated, covered or laminated, or to other goods of Chapter 59.

2. Heading 58. 01 also includes woven weft pile fabrics which have not yet had the floats cut, at which stage they have no pile standing up.

3. For the purposes of heading 58. 03, "gauze" means a fabric with a warp composed wholly or in part of standing or ground threads and crossing or doup threads which cross the standing or ground threads making a half turn, a complete turn or more to form loops through which weft threads pass.

4. Heading 58. 04 does not apply to knotted net fabrics of twine, cordage or rope, of heading 56. 08.

5. For the purposes of heading 58. 06, the expression "narrow woven fabrics" means:
   (a) Woven fabrics of a width not exceeding 30cm, whether woven as such or cut from wider pieces, provided with selvedges (woven, gummed or otherwise made) on both edges;
   (b) Tubular woven fabrics of a flattened width not exceeding 30cm; and
   (c) Bias binding with folded edges, of a width when unfolded not exceeding 30cm.
   Narrow woven fabrics with woven fringes are to be classified in heading 58. 08.

6. In heading 58. 10, the expression "embroidery" means, inter alia, embroidery with metal or glass thread on a visible ground of textile fabric, and sewn applique work of sequins, beads or ornamental motifs of textile or other materials. The heading does not apply to needlework tapestry (heading 58. 05).

7. In addition to the products of heading 58. 09, this Chapter also includes articles made of metal thread and of a kind used in apparel, as furnishing fabrics or for similar purposes.

协定税率(%)															特惠税率(%)			对美税率	出口税率	出口退税率	Article Description
智利	新西兰	澳大利亚	瑞士	冰岛	秘鲁	哥斯达	东盟	亚太	新加坡	巴基斯坦	港/澳/台	韩国	格鲁吉亚	毛里求斯	亚太	老/柬/缅	LDC 97/95				
																					Woven pile fabrics and chenille fabrics, other than fabrics of heading 58. 02 or 58. 06:
0	0	0	0	0	0	0	0		0	0	0/0/	0	0	0			0/0			13	-Of wool or fine animal hair
																		33	0		
0	0	0	2. 4	0	0	0	0		0	0	0/0/	0	0	0			0/0			13	--Uncut weft pile fabrics
																			0		
0	0	0	0	0	0	0	0		·	0	0/0/0	0	0	0			0/0			13	--Cut corduroy
																		33	0		
0	0	0	0	0	0	0	0			0	0/0/	3	0	0			0/0			13	--Other weft pile fabrics
																			0		
0	0	0	0	0	0	0	0			0	0/0/	0	0	0			0/0			13	--Chenille fabrics
																		18	0		
0	0	0	0	0	0	0	0			0	0/0/	0	0	0			0/0			13	---Uncut(èpinglè)
																		33	0		
0	0	0	0	0	0	0	0			0	0/0/	0	0	0			0/0			13	---Cut
																		33	0		
0	0	0	0	0	0	0	0		0	0	0/0/	5. 3	0	0			0/0			13	--Uncut weft pile fabrics
																		33	0		
0	0	0	0	0	0	0	0		0	0	0/0/	0	0	0			0/0			13	--Cut corduroy
																		33	0		
0	0	0	0	0	0	0	0		0	0	0/0/0	0	0	0		0/0/0	0/0			13	--Other weft pile fabrics
																		33	0		
0	0	0	0	0	0	0	0		0	0	0/0/	0	0	0			0/0			13	--Chenille fabrics
																		28	0		
0	0	0	0	0	0	0	0		0	0	0/0/	0	0	0			0/0			13	---Uncut(èpinglè)
																		28	0		
0	0	0	0	0	0	0	0		0	0	0/0/	0	0	0			0/0			13	---Cut
																		28	0		
0	0	0	0	0	0	0	0		0	0	0/0/	0	0	0			0/0			13	---Of silk or silk waste
																		33	0		
0	0	0	0	0	0	0	0		0	0	0/0/	0	0	0			0/0			13	---Other

商品编号	商品名称及备注[检验检疫编码及名称]	进口关税(%)		增值税率(%)	消费税	计量单位	监管条件	检验检疫类别
		最惠国	普通					
5801909000	其他材料制起绒机织物及绳绒织物(品目58.02或58.06的织物除外)〔101 亚麻混纺织物〕,〔102 其他特种机织物〕	8	80	13		米/千克		
5802	**毛巾织物及类似的毛圈机织物,但品目58.06的狭幅织物除外;簇绒织物,但品目57.03的产品除外:**							
58021100	--未漂白							
5802110000	未漂棉毛巾织物及类似毛圈机织物(品目58.06的狭幅织物除外)〔999〕	8	70	13		米/千克		
58021900	--其他							
5802190000	其他棉毛巾织物及类似毛圈机织物(品目58.06的狭幅织物除)〔999〕	8	70	13		米/千克		
58022010	---丝及绢丝制							
5802201000	丝及绢丝毛巾织物及类似毛圈织物(品目58.06的狭幅织物除外)〔999〕	8	130	13		米/千克		
58022020	---羊毛或动物细毛制							
5802202000	羊毛等毛巾织物及类似毛圈机织物(指羊毛或动物细毛制,品目58.06的狭幅织物除外)〔999〕	8	130	13		米/千克		
58022030	---化学纤维制							
5802203000	化学纤维毛巾织物及类似毛圈机织物(品目58.06的狭幅织物除外)〔999〕	8	130	13		米/千克		
58022090	---其他							
5802209000	其他材料毛巾织物及类似毛圈织物(品目58.06的狭幅织物除外)〔999〕	8	80	13		米/千克		
58023010	---丝及绢丝制							
5802301000	丝及绢丝制簇绒织物(品目57.03的产品除外)〔999〕	8	130	13		米/千克		
58023020	---羊毛或动物细毛制							
5802302000	羊毛或动物细毛制簇绒织物(品目57.03的产品除外)〔999〕	8	130	13		米/千克		
58023030	---棉或麻制							
5802303000	棉或麻制簇绒织物(品目57.03的产品除外)〔999〕	8	70	13		米/千克		
58023040	---化学纤维制							
5802304000	化学纤维制簇绒织物(品目57.03的产品除外)〔999〕	8	130	13		米/千克		
58023090	---其他纺织材料制							
5802309000	其他纺织材料制簇绒织物(品目57.03的产品除外)〔999〕	8	80	13		米/千克		
5803	**纱罗,但品目58.06的狭幅织物除外:**							
58030010	---棉制							
5803001000	棉制纱罗(品目58.06的狭幅织物除外)〔999〕	8	70	13		米/千克		
58030020	---丝及绢丝制							
5803002000	丝及绢丝制纱罗(品目58.06的狭幅织物除外)〔999〕	8	130	13		米/千克		
58030030	---化学纤维制							
5803003000	化学纤维制纱罗(品目58.06的狭幅织物除外)〔999〕	8	130	13		米/千克		
58030090	---其他纺织材料制							
5803009000	其他纺织材料制纱罗(品目58.06的狭幅织物除外)〔999〕	8	80	13		米/千克		
5804	**网眼薄纱及其他网眼织物,但不包括机织物、针织物或钩编织物;成卷、成条或成小块图案的花边,但品目60.02至60.06的织物除外:**							
58041010	---丝及绢丝制							
5804101000	丝及绢丝网眼薄纱及其他网眼织物(不包括机织物,针织物或钩编织物)〔999〕	8	130	13		千克		
58041020	---棉制							
5804102000	棉制网眼薄纱及其他网眼织物(不包括机织物,针织物或钩编织物)〔999〕	8	70	13		千克		
58041030	---化学纤维制							
5804103000	化学纤维制网眼薄纱及其他网眼织物(不包括机织物,针织物或钩编织物)〔999〕	8	130	13		千克		
58041090	---其他纺织材料制							
5804109000	其他材料网眼薄纱及其他网眼织物(不包括机织物,针织物或钩编织物)〔999〕	8	90	13		千克		
58042100	--化学纤维制							
5804210000	化学纤维机制花边(成卷成条或成小块图案的,但品目60.02的织物除外)〔999〕	8	130	13		千克		
58042910	---丝及绢丝制							
5804291000	丝及绢丝机制花边(成卷成条或成小块图案的,但品目60.02的织物除外)〔999〕	8	130	13		千克		
58042920	---棉制							
5804292000	棉机制花边(成卷成条或成小块图案的,但品目60.02的织物除外)〔999〕	8	70	13		千克		
58042990	---其他							
5804299000	其他纺织材料制机制花边(成卷成条或成小块图案的,但品目60.02的织物除外)〔999〕	8	90	13		千克		
58043000	-手工制花边							
5804300000	手工制花边(成卷成条或成小块图案的,但品目60.02的织物除外)〔999〕	8	100	13		千克		

协定税率(%)															特惠税率(%)			对美税率	出口税率	出口退税率	Article Description
智利	新西兰	澳大利亚	瑞士	冰岛	秘鲁	哥斯达	东盟	亚太	新加坡	巴基斯坦	港/澳/台	韩国	格鲁吉亚	毛里求斯	亚太	老/柬/缅	LDC 97/95				
																		33	0		
																					Terry towelling and similar woven terry fabrics, other than narrow fabrics of heading 58.06; tufted textile fabrics, other than products of heading 57.03:
0	0	0	2.4	0	0	0	0		0	0	0/0/	0	0	0	0		0/0			13	--Unbleached
																			0		
0	0	0	0	0	0	0	0			0	0/0/	0	0	0			0/0			13	--Other
																			0		
0	0	0	2.4	0	0	0	0		0	0	0/0/	0	0	0	0		0/0			13	---Of silk or silk waste
																			0		
0	0	0	2.4	0	0	0	0		0	0	0/0/	0	0	0	0		0/0			13	---Of wool or fine animal hair
																			0		
0	0	0	2.8	0	0	0	0		0	0	0/0/	4.2	0	0	0		0/0			13	---Of man-made fibres
																		13	0		
0	0	0	2.4	0	0	0	0		0	0	0/0/	0	0	0	0		0/0			13	---Other
																			0		
0	0	0	0	0	0	0	0		0	0	0/0/	0	0	0			0/0			13	---Of silk or silk waste
																			0		
0	0	0	0	0	0	0	0		0	0	0/0/	0	0	0			0/0			13	---Of wool or fine animal hair
																			0		
0	0	0	0	0	0	0	0			0	0/0/	0	0	0			0/0			13	---Of cotton or bast fibres
																			0		
0	0	0	0	0	0	0	0		0	0	0/0/	0	0	0			0/0			13	---Of man-made fibres
																		33	0		
0	0	0	0	0	0	0	0		0	0	0/0/	0	0	0			0/0			13	---Of other textile materials
																			0		
																					Gauze, other than narrow fabrics of heading 58.06:
0	0	0	0	0	0	0	0			3	0/0/	0	0	0			0/0			13	---Of cotton
																			0		
0	0	0	0	0	0	0	0		0	3	0/0/	0	0	0			0/0			13	---Of silk or silk waste
																			0		
0	0	0	0	0	0	0	0		0	5	0/0/	0	0	0			0/0			13	---Of man-made fibres
																			0		
0	0	0	0	0	0	0	0		0	3	0/0/	0	0	0			0/0			13	---Of other textile materials
																		18	0		
																					Tulles and other net fabrics, not including woven, knitted or crocheted fabrics; lace in the piece, in strips or in motifs, other than fabrics of headings 60.02 to 60.06:
0	0	0	0	0	0	0	0	5.2	0	3	0/0/	0	0	0			0/0			13	---Of silk or silk waste
																			0		
0	0	0	4.7	0	0	0	0	5.2		3	0/0/	0	0	0			0/0			13	---Of cotton
																		33	0		
0	0	0	2.4	0	0	0	0	5.2	0	4	0/0/0	7.8	0	0		0/0/0	0/0			13	---Of man-made fibres
																		33	0		
0	0	0	0	0	0	0	0	5.2	0	3	0/0/0	0	0	0			0/0			13	---Of other textile materials
																		18	0		
0	0	0	0	0	0	0	0		0	4	0/0/0	0	0	0			0/0			13	--Of man-made fibres
																		33	0		
0	0	0	0	0	0	0	0		0	3	0/0/	0	0	0			0/0			13	---Of silk or silk waste
																			0		
0	0	0	0	0	0	0	0			3	0/0/	0	0	0		0/0/0	0/0			13	---Of cotton
																		33	0		
0	0	0	0	0	0	0	0		0	3	0/0/	0	0	0			0/0			13	---Other
																			0		
0	0	0	0	0	0	0	0		0	3	0/0/	0	0	0			0/0			13	-Hand-made lace
																			0		

商品编号	商品名称及备注[检验检疫编码及名称]	进口关税(%) 最惠国	普通	增值税率(%)	消费税	计量单位	监管条件	检验检疫类别
5805	**“哥白林”“弗朗德”“奥步生”“波威”及类似式样的手织装饰毯,以及手工针绣嵌花装饰毯(例如,小针脚或十字绣),不论是否制成的:**							
58050010	---手工针绣嵌花装饰毯							
5805001000	手工针绣嵌花装饰毯(不论是否制成的)〔999〕	6	130	13		平方米/千克		
58050090	---其他							
5805009000	其他手织装饰毯(包括“哥白林”“弗朗德”“奥步生”“波威”及类似式样的;不论是否制成的)〔999〕	6	130	13		平方米/千克		
5806	**狭幅机织物,但品目 58.07 的货品除外;用黏合剂黏合制成的有经纱而无纬纱的狭幅织物(包扎匹头用带):**							
58061010	---棉或麻制							
5806101000	棉或麻制狭幅起绒机织物及绳绒织物(包括狭幅毛巾织物及类似毛圈织物,品目 58.07 的货品除外)〔999〕	8	70	13		千克		
58061090	---其他纺织材料制							
5806109000	其他材料狭幅起绒织物及绳绒织物(包括狭幅毛巾织物及类似毛圈织物,品目 58.07 的货品除外)〔999〕	8	80	13		千克		
58062000	-按重量计弹性纱线或橡胶线含量在 5%及以上的其他机织物							
5806200000	含弹性纱线≥5%狭幅织物(包括含橡胶线,品目 58.07 的货品除外)〔999〕	8	100	13		千克		
58063100	--棉制							
5806310000	棉制未列名狭幅机织物(品目 58.07 的货品除外)〔999〕	8	70	13		千克		
58063200	--化学纤维制							
5806320000	化学纤维制狭幅机织物(品目 58.07 的货品除外)〔999〕	8	130	13		千克		
58063910	---丝及绢丝制							
5806391000	含丝量≥85%制其他狭幅机织物(品目 58.07 的货品除外)〔999〕	8	130	13		千克		
58063920	---羊毛或动物细毛制							
5806392000	羊毛制其他狭幅机织物(品目 58.07 的货品除外)〔999〕	8	130	13		千克		
58063990	---其他							
5806399000	其他材料制其他狭幅机织物(品目 58.07 的货品除外)〔999〕	8	80	13		千克		
58064010	---棉或麻制							
5806401000	棉或麻粘合有经纱无纬纱狭幅织物(包括扎匹头用带,品目 58.07 的货品除外)〔999〕	8	70	13		千克		
58064090	---其他纺织材料制							
5806409000	其他材料粘合有经无纬狭幅织物(包括扎匹头用带,品目 58.07 的货品除外)〔999〕	8	80	13		千克		
5807	**非绣制的纺织材料制标签、徽章及类似品,成匹、成条或裁成一定形状或尺寸:**							
58071000	-机织							
5807100000	纺织材料制机织非绣制标签、徽章及类似品(包括徽章及类似品,成匹、成条或裁成一定形状或尺寸)〔999〕	8	100	13		千克		
58079000	-其他							
5807900000	纺织材料制非机织非绣制标签、徽章及类似品(包括徽章及类似品,成匹、成条或裁成一定形状或尺寸)〔999〕	8	100	13		千克		
5808	**成匹的编带;非绣制的成匹装饰带,但针织或钩编的除外;流苏、绒球及类似品:**							
58081000	-成匹的编带							
5808100020	蕉麻或苎麻制成匹的编带(适合制造或装饰帽类用)〔999〕	8	100	13		千克		
5808100090	其他纺织材料制成匹的编带〔999〕	8	100	13		千克		
58089000	-其他							
5808900000	非绣制的成匹装饰带,但针织或钩编的除外;流苏、绒球及类似品〔999〕	8	100	13		千克		
5809	**其他税号未列名的金属线机织物及品目 56.05 所列含金属纱线的机织物,用于衣着、装饰及类似用途:**							
58090010	---与棉混制							

协定税率(%)															特惠税率(%)			对美税率	出口税率	出口退税率	Article Description
智利	新西兰	澳大利亚	瑞士	冰岛	秘鲁	哥斯达	东盟	亚太	新加坡	巴基斯坦	港/澳/台	韩国	格鲁吉亚	毛里求斯	亚太	老/柬/缅	LDC 97/95				
																					Hand-woven tapestries of the type Gobelins, Flanders, Aubusson, Beauvais and the like, and needle-worked tapestries (for example, petit point, cross stitch), whether or not made up:
0	0	0	2.4	0	0	0	0		0	6	0/0/	0	0	0			0/0			13	---Needle-worked tapestries
																			0		
0	0	0	2.4	0	0	0	0		0	6	0/0/	0	0	0			0/0			13	---Other
																			0		
																					Narrow woven fabrics, other than goods of heading 58.07; narrow fabrics consisting of warp without weft assembled by means of an adhesive (bolducs):
0	0	0	0	0	0	0	0	6.4		3	0/0/	0	0	0			0/0			13	---Of cotton or bast fibres
																		33	0		
0	0	0	0	0	0	0	0	5.2	0	3	0/0/0	0	0	0		0/0/0	0/0			13	---Of other textile materials
																		18	0		
0	0	0	0	0	0	0	0		0	3	0/0/0	0	0	0		0/0/0	0/0			13	-Other woven fabrics, containing by weight 5% or more of elastomeric yarn or rubber thread
																		33	0		
0	0	0	0	0	0	0	0			4	0/0/	0	0	0		0/0/0	0/0			13	--Of cotton
																		33	0		
0	0	0	0	0	0	0	0	5.2	0	4	0/0/0	0	0	0		0/0/0	0/0			13	--Of man-made fibres
																		28	0		
0	0	0	0	0	0	0	0		0	3	0/0/	0	0	0			0/0			13	---Of silk or silk waste
																		18	0		
0	0	0	0	0	0	0	0		0	3	0/0/	0	0	0			0/0			13	---Of wool or fine animal hair
																			0		
0	0	0	0	0	0	0	0		0	3	0/0/	0	0	0			0/0			13	---Other
																		33	0		
0	0	0	0	0	0	0	0	4.8		3	0/0/	0	0	0			0/0			13	---Of cotton or bast fibres
																			0		
0	0	0	0	0	0	0	0		0	3	0/0/	0	0	0			0/0			13	---Of other textile materials
																		28	0		
																					Labels, badges and similar articles of textile materials, in the piece, in strips or cut to shape or size, not embroidered:
0	0	0	0	0	0	0	0	5.2	0	0	0/0/0	0	0	0		0/0/0	0/0			13	-Woven
																		33	0		
0	0	0	0	0	0	0	0		0	3	0/0/	0	0	0			0/0			13	-Other
																		28	0		
																					Braids in the piece; ornamental trimmings in the piece, without embroidery, other than knitted or crocheted; tassels, pompons and similar articles:
0	0	0	0	0	0	0	0		0		0/0/	0	0	0			0/0			13	-Braids in the piece
																		33	0		
																		33	0		
0	0	0	0	0	0	0	0		0	4	0/0/	0	0	0		0/0/0	0/0			13	-Other
																		33	0		
																					Woven fabrics of metal thread and woven fabrics of metallized yarn of heading 56.05, of a kind used in apparel, as furnishing fabrics or for similar purposes, not elsewhere specified or included:
0	0	0	0	0	0	0	0		0	3	0/0/	0	0	0			0/0			13	---Combined with cotton

商品编号	商品名称及备注[检验检疫编码及名称]	进口关税(%)		增值税率(%)	消费税	计量单位	监管条件	检验检疫类别
		最惠国	普通					
5809001000	金属线及含金属纱线与棉混制的布(用于衣着,装饰及类似用途,布指机织物)〔999〕	8	90	13		米/千克		
58090020	---与化学纤维混制							
5809002000	金属线及含金属纱线与化学纤维混制布(用于衣着,装饰及类似用途,布指机织物)〔999〕	8	130	13		米/千克		
58090090	---其他							
5809009000	金属线与其他纤维混制的布(含金属纱线,用于衣着,装饰及类似用途,布指机织物)〔999〕	8	100	13		米/千克		
5810	**成匹、成条或成小块图案的刺绣品:**							
58101000	-不见底布的刺绣品							
5810100000	不见底布的刺绣品(成匹,成条或成小块图案)〔999〕	8	130	13		千克		
58109100	--棉制							
5810910000	棉制见底布的刺绣品(成批、成条或成小块图案)〔999〕	8	130	13		千克		
58109200	--化学纤维制							
5810920000	化学纤维制见底布刺绣品(成匹,成条或成小块图案)〔999〕	8	130	13		千克		
58109900	--其他纺织材料制							
5810990000	其他纺织材料制见底布刺绣品(成匹,成条或成小块图案)〔999〕	8	130	13		千克		
5811	**用一层或几层纺织材料与胎料经绗缝或其他方法组合制成的被褥状纺织品,但品目58.10的刺绣品除外:**							
58110010	---丝及绢丝制							
5811001000	丝及绢丝制被褥状纺织品(经绗缝等法用一层或几层织物与胎料组合不含品目58.10刺绣品)〔101 被子〕,〔102 褥垫〕	8	130	13		千克		
58110020	---羊毛或动物细毛制							
5811002000	羊毛或动物细毛制被褥状纺织品(经绗缝等法用一层或几层织物与胎料组合不含品目58.10刺绣品)〔101 被子〕,〔102 褥垫〕	8	130	13		千克		
58110030	---棉制							
5811003000	棉制被褥状纺织品(经绗缝等法用一层或几层织物与胎料组合不含品目58.10刺绣品)〔101 被子〕,〔102 褥垫〕	8	80	13		千克		
58110040	---化学纤维制							
5811004000	化学纤维制被褥状纺织品(经绗缝等法用一层或几层织物与胎料组合不含品目58.10刺绣品)〔101 被子〕,〔102 褥垫〕,〔103 毯子〕	8	130	13		千克		
58110090	---其他纺织材料制							
5811009000	其他纺织材料制被褥状纺织品(经绗缝等法用一层或几层织物与胎料组合不含品目58.10刺绣品)〔101 被子〕,〔102 褥垫〕	8	90	13		千克		

协定税率(%)															特惠税率(%)			对美税率	出口税率	出口退税率	Article Description
智利	新西兰	澳大利亚	瑞士	冰岛	秘鲁	哥斯达	东盟	亚太	新加坡	巴基斯坦	港/澳/台	韩国	格鲁吉亚	毛里求斯	亚太	老/柬/缅	LDC 97/95				
																			0		
0	0	0	0	0	0	0	0		0	3	0/0/	0	0	0			0/0			13	---Combined with man-made fibres
																		18	0		
0	0	0	0	0	0	0	0		0	3	0/0/	0	0	0			0/0			13	---Other
																		18	0		
																					Embroidery in the piece, in strips or in motifs:
0	0	0	0	0	0	0	0		0	3	0/0/	0	0	0			0/0			13	-Embroidery without visible ground
																		33	0		
0	0	0	0	0	0	0	0		0		0/0/	0	0	0			0/0			13	--Of cotton
																			0		
0	0	0	0	0	0	0	0		0	4	0/0/0	5.3	0	0			0/0			13	--Of man-made fibres
																		33	0		
0	0	0	0	0	0	0	0		0	4	0/0/	0	0	0			0/0			13	--Of other textile materials
																		33	0		
																					Quilted textile products in the piece, composed of one or more layers of textile materials assembled with padding by stitching or otherwise, other than embroidery of heading 58.10:
0	0	0	0	0	0	0	0	5.6	0	0	0/0/	0	0	0			0/0			13	---Of silk or silk waste
																			0		
0	0	0	0	0	0	0	0		0	0	0/0/	0	0	0			0/0			13	---Of wool or fine animal hair
																			0		
0	0	0	0	0	0	0	0			0	0/0/	0	0	0			0/0			13	---Of cotton
																		28	0		
0	0	0	2.4	0	0	0	0		0	0	0/0/	7.8	0	0			0/0			13	---Of man-made fibres
																		28	0		
0	0	0	0	0	0	0	0		0	0	0/0/	0	0	0			0/0			13	---Of other textile materials
																			0		

第五十九章
浸渍、涂布、包覆或层压的纺织物；工业用纺织制品

注释：

一、除条文另有规定的以外，本章所称"纺织物"，仅适用于第五十章至第五十五章、品目 58.03 及 58.06 的机织物、品目 58.08 的成匹编带和装饰带及品目 60.02 至 60.06 的针织物或钩编织物。

二、品目 59.03 适用于：

（一）用塑料浸渍、涂布、包覆或层压的纺织物，不论每平方米重量多少以及塑料的性质如何（紧密结构或泡沫状的），但下列各项除外：

1. 用肉眼无法辨别出是否经过浸渍、涂布、包覆或层压的织物（通常归入第五十章至第五十五章、第五十八章或第六十章），但由于浸渍、涂布、包覆或层压所引起的颜色变化可不予考虑；
2. 温度在 15℃～30℃时，用手工将其绕于直径 7 毫米的圆柱体上会发生断裂的产品（通常归入第三十九章）；
3. 纺织物完全嵌入塑料内或在其两面均用塑料完全包覆或涂布，而这种包覆或涂布用肉眼是能够辨别出的产品（但由于包覆或涂布所引起的颜色变化可不予考虑）（第三十九章）；
4. 用塑料部分涂布或包覆并由此而形成图案的织物（通常归入第五十章至第五十五章、第五十八章或第六十章）；
5. 与纺织物混制而其中纺织物仅起增强作用的泡沫塑料板、片或带（第三十九章）；或
6. 品目 58.11 的纺织品。

（二）由品目 56.04 的用塑料浸渍、涂布、包覆或套裹的纱线、扁条或类似品制成的织物。

三、品目 59.05 所称"糊墙织物"，是指以纺织材料作面，固定在一衬背上或在背面进行处理（浸渍或涂布以便于裱糊），适于装饰墙壁或天花板，且宽度不小于 45 厘米的成卷产品。

但本税号不适用于以纺织纤维屑或粉末直接粘于纸上（品目 48.14）或布底上（通常归入品目 59.07）的糊墙物品。

四、品目 59.06 所称"用橡胶处理的纺织物"是指：

（一）用橡胶浸渍、涂布、包覆或层压的纺织物：

1. 每平方米重量不超过 1500 克；或
2. 每平方米重量超过 1500 克，按重量计纺织材料含量在 50%以上；

（二）由品目 56.04 的用橡胶浸渍、涂布、包覆或套裹的纱线、扁条或类似品制成的织物；以及

（三）平行纺织纱线经橡胶黏合的织物，不论每平方米重量多少。

但本税号不包括与纺织物混制而其中纺织物仅起增强作用的海绵橡胶板、片或带（第四十章），也不包括品目 58.11 的纺织品。

五、品目 59.07 不适用于：

（一）用肉眼无法辨别出是否经过浸渍、涂布或包覆的织物（通常归入第五十章至第五十五章、第五十八章或第六十章），但由于浸渍、涂布或包覆所引起的颜色变化可不予考虑；

（二）绘有图画的织物（作为舞台、摄影布景或类似品的已绘制的画布除外）；

（三）用短绒、粉末、软木粉或类似品部分覆面并由此而形成图案的织物，但仿绒织物仍归入本税号；

（四）以淀粉或类似物质为基本成分的普通浆料上浆整理的织物；

（五）以纺织物为底的木饰面板（品目 44.08）；

（六）以纺织物为底的砂布及类似品（品目 68.05）；

（七）以纺织物为底的黏聚或复制云母片（品目 68.14）；或

（八）以纺织物为底的金属箔（通常归入第十四类或第十五类）。

六、品目 59.10 不适用于：

（一）厚度小于 3 毫米的纺织材料制传动带料或输送带料；或

（二）用橡胶浸渍、涂布、包覆或层压的织物制成的或用橡胶浸渍、涂布、包覆或套裹的纱线或绳制成的传动带料及输送带料（品目 40.10）。

七、品目 59.11 适用于下列不能归入第十一类其他税号的货品：

（一）下列成匹的、裁成一定长度或仅裁成矩形（包括正方形）的纺织产品（具有品目 59.08 至 59.10 所列产品特征的产品除外）：

1. 用橡胶、皮革或其他材料涂布、包覆或层压的作针布用的纺织物、毡呢及毡呢衬里机织物，以及其他专门技术用途的类似织物，包括用橡胶浸渍的用于包覆纺锤（织轴）的狭幅丝绒织物；
2. 筛布；
3. 用于榨油机器或类似机器的纺织材料制或人发制滤布；
4. 用多股经纱或纬纱平织而成的纺织物，不论是否毡化、浸渍或涂布，通常用于机械或其他专门技术用途；
5. 专门技术用途的增强纺织物；
6. 工业上用作填塞或润滑材料的线绳、编带及类似品，不论是否涂布、浸渍或用金属加强。

（二）专门技术用途的纺织制品（品目 59.08 至 59.10 的货品除外），例如，造纸机器或类似机器（如制浆机或制石棉水泥的机器）用的环状或装有连接装置的纺织物或毡呢、密封垫、垫圈、抛光盘及其他机器零件。

Chapter 59
Impregnated, coated, covered or laminated textile fabrics; textile articles of a kind suitable for industrial use

Chapter Notes:

1. Except where the context otherwise requires, for the purposes of this Chapter the expression "textile fabrics" applies only to the woven fabrics of Chapters 50 to 55 and headings 58. 03 and 58. 06, the braids and ornamental trimmings in the piece of heading 58. 08 and the knitted or crocheted fabrics of headings 60. 02 to 60. 06.

2. Heading 59. 03 applies to:
   (a) Textile fabrics, impregnated, coated, covered or laminated with plastics, whatever the weight per square metre and whatever the nature of the plastic material (compact or cellular), other than:
      (i) Fabrics in which the impregnation, coating or covering cannot be seen with the naked eye (usually Chapters 50 to 55, 58 or 60); for the purpose of this provision, no account should be taken of any resulting change of colour;
      (ii) Products which cannot, without fracturing, be bent manually around a cylinder of a diameter of 7mm, at a temperature between 15℃ and 30℃ (usually Chapter 39);
      (iii) Products in which the textile fabric is either completely embedded in plastics or entirely coated or covered on both sides with such material, provided that such coating or covering can be seen with the naked eye with no account being taken of any resulting change of colour (Chapter 39);
      (iv) Fabrics partially coated or partially covered with plastics and bearing designs resulting from these treatments (usually Chapters 50 to 55, 58 or 60);
      (v) Plates, sheets or strip of cellular plastics, combined with textile fabric, where the textile fabric is present merely for reinforcing purposes (Chapter 39); or
      (vi) Textile products of heading 58. 11.
   (b) Fabrics made from yarn, strip or the like, impregnated, coated, covered or sheathed with plastics, of heading 56. 04.

3. For the purposes of heading 59. 05, the expression "textile wall coverings" applies to products in rolls, of a width of not less than 45cm, suitable for wall or ceiling decoration, consisting of a textile surface which has been fixed on a backing or has been treated on the back (impregnated or coated to permit pasting).
   This heading does not, however, apply to wall coverings consisting of textile flock or dust fixed directly on a backing of paper (heading 48. 14) or on a textile backing (generally heading 59. 07).

4. For the purposes of heading 59. 06, the expression "rubberised textile fabrics" means:
   (a) Textile fabrics impregnated, coated, covered or laminated with rubber:
      (i) Weighing not more than 1500g/m^2; or
      (ii) Weighing more than 1500g/m^2 and containing more than 50% by weight of textile material;
   (b) Fabrics made from yarn, strip or the like, impregnated, coated, covered or sheathed with rubber, of heading 56. 04; and
   (c) Fabrics composed of parallel textile yarns agglomerated with rubber, irrespective of their weight per square metre.
   This heading does not, however, apply to plates, sheets or strips of cellular rubber, combined with textile fabric, where the textile fabric is present merely for reinforcing purposes (Chapter 40), or textile products of heading 58. 11.

5. Heading 59. 07 does not apply to:
   (a) Fabrics in which the impregnation, coating or covering cannot be seen with the naked eye (usually Chapters 50 to 55, 58 or 60); for the purpose of this provision, no account should be taken of any resulting change of colour;
   (b) Fabrics painted with designs (other than painted canvas being theatrical scenery, studio back-cloths or the like);
   (c) Fabrics partially covered with flock, dust, powdered cork or the like and bearing designs resulting from these treatments; however, imitation pile fabrics remain classified in this heading;
   (d) Fabrics starched with normal dressings having a basis of amylaceous or similar substances;
   (e) Wood veneered on a backing of textile fabrics (heading 44. 08);
   (f) Natural or artificial abrasive powder or grain, on a backing of textile fabrics (heading 68. 05);
   (g) Agglomerated or reconstituted mica, on a backing of textile fabrics (heading 68. 14); or
   (h) Metal foil on a backing of textile fabrics (generally Section XIV or XV).

6. Heading 59. 10 does not apply to:
   (a) Transmission or conveyor belting, of textile material, of a thickness of less than 3mm; or
   (b) Transmission or conveyor belts or belting of textile fabric impregnated, coated, covered or laminated with rubber or made from textile yarn or cord impregnated, coated, covered or sheathed with rubber (heading 40. 10).

7. Heading 59. 11 applies to the following goods, which do not fall in any other heading of Section XI:
   (a) Textile products in the piece, cut to length or simply cut to rectangular (including square) shape (other than those having the character of the products of headings 59. 08 to 59. 10), the following only:
      (i) Textile fabrics, felt and felt-lined woven fabrics, coated, covered or laminated with rubber, leather or other material, of a kind used for card clothing, and similar fabrics of a kind used for other technical purposes, including narrow fabrics made of velvet impregnated with rubber, for covering weaving spindles (weaving beams);
      (ii) Bolting cloth;
      (iii) Straining cloth of a kind used in oil presses or the like, of textile material or of human hair;
      (iv) Flat woven textile fabrics with multiple warp or weft, whether or not felted, impregnated or coated, of a kind used in machinery or for other technical purposes;
      (v) Textile fabrics reinforced with metal, of a kind used for technical purposes;
      (vi) Cords, braids and the like, whether or not coated, impregnated or reinforced with metal, of a kind used in industry as packing or lubricating materials.
   (b) Textile articles (other than those of headings 59. 08 to 59. 10) of a kind used for technical purposes, for example, textile fabrics and felts, endless or fitted with linking devices, of a kind used in paper-making or similar machines (for example, for pulp or asbestos-cement), gaskets, washers, polishing discs and other machinery parts.

商品编号	商品名称及备注[检验检疫编码及名称]	进口关税(%) 最惠国	进口关税(%) 普通	增值税率(%)	消费税	计量单位	监管条件	检验检疫类别
5901	**用胶或淀粉物质涂布的纺织物,作书籍封面及类似用途的;描图布;制成的油画布;作帽里的硬衬布及类似硬挺纺织物:**							
59011010	---棉或麻制							
5901101010	胶或淀粉涂布的棉纺织物(作书籍封面,棉织物重≥50%,经漂染印花)〔101 棉混纺印花布〕,〔999 其他〕	8	80	13		千克		
5901101090	胶或淀粉涂布的麻及其他棉纺织(作书籍封面及类似用途的)〔999〕	8	80	13		千克		
59011020	---化学纤维制							
5901102010	胶或淀粉涂布的涤棉短纤混纺织品(书籍封面及类似用途,聚酯短纤棉混纺漂染织物重>50%)〔999〕	8	130	13		千克		
5901102090	胶或淀粉涂布的其他化学纤维纺织物(作书籍封面及类似用途的)〔999〕	8	130	13		千克		
59011090	---其他							
5901109010	用胶或淀粉涂布的精梳毛纺织物(书籍封面及类似用途,精梳羊毛或动物细毛织物重≥50%)〔999〕	8	100	13		千克		
5901109090	用胶或淀粉涂布的其他纺织物(作书籍封面及类似用途的)〔999〕	8	100	13		千克		
59019010	---制成的油画布							
5901901000	其他纺织物制成的油画布(织物重≥50%)〔999〕	8	50	13		千克		
59019091	----棉或麻制							
5901909110	棉制描图布、帽里硬衬布等(包括类似硬挺纺织物,棉织物重≥50%经漂染印花)〔101 棉混纺印花布〕,〔102 服装衬布〕,〔999 其他〕	8	80	13		千克		
5901909190	麻及其他棉制描图布、帽里硬衬布(包括类似硬挺纺织物)〔101 服装衬布〕,〔999 其他〕	8	80	13		千克		
59019092	----化学纤维制							
5901909210	聚酯短纤与棉混纺织物制描图布(含帽里硬衬类似硬挺纺织物,织物重≥50%,经漂染印)〔101 服装衬布〕,〔999 其他〕	8	130	13		千克		
5901909290	其他化学纤维制描图布,帽里硬衬布等(包括类似硬挺纺织物)〔101 服装衬布〕,〔999 其他〕	8	130	13		千克		
59019099	----其他							
5901909910	精梳毛纺织物制描图布,帽里硬衬(包括类似硬挺纺织物,精梳羊毛或动物细毛织物重≥50%)〔101 服装衬布〕,〔999 其他〕	8	100	13		千克		
5901909990	其他纺织物制描图布,帽里硬衬布(包括类似硬挺纺织物)〔101 服装衬布〕,〔999 其他〕	8	100	13		千克		
5902	**尼龙或其他聚酰胺、聚酯或粘胶纤维高强力纱制的帘子布:**							
59021010	---聚酰胺-6(尼龙-6)制							
5902101000	聚酰胺-6(尼龙-6)制的帘子布〔999〕	8	40	13		千克		
59021020	---聚酰胺-66(尼龙-66)制							
5902102000	聚酰胺-6,6(尼龙-6,6)制的帘子布〔999〕	8	40	13		千克		
59021090	---其他							
5902109000	其他聚酰胺制的帘子布〔999〕	8	40	13		千克		
59022000	-聚酯制							
5902200000	聚酯高强力纱制的帘子布〔999〕	8	40	13		千克		
59029000	-其他							
5902900000	粘胶纤维高强力纱制帘子布〔999〕	8	40	13		千克		
5903	**用塑料浸渍、涂布、包覆或层压的纺织物,但品目 59.02 的货品除外:**							
59031010	---绝缘布或带							
5903101000	用聚氯乙烯浸渍的其他绝缘布或带〔999〕	8	40	13		千克		
59031020	---人造革							
5903102000	用聚氯乙烯浸渍的其他人造革〔101 棉混纺印花布〕,〔999 其他〕	8	70	13		千克/米		
59031090	---其他							
5903109000	聚氯乙烯浸渍的其他纺织物(包括用聚氯乙烯涂布,包覆或层压的)〔101 棉混纺印花布〕,〔999 其他〕	8	90	13		千克		
59032010	---绝缘布或带							
5903201000	聚氨基甲酸酯浸渍其他绝缘布或带〔999〕	8	40	13		千克		
59032020	---人造革							
5903202000	用聚氨基甲酸酯浸渍的其他人造革〔999〕	8	70	13		千克/米		

协定税率(%)															特惠税率(%)			对美税率	出口税率	出口退税率	Article Description
智利	新西兰	澳大利亚	瑞士	冰岛	秘鲁	哥斯达	东盟	亚太	新加坡	巴基斯坦	港/澳/台	韩国	格鲁吉亚	毛里求斯	亚太	老/柬/缅	LDC 97/95				
																					Textile fabrics coated with gum or amylaceous substances, of a kind used for the outer covers of books or the like; tracing cloth; prepared painting canvas; buckram and similar stiffened textile fabrics of a kind used for hat foundations:
0	0	0	0	0	0	0	0		0	3	0/0/	3	0	0			0/0			13	---Of cotton or bast fibres
																		18	0		
																		18	0		
0	0	0	0	0	0	0	0		0	3	0/0/	0	0	0			0/0			13	---Of man-made fibres
																		33	0		
																		33	0		
0	0	0	0	0	0	0	0		0	3	0/0/	0	0	0			0/0			13	---Other
																		28	0		
																		28	0		
0	0	0	0	0	0	0	0			4	0/0/	0	0	0			0/0			13	---Prepared painting canvas
																		33	0		
0	0	0	0	0	0	0	0			4	0/0/	0	0	0		0/0/0	0/0			13	----Of cotton or bast fibres
																		33	0		
																		33	0		
0	0	0	0	0	0	0	0			4	0/0/	0	0	0			0/0			13	----Of man-made fibres
																			0		
																			0		
0	0	0	0	0	0	0	0			4	0/0/	0	0	0			0/0			13	----Other
																		33	0		
																		33	0		
																					Tyre cord fabric of high tenacity yarn of nylon or other polyamides polyesters or viscose rayon:
0	0	0	0	0	0	0	0	5.2	0	3	0/0/	6.5	0	0			0/0			13	---Of polyamide-6 (nylon-6)
																		33	0		
0	0	0	0	0	0	0	0	5.2	0	3	0/0/	6.5	0	0			0/0			13	---Of polyamide-66 (nylon-66)
																		33	0		
0	0	0	0	0	0	0	0	5.2	0	3	0/0/	3	0	0			0/0			13	---Other
																		33	0		
0	0	0	0	0	0	0	0	5.2	0	3	0/0/	6.5	0	0			0/0			13	-Of polyesters
																			0		
0	0	0	2	0	0	0	0			3	0/0/	0	0	0			0/0			13	-Other
																		33	0		
																					Textile fabrics impregnated, coated, covered or laminated with plastics, other than those of heading 59.02:
0	0	0	0	0	0	0	0	5.2		3	0/0/	0	0	0			0/0			13	---Insulating cloth or tape
																		18	0		
0	0	0	0	0	0	0	0	5.2	0	4	0/0/0	6.5	0	0			0/0			13	---Imitation leather
																		33	0		
0	0	0	0	0	0	0	0	5.2	0	4	0/0/0	6.5	0	0			0/0			13	---Other
																		28	0		
0	0	0	0	0	0	0	0	5.2		4	0/0/	0	0	0			0/0			13	---Insulating cloth or tape
																		18	0		
0	0	0	0	0	0	0	0	5.2	0	0	0/0/0	6.5	0	0			0/0			13	---Imitation leather
																		33	0		

商品编号	商品名称及备注[检验检疫编码及名称]	进口关税(%)		增值税率(%)	消费税	计量单位	监管条件	检验检疫类别
		最惠国	普通					
59032090	---其他							
5903209000	用聚氨基甲酸酯浸渍的其他纺织物(包括用聚氨基甲酸酯涂布,包覆或层压的)〔999〕	8	90	13		千克		
59039010	---绝缘布或带							
5903901000	用其他塑料浸渍的绝缘布或带〔999〕	8	40	13		千克		
59039020	---人造革							
5903902000	用其他塑料浸渍的人造革〔101 棉混纺印花布〕,〔999 其他〕	8	70	13		千克/米		
59039090	---其他							
5903909000	用其他塑料浸渍的其他纺织物(包括用其他塑料涂布、包覆或层压的)〔101 棉混纺印花布〕,〔999 其他〕	8	90	13		千克		
5904	**列诺伦(亚麻油地毡),不论是否剪切成形;以织物为底布经涂布或覆面的铺地制品,不论是否剪切成形:**							
59041000	-列诺伦(亚麻油地毡)							
5904100000	列诺伦(亚麻油地毡)(不论是否剪切成形)〔999〕	6	90	13		千克/平方米		
59049000	-其他							
5904900000	以纺织物为底涂布或覆面的铺地品(不论是否剪切成形)〔999〕	6	90	13		千克/平方米		
5905	**糊墙织物:**							
59050000	糊墙织物							
5905000000	糊墙织物〔999〕	8	80	13		千克/平方米		
5906	**用橡胶处理的纺织物,但品目 59.02 的货品除外:**							
59061010	---绝缘带							
5906101000	用橡胶处理宽≤20 厘米纺织绝缘带(纺织物胶粘绝缘带)〔999〕	8	40	13		千克		
59061090	---其他							
5906109000	用橡胶处理宽≤20 厘米其他纺织物胶粘带〔999〕	8	100	13		千克		
59069100	--针织或钩编的							
5906910000	用橡胶处理的针织或钩编其他纺织物〔999〕	8	130	13		千克		
59069910	---绝缘布或带							
5906991000	用橡胶处理的绝缘布或带(非针织或钩编,宽>20 厘米)〔101 棉混纺印花布〕,〔999 其他〕	8	40	13		千克		
59069990	---其他							
5906999000	用橡胶处理的其他纺织物(非针织或钩编,宽>20 厘米)〔101 棉混纺印花布〕,〔999 其他〕	8	100	13		千克		
5907	**用其他材料浸渍、涂布或包覆的纺织物;作舞台、摄影布景或类似用途的已绘制画布:**							
59070010	---绝缘布或带							
5907001000	其他材料浸涂纺织绝缘布或带(用橡胶,塑料,浆料以外材料浸涂或包覆)〔999〕	8	40	13		千克		
59070020	---已绘制画布							
5907002000	其他材料浸涂已绘制画布(用橡胶、塑料、浆料以外材料浸涂或包覆)〔999〕	8	50	13		千克		
59070090	---其他							
5907009000	用其他材料浸涂的纺织物(用橡胶、塑料、浆料以外材料浸涂或包覆)〔999〕	8	100	13		千克		
5908	**用纺织材料机织、编结或针织而成的灯芯、炉芯、打火机芯、烛芯或类似品;煤气灯纱筒及纱罩,不论是否浸渍:**							
59080000	用纺织材料机织、编结或针织而成的灯芯、炉芯、打火机芯、烛芯或类似品;煤气灯纱筒及纱罩,不论是否浸渍							
5908000000	灯芯,炉芯等和煤气灯纱筒及纱罩(包括打火机芯,烛芯或类似品,用纺织材料机织,编结,针织)〔999〕	8	70	13		千克		
5909	**纺织材料制的水龙软管及类似的管子,不论有无其他材料作衬里、护套或附件:**							

协定税率(%)															特惠税率(%)			对美税率	出口税率	出口退税率	Article Description
智利	新西兰	澳大利亚	瑞士	冰岛	秘鲁	哥斯达	东盟	亚太	新加坡	巴基斯坦	港/澳/台	韩国	格鲁吉亚	毛里求斯	亚太	老/柬/缅	LDC 97/95				
0	0	0	0	0	0	0	0	5.2	0	0	0/0/0	6.5	0	0			0/0			13	---Other
																		33	0		
0	0	0	2	0	0	0	0	5.2		3	0/0/	0	0	0			0/0			13	---Insulating cloth or tape
																		18	0		
0	0	0	0	0	0	0	0	5.2	0	4	0/0/0	5.3	0	0			0/0			13	---Imitation leather
																		28	0		
0	0	0	0	0	0	0	0	5.2	0	8.5	0/0/0	6.5	0	0		0/0/0	0/0			13	---Other
																		28	0		
																					Linoleum, whether or not cut to shape; floor coverings consisting of a coating or covering applied on a textile backing, whether or not cut to shape:
0	0	0	2.8	0	0	0	0		0	11.2	0/0/	4.2	0	0			0/0			13	-Linoleum
																			0		
0	0	0	2.8	0	0	0	0		0	7	0/0/	4.2	0	0			0/0			13	-Other
																			0		
																					Textile wall coverings:
0	0	0	0	0	0	0	0		0	3	0/0/	0	0	0			0/0			13	Textile wall coverings
																		28	0		
																					Rubberized textile fabrics, other than those of heading 59.02:
0	0	0	0	0	0	0	0			3	0/0/	0	0	0			0/0			13	---Insulating tape
																		33	0		
0	0	0	0		0	0	0		0	3	0/0/	0	0	0			0/0			13	---Other
																		28	0		
0	0	0	0	0	0	0	0		0	3	0/0/0	0	0	0			0/0			13	--Knitted or crocheted
																		33	0		
0	0	0	0	0	0	0	0			3	0/0/	0	0	0			0/0			13	---Insulating cloth or tape
																		33	0		
0	0	0	0	0	0	0	0		0	3	0/0/0	0	0	0			0/0			13	---Other
																		18	0		
																					Textile fabrics otherwise impregnated, coated or covered; painted canvas being theatrical scenery, studio backcloths or the like:
0	0	0	2	0	0	0	0	5.2		4	0/0/	0	0	0			0/0			13	---Insulating cloth or tape
																		33	0		
0	0	0	0	0	0	0	0	5.2		4	0/0/	0	0	0			0/0			13	---Painted canvas
																		28	0		
0	0	0	0	0	0	0	0	5.2	0	4	0/0/	6.5	0	8			0/0			13	---Other
																		18	0		
																					Textile wicks, woven, platied or knitted, for lamps, stoves, lighters, candles or the like; incandescent gas mantles and tubular knitted gas mantle fabric therefor, whether or not impregnated:
0	0	0	0	0	0	0	0			3	0/0/	0	0	0			0/0			13	Textile wicks, woven, plaited or knitted, for lamps, stoves, lighters, candles or the like; incandescent gas mantles and tubular knitted gas mantle fabric therefor, whether or not impregnated
																		18	0		
																					Textile hosepiping and similar textile tubing, with or without lining, armour or accessories of other materials:

商品编号	商品名称及备注[检验检疫编码及名称]	进口关税(%)		增值税率(%)	消费税	计量单位	监管条件	检验检疫类别
		最惠国	普通					
59090000	纺织材料制的水龙软管及类似的管子,不论有无其他材料作衬里、护套或附件							
5909000000	纺织材料制水龙软管及类似管子(不论有无其他材料作衬里,护套或附件)〔999〕	8	35	13		千克		L/
5910	**纺织材料制的传动带或输送带及带料,不论是否用塑料浸渍、涂布、包覆或层压,也不论是否用金属或其他材料加强:**							
59100000	纺织材料制的传动带或输送带及带料,不论是否用塑料浸渍、涂布、包覆或层压,也不论是否用金属或其他材料加强							
5910000000	纺织材料制的传动带或输送带及带料(不论是否用塑料浸渍,涂布,包覆,层压或用金属等加强)〔999〕	8	35	13		千克		
5911	**本章注释七所规定的作专门技术用途的纺织产品及制品:**							
59111010	---用橡胶浸渍的、用于包覆纺锤(织轴)的狭幅丝绒织物							
5911101000	包覆纺锤用浸胶的狭幅丝绒织物(包括用橡胶,皮革等材料包覆,压层的毡呢及类似织物)〔999〕	8	75	13		千克		
59111090	---其他							
5911109000	其他起绒狭幅织物(包括用橡胶,皮革等材料包覆,压层的毡呢及类似织物)〔999〕	8	35	13		千克		
59112000	-筛布,不论是否制成的							
5911200010	丝制筛布(不论是否制成的)〔101 网料与筛布〕,〔999 其他〕	8	35	13		千克		
5911200090	其他纺织材料制筛布(不论是否制成的,刻版筛网印布除外)〔101 网料与筛布〕,〔999〕	8	35	13		千克		
59113100	--每平方米重量在 650 克以下							
5911310000	轻的环状或有连接装置的布或毡呢(每平方米重量在 650 克以下,用于造纸机器或类似机器)〔101 毡呢〕,〔999 其他〕	8	35	13		千克		
59113200	--每平方米重量在 650 克及以上							
5911320000	重的环状或有连接装置的布或毡呢(每平方米重量在 650 克及以上,用于造纸机器或类似机器)〔101 毡呢〕,〔999 其他〕	8	35	13		千克		
59114000	-用于榨油机器或类似机器的滤布,包括人发制滤布							
5911400000	用于榨油机器或类似机器的滤布(包括人发制滤布)〔101 网料与筛布〕,〔999 其他〕	8	35	13		千克		
59119000	-其他							
5911900010	半导体晶圆制造用自粘式圆形抛光垫(见第五十九章注释七)〔999〕	1.3/0①	35	13		千克		
5911900090	其他专门技术用途纺织产品及制品(见第五十九章注释七)〔101 网料与筛布〕,〔102 其他产业用纺织制品〕	8	35	13		千克		

① 最惠国税率中,"/"左边的税率截止日期为 2021 年 6 月 30 日,"/"右边的税率有效日期为 2021 年 7 月 1 日~2999 年 12 月 31 日。

协定税率(%)															特惠税率(%)			对美税率	出口税率	出口退税率	Article Description
智利	新西兰	澳大利亚	瑞士	冰岛	秘鲁	哥斯达	东盟	亚太	新加坡	巴基斯坦	港/澳/台	韩国	格鲁吉亚	毛里求斯	亚太	老/柬/缅	LDC 97/95				
0	0	0	0	0	0	0	0			3	0/0/	0	0	0			0/0			13	Textile hosepiping and similar textile tubing, with or without lining, armour or accessories of other materials
																		18	0		
																					Transmission or conveyor belts or belting, of textile material, whether or not impregnated, coated, covered or laminated with plastics, or reinforced with metal or other material:
0	0	0	0	0	0	0	0			3	0/0/0	0	0	0			0/0			13	Transmission or conveyor belts or belting, of textile material, whether or not impregnated, coated, covered or laminated with plastics, or reinforced with metal or other material
																		28	0		
																					Textile products and articles, for technical uses, specified in Note 7 to this Chapter:
0	0	0	0	0	0	0	0	5.2		3	0/0/	0	0	0			0/0			13	---Narrow fabrics made of velvet impregnated with rubber, for covering weaving spindles (weaving beams)
																		28	0		
0	0	0	0	0	0	0	0			3	0/0/	0	0	0			0/0			13	---Other
																		33	0		
0	0	0	0	0	0	0	0			3	0/0/	0	0	0			0/0			13	-Bolting cloth, whether or not made up
																		28	0		
																		28	0		
0	0	0	0	0	0	0	0			3	0/0/	0	0	0			0/0			13	--Weighing less than 650g/m^2
																		28	0		
0	0	0	1.6	0	0	0	0			3	0/0/	0	0	0			0/0			13	--Weighing 650g/m^2 or more
																		28	0		
0	0	0	0	0	0	0	0			3	0/0/	0	1.6	0			0/0			13	-Straining cloth of a kind used in oil presses or the like, including that of human hair
																		28	0		
0	0	0	0	0	0	0	0			3	0/0/		0	0			0/0			13	-Other
																			0		
																		18	0		

第六十章
针织物及钩编织物

注释：

一、本章不包括：

（一）品目58.04的钩编花边；

（二）品目58.07的针织或钩编的标签、徽章及类似品；或

（三）第五十九章的经浸渍、涂布、包覆或层压的针织物及钩编织物。但经浸渍、涂布、包覆或层压的起绒针织物及起绒钩编织物仍归入品目60.01。

二、本章还包括用金属线制的用于衣着、装饰或类似用途的织物。

三、本协调制度所称“针织物”，包括由纺织纱线用链式针法构成的缝编织物。

子目注释：

一、子目6005.35包括由聚乙烯单丝或涤纶复丝制成的织物，重量不小于30克/平方米，但不超过55克/平方米，网眼尺寸不小于20孔/平方厘米，但不超过100孔/平方厘米，并且用α—氯氰菊酯（ISO）、虫螨腈（ISO）、溴氰菊酯（INN，ISO）、高效氯氟氰菊酯（ISO）、除虫菊酯（ISO）或甲基嘧啶磷（ISO）浸渍或涂层。

商品编号	商品名称及备注[检验检疫编码及名称]	进口关税(%)		增值税率(%)	消费税	计量单位	监管条件	检验检疫类别
		最惠国	普通					
6001	**针织或钩编的起绒织物，包括“长毛绒”织物及毛圈织物：**							
60011000	-“长毛绒”织物							
6001100000	针织或钩编“长毛绒”织物〔999〕	8	130	13		米/千克		
60012100	--棉制							
6001210000	棉制针织或钩编的毛圈绒头织物〔999〕	8	70	13		米/千克		
60012200	--化学纤维制							
6001220000	化学纤维制针织或钩编毛圈绒头织物〔999〕	8	130	13		米/千克		
60012900	--其他纺织材料制							
6001290000	其他材料制针织或钩编毛圈绒头织物〔999〕	8	130	13		米/千克		
60019100	--棉制							
6001910000	棉制针织或钩编起绒织物〔999〕	8	70	13		米/千克		
60019200	--化学纤维制							
6001920000	化学纤维制针织或钩编起绒织物〔999〕	8	130	13		米/千克		
60019900	--其他纺织材料制							
6001990000	其他纺织材料制针织或钩编起绒织物〔999〕	8	130	13		米/千克		
6002	**宽度不超过30厘米，按重量计弹性纱线或橡胶线含量在5%及以上的针织物或钩编织物，但品目60.01的货品除外：**							
60024010	---棉制							
6002401000	棉制宽≤30厘米弹性针织或钩编织物(按重量计弹性纱线含量在5%及以上且不含橡胶线)〔999〕	8	70	13		米/千克		
60024020	---丝及绢丝制							
6002402000	丝及绢丝制宽≤30厘米针织或钩编织物(按重量计弹性纱线含量在5%及以上且不含橡胶线)〔999〕	8	130	13		米/千克		
60024030	---合成纤维制							
6002403000	合成纤维制宽≤30厘米针织或钩编织物(按重量计弹性纱线含量在5%及以上且不含橡胶线)〔999〕	8	130	13		米/千克		
60024040	---人造纤维制							
6002404000	人造纤维制宽≤30厘米针织或钩编织物(按重量计弹性纱线含量在5%及以上且不含橡胶线)〔999〕	8	130	13		米/千克		
60024090	---其他							
6002409000	其他纺材宽≤30厘米针织或钩编织物(按重量计弹性纱线含量在5%及以上且不含橡胶线)〔999〕	8	130	13		米/千克		
60029010	---棉制							
6002901000	棉制宽≤30厘米弹性针织或钩编织物(按重量计含弹性纱线或橡胶线≥5%)〔999〕	8	70	13		米/千克		
60029020	---丝及绢丝制							
6002902000	丝及绢丝宽≤30厘米针织或钩编织物(按重量计含弹性纱线或橡胶线≥5%)〔999〕	8	130	13		米/千克		
60029030	---合成纤维制							
6002903000	合成纤维制宽≤30厘米针织或钩编织(按重量计含弹性纱线或橡胶线≥5%)〔999〕	8	130	13		米/千克		
60029040	---人造纤维制							
6002904000	人造纤维制宽≤30厘米针织或钩编织物(按重量计含弹性纱线或橡胶线≥5%)〔999〕	8	130	13		米/千克		

Chapter 60
Knitted or crocheted fabrics

Chapter Notes:

1. This Chapter does not cover:
   (a) Crochet lace of heading 58.04;
   (b) Labels, badges or similar articles, knitted or crocheted, of heading 58.07; or
   (c) Knitted or crocheted fabrics, impregnated, coated, covered or laminated, of Chapter 59. However, knitted or crocheted pile fabrics, impregnated, coated, covered or laminated, remain classified in heading 60.01.

2. This Chapter also includes fabrics made of metal thread and of a kind used in apparel, as furnishing fabrics or for similar purposes.

3. Throughout the Nomenclature any reference to "knitted" goods includes a reference to stitch-bonded goods in which the chain stitches are formed of textile yarn.

Subheading Note:

1. Subheading 6005.35 covers fabrics of polyethylene monofilament or of polyester multifilament, weighing not less than $30g/m^2$ and not more than $55g/m^2$, having a mesh size of not less than 20 $holes/cm^2$ and not more than 100 $holes/cm^2$, and impregnated or coated with alpha-cypermethrin (ISO), chlorfenapyr (ISO), deltamethrin (INN, ISO), lambda-cyhalothrin (ISO), permethrin (ISO) or pirimiphos-methyl (ISO).

协定税率(%)															特惠税率(%)			对美税率	出口税率	出口退税率	Article Description
智利	新西兰	澳大利亚	瑞士	冰岛	秘鲁	哥斯达	东盟	亚太	新加坡	巴基斯坦	港/澳/台	韩国	格鲁吉亚	毛里求斯	亚太	老/柬/缅	LDC 97/95				
																					Pile fabrics, including "long pile" fabrics and terry fabrics, knitted or crocheted:
0	0	0	0	0	0	0	0	5.2	0	0	0/0/	5.3	0	0			0/0			13	-"Long pile" fabrics
																		33	0		
0	0	0	0	0	0	0	0	5.2		0	0/0/	0	0	0			0/0			13	--Of cotton
																		33	0		
0	0	0	0	0	0	0	0	5.2	0	0	0/0/	0	0	0			0/0			13	--Of man-made fibres
																		28	0		
0	0	0	2.4	0	0	0	0		0	0	0/0/	0	0	0			0/0			13	--Of other textile materials
																			0		
0	0	0	0	0	0	0	0	5.2		0	0/0/	0	0	0			0/0			13	--Of cotton
																		33	0		
0	0	0	0	0	0	0	0	5.2	0	0	0/0/0	6.5	0	0			0/0			13	--Of man-made fibres
																		33	0		
0	0	0	2.4	0	0	0	0		0	0	0/0/	0	0	0			0/0			13	--Of other textile materials
																		33	0		
																					Knitted or crocheted fabrics of a width not exceeding 30cm, containing by weight 5% or more of elastomeric yarn or rubber thread, other than those of heading 60.01:
0	0	0	0	0	0	0	0	5.2		0	0/0/	0	0	0			0/0			13	---Of cotton
																			0		
0	0	0	0	0	0	0	0	5.2	0	0	0/0/	0	0	0			0/0			13	---Of silk or silk waste
																			0		
0	0	0	0	0	0	0	0		0	0	0/0/	0	0	0			0/0			13	---Of synthetic fibres
																			0		
0	0	0	0	0	0	0	0		0	0	0/0/	0	0	0			0/0			13	---Of artificial fibres
																			0		
0	0	0	0	0	0	0	0	5.2	0	0	0/0/	0	0	0			0/0			13	---Other
																			0		
0	0	0	0	0	0	0	0	5.2		0	0/0/	0	0	0		0/0/0	0/0			13	---Of cotton
																		18	0		
0	0	0	0	0	0	0	0	5.2	0	0	0/0/	0	0	0			0/0			13	---Of silk or silk waste
																			0		
0	0	0	0	0	0	0	0	4	0	0	0/0/	5.3	0	0		0/0/0	0/0			13	---Of synthetic fibres
																		33	0		
0	0	0	0	0	0	0	0	4	0	0	0/0/	0	0	0			0/0			13	---Of artificial fibres
																		18	0		

商品编号	商品名称及备注[检验检疫编码及名称]	进口关税(%) 最惠国	进口关税(%) 普通	增值税率(%)	消费税	计量单位	监管条件	检验检疫类别
60029090	---其他							
6002909000	其他纺织材料宽≤30 厘米针织或钩编织物(按重量计含弹性纱线或橡胶线≥5%)〔999〕	8	130	13		米/千克		
6003	**宽度不超过 30 厘米的针织或钩编织物,但品目 60.01 或 60.02 的货品除外:**							
60031000	-羊毛或动物细毛制							
6003100000	毛制宽≤30 厘米针织或钩编织物(按重量计弹性纱线或橡胶线含量<5%)〔999〕	8	130	13		米/千克		
60032000	-棉制							
6003200000	棉制宽≤30 厘米针织或钩编织物(按重量计弹性纱线或橡胶线含量<5%)〔999〕	8	70	13		米/千克		
60033000	-合成纤维制							
6003300000	合纤制宽≤30 厘米针织或钩编织物(按重量计弹性纱线或橡胶线含量<5%)〔999〕	8	130	13		米/千克		
60034000	-人造纤维制							
6003400000	人造纤维制宽≤30 厘米针织或钩编织物(按重量计弹性纱线或橡胶线含量<5%)〔999〕	8	130	13		米/千克		
60039000	-其他							
6003900000	其他纺织材料宽≤30 厘米针织或钩编织物(按重量计弹性纱线或橡胶线含量<5%)〔999〕	8	130	13		米/千克		
6004	**宽度超过 30 厘米,按重量计弹性纱线或橡胶线含量在 5%及以上的针织物或钩编织物,但品目 60.01 的货品除外:**							
60041010	---棉制							
6004101000	棉制宽>30 厘米弹性针织或钩编织物(按重量计弹性纱线含量≥5%且不含橡胶线)〔999〕	8	70	13		米/千克		
60041020	---丝及绢丝制							
6004102000	丝及绢丝宽>30 厘米针织或钩编织物(按重量计弹性纱线含量≥5%且不含橡胶线)〔999〕	8	130	13		米/千克		
60041030	---合成纤维制							
6004103000	合成纤维制宽>30 厘米针织或钩编织物(按重量计弹性纱线含量≥5%且不含橡胶线)〔999〕	8	130	13		米/千克		
60041040	---人造纤维制							
6004104000	人造纤维制宽>30 厘米针织或钩编织物(按重量计弹性纱线含量≥5%且不含橡胶线)〔999〕	8	130	13		米/千克		
60041090	---其他							
6004109000	其他纺材宽>30 厘米针织或钩编织物(按重量计弹性纱线含量≥5%且不含橡胶线)〔999〕	8	130	13		米/千克		
60049010	---棉制							
6004901000	棉制宽>30 厘米弹性针织或钩编织物(按重量计含弹性纱线或橡胶线≥5%)〔999〕	8	70	13		米/千克		
60049020	---丝及绢丝制							
6004902000	丝及绢丝宽>30 厘米针织或钩编织物(按重量计含弹性纱线或橡胶线≥5%)〔999〕	8	130	13		米/千克		
60049030	---合成纤维制							
6004903000	合成纤维制宽>30 厘米针织或钩编织物(按重量计含弹性纱线或橡胶线≥5%)〔999〕	8	130	13		米/千克		
60049040	---人造纤维制							
6004904000	人造纤维制宽>30 厘米针织或钩编织物(按重量计含弹性纱线或橡胶线≥5%)〔999〕	8	130	13		米/千克		
60049090	---其他							
6004909000	其他纺织材料宽>30 厘米针织或钩编织物(按重量计含弹性纱线或橡胶线≥5%)〔999〕	8	130	13		米/千克		
6005	**经编针织物(包括由镶边针织机织成的),但品目 60.01 至 60.04 的货品除外:**							
60052100	--未漂白或漂白							
6005210000	漂白或未漂白棉制经编织物(包括由花边针织机织成的经编织物)〔999〕	8	70	13		米/千克		
60052200	--染色							
6005220000	染色棉制经编织物(包括由花边针织机织成的经编织物)〔999〕	8	70	13		米/千克		
60052300	--色织							
6005230000	色织棉制经编织物(包括由花边针织机织成的经编织物)〔999〕	8	70	13		米/千克		
60052400	--印花							
6005240000	印花棉制经编织物(包括由花边针织机织成的经编织物)〔999〕	8	70	13		米/千克		

协定税率(%)															特惠税率(%)			对美税率	出口税率	出口退税率	Article Description
智利	新西兰	澳大利亚	瑞士	冰岛	秘鲁	哥斯达	东盟	亚太	新加坡	巴基斯坦	港/澳/台	韩国	格鲁吉亚	毛里求斯	亚太	老/柬/缅	LDC 97/95				
0	0	0	0	0	0	0	0	5.2	0	0	0/0/	0	0	0			0/0			13	---Other
																		33	0		
																					Knitted or crocheted fabrics of a width not exceeding 30cm, other than those of heading 60.01 or 60.02:
0	0	0	0	0	0	0	0		0	0	0/0/	0	0	0			0/0			13	-Of wool or fine animal hair
																			0		
0	0	0	0	0	0	0	0			0	0/0/	0	0	0			0/0			13	-Of cotton
																		33	0		
0	0	0	0	0	0	0	0	5.2	0	0	0/0/	0	0	0			0/0			13	-Of synthetic fibres
																		33	0		
0	0	0	0	0	0	0	0	5.2	0	0	0/0/	0	0	0			0/0			13	-Of artificial fibres
																			0		
0	0	0	0	0	0	0	0		0	0	0/0/	0	0	0			0/0			13	-Other
																		18	0		
																					Knitted or crocheted fabrics of a width exceeding 30cm, containing by weight 5% or more elastomeric yarn or rubber thread, other than those of heading 60.01:
0	0	0	0	0	0	0	0	5.2	0	0	0/0/	0	0	0		0/0/0	0/0			13	---Of cotton
																		33	0		
0	0	0	0	0	0	0	0	5.2	0	0	0/0/	0	0	0			0/0			13	---Of silk or silk waste
																			0		
0	0	0	0	0	0	0	0		0	0	0/0/0	6.5	0	0			0/0			13	---Of synthetic fibres
																		33	0		
0	0	0	0	0	0	0	0		0	0	0/0/	5.3	0	0			0/0			13	---Of artificial fibres
																		33	0		
0	0	0	0	0	0	0	0	5.2	0	0	0/0/0	0	0	0			0/0			13	---Other
																		33	0		
0	0	0	0	0	0	0	0	5.2		0	0/0/	0	0	0			0/0			13	---Of cotton
																		33	0		
0	0	0	0	0	0	0	0	5.2	0	0	0/0/	0	0	0			0/0			13	---Of silk or silk waste
																			0		
0	0	0	0	0	0	0	0		0	0	0/0/0	6.5	0	0			0/0			13	---Of synthetic fibres
																		33	0		
0	0	0	0	0	0	0	0		0	0	0/0/	0	0	0			0/0			13	---Of artificial fibres
																		33	0		
0	0	0	0	0	0	0	0	5.2	0	0	0/0/0	0	0	0			0/0			13	---Other
																		33	0		
																					Warp knit fabrics (including those made on galloon knitting machines), other than those of headings 60.01 to 60.04:
0	0	0	0	0	0	0	0			0	0/0/	0	0	0			0/0			13	--Unbleached or bleached
																			0		
0	0	0	0	0	0	0	0			0	0/0/	0	0	0			0/0			13	--Dyed
																			0		
0	0	0	0	0	0	0	0			0	0/0/	0	0	0			0/0			13	--Of yarns of different colours
																			0		
0	0	0	0	0	0	0	0			0	0/0/	0	0	0			0/0			13	--Printed
																			0		

商品编号	商品名称及备注[检验检疫编码及名称]	进口关税(%)		增值税率(%)	消费税	计量单位	监管条件	检验检疫类别
		最惠国	普通					
60053500	--本章子目注释一所列织物							
6005350000	本章子目注释一所列织物(包括由花边针织机织成的经编织物)[999]	8	130	13		米/千克		
60053600	--其他,未漂白或漂白							
6005360000	其他漂白或未漂白合成纤维制经编织物(包括由花边针织机织成的经编织物)[999]	8	130	13		米/千克		
60053700	--其他,染色							
6005370000	其他染色合成纤维制经编织物(包括由花边针织机织成的经编织物)[999]	8	130	13		米/千克		
60053800	--其他,色织							
6005380000	其他色织合成纤维制经编织物(包括由花边针织机织成的经编织物)[999]	8	130	13		米/千克		
60053900	--其他,印花							
6005390000	其他印花合成纤维制经编织物(包括由花边针织机织成的经编织物)[999]	8	130	13		米/千克		
60054100	--未漂白或漂白							
6005410000	漂白或未漂白人造纤维制经编织物(包括由花边针织机织成的经编织物)[999]	8	130	13		米/千克		
60054200	--染色							
6005420000	染色人造纤维制经编织物(包括由花边针织机织成的经编织物)[999]	8	130	13		米/千克		
60054300	--色织							
6005430000	色织人造纤维制经编织物(包括由花边针织机织成的经编织物)[999]	8	130	13		米/千克		
60054400	--印花							
6005440000	印花人造纤维制经编织物(包括由花边针织机织成的经编织物)[999]	8	130	13		米/千克		
60059010	---羊毛或动物细毛制							
6005901000	羊毛或动物细毛制经编织物(包括由花边针织机织成的经编织物)[999]	8	130	13		米/千克		
60059090	---其他							
6005909000	其他纺织材料制经编织物(包括由花边针织机织成的经编织物)[999]	8	130	13		米/千克		
6006	**其他针织或钩编织物:**							
60061000	-羊毛或动物细毛制							
6006100000	毛制其他针织或钩编织物(羊毛或动物细毛制)[999]	8	130	13		米/千克		
60062100	--未漂白或漂白							
6006210000	棉制其他漂或未漂针织或钩编织物(漂白或未漂白)[999]	8	70	13		米/千克		
60062200	--染色							
6006220000	棉制其他染色针织或钩编织物[999]	8	70	13		米/千克		
60062300	--色织							
6006230000	棉制其他色织针织或钩编织物[999]	8	70	13		米/千克		
60062400	--印花							
6006240000	棉制其他印花针织或钩编织物[999]	8	70	13		米/千克		
60063100	--未漂白或漂白							
6006310000	合成纤维制其他针织或钩编织物(漂白或未漂白)[999]	8	130	13		米/千克		
60063200	--染色							
6006320000	合成纤维其他染色针织或钩编织物(染色)[999]	8	130	13		米/千克		
60063300	--色织							
6006330000	合成纤维其他色织针织或钩编织物(色织)[999]	8	130	13		米/千克		
60063400	--印花							
6006340000	合成纤维制其他针织或钩编织物(印花)[999]	8	130	13		米/千克		
60064100	--未漂白或漂白							
6006410000	人造纤维制其他针织或钩编织物(漂白或未漂白)[999]	8	130	13		米/千克		
60064200	--染色							
6006420000	人造纤维制其他针织或钩编织物(染色)[999]	8	130	13		米/千克		
60064300	--色织							
6006430000	人造纤维制其他针织或钩编织物(色织)[999]	8	130	13		米/千克		
60064400	--印花							
6006440000	人造纤维制其他针织或钩编织物(印花)[999]	8	130	13		米/千克		
60069000	-其他							
6006900000	其他纺材制其他针织或钩编织物[999]	8	130	13		米/千克		

协定税率(%)															特惠税率(%)			对美税率	出口税率	出口退税率	Article Description
智利	新西兰	澳大利亚	瑞士	冰岛	秘鲁	哥斯达	东盟	亚太	新加坡	巴基斯坦	港/澳/台	韩国	格鲁吉亚	毛里求斯	亚太	老/柬/缅	LDC 97/95				
0	0	0	0	0	0	0	0	5.2	0	0	0/0/0	0	0	0			0/0			13	--Fabrics specified in Subheading Note 1 to this Chapter
																		33	0		
0	0	0	0	0	0	0	0	5.2	0	0	0/0/0	0	0	0			0/0			13	--Other, unbleached or bleached
																		28	0		
0	0	0	0	0	0	0	0	5.2	0	0	0/0/0	6.5	0	0		0/0/0	0/0			13	--Other, dyed
																		33	0		
0	0	0	0	0	0	0	0	5.2	0	0	0/0/	0	0	0			0/0			13	--Other, of yarns of different colours
																		33	0		
0	0	0	0	0	0	0	0	5.2	0	0	0/0/	0	0	0			0/0			13	--Other, printed
																			0		
0	0	0	0	0	0	0	0	5.2	0	0	0/0/	0	0	0			0/0			13	--Unbleached or bleached
																			0		
0	0	0	0	0	0	0	0	5.2	0	0	0/0/	0	0	0			0/0			13	--Dyed
																		33	0		
0	0	0	0	0	0	0	0	5.2	0	0	0/0/	0	0	0			0/0			13	--Of yarns of different colours
																		33	0		
0	0	0	0	0	0	0	0	5.2	0	0	0/0/	0	0	0			0/0			13	--Printed
																			0		
0	0	0	2.4	0	0	0	0		0	0	0/0/	0	0	0			0/0			13	---Of wool or fine animal hair
																			0		
0	0	0	2.4	0	0	0	0		0	0	0/0/	0	0	0			0/0			13	---Of other textile materials
																		33	0		
																					Other knitted or crocheted fabrics:
0	0	0	2.4	0	0	0	0		0	0	0/0/	0	0	0			0/0			13	-Of wool or fine animal hair
																		33	0		
0	0	0	0	0	0	0	0	5.2		0	0/0/	5.3	0	0			0/0			13	--Unbleached or bleached
																		33	0		
0	0	0	0	0	0	0	0	5.2	0	0	0/0/	0	0	8		0/0/0	0/0			13	--Dyed
																		33	0		
0	0	0	0	0	0	0	0	5.2	0	0	0/0/	0	0	0		0/0/0	0/0			13	--Of yarns of different colours
																		33	0		
0	0	0	0	0	0	0	0	5.2		0	0/0/0	0	0	0			0/0			13	--Printed
																		33	0		
0	0	0	0	0	0	0	0	5.2	0	0	0/0/0	0	0	0			0/0			13	--Unbleached or bleached
																		33	0		
0	0	0	0	0	0	0	0	5.2	0	0	0/0/0	6.5	0	0			0/0			13	--Dyed
																		33	0		
0	0	0	0	0	0	0	0	5.2	0	0	0/0/0	6.5	0	0			0/0			13	--Of yarns of different colours
																		33	0		
0	0	0	0	0	0	0	0	5.2	0	0	0/0/0	6.5	0	0			0/0			13	--Printed
																		33	0		
0	0	0	0	0	0	0	0	5.2	0	0	0/0/	0	0	0			0/0			13	--Unbleached or bleached
																			0		
0	0	0	0	0	0	0	0	5.2	0	0	0/0/0	5.3	0	0			0/0			13	--Dyed
																		33	0		
0	0	0	0	0	0	0	0	5.2	0	0	0/0/	0	0	0			0/0			13	--Of yarns of different colours
																		33	0		
0	0	0	0	0	0	0	0	5.2	0	0	0/0/	0	0	0			0/0			13	--Printed
																			0		
0	0	0	2.4	0	0	0	0	5.2	0	0	0/0/	0	0	0			0/0			13	-Other
																		33	0		

第六十一章
针织或钩编的服装及衣着附件

注释：

一、本章仅适用于制成的针织品或钩编织品。

二、本章不包括：
（一）品目62.12的货品；
（二）品目63.09的旧衣着或其他旧物品；或
（三）矫形器具、外科手术带、疝气带及类似品（品目90.21）。

三、品目61.03及61.04所称：
（一）“西服套装”，是指面料用相同的织物制成的两件套或三件套的下列成套服装：

一件人体上半身穿着的外套或短上衣，除袖子外，其面料应由四片或四片以上组成；也可附带一件马甲（西服背心），这件马甲（西服背心）的前片面料应与套装其他各件的面料相同，后片面料则应与外套或短上衣的衬里料相同；以及

一件人体下半身穿着的服装，即不带背带或护胸的长裤、马裤、短裤（游泳裤除外）、裙子或裙裤。

西服套装各件面料质地、颜色及构成必须相同，其款式也必须相同，尺寸大小还须相互般配，但可以用不同织物滚边（在缝口上缝入长条织物）。
如果数件人体下半身穿着的服装同时报验（例如，两条长裤、长裤与短裤、裙子或裙裤与长裤），构成西服套装下装的应是一条长裤，而对于女式西服套装，应是裙子或裙裤，其他服装应分别归类。

所称“西服套装”，包括不论是否完全符合上述条件的下列配套服装：
1. 常礼服，由一件后襟下垂并下端开圆弧形叉的素色短上衣和一条条纹长裤组成；
2. 晚礼服（燕尾服），一般用黑色织物制成，上衣前襟较短且不闭合，背后有燕尾；

3. 无燕尾套装夜礼服，其中上衣款式与普通上衣相似（可以更为显露衬衣前胸），但有光滑丝质或仿丝质的翻领。

（二）“便服套装”，是指面料相同并作零售包装的下列成套服装（西服套装及品目61.07、61.08或61.09的物品除外）：

一件人体上半身穿着的服装，但套头衫及背心除外，因为套头衫可在两件套服装中作为内衣，背心也可作为内衣；以及

一件或两件不同的人体下半身穿着的服装，即长裤、护胸背带工装裤、马裤、短裤（游泳裤除外）、裙子或裙裤。

便服套装各件面料质地、款式、颜色及构成必须相同；尺寸大小也须相互般配。所称“便服套装”，不包括品目61.12的运动服及滑雪服。

四、品目61.05及61.06不包括在腰围以下有口袋的服装、带有罗纹腰带及以其他方式收紧下摆的服装或其织物至少在10厘米×10厘米的面积内沿各方向的直线长度上平均每厘米少于10针的服装。品目61.05不包括无袖服装。

五、品目61.09不包括带有束带、罗纹腰带或其他方式收紧下摆的服装。

六、对于品目61.11：
（一）所称“婴儿服装及衣着附件”，是指用于身高不超过86厘米幼儿的服装；
（二）既可归入品目61.11，也可归入本章其他税号的物品，应归入品目61.11。

七、品目61.12所称“滑雪服”，是指从整个外观和织物质地来看，主要在滑雪（速度滑雪或高山滑雪）时穿着的下列服装或成套服装：

（一）“滑雪连身服”，即上下身连在一起的单件服装；除袖子和领子外，滑雪连身服可有口袋或脚带；或

（二）“滑雪套装”，即由两件或三件构成一套并作零售包装的下列服装：
一件用一条拉链扣合的带风帽的厚夹克、防风衣、防风短上衣或类似的服装，可以附带一件背心（滑雪背心）；以及

一条不论是否过腰的长裤、一条马裤或一条护胸背带工装裤。
“滑雪套装”也可由一件类似以上（一）款所述的连身服和一件可套在连身服外面的有胎料背心组成。

“滑雪套装”各件颜色可以不同，但面料质地、款式及构成必须相同；尺寸大小也须相互般配。

八、既可归入品目61.13，也可归入本章其他税号的服装，除品目61.11所列的仍归入该税号外，其余的应一律归入品目61.13。

九、本章的服装，凡门襟为左压右的，应视为男式；右压左的，应视为女式。但本规定不适用于其式样已明显为男式或女式的服装。

无法区别是男式还是女式的服装，应按女式服装归入有关税号。

十、本章物品可用金属线制成。

Chapter 61
Articles of apparel and clothing accessories, knitted or crocheted

Chapter Notes:

1. This Chapter applies only to made up knitted or crocheted articles.

2. This Chapter does not cover:
   (a) Goods of heading 62.12;
   (b) Worn clothing or other worn articles of heading 63.09; or
   (c) Orthopaedic appliances, surgical belts, trusses or the like (heading 90.21).

3. For the purposes of headings 61.03 and 61.04:
   (a) The term "suit" means a set of garments composed of two or three pieces made up, in respect of their outer surface, in identical fabric and comprising:
   One suit coat or jacket the outer shell of which, exclusive of sleeves, consists of four or more panels, designed to cover the upper part of the body, possibly with a tailored waistcoat in addition whose front is made from the same fabric as the outer surface of the other components of the set and whose back is made from the same fabric as the lining of the suit coat or jacket; and
   One garment designed to cover the lower part of the body and consisting of trousers, breeches or shorts (other than swimwear), a skirt or a divided skirt, having neither braces nor bibs.
   All of the components of a "suit" must be of the same fabric construction, colour and composition; they must also be of the same style and of corresponding or compatible size. However, these components may have piping (a strip of fabric sewn into the seam) in a different fabric.
   If several separate components to cover the lower part of the body are presented together (for example, two pairs of trousers or trousers and shorts, or a skirt or divided skirt and trousers), the constituent lower part shall be one pair of trousers or, in the case of women's or girls' suits, the skirt or divided skirt, the other garments being considered separately.
   The term "suit" includes the following sets of garments, whether or not they fulfil all the above conditions:
   (i) Morning dress, comprising a plain jacket (cutaway) with rounded tails hanging well down at the back and striped trousers;
   (ii) Evening dress (tailcoat), generally made of black fabric, the jacket of which is relatively short at the front, does not close and has narrow skirts cut in at the hips and hanging down behind;
   (iii) Dinner jacket suits, in which the jacket is similar in style to an ordinary jacket (though perhaps revealing more of the shirt front), but has shiny silk or imitation silk lapels.
   (b) The term "ensemble" means a set of garments (other than suits and articles of heading 61.07, 61.08 or 61.09), composed of several pieces made up in identical fabric, put up for retail sale, and comprising:
   One garment designed to cover the upper part of the body, with the exception of pullovers which may form a second upper garment in the sole context of twin sets, and of waistcoats which may also form a second upper garment; and
   One or two different garments, designed to cover the lower part of the body and consisting of trousers, bib and brace overalls, breeches, shorts (other than swimwear), a skirt or a divided skirt.
   All of the components of an ensemble must be of the same fabric construction, style, colour and composition; they also must be of corresponding or compatible size. The term "ensemble" does not apply to track suits or ski suits, of heading 61.12.

4. Headings 61.05 and 61.06 do not cover garments with pockets below the waist, with a ribbed waistband or other means of tightening at the bottom of the garment, or garments having an average of less than 10 stitches per linear centimetre in each direction counted on an area measuring at least 10cm×10cm. Heading 61.05 does not cover sleeveless garments.

5. Heading 61.09 does not cover garments with a drawstring, ribbed waistband or other means of tightening at the bottom of the garment.

6. For the purposes of heading 61.11:
   (a) The expression "babies' garments and clothing accessories" means articles for young children of a body height not exceeding 86cm;
   (b) Articles which are, prima facie, classifiable both in heading 61.11 and in other headings of this Chapter are to be classified in heading 61.11.

7. For the purposes of heading 61.12, "ski suits" means garments or sets of garments which, by their general appearance and texture, are identifiable as intended to be worn principally for skiing (cross-country or alpine). They consist either of:
   (a) A "ski overall", that is, a one-piece garment designed to cover the upper and the lower parts of the body; in addition to sleeves and a collar the ski overall may have pockets or footstraps; or
   (b) A "ski ensemble", that is, a set of garments composed of two or three pieces, put up for retail sale and comprising:
   one garment such as an anorak, wind-cheater, wind-jacket or similar article, closed by a slide fastener (zipper), possibly with a waistcoat in addition; and
   one pair of trousers whether or not extending above waist-level, one pair of breeches or one bib and brace overall.
   The "ski ensemble" may also consist of an overall similar to the one mentioned in paragraph (a) above and a type of padded, sleeveless jacket worn over the overall.
   All the components of a "ski ensemble" must be made up in a fabric of the same texture, style and composition whether or not of the same colour; they also must be of corresponding or compatible size.

8. Garments which are, prima facie, classifiable both in heading 61.13 and in other headings of this Chapter, excluding heading 61.11, are to be classified in heading 61.13.

9. Garments of this Chapter designed for left over right closure at the front shall be regarded as men's or boys' garments, and those designed for right over left closure at the front as women's or girls' garments. These provisions do not apply where the cut of the garment clearly indicates that it is designed for one or other of the sexes.
   Garments which cannot be identified as either men's or boys' garments or as women's or girls' garments are to be classified in the headings covering women's or girls' garments.

10. Articles of this Chapter may be made of metal thread.

商品编号	商品名称及备注[检验检疫编码及名称]	进口关税(%)		增值税率(%)	消费税	计量单位	监管条件	检验检疫类别
		最惠国	普通					
6101	**针织或钩编的男式大衣、短大衣、斗篷、短斗篷、带风帽的防寒短上衣(包括滑雪短上衣)、防风衣、防风短上衣及类似品,但品目61.03的货品除外:**							
61012000	-棉制							
6101200000	棉制针织或钩编的男式大衣、短大衣、斗篷、短斗篷、带风帽的防寒短上衣(包括滑雪短上衣)、防风衣、防风短上衣及类似品〔999〕	8	90	13		件/千克		
61013000	-化学纤维制							
6101300000	化学纤维制针织或钩编的男式大衣、短大衣、斗篷、短斗篷、带风帽的防寒短上衣(包括滑雪短上衣)、防风衣、防风短上衣及类似品〔999〕	8	130	13		件/千克		
61019010	---羊毛或动物细毛制							
6101901010	毛制针织或钩编非手工制男式防风衣(包括防寒短上衣、防风短上衣及类似品)〔999〕	10	130	13		件/千克		
6101901090	毛制针织或钩编其他男大衣、斗篷、防风衣等(包括防寒短上衣、防风短上衣、短大衣、短斗篷及类似品)〔999〕	10	130	13		件/千克		
61019090	---其他纺织材料制							
6101909000	其他纺织材料制男大衣、斗篷、防风衣等(包括防寒短上衣、防风短上衣、短大衣、短斗篷及类似品)〔999〕	8	130	13		件/千克		
6102	**针织或钩编的女式大衣、短大衣、斗篷、短斗篷、带风帽的防寒短上衣(包括滑雪短上衣)、防风衣、防风短上衣及类似品,但品目61.04的货品除外:**							
61021000	-羊毛或动物细毛制							
6102100010	毛制针织或钩编女式大衣等(包括短大衣、斗篷、短斗篷及类似品,雨衣除外)〔999〕	10	130	13		件/千克		
6102100021	毛制针织或钩编手工制女式防风衣(包括防寒短上衣,防风短上衣及类似品)〔999〕	10	130	13		件/千克		
6102100029	毛制针织或钩编女式防风衣(包括防寒短上衣,防风短上衣及类似品)〔999〕	10	130	13		件/千克		
6102100030	毛制针织或钩编女式雨衣〔999〕	10	130	13		件/千克		
61022000	-棉制							
6102200000	棉制针织或钩编的女式大衣、短大衣、斗篷、短斗篷、带风帽的防寒短上衣(包括滑雪短上衣)、防风衣、防风短上衣及类似品(品目61.04的货品除外)〔999〕	8	90	13		件/千克		
61023000	-化学纤维制							
6102300000	化学纤维制针织或钩编的女式大衣、短大衣、斗篷、短斗篷、带风帽的防寒短上衣(包括滑雪短上衣)、防风衣、防风短上衣及类似品(品税目61.04的货品除外)〔999〕	8	130	13		件/千克		
61029000	-其他纺织材料制							
6102900000	其他纺织材料制针织或钩编的女式大衣、短大衣、斗篷、短斗篷、带风帽的防寒短上衣(包括滑雪短上衣)、防风衣、防风短上衣及类似品(品目61.04的货品除外)〔999〕	10	130	13		件/千克		
6103	**针织或钩编的男式西服套装、便服套装、上衣、长裤、护胸背带工装裤、马裤及短裤(游泳裤除外):**							
61031010	---羊毛或动物细毛制							
6103101000	毛制针织或钩编男式西服套装〔999〕	10	130	13		套/千克		
61031020	---合成纤维制							
6103102000	合成纤维制针织或钩编男式西服套装〔999〕	10	130	13		套/千克		
61031090	---其他纺织材料制							
6103109000	其他纺织材料制针织或钩编男式西服套装〔999〕	8	130	13		套/千克		
61032200	--棉制							
6103220000	棉制针织或钩编男式便服套装〔999〕	10	90	13		套/千克		
61032300	--合成纤维制							
6103230000	其他合成纤维制针织或钩编其他男便服套装〔999〕	10	130	13		套/千克		
61032910	---羊毛或动物细毛制							
6103291000	毛制针织或钩编男式便服套装〔999〕	10	130	13		套/千克		
61032990	---其他纺织材料制							
6103299000	其他纺织材料制针织或钩编男便服套装〔999〕	10	130	13		套/千克		
61033100	--羊毛或动物细毛制							
6103310000	毛制针织或钩编男式上衣〔999〕	6	130	13		件/千克		
61033200	--棉制							
6103320000	棉制针织或钩编男式上衣〔999〕	6	90	13		件/千克		

协定税率(%)															特惠税率(%)			对美税率	出口税率	出口退税率	Article Description
智利	新西兰	澳大利亚	瑞士	冰岛	秘鲁	哥斯达	东盟	亚太	新加坡	巴基斯坦	港/澳/台	韩国	格鲁吉亚	毛里求斯	亚太	老/柬/缅	LDC 97/95				
																					Men's or boys' overcoats, car-coats, capes, cloaks, anoraks (including ski-jackets), wind-cheaters, wind-jackets and similar articles, knitted or crocheted, other than those of heading 61.03:
0	0	0	3.5	0	0	0	0	5.2	0	14	0/0/	5.2	0	0			0/0			13	-Of cotton
																		33	0		
0	0	0	3.5	0	0	0	0	5.2	0	0	0/0/	5.2	0	14			0/0			13	-Of man-made fibres
																		33	0		
0	0	0	5	0	0	0	0	6.5	0	0	0/0/	16.2	0	20			0/0			13	---Of wool or fine animal hair
																			0		
																			0		
0	0	0	3.5	0	0	0	0	5.2	0	8.8	0/0/	5.2	0	0			0/0			13	---Of other textile materials
																		33	0		
																					Women's or girls' overcoats, car-coats, capes, cloaks, anoraks (including ski-jackets), wind-cheaters, wind-jackets and similar articles, knitted or crocheted, other than those of heading 61.04:
0	0	0	5	0	0	0	0	6.5	0	18	0/0/	16.2	0	20			0/0			13	-Of wool or fine animal hair
																		35	0		
																		35	0		
																		35	0		
																		35	0		
0	0	0	3.5	0		0	0	5.2	0	14	0/0/	5.2	0	14			0/0			13	-Of cotton
																		33	0		
0	0	0	3.5	0	0	0	0	5.2	0	0	0/0/	5.2	0	0			0/0			13	-Of man-made fibres
																		33	0		
0	0	0	4	0	0	0	0	6.5	0	10	0/0/	10.6	0	0			0/0			13	-Of other textile materials
																			0		
																					Men's or boys' suits, ensembles, jackets, blazers, trousers, bib and brace overalls, breeches and shorts (other than swimwear), knitted or crocheted:
0	0	0	5	0	0	0	0	6.5	0	18	0/0/	16.2	0	20			0/0			13	---Of wool or fine animal hair
																			0		
0	0	0	5	0	0	0	0	6.5	0	18	0/0/	16.2	0	20			0/0			13	---Of synthetic fibres
																			0		
0	0	0	3.5	0	0	0	0	5.2	0	8.8	0/0/	5.2	0	0		0//	0/0			13	---Of other textile materials
																			0		
0	0	0	4	0	0	0	0	6.5	0	14.8	0/0/	10.6	0	0		0//	0/0			13	--Of cotton
																		35	0		
0	0	0	5	0	0	0	0	6.5	0	18	0/0/	16.2	0	20			0/0			13	--Of synthetic fibres
																			0		
0	0	0	5	0	0	0	0	6.5	0	18	0/0/	16.2	0	20			0/0			13	---Of wool or fine animal hair
																			0		
0	0	0	5	0	0	0	0	6.5	0	18	0/0/	16.2	0	20		0//	0/0			13	---Of other textile materials
																		35	0		
0	0	0	3.2	0	0	0	0	3.9	0	8	0/0/	4.8	0	12.8			0/0			13	--Of wool or fine animal hair
																		31	0		
0	0	0	3.2	0	0	0	0	3.9	0	0	0/0/	4.8	0	0		0/0/0	0/0			13	--Of cotton
																		31	0		

商品编号	商品名称及备注[检验检疫编码及名称]	进口关税(%) 最惠国	进口关税(%) 普通	增值税率(%)	消费税	计量单位	监管条件	检验检疫类别
61033300	--合成纤维制							
6103330000	合成纤维制针织或钩编男式上衣〔999〕	8	130	13		件/千克		
61033900	--其他纺织材料制							
6103390000	其他纺织材料制针织或钩编男式上衣〔999〕	6	130	13		件/千克		
61034100	--羊毛或动物细毛制							
6103410000	毛制长裤、护胸背带工装裤、马裤及短裤〔101 针织外衣〕,〔102 针织童装〕,〔999 针织裤子〕	6	130	13		条/千克		
61034200	--棉制							
6103420012	棉针织钩编男童非保暖背带工装裤(2~7 号男童护胸背带工装裤)〔999〕	6	90	13		条/千克	A	M/
6103420021	棉制针织或钩编男童游戏套装长裤(指男童 8~18 号)〔999〕	6	90	13		条/千克	A	M/
6103420029	棉针织或钩编其他男童游戏套装裤(包括长裤、马裤、短裤)〔999〕	6	90	13		条/千克	A	M/
6103420090	棉制针织或钩编其他男裤等(包括马裤、短裤及其他长裤)〔999〕	6	90	13		条/千克		
61034300	--合成纤维制							
6103430090	其他合成纤维制针织或钩编其他男裤(包括马裤、短裤及其他长裤)〔101 针织童装〕,〔999 针织裤子〕	8	130	13		条/千克		
6103430092	其他合成纤维制男童游戏套装长裤(针织或钩编,指男童 8~18 号)〔999〕	8	130	13		条/千克	A	M/
6103430093	其他合纤制男童游戏套装长裤(针织或钩编,包括马裤、短裤及其他长裤)〔999〕	8	130	13		条/千克	A	M/
61034900	--其他纺织材料制							
6103490013	丝制针织或钩编其他男童长裤、马裤(丝及绢丝含量在 70%及以上)〔999〕	6	130	13		条/千克	A	M/
6103490023	人造纤维制针织或钩编其他男童长裤、马裤(含毛 23%及以上)〔999〕	6	130	13		条/千克	A	M/
6103490026	其他人造纤维制针织或钩编其他男童长裤(包括马裤)〔999〕	6	130	13		条/千克	A	M/
6103490051	其他纺织材料制其他男童长裤马裤(针织或钩编,棉限内)〔999〕	6	130	13		条/千克	A	M/
6103490052	其他纺织材料制其他男童长裤马裤(针织或钩编,羊毛限内)〔999〕	6	130	13		条/千克	A	M/
6103490053	其他纺织材料制其他男童长裤马裤(针织或钩编,化学纤维限内)〔999〕	6	130	13		条/千克	A	M/
6103490059	其他纺织材料制其他男童长裤马裤(针织或钩编)〔999〕	6	130	13		条/千克	A	M/
6103490090	其他纺材制针织或钩编其他男式长裤、护胸背带工装裤、马裤及短裤〔101 针织童装〕,〔999 针织裤子〕	6	130	13		条/千克		
6104	**针织或钩编的女式西服套装、便服套装、上衣、连衣裙、裙子、裙裤、长裤、护胸背带工装裤、马裤及短裤(游泳服除外):**							
61041300	--合成纤维制							
6104130000	合成纤维制针织或钩编女西服套装〔999〕	10	130	13		套/千克		
61041910	---羊毛或动物细毛制							
6104191000	毛制针织或钩编女式西服套装〔999〕	8	130	13		套/千克		
61041920	---棉制							
6104192000	棉针织或钩编女西服套装〔999〕	8	90	13		套/千克		
61041990	---其他							
6104199000	其他纺织材料制针织或钩编女式西服套装〔999〕	8	130	13		套/千克		
61042200	--棉制							
6104220000	棉针织或钩编女便服套装〔999〕	8	90	13		套/千克		
61042300	--合成纤维制							
6104230000	合成纤维制针织或钩编女便服套装〔999〕	10	130	13		套/千克		
61042910	---羊毛或动物细毛制							
6104291000	毛制针织或钩编女式便服套装〔999〕	8	130	13		套/千克		
61042990	---其他							
6104299000	其他纺织材料制针织或钩编其他女式便服套装〔999〕	6	130	13		套/千克		
61043100	--羊毛或动物细毛制							
6104310000	毛制针织或钩编女式上衣〔999〕	6	130	13		件/千克		
61043200	--棉制							
6104320000	棉制针织或钩编女式上衣〔999〕	6	90	13		件/千克		
61043300	--合成纤维制							
6104330000	合成纤维制针织或钩编女式上衣〔999〕	10	130	13		件/千克		
61043900	--其他纺织材料制							
6104390000	其他纺织材料制针织或钩编女式上衣〔999〕	6	130	13		件/千克		
61044100	--羊毛或动物细毛制							
6104410000	毛制针织或钩编连衣裙〔999〕	6	130	13		件/千克		
61044200	--棉制							
6104420000	棉制针织或钩编连衣裙〔999〕	6	90	13		件/千克		
61044300	--合成纤维制							
6104430000	合成纤维制针织或钩编连衣裙〔999〕	8	130	13		件/千克		
61044400	--人造纤维制							

协定税率(%)															特惠税率(%)			对美税率	出口税率	出口退税率	Article Description
智利	新西兰	澳大利亚	瑞士	冰岛	秘鲁	哥斯达	东盟	亚太	新加坡	巴基斯坦	港/澳/台	韩国	格鲁吉亚	毛里求斯	亚太	老/柬/缅	LDC 97/95				
0	0	0	3.8	0	0	0	0	5.2	0	0	0/0/	5.7	0	15.2		/0/	0/0			13	--Of synthetic fibres
																		33	0		
0	0	0	3.2	0	0	0	0	3.9	0	0	0/0/	4.8	0	0		0/0/	0/0			13	--Of other textile materials
																		31	0		
0	0	0	3.2	0	0	0	0	3.9	0	8	0/0/	4.8	0	12.8	0		0/0			13	--Of wool or fine animal hair
																		31	0		
0	0	0	3.2	0	0	0	0	3.9	0	0	0/0/	4.8	0	0	2.4	0/0/0	0/0			13	--Of cotton
																		31	0		
																		31	0		
																		31	0		
																		31	0		
0	0	0	3.5	0	0	0	0	5.2	0	0	0/0/	5.2	0	0	0	/0/	0/0			13	--Of synthetic fibres
																		33	0		
																		33	0		
																		33	0		
0	0	0	3.2	0	0	0	0	3.9	0	0	0/0/	4.8	0	0	0	0/0/	0/0			13	--Of other textile materials
																		31	0		
																		31	0		
																		31	0		
																		31	0		
																		31	0		
																		31	0		
																		31	0		
																		31	0		
																					Women's or girls' suits, ensembles, jackets, blazers, dresses, skirts, divided skirts, trousers, bib and brace overalls, breeches and shorts (other than swimwear), knitted or crocheted:
0	0	0	5	0	0	0	0	6.5	0	18	0/0/	16.2	0	20			0/0			13	--Of synthetic fibres
																			0		
0	0	0	3.5	0	0	0	0	5.2	0	8.8	0/0/	5.2	0	0			0/0			13	---Of wool or fine animal hair
																			0		
0	0	0	3.5	0	0	0	0	5.2	0	14	0/0/	5.2	0	0		0//	0/0			13	---Of cotton
																			0		
0	0	0	3.5	0	0	0	0	5.2	0	8.8	0/0/	5.2	0	0		0//	0/0			13	---Other
																			0		
0	0	0	3.5	0	0	0	0	5.2	0	14	0/0/	5.2	0	0		0//	0/0			13	--Of cotton
																		33	0		
0	0	0	5	0	0	0	0	6.5	0	18	0/0/	16.2	0	20			0/0			13	--Of synthetic fibres
																			0		
0	0	0	3.5	0	0	0	0	5.2	0	8.8	0/0/	5.2	0	0			0/0			13	---Of wool or fine animal hair
																			0		
0	0	0	3	0	0	0	0	3.9	0	7.5	0/0/	4.5	0	0			0/0			13	---Other
																			0		
0	0	0	3.2	0	0	0	0	3.9	0	8	0/0/	4.8	0	12.8			0/0			13	--Of wool or fine animal hair
																		31	0		
0	0	0	3.2	0	0	0	0	3.9	0	0	0/0/	4.8	0	0		0/0/0	0/0			13	--Of cotton
																		31	0		
0	0	0	3.8	0	0	0	0	6.5	0	7.6	0/0/	5.7	0	0		/0/	0/0			13	--Of synthetic fibres
																		35	0		
0	0	0	3.2	0	0	0	0	3.9	0	0	0/0/	4.8	0	0		/0/	0/0			13	--Of other textile materials
																		31	0		
0	0	0	3.2	0	0	0	0	3.9	0	8	0/0/	4.8	0	12.8			0/0			13	--Of wool or fine animal hair
																		31	0		
0	0	0	3.2	0	0	0	0	3.9	0	0	0/0/	4.8	0	0			0/0			13	--Of cotton
																		31	0		
0	0	0	3.5	0	0	0	0	5.2	0	7	0/0/	5.2	0	0		/0/	0/0			13	--Of synthetic fibres
																		33	0		
0	0	0	3.2	0	0	0	0	3.9	0	8	0/0/	4.8	0	0		/0/	0/0			13	--Of artificial fibres

商品编号	商品名称及备注[检验检疫编码及名称]	进口关税(%)		增值税率(%)	消费税	计量单位	监管条件	检验检疫类别
		最惠国	普通					
6104440000	人造纤维制针织或钩编连衣裙〔999〕	6	130	13		件/千克		
61044900	--其他纺织材料制							
6104490000	其他纺织材料制针织或钩编连衣裙〔999〕	6	130	13		件/千克		
61045100	--羊毛或动物细毛制							
6104510000	毛制针织或钩编裙子及裙裤〔999〕	6	130	13		件/千克		
61045200	--棉制							
6104520000	棉制针织裙子及裙裤〔999〕	6	90	13		件/千克		
61045300	--合成纤维制							
6104530000	合成纤维制针织或钩编裙子及裙裤〔999〕	6	130	13		件/千克		
61045900	--其他纺织材料制							
6104590000	其他纺织材料制针织或钩编裙子及裙裤〔999〕	6	130	13		件/千克		
61046100	--羊毛或动物细毛制							
6104610000	毛制针织或钩编女长裤、护胸背带工装裤、马裤及短裤〔101 针织童装〕,〔999 针织裤子〕	6	130	13		条/千克		
61046200	--棉制							
6104620030	棉制针织或钩编女童游戏套装长裤(指女童 7~16 号,包括马裤)〔999〕	6	90	13		条/千克	A	M/
6104620040	棉针织或钩编其他女童游戏套装裤(包括马裤、短裤、非保暖护胸背带工装裤及其他长裤)〔999〕	6	90	13		条/千克	A	M/
6104620090	棉制针织或钩编其他女裤〔101 针织裤子〕,〔102 针织童装〕	6	90	13		条/千克		
61046300	--合成纤维制							
6104630090	其他合成纤维制针织或钩编女裤〔101 针织裤子〕,〔102 针织童装〕	8	130	13		条/千克		
6104630091	其他合成纤维制女童游戏套装长裤、马裤(针织或钩编,指女童 7~16 号)〔999〕	8	130	13		条/千克	A	M/
6104630092	其他合成纤维制女童游戏套装裤(针织或钩编,包括短裤及其他长裤)〔999〕	8	130	13		条/千克	A	M/
61046900	--其他纺织材料制							
6104690000	其他纺织材料制针织或钩编女裤〔101 针织童装〕,〔999 针织裤子〕	6	130	13		条/千克		
6105	**针织或钩编的男衬衫:**							
61051000	-棉制							
6105100011	棉制针织或钩编男童游戏套装衬衫(不带缝制领,指男童 8~18 号)〔999〕	6	90	13		件/千克	A	M/
6105100019	棉制其他男童游戏套装衬衫(针织或钩编)〔999〕	6	90	13		件/千克	A	M/
6105100090	其他棉制针织或钩编其他男衬衫〔101 针织童装〕,〔999 针织衬衫〕	6	90	13		件/千克		
61052000	-化学纤维制							
6105200021	化学纤维制针织或钩编男童游戏套装衬衫(不带缝制领,指男童 8~18 号)〔999〕	8	130	13		件/千克	A	M/
6105200029	化学纤维制其他男童游戏套装衬衫(针织或钩编)〔999〕	8	130	13		件/千克	A	M/
6105200090	其他化学纤维制针织或钩编其他男衬衫〔101 针织童装〕,〔999 针织衬衫〕	8	130	13		件/千克		
61059000	-其他纺织材料制							
6105900000	其他纺织材料制针织或钩编男衬衫〔101 针织童装〕,〔102 针织或钩编〕,〔999 针织衬衫〕	6	130	13		件/千克		
6106	**针织或钩编的女衬衫:**							
61061000	-棉制							
6106100010	棉制针织或钩编女童游戏套装衬衫〔999〕	6	90	13		件/千克	A	M/
6106100090	棉制针织或钩编其他女衬衫〔999〕	6	90	13		件/千克		
61062000	-化学纤维制							
6106200020	其他化学纤维制女童游戏套装衬衫(针织或钩编)〔999〕	8	130	13		件/千克	A	M/
6106200090	其他化学纤维针织或钩编未列名女衬衫(针织或钩编)〔999〕	8	130	13		件/千克		
61069000	-其他纺织材料制							
6106900000	其他纺织材料制针织或钩编女衬衫〔101 毛衫〕,〔999 针织衬衫〕	6	130	13		件/千克		
6107	**针织或钩编的男式内裤、三角裤、长睡衣、睡衣裤、浴衣、晨衣及类似品:**							
61071100	--棉制							
6107110000	棉制针织或钩编男内裤及三角裤〔999〕	6	90	13		件/千克	A	M/
61071200	--化学纤维制							
6107120000	化学纤维制针织或钩编男内裤及三角裤〔999〕	6	130	13		件/千克	A	M/
61071910	---丝及绢丝制							
6107191010	丝及绢丝制男内裤及三角裤(含丝 70%及以上,针织或钩编)〔999〕	6	130	13		件/千克	A	M/
6107191090	其他丝及绢丝制男内裤及三角裤(含丝 70%以下,针织或钩编)〔999〕	6	130	13		件/千克	A	M/
61071990	---其他							
6107199010	羊毛或动物细毛制男内裤及三角裤(针织或钩编)〔999〕	6	130	13		件/千克	A	M/
6107199090	其他纺织材料制男内裤及三角裤(针织或钩编)〔999〕	6	130	13		件/千克	A	M/
61072100	--棉制							

协定税率(%)															特惠税率(%)			对美税率	出口税率	出口退税率	Article Description
智利	新西兰	澳大利亚	瑞士	冰岛	秘鲁	哥斯达	东盟	亚太	新加坡	巴基斯坦	港/澳/台	韩国	格鲁吉亚	毛里求斯	亚太	老/柬/缅	LDC 97/95				
																		31	0		
0	0	0	3.2	0	0	0	0	3.9	0	0	0/0/	4.8	0	0		/0/	0/0			13	--Of other textile materials
																		31	0		
0	0	0	2.8	0	0	0	0	3.9	0	7	0/0/	4.2	0	12			0/0			13	--Of wool or fine animal hair
																		31	0		
0	0	0	2.8	0	0	0	0	3.9	0	5.6	0/0/	4.2	0	11.2			0/0			13	--Of cotton
																		31	0		
0	0	0	3.2	0	0	0	0	3.9	0	8	0/0/	4.8	0	0		/0/	0/0			13	--Of synthetic fibres
																		31	0		
0	0	0	2.8	0	0	0	0	3.9	0	7	0/0/	4.2	0	11.2		0/0/0	0/0			13	--Of other textile materials
																		31	0		
0	0	0	3.2	0	0	0	0	3.9	0	8	0/0/	4.8	0	12.8			0/0			13	--Of wool or fine animal hair
																		31	0		
0	0	0	3.2	0	0	0	0	3.9	0	0	0/0/	4.8	0	0	2.4		0/0			13	--Of cotton
																		31	0		
																		31	0		
																		31	0		
0	0	0	3.5	0	0	0	0	5.2	0	0	0/0/	5.2	0	0			0/0			13	--Of synthetic fibres
																		33	0		
																		33	0		
																		33	0		
0	0	0	3.2	0	0	0	0	3.9	0	0	0/0/	4.8	0	12.8	0		0/0			13	--Of other textile materials
																		31	0		
																					Men's or boys' shirts, knitted or crocheted:
0	0	0	3.2	0		0	0	3.9	0	0	0/0/0	4.8	0	0	4.2	0/0/0	0/0			13	-Of cotton
																		31	0		
																		31	0		
																		31	0		
0	0	0	3.5	0	0	0	0	5.2	0	0	0/0/	5.2	0	0	0		0/0			13	-Of man-made fibres
																		33	0		
																		33	0		
																		33	0		
0	0	0	3.2	0	0	0	0	3.9	0	0	0/0/	4.8	0	0	0		0/0			13	-Of other textile materials
																		31	0		
																					Women's or girls' blouses, shirts and shirtblouses, knitted or crocheted:
0	0	0	3.2	0	0	0	0	3.9	0	0	0/0/	4.8	0	12.8	2.4	0/0/0	0/0			13	-Of cotton
																		31	0		
																		31	0		
0	0	0	3.5	0	0	0	0	5.2	0	8.8	0/0/	5.2	0	14	0		0/0			13	-Of man-made fibres
																		33	0		
																		33	0		
0	0	0	3.2	0	0	0	0	3.9	0	0	0/0/0	4.8	0	12.8	0		0/0			13	-Of other textile materials
																		31	0		
																					Men's or boys' underpants, briefs, night-shirts, pyjamas, bathrobes, dressing gowns and similar articles, knitted or crocheted:
0	0	0	2.8	0	0	0	0		0	0	0/0/	4.2	0	11.2	2.4	0/0/0	0/0			13	--Of cotton
																		31	0		
0	0	0	3.2	0	0	0	0	3.9	0	6.4	0/0/	4.8	0	12.8			0/0			13	--Of man-made fibres
																			0		
0	0	0	2.8	0	0	0	0	3.9	0	7	0/0/	4.2	0	0			0/0			13	---Of silk or silk waste
																			0		
																			0		
0	0	0	2.8	0	0	0	0	3.9	0	7	0/0/	4.2	0	0			0/0			13	---Other
																		31	0		
																		31	0		
0	0	0	2.8	0		0	0		0	0	0/0/	4.2	0	0	2.4	0/0/0	0/0			13	--Of cotton

商品编号	商品名称及备注[检验检疫编码及名称]	进口关税(%)		增值税率(%)	消费税	计量单位	监管条件	检验检疫类别
		最惠国	普通					
6107210000	棉制针织或钩编男长睡衣及睡衣裤[999]	6	90	13		件/千克	A	M/
61072200	--化学纤维制							
6107220000	化学纤维制针织或钩编男睡衣裤(包括长睡衣)[999]	6	130	13		件/千克	A	M/
61072910	---丝及绢丝制							
6107291010	丝及绢丝制针织或钩编男睡衣裤(含丝70%及以上,包括长睡衣)[999]	6	130	13		件/千克	A	M/
6107291090	其他丝及绢丝制针织或钩编男睡衣裤(含丝70%以下,包括长睡衣)[999]	6	130	13		件/千克	A	M/
61072990	---其他							
6107299000	其他纺织材料制针织或钩编男睡衣裤(包括长睡衣)[999]	6	130	13		件/千克	A	M/
61079100	--棉制							
6107910010	棉制针织或钩编其他睡衣裤[999]	6	90	13		件/千克	A	M/
6107910090	棉制针织或钩编男浴衣、晨衣等(包括类似品)[999]	6	90	13		件/千克	A	M/
61079910	---化学纤维制							
6107991000	化学纤维制其他男睡衣裤、浴衣、晨衣等(包括类似品)[999]	6	130	13		件/千克	A	M/
61079990	---其他							
6107999000	其他纺织材料制其他男睡衣裤、浴衣、晨衣等(包括类似品,针织或钩编)[999]	6	130	13		件/千克	A	M/
6108	**针织或钩编的女式长衬裙、衬裙、三角裤、短衬裤、睡衣、睡衣裤、浴衣、晨衣及类似品:**							
61081100	--化学纤维制							
6108110000	化学纤维制针织或钩编长衬裙及衬裙[999]	6	130	13		件/千克		
61081910	---棉制							
6108191000	棉制针织或钩编女式长衬裙及衬裙[999]	6	90	13		件/千克		
61081920	---丝及绢丝制							
6108192000	丝及绢丝制女式长衬裙及衬裙[999]	6	130	13		件/千克		
61081990	---其他							
6108199000	其他纺织材料制女式长衬裙及衬裙(针织或钩编)[999]	6	130	13		件/千克		
61082100	--棉制							
6108210000	棉制针织或钩编女三角裤及短衬裤[999]	6	90	13		件/千克	A	M/
61082200	--化学纤维制							
6108220010	化学纤维制一次性女三角裤及短衬裤(针织或钩编)[999]	6	130	13		件/千克	A	M/
6108220090	化纤制其他女三角裤及短衬裤(针织或钩编)[999]	6	130	13		件/千克	A	M/
61082910	---丝及绢丝制							
6108291010	丝及绢丝制女三角裤及短衬裤(针织或钩编,含丝70%及以上)[999]	6	130	13		件/千克	A	M/
6108291090	其他丝及绢丝制女三角裤及短衬裤(针织或钩编,含丝70%以下)[999]	6	130	13		件/千克	A	M/
61082990	---其他							
6108299010	羊毛制女三角裤及短衬裤(针织或钩编)[999]	6	130	13		件/千克	A	M/
6108299090	其他纺织材料制女三角裤及短衬裤(针织或钩编)[999]	6	130	13		件/千克	A	M/
61083100	--棉制							
6108310000	棉制针织或钩编女睡衣及睡衣裤[999]	6	90	13		件/千克	A	M/
61083200	--化学纤维制							
6108320000	化学纤维制针织或钩编女睡衣及睡衣裤[999]	6	130	13		件/千克	A	M/
61083910	---丝及绢丝制							
6108391010	丝及绢丝制女睡衣及睡衣裤(针织或钩编,含丝70%及以上)[999]	6	130	13		件/千克	A	M/
6108391090	其他丝及绢丝制女睡衣及睡衣裤(针织或钩编,含丝70%以下)[999]	6	130	13		件/千克	A	M/
61083990	---其他							
6108399010	羊毛或动物细毛制女睡衣及睡衣裤(针织或钩编)[999]	6	130	13		件/千克	A	M/
6108399090	其他纺织材料制女睡衣及睡衣裤(针织或钩编)[999]	6	130	13		件/千克	A	M/
61089100	--棉制							
6108910010	棉制针织或钩编女内裤、内衣[999]	6	90	13		件/千克	A	M/
6108910090	其他棉制针织或钩编女浴衣、晨衣等(包括类似品)[999]	6	90	13		件/千克	A	M/
61089200	--化学纤维制							
6108920010	化学纤维制针织或钩编女内裤,内衣[999]	6	130	13		件/千克	A	M/
6108920090	其他化纤制针织或钩编女浴衣、晨衣等(包括类似品)[999]	6	130	13		件/千克	A	M/
61089900	--其他纺织材料制							
6108990010	丝及绢丝制制女浴衣、晨衣等(针织或钩编,包括类似品,含丝70%及以上)[999]	6	130	13		件/千克	A	M/
6108990020	羊毛或动物细毛制女浴衣、晨衣等(针织或钩编,包括类似品)[999]	6	130	13		件/千克	A	M/
6108990090	其他纺织材料制女浴衣、晨衣等(针织或钩编,包括类似品)[999]	6	130	13		件/千克	A	M/
6109	**针织或钩编的T恤衫、汗衫及其他背心:**							
61091000	-棉制							
6109100010	棉制针织或钩编T恤衫、汗衫等(内衣式,包括其他背心)[999]	6	90	13		件/千克	A	M/
6109100021	其他棉制针织或钩编男式T恤衫(内衣除外)[999]	6	90	13		件/千克	A	M/

协定税率(%)															特惠税率(%)			对美税率	出口税率	出口退税率	Article Description
智利	新西兰	澳大利亚	瑞士	冰岛	秘鲁	哥斯达	东盟	亚太	新加坡	巴基斯坦	港/澳/台	韩国	格鲁吉亚	毛里求斯	亚太	老/柬/缅	LDC 97/95				
																			0		
0	0	0	3.2	0	0	0	0	3.9	0	8	0/0/	4.8	0	0	0		0/0			13	--Of man-made fibres
																			0		
0	0	0	2.8	0	0	0	0	3.9	0	7	0/0/	4.2	0	0	0		0/0			13	---Of silk or silk waste
																			0		
																			0		
0	0	0	2.8	0	0	0	0	3.9	0	7	0/0/	4.2	0	0	0	0/0/0	0/0			13	---Other
																			0		
0	0	0	2.8	0	0	0	0		0	5.6	0/0/	4.2	0	0			0/0			13	--Of cotton
																			0		
																			0		
0	0	0	3.2	0	0	0	0	3.9	0	8	0/0/	4.8	0	0			0/0			13	---Of man-made fibres
																		31	0		
0	0	0	2.8	0	0	0	0	3.9	0	7	0/0/	4.2	0	0			0/0			13	---Other
																		31	0		
																					Women's or girls' slips, petticoats, briefs, panties, nightdresses, pyjamas, nèligès, bathrobes, dressing gowns and similar articles, knitted or crocheted:
0	0	0	3.2	0	0	0	0	3.9	0	8	0/0/	4.8	0	0			0/0			13	--Of man-made fibres
																			0		
0	0	0	2.8	0	0	0	0		0	7	0/0/	4.2	0	0			0/0			13	---Of cotton
																			0		
0	0	0	2.8	0	0	0	0		0	7	0/0/	4.2	0	0			0/0			13	---Of silk or silk waste
																			0		
0	0	0	2.8	0	0	0	0	3.9	0	7	0/0/	4.2	0	0			0/0			13	---Other
																			0		
0	0	0	2.8	0	0	0	0		0	0	0/0/	4.2	0	0		0/0/0	0/0			13	--Of cotton
																		31	0		
0	0	0	3.2	0	0	0	0	3.9	0	8	0/0/	4.8	0	12.8			0/0			13	--Of man-made fibres
																		31	0		
																		31	0		
0	0	0	2.8	0	0	0	0	3.9	0	7	0/0/	4.2	0	0			0/0			13	---Of silk or silk waste
																			0		
																			0		
0	0	0	2.8	0	0	0	0	3.9	0	7	0/0/	4.2	0	0			0/0			13	---Other
																			0		
																			0		
0	0	0	2.8	0	0	0	0		0	0	0/0/	4.2	0	11.2	2.4	0/0/0	0/0			13	--Of cotton
																		31	0		
0	0	0	3.2	0	0	0	0	3.9	0	8	0/0/	4.8	0	12.8	0		0/0			13	--Of man-made fibres
																		31	0		
0	0	0	2.8	0	0	0	0	3.9	0	7	0/0/	4.2	0	0	0		0/0			13	---Of silk or silk waste
																			0		
																			0		
0	0	0	2.8	0	0	0	0	3.9	0	7	0/0/	4.2	0	0	0		0/0			13	---Other
																			0		
																			0		
0	0	0	2.8	0	0	0	0		0	11.2	0/0/	4.2	0	11.2		0/0/0	0/0			13	--Of cotton
																		31	0		
																		31	0		
0	0	0	3.2	0	0	0	0	3.9	0	8	0/0/	4.8	0	12.8			0/0			13	--Of man-made fibres
																		31	0		
																		31	0		
0	0	0	2.8	0	0	0	0	3.9	0	7	0/0/	4.2	0	0			0/0			13	--Of other textile materials
																			0		
																			0		
																			0		
																					T-shirts, singlets and other vests, knitted or crocheted:
0	0	0	2.8	0	0	0	0	3.9	0	0	0/0/	0	0	0		0/0/0	0/0			13	-Of cotton
																		31	0		
																		31	0		

商品编号	商品名称及备注[检验检疫编码及名称]	进口关税(%)		增值税率(%)	消费税	计量单位	监管条件	检验检疫类别
		最惠国	普通					
6109100022	其他棉制针织或钩编女式T恤衫(内衣除外)〔999〕	6	90	13		件/千克	A	M/
6109100091	其他棉制男式汗衫及其他背心(针织或钩编,内衣除外,包括男童8~18号)〔101针织外衣〕,〔102针织童装〕	6	90	13		件/千克	A	M/
6109100092	其他棉制男式汗衫及其他背心(针织或钩编,内衣除外)〔999〕	6	90	13		件/千克	A	M/
6109100099	其他棉制女式汗衫及其他背心(针织或钩编,内衣除外)〔999〕	6	90	13		件/千克	A	M/
61099010	---丝及绢丝制							
6109901011	丝及绢丝针织或钩编T恤衫、汗衫、背心(内衣式,含丝≥70%)〔999〕	6	130	13		件/千克	A	M/
6109901019	其他丝及绢丝针织或钩编T恤衫、背心(包括汗衫,内衣式,含丝70%以下)〔999〕	6	130	13		件/千克	A	M/
6109901021	丝及绢丝针织钩编汗衫、背心(内衣除外,含丝≥70%,男童8~18号,女童7~16号)〔101针织外衣〕,〔102针织童装〕	6	130	13		件/千克	A	M/
6109901029	其他丝及绢丝针织钩编汗衫、背心(内衣除外,含丝<70%,男童8~18号,女童7~16号)〔101针织外衣〕,〔102针织童装〕	6	130	13		件/千克	A	M/
6109901091	其他丝及绢丝针织或钩编T恤衫、汗衫(含丝≥70%,包括其他背心)〔999〕	6	130	13		件/千克	A	M/
6109901099	其他丝及绢丝针织或钩编T恤衫、汗衫(含丝<70%,包括其他背心)〔999〕	6	130	13		件/千克	A	M/
61099090	---其他							
6109909011	毛制针织或钩编T恤衫、汗衫等(内衣式,长袖衫)〔999〕	6	130	13		件/千克	A	M/
6109909012	毛制针织或钩编男式T恤衫、汗衫(内衣式,长袖衫除外)〔999〕	6	130	13		件/千克	A	M/
6109909013	毛制针织或钩编女式T恤衫、汗衫(内衣式,长袖衫除外)〔999〕	6	130	13		件/千克	A	M/
6109909021	毛制针织或钩编男式其他T恤衫(内衣除外)〔999〕	6	130	13		件/千克	A	M/
6109909022	毛制针织或钩编女式其他T恤衫(内衣除外)〔999〕	6	130	13		件/千克	A	M/
6109909031	毛制男式汗衫及其他背心(针织或钩编,内衣除外,含男童8~18号)〔101毛衫〕,〔102针织童装〕	6	130	13		件/千克	A	M/
6109909032	其他毛制男式汗衫及其他背心(针织或钩编,内衣除外)〔999〕	6	130	13		件/千克	A	M/
6109909033	其他毛制女式汗衫及其他背心(针织或钩编,内衣除外)〔999〕	6	130	13		件/千克	A	M/
6109909040	化学纤维制针织或钩编内衣〔999〕	6	130	13		件/千克	A	M/
6109909050	化学纤维制针织或钩编T恤衫(内衣除外)〔999〕	6	130	13		件/千克	A	M/
6109909060	化学纤维制针织或钩编汗衫及其他背心(内衣除外)〔101针织外衣〕,〔102针织童装〕	6	130	13		件/千克	A	M/
6109909091	其他纺织材料制T恤衫、汗衫等(针织或钩编,内衣式,包括其他背心)〔999〕	6	130	13		件/千克	A	M/
6109909092	其他纺织材料制针织或钩编汗衫及其他背心(内衣除外,包括男童8~18号,女童7~16号)〔101针织外衣〕,〔102针织童装〕	6	130	13		件/千克	A	M/
6109909093	其他纺织材料制针织或钩编T恤衫、汗衫(内衣除外,包括其他背心)〔999〕	6	130	13		件/千克	A	M/
6110	**针织或钩编的套头衫、开襟衫、背心及类似品:**							
61101100	--羊毛制							
6110110000	羊毛制针织或钩编的套头衫、开襟衫、马甲(背心)及类似品〔999〕	6	130	13		件/千克		
61101200	--克什米尔山羊细毛制							
6110120011[暂5]	喀什米尔山羊细毛手工起绒男套头衫(针织或钩编,包括开襟衫、外穿背心及类似品)〔999〕	6	130	13		件/千克		
6110120019[暂5]	喀什米尔山羊细毛制起绒男套头衫(针织或钩编,包括开襟衫、外穿背心及类似品)〔999〕	6	130	13		件/千克		
6110120021[暂5]	喀什米尔山羊细毛手工起绒女套头衫(针织或钩编,包括开襟衫、外穿背心及类似品)〔999〕	6	130	13		件/千克		
6110120029[暂5]	喀什米尔山羊细毛制起绒女套头衫(针织或钩编,包括开襟衫、外穿背心及类似品)〔999〕	6	130	13		件/千克		
6110120031[暂5]	喀什米尔山羊细毛手工非起绒男套头衫(针织或钩编,包括开襟衫、外穿背心及类似品)〔999〕	6	130	13		件/千克		
6110120039[暂5]	喀什米尔山羊细毛非起绒男套头衫(针织或钩编,包括开襟衫、外穿背心及类似品)〔999〕	6	130	13		件/千克		
6110120041[暂5]	喀什米尔山羊细毛手工非起绒女套头衫(针织或钩编,包括开襟衫、外穿背心及类似品)〔999〕	6	130	13		件/千克		
6110120049[暂5]	喀什米尔山羊细毛非起绒女套头衫(针织或钩编,包括开襟衫、外穿背心及类似品)〔999〕	6	130	13		件/千克		
61101910	---其他山羊细毛制							
6110191000	其他山羊细毛制针织或钩编的套头衫、开襟衫、马甲(背心)及类似品〔999〕	6	130	13		件/千克		
61101920	---兔毛制							
6110192000	其他兔毛制针织或钩编的套头衫、开襟衫、马甲(背心)及类似品〔999〕	6	130	13		件/千克		
61101990	---其他							
6110199000	其他动物细毛制针织或钩编的套头衫、开襟衫、马甲(背心)及类似品〔999〕	6	130	13		件/千克		
61102000	-棉制							
6110200011	棉制儿童游戏套装紧身衫及套头衫(针织起绒,轻薄细针翻领、开领、高领,含亚麻36%以下)〔999〕	6	90	13		件/千克	A	M/

协定税率(%)															特惠税率(%)			对美税率	出口税率	出口退税率	Article Description
智利	新西兰	澳大利亚	瑞士	冰岛	秘鲁	哥斯达	东盟	亚太	新加坡	巴基斯坦	港/澳/台	韩国	格鲁吉亚	毛里求斯	亚太	老/柬/缅	LDC 97/95				
																		31	0		
																		31	0		
																		31	0		
																		31	0		
0	0	0	2.8	0	0	0	0	3.9	0	0	0/0/	4.2	0	0	0		0/0			13	---Of silk or silk waste
																		31	0		
																		31	0		
																		31	0		
																		31	0		
																		31	0		
																		31	0		
0	0	0	2.8	0	0	0	0	3.9	0	0	0/0/	4.2	0	0	0	0/0/0	0/0			13	---Other
																		31	0		
																		31	0		
																		31	0		
																		31	0		
																		31	0		
																		31	0		
																		31	0		
																		31	0		
																		31	0		
																		31	0		
																		31	0		
																		31	0		
																		31	0		
																		31	0		
																					Jerseys, pullovers, cardigans, waistcoats and similar articles, knitted or crocheted:
0	0	0	2.8	0	0	0	0	3.9	0	0	0/0/0	0	0	11.2	0	0/0/0	0/0			13	--Of wool
																		31	0		
0	0	0	2.8	0	0	0	0	3.9	0	0	0/0/	4.2	0	11.2			0/0			13	--Of kashmir(cashmere) goats
																		30	0		
																		30	0		
																		30	0		
																		30	0		
																		30	0		
																		30	0		
																		30	0		
																		30	0		
0	0	0	2.8	0	0	0	0	3.9	0	0	0/0/	4.2	0	0			0/0			13	---Of other goats
																		31	0		
0	0	0	2.8	0	0	0	0	3.9	0	0	0/0/	4.2	0	0			0/0			13	---Of rabbit and hare
																			0		
0	0	0	2.8	0	0	0	0	3.9	0	0	0/0/	4.2	0	12			0/0			13	---Other
																		31	0		
0	0	0	2.8	0	0	0	0	3.9	0	0	0/0/0	4.2	0	0	2.4	0/0/0	0/0			13	-Of cotton
																		31	0		

商品编号	商品名称及备注[检验检疫编码及名称]	进口关税(%) 最惠国	普通	增值税率(%)	消费税	计量单位	监管条件	检验检疫类别
6110200012	棉制其他起绒儿童游戏套头衫等(针织钩编,包括开襟衫、背心及类似品,含亚麻36%以下)〔999〕	6	90	13		件/千克	A	M/
6110200051	其他棉儿童游戏套装紧身及套头衫(针织、非起绒、轻薄细针翻领、开领、高领)〔999〕	6	90	13		件/千克	A	M/
6110200052	其他棉儿童游戏套装套头衫等(针织或钩编、非起绒、包括开襟衫、背心及类似品)〔999〕	6	90	13		件/千克	A	M/
6110200090	其他棉制针织或钩编的套头衫、开襟衫、马甲(背心)及类似品〔999〕	6	90	13		件/千克		
61103000	-化学纤维制							
6110300011	化学纤维儿童游戏套装紧身衫及套头衫(针织起绒轻薄细针翻领开领高领毛<23%丝<30%)〔999〕	6	130	13		件/千克	A	M/
6110300012	化学纤维起绒儿童游戏套装及套头衫等(针织或钩编包括开襟衫、背心及类似品含毛<23%含丝<30%)〔999〕	6	130	13		件/千克	A	M/
6110300041	化学纤维其他童游戏套装紧身及套头衫(针织非起绒,轻薄细针翻领、开领、高领)〔999〕	6	130	13		件/千克	A	M/
6110300042	化学纤维制其他童游戏套装套头衫等(针织或钩编,非起绒,包括开襟衫、背心及类似品)〔999〕	6	130	13		件/千克	A	M/
6110300090	其他化纤制针织或钩编的套头衫、开襟衫、马甲(背心)及类似品〔999〕	6	130	13		件/千克		
61109010	---丝及绢丝制							
6110901000	丝及绢丝制针织或钩编的套头衫、开襟衫、马甲(背心)及类似品〔999〕	6	130	13		件/千克		
61109090	---其他							
6110909000	其他纺织材料制针织或钩编的套头衫、开襟衫、马甲(背心)及类似品〔999〕	6	130	13		件/千克		
6111	**针织或钩编的婴儿服装及衣着附件:**							
61112000	-棉制							
6111200010	棉制针织或钩编婴儿袜〔999〕	10	90	13		千克	A	M/
6111200020	棉制婴儿分指、连指、露指手套(针制或钩编)〔999〕	10	90	13		千克	A	M/
6111200040	棉制针织婴儿外衣、雨衣、滑雪装(针制或钩编,包括夹克类似品)〔999〕	10	90	13		千克	A	M/
6111200050	棉制针织钩编婴儿其他服装〔999〕	10	90	13		千克	A	M/
6111200090	棉制针织钩编婴儿衣着附件〔999〕	10	90	13		千克	A	M/
61113000	-合成纤维制							
6111300010	合成纤维制针织或钩编婴儿袜〔999〕	10	130	13		千克	A	M/
6111300020	合成纤维制婴儿分指、连指及露指手套(针制或钩编)〔999〕	10	130	13		千克	A	M/
6111300040	合成纤维制婴儿外衣、雨衣、滑雪装(针制或钩编,包括夹克类似服装)〔999〕	10	130	13		千克	A	M/
6111300050	合成纤维制针织或钩编婴儿其他服装(包括衣着附件)〔999〕	10	130	13		千克	A	M/
6111300090	合成纤维制针织或钩编婴儿衣着附件〔999〕	10	130	13		千克	A	M/
61119010	---羊毛或动物细毛制							
6111901000	毛制针织或钩编婴儿服装及衣着附件(羊毛或动物细毛制)〔999〕	10	130	13		千克	A	M/
61119090	---其他							
6111909010	人造纤维针织或钩编婴儿袜〔999〕	10	130	13		千克	A	M/
6111909090	其他纺织材料制婴儿服装及衣着附件(针织或钩编,)〔999〕	10	130	13		千克	A	M/
6112	**针织或钩编的运动服、滑雪服及游泳服:**							
61121100	--棉制							
6112110000	棉制针织或钩编运动服〔999〕	6	90	13		套/千克		
61121200	--合成纤维制							
6112120000	合成纤维制针织或钩编运动服〔999〕	8	130	13		套/千克		
61121900	--其他纺织材料制							
6112190000	其他纺织材料制针织或钩编运动服〔999〕	6	130	13		套/千克		
61122010	---棉制							
6112201000	棉制针织或钩编滑雪服〔999〕	6	90	13		套/千克		
61122090	---其他							
6112209000	其他纺织材料制针织或钩编滑雪服〔999〕	10	130	13		套/千克		
61123100	--合成纤维制							
6112310000	合成纤维制针织或钩编男式游泳服〔999〕	8	130	13		件/千克		
61123900	--其他纺织材料制							
6112390000	其他纺织材料制针织或钩编男式游泳服〔999〕	6	130	13		件/千克		
61124100	--合成纤维制							
6112410000	合成纤维制针织或钩编女式游泳服〔999〕	8	130	13		件/千克		
61124900	--其他纺织材料制							
6112490000	其他纺织材料制针织或钩编女式游泳服〔999〕	6	130	13		件/千克		
6113	**用品目59.03、59.06或59.07的针织物或钩编织物制成的服装:**							

协定税率(%)															特惠税率(%)			对美税率	出口税率	出口退税率	Article Description
智利	新西兰	澳大利亚	瑞士	冰岛	秘鲁	哥斯达	东盟	亚太	新加坡	巴基斯坦	港/澳/台	韩国	格鲁吉亚	毛里求斯	亚太	老/柬/缅	LDC 97/95				
																		31	0		
																		31	0		
																		31	0		
																		31	0		
0	0	0	3.2	0	0	0	0	3.9	0	0	0/0/0	8.5	0	0	0		0/0			13	-Of man-made fibres
																		31	0		
																		31	0		
																		31	0		
																		31	0		
																		31	0		
0	0	0	2.8	0	0	0	0	3.9	0	0	0/0/	4.2	0	0	0		0/0			13	---Of silk or silk waste
																		31	0		
0	0	0	2.8	0	0	0	0	3.9	0	0	0/0/	4.2	0	0	0		0/0			13	---Other
																		31	0		
																					Babies' garments and clothing accessories, knitted or crocheted:
0	0	0	2.8	0	0	0	0		0	0	0/0/	4.2	0	0			0/0			13	-Of cotton
																		35	0		
																		35	0		
																		35	0		
																		35	0		
																		35	0		
0	0	0	3.2	0	0	0	0	6.5	0	6.4	0/0/	4.8	0	12.8			0/0			13	-Of synthetic fibres
																		35	0		
																		35	0		
																		35	0		
																		35	0		
																		35	0		
0	0	0	2.8	0	0	0	0	6.5	0	7	0/0/	4.2	0	12			0/0			13	---Of wool or fine animal hair
																			0		
0	0	0	2.8	0	0	0	0	6.5	0	7	0/0/	4.2	0	0			0/0			13	---Other
																			0		
																			0		
																					Track suits, ski suits and swimwear, knitted or crocheted:
0	0	0	3.2	0	0	0	0	3.9	0	6.4	0/0/	4.8	0	0			0/0			13	--Of cotton
																		31	0		
0	0	0	3.5	0	0	0	0	5.2	0	0	0/0/	5.2	0	0			0/0			13	--Of synthetic fibres
																		33	0		
0	0	0	3.2	0	0	0	0	3.9	0	8	0/0/	4.8	0	0			0/0			13	--Of other textile materials
																		31	0		
0	0	0	3.2	0	0	0	0	3.9	0	8	0/0/	4.8	0	0			0/0			13	---Of cotton
																			0		
0	0	0	3.8	0	0	0	0	6.5	0	9.5	0/0/	5.7	0	0			0/0			13	---Other
																			0		
0	0	0	3.5	0	0	0	0	5.2	0	8.8	0/0/	5.2	0	0			0/0			13	--Of synthetic fibres
																			0		
0	0	0	3.2	0	0	0	0	3.9	0	8	0/0/	4.8	0	0			0/0			13	--Of other textile materials
																			0		
0	0	0	3.5	0	0	0	0	5.2	0	8.8	0/0/0	5.2	0	0			0/0			13	--Of synthetic fibres
																		33	0		
0	0	0	3.2	0	0	0	0	3.9	0	8	0/0/	4.8	0	0			0/0			13	--Of other textile materials
																		31	0		
																					Garments, made up of knitted or crocheted fabrics of heading 59.03, 59.06 or 59.07:

商品编号	商品名称及备注[检验检疫编码及名称]	进口关税(%) 最惠国	进口关税(%) 普通	增值税率(%)	消费税	计量单位	监管条件	检验检疫类别
61130000	用品目 59.03、59.06 或 59.07 的针织物或钩编织物制成的服装							
6113000000	用品目 59.03、59.06 或 59.07 的针织物或钩编织物制成的服装〔999〕	6	130	13		件/千克		
6114	**针织或钩编的其他服装:**							
61142000	-棉制							
6114200011	棉制针织或钩编儿童非保暖连身裤〔999〕	6	90	13		件/千克	A	M/
6114200021	棉制针织或钩编男成人及男童 TOPS(指 8~18 号男童 TOPS)〔101 针织童装〕,〔102 其他针织服装〕	6	90	13		件/千克	A	M/
6114200022	棉制针织或钩编其他男童 TOPS〔101 针织童装〕,〔102 其他针织服装〕	6	90	13		件/千克	A	M/
6114200040	棉制针织或钩编夏服、水洗服(包括女成人、女童及男童)〔101 针织外衣〕,〔102 针织童装〕	6	90	13		件/千克	A	M/
6114200090	棉制针织或钩编其他服装〔999〕	6	90	13		件/千克		
61143000	-化学纤维制							
6114300021	化学纤维针织或钩编男成人及男童 TOPS(指 8~18 号男童 TOPS)〔101 针织童装〕,〔102 其他针织服装〕	8	130	13		件/千克	A	M/
6114300022	化学纤维针织或钩编其他男童 TOPS〔999〕	8	130	13		件/千克	A	M/
6114300090	化学纤维制针织或钩编其他服装〔101 针织外衣〕,〔102 针织衬衫〕,〔103 针织运动服〕,〔104 针织童装〕,〔999 其他针织服装〕	8	130	13		件/千克		
61149010	---羊毛或动物细毛制							
6114901000	毛制针织或钩编其他服装(指羊毛或动物细毛)〔999〕	6	130	13		件/千克		
61149090	---其他							
6114909000	其他纺织材料制其他服装〔999〕	6	130	13		件/千克		
6115	**针织或钩编的连裤袜、紧身裤袜、长筒袜、短袜及其他袜类,包括渐紧压袜类(例如,用以治疗静脉曲张的长筒袜)和无外绱鞋底的鞋类:**							
61151000	-渐紧压袜类(例如,用以治疗静脉曲张的长筒袜)							
6115100000	渐紧压袜类(例如,用以治疗静脉曲张的长筒袜,针织或钩编)〔999〕	6	130	13		双/千克		
61152100	--每根单丝细度在 67 分特以下的合成纤维制							
6115210000	每根单丝细度<67 分特的合成纤维制连裤袜及紧身裤袜(针织或钩编)〔999〕	6	130	13		双/千克		
61152200	--每根单丝细度在 67 分特及以上的合成纤维制							
6115220000	每根单丝细度≥67 分特的合成纤维制连裤袜及紧身裤袜(针织或钩编)〔999〕	6	130	13		双/千克		
61152910	---棉制							
6115291000	棉制针织或钩编连裤袜及紧身裤袜〔999〕	6	90	13		双/千克		
61152990	---其他							
6115299000	其他纺织材料制针织或钩编连裤袜及紧身裤袜(除合成纤维、棉外其他纺织材料制)〔999〕	6	130	13		双/千克		
61153000	-其他女式长筒袜或中筒袜,每根单丝细度在 67 分特以下							
6115300000	其他材料制女式长统袜或中统袜(单丝细度<67 分特)〔999〕	6	130	13		双/千克		
61159400	--羊毛或动物细毛制							
6115940000	毛制针织或钩编短袜及其他袜类〔999〕	6	130	13		双/千克		
61159500	--棉制							
6115950011	棉制针织或钩编矫正袜(外科用带压缩刻度)〔999〕	6	90	13		双/千克		
6115950019	棉制针织或钩编短袜及其他袜类〔999〕	6	90	13		双/千克		
61159600	--合成纤维制							
6115960000	合成纤维制短袜及其他袜类(针织或钩编)〔999〕	6	130	13		双/千克		
61159900	--其他纺织材料制							
6115990000	其他纺织材料制短袜及其他袜类(针织或钩编)〔999〕	6	130	13		双/千克		
6116	**针织或钩编的分指手套、连指手套及露指手套:**							
61161000	-用塑料或橡胶浸渍、涂布或包覆的							
6116100000	塑料或橡胶浸渍的手套〔999〕	6	130	13		双/千克		
61169100	--羊毛或动物细毛制							
6116910000	毛制其他针织或钩编手套〔999〕	6	130	13		双/千克		
61169200	--棉制							
6116920000	棉制其他针织或钩编手套(非运动手套)〔999〕	6	90	13		双/千克		

协定税率(%)															特惠税率(%)			对美税率	出口税率	出口退税率	Article Description
智利	新西兰	澳大利亚	瑞士	冰岛	秘鲁	哥斯达	东盟	亚太	新加坡	巴基斯坦	港/澳/台	韩国	格鲁吉亚	毛里求斯	亚太	老/柬/缅	LDC 97/95				
0	0	0	3.2	0	0	0	0	3.9	0	8	0/0/	4.8	0	0	0		0/0			13	Garments, made up of knitted or crocheted fabrics of heading 59.03, 59.06 or 59.07
																		31	0		
																					Other garments, knitted or crocheted:
0	0	0	3.2	0		0	0		0	0	0/0/	4.8	0	0	2.4		0/0			13	-Of cotton
																		31	0		
																		31	0		
																		31	0		
																		31	0		
																		31	0		
0	0	0	3.5	0	0	0	0		0	0	0/0/	5.2	0	0			0/0			13	-Of man-made fibres
																		33	0		
																		33	0		
																		33	0		
0	0	0	3.2	0	0	0	0		0	0	0/0/	4.8	0	0			0/0			13	---Of wool or fine animal hair
																		31	0		
0	0	0	3.2	0	0	0	0		0	0	0/0/	4.8	0	12.8			0/0			13	---Other
																		31	0		
																					Panty hose, tights, stockings, socks and other hosiery, including graduated compression hosiery (for example, stockings for varicose veins) and footwear without applied soles, knitted or crocheted:
0	0	0	6	0	0	0	0	3.5	0	0	0/0/	4.8	0	0			0/0			13	-Graduated compression hosiery (for example, stockings for varicose veins)
																		31	0		
0	0	0	3.2	0	0	0	0	3.9	0	12.8	0/0/	4.8	0	0			0/0			13	--Of synthetic fibres, measuring per single yarn less than 67 decitex
																		31	0		
0	0	0	3.2	0	0	0	0	3.9	0	8	0/0/0	4.8	0	0			0/0			13	--Of synthetic fibres, measuring per single yarn 67 decitex or more
																		31	0		
0	0	0	2.8	0	0	0	0		0	11.2	0/0/	4.2	0	0			0/0			13	---Of cotton
																			0		
0	0	0	2.8	0	0	0	0	3.9	0	7	0/0/0	4.2	0	0			0/0			13	---Other
																		31	0		
0	0	0	2.8	0	0	0	0	3.9	0	0	0/0/	4.2	0	0	0		0/0			13	-Other women's full-length or knee-length hosiery, measuring per single yarn less than 67 decitex
																		31	0		
0	0	0	2.8	0	0	0	0		0	11.2	0/0/	4.2	0	0			0/0			13	--Of wool or fine animal hair
																		16	0		
0	0	0	2.8	0	0	0	0		0	0	0/0/	4.2	0	0			0/0			13	--Of cotton
																		31	0		
																		31	0		
0	0	0	3.2	0	0	0	0	3.9	0	0	0/0/	4.8	0	0			0/0			13	--Of synthetic fibres
																		31	0		
0	0	0	2.8	0	0	0	0	3.9	0	0	0/0/0	4.2	0	0			0/0			13	--Of other textile materials
																			0		
																					Gloves, mittens and mitts, knitted or crocheted:
0	0	0	2.8	0	0	0	0		0	0	0/0/	4.2	0	0			0/0			13	-Impregnated, coated or covered with plastics or rubber
																		31	0		
0	0	0	2.8	0	0	0	0		0	0	0/0/	4.2	0	0			0/0			13	--Of wool of fine animal hair
																			0		
0	0	0	2.8	0	0	0	0		0	0	0/0/	4.2	0	0			0/0			13	--Of cotton
																		16	0		

商品编号	商品名称及备注[检验检疫编码及名称]	进口关税(%)		增值税率(%)	消费税	计量单位	监管条件	检验检疫类别
		最惠国	普通					
61169300	--合成纤维制							
6116930010	合成纤维制其他针织或钩编手套(含羊毛或动物细毛≥23%)〔999〕	6	130	13		双/千克		
6116930090	合成纤维制其他针织或钩编手套(含羊毛或动物细毛<23%)〔999〕	6	130	13		双/千克		
61169900	--其他纺织材料制							
6116990000	其他纺织材料制其他针织或钩编手套〔999〕	6	130	13		双/千克		
6117	**其他制成的针织或钩编的衣着附件;服装或衣着附件的针织或钩编的零件:**							
61171011	----山羊绒制							
6117101100	山羊绒制披巾、头巾、围巾、披纱、面纱及类似品(针织或钩编)〔999〕	6	130	13		条/千克		
61171019	----其他							
6117101900	其他动物细毛制披巾、头巾、围巾、披纱、面纱及类似品(针织或钩编)〔999〕	6	130	13		条/千克		
61171020	---羊毛制							
6117102000	羊毛制披巾、头巾、围巾、披纱、面纱及类似品(针织或钩编)〔999〕	6	130	13		条/千克		
61171090	---其他							
6117109000	其他纺织材料制披巾、头巾、围巾、披纱、面纱及类似品(针织或钩编)〔999〕	6	130	13		条/千克		
61178010	---领带及领结							
6117801000	领带及领结(针织或钩编)〔999〕	6	130	13		千克/条		
61178090	---其他							
6117809000	其他衣着附件(针织或钩编)〔999〕	6	130	13		千克		
61179000	-零件							
6117900000	服装或衣着附件的零件(针织或钩编)〔999〕	6	130	13		千克		

协定税率(%)															特惠税率(%)			对美税率	出口税率	出口退税率	Article Description
智利	新西兰	澳大利亚	瑞士	冰岛	秘鲁	哥斯达	东盟	亚太	新加坡	巴基斯坦	港/澳/台	韩国	格鲁吉亚	毛里求斯	亚太	老/柬/缅	LDC 97/95				
0	0	0	3.2	0	0	0	0	3.9	0	0	0/0/	4.8	0	0			0/0			13	--Of synthetic fibres
																		31	0		
																		31	0		
0	0	0	2.8	0	0	0	0	3.9	0	0	0/0/	4.2	0	0			0/0			13	--Of other textile materials
																		31	0		
																					Other made up clothing accessories, knitted or crocheted; knitted or crocheted parts of garments or of clothing accessories:
0	0	0	2.8	0	0	0	0	3.9	0	0	0/0/	4.2	0	0			0/0			13	----Of goats
																		31	0		
0	0	0	2.8	0	0	0	0	3.9	0	0	0/0/	4.2	0	12			0/0			13	----Other
																		31	0		
0	0	0	2.8	0	0	0	0	3.9	0	0	0/0/	4.2	0	12			0/0			13	---Of wool
																		31	0		
0	0	0	2.8	0	0	0	0	3.9	0	0	0/0/	4.2	0	11.2			0/0			13	---Other
																		31	0		
0	0	0	2.8	0	0	0	0	3.9	0	0	0/0/0	4.2	0	0			0/0			13	---Ties, bow ties and cravats
																		31	0		
0	0	0	2.8	0	0	0	0	3.9	0	0	0/0/0	4.2	0	0			0/0			13	---Other accessories
																		31	0		
0	0	0	2.8	0	0	0	0	3	0	0	0/0/0	4.2	0	0			0/0			13	-Parts
																		31	0		

第六十二章
非针织或非钩编的服装及衣着附件

注释：

一、本章仅适用于除絮胎以外任何纺织物的制成品，但不适用于针织品或钩编织品（品目 62.12 的除外）。

二、本章不包括：

（一）品目 63.09 的旧衣着或其他旧物品；或

（二）矫形器具、外科手术带、疝气带及类似品（品目 90.21）。

三、品目 62.03 及 62.04 所称：

（一）“西服套装”，是指面料用完全相同织物制成的两件套或三件套的下列成套服装：

一件人体上半身穿着的外套或短上衣，除袖子外，应由四片或四片以上面料组成；也可附带一件马甲（西服背心），这件马甲（西服背心）的前片面料应与套装其他各件的面料相同，后片面料则应与外套或短上衣的衬里料相同；以及

一件人体下半身穿着的服装，即不带背带或护胸的长裤、马裤、短裤（游泳裤除外）、裙子或裙裤。

西服套装各件面料质地、颜色及构成必须完全相同，其款式、尺寸大小也须相互般配。但套装的各件可以有不同织物的滚边（缝入夹缝中的成条织物）。

如果数件人体下半身穿着的服装同时报验（例如，两条长裤、长裤与短裤、裙子或裙裤与长裤），构成西服套装下装的应是一条长裤，而对于女式西服套装，应是裙子或裙裤，其他服装应分别归类。

所称“西服套装”，包括不论是否完全符合上述条件的下列配套服装：

1. 常礼服，由一件后襟下垂并下端开圆弧形叉的素色短上衣和一条条纹长裤组成；
2. 晚礼服（燕尾服），一般用黑色织物制成，上衣前襟较短且不闭合，背后有燕尾；
3. 无燕尾套装夜礼服，其中上衣款式与普通上衣相似（可以更为显露衬衣前胸），但有光滑丝质或仿丝质的翻领。

（二）“便服套装”，是指面料相同并作零售包装的下列成套服装（西服套装及品目 62.07 或 62.08 的物品除外）：

一件人体上半身穿着的服装，但背心除外，因为背心可作为内衣；以及

一件或两件不同的人体下半身穿着的服装，即长裤、护胸背带工装裤、马裤、短裤（游泳裤除外）、裙子或裙裤。

便服套装各件面料质地、款式、颜色及构成必须相同；尺寸大小也须相互般配。所称“便服套装”，不包括品目 62.11 的运动服及滑雪服。

四、对于品目 62.09：

（一）所称“婴儿服装及衣着附件”，是指用于身高不超过 86 厘米幼儿的服装；

（二）既可归入品目 62.09，也可归入本章其他税号的物品，应归入品目 62.09。

五、既可归入品目 62.10，也可归入本章其他税号的服装，除品目 62.09 所列的仍归入该税号外，其余的应一律归入品目 62.10。

六、品目 62.11 所称“滑雪服”，是指从整个外观和织物质地来看，主要在滑雪（速度滑雪和高山滑雪）时穿着的下列服装或成套服装：

（一）“滑雪连身服”，即上下身连在一起的单件服装；除袖子和领子外，滑雪连身服可有口袋或脚带；或

（二）“滑雪套装”，即由两件或三件构成一套并作零售包装的下列服装：

一件用一条拉链扣合的带风帽的厚夹克、防风衣、防风短上衣或类似的服装，可以附带一件背心（滑雪背心）；以及

一条不论是否过腰的长裤、一条马裤或一条护胸背带工装裤。

“滑雪套装”也可由一件类似以上（一）款所述的连身服和一件可套在连身服外面的有胎料背心组成。

“滑雪套装”各件颜色可以不同，但面料质地、款式及构成必须相同；尺寸大小也须相互般配。

七、正方形或近似正方形的围巾及围巾式样的物品，如果每边均不超过 60 厘米，应作为手帕归类（品目 62.13）。任何一边超过 60 厘米的手帕，应归入品目 62.14。

八、本章的服装，凡门襟为左压右的，应视为男式；右压左的，应视为女式。但本规定不适用于其式样已明显为男式或女式的服装。

Chapter 62
Articles of apparel and clothing accessories, not knitted or crocheted

Chapter Notes:

1. This Chapter applies only to made up articles of any textile fabric other than wadding, excluding knitted or crocheted articles (other than those of heading 62.12).

2. This Chapter does not cover:
   (a) Worn clothing or other worn articles of heading 63.09; or
   (b) Orthopaedic appliances, surgical belts, trusses or the like (heading 90.21).

3. For the purposes of headings 62.03 and 62.04:
   (a) The term "suit" means a set of garments composed of two or three pieces made up, in respect of their outer surface, in identical fabric and comprising:
   One suit coat or jacket the outer shell of which, exclusive of sleeves, consists of four or more panels, designed to cover the upper part of the body, possibly with a tailored waistcoat in addition whose front is made from the same fabric as the outer surface of the other components of the set and whose back is made from the same fabric as the lining of the suit coat or jacket; and
   One garment designed to cover the lower part of the body and consisting of trousers, breeches or shorts (other than swimwear), a skirt or a divided skirt, having neither braces nor bibs.
   All of the components of a "suit" must be of the same fabric construction, colour and composition; they must also be of the same style and of corresponding or compatible size. However, these components may have piping (a strip of fabric sewn into the seam) in a different fabric.
   If several separate components to cover the lower part of the body are presented together (for example, two pairs of trousers or trousers and shorts, or a skirt or divided skirt and trousers), the constituent lower part shall be one pair of trousers or, in the case of women's or girls' suits, the skirt or divided skirt, the other garments being considered separately.
   The term "suit" includes the following sets of garments, whether or not they fulfil all the above conditions:
   (i) Morning dress, comprising a plain jacket (cutaway) with rounded tails hanging well down at the back and striped trousers;
   (ii) Evening dress (tailcoat), generally made of black fabric, the jacket of which is relatively short at the front, does not close and has narrow skirts cut in at the hips and hanging down behind;
   (iii) Dinner jacket suits, in which the jacket is similar in style to an ordinary jacket (though perhaps revealing more of the shirt front), but has shiny silk or imitation silk lapels.
   (b) The term "ensemble" means a set of garments (other than suits and articles of heading 62.07 or 62.08) composed of several pieces made up in identical fabric, put up for retail sale, and comprising:
   One garment designed to cover the upper part of the body, with the exception of waistcoats which may also form a second upper garment; and
   One or two different garments, designed to cover the lower part of the body and consisting of trousers, bib and brace overalls, breeches, shorts (other than swimwear), a skirt or a divided skirt.
   All of the components of an ensemble must be of the same fabric construction, style, colour and composition; they also must be of corresponding or compatible size. The term "ensemble" does not apply to track suits or ski suits, of heading 62.11.

4. For the purposes of heading 62.09:
   (a) The expression "babies' garments and clothing accessories" means articles for young children of a body height not exceeding 86cm;
   (b) Articles which are, prima facie, classifiable both in heading 62.09 and in other headings of this Chapter are to be classified in heading 62.09.

5. Garments which are, prima facie, classifiable both in heading 62.10 and in other headings of this Chapter, excluding heading 62.09, are to be classified in heading 62.10.

6. For the purposes of heading 62.11, "ski suits" means garments or sets of garments which, by their general appearance and texture, are identifiable as intended to be worn principally for skiing (cross-country or alpine). They consist either of:
   (a) A "ski overall", that is, a one-piece garment designed to cover the upper and the lower parts of the body; in addition to sleeves and a collar the ski overall may have pockets or footstraps; or
   (b) A "ski ensemble", that is, a set of garments composed of two or three pieces, put up for retail sale and comprising:
   One garment such as an anorak, wind-cheater, wind-jacket or similar article, closed by a slide fastener (zipper), possibly with a waistcoat in addition; and
   One pair of trousers whether or not extending above waist-level, one pair of breeches or one bib and brace overall.
   The "ski ensemble" may also consist of an overall similar to the one mentioned in paragraph (a) above and a type of padded, sleeveless jacket worn over the overall.
   All the components of a "ski ensemble" must be made up in a fabric of the same texture, style and composition whether or not of the same colour; they also must be of corresponding or compatible size.

7. Scarves and articles of the scarf type, square or approximately square, of which no side exceeds 60cm, are to be classified as handkerchiefs (heading 62.13). Handkerchiefs of which any side exceeds 60cm are to be classified in heading 62.14.

8. Garments of this Chapter designed for left over right closure at the front shall be regarded as men's or boys' garments, and those designed for right over left closure at the front as women's or girls' garments. These provisions do not apply where the cut of the garment clearly indicates that it is designed for one or other of the sexes.

无法区别是男式还是女式的服装,应按女式服装归入有关税号。

九、本章物品可用金属线制成。

商品编号	商品名称及备注[检验检疫编码及名称]	进口关税(%)最惠国	进口关税(%)普通	增值税率(%)	消费税	计量单位	监管条件	检验检疫类别
6201	**男式大衣、短大衣、斗篷、短斗篷、带风帽的防寒短上衣(包括滑雪短上衣)、防风衣、防风短上衣及类似品,但品目 62.03 的货品除外:**							
62011100	--羊毛或动物细毛制							
6201110010[暂5]	毛制男式雨衣(羊毛或动物细毛制)〔999〕	6	130	13		件/千克		
6201110090[暂5]	毛制男式大衣、斗篷及类似品(含短大衣、短斗篷,羊毛或动物细毛制)〔999〕	6	130	13		件/千克		
62011210	---羽绒服							
6201121000	棉制男式羽绒大衣等及类似品(包括羽绒雨衣、短大衣、斗篷、短斗篷)〔999〕	6	90	13		件/千克		
62011290	---其他							
6201129010[暂5]	棉制男式雨衣〔999〕	6	90	13		件/千克		
6201129020[暂5]	棉制男式连风帽派克大衣等(含带风帽的防寒短上衣、防风衣、防风短上衣及类似品)〔999〕	6	90	13		件/千克		
6201129090[暂5]	棉制男式大衣、斗篷及类似品(包括短大衣、短斗篷)〔999〕	6	90	13		件/千克		
62011310	---羽绒服							
6201131000	化学纤维制男羽绒大衣等及类似品(包括羽绒雨衣、短大衣、斗篷、短斗篷)〔999〕	8	130	13		件/千克		
62011390	---其他							
6201139000	化学纤维制男大衣、斗篷及类似品(包括短大衣、短斗篷,含羊毛或动物细毛 36%及以上);化学纤维制男式连风帽派克大衣等(带风帽防寒短上衣/防风衣等);化学纤维制雨衣〔999〕	8	130	13		件/千克		
62011900	--其他纺织材料制							
6201190000	其他材料制男大衣、雨衣(含短大衣、斗篷、短斗篷及类似品)〔999〕	6	100	13		件/千克		
62019100	--羊毛或动物细毛制							
6201910000	毛制男式防寒短上衣[羊毛或动物细毛制(含滑雪短上衣、防风衣、防风短上衣及类似品)]〔101 大衣、短大衣〕,〔102 上衣〕	6	130	13		件/千克		
62019210	---羽绒服							
6201921000	棉制男式羽绒防寒短上衣、防风衣(包括羽绒滑雪短上衣、防风短上衣及类似品)〔999〕	6	90	13		件/千克		
62019290	---其他							
6201929000	棉制男式防寒短上衣(含滑雪短上衣、防风衣、防风短上衣及类似品)①	6	90	13		件/千克		
62019310	---羽绒服							
6201931000	化学纤维制男式羽绒防寒短上衣防风衣(包括羽绒滑雪短上衣、防风短上衣及类似品)〔999〕	8	130	13		件/千克		
62019390	---其他							
6201939000	化学纤维制男式防寒短上衣(含滑雪短上衣、防风衣、防风短上衣及类似品)②	8	130	13		件/千克		
62019900	--其他纺织材料制							
6201990000	其他材料制男士防寒短上衣(含滑雪短上衣、防风衣、防风短上衣及类似品)〔999〕	6	100	13		件/千克		
6202	**女式大衣、短大衣、斗篷、短斗篷、带风帽的防寒短上衣(包括滑雪短上衣)、防风衣、防风短上衣及类似品,但品目 62.04 的货品除外:**							
62021100	--羊毛或动物细毛制							
6202110010[暂5]	毛制女式雨衣(羊毛或动物细毛制)〔999〕	6	130	13		件/千克		
6202110090[暂5]	毛制女式大衣、斗篷及类似品等(包括短大衣、短斗篷,羊毛或动物细毛制)〔999〕	6	130	13		件/千克		
62021210	---羽绒服							
6202121000	棉制女式羽绒大衣等及类似品(包括羽绒雨衣、短大衣、斗篷、短斗篷)〔999〕	6	90	13		件/千克		
62021290	---其他							
6202129010[暂5]	棉制女式雨衣〔999〕	6	90	13		件/千克		
6202129020[暂5]	棉制女式连风帽派克大衣等(含带风帽的防寒短上衣、防风衣、防风短上衣及类似品)〔999〕	6	90	13		件/千克		
6202129090[暂5]	棉制女式大衣、斗篷及类似品(包括短大衣、短斗篷)〔999〕	6	90	13		件/千克		
62021310	---羽绒服							
6202131000	化学纤维制女羽绒大衣等及类似品(包括羽绒雨衣、短大衣、斗篷、短斗篷)〔999〕	10	130	13		件/千克		

① 〔101 大衣、短大衣〕,〔102 上衣〕
② 〔101 大衣、短大衣〕,〔102 上衣〕

Garments which cannot be identified as either men's or boys' garments or as women's or girls' garments are to be classified in the headings covering women's or girls' garments.

9. Articles of this Chapter may be made of metal thread.

协定税率(%)															特惠税率(%)			对美税率	出口税率	出口退税率	Article Description
智利	新西兰	澳大利亚	瑞士	冰岛	秘鲁	哥斯达	东盟	亚太	新加坡	巴基斯坦	港/澳/台	韩国	格鲁吉亚	毛里求斯	亚太	老/柬/缅	LDC 97/95				
																					Men's or boys' overcoats, car-coats, capes, cloaks, anoraks (including ski-jackets), wind-cheaters, wind-jackets and similar articles, other than those of heading 62.03:
0	0	0	3.2	0	0	0	0	3.9	0	8	0/0/	4.8	0	12.8			0/0			13	--Of wool or fine animal hair
																		30	0		
																		30	0		
0	0	0	3.2	0	0	0	0		0	12.8	0/0/	4.8	0	0			0/0			13	---Padded with feathers or down
																			0		
0	0	0	3.2	0	0	0	0		0	12.8	0/0/	4.8	0	0			0/0			13	---Other
																		30	0		
																		30	0		
																		30	0		
0	0	0	3.5	0	0	0	0	5.2	0	8.8	0/0/	5.2		0			0/0			13	---Padded with feathers or down
																		33	0		
0	0	0	3.5	0	0	0	0	5.2	0	8.8	0/0/	5.2	0	0			0/0			13	---Other
																		33	0		
0	0	0	3.2	0	0	0	0	3.9	0	8	0/0/	4.8	0	0			0/0			13	--Of other textile materials
																		31	0		
0	0	0	3.2	0	0	0	0	3.9	0	8	0/0/	4.8	0	0			0/0			13	--Of wool or fine animal hair
																		31	0		
0	0	0	3.2	0	0	0	0		0	12.8	0/0/	4.8	0	0			0/0			13	---Padded with feathers or down
																		31	0		
0	0	0	3.2	0	0	0	0		0	12.8	0/0/	4.8	0	0		0/0/0	0/0			13	---Other
																		31	0		
0	0	0	3.5	0	0	0	0	5.2	0	0	0/0/	5.2	0	0			0/0			13	---Padded with feathers or down
																		33	0		
0	0	0	3.5	0	0	0	0	5.2	0	0	0/0/	5.2	0	0			0/0			13	---Other
																		33	0		
0	0	0	3.2	0	0	0	0	3.9	0	8	0/0/	4.8	0	0		//0	0/0			13	--Of other textile materials
																		31	0		
																					Women's or girls' overcoats, car-coats, capes, cloaks, anoraks (including ski-jackets), wind-cheaters, wind-jackets and similar articles, other than those of heading 62.04:
0	0	0	3.2	0	0	0	0	3.9	0	8	0/0/	4.8	0	0			0/0			13	--Of wool or fine animal hair
																		30	0		
																		30	0		
0	0	0	3.2	0	0	0	0		0	12.8	0/0/	4.8	0	0			0/0			13	---Padded with feathers or down
																			0		
0	0	0	3.2	0	0	0	0		0	12.8	0/0/	4.8	0	0			0/0			13	---Other
																		30	0		
																		30	0		
																		30	0		
0	0	0	3.8	0	0	0	0	6.5	0	9.5	0/0/	5.7	0	0			0/0			13	---Padded with feathers or down
																		35	0		

商品编号	商品名称及备注[检验检疫编码及名称]	进口关税(%)		增值税率(%)	消费税	计量单位	监管条件	检验检疫类别
		最惠国	普通					
62021390	---其他							
6202139000	化学纤维制女式雨衣、连风帽派克大衣、大衣、斗篷及类似品(含大衣、短斗篷、带风帽防寒上衣、防风衣及类似品)〔999〕	10	130	13		件/千克		
62021900	--其他纺织材料制							
6202190000	其他材料制女雨衣、大衣、斗篷及类似品(含短大衣、斗篷、短斗篷)〔999〕	6	100	13		件/千克		
62029100	--羊毛或动物细毛制							
6202910000	毛制女式其他防寒短上衣(羊毛或动物细毛制)〔999〕	6	130	13		件/千克		
62029210	---羽绒服							
6202921000	棉制女式羽绒防寒短上衣、防风衣(包括羽绒滑雪短上衣、防风短上衣及类似品)〔999〕	6	90	13		件/千克		
62029290	---其他							
6202929000	棉制女式其他防寒短上衣(含滑雪短上衣、防风衣、防风短上衣及类似品)〔999〕	6	90	13		件/千克		
62029310	---羽绒服							
6202931000	化学纤维制女式羽绒防寒短上衣等(包括羽绒滑雪短上衣、防风衣、防风短上衣及类似品)〔999〕	8	130	13		件/千克		
62029390	---其他							
6202939000	化学纤维制女式其他防寒短上衣(含滑雪短上衣、防风衣、防风短上衣及类似品)〔999〕	8	130	13		件/千克		
62029900	--其他纺织材料制							
6202990000	其他材料制女式其他防寒短上衣(含滑雪短上衣、防风衣、防风短上衣及类似品)〔999〕	6	100	13		件/千克		
6203	**男式西服套装、便服套装、上衣、长裤、护胸背带工装裤、马裤及短裤(游泳裤除外):**							
62031100	--羊毛或动物细毛制							
6203110000[暂5]	毛制男式西服套装(羊毛或动物细毛制)〔999〕	8	130	13		套/千克		
62031200	--合成纤维制							
6203120010	合成纤维制男式西服套装(含羊毛或动物细毛36%及以上)〔999〕	8	130	13		套/千克		
6203120090	其他合成纤维制男式西服套装〔999〕	8	130	13		套/千克		
62031910	---丝及绢丝制							
6203191000	丝及绢丝制男式西服套装〔999〕	8	100	13		套/千克		
62031990	---其他							
6203199000	其他材料制其他男式西服套装〔999〕	8	100	13		套/千克		
62032200	--棉制							
6203220000	棉制男式便服套装〔999〕	8	90	13		套/千克		
62032300	--合成纤维制							
6203230000	合成纤维制男式便服套装〔999〕	8	130	13		套/千克		
62032910	---丝及绢丝制							
6203291000	丝制男式便服套装〔999〕	8	130	13		套/千克		
62032920	---羊毛或动物细毛制							
6203292000	羊毛或动物细毛制男式便服套装(羊毛或动物细毛制)〔999〕	8	130	13		套/千克		
62032990	---其他							
6203299000	其他材料制其他男式便服套装〔999〕	8	100	13		套/千克		
62033100	--羊毛或动物细毛制							
6203310010[暂5]	毛制男式西服式上衣(羊毛或动物细毛制)〔999〕	6	130	13		件/千克		
6203310090[暂5]	毛制男式其他上衣(羊毛或动物细毛制)〔999〕	6	130	13		件/千克		
62033200	--棉制							
6203320010	棉制工业及职业用男式上衣〔999〕	6	90	13		件/千克		
6203320090	棉制其他男式上衣〔999〕	6	90	13		件/千克		
62033300	--合成纤维制							
6203330000	合成纤维制男式上衣〔999〕	12	130	13		件/千克		
62033910	---丝及绢丝制							
6203391010	丝制男式上衣(含丝≥70%)〔999〕	6	130	13		件/千克		
6203391090	丝制男式上衣(含丝<70%)〔999〕	6	130	13		件/千克		
62033990	---其他							
6203399000	其他材料制男式上衣〔999〕	6	100	13		件/千克		
62034100	--羊毛或动物细毛制							
6203410022	毛制男式长裤、马裤(羊毛或动物细毛制,含8~18号男童)〔101 裤子〕,〔102 童装〕	6	130	13		条/千克	A	M/
6203410029	毛制其他男童长裤、马裤(羊毛或动物细毛制)〔999〕	6	130	13		条/千克	A	M/
6203410090	毛制其他男式长裤、护胸背带工装裤、马裤及短裤〔999〕	6	130	13		条/千克		
62034210	---阿拉伯裤							
6203421000	棉制男式阿拉伯裤〔999〕	6	90	13		条/千克		

协定税率(%)															特惠税率(%)			对美税率	出口税率	出口退税率	Article Description
智利	新西兰	澳大利亚	瑞士	冰岛	秘鲁	哥斯达	东盟	亚太	新加坡	巴基斯坦	港/澳/台	韩国	格鲁吉亚	毛里求斯	亚太	老/柬/缅	LDC 97/95				
0	0	0	3.8	0	0	0	0	6.5	0	9.5	0/0/	5.7	0	0			0/0			13	---Other
																		35	0		
0	0	0	3.2	0	0	0	0	3.9	0	8	0/0/	4.8	0	0			0/0			13	--Of other textile materials
																		31	0		
0	0	0	3.2	0	0	0	0	3.9	0	8	0/0/	4.8	0	0			0/0			13	--Of wool or fine animal hair
																		31	0		
0	0	0	3.2	0	0	0	0		0	12.8	0/0/	4.8		0			0/0			13	---Padded with feathers or down
																			0		
0	0	0	3.2	0	0	0	0		0	12.8	0/0/	4.8	0	0			0/0			13	---Other
																		31	0		
0	0	0	3.5	0	0	0	0	5.2	0	8.8	0/0/	5.2		0			0/0			13	---Padded with feathers or down
																		33	0		
0	0	0	3.5	0	0	0	0	5.2	0	7	0/0/	5.2	0	0			0/0			13	---Other
																		33	0		
0	0	0	3.2	0	0	0	0	3.9	0	8	0/0/	4.8	0	0			0/0			13	--Of other textile materials
																		31	0		
																					Men's or boys' suits, ensembles, jackets, blazers, trousers, bib and brace overalls, breeches and shorts (other than swimwear):
0	0	0	0	0	0	0	0	5.2	0	8.8	0/0/	5.2	0	14			0/0			13	--Of wool or fine animal hair
																		25	0		
0	0	0	3.5	0	0	0	0	5.2	0	8.8	0/0/	5.2	0	0			0/0			13	--Of synthetic fibres
																			0		
																			0		
0	0	0	3.5	0	0	0	0	5.2	0	0	0/0/	5.2	0	0			0/0			13	---Of silk or silk waste
																			0		
0	0	0	8	0	0	0	0	5.2	0	0	0/0/	5.2	0	14			0/0			13	---Other
																		33	0		
0	0	0	3.5	0	0	0	0		0	0	0/0/	5.2	0	0			0/0			13	--Of cotton
																		33	0		
0	0	0	3.5	0	0	0	0	5.2	0	8.8	0/0/	5.2	0	0			0/0			13	--Of synthetic fibres
																		33	0		
0	0	0	3.5	0	0	0	0	5.2	0	8.8	0/0/	5.2	0	0			0/0			13	---Of silk or silk waste
																			0		
0	0	0	3.5	0	0	0	0	5.2	0	8.8	0/0/	5.2	0	0			0/0			13	---Of wool or fine animal hair
																			0		
0	0	0	3.5	0	0	0	0	5.2	0	8.8	0/0/	5.2	0	0			0/0			13	---Other
																			0		
0	0	0	3.2	0	0	0	0	3.9	0	8	0/0/	4.8	0	12.8	3.6	0/0/0	0/0			13	--Of wool or fine animal hair
																		30	0		
																		30	0		
0	0	0	3.2	0	0	0	0	3.9	0	0	0/0/	4.8	0	0	4.2	0/0/0	0/0			13	--Of cotton
																		31	0		
																		31	0		
0	0	0	3.5	0	0	0	0	7.8	0	0	0/0/	0	0	0			0/0			13	--Of synthetic fibres
																		37	0		
0	0	0	3.2	0	0	0	0	3.9	0	0	0/0/	4.8	0	0	3.6		0/0			13	---Of silk or silk waste
																		31	0		
																		31	0		
0	0	0	3.2	0	0	0	0	3.9	0	0	0/0/	4.8	0	12.8	3.6		0/0			13	---Other
																		31	0		
0	0	0	0	0	0	0	0	3.9	0	0	0/0/	4.8	0	12.8	0		0/0			13	--Of wool or fine animal hair
																		31	0		
																		31	0		
																		31	0		
0	0	0	3.2	0	0	0	0	3.9	0	0	0/0/	4.8	0	0	4.2		0/0			13	---Arabian trousers
																			0		

商品编号	商品名称及备注[检验检疫编码及名称]	进口关税(%)		增值税率(%)	消费税	计量单位	监管条件	检验检疫类别
		最惠国	普通					
62034290	---其他							
6203429015	棉制其他男童护胸背带工装裤(带防寒衬里)〔999〕	6	90	13		条/千克	A	M/
6203429019	棉制其他男童护胸背带工装裤〔999〕	6	90	13		条/千克	A	M/
6203429049	棉制其他男童长裤、马裤(游戏装,不带防寒衬里)〔999〕	6	90	13		条/千克	A	M/
6203429062	棉制男式长裤、马裤(非游戏装,不带防寒衬里,含8~18号男童)〔101 裤子〕,〔102 童装〕	6	90	13		条/千克	A	M/
6203429069	棉制其他男童长裤、马裤(非游戏装,不带防寒衬里)〔999〕	6	90	13		条/千克	A	M/
6203429090	棉制其他男式长裤、护胸背带工装裤、马裤及短裤〔101 裤子〕,〔102 童装〕	6	90	13		条/千克		
62034310	---阿拉伯裤							
6203431000	合成纤维制男式阿拉伯裤〔999〕	8	130	13		条/千克		
62034390	---其他							
6203439015	其他合成纤维制男童护胸背带工装裤(带防寒衬里)〔999〕	12	130	13		条/千克	A	M/
6203439019	其他合成纤维制男童护胸背带工装裤〔999〕	12	130	13		条/千克	A	M/
6203439049	其他合成纤维制男童长裤、马裤(不带防寒衬里,含羊/动物细毛≥36%)〔999〕	12	130	13		条/千克	A	M/
6203439061	其他合成纤维制男式长裤、马裤(不带防寒衬里,游戏装,含8~18号男童)〔101 裤子〕,〔102 童装〕	12	130	13		条/千克	A	M/
6203439069	其他合成纤维制其他男童长裤、马裤(不带防寒衬里,游戏装)〔999〕	12	130	13		条/千克	A	M/
6203439082	其他合成纤维制男童长裤、马裤(不带防寒衬里,非游戏装和滑雪裤,指8~18号男童)〔999〕	12	130	13		条/千克	A	M/
6203439089	其他合成纤维制其他男童长裤、马裤(不带防寒衬里,非游戏装和滑雪裤)〔999〕	12	130	13		条/千克	A	M/
6203439090	合成纤维制其他男式长裤、护胸背带工装裤、马裤及短裤〔101 裤子〕,〔102 童装〕	12	130	13		条/千克		
62034910	---阿拉伯裤							
6203491000	其他材料制男式阿拉伯裤〔999〕	6	100	13		条/千克		
62034990	---其他							
6203499012	人造纤维制男童护胸背带工装裤(带防寒衬里)〔999〕	6	100	13		条/千克	A	M/
6203499019	人造纤维制男童护胸背带工装裤〔999〕	6	100	13		条/千克	A	M/
6203499090	其他材料制其他男式长裤、护胸背带工装裤、马裤及短裤〔999〕	6	100	13		条/千克		
6204	**女式西服套装、便服套装、上衣、连衣裙、裙子、裙裤、长裤、护胸背带工装裤、马裤及短裤(游泳服除外):**							
62041100	--羊毛或动物细毛制							
6204110000[暂5]	毛制女式西服套装(羊毛或动物细毛制)〔999〕	8	130	13		套/千克		
62041200	--棉制							
6204120010	含裤子的棉制女式西服套装〔999〕	8	90	13		套/千克		
6204120090	不含裤子的棉制女式西服套装〔999〕	8	90	13		套/千克		
62041300	--合成纤维制							
6204130010	合成纤维制女式西服套装(含羊毛或动物细毛≥36%)〔999〕	8	130	13		套/千克		
6204130090	其他合纤制女式西服套装〔999〕	8	130	13		套/千克		
62041910	---丝及绢丝制							
6204191000	丝及绢丝制女式西服套装〔999〕	8	100	13		套/千克		
62041990	---其他							
6204199000	其他材料制其他女式西服套装〔999〕	8	100	13		套/千克		
62042100	--羊毛或动物细毛制							
6204210000	羊毛或动物细毛制女式便服套装〔999〕	8	130	13		套/千克		
62042200	--棉制							
6204220000	棉制女式便服套装〔999〕	8	90	13		套/千克		
62042300	--合成纤维制							
6204230000	合成纤维制女式便服套装〔999〕	10	130	13		套/千克		
62042910	---丝及绢丝制							
6204291010	丝制女式便服套装(含丝及绢丝≥70%)〔999〕	10	130	13		套/千克		
6204291090	丝制其他女式便服套装(含丝及绢丝<70%)〔999〕	10	130	13		套/千克		
62042990	---其他							
6204299000	其他材料制女式便服套装〔999〕	6	100	13		套/千克		
62043100	--羊毛或动物细毛制							
6204310000[暂5]	毛制女式上衣(羊毛或动物细毛制)〔999〕	6	130	13		件/千克		
62043200	--棉制							
6204320010	棉制女式上衣(工业及职业用)〔999〕	6	90	13		件/千克		
6204320090	棉制其他女式上衣〔999〕	6	90	13		件/千克		
62043300	--合成纤维制							
6204330000	合成纤维制女式上衣〔999〕	12	130	13		件/千克		
62043910	---丝及绢丝制							

协定税率(%)															特惠税率(%)			对美税率	出口税率	出口退税率	Article Description
智利	新西兰	澳大利亚	瑞士	冰岛	秘鲁	哥斯达	东盟	亚太	新加坡	巴基斯坦	港/澳/台	韩国	格鲁吉亚	毛里求斯	亚太	老/柬/缅	LDC 97/95				
0	0	0	3.2	0	0	0	0	3.9	0	0	0/0/	4.8	0	0	4.2	0/0/0	0/0			13	---Other
																		31	0		
																		31	0		
																		31	0		
																		31	0		
																		31	0		
																		31	0		
0	0	0	3.5	0	0	0	0	5.2	0	8.8	0/0/	5.2	0	0			0/0			13	---Arabian trousers
																			0		
0	0	0	3.5	0	0	0	0	7.8	0	0	0/0/	5.2	0	14			0/0			13	---Other
																		37	0		
																		37	0		
																		37	0		
																		37	0		
																		37	0		
																		37	0		
																		37	0		
																		37	0		
0	0	0	3.2	0	0	0	0	3.9	0	8	0/0/	4.8	0	0	0		0/0			13	---Arabian trousers
																			0		
0	0	0	3.2	0	0	0	0	3.9	0	0	0/0/	4.8	0	0	0		0/0			13	---Other
																		31	0		
																		31	0		
																		31	0		
																					Women's or girls' suits, ensembles, jackets, blazers, dresses, skirts, divided skirts, trousers, bib and brace overalls, breeches and shorts (other than swimwear):
0	0	0	3.5	0	0	0	0	5.2	0	8.8	0/0/	5.2	0	0			0/0			13	--Of wool or fine animal hair
																			0		
0	0	0	3.5	0	0	0	0		0	14	0/0/	5.2	0	0			0/0			13	--Of cotton
																			0		
																			0		
0	0	0	3.5	0	0	0	0	5.2	0	8.8	0/0/	5.2	0	0			0/0			13	--Of synthetic fibres
																			0		
																			0		
0	0	0	3.5	0	0	0	0	5.2	0	8.8	0/0/	5.2	0	0			0/0			13	---Of silk or silk waste
																			0		
0	0	0	3.5	0	0	0	0	5.2	0	8.8	0/0/	5.2	0	0			0/0			13	---Other
																			0		
0	0	0	3.5	0	0	0	0	5.2	0	8.8	0/0/	5.2	0	0			0/0			13	--Of wool or fine animal hair
																			0		
0	0	0	3.5	0	0	0	0		0	0	0/0/	5.2	0	0			0/0			13	--Of cotton
																			0		
0	0	0	4	0	0	0	0	6.5	0	10	0/0/	10.6	0	0			0/0			13	--Of synthetic fibres
																		35	0		
0	0	0	4	0	0	0	0	6.5	0	10	0/0/	10.6	0	0			0/0			13	---Of silk or silk waste
																			0		
																			0		
0	0	0	2.8	0	0	0	0	3.9	0	7	0/0/	4.2	0	0			0/0			13	---Other
																			0		
0	0	0	3.2	0	0	0	0	3.9	0	8	0/0/	4.8	0	12.8			0/0			13	--Of wool or fine animal hair
																		30	0		
0	0	0	3.2	0	0	0	0		0	0	0/0/	4.8	0	12.8	2.4	0/0/0	0/0			13	--Of cotton
																		31	0		
																		31	0		
0	0	0	3.5	0	0	0	0	7.8	0	7	0/0/	9.3	0	14	0		0/0			13	--Of synthetic fibres
																		37	0		
0	0	0	3.2	0	0	0	0	3.9	0	0	0/0/	4.8	0	0	0		0/0			13	---Of silk or silk waste

商品编号	商品名称及备注[检验检疫编码及名称]	进口关税(%)		增值税率(%)	消费税	计量单位	监管条件	检验检疫类别
		最惠国	普通					
6204391010	丝制女式上衣(含丝及绢丝≥70%)〔999〕	6	130	13		件/千克		
6204391090	丝制其他女式上衣(含丝及绢丝70%以下)〔999〕	6	130	13		件/千克		
62043990	---其他							
6204399000	其他材料制女式上衣〔999〕	6	100	13		件/千克		
62044100	--羊毛或动物细毛制							
6204410000	毛制女式连衣裙(羊毛或动物细毛制)〔999〕	6	130	13		件/千克		
62044200	--棉制							
6204420000	棉制女式连衣裙〔999〕	6	90	13		件/千克		
62044300	--合成纤维制							
6204430010	合成纤维制女式连衣裙(含羊毛或动物细毛≥36%)〔999〕	8	130	13		件/千克		
6204430090	合成纤维制其他女式连衣裙〔999〕	8	130	13		件/千克		
62044400	--人造纤维制							
6204440010	人造纤维制女式连衣裙(含羊毛或动物细毛≥36%)〔999〕	6	130	13		件/千克		
6204440090	人造纤维制其他女式连衣裙〔999〕	6	130	13		件/千克		
62044910	---丝及绢丝制							
6204491010	丝制女式连衣裙(含丝及绢丝70%及以上)〔999〕	6	130	13		件/千克		
6204491090	丝制其他女式连衣裙(含丝及绢丝70%以下)〔999〕	6	130	13		件/千克		
62044990	---其他							
6204499000	其他材料制女式连衣裙〔999〕	6	100	13		件/千克		
62045100	--羊毛或动物细毛制							
6204510000	毛制女式裙子及裙裤(羊毛或动物细毛制)〔999〕	6	130	13		件/千克		
62045200	--棉制							
6204520000	棉制女式裙子及裙裤〔999〕	6	90	13		件/千克		
62045300	--合成纤维制							
6204530010	合成纤维制女式裙子及裙裤(含羊毛或动物细毛≥36%)〔999〕	6	130	13		件/千克		
6204530090	合成纤维制其他女式裙子及裙裤〔999〕	6	130	13		件/千克		
62045910	---丝及绢丝制							
6204591010	丝制女式裙子及裙裤(含丝≥70%)〔999〕	6	130	13		件/千克		
6204591090	其他丝制女式裙子及裙裤(含丝<70%)〔999〕	6	130	13		件/千克		
62045990	---其他							
6204599000	其他材料制女式裙子及裙裤〔999〕	6	100	13		件/千克		
62046100	--羊毛或动物细毛制							
6204610000	毛制长裤、护胸背带工装裤、马裤及短裤〔999〕	6	130	13		条/千克		
62046200	--棉制							
6204620000	棉制长裤、护胸背带工装裤、马裤及短裤〔999〕	6	90	13		条/千克		
62046300	--合成纤维制							
6204630000	合成纤维制长裤、护胸背带工装裤、马裤及短裤〔999〕	12	130	13		条/千克		
62046900	--其他纺织材料制							
6204690000	其他材料制长裤、护胸背带工装裤、马裤及短裤〔999〕	6	100	13		条/千克		
6205	男衬衫:							
62052000	-棉制							
6205200010	不带特制领的棉制男成人衬衫(含男童8~18号衬衫)〔101 衬衫〕,〔102 童装〕	6	90	13		件/千克	A	M/
6205200091	其他棉制男童游戏套装衬衫(不包括长衬衫)〔999〕	6	90	13		件/千克	A	M/
6205200099	其他棉制男式衬衫〔999〕	6	90	13		件/千克		
62053000	-化学纤维制							
6205300011	不带特制领的化学纤维制男式衬衫(含羊毛或动物细毛≥36%,含男童8~18号衬衫)〔101 衬衫〕,〔102 童装〕	6	130	13		件/千克	A	M/
6205300019	不带特制领的化纤制其他男童衬衫(含羊毛或动物细毛≥36%)〔999〕	6	130	13		件/千克	A	M/
6205300091	化学纤维制其他男成人及男童衬衫(不带特制领,男童衬衫指8~18号)〔101 衬衫〕,〔102 童装〕	6	130	13		件/千克	A	M/
6205300092	化学纤维制其他男童游戏套装衬衫〔999〕	6	130	13		件/千克	A	M/
6205300099	化学纤维制其他男成人衬衫〔999〕	6	130	13		件/千克		
62059010	---丝及绢丝制							
6205901011	不带特制领的丝制非针织男式衬衫(含丝≥70%,含男童8~18号衬衫)〔101 衬衫〕,〔102 童装〕	6	130	13		件/千克	A	M/
6205901019	丝制非针织其他男式衬衫(含丝≥70%)〔999〕	6	130	13		件/千克	A	M/
6205901021	丝制其他非针织男式衬衫(棉限内,不带特制领的,含男童8~18号衬衫)〔101 衬衫〕,〔102 童装〕	6	130	13		件/千克	A	M/
6205901029	丝制其他非针织其他男式衬衫(棉限内)〔999〕	6	130	13		件/千克	A	M/
6205901031	丝制其他非针织男式衬衫(羊毛限内,不带特制领的,含男童8~18号衬衫)〔101 衬衫〕,〔102 童装〕	6	130	13		件/千克	A	M/
6205901039	丝制其他非针织其他男式衬衫(羊毛限内)〔999〕	6	130	13		件/千克	A	M/

协定税率(%)															特惠税率(%)			对美税率	出口税率	出口退税率	Article Description
智利	新西兰	澳大利亚	瑞士	冰岛	秘鲁	哥斯达	东盟	亚太	新加坡	巴基斯坦	港/澳/台	韩国	格鲁吉亚	毛里求斯	亚太	老/柬/缅	LDC 97/95				
																		31	0		
																		31	0		
0	0	0	3.2	0	0	0	0	3.9	0	0	0/0/	4.8	0	0	0		0/0			13	---Other
																		31	0		
0	0	0	3.2	0	0	0	0	3.9	0	8	0/0/	4.8	0	0			0/0			13	--Of wool or fine animal hair
																		31	0		
0	0	0	3.2	0	0	0	0		0	0	0/0/	4.8	0	12.8		0/0/0	0/0			13	--Of cotton
																		31	0		
0	0	0	3.5	0	0	0	0	5.2	0	0	0/0/	9.3	0	0			0/0			13	--Of synthetic fibres
																		33	0		
																		33	0		
0	0	0	3.2	0	0	0	0	3.9	0	6.4	0/0/	4.8	0	0			0/0			13	--Of artificial fibres
																		31	0		
																		31	0		
0	0	0	3.2	0	0	0	0	3.9	0	0	0/0/	4.8	0	0			0/0			13	---Of silk or silk waste
																		31	0		
																		31	0		
0	0	0	3.2	0	0	0	0	3.9	0	8	0/0/	4.8	0	0			0/0			13	---Other
																		31	0		
0	0	0	2.8	0	0	0	0	3.9	0	7	0/0/	4.2	0	0			0/0			13	--Of wool or fine animal hair
																		31	0		
0	0	0	2.8	0	0	0	0		0	0	0/0/	4.2	0	11.2			0/0			13	--Of cotton
																		31	0		
0	0	0	3.2	0	0	0	0	3.9	0	6.4	0/0/	4.8	0	0			0/0			13	--Of synthetic fibres
																		31	0		
																		31	0		
0	0	0	2.8	0	0	0	0	3.9	0	0	0/0/	4.2	0	0			0/0			13	---Of silk or silk waste
																		31	0		
																		31	0		
0	0	0	2.8	0	0	0	0	3.9	0	0	0/0/	4.2	0	0			0/0			13	---Other
																		31	0		
0	0	0	3.2	0	0	0	0	3.9	0	8	0/0/	4.8	0	12.8			0/0			13	--Of wool or fine animal hair
																		31	0		
0	0	0	3.2	0	0	0	0	3.9	0	0	0/0/	0	0	0	4.2	0/0/0	0/0			13	--Of cotton
																		31	0		
0	0	0	3.5	0	0	0	0	7.8	0	0	0/0/	5.2	0	14			0/0			13	--Of synthetic fibres
																		37	0		
0	0	0	3.2	0	0	0	0	3.9	0	0	0/0/	4.8	0	12.8			0/0			13	--Of other textile materials
																		31	0		
																					Men's or boys' shirts:
0	0	0	3.2	0	0	0	0	3	0	0	0/0/	4.8	0	0	2.4	0/0/0	0/0			13	-Of cotton
																		31	0		
																		31	0		
																		31	0		
0	0	0	3.2	0	0	0	0	3.9	0	6.4	0/0/	4.8	0	0	0		0/0			13	-Of man-made fibres
																		31	0		
																		31	0		
																		31	0		
																		31	0		
																		31	0		
0	0	0	3.2	0	0	0	0	3.9	0	0	0/0/	4.8	0	0	0		0/0			13	---Of silk or silk waste
																		31	0		
																		31	0		
																		31	0		
																		31	0		
																		31	0		
																		31	0		

商品编号	商品名称及备注[检验检疫编码及名称]	进口关税(%)		增值税率(%)	消费税	计量单位	监管条件	检验检疫类别
		最惠国	普通					
6205901041	丝制非针织男式衬衫(化学纤维限内,不带特制领的,含男童 8~18 号衬衫)〔101 衬衫〕,〔102 童装〕	6	130	13		件/千克	A	M/
6205901049	丝制其他非针织其他男式衬衫(化学纤维限内)〔999〕	6	130	13		件/千克	A	M/
6205901091	未列名丝制非针织男式衬衫(含丝<70%,不带特制领的,含男童 8~18 号衬衫)〔101 衬衫〕,〔102 童装〕	6	130	13		件/千克	A	M/
6205901099	未列名丝制非针织其他男式衬衫(含丝 70%以下)〔999〕	6	130	13		件/千克	A	M/
62059020	---羊毛或动物细毛制							
6205902000	羊毛或动物细毛制男式衬衫(含男童 8~18 号衬衫)〔101 衬衫〕,〔102 童装〕	6	100	13		件/千克	A	M/
62059090	---其他							
6205909011	其他纺织材料制男式衬衫(棉限内,不带特制领的,含男童 8~18 号衬衫)〔101 衬衫〕,〔102 童装〕	6	100	13		件/千克	A	M/
6205909019	其他纺织材料制其他男式衬衫(棉纤限内)〔999〕	6	100	13		件/千克	A	M/
6205909021	其他纺织材料制男式衬衫(羊毛限内,不带特制领的,含男童 8~18 号衬衫)〔101 衬衫〕,〔102 童装〕	6	100	13		件/千克	A	M/
6205909029	其他纺织材料制其他男式衬衫(羊毛限内)〔999〕	6	100	13		件/千克	A	M/
6205909031	其他纺织材料制男式衬衫(化学纤维限内,不带特制领的,含男童 8~18 号衬衫)〔101 衬衫〕,〔102 童装〕	6	100	13		件/千克	A	M/
6205909039	其他纺织材料制其他男式衬衫(化学纤维限内)〔999〕	6	100	13		件/千克	A	M/
6205909091	未列名纺织材料制男式衬衫(不带特制领的,含男童 8~18 号衬衫)〔101 衬衫〕,〔102 童装〕	6	100	13		件/千克	A	M/
6205909099	未列名纺织材料制其他男式衬衫〔999〕	6	100	13		件/千克	A	M/
6206	女衬衫:							
62061000	-丝及绢丝制							
6206100011	丝及绢丝制女式衬衫(棉限内,成人及 7~16 号女童衬衫)〔101 衬衫〕,〔102 童装〕	6	130	13		件/千克	A	M/
6206100019	丝及绢丝制其他女童衬衫(棉限内)〔999〕	6	130	13		件/千克	A	M/
6206100021	丝及绢丝制女式衬衫(羊毛限内,成人及 7~16 号女童衬衫)〔101 衬衫〕,〔102 童装〕	6	130	13		件/千克	A	M/
6206100029	丝及绢丝制其他女童衬衫(羊毛限内)〔999〕	6	130	13		件/千克	A	M/
6206100031	丝及绢丝制女式衬衫(化学纤维限内,成人及 7~16 号女童衬衫)〔101 衬衫〕,〔102 童装〕	6	130	13		件/千克	A	M/
6206100039	丝及绢丝制其他女童衬衫(化学纤维限内)〔999〕	6	130	13		件/千克	A	M/
6206100041	丝制女成人及 7~16 号女童衬衫(含丝≥70%)〔101 衬衫〕,〔102 童装〕	6	130	13		件/千克	A	M/
6206100049	其他丝及绢丝制女童衬衫(含丝≥70%)〔999〕	6	130	13		件/千克	A	M/
6206100091	丝制女成人及 7~16 号女童衬衫(含丝<70%)〔101 衬衫〕,〔102 童装〕	6	130	13		件/千克	A	M/
6206100099	其他丝及绢丝制女童衬衫(含丝<70%)〔999〕	6	130	13		件/千克	A	M/
62062000	-羊毛或动物细毛制							
6206200010	毛制女成人及 7~16 号女童衬衫〔101 衬衫〕,〔102 童装〕	6	130	13		件/千克	A	M/
6206200090	其他羊毛或动物细毛制女童衬衫〔999〕	6	130	13		件/千克	A	M/
62063000	-棉制							
6206300010	棉制女成人及 7~16 号女童衬衫〔101 衬衫〕,〔102 童装〕	6	90	13		件/千克	A	M/
6206300020	棉制女童游戏套装衫(含游戏套装衬衫)〔999〕	6	90	13		件/千克	A	M/
6206300090	其他棉制女式衬衫〔999〕	6	90	13		件/千克	A	M/
62064000	-化学纤维制							
6206400011	化学纤维制女成人及女童衬衫(含羊毛或动物细毛≥36%,成人及 7~16 号女童衬衫)〔101 衬衫〕,〔102 童装〕	8	130	13		件/千克	A	M/
6206400019	化学纤维制女成人及女童衬衫(含羊毛或动物细毛≥36%)〔101 衬衫〕,〔102 童装〕	8	130	13		件/千克	A	M/
6206400020	化学纤维制女成人及 7~16 号女童衬衫〔101 衬衫〕,〔102 童装〕	8	130	13		件/千克	A	M/
6206400030	化学纤维制女童游戏套装衫〔999〕	8	130	13		件/千克	A	M/
6206400090	其他化学纤维制女式衬衫〔999〕	8	130	13		件/千克	A	M/
62069000	-其他纺织材料制							
6206900010	其他纺织材料制女式衬衫(棉限内)〔999〕	6	100	13		件/千克	A	M/
6206900020	其他纺织材料制女式衬衫(羊毛限内)〔999〕	6	100	13		件/千克	A	M/
6206900030	其他纺织材料制女式衬衫(化学纤维限内)〔999〕	6	100	13		件/千克		
6206900091	其他纺织材料制女成人及女童衬衫(女童衬衫指 7~16 号)〔101 衬衫〕,〔102 童装〕	6	100	13		件/千克	A	M/
6206900099	其他纺织材料制女成人及女童衬衫〔101 衬衫〕,〔102 童装〕	6	100	13		件/千克	A	M/
6207	**男式背心及其他内衣、内裤、三角裤、长睡衣、睡衣裤、浴衣、晨衣及类似品:**							
62071100	--棉制							
6207110000	棉制男式内裤及三角裤〔999〕	6	90	13		件/千克	A	M/
62071910	---丝及绢丝制							

协定税率(%)															特惠税率(%)			对美税率	出口税率	出口退税率	Article Description
智利	新西兰	澳大利亚	瑞士	冰岛	秘鲁	哥斯达	东盟	亚太	新加坡	巴基斯坦	港/澳/台	韩国	格鲁吉亚	毛里求斯	亚太	老/柬/缅	LDC 97/95				
																		31	0		
																		31	0		
																		31	0		
																		31	0		
0	0	0	3.2	0	0	0	0	3.9	0	8	0/0/	4.8	0	0	0		0/0			13	---Of wool or fine animal hair
																		31	0		
0	0	0	3.2	0	0	0	0	3.9	0	0	0/0/	4.8	0	12.8	0		0/0			13	---Other
																		31	0		
																		31	0		
																		31	0		
																		31	0		
																		31	0		
																		31	0		
																		31	0		
																		31	0		
																					Women's or girl's blouses, shirts and shirtblouses:
0	0	0	3.2	0	0	0	0	3.9	0	8	0/0/	4.8	0	0			0/0			13	-Of silk or silk waste
																		31	0		
																		31	0		
																		31	0		
																		31	0		
																		31	0		
																		31	0		
																		31	0		
																		31	0		
																		31	0		
																		31	0		
0	0	0	3.2	0	0	0	0	3.9	0	8	0/0/	4.8	0	0			0/0			13	-Of wool or fine animal hair
																		31	0		
																		31	0		
0	0	0	3.2	0	0	0	0	3.9	0	0	0/0/	4.8	0	12.8	2.4	0/0/0	0/0			13	-Of cotton
																		31	0		
																		31	0		
																		31	0		
0	0	0	3.5	0	0	0	0	5.2	0	8.8	0/0/	5.2	0	14			0/0			13	-Of man-made fibres
																		33	0		
																		33	0		
																		33	0		
																		33	0		
																		33	0		
0	0	0	3.2	0	0	0	0	3.9	0	0	0/0/	4.8	0	0	0		0/0			13	-Of other textile materials
																			0		
																			0		
																			0		
																			0		
																			0		
																					Men's or boys' singlets and other vests, underpants, briefs, nightshirts, pyjamas, bathrobes, dressing gowns and similar articles:
0	0	0	2.8	0	0	0	0	3.9	0	7	0/0/	4.2	0	0			0/0			13	--Of cotton
																		31	0		
0	0	0	2.8	0	0	0	0		0	7	0/0/	4.2	0	0			0/0			13	---Of silk or silk waste

商品编号	商品名称及备注[检验检疫编码及名称]	进口关税(%)		增值税率(%)	消费税	计量单位	监管条件	检验检疫类别
		最惠国	普通					
6207191010	含丝≥70%男式内裤及三角裤[999]	6	130	13		件/千克	A	M/
6207191090	含丝<70%男式内裤及三角裤[999]	6	130	13		件/千克	A	M/
62071920	---化学纤维制							
6207192000	化纤制男式内裤及三角裤[999]	6	130	13		件/千克	A	M/
62071990	---其他							
6207199010	毛制男式内裤及三角裤[999]	6	100	13		件/千克	A	M/
6207199090	其他材料制男式内裤及三角裤[999]	6	100	13		件/千克	A	M/
62072100	--棉制							
6207210000	棉制男式长睡衣及睡衣裤[101 内衣],[102 内裤]	6	90	13		件/千克	A	M/
62072200	--化学纤维制							
6207220000	化纤制男式长睡衣及睡衣裤[101 内衣],[102 内裤]	6	130	13		件/千克	A	M/
62072910	---丝及绢丝制							
6207291011	含丝≥70%男式长睡衣/睡衣裤(含8~18号男童长睡衣/睡衣裤)[101 内衣],[102 内裤],[103 童装]	6	130	13		件/千克	A	M/
6207291019	含丝<70%男式长睡衣/睡衣裤(含8~18号男童长睡衣/睡衣裤)[101 内衣],[102 内裤],[103 童装]	6	130	13		件/千克	A	M/
6207291091	其他含丝≥70%男童长睡衣/睡衣裤[999]	6	130	13		件/千克	A	M/
6207291099	其他含丝<70%男童长睡衣/睡衣裤[999]	6	130	13		件/千克	A	M/
62072990	---其他							
6207299010	毛制男式长睡衣及睡衣裤[101 内衣],[102 内裤]	6	100	13		件/千克	A	M/
6207299091	其他材料制男式长睡衣及睡衣裤(含8~18号男童长睡衣及睡衣裤)[101 内衣],[102 内裤],[103 童装]	6	100	13		件/千克	A	M/
6207299099	其他材料制男童长睡衣及睡衣裤[999]	6	100	13		件/千克	A	M/
62079100	--棉制							
6207910011	棉制男式内衣式背心[999]	6	90	13		件/千克	A	M/
6207910012	棉制男式非内衣式背心(男成人及8~18号男童背心)[101 内衣],[102 童装]	6	90	13		件/千克	A	M/
6207910019	棉制其他男童非内衣式背心[999]	6	90	13		件/千克	A	M/
6207910091	棉制男式浴衣、晨衣及类似品[999]	6	90	13		件/千克	A	M/
6207910092	棉制男式睡衣、睡裤(男成人及8~18号男童背心)[101 内衣],[102 内裤],[103 童装]	6	90	13		件/千克	A	M/
6207910099	棉制男式其他内衣(男成人及8~18号男童背心)[101 内衣],[102 童装]	6	90	13		件/千克	A	M/
62079910	---丝及绢丝制							
6207991011	丝制男式内衣式背心(含丝≥70%)[999]	6	130	13		件/千克	A	M/
6207991019	丝制其他男式内衣式背心[999]	6	130	13		件/千克	A	M/
6207991021	丝制男式非内衣式背心(含丝≥70%)[999]	6	130	13		件/千克	A	M/
6207991029	丝制其他男式非内衣式背心[999]	6	130	13		件/千克	A	M/
6207991091	丝制男睡衣、浴衣、晨衣及类似品(含丝≥70%)[999]	6	130	13		件/千克	A	M/
6207991099	丝制其他男睡衣、浴衣、晨衣(含类似品)[999]	6	130	13		件/千克	A	M/
62079920	---化学纤维制							
6207992011	化学纤维制男式内衣式背心[999]	6	130	13		件/千克	A	M/
6207992012	化学纤维制男式非内衣式背心(男成人及8~18号男童背心)[101 童装],[102 其他服装]	6	130	13		件/千克	A	M/
6207992019	化学纤维制其他男式非内衣式背心[999]	6	130	13		件/千克	A	M/
6207992021	化纤制男式浴衣、晨衣(含羊毛或动物细毛≥36%,含类似品)[999]	6	130	13		件/千克	A	M/
6207992029	其他化纤制男浴衣、晨衣(含类似品)[999]	6	130	13		件/千克	A	M/
6207992091	化纤制男睡衣、睡裤(含类似品)[101 内衣],[102 内裤]	6	130	13		件/千克	A	M/
6207992099	化纤制男式其他内衣(含类似品)[999]	6	130	13		件/千克	A	M/
62079990	---其他							
6207999011	毛制男式内衣式背心[999]	6	100	13		件/千克	A	M/
6207999012	毛制男式非内衣式背心(男成人及8~18号男童背心)[101 内衣],[102 童装]	6	100	13		件/千克	A	M/
6207999013	毛制其他男式非内衣式背心[999]	6	100	13		件/千克	A	M/
6207999019	毛制男睡衣、浴衣、晨衣及类似品[999]	6	100	13		件/千克	A	M/
6207999091	其他材料制男式内衣式背心[999]	6	100	13		件/千克	A	M/
6207999092	其他材料制男式非内衣式背心[999]	6	100	13		件/千克	A	M/
6207999099	其他材料制男睡衣、浴衣、晨衣(含类似品)[999]	6	100	13		件/千克	A	M/
6208	**女式背心及其他内衣、长衬裙、衬裙、三角裤、短衬裤、睡衣、睡衣裤、浴衣、晨衣及类似品:**							
62081100	--化学纤维制							
6208110000	化纤制长衬裙及衬裙[999]	6	130	13		件/千克		
62081910	---丝及绢丝制							

协定税率(%)															特惠税率(%)			对美税率	出口税率	出口退税率	Article Description
智利	新西兰	澳大利亚	瑞士	冰岛	秘鲁	哥斯达	东盟	亚太	新加坡	巴基斯坦	港/澳/台	韩国	格鲁吉亚	毛里求斯	亚太	老/柬/缅	LDC 97/95				
																			0		
																			0		
0	0	0	3.2	0	0	0	0		0	12.8	0/0/	4.8	0	0			0/0			13	---Of man-made fibres
																			0		
0	0	0	2.8	0	0	0	0		0	7	0/0/	4.2	0	0			0/0			13	---Other
																			0		
																			0		
0	0	0	2.8	0	0	0	0		0	11.2	0/0/	4.2	0	0		0/0/0	0/0			13	--Of cotton
																		31	0		
0	0	0	3.2	0	0	0	0		0	12.8	0/0/	4.8	0	0			0/0			13	--Of man-made fibres
																			0		
0	0	0	2.8	0	0	0	0		0	7	0/0/	4.2	0	0			0/0			13	---Of silk or silk waste
																			0		
																			0		
																			0		
																			0		
0	0	0	2.8	0	0	0	0		0	7	0/0/	4.2	0	0		0/0/0	0/0			13	---Other
																			0		
																			0		
																			0		
0	0	0	2.8	0	0	0	0		0	0	0/0/	4.2	0	0			0/0			13	--Of cotton
																		31	0		
																		31	0		
																		31	0		
																		31	0		
																		31	0		
																		31	0		
0	0	0	2.8	0	0	0	0	3.9	0	7	0/0/	4.2	0	0			0/0			13	---Of silk or silk waste
																			0		
																			0		
																			0		
																			0		
																			0		
																			0		
0	0	0	3.2	0	0	0	0		0	12.8	0/0/	4.8	0	0			0/0			13	---Of man-made fibres
																		31	0		
																		31	0		
																		31	0		
																		31	0		
																		31	0		
																		31	0		
																		31	0		
0	0	0	2.8	0	0	0	0	3.9	0	7	0/0/	4.2	0	0			0/0			13	---Other
																			0		
																			0		
																			0		
																			0		
																			0		
																			0		
																			0		
																					Women's or girls' singlets and other vests, slips, petticoats, briefs, panties, nightdresses, pyjamas, nègligès, bathrobes, dressing gowns and similar articles:
0	0	0	3.2	0	0	0	0		0	12.8	0/0/	4.8	0	0			0/0			13	--Of man-made fibres
																		31	0		
0	0	0	2.8	0	0	0	0	4.2	0	7	0/0/	4.2	0	0			0/0			13	---Of silk or silk waste

商品编号	商品名称及备注[检验检疫编码及名称]	进口关税(%) 最惠国	进口关税(%) 普通	增值税率(%)	消费税	计量单位	监管条件	检验检疫类别
6208191000	丝制女式长衬裙及衬裙〔101 裙子〕,〔102 童装〕	6	130	13		件/千克		
62081920	---棉制							
6208192000	棉制长衬裙及衬裙〔999〕	6	90	13		件/千克		
62081990	---其他							
6208199010	毛制女式长衬裙及衬裙〔999〕	6	100	13		件/千克		
6208199090	其他材料制女式长衬裙及衬裙〔999〕	6	100	13		件/千克		
62082100	--棉制							
6208210000	棉制女式睡衣及睡衣裤〔101 内衣〕,〔102 内裤〕	6	90	13		件/千克	A	M/
62082200	--化学纤维制							
6208220000	化纤制女式睡衣及睡衣裤〔101 内衣〕,〔102 内裤〕	6	130	13		件/千克	A	M/
62082910	---丝及绢丝制							
6208291010	丝及绢丝≥70%女式睡衣及睡衣裤〔101 内衣〕,〔102 内裤〕	6	130	13		件/千克	A	M/
6208291090	丝及绢丝<70%女式睡衣及睡衣裤〔101 内衣〕,〔102 内裤〕	6	130	13		件/千克	A	M/
62082990	---其他							
6208299010	毛制女式睡衣及睡衣裤〔101 内衣〕,〔102 内裤〕	6	100	13		件/千克	A	M/
6208299090	其他材料制女式睡衣及睡衣裤〔101 内衣〕,〔102 内裤〕	6	100	13		件/千克	A	M/
62089100	--棉制							
6208910010	棉制女式内衣式背心、三角裤等(包括短衬裤)〔101 内衣〕,〔102 内裤〕	6	90	13		件/千克	A	M/
6208910021	棉制女式非内衣式背心(女成人及7~16 号女童背心)〔101 内衣〕,〔102 童装〕	6	90	13		件/千克	A	M/
6208910029	棉制其他女式非内衣式背心〔999〕	6	90	13		件/千克	A	M/
6208910090	棉制女式浴衣、晨衣及类似品〔999〕	6	90	13		件/千克	A	M/
62089200	--化学纤维制							
6208920010	化纤制女式内衣式背心、三角裤(含短衬裤)〔101 内衣〕,〔102 内裤〕	6	130	13		件/千克	A	M/
6208920021	化纤制女式非内衣式背心(女成人及7~16 号女童背心)〔101 内衣〕,〔102 童装〕	6	130	13		件/千克	A	M/
6208920029	化纤制其他女式非内衣式背心〔999〕	6	130	13		件/千克	A	M/
6208920090	化纤制女式浴衣、晨衣及类似品〔999〕	6	130	13		件/千克	A	M/
62089910	---丝及绢丝制							
6208991011	丝制女内衣式背心、三角裤等(含丝及绢丝≥70%,包括短衬裤)〔101 内衣〕,〔102 内裤〕	6	130	13		件/千克	A	M/
6208991019	丝制女内衣式背心、三角裤等(含丝及绢丝 < 70%,包括短衬裤)〔101 内衣〕,〔102 内裤〕	6	130	13		件/千克	A	M/
6208991021	丝制女式非内衣式背心(含丝及绢丝≥70%)〔999〕	6	130	13		件/千克	A	M/
6208991029	丝制女式非内衣式背心(含丝<70%)〔999〕	6	130	13		件/千克	A	M/
6208991091	丝制女式浴衣、晨衣及类似品(含丝及绢丝≥70%)〔999〕	6	130	13		件/千克	A	M/
6208991099	丝制女式浴衣、晨衣及类似品(含丝及绢丝<70%)〔999〕	6	130	13		件/千克	A	M/
62089990	---其他							
6208999011	毛制女式内衣式背心、三角裤等(包括短衬裤)〔101 内衣〕,〔102 内裤〕	6	100	13		件/千克	A	M/
6208999012	毛制女式非内衣式背心(女成人及7~16 号女童背心)〔101 内衣〕,〔102 童装〕	6	100	13		件/千克	A	M/
6208999013	毛制其他女式非内衣式背心〔999〕	6	100	13		件/千克	A	M/
6208999019	毛制女式浴衣、晨衣及类似品〔999〕	6	100	13		件/千克	A	M/
6208999090	其他材料制女式背心、三角裤、短衬裤、浴衣、晨衣及类似品〔101 内衣〕,〔102 内裤〕	6	100	13		件/千克	A	M/
6209	**婴儿服装及衣着附件:**							
62092000	-棉制							
6209200000	棉制婴儿服装及衣着附件〔999〕	10	90	13		千克	A	M/
62093000	-合成纤维制							
6209300010	合成纤维制婴儿手套、袜子(含分指、连指及露指手套、长袜、短袜及其他袜)〔999〕	10	130	13		千克	A	M/
6209300020	合成纤维婴儿外衣、雨衣、滑雪装(包括夹克类似服装)〔999〕	10	130	13		千克	A	M/
6209300030	合成纤维制婴儿其他服装(含裤子、衬衫、裙子、睡衣、内衣等)〔999〕	10	130	13		千克	A	M/
6209300090	合成纤维制婴儿衣着附件〔999〕	10	130	13		千克	A	M/
62099010	---羊毛或动物细毛制							
6209901000	羊毛或动物细毛制婴儿服装衣及衣着附件〔999〕	10	130	13		千克	A	M/
62099090	---其他纺织材料制							
6209909000	其他纺织材料制婴儿服装及衣着附件(除棉、合成纤维、羊毛或动物细毛外其他纺织材料制)〔999〕	10	100	13		千克	A	M/
6210	**用品目 56.02、56.03、59.03、59.06 或 59.07 的织物制成的服装:**							
62101010	---羊毛或动物细毛制							
6210101000	毛制用品目 56.02 或 56.03 的织物制成的服装(羊毛或动物细毛制)〔999〕	6	130	13		件/千克		
62101020	---棉或麻制							
6210102000	棉或麻制用品目 56.02 或 56.03 的织物制成的服装〔999〕	6	90	13		件/千克		
62101030	---化学纤维制							

协定税率(%)															特惠税率(%)			对美税率	出口税率	出口退税率	Article Description
智利	新西兰	澳大利亚	瑞士	冰岛	秘鲁	哥斯达	东盟	亚太	新加坡	巴基斯坦	港/澳/台	韩国	格鲁吉亚	毛里求斯	亚太	老/柬/缅	LDC 97/95				
																			0		
0	0	0	2.8	0	0	0	0		0	7	0/0/	4.2	0	0			0/0			13	---Of cotton
																			0		
0	0	0	2.8	0	0	0	0		0	7	0/0/	4.2	0	0			0/0			13	---Other
																			0		
																			0		
0	0	0	2.8	0	0	0	0	3.9	0	5.6	0/0/	4.2	0	0		0/0/0	0/0			13	--Of cotton
																		31	0		
0	0	0	3.2	0	0	0	0		0	12.8	0/0/	4.8	0	0		0/0/0	0/0			13	--Of man-made fibres
																		31	0		
0	0	0	2.8	0	0	0	0		0	7	0/0/	4.2	0	0			0/0			13	---Of silk or silk waste
																		31	0		
																		31	0		
0	0	0	2.8	0	0	0	0		0	7	0/0/	4.2	0	0			0/0			13	---Other
																			0		
																			0		
0	0	0	2.8	0	0	0	0		0	0	0/0/	4.2	0	0		0/0/0	0/0			13	--Of cotton
																		31	0		
																		31	0		
																		31	0		
																		31	0		
0	0	0	3.2	0	0	0	0		0	12.8	0/0/0	4.8	0	12.8		0/0/0	0/0			13	--Of man-made fibres
																		31	0		
																		31	0		
																		31	0		
																		31	0		
0	0	0	2.8	0	0	0	0	3.9	0	7	0/0/	4.2	0	0			0/0			13	---Of silk or silk waste
																			0		
																			0		
																			0		
																			0		
																			0		
																			0		
0	0	0	2.8	0	0	0	0	3.9	0	7	0/0/	4.2	0	11.2			0/0			13	---Other
																		31	0		
																		31	0		
																		31	0		
																		31	0		
																		31	0		
																					Babies' garments and clothing accessories:
0	0	0	2.8	0	0	0	0		0	0	0/0/	4.2	0	0			0/0			13	-Of cotton
																		35	0		
0	0	0	3.2	0	0	0	0		0	0	0/0/	4.8	0	0			0/0			13	-Of synthetic fibres
																		35	0		
																		35	0		
																		35	0		
																		35	0		
0	0	0	2.8	0	0	0	0		0	7	0/0/	4.2	0	0			0/0			13	---Of wool or fine animal hair
																			0		
0	0	0	2.8	0	0	0	0		0	5.6	0/0/	4.2	0	0			0/0			13	---Of other textile materials
																			0		
																					Garments, made up of fabrics of heading 56.02, 56.03, 59.03, 59.06 or 59.07:
0	0	0	3.2	0	0	0	0	3.9	0	8	0/0/	4.8	0	0	0		0/0			13	---Of wool or fine animal hair
																			0		
0	0	0	3.2	0	0	0	0		0	12.8	0/0/	4.8	0	0	2.4		0/0			13	---Of cotton or bast fibres
																		31	0		
0	0	0	3.5	0	0	0	0	5.2	0	8.8	0/0/	5.2	0	0	0		0/0			13	---Of man-made fibres

商品编号	商品名称及备注[检验检疫编码及名称]	进口关税(%) 最惠国	进口关税(%) 普通	增值税率(%)	消费税	计量单位	监管条件	检验检疫类别
6210103010	化纤制防护服〔999〕	8	130	13		件/千克		
6210103090	其他化纤制用品目56.02或56.03的织物制成的服装〔999〕	8	130	13		件/千克		
62101090	---其他纺织材料制							
6210109000	其他纺织材料制用品目56.02或56.03的织物制成的服装〔999〕	6	100	13		件/千克		
62102000	-编号620111至620119所列类型的其他服装							
6210200000	编号620111至620119所列类型的其他服装〔999〕	6	100	13		件/千克		
62103000	-编号620211至620219所列类型的其他服装							
6210300000	编号620211至620219所列类型的其他服装〔999〕	6	100	13		件/千克		
62104000	-其他男式服装							
6210400000	用塑料等处理的其他纺材制男服装(含用橡胶及其他材料处理的织物)〔999〕	6	100	13		件/千克		
62105000	-其他女式服装							
6210500000	用塑料等处理的其他纺材制女服装(含用橡胶及其他材料处理的其他纺材制女服装)〔999〕	6	100	13		件/千克		
6211	**运动服、滑雪服及游泳服;其他服装:**							
62111100	--男式							
6211110010	羊毛或动物细毛制男式游泳服〔999〕	6	130	13		件/千克		
6211110041	丝制男式游泳服(含丝≥70%)〔999〕	6	130	13		件/千克		
6211110049	丝制男式游泳服(含丝<70%)〔999〕	6	130	13		件/千克		
6211110090	其他纺织材料制男式游泳服〔999〕	6	130	13		件/千克		
62111200	--女式							
6211120010	羊毛或动物细毛制女式游泳服〔999〕	6	130	13		件/千克		
6211120041	丝制女式游泳服(含丝≥70%)〔999〕	6	130	13		件/千克		
6211120049	丝制女式游泳服(含丝<70%)〔999〕	6	130	13		件/千克		
6211120090	其他纺织材料制女式游泳服〔999〕	6	130	13		件/千克		
62112010	---棉制							
6211201000	棉制滑雪套装〔999〕	6	90	13		套/千克		
62112090	---其他纺织材料制							
6211209000	其他纺织材料制滑雪服〔999〕	10	130	13		套/千克		
62113210	---阿拉伯袍							
6211321000	棉制男式阿拉伯袍〔999〕	6	90	13		件/千克		
62113220	---运动服							
6211322000	棉制男式运动服〔999〕	6	90	13		套/千克		
62113290	---其他							
6211329000	棉制男式其他服装〔101大衣、短大衣〕,〔102上衣〕,〔103裤子〕,〔104衬衫〕,〔105童装〕,〔999其他梭织服装〕	6	90	13		件/千克		
62113310	---阿拉伯袍							
6211331000	化纤制男式阿拉伯袍〔999〕	8	130	13		件/千克		
62113320	---运动服							
6211332000	化纤制男式运动服〔999〕	8	130	13		套/千克		
62113390	---其他							
6211339000	化纤制男式其他服装〔101大衣、短大衣〕,〔102上衣〕,〔103衬衫〕,〔104童装〕,〔999其他梭织服装〕	8	130	13		件/千克		
62113910	---丝及绢丝制							
6211391000	丝或绢丝制男式其他服装〔101大衣、短大衣〕,〔102上衣〕,〔103裤子〕,〔104运动服〕,〔999其他梭织服装〕	6	130	13		件/千克		
62113920	---羊毛或动物细毛制							
6211392000	毛制男式其他服装〔999〕	6	130	13		件/千克		
62113990	---其他							
6211399000	其他纺织材料制男式其他服装〔101大衣、短大衣〕,〔102上衣〕,〔103裤子〕,〔104运动服〕,〔999其他梭织服装〕	6	100	13		件/千克		
62114210	---运动服							
6211421000	棉制其他女式运动服〔999〕	6	90	13		套/千克		
62114290	---其他							
6211429000	棉制女式其他服装〔999〕	6	90	13		件/千克		
62114310	---运动服							
6211431000	化纤制其他女式运动服〔999〕	8	130	13		套/千克		
62114390	---其他							
6211439000	化纤制其他女式服装〔999〕	8	130	13		件/千克		
62114910	---丝及绢丝制							

协定税率(%)															特惠税率(%)			对美税率	出口税率	出口退税率	Article Description
智利	新西兰	澳大利亚	瑞士	冰岛	秘鲁	哥斯达	东盟	亚太	新加坡	巴基斯坦	港/澳/台	韩国	格鲁吉亚	毛里求斯	亚太	老/柬/缅	LDC 97/95				
																		33	0		
																		33	0		
0	0	0	3.2	0	0	0	0		0	12.8	0/0/	4.8	0	0	0		0/0			13	---Of other textile materials
																		16	0		
0	0	0	3.2	0	0	0	0	3.9	0	8	0/0/	4.8	0	0	0		0/0			13	-Other garments, of the type described in subheadings 6201.11 to 6201.19
																		31	0		
0	0	0	3.2	0	0	0	0	3.9	0	8	0/0/	4.8	0	0			0/0			13	-Other garments, of the type described in subheadings 6202.11 to 6202.19
																			0		
0	0	0	3.2	0	0	0	0	3.9	0	0	0/0/	4.8	0	0	0		0/0			13	-Other men's or boys' garments
																		31	0		
0	0	0	3.2	0	0	0	0	3.9	0	6.4	0/0/	4.8	0	0	0		0/0			13	-Other women's or girl's garments
																		31	0		
																					Track suits, ski suits and swimwear; other garments:
0	0	0	3.2	0	0	0	0	3.9	0	8	0/0/	4.8	0	12.8			0/0			13	--Men's or boys'
																		31	0		
																		31	0		
																		31	0		
																		31	0		
0	0	0	3.2	0	0	0	0	3.9	0	8	0/0/	4.8	0	12.8			0/0			13	--Women's or girls'
																		31	0		
																		31	0		
																		31	0		
																		31	0		
0	0	0	3.2	0	0	0	0		0	12.8	0/0/	4.8	0	0			0/0			13	---Of cotton
																			0		
0	0	0	3.8	0	0	0	0	6.5	0	9.5	0/0/	5.7	0	0			0/0			13	---Of other textile materials
																		35	0		
0	0	0	3.2	0	0	0	0		0	12.8	0/0/	4.8	0	0			0/0			13	---Arabian robes
																			0		
0	0	0	3.2	0	0	0	0		0	0	0/0/	4.8	0	12.8			0/0			13	---Track suits
																		31	0		
0	0	0	3.2	0	0	0	0		0	0	0/0/	4.8	0	0			0/0			13	---Other
																		31	0		
0	0	0	3.5	0	0	0	0	5.2	0	8.8	0/0/	5.2	0	0			0/0			13	---Arabian robes
																		33	0		
0	0	0	3.6	0	0	0	0	5.2	0	0	0/0/	5.4	0	0			0/0			13	---Track suits
																		33	0		
0	0	0	3.5	0	0	0	0	5.2	0	0	0/0/	5.2	0	0			0/0			13	---Other
																		33	0		
0	0	0	3.2	0	0	0	0	3.9	0	8	0/0/	4.8	0	0			0/0			13	---Of silk or silk waste
																			0		
0	0	0	3.2	0	0	0	0	3.9	0	8	0/0/	4.8	0	13.7			0/0			13	---Of wool or fine animal hair
																		31	0		
0	0	0	3.2	0	0	0	0	3.9	0	6.4	0/0/	4.8	0	0			0/0			13	---Other
																		31	0		
0	0	0	3.2	0	0	0	0		0	12.8	0/0/	4.8	0	0			0/0			13	---Track suits
																		31	0		
0	0	0	3.2	0	0	0	0		0	12.8	0/0/	4.8	0	12.8			0/0			13	---Other
																		31	0		
0	0	0	3.5	0	0	0	0	5.2	0	8.8	0/0/	5.2	0	0			0/0			13	---Track suits
																		33	0		
0	0	0	3.5	0	0	0	0	5.2	0	7	0/0/	5.2	0	14			0/0			13	---Other
																		33	0		
0	0	0	3.2	0	0	0	0	3.9	0	0	0/0/	4.8	0	0			0/0			13	---Of silk or silk waste

商品编号	商品名称及备注[检验检疫编码及名称]	进口关税(%)		增值税率(%)	消费税	计量单位	监管条件	检验检疫类别
		最惠国	普通					
6211491000	丝制女式服装〔101 大衣、短大衣〕,〔102 上衣〕,〔103 裤子〕,〔104 运动服〕,〔999 其他梭织服装〕	6	130	13		件/千克		
62114990	---其他							
6211499000	其他纺织材料制女式似服〔101 运动服〕,〔998 其他梭织服装〕,〔999 其他服装〕	6	100	13		件/千克		
6212	**胸罩、束腰带、紧身胸衣、吊裤带、吊袜带、束袜带和类似品及其零件,不论是否针织或钩编的:**							
62121010	---化学纤维制							
6212101000	化纤制其他胸罩(不论是否针织或钩编)〔999〕	6	130	13		件/千克	A	M/
62121090	---其他纺织材料制							
6212109010	毛制其他胸罩(不论是否针织或钩编)〔999〕	6	100	13		件/千克	A	M/
6212109020	棉制其他胸罩(不论是否针织或钩编)〔999〕	6	100	13		件/千克	A	M/
6212109031	丝制胸罩(不论是否针织或钩编,含丝≥70%)〔999〕	6	100	13		件/千克	A	M/
6212109039	丝制其他胸罩(不论是否针织或钩编,含丝<70%)〔999〕	6	100	13		件/千克	A	M/
6212109090	其他纺织材料制其他胸罩(不论是否针织或钩编)〔999〕	6	100	13		件/千克	A	M/
62122010	---化学纤维制							
6212201000	化纤制束胸带及腹带(不论是否针织或钩编)〔999〕	6	130	13		件/千克	A	M/
62122090	---其他纺织材料制							
6212209010	毛制束胸带及腹带(不论是否针织或钩编)〔999〕	6	100	13		件/千克	A	M/
6212209020	棉制束腰带及腹带(不论是否针织或钩编)〔999〕	6	100	13		件/千克	A	M/
6212209031	丝制束腰带及腹带(不论是否针织或钩编,含丝≥70%)〔999〕	6	100	13		件/千克	A	M/
6212209039	丝制束腰带及腹带(不论是否针织或钩编,含丝<70%)〔999〕	6	100	13		件/千克	A	M/
6212209090	其他材料制束胸带及腹带(不论是否针织或钩编)〔999〕	6	100	13		件/千克	A	M/
62123010	---化学纤维制							
6212301000	化纤制紧身胸衣(不论是否针织或钩编)〔999〕	6	130	13		件/千克	A	M/
62123090	---其他纺织材料制							
6212309010	毛制紧身胸衣(不论是否针织或钩编)〔999〕	6	100	13		件/千克	A	M/
6212309020	棉制紧身胸衣(不论是否针织或钩编)〔999〕	6	100	13		件/千克	A	M/
6212309031	丝制紧身胸衣(不论是否针织或钩编,含丝≥70%)〔999〕	6	100	13		件/千克	A	M/
6212309039	丝制其他紧身胸衣(不论是否针织或钩编,含丝<70%)〔999〕	6	100	13		件/千克	A	M/
6212309090	其他材料制紧身胸衣(不论是否针织或钩编)〔999〕	6	100	13		件/千克	A	M/
62129010	---化学纤维制							
6212901000	化纤制吊裤带、吊袜带等(不论是否针织或钩编,含化纤与橡胶/塑料制的)〔999〕	6	130	13		件/千克		
62129090	---其他纺织材料制							
6212909000	其他材料制的吊裤带、吊袜带、束袜带等(不论是否针织或钩编)〔999〕	6	100	13		件/千克		
6213	**手帕:**							
62132010	---刺绣的							
6213201000	棉制刺绣手帕〔999〕	6	90	13		条/千克		
62132090	---其他							
6213209000	其他棉制手帕〔999〕	6	90	13		条/千克		
62139020	---刺绣的							
6213902000	其他纺织材料制刺绣手帕〔999〕	6	100	13		条/千克		
62139090	---其他							
6213909000	其他材料制手帕〔999〕	6	100	13		条/千克		
6214	**披巾、领巾、围巾、披纱、面纱及类似品:**							
62141000	-丝或绢丝制							
6214100010[暂5]	含丝≥70%的披巾、头巾、围巾(包括披纱、面纱等及类似品)〔999〕	6	130	13		条/千克		
6214100090[暂5]	含丝<70%的披巾、头巾、围巾(包括披纱、面纱等及类似品)〔999〕	6	130	13		条/千克		
62142010	---羊毛制							
6214201000[暂5]	羊毛制披巾、头巾、围巾及类似品(包括披纱、面纱等)〔999〕	6	130	13		条/千克		
62142020	---山羊绒制							
6214202000[暂5]	山羊绒制披巾、头巾、围巾及类似品(包括披纱、面纱等)〔999〕	6	130	13		条/千克		
62142090	---其他							
6214209000	其他动物细毛制披巾、头巾、围巾及类似品(包括披纱、面纱等)〔999〕	6	130	13		条/千克		
62143000	-合成纤维制							
6214300000	合纤制披巾、头巾及类似品(包括围巾、披纱、面纱等)〔999〕	6	130	13		条/千克		
62144000	-人造纤维制							
6214400000	人纤制披巾、头巾及类似品(包括围巾、披纱、面纱等)〔999〕	6	130	13		条/千克		
62149000	-其他纺织材料制							
6214900010	棉制披巾、头巾及类似品(包括围巾、披纱、面纱)〔999〕	6	100	13		条/千克		
6214900090	其他材料制披巾、头巾及类似品(包括围巾、披纱、面纱及类似品)〔999〕	6	100	13		条/千克		

协定税率(%)															特惠税率(%)			对美税率	出口税率	出口退税率	Article Description
智利	新西兰	澳大利亚	瑞士	冰岛	秘鲁	哥斯达	东盟	亚太	新加坡	巴基斯坦	港/澳/台	韩国	格鲁吉亚	毛里求斯	亚太	老/柬/缅	LDC 97/95				
																		31	0		
0	0	0	3.2	0	0	0	0	3.9	0	0	0/0/	4.8	0	0			0/0			13	---Other
																		31	0		
																					Brassières, girdles, corsets, braces, suspenders, garters and similar articles and parts thereof, whether or not knitted or crocheted:
0	0	0	3.2	0	0	0	0	3.9	0	12.8	0/0/0	4.8	0	12.8		0/0/0	0/0			13	---Of man-made fibres
																		31	0		
0	0	0	2.8	0	0	0	0	3.9	0	7	0/0/0	4.2	0	11.2			0/0			13	---Of other textile materials
																		31	0		
																		31	0		
																		31	0		
																		31	0		
																		31	0		
0	0	0	3.2	0	0	0	0		0	12.8	0/0/0	4.8	0	0			0/0			13	---Of man-made fibres
																		31	0		
0	0	0	2.8	0	0	0	0		0	11.2	0/0/0	4.2	0	0			0/0			13	---Of other textile materials
																		31	0		
																		31	0		
																		31	0		
																		31	0		
																		31	0		
0	0	0	3.2	0	0	0	0		0	12.8	0/0/	4.8	0	12.8			0/0			13	---Of man-made fibres
																		31	0		
0	0	0	2.8	0	0	0	0		0	7	0/0/	4.2	0	0			0/0			13	---Of other textile materials
																		31	0		
																		31	0		
																		31	0		
																		31	0		
																		31	0		
0	0	0	3.2	0	0	0	0	3.9	0	12.8	0/0/0	4.8	0	12.8			0/0			13	---Of man-made fibres
																		31	0		
0	0	0	2.8	0	0	0	0	3.9	0	7	0/0/0	4.2	0	11.2			0/0			13	---Of other textile materials
																			0		
																					Handkerchiefs:
0	0	0	2.8	0	0	0	0		0	7	0/0/	4.2	0	0		0//	0/0			13	---Embroidered
																			0		
0	0	0	2.8	0	0	0	0		0	11.2	0/0/	4.2	0	0		0//	0/0			13	---Other
																		31	0		
0	0	0	2.8	0	0	0	0		0	7	0/0/	4.2	0	0		0//	0/0			13	---Embroidered
																			0		
0	0	0	2.8	0	0	0	0		0	7	0/0/	4.2	0	0		0//	0/0			13	---Other
																		31	0		
																					Shawls, scarves, mufflers, mantillas, veils and the like:
0	0	0	2.8	0	0	0	0		0	11.2	0/0/	4.2	0	0			0/0			13	-Of silk or silk waste
																		30	0		
																		30	0		
0	0	0	2.8	0	0	0	0		0	11.2	0/0/	4.2	0	0			0/0			13	---Of wool
																		30	0		
0	0	0	2.8	0	0	0	0		0	11.2	0/0/	4.2	0	0			0/0			13	---Of goats
																		30	0		
0	0	0	2.8	0	0	0	0		0	11.2	0/0/	4.2	0	0			0/0			13	---Other
																			0		
0	0	0	3.2	0	0	0	0		0	12.8	0/0/	4.8	0	0			0/0			13	-Of synthetic fibres
																		31	0		
0	0	0	2.8	0	0	0	0		0	11.2	0/0/	4.2	0	0			0/0			13	-Of artificial fibres
																			0		
0	0	0	2.8	0	0	0	0		0	0	0/0/	4.2	0	0			0/0			13	-Of other textile materials
																		31	0		
																		31	0		

商品编号	商品名称及备注[检验检疫编码及名称]	进口关税(%)		增值税率(%)	消费税	计量单位	监管条件	检验检疫类别
		最惠国	普通					
6215	**领带及领结:**							
62151000	-丝或绢丝制							
6215100000	丝及绢丝制领带及领结(非丝纺织材料含量≥50%;或非丝纺织材料含量<50%,外层织物含丝≥70%)〔999〕	6	130	13		条/千克		
62152000	-化学纤维制							
6215200000	化学纤维制领带及领结〔999〕	6	130	13		条/千克		
62159000	-其他纺织材料制							
6215900000	其他材料制的领带及领结〔999〕	6	100	13		条/千克		
6216	**分指手套、连指手套及露指手套:**							
62160000	分指手套、连指手套及露指手套							
6216000000	分指手套、连指手套及露指手套〔999〕	6	100	13		双/千克		
6217	**其他制成的衣着附件;服装或衣着附件的零件,但品目62.12的货品除外:**							
62171010	---袜子及袜套							
6217101000	非针织非钩编袜子及袜套〔999〕	6	130	13		千克/双		
62171020	---和服腰带							
6217102000	非针织非钩编和服腰带〔999〕	6	100	13		千克/条		
62171090	---其他							
6217109000	其他服装或衣着附件(指非针织非钩编)〔999〕	6	100	13		千克		
62179000	-零件							
6217900000	服装或衣着零件(指非针织非钩编)〔999〕	6	100	13		千克		

协定税率(%)															特惠税率(%)			对美税率	出口税率	出口退税率	Article Description
智利	新西兰	澳大利亚	瑞士	冰岛	秘鲁	哥斯达	东盟	亚太	新加坡	巴基斯坦	港/澳/台	韩国	格鲁吉亚	毛里求斯	亚太	老/柬/缅	LDC 97/95				
																					Ties, bow ties and cravats:
0	0	0	2.8	0	0	0	0		0	11.2	0/0/	4.2	0	0			0/0			13	-Of silk or silk waste
																		31	0		
0	0	0	3.2	0	0	0	0	3.9	0	12.8	0/0/	4.8	0	0			0/0			13	-Of man-made fibres
																		31	0		
0	0	0	2.8	0	0	0	0		0	7	0/0/	4.2	0	0			0/0			13	-Of other textile materials
																		31	0		
																					Gloves, mittens and mitts:
0	0	0	2.8	0	0	0	0		0	0	0/0/	4.2	0	0			0/0			13	Gloves, mittens and mitts
																		31	0		
																					Other made up clothing accessories; parts of garments or of clothing accessories, other than those of heading 62.12:
0	0	0	2.8	0	0	0	0	3.9	0	7	0/0/0	4.2	0	0			0/0			13	---Stocking, socks and socketes
																		31	0		
0	0	0	2.8	0	0	0	0	3.9	0	5.6	0/0/0	4.2	0	0			0/0			13	---Kimono belts
																			0		
0	0	0	2.8	0	0	0	0	3.9	0	0	0/0/0	4.2	0	0		0/0/0	0/0			13	---Other
																		31	0		
0	0	0	2.8	0	0	0	0	3.9	0	0	0/0/0	7.4	0	0		0/0/0	0/0			13	-Parts
																		31	0		

第六十三章
其他纺织制成品;成套物品;旧衣着及旧纺织品;碎织物

注释:

一、第一分章仅适用于各种纺织物制成的物品。

二、第一分章不包括:

(一)第五十六章至第六十二章的货品;或

(二)品目63.09的旧衣着或其他旧物品。

三、品目63.09仅适用于下列货品:

(一)纺织材料制品:

1. 衣着和衣着附件及其零件;
2. 毯子及旅行毯;
3. 床上、餐桌、盥洗及厨房用的织物制品;
4. 装饰用织物制品,但品目57.01至57.05的地毯及品目58.05的装饰毯除外。

(二)用石棉以外其他任何材料制成的鞋帽类。

上述物品只有同时符合下列两个条件才能归入本税号:

1. 必须明显看得出穿用过;以及
2. 必须以散装、捆装、袋装或类似的大包装形式报验。

子目注释:

一、子目6304.20包括用α-氯氰菊酯(ISO)、虫螨腈(ISO)、溴氰菊酯(INN,ISO)、高效氯氟氰菊酯(ISO)、除虫菊酯(ISO)或甲基嘧啶磷(ISO)浸渍或涂层的经编针织物制品。

商品编号	商品名称及备注[检验检疫编码及名称]	进口关税(%)		增值税率(%)	消费税	计量单位	监管条件	检验检疫类别
		最惠国	普通					
6301	**毯子及旅行毯:**							
63011000	-电暖毯							
6301100000	电暖毯〔101 其他电热器具及其零件〕,〔102 毯子〕	6	100	13		条/千克	A	M/
63012000	-羊毛或动物细毛制的毯子(电暖毯除外)及旅行毯							
6301200010[暂5]	毛制毯子及旅行毯(羊毛或动物细毛制,非电暖的,长度≤3米)〔999〕	6	130	13		条/千克		
6301200020[暂5]	其他毛制毯子及旅行毯(羊毛或动物细毛制,非电暖的,长度>3米)〔999〕	6	130	13		条/千克		
63013000	-棉制的毯子(电暖毯除外)及旅行毯							
6301300000	棉制毯子及旅行毯〔999〕	6	90	13		条/千克		
63014000	-合成纤维制的毯子(电暖毯除外)及旅行毯							
6301400000	合成纤维制毯子及旅行毯〔999〕	8	130	13		条/千克		
63019000	-其他毯子及旅行毯							
6301900000	其他纺织材料制毯子及旅行毯(非电暖的)〔999〕	6	90	13		条/千克		
6302	**床上、餐桌、盥洗及厨房用的织物制品:**							
63021010	---棉制							
6302101000	棉制针织或钩编的床上用织物制品〔999〕	6	90	13		条/千克		
63021090	---其他纺织材料制							
6302109000	其他材料制床上用织物制品(指针织或钩编类制品)〔999〕	6	130	13		条/千克		
63022110	---床单							
6302211000	棉制印花床单〔999〕	6	90	13		条/千克		
63022190	---其他							
6302219000	其他棉制印花床上用织物制品〔101 枕芯、枕套〕,〔999 其他日用纺织制品〕	6	90	13		条/千克		
63022210	---床单							
6302221000	化学纤维制印花床单〔999〕	6	130	13		条/千克		
63022290	---其他							
6302229000	化学纤维制其他印花床用织物制品〔101 枕芯、枕套〕,〔999 其他日用纺织制品〕	6	130	13		条/千克		
63022910	---丝及绢丝制							
6302291000	丝及绢丝制印花床上用织物制品〔999〕	6	130	13		条/千克		
63022920	---麻制							
6302292000	麻制印花床上用织物制品〔999〕	6	90	13		条/千克		
63022990	---其他							
6302299000	其他材料制印花床上用织物制品〔101 床单、床罩〕,〔102 其他日用纺织制品〕	6	100	13		条/千克		
63023110	---刺绣的							
6302311000	棉制刺绣其他床上用织物制品〔999〕	6	90	13		条/千克		
63023191	----床单							
6302319100	棉制其他床单〔999〕	6	90	13		条/千克		
63023192	----毛巾被							

Chapter 63
Other made up textile articles; sets; worn clothing and worn textile articles; rags

Chapter Notes:

1. Sub-Chapter I applies only to made up articles, of any textile fabric.

2. Sub-Chapter I does not cover:
   (a) Goods of Chapters 56 to 62; or
   (b) Worn clothing or other worn articles of heading 63. 09.

3. Heading 63. 09 applies only to the following goods:
   (a) Articles of textile materials:
      (i) Clothing and clothing accessories, and parts thereof;
      (ii) Blankets and travelling rugs;
      (iii) Bed linen, table linen, toilet linen and kitchen linen;
      (iv) Furnishing articles, other than carpets of headings 57. 01 to 57. 05 and tapestries of heading 58. 05.
   (b) Footwear and headgear of any material other than asbestos.
      In order to be classified in this heading, the articles mentioned above must comply with both of the following requirements:
      (i) They must show signs of appreciable wear; and
      (ii) They must be presented in bulk or in bales, sacks or similar packings.

Subheading Note:

1. Subheading 6304. 20 covers articles made from fabrics, impregnated or coated with alpha-cypermethrin (ISO), chlorfenapyr (ISO), deltamethrin (INN, ISO), lambda-cyhalothrin (ISO), permethrin (ISO) or pirimiphos-methyl (ISO).

协定税率(%)															特惠税率(%)			对美税率	出口税率	出口退税率	Article Description
智利	新西兰	澳大利亚	瑞士	冰岛	秘鲁	哥斯达	东盟	亚太	新加坡	巴基斯坦	港/澳/台	韩国	格鲁吉亚	毛里求斯	亚太	老/柬/缅	LDC 97/95				
																					Blankets and travelling rugs:
0	0	0	3.2	0	0	0	0		0	12.8	0/0/	4.8	0	0			0/0			13	-Electric blankets
																		16	0		
0	0	0	3.2	0	0	0	0		0	12.8	0/0/	4.8	0	13.7			0/0			13	-Blankets (other than electric blankets) and travelling rugs, of wool or of fine animal hair
																		30	0		
																		30	0		
0	0	0	3.2	0	0	0	0		0	12.8	0/0/	4.8	0	0			0/0			13	-Blankets (other than electric blankets) and travelling rugs, of cotton
																		31	0		
0	0	0	3.5	0	0	0	0		0	0	0/0/	5.2	0	0			0/0			13	-Blankets (other than electric blankets) and travelling rugs, of synthetic fibres
																		33	0		
0	0	0	3.2	0	0	0	0		0	12.8	0/0/0	4.8	0	0			0/0			13	-Other blankets and travelling rugs
																		31	0		
																					Bed linen, table linen, toilet linen and kitchen linen:
0	0	0	2.8	0	0	0	0		0	0	0/0/	4.2	0	0			0/0			13	---Of cotton
																			0		
0	0	0	2.8	0	0	0	0		0	0	0/0/	4.2	0	0			0/0			13	---Of other textile materials
																			0		
0	0	0	6	0	0	0	0		0	0	0/0/	4.2	0	0			0/0			13	---Bed sheets
																		31	0		
0	0	0	2.8	0	0	0	0		0	0	0/0/	4.2	0	0			0/0			13	---Other
																		31	0		
0	0	0	3.2	0	0	0	0		0	0	0/0/	4.8	0	0			0/0			13	---Bed sheets
																		31	0		
0	0	0	3.2	0	0	0	0		0	0	0/0/	4.8	0	0			0/0			13	---Other
																		31	0		
0	0	0	2.8	0	0	0	0		0	0	0/0/	4.2	0	0			0/0			13	---Of silk or silk waste
																		31	0		
0	0	0	2.8	0	0	0	0		0	0	0/0/	4.2	0	0			0/0			13	---Of bast fibres
																		16	0		
0	0	0	2.8	0	0	0	0		0	0	0/0/	4.2	0	0			0/0			13	---Other
																			0		
0	0	0	2.8	0	0	0	0		0	0	0/0/	4.2	0	0			0/0			13	---Embroidered
																		31	0		
0	0	0	2.8	0	0	0	0		0	0	0/0/	4.2	0	0			0/0			13	----Bed sheets
																		31	0		
0	0	0	2.8	0	0	0	0		0	0	0/0/	4.2	0	0			0/0			13	----Towelling coverlets

商品编号	商品名称及备注[检验检疫编码及名称]	进口关税(%) 最惠国	普通	增值税率(%)	消费税	计量单位	监管条件	检验检疫类别
6302319200	棉制其他毛巾被[999]	6	90	13		条/千克		
63023199	----其他							
6302319900	棉制其他床上用织物制品[101 被子],[102 枕芯、枕套],[999 其他日用纺织制品]	6	90	13		条/千克		
63023210	---刺绣的							
6302321000	化学纤维制刺绣其他床上用织物制品[999]	6	130	13		条/千克		
63023290	---其他							
6302329000	化学纤维制其他床上用织物制品①	6	130	13		条/千克		
63023910	---丝及绢丝制							
6302391010	丝及绢丝制其他床上用织物制品(含丝≥85%)[999]	6	130	13		条/千克		
6302391090	丝及绢丝制其他床上用织物制品(含丝<85%)[999]	6	130	13		条/千克		
63023921	----刺绣的							
6302392110	亚麻或苎麻制其他床上用织物制品(刺绣的)[999]	6	90	13		条/千克		
6302392190	其他麻制其他床上用织物制品(刺绣的)[999]	6	90	13		条/千克		
63023929	----其他							
6302392910	亚麻或苎麻制其他床上用织物制品[999]	6	90	13		条/千克		
6302392990	其他麻制其他床上用织物制品[999]	6	90	13		条/千克		
63023991	----刺绣的							
6302399110	毛制刺绣床上用织物制品[999]	6	100	13		条/千克		
6302399190	其他材料制刺绣床上用织物制品[999]	6	100	13		条/千克		
63023999	----其他							
6302399910	毛制非刺绣床上用织物制品[999]	6	100	13		条/千克		
6302399990	其他材料制其他床上用织物制品[999]	6	100	13		条/千克		
63024010	---手工制							
6302401000	手工制餐桌用织物制品(指针织或钩编类的)[999]	6	100	13		件/千克		
63024090	---其他							
6302409000	其他餐桌用织物制品(针织或钩编的,非手工)[999]	6	100	13		件/千克		
63025110	---刺绣的							
6302511000	棉制刺绣其他餐桌用织物制品[999]	6	90	13		件/千克		
63025190	---其他							
6302519000	棉制其他餐桌用织物制品[999]	6	90	13		件/千克		
63025310	---刺绣的							
6302531000	化学纤维制刺绣其他餐桌织物制品[999]	6	130	13		件/千克		
63025390	---其他							
6302539010	化学纤维无纺织物制餐桌用织物制品[999]	6	130	13		件/千克		
6302539090	化纤制其他餐桌用织物制品[999]	6	130	13		件/千克		
63025911	----刺绣的							
6302591100	亚麻制刺绣其他餐桌用织物制品[999]	6	90	13		件/千克		
63025919	----其他							
6302591900	亚麻制其他餐桌用织物制品[999]	6	90	13		件/千克		
63025990	---其他							
6302599010	羊毛或动物细毛制餐桌用织物制品[999]	6	100	13		件/千克		
6302599090	其他纺织材料制餐桌用织物制品[999]	6	100	13		件/千克		
63026010	---浴巾							
6302601010	棉制针织或钩编毛巾织物浴巾(含类似毛圈织物的制品)[999]	6	90	13		条/千克		
6302601090	棉制非针织或非钩编毛巾织物浴巾(含类似毛圈织物的制品)[999]	6	90	13		条/千克		
63026090	---其他							
6302609000	棉制盥洗及厨房用棉制毛巾制品或类似的毛圈织物的制品(含类似毛圈织物的制品,非针织或非钩编)[999]	6	90	13		条/千克		
63029100	--棉制							
6302910000	棉制盥洗及厨房织物制品(毛巾织物或类似毛圈织物的除外)[999]	6	90	13		条/千克		
63029300	--化学纤维制							
6302930010	化学纤维无纺织物制盥洗及厨房制品[999]	6	130	13		条/千克		
6302930090	化学纤维制其他盥洗及厨房织物制品[999]	6	130	13		条/千克		
63029910	---亚麻制							
6302991000	亚麻制盥洗及厨房织物制品[999]	6	90	13		条/千克		
63029990	---其他							
6302999010	毛制盥洗及厨房用织物制品[999]	6	100	13		条/千克		
6302999090	其他材料制盥洗及厨房织物制品[999]	6	100	13		条/千克		
6303	**窗帘(包括帷帘)及帐幔;帘帷或床帷:**							

① [101 床单、床罩],[102 被子],[103 枕芯、枕套],[999 其他日用纺织制品]

协定税率(%)															特惠税率(%)			对美税率	出口税率	出口退税率	Article Description
智利	新西兰	澳大利亚	瑞士	冰岛	秘鲁	哥斯达	东盟	亚太	新加坡	巴基斯坦	港/澳/台	韩国	格鲁吉亚	毛里求斯	亚太	老/柬/缅	LDC 97/95				
																			0		
0	0	0	2.8	0	0	0	0		0	0	0/0/	4.2	0	0			0/0			13	----Other
																		31	0		
0	0	0	3.2	0	0	0	0		0	0	0/0/	4.8	0	0			0/0			13	---Embroidered
																			0		
0	0	0	3.2	0	0	0	0		0	0	0/0/	4.8	0	0			0/0			13	---Other
																		31	0		
0	0	0	2.8	0	0	0	0		0	0	0/0/	4.2	0	0			0/0			13	---Of silk or silk waste
																			0		
																			0		
0	0	0	2.8	0	0	0	0		0	0	0/0/	4.2	0	0			0/0			13	----Embroidered
																		31	0		
																		31	0		
0	0	0	2.8	0	0	0	0		0	0	0/0/	4.2	0	0			0/0			13	----Other
																		16	0		
																		16	0		
0	0	0	2.8	0	0	0	0		0	0	0/0/	4.2	0	0			0/0			13	----Embroidered
																			0		
																			0		
0	0	0	2.8	0	0	0	0		0	0	0/0/	4.2	0	11.2			0/0			13	----Other
																			0		
																			0		
0	0	0	2.8	0	0	0	0		0	0	0/0/	4.2	0	0			0/0			13	---Hand-worked
																			0		
0	0	0	2.8	0	0	0	0		0	0	0/0/	4.2	0	0			0/0			13	---Other
																			0		
0	0	0	2.8	0	0	0	0		0	0	0/0/	4.2	0	0			0/0			13	---Embroidered
																			0		
0	0	0	2.8	0	0	0	0		0	0	0/0/	4.2	0	0			0/0			13	---Other
																		31	0		
0	0	0	2.8	0	0	0	0		0	0	0/0/	4.2	0	0			0/0			13	---Embroidered
																			0		
0	0	0	3.2	0	0	0	0		0	0	0/0/	4.8	0	0			0/0			13	---Other
																		31	0		
																		31	0		
0	0	0	2.8	0	0	0	0		0	0	0/0/	4.2	0	0			0/0			13	----Embroidered
																			0		
0	0	0	2.8	0	0	0	0		0	0	0/0/	4.2	0	0			0/0			13	----Other
																			0		
0	0	0	2.8	0	0	0	0		0	0	0/0/	4.2	0	0			0/0			13	---Other
																			0		
																			0		
0	0	0	2.8	0	0	0	0		0	0	0/0/0	4.2	0	0			0/0			13	---Bath towels
																		31	0		
																		31	0		
0	0	0	2.8	0	0	0	0		0	0	0/0/0	4.2	0	0			0/0			13	---Other
																		31	0		
0	0	0	2.8	0	0	0	0		0	0	0/0/	4.2	0	0			0/0			13	--Of cotton
																		31	0		
0	0	0	3.2	0	0	0	0		0	0	0/0/	4.8	0	0			0/0			13	--Of man-made fibres
																		31	0		
																		31	0		
0	0	0	2.8	0	0	0	0		0	0	0/0/	4.2	0	0			0/0			13	---Of flax
																			0		
0	0	0	2.8	0	0	0	0		0	0	0/0/	4.2	0	0			0/0			13	---Other
																			0		
																			0		
																					Curtains (including drapes) and interior blinds; curtain or bed valances:

商品编号	商品名称及备注[检验检疫编码及名称]	进口关税(%)		增值税率(%)	消费税	计量单位	监管条件	检验检疫类别
		最惠国	普通					
63031210	---针织的							
6303121010	合成纤维制针织百叶窗,卷帘和窗幔〔999〕	6	130	13		千克		
6303121090	其他合成纤维制针织窗帘等(包括帷帘、帐幔、帘帷及床帷)〔999〕	6	130	13		千克		
63031220	---钩编的							
6303122010	合成纤维制钩编百叶窗,卷帘和窗幔〔999〕	6	130	13		千克		
6303122090	其他合成纤维制钩编的窗帘等(包括帷帘、帐幔、帘帷及床帷)〔999〕	6	130	13		千克		
63031931	----针织的							
6303193100	棉制针织的窗帘等(包括帷帘、帐幔、帘帷及床帷)〔999〕	6	90	13		千克		
63031932	----钩编的							
6303193200	棉制钩编的窗帘等(包括帷帘、帐幔、帘帷及床帷)〔999〕	6	90	13		千克		
63031991	----针织的							
6303199100	其他纺织材料制针织的窗帘等(包括帷帘、帐幔、帘帷及床帷)〔999〕	6	130	13		千克		
63031992	----钩编的							
6303199200	其他纺织材料制钩编的窗帘等(包括帷帘、帐幔、帘帷及床帷)〔999〕	6	130	13		千克		
63039100	--棉制							
6303910010	棉制非针织网眼窗帘(包括帷帘、帐幔、帘帷及床帷)〔999〕	6	90	13		千克		
6303910090	棉制非针织非钩编窗帘(包括帷帘、帐幔、帘帷及床帷)〔999〕	6	90	13		千克		
63039200	--合成纤维制							
6303920010	合成纤维百叶窗,卷帘和窗幔(非针织非钩编)〔999〕	6	130	13		千克		L/
6303920090	其他合成纤维制非针织非钩编窗帘等(包括帷帘、帐幔、帘帷及床帷)〔999〕	6	130	13		千克		
63039900	--其他纺织材料制							
6303990000	其他纺织材料制非针织非钩编窗帘(包括帷帘、帐幔、帘帷及床帷)〔999〕	6	100	13		千克		
6304	**其他装饰用织物制品,但品目94.04的货品除外:**							
63041121	----手工制							
6304112100	手工针织床罩〔999〕	6	100	13		件/千克		
63041129	----其他							
6304112900	非手工针织床罩〔999〕	6	100	13		件/千克		
63041131	----手工制							
6304113100	手工钩编床罩〔999〕	6	100	13		件/千克		
63041139	----其他							
6304113900	非手工钩编床罩〔999〕	6	100	13		件/千克		
63041910	---丝及绢丝制							
6304191010	丝及绢丝制非针织非钩编床罩(含丝≥85%)〔999〕	6	130	13		件/千克		
6304191090	丝及绢丝制非针织非钩编床罩(含丝<85%)〔999〕	6	130	13		件/千克		
63041921	----刺绣的							
6304192100	棉或麻制非针织非钩编刺绣床罩〔999〕	6	90	13		件/千克		
63041929	----其他							
6304192900	棉或麻制其他非针织非钩编床罩〔999〕	6	90	13		件/千克		
63041931	----刺绣的							
6304193100	化学纤维制非针织非钩编刺绣床罩〔999〕	6	130	13		件/千克		
63041939	----其他							
6304193900	化学纤维制其他非针织非钩编床罩〔999〕	6	130	13		件/千克		
63041991	----刺绣的							
6304199110	毛制非针织非钩编刺绣床罩(羊毛或动物细毛制)〔999〕	6	100	13		件/千克		
6304199190	其他纺织材料制非针织刺绣床罩(含非钩编的)〔999〕	6	100	13		件/千克		
63041999	----其他							
6304199910	毛制其他非针织非钩编床罩(羊毛或动物细毛制)〔999〕	6	100	13		件/千克		
6304199990	其他材料制非针织非钩编其他床罩〔999〕	6	100	13		件/千克		
63042010	---手工制							
6304201000	手工制的本章子目注释一所列的蚊帐〔999〕	6	100	13		件/千克		
63042090	---其他							
6304209000	其他本章子目注释一所列的蚊帐〔999〕	6	100	13		件/千克		
63049121	----手工制							
6304912100	手工针织其他装饰制品〔999〕	6	100	13		千克		
63049129	----其他							
6304912900	非手工针织其他装饰制品〔999〕	6	100	13		千克		
63049131	----手工制							
6304913100	手工钩编的其他装饰制品〔999〕	6	100	13		千克		
63049139	----其他							
6304913900	非手工钩编的其他装饰制品〔999〕	6	100	13		千克		
63049210	---刺绣的							
6304921000	棉制非针织的其他刺绣装饰制品(非钩编)〔999〕	6	90	13		千克		

协定税率(%)															特惠税率(%)			对美税率	出口税率	出口退税率	Article Description
智利	新西兰	澳大利亚	瑞士	冰岛	秘鲁	哥斯达	东盟	亚太	新加坡	巴基斯坦	港/澳/台	韩国	格鲁吉亚	毛里求斯	亚太	老/柬/缅	LDC 97/95				
0	0	0	3.2	0	0	0	0		0	0	0/0/	4.8	0	0			0/0			13	---Knitted
																		31	0		
																		31	0		
0	0	0	3.2	0	0	0	0		0	0	0/0/	4.8	0	0			0/0			13	---Crocheted
																			0		
																			0		
0	0	0	2.8	0	0	0	0		0	0	0/0/	4.2	0	0			0/0			13	----Knitted
																		16	0		
0	0	0	2.8	0	0	0	0		0	0	0/0/	4.2	0	0			0/0			13	----Crocheted
																			0		
0	0	0	2.8	0	0	0	0		0	0	0/0/	4.2	0	0			0/0			13	----Knitted
																		16	0		
0	0	0	2.8	0	0	0	0		0	0	0/0/	4.2	0	0			0/0			13	----Crocheted
																			0		
0	0	0	2.8	0	0	0	0		0	0	0/0/	4.2	0	0			0/0			13	--Of cotton
																		31	0		
																		31	0		
0	0	0	3.2	0	0	0	0		0	0	0/0/	4.8	0	0			0/0			13	--Of synthetic fibres
																		31	0		
																		31	0		
0	0	0	2.8	0	0	0	0		0	0	0/0/	4.2	0	0			0/0			13	--Of other textile materials
																		31	0		
																					Other furnishing articles, excluding those of heading 94.04:
0	0	0	2.8	0	0	0	0		0	7	0/0/	4.2	0	0			0/0			13	----Hand-worked
																			0		
0	0	0	2.8	0	0	0	0		0	5.6	0/0/	4.2	0	0			0/0			13	----Other
																		31	0		
0	0	0	2.8	0	0	0	0		0	7	0/0/	4.2	0	0			0/0			13	----Hand-worked
																			0		
0	0	0	2.8	0	0	0	0		0	7	0/0/	4.2	0	0			0/0			13	----Other
																		31	0		
0	0	0	2.8	0	0	0	0		0	0	0/0/	4.2	0	0			0/0			13	---Of silk or silk waste
																			0		
																			0		
0	0	0	2.8	0	0	0	0		0	0	0/0/	4.2	0	0			0/0			13	----Embroidered
																			0		
0	0	0	2.8	0	0	0	0		0	0	0/0/	4.2	0	0			0/0			13	----Other
																		31	0		
0	0	0	3.2	0	0	0	0		0	12.8	0/0/	4.8	0	0			0/0			13	----Embroidered
																			0		
0	0	0	3.2	0	0	0	0		0	12.8	0/0/	4.8	0	0			0/0			13	----Other
																			0		
0	0	0	2.8	0	0	0	0		0	7	0/0/	4.2	0	0			0/0			13	----Embroidered
																			0		
																			0		
0	0	0	2.8	0	0	0	0		0	7	0/0/	4.2	0	0			0/0			13	----Other
																			0		
																			0		
0	0	0	2.8	0	0	0	0		0	7	0/0/	4.2	0	0			0/0			13	---Hand-worked
																			0		
0	0	0	2.8	0	0	0	0		0	7	0/0/	4.2	0	0			0/0			13	---Other
																			0		
0	0	0	2.8	0	0	0	0		0	7	0/0/	4.2	0	0			0/0			13	----Hand-worked
																			0		
0	0	0	2.8	0	0	0	0		0	7	0/0/	4.2	0	0			0/0			13	----Other
																		31	0		
0	0	0	2.8	0	0	0	0		0	11.2	0/0/	4.2	0	0			0/0			13	----Hand-worked
																			0		
0	0	0	2.8	0	0	0	0		0	5.6	0/0/	4.2	0	0			0/0			13	----Other
																			0		
0	0	0	2.8	0	0	0	0		0	7	0/0/	4.2	0	0			0/0			13	---Embroidered
																		31	0		

商品编号	商品名称及备注[检验检疫编码及名称]	进口关税(%) 最惠国	普通	增值税率(%)	消费税	计量单位	监管条件	检验检疫类别
63049290	---其他							
6304929000	棉制非针织或钩编的其他装饰制品〔999〕	6	90	13		千克		
63049310	---刺绣的							
6304931000	合成纤维制其他刺绣装饰制品(指非针织非钩编装饰制品)〔999〕	6	130	13		千克		
63049390	---其他							
6304939000	合成纤维制其他非针织装饰制品(包括非钩编装饰制品)〔999〕	6	130	13		千克		
63049910	---丝及绢丝制							
6304991010	丝制非针织非钩编的装饰制品(含绢丝制品,含丝≥85%)〔999〕	6	130	13		千克		
6304991090	丝制非针织非钩编的装饰制品(含绢丝制品,含丝<85%)〔999〕	6	130	13		千克		
63049921	----刺绣的							
6304992110	亚麻或苎麻非针织其他刺绣装饰品(含非钩编制品)〔999〕	6	90	13		千克		
6304992190	其他麻制非针织其他刺绣装饰品(包括非钩编的)〔999〕	6	90	13		千克		
63049929	----其他							
6304992910	亚麻或苎麻制其他非针织的装饰品(含非钩编制品)〔999〕	6	90	13		千克		
6304992990	其他麻制其他非针织的装饰制品(含非钩编制品)〔999〕	6	90	13		千克		
63049990	---其他							
6304999000	其他纺织材料制非针织非钩编装饰品〔999〕	6	100	13		千克		
6305	**货物包装用袋:**							
63051000	-黄麻或品目53.03的其他韧皮纺织纤维制							
6305100010	黄麻制旧的货物包装袋(含品目53.03的其他韧皮纤维制)〔999〕	4	40	13		条/千克		
6305100090	黄麻制其他货物包装袋(含品目53.03的其他韧皮纤维制)〔999〕	4	40	13		条/千克		
63052000	-棉制							
6305200000	棉制货物包装袋〔999〕	6	90	13		条/千克		
63053200	--散装货物储运软袋							
6305320000	化学纤维制散装货物储运软袋(扁条及类似材料制成,散装货物周转用)〔999〕	6	100	13		条/千克		
63053300	--其他,聚乙烯、聚丙烯扁条或类似材料制							
6305330010	聚乙烯或聚丙烯制其他货物包装袋(针织或钩编的,用扁条及类似材料制成)〔999〕	6	100	13		条/千克		
6305330090	聚乙烯或聚丙烯制其他货物包装袋(非针织或钩编的,用扁条及类似材料制成)〔999〕	6	100	13		条/千克		
63053900	--其他							
6305390000	其他化学纤维制货物包装袋〔999〕	6	100	13		条/千克		
63059000	-其他纺织材料制							
6305900000	其他纺织材料制货物包装袋〔999〕	6	90	13		条/千克		
6306	**油苫布、天篷及遮阳篷;帐篷;风帆;野营用品:**							
63061200	--合成纤维制							
6306120000	合成纤维制油苫布、天篷及遮阳篷〔999〕	6	130	13		件/千克		
63061910	---麻制							
6306191000	麻制油苫布、天篷及遮阳篷〔999〕	6	80	13		件/千克		
63061920	---棉制							
6306192000	棉制油毡布、天篷及遮阳篷〔999〕	6	80	13		件/千克		
63061990	---其他							
6306199010	人造纤维制油苫布、天篷及遮阳篷〔999〕	6	100	13		件/千克		
6306199090	其他材料制油苫布、天篷及遮阳篷〔999〕	6	100	13		件/千克		
63062200	--合成纤维制							
6306220010	合成纤维制移动帐篷〔999〕	6	130	13		件/千克		
6306220090	合成纤维制帐篷〔999〕	6	130	13		件/千克		
63062910	---棉制							
6306291000	棉制帐篷〔999〕	6	80	13		件/千克		
63062990	---其他							
6306299000	其他纺织材料制帐篷〔999〕	6	100	13		件/千克		
63063010	---合成纤维制							
6306301000	合纤制风帆〔999〕	6	130	13		件/千克		
63063090	---其他纺织材料制							
6306309000	其他纺织材料制风帆〔999〕	6	100	13		件/千克		
63064010	---棉制							
6306401000	棉制充气褥垫〔999〕	6	80	13		件/千克		
63064020	---化学纤维制							
6306402000	化学纤维制充气褥垫〔999〕	6	130	13		件/千克		

协定税率(%)															特惠税率(%)			对美税率	出口税率	出口退税率	Article Description
智利	新西兰	澳大利亚	瑞士	冰岛	秘鲁	哥斯达	东盟	亚太	新加坡	巴基斯坦	港/澳/台	韩国	格鲁吉亚	毛里求斯	亚太	老/柬/缅	LDC 97/95				
0	0	0	2.8	0	0	0	0		0	0	0/0/	4.2	0	0			0/0			13	---Other
																		31	0		
0	0	0	3.2	0	0	0	0		0	12.8	0/0/	4.8	0	0			0/0			13	---Embroidered
																			0		
0	0	0	3.2	0	0	0	0		0	12.8	0/0/	4.8	0	0			0/0			13	---Other
																		16	0		
0	0	0	2.8	0	0	0	0		0	7	0/0/	4.2	0	0			0/0			13	---Of silk or silk waste
																			0		
																			0		
0	0	0	2.8	0	0	0	0		0	7	0/0/	4.2	0	0			0/0			13	----Embroidered
																			0		
																			0		
0	0	0	2.8	0	0	0	0		0	7	0/0/	4.2	0	0			0/0			13	----Other
																		16	0		
																		16	0		
0	0	0	2.8	0	0	0	0		0	0	0/0/	4.2	0	0			0/0			13	---Other
																		16	0		
																					Sacks and bags, of a kind used for the packing of goods:
0	0	0	0	0	0	0	0			4	0/0/	0	0	0	0		0/0			13	-Of jute or of other textile bast fibres of heading 53.03
																			0		
																			0		
0	0	0	3.2	0	0	0	0		0	0	0/0/	4.8	0	0			0/0			13	-Of cotton
																		31	0		
0	0	0	3.2	0	0	0	0		0	12.8	0/0/	4.8	0	0			0/0			13	--Flexible intermediate bulk containers
																		31	0		
0	0	0	3.2	0	0	0	0	3.9	0	0	0/0/	4.8	0	0			0/0			13	--Other, of polyethylene or poly-propylene strip or the like
																		31	0		
																		31	0		
0	0	0	3.2	0	0	0	0		0	0	0/0/	4.8	0	0			0/0			13	--Other
																		31	0		
0	0	0	2.8	0	0	0	0		0	0	0/0/	4.2	0	0			0/0			13	-Of other textile materials
																		31	0		
																					Tarpaulins, awnings and sunblinds; tents; sails for boats, sailboards or land-craft; camping goods:
0	0	0	3.2	0	0	0	0		0	0	0/0/	4.8	0	0			0/0			13	--Of synthetic fibres
																		31	0		
0	0	0	2.8	0	0	0	0		0	0	0/0/	4.2	0	0			0/0			13	---Of bast fibres
																		16	0		
0	0	0	2.8	0	0	0	0		0	0	0/0/	4.2	0	0			0/0			13	---Of cotton
																			0		
0	0	0	2.8	0	0	0	0		0	0	0/0/	4.2	0	0			0/0			13	---Other
																		16	0		
																		16	0		
0	0	0	3.2	0	0	0	0		0	0	0/0/	4.8	0	0			0/0			13	--Of synthetic fibres
																		31	0		
																		31	0		
0	0	0	2.8	0	0	0	0		0	0	0/0/	4.2	0	0			0/0			13	---Of cotton
																		31	0		
0	0	0	2.8	0	0	0	0		0	0	0/0/	4.2	0	0			0/0			13	---Other
																		31	0		
0	0	0	3.2	0	0	0	0		0	0	0/0/	4.8	0	0			0/0			13	---Of synthetic fibres
																		16	0		
0	0	0	2.8	0	0	0	0		0	0	0/0/	4.2	0	0			0/0			13	---Of other textile materials
																			0		
0	0	0	2.8	0	0	0	0		0	0	0/0/	4.2	0	0			0/0			13	---Of cotton
																			0		
0	0	0	3.2	0	0	0	0		0	0	0/0/	4.8	0	0			0/0			13	---Of man-made fibres
																		31	0		

商品编号	商品名称及备注[检验检疫编码及名称]	进口关税(%)		增值税率(%)	消费税	计量单位	监管条件	检验检疫类别
		最惠国	普通					
63064090	---其他							
6306409000	其他纺织材料制充气褥垫[999]	6	100	13		件/千克		
63069010	---棉制							
6306901000	棉制其他野营用品[999]	6	80	13		件/千克		
63069020	---麻制							
6306902000	麻制其他野营用品[999]	6	80	13		件/千克		
63069030	---化学纤维制							
6306903000	化学纤维制其他野营用品[999]	6	130	13		件/千克		
63069090	---其他							
6306909000	其他材料制其他野营用品[999]	6	100	13		件/千克		
6307	**其他制成品,包括服装裁剪样:**							
63071000	-擦地布、擦碗布、抹布及类似擦拭用布							
6307100000	擦地布、擦碗布、抹布及类似擦拭用布[999]	6	130	13		千克		
63072000	-救生衣及安全带							
6307200000	救生衣及安全带[999]	6	70	13		千克/件		
63079000	-其他							
6307900010	口罩[999]	6	100	13		千克/个		
6307900090	其他纺织材料制未列名制品[999]	6	100	13		千克/个		
6308	**由机织物及纱线构成的零售包装成套物品,不论是否带附件,用以制作小地毯、装饰毯、绣花台布、餐巾或类似的纺织物品:**							
63080000	由机织物及纱线构成的零售包装成套物品,不论是否带附件,用以制作小地毯、装饰毯、绣花台布、餐巾或类似的纺织物品							
6308000000	由机织物及纱线构成的零售包装成套物品,不论是否带附件,用以制作小地毯、装饰毯、绣花台布、餐巾或类似的纺织物品[998 其他装饰用纺织制品],[999 其他纺织制品]	6	130	13		千克		
6309	**旧衣物:**							
63090000	旧衣物							
6309000000	旧衣物[999]	6	130	13		千克	9	
6310	**新或旧的破、碎织物,线、绳、索、缆的废、碎料以及线、绳、索、缆或纺织材料的破旧制品:**							
63101000	-经分拣的							
6310100010	新的或未使用过的纺织材料制经分拣的碎织物等(新的或未使用过的,包括废线、绳、索、缆及其制品)[999]	6	50	13		千克	9	
6310100090	其他纺织材料制经分拣的碎织物等(包括废线、绳、索、缆及其制品)[999]	6	50	13		千克	9	
63109000	-其他							
6310900010	新的或未使用过的纺织材料制其他碎织物等(新的或未使用过的,包括废线、绳、索、缆及其制品)[999]	6	50	13		千克	9	
6310900090	其他纺织材料制碎织物等(包括废线、绳、索、缆及其制品)[999]	6	50	13		千克	9	

协定税率(%)															特惠税率(%)			对美税率	出口税率	出口退税率	Article Description
智利	新西兰	澳大利亚	瑞士	冰岛	秘鲁	哥斯达	东盟	亚太	新加坡	巴基斯坦	港/澳/台	韩国	格鲁吉亚	毛里求斯	亚太	老/柬/缅	LDC 97/95				
0	0	0	2.8	0	0	0	0		0	0	0/0/	4.2	0	0			0/0			13	---Other
																		16	0		
0	0	0	2.8	0	0	0	0		0	0	0/0/	4.2	0	0			0/0			13	---Of cotton
																			0		
0	0	0	2.8	0	0	0	0		0	0	0/0/	4.2	0	0			0/0			13	---Of bast fibres
																			0		
0	0	0	3.2	0	0	0	0		0	0	0/0/	4.8	0	0			0/0			13	---Of man-made fibres
																		31	0		
0	0	0	2.8	0	0	0	0		0	0	0/0/	4.2	0	0			0/0			13	---Other
																			0		
																					Other made up articles, including dress patterns:
0	0	0	2.8	0	0	0	0	3.9	0	0	0/0/0	4.2	0	0			0/0			13	-Floor-cloths, dish-cloths, dus-ters and similar cleaning cloths
																		31	0		
0	0	0	2.8	0	0	0	0		0	11.2	0/0/	4.2	0	0			0/0			13	-Life-jackets and life-belts
																		16	0		
0	0	0	2.8	0	0	0	0		0	0	0/0/	7.4	0	0		0/0/0	0/0			13	-Other
																		31	0		
																		31	0		
																					Sets consisting of woven fabric and yarn, whether or not with accessories, for making up into rugs, tapestries, embroidered table cloths or serviettes, or similar textile articles, put up in packings for retail sale:
0	0	0	2.8	0	0	0	0		0	7	0/0/	4.2	0	0			0/0			13	Sets consisting of woven fabric and yarn, whether or not with accessories, for making up into rugs, tapestries, embroidered table cloths or serviettes, or similar textile articles, put up in packings for retail sale
																		31	0		
																					Worn clothing and other worn articles:
0	0	0	2.8	0	0	0	0		0	7	0/0/	4.2	0	0			0/0			0	Worn clothing and other worn articles
																			0		
																					Used or new rags, scrap twine, cordage, rope and cables and worn out articles of twine, cordage, rope or cables, of textile materials:
0	0	0	2.8	0	0	0	0		0	0	0/0/	4.2	0	11.2			0/0			13	-Sorted
																		31	0		
																		31	0		
0	0	0	2.8	0	0	0	0		0	0	0/0/	4.2	0	0		0/0/0	0/0			13	-Other
																		31	0		
																		31	0		

第十二类
鞋、帽、伞、杖、鞭及其零件；已加工的羽毛及其制品；人造花；人发制品

第六十四章
鞋靴、护腿和类似品及其零件

注释：

一、本章不包括：

（一）易损材料（例如，纸、塑料薄膜）制的无外绱鞋底的一次性鞋靴罩或套，这些产品应按其构成材料归类；

（二）纺织材料制的鞋靴，没有用粘、缝或其他方法将外底固定或安装在鞋面上的（第十一类）；

（三）品目 63.09 的旧鞋靴；

（四）石棉制品（品目 68.12）；

（五）矫形鞋靴或其他矫形器具及其零件（品目 90.21）；或

（六）玩具鞋及装有冰刀或轮子的滑冰鞋；护胫或类似的运动防护服装（第九十五章）。

二、品目 64.06 所称"零件"，不包括鞋钉、护鞋铁掌、鞋眼、鞋钩、鞋扣、饰物、编带、鞋带、绒球或其他装饰带（应分别归入相应税号）及品目 96.06 的纽扣或其他货品。

三、本章所称：

（一）"橡胶"及"塑料"，包括能用肉眼辨出其外表有一层橡胶或塑料的机织物或其他纺织产品；运用本款时，橡胶或塑料仅引起颜色变化的不计在内；以及

（二）"皮革"，是指品目 41.07 及 41.12 至 41.14 的货品。

四、除本章注释三另有规定的以外：

（一）鞋面的材料应以占表面面积最大的那种材料为准，计算表面面积可不考虑附件及加固件，例如，护踝、裹边、饰物、扣子、拉襻、鞋眼或类似附属件；

（二）外底的主要材料应以与地面接触最广的那种材料为准，计算接触面时可不考虑鞋底钉、铁掌或类似附属件。

子目注释：

子目 6402.12、6402.19、6403.12、6403.19 及 6404.11 所称"运动鞋靴"，仅适用于：

一、带有或可装鞋底钉、止滑柱、夹钳、马蹄掌或类似品的体育专用鞋靴；

二、滑冰靴、滑雪靴及越野滑雪用鞋靴、滑雪板靴、角力靴、拳击靴及赛车鞋。

商品编号	商品名称及备注[检验检疫编码及名称]	进口关税(%) 最惠国	进口关税(%) 普通	增值税率(%)	消费税	计量单位	监管条件	检验检疫类别
6401	**橡胶或塑料制外底及鞋面的防水鞋靴，其鞋面不是用缝、铆、钉、旋、塞或类似方法固定在鞋底上的：**							
64011010	---橡胶制鞋面的							
6401101000	橡胶制鞋面的装金属护头的防水鞋靴（鞋面与鞋底非用缝铆钉旋塞等类似方法连结的）〔999〕	10	100	13		千克/双		
64011090	---塑料制鞋面的							
6401109000	塑料制鞋面的装金属护头的防水鞋靴（鞋面与鞋底非用缝铆钉旋塞等类似方法连结的）〔999〕	10	100	13		千克/双		
64019210	---橡胶制鞋面的							
6401921000	橡胶制鞋面的过踝但未到膝防水鞋靴（鞋面与鞋非用缝铆钉旋塞等类似方法连结的）〔999〕	10	100	13		千克/双		
64019290	---塑料制鞋面的							
6401929000	塑料制鞋面的过踝但未到膝防水鞋靴（鞋面与鞋非用缝铆钉旋塞等类似方法连结的）〔999〕	10	100	13		千克/双		
64019900	--其他							
6401990000	其他橡胶塑料制外底及鞋面防水靴（鞋面与鞋底非用缝铆钉旋塞等类似方法连结的）〔999〕	10	100	13		千克/双		
6402	**橡胶或塑料制外底及鞋面的其他鞋靴：**							

SECTION XII
FOOTWEAR, HEADGEAR, UMBRELLAS, SUN UMBRELLAS, WALKING-STICKS, SEAT-STICKS, WHIPS, RIDING-CROPS AND PARTS THEREOF; PREPARED FEATHERS AND ARTICLES MADE THEREWITH; ARTIFICIAL FLOWERS; ARTICLES OF HUMAN HAIR

Chapter 64
Footwear, gaiters and the like; parts of such articles

Chapter Notes:

1. This Chapter does not cover:
   (a) Disposable foot or shoe coverings of flimsy material (for example, paper, sheeting of plastics) without applied soles. These products are classified according to their constituent material;
   (b) Footwear of textile material, without an outer sole glued, sewn or otherwise affixed or applied to the upper (Section XI);
   (c) Worn footwear of heading 63. 09;
   (d) Articles of asbestos (heading 68. 12);
   (e) Orthopaedic footwear or other orthopaedic appliances, or parts thereof (heading 90. 21); or
   (f) Toy footwear or skating boots with ice or roller skates attached; shin-guards or similar protective sportswear (Chapter 95).

2. For the purposes of heading 64. 06, the term "parts" does not include pegs, protectors, eyelets, hooks, buckles, ornaments, braid, laces, pompons or other trimmings (which are to be classified in their appropriate headings) or buttons or other goods of heading 96. 06.

3. For the purposes of this Chapter:
   (a) The terms "rubber" and "plastics" include woven fabrics or other textile products with an external layer of rubber or plastics being visible to the naked eye; for the purpose of this provision, no account should be taken of any resulting change of colour; and
   (b) The term "leather" refers to the goods of headings 41. 07 and 41. 12 to 41. 14.

4. Subject to Note 3 to this Chapter:
   (a) The material of the upper shall be taken to be the constituent material having the greatest external surface area, no account being taken of accessories or reinforcements such as ankle patches, edging, ornamentation, buckles, tabs, eyelet stays or similar attachments;
   (b) The constituent material of the outer sole shall be taken to be the material having the greatest surface area in contact with the ground, no account being taken of accessories or reinforcements such as spikes, bars, nails, protectors or similar attachments.

Subheading Notes:

For the purposes of subheadings 6402. 12, 6402. 19, 6403. 12, 6403. 19 and 6404. 11, the expression "sports footwear" applies only to:

1. Footwear which is designed for a sporting activity and has, or has provision for the attachment of, spikes, sprigs, stops, clips, bars or the like;

2. Skating boots, ski-boots and cross-country ski footwear, snowboard boots, wrestling boots, boxing boots and cycling shoes.

协定税率(%)															特惠税率(%)			对美税率	出口税率	出口退税率	Article Description
智利	新西兰	澳大利亚	瑞士	冰岛	秘鲁	哥斯达	东盟	亚太	新加坡	巴基斯坦	港/澳/台	韩国	格鲁吉亚	毛里求斯	亚太	老/柬/缅	LDC 97/95				
																					Waterproof footwear with outer soles and uppers of rubber or of plastics, the uppers of which are neither fixed to the sole nor assembled by stitching, riveting, nailing, screwing, plugging or similar processes:
0	0	0	4.8	0	0	0	0	5	0	12	0/0/	15.6	0	19.2			0/0			13	---With uppers of rubber
																			0		
0	0	0	4.8	0	0	0	0	5	0	12	0/0/	15.6	0	19.2			0/0			13	---With uppers of plastics
																		35	0		
0	0	0	4.8	0	0	0	0	5	0	12	0/0/	15.6	0	19.2			0/0			13	---With uppers of rubber
																		35	0		
0	0	0	4.8	0	0	0	0	5	0	12	0/0/	15.6	0	19.2			0/0			13	---With uppers of plastics
																			0		
0	0	0	4.8	0	0	0	0	5	0	12	0/0/	15.6	0	19.2			0/0			13	--Other
																		35	0		
																					Other footwear with outer soles and uppers of rubber or plastics:

商品编号	商品名称及备注[检验检疫编码及名称]	进口关税(%)		增值税率(%)	消费税	计量单位	监管条件	检验检疫类别
		最惠国	普通					
64021200	--滑雪靴、越野滑雪鞋靴及滑雪板靴							
6402120010	含濒危动物毛皮橡胶/塑料底及面滑雪靴(包括越野滑雪鞋靴及滑雪板靴)〔999〕	4	100	13		千克/双	EF	
6402120090	其他橡胶/塑料底及面滑雪靴(包括越野滑雪鞋靴及滑雪板靴)〔101 橡塑类鞋靴〕,〔102 运动类鞋靴〕	4	100	13		千克/双		
64021900	--其他							
6402190010	含濒危动物毛皮其他运动鞋靴(橡胶、塑料制底及面)〔999〕	10	100	13		千克/双	EF	
6402190090	橡胶、塑料制底及面的其他运动鞋靴〔999〕	10	100	13		千克/双		
64022000	-用栓塞方法将鞋面条带装配在鞋底上的鞋							
6402200000	将鞋面条带栓塞在鞋底上的鞋(橡胶或塑料制外底及鞋面)①	10	100	13		千克/双		
64029100	--鞋靴(过踝)							
6402910000	其他橡胶、塑料过踝鞋靴(橡胶或塑料制外底及鞋面,防水及运动鞋靴除外,包括其他装金属护鞋头的橡胶、塑料鞋靴)②	10	100	13		千克/双		
64029910	---橡胶制鞋面的							
6402991000	其他橡胶制鞋面的鞋靴(橡胶制外底及鞋面,防水及运动鞋靴除外,包括其他装金属护鞋头的橡胶、塑料鞋靴)〔101 内底长度小于等于 17 厘米〕,〔102 内底长度大于 17 厘米〕	10	100	13		千克/双		
64029921	----以机织物或其他纺织材料作衬底的							
6402992100	其他以机织物或其他纺织材料做衬底的鞋靴[塑料制鞋面,防水及运动鞋靴除外(包括其他装金属护鞋头的橡胶、塑料鞋靴)]③	10	100	13		千克/双		
64029929	----其他							
6402992900	其他塑料制鞋面的鞋靴[塑料制鞋面,防水及运动鞋靴除外(包括其他装金属护鞋头的橡胶、塑料鞋靴)]④	10	100	13		千克/双		
6403	**橡胶、塑料、皮革或再生皮革制外底,皮革制鞋面的鞋靴:**							
64031200	--滑雪靴、越野滑雪鞋靴及滑雪板靴							
6403120010	含濒危野生动物皮革制鞋面的滑雪靴〔999〕	14	100	13		千克/双	EF	
6403120090	其他皮革制鞋面的滑雪靴(包括橡胶、塑料、皮革制外底和越野滑雪鞋靴及板靴)〔999〕	14	100	13		千克/双		
64031900	--其他							
6403190010	含濒危野生动物皮革制鞋面其他运动鞋靴〔999〕	10	100	13		千克/双	EF	
6403190090	皮革制鞋面的其他运动鞋靴(橡胶、塑料、皮革或再生皮革制外底)〔999〕	10	100	13		千克/双		
64032000	-皮革制外底,由交叉于脚背并绕大脚趾的皮革条带构成鞋面的鞋							
6403200010	含濒危野生动物皮革条带为鞋面的皮底鞋⑤	14	100	13		千克/双	EF	
6403200090	其他皮革条带为鞋面的皮底鞋(皮革条带交叉于脚背并绕大脚趾的)〔999〕	14	100	13		千克/双		
64034000	-装有金属防护鞋头的其他鞋靴							
6403400010	其他含濒危野生动物皮革面鞋靴(装有金属护鞋头的)〔999〕	14	100	13		千克/双	FE	
6403400090	装有金属护鞋头的其他皮革面鞋靴(橡胶、塑料、皮革或再生皮革制外底)〔999〕	14	100	13		千克/双		
64035111	----小于 24 厘米的							
6403511110	含濒危野生动物皮革制外底皮革面过脚踝但低于小腿的鞋靴(内底长度小于 24 厘米,运动用靴除外)〔101 内底长度小于等于 17 厘米〕,〔102 内底长度大于 17 厘米〕	8	100	13		千克/双	FE	
6403511190	皮革制外底皮革面过脚踝但低于小腿的鞋靴(内底长度小于 24 厘米,运动用鞋除外)⑥	8	100	13		千克/双	A	M/
64035119	----其他							
6403511910	其他含濒危野生动物皮革制外底皮革面过脚踝但低于小腿的鞋靴(运动用靴除外)〔101 内底长度小于等于 17 厘米〕,〔102 内底长度大于 17 厘米〕	8	100	13		千克/双	EF	
6403511990	其他皮革制外底皮革面过脚踝但低于小腿的鞋靴(运动用靴除外)〔101 内底长度小于等于 17 厘米〕,〔102 内底长度大于 17 厘米〕	8	100	13		千克/双		

① 〔101 内底长度小于等于 17 厘米〕,〔102 内底长度大于 17 厘米〕

② 〔101 内底长度小于等于 17 厘米〕,〔102 内底长度大于 17 厘米的橡塑类鞋靴〕

③ 〔101 靴除外,包括其他装金属护鞋头的橡胶、塑料鞋靴(内底长度小于等于 17 厘米)〕,〔102 靴除外,包括其他装金属护鞋头的橡胶、塑料鞋靴(内底长度大于 17 厘米)〕

④ 〔101 靴除外,包括其他装金属护鞋头的橡胶、塑料鞋靴(内底长度小于等于 17 厘米)〕,〔102 靴除外,包括其他装金属护鞋头的橡胶、塑料鞋靴(内底长度大于 17 厘米)〕

⑤ 〔101 内底长度小于等于 17 厘米〕,〔102 内底长度大于 17 厘米〕

⑥ 〔101 内底长度小于等于 17 厘米〕,〔102 内底长度大于 17 厘米,适用于 14 周岁及以下儿童穿用〕,〔103 内底长度大于 17 厘米,不适用于 14 周岁及以下儿童穿用〕

协定税率(%)															特惠税率(%)			对美税率	出口税率	出口退税率	Article Description
智利	新西兰	澳大利亚	瑞士	冰岛	秘鲁	哥斯达	东盟	亚太	新加坡	巴基斯坦	港/澳/台	韩国	格鲁吉亚	毛里求斯	亚太	老/柬/缅	LDC 97/95				
0	0	0	0	0	0	0	0	2		3	0/0/	3	0	0			0/0				--Ski-boots, cross-country ski footwear and snowboard boots
																		29	0	0	
																		29	0	13	
0	0	0	4.8	0	0	0	0	5	0	12	0/0/	15.6	0	19.2			0/0				--Other
																		35	0	0	
																		35	0	13	
0	0	0	4.8	0	0	0	0	5	0	12	0/0/	15.6	0	19.2			0/0			13	-Footwear with upper straps or thongs assembled to the soles by means of plugs
																		35	0		
0	0	0	4.8	0	0	0	0	5	0	12	0/0/	15.6	0	19.2			0/0			13	--Covering the ankle
																		35	0		
0	0	0	4.8	0	0	0	0	5	0	12	0/0/	15.6	0	19.2			0/0			13	---With uppers of rubber
																		35	0		
0	0	0	4.8	0	0	0	0	5	0	0	0/0/	15.6	0	19.2			0/0			13	----On a base of woven fabric or other textile materials
																			0		
0	0	0	4.8	0	0	0	0	5	0	0	0/0/	15.6	4.8	19.2			0/0			13	----other
																		35	0		
																					Footwear with outer soles of rubber, plastics, leather or composition leather and uppers of leather:
0	0	0	4.8	0	0	0	0		0		0/0/	15.6	0	19.2		/0/	0/0				--Ski-boots, cross-country ski footwear and snowboard boots
																			0	0	
																			0	13	
0	0	0	3	0	0	0	0		0	12	0/0/	4.5	0	0		/0/	0/0				--Other
																		35	0	0	
																		35	0	13	
0	0	0	4.8	0	0	0	0		0	0	0/0/	15.6	0	19.2		/0/	0/0				-Footwear with outer soles of leather, and uppers which consist of leather straps across the instep and around the big toe
																			0	0	
																			0	13	
0	0	0	4.8	0	0	0	0		0		0/0/	15.6	0	19.2		/0/	0/0				-Other footwear, incorporating a protective metal toe-cap
																		24	0	0	
																		24	0	13	
0	0	0	0	0	0	0	0			3	0/0/	3	0	0		/0/	0/0				----Less than 24cm
																		33	0	0	
																		33	0	13	
0	0	0	0	0	0	0	0			3	0/0/	3	0	0		/0/	0/0				----Other
																		33	0	0	
																		33	0	13	

商品编号	商品名称及备注[检验检疫编码及名称]	进口关税(%)		增值税率(%)	消费税	计量单位	监管条件	检验检疫类别
		最惠国	普通					
64035191	----小于24厘米的							
6403519110	含濒危野生动物皮革制外底皮革面的鞋靴(过踝)(内底长度小于24厘米,运动用靴除外)〔101内底长度小于等于17厘米〕,〔102内底长度大于17厘米〕	8	100	13		千克/双	EF	
6403519190	皮革制外底的皮革面的鞋靴(过踝)(内底长度小于24厘米,运动用靴除外)①	8	100	13		千克/双	A	M/
64035199	----其他							
6403519910	含濒危野生动物皮革制外底皮革面的鞋靴(过踝)(运动用靴除外)②	8	100	13		千克/双	FE	
6403519990	皮革制外底的皮革面短筒靴(过踝)(运动用靴除外)③	8	100	13		千克/双		
64035900	--其他							
6403590010	含濒危野生动物皮革制外底皮革面其他鞋(包括靴,运动用鞋靴除外)④	8	100	13		千克/双	EF	
6403590090	皮革制外底的皮革面其他鞋靴(运动用鞋靴除外)⑤	8	100	13		千克/双		
64039111	----小于24厘米的							
6403911110	其他含濒危野生动物皮革制面过脚踝但低于小腿的鞋靴(内底<24厘米,橡胶、塑料、再生皮革制外底,运动用靴除外)〔101内底长度小于等于17厘米〕,〔102内底长度大于17厘米〕	8	100	13		千克/双	EF	
6403911190	其他皮革制面过脚踝但低于小腿的鞋靴(内底<24厘米,橡胶、塑料、再生皮革制外底,运动用靴除外)⑥	8	100	13		千克/双	A	M/
64039119	----其他							
6403911910	其他含濒危野生动物皮革制面过脚踝但低于小腿的鞋靴(橡胶、塑料、再生皮革制外底,运动用靴除外)〔101内底长度小于等于17厘米〕,〔102内底长度大于17厘米〕	8	100	13		千克/双	EF	
6403911990	其他皮革制面过脚踝但低于小腿的鞋靴(橡胶、塑料、再生皮革制外底,运动用靴除外)〔101内底长度小于等于17厘米〕,〔102内底长度大于17厘米〕	8	100	13		千克/双		
64039191	----小于24厘米的							
6403919110	其他含濒危野生皮革制面的鞋靴(过踝)(内底<24厘米,橡胶、塑料、再生皮革制外底,运动用靴除外)〔101内底长度小于等于17厘米〕,〔102内底长度大于17厘米〕	8	100	13		千克/双	EF	
6403919190	其他皮革制面的鞋靴(过踝)(内底<24厘米,橡胶、塑料、再生皮革制外底,运动用靴除外)⑦	8	100	13		千克/双	A	M/
64039199	----其他							
6403919910	其他含濒危野生皮革制面的鞋靴(过踝)(橡胶、塑料、再生皮革制外底,运动用靴除外)〔101内底长度小于等于17厘米〕,〔102内底长度大于17厘米〕	8	100	13		千克/双	EF	
6403919990	其他皮革制面的鞋靴(过踝)(橡胶、塑料、再生皮革制外底,运动用靴除外)〔101内底长度小于等于17厘米〕,〔102内底长度大于17厘米〕	8	100	13		千克/双		
64039900	--其他							
6403990010	含濒危野生动物皮革制面的其他鞋靴(橡胶、塑料、再生皮革制外底,运动用鞋靴除外)〔101内底长度小于等于17厘米〕,〔102内底长度大于17厘米〕	8	100	13		千克/双	EF	
6403990090	其他皮革制面的其他鞋靴(橡胶、塑料、再生皮革制外底,运动用鞋靴除外)⑧	8	100	13		千克/双		
6404	**橡胶、塑料、皮革或再生皮革制外底,用纺织材料制鞋面的鞋靴:**							
64041100	--运动鞋靴;网球鞋、篮球鞋、体操鞋、训练鞋及类似鞋							
6404110000	纺织材料制鞋面的运动鞋靴(橡胶或塑料制外底,包括球类、体操、训练鞋及类似鞋)〔999〕	10	100	13		千克/双		
64041910	---拖鞋							
6404191000	纺织材料制鞋面胶底的拖鞋[拖鞋,指没有后帮(带),露趾或不露趾的、日常穿用的鞋]〔101内底长度小于等于17厘米〕,〔102内底长度大于17厘米〕	10	100	13		千克/双		
64041990	---其他							
6404199000	纺织材料制鞋面胶底的其他鞋靴(橡胶或塑料制外底,运动用鞋靴除外)⑨	10	100	13		千克/双		
64042010	---拖鞋							
6404201000	纺织材料制鞋面皮革底的拖鞋(拖鞋,指没有后帮(带),露趾或不露趾的、日常穿用的鞋)⑩	10	100	13		千克/双		

① 〔101内底长度小于等于17厘米〕,〔102内底长度大于17厘米,适用于14周岁及以下儿童穿用〕,〔103内底长度大于17厘米,不适用于14周岁及以下儿童穿用〕

② 〔101内底长度小于等于17厘米〕,〔102内底长度大于17厘米〕

③ 〔101内底长度小于等于17厘米〕,〔102内底长度大于17厘米〕

④ 〔101内底长度小于等于17厘米〕,〔102内底长度大于17厘米〕

⑤ 〔101内底长度小于等于17厘米〕,〔102内底长度大于17厘米〕

⑥ 〔101内底长度小于等于17厘米〕,〔102内底长度大于17厘米,适用于14周岁及以下儿童穿用〕,〔103内底长度大于17厘米,不适用于14周岁及以下儿童穿用〕

⑦ 〔101内底长度小于等于17厘米〕,〔102内底长度大于17厘米,适用于14周岁及以下儿童穿用〕,〔103内底长度大于17厘米,不适用于14周岁及以下儿童穿用〕

⑧ 〔101内底长度小于等于17厘米〕,〔102内底长度大于17厘米〕

⑨ 〔101内底长度小于等于17厘米〕,〔102内底长度大于17厘米〕

⑩ 〔101内底长度小于等于17厘米〕,〔102内底长度大于17厘米,非运动鞋〕,〔103运动类鞋靴〕

协定税率(%)															特惠税率(%)			对美税率	出口税率	出口退税率	Article Description
智利	新西兰	澳大利亚	瑞士	冰岛	秘鲁	哥斯达	东盟	亚太	新加坡	巴基斯坦	港/澳/台	韩国	格鲁吉亚	毛里求斯	亚太	老/柬/缅	LDC 97/95				
0	0	0	0	0	0	0	0			3	0/0/	3	0	0		/0/	0/0				----Less than 24cm
																			0	0	
																			0	13	
0	0	0	0	0	0	0	0			3	0/0/	3	0	0		/0/	0/0				----Other
																		33	0	0	
																		33	0	13	
0	0	0	2	0	0	0	0			3	0/0/	3	0	0		/0/	0/0				--Other
																		33	0	0	
																		33	0	13	
0	0	0	2	0	0	0	0		0	4	0/0/	3	0	0		/0/	0/0				----Less than 24cm
																		33	0	0	
																		33	0	13	
0	0	0	0	0	0	0	0		0	0	0/0/	3	0	0		/0/	0/0				----Other
																		33	0	0	
																		33	0	13	
0	0	0	0	0	0	0	0		0	0	0/0/	3	0	0		/0/	0/0				----Less than 24cm
																		33	0	0	
																		33	0	13	
0	0	0	0	0	0	0	0		0	0	0/0/	3	0	0		/0/	0/0				----Other
																		33	0	0	
																		33	0	13	
0	0	0	2	0	0	0	0	5.2	0	0	0/0/	3	0	8		/0/	0/0				--Other
																		33	0	0	
																		33	0	13	
																					Footwear with outer soles of rubber, plastics, leather or composition leather and uppers of textile materials:
0	0	0	4.8	0	0	0	0	5	0	0	0/0/	15.6	0	19.2			0/0			13	--Sports footwear; tennis shoes, basketball shoes, gym shoes, training shoes and the like
																		35	0		
0	0	0	4.8	0	0	0	0	5	0	9.6	0/0/	15.6	0	19.2						13	---Slippers
																		35	0		
0	0	0	4.8	0	0	0	0	5	0	9.6	0/0/	15.6	0	19.2						13	---Other
																		35	0		
0	0	0	4.8	0	0	0	0	5	0	12	0/0/	15.6	0	19.2						13	---Slippers
																			0		

商品编号	商品名称及备注[检验检疫编码及名称]	进口关税(%) 最惠国	普通	增值税率(%)	消费税	计量单位	监管条件	检验检疫类别
64042090	---其他							
6404209000	纺织材料制鞋面皮革底的其他鞋靴(皮革或再生皮革制外底,包括运动用鞋靴)①	10	100	13		千克/双		
6405	**其他鞋靴:**							
64051010	---橡胶、塑料、皮革及再生皮革制外底的							
6405101000	再生皮革制面的,橡胶、塑料、皮革及再生皮革制外底的其他鞋靴②	12	100	13		千克/双		
64051090	---其他材料制外底的							
6405109010	含濒危野生动物皮革制面的其他鞋靴(外底用橡胶、塑料、皮革及再生皮革以外材料制成)〔101 内底长度小于等于 17 厘米〕,〔102 内底长度大于 17 厘米〕	12	100	13		千克/双	EF	
6405109090	其他皮革或再生皮革制面的其他鞋靴(外底用橡胶、塑料、皮革及再生皮革以外材料制成)〔101 内底长度小于等于 17 厘米〕,〔102 内底长度大于 17 厘米〕	12	100	13		千克/双		
64052000	-纺织材料制鞋面的							
6405200010	羊毛毡呢制内底及鞋面的鞋靴(外底用橡胶、塑料、皮革或再生皮革制以外材料制成)〔101 内底长度小于等于 17 厘米〕,〔102 内底长度大于 17 厘米〕	10	100	13		千克/双		
6405200090	纺织材料制鞋面的其他鞋靴(外底用橡胶、塑料、皮革或再生皮革制以外材料制成)〔101 内底长度小于等于 17 厘米〕,〔102 内底长度大于 17 厘米〕	10	100	13		千克/双		
64059010	---橡胶、塑料、皮革及再生皮革制外底的							
6405901000	其他材料制面的橡胶、塑料、皮革及再生皮革制外底的鞋靴(面用皮革,再生皮革及纺织材料以外的材料制成)〔101 日常穿着用〕,〔102 非日常穿着用〕	6	100	13		千克/双		
64059090	---其他材料制外底的							
6405909000	其他材料制面非橡胶、塑料、皮革及再生皮革制外底的鞋靴(面用皮革,再生皮革及纺织材料以外的材料制成)〔101 日常穿着用〕,〔102 非日常穿着用〕	6	100	13		千克/双		
6406	**鞋靴零件(包括鞋面,不论是否带有除外底以外的其他鞋底);活动式鞋内底、跟垫及类似品;护腿、裹腿和类似品及其零件:**							
64061000	-鞋面及其零件,但硬衬除外							
6406100010	含濒危野生动物皮的鞋面及其零件〔999〕	6	90	13		千克/双	FE	
6406100090	其他鞋面及其零件(不包括硬衬及毡呢制品)〔999〕	6	90	13		千克/双		
64062010	---橡胶制的							
6406201000	橡胶制的外底及鞋跟〔999〕	6	90	13		千克/双		
64062020	---塑料制的							
6406202000	塑料制的外底及鞋跟〔999〕	6	90	13		千克/双		
64069010	---木制							
6406901000	其他木制鞋靴零件,活动式鞋内底等(包括跟垫及类似品,护腿、裹腿和类似品及其零件)〔999〕	6	90	13		千克/双		
64069091	----活动式鞋内底、跟垫及类似品							
6406909100	其他材料制活动式鞋内底,跟垫及类似品〔999〕	6	90	13		千克/双		
64069092	----护腿、裹腿和类似品及其零件							
6406909200	其他材料制护腿、裹腿和类似品及其零件〔999〕	6	90	13		千克/双		
64069099	----其他							
6406909900	其他材料制其他鞋靴零件〔999〕	6	90	13		千克/双		

① 〔101 内底长度小于等于 17 厘米〕,〔102 内底长度大于 17 厘米,非运动鞋〕,〔103 运动类鞋靴〕
② 〔101 内底长度小于等于 17 厘米〕,〔102 内底长度大于 17 厘米〕

协定税率(%)															特惠税率(%)			对美税率	出口税率	出口退税率	Article Description
智利	新西兰	澳大利亚	瑞士	冰岛	秘鲁	哥斯达	东盟	亚太	新加坡	巴基斯坦	港/澳/台	韩国	格鲁吉亚	毛里求斯	亚太	老/柬/缅	LDC 97/95				
0	0	0	4.8	0	0	0	0	5	0	12	0/0/	15.6	0	19.2						13	---Other
																		35	0		
																					Other footwear:
0	0	0	4.8	0	0	0	0	6	0	12	0/0/	15.6	0	19.2			0/0			13	---With outer soles of rubber, plastics, leather or composition leather
																			0		
0	0	0	4.8	0	0	0	0	6	0	12	0/0/	15.6	0	19.2			0/0				---Other
																			0	0	
																			0	13	
0	0	0	4.4	0	0	0	0	5	0	11	0/0/	14.3	0	17.6			0/0			13	-With uppers of textile materials
																		35	0		
																		35	0		
0	0	0	3	0	0	0	0	3.9	0	0	0/0/	4.5	0	0			0/0			13	---With outer soles of rubber, plastics, leather or composition leather
																		31	0		
0	0	0	3	0	0	0	0	3.9	0	7.5	0/0/	4.5	0	0			0/0			13	---Other
																		31	0		
																					Parts of footwear (including uppers whether or not attached to soles other than outer soles); removable in-soles, heel cushions and similar articles; gaiters, leggings and similar articles, and parts thereof:
0	0	0	3	0	0	0	0	3.9	0	7.5	0/0/0	9.7	0	0			0/0				-Uppers and parts thereof, other than stiffeners
																		31	0	0	
																		31	0	13	
0	0	0	3	0	0	0	0		0	12	0/0/0	4.5	0	0			0/0			13	---Of rubber
																		31	0		
0	0	0	3	0	0	0	0		0	12	0/0/	4.5	0	0			0/0			13	---Of plastics
																		31	0		
0	0	0	3	0	0	0	0	3.9	0	7.5	0/0/	4.5	0	0			0/0			13	---Of wood
																			0		
0	0	0	3	0	0	0	0	3.9	0	7.5	0/0/0	9.7	0	0			0/0			13	----Re-movable in-soles, heel cushions and similar articles
																		31	0		
0	0	0	3	0	0	0	0	3.9	0	6	0/0/0	9.7	0	0			0/0			13	----Gaiters, leggings and similar articles, and parts thereof
																		31	0		
0	0	0	3	0	0	0	0	3.9	0	6	0/0/0	9.7	0	0			0/0			13	----Other
																		16	0		

第六十五章
帽类及其零件

注释：

一、本章不包括：

（一）品目 63.09 的旧帽类；

（二）石棉制帽类（品目 68.12）；或

（三）第九十五章的玩偶帽、其他玩具帽或狂欢节用品。

二、品目 65.02 不包括缝制的帽坯，但仅将条带缝成螺旋形的除外。

商品编号	商品名称及备注[检验检疫编码及名称]	进口关税(%) 最惠国	进口关税(%) 普通	增值税率(%)	消费税	计量单位	监管条件	检验检疫类别
6501	**毡呢制的帽坯、帽身及帽兜，未楦制成形，也未加帽边；毡呢制的圆帽片及制帽用的毡呢筒（包括裁开的毡呢筒）：**							
65010000	毡呢制的帽坯、帽身及帽兜，未楦制成形，也未加帽边；毡呢制的圆帽片及制帽用的毡呢筒（包括裁开的毡呢筒）							
6501000000	毡呢制帽坯及圆帽片（包括帽身、帽兜及不论是否裁开的制帽毡呢筒）①	10	100	13		千克		
6502	**编结的帽坯或用任何材料的条带拼制而成的帽坯，未楦制成形，也未加帽边、衬里或装饰物：**							
65020000	编结的帽坯或用任何材料的条带拼制而成的帽坯，未楦制成形，也未加帽边、衬里或装饰物							
6502000000	编结或用条带拼制的帽坯（未楦制成形，未加帽边、衬里或装饰物）②	8	100	13		千克		
6504	**编结帽或用任何材料的条带拼制而成的帽类，不论有无衬里或装饰物：**							
65040000	编结帽或用任何材料的条带拼制而成的帽类，不论有无衬里或装饰物							
6504000000	编结或用条带拼制成的帽类（不论有无衬里或饰物）③	8	130	13		个/千克		
6505	**针织或钩编的帽类，用成匹的花边、毡呢或其他纺织物（条带除外）制成的帽类，不论有无衬里或装饰物；任何材料制的发网，不论有无衬里或装饰物：**							
65050010	---发网							
6505001000	发网（不论有无衬里或装饰物）〔999〕	4	130	13		个/千克		
65050020	---钩编的帽类							
6505002000	钩编的帽类④	8	130	13		个/千克		
65050091	----用品目 65.01 的帽身、帽兜或圆帽片制成的毡呢帽类，无论有无衬里或装饰物							
6505009100	成品毡呢制帽类（用品目 65.01 的帽身、帽兜或圆帽片制成，不论有无衬里或装饰物）⑤	8	130	13		个/千克		
65050099	----其他							
6505009900	针织帽类及用其他纺织物（条带除外）制成帽类（包括用成匹的花边、毡呢制成的，不论有无衬里或装饰物）⑥	8	130	13		个/千克		
6506	**其他帽类，不论有无衬里或装饰物：**							

① 〔101 纤维素纤维制生活帽〕，〔102 动物纤维制生活帽〕，〔103 化学纤维制生活帽〕

② 〔101 皮革制生活帽〕，〔102 纤维素纤维制生活帽〕，〔103 动物纤维制生活帽〕，〔104 化学纤维制生活帽〕

③ 〔101 皮革制生活帽〕，〔102 纤维素纤维制生活帽〕，〔103 动物纤维制生活帽〕，〔104 化学纤维制生活帽〕

④ 〔101 纤维素纤维制生活帽〕，〔102 动物纤维制生活帽〕，〔103 化学纤维制生活帽〕

⑤ 〔101 不论有无衬里或装饰物（纤维素纤维制生活帽）〕，〔102 不论有无衬里或装饰物（动物纤维制生活帽）〕，〔103 不论有无衬里或装饰物（化学纤维制生活帽）〕

⑥ 〔101 呢制成的，不论有无衬里或装饰物（纤维素纤维制生活帽）〕，〔102 呢制成的，不论有无衬里或装饰物（动物纤维制生活帽）〕，〔103 呢制成的，不论有无衬里或装饰物（化学纤维制生活帽）〕

Chapter 65
Headgear and parts thereof

Chapter Notes:

1. This Chapter does not cover:
   (a) Worn headgear of heading 63. 09;
   (b) Asbestos headgear (heading 68. 12); or
   (c) "Dolls" hats, other toy hats or carnival articles of Chapter 95.

2. Heading 65. 02 does not cover hat-shapes made by sewing other than those obtained simply by sewing strips in spirals.

协定税率(%)															特惠税率(%)			对美税率	出口税率	出口退税率	Article Description
智利	新西兰	澳大利亚	瑞士	冰岛	秘鲁	哥斯达	东盟	亚太	新加坡	巴基斯坦	港/澳/台	韩国	格鲁吉亚	毛里求斯	亚太	老/柬/缅	LDC 97/95				
																					Hat-forms, hat bodies and hoods of felt, neither blocked to shape nor with made brims; plateaux and manchons (including slit manchons), of felt:
0	0	0	4.4	0	0	0	0		0		0/0/	14.3	0	17.6			0/0			13	Hat-forms, hat bodies and hoods of felt, neither blocked to shape nor with made brims; plateaux and manchons (including slit manchons), of felt
																		30	0		
																					Hat-shapes, plaited or made by assembling strips of any materi-al, neither blocked to shape, nor with made brims, nor lined, nor trimmed:
0	0	0	4	0	0	0	0		0		0/0/	10.6	0	0			0/0			13	Hat-shapes, plaited or made by assembling strips of any material, neither blocked to shape, nor with made brims, nor lined, nor trimmed
																			0		
																					Hats and other headgear, plaited or made by assembling strips of any material, whether or not lined or trimmed:
0	0	0	4	0	0	0	0		0		0/0/	10.6	0	0			0/0			13	Hats and other headgear, plaited or made by assembling strips of any material, whether or not lined or trimmed
																		28	0		
																					Hats and other headgear, knitted or crocheted, or made up from lace, felt or other textile fabric, in the piece (by not in strips), whether or not lined or trimmed; hair-nets of any material, whether or not lined or trimmed:
0	0	0	0	0	0	0	0			3	0/0/	3	0	0			0/0			13	---Hair-nets
																		29	0		
0	0	0	4	0	0	0	0	5.2	0	19	0/0/	10.6	0	16			0/0			13	---Hats and other headgear, knitted or crocheted
																		33	0		
0	0	0	4.4	0	0	0	0	4.8	0		0/0/	14.3	0	17.6			0/0			13	----Felt hats and other felt headgear, made from the hat bodies, hoods or plateaux of heading 65. 01, whether or not lined or trimmed
																		18	0		
0	0	0	4	0	0	0	0	5.2	0	19	0/0/	6	0	16			0/0			13	----Other
																		33	0		
																					Other headgear, whether or not lined or trimmed:

商品编号	商品名称及备注[检验检疫编码及名称]	进口关税(%)		增值税率(%)	消费税	计量单位	监管条件	检验检疫类别
		最惠国	普通					
65061000	-安全帽							
6506100010	防护罩(带有能够滤除生物因子滤器的面罩)〔999〕	4	100	13		个/千克	3	
6506100090	其他安全帽(不论有无衬里或饰物)〔101 工业用安全帽〕,〔102 非工业用安全帽〕	4	100	13		个/千克		
65069100	--橡胶或塑料制							
6506910000	橡胶或塑料制帽类(不论有无衬里或饰物,不包括安全帽)〔999〕	4	100	13		个/千克		
65069910	---皮革制							
6506991010	含濒危野生动物皮革制帽类〔999〕	8	130	13		个/千克	EF	
6506991090	其他皮革制帽类〔999〕	8	130	13		个/千克		
65069920	---毛皮制							
6506992010	含濒危野生动物毛皮制的帽类(无论有无衬里或饰物)〔999〕	4	130	13		个/千克	EF	
6506992090	其他毛皮制的帽类(无论有无衬里或饰物)〔999〕	4	130	13		个/千克		
65069990	---其他							
6506999000	其他材料制的未列名帽类(不论有无衬里或饰物)〔999〕	10	100	13		个/千克		
6507	**帽圈、帽衬、帽套、帽帮、帽骨架、帽舌及帽颏带:**							
65070000	帽圈、帽衬、帽套、帽帮、帽骨架、帽舌及帽颏带							
6507000010	含濒危野生动物成分的帽类附件(指帽圈、衬、套、帮、骨架、舌及颏带)〔999〕	10	100	13		千克	FE	
6507000090	其他帽类附件(指帽圈、衬、套、帮、骨架、舌及颏带)〔999〕	10	100	13		千克		

协定税率(%)															特惠税率(%)			对美税率	出口税率	出口退税率	Article Description
智利	新西兰	澳大利亚	瑞士	冰岛	秘鲁	哥斯达	东盟	亚太	新加坡	巴基斯坦	港/澳/台	韩国	格鲁吉亚	毛里求斯	亚太	老/柬/缅	LDC 97/95				
0	0	0	0	0	0	0	0			4	0/0/	3	0	0			0/0			13	-Safety headgear
																		29	0		
																		29	0		
0	0	0	0	0	0	0	0			3	0/0/	3	0	0			0/0			13	--Of rubber or of plastics
																		14	0		
0	0	0	0	0	0	0	0			4	0/0/	3	0	0			0/0				---Of leather
																		28	0	0	
																		28	0	13	
0	0	0	0	0	0	0	0			3	0/0/	3	0	0			0/0				---Of furskin
																		14	0	0	
																		14	0	13	
0	0	0	4.8	0	0	0	0		0		0/0/	15.6	0	19.2			0/0			13	---Other
																		35	0		
																					Head-bands, linings, covers, hat foundations, hat frames, peaks and chinstraps, for headgear:
0	0	0	4.8	0	0	0	0		0		0/0/	15.6	0	19.2			0/0				Head-bands, linings, covers, hat foundations, hat frames, peaks and chinstraps, for headgear
																		20	0	0	
																		20	0	13	

第六十六章
雨伞、阳伞、手杖、鞭子、马鞭及其零件

注释：

一、本章不包括：

（一）丈量用杖及类似品（品目 90.17）；

（二）火器手杖、刀剑手杖、灌铅手杖及类似品（第九十三章）；或

（三）第九十五章的货品（例如，玩具雨伞、玩具阳伞）。

二、品目 66.03 不包括纺织材料制的零件、附件及装饰品或者任何材料制的罩套、流苏、鞭梢、伞套及类似品。此类货品即使与品目 66.01 或 66.02 的物品一同报验，只要未装配在一起，则不应视为上述税号所列物品的组成零件，而应分别归入各有关税号。

商品编号	商品名称及备注[检验检疫编码及名称]	进口关税(%)		增值税率(%)	消费税	计量单位	监管条件	检验检疫类别
		最惠国	普通					
6601	**雨伞及阳伞(包括手杖伞、庭园用伞及类似伞)：**							
66011000	-庭园用伞及类似伞							
6601100000	庭院用伞及类似品(玩具伞除外)〔101 含木制品〕,〔102 不含木制品〕	6	130	13		千克/把		
66019100	--折叠伞							
6601910000	折叠伞(玩具伞除外)〔101 含木制品〕,〔102 不含木制品〕	4	130	13		千克/把		
66019900	--其他							
6601990000	其他伞(玩具伞除外)〔101 含木制品〕,〔102 不含木制品〕	4	130	13		千克/把		
6602	**手杖、带座手杖、鞭子、马鞭及类似品：**							
66020000	手杖、带座手杖、鞭子、马鞭及类似品							
6602000011	含濒危野生动物成分的手杖、带座手杖(包括马鞭、鞭子及类似品)〔101 含木制品〕,〔102 不含木制品〕	4	130	13		千克/把	EF	
6602000019	动植物材料制手杖、鞭子及类似品(包括带座手杖)〔101 含木制品〕,〔102 不含木制品〕	4	130	13		千克/把		
6602000090	其他手杖、带座手杖、鞭子及类似品〔101 含木制品〕,〔102 不含木制品〕	4	130	13		千克/把		
6603	**品目 66.01 或 66.02 所列物品的零件及装饰品：**							
66032000	-伞骨,包括装在伞柄上的伞骨							
6603200000	伞骨(包括装在伞柄上的伞骨)〔101 含木制品〕,〔102 不含木制品〕	6	130	13		千克		
66039000	-其他							
6603900010	含濒危野生动物成分的伞、手杖的零件及装饰品(包括鞭子的其他零件及饰品)〔101 含木制品〕,〔102 不含木制品〕	6	130	13		千克	EF	
6603900090	伞、手杖及鞭子的其他零件及饰品(罩套、流苏、鞭梢及纺织材料制品除外)〔101 含木制品〕,〔102 不含木制品〕	6	130	13		千克		

Chapter 66
Umbrellas, sun umbrellas, walking-sticks, seat-sticks, whips, riding-crops and parts thereof

Chapter Notes:

1. This Chapter does not cover:
   (a) Measure walking-sticks or the like (heading 90.17);
   (b) Firearm-sticks, sword-sticks, loaded walking-sticks or the like (Chapter 93); or
   (c) Goods of Chapter 95 (for example, toy umbrellas, toy sun umbrellas).

2. Heading 66.03 does not cover parts, trimmings or accessories of textile material, or covers, tassels, thongs, umbrella cases or the like, of any material. Such goods presented with, but not fitted to, articles of heading 66.01 or 66.02 are to be classified separately and are not to be treated as forming part of those articles.

协定税率(%)															特惠税率(%)			对美税率	出口税率	出口退税率	Article Description
智利	新西兰	澳大利亚	瑞士	冰岛	秘鲁	哥斯达	东盟	亚太	新加坡	巴基斯坦	港/澳/台	韩国	格鲁吉亚	毛里求斯	亚太	老/柬/缅	LDC 97/95				
																					Umbrellas and sun umbrellas (including walking-stick umbrellas, garden umbrellas and similar umbrellas):
0	0	0	2.8	0	0	0	0		0	7	0/0/	4.2	0	0			0/0			13	-Garden or similar umbrellas
																		16	0		
0	0	0	0	0	0	0	0			3	0/0/	3	0	0			0/0			13	--Having a telescopic shaft
																		29	0		
0	0	0	0	0	0	0	0			3	0/0/	3	0	0			0/0			13	--Other
																		29	0		
																					Walking-sticks, seat-sticks, whips, ridingcrops and the like:
0	0	0	0	0	0	0	0			3	0/0/	3	0	0			0/0				Walking-sticks, seat-sticks, whips, riding-crops and the like
																		29	0	0	
																		29	0	13	
																		29	0	13	
																					Parts, trimmings and accessories of articles of heading 66.01 or 66.02:
0	0	0	2.8	0	0	0	0		0	11.2	0/0/	4.2	0	0			0/0			13	-Umbrella frames, including frames mounted on shafts (sticks)
																		31	0		
0	0	0	2.8	0	0	0	0		0	11.2	0/0/	4.2	0	0			0/0				-Other
																		31	0	0	
																		31	0	13	

第六十七章
已加工羽毛、羽绒及其制品；人造花；人发制品

注释：

一、本章不包括：

（一）人发制滤布（品目59.11）；

（二）花边、刺绣品或其他纺织物制成的花卉图案（第十一类）；

（三）鞋靴（第六十四章）；

（四）帽类及发网（第六十五章）；

（五）玩具、运动用品或狂欢节用品（第九十五章）；或

（六）羽毛掸帚、粉扑及人发制的筛子（第九十六章）。

二、品目 67.01 不包括：

（一）羽毛或羽绒仅在其中作为填充料的物品（例如，品目 94.04 的寝具）；

（二）羽毛或羽绒仅作为饰物或填充料的衣服或衣着附件；或

（三）品目 67.02 的人造花、叶及其部分品，以及它们的制成品。

三、品目 67.02 不包括：

（一）玻璃制品（第七十章）；或

（二）用陶器、石料、金属、木料或其他材料经模铸、锻造、雕刻、冲压或其他方法整件制成形的人造花、叶或果实，用捆扎、胶粘及类似方法以外的其他方法将部分品组合而成的上述制品。

商品编号	商品名称及备注［检验检疫编码及名称］	进口关税（%）		增值税率（%）	消费税	计量单位	监管条件	检验检疫类别
		最惠国	普通					
6701	**带羽毛或羽绒的鸟皮及鸟体其他部分、羽毛，部分羽毛、羽绒及其制品（品目 05.05 的货品和经加工的羽管及羽轴除外）：**							
67010000	带羽毛或羽绒的鸟皮及鸟体其他部分、羽毛，部分羽毛、羽绒及其制品（品目 05.05 的货品和经加工的羽管及羽轴除外）							
6701000010	已加工野禽羽毛、羽绒及其制品〔999〕	8	130	13		千克	AFEB	P/Q
6701000090	其他已加工羽毛、羽绒及其制品（品目 05.05 的货品及经加工的羽管及羽轴除外）〔999〕	8	130	13		千克	AB	P/Q
6702	**人造花、叶、果实及其零件；用人造花、叶或果实制成的物品：**							
67021000	-塑料制							
6702100000	塑料制花、叶、果实及其制品（包括花、叶、果实的零件）〔101 含木制品〕，〔102 不含木制品〕	8	130	13		千克		
67029010	---羽毛制							
6702901010	野禽羽毛制花、叶、果实及其制品〔101 含木制品〕，〔102 不含木制品〕	8	130	13		千克	AFEB	P/Q
6702901090	其他羽毛制花、叶、果实及其制品（包括花、叶、果实的零件）〔101 含木制品〕，〔102 不含木制品〕	8	130	13		千克	AB	P/Q
67029020	---丝及绢丝制							
6702902000	丝或绢丝制花、叶、果实及其制品（包括花、叶、果实的零件）〔101 含木制品〕，〔102 不含木制品〕	8	130	13		千克		
67029030	---化学纤维制							
6702903000	化学纤维制花、叶、果实及其制品（包括花、叶、果实的零件）〔101 含木制品〕，〔102 不含木制品〕	8	130	13		千克		
67029090	---其他							
6702909000	其他材料制花、叶、果实及其制品（包括花、叶、果实的零件）〔101 含木制品〕，〔102 不含木制品〕	8	130	13		千克		

Chapter 67

Prepared feathers and down and articles made of feathers or of down; artificial flowers; articles of human hair

Chapter Notes:

1. This Chapter does not cover:

(a) Straining cloth of human hair (heading 59.11);

(b) Floral motifs of lace, of embroidery or other textile fabric (Section XI);

(c) Footwear (Chapter 64);

(d) Headgear or hair-nets (Chapter 65);

(e) Toys, sports requisites or carnival articles (Chapter 95); or

(f) Feather dusters, powder-puffs or hair sieves (Chapter 96).

2. Heading 67.01 does not cover:

(a) Articles in which feathers or down constitute only filling or padding (for example, bedding of heading 94.04);

(b) Articles of apparel or clothing accessories in which feathers or down constitute no more than mere trimming or padding; or

(c) Artificial flowers or foliage or parts thereof or made up articles of heading 67.02.

3. Heading 67.02 does not cover:

(a) Articles of glass (Chapter 70); or

(b) Artificial flowers, foliage or fruit of pottery, stone, metal, wood or other materials, obtained in one piece by moulding, forging, carving, stamping or other process, or consisting of parts assembled otherwise than by binding, gluing, fitting into one another or similar methods.

协定税率(%)															特惠税率(%)			对美税率	出口税率	出口退税率	Article Description
智利	新西兰	澳大利亚	瑞士	冰岛	秘鲁	哥斯达	东盟	亚太	新加坡	巴基斯坦	港/澳/台	韩国	格鲁吉亚	毛里求斯	亚太	老/柬/缅	LDC 97/95				
																					Skins and other parts of birds with their feathers or down, feathers, parts of feathers, down and articles thereof (other than goods of heading 05.05 and worked quills and scapes):
0	0	0	4	0	0	0	0		0		0/0/	10.6	0	0			0/0			13	Skins and other parts of birds with their feathers or down, feathers, parts of feathers, down and articles thereof (other than goods of heading 05.05 and worked quills and scapes)
																		18	0		
																		18	0		
																					Artificial flowers, foliage and fruit and parts thereof; articles made of artificial flowers, foliage or fruit:
0	0	0	4	0	0	0	0		0		0/0/	10.6	0	0			0/0			13	-Of plastics
																		18	0		
0	0	0	4	0	0	0	0	4.8	0		0/0/	10.6	0	0			0/0			13	---Of feathers or down
																			0		
																			0		
0	0	0	4.8	0	0	0	0		0		0/0/	15.6	0	19.2			0/0			13	---Of silk or silk waste
																		33	0		
0	0	0	4.8	0	0	0	0		0		0/0/	15.6	0	19.2			0/0			13	---Of man-made fibres
																		23	0		
0	0	0	4	0	0	0	0		0		0/0/	10.6	0	0			0/0			13	---Other
																		33	0		

商品编号	商品名称及备注[检验检疫编码及名称]	进口关税(%) 最惠国	进口关税(%) 普通	增值税率(%)	消费税	计量单位	监管条件	检验检疫类别
6703	**经梳理、稀疏、脱色或其他方法加工的人发;作假发及类似品用的羊毛、其他动物毛或其他纺织材料:**							
67030000	经梳理、稀疏、脱色或其他方法加工的人发;作假发及类似品用的羊毛、其他动物毛或其他纺织材料							
6703000000	经梳理、稀疏等方法加工的人发(包括作假发及类似品用羊毛、其他动物毛或其他纺织材料)〔101 含木制品〕,〔102 不含木制品〕	8	100	13		千克		
6704	**人发、动物毛或纺织材料制的假发、假胡须、假眉毛、假睫毛及类似品;其他税号未列名的人发制品:**							
67041100	--整头假发							
6704110000	合成纺织材料制整头假发〔101 含木制品〕,〔102 不含木制品〕	8	130	13		千克		
67041900	--其他							
6704190000	合成纺织材料制其他假发、须等(不包括整头假发)〔101 含木制品〕,〔102 不含木制品〕	8	130	13		千克		
67042000	-人发制							
6704200000	人发制假发、须、眉及类似品(包括整头假发)〔101 含木制品〕,〔102 不含木制品〕	6	130	13		千克		
67049000	-其他材料制							
6704900000	其他材料制假发、须、眉及类似品(包括整头假发)〔101 含木制品〕,〔102 不含木制品〕	8	130	13		千克		

协定税率(%)															特惠税率(%)			对美税率	出口税率	出口退税率	Article Description
智利	新西兰	澳大利亚	瑞士	冰岛	秘鲁	哥斯达	东盟	亚太	新加坡	巴基斯坦	港/澳/台	韩国	格鲁吉亚	毛里求斯	亚太	老/柬/缅	LDC 97/95				
																					Human hair, dressed, thinned, bleached or otherwise worked; wool or other animal hair or other textile materials, prepared for use in making wigs or the like:
0	0	0	4	0	0	0	0	5.2	0	18	0/0/	6	0	0			0/0			10	Human hair, dressed, thinned, bleached or otherwise worked; wool or other animal hair or other textile materials, prepared for use in making wigs or the like
																		33	0		
																					Wigs, false beards, eyebrows and eyelashes, switches and the like, of human or animal hair or of textile materials; articles of human hair not elsewhere specified or included:
0	0	0	8	0	0	0	0		0		0/0/	16.2	0	20			0/0			10	--Complete wigs
																		28	0		
0	0	0	8	0	0	0	0		0		0/0/	16.2	0	20			0/0			10	--Other
																		33	0		
0	0	0	3	0	0	0	0		0	12	0/0/	4.5	0	0			0/0			10	-Of human hair
																		16	0		
0	0	0	8	0	0	0	0		0		0/0/	16.2	0	20			0/0			10	-Of other materials
																		33	0		

第十三类
石料、石膏、水泥、石棉、云母及类似材料的制品；陶瓷产品；玻璃及其制品

第六十八章
石料、石膏、水泥、石棉、云母及类似材料的制品

注释：

一、本章不包括：

（一）第二十五章的货品；

（二）品目48.10或48.11的经涂布、浸渍或覆盖的纸及纸板（例如，用云母粉或石墨涂布的纸及纸板、沥青纸及纸板）；

（三）第五十六章或第五十九章的经涂布、浸渍或包覆的纺织物（例如，用云母粉、沥青涂布或包覆的织物）；

（四）第七十一章的物品；

（五）第八十二章的工具及其零件；

（六）品目84.42的印刷用石板；

（七）绝缘子（品目85.46）或绝缘材料制的零件（品目85.47）；

（八）牙科用磨锉（品目90.18）；

（九）第九十一章的物品（例如，钟及钟壳）；

（十）第九十四章的物品（例如，家具、灯具及照明装置、活动房屋）；

（十一）第九十五章的物品（例如，玩具、游戏品及运动用品）；

（十二）用第九十六章注释二（二）所述材料制成的品目96.02的物品或品目96.06的物品（例如，纽扣）、品目96.09的物品（例如，石笔）、品目96.10的物品（例如，绘画石板）或品目96.20的物品（独脚架、双脚架、三脚架及类似品）；或

（十三）第九十七章的物品（例如，艺术品）。

二、品目68.02所称"已加工的碑石或建筑用石"，不仅适用于已加工的品目25.15、25.16的各种石料，也适用于所有经类似加工的其他天然石料（例如，石英岩、燧石、白云石及冻石），但不适用于板岩。

商品编号	商品名称及备注[检验检疫编码及名称]	进口关税(%) 最惠国	进口关税(%) 普通	增值税率(%)	消费税	计量单位	监管条件	检验检疫类别
6801	**天然石料(不包括板岩)制的长方砌石、路缘石、扁平石：**							
68010000	天然石料(不包括板岩)制的长方砌石、路缘石、扁平石							
6801000000	长方砌石，路缘石，扁平石[由天然石料(不包括板岩)所制]〔999〕	12	70	13		千克		
6802	**已加工的碑石或建筑用石(不包括板岩)及其制品，但品目68.01的货品除外；天然石料(包括板岩)制的镶嵌石(马赛克)及类似品，不论是否有衬背；天然石料(包括板岩)制的人工染色石粒、石片及石粉：**							
68021010	---大理石							
6802101000	大理石制砖，瓦，方块及类似品(不论是否为矩形，可置入边长<7厘米的方格)〔999〕	15	90	13		千克		
68021090	---其他							
6802109000	其他石料制砖瓦、方块及类似品(可置入边长<7厘米的方格，板岩除外，但包括板岩制嵌石)〔999〕	15	90	13		千克		
68022110	---大理石							
6802211000	经简单切削或锯开的大理石及制品(具有一个平面)〔999〕	10	90	13		千克		
68022120	---石灰华							
6802212000	经简单切削或锯开的石灰华及制品(具有一个平面)〔999〕	15	90	13		千克		
68022190	---其他							

SECTION XIII
ARTICLES OF STONE, PLASTER, CEMENT, ASBESTOS, MICA OR SIMILAR MATERIALS; CERAMIC PRODUCTS; GLASS AND GLASSWARE

Chapter 68
Articles of stone, plaster, cement, asbestos, mica or similar materials

Chapter Notes:

1. This Chapter does not cover:
   (a) Goods of Chapter 25;
   (b) Coated, impregnated or covered paper and paperboard of heading 48. 10 or 48. 11 (for example, paper and paperboard coated with mica powder or graphite, bituminised or asphalted paper and paperboard);
   (c) Coated, impregnated or covered textile fabric of Chapter 56 or 59 (for example, fabric coated or covered with mica powder, bituminised or asphalted fabric);
   (d) Articles of Chapter 71;
   (e) Tools or parts of tools, of Chapter 82;
   (f) Lithographic stones of heading 84. 42;
   (g) Electrical insulators (heading 85. 46) or fittings of insulating material of heading 85. 47;
   (h) Dental burrs (heading 90. 18);
   (ij) Articles of Chapter 91 (for example, clocks and clock cases);
   (k) Articles of Chapter 94 (for example, furniture, lamps and lighting fittings, prefabricated buildings);
   (l) Articles of Chapter 95 (for example, toys, games and sports requisites);
   (m) Articles of heading 96. 02, if made of materials specified in Note 2 (b) to Chapter 96, or of heading 96. 06 (for example, buttons), of heading 96. 09 (for example, slate pencils), heading 96. 10 (for example, drawing slates) or of heading 96. 20 (monopods, bipods, tripods and similar articles); or
   (n) Articles of Chapter 97 (for example, works of art).
2. In heading 68. 02 the expression "worked monumental or building stone" applies not only to the varieties of stone referred to in heading 25. 15 or 25. 16 but also to all other natural stone (for example, quartzite, flint, dolomite and steatite) similarly worked; it does not, however, apply to slate.

协定税率(%)															特惠税率(%)			对美税率	出口税率	出口退税率	Article Description
智利	新西兰	澳大利亚	瑞士	冰岛	秘鲁	哥斯达	东盟	亚太	新加坡	巴基斯坦	港/澳/台	韩国	格鲁吉亚	毛里求斯	亚太	老/柬/缅	LDC 97/95				
																					Setts, curbstones and flagstones, of natural stone (except slate):
0	0	0	2.4	0	0	0	0		0	6	0/0/	3.6	0	0			0/0			0	Setts, curbstones and flagstones, of natural stone (except slate)
																			0		
																					Worked monumental or building stone (except slate) and articles thereof, other than goods of heading 68. 01; mosaic cubes and the like, of natural stone (including slate), whether or not on a backing; artificially co-loured granules, chippings and powder, of natural stone (including slate):
0	0	0	4.8	0	0	0	0	9.8	0	0	0/0/	15.6	0	19.2			0/0			0	---Marble
																			0		
0	0	0	4	0	0	0	0	9.8	0	0	0/0/	10.6	0	0			0/0			0	---Other
																			0		
0	0	0	0	0	0	0	0			0	0/0/	3	0	0			0/0			0	---Marble
																		35	0		
0	0	0	4.8	0	0	0	0	10.5	0	0	0/0/	15.6	0	19.2			0/0			13	---Travertine
																			0		
0	0	0	4.8	0	0	0	0	10.5	0	0	0/0/	15.6	0	19.2			0/0			0	---Other

商品编号	商品名称及备注[检验检疫编码及名称]	进口关税(%) 最惠国	普通	增值税率(%)	消费税	计量单位	监管条件	检验检疫类别
6802219000	经简单切削或锯开的蜡石及制品(具有一个平面)〔999〕	15	90	13		千克		
68022300	--花岗岩							
6802230000	经简单切削或锯开的花岗岩及制品(具有一个平面)〔999〕	10	90	13		千克	A	M/
68022910	---其他石灰石							
6802291000	经简单切削或锯开的其他石灰石(包括制品)〔999〕	15	90	13		千克		
68022990	---其他							
6802299000	经简单切削或锯开的其他石及制品(不包括板岩及制品)〔999〕	15	90	13		千克		
68029110	---石刻							
6802911000	大理石,石灰华及蜡石制石刻〔999〕	15	90	13		千克		
68029190	---其他							
6802919000	其他已加工大理石及蜡石及制品(包括已加工石灰华及制品)〔999〕	10	90	13		千克		
68029210	---石刻							
6802921000	其他石灰石制石刻〔999〕	15	90	13		千克		
68029290	---其他							
6802929000	其他已加工石灰石及制品〔999〕	10	90	13		千克		
68029311	----墓碑石							
6802931100	花岗岩制石刻墓碑石〔999〕	15	90	13		千克	A	M/
68029319	----其他							
6802931900	其他花岗岩制石刻〔999〕	15	90	13		千克	A	M/
68029390	---其他							
6802939000	其他已加工花岗岩及制品〔999〕	10	90	13		千克	A	M/
68029910	---石刻							
6802991000	其他石制成的石刻(不包括板岩制成的石刻)①	15	90	13		千克		
68029990	---其他							
6802999000	其他已加工的石及制品(不包括板岩及制品)〔999〕	15	90	13		千克		
6803	**已加工的板岩及板岩或黏聚板岩的制品:**							
68030010	---板岩制							
6803001000	已加工板岩及板岩制品〔999〕	15	80	13		千克		
68030090	---其他							
6803009000	粘聚板岩制品〔999〕	15	80	13		千克		
6804	**未装支架的石磨、石碾、砂轮和类似品及其零件,用于研磨、磨刃、抛光、整形或切割,以及手用磨石、手用抛光石及其零件,用天然石料、黏聚的天然磨料、人造磨料或陶瓷制成,不论是否装有由其他材料制成的零件:**							
68041000	-碾磨或磨浆用石磨、石碾							
6804100000	碾磨或磨浆用石磨、石碾〔999〕	8	40	13		千克		
68042110	---砂轮							
6804211000	粘聚合成或天然金刚石制的砂轮〔999〕	8	17	13		千克		
68042190	---其他							
6804219000	粘聚合成或天然金刚石制的其他石磨、石碾及类似品②	8	17	13		千克		
68042210	---砂轮							
6804221000	其他砂轮(由其他粘聚磨料或陶瓷所制)〔999〕	8	17	13		千克		
68042290	---其他							
6804229000	其他石磨、石碾及类似品(由其他粘聚磨料或陶瓷所制)〔999〕	8	40	13		千克		
68042310	---砂轮							
6804231000	天然石料制的砂轮〔999〕	8	17	13		千克		
68042390	---其他							
6804239000	天然石料制其他石磨、石碾等(包括类似品)〔999〕	8	40	13		千克		
68043010	---琢磨油石							
6804301000	手用琢磨油石〔999〕	8	17	13		千克		
68043090	---其他							
6804309000	手用其他磨石及抛光石〔999〕	8	40	13		千克		

① 〔101 含木制品的工艺品〕,〔102 不含木制品的工艺品〕,〔103 其他石材、石料〕
② 〔101 石磨或石碾〕,〔102 其他磨具〕,〔103 其他石材、石料〕

协定税率(%)															特惠税率(%)			对美税率	出口税率	出口退税率	Article Description
智利	新西兰	澳大利亚	瑞士	冰岛	秘鲁	哥斯达	东盟	亚太	新加坡	巴基斯坦	港/澳/台	韩国	格鲁吉亚	毛里求斯	亚太	老/柬/缅	LDC 97/95				
																			0		
0	0	0	0	0	0	0	0	6.5		0	0/0/	3	0	0			0/0			0	--Granite
																			0		
0	0	0	4.8	0	0	0	0		0	0	0/0/	15.6	0	19.2			0/0			0	---Other calcareous stone
																			0		
0	0	0	3	0	0	0	0		0	0	0/0/	4.5	0	0			0/0			0	---Other
																			0		
0	0	0	4.8	0	0	0	0		0	0	0/0/	15.6	0	19.2			0/0			13	---Carvings
																		40	0		
0	0	0	0	0	0	0	0			0	0/0/	3	0	0			0/0			13	---Other
																		35	0		
0	0	0	4.8	0	0	0	0		0	0	0/0/	15.6	0	19.2			0/0			13	---Carvings
																		25	0		
0	0	0	0	0	0	0	0			0	0/0/	3	0	0			0/0			13	---Other
																		30	0		
0	0	0	4.8	0	0	0	0		0	0	0/0/	15.6	0	19.2			0/0			13	----Gravestone
																			0		
0	0	0	4.8	0	0	0	0	10.5	0	0	0/0/	15.6	0	19.2			0/0			13	----Other
																			0		
0	0	0	0	0	0	0	0	6.5		0	0/0/	3	0	0			0/0			13	---Other
																		35	0		
0	0	0	4.8	0	0	0	0		0	0	0/0/	15.6	0	19.2			0/0			13	---Carvings
																		40	0		
0	0	0	4.8	0	0	0	0		0	0	0/0/	15.6	0	19.2			0/0			13	---Other
																		40	0		
																					Worked slate and articles of slate or of agglomerated slate:
0	0	0	4	0	0	0	0		0		0/0/	10.6	0	0			0/0			10	---Of slate
																			0		
0	0	0	4	0	0	0	0		0		0/0/	10.6	0	0			0/0			10	---Other
																			0		
																					Millstones, grindstones, grinding wheels and the like, without frameworks, for grinding, sharpening, polishing, trueing or cutting, hand sharpening or polishing stones, and parts thereof, of natural stone, of agglomerated natural or artificial abrasives, or of ceramics, with or without parts of other materials:
0	0	0	0	0	0	0	0			3	0/0/	0	0	0			0/0			10	-Millstones and grindstones for milling, grinding or pulping
																		18	0		
0	0	0	1.6	0	0	0	0			3	0/0/	2.4	0	0			0/0			10	---Grinding wheels
																			0		
0	0	0	1.6	0	0	0	0			3	0/0/	2.4	0	0			0/0			10	---Other
																			0		
0	0	0	1.6	0	0	0	0			3	0/0/	0	0	0			0/0			10	---Grinding wheels
																		28	0		
0	0	0	0	0	0	0	0			3	0/0/	0	0	0			0/0			10	---Other
																		33	0		
0	0	0	0	0	0	0	0			3	0/0/	0	0	0			0/0			10	---Grinding wheels
																		28	0		
0	0	0	0	0	0	0	0			3	0/0/	2.4	0	0			0/0			10	---Other
																		28	0		
0	0	0	0	0	0	0	0	5.2		3	0/0/	0	0	0			0/0			10	---Oilstones
																		18	0		
0	0	0	0	0	0	0	0	6.4		3	0/0/	2.4	0	0			0/0			10	---Other
																		28	0		

商品编号	商品名称及备注[检验检疫编码及名称]	进口关税(%)		增值税率(%)	消费税	计量单位	监管条件	检验检疫类别
		最惠国	普通					
6805	**砂布、砂纸及以其他材料为底的类似品,不论是否裁切、缝合或用其他方法加工成形:**							
68051000	-砂布							
6805100000	砂布(不论是否裁切,缝合或用其他方法加工成型)〔999〕	8	40	13		千克		
68052000	-砂纸							
6805200000	砂纸(不论是否裁切,缝合或用其他方法加工成型)〔999〕	8	40	13		千克		
68053000	-其他							
6805300000	不以布或纸为底的砂纸类似品〔999〕	8	40	13		千克		
6806	**矿渣棉、岩石棉及类似的矿质棉;页状蛭石、膨胀黏土、泡沫矿渣及类似的膨胀矿物材料;具有隔热、隔音或吸音性能的矿物材料的混合物及制品,但品目 68.11、68.12 或第六十九章的货品除外:**							
68061010	---硅酸铝纤维及其制品							
6806101000	硅酸铝纤维及其制品〔999〕	10	40	13		千克		
68061090	---其他							
6806109001[暂5]	其他矿物纤维,渣球含量<5%〔999〕	10	40	13		千克		
6806109090	其他矿渣棉,岩石棉及类似矿质棉(包括相互混合物,块状、成片或成卷)〔999〕	10	40	13		千克		
68062000	-页状蛭石、膨胀黏土、泡沫矿渣及类似的膨胀矿物材料(包括其相互混合物)							
6806200000	页状硅石、膨胀黏土、泡沫矿渣(包括类似膨胀矿物材料及相互混合物)〔999〕	10	40	13		千克		
68069000	-其他							
6806900000	其他矿物材料的混合物及制品(指具有隔热、隔音或吸音性能的矿物材料的混合物)〔999〕	10	50	13		千克		
6807	**沥青或类似原料(例如,石油沥青或煤焦油沥青)的制品:**							
68071000	-成卷							
6807100000	成卷的沥青或类似原料的制品(如石油沥青或煤焦油沥青)〔999〕	10	50	13		千克		
68079000	-其他							
6807900000	其他形状的沥青或类似原料的制品(如石油沥青或煤焦油沥青)①	10	50	13		千克		
6808	**镶板、平板、瓦、砖及类似品,用水泥、石膏及其他矿物黏合材料黏合植物纤维、稻草、刨花、木片屑、木粉、锯末或木废料制成:**							
68080000	镶板、平板、瓦、砖及类似品,用水泥、石膏及其他矿物黏合材料黏合植物纤维、稻草、刨花、木片屑、木粉、锯末或木废料制成							
6808000000	镶板、平板、瓦、砖及类似品(以水泥等矿物为材料将植物纤维、稻草、刨花等粘合而成)〔999〕	8	40	13		千克		
6809	**石膏制品及以石膏为基本成分的混合材料制品:**							
68091100	--仅用纸、纸板贴面或加强的							
6809110000	未饰的石膏板、片、砖、瓦及类似品(包含以石膏为主成分的混合物制品,用纸、纸板贴面或加强)〔999〕	15	100	13		千克		
68091900	--其他							
6809190000	以其他材料贴面加强的未饰石膏板(含片、砖、瓦及类似品,包含以石膏为主成分的混合物制品)〔999〕	15	100	13		千克		

① 〔301 杂项物质〕,〔999 其他沥青或类似原料的制品〕

协定税率(%)															特惠税率(%)			对美税率	出口税率	出口退税率	Article Description
智利	新西兰	澳大利亚	瑞士	冰岛	秘鲁	哥斯达	东盟	亚太	新加坡	巴基斯坦	港/澳/台	韩国	格鲁吉亚	毛里求斯	亚太	老/柬/缅	LDC 97/95				
																					Natural or artificial abrasive powder or grain, on a base of textile material, of paper, of paperboard or of other materials, whether or not cut to shape or sewn or otherwise made up:
0	0	0	1.6	0	0	0	0			3	0/0/	4.2	0	0			0/0			10	-On a base of woven textile fabric only
																		18	0		
0	0	0	1.6	0	0	0	0			3	0/0/	2.4	0	0			0/0			10	-On a base of paper or paperboard only
																		18	0		
0	0	0	0	0	0	0	0			3	0/0/	2.4	0	0			0/0			10	-On a base of other materials
																		18	0		
																					Slag wool, rock wool and similar mineral wools; exfoliated vermi-culite, expanded clays, foamed slag and similar expanded mineral materials; mixtures and articles of heat-insulating, soundinsulating or soundabsorbing mineral materials, other than those of heading 68. 11 or 68. 12 or of Chapter 69:
0	0	0	2.1	0	0	0	0		0	4	0/0/	3.1	0	0			0/0			10	---Alumino-silicate fibre and articles of alumino-silicate fibre
																		20	0		
0	0	0	2.1	0	0	0	0		0	4	0/0/	3.1	0	0			0/0			10	---Other
																		25	0		
																		30	0		
0	0	0	2.1	0	0	0	0		0	4	0/0/	3.1	0	0			0/0			0	-Exfoliated vermiculite, expanded clays, foamed slag and similar expanded mineral materials (including intermixtures thereof)
																		20	0		
0	0	0	0	0	0	0	0			3	0/0/	5.3	0	0			0/0			0	-Other
																		20	0		
																					Articles of asphalt or of similarmaterial (for example, petroleum bitumen or coal tar pitch):
0	0	0	2.4	0	0	0	0		0	6	0/0/	3.6	0	0			0/0			0	-In rolls
																		35	0		
0	0	0	2.4	0	0	0	0	8	0	4	0/0/	3.6	0	0			0/0			0	-Other
																		35	0		
																					Panels, boards, tiles, blocks and similar articles of vegetable fibre, of straw or of shavings, chips, particles, sawdust or other waste, of wood, agglomerated with cement, plaster or other mineral binders:
0	0	0	2.1	0	0	0	0		0	4	0/0/	3.1	0	0			0/0			6	Panels, boards, tiles, blocks and similar articles of vegetable fibre, of straw or of shavings, chips, particles, sawdust or other waste, of wood, agglomerated with cement, plaster or other mineral binders
																		33	0		
																					Articles of plaster or of compositions based on plaster:
0	0	0	5.6	0	0	0	0		0		0/0/		0	22.4			0/0			10	--Faced or reinforced with paper or paper board only
																		40	0		
0	0	0		0	0	0	0		0		0/0/	16.2	0	20			0/0			10	--Other
																		35	0		

商品编号	商品名称及备注[检验检疫编码及名称]	进口关税(%) 最惠国	进口关税(%) 普通	增值税率(%)	消费税	计量单位	监管条件	检验检疫类别
68099000	-其他制品							
6809900000	其他石膏制品(包括以石膏为主成分的混合材料制品)〔999〕	15	100	13		千克		
6810	**水泥、混凝土或人造石制品,不论是否加强:**							
68101100	--建筑用砖及石砌块							
6810110000	水泥制建筑用砖及石砌块(包括混凝土或人造石制,不论是否加强)〔999〕	10	40	13		千克		
68101910	---人造石制							
6810191000	人造石制砖、瓦、扁平石(含类似品,不论是否加强)〔999〕	10	70	13		千克		
68101990	---其他							
6810199000	水泥或混凝土制其他砖、瓦、扁平石(含类似品,不论是否加强)〔999〕	10	70	13		千克		
68109110	---钢筋混凝土和预应力混凝土管、杆、板、桩等							
6810911000	钢筋混凝土和预应力混凝土管等(包括杆、板、桩等,无论是否加强)〔999〕	10	40	13		千克		
68109190	---其他							
6810919000	水泥制建筑或土木工程用预制构件(包括混凝土或人造石制,不论是否加强)〔999〕	10	40	13		千克		
68109910	---铁道用水泥枕							
6810991000	铁道用水泥枕〔999〕	8	14	13		千克		
68109990	---其他							
6810999000	水泥,混凝土或人造石制其他制品〔999〕	10	70	13		千克		
6811	**石棉水泥、纤维素水泥或类似材料的制品:**							
68114010	---瓦楞板							
6811401000	含石棉的瓦楞板〔999〕	5	40	13		千克		
68114020	---其他片、板、砖、瓦及类似制品							
6811402000	含石棉的片、板、砖、瓦及类似品〔999〕	8	40	13		千克		
68114030	---管子及管子附件							
6811403000	含石棉的管子及管子附件〔999〕	8	40	13		千克		
68114090	---其他制品							
6811409000	含石棉的其他制品〔999〕	8	40	13		千克		
68118100	--瓦楞板							
6811810000	不含石棉的瓦楞板〔999〕	5	40	13		千克		
68118200	--其他片、板、砖、瓦及类似制品							
6811820000	不含石棉的片、板、砖、瓦及类似品〔999〕	8	40	13		千克		
68118910	---管子及管子附件							
6811891000	不含石棉的管子及管子附件〔999〕	8	40	13		千克		
68118990	---其他							
6811899000	不含石棉的其他制品〔999〕	8	40	13		千克		
6812	**已加工的石棉纤维;以石棉为基本成分或以石棉和碳酸镁为基本成分的混合物;上述混合物或石棉的制品(例如,纱线、机织物、服装、帽类、鞋靴、衬垫),不论是否加强,但品目 68.11 或 68.13 的货品除外:**							
68128000	-青石棉的							
6812800000	青石棉或青石棉混合物及其制品(包含服装、衣着附件、帽及鞋靴、毡子、接合纤维及其他青石棉制品)〔999〕	10	40	13		千克		
68129100	--服装、衣着附件、帽类及鞋靴							
6812910000	其他石棉或石棉混合物制的服装(包含衣着附件、帽子及鞋靴)〔999〕	10	40	13		千克		
68129200	--纸、麻丝板及毡子							
6812920000	其他石棉或石棉混合物制的纸、麻丝板(包含毡子)〔999〕	10	40	13		千克		
68129300	--成片或成卷的压缩石棉纤维接合材料							
6812930000	成片或成卷的压缩石棉纤维接合材料(不含青石棉制品)〔999〕	10	40	13		千克		
68129900	--其他							
6812990000	其他石棉或石棉混合物制品〔999〕	10	40	13		千克		

协定税率(%)															特惠税率(%)			对美税率	出口税率	出口退税率	Article Description
智利	新西兰	澳大利亚	瑞士	冰岛	秘鲁	哥斯达	东盟	亚太	新加坡	巴基斯坦	港/澳/台	韩国	格鲁吉亚	毛里求斯	亚太	老/柬/缅	LDC 97/95				
0	0	0		0	0	0	0		0		0/0/	16.2	0	20			0/0			10	-Other articles
																		40	0		
																					Articles of cement, of concrete or of artificial stone, whether or not reinforced:
0	0	0	2.1	0	0	0	0	6.5	0	4	0/0/	3.1	0	0			0/0			10	--Building blocks and bricks
																		20	0		
0	0	0	2.1	0	0	0	0	6.5	0	4	0/0/	3.1	0	0			0/0			10	---Of artificial stone
																		35	0		
0	0	0	2.1	0	0	0	0	6.5	0	4	0/0/	3.1	0	0			0/0			10	---Other
																		35	0		
0	0	0	2.1	0	0	0	0		0	4	0/0/	3.1	0	0			0/0			10	---Reinforced concrete and prestressed concrete tubes, pipes, rods, plates, piles and similar articles
																			0		
0	0	0	2.1	0	0	0	0		0	4	0/0/	3.1	0	0			0/0			10	---Other
																		20	0		
0	0	0	0	0	0	0	0			3	0/0/	0	0	0			0/0			10	---Railway sleepers of concrete
																			0		
0	0	0	2.1	0	0	0	0		0	4	0/0/	3.1	0	0			0/0			10	---Other
																		35	0		
																					Articles of asbestos-cement, of cellulose fibre-cement or the like:
0	0	0	0	0	0	0	0			0	0/0/	0	0	0			0/0			10	---Corrugated sheets
																			0		
0	0	0	2.1	0	0	0	0		0	4	0/0/	3.1	0	0			0/0			10	---Other sheets, panels, tiles and similar articles
																		33	0		
0	0	0	0	0	0	0	0			3	0/0/	0	0	0			0/0			10	---Tubes, pipes and tube or pipe fittings
																			0		
0	0	0	0	0	0	0	0			3	0/0/	2.5	0	0			0/0			10	---Other articles
																		18	0		
0	0	0	0	0	0	0	0			0	0/0/	0	0	0			0/0			10	--Corrugated sheets
																			0		
0	0	0	4.9	0	0	0	0		0	4	0/0/	3.1	0	0			0/0			10	--Other sheets, panels, tiles and similar articles
																		33	0		
0	0	0	0	0	0	0	0			3	0/0/	0	0	0			0/0			10	---Tubes, pipes and tube or pipe fittings
																			0		
0	0	0	0	0	0	0	0			3	0/0/	0	0	0			0/0			10	---Other
																		33	0		
																					Fabricated asbestos fibres; mixtures with a basis of asbestos or with a basis of asbestos and magnesium carbonate; articles of such mixtures or of asbestos (for example, thread, woven fabric, clothing, headgear, footwear, gaskets), whether or not reinforced, other than goods of heading 68.11 or 68.13:
0	0	0	2.1	0	0	0	0		0	4	0/0/	3.1	0	0			0/0			10	-Of crocidolite
																			0		
0	0	0	2.1	0	0	0	0		0	4	0/0/	3.1	0	0			0/0			10	--Clothing, clothing accessories, footwear and headgear
																		35	0		
0	0	0	2.1	0	0	0	0		0	4	0/0/	3.1	0	0			0/0			10	--Paper, millboard and felt
																		20	0		
0	0	0	2.1	0	0	0	0		0	4	0/0/	3.1	0	0			0/0			10	--Compressed asbestos fibre jointing, in sheets or rolls
																		20	0		
0	0	0	0	0	0	0	0			3	0/0/	3	0	0			0/0			10	--Other
																		20	0		

商品编号	商品名称及备注[检验检疫编码及名称]	进口关税(%)		增值税率(%)	消费税	计量单位	监管条件	检验检疫类别
		最惠国	普通					
6813	**以石棉、其他矿物质或纤维素为基本成分的未装配摩擦材料及其制品(例如,片、卷、带、盘、圈、垫及扇形),适于作制动器、离合器及类似品,不论是否与织物或其他材料结合而成:**							
68132010	---闸衬、闸垫							
6813201000	含石棉的闸衬、闸垫(由石棉为基本成分的摩擦材料所制)〔999〕	10	40	13		千克		
68132090	---其他							
6813209000	含石棉的摩擦材料及其他用于制动等用途的制品(摩擦材料由石棉为主原料构成)〔999〕	10	40	13		千克		
68138100	--闸衬、闸垫							
6813810000	其他闸衬、闸垫(其他矿物或纤维素为基本成分的摩擦材料所制)〔999〕	10	40	13		千克		
68138900	--其他							
6813890000	其他摩擦材料及用于制动等用途的制品(摩擦材料由其他矿物或纤维素为主原料构成)〔999〕	10	40	13		千克		
6814	**已加工的云母及其制品,包括黏聚或复制的云母,不论是否附于纸、纸板或其他材料上:**							
68141000	-黏聚或复制云母制的板、片、带,不论是否附于其他材料上							
6814100000	粘聚或复制云母制的板、片、带(不论是否附于其他材料上)〔999〕	8	35	13		千克		
68149000	-其他							
6814900000	其他已加工的云母及其制品(包括粘聚或复制的云母及其他制品)〔999〕	8	35	13		千克		
6815	**其他税号未列名的石制品及其他矿物制品(包括碳纤维及其制品和泥煤制品):**							
68151000	-非电气用的石墨或其他碳精制品							
6815100000	非电气用的石墨或其他碳精制品〔999〕	10	70	13		千克	3	
68152000	-泥煤制品							
6815200000	泥煤制品〔999〕	10	70	13		千克		
68159100	--含有菱镁矿、白云石或铬铁矿的							
6815910000	含菱镁矿、白云石或铬铁矿的制品〔999〕	10	70	13		千克		
68159920	---碳纤维							
6815992010	两用物项管制的碳纤维(比模量≥12.7×10^6米,或比抗拉强度≥23.5×10^4米)〔999〕	17	70	13		千克	3	
6815992090	其他碳纤维〔999〕	17	70	13		千克		
68159931	----碳布							
6815993100	碳布〔999〕	17	70	13		千克		
68159932	----碳纤维预浸料							
6815993210	两用物项管制的碳纤维预浸料(制品)〔999〕	17	70	13		千克	3	
6815993290	其他碳纤维预浸料(制品)〔999〕	17	70	13		千克		
68159939	----其他							
6815993900	其他碳纤维制品〔999〕	17	70	13		千克		
68159940	---玄武岩纤维及其制品							
6815994000	玄武岩纤维及其制品〔999〕	17	70	13		千克		
68159990	---其他							
6815999000	其他未列名石制品及矿物制品〔999〕	10	70	13		千克		

智利	新西兰	澳大利亚	瑞士	冰岛	秘鲁	哥斯达	东盟	亚太	新加坡	巴基斯坦	港/澳/台	韩国	格鲁吉亚	毛里求斯	亚太	老/柬/缅	LDC 97/95	对美税率	出口税率	出口退税率	Article Description
协定税率(%)															特惠税率(%)						
																					Friction material and articles thereof (for example, sheets, rolls, strips, segments, discs, washers, pads), not mounted, for brakes, for clutches or the like, with a basis of asbestos, of other mineral substances or of cellulose, whether or not combined with textile or other materials:
0	0	0	0	0	0	0	0			3	0/0/	3	0	0			0/0			10	---Brake linings and pads
																		20	0		
0	0	0	2.4	0	0	0	0		0	6	0/0/	3.6	0	0			0/0			10	---Other
																		20	0		
0	0	0	0	0	0	0	0			3	0/0/	3	0	0			0/0			10	--Brake linings and pads
																		35	0		
0	0	0	2.4	0	0	0	0		0	6	0/0/	3.6	0	0			0/0			10	--Other
																		20	0		
																					Worked mica and articles of mica, including agglomerated or reconstituted mica, whether or not on a support of paper, paperboard or other materials:
0	0	0	0	0	0	0	0		0	4	0/0/	3.1	0	0			0/0			13	-Plates, sheets and strips of agglomerated or reconstituted mica, whether or not on a support
																		33	0		
0	0	0	2.1	0	0	0	0		0	4	0/0/	3.1	0	0			0/0			10	-Other
																		33	0		
																					Articles of stone or of other mineral substances (including carbon fibres, articles of carbon fibres and articles of peat), not elsewhere specified or included:
0	0	0	3	0	0	0	0		0	12	0/0/		0	0			0/0			0	-Non-electrical articles of graphite or other carbon
																			0		
0	0	0	3	0	0	0	0		0	12	0/0/	4.5	0	0			0/0			0	-Articles of peat
																			0		
0	0	0	3	0	0	0	0		0	12	0/0/	4.5	0	0			0/0			0	--Containing magnesite, dolomite or chromite
																		35	0		
0	0	0	3.5	0	0	0	0		0		0/0/		0	0			0/0			13	---Carbon fibres
																			0		
																			0		
0	0	0	3.5	0	0	0	0		0		0/0/		0	0			0/0			13	----Carbon fabric
																		27	0		
0	0	0	3.5	0	0	0	0		0		0/0/		0	0			0/0			13	----Pre-preg material of carbon fibres
																		27	0		
																		27	0		
0	0	0	3.5	0	0	0	0		0		0/0/		0	0			0/0			13	----Other
																		37	0		
0	0	0	3.5	0	0	0	0		0	0	0/0/	5.2	0	0			0/0			13	---Basalt fiber and articles thereof
																		42	0		
0	0	0	3.5	0	0	0	0		0	0	0/0/	5.2	0	0			0/0			0	---Other
																		30	0		

第六十九章
陶瓷产品

注释：

一、本章仅适用于成形后经过烧制的陶瓷产品。品目 69.04 至 69.14 仅适用于不能归入品目 69.01 至 69.03 的产品。

二、本章不包括：

（一）品目 28.44 的产品；
（二）品目 68.04 的物品；
（三）第七十一章的物品（例如，仿首饰）；
（四）品目 81.13 的金属陶瓷；
（五）第八十二章的物品；
（六）绝缘子（品目 85.46）或绝缘材料制的零件（品目 85.47）；
（七）假牙（品目 90.21）；
（八）第九十一章的物品（例如，钟及钟壳）；
（九）第九十四章的物品（例如，家具、灯具及照明装置、活动房屋）；
（十）第九十五章的物品（例如，玩具、游戏品及运动用品）；
（十一）品目 96.06 的物品（例如，纽扣）或品目 96.14 的物品（例如，烟斗）；或
（十二）第九十七章的物品（例如，艺术品）。

商品编号	商品名称及备注[检验检疫编码及名称]	进口关税(%)		增值税率(%)	消费税	计量单位	监管条件	检验检疫类别
		最惠国	普通					
6901	**硅质化石粉(例如,各种硅藻土)或类似硅土制的砖、块、瓦及其他陶瓷制品:**							
69010000	硅质化石粉(例如,各种硅藻土)或类似硅土制的砖、块、瓦及其他陶瓷制品							
6901000000	硅质化石粉或类似硅土制的砖,瓦(包括硅质化石粉或类似硅土制的其他陶瓷制品)〔999〕	8	50	13		千克		
6902	**耐火砖、块、瓦及类似耐火陶瓷建材制品,但硅质化石粉及类似硅土制的除外:**							
69021000	-单独或同时含有按重量计超过50%的镁、钙或铬(分别以氧化镁、氧化钙及三氧化二铬的含量计)							
6902100000	镁、钙、铬含量超过50%的耐火砖及类似品〔999〕	8	30	13		千克		
69022000	-含有按重量计超过50%的三氧化二铝、二氧化硅或其混合物或化合物							
6902200000	铝,硅含量超过50%的耐火砖及类似品(指超过50%的三氧化二铝,二氧化硅等耐火陶瓷建材制品)〔999〕	8	30	13		千克		
69029000	-其他							
6902900000	其他耐火砖及耐火陶瓷建材制品(包括类似耐火陶瓷制品,品目 69.01 的制品除外)〔999〕	8	30	13		千克		
6903	**其他耐火陶瓷制品(例如,甑、坩埚、马弗罩、喷管、栓塞、支架、烤钵、管子、护套及棒条),但硅质化石粉及类似硅土制的除外:**							
69031000	-含有按重量计超过50%的石墨、其他碳或其混合物							
6903100000	石墨含量超过50%的其他耐火陶瓷制品(包括含超过50%的其他碳及其混合物的制品)〔999〕	8	20	13		千克		
69032000	-含有按重量计超过50%的三氧化二铝或三氧化二铝和二氧化硅的混合物或化合物							
6903200000	氧化铝含量超过50%的其他耐火陶瓷制品(氧化铝包括三氧化二铝和二氧化硅的混合物或化合物)〔999〕	8	20	13		千克		
69039000	-其他							
6903900000	其他耐火陶瓷制品〔999〕	8	20	13		千克		

Chapter 69
Ceramic products

Chapter Notes:

1. This Chapter applies only to ceramic products which have been fired after shaping. Headings 69. 04 to 69. 14 apply only to such products other than those classifiable in headings 69. 01 to 69. 03.

2. This Chapter does not cover:
   (a) Products of heading 28. 44;
   (b) Articles of heading 68. 04;
   (c) Articles of Chapter 71 (for example, imitation jewellery);
   (d) Cermets of heading 81. 13;
   (e) Articles of Chapter 82;
   (f) Electrical insulators (heading 85. 46) or fittings of insulating material of heading 85. 47;
   (g) Artificial teeth (heading 90. 21);
   (h) Articles of Chapter 91 (for example, clocks and clock cases);
   (ij) Articles of Chapter 94 (for example, furniture, lamps and lighting fittings, prefabricated buildings);
   (k) Articles of Chapter 95 (for example, toys, games and sports requisites);
   (l) Articles of heading 96. 06 (for example, buttons) or of heading 96. 14 (for example, smoking pipes); or
   (m) Articles of Chapter 97 (for example, works of art).

协定税率(%)															特惠税率(%)			对美税率	出口税率	出口退税率	Article Description
智利	新西兰	澳大利亚	瑞士	冰岛	秘鲁	哥斯达	东盟	亚太	新加坡	巴基斯坦	港/澳/台	韩国	格鲁吉亚	毛里求斯	亚太	老/柬/缅	LDC 97/95				
																					Bricks, blocks, tiles and other ceramic goods of siliceous fossil meals (for example, kieselguhr, tripolite or diatomite) or of similar siliceous earths:
0	0	0	0	0	0	0	0	5.2		3	0/0/	0	0	0			0/0			0	Bricks, blocks, tiles and other ceramic goods of siliceous fossil meals (for example, kieselguhr, tripolite or diatomite) or of similar siliceous earths
																		33	0		
																					Refractory bricks, blocks, tiles and similar refractory ceramic constructional goods, other than those of siliceous fossil meals or similar siliceous earths:
0	0	0	0	0	0	0	0			3	0/0/	0	0	0			0/0			0	-Containing by weight, singly or together, more than 50% of the elements Mg, Ca or Cr, expressed as MgO, CaO or Cr2O3
																		18	0		
0	0	0	1.6	0	0	0	0			3	0/0/	0	0	0			0/0			0	-Containing by weight more than 50% of alumina (Al2O3), of silica (SiO2) or of a mixture or compound of these products
																		18	0		
0	0	0	0	0	0	0	0			3	0/0/	2.4	0	0			0/0			0	-Other
																		33	0		
																					Other refractory, ceramic goods (for example, retorts, crucibles, muffles, nozzles, plugs, supports, cupels, tubes, pipes, sheaths and rods), other than those of siliceous fossil meals or of similar siliceous earthes:
0	0	0	0	0	0	0	0			3	0/0/	2.4	0	0		0//	0/0			0	-Containing by weight more than 50% of graphite or other carbon or of a mixture of these products
																		18	0		
0	0	0	0	0	0	0	0			3	0/0/	0	0	0		0//	0/0			0	-Containing by weight more than 50% of alumina (Al2O3) or of a mixture of compound of alumina and of silica (SiO2)
																		28	0		
0	0	0	0	0	0	0	0			3	0/0/	0	0	0		0//	0/0			13	-Other
																		18	0		

商品编号	商品名称及备注[检验检疫编码及名称]	进口关税(%)		增值税率(%)	消费税	计量单位	监管条件	检验检疫类别
		最惠国	普通					
6904	**陶瓷制建筑用砖、铺地砖、支撑或填充用砖及类似品：**							
69041000	-建筑用砖							
6904100000	陶瓷制建筑用砖〔999〕	15	90	13		千克/千块		L/
69049000	-其他							
6904900000	陶瓷制铺地砖、支撑或填充用砖(包括类似品)〔999〕	15	90	13		千克		L/
6905	**屋顶瓦、烟囱罩、通风帽、烟囱衬壁、建筑装饰物及其他建筑用陶瓷制品：**							
69051000	-屋顶瓦							
6905100000	陶瓷制屋顶瓦〔999〕	15	90	13		千克		
69059000	-其他							
6905900000	其他建筑用陶瓷制品(包括烟囱罩通风帽,烟囱衬壁,建筑装饰物)〔999〕	15	90	13		千克		L/
6906	**陶瓷套管、导管、槽管及管子附件：**							
69060000	陶瓷套管、导管、槽管及管子附件							
6906000000[暂10]	陶瓷套管、导管、槽管及管子配件〔999〕	15	90	13		千克		
6907	**陶瓷贴面砖、铺面砖,包括炉面砖及墙面砖;陶瓷镶嵌砖(马赛克)及其类似品,不论是否有衬背;饰面陶瓷：**							
69072110	---不论是否矩形,其最大表面积以可置入边长小于7厘米的方格为限							
6907211000	不论是否矩形,其最大表面积以可置入边长<7厘米的方格的贴面砖、铺面砖,包括炉面砖及墙面砖,但编号690730和690740所列商品除外(按重量计吸水率不超过0.5%)〔999〕	7	100	13		千克/平方米		L/
69072190	---其他							
6907219000	其他贴面砖、铺面砖,包括炉面砖及墙面砖,但编号690730和690740所列商品除外(按重量计吸水率不超过0.5%)〔999〕	7	100	13		千克/平方米		L/
69072210	---不论是否矩形,其最大表面积以可置入边长小于7厘米的方格为限							
6907221000	不论是否矩形,其最大表面积以可置入边长<7厘米的方格的贴面砖、铺面砖,包括炉面砖及墙面砖,但编号690730和690740所列商品除外(按重量计吸水率超过0.5%,但不超过10%)〔999〕	7	100	13		千克/平方米		
69072290	---其他							
6907229000	其他贴面砖、铺面砖,包括炉面砖及墙面砖,但编号690730和690740所列商品除外(按重量计吸水率超过0.5%,但不超过10%)〔999〕	7	100	13		千克/平方米		
69072310	---不论是否矩形,其最大表面积以可置入边长小于7厘米的方格为限							
6907231000	不论是否矩形,其最大表面积以可置入边长<7厘米的方格的贴面砖、铺面砖,包括炉面砖及墙面砖,但编号690730和690740所列商品除外(按重量计吸水率超过10%)〔999〕	7	100	13		千克/平方米		
69072390	---其他							
6907239000	其他贴面砖、铺面砖,包括炉面砖及墙面砖,但编号690730和690740所列商品除外(按重量计吸水率超过10%)〔999〕	7	100	13		千克/平方米		
69073010	---不论是否矩形,其最大表面积以可置入边长小于7厘米的方格为限							
6907301000	不论是否矩形,其最大表面积以可置入边长<7厘米的方格的镶嵌砖(马赛克)及其类似品,但编号690740的货品除外〔999〕	7	100	13		千克/平方米		L/
69073090	---其他							
6907309000	其他镶嵌砖(马赛克)及其类似品,但编号690740的货品除外〔999〕	7	100	13		千克/平方米		L/

协定税率(%)															特惠税率(%)			对美税率	出口税率	出口退税率	Article Description
智利	新西兰	澳大利亚	瑞士	冰岛	秘鲁	哥斯达	东盟	亚太	新加坡	巴基斯坦	港/澳/台	韩国	格鲁吉亚	毛里求斯	亚太	老/柬/缅	LDC 97/95				
																					Ceramic building bricks, flooring blocks, support or filler tiles and the like:
0	0	0	3	0	0	0	0		0	12	0/0/	4.5	0	0			0/0			13	-Building bricks
																			0		
0	0	0	4.9	0	0	0	0		0		0/0/	15.9	0	19.6			0/0			13	-Other
																		35	0		
																					Roofing tiles, chimney-pots, cowls, chimney liners, architectural ornaments and other ceramic constructional goods:
0	0	0	4.9	0	0	0	0		0		0/0/	15.9	0	19.6			0/0			13	-Roofing tiles
																		20	0		
0	0	0	4.9	0	0	0	0		0		0/0/	15.9	0	19.6			0/0			13	-Other
																		30	0		
																					Ceramic pipes, conduits, guttering and pipe fittings:
0	0	0	3	0	0	0	0		0	12	0/0/	4.5	0	0			0/0			13	Ceramic pipes, conduits, guttering and pipe fittings
																		30	0		
																					Ceramic flags and paving, hearth or wall tiles; ceramic mosaic cubes and the like, whether or not on a backing; finishing ceramic:
0	0	0	2.4	0	0	0	0	4.6	0	4	0/0/	3.6	0	0			0/0			13	---Tiles, cubes and similar articles, whether or not rectangular, the largest surface area of which is capable of being enclosed in a square the side of which is less than 7cm
																		22	0		
0	0	0	2.4	0	0	0	0		0	6	0/0/	3.6	0	0			0/0			13	---Other
																		32	0		
0	0	0	2.4	0	0	0	0	4.6	0	4	0/0/	3.6	0	0			0/0			13	---Tiles, cubes and similar articles, whether or not rectangular, the largest surface area of which is capable of being enclosed in a square the side of which is less than 7cm
																		32	0		
0	0	0	2.4	0	0	0	0		0	6	0/0/	3.6	0	0			0/0			13	---Other
																		32	0		
0	0	0	2.4	0	0	0	0	4.6	0	4	0/0/	3.6	0	0			0/0			13	---Tiles, cubes and similar articles, whether or not rectangular, the largest surface area of which is capable of being enclosed in a square the side of which is less than 7cm
																			0		
0	0	0	2.4	0	0	0	0		0	6	0/0/	3.6	0	0			0/0			13	---Other
																		32	0		
0	0	0	2.4	0	0	0	0	4.6	0	4	0/0/	3.6	0	0			0/0			13	---Tiles, cubes and similar articles, whether or not rectangular, the largest surface area of which is capable of being enclosed in a square the side of which is less than 7cm
																			0		
0	0	0	2.4	0	0	0	0		0	6	0/0/	3.6	0	0			0/0			13	---Other
																			0		

商品编号	商品名称及备注[检验检疫编码及名称]	进口关税(%)		增值税率(%)	消费税	计量单位	监管条件	检验检疫类别
		最惠国	普通					
69074010	---不论是否矩形,其最大表面积以可置入边长小于7厘米的方格为限							
6907401000	不论是否矩形,其最大表面积以可置入边长<7厘米的方格的饰面陶瓷〔999〕	7	100	13		千克/平方米		L/
69074090	---其他							
6907409000	其他饰面陶瓷〔999〕	7	100	13		千克/平方米		L/
6909	**实验室、化学或其他专门技术用途的陶瓷器;农业用陶瓷槽、缸及类似容器;通常供运输及盛装货物用的陶瓷罐、坛及类似品:**							
69091100	--瓷制							
6909110000	实验室,化学或其他技术用瓷器〔999〕	8	30	13		千克		
69091200	--莫氏硬度为9或以上的物品							
6909120000	摩氏硬度≥9的技术用陶瓷器(实验室、化学或其他专门技术用途的)〔999〕	8	30	13		千克		
69091900	--其他							
6909190000	其他实验室,化学用陶瓷器(包括其他技术用)〔999〕	8	30	13		千克		
69099000	-其他							
6909900000	农业,运输或盛装货物用陶瓷容器〔999〕	15	90	13		千克		
6910	**陶瓷洗涤槽、脸盆、脸盆座、浴缸、坐浴盆、抽水马桶、水箱、小便池及类似的固定卫生设备:**							
69101000	-瓷制							
6910100000	瓷制脸盆,浴缸及类似卫生器具(包括洗涤槽、抽水马桶、小便池等)①	7	100	13		千克/件		
69109000	-其他							
6910900000	陶制脸盆,浴缸及类似卫生器具(包括洗涤槽、抽水马桶、小便池等)②	7	100	13		千克/件	A	M/
6911	**瓷餐具、厨房器具及其他家用或盥洗用瓷器:**							
69111011	----骨瓷							
6911101100	骨瓷餐具〔101食品接触陶瓷产品〕,〔102食品用陶瓷包装〕	7	100	13		千克	A	R/
69111019	----其他							
6911101900	其他瓷餐具〔101食品接触陶瓷产品〕,〔102食品用陶瓷包装〕	7	100	13		千克	A	R/
69111021	----刀具							
6911102100	瓷厨房刀具〔101食品接触陶瓷产品〕,〔102食品用陶瓷包装〕	7	100	13		千克	A	R/
69111029	----其他							
6911102900	其他瓷厨房器具〔101食品接触陶瓷产品〕,〔102食品用陶瓷包装〕	7	100	13		千克	A	R/
69119000	-其他							
6911900000	其他家用或盥洗用瓷器〔999〕	7	100	13		千克		
6912	**陶餐具、厨房器具及其他家用或盥洗用陶器:**							
69120010	---餐具							
6912001000	陶餐具〔101食品接触陶瓷产品〕,〔102食品用陶瓷包装〕	7	100	13		千克	A	R/
69120090	---其他							
6912009000	陶制厨房器具(包括家用或盥洗用的)〔101食品接触陶瓷产品〕,〔102食品用陶瓷包装〕	7	100	13		千克	A	R/
6913	**塑像及其他装饰用陶瓷制品:**							
69131000	-瓷制							
6913100000	瓷塑像及其他装饰用瓷制品〔999〕	7	100	13		千克		
69139000	-其他							
6913900000	陶塑像及其他装饰用陶制品〔999〕	7	100	13		千克		
6914	**其他陶瓷制品:**							

① 〔101洗涤槽〕,〔102面盆〕,〔103浴缸〕,〔104座便器〕,〔105小便器〕,〔106其他卫生瓷〕
② 〔101洗涤槽〕,〔102面盆〕,〔103浴缸〕,〔104座便器〕,〔105小便器〕,〔106其他卫生陶〕

协定税率(%)															特惠税率(%)			对美税率	出口税率	出口退税率	Article Description
智利	新西兰	澳大利亚	瑞士	冰岛	秘鲁	哥斯达	东盟	亚太	新加坡	巴基斯坦	港/澳/台	韩国	格鲁吉亚	毛里求斯	亚太	老/柬/缅	LDC 97/95				
0	0	0	2.4	0	0	0	0	4.6	0	4	0/0/	3.6	0	0			0/0			13	---Tiles, cubes and similar articles, whether or not rectangular, the largest surface area of which is capable of being enclosed in a square the side of which is less than 7cm
																			0		
0	0	0	2.4	0	0	0	0		0	6	0/0/	3.6	0	0			0/0			13	---Other
																		32	0		
																					Ceramic wares for laboratory, chemical or other technical uses; ceramic troughs, tubs and similar receptacles of a kind used in agriculture; ceramic pots, jars and similar articles of a kind used for the conveyance or packing of goods:
0	0	0	0	0	0	0	0			3	0/0/	0	0	0			0/0			13	--Of porcelain or china
																			0		
0	0	0	0	0	0	0	0			3	0/0/	0	0	0			0/0			13	--Articles having a hardness equivalent to 9 or more on the Mohs scale
																			0		
0	0	0	0	0	0	0	0			3	0/0/	0	0	0			0/0			13	--Other
																		18	0		
0	0	0	4.2	0	0	0	0		0		0/0/	13.6	0	0			0/0			13	-Other
																		25	0		
																					Ceramic sinks, wash basins, wash basin pedestals, baths, bidets, water closet pans, flushing cisterns, urinals and similar sanitary fixtures:
0	0	0	0	0	0	0	0	4.6	0	3	0/0/	3	0	0			0/0			10	-Of porcelain or china
																		32	0		
0	0	0	0	0	0	0	0		0	3	0/0/	3	0	0			0/0			10	-Other
																		32	0		
																					Tableware, kitchenware, other household articles and toilet articles, of porcelain or china:
0	0	0	2.4	0	0	0	0	4.6	0	4	0/0/	3.6	0	0			0/0			13	----Bone china
																		32	0		
0	0	0	2.4	0	0	0	0	4.6	0	4	0/0/	3.6	0	0			0/0			13	----Other
																		32	0		
0	0	0	3	0	0	0	0	4.6	0	7.5	0/0/	4.5	0	0			0/0			13	----Knives and the like
																			0		
0	0	0	3	0	0	0	0	4.6	0	7.5	0/0/	4.5	0	0			0/0			13	----Other
																		32	0		
0	0	0	4.9	0	0	0	0	4.6	0	20	0/0/	15.9	0	19.6			0/0			13	-Other
																		32	0		
																					Ceramic tableware, kitchenware, other household articles and toilet articles, other than of procelain or china:
0	0	0	3	0	0	0	0		0	12	0/0/	4.5	0	0			0/0			13	---Tableware
																		32	0		
0	0	0	3	0	0	0	0		0	12	0/0/	4.5	0	0			0/0			13	---Other
																		32	0		
																					Statuettes and other ornamental ceramic articles:
0	0	0	3	0	0	0	0		0	12	0/0/	4.5	0	0			0/0			13	-Of porcelain or china
																		32	0		
0	0	0	3	0	0	0	0		0	12	0/0/	4.5	0	0			0/0			13	-Other
																		32	0		
																					Other ceramic articles:

商品编号	商品名称及备注[检验检疫编码及名称]	进口关税(%)		增值税率(%)	消费税	计量单位	监管条件	检验检疫类别
		最惠国	普通					
69141000	-瓷制							
6914100000	其他瓷制品①	15	100	13		千克		
69149000	-其他							
6914900000	其他陶制品〔101 其他陶瓷及制品〕,〔102 食品接触陶瓷产品〕,〔103 食品用陶瓷包装〕	10	100	13		千克		

① 〔101 其他陶瓷及制品〕,〔102 食品接触陶瓷产品〕,〔103 食品用陶瓷包装〕

协定税率(%)															特惠税率(%)			对美税率	出口税率	出口退税率	Article Description
智利	新西兰	澳大利亚	瑞士	冰岛	秘鲁	哥斯达	东盟	亚太	新加坡	巴基斯坦	港/澳/台	韩国	格鲁吉亚	毛里求斯	亚太	老/柬/缅	LDC 97/95				
0	0	0	4.9	0	0	0	0		0		0/0/	15.9	0	19.6			0/0			13	-Of porcelain or china
																		35	0		
0	0	0	2	0	0	0	0		0	4	0/0/	5.3	0	0			0/0			13	-Other
																		20	0		

第七十章
玻璃及其制品

注释：

一、本章不包括：

（一）品目 32.07 的货品（例如，珐琅和釉料、搪瓷玻璃料及其他玻璃粉、粒或粉片）；

（二）第七十一章的物品（例如，仿首饰）；

（三）品目 85.44 的光缆、品目 85.46 的绝缘子或品目 85.47 所列绝缘材料制的零件；

（四）光导纤维、经光学加工的光学元件、注射用针管、假眼、温度计、气压计、液体比重计或第九十章的其他物品；

（五）有永久固定电光源的灯具及照明装置、灯箱标志或铭牌和类似品及其零件（品目 94.05）；

（六）玩具、游戏品、运动用品、圣诞树装饰品及第九十五章的其他物品（供玩偶或第九十五章其他物品用的无机械装置的玻璃假眼除外）；或

（七）纽扣、保温瓶、香水喷雾器和类似的喷雾器及第九十六章的其他物品。

二、对于品目 70.03、70.04 及 70.05：

（一）玻璃在退火前的各种处理都不视为“已加工”；

（二）玻璃切割成一定形状并不影响其作为板片归类；

（三）所称“吸收、反射或非反射层”，是指极薄的金属或化合物（例如，金属氧化物）镀层，该镀层可以吸收红外线等光线或可以提高玻璃的反射性能，同时仍然使玻璃具有一定程度的透明性或半透明性；或者该镀层可以防止光线在玻璃表面的反射。

三、品目 70.06 所述产品，不论是否具有制成品的特性仍归入该税号。

四、品目 70.19 所称“玻璃棉”，是指：

（一）按重量计二氧化硅的含量在 60%及以上的矿质棉；

（二）按重量计二氧化硅的含量在 60%以下，但碱性氧化物（氧化钾或氧化钠）的含量在 5%以上或氧化硼的含量在 2%以上的矿质棉。

不符合上述规定的矿质棉归入品目 68.06。

五、本协调制度所称“玻璃”，包括熔融石英及其他熔融硅石。

子目注释：

子目 7013.22、7013.33、7013.41 及 7013.91 所称“铅晶质玻璃”，仅指按重量计氧化铅含量不低于 24%的玻璃。

商品编号	商品名称及备注[检验检疫编码及名称]	进口关税(%)		增值税率(%)	消费税	计量单位	监管条件	检验检疫类别
		最惠国	普通					
7001	**碎玻璃及废玻璃；玻璃块料：**							
70010010	---无色光学玻璃块料							
7001001000	无色光学玻璃块料〔999〕	12	50	13		千克		
70010090	---其他							
7001009010	废碎玻璃〔999〕	12	50	13		千克	9	
7001009090	其他玻璃块料〔999〕	12	50	13		千克		
7002	**未加工的玻璃球、棒及管（品目 70.18 的微型玻璃球除外）：**							
70021000	-玻璃球							
7002100000	未加工的玻璃球（品目 70.18 的微型玻璃球除外）〔999〕	12	50	13		千克		
70022010	---光导纤维预制棒							
7002201010	直径≥60 毫米的光导纤维预制棒〔999〕	6	50	13		千克		
7002201090	其他光导纤维预制棒〔999〕	6	50	13		千克		
70022090	---其他							
7002209000	其他未加工的玻璃棒〔999〕	12	50	13		千克		
70023110	---光导纤维用波导级石英玻璃管							
7002311000[暂1]	光导纤维用波导级石英玻璃管（未经加工，熔凝石英或其他熔凝硅石制）〔999〕	5	17	13		千克		
70023190	---其他							
7002319000	熔凝石英或熔凝硅石制其他玻璃管〔999〕	12	50	13		千克		
70023200	--温度在 0℃～300℃ 时线膨胀系数不超过 5×10^{-6}/开尔文的其他玻璃制							
7002320010[暂7]	药用硼硅玻璃管（三氧化二硼含量≥8%）（0℃～300℃时线膨胀系数小于 5×10^{-6}/开尔文的玻璃制）〔999〕	12	50	13		千克		
7002320090	其他未加工的玻璃管（0℃～300℃时线膨胀系数小于 5×10^{-6}/开尔文的玻璃制）〔999〕	12	50	13		千克		

Chapter 70
Glass and glassware

Chapter Notes:

1. This Chapter does not cover:
   (a) Goods of heading 32.07 (for example, vitrifiable enamels and glazes, glass frit, other glass in the form of powder, granules or flakes);
   (b) Articles of Chapter 71 (for example, imitation jewellery);
   (c) Optical fibre cables of heading 85.44, electrical insulators (heading 85.46) or fittings of insulating material of heading 85.47;
   (d) Optical fibres, optically worked optical elements, hypodermic syringes, artificial eyes, thermometers, barometers, hydrometers or other articles of Chapter 90;
   (e) Lamps or lighting fittings, illuminated signs, illuminated name-plates or the like, having a permanently fixed light source, or parts thereof of heading 94.05;
   (f) Toys, games, sports requisites, Christmas tree ornaments or other articles of Chapter 95 (excluding glass eyes without mechanisms for dolls or for other articles of Chapter 95); or
   (g) Buttons, fitted vacuum flasks, scent or similar sprays or other articles of Chapter 96.

2. For the purposes of headings 70.03, 70.04 and 70.05:
   (a) Glass is not regarded as "worked" by reason of any process it has undergone before annealing;
   (b) Cutting to shape does not affect the classification of glass in sheets;
   (c) The expression "absorbent, reflecting or non-reflecting layer" means a microscopically thin coating of metal or of a chemical compound (for example, metal oxide) which absorbs, for example, infra-red light or improves the reflecting qualities of the glass while still allowing it to retain a degree of transparency or translucency; or which prevents light from being reflected on the surface of the glass.

3. The products referred to in heading 70.06 remain classified in that heading whether or not they have the character of articles.

4. For the purposes of heading 70.19, the expression "glass wool" means:
   (a) Mineral wools with a silica (SiO_2) content not less than 60% by weight;
   (b) Mineral wools with a silica (SiO_2) content less than 60% but with an alkaline oxide (K_2O or Na_2O) content exceeding 5% by weight or a boric oxide (B_2O_3) content exceeding 2% by weight.
   Mineral wools which do not comply with the above specifications fall in heading 68.06.

5. Throughout the Nomenclature, the expression "glass" includes fused quartz and other fused silica.

Subheading Note:

For the purposes of subheadings 7013.22、7013.33、7013.41 and 7013.91, the expression "lead crystal" means only glass having a minimum lead monoxide (PbO) content by weight of 24%.

协定税率(%)															特惠税率(%)			对美税率	出口税率	出口退税率	Article Description
智利	新西兰	澳大利亚	瑞士	冰岛	秘鲁	哥斯达	东盟	亚太	新加坡	巴基斯坦	港/澳/台	韩国	格鲁吉亚	毛里求斯	亚太	老/柬/缅	LDC 97/95				
																					Cullet and other waste and scrap of glass; glass in the mass:
0	0	0	2.4	0	0	0	0		0	6	0/0/	3.6	0	0			0/0				---Colourless optical glass in the mass
																		22	0		
0	0	0	2.4	0	0	0	0		0	6	0/0/	3.6	0	0			0/0				---Other
																		22	0		
																		22	0		
																					Glass in balls (other than microspheres of heading 70.18), rods or tubes, unworked:
0	0	0	2.4	0	0	0	0		0	6	0/0/	3.6	0	0			0/0			0	-Balls
																		37	0		
0	0	0	0	0	0	0	0			0	0/0/	0	0	0			0/0			13	---Preformed bars for drawing optical fibre
																		31	0		
																		31	0		
0	0	0	2.4	0	0	0	0		0	6	0/0/	3.6	0	0			0/0			0	---Other
																		22	0		
0	0	0	0	0	0	0	0			0	0/0/	0	0	0			0/0			13	---Waveguide quartz tubes for optical fibres use
																		26	0		
0	0	0	2.8	0	0	0	0		0	11.2	0/0/	4.2	0	0			0/0			0	---Other
																		22	0		
0	0	0	2.4	0	0	0	0		0	6	0/0/	3.6	0	0			0/0			13	--Of other glass having a linear coefficient of expansion not exceeding 5×10-6per Kelvin within a temperature range of 0℃ to 300℃
																		27	0		
																		32	0		

商品编号	商品名称及备注[检验检疫编码及名称]	进口关税(%)		增值税率(%)	消费税	计量单位	监管条件	检验检疫类别
		最惠国	普通					
70023900	--其他							
7002390000	未列名、未加工的玻璃管〔999〕	12	50	13		千克		
7003	**铸制或轧制玻璃板、片或型材及异型材,不论是否有吸收、反射或非反射层,但未经其他加工:**							
70031200	--整块着色、不透明、镶色或具有吸收、反射或非反射层的							
7003120000	铸、轧制着色的非夹丝玻璃板、片(不透明,镶色或有吸收反射或非反射层的,未经其他加工)〔999〕	15	50	13		千克/平方米		
70031900	--其他							
7003190001[暂3]	液晶或有机发光二极管(OLED)显示屏用原板玻璃,包括保护屏用含碱玻璃(铸、轧制的非夹丝玻璃板、片,未着色,透明及不具吸收层的,未经其他加工)〔999〕	15	50	13		千克/平方米		
7003190002[暂5]	手机或平板电脑盖板(包括前盖、后盖)用原板玻璃(未着色,透明及不具吸收层的,未经其他加工)〔999〕	15	50	13		千克/平方米		
7003190090	铸、轧制的其他非夹丝玻璃板、片(未着色,透明及不具吸收层的,未经其他加工)〔999〕	15	50	13		千克/平方米		
70032000	-夹丝玻璃板、片							
7003200000	铸、轧制的夹丝玻璃板、片(未经其他加工)〔999〕	15	50	13		千克/平方米		
70033000	-型材及异型材							
7003300000	铸、轧制的玻璃型材及异型材(未经其他加工)〔999〕	15	50	13		千克/平方米		
7004	**拉制或吹制玻璃板、片,不论是否有吸收、反射或非反射层,但未经其他加工:**							
70042000	-整块着色、不透明、镶色或具有吸收、反射或非反射层的							
7004200000	拉、吹制的着色玻璃板、片(不透明,镶色或有吸收反射或非反射层的,未经其他加工)〔999〕	15	50	13		千克/平方米		
70049000	-其他玻璃							
7004900001[暂9]	光学平板玻璃,厚度<0.7毫米以下(未着色,透明及不具吸收层的,未经其他加工)〔999〕	15	50	13		千克/平方米		
7004900090	拉、吹制的其他玻璃板、片(未着色,透明及不具吸收层的,未经其他加工)〔999〕	15	50	13		千克/平方米		
7005	**浮法玻璃板、片及表面研磨或抛光玻璃板、片,不论是否有吸收、反射或非反射层,但未经其他加工:**							
70051000	-具有吸收、反射或非反射层的非夹丝玻璃							
7005100000	有吸收层非夹丝浮法或抛光玻璃板(包括有反射或非反射层的玻璃板、片)〔999〕	15	50	13		千克/平方米		
70052100	--整块着色、不透明、镶色或仅表面研磨的							
7005210000	其他着色非夹丝浮法玻璃板、片(整块着色,不透明,镶色或仅表面研磨的)〔999〕	15	50	13		千克/平方米		
70052900	--其他							
7005290002[暂3]	液晶或有机发光二极管(OLED)显示屏基板用原板玻璃(非夹丝浮法玻璃板、片)〔999〕	10	50	13		千克/平方米		
7005290003[暂5]	手机或平板电脑盖板(包括前盖、后盖)用原板玻璃〔999〕	10	50	13		千克/平方米		
7005290090	其他非夹丝浮法玻璃板、片〔999〕	10	50	13		千克/平方米		
70053000	-夹丝玻璃							
7005300000	夹丝浮法玻璃板、片(包括表面研磨或抛光的,不论是否有吸收或反射层)〔999〕	15	50	13		千克/平方米		

协定税率(%)															特惠税率(%)			对美税率	出口税率	出口退税率	Article Description
智利	新西兰	澳大利亚	瑞士	冰岛	秘鲁	哥斯达	东盟	亚太	新加坡	巴基斯坦	港/澳/台	韩国	格鲁吉亚	毛里求斯	亚太	老/柬/缅	LDC 97/95				
0	0	0	2.4	0	0	0	0		0	6	0/0/	3.6	0	0			0/0			13	--Other
																		32	0		
																					Cast glass and rolled glass, in sheets or profiles, whether or not having an absorbent, reflecting or non-reflecting layer:
0	0	0	3	0	0	0	0		0	12	0/0/	4.5	0	0			0/0			0	--Coloured throughout the mass (body tinted), opacified, flashed or having an absorbent, reflecting or non-reflecting layer
																		40	0		
0	0	0	3.5	0	0	0	0		0	14	0/0/0	5.2	0	0			0/0				--Other
																		13	0	6	
																		15	0		
																		25	0	0	
0	0	0	3	0	0	0	0		0	12	0/0/	4.5	0	0			0/0			0	-Wired sheets
																			0		
0	0	0	3	0	0	0	0		0	12	0/0/	4.5	0	0			0/0			0	-Profiles
																		25	0		
																					Drawn glass and blown glass, in sheets, whether or not having an absorbent, reflecting or non-reflecting layer, but not otherwise worked:
0	0	0	3.5	0	0	0	0		0	14	0/0/	5.2	0	0			0/0			0	-Glass, coloured throughout the mass (body tinted), opacified, flashed or having an absorbent, reflecting or non-reflecting layer
																		40	0		
0	0	0	3.5	0	0	0	0		0	14	0/0/	11.3	0	0			0/0			0	-Other glass
																		19	0		
																		25	0		
																					Float glass and surface ground or polished glass, in sheets, whether or not having an absorbent, reflecting or non-reflecting layer, but not otherwise worked:
0	0	0	3	0	0	0	0		0	12	0/0/	4.5	0	0			0/0			0	-Non-wired glass, having an absorbent, reflecting or non-reflecting layer
																		25	0		
0	0	0	3	0	0	0	0		0	12	0/0/	4.5	0	0			0/0			0	--Coloured throughout the mass (body tinted), opacified, flashed or merely surface ground
																		35	0		
0	0	0	3	0	0	0	0		0	0	0/0/	4.5	0	0			0/0				--Other
																		23	0	10	
																		25	0		
																		30	0	0	
0	0	0	3.5	0	0	0	0		0	14	0/0/	5.2	0	0			0/0			0	-Wired glass
																		40	0		

商品编号	商品名称及备注[检验检疫编码及名称]	进口关税(%) 最惠国	进口关税(%) 普通	增值税率(%)	消费税	计量单位	监管条件	检验检疫类别
7006	**经弯曲、磨边、镂刻、钻孔、涂珐琅或其他加工的品目 70.03、70.04 或 70.05 的玻璃,但未用其他材料镶框或装配:**							
70060000	经弯曲、磨边、镂刻、钻孔、涂珐琅或其他加工的品目 70.03、70.04 或 70.05 的玻璃,但未用其他材料镶框或装配							
7006000001[暂4]	液晶玻璃基板,6 代(1850 毫米×1500 毫米)以上,不含 6 代(经弯曲、磨边、镂刻、钻孔、涂珐琅等加工,未镶框或装配)〔999〕	10	50	13		千克		
7006000002[暂6]	液晶玻璃基板,6 代(1850 毫米×1500 毫米)及以下(经弯曲、磨边、镂刻、钻孔、涂珐琅等加工,未镶框或装配)〔999〕	10	50	13		千克		
7006000090	经其他加工编号 7003~7005 的玻璃(经弯曲、磨边、镂刻、钻孔、涂珐琅等加工,未镶框或装配)〔999〕	10	50	13		千克		
7007	**钢化或层压玻璃制的安全玻璃:**							
70071110	---航空器、航天器及船舶用							
7007111001[暂1]	空载重量≥25 吨飞机的挡风玻璃〔999〕	2	11	13		千克		
7007111090	航空航天器及船舶用钢化安全玻璃(其他规格及形状适于安装在航空航天器及船上的)〔999〕	2	11	13		千克		
70071190	---其他							
7007119000	车辆用钢化安全玻璃(规格及形状适于安装在车辆上的)〔101 其他车辆零部件〕,〔102 钢化玻璃〕	10	50	13		千克	A	L/
70071900	--其他							
7007190000	其他钢化安全玻璃〔999〕	14	50	13		千克/平方米		L/
70072110	---航空器、航天器及船舶用							
7007211000	航空航天器及船舶用层压安全玻璃(规格及形状适于安装在航空航天器及船上的)〔999〕	2	11	13		千克		
70072190	---其他							
7007219000	车辆用层压安全玻璃(规格及形状适于安装在车辆上的)〔101 其他车辆零部件〕,〔102 钢化玻璃〕	14	50	13		千克	A	L/
70072900	--其他							
7007290000	其他层压安全玻璃〔999〕	14	50	13		千克/平方米		L/
7008	**多层隔温、隔音玻璃组件:**							
70080010	---中空或真空隔温、隔音玻璃							
7008001000	中空或真空隔温、隔音玻璃组件〔101 其他车辆零部件〕,〔102 钢化玻璃〕,〔103 其他玻璃及制品〕	14	50	13		千克		L/
70080090	---其他							
7008009000	其他多层隔温、隔音玻璃组件〔101 其他车辆零部件〕,〔102 钢化玻璃〕,〔103 其他玻璃及制品〕	14	50	13		千克		L/
7009	**玻璃镜(包括后视镜),不论是否镶框:**							
70091000	-车辆后视镜							
7009100000	车辆后视镜(不论是否镶框)〔101 其他车辆零部件〕,〔102 玻璃镜〕	10	100	13		千克		L/
70099100	--未镶框							
7009910001[暂10]	槽式太阳能抛物面反射镜〔999〕	14	70	13		千克		
7009910090	其他未镶框玻璃镜(包括后视镜)〔999〕	14	70	13		千克		
70099200	--已镶框							
7009920000	其他镶框玻璃镜(包括后视镜)〔999〕	12	100	13		千克		
7010	**玻璃制的坛、瓶、缸、罐、安瓿及其他容器,用于运输或盛装货物;玻璃制保藏罐;玻璃塞、盖及类似的封口器:**							
70101000	-安瓿							
7010100000	玻璃安瓿〔999〕	14	50	13		千克		
70102000	-塞、盖及类似的封口器							
7010200000	玻璃制的塞、盖及类似封口器〔101 非食品用玻璃器皿〕,〔102 食品用玻璃包装〕	14	50	13		千克		
70109010	---超过 1 升							

协定税率(%)															特惠税率(%)			对美税率	出口税率	出口退税率	Article Description
智利	新西兰	澳大利亚	瑞士	冰岛	秘鲁	哥斯达	东盟	亚太	新加坡	巴基斯坦	港/澳/台	韩国	格鲁吉亚	毛里求斯	亚太	老/柬/缅	LDC 97/95				
																					Glass of heading 70.03, 70.04 or 70.05, bent, edge-worked, engraved, drilled, enamelled or otherwise worked, but not framed or fitted with other materials:
0	0	0	3	0	0	0	0		0	12	0/0/0	8	0	0			0/0				Glass of heading 70.03, 70.04 or 70.05, bent, edge-worked, engraved, drilled, enamelled or otherwise worked, but not framed or fitted with other materials
																		29	0	13	
																		31	0	13	
																		35	0	13	
																					Safety glass, consisting of toughened (tempered) or laminated glass:
0	0	0	0	0	0	0	0			0	0/0/	0	0	0			0/0			13	---For aircraft, spacecraft or vessels
																			0		
																			0		
0	0	0	0	0	0	0	0			3	0/0/	5.3	0	0			0/0			13	---Other
																		20	0		
0	0	0	2.8	0	0	0	0		0	11.2	0/0/	4.2	0	0			0/0			13	--Other
																		39	0		
0	0	0	0	0	0	0	0			0	0/0/	0	0	0			0/0			13	---for aircraft, spacecraft or vessels
																		12	0		
0	0	0	4	0	0	0	0		0	20	0/0/	13	0	0			0/0			13	---Other
																		24	0		
0	0	0	2.8	0	0	0	0		0	9	0/0/	4.2	0	0			0/0			13	--Other
																		39	0		
																					Multiple-walled insulating units of glass:
0	0	0	2.8	0	0	0	0		0	9	0/0/	4.2	0	0			0/0			13	---Sealed or vacuum insulating glass
																		24	0		
0	0	0	2.8	0	0	0	0		0	9	0/0/	4.2	0	0			0/0			13	---Other
																		39	0		
																					Glass mirrors, whether or not framed, including rear-view mirrors:
0	0	0	0	0	0	0	0		0	4	0/0/0	6.5	0	0			0/0			13	-Rear-view mirrors for vehicles
																		20	0		
0	0	0	4.2	0	0	0	0		0	21	0/0/	13.6	0	0			0/0			13	--Unframed
																		20	0		
																		24	0		
0	0	0	2.4	0	0	0	0	7.8	0	4	0/0/	3.6	0	0			0/0			13	--Framed
																		37	0		
																					Carboys, bottles, flasks, jars, pots, phials, ampoules and other containers, of glass, of a kind used for the conveyance or packing of goods; preserving jars of glass; stoppers, lids and other closures, of glass:
0	0	0	2.8	0	0	0	0		0	9	0/0/	4.2	0	0			0/0			13	-Ampoules
																		39	0		
0	0	0	2.8	0	0	0	0		0	9	0/0/	4.2	0	0			0/0			13	-Stoppers, lids and other closures
																		39	0		
0	0	0	2.8	0	0	0	0		0	9	0/0/	4.2	0	0			0/0			13	---Exceeding 1L

商品编号	商品名称及备注[检验检疫编码及名称]	进口关税(%) 最惠国	普通	增值税率(%)	消费税	计量单位	监管条件	检验检疫类别
7010901000	装运货物或保藏用的玻璃大容器(指超过1升的坛、瓶、缸、罐及其他容器)①	14	50	13		千克		
70109020	---超过0.33升,但不超过1升							
7010902000	装运货物或保藏用的玻璃中容器(指超过0.33升,但不超过1升的坛、瓶、缸、罐及其他容器)〔101非食品用玻璃器皿〕,〔102食品用玻璃包装〕	14	50	13		千克		
70109030	---超过0.15升,但不超过0.33升							
7010903000	装运货物或保藏用的玻璃小容器(指超过0.15升,但不超过0.33升的坛、瓶、缸、罐及其他容器)〔101非食品用玻璃器皿〕,〔102食品用玻璃包装〕	14	50	13		千克		
70109090	---不超过0.15升							
7010909000	装运货物或保藏用的玻璃特小容器(指不超过0.15升的坛、瓶、缸、罐及其他容器)〔101非食品用玻璃器皿〕,〔102食品用玻璃包装〕	14	50	13		千克		
7011	**制灯泡、阴极射线管及类似品用的未封口玻璃外壳(包括玻璃泡及管)及其玻璃零件,但未装有配件:**							
70111000	-电灯用							
7011100000	电灯用未封口玻璃外壳及玻璃零件(未装有配件)〔999〕	12	80	13		千克		
70112010	---显像管玻壳及其零件							
7011201000	显像管玻壳及其零件(未装有配件)〔101其他电光源及其零件〕,〔102其他显像管及其零件〕	10	35	13		千克	6	
70112090	---其他							
7011209000	其他阴极射线管用的未封口玻壳(包括零件,但未装有配件)②	10	35	13		千克	6	
70119010	---电子管用(阴极射线管用的除外)							
7011901000	电子管未封口玻璃外壳及玻璃零件(未装有配件)〔999〕	8	35	13		千克		
70119090	---其他							
7011909000	其他类似品用未封口玻璃外壳零件(未装有配件)〔999〕	14	80	13		千克		
7013	**玻璃器,供餐桌、厨房、盥洗室、办公室、室内装饰或类似用途(品目70.10或70.18的货品除外):**							
70131000	-玻璃陶瓷制							
7013100000	玻璃陶瓷制玻璃器皿(供餐桌、厨房、办公室及室内装饰等用)〔999〕	7	100	13		千克		
70132200	--铅晶质玻璃制							
7013220000	铅晶质玻璃制高脚杯(玻璃陶瓷制的除外)〔101非食品用玻璃器皿〕,〔102食品接触玻璃产品〕	7	100	13		千克		
70132800	--其他							
7013280000	其他玻璃制高脚杯(玻璃陶瓷制的除外)〔101非食品用玻璃器皿〕,〔102食品接触玻璃产品〕	7	100	13		千克	A	R/
70133300	--铅晶质玻璃制							
7013330000	铅晶质玻璃制其他杯(玻璃陶瓷制的除外)③	7	100	13		千克		
70133700	--其他							
7013370000	其他玻璃杯(玻璃陶瓷制的除外)〔101非食品用玻璃器皿〕,〔102食品接触玻璃产品〕,〔103食品用玻璃包装〕	7	100	13		千克	A	R/
70134100	--铅晶质玻璃制							
7013410000	铅晶质玻璃制餐桌、厨房用器皿[(不包括杯子)玻璃陶瓷制的除外]④	7	100	13		千克	A	R/
70134200	--温度在0℃~300℃时线膨胀系数不超过5×10^{-6}/开尔文的其他玻璃制							
7013420000	低膨胀系数玻璃制餐桌厨房用器皿(低膨胀系数指温度0℃~300℃膨胀系数<5×10^{-6}/开尔文)〔101非食品用玻璃器皿〕,〔102食品接触玻璃产品〕,〔103食品用玻璃包装〕	7	100	13		千克	A	R/
70134900	--其他							
7013490000	其他玻璃制餐桌、厨房用器皿(不包括杯子,玻璃陶瓷制的除外)⑤	7	100	13		千克	A	R/
70139100	--铅晶质玻璃制							

① 〔101非食品用玻璃器皿〕,〔102食品用玻璃包装〕
② 〔101其他电光源及其零件〕,〔102其他显像管及其零件〕
③ 〔101非食品用玻璃器皿〕,〔102食品接触玻璃产品〕,〔103食品用玻璃包装〕
④ 〔101非食品用玻璃器皿〕,〔102食品接触玻璃产品〕,〔103食品用玻璃包装〕
⑤ 〔101非食品用玻璃器皿〕,〔102食品接触玻璃产品〕,〔103食品用玻璃包装〕

协定税率(%)															特惠税率(%)			对美税率	出口税率	出口退税率	Article Description
智利	新西兰	澳大利亚	瑞士	冰岛	秘鲁	哥斯达	东盟	亚太	新加坡	巴基斯坦	港/澳/台	韩国	格鲁吉亚	毛里求斯	亚太	老/柬/缅	LDC 97/95				
																		39	0		
0	0	0	2.8	0	0	0	0		0	9	0/0/	4.2	0	0			0/0			13	---Exceeding 0.33L but not exceeding 1L
																		24	0		
0	0	0	2.8	0	0	0	0		0	9	0/0/	4.2	0	0			0/0			13	---Exceeding 0.15L but not exceeding 0.33L
																		39	0		
0	0	0	2.8	0	0	0	0		0	9	0/0/	4.2	0	0			0/0			13	---Not exceeding 0.15L
																		39	0		
																					Glass envelopes (including bulbs and tubes), open, and glass parts thereof, without fittings, for electric lamps, cathode-ray tubes or the like:
0	0	0	4.2	0	0	0	0		0		0/0/	13.6	0	0			0/0			0	-For electric lighting
																		37	0		
0	0	0	0	0	0	0	0	6.5		4	0/0/	3	0	0			0/0			13	---Glass envelopes for kinescope and glass parts thereof
																			0		
0	0	0	0	0	0	0	0	6.5		4	0/0/		0	0			0/0			10	---Other
																		20	0		
0	0	0	0	0	0	0	0			3	0/0/	0	0	0			0/0			10	---For electronic tubes and valves (other than cathode-ray tubes)
																		28	0		
0	0	0	4.2	0	0	0	0		0		0/0/	13.6	0	0			0/0			0	---Other
																		24	0		
																					Glassware of a kind used for table, kitchen, toilet, office, indoor decoration or similar purposes (other than that of heading 70.10 or 70.18):
0	0	0	4.9	0	0	0	0		0		0/0/	15.9	0	19.6			0/0			13	-Of glass-ceramics
																		32	0		
0	0	0	4.9	0	0	0	0		0		0/0/	15.9	0	19.6			0/0			13	--Of lead crystal
																		32	0		
0	0	0	0	0	0	0	0		0	3	0/0/	0	0	0			0/0			13	--Other
																		32	0		
0	0	0	4.9	0	0	0	0		0		0/0/	15.9	0	19.6			0/0			13	--Of lead crystal
																		32	0		
0	0	0	0	0	0	0	0		0	3	0/0/	0	0	0			0/0			13	--Other
																		32	0		
0	0	0	4.9	0	0	0	0		0		0/0/	15.9	0	19.6			0/0			13	--Of lead crystal
																		32	0		
0	0	0	0	0	0	0	0		0	3	0/0/	3	0	0			0/0			13	--Of glass having a linear coefficient of expansion not exceeding 5×10-6 per Kelvin within a temperature range of 0℃ to 300℃
																		22	0		
0	0	0	0	0	0	0	0		0	3	0/0/	3	0	0			0/0			13	--Other
																		32	0		
0	0	0	0	0	0	0	0		0	3	0/0/	3	0	0			0/0			13	--Of lead crystal

商品编号	商品名称及备注[检验检疫编码及名称]	进口关税(%) 最惠国	进口关税(%) 普通	增值税率(%)	消费税	计量单位	监管条件	检验检疫类别
7013910000	其他铅晶质玻璃器皿〔101 非食品用玻璃器皿〕,〔102(食品接触玻璃产品)〕,〔103 食品用玻璃包装〕	7	100	13		千克		
70139900	--其他							
7013990000	其他玻璃器皿〔101 非食品用玻璃器皿〕,〔102 食品接触玻璃产品〕,〔103 食品用玻璃包装〕	7	100	13		千克		
7014	**未经光学加工的信号玻璃器及玻璃制光学元件(品目 70.15 的货品除外):**							
70140010	---光学仪器用光学元件毛坯							
7014001000	光学仪器用光学元件毛坯(未经光学加工的,品目 70.15 的物品除外)〔999〕	10	40	13		千克		
70140090	---其他							
7014009001[暂9]	滤波玻璃(带有抗红外和防反射薄膜的)〔999〕	15	80	13		千克		
7014009090	其他未经光学加工的信号玻璃器(包括玻璃制光学元件,品目 70.15 的物品除外)〔999〕	15	80	13		千克		
7015	**钟表玻璃及类似玻璃、视力矫正或非视力矫正眼镜用玻璃,呈弧面、弯曲、凹形或类似形状但未经光学加工的;制造上述玻璃用的凹面圆形及扇形玻璃:**							
70151010	---变色镜片坯件							
7015101000	视力矫正眼镜用变色镜片坯件(未经光学加工的)〔999〕	15	80	13		千克		
70151090	---其他							
7015109000	其他视力矫正眼镜用镜片坯件(未经光学加工的)〔999〕	15	70	13		千克		
70159010	---钟表玻璃							
7015901000	钟表玻璃(未经光学加工的)〔999〕	15	70	13		千克		
70159020	---平光变色镜片坯件							
7015902000	平光变色镜片坯件(未经光学加工的)〔999〕	15	80	13		千克		
70159090	---其他							
7015909000	品目 70.15 的其他未经光学加工玻璃〔999〕	12	80	13		千克		
7016	**建筑用压制或模制的铺面用玻璃块、砖、片、瓦及其他制品,不论是否夹丝;供镶嵌或类似装饰用的玻璃马赛克及其他小件玻璃品,不论是否有衬背;花饰铅条窗玻璃及类似品;多孔或泡沫玻璃块、板、片及类似品:**							
70161000	-供镶嵌或类似装饰用的玻璃马赛克及其他小件玻璃品,不论是否有衬背							
7016100000	供镶嵌或装饰用玻璃马赛克(包括其他小件玻璃品,不论是否有衬背)〔999〕	15	100	13		千克		
70169010	---花饰铅条窗玻璃及类似品							
7016901000	花饰铅条窗玻璃及类似品〔999〕	15	90	13		千克		
70169090	---其他							
7016909000	建筑用压制或模制铺面玻璃块、砖(包括瓦等,不论是否夹丝以及多孔或泡沫玻璃块,板等)〔999〕	15	90	13		千克		
7017	**实验室、卫生及配药用的玻璃器,不论有无刻度或标量:**							
70171000	-熔融石英或其他熔融硅石制							
7017100000	实验室,卫生及配药用玻璃器(熔凝石英或熔凝硅石制,不论有无刻度或标量)〔999〕	0	30	13		千克		
70172000	-温度在 0℃ ~ 300℃ 时线膨胀系数不超过 5×10^{-6}/开尔文的其他玻璃制							
7017200000	其他玻璃制实验室等用玻璃器(0℃~300℃时线膨胀系数≤5×10^{-6}/开尔文的玻璃制)〔999〕	8	30	13		千克		

协定税率(%)															特惠税率(%)			对美税率	出口税率	出口退税率	Article Description
智利	新西兰	澳大利亚	瑞士	冰岛	秘鲁	哥斯达	东盟	亚太	新加坡	巴基斯坦	港/澳/台	韩国	格鲁吉亚	毛里求斯	亚太	老/柬/缅	LDC 97/95				
																		32	0		
0	0	0	0	0	0	0	0		0	3	0/0/	3	0	8			0/0			13	--Other
																		32	0		
																					Signalling glassware and optical elements of glass (other than those of heading 70.15), not optically worked:
0	0	0	0	0	0	0	0		0	3	0/0/	0	0	0			0/0			13	---Blanks of optical elements, for optical instruments
																		35	0		
0	0	0	3.5	0	0	0	0		0	14	0/0/	5.2	0	0			0/0			13	---Other
																		34	0		
																		40	0		
																					Clock or watch glasses and similar glasses, glasses for non-corrective or corrective spectacles, curved, bent, hollowed or the like, not optically worked; hollow glass spheres and their segments, for the manufacture of such glasses:
0	0	0	4.2	0	0	0	0		0		0/0/	11.2	0	0			0/0			13	---Blanks for photochromic spectacles
																		25	0		
0	0	0	3.5	0	0	0	0		0	14	0/0/	5.2	0	0			0/0			13	---Other
																			0		
0	0	0	3.5	0	0	0	0		0	14	0/0/	5.2	0	14			0/0			0	---Clock and watch glasses
																		40	0		
0	0	0	3.6	0	0	0	0	10.5	0	14.4	0/0/	5.4	0	0			0/0			13	---Blanks for plane photochromic spectacles
																			0		
0	0	0	5.6	0	0	0	0	10.8	0	4.8	0/0/	3.6	0	0			0/0			0	---Other
																		37	0		
																					Paving blocks, slabs, bricks, squares, tiles and other articles of pressed or moulded glass, whether or not wired, of a kind used for building or construction purposes; glass cubes and other glass smallwares, whether or not on a backing, for mosaics or similar decorative purposes; leaded lights and the like; multicellular or foam glass in blocks, panels, plates, shells or similar forms:
0	0	0	4.4	0	0	0	0		0		0/0/	14.3	0	17.6			0/0			13	-Glass cubes and other glass smallwares, whether or not on a backing, for mosaics or similar decorative purposes
																		40	0		
0	0	0	4.8	0	0	0	0	10.5	0		0/0/	15.6	0	19.2			0/0			13	---Leaded lights and the like
																		40	0		
0	0	0	3.6	0	0	0	0	10.5	0		0/0/	5.4	0	0			0/0			13	---Other
																		25	0		
																					Laboratory, hygienic or pharmaceutical glassware, whether or not graduated or calibrated:
																	0/0			13	-Of fused quartz or other fused silica
																		10	0		
0	0	0	3.8	0	0	0	0			3	0/0/	0	1.6	0			0/0			13	-Of other glass having a linear coefficient of expansion not exceeding 5 × 10-6per Kelvin within a temperature range of 0℃ to 300℃
																		18	0		

商品编号	商品名称及备注[检验检疫编码及名称]	进口关税(%)		增值税率(%)	消费税	计量单位	监管条件	检验检疫类别
		最惠国	普通					
70179000	-其他							
7017900000	其他实验室、卫生及配药用玻璃器〔999〕	8	30	13		千克		
7018	**玻璃珠、仿珍珠、仿宝石或仿半宝石和类似小件玻璃品及其制品,但仿首饰除外;玻璃假眼,但医用假眼除外;灯工方法制作的玻璃塑像及其他玻璃装饰品,但仿首饰除外;直径不超过 1 毫米的微型玻璃球:**							
70181000	-玻璃珠、仿珍珠、仿宝石或仿半宝石及类似小件玻璃品							
7018100000	玻璃珠,仿珍珠及类似小件玻璃品(包括仿宝石,仿首饰除外)〔999〕	10	100	13		千克		
70182000	-直径不超过 1 毫米的微型玻璃球							
7018200001[暂5.5]	熔融球形二氧化硅微粉,直径≤100 微米〔999〕	15	100	13		千克		
7018200090	其他直径≤1 毫米的玻璃珠〔999〕	15	100	13		千克		
70189000	-其他							
7018900000[暂10]	灯工方法制的玻璃塑像及玻璃饰品,玻璃假眼(仿首饰除外,医用假眼除外)〔999〕	15	100	13		千克		
7019	**玻璃纤维(包括玻璃棉)及其制品(例如,玻璃纤维纱线及其织物):**							
70191100	--长度不超过 50 毫米的短切纤维							
7019110010	两用物项管制的长度不超过 50 毫米的短切玻璃纤维(比模量≥3.18×10^6米,以及比抗拉强度≥7.62×10^4 米)〔999〕	10	50	13		千克	3	
7019110090	其他长度不超过 50 毫米的短切玻璃纤维〔999〕	10	50	13		千克		
70191200	--粗纱							
7019120020	两用物项管制的玻璃纤维粗纱(比模量≥3.18×10^6 米,以及比抗拉强度≥7.62×10^4 米)〔999〕	10	50	13		千克	3	
7019120090	其他玻璃纤维粗纱〔999〕	10	50	13		千克		
70191900	--其他							
7019190012	玻璃纤维或纤丝材料(其"比模量"为 3.18×10^6 米或更大和"比抗拉强度"为 7.62×10^4 米或更大的玻璃纤维或纤丝材料)〔999〕	8	50	13		千克	3	
7019190090	其他玻璃梳条、纱线及短切纤维〔999〕	8	50	13		千克		
70193100	--席							
7019310000	玻璃纤维(包括玻璃棉)制的席〔999〕	5	40	13		千克		
70193200	--薄片(巴厘纱)							
7019320000	玻璃纤维(包括玻璃棉)制的薄片(也称巴厘纱)〔999〕	10	40	13		千克		
70193910	---垫							
7019391000	玻璃纤维制的垫〔999〕	10	40	13		千克		
70193990	---其他							
7019399000	其他玻璃纤维制的网、板及类似无纺产品〔999〕	10	40	13		千克		
70194000	-粗纱机织物							
7019400000	玻璃纤维粗纱机织物〔999〕	10	40	13		千克		
70195100	--宽度不超过 30 厘米的							
7019510010	两用物项管制的宽度≤15 毫米的玻璃纤维机织物〔999〕	10	40	13		千克	3	
7019510090	其他宽度≤30 厘米的玻璃纤维机织物〔999〕	10	40	13		千克		
70195200	--宽度超过 30 厘米的长丝平纹织物,每平方米重量不超过 250 克,单根纱线细度不超过 136 特克斯							
7019520001	覆铜板用玻璃纤维长丝平纹布,开纤或每平方米重≤180 克(宽度>30 厘米,单根纱线细度≤136 特)〔999〕	10	40	13		千克		
7019520090	其他平方米重≤250 克玻璃长丝平纹布(宽度>30 厘米,单根纱线细度≤136 特)〔999〕	10	40	13		千克		
70195900	--其他							
7019590000	其他玻璃纤维机织物〔999〕	10	40	13		千克		
70199010	---玻璃棉及其制品							
7019901000	玻璃棉及其制品〔999〕	7	40	13		千克		
70199021	----每平方米重量小于 450 克							

协定税率(%)															特惠税率(%)			对美税率	出口税率	出口退税率	Article Description
智利	新西兰	澳大利亚	瑞士	冰岛	秘鲁	哥斯达	东盟	亚太	新加坡	巴基斯坦	港/澳/台	韩国	格鲁吉亚	毛里求斯	亚太	老/柬/缅	LDC 97/95				
0	0	0	0	0	0	0	0			3	0/0/	2.4	0	0			0/0			13	-Other
																		18	0		
																					Glass beads, imitation pearls, imitation precious or semi-precious stones and similar glass smallwares, and articles thereof other than imitation jewellery; glass eyes other than prosthetic articles; statuettes and other ornaments of lampworked glass, other than imitation jewellery; glass microspheres not exceeding 1mm in diameter:
0	0	0	0	0	0	0	0		0	4	0/0/	0	0	0			0/0			13	-Glass beads, imitation pearls, imitation precious or semi-precious stones and similar glass smallwares
																		35	0		
0	0	0	4	0	0	0	0		0		0/0/	10.6	0	0			0/0			13	-Glass microspheres not exceeding 1mm in diameter
																		30.5	0		
																		40	0		
0	0	0	4	0	0	0	0		0		0/0/	10.6	0	0			0/0			13	-Other
																		30	0		
																					Glass fibres (including glass wool) and articles thereof (for example, yarn, woven fabrics):
0	0	0	2.4	0	0	0	0		0	4.8	0/0/0	3.6	0	0			0/0			10	--Chopped strands, of a length of not more than 50mm
																		30	0		
																		30	0		
0	0	0	2.4	0	0	0	0		0	4.8	0/0/		0	0			0/0			10	--Rovings
																		35	0		
																		35	0		
0	0	0	0	0	0	0	0			4	0/0/0	3	0	0			0/0			10	--Other
																		18	0		
																		18	0		
0	0	0	0	0	0	0	0			0	0/0/	0	0	0			0/0			10	--Mats
																		15	0		
0	0	0	2.8	0	0	0	0		0	9	0/0/	4.2	0	0			0/0			10	--Thin sheets (voiles)
																		20	0		
0	0	0	2.1	0	0	0	0		0	4	0/0/0	3.1	0	0			0/0			10	---Mattresses
																		20	0		
0	0	0	2.1	0	0	0	0		0	4	0/0/0	3.1	0	0			0/0			10	---Other
																		20	0		
0	0	0	2.4	0	0	0	0		0	4.8	0/0/	3.6	0	0			0/0			10	-Woven fabrics of rovings
																		20	0		
0	0	0	2.4	0	0	0	0		0	4.8	0/0/	3.6	0	0			0/0			10	--Of a width not exceeding 30cm
																		20	0		
																		20	0		
0	0	0	2.4	0	0	0	0		0	4.8	0/0/		0	0			0/0			10	--Of a width exceeding 30cm, plain weave, weighing less than 250g/m2, of filaments measuring per single yarn not more than 136 tex
																		35	0		
																		35	0		
0	0	0	2.4	0	0	0	0	6.5	0	4	0/0/	7.8	0	0			0/0			10	--Other
																		20	0		
0	0	0	0	0	0	0	0			3	0/0/	3.7	0	0			0/0			10	---Glass wool and articles thereof
																		17	0		
0	0	0	0	0	0	0	0			3	0/0/	3.7	0	0			0/0				----Weighing less than 450g/m²

商品编号	商品名称及备注[检验检疫编码及名称]	进口关税(%)		增值税率(%)	消费税	计量单位	监管条件	检验检疫类别
		最惠国	普通					
7019902100	玻璃纤维布浸胶制品(每平方米重量<450 克)〔999〕	7	40	13		千克		
70199029	----其他							
7019902900	其他玻璃纤维布浸胶制品(每平方米重量≥450 克)〔999〕	7	40	13		千克		
70199090	---其他							
7019909000	其他玻璃纤维及其制品〔999〕	7	40	13		千克		
7020	**其他玻璃制品:**							
70200011	----导电玻璃							
7020001100[暂7]	导电玻璃〔999〕	10	40	13		千克		
70200012	----绝缘子用玻璃伞盘							
7020001200	绝缘子用玻璃伞盘〔999〕	10	40	13		千克		
70200013	----熔融石英或其他熔融硅石制							
7020001301	半导体晶片生产用石英反应管及夹持器(熔融石英或其他熔融硅石制)(用于插入熔化和氧化炉内)〔999〕	0	40	13		千克		
7020001390	熔融石英或其他熔融硅石制工业用其他玻璃制品(导电玻璃及绝缘子用玻璃伞盘除外)〔999〕	10	40	13		千克		
70200019	----其他							
7020001901	半导体晶片生产用石英反应管及夹持器(用于插入熔化和氧化炉内)〔999〕	0	40	13		千克		
7020001990	其他工业用玻璃制品〔999〕	10	40	13		千克		
70200091	----保温瓶或其他保温容器用的玻璃胆							
7020009100	保温瓶或其他保温容器用玻璃胆〔999〕	20	100	13		千克/个	A	R/
70200099	----其他							
7020009901[暂4]	石英玻璃,平整度≤1 微米〔999〕	10	100	13		千克		
7020009990	其他非工业用玻璃制品〔999〕	10	100	13		千克		

协定税率(%)															特惠税率(%)			对美税率	出口税率	出口退税率	Article Description
智利	新西兰	澳大利亚	瑞士	冰岛	秘鲁	哥斯达	东盟	亚太	新加坡	巴基斯坦	港/澳/台	韩国	格鲁吉亚	毛里求斯	亚太	老/柬/缅	LDC 97/95				
																		17	0	10	
0	0	0	0	0	0	0	0			3	0/0/	3.7	0	0			0/0			10	----Other
																		17	0		
0	0	0	0	0	0	0	0			3	0/0/	3.7	0	0			0/0			13	---Other
																		17	0		
																					Other articles of glass:
0	0	0	2.1	0	0	0	0		0	4	0/0/		0	0			0/0			13	----Conductivity glass
																		32	0		
0	0	0	2.1	0	0	0	0	6.5	0	4	0/0/	3.1	0	0			0/0			0	----Glass umbrella for insulator
																			0		
0	0	0	2.1	0	0	0	0	6.5	0	4	0/0/	0	0	0			0/0			13	----Of fused quartz or other fused silica
																		10	0		
																		20	0		
0	0	0	2.1	0	0	0	0	6.5	0	4	0/0/	0	0	0			0/0			0	----Other
																		10	0		
																		20	0		
0	0	0	4.2	0	0	0	0		0		0/0/	11.2	0	0			0/0			13	----Glass inners for vacuum flasks or for other vacuum vessels
																		25	0		
0	0	0	3	0	0	0	0	6.5	0	6	0/0/	4.5	0	0			0/0			0	----Other
																		14	0		
																		20	0		

第十四类
天然或养殖珍珠、宝石或半宝石、贵金属、包贵金属及其制品；仿首饰；硬币

第七十一章
天然或养殖珍珠、宝石或半宝石、贵金属、包贵金属及其制品；仿首饰；硬币

注释：

一、除第六类注释一（一）及下列各款另有规定的以外，凡制品的全部或部分由下列物品构成，均应归入本章：

（一）天然或养殖珍珠、宝石或半宝石（天然、合成或再造）；或

（二）贵金属或包贵金属。

二、（一）品目71.13、71.14及71.15不包括带有贵金属或包贵金属制的小零件或小装饰品（例如，交织字母、套、圈、套环）的制品，上述注释一（二）也不适用于这类制品①；

（二）品目71.16不包括含有贵金属或包贵金属（仅作为小零件或小装饰品的除外）的制品。

三、本章不包括：

（一）贵金属汞齐及胶态贵金属（品目28.43）；

（二）第三十章的外科用无菌缝合材料、牙科填料或其他货品；

（三）第三十二章的货品（例如，光瓷釉）；

（四）载体催化剂（品目38.15）；

（五）第四十二章注释三（二）所述的品目42.02或42.03的物品；

（六）品目43.03或43.04的物品；

（七）第十一类的货品（纺织原料及纺织制品）；

（八）第六十四章或第六十五章的鞋靴、帽类及其他物品；

（九）第六十六章的伞、手杖及其他物品；

（十）品目68.04或68.05及第八十二章含有宝石或半宝石（天然或合成）粉末的研磨材料制品；第八十二章装有宝石或半宝石（天然、合成或再造）工作部件的器具；第十六类的机器、机械器具、电气设备及其零件。然而，完全以宝石或半宝石（天然、合成或再造）制成的物品及其零件，除未安装的唱针用已加工蓝宝石或钻石外（品目85.22），其余仍应归入本章；

（十一）第九十章、第九十一章或第九十二章的物品（科学仪器、钟表及乐器）；

（十二）武器及其零件（第九十三章）；

（十三）第九十五章注释二所述物品；

（十四）根据第九十六章注释四应归入该章的物品；或

（十五）雕塑品原件（品目97.03）、收藏品（品目97.05）或超过100年的古物（品目97.06），但天然或养殖珍珠、宝石及半宝石除外。

四、（一）所称"贵金属"，是指银、金及铂。

（二）所称"铂"，是指铂、铱、锇、钯、铑及钌。

（三）所称"宝石或半宝石"，不包括第九十六章注释二（二）所述任何物质。

五、含有贵金属的合金（包括烧结及化合的），只要其中任何一种贵金属的含量达到合金重量的2%，即应视为本章的贵金属合金。贵金属合金应按下列规则归类：

（一）按重量计含铂量在2%及以上的合金，应视为铂合金；

（二）按重量计含金量在2%及以上，但不含铂或按重量计含铂量在2%以下的合金，应视为金合金；

（三）按重量计含银量在2%及以上的其他合金，应视为银合金。

六、除条文另有规定的以外，本协调制度所称贵金属应包括上述注释五所规定的贵金属合金，但不包括包贵金属或表面镀以贵金属的贱金属及非金属。

七、本协调制度所称"包贵金属"，是指以贱金属为底料，在其一面或多面用焊接、熔接、热轧或类似机械方法覆盖一层贵金属的材料。除条文另有规定的以外，也包括镶嵌贵金属的贱金属。

八、除第六类注释一（一）另有规定的以外，凡符合品目71.12规定的货品，应归入该税号而不归入本协调制度的其他税号。

九、品目71.13所称"首饰"，是指：

---

① 在本章注释中划有黑线的条文属选择性规定。
The underlined portion of this Note constitutes an optional text.

SECTION XIV
NATURAL OR CULTURED PEARLS, PRECIOUS OR SEMI-PRECIOUS STONES, PRECIOUS METALS, METALS CLAD WITH PRECIOUS METAL, AND ARTICLES THEREOF; IMITATION JEWELLERY; COIN

Chapter 71
Natural or cultured pearls, precious or semi-precious stones, precious metals, metals clad with precious metal, and articles thereof; imitation jewellery; coin

Chapter Notes:

1. Subject to Note 1 (a) to Section VI and except as provided below, all articles consisting wholly or partly:
   (a) Of natural or cultured pearls or of precious or semi-precious stones (natural, synthetic or reconstructed); or
   (b) Of precious metal or of metal clad with precious metal, are to be classified in this Chapter.

2. (a) Headings 71.13, 71.14 and 71.15 do not cover articles in which precious metal or metal clad with precious metal is present as minor constituents only, such as minor fittings or minor ornamentation (for example, monograms, ferrules and rims), and Note 1 (b) of the foregoing Note does not apply to such articles①;
   (b) Heading 71.16 does not cover articles containing precious metal or metal clad with precious metal (other than as minor constituents).

3. This Chapter does not cover:
   (a) Amalgams of precious metal, or colloidal precious metal (heading 28.43);
   (b) Sterile surgical suture materials, dental fillings or other goods of Chapter 30;
   (c) Goods of Chapter 32 (for example, lustres);
   (d) Supported catalysts (heading 38.15);
   (e) Articles of heading 42.02 or 42.03 referred to in Note 3 (b) to Chapter 42;
   (f) Articles of heading 43.03 or 43.04;
   (g) Goods of Section XI (textiles and textile articles);
   (h) Footwear, headgear or other articles of Chapter 64 or 65;
   (ij) Umbrellas, walking-sticks or other articles of Chapter 66;
   (k) Abrasive goods of heading 68.04 or 68.05 or Chapter 82, containing dust or powder of precious or semi-precious stones (natural or synthetic); articles of Chapter 82 with a working part of precious or semi-precious stones (natural, synthetic or reconstructed); machinery, mechanical appliances or electrical goods, or parts thereof, of Section XVI. However, articles and parts thereof, wholly of precious or semi-precious stones (natural, synthetic or reconstructed) remain classified in this Chapter, except unmounted worked sapphires and diamonds for styli (heading 85.22);
   (l) Articles of Chapter 90, 91 or 92 (scientific instruments, clocks and watches, musical instruments);
   (m) Arms or parts thereof (Chapter 93);
   (n) Articles covered by Note 2 to Chapter 95;
   (o) Articles classified in Chapter 96 by virtue of Note 4 to that Chapter; or
   (p) Original sculptures or statuary (heading 97.03), collectors' pieces (heading 97.05) or antiques of an age exceeding one hundred years (heading 97.06), other than natural or cultured pearls or precious or semi-precious stones.

4. (a) The expression "precious metal" means silver, gold and platinum.
   (b) The expression "platinum" means platinum, iridium, osmium, palladium, rhodium and ruthenium.
   (c) The expression "precious or semi-precious stones" does not include any of the substances specified in Note 2 (b) to Chapter 96.

5. For the purposes of this Chapter, any alloy (including a sintered mixture and an inter-metallic compound) containing precious metal is to be treated as an alloy of precious metal if any one precious metal constitutes as much as 2%, by weight, of the alloy. Alloys of precious metal are to be classified according to the following rules:
   (a) An alloy containing 2% or more, by weight, of platinum is to be treated as an alloy of platinum;
   (b) An alloy containing 2% or more, by weight, of gold but no platinum, or less than 2%, by weight, of platinum, is to be treated as an alloy of gold;
   (c) Other alloys containing 2% or more, by weight, of silver are to be treated as alloys of silver.

6. Except where the context otherwise requires, any reference in the Nomenclature to precious metal or to any particular precious metal includes a reference to alloys treated as alloys of precious metal or of the particular metal in accordance with the rules in Note 5 above, but not to metal clad with precious metal or to base metal or non-metals plated with precious metal.

7. Throughout the Nomenclature the expression "metal clad with precious metal" means material made with a base of metal upon one or more surfaces of which there is affixed by soldering, brazing, welding, hot-rolling or similar mechanical means a covering of precious metal. Except where the context otherwise requires, the expression also covers base metal inlaid with precious metal.

8. Subject to Note 1 (a) to Section VI, goods answering to a description in heading 71.12 are to be classified in that heading and in no other heading of the Nomenclature.

9. For the purposes of heading 71.13, the expression "articles of jewellery" means:

(一)个人用小饰物(例如,戒指、手镯、项圈、饰针、耳环、表链、表链饰物、垂饰、领带别针、袖扣、饰扣、宗教性或其他勋章及徽章);以及

(二)通常放置在衣袋、手提包或佩戴在身上的个人用品(例如,雪茄盒或烟盒、鼻烟盒、口香糖盒或药丸盒、粉盒、链袋、念珠)。

这些物品可以和下列物品组合或镶嵌:例如,天然或养殖珍珠、宝石或半宝石、合成或再造的宝石或半宝石、玳瑁壳、珍珠母、兽牙、天然或再生琥珀、黑玉或珊瑚。

十、品目71.14所称"金银器",包括装饰品、餐具、梳妆用具、吸烟用具及类似的家庭、办公室或宗教用的其他物品。

十一、品目71.17所称"仿首饰",是指不含天然或养殖珍珠、宝石或半宝石(天然、合成或再造)及贵金属或包贵金属(仅作为镀层或小零件、小装饰品的除外)的上述注释九(一)所述的首饰(不包括品目96.06的纽扣及其他物品或品目96.15的梳子、发夹及类似品)。

子目注释:

一、子目7106.10、7108.11、7110.11、7110.21、7110.31及7110.41所称"粉末",是指按重量计90%及以上可从网眼孔径为0.5毫米的筛子通过的产品。

二、子目7110.11及7110.19所称"铂",可不受本章注释四(二)的规定约束,不包括铱、锇、钯、铑及钌。

三、对于品目71.10项下的子目所列合金的归类,按其所含铂、钯、铑、铱、锇或钌中重量最大的一种金属归类。

商品编号	商品名称及备注[检验检疫编码及名称]	进口关税(%) 最惠国	普通	增值税率(%)	消费税	计量单位	监管条件	检验检疫类别
7101	**天然或养殖珍珠,不论是否加工或分级,但未成串或镶嵌;天然或养殖珍珠,为便于运输而暂穿成串:**							
71011011	----黑珍珠							
7101101100[暂0]	未分级的天然黑珍珠(不论是否加工,但未制成制品)〔999〕	21	100	13	10%	克	AB	P/Q
71011019	----其他							
7101101900	其他未分级的天然珍珠(不论是否加工,但未制成制品)〔999〕	21	100	13	10%	克	AB	P/Q
71011091	----黑珍珠							
7101109100[暂0]	其他天然黑珍珠(不论是否加工,但未制成制品)〔999〕	21	130	13	10%	克	AB	P/Q
71011099	----其他							
7101109900	其他天然珍珠(不论是否加工,但未制成制品)〔101 药用天然珍珠〕,〔999 天然珍珠〕	21	130	13	10%	克	AB	P/Q
71012110	---未分级							
7101211001[暂0]	未分级,未加工的养殖黑珍珠(未制成制品)〔999〕	21	100	13	10%	千克	AB	P/Q
7101211090	其他未分级,未加工的养殖珍珠(未制成制品)〔999〕	21	100	13	10%	千克	AB	P/Q
71012190	---其他							
7101219001[暂0]	其他未加工的养殖黑珍珠(未制成制品)〔999〕	21	130	13	10%	千克	AB	P/Q
7101219090	其他未加工的养殖珍珠(未制成制品)〔101 药用未加工养殖珍珠〕,〔999 未加工养殖珍珠〕	21	130	13	10%	千克	AB	P/Q
71012210	---未分级							
7101221001[暂0]	未分级,已加工的养殖黑珍珠(未制成制品)〔999〕	21	100	13	10%	千克		
7101221090	其他未分级,已加工的养殖珍珠(未制成制品)〔999〕	21	100	13	10%	千克		
71012290	---其他							
7101229001[暂0]	其他已加工的养殖黑珍珠(未制成制品)〔999〕	21	130	13	10%	千克		
7101229090	其他已加工的养殖珍珠(未制成制品)〔101 药用已加工珍珠〕,〔999 已加工养殖珍珠〕	21	130	13	10%	千克		
7102	**钻石,不论是否加工,但未镶嵌:**							
71021000	-未分级							
7102100000	未分级钻石(未镶嵌)〔999〕	3	14	13		克拉	D	
71022100	--未加工或经简单锯开、劈开或粗磨							
7102210000	工业用钻石(未加工或经简单锯开,劈开或粗磨未镶嵌)〔999〕	0	14	13		克拉	D	
71022900	--其他							
7102290000	工业用其他钻石(未镶嵌)〔999〕	0	14	13		克拉		

(a) Any small objects of personal adornment (for example, rings, bracelets, necklaces, brooches, ear-rings, watch-chains, fobs, pendants, tie-pins, cuff-links, dress-studs, religious or other medals and insignia); and

(b) Articles of personal use of a kind normally carried in the pocket, in the handbag or on the person (for example, cigar or cigarette cases, snuff boxes, cachou or pill boxes, powderboxes, chain purses or prayer beads).

These articles may be combined or set, for example, with natural or cultured pearls, precious or semi-precious stones, synthetic or reconstructed precious or semi-precious stones, tortoise shell, mother-of-pearl, ivory, natural or reconstituted amber, jet or coral.

10. For the purposes of heading 71. 14, the expression "articles of goldsmiths' or silversmiths' wares" includes such articles as ornaments, tableware, toilet-ware, smokers' requisites and other articles of household, office or religious use.

11. For the purposes of heading 71. 17, the expression "imitation jewellery" means articles of jewellery within the meaning of Note 9(a) above (but not including buttons or other articles of heading 96. 06, or dress-combs, hair-slides or the like, or hairpins, of heading 96. 15), not incorporating natural or cultured pearls, precious or semi-precious stones (natural, synthetic or reconstructed) nor (except as plating or as minor constituents) precious metal or metal clad with precious metal.

Subheading Notes:

1. For the purposes of subheadings 7106. 10, 7108. 11, 7110. 11, 7110. 21, 7110. 31 and 7110. 41, the expressions "powder" and "in powder form" mean products of which 90% or more by weight passes through a sieve having a mesh aperture of 0. 5mm.

2. Notwithstanding the provisions of Chapter Note 4(b), for the purposes of subheadings 7110. 11 and 7110. 19, the expression "platinum" does not include iridium, osmium, palladium, rhodium or ruthenium.

3. For the classification of alloys in the subheadings of heading 71. 10, each alloy is to be classified with that metal, platinum, palladium, rhodium, iridium, osmium or ruthenium which predominates by weight over each other of these metals.

协定税率(%)															特惠税率(%)			对美税率	出口税率	出口退税率	Article Description
智利	新西兰	澳大利亚	瑞士	冰岛	秘鲁	哥斯达	东盟	亚太	新加坡	巴基斯坦	港/澳/台	韩国	格鲁吉亚	毛里求斯	亚太	老/柬/缅	LDC 97/95				
																					Pearls, natural or cultured, whether or not worked or graded but not strung, mounted or set; ungraded pearls, natural or cultured, temporarily strung for convenience of transport:
0	0	0	4.2	0	0	0	0		0		0/0/	11.2	0	0			0/0			6	----Tahitian pearls
																			0		
0	0	0	4.2	0	0	0	0		0		0/0/	11.2	0	0			0/0			6	----Other
																			0		
0	0	0	4.2	0	0	0	0		0		0/0/	11.2	0	0			0/0			6	----Tahitian pearls
																			0		
0	0	0	4.2	0	0	0	0		0		0/0/	11.2	0	0			0/0			6	----Other
																			0		
0	0	0	4.2	0	0	0	0		0		0/0/	11.2	0	0			0/0			6	---Ungraded
																			0		
																			0		
0	0	0	4.2	0	0	0	0		0		0/0/	11.2	0	0			0/0			6	---Other
																			0		
																			0		
0	0	0	4.2	0	0	0	0		0		0/0/	13.6	0	0			0/0			6	---Ungraded
																			0		
																			0		
0	0	0	4.2	0	0	0	0		0		0/0/	13.6	0	0			0/0			6	---Other
																		25	0		
																		46	0		
																					Diamonds, whether or not worked, but not mounted or set:
0	0	0	0	0	0	0	0			0	0/0/	0	0	0			0/0			0	-Unsorted
																			0		
																	0/0			6	--Unworked or simply sawn, cleaved or bruted
																		25	0		
																	0/0			6	--Other
																		25	0		

商品编号	商品名称及备注[检验检疫编码及名称]	进口关税(%)		增值税率(%)	消费税	计量单位	监管条件	检验检疫类别
		最惠国	普通					
71023100	--未加工或经简单锯开、劈开或粗磨							
7102310000	非工业用钻石(未加工或经简单锯开,劈开或粗磨,未镶嵌)〔999〕	3	14	13		克拉	D	
71023900	--其他							
7102390000	非工业用其他钻石(未镶嵌)〔999〕	4	35	13		克拉		
7103	**宝石(钻石除外)或半宝石,不论是否加工或分级,但未成串或镶嵌;未分级的宝石(钻石除外)或半宝石,为便于运输而暂穿成串:**							
71031000	-未加工或经简单锯开或粗制成形							
7103100000	未加工宝石或半宝石(经简单锯开或粗制成形,未成串或镶嵌)〔999〕	3	14	13	10%	千克		
71039100	--红宝石、蓝宝石、祖母绿							
7103910000	经其他加工的红宝石、蓝宝石、祖母绿(未成串或镶嵌)〔999〕	4	35	13	10%	克拉		
71039910	---翡翠							
7103991000	经其他加工的翡翠(未成串或镶嵌)〔999〕	4	35	13	10%	克拉		
71039920	---水晶							
7103992000	经其他加工的水晶(未成串或镶嵌)〔999〕	4	35	13	10%	克拉		
71039930	---碧玺							
7103993000	经其他加工的碧玺(未成串或镶嵌)〔999〕	4	35	13	10%	克拉		
71039940	---软玉							
7103994000	经其他加工的软玉(未成串或镶嵌)〔999〕	4	35	13	10%	克拉		
71039990	---其他							
7103999000	经其他加工的其他宝石或半宝石(未成串或镶嵌)〔999〕	4	35	13	10%	克拉		
7104	**合成或再造的宝石或半宝石,不论是否加工或分级,但未成串或镶嵌的;未分级的合成或再造的宝石或半宝石,为便于运输而暂穿成串:**							
71041000	-压电石英							
7104100000	压电石英〔999〕	4	14	13		克		
71042010	---钻石							
7104201000	未加工合成或再造钻石(经简单锯开或粗制成形,未成串或镶嵌)〔999〕	0	14	13		克		
71042090	---其他							
7104209000	未加工合成或再造其他宝石半宝石(经简单锯开或粗制成形,未成串或镶嵌)〔999〕	0	14	13	10%	克		
71049011	----钻石							
7104901100	其他工业用合成或再造的钻石〔999〕	4	14	13		克		
71049012	----蓝宝石							
7104901200	其他工业用蓝宝石(合成或再造宝石、半宝石)〔999〕	4	14	13	10%	克		
71049019	----其他							
7104901900	其他工业用合成或再造宝石半宝石〔999〕	4	14	13	10%	克		
71049091	----钻石							
7104909100	其他非工业用合成钻石(未成串或镶嵌)〔999〕	4	35	13		克		
71049099	----其他							
7104909900	其他非工业用合成宝石或半宝石(未成串或镶嵌)〔999〕	4	35	13	10%	克		
7105	**天然或合成的宝石或半宝石的粉末:**							
71051010	---天然的							
7105101000	天然的钻石粉末〔999〕	0	17	13		克拉		
71051020	---人工合成的							
7105102000	人工合成的钻石粉末〔999〕	0	17	13		克拉		
71059000	-其他							
7105900000	其他天然或合成宝石或半宝石粉末〔999〕	0	17	13	10%	克		
7106	**银(包括镀金、镀铂的银),未锻造、半制成或粉末状:**							
71061011	----平均粒径小于 3 微米							

协定税率(%)															特惠税率(%)			对美税率	出口税率	出口退税率	Article Description
智利	新西兰	澳大利亚	瑞士	冰岛	秘鲁	哥斯达	东盟	亚太	新加坡	巴基斯坦	港/澳/台	韩国	格鲁吉亚	毛里求斯	亚太	老/柬/缅	LDC 97/95				
0	0	0	0.6	0	0	0	0			0	0/0/	0	0	0			0/0			0	--Unworked or simply sawn, cleaved or bruted
																		28	0		
0	0	0	1.6	0	0	0	0	0		0	0/0/	0	0	0			0/0			0	--Other
																		29	0		
																					Precious stones (other than diamonds) and semi-precious stones, whether or not worked or graded but not strung, mounted or set; ungraded precious stones (other than diamonds) and semi-precious stones, temporarily strung for convenience of transport:
0	0	0	0	0	0	0	0	2		0	0/0/	0	0.6	0		0//	0/0			6	-Unworked or simply sawn or roughly shaped
																		28	0		
0	0	0	1.6	0	0	0	0	2		0	0/0/	0	0	0		0//	0/0			6	--Rubies, sapphires and eme-ralds
																		29	0		
0	0	0	0	0	0	0	0	2		0	0/0/	0	0	0			0/0			6	---Jadeite
																			0		
0	0	0	1.6	0	0	0	0	2		0	0/0/	2.4	0	0			0/0			6	---Crystal
																		29	0		
0	0	0	1.6	0	0	0	0	2		0	0/0/	2.4	0	0			0/0			6	---Tourmaline
																			0		
0	0	0	1.6	0	0	0	0	2		0	0/0/	2.4	0	0			0/0			6	---Nephrite
																			0		
0	0	0	1.6	0	0	0	0	2		0	0/0/	2.4	0	0			0/0			6	---Other
																		29	0		
																					Synthetic or reconstructed precious or semiprecious stones, whether or not worked or graded but not strung, mounted or set; ungraded synthetic or reconstructed precious or semi-precious stones, temporarily strung for convenience of transport:
0	0	0	0	0	0	0	0			0	0/0/		0	0			0/0			6	-Piezo-electric quartz
																		29	0		
																	0/0			0	---Diamonds
																		10	0		
											0//						0/0			6	---Other
																		25	0		
0	0	0	0	0	0	0	0			0	0/0/	0	0	0			0/0			6	----Diamonds
																		19	0		
0	0	0	0	0	0	0	0			0	0/0/	0	0	0			0/0			13	----Sapphires
																		29	0		
0	0	0	0	0	0	0	0			0	0/0/	1.8	0	0			0/0			6	----Other
																		14	0		
0	0	0	0	0	0	0	0	2.8		3	0/0/	0	0	0			0/0			0	----Diamonds
																			0		
0	0	0	0	0	0	0	0	3.6		3	0/0/	0	0	0			0/0			6	----Other
																		29	0		
																					Dust and powder of natural or synthetic precious or semi-precious stones:
																	0/0			0	---Natural
																			0		
																	0/0			6	---Synthetic
																		10	0		
																	0/0			6	-Other
																		25	0		
																					Silver (including silver plated with gold or platinum), unwrought or in semi-manufactured forms, or in powder form:
																	0/0			0	----Average diameter less than 3μm

商品编号	商品名称及备注[检验检疫编码及名称]	进口关税(%)		增值税率(%)	消费税	计量单位	监管条件	检验检疫类别
		最惠国	普通					
7106101100	平均粒径<3 微米非片状银粉〔999〕	0	0	13		克	4Axy	M/
71061019	----其他							
7106101900	平均粒径≥3 微米的非片状银粉〔101 银粉浆〕,〔999 银粉〕	0	0	13		克	4Axy	M/
71061021	----平均粒径小于 10 微米							
7106102100	平均粒径<10 微米片状银粉〔999〕	0	0	13		克	4xy	
71061029	----其他							
7106102900	平均粒径≥10 微米的片状银粉〔999〕	0	0	13		克	4xy	
71069110	---纯度达 99.99% 及以上							
7106911000	纯度达 99.99%及以上未锻造银(包括镀金,镀铂的银)〔999〕	0	0	13		克	4xy	
71069190	---其他							
7106919000	其他未锻造银(包括镀金,镀铂的银)〔999〕	0	0	13		克	4xy	
71069210	---纯度达 99.99% 及以上							
7106921000	纯度达 99.99%及以上的半制成银(包括镀金,镀铂的银)〔999〕	0	50	13		克	4xy	
71069290	---其他							
7106929000	其他半制成银(包括镀金,镀铂的银)〔999〕	0	50	13		克	4xy	
7107	**以贱金属为底的包银材料:**							
71070000	以贱金属为底的包银材料							
7107000000	以贱金属为底的包银材料〔999〕	8	50	13		千克		
7108	**金(包括镀铂的金),未锻造、半制成或粉末状:**							
71081100	--金粉							
7108110000	非货币用金粉〔999〕	0	0	0		克	J	
71081200	--其他未锻造形状							
7108120000	非货币用未锻造金(包括镀铂的金)〔999〕	0	0	0		克	J	
71081300	--其他半制成形状							
7108130000	非货币用半制成金(包括镀铂的金)〔999〕	0	50	0		克	J	
71082000	-货币用							
7108200000	货币用未锻造金(包括镀铂的金)〔999〕	0	0	0		克	J	
7109	**以贱金属或银为底的包金材料:**							
71090000	以贱金属或银为底的包金材料							
7109000000	以贱金属或银为底的包金材料〔999〕	8	50	13		克		
7110	**铂,未锻造、半制成或粉末状:**							
71101100	--未锻造或粉末状							
7110110000	未锻造或粉末状铂〔999〕	0	0	0		克	8x	
71101910	---板、片							
7110191000	板、片状铂〔999〕	0	0	0		克	8x	
71101990	---其他							
7110199000	其他半制成铂〔999〕	3	11	0		克	4xy	
71102100	--未锻造或粉末状							
7110210000	未锻造或粉末状钯〔101 钯〕,〔999〕	0	10	13		克	4xy	
71102910	---板、片							
7110291000	板、片状钯〔999〕	0	0	13		克	4xy	
71102990	---其他							
7110299000	其他半制成钯〔999〕	3	11	13		克	4xy	
71103100	--未锻造或粉末状							
7110310000	未锻造或粉末状铑〔999〕	0	0	13		克	4xy	
71103910	---板、片							
7110391000	板、片状铑〔999〕	0	0	13		克	4xy	
71103990	---其他							
7110399000	其他半制成铑〔999〕	3	11	13		克	4xy	
71104100	--未锻造或粉末状							
7110410000	未锻造或粉末状铱、锇、钌〔999〕	0	0	13		克	4xy	
71104910	---板、片							
7110491000	板、片状铱、锇、钌〔999〕	0	0	13		克	4xy	
71104990	---其他							
7110499000	其他半制成铱、锇、钌〔999〕	3	11	13		克	4xy	

协定税率(%) 智利	新西兰	澳大利亚	瑞士	冰岛	秘鲁	哥斯达	东盟	亚太	新加坡	巴基斯坦	港/澳/台	韩国	格鲁吉亚	毛里求斯	特惠税率(%) 亚太	老/柬/缅	LDC 97/95	对美税率	出口税率	出口退税率	Article Description
																		25	0		
																	0/0			0	----Other
																		20	0		
																	0/0			0	----Average diameter less than 10μm
																		10	0		
																	0/0			0	----Other
																		10	0		
																	0/0			0	---Of a purity of 99. 99% or more
																		25	0		
																	0/0			0	---Other
																		25	0		
																	0/0			0	---Of a purity of 99. 99% or more
																		25	0		
																	0/0			0	---Other
																		20	0		
																					Base metals clad with silver, not further worked than semi-manufactured:
0	0	0	2.1	0	0	0	0		0	4	0/0/	3.1	0	0		0//	0/0			6	Base metals clad with silver, not further worked than semi-manufactured
																		23	0		
																					Gold (including gold plated with platinum) unwrought or in semi-manufactured forms, or in powder form:
																	0/0			0	--Powder
																			0		
																	0/0			0	--Other unwrought forms
																			0		
																	0/0			0	--Other semi-manufactured forms
																			0		
																	0/0			0	-Monetary
																			0		
																					Base metals or silver, clad with gold, not further worked than semi-manufactured:
0	0	0	2.1	0	0	0	0		0	4	0/0/	3.1	0	0			0/0			6	Base metals or silver, clad with gold, not further worked than semi-manufactured
																		33	0		
																					Platinum, unwrought or in semi-manufactured forms, or in powder form:
																	0/0			0	--Unwrought or in powder form
																			0		
																	0/0			0	---Plates and sheets
																			0		
0	0	0	0	0	0	0	0			0	0/0/	0	0	0			0/0			0	---Other
																			0		
																	0/0			0	--Unwrought or in powder form
																		25	0		
																	0/0			0	---Plates and sheets
																		10	0		
0	0	0	0	0	0	0	0			0	0/0/	0	0	0			0/0			0	---Other
																		23	0		
																	0/0			0	--Unwrought or in powder form
																		25	0		
																	0/0			0	---Plates and sheets
																		25	0		
0	0	0	0	0	0	0	0			0	0/0/	0	0	0			0/0			0	---Other
																		13	0		
																	0/0			0	--Unwrought or in powder form
																		25	0		
																	0/0			0	---Plates and sheets
																		25	0		
0	0	0	0	0	0	0	0			0	0/0/	0	0	0			0/0			0	---Other
																		28	0		

商品编号	商品名称及备注[检验检疫编码及名称]	进口关税(%) 最惠国	进口关税(%) 普通	增值税率(%)	消费税	计量单位	监管条件	检验检疫类别
7111	**以贱金属、银或金为底的包铂材料:**							
71110000	以贱金属、银或金为底的包铂材料							
7111000000	以贱金属,银或金为底的包铂材料〔999〕	3	11	13		克	4xy	
7112	**贵金属或包贵金属的废碎料;含有贵金属或贵金属化合物的其他废碎料,主要用于回收贵金属:**							
71123010	---含有银或银化合物的							
7112301000	含有银或银化合物的灰(主要用于回收银)〔999〕	8	50	13		克	9	
71123090	---其他							
7112309000	含其他贵金属或贵金属化合物的灰(主要用于回收贵金属)〔999〕	6	50	13		克	9	
71129110	---金及包金的废碎料							
7112911010	金的废碎料〔999〕	0	0	13		克	9A	M/
7112911090	包金的废碎料(但含有其他贵金属的除外)〔999〕	0	0	13		克	9A	M/
71129120	---含有金或金化合物的废碎料							
7112912000	含有金及金化合物的废碎料(但含有其他贵金属除外,主要用于回收金)〔999〕	6	35	13		克	9	
71129210	---铂及包铂的废碎料							
7112921000	铂及包铂的废碎料(但含有其他贵金属的除外)〔999〕	0	0	13		克	4Axy9	M/
71129220	---含有铂或铂化合物的废碎料							
7112922001[暂0]	铂含量>3%的其他含有铂或铂化合物的废碎料(但含有其他贵金属除外,主要用于回收铂)〔999〕	6	35	13		克	4xy	
7112922090	其他含有铂及铂化合物的废碎料(但含有其他贵金属除外,主要用于回收铂)〔999〕	6	35	13		克	4xy	
71129910	---含有银或银化合物的废碎料							
7112991000	含有银及银化合物的废碎料(主要用于回收银)〔999〕	8	35	13		克	9	
71129920	---含有其他贵金属或贵金属化合物的废碎料							
7112992000	含其他贵金属或贵金属化合物废碎料(主要用于回收贵金属)〔999〕	6	35	13		克	9	
71129990	---其他							
7112999000	其他贵金属或贵金属化合物废碎料(主要用于回收贵金属)〔999〕	0	50	13		克		
7113	**贵金属或包贵金属制的首饰及其零件:**							
71131110	---镶嵌钻石的							
7113111000	镶嵌钻石的银首饰及其零件(不论是否包、镀其他贵金属)〔999〕	8	130	13		克		
71131190	---其他							
7113119010	镶嵌濒危物种制品的银首饰及零件(不论是否包、镀其他贵金属)〔999〕	8	130	13		克	FE	
7113119090	其他银首饰及其零件(不论是否包、镀其他贵金属)〔999〕	8	130	13		克		
71131911	----镶嵌钻石的							
7113191100	镶嵌钻石的黄金制首饰及其零件(不论是否包、镀其他贵金属)〔999〕	8	130	13		克		
71131919	----其他							
7113191910	镶嵌濒危物种制品的金首饰及零件(不论是否包、镀其他贵金属)〔999〕	8	130	13		克	EF	
7113191990	其他黄金制首饰及其零件(不论是否包、镀其他贵金属)〔999〕	8	130	13		克	J	
71131921	----镶嵌钻石的							
7113192100	镶嵌钻石的铂金制首饰及其零件(不论是否包、镀其他贵金属)〔999〕	10	130	13		克		
71131929	----其他							
7113192910	镶嵌濒危物种制品的铂金首饰及零件(不论是否包、镀其他贵金属)〔999〕	10	130	13		克	EF	
7113192990	其他铂金制首饰及其零件(不论是否包、镀其他贵金属)〔999〕	10	130	13		克		
71131991	----镶嵌钻石的							
7113199100	其他镶嵌钻石贵金属首饰及其零件(不论是否包、镀其他贵金属)〔999〕	10	130	13		克		
71131999	----其他							
7113199910	镶嵌濒危物种制品的其他贵金属首饰(不论是否包、镀其他贵金属)〔999〕	10	130	13		克	FE	
7113199990	其他贵金属制首饰及其零件(不论是否包、镀其他贵金属)〔999〕	10	130	13		克		
71132010	---镶嵌钻石的							
7113201000	镶嵌钻石贱金属为底包贵金属首饰(不论是否包、镀其他贵金属,包括零件)〔999〕	10	130	13		克		
71132090	---其他							

协定税率(%)															特惠税率(%)			对美税率	出口税率	出口退税率	Article Description
智利	新西兰	澳大利亚	瑞士	冰岛	秘鲁	哥斯达	东盟	亚太	新加坡	巴基斯坦	港/澳/台	韩国	格鲁吉亚	毛里求斯	亚太	老/柬/缅	LDC 97/95				
																					Base metals, silver or gold, clad with platinum, not further worked than semi-manufactured:
0	0	0	0	0	0	0	0			0	0/0/	0	0	0			0/0				Base metals, silver or gold, clad with platinum, not further worked than semi-manufactured
																		28	0	0	
																					Waste and scrap of precious metal or of metal clad with precious metal; other waste and scrap containing precious metal or precious metal compounds, of a kind used principally for the recovery of precious metal:
0	0	0	0	0	0	0	0			3	0/0/	0	0	0			0/0			6	---Of silver or silver compounds
																			0		
0	0	0	0	0	0	0	0			0	0/0/	0	0	0			0/0			0	---Other
																			0		
																	0/0			0	---Of gold or gold compounds
																		25	0		
																		25	0		
0	0	0	0	0	0	0	0			0	0/0/	0	0	0			0/0			0	---Waste and scrap with gold or gold compounds
																			0		
																	0/0			0	---Of platinum
																		25	0		
0	0	0	0	0	0	0	0			0	0/0/	0	0	0			0/0			0	---Wasted and scrap with platinum
																		10	0		
																		16	0		
0	0	0	0	0	0	0	0			3	0/0/	0	0	0			0/0			6	---Waste and scrap with silver or silver compounds
																			0		
0	0	0	0	0	0	0	0			0	0/0/	0	0	0			0/0			0	---Waste and scrap with other precious metals
																			0		
																	0/0			0	---Other
																			0		
																					Articles of jewellery and parts thereof, of precious metal or of metal clad with precious metal:
0	0	0	8	0	0	0	0	5.2	0	0	0/0/	10.6	0	0			0/0			0	---Diamond mounted or set
																		18	0		
0	0	0	0	0	0	0	0	5.2	0	0	0/0/	10.6	0	0			0/0				---Other
																		33	0	0	
																		33	0	6	
0	0	0	6.7	0	0	0	0	5.2	0	0	0/0/	10.6	0	0			0/0			0	----Diamond mounted
																		28	0		
0	0	0	0	0	0	0	0	5.2	0	0	0/0/	6	0	0			0/0			0	----Other
																		28	0		
																		28	0		
0	0	0		0	0	0	0	6.5	0	0	0/0/		0	28			0/0			0	----Diamond mounted
																		20	0		
0	0	0	0	0	0	0	0	6.5	0	0	0/0/		0	28			0/0			0	----Other
																		20	0		
																		20	0		
0	0	0		0	0	0	0	6.5	0	0	0/0/		0	28			0/0			0	----Diamond mounted or set
																		35	0		
0	0	0	0	0	0	0	0	6.5	0	0	0/0/		0	28			0/0			0	----Other
																		35	0		
																		35	0		
0	0	0	10		0	0	0	6.5	0	30	0/0/		0	28			0/0			0	---Diamond mounted or set
																		35	0		
0	0	0		0	0	0	0	6.5	0	30	0/0/		0	28			0/0				---Other

商品编号	商品名称及备注[检验检疫编码及名称]	进口关税(%)		增值税率(%)	消费税	计量单位	监管条件	检验检疫类别
		最惠国	普通					
7113209010	镶嵌濒危物种制品以贱金属为底的包贵金属制首饰(包括零件)〔999〕	10	130	13	10%	克	FE	
7113209090	其他以贱金属为底的包贵金属制首饰(包括零件)〔999〕	10	130	13	10%	克		
7114	**贵金属或包贵金属制的金银器及其零件:**							
71141100	--银制,不论是否包、镀其他贵金属							
7114110010	镶嵌濒危物种制品的银器及零件(不论是否包、镀贵金属)〔999〕	10	100	13		克	FE	
7114110090	其他银器及零件(不论是否包、镀贵金属)〔999〕	10	100	13		克		
71141900	--其他贵金属制,不论是否包、镀贵金属							
7114190010	镶嵌濒危物种制品的金银器及零件(不论是否包、镀贵金属)〔999〕	10	100	13		克	FE	
7114190020	其他贵金属制金器及零件(工艺金章、摆件等、不论是否包、镀贵金属)〔999〕	10	100	13		克	J	
7114190090	其他贵金属制银器及零件(不论是否包、镀贵金属)〔999〕	10	100	13		克		
71142000	-以贱金属为底的包贵金属制							
7114200010	以贱金属为底的包贵金属制金银器(镶嵌濒危物种制品,包括零件)〔999〕	10	100	13		克	FE	
7114200090	其他贱金属为底包贵金属制金银器(包括零件)〔999〕	10	100	13		克		
7115	**贵金属或包贵金属的其他制品:**							
71151000	-金属丝布或格栅形状的铂催化剂							
7115100000	金属丝布或格栅状的铂催化剂〔999〕	3	11	13		克	4xy	
71159010	---工业或实验室用							
7115901010[暂0]	银制工业,实验室用制品〔999〕	3	11	13		克		
7115901020[暂0]	金制工业,实验室用制品〔999〕	3	11	13		克		
7115901090[暂0]	其他工业、实验室用贵或包贵金制品〔999〕	3	11	13		克		
71159090	---其他							
7115909000	其他用途的贵或包贵金属制品〔999〕	10	100	13		克		
7116	**用天然或养殖珍珠、宝石或半宝石(天然、合成或再造)制成的物品:**							
71161000	-天然或养殖珍珠制							
7116100000	天然或养殖珍珠制品①	10	130	13	10%	千克		
71162000	-宝石或半宝石(天然、合成或再造)制							
7116200000	宝石或半宝石制品(包括天然,合成或再造的)〔999〕	10	130	13	10%	千克		
7117	**仿首饰:**							
71171100	--袖扣、饰扣							
7117110000	贱金属制袖扣、饰扣(不论是否镀贵金属)②	10	130	13		千克	A	M/
71171900	--其他							
7117190000	其他贱金属制仿首饰③	8	130	13		千克	A	M/
71179000	-其他							
7117900000	未列名材料制仿首饰④	18	130	13		千克	A	M/
7118	**硬币:**							
71181000	-非法定货币的硬币(金币除外)							
7118100000	非法定货币的硬币(金币除外)〔999〕	0	0	13		千克		
71189000	-其他							
7118900010	金质铸币(金质贵金属纪念币)〔999〕	0	0	13		千克	J	
7118900090	其他硬币〔999〕	0	0	13		千克		

① 〔101 具有保健食品批准文号〕,〔102 珍珠宝石制品〕

② 〔101 锌合金制儿童用仿真首饰〕,〔102 铜合金制儿童用仿真首饰〕,〔103 不锈钢制儿童用仿真首饰〕,〔104 其他材料制儿童用仿真首饰〕,〔105 接触皮肤的成人用仿真首饰〕,〔106 非接触皮肤的成人用仿真首饰〕

③ 〔101 锌合金制儿童用仿真首饰〕,〔102 铜合金制儿童用仿真首饰〕,〔103 不锈钢制儿童用仿真首饰〕,〔104 其他材料制儿童用仿真首饰〕,〔105 接触皮肤的成人用仿真首饰〕,〔106 非接触皮肤的成人用仿真首饰〕

④ 〔101 其他材料制儿童用仿真首饰〕,〔102 接触皮肤的成人用仿真首饰〕,〔103 非接触皮肤的成人用仿真首饰〕

协定税率(%)															特惠税率(%)			对美税率	出口税率	出口退税率	Article Description
智利	新西兰	澳大利亚	瑞士	冰岛	秘鲁	哥斯达	东盟	亚太	新加坡	巴基斯坦	港/澳/台	韩国	格鲁吉亚	毛里求斯	亚太	老/柬/缅	LDC 97/95				
																		35	0	0	
																		35	0	6	
																					Articles of goldsmiths' or silversmiths' wares and parts thereof, of precious metal or of metal clad with precious metal:
0	0	0	0	0	0	0	0		0		0/0/		0	28			0/0				--Of silver, whether or not plated or clad with other precious metal
																		20	0	0	
																		20	0	6	
0	0	0	10	0	0	0	0		0		0/0/		0	28			0/0			0	--Of other precious metal, whether or not plated or clad with precious metal
																		35	0		
																		35	0		
																		35	0		
0	0	0	10	0	0	0	0	8	0		0/0/		0	28			0/0				-Of base metal clad with precious metal
																			0	0	
																			0	0	
																					Other articles of precious metal or of metal clad with precious metal:
0	0	0	0	0	0	0				0	0/0/	0	0	0			0/0			0	-Catalysts in the form of wire cloth or grill, of platinum
																		13	0		
0	0	0	0	0	0	0	0			0	0/0/	0	0	0			0/0				---For technical or laboratory use
																		10	0	6	
																		10	0	0	
																		10	0	0	
0	0	0		0	0	0	0		0		0/0/		0	28			0/0				---Other
																		30	0	0	
																					Articles of natural or cultured pearls, precious or semi-precious stones (natural, synthetic or reconstructed):
0	0	0	7	0	0	0	0		0		0/0/		0	28			0/0			6	-Of natural or cultured pearls
																		35	0		
0	0	0	0	0	0	0	0		0	0	0/0/		0	28			0/0				-Of precious or semi-precious stones (natural, synthetic or reconstructed)
																		35	0	0	
																					Imitation jewellery:
0	0	0	10	0	0	0	0		0		0/0/		0	28			0/0			10	--Cuff-links and studs
																		35	0		
0	0	0	3.4	0	0	0	0	5.2	0	13.6	0/0/	5.1	0	13.6			0/0			10	--Other
																		33	0		
0	0	0			0	0	0	11.7	0	30	0/0/	22.7	0	28			0/0			10	-Other
																		43	0		
																					Coin:
																	0/0			6	-Coin (other than gold coin), not being legal tender
																		20	0		
																	0/0			0	-Other
																			0		
																			0		

第十五类
贱金属及其制品

注释：

一、本类不包括：

（一）以金属粉末为基本成分的调制油漆、油墨或其他产品（品目 32.07 至 32.10、32.12、32.13 或 32.15）；

（二）铈铁或其他引火合金（品目 36.06）；

（三）品目 65.06 或 65.07 的帽类及其零件；

（四）品目 66.03 的伞骨及其他物品；

（五）第七十一章的货品（例如，贵金属合金、以贱金属为底的包贵金属、仿首饰）；

（六）第十六类的物品（机器、机械器具及电气设备）；

（七）已装配的铁道或电车道轨道（品目 86.08）或第十七类的其他物品（车辆、船舶、航空器）；

（八）第十八类的仪器及器具，包括钟表发条；

（九）做弹药用的铅弹（品目 93.06）或第十九类的其他物品（武器、弹药）；

（十）第九十四章的物品（例如，家具、弹簧床垫，灯具及照明装置、发光标志、活动房屋）；

（十一）第九十五章的物品（例如，玩具、游戏品及运动用品）；

（十二）手用筛子、纽扣、钢笔、铅笔套、钢笔尖、独脚架、双脚架、三脚架及类似品或第九十六章的其他物品（杂项制品）；或

（十三）第九十七章的物品（例如，艺术品）。

二、本协调制度所称"通用零件"，是指：

（一）品目 73.07、73.12、73.15、73.17 或 73.18 的物品及其他贱金属制的类似品；

（二）贱金属制的弹簧及弹簧片，但钟表发条（品目 91.14）除外；以及

（三）品目 83.01、83.02、83.08、83.10 的物品及品目 83.06 的贱金属制的框架及镜子。

第七十三章至第七十六章（品目 73.15 除外）及第七十八章至第八十二章所列货品的零件，不包括上述的通用零件。

除上段及第八十三章注释一另有规定的以外，第七十二章至第七十六章及第七十八章至第八十一章不包括第八十二章、第八十三章的物品。

三、本协调制度所称"贱金属"是指：铁及钢、铜、镍、铝、铅、锌、锡、钨、钼、钽、镁、钴、铋、镉、钛、锆、锑、锰、铍、铬、锗、钒、镓、铪、铟、铌（钶）、铼及铊。

四、本协调制度所称"金属陶瓷"，是指金属与陶瓷成分以极细微粒不均匀结合而成的产品。"金属陶瓷"包括硬质合金（金属碳化物与金属烧结而成）。

五、合金的归类规则（第七十二章、第七十四章所规定的铁合金及母合金除外）：

（一）贱金属的合金按其所含重量最大的金属归类；

（二）由本类的贱金属和非本类的元素构成的合金，如果所含贱金属的总重量等于或超过所含其他元素的总重量，应作为本类贱金属合金归类；

（三）本类所称"合金"，包括金属粉末的烧结混合物、熔化而得的不均匀紧密混合物（金属陶瓷除外）及金属间化合物。

六、除条文另有规定的以外，本协调制度所称的贱金属包括贱金属合金，这类合金应按上述注释五的规则进行归类。

七、复合材料制品的归类规则：

除各税号另有规定的以外，贱金属制品（包括根据"归类总规则"作为贱金属制品的混合材料制品）如果含有两种或两种以上贱金属的，按其所含重量最大的贱金属的制品归类。

为此：

（一）钢、铁或不同种类的钢铁，均视为一种金属；

（二）按照注释五的规定作为某一种金属归类的合金，应视为一种金属；以及

（三）品目 81.13 的金属陶瓷，应视为一种贱金属。

八、本类所用有关名词解释如下：

（一）废碎料

在金属生产或机械加工中产生的废料及碎屑以及因破裂、切断、磨损及其他原因而明显不能作为原物使用的金属货品。

（二）粉末

按重量计 90%及以上可从网眼孔径为 1 毫米的筛子通过的产品。

SECTION XV
BASE METALS AND
ARTICLES OF BASE METAL

Section Notes:

1. This Section does not cover:
   (a) Prepared paints, inks or other products with a basis of metallic flakes or powder (headings 32.07 to 32.10, 32.12, 32.13 or 32.15);
   (b) Ferro-cerium or other pyrophoric alloys (heading 36.06);
   (c) Headgear or parts thereof of heading 65.06 or 65.07;
   (d) Umbrella frames or other articles of heading 66.03;
   (e) Goods of Chapter 71 (for example, precious metal alloys, base metal clad with precious metal, imitation jewellery);
   (f) Articles of Section XVI (machinery, mechanical appliances and electrical goods);
   (g) Assembled railway or tramway track (heading 86.08) or other articles of Section XVII (vehicles, ships and boats, aircraft);
   (h) Instruments or apparatus of Section XVIII, including clock or watch springs;
   (ij) Lead shot prepared for ammunition (heading 93.06) or other articles of Section XIX (arms and ammunition);
   (k) Articles of Chapter 94 (for example, furniture, mattress supports, lamps and lighting fittings, illuminated signs, prefabricated buildings);
   (l) Articles of Chapter 95 (for example, toys, games, sports requisites);
   (m) Hand sieves, buttons, pens, pencil-holders, pen nibs, monopods, bipods, tripods and similar articles or other articles of Chapter 96 (miscellaneous manufactured articles); or
   (n) Articles of Chapter 97 (for example, works of art).

2. Throughout the Nomenclature, the expression "parts of general use" means:
   (a) Articles of heading 73.07, 73.12, 73.15, 73.17 or 73.18 and similar articles of other base metals;
   (b) Springs and leaves for springs, of base metal, other than clock or watch springs (heading 91.14); and
   (c) Articles of headings 83.01, 83.02, 83.08, 83.10 and frames and mirrors, of base metal, of heading 83.06.
   In Chapters 73 to 76 and 78 to 82 (but not in heading 73.15) references to parts of goods do not include references to parts of general use as defined above.
   Subject to the preceding paragraph and to Note 1 to Chapter 83, the articles of Chapter 82 or 83 are excluded from Chapters 72 to 76 and 78 to 81.

3. Throughout the Nomenclature, the expression "base metals" means: iron and steel, copper, nickel, aluminium, lead, zinc, tin, tungsten (wolfram), molybdenum, tantalum, magnesium, cobalt, bismuth, cadmium, titanium, zirconium, antimony, manganese, beryllium, chromium, germanium, vanadium, gallium, hafnium, indium, niobium (columbium), rhenium and thallium.

4. Throughout the Nomenclature, the term "cermets" means products containing a microscopic heterogeneous combination of a metallic component and a ceramic component. The term "cermets" includes sintered metal carbides (metal carbides sintered with a metal).

5. Classification of alloys (other than ferro-alloys and master alloys as defined in Chapters 72 and 74):
   (a) An alloy of base metals is to be classified as an alloy of the metal which predominates by weight over each of the other metals;
   (b) An alloy composed of base metals of this Section and of elements not falling within this Section is to be treated as an alloy of base metals of this Section if the total weight of such metals equals or exceeds the total weight of the other elements present;
   (c) In this Section the term "alloys" includes sintered mixtures of metal powders, heterogeneous intimate mixtures obtained by melting (other than cermets) and intermetallic compounds.

6. Unless the context otherwise requires, any reference in the Nomenclature to a base metal includes a reference to alloys which, by virtue of Note 5 above, are to be classified as alloys of that metal.

7. Classification of composite articles:
   Except where the headings otherwise require, articles of base metal (including articles of mixed materials treated as articles of base metal under the Interpretative Rules) containing two or more base metals are to be treated as articles of the base metal predominating by weight over each of the other metals.
   For this purpose:
   (a) Iron and steel, or different kinds of iron or steel, are regarded as one and the same metal;
   (b) An alloy is regarded as being entirely composed of that metal as an alloy of which, by virtue of Note 5, it is classified; and
   (c) A cermet of heading 81.13 is regarded as a single base metal.

8. In this Section, the following expressions have the meanings hereby assigned to them:
   (a) Waste and scrap
   Metal waste and scrap from the manufacture or mechanical working of metals, and metal goods definitely not usable as such because of breakage, cutting-up, wear or other reasons.
   (b) Powders
   Products of which 90% or more by weight passes through a sieve having a mesh aperture of 1mm.

第七十二章
钢 铁

注释:

一、本章所述有关名词解释如下[本条注释(四)、(五)、(六)适用于本协调制度其他各章]:

(一)生铁

无实用可锻性的铁碳合金,按重量计含碳量在2%以上并可含有一种或几种下列含量范围的其他元素:

铬不超过10%;
锰不超过6%;
磷不超过3%;
硅不超过8%;
其他元素合计不超过10%。

(二)镜铁

按重量计含锰量在6%以上,但不超过30%的铁碳合金,其他方面符合上述(一)款所列标准。

(三)铁合金

锭、块、团或类似初级形状、连续铸造而形成的各种形状及颗粒、粉末状的合金,不论是否烧结,通常用于其他合金生产过程中的添加剂或在黑色金属冶炼中作除氧剂、脱硫剂及类似用途,一般无实用可锻性,按重量计铁元素含量在4%及以上并含有下列一种或几种元素:

铬超过10%;
锰超过30%;
磷超过3%;
硅超过8%;
除碳以外的其他元素,合计超过10%,但最高含铜量不得超过10%。

(四)钢

除品目72.03以外的黑色金属材料(某些铸造而成的种类除外),具有实用可锻性,按重量计含碳量在2%及以下,但铬钢可具有较高的含碳量。

(五)不锈钢

按重量计含碳量在1.2%及以下,含铬量在10.5%及以上的合金钢,不论是否含有其他元素。

(六)其他合金钢

不符合以上不锈钢定义的钢,含有一种或几种按重量计符合下列含量比例的元素:

铝0.3%及以上;
硼0.0008%及以上;
铬0.3%及以上;
钴0.3%及以上;
铜0.4%及以上;
铅0.4%及以上;
锰1.65%及以上;
钼0.08%及以上;
镍0.3%及以上;
铌0.06%及以上;
硅0.6%及以上;
钛0.05%及以上;
钨0.3%及以上;
钒0.1%及以上;
锆0.05%及以上;
其他元素(硫、磷、碳及氮除外)单项含量在0.1%及以上。

(七)供再熔的碎料钢铁锭

粗铸成形无缩孔或冒口的锭块产品,表面有明显瑕疵,化学成分不同于生铁、镜铁及铁合金。

(八)颗粒

按重量计不到90%可从网眼孔径为1毫米的筛子通过,而90%及以上可从网眼孔径为5毫米的筛子通过的产品。

(九)半制成品

连续铸造的实心产品,不论是否初步热轧;其他实心产品,除经初步热轧或锻造粗制成形以外未经进一步加工,包括角材、型材及异型材的坯件。

本类产品不包括成卷的产品。

(十)平板轧材

截面为矩形(正方形除外)并且不符合以上第(九)款所述定义的下列形状实心轧制产品:

1. 层叠的卷材;或
2. 平直形状,其厚度如果在4.75毫米以下,则宽度至少是厚度的十倍;其厚度如果在4.75毫米及以上,其宽度应超过150毫米,并且至少应为厚度的两倍。

平板轧材包括直接轧制而成并有凸起式样(例如,凹槽、肋条形、格槽、珠粒、菱形)的产品以及穿孔、抛光或制成瓦楞形的产

Chapter 72
Iron and steel

Chapter Notes:

1. In this Chapter and, in the case of Notes (d),(e) and (f) throughout the Nomenclature, the following expressions have the meanings hereby assigned to them:

(a) Pig iron

Iron-carbon alloys not usefully malleable, containing more than 2% by weight of carbon and which may contain by weight one or more other elements within the following limits:

not more than 10% of chromium;

not more than 6% of manganese;

not more than 3% of phosphorus;

not more than 8% of silicon;

a total of not more than 10% of other elements.

(b) Spiegeleisen

Iron-carbon alloys containing by weight more than 6% but not more than 30% of manganese and otherwise conforming to the specification at (a) above.

(c) Ferro-alloys

Alloys in ingots, blocks, lumps or similar primary forms, in forms obtained by continuous casting and also in granular or powder forms, whether or not agglomerated, commonly used as an additive in the manufacture of other alloys or as de-oxidants, de-sulphurising agents or for similar uses in ferrous metallurgy and generally not usefully malleable, containing by weight 4% or more of the element iron and one or more of the following:

more than 10% of chromium;

more than 30% of manganese;

more than 3% of phosphorus;

more than 8% of silicon;

a total of more than 10% of other elements, excluding carbon, subject to a maximum content of 10% in the case of copper.

(d) Steel

Ferrous materials other than those of heading 72.03 which (with the exception of certain types produced in the form of castings) are usefully malleable and which contain by weight 2% or less of carbon. However, chromium steels may contain higher proportions of carbon.

(e) Stainless steel

Alloy steels containing, by weight, 1.2% or less of carbon and 10.5% or more of chromium, with or without other elements.

(f) Other alloy steel

Steels not complying with the definition of stainless steel and containing by weight one or more of the following elements in the proportion shown:

0.3% or more of aluminium;

0.0008% or more of boron;

0.3% or more of chromium;

0.3% or more of cobalt;

0.4% or more of copper;

0.4% or more of lead;

1.65% or more of manganese;

0.08% or more of molybdenum;

0.3% or more of nickel;

0.06% or more of niobium;

0.6% or more of silicon;

0.05% or more of titanium;

0.3% or more of tungsten (wolfram);

0.1% or more of vanadium;

0.05% or more of zirconium;

0.1% or more of other elements (except sulphur, phosphorus, carbon and nitrogen) taken separately.

(g) Remelting scrap ingots of iron or steel

Products roughly cast in the form of ingots without feeder-heads or hot tops, or of pigs, having obvious surface faults and not complying with the chemical composition of pig iron, spiegeleisen or ferro-alloys.

(h) Granules

Products of which less than 90% by weight passes through a sieve with a mesh aperture of 1mm and of which 90% or more by weight passes through a sieve with a mesh aperture of 5mm.

(ij) Semi-finished products

Continuous cast products of solid section, whether or not subjected to primary hot-rolling; and other products of solid section, which have not been further worked than subjected to primary hot-rolling or roughly shaped by forging, including blanks for angles, shapes or sections.

These products are not presented in coils.

(k) Flat-rolled products

Rolled products of solid rectangular (other than square) cross-section, which do not conform to the definition at (i) above in the form of:

(i) Coils of successively superimposed layers, or

(ii) Straight lengths, which if of a thickness less than 4.75mm are of a width measuring at least ten times the thickness or if of a thickness of 4.75mm or more are of a width which exceeds 150mm and measures at least twice the thickness.

Flat-rolled products include those with patterns in relief derived directly from rolling (for example, grooves, ribs, chequers, tears, buttons, lozen-

品，但不具有其他税号所列制品或产品的特征。

各种规格的平板轧材（矩形或正方形除外），但不具有其他税号所列制品或产品的特征，都应作为宽度为600毫米及以上的产品归类。

（十一）不规则盘绕的热轧条、杆

经热轧不规则盘绕的实心产品，其截面为圆形、扇形、椭圆形、矩形（包括正方形）、三角形或其他外凸多边形（包括“扁圆形”及“变形矩形”，即相对两边为弧拱形，另外两边为等长平行直线形）。这类产品可带有在轧制过程中产生的凹痕、凸缘、槽沟或其他变形（钢筋）。

（十二）其他条、杆

不符合上述（九）、（十）、（十一）款或“丝”定义的实心产品，其全长截面均为圆形、扇形、椭圆形、矩形（包括正方形）、三角形或其他外凸多边形（包括“扁圆形”及“变形矩形”，即相对两边为弧拱形，另外两边为等长平行直线形）。这些产品可以：

1. 带有在轧制过程中产生的凹痕、凸缘、槽沟或其他变形(钢筋)；
2. 轧制后扭曲的。

（十三）角材、型材及异型材

不符合上述(九)、(十)、(十一)、(十二)款或“丝”定义，但其全长截面均为同样形状的实心产品。

第七十二章不包括品目73.01或73.02的产品。

（十四）丝

不符合平板轧材定义但全长截面均为同样形状的盘卷冷成形实心产品。

（十五）空心钻钢

适合钻探用的各种截面的空心条、杆，其最大外形尺寸超过15毫米但不超过52毫米，最大内孔尺寸不超过最大外形尺寸的二分之一。不符合本定义的钢铁空心条、杆应归入品目73.04。

二、用一种黑色金属包覆不同种类的黑色金属，应按其中重量最大的材料归类。

三、用电解沉积法、压铸法或烧结法所得的钢铁产品，应按其形状、成分及外观归入本章类似热轧产品的相应税号。

子目注释：

一、本章所用有关名词解释如下：

（一）合金生铁

按重量计含有一种或几种下列比例的元素的生铁：

铬0.2%以上；

铜0.3%以上；

镍0.3%以上；

0.1%以上的任何下列元素：铝、钼、钛、钨、钒。

（二）非合金易切削钢

按重量计含有一种或几种下列比例的元素的非合金钢：

硫0.08%及以上；

铅0.1%及以上；

硒0.05%以上；

碲0.01%以上；

铋0.05%以上。

（三）硅电钢

按重量计含硅量至少为0.6%但不超过6%，含碳量不超过0.08%的合金钢。这类钢还可含有按重量计不超过1%的铝，但所含其他元素的比例并不使其具有其他合金钢的特性。

（四）高速钢

不论是否含有其他元素，但至少含有按重量计合计含量在7%及以上的钼、钨、钒中两种元素的合金钢，按重量计其含碳量在0.6%及以上，含铬量在3%~6%。

（五）硅锰钢

按重量计同时含有下列元素的合金钢：

碳不超过0.7%；

锰0.5%及以上，但不超过1.9%；以及

硅0.6%及以上，但不超过2.3%。但所含其他元素的比例并不使其具有其他合金钢的特性。

二、品目72.02项下的子目所列铁合金，归类：

对于只有一种元素超出本章注释一(三)规定的最低百分比的铁合金，应作为二元合金归入相应的子目。以此类推，如果有两种或三种合金元素超出了最低百分比的，则可分别作为三元或四元合金。

在运用本规定时，本章注释一(三)所述的未列名的“其他元素”，按重量计单项含量必须超过10%。

ges) and those which have been perforated, corrugated or polished, provided that they do not thereby assume the character of articles or products of other headings.

Flat-rolled products of a shape other than rectangular or square, of any size, are to be classified as products of a width of 600mm or more, provided that they do not assume the character of articles or products of other headings.

(l) Bars and rods, hot-rolled, in irregularly wound coils

Hot-rolled products in irregularly wound coils, which have a solid cross-section in the shape of circles, segments of circles, ovals, rectangles (including squares), triangles or other convex polygons (including "flattened circles" and "modified rectangles", of which two opposite sides are convex arcs, the other two sides being straight, of equal length and parallel). These products may have indentations, ribs, grooves or other deformations produced during the rolling process (reinforcing bars and rods).

(m) Other bars and rods

Products which do not conform to any of the definitions at (ij), (k) or (l) above or to the definition of wire, which have a uniform solid cross-section along their whole length in the shape of circles, segments of circles, ovals, rectangles (including squares), triangles or other convex polygons (including "flattened circles" and "modified rectangles", of which two opposite sides are convex arcs, the other two sides being straight, of equal length and parallel). These products may:

(i) Have indentations, ribs, grooves or other deformations produced during the rolling process (reinforcing bars and rods);

(ii) Be twisted after rolling.

(n) Angles, shapes and sections

Products having a uniform solid cross-section along their whole length which do not conform to any of the definitions at (ij), (k), (l) or (m) above or to the definition of wire.

Chapter 72 does not include products of heading 73. 01 or 73. 02.

(o) Wire

Cold-formed products in coils, of any uniform solid cross-section along their whole length, which do not conform to the definition of flat-rolled products.

(p) Hollow drill bars and rods

Hollow bars and rods of any cross-section, suitable for drills, of which the greatest external dimension of the cross-section exceeds 15mm but does not exceed 52mm, and of which the greatest internal dimension does not exceed one half of the greatest external dimension. Hollow bars and rods of iron or steel not conforming to this definition are to be classified in heading 73. 04.

2. Ferrous metals clad with another ferrous metal are to be classified as products of the ferrous metal predominating by weight.

3. Iron or steel products obtained by electrolytic deposition, by pressure casting or by sintering are to be classified, according to their form, their composition and their appearance, in the headings of this Chapter appropriate to similar hot-rolled products.

Subheading Notes:

1. In this Chapter the following expressions have the meanings hereby assigned to them:

(a) Alloy pig iron

Pig iron containing, by weight, one or more of the following elements in the specified proportions:

more than 0. 2% of chromium;

more than 0. 3% of copper;

more than 0. 3% of nickel;

more than 0. 1% of any of the following elements: aluminium, molybdenum, titanium, tungsten (wolfram), vanadium.

(b) Non-alloy free-cutting steel

Non-alloy steel containing, by weight, one or more of the following elements in the specified proportions:

0. 08% or more of sulphur;

0. 1% or more of lead;

more than 0. 05% of selenium;

more than 0. 01% of tellurium;

more than 0. 05% of bismuth.

(c) Silicon-electrical steel

Alloy steels containing by weight at least 0. 6% but not more than 6% of silicon and not more than 0. 08% of carbon. They may also contain by weight not more than 1% of aluminium but no other element in a proportion that would give the steel the characteristics of another alloy steel.

(d) High speed steel

Alloy steels containing, with or without other elements, at least two of the three elements molybdenum, tungsten and vanadium with a combined content by weight of 7% or more, 0. 6% or more of carbon and 3% to 6% of chromium.

(e) Silico-manganese steel

Alloy steels containing by weight:

not more than 0. 7% of carbon;

0. 5% or more but not more than 1. 9% of manganese; and

0. 6% or more but not more than 2. 3% of silicon, but no other element in a proportion that would give the steel the characteristics of another alloy steel.

2. For the classification of ferro-alloys in the subheadings of heading 72. 02 the following rule should be observed:

A ferro-alloy is considered as binary and classified under the relevant subheading (if it exists) if only one of the alloy elements exceeds the minimum percentage laid down in Chapter Note 1 (c); by analogy, it is considered respectively as ternary or quaternary if two or three alloy elements exceed the minimum percentage.

For the application of this rule the unspecified "other elements" referred to in Chapter Note 1 (c) must each exceed 10% by weight.

商品编号	商品名称及备注[检验检疫编码及名称]	进口关税(%)		增值税率(%)	消费税	计量单位	监管条件	检验检疫类别
		最惠国	普通					
7201	生铁及镜铁,锭、块或其他初级形状:							
72011000	-非合金生铁,按重量计含磷量在 0.5% 及以下							
7201100010[暂1]	高纯生铁(含锰量<0.08%,含磷量<0.03%,含硫量<0.02%,含钛量<0.03%)〔999〕	1	8	13		千克		
7201100090	非合金生铁,含磷量≤0.5%(含锰量<0.08%,含磷量<0.03%,含硫量<0.02%,含钛量<0.03%的高纯生铁除外)〔999〕	1	8	13		千克		
72012000	-非合金生铁,按重量计含磷量在 0.5% 以上							
7201200000	非合金生铁,按重量计含磷量>0.5%〔999〕	1	8	13		千克		
72015000	-合金生铁;镜铁							
7201500010	合金生铁〔999〕	1	8	13		千克		
7201500090	镜铁〔999〕	1	8	13		千克		
7202	铁合金:							
72021100	--按重量计含碳量在 2% 以上							
7202110000	锰铁,按重量计含碳量>2%〔999〕	2	11	13		千克	4xy	
72021900	--其他							
7202190000	锰铁,按重量计含碳量≤2%〔999〕	2	11	13		千克	4xy	
72022100	--按重量计含硅量在 55% 以上							
7202210010[暂2]	硅铁,55%<含硅量<90%〔999〕	2	11	13		千克	4xy	
7202210090[暂2]	硅铁,含硅量>90%〔999〕	2	11	13		千克	4xy	
72022900	--其他							
7202290010[暂2]	硅铁,30≤含硅量≤55%〔999〕	2	11	13		千克	4xy	
7202290090[暂2]	硅铁,含硅量<30%〔999〕	2	11	13		千克	4xy	
72023000	-硅锰铁							
7202300000	硅锰铁〔999〕	2	11	13		千克	4xy	
72024100	--按重量计含碳量>4%							
7202410000[暂0]	铬铁,按重量计含碳量>4%以上〔999〕	2	8	13		千克	4xy	
72024900	--其他							
7202490000[暂1]	铬铁,按重量计含碳量≤4%〔999〕	2	8	13		千克	4xy	
72025000	-硅铬铁							
7202500000	硅铬铁〔999〕	2	11	13		千克	4xy	
72026000	-镍铁							
7202600000[暂0]	镍铁〔999〕	2	11	13		千克	4xy	
72027000	-钼铁							
7202700000[暂1]	钼铁〔999〕	2	11	13		千克	4xy	
72028010	---钨铁							
7202801000[暂1]	钨铁〔999〕	2	11	13		千克	4xy	
72028020	---硅钨铁							
7202802000	硅钨铁〔999〕	2	11	13		千克	4xy	
72029100	--钛铁及硅钛铁							
7202910000	钛铁及硅钛铁〔101 硅钛铁〕,〔102 钛铁〕	2	11	13		千克	4xy	
72029210	---按重量计含钒量在 75% 及以上							
7202921000	按重量含钒≥75%的钒铁〔999〕	5	30	13		千克	4xy	
72029290	---其他							
7202929000	其他钒铁〔999〕	5	30	13		千克	4xy	
72029300	--铌铁							
7202930010[暂0]	铁钽铌合金(钽含量<10%)〔999〕	2	11	13		千克	4xy	
7202930090[暂0]	其他铌铁〔101 铌铁〕,〔102 其他铁合金〕	2	11	13		千克	4xy	
72029911	----速凝永磁片							
7202991100	钕铁硼合金速凝永磁片〔999〕	2	11	13		千克	4xy	
72029912	----磁粉							
7202991200	钕铁硼合金磁粉〔999〕	2	11	13		千克	4xy	
72029919	----其他							
7202991900	其他钕铁硼合金〔999〕	2	11	13		千克	4xy	
72029991	----按重量计稀土元素总含量在10%以上的							

协定税率(%)															特惠税率(%)			对美税率	出口税率	出口退税率	Article Description
智利	新西兰	澳大利亚	瑞士	冰岛	秘鲁	哥斯达	东盟	亚太	新加坡	巴基斯坦	港/澳/台	韩国	格鲁吉亚	毛里求斯	亚太	老/柬/缅	LDC 97/95				
																					Pig iron and spiegeleisen in ingots, blocks or other primary forms:
0	0	0	0	0	0	0	0			0	0/0/	0	0	0			0/0			0	-Non-alloy pig iron containing by weight 0.5% or less of phosphorus
																			20[10]		
																			20[10]		
0	0	0	0	0	0	0	0			0	0/0/	0	0	0			0/0			0	-Non-alloy pig iron containing by weight more than 0.5% of phosphorus
																			20		
0	0	0	0	0	0	0	0			0	0/0/	0	0	0			0/0			0	-Alloy pig iron; spiegeleisen
																		26	20		
																		26	20		
																					Ferro-alloys:
0	0	0	0	0	0	0	0			0	0/0/	0	0	0			0/0			0	--Containing by weight more than 2% of carbon
																			20		
0	0	0	0	0	0	0	0			0	0/0/	0	0	0			0/0			0	--Other
																		27	20		
0	0	0	0	0	0	0	0			0	0/0/	0	0	0			0/0			0	--Containing by weight more than 55% of silicon
																		27	25[20]		
																		27	25[20]		
0	0	0	0	0	0	0	0			0	0/0/	0	0	0			0/0			0	--Other
																		22	25[20]		
																		22	25[20]		
0	0	0	0	0	0	0	0			0	0/0/	0	0	0			0/0			0	-Ferro-silicon-manganese
																			20		
0	0	0	0	0	0	0	0			0	0/0/	0	0	0			0/0			0	--Containing by weight more than 4% of carbon
																			40[15]		
0	0	0	0	0	0	0	0			0	0/0/	0	0	0			0/0			0	--Other
																		26	40[15]		
0	0	0	0	0	0	0	0			0	0/0/	0	0	0			0/0			0	-Ferro-silicon-chromium
																			0		
0	0	0	0	0	0	0	0			0	0/0/	0	0	0			0/0			0	-Ferro-nickel
																		25	0		
0	0	0	0	0	0	0	0			0	0/0/	0	0	0			0/0			0	-Ferro-molybdenum
																			0		
0	0	0	0	0	0	0	0			0	0/0/	0	0	0			0/0			0	---Ferro-tungsten
																			0		
0	0	0	0	0	0	0	0			0	0/0/	0	0	0			0/0			0	---Ferro-silicon-tungsten
																			0		
0	0	0	0	0	0	0	0			0	0/0/	0	0	0			0/0			0	--Ferro-titanium and ferro-silicon-titanium
																		27	0		
0	0	0	0	0	0	0	0			3	0/0/	0	0	0			0/0			0	---Containing by weight more than 75% of vanadium
																		30	0		
0	0	0	0	0	0	0	0			3	0/0/	0	0	0			0/0			0	---Other
																			0		
0	0	0	0	0	0	0	0			0	0/0/	0	0	0			0/0			0	--Ferro-niobium
																			0		
																			0		
0	0	0	0	0	0	0	0			0	0/0/	0	0	0			0/0			0	----Rapidly solidified permanent magnetic sheet
																		12	0		
0	0	0	0	0	0	0	0			0	0/0/	0	0	0			0/0			0	----Magnetic powder
																		27	0		
0	0	0	0	0	0	0	0			0	0/0/	0	0	0			0/0			0	----Other
																			0		
0	0	0	0	0	0	0	0			0	0/0/	0	0	0			0/0			0	----Containing by weight more than 10% of rare-earth

商品编号	商品名称及备注[检验检疫编码及名称]	进口关税(%) 最惠国	进口关税(%) 普通	增值税率(%)	消费税	计量单位	监管条件	检验检疫类别
7202999110	按重量计中重稀土总含量≥30%的铁合金(按重量计稀土元素总含量>10%)〔101 磷铁〕,〔102 三元硅铁合金〕,〔103 其他铁合金〕,〔104 稀土金属〕	2	11	13		千克	4xy	
7202999191	稀土硅铁合金(按重量计稀土元素总含量>10%)①	2	11	13		千克	4xy	
7202999199	其他按重量计稀土元素总含量>10%的铁合金②	2	11	13		千克	4xy	
72029999	----其他							
7202999900	其他铁合金〔101 磷铁〕,〔102 三元硅铁合金〕,〔103 其他铁合金〕,〔104 铝铁熔剂〕,〔301〕	2	11	13		千克	4xy	
7203	**直接从铁矿还原所得的铁产品及其他海绵铁产品,块、团、团粒及类似形状;按重量计纯度在 99.94% 及以上的铁,块、团、团粒及类似形状:**							
72031000	-直接从铁矿还原所得的铁产品							
7203100010[暂0]	热压铁块〔999〕	2	8	13		千克		
7203100090	直接从铁矿还原的铁产品(铁团、铁粒及类似形状)〔999〕	2	8	13		千克		
72039000	-其他							
7203900000	其他海绵铁产品或纯度≥99.94%的铁(包括块、团、团粒及类似形状)〔999〕	2	8	13		千克		
7204	**钢铁废碎料;供再熔的碎料钢铁锭:**							
72041000	-铸铁废碎料							
7204100000	铸铁废碎料〔999〕	2	8	13		千克	9A	M/
72042100	--不锈钢废碎料							
7204210000	不锈钢废碎料〔999〕	0	8	13		千克	9A	M/
72042900	--其他							
7204290000	其他合金钢废碎料〔999〕	0	8	13		千克	9A	M/
72043000	-镀锡钢铁废碎料							
7204300000	镀锡钢铁废碎料〔999〕	2	8	13		千克	9A	M/
72044100	--车、刨、铣、磨、锯、锉、剪、冲加工过程中产生的废料,不论是否成捆							
7204410000	机械加工中产生的钢铁废料(机械加工指车、刨、铣、磨、锯、锉、剪、冲加工)〔999〕	2	8	13		千克	9A	M/
72044900	--其他							
7204490010	废汽车压件〔999〕	0	8	13		千克	9A	M/
7204490020	以回收钢铁为主的废五金电器〔999〕	0	8	13		千克	9A	M/
7204490090	未列名钢铁废碎料〔999〕	0	8	13		千克	9A	M/
72045000	-供再熔的碎料钢铁锭							
7204500000	供再熔的碎料钢铁锭〔999〕	0	8	13		千克	9A	M/
7205	**生铁、镜铁及钢铁的颗粒和粉末:**							
72051000	-颗粒							
7205100000	生铁、镜铁及钢铁颗粒〔101 非合金生铁〕,〔102 合金生铁〕,〔103 其他铁合金〕	2	30	13		千克		
72052100	--合金钢的							
7205210000	合金钢粉末〔999〕	2	17	13		千克		
72052910	---铁粉,平均粒径<10 微米							
7205291000	平均粒径<10 微米的铁粉〔999〕	2	17	13		千克		
72052990	---其他							
7205299000	其他生铁、镜铁及其他钢铁粉末〔999〕	2	17	13		千克		
7206	**铁及非合金钢,锭状或其他初级形状(品目 72.03 的铁除外):**							
72061000	-锭状							
7206100000	铁及非合金钢锭〔999〕	2	11	13		千克		
72069000	-其他							
7206900000	其他初级形状的铁及非合金钢〔101 板坯〕,〔102 其他钢坯(锭)〕	2	11	13		千克		
7207	**铁及非合金钢的半制成品:**							

① 〔101 磷铁〕,〔102 三元硅铁合金〕,〔103 其他铁合金〕,〔104 稀土金属〕
② 〔101 磷铁〕,〔102 三元硅铁合金〕,〔103 其他铁合金〕,〔104 稀土金属〕

协定税率(%)															特惠税率(%)			对美税率	出口税率	出口退税率	Article Description
智利	新西兰	澳大利亚	瑞士	冰岛	秘鲁	哥斯达	东盟	亚太	新加坡	巴基斯坦	港/澳/台	韩国	格鲁吉亚	毛里求斯	亚太	老/柬/缅	LDC 97/95				
																			0		
																			0		
																			0		
0	0	0	0	0	0	0	0			0	0/0/	0	0	0			0/0			0	----Other
																		12	0		
																					Ferrous products obtained by direct reduction of iron ore and other spongy ferrous products, in lumps, pellets or similar forms; iron having a minimum purity by weight of 99.94%, in lumps, pellets or similar forms:
0	0	0	0	0	0	0	0			0	0/0/	0	0	0			0/0			0	-Ferrous products obtained by direct reduction of iron ore
																		25	0		
																		27	0		
0	0	0	0	0	0	0	0			0	0/0/	0	0	0			0/0			0	-Other
																		22	0		
																					Ferrous waste and scrap; remelting scrap ingots of iron steel:
0	0	0	0	0	0	0	0			0	0/0/	0	0	0			0/0			0	-Waste and scrap of cast iron
																		25	40		
																	0/0			0	--Of stainless steel
																		25	40		
																	0/0			0	--Other
																		25	40		
0	0	0	0	0	0	0	0			0	0/0/	0	0	0			0/0			0	-Waste and scrap of tinned iron or steel
																		25	40		
0	0	0	0	0	0	0	0			0	0/0/	0.6	0	0			0/0			0	--Turnings, shavings, chips, milling waste, sawdust, filings, trimmings and stampings, whether or not in bundles
																		25	40		
																	0/0			0	--Other
																		25	40		
																		25	40		
																		25	40		
																	0/0			0	-Remelting scrap ingots
																		25	40		
																					Granules and powders, of pig iron, spiegeleisen, iron or steel:
0	0	0	0	0	0	0	0			0	0/0/	0	0	0			0/0			0	-Granules
																		27	0		
0	0	0	0	0	0	0	0			0	0/0/	0	0	0			0/0			10	--Of alloy steel
																		12	0		
0	0	0	0	0	0	0	0			0	0/0/	0.6	0	0			0/0				---Iron powders, average diameter less than 10μm
																		22	0		
0	0	0	0	0	0	0	0			0	0/0/	0.6	0	0			0/0				---Other
																		22	0		
																					Iron and non-alloy steel in ingots or other primary forms (excluding iron of heading 72.03):
0	0	0	0	0	0	0	0			0	0/0/	0	0	0			0/0			0	-Ingots
																		27	0		
0	0	0	0	0	0	0	0			0	0/0/	0	0	0			0/0			0	-Other
																		12	0		
																					Semi-finished products of iron or non-alloy steel:

商品编号	商品名称及备注[检验检疫编码及名称]	进口关税(%)		增值税率(%)	消费税	计量单位	监管条件	检验检疫类别
		最惠国	普通					
72071100	--矩形(包括正方形)截面,宽度小于厚度的两倍							
7207110000	宽度小于厚度两倍的矩形截面钢坯(含碳量<0.25%)〔999〕	2	11	13		千克		
72071200	--其他矩形(正方形除外)截面的							
7207120010	其他矩形截面的厚度>40 毫米的连铸板坯[含碳量<0.25%(正方形截面除外)]〔999〕	2	11	13		千克		
7207120090	其他矩形截面钢坯[含碳量<0.25%(正方形截面除外)]〔999〕	2	11	13		千克		
72071900	--其他							
7207190010	其他含碳量<0.25%的厚度>400 毫米的连铸板坯〔999〕	2	11	13		千克		
7207190090	其他含碳量<0.25%的钢坯〔999〕	2	11	13		千克		
72072000	-按重量计含碳量在 0.25% 及以上							
7207200010	车轮用连铸圆坯(直径为 380 毫米和 450 毫米,公差±1.2%,含碳量:0.38%~0.85%,含锰量:0.68%~1.2%,含磷量≤0.012%,总氧化物含量≤0.0012%)〔999〕	2	11	13		千克		
7207200090	其他含碳量≥0.25%的钢坯〔999〕	2	11	13		千克		
7208	**宽度在 600 毫米及以上的铁或非合金钢平板轧材,经热轧,但未经包覆、镀层或涂层:**							
72081000	-除热轧外未经进一步加工的卷材,已轧压花纹							
7208100000	轧有花纹的热轧卷材(除热轧外未进一步加工的)〔999〕	5	14	13		千克		
72082500	--厚度在 4.75 毫米及以上							
7208250000	厚度≥4.75 毫米其他经酸洗的热轧卷材(除热轧外未进一步加工,宽度≥600 毫米,未包、镀、涂层)〔999〕	5	14	13		千克		
72082610	---屈服强度大于 355 牛顿/平方毫米							
7208261000	3 毫米≤厚度<4.75 毫米其他大强度热轧卷材(经酸洗,宽度≥600 毫米,屈服强度>355 牛顿/平方毫米)〔999〕	5	14	13		千克	A	M/
72082690	---其他							
7208269000	其他 3 毫米≤厚度<4.75 毫米热轧卷材(经酸洗,宽度≥600 毫米,屈服强度≤355 牛顿/平方毫米)〔999〕	5	14	13		千克	A	M/
72082710	---厚度小于 1.5 毫米							
7208271000	厚度<1.5 毫米其他的热轧卷材(经酸洗,宽度≥600 毫米,未包、镀、涂层)〔999〕	5	14	13		千克		
72082790	---其他							
7208279000	1.5 毫米≤厚度<3 毫米其他的热轧卷材(经酸洗,宽度≥600 毫米,未包、镀、涂层)〔999〕	5	14	13		千克		
72083600	--厚度超过 10 毫米							
7208360000	厚度>10 毫米的其他热轧卷材(除热轧外未进一步加工,宽度≥600 毫米,未包、镀、涂层)〔999〕	6	14	13		千克		
72083700	--厚度在 4.75 毫米及以上,但不超过 10 毫米							
7208370000	4.75 毫米≤厚度≤10 毫米的其他热轧卷材(除热轧外未进一步加工,宽度≥600 毫米,未包、镀、涂层)〔999〕	5	14	13		千克		
72083810	---屈服强度大于 355 牛顿/平方毫米							
7208381000	3 毫米≤厚度<4.75 毫米的大强度卷材(宽度≥600 毫米,屈服强度>355 牛顿/平方毫米)〔999〕	5	14	13		千克	A	M/
72083890	---其他							
7208389000	其他 3 毫米≤厚度<4.75 毫米的卷材(宽度≥600 毫米,屈服强度≤小于等于 355 牛顿/平方毫米)〔999〕	5	14	13		千克	A	M/
72083910	---厚度小于 1.5 毫米							
7208391000	厚度<1.5 毫米的其他热轧卷材(除热轧外未进一步加工,宽度≥600 毫米,未包、镀、涂层)〔999〕	3	14	13		千克		
72083990	---其他							
7208399000	1.5 毫米≤厚度<3 毫米的其他热轧卷材(除热轧外未进一步加工,宽度≥600 毫米,未包、镀、涂层)〔999〕	3	14	13		千克		
72084000	-已轧压花纹的非卷材,除热轧外未经进一步加工							
7208400000	轧有花纹的热轧非卷材(除热轧外未进一步加工,宽试≥600 毫米,未包、镀、涂层)〔999〕	6	17	13		千克		
72085110	---厚度超过 50 毫米							
7208511000	厚度>50 毫米的其他热轧非卷材(宽度≥600 毫米,未包、镀、涂层)〔999〕	6	17	13		千克		

协定税率(%)															特惠税率(%)			对美税率	出口税率	出口退税率	Article Description
智利	新西兰	澳大利亚	瑞士	冰岛	秘鲁	哥斯达	东盟	亚太	新加坡	巴基斯坦	港/澳/台	韩国	格鲁吉亚	毛里求斯	亚太	老/柬/缅	LDC 97/95				
0	0	0	0	0	0	0	0			0	0/0/	0	0	0			0/0			0	--Of rectangular (including square) cross-section, the width measuring less than twice the thickness
																		27	0		
0	0	0	0	0	0	0	0			0	0/0/	0	0	0			0/0			0	--Other, of rectangular (other than square) cross-section
																			0		
																			0		
0	0	0	0	0	0	0	0			0	0/0/	1	0	0			0/0			0	--Other
																		27	0		
																		27	0		
0	0	0	0	0	0	0	0			0	0/0/	0	0	0			0/0			0	-Containing by weight 0.25% or more of carbon
																			0		
																			0		
																					Flat-rolled products of iron or non-alloy steel of a width of 600mm or more, hot-rolled, not clad, plated or coated:
0	0	0	0	0	0	0	0			0	0/0/	1.5	0	0			0/0			0	-In coils, not further worked than hot-rolled, with patterns in relief
																		30	0		
0	0	0	0	0	0	0	0			0	0/0/		0	0			0/0			0	--Of a thickness of 4.75mm or more
																		30	0		
0	0	0	0	0	0	0	0			0	0/0/		0	0			0/0			0	---Of a yield strength exceeding 355N/mm2
																		10	0		
0	0	0	0	0	0	0	0			0	0/0/		0	0			0/0			0	---Other
																		30	0		
0	0	0	0	0	0	0	0			0	0/0/	2.6	0	0			0/0			0	---Of a thickness of less than 1.5mm
																		30	0		
0	0	0	0	0	0	0	0			0	0/0/0		0	0			0/0			0	---Other
																		30	0		
0	0	0	0	0	0	0	0			0	0/0/	1.8	0	0			0/0			0	--Of a thickness exceeding 10mm
																			0		
0	0	0	0	0	0	0	0			0	0/0/	1.5	0	0			0/0			0	--Of a thickness of 4.75mm or more but not exceeding 10mm
																		10	0		
0	0	0	0	0	0	0	0			0	0/0/	1.5	0	0			0/0			0	---Of a yield strength exceeding 355N/mm2
																		10	0		
0	0	0	0	0	0	0	0			0	0/0/0	1.5	0	0			0/0			0	---Other
																		10	0		
0	0	0	0	0	0	0	0			0	0/0/	0.9	0	0			0/0			0	---Of a thickness of less than 1.5mm
																		28	0		
0	0	0	0	0	0	0	0			0	0/0/0	0.9	0	0			0/0			0	---Other
																		28	0		
0	0	0	0	0	0	0	0			0	0/0/	1.8	0	0			0/0			0	-Not in coils, not further worked than hot-rolled, with patterns in relief
																		26	0		
0	0	0	0	0	0	0	0			0	0/0/	3.2	0	0			0/0			0	---Of a thickness exceeding 50mm
																		31	0		

商品编号	商品名称及备注[检验检疫编码及名称]	进口关税(%)		增值税率(%)	消费税	计量单位	监管条件	检验检疫类别
		最惠国	普通					
72085120	---厚度在 20 毫米以上,但不超过 50 毫米							
7208512000	20 毫米<厚度≤50 毫米的其他热轧非卷材(宽度≥600 毫米,未包、镀、涂层)〔999〕	6	17	13		千克		
72085190	---其他							
7208519000	10 毫米<厚度≤20 毫米的其他热轧非卷材(宽度≥600 毫米,未包、镀、涂层)〔999〕	6	17	13		千克		
72085200	--厚度在 4.75 毫米及以上,但不超过 10 毫米							
7208520000	4.75 毫米≤厚度≤10 毫米的热轧非卷材(除热轧外未进一步加工,宽度≥600 毫米,未包、镀、涂层)〔999〕	6	17	13		千克		
72085310	---屈服强度大于 355 牛顿/平方毫米							
7208531000	3 毫米≤厚度<4.75 毫米大强度热轧非卷材(宽度≥600 毫米,屈服强度>355 牛顿/平方毫米)〔999〕	6	17	13		千克		
72085390	---其他							
7208539000	其他 3 毫米≤厚度<4.75 的热轧非卷材(宽度≥600 毫米,屈服强度≤355 牛顿/平方毫米)〔999〕	6	17	13		千克		
72085410	---厚度小于 1.5 毫米							
7208541000	厚度<1.5 毫米的热轧非卷材(除热轧外未进一步加工,宽度≥600 毫米,未包、镀、涂层)〔999〕	6	17	13		千克		
72085490	---其他							
7208549000	1.5 毫米≤厚度<3 毫米的热轧非卷材(除热轧外未进一步加工,宽度≥600 毫米,未包、镀、涂层)〔999〕	6	17	13		千克		
72089000	-其他							
7208900000	其他热轧铁或非合金钢宽平板轧材(除热轧外经进一步加工,宽度≥600 毫米,未经包、渡、涂层)〔999〕	6	17	13		千克		
7209	**宽度在 600 毫米及以上的铁或非合金钢平板轧材,经冷轧,但未经包覆、镀层或涂层:**							
72091510	---屈服强度大于 355 牛顿/平方毫米							
7209151000	厚度≥3 毫米的大强度冷轧卷材(宽度≥600 毫米,屈服强度>355 牛顿/平方毫米)〔999〕	6	17	13		千克		
72091590	---其他							
7209159000	其他厚度≥3 毫米的冷轧卷材(宽度≥600 毫米,屈服强度≤355 牛顿/平方毫米)〔999〕	6	17	13		千克		
72091610	---屈服强度大于 275 牛顿/平方毫米							
7209161000	1 毫米<厚度<3 毫米的大强度冷轧卷材(宽度≥600 毫米,屈服强度>275 牛顿/平方毫米)〔999〕	6	17	13		千克	A	M/
72091690	---其他							
7209169000	1 毫米<厚度<3 毫米小强度冷轧卷材(宽度≥600 毫米,屈服强度≤275 牛顿/平方毫米)〔999〕	6	17	13		千克		
72091710	---屈服强度大于 275 牛顿/平方毫米							
7209171000	0.5 毫米≤厚度≤1 毫米大强度冷轧卷材(宽度≥600 毫米,屈服强度>275 牛顿/平方毫米)〔999〕	3	17	13		千克	A	M/
72091790	---其他							
7209179000	0.5 毫米≤厚度≤1 毫米小强度冷轧卷材(宽度≥600 毫米,屈服强度≤275 牛顿/平方毫米)〔999〕	3	17	13		千克		
72091810	---厚度小于 0.3 毫米							
7209181000[暂4]	厚度<0.3 毫米的非合金钢冷轧卷材(未进一步加工,宽度≥600 毫米,未包、镀、涂层)〔999〕	6	17	13		千克		
72091890	---其他							
7209189000	0.3 毫米≤厚<0.5 毫米非合金钢冷轧卷材(未进一步加工,宽度≥600 毫米,未包、镀、涂层)〔999〕	6	17	13		千克		
72092500	--厚度在 3 毫米及以上							
7209250000	厚度≥3 毫米的冷轧非卷材(除冷轧外未进一步加工,宽度≥600 毫米,未包、镀、涂层)〔999〕	6	17	13		千克		
72092600	--厚度超过 1 毫米,但小于 3 毫米							
7209260000	1 毫米<厚度<3 毫米的冷轧非卷材(除冷轧外未进一步加工,宽度≥600 毫米,未包、镀、涂层)〔999〕	6	17	13		千克		
72092700	--厚度在 0.5 毫米及以上,但不超过 1 毫米							
7209270000	0.5 毫米≤厚度≤1 毫米的冷轧非卷材(未进一步加工,宽度≥600 毫米,未包、镀、涂层)〔999〕	6	17	13		千克		
72092800	--厚度小于 0.5 毫米							

协定税率(%)															特惠税率(%)			对美税率	出口税率	出口退税率	Article Description
智利	新西兰	澳大利亚	瑞士	冰岛	秘鲁	哥斯达	东盟	亚太	新加坡	巴基斯坦	港/澳/台	韩国	格鲁吉亚	毛里求斯	亚太	老/柬/缅	LDC 97/95				
0	0	0	0	0	0	0	0			0	0/0/	3.2	0	0			0/0			0	---Of a thickness exceeding 20mm but not exceeding 50mm
																		31	0		
0	0	0	0	0	0	0	0			0	0/0/	1.8	0	0			0/0			0	---Other
																		31	0		
0	0	0	0	0	0	0	0			0	0/0/	1.8	0	0			0/0			0	--Of a thickness of 4.75mm or more but not exceeding 10mm
																		31	0		
0	0	0	0	0	0	0	0	5.1		0	0/0/	1.8	0	0			0/0			0	---Of a yield strength exceeding 355N/mm2
																			0		
0	0	0	0	0	0	0	0	5.1		0	0/0/	1.8	0	0			0/0			0	---Other
																		16	0		
0	0	0	0	0	0	0	0	5.1		0	0/0/	0	0	0			0/0			0	---Of a thickness of less than 1.5mm
																		31	0		
0	0	0	0	0	0	0	0	5.1		0	0/0/	3.2	0	0			0/0			0	---Other
																		31	0		
0	0	0	0	0	0	0	0			0	0/0/		0	0			0/0			0	-Other
																		31	0		
																					Flat-rolled products of iron or non-alloy steel, of a width of 600mm or more, cold-rolled (cold-reduced), not clad, plated or coated:
0	0	0	0	0	0	0	0			0	0/0/	1.8	0	0			0/0			13	---Of a yield strength exceeding 355N/mm2
																			0		
0	0	0	0	0	0	0	0			0	0/0/	1.8	0	0			0/0			13	---Other
																		31	0		
0	0	0	0	0	0	0	0	4.2		0	0/0/	1.8	0	0			0/0			13	---Of a yield strength exceeding 275N/mm2
																		31	0		
0	0	0	0	0	0	0	0	4.2		0	0/0/0	4.2	0	0			0/0			13	---Other
																		31	0		
0	0	0	0	0	0	0	0	2.1		0	0/0/	1.6	0	0			0/0			13	---Of a yield strength exceeding 275N/mm2
																		28	0		
0	0	0	0	0	0	0	0	2.1		0	0/0/0	0.9	0	0			0/0			13	---Other
																		28	0		
0	0	0	0	0	0	0	0	4.2		0	0/0/	4.2	0	0			0/0			13	---Of a thickness of less than 0.3mm
																			0		
0	0	0	0	0	0	0	0	4.2		0	0/0/0	4.2	0	0			0/0			13	---Other
																		31	0		
0	0	0	0	0	0	0	0			0	0/0/	1.8	0	0			0/0			13	--Of a thickness of 3mm or more
																		16	0		
0	0	0	0	0	0	0	0			0	0/0/		0	0			0/0			13	--Of a thickness exceeding 1mm but less than 3mm
																		26	0		
0	0	0	0	0	0	0	0	4.2		0	0/0/	4.2	0	0			0/0			13	--Of a thickness of 0.5mm or more but not exceeding 1mm
																		31	0		
0	0	0	0	0	0	0	0			0	0/0/		0	0			0/0			13	--Of a thickness of less than 0.5mm

商品编号	商品名称及备注[检验检疫编码及名称]	进口关税(%) 最惠国	进口关税(%) 普通	增值税率(%)	消费税	计量单位	监管条件	检验检疫类别
7209280000	厚度小于 0.5 毫米的冷轧非卷材(除冷轧外未进一步加工,宽度≥600 毫米,未包、镀、涂层)[999]	6	17	13		千克		
72099000	-其他							
7209900000	其他冷轧铁或非合金钢宽平轧材(除冷轧外,未进一步加工,宽度≥600 毫米,未包、镀、涂层)[999]	6	17	13		千克		
7210	**宽度在 600 毫米及以上的铁或非合金钢平板轧材,经包覆、镀层或涂层:**							
72101100	--厚度在 0.5 毫米及以上							
7210110000	镀(涂)锡的非合金钢厚宽平板轧材(厚度≥0.5 毫米,宽度≥600 毫米)[999]	9	20	13		千克		
72101200	--厚度小于 0.5 毫米							
7210120000	镀(涂)锡的非合金钢薄宽平板轧材(厚度<0.5 毫米,宽度≥600 毫米)[999]	5	20	13		千克		
72102000	-镀或涂铅的,包括镀铅锡钢板							
7210200000	镀或涂铅的铁或非合金钢平板轧材(包括镀铅锡钢板,宽度≥600 毫米)[999]	4	20	13		千克		
72103000	-电镀锌的							
7210300000	电镀锌的铁或非合金钢宽板材(宽度≥600 毫米)[999]	8	20	13		千克		
72104100	--瓦楞形							
7210410000	镀锌的瓦楞形铁或非合金钢宽板材(电镀锌的除外,宽度≥600 毫米)[999]	8	20	13		千克		
72104900	--其他							
7210490000	镀锌的其他形铁或非合金钢宽板材(电镀锌的除外,宽度≥600 毫米)[999]	4	20	13		千克		
72105000	-镀或涂氧化铬或铬及氧化铬的							
7210500000	镀或涂氧化铬的铁或非合金钢宽板材(宽度≥600 毫米)[999]	8	20	13		千克		
72106100	--镀或涂铝锌合金的							
7210610000	镀或涂铝锌合金的铁宽平板轧材(包括非合金钢的,宽度≥600 毫米)[999]	8	20	13		千克		
72106900	--其他							
7210690000	其他镀或涂铝的铁宽平板轧材(包括非合金钢的,宽度≥600 毫米)[999]	8	20	13		千克		
72107010	---厚度小于 1.5 毫米							
7210701000	厚度<1.5 毫米的涂漆或涂塑的宽度≥600 毫米的铁或非合金钢平板轧材[999]	4	20	13		千克		
72107090	---其他							
7210709000	其他涂漆或涂塑的宽度≥600 毫米的铁或非合金钢平板轧材[999]	4	20	13		千克		
72109000	-其他							
7210900000	经包覆或涂镀其他材料的宽度≥600 毫米的铁或非合金钢平板轧材[999]	8	20	13		千克		
7211	**宽度小于 600 毫米的铁或非合金钢平板轧材,但未经包覆、镀层或涂层:**							
72111300	--经四面轧制或在闭合匣内轧制的非卷材,宽度超过 150 毫米,厚度不小于 4 毫米,未轧压花纹							
7211130000	未轧花纹的四面轧制的热轧非卷材(150 毫米<宽度<600 毫米,厚度≥4 毫米,未包、镀、涂层)[999]	6	30	13		千克		
72111400	--其他,厚度在 4.75 毫米及以上							
7211140000	厚度≥4.75 毫米的其他热轧板材(宽度<600 毫米,未包、镀、涂层)[999]	6	30	13		千克		
72111900	--其他							
7211190000	其他热轧铁或非合金钢窄板材(宽度<600 毫米,未包、镀、涂层)[999]	6	30	13		千克		
72112300	--按重量计含碳量低于 0.25%							
7211230000	含碳量<0.25%的冷轧板材(宽度<600 毫米,未包、镀、涂层)[999]	6	30	13		千克	A	M/
72112900	--其他							
7211290000	其他冷轧铁或非合金钢窄板材(宽度<600 毫米,未经包、镀、涂层,含碳量≥0.25%)[999]	6	30	13		千克		
72119000	-其他							
7211900000	冷轧的铁或非合金钢其他窄板材(宽度<600 毫米,未经包、镀、涂层)[999]	6	30	13		千克		
7212	**宽度小于 600 毫米的铁或非合金钢平板轧材,经包覆、镀层或涂层:**							
72121000	-镀或涂锡的							
7212100000	镀(涂)锡的铁或非合金钢窄板材(宽度<600 毫米)[999]	5	20	13		千克		
72122000	-电镀锌的							
7212200000	电镀锌的铁或非合金钢窄板材(宽度<600 毫米)[999]	8	20	13		千克		

协定税率(%)															特惠税率(%)			对美税率	出口税率	出口退税率	Article Description
智利	新西兰	澳大利亚	瑞士	冰岛	秘鲁	哥斯达	东盟	亚太	新加坡	巴基斯坦	港/澳/台	韩国	格鲁吉亚	毛里求斯	亚太	老/柬/缅	LDC 97/95				
																		31	0		
0	0	0	0	0	0	0	0	4.2		0	0/0/	1.8	0	0			0/0			13	-Other
																		31	0		
																					Flat-rolled products of iron or non-alloy steel, of a width of 600mm or more, clad, plated or coated:
0	0	0	0	0	0	0	0		0	3	0/0/	3	0	0			0/0			13	--Of a thickness of 0.5mm or more
																			0		
0	0	0	0	0	0	0	0			0	0/0/		0	0			0/0			13	--Of a thickness of less than 0.5mm
																			0		
0	0	0	0	0	0	0	0			0	0/0/	0	0	0			0/0			13	-Plated or coated with lead, including terne-plate
																			0		
0	0	0	0	0	0	0	0			3	0/0/0		0	0			0/0			13	-Electrolytically plated or coated with zinc
																		33	0		
0	0	0	0	0	0	0	0			3	0/0/	0	0	0			0/0			13	--Corrugated
																			0		
0	0	0	0	0	0	0	0			0	0/0/0		0	0			0/0			13	--Other
																		29	0		
0	0	0	0	0	0	0	0			3	0/0/	2.4	0	0			0/0			13	-Plated or coated with chromium oxides or with chromium and chromium oxides
																		33	0		
0	0	0	0	0	0	0	0			3	0/0/		0	0			0/0			13	--Plated or coated with aluminium-zinc alloys
																		33	0		
0	0	0	0	0	0	0	0			3	0/0/		0	0			0/0			13	--Other
																		33	0		
0	0	0	0	0	0	0	0			0	0/0/	2.1	0	0			0/0			13	---Of a thickness of less than 1.5mm
																		29	0		
0	0	0	0	0	0	0	0			0	0/0/	2.1	0	0			0/0			13	---Other
																		29	0		
0	0	0	0	0	0	0	0			3	0/0/	4.2	0	0			0/0			13	-Other
																		18	0		
																					Flat-rolled products of iron or non-alloy steel, of a width of less than 600mm, not clad, plated or coated:
0	0	0	0	0	0	0	0			0	0/0/	1.8	0	0			0/0			0	--Rolled on four faces or in a closed box pass, of a width exceeding 150mm and a thickness of not less than 4mm, not in coils and without patterns in relief
																		16	0		
0	0	0	0	0	0	0	0			0	0/0/	1.8	0	0			0/0			0	--Other, of a thickness of 4.75mm or more
																		16	0		
0	0	0	0	0	0	0	0			0	0/0/	3.2	0	0			0/0			0	--Other
																		16	0		
0	0	0	0	0	0	0	0			0	0/0/	3.2	0	0			0/0			0	--Containing by weight less than 0.25% of carbon
																		26	0		
0	0	0	0	0	0	0	0			0	0/0/	3.2	0	0			0/0			0	--Other
																		31	0		
0	0	0	0	0	0	0	0			0	0/0/	1.8	0	0			0/0			0	-Other
																		26	0		
																					Flat-rolled products of iron or non-alloy steel, of a width of less than 600mm, clad, plated or coated:
0	0	0	0	0	0	0	0			0	0/0/	1.5	0	0			0/0			0	-Plated or coated with tin
																		25	0		
0	0	0	0	0	0	0	0			3	0/0/	4.2	0	0			0/0			0	-Electrolytically plated or coated with zinc
																		28	0		

商品编号	商品名称及备注[检验检疫编码及名称]	进口关税(%)		增值税率(%)	消费税	计量单位	监管条件	检验检疫类别
		最惠国	普通					
72123000	-用其他方法镀或涂锌的							
7212300000	其他镀或涂锌的铁窄板材(包括非合金钢的,宽度<600 毫米)〔999〕	8	20	13		千克		
72124000	-涂漆或涂塑的							
7212400000	涂漆或涂塑的铁或非合金钢窄板材(宽度<600 毫米)〔999〕	4	20	13		千克		
72125000	-镀或涂其他材料的							
7212500000	涂镀其他材料的铁或非合金钢窄板材(宽度<600 毫米)〔999〕	8	20	13		千克		
72126000	-经包覆的							
7212600000	经包覆的铁或非合金钢窄板材(宽度<600 毫米)〔999〕	8	20	13		千克		
7213	**不规则盘卷的铁及非合金钢的热轧条、杆:**							
72131000	-带有轧制过程中产生的凹痕、凸缘、槽沟及其他变形的							
7213100000	铁或非合金钢制热轧盘条(带有轧制过程中产生的变形)〔999〕	3	20	13		千克		
72132000	-其他,易切削钢制							
7213200000	其他易切削钢制热轧盘条(不带有轧制过程中产生的变形)〔999〕	3	20	13		千克		
72139100	--直径小于 14 毫米圆形截面的							
7213910000	圆截面直径<14 毫米的其他热轧盘条(不带有轧制过程中产生的变形)〔999〕	5	20	13		千克		
72139900	--其他							
7213990000	其他热轧盘条(不带有轧制过程中产生的变形)〔999〕	5	20	13		千克		
7214	**铁或非合金钢的其他条、杆,除锻造、热轧、热拉拔或热挤压外未经进一步加工,包括轧制后扭曲的:**							
72141000	-锻造的							
7214100000	铁或非合金钢的锻造条、杆(除热加工外未进一步加工)〔999〕	7	10	13		千克		
72142000	-带有轧制过程中产生的凹痕、凸缘、槽沟或其他变形以及轧制后扭曲的							
7214200000	铁或非合金钢的热加工条、杆(带有轧制过程中产生变形,热加工指热轧、热拉拔或热挤压)〔101 螺纹钢〕,〔102 其他型钢〕	3	20	13		千克	A	M/
72143000	-其他,易切削钢制							
7214300000	易切削钢的热加工条、杆(不带有轧制过程中产生变形,热加工指热轧、热拉拔、热挤压)〔999〕	7	20	13		千克	A	M/
72149100	--矩形(正方形除外)截面的							
7214910000	其他矩形截面的热加工条、杆(正方形除外)〔999〕	3	20	13		千克		
72149900	--其他							
7214990000	其他热加工条、杆〔101 螺纹钢〕,〔102 其他型钢〕	3	20	13		千克	A	M/
7215	**铁及非合金钢的其他条、杆:**							
72151000	-易切削钢制,除冷成形或冷加工外未经进一步加工							
7215100000	其他易切削钢制冷加工条、杆(包括冷成形)〔999〕	7	20	13		千克		
72155000	-其他,除冷成形或冷加工外未经进一步加工							
7215500000	其他冷加工或冷成形的条、杆〔101 螺纹钢〕,〔102 其他型钢〕	7	20	13		千克		
72159000	-其他							
7215900000	铁及非合金钢的其他条、杆〔999〕	3	20	13		千克		
7216	**铁或非合金钢的角材、型材及异型材:**							
72161010	---H 形钢							
7216101000	截面高度<80 毫米 H 型钢(除热加工外未经进一步加工)〔999〕	3	14	13		千克	A	M/
72161020	---工字钢							
7216102000	截面高度<80 毫米工字钢(除热加工外未经进一步加工)〔999〕	3	14	13		千克	A	M/
72161090	---其他							
7216109000	截面高度<80 毫米槽钢(除热加工外未经进一步加工)〔999〕	3	14	13		千克	A	M/
72162100	--角钢							
7216210000	截面高度<80 毫米角钢(除热加工外未经进一步加工)〔999〕	6	17	13		千克	A	M/
72162200	--丁字钢							
7216220000	截面高度<80 毫米丁字钢(除热加工外未经进一步加工)〔999〕	6	14	13		千克	A	M/
72163100	--槽钢							

协定税率(%)															特惠税率(%)			对美税率	出口税率	出口退税率	Article Description
智利	新西兰	澳大利亚	瑞士	冰岛	秘鲁	哥斯达	东盟	亚太	新加坡	巴基斯坦	港/澳/台	韩国	格鲁吉亚	毛里求斯	亚太	老/柬/缅	LDC 97/95				
0	0	0	0	0	0	0	0			3	0/0/	2.4	0	0			0/0			0	-Otherwise plated or coated with zinc
																		28	0		
0	0	0	0	0	0	0	0			0	0/0/	2.1	0	0			0/0			10	-Painted, varnished or coated with plastics
																		24	0		
0	0	0	0	0	0	0	0			3	0/0/	4.2	0	0			0/0			0	-Otherwise plated or coated
																		18	0		
0	0	0	0	0	0	0	0			3	0/0/	2.4	0	0			0/0			0	-Clad
																		28	0		
																					Bars and rods, hot-rolled, in irregularly wound coils, of iron or non-alloy steel:
0	0	0	0	0	0	0	0			0	0/0/	0	0	0			0/0			0	-Containing indentations, ribs, grooves or other deformations produced during the rolling process
																			15		
0	0	0	0	0	0	0	0			0	0/0/	1.6	0	0			0/0			0	-Other, of free-cutting steel
																			0		
0	0	0	0	0	0	0	0	4.3		0	0/0/	1.5	0	0			0/0			0	--Of circular cross-section measuring less than 14mm in diameter
																			0		
0	0	0	0	0	0	0	0			0	0/0/	2.6	0	0			0/0			0	--Other
																			0		
																					Other bars and rods of iron or non-alloy steel, not further worked than forged, hot rolled, hot-drawn or hot-extruded, but including those twisted after rolling:
0	0	0	0	0	0	0	0			3	0/0/	2.1	0	0			0/0			10	-Forged
																			0		
0	0	0	0	0	0	0	0	0		0	0/0/	0	0	0			0/0			0	-Containing indentations, ribs, grooves or other deformations produced during the rolling process or twisted after rolling
																		28	0		
0	0	0	0	0	0	0	0			3	0/0/	2.1	0	0			0/0			0	-Other, of free-cutting steel
																		32	0		
0	0	0	0	0	0	0	0			0	0/0/	0	0	0			0/0			0	--Of rectangular cross section (other than square)
																		23	0		
0	0	0	0	0	0	0	0			0	0/0/	0	0	0			0/0			0	--Other
																		28	0		
																					Other bars and rods of iron or non-alloy steel:
0	0	0	1.4	0	0	0	0			3	0/0/	2.1	0	0			0/0			0	-Of free-cutting steel, not further worked than cold-formed or cold-finished
																		32	0		
0	0	0	0	0	0	0	0			3	0/0/	3.7	0	0			0/0			0	-Other not further worked than cold-formed or cold-finished
																		32	0		
0	0	0	0	0	0	0	0			0	0/0/	0	0	0			0/0			0	-Other
																		28	0		
																					Angles, shapes and sections of iron or non-alloy steel:
0	0	0	0	0	0	0	0			0	0/0/	0	0	0			0/0			0	---H sections
																		8	0		
0	0	0	0	0	0	0	0			0	0/0/	0	0	0			0/0			0	---I sections
																		8	0		
0	0	0	0	0	0	0	0			0	0/0/	0	0	0			0/0			0	---Other
																		28	0		
0	0	0	0	0	0	0	0			0	0/0/	1.8	0	0			0/0			0	--L sections
																		31	0		
0	0	0	0	0	0	0	0			0	0/0/	0	0	0			0/0			0	--T sections
																		31	0		
0	0	0	0	0	0	0	0			0	0/0/	1.8	0	0			0/0			0	--U sections

商品编号	商品名称及备注[检验检疫编码及名称]	进口关税(%)		增值税率(%)	消费税	计量单位	监管条件	检验检疫类别
		最惠国	普通					
7216310000	截面高度≥80毫米槽钢(除热加工外未经进一步加工)〔999〕	6	14	13		千克	A	M/
72163210	---截面高度在200毫米以上							
7216321000	截面高度>200毫米工字钢(除热加工外未经进一步加工)〔999〕	6	14	13		千克	A	M/
72163290	---其他							
7216329000	80毫米≤截面高度≤200毫米工字钢(除热加工外未经进一步加工)〔999〕	6	14	13		千克	A	M/
72163311	----截面高度在800毫米以上							
7216331100	截面高度>800毫米H型钢(除热加工外未经进一步加工)〔999〕	6	14	13		千克	A	M/
72163319	----其他							
7216331900	200毫米<截面高度≤800毫米H型钢(除热加工外未经进一步加工)〔999〕	6	14	13		千克	A	M/
72163390	---其他							
7216339000	80毫米≤截面高度≤200毫米H型钢(除热加工外未经进一步加工)〔999〕	6	14	13		千克	A	M/
72164010	---角钢							
7216401000	截面高度≥80毫米角钢(除热加工外未经进一步加工)〔999〕	3	17	13		千克	A	M/
72164020	---丁字钢							
7216402000	截面高度≥80毫米丁字钢(除热加工外未经进一步加工)〔999〕	3	14	13		千克	A	M/
72165010	---乙字钢							
7216501000	乙字钢(除热加工外未经进一步加工)〔999〕	6	14	13		千克		
72165020	---球扁钢							
7216502000	球扁钢(除热加工外未经进一步加工)〔999〕	3	20	13		千克		
72165090	---其他							
7216509000	其他角材、型材及异型材(除热加工外未经进一步加工)①	3	20	13		千克		
72166100	--平板轧材制的							
7216610000	平板轧材制的角材、型材及异型材(除冷加工外未经进一步加工)②	3	20	13		千克		
72166900	--其他							
7216690000	冷加工的角材、型材及异型材(除冷加工外未经进一步加工)③	3	20	13		千克		
72169100	--平板轧材经冷成形或冷加工制的							
7216910000	其他平板轧材制角材、型材、异型材(冷成型或冷加工制的)④	3	20	13		千克		
72169900	--其他							
7216990000	其他角材、型材及异型材(除冷加工或热加工外经进一步加工)⑤	3	20	13		千克		
7217	**铁丝或非合金钢丝:**							
72171000	-未经镀或涂层,不论是否抛光							
7217100000	未镀或涂层的铁或非合金钢丝(不论是否抛光)〔999〕	8	40	13		千克		
72172000	-镀或涂锌的							
7217200000	镀或涂锌的铁或非合金钢丝〔999〕	8	40	13		千克		
72173010	---镀或涂铜的							
7217301000	镀或涂铜的铁或非合金钢丝〔999〕	8	40	13		千克		
72173090	---其他							
7217309000	镀或涂其他贱金属的铁或非合金钢丝〔999〕	8	40	13		千克		
72179000	-其他							
7217900000	其他铁丝或非合金钢丝⑥	8	40	13		千克		
7218	**不锈钢,锭状或其他初级形状;不锈钢半制成品:**							
72181000	-锭状及其他初级形状							
7218100000	不锈钢锭及其他初级形状产品〔999〕	2	11	13		千克		
72189100	--矩形(正方形除外)截面的							
7218910000	矩形截面的不锈钢半制成品(正方形截面除外)〔999〕	2	11	13		千克		
72189900	--其他							
7218990010	正方形截面的不锈钢半制成品〔999〕	2	11	13		千克		
7218990090	其他不锈钢半制成品〔999〕	2	11	13		千克		
7219	**不锈钢平板轧材,宽度在600毫米及以上:**							
72191100	--厚度超过10毫米							
7219110000	厚度>10毫米热轧不锈钢卷板(除热轧外未经进一步加工,宽度≥600毫米)〔999〕	4	14	13		千克		

① 〔101 方钢〕,〔102 其他型钢〕,〔103 其他异型钢〕
② 〔101 方钢〕,〔102 其他型钢〕,〔103 其他异型钢〕
③ 〔101 方钢〕,〔102 其他型钢〕,〔103 其他异型钢〕
④ 〔101 方钢〕,〔102 其他型钢〕,〔103 其他异型钢〕
⑤ 〔101 方钢〕,〔102 其他型钢〕,〔103 其他异型钢〕
⑥ 〔101 表面有镀层铁丝或钢丝〕,〔102 其他线材〕

协定税率(%)															特惠税率(%)			对美税率	出口税率	出口退税率	Article Description
智利	新西兰	澳大利亚	瑞士	冰岛	秘鲁	哥斯达	东盟	亚太	新加坡	巴基斯坦	港/澳/台	韩国	格鲁吉亚	毛里求斯	亚太	老/柬/缅	LDC 97/95				
																		31	0		
0	0	0	0	0	0	0	0			0	0/0/	1.8	0	0			0/0			0	---Of a height exceeding 200mm
																		31	0		
0	0	0	0	0	0	0	0			0	0/0/	1.8	0	0			0/0			0	---Other
																		31	0		
0	0	0	0	0	0	0	0			0	0/0/	0	0	0			0/0			0	----Of a height exceeding 800mm
																		11	0		
0	0	0	0	0	0	0	0			0	0/0/	3.2	0	0			0/0			0	----Other
																		31	0		
0	0	0	0	0	0	0	0			0	0/0/	1.8	0	0			0/0			0	---Other
																		31	0		
0	0	0	0	0	0	0	0			0	0/0/	0	0	0			0/0			0	---L sections
																		28	0		
0	0	0	0	0	0	0	0			0	0/0/	0	0	0			0/0			0	---T sections
																		8	0		
0	0	0	0	0	0	0	0			0	0/0/	0	0	0			0/0			0	---Z sections
																			0		
0	0	0	0	0	0	0	0			0	0/0/	0	0	0			0/0			0	---Bulb flat steel
																		8	0		
0	0	0	0	0	0	0	0			0	0/0/	0	0	0			0/0			0	---Other
																		28	0		
0	0	0	0	0	0	0	0			0	0/0/	0	0	0			0/0			0	--Obtained from flat-rolled products
																		8	0		
0	0	0	0	0	0	0	0			0	0/0/	0	0	0			0/0			0	--Other
																		28	0		
0	0	0	0	0	0	0	0			0	0/0/	0	0	0			0/0			0	--Cold-formed or cold-finished from flatrolled products
																		28	0		
0	0	0	0	0	0	0	0			0	0/0/	0	0	0			0/0			0	--Other
																		23	0		
																					Wire of iron or non-alloy steel:
0	0	0	0	0	0	0	0			3	0/0/0		0	0			0/0			0	-Not plated or coated, whether or not polished
																		33	0		
0	0	0	0	0	0	0	0			3	0/0/	2.4	0	0			0/0			10	-Plated or coated with zinc
																		33	0		
0	0	0	0	0	0	0	0	6.4		3	0/0/	6.4	0	0			0/0			10	---Plated or coated with copper
																		33	0		
0	0	0	0	0	0	0	0	6.4		3	0/0/	4.2	0	0			0/0			13	---Other
																		33	0		
0	0	0	0	0	0	0	0			3	0/0/	2.4	0	0			0/0			0	-Other
																		28	0		
																					Stainless steel in ingots or other peimary forms; semi-finished products of stainless steel:
0	0	0	0	0	0	0	0			0	0/0/	0	0	0			0/0			0	-Ingots and other primary forms
																		27	0		
0	0	0	0	0	0	0	0			0	0/0/	0	0	0			0/0			0	--Of rectangular (other than square) cross-section
																		27	0		
0	0	0	0	0	0	0	0			0	0/0/	0	0	0			0/0			0	--Other
																		27	0		
																		27	0		
																					Flat-rolled products of stainless steel, of a width of 600mm or more:
0	0	0	0	0	0	0	0			0	0/0/	0	0	0			0/0			13	--Of a thickness exceeding 10mm
																		29	0		

商品编号	商品名称及备注[检验检疫编码及名称]	进口关税(%)		增值税率(%)	消费税	计量单位	监管条件	检验检疫类别
		最惠国	普通					
72191210	---宽度在600毫米及以上,但不超过1800毫米							
7219121000	4.75毫米≤厚度≤10毫米且600毫米≤宽度≤1800毫米热轧不锈钢卷板(除热轧外未经进一步加工,宽度≥600毫米)[999]	4	14	13		千克		
72191290	---其他							
7219129000	其他4.75毫米≤厚度≤10毫米热轧不锈钢卷板(除热轧外未经进一步加工,宽度≥600毫米)[999]	4	14	13		千克		
72191312	----按重量计含锰量在5.5%及以上的铬锰系不锈钢							
7219131200	3毫米≤厚度<4.75毫米未经酸洗的热轧不锈钢卷板(除热轧外未经进一步加工,宽度≥600毫米,含锰≥5.5%铬锰系不锈钢)[999]	4	14	13		千克		
72191319	----其他							
7219131900	3毫米≤厚度<4.75毫米未经酸洗的其他热轧不锈钢卷板(除热轧外未经进一步加工,宽度≥600毫米)[999]	4	14	13		千克		
72191322	----按重量计含锰量在5.5%及以上的铬锰系不锈钢							
7219132200	3毫米≤厚度<4.75毫米经酸洗的热轧不锈钢卷板(除热轧外未经进一步加工,宽度≥600毫米,含锰≥5.5%铬锰系不锈钢)[999]	4	14	13		千克		
72191329	----其他							
7219132900	3毫米≤厚度<4.75毫米经酸洗的其他热轧不锈钢卷板(除热轧外未经进一步加工,宽度≥600毫米)[999]	4	14	13		千克		
72191412	----按重量计含锰量在5.5%及以上的铬锰系不锈钢							
7219141200	厚度<3毫米未经酸洗的热轧不锈钢卷板(除热轧外未经进一步加工,宽度≥600毫米,含锰≥5.5%铬锰系不锈钢)[999]	4	14	13		千克		
72191419	----其他							
7219141900	厚度<3毫米未经酸洗的其他热轧不锈钢卷板(除热轧外未经进一步加工,宽度≥600毫米)[999]	4	14	13		千克		
72191422	----按重量计含锰量在5.5%及以上的铬锰系不锈钢							
7219142200	厚度<3毫米经酸洗的热轧不锈钢卷板(除热轧外未经进一步加工,宽度≥600毫米,含锰≥5.5%铬锰系不锈钢)[999]	4	14	13		千克		
72191429	----其他							
7219142900	厚度<3毫米经酸洗的其他热轧不锈钢卷板(除热轧外未经进一步加工,宽度≥600毫米)[999]	4	14	13		千克		
72192100	--厚度超过10毫米							
7219210000	厚度>10毫米热轧不锈钢平板(除热轧外未经进一步加工,宽度≥600毫米)[999]	6	40	13		千克		
72192200	--厚度在4.75毫米及以上,但不超过10毫米							
7219220000	4.75毫米≤厚度≤10毫米热轧不锈钢平板(除热轧外未经进一步加工,宽度≥600毫米)[999]	6	40	13		千克		
72192300	--厚度在3毫米及以上,但小于4.75毫米							
7219230000	3毫米≤厚度<4.75毫米热轧不锈钢平板(除热轧外未经进一步加工,宽度≥600毫米)[999]	6	40	13		千克		
72192410	---厚度超过1毫米但小于3毫米							
7219241000	1毫米<厚度<3毫米热轧不锈钢平板(除热轧外未经进一步加工,宽度≥600毫米)[999]	6	40	13		千克		
72192420	---厚度在0.5毫米及以上,但不超过1毫米							
7219242000	0.5毫米≤厚度≤1毫米热轧不锈钢平板(除热轧外未经进一步加工,宽度≥600毫米)[999]	6	40	13		千克		
72192430	---厚度小于0.5毫米							
7219243000	厚度<0.5毫米热轧不锈钢平板(除热轧外未经进一步加工,宽度≥600毫米)[999]	6	40	13		千克		
72193100	--厚度在4.75毫米及以上							
7219310000	厚度≥4.75毫米冷轧不锈钢板(除冷轧外未经进一步加工,宽度≥600毫米)[999]	6	40	13		千克		
72193210	---宽度在600毫米及以上,但不超过1800毫米							

协定税率(%)															特惠税率(%)			对美税率	出口税率	出口退税率	Article Description
智利	新西兰	澳大利亚	瑞士	冰岛	秘鲁	哥斯达	东盟	亚太	新加坡	巴基斯坦	港/澳/台	韩国	格鲁吉亚	毛里求斯	亚太	老/柬/缅	LDC 97/95				
0	0	0	0	0	0	0	0			0	0/0/0	1.2	0	0			0/0				---Of a width of 600mm or more but not exceeding 1800mm
																		29	0		
0	0	0	0	0	0	0	0			0	0/0/0	1.2	0	0			0/0				---Other
																		29	0		
0	0	0	0	0	0	0	0			0	0/0/	0	0	0			0/0			0	----Containing more than 5.5% by weight of manganese of Ferro-chromium-manganese steel
																		9	0		
0	0	0	0	0	0	0	0			0	0/0/0	1.2	0	0			0/0			13	----Other
																		29	0		
0	0	0	0	0	0	0	0			0	0/0/	0	0	0			0/0			0	----Containing more than 5.5% by weight of manganese of Ferro-chromium-manganese steel
																		9	0		
0	0	0	0	0	0	0	0			0	0/0/0	1.2	0	0			0/0			13	----Other
																		29	0		
0	0	0	0	0	0	0	0			0	0/0/	0	0	0			0/0			0	----Containing more than 5.5% by weight of manganese of Ferro-chromium-manganese steel
																		9	0		
0	0	0	0	0	0	0	0			0	0/0/	0	0	0			0/0			13	----Other
																		29	0		
0	0	0	0	0	0	0	0			0	0/0/	0	0	0			0/0			0	----Containing more than 5.5% by weight of manganese of Ferro-chromium-manganese steel
																		9	0		
0	0	0	0	0	0	0	0			0	0/0/	0	0	0			0/0			13	----Other
																		9	0		
0	0	0	0	0	0	0	0	5.6	0	3	0/0/	5.3	0	0			0/0			13	--Of a thickness exceeding 10mm
																		16	0		
0	0	0	0	0	0	0	0	5.6	0	3	0/0/	6.5	0	0			0/0			13	--Of a thickness of 4.75mm or more but not exceeding 10mm
																		31	0		
0	0	0	0	0	0	0	0	5.6	0	3	0/0/0	5.3	0	0			0/0			13	--Of a thickness of 3mm or more but less than 4.75mm
																		31	0		
0	0	0	0	0	0	0	0	5.6	0	3	0/0/0	5.3	0	0			0/0			13	---Of a thickness exceeding 1mm but less than 3mm
																		26	0		
0	0	0	0	0	0	0	0	5.6	0	3	0/0/	6.5	0	0			0/0			13	---Of a thickness of 0.5mm or more but not exceeding 1mm
																		16	0		
0	0	0	0	0	0	0	0	5.6	0	3	0/0/	5.3	0	0			0/0			13	---Of a thickness of less than 0.5mm
																		31	0		
0	0	0	0	0	0	0	0		0	3	0/0/0	3	0	0			0/0			13	--Of a thickness of 4.75mm or more
																		26	0		
0	0	0	0	0	0	0	0		0	3	0/0/0	3	0	0			0/0				---Of a width of 600mm or more but not exceeding 1800mm

商品编号	商品名称及备注[检验检疫编码及名称]	进口关税(%)		增值税率(%)	消费税	计量单位	监管条件	检验检疫类别
		最惠国	普通					
7219321000	3 毫米≤厚度<4.75 毫米且 600 毫米≤宽度≤1800 毫米冷轧不锈钢板材(除冷轧外未经进一步加工,宽度≥600 毫米)〔999〕	6	40	13		千克		
72193290	---其他							
7219329000	其他 3 毫米≤厚度<4.75 毫米冷轧不锈钢板材(除冷轧外未经进一步加工,宽度≥600mm)〔999〕	6	40	13		千克		
72193310	---按重量计含锰量在 5.5%及以上的铬锰系不锈钢							
7219331000	1 毫米<厚度<3 毫米,按重量计含锰量在 5.5%及以上的铬锰系不锈钢(除冷轧外未经进一步加工,宽度≥600 毫米)〔101 硅锰铁〕,〔102 冷轧不锈钢板〕	6	40	13		千克		
72193390	---其他							
7219339000	其他 1 毫米<厚度<3 毫米冷轧不锈钢板材(除冷轧外未经进一步加工,宽度≥600 毫米)〔999〕	6	40	13		千克		
72193400	--厚度在 0.5 毫米及以上,但不超过 1 毫米							
7219340000	0.5 毫米≤厚度≤1 毫米冷轧不锈钢板材(除冷轧外未经进一步加工,宽度≥600 毫米)〔999〕	6	40	13		千克		
72193500	--厚度小于 0.5 毫米							
7219350000	厚度<0.5 毫米冷轧不锈钢板材(除冷轧外未经进一步加工,宽度≥600 毫米)〔999〕	6	40	13		千克		
72199000	-其他							
7219900000	其他不锈钢冷轧板材(热轧或冷轧后经进一步加工,非卷材,宽度≥600 毫米)〔999〕	6	40	13		千克		
7220	**不锈钢平板轧材,宽度小于 600 毫米:**							
72201100	--厚度在 4.75 毫米及以上							
7220110000	热轧不锈钢带材厚度≥4.75 毫米(除热轧外未经进一步加工,宽度<600 毫米)〔999〕	6	20	13		千克		
72201200	--厚度小于 4.75 毫米							
7220120000	热轧不锈钢带材厚度<4.75 毫米(除热轧外未经进一步加工,宽度<600 毫米)〔999〕	6	20	13		千克		
72202020	---厚度在 0.35 毫米及以下							
7220202000	厚度≤0.35 毫米冷轧不锈钢带材(除冷轧外未经进一步加工,宽度<600 毫米)〔999〕	6	20	13		千克		
72202030	---厚度在 0.35 毫米以上但小于 3 毫米							
7220203000	0.35 毫米<厚度<3 毫米的冷轧不锈钢带材(除冷轧外未经进一步加工,宽度<600 毫米)〔999〕	6	20	13		千克		
72202040	---厚度在 3 毫米及以上							
7220204000	厚度≥3 毫米的冷轧不锈钢带材(除冷轧外未经进一步加工,宽度<600 毫米)〔999〕	6	20	13		千克		
72209000	-其他							
7220900000	其他不锈钢带材(热轧或冷轧后经进一步加工,宽度<600 毫米)〔101 冷轧不锈钢板〕,〔102 热轧不锈钢板〕	6	20	13		千克		
7221	**不规则盘卷的不锈钢热轧条、杆:**							
72210000	不规则盘卷的不锈钢热轧条、杆							
7221000000	不锈钢热轧条、杆(不规则盘卷的不锈钢热轧条、杆)〔999〕	6	20	13		千克		
7222	**不锈钢其他条、杆;不锈钢角材、型材及异型材:**							
72221100	--圆形截面的							
7222110000	圆形截面的热加工不锈钢条、杆(除热加工外未经进一步加工)〔999〕	6	40	13		千克		
72221900	--其他							
7222190000	其他截面形状的热加工不锈钢条、杆(除热加工外未进一步加工)〔999〕	6	40	13		千克		
72222000	-条、杆,除冷成形或冷加工外未经进一步加工							
7222200000	冷成形或冷加工的不锈钢条、杆(除冷加工外未进一步加工的不锈钢条、杆)〔999〕	6	40	13		千克		
72223000	-其他条、杆							
7222300000	其他不锈钢条、杆(除热加工或冷加工外未进一步加工的不锈钢条、杆)〔999〕	6	40	13		千克		
72224000	-角材、型材及异型材							
7222400000	不锈钢角材、型材及异型材〔101 其他型钢〕,〔102 其他异型钢〕	6	17	13		千克	A	M/
7223	**不锈钢丝:**							
72230000	不锈钢丝							
7223000000	不锈钢丝〔101 其他线材〕,〔102 其他金属及制品〕	6	20	13		千克		

协定税率(%)															特惠税率(%)			对美税率	出口税率	出口退税率	Article Description
智利	新西兰	澳大利亚	瑞士	冰岛	秘鲁	哥斯达	东盟	亚太	新加坡	巴基斯坦	港/澳/台	韩国	格鲁吉亚	毛里求斯	亚太	老/柬/缅	LDC 97/95				
																		31	0		
0	0	0	0	0	0	0	0		0	3	0/0/0	3	0	0			0/0				---Other
																		31	0		
0	0	0	0	0	0	0	0		0	3	0/0/0	3	0	0			0/0			13	---ZK (Of chromium-manganese stainless steel, containing by weight 5.5% of manganese or more)
																		16	0		
0	0	0	0	0	0	0	0		0	4	0/0/0	5.3	0	0			0/0			13	---Other
																		31	0		
0	0	0	0	0	0	0	0		0	3	0/0/0	6.5	0	0			0/0			13	--Of a thickness of 0.5mm or more but not exceeding 1mm
																		31	0		
0	0	0	0	0	0	0	0		0	3	0/0/0	6.5	0	0			0/0			13	--Of a thickness of less than 0.5mm
																		26	0		
0	0	0	0	0	0	0	0		0	3	0/0/0	3	0	0			0/0			13	-Other
																		16	0		
																					Flat-rolled products stainless steel, of a width of less than 600mm:
0	0	0	0	0	0	0	0		0	3	0/0/		0	0			0/0			10	--Of a thickness of 4.75mm or more
																		31	0		
0	0	0	0	0	0	0	0		0	3	0/0/	3	0	0			0/0			10	--Of a thickness of less than 4.75mm
																		16	0		
0	0	0	0	0	0	0	0		0	3	0/0/	5.3	0	0			0/0			10	---Of a thickness of 0.35mm or less
																		31	0		
0	0	0	0	0	0	0	0		0	3	0/0/	5.3	0	0			0/0			10	---Of a thickness of more than 0.35mm but less than 3mm
																		26	0		
0	0	0	0	0	0	0	0		0	3	0/0/	3	0	0			0/0			10	---Other
																		31	0		
0	0	0	0	0	0	0	0		0	3	0/0/0	3	0	0			0/0			10	-Other
																		16	0		
																					Bars and rods, hot-rolled, in irregularly wound coils, of stainless steel:
0	0	0	0	0	0	0	0	4.8	0	4	0/0/	8	0	0			0/0			13	Bars and rods, hot-rolled, in irregularly wound coils, of stainless steel
																		31	0		
																					Other bars and rods of stainless steel; angles, shapes and sections of stainless steel:
0	0	0	0	0	0	0	0	5.4	0	3	0/0/	9	0	0			0/0			10	--Of circular cross-section
																		26	0		
0	0	0	0	0	0	0	0	5.4	0	3	0/0/	9	0	0			0/0			10	--Other
																		31	0		
0	0	0	0	0	0	0	0		0	4	0/0/		0	0			0/0			10	-Bars and rods, not further worked than cold-formed or cold-finished
																		16	0		
0	0	0	0	0	0	0	0	5.3	0	3	0/0/	9	0	0			0/0			10	-Other bars and rods
																		26	0		
0	0	0	0	0	0	0	0		0	3	0/0/		0	0			0/0			10	-Angles, shapes and sections
																		26	0		
																					Wire of stainless steel:
0	0	0	0	0	0	0	0		0	4	0/0/		0	0			0/0			10	Wire of stainless steel
																		31	0		

商品编号	商品名称及备注[检验检疫编码及名称]	进口关税(%) 最惠国	进口关税(%) 普通	增值税率(%)	消费税	计量单位	监管条件	检验检疫类别
7224	**其他合金钢,锭状或其他初级形状;其他合金钢制的半制成品:**							
72241000	-锭状及其他初级形状							
7224100000	其他合金钢锭及其他初级形状〔999〕	2	11	13		千克		
72249010	---单件重量在10吨及以上的粗铸锻件坯							
7224901000	粗铸锻件坯(单件重量在10吨及以上)〔999〕	2	11	13		千克		
72249090	---其他							
7224909010	其他合金钢圆坯,直径≥700毫米(其他合金钢锭及其他初级形态的)〔999〕	2	11	13		千克		
7224909090	其他合金钢坯,直径≥700毫米的合金钢圆坯除外(其他合金钢锭及其他初级形态的)〔999〕	2	11	13		千克		
7225	**其他合金钢平板轧材,宽度在600毫米及以上:**							
72251100	--取向性硅电钢							
7225110000	取向性硅电钢宽板(宽≥600毫米、按重量计含硅量至少为0.6%,含碳量不超过0.08%,可含有不超过1%的铝,所含其他元素的比例并不使其具有其他合金钢的特性;厚度≤56毫米;呈卷状的,则其可为任何宽度;呈板状的,则其宽度至少是厚度的10倍)〔999〕	3	20	13		千克	A7	M/
72251900	--其他							
7225190000	其他硅电钢宽板(宽≥600毫米)〔999〕	6	20	13		千克		
72253000	-其他卷材,除热轧外未经进一步加工							
7225300000	宽度≥600毫米热轧其他合金钢卷材(除热轧外未经进一步加工)〔999〕	3	14	13		千克		
72254010	---工具钢							
7225401000	宽度≥600毫米热轧工具钢材(除热轧外未经进一步加工)〔999〕	3	17	13		千克	A	M/
72254091	----含硼合金钢							
7225409100	宽度≥600毫米热轧含硼合金钢材(除热轧外未经进一步加工)〔999〕	3	17	13		千克	A	M/
72254099	----其他							
7225409900	宽度≥600毫米热轧其他合金钢材(除热轧外未经进一步加工)〔999〕	3	17	13		千克		
72255000	-其他,除冷轧外未经进一步加工							
7225500000	宽度≥600毫米冷轧其他合金钢板材(除冷轧外未经进一步加工)〔999〕	3	17	13		千克		
72259100	--电镀或涂锌的							
7225910000	电镀锌的其他合金钢宽平板轧材(宽度≥600毫米)〔999〕	7	17	13		千克		
72259200	--用其他方法镀或涂锌的							
7225920000	其他镀或涂锌的其他合金钢宽板材(宽度≥600毫米)〔999〕	7	17	13		千克		
72259910	---高速钢制							
7225991000	宽度≥600毫米的高速钢制平板轧材〔999〕	3	17	13		千克	A	M/
72259990	---其他							
7225999000	宽度≥600毫米的其他合金钢平板轧材〔999〕	7	17	13		千克		
7226	**其他合金钢平板轧材,宽度小于600毫米:**							
72261100	--取向性硅电钢							
7226110000	取向性硅电钢窄板(宽度<600毫米、按重量计含硅量至少为0.6%,含碳量不超过0.08%,可含有不超过1%的铝,所含其他元素的比例并不使其具有其他合金钢的特性;厚度≤56毫米;呈卷状的,则其可为任何宽度;呈板状的,则其宽度至少是厚度的10倍)〔999〕	3	20	13		千克	A	M/
72261900	--其他							
7226190000	其他硅电钢窄板(宽度<600毫米)〔999〕	3	20	13		千克		
72262000	-高速钢制							
7226200000	宽度<600毫米的高速钢平板轧材〔999〕	3	20	13		千克	A	M/
72269110	---工具钢							
7226911000	宽度<600毫米热轧工具钢材(除热轧外未经进一步加工)〔999〕	3	20	13		千克	A	M/
72269191	----含硼合金钢							
7226919100	宽度<600毫米热轧含硼合金钢板材(除热轧外未经进一步加工)〔999〕	3	20	13		千克	A	M/
72269199	----其他							
7226919910	宽度<600毫米的铁基非晶合金带材(除热轧外未经进一步加工)〔999〕	3	20	13		千克		
7226919990	宽度<600毫米热轧其他合金钢板材(除热轧外未经进一步加工)〔999〕	3	20	13		千克		
72269200	--除冷轧外未经进一步加工							
7226920000	宽度<600毫米冷轧其他合金钢板材(除冷轧外未经进一步加工)〔999〕	3	20	13		千克		
72269910	---电镀锌的							

协定税率(%)															特惠税率(%)			对美税率	出口税率	出口退税率	Article Description
智利	新西兰	澳大利亚	瑞士	冰岛	秘鲁	哥斯达	东盟	亚太	新加坡	巴基斯坦	港/澳/台	韩国	格鲁吉亚	毛里求斯	亚太	老/柬/缅	LDC 97/95				
																					Other alloy steel in ingots or otherprimary forms; semi-finished products of other alloy steel:
0	0	0	0	0	0	0	0			0	0/0/	0	0	0			0/0			0	-Ingots and other primary forms
																		27	0		
0	0	0	0	0	0	0	0			0	0/0/	0	0	0			0/0			0	---Raw casting forging stocks, individual piece weight of 10t or more
																			0		
0	0	0	0	0	0	0	0			0	0/0/	0	0	0			0/0			0	---Other
																		27	0		
																		27	0		
																					Flat-rolled products of other alloy steel, of a width of 600mm or more:
0	0	0	0	0	0	0	0	2.1		0	0/0/	2.1	0	0			0/0			13	--Grain-oriented
																		28	0		
0	0	0	0	0	0	0	0			0	0/0/0		0	0			0/0			13	--Other
																		31	0		
0	0	0	0	0	0	0	0			0	0/0/		0	0			0/0			10	-Other, not further worked than hot-rolled, in coils
																		28	0		
0	0	0	0	0	0	0	0			0	0/0/	0	0	0			0/0			13	---Of tool steels
																		28	0		
0	0	0	0	0	0	0	0			0	0/0/	0	0	0			0/0			0	----Of boron-containing alloy steel
																		28	0		
0	0	0	0	0	0	0	0			0	0/0/	0	0	0			0/0			13	----Other
																		23	0		
0	0	0	0	0	0	0	0			0	0/0/		0	0			0/0			13	-Other, not further worked than cold-rolled (cold-reduced)
																		28	0		
0	0	0	0	0	0	0	0			3	0/0/	2.1	0	0			0/0			10	--Electrolytically plated or coated with zinc
																		32	0		
0	0	0	0	0	0	0	0			3	0/0/	3.7	0	0			0/0			10	--Otherwise plated or coated with zinc
																		32	0		
0	0	0	0	0	0	0	0			0	0/0/	0	0	0			0/0			10	---Of high speed steel
																			0		
0	0	0	0	0	0	0	0			3	0/0/	2.1	0	0			0/0			10	---Other
																		32	0		
																					Flat-rolled products of other alloy steel, of a width of less than 600mm:
0	0	0	0	0	0	0	0			0	0/0/		0	0			0/0			13	--Grain-oriented
																		13	0		
0	0	0	0	0	0	0	0			0	0/0/		0	0			0/0			13	--Other
																		23	0		
0	0	0	0	0	0	0	0			0	0/0/	0.9	0	0			0/0			10	-Of high speed steel
																		28	0		
0	0	0	0	0	0	0	0			0	0/0/	0.9	0	0			0/0			10	---Of tool steels
																		28	0		
0	0	0	0	0	0	0	0			0	0/0/	0.9	0	0			0/0			0	----Of boron-containing alloy steel
																		28	0		
0	0	0	0	0	0	0	0			0	0/0/	0.9	0	0			0/0			10	----Other
																		28	0		
																		28	0		
0	0	0	0	0	0	0	0			0	0/0/	1.6	0	0			0/0			10	--Not further worked than cold-rolled (cold-reduced)
																		23	0		
0	0	0	0	0	0	0	0			3	0/0/	2.1	0	0			0/0			10	---Electrolytically plated or coated with zinc

商品编号	商品名称及备注[检验检疫编码及名称]	进口关税(%)		增值税率(%)	消费税	计量单位	监管条件	检验检疫类别
		最惠国	普通					
7226991000	电镀锌的其他合金钢窄平板轧材(宽度<600 毫米)〔999〕	7	20	13		千克		
72269920	---用其他方法镀或涂锌的							
7226992000	用其他方法镀或涂锌的其他合金钢窄板材(宽度<600 毫米)〔101 镀锌板〕,〔102 涂层板〕	7	20	13		千克		
72269990	---其他							
7226999001[暂4]	铁镍合金带材(生产集成电路框架用)(宽度<600 毫米)〔999〕	7	20	13		千克		
7226999090	其他合金板材(宽度<600 毫升)〔999〕	7	20	13		千克		
7227	**不规则盘卷的其他合金钢热轧条、杆:**							
72271000	-高速钢制							
7227100000	高速钢的热轧盘条(不规则盘卷的)〔999〕	3	20	13		千克	A	M/
72272000	-硅锰钢制							
7227200000	硅锰钢的热轧盘条(不规则盘卷的)〔999〕	6	20	13		千克	A	M/
72279010	---含硼合金钢制							
7227901000	不规则盘卷的含硼合金钢热轧条杆〔999〕	3	20	13		千克	A	M/
72279090	---其他							
7227909000	不规则盘卷的其他合金钢热轧条杆〔999〕	3	20	13		千克		
7228	**其他合金钢条、杆;其他合金钢角材、型材及异型材;合金钢或非合金钢制的空心钻钢:**							
72281000	-高速钢条、杆							
7228100000	其他高速钢的条、杆〔999〕	3	20	13		千克	A	M/
72282000	-硅锰钢条、杆							
7228200000	其他硅锰钢的条、杆〔999〕	6	20	13		千克	A	M/
72283010	---含硼合金钢制							
7228301000	含硼合金钢热加工条、杆(除热轧,热拉拔或热挤压外未经进一步加工的)〔999〕	3	20	13		千克	A	M/
72283090	---其他							
7228309000	其他合金钢热加工条、杆(除热轧,热拉拔或热挤压外未经进一步加工的)〔999〕	3	20	13		千克		
72284000	-其他条、杆,除锻造外未经进一步加工							
7228400000	其他合金钢锻造条、杆(除锻造外未经进一步加工的)〔999〕	3	20	13		千克		
72285000	-其他条、杆,除冷成形或冷加工外未经进一步加工							
7228500000	其他合金钢冷成形或冷加工条、杆(除冷成形或冷加工外未进一步加工)〔999〕	3	20	13		千克		
72286000	-其他条、杆							
7228600000	其他合金钢条、杆(热加工或冷加工后经进一步加工)〔999〕	3	20	13		千克		
72287010	---履带板型钢							
7228701000	履带板合金型钢〔999〕	6	17	13		千克	A	M/
72287090	---其他							
7228709000	其他合金钢角材、型材及异型材〔999〕	5	17	13		千克	A	M/
72288000	-空心钻钢							
7228800000	其他合金钢空心钻钢(包括非合金钢)〔999〕	7	35	13		千克	A	M/
7229	**其他合金钢丝:**							
72292000	-硅锰钢制							
7229200000	硅锰钢丝〔999〕	7	20	13		千克		
72299010	---高速钢制							
7229901000	高速钢丝〔999〕	3	20	13		千克		
72299090	---其他							
7229909000	其他合金钢丝〔999〕	7	20	13		千克		

协定税率(%)															特惠税率(%)			对美税率	出口税率	出口退税率	Article Description
智利	新西兰	澳大利亚	瑞士	冰岛	秘鲁	哥斯达	东盟	亚太	新加坡	巴基斯坦	港/澳/台	韩国	格鲁吉亚	毛里求斯	亚太	老/柬/缅	LDC 97/95				
																		32	0		
0	0	0	0	0	0	0	0			3	0/0/	2.1	0	0			0/0			10	---Otherwise plated or coated with zinc
																		27	0		
0	0	0	0	0	0	0	0			3	0/0/	2.1	0	0			0/0			10	---Other
																		24	0		
																		27	0		
																					Bars and rods, hot-rolled, in irregularly wound coils, of other alloy steel:
0	0	0	0	0	0	0	0			0	0/0/	0	0	0			0/0			10	-Of high speed steel
																			0		
0	0	0	0	0	0	0	0			0	0/0/	3.2	0	0			0/0			10	-Of silico-manganese steel
																			0		
0	0	0	0	0	0	0	0			0	0/0/	0	0	0			0/0			0	---Of boron-containing alloy steel
																		28	0		
0	0	0	0	0	0	0	0			0	0/0/	0	0	0			0/0			10	---Other
																			0		
																					Other bars and rods of other alloy steel; angles, shapes and sections, of other alloy steel; hollow drill bars and rods, of alloy or non-alloy steel:
0	0	0	0	0	0	0	0			0	0/0/	0.9	0	0			0/0			13	-Bars and rods, of high speed steel
																		28	0		
0	0	0	0	0	0	0	0			0	0/0/	1.8	0	0			0/0			0	-Bars and rods, of silico-manganese steel
																		31	0		
0	0	0	0	0	0	0	0			0	0/0/	0.9	0	0			0/0			0	---Of boron-containing alloy steel
																		28	0		
0	0	0	0	0	0	0	0			0	0/0/	0.9	0	0			0/0			13	---Other
																		28	0		
0	0	0	0	0	0	0	0			0	0/0/	0.9	0	0			0/0			13	-Other bars and rods, not further worked than forged
																		28	0		
0	0	0	0	0	0	0	0			0	0/0/	0.9	0	0			0/0			13	-Other bars and rods, not further worked than cold-formed of cold-finished
																		28	0		
0	0	0	0	0	0	0	0			0	0/0/	0.9	0	0			0/0			10	-Other bars and rods
																		28	0		
0	0	0	0	0	0	0	0			0	0/0/	0	0	0			0/0			10	---Shapes of crawler tread
																			0		
0	0	0	0	0	0	0	0			0	0/0/	1.8	0	0			0/0			10	---Other
																		30	0		
0	0	0	0	0	0	0	0			3	0/0/	0	0	0			0/0			13	-Hollow drill bars and rods
																			0		
																					Wire of other alloy steel:
0	0	0	0	0	0	0	0			3	0/0/	3.7	0	0			0/0			10	-Of silico-manganese steel
																		32	0		
0	0	0	0	0	0	0	0			0	0/0/	0.9	0	0			0/0			13	---Of high speed steel
																			0		
0	0	0	0	0	0	0	0			3	0/0/		0	0			0/0			10	---Other
																		32	0		

第七十三章
钢铁制品

注释:

一、本章所称“铸铁”，适用于经铸造而得的产品，按重量计其铁元素含量超过其他元素单项含量并与第七十二章注释一（四）所述的钢的化学成分不同。

二、本章所称“丝”，是指热或冷成形的任何截面形状的产品，但其截面尺寸均不超过16毫米。

商品编号	商品名称及备注[检验检疫编码及名称]	进口关税(%) 最惠国	进口关税(%) 普通	增值税率(%)	消费税	计量单位	监管条件	检验检疫类别
7301	**钢铁板桩,不论是否钻孔、打眼或组装;焊接的钢铁角材、型材及异型材:**							
73011000	-钢铁板桩							
7301100000	钢铁板桩(不论是否钻孔、扎眼或组装)〔999〕	7	20	13		千克		
73012000	-角材、型材及异型材							
7301200000	焊接的钢铁角材、型材及异型材〔999〕	7	30	13		千克		
7302	**铁道及电车道铺轨用钢铁材料(钢轨、护轨、齿轨、道岔尖轨、辙叉、尖轨拉杆及其他岔道段体、轨枕、鱼尾板、轨座、轨座楔、钢轨垫板、钢轨夹、底板、固定板及其他专门用于连接或加固路轨的材料):**							
73021000	-钢轨							
7302100000	钢轨〔999〕	6	14	13		千克	A	M/
73023000	-道岔尖轨、辙叉、尖轨拉杆及其他岔道段体							
7302300000	道岔尖轨、辙叉、尖轨拉杆(及其他岔道段体)〔999〕	8	17	13		千克	A	M/
73024000	-鱼尾板及钢轨垫板							
7302400000	钢铁制鱼尾板、钢轨垫板〔999〕	7	17	13		千克	A	M/
73029010	---轨枕							
7302901000	钢铁轨枕〔999〕	6	14	13		千克	A	M/
73029090	---其他							
7302909000	其他铁道电车道铺轨用钢铁材料〔999〕	7	17	13		千克	A	M/
7303	**铸铁管及空心异型材:**							
73030010	---内径在500毫米及以上的圆形截面管							
7303001000	内径>500毫米的铸铁圆型截面管〔101 铸铁管压力管道〕,〔102 铸铁管〕	4	40	13		千克		
73030090	---其他							
7303009000	其他铸铁管及空心异型材〔101 铸铁管压力管道〕,〔102 铸铁管〕	4	40	13		千克		
7304	**无缝钢铁管及空心异型材(铸铁的除外):**							
73041110	---外径大于等于215.9毫米,但不超过406.4毫米							
7304111000	不锈钢制215.9毫米≤外径≤406.4毫米的管道管(石油或天然气无缝钢铁管道管)〔101 无缝钢管压力管道〕,〔102 无缝钢管〕	5	17	13		千克	A	M/
73041120	---外径超过114.3毫米,但小于215.9毫米							
7304112000	不锈钢制114.3毫米<外径<215.9毫米的管道管(石油或天然气无缝钢铁管道管)〔101 无缝钢管压力管道〕,〔102 无缝钢管〕	5	17	13		千克	A	M/
73041130	---外径不超过114.3毫米							
7304113000	不锈钢制外径≤114.3毫米的管道管(石油或天然气无缝钢铁管道管)〔101 无缝钢管压力管道〕,〔102 无缝钢管〕	5	17	13		千克	A	M/
73041190	---其他							
7304119000	其他不锈钢制管道管(石油或天然气无缝钢铁管道管)〔101 无缝钢管压力管道〕,〔102 无缝钢管〕	5	17	13		千克	A	M/

Chapter 73
Articles of iron or steel

Chapter Notes:

1. In this Chapter the expression "cast iron" applies to products obtained by casting in which iron predominates by weight over each of the other elements and which do not comply with the chemical composition of steel as defined in Note 1 (d) to Chapter 72.

2. In this Chapter the word "wire" means hot or cold-formed products of any cross-sectional shape, of which no cross-sectional dimension exceeds 16mm.

协定税率(%)															特惠税率(%)			对美税率	出口税率	出口退税率	Article Description
智利	新西兰	澳大利亚	瑞士	冰岛	秘鲁	哥斯达	东盟	亚太	新加坡	巴基斯坦	港/澳/台	韩国	格鲁吉亚	毛里求斯	亚太	老/柬/缅	LDC 97/95				
																					Sheet piling of iron or steel, whether or not drilled, punched or made from assembled elements; welded angles, shapes and sections, of iron or steel:
0	0	0	0	0	0	0	0	6.3		3	0/0/	2.1	0	0			0/0			13	-Sheet piling
																		32	0		
0	0	0	0	0	0	0	0			3	0/0/	2.1	0	0			0/0			13	-Angles, shapes and sections
																		32	0		
																					Railway or tramway track construction material of iron or steel, the following: rails, check-rails and rack rails, switch blades, crossing frogs, point rods and other crossing pieces, sleepers (cross-ties), fishplates, chairs, chair wedges, sole plates (base plates), rail clips, bedplates, ties and other material specialized for jointing or fixing rails:
0	0	0	0	0	0	0	0			0	0/0/	1.8	0	0			0/0			13	-Rails
																		31	0		
0	0	0	0	0	0	0	0			3	0/0/	0	0	0			0/0			13	-Switch blades, crossing frogs, point rods and other crossing pieces
																			0		
0	0	0	0	0	0	0	0			3	0/0/	2.1	0	0			0/0			13	-Fish-plates and sole plates
																			0		
0	0	0	0	0	0	0	0	5.1		0	0/0/	0	0	0			0/0			13	---Sleepers(cross-ties)
																			0		
0	0	0	1.4	0	0	0	0	6		3	0/0/	0	0	0			0/0			13	---Other
																		32	0		
																					Tubes, pipes and hollow profiles, of cast iron:
0	0	0	0	0	0	0	0			0	0/0/	0	0	0			0/0			13	---Tubes and pipes of circular cross-section, of the internal diameter of 500mm or more
																			0		
0	0	0	0	0	0	0	0			0	0/0/	0	0	0			0/0			13	---Other
																		29	0		
																					Tubes, pipes and hollow profiles, seamless, of iron (other than cast iron) or steel:
0	0	0	0	0	0	0	0			0	0/0/	1.5	0	0			0/0			13	---Having an outside diameter of 215.9mm or more but not exceeding 406.4mm
																		30	0		
0	0	0	0	0	0	0	0			0	0/0/	1.5	0	0			0/0			13	---Having an outside diameter exceeding 114.3mm but less than 215.9mm
																		30	0		
0	0	0	0	0	0	0	0			0	0/0/	1.5	0	0			0/0			13	---Having an outside diament not exceeding 114.3mm
																		30	0		
0	0	0	0	0	0	0	0			0	0/0/	0	0	0			0/0			13	---Other
																		30	0		

商品编号	商品名称及备注[检验检疫编码及名称]	进口关税(%) 最惠国	进口关税(%) 普通	增值税率(%)	消费税	计量单位	监管条件	检验检疫类别
73041910	---外径大于等于215.9毫米,但不超过406.4毫米							
7304191000	其他215.9mm≤外径≤406.4毫米的管道管(石油或天然气无缝钢铁管道管铸铁的除外)〔101无缝钢管压力管道〕,〔102无缝钢管〕	5	17	13		千克	A	M/
73041920	---外径超过114.3毫米,但小于215.9毫米							
7304192000	其他114.3毫米<外径<215.9毫米的管道管(石油或天然气无缝钢铁管道管铸铁的除外)〔101无缝钢管压力管道〕,〔102无缝钢管〕	5	17	13		千克	A	M/
73041930	---外径不超过114.3毫米							
7304193000	其他外径≤114.3毫米的管道管(石油或天然气无缝钢铁管道管铸铁的除外)〔101无缝钢管压力管道〕,〔102无缝钢管〕	5	17	13		千克	A	M/
73041990	---其他							
7304199000	其他管道管(石油或天然气无缝钢铁管道管铸铁的除外)〔101无缝钢管压力管道〕,〔102无缝钢管〕	5	17	13		千克	A	M/
73042210	---外径不超过168.3毫米							
7304221000	不锈钢制外径≤168.3毫米钻管(钻探石油及天然气用)〔101无缝钢管压力管道〕,〔102无缝钢管〕	4	17	13		千克	A	M/
73042290	---其他							
7304229000	其他不锈钢制钻管(钻探石油及天然气用)〔101无缝钢管压力管道〕,〔102无缝钢管〕	4	17	13		千克	A	M/
73042310	---外径不超过168.3毫米							
7304231000	其他外径≤168.3毫米钻管(钻探石油及天然气用,铸铁的除外)〔101无缝钢管压力管道〕,〔102无缝钢管〕	4	17	13		千克	A	M/
73042390	---其他							
7304239000	其他钻管(钻探石油及天然气用铸铁的除外)〔101无缝钢管压力管道〕,〔102无缝钢管〕	4	17	13		千克	A	M/
73042400	--其他不锈钢管							
7304240000	其他不锈钢制钻探石油及天然气用的套管及导管〔101无缝钢管压力管道〕,〔102无缝钢管〕	4	17	13		千克	A	M/
73042910	---屈服强度小于552兆帕的							
7304291000	屈服强度<552兆帕的其他钻探石油及天然气用的套管及导管(铸铁的除外)〔101无缝钢管压力管道〕,〔102无缝钢管〕	4	17	13		千克	A	M/
73042920	---屈服强度大于等于552兆帕,但小于758兆帕的							
7304292000	552兆帕≤屈服强度<758兆帕的其他钻探石油及天然气用的套管及导管(铸铁的除外)〔101无缝钢管压力管道〕,〔102无缝钢管〕	4	17	13		千克	A	M/
73042930	---屈服强度大于等于758兆帕的							
7304293000	屈服强度≥758兆帕的其他钻探石油及天然气用的套管及导管(铸铁的除外)〔101无缝钢管压力管道〕,〔102无缝钢管〕	4	17	13		千克	A	M/
73043110	---锅炉管							
7304311000	冷轧的钢铁制无缝锅炉管(冷拔或冷轧的铁或非合金钢制的,包括内螺纹)〔101无缝钢管压力管道〕,〔102无缝钢管〕	4	17	13		千克	A	M/
73043120	---地质钻管、套管							
7304312000	冷轧的铁制无缝地质钻管、套管(冷拔或冷轧的铁或非合金钢制的)〔101无缝钢管压力管道〕,〔102无缝钢管〕	8	17	13		千克	A	M/
73043190	---其他							
7304319000	其他冷轧的铁制无缝圆形截面管(冷拔或冷轧的铁或非合金钢制的)〔101无缝钢管压力管道〕,〔102无缝钢管〕	4	17	13		千克	A	M/
73043910	---锅炉管							
7304391000	非冷拔或冷轧的铁制无缝锅炉管〔101无缝钢管压力管道〕,〔102无缝钢管〕	4	17	13		千克	A	M/
73043920	---地质钻管、套管							
7304392000	非冷轧的铁制无缝地质钻管、套管(非冷拔或冷轧的铁或非合金钢制的)〔101无缝钢管压力管道〕,〔102无缝钢管〕	5	17	13		千克	A	M/
73043990	---其他							
7304399000	非冷轧的铁制其他无缝管(非冷拔或冷轧的铁或非合金钢制的)〔101无缝钢管压力管道〕,〔102无缝钢管〕	4	17	13		千克	A	M/
73044110	---锅炉管							
7304411000	冷轧的不锈钢制无缝锅炉管(冷拔或冷轧的,包括内螺纹)〔101无缝钢管压力管道〕,〔102无缝钢管〕	8	17	13		千克	A	M/

协定税率(%)															特惠税率(%)			对美税率	出口税率	出口退税率	Article Description
智利	新西兰	澳大利亚	瑞士	冰岛	秘鲁	哥斯达	东盟	亚太	新加坡	巴基斯坦	港/澳/台	韩国	格鲁吉亚	毛里求斯	亚太	老/柬/缅	LDC 97/95				
0	0	0	0	0	0	0	0			0	0/0/	1.5	0	0			0/0	45	0	13	---Having an outside diameter of 215. 9mm or more but not exceeding 406. 4mm
0	0	0	0	0	0	0	0			0	0/0/	1.5	0	0			0/0	20	0	13	---Having an outside diameter exceeding 114. 3mm but less than 215. 9mm
0	0	0	0	0	0	0	0			0	0/0/	1.5	0	0			0/0	45	0	13	---Having an outside diament not exceeding 114. 3mm
0	0	0	0	0	0	0	0			0	0/0/	0	0	0			0/0	45	0	13	---Other
0	0	0	0	0	0	0	0			0	0/0/	0	0	0			0/0	19	0	13	---Having an outside diameter not exceeding 168. 3mm
0	0	0	0	0	0	0	0			0	0/0/	0	0	0			0/0	19	0	13	---Other
0	0	0	0	0	0	0	0			0	0/0/	0	0	0			0/0	29	0	13	---Having an outside diameter not exceeding 168. 3mm
0	0	0	0	0	0	0	0			0	0/0/	0	0	0			0/0	19	0	13	---Other
0	0	0	0	0	0	0	0	2		0	0/0/	0	0	0			0/0	44	0	13	--Other, of stainless steel
0	0	0	0	0	0	0	0	2		0	0/0/	0	0	0			0/0	44	0	13	---Having an yield strength less than 552MPa
0	0	0	0	0	0	0	0	2		0	0/0/	0	0	0			0/0	19	0	13	---Having an yield strength of 552MPa or more but less than 758MPa
0	0	0	0	0	0	0	0	2		0	0/0/	0	0	0			0/0	19	0	13	---Having an yield strength of 758MPa or more
0	0	0	0	0	0	0	0			0	0/0/	0	0	0			0/0	44	0	13	---Boiler tubes and pipes
0	0	0	0	0	0	0	0			3	0/0/	0	0	0			0/0	23	0	13	---Geological casing and drill pipes
0	0	0	0	0	0	0	0			0	0/0/	0	0	0			0/0	29	0	10	---Other
0	0	0	0	0	0	0	0			0	0/0/	0	0	0			0/0	44	0	10	---Boiler tubes and pipes
0	0	0	0	0	0	0	0			0	0/0/	0	0	0			0/0	20	0	10	---Geological casing and drill pipes
0	0	0	0	0	0	0	0			0	0/0/	1.2	0	0			0/0	29	0	10	---Other
0	0	0	0	0	0	0	0		0	3	0/0/	3	0	0			0/0	48	0	10	---Boiler tubes and pipes

商品编号	商品名称及备注[检验检疫编码及名称]	进口关税(%)		增值税率(%)	消费税	计量单位	监管条件	检验检疫类别
		最惠国	普通					
73044190	---其他							
7304419000	冷轧的不锈钢制的其他无缝管(冷拔或冷轧的)〔101 无缝钢管压力管道〕,〔102 无缝钢管〕	8	40	13		千克	A	M/
73044910	---锅炉管							
7304491000	非冷轧(拔)不锈钢制无缝锅炉管(包括内螺纹)〔101 无缝钢管压力管道〕,〔102 无缝钢管〕	8	17	13		千克	A	M/
73044990	---其他							
7304499000	非冷轧的不锈钢制其他无缝管(冷拔或冷轧的除外)〔101 无缝钢管压力管道〕,〔102 无缝钢管〕	8	40	13		千克	A	M/
73045110	---锅炉管							
7304511001	高温承压用合金钢无缝钢管(抗拉强度≥620 兆帕、屈服强度≥440 兆帕)[外径在127 毫米以上(含 127 毫米),化学成分(wt%)中碳(C)的含量≥0.07 且≤0.13、铬(Cr)的含量≥8.5 且≤9.5、钼(Mo)的含量≥0.3 且≤0.6、钨(W)的含量≥1.5 且≤2.0、抗拉强度≥620 兆帕、屈服强度≥440 兆帕]〔101 无缝钢管压力管道〕,〔102 无缝钢管〕	4	17	13		千克	A	M/
7304511090	冷轧的其他合金钢无缝锅炉管(冷拔或冷轧的,包括内螺纹)〔101 无缝钢管压力管道〕,〔102 无缝钢管〕	4	17	13		千克	A	M/
73045120	---地质钻管、套管							
7304512000	冷轧的其他合金钢无缝地质钻管、套管(冷拔或冷轧的)〔101 无缝钢管压力管道〕,〔102 无缝钢管〕	4	17	13		千克	A	M/
73045190	---其他							
7304519001	高温承压用合金钢无缝钢管(抗拉强度≥620 兆帕、屈服强度≥440 兆帕)[外径在127 毫米以上(含 127 毫米),化学成分(wt%)中碳(C)的含量≥0.07 且≤0.13、铬(Cr)的含量≥8.5 且≤9.5、钼(Mo)的含量≥0.3 且≤0.6、钨(W)的含量≥1.5 且≤2.0、抗拉强度≥620 兆帕、屈服强度≥440 兆帕]〔101 无缝钢管压力管道〕,〔102 无缝钢管〕	4	17	13		千克	A	M/
7304519090	冷轧的其他合金钢制其他无缝管(冷拔或冷轧的)〔101 无缝钢管压力管道〕,〔102 无缝钢管〕	4	17	13		千克	A	M/
73045910	---锅炉管							
7304591001	高温承压用合金钢无缝钢管(抗拉强度≥620 兆帕、屈服强度≥440 兆帕)[外径在127 毫米以上(含 127 毫米),化学成分(wt%)中碳(C)的含量≥0.07 且≤0.13、铬(Cr)的含量≥8.5 且≤9.5、钼(Mo)的含量≥0.3 且≤0.6、钨(W)的含量≥1.5 且≤2.0、抗拉强度≥620 兆帕、屈服强度≥440 兆帕]〔101 无缝钢管压力管道〕,〔102 无缝钢管〕	4	17	13		千克	A	M/
7304591090	非冷轧其他合金钢无缝锅炉管(非冷拔或冷轧的)〔101 无缝钢管压力管道〕,〔102 无缝钢管〕	4	17	13		千克	A	M/
73045920	---地质钻管、套管							
7304592000	非冷轧其他合金钢无缝地质钻管、套管(冷拔或冷轧的除外)〔101 无缝钢管压力管道〕,〔102 无缝钢管〕	4	17	13		千克	A	M/
73045990	---其他							
7304599001	高温承压用合金钢无缝钢管(抗拉强度≥620 兆帕、屈服强度≥440 兆帕)[外径在127 毫米以上(含 127 毫米),化学成分(wt%)中碳(C)的含量≥0.07 且≤0.13、铬(Cr)的含量≥8.5 且≤9.5、钼(Mo)的含量≥0.3 且≤0.6、钨(W)的含量≥1.5 且≤2.0、抗拉强度≥620 兆帕、屈服强度≥440 兆帕]〔101 无缝钢管压力管道〕,〔102 无缝钢管〕	4	17	13		千克	A	M/
7304599090	非冷轧其他合金钢制无缝圆形截面管(非冷拔或冷轧的)〔101 无缝钢管压力管道〕,〔102 无缝钢管〕	4	17	13		千克	A	M/
73049000	-其他							
7304900000	未列名无缝钢铁管及空心异型材(铸铁除外)〔101 无缝钢管压力管道〕,〔102 无缝钢管〕	4	17	13		千克	A	M/
7305	**其他圆形截面钢铁管(例如,焊、铆及用类似方法接合的管),外径超过 406.4 毫米:**							
73051100	--纵向埋弧焊接的							
7305110000	纵向埋弧焊接石油、天然气粗钢管(粗钢管指外径超过 406.4 毫米〔101 焊接钢管压力管道〕,〔102 焊接钢管〕	7	17	13		千克	A	M/
73051200	--其他纵向焊接的							
7305120000	其他纵向焊接石油、天然气粗钢管(粗钢管指外径超过 406.4 毫米)〔101 焊接钢管压力管道〕,〔102 焊接钢管〕	3	17	13		千克	A	M/
73051900	--其他							
7305190000	其他石油、天然气粗钢管(粗钢管指外径超过 406.4 毫米)〔101 焊接钢管压力管道〕,〔102 焊接钢管〕	7	17	13		千克	A	M/

协定税率(%)															特惠税率(%)			对美税率	出口税率	出口退税率	Article Description
智利	新西兰	澳大利亚	瑞士	冰岛	秘鲁	哥斯达	东盟	亚太	新加坡	巴基斯坦	港/澳/台	韩国	格鲁吉亚	毛里求斯	亚太	老/柬/缅	LDC 97/95				
0	0	0	0	0	0	0	0		0	3	0/0/	6.5	0	0			0/0			13	---Other
																		43	0		
0	0	0	0	0	0	0	0		0	3	0/0/	3	0	0			0/0			13	---Boiler tubes and pipes
																		43	0		
0	0	0	0	0	0	0	0		0	3	0/0/	3	0	0			0/0			10	---Other
																		48	0		
0	0	0	0	0	0	0	0			0	0/0/	0	0	0			0/0			10	---Boiler tubes and pipes
																		19	0		
																		19	0		
0	0	0	0	0	0	0	0			0	0/0/	0	0	0			0/0			10	---Geological casing and drill pipes
																		19	0		
0	0	0	0	0	0	0	0			0	0/0/	0	0	0			0/0			10	---Other
																		44	0		
																		44	0		
0	0	0	0	0	0	0	0			0	0/0/	0	0	0			0/0			10	---Boiler tubes and pipes
																		29	0		
																		29	0		
0	0	0	0	0	0	0	0			0	0/0/	0	0	0			0/0			10	---Geological casing and drill pipes
																		19	0		
0	0	0	0	0	0	0	0			0	0/0/	0	0	0			0/0			10	---Other
																		44	0		
																		44	0		
0	0	0	0	0	0	0	0			0	0/0/	0	0	0			0/0			10	-Other
																		39	0		
																					Other tubes and pipes (for example, welded, riveted or similarly closed), having circular cross-sections, the external diameter of which exceeds 406.4mm, of iron or steel:
0	0	0	0	0	0	0	0			3	0/0/	3.7	0	0			0/0			13	--Longitudinally submerged arc welded
																		32	0		
0	0	0	0	0	0	0	0			0	0/0/	0	0	0			0/0			13	--Other, longitudinally welded
																			0		
0	0	0	0	0	0	0	0			3	0/0/	0	0	0			0/0			13	--Other
																			0		

商品编号	商品名称及备注[检验检疫编码及名称]	进口关税(%) 最惠国	普通	增值税率(%)	消费税	计量单位	监管条件	检验检疫类别
73052000	-钻探石油或天然气用套管							
7305200000	其他钻探石油、天然气用粗套管(粗套管指外径超过406.4毫米)〔101焊接钢管压力管道〕,〔102焊接钢管〕	7	17	13		千克	A	M/
73053100	--纵向焊接的							
7305310000	纵向焊接的其他粗钢铁管(粗钢铁管指外径超过406.4毫米)〔101焊接钢管压力管道〕,〔102焊接钢管〕	6	30	13		千克	A	M/
73053900	--其他							
7305390000	其他方法焊接其他粗钢铁管(粗钢铁管指外径超过406.4毫米)〔101焊接钢管压力管道〕,〔102焊接钢管〕	6	30	13		千克	A	M/
73059000	-其他							
7305900000	未列名圆形截面粗钢铁管(粗钢铁管指外径超过406.4毫米)〔101焊接钢管压力管道〕,〔102焊接钢管〕	6	30	13		千克	A	M/
7306	**其他钢铁管及空心异型材(例如,辊缝、焊、铆及类似方法接合的):**							
73061100	--不锈钢焊缝管							
7306110000	不锈钢焊缝石油及天然气管道管〔101焊接钢管压力管道〕,〔102焊接钢管〕	7	17	13		千克	A	M/
73061900	--其他							
7306190000	非不锈钢焊缝石油及天然气管道管〔101焊接钢管压力管道〕,〔102焊接钢管〕	7	17	13		千克	A	M/
73062100	--不锈钢焊缝管							
7306210000	不锈钢焊缝钻探石油及天然气用套管及导管〔101焊接钢管压力管道〕,〔102焊接钢管〕	3	17	13		千克	A	M/
73062900	--其他							
7306290000	其他钻探石油及天然气用套管及导管〔101无缝钢管压力管道〕,〔102焊接钢管压力管道〕,〔103无缝钢管〕,〔104焊接钢管〕	3	17	13		千克	A	M/
73063011	----壁厚在0.7毫米及以下							
7306301100	其他铁或非合金钢圆形截面焊缝管外径≤10毫米,壁厚≤0.7毫米(细焊缝管指外径不超过406.4毫米)〔101焊接钢管压力管道〕,〔102焊接钢管〕	3	30	13		千克		
73063019	----其他							
7306301900	其他铁或非合金钢圆形截面焊缝管外径≤10毫米,壁厚>0.7毫米(细焊缝管指外径不超过406.4毫米)〔101焊接钢管压力管道〕,〔102焊接钢管〕	3	30	13		千克		
73063090	---其他							
7306309000	其他铁或非合金钢圆形截面焊缝管,外径>10毫米(细焊缝管指外径不超过406.4毫米)〔101焊接钢管压力管道〕,〔102焊接钢管〕	3	30	13		千克		
73064000	-不锈钢的其他圆形截面焊缝管							
7306400000	不锈钢其他圆形截面细焊缝管(细焊缝管指外径不超过406.4毫米)〔101焊接钢管压力管道〕,〔102焊接钢管〕	6	30	13		千克		
73065000	-其他合金钢的圆形截面焊缝管							
7306500000	其他合金钢的圆形截面细焊缝管(细焊缝管指外径不超过406.4毫米)〔101焊接钢管压力管道〕,〔102焊接钢管〕	3	30	13		千克		
73066100	--矩形或正方形截面的							
7306610000	矩形或正方形截面的其他焊缝管〔101焊接钢管压力管道〕,〔102铸铁管压力管道〕,〔103其他铸铁管压力管道〕,〔104焊接钢管〕	3	30	13		千克		
73066900	--其他非圆形截面的							
7306690000	其他非圆形截面的其他焊缝管〔101焊接钢管压力管道〕,〔102铸铁管压力管道〕,〔103焊接钢管〕	3	30	13		千克		
73069000	-其他							
7306900010	多壁式管道(直接与化学品接触表面由特殊耐腐蚀材料制成)①	6	30	13		千克/个	3A	M/
7306900090	未列名其他钢铁管及空心异型材〔101无缝钢管压力管道〕,〔102焊接钢管压力管道〕,〔103铸铁管压力管道〕,〔104无缝钢管〕,〔105焊接钢管〕,〔106铸铁管〕,〔107其他钢铁及制品〕	6	30	13		千克/个	A	M/
7307	**钢铁管子附件(例如,接头、肘管、管套):**							
73071100	--无可锻性铸铁制							
7307110000	无可锻性铸铁制管子附件②	5	20	13		千克		

① 〔101无缝钢管压力管道〕,〔102焊接钢管压力管道〕,〔103铸铁管压力管道〕,〔104无缝钢管〕,〔105焊接钢管〕,〔106铸铁管〕,〔107其他钢铁及制品〕
② 〔101其他金属制法兰及管件压力管件〕,〔102其他金属制法兰及管件〕

协定税率(%)															特惠税率(%)			对美税率	出口税率	出口退税率	Article Description
智利	新西兰	澳大利亚	瑞士	冰岛	秘鲁	哥斯达	东盟	亚太	新加坡	巴基斯坦	港/澳/台	韩国	格鲁吉亚	毛里求斯	亚太	老/柬/缅	LDC 97/95				
0	0	0	0	0	0	0	0			3	0/0/	0	0	0			0/0			13	-Casing of a kind used in drilling for oil or gas
																			0		
0	0	0	0	0	0	0	0			0	0/0/	3.2	0	0			0/0			10	--Longitudinally welded
																		31	0		
0	0	0	0	0	0	0	0			0	0/0/	3.2	0	0			0/0			10	--Other
																		26	0		
0	0	0	0	0	0	0	0			0	0/0/	0	0	0			0/0			10	-Other
																			0		
																					Other tubes, pipes and hollow profiles (for example, open seam or welded, riveted or similarly closed), of iron or steel:
0	0	0	0	0	0	0	0			3	0/0/	2.1	0	0			0/0			13	--Welded, of stainless steel
																			0		
0	0	0	0	0	0	0	0			3	0/0/	3.7	0	0			0/0			13	--Other
																		32	0		
0	0	0	0	0	0	0	0			0	0/0/	0	0	0			0/0			13	--Welded, of stainless steel
																		23	0		
0	0	0	0	0	0	0	0			0	0/0/	0	0	0			0/0			13	--Other
																		23	0		
0	0	0	0	0	0	0	0			0	0/0/	0	0	0			0/0			13	----Having a wall thickness of 0.7mm or less
																		28	0		
0	0	0	0	0	0	0	0			0	0/0/	1.6	0	0			0/0			10	----Other
																		23	0		
0	0	0	0	0	0	0	0			0	0/0/	1.6	0	0			0/0			10	---Other
																		28	0		
0	0	0	0	0	0	0	0			0	0/0/		0	0			0/0			10	-Other, welded, of circular cross-section, of stainless steel
																		16	0		
0	0	0	0	0	0	0	0			0	0/0/	1.6	0	0			0/0			10	-Other, welded, of circular cross-section, of other alloy steel
																		28	0		
0	0	0	0	0	0	0	0			0	0/0/	0	0	0			0/0			10	--Of square or rectangular cross-section
																		23	0		
0	0	0	0	0	0	0	0			0	0/0/	1.6	0	0			0/0			10	--Of other non-circular cross-section
																		23	0		
0	0	0	0	0	0	0	0			0	0/0/		0	0			0/0			10	-Other
																		26	0		
																		26	0		
																					Tube or pipe fittings (for example, couplings, elbows, sleeves), of iron or steel:
0	0	0	0	0	0	0	0			0	0/0/	0	0	0			0/0			13	--Of non-malleable cast iron
																		15	0		

商品编号	商品名称及备注[检验检疫编码及名称]	进口关税(%)		增值税率(%)	消费税	计量单位	监管条件	检验检疫类别
		最惠国	普通					
73071900	--其他							
7307190000	可锻性铸铁及铸钢管子附件①	8	20	13		千克		
73072100	--法兰							
7307210000	不锈钢制法兰〔999〕	8	20	13		千克		
73072200	--螺纹肘管、弯管及管套							
7307220000	不锈钢制螺纹肘管、弯管、管套〔101 不锈钢制螺纹管子附件压力管件〕,〔102 不锈钢制其他管子附件〕	8	20	13		千克		
73072300	--对焊件							
7307230000	不锈钢制对焊件〔101 不锈钢制对焊件管子附件压力管件〕,〔102 不锈钢制其他管子附件〕	8	20	13		千克		
73072900	--其他							
7307290000	不锈钢制其他管子附件〔101 不锈钢制对焊件管子附件压力管件〕,〔102 不锈钢制其他管子附件〕	8	20	13		千克		
73079100	--法兰							
7307910000	未列名钢铁制法兰(不锈钢除外)〔101 其他金属制法兰及管件压力管件〕,〔102 其他金属制法兰及管件〕	7	20	13		千克		
73079200	--螺纹肘管、弯管及管套							
7307920000	未列名钢铁制螺纹肘管、弯管、管套(不锈钢除外)〔101 其他金属制法兰及管件压力管件〕,〔102 其他金属制法兰及管件〕,〔103 其他金属及制品〕	4	20	13		千克		
73079300	--对焊件							
7307930000	未列名钢铁制对焊件(不锈钢除外)〔101 其他金属制法兰及管件压力管件〕,〔102 其他金属制法兰及管件〕	7	20	13		千克		
73079900	--其他							
7307990000	未列名钢铁制其他管子附件(不锈钢除外)〔101 其他金属制法兰及管件压力管件〕,〔102 其他金属制法兰及管件〕	4	20	13		千克		
7308	**钢铁结构体(品目 94.06 的活动房屋除外)及其部件(例如,桥梁及桥梁体段、闸门、塔楼、格构杆、屋顶、屋顶框架、门窗及其框架、门槛、百叶窗、栏杆、支柱及立柱);上述结构体用的已加工钢铁板、杆、角材、型材、异型材、管子及类似品:**							
73081000	-桥梁及桥梁体段							
7308100000	钢铁制桥梁及桥梁体段〔999〕	8	30	13		千克		
73082000	-塔楼及格构杆							
7308200000	钢铁制塔楼及格构杆〔999〕	8	30	13		千克		
73083000	-门窗及其框架、门槛							
7308300000	钢铁制门窗及其框架、门槛〔999〕	8	50	13		千克		L/
73084000	-脚手架、模板或坑道支撑用的支柱及类似设备							
7308400000	钢铁制脚手架模板坑凳用支柱及类似设备〔999〕	8	30	13		千克		
73089000	-其他							
7308900000	其他钢铁结构体及部件(包括结构体用的已加工钢板、型材、管子及类似品)〔999〕	4	30	13		千克		
7309	**盛装物料用的钢铁囤、柜、罐、桶及类似容器(装压缩气体或液化气体的除外),容积超过 300 升,不论是否衬里或隔热,但无机械或热力装置:**							
73090000	盛装物料用的钢铁囤、柜、罐、桶及类似容器(装压缩气体或液化气体的除外),容积超过 300 升,不论是否衬里或隔热,但无机械或热力装置							
7309000000	容积>300 升钢铁制盛物容器(容积>300 升的囤、柜、桶、罐、听及类似容器)〔999〕	8	35	13		千克		

① 〔101 其他金属制法兰及管件压力管件〕,〔102 其他金属制法兰及管件〕,〔103 其他金属及制品〕

协定税率(%)															特惠税率(%)			对美税率	出口税率	出口退税率	Article Description
智利	新西兰	澳大利亚	瑞士	冰岛	秘鲁	哥斯达	东盟	亚太	新加坡	巴基斯坦	港/澳/台	韩国	格鲁吉亚	毛里求斯	亚太	老/柬/缅	LDC 97/95				
0	0	0	1.6	0	0	0	0			3	0/0/	0	0	0			0/0			13	--Other
																		18	0		
0	0	0	0	0	0	0	0	6.4		4	0/0/	0	0	0			0/0			13	--Flanges
																		18	0		
0	0	0	0	0	0	0	0			3	0/0/	0	0	0			0/0			13	--Threaded elbows, bends and sleeves
																		18	0		
0	0	0	0	0	0	0	0			3	0/0/	0	0	0			0/0			13	--Butt welding fittings
																		18	0		
0	0	0	1.7	0	0	0	0			3	0/0/		0	0			0/0			13	--Other
																		18	0		
0	0	0	0	0	0	0	0			4	0/0/	3.7	0	0			0/0			13	--Flanges
																		27	0		
0	0	0	0	0	0	0	0			0	0/0/	0	0	0			0/0			13	--Threaded elbows, bends and sleeves
																		24	0		
0	0	0	0	0	0	0	0			3	0/0/	0	0	0			0/0			13	--Butt welding fittings
																		32	0		
0	0	0	0	0	0	0	0			0	0/0/	0	0	0			0/0			13	--Other
																		14	0		
																					Structures (excluding prefabricated buildings of heading 94.06) and parts of structures (for example, bridges and bridge-sections, lock-gates, towers, lattice masts, roofs, roofing frameworks, doors and windows and their frames and thresholds for doors, shutters, balustrades, pillars and columns), of iron or steel; plates, rods, angles, shapes, sections, tubes and the like, prepared for use in structures, of iron or steel:
0	0	0	0	0	0	0	0			0	0/0/	0	0	0			0/0			13	-Bridges and bridge-sections
																			0		
0	0	0	0	0	0	0	0			0	0/0/	2.5	0	0			0/0			13	-Towers and lattice masts
																		28	0		
0	0	0	0	0	0	0	0		0	0	0/0/	3	0	0			0/0			13	-Doors, windows and their frames and thresholds for doors
																		33	0		
0	0	0	0	0	0	0	0			0	0/0/	0	0	0			0/0			13	-Equipment for scaffolding, shuttering, propping or pit-propping
																		28	0		
0	0	0	0	0	0	0	0			0	0/0/	0	0	0			0/0			13	-Other
																		29	0		
																					Reservoirs, tanks, vats and similar containers for any material (other than compressed or liquefied gas), of iron or steel, of a capacity exceeding 300L, whether or not lined or heat-insulated, but not fitted with mechanical or thermal equipment:
0	0	0	2.1	0	0	0	0		0	4	0/0/	3.1	0	0			0/0			10	Reservoirs, tanks, vats and similar containers for any material (other than compressed or liquefied gas), of iron or steel, of a capacity exceeding 300L, whether or not lined or heat-insulated, but not fitted with mechanical or thermal equipment
																		28	0		

商品编号	商品名称及备注[检验检疫编码及名称]	进口关税(%) 最惠国	普通	增值税率(%)	消费税	计量单位	监管条件	检验检疫类别
7310	**盛装物料用的钢铁柜、桶、罐、听、盒及类似容器(装压缩气体或液化气体的除外),容积不超过300升,不论是否衬里或隔热,但无机械或热力装置:**							
73101000	-容积在50升及以上							
7310100010	100升<总容积≤300升的容器(与所处理或盛放的化学品接触表面由特殊耐腐蚀材料制成)〔999〕	8	40	13		千克/个	3	
7310100090	50升≤容积≤300升的其他钢铁制盛物容器(钢铁柜、桶、罐、听及类似容器)〔999〕	8	40	13		千克/个		
73102110	---易拉罐及罐体							
7310211000	容积<50升的焊边或卷边接合钢铁易拉罐及罐体〔999〕	8	70	13		千克	A	R/
73102190	---其他							
7310219000	容积<50升的其他焊边或卷边接合钢铁罐〔999〕	8	70	13		千克		
73102910	---易拉罐及罐体							
7310291000	容积<50升的其他易拉罐及罐体(焊边或卷边接合的除外)〔999〕	8	70	13		千克	A	R/
73102990	---其他							
7310299000	容积<50升的其他盛物容器(钢铁柜、桶、罐、听及类似容器)〔999〕	8	70	13		千克	A	R/
7311	**装压缩气体或液化气体用的钢铁容器:**							
73110010	---零售包装用							
7311001000	装压缩或液化气的钢铁容器(指零售包装用)〔999〕	8	70	13		千克	6A	M/
73110090	---其他							
7311009000	其他装压缩或液化气的容器(指非零售包装用)〔999〕	8	17	13		千克	6A	M/
7312	**非绝缘的钢铁绞股线、绳、缆、编带、吊索及类似品:**							
73121000	-绞股线、绳、缆							
7312100000	非绝缘的钢铁绞股线、绳、缆〔101 其他深加工金属制品〕,〔102 钢丝绳〕,〔103 其他钢铁及制品〕	4	20	13		千克	A	M/
73129000	-其他							
7312900000	非绝缘钢铁编带、吊索及类似品〔101 其他深加工金属制品〕,〔102 其他钢铁及制品〕	4	20	13		千克		
7313	**带刺钢铁丝;围篱用的钢铁绞带或单股扁丝(不论是否带刺)及松绞的双股丝:**							
73130000	带刺钢铁丝;围篱用的钢铁绞带或单股扁丝(不论是否带刺)及松绞的双股丝							
7313000000	带刺钢铁丝、围篱用钢铁绞带(还包括单股扁丝及松绞的双股丝)〔101 其他深加工金属制品〕,〔102 其他钢铁及制品〕	7	70	13		千克		
7314	**钢铁丝制的布(包括环形带)、网、篱、格栅;网眼钢铁板:**							
73141200	--不锈钢制的机器用环形带							
7314120000	不锈钢制的机器环形带〔101 其他深加工金属制品〕,〔102 其他钢铁及制品〕	8	20	13		千克		
73141400	--不锈钢制的其他机织品							
7314140000	不锈钢制的其他机织品〔101 其他深加工金属制品〕,〔102 其他钢铁及制品〕	8	20	13		千克		
73141900	--其他							
7314190000	其他钢丝制机织品〔101 其他深加工金属制品〕,〔102 其他钢铁及制品〕	7	20	13		千克		
73142000	-交点焊接的网、篱及格栅,其丝的最大截面尺寸在3毫米及以上,网眼尺寸在100平方厘米及以上							
7314200000	交点焊接的粗钢铁丝网、篱及格栅(其丝的最大截面尺寸≥3毫米,网眼尺寸≥100平方厘米)〔101 其他深加工金属制品〕,〔102 其他钢铁及制品〕	7	70	13		千克		
73143100	--镀或涂锌的							
7314310000	交点焊接的镀或涂锌细钢铁丝网、篱及隔栅(其丝的最大截面尺寸<3毫米,网眼尺寸<100平方厘米)〔101 其他深加工金属制品〕,〔102 其他钢铁及制品〕	7	70	13		千克		
73143900	--其他							

协定税率(%)															特惠税率(%)			对美税率	出口税率	出口退税率	Article Description
智利	新西兰	澳大利亚	瑞士	冰岛	秘鲁	哥斯达	东盟	亚太	新加坡	巴基斯坦	港/澳/台	韩国	格鲁吉亚	毛里求斯	亚太	老/柬/缅	LDC 97/95				
																					Tanks, casks, drums, cans, boxes and similar containers, for any material (other than compressed or liquefied gas), of iron or steel, of a capacity not exceeding 300L, whether or not lined or heat-insulated, but not fitted with mechanical or thermal equipment:
0	0	0	2.1	0	0	0	0		0	4	0/0/	6.8	0	0			0/0			10	-Of a capacity of 50L or more
																		33	0		
																		33	0		
0	0	0	3.5	0	0	0	0		0	14	0/0/	5.2	0	0			0/0			10	---Tear tab ends and bodies
																		33	0		
0	0	0	3.5	0	0	0	0		0	14	0/0/	5.2	0	0			0/0			10	---Other
																		18	0		
0	0	0	5.8	0	0	0	0		0	14	0/0/	5.2	0	0			0/0			10	---Tear tab ends and bodies
																		28	0		
0	0	0	5.8	0	0	0	0		0	14	0/0/	5.2	0	0			0/0			13	---Other
																		18	0		
																					Containers for compressed or liquefied gas, of iron or steel:
0	0	0	3.5	0	0	0	0		0	14	0/0/	5.2	0	0			0/0			10	---For retail packing
																		18	0		
0	0	0	0	0	0	0	0			3	0/0/	4.2	0	0			0/0			13	---Other
																		18	0		
																					Stranded wire, ropes, cables, plaited bands, slings and the like, of iron or steel, not electrically insulated:
0	0	0	0	0	0	0				0	0/0/	0	0	0			0/0			10	-Stranded wire, ropes and cables
																		29	0		
0	0	0	0	0	0	0	0			0	0/0/	0	0	0			0/0			10	-Other
																		14	0		
																					Barbed wire of iron or steel; twisted hoop or single flat wire, barbed or not, and loosely twisted double wire, of a kind used for fencing, of iron or steel:
0	0	0	0	0	0	0	0	6.3		3	0/0/	0	0	0			0/0			10	Barbed wire of iron or steel; twisted hoop or single flat wire, barbed or not, and loosely twisted double wire, of a kind used for fencing, of iron or steel
																		17	0		
																					Cloth (including endless bands), grill, netting and fencing, of iron or steel wire; expanded metal of iron or steel:
0	0	0	5.6	0	0	0	0		0	4.8	0/0/	3.6	0	0			0/0			10	--Endless bands for machinery, of stainless steel
																		28	0		
0	0	0	0	0	0	0	0		0	4.8	0/0/	3.6	0	0			0/0			10	--Other woven cloth, of stainless steel
																		33	0		
0	0	0		0	0	0	0			2.8	0/0/	0	0	0			0/0			10	--Other
																		27	0		
0	0	0	0	0	0	0	0			3	0/0/	0	0	0			0/0			10	-Grill, netting and fencing, welded at the intersection, of wire with a maximum cross-sectional dimension of 3mm or more and having a mesh size of 100cm2 or more
																		27	0		
0	0	0	0	0	0	0	0			3	0/0/	0	0	0			0/0			10	--Plated or coated with zinc
																		32	0		
0	0	0	0	0	0	0	0			3	0/0/	2.1	0	0			0/0			10	--Other

商品编号	商品名称及备注[检验检疫编码及名称]	进口关税(%) 最惠国	普通	增值税率(%)	消费税	计量单位	监管条件	检验检疫类别
7314390000	交点焊接的其他细钢铁丝网、篱及隔栅(其丝的最大截面尺寸<3毫米,网眼尺寸<100平方厘米)〔101 其他深加工金属制品〕,〔102 其他钢铁及制品〕	7	70	13		千克		
73144100	--镀或涂锌的							
7314410000	镀或涂锌的钢铁丝网、篱及格栅〔101 其他深加工金属制品〕,〔102 其他钢铁及制品〕	8	20	13		千克		
73144200	--涂塑的							
7314420000	涂塑的钢铁丝网、篱及格栅〔101 其他深加工金属制品〕,〔102 其他钢铁及制品〕	8	20	13		千克		
73144900	--其他							
7314490000	其他钢铁丝网、篱及格栅〔101 其他深加工金属制品〕,〔102 其他钢铁及制品〕	8	20	13		千克		
73145000	-网眼钢铁板							
7314500000	网眼钢铁板〔101 其他深加工金属制品〕,〔102 其他钢铁及制品〕	8	70	13		千克		
7315	**钢铁链及其零件:**							
73151110	---自行车用							
7315111000	自行车滚子链〔999〕	8	80	13		千克		
73151120	---摩托车用							
7315112000	摩托车滚子链〔101 其他车辆零部件〕,〔102 滚子链〕	8	80	13		千克		
73151190	---其他							
7315119000	其他滚子链(自行车链、摩托车链除外)〔999〕	8	80	13		千克		
73151200	--其他链							
7315120000	其他铰接链(滚子链除外)〔999〕	8	80	13		千克		
73151900	--零件							
7315190000	铰接链零件(包括自行车链、摩托车链、其他滚子链零件)〔999〕	8	80	13		千克		
73152000	-防滑链							
7315200000	防滑链〔999〕	8	80	13		千克		
73158100	--日字环节链							
7315810000	日字环节链〔999〕	8	80	13		千克		
73158200	--其他焊接链							
7315820000	其他焊接链(日字环节链除外)〔999〕	8	80	13		千克		
73158900	--其他							
7315890000	未列名链〔999〕	8	80	13		千克		
73159000	-其他零件							
7315900000	非铰接链零件〔999〕	8	80	13		千克		
7316	**钢铁锚、多爪锚及其零件:**							
73160000	钢铁锚、多爪锚及其零件							
7316000000	钢铁锚、多爪锚及其零件〔999〕	8	40	13		千克		
7317	**钢铁制的钉、平头钉、图钉、波纹钉、U形钉(品目83.05的货品除外)及类似品,不论钉头是否用其他材料制成,但不包括铜头钉:**							
73170000	钢铁制的钉、平头钉、图钉、波纹钉、U形钉(品目83.05的货品除外)及类似品,不论钉头是否用其他材料制成,但不包括铜头钉							
7317000000	铁钉、图钉、平头钉及类似品(不论钉头是否用其他材料制成,但不包括铜头钉)〔999〕	8	80	13		千克		
7318	**钢铁制的螺钉、螺栓、螺母、方头螺钉、钩头螺钉、铆钉、销、开尾销、垫圈(包括弹簧垫圈)及类似品:**							
73181100	--方头螺钉							
7318110000	方头螺钉〔999〕	8	80	13		千克		
73181200	--其他木螺钉							
7318120001	非用于民用航空器维护和修理的其他木螺钉(不包括不锈钢紧固件)〔999〕	8	80	13		千克		
7318120090	其他木螺钉〔999〕	8	80	13		千克		
73181300	--钩头螺钉及环头螺钉							
7318130000	钩头螺钉及环头螺钉〔999〕	8	80	13		千克		

协定税率(%)															特惠税率(%)			对美税率	出口税率	出口退税率	Article Description
智利	新西兰	澳大利亚	瑞士	冰岛	秘鲁	哥斯达	东盟	亚太	新加坡	巴基斯坦	港/澳/台	韩国	格鲁吉亚	毛里求斯	亚太	老/柬/缅	LDC 97/95				
																		17	0		
0	0	0	0	0	0	0	0	6		3	0/0/	0	0	0			0/0			10	--Plated or coated with zinc
																		18	0		
0	0	0	1.6	0	0	0	0			3	0/0/	2.4	0	0			0/0			10	--Coated whith plastics
																		18	0		
0	0	0	1.6	0	0	0	0			3	0/0/	0	0	0			0/0			10	--Other
																		33	0		
0	0	0	0	0	0	0	0			3	0/0/	0	0	0			0/0			10	-Expanded metal
																		33	0		
																					Chain and parts thereof, of iron or steel:
0	0	0	2.4	0	0	0	0		0	4.8	0/0/	3.6	0	0			0/0			13	---For bicycles
																			0		
0	0	0	2.4	0	0	0	0		0	4.8	0/0/	6.4	0	0			0/0			13	---For motorcycles
																			0		
0	0	0	2.4	0	0	0	0		0	4.8	0/0/	3.6	0	0			0/0			13	---Other
																		33	0		
0	0	0	2.4	0	0	0	0		0	4.8	0/0/	7.8	0	0			0/0			13	--Other chain
																		18	0		
0	0	0	2.4	0	0	0	0		0	4.8	0/0/	3.6	0	0			0/0			13	--Parts
																		28	0		
0	0	0	2.4	0	0	0	0		0	4.8	0/0/	3.6	0	0			0/0			13	-Skid chain
																		28	0		
0	0	0	2.4	0	0	0	0		0	4.8	0/0/	3.6	0	0			0/0			13	--Stud-link
																		33	0		
0	0	0	2.4	0	0	0	0		0	4.8	0/0/	3.6	0	0			0/0			13	--Other, welded link
																		33	0		
0	0	0	2.4	0	0	0	0		0	4.8	0/0/	3.6	0	0			0/0			13	--Other
																		33	0		
0	0	0	0	0	0	0	0			3	0/0/	3	0	0			0/0			13	-Other parts
																		33	0		
																					Anchors, grapnels and parts thereof, of iron or steel:
0	0	0	0	0	0	0	0			3	0/0/	3	0	0			0/0			13	Anchors, grapnels and parts thereof, of iron or steel
																		28	0		
																					Nails, tacks, drawing pins, corrugated nails, staples (other than those of heading 83.05) and similar articles, of iron or steel, whether or not with heads of other material, but excluding such articles with heads of copper:
0	0	0	0	0	0	0	0			4	0/0/	3	0	0			0/0			10	Nails, tacks, drawing pins, corrugated nails, staples (other than those of heading 83.05) and similar articles, of iron or steel, whether or not with heads of other material, but excluding such articles with heads of copper
																		18	0		
																					Screws, bolts, nuts, coach screws, screw hooks, rivets, cotters, cotterpins, washers (including spring washers) and similar articles, of iron of steel:
0	0	0	0	0	0	0	0			3	0/0/		0	0			0/0			10	--Coach screws
																		18	0		
0	0	0	0	0	0	0	0			3	0/0/	3	0	0			0/0			10	--Other wood screws
																		33	0		
																		33	0		
0	0	0	0	0	0	0	0			3	0/0/		0	0			0/0			10	--Screw hooks and screw rings
																		18	0		

商品编号	商品名称及备注[检验检疫编码及名称]	进口关税(%) 最惠国	进口关税(%) 普通	增值税率(%)	消费税	计量单位	监管条件	检验检疫类别
73181400	--自攻螺丝							
7318140001	非用于民用航空器维护和修理的自攻螺钉(不包括不锈钢紧固件)〔999〕	8	80	13		千克		
7318140090	其他自攻螺钉〔999〕	8	80	13		千克		
73181510	---抗拉强度在800兆帕及以上的							
7318151001	抗拉强度≥800兆帕,杆径>6毫米的其他螺钉及螺栓(不包括不锈钢紧固件)(不论是否带有螺母或垫圈,非用于民用航空器维护和修理的)〔999〕	8	80	13		千克		
7318151090	其他抗拉强度≥800兆帕的螺钉及螺栓(不论是否带有螺母或垫圈)〔999〕	8	80	13		千克		
73181590	---其他							
7318159001	杆径>6毫米的其他螺钉及螺栓(不包括不锈钢紧固件)(不论是否带有螺母或垫圈,非用于民用航空器维护和修理的)〔101 螺钉〕,〔102 螺栓〕	8	80	13		千克		
7318159090	其他螺钉及螺栓(不论是否带有螺母或垫圈)〔101 螺钉〕,〔102 螺栓〕	8	80	13		千克		
73181600	--螺母							
7318160000	螺母〔999〕	8	80	13		千克		
73181900	--其他							
7318190000	未列名螺纹制品〔999〕	5	80	13		千克		
73182100	--弹簧垫圈及其他防松垫圈							
7318210001	弹簧垫圈及其他防松垫圈(不包括不锈钢紧固件)(非用于民用航空器维护和修理的)〔999〕	8	80	13		千克		
7318210090	其他弹簧垫圈及其他防松垫圈〔999〕	8	80	13		千克		
73182200	--其他垫圈							
7318220001	其他垫圈(不包括不锈钢紧固件)(非用于民用航空器维护和修理的)〔999〕	8	80	13		千克		
7318220090	其他垫圈〔999〕	8	80	13		千克		
73182300	--铆钉							
7318230000	铆钉〔999〕	8	80	13		千克		
73182400	--销及开尾销							
7318240000	销及开尾销〔999〕	8	80	13		千克		
73182900	--其他							
7318290000	其他无螺纹紧固件〔999〕	8	80	13		千克		
7319	**钢铁制的手工缝针、编织针、引针、钩针、刺绣穿孔锥及类似制品;其他税号未列名的钢铁制安全别针及其他别针:**							
73194010	---安全别针							
7319401000	安全别针(钢铁制)〔999〕	7	90	13		千克		
73194090	---其他							
7319409000	其他别针(钢铁制)〔999〕	7	90	13		千克		
73199000	-其他							
7319900000	未列名钢铁制针及类似品〔999〕	7	80	13		千克		
7320	**钢铁制弹簧及弹簧片:**							
73201010	---铁道车辆用							
7320101000	铁道车辆用片簧及簧片〔999〕	6	14	13		千克		
73201020	---汽车用							
7320102000	汽车用片簧及簧片〔999〕	8	14	13		千克		
73201090	---其他							
7320109000	其他片簧及簧片〔999〕	8	50	13		千克		
73202010	---铁道车辆用							
7320201000	铁道车辆用螺旋弹簧〔999〕	6	14	13		千克		
73202090	---其他							
7320209000	其他螺旋弹簧〔999〕	8	50	13		千克		
73209010	---铁道车辆用							
7320901000	铁道车辆用其他弹簧〔999〕	6	14	13		千克		
73209090	---其他							
7320909000	其他弹簧〔999〕	8	50	13		千克		
7321	**非电热的钢铁制家用炉、灶(包括附有集中供暖用的热水锅的炉)、烤肉架、烤炉、煤气灶、加热板和类似非电热的家用器具及其零件:**							
73211100	--使用气体燃料或可使用气体燃料及其他燃料的							

协定税率(%)															特惠税率(%)			对美税率	出口税率	出口退税率	Article Description
智利	新西兰	澳大利亚	瑞士	冰岛	秘鲁	哥斯达	东盟	亚太	新加坡	巴基斯坦	港/澳/台	韩国	格鲁吉亚	毛里求斯	亚太	老/柬/缅	LDC 97/95				
0	0	0	2	0	0	0	0		0	3	0/0/		0	0			0/0			10	--Self-tapping screws
																		28	0		
																		28	0		
0	0	0	1.6	0	0	0	0	4		0	0/0/	4.2	0	0			0/0			10	---Tensile strength of 800MPa or more
																			0		
																			0		
0	0	0	1.6	0	0	0	0	4		0	0/0/	4.2	0	0			0/0			10	---Other
																		28	0		
																		28	0		
0	0	0	1.6	0	0	0	0			4	0/0/		0	0			0/0			10	--Nuts
																		18	0		
0	0	0	0	0	0	0	0			0	0/0/	0	0	0			0/0			10	--Other
																		15	0		
0	0	0	0	0	0	0	0		0	3	0/0/		0	0			0/0			10	--Spring washers and other lock washers
																		28	0		
																		28	0		
0	0	0	0	0	0	0	0		0	4	0/0/		2	0			0/0			10	--Other washers
																		18	0		
																		18	0		
0	0	0	0	0	0	0	0		0	3	0/0/		0	0			0/0			10	--Rivets
																		28	0		
0	0	0	2	0	0	0	0		0	4	0/0/	6.5	2	0			0/0			10	--Cotters and cotter-pins
																		18	0		
0	0	0	0	0	0	0	0		0	4	0/0/		0	0			0/0			10	--Other
																		18	0		
																					Sewing needles, knitting needles, bodkins, crochet hooks, embroidery stilettos and similar articles, for use in the hand, of iron or steel; safety pins and other pins of iron or steel, not elsewhere specified or included:
0	0	0	0	0	0	0	0			3	0/0/	3	0	0			0/0			10	---Safety pins
																		22	0		
0	0	0	0	0	0	0	0			3	0/0/	3	0	0			0/0			10	---Other
																		32	0		
0	0	0	2	0	0	0	0			3	0/0/		0	0			0/0			10	-Other
																		22	0		
																					Springs and leaves for springs, of iron or steel:
0	0	0	0	0	0	0	0			0	0/0/	0	0	0			0/0			10	---For railway locomotives and rollingstock
																		31	0		
0	0	0	0	0	0	0	0			3	0/0/	6.5	0	0			0/0			10	---For motor vehicles
																			0		
0	0	0	2	0	0	0	0		0	3	0/0/		0	0			0/0			10	---Other
																		28	0		
0	0	0	0	0	0	0	0			0	0/0/	0	0	0			0/0			10	---For railway locomotives and rollingstock
																		26	0		
0	0	0	2	0	0	0	0	6.8	0	4	0/0/	6.5	2	0			0/0			10	---Other
																		18	0		
0	0	0	0	0	0	0	0			0	0/0/	0	0	0			0/0			10	---For railway locomotives and rollingstock
																		31	0		
0	0	0	2.4	0	0	0	0		0	4.8	0/0/		0	0			0/0			10	---Other
																		28	0		
																					Stoves, ranges, grates, cookers (including those with subsidiary boilers for central heating), barbecues, braziers, gas-rings, plate warmers and similar non-electric domestic appliances, and parts thereof, of iron or steel:
0	0	0	3	0	0	0	0		0	9.6	0/0/	4.5	0	0			0/0			13	--For gas fuel or for both gas and other fuels

商品编号	商品名称及备注[检验检疫编码及名称]	进口关税(%) 最惠国	普通	增值税率(%)	消费税	计量单位	监管条件	检验检疫类别
7321110000	可使用气体燃料的家用炉灶[999]	7	80	13		千克/个	6	
73211210	---煤油炉							
7321121000	煤油炉[999]	7	80	13		千克/个		
73211290	---其他							
7321129000	其他使用液体燃料的家用炉灶[999]	7	80	13		千克/个		
73211900	--其他,包括使用固体燃料的							
7321190000	其他炊事器具及加热板,包括使用固体燃料的[999]	7	80	13		千克/个		
73218100	--使用气体燃料或可使用气体燃料及其他燃料的							
7321810000	可使用气体燃料的其他家用器具[999]	7	80	13		千克/个	6	
73218200	--使用液体燃料的							
7321820000	使用液体燃料的其他家用器具[999]	7	80	13		千克/个		
73218900	--其他,包括使用固体燃料的							
7321890000	其他器具,包括使用固体燃料的[999]	7	80	13		千克/个		
73219000	-零件							
7321900000	非电热家用器具零件[999]	8	80	13		千克		
7322	**非电热的钢铁制集中供暖用散热器及其零件;非电热的钢铁制空气加热器、暖气分布器(包括可分布新鲜空气或调节空气的)及其零件,装有电动风扇或鼓风机:**							
73221100	--铸铁制							
7322110000	非电热铸铁制集中供暖用散热器(包括零件)[999]	8	80	13		千克		
73221900	--其他							
7322190000	非电热钢制集中供暖用散热器(包括零件)[999]	8	80	13		千克		
73229000	-其他							
7322900000	非电热空气加热器、暖气分布器(包括零件)[999]	8	80	13		千克		
7323	**餐桌、厨房或其他家用钢铁器具及其零件;钢铁丝绒;钢铁制擦锅器、洗刷擦光用的块垫、手套及类似品:**							
73231000	-钢铁丝绒;擦锅器及洗刷擦光用的块垫、手套及类似品							
7323100000	钢铁丝绒、擦锅器、洗擦用块垫等[999]	7	80	13		千克	A	R/
73239100	--铸铁制,未搪瓷							
7323910000	餐桌、厨房等家用铸铁制器具(包括零件、非搪瓷的)[101 食品接触铸铁产品],[102 食品用铸铁包装]	7	80	13		千克	A	R/
73239200	--铸铁制,已搪瓷							
7323920000	餐桌、厨房等家用铸铁制搪瓷器(包括零件、已搪瓷的)[101 食品接触铸铁产品],[102 食品用铸铁包装]	7	100	13		千克	A	R/
73239300	--不锈钢制							
7323930000	餐桌、厨房等家用不锈钢器具(包括零件、已搪瓷的)[101 食品接触不锈钢产品],[102 食品用不锈钢包装]	7	80	13		千克	A	R/
73239410	---面盆							
7323941000	面盆,钢铁制,已搪瓷(铸铁的除外)[101 食品接触搪瓷产品],[102 食品用搪瓷包装]	7	100	13		千克	A	R/
73239420	---烧锅							
7323942000	烧锅,钢铁制,已搪瓷(铸铁的除外)[999]	7	100	13		千克	A	R/
73239490	---其他							
7323949000	其他餐桌、厨房等家用钢铁制搪器(铸铁除外)[101 食品接触搪瓷产品],[102 食品用搪瓷包装]	7	100	13		千克	A	R/
73239900	--其他							
7323990000	其他餐桌、厨房等用钢铁器具[101 食品接触铁产品],[102 食品用铁包装]	7	80	13		千克	A	R/
7324	**钢铁制卫生器具及其零件:**							
73241000	-不锈钢制洗涤槽及脸盆							
7324100000	不锈钢制洗涤槽及脸盆[999]	7	80	13		千克		
73242100	--铸铁制,不论是否搪瓷							
7324210000	铸铁制浴缸(不论是否搪瓷)[999]	7	100	13		千克		
73242900	--其他							

协定税率(%)															特惠税率(%)			对美税率	出口税率	出口退税率	Article Description
智利	新西兰	澳大利亚	瑞士	冰岛	秘鲁	哥斯达	东盟	亚太	新加坡	巴基斯坦	港/澳/台	韩国	格鲁吉亚	毛里求斯	亚太	老/柬/缅	LDC 97/95				
																		32	0		
0	0	0	4.2	0	0	0	0		0		0/0/	13.6	0	0			0/0			10	---Kerosene cooking stoves
																			0		
0	0	0	4.2	0	0	0	0		0		0/0/	13.6	0	0			0/0			13	---Other
																			0		
0	0	0	4.2	0	0	0	0		0		0/0/	13.6	0	0			0/0			13	--Other, including appliances for solid fuel
																		17	0		
0	0	0	4.6	0	0	0	0	4.2	0	9.2	0/0/	14.9	0	18.4			0/0			10	--For gas fuel or for both gas and other fuels
																		27	0		
0	0	0	4.2	0	0	0	0		0		0/0/	13.6	0	0			0/0			10	--For liquid fuel
																		17	0		
0	0	0	4.2	0	0	0	0		0		0/0/	13.6	0	0			0/0			13	--Other, including appliances for solid fuel
																		32	0		
0	0	0	2.4	0	0	0	0	6.4	0	4	0/0/	3.6	0	0			0/0			13	-Parts
																		33	0		
																					Radiators for central heating, not electrically heated, and parts thereof, of iron or steel; air heaters and hot air distributors (including distributors which can also distribute fresh or conditioned air), not electrically heated, incorporating a motor-dirven fan or blower, and parts thereof, of iron or steel:
0	0	0	4.2	0	0	0	0		0		0/0/	13.6	0	0			0/0			10	--Of cast iron
																			0		
0	0	0	4.2	0	0	0	0		0		0/0/	13.6	0	0			0/0			10	--Other
																		33	0		
0	0	0	4	0	0	0	0		0		0/0/	10.6	0	0			0/0			10	-Other
																		18	0		
																					Table, kitchen or other household articles and parts thereof, of iron or steel; iron or steel wool; pot scourers and scouring or polishing pads, gloves and the like, of iron or steel:
0	0	0	2.8	0	0	0	0		0	9	0/0/	4.2	0	0			0/0			10	-Iron or steel wool; pot scourers and scouring or polishing pads, gloves and the like
																		27	0		
0	0	0	4	0	0	0	0		0		0/0/	10.6	0	0			0/0			10	--Of cast iron, not enamelled
																		27	0		
0	0	0	4	0	0	0	0		0		0/0/	10.6	0	0			0/0			13	--Of cast iron, enamelled
																		32	0		
0	0	0	2.4	0	0	0	0	4.9	0	4	0/0/	3.6	0	0			0/0			13	--Of stainless steel
																		32	0		
0	0	0	4	0	0	0	0		0		0/0/	10.6	0	0			0/0			13	---Basin
																			0		
0	0	0	4	0	0	0	0		0		0/0/	10.6	0	0			0/0			13	---Casserole
																			0		
0	0	0	4	0	0	0	0		0		0/0/	10.6	0	0			0/0			13	---Other
																		32	0		
0	0	0	4	0	0	0	0		0		0/0/	10.6	0	0			0/0			13	--Other
																		32	0		
																					Sanitary ware and parts thereof, of iron or steel:
0	0	0	3.6	0	0	0	0		0		0/0/	5.4	0	0			0/0			13	-Sinks and wash basins, of stainless steel
																		27	0		
0	0	0	0	0	0	0	0		0	3	0/0/	3	0	0			0/0			13	--Of cast iron, whether or not enamelled
																		32	0		
0	0	0	6	0	0	0	0		0		0/0/	19.5	0	24			0/0			13	--Other

商品编号	商品名称及备注[检验检疫编码及名称]	进口关税(%)		增值税率(%)	消费税	计量单位	监管条件	检验检疫类别
		最惠国	普通					
7324290000	其他钢铁制浴缸(不论是否搪瓷)〔999〕	7	100	13		千克		
73249000	-其他,包括零件							
7324900000	其他钢铁制卫生器具及零件〔999〕	7	100	13		千克		
7325	**其他钢铁铸造制品:**							
73251010	---工业用							
7325101000	工业用无可锻性铸铁制品〔999〕	7	40	13		千克		
73251090	---其他							
7325109000	其他无可锻性铸铁制品〔999〕	8	90	13		千克		
73259100	--研磨机用的研磨球及类似品							
7325910000	可锻性铸铁及铸钢研磨机的研磨球(包括其类似品)〔999〕	8	40	13		千克		
73259910	---工业用							
7325991000	工业用未列名可锻性铸铁制品(包括铸钢制品)〔999〕	8	40	13		千克		
73259990	---其他							
7325999000	非工业用未列名可锻性铸铁制品(包括铸钢制品)〔999〕	8	90	13		千克		
7326	**其他钢铁制品:**							
73261100	--研磨机用的研磨球及类似品							
7326110000	钢铁制研磨机用研磨球及类似品(经锻造或冲压后,未经进一步加工)〔999〕	8	40	13		千克		
73261910	---工业用							
7326191000	工业用未列名钢铁制品(经锻造或冲压后,未经进一步加工)〔999〕	8	40	13		千克		
73261990	---其他							
7326199000	非工业用钢铁制品(经锻造或冲压后,未经进一步加工)〔999〕	8	90	13		千克		
73262010	---工业用							
7326201000	工业用钢铁丝制品〔999〕	8	40	13		千克		
73262090	---其他							
7326209000	非工业用钢铁丝制品〔999〕	8	90	13		千克		
73269011	----钢铁纤维及其制品							
7326901100	其他工业用钢铁纤维及其制品〔999〕	8	40	13		千克		
73269019	----其他							
7326901900	其他工业用钢铁制品〔999〕	8	40	13		千克		
73269090	---其他							
7326909000	其他非工业用钢铁制品〔999〕	8	90	13		千克		

协定税率(%)															特惠税率(%)			对美税率	出口税率	出口退税率	Article Description
智利	新西兰	澳大利亚	瑞士	冰岛	秘鲁	哥斯达	东盟	亚太	新加坡	巴基斯坦	港/澳/台	韩国	格鲁吉亚	毛里求斯	亚太	老/柬/缅	LDC 97/95				
																		32	0		
0	0	0	5	0	0	0	0		0		0/0/	16.2	0	20			0/0			13	-Other, including parts
																		17	0		
																					Other cast articles of iron or steel:
0	0	0	0		0	0	0			3	0/0/	3.7	0	0			0/0			10	---For technical use
																		27	0		
0	0	0	4	0	0	0	0		0		0/0/	10.6	0	0			0/0			10	---Other
																		33	0		
0	0	0	2.1	0	0	0	0		0	4	0/0/	3.1	0	0			0/0			10	--Grinding balls and similar articles for mills
																			0		
0	0	0	2.1	0	0	0	0	6.8	0	4	0/0/	3.1	0	0			0/0			10	---For technical use
																		18	0		
0	0	0	4	0	0	0	0	4.8	0	8	0/0/	10.6	0	0			0/0			10	---Other
																		33	0		
																					Other articles of iron or steel:
0	0	0	2.1	0	0	0	0		0	4	0/0/	3.1	0	0			0/0			13	--Grinding balls and similar articles for mills
																		18	0		
0	0	0	2.1	0	0	0	0		0	0	0/0/		0	0			0/0			10	---For technical use
																		18	0		
0	0	0	4	0	0	0	0		0	0	0/0/	6	0	0			0/0			10	---Other
																		28	0		
0	0	0	0	0	0	0	0	4		4	0/0/	3	0	0			0/0			10	---For technical use
																		18	0		
0	0	0	3.6	0	0	0	0	5.6	0	7.2	0/0/	5.4	0	0			0/0			13	---Other
																		28	0		
0	0	0	2.1	0	0	0	0	6.8	0	0	0/0/	3.1	0	0			0/0			10	----Steel fibres and articles thereof
																		18	0		
0	0	0	2.1	0	0	0	0	6.8	0	0	0/0/	3.1	0	0			0/0			10	----Other
																		33	0		
0	0	0	1.6	0	0	0	0	6.8	0	0	0/0/	0	0	6.4			0/0			10	---Other
																		33	0		

第七十四章
铜及其制品

注释：

本章所用有关名词解释如下：

一、精炼铜

按重量计含铜量至少为99.85%的金属；或

按重量计含铜量至少为97.5%，但其他各种元素的含量不超过下表中规定的限量的金属：

其他元素表

元　　素		所含重量百分比
Ag	银	0.25
As	砷	0.5
Cd	镉	1.3
Cr	铬	1.4
Mg	镁	0.8
Pb	铅	1.5
S	硫	0.7
Sn	锡	0.8
Te	碲	0.8
Zn	锌	1
Zr	锆	0.3
其他元素①，每种		0.3

①其他元素，例如，铝、铍、钴、铁、锰、镍、硅。

二、铜合金

除未精炼铜以外的金属物质，按重量计含铜量大于其他元素单项含量，但：

（一）按重量计至少有一种其他元素的含量超过上表中规定的限量；或

（二）按重量计其他元素的总含量超过2.5%。

三、铜母合金

含有其他元素，但按重量计含铜量超过10%的合金，该合金无实用可锻性，通常用作生产其他合金的添加剂或冶炼有色金属的脱氧剂、脱硫剂及类似用途。但按重量计含磷量超过15%的磷化铜（磷铜）归入品目28.53。

四、条、杆

轧、挤、拔或锻制的实心产品，非成卷的，其全长截面均为圆形、椭圆形、矩形（包括正方形）、等边三角形或规则外凸多边形（包括相对两边为弧拱形，另外两边为等长平行直线的“扁圆形”及“变形矩形”）。对于矩形（包括正方形）、三角形或多边形截面的产品，其全长边角可经磨圆。矩形（包括“变形矩形”）截面的产品，其厚度应大于宽度的1/10。所述条、杆也包括同样形状及尺寸的铸造或烧结产品。该产品在铸造或烧结后再经加工（简单剪修或去氧化皮的除外），但不具有其他税号所列制品或产品的特征。

线锭及坯段，已具锥形尾端或经其他简单加工以便送入机器制成盘条或管子等的，仍应作为未锻轧铜归入品目74.03。

五、型材及异型材

轧、挤、拔、锻制的产品或其他成型产品，不论是否成卷，其全长截面相同，但与条、杆、丝、板、片、带、箔、管的定义不相符合。同时也包括同样形状的铸造或烧结产品。该产品在铸造或烧结后再经加工（简单剪修或去氧化皮的除外），但不具有其他税号所列制品或产品的特征。

六、丝

盘卷的轧、挤或拔制实心产品，其全长截面均为圆形、椭圆形、矩形（包括正方形）、等边三角形或规则外凸多边形（包括相对两边为弧拱形，另外两边为等长平行直线的“扁圆形”及“变形矩形”）。对于矩形（包括正方形）、三角形或多边形截面的产品，其全长边角可经磨圆。矩形（包括“变形矩形”）截面的产品，其厚度应大于宽度的1/10。

七、板、片、带、箔

成卷或非成卷的平面产品（品目74.03的未锻轧产品除外），截面均为厚度相同的实心矩形（不包括正方形），不论边角是否磨圆（包括相对两边为弧拱形，另外两边为等长平行直线的“变形矩形”），并且符合以下规格：

（一）矩形（包括正方形）的，厚度不超过宽度的1/10；

（二）矩形或正方形以外形状的，任何尺寸，但不具有其他税号所列制品或产品的特征。

品目74.09及74.10还适用于具有花样（例如，凹槽、肋条形、格槽、珠粒及菱形）的板、片、带、箔以及穿孔、抛光、涂层或制成瓦楞形的这类产品，但不具有其他税号所列制品或产品的特征。

Chapter 74

Copper and articles thereof

Chapter Notes:

In this Chapter the following expressions have the meanings hereby assigned to them:

1. Refined copper

Metal containing at least 99. 85% by weight of copper; or

Metal containing at least 97. 5% by weight of copper, provided that the content by weight of any other element does not exceed the limit specified in the following table:

TABLE-Other elements

Element		Limiting content % by weight
Ag	Silver	0. 25
As	Arsenic	0. 5
Cd	Cadmium	1. 3
Cr	Chromium	1. 4
Mg	Magnesium	0. 8
Pb	Lead	1. 5
S	Sulphur	0. 7
Sn	Tin	0. 8
Te	Tellurium	0. 8
Zn	Zinc	1
Zr	Zirconium	0. 3
Other elements①, each		0. 3

①Other elements are, for example, Al, Be, Co, Fe, Mn, Ni, Si.

2. Copper alloys

Metallic substances other than unrefined copper in which copper predominates by weight over each of the other elements, provided that:

(a) the content by weight of at least one of the other elements is greater than the limit specified in the foregoing table; or

(b) the total content by weight of such other elements exceeds 2. 5%.

3. Master alloys

Alloys containing with other elements more than 10% by weight of copper, not usefully malleable and commonly used as an additive in the manufacture of other alloys or as de-oxidants, de-sulphurising agents or for similar uses in the metallurgy of non-ferrous metals. However, copper phosphide (phosphor copper) containing more than 15% by weight of phosphorus falls in heading 28. 53.

4. Bars and rods

Rolled, extruded, drawn or forged products, not in coils, which have a uniform solid cross-section along their whole length in the shape of circles, ovals, rectangles (including squares), equilateral triangles or regular convex polygons (including "flattened circles" and "modified rectangles", of which two opposite sides are convex arcs, the other two sides being straight, of equal length and parallel). Products with a rectangular (including square), triangular or polygonal cross-section may have corners rounded along their whole length. The thickness of such products which have a rectangular (including "modified rectangular") cross-section exceeds one-tenth of the width. The expression also covers cast or sintered products, of the same forms and dimensions, which have been subsequently worked after production (otherwise than by simple trimming or de-scaling), provided that they have not thereby assumed the character of articles or products of other headings.

Wire-bars and billets with their ends tapered or otherwise worked simply to facilitate their entry into machines for converting them into, for example, drawing stock (wire-rod) or tubes, are however to be taken to be unwrought copper of heading 74. 03.

5. Profiles

Rolled, extruded, drawn, forged or formed products, coiled or not, of a uniform cross-section along their whole length, which do not conform to any of the definitions of bars, rods, wire, plates, sheets, strip, foil, tubes or pipes. The expression also covers cast or sintered products, of the same forms, which have been subsequently worked after production (otherwise than by simple trimming or de-scaling), provided that they have not thereby assumed the character of articles or products of other headings.

6. Wire

Rolled, extruded or drawn products, in coils, which have a uniform solid cross-section along their whole length in the shape of circles, ovals, rectangles (including squares), equilateral triangles or regular convex polygons (including "flattened circles" and "modified rectangles", of which two opposite sides are convex arcs, the other two sides being straight, of equal length and parallel). Products with a rectangular (including square), triangular or polygonal cross-section may have corners rounded along their whole length. The thickness of such products which have a rectangular (including "modified rectangular") cross-section exceeds one-tenth of the width.

7. Plates, sheets, strip and foil

Flat-surfaced products (other than the unwrought products of heading 74. 03), coiled or not, of solid rectangular (other than square) cross-section with or without rounded corners (including "modified rectangles" of which two opposite sides are convex arcs, the other two sides being straight, of equal length and parallel) of a uniform thickness, which are:

(a) Of rectangular (including square) shape with a thickness not exceeding one-tenth of the width;

(b) Of a shape other than rectangular or square, of any size, provided that they do not assume the character of articles or products of other headings.

Headings 74. 09 and 74. 10 apply, inter alia, to plates, sheets, strip and foil with patterns (for example, grooves, ribs, chequers, tears, buttons, lozenges) and to such products which have been perforated, corrugated, polished or coated, provided that they do not thereby assume the character of articles or products of other headings.

八、管

全长截面及管壁厚度相同并只有一个闭合空间的空心产品，成卷或非成卷的，其截面为圆形、椭圆形、矩形（包括正方形）、等边三角形或规则外凸多边形。对于截面为矩形（包括正方形）、等边三角形或规则外凸多边形的产品，不论全长边角是否磨圆，只要其内外截面为同一圆心并为同样形状及同一轴向，也可视为管子。上述截面的管子可经抛光、涂层、弯曲、攻丝、钻孔、缩腰、胀口、成锥形或装法兰、颈圈或套环。

子目注释：

本章所用有关名词解释如下：

一、铜锌合金（黄铜）

铜与锌的合金，不论是否含有其他元素。含有其他元素时：

（一）按重量计含锌量应大于其他各种元素的单项含量；

（二）按重量计含镍量应低于5%［参见铜镍锌合金（德银）］；以及

（三）按重量计含锡量应低于3%［参见铜锡合金（青铜）］。

二、铜锡合金(青铜)

铜与锡的合金,不论是否含有其他元素。含有其他元素时,按重量计含锡量应大于其他各种元素的单项含量。当按重量计含锡量在3%及以上时,锌的含量可大于锡的含量,但必须小于10%。

三、铜镍锌合金(德银)

铜、镍、锌的合金,不论是否含有其他元素,按重量计含镍量在5%及以上[参见铜锌合金(黄铜)]。

四、铜镍合金

铜与镍的合金,不论是否含有其他元素,但按重量计含锌量不得大于1%。含有其他元素时,按重量计含镍量应大于其他各种元素的单项含量。

商品编号	商品名称及备注[检验检疫编码及名称]	进口关税(%) 最惠国	进口关税(%) 普通	增值税率(%)	消费税	计量单位	监管条件	检验检疫类别
7401	**铜锍;沉积铜(泥铜):**							
74010000	铜锍;沉积铜(泥铜)							
7401000010	沉积铜(泥铜)〔999〕	2	11	13		千克	9A	M/
7401000090[暂0]	铜锍〔999〕	2	11	13		千克		
7402	**未精炼铜;电解精炼用的铜阳极:**							
74020000	未精炼铜;电解精炼用的铜阳极							
7402000001[暂0]	锭状未精炼铜(含黄金价值部分)〔101 粗铜〕,〔102 电解铜〕	2	11	0		千克		
7402000090[暂0]	其他未精炼铜、电解精炼用铜阳极〔101 粗铜〕,〔102 电解铜〕	2	11	13		千克		
7403	**未锻轧的精炼铜及铜合金:**							
74031111	----按重量计铜含量超过 99.9935%的							
7403111101[暂0]	高纯阴极铜(99.9999%>铜含量>99.9935%)(未锻轧的)〔999〕	2	11	13		千克		
7403111190[暂0]	高纯阴极铜(铜含量≥99.9999%)(未锻轧的)〔999〕	2	11	13		千克		
74031119	----其他							
7403111900[暂0]	其他精炼铜的阴极(未锻轧的)〔999〕	2	11	13		千克		
74031190	---阴极型材							
7403119000[暂0]	精炼铜的阴极型材(未锻轧的)〔999〕	2	11	13		千克		
74031200	--线锭							
7403120000[暂0]	精炼铜的线锭(未锻轧的)〔999〕	2	11	13		千克		
74031300	--坯段							
7403130000[暂0]	精炼铜的坯段(未锻轧的)〔999〕	2	11	13		千克		
74031900	--其他							
7403190000[暂0]	其他未锻轧的精炼铜〔999〕	2	11	13		千克		
74032100	--铜锌合金(黄铜)							
7403210000[暂1]	未锻轧的铜锌合金(黄铜)〔999〕	1	14	13		千克		
74032200	--铜锡合金(青铜)							
7403220000[暂1]	未锻轧的铜锡合金(青铜)〔999〕	1	17	13		千克		
74032900	--其他铜合金(品目 74.05 的铜母合金除外)							
7403290000[暂1]	未锻轧的其他铜合金(铜母合金除外,包括未锻轧的白铜或德银)〔301 属于危险化学品的金属〕,〔302 不属于危险化学品的金属〕,〔999〕	1	17	13		千克		
7404	**铜废碎料:**							
74040000	铜废碎料							

8. Tubes and pipes

Hollow products, coiled or not, which have a uniform cross-section with only one enclosed void along their whole length in the shape of circles, ovals, rectangles (including squares), equilateral triangles or regular convex polygons, and which have a uniform wall thickness. Products with a rectangular (including square), equilateral triangular or regular convex polygonal cross-section, which may have corners rounded along their whole length, are also to be taken to be tubes and pipes provided the inner and outer cross-sections are concentric and have the same form and orientation. Tubes and pipes of the foregoing cross-sections may be polished, coated, bent, threaded, drilled, waisted, expanded, cone-shaped or fitted with flanges, collars or rings.

Subheading Note:

In this Chapter the following expressions have the meanings hereby assigned to them:

1. Copper-zinc base alloys (brasses)

Alloys of copper and zinc, with or without other elements. When other elements are present:

(a) zinc predominates by weight over each of such other elements;

(b) any nickel content by weight is less than 5% (see copper-nickel-zinc alloys (nickel silvers)); and

(c) any tin content by weight is less than 3% (see copper-tin alloys (bronzes)).

2. Copper-tin base alloys (bronzes)

Alloys of copper and tin, with or without other elements. When other elements are present, tin predominates by weight over each of such other elements, except that when the tin content is 3% or more the zinc content by weight may exceed that of tin but must be less than 10%.

3. Copper-nickel-zinc base alloys (nickel silvers)

Alloys of copper, nickel and zinc, with or without other elements. The nickel content is 5% or more by weight (see copper-zinc alloys (brasses)).

4. Copper-nickel base alloys

Alloys of copper and nickel, with or without other elements but in any case containing by weight not more than 1% of zinc. When other elements are present, nickel predominates by weight over each of such other elements.

协定税率(%)															特惠税率(%)			对美税率	出口税率	出口退税率	Article Description
智利	新西兰	澳大利亚	瑞士	冰岛	秘鲁	哥斯达	东盟	亚太	新加坡	巴基斯坦	港/澳/台	韩国	格鲁吉亚	毛里求斯	亚太	老/柬/缅	LDC 97/95				
																					Copper mattes; cement copper (precipitated copper):
0	0	0	0	0	0	0	0			0	0/0/	0	0	0		0//	0/0			0	Copper mattes; cement copper (precipitated copper)
																			0		
																			0		
																					Unrefined copper; copper anodes for electrolytic refining:
0	0	0	0	0		0	0			0	0/0/	0	0.4	1.7			0/0			0	Unrefined copper; copper anodes for electrolytic refining
																			30^{15}		
																		25	30^{15}		
																					Refined copper and copper alloys, unwrought:
0	0	0	0	0	0	0	0	1		0	0/0/	0	0	0			0/0			0	----Containing at least 99.9935% by weight of copper
																		25	30^{5}		
																		25	30^{0}		
0	0	0	0	0	0	0	0			0	0/0/	0	0	0			0/0			0	----Other
																		25	30^{10}		
0	0	0	0	0	0	0	0			0	0/0/	0	0	0			0/0			0	---Sections of cathodes
																			30^{10}		
0	0	0	0.4	0	0	0	0			0	0/0/	0	0	0			0/0			0	--Wire-bars
																			30^{10}		
0	0	0	0	0	0	0	0			0	0/0/	0	0.4	0			0/0			0	--Billets
																		25	30^{10}		
0	0	0	0	0	0	0	0			0	0/0/	0	0.4	0			0/0			0	--Other
																		25	30^{10}		
0	0	0	0	0	0	0	0	0.5		0	0/0/	0	0.2	0			0/0			0	--Copper-zinc base alloys (brass)
																		26	30^{5}		
0	0	0	0	0	0	0	0			0	0/0/	0	0	0			0/0			0	--Copper-tin base alloys (bronze)
																		26	30^{5}		
0	0	0	0	0	0	0	0			0	0/0/	0	0	0			0/0			0	--Other copper alloys (other than master alloys of heading 74.05)
																		26	30^{5}		
																					Copper waste and scrap:
0	0	0	0	0		0	0	0.8		0	0/0/	0	0.3	0		0//	0/0			0	Copper waste and scrap

商品编号	商品名称及备注[检验检疫编码及名称]	进口关税(%) 最惠国	进口关税(%) 普通	增值税率(%)	消费税	计量单位	监管条件	检验检疫类别
7404000010[暂1.5]	以回收铜为主的废电机等(包括废电机、电线、电缆、五金电器)〔999〕	1.5	11	13		千克	9A	M/
7404000020[暂0]	符合标准 GB/T 38470—2019 规定的再生黄铜原料〔999〕	1.5	11	13		千克		
7404000030[暂0]	符合标准 GB/T 38471—2019 规定的再生铜原料〔999〕	1.5	11	13		千克		
7404000090[暂1.5]	其他铜废碎料〔999〕	1.5	11	13		千克	9A	M/
7405	**铜母合金：**							
74050000	铜母合金							
7405000000	铜母合金〔999〕	4	17	13		千克		
7406	**铜粉及片状粉末：**							
74061010	---精炼铜制							
7406101000	精炼铜制非片状粉末〔999〕	3	14	13		千克		
74061020	---铜镍合金(白铜)或铜镍锌合金(德银)制							
7406102000	白铜或德银制非片状粉末〔999〕	6	40	13		千克		
74061030	---铜锌合金(黄铜)制							
7406103000	铜锌合金(黄铜)制非片状粉末〔999〕	6	30	13		千克		
74061040	---铜锡合金(青铜)制							
7406104000	铜锡合金(青铜)制非片状粉末〔999〕	6	30	13		千克		
74061090	---其他铜合金制							
7406109000	其他铜合金制非片状粉末〔999〕	6	30	13		千克		
74062010	---精炼铜制							
7406201000	精炼铜制片状粉末〔999〕	4	14	13		千克		
74062020	---铜镍合金(白铜)或铜镍锌合金(德银)制							
7406202000	白铜或德银制片状粉末〔999〕	6	40	13		千克		
74062090	---其他铜合金制							
7406209000	其他铜合金制片状粉末〔999〕	6	30	13		千克		
7407	**铜条、杆、型材及异型材：**							
74071010	---铬锆铜制							
7407101000[暂4]	铬锆铜制的条、杆、型材及异型材〔999〕	4	14	13		千克		
74071090	---其他							
7407109000[暂4]	其他精炼铜条、杆、型材及异型材〔999〕	4	14	13		千克		
74072111	----直线度不大于 0.5 毫米/米							
7407211100[暂7]	铜锌合金(黄铜)条、杆(直线度≤0.5 毫米/米)〔999〕	7	20	13		千克		
74072119	----其他							
7407211900[暂7]	其他铜锌合金(黄铜)条、杆(直线度>0.5 毫米/米)〔999〕	7	20	13		千克		
74072190	---其他							
7407219000[暂7]	铜锌合金(黄铜)型材及异型材〔999〕	7	20	13		千克		
74072900	--其他							
7407290000[暂7]	其他铜合金条、杆、型材及异型材(包括白铜或德银的条、杆、型材及异型材)〔999〕	7	20	13		千克		
7408	**铜丝：**							
74081100	--最大截面尺寸超过 6 毫米							
7408110000[暂4]	最大截面尺寸>6 毫米的精炼铜丝〔999〕	4	14	13		千克		
74081900	--其他							
7408190001[暂2]	其他含氧量<5PPM 的精炼铜丝(截面尺寸≤6 毫米)〔999〕	4	14	13		千克		
7408190090[暂4]	其他截面尺寸≤6 毫米的精炼铜丝〔999〕	4	14	13		千克		
74082100	--铜锌合金(黄铜)							
7408210000[暂7]	铜锌合金(黄铜)丝〔999〕	7	20	13		千克		
74082210	---铜镍锌铅合金(加铅德银)							
7408221000[暂8]	铜镍锌铅合金(加铅德银)丝〔999〕	8	40	13		千克		
74082290	---其他							
7408229000[暂8]	其他铜镍合金(白铜)丝或铜镍锌合金(德银)丝〔999〕	8	40	13		千克		
74082900	--其他							
7408290000[暂7]	其他铜合金丝〔999〕	7	20	13		千克		
7409	**铜板、片及带，厚度超过 0.15 毫米：**							
74091110	---含氧量不超过 10PPM 的							
7409111000[暂4]	成卷的精炼铜板、片、带(厚度>0.15 毫米，含氧量不超过 10PPM 的)〔999〕	4	14	13		千克		

协定税率(%)															特惠税率(%)			对美税率	出口税率	出口退税率	Article Description
智利	新西兰	澳大利亚	瑞士	冰岛	秘鲁	哥斯达	东盟	亚太	新加坡	巴基斯坦	港/澳/台	韩国	格鲁吉亚	毛里求斯	亚太	老/柬/缅	LDC 97/95				
																		26.5	30^{15}		
																		25	$3^{15}0$		
																		25	30^{15}		
																		26.5	30^{15}		
																					Master alloys of copper:
0	0	0	0	0	0	0	0			0	0/0/	0	0	0			0/0			0	Master alloys of copper
																		29	0		
																					Copper powders and flakes:
0	0	0	0	0	0	0	0			0	0/0/	0	0	0			0/0			0	---Of refined copper
																		13	0		
0	0	0	0	0	0	0	0	4.2		0	0/0/	0	0	0			0/0			0	---Of copper-nickel base alloys (cupronickel) or copper-nickel-zinc ase alloys (nickel silver)
																		16	0		
0	0	0	0	0	0	0	0			0	0/0/	1.8	0	0			0/0			0	---Of copper-zinc base alloys (brass)
																		16	0		
0	0	0	0	0	0	0	0			0	0/0/	0	0	0			0/0			0	---Of copper-tin base alloys (bronze)
																		16	0		
0	0	0	0	0	0	0	0			0	0/0/	0	0	0			0/0			0	---Other
																		16	0		
0	0	0	0	0	0	0	0			0	0/0/	0	0	0			0/0			0	---Of refined copper
																		14	0		
0	0	0	0	0	0	0	0	4.2		0	0/0/	0	0	0			0/0			0	---Of copper-nickel base alloys (cupronickel) or copper-nickel-zinc base alloys (nickel silver)
																			0		
0	0	0	0	0	0	0	0	4.2		0	0/0/	0	0	0			0/0			0	---Other
																		31	0		
																					Copper bars, rods and profiles:
0	0	0	0	0	0	0	0			0	0/0/0	0	0	0			0/0			13	---Of chromium zirconium copper
																			30^{0}		
0	0	0	0	0	0	0	0			0	0/0/0	0	0	0			0/0			0	---Other
																		29	30^{0}		
0	0	0	1.4	0	0	0	0			3	0/0/0		0	0			0/0			13	----Straightness not exceeding 0.5mm/m
																		32	30^{0}		
0	0	0	1.4	0	0	0	0			3	0/0/0		0	0			0/0			13	----Other
																		32	30^{0}		
0	0	0	1.4	0	0	0	0			3	0/0/0		0	0			0/0			13	---Other
																		32	30^{0}		
0	0	0	1.4	0	0	0	0			3	0/0/0	0	0	0			0/0			13	--Other
																		17	30^{0}		
																					Copper wire:
0	0	0	0	0	0	0	0	2.6		0	0/0/0	0	0	0			0/0			13	--Of which the maximum cross-sectional dimension exceeds 6mm
																		29	30^{0}		
0	0	0	0	0	0	0	0	2.6		0	0/0/0	0	0	0			0/0			13	--Other
																		27	30^{0}		
																		29	30^{0}		
0	0	0	0	0	0	0	0			3	0/0/0	3.7	0	0			0/0			13	--Of copper-zinc base alloys (brass)
																		27	30^{0}		
0	0	0	0	0	0	0	0			3	0/0/	0	0	0			0/0			13	---Of copper-nickel-zinc-lead base alloys (leaded nickel silver)
																		33	30^{0}		
0	0	0	0	0	0	0	0			3	0/0/	0	0	0			0/0			0	---Other
																		18	30^{0}		
0	0	0	0	0	0	0	0			3	0/0/	2.1	0	0			0/0			13	--Other
																		17	30^{0}		
																					Copper plates, sheets and strip, of a thickness exceeding 0.15mm:
0	0	0	0	0	0	0	0			0	0/0/	0	0	0			0/0			13	---Containing oxygen not exceeding 10PPM
																		14	30^{0}		

商品编号	商品名称及备注[检验检疫编码及名称]	进口关税(%)		增值税率(%)	消费税	计量单位	监管条件	检验检疫类别
		最惠国	普通					
74091190	---其他							
7409119000[暂4]	其他成卷的精炼铜板、片、带(厚度>0.15 毫米)〔999〕	4	14	13		千克		
74091900	--其他							
7409190000[暂4]	其他精炼铜板、片、带(厚度>0.15 毫米)〔999〕	4	14	13		千克		
74092100	--盘卷的							
7409210000[暂7]	成卷的铜锌合金(黄铜)板、片、带(厚度>0.15 毫米)〔999〕	7	20	13		千克		
74092900	--其他							
7409290000[暂7]	其他铜锌合金(黄铜)板、片、带(厚度>0.15 毫米)〔999〕	7	20	13		千克		
74093100	--盘卷的							
7409310000[暂7]	成卷的铜锡合金(青铜)板、片、带(厚度>0.15 毫米)〔999〕	7	20	13		千克		
74093900	--其他							
7409390000[暂7]	其他铜锡合金板、片、带(厚度>0.15 毫米)〔999〕	7	20	13		千克		
74094000	-铜镍合金(白铜)或铜镍锌合金(德银)制							
7409400000[暂7]	白铜或德银制板、片、带(厚度>0.15 毫米)〔999〕	7	40	13		千克		
74099000	-其他铜合金制							
7409900000[暂7]	其他铜合金板、片、带(厚度>0.15 毫米)〔999〕	7	20	13		千克		
7410	**铜箔(不论是否印花或用纸、纸板、塑料或类似材料衬背),厚度(衬背除外)不超过 0.15 毫米:**							
74101100	--精炼铜制							
7410110000	无衬背的精炼铜箔(厚度≤0.15 毫米)〔999〕	4	14	13		千克		
74101210	---铜镍合金(白铜)或铜镍锌合金(德银)							
7410121000	无衬背铜镍合金箔或铜镍锌合金箔(厚度≤0.15 毫米)〔999〕	7	40	13		千克		
74101290	---其他							
7410129000	无衬背的其他铜合金箔(厚度≤0.15 毫米)〔999〕	7	20	13		千克		
74102110	---印制电路用覆铜板							
7410211000	有衬背的精炼铜制印刷电路用覆铜板(厚度(衬背除外)≤0.15 毫米)〔999〕	4	14	13		千克		
74102190	---其他							
7410219000	有衬背的其他精炼铜箔[厚度(衬背除外)≤0.15 毫米]〔999〕	4	14	13		千克		
74102210	---铜镍合金(白铜)或铜镍锌合金(德银)							
7410221000	有衬背铜镍合金箔或铜镍锌合金箔[厚度(衬背除外)≤0.15 毫米]〔999〕	7	40	13		千克		
74102290	---其他							
7410229000	有衬背的其他铜合金箔[厚度(衬背除外)≤0.15 毫米]〔999〕	7	20	13		千克		
7411	**铜管:**							
74111011	----带有螺纹或翅片的							
7411101100	外径≤25mm 的带有内(外)螺纹或翅片的精炼铜管〔101 铜管压力管道〕,〔102 铜管〕	4	14	13		千克		
74111019	----其他							
7411101901[暂2]	其他含氧量<5PPM,外径≤25 毫米的精炼铜管〔101 铜管压力管道〕,〔102 铜管〕	4	14	13		千克		
7411101990	外径≤25 毫米的其他精炼铜管〔101 铜管压力管道〕,〔102 铜管〕	4	14	13		千克		
74111020	---外径超过 70 毫米的							
7411102000	外径>70 毫米的精炼铜管〔101 铜管压力管道〕,〔102 铜管〕	4	14	13		千克		
74111090	---其他							
7411109000	其他精炼铜管〔101 铜管压力管道〕,〔102 铜管〕	4	14	13		千克		
74112110	---盘卷的							
7411211000	盘卷的铜锌合金(黄铜)管〔101 铜管压力管道〕,〔102 铜管〕	7	20	13		千克		
74112190	---其他							
7411219000	其他铜锌合金(黄铜)管〔101 铜管压力管道〕,〔102 铜管〕	7	20	13		千克		
74112200	--铜镍合金(白铜)或铜镍锌合金(德银)							
7411220000	白铜或德银管〔101 铜管压力管道〕,〔102 铜管〕	7	40	13		千克		
74112900	--其他							

协定税率(%)															特惠税率(%)			对美税率	出口税率	出口退税率	Article Description
智利	新西兰	澳大利亚	瑞士	冰岛	秘鲁	哥斯达	东盟	亚太	新加坡	巴基斯坦	港/澳/台	韩国	格鲁吉亚	毛里求斯	亚太	老/柬/缅	LDC 97/95				
0	0	0	0	0	0	0	0			0	0/0/	0	0	0			0/0			13	---Other
																		29	30^0		
0	0	0	0	0	0	0	0			0	0/0/0	0	0	0			0/0			13	--Other
																		29	30^0		
0	0	0	1.4	0	0	0	0			3	0/0/0	3.7	0	0			0/0			13	--In coils
																		32	30^0		
0	0	0	0	0	0	0	0			3	0/0/0	3.7	0	0			0/0			13	--Other
																		32	30^0		
0	0	0	0	0	0	0	0			3	0/0/0	2.1	0	0			0/0			13	--In coils
																		32	30^0		
0	0	0	0	0	0	0	0			3	0/0/0	0	0	0			0/0			13	--Other
																		32	30^0		
0	0	0	0	0	0	0	0			3	0/0/0	0	0	0			0/0			13	-Of copper-nickel base alloys (cupronickel) or copper-nickel-zinc base alloys (nickel silver)
																		32	30^0		
0	0	0	0	0	0	0	0			3	0/0/0	2.1	0	0			0/0			13	-Of other copper alloys
																		27	30^0		
																					Copper foil (whether or not printed or backed with paper, paperboard, plastics or similar backing materials) of a thickness (excluding any backing) not exceeding 0.15mm:
0	0	0	0	0	0	0	0	2.6		0	0/0/0	0	0	0			0/0			13	--Of refined copper
																			0		
0	0	0	0	0	0	0	0			3	0/0/0	0	0	0			0/0			13	---Of copper-nickel base alloys (cupronickel) or copper-nickel-zinc base alloys (nickel silver)
																			0		
0	0	0	0	0	0	0	0			3	0/0/0	0	0	0			0/0			13	---Other
																		27	0		
0	0	0	0	0	0	0	0	2.6		0	0/0/0	0	0	0			0/0			13	---Copper-clad board used to print circuit
																			0		
0	0	0	0	0	0	0	0	2.6		0	0/0/0	0	0	0			0/0			13	---Other
																		29	0		
0	0	0	0	0	0	0	0			3	0/0/	0	0	0			0/0			13	---Of copper-nickel base alloys (cupronickel) or copper-nickel-zin cbase alloys (nickel silver)
																		32	0		
0	0	0	0	0	0	0	0			3	0/0/	0	0	0			0/0			13	---Other
																		32	0		
																					Copper tubes and pipes:
0	0	0	0	0	0	0	0	2.6		0	0/0/	0	0	0			0/0			13	----Threaded or with fins
																		29	0		
0	0	0	0	0	0	0	0	2.6		0	0/0/	0	0	0			0/0			13	----Other
																		27	0		
																		29	0		
0	0	0	0	0	0	0	0	2.6		0	0/0/	0	0	0			0/0			13	---Having an outside diameter exceeding 70mm
																		29	0		
0	0	0	0.8	0	0	0	0	2.6		0	0/0/	0	0	3.2			0/0			13	---Other
																		24	0		
0	0	0	0	0	0	0	0	6.3		3	0/0/	0	0	0			0/0			13	---In coils
																		32	0		
0	0	0	0	0	0	0	0			3	0/0/	3.7	0	0			0/0			13	---Other
																		32	0		
0	0	0	0	0	0	0	0			3	0/0/	0	0	0			0/0			13	--Of copper-nickel base alloys (cupronickel) or copper-nickel-zinc base alloys (nickel silver)
																		17	0		
0	0	0	0	0	0	0	0			3	0/0/	0	0	0			0/0			13	--Other

商品编号	商品名称及备注[检验检疫编码及名称]	进口关税(%)		增值税率(%)	消费税	计量单位	监管条件	检验检疫类别
		最惠国	普通					
7411290000	其他铜合金管〔101 铜管压力管道〕,〔102 铜管〕	7	20	13		千克		
7412	**铜制管子附件(例如,接头、肘管、管套):**							
74121000	-精炼铜制							
7412100000	精炼铜管子附件〔101 其他金属制法兰及管件压力管件〕,〔102 其他金属制法兰及管件〕	4	14	13		千克		
74122010	---铜镍合金(白铜)或铜镍锌合金(德银)							
7412201000	铜镍合金或铜镍锌合金管子配件〔101 其他金属制法兰及管件压力管件〕,〔102 其他金属制法兰及管件〕	7	40	13		千克		
74122090	---其他							
7412209000	其他铜合金管子配件〔101 其他金属制法兰及管件压力管件〕,〔102 其他金属制法兰及管件〕	7	20	13		千克		
7413	**非绝缘的铜丝绞股线、缆、编带及类似品:**							
74130000	非绝缘的铜丝绞股线、缆、编带及类似品							
7413000000	非绝缘的铜丝绞股线、缆、编带等〔999〕	5	14	13		千克		
7415	**铜制或钢铁制带铜头的钉、平头钉、图钉、U 形钉(品目 83.05 的货品除外)及类似品;铜制螺钉、螺栓、螺母、钩头螺钉、铆钉、销、开尾销、垫圈(包括弹簧垫圈)及类似品:**							
74151000	-钉、平头钉、图钉、U 形钉及类似品							
7415100000	铜钉,平头钉,图钉 U 形钉及类似品(包括钢铁制带铜头的)〔999〕	8	80	13		千克		
74152100	--垫圈(包括弹簧垫圈)							
7415210000	铜垫圈(包括弹簧垫圈)〔999〕	8	80	13		千克		
74152900	--其他							
7415290000	铜制其他无螺纹制品〔999〕	8	80	13		千克		
74153310	---木螺钉							
7415331000	铜制木螺钉(包括钢铁制带铜头的)〔999〕	8	80	13		千克		
74153390	---其他							
7415339000	铜制其他螺钉螺栓螺母(包括钢铁制带铜头的)〔101 螺钉〕,〔102 螺栓〕,〔103 螺母〕	8	80	13		千克		
74153900	--其他							
7415390000	其他铜制螺纹制品〔999〕	8	80	13		千克		
7418	**餐桌、厨房或其他家用铜制器具及其零件;铜制刷锅器、洗刷擦光用的块垫、手套及类似品;铜制卫生器具及其零件:**							
74181010	---擦锅器及洗刷擦光用的块垫、手套及类似品							
7418101000	擦锅器及洗刷擦光用的块垫、手套(包括类似品,铜制)〔999〕	7	80	13		千克	A	R/
74181020	---非电热的铜制家用烹饪器具及其他零件							
7418102000	非电热的铜制家用烹饪器具及其零件〔101 食品接触铜产品〕,〔102 食品用铜包装〕	7	80	13		千克	A	R/
74181090	---其他							
7418109000	其他餐桌厨房等家用铜制器具及其零件〔101 食品接触铜产品〕,〔102 食品用铜包装〕	7	80	13		千克	A	R/
74182000	-卫生器具及其零件							
7418200000	铜制卫生器具及其零件〔999〕	9	80	13		千克		
7419	**其他铜制品:**							
74191000	-链条及其零件							
7419100000	铜链条及其零件〔999〕	9	80	13		千克		
74199110	---工业用							

协定税率(%)															特惠税率(%)			对美税率	出口税率	出口退税率	Article Description
智利	新西兰	澳大利亚	瑞士	冰岛	秘鲁	哥斯达	东盟	亚太	新加坡	巴基斯坦	港/澳/台	韩国	格鲁吉亚	毛里求斯	亚太	老/柬/缅	LDC 97/95				
																		27	0		
																					Copper tube or pipe fittings (for example, couplings, elbows, sleeves):
0	0	0	0.8	0	0	0	0			0	0/0/	0	0	0			0/0			0	-Of refined copper
																		24	0		
0	0	0	1.4	0	0	0	0	4.6		3	0/0/	0	1.4	0			0/0			0	---Of copper-nickel base alloys (cupronickel) or copper-nickel-zinc base alloys (nickel silver)
																		32	0		
0	0	0	0	0	0	0	0	4.6		3	0/0/	0	0	0			0/0			0	---Other
																		27	0		
																					Stranded wire, cables, plaited bands and the like, of copper, not electrically insulated:
0	0	0	0	0	0	0	0			0	0/0/	2.6	0	0			0/0			0	Stranded wire, cables plaited bands and the like, of copper, not electrically insulated
																		30	0		
																					Nails, tacks, drawing pins, staples (other than those of heading 83.05) and similar articles, of copper or of iron or steel with heads of copper; screws, bolts, nuts, screw hooks, rivets, cotters, cotter-pins, washers (including spring washers) and similar articles, of copper:
0	0	0	0	0	0	0	0			3	0/0/	0	0	0			0/0			0	-Nails and tacks, drawing pins, staples and similar articles
																		18	0		
0	0	0	0	0	0	0	0		0	3	0/0/	3	0	0			0/0			0	--Washers (including spring washers)
																		28	0		
0	0	0	0	0	0	0	0		0	3	0/0/	3	0	0			0/0			0	--Other
																		28	0		
0	0	0	0	0	0	0	0	6.4		3	0/0/	0	0	0			0/0			0	---Screws for wood
																			0		
0	0	0	0	0	0	0	0			4	0/0/	0	0	0			0/0			0	---Other
																		28	0		
0	0	0	0	0	0	0	0			3	0/0/	3	0	0			0/0			0	--Other
																		18	0		
																					Table, kitchen or other household articles and parts thereof, of copper; pot scourers and scouring or polishing pads, gloves and the like, of copper; sanitary ware and parts thereof, of copper:
0	0	0	3.6	0	0	0	0		0	11.5	0/0/	5.4	0	0			0/0			10	---Pot scourers and scouring or polishing pads, gloves and the like
																		17	0		
0	0	0	4	0	0	0	0		0		0/0/	10.6	0	0			0/0			10	---Cooking apparatus of a kind used for domestic purposes, non-electric, and parts thereof, of copper
																			0		
0	0	0	3.6	0	0	0	0		0	11.5	0/0/	5.4	0	0			0/0			10	---Other
																		32	0		
0	0	0	3.6	0	0	0	0		0	0	0/0/	5.4	0	0			0/0			10	-Sanitary ware and parts thereof
																		34	0		
																					Other articles of copper:
0	0	0	2.8	0	0	0	0		0	9	0/0/	4.2	0	0			0/0			0	-Chain and parts thereof
																		34	0		
0	0	0	0	0	0	0	0		0	3	0/0/	0	0	0			0/0			0	---For technical use

商品编号	商品名称及备注[检验检疫编码及名称]	进口关税(%) 最惠国	进口关税(%) 普通	增值税率(%)	消费税	计量单位	监管条件	检验检疫类别
7419911000	工业用铸造,模压,冲压其他铜制品(未进一步加工)〔999〕	9	40	13		千克		
74199190	---其他							
7419919000	非工业用铸造,模压,冲压铜制品(未进一步加工)〔999〕	9	80	13		千克		
74199920	---铜弹簧							
7419992000	铜弹簧〔101 深加工铜制品〕,〔102 其他铜及制品〕	9	40	13		千克		
74199930	---铜丝制的布(包括环形带)							
7419993000	铜丝制的布(包括环形带)〔101 深加工铜制品〕,〔102 其他铜及制品〕	7	20	13		千克		
74199940	---铜丝制的网、格栅,网眼铜板							
7419994000	铜丝制的网、格栅、网眼铜板〔101 深加工铜制品〕,〔102 其他铜及制品〕	8	20	13		千克		
74199950	---非电热的铜制家用供暖器具及其零件							
7419995000	非电热的铜制家用供暖器①	9	80	13		千克		
74199991	----工业用							
7419999100	工业用其他铜制品〔101 其他装压缩或液化气的容器及其零件〕,〔102 深加工铜制品〕,〔103 其他铜及制品〕	9	40	13		千克		
74199999	----其他							
7419999900	非工业用其他铜制品〔101 其他装压缩或液化气的容器及其零件〕,〔102 深加工铜制品〕,〔103 其他铜及制品〕	9	80	13		千克		

① 〔101 其他装压缩或液化气的容器及其零件〕,〔102 深加工铜制品〕,〔103 其他铜及制品〕

协定税率(%)															特惠税率(%)			对美税率	出口税率	出口退税率	Article Description
智利	新西兰	澳大利亚	瑞士	冰岛	秘鲁	哥斯达	东盟	亚太	新加坡	巴基斯坦	港/澳/台	韩国	格鲁吉亚	毛里求斯	亚太	老/柬/缅	LDC 97/95				
																		29	0		
0	0	0	4	0	0	0	0		0	20	0/0/	10.6	0	0			0/0			10	---Other
																		19	0		
0	0	0	2	0	0	0	0			4	0/0/	3	0	0			0/0			10	---Copper springs
																		34	0		
0	0	0	0	0	0	0	0			4.5	0/0/	0	0	0			0/0			10	---Cloth (including endless hands), of copper wire
																		32	0		
0	0	0	0	0	0	0	0			5.1	0/0/	2.4	0	0			0/0			10	---Grill and netting, of copper wire; expanded metal, of copper
																		18	0		
0	0	0	4	0	0	0	0	6.3	0	20	0/0/	10.6	0	0			0/0			10	---Heating apparatus of a kind used for domestic purposes, non-electric, and parts thereof, of copper
																			0		
0	0	0	2		0	0	0	5.9	0	4	0/0/	0	0	0			0/0			0	----For technical use
																		29	0		
0	0	0	4	0	0	0	0	5.9	0	16	0/0/	13	0	0			0/0			10	----Other
																		29	0		

第七十五章
镍及其制品

注释：

本章所用有关名词解释如下：

一、条、杆

轧、挤、拔或锻制的实心产品，非成卷的，其全长截面均为圆形、椭圆形、矩形（包括正方形）、等边三角形或规则外凸多边形（包括相对两边为弧拱形，另外两边为等长平行直线的“扁圆形”及“变形矩形”）。对于矩形（包括正方形）、三角形或多边形截面的产品，其全长边角可经磨圆。矩形（包括“变形矩形”）截面的产品，其厚度应大于宽度的1/10。所述条、杆也包括同样形状及尺寸的铸造或烧结产品。该产品在铸造或烧结后再经加工（简单剪修或去氧化皮的除外），但不具有其他税号所列制品或产品的特征。

二、型材及异型材

轧、挤、拔、锻制的产品或其他成型产品，不论是否成卷，其全长截面相同，但与条、杆、丝、板、片、带、箔、管的定义不相符合。同时也包括同样形状的铸造或烧结产品。该产品在铸造或烧结后再经加工（简单剪修或去氧化皮的除外），但不具有其他税号所列制品或产品的特征。

三、丝

盘卷的轧、挤或拔制实心产品，其全长截面均为圆形、椭圆形、矩形（包括正方形）、等边三角形或规则外凸多边形（包括相对两边为弧拱形，另外两边为等长平行直线的“扁圆形”及“变形矩形”）。对于矩形（包括正方形）、三角形或多边形截面的产品，其全长边角可经磨圆。矩形（包括“变形矩形”）截面的产品，其厚度应大于宽度的1/10。

四、板、片、带、箔

成卷或非成卷的平面产品(品目75.02的未锻轧产品除外)，截面均为厚度相同的实心矩形(不包括正方形)，不论边角是否磨圆(包括相对两边为弧拱形，另外两边为等长平行直线的“变形矩形”)，并且符合以下规格：

(一)矩形(包括正方形)的，厚度不超过宽度的1/10；
(二)矩形或正方形以外形状的，任何尺寸，但不具有其他税号所列制品或产品的特征。
品目75.06还适用于具有花样(例如，凹槽、肋条形、格槽、珠粒及菱形)的板、片、带、箔以及穿孔、抛光、涂层或制成瓦楞形的这类产品，但不具有其他税号所列制品或产品的特征。

五、管

全长截面及管壁厚度相同并只有一个闭合空间的空心产品，成卷或非成卷的，其截面为圆形、椭圆形、矩形(包括正方形)、等边三角形或规则外凸多边形。对于截面为矩形(包括正方形)、等边三角形或规则外凸多边形的产品，不论全长边角是否磨圆，只要其内外截面为同一圆心并为同样形状及同一轴向，也可视为管子。上述截面的管子可经抛光、涂层、弯曲、攻丝、钻孔、缩腰、胀口、成锥形或装法兰、颈圈或套环。

子目注释：

一、本章所用有关名词解释如下：

(一)非合金镍

按重量计镍及钴的含量至少为99%的金属，但：
1. 按重量计含钴量不超过1.5%；以及
2. 按重量计其他各种元素的含量不超过下表中规定的限量：

其他元素表

元　　素	所含重量百分比
Fe　　铁	0.5
O　　氧	0.4
其他元素，每种	0.3

(二)镍合金

按重量计含镍量大于其他元素单项含量的金属物质，但：
1. 按重量计含钴量超过1.5%；
2. 按重量计至少有一种其他元素的含量超过上表中规定的限量；或
3. 除镍及钴以外，按重量计其他元素的总含量超过1%。

二、子目7508.10所称“丝”，不受本章注释三的限制，仅适用于截面尺寸不超过6毫米的任何截面形状的产品，不论是否盘卷。

Chapter 75
Nickel and articles thereof

Chapter Notes:

In this Chapter the following expressions have the meanings hereby assigned to them:

1. Bars and rods

Rolled, extruded, drawn or forged products, not in coils, which have a uniform solid cross-section along their whole length in the shape of circles, ovals, rectangles (including squares), equilateral triangles or regular convex polygons (including "flattened circles" and "modified rectangles", of which two opposite sides are convex arcs, the other two sides being straight, of equal length and parallel). Products with a rectangular (including square), triangular or polygonal cross-section may have corners rounded along their whole length. The thickness of such products which have a rectangular (including "modified rectangular") cross-section exceeds one-tenth of the width. The expression also covers cast or sintered products, of the same forms and dimensions, which have been subsequently worked after production (otherwise than by simple trimming or de-scaling), provided that they have not thereby assumed the character of articles or products of other headings.

2. Profiles

Rolled, extruded, drawn, forged or formed products, coiled or not, of a uniform cross-section along their whole length, which do not conform to any of the definitions of bars, rods, wire, plates, sheets, strip, foil, tubes or pipes. The expression also covers cast or sintered products, of the same forms, which have been subsequently worked after production (otherwise than by simple trimming or de-scaling), provided that they have not thereby assumed the character of articles or products of other headings.

3. Wire

Rolled, extruded or drawn products, in coils, which have a uniform solid cross-section along their whole length in the shape of circles, ovals, rectangles (including squares), equilateral triangles or regular convex polygons (including "flattened circles" and "modified rectangles", of which two opposite sides are convex arcs, the other two sides being straight, of equal length and parallel). Products with a rectangular (including square), triangular or polygonal cross-section may have corners rounded along their whole length. The thickness of such products which have a rectangular (including "modified rectangular") cross-section exceeds one-tenth of the width.

4. Plates, sheets, strip and foil

Flat-surfaced products (other than the unwrought products of heading 75. 02), coiled or not, of solid rectangular (other than square) cross-section with or without rounded corners (including "modified rectangles" of which two opposite sides are convex arcs, the other two sides being straight, of equal length and parallel) of a uniform thickness, which are:

(a) Of rectangular (including square) shape with a thickness not exceeding one-tenth of the width;

(b) Of a shape other than rectangular or square, of any size, provided that they do not assume the character of articles or products of other headings.

Heading 75. 06 applies, inter alia, to plates, sheets, strip and foil with patterns (for example, grooves, ribs, chequers, tears, buttons, lozenges) and to such products which have been perforated, corrugated, polished or coated, provided that they do not thereby assume the character of articles or products of other headings.

5. Tubes and pipes

Hollow products, coiled or not, which have a uniform cross-section with only one enclosed void along their whole length in the shape of circles, ovals, rectangles (including squares), equilateral triangles or regular convex polygons, and which have a uniform wall thickness. Products with a rectangular (including square), equilateral triangular, or regular convex polygonal cross-section, which may have corners rounded along their whole length, are also to be considered as tubes and pipes provided the inner and outer cross-sections are concentric and have the same form and orientation. Tubes and pipes of the foregoing cross-sections may be polished, coated, bent, threaded, drilled, waisted, expanded, cone-shaped or fitted with flanges, collars or rings.

Subheading Notes:

1. In this Chapter the following expressions have the meanings hereby assigned to them:

(a) Nickel, not alloyed

Metal containing by weight at least 99% of nickel plus cobalt, provided that:

(i) the cobalt content by weight does not exceed 1. 5%; and

(ii) the content by weight of any other element does not exceed the limit specified in the following table:

TABLE-Other elements

Element		Limiting content % by weight
Fe	Iron	0. 5
O	Oxygen	0. 4
Other elements, each		0. 3

(b) Nickel alloys

Metallic substances in which nickel predominates by weight over each of the other elements provided that:

(i) the content by weight of cobalt exceeds 1. 5%;

(ii) the content by weight of at least one of the other elements is greater than the limit specified in the foregoing table; or

(iii) the total content by weight of elements other than nickel plus cobalt exceeds 1%.

2. Notwithstanding the provisions of Chapter Note 3, for the purposes of subheading 7508. 10 the term "wire" applies only to products, whether or not in coils, of any cross-sectional shape, of which no cross-sectional dimension exceeds 6mm.

商品编号	商品名称及备注[检验检疫编码及名称]	进口关税(%)		增值税率(%)	消费税	计量单位	监管条件	检验检疫类别
		最惠国	普通					
7501	**镍锍、氧化镍烧结物及镍冶炼的其他中间产品:**							
75011000	-镍锍							
7501100000[暂0]	镍锍[999]	3	11	13		千克	4xy	
75012010	---镍湿法冶炼中间品							
7501201000[暂0]	镍湿法冶炼中间品[999]	3	11	13		千克	4xy	
75012090	---其他							
7501209000[暂0]	其他氧化镍烧结物、镍的其他中间产品[999]	3	11	13		千克	4xy	
7502	**未锻轧镍:**							
75021010	---按重量计镍、钴总量在99.99%及以上的,但钴含量不超过0.005%							
7502101000[暂1]	未锻轧非合金镍,按重量计镍、钴总量≥99.99%,但钴含量≤0.005%[999]	3	11	13		千克	4xy	
75021090	---其他							
7502109000[暂1]	其他未锻轧非合金镍[999]	3	11	13		千克	4xy	
75022000	-镍合金							
7502200000[暂3]	未锻轧镍合金[999]	3	11	13		千克	4xy	
7503	**镍废碎料:**							
75030000	镍废碎料							
7503000000	镍废碎料[999]	1.5	11	13		千克	4Axy9	M/
7504	**镍粉及片状粉末:**							
75040010	---非合金镍粉及片状粉末							
7504001000[暂1]	非合金镍粉及片状粉末[999]	4	17	13		千克	3	
75040020	---合金镍粉及片状粉末							
7504002000	合金镍粉及片状粉末[999]	4	17	13		千克		
7505	**镍条、杆、型材及异型材或丝:**							
75051100	--非合金镍制							
7505110000	纯镍条、杆、型材[999]	6	14	13		千克		
75051200	--镍合金制							
7505120000	合金镍条、杆、型材[999]	6	14	13		千克		
75052100	--非合金镍制							
7505210000	纯镍丝[999]	6	17	13		千克		
75052200	--镍合金制							
7505220000	合金镍丝[999]	6	17	13		千克		
7506	**镍板、片、带、箔:**							
75061000	-非合金镍制							
7506100000	纯镍板、片、带、箔[999]	6	14	13		千克		
75062000	-镍合金制							
7506200000	镍合金板、片、带、箔[999]	6	14	13		千克		
7507	**镍管及管子附件(例如,接头、肘管、管套):**							
75071100	--非合金镍制							
7507110000	纯镍管[101 镍管压力管道],[102 镍管]	6	17	13		千克		
75071200	--镍合金制							
7507120000	合金镍管[101 镍管压力管道],[102 镍管]	6	17	13		千克		
75072000	-管子附件							
7507200000	镍及镍合金管子附件[101 镍管压力管道],[102 其他金属制法兰及管件],[103 镍管]	6	17	13		千克		
7508	**其他镍制品:**							
75081010	---镍丝布							
7508101000	镍丝制的布[101 深加工镍制品],[102 其他镍及制品]	6	20	13		千克		
75081080	---其他工业用镍制品							
7508108000	工业用镍丝制的网及格栅[101 深加工镍制品],[102 其他镍及制品]	6	40	13		千克		
75081090	---其他							
7508109000	其他镍丝制的网及格栅[101 深加工镍制品],[102 其他镍及制品]	6	70	13		千克		
75089010	---电镀用镍阳极							
7508901000[暂4]	电镀用镍阳极[101 深加工镍制品],[102 其他镍及制品]	4	14	13		千克		
75089080	---其他工业用镍制品							

协定税率(%)															特惠税率(%)			对美税率	出口税率	出口退税率	Article Description
智利	新西兰	澳大利亚	瑞士	冰岛	秘鲁	哥斯达	东盟	亚太	新加坡	巴基斯坦	港/澳/台	韩国	格鲁吉亚	毛里求斯	亚太	老/柬/缅	LDC 97/95				
																					Nickel mattes, nickel oxide sinters and other intermediate products of nickel metallurgy:
0	0	0	0	0	0	0	0			0	0/0/	0	0	0			0/0			0	-Nickel mattes
																			0		
0	0	0	0	0	0	0	0			0	0/0/	0	0	0			0/0			0	---Intermediate products of nickel metallurgy by wet process
																			0		
0	0	0	0	0	0	0	0			0	0/0/	0	0	0			0/0			0	---Other
																		25	0		
																					Unwrought nickel:
0	0	0	0	0	0	0	0			0	0/0/	0	0	0			0/0			0	---Containing 99.99% or more by total weight of nickel and cobalt, but containing cobalt not exceeding 0.005%
																		26	40[5]		
0	0	0	0	0	0	0	0			0	0/0/	0	0	0			0/0			0	---Other
																		26	40[15]		
0	0	0	0	0	0	0	0			0	0/0/	0	0	0			0/0			0	-Nickel, alloys
																			40[15]		
																					Nickel waste and scrap:
0	0	0	0	0	0	0	0			0	0/0/	0	0	0			0/0			0	Nickel waste and scrap
																		26	0		
																					Nickel powders and flakes:
0	0	0	0	0	0	0	0			0	0/0/	0	0	0			0/0			10	---Nickel powders and flakes, not alloyed
																		26	0		
0	0	0	0	0	0	0	0			0	0/0/	0	0	0			0/0			10	---Nickel powders and flakes, alloys
																		14	0		
																					Nickel bars, rods, profiles and wire:
0	0	0	0	0	0	0	0			0	0/0/	1.8	0	0			0/0			10	--Of nickel, not alloyed
																		16	0		
0	0	0	0	0	0	0	0			0	0/0/	1.8	0	0			0/0			13	--Of nickel alloys
																		16	0		
0	0	0	1.2	0	0	0	0			0	0/0/	0	0	0			0/0			10	--Of nickel, not alloyed
																		26	0		
0	0	0	0	0	0	0	0			0	0/0/	0	0	0			0/0			13	--Of nickel alloys
																			0		
																					Nickel plates, sheets, strip and foil:
0	0	0	0	0	0	0	0			0	0/0/	1.8	0	0			0/0			10	-Of nickel, not alloyed
																		26	0		
0	0	0	0	0	0	0	0			0	0/0/	0	0	0			0/0			0	-Of nickel alloys
																			0		
																					Nickel tubes, pipes and tube or pipe fittings (for example, couplings, elbows, sleeves):
0	0	0	2.8	0	0	0	0			0	0/0/	0	0	0			0/0			0	--Of nickel, not alloyed
																			0		
0	0	0	0	0	0	0	0			0	0/0/	1.8	0	0			0/0			13	--Of nickel alloys
																			0		
0	0	0	0	0	0	0	0			0	0/0/	0	0	0			0/0			0	-Tube or pipe fittings
																		16	0		
																					Other articles of nickel:
0	0	0	0	0	0	0	0			0	0/0/	0	0	0			0/0			0	---Wire cloth
																		31	0		
0	0	0	0	0	0	0	0			0	0/0/	0	0	0			0/0			0	---Other articles of nickel, for technical use
																		31	0		
0	0	0	0	0	0	0	0			0	0/0/	0	0	0			0/0			0	---Other
																		16	0		
0	0	0	0	0	0	0	0			0	0/0/	0	0	0			0/0			0	---Electroplating anodes
																		29	40[15]		
0	0	0	0	0	0	0	0			0	0/0/	0	0	0			0/0			0	---Other articles of nickel, for technical use

商品编号	商品名称及备注[检验检疫编码及名称]	进口关税(%)		增值税率(%)	消费税	计量单位	监管条件	检验检疫类别
		最惠国	普通					
7508908000	其他工业用镍制品(镍丝布、网及格栅除外)〔101 深加工镍制品〕,〔102 其他镍及制品〕	6	40	13		千克		
75089090	---其他							
7508909000	其他非工业用镍制品(镍丝布、网及格栅除外)〔101 深加工镍制品〕,〔102 其他镍及制品〕	6	70	13		千克		

协定税率(%)															特惠税率(%)			对美税率	出口税率	出口退税率	Article Description
智利	新西兰	澳大利亚	瑞士	冰岛	秘鲁	哥斯达	东盟	亚太	新加坡	巴基斯坦	港/澳/台	韩国	格鲁吉亚	毛里求斯	亚太	老/柬/缅	LDC 97/95				
																		16	0		
0	0	0	0	0	0	0	0			4	0/0/	0	0	0			0/0			0	---Other
																		16	0		

第七十六章
铝及其制品

注释：

本章所用有关名词解释如下：

一、条、杆

轧、挤、拔或锻制的实心产品，非成卷的，其全长截面均为圆形、椭圆形、矩形（包括正方形）、等边三角形或规则外凸多边形（包括相对两边为弧拱形，另外两边为等长平行直线的“扁圆形”及“变形矩形”）。对于矩形（包括正方形）、三角形或多边形截面的产品，其全长边角可经磨圆。矩形（包括“变形矩形”）截面的产品，其厚度应大于宽度的1/10。所述条、杆也包括同样形状及尺寸的铸造或烧结产品。该产品在铸造或烧结后再经加工（简单剪修或去氧化皮的除外），但不具有其他税号所列制品或产品的特征。

二、型材及异型材

轧、挤、拔、锻制的产品或其他成型产品，不论是否成卷，其全长截面相同，但与条、杆、丝、板、片、带、箔、管的定义不相符合。同时也包括同样形状的铸造或烧结产品。该产品在铸造或烧结后再经加工（简单剪修或去氧化皮的除外），但不具有其他税号所列制品或产品的特征。

三、丝

盘卷的轧、挤或拔制实心产品，其全长截面均为圆形、椭圆形、矩形（包括正方形）、等边三角形或规则外凸多边形（包括相对两边为弧拱形，另外两边为等长平行直线的“扁圆形”及“变形矩形”）。对于矩形（包括正方形）、三角形或多边形截面的产品，其全长边角可经磨圆。矩形（包括“变形矩形）截面的产品，其厚度应大于宽度的1/10。

四、板、片、带、箔

成卷或非成卷的平面产品（品目76.01的未锻轧产品除外），截面均为厚度相同的实心矩形（不包括正方形），不论边角是否磨圆（包括相对两边为弧拱形，另外两边为等长平行直线的“变形矩形”），并且符合以下规格：

（一）矩形（包括正方形）的，厚度不超过宽度的1/10；

（二）矩形或正方形以外形状的，任何尺寸，但不具有其他税号所列制品或产品的特征。

品目76.06和76.07还适用于具有花样（例如，凹槽、肋条形、格槽、珠粒及菱形）的板、片、带、箔以及穿孔、抛光、涂层或制成瓦楞形的这类产品，但不具有其他税号所列制品或产品的特征。

五、管

全长截面及管壁厚度相同并只有一个闭合空间的空心产品，成卷或非成卷的，其截面为圆形、椭圆形、矩形（包括正方形）、等边三角形或规则外凸多边形。对于截面为矩形（包括正方形）、等边三角形或规则外凸多边形的产品，不论全长边角是否磨圆，只要其内外截面为同一圆心并为同样形状及同一轴向，也可视为管子。上述截面的管子可经抛光、涂层、弯曲、攻丝、钻孔、缩腰、胀口、成锥形或装法兰、颈圈或套环。

子目注释：

一、本章所用有关名词解释如下：

（一）非合金铝

按重量计含铝量至少为99%的金属，但其他各种元素的含量不超过下表中规定的限量：

其他元素表

元　素	所含重量百分比
Fe+Si（铁+硅）	1
其他元素①，每种	0.1②

①其他元素，例如，铬、铜、镁、锰、镍、锌。

②含铜成分可大于0.1%，但不得大于0.2%，且铬和锰的含量均不得超过0.05%。

（二）铝合金

按重量计含铝量大于其他元素单项含量的金属物质，但：

1. 按重量计至少有一种其他元素或铁加硅的含量大于上表中规定的限量；或

2. 按重量计其他元素的总含量超过1%。

二、子目7616.91所称“丝”，不受本章注释三的限制，仅适用于截面尺寸不超过6毫米的任何截面形状的产品，不论是否盘卷。

Chapter76
Aluminium and articles thereof

Chapter Notes:

In this Chapter the following expressions have the meanings hereby assigned to them:

1. Bars and rods

Rolled, extruded, drawn or forged products, not in coils, which have a uniform solid cross-section along their whole length in the shape of circles, ovals, rectangles (including squares), equilateral triangles or regular convex polygons (including "flattened circles" and "modified rectangles", of which two opposite sides are convex arcs, the other two sides being straight, of equal length and parallel). Products with a rectangular (including square), triangular or polygonal cross-section may have corners rounded along their whole length. The thickness of such products which have a rectangular (including "modified rectangular") cross-section exceeds one-tenth of the width. The expression also covers cast or sintered products, of the same forms and dimensions, which have been subsequently worked after production (otherwise than by simple trimming or de-scaling), provided that they have not thereby assumed the character of articles or products of other headings.

2. Profiles

Rolled, extruded, drawn, forged or formed products, coiled or not, of a uniform cross-section along their whole length, which do not conform to any of the definitions of bars, rods, wire, plates, sheets, strip, foil, tubes or pipes. The expression also covers cast or sintered products, of the same forms, which have been subsequently worked after production (otherwise than by simple trimming or de-scaling), provided that they have not thereby assumed the character of articles or products of other headings.

3. Wire

Rolled, extruded or drawn products, in coils, which have a uniform solid cross-section along their whole length in the shape of circles, ovals, rectangles (including squares), equilateral triangles or regular convex polygons (including "flattened circles" and "modified rectangles", of which two opposite sides are convex arcs, the other two sides being straight, of equal length and parallel). Products with a rectangular (including square), triangular or polygonal cross-section may have corners rounded along their whole length. The thickness of such products which have a rectangular (including "modified rectangular") cross-section exceeds one-tenth of the width.

4. Plates, sheets, strip and foil

Flat-surfaced products (other than the unwrought products of heading 76.01), coiled or not, of solid rectangular (other than square) cross-section with or without rounded corners (including "modified rectangles" of which two opposite sides are convex arcs, the other two sides being straight, of equal length and parallel) of a uniform thickness, which are:

(a) Of rectangular (including square) shape with a thickness not exceeding one-tenth of the width,

(b) Of a shape other than rectangular or square, of any size, provided that they do not assume the character of articles or products of other headings.

Headings 76.06 and 76.07 apply, inter alia, to plates, sheets, strip and foil with patterns (for example, grooves, ribs, chequers, tears, buttons, lozenges) and to such products which have been perforated, corrugated, polished or coated, provided that they do not thereby assume the character of articles or products of other headings.

5. Tubes and pipes

Hollow products, coiled or not, which have a uniform cross-section with only one enclosed void along their whole length in the shape of circles, ovals, rectangles (including squares), equilateral triangles or regular convex polygons, and which have a uniform wall thickness. Products with a rectangular (including square), equilateral triangular or regular convex polygonal cross-section, which may have corners rounded along their whole length, are also to be considered as tubes and pipes provided the inner and outer cross-sections are concentric and have the same form and orientation. Tubes and pipes of the foregoing cross-sections may be polished, coated, bent, threaded, drilled, waisted, expanded, cone-shaped or fitted with flanges, collars or rings.

Subheading Notes:

1. In this Chapter the following expressions have the meanings hereby assigned to them:

(a) Aluminium, not alloyed

Metal containing by weight at least 99% of aluminium, provided that the content by weight of any other element does not exceed the limit specified in the following table:

TABLE-Other elements

Element	Limiting content % by weight
Fe+Si (iron plus silicon)	1
Other elements①, each	0.1②

①Other elements are, for example, Cr, Cu, Mg, Mn, Ni, Zn.

②Copper is permitted in a proportion greater than 0.1% but not more than 0.2%, provided that neither the chromium nor manganese content exceeds 0.05%.

(b) Aluminium alloys

Metallic substances in which aluminium predominates by weight over each of the other elements, provided that:

(i) the content by weight of at least one of the other elements or of iron plus silicon taken together is greater than the limit specified in the foregoing table; or

(ii) the total content by weight of such other elements exceeds 1%.

2. Notwithstanding the provisions of Chapter Note 3, for the purposes of subheading 7616.91 the term "wire" applies only to products, whether or not in coils, of any cross-sectional shape, of which no cross-sectional dimension exceeds 6mm.

商品编号	商品名称及备注[检验检疫编码及名称]	进口关税(%)		增值税率(%)	消费税	计量单位	监管条件	检验检疫类别
		最惠国	普通					
7601	**未锻轧铝:**							
76011010	---按重量计含铝量在 99.95%及以上							
7601101000[暂5]	未锻轧非合金铝(按重量计含铝量在 99.95%及以上)〔999〕	5	14	13		千克		
76011090	---其他							
7601109000[暂0]	其他未锻轧非合金铝〔999〕	5	14	13		千克		
76012000	-铝合金							
7601200010[暂7]	碱金属含量(Na+K+Ca)<10ppm,氢含量<0.12ml/100gAl 的低碱精炼铝合金〔999〕	7	14	13		千克		
7601200090[暂7]	其他未锻轧铝合金〔999〕	7	14	13		千克		
7602	**铝废碎料:**							
76020000	铝废碎料							
7602000010[暂1.5]	以回收铝为主的废电线等(包括废电线、电缆、五金电器)〔999〕	1.5	14	13		千克	9A	M/
7602000020[暂0]	符合标准 GB/T 38472—2019 规定的再生铸造铝合金原料〔999〕	1.5	14	13		千克		
7602000090[暂1.5]	其他铝废碎料〔999〕	1.5	14	13		千克	9A	M/
7603	**铝粉及片状粉末:**							
76031000	-非片状粉末							
7603100010	颗粒<500 微米的微细球形铝粉(颗粒均匀,铝含量≥97%)①	6	30	13		千克	3A	M/
7603100090	其他非片状铝粉〔301 属于危险化学品的金属〕,〔999 低风险金属材料〕	6	30	13		千克	AB	M/N
76032000	-片状粉末							
7603200000	片状铝粉末〔999〕	7	30	13		千克		
7604	**铝条、杆、型材及异型材:**							
76041010	---铝条、杆							
7604101000[暂5]	非合金制铝条、杆〔999〕	5	30	13		千克		
76041090	---其他							
7604109000[暂5]	非合金制铝型材、异型材〔999〕	5	30	13		千克		
76042100	--空心异型材							
7604210000[暂5]	铝合金制空心异型材〔999〕	5	30	13		千克	A	M/
76042910	---铝合金条、杆							
7604291010[暂5]	柱形实心体铝合金[在 293K(20 摄氏度)时的极限抗拉强度能达到 460 兆帕(0.46 $\times10^9$ 牛顿/平方米)或更大]〔999〕	5	30	13		千克	3	
7604291090[暂5]	其他铝合金制条、杆〔101 铝条〕,〔102 其他铝及制品〕	5	30	13		千克		
76042990	---其他							
7604299000[暂5]	其他铝合金制型材、异型材〔999〕	5	30	13		千克	A	M/
7605	**铝丝:**							
76051100	--最大截面尺寸超过 7 毫米							
7605110000[暂8]	最大截面尺寸>7 毫米的非合金铝丝〔999〕	8	17	13		千克		
76051900	--其他							
7605190000[暂8]	最大截面尺寸≤7 毫米的非合金铝丝〔999〕	8	17	13		千克		
76052100	--最大截面尺寸超过 7 毫米							
7605210000[暂8]	最大截面尺寸>7 毫米的铝合金丝〔999〕	8	17	13		千克		
76052900	--其他							
7605290000[暂8]	最大截面尺寸≤7 毫米的铝合金丝〔999〕	8	17	13		千克		
7606	**铝板、片及带,厚度超过 0.2 毫米:**							
76061121	----铝塑复合的							
7606112100[暂6]	非合金铝制铝塑复合矩形板、片及带(包括正方形)(0.3 毫米≤厚度≤0.36 毫米)〔101 铝板〕,〔102 其他铝及制品〕	6	50	13		千克		
76061129	----其他							
7606112900[暂6]	其他非合金铝制矩形板、片及带(包括正方形)(0.3 毫米≤厚度≤0.36 毫米)〔999〕	6	50	13		千克		
76061191	----铝塑复合的							
7606119100[暂6]	0.2 毫米<厚度<0.3 毫米或厚度>0.36 毫米非合金铝制铝塑复合矩形板、片及带(包括正方形)(包括正方形)〔101 铝板〕,〔102 其他铝及制品〕	6	30	13		千克		
76061199	----其他							
7606119900[暂6]	0.2 毫米<厚度<0.3 毫米或厚度>0.36 毫米非合金铝制矩形其他板、片及带(包括正方形)〔999〕	6	30	13		千克		
76061220	---厚度小于 0.28 毫米							

① 〔101 其他铝及制品〕,〔102 铝粉(有涂层的)〕,〔103 铝粉(未涂层的)〕,〔301 属于危险化学品的金属〕

协定税率(%)															特惠税率(%)			对美税率	出口税率	出口退税率	Article Description
智利	新西兰	澳大利亚	瑞士	冰岛	秘鲁	哥斯达	东盟	亚太	新加坡	巴基斯坦	港/澳/台	韩国	格鲁吉亚	毛里求斯	亚太	老/柬/缅	LDC 97/95				
																					Unwrought aluminium:
0	0	0	0	0	0	0	0			0	0/0/	1.5	0	0			0/0			0	---Containing by weight 99.95% or more of aluminium
																		30	30^{0}		
0	0	0	0	0	0	0	0	2.5		0	0/0/	0	0	0			0/0			0	---Other
																		25	30^{15}		
0	0	0	0	0	0	0	0	4.6		0	0/0/	0	0	0			0/0			0	-Aluminium alloys
																		32	30^{0}		
																		32	30^{15}		
																					Aluminium waste and scrap:
0	0	0	0	0		0	0			0	0/0/	0	0.3	0			0/0			0	Aluminium waste and scrap
																		51.5	30^{15}		
																		50	30^{15}		
																		51.5	30^{15}		
																					Aluminium powders and flakes:
0	0	0	0	0	0	0	0			0	0/0/	0	0	0			0/0			0	-Powders of non-lamellar structure
																		16	0		
																		16	0		
0	0	0	0	0	0	0	0			3	0/0/	0	0	0			0/0			0	-Powders of lamellar structure; flakes
																		32	0		
																					Aluminium bars, rods and profiles:
0	0	0	0	0	0	0	0			0	0/0/	0	0	0			0/0			0	---Bars and rods
																		25	20^{0}		
0	0	0	0	0	0	0	0			0	0/0/	2.6	0	0			0/0			0	---Other
																		30	20^{0}		
0	0	0	0	0	0	0	0			0	0/0/	2.6	0	0			0/0			13	--Hollow profiles
																		15	20^{0}		
0	0	0	0	0	0	0	0	3.3		0	0/0/	2.6	0	0			0/0				---Bars and rods
																		15	20^{0}	13	
																		15	20^{0}	0	
0	0	0	0	0	0	0	0	3.3		0	0/0/	0	0	0			0/0			13	---Other
																		25	20^{0}		
																					Aluminium wire:
0	0	0	0	0	0	0	0			3	0/0/	0	0	0			0/0			0	--Of which the maximum cross-sectional dimension exceeding 7mm
																		33	20^{0}		
0	0	0	0	0	0	0	0	5.2		3	0/0/	0	0	0			0/0			0	--Other
																		33	20^{0}		
0	0	0	0	0	0	0	0			3	0/0/	0	0	0			0/0			0	--Of which the maximum cross-sectional dimension exceeding 7mm
																		18	20^{0}		
0	0	0	0	0	0	0	0			3	0/0/	0	0	0			0/0			0	--Other
																		18	20^{0}		
																					Aluminium plates, sheets and strip, of a thickness exceeding 0.2mm:
0	0	0	0	0	0	0	0	4.2		0	0/0/	0	0	0			0/0			13	----Aluminium-plastic composite
																		31	20^{0}		
0	0	0	0	0	0	0	0	4.2		0	0/0/	3.2	0	0			0/0			13	----Other
																		31	20^{0}		
0	0	0	0	0	0	0	0	3.9		0	0/0/0	0	0	0			0/0			13	----Aluminium-plastic composite
																		16	20^{0}		
0	0	0	0	0	0	0	0	3.9		0	0/0/0	1.8	0	0			0/0			13	----Other
																		31	20^{0}		
0	0	0	0	0	0	0	0	4.2		0	0/0/0	3.2	0	0			0/0			13	---Of a thickness less than 0.28mm

商品编号	商品名称及备注[检验检疫编码及名称]	进口关税(%)		增值税率(%)	消费税	计量单位	监管条件	检验检疫类别
		最惠国	普通					
7606122000[暂6]	铝合金制矩形的薄板、片及带(包括正方形)(薄板指0.2毫米<厚度<0.28毫米)〔999〕	6	30	13		千克		
76061230	---厚度在0.28毫米及以上,但不超过0.35毫米							
7606123000[暂6]	铝合金制矩形的中厚板、片及带(包括正方形)(中厚板指0.28毫米≤厚度≤0.35毫米)〔999〕	6	30	13		千克		
76061251	----铝塑复合的							
7606125100[暂6]	0.35毫米<厚度≤4毫米铝合金制铝塑复合的矩形厚板、片及带(包括正方形)〔101 铝板〕,〔102 其他铝及制品〕	6	50	13		千克		
76061259	----其他							
7606125900[暂6]	其他0.35毫米<厚度≤4毫米 铝合金制矩形厚板、片及带(包括正方形)〔999〕	6	50	13		千克		
76061290	---其他							
7606129000[暂6]	厚度>4毫米铝合金制矩形的厚板、片及带(包括正方形)〔999〕	6	50	13		千克		
76069100	--非合金铝制							
7606910000[暂6]	非合金铝制非矩形的板、片及带(厚度>0.2毫米)〔999〕	6	30	13		千克		
76069200	--铝合金制							
7606920000[暂8]	铝合金制非矩形的板、片及带(厚度>0.2毫米)〔999〕	8	30	13		千克		
7607	**铝箔(不论是否印花或用纸、纸板、塑料或类似材料衬背),厚度(衬背除外)不超过0.2毫米:**							
76071110	---厚度不超过0.007毫米							
7607111000	轧制后未进一步加工的无衬背铝箔(厚度≤0.007毫米)〔999〕	6	35	13		千克		
76071120	---厚度大于0.007毫米,但不超过0.01毫米							
7607112000	轧制后未进一步加工的无衬背铝箔(0.007毫米<厚度≤0.01毫米)〔999〕	6	35	13		千克		
76071190	---其他							
7607119000	轧制后未进一步加工的无衬背铝箔(0.01毫米<厚度≤0.2毫米)〔999〕	6	35	13		千克		
76071900	--其他							
7607190000	其他无衬背铝箔(厚度≤0.2毫米)〔999〕	6	35	13		千克		
76072000	-有衬背							
7607200000	有衬背铝箔(厚度≤0.2毫米)〔999〕	6	35	13		千克		
7608	**铝管:**							
76081000	-非合金铝制							
7608100000	纯铝管〔101 铝管压力管道〕,〔102 铝管〕	8	30	13		千克		
76082010	---外径不超过10厘米的							
7608201010	外径≤10厘米的管状铝合金[在293K(20摄氏度)时的极限抗拉强度能达到460兆帕(0.46×10^9牛顿/平方米)或更大]〔101 铝管压力管道〕,〔102 铝管〕	8	30	13		千克	3A	M/
7608201090	外径≤10厘米的其他合金制铝管〔101 铝管压力管道〕,〔102 铝管〕	8	30	13		千克	A	M/
76082091	----壁厚不超过25毫米							
7608209110	外径>10厘米,壁厚≤25毫米的管状铝合金[在293K(20摄氏度)时的极限抗拉强度能达到460兆帕(0.46×10^9牛顿/平方米)或更大]〔101 铝管压力管道〕,〔102 铝管〕	8	30	13		千克	3A	M/
7608209190	外径>10厘米,壁厚≤25毫米的其他合金制铝管〔101 铝管压力管道〕,〔102 铝管〕	8	30	13		千克	A	M/
76082099	----其他							
7608209910	外径>10厘米,其他管状铝合金[在293K(20摄氏度)时的极限抗拉强度能达到460兆帕(0.46×10^9牛顿/平方米)或更大]〔101 铝管压力管道〕,〔102 铝管〕	8	30	13		千克	3A	M/
7608209990	外径>10厘米,其他合金制铝管〔101 铝管压力管道〕,〔102 铝管〕	8	30	13		千克	A	M/
7609	**铝制管子附件(例如,接头、肘管、管套):**							
76090000	铝制管子附件(例如,接头、肘管、管套)							
7609000000	铝制管子附件①	8	35	13		千克		

① 〔101 其他金属制法兰及管件压力管件〕,〔102 深加工铝制品压力管件〕,〔103 其他金属制法兰及管件〕,〔104 深加工铝制品〕

协定税率(%)															特惠税率(%)			对美税率	出口税率	出口退税率	Article Description
智利	新西兰	澳大利亚	瑞士	冰岛	秘鲁	哥斯达	东盟	亚太	新加坡	巴基斯坦	港/澳/台	韩国	格鲁吉亚	毛里求斯	亚太	老/柬/缅	LDC 97/95				
																		31	20^{0}		
0	0	0	0	0	0	0	0	4.2		0	0/0/0	3.2	0	0			0/0			13	---Of a thickness of 0.28mm or more but not exceeding 0.35mm
																		26	20^{0}		
0	0	0	1.2	0	0	0	0	3.9		0	0/0/	1.8	0	0			0/0			13	----Aluminium-plastic composite
																		31	20^{0}		
0	0	0	1.2	0	0	0	0	3.9		0	0/0/	3.2	0	0			0/0			13	----Other
																		31	20^{0}		
0	0	0	1.2	0	0	0	0	3.9		0	0/0/	0	0	0			0/0			13	---Other
																		16	20^{0}		
0	0	0	0	0	0	0	0			0	0/0/0	3.2	0	0			0/0			13	--Of aluminium, not alloyed
																		31	20^{0}		
0	0	0	0	0	0	0	0		0	3	0/0/0	5.3	0	0			0/0			13	--Of aluminium alloys
																		28	20^{0}		
																					Aluminium foil (whether or not printed or backed with paper, paperboard, plastics or similar backing materials) of a thickness (excluding any backing) not exceeding 0.2mm:
0	0	0	1.2	0	0	0	0	3.9		0	0/0/	3.2	0	0			0/0			13	---Of a thickness not exceeding 0.007mm
																		31	0		
0	0	0	0	0	0	0	0	3.9		0	0/0/	0	0	0			0/0			13	---Of a thickness exceeding 0.007mm but not exceeding 0.01mm
																		16	0		
0	0	0	0		0	0	0	3.9		0	0/0/0	0	0	0			0/0			13	---Other
																		31	0		
0	0	0	0		0	0	0	3.9		0	0/0/0	1.8	0	0			0/0			13	--Other
																		31	0		
0	0	0	1.2		0	0	0			0	0/0/0	3.2	0	0			0/0			13	-Backed
																		26	0		
																					Aluminium tubes and pipes:
0	0	0	0	0	0	0	0			3	0/0/	4.2	0	0			0/0			13	-Of aluminium, not alloyed
																		33	0		
0	0	0	0	0	0	0	0			3	0/0/	4.2	0	0			0/0			13	---Having an outside diameter not exceeding 10cm
																			0		
																			0		
0	0	0	0	0	0	0	0			3	0/0/	0	0	0			0/0			13	----Having a wall thickness not exceeding 25mm
																		33	0		
																		33	0		
0	0	0	0	0	0	0	0			3	0/0/	0	0	0			0/0			13	----Other
																		18	0		
																		18	0		
																					Aluminium tube or pipe fittings (for example, couplings, elbows, sleeves):
0	0	0	0	0	0	0	0			3	0/0/	2.4	0	0			0/0			13	Aluminium tube or pipe fittings (for example, couplings, elbows, sleeves)
																		18	0		

商品编号	商品名称及备注[检验检疫编码及名称]	进口关税(%) 最惠国	普通	增值税率(%)	消费税	计量单位	监管条件	检验检疫类别
7610	**铝制结构体(品目94.06的活动房屋除外)及其部件(例如,桥梁及桥梁体段、塔、格构杆、屋顶、屋顶框架、门窗及其框架、门槛、栏杆、支柱及立柱);上述结构体用的已加工铝板、杆、型材、异型材、管子及类似品:**							
76101000	-门窗及其框架、门槛							
7610100000	铝制门窗及其框架、门槛〔999〕	9	80	13		千克		L/
76109000	-其他							
7610900000	其他铝制结构体及其部件(包括结构体用的已加工铝板、型材、管子及类似品)〔999〕	6	50	13		千克		
7611	**盛装物料用的铝制囤、柜、罐、桶及类似容器(装压缩气体或液化气体的除外),容积超过300升,不论是否衬里或隔热,但无机械或热力装置:**							
76110000	盛装物料用的铝制囤、柜、罐、桶及类似容器(装压缩气体或液化气体的除外),容积超过300升,不论是否衬里或隔热,但无机械或热力装置							
7611000000	容积>300升的铝制囤、罐等容器(盛装物料用的,装压缩气体或液化气体的除外)〔999〕	9	35	13		千克		
7612	**盛装物料用的铝制桶、罐、听、盒及类似容器,包括软管容器及硬管容器(装压缩气体或液化气体的除外),容积不超过300升,不论是否衬里或隔热,但无机械或热力装置:**							
76121000	-软管容器							
7612100000	铝制软管容器〔999〕	9	50	13		千克		
76129010	---易拉罐及罐体							
7612901000	铝制易拉罐及罐体〔101 深加工铝制品〕,〔102 食品用铝包装〕	9	100	13		千克	A	R/
76129090	---其他							
7612909000	容积≤300升的铝制囤、罐等容器(盛装物料用的,装压缩气体或液化气体的除外)〔999〕	9	70	13		千克		
7613	**装压缩气体或液化气体用的铝制容器:**							
76130010	---零售包装用							
7613001000	零售包装装压缩、液化气体铝容器(铝及铝合金制)〔101 装压缩或液化气的铝容器〕,〔102 深加工铝制品〕	9	70	13		千克		
76130090	---其他							
7613009000	非零售装装压缩、液化气体铝容器(铝及铝合金制)〔101 装压缩或液化气的铝容器〕,〔102 深加工铝制品〕	6	17	13		千克	6	
7614	**非绝缘的铝制绞股线、缆、编带及类似品:**							
76141000	-带钢芯的							
7614100000	带钢芯的铝制绞股线、缆、编带(非绝缘的)〔999〕	6	20	13		千克	A	M/
76149000	-其他							
7614900000	不带钢芯的铝制绞股线、缆、编带(非绝缘的)〔999〕	6	20	13		千克		

协定税率(%)															特惠税率(%)			对美税率	出口税率	出口退税率	Article Description
智利	新西兰	澳大利亚	瑞士	冰岛	秘鲁	哥斯达	东盟	亚太	新加坡	巴基斯坦	港/澳/台	韩国	格鲁吉亚	毛里求斯	亚太	老/柬/缅	LDC 97/95				
																					Aluminium structures (excluding prefabricated buildings of heading 94.06) and parts of structures (for example, bridges and bridge-sections, towers, lattice masts, roofs, roofing frameworks, doors and windows and their frames and thresholds for doors, balustrades, pillars and columns); aluminium plates, rods profiles, tubes and the like, prepared for use in structures:
0	0	0	5	0	0	0	0		0	25	0/0/	16.2	0	20			0/0			13	-Doors, windows and their frames and thresholds for doors
																		29	0		
0	0	0	0	0	0	0	0			0	0/0/	0	0	0			0/0			13	-Other
																		26	0		
																					Aluminium reservoirs, tanks, vats and similar containers, for any material (other than compressed or liquefied gas), of a capacity exceeding 300L, whether or not lined or heat-insulated, but not fitted with mechanical or thermal equipment:
0	0	0	2.4	0	0	0	0		0	4.8	0/0/	3.6	0	0			0/0			13	Aluminium reservoirs, tanks, vats and similar containers, for any material (other than compressed or liquefied gas), of a capacity exceeding 300L, whether or not lined or heat-insulated, but not fitted with mechanical or thermal equipment
																		19	0		
																					Aluminium casks, drums, cans, boxes and similar containers (including rigid or collapsible tubular containers), for any material (other than compressed or liquefied gas), of a capacity not exceeding 300L, whether or not lined or heat-insulated, but not fitted with mechanical or thermal equipment:
0	0	0	2.4	0	0	0	0		0	4.8	0/0/	3.6	0	0			0/0			13	-Collapsible tubular containers
																		34	0		
0	0	0	6	0	0	0	0		0	30	0/0/		0	24			0/0			13	---Tear tab ends and bodies thereof
																		34	0		
0	0	0	2.4	0	0	0	0		0	4.8	0/0/	3.6	0	0			0/0			13	---Other
																		19	0		
																					Aluminium containers for compressed or liquefied gas:
0	0	0	5.6	0	0	0	0	7.2	0	4.8	0/0/	3.6	0				0/0			13	---For retail packing
																		19	0		
0	0	0	0	0	0	0	0			0	0/0/	0	0	0			0/0			13	---Other
																		16	0		
																					Stranded wire, cables, plaited bands and the like, of aluminium, not electrically insulated:
0	0	0	0	0	0	0	0			0	0/0/	0	0	0			0/0			13	-With steel core
																		16	0		
0	0	0	0	0	0	0	0	4.8		0	0/0/	0	0	0			0/0			13	-Other
																		26	0		

商品编号	商品名称及备注[检验检疫编码及名称]	进口关税(%) 最惠国	普通	增值税率(%)	消费税	计量单位	监管条件	检验检疫类别
7615	**餐桌、厨房或其他家用铝制器具及其零件;铝制擦锅器、洗刷擦光用的块垫、手套及类似品;铝制卫生器具及其零件:**							
76151010	---擦锅器、洗刷、擦光用的块垫、手套及类似品							
7615101000	擦锅器及洗刷擦光用的块垫、手套(包括类似品,铝制)〔999〕	7	90	13		千克	A	R/
76151090	---其他							
7615109010	铝制高压锅〔101 深加工铝制品〕,〔102 食品接触铝产品〕	7	90	13		千克	A	R/
7615109090	其他餐桌厨房等家用铝制器具及其零件〔101 深加工铝制品〕,〔102 食品接触铝产品〕,〔103 食品用铝包装〕	7	90	13		千克	A	R/
76152000	-卫生器具及其零件							
7615200000	铝制卫生器具及其零件〔101 深加工铝制品〕,〔102 食品接触铝产品〕,〔103 食品用铝包装〕	8	90	13		千克		
7616	**其他铝制品:**							
76161000	-钉、平头钉、U 形钉(品目 83.05 的货品除外)、螺钉、螺栓、螺母、钩头螺钉、铆钉、销、开尾销、垫圈及类似品							
7616100000	铝钉、螺钉、螺母、垫圈等紧固件①	8	40	13		千克		
76169100	--铝丝制的布、网、篱及格栅							
7616910000	铝丝制的布、网、篱及格栅(包括栅栏)〔101 深加工铝制品〕,〔102 其他铝及制品〕	8	40	13		千克		
76169910	---工业用							
7616991010	高度小于直径的柱形实心体铝合金[在 293K(20 摄氏度)时的极限抗拉强度能达到 460 兆帕(0.46×10^9 牛顿/平方米)或更大]〔101 深加工铝制品〕,〔102 其他铝及制品〕	8	40	13		千克	3	
7616991090	其他工业用铝制品(不包括铝丝布、网、格栅及栅栏)〔101 深加工铝制品〕,〔102 其他铝及制品〕	8	40	13		千克		
76169990	---其他							
7616999000	其他非工业用铝制品(不包括铝丝布、网、格栅及栅栏)〔101 深加工铝制品〕,〔102 其他铝及制品〕	8	80	13		千克		

① 〔101 螺钉〕,〔102 螺栓〕,〔103 螺母〕,〔104 垫圈〕,〔105 其他紧固件〕,〔106 深加工铝制品〕

协定税率(%)															特惠税率(%)			对美税率	出口税率	出口退税率	Article Description
智利	新西兰	澳大利亚	瑞士	冰岛	秘鲁	哥斯达	东盟	亚太	新加坡	巴基斯坦	港/澳/台	韩国	格鲁吉亚	毛里求斯	亚太	老/柬/缅	LDC 97/95				
																					Table, kitchen or other household articles and parts thereof, of aluminium; pot scourers and scouring or polishing pads, gloves and the like, of aluminium; sanitary ware and parts thereof, of aluminium:
0	0	0	3.6	0	0	0	0		0	11.5	0/0/	5.4	0	0			0/0			13	---Pot scourers and scouring or polishing pads, gloves and the like
																			0		
0	0	0	3	0	0	0	0		0	9.6	0/0/	9.7	0	12			0/0			13	---Other
																		32	0		
																		32	0		
0	0	0	3.6	0	0	0	0		0	11.5	0/0/	5.4	0	0			0/0			13	-Sanitary ware and parts thereof
																		18	0		
																					Other articles of aluminium:
0	0	0	0	0	0	0	0	5.2	0	3	0/0/	3	0	0			0/0			13	-Nails, tacks, staples (other than those of heading 83.05), screws, bolts, nuts, screw hooks, rivets, cotters, cotter-pins, washers and similar articles
																		18	0		
0	0	0	0	0	0	0	0		0	8	0/0/	3	0	0			0/0			13	--Cloth, grill, netting and fencing, of aluminium wire
																		18	0		
0	0	0	2	0	0	0	0	5.2	0	4	0/0/	6.5	0	0			0/0			13	---For technical use
																		18	0		
																		18	0		
0	0	0	3	0	0	0	0	5.2	0	6	0/0/	4.5	0	0			0/0			13	---Other
																		18	0		

第七十八章
铅及其制品

注释：

本章所用有关名词解释如下：

一、条、杆

轧、挤、拔或锻制的实心产品，非成卷的，其全长截面均为圆形、椭圆形、矩形（包括正方形）、等边三角形或规则外凸多边形（包括相对两边为弧拱形，另外两边为等长平行直线的“扁圆形”及“变形矩形”）。对于矩形（包括正方形）、三角形或多边形截面的产品，其全长边角可经磨圆。矩形（包括“变形矩形”）截面的产品，其厚度应大于宽度的1/10。所述条、杆也包括同样形状及尺寸的铸造或烧结产品。该产品在铸造或烧结后再经加工（简单剪修或去氧化皮的除外），但不具有其他税号所列制品或产品的特征。

二、型材及异型材

轧、挤、拔、锻制的产品或其他成型产品，不论是否成卷，其全长截面相同，但与条、杆、丝、板、片、带、箔、管的定义不相符合。同时也包括同样形状的铸造或烧结产品。该产品在铸造或烧结后再经加工（简单剪修或去氧化皮的除外），但不具有其他税号所列制品或产品的特征。

三、丝

盘卷的轧、挤或拔制实心产品，其全长截面均为圆形、椭圆形、矩形（包括正方形）、等边三角形或规则外凸多边形（包括相对两边为弧拱形，另外两边为等长平行直线的“扁圆形”及“变形矩形”）。对于矩形（包括正方形）、三角形或多边形截面的产品，其全长边角可经磨圆。矩形（包括“变形矩形”）截面的产品，其厚度应大于宽度的1/10。

四、板、片、带、箔

成卷或非成卷的平面产品（品目78.01的未锻轧产品除外），截面均为厚度相同的实心矩形（不包括正方形），不论边角是否磨圆（包括相对两边为弧拱形，另外两边为等长平行直线的“变形矩形”）。并且符合以下规格：

（一）矩形（包括正方形）的，厚度不超过宽度的1/10；
（二）矩形或正方形以外形状的，任何尺寸，但不具有其他税号所列制品或产品的特征。
品目78.04还适用于具有花样（例如，凹槽、肋条形、格槽、珠粒及菱形）的板、片、带、箔以及穿孔、抛光、涂层或制成瓦楞形的这类产品，但不具有其他税号所列制品或产品的特征。

五、管

全长截面及管壁厚度相同并只有一个闭合空间的实心产品，成卷或非成卷的，其截面为圆形、椭圆形、矩形（包括正方形）、等边三角形或规则外凸多边形。对于截面为矩形（包括正方形）、等边三角形或规则外凸多边形的产品，不论全长边角是否磨圆，只要其内外截面为同一圆心并为同样形状及同一轴向，也可视为管子。上述截面的管子可经抛光、涂层、弯曲、攻丝、钻孔、缩腰、胀口、成锥形或装法兰、颈圈或套环。

子目注释：

本章所称“精炼铅”，是指：

按重量计含铅量至少为99.9%的金属，但其他各种元素的含量不超过下表中规定的限量：

其他元素表

元　　素		所含重量百分比
Ag	银	0.02
As	砷	0.005
Bi	铋	0.05
Ca	钙	0.002
Cd	镉	0.002
Cu	铜	0.08
Fe	铁	0.002
S	硫	0.002
Sb	锑	0.005
Sn	锡	0.005
Zn	锌	0.002
其他（例如碲），每种		0.001

Chapter78
Lead and articles thereof

Chapter Notes:

In this Chapter the following expressions have the meanings hereby assigned to them:

1. Bars and rods

Rolled, extruded, drawn or forged products, not in coils, which have a uniform solid cross-section along their whole length in the shape of circles, ovals, rectangles (including squares), equilateral triangles or regular convex polygons (including "flattened circles" and "modified rectangles", of which two opposite sides are convex arcs, the other two sides being straight, of equal length and parallel). Products with a rectangular (including square), triangular or polygonal cross-section may have corners rounded along their whole length. The thickness of such products which have a rectangular (including "modified rectangular") cross-section exceeds one-tenth of the width. The expression also covers cast or sintered products, of the same forms and dimensions, which have been subsequently worked after production (otherwise than by simple trimming or de-scaling), provided that they have not thereby assumed the character of articles or products of other headings.

2. Profiles

Rolled, extruded, drawn, forged or formed products, coiled or not, of a uniform cross-section along their whole length, which do not conform to any of the definitions of bars, rods, wire, plates, sheets, strip, foil, tubes or pipes. The expression also covers cast or sintered products, of the same forms, which have been subsequently worked after production (otherwise than by simple trimming or de-scaling), provided that they have not thereby assumed the character of articles or products of other headings.

3. Wire

Rolled, extruded or drawn products, in coils, which have a uniform solid cross-section along their whole length in the shape of circles, ovals, rectangles (including squares), equilateral triangles or regular convex polygons (including "flattened circles" and "modified rectangles", of which two opposite sides are convex arcs, the other two sides being straight, of equal length and parallel). Products with a rectangular (including square), triangular or polygonal cross-section may have corners rounded along their whole length. The thickness of such products which have a rectangular (including "modified rectangular") cross-section exceeds one-tenth of the width.

4. Plates, sheets, strip and foil

Flat-surfaced products (other than the unwrought products of heading 78. 01), coiled or not, of solid rectangular (other than square) cross-section with or without rounded corners (including "modified rectangles" of which two opposite sides are convex arcs, the other two sides being straight, of equal length and parallel) of a uniform thickness, which are:

(a) Of rectangular (including square) shape with a thickness not exceeding one-tenth of the width;

(b) Of a shape other than rectangular or square, of any size, provided that they do not assume the character of articles or products of other headings.

Heading 78. 04 applies, inter alia, to plates, sheets, strip and foil with patterns (for example, grooves, ribs, chequers, tears, buttons, lozenges) and to such products which have been perforated, corrugated, polished or coated, provided that they do not thereby assume the character of articles or products of other headings.

5. Tubes and pipes

Hollow products, coiled or not, which have a uniform cross-section with only one enclosed void along their whole length in the shape of circles, ovals, rectangles (including squares), equilateral triangles or regular convex polygons, and which have a uniform wall thickness. Products with a rectangular (including square), equilateral triangular or regular convex polygonal cross-section, which may have corners rounded along their whole length, are also to be considered as tubes and pipes provided the inner and outer cross-sections are concentric and have the same form and orientation. Tubes and pipes of the foregoing cross-sections may be polished, coated, bent, threaded, drilled, waisted, expanded, cone-shaped or fitted with flanges, collars or rings.

Subheading Note:

In this Chapter the expression "refined lead" means:

Metal containing by weight at least 99. 9% of lead, provided that the content by weight of any other element does not exceed the limit specified in the following table:

TABLE-Other elements

Element		Limiting conten % by weight
Ag	Silver	0. 02
As	Arsenic	0. 005
Bi	Bismuth	0. 05
Ca	Calcium	0. 002
Cd	Cadmium	0. 002
Cu	Copper	0. 08
Fe	Iron	0. 002
S	Sulphur	0. 002
Sb	Antimony	0. 005
Sn	Tin	0. 005
Zn	Zinc	0. 002
Other (for example Te), each		0. 001

商品编号	商品名称及备注[检验检疫编码及名称]	进口关税(%) 最惠国	进口关税(%) 普通	增值税率(%)	消费税	计量单位	监管条件	检验检疫类别
7801	**未锻轧铅:**							
78011000	-精炼铅							
7801100000	未锻轧精炼铅[999]	3	20	13		千克		
78019100	--按重量计所含其他元素是以锑为主的							
7801910000	未锻轧铅锑合金(锑元素在合金元素中是最主要的元素)[999]	3	20	13		千克		
78019900	--其他							
7801990000	未锻轧的其他铅合金[999]	3	20	13		千克		
7802	**铅废碎料:**							
78020000	铅废碎料							
7802000000	铅废碎料[999]	1.5	10	13		千克	9	
7804	**铅板、片、带、箔;铅粉及片状粉末:**							
78041100	--片、带及厚度(衬背除外)不超过0.2毫米的箔							
7804110000	铅片、带及厚度≤0.2毫米的箔(铅箔衬背厚度不受0.2毫米限制)[999]	6	30	13		千克		
78041900	--其他							
7804190000	铅及铅合金板(包括厚度>0.2毫米的箔)[999]	6	30	13		千克		
78042000	-粉末及片状粉末							
7804200000	铅及铅合金粉末、片状粉末[999]	6	35	13		千克		
7806	**其他铅制品:**							
78060010	---铅条、杆、型材及异型材或丝							
7806001000	铅及铅合金条、杆、丝、型材、异型材[101 深加工铅制品],[102 铅条]	6	30	13		千克		
78060090	---其他							
7806009000	其他铅制品①	6	40	13		千克		

① [101 其他装压缩或液化气的容器及其零件],[102 深加工铅制品],[103 铅管],[104 其他铅及制品]

协定税率(%)															特惠税率(%)			对美税率	出口税率	出口退税率	Article Description
智利	新西兰	澳大利亚	瑞士	冰岛	秘鲁	哥斯达	东盟	亚太	新加坡	巴基斯坦	港/澳/台	韩国	格鲁吉亚	毛里求斯	亚太	老/柬/缅	LDC 97/95				
																					Unwrought lead:
0	0	0	0	0	0	0	0			0	0/0/	0	0	0			0/0			0	-Refined lead
																			0		
0	0	0	0	0	0	0	0			0	0/0/	0	0.6	0			0/0			0	--Containing by weight antimony as the principal other element
																		28	0		
0	0	0	0	0	0	0	0	2.7		0	0/0/	0	0	0			0/0			0	--Other
																		28	0		
																					Lead waste and scrap:
0	0	0	0	0	0	0	0			0	0/0/	0	0	0			0/0			0	Lead waste and scrap
																			0		
																					Lead plates sheets, strip and foil; lead powders and flakes:
0	0	0	0	0	0	0	0			0	0/0/	0	0	0			0/0			10	--Sheets, strip and foil of a thickness (excluding any backing) not exceeding 0.2mm
																		16	0		
0	0	0	0	0	0	0	0			0	0/0/	0	0	0			0/0			0	--Other
																		31	0		
0	0	0	0	0	0	0	0			0	0/0/	0	0	0			0/0			0	-Powders and flakes
																		16	0		
																					Other articles of lead:
0	0	0	0	0	0	0	0			0	0/0/	1.8	0	0			0/0			0	---Lead bars, rods, profiles and wire
																		16	0		
0	0	0	0	0	0	0	0			4	0/0/	0	0	0			0/0			0	---Other
																		16	0		

第七十九章
锌及其制品

注释：

本章所用名词解释如下：

一、条、杆

轧、挤、拔或锻制的实心产品，非成卷的，其全长截面均为圆形、椭圆形、矩形（包括正方形）、等边三角形或规则外凸多边形（包括相对两边弧拱形，另外两边为等长平行直线的“扁圆形”及“变形矩形”）。对于矩形（包括正方形）、三角形或多边形截面的产品，其全长边角可经磨圆。矩形（包括“变形矩形”）截面的产品，其厚度应大于宽度的1/10。所述条、杆也包括同样形状及尺寸的铸造或烧结产品。该产品在铸造或烧结后再经加工（简单剪修或去氧化皮的除外），但不具有其他税号所列制品或产品的特征。

二、型材及异型材

轧、挤、拔、锻制的产品或其他成型产品，不论是否成卷，其全长截面相同，但与条、杆、丝、板、片、带、箔、管的定义不相符合。同时也包括同样形状的铸造或烧结产品。该产品在铸造或烧结后再经加工（简单剪修或去氧化皮的除外），但不具有其他税号所列制品或产品的特征。

三、丝

盘卷的轧、挤或拔制实心产品，其全长截面均为圆形、椭圆形、矩形（包括正方形）、等边三角形或规则外凸多边形（包括相对两边为弧拱形，另外两边为等长平行直线的“扁圆形”及“变形矩形”）。对于矩形（包括正方形）、三角形或多边形截面的产品，其全长边角可经磨圆。矩形（包括“变形矩形”）截面的产品，其厚度应大于宽度的1/10。

四、板、片、带、箔

成卷或非成卷的平面产品（品目79.01的未锻轧产品除外），截面均为厚度相同的实心矩形（不包括正方形），不论边角是否磨圆（包括相对两边为弧拱形，另外两边为等长平行直线的“变形矩形”）。并且符合以下规格：

（一）矩形（包括正方形）的，厚度不超过宽度的1/10；

（二）矩形或正方形以外形状的，任何尺寸，但不具有其他税号所列制品或产品的特征。

品目79.05还适用于具有花样（例如，凹槽、肋条形、格槽、珠粒及菱形）的板、片、带、箔以及穿孔、抛光、涂层或制成瓦楞形的这类产品，但不具有其他税号所列制品或产品的特征。

五、管

全长截面及管壁厚度相同并只有一个闭合空间的空心产品，成卷或非成卷的，其截面为圆形、椭圆形、矩形（包括正方形）、等边三角形或规则外凸多边形。对于截面为矩形（包括正方形）、等边三角形或规则外凸多边形的产品，不论全长边角是否磨圆，只要其内外截面为同一圆心并为同样形状及同一轴向，也可视为管子。上述截面的管子可经抛光、涂层、弯曲、攻丝、钻孔、缩腰、胀口、成锥形或装法兰、颈圈或套环。

子目注释：

本章所用有关名词解释如下：

一、非合金锌

按重量计含锌量至少为97.5%的金属。

二、锌合金

按重量计含锌量大于其他元素单项含量的金属物质，但按重量计其他元素的总含量超过2.5%。

三、锌末

冷凝锌雾所得的锌末。该产品由球形微粒组成，比锌粉更为精细，按重量计至少80%的微粒可以通过孔径为63微米的筛子，而且必须含有按重量计至少为85%的金属锌。

商品编号	商品名称及备注[检验检疫编码及名称]	进口关税(%) 最惠国	进口关税(%) 普通	增值税率(%)	消费税	计量单位	监管条件	检验检疫类别
7901	**未锻轧锌：**							
79011110	---按重量计含锌量在99.995%及以上							
7901111000[暂1]	含锌量≥99.995%的未锻轧锌〔999〕	3	20	13		千克		
79011190	---其他							
7901119000[暂1]	99.99%≤含锌量<99.995%的未锻轧锌〔999〕	3	20	13		千克		
79011200	--按重量计含锌量低于99.99%							
7901120000[暂1]	含锌量<99.99%的未锻轧锌〔999〕	3	20	13		千克		
79012000	-锌合金							
7901200000[暂1]	未锻轧锌合金〔999〕	3	20	13		千克		
7902	**锌废碎料：**							

Chapter 79
Zinc and articles thereof

Chapter Notes:

In this Chapter the following expressions have the meanings hereby assigned to them:

1. Bars and rods

Rolled, extruded, drawn or forged products, not in coils, which have a uniform solid cross-section along their whole length in the shape of circles, ovals, rectangles (including squares), equilateral triangles or regular convex polygons (including "flattened circles" and "modified rectangles", of which two opposite sides are convex arcs, the other two sides being straight, of equal length and parallel). Products with a rectangular (including square), triangular or polygonal cross-section may have corners rounded along their whole length. The thickness of such products which have a rectangular (including "modified rectangular") cross-section exceeds one-tenth of the width. The expression also covers cast or sintered products, of the same forms and dimensions, which have been subsequently worked after production (otherwise than by simple trimming or de-scaling), provided that they have not thereby assumed the character of articles or products of other headings.

2. Profiles

Rolled, extruded, drawn, forged or formed products, coiled or not, of a uniform cross-section along their whole length, which do not conform to any of the definitions of bars, rods, wire, plates, sheets, strip, foil, tubes or pipes. The expression also covers cast or sintered products, of the same forms, which have been subsequently worked after production (otherwise than by simple trimming or de-scaling), provided that they have not thereby assumed the character of articles or products of other headings.

3. Wire

Rolled, extruded or drawn products, in coils, which have a uniform solid cross-section along their whole length in the shape of circles, ovals, rectangles (including squares), equilateral triangles or regular convex polygons (including "flattened circles" and "modified rectangles", of which two opposite sides are convex arcs, the other two sides being straight, of equal length and parallel). Products with a rectangular (including square), triangular or polygonal cross-section may have corners rounded along their whole length. The thickness of such products which have a rectangular (including "modified rectangular") cross-section exceeds one-tenth of the width.

4. Plates, sheets, strip and foil

Flat-surfaced products (other than the unwrought products of heading 79. 01), coiled or not, of solid rectangular (other than square) cross-section with or without rounded corners (including "modified rectangles" of which two opposite sides are convex arcs, the other two sides being straight, of equal length and parallel) of a uniform thickness, which are:

(a) Of rectangular (including square) shape with a thickness not exceeding one-tenth of the width;

(b) Of a shape other than rectangular or square, of any size, provided that they do not assume the character of articles or products of other headings.

Heading 79. 05 applies, inter alia, to plates, sheets, strip and foil with patterns (for example, grooves, ribs, chequers, tears, buttons, lozenges) and to such products which have been perforated, corrugated, polished or coated, provided that they do not thereby assume the character of articles or products of other headings.

5. Tubes and pipes

Hollow products, coiled or not, which have a uniform cross-section with only one enclosed void along their whole length in the shape of circles, ovals, rectangles (including squares), equilateral triangles or regular convex polygons, and which have a uniform wall thickness. Products with a rectangular (including square), equilateral triangular or regular convex polygonal cross-section, which may have corners rounded along their whole length, are also to be considered as tubes and pipes provided the inner and outer cross-sections are concentric and have the same form and orientation. Tubes and pipes of the foregoing cross-sections may be polished, coated, bent, threaded, drilled, waisted, expanded, cone-shaped or fitted with flanges, collars or rings.

Subheading Notes:

In this Chapter the following expressions have the meanings hereby assigned to them:

1. Zinc, not alloyed

Metal containing by weight at least 97. 5% of zinc.

2. Zinc alloys

Metallic substances in which zinc predominates by weight over each of the other elements, provided that the total content by weight of such other elements exceeds 2. 5%.

3. Zinc dust

Dust obtained by condensation of zinc vapour, consisting of spherical particles which are finer than zinc powders. At least 80% by weight of the particles pass through a sieve with 63 micrometre (microns) mesh. It must contain at least 85% by weight of metallic zinc.

协定税率(%)															特惠税率(%)			对美税率	出口税率	出口退税率	Article Description
智利	新西兰	澳大利亚	瑞士	冰岛	秘鲁	哥斯达	东盟	亚太	新加坡	巴基斯坦	港/澳/台	韩国	格鲁吉亚	毛里求斯	亚太	老/柬/缅	LDC 97/95				
																					Unwrought zinc:
0	0	0	0	0	0	0	0			0	0/0/	0	0	0			0/0			0	---Containing by weight 99. 995% or more of zinc
																		26	20^{0}		
0	0	0	0	0	0	0	0			0	0/0/	0	0	0			0/0			0	---Other
																			20^{5}		
0	0	0	0	0	0	0	0			0	0/0/	0	0	0			0/0			0	--Containing by weight less than 99. 99% of zinc
																		21	20^{15}		
0	0	0	0	0	0	0	0			0	0/0/	0	0	0			0/0			0	-Zinc alloys
																		26	20^{0}		
																					Zinc waste and scrap:

商品编号	商品名称及备注[检验检疫编码及名称]	进口关税(%)		增值税率(%)	消费税	计量单位	监管条件	检验检疫类别
		最惠国	普通					
79020000	锌废碎料							
7902000000	锌废碎料〔999〕	1.5	20	13		千克	9A	M/
7903	**锌末、锌粉及片状粉末:**							
79031000	-锌末							
7903100000	锌末(包括锌合金)〔301 属于危险化学品的金属〕,〔999 低风险金属材料〕	6	20	13		千克	A	M/
79039000	-其他							
7903900010	颗粒<500 微米的锌及其合金(含量≥97%,不论球形,椭球体,雾化,片状,研碎金属燃料)①	6	20	13		千克	3A	M/
7903900090	其他锌粉及片状粉末〔101 其他锌及制品〕,〔102 锌粉〕,〔103 锌尘〕,〔104 锌灰〕,〔301 属于危险化学品的金属〕	6	20	13		千克	AB	M/N
7904	**锌条、杆、型材及异型材或丝:**							
79040000	锌条、杆、型材及异型材或丝							
7904000000	锌及锌合金条、杆、型材、丝〔999〕	6	30	13		千克		
7905	**锌板、片、带、箔:**							
79050000	锌板、片、带、箔							
7905000000	锌板、片、带、箔〔999〕	6	30	13		千克		
7907	**其他锌制品:**							
79070020	---锌管及锌制管子附件(例如,接头、肘管、管套)							
7907002000	锌管及锌制管子附件(例如,接头、肘管、管套)②	6	30	13		千克		
79070030	---电池壳体坯料							
7907003000	电池壳体坯料(锌饼)〔101 深加工锌制品〕,〔102 其他锌及制品〕	6	40	13		千克		
79070090	---其他							
7907009000	其他锌制品③	6	40	13		千克		

① 〔301 属于危险化学品的金属〕,〔999 低风险金属材料〕
② 〔101 其他装压缩或液化气的容器及其零件〕,〔102 深加工锌制品〕,〔103 锌管〕
③ 〔101 其他装压缩或液化气的容器及其零件〕,〔102 深加工锌制品〕,〔103 其他锌及制品〕

协定税率(%)															特惠税率(%)			对美税率	出口税率	出口退税率	Article Description
智利	新西兰	澳大利亚	瑞士	冰岛	秘鲁	哥斯达	东盟	亚太	新加坡	巴基斯坦	港/澳/台	韩国	格鲁吉亚	毛里求斯	亚太	老/柬/缅	LDC 97/95				
0	0	0	0	0	0	0	0			0	0/0/	0	0	0			0/0			0	Zinc waste and scrap
																		26	0		
																					Zinc dust, powders and flakes:
0	0	0	0	0	0	0	0			0	0/0/	1.8	0	0			0/0			0	-Zinc dust
																		31	0		
0	0	0	1.2	0	0	0	0			0	0/0/	1.8	0	0			0/0			0	-Other
																		16	0		
																		16	0		
																					Zinc bars, rods, profiles and wire:
0	0	0	0	0	0	0	0			0	0/0/	3.2	0	0			0/0			0	Zinc bars, rods, profiles and wire
																		31	0		
																					Zinc plates, sheets, strip and foil:
0	0	0	0	0	0	0	0			0	0/0/	0	0	0			0/0			0	Zinc plates, sheets, strip and foil
																		16	0		
																					Other articles of zinc:
0	0	0	0	0	0	0	0			0	0/0/	0	0	0			0/0			0	---Zinc tubes, pipes and tube or pipe fittings (for example, couplings, elbows, sleeves)
																		16	0		
0	0	0	0	0	1.7	0	0	4.2		0	0/0/	0	0	0			0/0			0	---Cellpacking blanks (zinc biscuits)
																			0		
0	0	0	0	0	0	0	0			0	0/0/	0	0	0			0/0			0	---Other
																		31	0		

第八十章
锡及其制品

注释：

本章所用有关名词解释如下：

一、条、杆

轧、挤、拔或锻制的实心产品，非成卷的，其全长截面均为圆形、椭圆形、矩形（包括正方形）、等边三角形或规则外凸多边形（包括相对两边为弧拱形，另外两边为等长平行直线的“扁圆形”及“变形矩形”）。对于矩形（包括正方形）、三角形或多边形截面的产品，其全长边角可经磨圆。矩形（包括“变形矩形”）截面的产品，其厚度应大于宽度的1/10。所述条、杆也包括同样形状及尺寸的铸造或烧结产品。该产品在铸造或烧结后再经加工（简单剪修或去氧化皮的除外），但不具有其他税号所列制品或产品的特征。

二、型材及异型材

轧、挤、拔、锻制的产品或其他成型产品，不论是否成卷，其全长截面相同，但与条、杆、丝、板、片、带、箔、管的定义不相符合。同时也包括同样形状的铸造或烧结产品。该产品在铸造或烧结后再经加工（简单剪修或去氧化皮的除外），但不具有其他税号所列制品或产品的特征。

三、丝

盘卷的轧、挤或拔制实心产品，其全长截面均为圆形、椭圆形、矩形（包括正方形）、等边三角形或规则外凸多边形（包括相对两边为弧拱形，另外两边为等长平行直线的“扁圆形”及“变形矩形”）。对于矩形（包括正方形）、三角形或多边形截面的产品，其全长边角可经磨圆。矩形（包括“变形矩形”）截面的产品，其厚度应大于宽度的1/10。

四、板、片、带、箔

成卷或非成卷的平面产品（品目80.01的未锻轧产品除外），截面均为厚度相同的实心矩形（不包括正方形），不论边角是否磨圆（包括相对两边为弧拱形，另外两边为等长平行直线的“变形矩形”），并且符合以下规格：

（一）矩形（包括正方形）的，厚度不超过宽度的1/10；

（二）矩形或正方形以外形状的，任何尺寸，但不具有其他税号所列制品或产品的特征。

五、管

全长截面及管壁厚度相同并只有一个闭合空间的空心产品，成卷或非成卷的，其截面为圆形、椭圆形、矩形（包括正方形）、等边三角形或规则外凸多边形。对于截面为矩形（包括正方形）、等边三角形或规则外凸多边形的产品，不论全长边角是否磨圆，只要其内外截面为同一圆心并为同样形状及同一轴向，也可视为管子。上述截面的管子可经抛光、涂层、弯曲、攻丝、钻孔、缩腰、胀口、成锥形或装法兰、颈圈或套环。

子目注释：

本章所用有关名词解释如下：

一、非合金锡

按重量计含锡量至少为99%的金属，但含铋量或含铜量不超过下表中规定的限量：

其他元素表

元　素		所含重量百分比
Bi	铋	0.1
Cu	铜	0.4

二、锡合金

按重量计含锡量大于其他元素单项含量的金属物质，但：

（一）按重量计其他元素的总含量超过1%；或

（二）按重量计含铋量或含铜量应等于或大于上表中规定的限量。

商品编号	商品名称及备注[检验检疫编码及名称]	进口关税(%) 最惠国	进口关税(%) 普通	增值税率(%)	消费税	计量单位	监管条件	检验检疫类别
8001	**未锻轧锡：**							
80011000	-非合金锡							
8001100000	未锻轧非合金锡〔999〕	3	20	13		千克	4xy	
80012010	---锡基巴毕脱合金							
8001201000	锡基巴毕脱合金〔999〕	3	20	13		千克	4xy	
80012021	----按重量计含铅量在0.1%以下的							
8001202100	按重量计含铅量在0.1%以下的焊锡〔101 焊锡〕,〔102 锡合金〕	3	30	13		千克	4xy	
80012029	----其他							
8001202900	其他焊锡〔101 焊锡〕,〔102 锡合金〕	3	30	13		千克	4xy	
80012090	---其他							
8001209000	其他锡合金〔999〕	3	30	13		千克	4xy	
8002	**锡废碎料：**							

Chapter 80
Tin and articles thereof

Chapter Notes:

In this Chapter the following expressions have the meanings hereby assigned to them:

1. Bars and rods

   Rolled, extruded, drawn or forged products, not in coils, which have a uniform solid cross-section along their whole length in the shape of circles, ovals, rectangles (including squares), equilateral triangles or regular convex polygons (including "flattened circles" and "modified rectangles", of which two opposite sides are convex arcs, the other two sides being straight, of equal length and parallel). Products with a rectangular (including square), triangular or polygonal cross-section may have corners rounded along their whole length. The thickness of such products which have a rectangular (including "modified rectangular") cross-section exceeds one-tenth of the width. The expression also covers cast or sintered products, of the same forms and dimensions, which have been subsequently worked after production (otherwise than by simple trimming or de-scaling), provided that they have not thereby assumed the character of articles or products of other headings.

2. Profiles

   Rolled, extruded, drawn, forged or formed products, coiled or not, of a uniform cross-section along their whole length, which do not conform to any of the definitions of bars, rods, wire, plates, sheets, strip, foil, tubes or pipes. The expression also covers cast or sintered products, of the same forms, which have been subsequently worked after production (otherwise than by simple trimming or de-scaling), provided that they have not thereby assumed the character of articles or products of other headings.

3. Wire

   Rolled, extruded or drawn products, in coils, which have a uniform solid cross-section along their whole length in the shape of circles, ovals, rectangles (including squares), equilateral triangles or regular convex polygons (including "flattened circles" and "modified rectangles", of which two opposite sides are convex arcs, the other two sides being straight, of equal length and parallel). Products with a rectangular (including square), triangular or polygonal cross-section may have corners rounded along their whole length. The thickness of such products which have a rectangular (including "modified rectangular") cross-section exceeds one-tenth of the width.

4. Plates, sheets, strip and foil

   Flat-surfaced products (other than the unwrought products of heading 80. 01), coiled or not, of solid rectangular (other than square) cross-section with or without rounded corners (including "modified rectangles" of which two opposite sides are convex arcs, the other two sides being straight, of equal length and parallel) of a uniform thickness, which are:

   (a) Of rectangular (including square) shape with a thickness not exceeding one-tenth of the width;

   (b) Of a shape other than rectangular or square, of any size, provided that they do not assume the character of articles or products of other headings.

5. Tubes and pipes

   Hollow products, coiled or not, which have a uniform cross-section with only one enclosed void along their whole length in the shape of circles, ovals, rectangles (including squares), equilateral triangles or regular convex polygons, and which have a uniform wall thickness. Products with a rectangular (including square), equilateral triangular or regular convex polygonal cross-section, which may have corners rounded along their whole length, are also to be considered as tubes and pipes provided the inner and outer cross-sections are concentric and have the same form and orientation. Tubes and pipes of the foregoing cross-sections may be polished, coated, bent, threaded, drilled, waisted, expanded, cone-shaped or fitted with flanges, collars or rings.

Subheading Notes:

In this Chapter the following expressions have the meanings hereby assigned to them:

1. Tin, not alloyed

   Metal containing by weight at least 99% of tin, provided that the content by weight of any bismuth or copper is less than the limit specified in the following table:

TABLE-Other elements

Element		Limiting content % by weight
Bi	Bismuth	0. 1
Cu	Copper	0. 4

2. Tin alloys

   Metallic substances in which tin predominates by weight over each of the other elements, provided that:

   (a) the total content by weight of such other elements exceeds 1%; or

   (b) the content by weight of either bismuth or copper is equal to or greater than the limit specified in the foregoing table.

协定税率(%)															特惠税率(%)			对美税率	出口税率	出口退税率	Article Description
智利	新西兰	澳大利亚	瑞士	冰岛	秘鲁	哥斯达	东盟	亚太	新加坡	巴基斯坦	港/澳/台	韩国	格鲁吉亚	毛里求斯	亚太	老/柬/缅	LDC 97/95				
																					Unwrought tin:
0	0	0	0	0	0	0	0			0	0/0/	0	0	0			0/0			0	-Tin, not alloyed
																		28	0		
0	0	0	0	0	0	0	0	2. 4		0	0/0/	0	0	0			0/0			0	---Babbitt metal
																		13	0		
0	0	0	0	0	0	0	0			0	0/0/	0	0	0			0/0			0	----Containing by weight less than 0. 1% of lead
																		28	0		
0	0	0	0	0	0	0	0			0	0/0/	0	0	0			0/0			0	----Other
																		28	0		
0	0	0	0	0	0	0	0			0	0/0/	0	0	0			0/0			0	---Other
																		28	0		
																					Tin waste and scrap:

商品编号	商品名称及备注[检验检疫编码及名称]	进口关税(%)		增值税率(%)	消费税	计量单位	监管条件	检验检疫类别
		最惠国	普通					
80020000	锡废碎料							
8002000000	锡废碎料〔999〕	1.5	30	13		千克	4Axy9	M/
8003	**锡条、杆、型材及异型材或丝:**							
80030000	锡条、杆、型材及异型材或丝							
8003000000	锡及锡合金条、杆、型材、丝〔999〕	8	40	13		千克	4xy	
8007	**其他锡制品:**							
80070020	---锡板、片及带,厚度超过0.2毫米							
8007002000	锡板、片及带,厚度超过0.2毫米〔101深加工锡制品〕,〔102锡板〕	8	40	13		千克	4xy	
80070030	---锡箔(不论是否印花或用纸、纸板、塑料或类似材料衬背),厚度(衬背除外)不超过0.2毫米;锡粉及片状粉末							
8007003000	锡箔,厚度(衬背除外)≤0.2毫米,锡粉及片状粉末(锡箔不论是否印花或用纸、纸板、塑料或类似材料衬背)〔101深加工锡制品〕,〔102锡箔〕	8	40	13		千克		
80070040	---锡管及管子附件(例如,接头、肘管、管套)							
8007004000	锡管及管子附件(例如,接头、肘管、管套)〔101其他装压缩或液化气的容器及其零件〕,〔102深加工锡制品〕,〔103锡管〕	8	45	13		千克	4xy	
80070090	---其他							
8007009000	其他锡制品〔101其他装压缩或液化气的容器及其零件〕,〔102深加工锡制品〕,〔103其他锡及其制品〕	8	80	13		千克		

协定税率(%)															特惠税率(%)			对美税率	出口税率	出口退税率	Article Description
智利	新西兰	澳大利亚	瑞士	冰岛	秘鲁	哥斯达	东盟	亚太	新加坡	巴基斯坦	港/澳/台	韩国	格鲁吉亚	毛里求斯	亚太	老/柬/缅	LDC 97/95				
0	0	0	0	0	0	0	0			0	0/0/	0	0	0			0/0			0	Tin waste and scrap
																		26.5	0		
																					Tin bars, rods, profiles and wire:
0	0	0	0	0	0	0	0			3	0/0/	2.4	0	0			0/0			0	Tin bars, rods, profiles and wire
																		33	0		
																					Other articles of tin:
0	0	0	0	0	0	0	0			3	0/0/	0	0	0			0/0			0	---Tin plates, sheets and strip, of a thickness exceeding 0.2mm
																		33	0		
0	0	0	0	0	0	0	0			3	0/0/	0	0	0			0/0			10	---Tin foil (whether or not printed or backed with paper, paperboard, plastics or similar backing materials), of a thickness (excluding any backing) not exceeding 0.2mm; tin powders and flakes
																		28	0		
0	0	0	1.6	0	0	0	0	6.4		3	0/0/	0	0	0			0/0			0	---Tin tubes, pipes and tube or pipe fittings (for example, couplings, elbows, sleeves)
																		18	0		
0	0	0	0	0	0	0	0			5.1	0/0/	4.2	0	0			0/0			0	---Other
																		33	0		

第八十一章
其他贱金属、金属陶瓷及其制品

子目注释：

第七十四章注释中有关“条、杆”“型材及异型材”“丝”及“板、片、带、箔”的规定也适用于本章。

商品编号	商品名称及备注[检验检疫编码及名称]	进口关税(%) 最惠国	进口关税(%) 普通	增值税率(%)	消费税	计量单位	监管条件	检验检疫类别
8101	**钨及其制品,包括废碎料:**							
81011000	-粉末							
8101100010	颗粒<500微米的钨及其合金(含量≥97%,不论球形,椭球体,雾化,片状,研碎金属燃料)〔999〕	6	20	13		千克	3	
8101100090	其他钨粉末〔999〕	6	20	13		千克	4xy	
81019400	--未锻轧钨,包括简单烧结而成的条、杆							
8101940000	未锻轧钨(包括简单烧结的条、杆)〔999〕	3	20	13		千克	4xy	
81019600	--丝							
8101960000	钨丝〔999〕	8	20	13		千克		
81019700	--废碎料							
8101970000	钨废碎料〔999〕	3	20	13		千克	49Axy	M/
81019910	---条、杆,但简单烧结而成的除外;型材及异型材,板、片、带、箔							
8101991000	锻轧钨条、杆;型材及异型材,板、片、带、箔(但简单烧结而成条、杆的除外)〔999〕	5	30	13		千克		
81019990	---其他							
8101999000	其他钨制品〔999〕	8	70	13		千克		
8102	**钼及其制品,包括废碎料:**							
81021000	-粉末							
8102100000	钼粉〔999〕	6	20	13		千克	4xy	
81029400	--未锻轧钼,包括简单烧结而成的条、杆							
8102940000	未锻轧钼(包括简单烧结的条、杆)〔999〕	3	20	13		千克	4xy	
81029500	--条、杆,但简单烧结而成的除外;型材及异型材、板、片、带、箔							
8102950000	锻轧钼条、杆、型材(不包括简单烧结的条、杆)〔101其他深加工金属制品〕,〔102其他有色金属及其制品〕	8	30	13		千克		
81029600	--丝							
8102960000	钼丝〔101其他深加工金属制品〕,〔102其他有色金属及其制品〕	8	20	13		千克		
81029700	--废碎料							
8102970000	钼废碎料〔999〕	3	20	13		千克	49xy	
81029900	--其他							
8102990000	钼制品〔101其他深加工金属制品〕,〔102其他有色金属及其制品〕,〔103二硫化钼润滑膜〕	8	70	13		千克	4xy	
8103	**钽及其制品,包括废碎料:**							
81032011	----松装密度小于2.2克/立方厘米的							
8103201100	松装密度小于2.2克/立方厘米的钽粉〔999〕	6	14	13		千克	4xy	
81032019	----其他							
8103201900	其他钽粉〔999〕	6	14	13		千克	4xy	
81032090	---其他							
8103209000	其他未锻轧钽,包括简单烧结而成的条、杆〔999〕	6	14	13		千克	4xy	
81033000	-废碎料							
8103300000	钽废碎料〔999〕	6	14	13		千克	4Axy9	M/
81039011	----直径小于0.5毫米							
8103901100	直径小于0.5毫米的钽丝〔101其他深加工金属制品〕,〔102其他有色金属及其制品〕	8	30	13		千克	4xy	
81039019	----其他							
8103901900	其他钽丝〔101其他深加工金属制品〕,〔102其他有色金属及其制品〕	8	30	13		千克	4xy	
81039090	---其他							
8103909010	钽坩埚(容积在50毫升至2升之间、钽纯度≥98%)〔101其他深加工金属制品〕,〔102其他有色金属及其制品〕	8	30	13		千克	3	
8103909090	其他锻轧钽及其制品〔101其他深加工金属制品〕,〔102其他有色金属及其制品〕	8	30	13		千克	4xy	

Chapter 81
Other base metals, cermets, articles thereof

Subheading Note:

Notes to Chapter 74, defining "bars and rods" "profiles" "wire" and "plates, sheets, strip and foil" applies, mutatis mutandis, to this Chapter.

协定税率(%)															特惠税率(%)			对美税率	出口税率	出口退税率	Article Description
智利	新西兰	澳大利亚	瑞士	冰岛	秘鲁	哥斯达	东盟	亚太	新加坡	巴基斯坦	港/澳/台	韩国	格鲁吉亚	毛里求斯	亚太	老/柬/缅	LDC 97/95				
																					Tungsten (wolfram) and articles thereof, including waste and scrap:
0	0	0	0	0	0	0	0			0	0/0/	0	0	0			0/0			0	-Powders
																		26	0		
																		26	0		
0	0	0	0.6	0	0	0	0			0	0/0/	0	0	0			0/0			0	--Unwrought tungsten, including bars and rods obtained simply by sintering
																		23	0		
0	0	0	0	0	0	0	0			3	0/0/	0	0	0			0/0			10	--Wire
																		28	0		
0	0	0	0	0	0	0	0			0	0/0/	0	0	0			0/0			0	--Waste and scrap
																		28	0		
0	0	0	0	0	0	0	0			0	0/0/	0	0	0			0/0			0	---Bars and rods, other than those obtained simply by sintering, profiles, plates, sheets, strip and foil
																		15	0		
0	0	0	0	0	0	0	0			3	0/0/	0	0	0			0/0			0	---Other
																		18	0		
																					Molybdenum and articles thereof, including waste and scrap:
0	0	0	0	0	0	0	0			0	0/0/	0	0	0			0/0			0	-Powders
																		16	0		
0	0	0	0	0	0	0	0			0	0/0/	0	0	0			0/0			0	--Unwrought molybdenum, including bars and rods obtained simply by sintering
																		28	0		
0	0	0	0	0	0	0	0			3	0/0/	2.4	0	0			0/0			0	--Bars and rods, other than those obtained simply by sintering, profiles, plates, sheets, strip and foil
																		33	0		
0	0	0	0	0	0	0	0			3	0/0/	0	0	0			0/0			10	--Wire
																		33	0		
0	0	0	0	0	0	0	0			0	0/0/	0	0	0			0/0			0	--Waste and scrap
																			0		
0	0	0	0	0	0	0	0			3	0/0/	0	0	0			0/0			0	--Other
																		18	0		
																					Tantalum and articles thereof, including waste and scrap:
0	0	0	0	0	0	0	0	4.2		0	0/0/	0	0	0			0/0			13	----Loose density less than 2. 2g/cm3
																		31	0		
0	0	0	0	0	0	0	0			0	0/0/	0	0	0			0/0			0	----Other
																		16	0		
0	0	0	0	0	0	0	0			0	0/0/	0	0	0			0/0			0	---Other
																		26	0		
0	0	0	0	0	0	0	0			0	0/0/	0	0	0			0/0			0	-Waste and scrap
																		25	0		
0	0	0	0	0	0	0	0	5.6		3	0/0/	0	0	0			0/0			13	----Less than 0. 5mm in diameter
																			0		
0	0	0	0	0	0	0	0	5.6		3	0/0/	0	0	0			0/0			13	----Other
																		18	0		
0	0	0	0	0	0	0	0	7.2		3	0/0/	0	0	0			0/0				---Other
																		18	0	0	
																		18	0	13	

商品编号	商品名称及备注[检验检疫编码及名称]	进口关税(%) 最惠国	进口关税(%) 普通	增值税率(%)	消费税	计量单位	监管条件	检验检疫类别
8104	**镁及其制品,包括废碎料:**							
81041100	--按重量计含镁量至少为 99.8%							
8104110000	含镁量≥99.8%的未锻轧镁〔301 属于危险化学品的金属〕,〔302〕,〔999〕	6	20	13		千克		
81041900	--其他							
8104190000	其他未锻轧的镁及镁合金①	6	20	13		千克		
81042000	-废碎料							
8104200000	镁废碎料〔999〕	1.5	20	13		千克	9A	M/
81043000	-锉屑、车屑及颗粒,已按规格分级的;粉末							
8104300010	颗粒<500 微米的镁及其合金(含量≥97%,不论球形,椭球体,雾化,片状,研碎金属燃料)②	8	30	13		千克	3	
8104300090	其他已分级的镁锉屑,车屑,颗粒;粉末〔101 其他有色金属及其制品〕,〔102 镁粉〕,〔301 属于危险化学品的金属〕,〔302 不属于危险化学品的金属〕	8	30	13		千克		
81049010	---锻轧镁							
8104901000	锻轧镁③	8	30	13		千克		
81049020	---镁制品							
8104902010	镁金属基复合材料(包括各种结构件和制品、各种预成形件,其中增强材料的比拉伸强度>7.62×10^4 米和比模量>3.18×10^6 米)〔101 其他深加工金属制品〕,〔102 其他有色金属及其制品〕	8	70	13		千克	3	
8104902090	其他镁制品〔101 其他深加工金属制品〕,〔102 其他有色金属及其制品〕	8	70	13		千克		
8105	**钴锍及其他冶炼钴时所得的中间产品;钴及其制品,包括废碎料:**							
81052010	---钴湿法冶炼中间品							
8105201000[暂0]	钴湿法冶炼中间品〔999〕	4	14	13		千克	4xy	
81052020	---未锻轧钴							
8105202000	未锻轧钴〔999〕	4	14	13		千克	4xy	
81052090	---其他							
8105209001[暂0]	钴锍及其他冶炼钴时所得中间产品〔999〕	4	14	13		千克	4xy	
8105209010	钴≥99.5%的超细钴粉(费氏粒度 0.8~1.5 微米,松装密度 0.4~0.8 克/立方厘米)〔999〕	4	14	13		千克		
8105209090	其他钴锍、未锻轧钴、钴粉末〔999〕	4	14	13		千克	4xy	
81053000	-废碎料							
8105300000	钴锍废碎料〔999〕	4	14	13		千克	49xy	
81059000	-其他							
8105900000	其他钴及制品〔101 其他深加工金属制品〕,〔102 其他有色金属及其制品〕	8	30	13		千克	4xy	
8106	**铋及其制品,包括废碎料:**							
81060010	---未锻轧铋;废碎料;粉末							
8106001011[暂1]	高纯度未锻轧的铋(纯度≥99.99%,含银量低于十万分之一)〔999〕	3	20	13		千克	3	
8106001019	高纯度未锻轧的铋废料、粉末(纯度≥99.99%,含银量低于十万分之一)〔999〕	3	20	13		千克	3	
8106001091[暂1]	其他未锻轧铋〔999〕	3	20	13		千克	4xy	
8106001092	其他未锻轧铋废碎料〔999〕	3	20	13		千克	49Axy	M/
8106001099	其他未锻轧铋粉末〔999〕	3	20	13		千克	4xy	
81060090	---其他							
8106009010	高纯度铋及铋制品(纯度≥99.99%,含银量低于十万分之一)〔999〕	8	30	13		千克	3	
8106009090	其他铋及铋制品〔999〕	8	30	13		千克	4xy	
8107	**镉及其制品,包括废碎料:**							
81072000	-未锻轧镉;粉末							
8107200000	未锻轧镉、粉末〔301 属于危险化学品的金属〕,〔302 不属于危险化学品的金属〕,〔999〕	3	14	13		千克		
81073000	-废碎料							

① 〔101 其他有色金属及其制品〕,〔102 镁合金(片状、带状或条状,含镁>50%)〕,〔103 铈镁合金粉〕,〔104 镁铝粉〕,〔105 其他镁合金粉〕,〔301 属于危险化学品的金属〕,〔302 不属于危险化学品的金属〕

② 〔101 其他有色金属及其制品〕,〔102 镁粒(有涂层的,粒度≥149 微米)〕,〔301 属于危险化学品的金属〕,〔302 不属于危险化学品的金属〕

③ 〔101 其他深加工金属制品〕,〔102 其他有色金属及其制品〕,〔103 镁(片状、带状或条状)〕,〔301 属于危险化学品的金属〕,〔302 其他深加工金属制品〕

协定税率(%)															特惠税率(%)			对美税率	出口税率	出口退税率	Article Description
智利	新西兰	澳大利亚	瑞士	冰岛	秘鲁	哥斯达	东盟	亚太	新加坡	巴基斯坦	港/澳/台	韩国	格鲁吉亚	毛里求斯	亚太	老/柬/缅	LDC 97/95				
																					Magnesium and articles thereof, including waste and scrap:
0	0	0	0	0	0	0	0	3		0	0/0/	0	0	0			0/0			0	--Containing at least 99.8% by weight of magnesium
																		31	0		
0	0	0	0	0	0	0	0			0	0/0/	0	0	0			0/0			0	--Other
																		16	0		
0	0	0	0	0	0	0	0			0	0/0/	0	0	0			0/0			0	-Waste and scrap
																		26.5	0		
0	0	0	0	0	0	0	0			3	0/0/	0	0	0			0/0			0	-Raspings, turnings and granules, graded according to size; powders
																		33	0		
																		33	0		
0	0	0	0	0	0	0	0			3	0/0/	0	0	0			0/0			0	---Wrought magnesium
																		18	0		
0	0	0	0	0	0	0	0			3	0/0/	0	0	0			0/0				---Magnesium articles
																		33	0	10	
																		33	0	0	
																					Cobalt mattes and other intermediate products of cobalt metallurgy; cobalt and articles thereof, including waste and scrap:
0	0	0	0	0	0	0	0			0	0/0/	0	0	0			0/0			0	---Intermediate products of cobalt metallurgy by wet process
																			0		
0	0	0	0	0	0	0	0			0	0/0/	0	0	0			0/0			0	---Unwrought cobalt
																			0		
0	0	0	0	0	0	0	0			0	0/0/	0	0	0			0/0			0	---Other
																		25	0		
																		29	0		
																		29	0		
0	0	0	0	0	0	0	0			0	0/0/	0	0	0			0/0			0	-Waste and scrap
																			0		
0	0	0	0	0	0	0	0			3	0/0/	2.4	0	0			0/0			0	-Other
																		18	0		
																					Bismuth and articles thereof, including waste and scrap:
0	0	0	0	0	0	0	0			0	0/0/	0	0	0			0/0			0	---Unwrought bismuth; waste and scrap; powders
																		26	0		
																		28	0		
																		26	0		
																		28	0		
																		28	0		
0	0	0	0	0	0	0	0			3	0/0/	2.4	0	0			0/0				---Other
																		18	0	10	
																		18	0	0	
																					Cadmium and articles thereof, including waste and scrap:
0	0	0	0	0		0	0			0	0/0/	0	0	0			0/0			0	-Unwrought cadmium; powders
																		28	0		
0	0	0	0	0	0	0	0			0	0/0/	0	0	0			0/0			0	-Waste and scrap

商品编号	商品名称及备注[检验检疫编码及名称]	进口关税(%) 最惠国	普通	增值税率(%)	消费税	计量单位	监管条件	检验检疫类别
8107300000	镉废碎料〔999〕	3	14	13		千克	9	
81079000	-其他							
8107900000	其他镉及镉制品〔101 其他深加工金属制品〕,〔102 其他有色金属及其制品〕	8	30	13		千克		
8108	**钛及其制品,包括废碎料:**							
81082021	----海绵钛							
8108202100	未锻轧海绵钛〔101 其他有色金属及其制品〕,〔102 金属钛粒〕,〔301 金属钛粒〕	3	14	13		千克	4xy	
81082029	----其他							
8108202910	颗粒<500 微米的钛及其合金(含量≥97%,不论球形,椭球体,雾化,片状,研碎金属燃料)〔301 属于危险化学品的金属〕,〔999 低风险金属材料〕	3	14	13		千克	3A	M/
8108202990	其他未锻轧钛〔999〕	3	14	13		千克	4xy	
81082030	---粉末							
8108203000	钛的粉末①	3	14	13		千克	4Axy	M/
81083000	-废碎料							
8108300000	钛废碎料〔999〕	3	14	13		千克	49Axy	M/
81089010	---条、杆、型材及异型材							
8108901010	钛合金,实心圆柱体,包括锻件(20℃下极限抗拉强度≥900 兆帕,外径超过 75 毫米)〔999〕	8	30	13		千克	3	
8108901020	钛金属基复合材料的条,杆,型材及异型材(其中增强材料的比拉伸强度>7.62×10^{6}米和比模量>3.18×10^{7}米)〔999〕	8	30	13		千克	3	
8108901090	其他钛条、杆、型材及异型材〔999〕	8	30	13		千克		
81089020	---丝							
8108902000	钛丝〔101 其他深加工金属制品〕,〔102 其他有色金属及其制品〕	8	30	13		千克		
81089031	----厚度不超过 0.8 毫米							
8108903100[暂4]	厚度≤0.8 毫米钛板、片、带、箔〔101 其他深加工金属制品〕,〔102 其他有色金属及其制品〕	8	30	13		千克		
81089032	----厚度超过 0.8 毫米							
8108903210[暂4]	钛金属基复合材料的板,片,带,箔(其中增强材料的比拉伸强度>7.62×10^{4}米和比模量>3.18×10^{7}米,厚度>0.8 毫米)〔101 其他深加工金属制品〕,〔102 其他有色金属及其制品〕	8	30	13		千克	3	
8108903290[暂4]	其他厚度>0.8 毫米钛板、片、带、箔〔101 其他深加工金属制品〕,〔102 其他有色金属及其制品〕	8	30	13		千克		
81089040	---管							
8108904010	钛合金管(20℃下极限抗拉强度≥900 兆帕,外径>75 毫米)〔999〕	8	30	13		千克	3	
8108904090	其他钛管〔999〕	8	30	13		千克		
81089090	---其他							
8108909000	其他钛及钛制品〔101 其他深加工金属制品〕,〔102 其他有色金属及其制品〕	8	30	13		千克		
8109	**锆及其制品,包括废碎料:**							
81092000	-未锻轧锆;粉末							
8109200010	颗粒<500 微米的锆及其合金(含量≥97%,不论球形,椭球体,雾化,片状,研碎金属燃料)②	3	20	13		千克	3A	M/
8109200090	其他未锻轧锆;粉末〔101 其他有色金属及其制品〕,〔102 金属锆粉(含水≥25%)〕,〔103 金属锆粉(干燥的)〕,〔301 属于危险化学品的金属〕	3	20	13		千克	3A	M/
81093000	-废碎料							
8109300000	锆废碎料〔999〕	3	20	13		千克	39A	M/
81099000	-其他							
8109900010	锆管(铪与锆重量比低于 1:500 的锆金属和合金的管或组件)〔999〕	8	30	13		千克	3	
8109900090	其他锻轧锆及锆制品③	8	30	13		千克	3	
8110	**锑及其制品,包括废碎料:**							
81101010	---未锻轧锑							
8110101000[暂1]	未锻轧锑〔101 高铅锑〕,〔102 锑合金〕,〔103 其他锑及其制品〕	3	30	13		千克	4xy	
81101020	---粉末							
8110102000	锑粉末④	3	30	13		千克	4Axy	M/
81102000	-废碎料							
8110200000	锑废碎料〔999〕	3	30	13		千克	49xy	

① 〔101 其他有色金属及其制品〕,〔102 金属钛粉(含水≥25%)〕,〔103 金属钛粉(干燥的)〕,〔301 属于危险化学品的金属〕

② 〔301 属于危险化学品的金属〕,〔999 低风险金属材料〕

③ 〔101 其他有色金属及其制品〕,〔102 金属锆片〕,〔103 金属锆条〕,〔104 金属锆丝〕,〔105 金属锆(干的,碎屑)〕,〔301 属于危险化学品的金属〕,〔302 不属于危险化学品的金属〕

④ 〔101 高铅锑〕,〔102 锑合金〕,〔103 其他锑及其制品〕,〔104 锑粉〕,〔301 属于危险化学品的金属〕,〔302 不属于危险化学品的金属〕

协定税率(%)															特惠税率(%)			对美税率	出口税率	出口退税率	Article Description
智利	新西兰	澳大利亚	瑞士	冰岛	秘鲁	哥斯达	东盟	亚太	新加坡	巴基斯坦	港/澳/台	韩国	格鲁吉亚	毛里求斯	亚太	老/柬/缅	LDC 97/95				
																			0		
0	0	0	0	0	0	0	0	5.6		3	0/0/	0	0	0			0/0			0	-Other
																		18	0		
																					Titanium and articles thereof, including waste and scrap:
0	0	0	0	0	0	0	0			0	0/0/	0	0	0			0/0			0	----Sponge titanium
																		28	0		
0	0	0	0	0	0	0	0			0	0/0/	0	0	0			0/0			0	----Other
																		13	0		
																		13	0		
0	0	0	0	0	0	0	0			0	0/0/	0	0	0			0/0			0	---Powders
																		28	0		
0	0	0	0	0	0	0	0			0	0/0/	0	0	0			0/0			0	-Waste and scrap
																		28	0		
0	0	0	0	0	0	0	0			3	0/0/	2.4	0	0			0/0			13	---Bars, rods, shapes and sections
																		18	0		
																		18	0		
																		18	0		
0	0	0	0	0	0	0	0	6.4		3	0/0/	0	0	0			0/0			13	---Wire
																		18	0		
0	0	0	0	0	0	0	0			3	0/0/	0	0	0			0/0			13	----Of a thickness not more than 0.8mm
																		24	0		
0	0	0	0	0	0	0	0			3	0/0/	0	0	0			0/0			13	----Of a thickness more than 0.8mm
																		14	0		
																		14	0		
0	0	0	0	0	0	0	0			3	0/0/	2.4	0	0			0/0			13	---Tubes or pipes
																			0		
																			0		
0	0	0	0	0	0	0	0			4	0/0/	0	1.6	0			0/0			13	---Other
																		18	0		
																					Zirconium and articles thereof, including waste and scrap:
0	0	0	0	0	0	0	0			0	0/0/	0	0	0			0/0			0	-Unwrought zirconium; powders
																		28	0		
																		28	0		
0	0	0	0	0	0	0	0			0	0/0/	0	0	0			0/0			0	-Waste and scrap
																		28	0		
0	0	0	0	0	0	0	0			3	0/0/	2.4	0	0			0/0				-Other
																		18	0	10	
																		18	0	0	
																					Antimony and articles thereof, including waste and scrap:
0	0	0	0	0	0	0	0			0	0/0/	0	0	0			0/0			0	---Unwrought antimony
																		26	20[5]		
0	0	0	0	0	0	0	0			0	0/0/	0	0	0			0/0			0	---Powders
																		28	20		
0	0	0	0	0	0	0	0			0	0/0/	0	0	0			0/0			0	-Antimony waste and scrap
																			20		

商品编号	商品名称及备注[检验检疫编码及名称]	进口关税(%) 最惠国	进口关税(%) 普通	增值税率(%)	消费税	计量单位	监管条件	检验检疫类别
81109000	-其他							
8110900000	其他锑及锑制品〔101 锑合金〕,〔102 其他锑及其制品〕	8	40	13		千克	4xy	
8111	**锰及其制品,包括废碎料:**							
81110010	---未锻轧锰;废碎料;粉末							
8111001010	锰废碎料〔999〕	3	20	13		千克	49xy	
8111001090	未锻轧锰;粉末①	3	20	13		千克	4Axy	M/
81110090	---其他							
8111009000	其他锰及制品〔101 其他深加工金属制品〕,〔102 金属锰〕,〔103 其他锰及其制品〕	8	30	13		千克	4xy	
8112	**铍、铬、锗、钒、镓、铪、铟、铼、铌、铊及其制品,包括废碎料:**							
81121200	--未锻轧铍;粉末							
8112120000	未锻轧铍、铍粉末②	3	30	13		千克	3A	M/
81121300	--废碎料							
8112130000	铍废碎料〔999〕	3	30	13		千克	39	
81121900	--其他							
8112190000	其他铍及其制品〔101 其他深加工金属制品〕,〔102 其他有色金属及其制品〕	8	30	13		千克	3	
81122100	--未锻轧铬;粉末							
8112210000	未锻轧铬;铬粉末〔999〕	3	20	13		千克	4xy	
81122200	--废碎料							
8112220000	铬废碎料〔999〕	3	20	13		千克	49xy	
81122900	--其他							
8112290000	其他铬及其制品〔999〕	3	20	13		千克	4xy	
81125100	--未锻轧铊;粉末							
8112510000	未锻轧铊;铊粉末〔101 其他有色金属及其制品〕,〔102 铊〕,〔301 其他有色金属及其制品〕,〔302 属于危险化学品的金属〕	3	20	13		千克	AB	M/N
81125200	--废碎料							
8112520000	铊废碎料〔999〕	3	20	13		千克	9	
81125900	--其他							
8112590000	其他铊及其制品〔999〕	8	30	13		千克		
81129210	---锗							
8112921010	锗废碎料〔999〕	3	20	13		千克	49Axy	
8112921090	未锻轧的锗;锗粉末〔999〕	3	20	13		千克	4xy	
81129220	---钒							
8112922001[暂0]	未锻轧、废碎料或粉末状的钒氮合金〔101 有色金属及其制品〕,〔102 废碎料〕	3	20	13		千克	4xy	
8112922010	钒废碎料〔999〕	3	20	13		千克	49Axy	
8112922090	未锻轧的钒;钒粉末〔999〕	3	20	13		千克	4xy	
81129230	---铟							
8112923010	未锻轧铟、铟粉末〔999〕	3	20	13		千克	4xy	
8112923090	未锻轧铟废碎料〔999〕	3	20	13		千克	49xy	
81129240	---铌							
8112924010	铌废碎料〔999〕	3	20	13		千克	49Axy	M/
8112924090[暂0]	未锻轧的铌;铌粉末〔999〕	3	20	13		千克	4xy	
81129290	---其他							
8112929011	未锻轧的铪废碎料〔301 属于危险化学品的金属〕,〔302 其他〕,〔999〕	3	20	13		千克	39A	M/
8112929019	未锻轧的铪;粉末③	3	20	13		千克	3A	M/
8112929091	镓、铼废碎料〔301 属于危险化学品的金属〕,〔999 废金属〕	3	20	13		千克	49Axy	
8112929099	镓、铼;粉末〔301 属于危险化学品的金属〕,〔999 低风险金属材料〕	3	20	13		千克	4Axy	
81129910	---锗							
8112991000	其他锗及其制品〔101 其他深加工金属制品〕,〔102 其他有色金属及其制品〕	3	20	13		千克	4xy	
81129920	---钒							
8112992001[暂0]	其他钒氮合金〔101 其他深加工金属制品〕,〔102 其他有色金属及其制品〕	3	20	13		千克	4xy	
8112992090	其他钒及其制品〔101 其他深加工金属制品〕,〔102 其他有色金属及其制品〕	3	20	13		千克	4xy	
81129930	---铟							

① 〔101 锰粉〕,〔102 锰片〕,〔103 锰锭〕,〔104 未锻轧锰桃、锰球、锰块〕,〔105 金属锰粉(含水≥25%)〕,〔301 属于危险化学品的金属〕,〔302 不属于危险化学品的金属〕

② 〔101 其他有色金属及其制品〕,〔102 铍粉〕,〔301 其他有色金属及其制品〕,〔302 属于危险化学品的金属〕

③ 〔101 金属铪粉(含水≥25%)〕,〔102 金属铪粉(干燥的)〕,〔301 属于危险化学品的金属〕,〔302 不属于危险化学品的金属〕

协定税率(%)															特惠税率(%)			对美税率	出口税率	出口退税率	Article Description
智利	新西兰	澳大利亚	瑞士	冰岛	秘鲁	哥斯达	东盟	亚太	新加坡	巴基斯坦	港/澳/台	韩国	格鲁吉亚	毛里求斯	亚太	老/柬/缅	LDC 97/95				
0	0	0	0	0	0	0	0			3	0/0/	0	0	0			0/0			0	-Other
																		18	0		
																					Manganese and articles thereof, including waste and scrap:
0	0	0	0	0	0	0	0			0	0/0/	0	0	0			0/0			0	---Unwrought manganese; waste and scrap; powders
																		28	0		
																		28	0		
0	0	0	0	0	0	0	0			3	0/0/	0	0	0			0/0			0	---Other
																		18	0		
																					Beryllium, chromium, germanium, vanadium, gallium, hafnium, indium, niobium (columbium), rhenium and thallium, and articles of these metals, including waste and scrap:
0	0	0	0	0	0	0	0			0	0/0/	0	0	0			0/0			0	--Unwrought; powders
																		28	0		
0	0	0	0	0	0	0	0			0	0/0/	0	0	0			0/0			0	--Waste and scrap
																			0		
0	0	0	0	0	0	0	0			3	0/0/	0	0	0			0/0			0	--Other
																		18	0		
0	0	0	0	0	0	0	0			0	0/0/	0	0	0			0/0			0	--Unwrought; powders
																		13	0		
0	0	0	0	0	0	0	0			0	0/0/	0	0	0			0/0			0	--Waste and scrap
																			0		
0	0	0	0	0	0	0	0			0	0/0/	0	0.6	0			0/0			0	--Other
																		23	0		
0	0	0	0	0	0	0	0			0	0/0/	0	0	0			0/0			0	--Unwrought; powders
																			0		
0	0	0	0	0	0	0	0			0	0/0/	0	0	0			0/0			0	--Waste and scrap
																			0		
0	0	0	0	0	0	0	0			3	0/0/	0	0	0			0/0			0	--Other
																		18	0		
0	0	0	0	0	0	0	0			0	0/0/	0	0	0			0/0			0	---Germanium
																		28	0		
																		28	0		
0	0	0	0	0	0	0	0			0	0/0/	0	0	0			0/0			0	---Vanadium
																		25	0		
																		28	0		
																		28	0		
0	0	0	0	0	0	0	0			0	0/0/	0	0	0			0/0			0	---Indium
																		28	0		
																		28	0		
0	0	0	0	0	0	0	0			0	0/0/	0	0	0			0/0			0	---Niobium
																		28	0		
																		25	0		
0	0	0	0	0	0	0	0	2.7		0	0/0/	0	0	0			0/0			0	---Other
																		28	0		
																		28	0		
																		28	0		
																		28	0		
0	0	0	0	0	0	0	0			0	0/0/	0	0	0			0/0			10	---Germanium
																		28	0		
0	0	0	0	0	0	0	0			0	0/0/	0	0	0			0/0			0	---Vanadium
																		25	0		
																		28	0		
0	0	0	0	0	0	0	0			3	0/0/	0	0	0			0/0			0	---Indium

商品编号	商品名称及备注[检验检疫编码及名称]	进口关税(%)		增值税率(%)	消费税	计量单位	监管条件	检验检疫类别
		最惠国	普通					
8112993000	锻轧的铟及其制品〔101 其他深加工金属制品〕,〔102 其他有色金属及其制品〕	8	20	13		千克	4xy	
81129940	---铌							
8112994000	锻轧的铌及其制品〔101 其他深加工金属制品〕,〔102 其他有色金属及其制品〕	8	20	13		千克	4xy	
81129990	---其他							
8112999010	锻轧的铪及其制品〔101 其他深加工金属制品〕,〔102 其他有色金属及其制品〕	8	30	13		千克	3	
8112999090	锻轧的镓、铼及其制品①	8	30	13		千克	4xy	
8113	**金属陶瓷及其制品,包括废碎料:**							
81130010	---颗粒;粉末							
8113001010	颗粒或粉末状碳化钨废碎料〔999〕	8	30	13		千克	9A	M/
8113001090	颗粒或粉末状其他金属陶瓷及其制品〔999〕	8	30	13		千克		
81130090	---其他							
8113009010	其他碳化钨废碎料,颗粒或粉末除外〔999〕	8	30	13		千克	9A	M/
8113009020[暂4]	铝碳化硅(AlSiC)基板(包括废料)〔999〕	8	30	13		千克		
8113009090	其他金属陶瓷及其制品,颗粒或粉末除外(包括废料)〔999〕	8	30	13		千克		

① 〔101 其他深加工金属制品〕,〔102 其他有色金属及其制品〕,〔301 属于危险化学品的金属〕,〔302 其他深加工金属制品〕

协定税率(%)															特惠税率(%)			对美税率	出口税率	出口退税率	Article Description
智利	新西兰	澳大利亚	瑞士	冰岛	秘鲁	哥斯达	东盟	亚太	新加坡	巴基斯坦	港/澳/台	韩国	格鲁吉亚	毛里求斯	亚太	老/柬/缅	LDC 97/95				
																		18	0		
0	0	0	0	0	0	0	0			3	0/0/	0	0	0			0/0			0	---Niobium
																		18	0		
0	0	0	0	0	0	0	0	5.6		0	0/0/	0	0	0			0/0				---Other
																		18	0	0	
																		18	0	0	
																					Cermets and articles thereof, including waste and scrap:
0	0	0	0	0	0	0	0			3	0/0/0		0	0			0/0			0	---Granules, powders
																		33	0		
																		33	0		
0	0	0	0	0	0	0	0			3	0/0/0		0	0			0/0			0	---Other
																		33	0		
																		29	0		
																		33	0		

第八十二章
贱金属工具、器具、利口器、餐匙、餐叉及其零件

注释：

一、除喷灯、轻便锻炉、带支架的砂轮、修指甲和修脚用器具及品目 82.09 的货品外，本章仅包括带有用下列材料制成的刀片、工作刃、工作面或其他工作部件的物品：

(一) 贱金属；

(二) 硬质合金或金属陶瓷；

(三) 装于贱金属、硬质合金或金属陶瓷底座上的宝石或半宝石（天然、合成或再造）；或

(四) 附于贱金属底座上的磨料，当附上磨料后，所具有的切齿、沟、槽或类似结构仍保持其特性及功能。

二、本章所列物品的贱金属零件，应与该制品归入同一税号，但具体列名的零件及手工工具的工具夹具（品目 84.66）除外。第十五类注释二所述的通用零件，均不归入本章。

电动剃须刀及电动毛发推剪的刀头、刀片应归入品目 85.10。

三、由品目 82.11 的一把或多把刀具与品目 82.15 至少数量相同的物品构成的成套货品应归入品目 82.15。

商品编号	商品名称及备注[检验检疫编码及名称]	进口关税(%) 最惠国	普通	增值税率(%)	消费税	计量单位	监管条件	检验检疫类别
8201	**锹、铲、镐、锄、叉及耙；斧子、钩刀及类似砍伐工具；各种修枝用剪刀；镰刀、秣刀、树篱剪、伐木楔子及其他农业、园艺或林业用手工工具：**							
82011000	-锹及铲							
8201100010	含植物性材料的锹及铲〔101 其他木制品〕,〔102 农用手工具〕	8	50	9		千克/把	AB	P/Q
8201100090	其他锹及铲〔999〕	8	50	9		千克/把		
82013000	-镐、锄及耙							
8201300010	含植物性材料的镐、锄、耙〔101 其他木制品〕,〔102 农用手工具〕	8	50	9		千克/把	AB	P/Q
8201300090	其他镐、锄、耙〔999〕	8	50	9		千克/把		
82014000	-斧子、钩刀及类似砍伐工具							
8201400010	含植物性材料的砍伐工具(包括斧子、钩刀及类似砍伐工具)〔101 其他木制品〕,〔102 农用手工具〕	8	50	9		千克/把	AB	P/Q
8201400090	其他斧子、钩刀及类似砍伐工具〔999〕	8	50	9		千克/把		
82015000	-修枝剪及类似的单手操作剪刀(包括家禽剪)							
8201500010	含植物性材料的单手操作农用剪(包括家禽剪)〔101 其他木制品〕,〔102 农用手工具〕	8	50	9		千克/把	AB	P/Q
8201500090	其他修枝剪等单手操作农用剪(包括家禽剪)〔999〕	8	50	9		千克/把		
82016000	-树篱剪、双手修枝剪及类似的双手操作剪刀							
8201600010	含植物性材料的双手操作农用剪〔101 其他木制品〕,〔102 农用手工具〕	8	50	9		千克/把	AB	P/Q
8201600090	其他修枝等双手操作农用剪〔999〕	8	50	9		千克/把		
82019010	---叉							
8201901010	含植物性材料的农业、园艺、林业用叉〔101 其他木制品〕,〔102 农用手工具〕	8	50	9		千克/把	AB	P/Q
8201901090	其他农业、园艺、林业用叉〔999〕	8	50	9		千克/把		
82019090	---其他							
8201909010	含植物性材料的农业、园艺、林业用手工工具〔101 其他木制品〕,〔102 农用手工具〕	8	50	9		千克/把	AB	P/Q
8201909090	其他农业、园艺、林业用手工工具〔999〕	8	50	9		千克/把		
8202	**手工锯；各种锯的锯片(包括切条、切槽或无齿锯片)：**							
82021000	-手工锯							
8202100000	手工锯〔999〕	8	50	13		千克/把		
82022010	---双金属带锯条							
8202201000	双金属带锯条〔999〕	8	20	13		千克		
82022090	---其他							

Chapter 82
Tools, implements, cutlery, spoons and forks, of base metal; parts thereof of base metal

Chapter Notes:

1. Apart from blow lamps, portable forges, grinding wheels with frameworks, manicure or pedicure sets, and goods of heading 82.09, this Chapter covers only articles with a blade, working edge, working surface or other working part of:
   (a) Base metal;
   (b) Metal carbides or cermets;
   (c) Precious or semi-precious stones (natural, synthetic or reconstructed) on a support of base metal, metal carbide or cermet; or
   (d) Abrasive materials on a support of base metal, provided that the articles have cutting teeth, flutes, grooves, or the like, of base metal, which retain their identity and function after the application of the abrasive.

2. Parts of base metal of the articles of this Chapter are to be classified with the articles of which they are parts, except parts separately specified as such and tool-holders for hand tools (heading 84.66). However, parts of general use as defined in Note 2 to Section XV are in all cases excluded from this Chapter.
   Heads, blades and cutting plates for electric shavers and electric hair clippers are to be classified in heading 85.10.

3. Sets consisting of one or more knives of heading 82.11 and at least an equal number of articles of heading 82.15 are to be classified in heading 82.15.

协定税率(%)															特惠税率(%)			对美税率	出口税率	出口退税率	Article Description
智利	新西兰	澳大利亚	瑞士	冰岛	秘鲁	哥斯达	东盟	亚太	新加坡	巴基斯坦	港/澳/台	韩国	格鲁吉亚	毛里求斯	亚太	老/柬/缅	LDC 97/95				
																					Hand tools, the following: spades, shovels, mattocks, picks, hoes, forks and rakes; axes, bill hooks and similar hewing tools; secateurs and prundrs of any kind; scythes, hay knives, hedge shears, timber wedges and other tools of a kind used in agriculture, horticulture or forestry:
0	0	0	0	0	0	0	0			4	0/0/	0	0	0			0/0				-Spades and shovels
																		28	0	9	
																		28	0	9	
0	0	0	0	0	0	0	0			3	0/0/	0	0	0			0/0				-Mattocks, picks, hoes and rakes
																		33	0	9	
																		33	0	9	
0	0	0	0	0	0	0	0			4	0/0/	0	0	0			0/0				-Axes, bill hooks and similar hewing tools
																		18	0	9	
																		18	0	9	
0	0	0	0	0	0	0	0			3	0/0/	0	0	0			0/0				-Secateurs and similar one-handed pruners and shears (including poultry shears)
																		33	0	9	
																		33	0	9	
0	0	0	0	0	0	0	0			3	0/0/	0	0	0			0/0			9	-Hedge shears, two-handed pruning shears and similar two-handed shears
																		33	0		
																		33	0		
0	0	0	0	0	0	0	0			3	0/0/	0	0	0			0/0			9	---Forks
																		18	0		
																		18	0		
0	0	0	0	0	0	0	0			3	0/0/	2.4	0	0			0/0				---Other
																		18	0	9	
																		18	0	9	
																					Hand saws; blades for saws of all kinds (including slitting, slotting or toothless saw blades):
0	0	0	0	0	0	0	0			3	0/0/	2.5	0	0			0/0				-Hand saws
																		33	0	9	
0	0	0	1.6	0	0	0	0			3	0/0/	2.4	0	0			0/0			13	---Bimetal band saw blades
																		28	0		
0	0	0	1.6	0	0	0	0			3	0/0/	2.4	0	0			0/0			13	---Other

商品编号	商品名称及备注[检验检疫编码及名称]	进口关税(%) 最惠国	进口关税(%) 普通	增值税率(%)	消费税	计量单位	监管条件	检验检疫类别
8202209000	其他带锯片〔999〕	8	20	13		千克		
82023100	--带有钢制工作部件							
8202310000	带有钢制工作部件的圆锯片(包括切条或切槽锯片)〔999〕	8	20	13		千克		
82023910	---带有天然或合成金刚石、立方氮化硼制的工作部件							
8202391000	带有天然或合成金刚石、立方氮化硼制的工作部件的圆锯片(包括切条或切槽锯片,包括部件)〔999〕	8	20	13		千克		
82023990	---其他							
8202399000	其他圆锯片,包括部件(包括切条或切槽锯片)〔999〕	8	20	13		千克		
82024000	-链锯片							
8202400000	链锯片〔999〕	8	20	13		千克		
82029110	---机械锯用							
8202911000	加工金属用的机械锯的直锯片〔999〕	8	20	13		千克		
82029190	---其他							
8202919000	加工金属用的非机械锯的直锯片〔999〕	8	50	13		千克		
82029910	---机械锯用							
8202991000	机械锯用的其他锯片〔999〕	8	20	13		千克		
82029990	---其他							
8202999000	非机械锯用的其他锯片〔999〕	8	50	13		千克		
8203	**钢锉、木锉、钳子(包括剪钳)、镊子、白铁剪、切管器、螺栓切头器、打孔冲子及类似手工工具:**							
82031000	-钢锉、木锉及类似工具							
8203100000	钢锉、木锉及类似工具〔999〕	8	50	13		千克/把		
82032000	-钳子(包括剪钳)、镊子及类似工具							
8203200000	钳子、镊子及类似工具〔999〕	8	50	13		千克/把		
82033000	-白铁剪及类似工具							
8203300000	白铁剪及类似工具〔999〕	8	50	13		千克/把		
82034000	-切管器、螺栓切头器、打孔冲子及类似工具							
8203400000	切管器、螺栓切头器、打孔冲子等〔999〕	8	50	13		千克/把		
8204	**手动扳手及扳钳(包括转矩扳手,但不包括丝锥扳手);可互换的扳手套筒,不论是否带手柄:**							
82041100	--固定的							
8204110000	固定式的手动扳手及板钳〔999〕	8	50	13		千克/把		
82041200	--可调的							
8204120000	可调式的手动扳手及板钳〔999〕	8	50	13		千克/把		
82042000	-可互换的扳手套筒,不论是否带手柄							
8204200000	可互换的扳手套筒(不论是否带手柄)〔999〕	8	50	13		千克/套		
8205	**其他品目未列名的手工工具(包括玻璃刀);喷灯;台钳、夹钳及类似品,但作为机床或水射流切割机附件或零件的除外;砧;轻便锻炉;带支架的手摇或脚踏砂轮:**							
82051000	-钻孔或攻丝工具							
8205100000	手工钻孔或攻丝工具〔999〕	8	50	13		千克/个		
82052000	-锤子							
8205200000	手工锤子〔999〕	8	50	13		千克/个		
82053000	-木工用刨子、凿子及类似切削工具							
8205300000	木工用刨子、凿子及类似切削工具〔999〕	8	50	13		千克/个		
82054000	-螺丝刀							
8205400000	螺丝刀〔999〕	8	50	13		千克/个		
82055100	--家用工具							

协定税率(%)															特惠税率(%)			对美税率	出口税率	出口退税率	Article Description
智利	新西兰	澳大利亚	瑞士	冰岛	秘鲁	哥斯达	东盟	亚太	新加坡	巴基斯坦	港/澳/台	韩国	格鲁吉亚	毛里求斯	亚太	老/柬/缅	LDC 97/95				
																		28	0		
0	0	0	0	0	0	0	0			3	0/0/	2.4	0	0			0/0			13	--With working part of steel
																		33	0		
0	0	0	0	0	0	0	0			3	0/0/	0	0	0			0/0			13	---With working part of natural or synthetic diamonds or cubic boron nitride
																		33	0		
0	0	0	0	0	0	0	0			3	0/0/	0	0	0			0/0			13	---Other
																		33	0		
0	0	0	1.6	0	0	0	0			3	0/0/	0	0	0			0/0			13	-Chain saw blades
																		18	0		
0	0	0	1.6	0	0	0	0	5.2		3	0/0/	2.4	0	0			0/0			13	---For sawing machines
																		18	0		
0	0	0	1.6	0	0	0	0			3	0/0/	0	0	0			0/0			13	---Other
																		18	0		
0	0	0	1.7	0	0	0	0			3	0/0/	2.5	0	0			0/0			13	---For sawing machines
																		28	0		
0	0	0	2.1	0	0	0	0		0	4	0/0/	3.1	0	0			0/0			13	---Other
																		18	0		
																					Files, rasps, pliers (including cutting pliers), pincers, tweezers, metal cutting shears, pipe-cutters, bolt croppers, perforating punches and similar hand tools:
0	0	0	2.1	0	0	0	0		0	4	0/0/	3.1	0	0			0/0			13	-Files, rasps and similar tools
																		33	0		
0	0	0	2.1	0	0	0	0		0		0/0/0	3.1	0	0			0/0			13	-Pliers (including cutting pliers), pincers, tweezers and similar tools
																		28	0		
0	0	0	2.1	0	0	0	0		0	4	0/0/	3.1	0	0			0/0			13	-Metal cutting shears and similar tools
																		28	0		
0	0	0	2.1	0	0	0	0		0	4	0/0/	3.1	0	0			0/0			13	-Pipe-cutters, bolt croppers, perforating punches and similar tools
																		18	0		
																					Hand-operated spanners and wrenches (including torque meter wrenches but not including tap wrenches); interchangeable spanner sockets, with or without handles:
0	0	0	2.1	0	0	0	0		0	4	0/0/	3.1	0	0			0/0			13	--Non-adjustable
																		28	0		
0	0	0	0	0	0	0	0			3	0/0/0	3	0	0			0/0			13	--Adjustable
																		18	0		
0	0	0	0	0	0	0	0			3	0/0/	3	0	0			0/0			13	-Interchangeable spanner sockets, with or without handles
																		33	0		
																					Hand tools (including glaziers diamonds), not elsewhere specified or included; blow lamps; vices, clamps and the like, other than accessories for and parts of, machine-tools or water-jet cutting machines; anvils; portable forges; hand or pedal operated grin:
0	0	0	0	0	0	0	0			3	0/0/	3	0	0			0/0			13	-Drilling, threading or tapping tools
																		18	0		
0	0	0	0	0	0	0	0			4	0/0/0	3	0	0			0/0			13	-Hammers and sledge hammers
																		28	0		
0	0	0	2.1	0	0	0	0		0	4	0/0/	3.1	0	0			0/0			13	-Planes, chisels, gouges and similar cutting tools for working wood
																		28	0		
0	0	0	2.1	0	0	0	0		0	4	0/0/0	3.1	0	0			0/0			13	-Screwdrivers
																		28	0		
0	0	0	2.1	0	0	0	0		0	4	0/0/	3.1	0	0			0/0			13	--Household tools

商品编号	商品名称及备注[检验检疫编码及名称]	进口关税(%)		增值税率(%)	消费税	计量单位	监管条件	检验检疫类别
		最惠国	普通					
8205510000	其他家用手工工具〔999〕	7	50	13		千克/个		
82055900	--其他							
8205590000	其他手工工具(包括玻璃刀)〔999〕	8	50	13		千克/个		
82056000	-喷灯							
8205600000	喷灯〔999〕	8	50	13		千克/个		
82057000	-台钳、夹钳及类似品							
8205700000	台钳、夹钳及类似品〔101 台钳、夹钳及类似品〕,〔102 其他五金工具〕	8	50	13		千克/个		
82059000	-其他,包括由本品目项下两个或多个编号所列物品组成的成套货品							
8205900000	其他,包括由本品目项下两个或多个编号所列物品组成的成套货品(包括砧、轻便锻炉、带支架的手摇或脚踏砂轮)〔999〕	8	50	13		千克		
8206	**由品目 82.02 至 82.05 中两个或多个编号所列工具组成的零售包装成套货品:**							
82060000	由品目 82.02 至 82.05 中两个或多个编号所列工具组成的零售包装成套货品							
8206000000	成套工具组成的零售包装货品(由品目 82.02 至 82.05 中两个或多个品目所列工具组成的)〔999〕	8	50	13		千克		
8207	**手工工具(不论是否有动力装置)及机床(例如,锻压、冲压、攻丝、钻孔、镗孔、铰孔及铣削、车削或上螺丝用的机器)的可互换工具,包括金属拉拔或挤压用模以及凿岩或钻探工具:**							
82071300	--带有金属陶瓷制的工作部件							
8207130000	带金属陶瓷工作部件的凿岩工具(包括钻探工具)〔999〕	8	20	13		千克		
82071910	---带有天然或合成金刚石、立方氮化硼制的工作部件							
8207191000	带金刚石等工作部件的凿岩工具(金刚石等包括立方氮化硼,本编号包括钻探工具)〔999〕	8	20	13		千克		
82071990	---其他							
8207199000	带其他材料工作部件的凿岩工具(包括钻探工具)〔999〕	8	20	13		千克		
82072010	---带有天然或合成金刚石、立方氮化硼制的工作部件							
8207201000	带金刚石等工作部件的金属拉拔模(金刚石等包括立方氮化硼,本编号包括金属挤压用模)〔999〕	8	20	13		千克/套		
82072090	---其他							
8207209000	带其他材料工作部件的金属模(包括金属挤压用模)〔999〕	8	20	13		千克/套		
82073000	-锻压或冲压工具							
8207300010[暂6]	加工品目 87.03 所列车辆车身冲压件用的 4 种关键模具(侧围外板、翼子板、拼接整体侧围内板、拼焊整体侧围加强板用模具)〔999〕	8	20	13		千克		
8207300020[暂6]	加工品目 87.03 所列车辆车身冲压件用的 4 种特种模具(σb≥980 牛顿/平方毫米的冷冲压、热成型、内高压成型和铝板用模具)〔999〕	8	20	13		千克		
8207300090	其他锻压或冲压工具〔999〕	8	20	13		千克		
82074000	-攻丝工具							
8207400000	攻丝工具〔999〕	8	20	13		千克/件		
82075010	---带有天然或合成金刚石、立方氮化硼制的工作部件							
8207501000	带金刚石等工作部件的钻孔工具(凿岩或钻探用的除外,金刚石等包括立方氧化硼)〔999〕	8	20	13		千克/件		
82075090	---其他							
8207509000	带其他材料工作部件的钻孔工具(凿岩或钻探用的除外)〔999〕	8	20	13		千克/件		
82076010	---带有天然或合成金刚石、立方氮化硼制的工作部件							
8207601000	带金刚石等工作部件的镗孔工具(金刚石等包括立方氮化硼,本编号包括铰孔工具)〔999〕	8	20	13		千克/件		
82076090	---其他							
8207609000	带其他材料工作部件的镗孔工具(包括铰孔工具)〔999〕	8	20	13		千克/件		
82077010	---带有天然或合成金刚石、立方氮化硼制的工作部件							
8207701000	带有天然或合成金刚石、立方氮化硼制的工作部件的铣削工具〔999〕	8	20	13		千克/件		
82077090	---其他							

协定税率(%)															特惠税率(%)			对美税率	出口税率	出口退税率	Article Description
智利	新西兰	澳大利亚	瑞士	冰岛	秘鲁	哥斯达	东盟	亚太	新加坡	巴基斯坦	港/澳/台	韩国	格鲁吉亚	毛里求斯	亚太	老/柬/缅	LDC 97/95				
																		22	0		
0	0	0	2	0	0	0	0	5.2		0	0/0/0	3	0	0			0/0			13	--Other
																		18	0		
0	0	0	2	0	0	0	0			3	0/0/	3	0	0			0/0			13	-Blow lamps
																		28	0		
0	0	0	4.9	0	0	0	0		0	4	0/0/	3.1	0	0			0/0			13	-Vices, clamps and the like
																		28	0		
0	0	0	2.1	0	0	0	0		0	4	0/0/	3.1	0	0			0/0			13	-Other, including sets of articles of two or more Subheadings of this heading
																		18	0		
																					Tools of two or more of the headings 82.02 to 82.05, put up in sets for retail sale:
0	0	0	3.5	0	0	0	0		0	4	0/0/	3.1	0	0			0/0			13	Tools of two or more of the headings 82.02 to 82.05, put up in sets for retail sale
																		18	0		
																					Interchangeable tools for hand tools, whether or not power-operated, or for machine-tools (for example, for pressing, stamping, punching, tapping, threading, drilling, boring, broaching, milling, turning or screw driving), including dies for drawing or extruding metal, and rock drilling or earth boring tools:
0	0	0	0	0	0	0	0			3	0/0/	0	0	0			0/0			13	--With working part of cermets
																		28	0		
0	0	0	0	0	0	0	0			3	0/0/	0	0	0			0/0			13	---With working part of natural or synthetic diamonds or cubic boron nitride
																		18	0		
0	0	0	0	0	0	0	0			3	0/0/	2.4	0	0			0/0			13	---Other
																		18	0		
0	0	0	0	0	0	0	0			3	0/0/0	0	0	0			0/0			13	---With working part of natural or synthetic diamonds or cubic boron nitride
																		33	0		
0	0	0	1.6	0	0	0	0			3	0/0/0	0	0	0			0/0			13	---Other
																		33	0		
0	0	0	0	0	0	0	0	6.8		3	0/0/0	4.2	0	0			0/0			13	-Tools for pressing, stamping or punching
																		31	0		
																		31	0		
																		33	0		
0	0	0	0	0	0	0	0			3	0/0/0		0	0			0/0			13	-Tools for tapping or threading
																		33	0		
0	0	0	0	0	0	0	0			3	0/0/0		0	0			0/0			13	---With working part of natural or synthetic diamonds or cubic boron nitride
																		28	0		
0	0	0	0	0	0	0	0			3	0/0/0		0	0			0/0			13	---Other
																		33	0		
0	0	0	0	0	0	0	0			3	0/0/0		0	0			0/0			13	---With working part of natural or synthetic diamonds or cubic boronnitride
																		33	0		
0	0	0	0	0	0	0	0			3	0/0/	4.2	0	0			0/0			13	---Other
																		33	0		
0	0	0	0	0	0	0	0			3	0/0/0		0	0			0/0			13	---With working part of natural or synthetic diamonds or cubic boronnitride
																		33	0		
0	0	0	0	0	0	0	0			3	0/0/0		0	0			0/0			13	---Other

商品编号	商品名称及备注[检验检疫编码及名称]	进口关税(%) 最惠国	普通	增值税率(%)	消费税	计量单位	监管条件	检验检疫类别
8207709000	其他铣削工具〔999〕	8	20	13		千克/件		
82078010	---带有天然或合成金刚石、立方氮化硼制的工作部件							
8207801000	带有天然或合成金刚石、立方氮化硼制的工作部件的车削工具〔999〕	8	20	13		千克/件		
82078090	---其他							
8207809000	其他车削工具〔999〕	8	20	13		千克/件		
82079010	---带有天然或合成金刚石、立方氮化硼制的工作部件							
8207901000	带金刚石工作部件的其他互换工具(金刚石包括立方氮化硼)〔999〕	8	20	13		千克/件		
82079090	---其他							
8207909000	其他可互换工具(带有其他材料制的工作部件)〔999〕	8	20	13		千克/件		
8208	**机器或机械器具的刀及刀片：**							
82081011	----经镀或涂层的							
8208101100	经镀或涂层的硬质合金制的金工机械用刀及刀片(金属加工用)〔999〕	8	20	13		千克		
82081019	----其他							
8208101900	其他硬质合金制的金工机械用刀及刀片(金属加工用)〔999〕	8	20	13		千克		
82081090	---其他							
8208109000	其他金工机械用刀及刀片(金属加工用)〔999〕	8	20	13		千克		
82082000	-木器加工用							
8208200000	木工机械用刀及刀片(木器加工用)〔999〕	8	20	13		千克		
82083000	-厨房器具或食品工业机器用							
8208300000	厨房或食品加工机器用刀及刀片(厨房器具或食品加工机器用)〔999〕	8	20	13		千克	A	R/
82084000	-农业、园艺或林业机器用							
8208400000	农、林业机器用刀及刀片(农业、园艺、林业机器用)〔999〕	8	20	9		千克		
82089000	-其他							
8208900000	其他机器或机械器具用刀及刀片(其他用途)〔999〕	8	20	13		千克		
8209	**未装配的工具用金属陶瓷板、杆、刀头及类似品：**							
82090010	---板							
8209001000	未装配的工具用金属陶瓷板〔999〕	8	20	13		千克		
82090021	----晶粒度小于 0.8 微米的							
8209002100	未装配的工具用金属陶瓷条、杆(晶粒度<0.8 微米)〔999〕	8	20	13		千克		
82090029	----其他							
8209002900	其他未装配的工具用金属陶瓷条、杆(晶粒度≥0.8 微米)〔999〕	8	20	13		千克		
82090030	---刀头							
8209003000	未装配的工具用金属陶瓷刀头〔999〕	8	20	13		千克		
82090090	---其他							
8209009000	未装配的工具用金属陶瓷板、条、杆、刀头的类似品〔999〕	8	20	13		千克		
8210	**用于加工或调制食品或饮料的手动机械器具,重量不超过 10 千克：**							
82100000	用于加工或调制食品或饮料的手动机械器具,重量不超过 10 千克							
8210000000	加工调制食品、饮料用手动机械(重量不超过 10 千克)〔999〕	8	80	13		千克/台	A	R/
8211	**有刃口的刀及其刀片,不论是否有锯齿(包括整枝刀),但品目 82.08 的刀除外：**							
82111000	-成套货品							
8211100010	以刀为主的成套货品〔999〕	8	80	13		千克/套		
8211100090	其他以刀为主的成套货品〔999〕	8	80	13		千克/套		
82119100	--刃面固定的餐刀							
8211910000	刃面固定的餐刀〔101 餐桌用具〕,〔102 食品接触不锈钢产品〕,〔103 食品接触铁产品〕,〔104 食品接触铝产品〕,〔105 食品接触其他金属产品〕	7	80	13		千克/把	A	R/
82119200	--刃面固定的其他刀							
8211920000	刃面固定的其他刀①	7	80	13		千克/把		

① 〔101 其他食品加工机器及其零件〕,〔102 食品接触不锈钢产品〕,〔103 食品接触铁产品〕,〔104 食品接触铝产品〕,〔105 食品接触其他金属产品〕

协定税率(%)															特惠税率(%)			对美税率	出口税率	出口退税率	Article Description
智利	新西兰	澳大利亚	瑞士	冰岛	秘鲁	哥斯达	东盟	亚太	新加坡	巴基斯坦	港/澳/台	韩国	格鲁吉亚	毛里求斯	亚太	老/柬/缅	LDC 97/95				
																		33	0		
0	0	0	0	0	0	0	0	5.2		3	0/0/0	5.2	0	0			0/0			13	---With working part of natural or synthetic diamonds or cubic boronnitride
																		18	0		
0	0	0	0	0	0	0	0	5.2		3	0/0/0	5.2	0	0			0/0			13	---Other
																		28	0		
0	0	0	0	0	0	0	0	5.2		3	0/0/0	5.2	0	0			0/0			13	---With working part of natural or synthetic diamonds or cubic boron nitride
																		18	0		
0	0	0	1.6	0	0	0	0	5.2		3	0/0/0	5.2	0	0			0/0			13	---Other
																		28	0		
																					Knives and cutting blades, for machines or for mechanical appliances:
0	0	0	1.6	0	0	0	0			3	0/0/	4.2	0	0			0/0			13	----Plated or coated
																		28	0		
0	0	0	1.6	0	0	0	0			3	0/0/	4.2	0	0			0/0			13	----Other
																		33	0		
0	0	0	1.6	0	0	0	0			3	0/0/	4.2	0	0			0/0			13	---Other
																		28	0		
0	0	0	0	0	0	0	0			3	0/0/0	0	0	0			0/0			13	-For wood working
																		33	0		
0	0	0	0	0	0	0	0			3	0/0/	2.4	0	0			0/0			13	-For kitchen appliances or for machines used by the food industry
																		18	0		
0	0	0	1.6	0	0	0	0			3	0/0/0	0	0	0			0/0				-For agricultural, horticultural or forestry machines
																		18	0	9	
0	0	0	1.6	0	0	0	0	5.2		0	0/0/0	0	0	0			0/0			13	-Other
																		33	0		
																					Plates, sticks, tips and the like for tools, unmounted, of cermets:
0	0	0	0	0	0	0	0	5.2		3	0/0/	2.4	0	0			0/0			13	---Plates
																		33	0		
0	0	0	1.6	0	0	0	0	5.2		3	0/0/	0	0	0			0/0			13	----Grain size<0.8μm
																		33	0		
0	0	0	1.6	0	0	0	0	5.2		3	0/0/	0	0	0			0/0			13	----Other
																		33	0		
0	0	0	0	0	0	0	0	5.2		3	0/0/	4.2	0	0			0/0			13	---Tips
																		33	0		
0	0	0	0	0	0	0	0	5.2		3	0/0/	0	0	0			0/0			13	---Other
																		18	0		
																					Hand-operated mechanical appliances, weighing 10kg or less, used in the preparation, conditioning or serving of food or drink:
0	0	0	3.6	0	0	0	0	5.2	0	11.5	0/0/	5.4	0	0			0/0			13	Hand-operated mechanical appliances, weighing 10kg or less, used in the preparation, conditioning or serving of food or drink
																		28	0		
																					Knives with cutting blades, serrated or not (including pruning knives), other than knives of heading 82.08, and blades therefor:
0	0	0	3.6	0	0	0	0		0	0	0/0/	5.4	0	0			0/0			10	-Sets of assorted articles
																			0		
																			0		
0	0	0	3.6	0	0	0	0		0	0	0/0/	5.4	0	0			0/0			10	--Table knives having fixed blades
																		32	0		
0	0	0	4	0	0	0	0		0	0	0/0/	3.6	0	0			0/0			10	--Other knives having fixed blades
																		22	0		

商品编号	商品名称及备注[检验检疫编码及名称]	进口关税(%)		增值税率(%)	消费税	计量单位	监管条件	检验检疫类别
		最惠国	普通					
82119300	--刃面不固定的刀							
8211930000	刃面不固定的刀①	7	80	13		千克/把		
82119400	--刀片							
8211940000	品目 82. 11 所列刀的刀片②	7	80	13		千克		
82119500	--贱金属制的刀柄							
8211950000	贱金属制的刀柄[101 其他食品加工机器及其零件],[102 食品接触其他金属产品]	7	80	13		千克		
8212	**剃刀及其刀片(包括未分开的刀片条):**							
82121000	-剃刀							
8212100000	剃刀[999]	7	80	13		千克/把		
82122000	-安全刀片,包括未分开的刀片条							
8212200000	安全剃刀片(包括未分开的刀片条)[999]	7	80	13		千克/片		
82129000	-其他零件							
8212900000	剃刀零件[999]	7	80	13		千克		
8213	**剪刀、裁缝剪刀及类似品、剪刀片:**							
82130000	剪刀、裁缝剪刀及类似品、剪刀片							
8213000000	剪刀、裁缝剪刀及类似品、剪刀片[101 其他机电产品及其零件],[102 其他钢铁及制品],[103 其他金属及制品]	7	80	13		千克		
8214	**其他利口器(例如,理发推剪、屠刀、砍骨刀、切肉刀、切菜刀、裁纸刀);修指甲及修脚用具(包括指甲锉):**							
82141000	-裁纸刀、开信刀、改错刀、铅笔刀及其刀片							
8214100000	裁纸刀、信刀、改错刀、铅笔刀及刀片[999]	7	80	13		千克		
82142000	-修指甲及修脚用具(包括指甲锉)							
8214200000	修指甲及修脚用具(包括指甲锉)[999]	7	90	13		千克		
82149000	-其他							
8214900010	切菜刀等厨房用利口器③	7	80	13		千克	A	R/
8214900090	理发推子等其他利口器[999]	7	80	13		千克		
8215	**餐匙、餐叉、长柄勺、漏勺、糕点夹、鱼刀、黄油刀、糖块夹及类似的厨房或餐桌用具:**							
82151000	-成套货品,至少其中一件物品是镀贵金属的							
8215100000	成套含镀贵金属制厨房或餐桌用具(成套货品,至少其中一件是镀贵金属的)④	7	80	13		千克	A	R/
82152000	-其他成套货品							
8215200000	成套的其他厨房或餐桌用具(成套货品,没有一件是镀贵金属的)⑤	7	80	13		千克	A	R/
82159100	--镀贵金属的							
8215910000	非成套镀贵金属制厨房或餐桌用具(非成套货品,镀贵金属的)⑥	7	80	13		千克	A	R/
82159900	--其他							
8215990000	其他非成套的厨房或餐桌用具(非成套货品,没镀贵金属的)⑦	7	80	13		千克	A	R/

① [101 其他食品加工机器及其零件],[102 食品接触不锈钢产品],[103 食品接触铝产品],[104 食品接触其他金属产品],[105 食品接触铁产品]
② [101 其他食品加工机器及其零件],[102 食品接触不锈钢产品],[103 食品接触铁产品],[104 食品接触铝产品],[105 食品接触其他金属产品]
③ [101 厨房用具],[102 食品接触不锈钢产品],[103 食品接触铁产品],[104 食品接触铝产品],[105 食品接触其他金属产品]
④ [101 厨房用具],[102 餐桌用具],[103 食品接触其他金属产品],[104 食品用其他金属包装]
⑤ [101 厨房用具],[102 餐桌用具],[103 食品接触其他金属产品],[104 食品用其他金属包装]
⑥ [101 厨房用具],[102 餐桌用具],[103 食品接触其他金属产品],[104 食品用其他金属包装]
⑦ [101 厨房用具],[102 餐桌用具],[103 食品接触其他金属产品],[104 食品用其他金属包装]

协定税率(%)															特惠税率(%)			对美税率	出口税率	出口退税率	Article Description
智利	新西兰	澳大利亚	瑞士	冰岛	秘鲁	哥斯达	东盟	亚太	新加坡	巴基斯坦	港/澳/台	韩国	格鲁吉亚	毛里求斯	亚太	老/柬/缅	LDC 97/95				
0	0	0	0	0	0	0	0		0	0	0/0/	5.4	0	0			0/0			13	--Knives having other than fixed blades
																		32	0		
0	0	0	2.8	0	0	0	0		0	0	0/0/	4.2	0	0			0/0			13	--Blades
																		27	0		
0	0	0	5.6	0	0	0	0		0	0	0/0/	3.6	0	0			0/0			13	--Handles of base metal
																		32	0		
																					Razors and razor blades (including razor blade blanks in strips):
0	0	0	2.4	0	0	0	0		0	0	0/0/	3.6	0	0			0/0			10	-Razors
																		22	0		
0	0	0	2.8	0	0	0	0		0	0	0/0/	4.2	0	0			0/0			10	-Safety razor blades, including razor blade blanks in strips
																		17	0		
0	0	0	2.4	0	0	0	0		0	0	0/0/	3.6	0	0			0/0			10	-Other parts
																		22	0		
																					Scissors, tailors' shears and similar shears, and blades therefor:
0	0	0	2.4	0	0	0	0	4.6	0	0	0/0/	3.6	0	0			0/0			10	Scissors, tailors' shears and similar shears, and blades therefor
																		32	0		
																					Other articles of cutlery (for example, hair clippers, butchers' or kitchen cleavers, choppers and mincing knives, paper knives); manicure or pedicure sets and instruments (including nail files):
0	0	0	2.4	0	0	0	0	4.6	0	4	0/0/	3.6	0	0			0/0			10	-Paper knives, letter openers, erasing knives, pencil sharpeners and blades therefor
																		27	0		
0	0	0	3.6	0	0	0	0	4.6	0	0	0/0/	5.4	0	0			0/0			10	-Manicure or pedicure sets and instruments (including nail files)
																		32	0		
0	0	0	3.6	0	0	0	0		0		0/0/	5.4	0	0			0/0			10	-Other
																		32	0		
																		32	0		
																					Spoons, forks, ladles, skimmers, cakeservers, fish-knives, butter-knives, sugar tongs and similar kitchen or tableware:
0	0	0	3.6	0	0	0	0		0	0	0/0/	5.4	0	0			0/0			10	-Sets of assorted articles containing at least one article plated with precious metal
																		32	0		
0	0	0	3.6	0	0	0	0		0	0	0/0/	5.4	0	0			0/0			10	-Other sets of assorted articles
																		27	0		
0	0	0	3.6	0	0	0	0		0	0	0/0/	5.4	0	0			0/0			10	--Plated with precious metal
																		32	0		
0	0	0	3.6	0	0	0	0		0	0	0/0/	5.4	0	0			0/0			13	--Other
																		32	0		

第八十三章
贱金属杂项制品

注释：

一、在本章，贱金属零件应与制品一同归类。但品目73.12、73.15、73.17、73.18及73.20的钢铁制品或其他贱金属（第七十四章至第七十六章及第七十八章至第八十一章）制的类似物品不应视为本章制品的零件。

二、品目83.02所称“脚轮”，是指直径（对于有胎的，连胎计算在内，下同）不超过75毫米的或直径虽超过75毫米，但所装轮或胎的宽度必须小于30毫米的脚轮。

商品编号	商品名称及备注[检验检疫编码及名称]	进口关税(%) 最惠国	进口关税(%) 普通	增值税率(%)	消费税	计量单位	监管条件	检验检疫类别
8301	**贱金属制的锁(钥匙锁、数码锁及电动锁)；贱金属制带锁的扣环及扣环框架；上述锁的贱金属制钥匙：**							
83011000	-挂锁							
8301100000	挂锁〔999〕	7	80	13		千克/把		
83012010	---中央控制门锁							
8301201000	机动车用中央控制门锁〔101 其他车辆零部件〕,〔102 机动车锁〕	9	80	13		千克/套		L/
83012090	---其他							
8301209000	其他机动车用锁〔101 其他车辆零部件〕,〔102 机动车锁〕	9	80	13		千克/套		L/
83013000	-家具用锁							
8301300000	家具用锁〔999〕	7	80	13		千克/个		
83014000	-其他锁							
8301400000	其他锁〔999〕	9	80	13		千克/个		
83015000	-带锁的扣环及扣环框架							
8301500000	带锁的扣环及扣环框架〔999〕	9	80	13		千克		
83016000	-零件							
8301600000	锁零件〔999〕	9	80	13		千克		
83017000	-钥匙							
8301700000	钥匙〔999〕	7	80	13		千克		
8302	**用于家具、门窗、楼梯、百叶窗、车厢、鞍具、衣箱、盒子及类似品的贱金属附件及架座；贱金属制帽架、帽钩、托架及类似品；用贱金属做支架的小脚轮；贱金属制的自动闭门器：**							
83021000	-铰链(折叶)							
8302100000	铰链(折叶)〔101 其他车辆零部件〕,〔102 其他深加工金属制品〕	9	80	13		千克		L/
83022000	-小脚轮							
8302200000	用贱金属做支架的小脚轮〔999〕	9	80	13		千克		
83023000	-机动车辆用的其他附件及架座							
8302300000	机车用贱金属附件及架座〔101 其他车辆零部件〕,〔102 其他深加工金属制品〕	9	80	13		千克		L/
83024100	--建筑用							
8302410000	建筑用贱金属配件及架座〔999〕	9	80	13		千克		
83024200	--其他，家具用							
8302420000	家具用贱金属配件及架座〔999〕	9	80	13		千克		
83024900	--其他							
8302490000	其他用贱金属配件及架座〔999〕	9	80	13		千克		
83025000	-帽架、帽钩、托架及类似品							
8302500000	帽架,帽钩,托架及类似品〔999〕	7	80	13		千克		
83026000	-自动闭门器							
8302600000	自动闭门器〔999〕	9	80	13		千克/个		
8303	**装甲或加强的贱金属制保险箱、保险柜及保险库的门和带锁保险储存橱、钱箱、契约箱及类似品：**							

Chapter 83
Miscellaneous articles of base metal

Chapter Notes:

1. For the purposes of this Chapter, parts of base metal are to be classified with their parent articles. However, articles of iron or steel of heading 73.12, 73.15, 73.17, 73.18 or 73.20, or similar articles of other base metal (Chapters 74 to 76 and 78 to 81) are not to be taken as parts of articles of this Chapter.

2. For the purposes of heading 83.02, the word "castors" means those having a diameter (including, where appropriate, tyres) not exceeding 75mm, or those having a diameter (including, where appropriate, tyres) exceeding 75mm provided that the width of the wheel or tyre fitted thereto is less than 30mm.

协定税率(%)															特惠税率(%)			对美税率	出口税率	出口退税率	Article Description
智利	新西兰	澳大利亚	瑞士	冰岛	秘鲁	哥斯达	东盟	亚太	新加坡	巴基斯坦	港/澳/台	韩国	格鲁吉亚	毛里求斯	亚太	老/柬/缅	LDC 97/95				
																					Padlocks and locks (key, combination or electrically operated), of base metal; clasps and frames with clasps, incorporating locks, of base metal; keys for any of the foregoing articles, of base metal:
0	0	0	2.8	0	0	0	0		0	9	0/0/	4.2	0	0			0/0			10	-Padlocks
																		22	0		
0	0	0	0	0	0	0	5			8	0/0/	6.5	0	0			0/0			13	---Central control door lock
																		19	0		
0	0	0	0	0	0	0	5			8	0/0/	6.5	0	0			0/0			13	---Other
																		19	0		
0	0	0	2.8	0	0	0	0		0	9	0/0/	4.2	0	0			0/0			10	-Locks of a kind used for furniture
																		27	0		
0	0	0	2.8	0	0	0	0		0	9	0/0/	4.2	0	0			0/0			10	-Other locks
																		19	0		
0	0	0	2.8	0	0	0	0		0	9	0/0/	4.2	0	0			0/0			10	-Clasps and frames with clasps, incorporating locks
																		19	0		
0	0	0	2.4	0	0	0	0		0	4.8	0/0/	3.6	0	0			0/0			10	-Parts
																		29	0		
0	0	0	0	0	0	0	0			3	0/0/	5.3	0	0			0/0			10	-Keys presented separately
																		32	0		
																					Base metal mountings, fittings and similar articles suitable for furniture, doors, staircases, windows, blinds, coachwork, saddlery, trunks, chests, caskets, or the like; base metal hat-racks, hat-pegs, brackets and similar fixtures; castors with mountings of base metal; automatic door closers of base metal:
0	0	0	0	0	0	0	0			4	0/0/	0	0	0			0/0			13	-Hinges
																		34	0		
0	0	0	2.4	0	0	0	0		0	4.8	0/0/	3.6	0	0			0/0			13	-Castors
																		34	0		
0	0	0	0	0	0	0	0			3	0/0/	5.3	0	0			0/0			13	-Other mountings, fittings and similar ticles suitable for motor vehicles
																		19	0		
0	0	0	2.8	0	0	0	0		0	9	0/0/	4.2	0	0			0/0			13	--Suitable for buildings
																		34	0		
0	0	0	2.4	0	0	0	0		0	4.8	0/0/	3.6	0	0			0/0			10	--Other, suitable for furniture
																		34	0		
0	0	0	2.4	0	0	0	0		0	4.8	0/0/	3.6	0	0			0/0			13	--Other
																		19	0		
0	0	0	2.8	0	0	0	0		0	9	0/0/	4.2	0	11.2			0/0			13	-Hat-racks, hat-pegs, brackets and similar fixtures
																		27	0		
0	0	0	2.4	0	0	0	0		0	4.8	0/0/	3.6	0	0			0/0			13	-Automatic door closets
																		34	0		
																					Armoured or reinforced safes, strong-boxes and doors and safe deposit lockers for strong-rooms, cash or deed boxes and the like, of base metal:

商品编号	商品名称及备注[检验检疫编码及名称]	进口关税(%) 最惠国	普通	增值税率(%)	消费税	计量单位	监管条件	检验检疫类别
83030000	装甲或加强的贱金属制保险箱、保险柜及保险库的门和带锁保险储存橱、钱箱、契约箱及类似品							
8303000000	保险箱、柜、保险库的门(及带锁保险储存橱、钱箱、契约箱及类似品)〔999〕	9	50	13		千克/个		L/
8304	**贱金属制的档案柜、卡片索引柜、文件盘、文件篮、笔盘、公章架及类似的办公用具,但品目94.03的办公室家具除外:**							
83040000	贱金属制的档案柜、卡片索引柜、文件盘、文件篮、笔盘、公章架及类似的办公用具,但品目94.03的办公室家具除外							
8304000000	贱金属档案柜,文件箱等办公用具(品目94.03的办公室家具除外)〔999〕	9	80	13		千克		
8305	**活页夹、卷宗夹的贱金属附件,贱金属制的信夹、信角、文件夹、索引标签及类似的办公用品;贱金属制的成条订书钉(例如,供办公室、室内装饰或包装用):**							
83051000	-活页夹或卷宗夹的附件							
8305100000	活页夹或宗卷夹的附件〔999〕	9	80	13		千克		
83052000	-成条订书钉							
8305200000	成条订书钉〔999〕	7	80	13		千克		
83059000	-其他,包括零件							
8305900000	信夹、信角、文件夹等办公用品及零件〔999〕	7	80	13		千克		
8306	**非电动的贱金属铃、钟、锣及类似品;贱金属雕塑像及其他装饰品;贱金属相框或画框及类似框架;贱金属镜子:**							
83061000	-铃、钟、锣及类似品							
8306100000	非电动铃、钟、锣及其类似品〔999〕	8	80	13		千克		
83062100	--镀贵金属的							
8306210000	镀贵金属的雕塑像及其他装饰品(贱金属制)〔999〕	7	100	13		千克		
83062910	---景泰蓝的							
8306291000	景泰蓝雕塑像及其他装饰品(贱金属制)〔999〕	7	100	13		千克		
83062990	---其他							
8306299000	其他雕塑像及其他装饰品(贱金属制)〔999〕	7	100	13		千克		
83063000	-相框、画框及类似框架;镜子							
8306300000	相框、画框及类似框架;镜子〔999〕	7	100	13		千克		
8307	**贱金属软管,不论是否有附件:**							
83071000	-钢铁制							
8307100000	钢铁制软管,可有配件〔999〕	8	35	13		千克		
83079000	-其他贱金属制							
8307900000	其他贱金属软管,可有配件〔999〕	8	35	13		千克		
8308	**贱金属制的扣、钩、环、眼及类似品,用于衣着或衣着附件、鞋靴、珠宝首饰、手表、书籍、天篷、皮革制品、旅行用品或马具或其他制成品;贱金属制的管形铆钉及开口铆钉;贱金属制的珠子及亮晶片:**							
83081000	-钩、环及眼							
8308100000	贱金属制钩、环及眼〔999〕	9	80	13		千克		
83082000	-管形铆钉及开口铆钉							
8308200000	贱金属制管形铆钉及开口铆钉〔999〕	9	80	13		千克		
83089000	-其他,包括零件							
8308900000	贱金属制珠子及亮晶片〔999〕	9	80	13		千克		

协定税率(%)															特惠税率(%)			对美税率	出口税率	出口退税率	Article Description
智利	新西兰	澳大利亚	瑞士	冰岛	秘鲁	哥斯达	东盟	亚太	新加坡	巴基斯坦	港/澳/台	韩国	格鲁吉亚	毛里求斯	亚太	老/柬/缅	LDC 97/95				
0	0	0	2.8	0	0	0	0		0	9	0/0/	4.2	0	0			0/0			13	Armoured or reinforced safes, strong boxes and doors and safe deposit lockers for strong-rooms, cash or deed boxes and the like, of base metal
																		34	0		
																					Filing cabinets, card-index cabinets, paper trays, paper rests, pen trays, office-stamp stands and similar office or desk equipment, of base metal, other than office furniture of heading 94.03:
0	0	0	2.1	0	0	0	0		0	4	0/0/	3.1	0	0			0/0			10	Filing cabinets, card-index cabinets, paper trays, paper rests, pen trays, office-stamp stands and similar office or desk equipment, of base metal, other than office furniture of heading 94.03
																		29	0		
																					Fittings for loose-leaf binders or files, letter clips, letter corners, paper clips, indexing tags and similar office articles, of base metal; staples in strips (for example, for offices, upholstery, packaging), of base metal:
0	0	0	2.1	0	0	0	0		0	4	0/0/	3.1	0	0			0/0			10	-Fittings for loose-leaf binders of files
																			0		
0	0	0	2.1	0	0	0	0		0	4	0/0/	3.1	0	0			0/0			10	-Staples in strips
																		32	0		
0	0	0	2.1	0	0	0	0		0	4	0/0/	3.1	0	8.4			0/0			10	-Other, including parts
																		27	0		
																					Bells, gongs and the like, non-electric, of base metal; statuettes and other ornaments, of base metal; photograph, picture or similar frames, of base metal; mirrors of base metal:
0	0	0	0	0	0	0	0			4	0/0/	2.4	0	0			0/0			10	-Bells, gongs and the like
																			0		
0	0	0	0	0	0	0	0			3	0/0/	0	0	0			0/0			10	--Plated with precious metal
																		32	0		
0	0	0	0	0	0	0	0			3	0/0/	0	0	0			0/0			13	---Cloisonne
																			0		
0	0	0	0	0	0	0	0		0	4	0/0/	2.4	0	0			0/0			13	---Other
																		22	0		
0	0	0	0	0	0	0	0			3	0/0/	2.4	0	0			0/0			13	-Photograph, picture or similar frames; mirrors
																		32	0		
																					Flexible tubing of base metal, with or without fittings:
0	0	0	1.7	0	0	0	0			3	0/0/	2.5	0	0			0/0			13	-Of iron or steel
																		18	0		
0	0	0	0	0	0	0	0			3	0/0/	2.5	0	0			0/0			13	-Of other base metal
																		18	0		
																					Clasps, frames with clasps, buckles, buckle-clasps, hooks, eyes, eyelets and the like, of base metal, of a kind used for clothing and clothing accessories, footwear, jewellry, wrist watches, books, awnings, leather goods, travel goods, or saddlery or for other:
0	0	0	2.1	0	0	0	0		0	0	0/0/	6.8	0	8.4			0/0			13	-Hooks, eyes and eyelets
																		29	0		
0	0	0	2.1	0	0	0	0		0	4	0/0/	3.1	0	0			0/0			13	-Tubular or bifurcated rivets
																		19	0		
0	0	0	2.1	0	0	0	0		0	4	0/0/	6.8	0	0			0/0			13	-Other, including parts
																		29	0		

商品编号	商品名称及备注[检验检疫编码及名称]	进口关税(%) 最惠国	进口关税(%) 普通	增值税率(%)	消费税	计量单位	监管条件	检验检疫类别
8309	**贱金属制的塞子、盖子(包括冠形瓶塞、螺口盖及倒水塞)、瓶帽、螺口塞、塞子帽、封志及其他包装用附件:**							
83091000	-冠形瓶塞							
8309100000	贱金属制冠形瓶塞〔999〕	9	90	13		千克		
83099000	-其他							
8309900000	盖子、瓶帽、螺口塞封志等包装用附件(贱金属制)〔999〕	9	80	13		千克		
8310	**贱金属制的标志牌、铭牌、地名牌及类似品、号码、字母及类似标志,但品目 94.05 的货品除外:**							
83100000	贱金属制的标志牌、铭牌、地名牌及类似品、号码、字母及类似标志,但品目 94.05 的货品除外							
8310000000	标志牌、铭牌、号码、字母等标志(贱金属制,品目 94.05 的货品除外)〔999〕	9	80	13		千克		
8311	**贱金属或硬质合金制的丝、条、管、板、电极及类似品,以焊剂涂面或以焊剂为芯,用于焊接或沉积金属、硬质合金;贱金属粉黏聚而成的丝或条,供金属喷镀用:**							
83111000	-以焊剂涂面的贱金属制电极,电弧焊用							
8311100000	以焊剂涂面的贱金属电极,电弧焊用〔999〕	8	30	13		千克		
83112000	-以焊剂为芯的贱金属制焊丝,电弧焊用							
8311200000	以焊剂为芯的贱金属制焊丝(电弧焊用)〔999〕	8	30	13		千克		
83113000	-以焊剂涂面的贱金属条和以焊剂为芯的贱金属丝,钎焊或气焊用							
8311300000	以焊剂涂面或作芯的贱金属条或丝(钎焊或气焊用)〔999〕	8	30	13		千克		
83119000	-其他							
8311900000	贱金属粘聚成的丝或条(供金属喷镀用)〔999〕	8	30	13		千克		

协定税率(%)															特惠税率(%)			对美税率	出口税率	出口退税率	Article Description
智利	新西兰	澳大利亚	瑞士	冰岛	秘鲁	哥斯达	东盟	亚太	新加坡	巴基斯坦	港/澳/台	韩国	格鲁吉亚	毛里求斯	亚太	老/柬/缅	LDC 97/95				
																					Stoppers, caps and lids (including crown corks, screw caps and pouring stoppers), capsules for bottles, threaded bungs, bung covers, seals and other packing accessories, of base metal:
0	0	0	3.6	0	0	0	0		0	11.5	0/0/	5.4	0	0			0/0			13	-Crown corks
																		29	0		
0	0	0	2.4	0	0	0	0		0	4.8	0/0/	3.6	0	0			0/0			13	-Other
																		19	0		
																					Sign-plates, name-plates, address plates and similar plates, numbers, letters and other symbols, of base metal, excluding those of heading 94.05:
0	0	0	3.6	0	0	0	0		0		0/0/	5.4	0	0			0/0			13	Sign-plates, name-plates, address-plates and similar plates, numbers, letters and other symbols, of base metal, excluding those of heading 94.05
																		29	0		
																					Wire, rods, tubes, plates, electrodes and similar products, of base metal or of metal carbides, coated or cored with flux material, of a kind used for soldering, brazing, welding or deposition of metal or of metal carbides; wire and rods, of agglomerated basemetal powder, used for metal spraying:
0	0	0	0	0	0	0	0			3	0/0/	0	0	0			0/0			13	-Coated electrodes of base metal, for electric arcwelding
																		18	0		
0	0	0	0	0	0	0	0			3	0/0/	4.2	0	0			0/0			13	-Cored wire of base metal, for electric arc-welding
																		28	0		
0	0	0	0	0	0	0	0			3	0/0/		0	0			0/0			13	-Coated rods and cored wire, of base metal, for soldering, brazing or welding by flame
																		18	0		
0	0	0	0	0	0	0	0	5.2		3	0/0/	0	0	0			0/0			13	-Other
																		18	0		

第十六类
机器、机械器具、电气设备及其零件；录音机及放声机、电视图像、声音的录制和重放设备及其零件、附件

注释：

一、本类不包括：

（一）第三十九章的塑料或品目 40.10 的硫化橡胶制的传动带、输送带；除硬质橡胶以外的硫化橡胶制的机器、机械器具、电气器具或其他专门技术用途的物品（品目 40.16）；

（二）机器、机械器具或其他专门技术用途的皮革、再生皮革（品目 42.05）或毛皮（品目 43.03）的制品；

（三）各种材料（例如，第三十九章、第四十章、第四十四章、第四十八章及第十五类的材料）制的筒管、卷轴、纡子、锥形筒管、芯子、线轴及类似品；

（四）提花机及类似机器用的穿孔卡片（例如，归入第三十九章、第四十八章或第十五类的）；

（五）纺织材料制的传动带、输送带及其带料（品目 59.10）或专门技术用途的其他纺织材料制品（品目 59.11）；

（六）品目 71.02 至 71.04 的宝石或半宝石（天然、合成或再造）或品目 71.16 的完全以宝石或半宝石制成的物品，但已加工未装配的唱针用蓝宝石和钻石除外（品目 85.22）；

（七）第十五类注释二所规定的贱金属制通用零件（第十五类）及塑料制的类似品（第三十九章）；

（八）钻管（品目 73.04）；

（九）金属丝、带制的环形带（第十五类）；

（十）第八十二章或第八十三章的物品；

（十一）第十七类的物品；

（十二）第九十章的物品；

（十三）第九十一章的钟、表及其他物品；

（十四）品目 82.07 的可互换工具及作为机器零件的刷子（品目 96.03）；类似的可互换工具应按其构成工作部件的材料归类（例如，归入第四十章、第四十二章、第四十三章、第四十五章、第五十九章或品目 68.04、69.09）；

（十五）第九十五章的物品；或

（十六）打字机色带或类似色带，不论是否带轴或装盒（应按其材料属性归类；如已上油或经其他方法处理能着色的，应归入品目 96.12），或品目 96.20 的独脚架、双脚架、三脚架及类似品。

二、除本类注释一、第八十四章注释一及第八十五章注释一另有规定的以外，机器零件（不属于品目 84.84、85.44、85.45、85.46 或 85.47 所列物品的零件）应按下列规定归类：

（一）凡在第八十四章、第八十五章的税号（品目 84.09、84.31、84.48、84.66、84.73、84.87、85.03、85.22、85.29、85.38 及 85.48 除外）列名的货品，均应归入该两章的相应税号；

（二）专用于或主要用于某一种机器或同一税号的多种机器（包括品目 84.79 或 85.43 的机器）的其他零件，应与该种机器一并归类，或酌情归入品目 84.09、84.31、84.48、84.66、84.73、85.03、85.22、85.29 或 85.38。但能同时主要用于品目 85.17 和 85.25 至 85.28 所列机器的零件，应归入品目 85.17；

（三）所有其他零件应酌情归入品目 84.09、84.31、84.48、84.66、84.73、85.03、85.22、85.29 或 85.38，如不能归入上述税号，则应归入品目 84.87 或 85.48。

三、由两部及两部以上机器装配在一起形成的组合式机器，或具有两种及两种以上互补或交替功能的机器，除条文另有规定的以外，应按具有主要功能的机器归类。

四、由不同独立部件（不论是否分开或由管道、传动装置、电缆或其他装置连接）组成的机器（包括机组），如果组合后明显具有一种第八十四章或第八十五章某个税号所列功能，则全部机器应按其功能归入有关税号。

五、上述各注释所称“机器”，是指第八十四章或第八十五章各税号所列的各种机器、设备、装置及器具。

第八十四章
核反应堆、锅炉、机器、机械器具及其零件

注释：

一、本章不包括：

（一）第六十八章的石磨、石碾及其他物品；

（二）陶瓷材料制的机器或器具（例如，泵）及供任何材料制的机器或器具用的陶瓷零件（第六十九章）；

（三）实验室用玻璃器（品目 70.17）；玻璃制的机器、器具或其他专门技术用途的物品及其零件（品目 70.19 或 70.20）；

（四）品目 73.21 或 73.22 的物品或其他贱金属制的类似物品（第七十四章至第七十六章或第七十八章至第八十一章）；

（五）品目 85.08 的真空吸尘器；

（六）品目 85.09 的家用电动器具，品目 85.25 的数字照相机；

（七）第十七类物品用的散热器；或

（八）非机动的手工操作地板清扫器（品目 96.03）。

二、除第十六类注释三及本章注释九另有规定以外，如果某种机器或器具既符合品目 84.01 至 84.24 中一个或几个税号的规定，或符合品目 84.86 的规定，又符合品目 84.25 至 84.80 中一个或几个税号的规定，则应酌情归入品目 84.01 至 84.24 中的相应税号或品目 84.86，而不归入品目 84.25 至 84.80 中的有关税号。

但品目 84.19 不包括：

（一）催芽装置、孵卵器或育雏器（品目 84.36）；

SECTION XVI
MACHINERY AND MECHANICAL APPLIANCES; ELECTRICAL EQUIPMENT; PARTS THEREOF; SOUND RECORDERS AND REPRODUCERS, TELEVISION IMAGE AND SOUND RECORDERS AND REPRODUCERS, AND PARTS AND ACCESSORIES OF SUCH ARTICLES

Section Notes:

1. This Section does not cover:
   (a) Transmission or conveyor belts or belting, of plastics of Chapter 39, or of vulcanised rubber (heading 40. 10), or other articles of a kind used in machinery or mechanical or electrical appliances or for other technical uses, of vulcanised rubber other than hard rubber (heading 40. 16);
   (b) Articles of leather or of composition leather (heading 42. 05) or of furskin (heading 43. 03), of a kind used in machinery or mechanical appliances or for other technical uses;
   (c) Bobbins, spools, cops, cones, cores, reels or similar supports, of any material (for example, Chapter 39, 40, 44 or 48 or Section XV);
   (d) Perforated cards for Jacquard or similar machines (for example, Chapter 39 or 48 or Section XV);
   (e) Transmission or conveyor belts or belting of textile material (heading 59. 10) or other articles of textile material for technical uses (heading 59. 11);
   (f) Precious or semi-precious stones (natural, synthetic or reconstructed) of headings 71. 02 to 71. 04, or articles wholly of such stones of heading 71. 16, except unmounted worked sapphires and diamonds for styli (heading 85. 22);
   (g) Parts of general use, as defined in Note 2 to Section XV, of base metal (Section XV), or similar goods of plastics (Chapter 39);
   (h) Drill pipe (heading 73. 04);
   (ij) Endless belts of metal wire or strip (Section XV);
   (k) Articles of Chapter 82 or 83;
   (l) Articles of Section XVII;
   (m) Articles of Chapter 90;
   (n) Clocks, watches or other articles of Chapter 91;
   (o) Interchangeable tools of heading 82. 07 or brushes of a kind used as parts of machines (heading 96. 03); similar interchangeable tools are to be classified according to the constituent material of their working part (for example, in Chapter 40, 42, 43, 45 or 59 or heading 68. 04 or 69. 09);
   (p) Articles of Chapter 95; or
   (q) Typewriter or similar ribbons, whether or not on spools or in cartridges (classified according to their constituent material, or in heading 96. 12 if inked or otherwise prepared for giving impressions), or monopods, bipods, tripods and similar articles, of heading 96. 20.

2. Subject to Note 1 to this Section, Note 1 to Chapter 84 and Note 1 to Chapter 85, parts of machines (not being parts of the articles of heading 84. 84, 85. 44, 85. 45, 85. 46 or 85. 47) are to be classified according to the following rules:
   (a) Parts which are goods included in any of the headings of Chapters 84 or 85 (other than headings 84. 09, 84. 31, 84. 48, 84. 66, 84. 73, 84. 87, 85. 03, 85. 22, 85. 29, 85. 38 and 85. 48) are in all cases to be classified in their respective headings;
   (b) Other parts, if suitable for use solely or principally with a particular kind of machine, or with a number of machines of the same heading (including a machine of heading 84. 79 or 85. 43) are to be classified with the machines of that kind or in heading 84. 09, 84. 31, 84. 48, 84. 66, 84. 73, 85. 03, 85. 22, 85. 29 or 85. 38 as appropriate. However, parts which are equally suitable for use principally with the goods of headings 85. 17 and 85. 25 to 85. 28 are to be classified in heading 85. 17;
   (c) All other parts are to be classified in heading 84. 09, 84. 31, 84. 48, 84. 66, 84. 73, 85. 03, 85. 22, 85. 29 or 85. 38 as appropriate or, failing that, in heading 84. 87 or 85. 48.

3. Unless the context otherwise requires, composite machines consisting of two or more machines fitted together to form a whole and other machines designed for the purpose of performing two or more complementary or alternative functions are to be classified as if consisting only of that component or as being that machine which performs the principal function.

4. Where a machine (including a combination of machines) consists of individual components (whether separate or interconnected by piping, by transmission devices, by electric cables or by other devices) intended to contribute together to a clearly defined function covered by one of the headings in Chapter 84 or Chapter 85, then the whole falls to be classified in the heading appropriate to that function.

5. For the purposes of these Notes, the expression "machine" means any machine, machinery, plant, equipment, apparatus or appliance cited in the headings of Chapter 84 or 85.

Chapter 84
Nuclear reactors, boilers, machinery and mechanical appliances; parts thereof

Chapter Notes:

1. This Chapter does not cover:
   (a) Millstones, grindstones or other articles of Chapter 68;
   (b) Machinery or appliances (for example, pumps) of ceramic material and ceramic parts of machinery or appliances of any material (Chapter 69);
   (c) Laboratory glassware (heading 70. 17); machinery, appliances or other articles for technical uses or parts thereof, of glass (heading 70. 19 or 70. 20);
   (d) Articles of heading 73. 21 or 73. 22 or similar articles of other base metals (Chapters 74 to 76 or 78 to 81);
   (e) Vacuum cleaners of heading 85. 08;
   (f) Electro-mechanical domestic appliance of heading 85. 09; digital cameras of heading 85. 25;
   (g) Radiators for the articles of Section XVII; or
   (h) Hand-operated mechanical floor sweepers, not motorised (heading 96. 03).

2. Subject to the operation of Note 3 to Section XVI and subject to Note 9 to this Chapter, a machine or appliance which answers to a description in one or more of the headings 84. 01 to 84. 24, or heading 84. 86 and at the same time to a description in one or other of the headings 84. 25 to 84. 80 is to be classified under the appropriate heading of the former group or under heading 84. 86, as the case may be, and not the latter group.
   Heading 84. 19 does not, however, cover:
   (a) Germination plant, incubators or brooders (heading 84. 36);

（二）谷物调湿机（品目 84.37）；
（三）萃取糖汁的浸提装置（品目 84.38）；
（四）纱线、织物及纺织制品的热处理机器（品目 84.51）；或
（五）温度变化（即使必不可少）仅作为辅助功能的机器、设备或实验室设备。
品目 84.22 不包括：
（一）缝合袋子或类似品用的缝纫机（品目 84.52）；或
（二）品目 84.72 的办公室用机器。
品目 84.24 不包括：
（一）喷墨印刷（打印）机器（品目 84.43）；或
（二）水射流切割机（品目 84.56）。

三、如果用于加工各种材料的某种机床既符合品目 84.56 的规定，又符合品目 84.57、84.58、84.59、84.60、84.61、84.64 或 84.65 的规定，则应归入品目 84.56。

四、品目 84.57 仅适用于可以完成下列不同形式机械操作的金属加工机床，但车床（包括车削中心）除外：

（一）按照机械加工程序从刀具库中自动更换刀具（加工中心）；
（二）同时或顺序地自动使用不同的动力头对固定不动的工件进行加工（单工位组合机床）；或

（三）自动将工件送向不同的动力头（多工位组合机床）。

五、（一）品目 84.71 所称"自动数据处理设备"，是指具有以下功能的机器：
1. 存储处理程序及执行程序直接需要的起码的数据；
2. 按照用户的要求随意编辑程序；
3. 按照用户指令进行算术计算；以及
4. 在运行过程中，可不需人为干预而通过逻辑判断，执行一个处理程序，这个处理程序可改变计算机指令的执行。

（二）自动数据处理设备可以是一套由若干单独部件所组成的系统。
（三）除本条注释（四）及（五）另有规定的以外，一个部件如果符合下列所有规定，即可视为自动数据处理系统的一部分：

1. 专用于或主要用于自动数据处理系统；
2. 可以直接或通过一个或几个其他部件同中央处理器相连接；以及
3. 能够以本系统所使用的方式（代码或信号）接收或传送数据。
自动数据处理设备的部件如果单独报验，应归入品目 84.71。
但是，键盘、X-Y 坐标输入装置及盘（片）式存储部件，只要符合上述注释（三）2 及（三）3 所列的规定，应一律作为品目 84.71 的部件归类。
（四）品目 84.71 不包括单独报验的下述设备，即使它们符合上述注释五（三）的所有规定：
1. 打印机、复印机、传真机，不论是否组合式；
2. 发送或接收声音、图像或其他数据的设备，包括有线或无线网络（例如，局域网或广域网）通信设备；

3. 扬声器及传声器（麦克风）；
4. 电视摄像机、数字照相机及视频摄录一体机；
5. 监视器及投影机，未装有电视接收装置。
（五）装有自动数据处理设备或与自动数据处理设备连接使用，但却从事数据处理以外的某项专门功能的机器，应按其功能归入相应的税号，对于无法按功能归类的，应归入未列名税号。

六、品目 84.82 还包括最大直径及最小直径与标称直径相差均不超过 1%或 0.05 毫米（以相差数值较小的为准）的抛光钢珠，其他钢珠归入品目 73.26。

七、具有一种以上用途的机器在归类时，其主要用途可作为唯一的用途对待。
除本章注释二、第十六类注释三另有规定的以外，凡任何税号都未列明其主要用途的机器，以及没有哪一种用途是主要用途的机器，均应归入品目 84.79。品目 84.79 还包括将金属丝、纺织纱线或其他各种材料以及它们的混合材料制成绳、缆的机器（例如，捻股机、绞扭机、制缆机）。

八、品目 84.70 所称"袖珍式"，仅适用于外形尺寸不超过 170 毫米×100 毫米×45 毫米的机器。

九、（一）第八十五章注释九（一）及（二）也同样适用于本条注释及品目 84.86 中所称的"半导体器件"及"集成电路"。但本条注释及品目 84.86 所称"半导体器件"，也包括光敏半导体器件及发光二极管（LED）。

（二）本条注释及品目 84.86 所称"平板显示器的制造"，包括将各层基片制造成一层平板，但不包括玻璃的制造或将印刷电路板或其他电子元件装配在平板上。所称"平板显示"不包括阴极射线管技术。

（三）品目 84.86 也包括专用于或主要用于下列用途的机器及装置：
1. 制造或修补掩膜版及刻线；
2. 组装半导体器件或集成电路；
3. 升降、搬运、装卸单晶柱、晶圆、半导体器件、集成电路及平板显示器。
（四）除第十六类注释一及第八十四章注释一另有规定的以外，符合品目 84.86 规定的设备及装置，应归入该税号而不归入本协调制度的其他税号。

子目注释：

一、子目 8465.20 所称"加工中心"，仅适用于加工木材、软木、骨、硬质橡胶、硬质塑料或类似硬质材料的加工机床。这些设备可根据机械加工程序，从刀具库或类似装置中自动更换刀具，以完成不同形式的机械加工。

二、子目 8471.49 所称"系统"，是指各部件符合第八十四章注释五（三）所列条件，并且至少由一个中央处理部件、一个输入部件（例如，键盘或扫

(b) Grain dampening machines (heading 84.37);
(c) Diffusing apparatus for sugar juice extraction (heading 84.38);
(d) Machinery for the heat-treatment of textile yarns, fabrics or made up textile articles (heading 84.51); or
(e) Machinery, plant or laboratory equipment, designed for a mechanical operation, in which a change of temperature, even if necessary, is subsidiary.

Heading 84.22 does not cover:
(a) Sewing machines for closing bags or similar containers (heading 84.52); or
(b) Office machinery of heading 84.72.

Heading 84.24 does not cover:
(a) Ink-jet printing machines (heading 84.43); or
(b) Water-jet cutting machines (heading 84.56).

3. A machine-tool for working any material which answers to a description in heading 84.56 and at the same time to a description in heading 84.57, 84.58, 84.59, 84.60, 84.61, 84.64 or 84.65 is to be classified in heading 84.56.

4. Heading 84.57 applies only to machine-tools for working metal, other than lathes (including turning centres), which can carry out different types of machining operations either:
(a) by automatic tool change from a magazine or the like in conformity with a machining programme (machining centres);
(b) by the automatic use, simultaneously or sequentially, of different unit heads working on a fixed position workpiece (unit construction machines, single station); or
(c) by the automatic transfer of the workpiece to different unit heads (multi-station transfer machines).

5. (a) For the purposes of heading 84.71, the expression "automatic data processing machines" means machines capable of:
(i) Storing the processing program or programs and at least the data immediately necessary for the execution of the program;
(ii) Being freely programmed in accordance with the requirements of the user;
(iii) Performing arithmetical computations specified by the user; and
(iv) Executing, without human intervention, a processing program which requires them to modify their execution, by logical decision during the processing run.
(b) Automatic data processing machines may be in the form of systems consisting of a variable number of separate units.
(c) Subject to paragraphs (d) and (e) below, a unit is to be regarded as being part of an automatic data processing system if it meets all of the following conditions:
(i) It is of a kind solely or principally used in an automatic data processing system;
(ii) It is connectable to the central processing unit either directly or through one or more other units; and
(iii) It is able to accept or deliver data in a form (codes or signals) which can be used by the system.
Separately presented units of an automatic data processing machine are to be classified in heading 84.71.
However, keyboards, X-Y co-ordinate input devices and disk storage units which satisfy the conditions of paragraphs (c)(ii) and (c)(iii) above, are in all cases to be classified as units of heading 84.71.
(d) Heading 84.71 does not cover the following when presented separately, even if they meet all of the conditions set forth in Note 5(c) above:
(i) Printers, copying machines, facsimile machines, whether or not combined;
(ii) Apparatus for the transmission or reception of voice, images or other data, including apparatus for communication in a wired or wireless network (such as a local or wide area network);
(iii) Loudspeakers and microphones;
(iv) Television cameras, digital cameras and video camera recorders;
(v) Monitors and projectors, not incorporating television reception apparatus.
(e) Machines incorporating or working in conjunction with an automatic data processing machine and performing a specific function other than data processing are to be classified in the headings appropriate to their respective functions or, failing that, in residual headings.

6. Heading 84.82 applies, inter alia, to polished steel balls, the maximum and minimum diameters of which do not differ from the nominal diameter by more than 1% or by more than 0.05mm, whichever is less. Other steel balls are to be classified in heading 73.26.

7. A machine which is used for more than one purpose is, for the purposes of classification, to be treated as if its principal purpose were its sole purpose.
Subject to Note 2 to this Chapter and Note 3 to Section XVI, a machine the principal purpose of which is not described in any heading or for which no one purpose is the principal purpose is, unless the context otherwise requires, to be classified in heading 84.79. Heading 84.79 also covers machines for making rope or cable (for example, stranding, twisting or cabling machines) from metal wire, textile yarn or any other material or from a combination of such materials.

8. For the purposes of heading 84.70, the term "pocket-size" applies only to machines the dimensions of which do not exceed 170mm×100mm×45mm.

9. (a) Notes 9 (a) and 9 (b) to Chapter 85 also apply with respect to the expressions "semiconductor devices" and "electronic integrated circuits", respectively, as used in this Note and in heading 84.86. However, for the purposes of this Note and of heading 84.86, the expression "semiconductor devices" also covers photosensitive semiconductor devices and light-emitting diodes (LED).
(b) For the purposes of this Note and of heading 84.86, the expression "manufacture of flat panel displays" covers the fabrication of substrates into a flat panel. It does not cover the manufacture of glass or the assembly of printed circuit boards or other electronic components onto the flat panel. The expression "flat panel display" does not cover cathode-ray tube technology.
(c) Heading 84.86 also includes machines and apparatus solely or principally of a kind used for:
(i) the manufacture or repair of masks and reticles;
(ii) assembling semiconductor devices or electronic integrated circuits;
(iii) lifting, handling, loading or unloading of boules, wafers, semiconductor devices, electronic integrated circuits and flat panel displays.
(d) Subject to Note 1 to Section XVI and Note 1 to Chapter 84, machines and apparatus answering to the description in heading 84.86 are to be classified in that heading and in no other heading of the Nomenclature.

Subheading Notes:

1. For the purposes of subheading 8465.20, the term "machining centres" applies only to machine-tools for working wood, cork, bone, hard rubber, hard plastics or similar hard materials, which can carry out different types of machining operations by automatic tool change from a magazine or the like in conformity with a machining programme.

2. For the purposes of subheading 8471.49, the term "systems" means automatic data processing machines whose units satisfy the conditions laid down in

描器)及一个输出部件(例如,视频显示器或打印机)组成的自动数据处理设备。

三、子目 8481.20 所称"油压或气压传动阀",是指在液压或气压系统中专用于传递"流体动力"的阀门,其能源以加压流体(液体或气体)的形式供给。这些阀门可以具有各种形式(例如减压阀、止回阀)。子目 8481.20 优先于品目 84.81 的所有其他子目。

四、子目 8482.40 仅包括滚柱直径相同,最大不超过 5 毫米,且长度至少是直径三倍的圆滚柱轴承,滚柱的两端可以磨圆。

商品编号	商品名称及备注[检验检疫编码及名称]	进口关税(%)		增值税率(%)	消费税	计量单位	监管条件	检验检疫类别
		最惠国	普通					
8401	**核反应堆;核反应堆的未辐照燃料元件(释热元件);同位素分离机器及装置:**							
84011000	-核反应堆							
8401100000	核反应堆〔999〕	2	8	13		千克/台	3	
84012000	-同位素分离机器、装置及其零件							
8401200000	同位素分离机器、装置及其零件〔999〕	1	8	13		个/千克	3	
84013010	---未辐照燃料元件							
8401301000[暂1]	未辐照燃料元件(释热元件)〔999〕	2	8	13		千克		
84013090	---未辐照燃料元件的零件							
8401309000	未辐照燃料元件(释热元件)的零件〔999〕	1	8	13		千克		
84014010	---未辐照相关组件							
8401401000	核反应堆未辐照相关组件〔999〕	1	8	13		千克/台		
84014020	---堆内构件							
8401402000	核反应堆堆内构件〔999〕	1	8	13		千克/台	3	
84014090	---其他							
8401409010	核反应堆压力容器(包括其顶板)(专门设计或制造来用于容纳核反应堆的堆芯)〔999〕	1	8	13		千克/台	3	
8401409020	核反应堆控制棒和设备(专用于核反应堆裂变控制棒、支承结构或悬吊结构等)〔999〕	1	8	13		千克/台	3	
8401409030	核反应堆压力管(专用于容纳核燃料元件和一次冷却剂的,压力>5.1MPa)〔999〕	1	8	13		千克/台	3	
8401409090	其他核反应堆零件〔999〕	1	8	13		千克/台		
8402	**蒸汽锅炉(能产生低压水蒸气的集中供暖用的热水锅炉除外);过热水锅炉:**							
84021110	---蒸发量在 900 吨/时及以上的发电用锅炉							
8402111000	蒸发量≥900 吨/时发电用蒸汽水管锅炉〔999〕	3	11	13		台/千克	6A	M/
84021190	---其他							
8402119000	其他蒸发量>45 吨/时的蒸汽水管锅炉〔999〕	10	35	13		台/千克	6A	M/
84021200	--蒸发量≤45 吨/时的水管锅炉							
8402120010	纸浆厂废料锅炉(蒸发≤45 吨/时蒸汽水管锅炉)〔999〕	5	35	13		台/千克	6A	M/
8402120090	其他蒸发量≤45 吨/时水管锅炉〔999〕	5	35	13		台/千克	6A	M/
84021900	--其他蒸汽锅炉,包括混合式锅炉							
8402190000	其他蒸汽锅炉(包括混合式锅炉)〔999〕	5	35	13		台/千克	6A	M/
84022000	-过热水锅炉							
8402200000	过热水锅炉〔999〕	10	35	13		台/千克	6A	M/
84029000	-零件							
8402900000	蒸汽锅炉及过热水锅炉的零件〔999〕	2	11	13		千克		
8403	**集中供暖用的热水锅炉,但品目 84.02 的货品除外:**							
84031010	---家用型							
8403101000	家用型热水锅炉(但品目 84.02 的货品除外)〔999〕	8	80	13		台/千克	6A	M/
84031090	---其他							
8403109000	其他集中供暖用的热水锅炉(但品目 84.02 的货品除外)〔101 承压热水锅炉〕,〔102 沼气锅炉〕	8	80	13		台/千克	6A	M/
84039000	-零件							
8403900000	集中供暖用热水锅炉的零件〔999〕	6	80	13		千克		

Note 5 (c) to Chapter 84 and which comprise at least a central processing unit, one input unit (for example, a keyboard or a scanner), and one output unit (for example, a visual display unit or a printer).

3. For the purposes of subheading 8481. 20, the expression "valves for oleohydraulic or pneumatic transmissions" means valves which are used specifically in the transmission of "fluid power" in a hydraulic or pneumatic system, where the energy source is supplied in the form of pressurised fluids (liquid or gas). These valves may be of any type (for example, pressure-reducing type, check type). Subheading 8481. 20 takes precedence over all other subheadings of heading 84. 81.

4. Subheading 8482. 40 applies only to bearings with cylindrical rollers of a uniform diameter not exceeding 5mm and having a length which is at least three times the diameter. The ends of the rollers may be rounded.

协定税率(%)															特惠税率(%)			对美税率	出口税率	出口退税率	Article Description
智利	新西兰	澳大利亚	瑞士	冰岛	秘鲁	哥斯达	东盟	亚太	新加坡	巴基斯坦	港/澳/台	韩国	格鲁吉亚	毛里求斯	亚太	老/柬/缅	LDC 97/95				
																					Nuclear reactors; fuel elements (cartridges), non-irradiated, for nuclear reactors; machinery and apparatus for isotopic separation:
0	0	0	0	0	0	0	0		0	0/0/	0	0	0				0/0			13	-Nuclear reactors
																			0		
0	0	0	0	0	0	0	0		0	0/0/	0	0	0				0/0			13	-Machinery and apparatus for isotopic separation, and parts thereof
																			0		
0	0	0	0	0	0	0	0		0	0/0/	0	0	0				0/0			13	---Fuel elements, non-irradiated
																			0		
0	0	0	0	0	0	0	0		0	0/0/	0	0	0				0/0			13	---Parts for fuel elements non-irradiated
																			0		
0	0	0	0	0	0	0	0		0	0/0/	0	0	0				0/0			13	---Non-irradiated associated assembly
																			0		
0	0	0	0	0	0	0	0		0	0/0/	0	0	0				0/0			13	---Reactor internals
																			0		
0	0	0	0	0	0	0	0		0	0/0/	0	0	0				0/0			13	---Other
																			0		
																			0		
																			0		
																			0		
																					Steam or other vapour generating boilers (other than central heating hot water boilers capable also of producting low pressure steam); super-heated water boilers:
0	0	0	0	0	0	0	0	2		0	0/0/	0	0	0			0/0			13	---Boilers for generating electricity with a steam production 900t or more per hour
																			0		
0	0	0	2.8	0	0	0	0	6.5	0	5.6	0/0/	4.2	0	0			0/0			13	---Other
																			0		
0	0	0	0	0	0	0	0	3.3		0	0/0/	2.6	0	0			0/0			13	--Watertube boilers with a steam production not exceeding 45t per hour
																			0		
																			0		
0	0	0	0	0	0	0	0			0	0/0/	2.6	0	0			0/0			13	--Other vapour generating boilers, including hybrid boilers
																		30	0		
0	0	0	3.2	0	0	0	0		0	10.2	0/0/	4.8	0	0			0/0			13	-Super-heated water boilers
																		15	0		
0	0	0	0	0	0	0	0			0	0/0/	0	0	0			0/0			13	-Parts
																		27	0		
																					Central heating boilers other than those of heading 84. 02:
0	0	0	0	0	0	0	0	5.2		4	0/0/	3	0	0			0/0			13	---Household type
																		33	0		
0	0	0	0	0	0	0	0	5.2		3	0/0/	3	0	0			0/0			13	---Other
																		18	0		
0	0	0	0	0	0	0	0			0	0/0/	1.8	0	0			0/0			13	-Parts
																		16	0		

商品编号	商品名称及备注[检验检疫编码及名称]	进口关税(%)		增值税率(%)	消费税	计量单位	监管条件	检验检疫类别
		最惠国	普通					
8404	**品目 84.02 或 84.03 所列锅炉的辅助设备(例如,节热器、过热器、除灰器、气体回收器);水蒸气或其他蒸汽动力装置的冷凝器:**							
84041010	---品目 84.02 所列锅炉的辅助设备							
8404101010[暂5]	使用(可再生)生物质燃料的非水管蒸汽锅炉的辅助设备(例如,节热器、过热器、除灰器、气体回收器)〔999〕	7	35	13		千克	6	
8404101090	其他蒸汽锅炉、过热水锅炉的辅助设备(例如,节热器、过热器、除灰器、气体回收器)〔999〕	7	35	13		千克	6	
84041020	---品目 84.03 所列锅炉的辅助设备							
8404102000[暂5]	集中供暖用热水锅炉的辅助设备(例如,节热器、过热器、除灰器、气体回收器)〔999〕	8	80	13		千克	6	
84042000	-水蒸气或其他蒸汽动力装置的冷凝器							
8404200000[暂5]	水及其他蒸汽动力装置的冷凝器〔999〕	8	35	13		千克	6	
84049010	---编号 84041020 所列设备的零件							
8404901000[暂5]	集中供暖热水锅炉辅助设备的零件〔999〕	7	80	13		千克		
84049090	---其他							
8404909010[暂5]	使用(可再生)生物质燃料的非水管蒸汽锅炉的辅助设备的零件;水蒸气或其他蒸汽动力装置的冷凝器的零件(编号 84041010、84042000 所列辅助设备的)〔999〕	7	35	13		千克		
8404909090	其他辅助设备用零件(编号 84041010、84042000 所列辅助设备的)〔999〕	7	35	13		千克		
8405	**煤气发生器,不论有无净化器;乙炔发生器及类似的水解气体发生器,不论有无净化器:**							
84051000	-煤气发生器,不论有无净化器;乙炔发生器及类似的水解气体发生器,不论有无净化器							
8405100000	煤气、乙炔及类似水解气体发生器(不论有无净化器)〔999〕	10	30	13		千克	A	M/
84059000	-零件							
8405900000	煤气、乙炔等气体发生器的零件〔999〕	6	30	13		千克		
8406	**汽轮机:**							
84061000	-船舶动力用汽轮机							
8406100000	船舶动力用汽轮机〔999〕	5	35	13		台/千克		
84068110	---输出功率≤100 兆瓦的							
8406811000	40 兆瓦<功率≤100 兆瓦的其他汽轮机(功率指输出功率)〔999〕	5	35	13		台/千克		
84068120	---输出功率>100 兆瓦,但≤350 兆瓦的							
8406812000	100 兆瓦<功率≤350 兆瓦的其他汽轮机(功率指输出功率)〔999〕	5	35	13		台/千克		
84068130	---输出功率>350 兆瓦的							
8406813000	功率>350 兆瓦的其他汽轮机(功率指输出功率)〔999〕	6	11	13		台/千克		
84068200	--输出功率≤40 兆瓦的							
8406820000	功率≤40 兆瓦的其他汽轮机(功率指输出功率)〔999〕	5	35	13		台/千克		
84069000	-零件							
8406900000	汽轮机用的零件〔999〕	2	11	13		千克		
8407	**点燃往复式或旋转式活塞内燃发动机:**							
84071010	---输出功率≤298 千瓦							
8407101000	输出功率≤298 千瓦航空器内燃引擎(指点燃往复式或旋转式)〔999〕	2	11	13		台/千克		
84071020	---输出功率>298 千瓦							
8407102010	输出功率>298 千瓦的无人驾驶航空飞行器、无人驾驶飞艇用高效率内燃引擎(设计或改型后用于在 15420 米以上高空飞行的吸气活塞式或转子式内燃发动机)〔999〕	2	11	13		台/千克	3	
8407102090	其他输出功率>298 千瓦航空器内燃引擎(指点燃往复式或旋转式)〔999〕	2	11	13		台/千克		
84072100	--舷外发动机							
8407210000	船舶用舷外点燃式引擎(指点燃往复式或旋转式活塞内燃发动机)〔999〕	8	35	13		台/千克		
84072900	--其他							
8407290000	船舶用其他未列名点燃式引擎(指点燃往复式或旋转式活塞内燃发动机,舷外式的除外)〔999〕	8	20	13		台/千克		

协定税率(%)															特惠税率(%)			对美税率	出口税率	出口退税率	Article Description
智利	新西兰	澳大利亚	瑞士	冰岛	秘鲁	哥斯达	东盟	亚太	新加坡	巴基斯坦	港/澳/台	韩国	格鲁吉亚	毛里求斯	亚太	老/柬/缅	LDC 97/95				
																					Auxiliary plant for use with boilers of heading 84.02 or 84.03 (for example, economizers, super-heaters, soot removers, gas recoverers); condensers for steam or other vapour power units:
0	0	0	1.4	0	0	0	0	3.5		0	0/0/	0	0	0			0/0			13	---For use with boilers of heading 84.02
																			0		
																			0		
0	0	0	0	0	0	0	0	4		3	0/0/	3	0	0			0/0			13	---For use with boilers of heading 84.03
																			0		
0	0	0	2.8	0	0	0	0		0	9	0/0/	4.2	0	0			0/0			13	-Condensers for steam or other vapour power units
																		30	0		
0	0	0	0	0	0	0	0	0		0	0/0/	0	0	0			0/0			13	---Of the auxiliary plant of subheading 84041020
																		30	0		
0	0	0	0	0	0	0	0	0		0	0/0/	0	0	0			0/0			13	---Other
																		30	0		
																		32	0		
																					Producer gas or water gas generators, with or without their purifiers; acetylene gas generators and similar water process gas generators, with or without their purifiers:
0	0	0	2.8	0	0	0	0		0	9	0/0/	9.1	0	0			0/0			13	-Producer gas or water gas generators, with or without their purifiers; acetylene gas generators and similar water process gas generators, with or without their purifiers
																		20	0		
0	0	0	0	0	0	0	0			3	0/0/	0	0	0			0/0			13	-Parts
																		26	0		
																					Steam turbines and other vapour turbines:
0	0	0	0	0	0	0	0	3.5		0	0/0/	1.5	0	0			0/0			13	-Turbines for marine propulsion
																			0		
0	0	0	0	0	0	0	0			0	0/0/	0	0	0			0/0			13	---Of an output not exceeding 100MW
																		30	0		
0	0	0	0	0	0	0	0	3.5		0	0/0/	0	0	0			0/0			13	---Of an output exceeding 100MW but not exceeding 350MW
																			0		
0	0	0	0	0	0	0	0	4.2		0	0/0/	0	0	0			0/0			13	---Of an output exceeding 350MW
																			0		
0	0	0	2.4	0	0	0	0	3.5		0	0/0/	0	0	0			0/0			13	--Of an output not exceeding 40MW
																		15	0		
0	0	0	0.4	0	0	0	0			0	0/0/	0	0	0			0/0			13	-Parts
																		27	0		
																					Spark-ignition reciprocating or rotary internal combustion piston engines:
0	0	0	0	0	0	0	0			0	0/0/	0	0	0			0/0			13	---Of an output not exceeding 298kW
																		12	0		
0	0	0	0	0	0	0	0			0	0/0/	0	0	0			0/0			13	---Of an output exceeding 298kW
																			0		
																			0		
0	0	0	0	0	0	0	0			3	0/0/		0	0			0/0			13	--Outboard motors
																		18	0		
0	0	0	0	0	0	0	0			3	0/0/		0	0			0/0			13	--Other
																		13	0		

商品编号	商品名称及备注[检验检疫编码及名称]	进口关税(%)		增值税率(%)	消费税	计量单位	监管条件	检验检疫类别
		最惠国	普通					
84073100	--气缸容量(排气量)不超过50毫升							
8407310000	排气量≤50毫升往复式活塞引擎(八十七章所列车辆用的点燃往复式活塞发动机,不超过50毫升)〔101其他车辆零部件〕,〔102汽油发动机〕	10	35	13		台/千克	y4xA6	L.M/
84073200	--气缸容量(排气量)超过50毫升,但不超过250毫升							
8407320000	50毫升<排气量≤250毫升往复式活塞引擎(第八十七章所列车辆用的点燃往复式活塞发动机)〔101其他车辆零部件〕,〔102汽油发动机〕	10	35	13		台/千克	y4xA6	L.M/
84073300	--气缸容量(排气量)超过250毫升,但不超过1000毫升							
8407330000	250毫升<排气量≤1000毫升往复活塞引擎(第八十七章所列车辆的点燃往复式活塞发动机)〔101其他车辆零部件〕,〔102汽油发动机〕	10	70	13		台/千克	A6	L.M/
84073410	---气缸容量(排气量) 超过1000毫升,但不超过3000毫升							
8407341000	1000毫升<排气量≤3000毫升车辆的往复式活塞引擎(第八十七章所列车辆的点燃往复式活塞发动机)〔101其他车辆零部件〕,〔102汽油发动机〕	10	70	13		台/千克	A6	L.M/
84073420	---气缸容量(排气量)超过3000毫升							
8407342010	排气量≥5.9升的天然气发动机(第八十七章所列车辆用的点燃往复式活塞发动机)〔101其他车辆零部件〕,〔102汽油发动机〕	10	35	13		台/千克	6	
8407342090	其他超3000毫升车用往复式活塞引擎(第八十七章所列车辆用的点燃往复式活塞发动机)〔101其他车辆零部件〕,〔102汽油发动机〕	10	35	13		台/千克	6	
84079010	---沼气发动机							
8407901000	沼气发动机〔999〕	10	35	13		台/千克		
84079090	---其他							
8407909010	转速<3600转/分汽油发动机(发电机用,立式输出轴汽油发动机除外)〔999〕	18	35	13		台/千克		
8407909020	转速<4650转/分汽油发动机(品目84.26、84.28~84.30所列机械用,立式输出轴汽油发动机除外)〔999〕	18	35	13		台/千克		
8407909031[暂9]	叉车用汽油发动机(800转/分≤转速≤3400转/分)(立式输出轴汽油发动机除外)〔999立式输出轴汽油发动机除外〕	18	35	13		台/千克		
8407909039	其他转速<4650/转/分汽油发动机(品目84.27所列机械用,立式输出轴汽油发动机除外)〔999〕	18	35	13		台/千克		
8407909040[暂9]	立式输出轴汽油发动机(非第八十七章所列车辆用其他往复式活塞发动机)〔999〕	18	35	13		台/千克		
8407909090	其他往复或旋转式活塞内燃引擎(非第八十七章所列车辆用其他点燃往复式或旋转式活塞发动机)〔999〕	18	35	13		台/千克		
8408	**压燃式活塞内燃发动机(柴油或半柴油发动机):**							
84081000	-船舶发动机							
8408100000	船舶用柴油发动机(指压燃式活塞内燃发动机)〔999〕	5	11	13		台/千克		
84082010	---输出功率在132.39千瓦(180马力)及以上							
8408201001[暂4]	输出功率在441千瓦及以上的柴油发动机(600马力)〔101其他车辆零部件〕,〔102柴油发动机〕	9	14	13		台/千克	6	
8408201010	功率≥132.39千瓦拖拉机用柴油机〔101其他车辆零部件〕,〔102柴油发动机〕	9	14	9		台/千克	6	
8408201090	功率≥132.39千瓦其他用柴油机(指八十七章车辆用压燃式活塞内燃发动机(132.39千瓦=180马力))〔101其他车辆零部件〕,〔102柴油发动机〕	9	14	13		台/千克	6	
84082090	---其他							
8408209010	功率<132.39千瓦拖拉机用柴油机〔101其他车辆零部件〕,〔102柴油发动机〕	25	35	9		台/千克	6	
8408209020[暂20]	升功率≥50千瓦的输出功率<132.39千瓦的轿车用柴油发动机〔101其他车辆零部件〕,〔102柴油发动机〕	25	35	13		台/千克	6	
8408209090	功率<132.39千瓦其他用柴油机(指第八十七章车辆用压燃式活塞内燃发动机)〔101其他车辆零部件〕,〔102柴油发动机〕	25	35	13		台/千克	6	
84089010	---机车发动机							
8408901000	机车用柴油发动机(压燃式活塞内燃发动机)〔101其他车辆零部件〕,〔102柴油发动机〕	6	11	13		台/千克		
84089091	----输出功率不超过14千瓦							
8408909111	功率≤14千瓦农业用单缸柴油机(非八十七章车辆用压燃式活塞内燃发动机(14千瓦=19.05马力))〔999〕	5	35	9		台/千克		
8408909119	功率≤14千瓦农业用柴油发动机(非八十七章车辆用压燃式活塞内燃发动机(14千瓦=19.05马力))〔999〕	5	35	9		台/千克		
8408909191	功率≤14千瓦其他用单缸柴油机(非八十七章车辆用压燃式活塞内燃发动机(14千瓦=19.05马力))〔999〕	5	35	13		台/千克		
8408909199	功率≤14千瓦其他用柴油发动机(非八十七章车辆用压燃式活塞内燃发动机(14千瓦=19.05马力))〔999〕	5	35	13		台/千克		

协定税率(%)															特惠税率(%)			对美税率	出口税率	出口退税率	Article Description
智利	新西兰	澳大利亚	瑞士	冰岛	秘鲁	哥斯达	东盟	亚太	新加坡	巴基斯坦	港/澳/台	韩国	格鲁吉亚	毛里求斯	亚太	老/柬/缅	LDC 97/95				
0	0	0	0	0	0	0	0			3	0/0/	6.5	0	0			0/0			13	--Of a cylinder capacity not exceeding 50cc
																			0		
0	0	0	0	0	0	0	0			3	0/0/	6.5	0	0			0/0			13	--Of a cylinder capacity exceeding 50cc but not exceeding 250cc
																			0		
0	0	0	0	0	0	0	0		0	6.4	0/0/	6.5	0	0			0/0			13	--Of a cylinder capacity exceeding 250cc but not exceeding 1 000cc
																			0		
0	0	0	0	0		0	5	6.5		7	0/0/	6.5	0	0			/			13	---Of a cylinder capacity exceeding 1 000cc but not exceeding 3000 cc
																			0		
0	0	0	0	0		0	5	6.5		7	0/0/	6.5	0	0			0/			13	---Of a cylinder capacity exceeding 3 000cc
																			0		
																			0		
0	0	0	2.4	0	0	0	0	7	0	4.8	0/0/	3.6	0	0			0/0			13	---Firedamp engines
																			0		
0	0	0	3.6	0	0	0	0		0		0/0/	9.6	0	0			0/0			13	---Other
																		23	0		
																		23	0		
																		14	0		
																		23	0		
																		14	0		
																		23	0		
																					Compression-ignition internal combustion piston engines (diesel or semidiesel engines):
0	0	0	0	0	0	0	0	2.5	0	0	0/0/	2.5	0	0			0/0			13	-Marine propulsion engines
																		30	0		
0	0	0	0	0	0	0	5	6.3		6.3	0/0/	4.8	0	0			0/0			13	---Of an output of 132.39kW (180hp) or more
																			0		
																			0		
																			0		
0	0	0		0		0	5	17.5		17.5	0/0/	16.2	0	20			0/				---Other
																			0	9	
																			0	13	
																			0	13	
0	0	0	0	0	0	0	0	3.9		0	0/0/	0	0	0			0/0			13	---Locomotive engines
																		11	0		
0	0	0	0	0	0	0	0	3.3		0	0/0/	2.6	0	0			0/0			9	----Of an output not exceeding 14kW
																		10	0		
																		10	0		
																		10	0		
																		10	0		

商品编号	商品名称及备注[检验检疫编码及名称]	进口关税(%)		增值税率(%)	消费税	计量单位	监管条件	检验检疫类别
		最惠国	普通					
84089092	----输出功率超过14千瓦,但小于132.39千瓦(180马力)							
8408909210	转速<4650转/分柴油发动机,14<功率<132.39千瓦(品目84.26~84.30所列工程机械用)〔999〕	8	35	13		台/千克		
8408909220	14<功率<132.39千瓦的农业用柴油机(非八十七章车辆用压燃式活塞内燃发动机(1千瓦=1.36马力))〔999〕	8	35	9		台/千克		
8408909290	14<功率<132.39千瓦的其他用柴油机(非八十七章车辆用压燃式活塞内燃发动机(1千瓦=1.36马力))〔999〕	8	35	13		台/千克		
84089093	----输出功率在132.39千瓦(180马力)及以上							
8408909310	功率≥132.39千瓦的农业用柴油机(非八十七章用压燃式活塞内燃发动机(132.39千瓦=180马力))〔999〕	5	14	9		台/千克		
8408909390	功率≥132.39千瓦其他用柴油发动机(非八十七章用压燃式活塞内燃发动机(132.39千瓦=180马力))〔999〕	5	14	13		台/千克		
8409	**专用于或主要用于品目84.07或84.08所列发动机的零件:**							
84091000	-航空器发动机用							
8409100000	航空器发动机用零件(指专用于或主要用于品目84.07或84.08所列航空器发动机的零件)〔999〕	2	11	13		千克		
84099110	---船舶发动机用							
8409911000	船舶用点燃式发动机专用零件(指专用于或主要用于点燃式活塞内燃发动机的)〔999〕	6	17	13		千克		
84099191	----电控燃油喷射装置							
8409919100	电控燃油喷射装置(指专用于或主要用于点燃式活塞内燃发动机的)〔101其他车辆零部件〕,〔102其他动力设备及其零部件〕	5	35	13		千克/套		
84099199	----其他							
8409919920	废气再循环(EGR)装置(专用或主要用于内燃发动机)〔101其他车辆零部件〕,〔102其他动力设备及其零部件〕	5	35	13		千克		
8409919930	连杆(专用或主要用于内燃发动机)〔101其他车辆零部件〕,〔102其他动力设备及其零部件〕	5	35	13		千克		
8409919940	喷嘴(专用或主要用于内燃发动机)〔101其他车辆零部件〕,〔102其他动力设备及其零部件〕	5	35	13		千克		
8409919950	气门摇臂(专用或主要用于内燃发动机)〔101其他车辆零部件〕,〔102其他动力设备及其零部件〕	5	35	13		千克		
8409919990	其他点燃式活塞内燃发动机用零件〔101其他车辆零部件〕,〔102其他动力设备及其零部件〕	5	35	13		千克		
84099910	---船舶发动机用							
8409991000	其他船舶发动机专用零件〔999〕	5	11	13		千克		
84099920	---机车发动机用							
8409992000	其他机车发动机专用零件〔101其他车辆零部件〕,〔102其他动力设备及其零部件〕	2	11	13		千克		
84099991	----输出功率在132.39千瓦(180马力)及以上的发动机用							
8409999100	其他功率≥132.39千瓦发动机的专用零件(132.39千瓦=180马力)〔101其他车辆零部件〕,〔102其他动力设备及其零部件〕	2	11	13		千克		
84099999	----其他							
8409999910[暂5]	电控柴油喷射装置及其零件(指品目84.08所列的其他发动机用)〔101其他车辆零部件〕,〔102其他动力设备及其零部件〕	8	35	13		千克		
8409999990	其他发动机的专用零件(指品目84.07或84.08所列的其他发动机)〔101其他车辆零部件〕,〔102其他动力设备及其零部件〕	8	35	13		千克		
8410	**水轮机、水轮及其调节器:**							
84101100	--功率≤1000千瓦							
8410110000	功率≤1000千瓦的水轮机及水轮〔999〕	8	35	13		台/千克		
84101200	--功率>1000千瓦,但<10000千瓦							
8410120000	功率1000千瓦~1万千瓦的水轮机及水轮(指超过1000千瓦,但不超过10000千瓦的)〔999〕	8	35	13		台/千克		
84101310	---功率>30000千瓦的冲击式水轮机及水轮							
8410131000	功率>3万千瓦冲击式水轮机及水轮〔999〕	8	35	13		台/千克		
84101320	---功率>35000千瓦的贯流式水轮机及水轮							
8410132000	功率>35000千瓦贯流水轮机及水轮〔999〕	8	35	13		台/千克		

协定税率(%)															特惠税率(%)			对美税率	出口税率	出口退税率	Article Description
智利	新西兰	澳大利亚	瑞士	冰岛	秘鲁	哥斯达	东盟	亚太	新加坡	巴基斯坦	港/澳/台	韩国	格鲁吉亚	毛里求斯	亚太	老/柬/缅	LDC 97/95				
0	0	0	0	0	0	0	0	7.2		3	0/0/	4.4	0	0			0/0				----Of an output exceeding 14kW but not exceeding 132.39kW (180hp)
																		33	0	13	
																		33	0	9	
																		33	0	13	
0	0	0	0	0	0	0	0	3.3		0	0/0/	2.6	0	0			0/0			13	----Of an output of 132.39kW (180hp) or more
																		10	0		
																		10	0		
																					Parts suitable for use solely or principally with the engines of heading 84.07 or 84.08:
0	0	0	0	0	0	0	0			0	0/0/	0	0	0			0/0			13	-For aircraft engines
																			0		
0	0	0	0	0	0	0	0	3.9		0	0/0/	3.9	0	0			0/0			13	---For marine propulsion engines
																		16	0		
0	0	0	0	0	0	0	0	3.3	0	0	0/0/	2.6	0	0			0/0			13	----Electric fuel injection devices
																			0		
0	0	0	1	0	0	0	0	3.3	0	0	0/0/	1.5	0	0			0/0			13	----Other
																			0		
																			0		
																			0		
																			0		
																			0		
0	0	0	1	0	0	0	0	3.3	0	0	0/0/	2.6	0	0			0/0			13	---For marine propulsion engines
																		30	0		
0	0	0	0	0	0	0	0	1.3		0	0/0/	0	0.4	0			0/0			13	---For locomotive engines
																		7	0		
0	0	0	0	0	0	0	0	1.3		0	0/0/	0.6	0	1.6			0/0			13	----For engines with an output of 132.39kW(180hp) or more
																			0		
0	0	0	0	0	0	0	0	5.2	0	4	0/0/	4.4	0	0			0/0			13	----Other
																			0		
																			0		
																					Hydraulic turbines, water wheels, and regulators therefor:
0	0	0	0	0	0	0	0			3	0/0/	3	0	0			0/0			13	--Of a power not exceeding 1 000kW
																		33	0		
0	0	0	0	0	0	0	0		0	3	0/0/	3	0	0			0/0			13	--Of a power exceeding 1 000kW but not exceeding 10 000kW
																			0		
0	0	0	0	0	0	0	0	5.6	0	3	0/0/	3	0	0			0/0			13	---Impulse hydraulic turbines and water wheels of a power exceeding 30 000kW
																			0		
0	0	0	0	0	0	0	0	5.6	0	3	0/0/	3	0	0			0/0			13	---Radial hydraulic turbines and water wheels of a power exceeding 35 000kW
																			0		

商品编号	商品名称及备注[检验检疫编码及名称]	进口关税(%)		增值税率(%)	消费税	计量单位	监管条件	检验检疫类别
		最惠国	普通					
84101330	---功率超过200000千瓦的水泵水轮机及水轮							
8410133000	功率>200000千瓦水泵式水轮机及水轮〔999〕	8	35	13		台/千克		
84101390	---其他							
8410139000	功率>10000千瓦的其他水轮机及水轮〔999〕	8	35	13		台/千克		
84109010	---调节器							
8410901000	水轮机及水轮的调节器〔999〕	6	35	13		千克/套		
84109090	---其他							
8410909000	水轮机及水轮的其他零件(不包括调节器)〔999〕	6	35	13		千克		
8411	**涡轮喷气发动机,涡轮螺桨发动机及其他燃气轮机:**							
84111110	---涡轮风扇发动机							
8411111000	涡轮风扇发动机推力≤25千牛顿〔999〕	1	11	13		台/千克	3	
84111190	---其他							
8411119000	其他涡轮喷气发动机(推力≤25千牛顿)〔999〕	1	11	13		台/千克		
84111210	---涡轮风扇发动机							
8411121000	涡轮风扇发动机推力>25千牛顿〔999〕	1	11	13		台/千克	3	
84111290	---其他							
8411129010	小型燃烧率高轻型涡轮喷气发动机(推力≥90千牛顿的涡轮喷气发动机)〔999〕	1	11	13		台/千克	3	
8411129090	其他涡轮喷气发动机(推力超过25千牛顿)〔999〕	1	11	13		台/千克		
84112100	--功率≤1100千瓦							
8411210000	功率≤1100千瓦的涡轮螺桨发动机〔999〕	2	11	13		台/千克		
84112210	---功率>1100千瓦,但≤2238千瓦							
8411221000	1100千瓦<功率≤2238千瓦涡轮螺桨引擎〔999〕	2	11	13		台/千克		
84112220	---功率>2238千瓦,但≤3730千瓦							
8411222000	2238千瓦<功率≤3730千瓦涡轮螺桨引擎〔999〕	2	11	13		台/千克		
84112230	---功率>3730千瓦							
8411223000	功率>3730千瓦涡轮螺桨引擎〔999〕	2	11	13		台/千克		
84118100	--功率≤5000千瓦							
8411810001[暂1]	涡轮轴航空发动机(功率≤5000千瓦)〔999〕	15	35	13		台/千克		
8411810010[暂3]	功率≥3500千瓦的涡轮轴发动机(航空发动机除外)〔999〕	15	35	13		台/千克		
8411810090	功率≤5000千瓦的其他燃气轮机〔999〕	15	35	13		台/千克		
84118200	--功率>5000千瓦							
8411820000	功率>5000千瓦的其他燃气轮机〔999〕	3	35	13		台/千克		
84119100	--涡轮喷气发动机或涡轮螺桨发动机用							
8411910000	涡轮喷气或涡轮螺桨发动机用零件〔999〕	1	11	13		千克		
84119910	---涡轮轴发动机用							
8411991010[暂1]	涡轮轴航空发动机用零件〔999〕	5	35	13		千克		
8411991090	其他涡轮轴发动机用零件〔999〕	5	35	13		千克		
84119990	---其他							
8411999000	其他燃气轮机用零件〔999〕	5	35	13		千克		
8412	**其他发动机及动力装置:**							
84121010	---航空器及航天器用							
8412101010	冲压喷气发动机(包括超燃冲压喷气发动机)〔999〕	3	11	13		台/千克	3	
8412101020	脉冲喷气发动机〔999〕	3	11	13		台/千克	3	
8412101030	组合循环发动机〔999〕	3	11	13		台/千克	3	
8412101090	其他航空、航天器用喷气发动机(涡轮喷气发动机除外)〔999〕	3	11	13		台/千克		
84121090	---其他							
8412109000	非航空、航天器用喷气发动机(涡轮喷气发动机除外)〔999〕	10	35	13		台/千克		
84122100	--直线作用(液压缸)的							
8412210010[暂1]	飞机发动机用作动筒〔999〕	12	35	13		台/千克		
8412210090	其他直线作用的液压动力装置(液压缸)〔999〕	12	35	13		台/千克		
84122910	---液压马达							
8412291000	液压马达〔999〕	10	35	13		台/千克		
84122990	---其他							
8412299010[暂7]	抓桩器(抱桩器)〔999〕	14	35	13		台/千克		
8412299020[暂1]	压力值在20mpa以上的飞机用液压作动器〔999〕	14	35	13		台/千克		
8412299090	其他液压动力装置〔999〕	14	35	13		台/千克		
84123100	--直线作用(气压缸)的							
8412310001[暂7]	三坐标测量机用平衡气缸〔999〕	14	35	13		台/千克		

协定税率(%)															特惠税率(%)			对美税率	出口税率	出口退税率	Article Description
智利	新西兰	澳大利亚	瑞士	冰岛	秘鲁	哥斯达	东盟	亚太	新加坡	巴基斯坦	港/澳/台	韩国	格鲁吉亚	毛里求斯	亚太	老/柬/缅	LDC 97/95				
0	0	0	0	0	0	0	0	5.6		3	0/0/	3	0	0			0/0			13	---Pumping hydraulic turbines and water wheels of a power exceeding 200000kW
																			0		
0	0	0	0	0	0	0	0	5.6		3	0/0/	3	0	0			0/0			13	---Other
																			0		
0	0	0	0	0	0	0	0	4.2		0	0/0/	0	0	0			0/0			13	---Regulators
																			0		
0	0	0	0	0	0	0	0			0	0/0/	1.8	0	0			0/0			13	---Other
																			0		
																					Turbo-jets, turbo-propellers and other gas turbines:
0	0	0	0	0	0	0	0			0	0/0/	0	0	0			0/0			13	---Turbofan engines
																			0		
0	0	0	0	0	0	0	0			0	0/0/	0	0	0			0/0			13	---Other
																			0		
0	0	0	0	0	0	0	0	0		0	0/0/	0	0	0			0/0			13	---Turbofan engines
																			0		
0	0	0	0	0	0	0	0	0.5		0	0/0/	0	0	0			0/0			13	---Other
																			0		
																			0		
0	0	0	0	0	0	0	0			0	0/0/	0	0	0			0/0			13	--Of a power not exceeding 1100kW
																			0		
0	0	0	0	0	0	0	0	1.4		0	0/0/	0	0	0			0/0			13	---Of a power exceeding 1100kW but not exceeding 2238kW
																			0		
0	0	0	0	0	0	0	0	1.4		0	0/0/	0	0	0			0/0			13	---Of a power exceeding 2238kW but not exceeding 3730kW
																			0		
0	0	0	0	0	0	0	0	1.4		0	0/0/	0	0	0			0/0			13	---Of a power exceeding 3730kW
																			0		
0	0	0	3	0	0	0	0		0	9.6	0/0/	4.5	0	0			0/0			13	--Of a power not exceeding 5000kW
																			0		
																			0		
																			0		
0	0	0	0	0	0	0	0	2.1		0	0/0/	0	0	0			0/0			13	--Of a power exceeding 5000kW
																			0		
0	0	0	0	0	0	0	0			0	0/0/	0	0	0			0/0			13	--Of turbo-jets or turbo-propellers
																			0		
0	0	0	0	0	0	0	0	3.5		0	0/0/	0	0	0			0/0			13	---Of turboshaft engines
																			0		
																			0		
0	0	0	0	0	0	0	0			0	0/0/	1.5	0	0			0/0			13	---Other
																			0		
																					Other engines and motors:
0	0	0	0	0	0	0	0			0	0/0/	0	0	0			0/0			13	---For aircraft or spacecraft
																			0		
																			0		
																			0		
																			0		
0	0	0	0	0	0	0	0			3	0/0/	3	0	0			0/0			13	---Other
																		15	0		
0	0	0	2.4	0	0	0	0		0	4.8	0/0/0	7.8	0	0			0/0			13	--Linear acting(cylinders)
																			0		
																			0		
0	0	0	2	0	0	0	0		0	4	0/0/	6.5	0	0			0/0			13	---Hydraulic motors
																			0		
0	0	0	2.8	0	0	0	0		0	9	0/0/	7.4	0	0			0/0			13	---Other
																		17	0		
																		11	0		
																		24	0		
0	0	0	0	0	0	0	0	9.1	0	5.6	0/0/0	0	0	0			0/0			13	--Linear acting(cylinders)
																			0		

商品编号	商品名称及备注[检验检疫编码及名称]	进口关税(%)		增值税率(%)	消费税	计量单位	监管条件	检验检疫类别
		最惠国	普通					
8412310010[暂1]	飞机舱门气动作动筒〔999〕	14	35	13		台/千克		
8412310090	其他直线作用的气压动力装置(气压缸)〔999〕	14	35	13		台/千克		
84123900	--其他							
8412390010[暂1]	飞机发动机用气压作动器〔999〕	14	35	13		台/千克		
8412390090	其他气压动力装置〔999〕	14	35	13		台/千克		
84128000	-其他							
8412800010	液体火箭发动机(推力大于或等于90千牛顿可贮存推进剂的)〔999〕	10	35	13		台/千克	3	
8412800020	固体火箭发动机(总冲大于或等于1100千牛顿秒的)〔999〕	10	35	13		台/千克	3	
8412800090	其他发动机及动力装置〔999〕	10	35	13		台/千克		
84129010	---编号84121010所列机器的零件							
8412901010	燃烧调节装置(冲压或脉冲喷气发动机的)〔999〕	2	11	13		千克	3	
8412901020	火箭发动机的壳体〔999〕	2	11	13		千克	3	
8412901090	航空、航天器用喷气发动机的零件(涡轮喷气发动机的零件,编号8412901010除外)〔999〕	2	11	13		千克		
84129090	---其他							
8412909010[暂5]	风力发动机零件〔999〕	8	35	13		千克		
8412909020[暂1]	飞机发动机用作动筒壳体〔999〕	8	35	13		千克		
8412909090	其他发动机及动力装置的零件〔999〕	8	35	13		千克		
8413	**液体泵,不论是否装有计量装置;液体提升机:**							
84131100	--分装燃料或润滑油的泵,用于加油站或车库							
8413110000[暂6]	分装燃料或润滑油的泵,用于加油站或车库(其装有或可装计量装置)〔999〕	10	30	13		台/千克		
84131900	--其他							
8413190000[暂6]	其他装有或可装计量装置的泵〔999〕	10	30	13		台/千克		
84132000	-手泵,但编号841311或841319的货品除外							
8413200000	手泵(但编号841311或841319的货品除外)〔999〕	10	30	13		台/千克		
84133021	----输出功率在132.39千瓦(180马力)及以上的发动机用燃油泵							
8413302100	180马力及以上发动机用燃油泵(活塞式内燃发动机用的)〔101 其他车辆零部件〕,〔102 燃油泵〕	3	30	13		台/千克		
84133029	----其他							
8413302900	其他燃油泵(活塞式内燃发动机用的)〔101 其他车辆零部件〕,〔102 燃油泵〕	3	30	13		台/千克		
84133030	---润滑油泵							
8413303000	润滑油泵(活塞式内燃发动机用的)〔101 其他车辆零部件〕,〔102 燃油泵〕	3	30	13		台/千克		
84133090	---其他							
8413309000	冷却剂泵(活塞式内燃机用的)〔101 其他车辆零部件〕,〔102 燃油泵〕	3	30	13		台/千克		
84134000	-混凝土泵							
8413400000	混凝土泵〔999〕	8	30	13		台/千克		
84135010	---气动式							
8413501010	农业用气动往复式排液泵〔999〕	10	40	9		台/千克		
8413501020	气动式耐腐蚀波纹或隔膜泵(流量大于0.6立方米/时,接触表面由特殊耐腐蚀材料制成)〔999〕	10	40	13		台/千克	3	
8413501090	其他非农业用气动往复式排液泵〔999〕	10	40	13		台/千克		
84135020	---电动式							
8413502010	农业用电动往复式排液泵〔999〕	10	40	9		台/千克		
8413502020	电动式耐腐蚀波纹或隔膜泵(流量大于0.6立方米/时,接触表面由特殊耐腐蚀材料制成)〔999〕	10	40	13		台/千克	3	
8413502030	电动往复式排液多重密封泵(两用物项管制)〔999〕	10	40	13		台/千克	3	
8413502090	其他非农业用电动往复式排液泵〔999〕	10	40	13		台/千克		
84135031	----柱塞泵							
8413503101[暂6]	农业用柱塞泵〔999〕	10	40	9		台/千克		
8413503110[暂1]	飞机用液压柱塞泵〔999〕	10	40	13		台/千克		
8413503190[暂6]	其他非农业用柱塞泵〔999〕	10	40	13		台/千克		
84135039	----其他							
8413503901	其他农业用液压往复式排液泵〔999〕	10	40	9		台/千克		
8413503920	液压式耐腐蚀波纹或隔膜泵(流量大于0.6立方米/时,接触表面由特殊耐腐蚀材料制成)〔999〕	10	40	13		台/千克	3	
8413503990	其他非农业用液压往复式排液泵〔999〕	10	40	13		台/千克		
84135090	---其他							

协定税率(%)															特惠税率(%)			对美税率	出口税率	出口退税率	Article Description
智利	新西兰	澳大利亚	瑞士	冰岛	秘鲁	哥斯达	东盟	亚太	新加坡	巴基斯坦	港/澳/台	韩国	格鲁吉亚	毛里求斯	亚太	老/柬/缅	LDC 97/95				
																			0		
																			0		
0	0	0	0	0	0	0	0		0	9	0/0/	4.2	0	0			0/0			13	--Other
																		11	0		
																		24	0		
0	0	0	0	0	0	0	0			3	0/0/	3	0	0			0/0			13	-Other
																		20	0		
																		20	0		
																		20	0		
0	0	0	0	0	0	0	0			0	0/0/	0	0	0			0/0			13	---For machines of subheading 84121010
																			0		
																			0		
																			0		
0	0	0	0	0	0	0	0			3	0/0/	4.2	0	0			0/0			13	---Other
																			0		
																			0		
																			0		
																					Pumps for liquids, whether or not fitted with a measuring device; liquid elevators:
0	0	0	0	0	0	0	0		0	3	0/0/	3	0	0			0/0			13	--Pumps for dispensing fuel or lubricants, of the type used in filling-stations or in garages
																		26	0		
0	0	0	2	0	0	0	0		0	4	0/0/	6.5	0	0			0/0			13	--Other
																		16	0		
0	0	0	0	0	0	0	0		0	4	0/0/	3	0	0			0/0			13	-Hand pumps, other than those of subheading 841311 or 841319
																		30	0		
0	0	0	0	0	0	0	0	2		0	0/0/	0	0	0			0/0			13	----Fuel pumps for engines of an output of 132.39kW(180hp) or more
																		23	0		
0	0	0	0	0	0	0	0			0	0/0/	0	0	0			0/0			13	----Other
																		23	0		
0	0	0	0	0	0	0	0			0	0/0/	0	0	2.4			0/0			13	---Lubricating oil pumps
																		23	0		
0	0	0	0	0	0	0	0	2		0	0/0/	0	0	2.4			0/0			13	---Other
																		23	0		
0	0	0	0	0	0	0	0			3	0/0/	2.4	0	0			0/0			13	-Concrete pumps
																		33	0		
0	0	0	0	0	0	0	0		0	3	0/0/	5.3	0	0			0/0				---Pneumatic
																		11	0	9	
																			0	13	
																		11	0	13	
0	0	0	3.3	0	0	0	0		0	4	0/0/	3	0	0			0/0				---Electric
																		26	0	9	
																			0	13	
																		26	0	13	
																		26	0	13	
0	0	0	0	0	0	0	0		0	4	0/0/	6.5	0	0			0/0				----Plunger pumps
																		16	0	9	
																		11	0		
																			0	13	
0	0	0	0	0	0	0	0		0	0	0/0/	5.3	0	0			0/0				----Other
																		26	0	9	
																		26	0	13	
																		26	0	13	
0	0	0	0	0	0	0	0		0	4	0/0/	6.5	0	0			0/0				---Other

商品编号	商品名称及备注[检验检疫编码及名称]	进口关税(%)		增值税率(%)	消费税	计量单位	监管条件	检验检疫类别
		最惠国	普通					
8413509010	其他农用往复式排液泵〔999〕	10	40	9		台/千克		
8413509020	其他耐腐蚀波纹或隔膜泵(流量大于0.6立方米/时,接触表面由特殊耐腐蚀材料制成)〔999〕	10	40	13		台/千克	3	
8413509090	其他非农用往复式排液泵〔999〕	10	40	13		台/千克		
84136021	----电动式							
8413602101[暂6]	农业用电动齿轮泵(回转式排液泵)〔999〕	10	40	9		台/千克		
8413602110[暂6]	电动齿轮多重密封泵(非农业用回转式排液泵)〔999〕	10	40	13		台/千克	3	
8413602190[暂6]	其他非农业用电动齿轮泵(回转式排液泵,多重密封泵除外)〔999〕	10	40	13		台/千克		
84136022	----液压式							
8413602201[暂3]	农业用回转式液压油泵(输入转速>2000转/分,输入功率>190千瓦,最大流量>2×280升/分)〔999〕	10	40	9		台/千克		
8413602202[暂3]	非农业用回转式液压油泵(输入转速>2000转/分,输入功率>190千瓦,最大流量>2×280升/分)〔999〕	10	40	13		台/千克		
8413602210[暂6]	其他农业用液压齿轮泵(回转式排液泵)〔999〕	10	40	9		台/千克		
8413602220[暂6]	液压齿轮多重密封泵(非农业用回转式排液泵)〔999〕	10	40	13		台/千克	3	
8413602290[暂6]	其他非农业用液压齿轮泵(回转式排液泵、多重密封泵除外)〔999〕	10	40	13		台/千克		
84136029	----其他							
8413602901	其他农业用齿轮泵(回转式排液泵)〔999〕	10	40	9		台/千克		
8413602990	其他非农业用齿轮泵(回转式排液泵)〔999〕	10	40	13		台/千克		
84136031	----电动式							
8413603101	农业用电动叶片泵(回转式排液泵)〔999〕	10	40	9		台/千克		
8413603110	电动叶片多重密封泵(非农业用回转式排液泵)〔999〕	10	40	13		台/千克	3	
8413603190	其他非农业用电动叶片泵(回转式排液泵、多重密封泵除外)〔999〕	10	40	13		台/千克		
84136032	----液压式							
8413603201[暂6]	农业用液压叶片泵(回转式排液泵)〔999〕	10	40	9		台/千克		
8413603210[暂6]	液压叶片多重密封泵(非农业用回转式排液泵)〔999〕	10	40	13		台/千克	3	
8413603290[暂6]	其他非农业用液压叶片泵(回转式排液泵、多重密封泵除外)〔999〕	10	40	13		台/千克		
84136039	----其他							
8413603901[暂6]	其他农业用叶片泵(回转式排液泵)〔999〕	10	40	9		台/千克		
8413603990[暂6]	其他非农业用叶片泵(回转式排液泵)〔999〕	10	40	13		台/千克		
84136040	---螺杆泵							
8413604001[暂6]	农业用螺杆泵(回转式排液泵)〔999〕	10	40	9		台/千克		
8413604010[暂6]	螺杆多重密封泵(非农业用回转式排液泵)〔999〕	10	40	13		台/千克	3	
8413604090[暂6]	其他非农业用螺杆泵(回转式排液泵、多重密封泵除外)〔999〕	10	40	13		台/千克		
84136050	---径向柱塞泵							
8413605001[暂6]	农业用径向柱塞泵(回转式排液泵)〔999〕	10	40	9		台/千克		
8413605090[暂6]	其他非农业用径向柱塞泵(回转式排液泵)〔999〕	10	40	13		台/千克		
84136060	---轴向柱塞泵							
8413606001[暂6]	农业用轴向柱塞泵(回转式排液泵)〔999〕	10	40	9		台/千克		
8413606090[暂6]	其他非农业用轴向柱塞泵(回转式排液泵)〔999〕	10	40	13		台/千克		
84136090	---其他							
8413609010	农业用其他回转式排液泵〔999〕	10	40	9		台/千克		
8413609090	其他回转式排液泵〔999〕	10	40	13		台/千克		
84137010	---转速在10000转/分及以上							
8413701010	农业用其他离心泵(转速在10000转/分及以上)〔999〕	8	40	9		台/千克		
8413701020	液体推进剂用泵(转速≥10000转/分,出口压力≥7000千帕的)〔999〕	8	40	13		台/千克	3	
8413701030	离心泵多重密封泵(两用物项管制)〔999〕	8	40	13		台/千克	3	
8413701090	其他非农用离心泵(转速在10000转/分及以上)〔999〕	8	40	13		台/千克		
84137091	----电动潜油泵及潜水电泵							
8413709110	农业用电动潜油泵及潜水电泵(转速在10000转/分以下)〔999〕	8	40	9		台/千克		
8413709190	其他非农业用电动潜油泵及潜水电泵(转速在10000转/分以下)〔999〕	8	40	13		台/千克		
84137099	----其他							
8413709910	其他农业用离心泵(转速在10000转/分以下)〔999〕	8	40	9		台/千克		
8413709920	一次冷却剂泵(全密封驱动泵,有惯性质量系统的泵,及鉴定为NC-1泵等)〔999〕	8	40	13		台/千克	3	
8413709930	转速小于10000转/分的离心式屏蔽泵(流量大于0.6立方米/时,接触表面由特殊耐腐蚀材料制成)〔999〕	8	40	13		台/千克	3	
8413709940	转速小于10000转/分的离心式磁力泵(流量大于0.6立方米/时,接触表面由特殊耐腐蚀材料制成)〔999〕	8	40	13		台/千克	3	
8413709950	液体推进剂用泵(8000<转速<10000转/分,出口压力≥7000千帕的)〔999〕	8	40	13		台/千克	3	
8413709960	其他离心泵多重密封泵(两用物项管制)〔999〕	8	40	13		台/千克	3	

协定税率(%)															特惠税率(%)			对美税率	出口税率	出口退税率	Article Description
智利	新西兰	澳大利亚	瑞士	冰岛	秘鲁	哥斯达	东盟	亚太	新加坡	巴基斯坦	港/澳/台	韩国	格鲁吉亚	毛里求斯	亚太	老/柬/缅	LDC 97/95				
																		31	0	9	
																		31	0	13	
																		31	0	13	
0	0	0	0		0	0	0		0	4	0/0/	6.5	2	0			0/0				----Electric
																		11	0	9	
																		11	0	13	
																			0	13	
0	0	0	0	0	0	0	0			3	0/0/	5.3	0	0			0/0				----Hydraulic
																		23	0	9	
																		23	0	13	
																		26	0	9	
																		26	0	13	
																			0	13	
0	0	0	0	0	0	0	0			4	0/0/	3	0	0			0/0				----Other
																		31	0	9	
																		31	0	13	
0	0	0	0	0	0	0	0			3	0/0/	3	0	0			0/0				----Electric
																			0	9	
																			0	13	
																			0	13	
0	0	0	0	0	0	0	0			3	0/0/	6.5	0	0			0/0				----Hydraulic
																		26	0	9	
																		26	0	13	
																		26	0	13	
0	0	0	0	0	0	0	0			3	0/0/	6.5	0	0			0/0				----Other
																		31	0	9	
																		31	0	13	
0	0	0	0	0	0	0	0			3	0/0/	6.5	0	0			0/0				---Helicoidal pumps (screw pumps)
																		16	0	9	
																		16	0	13	
																			0	13	
0	0	0	0	0	0	0	0			3	0/0/	6.5	0	0			0/0				---Radial plunger pumps
																		31	0	9	
																		31	0	13	
0	0	0	0	0	0	0	0			4	0/0/	5.3	0	0			0/0				---Axial plunger pumps
																		31	0	9	
																		31	0	13	
0	0	0	2	0	0	0	0		0	4	0/0/	5.3	0	0			0/0				---Other
																		13	0	9	
																		13	0	13	
0	0	0	0	0	0	0	0	5.2		3	0/0/	0	0	0			0/0				---Rotational speed no less than 10000r/min
																		13	0	9	
																		13	0	13	
																		13	0	13	
																		13	0	13	
0	0	0	0	0	0	0	0		0	3	0/0/	3	0	0			0/0				----Electric submersible oil pumps and electric submersible pumps
																		23	0	9	
																		23	0	13	
0	0	0	1.6	0	0	0	0	5.2		3	0/0/	0	0	0			0/0				----Other
																		13	0	9	
																		13	0	13	
																		13	0	13	
																		13	0	13	
																		13	0	13	
																		13	0	13	

商品编号	商品名称及备注[检验检疫编码及名称]	进口关税(%) 最惠国	进口关税(%) 普通	增值税率(%)	消费税	计量单位	监管条件	检验检疫类别
8413709970[暂1]	飞机发动机用燃油泵〔999〕	8	40	13		台/千克		新增
8413709990	其他非农业用离心泵(转速在 10000 转/分以下)〔999〕	8	40	13		台/千克		
84138100	--泵							
8413810010	农业用其他液体泵〔999〕	8	40	9		台/千克		
8413810020	生产重水用多级泵(专门为利用氨-氢交换法生产重水而设计或制造的多级泵)〔999〕	8	40	13		台/千克	3	
8413810090	其他非农用液体泵〔999〕	8	40	13		台/千克		
84138200	--液体提升机							
8413820000	液体提升机〔999〕	8	30	13		台/千克		
84139100	--泵用							
8413910000	泵用零件〔999〕	5	30	13		千克		
84139200	--液体提升机用							
8413920000	液体提升机用零件〔999〕	6	30	13		千克		
8414	**空气泵或真空泵、空气及其他气体压缩机、风机、风扇;装有风扇的通风罩或循环气罩,不论是否装有过滤器:**							
84141000	-真空泵							
8414100010[暂5]	耐腐蚀真空泵(流量大于 5 立方米/时,接触表面由特殊耐腐蚀材料制成)①	8	30	13		台/千克	3	
8414100020[暂5]	真空泵(抽气口≥38 厘米,速度≥15 立方米/时,产生<10^{-4} 托极限真空度)〔999〕	8	30	13		台/千克	3	
8414100030[暂5]	能在含 UF6 气氛中使用的真空泵(用耐 UF6 腐蚀的材料制成或保护。这些泵可以是旋转式或正压式,可有排代式密封和碳氟化合物密封并且可以有特殊工作流体存在)〔999〕	8	30	13		台/千克	3	
8414100040[暂5]	专门设计或制造的抽气能力≥5 立方米/时的真空泵(专用于同位素气体扩散浓缩)〔999〕	8	30	13		台/千克	3	
8414100050[暂5]	能在含 UF6 气氛中使用的真空泵(耐 UF6 腐蚀的,也可用氟碳密封和特殊工作流体)〔999〕	8	30	13		台/千克	3	
8414100060	专门或主要用于半导体晶圆或平板显示屏制造的真空泵〔999〕	1.3/0③	30	13		台/千克		
8414100090[暂5]	其他真空泵〔999〕	8	30	13		台/千克		
84142000	-手动或脚踏式空气泵							
8414200000	手动或脚踏式空气泵〔999〕	8	30	13		台/千克		
84143011	----冷藏箱或冷冻箱用,电动机额定功率不超过 0.4 千瓦							
8414301100	电动机额定功率≤0.4 千瓦冷藏或冷冻箱用压缩机〔999〕	8	80	13		台/千克	A	L.M/
84143012	----冷藏箱或冷冻箱用,电动机额定功率超过 0.4 千瓦,但不超过 5 千瓦							
8414301200	其他电驱动冷藏或冷冻箱用压缩机(指电动机额定功率>0.4 千瓦,但≤5 千瓦)〔999〕	8	80	13		台/千克	A	L.M/
84143013	----空气调节器用,电动机额定功率超过 0.4 千瓦,但不超过 5 千瓦							
8414301300	电动机额定功率>0.4 千瓦,但≤5 千瓦的空调器用压缩机〔999〕	8	80	13		台/千克	A	L.M/
84143014	----空气调节器用,电动机额定功率超过 5 千瓦							
8414301400	电动机额定功率>5 千瓦的空调器用压缩机〔999〕	8	80	13		台/千克		
84143015	----冷冻或冷藏设备用,电动机额定功率超过 5 千瓦							
8414301500	电动机额定功率>5 千瓦的冷冻或冷藏设备用压缩机〔999〕	8	30	13		台/千克		
84143019	----其他							
8414301900	电动机驱动其他用于制冷设备的压缩机〔999〕	8	30	13		台/千克	A	L.M/
84143090	---非电动机驱动的压缩机							
8414309000	非电动机驱动的制冷设备用压缩机〔101 其他车辆零部件〕,〔102 其他制冷设备用压缩机及其零件〕	8	80	13		台/千克		
84144000	-装在拖车底盘上的空气压缩机							
8414400000	装在拖车底盘上的空气压缩机〔999〕	8	30	13		台/千克		
84145110	---吊扇							
8414511000	功率≤125 瓦的吊扇(本身装有一个输出功率不超过 125 瓦的电动机)②	6	130	13		台/千克	A	L.M/

① 〔101 其他空气压缩机(站)及零件 I 类器具〕,〔102 其他空气压缩机(站)及零件 II 类器具〕,〔103 其他空气压缩机(站)及零件 III 类器具〕,〔104 其他空气压缩机(站)及零件 0I 类器具〕,〔105 其他空气压缩机(站)及零件 0 类器具〕

② 〔101 吊扇 I 类器具〕,〔102 吊扇 II 类器具〕,〔103 吊扇 III 类器具〕,〔104 吊扇 0I 类器具〕,〔105 吊扇 0 类器具〕

③ 最惠国税率中,"/"左边的税率截止日期为 2021年6月30日,"/"右边的税率有效日期为 2021 年 7 月 1 日~2999 年 12 月 31 日。

协定税率(%)															特惠税率(%)			对美税率	出口税率	出口退税率	Article Description
智利	新西兰	澳大利亚	瑞士	冰岛	秘鲁	哥斯达	东盟	亚太	新加坡	巴基斯坦	港/澳/台	韩国	格鲁吉亚	毛里求斯	亚太	老/柬/缅	LDC 97/95				
																		6	0		
																		13	0	13	
0	0	0	1.6	0	0	0	0	4		0	0/0/0	0	0	0			0/0				--Pumps
																		28	0	9	
																		28	0	13	
																		28	0	13	
0	0	0	3.8	0	0	0	0			3	0/0/	2.4	0	0			0/0			13	--Liquid elevators
																		28	0		
0	0	0	1	0	0	0	0	2.5		0	0/0/0	0	0	0			0/0			13	--Of pumps
																		15	0		
0	0	0	0	0	0	0	0			0	0/0/	0	0	0			0/0			13	--Of liquid elevators
																		24	0		
																					Air or vacuum pumps, air or other gas compressors and fans; ventilating or recycling hoods incorporating a fan, whether or not fitted with filters:
0	0	0	1.6	0	0	0	0			3	0/0/0	2.4	0	0			0/0			13	-Vacuum pumps
																		30	0		
																		30	0		
																		30	0		
																		30	0		
																		30	0		
																			0	0	
																		30	0		
0	0	0	0	0	0	0	0			3	0/0/	0	0	0			0/0			13	-Hand-or foot-operated pumps
																		28	0		
0	0	0	0	0	0	0	0	5.2	0	3	0/0/	4.2	0	0			0/0			13	----For refrigerators or freezers, of a motor power not exceeding 0.4kW
																		33	0		
0	0	0	0	0	0	0	0	5.2	0	3	0/0/	6.5	0	0			0/0			13	----For refrigerators or freezers, of a motor power exceeding 0.4kW but not exceeding 5kW
																		33	0		
0	0	0	0	0	0	0	0	5.2	0	3	0/0/0	0	0	0			0/0			13	----For air conditioning machines, of a motor power exceeding 0.4kW but not exceeding 5kW
																		33	0		
0	0	0	0	0	0	0	0	5.2	0	3	0/0/0	3	0	0			0/0			13	----For air conditioning machines, of a motor power exceeding 5kW
																		18	0		
0	0	0	0	0	0	0	0	5.2		3	0/0/	3	0	0			0/0			13	----For refrigerators or freezers, of a motor power exceeding 5kW
																		28	0		
0	0	0	0	0	0	0	0	5.2	0	3	0/0/	6.5	0	0			0/0			13	----Other
																		23	0		
0	0	0	0	0	0	0	0	5.2	0	3	0/0/	4.8	1.8	0			0/0			13	---Driven by a non-motor
																		33	0		
0	0	0	0	0	0	0	0			3	0/0/	2.4	0	0			0/0			13	-Air compressors mounted on a wheeled chassis for towing
																		28	0		
0	0	0	4	0	0	0	0	4.2	0	20	0/0/	10.6	0	0		0//	0/0			13	---Ceiling or roof fans
																		11	0		

商品编号	商品名称及备注[检验检疫编码及名称]	进口关税(%) 最惠国	进口关税(%) 普通	增值税率(%)	消费税	计量单位	监管条件	检验检疫类别
84145120	---换气扇							
8414512000	其他功率≤125 瓦的换气扇(装有一输出功率≤125 瓦电动机)①	6	130	13		台/千克	A	L. M/
84145130	---具有旋转导风轮的风扇							
8414513000	功率≤125 瓦有旋转导风轮的风扇(本身装有一个输出功率≤125 瓦的电动机)②	6	130	13		台/千克		L/
84145191	----台扇							
8414519100	功率≤125 瓦的台扇(本身装有一个输出功率≤125 瓦的电动机)③	6	130	13		台/千克	A	L. M/
84145192	----落地扇							
8414519200	功率≤125 瓦的落地扇(本身装有一个输出功率≤125 瓦的电动机)④	6	130	13		台/千克	A	L. M/
84145193	----壁扇							
8414519300	功率≤125 瓦的壁扇(本身装有一个输出功率≤125 瓦的电动机)⑤	6	130	13		台/千克	A	L. M/
84145199	----其他							
8414519900	其他功率≤125 瓦其他风机、风扇(本身装有一个输出功率≤125 瓦的电动机)⑥	6	130	13		台/千克		L/
84145910	---吊扇							
8414591000	其他吊扇(电动机输出功率>125 瓦的)⑦	8	30	13		台/千克	A	L. M/
84145920	---换气扇							
8414592000	其他换气扇(电动机输出功率>125 瓦的)⑧	8	30	13		台/千克	A	L. M/
84145930	---离心通风机							
8414593000	其他离心通风机〔999〕	8	30	13		台/千克		
84145990	---其他							
8414599010	罗茨式鼓风机〔999〕	8	30	13		台/千克	A	M/
8414599020	吸气≥1 立方米/分的耐 UF6 腐蚀的鼓风机(出口压力高达 500 千帕,设计成在 UF6 环境中长期运行。这种鼓风机的压力比为 10:1 或更低,用耐 UF6 的材料制成或用这种材料进行保护)〔999〕	8	30	13		台/千克	3A	M/
8414599030	吸气≥2 立方米/分的耐 UF6 腐蚀鼓风机(轴向离心式或正排量鼓风机,压力比在 1.2:1 和 6:1 之间)〔999〕	8	30	13		台/千克	3A	M/
8414599040	吸气≥56 立方米/秒的鼓风机(用于循环硫化氢气体的单级、低压头离心式鼓风机)〔999〕	8	30	13		台/千克	3A	M/
8414599050	电子产品散热用轴流风扇⑨	8	30	13		台/千克		
8414599060	专门或主要用于微处理器、电信设备、自动数据处理设备或装置的散热扇⑩	1.3/0⑪	30	13		台/千克		
8414599091	其他台扇、落地扇、壁扇(电动机输出功率超过 125 瓦的)⑫	8	30	13		台/千克	A	M/
8414599099	其他风机、风扇⑬	8	30	13		台/千克		L/
84146010	---抽油烟机							
8414601000暂6	抽油烟机(指罩的平面最大边长不超过 120 厘米,装有风扇的)〔999〕	8	130	13		台/千克		L/
84146090	---其他							
8414609011	生物安全柜(符合世界卫生组织规定的生物安全水平三级标准,罩的最大边长≤120 厘米)〔101 非家用过滤及净化装置〕,〔102 气体纯化过滤、净化机器及装置〕	8	130	13		台/千克	3	
8414609012	活动(柔软的)隔离装置;手套箱(具有与三级生物安全柜类似标准,罩的最大边长≤120 厘米)〔101 非家用过滤及净化装置〕,〔102 气体纯化过滤、净化机器及装置〕	8	130	13		台/千克	3	
8414609013	层流罩(柜)(垂直流密闭通风柜,具有三级生物安全柜类似标准,罩的最大边长≤120 厘米)〔101 非家用过滤及净化装置〕,〔102 气体纯化过滤、净化机器及装置〕	8	130	13		台/千克	3	
8414609014	吸收塔(两用物项管制,罩的最大边长≤120 厘米)〔101 非家用过滤及净化装置〕,〔102 气体纯化过滤、净化机器及装置〕	8	130	13		台/千克	3	
8414609015	带有风扇的高效空气粒子过滤单元的封闭洁净设备[高效空气粒子过滤单元(HE-PA),罩的最大边长≤120 厘米]〔101 非家用过滤及净化装置〕,〔102 气体纯化过滤、净化机器及装置〕	8	130	13		台/千克	3	

① 〔101 换气扇 I 类器具〕,〔102 换气扇 II 类器具〕,〔103 换气扇 III 类器具〕,〔104 换气扇 0I 类器具〕,〔105 换气扇 0 类器具〕,〔106 其他电扇及其零件 I 类器具〕,〔107 其他电扇及其零件 II 类器具〕,〔108 其他电扇及其零件 III 类器具〕,〔109 其他电扇及其零件 0I 类器具〕,〔110 其他电扇及其零件 0 类器具〕

② 〔101 有旋转导风轮的风扇 I 类器具〕,〔102 有旋转导风轮的风扇 II 类器具〕,〔103 有旋转导风轮的风扇 III 类器具〕,〔104 有旋转导风轮的风扇 0I 类器具〕,〔105 有旋转导风轮的风扇 0 类器具〕

③ 〔101 台扇 I 类器具〕,〔102 台扇 II 类器具〕,〔103 台扇 III 类器具〕,〔104 台扇 0I 类器具〕,〔105 台扇 0 类器具〕

④ 〔101 落地扇 I 类器具〕,〔102 落地扇 II 类器具〕,〔103 落地扇 III 类器具〕,〔104 落地扇 0I 类器具〕,〔105 落地扇 0 类器具〕

⑤ 〔101 壁扇 I 类器具〕,〔102 壁扇 II 类器具〕,〔103 壁扇 III 类器具〕,〔104 壁扇 0I 类器具〕,〔105 壁扇 0 类器具〕

⑥ 〔101 其他电扇及其零件 I 类器具〕,〔102 其他电扇及其零件 II 类器具〕,〔103 其他电扇及其零件 III 类器具〕,〔104 其他电扇及其零件 0I 类器具〕,〔105 其他电扇及其零件 0 类器具〕

⑦ 〔101 吊扇 I 类器具〕,〔102 吊扇 II 类器具〕,〔103 吊扇 III 类器具〕,〔104 吊扇 0I 类器具〕,〔105 吊扇 0 类器具〕,〔106 其他电扇及其零件 I 类器具〕,〔107 其他电扇及其零件 II 类器具〕,〔108 其他电扇及其零件 III 类器具〕,〔109 其他电扇及其零件 0I 类器具〕,〔110 其他电扇及其零件 0 类器具〕

⑧ 〔101 换气扇 I 类器具〕,〔102 换气扇 II 类器具〕,〔103 换气扇 III 类器具〕,〔104 换气扇 0I 类器具〕,〔105 换气扇 0 类器具〕,〔106 其他电扇及其零件 I 类器具〕,〔107 其他电扇及其零件 II 类器具〕,〔108 其他电扇及其零件 III 类器具〕,〔109 其他电扇及其零件 0I 类器具〕,〔110 其他电扇及其零件 0 类器具〕

⑨ 〔101 换气扇 I 类器具〕,〔102 换气扇 II 类器具〕,〔103 换气扇 III 类器具〕,〔104 换气扇 0I 类器具〕,〔105 换气扇 0 类器具〕

⑩ 〔101 换气扇 I 类器具〕,〔102 换气扇 II 类器具〕,〔103 换气扇 III 类器具〕,〔104 换气扇 0I 类器具〕,〔105 换气扇 0 类器具〕

⑪ 最惠国税率中,"/"左边的税率截止日期为 2021 年 6 月 30 日,"/"右边的税率有效日期为 2021 年 7 月 1 日~2999 年 12 月 31 日。

⑫ 〔101 台扇 I 类器具〕,〔102 台扇 II 类器具〕,〔103 台扇 III 类器具〕,〔104 台扇 0I 类器具〕,〔105 台扇 0 类器具〕,〔106 落地扇 I 类器具〕,〔107 落地扇 II 类器具〕,〔108 落地扇 III 类器具〕,〔109 落地扇 0I 类器具〕,〔110 落地扇 0 类器具〕,〔111 壁扇 I 类器具〕,〔112 壁扇 II 类器具〕,〔113 壁扇 III 类器具〕,〔114 壁扇 0I 类器具〕,〔115 壁扇 0 类器具〕,〔116 其他电扇及其零件 I 类器具〕,〔117 其他电扇及其零件 II 类器具〕,〔118 其他电扇及其零件 III 类器具〕,〔119 其他电扇及其零件 0I 类器具〕,〔120 其他电扇及其零件 0 类器具〕

⑬ 〔101 其他电扇及其零件 I 类器具〕,〔102 其他电扇及其零件 II 类器具〕,〔103 其他电扇及其零件 III 类器具〕,〔104 其他电扇及其零件 0I 类器具〕,〔105 其他电扇及其零件 0 类器具〕

协定税率(%)															特惠税率(%)			对美税率	出口税率	出口退税率	Article Description
智利	新西兰	澳大利亚	瑞士	冰岛	秘鲁	哥斯达	东盟	亚太	新加坡	巴基斯坦	港/澳/台	韩国	格鲁吉亚	毛里求斯	亚太	老/柬/缅	LDC 97/95				
0	0	0	4	0	0	0	0	4.8	0	0	0/0/0	10.6	0	0		0//	0/0			13	---Window fans
																		31	0		
0	0	0	2.4	0	0	0	0		0	4.8	0/0/	3.6	0	0		0//	0/0			13	---Repeating front louver fan
																		31	0		
0	0	0	0	0	0	0	0	4.2		3	0/0/	3	0	0		0//	0/0			13	----Table fans
																			0		
0	0	0	0	0	0	0	0	4.2		3	0/0/	3	0	0		0//	0/0			13	----Floor fans
																			0		
0	0	0	0	0	0	0	0	4.8		3	0/0/	3	0	0		0//	0/0			13	----Wall fans
																		31	0		
0	0	0	0	0	0	0	0		0	0	0/0/0	3	0	0		0//	0/0			13	----Other
																		31	0		
0	0	0	0	0	0	0	0	5.2		3	0/0/	0	0	0			0/0			13	---Ceiling or roof fans
																		33	0		
0	0	0	0	0	0	0	0	5.2		3	0/0/	0	0	0			0/0			13	---Window fans
																		33	0		
0	0	0	0	0	0	0	0	5.2	0	4	0/0/	0	0	0			0/0			13	---Centrifugal ventilation fans
																		33	0		
0	0	0	1.6	0	0	0	0	5.2		3	0/0/0	0	0	0			0/0			13	---Other
																		33	0		
																		33	0		
																		33	0		
																		33	0		
																		33	0		
																		26.3	0	0	
																		33	0		
																		33	0		
0	0	0	0	0	0	0	0			3	0/0/	3	0	0		0//	0/0			13	---Range hoods
																		31	0		
0	0	0	0	0	0	0	0		0	3	0/0/	3	0	0		0//	0/0			13	---Other
																		33	0		
																		33	0		
																		33	0		
																		33	0		
																		33	0		

商品编号	商品名称及备注[检验检疫编码及名称]	进口关税(%) 最惠国	进口关税(%) 普通	增值税率(%)	消费税	计量单位	监管条件	检验检疫类别
8414609016	厌氧微生物柜(具有与三级生物安全柜类似标准,罩的最大边长≤120 厘米)〔999〕	8	130	13		台/千克	3	
8414609090	其他≤120 厘米的通风罩或循环气罩(指罩的平面最大边长≤120 厘米,装有风扇的)〔999〕	8	130	13		台/千克		
84148010	---燃气轮机用的自由活塞式发生器							
8414801000	燃气轮机用的自由活塞式发生器〔999〕	8	50	13		台/千克		
84148020	---二氧化碳压缩机							
8414802000	二氧化碳压缩机〔999〕	7	30	13		台/千克		
84148030	---发动机用增压器							
8414803001[暂5]	乘用车机械增压器〔999〕	7	30	13		台/千克		
8414803090	发动机用增压器①	7	30	13		台/千克		
84148041	----螺杆空压机							
8414804100	螺杆空压机〔999〕	7	30	13		台/千克		
84148049	----其他							
8414804910	吸气≥1 立方米/分的耐 UF6 腐蚀压缩机(出口压力高达 500 千帕,设计成在 UF6 环境中长期运行。这种压缩机的压力比为 10:1 或更低,用耐 UF6 的材料制成或用这种材料进行保护)〔999〕	7	30	13		台/千克	3	
8414804920	MLIS 用 UF6/载气压缩机(能在 UF6 环境中长期操作 UF6/载气混合气压缩机)〔999〕	7	30	13		台/千克	3	
8414804930	吸气≥56 立方米/秒的压缩机(用于循环硫化氢气体的单级、低压头离心式压缩机)〔999〕	7	30	13		台/千克	3	
8414804940	吸气≥2 立方米/分的耐 UF6 腐蚀压缩机(轴向离心式或正排量压缩机,压力比在 1.2:1 和 6:1 之间)〔999〕	7	30	13		台/千克	3	
8414804950[暂5]	燃料电池增压器〔999〕	7	30	13		台/千克		
8414804960[暂1]	飞机用离心式氮气系统压缩机〔999〕	7	30	13		台/千克		
8414804990	其他空气及气体压缩机〔999〕	7	30	13		台/千克		
84148090	---其他							
8414809051	其他生物安全柜(符合世界卫生组织规定的生物安全水平三级标准)②	7	30	13		台/千克	3	
8414809052	其他活动(柔软的)隔离装置与其他手套箱(具有与三级生物安全柜类似标准)③	7	30	13		台/千克	3	
8414809053	其他层流罩(柜)(垂直流密闭通风柜,具有与三级生物安全柜类似标准)〔101 非家用过滤及净化装置〕,〔102 气体纯化过滤、净化机器及装置〕	7	30	13		台/千克	3	
8414809054	其他吸收塔(两用物项管制)〔999〕	7	30	13		台/千克	3	
8414809055	其他带有风扇的高效空气粒子过滤单元的封闭洁净设备(高效空气粒子过滤单元(HEPA))〔101 非家用过滤及净化装置〕,〔102 气体纯化过滤、净化机器及装置〕	7	30	13		台/千克	3	
8414809056	其他厌氧微生物柜(具有与三级生物安全柜类似标准)〔999〕	7	30	13		台/千克	3	
8414809057[暂2]	燃料电池循环泵	7	30	13		台/千克		
8414809090	其他空气泵及通风罩(通风罩指装有风扇的通风罩或循环气罩,平面边长>120 厘米)〔101 其他风机及其零件〕,〔102 其他空气压缩机(站)及零件〕	7	30	13		台/千克		
84149011	----压缩机进、排气阀片							
8414901100[暂5]	压缩机进、排气阀片(用于制冷设备的)〔999〕	8	80	13		千克		
84149019	----其他							
8414901900[暂5]	84143011~3014 及 84143090 的零件(指 84143011~3014 及 84143090 所列机器的其他零件)〔999〕	8	80	13		千克		
84149020	---编号 84145110 至 84145199 及 84146000 所列机器的零件							
8414902000[暂6]	编号 84145110 至 84145199 及 84146000 机器零件(指上述编号内的吊扇换气扇等,还包括编号 84146000 机器零件)〔101 其他风机及其零件〕,〔102 其他电扇及其零件〕	7	130	13		千克		
84149090	---其他							
8414909010[暂4]	分子泵(气体离心机的静态部件,专门设计或制造的内部有已加工或挤压的螺纹槽和已加工的腔的泵体。)④	7	30	13		千克	3	
8414909090[暂4]	品目 8414 其他未列名零件⑤	7	30	13		千克		
8415	**空气调节器,装有电扇及调温、调湿装置,包括不能单独调湿的空调器:**							
84151010	---独立式							

① 〔101 其他车辆零部件〕,〔102 其他风机及其零件〕,〔103 其他空气压缩机(站)及零件〕
② 〔101 非家用过滤及净化装置〕,〔102 气体纯化过滤、净化机器及装置〕
③ 〔101 非家用过滤及净化装置〕,〔102 气体纯化过滤、净化机器及装置〕
④ 〔101 其他风机及其零件〕,〔102 其他电扇及其零件 I 类器具〕,〔103 其他电扇及其零件 II 类器具〕,〔104 其他电扇及其零件 III 类器具〕,〔105 其他电扇及其零件 0I 类器具〕,〔106 其他电扇及其零件 0 类器具〕,〔107 带有迷宫式密封装置往复式压缩机〕,〔108 其他空气压缩机(站)及零件〕,〔109 其他制冷设备用压缩机及其零件〕
⑤ 〔101 其他风机及其零件〕,〔102 其他电扇及其零件〕,〔103 其他空气压缩机(站)及零件〕

协定税率(%)															特惠税率(%)			对美税率	出口税率	出口退税率	Article Description
智利	新西兰	澳大利亚	瑞士	冰岛	秘鲁	哥斯达	东盟	亚太	新加坡	巴基斯坦	港/澳/台	韩国	格鲁吉亚	毛里求斯	亚太	老/柬/缅	LDC 97/95				
																		33	0		
																		33	0		
0	0	0	0	0	0	0	0	5.2		3	0/0/	0	0	0			0/0			13	---Free piston generators for gas turbines
																			0		
0	0	0	0	0	0	0	0	4.6		0	0/0/	2.1	0	0			0/0			13	---CO_2 compressors
																		27	0		
0	0	0		0		0	0	4.6		0	0/0/	3.7	0	0			0/			13	---Superchargers for engines
																		30	0		
																		32	0		
0	0	0	3.3	0	0	0	0	4.6		0	0/0/0	0	0	0			0/0				----Screw air compressor
																		12	0		
0	0	0	3.3	0	0	0	0	4.6		0	0/0/0	0	0	0			0/0				----Other
																		12	0		
																		12	0		
																		12	0		
																		12	0		
																		12	0		
																		12	0		
																		12	0		
0	0	0	3.3	0	0	0	0	4.6		0	0/0/0	0	1.4	0			0/0			13	---Other
																		22	0		
																		22	0		
																		22	0		
																		22	0		
																		22	0		
																		22	0		
																		17	0		
																		22	0		
0	0	0	0	0	0	0	0	5.6		3	0/0/	0	0	0		0//	0/0			13	----In take valve leaf or discharge valve leaf
																		25	0		
0	0	0	1.6	0	0	0	0	5.6		3	0/0/0	0	0	0			0/0			13	----Other
																		15	0		
0	0	0	2.4	0	0	0	0	4.6	0	4.8	0/0/0	3.6	0	0			0/0			13	---Of the machines of subheadings 84145110 to 84145199 or 84146000
																		26	0		
0	0	0	3.3	0	0	0	0	4.6		4	0/0/0	0	0	0			0/0			13	---Other
																		24	0		
																		24	0		
																					Air conditioning machines, comprising a motor-driven fan and elements for changing the temperature and humidity, including those machines in which the humidity cannot be separately regulated:
0	0	0	3	0	0	0	0	5.2	0	0	0/0/	4.5	0	0			0/0			13	---Self-contained

商品编号	商品名称及备注[检验检疫编码及名称]	进口关税(%)		增值税率(%)	消费税	计量单位	监管条件	检验检疫类别
		最惠国	普通					
8415101000	独立式空气调节器,窗式、壁式、置于天花板或地板上的(装有电扇及调温、调湿装置,包括不能单独调湿的空调器)①	8	130	13		台/千克	A	L.M/
84151021	----制冷量≤4000 大卡/时							
8415102100	制冷量≤4 千大卡/时分体式空调,窗式、壁式、置于天花板或地板上的(装有电扇及调温、调湿装置,包括不能单独调湿的空调器)②	8	130	13		台/千克	A	L.M/
84151022	----制冷量>4000 大卡/时							
8415102210	4000 大卡/时<制冷量≤12046 大卡/时(14000 瓦)分体式空调,窗式、壁式、置于天花板或地板上的(装有电扇及调温、调湿装置,包括不能单独调湿的空调器)〔999 分体空调调节器 I 类器具〕	8	90	13		台/千克	A	L.M/
8415102290	其他制冷量>12046 大卡/时(14000 瓦)分体式空调,窗式、壁式、置于天花板或地板上的(装有电扇及调温、调湿装置,包括不能单独调湿的空调器)③	8	90	13		台/千克	A	L.M/
84152000	-机动车辆上供人使用的							
8415200000	机动车辆上供人使用的空气调节器(指机动车辆上供人使用的空气调节器)④	10	110	13		台/千克		
84158110	---制冷量≤4000 大卡/时							
8415811000	制冷量≤4 千大卡/时热泵式空调器(装有制冷装置及一个冷热循环换向阀的)⑤	8	130	13		台/千克	A	L.M/
84158120	---制冷量>4000 大卡/时							
8415812001	4000 大卡/时<制冷量≤12046 大卡/时(14000 瓦)热泵式空调器(装有制冷装置及一个冷热循环换向阀的)⑥	10	90	13		台/千克	A	L.M/
8415812090	其他制冷量>12046 大卡/时(14000 瓦)热泵式空调器(装有制冷装置及一个冷热循环换向阀的)⑦	10	90	13		台/千克	A	L.M/
84158210	---制冷量≤4000 大卡/时							
8415821000	制冷量≤4 千大卡/时的其他空调器(仅装有制冷装置,而无冷热循环装置的)⑧	8	130	13		台/千克	A	L.M/
84158220	---制冷量>4000 大卡/时							
8415822001	4000 大卡<制冷量≤12046 大卡/时(14000 瓦)的其他空调(仅装有制冷装置,而无冷热循环装置的)⑨	10	90	13		台/千克	A	L.M/

① 〔101 独立窗式空调调节器 I 类器具〕,〔102 独立窗式空调调节器 II 类器具〕,〔103 独立窗式空调调节器 III 类器具〕,〔104 独立窗式空调调节器 0I 类器具〕,〔105 独立窗式空调调节器 0 类器具〕,〔106 分体空调调节器 I 类器具〕,〔107 分体空调调节器 II 类器具〕,〔108 分体空调调节器 III 类器具〕,〔109 分体空调调节器 0I 类器具〕,〔110 分体空调调节器 0 类器具〕,〔999〕

② 〔101 分体空调调节器 I 类器具〕,〔102 分体空调调节器 II 类器具〕,〔103 分体空调调节器 III 类器具〕,〔104 分体空调调节器 0I 类器具〕,〔105 分体空调调节器 0 类器具〕,〔999〕

③ 〔101 分体空调调节器 I 类器具〕,〔102 分体空调调节器 II 类器具〕,〔103 分体空调调节器 III 类器具〕,〔104 分体空调调节器 0I 类器具〕,〔105 分体空调调节器 0 类器具〕,〔999〕

④ 〔101 车用空气调节器 I 类器具〕,〔102 车用空气调节器 II 类器具〕,〔103 车用空气调节器 III 类器具〕,〔104 车用空气调节器 0I 类器具〕,〔105 车用空气调节器 0 类器具〕

⑤ 〔101 独立窗式空调调节器 I 类器具〕,〔102 独立窗式空调调节器 II 类器具〕,〔103 独立窗式空调调节器 III 类器具〕,〔104 独立窗式空调调节器 0I 类器具〕,〔105 独立窗式空调调节器 0 类器具〕,〔106 分体空调调节器 I 类器具〕,〔107 分体空调调节器 II 类器具〕,〔108 分体空调调节器 III 类器具〕,〔109 分体空调调节器 0I 类器具〕,〔110 分体空调调节器 0 类器具〕,〔111 其他空气调节装置及其零件 I 类器具〕,〔112 其他空气调节装置及其零件 II 类器具〕,〔113 其他空气调节装置及其零件 III 类器具〕,〔114 其他空气调节装置及其零件 0I 类器具〕,〔115 其他空气调节装置及其零件 0 类器具〕

⑥ 〔101 冷热循环换向阀的(独立窗式空调调节器 I 类器具)〕,〔102 冷热循环换向阀的(独立窗式空调调节器 II 类器具)〕,〔103 冷热循环换向阀的(独立窗式空调调节器 III 类器具)〕,〔104 冷热循环换向阀的(独立窗式空调调节器 0I 类器具)〕,〔105 冷热循环换向阀的(独立窗式空调调节器 0 类器具)〕,〔106 冷热循环换向阀的(分体空调调节器 I 类器具)〕,〔107 冷热循环换向阀的(分体空调调节器 II 类器具)〕,〔108 冷热循环换向阀的(分体空调调节器 III 类器具)〕,〔109 冷热循环换向阀的(分体空调调节器 0I 类器具)〕,〔110 冷热循环换向阀的(分体空调调节器 0 类器具)〕,〔111 冷热循环换向阀的(其他空气调节装置及其零件 I 类器具)〕,〔112 冷热循环换向阀的(其他空气调节装置及其零件 II 类器具)〕,〔113 冷热循环换向阀的(其他空气调节装置及其零件 III 类器具)〕,〔114 冷热循环换向阀的(其他空气调节装置及其零件 0I 类器具)〕,〔115 冷热循环换向阀的(其他空气调节装置及其零件 0 类器具)〕

⑦ 〔101 冷热循环换向阀的(独立窗式空调调节器 I 类器具)〕,〔102 冷热循环换向阀的(独立窗式空调调节器 II 类器具)〕,〔103 冷热循环换向阀的(独立窗式空调调节器 III 类器具)〕,〔104 冷热循环换向阀的(独立窗式空调调节器 0I 类器具)〕,〔105 冷热循环换向阀的(独立窗式空调调节器 0 类器具)〕,〔106 冷热循环换向阀的(分体空调调节器 I 类器具)〕,〔107 冷热循环换向阀的(分体空调调节器 II 类器具)〕,〔108 冷热循环换向阀的(分体空调调节器 III 类器具)〕,〔109 冷热循环换向阀的(分体空调调节器 0I 类器具)〕,〔110 冷热循环换向阀的(分体空调调节器 0 类器具)〕,〔111 冷热循环换向阀的(其他空气调节装置及其零件 I 类器具)〕,〔112 冷热循环换向阀的(其他空气调节装置及其零件 II 类器具)〕,〔113 冷热循环换向阀的(其他空气调节装置及其零件 III 类器具)〕,〔114 冷热循环换向阀的(其他空气调节装置及其零件 0I 类器具)〕,〔115 冷热循环换向阀的(其他空气调节装置及其零件 0 类器具)〕

⑧ 〔101 独立窗式空调调节器 I 类器具〕,〔102 独立窗式空调调节器 II 类器具〕,〔103 独立窗式空调调节器 III 类器具〕,〔104 独立窗式空调调节器 0I 类器具〕,〔105 独立窗式空调调节器 0 类器具〕,〔106 分体空调调节器 I 类器具〕,〔107 分体空调调节器 II 类器具〕,〔108 分体空调调节器 III 类器具〕,〔109 分体空调调节器 0I 类器具〕,〔110 分体空调调节器 0 类器具〕,〔111 其他空气调节装置及其零件 I 类器具〕,〔112 其他空气调节装置及其零件 II 类器具〕,〔113 其他空气调节装置及其零件 III 类器具〕,〔114 其他空气调节装置及其零件 0I 类器具〕,〔115 其他空气调节装置及其零件 0 类器具〕

⑨ 〔101 热循环装置的(独立窗式空调调节器 I 类器具)〕,〔102 热循环装置的(独立窗式空调调节器 II 类器具)〕,〔103 热循环装置的(独立窗式空调调节器 III 类器具)〕,〔104 热循环装置的(独立窗式空调调节器 0I 类器具)〕,〔105 热循环装置的(独立窗式空调调节器 0 类器具)〕,〔106 热循环装置的(分体空调调节器 I 类器具)〕,〔107 热循环装置的(分体空调调节器 II 类器具)〕,〔108 热循环装置的(分体空调调节器 III 类器具)〕,〔109 热循环装置的(分体空调调节器 0I 类器具)〕,〔110 热循环装置的(分体空调调节器 0 类器具)〕,〔111 热循环装置的(其他空气调节装置及其零件 I 类器具)〕,〔112 热循环装置的(其他空气调节装置及其零件 II 类器具)〕,〔113 热循环装置的(其他空气调节装置及其零件 III 类器具)〕,〔114 热循环装置的(其他空气调节装置及其零件 0I 类器具)〕,〔115 热循环装置的(其他空气调节装置及其零件 0 类器具)〕

协定税率(%)															特惠税率(%)			对美税率	出口税率	出口退税率	Article Description
智利	新西兰	澳大利亚	瑞士	冰岛	秘鲁	哥斯达	东盟	亚太	新加坡	巴基斯坦	港/澳/台	韩国	格鲁吉亚	毛里求斯	亚太	老/柬/缅	LDC 97/95				
																		28	0		
0	0	0	3	0	0	0	0	5.2	0	0	0/0/	4.5	0	0			0/0			13	----Of a refrigerating effect not exceeding 4000 Cal per hour
																		28	0		
0	0	0	3	0	0	0	0	5.2	0	0	0/0/	4.5	0	0			0/0			13	----Of a refrigerating effect exceeding 4000 Cal per hour
																		28	0		
																		28	0		
0	0	0	4	0		0	5				0/0/	13	0	0			0/			13	-Of a kind used for persons, in motor vehicles
																		30	0		
0	0	0	3	0	0	0	0		0	9.6	0/0/	4.5	0	0			0/0			13	---Of a refrigerating effect not exceeding 4000 Cal per hour
																		28	0		
0	0	0	4	0	0	0	0		0		0/0/	13	0	0			0/0			13	---Of a refrigerating effect exceeding 4000 Cal per hour
																		30	0		
																		30	0		
0	0	0	3	0	0	0	0		0	9.6	0/0/		0	0			0/0			13	---Of a refrigerating effect not exceeding 4000 Cal per hour
																		28	0		
0	0	0	4	0	0	0	0		0		0/0/		0	0			0/0			13	---Of a refrigerating effect exceeding 4000 Cal per hour
																		30	0		

商品编号	商品名称及备注[检验检疫编码及名称]	进口关税(%)最惠国	进口关税(%)普通	增值税率(%)	消费税	计量单位	监管条件	检验检疫类别
8415822090	其他制冷量>12046大卡/时(14000瓦)的其他空调(仅装有制冷装置,而无冷热循环装置的)①	10	90	13		台/千克	A	L. M/
84158300	--未装有制冷装置的							
8415830000	未装有制冷装置的空调器②	8	90	13		台/千克		
84159010	---编号84151010、84151021、84158110及84158210所列设备的零件							
8415901000[暂6]	其他制冷量≤4千大卡/时空调的零件(指编号84151010、84151021、84158110、84158210所列设备的零件)〔999〕	8	130	13		千克		
84159090	---其他							
8415909000[暂6]	其他制冷量>4千大卡/时空调的零件(指84151022、84152000、84158120、84158220、84158300所列设备的零件)〔999〕	8	90	13		千克		
8416	**使用液体燃料、粉状固体燃料或气体燃料的炉用燃烧器;机械加煤机,包括其机械炉箅、机械出灰器及类似装置:**							
84161000	-使用液体燃料的炉用燃烧器							
8416100000	使用液体燃料的炉用燃烧器〔999〕	10	35	13		千克	6	
84162011	----使用天然气的							
8416201101[暂5]	溴化锂空调用天然气燃烧机〔999〕	10	35	13		千克	6	
8416201190	其他使用天然气的炉用燃烧器〔999〕	10	35	13		千克	6	
84162019	----其他							
8416201900	使用其他气的炉用燃烧器〔999〕	10	35	13		千克	6	
84162090	---其他							
8416209001[暂5]	溴化锂空调用复式燃烧机〔999〕	10	35	13		千克	6	
8416209090	其他使用粉状固体燃料炉用燃烧器(包括其他复式燃烧器)〔999〕	10	35	13		千克	6	
84163000	-机械加煤机,包括其机械炉箅、机械出灰器及类似装置							
8416300000	机械加煤机及类似装置(包括机械炉箅、机械出灰器)〔101 煤炭行业成套设备〕,〔102 其他行业成套设备〕	8	35	13		千克	6	
84169000	-零件							
8416900000	炉用燃烧器、机械加煤机等的零件(包括机械炉箅、机械出灰器及类似装置用的零件)〔999〕	6	35	13		千克		
8417	**非电热的工业或实验室用炉及烘箱,包括焚烧炉:**							
84171000	-矿砂、黄铁矿或金属的焙烧、熔化或其他热处理用炉及烘箱							
8417100000	矿砂、金属的焙烧、熔化用炉(含烘箱及黄铁矿的焙烧、溶化或其他热处理用炉及烘箱)〔999〕	10	35	13		台/千克	6A	M/
84172000	-面包房用烤炉及烘箱,包括做饼干用的							
8417200000	面包房用烤炉及烘箱等(包括做饼干用的)〔999〕	10	35	13		台/千克	A	R/
84178010	---炼焦炉							
8417801000	炼焦炉〔999〕	10	35	13		台/千克	6A	M/
84178020	---放射性废物焚烧炉							
8417802000	放射性废物焚烧炉〔999〕	5	35	13		台/千克	6A	M/
84178030	---水泥回转窑							
8417803000	水泥回转窑〔999〕	10	35	13		台/千克	A	M/
84178040	---石灰石分解炉							
8417804000	石灰石分解炉〔999〕	10	35	13		台/千克	A	M/
84178050	---垃圾焚烧炉							
8417805000[暂5]	垃圾焚烧炉〔999〕	10	35	13		台/千克	6A	M/
84178090	---其他							

① 〔101 热循环装置的(独立窗式空调调节器I类器具)〕,〔102 热循环装置的(独立窗式空调调节器II类器具)〕,〔103 热循环装置的(独立窗式空调调节器III类器具)〕,〔104 热循环装置的(独立窗式空调调节器0I类器具)〕,〔105 热循环装置的(独立窗式空调调节器0类器具)〕,〔106 热循环装置的(分体空调调节器I类器具)〕,〔107 热循环装置的(分体空调调节器II类器具)〕,〔108 热循环装置的(分体空调调节器III类器具)〕,〔109 热循环装置的(分体空调调节器0I类器具)〕,〔110 热循环装置的(分体空调调节器0类器具)〕,〔111 热循环装置的(其他空气调节装置及其零件I类器具)〕,〔112 热循环装置的(其他空气调节装置及其零件II类器具)〕,〔113 热循环装置的(其他空气调节装置及其零件III类器具)〕,〔114 热循环装置的(其他空气调节装置及其零件0I类器具)〕,〔115 热循环装置的(其他空气调节装置及其零件0类器具)〕

② 〔101 未装有制冷装置的空调器I类器具〕,〔102 未装有制冷装置的空调器II类器具〕,〔103 未装有制冷装置的空调器III类器具〕,〔104 未装有制冷装置的空调器0I类器具〕,〔105 未装有制冷装置的空调器0类器具〕

智利	新西兰	澳大利亚	瑞士	冰岛	秘鲁	哥斯达	东盟	亚太	新加坡	巴基斯坦	港/澳/台	韩国	格鲁吉亚	毛里求斯	亚太	老/柬/缅	LDC 97/95	对美税率	出口税率	出口退税率	Article Description
协定税率(%)															特惠税率(%)						
																		30	0		
0	0	0	0	0	0	0	0		0	3	0/0/	3	0	0			0/0			13	--Not incorporating a refrigerating unit
																		28	0		
0	0	0	0	0	0	0	0	5.2	0	4	0/0/	3	0	0			0/0			13	---Of the machines of subheadings 84151010, 84151021, 84158110 and 84158210
																		31	0		
0	0	0	0	0	0	0	0	5.2	0	3	0/0/0	3	0	0			0/0			13	---Other
																		26	0		
																					Furnace burners for liquid fuel, for pulverzied solid fuel or for gas; mechanical stokers, including their mechanical grates, mechanical ash dischargers and similar appliances:
0	0	0	0	0	0	0	0	6.5	0	3	0/0/	3	0	0			0/0			13	-Furnace burners for liquid fuel
																		30	0		
0	0	0	2.1	0	0	0	0		0	4	0/0/	3.1	0	0			0/0			13	----Of using natural gas
																		25	0		
																		30	0		
0	0	0	2.1	0	0	0	0		0	4	0/0/	3.1	0	0			0/0			13	----Other
																		35	0		
0	0	0	0	0	0	0	0		0	4	0/0/	3.1	0	0			0/0			13	---Other
																		30	0		
																		35	0		
0	0	0	0	0	0	0	0			3	0/0/	0	0	0			0/0			13	-Mechanical stokers, including their mechanical grates, mechanical ash dischargers and similar appliances
																			0		
0	0	0	0	0	0	0	0			0	0/0/	0	0	0			0/0			13	-Parts
																		16	0		
																					Industrial or laboratory furnaces and ovens, including incinerators, non-electric:
0	0	0	0	0	0	0	0		0	3	0/0/	3	0	0			0/0			13	-Furnaces and ovens for the roasting, melting or other heat-treatment of ores, pyrites or of metals
																		30	0		
0	0	0	0	0	0	0	0			3	0/0/	3	0	0			0/0			13	-Bakery ovens, including biscuit ovens
																		20	0		
0	0	0	0	0	0	0	0			3	0/0/	3	0	0			0/0			13	---Coke ovens
																			0		
0	0	0	0	0	0	0	0	3.5		0	0/0/	0	0	0			0/0			13	---Burn furnaces for radioactive waste
																			0		
0	0	0	0	0	0	0	0	7	0	3	0/0/	3	0	0			0/0			13	---Cement rotary kilns
																			0		
0	0	0	0	0	0	0	0			3	0/0/	3	0	0			0/0			13	---Limestone decomposition furnace
																			0		
0	0	0	3.3	0	0	0	0		0	3	0/0/0	6.5	0	0			0/0			13	---Incinerators for waste
																			0		
0	0	0	3.3	0	0	0	0		0	4	0/0/0	6.5	0	0			0/0			13	---Other

商品编号	商品名称及备注[检验检疫编码及名称]	进口关税(%) 最惠国	进口关税(%) 普通	增值税率(%)	消费税	计量单位	监管条件	检验检疫类别
8417809010	平均温度>1000℃的耐腐蚀焚烧炉(为销毁管制化学品或化学弹药用)〔999〕	10	35	13		台/千克	36A	M/
8417809020[暂5]	热裂解炉〔999〕	10	35	13		台/千克	6A	M/
8417809090	其他非电热的工业用炉及烘箱(包括实验室用炉、烘箱和焚烧炉)〔999〕	10	35	13		台/千克	6A	M/
84179010	---海绵铁回转窑用							
8417901000	海绵铁回转窑的零件〔999〕	7	35	13		千克		
84179020	---炼焦炉用							
8417902000	炼焦炉的零件〔999〕	7	35	13		千克		
84179090	---其他							
8417909010[暂5]	垃圾焚烧炉和放射性废物焚烧炉的零件〔999〕	7	35	13		千克		
8417909090	其他非电热工业用炉及烘箱的零件(包括实验室用炉及烘箱的零件和焚烧炉零件)〔999〕	7	35	13		千克		
8418	**电气或非电气的冷藏箱、冷冻箱及其他制冷设备;热泵,但品目84.15的空气调节器除外:**							
84181010	---容积超过500升							
8418101000	容积>500升冷藏—冷冻组合机(各自装有单独外门的)①	9	100	13		台/千克	A	
84181020	---容积>200升,但≤500升							
8418102000	200<容积≤500升冷藏冷冻组合机(各自装有单独外门的)②	8	130	13		台/千克	A	L.M/
84181030	---容积≤200升							
8418103000	容积≤200升冷藏—冷冻组合机(各自装有单独外门的)③	8	130	13		台/千克	A	L.M/
84182110	---容积>150升							
8418211000	容积>150升压缩式家用型冷藏箱④	8	130	13		台/千克	A	L.M.R/
84182120	---容积>50升,但≤150升							
8418212000	压缩式家用型冷藏箱(50<容积≤150升)⑤	8	130	13		台/千克	A	L.M.R/
84182130	---容积≤50升							
8418213000	容积≤50升压缩式家用型冷藏箱⑥	8	130	13		台/千克	A	L.M.R/
84182910	---半导体制冷式							
8418291000	半导体制冷式家用型冷藏箱〔999〕	8	130	13		台/千克	A	L.M.R/
84182920	---电气吸收式							
8418292000	电气吸收式家用型冷藏箱⑦	8	130	13		台/千克	A	L.R/
84182990	---其他							
8418299000	其他家用型冷藏箱〔999〕	8	130	13		台/千克	A	L.M.R/
84183010	---制冷温度在-40℃及以下							
8418301000	制冷温度≤-40℃的柜式冷冻箱(容积不超过800升)〔999〕	9	50	13		台/千克	A	M/
84183021	----容积>500升							
8418302100	制冷温度>-40℃大的其他柜式冷冻箱(大的指容积>500升,但≤800升)〔999〕	9	100	13		台/千克	A	
84183029	----其他							
8418302900	制冷温度>-40℃小的其他柜式冷冻箱(小的指容积≤500升)〔999〕	8	130	13		台/千克	A	L.M/
84184010	---制冷温度在-40℃及以下							
8418401000	制冷温度≤-40℃的立式冷冻箱(容积≤900升)〔999〕	9	50	13		台/千克	A	M/
84184021	----容积>500升							
8418402100	制冷温度>-40℃大的立式冷冻箱(大的指容积>500升,但≤900升)〔999〕	9	100	13		台/千克	A	
84184029	----其他							
8418402900	制冷温度>-40℃小的立式冷冻箱(小的指容积≤500升)〔999〕	8	130	13		台/千克	A	L.M/

① 〔101 冷藏冷冻组合机 I 类器具〕,〔102 冷藏冷冻组合机 II 类器具〕,〔103 冷藏冷冻组合机 III 类器具〕,〔104 冷藏冷冻组合机 0I 类器具〕,〔105 冷藏冷冻组合机 0 类器具〕

② 〔101 冷藏冷冻组合机 I 类器具〕,〔102 冷藏冷冻组合机 II 类器具〕,〔103 冷藏冷冻组合机 III 类器具〕,〔104 冷藏冷冻组合机 0I 类器具〕,〔105 冷藏冷冻组合机 0 类器具〕

③ 〔101 冷藏冷冻组合机 I 类器具〕,〔102 冷藏冷冻组合机 II 类器具〕,〔103 冷藏冷冻组合机 III 类器具〕,〔104 冷藏冷冻组合机 0I 类器具〕,〔105 冷藏冷冻组合机 0 类器具〕

④ 〔101 压缩式家用型冷藏箱 I 类器具〕,〔102 压缩式家用型冷藏箱 II 类器具〕,〔103 压缩式家用型冷藏箱 III 类器具〕,〔104 压缩式家用型冷藏箱 0I 类器具〕,〔105 压缩式家用型冷藏箱 0 类器具〕

⑤ 〔101 压缩式家用型冷藏箱 I 类器具〕,〔102 压缩式家用型冷藏箱 II 类器具〕,〔103 压缩式家用型冷藏箱 III 类器具〕,〔104 压缩式家用型冷藏箱 0I 类器具〕,〔105 压缩式家用型冷藏箱 0 类器具〕

⑥ 〔101 压缩式家用型冷藏箱 I 类器具〕,〔102 压缩式家用型冷藏箱 II 类器具〕,〔103 压缩式家用型冷藏箱 III 类器具〕,〔104 压缩式家用型冷藏箱 0I 类器具〕,〔105 压缩式家用型冷藏箱 0 类器具〕

⑦ 〔101 电气吸收式家用型冷藏箱 I 类器具〕,〔102 电气吸收式家用型冷藏箱 II 类器具〕,〔103 电气吸收式家用型冷藏箱 III 类器具〕,〔104 电气吸收式家用型冷藏箱 0I 类器具〕,〔105 电气吸收式家用型冷藏箱 0 类器具〕

协定税率(%)															特惠税率(%)			对美税率	出口税率	出口退税率	Article Description
智利	新西兰	澳大利亚	瑞士	冰岛	秘鲁	哥斯达	东盟	亚太	新加坡	巴基斯坦	港/澳/台	韩国	格鲁吉亚	毛里求斯	亚太	老/柬/缅	LDC 97/95				
																		35	0		
																		30	0		
																		35	0		
0	0	0	0	0	0	0	0	4.9		3	0/0/	0	0	0			0/0			13	---For sponge iron rotary kiln
																			0		
0	0	0	0	0	0	0	0	4.9		3	0/0/	0	0	0			0/0			13	---For coke ovens
																			0		
0	0	0	1.4	0	0	0	0			3	0/0/	0	0	0			0/0			13	---Other
																		25	0		
																		27	0		
																					Refrigerators, freezers and other refrigerating or freezing equipment, electric or other; heat pumps other than air conditioning machines of heading 84.15:
0	0	0	0	0	0	0	0		0	0	0/0/	6.5	0	0			0/0			13	---Of a capacity exceeding 500L
																		34	0		
0	0	0	3	0	0	0	0		0	0	0/0/	4.5	0	0			0/0			13	---Of a capacity exceeding 200L, not exceeding 500L
																		33	0		
0	0	0	3	0	0	0	0		0	0	0/0/		0	0			0/0			13	---Of a capacity not exceeding 200L
																		18	0		
0	0	0	0	0	0	0	0		0	0	0/0/	3	0	0			0/0			13	---Of a capacity exceeding 150L
																		33	0		
0	0	0	0	0	0	0	0	5.2	0	0	0/0/	3	0	0			0/0			13	---Of a capacity exceeding 50L, not exceeding 150L
																		33	0		
0	0	0	0	0	0	0	0	5.2	0	0	0/0/	3	0	0			0/0			13	---Of a capacity not exceeding 50L
																		18	0		
0	0	0	6	0	0	0	0		0		0/0/		0	24			0/0			13	---Semiconductor freezing type
																			0		
0	0	0	3	0	0	0	0		0	9.6	0/0/	4.5	0	0			0/0			13	---Absorption-type, electrical
																		13	0		
0	0	0	6	0	0	0	0		0		0/0/		0	24			0/0			13	---Other
																			0		
0	0	0	0	0	0	0	0			3	0/0/		0	0			0/0			13	---Of a refrigerating temperature of -40℃ or lower
																		14	0		
0	0	0	4.6	0	0	0	0		0	23	0/0/	14.9	0	18.4			0/0			13	----Of a capacity exceeding 500L
																		29	0		
0	0	0	8	0	0	0	0		0		0/0/		0	24			0/0			13	----Other
																		28	0		
0	0	0	0	0	0	0	0			3	0/0/		0	0			0/0			13	---Of a refrigerating temperature of -40°C or lower
																		14	0		
0	0	0	3	0	0	0	0	6.3	0	9.6	0/0/		0	0			0/0			13	----Of a capacity exceeding 500L
																		14	0		
0	0	0		0	0	0	0		0	0	0/0/		0	24			0/0			13	----Other
																		28	0		

商品编号	商品名称及备注[检验检疫编码及名称]	进口关税(%)		增值税率(%)	消费税	计量单位	监管条件	检验检疫类别
		最惠国	普通					
84185000	-装有冷藏或冷冻装置的其他设备(柜、箱、展示台、陈列箱及类似品)用于存储及展示							
8418500000	装有冷藏或冷冻装置的其他设备,用于存储及展示(包括柜、箱、展示台、陈列箱及类似品)①	9	100	13		台/千克	A	L. M/
84186120	---压缩式							
8418612010	压缩式制冷机组的热泵(介质为氢、氦的可冷却到≤23K 且排热>150 瓦)〔999〕	9	90	13		台/千克	3	
8418612090	其他压缩式热泵,品目 8415 的空气调节器除外〔999〕	9	90	13		台/千克		
84186190	---其他							
8418619000	其他热泵,品目 8415 的空气调节器除外〔999〕	9	130	13		台/千克		
84186920	---制冷机组							
8418692010	其他压缩式制冷设备(介质为氢或氦,可冷却到≤23K 且排热>150 瓦)〔999〕	9	90	13		台/千克	3	
8418692090	其他制冷机组〔999〕	9	90	13		台/千克		
84186990	---其他							
8418699010	带制冷装置的发酵罐(不发散气溶胶,且容积>20 升)〔999〕	9	130	13		台/千克	3	
8418699020	制冰机、冰激凌机②	9	130	13		台/千克	A	
8418699090	其他制冷设备〔999〕	9	130	13		台/千克		
84189100	--冷藏或冷冻设备专用的特制家具							
8418910000	冷藏或冷冻设备专用的特制家具〔999〕	9	130	13		千克		
84189910	---制冷机组及热泵用							
8418991000[暂6]	制冷机组及热泵用零件〔999〕	9	90	13		千克		
84189991	----制冷温度在-40℃及以下的冷冻设备用							
8418999100[暂6]	制冷温度≤-40℃冷冻设备零件〔999〕	9	50	13		千克		
84189992	----制冷温度在-40℃以上,但容积>500 升的冷藏或冷冻设备用							
8418999200[暂6]	制冷温度>-40℃大冷藏设备零件(大仅指容积>500 升的冷藏或冷冻设备用的零件)〔999〕	9	100	13		千克		
84189999	----其他							
8418999910[暂6]	耐腐蚀冷凝器(20 平方米>换热面积>0.15 平方米)〔999〕	9	130	13		千克	3	
8418999990[暂6]	品目 8418 其他制冷设备用零件〔999〕	9	130	13		千克		
8419	**利用温度变化处理材料的机器、装置及类似的实验室设备,例如,加热、烹煮、烘炒、蒸馏、精馏、消毒、灭菌、汽蒸、干燥、蒸发、气化、冷凝、冷却的机器设备,不论是否电热的(不包括品目 85.14 的炉、烘箱及其他设备),但家用的除外;非电热的快速热水器或贮备式热水器:**							
84191100	--燃气快速热水器							
8419110000	非电热燃气快速热水器〔999〕	8	100	13		台/千克	A	M/
84191910	---太阳能热水器							
8419191000[暂5]	太阳能热水器〔999〕	8	100	13		台/千克	A	M/
84191990	---其他							
8419199000	其他非电热的快速或贮备式热水器〔101 燃气热水器〕,〔102 其他非电热热水器及其零件〕	8	100	13		台/千克	A	M/
84192000	-医用或实验室用消毒器具							
8419200000	医用或实验室用其他消毒器具〔999〕	4	30	13		台/千克	A	M/
84193100	--农产品干燥用							
8419310000	农产品干燥器〔999〕	8	30	9		台/千克	A	M/

① 〔101 制冰机 I 类器具〕,〔102 制冰机 II 类器具〕,〔103 制冰机 III 类器具〕,〔104 制冰机 0I 类器具〕,〔105 制冰机 0 类器具〕,〔106 其他冷藏冷冻柜设备及其零件〕

② 〔101 制冰机 I 类器具〕,〔102 制冰机 II 类器具〕,〔103 制冰机 III 类器具〕,〔104 制冰机 0 类器具〕,〔105 制冰机 0I 类器具〕,〔106 冰激凌机 I 类器具〕,〔107 冰激凌机 II 类器具〕,〔108 冰激凌机 III 类器具〕,〔109 冰激凌机 0 类器具〕,〔110 冰激凌机 0I 类器具〕

协定税率(%)															特惠税率(%)			对美税率	出口税率	出口退税率	Article Description
智利	新西兰	澳大利亚	瑞士	冰岛	秘鲁	哥斯达	东盟	亚太	新加坡	巴基斯坦	港/澳/台	韩国	格鲁吉亚	毛里求斯	亚太	老/柬/缅	LDC 97/95				
0	0	0	0	0	0	0	0		0	3	0/0/	3	0	0			0/0			13	-Other furniture (chests, cabinets, display counters, show-cases and the like) for storage and display, incorporating refrigerating or freezing equipment
																		19	0		
0	0	0	0	0	0	0	0	5.9	0	3	0/0/	3	0	0			0/0			13	---Compression-type
																		34	0		
																		34	0		
0	0	0	3	0	0	0	0	4.5	0	5.6	0/0/	4.5	0	0			0/0			13	---Other
																		34	0		
0	0	0	0	0	0	0	0	5.9	0	4	0/0/	3	0	0			0/0			13	---Refrigerating units
																		34	0		
																		34	0		
0	0	0	2	0	0	0	0	5.9	0	3	0/0/	3	0	0			0/0			13	---Other
																		14	0		
																		14	0		
																		14	0		
0	0	0	3.6	0	0	0	0	5.9	0	14.4	0/0/	5.4	0	0			0/0			13	--Furniture designed to receive refrigerating or freezing equipment
																		34	0		
0	0	0	0	0	0	0	0		0	3	0/0/	3	0	0			0/0			13	---Of refrigerating units and heat pumps
																		16	0		
0	0	0	0	0	0	0	0			3	0/0/	0	0	0			0/0			13	----Of freezing equipment of a refrigerating temperature of -40℃ or lower
																		11	0		
0	0	0	0	0	0	0	0			3	0/0/	3	0	0			0/0			13	----Of refrigerating or freezing equipment of a refrigerating temperature higher than -40°C and a capacity exceeding 500L
																		31	0		
0	0	0	0	0	0	0	0		0	4	0/0/	3	0	0			0/0			13	----Other
																		11	0		
																		11	0		
																					Machinery, plant or laboratory equipment, whether or not electrically heated (excluding furnaces, ovens and other equipment of heading 85.14), for the treatment of materials by a process involving a change of temperaturesuch as heating, cooking, roasting, distilling, rectifying, sterilizing, pasteurizing, steaming, drying, evaporating, vaporizing, condensing or cooling, other than machinery or plant of a kind used for domestic purposes; instantaneous or storage water heaters, non-electric:
0	0	0	8	0	0	0	0		0	35	0/0/	22.7	0	28			0/0			13	--Instantaneous gas water heaters
																		33	0		
0	0	0	7	0	0	0	0	6.4	0	35	0/0/0		0	28			0/0			13	---Solar water heaters
																		10	0		
0	0	0	8	0	0	0	0		0		0/0/0		0	28			0/0			13	---Other
																		13	0		
0	0	0	0	0	0	0	0			0	0/0/	0	0	0			0/0			13	-Medical, surgical or laboratory sterilizers
																		24	0		
0	0	0	0	0	0	0	0			3	0/0/	2.4	0	0		0//	0/0			9	--For agricultural products
																		33	0		

商品编号	商品名称及备注[检验检疫编码及名称]	进口关税(%) 最惠国	普通	增值税率(%)	消费税	计量单位	监管条件	检验检疫类别
84193200	--木材、纸浆、纸或纸板干燥用							
8419320000	木材、纸浆、纸或纸板用干燥器〔999〕	9	30	13		台/千克	A	M/
84193910	---微空气流动陶瓷坯件干燥器							
8419391000	微空气流动陶瓷坯件干燥器〔999〕	9	30	13		台/千克	A	M/
84193990	---其他							
8419399010	冻干设备(10≤24 小时凝冰量≤1000 千克,并可蒸汽消毒)〔999〕	9	30	13		台/千克	3A	M/
8419399020	烟丝烘干机〔999〕	9	30	13		台/千克	AO	M/
8419399030	干燥箱(具有与三级生物安全柜类似标准)〔999〕	9	30	13		台/千克	3A	M/
8419399040[暂4]	生产奶粉用干燥器〔999〕	9	30	13		台/千克	A	M/
8419399050[暂5]	污泥干燥机〔999〕	9	30	13		台/千克	A	M/
8419399090	其他用途的干燥器〔999〕	9	30	13		台/千克	A	M/
84194010	---提净塔							
8419401000	提净塔〔999〕	10	30	13		台/千克	A	M. R/
84194020	---精馏塔							
8419402000	精馏塔〔999〕	10	30	13		台/千克	A	M. R/
84194090	---其他							
8419409010	氢-低温蒸馏塔(温度≤-238℃,压力为 0.5-5 兆帕,内径≥1 米等条件)〔999〕	10	30	13		台/千克	3A	M/
8419409020	耐腐蚀蒸馏塔(内径大于 0.1 米,接触表面由特殊耐腐蚀材料制成)〔999〕	10	30	13		台/千克	3A	M/
8419409090	其他蒸馏或精馏设备〔999〕	10	30	13		台/千克	A	M/
84195000	-热交换装置							
8419500010	热交换器(专用于核反应堆的一次冷却剂回路的)〔101 螺旋板式交换器〕,〔102 其他热交换装置〕	10	30	13		台/千克	3	
8419500020	蒸汽发生器(专用于核反应堆内生成的热量输送到进水以产生蒸汽的)〔999〕	10	30	13		台/千克	3	
8419500030	冷却 UF6 的热交换器(专门设计或制造的用耐 UF6 材料制成或保护的热交换器,在压差为 100 千帕下渗透压力变化率小于 10 帕/时)〔999〕	10	30	13		台/千克	3A	M/
8419500040	冷却气体用热交换器(用耐 UF6 腐蚀材料制成或加以保护的)〔999〕	10	30	13		台/千克	3A	M/
8419500050	耐腐蚀热交换器(0.15 平方米<换热面积<20 平方米)〔999〕	10	30	13		台/千克	3A	M/
8419500060	用氟聚合物制造的、入口管和出口管内径不超过 3 厘米的热交换装置〔999〕	1.7/0①	30	13		台/千克	A	M/
8419500090	其他热交换装置〔101 废热锅炉〕,〔102 螺旋板式交换器〕,〔103 其他热交换装置〕	10	30	13		台/千克	A	M/
84196011	----制氧量在 15000 立方米/小时及以上							
8419601100	制氧机(制氧量在 15000 立方米/小时及以上)〔999〕	12	30	13		台/千克	A	M/
84196019	----其他							
8419601900	其他制氧机(制氧量在 15000 立方米/小时以下)〔999〕	13	30	13		台/千克	A	M/
84196090	---其他							
8419609010	液化器(将来自级联的 UF6 气体压缩并冷凝成液态 UF6)〔999〕	10	30	13		台/千克	3A	M/
8419609020[暂5]	通过冷凝分离和去除污染物的气体液化设备②	10	30	13		台/千克	A	M/
8419609090	其他液化空气或其他气体用的机器〔101 其他液化空气或其他气体用的机器〕,〔102 其他液化空气或气体用的机器及其零件〕	10	30	13		台/千克	A	M/
84198100	--加工热饮料或烹调、加热食品用							
8419810000[暂6]	加工热饮料,烹调,加热食品的机器〔999〕	10	30	13		台/千克	A	L. M. R/
84198910	---加氢反应器							
8419891000	加氢反应器〔999〕	0	30	13		台/千克	A	M/
84198990	---其他							
8419899010	带加热装置的发酵罐(不发散气溶胶,且容积大于 20 升)〔999〕	0	30	13		台/千克	3A	M/
8419899021	凝华器(或冷阱)(从扩散级联中取出 UF6 并可再蒸发转移)〔101 氨气提法二氧化碳气提塔等〕,〔102 其他利用温度变化处理材料的机器〕	0	30	13		台/千克	3A	M/
8419899022	低温制冷设备(能承受-120℃或更低的温度)〔101 氨气提法二氧化碳气提塔等〕,〔102 其他利用温度变化处理材料的机器〕	0	30	13		台/千克	3A	M/
8419899023	UF6 冷阱(能冻结分离出 UF6 的冷阱)〔101 氨气提法二氧化碳气提塔等〕,〔102 其他利用温度变化处理材料的机器〕	0	30	13		台/千克	3A	M/
8419899090	其他利用温度变化处理材料的机器(包括类似的实验室设备)〔101 氨气提法二氧化碳气提塔等〕,〔102 其他利用温度变化处理材料的机器〕,〔103 非压力容器产品〕	0	30	13		台/千克	A	M/
84199010	---热水器用							
8419901000	热水器用零件〔999〕	0	100	13		千克		
84199090	---其他							
8419909000	品目 84.19 的机器设备用零件(其他利用温度变化处理材料的机器等用零件)〔999〕	4	30	13		千克		

① 最惠国税率中,"/"左边的税率截止日期为 2021 年 6 月 30 日,"/"右边的税率有效日期为 2021 年 7 月 1 日~2999 年 12 月 31 日。
② 〔101 其他液化空气或其他气体用的机器〕,〔102 其他液化空气或气体用的机器及其零件〕

协定税率(%)															特惠税率(%)			对美税率	出口税率	出口退税率	Article Description
智利	新西兰	澳大利亚	瑞士	冰岛	秘鲁	哥斯达	东盟	亚太	新加坡	巴基斯坦	港/澳/台	韩国	格鲁吉亚	毛里求斯	亚太	老/柬/缅	LDC 97/95				
0	0	0	0	0	0	0	0			3	0/0/0	0	0	0		0//	0/0			13	--For wood, paper pulp, paper or paperboard
																		34	0		
0	0	0	0	0	0	0	0	4.5		2.7	0/0/	0	0	0			0/0			13	---Breeze pottery blanks dryers
																			0		
0	0	0	0	0	0	0	0	4.5		2.7	0/0/0	2.7	1.8	0			0/0			13	---Other
																		29	0		
																		29	0		
																		29	0		
																		24	0		
																		25	0		
																		29	0		
0	0	0	0	0	0	0	0		0	3	0/0/	3	0	0			0/0			13	---Stripping towers
																		35	0		
0	0	0	0	0	0	0	0		0	3	0/0/	3	0	0			0/0			13	---Rectifying towers
																		35	0		
0	0	0	0	0	0	0	0		0	3	0/0/	3	0	0			0/0			13	---Other
																		35	0		
																		35	0		
																		35	0		
0	0	0	3.3	0	0	0	0	6.5	0	0	0/0/0	0	0	0		0//	0/0			13	-Heat exchange units
																		20	0		
																		20	0		
																		20	0		
																		20	0		
																		20	0		
																		11.7	0		
																		20	0		
0	0	0	2.4	0	0	0	0		0	4.8	0/0/	3.6	0	0			0/0			13	----Oxygen preparation volume no less than $15000m^3/h$
																			0		
0	0	0	2.6	0	0	0	0		0	5.2	0/0/	3.9	0	0			0/0			13	----Other
																		18	0		
0	0	0	0	0	0	0	0		0	3	0/0/	3	0	0			0/0			13	---Other
																		15	0		
																		10	0		
																		15	0		
0	0	0	0	0	0	0	0		0	4	0/0/	3	0	0		0//	0/0			13	--For making hot drinks or for cooking or heating food
																		16	0		
																	0/0			13	---Hydroformer vessels
																		5	0		
																	0/0			13	---Other
																		20	0		
																		20	0		
																		20	0		
																		20	0		
																		20	0		
																	0/0			13	---Of water heaters
																		25	0		
0	0	0	0	0	0	0	0			0	0/0/0	0	0	0			0/0			13	---Other
																		24	0		

商品编号	商品名称及备注[检验检疫编码及名称]	进口关税(%) 最惠国	普通	增值税率(%)	消费税	计量单位	监管条件	检验检疫类别
8420	**研光机或其他滚压机器及其滚筒,但加工金属或玻璃用的除外:**							
84201000	-研光机或其他滚压机器							
8420100001[暂6]	织物轧光机〔999〕	8	30	13		台/千克		
8420100020	专门或主要用于印刷电路板基板或印刷电路制造的滚压机(加工金属或玻璃用的除外)〔999〕	0	30	13		台/千克		
8420100090	其他研光机或滚压机器(加工金属或玻璃用的除外)〔101 纺织行业成套设备〕,〔102 轻工行业成套设备〕,〔103 印刷行业成套设备〕,〔104 其他行业成套设备〕	8	30	13		台/千克		
84209100	--滚筒							
8420910000	研光机或其他滚压机器的滚筒〔101 纺织行业成套设备〕,〔102 轻工行业成套设备〕,〔103 印刷行业成套设备〕,〔104 其他行业成套设备〕	8	30	13		个/千克		
84209900	--其他							
8420990000	研光机或其他滚压机的未列名零件〔999〕	8	30	13		千克		
8421	**离心机,包括离心干燥机;液体或气体的过滤、净化机器及装置:**							
84211100	--奶油分离器							
8421110000	奶油分离器〔999〕	8	30	13		台/千克	A	R/
84211210	---干衣量不超过 10 千克							
8421121000	干衣量不超过 10 千克的离心干衣机〔101 干衣机 I 类器具〕,〔102 干衣机 II 类器具〕,〔103 干衣机 III 类器具〕,〔104 干衣机 0I 类器具〕,〔105 干衣机 0 类器具〕	7	70	13		台/千克		L/
84211290	---其他							
8421129000	干衣量大于 10 千克的离心干衣机〔101 干衣机 I 类器具〕,〔102 干衣机 II 类器具〕,〔103 干衣机 III 类器具〕,〔104 干衣机 0I 类器具〕,〔105 干衣机 0 类器具〕	8	30	13		台/千克		
84211910	---脱水机							
8421191000[暂6]	脱水机〔999〕	10	30	13		台/千克		L/
84211920	---固液分离机							
8421192000	固液分离机〔999〕	10	30	13		台/千克		
84211990	---其他							
8421199020	液-液离心接触器(为化学交换过程的铀浓缩而专门设计或制造的)〔999〕	10	30	13		台/千克	3	
8421199030	离心分离器,包括倾析器(不发散气溶胶、可对致病性微生物进行连续分离的)〔999〕	10	30	13		台/千克	3	
8421199090	其他离心机及离心干燥机〔101 其他干燥器及其零件〕,〔102 其他离心机及类似装置及其零件〕	10	30	13		台/千克		
84212110	---家用型							
8421211000[暂5]	家用型过滤或净化水的机器及装置①	7	63	13		台/千克	A	R/
84212191	----船舶压载水处理设备							
8421219100	船舶压载水处理设备〔999〕	5	50	13		台/千克		
84212199	----其他							
8421219910[暂1]	喷灌设备用叠式净水过滤器〔999〕	5	50	13		台/千克		
8421219920[暂2]	船舶压载水处理设备用过滤器〔999〕	5	50	13		台/千克		
8421219990	其他非家用型过滤或净化水的装置〔999〕	5	50	13		台/千克		
84212200	--过滤或净化饮料(水除外)用							
8421220000	过滤或净化饮料的机器及装置(过滤或净化水的装置除外)②	8	40	13		台/千克	A	R/
84212300	--内燃发动机的滤油器							
8421230000	内燃发动机的滤油器〔101 其他车辆零部件〕,〔102 动力设备零部件〕,〔103 非家用过滤及净化装置〕	8	40	13		个/千克		
84212910	---压滤机							
8421291010	用氟聚合物制造的厚度不超过 140 微米的过滤膜或净化膜的压滤机〔999〕	0.8/0③	40	13		个/千克		
8421291090	其他压滤机〔999〕	5	40	13		个/千克		
84212990	---其他							
8421299010	用氟聚合物制造的厚度不超过 140 微米的过滤膜或净化膜的其他液体过滤或净化机器及装置〔999〕	0.8/0③	40	13		个/千克		
8421299040	液体截流过滤设备(可连续分离致病性微生物、毒素和细胞培养物)〔999〕	5	40	13		个/千克	3	

① 〔101 非家用过滤及净化装置〕,〔102 家用型过滤或净化水的机器及装置 I 类器具〕,〔103 家用型过滤或净化水的机器及装置 II 类器具〕,〔104 家用型过滤或净化水的机器及装置 III 类器具〕,〔105 家用型过滤或净化水的机器及装置 0I 类器具〕,〔106 家用型过滤或净化水的机器及装置 0 类器具〕

② 〔101 非家用过滤及净化装置〕,〔102 其他过滤及其喷射装置及其零件 I 类器具〕,〔103 其他过滤及其喷射装置及其零件 II 类器具〕,〔104 其他过滤及其喷射装置及其零件 III 类器具〕,〔105 其他过滤及其喷射装置及其零件 0I 类器具〕,〔106 其他过滤及其喷射装置及其零件 0 类器具〕

③ 最惠国税率中,"/"左边的税率截止日期为 2021 年 6 月 30 日,"/"右边的税率有效日期为 2021 年 7 月 1 日~2999 年 12 月 31 日。

协定税率(%)															特惠税率(%)			对美税率	出口税率	出口退税率	Article Description
智利	新西兰	澳大利亚	瑞士	冰岛	秘鲁	哥斯达	东盟	亚太	新加坡	巴基斯坦	港/澳/台	韩国	格鲁吉亚	毛里求斯	亚太	老/柬/缅	LDC 97/95				
																					Calendering or other rolling machines, other than for metals or glass, and cylinders therefor:
0	0	0	0	0	0	0	0			3	0/0/0	0	0	0			0/0			13	-Calendering or other rolling machines
																		31	0		
																		25	0		
																		33	0		
0	0	0	0	0	0	0	0			4	0/0/	0	0	0			0/0			13	--Cylinders
																		33	0		
0	0	0	0	0	0	0	0			3	0/0/	0	0	0			0/0			13	--Other
																		28	0		
																					Centrifuges, including centrifugal dryers; filtering or purifying machinery and apparatus, for liquids or gases:
0	0	0	0	0	0	0	0			3	0/0/	0	0	0			0/0			13	--Cream separators
																			0		
0	0	0	3.5	0	0	0	0		0	11.2	0/0/	5.2	0	0			0/0			13	---Of a dry linen capacity not exceeding 10kg
																		32	0		
0	0	0	0	0	0	0	0			3	0/0/	2.4	0	0			0/0			13	---Other
																		28	0		
0	0	0	0	0	0	0	0			4	0/0/	3	0	0			0/0			13	---Dewaterers
																		31	0		
0	0	0	0	0	0	0	0		0	4	0/0/	3	0	0			0/0			13	---Solid-liquor separators
																		35	0		
0	0	0	2	0	0	0	0		0	4	0/0/	3	0	0			0/0			13	---Other
																		20	0		
																		20	0		
																		20	0		
0	0	0	7	0	0	0	0	4.6	0	17.5	0/0/	16.2	0	20			0/0			13	---Of the household type
																		20	0		
0	0	0	0	0	0	0	0	3.3		0	0/0/0	2.6	0	0			0/0			13	----Ship ballast water treatment equipments
																		30	0		
0	0	0	0	0	0	0	0	3.3		0	0/0/0	2.6	0	0			0/0			13	----Other
																		21	0		
																		22	0		
																		25	0		
0	0	0	0	0	0	0	0		0	4.8	0/0/	3.6	2.4	0			0/0			13	--For filtering or purifying beverages other than water
																		28	0		
0	0	0	0	0	0	0	0		0	4	0/0/	3	0	0			0/0			13	--Oil or petrol-filters for internal combustion engines
																			0		
0	0	0	0	0	0	0	0	3.3		0	0/0/	1.5	0	0			0/0			13	---Press filters
																		25.8	0		
																		30	0		
0	0	0	1	0	0	0	0	3.3		0	0/0/0	0	0	0			0/0			13	---Other
																			0		
																			0		

商品编号	商品名称及备注[检验检疫编码及名称]	进口关税(%)		增值税率(%)	消费税	计量单位	监管条件	检验检疫类别
		最惠国	普通					
8421299090	其他液体的过滤、净化机器及装置①	5	40	13		个/千克		
84213100	--内燃发动机的进气过滤器							
8421310000	内燃发动机的进气过滤器〔101 其他车辆零部件〕,〔102 动力设备零部件〕,〔103 非家用过滤及净化装置〕,〔104 其他离心机及类似装置及其零件〕	10	40	13		个/千克		
84213910	---家用型							
8421391000[暂5]	家用型气体过滤、净化机器及装置②	7	100	13		个/千克		
84213921	----静电除尘器							
8421392110	装备不锈钢外壳、入口管和出口管内径不超过 1.3 厘米的工业用静电除尘器〔999〕	0.8/0③	40	13		个/千克		
8421392190	其他工业用静电除尘器〔999〕	5	40	13		个/千克		
84213922	----袋式除尘器							
8421392210	装备不锈钢外壳、入口管和出口管内径不超过 1.3 厘米的工业用袋式除尘器〔999〕	0.8/0③	40	13		个/千克		
8421392290	其他工业用袋式除尘器〔999〕	5	40	13		个/千克		
84213923	----旋风式除尘器							
8421392310	装备不锈钢外壳、入口管和出口管内径不超过 1.3 厘米的工业用旋风式除尘器〔999〕	0.8/0③	40	13		个/千克		
8421392390	其他工业用旋风式除尘器〔999〕	5	40	13		个/千克		
84213924	----电袋复合除尘器							
8421392410	装备不锈钢外壳、入口管和出口管内径不超过 1.3 厘米的电袋复合除尘器〔999〕	0.8/0③	40	13		个/千克		
8421392490	其他电袋复合除尘器〔999〕	5	40	13		个/千克		
84213929	----其他							
8421392910	装备不锈钢外壳、入口管和出口管内径不超过 1.3 厘米的其他工业用除尘器〔999〕	0.8/0③	40	13		个/千克		
8421392990	其他工业用除尘器〔999〕	5	40	13		个/千克		
84213930	---内燃发动机排气过滤及净化装置							
8421393001[暂3]	摩托车发动机排气过滤及净化装置〔101 其他车辆零部件〕,〔102 非家用过滤及净化装置〕,〔103 气体纯化过滤、净化机器及装置〕	5	40	13		个/千克		
8421393020	装备不锈钢外壳、入口管和出口管内径不超过 1.3 厘米的其他内燃发动机排气过滤及净化装置〔999〕	0.8/0③	40	13		个/千克		
8421393030[暂3]	柴油发动机排气过滤及净化装置〔101 其他车辆零部件〕,〔102 非家用过滤及净化装置〕,〔103 气体纯化过滤、净化机器及装置〕	5	40	13		个/千克		
8421393090	其他内燃发动机排气过滤及净化装置〔101 其他车辆零部件〕,〔102 非家用过滤及净化装置〕,〔103 气体纯化过滤、净化机器及装置〕	5	40	13		个/千克		
84213940	---烟气脱硫装置							
8421394010	装备不锈钢外壳、入口管和出口管内径不超过 1.3 厘米的烟气脱硫装置〔999〕	0.8/0③	40	13		个/千克		
8421394090	其他烟气脱硫装置〔101 非家用过滤及净化装置〕,〔102 气体纯化过滤、净化机器及装置〕	5	40	13		个/千克		
84213950	---烟气脱硝装置							
8421395010	装备不锈钢外壳、入口管和出口管内径不超过 1.3 厘米的烟气脱硝装置〔999〕	0.8/0③	40	13		个/千克		
8421395090	其他烟气脱硝装置〔101 非家用过滤及净化装置〕,〔102 气体纯化过滤、净化机器及装置〕	5	40	13		个/千克		
84213990	---其他							
8421399010	装备不锈钢外壳、入口管和出口管内径不超过 1.3 厘米的其他气体过滤或净化机器及装置〔999〕	0.8/0③	40	13		个/千克		
8421399090	其他气体过滤、净化机器及装置〔101 非家用过滤及净化装置〕,〔102 气体纯化过滤、净化机器及装置〕	5	40	13		个/千克		
84219110	---干衣量不超过 10 千克的干衣机用							
8421911000	干衣量≤10 千克离心干衣机零件〔999〕	0	70	13		千克		
84219190	---其他							
8421919011	离心机壳/收集器(容纳气体离心机的转筒组件的耐 UF6 部件)〔999〕	0	30	13		千克	3	
8421919012	收集器(由内径不同的同心管组成用于供取 UF6 气体的管件)〔999〕	0	30	13		千克	3	
8421919013	气体扩散膜(由耐 UF6 材料制成 的多细孔过滤薄膜)〔999〕	0	30	13		千克	3	
8421919014	扩散室(专门设计或制造的密闭式容器,用于容纳气体扩散膜,由耐 UF6 的材料制成或用这种材料进行保护。)〔999〕	0	30	13		千克	3	
8421919090	其他离心机用零件〔999〕	0	30	13		千克		

① 〔101 非家用过滤及净化装置〕,〔102 其他过滤及其喷射装置及其零件 I 类器具〕,〔103 其他离心机及类似装置及其零件〕,〔104 其他过滤及其喷射装置及其零件 II 类器具〕,〔105 其他过滤及其喷射装置及其零件 III 类器具〕,〔106 其他过滤及其喷射装置及其零件 0I 类器具〕,〔107 其他过滤及其喷射装置及其零件 0 类器具〕

② 〔101 其他离心机及类似装置及其零件〕,〔102 家用型气体过滤、净化机器及装置 I 类器具〕,〔103 家用型气体过滤、净化机器及装置 II 类器具〕,〔104 家用型气体过滤、净化机器及装置 III 类器具〕,〔105 家用型气体过滤、净化机器及装置 0I 类器具〕,〔106 家用型气体过滤、净化机器及装置 0 类器具〕

③ 最惠国税率中,"/"左边的税率截止日期为 2021 年 6 月 30 日,"/"右边的税率有效日期为 2021 年 7 月 1 日~2999 年 12 月 31 日。

协定税率(%)															特惠税率(%)			对美税率	出口税率	出口退税率	Article Description
智利	新西兰	澳大利亚	瑞士	冰岛	秘鲁	哥斯达	东盟	亚太	新加坡	巴基斯坦	港/澳/台	韩国	格鲁吉亚	毛里求斯	亚太	老/柬/缅	LDC 97/95				
																		15	0		
0	0	0	0	0	0	0	0			3	0/0/	6.5	0	0			0/0			13	--Intake air filters for internal combustion engines
																		15	0		
0	0	0	3	0	0	0	0	4.6	0	6	0/0/0	9.7	0	0			0/0			13	---Of the household type
																		30	0		
0	0	0	0	0	0	0	0	3.3		0	0/0/0	0	0	0			0/0			13	----Electrostatic
																		20.8	0		
																		25	0		
0	0	0	0	0	0	0	0	3.3		0	0/0/	0	0	0			0/0			13	----Baghoused
																		20.8	0		
																		25	0		
0	0	0	0	0	0	0	0	3.3		0	0/0/0	0	0	0			0/0			13	----Cyclone
																		10.8	0		
																		15	0		
0	0	0	0	0	0	0	0	3.3		0	0/0/0	2.6	0	0			0/0			13	----Bag filter electrostatic
																		25.8	0		
																		30	0		
0	0	0	0	0	0	0	0	3.3		0	0/0/0	2.6	0	0			0/0			13	----Other
																		25.8	0		
																		30	0		
0	0	0	0	0	0	0	0	3.3		0	0/0/	2.6	0	0			0/0			13	---Exhaust air filtering or purifying apparatus for internal combustion engines
																		13	0		
																		10.8	0		
																		13	0		
																		15	0		
0	0	0	0	0	0	0	0	3.3		0	0/0/0	0	0	0			0/0			13	---Flue gas desulfurization apparatus
																		25.8	0		
																		30	0		
0	0	0	0	0	0	0	0	3.3		0	0/0/0	0	0	0			0/0			13	---Flue gas denitration apparatus
																		10.8	0		
																		15	0		
0	0	0	0	0	0	0	0	3.3		0	0/0/0	1.5	0	0			0/0			13	---Other
																		10.8	0		
																		15	0		
																	0/0			13	---Of clothes-dryers of a dry linen capacity not exceeding 10kg
																		5	0		
																	0/0			13	---Other
																		20	0		
																		20	0		
																		20	0		
																		20	0		
																		20	0		

商品编号	商品名称及备注〔检验检疫编码及名称〕	进口关税(%) 最惠国	普通	增值税率(%)	消费税	计量单位	监管条件	检验检疫类别
84219910	---家用型过滤、净化装置用							
8421991000[暂5]	家用型过滤、净化装置用零件〔999〕	7	100	13		千克		
84219990	---其他							
8421999010	用氟聚合物制造的厚度不超过140微米的过滤膜或净化膜的液体过滤或净化机器及装置的零件;装备不锈钢外壳、入口管和出口管内径不超过1.3厘米的气体过滤或净化机器及装置的零件〔999〕	0.8/0①	40	13		千克		
8421999090	其他过滤、净化装置用零件②	5	40	13		千克		
8422	**洗碟机;瓶子及其他容器的洗涤或干燥机器;瓶、罐、箱、袋或其他容器装填、封口、密封、贴标签的机器;瓶、罐、管、筒或类似容器的包封机器;其他包装或打包机器(包括热缩包装机器);饮料充气机:**							
84221100	--家用型							
8422110000[暂6]	家用型洗碟机〔101 洗碟机及其零件 I 类器具〕,〔102 洗碟机及其零件 II 类器具〕,〔103 洗碟机及其零件 III 类器具〕,〔104 洗碟机及其零件 0I 类器具〕,〔105 洗碟机及其零件 0 类器具〕	8	90	13		台/千克		
84221900	--其他							
8422190000	非家用型洗碟机③	8	90	13		台/千克		
84222000	-瓶子或其他容器的洗涤或干燥机器							
8422200000	瓶子及其他容器的洗涤或干燥机器④	8	35	13		台/千克		
84223010	---饮料及液体食品灌装设备							
8422301010[暂8]	乳品加工用自动化灌装设备〔999〕	12	45	13		台/千克	A	R/
8422301090	其他饮料及液体食品灌装设备〔999〕	12	45	13		台/千克	A	R/
84223021	----全自动灌包机							
8422302100	全自动水泥灌包机〔999〕	8	45	13		台/千克		
84223029	----其他							
8422302900	其他水泥包装机〔999〕	8	45	13		台/千克		
84223030	---其他包装机							
8422303001[暂6]	全自动无菌灌装生产线用包装机(加工速度≥20000只/小时)〔999〕	8	35	13		台/千克	A	R/
8422303090	其他包装机〔999〕	8	35	13		台/千克	A	R/
84223090	---其他							
8422309001[暂6]	全自动无菌灌装生产线用贴吸管机(加工速度≥22000只/小时)〔999〕	8	35	13		台/千克	A	R/
8422309010	充装设备(两用物项管制)〔999〕	8	35	13		台/千克	3	
8422309090	其他瓶、罐、箱、袋或其他容器的封口、密封、贴标签的机器;其他瓶、罐、管、筒或类似容器的包封机器;饮料充气机〔999〕	8	35	13		台/千克	A	R/
84224000	-其他包装或打包机器(包括热缩包装机器)							
8422400010[暂5]	半导体检测分选编带机〔999〕	8	35	13		台/千克		
8422400090	其他包装或打包机器(包括热缩包装机器)〔999〕	8	35	13		台/千克		
84229010	---洗碟机用							
8422901000[暂6]	洗碟机用零件〔999〕	8	90	13		千克		
84229020	---饮料及液体食品灌装设备用							
8422902010[暂4]	乳品加工用自动化灌装设备用零件〔999〕	8.5	45	13		千克		
8422902090	其他饮料及液体食品灌装设备用零件〔999〕	8.5	45	13		千克		
84229090	---其他							

① 最惠国税率中,"/"左边的税率截止日期为2021年6月30日,"/"右边的税率有效日期为2021年7月1日~2999年12月31日。

② 〔101 其他工业用旋除尘器及其零件〕,〔102 非家用过滤及净化装置〕,〔103 气体纯化过滤、净化机器及装置〕,〔104 其他过滤及其喷射装置及其零件〕

③ 〔101 洗碟机及其零件 I 类器具〕,〔102 洗碟机及其零件 II 类器具〕,〔103 洗碟机及其零件 III 类器具〕,〔104 洗碟机及其零件 0I 类器具〕,〔105 洗碟机及其零件 0 类器具〕

④ 〔101 其他食品加工机器及其零件〕,〔102 其他餐具清洗机及其零件 I 类器具〕,〔103 其他餐具清洗机及其零件 II 类器具〕,〔104 其他餐具清洗机及其零件 III 类器具〕,〔105 其他餐具清洗机及其零件 0I 类器具〕,〔106 其他餐具清洗机及其零件 0 类器具〕,〔107 其他大型家用及其类似用途电器及其零件 I 类器具〕,〔108 其他大型家用及其类似用途电器及其零件 II 类器具〕,〔109 其他大型家用及其类似用途电器及其零件 III 类器具〕,〔110 其他大型家用及其类似用途电器及其零件 0I 类器具〕,〔111 其他大型家用及其类似用途电器及其零件 0 类器具〕

协定税率(%)															特惠税率(%)			对美税率	出口税率	出口退税率	Article Description
智利	新西兰	澳大利亚	瑞士	冰岛	秘鲁	哥斯达	东盟	亚太	新加坡	巴基斯坦	港/澳/台	韩国	格鲁吉亚	毛里求斯	亚太	老/柬/缅	LDC 97/95				
0	0	0	0	0	0	0	0	4.6	0	0	0/0/	3	0	0			0/0			13	---Of household-type filtering or purifying machines
																		10	0		
0	0	0	0	0	0	0	0	3.3		0	0/0/0	0	0	0			0/0			13	---Other
																			0		
																		10	0		
																					Dish washing machines; machinery for cleaning or drying bottles or other containers; machinery for filling, closing, sealing or labelling bottles, cans, boxes, bags or other containers; machinery for capsuling booties, jars, tubes and similar containers; other packing or wrapping machinery (including heat-shrink wrapping machinery); machinery for aerating beverages:
0	0	0	0	0	0	0	0			3	0/0/		0	0			0/0			13	--Of the household type
																		31	0		
0	0	0	0	0	0	0	0		0	9	0/0/	4.2	0	0			0/0			13	--Other
																		33	0		
0	0	0	0	0	0	0	0		0	3	0/0/	3	0	0			0/0			13	-Machinery for cleaning or drying bottles or other containers
																		28	0		
0	0	0	2.4	0	0	0	0	7.8	0	4	0/0/	3.6	0	0			0/0			13	---Bottling or canning machinery for beverages or liquid food
																		33	0		
																		37	0		
0	0	0	2.4	0	0	0	0	5.2	0	4	0/0/	3.6	0	0			0/0			13	----Automatic filling and sacking machines
																			0		
0	0	0	2.4	0	0	0	0	5.2	0	4	0/0/	3.6	0	0			0/0			13	----Other
																		13	0		
0	0	0	0	0	0	0	0	5.2	0	4	0/0/	0	0	0			0/0			13	---Other packing machines
																		31	0		
																		33	0		
0	0	0	0	0	0	0	0	5.2	0	4	0/0/	0	0	0			0/0			13	---Other
																		31	0		
																		33	0		
																		33	0		
0	0	0	0	0	0	0	0	5.2	0	3	0/0/	3	0	0			0/0				-Other packing or wrapping machinery (including heat-shrink wrapping machinery)
																		30	0		
																		33	0		
0	0	0	2.1	0	0	0	0		0	4	0/0/	3.1	0	0			0/0			13	---Of dish washing machines
																		31	0		
0	0	0	0	0	0	0	0			3	0/0/	2.5	1.7	0			0/0			13	---Of bottling or canning machinery for beverages or liquid food
																		29	0		
																		33.5	0		
0	0	0	1.7		0	0	0			3	0/0/	0	0	0			0/0			13	---Other

商品编号	商品名称及备注[检验检疫编码及名称]	进口关税(%)		增值税率(%)	消费税	计量单位	监管条件	检验检疫类别
		最惠国	普通					
8422909010[暂4]	全自动无菌灌装生产线用包装机(加工速度≥20000 只/小时)、贴吸管机(加工速度≥22000 只/小时)用零件①	8.5	35	13		千克		
8422909090	品目 84.22 其他未列名机器零件〔101 建材行业成套设备〕,〔102 包装行业成套设备〕,〔103 其他餐具清洗机及其零件〕	8.5	35	13		千克		
8423	**衡器(感量为 50 毫克或更精密的天平除外),包括计数或检验用的衡器;衡器用的各种砝码、秤砣:**							
84231000	-体重计,包括婴儿秤;家用秤							
8423100000	体重计、婴儿秤及家用秤〔101 电子衡器〕,〔102 机械衡器〕	6	80	13		台/千克		
84232010	---电子皮带秤							
8423201000	输送带上连续称货的电子皮带秤〔999〕	0	80	13		台/千克		
84232090	---其他							
8423209000	输送带上连续称货的其他秤〔999〕	10	80	13		台/千克		
84233010	---定量包装秤							
8423301010	以电子方式称重的定量包装秤〔999〕	0	80	13		台/千克		
8423301090	其他定量包装秤〔999 机械衡器〕	10	80	13		台/千克		
84233020	---定量分选秤							
8423302000	定量分选秤〔101 电子衡器〕,〔102 机械衡器〕	10	80	13		台/千克		
84233030	---配料秤							
8423303010	以电子方式称重的配料秤〔999〕	0	80	13		台/千克		
8423303090	其他配料秤〔999〕	10	80	13		台/千克		
84233090	---其他							
8423309010	以电子方式称重的恒定秤,库秤及其他包装秤,分选秤〔999〕	0	80	13		台/千克		
8423309090	其他恒定秤,库秤及其他包装秤,分选秤〔999〕	10	80	13		台/千克		
84238110	---计价秤							
8423811000	最大称量≤30 千克的计价秤〔101 电子衡器〕,〔102 机械衡器〕	0	80	13		台/千克		
84238120	---弹簧秤							
8423812000	最大称量≤30 千克的弹簧秤〔999〕	10	80	13		台/千克		
84238190	---其他							
8423819010	其他以电子方式称重的衡器,最大称量不超过 30 千克〔999〕	0	80	13		台/千克		
8423819090	最大称量≤30 千克的其他衡器〔999〕	10	80	13		台/千克		
84238210	---地中衡							
8423821010	其他以电子方式称重的地中衡,最大称量大于 30 千克但不超过 5000 千克,但对车辆称重的衡器除外〔999〕	0	80	13		台/千克		
8423821090	30<最大称量≤5000kg 的其他地中衡〔999〕	10	80	13		台/千克		
84238290	---其他							
8423829010	其他以电子方式称重的衡器,最大称量大于 30 千克但不超过 5000 千克,但对车辆称重的衡器除外〔999〕	0	80	13		台/千克		
8423829090	30<最大称量≤5000kg 的其他衡器〔999〕	10	80	13		台/千克		
84238910	---地中衡							
8423891010	其他以电子方式称重的地中衡,最大称量超过 5000 千克,但对车辆称重的衡器除外〔999〕	0	80	13		台/千克		
8423891090	最大秤量>5000KG 的其他地中衡〔999〕	10	80	13		台/千克		
84238920	---轨道衡							
8423892010	其他以电子方式称重的轨道衡,最大称量超过 5000 千克,但对车辆称重的衡器除外〔999〕	0	80	13		台/千克		
8423892090	最大秤量>5000KG 的其他轨道衡〔999〕	10	80	13		台/千克		
84238930	---吊秤							
8423893010	其他以电子方式称重的吊秤,最大称量超过 5000 千克,但对车辆称重的衡器除外〔999〕	0	80	13		台/千克		
8423893090	最大秤量>5000KG 的其他吊秤〔999〕	10	80	13		台/千克		
84238990	---其他							
8423899010	其他以电子方式称重的衡器,最大称量超过 5000 千克,但对车辆称重的衡器除外〔999〕	0	80	13		台/千克		
8423899090	最大秤量>5000KG 的其他衡器〔999〕	10	80	13		台/千克		
84239000	-衡器用的各种砝码、秤砣;衡器的零件							
8423900010	以电子方式称重的衡器的零件,但对车辆称重的衡器零件除外〔999〕	0	80	13		千克/台		

① 〔101 建材行业成套设备〕,〔102 包装行业成套设备〕,〔103 其他餐具清洗机及其零件〕

协定税率(%)															特惠税率(%)			对美税率	出口税率	出口退税率	Article Description
智利	新西兰	澳大利亚	瑞士	冰岛	秘鲁	哥斯达	东盟	亚太	新加坡	巴基斯坦	港/澳/台	韩国	格鲁吉亚	毛里求斯	亚太	老/柬/缅	LDC 97/95				
																		29	0		
																		33.5	0		
																					Weighing machinery (excluding balances of a sensitivity of 50mg or better), including weight operated counting or checking machines; weighing machine weights of all kinds:
0	0	0	2.1	0	0	0	0		0	4	0/0/	3.1	0	0			0/0			13	-Personal weighing machines, including baby scales; household scales
																		31	0		
										3		3					0/0			13	---Electronic belt weighing machines
																		25	0		
0	0	0	0	0	0	0	0			3	0/0/	3	0	0			0/0			13	---Other
																		35	0		
0	0	0	2.1	0	0	0	0		0	4	0/0/	3.1	0	0			0/0			13	---Rationed packing scales
																		25	0		
																		35	0		
0	0	0	2.1	0	0	0	0		0	4	0/0/	3.1	0	0			0/0			13	---Rationed sorting scales
																		35	0		
0	0	0	2.1	0	0	0	0		0	4	0/0/	3.1	0	0			0/0			13	---Proporating scales
																		25	0		
																		35	0		
0	0	0	2.1	0	0	0	0		0	4	0/0/	3.1	0	0			0/0			13	---Other
																		25	0		
																		35	0		
										4		3.1					0/0			13	---Account balances
																		25	0		
0	0	0	2.1	0	0	0	0		0	4	0/0/	3.1	0	0			0/0			13	---Spring balances
																		35	0		
0	0	0	5.5	0	0	0	0		0	4	0/0/	3.1	0	0			0/0			13	---Other
																		20	0		
																		30	0		
0	0	0	2.1	0	0	0	0		0	4	0/0/	3.1	0	0			0/0			13	---Weighbridges
																		20	0		
																		30	0		
0	0	0	0	0	0	0	0		0	4	0/0/	3.1	0	0			0/0			13	---Other
																		20	0		
																		30	0		
0	0	0	0	0	0	0	0			3	0/0/	3	0	0			0/0			13	---Weighbridges
																		25	0		
																		35	0		
0	0	0	0	0	0	0	0			3	0/0/	3	0	0			0/0			13	---Track scales
																		25	0		
																		35	0		
0	0	0	0	0	0	0	0			3	0/0/	3	0	0			0/0			13	---Hanging scales
																		10	0		
																		20	0		
0	0	0	0	0	0	0	0			3	0/0/	3	0	0			0/0			13	---Other
																		10	0		
																		20	0		
0	0	0	2	0	0	0	0		0	3	0/0/	3	0	0			0/0			13	-Weighing machine weights of all kinds; parts of weighing machinery
																		20	0		

商品编号	商品名称及备注[检验检疫编码及名称]	进口关税(%) 最惠国	普通	增值税率(%)	消费税	计量单位	监管条件	检验检疫类别
8423900090	其他衡器用的各种砝码、秤砣及其零件〔999〕	8	80	13		千克/台		
8424	**液体或粉末的喷射、散布或喷雾的机械器具(不论是否手工操作);灭火器,不论是否装药;喷枪及类似器具;喷汽机、喷砂机及类似的喷射机器:**							
84241000	-灭火器,不论是否装药							
8424100010[暂1]	飞机用灭火器(不论是否装药)〔999〕	8	70	13		个/千克	A	L.M/
8424100090	其他灭火器(不论是否装药)〔999〕	8	70	13		个/千克	A	L.M/
84242000	-喷枪及类似器具							
8424200000	喷枪及类似器具〔999〕	8	40	13		个/千克		
84243000	-喷汽机、喷砂机及类似的喷射机器							
8424300000	喷汽机、喷砂机及类似喷射机器〔999〕	8	40	13		台/千克		
84244100	--便携式喷雾器							
8424410000	农业或园艺用便携式喷雾器〔999〕	8	30	9		台/千克		L/
84244900	--其他							
8424490000	农业或园艺用非便携式喷雾器〔999〕	8	30	9		台/千克		L/
84248200	--农业或园艺用							
8424820000	农业或园艺用其他喷射器具(喷雾器除外)〔999〕	8	30	9		台/千克		L/
84248910	---家用型							
8424891000	家用型喷射、喷雾机械器具①	0	80	13		台/千克		
84248920	---喷涂机器人							
8424892000	喷涂机器人〔999〕	0	80	13		台/千克		
84248991	----船用洗舱机							
8424899100	船用洗舱机〔999〕	0	30	13		台/千克		
84248999	----其他							
8424899910	分离喷嘴(由狭缝状、曲率半径极小的弯曲通道组成,内有分离楔尖)②	0	30	13		台/千克	3	L/
8424899990	其他用途的喷射、喷雾机械器具③	0	30	13		台/千克		L/
84249010	---编号 84241000 所列器具的零件							
8424901000	灭火器用的零件〔999〕	0	70	13		千克		
84249020	---编号 84248910 所列器具的零件							
8424902000	家用型喷射、喷雾器具的零件〔101 蒸脸器〕,〔102 家用型喷射、喷雾机械器具〕	0	80	13		千克		L/
84249090	---其他							
8424909000	其他喷雾器具及喷汽机等用零件(编号 84242000,84243000,84248990 所列器具的零件)〔999〕	0	30	13		千克		
8425	**滑车及提升机,但倒卸式提升机除外;卷扬机及绞盘;千斤顶:**							
84251100	--电动的							
8425110000	电动滑车及提升机(倒卸式提升机及提升车辆用的提升机除外)〔999〕	6	30	13		台/千克		
84251900	--其他							
8425190000	非电动滑车及提升机(倒卸式提升机及提升车辆用的提升机除外)〔999〕	5	30	13		台/千克		
84253110	---矿井口卷扬装置;专为井下使用设计的卷扬机							
8425311000	矿井口卷扬装置及专为井下使用设计的卷扬机,电动的〔999〕	10	30	13		台/千克		
84253190	---其他							
8425319000	其他电动卷扬机及绞盘〔999〕	5	30	13		台/千克		
84253910	---矿井口卷扬装置;专为井下使用设计的卷扬机							
8425391000	矿井口卷扬装置及专为井下使用设计的卷扬机,非电动的〔999〕	10	30	13		台/千克		
84253990	---其他							
8425399000	其他非电动卷扬机及绞盘〔999〕	5	30	13		台/千克		

① 〔101 家用型喷射、喷雾机械器具 I 类器具〕,〔102 家用型喷射、喷雾机械器具 II 类器具〕,〔103 家用型喷射、喷雾机械器具 III 类器具〕,〔104 家用型喷射、喷雾机械器具 0I 类器具〕,〔105 家用型喷射、喷雾机械器具 0 类器具〕

② 〔101 其他过滤及其喷射装置及其零件 I 类器具〕,〔102 其他过滤及其喷射装置及其零件 II 类器具〕,〔103 其他过滤及其喷射装置及其零件 III 类器具〕,〔104 其他过滤及其喷射装置及其零件 0I 类器具〕,〔105 其他过滤及其喷射装置及其零件 0 类器具〕

③ 〔101 其他过滤及其喷射装置及其零件 I 类器具〕,〔102 其他过滤及其喷射装置及其零件 II 类器具〕,〔103 其他过滤及其喷射装置及其零件 III 类器具〕,〔104 其他过滤及其喷射装置及其零件 0I 类器具〕,〔105 其他过滤及其喷射装置及其零件 0 类器具〕

协定税率(%)															特惠税率(%)			对美税率	出口税率	出口退税率	Article Description
智利	新西兰	澳大利亚	瑞士	冰岛	秘鲁	哥斯达	东盟	亚太	新加坡	巴基斯坦	港/澳/台	韩国	格鲁吉亚	毛里求斯	亚太	老/柬/缅	LDC 97/95				
																		28	0		
																					Mechanical appliances (whether or not hand-operated) for projecting, dispersing or spraying liquidsor powders; fire extinguishers, whether or not charged; spray guns and similar appliances; steam or sand blasting machines and similar jet projecting machines:
0	0	0	0	0	0	0	0			3	0/0/	4.4	0	0			0/0			13	-Fire extinguishers, whether or not charged
																		11	0		
																		18	0		
0	0	0	0	0	0	0	0	5.2		3	0/0/	0	0	0			0/0			13	-Spray guns and similar appliances
																		13	0		
0	0	0	1.7	0	0	0	0			3	0/0/0	2.5	0	0			0/0			13	-Steam or sand blasting machines and similar jet projecting machines
																		28	0		
0	0	0	0	0	0	0	0	5.2		3	0/0/	0	0	0			0/0			9	--Portable sprayers
																		33	0		
0	0	0	0	0	0	0	0	5.2		3	0/0/	0	0	0			0/0			9	--Other
																		13	0		
0	0	0	0	0	0	0	0	5.2		3	0/0/	0	0	0			0/0			9	--Agricultural or horticultural
																		28	0		
																	0/0			13	---Of the household type
																		10	0		
																	0/0			13	---Spray painting robots
																		10	0		
																	0/0			13	----Marine cabinet washer
																		25	0		
																	0/0			13	----Other
																		10	0		
																		10	0		
																	0/0			13	---Of the apparatus of subheading 84241000
																		5	0		
																	0/0			13	---Of the apparatus of subheading 84248910
																		5	0		
																	0/0				---Other
																		10	0	9	
																					Pulley tackle and hoists other than skip hoists; winches and capstans; jacks:
0	0	0	0	0	0	0	0			0	0/0/	3.2	0	0			0/0			13	--Powered by electric motor
																		16	0		
0	0	0	0	0	0	0	0			0	0/0/	1.5	0	0			0/0			13	--Other
																		15	0		
0	0	0	0	0	0	0	0	7		3	0/0/	3	0	0			0/0			13	---Pit-head winding gear; winches specially designed for use underground
																			0		
0	0	0	0	0	0	0	0			0	0/0/	2.6	0	0			0/0			13	---Other
																		25	0		
0	0	0	0	0	0	0	0	7		3	0/0/	3	0	0			0/0			13	---Pit-head winding gear; winches specially designed for use underground
																		30	0		
0	0	0	0	0	0	0	0			0	0/0/	2.6	0	0			0/0			13	---Other
																		30	0		

商品编号	商品名称及备注[检验检疫编码及名称]	进口关税(%)		增值税率(%)	消费税	计量单位	监管条件	检验检疫类别
		最惠国	普通					
84254100	--车库中使用的固定千斤顶系统							
8425410000	车库中使用的固定千斤顶系统[999]	3	30	13		台/千克		
84254210	---液压千斤顶							
8425421000	液压千斤顶[999]	3	30	13		台/千克		
84254290	---其他							
8425429000	提升车辆用液压提升机[999]	5	30	13		台/千克		
84254910	---其他千斤顶							
8425491000	其他千斤顶[999]	5	30	13		台/千克		
84254990	---其他							
8425499000	其他提升车辆用提升机[999]	10	30	13		台/千克		
8426	**船用桅杆式起重机;起重机,包括缆式起重机;移动式吊运架、跨运车及装有起重机的工作车:**							
84261120	---通用桥式起重机							
8426112000	通用桥式起重机[999]	8	30	13		台/千克		
84261190	---其他							
8426119000	其他固定支架的高架移动式起重机[999]	8	30	13		台/千克		
84261200	--带胶轮的移动式吊运架及跨运车							
8426120000	胶轮移动式吊运架及跨运车[999]	6	30	13		台/千克		
84261910	---装船机							
8426191000	装船机[999]	5	30	13		台/千克		
84261921	----抓斗式							
8426192100	抓斗式卸船机[999]	5	30	13		台/千克		
84261929	----其他							
8426192900	其他卸船机[999]	5	30	13		台/千克	O	
84261930	---龙门式起重机							
8426193000	龙门式起重机[999]	10	30	13		台/千克		
84261941	----门式装卸桥							
8426194100	门式装卸桥[999]	10	30	13		台/千克		
84261942	----集装箱装卸桥							
8426194200	集装箱装卸桥[999]	10	30	13		台/千克		
84261943	----其他动臂式装卸桥							
8426194300	其他动臂式装卸桥[999]	10	30	13		台/千克		
84261949	----其他							
8426194900	其他装卸桥[999]	10	30	13		台/千克		
84261990	---其他							
8426199000	其他高架移动式起重吊运设备[999]	10	30	13		台/千克		
84262000	-塔式起重机							
8426200000	塔式起重机[999]	10	30	13		台/千克	O	
84263000	-门座式起重机及座式旋臂起重机							
8426300000	门座式起重机及座式旋臂起重机[999]	6	30	13		台/千克		
84264110	---轮胎式起重机							
8426411000	轮胎式起重机[999]	5	30	13		台/千克	O	
84264190	---其他							
8426419000	其他带胶轮的自推进起重机械[999]	5	30	13		台/千克		
84264910	---履带式起重机							
8426491000	履带式自推进起重机械[999]	8	30	13		台/千克	O	
84264990	---其他							
8426499000	其他不带胶轮的自推进起重机械[999]	8	30	13		台/千克		
84269100	--供装于公路车辆的							
8426910000	供装于公路车辆的其他起重机械[999]	8	30	13		台/千克		
84269900	--其他							
8426990000	其他起重机械[999]	6	30	13		台/千克		
8427	**叉车;其他装有升降或搬运装置的工作车:**							
84271010	---有轨巷道堆垛机							
8427101000	有轨巷道堆垛机[999]	9	30	13		台/千克	A	M/
84271020	---无轨巷道堆垛机							
8427102000	无轨巷道堆垛机[999]	9	30	13		台/千克	A	M/
84271090	---其他							

协定税率(%)															特惠税率(%)			对美税率	出口税率	出口退税率	Article Description
智利	新西兰	澳大利亚	瑞士	冰岛	秘鲁	哥斯达	东盟	亚太	新加坡	巴基斯坦	港/澳/台	韩国	格鲁吉亚	毛里求斯	亚太	老/柬/缅	LDC 97/95				
0	0	0	0	0	0	0	0	2		0	0/0/	0	0	0			0/0			13	--Built-in jacking systems of a type used in garages
																		23	0		
0	0	0	0	0	0	0	0			0	0/0/	0	0	0			0/0			13	---Hydraulic jacks
																			0		
0	0	0	0	0	0	0	0			0	0/0/	2.6	0	0			0/0			13	---Other
																		30	0		
0	0	0	0	0	0	0	0			0	0/0/	1.5	0	0			0/0			13	---Other jacks
																		15	0		
0	0	0	0	0	0	0	0			3	0/0/	3	0	0			0/0			13	---Other
																		30	0		
																					Ships derricks; cranes, including cable cranes; mobile lifting frames, straddle carriers and works trucks fitted with a crane:
0	0	0	0	0	0	0	0			3	0/0/	4.2	0	0			0/0			13	---Bridge cranes, all-purpose
																		33	0		
0	0	0	0	0	0	0	0			3	0/0/	4.2	0	0			0/0			13	---Other
																		28	0		
0	0	0	0	0	0	0	0			0	0/0/	3.2	0	0			0/0			13	--Mobile lifting frames on tyres and straddle carriers
																		26	0		
0	0	0	0	0	0	0	0	2.5		0	0/0/	2.6	0	0			0/0			13	---Ship loading cranes
																			0		
0	0	0	0	0	0	0	0	3.3		0	0/0/	2.6	0	0			0/0			13	----Grab ship unloading cranes
																			0		
0	0	0	0	0	0	0	0	3.3		0	0/0/	2.6	0	0			0/0			13	----Other
																			0		
0	0	0	0	0	0	0	0	6.5		3	0/0/	5.3	0	0			0/0			13	---Gantry cranes
																		35	0		
0	0	0	0	0	0	0	0	6.5		3	0/0/	5.3	0	0			0/0			13	----Frame loading and unloading bridges
																			0		
0	0	0	0	0	0	0	0	6.5		3	0/0/	5.3	0	0			0/0			13	----Container loading and unloading bridges
																			0		
0	0	0	0	0	0	0	0	6.5		3	0/0/	6.5	0	0			0/0			13	----Derrick loading and unloading bridges
																			0		
0	0	0	0	0	0	0	0	6.5		3	0/0/	5.3	0	0			0/0			13	----Other
																			0		
0	0	0	0	0	0	0	0	6.5	0	3	0/0/	6.5	0	0			0/0			13	---Other
																			0		
0	0	0	0	0	0	0	0			3	0/0/	6.5	0	0			0/0			13	-Tower cranes
																			0		
0	0	0	0	0	0	0	0			0	0/0/	3.2	0	0			0/0			13	-Portal or pedestal jib cranes
																		31	0		
0	0	0	0	0	0	0	0	3.5		0	0/0/	2.6	0	0			0/0			13	---Wheel-mounted cranes
																			0		
0	0	0	0	0	0	0	0			0	0/0/	2.6	0	0			0/0			13	---Other
																		30	0		
0	0	0	0	0	0	0	0	5.6		3	0/0/	4.2	0	0			0/0			13	---Crawler cranes
																		33	0		
0	0	0	2.6	0	0	0	0	5.6	0	5.2	0/0/	6.9	0	0			0/0			13	---Other
																			0		
0	0	0	0	0	0	0	0			3	0/0/	6.5	0	0			0/0			13	--Designed for mounting on road vehicles
																			0		
0	0	0	0	0	0	0	0			0	0/0/	3.2	0	0			0/0			13	--Other
																		31	0		
																					Fork-lift trucks; other works trucks fitted with lifting or handing equipment:
0	0	0	0	0	0	0	0			3	0/0/	0	0	0			0/0			13	---Track alleyway stackers
																			0		
0	0	0	0	0	0	0	0			3	0/0/	4.8	0	0			0/0			13	---Trackless alleyway stackers
																		29	0		
0	0	0	0	0	0	0	0			3	0/0/	0	0	0			0/0			13	---Other

商品编号	商品名称及备注[检验检疫编码及名称]	进口关税(%)		增值税率(%)	消费税	计量单位	监管条件	检验检疫类别
		最惠国	普通					
8427109000	其他电动机推动的机动叉车或升降搬运车〔999〕	9	30	13		台/千克	A	M/
84272010	---集装箱叉车							
8427201000	集装箱叉车〔999〕	9	30	13		台/千克	A	M/
84272090	---其他							
8427209000	其他机动叉车及有升降装置工作车(包括装有搬运装置的机动工作车)〔999〕	9	30	13		台/千克	A	M/
84279000	-其他车							
8427900000	其他叉车及可升降的工作车(工作车指装有升降或搬运装置)〔999〕	9	30	13		台/千克	A	M/
8428	**其他升降、搬运、装卸机械(例如,升降机、自动梯、输送机、缆车):**							
84281010	---载客电梯							
8428101001[暂4]	无障碍升降机〔999〕	8	30	13		台/千克	A	M/
8428101090	其他载客电梯〔999〕	8	30	13		台/千克	A	M/
84281090	---其他							
8428109000	其他升降机及倒卸式起重机①	6	30	13		台/千克	A	M/
84282000	-气压升降机及输送机							
8428200000	气压升降机及输送机〔101 载货电梯、升降机〕,〔102 其他装卸桥、提升、起重设备及零件〕	5	30	13		台/千克		
84283100	--地下专用的							
8428310000	地下连续运货或材料升降、输送机〔101 载货电梯、升降机〕,〔102 其他装卸桥、提升、起重设备及零件〕	5	30	13		台/千克		
84283200	--其他,斗式							
8428320000	其他斗式连续运货升降、输送机〔101 载货电梯、升降机〕,〔102 其他装卸桥、提升、起重设备及零件〕	5	30	13		台/千克		
84283300	--其他,带式							
8428330000	其他带式连续运货升降、输送机〔101 载货电梯、升降机〕,〔102 其他装卸桥、提升、起重设备及零件〕	5	30	13		台/千克		
84283910	---链式							
8428391000	其他链式连续运送货升降、输送机〔101 载货电梯、升降机〕,〔102 其他装卸桥、提升、起重设备及零件〕	5	30	13		台/千克		
84283920	---辊式							
8428392000	辊式连续运送货升降、输送机〔101 载货电梯、升降机〕,〔102 其他装卸桥、提升、起重设备及零件〕	5	30	13		台/千克		
84283990	---其他							
8428399000	其他未列名连续运货升降、输送机〔101 载货电梯、升降机〕,〔102 机械式停车设备及其他装卸、储运设备及其零件〕,〔103 其他装卸桥、提升、起重设备及零件〕	5	30	13		台/千克		
84284000	-自动梯及自动人行道							
8428400000	自动梯及自动人行道〔999〕	5	30	13		台/千克	A	M/
84286010	---货运架空索道							
8428601000	货运架空索道〔999〕	8	30	13		台/千克		
84286021	----单线循环式							
8428602100	单线循环式客运架空索道〔999〕	8	30	13		台/千克		
84286029	----其他							
8428602900	非单线循环式客运架空索道〔999〕	8	30	13		台/千克		
84286090	---其他							
8428609000	缆车、座式升降机等用牵引装置(包括滑雪拉索)〔101 载货电梯、升降机〕,〔102 客货运缆车〕	8	30	13		台/千克		
84289010	---矿车推动机、铁道机车或货车的转车台、货车倾卸装置及类似的铁道货车搬运装置							
8428901000	矿车推动机、铁道机车等的转车台(包括货车转车台、货车倾卸装置及类似铁道货车搬运装置)〔999〕	10	30	13		台/千克		
84289020	---机械式停车设备							
8428902000	机械式停车设备〔999〕	5	30	13		台/千克		
84289031	----堆取料机械							
8428903100	堆取料机械〔999〕	5	30	13		台/千克		
84289039	----其他							
8428903900	其他装卸机械〔999〕	5	30	13		台/千克		
84289040	---搬运机器人							
8428904000	搬运机器人〔999〕	5	30	13		台/千克		
84289090	---其他							

① 〔101 载货电梯、升降机〕,〔102 起重机〕,〔103 机械式停车设备及其他装卸、储运设备及其零件〕,〔104 集装箱装卸桥〕,〔105 其他装卸桥、提升、起重设备及零件〕

协定税率(%)															特惠税率(%)			对美税率	出口税率	出口退税率	Article Description
智利	新西兰	澳大利亚	瑞士	冰岛	秘鲁	哥斯达	东盟	亚太	新加坡	巴基斯坦	港/澳/台	韩国	格鲁吉亚	毛里求斯	亚太	老/柬/缅	LDC 97/95				
																		19	0		
0	0	0	0	0	0	0	0	5.9		3	0/0/	0	0	0			0/0			13	---Fork-lift trucks cranes
																			0		
0	0	0	0	0	0	0	0	5.9		3	0/0/	0	0	0			0/0			13	---Other
																		19	0		
0	0	0	0	0	0	0	0			3	0/0/	0	0	0			0/0			13	-Other trucks
																		19	0		
																					Other lifting, handling, loading or unloading machinery (for example, lifts, escalators, conveyors, teleferics):
0	0	0	1.6	0	0	0	0	5.2	0	3	0/0/	2.4	0	0			0/0			13	---Designed for the transport of persons
																			0		
																			0		
0	0	0	0	0	0	0	0	3.9		0	0/0/0	0	0	0			0/0			13	---Other
																		31	0		
0	0	0	0	0	0	0	0			0	0/0/	2.6	0	0			0/0			13	-Pneumatic elevators and conveyors
																		15	0		
0	0	0	0	0	0	0	0			0	0/0/	0	0	0			0/0			13	--Specially designed for underground use
																			0		
0	0	0		0	0	0	0			0	0/0/	1.5	0	0			0/0			13	--Other, bucket type
																		15	0		
0	0	0	0	0	0	0	0	3.3		0	0/0/0	2.6	0	0			0/0			13	--Other, belt type
																		30	0		
0	0	0	0	0	0	0	0	3.3		0	0/0/0	2.6	0	0			0/0			13	---Chain type
																		25	0		
0	0	0	0	0	0	0	0	3.3		0	0/0/0	1.5	0	0			0/0			13	---Roller type
																		30	0		
0	0	0	2.4	0	0	0	0	3.3		0	0/0/0	0	0	0			0/0			13	---Other
																		25	0		
0	0	0	0	0	0	0	0			0	0/0/	0	0	0			0/0			13	-Escalators and moving walkways
																			0		
0	0	0	0	0	0	0	0	5.6		3	0/0/	0	0	0			0/0			13	---Cargo aerial cableways
																			0		
0	0	0	0	0	0	0	0	5.6		3	0/0/	0	0	0			0/0			13	----Monocable endless
																			0		
0	0	0	0	0	0	0	0	5.6		3	0/0/	0	0	0			0/0			13	----Other
																			0		
0	0	0	0	0	0	0	0			3	0/0/	2.4	0	0			0/0			13	---Other
																			0		
0	0	0	0	0	0	0	0			4	0/0/	3	0	0			0/0			13	---Mine wagon pushers, locmotive or wagon traversers, wagon tippers and similar railway wagon handing equipment
																			0		
0	0	0	0	0	0	0	0			0	0/0/	1.5	0	0			0/0			13	---Mechanical parking equipment
																			0		
0	0	0	1	0	0	0	0			0	0/0/0	2.6	0	0			0/0			13	----Stacker-reclaimers
																		30	0		
0	0	0	1	0	0	0	0			0	0/0/0	2.6	0	0			0/0			13	----Other
																		30	0		
0	0	0	1	0	0	0	0			0	0/0/0	2.6	0	0			0/0			13	---Transfer robots
																		30	0		
0	0	0	1	0	0	0	0			0	0/0/0	2.6	0	0			0/0			13	---Other

商品编号	商品名称及备注[检验检疫编码及名称]	进口关税(%) 最惠国	普通	增值税率(%)	消费税	计量单位	监管条件	检验检疫类别
8428909010	放化分离作业和热室用遥控机械手(能贯穿0.6米以上热室壁或壁厚为0.6米以上热室顶)〔999〕	5	30	13		台/千克	3	
8428909020	核反应堆燃料装卸机(用于在核反应堆中插入或取出燃料的操作设备)〔999〕	5	30	13		台/千克	3	
8428909090	其他升降、搬运、装卸机械〔999〕	5	30	13		台/千克		
8429	**机动推土机、侧铲推土机、筑路机、平地机、铲运机、机械铲、挖掘机、机铲装载机、捣固机械及压路机:**							
84291110	---发动机输出功率超过235.36千瓦(320马力)的							
8429111000	功率>235.36千瓦的履带式推土机(包括侧铲推土机,发动机输出功率235.36千瓦=320马力)〔999〕	7	17	13		台/千克	A	M/
84291190	---其他							
8429119000	功率≤235.36千瓦的履带式推土机(包括侧铲推土机,发动机输出功率235.36千瓦=320马力)〔999〕	7	30	13		台/千克	A	M/
84291910	---发动机输出功率超过235.36千瓦(320马力)的							
8429191000	功率>235.36千瓦其他推土机(非履带式,包括侧铲推土机,功率235.36千瓦=320马力)〔999〕	7	17	13		台/千克	A	M/
84291990	---其他							
8429199000	功率≤235.36千瓦的其他推土机(非履带式,包括侧铲推土机,功率235.36千瓦=320马力)〔999〕	7	30	13		台/千克	A	M/
84292010	---发动机输出功率超过235.36千瓦(320马力)的							
8429201000	功率>235.36千瓦的筑路机及平地机(发动机输出功率235.36千瓦=320马力)〔999〕	5	17	13		台/千克	A	M/
84292090	---其他							
8429209000	其他筑路机及平地机(发动机输出功率≤235.36千瓦的)〔999〕	5	30	13		台/千克	A	M/
84293010	---斗容量超过10立方米的							
8429301000	斗容量>10立方米的铲运机〔999〕	3	17	13		台/千克	A	M/
84293090	---其他							
8429309000	斗容量≤10立方米的铲运机〔999〕	5	30	13		台/千克	A	M/
84294011	----机重18吨及以上的振动压路机							
8429401100	机重≥18吨的震动式压路机〔999〕	7	20	13		台/千克	OA	M/
84294019	----其他							
8429401900	其他机动压路机〔999〕	8	40	13		台/千克	OA	M/
84294090	---其他							
8429409000	其他未列名捣固机械及压路机〔101压路机〕,〔102捣固机〕	6	30	13		台/千克	A	M/
84295100	--前铲装载机							
8429510000	前铲装载机〔999〕	5	30	13		台/千克	A	M/
84295211	----轮胎式							
8429521100	轮胎式挖掘机(上部结构可转360度的)〔999〕	8	30	13		台/千克	OA	M/
84295212	----履带式							
8429521200	履带式挖掘机(上部结构可转360度的)〔999〕	8	30	13		台/千克	OA	M/
84295219	----其他							
8429521900	其他挖掘机(上部结构可转360度的)〔999〕	8	30	13		台/千克	OA	M/
84295290	---其他							
8429529000	其他上部结构可转360度的机械(包括机械铲及机铲装载机)〔999〕	8	30	13		台/千克	OA	M/
84295900	--其他							
8429590000	其他机械铲、挖掘机及机铲装载机〔999〕	8	30	13		台/千克	OA	M/
8430	**泥土、矿物或矿石的运送、平整、铲运、挖掘、捣固、压实、开采或钻探机械;打桩机及拔桩机;扫雪机及吹雪机:**							
84301000	-打桩机及拔桩机							
8430100000	打桩机及拔桩机〔999〕	10	30	13		台/千克		
84302000	-扫雪机及吹雪机							
8430200000	扫雪机及吹雪机〔999〕	10	30	13		台/千克		
84303110	---采(截)煤机							

协定税率(%)															特惠税率(%)			对美税率	出口税率	出口退税率	Article Description
智利	新西兰	澳大利亚	瑞士	冰岛	秘鲁	哥斯达	东盟	亚太	新加坡	巴基斯坦	港/澳/台	韩国	格鲁吉亚	毛里求斯	亚太	老/柬/缅	LDC 97/95				
																		25	0		
																		25	0		
																		25	0		
																					Self-peopelled bulldozers, angledozers, graders, levellers, scrapers, mechanical shovels, excavators, shovel loaders, tamping machines and road rollers:
0	0	0	0	0	0	0	0	4.9		3	0/0/	0	0	0			0/0			13	---With an engine of an output exceeding 235.36kW(320hp)
																		27	0		
0	0	0	0	0	0	0	0	4.9		3	0/0/	0	0	0			0/0			13	---Other
																		32	0		
0	0	0	0	0	0	0	0			3	0/0/	0	0	0			0/0			13	---With an engine of an output exceeding 235.36kW(320hp)
																			0		
0	0	0	0	0	0	0	0			3	0/0/	0	0	0			0/0			13	---Other
																			0		
0	0	0	0	0	0	0	0	3.5		0	0/0/	0	0	0			0/0				---With an engine of an output exceeding 235.36kW(320hp)
																			0	9	
0	0	0	0	0	0	0	0	3.5		0	0/0/	0	0	0			0/0				---Other
																		15	0	9	
0	0	0	0	0	0	0	0	2.1		0	0/0/	0	0	0			0/0			13	---Having a capacity of shovel exceeding 10m3
																			0		
0	0	0	0	0	0	0	0	3.5		0	0/0/	0	0	0			0/0			13	---Other
																			0		
0	0	0	0	0	0	0	0	4.9		3	0/0/	0	0	0			0/0			13	----Vibration type, of a deadweight of 18t or more
																			0		
0	0	0	0	0	0	0	0	5.6		3	0/0/	0	0	0			0/0			13	----Other
																		33	0		
0	0	0	0	0	0	0	0	4.2		0	0/0/	0	0	0			0/0			13	---Other
																			0		
0	0	0	0	0	0	0	0			0	0/0/	1.5	0	0			0/0			13	--Front-end shovel loaders
																		10	0		
0	0	0	0	0	0	0	0	7.2		3	0/0/	7.2	0	0			0/0			13	----Tyre-mounted
																			0		
0	0	0	0	0	0	0	0			3	0/0/		0	0			0/0			13	----Track-mounted
																		33	0		
0	0	0	0	0	0	0	0	5.2		3	0/0/	5.2	0	0			0/0			13	----Other
																			0		
0	0	0	0	0	0	0	0	5.2		3	0/0/	5.2	0	0			0/0			13	---Other
																			0		
0	0	0	0	0	0	0	0			3	0/0/	0	0	0			0/0			13	--Other
																		28	0		
																					Other moving, grading, levelling, scraping, excavating, tamping, compacting, extracting or boring machinery, for earth, minerals or ores; piledrivers and pile-extractors; snow-ploughs and snow-blowers:
0	0	0	0	0	0	0	0			3	0/0/	3	0	0			0/0			13	-Pile-drivers and pile-extractors
																		15	0		
0	0	0	0	0	0	0	0			3	0/0/	3	0	0			0/0			13	-Snow-ploughs and snow-blowers
																		15	0		
0	0	0	0	0	0	0	0		0	3	0/0/	3	0	0			0/0			13	---Coal cutters

商品编号	商品名称及备注[检验检疫编码及名称]	进口关税(%) 最惠国	普通	增值税率(%)	消费税	计量单位	监管条件	检验检疫类别
8430311000	自推进采(截)煤机〔999〕	10	30	13		台/千克	O	
84303120	---凿岩机							
8430312000	自推进凿岩机〔999〕	10	30	13		台/千克	O	
84303130	---隧道掘进机							
8430313000	自推进隧道掘进机〔999〕	10	30	13		台/千克	O	
84303900	--其他							
8430390000	其他非自推进截煤机凿岩机(包括非自推隧道掘进机)〔999〕	6	30	13		台/千克		
84304111	----钻探深度在6000米及以上的							
8430411100	钻探深度≥6千米其他石油钻探机(自推进的,包括天然气钻探机)〔999〕	5	11	13		台/千克		
84304119	----其他							
8430411900	其他自推进石油及天然气钻探机(钻探深度在6000米以下的)〔999〕	5	17	13		台/千克		
84304121	----钻探深度在6000米及以上的							
8430412100	钻探深度≥6千米的其他钻探机(自推进的)〔999〕	5	11	13		台/千克		
84304122	----钻探深度在6000米以下的履带式自推进钻机							
8430412200	深度< 6千米履带式自推进钻机(指石油及天然气钻探机)〔999〕	5	17	13		台/千克		
84304129	----钻探深度在6000米以下的其他钻探机							
8430412900	钻探深度<6千米的其他钻探机(自推进的)〔999〕	5	17	13		台/千克		
84304190	---其他							
8430419000	其他自推进的凿井机械〔999〕	5	30	13		台/千克		
84304900	--其他							
8430490000	非自推进的其他钻探或凿井机械〔999〕	5	30	13		台/千克		
84305010	---其他采油机械							
8430501000	其他自推进采油机械〔999〕	3	17	13		台/千克		
84305020	---矿用电铲							
8430502000	矿用电铲〔999〕	7	30	13		台/千克		
84305031	----牙轮直径380毫米及以上							
8430503100	牙轮直径≥380毫米的采矿钻机(自推进的)〔999〕	5	30	13		台/千克		
84305039	----其他							
8430503900	牙轮直径<380毫米的采矿钻机(自推进的)〔999〕	5	30	13		台/千克		
84305090	---其他							
8430509000	其他自推进未列名平整、压实等机械〔999〕	5	30	13		台/千克		
84306100	--捣固或压实机械							
8430610000	非自推进捣固或压实机械〔999〕	6	30	13		台/千克		
84306911	----钻筒直径3米及以上							
8430691100	转筒直径≥3米的工程钻机(非自动推进)〔999〕	6	30	13		台/千克		
84306919	----其他							
8430691900	转筒直径<3米的工程钻机(非自动推进)〔999〕	6	30	13		台/千克		
84306920	---铲运机							
8430692000	非自推进铲运机〔101 铲运机〕,〔102 其他工程机械及其零件〕,〔103 建筑工业行业成套设备〕	6	30	13		台/千克		
84306990	---其他							
8430699000	其他非自推进未列名机械〔999〕	6	30	13		台/千克		
8431	**专用于或主要用于品目84.25至84.30所列机械的零件:**							
84311000	-品目84.25所列机械的零件							
8431100000	滑车、绞盘、千斤顶等机械用零件(品目84.25所列机械用的)〔999〕	3	30	13		千克		
84312010	---装有差速器的驱动桥及其零件,不论是否装有其他传动部件							
8431201000	装有差速器的驱动桥及其零件,不论是否装有其他传动部件(品目84.27所列机械用的)〔999〕	6	30	13		千克/个		
84312090	---其他							
8431209000[暂3]	叉车及装有升降装置工作车用其他零件(品目84.27所列机械用的)〔999〕	6	30	13		千克		
84313100	--升降机、倒卸式起重机或自动梯的零件							
8431310001[暂1]	无障碍升降机的零件〔999〕	3	30	13		千克		
8431310090	其他升降机、倒卸式起重机零件(包括自动梯零件)〔999〕	3	30	13		千克		
84313900	--其他							
8431390000	品目84.28所列其他机械的零件(升降机,倒卸式起重机,自动梯的零件除外)〔999〕	5	30	13		千克		
84314100	--戽斗、铲斗、抓斗及夹斗							

协定税率(%)															特惠税率(%)			对美税率	出口税率	出口退税率	Article Description
智利	新西兰	澳大利亚	瑞士	冰岛	秘鲁	哥斯达	东盟	亚太	新加坡	巴基斯坦	港/澳/台	韩国	格鲁吉亚	毛里求斯	亚太	老/柬/缅	LDC 97/95				
																		30	0		
0	0	0	0	0	0	0	0		0	3	0/0/	3	0	0			0/0			13	---Rock cutters
																			0		
0	0	0	0	0	0	0	0		0	3	0/0/	3	0	0			0/0			13	---Tunnelling machinery
																			0		
0	0	0	0	0	0	0	0			0	0/0/	1.8	0	0			0/0			13	--Other
																		26	0		
0	0	0	0	0	0	0	0	3.5		0	0/0/	0	0	0			0/0			13	----Of drilling depth of 6000m or more
																		10	0		
0	0	0	0	0	0	0	0	3.5		0	0/0/	0	0	0			0/0			13	----Other
																		25	0		
0	0	0	0	0	0	0	0	3.5		0	0/0/	0	0	0			0/0			13	----Of drilling depth of 6000m or more
																		10	0		
0	0	0	0	0	0	0	0			0	0/0/	1.5	0	0			0/0			13	----Crawler boring machinery of drilling depth not exceeding 6000m
																		15	0		
0	0	0	0	0	0	0	0			0	0/0/	0	0	0			0/0			13	----Other boring machinery of drilling depth not exceeding 6000m
																		25	0		
0	0	0	0	0	0	0	0			0	0/0/	0	0	0			0/0			13	---Other
																		10	0		
0	0	0	0	0	0	0	0			0	0/0/	1.5	0	0			0/0			13	--Other
																		30	0		
0	0	0	0	0	0	0	0	2.1		0	0/0/	0	0	0			0/0			13	---For oil production
																		8	0		
0	0	0	0	0	0	0	0			3	0/0/	0	0	0			0/0			13	---Mining power shovels
																			0		
0	0	0	0	0	0	0	0	3.5		0	0/0/	0	0	0			0/0			13	----Gear wheel diameter more than 380mm
																		10	0		
0	0	0	0	0	0	0	0	3.5		0	0/0/	0	0	0			0/0			13	----Other
																		10	0		
0	0	0	0	0	0	0	0			0	0/0/	2.6	0	0			0/0			13	---Other
																		30	0		
0	0	0	0	0	0	0	0			0	0/0/	0	0	0			0/0			13	--Tamping or compacting machinery
																			0		
0	0	0	0	0	0	0	0	4.2		0	0/0/	0	0	0			0/0			13	----Boring casing diameter more than 3m
																			0		
0	0	0	0	0	0	0	0			0	0/0/	1.8	0	0			0/0			13	----Other
																		31	0		
0	0	0	0	0	0	0	0	4.2		0	0/0/	0	0	0			0/0			13	---Scrapers
																		26	0		
0	0	0	0	0	0	0	0			0	0/0/	0	0	0			0/0			13	---Other
																		26	0		
																					Parts suitable for use solely or principally with the machinery of headings 84.25 to 84.30:
0	0	0	0	0	0	0	0			0	0/0/	0	0	0			0/0			13	-Of machinery of heading 84.25
																		13	0		
0	0	0	0	0	0	0	0	3.9		0	0/0/	3.2	0	0			0/0			13	---Drive-axles with differential and parts thereof, whether or not provided with other transmission components
																		31	0		
0	0	0	0	0	0	0	0	3.9		0	0/0/	3.2	0	0			0/0			13	---Other
																		23	0		
0	0	0	0	0	0	0	0			0	0/0/	0	0	0			0/0			13	--Of lifts, skip hoists or escalators
																		21	0		
																		23	0		
0	0	0	0	0	0	0	0	2.5		0	0/0/	2.6	0	0			0/0			13	--Other
																		25	0		
0	0	0	0	0	0	0	0	3.9		0	0/0/	1.8	0	0			0/0			13	--Buckets, shovels, grabs and grips

商品编号	商品名称及备注[检验检疫编码及名称]	进口关税(%)		增值税率(%)	消费税	计量单位	监管条件	检验检疫类别
		最惠国	普通					
8431410000	戽斗、夹斗、抓斗及其他铲斗〔101 其他工程机械及其零件〕,〔102 其他装卸桥、提升、起重设备及零件〕	6	17	13		千克/个		
84314200	--推土机或侧铲推土机用铲							
8431420000	推土机或侧铲推土机用铲〔999〕	6	17	13		千克/个		
84314310	---石油或天然气钻探机用							
8431431000	石油或天然气钻探机用零件〔999〕	4	11	13		千克		
84314320	---其他钻探机用							
8431432000	其他钻探机用零件〔999〕	4	11	13		千克		
84314390	---其他							
8431439000	其他凿井机用零件(编号 843041、843049 所列机械的)〔999〕	5	17	13		千克		
84314920	---装有差速器的驱动桥及其零件,不论是否装有其他传动部件							
8431492000	装有差速器的驱动桥及其零件,不论是否装有其他传动部件〔999〕	5	17	13		千克/个		
84314991	----矿用电铲用							
8431499100	矿用电铲用零件〔101 其他工程机械及其零件〕,〔102 其他装卸桥、提升、起重设备及零件〕	5	17	13		千克		
84314999	----其他							
8431499900	品目 8426、8429、8430 的其他零件(前述具体列名的机械零件除外)〔101 其他工程机械及其零件〕,〔102 其他装卸桥、提升、起重设备及零件〕	5	17	13		千克		
8432	**农业、园艺及林业用整地或耕作机械;草坪及运动场地滚压机:**							
84321000	-犁							
8432100000	犁〔999〕	5	30	9		台/千克		
84322100	--圆盘耙							
8432210000	圆盘耙〔999〕	5	30	9		台/千克		
84322900	--其他							
8432290000	其他耙、松土机等耕作机械(包括中耙机、除草机及耕耘机)〔101 耕作机〕,〔102 其他农牧业机械及其零件〕	4	30	9		台/千克		
84323111	----谷物播种机							
8432311100	免耕直接谷物播种机〔999〕	4	30	9		台/千克		
84323119	----其他							
8432311900	其他免耕直接播种机〔999〕	4	30	9		台/千克		
84323121	----马铃薯种植机							
8432312100	免耕直接马铃薯种植机〔999〕	4	30	9		台/千克		
84323129	----其他							
8432312900	其他免耕直接种植机〔999〕	4	30	9		台/千克		
84323131	----水稻插秧机							
8432313100	免耕直接水稻插秧机〔999〕	4	30	9		台/千克		
84323139	----其他							
8432313900	其他免耕直接移植机(栽植机)〔999〕	4	30	9		台/千克		
84323911	----谷物播种机							
8432391100	非免耕直接谷物播种机〔999〕	4	30	9		台/千克		
84323919	----其他							
8432391900	其他非免耕直接播种机〔999〕	4	30	9		台/千克		
84323921	----马铃薯种植机							
8432392100	非免耕直接马铃薯种植机〔999〕	4	30	9		台/千克		
84323929	----其他							
8432392900	其他非免耕直接种植机〔999〕	4	30	9		台/千克		
84323931	----水稻插秧机							
8432393100	非免耕直接水稻插秧机〔999〕	4	30	9		台/千克		
84323939	----其他							
8432393900	其他非免耕直接移植机(栽植机)〔999〕	4	30	9		台/千克		
84324100	--粪肥施肥机							
8432410000	粪肥施肥机〔999〕	4	30	9		台/千克		
84324200	--化肥施肥机							
8432420000	化肥施肥机〔999〕	4	30	9		台/千克		
84328010	---草坪及运动场地滚压机							
8432801000	草坪及运动场地滚压机〔999〕	7	40	13		台/千克		
84328090	---其他							
8432809000	其他未列名整地或耕作机械〔999〕	4	30	9		台/千克		
84329000	-零件							

协定税率(%)															特惠税率(%)			对美税率	出口税率	出口退税率	Article Description
智利	新西兰	澳大利亚	瑞士	冰岛	秘鲁	哥斯达	东盟	亚太	新加坡	巴基斯坦	港/澳/台	韩国	格鲁吉亚	毛里求斯	亚太	老/柬/缅	LDC 97/95				
																		31	0		
0	0	0	0	0	0	0	0			0	0/0/	0	0	0			0/0			13	--Bulldozer or angledozer blades
																		26	0		
0	0	0	0	0	0	0	0	2.6		0	0/0/	0	0	0			0/0			13	---Of oil and natural gas drilling machinery
																		9	0		
0	0	0	0	0	0	0	0	2.6		0	0/0/	0	0	0			0/0			13	---Of other drilling machinery
																		14	0		
0	0	0	0	0	0	0	0	3.3		0	0/0/	1.5	0	0			0/0			13	---Of sinking machinery
																		30	0		
0	0	0	0	0	0	0	0	3.3		0	0/0/	2.6	0	0			0/0			13	---Drive-axles with differential and parts thereof, whether or not provided with other transmission components
																		30	0		
0	0	0	0	0	0	0	0	3.3		0	0/0/	1.5	0	0			0/0			13	----For mining power shovels
																		25	0		
0	0	0	0	0	0	0	0	3.3		0	0/0/	2.6	0	0			0/0			13	----Other
																		25	0		
																					Agricultural, horticultural or forestry machinery for soil preparationor cultivation; lawn or sports-ground rollers:
0	0	0	0	0	0	0	0			0	0/0/	1.5	0	0			0/0			9	-Ploughs
																			0		
0	0	0	0	0	0	0	0			0	0/0/	0	0	0			0/0			9	--Disc harrows
																		25	0		
0	0	0	0	0	0	0	0			0	0/0/	0	0	0			0/0			9	--Other
																		24	0		
0	0	0	0	0	0	0	0	2.6		0	0/0/	0	0	0			0/0			9	----Seeders for grain
																		24	0		
0	0	0	0	0	0	0	0	2.6		0	0/0/	1.2	0	0			0/0			9	----Other
																		24	0		
0	0	0	0	0	0	0	0	2.6		0	0/0/	0	0	0			0/0			9	----Planters for potato
																			0		
0	0	0	0	0	0	0	0	2.6		0	0/0/	0	0	0			0/0			9	----Other
																		29	0		
0	0	0	0	0	0	0	0	2.6		0	0/0/	0	0	0			0/0			9	----Tansplanters for rice
																			0		
0	0	0	0	0	0	0	0	2.6		0	0/0/	2.1	0	0			0/0			9	----Other
																		29	0		
0	0	0	0	0	0	0	0	2.6		0	0/0/	0	0	0			0/0			9	----Seeders for grain
																		24	0		
0	0	0	0	0	0	0	0	2.6		0	0/0/	1.2	0	0			0/0			9	----Other
																		24	0		
0	0	0	0	0	0	0	0	2.6		0	0/0/	0	0	0			0/0			9	----Planters for potato
																			0		
0	0	0	0	0	0	0	0	2.6		0	0/0/	0	0	0			0/0			9	----Other
																			0		
0	0	0	0	0	0	0	0	2.6		0	0/0/	0	0	0			0/0			9	----Tansplanters for rice
																			0		
0	0	0	0	0	0	0	0	2.6		0	0/0/	2.1	0	0			0/0			9	----Other
																			0		
0	0	0	0	0	0	0	0			0	0/0/	0	0	0			0/0			9	--Manure spreaders
																		14	0		
0	0	0	0	0	0	0	0			0	0/0/	0	0	0			0/0			9	--Fertilizer distributors
																		29	0		
0	0	0	0	0	0	0	0	5.6		3	0/0/	3.7	0	0			0/0			13	---Lawn or sports-ground rollers
																		27	0		
0	0	0	0	0	0	0	0			0	0/0/	0	0	0			0/0				---Other
																		14	0	9	
0	0	0	0	0	0	0	0			0	0/0/	0	0	0			0/0			13	-Parts

商品编号	商品名称及备注[检验检疫编码及名称]	进口关税(%) 最惠国	进口关税(%) 普通	增值税率(%)	消费税	计量单位	监管条件	检验检疫类别
8432900000	整地或耕作机械、滚压机零件(品目84.32所列机械用的)〔999〕	4	17	13		千克		
8433	**收割机、脱粒机,包括草料打包机;割草机;蛋类、水果或其他农产品的清洁、分选、分级机器,但品目84.37的机器除外:**							
84331100	--机动的,切割装置在同一水平面上旋转的							
8433110000	机动旋转式割草机(旋转式指切割装置在同一水平面上旋转。用于草坪、公园)〔999〕	6	30	9		台/千克		
84331900	--其他							
8433190000	草坪、公园等用其他割草机(包括运动场地)〔999〕	6	30	13		台/千克		
84332000	-其他割草机,包括牵引装置用的刀具杆							
8433200000	其他割草机(包括牵引装置用的刀具杆)〔999〕	4	30	9		台/千克		
84333000	-其他干草切割、翻晒机器							
8433300000	其他干草切割、翻晒机器〔999〕	5	30	9		台/千克		
84334000	-草料打包机,包括收集打包机							
8433400000	草料打包机(包括收集打包机)〔999〕	5	30	9		台/千克		
84335100	--联合收割机							
8433510001暂6	功率≥160马力的联合收割机〔999〕	8	17	9		台/千克		
8433510090	功率<160马力的联合收割机〔999〕	8	17	9		台/千克		
84335200	--其他脱粒机							
8433520000	其他脱粒机〔999〕	8	30	9		台/千克		
84335300	--根茎或块茎收获机							
8433530001暂6	功率≥160马力的土豆、甜菜收获机〔999〕	8	30	9		台/千克		
8433530090	其他根茎或块茎收获机〔999〕	8	30	9		台/千克		
84335910	---甘蔗收获机							
8433591001暂6	功率≥160马力的甘蔗收获机〔999〕	8	30	9		台/千克		
8433591090	其他甘蔗收获机〔999〕	8	30	9		台/千克		
84335920	---棉花采摘机							
8433592000暂5	棉花采摘机〔999〕	8	30	9		台/千克	A	M/
84335990	---其他							
8433599001暂6	自走式青储饲料收获机〔999〕	8	30	9		台/千克		
8433599002暂6	茶叶采摘机〔999〕	8	30	9		台/千克		
8433599090	其他收割机及脱粒机〔101 收割机〕,〔102 脱粒机〕	8	30	9		台/千克		
84336010	--- 蛋类清洁、分选、分级机器							
8433601000	蛋类清洁、分选、分级机器〔999〕	5	30	9		台/千克		
84336090	--- 其他							
8433609000	水果等其他农产品的清洁、分选、分级机器(品目84.37的机器除外)〔999〕	5	30	9		台/千克		
84339010	---联合收割机用							
8433901000	联合收割机用零件〔999〕	5	11	13		千克		
84339090	---其他							
8433909000	品目84.33所列其他机械零件〔999〕	3	17	13		千克		
8434	**挤奶机及乳品加工机器:**							
84341000	-挤奶机							
8434100000暂4	挤奶机〔999〕	8	20	9		台/千克		
84342000	-乳品加工机器							
8434200000暂2	乳品加工机器〔999〕	6	30	13		台/千克	A	R/
84349000	-零件							
8434900000暂2	挤奶机及乳品加工机器用零件〔999〕	5	17	13		千克		
8435	**制酒、制果汁或制类似饮料用的压榨机、轧碎机及类似机器:**							
84351000	-机器							
8435100000	制酒、果汁等的压榨、轧碎机(包括制类似饮料用机器)〔999〕	8	30	13		台/千克	A	R/
84359000	-零件							
8435900000	制酒、果汁等压榨、轧碎机零件〔999〕	6	30	13		千克		

协定税率(%)															特惠税率(%)			对美税率	出口税率	出口退税率	Article Description
智利	新西兰	澳大利亚	瑞士	冰岛	秘鲁	哥斯达	东盟	亚太	新加坡	巴基斯坦	港/澳/台	韩国	格鲁吉亚	毛里求斯	亚太	老/柬/缅	LDC 97/95				
																		29	0		
																					Harvesting or threshing machinery, including straw or fodder balers; grass or hay mowers; machines for cleaning, sorting or grading eggs, fruit or other agricultural produce, other than machinery of heading 84.37:
0	0	0	0	0	0	0	0			0	0/0/	0	0	0			0/0				--Powered, with the cutting device rotating in a horizontal plane
																		11	0	9	
0	0	0	0	0	0	0	0			0	0/0/	0	0	0			0/0			13	--Other
																		11	0		
0	0	0	0	0	0	0	0			0	0/0/	0	0	0			0/0			9	-Other mowers, including cutter bars for tractor mounting
																		14	0		
0	0	0	0	0	0	0	0			0	0/0/	0	0	0			0/0			9	-Other haymaking machinery
																		25	0		
0	0	0	0	0	0	0	0			0	0/0/	2.6	0	0			0/0			9	-Straw or fodder balers, including pickup balers
																		15	0		
0	0	0	0	0	0	0	0	5.2		3	0/0/	4.2	0	0			0/0			9	--Combine harvester-threshers
																		26	0		
																		28	0		
0	0	0	0	0	0	0	0			3	0/0/	0	0	0			0/0			9	--Other threshing machinery
																			0		
0	0	0	0	0	0	0	0			3	0/0/	2.4	0	0			0/0			9	--Root or tuber harvesting machines
																		26	0		
																		28	0		
0	0	0	0	0	0	0	0	5.6		3	0/0/	0	0	0			0/0			9	---Sugarcane harvesters
																		11	0		
																		13	0		
0	0	0	0	0	0	0	0	5.6		3	0/0/	0	0	0			0/0			9	---Cotton picker
																			0		
0	0	0	0	0	0	0	0			3	0/0/	0	0	0			0/0			9	---Other
																		31	0		
																		31	0		
																		33	0		
0	0	0	0	0	0	0	0			0	0/0/	1.5	0	0						9	---Machines for cleaning, sorting or grading eggs
																			0		
0	0	0	0	0	0	0	0			0	0/0/	1.5	0	0							---Other
																		25	0	9	
0	0	0	0	0	0	0	0			0	0/0/	2.6	0	0			0/0			13	---Of combine harvester-threshers
																		25	0		
0	0	0	0	0	0	0	0			0	0/0/	0	0	0			0/0			13	---Other
																		8	0		
																					Milking machines and dairy machinery:
0	0	0	0	0		0	0			3	0/0/	3	0	0			0/0			9	-Milking machines
																		9	0		
0	0	0	0	0	0	0	0	4.2		0	0/0/	0	0	0			0/0			13	-Dairy machinery
																		27	0		
0	0	0	0	0	0	0	0			0	0/0/	0	0	0			0/0			13	-Parts
																		7	0		
																					Presses, crushers and similar machinery used in the manufacture of wine, cider, fruit juices or similar beverages:
0	0	0	0	0	0	0	0			3	0/0/	3	0	0			0/0			13	-Machinery
																		28	0		
0	0	0	0	0	0	0	0			0	0/0/	0	0	0			0/0			13	-Parts
																		26	0		

商品编号	商品名称及备注[检验检疫编码及名称]	进口关税(%) 最惠国	普通	增值税率(%)	消费税	计量单位	监管条件	检验检疫类别
8436	**农业、园艺、林业、家禽饲养业或养蜂业用的其他机器,包括装有机械或热力装置的催芽设备;家禽孵卵器及育雏器:**							
84361000	-动物饲料配制机							
8436100000	动物饲料配制机[999]	7	30	9		台/千克		
84362100	--家禽孵卵器及育雏器							
8436210000	家禽孵卵器及育雏器[999]	5	30	9		台/千克		
84362900	--其他							
8436290000	家禽饲养用机器[999]	8	30	9		台/千克		
84368000	-其他机器							
8436800001[暂5]	青储饲料切割上料机[999]	8	30	9		台/千克		
8436800002[暂6]	自走式饲料搅拌投喂车[999]	8	30	9		台/千克		
8436800090	农、林业、园艺等用的其他机器(包括装有机械或热力装置的催芽设备)[999]	8	30	9		台/千克		
84369100	--家禽饲养用机器的零件或家禽孵卵器及育雏器的零件							
8436910000	家禽饲养机,孵卵器及育雏器零件[999]	6	17	13		千克		
84369900	--其他							
8436990000	品目84.36所列其他机器的零件[999]	6	17	13		千克		
8437	**种子、谷物或干豆的清洁、分选或分级机器;谷物磨粉业加工机器或谷物、干豆加工机器,但农业用机器除外:**							
84371010	---光学色差颗粒选别机(色选机)							
8437101000	光学色差颗粒选别机(色选机)[999]	8	30	9		台/千克		
84371090	---其他							
8437109000	种子谷物其他清洁、清选、分级机(包括干豆的清洁,分选或分级机)[999]	8	30	9		台/千克		
84378000	-其他机器							
8437800000	谷物磨粉业加工机器(包括谷物、干豆加工机器,但农业用机器除外)[999]	8	30	13		台/千克	A	R/
84379000	-零件							
8437900000	品目84.37所列机械的零件[999]	6	30	13		千克		
8438	**本章其他税号未列名的食品、饮料工业用的生产或加工机器,但提取、加工动物油脂或植物固定油脂的机器除外:**							
84381000	-糕点加工机器及生产通心粉、面条或类似产品的机器							
8438100010	糕点生产线[999]	7	30	13		台/千克	A	R/
8438100090	通心粉,面条的生产加工机器(包括类似产品的加工机)[999]	7	30	13		台/千克	A	R/
84382000	-生产糖果、可可粉、巧克力的机器							
8438200000	生产糖果,可可粉,巧克力的机器[999]	8	30	13		台/千克	A	R/
84383000	-制糖机器							
8438300000	制糖机器[999]	8	30	13		台/千克	A	R/
84384000	-酿酒机器							
8438400000	酿酒机器[999]	7	30	13		台/千克	A	R/
84385000	-肉类或家禽加工机器							
8438500000	肉类或家禽加工机器[999]	7	30	13		台/千克	A	R/
84386000	-水果、坚果或蔬菜加工机器							
8438600000	水果、坚果或蔬菜加工机器[999]	8	30	13		台/千克	A	R/
84388000	-其他机器							
8438800000	本章其他未列名食品等加工机器(包括饮料工业用加工机器,加工动、植物油脂的机器除外)[999]	8	30	13		台/千克	A	R/
84389000	-零件							

协定税率(%) 智利	新西兰	澳大利亚	瑞士	冰岛	秘鲁	哥斯达	东盟	亚太	新加坡	巴基斯坦	港/澳/台	韩国	格鲁吉亚	毛里求斯	特惠税率(%) 亚太	老/柬/缅	LDC 97/95	对美税率	出口税率	出口退税率	Article Description
																					Other agricultural, horticultural, forestry, poultry-keeping or bee-keepingmachinery, including germination plant fitted with mechanical or thermal equipment; poultry incubators and brooders:
0	0	0	3.3	0	0	0	0			3	0/0/	3.7	0	0			0/0			9	-Machinery for preparing animal feeding stuffs
																		27	0		
0	0	0	0	0	0	0	0			0	0/0/	2.6	0	0			0/0			9	--Poultry incubators and brooders
																		15	0		
0	0	0	0	0	0	0	0			3	0/0/	6.5	0	0			0/0			9	--Other
																		28	0		
0	0	0	0	0	0	0	0			3	0/0/	3	0	0			0/0				-Other machinery
																		10	0	9	
																		11	0	9	
																		13	0	9	
0	0	0	0	0	0	0	0			0	0/0/	3.2	0	0			0/0			13	--Of poultry-keeping machinery or poultry incubators and brooders
																		16	0		
0	0	0	2.8	0	0	0	0			0	0/0/	1.8	0	0			0/0			13	--Other
																		16	0		
																					Machines for cleaning, sorting or grading seed, grain or dried leguminous vegetables; machinery used in the milling industry or for the working of cereals or dried leguminous vegetables, other than farm-type machinery:
0	0	0	0	0	0	0	0			3	0/0/	3	0	0			0/0				---Color sorters
																			0	9	
0	0	0	0	0	0	0	0			3	0/0/	6.5	0	0			0/0			9	---Other
																		13	0		
0	0	0	0	0	0	0	0	5.2		4	0/0/	6.5	0	0			0/0			9	-Other machinery
																		28	0		
0	0	0	1.2	0	0	0	0			0	0/0/	1.8	0	0			0/0			13	-Parts
																		26	0		
																					Machinery, not specified or included elsewhere in this Chapter, for the industrial preparation or manufacture of food or drink, other than machinery for the extraction or preparation of animal or fixed vegetable fats or oils:
0	0	0	1.4	0	0	0	0			3	0/0/	3.7	0	0			0/0			13	-Bakery machinery and machinery for the manufacture of macaroni, spaghetti or similar products
																		27	0		
																		27	0		
0	0	0	0	0	0	0	0			3	0/0/	0	0	0			0/0			13	-Machinery for the manufacture of confectionery, cocoa or chocolate
																		33	0		
0	0	0		0	0	0	0			3	0/0/	3	0	0			0/0			13	-Machinery for sugar manufacture
																		33	0		
0	0	0	0	0	0	0	0			3	0/0/	2.1	0	0			0/0			13	-Brewery machinery
																		32	0		
0	0	0	0	0	0	0	0			3	0/0/	2.1	0	0			0/0			13	-Machinery for the preparation of meat or poultry
																		27	0		
0	0	0	0	0	0	0	0		0	3	0/0/	3	0	0			0/0			13	-Machinery for the preparation of fruits, nuts or vegetables
																		18	0		
0	0	0	1.7	0	0	0	0	5.2		3	0/0/0	0	0	0			0/0				-Other machinery
																		28	0	9	
0	0	0	0	0	0	0	0			0	0/0/	0	0	0			0/0			13	-Parts

商品编号	商品名称及备注[检验检疫编码及名称]	进口关税(%) 最惠国	普通	增值税率(%)	消费税	计量单位	监管条件	检验检疫类别
8438900000	食品、饮料工业用机器的零件(品目 84.38 所列机械的)[999]	5	30	13		千克		
8439	**纤维素纸浆、纸及纸板的制造或整理机器:**							
84391000	-制造纤维素纸浆的机器							
8439100000	制造纤维素纸浆的机器[999]	8	30	13		台/千克		
84392000	-纸或纸板的抄造机器							
8439200000	纸或纸板的抄造机器[999]	8	30	13		台/千克		
84393000	-纸或纸板的整理机器							
8439300000	纸或纸板的整理机器[999]	8	30	13		台/千克		
84399100	--制造纤维素纸浆的机器用							
8439910000	制造纤维素纸浆的机器零件[999]	6	30	13		千克		
84399900	--其他							
8439990000	制造或整理纸及纸板的机器零件[999]	6	30	13		千克		
8440	**书本装订机器,包括锁线订书机:**							
84401010	---锁线装订机							
8440101000	锁线订书机[999]	10	35	13		台/千克		
84401020	---胶订机							
8440102000	胶订机[999]	12	35	13		台/千克		
84401090	---其他							
8440109000	其他书本装订机[999]	12	35	13		台/千克		
84409000	-零件							
8440900000	书本装订机器的零件(包括锁线订书机的零件)[999]	8	35	13		千克		
8441	**其他制造纸浆制品、纸制品或纸板制品的机器,包括各种切纸机:**							
84411000	-切纸机							
8441100000	切纸机[999]	12	50	13		台/千克		
84412000	-制造包、袋或信封的机器							
8441200000	制造包、袋或信封的机器[999]	12	30	13		台/千克		
84413010	---制造纸塑铝复合罐的生产设备							
8441301000	纸塑铝复合罐生产设备(但模制成型机器除外)[999]	12	30	13		台/千克		
84413090	---其他							
8441309000	其他制造箱、盒及类似容器的机器(但模制成型机器除外)[999]	12	30	13		台/千克		
84414000	-纸浆、纸或纸板制品模制成型机器							
8441400000	纸浆、纸或纸板制品模制成型机器[999]	12	30	13		台/千克		
84418010	---制造纸塑铝软包装的生产设备							
8441801000	制造纸塑铝软包装生产设备[999]	12	30	13		台/千克		
84418090	---其他							
8441809000	其他制造纸浆制品、纸制品的机器(包括制造纸板制品的机器)[999]	12	30	13		台/千克		
84419010	---切纸机用							
8441901001[暂4]	切纸机用弧形辊[999]	8	50	13		千克		
8441901002[暂3]	切纸机用横切刀单元[999]	8	50	13		千克		
8441901090	其他切纸机零件[999]	8	50	13		千克		
84419090	---其他							
8441909000	其他制造纸浆、纸制品的机器零件[999]	8	30	13		千克		
8442	**制印刷版(片)、滚筒及其他印刷部件用的机器、器具及设备(品目 84.56 至 84.65 的机器除外);印刷用版(片)、滚筒及其他印刷部件;制成供印刷用(例如刨平、压纹或抛光)的板(片)、滚筒及石板:**							

协定税率(%)															特惠税率(%)			对美税率	出口税率	出口退税率	Article Description
智利	新西兰	澳大利亚	瑞士	冰岛	秘鲁	哥斯达	东盟	亚太	新加坡	巴基斯坦	港/澳/台	韩国	格鲁吉亚	毛里求斯	亚太	老/柬/缅	LDC 97/95				
																		25	0		
																					Machinery for making pulp of fibrous cellulosic material or for making or finishing paper or paperboard:
0	0	0	0	0	0	0	0			3	0/0/	2.5	0	0			0/0			13	-Machinery for making pulp of fibrous cellulosic material
																		33	0		
0	0	0	1.7	0	0	0	0	5.6		3	0/0/0	0	0	0			0/0			13	-Machinery for making paper or paper board
																			0		
0	0	0	0	0	0	0	0			3	0/0/0	0	0	0			0/0			13	-Machinery for finishing paper or paper board
																		33	0		
0	0	0	0	0	0	0	0			0	0/0/	3.2	0	0			0/0			13	--Of machinery for making pulp of fibrous cellulosic material
																		11	0		
0	0	0	1.2	0	0	0	0	3		0	0/0/	3.2	0	0			0/0			13	--Other
																		31	0		
																					Book-binding machinery, including booksewing machines:
0	0	0	0	0	0	0	0	7		3	0/0/	3	0	0			0/0			13	---Sewing bookbinders
																		35	0		
0	0	0	0	0	0	0	0		0	4.8	0/0/	3.6	0	0			0/0			13	---Glueing bookbinders
																			0		
0	0	0	0	0	0	0	0		0	4.8	0/0/	3.6	0	0			0/0			13	---Other
																		37	0		
0	0	0	1.6	0	0	0	0			3	0/0/	0	0	0			0/0			13	-Parts
																		33	0		
																					Other machinery for making up paper pulp, paper or paperboard, including cutting machines of all kinds:
0	0	0		0	0	0	0		0	4.8	0/0/0	3.6	0	0			0/0			13	-Cutting machines
																		37	0		
0	0	0	2.4	0	0	0	0	7.8	0	4.8	0/0/	3.6	0	0			0/0			13	-Machines for making bags, sacks or envelopes
																			0		
0	0	0	2.7	0	0	0	0	7.8	0	5.4	0/0/	4	0	0			0/0			13	---Machines for paper, plastic and aluminium composite can manufacture
																			0		
0	0	0	2.7	0	0	0	0	7.8	0	5.4	0/0/	8.7	0	0			0/0			13	---Other
																		17	0		
0	0	0	2.4	0	0	0	0		0	4.8	0/0/	7.8	0	0			0/0			13	-Machines for moulding articles in paper pulp, paper or paperboard
																		37	0		
0	0	0	2.4	0	0	0	0	7.8	0	4.8	0/0/	3.6	0	0			0/0			13	---Machines for paper plastic and aluminium flexible packaging manufacture
																		22	0		
0	0	0	2.4	0	0	0	0	7.8	0	4.8	0/0/0	3.6	0	0			0/0			13	---Other
																		37	0		
0	0	0	0	0	0	0	0			3	0/0/	2.4	0	0			0/0			13	---Of cutting machines
																		24	0		
																		23	0		
																		28	0		
0	0	0		0	0	0	0			3	0/0/	0	0	0			0/0			13	---Other
																		28	0		
																					Machinery, apparatus and equipment (other than the machine-tools of headings 84.56 to 84.65) for preparing or making plates, cylinders or other printing components; plates, cylinders and other printing components; plates, cylinders and lithographic stones, prepared for printing purposes (for example, planed, grained or polished):

商品编号	商品名称及备注[检验检疫编码及名称]	进口关税(%)		增值税率(%)	消费税	计量单位	监管条件	检验检疫类别
		最惠国	普通					
84423010	---铸字机							
8442301000	铸字机〔999〕	0	35	13		台/千克		
84423021	----计算机直接制版设备							
8442302110	凹版式计算机直接制版设备(CTP)〔999〕	0	35	13		台/千克		
8442302190	除凹版式以外的其他计算机直接制版设备(CTP)〔999〕	0	35	13		台/千克		
84423029	----其他							
8442302900	其他制版机器、器具及设备〔999〕	0	35	13		台/千克		
84423090	---其他							
8442309000	制作滚筒及其他印刷部件用机器、器具及设备(品目84.56至84.65所列机器除外)〔999〕	0	35	13		台/千克		
84424000	-上述机器、器具及设备的零件							
8442400010	计算机直接制版机器用零件〔999〕	0	20	13		千克		
8442400090	其他铸字、排字、制版机器的零件〔999〕	0	20	13		千克		
84425000	-印刷用版、滚筒及其他印刷部件;制成供印刷用(例如,刨平、压纹或抛光)的板、滚筒及石板							
8442500000	印刷用版、滚筒及其他印刷部件[包括制成供印刷用(如:刨平、压纹或抛光)的板、滚筒及石板]〔999〕	0	35	13		千克		
8443	**用品目84.42的印刷用版(片)、滚筒及其他印刷部件进行印刷的机器;其他印刷(打印)机、复印机及传真机,不论是否组合式;上述机器的零件及附件:**							
84431100	--卷取进料式胶印机							
8443110000	卷取进料式胶印机(用品目84.42项下商品进行印刷的机器)〔999〕	10	35	13		台/千克		
84431200	--办公室用片取进料式胶印机(展开片尺寸一边长≤22厘米,另一边长不超过36厘米)							
8443120000	办公室用片取进料式胶印机(片尺寸≤22厘米×36厘米,用品目84.42项下商品进行印刷的机器)〔999〕	10	35	13		台/千克		
84431311	----单色机							
8443131100	平张纸进料式单色胶印机(用品目84.42项下商品进行印刷的机器)〔999〕	10	35	13		台/千克		
84431312	----双色机							
8443131200	平张纸进料式双色胶印机(用品目84.42项下商品进行印刷的机器)〔999〕	10	35	13		台/千克		
84431313	----四色机							
8443131301[暂7]	四色平张纸胶印机(对开单张单面印刷速度≥17000张/小时)〔999〕	10	35	13		台/千克		
8443131302[暂7]	四色平张纸胶印机(对开单张双面印刷速度≥13000张/小时)〔999〕	10	35	13		台/千克		
8443131303[暂7]	四色平张纸胶印机(全张或超全张单张单面印刷速度≥13000张/小时)〔999〕	10	35	13		台/千克		
8443131390	其他四色平张纸胶印机(用品目84.42项下商品进行印刷的机器)〔999〕	10	35	13		台/千克		
84431319	----其他							
8443131901[暂7]	五色及以上平张纸胶印机(对开单张单面印刷速度≥17000张/小时)〔999〕	10	35	13		台/千克		
8443131902[暂7]	五色及以上平张纸胶印机(对开单张双面印刷速度≥13000张/小时)〔999〕	10	35	13		台/千克		
8443131903[暂7]	五色及以上平张纸胶印机(全张或超全张单张单面印刷速度≥13000张/小时)〔999〕	10	35	13		台/千克		
8443131990	其他平张纸进料式胶印机(用品目84.42项下商品进行印刷的机器)〔999〕	10	35	13		台/千克		
84431390	---其他							
8443139000	其他胶印机(用品目84.42项下商品进行印刷的机器)〔999〕	10	35	13		台/千克		
84431400	--卷取进料式凸版印刷机,但不包括苯胺印刷机							
8443140000	卷取进料式凸版印刷机,但不包括苯胺印刷机(用品目84.42项下商品进行印刷的机器)〔999〕	10	35	13		台/千克		
84431500	--其他凸版印刷机,但不包括苯胺印刷机							
8443150000	除卷取进料式以外的凸版印刷机,但不包括苯胺印刷机(用品目84.42项下商品进行印刷的机器)〔999〕	10	35	13		台/千克		
84431600	--苯胺印刷机							
8443160001[暂3]	苯胺印刷机,线速度≥350米/分钟,幅宽≥800毫米(柔性版印刷机,用品目84.42项下商品进行印刷的机器)〔999〕	10	35	13		台/千克		

协定税率(%)															特惠税率(%)			对美税率	出口税率	出口退税率	Article Description
智利	新西兰	澳大利亚	瑞士	冰岛	秘鲁	哥斯达	东盟	亚太	新加坡	巴基斯坦	港/澳/台	韩国	格鲁吉亚	毛里求斯	亚太	老/柬/缅	LDC 97/95				
										3							0/0			13	---Type casters
																		20	0		
										3							0/0			13	----Machines for preparing CTP plates
																		25	0		
																		25	0		
										3		4.8					0/0			13	----Other
																		25	0		
										3		4.8					0/0			13	---Other
																		25	0		
										3							0/0			13	-Parts of the foregoing machinery, apparatus or equipment
																		25	0		
																		25	0		
										3							0/0			13	-Plates, cylinders and other printing components; plates, cylinders and lithographic stones, prepared for printing purposes (for example, planed, grained or polished)
																		25	0		
																					Printing machinery used for printing by means of plates, cylinders and other printing components of heading 84.42; other printers, copying machines and facsimile machines, whether or not combined; parts and accessories thereof:
0	0	0	0	0	0	0	0	7		3	0/0/	3	0	0			0/0			13	--Offset printing machinery, reel-fed
																			0		
0	0	0	2.4	0	0	0	0		0	4.8	0/0/	3.6	0	0			0/0			13	--Offset printing machinery, sheet-fed, office type (using sheets with one side not exceeding 22cm and the other side not exceeding 36cm in the unfolded state)
																			0		
0	0	0	0	0	0	0	0	7		3	0/0/	3	0	0			0/0			13	----Single color
																			0		
0	0	0	0	0	0	0	0	7		3	0/0/	3	0	0			0/0			13	----Two colors
																			0		
0	0	0	0	0	0	0	0	7		4	0/0/	3	0	0			0/0			13	----Four colors
																			0		
																			0		
																			0		
																			0		
0	0	0	0	0	0	0	0	7		4	0/0/	3	0	0			0/0			13	----Other
																			0		
																			0		
																			0		
																			0		
0	0	0	0	0	0	0	0	7		3	0/0/	3	0	0			0/0			13	---Other
																		15	0		
0	0	0	2.4	0	0	0	0		0	4.8	0/0/		0	0			0/0			13	--Letterpress printing machinery, reel fed, excluding flexographic printing
																		15	0		
0	0	0	2.4	0	0	0	0		0	4.8	0/0/		0	0			0/0			13	--Letterpress printing machinery, other than reel fed, excluding flexographic printing
																		15	0		
0	0	0	0	0	0	0	0			3	0/0/		0	0			0/0			13	--Flexographic printing machinery
																		23	0		

商品编号	商品名称及备注[检验检疫编码及名称]	进口关税(%)最惠国	进口关税(%)普通	增值税率(%)	消费税	计量单位	监管条件	检验检疫类别
8443160002暂5	机组式柔性版印刷机,线速度≥160米/分钟,250毫米≤幅宽<800毫米(具有烫印或全息或丝网印刷功能单元的)[999]	10	35	13		台/千克		
8443160090	其他苯胺印刷机(柔性版印刷机,用品目84.42项下商品进行印刷的机器)[999]	10	35	13		台/千克		
84431700	--凹版印刷机							
8443170001暂9	凹版印刷机,印刷速度≥350米/分钟(用品目84.42项下商品进行印刷的机器)[999]	10	35	13		台/千克		
8443170090	其他凹版印刷机(用品目84.42项下商品进行印刷的机器)[999]	10	35	13		台/千克		
84431921	----圆网印刷机							
8443192101暂6	纺织用圆网印花机[999]	10	35	13		台/千克		
8443192190	其他圆网印刷机(用品目84.42项下商品进行印刷的机器)[999]	10	35	13		台/千克		
84431922	----平网印刷机							
8443192201暂6	纺织用平网印花机[999]	10	35	13		台/千克		
8443192210	用于光盘生产的盘面印刷机(用品目84.42项下商品进行印刷的机器)[999]	10	35	13		台/千克		
8443192290	其他平网印刷机(用品目84.42项下商品进行印刷的机器)[999]	10	35	13		台/千克		
84431929	----其他							
8443192900	其他网式印刷机(用品目84.42项下商品进行印刷的机器)[999]	10	35	13		台/千克		
84431980	---其他							
8443198000	未列名印刷机(网式印刷机除外,用品目84.42项下商品进行印刷的机器)[999]	8	35	13		台/千克	O	
84433110	---静电感光式							
8443311010	静电感光式多功能一体加密传真机(可与自动数据处理设备或网络连接)①	1.7/0②	70	13		台/千克	M	L/
8443311090	其他静电感光式多功能一体机(可与自动数据处理设备或网络连接)③	1.7/0②	70	13		台/千克		L/
84433190	---其他							
8443319010	其他具有打印和复印两种功能的机器(可与自动数据处理设备或网络连接)④	0	17	13		台/千克	A	L/
8443319020	其他多功能一体加密传真机(兼有打印、复印中一种及以上功能的机器)⑤	0	17	13		台/千克	AM	L.M/
8443319090	其他具有打印、复印或传真中两种及以上功能的机器(具有打印和复印两种功能的机器除外,可与自动数据处理设备或网络连接)⑥	0	17	13		台/千克	A	L.M/
84433211	----针式打印机							
8443321100	专用于品目84.71所列设备的针式打印机(可与自动数据处理设备或网络连接)[999]	0	14	13		台/千克	A	L/
84433212	----激光打印机							
8443321200	专用于品目84.71所列设备的激光打印机(可与自动数据处理设备或网络连接)[999]	0	14	13		台/千克	A	L/
84433213	----喷墨打印机							
8443321300	专用于品目84.71所列设备的喷墨打印机(可与自动数据处理设备或网络连接)[999]	0	14	13		台/千克	A	L/
84433214	----热敏打印机							
8443321400	专用于品目84.71所列设备的热敏打印机(可与自动数据处理设备或网络连接)[999]	0	14	13		台/千克	A	L/
84433219	----其他							
8443321900	专用于品目84.71所列设备的其他打印机(可与自动数据处理设备或网络连接)[999]	0	14	13		台/千克	A	L/
84433221	----喷墨印刷机							
8443322100	数字式喷墨印刷机(可与自动数据处理设备或网络连接)[999]	1.3/0②	30	13		台/千克		
84433222	----静电照相印刷机(激光印刷机)							
8443322200	数字式静电照相印刷机(激光印刷机)(可与自动数据处理设备或网络连接)[999]	1.3/0②	35	13		台/千克		
84433229	----其他							
8443322900	其他数字式印刷设备(可与自动数据处理设备或网络连接)[999]	1.3/0②	30	13		台/千克		
84433290	---其他							
8443329010	其他加密传真机(可与自动数据处理设备或网络连接)[999]	0	17	13		台/千克	AM	L.M/
8443329090	其他印刷(打印)机、复印机、传真机和电传打字机(可与自动数据处理设备或网络连接)⑧	0	17	13		台/千克	A	L.M/

① [101 多功能一体打印机],[102 打印机],[103 复印机],[104 电话机],[105 传真机],[106 电传打字机]
② 最惠国税率中,"/"左边的税率截止日期为2021年6月30日,"/"右边的税率有效日期为2021年7月1日~2999年12月31日。
③ [101 多功能一体打印机],[102 打印机],[103 复印机],[104 电话机],[105 传真机],[106 电传打字机]
④ [101 多功能一体打印机],[102 打印机],[103 复印机],[104 电话机],[105 传真机],[106 电传打字机]
⑤ [101 多功能一体打印机],[102 打印机],[103 复印机],[104 电话机],[105 传真机],[106 电传打字机]
⑥ [101 打印机],[102 复印机],[103 电话机],[104 传真机],[105 电传打字机]
⑦ 如税率中间有"#","#"前后分别为上半年(2021年1月1日至6月30日)和下半年(2021年7月1日至12月31日)的适用税率。
⑧ [101 打印机],[102 油印机],[103 复印机],[104 电话机],[105 电传打字机]

协定税率(%)															特惠税率(%)						
智利	新西兰	澳大利亚	瑞士	冰岛	秘鲁	哥斯达	东盟	亚太	新加坡	巴基斯坦	港/澳/台	韩国	格鲁吉亚	毛里求斯	亚太	老/柬/缅	LDC 97/95	对美税率	出口税率	出口退税率	Article Description
																		25	0		
																		30	0		
0	0	0	3.6	0	0	0	0	6.5	0	11.5	0/0/	11.7	0	0			0/0			13	--Gravure printing machinery
																		34	0		
																		35	0		
0	0	0	0	0	0	0	0	6.5		3	0/0/	3	0	0			0/0			13	----Cylinder screen press
																		31	0		
																		35	0		
0	0	0	2	0	0	0	0	9		4	0/0/0	5.3	0	0			0/0			13	----Platen screen press
																		31	0		
																		35	0		
																		35	0		
0	0	0	0	0	0	0	0	6.5	0	3	0/0/0	3	0	0			0/0			13	----Other
																			0		
0	0	0	0	0	0	0	0	5.2		3	0/0/0	0	0	0			0/0			13	---Other
																		18	0		
0	0	0	0	0	0	0	0		0	4	0/0/		0	0			0/0			13	---Electrostatic photosensitive-type
																		26.7	0		
																	26.7	0			
																	0/0			13	---Other
																		25	0		
																		25	0		
																		25	0		
																	0/0			13	----Stylus printers
																		25	0		
																	0/0			13	----Laser printers
																		25	0		
																	0/0			13	----Ink-jet printers
																		25	0		
																	0/0			13	----Thermal printers
																		20	0		
																	0/0			13	----Other
																		20	0		
0	0	0	0	0	0	0	0		0	3	0/0/	2.4	0	0			0/0			13	----Ink-jet printing machines
																		21.3	0		
0	0	0	0	0	0	0	0	0.8# 0[7]		3	0/0/	4.2	0	0			0/0			13	----Electrostatic photographic printing machines (laser printing machines)
																		21.3	0		
0	0	0	0	0	0	0	0	0.8# 0[7]		3	0/0/	2.4	0	0			0/0			13	----Other
																		21.3	0		
																	0/0			13	---Other
																		25	0		
																		25	0		

商品编号	商品名称及备注[检验检疫编码及名称]	进口关税(%) 最惠国	普通	增值税率(%)	消费税	计量单位	监管条件	检验检疫类别
84433911	----将原件直接复印的(直接法)							
8443391100	将原件直接复印(直接法)的静电感光复印设备(不可与自动数据处理设备或网络连接)〔101 印刷行业成套设备〕,〔102 打印机〕,〔103 复印机〕	0	70	13		台/千克		L/
84433912	----将原件通过中间体转印的(间接法)							
8443391200	将原件通过中间体转印(间接法)的静电感光复印设备(不可与自动数据处理设备或网络连接)〔101 印刷行业成套设备〕,〔102 打印机〕,〔103 复印机〕	3.8/2.5①	70	13		台/千克		L/
84433921	----带有光学系统的							
8443392100	带有光学系统的其他感光复印设备(不可与自动数据处理设备或网络连接)〔101 印刷行业成套设备〕,〔102 打印机〕,〔103 复印机〕	0	70	13		台/千克		L/
84433922	----接触式的							
8443392200	接触式的其他感光复印设备(不可与自动数据处理设备或网络连接)〔101 印刷行业成套设备〕,〔102 打印机〕,〔103 复印机〕	8.3/5.5①	70	13		台/千克		L/
84433923	----热敏复印设备							
8443392300	热敏的其他感光复印设备(不可与自动数据处理设备或网络连接)〔999〕	8.3/5.5①	70	13		台/千克		L/
84433924	----热升华复印设备							
8443392400	热升华的其他感光复印设备(不可与自动数据处理设备或网络连接)〔101 印刷行业成套设备〕,〔102 打印机〕,〔103 复印机〕	8.3/5.5①	70	13		台/千克		L/
84433931	----喷墨印刷机							
8443393100	数字式喷墨印刷机(不可与自动数据处理设备或网络连接)〔999〕	3/2①	30	13		台/千克		
84433932	----静电照相印刷机(激光印刷机)							
8443393200	数字式静电照相印刷机(激光印刷机)(不可与自动数据处理设备或网络连接)〔999〕	3/2①	35	13		台/千克		
84433939	----其他							
8443393900	其他数字式印刷设备(不可与自动数据处理设备或网络连接)〔999〕	3/2①	30	13		台/千克		
84433990	---其他							
8443399000	其他印刷(打印)机、复印机(不可与自动数据处理设备或网络连接)〔999〕	0	30	13		台/千克		L/
84439111	----卷筒料给料机							
8443911110	卷筒料自动给料机,给料线速度≥12 米/秒〔999〕	2/0①	35	13		千克/台	O	
8443911190	其他卷筒料给料机〔999〕	2/0①	35	13		千克/台	O	
84439119	----其他							
8443911900	其他印刷用辅助机器(用品目 84.42 项下商品进行印刷的机器附件)〔999〕	2/0①	35	13		千克/台	O	
84439190	---其他							
8443919010	胶印机用墨量遥控装置(包括墨色控制装置,墨量调节装置、墨斗体等组成部分)〔999〕	1/0①	20	13		千克/个	O	
8443919090	传统印刷机用零件及附件(胶印机用墨量遥控装置除外)〔999〕	1/0①	20	13		千克/个		
84439910	---数字印刷设备用辅助机器							
8443991000	数字印刷设备用辅助机器(非用品目 84.42 项下商品进行印刷的机器附件)〔999〕	2/0①	35	13		千克/台	O	
84439921	----热敏打印头							
8443992100	热敏打印头〔999〕	1/0①	20	13		千克/个		
84439929	----其他							
8443992910	压电式喷墨头(非用品目 84.42 项下商品进行印刷的机器零件)〔999〕	1/0①	20	13		千克		
8443992990	其他数字印刷设备的零件(非用品目 84.42 项下商品进行印刷的机器零件)〔999〕	1/0①	20	13		千克		
84439990	---其他							
8443999010	其他印刷(打印)机、复印机及传真机的感光鼓和含感光鼓的碳粉盒〔999〕	0	35	13		千克		
8443999090	其他印刷(打印)机、复印机及传真机的零件和附件〔999〕	0	35	13		千克		
8444	**化学纺织纤维挤压、拉伸、变形或切割机器:**							

① 最惠国税率中,"/"左边的税率截止日期为 2021 年 6 月 30 日,"/"右边的税率有效日期为 2021 年 7 月 1 日~2999 年 12 月 31 日。
② 如税率中间有"#","#"前后分别为上半年(2021 年 1 月 1 日至 6 月 30 日)和下半年(2021 年 7 月 1 日至 12 月 31 日)的适用税率。

协定税率(%)															特惠税率(%)			对美税率	出口税率	出口退税率	Article Description
智利	新西兰	澳大利亚	瑞士	冰岛	秘鲁	哥斯达	东盟	亚太	新加坡	巴基斯坦	港/澳/台	韩国	格鲁吉亚	毛里求斯	亚太	老/柬/缅	LDC 97/95				
																	0/0			13	----Operating by reproducing the original image directly onto the copy (direct process)
																			0		
0	0	0	0	0	0	0	0		0	3	0/0/		0	0			0/0			13	----Operating by reproducing the original image via an intermediate onto the copy (indirect process)
																			0		
																	0/0			13	----Incorporating an optical system
																			0		
0	0	0	4	0	0	0	0		0		0/0/	0	0	0			0/0			13	----of the contact type
																			0		
0	0	0	4	0	0	0	0		0		0/0/	0	0	0			0/0			13	----Thermo-copying apparatus
																		18.3	0		
0	0	0	4	0	0	0	0		0		0/0/	0	0	0			0/0			13	----Thermo-sublime copying apparatus
																			0		
0	0	0	0	0	0	0	0		0	3	0/0/	0	0	0			0/0			13	----Ink-jet printing machines
																		13	0		
0	0	0	0	0	0	0	0	2# 1.3②		3	0/0/	0	0	0			0/0			13	----Electrostatic photographic printing machines (laser printing machines)
																			0		
0	0	0	0	0	0	0	0	2# 1.3②	0	3	0/0/	2.4	0	0			0/0			13	----Other
																		23	0		
																	0/0			13	---Other
																		25	0		
0	0	0	2# 0②	0	0	0	0		0	4.8	0/0/	3.6	0	0			0/0			13	----Web feeder
																		7	0		
																		7	0		
0	0	0	0	0	0	0	0		0	4.8	0/0/	3.6	0	0			0/0			13	----Other
																		22	0		
0	0	0	1# 0②	0	0	0	0			0	0/0/	1.8	0	0			0/0			13	---Other
																		26	0		
																		26	0		
0	0	0	0	0	0	0	0	1.6# 0②	0	4.8	0/0/	3.6	0	0			0/0			13	---Machines for uses ancillary to digital printing machines
																		27	0		
0	0	0	0	0	0	0	0			0	0/0/	1.8	0	0			0/0			13	----Thermal print heads
																		26	0		
0	0	0	0	0	0	0	0			0	0/0/	3	0	0			0/0			13	----Other
																		6	0		
																		6	0		
																	0/0			13	---Other
																		25	0		
																		25	0		
																					Machines for extruding, drawing, texturing or cutting man-made textile materials:

商品编号	商品名称及备注[检验检疫编码及名称]	进口关税(%)		增值税率(%)	消费税	计量单位	监管条件	检验检疫类别
		最惠国	普通					
84440010	---合成纤维长丝纺丝机							
8444001000	合成纤维长丝纺丝机〔999〕	8	30	13		台/千克		
84440020	---合成纤维短纤纺丝机							
8444002000	合成纤维短丝纺丝机〔999〕	8	30	13		台/千克		
84440030	---人造纤维纺丝机							
8444003000	人造纤维纺丝机〔999〕	8	30	13		台/千克		
84440040	---化学纤维变形机							
8444004000	化学纤维变形机〔999〕	8	30	13		台/千克		
84440050	---化学纤维切断机							
8444005000	化学纤维切断机〔999〕	8	30	13		台/千克		
84440090	---其他							
8444009000	其他化纤挤压、拉伸、切割机器〔999〕	8	30	13		台/千克		
8445	**纺织纤维的预处理机器;纺纱机、并线机、加捻机及其他生产纺织纱线的机器;摇纱机、络纱机(包括卷纬机)及处理品目 84.46 或 84.47 所列机器用的纺织纱线的机器:**							
84451111	----清梳联合机							
8445111100	棉纤维型清梳联合机〔999〕	8	30	13		台/千克		
84451112	----自动抓棉机							
8445111200	棉纤维型自动抓棉机〔999〕	8	30	13		台/千克		
84451113	----梳棉机							
8445111300	棉纤维型梳棉机〔999〕	8	30	13		台/千克		
84451119	----其他							
8445111900	其他棉纤维型梳理机〔999〕	8	30	13		台/千克		
84451120	---毛纤维型							
8445112000	毛纤维型梳理机〔999〕	8	30	13		台/千克		
84451190	---其他							
8445119001[暂6]	宽幅非织造布梳理机(工作幅宽>3.5 米,工作速度>120 米/分钟)〔999〕	8	30	13		台/千克		
8445119090	其他纺织纤维梳理机〔999〕	8	30	13		台/千克		
84451210	---棉精梳机							
8445121000	棉精梳机〔999〕	8	30	13		台/千克		
84451220	---毛精梳机							
8445122000	毛精梳机〔999〕	8	30	13		台/千克		
84451290	---其他							
8445129000	其他纺织纤维精梳机〔999〕	8	30	13		台/千克		
84451310	---拉伸机							
8445131000	纺织纤维拉伸机〔999〕	8	30	13		台/千克		
84451321	----棉纺粗纱机							
8445132100	棉纺粗纱机〔999〕	8	30	13		台/千克		
84451322	----毛纺粗纱机							
8445132200	毛纺粗纱机〔999〕	8	30	13		台/千克		
84451329	----其他							
8445132900	其他纺织纤维粗纱机〔999〕	8	30	13		台/千克		
84451900	--其他							
8445190000	纺织纤维的其他预处理机器〔999〕	8	30	13		台/千克		
84452031	----转杯纺纱机							
8445203101[暂5]	全自动转杯纺纱机〔999〕	8	30	13		台/千克		
8445203190	其他自由端转杯纺纱机〔999〕	8	30	13		台/千克		
84452032	----喷气纺纱机							
8445203200[暂5]	自由端喷气纺纱机〔999〕	8	30	13		台/千克		
84452039	----其他							
8445203900	其他自由端纺纱机〔999〕	8	30	13		台/千克		
84452041	----棉细纱机							
8445204100	环锭棉细纱机〔999〕	8	40	13		台/千克		
84452042	----毛细纱机							
8445204200	环锭毛细纱机〔999〕	8	40	13		台/千克		
84452049	----其他							
8445204900	其他环锭细纱机〔999〕	8	40	13		台/千克		
84452090	---其他							

协定税率(%)															特惠税率(%)			对美税率	出口税率	出口退税率	Article Description
智利	新西兰	澳大利亚	瑞士	冰岛	秘鲁	哥斯达	东盟	亚太	新加坡	巴基斯坦	港/澳/台	韩国	格鲁吉亚	毛里求斯	亚太	老/柬/缅	LDC 97/95				
0	0	0		0	0	0	0	5.6		4	0/0/0	0	0	0			0/0			13	---Synthetic filaments spinning jets
																			0		
0	0	0	0	0	0	0	0	5.2		4	0/0/	3	0	0			0/0			13	---Synthetic staple fibres spinning jets
																			0		
0	0	0	0	0	0	0	0	5.2		4	0/0/	3	0	0			0/0			13	---Artificial fibres spinning jets
																			0		
0	0	0	2	0	0	0	0	5.2		4	0/0/	3	0	0			0/0			13	---Man-made filaments crimping machinery
																		33	0		
0	0	0	2	0	0	0	0	5.2		4	0/0/	3	0	0			0/0			13	---Man-made filaments cutting machinery
																		33	0		
0	0	0	2	0	0	0	0	5.2		4	0/0/	3	0	0			0/0			13	---Other
																		33	0		
																					Machines for preparing textile fibres; spinning, doubling or twisting machines and other machinery for producing textile yarns; textile reeling or winding (including weft-winding) machines and machinesfor preparing textile yarns for use on the machines of heading 84.46 or 84.47:
0	0	0	0	0	0	0	0	5.2		3	0/0/	3	0	0			0/0			13	----Blowing-carding machinery
																			0		
0	0	0		0	0	0	0	5.2		3	0/0/	3	0	0			0/0			13	----Bale plucker
																			0		
0	0	0	2	0	0	0	0	5.2		4	0/0/	3	0	0			0/0			13	----Card or carding machine
																			0		
0	0	0	0	0	0	0	0	5.2		3	0/0/	3	0	0			0/0			13	----Other
																			0		
0	0	0	0	0	0	0	0	5.2		4	0/0/	3	0	0			0/0			13	---For wool type fibres
																		28	0		
0	0	0	0	0	0	0	0	5.2		4	0/0/		0	0			0/0			13	---Other
																		31	0		
																		33	0		
0	0	0		0	0	0	0	5.6		3	0/0/	3	0	0			0/0			13	---Cotton comber
																			0		
0	0	0	0	0	0	0	0	5.6		3	0/0/	3	0	0			0/0			13	---Worsted comber
																			0		
0	0	0	0	0	0	0	0	5.6		3	0/0/	3	0	0			0/0			13	---Other
																			0		
0	0	0	0	0	0	0	0			3	0/0/	3	0	0			0/0			13	---Drawing machines
																			0		
0	0	0		0	0	0	0	5.6		3	0/0/	3	0	0			0/0			13	----Cotton roving frames
																			0		
0	0	0	0	0	0	0	0	5.6		3	0/0/	3	0	0			0/0			13	----Worsted roving machines
																			0		
0	0	0	0	0	0	0	0	5.6		3	0/0/	3	0	0			0/0			13	----Other
																			0		
0	0	0		0	0	0	0	5.2		3	0/0/		0	0			0/0			13	--Other
																		28	0		
0	0	0	0	0	0	0	0	5.2		3	0/0/	3	0	0			0/0			13	----Rotor spinning machine
																			0		
																			0		
0	0	0		0	0	0	0	5.6		3	0/0/	3	0	0			0/0			13	----Jet spinner
																			0		
0	0	0	0	0	0	0	0	5.6		3	0/0/	3	0	0			0/0			13	----Other
																			0		
0	0	0	2.1	0	0	0	0	7.2	0	4	0/0/	3.1	0	0			0/0			13	----Cotton ring spinning frame
																			0		
0	0	0	0	0	0	0	0			3	0/0/	3	0	0			0/0			13	----Worsted ring spinning frame
																			0		
0	0	0	0	0	0	0	0			3	0/0/	3	0	0			0/0			13	----Other
																			0		
0	0	0		0	0	0	0	5.2		3	0/0/	3	0	0			0/0			13	---Other

商品编号	商品名称及备注[检验检疫编码及名称]	进口关税(%) 最惠国	进口关税(%) 普通	增值税率(%)	消费税	计量单位	监管条件	检验检疫类别
8445209000	其他纺纱机〔999〕	8	30	13		台/千克		
84453000	-并线机或加捻机							
8445300000	并线机或加捻机〔999〕	8	30	13		台/千克		
84454010	---自动络筒机							
8445401000	自动络筒机〔999〕	8	30	13		台/千克	O	
84454090	---其他							
8445409000	卷纬机及摇纱机、络纱机〔101 自动络筒机〕,〔102 卷纬机及遥纱机〕,〔103 其他纺织机械及其零件〕	8	30	13		台/千克		
84459010	---整经机							
8445901000	整经机〔999〕	8	30	13		台/千克		
84459020	---浆纱机							
8445902000	浆纱机〔999〕	8	30	13		台/千克		
84459090	---其他							
8445909000	其他生产及处理纺织纱线的机器(处理品目 84.46 或 84.47 所列机器用的纺织纱线的机器)〔999〕	8	30	13		台/千克		
8446	**织机:**							
84461000	-所织织物宽度≤30 厘米的织机							
8446100000	所织织物宽度≤30 厘米的织机〔999〕	8	30	13		台/千克		
84462110	---地毯织机							
8446211000	织物宽>30 厘米的梭织动力地毯织机〔999〕	8	35	13		台/千克		
84462190	---其他							
8446219000	织物宽>30 厘米的其他梭织动力织机〔999〕	8	30	13		台/千克		
84462900	--其他							
8446290000	织物宽>30 厘米的梭织非动力织机〔999〕	8	30	13		台/千克		
84463020	---剑杆织机							
8446302000	织物宽度>30 厘米的剑杆织机〔999〕	8	30	13		台/千克		
84463030	---片梭织机							
8446303000	织物宽度>30 厘米的片梭织机〔999〕	8	30	13		台/千克		
84463040	---喷水织机							
8446304000	织物宽度>30 厘米的喷水织机〔999〕	8	30	13		台/千克	O	
84463050	---喷气织机							
8446305000	织物宽>30 厘米的喷气织机〔999〕	8	30	13		台/千克	O	
84463090	---其他							
8446309000	织物宽>30 厘米的其他无梭织机〔999〕	8	30	13		台/千克		
8447	**针织机、缝编机及制粗松螺旋花线、网眼薄纱、花边、刺绣品、装饰带、编织带或网的机器及簇绒机:**							
84471100	--圆筒直径≤165 毫米							
8447110000	圆筒直径≤165 毫米的圆型针织机〔999〕	8	30	13		台/千克		
84471200	--圆筒直径超过 165 毫米							
8447120000	圆筒直径>165 毫米的圆型针织机〔999〕	8	30	13		台/千克		
84472011	----特里科经编机							
8447201100	特里科经编机〔999〕	8	30	13		台/千克		
84472012	----拉舍尔经编机							
8447201200	拉舍尔经编机〔999〕	8	30	13		台/千克		
84472019	----其他							
8447201900	其他经编机〔999〕	8	30	13		台/千克		
84472020	---平型纬编机							
8447202000	平型纬编机〔999〕	8	30	13		台/千克		
84472030	---缝编机							
8447203000	缝编机〔999〕	8	30	13		台/千克		
84479011	----地毯织机							
8447901100	地毯织机〔999〕	7	35	13		台/千克		
84479019	----其他							
8447901900	其他簇绒机(地毯织机除外)〔999〕	8	30	13		台/千克		
84479020	---绣花机							
8447902000	绣花机〔999〕	8	30	13		台/千克		
84479090	---其他							
8447909000	品目 84.47 其他编号未列名机器(包括制粗松螺旋花线,网眼薄纱,编织带或网的机器)〔101 采棉机〕,〔102 清花机〕,〔103 其他纺织机械及其零件〕	8	30	13		台/千克		

协定税率(%)															特惠税率(%)			对美税率	出口税率	出口退税率	Article Description
智利	新西兰	澳大利亚	瑞士	冰岛	秘鲁	哥斯达	东盟	亚太	新加坡	巴基斯坦	港/澳/台	韩国	格鲁吉亚	毛里求斯	亚太	老/柬/缅	LDC 97/95				
																			0		
0	0	0	0	0	0	0	0	5.2		3	0/0/	3	0	0			0/0			13	-Textile doubling or twisting machines
																		33	0		
0	0	0	0	0	0	0	0	7.2		4	0/0/	6.5	0	0			0/0			13	---Automatic bobbin winders
																		33	0		
0	0	0	0	0	0	0	0	5.2		3	0/0/	6.5	0	0			0/0			13	---Other
																		33	0		
0	0	0		0	0	0	0	5.2		3	0/0/	3	0	0			0/0			13	---Warping machines
																			0		
0	0	0		0	0	0	0	5.2		3	0/0/	3	0	0			0/0			13	---Sizing machines
																			0		
0	0	0	2	0	0	0	0	5.2		3	0/0/	6.5	0	0			0/0			13	---Other
																			0		
																					Weaving machines(looms):
0	0	0	1.6	0	0	0	0	5.2		3	0/0/	2.4	0	0			0/0			13	-For weaving fabrics of a width not exceeding 30cm
																		33	0		
0	0	0	2.4	0	0	0	0	5.2	0	4	0/0/	3.6	0	0			0/0			13	---For making carpets or rugs
																			0		
0	0	0		0	0	0	0	5.2	0	3	0/0/	3	0	0			0/0			13	---Other
																			0		
0	0	0	0	0	0	0	0			3	0/0/	3	0	0			0/0			13	--Other
																			0		
0	0	0	1.6	0	0	0	0	5.2		3	0/0/	2.4	0	0			0/0			13	---Rapier looms
																			0		
0	0	0		0	0	0	0	5.2		3	0/0/	0	0	0			0/0			13	---Carrier looms
																			0		
0	0	0	0	0	0	0	0	5.2		3	0/0/0	0	0	0			0/0			13	---Water jet looms
																			0		
0	0	0	0	0	0	0	0	6.8		3	0/0/	4.2	0	0			0/0			13	---Air jet looms
																		28	0		
0	0	0	0	0	0	0	0	5.2		3	0/0/	0	0	0			0/0			13	---Other
																			0		
																					Knitting machines, stitch-bonding machines and machines for making gimped yarn, tulle lace, embroidery, trimmings, braid or net and machines for tufting:
0	0	0	0	0	0	0	0	7		3	0/0/0	0	0	0			0/0			13	--With cylinder diameter not exceeding 165mm
																		33	0		
0	0	0	0	0	0	0	0			3	0/0/0	0	0	0			0/0			13	--With cylinder diameter exceeding 165mm
																		33	0		
0	0	0	0	0	0	0	0	5.2		3	0/0/	0	0	0			0/0			13	----Tricot machines
																			0		
0	0	0	0	0	0	0	0	5.2		3	0/0/	2.4	0	0			0/0			13	----Rashel machines
																			0		
0	0	0	0	0	0	0	0	5.2		3	0/0/	2.4	0	0			0/0			13	----Other
																			0		
0	0	0	1.6	0	0	0	0	5.2		3	0/0/0	0	0	0			0/0			13	---Flat weft knitting machines
																		33	0		
0	0	0	0	0	0	0	0	5.2		3	0/0/	0	0	0			0/0			13	---Stitch-bonding machines
																		18	0		
0	0	0	0	0	0	0	0	4.6		0	0/0/	0	0	0			0/0			13	----For making carpets or rugs
																		12	0		
0	0	0	0	0	0	0	0	5.2		3	0/0/	0	0	0			0/0			13	----Other
																		13	0		
0	0	0		0	0	0	0	5.2		3	0/0/	2.4	0	0			0/0			13	---Embroidery machines
																			0		
0	0	0		0	0	0	0	4		3	0/0/	5	0	0			0/0			13	---Other
																		28	0		

商品编号	商品名称及备注[检验检疫编码及名称]	进口关税(%) 最惠国	进口关税(%) 普通	增值税率(%)	消费税	计量单位	监管条件	检验检疫类别
8448	**品目84.44、84.45、84.46或84.47所列机器的辅助机器(例如,多臂机、提花机、自停装置及换梭装置);专用于或主要用于品目84.44、84.45、84.46或84.47所列机器的零件、附件(例如,锭子、锭壳、钢丝针布、梳、喷丝头、梭子、综丝、综框、针织机用针):**							
84481100	--多臂机或提花机及其所用的卡片缩小、复制、穿孔或汇编机器							
8448110001[暂3]	多臂机或提花机(转速指标500转/分以上)〔999〕	8	20	13		千克		
8448110090	多臂机或提花机所用卡片缩小、复制、穿孔或汇编机器(包括其所用的卡片缩小,复制,穿孔或汇编机器)〔999〕	8	20	13		千克		
84481900	--其他							
8448190000	品目84.44至84.47的机器的辅助机器〔999〕	8	20	13		千克		
84482020	---喷丝头或喷丝板							
8448202000	喷丝头或喷丝板〔999〕	6	14	13		个/千克		
84482090	---其他							
8448209000	纤维挤压机及辅助机器的其他零件(包括附件,品目84.44的机器用)〔999〕	6	17	13		千克		
84483100	--钢丝针布							
8448310000	钢丝针布〔999〕	6	17	13		千克		
84483200	--纺织纤维预处理机器的零件、附件,但钢丝针布除外							
8448320000	其他纺织纤维预处理机器的零件、附件(钢丝针布除外)〔999〕	6	17	13		千克		
84483310	---络筒锭							
8448331000	络筒锭〔999〕	6	17	13		个/千克		
84483390	---其他							
8448339000	其他锭子、锭壳、纺丝环、钢丝圈〔999〕	6	17	13		千克		
84483910	---气流杯							
8448391000	气流杯〔999〕	6	14	13		个/千克		
84483920	---电子清纱器							
8448392000[暂3]	电子清纱器〔999〕	6	17	13		个/千克		
84483930	---空气捻接器							
8448393000[暂3]	空气捻接器〔999〕	6	17	13		个/千克		
84483940	---环定细纱机紧密纺装置							
8448394000	环锭细纱机紧密纺装置〔101 细纱机〕,〔102 其他纺织机械及其零件〕	6	17	13		个/千克		
84483990	---其他							
8448399000[暂3]	品目84.45所列机器的其他零、附件(指纺织纱线机器及预处理机的零件、附件)〔999〕	6	17	13		千克		
84484200	--织机用筘、综丝及综框							
8448420000	织机用筘、综丝、综框〔999〕	6	50	13		千克		
84484910	---接、投梭箱							
8448491000	接、投梭箱〔999〕	6	17	13		个/千克		
84484920	---引纬、送经装置							
8448492000[暂3]	引纬、送经装置〔999〕	6	17	13		个/千克		
84484930	---梭子							
8448493000	梭子〔999〕	6	50	13		个/千克		
84484990	---其他							
8448499000[暂3]	织机及其辅助机器用其他零、附件〔999〕	6	17	13		千克		
84485120	---针织机用28号以下的弹簧针、钩针及复合针							
8448512000	针织机用28号以下的弹簧针、钩针(包括复合针)〔999〕	6	50	13		千克		
84485190	---其他							
8448519000	沉降片、其他织针及成圈机件〔999〕	6	17	13		千克		
84485900	--其他							
8448590000[暂3]	品目84.47机器用的其他零件、附件(指针织等机器及其辅助机器的零件、附件)〔999〕	6	17	13		千克		

协定税率(%)															特惠税率(%)			对美税率	出口税率	出口退税率	Article Description
智利	新西兰	澳大利亚	瑞士	冰岛	秘鲁	哥斯达	东盟	亚太	新加坡	巴基斯坦	港/澳/台	韩国	格鲁吉亚	毛里求斯	亚太	老/柬/缅	LDC 97/95				
																					Auxiliary machinery for use with machines of heading 84.44, 84.45, 84.46 or 84.47 (for example, dobbies, Jacquards, automatic stop motions, shuttle changing mechanisms); partsand accessories suitable for use solely or principally with the machines of this heading or of heading 84.44, 84.45, 84.46 or 84.47 (for example, spindles and spindle flyers, card clothing, combs, extruding nipples, shuttles, healds and heald-frames, hosiery needles):
0	0	0	0	0	0	0	0			3	0/0/	2.4	0	0			0/0			13	--Dobbies and Jacquards; card reducing, copying, punching or assembling machines for use there with
																			0		
																			0		
0	0	0	1.6	0	0	0	0			4	0/0/	2.4	0	0			0/0			13	--Other
																		33	0		
0	0	0	1.2	0	0	0	0			0	0/0/	1.8	0	0			0/0			13	---Extruding nipples or spinnerets
																		31	0		
0	0	0	1.2	0	0	0	0			0	0/0/	3.2	0	0			0/0			13	---Other
																		31	0		
0	0	0	2.8	0	0	0	0			0	0/0/	1.8	0	0			0/0			13	--Card clothing
																		31	0		
0	0	0	1.2	0	0	0	0			0	0/0/	3.2	0	0			0/0			13	--Of machines for preparing textile fibres, other than card clothing
																		31	0		
0	0	0	0	0	0	0	0	4.8		0	0/0/	0	0	0			0/0			13	---Winding spindle
																			0		
0	0	0	1.2	0	0	0	0			0	0/0/	1.8	0	0			0/0			13	---Other
																		26	0		
0	0	0	0	0	0	0	0	4.2		0	0/0/	0	0	0			0/0			13	---Open-end rotors
																			0		
0	0	0	2.8	0	0	0	0			0	0/0/	0	0	0			0/0			13	---Electronic yarn clearers
																			0		
0	0	0	0	0	0	0	0			0	0/0/	0	0	0			0/0			13	---Air twisting devices
																		28	0		
0	0	0	2.8	0	0	0	0	4.8		0	0/0/	0	0	0			0/0			13	---Compact set of ring spinning frames
																			0		
0	0	0	2.8	0	0	0	0			0	0/0/	3.2	0	0			0/0			13	---Other
																		28	0		
0	0	0	1.2	0	0	0	0			0	0/0/	3.2	0	0			0/0			13	--Reeds for looms, healds and heald-frames
																		31	0		
0	0	0	1.2	0	0	0	0	4.2		0	0/0/	0	0	0			0/0			13	---Catching and throwing shuttle boxes
																			0		
0	0	0	1.2	0	0	0	0			0	0/0/	1.8	0	0			0/0			13	---Weft insertion and let-off motions
																			0		
0	0	0	0	0	0	0	0			0	0/0/	0	0	0			0/0			13	---Shuttles
																		26	0		
0	0	0	1.2	0	0	0	0			0	0/0/	3.2	0	0			0/0			13	---Other
																		28	0		
0	0	0	0	0	0	0	0			0	0/0/	1.8	0	0			0/0			13	---Barbered needles, crotchet hooks and complex needles for knitting machines, smaller than gauge No. 28
																		31	0		
0	0	0	0	0	0	0	0			0	0/0/	3.2	0	0			0/0			13	---Other
																		31	0		
0	0	0	1.2	0	0	0	0			4	0/0/0	0	0	0			0/0			13	--Other
																		28	0		

商品编号	商品名称及备注[检验检疫编码及名称]	进口关税(%) 最惠国	进口关税(%) 普通	增值税率(%)	消费税	计量单位	监管条件	检验检疫类别
8449	**成匹、成形的毡呢或无纺织物制造或整理机器,包括制毡呢帽机器;帽模:**							
84490010	---针刺机							
8449001001[暂6]	高速针刺机,针刺频率>2000 次/分钟〔999〕	8	30	13		台/千克		
8449001090	其他针刺机〔999〕	8	30	13		台/千克		
84490020	---水刺设备							
8449002001[暂6]	高速宽幅水刺设备(工作幅宽>3.5 米,工作速度>250 米/分钟,水刺压力≥400 帕)〔999〕	8	30	13		台/千克		
8449002090	其他水刺设备〔999〕	8	30	13		台/千克		
84490090	---其他							
8449009000	其他成匹、成形的毡呢制造或整理机器(包括无纺织物制造或整理机,制毡呢帽机,帽模)〔999〕	8	30	13		千克		
8450	**家用型或洗衣房用洗衣机,包括洗涤干燥两用机:**							
84501110	---波轮式							
8450111000	干衣量≤10 千克全自动波轮式洗衣机①	7	130	13		台/千克	A	L.M/
84501120	---滚筒式							
8450112000	干衣量≤10 千克全自动滚筒式洗衣机②	7	130	13		台/千克	A	L.M/
84501190	---其他							
8450119000	其他干衣量≤10 千克的全自动洗衣机③	7	130	13		台/千克	A	L.M/
84501200	--其他机器,装有离心甩干机							
8450120000	装有离心甩干机的非全自动洗衣机(干衣量≤10 千克)④	7	130	13		台/千克	A	L.M/
84501900	--其他							
8450190000	干衣量≤10 千克的其他洗衣机⑤	7	130	13		台/千克	A	L.M/
84502011	----波轮式							
8450201100	全自动的波轮式洗衣机(干衣量>10 千克)⑥	10	80	13		台/千克		
84502012	----滚筒式							
8450201200	全自动的滚筒式洗衣机(干衣量>10 千克)⑦	10	80	13		台/千克		
84502019	----其他							
8450201900	其他全自动的洗衣机(干衣量>10 千克)⑧	10	80	13		台/千克		
84502090	---其他							
8450209000	其他洗衣机(干衣量>10 千克)〔101 洗衣机 I 类器具〕,〔102 洗衣机 II 类器具〕,〔103 洗衣机 III 类器具〕,〔104 洗衣机 0I 类器具〕,〔105 洗衣机 0 类器具〕	10	80	13		台/千克		
84509010	---干衣量≤10 千克的洗衣机用							
8450901000	其他干衣量≤10 千克的洗衣机零件〔999〕	5	130	13		千克		
84509090	---其他							
8450909000[暂5]	干衣量>10 千克的洗衣机零件〔999〕	8	80	13		千克		
8451	**纱线、织物及纺织制品的洗涤、清洁、绞拧、干燥、熨烫、挤压(包括熔压)、漂白、染色、上浆、整理、涂布或浸渍机器(税目 84.50 的机器除外);列诺伦(亚麻油地毡)及类似铺地制品的布基或其他底布的浆料涂布机器;纺织物的卷绕、退绕、折叠、剪切或剪齿边机器:**							
84511000	-干洗机							

① 〔101 洗衣机 I 类器具〕,〔102 洗衣机 II 类器具〕,〔103 洗衣机 III 类器具〕,〔104 洗衣机 0I 类器具〕,〔105 洗衣机 0 类器具〕
② 〔101 洗衣机 I 类器具〕,〔102 洗衣机 II 类器具〕,〔103 洗衣机 III 类器具〕,〔104 洗衣机 0I 类器具〕,〔105 洗衣机 0 类器具〕
③ 〔101 洗衣机 I 类器具〕,〔102 洗衣机 II 类器具〕,〔103 洗衣机 III 类器具〕,〔104 洗衣机 0I 类器具〕,〔105 洗衣机 0 类器具〕
④ 〔101 洗衣机 I 类器具〕,〔102 洗衣机 II 类器具〕,〔103 洗衣机 III 类器具〕,〔104 洗衣机 0I 类器具〕,〔105 洗衣机 0 类器具〕
⑤ 〔101 洗衣机 I 类器具〕,〔102 洗衣机 II 类器具〕,〔103 洗衣机 III 类器具〕,〔104 洗衣机 0I 类器具〕,〔105 洗衣机 0 类器具〕
⑥ 〔101 洗衣机 I 类器具〕,〔102 洗衣机 II 类器具〕,〔103 洗衣机 III 类器具〕,〔104 洗衣机 0I 类器具〕,〔105 洗衣机 0 类器具〕
⑦ 〔101 洗衣机 I 类器具〕,〔102 洗衣机 II 类器具〕,〔103 洗衣机 III 类器具〕,〔104 洗衣机 0I 类器具〕,〔105 洗衣机 0 类器具〕
⑧ 〔101 洗衣机 I 类器具〕,〔102 洗衣机 II 类器具〕,〔103 洗衣机 III 类器具〕,〔104 洗衣机 0I 类器具〕,〔105 洗衣机 0 类器具〕

协定税率(%)															特惠税率(%)			对美税率	出口税率	出口退税率	Article Description
智利	新西兰	澳大利亚	瑞士	冰岛	秘鲁	哥斯达	东盟	亚太	新加坡	巴基斯坦	港/澳/台	韩国	格鲁吉亚	毛里求斯	亚太	老/柬/缅	LDC 97/95				
																					Machinery for the manufacture or finishing of felt or nonwovens in the piece or in shapes, including machinery for making felt hats; blocks for making hats:
0	0	0	0	0	0	0	0			3	0/0/	2.4	0	0			0/0			13	---Machinery for stitch
																		31	0		
																		33	0		
0	0	0	0	0	0	0	0			3	0/0/	0	0	0			0/0			13	---Spunlaced equipment
																			0		
																			0		
0	0	0	0	0	0	0	0			3	0/0/	4.2	0	0			0/0			13	---Other
																		28	0		
																					Household or laundry-type washing machines, including machines which both wash and dry:
0	0	0	0	0	0	0	0	4.6	0	3	0/0/	3	0	0			0/0			13	---Of the continuously rotating impeller
																		32	0		
0	0	0	0	0	0	0	0	4.6	0	3	0/0/	6.5	0	0			0/0			13	---Of the drum type
																		32	0		
0	0	0	0	0	0	0	0	4.6	0	3	0/0/		0	0			0/0			13	---Other
																		32	0		
0	0	0	7	0	0	0	0	4.6	0	0	0/0/		0	24			0/0			13	--Other machines, with built-in centrifugal drier
																			0		
0	0	0	7	0	0	0	0		0	0	0/0/		0	24			0/0			13	--Other
																			0		
0	0	0	0	0	0	0	0			3	0/0/		0	0			0/0			13	----Of the continuously rotating impeller
																		20	0		
0	0	0	0	0	0	0	0			3	0/0/		0	0			0/0			13	----Of the drum type
																		30	0		
0	0	0	0	0	0	0	0			3	0/0/		0	0			0/0			13	----Other
																		15	0		
0	0	0	0	0	0	0	0			3	0/0/		0	0			0/0			13	---Other
																		30	0		
0	0	0	0	0	0	0	0	3.3		0	0/0/	2.6	0	0			0/0			13	---Of the machines of subheadings 8450.1110 to 8450.1900
																		30	0		
0	0	0	3.2	0	0	0	0	5.2	0	10.2	0/0/	4.8	3.2	0			0/0			13	---Other
																		15	0		
																					Machinery (other than machines of heading 84.50) for washing, cleaning, wringing, drying, ironing, pressing (including fusing presses), bleaching, dyeing, dressing, finishing, coating or impregnating textile yarns, fabrics or made up textile articles and machines for applying the paste to the base fabric or other support used in the manufacture of floor coverings such as linoleum; machines for reeing, unreeling, folding, cutting or pinking textile fabrics:
0	0	0	4.2	0	0	0	0	6.5	0	12.8	0/0/	11.2	0	0			0/0			13	-Dry-cleaning machines

商品编号	商品名称及备注[检验检疫编码及名称]	进口关税(%) 最惠国	进口关税(%) 普通	增值税率(%)	消费税	计量单位	监管条件	检验检疫类别
8451100000	干洗机①	10	80	13		台/千克		
84512100	--干衣量不超过10千克							
8451210000	干衣量≤10千克的干燥机〔101 干衣机 I 类器具〕,〔102 干衣机 II 类器具〕,〔103 干衣机 III 类器具〕,〔104 干衣机 0I 类器具〕,〔105 干衣机 0 类器具〕	8	80	13		台/千克		
84512900	--其他							
8451290000	干衣量>10千克的其他干燥机②	8	30	13		台/千克		
84513000	-熨烫机及挤压机(包括熔压机)							
8451300000	熨烫机及挤压机(包括熔压机)③	8	30	13		台/千克		
84514000	-洗涤、漂白或染色机器							
8451400000	其他洗涤,漂白或染色机器④	8	20	13		台/千克		
84515000	-纺织物的卷绕、退绕、折叠、剪切或剪齿边机器							
8451500000	织物的卷绕、退绕、折叠、剪切机器(包括剪齿边机)〔999〕	8	20	13		台/千克		
84518000	-其他机器							
8451800001	服装定型焙烘炉;服装液氨整理机;预缩机;罐蒸机⑤	8	30	13		台/千克		
8451800002	剪绒、洗缩联合机;剪毛联合机;柔软整理机⑥	8	30	13		台/千克		
8451800003	定型机;精炼机;丝光机;磨毛机⑦	8	30	13		台/千克		
8451800004	涂层机〔999〕	8	30	13		台/千克		
8451800090	品目84.51未列名的其他机器⑧	8	30	13		台/千克		
84519000	-零件							
8451900000	品目84.51所列机器的零件⑨	8	20	13		千克		
8452	**缝纫机,但品目84.40的锁线订书机除外;缝纫机专用的特制家具、底座及罩盖;缝纫机针:**							
84521010	---多功能型							
8452101000	多功能家用型缝纫机〔999〕	9	80	13		台/千克		
84521091	----手动式							
8452109100	其他家用型手动式缝纫机〔999〕	9	80	13		台/千克		
84521099	----其他							
8452109900	其他家用型缝纫机〔101 电动家用缝纫机〕,〔102 机械家用缝纫机〕	9	80	13		台/千克		
84522110	---平缝机							
8452211000	非家用自动平缝机〔101 电动工业用缝纫机〕,〔102 机械工业用缝纫机〕	9	40	13		台/千克		
84522120	---包缝机							
8452212000	非家用自动包缝机〔101 电动工业用缝纫机〕,〔102 机械工业用缝纫机〕	9	40	13		台/千克		
84522130	---绷缝机							
8452213000	非家用自动绷缝机〔101 电动工业用缝纫机〕,〔102 机械工业用缝纫机〕	9	40	13		台/千克		
84522190	---其他							
8452219000	其他非家用自动缝纫机〔101 电动工业用缝纫机〕,〔102 机械工业用缝纫机〕,〔103 其他缝纫机〕	9	40	13		台/千克		
84522900	--其他							

① 〔101 干洗机 I 类器具〕,〔102 干洗机 II 类器具〕,〔103 干洗机 III 类器具〕,〔104 干洗机 0I 类器具〕,〔105 干洗机 0 类器具〕

② 〔101 干衣机 I 类器具〕,〔102 干衣机 II 类器具〕,〔103 干衣机 III 类器具〕,〔104 干衣机 0I 类器具〕,〔105 干衣机 0 类器具〕

③ 〔101 印花机〕,〔102 纺织行业成套设备〕,〔103 熨烫机 I 类器具〕,〔104 熨烫机 II 类器具〕,〔105 熨烫机 III 类器具〕,〔106 熨烫机 0I 类器具〕,〔107 熨烫机 0 类器具〕

④ 〔101 染色机〕,〔102 其他印染机械及其零件〕,〔103 纺织行业成套设备〕

⑤ 〔101 其他印染机械及其零件〕,〔102 纺织行业成套设备〕,〔103 其他衣物处理设备及其零件 I 类器具〕,〔104 其他衣物处理设备及其零件 II 类器具〕,〔105 其他衣物处理设备及其零件 III 类器具〕,〔106 其他衣物处理设备及其零件 0I 类器具〕,〔107 其他衣物处理设备及其零件 0 类器具〕,〔108 其他大型家用及其类似用途电器及其零件 I 类器具〕,〔109 其他大型家用及其类似用途电器及其零件 II 类器具〕,〔110 其他大型家用及其类似用途电器及其零件 III 类器具〕,〔111 其他大型家用及其类似用途电器及其零件 0I 类器具〕,〔112 其他大型家用及其类似用途电器及其零件 0 类器具〕

⑥ 〔101 其他印染机械及其零件〕,〔102 纺织行业成套设备〕,〔103 其他衣物处理设备及其零件 I 类器具〕,〔104 其他衣物处理设备及其零件 II 类器具〕,〔105 其他衣物处理设备及其零件 III 类器具〕,〔106 其他衣物处理设备及其零件 0I 类器具〕,〔107 其他衣物处理设备及其零件 0 类器具〕,〔108 其他大型家用及其类似用途电器及其零件 I 类器具〕,〔109 其他大型家用及其类似用途电器及其零件 II 类器具〕,〔110 其他大型家用及其类似用途电器及其零件 III 类器具〕,〔111 其他大型家用及其类似用途电器及其零件 0I 类器具〕,〔112 其他大型家用及其类似用途电器及其零件 0 类器具〕

⑦ 〔101 其他印染机械及其零件〕,〔102 纺织行业成套设备〕,〔103 其他衣物处理设备及其零件 I 类器具〕,〔104 其他衣物处理设备及其零件 II 类器具〕,〔105 其他衣物处理设备及其零件 III 类器具〕,〔106 其他衣物处理设备及其零件 0I 类器具〕,〔107 其他衣物处理设备及其零件 0 类器具〕,〔108 其他大型家用及其类似用途电器及其零件 I 类器具〕,〔109 其他大型家用及其类似用途电器及其零件 II 类器具〕,〔110 其他大型家用及其类似用途电器及其零件 III 类器具〕,〔111 其他大型家用及其类似用途电器及其零件 0I 类器具〕,〔112 其他大型家用及其类似用途电器及其零件 0 类器具〕

⑧ 〔101 印花机〕,〔102 染色机〕,〔103 其他印染机械及其零件〕,〔104 纺织行业成套设备〕,〔105 其他衣物处理设备及其零件 I 类器具〕,〔106 其他衣物处理设备及其零件 II 类器具〕,〔107 其他衣物处理设备及其零件 III 类器具〕,〔108 其他衣物处理设备及其零件 0I 类器具〕,〔109 其他衣物处理设备及其零件 0 类器具〕,〔110 其他大型家用及其类似用途电器及其零件 I 类器具〕,〔111 其他大型家用及其类似用途电器及其零件 II 类器具〕,〔112 其他大型家用及其类似用途电器及其零件 III 类器具〕,〔113 其他大型家用及其类似用途电器及其零件 0I 类器具〕,〔114 其他大型家用及其类似用途电器及其零件 0 类器具〕

⑨ 〔101 其他印染机械及其零件〕,〔102 纺织行业成套设备〕,〔103 其他衣物处理设备及其零件〕

协定税率(%)															特惠税率(%)			对美税率	出口税率	出口退税率	Article Description
智利	新西兰	澳大利亚	瑞士	冰岛	秘鲁	哥斯达	东盟	亚太	新加坡	巴基斯坦	港/澳/台	韩国	格鲁吉亚	毛里求斯	亚太	老/柬/缅	LDC 97/95				
																		35	0		
0	0	0	3	0	0	0	0	5.2	0	6	0/0/	4.5	0	0			0/0			13	--Each of a dry linen capacity not exceeding 10kg
																		33	0		
0	0	0	0	0	0	0	0	5.2		3	0/0/	2.4	0	0			0/0			13	--Other
																		18	0		
0	0	0	0	0	0	0	0	5.2	0	3	0/0/	2.4	0	0			0/0			13	-Ironing machines and presses (including fusing presses)
																		33	0		
0	0	0	0	0	0	0	0	5.2		3	0/0/0	0	0	0			0/0			13	-Washing, bleaching or dyeing machines
																		33	0		
0	0	0	0	0	0	0	0	5.2		3	0/0/0	0	0	0			0/0			13	-Machines for reeling, unreeling, folding, cutting or pinking textile fabrics
																		18	0		
0	0	0		0	0	0	0	7.2	0	4	0/0/0	7.8	0	0			0/0			13	-Other machinery
																		28	0		
																		28	0		
																		28	0		
																		28	0		
																		28	0		
0	0	0	0	0	0	0	0	5.2		3	0/0/	2.4	0	0			0/0			13	-Parts
																		28	0		
																					Sewing machines, other than book-sewing machines of heading 84.40; furniture, bases and covers specially designed for sewing machines; sewing machine needles:
0	0	0	4.2	0	0	0	0	5.9	0	16.8	0/0/	11.2	0	0			0/0			13	---Multifunctional sewing machines of household type
																		34	0		
0	0	0	4.2	0	0	0	0	5.9	0	16.8	0/0/	11.2	0	0			0/0			13	----Hand operated
																		34	0		
0	0	0	4.2	0	0	0	0	5.9	0	16.8	0/0/	11.2	0	0			0/0			13	----Other
																			0		
0	0	0	2.4	0	0	0	0	5.9	0	4	0/0/	3.6	0	0			0/0			13	---Flatseam
																		34	0		
0	0	0	2.4	0	0	0	0	5.9	0	4	0/0/0	3.6	0	0			0/0			13	---Overlock machine
																		34	0		
0	0	0	2.4	0	0	0	0	5.9	0	4	0/0/0	3.6	0	0			0/0			13	---Interlock machine
																		34	0		
0	0	0	2.4	0	0	0	0	5.9	0	4	0/0/0	3.6	0	0			0/0			13	---Other
																		34	0		
0	0	0	2.4	0	0	0	0	5.9	0	4	0/0/	3.6	0	0			0/0			13	--Other

商品编号	商品名称及备注[检验检疫编码及名称]	进口关税(%)		增值税率(%)	消费税	计量单位	监管条件	检验检疫类别
		最惠国	普通					
8452290000	其他非自动缝纫机(家用型除外)〔101 电动工业用缝纫机〕,〔102 机械工业用缝纫机〕,〔103 其他缝纫机〕	9	40	13		台/千克		
84523000	-缝纫机针							
8452300000	缝纫机针〔999〕	9	100	13		千克		
84529011	----旋梭							
8452901100	家用缝纫机用旋梭〔999〕	8	80	13		千克		
84529019	----其他							
8452901900	家用缝纫机用其他零件(旋梭除外)〔999〕	8	80	13		千克		
84529091	----旋梭							
8452909100	非家用缝纫机用旋梭〔999〕	8	80	13		千克		
84529092	----缝纫机专用的特制家 具、底座和罩盖及其零件							
8452909200	非家用缝纫机用特制家具、底座和罩盖及其零件〔999〕	8	100	13		千克		
84529099	----其他							
8452909900	非家用缝纫机用其他零件(旋梭除外)〔999〕	8	80	13		千克		
8453	**生皮、皮革的处理、鞣制或加工机器,鞋靴、毛皮及其他皮革制品的制作或修理机器,但缝纫机除外:**							
84531000	-生皮、皮革的处理、鞣制或加工机器							
8453100000	生皮,皮革的处理或加工机器(包括鞣制机)〔999〕	8	30	13		台/千克		
84532000	-鞋靴制作或修理机器							
8453200000	鞋靴制作或修理机器(缝纫机除外)〔999〕	8	30	13		台/千克		
84538000	-其他机器							
8453800000	毛皮及其他皮革的制作或修理机器(缝纫机除外)〔999〕	8	30	13		台/千克		
84539000	-零件							
8453900000	品目 84.53 所列机器的零件(皮革等处理,加工或修理机器的)〔999〕	8	30	13		千克		
8454	**金属冶炼及铸造用的转炉、浇包、锭模及铸造机:**							
84541000	-转炉							
8454100000	金属冶炼及铸造用转炉〔999〕	8	35	13		台/千克		
84542010	---炉外精炼设备							
8454201010	VOD 炉(真空脱气炉)〔999〕	8	35	13		台/千克	O	
8454201090	其他炉外精炼设备〔999〕	8	35	13		台/千克	O	
84542090	---其他							
8454209000	其他金属冶炼及铸造用锭模及浇包〔999〕	8	35	13		台/千克		
84543010	---冷室压铸机							
8454301000	冷室压铸机〔999〕	12	35	13		台/千克	O	
84543021	----方坯连铸机							
8454302100	方坯连铸机〔999〕	10	35	13		台/千克		
84543022	----板坯连铸机							
8454302200	板坯连铸机〔999〕	12	35	13		台/千克	O	
84543029	----其他							
8454302900	其他钢坯连铸机〔999〕	12	35	13		台/千克	O	
84543090	---其他							
8454309000	其他金属冶炼及铸造用铸造机〔999〕	12	35	13		台/千克		
84549010	---炉外精炼设备用							
8454901000	炉外精炼设备的零件〔999〕	8	20	13		千克		
84549021	----结晶器							
8454902100	钢坯连铸机用结晶器〔999〕	8	20	13		千克		
84549022	----振动装置							
8454902200	钢坯连铸机用振动装置〔999〕	8	20	13		千克		
84549029	----其他							
8454902900	钢坯连铸机用其他零件〔999〕	8	20	13		千克		
84549090	---其他							
8454909000	其他冶炼等用转炉及铸造机的零件(包括浇包、锭模的零件)〔999〕	8	20	13		千克		
8455	**金属轧机及其轧辊:**							
84551010	---热轧管机							
8455101000	热轧管机〔999〕	12	35	13		台/千克		

协定税率(%)															特惠税率(%)			对美税率	出口税率	出口退税率	Article Description
智利	新西兰	澳大利亚	瑞士	冰岛	秘鲁	哥斯达	东盟	亚太	新加坡	巴基斯坦	港/澳/台	韩国	格鲁吉亚	毛里求斯	亚太	老/柬/缅	LDC 97/95				
																		34	0		
0	0	0	2.8	0	0	0	0	5.9	0	5.6	0/0/	4.2	0	0			0/0			13	-Sewing machine needles
																		34	0		
0	0	0	2.8	0	0	0	0	5.2	0	5.6	0/0/	4.2	0	0			0/0			13	----Rotating shuttles
																			0		
0	0	0	2.8	0	0	0	0	5.2	0	5.6	0/0/	4.2	0	0			0/0			13	----Other
																		33	0		
0	0	0	2.8	0	0	0	0	5.6	0	5.6	0/0/	4.2	0	0			0/0			13	----Rotating shuttles
																			0		
0	0	0	2.8	0	0	0	0		0	9	0/0/	4.2	0	0			0/0			13	----Furniture, bases and covers for sewing machines and parts thereof
																		13	0		
0	0	0	2.8	0	0	0	0	5.2	0	5.6	0/0/0	4.2	0	0			0/0			13	----Other
																		33	0		
																					Machinery for preparing, tanning or working hides, skins or leather or for making or repairing footwear or other articles of hides, skins or leather, other than sewing machines:
0	0	0	0	0	0	0	0	5.2		3	0/0/	2.5	0	0			0/0			13	-Machinery for preparing, tanning or working hides, skins or leather
																		33	0		
0	0	0	0	0	0	0	0	5.2		3	0/0/	2.5	0	0			0/0			13	-Machinery for making or repairing footwear
																		33	0		
0	0	0	0	0	0	0	0			3	0/0/	2.5	0	0			0/0			13	-Other machinery
																			0		
0	0	0	0	0	0	0	0			4	0/0/	2.4	0	0			0/0			13	-Parts
																		33	0		
																					Converters, ladles, ingot moulds and casting machines, of a kind used in metallurgy or in metal foundries:
0	0	0	0	0	0	0	0			3	0/0/	0	0	0			0/0			13	-Converters
																		28	0		
0	0	0	0	0	0	0	0			3	0/0/	0	0	0			0/0			13	---Fining equipments, outside of converters
																		28	0		
																		28	0		
0	0	0		0	0	0	0			3	0/0/	2.5	0	0			0/0			13	---Other
																		33	0		
0	0	0	2.4	0	0	0	0	7.8	0	4.8	0/0/	3.6	0	0			0/0			13	---Cold chamber die-casting machines
																			0		
0	0	0	2	0	0	0	0	6.5		3	0/0/	3	0	0			0/0			13	----Ingot block
																			0		
0	0	0	2.4	0	0	0	0	7.8	0	4.8	0/0/	3.6	0	0			0/0			13	----Ingot slab
																			0		
0	0	0	2.4	0	0	0	0	7.8	0	4.8	0/0/	3.6	0	0			0/0			13	----Other
																			0		
0	0	0	2.4	0	0	0	0	7.8	0	4.8	0/0/	7.8	0	0			0/0			13	---Other
																		17	0		
0	0	0	0	0	0	0	0			3	0/0/	2.4	0	0			0/0			13	---For the fining equipments outside of converters
																		28	0		
0	0	0	0	0	0	0	0			3	0/0/	0	0	0			0/0			13	----Crystallizers
																			0		
0	0	0	0	0	0	0	0			3	0/0/	0	0	0			0/0			13	----Vibrating devices
																			0		
0	0	0	1.6	0	0	0	0			3	0/0/	2.4	0	0			0/0			13	----Other
																		33	0		
0	0	0	1.6	0	0	0	0			3	0/0/	0	0	0			0/0			13	---Other
																		28	0		
																					Metal-rolling mills and rolls therefor:
0	0	0	2.4	0	0	0	0	7.8	0	4	0/0/	3.6	0	0			0/0			13	---Tube mills, for hot-rolled
																			0		

商品编号	商品名称及备注[检验检疫编码及名称]	进口关税(%)		增值税率(%)	消费税	计量单位	监管条件	检验检疫类别
		最惠国	普通					
84551020	---冷轧管机							
8455102000	冷轧管机〔999〕	12	35	13		台/千克	O	
84551030	---定减径轧管机							
8455103000	定、减径轧管机〔999〕	12	35	13		台/千克	O	
84551090	---其他							
8455109000	其他金属轧管机〔999〕	12	35	13		台/千克	O	
84552110	---板材热轧机							
8455211000	其他金属板材热轧机〔999〕	15	35	13		台/千克		
84552120	---型钢轧机							
8455212000	型钢轧机〔999〕	15	35	13		台/千克	O	
84552130	---线材轧机							
8455213000	金属线材轧机〔999〕	15	35	13		台/千克	O	
84552190	---其他							
8455219000	其他金属热轧或冷热联合轧机〔999〕	15	35	13		台/千克	O	
84552210	---板材冷轧机							
8455221000	金属板材冷轧机〔999〕	10	35	13		台/千克	O	
84552290	---其他							
8455229010	铝箔粗轧机〔999〕	15	35	13		台/千克		
8455229090	其他金属冷轧机〔999〕	15	35	13		台/千克		
84553000	-轧机用轧辊							
8455300000	金属轧机用轧辊〔999〕	8	20	13		个/千克		
84559000	-其他零件							
8455900000	金属轧机的其他零件〔999〕	8	20	13		千克		
8456	**用激光、其他光、光子束、超声波、放电、电化学法、电子束、离子束或等离子弧处理各种材料的加工机床；水射流切割机：**							
84561100	--用激光处理的							
8456110010	辐照元件激光切割机(切割燃料包壳以使辐照核材料能溶解,含遥控设备)〔999〕	0	30	13		台/千克	3A	M/
8456110090	其他用激光处理的机床〔999〕	0	30	13		台/千克	A	M/
84561200	--用其他光或光子束处理的							
8456120000	用其他光或光子束处理的机床〔999〕	0	30	13		台/千克	A	M/
84562000	-用超声波处理的							
8456200000	用超声波处理各种材料的加工机床〔999〕	10	30	13		台/千克	A	M/
84563010	---数控的							
8456301010	数控放电加工机床(2轴或多轴成形控制的无线型放电加工机床)〔999〕	9	30	13		台/千克	3AO	M/
8456301090	其他数控的放电处理加工机床〔999〕	9	30	13		台/千克	AO	M/
84563090	---其他							
8456309010	非数控放电加工机床(2轴或多轴成形控制的无线型放电加工机床)〔999〕	10	30	13		台/千克	3A	M/
8456309090	其他非数控的放电处理加工机床〔999〕	10	30	13		台/千克	A	M/
84564010	---等离子切割机							
8456401000	等离子切割机〔999〕	0	30	13		台/千克	A	L.M/
84564090	---其他							
8456409000	其他用等离子弧处理的机床〔999〕	0	30	13		台/千克	A	M/
84565000	-水射流切割机							
8456500000	水射流切割机〔999〕	0	30	13		台/千克	A	M/
84569000	-其他							
8456900000	其他方法处理材料的加工机床(包括电化学法、电子束,离子束等的加工机床)〔101 电化学处理加工机床〕,〔102 火焰切割机〕,〔103 其他特种加工机床〕	0	30	13		台/千克	A	M/
8457	**加工金属的加工中心、单工位组合机床及多工位组合机床：**							
84571010	---立式							
8457101000	立式加工金属的加工中心〔999〕	9	20	13		台/千克	AO	M/
84571020	---卧式							
8457102000	卧式加工金属的加工中心〔999〕	9	20	13		台/千克	AO	M/
84571030	---龙门式							
8457103000	龙门式加工金属的加工中心〔999〕	9	20	13		台/千克	AO	M/
84571091	----铣车复合							

协定税率(%)															特惠税率(%)			对美税率	出口税率	出口退税率	Article Description
智利	新西兰	澳大利亚	瑞士	冰岛	秘鲁	哥斯达	东盟	亚太	新加坡	巴基斯坦	港/澳/台	韩国	格鲁吉亚	毛里求斯	亚太	老/柬/缅	LDC 97/95				
0	0	0	2.4	0	0	0	0	7.8	0	4	0/0/	3.6	0	0			0/0			13	---Tube mills, for cold-rolled
																		32	0		
0	0	0	2.4	0	0	0	0	7.8	0	4	0/0/	3.6	0	0			0/0			13	---Fixed and reduced tube mills
																			0		
0	0	0	2.4	0	0	0	0	7.8	0	4	0/0/	3.6	0	0			0/0			13	---Other
																			0		
0	0	0	3	0	0	0	0	9.8	0	6	0/0/	4.5	0	0			0/0			13	---Sheet mills, hot-rolled
																			0		
0	0	0	3	0	0	0	0	9.8	0	6	0/0/	4.5	0	0			0/0			13	---Rolled-steel section mills
																			0		
0	0	0	3	0	0	0	0	9.8	0	6	0/0/	4.5	0	0			0/0			13	---Wire mills
																		20	0		
0	0	0	3	0	0	0	0	10.5	0	6	0/0/	4.5	0	0			0/0			13	---Other
																			0		
0	0	0	0	0	0	0	0			3	0/0/	3	0	0			0/0			13	---Sheet mills
																		30	0		
0	0	0	3	0	0	0	0		0	9.6	0/0/	4.5	0	0			0/0			13	---Other
																		35	0		
																		35	0		
0	0	0	0	0	0	0	0			3	0/0/	0	0	0			0/0			13	-Rolls for rolling mills
																		18	0		
0	0	0	0	0	0	0	0	4		0	0/0/	0	0	0			0/0			13	-Other parts
																		28	0		
																					Machine-tools for working any material by removal of material, by laser or other light or photon beam, ultrasonic, electro-discharge, electro-chemical, electron beam, ionic-beam or or plasma arc processes; water-jet cutting machines:
																	0/0			13	--Operated by laser processes
																			0		
																			0		
																	0/0			13	--Operated by other light or photon beam processes
																			0		
0	0	0		0	0	0	0		0	3	0/0/		2	0			0/0			13	-Operated by ultrasonic processes
																		35	0		
0	0	0		0	0	0	0			4	0/0/			0			0/0			13	---Numerically controlled
																		34	0		
																		34	0		
0	0	0	0	0	0	0	0		0	3	0/0/		2	0			0/0			13	---Other
																		20	0		
																		20	0		
																	0/0			13	---Cutting machines of plasma-arc
																			0		
																	0/0			13	---Other
																			0		
																	0/0			13	-Water-jet cutting machines
																		5	0		
																	0/0			13	-Other
																		20	0		
																					Machining centres, unit construction machines (single station) and multistation transfer machines, for working metal:
0	0	0		0	0	0	0	6.3		4	0/0/	6.7					0/0			13	---Vertical
																		34	0		
0	0	0		0	0	0	0	6.3		4	0/0/	6.7					0/0			13	---Horizontal
																		34	0		
0	0	0	0	0	0	0	0	6.3		4	0/0/	6.7					0/0			13	---Plano
																		34	0		
0	0	0		0	0	0	0	6.3		4	0/0/	6.7					0/0			13	----Mill-Turn centres

商品编号	商品名称及备注[检验检疫编码及名称]	进口关税(%)		增值税率(%)	消费税	计量单位	监管条件	检验检疫类别
		最惠国	普通					
8457109100	铣车复合加工中心[999]	9	20	13		台/千克	AO	M/
84571099	----其他							
8457109900	其他加工金属的加工中心[999]	9	20	13		台/千克	AO	M/
84572000	-单工位组合机床							
8457200000	加工金属的单工位组合机床[999]	8	20	13		台/千克	OA	M/
84573000	-多工位组合机床							
8457300000	加工金属的多工位组合机床[999]	5	20	13		台/千克	AO	M/
8458	**切削金属的车床(包括车削中心):**							
84581100	--数控的							
8458110010	两用物项管制的切削金属的卧式数控车床(包括车削中心)[999]	9	20	13		台/千克	3O	
8458110090	其他切削金属的卧式数控车床(包括车削中心)[999]	9	20	13		台/千克	AO	M/
84581900	--其他							
8458190000	切削金属的其他卧式车床[999]	9	50	13		台/千克	A	M/
84589110	---立式							
8458911010	两用物项管制的切削金属立式数控车床(包括车削中心)[999]	5	20	13		台/千克	3O	
8458911090	其他切削金属的立式数控车床(包括车削中心)[999]	5	20	13		台/千克	AO	M/
84589120	---其他							
8458912010	其他两用物项管制的切削金属数控车床(包括车削中心)[999]	5	20	13		台/千克	3O	
8458912090	其他切削金属的数控车床(包括车削中心)[999]	5	20	13		台/千克	AO	M/
84589900	--其他							
8458990000	切削金属的其他车床[999]	9	50	13		台/千克	A	M/
8459	**切削金属的钻床、镗床、铣床、加工螺蚊的机床(包括直线移动式动力头机床),但品目 84.58 的车床(包括车削中心)除外:**							
84591000	-直线移动式动力头机床							
8459100000	切削金属的直线移动式动力头钻床(但品目 84.58 的车床除外)[999]	9	50	13		台/千克	A	M/
84592100	--数控的							
8459210000	切削金属的其他数控钻床(但品目 84.58 的车床除外)[999]	9	20	13		台/千克	AO	M/
84592900	--其他							
8459290000	切削金属的其他钻床(但品目 84.58 的车床除外)[999]	9	50	13		台/千克	A	M/
84593100	--数控的							
8459310000	切削金属的其他数控镗铣机床(但品目 84.58 的车床除外)[999]	9	20	13		台/千克	OA	M/
84593900	--其他							
8459390000	切削金属的其他镗铣机床(但品目 84.58 的车床除外)[999]	9	50	13		台/千克	A	M/
84594100	--数控的							
8459410000	切削金属的其他数控镗床(但品目 84.58 的车床除外)[999]	9	20	13		台/千克	OA	M/
84594900	--其他							
8459490000	切削金属的其他镗床(但品目 84.58 的车床除外)[999]	9	50	13		台/千克	A	M/
84595100	--数控的							
8459510000	切削金属的升降台式数控铣床(但品目 84.58 的车床除外)[999]	9	20	13		台/千克	OA	M/
84595900	--其他							
8459590000	切削金属的其他升降台式铣床(但品目 84.58 的车床除外)[999]	9	50	13		台/千克	A	M/
84596110	---龙门铣床							
8459611000	切削金属的其他龙门数控铣床[999]	5	20	13		台/千克	OA	M/
84596190	---其他							
8459619000	切削金属的其他数控铣床(但品目 84.58 的车床及龙门铣床除外)[999]	5	20	13		台/千克	OA	M/
84596910	---龙门铣床							
8459691000	切削金属的其他龙门非数控铣床(但品目 84.58 的车床除外)[999]	9	50	13		台/千克	A	M/
84596990	---其他							
8459699000	切削金属的其他非数控铣床(但品目 84.58 的车床及龙门铣床除外)[999]	9	50	13		台/千克	A	M/
84597000	-其他加工螺纹的机床							
8459700000	切削金属的其他攻丝机床(但品目 84.58 的车床除外)[999]	9	50	13		台/千克	A	M/
8460	**用磨石、磨料或抛光材料对金属或金属陶瓷进行去毛刺、刃磨、磨削、珩磨、研磨、抛光或其他精加工的机床,但品目 84.61 的切齿机、齿轮磨床或齿轮精加工机床除外:**							

协定税率(%)															特惠税率(%)			对美税率	出口税率	出口退税率	Article Description
智利	新西兰	澳大利亚	瑞士	冰岛	秘鲁	哥斯达	东盟	亚太	新加坡	巴基斯坦	港/澳/台	韩国	格鲁吉亚	毛里求斯	亚太	老/柬/缅	LDC 97/95				
																		34	0		
0	0	0		0	0	0	0	6.3		4	0/0/	6.7					0/0			13	----Other
																			0		
0	0	0	0	0	0	0	0			3	0/0/	5.2					0/0			13	-Unit construction machines (single station)
																		33	0		
0	0	0		0	0	0	0			0	0/0/						0/0			13	-Multi-station transfer machines
																		30	0		
																					Lathes (including turning centres) for removing metal:
0	0	0	4.6	0	0	0	0			3	0/0/0		1.94				0/0			13	--Numerically controlled
																		34	0		
																		34	0		
0	0	0	2.4	0	0	0	0		0	4.8	0/0/	7.8	2.4				0/0			13	--Other
																		29	0		
0	0	0	0	0	0	0	0			0	0/0/0		0				0/0			13	---Vertical
																		30	0		
																		30	0		
0	0	0	0	0	0	0	0			0	0/0/0		0				0/0			13	---Other
																		30	0		
																		30	0		
0	0	0	2.4	0	0	0	0		0	4.8	0/0/	7.8	2.4				0/0			13	--Other
																		34	0		
																					Machine-tools (including way-type unit head machines) for drilling, boring, milling, threading or tapping by removing metal, other than lathes (including turning centres) of heading 84.58:
0	0	0	3	0	0	0	0		0	9.6	0/0/	9.7	3				0/0			13	-Way-type unit head machines
																		14	0		
0	0	0	0	0	0	0	0			3	0/0/0		1.94				0/0			13	--Numerically controlled
																		34	0		
0	0	0	3	0	0	0	0		0	9.6	0/0/	9.7	3				0/0			13	--Other
																		34	0		
0	0	0	1.9	0	0	0	0			4	0/0/						0/0			13	--Numerically controlled
																			0		
0	0	0	0	0	0	0	0			3	0/0/						0/0			13	--Other
																			0		
0	0	0	0	0	0	0	0			3	0/0/						0/0			13	--Numerically controlled
																		34	0		
0	0	0	3	0	0	0	0		0	9.6	0/0/		3				0/0			13	--Other
																		34	0		
0	0	0		0	0	0	0			3	0/0/						0/0			13	--Numerically controlled
																			0		
0	0	0	3	0	0	0	0		0	9.6	0/0/		3				0/0			13	--Other
																		14	0		
0	0	0	0	0	0	0	0			0	0/0/						0/0			13	---Planomilling machines
																			0		
0	0	0	0	0	0	0	0			0	0/0/						0/0			13	---Other
																		30	0		
0	0	0	2.4	0	0	0	0	7.5	0	4	0/0/		2.4				0/0			13	---Planomilling machines
																			0		
0	0	0	2.4	0	0	0	0	8.3	0	4.8	0/0/	11	2.4				0/0			13	---Other
																		29	0		
0	0	0		0	0	0	0		0	4.8	0/0/		2.4				0/0			13	-Other threading or tapping machines
																		29	0		
																					Machine-tools for deburring, sharpenling, grinding, honing, lapping, polishing or otherwise finishing metal or cermets by means of grinding stones, abrasives or polishing products, other than gear cutting, gear grinding or gear finishing machines of heading 84.61:

商品编号	商品名称及备注[检验检疫编码及名称]	进口关税(%) 最惠国	普通	增值税率(%)	消费税	计量单位	监管条件	检验检疫类别
84601210	---在任一坐标的定位精度至少是 0.01 毫米							
8460121000	加工金属的数控平面磨床(含加工金属陶瓷,任一坐标定位精度至少 0.01 毫米)〔999〕	9	20	13		台/千克	OA	M/
84601290	---其他							
8460129000	加工金属的其他数控平面磨床(含加工金属陶瓷)〔999〕	9	50	13		台/千克		
84601910	---在任一坐标的定位精度至少是 0.01 毫米							
8460191000	加工金属的非数控平面磨床(含加工金属陶瓷,任一坐标定位精度至少 0.01 毫米)〔999〕	9	50	13		台/千克		
84601990	---其他							
8460199000	加工金属的其他非数控平面磨床(含加工金属陶瓷)〔999〕	9	50	13		台/千克	A	M/
84602210	---在任一坐标的定位精度至少是 0.01 毫米							
8460221000	加工金属的数控无心磨床(含加工金属陶瓷,任一坐标定位精度至少是 0.01 毫米)〔999〕	9	20	13		台/千克	OA	M/
84602290	---其他							
8460229000	加工金属的其他数控无心磨床(含加工金属陶瓷)〔999〕	9	50	13		台/千克	A	M/
84602311	----曲轴磨床							
8460231100	加工金属的数控曲轴磨床(属外圆磨床,含加工金属陶瓷,任一坐标定位精度至少是 0.01 毫米)〔999〕	9	20	13		台/千克	OA	M/
84602319	----其他							
8460231900	加工金属的其他数控外圆磨床(含加工金属陶瓷,任一坐标定位精度至少是 0.01 毫米)〔999〕	9	20	13		台/千克	OA	M/
84602390	---其他							
8460239000	加工金属的其他数控外圆磨床(含加工金属陶瓷)〔999〕	9	50	13		台/千克	A	M/
84602411	----内圆磨床							
8460241100	加工金属的数控内圆磨床(含加工金属陶瓷,任一坐标定位精度至少是 0.01 毫米)〔999〕	9	20	13		台/千克	OA	M/
84602419	----其他							
8460241900	加工金属的其他数控磨床(含加工金属陶瓷,任一坐标定位精度至少是 0.01 毫米)〔999〕	9	20	13		台/千克	OA	M/
84602490	---其他							
8460249000	加工金属的其他数控磨床(含加工金属陶瓷)〔999〕	9	50	13		台/千克	A	M/
84602911	----外圆磨床							
8460291100	加工金属的非数控外圆磨床(含加工金属陶瓷,任一坐标定位精度至少是 0.01 毫米)〔999〕	12	50	13		台/千克	A	M/
84602912	----内圆磨床							
8460291200	加工金属的非数控内圆磨床(含加工金属陶瓷,任一坐标定位精度至少是 0.01 毫米)〔999〕	9	50	13		台/千克	A	M/
84602913	----轧辊磨床							
8460291300	加工金属的非数控轧辊磨床(含加工金属陶瓷,任一坐标定位精度至少是 0.01 毫米)〔999〕	9	50	13		台/千克		
84602919	----其他							
8460291900	加工金属的其他非数控磨床(含加工金属陶瓷,任一坐标定位精度至少是 0.01 毫米)〔999〕	12	50	13		台/千克	A	M/
84602990	---其他							
8460299000	加工金属的其他非数控磨床(含加工金属陶瓷)〔999〕	9	50	13		台/千克	A	M/
84603100	--数控的							
8460310000	加工金属的数控刃磨机床(含加工金属陶瓷)〔999〕	9	20	13		台/千克	A	M/
84603900	--其他							
8460390000	加工金属的其他刃磨机床(含加工金属陶瓷)〔999〕	12	50	13		台/千克	A	M/
84604010	---珩磨							
8460401000[暂6]	金属珩磨机床〔999〕	12	50	13		台/千克	A	M/
84604020	---研磨							
8460402000	金属研磨机床〔999〕	12	50	13		台/千克	A	M/
84609010	---砂轮机							
8460901000	加工金属的砂轮机(含加工金属陶瓷)〔101 磨床〕,〔102 砂磨工具〕	12	50	13		台/千克		
84609020	---抛光机床							
8460902000	金属抛光机床〔999〕	12	50	13		台/千克	A	M/
84609090	---其他							

协定税率(%)															特惠税率(%)			对美税率	出口税率	出口退税率	Article Description
智利	新西兰	澳大利亚	瑞士	冰岛	秘鲁	哥斯达	东盟	亚太	新加坡	巴基斯坦	港/澳/台	韩国	格鲁吉亚	毛里求斯	亚太	老/柬/缅	LDC 97/95				
0	0	0	0	0	0	0	0			3	0/0/0						0/0			13	---The positioning in any one axis can be set up to an accuracy of at least 0.01mm
																		34	0		
0	0	0	3	0	0	0	0		0	9.6	0/0/	9.7	3				0/0			13	---Other
																			0		
0	0	0	3	0	0	0	0		0	9.6	0/0/		3				0/0			13	---The positioning in any one axis can be set up to an accuracy of at least 0.01 毫米
																		34	0		
0	0	0	3	0	0	0	0		0	9.6	0/0/	9.7	3				0/0			13	---Other
																		14	0		
0	0	0	4.6	0	0	0	0			3	0/0/						0/0			13	---The positioning in any one axis can be set up to an accuracy of at least 0.01 毫米
																		34	0		
0	0	0	3	0	0	0	0		0	9.6	0/0/	9.7	3				0/0			13	---Other
																		19	0		
0	0	0		0	0	0	0			3	0/0/						0/0			13	----Crank shaft grinding machines
																		34	0		
0	0	0		0	0	0	0			3	0/0/						0/0			13	----Other
																		34	0		
0	0	0	3	0	0	0	0		0	9.6	0/0/	9.7	3				0/0			13	---Other
																			0		
0	0	0		0	0	0	0			3	0/0/						0/0			13	----Internal grinding machines
																		34	0		
0	0	0	4.6	0	0	0	0			3	0/0/						0/0			13	----Other
																		34	0		
0	0	0	3	0	0	0	0		0	9.6	0/0/	9.7	3				0/0			13	---Other
																			0		
0	0	0	3	0	0	0	0		0	9.6	0/0/						0/0			13	----Cylindrical grinding machines
																			0		
0	0	0	3	0	0	0	0		0	9.6	0/0/						0/0			13	----Internal grinding machines
																			0		
0	0	0	2.6	0	0	0	0		0	5.2	0/0/		2.6				0/0			13	----Grinding machines of roll
																		19	0		
0	0	0		0	0	0	0		0	5.2	0/0/						0/0			13	----Other
																			0		
0	0	0		0	0	0	0		0	5.2	0/0/	9.7					0/0			13	---Other
																			0		
0	0	0		0	0	0	0			4	0/0/						0/0			13	--Numerically controlled
																		34	0		
0	0	0		0	0	0	0		0	9.6	0/0/		3				0/0			13	--Other
																		37	0		
0	0	0	2.6	0	0	0	0		0	5.2	0/0/		2.6				0/0			13	---Honing
																		16	0		
0	0	0	2.6	0	0	0	0		0	5.2	0/0/0		0				0/0			13	---Lapping
																		37	0		
0	0	0	3	0	0	0	0		0	9.6	0/0/0	4.5	0				0/0			13	---Grinding wheel machines
																		37	0		
0	0	0	3	0	0	0	0		0	9.6	0/0/0	0	0				0/0			13	---Polishing machines
																		22	0		
0	0	0	3	0	0	0	0		0	9.6	0/0/	9.7	3				0/0			13	---Other

商品编号	商品名称及备注[检验检疫编码及名称]	进口关税(%)		增值税率(%)	消费税	计量单位	监管条件	检验检疫类别
		最惠国	普通					
8460909000	其他用磨石、磨料加工金属的机床[999]	12	50	13		台/千克	A	M/
8461	**切削金属或金属陶瓷的刨床、牛头刨床、插床、拉床、切齿机、齿轮磨床或齿轮精加工机床、锯床、切断机及其他税号未列名的切削机床:**							
84612010	---牛头刨床							
8461201000	切削金属或金属陶瓷的牛头刨床[999]	12	50	13		台/千克		
84612020	---插床							
8461202000	切削金属或金属陶瓷的插床[999]	12	50	13		台/千克		
84613000	-拉床							
8461300000	切削金属或金属陶瓷的拉床[999]	12	50	13		台/千克		
84614011	----齿轮磨床							
8461401100	切削金属的数控齿轮磨床(含加工金属陶瓷)[999]	9	20	13		台/千克	OA	M/
84614019	----其他							
8461401900	切削金属的数控切齿机、数控齿轮精加工机床(含加工金属陶瓷)[999]	9	20	13		台/千克	OA	M/
84614090	---其他							
8461409000	切削金属的其他切齿机,齿轮磨床(含加工金属陶瓷,包括其他齿轮精加工机床)[999]	9	50	13		台/千克	A	M/
84615000	-锯床或切断机							
8461500010	辐照元件刀具切割机(切割燃料包壳以使辐照核材料能溶解(含遥控设备))[999]	12	50	13		台/千克	3	
8461500090	其他锯床或切断机[999]	12	50	13		台/千克		
84619011	----龙门刨床							
8461901100	切削金属或金属陶瓷的龙门刨床[999]	12	50	13		台/千克		
84619019	----其他							
8461901900	切削金属或金属陶瓷的其他刨床[999]	12	50	13		台/千克		
84619090	---其他							
8461909000	切削金属或金属陶瓷的未列名机床[999]	12	50	13		台/千克		
8462	**加工金属的锻造(包括模锻)或冲压机床;加工金属的弯曲、折叠、矫直、矫平、剪切、冲孔或开槽机床;其他加工金属或硬质合金的压力机:**							
84621010	---数控的							
8462101000	加工金属的数控锻造或冲压机床(包括锻锤,模锻)[101 锻造机床],[102 冲压机床]	9	20	13		台/千克		
84621090	---其他							
8462109000	非数控锻造或冲压机床(指加工金属用的。包括锻锤,模锻)[101 锻造机床],[102 冲压机床]	9	50	13		台/千克		
84622110	---矫直机							
8462211000	加工金属的数控矫直机床[999]	9	20	13		台/千克		
84622190	---其他							
8462219000	加工金属的数控弯曲、折叠或矫平机床[101 折叠机],[102 矫直机或矫平机],[103 折弯机]	9	20	13		台/千克		
84622910	---矫直机							
8462291000	加工金属的非数控矫直机床[999]	9	50	13		台/千克		
84622990	---其他							
8462299000	加工金属的非数控弯曲、折叠或矫平机床[101 折叠机],[102 矫直机或矫平机],[103 折弯机]	9	50	13		台/千克		
84623110	---板带纵剪机							
8462311000	加工金属的数控板带纵剪机(冲剪两用机除外)[999]	7	20	13		台/千克		
84623120	---板带横剪机							
8462312000	加工金属的数控板带横剪机(冲剪两用机除外)[999]	7	20	13		台/千克		
84623190	---其他							
8462319000	加工金属的其他数控剪切机床(冲剪两用机除外)[999]	7	20	13		台/千克		
84623910	---板带纵剪机							
8462391000	加工金属的非数控板带纵剪机(冲剪两用机除外)[999]	9	50	13		台/千克		
84623920	---板带横剪机							

协定税率(%) 智利	新西兰	澳大利亚	瑞士	冰岛	秘鲁	哥斯达	东盟	亚太	新加坡	巴基斯坦	港/澳/台	韩国	格鲁吉亚	毛里求斯	特惠税率(%) 亚太	老/柬/缅	LDC 97/95	对美税率	出口税率	出口退税率	Article Description
																		37	0		
																					Machine-tools for planing, shaping, slotting, broaching, gear cutting, gear grinding or gear finishing, sawing, cutting-off and other machine-tools, working by removing metal or cermets, not elsewhere specified or included:
0	0	0	3	0	0	0	0		0	9.6	0/0/	4.5	0				0/0			13	---Shaping machines
																			0		
0	0	0	3	0	0	0	0		0	9.6	0/0/0	4.5	0				0/0			13	---Slotting machines
																			0		
0	0	0	2.4	0	0	0	0		0	4.8	0/0/0	3.6	0				0/0			13	-Broaching machines
																		37	0		
0	0	0		0	0	0	0			4	0/0/						0/0			13	----Gear grinding machines
																		34	0		
0	0	0		0	0	0	0			4	0/0/						0/0			13	----Other
																		34	0		
0	0	0		0	0	0	0		0	9.6	0/0/		3				0/0			13	---Other
																		34	0		
0	0	0	2.4	0	0	0	0		0	4.8	0/0/0		0				0/0			13	-Sawing or cutting-off machines
																			0		
																			0		
0	0	0	3	0	0	0	0		0	9.6	0/0/0	4.5	0				0/0			13	----Double-column (open-side) planing machines
																			0		
0	0	0	0	0	0	0	0		0	9.6	0/0/0	4.5	0				0/0			13	----Other
																			0		
0	0	0	2.4	0	0	0	0		0	4.8	0/0/	7.8	2.4				0/0			13	---Other
																		37	0		
																					Machine-tools (including presses) for working metal by forging, hammering or die-stamping; machine-tools (including presses) for working metal by bending, folding, straightening, flattening, shearing, punching or notching; presses for working metal or metal carbides, not specified above:
0	0	0	1.9	0	0	0	0	6.3		3	0/0/0	6.7					0/0			13	---Numerically controlled
																			0		
0	0	0	2.4	0	0	0	0	6.3	0	4	0/0/0	8.4	0				0/0			13	---Other
																			0		
0	0	0	1.9	0	0	0	0			4	0/0/						0/0			13	---Straightening machines
																		34	0		
0	0	0	1.9	0	0	0	0			4	0/0/						0/0			13	---Other
																		34	0		
0	0	0	4.7	0	0	0	0			3	0/0/		2				0/0			13	---Straightening machines
																		29	0		
0	0	0	0	0	0	0	0		0	3	0/0/		2				0/0			13	---Other
																		34	0		
0	0	0	0	0	0	0	0			4	0/0/						0/0			13	---Shearing lengthwise
																			0		
0	0	0	0	0	0	0	0			4	0/0/						0/0			13	---Shearing transverse
																			0		
0	0	0	0	0	0	0	0			3	0/0/						0/0			13	---Other
																		32	0		
0	0	0	0	0	0	0	0	8.6		3	0/0/		2				0/0			13	---Shearing lengthwise
																			0		
0	0	0	0	0	0	0	0	8.6		3	0/0/		2				0/0			13	---Shearing transverse

商品编号	商品名称及备注[检验检疫编码及名称]	进口关税(%) 最惠国	进口关税(%) 普通	增值税率(%)	消费税	计量单位	监管条件	检验检疫类别
8462392000	加工金属的非数控板带横剪机(冲剪两用机除外)〔999〕	9	50	13		台/千克		
84623990	---其他							
8462399000	加工金属的其他非数控剪切机床(冲剪两用机除外)〔999〕	9	50	13		台/千克		
84624111	----自动模式数控步冲压力机							
8462411100	自动模式数控步冲压力机(包括冲剪两用机)〔101 冲压机床〕,〔102 开槽机〕,〔103 冲孔机〕,〔104 组合机床〕	9	20	13		台/千克		
84624119	----其他							
8462411900	其他数控冲床(包括冲剪两用机)〔101 冲压机床〕,〔102 组合机床〕	9	20	13		台/千克		
84624190	---其他							
8462419000	其他数控的冲孔或开槽机床,包括冲剪两用机(数控冲床除外)〔101 开槽机〕,〔102 冲孔机〕,〔103 组合机床〕	9	20	13		台/千克		
84624900	--其他							
8462490000	加工金属的非数控冲孔,开槽机(包括冲剪两用机)〔101 开槽机〕,〔102 冲孔机〕,〔103 组合机床〕	9	50	13		台/千克		
84629110	---金属型材挤压机							
8462911000	金属型材挤压机〔999〕	9	50	13		台/千克		
84629190	---其他							
8462919000	其他液压压力机(加工金属或硬质合金)〔101 冲压机床〕,〔102 挤压机〕,〔103 其他锻压或成型机床〕	9	50	13		台/千克		
84629910	---机械压力机							
8462991000	机械压力机〔101 冲压机床〕,〔102 挤压机〕,〔103 其他锻压或成型机床〕	9	50	13		台/千克		
84629990	---其他							
8462999000	品目 84.62 的其他机床〔999〕	9	50	13		台/千克		
8463	**金属或金属陶瓷的其他非切削加工机床:**							
84631011	----拉拔力为 300 吨及以下							
8463101100	拉拔力为 300 吨及以下的金属冷拔管机(包括金属陶瓷的冷拔管机)〔999〕	9	50	13		台/千克		
84631019	----其他							
8463101900	300 吨以上的金属冷拔管机(包括金属陶瓷的冷拔管机)〔999〕	9	50	13		台/千克		
84631020	---拔丝机							
8463102000	金属及金属陶瓷的拔丝机〔999〕	9	50	13		台/千克		
84631090	---其他							
8463109000	其他金属或金属陶瓷的拉拔机〔999〕	9	50	13		台/千克		
84632000	-螺纹滚轧机							
8463200000	金属或金属陶瓷的螺纹滚轧机〔999〕	9	50	13		台/千克		
84633000	-金属丝加工机							
8463300000	金属或金属陶瓷丝的加工机〔999〕	9	50	13		台/千克		
84639000	-其他							
8463900010	滚压成形机床(数控,装 3 个以上压辊)〔999〕	9	50	13		台/千克	3	
8463900020	具有滚压功能的旋压成形机床(数控,装 3 个以上压辊)〔999〕	9	50	13		台/千克	3	
8463900090	其他非切削加工机床(是指加工金属或金属陶瓷的)〔999〕	9	50	13		台/千克		
8464	**石料、陶瓷、混凝土、石棉水泥或类似矿物材料的加工机床、玻璃冷加工机床:**							
84641010	---圆盘锯							
8464101000	圆盘锯(加工石料,陶瓷,混凝土,石棉水泥或类似矿物材料)〔999〕	0	30	13		台/千克		
84641020	---钢丝锯							
8464102000	钢丝锯(加工石料,陶瓷,混凝土,石棉水泥或类似矿物材料)〔999〕	0	30	13		台/千克		
84641090	---其他							
8464109000	加工矿物等材料的其他锯床(加工石料,陶瓷,混凝土,石棉水泥或类似矿物材料)〔999〕	0	30	13		台/千克		
84642010	---玻璃研磨或抛光机床							
8464201000	玻璃研磨或抛光机床〔999〕	0	30	13		台/千克		
84642090	---其他							
8464209000	加工矿物等材料的研磨或抛光机床(加工石料,陶瓷,混凝土,石棉水泥等似矿物材料)〔999〕	0	30	13		台/千克		
84649011	----切割机							
8464901100	玻璃切割机(玻璃冷加工机床)〔999〕	0	30	13		台/千克		
84649012	----刻花机							
8464901200	玻璃刻花机(玻璃冷加工机床)〔999〕	0	30	13		台/千克		
84649019	----其他							

协定税率(%)															特惠税率(%)			对美税率	出口税率	出口退税率	Article Description
智利	新西兰	澳大利亚	瑞士	冰岛	秘鲁	哥斯达	东盟	亚太	新加坡	巴基斯坦	港/澳/台	韩国	格鲁吉亚	毛里求斯	亚太	老/柬/缅	LDC 97/95				
																		34	0		
0	0	0	0	0	0	0	0	8.6		3	0/0/		0				0/0			13	---Other
																		19	0		
0	0	0	1.9	0	0	0	0			3	0/0/						0/0			13	----CNC automatic tool change punch press
																		34	0		
0	0	0	0	0	0	0	0			4	0/0/						0/0			13	----Other
																		34	0		
0	0	0	0	0	0	0	0			3	0/0/						0/0			13	---Other
																		34	0		
0	0	0	0	0	0	0	0		0	3	0/0/0		0				0/0			13	--Other
																		34	0		
0	0	0	0	0	0	0	0	8.3		4	0/0/	9.2	2				0/0			13	---Metal section squeezing machine
																		34	0		
0	0	0	2	0	0	0	0	8.3	0	4	0/0/	9.2	2				0/0			13	---Other
																		34	0		
0	0	0	0	0	0	0	0	8.6	0	3	0/0/0	9.2	0				0/0			13	---Mechanical presses
																		34	0		
0	0	0	0	0	0	0	0	8.6	0	3	0/0/	9.2	2				0/0			13	---Other
																		34	0		
																					Other machine-tools for working metal or cermets, without removing material:
0	0	0	0	0	0	0	0			3	0/0/	6.5	2	0			0/0			13	----With drawing force not more than 300t
																			0		
0	0	0	0	0	0	0	0		0	3	0/0/0		0	0			0/0			13	----Other
																			0		
0	0	0	0	0	0	0	0			3	0/0/		2	0			0/0			13	---Wiredrawing machines
																		34	0		
0	0	0	0	0	0	0	0			3	0/0/		2	0			0/0			13	---Other
																		19	0		
0	0	0	3	0	0	0	0		0	9.6	0/0/		3	0			0/0			13	-Thread rolling machines
																		34	0		
0	0	0	0	0	0	0	0			3	0/0/		2	0			0/0			13	-Machines for working wire
																		34	0		
0	0	0	2	0	0	0	0			4	0/0/		2	0			0/0			13	-Other
																		29	0		
																		29	0		
																		29	0		
																					Machine-tools for working stone, ceramics, concrete, asbestos-cement or like mineral materials or for cold working glass:
																	0/0			13	---Of disk saw
																		10	0		
																	0/0			13	---Of scroll saw
																		25	0		
																	0/0			13	---Other
																		25	0		
																	0/0			13	---Machines for grinding or polishing glass or glassware
																		25	0		
																	0/0			13	---Other
																		25	0		
																	0/0			13	----Cutting-off machines
																		25	0		
																	0/0			13	----Carving machines
																		25	0		
																	0/0			13	----Other

商品编号	商品名称及备注[检验检疫编码及名称]	进口关税(%) 最惠国	普通	增值税率(%)	消费税	计量单位	监管条件	检验检疫类别
8464901900	其他玻璃冷加工机床〔999〕	0	30	13		台/千克		
84649090	---其他							
8464909000	其他加工矿物等材料的机床〔999〕	0	30	13		台/千克		
8465	**木材、软木、骨、硬质橡胶、硬质塑料或类似硬质材料的加工机床(包括用打钉或打U形钉、胶粘或其他方法组合前述材料的机器):**							
84651000	-不需更换工具即可进行不同机械加工的机器							
8465100000	不需变换工具即可进行加工的机床(加工木材,软木,骨,硬质橡胶,硬质塑料及其他硬质材料)〔999〕	9	30	13		台/千克		
84652000	-加工中心							
8465200000	加工木材等材料的加工中心(加工木材,软木,骨,硬质橡胶,硬质塑料及其他硬质材料)〔999〕	9	30	13		台/千克		
84659100	--锯床							
8465910000	加工木材等材料的锯床(加工木材,软木,骨,硬质橡胶,硬质塑料及其他硬质材料)〔999〕	9	30	13		台/千克		
84659200	--刨、铣或切削成形机器							
8465920000	加工木材等材料的刨,铣,切削机器(加工木材,软木,骨,硬质橡胶,硬质塑料及其他硬质材料)〔999〕	9	30	13		台/千克		
84659300	--研磨、砂磨或抛光机器							
8465930000	加工木材等材料的研磨或抛光机器,含砂磨(加工木材,软木,骨,硬质橡胶,硬质塑料及其他硬质材料)〔101 研磨或抛光机器〕,〔102 加工木材等材料的其他机床〕	9	30	13		台/千克		
84659400	--弯曲或装配机器							
8465940000	加工木材等材料的弯曲或装配机器(加工木材,软木,骨,硬质橡胶,硬质塑料及其他硬质材料)〔999〕	9	30	13		台/千克		
84659500	--钻孔或凿榫机器							
8465950000	加工木材等材料的钻孔或凿榫机器(加工木材,软木,骨,硬质橡胶,硬质塑料及其他硬质材料)〔999〕	9	30	13		台/千克		
84659600	--剖开、切片或刮削机器							
8465960000	加工木材等材料的剖,切,刮削机器(加工木材,软木,骨,硬质橡胶,硬质塑料及其他硬质材料)〔999〕	9	30	13		台/千克		
84659900	--其他							
8465990000	加工木材等材料的其他机床(加工木材,软木,骨,硬质橡胶,硬质塑料及其他硬质材料)〔999〕	9	30	13		台/千克		
8466	**专用于或主要用于品目 84.56 至 84.65 所列机器的零件、附件,包括工件或工具的夹具、自启板牙切头、分度头及其他专用于机器的附件;各种手提工具的工具夹具:**							
84661000	-工具夹具及自启板牙切头							
8466100000	工具夹具及自启板牙切头(用于品目 84.56~84.65 所列机器的)〔999〕	7	17	13		千克		
84662000	-工件夹具							
8466200000	工件夹具(用于品目 84.56~84.65 所列机器的)〔999〕	7	17	13		千克		
84663000	-分度头及其他专用于机器的附件							
8466300000	分度头及其他专用于机器的附件(用于品目 84.56~84.65 所列机器的)〔999〕	7	17	13		千克		
84669100	--品目 84.64 所列机器用							
8466910000	品目 84.64 所列机器用的零件(加工石料等机器用零件,附件)〔101 机床附件〕,〔102 机床零件〕	0	17	13		千克		
84669200	--品目 84.65 所列机器用							
8466920000	品目 84.65 所列机器用的零件(加工木材等机器用零件,附件)〔101 机床附件〕,〔102 机床零件〕	6	17	13		千克		
84669310	---刀库及自动换刀装置							
8466931000	刀库及自动换刀装置(品目 84.56~84.61 机器用)〔101 机床附件〕,〔102 机床零件〕	0	17	13		千克		
84669390	---其他							
8466939000	品目 84.56~84.61 机器用其他零件〔101 机床附件〕,〔102 机床零件〕	0	17	13		千克		

智利	新西兰	澳大利亚	瑞士	冰岛	秘鲁	哥斯达	东盟	亚太	新加坡	巴基斯坦	港/澳/台	韩国	格鲁吉亚	毛里求斯	亚太	老/柬/缅	LDC 97/95	对美税率	出口税率	出口退税率	Article Description
协定税率(%)															特惠税率(%)						
																		25	0		
																	0/0			13	---Other
																		25	0		
																					Machine-tools (including machines for nailing, stapling, glueing or otherwise assembling) for working wood, cork, bone, hard rubber, hard plastics or similar hard materials:
0	0	0	0	0	0	0	0		0	3	0/0/	6.5	0	0			0/0			13	-Machines which can carry out different types of machining operations without tool change between such operations
																		34	0		
0	0	0	0	0	0	0	0		0	3	0/0/	6.5	0	0			0/0			13	-Machining centres
																			0		
0	0	0	0	0	0	0	0			3	0/0/	6.5	0	0			0/0			13	--Sawing machines
																		34	0		
0	0	0	0	0	0	0	0		0	3	0/0/	6.5	0	0			0/0			13	--Planing, milling or moulding (by cutting) machines
																		34	0		
0	0	0	0	0	0	0	0			3	0/0/	6.5	0	0			0/0			13	--Grinding, sanding or polishing machines
																		19	0		
0	0	0	0	0	0	0	0		0	3	0/0/	6.5	0	0			0/0			13	--Bending or assembling machines
																		34	0		
0	0	0	2	0	0	0	0		0	3	0/0/	6.5	0	0			0/0			13	--Drilling or mortising machines
																		34	0		
0	0	0	0	0	0	0	0		0	3	0/0/	6.5	0	0			0/0			13	--Splitting, slicing or paring machines
																		34	0		
0	0	0	0	0	0	0	0		0	3	0/0/	6.5	0	0			0/0			13	--Other
																		34	0		
																					Parts and accessories suitable for use solely or principally with the machines of headings 84. 56 to 84. 65, including work or tool holders, self-opening dieheads, dividing heads and other special attachments for ma-chine-tools; tool holders for any type of tool for working in the hand:
0	0	0	1.4	0	0	0	0			3	0/0/	3.7	0	0			0/0			13	-Tool holders and self-opening dieheads
																		32	0		
0	0	0	1.4	0	0	0	0	4.9		0	0/0/0	2.1	0	0			0/0			13	-Work holders
																		32	0		
0	0	0	1.4	0	0	0	0			3	0/0/	3.7	0	0			0/0			13	-Dividing heads and other special attachments for machines
																		32	0		
																	0/0			13	--For machines of heading 84. 64
																		20	0		
0	0	0	0	0	0	0	0			0	0/0/	3.2	0	0			0/0			13	--For machines of heading 84. 65
																		31	0		
																	0/0			13	---Tool magazine and tool change device
																		25	0		
																	0/0			13	---Other
																		20	0		

商品编号	商品名称及备注[检验检疫编码及名称]	进口关税(%) 最惠国	进口关税(%) 普通	增值税率(%)	消费税	计量单位	监管条件	检验检疫类别
84669400	--品目 84.62 或 84.63 所列机器用							
8466940010	滚压成形机床用芯轴(转筒成形用的芯轴,内径在 75 毫米至 400 毫米之间)〔999〕	6	17	13		千克	3	
8466940020	有滚压功能的旋压成形机用芯轴(转筒成形用的芯轴,内径在 75 毫米至 400 毫米之间)〔999〕	6	17	13		千克	3	
8466940090	品目 84.62~84.63 机器用其他零件〔101 机床附件〕,〔102 机床零件〕	6	17	13		千克		
8467	**手提式风动或液压工具及本身装有电动或非电动动力装置的手提式工具:**							
84671100	--旋转式(包括旋转冲击式的)							
8467110000	旋转式手提风动工具(包括旋转冲击式的)〔999〕	8	30	13		台/千克		
84671900	--其他							
8467190000	其他手提式风动工具〔999〕	8	30	13		台/千克		
84672100	--各种钻							
8467210000	手提式电动钻〔999〕	8	30	13		台/千克	A	L/
84672210	---链锯							
8467221000	手提式电动链锯〔999〕	8	30	13		台/千克	A	L/
84672290	---其他							
8467229000	其他手提式电锯〔999〕	8	30	13		台/千克	A	L/
84672910	---砂磨工具(包括磨光机、砂光机、砂轮机等)							
8467291000	手提式电动砂磨工具〔999〕	8	30	13		台/千克	A	L/
84672920	---电刨							
8467292000	手提式电刨〔999〕	8	30	13		台/千克	A	L/
84672990	---其他							
8467299000	其他手提式电动工具〔999〕	8	30	13		台/千克	A	L/
84678100	--链锯							
8467810000	手提式液压或其他动力链锯(电动和风动的除外)〔999〕	8	30	13		台/千克		
84678900	--其他							
8467890000	其他手提式液压或其他动力工具(电动和风动的除外)〔101 手提式液压工具〕,〔102 其他手提式动力工具及其零件〕	8	30	13		台/千克		
84679110	---电动的							
8467911000	编号 84672210 的链锯用零件〔999〕	6	30	13		千克		
84679190	---其他							
8467919000	编号 846781 的链锯用的零件〔999〕	6	30	13		千克		
84679200	--风动工具用							
8467920000	风动的工具零件〔999〕	6	30	13		千克		
84679910	---电动工具用							
8467991000	其他手提式电动工具用零件〔999〕	8	30	13		千克		
84679990	---其他							
8467999000	其他手提式动力工具用的零件〔999〕	6	30	13		千克		
8468	**焊接机器及装置,不论是否兼有切割功能,但品目 85.15 的货品除外;气体加温表面回火机器及装置:**							
84681000	-手提喷焊器							
8468100000	手提喷焊器〔999〕	9	30	13		台/千克		
84682000	-其他气体焊接或表面回火机器及装置							
8468200010	自动焊接机(将端塞焊接于燃料细棒(或棒)的自动焊接机)〔999〕	9	30	13		台/千克	3	
8468200090	其他气体焊接或表面回火机器及装置〔999〕	9	30	13		台/千克		
84688000	-其他机器及装置							
8468800000	其他焊接机器及装置(品目 85.15 的货品除外)〔101 波峰焊设备〕,〔102 其他焊接设备及其零件〕	9	30	13		台/千克		
84689000	-零件							
8468900000[暂3]	焊接机器用零件〔999〕	7	30	13		千克		

协定税率(%)															特惠税率(%)			对美税率	出口税率	出口退税率	Article Description
智利	新西兰	澳大利亚	瑞士	冰岛	秘鲁	哥斯达	东盟	亚太	新加坡	巴基斯坦	港/澳/台	韩国	格鲁吉亚	毛里求斯	亚太	老/柬/缅	LDC 97/95				
0	0	0	1.2	0	0	0	0			0	0/0/0	0	0	0			0/0			13	--For machines of heading 84.62 or 84.63
																		26	0		
																		26	0		
																		26	0		
																					Tools for working in the hand, pneumatic and hydraulic and with self-contained electric or non-electric motor:
0	0	0	0	0	0	0	0			3	0/0/	4.2	0	0			0/0			13	--Rotary type (including combined rotary-percussion)
																		18	0		
0	0	0	0	0	0	0	0			3	0/0/	0	0	0			0/0			13	--Other
																		18	0		
0	0	0	0	0	0	0	0	5.2	0	3	0/0/	3	0	0			0/0			13	--Drills of all kinds
																		33	0		
0	0	0	0	0	0	0	0	5.2		3	0/0/	3	0	0			0/0			13	---Chain saws
																		13	0		
0	0	0	0	0	0	0	0	5.2	0	3	0/0/	3	0	0			0/0			13	---Other
																		33	0		
0	0	0	4.7	0	0	0	0	5.2	0	3	0/0/	3	0	0			0/0			13	---Grinding tools (including burnisher, belt sander, wheel-sander)
																		33	0		
0	0	0	0	0	0	0	0	5.2		3	0/0/	3	0	0			0/0			13	---Planings
																			0		
0	0	0	0	0	0	0	0	5.2	0	3	0/0/	3	0	0			0/0			13	---Other
																		28	0		
0	0	0	0	0	0	0	0			3	0/0/	0	0	0			0/0			13	--Chain saws
																		28	0		
0	0	0	0	0	0	0	0			3	0/0/	4.2	0	0			0/0			13	--Other
																		13	0		
0	0	0	0	0	0	0	0	3.9		0	0/0/	0	0	0			0/0			13	---With self-contained electric motor
																		16	0		
0	0	0	1.2	0	0	0	0	4.2		0	0/0/	0	0	0			0/0			13	---Other
																		16	0		
0	0	0	0		0	0	0			0	0/0/	0	0	0			0/0			13	--Of pneumatic tools
																		16	0		
0	0	0	2	0	0	0	0	5.2	0	4	0/0/	3	0	0			0/0			13	---With self-contained electric motor
																		33	0		
0	0	0	0	0	0	0	0			0	0/0/	1.8	0	0			0/0			13	---Other
																		16	0		
																					Machinery and apparatus for soldering, brazing or welding, whether or not capable of cutting, other than those of heading 85.15; gas-operated surface tempering machines and appliances:
0	0	0	2.4	0	0	0	0		0	4.8	0/0/	3.6	0	0			0/0			13	-Hand-held blow pipes
																		29	0		
0	0	0	0	0	0	0	0		0	4.8	0/0/	3.6	0	0			0/0			13	-Other gas-operated machinery and apparatus
																		29	0		
																		29	0		
0	0	0	2.4	0	0	0	0		0	4.8	0/0/		0	0			0/0			13	-Other machinery and apparatus
																		34	0		
0	0	0	0	0	0	0	0			3	0/0/	0	0	0			0/0			13	-Parts
																		23	0		

商品编号	商品名称及备注[检验检疫编码及名称]	进口关税(%) 最惠国	进口关税(%) 普通	增值税率(%)	消费税	计量单位	监管条件	检验检疫类别
8470	**计算机器及具有计算功能的袖珍式数据记录、重现及显示机器;装有计算装置的会计计算机、邮资盖戳机、售票机及类似机器;现金出纳机:**							
84701000	-不需外接电源的电子计算器及具有计算功能的袖珍式数据记录、重现及显示机器							
8470100000	电子计算器及袖珍式数据录放机器(不需外接电源,录放指具计算功能的数据记录,重现及显示)〔999〕	0	80	13		台/千克		
84702100	--装有打印装置的							
8470210000	装有打印装置的电子计算器〔999〕	0	80	13		台/千克		
84702900	--其他							
8470290000	其他电子计算器〔999〕	0	80	13		台/千克		
84703000	-其他计算机器							
8470300000	其他计算机器〔999〕	0	40	13		台/千克		
84705010	---销售点终端出纳机							
8470501000	销售点终端出纳机〔999〕	0	40	13		台/千克		L/
84705090	---其他							
8470509000	其他现金出纳机〔999〕	0	40	13		台/千克		L/
84709000	-其他							
8470900000	会计计算机,邮资盖戳机,售票机及类似机器〔999〕	0	40	13		台/千克		
8471	**自动数据处理设备及其部件;其他税号未列名的磁性或光学阅读机、将数据以代码形式转录到数据记录媒体的机器及处理这些数据的机器:**							
84713010	---平板电脑							
8471301000	平板电脑(重量≤10千克,至少由一个中央处理器、键盘和显示器组成)〔101 便携数字自动数据处理机〕,〔102 掌上电脑〕	0	70	13		台/千克	A	L/
84713090	---其他							
8471309000	其他便携式自动数据处理设备(重量≤10千克,至少由一个中央处理器、键盘和显示器组成)〔101 便携数字自动数据处理机〕,〔102 掌上电脑〕	0	70	13		台/千克	A	L/
84714110	---巨型机、大型机及中型机							
8471411010	高性能数字计算机[高性能数字计算机是指调整后峰值性能(APP)大于8.0加权每秒万亿次浮点运算的数字计算机]〔999〕	0	14	13		台/千克	3	
8471411090	其他巨大中型自动数据处理设备〔999〕	0	14	13		台/千克		
84714120	---小型机							
8471412000	小型自动数据处理设备〔999〕	0	14	13		台/千克		L/
84714140	---微型机							
8471414000	微型机〔999〕	0	70	13		台/千克	A	L/
84714190	---其他							
8471419000	其他数据处理设备(同一机壳内至少有一个CPU和一个输入输出部件;包括组合式)〔999〕	0	70	13		台/千克		L/
84714910	---巨型机、大型机及中型机							
8471491010	系统形式报验的高性能数字计算机[计算机指自动数据处理设备,高性能数字计算机是指调整后峰值性能(APP)大于8.0加权每秒万亿次浮点运算的数字计算机]〔999〕	0	29	13		台/千克	3	
8471491090	其他系统形式报验的巨、大、中型机(计算机指自动数据处理设备)〔999〕	0	29	13		台/千克		
84714920	---小型机							
8471492000	以系统形式报验的小型计算机(计算机指自动数据处理设备)〔999〕	0	29	13		台/千克		L/
84714940	---微型机							
8471494000	以系统形式报验的微型机〔999〕	0	70	13		台/千克		L/
84714991	----分散型工业过程控制设备							
8471499100	其他分散型工业过程控制设备(以系统形式报验的)〔999〕	0	70	13		台/千克		
84714999	----其他							

协定税率(%)															特惠税率(%)			对美税率	出口税率	出口退税率	Article Description
智利	新西兰	澳大利亚	瑞士	冰岛	秘鲁	哥斯达	东盟	亚太	新加坡	巴基斯坦	港/澳/台	韩国	格鲁吉亚	毛里求斯	亚太	老/柬/缅	LDC 97/95				
																					Calculating machines and pocket-size data recording, reproducing and displaying machines with calculating functions; accounting machines, postage-franking machines, ticket-is-suing machines and similar machines, incorporating a calculating device; cash registers:
																	0/0			13	-Electronic calculators capable of operation without an external source of electric power and pocket-size data recording, reproducing and displaying machines with calculating functions
																		25	0		
																	0/0			13	--Incorporating a printing device
																			0		
																	0/0			13	--Other
																		25	0		
																	0/0			13	-Other calculating machines
																		5	0		
																	0/0			13	---Terminal registers for market
																		25	0		
																	0/0			13	---Other
																		10	0		
																	0/0			13	-Other
																		25	0		
																					Automatic data processing machines and units thereof; magnetic or optical readers, machines for transcribing, data onto data media in coded form and machines for processing such data, not elsewhere specified or included:
																	0/0			13	---Tablet computers
																		25	0		
																	0/0			13	---Other
																		25	0		
																	0/0			13	---Huge computers; mainframes and medium computers
																		20	0		
																		20	0		
																	0/0			13	---Mini-computers
																		5	0		
																	0/0			13	---Microprocessings
																		5	0		
																	0/0			13	---Other
																		10	0		
																	0/0			13	---Huge computers; mainframes and medium computers
																		5	0		
																		5	0		
																	0/0			13	---Mini-computers
																		20	0		
																	0/0			13	---Microprocessings
																		20	0		
																	0/0			13	----Processing machines for the distributed control system
																		20	0		
																	0/0			13	----Other

商品编号	商品名称及备注[检验检疫编码及名称]	进口关税(%)		增值税率(%)	消费税	计量单位	监管条件	检验检疫类别
		最惠国	普通					
8471499900	以系统形式报验的其他计算机〔999〕	0	70	13		台/千克		L/
84715010	---巨型机、大型机及中型机的							
8471501010	高性能数字计算机处理部件[不论是否在同一机壳内有一或两个存储,输入或输出部件,高性能数字计算机是指调整后峰值性能(APP)大于8.0加权每秒万亿次浮点运算的数字计算机]〔999〕	0	14	13		台/千克	3	
8471501090	其他巨、大、中型机处理部件(不论是否在同一机壳内有一或两个存储,输入或输出部件)〔999〕	0	14	13		台/千克		
84715020	---小型机的							
8471502000	小型机的处理部件(不论是否在同一机壳内有一或两个存储,输入或输出部件)〔999〕	0	14	13		台/千克		
84715040	---微型机的							
8471504001	含显示器和主机的微型机(不论是否在同一机壳内有一或两个存储,输入或输出部件)〔999〕	0	70	13		台/千克		L/
8471504090	其他的微型机的处理部件(不论是否在同一机壳内有一或两个存储,输入或输出部件)〔999〕	0	70	13		台/千克		
84715090	---其他							
8471509000	847141或847149以外设备的处理部件(不论是否在同一机壳内有一或两个存储,输入或输出部件)〔999〕	0	70	13		台/千克		
84716040	---巨型机、大型机、中型机及小型机用终端							
8471604000	巨、大、中及小型计算机用终端(输入或输出部件,不论是否在同一机壳内有存储部件)〔999〕	0	14	13		台/千克		
84716050	---扫描仪							
8471605000	自动数据处理设备的扫描器〔999〕	0	14	13		台/千克		L/
84716060	---数字化仪							
8471606000	自动数据处理设备的数字化仪〔999〕	0	14	13		台/千克		
84716071	----键盘							
8471607100	键盘〔999〕	0	40	13		个/千克		
84716072	----鼠标器							
8471607200	鼠标器〔999〕	0	40	13		个/千克		
84716090	---其他							
8471609000	计算机的其他输入或输出部件(计算机指自动数据处理设备)〔999〕	0	14	13		台/千克		
84717011	----固态硬盘(SSD)							
8471701100	固态硬盘(SSD)〔999〕	0	14	13		台/千克		
84717019	----其他							
8471701900	其他计算机硬盘驱动器(计算机指自动数据处理设备)〔999〕	0	14	13		台/千克		
84717020	---软盘驱动器							
8471702000	自动数据处理设备的软盘驱动器〔999〕	0	14	13		台/千克		
84717030	---光盘驱动器							
8471703000	光盘驱动器(自动数据处理设备的光盘驱动器)〔999〕	0	14	13		台/千克		
84717090	---其他							
8471709000	自动数据处理设备的其他存储部件〔999〕	0	14	13		台/千克		
84718000	-自动数据处理设备的其他部件							
8471800000	其他自动数据处理设备的部件〔999〕	0	40	13		台/千克		
84719000	-其他							
8471900010	专用于复制的光盘刻录机(也称光盘复读机)〔999〕	0	40	13		台/千克		
8471900090	未列名的磁性或光学阅读器(包括将数据以代码形式转录的机器及处理这些数据的机器)〔999〕	0	40	13		台/千克		L/
8472	**其他办公室用机器(例如,胶版复印机、油印机、地址印写机、自动付钞机、硬币分类、计数及包装机、削铅笔机、打洞机或订书机):**							
84721000	-胶版复印机、油印机							
8472100000	胶版复印机、油印机〔999〕	0	40	13		台/千克		L/
84723010	---邮政信件分拣及封装设备							
8472301000	邮政信件分拣及封装设备〔999〕	8	40	13		台/千克		
84723090	---其他							

协定税率(%)															特惠税率(%)						
智利	新西兰	澳大利亚	瑞士	冰岛	秘鲁	哥斯达	东盟	亚太	新加坡	巴基斯坦	港/澳/台	韩国	格鲁吉亚	毛里求斯	亚太	老/柬/缅	LDC 97/95	对美税率	出口税率	出口退税率	Article Description
																		10	0		
																	0/0			13	---Huge computers; mainframes and medium computers
																		10	0		
																		10	0		
																	0/0			13	---Mini-computers
																		10	0		
																	0/0			13	---Microprocessings
																		20	0		
																		20	0		
																	0/0			13	---Other
																		10	0		
																	0/0			13	---Terminating machines for the huge computers, mainframes, medium computers and mini-computers
																		25	0		
																	0/0			13	---Scanner
																		25	0		
																	0/0			13	---Digitizer
																		10	0		
																	0/0			13	----Keyboards
																		25	0		
																	0/0			13	----Mouses
																		25	0		
																	0/0			13	---Other
																		25	0		
																	0/0			13	----Solid state disks
																		25	0		
																	0/0				----Other
																		25	0		
																	0/0			13	---Floppy disk drivers
																		5	0		
																	0/0			13	---CD drivers
																		25	0		
																	0/0			13	---Other
																		20	0		
																	0/0			13	-Other units of automatic data processing machines
																		25	0		
																	0/0			13	-Other
																		20	0		
																		20	0		
																					Other office machines (for example, hectograph or stencil duplicating machines, addressing machines, automatic banknote dispensers, coin-sorting machines, coincounting or wrapping machines, pencil-sharpening machines, perforating or stapling machines):
										9		4.2					0/0			13	-Hectograph or stencil duplicating machines
																			0		
0	0	0		0	0	0	0			3	0/0/	3	0	0			0/0			13	---Machines for sorting or banding mail
																		28	0		
0	0	0	0	0	0	0	0		0	5.6	0/0/	4.2	0	0			0/0			13	---Other

商品编号	商品名称及备注[检验检疫编码及名称]	进口关税(%) 最惠国	进口关税(%) 普通	增值税率(%)	消费税	计量单位	监管条件	检验检疫类别
8472309000	其他信件折叠、分类、开或闭封机(包括信件装封机及粘贴邮票机和盖销邮票机)〔999〕	8	40	13		台/千克		
84729010	---自动柜员机							
8472901000	自动柜员机〔999〕	0	40	13		台/千克		L/
84729021	----打洞机							
8472902100	办公室用打洞机〔999〕	0	40	13		台/千克		
84729022	----订书机							
8472902200	办公室用订书机〔999〕	0	40	13		台/千克		
84729029	----其他							
8472902900	其他装订用办公室机器〔999〕	0	40	13		台/千克		
84729030	---碎纸机							
8472903000	碎纸机〔999〕	0	40	13		台/千克		
84729040	---地址印写机及地址铭牌压印机							
8472904000	地址印写机及地址铭牌压印机〔999〕	0	40	13		台/千克		
84729050	---文字处理机							
8472905000	文字处理机〔101 打印机〕,〔102 打字机〕	0	40	13		台/千克		
84729060	---打字机,但品目 84.43 的打印机除外							
8472906000	打字机(品目 84.43 的打印机除外)〔101 打印机〕,〔102 打字机〕	8	40	13		台/千克		
84729090	---其他							
8472909000	其他办公室用机器(包括硬币分类、计数、包装机和削笔机等)〔999〕	0	40	13		台/千克		
8473	**专用于或主要用于品目 84.70 至 84.72 所列机器的零件、附件(罩套、提箱及类似品除外):**							
84732100	--编号 847010、847021 或 847029 所列电子计算器的零件、附件							
8473210000	品目 84.70 所列电子计算器的零附件(系指编号 847010、847021 及 847029 所列的电子计算器的)〔999〕	0	50	13		千克		
84732900	--其他							
8473290000	品目 84.70 所列其他机器的零附件(系指编号 847030、847040、847050 及 847090 所列机器的)〔999〕	0	35	13		千克		
84733010	---编号 84714110、84714120、84714910、84714920、84715010、84715020、84716090、84717010、84717020、84717030 及 84717090 所列机器及装置的零件、附件							
8473301000	大、中、小型计算机的零件(包括大、中、小型机的中央处理部件的零件)〔999〕	0	14	13		千克		
84733090	---其他							
8473309000	品目 84.71 所列其他机器零附件〔999〕	0	40	13		千克		
84734010	---自动柜员机用出钞器和循环出钞器							
8473401000	自动柜员机用出钞器和循环出钞器〔999〕	0	35	13		千克		
84734020	---编号 84729050、84729060 所列机器的零件、附件							
8473402000	打字机、文字处理机的零件、附件〔999〕	0	35	13		千克		
84734090	---其他							
8473409010	钞票清分机零附件〔999〕	0	35	13		千克		
8473409090	其他办公室用机器零附件〔999〕	0	35	13		千克		
84735000	-同样适用于品目 84.70 至 84.72 中两个或两个以上品目所列机器的零件、附件							
8473500000	品目 84.70 至 84.72 中所列机器零附件(用于品目 84.70 至 84.72 中两个或两个以上品目所列机器的)〔101 其他计算机、辅助设备及其零件〕,〔102 其他办公机器及其零件〕	0	35	13		千克		

协定税率(%)															特惠税率(%)			对美税率	出口税率	出口退税率	Article Description
智利	新西兰	澳大利亚	瑞士	冰岛	秘鲁	哥斯达	东盟	亚太	新加坡	巴基斯坦	港/澳/台	韩国	格鲁吉亚	毛里求斯	亚太	老/柬/缅	LDC 97/95				
																			0		
																	0/0			13	---Automated teller
																		25	0		
																	0/0			13	----Perforator
																		25	0		
																	0/0			13	----Stapler
																		25	0		
																	0/0			13	----Other
																		5	0		
																	0/0			13	---Paper shrudders
																		20	0		
										9		4.2					0/0			13	---Addressing machines and address plate embossing machines
																			0		
																	0/0			13	---Word-processing machines
																		5	0		
0	0	0	2.4	0	0	0	0		0	4.8	0/0/		0	0			0/0			13	---Typewriters other than printers of heading No. 84.43
																		13	0		
																	0/0			13	---Other
																		25	0		
																					Parts and accessories (other than covers, carrying cases and the like) suitable for use solely or principally with machines of headings No. 84.70 to 84.72:
																	0/0			13	--Of the electronic calculating machines of subheading 8470.10, 8470.21 or 8470.29
																		25	0		
																	0/0			13	--Other
																		25	0		
																	0/0			13	---Of the machines of subheading 8471.4110, 8471.4120, 8471.4910, 8471.4920, 8471.5010, 8471.5020, 8471.6090, 8471.7010, 8471.7020, 8471.7030 and 8471.7090
																		25	0		
																	0/0			13	---Other
																		25	0		
										4		6.8					0/0			13	---Banknote dispensers and recyclers of automated tellers
																		25	0		
										3		4.2					0/0			13	---Parts and accessories of the subheadings 8472.9050、8472.9060
																		25	0		
										4		3.1					0/0			13	---Other
																		25	0		
																		25	0		
																	0/0			13	-Parts and accessories equally suitable for use with machines of two or more of the headings 84.70 to 84.72
																		25	0		

商品编号	商品名称及备注[检验检疫编码及名称]	进口关税(%)		增值税率(%)	消费税	计量单位	监管条件	检验检疫类别
		最惠国	普通					
8474	**泥土、石料、矿石或其他固体(包括粉状、浆状)矿物质的分类、筛选、分离、洗涤、破碎、磨粉、混合或搅拌机器;固体矿物燃料、陶瓷坯泥、未硬化水泥、石膏材料或其他粉状、浆状矿产品的黏聚或成型机器;铸造用砂模的成型机器:**							
84741000	-分类、筛选、分离或洗涤机器							
8474100000	分类、筛选、分离或洗涤机器(用于泥土、石料、矿石或其他固体物质的)〔101 其他工程机械及其零件〕,〔102 建筑工业行业成套设备〕	5	30	13		台/千克		
84742010	---齿辊式							
8474201000	齿辊式破碎及磨粉机器(用于泥土、石料、矿石或其他固体物质的)〔101 其他工程机械及其零件〕,〔102 建筑工业行业成套设备〕	5	30	13		台/千克		
84742020	---球磨式							
8474202000	球磨式磨碎或磨粉机(用于泥土、石料、矿石或其他固体物质的)〔101 其他工程机械及其零件〕,〔102 建筑工业行业成套设备〕	5	30	13		台/千克		
84742090	---其他							
8474209000	破碎或磨粉用机器(用于泥土、石料、矿石或其他固体物质的)〔101 其他工程机械及其零件〕,〔102 建筑工业行业成套设备〕	5	30	13		台/千克		
84743100	--混凝土或砂浆混合机器							
8474310000	混凝土或砂浆混合机器(用于泥土、石料、矿石或其他固体物质的)〔101 其他工程机械及其零件〕,〔102 建筑工业行业成套设备〕	7	30	13		台/千克		
84743200	--矿物与沥青的混合机器							
8474320000	矿物与沥青的混合机器(用于泥土、石料、矿石或其他固体物质的)〔101 其他工程机械及其零件〕,〔102 建筑工业行业成套设备〕	7	30	13		台/千克		
84743900	--其他							
8474390000	其他混合或搅拌机器(用于泥土、石料、矿石或其他固体物质的)〔101 其他工程机械及其零件〕,〔102 建筑工业行业成套设备〕	5	30	13		台/千克		
84748010	---辊压成型机							
8474801000	其他辊压成型机〔101 其他工程机械及其零件〕,〔102 建筑工业行业成套设备〕	5	30	13		台/千克		
84748020	---模压成型机							
8474802000	其他模压成型机〔101 其他工程机械及其零件〕,〔102 建材行业成套设备〕,〔103 建筑工业行业成套设备〕,〔104 其他行业成套设备〕	5	30	13		台/千克		
84748090	---其他							
8474809010	纸面角线石膏板搅拌成型机〔101 其他工程机械及其零件〕,〔102 建筑工业行业成套设备〕	5	30	13		台/千克		
8474809090	品目 84.74 未列名的其他机器(如矿产品的粘聚或成型机器及铸造用砂模的成型机器)〔101 其他工程机械及其零件〕,〔102 建材行业成套设备〕,〔103 建筑工业行业成套设备〕,〔104 其他行业成套设备〕	5	30	13		台/千克		
84749000	-零件							
8474900000	品目 84.74 所列机器的零件〔101 其他工程机械及其零件〕,〔102 建筑工业行业成套设备〕	5	30	13		千克		
8475	**白炽灯泡、灯管、放电灯管、电子管、闪光灯泡及类似品的封装机器;玻璃或玻璃制品的制造或热加工机器:**							
84751000	-白炽灯泡、灯管、放电灯管、电子管、闪光灯泡及类似品的封装机器							
8475100000	白炽灯泡、灯管等的封装机(包括放电灯管、电子管、闪光灯泡等)〔999〕	8	30	13		台/千克		
84752100	--制造光导纤维及其预制棒的机器							
8475210000	制造光导纤维及预制棒的机器〔999〕	3.8/2.5①	30	13		台/千克		
84752911	----连续式玻璃热弯炉							

① 最惠国税率中,"/"左边的税率截止日期为 2021 年 6 月 30 日,"/"右边的税率有效日期为 2021 年 7 月 1 日~2999 年 12 月 31 日。

智利	新西兰	澳大利亚	瑞士	冰岛	秘鲁	哥斯达	东盟	亚太	新加坡	巴基斯坦	港/澳/台	韩国	格鲁吉亚	毛里求斯	亚太	老/柬/缅	LDC 97/95	对美税率	出口税率	出口退税率	Article Description
协定税率(%)															特惠税率(%)						
																					Machinery for sorting, screening, separating, washing, crushing, grinding, mixing or kneading earth, stone, ores or other mineral substances, in solid (including powder or paste) form; machinery for agglomerating, shaping or moulding solid mineral fuels, ceramic paste, unhardened cements, plastering materials or other mineral products in powder or paste form; machines for forming foundry moulds of sand:
0	0	0	0	0	0	0	0			0	0/0/	1.5	0	0			0/0			13	-Sorting, screening, separating or washing machines
																		25	0		
0	0	0	0	0	0	0	0			0	0/0/	1.5	0	0			0/0			13	---Toothing roller type
																		25	0		
0	0	0	0	0	0	0	0			0	0/0/	2.6	0	0			0/0			13	---Em-Peters type
																		30	0		
0	0	0	0	0	0	0	0			0	0/0/	1.5	0	0			0/0			13	---Other
																		30	0		
0	0	0	0	0	0	0	0			3	0/0/	2.1	0	0			0/0			13	--Concrete or mortar mixers
																		32	0		
0	0	0		0	0	0	0			3	0/0/	2.1	0	0			0/0			13	--Machines for mixing mineral substances with bitumen
																		12	0		
0	0	0	2.4	0	0	0	0			0	0/0/	1.5	0	0			0/0			13	--Other
																		25	0		
0	0	0	0	0	0	0	0	3.3		0	0/0/	1.5	0	0			0/0			13	---Rolling forming machines
																		30	0		
0	0	0	0	0	0	0	0	3.3		0	0/0/	2.6	0	0			0/0			13	---Moulding forming machines
																		25	0		
0	0	0	0	0	0	0	0	3.3		0	0/0/	1.5	0	0			0/0			13	---Other
																		25	0		
																		25	0		
0	0	0	1	0	0	0	0			0	0/0/	1.5	0	0			0/0			13	-Parts
																		25	0		
																					Machines for assembling electric or electronic lamps, tubes or valves or flashbulbs, in glass envelopes; machines for manufacturing or hot working glass or glassware:
0	0	0	0	0	0	0	0			3	0/0/	2.4	0	0			0/0			13	-Machines for assembling electric or electronic lamps, tubes or valves or flashbulbs, in glass envelopes
																			0		
0	0	0	0	0	0	0	0		0	3	0/0/	3	0	0			0/0			13	--Machines for making optical fibres and preforms thereof
																		28.8	0		
0	0	0	0	0	0	0	0	5.2		3	0/0/	3	0	0			0/0			13	----Continuous hot bending furnaces

商品编号	商品名称及备注[检验检疫编码及名称]	进口关税(%) 最惠国	进口关税(%) 普通	增值税率(%)	消费税	计量单位	监管条件	检验检疫类别
8475291100	连续式玻璃热弯炉〔999〕	8	30	13		台/千克		
84752912	----玻璃纤维拉丝机(光纤拉丝机除外)							
8475291200	玻璃纤维拉丝机(光纤拉丝机除外)〔999〕	8	30	13		台/千克		
84752919	----其他							
8475291900	其他玻璃及制品热加工机器〔999〕	8	30	13		台/千克		
84752990	---其他							
8475299000	其他玻璃及制品的制造加工机器〔999〕	8	30	13		台/千克		
84759000	-零件							
8475900010	编号 847521 所列机器的零件〔999〕	1.3/0①	30	13		千克		
8475900090	其他品目 84.75 所列机器的零件(灯泡等封装机及玻璃等制造机器的零件)〔999〕	8	30	13		千克		
8476	**自动售货机(例如,出售邮票、香烟、食品或饮料的机器),包括钱币兑换机:**							
84762100	--装有加热或制冷装置的							
8476210000	可加热或制冷的饮料自动销售机〔999〕	11	50	13		台/千克	A	R/
84762900	--其他							
8476290000	其他饮料自动销售机(装有加热或制冷装置的除外)〔999〕	12	50	13		台/千克	A	R/
84768100	--装有加热或制冷装置的							
8476810000	装有加热或制冷装置的自动售货机(饮料自动销售机除外)〔999〕	11	50	13		台/千克		
84768900	--其他							
8476890010	钱币兑换机〔999〕	0	50	13		台/千克		
8476890090	其他无加热或制冷装置的自动售货机〔999〕	12	50	13		台/千克		
84769000	-零件							
8476900010	钱币兑换机的零件〔999〕	0	50	13		千克		
8476900090	其他品目 84.76 所列机器的零件〔999〕	8	50	13		千克		
8477	**本章其他品目未列名的橡胶或塑料及其产品的加工机器:**							
84771010	---注塑机							
8477101010	用于光盘生产的精密注塑机(加工塑料的)〔999〕	0	45	13		台/千克		
8477101090	其他注塑机〔101 电子行业成套设备〕,〔102 化工行业成套设备〕,〔103 轻工行业成套设备〕	0	45	13		台/千克		
84771090	---其他							
8477109000	其他注射机〔101 电子行业成套设备〕,〔102 化工行业成套设备〕,〔103 轻工行业成套设备〕	0	30	13		台/千克		
84772010	---塑料造粒机							
8477201000	塑料造粒机〔101 电子行业成套设备〕,〔102 化工行业成套设备〕,〔103 轻工行业成套设备〕	5	30	13		台/千克		
84772090	---其他							
8477209000	其他加工塑料或橡胶的挤出机〔101 电子行业成套设备〕,〔102 化工行业成套设备〕,〔103 轻工行业成套设备〕	5	30	13		台/千克		
84773010	---挤出吹塑机							
8477301000	挤出吹塑机〔101 电子行业成套设备〕,〔102 化工行业成套设备〕,〔103 轻工行业成套设备〕	5	30	13		台/千克		
84773020	---注射吹塑机							
8477302000	注射吹塑机〔101 电子行业成套设备〕,〔102 化工行业成套设备〕,〔103 轻工行业成套设备〕	5	30	13		台/千克		
84773090	---其他							
8477309000	其他吹塑机〔101 电子行业成套设备〕,〔102 化工行业成套设备〕,〔103 轻工行业成套设备〕	5	30	13		台/千克		
84774010	---塑料中空成型机							
8477401000	塑料中空成型机〔101 电子行业成套设备〕,〔102 化工行业成套设备〕,〔103 轻工行业成套设备〕	5	30	13		台/千克		
84774020	---塑料压延成型机							
8477402000	塑料压延成型机〔101 电子行业成套设备〕,〔102 化工行业成套设备〕,〔103 轻工行业成套设备〕	5	30	13		台/千克		

① 最惠国税率中,"/"左边的税率截止日期为 2021 年 6 月 30 日,"/"右边的税率有效日期为 2021 年 7 月 1 日~2999 年 12 月 31 日。

协定税率(%)															特惠税率(%)			对美税率	出口税率	出口退税率	Article Description
智利	新西兰	澳大利亚	瑞士	冰岛	秘鲁	哥斯达	东盟	亚太	新加坡	巴基斯坦	港/澳/台	韩国	格鲁吉亚	毛里求斯	亚太	老/柬/缅	LDC 97/95				
																		33	0		
0	0	0	0	0	0	0	0	5.2		3	0/0/	3	0	0			0/0			13	----Fiber glass winder(excluding opticaefiber winder)
																		33	0		
0	0	0	0	0	0	0	0		0	3	0/0/	3	0	0			0/0			13	----Other
																		33	0		
0	0	0	0	0	0	0	0			3	0/0/	3	0	0			0/0			13	---Other
																		33	0		
0	0	0	0	0	0	0	0			4	0/0/	2.4	0	0			0/0			13	-Parts
																		11.3	0		
																		18	0		
																					Automatic goods-vending machines (for example, postage stamp, cigarette, food or beverage machines), including money-changing machines:
0	0	0	2.8	0	0	0	0		0	9	0/0/	4.2	0	0			0/0			13	--Incorporating heating or refrigerating devices
																		36	0		
0	0	0	3	0	0	0	0		0	9.6	0/0/	4.5	0	0			0/0			13	--Other
																			0		
0	0	0	2.8	0	0	0	0		0	5.6	0/0/	4.2	0	0			0/0			13	--Incorporating heating or refrigerating devices
																		16	0		
0	0	0	0	0	0	0	0		0	9.6	0/0/	4.5	0	0			0/0			13	--Other
																		5	0		
																		17	0		
0	0	0	0	0	0	0	0			3	0/0/	3	0	0			0/0			13	-Parts
																		25	0		
																		33	0		
																					Machinery for working rubber or plastics or for the manufacture of products from these materials, not specified or included elsewhere in this Chapter:
																	0/0			13	---For working plastics
																		25	0		
																		25	0		
																	0/0			13	---Other
																		25	0		
0	0	0	0	0	0	0	0	3.3		0	0/0/0	0	0	0			0/0			13	---Plastic pelletizers
																		30	0		
0	0	0	2.4	0	0	0	0	3.3		0	0/0/0	0	0	0			0/0			13	---Other
																		25	0		
0	0	0	0	0	0	0	0			0	0/0/	1.5	0	0			0/0			13	---Extrusion blow moulding machines
																		25	0		
0	0	0	0	0	0	0	0			0	0/0/	0	0	0			0/0			13	---Injection blow moulding machines
																			0		
0	0	0	0	0	0	0	0			0	0/0/	1.5	0	0			0/0			13	---Other
																		25	0		
0	0	0		0	0	0	0	3.3		0	0/0/0	0	0	0			0/0			13	---Plastics brideg-die-forming machines
																		30	0		
0	0	0	1	0	0	0	0	3.3		0	0/0/0	0	0	0			0/0			13	---Plastics calender-forming machines
																		30	0		

商品编号	商品名称及备注[检验检疫编码及名称]	进口关税(%) 最惠国	普通	增值税率(%)	消费税	计量单位	监管条件	检验检疫类别
84774090	---其他							
8477409000	真空模塑及其他热成型机器〔101 电子行业成套设备〕,〔102 化工行业成套设备〕,〔103 轻工行业成套设备〕	5	30	13		台/千克		
84775100	--用于充气轮胎模塑或翻新的机器及内胎模塑或用其他方法成型的机器							
8477510000	用于充气轮胎模塑或翻新的机器(包括内胎模塑或用其他方法成型的机器)〔999〕	5	30	13		台/千克		
84775910	---三维打印机(3D 打印机)							
8477591000	三维打印机(3D 打印机)(加工材质以塑料或橡胶及其制品为主)〔999〕	5	30	13		台/千克		
84775990	---其他							
8477599000	其他模塑机、成型机〔101 电子行业成套设备〕,〔102 化工行业成套设备〕,〔103 轻工行业成套设备〕	5	30	13		台/千克		
84778000	-其他机器							
8477800000	未列名的橡胶或塑料加工机器〔101 电子行业成套设备〕,〔102 化工行业成套设备〕,〔103 轻工行业成套设备〕	5	30	13		台/千克		
84779000	-零件							
8477900000	橡胶、塑料等加工机机器的零件〔101 电子行业成套设备〕,〔102 化工行业成套设备〕,〔103 轻工行业成套设备〕	0	30	13		千克		
8478	**本章其他品目未列名的烟草加工及制作机器:**							
84781000	-机器							
8478100000	其他的烟草加工及制作机器(本章其他编号未列名的)〔999〕	5	30	13		台/千克	O	
84789000	-零件							
8478900000[暂5]	烟草加工及制作机器用的零件〔999〕	8	30	13		千克	O	
8479	**本章其他品目未列名的具有独立功能的机器及机械器具:**							
84791021	----沥青混凝土摊铺机							
8479102100	沥青混凝土摊铺机〔999〕	8	30	13		台/千克	O	
84791022	----稳定土摊铺机							
8479102200	稳定土摊铺机〔999〕	8	30	13		台/千克		
84791029	----其他							
8479102900	其他摊铺机〔999〕	8	30	13		台/千克	O	
84791090	---其他							
8479109000	其他公共工程用的机器〔999〕	8	30	13		台/千克		
84792000	-提取、加工动物油脂或植物固定油脂的机器							
8479200000	提取加工动物或植物油脂的机器〔999〕	8	30	13		台/千克	A	R/
84793000	-木碎料板或木纤维板的挤压机及其他木材或软木处理机							
8479300000	木碎料板或木纤维板的其他挤压机(包括其他木材或软木处理机器)〔999〕	8	30	13		台/千克		
84794000	-绳或缆的制造机器							
8479400000	绳或缆的制造机器〔999〕	7	30	13		台/千克		
84795010	---多功能工业机器人							
8479501000	多功能工业机器人〔101 电子行业成套设备〕,〔102 其他行业成套设备〕	0	20	13		台/千克		
84795090	---其他							
8479509010	机器人,末端操纵装置[能处理高能炸药或能抗大于 5×10^4 戈瑞(硅)辐射的]〔999〕	0	30	13		台/千克	3	
8479509090	其他工业机器人(多功能工业机器人除外)〔101 电子行业成套设备〕,〔102 其他行业成套设备〕	0	30	13		台/千克		
84796000	-蒸发式空气冷却器							
8479600000	蒸发式空气冷却器①	8	30	13		台/千克	A	M/
84797100	--用于机场的							
8479710000	机场用旅客登机桥〔999〕	0	30	13		台/千克	A	M/
84797900	--其他							
8479790000	非机场用旅客登机(船)桥〔999〕	0	30	13		台/千克	A	M/

① 〔101 蒸发式空气冷却器 I 类器具〕,〔102 蒸发式空气冷却器 II 类器具〕,〔103 蒸发式空气冷却器 III 类器具〕,〔104 蒸发式空气冷却器 0I 类器具〕,〔105 蒸发式空气冷却器 0 类器具〕

协定税率(%)															特惠税率(%)			对美税率	出口税率	出口退税率	Article Description
智利	新西兰	澳大利亚	瑞士	冰岛	秘鲁	哥斯达	东盟	亚太	新加坡	巴基斯坦	港/澳/台	韩国	格鲁吉亚	毛里求斯	亚太	老/柬/缅	LDC 97/95				
0	0	0	2.4	0	0	0	0	3.3		0	0/0/0	0	0	0			0/0			13	---Other
																		30	0		
0	0	0	0	0	0	0	0			0	0/0/	1.5	0	0			0/0			13	--For moulding or retreading pneumatic tyres or for moulding or otherwise forming inner tubes
																		30	0		
0	0	0	0	0	0	0	0	3.3		0	0/0/0	2.6	0	0			0/0			13	---3D printers
																		10	0		
0	0	0	0	0	0	0	0	3.3		0	0/0/0	2.6	0	0			0/0			13	---Other
																		30	0		
0	0	0	2.4	0	0	0	0	3.3		0	0/0/0	0	0	0			0/0			13	-Other machinery
																		30	0		
																	0/0			13	-Parts
																		20	0		
																					Machinery for preparing or making up tobacco, not specified or included elsewhere in this Chapter:
0	0		0	0	0	0	0	2.5		0	0/0/			0			0/0			13	-Machinery
																		25	0		
0	0		0	0	0	0	0			4	0/0/			0			0/0			13	-Parts
																			0		
																					Machines and mechanical appliances having individual functions, not specified or included elsewhere in this Chapter:
0	0	0	0	0	0	0	0	5.2		3	0/0/	0	0	0			0/0			13	----Machines for spreading bituminous concrete
																		33	0		
0	0	0	0	0	0	0	0	5.2		3	0/0/	0	0	0			0/0			13	----Stabilizer spreading machines
																			0		
0	0	0	0	0	0	0	0	5.2		3	0/0/	0	0	0			0/0			13	----Other
																			0		
0	0	0	0	0	0	0	0	5.2		3	0/0/	2.4	0	0			0/0			13	---Other
																		18	0		
0	0	0	0	0	0	0	0		0	3	0/0/	3	0	0			0/0			13	-Machinery for the extraction or preparation of animal or fixed vegetable fats or oils
																		33	0		
0	0	0	0	0	0	0	0			3	0/0/	3	0	0			0/0			13	-Presses for the manufacture of particle board or fibre building board of wood or other ligneous materials and other machinery for treating wood or cork
																			0		
0	0	0	0	0	0	0	0			3	0/0/	0	0	0			0/0			13	-Rope or cable-making machines
																		30	0		
																	0/0			13	---Industrial robots for multiple uses
																		25	0		
																	0/0			13	---Other
																		20	0		
																		20	0		
0	0	0	0	0	0	0	0	5.2		3	0/0/	3	0	0			0/0			13	-Evaporative air coolers
																		28	0		
																	0/0			13	--Of a kind used in airports
																			0		
																	0/0			13	--Other
																		25	0		

商品编号	商品名称及备注[检验检疫编码及名称]	进口关税(%) 最惠国	普通	增值税率(%)	消费税	计量单位	监管条件	检验检疫类别
84798110	---绕线机							
8479811000	处理金属的其他绕线机〔101 机械行业成套设备〕,〔102 电子行业成套设备〕	9	30	13		台/千克		
84798190	---其他							
8479819000	其他处理金属的机械〔101 机械行业成套设备〕,〔102 电子行业成套设备〕	9	30	13		台/千克		
84798200	--混合、搅拌、轧碎、研磨、筛选、均化或乳化机器							
8479820010	两用物项管制搅拌器(耐腐蚀热交换器、搅拌器用,带搅拌的发酵罐)〔101 轻工行业成套设备〕,〔102 其他行业成套设备〕	7	30	13		台/千克	3	
8479820020暂5	用于废物和废水处理的混合、搅拌、轧碎、研磨、筛选、均化或乳化机器〔101 轻工行业成套设备〕,〔102 其他行业成套设备〕	7	30	13		台/千克		
8479820090	其他混合、搅拌、轧碎、研磨机器(包括筛选、均化、乳化机器)〔101 轻工行业成套设备〕,〔102 其他行业成套设备〕	7	30	13		台/千克		
84798910	---船舶用舵机及陀螺稳定器							
8479891000	船用舵机及陀螺稳定器〔101 船舶用零部件〕,〔102 船舶行业成套设备〕	0	14	13		台/千克		
84798920	---空气增湿器及减湿器							
8479892000	空气增湿器及减湿器①	0	70	13		台/千克		L/
84798940	---邮政用包裹、印刷品分拣设备							
8479894000	其他邮政用包裹、印刷品分拣设备〔999〕	0	30	13		台/千克		
84798950	---放射性废物压实机							
8479895000	放射性废物压实机〔999〕	0	30	13		台/千克		
84798961	----自动插件机							
8479896100	自动插件机〔999〕	0	30	13		台/千克	A	M/
84798962	----自动贴片机							
8479896200	自动贴片机〔999〕	0	30	13		台/千克	A	M/
84798969	----其他							
8479896900	其他印刷电路板上装配元器件机器〔999〕	0	30	13		台/千克	A	M/
84798992	----自动化立体仓储设备							
8479899200	自动化立体仓储设备(具有独立功能的)②	0	30	13		台/千克	A	M/
84798999	----其他							
8479899910	用于光盘生产的金属母盘生产设备(具有独立功能的)〔999〕	0	30	13		台/千克	A	M/
8479899920	用于光盘生产的粘合机(具有独立功能的)〔999〕	0	30	13		台/千克	A	M/
8479899930	用于光盘生产的真空金属溅镀机(具有独立功能的)〔999〕	0	30	13		台/千克	A	M/
8479899940	保护胶涂覆机及染料层旋涂机(光盘生产用,具有独立功能的)〔999〕	0	30	13		台/千克	A	M/
8479899951	等静压压力机(两用物项管制机器及机械器具)〔999〕	0	30	13		台/千克	3	
8479899952	生物反应器(两用物项管制机器及机械器具)〔999〕	0	30	13		台/千克	3	
8479899953	恒化器(两用物项管制机器及机械器具)〔999〕	0	30	13		台/千克	3	
8479899954	连续灌流系统(两用物项管制机器及机械器具)〔999〕	0	30	13		台/千克	3	
8479899955	三坐标或多坐标联动和程控的纤维缠绕机(两用物项管制机器及机械器具)〔999〕	0	30	13		台/千克	3	
8479899959	其他两用物项管制机器及机械器具〔999〕	0	30	13		台/千克	3	
8479899960	绕线机(能卷绕直径在 75 毫米至 400 毫米、长度为 600 毫米或更长的)〔999〕	0	30	13		台/千克	3A	M/
8479899990	本章其他未列名机器及机械器具(具有独立功能的)③	0	30	13		台/千克	A	M/
84799010	---船舶用舵机及陀螺稳定器用							
8479901000	船舶用舵机及陀螺稳定器零件〔101 船舶用零部件〕,〔102 船舶行业成套设备〕	0	14	13		千克		
84799020	---空气增湿器及减湿器用							
8479902000	空气增湿器及减湿器零件〔999〕	0	70	13		千克		
84799090	---其他							

① 〔101 空气增湿器及减湿器 I 类器具〕,〔102 空气增湿器及减湿器 II 类器具〕,〔103 空气增湿器及减湿器 III 类器具〕,〔104 空气增湿器及减湿器 0I 类器具〕,〔105 空气增湿器及减湿器 0 类器具〕

② 〔101 机械行业成套设备〕,〔102 石油化工行业成套设备〕,〔103 铁路运输行业成套设备〕,〔104 交通行业成套设备〕,〔105 电子行业成套设备〕,〔106 通讯行业成套设备〕,〔107 电力行业成套设备〕,〔108 化工行业成套设备〕,〔109 石油天然气行业成套设备〕,〔110 冶金行业成套设备〕,〔111 纺织行业成套设备〕,〔112 轻工行业成套设备〕,〔113 建材行业成套设备〕,〔114 水利行业成套设备〕,〔115 兵工民品行业成套设备〕,〔116 劳动和劳动安全行业成套设备〕,〔117 公共安全行业成套设备〕,〔118 广播电影电视行业成套设备〕,〔119 船舶行业成套设备〕,〔120 环保行业成套设备〕,〔121 包装行业成套设备〕,〔122 煤炭行业成套设备〕,〔123 建筑工业行业成套设备〕,〔124 海洋行业成套设备〕,〔125 地质矿产行业成套设备〕,〔126 地震行业成套设备〕,〔127 印刷行业成套设备〕,〔128 其他行业成套设备〕

③ 〔101 机械行业成套设备〕,〔102 石油化工行业成套设备〕,〔103 铁路运输行业成套设备〕,〔104 交通行业成套设备〕,〔105 电子行业成套设备〕,〔106 通讯行业成套设备〕,〔107 电力行业成套设备〕,〔108 化工行业成套设备〕,〔109 石油天然气行业成套设备〕,〔110 冶金行业成套设备〕,〔111 纺织行业成套设备〕,〔112 轻工行业成套设备〕,〔113 建材行业成套设备〕,〔114 水利行业成套设备〕,〔115 兵工民品行业成套设备〕,〔116 劳动和劳动安全行业成套设备〕,〔117 公共安全行业成套设备〕,〔118 广播电影电视行业成套设备〕,〔119 船舶行业成套设备〕,〔120 环保行业成套设备〕,〔121 包装行业成套设备〕,〔122 煤炭行业成套设备〕,〔123 建筑工业行业成套设备〕,〔124 海洋行业成套设备〕,〔125 地质矿产行业成套设备〕,〔126 地震行业成套设备〕,〔127 印刷行业成套设备〕,〔128 其他行业成套设备〕

协定税率(%)															特惠税率(%)			对美税率	出口税率	出口退税率	Article Description
智利	新西兰	澳大利亚	瑞士	冰岛	秘鲁	哥斯达	东盟	亚太	新加坡	巴基斯坦	港/澳/台	韩国	格鲁吉亚	毛里求斯	亚太	老/柬/缅	LDC 97/95				
0	0	0	1.9	0	0	0	0	6.3		3	0/0/0	2.8	0	0			0/0			13	---Filament winding machines
																		34	0		
0	0	0	1.9	0	0	0	0	5.9		3	0/0/0	2.8	0	0			0/0			13	---Other
																		29	0		
0	0	0		0	0	0	0	4.6		0	0/0/0	0	0	0			0/0			13	--Mixing, kneading, crushing, grinding, screening, sifting, homogenizing, emulsifying or stirring machines
																		17	0		
																		15	0		
																		17	0		
																	0/0			13	---Steering and rudder equipment or gyroscopic stabilizers for ships
																		25	0		
																	0/0			13	---Air humidifiers or dehumidifiers
																		10	0		
																	0/0			13	---Bundle and printed matter sortingmachines used in post offices
																		10	0		
																	0/0			13	---Presses for radioactive waste material
																			0		
																	0/0			13	----Automatic plug-in machines
																		25	0		
																	0/0			13	----Automatic coreslice adhering machines
																		25	0		
																	0/0			13	----Other
																		20	0		
																	0/0			13	----Three-dimensional automatic warehouse equipment
																		25	0		
																	0/0			13	----Other
																		20	0		
																		20	0		
																		20	0		
																		20	0		
																		20	0		
																			0		
																		20	0		
																		20	0		
																		20	0		
																		20	0		
																		20	0		
																		20	0		
																	0/0			13	---Of the machines of subheading 84798910
																		20	0		
																	0/0			13	---Of the machines of subheading 84798920
																		5	0		
																	0/0			13	---Other

商品编号	商品名称及备注[检验检疫编码及名称]	进口关税(%)		增值税率(%)	消费税	计量单位	监管条件	检验检疫类别
		最惠国	普通					
8479909010	绕线机的精密芯轴(专用于编号 8479899060 绕线机的精密芯轴)①	0	20	13		千克	3	
8479909090	品目 84.79 所列机器的其他零件②	0	20	13		千克		
8480	**金属铸造用型箱;型模底板;阳模;金属用型模(锭模除外)、硬质合金、玻璃、矿物材料、橡胶或塑料用型模:**							
84801000	-金属铸造用型箱							
8480100000	金属铸造用型箱〔999〕	8	20	13		千克		
84802000	-型模底板							
8480200000	型模底板〔999〕	8	20	13		千克		
84803000	-阳模							
8480300000	阳模〔999〕	8	20	13		千克		
84804110	---压铸模							
8480411000	压铸模(金属,硬质合金用)〔101 机械行业成套设备〕,〔102 电子行业成套设备〕,〔103 轻工行业成套设备〕	8	20	13		千克		
84804120	---粉末冶金用压模							
8480412000	粉末冶金用压模〔101 机械行业成套设备〕,〔102 电子行业成套设备〕,〔103 轻工行业成套设备〕	8	20	13		千克		
84804190	---其他							
8480419000	其他金属、硬质合金用注模或压模〔101 机械行业成套设备〕,〔102 电子行业成套设备〕,〔103 轻工行业成套设备〕	8	20	13		千克		
84804900	--其他							
8480490000	其他金属、硬质合金用其他型模(注模或压模除外)〔101 机械行业成套设备〕,〔102 电子行业成套设备〕,〔103 轻工行业成套设备〕	8	20	13		千克		
84805000	-玻璃用型模							
8480500000	玻璃用型模〔101 轻工行业成套设备〕,〔102 其他行业成套设备〕	8	20	13		套/千克		
84806000	-矿物材料用型模							
8480600000	矿物材料用型模〔999〕	8	20	13		套/千克		
84807110	---硫化轮胎用囊式型模							
8480711000	硫化轮胎用囊式型模(注模或压模)〔999〕	0	20	13		套/千克		
84807190	---其他							
8480719010	用于光盘生产的专用模具(注模或压模)〔999〕	0	20	13		套/千克		
8480719090	其他塑料或橡胶用注模或压模〔101 机械行业成套设备〕,〔102 电子行业成套设备〕,〔103 轻工行业成套设备〕	0	20	13		套/千克		
84807900	--其他							
8480790010	农用双壁波纹管生产线用其他模具〔999〕	5	20	13		套/千克		
8480790090	塑料或橡胶用其他型模〔101 机械行业成套设备〕,〔102 电子行业成套设备〕,〔103 轻工行业成套设备〕	5	20	13		套/千克		
8481	**用于管道、锅炉、罐、桶或类似品的龙头、旋塞、阀门及类似装置,包括减压阀及恒温控制阀:**							
84811000	-减压阀							
8481100001[暂2]	喷灌设备用减压阀(用于管道、锅炉、罐、桶或类似品的)〔101 减压阀(安全附件)〕,〔102 减压阀〕	5	30	13		套/千克		
8481100090	其他减压阀(用于管道、锅炉、罐、桶或类似品的)〔101 减压阀(安全附件)〕,〔102 减压阀〕	5	30	13		套/千克		
84812010	---油压的							
8481201010[暂1]	飞机发动机用液压传动阀(用于管道、锅炉、罐、桶或类似品的)〔101 传动阀(安全附件)〕,〔102 传动阀〕	5	30	13		套/千克		
8481201090	其他油压传动阀(用于管道、锅炉、罐、桶或类似品的)〔101 传动阀(安全附件)〕,〔102 传动阀〕	5	30	13		套/千克		
84812020	---气压的							
8481202010[暂1]	飞机发动机用气压传动阀(用于管道、锅炉、罐、桶或类似品的)〔101 传动阀(安全附件)〕,〔102 传动阀〕	5	30	13		套/千克		

① 〔101 船舶用零部件〕,〔102 机械行业成套设备〕,〔103 电子行业成套设备〕,〔104 船舶行业成套设备〕,〔105 其他行业成套设备〕,〔106 其他过滤及其喷射装置及其零件 I 类器具〕,〔107 其他过滤及其喷射装置及其零件 II 类器具〕,〔108 其他过滤及其喷射装置及其零件 III 类器具〕,〔109 其他过滤及其喷射装置及其零件 0I 类器具〕,〔110 其他过滤及其喷射装置及其零件 0 类器具〕

② 〔101 船舶用零部件〕,〔102 机械行业成套设备〕,〔103 电子行业成套设备〕,〔104 船舶行业成套设备〕,〔105 其他行业成套设备〕,〔106 其他过滤及其喷射装置及其零件〕

协定税率(%)															特惠税率(%)			对美税率	出口税率	出口退税率	Article Description
智利	新西兰	澳大利亚	瑞士	冰岛	秘鲁	哥斯达	东盟	亚太	新加坡	巴基斯坦	港/澳/台	韩国	格鲁吉亚	毛里求斯	亚太	老/柬/缅	LDC 97/95				
																		20	0		
																		20	0		
																					Moulding boxes for metal foundry; mould bases; moulding patterns; moulds for metal (other than ingot moulds), metal carbides, glass, mineral materials, rubber or plastics:
0	0	0	0	0	0	0	0			3	0/0/	3	0	0			0/0			13	-Moulding boxes for metal foundry
																		33	0		
0	0	0	0	0	0	0	0			3	0/0/	2.4	0	0			0/0			13	-Mould bases
																		33	0		
0	0	0	0	0	0	0	0		0	3	0/0/	3	0	0			0/0			13	-Moulding patterns
																		28	0		
0	0	0	0	0	0	0	0	5.2		3	0/0/0	4.2	0	0			0/0			13	---Pressure-casting moulds
																		33	0		
0	0	0	0	0	0	0	0	5.2		3	0/0/0	4.2	0	0			0/0			13	---Moulds for powder metallurgy
																		33	0		
0	0	0	0	0	0	0	0	5.2		3	0/0/0	4.2	0	0			0/0			13	---Other
																		28	0		
0	0	0	0	0	0	0	0	5.2		3	0/0/	4.2	0	0			0/0			13	--Other
																		18	0		
0	0	0	0	0	0	0	0			4	0/0/	4.4	0	0			0/0			13	-Moulds for glass
																			0		
0	0	0	0	0	0	0	0			4	0/0/	2.5	0	0			0/0			13	-Moulds for mineral materials
																		13	0		
																	0/0			13	---"Bladder" moulds for vulcanising tyres
																		25	0		
																	0/0			13	---Other
																		25	0		
																		25	0		
0	0	0	0		0	0	0	3.3		0	0/0/0	0	0	0			0/0			13	--Other
																		30	0		
																		30	0		
																					Taps, cocks, valves and similar appliances for pipes, boilershells, tanks, vats or the like, including pressure-reducing valves and thermostatically controlled valves:
0	0	0	1	0	0	0	0			0	0/0/	2.6	0	0			0/0			13	-Pressure-reducing valves
																		12	0		
																		15	0		
0	0	0	1	0	0	0	0			0	0/0/0	2.6	0	0			0/0			13	---For oleohydraulic transmissions
																			0		
																			0		
0	0	0	1	0	0	0	0			0	0/0/	2.6	1	0			0/0			13	---For pneumatic transmissions
																		21	0		

商品编号	商品名称及备注[检验检疫编码及名称]	进口关税(%)		增值税率(%)	消费税	计量单位	监管条件	检验检疫类别
		最惠国	普通					
8481202090	其他气压传动阀(用于管道、锅炉、罐、桶或类似品的)〔101 传动阀(安全附件)〕,〔102 传动阀〕	5	30	13		套/千克		
84813000	-止回阀							
8481300000	止回阀(用于管道、锅炉、罐、桶或类似品的)〔101 止回阀(安全附件)〕,〔102 止回阀〕	5	30	13		套/千克		
84814000	-安全阀或溢流阀							
8481400000	安全阀或溢流阀(用于管道、锅炉、罐、桶或类似品的)〔101 安全阀或溢流阀(安全附件)〕,〔102 安全阀或溢流阀〕	5	30	13		套/千克		
84818021	----电磁式							
8481802110	两用物项管制的电磁式换向阀〔101 其他阀门及类似品(安全附件)〕,〔102 其他阀门及类似品〕	7	30	13		套/千克	3	
8481802190	其他电磁式换向阀(用于管道、锅炉、罐、桶或类似品的)〔101 其他阀门及类似品(安全附件)〕,〔102 其他阀门及类似品〕	7	30	13		套/千克		
84818029	----其他							
8481802910	两用物项管制的其他换向阀〔101 其他阀门及类似品(安全附件)〕,〔102 其他阀门及类似品〕	7	30	13		套/千克	3	
8481802990	其他换向阀(用于管道、锅炉、罐、桶或类似品的)〔101 其他阀门及类似品(安全附件)〕,〔102 其他阀门及类似品〕	7	30	13		套/千克		
84818031	----电子膨胀阀							
8481803110	两用物项管制的电子膨胀流量阀〔101 其他阀门及类似品(安全附件)〕,〔102 其他阀门及类似品〕	7	30	13		套/千克	3	
8481803190	其他电子膨胀流量阀(用于管道、锅炉、罐、桶或类似品的)〔101 其他阀门及类似品(安全附件)〕,〔102 其他阀门及类似品〕	7	30	13		套/千克		
84818039	----其他							
8481803910	两用物项管制的其他流量阀〔101 其他阀门及类似品(安全附件)〕,〔102 其他阀门及类似品〕	7	30	13		套/千克	3	
8481803920[暂1]	飞机发动机用流量阀(用于管道、锅炉、罐、桶或类似品的)〔101 其他阀门及类似品(安全附件)〕,〔102 其他阀门及类似品〕	7	30	13		套/千克		
8481803990	其他流量阀(用于管道、锅炉、罐、桶或类似品的)〔101 其他阀门及类似品(安全附件)〕,〔102 其他阀门及类似品〕	7	30	13		套/千克		
84818040	---其他阀门							
8481804010[暂5]	两用物项管制的其他阀门〔101 其他阀门及类似品(安全附件)〕,〔102 其他阀门及类似品〕	7	30	13		套/千克	3	
8481804020[暂1]	高压涡轮间隙控制阀门(用于管道、锅炉、罐、桶或类似品的)〔101 安全附件〕,〔102 安全附件〕	7	30	13		套/千克		
8481804030[暂5]	废气再循环阀(用于管道、锅炉、罐、桶或类似品的)〔101 其他阀门及类似品(安全附件)〕,〔102 其他阀门及类似品〕	7	30	13		套/千克		
8481804040[暂1]	飞机发动机用预冷控制阀门(用于管道、锅炉、罐、桶或类似品的)〔101 其他阀门及类似品(安全附件)〕,〔102 其他阀门及类似品〕	7	30	13		套/千克		
8481804090[暂5]	其他阀门(用于管道、锅炉、罐、桶或类似品的)〔101 其他阀门及类似品(安全附件)〕,〔102 其他阀门及类似品〕	7	30	13		套/千克		L/
84818090	---其他							
8481809000	未列名龙头、旋塞及类似装置(用于管道、锅炉、罐、桶或类似品的)〔101 其他阀门及类似品(安全附件)〕,〔102 其他阀门及类似品〕	5	50	13		套/千克		
84819010	---阀门用							
8481901000[暂4]	阀门用零件(用于管道、锅炉、罐、桶或类似品的)〔101 其他阀门及类似品零件(安全附件)〕,〔102 其他阀门及类似品零件〕	8	30	13		千克		L/
84819090	---其他							
8481909000	龙头,旋塞及类似装置的零件(用于管道、锅炉、罐、桶或类似品的)〔101 其他阀门及类似品零件(安全附件)〕,〔102 其他阀门及类似品零件〕	8	50	13		千克		
8482	**滚动轴承:**							
84821010	---调心球轴承							
8482101000	调心球轴承(滚珠轴承)〔999〕	8	20	13		套/千克		
84821020	---深沟球轴承							
8482102000	深沟球轴承(滚珠轴承)〔999〕	8	20	13		套/千克		
84821030	---角接触轴承							
8482103000	角接触轴承(滚珠轴承)〔999〕	8	20	13		套/千克		
84821040	---推力球轴承							
8482104010[暂1]	飞机发动机用外径 30 厘米的推力球轴承(滚珠轴承)〔999〕	8	20	13		套/千克		
8482104090	其他推力球轴承(滚珠轴承)〔999〕	8	20	13		套/千克		
84821090	---其他							
8482109000	其他滚珠轴承〔999〕	8	20	13		套/千克		

协定税率(%)															特惠税率(%)			对美税率	出口税率	出口退税率	Article Description
智利	新西兰	澳大利亚	瑞士	冰岛	秘鲁	哥斯达	东盟	亚太	新加坡	巴基斯坦	港/澳/台	韩国	格鲁吉亚	毛里求斯	亚太	老/柬/缅	LDC 97/95				
																		25	0		
0	0	0	1	0	0	0	0			0	0/0/0	2.6	0	0			0/0			13	-Check(nonreturn) valves
																		15	0		
0	0	0	0	0	0	0	0			0	0/0/0	2.6	0	0			0/0			13	-Safety or relief valves
																		10	0		
0	0	0	1.4	0	0	0	0	4.6		0	0/0/0	3.7	1.4	0			0/0			13	----Electromagnetic
																		27	0		
																		27	0		
0	0	0	1.4	0	0	0	0	4.6		0	0/0/0	3.7	0	0			0/0			13	----Other
																		17	0		
																		17	0		
0	0	0	0	0	0	0	0	4.6		0	0/0/0	3.7	0	0			0/0			13	----Electronic expansion valves
																		32	0		
																		32	0		
0	0	0	1.4	0	0	0	0	4.6		0	0/0/0	3.7	0	0			0/0			13	----Other
																		17	0		
																		11	0		
																		17	0		
0	0	0	1.4	0	0	0	0	4.6		0	0/0/0	0	0	0			0/0			13	---Other valves
																		15	0		
																		11	0		
																		15	0		
																		11	0		
																		15	0		
0	0	0	0	0	0	0	0			0	0/0/	0	0	0			0/0			13	---Other
																		15	0		
0	0	0	1.6	0	0	0	0			4	0/0/0	0	0	0			0/0			13	---Of valves
																		14	0		
0	0	0	0	0	0	0	0			3	0/0/0	0	0	0			0/0			13	---Other
																		28	0		
																					Ball or roller bearings:
0	0	0	0	0	0	0	0	5.2	0	3	0/0/	0	1.6	0			0/0			13	---Self-aligning ball bearing
																			0		
0	0	0	0	0	0	0	0	5.2	0	3	0/0/	0	0	0			0/0			13	---Deep groove ball bearing
																		33	0		
0	0	0	0	0	0	0	0	5.2	0	3	0/0/	0	0	0			0/0			13	---Angular contact bearing
																		33	0		
0	0	0	0	0	0	0	0	5.2	0	3	0/0/	0	0	0			0/0			13	---Thrust ball bearing
																			0		
																		28	0		
0	0	0	1.6	0	0	0	0	5.2	0	4	0/0/	0	0	0			0/0			13	---Other
																		28	0		

商品编号	商品名称及备注[检验检疫编码及名称]	进口关税(%)		增值税率(%)	消费税	计量单位	监管条件	检验检疫类别
		最惠国	普通					
84822000	-锥形滚子轴承,包括锥形滚子组件							
8482200000	锥形滚子轴承(包括锥形滚子组件)[999]	8	20	13		套/千克		
84823000	-鼓形滚子轴承							
8482300000[暂6]	鼓形滚子轴承[999]	8	20	13		套/千克		
84824000	-滚针轴承							
8482400010[暂1]	飞机发动机用滚针轴承[999]	8	20	13		套/千克		
8482400090[暂6]	其他滚针轴承[999]	8	20	13		套/千克		
84825000	-其他圆柱形滚子轴承							
8482500010[暂4]	三环、二环偏心滚动轴承,飞机发动机主推进轴用滚子轴承除外[999]	8	20	13		套/千克		
8482500020[暂1]	飞机发动机主推进轴用滚子轴承[999]	8	20	13		套/千克		
8482500090	其他圆柱形滚子轴承[999]	8	20	13		套/千克		
84828000	-其他,包括球、柱混合轴承							
8482800000	其他滚动轴承及球、柱混合轴承[999]	8	20	13		套/千克		
84829100	--滚珠、滚针及滚柱							
8482910000[暂6]	滚珠、滚针及滚柱[999]	8	20	13		千克		
84829900	--其他							
8482990000[暂3]	滚动轴承的其他零件[999]	6	20	13		千克		
8483	**传动轴(包括凸轮轴及曲柄轴)及曲柄;轴承座及滑动轴承;齿轮及齿轮传动装置;滚珠或滚子螺杆传动装置;齿轮箱及其他变速装置,包括扭矩变换器;飞轮及滑轮,包括滑轮组;离合器及联轴器(包括万向节):**							
84831011	----柴油机曲轴							
8483101100	船舶用柴油机曲轴[999]	6	14	13		个/千克		
84831019	----其他							
8483101900	其他船舶用传动轴[999]	6	14	13		个/千克		
84831090	---其他							
8483109010[暂1]	飞机发动机用传动轴[999]	6	30	13		个/千克		
8483109090	其他传动轴及曲柄(包括凸轮轴及曲柄轴)[999]	6	30	13		个/千克		
84832000	-装有滚珠或滚子轴承的轴承座							
8483200000	装有滚珠或滚子轴承的轴承座[999]	6	30	13		个/千克		
84833000	-未装有滚珠或滚子轴承的轴承座;滑动轴承							
8483300010[暂4]	磁悬浮轴承(轴承组合件,由悬浮在充满阻尼介质的环形磁铁组成)[999]	6	30	13		个/千克	3	
8483300020[暂4]	轴承/阻尼器(安装在阻尼器上的具有枢轴/盖的轴承)[999]	6	30	13		个/千克	3	
8483300090[暂4]	其他未装有滚珠或滚子轴承的轴承座;其他滑动轴承[999]	6	30	13		个/千克		
84834010	---滚子螺杆传动装置							
8483401010[暂1]	飞机水平尾翼螺旋杆[999]	8	30	13		个/千克		
8483401090	其他滚子螺杆传动装置[999]	8	30	13		个/千克		
84834020	---行星齿轮减速器							
8483402000	行星齿轮减速器[999]	8	30	13		个/千克		
84834090	---其他							
8483409010[暂1]	飞机发动机用齿轮传动装置(齿轮箱)[999]	8	30	13		个/千克		
8483409090	其他传动装置及变速装置(指齿轮及齿轮传动装置,齿轮箱和扭矩变换器)[999]	8	30	13		个/千克		
84835000	-飞轮及滑轮,包括滑轮组							
8483500000	飞轮及滑轮(包括滑轮组)[999]	8	30	13		个/千克		
84836000	-离合器及联轴器(包括万向节)							
8483600001[暂4]	压力机用组合式湿式离合/制动器(离合扭矩为60KNM~300KNM,制动扭矩为30KNM~100KNM)[999]	8	30	13		个/千克		
8483600090	离合器及联轴器(包括万向节)[999]	8	30	13		个/千克		
84839000	-单独报验的带齿的轮、链轮及其他传动元件;零件							
8483900010[暂4]	车用凸轮轴相位调节器(汽车发动机用)[999]	8	30	13		千克		

协定税率(%)															特惠税率(%)			对美税率	出口税率	出口退税率	Article Description
智利	新西兰	澳大利亚	瑞士	冰岛	秘鲁	哥斯达	东盟	亚太	新加坡	巴基斯坦	港/澳/台	韩国	格鲁吉亚	毛里求斯	亚太	老/柬/缅	LDC 97/95				
0	0	0	0	0	0	0	0			3	0/0/	0	0	0			0/0			13	-Tapered roller bearings, including cone and tapered roller assemblies
																		28	0		
0	0	0	0	0	0	0	0			3	0/0/	0	0	0			0/0			13	-Spherical roller bearings
																		26	0		
0	0	0	0		0	0	0			3	0/0/0	0	0	0			0/0			13	-Needle roller bearings
																		11	0		
																		16	0		
0	0	0	1.6	0	0	0	0		0	3	0/0/	4.2	0	0			0/0			13	-Other cylindrical roller bearings
																		24	0		
																		21	0		
																		28	0		
0	0	0	1.6	0	0	0	0	5.2		3	0/0/	4.2	0	0			0/0			13	-Other, including combined ball/roller bearings
																		28	0		
0	0	0	0	0	0	0	0			3	0/0/	0	0	0			0/0			13	--Balls, needles and rollers
																		26	0		
0	0	0	1.2	0	0	0	0			0	0/0/0	0	0	0			0/0			13	--Other
																		23	0		
																					Transmission shafts (including cam shafts and crand shafts) and cranks; bearing housings and plain shaft bearings; gears and gearing; ball or roller screws; gear boxes and other speed changers, including torque converters; flywheels and pulleys, including pulley blocks; clutches and shaft couplings (including universal joints):
0	0	0	0	0	0	0	0	3.9		0	0/0/	3.9	0	0			0/0			13	----Crank shafts of diesel engine
																		31	0		
0	0	0	0	0	0	0	0	3.9		4	0/0/	3.2	0	0			0/0			13	----Other
																		16	0		
0	0	0	1.2	0	0	0	0	3.9		4	0/0/	3.2	0	0			0/0			13	---Other
																		21	0		
																		26	0		
0	0	0	1.2	0	0	0	0			0	0/0/	0	0	0			0/0			13	-Bearing housings, incorporating ball or roller bearings
																		16	0		
0	0	0	1.2	0	0	0	0			0	0/0/	0	0	0			0/0			13	-Bearing housings, not incorporating ball or roller bearings; plain shaft bearings
																		24	0		
																		24	0		
																		24	0		
0	0	0	1.6	0	0	0	0	5.2		3	0/0/0	0	0	0			0/0			13	---Roller Screws
																		21	0		
																		28	0		
0	0	0	1.6	0	0	0	0	5.2		3	0/0/	5.2	0	0			0/0			13	---Planet decelerators
																		33	0		
0	0	0	1.6	0	0	0	0	5.2		3	0/0/0	4.2	1.6	0			0/0			13	---Other
																		21	0		
																		28	0		
0	0	0	1.6	0	0	0	0			3	0/0/	2.4	0	0			0/0			13	-Flywheels and pulleys, including pulley blocks
																		33	0		
0	0	0	1.6	0	0	0	0			4	0/0/	4.2	0	0			0/0			13	-Clutches and shaft couplings (including universal joints)
																		24	0		
																		28	0		
0	0	0	1.6	0	0	0	0			4	0/0/0	0	0	0			0/0			13	-Toothed wheels, chain sprockets and other transmission elements presented separately; parts
																		24	0		

商品编号	商品名称及备注[检验检疫编码及名称]	进口关税(%) 最惠国	普通	增值税率(%)	消费税	计量单位	监管条件	检验检疫类别
8483900020[暂1]	飞机发动机用齿轮箱用单个齿轮〔999〕	8	30	13		千克		
8483900090	品目 8483 所列货品用其他零件(包括单独报验的带齿的轮、链轮及其他传动元件)〔999〕	8	30	13		千克		
8484	**密封垫或类似接合衬垫,用金属片与其他材料制成或用双层或多层金属片制成;成套或各种不同材料的密封垫或类似接合衬垫,装于袋、套或类似包装内;机械密封件:**							
84841000	-密封垫或类似接合衬垫,用金属片与其他材料制成或用双层或多层金属片制成							
8484100000[暂5]	密封垫或类似接合衬垫(用金属片与其他材料制成或用双层及多层金属片制成)〔999〕	8	30	13		千克		
84842000	-机械密封件							
8484200010[暂5]	耐 UF6 腐蚀的转动轴封(专门设计的真空密封装置,缓冲气体泄漏率 1000 立方厘米/分钟)〔999〕	8	30	13		千克	3	
8484200020[暂5]	转动轴封(专门设计的带有密封式进气口和出气口的转动轴封)〔999〕	8	30	13		千克	3	
8484200030[暂5]	MLIS 用转动轴封(专门设计的带密封进气口和出气口的转动轴封)〔999〕	8	30	13		千克	3	
8484200090[暂5]	其他机械密封件〔999〕	8	30	13		千克		
84849000	-其他							
8484900000[暂5]	其他材料制密封垫及类似接合衬垫(成套或各种不同材料制,装于袋、套或类似包装内)〔999〕	8	30	13		千克		
8486	**专用于或主要用于制造半导体单晶柱或晶圆、半导体器件、集成电路或平板显示器的机器及装置;本章注释九(三)规定的机器及装置;零件及附件:**							
84861010	---利用温度变化处理单晶硅的机器及装置							
8486101000	利用温度变化处理单晶硅的机器及装置(制造单晶柱或晶圆用的)〔999〕	0	30	13		台/千克		
84861020	---研磨设备							
8486102000	制造单晶柱或晶圆用的研磨设备〔999〕	0	30	13		台/千克		
84861030	---切割设备							
8486103000	制造单晶柱或晶圆用的切割设备〔999〕	0	30	13		台/千克		
84861040	---化学机械抛光设备(CMP)							
8486104000	制造单晶柱或晶圆用的化学机械抛光设备(CMP)〔999〕	0	30	13		台/千克		
84861090	---其他							
8486109000	其他制造单晶柱或晶圆用的机器及装置〔999〕	0	30	13		台/千克		
84862010	---氧化、扩散、退火及其他热处理设备							
8486201000	氧化、扩散、退火及其他热处理设备(制造半导体器件或集成电路用的)〔999〕	0	30	13		台/千克		
84862021	----化学气相沉积装置(CVD)							
8486202100	制造半导体器件或集成电路用化学气相沉积装置[化学气相沉积装置(CVD)]〔999〕	0	30	13		台/千克		
84862022	----物理气相沉积装置(PVD)							
8486202200	制造半导体器件或集成电路用物理气相沉积装置[物理气相沉积装置(PVD)]〔999〕	0	30	13		台/千克		
84862029	----其他							
8486202900	其他制造半导体器件或集成电路用薄膜沉积设备〔999〕	0	30	13		台/千克		
84862031	----分步重复光刻机(步进光刻机)							
8486203100	制造半导体器件或集成电路用分步重复光刻机(步进光刻机)〔999〕	0	100	13		台/千克		
84862039	----其他							
8486203900	其他将电路图投影或绘制到感光半导体材料上的装置(制造半导体器件或集成电路用的)〔101 其他机床〕,〔102 电子行业成套设备〕	0	100	13		台/千克		
84862041	----等离子体干法刻蚀机							
8486204100	制造半导体器件或集成电路用等离子体干法刻蚀机〔101 其他机床〕,〔102 电子行业成套设备〕	0	30	13		台/千克		

协定税率(%)															特惠税率(%)			对美税率	出口税率	出口退税率	Article Description
智利	新西兰	澳大利亚	瑞士	冰岛	秘鲁	哥斯达	东盟	亚太	新加坡	巴基斯坦	港/澳/台	韩国	格鲁吉亚	毛里求斯	亚太	老/柬/缅	LDC 97/95				
																		21	0		
																		28	0		
																					Gaskets and similar joints of metal sheeting combined with other material or of two or more layers of metal; sets or assortments of gaskets and similar joints, dissimilar in composition, put up in pouches, envelopes or similar packings; mechanical seals:
0	0	0	1.6	0	0	0	0			3	0/0/0	4.2	0	0			0/0			13	-Gaskets and similar joints of metal sheeting combined with other material or of two or more layers of metal
																		15	0		
0	0	0	1.6	0	0	0	0			3	0/0/	4.2	0	0			0/0			13	-Mechanical seals
																		25	0		
																		25	0		
																		25	0		
																		25	0		
0	0	0	0	0	0	0	0			3	0/0/	4.2	0	0			0/0			13	-Other
																		10	0		
																					Machines and apparatus of a kind used solely or principally for the manufacture of semiconductor boules or wafers, semiconductor devices, electronic integrated circuits or flat panel displays; machines and apparatus specified in Note 9 (c) to this Chapter; parts and accessories:
																	0/0			13	---Machines and apparatus for the treatment of monocrystalline sillicon by a process involving a change of temperature
																			0		
																	0/0			13	---Grinding machines
																			0		
																	0/0			13	---Sawing machines
																			0		
																	0/0			13	---Chemical Mechanical Polishers (CMP)
																			0		
																	0/0			13	---Other
																			0		
																	0/0			13	---Oxidation, diffusion, annealing and other heat treatment equipment
																			0		
																	0/0			13	----Chemical Vapour Deposition (CVD) equipment
																			0		
																	0/0			13	----Physical Vapour Deposition (PVD) equipment
																			0		
																	0/0			13	----Other
																			0		
																	0/0			13	----Step and repeat alignersw
																			0		
																	0/0			13	----Other
																			0		
																	0/0			13	----Dry plasma etching
																			0		

商品编号	商品名称及备注〔检验检疫编码及名称〕	进口关税(%)		增值税率(%)	消费税	计量单位	监管条件	检验检疫类别
		最惠国	普通					
84862049	----其他							
8486204900	其他制造半导体器件或集成电路用刻蚀及剥离设备〔101 其他机床〕,〔102 电子行业成套设备〕	0	30	13		台/千克		
84862050	---离子注入机							
8486205000	制造半导体器件或集成电路用离子注入机〔999〕	0	11	13		台/千克		
84862090	---其他							
8486209000	其他制造半导体器件或集成电路用机器及装置〔101 其他机床〕,〔102 电子行业成套设备〕	0	30	13		台/千克		
84863010	---扩散、氧化、退火及其他热处理设备							
8486301000	制造平板显示器用扩散、氧化、退火及其他热处理设备〔999〕	0	30	13		台/千克		
84863021	----化学气相沉积设备(CVD)							
8486302100	制造平板显示器用化学气相沉积装置(CVD)〔999〕	0	30	13		台/千克		
84863022	----物理气相沉积设备(PVD)							
8486302200	制造平板显示器用物理气相沉积装置(PVD)〔999〕	0	30	13		台/千克		
84863029	----其他							
8486302900	其他制造平板显示器用薄膜沉积设备〔999〕	0	30	13		台/千克		
84863031	----分布重复光刻机							
8486303100	制造平板显示器用分步重复光刻机〔999〕	0	100	13		台/千克		
84863039	----其他							
8486303900	其他将电路图投影或绘制到感光半导体材料上的装置(制造平板显示器用的机器及装置)〔101 其他机床〕,〔102 电子行业成套设备〕	0	100	13		台/千克		
84863041	----超声波清洗装置							
8486304100	制造平板显示器用超声波清洗装置〔101 电子行业成套设备〕,〔102 非家用过滤及净化装置〕	1.7/0①	30	13		台/千克		
84863049	----其他							
8486304900	其他制造平板显示器用湿法蚀刻、显影、剥离、清洗装置〔101 其他机床〕,〔102 电子行业成套设备〕,〔103 非家用过滤及净化装置〕	0	30	13		台/千克		
84863090	---其他							
8486309000	其他制造平板显示器用的机器及装置〔101 其他机床〕,〔102 电子行业成套设备〕	0	30	13		台/千克		
84864010	---主要用于或专用于制作和修复掩膜版(mask)或投影掩膜版(reticle)的装置							
8486401000	主要用于或专用于制作和修复掩膜版或投影掩膜版的装置〔掩膜版(mask),投影掩膜版(reticle)〕〔999〕	0	70	13		台/千克		
84864021	----塑封机							
8486402100	塑封机(主要用于或专用于装配与封装半导体器件和集成电路的设备)〔999〕	0.8/0①	30	13		台/千克		
84864022	----引线键合装置							
8486402200	引线键合装置(主要用于或专用于装配与封装半导体器件和集成电路的设备)〔999〕	1.3/0①	30	13		台/千克		
84864029	----其他							
8486402900	其他主要或专用于装配封装半导体器件和集成电路的设备〔999〕	0	17	13		台/千克		
84864031	----集成电路工厂专用的自动搬运机器人							
8486403100	IC 工厂专用的自动搬运机器人〔101 电子行业成套设备〕,〔102 机械式停车设备及其他装卸、储运设备及其零件〕	0	20	13		台/千克		
84864039	----其他							
8486403900	其他用于升降、装卸、搬运集成电路等的设备(升降、装卸、搬运单晶柱、晶圆、半导体器件、集成电路和平板显示器的装置)③	0.8/0①	30	13		台/千克		
84869010	---升降、搬运、装卸机器用(自动搬运设备用除外)							

① 最惠国税率中,"/"左边的税率截止日期为 2021 年 6 月 30 日,"/"右边的税率有效日期为 2021 年 7 月 1 日~2099 年 12 月 31 日。
② 如税率中间有"#","#"前后分别为上半年(2021 年 1 月 1 日至 6 月 30 日)和下半年(2021 年 7 月 1 日至 12 月 31 日)的适用税率。
③ 〔101 起重机〕,〔102 机械式停车设备及其他装卸、储运设备及其零件〕,〔103 升降机〕,〔104 其他装卸桥、提升、起重设备及零件〕

协定税率(%)															特惠税率(%)			对美税率	出口税率	出口退税率	Article Description
智利	新西兰	澳大利亚	瑞士	冰岛	秘鲁	哥斯达	东盟	亚太	新加坡	巴基斯坦	港/澳/台	韩国	格鲁吉亚	毛里求斯	亚太	老/柬/缅	LDC 97/95				
																	0/0			13	----Other
																			0		
																	0/0			13	---Ion implanters
																			0		
																	0/0			13	---Other
																			0		
																	0/0			13	---Oxidation, diffusion, annealing and other heat treatment equipment
																			0		
																	0/0			13	----Chemical Vapour Deposition (CVD) equipment
																			0		
																	0/0			13	----Physical Vapour Deposition (PVD) equipment
																			0		
																	0/0			13	----Other
																			0		
																	0/0			13	----Step and repeat alignersw
																			0		
																	0/0			13	----Other
																			0		
0	0	0	0	0	0	0	0		0	3	0/0/		0	0			0/0			13	----Ultrasonic apparatus for cleaning
																			0		
																	0/0			13	----Other
																			0		
																	0/0			13	---Other
																			0		
																	0/0			13	---Apparatus solely or principally of a kind used for the manufacture or repair of masks and reticles
																			0		
0	0	0	0	0	0	0	0	0.7# 0②		0	0/0/	4.5	0	0			0/0			13	----Plastics encapsulating machines
																			0		
0	0	0	1.3# 0②	0	0	0	0	1.2# 0②		3	0/0/		0	0			0/0			13	----Wire bonders
																			0		
																	0/0			13	----Other
																			0		
																	0/0			13	----Automated material handling machines solely or principally of a kind used in the electronic integrated circuits factories
																			0		
0	0	0	0	0	0	0	0	0.6# 0②		0	0/0/	3.5	0	0			0/0			13	----Other
																			0		
																	0/0			13	---Of machines for lifting, handling, loading or unloading (other than automated material handling machines)

商品编号	商品名称及备注[检验检疫编码及名称]	进口关税(%)		增值税率(%)	消费税	计量单位	监管条件	检验检疫类别
		最惠国	普通					
8486901000	升降、搬运、装卸机器用零件或附件(编号 848640 项下商品用,但自动搬运设备用除外)〔101 机械式停车设备及其他装卸、储运设备及其零件〕,〔102 其他装卸桥、提升、起重设备及零件〕	0	30	13		千克		
84869020	---引线键合装置用							
8486902000	引线键合装置用零件或附件(编号 848640 项下商品用)〔999〕	0	30	13		千克		
84869091	----带背板的溅射靶材组件							
8486909100	带背板的溅射靶材组件〔999〕	0	17	13		千克		
84869099	----其他							
8486909900	其他品目 84.86 项下商品用零件和附件〔999〕	0	17	13		千克		
8487	**本章其他品目未列名的机器零件,不具有电气接插件、绝缘体、线圈、触点或其他电气器材特征的:**							
84871000	-船用推进器及桨叶							
8487100000	船用推进器及桨叶〔999〕	6	14	13		千克		
84879000	-其他							
8487900000	本章其他编号未列名的机器零件(不具有电气接插件、绝缘体、线圈或其他电气器材特征的)〔999〕	8	30	13		千克		

协定税率(%)															特惠税率(%)			对美税率	出口税率	出口退税率	Article Description
智利	新西兰	澳大利亚	瑞士	冰岛	秘鲁	哥斯达	东盟	亚太	新加坡	巴基斯坦	港/澳/台	韩国	格鲁吉亚	毛里求斯	亚太	老/柬/缅	LDC 97/95				
																			0		
																	0/0			13	---Of wire bonders
																			0		
																	0/0			13	----Componets of sputtering target material with backing
																			0		
																	0/0			13	----Other
																			0		
																					Machinery parts, not containing electrical connectors, insulators, coils, contacts or other electrical features, not specified or included elsewhere in this Chapter:
0	0	0	0	0	0	0	0			0	0/0/	3.2	0	0			0/0			13	-Ships' or boats' propellers and blades therefor
																		26	0		
0	0	0	1.6	0	0	0	0			3	0/0/0	2.4	0	0			0/0			13	-Other
																		28	0		

第八十五章
电机、电气设备及其零件；录音机及放声机、电视图像、声音的录制和重放设备及其零件、附件

注释：

一、本章不包括：

（一）电暖的毯子、褥子、足套及类似品，电暖的衣服、靴、鞋、耳套或其他供人穿戴的电暖物品；

（二）品目70.11的玻璃制品；

（三）品目84.86的机器及装置；

（四）用于医疗、外科、牙科或兽医的真空设备（品目90.18）；或

（五）第九十四章的电热家具。

二、品目85.01至85.04不适用于品目85.11、85.12、85.40、85.41或85.42的货品。

但金属槽汞弧整流器仍归入品目85.04。

三、品目85.07所称"蓄电池"，包括与其一同报验的辅助元件，这些辅助元件具有储电、供电功能，或保护蓄电池免遭损坏，例如，电路连接器、温控装置（例如，热敏电阻）及电路保护装置，也可包括蓄电池的部分保护外壳。

四、品目85.09仅包括通常供家用的下列电动器具：

（一）任何重量的地板打蜡机、食品研磨机及食品搅拌器、水果或蔬菜的榨汁器；

（二）重量不超过20千克的其他机器。

但该品目不适用于风机、风扇或装有风扇的通风罩及循环气罩（不论是否装有过滤器）（品目84.14）、离心干衣机（品目84.21）、洗碟机（品目84.22）、家用洗衣机（品目84.50）、滚筒式或其他形式的熨烫机器（品目84.20或84.51）、缝纫机（品目84.52）、电剪子（品目84.67）或电热器具（品目85.16）。

五、品目85.23所称：

（一）"固态、非易失性存储器件"（例如，"闪存卡"或"电子闪存卡"），是指带有接口的存储器件，其在同一壳体内包含一个或多个闪存（FLASH E^2PROM），以集成电路的形式装配在一块印刷电路板上。它们可以包括一个集成电路形式的控制器及多个分立无源元件，例如，电容器及电阻器。

（二）所称"智能卡"，是指装有一个或多个集成电路［微处理器、随机存取存储器（RAM）或只读存储器（ROM）］芯片的卡。这些卡可带有触点、磁条或嵌入式天线，但不包含任何其他有源或无源电路元件。

六、品目85.34所称"印刷电路"，是指采用各种印制方法（例如，压印、覆镀、腐蚀）或采用"膜电路"工艺，将导线、接点或其他印制元件（例如，电感器、电阻器、电容器）按预定的图形单独或互相连接地印制在绝缘基片上的电路，但能够产生、整流、调制或放大电信号的元件（例如，半导体元件）除外。

所称"印刷电路"，不包括装有非印制元件的电路，也不包括单个的分立式电阻器、电容器及电感器。但印刷电路可配有非经印刷的连接元件。

用同样工艺制得的无源元件及有源元件组成的薄膜电路或厚膜电路应归入品目85.42。

七、品目85.36所称"光导纤维、光导纤维束或光缆用连接器"，是指在有线数字通讯设备中，简单机械地把光纤端部相连成一线的连接器。它们不具备诸如对信号进行放大、再生或修正等其他功能。

八、品目85.37不包括电视接收机或其他电气设备用的无绳红外遥控器（品目85.43）。

九、品目85.41及85.42所称：

（一）"二极管、晶体管及类似的半导体器件"，是指那些依靠外加电场引起电阻率的变化而进行工作的半导体器件。

本注释所述物品在归类时，即使本协调制度其他税号涉及上述物品，尤其是物品的功能，仍应优先考虑归入品目85.41及85.42，但涉及品目85.23的情况除外。

（二）"集成电路"，是指：

1. 单片集成电路，即电路元件（二极管、晶体管、电阻器、电容器、电感器等）主要整体制作在一片半导体材料或化合物半导体材料（例如，掺杂硅、砷化镓、硅锗或磷化铟）基片的表面，并不可分割地连接在一起的电路。

2. 混合集成电路，即通过薄膜或厚膜工艺制得的无源元件（电阻器、电容器、电感器等）和通过半导体工艺制得的有源元件（二极管、晶体管、单片集成电路等）用互连或连接线实际上不可分割地组合在同一绝缘基片（玻璃、陶瓷等）上的电路。这种电路也可包括分立元件。

3. 多芯片集成电路是由两个或多个单片集成电路实际上不可分割地组合在一片或多片绝缘基片上构成的电路，不论是否带有引线框架，但不带有其他有源或无源的电路元件。

4. 多元件集成电路（MCOs），由一个或多个单片、混合或多芯片集成电路以及下列至少一个元件组成：硅基传感器、执行器、振荡器、谐振器或其组件所构成的组合体，或者具有品目85.32、85.33、85.41所列商品功能的元件，或品目85.04的电感器。其像集成电路一样实际上不可分割地组合成一体，作为一种元件，通过引脚、引线、焊球、底面触点、凸点或导电压点进行连接，组装到印刷电路板（PCB）或其他载体上。

在本定义中：

（1）"元件"可以是分立的，独立制造后组装到多元件（MCO）的其余部分上，或者集成到其他元件内。

Chapter 85
Electrical machinery and equipment and parts thereof; sound recorders and reproducers, television image and sound recorders and reproducers, and parts and accessories of such articles

Chapter Notes:

1. This Chapter does not cover:
   (a) Electrically warmed blankets, bed pads, foot-muffs or the like; electrically warmed clothing, footwear or ear pads or other electrically warmed articles worn on or about the person;
   (b) Articles of glass of heading 70.11;
   (c) Machines and apparatus of heading 84.86;
   (d) Vacuum apparatus of a kind used in medical, surgical, dental or veterinary sciences (heading 90.18); or
   (e) Electrically heated furniture of Chapter 94.

2. Headings 85.01 to 85.04 do not apply to goods described in heading 85.11, 85.12, 85.40, 85.41 or 85.42.
However, metal tank mercury arc rectifiers remain classified in heading 85.04.

3. For the purposes of heading 85.07, the expression "electric accumulators" includes those presented with ancillary components which contribute to the accumulator's function of storing and supplying energy or protect it from damage, such as electrical connectors, temperature control devices (e.g., thermistors) and circuit protection devices. They may also include a portion of the protective housing of the goods in which they are to be used.

4. Heading 85.09 covers only the following electro-mechanical machines of the kind commonly used for domestic purposes:
   (a) Floor polishers, food grinders and mixers, and fruit or vegetable juice extractors, of any weight;
   (b) Other machines provided the weight of such machines does not exceed 20kg.
   The heading does not, however, apply to fans or ventilating or recycling hoods incorporating a fan, whether or not fitted with filters (heading 84.14), centrifugal clothes-dryers (heading 84.21), dish washing machines (heading 84.22), household washing machines (heading 84.50), roller or other ironing machines (heading 84.20 or 84.51), sewing machines (heading 84.52), electric scissors (heading 84.67) or to electrothermic appliances (heading 85.16).

5. For the purposes of heading 85.23:
   (a) "Solid-state non-volatile storage devices" (for example, "flash memory cards" or "flash electronic storage cards") are storage devices with a connecting socket, comprising in the same housing one or more flash memories (for example, FLASH E^2PROM) in the form of integrated circuits mounted on a printed circuit board. They may include a controller in the form of an integrated circuit and discrete passive components, such as capacitors and resistors;
   (b) The term "smart cards" means cards which have embedded in them one or more electronic integrated circuits (a microprocessor, random access memory (RAM) or read-only memory (ROM)) in the form of chips. These cards may contain contacts, a magnetic stripe or an embedded antenna but do not contain any other active or passive circuit elements.

6. For the purposes of heading 85.34 "printed circuits" are circuits obtained by forming on an insulating base, by any printing process (for example, embossing, plating-up, etching) or by the "film circuit" technique, conductor elements, contacts or other printed components (for example, inductances, resistors, capacitors) alone or interconnected according to a pre-established pattern, other than elements which can produce, rectify, modulate or amplify an electrical signal (for example, semiconductor elements).
The expression "printed circuits" does not cover circuits combined with elements other than those obtained during the printing process, nor does it cover individual, discrete resistors, capacitors or inductances. Printed circuits may, however, be fitted with non-printed connecting elements.
Thin-or-thick-film circuits comprising passive and active elements obtained during the same technological process are to be classified in heading 85.42.

7. For the purpose of heading 85.36, "connectors for optical fibres, optical fibre bundles or cables" means connectors that simply mechanically align optical fibres end to end in a digital line system. They perform no other functions, such as the amplification, regeneration or modification of a signal.

8. Heading 85.37 does not include cordless infrared devices for the remote control of television receivers or other electrical equipment (heading 85.43).

9. For the purposes of headings 85.41 and 85.42:
   (a) "Diodes, transistors and similar semiconductor devices" are semiconductor devices the operation of which depends on variations in resistivity on the application of an electric field;
   For the classification of the articles defined in this Note, headings 85.41 and 85.42 shall take precedence over any other headings in the Nomenclature, except in the case of heading 85.23, which might cover them by reference to, in particular, their function.

   (b) "Electronic integrated circuits" are:
      (i) Monolithic integrated circuits in which the circuit elements (diodes, transistors, resistors, capacitors, inductances, etc.) are created in the mass (essentially) and on the surface of a semiconductor or compound semiconductor material (for example, doped silicon, gallium arsenide, silicon germanium, indium phosphide) and are inseparably associated;
      (ii) Hybrid integrated circuits in which passive elements (resistors, capacitors, inductances, etc.), obtained by thin-or-thick-film technology, and active elements (diodes, transistors, monolithic integrated circuits, etc.), obtained by semiconductor technology, are combined to all intents and purposes indivisibly, by interconnections or interconnecting cables, on a single insulating substrate (glass, ceramic, etc.). These circuits may also include discrete components;
      (iii) Multichip integrated circuits consisting of two or more interconnected monolithic integrated circuits combined to all intents and purposes indivisibly, whether or not on one or more insulating substrates, with or without leadframes, but with no other active or passive circuit elements.
      (iv) Multi-component integrated circuits (MCOs), a combination of one or more monolithic, hybrid, or multi-chip integrated circuits with at least one of the following components: silicon-based sensors, actuators, oscillators, resonators or combinations thereof, or components performing the functions of articles classifiable under heading 85.32, 85.33, 85.41, or inductors classifiable under heading 85.04, formed to all intents and purposes indivisibly into a single body like an integrated circuit, as a component of a kind used for assembly onto a printed circuit board (PCB) or other carrier, through the connecting of pins, leads, balls, lands, bumps, or pads.
      For the purpose of this definition:
      i) "Components" may be discrete, manufactured independently then assembled onto the rest of the MCO, or integrated into other components.

(2)“硅基”是指在硅基片上制造,或由硅材料制造而成,或者制造在集成电路裸片上。

(3)①硅基传感器是由在半导体材料内部或表面制作的微电子或机械结构组成,具有探测物理量和化学量并将其转换成电信号(因电特性变化或机械结构位移而产生)的功能。“物理量或化学量”与现实世界的现象相关,例如压力、声波、加速度、振动、运动、方向、张力、磁场强度、电场强度、光、放射性、湿度、流量和化学浓度等。

②硅基执行器是由在半导体材料内部或表面制作的微电子或机械结构组成,具有将电信号转换成物理运动的功能。

③硅基谐振器是由在半导体材料内部或表面制作的微电子或机械结构组成,具有按预先设定的频率产生机械或电振荡的功能,频率取决于响应外部输入的结构的物理参数。

④硅基振荡器是有源器件,由在半导体材料内部或表面制作的微电子或机械结构组成,具有按预先设定的频率产生机械或电振荡的功能,频率取决于这些结构的物理参数。

十、品目85.48所称“废原电池、废原电池组及废蓄电池”,是指因破损、拆解、耗尽或其他原因而不能再使用,也不能再充电的电池。

子目注释:

子目8527.12仅包括有内置放大器但无内置扬声器的盒式磁带放声机,它不需外接电源即能工作,且外形尺寸不超过170毫米×100毫米×45毫米。

商品编号	商品名称及备注[检验检疫编码及名称]	进口关税(%)		增值税率(%)	消费税	计量单位	监管条件	检验检疫类别
		最惠国	普通					
8501	**电动机及发电机(不包括发电机组):**							
85011010	---玩具用							
8501101000	输出功率≤37.5瓦玩具电动机〔999〕	12	80	13		台/千克		
85011091	----微电机,机座尺寸在20毫米及以上,但不超过39毫米							
8501109101[暂5]	激光视盘机机芯精密微型电机(1瓦≤功率≤18瓦,20毫米≤直径≤30毫米)〔999〕	9	70	13		台/千克		
8501109102[暂5]	摄像机、摄录一体机用精密微型电机(0.5瓦≤功率≤10瓦,20毫米≤直径≤39毫米)〔999〕	9	70	13		台/千克		
8501109190	其他机座最大尺寸在20毫米至39毫米微电机(输出功率不超过37.5瓦)〔999〕	9	70	13		台/千克		
85011099	----其他							
8501109901[暂5]	功率≤0.5瓦非用于激光视盘机机芯的微型电机(圆柱形直径≤6毫米,高≤25毫米;扁圆型直径≤15毫米,厚≤5毫米)〔999〕	9	35	13		台/千克		
8501109902[暂5]	激光视盘机机芯用精密微型电机(0.5瓦≤功率≤2瓦,5毫米≤直径<20毫米)〔999〕	9	35	13		台/千克		
8501109903[暂5]	摄像机、摄录一体机用精密微型电机(0.5瓦≤功率≤10瓦,5毫米≤直径<20毫米或39毫米<直径≤40毫米)〔999〕	9	35	13		台/千克		
8501109990	其他微电机(输出功率不超过37.5瓦)〔101玩具电机〕,〔102微电机〕	9	35	13		台/千克		
85012000	-交直流两用电动机,输出功率超过37.5瓦							
8501200000	输出功率>37.5瓦的交直流两用电动机〔999〕	12	35	13		台/千克		L/
85013100	--输出功率不超过750瓦							
8501310000	其他输出功率≤750瓦的直流电动机、发电机〔101微电机〕,〔102直流电动机〕,〔103其他发电机(组)及其零件〕	12	35	13		台/千克		L/
85013200	--输出功率超过750瓦,但不超过75千瓦							
8501320000	750瓦<输出功率≤75千瓦的直流电动机、发电机〔101直流电动机〕,〔102其他发电机(组)及其零件〕	10	35	13		台/千克		L/
85013300	--输出功率超过75千瓦,但不超过375千瓦							
8501330000	75千瓦<输出功率≤375千瓦的直流电动机,发电机〔101直流电动机〕,〔102其他发电机(组)及其零件〕	5	35	13		台/千克		
85013400	--输出功率超过375千瓦							
8501340000	输出功率>375千瓦的直流电动机、发电机〔101直流电动机〕,〔102其他发电机(组)及其零件〕	10	35	13		台/千克		
85014000	-其他单相交流电动机							
8501400000	单相交流电动机〔999〕	10	35	13		台/千克		L/
85015100	--输出功率不超过750瓦							
8501510010	发电机(功率≥40瓦,频率600至2000赫兹,谐波畸变低于10%等)〔999〕	5	35	13		台/千克	3	
8501510090	其他输出功率≤750瓦多相交流电动机〔999〕	5	35	13		台/千克		L/
85015200	--输出功率超过750瓦,但不超过75千瓦							
8501520000	750瓦<输出功率≤75千瓦的多相交流电动机〔999〕	10	35	13		台/千克		L/

ii) "Silicon based" means built on a silicon substrate, or made of silicon materials, or manufactured onto integrated circuit die.

iii) a) "Silicon based sensors" consist of microelectronic or mechanical structures that are created in the mass or on the surface of a semiconductor and that have the function of detecting physical or chemical quantities and transducing these into electric signals, caused by resulting variations in electric properties or displacement of a mechanical structure. "Physical or chemical quantities" relates to real world phenomena, such as pressure, acoustic waves, acceleration, vibration, movement, orientation, strain, magnetic field strength, electric field strength, light, radioactivity, humidity, flow, chemicals concentration, etc.

b) "Silicon based actuators" consist of microelectronic and mechanical structures that are created in the mass or on the surface of a semiconductor and that have the function of converting electrical signals into physical movement.

c) "Silicon based resonators" are components that consist of microelectronic or mechanical structures that are created in the mass or on the surface of a semiconductor and have the function of generating a mechanical or electrical oscillation of a predefined frequency that depends on the physical geometry of these structures in response to an external input.

d) "Silicon based oscillators" are active components that consist of microelectronic or mechanical structures that are created in the mass or on the surface of a semiconductor and that have the function of generating a mechanical or electrical oscillation of a predefined frequency that depends on the physical geometry of these structures.

10. For the purposes of heading 85. 48, "spent primary cells, spent primary batteries and spent electric accumulators" are those which are neither usable as such because of breakage, cutting-up, wear or other reasons, nor capable of being recharged.

Subheading Note:

Subheading 8527. 12 covers only cassette-players with built-in amplifier, without built-in loudspeaker, capable of operating without an external source of electric power and the dimensions of which do not exceed 170mm×100mm×45mm.

协定税率(%)															特惠税率(%)			对美税率	出口税率	出口退税率	Article Description
智利	新西兰	澳大利亚	瑞士	冰岛	秘鲁	哥斯达	东盟	亚太	新加坡	巴基斯坦	港/澳/台	韩国	格鲁吉亚	毛里求斯	亚太	老/柬/缅	LDC 97/95				
																					Electric motors and generators (excluding generating sets):
0	0	0	4.9	0	0	0	0	7.8	0	23.3	0/0/0	15.9	0	19.6			0/0			13	---For use in toys
																			0		
0	0	0	1.8	0	0	0	0	5.9	0	3	0/0/	4.8	0	0			0/0			13	----Micromotors with a housing size of 20mm or more but not exceeding 39mm
																		30	0		
																		30	0		
																		34	0		
0	0	0	1.8	0	0	0	0	5.9	0	4	0/0/0	4.8	0	0			0/0			13	----Other
																		30	0		
																		30	0		
																		30	0		
																		34	0		
0	0	0	2.4	0	0	0	0		0	4.8	0/0/	3.6	0	0			0/0			13	-Universal AC/DC motors of an output exceeding 37. 5W
																		32	0		
0	0	0	0	0	0	0	0	7.8	0	4.8	0/0/0	7.8	0	0			0/0			13	--Of an output not exceeding 750W
																			0		
0	0	0	0	0	0	0	0		0	3	0/0/	3	0	0			0/0			13	--Of an output exceeding 750W but not exceeding 75kW
																		25	0		
0	0	0	0	0	0	0	0			0	0/0/	0	0	0			0/0			13	--Of an output exceeding 75kW but not exceeding 375kW
																		25	0		
0	0	0	2.4	0	0	0	0		0	4.8	0/0/	7.8	0	0			0/0			13	--Of an output exceeding 375kW
																		30	0		
0	0	0	2.4	0	0	0	0		0	4.8	0/0/	6.4	0	0			0/0			13	-Other AC motors, single-phase
																		30	0		
0	0	0	0	0	0	0	0			0	0/0/		1	0			0/0			13	--Of an output not exceeding 750W
																		30	0		
																		30	0		
0	0	0	2	0	0	0	0		0	4	0/0/	6.5	0	0			0/0			13	--Of an output exceeding 750W but not exceeding 75kW
																			0		

商品编号	商品名称及备注[检验检疫编码及名称]	进口关税(%)		增值税率(%)	消费税	计量单位	监管条件	检验检疫类别
		最惠国	普通					
85015300	--输出功率超过 75 千瓦							
8501530000	其他功率>75 千瓦多相交流电动机〔999〕	10	35	13		台/千克		
85016100	--输出功率不超过 75 千伏安							
8501610000	输出功率≤75 千伏安交流发电机〔999〕	5	30	13		台/千克		
85016200	--输出功率超过 75 千伏安,但不超过 375 千伏安							
8501620000	75 千伏安<输出功率≤375 千伏安交流发电机〔999〕	10	30	13		台/千克		
85016300	--输出功率超过 375 千伏安,但不超过 750 千伏安							
8501630000	375 千伏安<输出功率≤750 千伏安交流发电机〔999〕	10	30	13		台/千克		
85016410	---输出功率超过 750 千伏安,但不超过 350 兆伏安							
8501641010[暂5]	由使用可再生燃料锅炉和涡轮机组驱动的交流发电机,750 千伏安<输出功率≤350 兆伏安〔999〕	10	30	13		台/千克	O	
8501641090	其他 750 千伏安<输出功率≤350 兆伏安的交流发电机〔999〕	10	30	13		台/千克	O	
85016420	---输出功率超过 350 兆伏安,但不超过 665 兆伏安							
8501642010[暂5]	由使用可再生燃料锅炉和涡轮机组驱动的交流发电机,350 兆伏安<输出功率≤665 兆伏安〔999〕	5. 5	14	13		台/千克		
8501642090	其他 350 兆伏安<输出功率≤665 兆伏安交流发电机〔999〕	5. 5	14	13		台/千克	O	
85016430	---输出功率超过 665 兆伏安							
8501643010[暂5]	由使用可再生燃料锅炉和涡轮机组驱动的交流发电机,输出功率>665 兆伏安〔999〕	6	11	13		台/千克		
8501643090	其他输出功率>665 兆伏安交流发电机〔999〕	6	11	13		台/千克		
8502	**发电机组及旋转式变流机:**							
85021100	--输出功率不超过 75 千伏安							
8502110000	输出功率≤75 千伏安柴油发电机组(包括半柴油发电机组)〔999〕	10	45	13		台/千克		
85021200	--输出功率超过 75 千伏安,但不超过 375 千伏安							
8502120000	75 千伏安<输出功率≤375 千伏安柴油发电机组(包括半柴油发电机组)〔999〕	10	45	13		台/千克	O	
85021310	---输出功率超过 375 千伏安,但不超过 2 兆伏安							
8502131000	375 千伏安<输出功率≤2 兆伏安柴油发电机组(包括半柴油发电机组)〔999〕	10	45	13		台/千克	O	
85021320	---输出功率超过 2 兆伏安							
8502132000	输出功率>2 兆伏安柴油发电机组(包括半柴油发电机组)〔999〕	10	30	13		台/千克	O	
85022000	-装有点燃式活塞内燃发动机的发电机组							
8502200000	装有点燃式活塞发动机的发电机组(内燃的)〔999〕	10	45	13		台/千克		
85023100	--风力驱动的							
8502310000[暂5]	风力发电设备〔999〕	8	30	13		台/千克		
85023900	--其他							
8502390010[暂5]	依靠可再生能源(太阳能、小水电、潮汐、沼气、地热能、生物质/余热驱动的汽轮机)生产电力的发电机组〔999〕	10	30	13		台/千克		
8502390090	其他发电机组(风力驱动除外)〔999〕	10	30	13		台/千克		
85024000	-旋转式变流机							
8502400000	旋转式变流机〔999〕	10	30	13		台/千克		
8503	**专用于或主要用于品目 85. 01 或 85. 02 所列机器的零件:**							
85030010	---编号 85011010 及 85011091 所列电动机用							
8503001000	玩具用电动机等微电动机零件(编号 85011010 及 85011091 所列电动机零件)〔999〕	8	70	13		千克		
85030020	---编号 85016420 及 85016430 所列发电机用							
8503002000	输出功率>350 兆伏安交流发电机零件(编号 85016420 及 85016430 所列发电机零件)〔999〕	3	11	13		千克		
85030030	---编号 85023100 所列发电机组用							
8503003000[暂1]	风力发电设备的零件(编号 85023100 所列发电机组零件)〔999〕	3	30	13		千克		
85030090	---其他							
8503009010	电动机定子(用于真空中频率 600~2000 赫兹、功率 50~1000 伏安条件下)〔999〕	8	30	13		千克	3	

协定税率(%)															特惠税率(%)			对美税率	出口税率	出口退税率	Article Description
智利	新西兰	澳大利亚	瑞士	冰岛	秘鲁	哥斯达	东盟	亚太	新加坡	巴基斯坦	港/澳/台	韩国	格鲁吉亚	毛里求斯	亚太	老/柬/缅	LDC 97/95				
0	0	0	2.4	0	0	0	0	6.5	0	4.8	0/0/	6.4	0	0			0/0			13	--Of an output exceeding 75kW
																		30	0		
0	0	0	0	0	0	0	0			0	0/0/	1.5	0	0			0/0			13	--Of an output not exceeding 75kVA
																		25	0		
0	0	0	2.4	0	0	0	0		0	4.8	0/0/	7.8	0	0			0/0			13	--Of an output exceeding 75kVA but not exceeding 375kVA
																		15	0		
0	0	0	2.4	0	0	0	0		0	4.8	0/0/	7.8	0	0			0/0			13	--Of an output exceeding 375kVA but not exceeding 750kVA
																		30	0		
0	0	0	0	0	0	0	0		0	3	0/0/	6.5	0	0			0/0			13	---Of an output exceeding 750kVA but not exceeding 350MVA
																		25	0		
																		30	0		
0	0	0	0	0	0	0	0	3.6		0	0/0/	0	0	0			0/0			13	---Of an output exceeding 350MVA but not exceeding 665MVA
																			0		
																			0		
0	0	0	0	0	0	0	0	3.9		0	0/0/	0	0	0			0/0			13	---Of an output exceeding 665MVA
																		10	0		
																		11	0		
																					Electric generating sets and rotary converters:
0	0	0	0	0	0	0	0		0	3	0/0/	3	0	0			0/0			13	--Of an output not exceeding 75kVA
																		15	0		
0	0	0	0	0	0	0	0		0	3	0/0/	5.3	0	0			0/0			13	--Of an output exceeding 75 kVA but not exceeding 375kVA
																		30	0		
0	0	0	0	0	0	0	0	6.5	0	3	0/0/	6.5	0	0			0/0			13	---Of an output exceeding 375kVA but not exceeding 2MVA
																		25	0		
0	0	0	0	0	0	0	0	7	0	3	0/0/	6.5	0	0			0/0			13	---Of an output exceeding 2MVA
																		30	0		
0	0	0	0	0	0	0	0		0	4	0/0/	3	0	0			0/0			13	-Generating sets with spark-ignition internal combustion piston engines
																		35	0		
0	0	0	0	0	0	0	0			3	0/0/	4.2	0	0			0/0			13	--Wind-powered
																		30	0		
0	0	0	0	0	0	0	0			3	0/0/	5.3	0	0			0/0			13	--Other
																		10	0		
																		15	0		
0	0	0	0	0	0	0	0			3	0/0/	3	0	0			0/0			13	-Electric rotary converters
																			0		
																					Parts suitable for use solely or principally with the machines of heading 85.01 or 85.02:
0	0	0	2.4	0	0	0	0	5.2	0	4.8	0/0/0	7.8	0	0			0/0			13	---Of the motors of subheading 8501.1010 or 8501.1091
																		33	0		
0	0	0	0.6	0	0	0	0	2		0	0/0/	0	0	0			0/0			13	---Of the generators of subheading 8501.6420 or 8501.6430
																		28	0		
0	0	0	0	0	0	0	0	2.5		0	0/0/	0	0	0			0/0			13	---Of the generating sets of subheading 8502.3100
																		26	0		
0	0	0	1.6		0	0	0	5.2		4	0/0/0	0	0	0			0/0			13	---Other
																		33	0		

商品编号	商品名称及备注[检验检疫编码及名称]	进口关税(%) 最惠国	普通	增值税率(%)	消费税	计量单位	监管条件	检验检疫类别
8503009020[暂5]	由使用可再生燃料锅炉和涡轮机组驱动的输出功率超过750千伏安不超过350兆伏安的交流发电机的零件〔999〕	8	30	13		千克		
8503009030[暂5]	靠可再生能源(太阳能、小水电、潮汐、沼气、地热能、生物质/余热驱动的汽轮机)生产电力发电机组的零件〔999〕	8	30	13		千克		
8503009040[暂1]	飞机发动机用交流发电机定子〔999〕	8	30	13		千克		
8503009090	其他电动机、发电机(组)零件〔999〕	8	30	13		千克		
8504	**变压器、静止式变流器(例如,整流器)及电感器:**							
85041010	---电子镇流器							
8504101000	电子镇流器〔999〕	10	35	13		个/千克		L/
85041090	---其他							
8504109000	其他放电灯或放电管用镇流器〔101 电子镇流器〕,〔102 其他镇流器及其零件〕	10	35	13		个/千克		L/
85042100	--额定容量不超过650千伏安							
8504210000	额定容量≤650千伏安液体介质变压器〔999〕	10	50	13		个/千克		
85042200	--额定容量超过650千伏安,但不超过10兆伏安							
8504220000	650千伏安<额定电压≤10兆伏安液体介质变压器〔999〕	10	50	13		个/千克		
85042311	----额定容量超过10兆伏安,但小于220兆伏安							
8504231100	10<额定容量<220兆伏安液体变压器〔999〕	10	50	13		个/千克		
85042312	----额定容量在220兆伏安及以上,但小于330兆伏安							
8504231200	220≤额定容量<330兆伏安液体变压器〔999〕	10	50	13		个/千克		
85042313	----额定容量在330兆伏安及以上,但小于400兆伏安							
8504231300	330≤额定容量<400兆伏安液体变压器〔999〕	10	50	13		个/千克		
85042321	----额定容量在400兆伏安及以上,但小于500兆伏安							
8504232100	400≤额定容量<500兆伏安液体变压器〔999〕	6	11	13		个/千克		
85042329	----其他							
8504232900	额定容量≥500兆伏安液体变压器〔999〕	6	11	13		个/千克		
85043110	---互感器							
8504311000	额定容量不超过1千伏安的互感器〔999〕	5	50	13		个/千克		
85043190	---其他							
8504319000	额定容量≤1千伏安的其他变压器〔999〕	5	50	13		个/千克		
85043210	---互感器							
8504321000	1千伏安<额定容量≤16千伏安的互感器〔999〕	5	50	13		个/千克		
85043290	---其他							
8504329000	1<额定容量≤16千伏安的其他变压器〔999〕	5	50	13		个/千克		
85043310	---互感器							
8504331000	16千伏安<额定容量≤500千伏安互感器〔999〕	5	50	13		个/千克		
85043390	---其他							
8504339000	16千伏安<额定容量≤500千伏安其他变压器〔999〕	5	50	13		个/千克		
85043410	---互感器							
8504341000	额定容量>500千伏安的互感器〔999〕	10	50	13		个/千克		
85043490	---其他							
8504349000	额定容量>500千伏安的其他变压器〔999〕	10	50	13		个/千克		
85044013	----品目84.71所列机器用							
8504401300	品目84.71所列机器用的稳压电源〔101 Ⅰ类稳压电源〕,〔102 Ⅱ类稳压电源〕,〔103Ⅲ类稳压电源〕	0	40	13		个/千克	A	L/
85044014	----其他直流稳压电源,功率小于1千瓦,精度低于万分之一							
8504401400	功率<1千瓦直流稳压电源(稳压系数低于万分之一,品目84.71所列机器用除外)②	1.2/0③	80	13		个/千克		
85044015	----其他交流稳压电源,功率小于10千瓦,精度低于千分之一							

① 如税率中间有"#","#"前后分别为上半年(2021年1月1日至6月30日)和下半年(2021年7月1日至12月31日)的适用税率。
② 〔101 I类稳压电源〕,〔102 II类稳压电源〕,〔103III类稳压电源〕,
③ 最惠国税率中,"/"左边的税率截止日期为2021年6月30日,"/"右边的税率有效日期为2021年7月1日~2999年12月31日。

协定税率(%)															特惠税率(%)			对美税率	出口税率	出口退税率	Article Description
智利	新西兰	澳大利亚	瑞士	冰岛	秘鲁	哥斯达	东盟	亚太	新加坡	巴基斯坦	港/澳/台	韩国	格鲁吉亚	毛里求斯	亚太	老/柬/缅	LDC 97/95				
																		30	0		
																		30	0		
																		26	0		
																		33	0		
																					Electrical transformers, static converters (for example, rectifiers) and inductors:
0	0	0	0	0	0	0	0		0	3	0/0/	3	0	0			0/0			13	---Electronic ballats
																		30	0		
0	0	0	0	0	0	0	0			3	0/0/	3	0	0			0/0			13	---Other
																		30	0		
0	0	0	2.1	0	0	0	0		0	4	0/0/	3.1	0	0			0/0			13	--Having a power handling capacity not exceeding 650kVA
																		30	0		
0	0	0	2.5	0	0	0	0		0	5	0/0/	3.7	0	0			0/0			13	--Having a power handling capacity exceeding 650kVA but not exceeding 10MVA
																		35	0		
0	0	0		0	0	0	0	6.5		3	0/0/	5.3	0	0			0/0			13	----Having a power handing capacity exceeding 10MVA but less than 220MVA
																		35	0		
0	0	0	0	0	0	0	0	6.5		3	0/0/	3	0	0			0/0			13	----Having a power handling capacity exceeding 220MVA but less than 330MVA
																			0		
0	0	0	0	0	0	0	0	6.5		3	0/0/	3	0	0			0/0			13	----Having a power handling capacity exceeding 330MVA but less than 400MVA
																			0		
0	0	0	0	0	0	0	0	3.9		0	0/0/	0	0	0			0/0			13	----Having a power handling capacity exceeding 400MVA but less than 500MVA
																			0		
0	0	0	0	0	0	0	0	3.9		0	0/0/	0	0	0			0/0			13	----Other
																		31	0		
0	0	0	0	0	0	0	0	3.3		0	0/0/0	0	0	0			0/0			13	---Mutual inductor
																		25	0		
0	0	0	0	0	0	0	0	3.3	0	0	0/0/0	0	0	0			0/0			13	---Other
																		30	0		
0	0	0	0	0	0	0	0			0	0/0/	2.6	0	0			0/0			13	---Mutual inductor
																		25	0		
0	0	0	0	0	0	0	0			0	0/0/	0	0	0			0/0			13	---Other
																		30	0		
0	0	0	0	0	0	0	0			0	0/0/	2.6	0	0			0/0			13	---Mutual inductor
																		25	0		
0	0	0	0	0	0	0	0			0	0/0/	2.6	0	0			0/0			13	---Other
																		15	0		
0	0	0	0	0	0	0	0		0	11.2	0/0/	7.4	0	0			0/0			13	---Mutual inductor
																			0		
0	0	0	0	0	0	0	0		0	9	0/0/	7.4	0	0			0/0			13	---Other
																		30	0		
																	0/0			13	----Of the machines of heading 84.71
																		25	0		
0	0	0	1.2#0[①]	0	0	0	0	0.8#0[①]		3	0/0/	3.7	0	0			0/0			13	----Other DC voltage-stabilized suppliers, of a power of less than 1kW and an accuracy of not better than 0.0001
																			0		
																	0/0			13	----Other AC voltage-stabilized suppliers, of a power of less than 10kW and an accuracy of not better than 0.001

商品编号	商品名称及备注[检验检疫编码及名称]	进口关税(%)		增值税率(%)	消费税	计量单位	监管条件	检验检疫类别
		最惠国	普通					
8504401500	功率<10 千瓦其他交流稳压电源(精度低于千分之一)〔101 Ⅰ类稳压电源〕,〔102 Ⅱ类稳压电源〕,〔103Ⅲ类稳压电源〕	0	80	13		个/千克		
85044019	----其他							
8504401910	同位素电磁分离器离子源磁体电源(高功率直流型)〔101 Ⅰ类稳压电源〕,〔102 Ⅱ类稳压电源〕,〔103Ⅲ类稳压电源〕	0	50	13		个/千克	3	
8504401920	直流高功率电源(能 8 小时连续产生 100 伏,500 安电流,稳定度优于 0.1%)〔101 Ⅰ类稳压电源〕,〔102 Ⅱ类稳压电源〕,〔103Ⅲ类稳压电源〕	0	50	13		个/千克	3	
8504401930	高压直流电源(能 8 小时连续产生 20 千伏,1 安电流,稳定度优于 0.2%)〔101 Ⅰ类稳压电源〕,〔102 Ⅱ类稳压电源〕,〔103Ⅲ类稳压电源〕	0	50	13		个/千克	3	
8504401940	同位素电磁分离器离子源高压电源〔101 Ⅰ类稳压电源〕,〔102 Ⅱ类稳压电源〕,〔103Ⅲ类稳压电源〕	0	50	13		个/千克	3	
8504401990	其他稳压电源〔101 Ⅰ类稳压电源〕,〔102 Ⅱ类稳压电源〕,〔103Ⅲ类稳压电源〕	0	50	13		个/千克		L/
85044020	---不间断供电电源							
8504402000	不间断供电电源(UPS)〔999〕	1.7/0[2]	50	13		台/千克		
85044030	---逆变器							
8504403010	两用物项管制的逆变器(功率≥40 瓦特,频率 600 至 2000 赫兹,谐波畸变低于 10%等)〔999〕	1.7/0[2]	30	13		个/千克	3	
8504403020	纯电动或混合动力汽车用逆变器模块,功率密度≥8 千瓦/升〔999〕	1.7/0[2]	30	13		个/千克		
8504403090	其他逆变器〔999〕	1.7/0[2]	30	13		个/千克		
85044091	----具有变流功能的半导体模块							
8504409110	具有变流功能的半导体模块(自动数据处理设备机器及组件、电讯设备用的)〔999〕	0	30	13		个/千克		
8504409190	其他具有变流功能的半导体模块〔999〕	1.7/0[2]	30	13		个/千克		
85044099	----其他							
8504409910	静止式变流器(自动数据处理设备机器及组件、电讯设备用)〔999〕	0	30	13		个/千克		
8504409920	ITA 产品用的印刷电路组件(包括外接组件,如符合 PCMCIA 标准的卡)〔999〕	0	30	13		个/千克		
8504409930	专用 8503009010 电动机定子的频率变换器(1. 多相输出 600 赫兹或更高;2. 高稳定性(频率控制优于 0.2%)。)〔999〕	1.7/0[2]	30	13		个/千克	3	
8504409940	两用物项管制的频率变换器(功率≥40 瓦特,频率 600 至 2000 赫兹,谐波畸变低于10%等)〔999〕	1.7/0[2]	30	13		个/千克	3	
8504409950	电源(真空或受控环境感应炉用电源,额定输出功率≥5 千瓦)〔999〕	1.7/0[2]	30	13		个/千克	3	
8504409960	模块式电脉冲发生器(在 15 毫秒内输出电流>100 安,密封在防尘罩内,温宽范围大)〔999〕	1.7/0[2]	30	13		个/千克	3	
8504409970	高速(200 千米/时及以上)电力机车的牵引变流器〔999〕	1.7/0[2]	30	13		个/千克		
8504409980	汽车冲压线用压力机变频调速装置〔999〕	1.7/0[2]	30	13		个/千克		
8504409992	纯电动汽车或插电式混合动力汽车用车载充电机〔999〕	1.7/0[2]	30	13		个/千克		
8504409999	其他未列名静止式变流器〔999〕	1.7/0[2]	30	13		个/千克		
85045000	-其他电感器							
8504500000	其他电感器〔999〕	0	35	13		个/千克		
85049011	----编号 85042321,85042329 所列变压器用							
8504901100	额定容量>400 兆伏安液体介质变压器零件〔999〕	0.8/0[2]	11	13		千克		
85049019	----其他							
8504901900	其他变压器零件〔999〕	1.3/0[2]	50	13		千克		
85049020	---稳压电源及不间断供电电源用							
8504902000	稳压电源及不间断供电电源零件〔999〕	1.3/0[2]	50	13		千克		
85049090	---其他							
8504909010	用于将可再生能源发电机组输出的直流电转换成交流电的逆变器的零件〔999〕	1.3/0[2]	30	13		千克		
8504909090	其他静止式变流器及电感器零件〔999〕	1.3/0[2]	30	13		千克		

① 如税率中间有“#”,“#”前后分别为上半年(2021 年 1 月 1 日至 6 月 30 日)和下半年(2021 年 7 月 1 日至 12 月 31 日)的适用税率。
② 最惠国税率中,“/”左边的税率截止日期为 2021 年 6 月 30 日,“/”右边的税率有效日期为 2021 年 7 月 1 日~2999 年 12 月 31 日。

协定税率(%)															特惠税率(%)			对美税率	出口税率	出口退税率	Article Description
智利	新西兰	澳大利亚	瑞士	冰岛	秘鲁	哥斯达	东盟	亚太	新加坡	巴基斯坦	港/澳/台	韩国	格鲁吉亚	毛里求斯	亚太	老/柬/缅	LDC 97/95				
																		10	0		
																	0/0			13	----Other
																		20	0		
																		20	0		
																		20	0		
																		20	0		
																		20	0		
0	0	0		0	0	0	0	1.1# 0①	0	4	0/0/	5.3	0	0			0/0			13	---Uninterrupted power suppliers
																		21.7	0		
0	0	0	1.7# 0①	0	0	0	0		0	4	0/0/	5.3	0	0			0/0			13	---Inverter
																		26.7	0		
																		26.7	0		
																		26.7	0		
0	0	0	1.7# 0①	0	0	0	0		0	4	0/0/	0	2	0			0/0			13	----Semiconductor modules with converting function
																			0		
																			0		
0	0	0	1.7# 0①	0	0	0	0		0	4	0/0/	5.3	0	7.1			0/0			13	----Other
																		20	0		
																		20	0		
																		21.7	0		
																		21.7	0		
																		21.7	0		
																		21.7	0		
																		21.7	0		
																		21.7	0		
																		21.7	0		
																		21.7	0		
																	0/0			13	-Other inductors
																		25	0		
0	0	0	0.8# 0①	0	0	0	0	0.5# 0①		0	0/0/	2.6	0	0			0/0			13	----Of the transformers of subheading 8504.2321,8504.2329
																		25.8	0		
0	0	0	1.3# 0①	0	0	0	0	0.7# 0①		2.7	0/0/0	4.2	0	0			0/0			13	----Other
																		26.3	0		
0	0	0	1.3# 0①	0	0	0	0	0.8# 0①		3	0/0/0	4.2	1.6	0			0/0			13	---Of voltage-stabilized suppliers and uninterrupted power suppliers
																		21.3	0		
0	0	0	1.3# 0①	0	0	0	0	0.8# 0①		3	0/0/0	4.2	0	0			0/0			13	---Other
																		26.3	0		
																		26.3	0		

商品编号	商品名称及备注[检验检疫编码及名称]	进口关税(%)		增值税率(%)	消费税	计量单位	监管条件	检验检疫类别
		最惠国	普通					
8505	**电磁铁;永磁铁及磁化后准备制永磁铁的物品;电磁铁或永磁铁卡盘、夹具及类似的工件夹具;电磁联轴节、离合器及制动器;电磁起重吸盘:**							
85051110	---稀土永磁体							
8505111000	稀土永磁铁及稀土永磁体〔999〕	7	20	13		千克		
85051190	---其他							
8505119000	其他金属的永磁铁及永磁体〔999〕	7	20	13		千克		
85051900	--其他							
8505190010	磁极块(直径大于2米,用在同位素电磁分离器内)〔999〕	7	20	13		千克	3	
8505190090	其他非金属的永磁铁及永磁体〔999〕	7	20	13		千克		
85052000	-电磁联轴节、离合器及制动器							
8505200000	电磁联轴节、离合器及制动器〔999〕	8	20	13		千克		
85059010	---电磁起重吸盘							
8505901000	电磁起重吸盘〔999〕	8	20	13		个/千克		
85059090	---其他							
8505909010	超导螺线电磁体(产生超过2个泰斯拉磁场,长径比≥2,内径≥300毫米等)〔999〕	8	20	13		个/千克	3	
8505909020	专门或主要用于核磁共振成像装置的电磁体,但品目90.18所列其他电磁铁除外〔999〕	0	20	13		个/千克		
8505909090	其他电磁铁;电磁铁或永磁铁卡盘、夹具及类似的工件夹具;品目85.05的零件〔999〕	8	20	13		个/千克		
8506	**原电池及原电池组:**							
85061011	----扣式							
8506101110	扣式无汞碱性锌锰的原电池及原电池组(汞含量<电池重量的0.0005%)①	8	80	13		个/千克	A	M/
8506101190	扣式含汞碱性锌锰的原电池及原电池组(汞含量≥电池重量的0.0005%)②	8	80	13	4%	个/千克	89	M/
85061012	----圆柱式							
8506101210	圆柱形无汞碱性锌锰的原电池及原电池组(汞含量<电池重量的0.0001%)③	8	80	13		个/千克	A	M/
8506101290	圆柱形含汞碱性锌锰的原电池及原电池组(汞含量≥电池重量的0.0001%)④	8	80	13	4%	个/千克	89	M/
85061019	----其他							
8506101910	其他无汞碱性锌锰的原电池及原电池组(汞含量<电池重量的0.0001%)⑤	8	80	13		个/千克	A	M/
8506101990	其他含汞碱性锌锰的原电池及原电池组(汞含量≥电池重量的0.0001%)⑥	8	80	13	4%	个/千克	89	M/
85061090	---其他							
8506109010	其他无汞二氧化锰的原电池及原电池组(汞含量<电池重量的0.0001%,扣式电池的汞含量<电池重量的0.0005%)〔101 锌-锰原电池及原电池组〕,〔102 碱性锌-锰原电池及原电池组〕,〔103 其他二氧化锰的原电池及原电池组〕	8	80	13		个/千克	A	M/
8506109090	其他含汞二氧化锰的原电池及原电池组(汞含量≥电池重量的0.0001%,扣式电池的汞含量≥电池重量的0.0005%)〔101 锌-锰原电池及原电池组〕,〔102 碱性锌-锰原电池及原电池组〕,〔103 其他二氧化锰的原电池及原电池组〕	8	80	13	4%	个/千克	89	M/
85063000	-氧化汞的							
8506300000	氧化汞的原电池及原电池组〔999〕	8	40	13	4%	个/千克	89	M/
85064000	-氧化银的							
8506400010	氧化银的原电池及原电池组(无汞)(汞含量<电池重量的0.0001%,扣式电池的汞含量<电池重量的0.0005%)〔101 锌银扣式电池〕,〔102 锌银其他电池〕,〔103 其他氧化银的原电池及原电池组〕	8	40	13		个/千克	A	M/
8506400090	氧化银的原电池及原电池组(含汞)(汞含量≥电池重量的0.0001%,扣式电池的汞含量≥电池重量的0.0005%)〔101 锌银扣式电池〕,〔102 锌银其他电池〕,〔103 其他氧化银的原电池及原电池组〕	8	40	13	4%	个/千克	89	M/
85065000	-锂的							
8506500000	锂的原电池及原电池组〔101 锂-二氧化锰扣式电池〕,〔102 锂-二氧化锰其他电池〕,〔103 其他锂的原电池及原电池组〕	8	40	13		个/千克	A	M/
85066000	-锌空气的							

① 〔101 锌-锰原电池及原电池组〕,〔102 碱性锌-锰原电池及原电池组〕,〔103 其他二氧化锰的原电池及原电池组〕
② 〔101 锌-锰原电池及原电池组〕,〔102 碱性锌-锰原电池及原电池组〕,〔103 其他二氧化锰的原电池及原电池组〕
③ 〔101 锌-锰原电池及原电池组〕,〔102 碱性锌-锰原电池及原电池组〕,〔103 其他二氧化锰的原电池及原电池组〕
④ 〔101 锌-锰原电池及原电池组〕,〔102 碱性锌-锰原电池及原电池组〕,〔103 其他二氧化锰的原电池及原电池组〕
⑤ 〔101 锌-锰原电池及原电池组〕,〔102 碱性锌-锰原电池及原电池组〕,〔103 其他二氧化锰的原电池及原电池组〕,〔104 电池液(碱性的)〕
⑥ 〔101 锌-锰原电池及原电池组〕,〔102 碱性锌-锰原电池及原电池组〕,〔103 其他二氧化锰的原电池及原电池组〕,〔104 电池液(碱性的)〕

协定税率(%)															特惠税率(%)			对美税率	出口税率	出口退税率	Article Description
智利	新西兰	澳大利亚	瑞士	冰岛	秘鲁	哥斯达	东盟	亚太	新加坡	巴基斯坦	港/澳/台	韩国	格鲁吉亚	毛里求斯	亚太	老/柬/缅	LDC 97/95				
																					Electro-magnets; permanent magnets and articles intended to become permanent magnets after magnetization; electro-magnetic or permanent magnet chucks, clamps and similar holding devices; electro-magnetic couplings, clutches and brakes; electro-magnetic lifting heads:
0	0	0	0	0	0	0	0			3	0/0/0	0	1.4	0			0/0			13	---Of rare-earth metals
																		32	0		
0	0	0	0	0	0	0	0			3	0/0/0	0	0	0			0/0			13	---Other
																		27	0		
0	0	0	0	0	0	0	0	4.6		3	0/0/	2.1	0	0			0/0			13	--Other
																		32	0		
																		32	0		
0	0	0	0	0	0	0	0	5.2		3	0/0/	4.2	0	0			0/0			13	-Electro-magnetic couplings, clutches and brakes
																			0		
0	0	0	0	0	0	0	0			3	0/0/	0	0	0			0/0			13	---Electro-magnetic lifting heads
																		28	0		
0	0	0	1.6	0	0	0	0	5.6		3	0/0/	0	0	0			0/0			13	---Other
																		33	0		
																		25	0		
																		33	0		
																					Primary cells and primary batteries:
0	0	0	4	0	0	0	0		0	20	0/0/	13	0	0			0/0				----Button shape
																		28	0	13	
																		28	0	0	
0	0	0	4	0	0	0	0		0	20	0/0/	13	0	0			0/0				----Cylindrical shape
																		28	0	13	
																		28	0	0	
0	0	0	4	0	0	0	0		0	20	0/0/		0	0			0/0				----Other
																		33	0	13	
																		33	0	13	
0	0	0	4	0	0	0	0		0	20	0/0/	13	0	0			0/0				---Other
																		33	0	13	
																		33	0	13	
0	0	0	2.8	0	0	0	0		0	9	0/0/	4.2	0	0			0/0			0	-Mercuric oxide
																			0		
0	0	0	2.8	0	0	0	0	5.2	0	9	0/0/	4.2	0	0			0/0				-Silver oxide
																		33	0	13	
																		33	0	13	
0	0	0	2.8	0	0	0	0		0	9	0/0/		0	0			0/0			13	-Lithium
																		33	0		
0	0	0		0	0	0	0		0	9	0/0/	4.2	0	0			0/0				-Air-zinc

商品编号	商品名称及备注[检验检疫编码及名称]	进口关税(%)		增值税率(%)	消费税	计量单位	监管条件	检验检疫类别
		最惠国	普通					
8506600010	锌空气的原电池及原电池组(无汞)(汞含量<电池重量的0.0001%,扣式电池的汞含量<电池重量的0.0005%)〔999 汞含量<电池重量的0.0001%,扣式电池的汞含量<电池重量的0.0005%〕	8	40	13		个/千克	A	M/
8506600090	锌空气的原电池及原电池组(含汞)(汞含量≥电池重量的0.0001%,扣式电池的汞含量≥电池重量的0.0005%)〔999 汞含量≥电池重量的0.0001%,扣式电池的汞含量≥电池重量的0.0005%〕	8	40	13	4%	个/千克	9	M/
85068000	-其他原电池及原电池组							
8506800011	无汞燃料电池(汞含量<电池重量的0.0001%,扣式电池的汞含量<电池重量的0.0005%)〔999〕	8	40	13		个/千克	A	M/
8506800019	其他无汞原电池及原电池组(汞含量<电池重量的0.0001%,扣式电池的汞含量<电池重量的0.0005%)〔999〕	8	40	13		个/千克	A	M/
8506800091	含汞燃料电池(汞含量≥电池重量的0.0001%,扣式电池的汞含量≥电池重量的0.0005%)〔999〕	8	40	13	4%	个/千克	89	M/
8506800099	其他含汞原电池及原电池组(汞含量≥电池重量的0.0001%,扣式电池的汞含量≥电池重量的0.0005%)〔999〕	8	40	13	4%	个/千克	89	M/
85069010	---编号850610所列电池用							
8506901000	二氧化锰原电池或原电池组的零件〔999〕	8	80	13		千克		
85069090	---其他							
8506909000	其他原电池组或原电池组的零件〔999〕	8	40	13		千克		
8507	**蓄电池,包括隔板,不论是否矩形(包括正方形):**							
85071000	-铅酸蓄电池,用于启动活塞式发动机							
8507100000	启动活塞式发动机用铅酸蓄电池①	10	90	13	4%	个/千克	A	M/
85072000	-其他铅酸蓄电池							
8507200000	其他铅酸蓄电池(启动活塞式发动机用铅酸蓄电池除外)②	10	90	13	4%	个/千克	A	M/
85073000	-镍镉蓄电池							
8507300010[暂1]	飞机用镍镉蓄电池〔101 圆柱镍镉电池〕,〔102 方形开口镉镍单体蓄电池〕,〔103 其他镍镉电池〕	10	40	13	4%	个/千克	A	M/
8507300090	其他镍镉蓄电池〔101 圆柱镍镉电池〕,〔102 方形开口镉镍单体蓄电池〕,〔103 其他镍镉电池〕	10	40	13	4%	个/千克	A	M/
85074000	-镍铁蓄电池							
8507400000	镍铁蓄电池〔999〕	10	40	13	4%	个/千克	A	M/
85075000	-镍氢蓄电池							
8507500000	镍氢蓄电池〔101 密封金属氢化物镍可充单体电池〕,〔102 其他镍氢蓄电池〕	10	40	13		个/千克	A	M/
85076000	-锂离子蓄电池							
8507600010	纯电动汽车或插电式混合动力汽车用锂离子蓄电池单体(容量≥10Ah,比能量≥110Wh/kg)〔999〕	10	40	13		个/千克	A	M/
8507600020	纯电动汽车或插电式混合动力汽车用锂离子蓄电池系统(包含蓄电池模块、容器、盖、冷却系统、管理系统等,比能量≥80Wh/kg)〔999〕	10	40	13		个/千克	A	M/
8507600030[暂1]	飞机用锂离子蓄电池	10	40	13		个/千克	A	M/
8507600090	其他锂离子蓄电池〔101 蜂窝电话用锂离子蓄电池〕,〔102 其他锂离子蓄电池〕	10	40	13		个/千克	A	M/
85078030	---全钒液流电池							
8507803000	全钒液流电池〔999〕	10	40	13		个/千克	A	M/
85078090	---其他							
8507809010	燃料电池〔101 其他蓄电池及其零件〕,〔102 注有碱液的〕,〔103 含氢氧化钾固体〕	10	40	13		个/千克	A	M/
8507809090	其他蓄电池〔101 其他蓄电池及其零件〕,〔102 注有碱液的〕,〔103 含氢氧化钾固体〕	10	40	13	4%	个/千克	A	M/
85079010	---铅酸蓄电池用							
8507901001[暂5]	铅酸蓄电池电极〔999〕	10	90	13		千克		
8507901090	其他铅酸蓄电池零件〔999〕	10	90	13		千克		
85079090	---其他							
8507909000[暂5]	其他蓄电池零件〔999〕	8	40	13		千克		
8508	**真空吸尘器:**							
85081100	--功率不超过1500瓦,且带有容积不超过20升的集尘袋或其他集尘容器							

① 〔101 启动用铅酸蓄电池〕,〔102 牵引用铅酸蓄电池〕,〔103 摩托车用铅酸蓄电池〕,〔104 固定型防酸式铅酸蓄电池〕,〔105 内燃机车用铅酸蓄电池〕,〔106 其他铅酸蓄电池〕,〔107 蓄电池(注有酸液)〕

② 〔101 启动用铅酸蓄电池〕,〔102 牵引用铅酸蓄电池〕,〔103 摩托车用铅酸蓄电池〕,〔104 固定型防酸式铅酸蓄电池〕,〔105 内燃机车用铅酸蓄电池〕,〔106 其他铅酸蓄电池〕

协定税率(%)															特惠税率(%)			对美税率	出口税率	出口退税率	Article Description
智利	新西兰	澳大利亚	瑞士	冰岛	秘鲁	哥斯达	东盟	亚太	新加坡	巴基斯坦	港/澳/台	韩国	格鲁吉亚	毛里求斯	亚太	老/柬/缅	LDC 97/95				
																		33	0	13	
																		33	0	13	
0	0	0	2.8	0	0	0	0		0	9	0/0/	4.2	0	0			0/0				-Other primary cells and primary batteries
																		28	0	13	
																		28	0	13	
																		28	0	13	
																		28	0	13	
0	0	0	2.8	0	0	0	0	5.2	0	9	0/0/		0	0			0/0			13	---Of the cells of subheading 850610
																		28	0		
0	0	0	0	0	0	0	0		0	3	0/0/	6.5	0	0			0/0			13	---Other
																		28	0		
																					Electric accumulators, including separators therefor, whether or not rectangular (including square):
0	0	0	0	0	0	0	0	6.5	0	0	0/0/	6.5	0	0			0/0			0	-Lead-acid, of a kind used for starting piston engines
																		35	0		
0	0	0	0	0	0	0	0	6.5	0	0	0/0/	3	0	0			0/0			0	-Other lead-acid accumulators
																		30			
0	0	0	0	0	0	0	0	6.5	0	3	0/0/	3	0	0			0/0			0	-Nickel-cadmium
																			0		
																			0		
0	0	0	2.4	0	0	0	0	6.5	0	4	0/0/	3.6	0	0			0/0			13	-Nickel-iron
																		30	0		
0	0	0	2.4	0	0	0	0	6.5	0	4	0/0/	3.6	0	0			0/0			13	-Nickel-metal hydride
																		35	0		
0	0	0	2.4	0	0	0	0	8	0	5	0/0/0	9.6	0	0			0/0			13	-Lithium-ion
																		35	0		
																			0		
																		26	0		
																		35	0		
0	0	0	2.4	0	0	0	0	6.5	0	4	0/0/	3.6	0	0			0/0			13	---Vanadium redox flow batteries
																			0		
0	0	0	2.4	0	0	0	0	6.5	0	4	0/0/	3.6	0	0			0/0				---Other
																		30	0	13	
																		30	0	13	
0	0	0	0	0	0	0	0			3	0/0/	3	0	0	5		0/0			0	---Of lead-acid accumulators
																		25	0		
																		30	0		
0	0	0	0	0	0	0	0			3	0/0/	4.2	0	0	4		0/0			13	---Other
																		30	0		
																					Vacuum cleaners:
0	0	0	0	0	0	0	0	5.2	0	3	0/0/0	3	0	0			0/0			13	--Of a power not exceeding 1500W and having a dust bag or other receptacle capacity not exceeding 20L

商品编号	商品名称及备注[检验检疫编码及名称]	进口关税(%)		增值税率(%)	消费税	计量单位	监管条件	检验检疫类别
		最惠国	普通					
8508110000	电动的真空吸尘器(功率不超过1500瓦,且带有容积不超过20升的集尘袋或其他集尘容器)①	8	130	13		台/千克		
85081900	--其他							
8508190000	其他电动的真空吸尘器②	0	30	13		台/千克		
85086000	-其他真空吸尘器							
8508600000	其他真空吸尘器(非电动)③	0	30	13		台/千克		
85087010	---编号85081100所列吸尘器用							
8508701000	编号85081100所列吸尘器用零件[999]	6	100	13		千克		
85087090	---其他							
8508709000	其他真空吸尘器零件[999]	0	20	13		千克		
8509	**家用电动器具,品目85.08的真空吸尘器除外:**							
85094010	---水果或蔬菜的榨汁机							
8509401000[暂6]	水果或蔬菜的榨汁机④	7	100	13		台/千克	A	L.R/
85094090	---其他							
8509409000[暂6]	食品研磨机,搅拌器⑤	7	100	13		台/千克	A	L.R/
85098010	---地板打蜡机							
8509801000	地板打蜡机⑥	8	100	13		台/千克		
85098020	---厨房废物处理器							
8509802000	厨房废物处理器⑦	8	100	13		台/千克		
85098090	---其他							
8509809000	其他家用电动器具⑧	8	100	13		台/千克	A	L
85099000	-零件							
8509900000	家用电动器具的零件[101其他电动器具及其零件],[102其他小型家用及类似用途电器及其零件]	6	100	13		千克		
8510	**电动剃须刀、电动毛发推剪及电动脱毛器:**							
85101000	-剃须刀							
8510100000	电动剃须刀⑨	8	100	13		个/千克		
85102000	-毛发推剪							
8510200000	电动毛发推剪⑩	8	100	13		个/千克		
85103000	-脱毛器							
8510300000	电动脱毛器⑪	8	100	13		个/千克		
85109000	-零件							
8510900000	品目85.10所列货品的零件[999]	8	100	13		千克		
8511	**点燃式或压燃式内燃发动机用的电点火及电启动装置(例如,点火磁电机、永磁直流发电机、点火线圈、火花塞、电热塞及启动电机);附属于上述内燃发动机的发电机(例如,直流发电机、交流发电机)及断流器:**							
85111000	-火花塞							

① [101真空吸尘器Ⅰ类器具],[102真空吸尘器Ⅱ类器具],[103真空吸尘器Ⅲ类器具],[104真空吸尘器0Ⅰ类器具],[105真空吸尘器0类器具]

② [101真空吸尘器Ⅰ类器具],[102真空吸尘器Ⅱ类器具],[103真空吸尘器Ⅲ类器具],[104真空吸尘器0Ⅰ类器具],[105真空吸尘器0类器具]

③ [101真空吸尘器Ⅰ类器具],[102真空吸尘器Ⅱ类器具],[103真空吸尘器Ⅲ类器具],[104真空吸尘器0Ⅰ类器具],[105真空吸尘器0类器具]

④ [101食品研磨机,搅拌机及果、菜榨汁器Ⅰ类器具],[102食品研磨机,搅拌机及果、菜榨汁器Ⅱ类器具],[103食品研磨机,搅拌机及果、菜榨汁器Ⅲ类器具],[104食品研磨机,搅拌机及果、菜榨汁器0Ⅰ类器具],[105食品研磨机,搅拌机及果、菜榨汁器0类器具],[106豆浆机Ⅰ类器具],[107豆浆机Ⅱ类器具],[108豆浆机Ⅲ类器具],[109豆浆机0Ⅰ类器具],[110豆浆机0类器具]

⑤ [101食品研磨机,搅拌机及果、菜榨汁器Ⅰ类器具],[102食品研磨机,搅拌机及果、菜榨汁器Ⅱ类器具],[103食品研磨机,搅拌机及果、菜榨汁器Ⅲ类器具],[104食品研磨机,搅拌机及果、菜榨汁器0Ⅰ类器具],[105食品研磨机,搅拌机及果、菜榨汁器0类器具]

⑥ [101地板打蜡机Ⅰ类器具],[102地板打蜡机Ⅱ类器具],[103地板打蜡机Ⅲ类器具],[104地板打蜡机0Ⅰ类器具],[105地板打蜡机0类器具]

⑦ [101厨房废物处理器Ⅰ类器具],[102厨房废物处理器Ⅱ类器具],[103厨房废物处理器Ⅲ类器具],[104厨房废物处理器0Ⅰ类器具],[105厨房废物处理器0类器具]

⑧ [101其他电动器具及其零件Ⅰ类器具],[102其他电动器具及其零件Ⅱ类器具],[103其他电动器具及其零件Ⅲ类器具],[104其他电动器具及其零件0Ⅰ类器具],[105其他电动器具及其零件0类器具],[106其他小型家用及类似用途电器及其零件Ⅰ类器具],[107其他小型家用及类似用途电器及其零件Ⅱ类器具],[108其他家用电动器具(其他小型家用及类似用途电器及其零件Ⅲ类器具],[109其他小型家用及类似用途电器及其零件0Ⅰ类器具],[110其他家用电动器具(其他小型家用及类似用途电器及其零件0类器具]

⑨ [101电动剃须刀Ⅰ类器具],[102电动剃须刀Ⅱ类器具],[103电动剃须刀Ⅲ类器具],[104电动剃须刀0Ⅰ类器具],[105电动剃须刀0类器具]

⑩ [101电动毛发推剪Ⅰ类器具],[102电动毛发推剪Ⅱ类器具],[103电动毛发推剪Ⅲ类器具],[104电动毛发推剪0Ⅰ类器具],[105电动毛发推剪0类器具]

⑪ [101电动脱毛机Ⅰ类器具],[102电动脱毛机Ⅱ类器具],[103电动脱毛机Ⅲ类器具],[104电动脱毛机0Ⅰ类器具],[105电动脱毛机0类器具]

协定税率(%)															特惠税率(%)			对美税率	出口税率	出口退税率	Article Description
智利	新西兰	澳大利亚	瑞士	冰岛	秘鲁	哥斯达	东盟	亚太	新加坡	巴基斯坦	港/澳/台	韩国	格鲁吉亚	毛里求斯	亚太	老/柬/缅	LDC 97/95				
																		33	0		
																	0/0			13	--Other
																		25	0		
																	0/0			13	-Other vacuum cleaners
																		25	0		
0	0	0	2.4	0	0	0	0		0	4.8	0/0/	3.6	0	0			0/0			13	---Of the cleaners of subheading 85081100
																		31	0		
																	0/0			13	---Other
																		5	0		
																					Electro-mechanical domestic appliances, with selfcontained electric motor, other than vacuum cleaners of heading 85.08:
0	0	0	0	0	0	0	0		0	3	0/0/	6.5	0	0			0/0			13	---Fruit or vegetable juice extractors
																		31	0		
0	0	0	0	0	0	0	0		0	3	0/0/0	3	0	0			0/0			13	---Other
																		11	0		
0	0	0	8	0	0	0	0		0	30	0/0/		0	24			0/0			13	---Floor polishers
																			0		
0	0	0	4	0	0	0	0		0	20	0/0/	13	0	0			0/0			13	---Kitchen waste disposers
																		33	0		
0	0	0		0	0	0	0		0	30	0/0/		0	24			0/0			13	---Other
																		33	0		
0	0	0	2.4	0	0	0	0		0	4.8	0/0/	3.6	0	0			0/0			13	-Parts
																		31	0		
																					Shavers, hair clippers and hair-removing appliances, with self-contained electric motor:
0	0	0	8		0	0	0		0	30	0/0/		0	24			0/0			13	-Shavers
																		33	0		
0	0	0	8	0	0	0	0		0	30	0/0/		0	24			0/0			13	-Hair clippers
																		33	0		
0	0	0	4	0	0	0	0		0	20	0/0/	10.6	0	0			0/0			13	-Hair-removing appliances
																		33	0		
0	0	0	4.9	0	0	0	0		0	24.5	0/0/	15.9	0	19.6			0/0			13	-Parts
																		33	0		
																					Electrical ignition or starting equipment of a kind used for spark-ignition or compression-ignition internal combustion engines (for example, ignition magnetos, magnetodynamos, ignition coils, sparking plugs and glow plugs, starter motors); generators (for example, dynamos, alternators) and cutouts of a kind used in conjunction with such engines:
0	0	0	0	0	0	0	0		0	4	0/0/	3	0	0			0/0			13	-Sparking plugs

商品编号	商品名称及备注[检验检疫编码及名称]	进口关税(%)		增值税率(%)	消费税	计量单位	监管条件	检验检疫类别
		最惠国	普通					
8511100000	火花塞〔101 其他车辆零部件〕,〔102 动力设备零部件〕	8	30	13		个/千克		
85112010	---机车、航空器及船舶用							
8511201000	点火磁电机,永磁直流发电机(包括磁飞轮．指机车,航空器及船舶用)①	5	11	13		个/千克		
85112090	---其他							
8511209000	其他点火磁电机、磁飞轮(包括永磁直流发电机)〔999〕	8	30	13		个/千克		
85113010	---机车、航空器及船舶用							
8511301000	分电器及点火线圈(指机车,航空器,船舶用)〔101 航空器用零部件〕,〔102 船舶用零部件〕,〔103 铁道机车用零部件〕	5	11	13		个/千克		
85113090	---其他							
8511309000	其他用途用分电器、点火线圈〔101 其他车辆零部件〕,〔102 其他发电机(组)及其零件〕	8	30	13		个/千克		
85114010	---机车、航空器及船舶用							
8511401010暂1	飞机辅助动力装置电源启动马达〔101 其他电动机及其零件〕,〔102 其他发电机(组)及其零件〕	5	11	13		个/千克		
8511401090	其他启动电机及两用启动发电机(指机车,航空器,船舶用)〔101 其他电动机及其零件〕,〔102 其他发电机(组)及其零件〕	5	11	13		个/千克		
85114091	----输出功率在132.39千瓦(180马力)及以上的发动机用启动电机							
8511409100	输出功率≥132.39千瓦启动电机(输出功率在180马力及以上的发动机用)〔999〕	8	30	13		个/千克		
85114099	----其他							
8511409900	其他用途的启动电机(包括两用启动发电机)〔999〕	8	30	13		个/千克		
85115010	---机车、航空器及船舶用							
8511501000	其他机车、航空器、船舶用发电机〔999〕	5	11	13		个/千克		
85115090	---其他							
8511509000	其他附属于内燃发动机的发电机〔999〕	8	30	13		个/千克		
85118000	-其他装置							
8511800000	发动机用电点火,启动的其他装置(指点燃式或压燃式内燃发动机用的)〔999〕	8	30	13		个/千克		
85119010	---本税目所列供机车、航空器及船舶用的各种装置零件							
8511901010暂1	飞机发动机用三相交流发电机用壳体〔999〕	4.5	11	13		千克		
8511901090	车船飞机用其他电点火,启动装置零件(指品目85.11所列供机车、航空器及船舶用各种装置的零件)〔101 航空器用零部件〕,〔102 船舶用零部件〕,〔103 铁道机车用零部件〕	4.5	11	13		千克		
85119090	---其他							
8511909000	其他用电点火,电启动装置的零件(指品目85.11所列供其他用途的各种装置的零件)〔999〕	5	30	13		千克		
8512	**自行车或机动车辆用的电气照明或信号装置(品目85.39的物品除外)、风挡刮水器、除霜器及去雾器:**							
85121000	-自行车用照明或视觉信号装置							
8512100000	自行车用照明或视觉信号装置〔999〕	10	45	13		个/千克		
85122010	---机动车辆用照明装置							
8512201000	机动车辆用照明装置〔999〕	10	45	13		个/千克		L/
85122090	---其他							
8512209000	其他照明或视觉信号装置(包括机动车辆用视觉装置)〔999〕	10	45	13		个/千克		L/
85123011	----喇叭、蜂鸣器							
8512301100	机动车辆用喇叭、蜂鸣器〔999〕	10	45	13		个/千克		L/
85123012	----防盗报警器							
8512301200	机动车辆用防盗报警器〔999〕	10	40	13		个/千克		L/
85123019	----其他							
8512301900	机动车辆用其他音响信号装置〔999〕	10	45	13		个/千克		
85123090	---其他							
8512309000	其他车辆用电器音响信号装置〔999〕	10	45	13		个/千克		
85124000	-风挡刮水器、除霜器及去雾器							
8512400000	车辆风挡刮水器、除霜器及去雾器〔999〕	10	45	13		个/千克		
85129000	-零件							

① 〔101 航空器用零部件〕,〔102 船舶用零部件〕,〔103 铁道机车用零部件〕,〔104 其他发电机(组)及其零件〕

协定税率(%)															特惠税率(%)			对美税率	出口税率	出口退税率	Article Description
智利	新西兰	澳大利亚	瑞士	冰岛	秘鲁	哥斯达	东盟	亚太	新加坡	巴基斯坦	港/澳/台	韩国	格鲁吉亚	毛里求斯	亚太	老/柬/缅	LDC 97/95				
																		18	0		
0	0	0	0	0	0	0	0			0	0/0/	0	0	0			0/0			13	---For locomotives, aircraft or ships
																			0		
0	0	0	0	0	0	0	0			3	0/0/	3	0	0			0/0			13	---Other
																		33	0		
0	0	0	0	0	0	0	0			0	0/0/	0	0	0			0/0			13	---For locomotives, aircraft or ships
																			0		
0	0	0	0	0	0	0	0			3	0/0/	4.4	0	0			0/0			13	---Other
																		13	0		
0	0	0	0	0	0	0	0			0	0/0/	1.5	0	0			0/0			13	---For locomotives, aircraft or ships
																		6	0		
																		10	0		
0	0	0	0	0	0	0	0			3	0/0/	2.5	0	0			0/0			13	----Starter motors for engines of an output of 132.39kW(180hp) or more
																		33	0		
0	0	0	0	0	0	0	0			4	0/0/	4.4	0	0			0/0			13	----Other
																		33	0		
0	0	0	0	0	0	0	0			0	0/0/	1.5	0	0			0/0			13	---For locomotives, aircraft or ships
																		10	0		
0	0	0	0	0	0	0	0			3	0/0/		0	0			0/0			13	---Other
																		33	0		
0	0	0	0	0	0	0	0			3	0/0/	2.5	0	0			0/0			13	-Other equipment
																		13	0		
0	0	0	0	0	0	0	0			0	0/0/		0	0			0/0			13	---Of the equipment of heading 85.11 used for locomotives, aircraft or ships
																		6	0		
																		9.5	0		
0	0	0	0	0	0	0	0			0	0/0/	1.5	0	0			0/0			13	---Other
																		30	0		
																					Electrical lighting or signalling equipment (excluding articles of heading 85.39), windscreen wipers, defrosters and demisters, of a kind used for cycles or motor vehicles:
0	0	0	2.1	0	0	0	0		0	4	0/0/	3.1	0	0			0/0			13	-Lighting or visual signalling equipment of a kind used on bicycles
																		35	0		
0	0	0	0	0	0	0	5			8	0/0/0	6.5	0	0			0/0			13	---Lighting equipment of a kind used for motor vehicles
																		15	0		
0	0	0	0	0	0	0	5			8	0/0/	6.5	0	0			0/0			13	---Other
																		15	0		
0	0	0	0	0	0	0	5	6.5		6.8	0/0/	5.3	0	0			0/0			13	----Loudspeaker, buzzers
																		15	0		
0	0	0	0	0	0	0	0	6.5		3	0/0/	5.3	0	0			0/0			13	----Burglar alarm
																		15	0		
0	0	0	0	0	0	0	5	6.5		6.8	0/0/	5.3	0	0			0/0			13	----Other
																		15	0		
0	0	0	0	0	0	0	5	6.5		6.8	0/0/		0	0			0/0			13	---Other
																		20	0		
0	0	0	0	0	0	0	5			8	0/0/		0	0			0/0			13	-Windscreen wipers, defrosters and demisters
																		15	0		
0	0	0	0	0	0	0	0			4	0/0/0	2.4	0	0			0/0			13	-Parts

商品编号	商品名称及备注[检验检疫编码及名称]	进口关税(%) 最惠国	普通	增值税率(%)	消费税	计量单位	监管条件	检验检疫类别
8512900000	品目 85.12 所列装置的零件(指车辆等用照明,信号装置,风挡刮水器,除霜器等零件)〔999〕	8	45	13		千克		
8513	**自供能源(例如,使用干电池、蓄电池、永磁发电机)的手提式电灯,但品目 85.12 的照明装置除外:**							
85131010	---手电筒							
8513101000	手电筒〔999〕	5	100	13		个/千克		
85131090	---其他							
8513109000	其他自供能源手提式电灯(但品目 85.12 的照明装置除外)〔999〕	6	70	13		个/千克		
85139010	---手电筒用							
8513901000	手电筒零件〔999〕	5	100	13		千克		
85139090	---其他							
8513909000	其他自供能源手提式电灯零件〔999〕	5	70	13		千克		
8514	**工业或实验室用电炉及电烘箱(包括通过感应或介质损耗工作的);工业或实验室用其他通过感应或介质损耗对材料进行热处理的设备:**							
85141010	---可控气氛热处理炉							
8514101000	可控气氛热处理炉〔999〕	0	30	13		台/千克		
85141090	---其他							
8514109000	工业用其他电阻加热炉及烘箱(包括实验室用)〔999〕	0	30	13		台/千克		
85142000	-通过感应或介质损耗工作的炉及烘箱							
8514200010	真空感应炉或受控环境感应炉(工作温度>850℃,感应线圈直径≤600 毫米,功率≥5 千瓦)〔999〕	0	30	13		台/千克	3	
8514200090	其他感应或介质损耗工作炉及烘箱(包括实验室用)〔999〕	0	30	13		台/千克		
85143000	-其他炉及烘箱							
8514300020	电弧重熔炉、电弧熔炉和电弧融化铸造炉(容量 1 千~2 万立方厘米,使用自耗电极,工作温度 1700℃以上)〔999〕	0	30	13		台/千克	3	
8514300030	电子束熔化炉(功率≥50 千瓦,能在>1200℃的熔化温度工作)〔999〕	0	30	13		台/千克	3	
8514300040	等离子体雾化炉和等离子体熔化炉(功率≥50 千瓦,能在>1200℃的熔化温度工作)〔999〕	0	30	13		台/千克	3	
8514300090	工业用其他电炉及电烘箱(包括实验室用)〔999〕	0	30	13		台/千克		
85144000	-其他通过感应或介质损耗对材料进行热处理的设备							
8514400001[暂7]	焊缝中频退火装置〔999〕	10	30	13		台/千克		
8514400090	其他感应或介质损耗的加热设备(包括实验室用)〔999〕	10	30	13		台/千克		
85149010	---炼钢电炉用							
8514901000	炼钢电炉用零件〔999〕	8	30	13		千克		
85149090	---其他							
8514909000	工业用电阻加热炉及烘箱等零件(指品目 85.14 所列货品的零件)〔999〕	0	30	13		千克		
8515	**电气(包括电热气体)、激光、其他光、光子束、超声波、电子束、磁脉冲或等离子弧焊接机器及装置,不论是否兼有切割功能;用于热喷金属或金属陶瓷的电气机器及装置:**							
85151100	--烙铁及焊枪							
8515110000	钎焊机器及装置用烙铁及焊枪〔101 钎焊机器及装置〕,〔102 钎焊烙铁及焊枪〕	10	30	13		个/千克		
85151900	--其他							
8515190010	专门或主要用于印刷电路组件制造的其他波峰焊接机器〔999〕	1.7/0①	30	13		台/千克		
8515190090	其他钎焊机器及装置〔999〕	10	30	13		台/千克		
85152120	---机器人							

① 最惠国税率中,"/"左边的税率截止日期为 2021 年 6 月 30 日,"/"右边的税率有效日期为 2021 年 7 月 1 日~2999 年 12 月 31 日。

协定税率(%)															特惠税率(%)			对美税率	出口税率	出口退税率	Article Description
智利	新西兰	澳大利亚	瑞士	冰岛	秘鲁	哥斯达	东盟	亚太	新加坡	巴基斯坦	港/澳/台	韩国	格鲁吉亚	毛里求斯	亚太	老/柬/缅	LDC 97/95				
																		13	0		
																					Portable electric lamps designed to function by their own source of energy (for example, dry batteries, accumulators, magnetos), other than lighting equipment of heading 85.12:
0	0	0	3	0	0	0	0	3.3	0	6	0/0/	4.5	0	0			0/0			13	---Portable electric torches designed to function by dry batteries
																		15	0		
0	0	0	3.5	0	0	0	0		0	11.2	0/0/	5.2	0	0			0/0			13	---Other
																		31	0		
0	0	0	2.8	0	0	0	0		0	9	0/0/	4.2	0	0			0/0			13	---Of the torches
																		30	0		
0	0	0	2.8	0	0	0	0		0	9	0/0/	4.2	0	0			0/0			13	---Other
																		30	0		
																					Industrial or laboratory electric furnaces and ovens (including those functioning by induction or dielectric loss); other industrial or laboratory equipment for the heat treatment of materials by induction or dielectric loss:
																	0/0			13	---Furnaces for heat treatment, atmosphere controllable
																		25	0		
																	0/0			13	---Other
																		10	0		
																	0/0			13	-Furnaces and ovens functioning by induction or dielectric loss
																		10	0		
																		10	0		
																	0/0			13	-Other furnaces and ovens
																			0		
																		10	0		
																		10	0		
																		10	0		
0	0	0	0	0	0	0	0		0	4	0/0/	0	0	0			0/0			13	-Other equipment for the heat treatment of materials by induction or dielectric loss
																		27	0		
																		30	0		
0	0	0	0	0	0	0	0			3	0/0/	0	0	0			0/0			13	---Of steel making electric furnaces
																		33	0		
																	0/0			13	---Other
																		10	0		
																					Electric (including electrically heated gas), laser or other light or photon beam, ultrasonic, electron beam, magnetic pulse or plasma arc soldering, brazing or welding machines and apparatus, whether or not capable of cutting; electric machines and apparatus for hot spraying of metals or cermets:
0	0	0	0	0	0	0	0		0	3	0/0/	3	0	0			0/0			13	--Soldering irons and guns
																		30	0		
0	0	0	4.7	0	0	0	0		0	3	0/0/		0	0			0/0			13	--Other
																		26.7	0		
																		35	0		
0	0	0		0	0	0	0		0	4	0/0/	6.5	0	0			0/0			13	---Robots

商品编号	商品名称及备注[检验检疫编码及名称]	进口关税(%)		增值税率(%)	消费税	计量单位	监管条件	检验检疫类别
		最惠国	普通					
8515212001[暂5]	汽车生产线电阻焊接机器人[999]	10	30	13		台/千克	AO	L/
8515212090	其他电阻焊接机器人[999]	10	30	13		台/千克	AO	L/
85152191	----直缝焊管机							
8515219100	直缝焊管机(电阻焊接式,全自动或半自动的)[999]	10	30	13		台/千克		
85152199	----其他							
8515219900	其他电阻焊接机器(全自动或半自动的)[999]	10	30	13		台/千克	AO	L/
85152900	--其他							
8515290000	其他电阻焊接机器及装置[999]	10	30	13		台/千克	A	L/
85153120	---机器人							
8515312000	电弧(包括等离子弧)焊接机器人[999]	10	30	13		台/千克	AO	L/
85153191	----螺旋焊管机							
8515319100	螺旋焊管机(电弧(包括等离子弧)焊接式,全自动或半自动的)[999]	10	30	13		台/千克		
85153199	----其他							
8515319900	其他电弧(包括等离子弧)焊接机及装置(全自动或半自动的)[999]	10	30	13		台/千克	AO	L/
85153900	--其他							
8515390000	其他电弧(等离子弧)焊接机器及装置(非全自动或半自动的)[999]	10	30	13		台/千克	A	L/
85158010	---激光焊接机器人							
8515801001[暂5]	汽车生产线激光焊接机器人[999]	8	30	13		台/千克		
8515801090	其他激光焊接机器人[999]	8	30	13		台/千克		
85158090	---其他							
8515809010	电子束、激光自动焊接机(将端塞焊接于燃料细棒(或棒)的自动焊接机)[101 波峰焊设备],[102 其他焊接设备及其零件]	8	30	13		台/千克	3	
8515809090	其他焊接机器及装置[101 波峰焊设备],[102 其他焊接设备及其零件]	8	30	13		台/千克		L/
85159000	-零件							
8515900010	专门或主要用于印刷电路组件制造的其他波峰焊接机器的零件[999]	1/0①	30	13		千克		L/
8515900090[暂3]	其他电气等焊接机器及装置零件(包括激光,其他光,光子束,超声波,电子束磁脉冲等)[999]	6	30	13		千克		L/
8516	**电热的快速热水器、储存式热水器、浸入式液体加热器;电气空间加热器及土壤加热器;电热的理发器具(例如,电吹风机、电卷发器、电热发钳)及干手器;电熨斗;其他家用电热器具;加热电阻器,但品目 85.45 的货品除外:**							
85161010	---储存式电热水器							
8516101000	储存式电热水器②	7	100	13		个/千克	A	L/
85161020	---即热式电热水器							
8516102000	即热式电热水器③	7	100	13		个/千克	A	L/
85161090	---其他							
8516109000	其他电热水器④	7	100	13		个/千克	A	L/
85162100	--储存式散热器							
8516210000	电气储存式散热器⑤	7	100	13		个/千克		
85162910	---土壤加热器							
8516291000	电气土壤加热器⑥	7	40	13		个/千克		
85162920	---辐射式空间加热器							
8516292000	辐射式空间加热器⑦	7	100	13		个/千克		L/
85162931	----风扇式							

① 最惠国税率中,"/"左边的税率截止日期为 2021 年 6 月 30 日,"/"右边的税率有效日期为 2021 年 7 月 1 日~2999 年 12 月 31 日。

② [101 电热水器 I 类器具],[102 电热水器 II 类器具],[103 电热水器 III 类器具],[104 电热水器 0I 类器具],[105 电热水器 0 类器具]

③ [101 电热水器 I 类器具],[102 电热水器 II 类器具],[103 电热水器 III 类器具],[104 电热水器 0I 类器具],[105 电热水器 0 类器具]

④ [101 电热水器 I 类器具],[102 电热水器 II 类器具],[103 电热水器 III 类器具],[104 电热水器 0I 类器具],[105 电热水器 0 类器具]

⑤ [101 电气储存式散热器 I 类器具],[102 电气储存式散热器 II 类器具],[103 电气储存式散热器 III 类器具],[104 电气储存式散热器 0I 类器具],[105 电气储存式散热器 0 类器具]

⑥ [101 其他电热器具及其零件 I 类器具],[102 其他电热器具及其零件 II 类器具],[103 其他电热器具及其零件 III 类器具],[104 其他电热器具及其零件 0I 类器具],[105 其他电热器具及其零件 0 类器具]

⑦ [101 其他电热器具及其零件 I 类器具],[102 其他电热器具及其零件 II 类器具],[103 其他电热器具及其零件 III 类器具],[104 其他电热器具及其零件 0I 类器具],[105 其他电热器具及其零件 0 类器具],[106 其他小型家用及类似用途电器及其零件 I 类器具],[107 其他小型家用及类似用途电器及其零件 II 类器具],[108 其他小型家用及类似用途电器及其零件 III 类器具],[109 其他小型家用及类似用途电器及其零件 0I 类器具],[110 其他小型家用及类似用途电器及其零件 0 类器具]

协定税率(%)															特惠税率(%)			对美税率	出口税率	出口退税率	Article Description
智利	新西兰	澳大利亚	瑞士	冰岛	秘鲁	哥斯达	东盟	亚太	新加坡	巴基斯坦	港/澳/台	韩国	格鲁吉亚	毛里求斯	亚太	老/柬/缅	LDC 97/95				
																		30	0		
																		35	0		
0	0	0	0	0	0	0	0			3	0/0/	6.5	0	0			0/0			13	----Aligning tube welding machines
																		30	0		
0	0	0		0	0	0	0		0	4	0/0/	6.5	0	0			0/0			13	----Other
																		30	0		
0	0	0	0	0	0	0	0	6.5	0	3	0/0/	6.5	0	0			0/0			13	--Other
																		35	0		
																				13	---Robots
																		35	0		
0	0	0	0	0	0	0	0			3	0/0/	3	0	0			0/0			13	----Spiralling tube welding machines
																		35	0		
0	0	0	0	0	0	0				8	0/0/	6.5	0	0			0/0			13	----Other
																		30	0		
0	0	0	0	0	0	0	0			3	0/0/	3	0	0			0/0			13	--Other
																		30	0		
0	0	0	3.7	0	0	0	0	5.2		3	0/0/0	0	0	0			0/0			13	---Laser welding robots
																		30	0		
																		33	0		
0	0	0	3.7	0	0	0	0	5.2		3	0/0/0	0	0	0			0/0			13	---Other
																		28	0		
																		28	0		
0	0	0	1.2	0	0	0	0	3.9		0	0/0/	0	0	0			0/0			13	-Parts
																		21	0		
																		23	0		
																					Electric instantaneous or storage water heaters and immersion heaters; electric space heating apparatus and soil heating apparatus; electro-thermichair-dressing apparatus (for example, hair dryers, hair curlers, curling tong heaters) and hand dryers; electric smoothing irons; other electro-thermic appliances of a kind used for domestic purposes; electric heating resistors, other than those of heading 85.45:
0	0	0	0	0	0	0	0		0	3	0/0/	3	0	0			0/0			13	---Electric storage waterheaters
																		22	0		
0	0	0	0	0	0	0	0		0	3	0/0/	3	0	0			0/0			13	---Electric instantaneous waterheaters
																		12	0		
0	0	0	0	0	0	0	0		0	3	0/0/		0	0			0/0			13	---Other
																		12	0		
0	0	0	7	0	0	0	0		0		0/0/0		0	28			0/0			13	--Storage heating radiators
																		32	0		
0	0	0	0	0	0	0	0	5.6		3	0/0/	3	0	0			0/0			13	---Electric soil heating apparatus
																		17	0		
0	0	0	0	0	0	0	0		0	3	0/0/	3	0	0			0/0			13	---Radiant space heating apparatus
																		32	0		
0	0	0	0	0	0	0	0		0	3	0/0/	3	0	0			0/0			13	----Fan type

商品编号	商品名称及备注[检验检疫编码及名称]	进口关税(%) 最惠国	进口关税(%) 普通	增值税率(%)	消费税	计量单位	监管条件	检验检疫类别
8516293100	风扇式对流空间加热器①	7	100	13		个/千克		L/
85162932	----充液式							
8516293200	充液式对流空间加热器②	7	100	13		个/千克		L/
85162939	----其他							
8516293900	其他对流式空间加热器③	7	100	13		个/千克		L/
85162990	---其他							
8516299000	电气空间加热器④	7	100	13		个/千克		L/
85163100	--吹风机							
8516310000	电吹风机⑤	7	100	13		个/千克	A	L.M/
85163200	--其他理发器具							
8516320000	其他电热理发器具⑥	7	100	13		个/千克	A	L.M/
85163300	--干手器							
8516330000	电热干手器⑦	7	100	13		个/千克	A	L.M/
85164000	-电熨斗							
8516400000	电熨斗⑧	7	100	13		个/千克	A	L.M/
85165000	-微波炉							
8516500000	微波炉⑨	7	130	13		个/千克	A	L.M.R/
85166010	---电磁炉							
8516601000	电磁炉⑩	7	130	13		个/千克	A	L/
85166030	---电饭锅							
8516603000	电饭锅⑪	7	130	13		个/千克	A	L.R/
85166040	---电炒锅							
8516604000	电炒锅⑫	7	130	13		个/千克	A	R/
85166050	---电烤箱							
8516605000	电烤箱⑬	7	130	13		个/千克	A	L.M/
85166090	---其他							
8516609000	其他电热炉(包括电热板、加热环、烧烤炉及烘烤器)⑭	7	130	13		个/千克	A	L.M/
85167110	---滴液式咖啡机							
8516711000	滴液式咖啡机⑮	7	130	13		个/千克	A	L.R/
85167120	---蒸馏渗滤式咖啡机							
8516712000	蒸馏渗滤式咖啡机⑯	7	130	13		个/千克	A	L.R/
85167130	---泵压式咖啡机							
8516713000	泵压式咖啡机⑰	7	130	13		个/千克	A	L.R/
85167190	---其他							
8516719000	其他电热咖啡机和茶壶⑱	7	130	13		个/千克	A	L.R/
85167210	---家用自动面包机							

① 〔101 其他电热器具及其零件 I 类器具〕,〔102 其他电热器具及其零件 II 类器具〕,〔103 其他电热器具及其零件 III 类器具〕,〔104 其他电热器具及其零件 0I 类器具〕,〔105 其他电热器具及其零件 0 类器具〕,〔106 其他小型家用及类似用途电器及其零件 I 类器具〕,〔107 其他小型家用及类似用途电器及其零件 II 类器具〕,〔108 其他小型家用及类似用途电器及其零件 III 类器具〕,〔109 其他小型家用及类似用途电器及其零件 0I 类器具〕,〔110 其他小型家用及类似用途电器及其零件 0 类器具〕

② 〔101 其他电热器具及其零件 I 类器具〕,〔102 其他电热器具及其零件 II 类器具〕,〔103 其他电热器具及其零件 III 类器具〕,〔104 其他电热器具及其零件 0I 类器具〕,〔105 其他电热器具及其零件 0 类器具〕,〔106 其他小型家用及类似用途电器及其零件 I 类器具〕,〔107 其他小型家用及类似用途电器及其零件 II 类器具〕,〔108 其他小型家用及类似用途电器及其零件 III 类器具〕,〔109 其他小型家用及类似用途电器及其零件 0I 类器具〕,〔110 其他小型家用及类似用途电器及其零件 0 类器具〕

③ 〔101 其他电热器具及其零件 I 类器具〕,〔102 其他电热器具及其零件 II 类器具〕,〔103 其他电热器具及其零件 III 类器具〕,〔104 其他电热器具及其零件 0I 类器具〕,〔105 其他电热器具及其零件 0 类器具〕,〔106 其他小型家用及类似用途电器及其零件 I 类器具〕,〔107 其他小型家用及类似用途电器及其零件 II 类器具〕,〔108 其他小型家用及类似用途电器及其零件 III 类器具〕,〔109 其他小型家用及类似用途电器及其零件 0I 类器具〕,〔110 其他小型家用及类似用途电器及其零件 0 类器具〕

④ 〔101 电气空间加热器 I 类器具〕,〔102 电气空间加热器 II 类器具〕,〔103 电气空间加热器 III 类器具〕,〔104 电气空间加热器 0I 类器具〕,〔105 电气空间加热器 0 类器具〕

⑤ 〔101 电吹风机 I 类器具〕,〔102 电吹风机 II 类器具〕,〔103 电吹风机 III 类器具〕,〔104 电吹风机 0I 类器具〕,〔105 电吹风机 0 类器具〕

⑥ 〔101 电热理发器具 I 类器具〕,〔102 电热理发器具 II 类器具〕,〔103 电热理发器具 III 类器具〕,〔104 电热理发器具 0I 类器具〕,〔105 电热理发器具 0 类器具〕,〔106 焗油机 I 类器具〕,〔107 焗油机 II 类器具〕,〔108 焗油机 III 类器具〕,〔109 焗油机 0I 类器具〕,〔110 焗油机 0 类器具〕

⑦ 〔101 电热干手器 I 类器具〕,〔102 电热干手器 II 类器具〕,〔103 电热干手器 III 类器具〕,〔104 电热干手器 0I 类器具〕,〔105 电热干手器 0 类器具〕

⑧ 〔101 电熨斗 I 类器具〕,〔102 电熨斗 II 类器具〕,〔103 电熨斗 III 类器具〕,〔104 电熨斗 0I 类器具〕,〔105 电熨斗 0 类器具〕

⑨ 〔101 微波炉 I 类器具〕,〔102 微波炉 II 类器具〕,〔103 微波炉 III 类器具〕,〔104 微波炉 0I 类器具〕,〔105 微波炉 0 类器具〕

⑩ 〔101 电磁炉 I 类器具〕,〔102 电磁炉 II 类器具〕,〔103 电磁炉 III 类器具〕,〔104 电磁炉 0I 类器具〕,〔105 电磁炉 0 类器具〕

⑪ 〔101 电饭锅 I 类器具〕,〔102 电饭锅 II 类器具〕,〔103 电饭锅 III 类器具〕,〔104 电饭锅 0I 类器具〕,〔105 电饭锅 0 类器具〕

⑫ 〔101 电炒锅 I 类器具〕,〔102 电炒锅 II 类器具〕,〔103 电炒锅 III 类器具〕,〔104 电炒锅 0I 类器具〕,〔105 电炒锅 0 类器具〕

⑬ 〔101 电热炉 I 类器具〕,〔102 电热炉 II 类器具〕,〔103 电热炉 III 类器具〕,〔104 电热炉 0I 类器具〕,〔105 电热炉 0 类器具〕

⑭ 〔101 电热炉 I 类器具〕,〔102 电热炉 II 类器具〕,〔103 电热炉 III 类器具〕,〔104 电热炉 0I 类器具〕,〔105 电热炉 0 类器具〕,〔106 光波炉 I 类器具〕,〔107 光波炉 II 类器具〕,〔108 光波炉 III 类器具〕,〔109 光波炉 0I 类器具〕,〔110 光波炉 0 类器具〕,〔111 油炸锅 I 类器具〕,〔112 油炸锅 II 类器具〕,〔113 油炸锅 III 类器具〕,〔114 油炸锅 0I 类器具〕,〔115 油炸锅 0 类器具〕

⑮ 〔101 电热咖啡壶或茶壶 I 类器具〕,〔102 电热咖啡壶或茶壶 II 类器具〕,〔103 电热咖啡壶或茶壶 III 类器具〕,〔104 电热咖啡壶或茶壶 0I 类器具〕,〔105 电热咖啡壶或茶壶 0 类器具〕

⑯ 〔101 电热咖啡壶或茶壶 I 类器具〕,〔102 电热咖啡壶或茶壶 II 类器具〕,〔103 电热咖啡壶或茶壶 III 类器具〕,〔104 电热咖啡壶或茶壶 0I 类器具〕,〔105 电热咖啡壶或茶壶 0 类器具〕

⑰ 〔101 电热咖啡壶或茶壶 I 类器具〕,〔102 电热咖啡壶或茶壶 II 类器具〕,〔103 电热咖啡壶或茶壶 III 类器具〕,〔104 电热咖啡壶或茶壶 0I 类器具〕,〔105 电热咖啡壶或茶壶 0 类器具〕

⑱ 〔101 电热咖啡壶或茶壶 I 类器具〕,〔102 电热咖啡壶或茶壶 II 类器具〕,〔103 电热咖啡壶或茶壶 III 类器具〕,〔104 电热咖啡壶或茶壶 0I 类器具〕,〔105 电热咖啡壶或茶壶 0 类器具〕,〔106 电热水壶 I 类器具〕,〔107 电热水壶 II 类器具〕,〔108 电热水壶 III 类器具〕,〔109 电热水壶 0I 类器具〕,〔110 电热水壶 0 类器具〕

协定税率(%)															特惠税率(%)			对美税率	出口税率	出口退税率	Article Description
智利	新西兰	澳大利亚	瑞士	冰岛	秘鲁	哥斯达	东盟	亚太	新加坡	巴基斯坦	港/澳/台	韩国	格鲁吉亚	毛里求斯	亚太	老/柬/缅	LDC 97/95				
																		32	0		
0	0	0	0	0	0	0	0		0	3	0/0/	3	0	0			0/0			13	----Oil-filled type
																		32	0		
0	0	0	0	0	0	0	0		0	3	0/0/	3	0	0			0/0			13	----Other
																		22	0		
0	0	0	0	0	0	0	0		0	4	0/0/	3	0	0			0/0			13	---Other
																		32	0		
0	0	0	2	0	0	0	0		0	3	0/0/	3	0	0			0/0			13	--Hair dryers
																		32	0		
0	0	0	7	0	0	0	0		0	35	0/0/	22.7	0	28			0/0			13	--Other hair-dressing apparatus
																			0		
0	0	0	7	0	0	0	0		0	35	0/0/		0	28			0/0			13	--Hand-drying apparatus
																			0		
0	0	0	7	0	0	0	0		0	35	0/0/0		0	28			0/0			13	-Electric smoothing irons
																			0		
0	0	0	3	0	0	0	0	4.6	0	6	0/0/	4.5	0	0			0/0			13	-Microwave ovens
																		32	0		
0	0	0	3	0	0	0	0	5.6	0	9.6	0/0/	4.5	0	0			0/0			13	---Electromagnetic ovens
																		32	0		
0	0	0	3	0	0	0	0		0	9.6	0/0/0	4.5	0	0			0/0			13	---Electric rice cookers
																			0		
0	0	0	3	0	0	0	0		0	9.6	0/0/	4.5	0	0			0/0			13	---Electric frying pans
																			0		
0	0	0	3	0	0	0	0			9.6	0/0/0	4.5	0	0			0/0			13	---Roaster oven
																		32	0		
0	0	0	3	0	0	0	0		0	9.6	0/0/	4.5	0	0			0/0			13	---Other
																		32	0		
0	0	0	0		0	0	0		0	32	0/0/		0	25.6			0/0			13	---Drip coffee makers
																		32	0		
0	0	0	0		0	0	0		0	32	0/0/		0	25.6			0/0			13	---Steam espresso makers
																		32	0		
0	0	0	0	0	0	0	0		0	32	0/0/		0	25.6			0/0			13	---Pump espresso makers
																		32	0		
0	0	0	0	0	0	0	0		0	32	0/0/		0	25.6			0/0			13	---Other
																		17	0		
0	0	0	7		0	0	0		0	32	0/0/0		0	25.6			0/0			13	---Household automated bread makers

商品编号	商品名称及备注[检验检疫编码及名称]	进口关税(%) 最惠国	普通	增值税率(%)	消费税	计量单位	监管条件	检验检疫类别
8516721000	家用自动面包机①	7	130	13		个/千克	A	L. M. R/
85167220	---片式烤面包机(多士炉)							
8516722000	片式烤面包机(多士炉)②	7	130	13		个/千克	A	L. M. R/
85167290	---其他							
8516729000	其他电热烤面包器③	7	130	13		个/千克	A	L. M. R/
85167910	---电热饮水机							
8516791000	电热饮水机④	7	100	13		台/千克	A	L/
85167990	---其他							
8516799000	其他电热器具⑤	7	100	13		个/千克	A	L/
85168000	-加热电阻器							
8516800000	加热电阻器⑥	7	40	13		个/千克		
85169010	---土壤加热器及加热电阻器用							
8516901000	土壤加热器及加热电阻器零件[999]	6	40	13		千克		
85169090	---其他							
8516909000	品目85.16所列货品的其他零件[999]	6	100	13		千克		
8517	**电话机,包括用于蜂窝网络或其他无线网络的电话机;其他发送或接收声音、图像或其他数据用的设备,包括有线或无线网络(例如,局域网或广域网)的通信设备,品目84.43、85.25、85.27或85.28的发送或接收设备除外:**							
85171100	--无绳电话机							
8517110010	无绳加密电话机[999]	0	30	13		台/千克	AM	L. M/
8517110090	其他无绳电话机[999]	0	30	13		台/千克	A	L. M/
85171210	---手持(包括车载)式无线电话机							
8517121011	GSM数字式手持无线电话整套散件[101不带附件及包装],[102包含附件及包装]	0	20	13		台/千克		
8517121019	其他GSM数字式手持无线电话机[101不带附件及包装],[102包含附件及包装]	0	20	13		台/千克	A	L. M/
8517121021	CDMA数字式手持无线电话整套散件[101不带附件及包装],[102包含附件及包装]	0	20	13		台/千克		
8517121029	其他CDMA数字式手持无线电话机[101不带附件及包装],[102包含附件及包装]	0	20	13		台/千克	A	L. M/
8517121090	其他手持式无线电话机(包括车载式无线电话机)[101不带附件及包装],[102包含附件及包装]	0	20	13		台/千克	A	L. M/
85171220	---对讲机							
8517122000	对讲机(用于蜂窝网络或其他无线网络的)[101对讲机],[102其他通讯设备及其零件]	0	17	13		台/千克		
85171290	---其他							
8517129000	其他用于蜂窝网络或其他无线网络的电话机[101不带附件及包装],[102包含附件及包装],[103其他通讯设备及其零件]	0	14	13		台/千克		L/
85171800	--其他							
8517180010	其他加密电话机[999]	0	30	13		台/千克	AM	L. M/
8517180090	其他电话机[999]	0	30	13		台/千克	A	L. M/
85176110	---移动通信基站							
8517611010	GSM式移动通信基地站[999]	0	14	13		台/千克	O	
8517611020	CDMA式移动通信基地站[999]	0	14	13		台/千克	O	

① [101电热烤面包器I类器具],[102电热烤面包器II类器具],[103电热烤面包器III类器具],[104电热烤面包器0I类器具],[105电热烤面包器0类器具]

② [101电热烤面包器I类器具],[102电热烤面包器II类器具],[103电热烤面包器III类器具],[104电热烤面包器0I类器具],[105电热烤面包器0类器具]

③ [101电热烤面包器I类器具],[102电热烤面包器II类器具],[103电热烤面包器III类器具],[104电热烤面包器0I类器具],[105电热烤面包器0类器具]

④ [101其他电热器具及其零件I类器具],[102其他电热器具及其零件II类器具],[103其他电热器具及其零件III类器具],[104其他电热器具及其零件0I类器具],[105其他电热器具及其零件0类器具],[106其他小型家用及类似用途电器及其零件I类器具],[107其他小型家用及类似用途电器及其零件II类器具],[108其他小型家用及类似用途电器及其零件III类器具],[109其他小型家用及类似用途电器及其零件0I类器具],[110其他小型家用及类似用途电器及其零件0类器具]

⑤ [101电蒸炉I类器具],[102电蒸炉II类器具],[103电蒸炉III类器具],[104电蒸炉0I类器具],[105电蒸炉0类器具],[106电子炖盅I类器具],[107电子炖盅II类器具],[108电子炖盅III类器具],[109电子炖盅0I类器具],[110电子炖盅0类器具],[111其他电热器具及其零件I类器具],[112其他电热器具及其零件II类器具],[113其他电热器具及其零件III类器具],[114其他电热器具及其零件0I类器具],[115其他电热器具及其零件0类器具],[116其他小型家用及类似用途电器及其零件I类器具],[117其他小型家用及类似用途电器及其零件II类器具],[118其他小型家用及类似用途电器及其零件III类器具],[119其他小型家用及类似用途电器及其零件0I类器具],[120其他小型家用及类似用途电器及其零件0类器具]

⑥ [101其他电热器具及其零件I类器具],[102其他电热器具及其零件II类器具],[103其他电热器具及其零件III类器具],[104其他电热器具及其零件0I类器具],[105其他电热器具及其零件0类器具]

协定税率(%)															特惠税率(%)			对美税率	出口税率	出口退税率	Article Description
智利	新西兰	澳大利亚	瑞士	冰岛	秘鲁	哥斯达	东盟	亚太	新加坡	巴基斯坦	港/澳/台	韩国	格鲁吉亚	毛里求斯	亚太	老/柬/缅	LDC 97/95				
																			0		
0	0	0	7		0	0	0		0	32	0/0/		0	25.6			0/0			13	---Slice pop-up toasters
																		32	0		
0	0	0	7		0	0	0		0	32	0/0/		0	25.6			0/0			13	---Other
																		32	0		
0	0	0	6.4		0	0	0		0	32	0/0/		0	25.6			0/0			13	---Electro-thermic water dispensers
																		32	0		
0	0	0			0	0	0		0		0/0/		0	25.6			0/0			13	---Other
																		32	0		
0	0	0	2	0	0	0	0		0	3	0/0/	3	0	0			0/0			13	-Electric heating resistors
																			0		
0	0	0	0	0	0	0	0			3	0/0/	2.4	0	0			0/0			13	---Of apparatus of subheading 85162910 or 85168000
																		16	0		
0	0	0	0	0	0	0	0		0	4.8	0/0/	3.6	0	0			0/0			13	---Other
																		31	0		
																					Telephone sets, including telephones for cellular networks or for other wireless networks; other apparatus for the transmission or reception of voice, images or other data, including apparatus for communication in a wired or wireless network (such as a local or wide area network), other than transmission or reception apparatus of heading 84.43, 85.25, 85.27 or 85.28:
																	0/0			13	--Line telephone sets with cordless handsets
																		25	0		
																		25	0		
																	0/0			13	---Wireless telephone handsets (including installed in the vehicle)
																		25	0		
																		25	0		
																		25	0		
																		25	0		
																		25	0		
																	0/0			13	---Walkie-talkie
																		25	0		
																	0/0			13	---Other
																		25	0		
																	0/0			13	--Other
																		25	0		
																		25	0		
																	0/0			13	---Mobile communication base stations
																		25	0		
																		25	0		

商品编号	商品名称及备注[检验检疫编码及名称]	进口关税(%) 最惠国	进口关税(%) 普通	增值税率(%)	消费税	计量单位	监管条件	检验检疫类别
8517611030	TACS式移动通信基地站〔999〕	0	14	13		台/千克		
8517611090	其他移动通信基地站〔999〕	0	14	13		台/千克	O	
85176190	---其他							
8517619000	其他基站〔101 不带附件及包装〕,〔102 包含附件及包装〕,〔103 其他通讯设备及其零件〕	0	14	13		台/千克	O	
85176211	----局用电话交换机;长途电话交换机;电报交换机							
8517621100	局用电话交换机、长途电话交换机、电报交换机,数字式〔101 电话交换机〕,〔102 网络交换机〕,〔103 其他通讯设备及其零件〕	0	17	13		台/千克		L/
85176212	----移动通信交换机							
8517621200	数字移动通信交换机〔101 网络交换机〕,〔102 其他通讯设备及其零件〕	0	40	13		台/千克	O	
85176219	----其他电话交换机							
8517621900	其他数字式程控电话交换机〔999〕	0	40	13		台/千克	A	L/
85176221	----光端机及脉冲编码调制设备(PCM)							
8517622100	光端机及脉冲编码调制设备(PCM)①	0	17	13		台/千克	O	L/
85176222	----波分复用光传输设备							
8517622200	波分复用光传输设备〔999〕	0	30	13		台/千克	O	L/
85176229	----其他							
8517622910	光通讯加密路由器〔101 光通信数字同步设备〕,〔102 其他通讯设备及其零件〕	0	30	13		台/千克	23AO	L. M/
8517622920	光通讯加密 VPN 设备〔101 光通信数字同步设备〕,〔102 其他通讯设备及其零件〕	0	30	13		台/千克	23A	L. M/
8517622990	其他光通讯设备〔101 光通信数字同步设备〕,〔102 其他通讯设备及其零件〕	0	30	13		台/千克	A	L. M/
85176231	----通信网络时钟同步设备							
8517623100	非光通讯网络时钟同步设备〔999〕	0	30	13		台/千克		L/
85176232	----以太网络交换机							
8517623200	非光通讯以太网络交换机〔999〕	0	30	13		台/千克	23	L/
85176233	----IP 电话信号转换设备							
8517623300	IP 电话信号转换设备〔999〕	0	30	13		台/千克	A	L/
85176234	----调制解调器							
8517623400	调制解调器〔999〕	0	30	13		台/千克	A	L/
85176235	----集线器							
8517623500	集线器〔999〕	0	40	13		台/千克	A	L/
85176236	----路由器							
8517623600	路由器〔999〕	0	40	13		台/千克	23	L/
85176237	----有线网络接口卡							
8517623710	为聚合高性能数字计算机性能而专门设计的有线网络接口卡(单链路单向通信速率超过 2.0GB/s,,高性能数字计算机是指调整后峰值性能(APP)大于 8.0 加权每秒万亿次浮点运算的数字计算机)〔999〕	0	30	13		台/千克	3	
8517623790	其他有线网络接口卡〔999〕	0	30	13		台/千克		L/
85176239	----其他							
8517623910	为聚合高性能数字计算机性能而专门设计的交换机(单链路单向通信速率超过 2.0GB/s,自定义通信协议。高性能数字计算机是指调整后峰值性能(APP)大于 8.0 加权每秒万亿次浮点运算的数字计算机)〔999〕	0	30	13		台/千克	3O	
8517623920	其他加密 VPN 设备〔999〕	0	30	13		台/千克	23	
8517623990	其他有线数字通信设备〔999〕	0	30	13		台/千克		L/
85176292	----无线网络接口卡							
8517629200	无线网络接口卡〔999〕	0	14	13		台/千克		L/
85176293	----无线接入固定台							
8517629300	无线接入固定台〔999〕	0	14	13		台/千克		L/
85176294	----无线耳机							
8517629400	无线耳机〔101 Ⅰ类其他扬声器及其零件〕,〔102 Ⅱ类其他扬声器及其零件〕,〔103 Ⅲ类其他扬声器及其零件〕	0	14	13		个/千克		
85176299	----其他							
8517629900	其他接收、转换并发送或再生音像或其他数据用的设备〔999〕	0	14	13		台/千克		L/
85176910	---其他无线设备							

① 〔101 调制解调器〕,〔102 光通信数字同步设备〕,〔103 其他通讯设备及其零件〕

协定税率(%)															特惠税率(%)			对美税率	出口税率	出口退税率	Article Description
智利	新西兰	澳大利亚	瑞士	冰岛	秘鲁	哥斯达	东盟	亚太	新加坡	巴基斯坦	港/澳/台	韩国	格鲁吉亚	毛里求斯	亚太	老/柬/缅	LDC 97/95				
																		25	0		
																		25	0		
																	0/0			13	---Other
																		20	0		
																	0/0			13	----Public telephonic switching apparatus; toll telephonic switching apparatus; telegraphic switching apparatus
																		10	0		
																	0/0			13	----Mobile communication switching system
																		5	0		
																	0/0			13	----Other telephonic switching apparatus
																		20	0		
																	0/0			13	----Optical line terminal equipments and pulse code modulation equipments
																		20	0		
																	0/0			13	----Optical transmission equipments for wave-division multiplexing
																		25	0		
																	0/0			13	----Other
																		5	0		
																		5	0		
																		5	0		
																	0/0			13	----Communication network synchronizing equipments
																		5	0		
																	0/0			13	----Ethernet exchangers
																		20	0		
																	0/0			13	----IP telephone signal converters
																		25	0		
																	0/0			13	----Modem
																		5	0		
																	0/0			13	----Hubs
																		20	0		
																	0/0			13	----Routers
																		25	0		
																	0/0			13	----Wired network interface cards
																		25	0		
																		25	0		
																	0/0			13	----Other
																		10	0		
																		10	0		
																		10	0		
																	0/0			13	----Wireless network interface cards
																		25	0		
																	0/0			13	----Fixed wireless access station
																		25	0		
																	0/0			13	----Wireless headphones
																		25	0		
																	0/0			13	----Other
																		25	0		
0	0	0	0	0	0	0	0			0	0/0/	0	0	0			0/0			13	---Other equipments in a wireless network

商品编号	商品名称及备注[检验检疫编码及名称]	进口关税(%) 最惠国	进口关税(%) 普通	增值税率(%)	消费税	计量单位	监管条件	检验检疫类别
8517691001	用于呼叫、提示和寻呼的便携式接收器〔101 无线接收装置〕,〔102 无线寻呼机〕,〔103 其他通讯设备及其零件〕	0	14	13		台/千克	A	M/
8517691091	卫星地球站(含终端地球站)无线电发射设备〔101 不带附件及包装〕,〔102 包含附件及包装〕	1.5/0①	14	13		台/千克	AO	L.M/
8517691099	其他无线通信设备〔101 不带附件及包装〕,〔102 包含附件及包装〕	1.5/0①	14	13		台/千克	A	L.M/
85176990	---其他有线设备							
8517699000	其他有线通信设备〔101 其他办公机器及其零件〕,〔102 其他通讯设备及其零件〕	0	30	13		台/千克		L/
85177010	---数字式程控电话或电报交换机用							
8517701000	数字式程控电话或电报交换机零件〔999〕	0	14	13		千克		
85177020	---光端机及脉冲编码调制设备(PCM)用							
8517702000	光端机、脉冲编码调制设备的零件〔999〕	0	14	13		千克		
85177030	---手持式无线电话机用(天线除外)							
8517703000	手持式无线电话机用零件(天线除外)〔999〕	0	17	13		千克		
85177040	---对讲机用(天线除外)							
8517704000	对讲机用零件(天线除外)〔101 移动通讯设备〕,〔102 其他通讯设备及其零件〕	0	20	13		千克		
85177060	---光通信设备的激光收发模块							
8517706000	光通信设备的激光收发模块〔999〕	0	30	13		千克		
85177070	---品目 85.17 所列设备用天线及其零件							
8517707001	无线电话电报装置的天线〔999〕	0	20	13		千克		
8517707090	品目 85.17 所列设备用其他天线及其零件〔999〕	0	20	13		千克		
85177090	---其他							
8517709000	品目 85.17 所列其他通信设备零件〔999〕	0	20	13		千克		
8518	**传声器(麦克风)及其座架;扬声器,不论是否装成音箱;耳机、耳塞机,不论是否装有传声器,由传声器及一个或多个扬声器组成的组合机;音频扩大器;电气扩音机组:**							
85181000	-传声器(麦克风)及其座架							
8518100001	电讯用频率在 300~3400 赫兹麦克风(直径不超过 10 毫米,高不超过 3 毫米)〔101 Ⅰ类其他扬声器及其零件〕,〔102 Ⅱ类其他扬声器及其零件〕,〔103 Ⅲ类其他扬声器及其零件〕	0	40	13		个/千克		
8518100090	其他传声器(麦克风)及其座架〔101 Ⅰ类其他扬声器及其零件〕,〔102 Ⅱ类其他扬声器及其零件〕,〔103 Ⅲ类其他扬声器及其零件〕	0	40	13		个/千克		
85182100	--单喇叭音箱							
8518210000	单喇叭音箱〔101 Ⅰ类单喇叭音箱〕,〔102 Ⅱ类单喇叭音箱〕,〔103 Ⅲ类单喇叭音箱〕	0	40	13		个/千克		
85182200	--多喇叭音箱							
8518220000	多喇叭音箱〔101 Ⅰ类多喇叭音箱〕,〔102 Ⅱ类多喇叭音箱〕,〔103 Ⅲ类多喇叭音箱〕	0	40	13		个/千克		
85182900	--其他							
8518290000	其他扬声器〔101 Ⅰ类其他扬声器及其零件〕,〔102 Ⅱ类其他扬声器及其零件〕,〔103 Ⅲ类其他扬声器及其零件〕	0	40	13		个/千克		
85183000	-耳机、耳塞机,不论是否装有传声器,由传声器及一个或多个扬声器组成的组合机							
8518300000	耳机、耳塞机(包括传声器与扬声器的组合机)〔101 Ⅰ类其他扬声器及其零件〕,〔102 Ⅱ类其他扬声器及其零件〕,〔103 Ⅲ类其他扬声器及其零件〕	0	40	13		个/千克		
85184000	-音频扩大器							
8518400001	电器扩音器(列入 ITA 的有线电话重复器用的)〔101 Ⅰ类音频功率放大器〕,〔102 Ⅱ类音频功率放大器〕,〔103 Ⅲ类音频功率放大器〕	0	40	13		台/千克		
8518400090	其他音频扩大器〔101 Ⅰ类音频功率放大器〕,〔102 Ⅱ类音频功率放大器〕,〔103 Ⅲ类音频功率放大器〕	0	40	13		台/千克		

① 最惠国税率中,"/"左边的税率截止日期为 2021 年 6 月 30 日,"/"右边的税率有效日期为 2021 年 7 月 1 日~2999 年 12 月 31 日。

协定税率(%)															特惠税率(%)			对美税率	出口税率	出口退税率	Article Description
智利	新西兰	澳大利亚	瑞士	冰岛	秘鲁	哥斯达	东盟	亚太	新加坡	巴基斯坦	港/澳/台	韩国	格鲁吉亚	毛里求斯	亚太	老/柬/缅	LDC 97/95				
																		10	0		
																		11.5	0		
																		11.5	0		
																	0/0			13	---Other equipments in a wired network
																		10	0		
																	0/0			13	---Of digital program-controlled telephonic or telegraphic switching apparatus
																		25	0		
																	0/0			13	---Of optical line terminal equipments and pulse code modulation equipments
																		25	0		
																	0/0			13	---Of wireless telephone handsets (other than aerials)
																		25	0		
										3		2.4					0/0			13	---Of walkie-talkie (other than aerials)
																		25	0		
																	0/0			13	---Laser transmitting and receiving unit of optical communication equipments
																			0		
																	0/0			13	---Aerials and parts thereof of heading 85.17
																		25	0		
																		25	0		
																	0/0			13	---Other
																		25	0		
																					Microphones and stands therefor; loudspeakers, whether or not mounted in their enclosures; headphones, earphones, whether or not combined with a microphone, and sets consisting of a microphone and one or more loudspeakers; audio-frequency electric amplifiers; electric sound amplifier sets:
										4							0/0			13	-Microphones and stands therefor
																		25	0		
																		25	0		
										3		3					0/0			13	--Single loudspeakers, mounted in their enclosures
																		25	0		
										3		3					0/0			13	--Multiple loudspeakers, mounted in the same enclosure
																		20	0		
																	0/0			13	--Other
																		25	0		
																	0/0			13	-Headphones and earphones, whether or not combined with a microphone, and sets consisting of a microphone and one or more loudspeakers
																		25	0		
										4.8		3.6					0/0			13	-Audio-frequency electric amplifiers
																		20	0		
																		20	0		

商品编号	商品名称及备注[检验检疫编码及名称]	进口关税(%) 最惠国	进口关税(%) 普通	增值税率(%)	消费税	计量单位	监管条件	检验检疫类别
85185000	-电气扩音机组							
8518500000	电气扩音机组〔101Ⅰ类电气扩音机组〕,〔102Ⅱ类电气扩音机组〕,〔103Ⅲ类电气扩音机组〕	0	40	13		套/千克		L/
85189000	-零件							
8518900001	编号 8518400001 所列货品的零件(列入 ITA 的有线电话重复器用的)①	0	40	13		千克		
8518900090	品目 85.18 所列货品的其他零件②	0	40	13		千克		
8519	**声音录制或重放设备:**							
85192000	-用硬币、钞票、银行卡、代币或其他支付方式使其工作的设备							
8519200010	以特定支付方式使其工作的激光唱机(用硬币、钞票、银行卡、代币或其他支付方式使其工作)〔101Ⅰ类激光唱机〕,〔102Ⅱ类激光唱机〕,〔103Ⅲ类激光唱机〕	12	80	13		台/千克		
8519200090	其他以特定支付方式使其工作的声音录制或重放设备(用硬币、钞票、银行卡、代币或其他支付方式使其工作)③	12	80	13		台/千克		L/
85193000	-转盘(唱机唱盘)							
8519300000	转盘(唱机唱盘)④	7	130	13		台/千克		
85195000	-电话应答机							
8519500000	电话应答机⑤	0	80	13		台/千克		L/
85198111	----未装有声音录制装置的盒式磁带型声音重放装置,编辑节目用放声机除外							
8519811100	未装有声音录制装置的盒式磁带型声音重放装置(编辑节目用放声机除外)〔101Ⅰ类放音机〕,〔102Ⅱ类放音机〕,〔103Ⅲ类放音机〕	0	130	13		台/千克	A	L.M/
85198112	----装有声音重放装置的盒式磁带型录音机							
8519811200	装有声音重放装置的盒式磁带型录音机〔101Ⅰ类录音机〕,〔102Ⅱ类录音机〕,〔103Ⅲ类录音机〕	0	130	13		台/千克	A	L.M/
85198119	----其他							
8519811900	其他使用磁性媒体的声音录制或重放设备〔101Ⅰ类录音机〕,〔102Ⅱ类录音机〕,〔103Ⅲ类录音机〕	0	80	13		台/千克	6A	L.M/
85198121	----激光唱机,未装有声音录制装置							
8519812100	激光唱机,未装有声音录制装置〔101Ⅰ类激光唱机〕,〔102Ⅱ类激光唱机〕,〔103Ⅲ类激光唱机〕	0	80	13		台/千克	A	L.M/
85198129	----其他							
8519812910	具有录音功能的激光唱机〔101Ⅰ类录音机〕,〔102Ⅱ类录音机〕,〔103Ⅲ类录音机〕	0	80	13		台/千克	6A	L.M/
8519812990	其他使用光学媒体的声音录制或重放设备〔101Ⅰ类录音机〕,〔102Ⅱ类录音机〕,〔103Ⅲ类录音机〕	0	80	13		台/千克	A	L.M/
85198131	----装有声音重放装置的闪速存储器型声音录制设备							
8519813100	装有声音重放装置的闪速存储器型声音录制设备⑥	0	80	13		台/千克	6A	L.M/
85198139	----其他							
8519813900	其他使用半导体媒体的声音录制或重放设备〔101Ⅰ类录音机〕,〔102Ⅱ类录音机〕,〔103Ⅲ类录音机〕	0	80	13		台/千克	6A	L.M/
85198910	---不带录制装置的其他唱机,不论是否带有扬声器							
8519891000	不带录制装置的其他唱机,不论是否带有扬声器(使用磁性、光学或半导体媒体的除外)〔101Ⅰ类放音机〕,〔102Ⅱ类放音机〕,〔103Ⅲ类放音机〕	0	130	13		台/千克	A	L/
85198990	---其他声音录制或重放设备							
8519899000	其他声音录制或重放设备(使用磁性、光学或半导体媒体的除外)〔101Ⅰ类录音机〕,〔102Ⅱ类录音机〕,〔103Ⅲ类录音机〕	0	80	13		台/千克	6A	L.M/

① 〔101Ⅰ类其他扬声器及其零件〕,〔102Ⅱ类其他扬声器及其零件〕,〔103Ⅲ类其他扬声器及其零件〕,〔104Ⅰ类其他收录放音装置及其零件〕,〔105Ⅱ类其他收录放音装置及其零件〕,〔106Ⅲ类其他收录放音装置及其零件〕

② 〔101Ⅰ类其他扬声器及其零件〕,〔102Ⅱ类其他扬声器及其零件〕,〔103Ⅲ类其他扬声器及其零件〕,〔104Ⅰ类其他收录放音装置及其零件〕,〔105Ⅱ类其他收录放音装置及其零件〕,〔106Ⅲ类其他收录放音装置及其零件〕

③ 〔101Ⅰ类录音机走带机构〕,〔102Ⅱ类录音机走带机构〕,〔103Ⅲ类录音机走带机构类〕,〔104Ⅰ类收音机〕,〔105Ⅱ类收音机〕,〔106 收音机〕,〔107Ⅰ类收录(放)音组合机〕,〔108Ⅱ类收录(放)音组合机〕,〔109Ⅲ类收录(放)音组合机〕,〔110Ⅰ类其他收录放音装置及其零件〕,〔111Ⅱ类其他收录放音装置及其零件〕,〔112Ⅲ类其他收录放音装置及其零件〕

④ 〔101Ⅰ类放音机〕,〔102Ⅱ类放音机〕,〔103Ⅲ类放音机〕,〔104Ⅰ类激光唱机〕,〔105Ⅱ类激光唱机〕,〔106Ⅲ类激光唱机〕

⑤ 〔101Ⅰ类收录(放)音组合机〕,〔102Ⅱ类收录(放)音组合机〕,〔103Ⅲ类收录(放)音组合机〕

⑥ 〔101 电子行业成套设备〕,〔102Ⅰ类录音机〕,〔103Ⅱ类录音机〕,〔104Ⅲ类录音机〕

协定税率(%)															特惠税率(%)			对美税率	出口税率	出口退税率	Article Description
智利	新西兰	澳大利亚	瑞士	冰岛	秘鲁	哥斯达	东盟	亚太	新加坡	巴基斯坦	港/澳/台	韩国	格鲁吉亚	毛里求斯	亚太	老/柬/缅	LDC 97/95				
										3		6.5					0/0			13	-Electric sound amplifier sets
																		20	0		
										4		8.4	2.1				0/0			13	-Parts
																		25	0		
																		25	0		
																					Sound recording or reproducing apparatus:
0	0	0	4	0	0	0	0	7.8	0	13.1	0/0/	10.6	0	0			0/0			13	-Apparatus operated by coins, banknotes, bank cards, tokens or by other means of payment
																		17	0		
																		17	0		
0	0	0	7	0	0	0	0		0	30	0/0/		0	24			0/0			13	-Turntables (record-decks)
																		32	0		
																	0/0			13	-Telephone answering machines
																		5	0		
										10.9		5.1					0/0			13	----Cassette-type sound reproducing apparatus, not incorporating a sound recording device, other than transcribing machines
																		5	0		
										30		19.5		18			0/0			13	----Cassette-type recorders, incorporating sound reproducing apparatus
																		25	0		
										13.1		10.6					0/0			13	----Other
																			0		
										26		19.5		18			0/0			13	----Compact disc players, not incorporating a sound recording device
																		25	0		
										12.8		10.6					0/0			13	----Other
																		15	0		
																		15	0		
										20		13					0/0			13	----Flash memory type recorders, incorporating sound reproducing apparatus
																		25	0		
										13.1		10.6					0/0			13	----Other
																		5	0		
										30		19.5		18			0/0			13	---Other record-players, not incorporating a sound recording device, with or without loudspeakers
																		25	0		
										12.8		10.6					0/0			13	---Other sound recording or reproducing apparatus
																		20	0		

商品编号	商品名称及备注[检验检疫编码及名称]	进口关税(%) 最惠国	普通	增值税率(%)	消费税	计量单位	监管条件	检验检疫类别
8521	**视频信号录制或重放设备,不论是否装有高频调谐器:**							
85211011	----广播级							
8521101100	广播级磁带录像机(不论是否装有高频调谐放大器)〔101 Ⅰ类磁带录放像机〕,〔102 Ⅱ类磁带录放像机〕,〔103 Ⅲ类磁带录放像机〕	见附表 2	见附表 2	13		台/千克		
85211019	----其他							
8521101900	其他磁带型录像机(不论是否装有高频调谐放大器)〔101 Ⅰ类磁带录放像机〕,〔102 Ⅱ类磁带录放像机〕,〔103 Ⅲ类磁带录放像机〕	见附表 2	见附表 2	13		台/千克		
85211020	---放像机							
8521102000	磁带放像机(不论是否装有高频调谐放大器)〔101 Ⅰ类磁带录放像机〕,〔102 Ⅱ类磁带录放像机〕,〔103 Ⅲ类磁带录放像机〕	见附表 2	见附表 2	13		台/千克		
85219011	----视频高密光盘(VCD)播放机							
8521901110	具有录制功能的视频高密光盘(VCD)播放机(不论是否装有高频调谐放大器)⑤	0	130	13		台/千克	A	L. M/
8521901190	其他视频高密光盘(VCD)播放机(不论是否装有高频调谐放大器)⑥	0	130	13		台/千克	A	L. M/
85219012	----数字化视频光盘(DVD)播放机							
8521901210	具有录制功能的数字化视频光盘(DVD)播放机(不论是否装有高频调谐放大器)⑦	0	130	13		台/千克	A	L. M/
8521901290	其他数字化视频光盘(DVD)播放机(不论是否装有高频调谐放大器)⑧	0	130	13		台/千克	A	L. M/
85219019	----其他							
8521901910	具有录制功能的其他激光视盘播放机(不论是否装有高频调谐放大器)⑨	0	130	13		台/千克	A	L. M/
8521901990	其他激光视盘播放机(不论是否装有高频调谐放大器)〔101 Ⅰ类激光视盘放像机〕,〔102 Ⅱ类激光视盘放像机〕,〔103 Ⅲ类激光视盘放像机〕	0	130	13		台/千克	A	L. M/
85219090	---其他							
8521909010	用于光盘生产的金属母盘生产设备(不论是否装有高频调谐放大器)〔999〕	0	130	13		台/千克	A	M/
8521909020	光盘型广播级录像机〔999〕	0	130	13		台/千克	6A	M/
8521909090	其他视频信号录制或重放设备(不论是否装有高频调谐放大器)⑩	0	130	13		台/千克	6A	L. M/
8522	**专用于或主要用于税目 85.19 或 85.21 所列设备的零件、附件:**							
85221000	-拾音头							
8522100000	拾音头〔101 Ⅰ类其他收录放音装置及其零件〕,〔102 Ⅱ类其他收录放音装置及其零件〕,〔103 Ⅲ类其他收录放音装置及其零件〕	12	130	13		个/千克		
85229010	---转盘或唱机用							
8522901000	转盘或唱机用零件、附件〔101 Ⅰ类其他收录放音装置及其零件〕,〔102 Ⅱ类其他收录放音装置及其零件〕,〔103 Ⅲ类其他收录放音装置及其零件〕	9.4/6.3⑫	130	13		千克		
85229021	----走带机构(机芯),不论是否装有磁头							
8522902100	录音机走带机构(机芯)(不论是否装有磁头)〔101 Ⅰ类录音机走带机构〕,〔102 Ⅱ类录音机走带机构〕,〔103 Ⅲ类录音机走带机构〕	9.4/6.3⑫	100	13		千克		
85229022	----磁头							
8522902200	磁头〔101 Ⅰ类其他收录放音装置及其零件〕,〔102 Ⅱ类其他收录放音装置及其零件〕,〔103 Ⅲ类其他收录放音装置及其零件〕	9.4/6.3⑫	100	13		个/千克		
85229023	----磁头零件							
8522902300	磁头零件〔101 Ⅰ类其他收录放音装置及其零件〕,〔102 Ⅱ类其他收录放音装置及其零件〕,〔103 Ⅲ类其他收录放音装置及其零件〕	7.5/5⑫	100	13		千克		
85229029	----其他							
8522902900	盒式磁带录音机或放声机其他零件〔101 Ⅰ类其他收录放音装置及其零件〕,〔102 Ⅱ类其他收录放音装置及其零件〕,〔103 Ⅲ类其他收录放音装置及其零件〕	11.3/7.5⑫	100	13		千克		

① 完税价格≤2000 美元/台:12.8%;完税价格>2000 美元/台:3.0%,加 1585.3 元。
② 价格≤2000 美元/台:19.5%;价格>2000 美元/台:1.9%,加 2843.1 元/台。
③ 完税价格≤2000 美元/台:19.6%;完税价格>2000 美元/台:3.0%,加 2689.2 元。
④ 完税价格≤2000 美元/台:14.4%;完税价格>2000 美元/台:3.0%,加 1846.8 元。
⑤ 〔101 Ⅰ类激光视盘放像机〕,〔102 Ⅱ类激光视盘放像机〕,〔103 Ⅲ类激光视盘放像机〕
⑥ 〔101 Ⅰ类激光视盘放像机〕,〔102 Ⅱ类激光视盘放像机〕,〔103 Ⅲ类激光视盘放像机〕
⑦ 〔101 Ⅰ类激光视盘放像机〕,〔102 Ⅱ类激光视盘放像机〕,〔103 Ⅲ类激光视盘放像机〕
⑧ 〔101 Ⅰ类激光视盘放像机〕,〔102 Ⅱ类激光视盘放像机〕,〔103 Ⅲ类激光视盘放像机〕
⑨ 〔101 Ⅰ类激光视盘放像机〕,〔102 Ⅱ类激光视盘放像机〕,〔103 Ⅲ类激光视盘放像机〕
⑩ 〔101 Ⅰ类其他摄录放像装置及其零件〕,〔102 Ⅱ类其他摄录放像装置及其零件〕,〔103 Ⅲ类其他摄录放像装置及其零件〕
⑪ 如税率中间有"#","#"前后分别为上半年(2021 年 1 月 1 日至 6 月 30 日)和下半年(2021 年 7 月 1 日至 12 月 31 日)的适用税率。
⑫ 最惠国税率中,"/"左边的税率截止日期为 2021 年 6 月 30 日,"/"右边的税率有效日期为 2021 年 7 月 1 日~2999 年 12 月 31 日。

协定税率(%)															特惠税率(%)			对美税率	出口税率	出口退税率	Article Description
智利	新西兰	澳大利亚	瑞士	冰岛	秘鲁	哥斯达	东盟	亚太	新加坡	巴基斯坦	港/澳/台	韩国	格鲁吉亚	毛里求斯	亚太	老/柬/缅	LDC 97/95				
																					Video recording or reproducing apparatus, whether or not incorporating a video tuner:
										①		②		18			0/0			13	----Broadcast quality
																			0		
										③		②		18			0/0			13	----Other
																			0		
										④		②		18			0/0			13	---Video tape reproducers
																		5	0		
										12.8		10.6					0/0			13	----Video Compact Disc player
																			0		
																			0		
										12.8		13					0/0			13	----Digital Video Disc player
																		25	0		
																		25	0		
										12.8		10.6					0/0			13	----Other
																		25	0		
																		25	0		
										12.8		13					0/0			13	---Other
																		20	0		
																		20	0		
																		20	0		
																					Parts and accessories suitable for use solely or principally with the apparatus of headings 85.19 or 85.21:
0	0	0	12	0	0	0	0		0	35	0/0/		0	28			0/0			13	-Pick-up cartridges
																			0		
0	0	0	9.4# 6.3⑪	0	0	0	0	6.1# 4.1⑪	0	16	0/0/	13.3	0	0			0/0			13	---Of turntables (record decks) or record-players
																		34.4	0		
0	0	0	9.4# 6.3⑪	0	0	0	0	6.1# 4.1⑪	0	22.5	0/0/	13.3	0	0			0/0			13	----Transport mechanisms, whether or not incorporating a magnetic head
																			0		
0	0	0	9.4# 6.3⑪	0	0	0	0	6.1# 4.1⑪	0	22.5	0/0/	16.2	0	0			0/0			13	----Magnetic heads
																		34.4	0		
0	0	0	4	0	0	0	0	4.9# 3.3⑪	0	14.4	0/0/	10.6	0	0			0/0			13	----Parts of magnetic heads
																		17.5	0		
0	0	0	11.3# 7.5⑪	0	0	0	0	7.3# 4.9⑪	0	27	0/0/	19.5	0	21			0/0			13	----Other
																			0		

商品编号	商品名称及备注[检验检疫编码及名称]	进口关税(%) 最惠国	进口关税(%) 普通	增值税率(%)	消费税	计量单位	监管条件	检验检疫类别
85229031	----激光视盘机的机芯							
8522903110	车载导航仪视频播放机机芯[999]	11.3/7.5②	100	13		千克		
8522903190	其他激光视盘机的机芯③	11.3/7.5②	100	13		千克		
85229039	----其他							
8522903900	其他视频信号录制或重放设备的零件[999]	11.3/7.5②	100	13		千克		
85229091	----车载音频转播器或发射器							
8522909100	车载音频转播器或发射器④	7.5/5②	80	13		台/千克		
85229099	----其他							
8522909900	品目85.19或85.21所列设备的其他零件⑤	7.5/5②	80	13		千克		
8523	**录制声音或其他信息用的圆盘、磁带、固态非易失性数据存储器件、"智能卡"及其他媒体,不论是否已录制,包括供复制圆盘用的母片及母带,但不包括第三十七章的产品:**							
85232110	---未录制							
8523211000	未录制的磁条卡[999]	0	70	13		个/千克		
85232120	---已录制							
8523212000	已录制的磁条卡[999]	0	130	9		个/千克		
85232911	----未录制							
8523291100	未录制磁盘[999]	0	14	13		个/千克		
85232919	----其他							
8523291900	已录制磁盘[999]	0	14	9		个/千克		
85232921	----未录制的宽度不超过4毫米的磁带							
8523292100	未录制的宽度不超过4毫米的磁带[999]	0	130	13		盘/千克		
85232922	----未录制的宽度超过4毫米,但不超过6.5毫米的磁带							
8523292200	未录制的宽度超过4毫米,但不超过6.5毫米的磁带[999]	0	130	13		盘/千克		
85232923	----未录制的宽度超过6.5毫米的磁带							
8523292300	未录制的宽度超过6.5毫米的磁带[999]	0	20	13		盘/千克		
85232928	----重放声音或图像信息的磁带							
8523292810	含人类遗传资源信息资料的重放声音或图像信息的磁带[999]	0	130	9		盘/千克	V	
8523292820	录有广播电影电视节目的重放声音或图像信息的磁带[999]	0	130	9		盘/千克	b	
8523292890	其他重放声音或图像信息的磁带[999]	0	130	9		盘/千克	f	
85232929	----已录制的其他磁带							
8523292910	其他含人类遗传资源信息资料的磁带[999]	0	14	13		盘/千克	V	
8523292920	录有广播电影电视节目的其他磁带[999]	0	14	13		盘/千克	b	
8523292990	已录制的其他磁带[999]	0	14	13		盘/千克	f	
85232990	---其他							
8523299010	其他含人类遗传资源信息资料的磁性媒体[999]	0	14	13		盘/千克	V	
8523299020	其他录有广播电影电视节目的磁性媒体[999]	0	14	13		盘/千克	b	
8523299090	其他磁性媒体[999]	0	14	13		盘/千克	f	
85234100	--未录制							
8523410000	未录制光学媒体[999]	0	14	13		张/千克		
85234910	---仅用于重放声音信息的已录制光盘							

① 如税率中间有"#","#"前后分别为上半年(2021年1月1日至6月30日)和下半年(2021年7月1日至12月31日)的适用税率。
② 最惠国税率中,"/"左边的税率截止日期为2021年6月30日,"/"右边的税率有效日期为2021年7月1日~2999年12月31日。
③ [101Ⅰ类其他收录放音装置及其零件],[102Ⅱ类其他收录放音装置及其零件],[103Ⅲ类其他收录放音装置及其零件]
④ [101Ⅰ类其他收录放音装置及其零件],[102Ⅱ类其他收录放音装置及其零件],[103Ⅲ类其他收录放音装置及其零件]
⑤ [101Ⅰ类其他收录放音装置及其零件],[102Ⅱ类其他收录放音装置及其零件],[103Ⅲ类其他收录放音装置及其零件]

智利	新西兰	澳大利亚	瑞士	冰岛	秘鲁	哥斯达	东盟	亚太	新加坡	巴基斯坦	港/澳/台	韩国	格鲁吉亚	毛里求斯	亚太	老/柬/缅	LDC 97/95	对美税率	出口税率	出口退税率	Article Description
协定税率(%)															特惠税率(%)						
0	0	0	11.3# 7.5①	0	0	0	0	7.3# 4.9①	0	16.8	0/0/	19.5	0	21			0/0			13	----Movements for laser video compact disk player
																		36.3	0		
																		36.3	0		
0	0	0		0	0	0	0	7.3# 4.9①	0	16.8	0/0/	19.5	0	21			0/0			13	----Other
																		36.3	0		
0	0	0	4	0	0	0	0	4.9# 3.3①	0	12.8	0/0/	10.6	0	0			0/0			13	----Tone converters or transmission apparatus of a kind used for vehicles
																		12.5	0		
0	0	0	4	0	0	0	0	4.9# 3.3①	0	12.8	0/0/	10.6	0	0			0/0			13	----Other
																		32.5	0		
																					Discs, tapes, solid-state non-volatile storage devices, smart cards and other media for the recording of sound or of other phenomena, whether or not recorded, including matrices and masters for the production of discs, but excluding products of Chapter 37:
										11.2		5.2					0/0			13	---Unrecorded
																		20	0		
										9.6		4.5					0/0				---Recorded
																		15	0	9	
																	0/0			13	----Unrecorded
																		25	0		
																	0/0				----Other
																		5	0	9	
																	0/0			13	----Of a width not exceeding 4mm, unrecorded
																			0		
																	0/0			13	----Of a width exceeding 4mm but not exceeding 6.5mm, unrecorded
																			0		
																	0/0			13	----Of a width exceeding 6.5mm, unrecorded
																		25	0		
										3		5.3					0/0				----For reproducing sound or image phenomena
																		15	0	9	
																		15	0	9	
																		15	0	9	
																	0/0				----Other recorded magnetic tapes
																			0	9	
																			0	9	
																			0	9	
																	0/0				---Other
																		25	0	9	
																		25	0	9	
																		25	0	9	
																	0/0			13	--Unrecorded
																		25	0		
										4		3					0/0				---For reproducing sound only

商品编号	商品名称及备注[检验检疫编码及名称]	进口关税(%) 最惠国	进口关税(%) 普通	增值税率(%)	消费税	计量单位	监管条件	检验检疫类别
8523491010	含人类遗传资源信息资料的仅用于重放声音信息的光学媒体〔999〕	0	130	9		张/千克	V	
8523491020	录有广播电影电视节目的仅用于重放声音信息的光学媒体〔999〕	0	130	9		张/千克	b	
8523491090	其他仅用于重放声音信息的已录制光学媒体〔999〕	0	130	9		张/千克	f	
85234920	---用于重放声音、图像以外信息的,品目 84.71 所列机器用							
8523492010	含人类遗传资源信息资料的用于重放声音、图像以外信息的光学媒体〔999〕	0	14	9		张/千克	V	
8523492090	其他用于重放声音、图像以外信息的光学媒体(品目 84.71 所列机器用,已录制)〔999〕	0	14	9		张/千克		
85234990	---其他							
8523499010	其他含人类遗传资源信息资料的光学媒体〔999〕	0	14	13		张/千克	V	
8523499020	其他录有广播电影电视节目的光学媒体〔999〕	0	14	13		张/千克	b	
8523499030	其他赴境外加工并返回境内的已录制光盘〔999〕	0	14	13		张/千克	Z	
8523499090	其他已录制光学媒体〔999〕	0	14	13		张/千克	f	
85235110	---未录制							
8523511000	未录制的固态非易失性存储器件(闪速存储器)〔101 其他计算机、辅助设备及其零件〕,〔102 磁带、磁盘〕	0	70	13		个/千克		
85235120	---已录制							
8523512010	含人类遗传资源信息资料的固态非易失性存储器件(闪速存储器)〔999〕	0	14	9		个/千克	V	
8523512020	录有广播电影电视节目的固态非易失性存储器件(闪速存储器)〔999〕	0	14	9		个/千克	b	
8523512030	赴境外加工并返回境内的已录制的固态非易失性存储器件(闪速存储器)〔999〕	0	14	9		个/千克	Z	
8523512090	其他已录制的固态非易失性存储器件(闪速存储器)〔999〕	0	14	9		个/千克		
85235210	---未录制							
8523521000	未录制的"智能卡"〔101 软、硬、光盘驱动器〕,〔102 其他计算机、辅助设备及其零件〕,〔103 磁带、磁盘〕	0	21	9		个/千克		
85235290	---其他							
8523529000	其他"智能卡"〔101 软、硬、光盘驱动器〕,〔102 其他计算机、辅助设备及其零件〕,〔103 磁带、磁盘〕	0	21	9		个/千克		
85235910	---未录制							
8523591000	其他未录制的半导体媒体〔999〕	0	70	13		个/千克		
85235920	---已录制							
8523592010	其他含人类遗传资源信息资料的半导体媒体〔999〕	0	14	9		个/千克	V	
8523592020	其他录有广播电影电视节目的半导体媒体〔999〕	0	14	9		个/千克	b	
8523592030	其他赴境外加工并返回境内的已录制的半导体媒体〔999〕	0	14	9		个/千克	Z	
8523592090	其他已录制的半导体媒体〔999〕	0	14	9		个/千克		
85238011	----已录制							
8523801110	录有广播电影电视节目的唱片〔101 磁带、磁盘〕,〔102 其他视听设备及其零件〕	0	130	9		张/千克	b	
8523801120	赴境外加工并返回境内的已录制唱片〔101 磁带、磁盘〕,〔102 其他视听设备及其零件〕	0	130	9		张/千克	Z	
8523801190	其他已录制唱片〔101 磁带、磁盘〕,〔102 其他视听设备及其零件〕	0	130	9		张/千克	f	
85238019	----其他							
8523801900	其他唱片〔101 磁带、磁盘〕,〔102 其他视听设备及其零件〕	0	70	13		张/千克		
85238021	----未录制							
8523802100	未录制的品目 84.71 所列机器用其他媒体(磁性、光学或半导体媒体除外)〔101 软、硬、光盘驱动器〕,〔102 磁带、磁盘〕	0	14	13		张/千克		
85238029	----其他							
8523802910	其他含人类遗传资源信息资料的品目 84.71 所列机器用其他媒体〔999〕	0	14	13		张/千克	V	
8523802990	其他品目 84.71 所列机器用其他媒体(磁性、光学或半导体媒体除外)〔999〕	0	14	13		张/千克		
85238091	----未录制							
8523809100	未录制的其他媒体(磁性、光学或半导体媒体除外)〔101 软、硬、光盘驱动器〕,〔102 磁带、磁盘〕	0	14	9		张/千克		
85238099	----其他							
8523809910	其他含人类遗传资源信息资料的媒体〔999〕	0	14	9		张/千克	V	
8523809920	其他录有广播电影电视节目的媒体〔999〕	0	14	9		张/千克	b	
8523809990	其他媒体(磁性、光学或半导体媒体除外)〔999〕	0	14	9		张/千克	f	
8525	**无线电广播、电视发送设备,不论是否装有接收装置或声音的录制、重放装置;电视摄像机、数字照相机及视频摄录一体机:**							
85255000	-发送设备							

协定税率(%)															特惠税率(%)			对美税率	出口税率	出口退税率	Article Description
智利	新西兰	澳大利亚	瑞士	冰岛	秘鲁	哥斯达	东盟	亚太	新加坡	巴基斯坦	港/澳/台	韩国	格鲁吉亚	毛里求斯	亚太	老/柬/缅	LDC 97/95				
																		20	0	9	
																		20	0	9	
																		20	0	9	
																	0/0				---For reproducing phenomena other than sound or image, for the machines of heading 84.71
																		5	0	9	
																		5	0	9	
																	0/0				---Other
																		5	0	9	
																		5	0	9	
																		5	0	9	
																		5	0	9	
																	0/0			13	---Unrecorded
																		25	0		
																	0/0				---Recorded
																		10	0	9	
																		10	0	9	
																		10	0		
																		10	0	9	
																	0/0			13	---Unrecorded
																		25	0		
																	0/0				---Other
																		20	0	9	
																	0/0			13	---Unrecorded
																		25	0		
																	0/0				---Recorded
																		10	0	9	
																		10	0	9	
																		10	0		
																		10	0	9	
										9.6		4.5					0/0				----Recorded
																		20	0	9	
																		20	0	9	
																		20	0	9	
																	0/0				----Other
																		5	0	9	
																	0/0			13	----Unrecorded
																		20	0		
																	0/0				----Other
																		5	0	9	
																		5	0	9	
																	0/0			13	----Unrecorded
																		5	0		
																	0/0				----Other
																			0	9	
																			0	9	
																			0	9	
																					Transmission apparatus for radio-broadcasting or television, whether or not incorporating reception apparatus or sound recording or reproducing apparatus; television cameras, digital cameras and video camera recorders:
																	0/0			13	-Transmission apparatus

商品编号	商品名称及备注[检验检疫编码及名称]	进口关税(%)最惠国	普通	增值税率(%)	消费税	计量单位	监管条件	检验检疫类别
8525500000	无线电广播、电视用发送设备①	0	30	13		台/千克	O	
85256010	---卫星地面站设备							
8525601000	无线电广播、电视用卫星地面站设备(装有接收装置的发送设备)②	0	14	13		台/千克	O	
85256090	---其他							
8525609000	其他装有接收装置的无线电广播、电视发送设备③	0	30	13		台/千克		
85258011	----特种用途的							
8525801110	抗辐射电视摄像机(能抗 5×104 戈瑞(硅)以上辐射而又不会降低使用质量)〔101 Ⅰ类电视摄像机〕,〔102 Ⅱ类电视摄像机〕,〔103 Ⅲ类电视摄像机〕	1.7/0⑤	17	13		台/千克	3A	M/
8525801190	其他特种用途电视摄像机〔101 Ⅰ类电视摄像机〕,〔102 Ⅱ类电视摄像机〕,〔103 Ⅲ类电视摄像机〕	1.7/0⑤	17	13		台/千克	A	M/
85258012	----非特种用途的广播级							
8525801200	非特种用途广播级电视摄像机〔101 Ⅰ类电视摄像机〕,〔102 Ⅱ类电视摄像机〕,〔103 Ⅲ类电视摄像机〕	见附表2	见附表2	13		台/千克	A	M/
85258013	----非特种用途的其他类型							
8525801301⑨	手机用摄像组件(由镜头+CCD/CMOS+数字信号处理电路三部分构成)〔101 Ⅰ类电视摄像机〕,〔102 Ⅱ类电视摄像机〕,〔103 Ⅲ类电视摄像机〕	见附表2	见附表2	13		台/千克		
8525801302	高清摄像头(必须满足以下三个条件:1、镜头元件必须使用5层及以上玻璃镜头;2、使用USB 2.0及以上高速接口;3、硬件传感器像素达到130万及以上)〔101 Ⅰ类电视摄像机〕,〔102 Ⅱ类电视摄像机〕,〔103 Ⅲ类电视摄像机〕	见附表2	见附表2	13		台/千克		
8525801390	其他非特种用途电视摄像机及其他摄像组件(其他摄像组件由非广播级镜头+CCD/CMOS+数字信号处理电路构成)⑩	见附表2	见附表2	13		台/千克		
85258021	----特种用途的							
8525802100	特种用途的数字照相机〔999〕	0	17	13		台/千克		
85258022	----非特种用途的单镜头反光型							
8525802200	非特种用途的单镜头反光型数字照相机〔999〕	见附表2	见附表2	13		台/千克		
85258025	----非特种用途的,其他可换镜头的							
8525802500	非特种用途其他可换镜头数字照相机〔999〕	见附表2	见附表2	13		台/千克		
85258029	----非特种用途的其他类型							
8525802910	非特种用途的航拍照相无人机(单镜头反光型除外)〔999〕	见附表2	见附表2	13		台/千克		
8525802990	其他非特种用途的其他数字照相机(单镜头反光型除外)〔999〕	见附表2	见附表2	13		台/千克		
85258031	----特种用途的							
8525803100	特种用途视频摄录一体机⑪	0	17	13		台/千克	A	M/
85258032	----非特种用途的广播级							
8525803200	非特种用途的广播级视频摄录一体机〔101 Ⅰ类电视摄像机〕,〔102 Ⅱ类电视摄像机〕,〔103 Ⅲ类电视摄像机〕	见附表2	见附表2	13		台/千克	A	M/
85258033	----非特种用途的家用型							
8525803300	非特种用途的家用型视频摄录一体机〔101 Ⅰ类家用型摄录一体机〕,〔102 Ⅱ类家用型摄录一体机〕,〔103 Ⅲ类家用型摄录一体机〕	0	130	13		台/千克	A	M/
85258039	----非特种用途的其他类型							
8525803910	非特种用途的航拍摄录一体无人机(非广播级、非多用途)〔301 Ⅰ类电视摄像机〕,〔302 Ⅱ类电视摄像机〕,〔303 Ⅲ类电视摄像机〕	见附表2	见附表2	13		台/千克	A	M/
8525803990	非特种用途的其他视频摄录一体机(非广播级、非多用途)〔301 Ⅰ类电视摄像机〕,〔302 Ⅱ类电视摄像机〕,〔303 Ⅲ类电视摄像机〕	见附表2	见附表2	13		台/千克	A	M/

① 〔101 Ⅰ类其他电视接收、发送装置及其零件〕,〔102 Ⅱ类其他电视接收、发送装置及其零件〕,〔103 Ⅲ类其他电视接收、发送装置及其零件〕
② 〔101 Ⅰ类卫星电视接收机〕,〔102 Ⅱ类卫星电视接收机〕,〔103 Ⅲ类卫星电视接收机〕
③ 〔101 Ⅰ类其他电视接收、发送装置及其零件〕,〔102 Ⅱ类其他电视接收、发送装置及其零件〕,〔103 Ⅲ类其他电视接收、发送装置及其零件〕
④ 如税率中间有"#","#"前后分别为上半年(2021年1月1日至6月30日)和下半年(2021年7月1日至12月31日)的适用税率。
⑤ 最惠国税率中,"/"左边的税率截止日期为2021年6月30日,"/"右边的税率有效日期为2021年7月1日~2999年12月31日。
⑥ 完税价格≤5000美元/台:23.8%;完税价格>5000美元/台:3.0%,加8424.0元。
⑦ 5.8%与复合税②从低执行(复合税②:完税价格≤5000美元/台:35%;完税价格>5000美元/台:3%加9728元/台)从低执行加25%。
⑧ 价格≤5000美元/台:22.7%;价格>5000美元/台:1.9%+8424元/台。
⑨ 此商品编码适用暂定税率,暂定税率为4%,适用时间为2021年1月~6月。
⑩ 〔101 Ⅰ类电视摄像机〕,〔102 Ⅱ类电视摄像机〕,〔103 Ⅲ类电视摄像机〕
⑪ 〔101 Ⅰ类电视摄像机〕,〔102 Ⅱ类电视摄像机〕,〔103 Ⅲ类电视摄像机〕,〔104 Ⅰ类家用型摄录一体机〕,〔105 Ⅱ类家用型摄录一体机〕,〔106 Ⅲ类家用型摄录一体机〕

协定税率(%)															特惠税率(%)			对美税率	出口税率	出口退税率	Article Description
智利	新西兰	澳大利亚	瑞士	冰岛	秘鲁	哥斯达	东盟	亚太	新加坡	巴基斯坦	港/澳/台	韩国	格鲁吉亚	毛里求斯	亚太	老/柬/缅	LDC 97/95				
																		5	0		
																	0/0			13	---Satellite earth station
																		20	0		
																	0/0			13	---Other
																		5	0		
0	0	0	0	0	0	0	0	1.1#0④	0	3	0/0/		0	0			0/0			13	----For special purposes
																			0		
																			0		
0	0	0	5.8#0④	0	0	0	0	3.8#0④	0	⑥	0/0/		0	23.4			0/0			13	----Broadcast quality, not for special purposes
																		⑦	0		
0	0	0	5.8#0④	0	0	0	0	3.8#0④	0	⑥	0/0/0	⑧	0	23.4			0/0			13	----Other, not for special purposes
																		29	0		
																		⑦	0		
																		⑦	0		
																	0/0			13	----For special purposes
																			0		
																	0/0			13	----Single lens reflex, not for special purposes
																		25	0		
																	0/0			13	----Other changeable lens, not for special purposes
																		25	0		
																	0/0			13	----Other, not for special purposes
																		25	0		
																		25	0		
																	0/0			13	----For special purposes
																		10	0		
																	0/0			13	----Broadcast quality, not for special purposes
																		25	0		
																	0/0			13	----Household-type, not for special purposes
																		25	0		
																	0/0			13	----Other, not for special purposes
																		25	0		
																		25	0		

商品编号	商品名称及备注[检验检疫编码及名称]	进口关税(%)		增值税率(%)	消费税	计量单位	监管条件	检验检疫类别
		最惠国	普通					
8526	**雷达设备、无线电导航设备及无线电遥控设备:**							
85261010	---导航用							
8526101010	用于导弹、火箭等的导航雷达设备(用于弹道导弹、运载火箭、探空火箭、巡航导弹、无人驾驶航空飞行器的目标探测)〔999〕	0	8	13		台/千克	3	
8526101090	其他导航用雷达设备〔999〕	0	8	13		台/千克		
85261090	---其他							
8526109010	飞机机载雷达(包括气象雷达,地形雷达和空中交通管制应答系统)〔999〕	0	14	13		台/千克		
8526109020	雷达生命探测仪〔999〕	0	14	13		台/千克	O	
8526109030	用于导弹、火箭等的机载雷达设备(用于弹道导弹、运载火箭、探空火箭、巡航导弹、无人驾驶航空飞行器的目标探测)〔999〕	0	14	13		台/千克	3	
8526109040	用于导弹、火箭等的其他雷达设备(用于弹道导弹、运载火箭、探空火箭、巡航导弹、无人驾驶航空飞行器的目标探测)〔999〕	0	14	13		台/千克	3	
8526109090	其他雷达设备〔999〕	0	14	13		台/千克		
85269110	---机动车辆用							
8526911000	机动车辆用无线电导航设备〔999〕	0	8	13		台/千克		
85269190	---其他							
8526919010	制导装置(使300千米射程导弹达到≤10千米圆公算偏差)〔999〕	0	8	13		台/千克	3	
8526919090	其他无线电导航设备〔999〕	0	8	13		台/千克		
85269200	--无线电遥控设备							
8526920000	无线电遥控设备〔999〕	0.8/0①	14	13		台/千克	O	
8527	**无线电广播接收设备,不论是否与声音的录制、重放装置或时钟组合在同一机壳内:**							
85271200	--袖珍盒式磁带收放机							
8527120000	不需外接电源袖珍盒式磁带收放机〔101Ⅰ类放音机〕,〔102Ⅱ类放音机〕,〔103Ⅲ类放音机〕	0	130	13		台/千克		
85271300	--其他收录(放)音组合机							
8527130000	不需外接电源收录(放)音组合机②	0	130	13		台/千克		
85271900	--其他							
8527190000	不需外接电源无线电收音机〔101Ⅰ类收音机〕,〔102Ⅱ类收音机〕,〔103Ⅲ类收音机〕	0	130	13		台/千克		
85272100	--收录(放)音组合机							
8527210010	具备接收和转换数字广播数据系统信号功能需外接电源的汽车用收录(放)音组合机〔101Ⅰ类收录(放)音组合机〕,〔102Ⅱ类收录(放)音组合机〕,〔103Ⅲ类收录(放)音组合机〕	0	130	13		台/千克		
8527210090	其他需外接电源汽车收录(放)音组合机〔101Ⅰ类收录(放)音组合机〕,〔102Ⅱ类收录(放)音组合机〕,〔103Ⅲ类收录(放)音组合机〕	15	130	13		台/千克		
85272900	--其他							
8527290000	需外接电源汽车用无线电收音机〔101Ⅰ类收音机〕,〔102Ⅱ类收音机〕,〔103Ⅲ类收音机〕	0	130	13		台/千克		
85279100	--收录(放)音组合机							
8527910000	其他收录(放)音组合机③	0	130	13		台/千克		
85279200	--带时钟的收音机							
8527920000	带时钟的收音机④	0	130	13		台/千克		L/
85279900	--其他							
8527990000	其他收音机〔101Ⅰ类收音机〕,〔102Ⅱ类收音机〕,〔103Ⅲ类收音机〕	0	130	13		台/千克		

① 最惠国税率中,"/"左边的税率截止日期为2021年6月30日,"/"右边的税率有效日期为2021年7月1日~2999年12月31日。
② 〔101Ⅰ类收录(放)音组合机〕,〔102Ⅱ类收录(放)音组合机〕,〔103Ⅲ类收录(放)音组合机〕
③ 〔101Ⅰ类收录(放)音组合机〕,〔102Ⅱ类收录(放)音组合机〕,〔103Ⅲ类收录(放)音组合机〕,〔104其他收录放音装置及其零件〕
④ 〔101Ⅰ类其他收录放音装置及其零件〕,〔102Ⅱ类其他收录放音装置及其零件〕,〔103Ⅲ类其他收录放音装置及其零件〕,〔104其他收录放音装置及其零件〕

协定税率(%)															特惠税率(%)			对美税率	出口税率	出口退税率	Article Description
智利	新西兰	澳大利亚	瑞士	冰岛	秘鲁	哥斯达	东盟	亚太	新加坡	巴基斯坦	港/澳/台	韩国	格鲁吉亚	毛里求斯	亚太	老/柬/缅	LDC 97/95				
																					Radar apparatus, radio navigational aid apparatus and radio remote control apparatus:
												1					0/0			13	---For navigational aid
																			0		
																			0		
												2.6					0/0			13	---Other
																			0		
																		5	0		
																		5	0		
																		5	0		
																		5	0		
																	0/0			13	---For motor vehicles
																		5	0		
												0.6		1.2			0/0			13	---Other
																		5	0		
																		5	0		
0	0	0	0	0	0	0	0			0	0/0/	1.5	0	0			0/0			13	--Radio remote control apparatus
																		20.8	0		
																					Reception apparatus for radio-broadcasting, whether or not combined, in the same housing, with sound recording or reproducing apparatus or a clock:
										20		10.6					0/0			13	--Pocket-size radio cassette-players
																			0		
										9.6		4.5					0/0			13	--Other apparatus combined with sound recording or reproducing apparatus
																			0		
										9.6		8					0/0			13	--Other
																		20	0		
0	0	0	3	0	0	0	0		0	9.6	0/0/	8	0	0			0/0			13	--Combined with sound recording or reproducing apparatus
																		5	0		
																		20	0		
										9.6		8					0/0			13	--Other
																		5	0		
										9.6		4.5					0/0			13	--Combined with sound recording or reproducing apparatus
																		25	0		
										9.6		4.5					0/0			13	--Not combined with sound recording or reproducing apparatus but combined with a clock
																		25	0		
										27		17.5		18			0/0			13	--Other
																		25	0		

商品编号	商品名称及备注[检验检疫编码及名称]	进口关税(%)		增值税率(%)	消费税	计量单位	监管条件	检验检疫类别
		最惠国	普通					
8528	**监视器及投影机,未装电视接收装置;电视接收装置,不论是否装有无线电收音装置或声音、图像的录制或重放装置:**							
85284200	--可直接连接且设计用于品目84.71的自动数据处理设备的							
8528420000	可直接连接且设计用于品目84.71的自动数据处理设备的阴极射线管监视器〔101彩色视频监视器〕,〔102黑白或其他单色视频监视器〕	0	40	13		台/千克	6	
85284910	---彩色的							
8528491000	其他彩色的阴极射线管监视器〔101Ⅰ类彩色视频监视器〕,〔102Ⅱ类彩色视频监视器〕,〔103Ⅲ类彩色视频监视器〕	0	130	13		台/千克	6	
85284990	---单色的							
8528499000	其他单色的阴极射线管监视器〔101Ⅰ类黑白或其他单色视频监视器〕,〔102Ⅱ类黑白或其他单色视频监视器〕,〔103Ⅲ类黑白或其他单色视频监视器〕	0	100	13		台/千克	6	
85285211	----专用于或主要用于品目84.71的自动数据处理系统的							
8528521100	专用或主要用于品目84.71商品的液晶监视器〔999〕	0	40	13		台/千克		
85285212	----其他,彩色的							
8528521200	其他可直接连接且设计用于品目84.71的自动数据处理设备的彩色液晶监视器〔999〕	15	130	13		台/千克	6	
85285219	----其他,单色的							
8528521900	其他可直接连接且设计用于品目84.71的自动数据处理设备的单色液晶监视器〔999〕	10	100	13		台/千克	6	
85285291	----专用于或主要用于品目84.71的自动数据处理系统的,彩色的							
8528529100	专用或主要用于品目84.71商品的其他彩色监视器〔999〕	0	40	13		台/千克		
85285292	----其他,彩色的							
8528529200	其他可直接连接且设计用于品目84.71的自动数据处理设备的其他彩色监视器〔999〕	15	130	13		台/千克	6	
85285299	----其他,单色的							
8528529900	其他可直接连接且设计用于品目84.71的自动数据处理设备的其他单色监视器〔999〕	10	100	13		台/千克	6	
85285910	---彩色的							
8528591010[暂10]	车载液晶显示器〔999〕	20	130	13		台/千克	6	
8528591020[暂1]	航空器用显示器〔999〕	20	130	13		台/千克	6	
8528591090	其他彩色的监视器〔101Ⅰ类彩色视频监视器〕,〔102Ⅱ类彩色视频监视器〕,〔103Ⅲ类彩色视频监视器〕	20	130	13		台/千克	6	
85285990	---单色的							
8528599000	其他单色的监视器〔101Ⅰ类黑白或其他单色视频监视器〕,〔102Ⅱ类黑白或其他单色视频监视器〕,〔103Ⅲ类黑白或其他单色视频监视器〕	10	100	13		台/千克	6	
85286210	---专用于或主要用于品目84.71的自动数据处理系统的							
8528621010	专用或主要用于品目84.71商品的彩色投影机〔999〕	0	14	13		台/千克		
8528621090	其他专用或主要用于品目84.71商品的投影机〔999〕	0	14	13		台/千克		
85286220	---其他,彩色的							
8528622000	其他可直接连接且设计用于品目84.71的自动数据处理设备的彩色投影机〔999〕	15	130	13		台/千克	6	
85286290	---其他,单色的							
8528629000	其他可直接连接且设计用于品目84.71的自动数据处理设备的单色投影机〔999〕	10	100	13		台/千克		
85286910	---彩色的							
8528691000	其他彩色的投影机〔101Ⅰ类视频投影机〕,〔102Ⅱ类视频投影机〕,〔103Ⅲ类视频投影机〕	15	130	13		台/千克	6	
85286990	---单色的							
8528699000	其他单色的投影机〔101Ⅰ类视频投影机〕,〔102Ⅱ类视频投影机〕,〔103Ⅲ类视频投影机〕	10	100	13		台/千克		

协定税率(%)															特惠税率(%)			对美税率	出口税率	出口退税率	Article Description
智利	新西兰	澳大利亚	瑞士	冰岛	秘鲁	哥斯达	东盟	亚太	新加坡	巴基斯坦	港/澳/台	韩国	格鲁吉亚	毛里求斯	亚太	老/柬/缅	LDC 97/95				
																					Monitors and projectors, not incorporating television reception apparatus; reception apparatus for television, whether or not incorporating radio-broadcast receivers or sound or video recording or reproducing apparatus:
																	0/0			13	--Capable of directly connecting to and designed for use with an automatic data processing machine of heading 84. 71
																		20	0		
										26		19. 5		18			0/0			13	---Colour
																		5	0		
										12. 2		5. 7					0/0			13	---Monochrome
																		5	0		
																	0/0			13	----Of a kind solely or principally used in an automatic data processing system of heading 84. 71
																		10	0		
0	0	0		0	0		0	9. 8	0	20. 8	0/0/	19. 5	0	24			0/0			13	----Other, colour
																		40	0		
0	0	0	3. 8	0	0	0	0	6. 5	0	12. 2	0/0/		0	0			0/0			13	----Other, monochrome
																		20	0		
																	0/0			13	----Of a kind solely or principally used in an automatic data processing system of heading 84. 71, colour
																		25	0		
0	0	0		0	0		0	9. 8	0	20. 8	0/0/	19. 5	0	24			0/0			13	----Other, colour
																		25	0		
0	0	0	3. 8	0	0	0	0	6. 5	0	12. 2	0/0/		0	0			0/0			13	----Other, monochrome
																			0		
0	0	0		0	0		0	13	0	20. 8	0/0/	19. 5	0	24			0/0			13	---Colour
																		30	0		
																		21	0		
																		40	0		
0	0	0	3. 8	0	0	0	0	6. 5	0	12. 2	0/0/		0	0			0/0			13	---Monochrome
																		35	0		
																	0/0			13	---Of a kind solely or principally used in an automatic data processing system of heading 84. 71
																		20	0		
																		20	0		
0	0	0		0	0	0	0	9. 8	0	20. 4	0/0/	19. 5	0	24			0/0			13	---Other, colour
																		40	0		
0	0	0	3	0	0	0	0		0	9. 6	0/0/		0	0			0/0			13	---Other, monochrome
																			0		
0	0	0		0	0	0	0	9. 8	0	20. 4	0/0/	19. 5	0	24			0/0			13	---Colour
																		40	0		
0	0	0	3	0	0	0	0		0	9. 6	0/0/		0	0			0/0			13	---Monochrome
																		15	0		

商品编号	商品名称及备注[检验检疫编码及名称]	进口关税(%)		增值税率(%)	消费税	计量单位	监管条件	检验检疫类别
		最惠国	普通					
85287110	---彩色卫星电视接收机							
8528711000	彩色的卫星电视接收机(在设计上不带有视频显示器或屏幕的)〔101 Ⅰ类卫星电视接收机〕,〔102 Ⅱ类卫星电视接收机〕,〔103 Ⅲ类卫星电视接收机〕	5/0②	130	13		台/千克	O	
85287180	---其他,彩色的							
8528718000	其他彩色的电视接收装置(在设计上不带有视频显示器或屏幕的)〔101 Ⅰ类彩色电视机〕,〔102 Ⅱ类彩色电视机〕,〔103 Ⅲ类彩色电视机〕	5/0②	130	13		台/千克		
85287190	---单色的							
8528719000	单色的电视接收装置(在设计上不带有视频显示器或屏幕的)〔101 Ⅰ类单色电视机〕,〔102 Ⅱ类单色电视机〕,〔103 Ⅲ类单色电视机〕	2.5/0②	100	13		台/千克		
85287211	----模拟电视接收机							
8528721100	其他彩色的模拟电视接收机,带阴极射线显像管的〔101 Ⅰ类彩色电视机〕,〔102 Ⅱ类彩色电视机〕,〔103 Ⅲ类彩色电视机〕	10	130	13		台/千克	6	
85287212	----数字电视接收机							
8528721200	其他彩色的数字电视接收机,阴极射线显像管的〔101 Ⅰ类彩色电视机〕,〔102 Ⅱ类彩色电视机〕,〔103 Ⅲ类彩色电视机〕	10	130	13		台/千克	6	
85287219	----其他							
8528721900	其他彩色的电视接收机,阴极射线显像管的〔101 Ⅰ类彩色电视机〕,〔102 Ⅱ类彩色电视机〕,〔103 Ⅲ类彩色电视机〕	10	130	13		台/千克	6	
85287221	----模拟电视接收机							
8528722100	彩色的液晶显示器的模拟电视接收机〔101 Ⅰ类彩色电视机〕,〔102 Ⅱ类彩色电视机〕,〔103 Ⅲ类彩色电视机〕	15	130	13		台/千克		
85287222	----数字电视接收机							
8528722200	彩色的液晶显示器的数字电视接收机〔101 Ⅰ类彩色电视机〕,〔102 Ⅱ类彩色电视机〕,〔103 Ⅲ类彩色电视机〕	15	130	13		台/千克		
85287229	----其他							
8528722900	其他彩色的液晶显示器的电视接收机〔101 Ⅰ类彩色电视机〕,〔102 Ⅱ类彩色电视机〕,〔103 Ⅲ类彩色电视机〕	15	130	13		台/千克		
85287231	----模拟电视接收机							
8528723100	彩色的等离子显示器的模拟电视接收机〔101 Ⅰ类彩色电视机〕,〔102 Ⅱ类彩色电视机〕,〔103 Ⅲ类彩色电视机〕	10	130	13		台/千克		
85287232	----数字电视接收机							
8528723200	彩色的等离子显示器的数字电视接收机〔101 Ⅰ类彩色电视机〕,〔102 Ⅱ类彩色电视机〕,〔103 Ⅲ类彩色电视机〕	15	130	13		台/千克		
85287239	----其他							
8528723900	其他彩色的等离子显示器的电视接收机〔101 Ⅰ类彩色电视机〕,〔102 Ⅱ类彩色电视机〕,〔103 Ⅲ类彩色电视机〕	15	130	13		台/千克		
85287291	----模拟电视接收机							
8528729100	其他彩色的模拟电视接收机〔101 Ⅰ类彩色电视机〕,〔102 Ⅱ类彩色电视机〕,〔103 Ⅲ类彩色电视机〕	10	130	13		台/千克		
85287292	----数字电视接收机							
8528729200	其他彩色的数字电视接收机〔101 Ⅰ类彩色电视机〕,〔102 Ⅱ类彩色电视机〕,〔103 Ⅲ类彩色电视机〕	15	130	13		台/千克		
85287299	----其他							
8528729900	其他彩色的电视接收机〔101 Ⅰ类彩色电视机〕,〔102 Ⅱ类彩色电视机〕,〔103 Ⅲ类彩色电视机〕	15	130	13		台/千克		
85287300	--其他,单色的							
8528730000	其他单色的电视接收机〔101 Ⅰ类单色电视机〕,〔102 Ⅱ类单色电视机〕,〔103 Ⅲ类单色电视机〕	7	100	13		台/千克	6	
8529	**专用于或主要用于品目 85.25 至 85.28 所列装置或设备的零件:**							
85291010	---雷达设备及无线电导航设备用							
8529101000	雷达及无线电导航设备天线及零件(包括天线反射器)〔999〕	0	8	13		千克		
85291020	---无线电收音机及其组合机、电视接收机用							

① 如税率中间有"#","#"前后分别为上半年(2021 年 1 月 1 日至 6 月 31 日)和下半年(2021 年 7 月 1 日至 12 月 31 日)的适用税率。
② 最惠国税率中,"/"左边的税率截止日期为 2021 年 6 月 30 日,"/"右边的税率有效日期为 2021 年 7 月 1 日~2999 年 12 月 31 日。

协定税率(%)															特惠税率(%)			对美税率	出口税率	出口退税率	Article Description
智利	新西兰	澳大利亚	瑞士	冰岛	秘鲁	哥斯达	东盟	亚太	新加坡	巴基斯坦	港/澳/台	韩国	格鲁吉亚	毛里求斯	亚太	老/柬/缅	LDC 97/95				
0	0	0		0		0		4#0①		19.2	0/0/		0	20			0/			13	---Colour satellite television receivers
																		25	0		
0	0	0		0		0	0	3.5#0①	0	16.8	0/0/			20			0/			13	---Other, colour
																		30	0		
0	0	0	2.5#0①	0	0	0	0		0	9.6	0/0/	4.5	0	0			0/0			13	---Monochrome
																			0		
0	0	0	10	0		0		6.5		16.8	0/0/			24			0/			13	----Analogue
																			0		
0	0	16	10	0		0		6.5		16.8	0/0/			24			0/			13	----Digital
																			0		
0	0	0	10	0		0		6.5		16.8	0/0/			24			0/			13	----Other
																			0		
0	0	0		0			5	10.5		21	0/0/			24			0/			13	----Analogue
																		40	0		
0	0	16		0			5	10.5		21	0/0/	21		24			0/			13	----Digital
																		40	0		
0	0	0		0			5	10.5		21	0/0/			24			0/			13	----Other
																		25	0		
0	0	0		0			5	7		16.8	0/0/			24			0/			13	----Analogue
																			0		
0	0	16		0			5	10.5		16.8	0/0/			24			0/			13	----Digital
																		25	0		
0	0	0		0			5	10.5		16.8	0/0/	21		24			0/			13	----Other
																			0		
0	0	0		0	0	0	5	7		16.8	0/0/			24			0/0			13	----Analogue
																			0		
0	0	16		0			5	10.5		16.8	0/0/			24			0/			13	----Digital
																		40	0		
0	0	0		0		0	5	10.5		16.8	0/0/			24			0/			13	----Other
																			0		
0	0	0	3	0	0	0	0		0	9.6	0/0/	4.5	0	0			0/0			13	--Other, monochrome
																			0		
																					Parts suitable for use solely or principally with the apparatus of headings 85.25 to 85.28:
												0.4					0/0			13	---For radar apparatus and radio navigational aid apparatus
																			0		
																	0/0			13	---For radio-broadcast receivers and their combinations, television receivers

商品编号	商品名称及备注[检验检疫编码及名称]	进口关税(%)		增值税率(%)	消费税	计量单位	监管条件	检验检疫类别
		最惠国	普通					
8529102000	收音机、电视机天线及其零件(包括收音机的组合机用的天线及零件)①	0	90	13		千克		L/
85291090	---其他							
8529109021	卫星电视接收用天线②	0	20	13		千克/个	O	
8529109029	其他无线广播电视用天线(品目85.25至85.28所列其他装置或设备的,包括天线反射器)③	0	20	13		千克/个	O	
8529109090	其他无线电设备天线及其零件(品目85.25至85.28所列其他装置或设备的,包括天线反射器)④	0	20	13		千克/个		L/
85299010	---电视发送、差转设备及卫星电视地面接收转播设备用							
8529901011	卫星电视接收用解码器⑤	0	30	13		千克/个	O	L/
8529901012	卫星电视接收用收视卡⑥	0	30	13		千克/个	O	
8529901013	卫星电视接收用器件板卡⑦	0	30	13		千克/个	O	
8529901014	卫星电视接收用专用零件⑧	0	30	13		千克/个	O	
8529901090	其他电视发送,差转等设备零件(包括其他卫星电视地面接收转播设备零件)⑨	0	30	13		千克/个		
85299041	----特种用途的							
8529904100	特种用途的电视摄像机等设备用零件(也包括视频摄录一体机、数字照相机的零件)⑪	4/2.7⑫	17	13		千克		
85299042	----非特种用途的取像模块							
8529904200[暂3]	非特种用途的取像模块	6/4⑫	100	13		千克		
85299049	----其他							
8529904900[暂2]	摄像机、摄录一体机、数码相机的其他零件⑬	6/4⑫	100	13		千克		
85299050	---雷达设备及无线电导航设备用							
8529905000	雷达及无线电导航设备零件[999]	0.8/0.5⑫	8	13		千克		
85299060	---无线电收音机及其组合机用							
8529906000⑭	收音机及其组合机的其他零件⑮	7.5/5⑫	130	13		千克		
85299081	----彩色电视接收机用(等离子显像组件及其零件、有机发光二极管显示屏除外)							
8529908100⑯	彩色电视机零件(等离子显像组件及其零件、有机发光二极管显示屏除外)(高频调谐器除外)⑰	7.5/5⑫	80	13		千克		
85299082	----等离子显像组件及其零件							
8529908200⑱	等离子显像组件及其零件(含滤光片)⑲	7.5/5⑫	80	13		千克		
85299083	----有机发光二极管显示屏							
8529908300[暂5]	彩色电视机的有机发光二极管显示屏[999]	15	50	13		千克/个		

① [101Ⅰ类其他收录放音装置及其零件],[102Ⅱ类其他收录放音装置及其零件],[103Ⅲ类其他收录放音装置及其零件],[104Ⅰ类其他电视接收、发送装置及其零件],[105Ⅱ类其他电视接收、发送装置及其零件],[106Ⅲ类其他电视接收、发送装置及其零件]

② [101Ⅰ类其他电视接收、发送装置及其零件],[102Ⅱ类其他电视接收、发送装置及其零件],[103Ⅲ类其他电视接收、发送装置及其零件]

③ [101Ⅰ类其他收录放音装置及其零件],[102Ⅱ类其他收录放音装置及其零件],[103Ⅲ类其他收录放音装置及其零件],[104Ⅰ类其他电视接收、发送装置及其零件],[105Ⅱ类其他电视接收、发送装置及其零件],[106Ⅲ类其他电视接收、发送装置及其零件]

④ [101Ⅰ类其他收录放音装置及其零件],[102Ⅱ类其他收录放音装置及其零件],[103Ⅲ类其他收录放音装置及其零件],[104Ⅰ类其他电视接收、发送装置及其零件],[105Ⅱ类其他电视接收、发送装置及其零件],[106Ⅲ类其他电视接收、发送装置及其零件]

⑤ [101Ⅰ类其他电视接收、发送装置及其零件],[102Ⅱ类其他电视接收、发送装置及其零件],[103Ⅲ类其他电视接收、发送装置及其零件]

⑥ [101Ⅰ类其他电视接收、发送装置及其零件],[102Ⅱ类其他电视接收、发送装置及其零件],[103Ⅲ类其他电视接收、发送装置及其零件]

⑦ [101Ⅰ类其他电视接收、发送装置及其零件],[102Ⅱ类其他电视接收、发送装置及其零件],[103Ⅲ类其他电视接收、发送装置及其零件]

⑧ [101Ⅰ类其他电视接收、发送装置及其零件],[102Ⅱ类其他电视接收、发送装置及其零件],[103Ⅲ类其他电视接收、发送装置及其零件]

⑨ [101Ⅰ类其他电视接收、发送装置及其零件],[102Ⅱ类其他电视接收、发送装置及其零件],[103Ⅲ类其他电视接收、发送装置及其零件]

⑩ 如税率中间有"#","#"前后分别为上半年(2021年1月1日至6月30日)和下半年(2021年7月1日至12月31日)的适用税率。

⑪ [101Ⅰ类其他摄录放像装置及其零件],[102Ⅱ类其他摄录放像装置及其零件],[103Ⅲ类其他摄录放像装置及其零件]

⑫ 最惠国税率中,"/"左边的税率截止日期为2021年6月30日,"/"右边的税率有效日期为2021年7月1日~2999年12月31日。

⑬ [101家用型摄录一体机(Ⅰ类家用型摄录一体机)],[102家用型摄录一体机(Ⅱ类家用型摄录一体机)],[103家用型摄录一体机(Ⅲ类家用型摄录一体机)],[104其他摄录放像装置及其零件(Ⅰ类其他摄录放像装置及其零件)],[105其他摄录放像装置及其零件(Ⅱ类其他摄录放像装置及其零件)],[106其他摄录放像装置及其零件(Ⅲ类其他摄录放像装置及其零件)]

⑭ 此商品编码适用暂定税率,暂定税率为7%,适用时间为2021年1月~6月。

⑮ [101Ⅰ类其他收录放音装置及其零件],[102Ⅱ类其他收录放音装置及其零件],[103Ⅲ类其他收录放音装置及其零件]

⑯ 此商品编码适用暂定税率,暂定税率为6%,适用时间为2021年1月~6月。

⑰ [101Ⅰ类其他电视接收、发送装置及其零件],[102Ⅱ类其他电视接收、发送装置及其零件],[103Ⅲ类其他电视接收、发送装置及其零件]

⑱ 此商品编码适用暂定税率,暂定税率为5%,适用时间为2021年1月~6月。

⑲ [101Ⅰ类其他电视接收、发送装置及其零件],[102Ⅱ类其他电视接收、发送装置及其零件],[103Ⅲ类其他电视接收、发送装置及其零件]

协定税率(%)															特惠税率(%)			对美税率	出口税率	出口退税率	Article Description
智利	新西兰	澳大利亚	瑞士	冰岛	秘鲁	哥斯达	东盟	亚太	新加坡	巴基斯坦	港/澳/台	韩国	格鲁吉亚	毛里求斯	亚太	老/柬/缅	LDC 97/95				
																		25	0		
																	0/0			13	---Other
																		20	0		
																		20	0		
																		20	0		
																	0/0			13	---Of television transmission or translation apparatus, satellite television ground receiving and relaying apparatus
																		20	0		
																		20	0		
																		20	0		
																		20	0		
																		20	0		
0	0	0	0	0	0	0	0	2.6# 1.8⑩		3	0/0/	5.2	0	0			0/0			13	----Of special purposes
																		9	0		
0	0	0	2.4	0	0	0	0	3.9# 2.6⑩	0	4	0/0/0	3.6	0	0			0/0			13	----Camera modules without special purposes
																		28	0		
0	0	0	2.4	0	0	0	0	5.4# 3.6⑩	0	4	0/0/0	6.4	0	0			0/0			13	----Other
																		27	0		
0	0	0	0	0	0	0	0	0.5# 0.3⑩		0	0/0/	0.4	0	0			0/0			13	---Of radar apparatus and radio navigational aid apparatus
																			0		
0	0	0	3	0	0	0	0	4.9# 3.3⑩	0	6	0/0/	4.5	0	0			0/0			13	---Of radio-broadcast receivers and their combinations
																		32	0		
0	0	0	3	0	0		0	9.8	0	6	0/0/			0			0/0			13	----Of color television receivers (other than plasma display modules or parts thereof, organic light emitting diode (OLED) screens)
																		31	0		
0	0	0	3	0			0	6#4⑩		6	0/0/	12	0	0						13	----Plasma display modules and part thereof
																		30	0		
0	0		3	0	0		0	9.8	0	6	0/0/			0			0/0			13	----Organic light emitting diode (OLED) screens
																		30	0		

商品编号	商品名称及备注[检验检疫编码及名称]	进口关税(%) 最惠国	普通	增值税率(%)	消费税	计量单位	监管条件	检验检疫类别
85299089	----其他							
8529908900	其他电视机零件(高频调谐器除外)①	0	50	13		千克		
85299090	---其他							
8529909011	卫星电视接收用高频调谐器②	0	57	13		千克/个	O	
8529909090	品目 85. 25 至 85. 28 所列装置或设备其他零件③	0	57	13		千克/个		
8530	**铁道、电车道、道路或内河航道、停车场、港口或机场用的电气信号、安全或交通管理设备(品目 86. 08 的货品除外):**							
85301000	-铁道或电车道用的设备							
8530100000	铁道或电车道用电气信号等设备(包括安全或交通管理设备)〔999〕	8	20	13		个/千克		
85308000	-其他设备							
8530800000	其他用电气信号、安全、交通设备(指道路或内河航道、停车场、港口、机场用)〔999〕	8	20	13		个/千克		
85309000	-零件							
8530900000	品目 85. 30 所列设备的零件(包括电车道、道路、港口、机场用电气信号安全、交管设备)〔999〕	6	20	13		千克		
8531	**电气音响或视觉信号装置(例如,电铃、电笛、显示板、防盗或防火报警器),但品目 85. 12 或 85. 30 的货品除外:**							
85311000	-防盗或防火报警器及类似装置							
8531100000	防盗或防火报警器及类似装置〔101 防盗报警装置〕,〔102 防火报警装置〕	10	40	13		个/千克	A	L. M/
85312000	-装有液晶装置(LCD)或发光二极管(LED)的显示板							
8531200000	有液晶装置或发光管的显示板〔999〕	0	70	13		个/千克		
85318010	---蜂鸣器							
8531801001[暂7.5]	音量不超过 110db 的小型蜂鸣器〔999〕	10	70	13		个/千克		
8531801090	其他蜂鸣器〔999〕	10	70	13		个/千克		
85318090	---其他							
8531809010[暂1]		3. 8/2. 5④	70	13		个/千克		
8531809090		3. 8/2. 5④	70	13		个/千克		
85319010	---防盗或防火报警器及类似装置用							
8531901000	防盗、防火及类似装置用零件〔999〕	0	40	13		千克		
85319090	---其他							
8531909000	其他音响或视觉信号装置用零件〔101 可燃气体报警器〕,〔102 有毒气体报警器〕,〔103 其他视听设备及其零件〕	0	70	13		千克		
8532	**固定、可变或可调(微调)电容器:**							
85321000	-固定电容器,用于 50/60 赫兹电路,其额定无功功率不低于 0. 5 千瓦(电力电容器)							
8532100000	固定电容器,电力电容器(用于 50/60 赫兹电路,额定无功功率不低于 0. 5 千瓦)〔999〕	0	20	13		千克/千个		
85322110	---片式							
8532211000	片式钽电容器〔999〕	0	35	13		千克/千个		
85322190	---其他							

① 〔101 Ⅰ类其他电视接收、发送装置及其零件〕,〔102 Ⅱ类其他电视接收、发送装置及其零件〕,〔103 Ⅲ类其他电视接收、发送装置及其零件〕

② 〔101 Ⅰ类其他电视接收、发送装置及其零件〕,〔102 Ⅱ类其他电视接收、发送装置及其零件〕,〔103 Ⅲ类其他电视接收、发送装置及其零件〕

③ 〔101 Ⅰ类其他摄录放像装置及其零件〕,〔102 Ⅱ类其他摄录放像装置及其零件〕,〔103 Ⅲ类其他摄录放像装置及其零件〕,〔104 Ⅰ类其他收录放音装置及其零件〕,〔105 Ⅱ类其他收录放音装置及其零件〕,〔106 Ⅲ类其他收录放音装置及其零件〕,〔107 Ⅰ类其他电视接收、发送装置及其零件〕,〔108 Ⅱ类其他电视接收、发送装置及其零件〕,〔109 Ⅲ类其他电视接收、发送装置及其零件〕,〔999〕

④ 最惠国税率中,"/"左边的税率截止日期为 2021 年 6 月 30 日,"/"右边的税率有效日期为 2021 年 7 月 1 日~2999 年 12 月 31 日。

协定税率(%)															特惠税率(%)			对美税率	出口税率	出口退税率	Article Description
智利	新西兰	澳大利亚	瑞士	冰岛	秘鲁	哥斯达	东盟	亚太	新加坡	巴基斯坦	港/澳/台	韩国	格鲁吉亚	毛里求斯	亚太	老/柬/缅	LDC 97/95				
																	0/0			13	----Other
																		10	0		
																	0/0			13	---Other
																		25	0		
																		25	0		
																					Electrical signalling, safety or traffic control equipment for railways, tramways, roads, inland waterways, parking facilities, port installations or airfields (other than those of heading 86.08):
0	0	0	0	0	0	0	0	5.2		3	0/0/	3	0	0			0/0			13	-Equipment for railways or tramways
																			0		
0	0	0	0	0	0	0	0			3	0/0/	2.4	0	0			0/0			13	-Other equipment
																		28	0		
0	0	0	0	0	0	0	0			3	0/0/	2.4	0	0			0/0			13	-Parts
																		26	0		
																					Electric sound or visual signalling apparatus (for example, bells, sirens, indicator panels, burglar or fire alarms), other than those of heading 85.12 or 85.30:
0	0	0	0	0	0	0	0		0	3	0/0/	3	0	0			0/0			13	-Burglar or fire alarms and similar apparatus
																		20	0		
																	0/0			13	-Indicator panels incorporating liquid crystal devices (LCD) or light emitting diodes (LED)
																		25	0		
0	0	0	3	0	0	0	0		0	9.6	0/0/	7.5	0	0			0/0			13	---Buzzers
																		32.5	0		
																		35	0		
0	0	0	0	0	0	0	0		0	3	0/0/	3	0	0			0/0			13	---Other
																		11	0		
																		13.8	0		
																	0/0			13	---Of burglar or fire alarms and similar apparatus
																		10	0		
																	0/0			13	---Other
																		20	0		
																					Electrical capacitors, fixed, variable or adjustable (pre-set):
																	0/0			13	-Fixed capacitors designed for use in 50/60Hz circuits and having a reactive power handling capacity of not less than 0.5kW (power capacitors)
																		25	0		
																	0/0			13	---Laminate
																		25	0		
																	0/0			13	---Other

商品编号	商品名称及备注[检验检疫编码及名称]	进口关税(%) 最惠国	普通	增值税率(%)	消费税	计量单位	监管条件	检验检疫类别
8532219000	其他钽电容器〔999〕	0	35	13		千克/千个		
85322210	---片式							
8532221000	片式铝电解电容器〔999〕	0	35	13		千克/千个		
85322290	---其他							
8532229000	其他铝电解电容器〔999〕	0	35	13		千克/千个		
85322300	--单层瓷介电容器							
8532230000	单层瓷介电容器〔999〕	0	35	13		千克/千个		
85322410	---片式							
8532241000	片式多层瓷介电容器〔999〕	0	35	13		千克/千个		
85322490	---其他							
8532249000	其他多层瓷介电容器〔999〕	0	35	13		千克/千个		
85322510	---片式							
8532251000	片式纸介质或塑料介质电容器〔999〕	0	35	13		千克/千个		
85322590	---其他							
8532259000	其他纸介质或塑料介质电容器〔999〕	0	35	13		千克/千个		
85322900	--其他							
8532290000	其他固定电容器〔999〕	0	35	13		千克/千个		
85323000	-可变或可调(微调)电容器							
8532300000	其他可变或可调(微调)电容器〔999〕	0	35	13		千克/千个		
85329010	---税号8532.1000所列电容器用							
8532901000	编号85321000所列电容器零件〔999〕	0	20	13		千克		
85329090	---其他							
8532909000	其他电容器零件(编号85321000所列电容器零件除外)〔999〕	0	35	13		千克		
8533	**电阻器(包括变阻器及电位器),但加热电阻器除外:**							
85331000	-固定碳质电阻器,合成或薄膜式							
8533100000	合成或薄膜式固定碳质电阻器〔999〕	0	50	13		千克/千个		
85332110	---片式							
8533211000	额定功率≤20瓦片式固定电阻器〔999〕	0	50	13		千克/千个		
85332190	---其他							
8533219000	额定功率≤20瓦其他固定电阻器(额定功率≤20瓦片式电阻除外)〔999〕	0	50	13		千克/千个		
85332900	--其他							
8533290000	其他额定功率>20瓦固定电阻器〔999〕	0	50	13		千克/千个		
85333100	--额定功率≤20瓦							
8533310000	额定功率≤20瓦线绕可变电阻器(包括变阻器及电位器)〔999〕	0	50	13		千克/千个		
85333900	--其他							
8533390000	额定功率>20瓦电位器(包括变阻器及电位器)〔999〕	0	50	13		千克/千个		
85334000	-其他可变电阻器,包括变阻器及电位器							
8533400000	其他可变电阻器(包括变阻器及电位器)〔999〕	0	50	13		千克/千个		
85339000	-零件							
8533900000	各种电阻器零件(包括变阻器及电位器)〔999〕	0	50	13		千克		

协定税率(%)															特惠税率(%)			对美税率	出口税率	出口退税率	Article Description
智利	新西兰	澳大利亚	瑞士	冰岛	秘鲁	哥斯达	东盟	亚太	新加坡	巴基斯坦	港/澳/台	韩国	格鲁吉亚	毛里求斯	亚太	老/柬/缅	LDC 97/95				
																		25	0		
																	0/0			13	---Laminate
																		25	0		
																	0/0			13	---Other
																		25	0		
																	0/0			13	--Ceramic dielectric, single layer
																		25	0		
																	0/0			13	---Laminate
																		25	0		
																	0/0			13	---Other
																		25	0		
																	0/0			13	---Laminate
																		25	0		
																	0/0			13	---Other
																		25	0		
																	0/0			13	--Other
																		25	0		
																	0/0			13	-Variable or adjustable (pre-set) capacitors
																		25	0		
																	0/0			13	---Of the capacitors of subheading 8532.1000
																		5	0		
																	0/0			13	---Other
																		10	0		
																					Electrical resistors (including rheostats and potentiometers), other than heating resistors:
																	0/0			13	-Fixed carbon resistors, composition or film types
																		25	0		
																	0/0			13	---Laminate
																		25	0		
																	0/0			13	---Other
																		25	0		
																	0/0			13	--Other
																		20	0		
																	0/0			13	--For a power handling capacity not exceeding 20W
																		25	0		
																	0/0			13	--Other
																		25	0		
																	0/0			13	-Other variable resistors, including rheostats and potentiometers
																		25	0		
																	0/0			13	-Parts
																		25	0		

商品编号	商品名称及备注[检验检疫编码及名称]	进口关税(%)		增值税率(%)	消费税	计量单位	监管条件	检验检疫类别
		最惠国	普通					
8534	**印刷电路:**							
85340010	---四层以上的							
8534001000	四层以上的印刷电路[999]	0	35	13		块/千克		
85340090	---其他							
8534009000	四层及以下的印刷电路[999]	0	50	13		块/千克		
8535	**电路的开关、保护或连接用的电气装置(例如,开关、熔断器、避雷器、电压限幅器、电涌抑制器、插头及其他连接器、接线盒),用于电压>1000 伏的线路:**							
85351000	-熔断器							
8535100000	电路熔断器(电压>1000 伏)[999]	10	50	13		个/千克	A	L/
85352100	--用于电压<72.5 千伏的线路							
8535210000	电压<72.5 千伏自动断路器(用于电压>1000 伏的线路)[999]	10	50	13		个/千克	A	L/
85352910	---用于 72.5 千伏≤电压≤220 千伏的线路							
8535291000	72.5 千伏≤电压≤220 千伏的自动断路器[999]	10	50	13		个/千克		
85352920	---用于 220 千伏<电压≤750 千伏的线路							
8535292000	220 千伏<电压≤750 千伏的自动断路器[999]	10	50	13		个/千克		
85352990	---其他							
8535299000	电压>750 千伏的其他自动断路器[999]	10	50	13		个/千克		
85353010	---用于 72.5 千伏≤电压≤220 千伏的线路							
8535301010	72.5 千伏≤电压≤220 千伏的隔离开关及断续开关,含汞[999]	10	50	13		个/千克	89	
8535301090	其他 72.5 千伏≤电压≤220 千伏的隔离开关及断续开关[999]	10	50	13		个/千克		
85353020	---用于 220 千伏≤电压≤750 千伏的线路							
8535302010	220 千伏<电压≤750 千伏隔离开关及断续开关,含汞[999]	10	50	13		个/千克	89	
8535302090	其他 220 千伏<电压≤750 千伏隔离开关及断续开关[999]	10	50	13		个/千克		
85353090	---其他							
8535309010	其他隔离开关及断续开关,含汞(用于电压>1000 伏的线路)[999]	10	50	13		个/千克	89	L/
8535309090	其他隔离开关及断续开关(用于电压>1000 伏的线路)[999]	10	50	13		个/千克	A	L/
85354000	-避雷器、电压限幅器及电涌抑制器							
8535400000	避雷器,电压限幅器及电涌抑制器(用于电压>1000 伏的线路)[999]	10	50	13		个/千克		
85359000	-其他							
8535900010	触发式火花隙(阳极延迟时间≤15ms,阳极峰值额定电流≥500A)[101 高压开关装置],[102 其他高压电器及其零件]	10	50	13		千克	3	
8535900020	具有快速开关功能的模件或组件(阳极峰值电压≥2 千伏;电流≥500A;接通时间为 1 微秒或更短)[101 高压开关装置],[102 其他高压电器及其零件]	10	50	13		千克	3	
8535900030[暂5]	受电弓[101 高压开关装置],[102 其他高压电器及其零件]	10	50	13		千克		
8535900090	其他电压>1000 伏电路开关等电气装置[101 高压开关装置],[102 其他高压电器及其零件]	10	50	13		千克		L/
8536	**电路的开关、保护或连接用的电器装置(例如,开关、继电器、熔断器、电涌抑制器、插头、插座、灯座及其他连接器、接线盒),用于电压≤1000 伏的线路;光导纤维、光导纤维束或光缆用连接器:**							
85361000	-熔断器							
8536100000	熔断器(电压≤1000 伏)[999]	10	50	13		个/千克	A	L/
85362000	-自动断路器							
8536200000	电压≤1000 伏自动断路器[101 断路器],[102 其他低压电器及其零件]	9	50	13		个/千克	A	L/
85363000	-其他电路保护装置							

协定税率(%)															特惠税率(%)			对美税率	出口税率	出口退税率	Article Description
智利	新西兰	澳大利亚	瑞士	冰岛	秘鲁	哥斯达	东盟	亚太	新加坡	巴基斯坦	港/澳/台	韩国	格鲁吉亚	毛里求斯	亚太	老/柬/缅	LDC 97/95				
																					Printed circuits:
																	0/0			13	---Of more than 4 layers
																		25	0		
																	0/0			13	---Other
																		25	0		
																					Electrical apparatus for switching or protecting electrical circuits, or for making connections to or in electrical circuits (for example, switches, fuses, lightning arresters, voltage limiters, surge suppressors, plugs and other connectors, junction boxes), for a voltage exceeding 1000V:
0	0	0	2.8	0	0	0	0		0	9	0/0/	4.2	0	0			0/0			13	-Fuses
																		35	0		
0	0	0	0	0	0	0	0		0	9	0/0/	4.2	0	0			0/0			13	--For a voltage of less than 72.5kV
																		35	0		
0	0	0	0	0	0	0	0			4	0/0/	4.2	0	0			0/0			13	---For a voltage of 72.5kV or more, but not exeeding 220kV
																		35	0		
0	0	0	0	0	0	0	0			4	0/0/	4.2	0	0			0/0			13	---For a voltage exceeding 220kV, but not exeeding 750kV
																		35	0		
0	0	0	0	0	0	0	0			3	0/0/	3	0	0			0/0			13	---Other
																			0		
0	0	0	3.3	0	0	0	0	8		3	0/0/	3	0	0			0/0			13	---For a voltage of 72.5kV or more, but not exeeding 220kV
																			0		
																			0		
0	0	0	3.3	0	0	0	0			3	0/0/	3	0	0			0/0			13	---For a voltage exceeding 220kV, but not exeeding 750kV
																			0		
																			0		
0	0	0	3.3	0	0	0	0			3	0/0/	3	0	0			0/0			13	---Other
																		35	0		
																		35	0		
0	0	0	3.6	0	0	0	0		0	18	0/0/	5.4	0	0			0/0			13	-Lightning arresters, voltage limiters and surge suppressors
																		35	0		
0	0	0	2	0	0	0	0	6.5	0	4	0/0/	6.5	0	0			0/0			13	-Other
																		30	0		
																		30	0		
																		25	0		
																		30	0		
																					Electrical apparatus for switching or protecting electrical circuits, or for making connections to or in electrical circuits (for example, switches, relays, fuses, surge suppressors, plugs, sockets, lamp-holders and other connectors, junction boxes), for a voltage not exceeding 1000V; connectors for optical fibres, optical fibre bundles or cables:
0	0	0	2	0	0	0	0		0	4	0/0/0		0	0			0/0			13	-Fuses
																		35	0		
0	0	0	1.8	0	0	0	0			3	0/0/	0	0	0			0/0			13	-Automatic circuit breakers
																		34	0		
0	0	0	0	0	0	0	0			3	0/0/	4.8	0	0			0/0			13	-Other apparatus for protecting electrical circuits

商品编号	商品名称及备注[检验检疫编码及名称]	进口关税(%)		增值税率(%)	消费税	计量单位	监管条件	检验检疫类别
		最惠国	普通					
8536300000	电压≤1000伏其他电路保护装置[999]	1.5/0①	50	13		个/千克	A	L/
85364110	---用于电压≤36伏的线路							
8536411010	电压≤36伏的继电器,含汞[999]	10	50	13		个/千克	89	
8536411090	其他电压≤36伏的继电器[999]	10	50	13		个/千克		
85364190	---其他							
8536419010	36伏<电压≤60伏的继电器,含汞[999]	10	50	13		个/千克	A	L/
8536419090	其他36伏<电压≤60伏的继电器[999]	10	50	13		个/千克	A	L/
85364900	--其他							
8536490010	电压>60伏的继电器,含汞(用于电压≤1000伏的线路)[999]	10	50	13		个/千克	89	L/
8536490090	其他电压>60伏的继电器(用于电压≤1000伏的线路)[999]	10	50	13		个/千克	A	L/
85365000	-其他开关							
8536500010	电压≤1000伏的其他开关,含汞[999]	0	50	13		个/千克	89	L/
8536500090	其他电压≤1000伏的其他开关[999]	0	50	13		个/千克	A	L/
85366100	--灯座							
8536610000	电压≤1000伏的灯座[999]	10	50	13		个/千克		
85366900	--其他							
8536690000	电压≤1000伏的插头及插座[101 插头],[102 插座],[103 转换器]	0	50	13		个/千克		L/
85367000	-光导纤维、光导纤维束或光缆用连接器							
8536700000	光导纤维、光导纤维束或光缆用连接器[101 其他低压电器及其零件],[102 路由器],[103 光缆],[104 光通信数字同步设备]	8	30	13		千克		
85369011	----工作电压≤36伏的							
8536901100	工作电压≤36伏的接插件[999]	0	50	13		千克		
85369019	----其他							
8536901900	其他36伏<电压≤1000伏的接插件[999]	0	50	13		千克	A	L/
85369090	---其他							
8536909000	其他电压≤1000伏电路连接器等电气装置[999]	0	50	13		千克	A	L/
8537	**用于电气控制或电力分配的盘、板、台、柜及其他基座,装有两个或多个品目85.35或85.36所列的装置,包括装有第九十章所列的仪器或装置,以及数控装置,但品目85.17的交换机除外:**							
85371011	----可编程序控制器							
8537101101[暂3]	机床用可编程序控制器(PLC)[101 低压电器及其零件],[102 集成电路],[103 其他电子元器件]	5	14	13		个/千克		
8537101110	调节和编程控制器(8479899960 绕线机用)[101 集成电路],[102 其他电子元器件]	5	14	13		个/千克	3	
8537101190	其他可编程控制器(用于电压≤1000伏的线路)[999]	5	14	13		个/千克		
85371019	----其他							
8537101901[暂3]	机床用其他数控单元(包括单独进口的CNC操作单元)[999]	5	14	13		个/千克		
8537101990	其他非机床用数控装置(用于电压≤1000伏的线路)[999]	5	14	13		个/千克		
85371090	---其他							
8537109001[暂4]	电梯用控制柜及控制柜专用印刷电路板(电压≤1000伏的线路)[999]	8	50	13		个/千克		
8537109021	控制器(用于机器人或末端操纵装置(详见核两用清单))[999]	8	50	13		个/千克	3	
8537109022	数字控制器(专用于编号8479899959电动式振动试验系统)[999]	8	50	13		个/千克	3	
8537109030[暂1]	飞机用控制模块(电压≤1000伏的线路)[999]	8	50	13		个/千克	A	L/
8537109090	其他电力控制或分配的装置(电压≤1000伏的线路)[999]	8	50	13		个/千克	A	L/
85372010	---全封闭组合式高压开关装置,用于电压≥500千伏的线路							
8537201000	电压≥500千伏高压开关装置(全封闭组合式高压开关装置电压≥500千伏的线路)[101 高压开关装置],[102 其他高压电器及其零件]	8	30	13		台/千克		
85372090	---其他							
8537209000	其他电力控制或分配装置[包括盘、板(含数控装置)][999]	8	50	13		千克		
8538	**专用于或主要用于品目85.35、85.36或85.37所列装置的零件:**							

① 最惠国税率中,"/"左边的税率截止日期为2020年6月30日,"/"右边的税率有效日期为2020年7月1日~2999年12月31日。

协定税率(%)															特惠税率(%)			对美税率	出口税率	出口退税率	Article Description
智利	新西兰	澳大利亚	瑞士	冰岛	秘鲁	哥斯达	东盟	亚太	新加坡	巴基斯坦	港/澳/台	韩国	格鲁吉亚	毛里求斯	亚太	老/柬/缅	LDC 97/95				
																		26.5	0		
0	0	0	0	0	0	0	0		0	4	0/0/	5.3	2	0			0/0			13	---For a voltage not exceeding 36V
																		35	0		
																		35	0		
0	0	0	0	0	0	0	0		0	3	0/0/	6.5	0	0			0/0			13	---Other
																			0		
																			0		
0	0	0	0	0	0	0	0		0	4	0/0/	5.3	0	0			0/0			13	--Other
																		35	0		
																		35	0		
																	0/0			13	-Other switches
																		25	0		
																		25	0		
0	0	0	0	0	0	0	0		0	3	0/0/	5.3	0	0			0/0			13	--Lamp-holders
																		30	0		
																	0/0			13	--Other
																		25	0		
0	0	0	1.6	0	0	0	0			3	0/0/		0	0			0/0			13	-Connectors for optical fibres, optical fibre bundles or cables
																		23	0		
																	0/0			13	----For a voltage not exceeding 36V
																		25	0		
																	0/0			13	----Other
																		25	0		
																	0/0			13	---Other
																		20	0		
																					Boards, panels, consoles, desks, cabinets and other bases, equipped with two or more apparatus of heading 85.35 or 85.36, for electric control or the distribution of electricity, including those incorporating instruments or apparatus of Chapter 90, and numerical control apparatus, other than switching apparatus of heading 85.17:
0	0	0	1	0	0	0	0	2.5		0	0/0/0	2.5	0	0			0/0			13	----Programmable logic controller(PLC)
																			0		
																			0		
																			0		
0	0	0	2.4	0	0	0	0	2.5		0	0/0/0	2.5	0	0			0/0			13	----Other
																		28	0		
																		30	0		
0	0	0	3.9	0	0	0	0	4		0	0/0/	4.4	0	0			0/0			13	---Other
																		24	0		
																		28	0		
																			0		
																		21	0		
																		28	0		
0	0	0	2.8	0	0	0	0	4		0	0/0/	4.4	0	0			0/0			13	---Gas insulated switch gear, for a voltage of 500kV or more
																		33	0		
0	0	0	0	0	0	0	0	4		0	0/0/	4.4	0	0			0/0			13	---Other
																		28	0		
																					Parts suitable for use solely or principally with the apparatus of heading 85.35, 85.36 or 85.37:

商品编号	商品名称及备注[检验检疫编码及名称]	进口关税(%)		增值税率(%)	消费税	计量单位	监管条件	检验检疫类别
		最惠国	普通					
85381010	---税号 8537.2010 所列货品用							
8538101000	编号 85372010 所列装置的零件(电压≥500 千伏线路用全封闭组合式高压开关装置用)〔999〕	1.4/0②	50	13		千克		
85381090	---其他							
8538109000	品目 85.37 货品用的其他盘、板等(未装有开关装置)〔999〕	1.2/0②	50	13		千克		
85389000	-其他							
8538900000	品目 85.35、85.36、85.37 装置的零件(专用于或主要用于)〔101 其他高压电器及其零件(高压电器及其零件)〕,〔102 其他低压电器及其零件(低压电器及其零件)〕	7	50	13		千克		
8539	**白炽灯泡、放电灯管,包括封闭式聚光灯及紫外线灯管或红外线灯泡;弧光灯;发光二极管(LED)灯泡(管):**							
85391000	-封闭式聚光灯							
8539100000	封闭式聚光灯〔999〕	8	45	13		只/千克		
85392110	---科研、医疗专用							
8539211000	科研、医疗专用卤钨灯〔999〕	8	20	13		只/千克		
85392120	---火车、航空器及船舶用							
8539212000	火车、航空器及船舶用卤钨灯〔999〕	8	20	13		只/千克		
85392130	---机动车辆用							
8539213000	机动车辆用卤钨灯〔999〕	8	45	13		只/千克		
85392190	---其他							
8539219000	其他用卤钨灯〔999〕	6	70	13		只/千克		
85392210	---科研、医疗专用							
8539221000	科研、医疗用功率≤200 瓦白炽灯泡(功率≤200 瓦,额定电压>100 伏)〔999〕	5	20	13		只/千克		
85392290	---其他							
8539229000	其他用功率不超过 200 瓦白炽灯泡(功率不超过 200 瓦,额定电压超过 100 伏)〔999〕	5	70	13		只/千克		
85392910	---科研、医疗专用							
8539291000	科研,医疗专用其他白炽灯泡〔999〕	5	20	13		只/千克		
85392920	---火车、航空器及船舶用							
8539292000	火车,航空及船舶用其他白炽灯泡〔999〕	5	20	13		只/千克		
85392930	---机动车辆用							
8539293000	机动车辆用其他白炽灯泡〔999〕	5	45	13		只/千克		
85392991	----12 伏及以下的							
8539299100	12 伏及以下未列名的白炽灯泡〔999〕	6	70	13		只/千克		
85392999	----其他							
8539299900	其他未列名的白炽灯泡〔999〕	6	70	13		只/千克		
85393110	---科研、医疗专用							
8539311000	科研、医疗专用热阴极荧光灯〔999〕	8	20	13		只/千克		
85393120	---火车、航空器及船舶用							
8539312000	火车,航空器,船舶用热阴极荧光灯〔999〕	8	20	13		只/千克		
85393191	----紧凑型							
8539319110	紧凑型热阴极荧光灯(不超过 30 瓦、单支含汞量超过 5 毫克的)〔999〕	8	70	13		只/千克	89	
8539319190	其他紧凑型热阴极荧光灯〔999〕	8	70	13		只/千克		
85393199	----其他							
8539319910	直管型热阴极荧光灯[低于 60 瓦、单支含汞量超过 5 毫克的直管型荧光灯(使用三基色荧光粉)]〔999〕	8	70	13		只/千克	89	
8539319920	直管型热阴极荧光灯[低于 40 瓦(含 40 瓦)、单支含汞量超过 10 毫克的直管型荧光灯(使用卤磷酸盐荧光粉)]〔999〕	8	70	13		只/千克	89	
8539319990	其他用途用其他热阴极荧光灯〔999〕	8	70	13		只/千克		
85393230	---钠蒸汽灯							
8539323000	钠蒸汽灯〔999〕	8	20	13		只/千克		
85393240	---汞蒸汽灯							
8539324001[暂3]	彩色投影机用的照明光源(汞蒸汽灯)〔999〕	8	20	13		只/千克		

② 如税率中间有"#","#"前后分别为上半年(2021 年 1 月 1 日至 6 月 30 日)和下半年(2021 年 7 月 1 日至 12 月 31 日)的适用税率。
② 最惠国税率中,"/"左边的税率截止日期为 2021 年 6 月 30 日,"/"右边的税率有效日期为 2021 年 7 月 1 日~2999 年 12 月 31 日。

协定税率(%)															特惠税率(%)			对美税率	出口税率	出口退税率	Article Description
智利	新西兰	澳大利亚	瑞士	冰岛	秘鲁	哥斯达	东盟	亚太	新加坡	巴基斯坦	港/澳/台	韩国	格鲁吉亚	毛里求斯	亚太	老/柬/缅	LDC 97/95				
0	0	0	0	0	0	0	0	0.7# 0①		0	0/0/	2.5	0	0			0/0			13	---For the goods of subheading 8537. 2010
																		26.4	0		
0	0	0	1.2# 0①	0	0	0	0	0.6# 0①		0	0/0/	3.5	0	0			0/0			13	---Other
																		21.2	0		
0	0	0	3.3	0	0	0	0			4	0/0/0	0	0	5.6			0/0			13	-Other
																		32	0		
																					Electric filament or discharge lamps, including sealed beam lamp units and ultra-violet or infra-red lamps; arclamps; light-emitting diode (LED) lamps:
0	0	0	0	0	0	0	0			3	0/0/	3	0	0			0/0			13	-Sealed beam lamp units
																		13	0		
0	0	0	0	0	0	0	0			4	0/0/	0	0	0			0/0			13	---For scientific or medical uses only
																		33	0		
0	0	0	0	0	0	0	0			3	0/0/	2.4	0	0			0/0			13	---For locomotives and rolling-stock, aircraft or ships
																			0		
0	0	0	0	0	0	0	0			4	0/0/	6.5	0	0			0/0			13	---For motor vehicles
																		13	0		
0	0	0	2.1	0	0	0	0		0	8.4	0/0/	3.1	0	0			0/0			13	---Other
																			0		
0	0	0	2.1	0	0	0	0		0	4	0/0/		0	0			0/0			13	---For scientific or medical uses only
																		10	0		
0	0	0	0	0	0	0	0			0	0/0/	0	0	0			0/0			13	---Other
																		30	0		
0	0	0	0	0	0	0	0	4		0	0/0/	0	0	0			0/0			13	---For scientific or medical uses only
																		25	0		
0	0	0	2.1	0	0	0	0		0	4	0/0/	3.1	0	0			0/0			13	---For locomotives and roiling-stock, aircraft or ships
																		10	0		
0	0	0	0	0	0	0	0			0	0/0/	2.6	0	0			0/0			13	---For motor vehicles
																		10	0		
0	0	0	2.4	0	0	0	0		0	4.8	0/0/	3.6	0	0			0/0			13	----Of a voltage 12V or less
																		31	0		
0	0	0	2.4	0	0	0	0		0	4.8	0/0/	3.6	0	0			0/0			13	----Other
																		16	0		
0	0	0	0	0	0	0	0	6.4		3	0/0/		0	0			0/0			13	---For scientific or medical uses only
																		18	0		
0	0	0	0	0	0	0	0			3	0/0/		0	0			0/0			13	---For locomotives and rolling-stock, aircraft or ships
																		13	0		
0	0	0	0	0	0	0	0			4	0/0/	0	0	0			0/0			13	----Compact type
																		28	0		
																		28	0		
0	0	0	0	0	0	0	0			3	0/0/	0	0	0			0/0			13	----Other
																		28	0		
																		28	0		
																		28	0		
0	0	0	0	0	0	0	0			3	0/0/	2.4	0	0			0/0			13	---Sodium vapour lamps
																		33	0		
0	0	0	0	0	0	0	0			3	0/0/	2.4	0	0			0/0			13	---Mercury vapour lamps
																		28	0		

商品编号	商品名称及备注[检验检疫编码及名称]	进口关税(%)		增值税率(%)	消费税	计量单位	监管条件	检验检疫类别
		最惠国	普通					
8539324010	用于普通照明用途的高压汞灯〔999〕	8	20	13		只/千克	89	
8539324090	其他汞蒸汽灯〔999〕	8	20	13		只/千克		
85393290	---其他							
8539329000	金属卤化物灯〔999〕	8	70	13		只/千克		
85393910	---科研、医疗专用							
8539391000	科研,医疗专用其他放电灯〔999〕	8	20	13		只/千克		
85393920	---火车、航空器及船舶用							
8539392000	火车,航空器,船舶用其他放电灯〔999〕	8	20	13		只/千克		
85393990	---其他							
8539399011	用于电子显示的冷阴极管荧光灯(长度不超过500毫米的,单支含汞量超过3.5毫克;长度超过500毫米但不超过1500毫米的,单支含汞量超过5毫克;长度超过1500毫米的,单支含汞量超过13毫克)〔999〕	0	70	13		只/千克	89	
8539399019	其他用于平板显示器背光源的冷阴极管荧光灯〔999〕	0	70	13		只/千克		
8539399020	其他紧凑型冷阴极管荧光灯(不超过30瓦、单支含汞量超过5毫克的)〔999〕	0	70	13		只/千克	89	
8539399030	其他直管型荧光灯(低于60瓦、单支含汞量超过5毫克的直管型荧光灯(使用三基色荧光粉))〔999〕	0	70	13		只/千克	89	
8539399040	其他直管型荧光灯(低于40瓦(含40瓦)、单支含汞量超过10毫克的直管型荧光灯(使用卤磷酸盐荧光粉))〔999〕	0	70	13		只/千克	89	
8539399050	用于电子显示的外置电极荧光灯(长度不超过500毫米的,单支含汞量超过3.5毫克;长度超过500毫米但不超过1500毫米的,单支含汞量超过5毫克;长度超过1500毫米的,单支含汞量超过13毫克)〔999〕	0	70	13		只/千克	89	
8539399090	其他用途的其他放电灯管〔999〕	8	70	13		只/千克		
85394100	--弧光灯							
8539410000	弧光灯〔999〕	8	20	13		只/千克		
85394900	--其他							
8539490000	紫外线或红外线灯〔999〕	8	20	13		只/千克		
85395010	---发光二极管(LED)灯泡							
8539501000	发光二极管(LED)灯泡〔999〕	8	80	13		只/千克		
85395020	---发光二极管(LED)灯管							
8539502000	发光二极管(LED)灯管〔999〕	8	80	13		只/千克		
85399000	-零件							
8539900000	品目85.39所列货品的零件〔999〕	8	20	13		千克		
8540	**热电子管、冷阴极管或光阴极管(例如,真空管或充气管、汞弧整流管、阴极射线管、电视摄像管):**							
85401100	--彩色的							
8540110000	彩色阴极射线电视显像管(包括视频监视器用阴极射线管)〔999〕	8	40	13		只/千克	6	
85401200	--单色的							
8540120000	单色阴极射线电视显像管(包括视频监视器用阴极射线管)〔999〕	8	40	13		只/千克	6	
85402010	---电视摄像管							
8540201000	电视摄像管〔999〕	8	35	13		只/千克		
85402090	---其他							
8540209010	电子条纹相机的条纹显像管〔999〕	8	17	13		只/千克		
8540209090	其他电视摄像管;其他变像管及图像增强管;其他光阴极管〔999〕	8	17	13		只/千克		
85404010	---彩色的数据/图形显示管,屏幕荧光点间距小于0.4毫米							
8540401000	点距小于0.4毫米彩色数据/图形显示管(指屏幕荧光点间距小于0.4毫米)〔999〕	8	17	13		只/千克	6	L/
85404020	---单色的数据/图形显示管							
8540402000	单色数据/图形显示管〔999〕	8	17	13		只/千克	6	L/
85406010	---雷达显示管							
8540601000	雷达显示管〔999〕	6	14	13		只/千克		
85406090	---其他							
8540609000	其他阴极射线管〔999〕	8	17	13		只/千克	6	L/
85407100	--磁控管							
8540710000	磁控管〔999〕	8	17	13		只/千克		
85407910	---速调管							
8540791000	速调管〔999〕	8	17	13		只/千克		
85407990	---其他							

协定税率(%)															特惠税率(%)			对美税率	出口税率	出口退税率	Article Description
智利	新西兰	澳大利亚	瑞士	冰岛	秘鲁	哥斯达	东盟	亚太	新加坡	巴基斯坦	港/澳/台	韩国	格鲁吉亚	毛里求斯	亚太	老/柬/缅	LDC 97/95				
																		33	0		
																		33	0		
0	0	0	0	0	0	0	0			4	0/0/	0	0	0			0/0			13	---Other
																		33	0		
0	0	0	0	0	0	0	0	6.4		3	0/0/		0	0			0/0			13	---For scientific or medical uses only
																		18	0		
0	0	0	0	0	0	0	0			3	0/0/		0	0			0/0			13	---For locomotives and rolling-stock, aircraft or ships
																		13	0		
0	0	0	0	0	0	0	0			3	0/0/0	4.2	0	0			0/0			13	---Other
																		25	0		
																		25	0		
																		25	0		
																		25	0		
																		25	0		
																		25	0		
																		33	0		
0	0	0	0	0	0	0	0			3	0/0/		0	0			0/0			13	--Arc-lamps
																		28	0		
0	0	0	0	0	0	0	0			3	0/0/		0	0			0/0			13	--Other
																			0		
0	0	0	0	0	0	0	0		0	0	0/0/	0	0	0			0/0				---Light-emitting diode (LED) bulbs
																		33	0		
0	0	0	0	0	0	0	0		0	0	0/0/	0	0	0			0/0				---Light-emitting diode (LED) lamps
																		33	0		
0	0	0	0	0	0	0	0			4	0/0/0		0	0			0/0			13	-Parts
																		33	0		
																					Thermionic, cold cathode or photocathode valves and tubes (for example, vacuum or vapour or gas filled valves and tubes, mercury arc rectifying valves and tubes, cathode-ray tubes, television camera tubes):
0	0	0	2.4	0	0	0	0		0	4.8	0/0/	6.4	0	0			0/0			13	--Colour
																			0		
0	0	0	3	0	0	0	0		0	9.6	0/0/	4.5	0	0			0/0			13	--Monochrome
																		13	0		
0	0	0	2.4	0	0	0	0		0	4.8	0/0/	3.6	0	0			0/0			13	---Television camera tubes
																			0		
0	0	0	0	0	0	0	0			3	0/0/	0	0	0			0/0			13	---Other
																		33	0		
																		33	0		
0	0	0	0	0	0	0	0			3	0/0/	0	0	0			0/0			13	---Data/graphic display tubes, colour, with a phosphor dot screen pitch smaller than 0.4mm
																			0		
0	0	0	0	0	0	0	0			3	0/0/	0	0	0			0/0			13	---Data/graphic display tubes, monochrome
																		18	0		
0	0	0	0	0	0	0	0	3.9		0	0/0/	0	0	0			0/0			13	---Radar display tubes
																			0		
0	0	0	0	0	0	0	0			3	0/0/	0	0	0			0/0			13	---Other
																		28	0		
0	0	0	0	0	0	0	0			3	0/0/	4.2	0	0			0/0			13	--Magnetrons
																		33	0		
0	0	0	0	0	0	0	0			3	0/0/	0	0	0			0/0			13	---Klystrons
																			0		
0	0	0	0	0	0	0	0			3	0/0/	0	0	0			0/0			13	---Other

商品编号	商品名称及备注[检验检疫编码及名称]	进口关税(%)		增值税率(%)	消费税	计量单位	监管条件	检验检疫类别
		最惠国	普通					
8540799000	其他微波管(不包括栅控管)〔999〕	8	17	13		只/千克		
85408100	--接收管或放大管							
8540810000	接收管或放大管〔999〕	8	17	13		只/千克		
85408900	--其他							
8540890010	光电倍增管(光电阴极面积大于20平方厘米,并且阳极脉冲上升时间小于1纳秒)〔999〕	8	17	13		只/千克	3	
8540890090	其他电子管(包括光阴极管或汞弧整流管)〔999〕	8	17	13		只/千克		
85409110	---电视显像管用							
8540911000	电视显像管零件〔999〕	6	40	13		千克		
85409120	---雷达显示管用							
8540912000	雷达显示管零件〔999〕	5	14	13		千克		
85409190	---其他							
8540919000	其他阴极射线管零件〔999〕	8	17	13		千克		
85409910	---电视摄像管用							
8540991000	电视摄像管零件〔999〕	8	35	13		千克		
85409990	---其他							
8540999000	其他热电子管、冷阴极管零件(包括光阴极管或汞弧整流管)〔999〕	8	17	13		千克		
8541	**二极管、晶体管及类似的半导体器件;光敏半导体器件,包括不论是否装在组件内或组装成块的光电池;发光二极管;已装配的压电晶体:**							
85411000	-二极管,但光敏二极管或发光二极管除外							
8541100000	二极管(光敏、发光二极管除外)〔999〕	0	30	13		个/千克		
85412100	--耗散功率小于1瓦的							
8541210000	耗散功率小于1瓦的晶体管(不含光敏晶体管)〔999〕	0	30	13		个/千克		
85412900	--其他							
8541290000	耗散功率不小于1瓦的晶体管(不含光敏晶体管)〔999〕	0	30	13		个/千克		
85413000	-半导体开关元件、两端交流开关元件及三端双向可控硅开关元件,但光敏器件除外							
8541300000	半导体及可控硅等开关元件(不含光敏器件)〔999〕	0	30	13		个/千克		
85414010	---发光二极管							
8541401000	发光二极管〔999〕	0	30	13		个/千克		
85414020	---太阳能电池							
8541402000	太阳能电池〔999〕	0	30	13		个/千克		
85414090	---其他							
8541409000	其他光敏半导体器件(包括不论是否装在组件内或组装成块的光电池)〔999〕	0	30	13		个/千克		
85415000	-其他半导体器件							
8541500000	其他半导体器件〔999〕	0	30	13		个/千克		
85416000	-已装配的压电晶体							
8541600000	已装配的压电晶体〔999〕	0	30	13		个/千克		
85419000	-零件							
8541900000	品目85.41所列货品零件〔999〕	0	30	13		千克		
8542	**集成电路:**							
85423111	----具有变流功能的半导体模块							
8542311110	多元件集成电路中的自动数据处理设备机器及组件、电讯设备用的具有变流动能的半导体模块〔999〕	0	30	13		个/千克		
8542311190	多元件集成电路中的其他具有变流功能的半导体模块〔999〕	1.7/0②	30	13		个/千克		
85423119	----其他							
8542311900	其他用作处理器及控制器的多元件集成电路(不论是否带有存储器、转换器、逻辑电路、放大器、时钟及时序电路或其他电路)〔999〕	0.6/0②	46	13		个/千克		
85423190	---其他							
8542319000	其他用作处理器及控制器的集成电路(不论是否带有存储器、转换器、逻辑电路、放大器、时钟及时序电路或其他电路)〔999〕	0	24	13		个/千克		

① 如税率中间有"#","#"前后分别为上半年(2021年1月1日至6月30日)和下半年(2021年7月1日至12月31日)的适用税率。
② 最惠国税率中,"/"左边的税率截止日期为2021年6月30日,"/"右边的税率有效日期为2021年7月1日~2999年12月31日。
① 如税率中间有"#","#"前后分别为上半年(2021年1月1日至6月30日)和下半年(2021年7月1日至12月31日)的适用税率。

协定税率(%)															特惠税率(%)			对美税率	出口税率	出口退税率	Article Description
智利	新西兰	澳大利亚	瑞士	冰岛	秘鲁	哥斯达	东盟	亚太	新加坡	巴基斯坦	港/澳/台	韩国	格鲁吉亚	毛里求斯	亚太	老/柬/缅	LDC 97/95				
																		18	0		
0	0	0	0	0	0	0	0			3	0/0/		0	0			0/0			13	--Receiver or amplifier valves and tubes
																		28	0		
0	0	0	0	0	0	0	0			3	0/0/0	0	0	0			0/0			13	--Other
																		33	0		
																		33	0		
0	0	0	0	0	0	0	0			0	0/0/	0	0	0			0/0			13	---Of television picture tubes
																			0		
0	0	0	0	0	0	0	0	3. 3		0	0/0/	0	0	0			0/0			13	---Of radar display tubes
																			0		
0	0	0	0	0	0	0	0			3	0/0/		0	0			0/0			13	---Other
																		9	0		
0	0	0	0	0	0	0	0	5. 2		3	0/0/	0	0	0			0/0			13	---Of television camera tubes
																			0		
0	0	0	0	0	0	0	0			3	0/0/		0	0			0/0			13	---Other
																		33	0		
																					Diodes, transistors and similar semiconductor devices; photosensitive semiconductor devices, including photovoltaic cells whether or not assembled in modules or made up into panels; light emitting diodes; mounted piezoelectric crystals:
																	0/0			13	-Diodes, other than photosensitive or light emitting diodes
																		25	0		
																	0/0			13	--With a dissipation rate of less than 1W
																		25	0		
																	0/0			13	--Other
																		25	0		
																	0/0			13	-Thyristors, diacs and triacs, other than photosensitive devices
																		25	0		
																	0/0			13	---Light emitting diodes
																		25	0		
																	0/0			13	---Solar cells
																		25	0		
																	0/0			13	---Other
																		25	0		
																	0/0			13	-Other semiconductor devices
																		20	0		
																	0/0			13	-Mounted piezo-electrie crystals
																		25	0		
																	0/0			13	-Parts
																		20	0		
																					Electronic integrated circuits:
0	0	0	1. 7# 0①	0	0	0	0		0	4	0/0/	0	2	0			0/0			13	----Semiconductor modules with converting function
																			0		
																			0		
0	0	0	0	0	0	0	0	0. 4# 0①	0	0	0/0/	3	0	0			0/0			13	----Other
																			0		
																	0/0			13	---Other
																			0		

商品编号	商品名称及备注[检验检疫编码及名称]	进口关税(%) 最惠国	进口关税(%) 普通	增值税率(%)	消费税	计量单位	监管条件	检验检疫类别
85423210	---多元件集成电路							
8542321000②	用作存储器的多元件集成电路〔999〕	0.7/0③	45	13		个/千克		
85423290	---其他							
8542329000	其他用作存储器的集成电路〔999〕	0	24	13		个/千克		
85423310	---多元件集成电路							
8542331000	用作放大器的多元件集成电路〔999〕	0.7/0③	45	13		个/千克		
85423390	---其他							
8542339000	其他用作放大器的集成电路〔999〕	0	24	13		个/千克		
85423910	---多元件集成电路							
8542391000	其他多元件集成电路〔999〕	0.7/0③	45	13		个/千克		
85423990	---其他							
8542399000	其他集成电路〔999〕	0	24	13		个/千克		
85429000	-零件							
8542900000	其他集成电路及微电子组件零件〔999〕	0	30	13		千克		
8543	**本章其他税号未列名的具有独立功能的电气设备及装置:**							
85431000	-粒子加速器							
8543100010	脉冲电子加速器(峰值能量为500千电子伏或更高)〔999〕	5	11	13		台/千克	3	
8543100020	中子发生器系统,包括中子管(真空下,利用静电加速来诱发氚-氘核反应)〔999〕	5	11	13		台/千克	3	
8543100090	其他粒子加速器〔999〕	5	11	13		台/千克		
85432010	---输出信号频率在1500兆赫兹以下的通用信号发生器							
8543201000	输出信号频率<1500兆赫兹的通用信号发生器〔999〕	5.6/3.8③	80	13		台/千克		
85432090	---其他							
8543209010	高速脉冲发生器(脉冲上升时间小于500ps)〔999〕	3/2③	20	13		台/千克	3	
8543209090	其他输出信号频率≥1500兆赫兹的通用信号发生器〔999〕	3/2③	20	13		台/千克		
85433000	-电镀、电解或电泳设备及装置							
8543300010	电化学还原槽;锂汞齐电解槽(电化学还原槽为化学交换过程的铀浓缩设计的)〔999〕	0	35	13		台/千克	3	
8543300020	产氟电解槽(每小时产250克以上)〔999〕	0	35	13		台/千克	3	
8543300090	其他电镀、电解或电泳设备及装置〔999〕	0	35	13		台/千克		
85437091	----金属、矿藏探测器							
8543709100	金属,矿藏探测器〔101机电产品及其零件〕,〔102电子测量分析设备及其零件〕	0	17	13		台/千克		
85437092	----高、中频放大器							
8543709200	其他高,中频放大器〔999〕	0	17	13		台/千克		L/
85437093	----电篱网激发器							
8543709300	电篱网激发器〔999〕	8	35	13		台/千克		
85437099	----其他							
8543709910	飞行数据记录器、报告器〔101机电产品及其零件〕,〔102电子测量分析设备及其零件〕	0	35	13		台/千克		
8543709920	无线广播电视用激励器(具有独立功能)〔101机电产品及其零件〕,〔102电视接收、发送装置及其零件〕	0	35	13		台/千克	O	
8543709930	模/数转换器(能设计或改进成军用,或设计成抗辐射的)〔101机电产品及其零件〕,〔102调制解调器〕	0	35	13		台/千克	3	
8543709940	质谱仪用的离子源(原子质量单位≥230,分辨率>2/230)〔999〕	0	35	13		台/千克	3	
8543709950	密码机、密码卡密钥管理产品(不包括数字电视智能卡、蓝牙模块、用于知识产权保护的加密狗)〔101电话密码机〕,〔102传真密码机〕,〔103其他密码机〕,〔104密码卡〕	0	35	13		台/千克	23	
8543709990	其他未列名的具有独立功能的电气设备及装置〔999〕	0	35	13		台/千克		
85439010	---粒子加速器用							
8543901000	粒子加速器用零件〔999〕	0	11	13		千克		

① 如税率中间有"#","#"前后分别为上半年(2021年1月1日至6月30日)和下半年(2021年7月1日至12月31日)的适用税率。
② 此商品编码适用暂定税率,暂定税率为0,适用时间为2021年1月~6月。
③ 最惠国税率中,"/"左边的税率截止日期为2021年6月30日,"/"右边的税率有效日期为2021年7月1日~2999年12月31日。

协定税率(%)															特惠税率(%)			对美税率	出口税率	出口退税率	Article Description
智利	新西兰	澳大利亚	瑞士	冰岛	秘鲁	哥斯达	东盟	亚太	新加坡	巴基斯坦	港/澳/台	韩国	格鲁吉亚	毛里求斯	亚太	老/柬/缅	LDC 97/95				
0	0	0	0	0	0	0	0	0.5#0①	0	0	0/0/	3	0	0			0/0			13	---Multi-component integrated circuits
																			0		
																	0/0			13	---Other
																			0		
0	0	0	0	0	0	0	0	0.5#0①	0	0	0/0/	3	0	0			0/0			13	---Multi-component integrated circuits
																			0		
																	0/0			13	---Other
																			0		
0	0	0	0	0	0	0	0	0.5#0①	0	0	0/0/	3	0	0			0/0			13	---Multi-component integrated circuits
																			0		
																	0/0			13	---Other
																			0		
																	0/0			13	-Parts
																			0		
																					Electrical machines and apparatus, having individual functions, not specified or included elsewhere in this Chapter:
0	0	0	0	0	0	0	0			0	0/0/	1.5	0	0			0/0			13	-Particle accelerators
																		30	0		
																		30	0		
																		30	0		
0	0	0	3	0	0	0	0		0	9.6	0/0/0		0	0			0/0			13	---Universal signal generators, with a frequency range of less than 1500MHz
																		15.6	0		
0	0	0	0	0	0	0	0			3	0/0/0	0	0	0			0/0			13	---Other
																		23	0		
																		23	0		
																	0/0			13	-Machines and apparatus for electroplating, electrolysis or electrophoresis
																		10	0		
																		10	0		
																		10	0		
																	0/0			13	----Metal or mine detectors
																		20	0		
																	0/0			13	----High or intermediate frequency amplifiers
																		5	0		
0	0	0	0	0	0	0	0		0	3	0/0/	3	0	0			0/0			13	----Electric fence energizers
																		13	0		
																	0/0			13	----Other
																			0		
																		10	0		
																		10	0		
																		10	0		
																		10	0		
																		10	0		
																	0/0			13	---Of particle accelerators
																		5	0		

商品编号	商品名称及备注〔检验检疫编码及名称〕	进口关税(%)		增值税率(%)	消费税	计量单位	监管条件	检验检疫类别
		最惠国	普通					
85439021	----输出信号频率<1500 兆赫兹的通用信号发生器用							
8543902100	输出信号频率<1500 兆赫兹通用信号发生器零件〔999〕	0	80	13		千克		
85439029	----其他							
8543902900	输出信号频率≥1500 兆赫兹通用信号发生器零件〔999〕	0	20	13		千克		
85439030	---金属、矿藏探测器用							
8543903000	金属,矿藏探测器用零件〔999〕	0	17	13		千克		
85439040	---高、中频放大器用							
8543904000	高、中频放大器用零件〔999〕	0	17	13		千克		
85439090	---其他							
8543909000	其他品目 85.43 项下电气设备零件〔999〕	0	35	13		千克		
8544	**绝缘(包括漆包或阳极化处理)电线、电缆(包括同轴电缆)及其他绝缘电导体,不论是否有接头;由多根具有独立保护套的光纤组成的光缆,不论是否与电导体装配或装有接头:**							
85441100	--铜制							
8544110000[暂8]	铜制绕组电线〔999〕	10	70	13		千克/米		
85441900	--其他							
8544190000	其他绕组电线(非铜制)〔101 电线〕,〔102 其他电线电缆〕	10	70	13		千克/米		
85442000	-同轴电缆及其他同轴电导体							
8544200000	同轴电缆及其他同轴电导体〔101 绞股线〕,〔102 电缆〕,〔103 同轴电缆〕,〔104 其他电线电缆〕	10	20	13		千克		
85443020	---机动车辆用							
8544302001[暂5]	车辆用电控柴油机的线束〔999〕	10	20	13		千克		
8544302090	机动车辆用其他点火布线组及其他布线组〔999〕	10	20	13		千克		
85443090	---其他							
8544309000	其他用点火布线组及其他用布线组〔101 绞股线〕,〔102 电线〕,〔103 电缆〕,〔104 其他电线电缆〕	5	70	13		千克		
85444211	----电缆							
8544421100	额定电压≤80 伏有接头电缆〔101 电缆〕,〔102 电脑连接线〕,〔103 游戏机线〕,〔104 其他电线电缆〕	0	20	13		千克/米		
85444219	----其他							
8544421900	额定电压≤80 伏有接头电导体〔101 绞股线〕,〔102 电线〕,〔103 电脑连接线〕,〔104 游戏机线〕,〔105 其他电线电缆〕	0	70	13		千克		
85444221	----电缆							
8544422100	80 伏<额定电压≤1000 伏有接头电缆〔101 电线〕,〔102 电缆〕,〔103 其他电线电缆〕	0	20	13		千克/米	A	L. M/
85444229	----其他							
8544422900	80 伏<额定电压≤1000 伏有接头电导体〔101 绞股线〕,〔102 电线〕,〔103 其他电线电缆〕	0	70	13		千克	A	L. M/
85444911	----电缆							
8544491100	额定电压≤80 伏其他电缆〔101 电缆〕,〔102 电脑连接线〕,〔103 游戏机线〕,〔104 其他电线电缆〕	0	20	13		千克/米		
85444919	----其他							
8544491900	额定电压≤80 伏其他电导体〔101 绞股线〕,〔102 电线〕,〔103 电脑连接线〕,〔104 游戏机线〕,〔105 其他电线电缆〕	0	70	13		千克		
85444921	----电缆							
8544492100	1000 伏≥额定电压>80 伏其他电缆〔101 电缆〕,〔102 其他电线电缆〕	6	20	13		千克/米	A	L. M/
85444929	----其他							
8544492900	1000 伏≥额定电压>80 伏其他电导体〔101 绞股线〕,〔102 电线〕,〔103 其他电线电缆〕	8	70	13		千克		
85446012	----额定电压≤35 千伏							
8544601200	1 千伏<额定电压≤35 千伏的电缆〔999〕	8	50	13		千克/米	A	L. M/
85446013	----额定电压>35 千伏,但≤110 千伏							
8544601300	35 千伏<额定电压≤110 千伏的电缆〔999〕	8	20	13		千克/米		

协定税率(%)															特惠税率(%)			对美税率	出口税率	出口退税率	Article Description
智利	新西兰	澳大利亚	瑞士	冰岛	秘鲁	哥斯达	东盟	亚太	新加坡	巴基斯坦	港/澳/台	韩国	格鲁吉亚	毛里求斯	亚太	老/柬/缅	LDC 97/95				
																	0/0			13	----Of the generators of subheading 8543. 2010
																			0		
																	0/0			13	----Other
																		10	0		
																	0/0			13	---Of metal or mine detectors
																		25	0		
																	0/0			13	---Of high or intermediate frequency amplifiers
																		10	0		
																	0/0			13	---Other
																		25	0		
																					Insulated (including enamelled or anodized) wire, cable (including co-axial cable) and other insulated electric conductors, whether or not fitted with connectors; optical fibre cables, made up of individually sheathed fibres, whether or not assembled with electric conductors or fitted with connectors:
0	0	0	2	0	0	0	0	6.5	0	3	0/0/0	5.3	0	0			0/0			13	--Of copper
																		28	0		
0	0	0	4	0	0	0	0		0	20	0/0/	13	0	0			0/0			13	--Other
																		30	0		
0	0	0	4.7	0	0	0	0	6.5	0	0	0/0/0	3	0	0			0/0			13	-Co-axial cable and other co-axial electric conductors
																		20	0		
0	0	0	0	0	0	0	5			8	0/0/	5.3	0	0			0/0			13	---For motor vehicles
																		10	0		
																		15	0		
0	0	0	0	0	0	0				4	0/0/	2.6	0	0			0/0			13	---Other
																		15	0		
																	0/0			13	----Electric cable
																		25	0		
																	0/0			13	----Other
																		25	0		
																	0/0			13	----Electric cable
																		15	0		
																	0/0			13	----Other
																		25	0		
																	0/0			13	----Electric cable
																		15	0		
																	0/0			13	----Other
																		25	0		
0	0	0	1.2	0	0	0	0	3.9		0	0/0/	3.9	0	0			0/0			13	----Electric cable
																		21	0		
0	0	0	2.4	0	0	0	0	5.2	0	0	0/0/0	0	0	0			0/0			13	----Other
																		18	0		
0	0	0	2	0	0	0	0	5.2	0	0	0/0/	3	0	0			0/0			13	----For a voltage not exceeding 35kV
																		18	0		
0	0	0	0	0	0	0	0	5.2		3	0/0/	2.5	0	0			0/0			13	----For a voltage exceeding 35kV but not exceeding 110kV
																		33	0		

商品编号	商品名称及备注[检验检疫编码及名称]	进口关税(%)		增值税率(%)	消费税	计量单位	监管条件	检验检疫类别
		最惠国	普通					
85446014	----110 千伏<额定电压≤220 千伏							
8544601400	110 千伏<额定电压≤220 千伏的电缆〔999〕	8	20	13		千克/米		
85446019	----其他							
8544601900	额定电压>220 千伏的电缆〔101 电缆〕,〔102 其他电线电缆〕	8	20	13		千克/米		
85446090	---其他							
8544609001[暂10]	额定电压≥500 千伏的气体绝缘金属封闭输电线〔101 绞股线〕,〔102 电线〕,〔103 其他电线电缆〕	15	70	13		千克		
8544609090	额定电压>1 千伏的其他电导体〔101 绞股线〕,〔102 电线〕,〔103 其他电线电缆〕	15	70	13		千克		
85447000	-光缆							
8544700000	光缆〔999〕	0	20	13		千克/米		
8545	**碳电极、碳刷、灯碳棒、电池碳棒及电气设备用的其他石墨或碳精制品,不论是否带金属:**							
85451100	--炉用							
8545110000	炉用碳电极(不论是否带金属)〔999〕	8	35	13		千克	3	
85451900	--其他							
8545190010[暂5]	燃料电池用碳电极片(不论是否带金属)〔999〕	10	35	13		千克	3	
8545190090	其他碳电极(不论是否带金属)〔999〕	10	35	13		千克	3	
85452000	-碳刷							
8545200000	碳刷(不论是否带金属)〔999〕	10	35	13		千克		
85459000	-其他							
8545900000	灯碳棒,电池碳棒及其他石墨制品(不论是否带金属)〔999〕	10	35	13		千克	3	
8546	**各种材料制的绝缘子:**							
85461000	-玻璃制							
8546100000	玻璃制绝缘子〔999〕	10	35	13		千克		
85462010	---输变电线路绝缘瓷套管							
8546201000	输变电线路绝缘瓷套管〔999〕	6	35	13		千克		
85462090	---其他							
8546209001[暂3]	输变电架空线路用长棒形瓷绝缘子瓷件(单支长度为 1~2 米,实芯)〔999〕	12	35	13		千克		
8546209090	其他陶瓷制绝缘子(包括非输变电线路绝缘瓷套管)〔999〕	12	35	13		千克		
85469000	-其他							
8546900000	其他材料制绝缘子〔999〕	10	35	13		千克		
8547	**电气机器、器具或设备用的绝缘零件,除了为装配需要而在模制时装入的小金属零件(例如,螺纹孔)以外,全部用绝缘材料制成,但品目 85.46 的绝缘子除外;内衬绝缘材料的贱金属制线路导管及其接头:**							
85471000	-陶瓷制绝缘零件							
8547100000	陶瓷制绝缘零件〔999〕	7	35	13		千克		
85472000	-塑料制绝缘零件							
8547200000	塑料制绝缘零件〔999〕	7	35	13		千克		
85479010	---内衬绝缘材料的贱金属制线路导管及其接头							
8547901000	内衬绝缘材料的贱金属导管,接头〔999〕	7	50	13		千克		
85479090	---其他							
8547909000	其他材料制绝缘配件〔999〕	7	35	13		千克		
8548	**原电池、原电池组及蓄电池的废碎料;废原电池、废原电池组及废蓄电池;机器或设备的本章其他税号未列名的电气零件:**							

协定税率(%)															特惠税率(%)			对美税率	出口税率	出口退税率	Article Description
智利	新西兰	澳大利亚	瑞士	冰岛	秘鲁	哥斯达	东盟	亚太	新加坡	巴基斯坦	港/澳/台	韩国	格鲁吉亚	毛里求斯	亚太	老/柬/缅	LDC 97/95				
0	0	0	0	0	0	0	0	5.2		3	0/0/	0	0	0			0/0			13	----For a voltage exceeding 110kV but not exceeding 220kV
																		28	0		
0	0	0		0	0	0	0	5.2		3	0/0/	5.4	0	0			0/0			13	----Other
																		33	0		
0	0	0	0	0	0	0	0	9.8	0	16	0/0/	13.6	0	0			0/0			13	---Other
																		30	0		
																		35	0		
																	0/0			13	-Optical fibre cables
																		15	0		
																					Carbon electrodes, carbon brushes, lamp carbons, battery carbons and other articles of graphite or other carbon, with or without metal, of a kind used for electrical purposes:
0	0	0	0	0	0	0	0			3	0/0/	2.4	0	0			0/0			0	--Of a kind used for furnaces
																		33	0		
0	0	0	2.1	0	0	0	0		0	4	0/0/	3.1	0	0			0/0			0	--Other
																		10	0		
																		15	0		
0	0	0	2.1	0	0	0	0		0	4	0/0/	3.1	0	0			0/0			13	-Brushes
																		35	0		
0	0	0	2.1	0	0	0	0		0	4	0/0/	3.1	0	0			0/0			13	-Other
																		20	0		
																					Electrical insulators of any material:
0	0	0	2.1	0	0	0	0		0	4	0/0/	3.1	0	0			0/0			13	-Of glass
																		35	0		
0	0	0	1.2	0	0	0	0			0	0/0/	1.8	0	0			0/0			13	---Power transmission and converting ceramic bushings
																		31	0		
0	0	0	2.4	0	0	0	0		0	4.8	0/0/	3.6	0	0			0/0			13	---Other
																		13	0		
																		22	0		
0	0	0	2	0	0	0	0		0	4	0/0/	3	0	0			0/0			13	-Other
																		35	0		
																					Insulating fittings for electrical machines, appliances or equipment, being fittings wholly of insulating material apart from any minor components of metal (for example, threaded sockets) incorporated during moulding solely for purposes of assembly, other than insulators of heading 85.46; electrical conduit tubing and joints therefor, of base metal lined with insulating material:
0	0	0	1.6	0	0	0	0			3	0/0/	4.2	0	0			0/0			13	-Insulating fittings of ceramics
																		17	0		
0	0	0	1.6	0	0	0	0			3	0/0/	4.2	1.6	0			0/0			13	-Insulating fittings of plastics
																		27	0		
0	0	0	0	0	0	0	0		0	3	0/0/	3	0	0			0/0			13	---Electrical conduit tubing and joints therefor, of base metal lined with insulating material
																		12	0		
0	0	0	0	0	0	0	0			3	0/0/	0	0	0			0/0			13	---Other
																		32	0		
																					Waste and scrap of primary cells, primary batteries and electric accumulators; spent primary cells, spent primary batteries and spent electric accumulators; electrical parts of machinery or apparatus, not specified or included elsewhere in this Chapter:

商品编号	商品名称及备注［检验检疫编码及名称］	进口关税（%）		增值税率（%）	消费税	计量单位	监管条件	检验检疫类别
		最惠国	普通					
85481000	-原电池、原电池组及蓄电池的废碎料；废原电池、废原电池组及废蓄电池							
8548100000	电池废碎料及废电池［指原电池（组）和蓄电池的废碎料，废原电池（组）及废蓄电］〔999〕	8	36	13		千克	9	
85489000	-其他							
8548900001[暂1]	电磁干扰滤波器〔101 其他机电产品及其零件〕，〔102 集成电路〕，〔103 其他电子元器件〕	8	40	13		千克		
8548900002[暂3]	非电磁干扰滤波器〔999〕	8	40	13		千克		
8548900010	可调脉冲单模染料振荡器（平均输出功率>1 瓦重复率>1 千赫脉宽<100 纳秒可见光范围）〔999〕	8	40	13		千克	3	
8548900020	可调脉冲染料激光放大器和振荡器（不包括单模振荡器）（平均输出功率>30 瓦重复率>1 千赫脉宽<100 纳秒可见光范围）〔999〕	8	40	13		千克	3	
8548900030	触摸感应数据输入装置（即触摸屏）无显示的性能，安装于有显示屏的设备中，通过检测显示区域内触摸动作的发生及位置进行工作。触摸感应可通过电阻、静电电容、声学脉冲识别、红外光或其他触摸感应技术来获得〔999〕	2/0①	40	13		千克		
8548900090	八十五章其他编号未列名的电气零件〔999〕	8	40	13		千克		

① 最惠国税率中，“/”左边的税率截止日期为 2021 年 6 月 30 日，“/”右边的税率有效日期为 2021 年 7 月 1 日~2999 年 12 月 31 日。

协定税率(%)															特惠税率(%)			对美税率	出口税率	出口退税率	Article Description
智利	新西兰	澳大利亚	瑞士	冰岛	秘鲁	哥斯达	东盟	亚太	新加坡	巴基斯坦	港/澳/台	韩国	格鲁吉亚	毛里求斯	亚太	老/柬/缅	LDC 97/95				
0	0	0	0	0	0	0	0			3	0/0/	0	0	0	4		0/0			13	-Waste and scrap of primary cells, primary batteries and electric accumulators; spent primary cells, spent primary batteries and spent electric accumulators
																			0		
0	0	0	2.4	0	0	0	0		0	4.8	0/0/	7.8	0	0			0/0			13	-Other
																		26	0		
																			0		
																		33	0		
																		33	0		
																		27	0		
																		33	0		

第十七类
车辆、航空器、船舶
及有关运输设备

注释：

一、本类不包括品目95.03或95.08的物品以及品目95.06的长雪橇、平底雪橇及类似品。

二、本类所称“零件”及“零件、附件”，不适用于下列货品，不论其是否确定为供本类货品使用：

（一）各种材料制的接头、垫圈或类似品（按其构成材料归类或归入品目84.84）或硫化橡胶（硬质橡胶除外）的其他制品（品目40.16）；
（二）第十五类注释二所规定的贱金属制通用零件（第十五类）或塑料制的类似品（第三十九章）；
（三）第八十二章的物品（工具）；
（四）品目83.06的物品；
（五）品目84.01至84.79的机器或装置及其零件，但供本类所列货品使用的散热器除外；品目84.81或84.82的物品及品目84.83的物品（这些物品是构成发动机或其他动力装置所必需的）；
（六）电机或电气设备（第八十五章）；
（七）第九十章的物品；
（八）第九十一章的物品；
（九）武器（第九十三章）；
（十）品目94.05的灯具或照明装置；或
（十一）作为车辆零件的刷子（品目96.03）。

三、第八十六章至第八十八章所称“零件”或“附件”，不适用于那些非专用于或非主要用于这几章所列物品的零件、附件。同时符合这几章内两个或两个以上税号规定的零件、附件，应按其主要用途归入相应的税号。

四、在本类中：
（一）既可在道路上，又可在轨道上行驶的特殊构造的车辆，应归入第八十七章的相应税号；
（二）水陆两用的机动车辆，应归入第八十七章的相应税号；
（三）可兼作地面车辆使用的特殊构造的航空器，应归入第八十八章的相应税号。

五、气垫运输工具应按本类最相似的运输工具归类，其规定如下：
（一）在导轨上运行的（气垫火车），归入第八十六章；
（二）在陆地行驶或水陆两用的，归入第八十七章；
（三）在水上航行的，不论能否在海滩或浮码头登陆及能否在冰上行驶，一律归入第八十九章。
气垫运输工具的零件、附件，应按照上述规定，与最相类似的运输工具的零件、附件一并归类。

气垫火车的导轨固定装置及附件应与铁道轨道固定装置及附件一并归类。气垫火车运行系统的信号、安全或交通管理设备应与铁路的信号、安全或交通管理设备一并归类。

第八十六章
铁道及电车道机车、车辆及其零件；铁道及电车道轨道固定装置及其零件、附件；各种机械（包括电动机械）交通信号设备

注释：

一、本章不包括：
（一）木制或混凝土制的铁道或电车道轨枕及气垫火车用的混凝土导轨（品目44.06或68.10）；
（二）品目73.02的铁道及电车道铺轨用钢铁材料；或
（三）品目85.30的电气信号、安全或交通管理设备。

二、品目86.07主要适用于：
（一）轴、轮、行走机构、金属轮箍、轮圈、毂及轮子的其他零件；
（二）车架、底架、转向架；
（三）轴箱；制动装置；
（四）车辆缓冲器；钩或其他联结器及车厢走廊联结装置；
（五）车身。

三、除上述注释一另有规定的以外，品目86.08包括：
（一）已装配的轨道、转车台、站台缓冲器、量载规；
（二）铁道及电车道、道路、内河航道、停车场、港口或机场用的臂板信号机、机械信号盘、平交道口控制器、信号及道岔控制器及其他机械（包括电动机械）信号、安全或交通管理设备，不论是否装有电力照明装置。

SECTION XVII
VEHICLES, AIRCRAFT, VESSELS AND ASSOCIATED TRANSPORT EQUIPMENT

Section Notes:

1. This Section does not cover articles of heading 95. 03 or 95. 08, or bobsleighs, toboggans or the like of heading 95. 06.

2. The expressions "parts" and "parts and accessories" do not apply to the following articles, whether or not they are identifiable as for the goods of this Section:
   (a) Joints, washers or the like of any material (classified according to their constituent material or in heading 84. 84) or other articles of vulcanised rubber other than hard rubber (heading 40. 16);
   (b) Parts of general use, as defined in Note 2 to Section XV, of base metal (Section XV), or similar goods of plastics (Chapter 39);
   (c) Articles of Chapter 82 (tools);
   (d) Articles of heading 83. 06;
   (e) Machines or apparatus of headings 84. 01 to 84. 79, or parts thereof, other than the radiators for the articles of this Section; articles of heading 84. 81 or 84. 82 or provided they constitute integral parts of engines or motors, articles of heading 84. 83;
   (f) Electrical machinery or equipment (Chapter 85);
   (g) Articles of Chapter 90;
   (h) Articles of Chapter 91;
   (ij) Arms (Chapter 93);
   (k) Lamps or lighting fittings of heading 94. 05; or
   (l) Brushes of a kind used as parts of vehicles (heading 96. 03).

3. References in Chapters 86 to 88 to "parts" or "accessories" do not apply to parts or accessories which are not suitable for use solely or principally with the articles of those Chapters. A part or accessory which answers to a description in two or more of the headings of those Chapters is to be classified under that heading which corresponds to the principal use of that part or accessory.

4. For the purposes of this Section:
   (a) Vehicles specially constructed to travel on both road and rail are classified under the appropriate heading of Chapter 87;
   (b) Amphibious motor vehicles are classified under the appropriate heading of Chapter 87;
   (c) Aircraft specially constructed so that they can also be used as road vehicles are classified under the appropriate heading of Chapter 88.

5. Air-cushion vehicles are to be classified within this Section with the vehicles to which they are most akin as follows:
   (a) In Chapter 86 if designed to travel on a guide-track (hovertrains);
   (b) In Chapter 87 if designed to travel over land or over both land and water;
   (c) In Chapter 89 if designed to travel over water, whether or not able to land on beaches or landing-stages or also able to travel over ice.
   Parts and accessories of air-cushion vehicles are to be classified in the same way as those of vehicles of the heading in which the air-cushion vehicles are classified under the above provisions.
   Hovertrain track fixtures and fittings are to be classified as railway track fixtures and fittings, and signalling, safety or traffic control equipment for hovertrain transport systems as signalling, safety or traffic control equipment for railways.

Chapter 86
Railway or trainway locomotives, rolling-stock and parts thereof; railway or trainway track fixtures and fittings and parts thereof; mechanical (including electro-mechanical) traffic signalling equipment of all kinds

Chapter Notes:

1. This Chapter does not cover:
   (a) Railway or trainway sleepers of wood or of concrete, or concrete guide-track sections for hovertrains (heading 44. 06 or 68. 10);
   (b) Railway or trainway track construction material of iron or steel of heading 73. 02; or
   (c) Electrical signalling, safety or traffic control equipment of heading 85. 30.

2. Heading 86. 07 applies, inter alia, to:
   (a) Axles, wheels, wheel sets (running gear), metal tyres, hoops and hubs and other parts of wheels;
   (b) Frames, underframes, bogies and bissel-bogies;
   (c) Axle boxes; brake gear;
   (d) Buffers for rolling-stock; hooks and other coupling gear and corridor connections;
   (e) Coachwork.

3. Subject to the provisions of Note 1 above, heading 86. 08 applies, inter alia, to:
   (a) Assembled track, turntables, platform buffers, loading gauges;
   (b) Semaphores, mechanical signal discs, level crossing control gear, signal and point controls, and other mechanical (including electro-mechanical) signalling, safety or traffic control equipment, whether or not fitted for electric lighting, for railways, trainways, roads, inland waterways, parking facilities, port installations or airfields.

商品编号	商品名称及备注[检验检疫编码及名称]	进口关税(%) 最惠国	普通	增值税率(%)	消费税	计量单位	监管条件	检验检疫类别
8601	**铁道机车,由外部电力或蓄电池驱动:**							
86011011	----微型机控制的							
8601101100	微机控制的外部直流电动铁道机车〔999〕	3	11	13		辆/千克		
86011019	----其他							
8601101900	由外部直流电驱动的其他铁道机车〔999〕	3	11	13		辆/千克		
86011020	---交流电机驱动的							
8601102000	由外部交流电驱动的铁道机车〔999〕	3	11	13		辆/千克		
86011090	---其他							
8601109000	由其他外部电力驱动的铁道机车〔999〕	3	11	13		辆/千克		
86012000	-由蓄电池驱动							
8601200000	由蓄电池驱动的铁道电力机车〔999〕	3	11	13		辆/千克		
8602	**其他铁道机车;机车煤水车:**							
86021010	---微型机控制的							
8602101000	微机控制的柴油电力铁道机车〔999〕	3	11	13		辆/千克		
86021090	---其他							
8602109000	其他柴油电力铁道机车〔999〕	3	11	13		辆/千克		
86029000	-其他							
8602900000	其他铁道机车及机车煤水车〔999〕	3	11	13		辆/千克		
8603	**铁道及电车道用的机动客车、货车、敞车,但品目 86.04 的货品除外:**							
86031000	-由外部电力驱动							
8603100000	由外电力驱动铁道用机动客,货车(包括电车道用的,但品目 86.04 的货品除外)〔999〕	3	11	13		辆/千克		
86039000	-其他							
8603900000	其他铁道用机动客车,货车,敞车(包括电车道用的,但品目 86.04 的货品除外)〔999〕	3	11	13		辆/千克		
8604	**铁道及电车道用的维修或服务车,不论是否机动(例如,工场车、起重机车、道碴捣固车、轨道校正车、检验车及查道车):**							
86040011	----隧道限界检查车							
8604001100	隧道限界检查车(不论是否机动)〔999〕	3	14	13		辆/千克		
86040012	----钢轨在线打磨列车							
8604001200	钢轨在线打磨列车(不论是否机动)〔999〕	3	14	13		辆/千克		
86040019	----其他							
8604001900	铁道及电车道用其他检验、查道车(不论是否机动)〔999〕	5	14	13		辆/千克		
86040091	----电气化接触网架线机(轨行式)							
8604009100	电气化接触网架线机(轨行式)(不论是否机动)〔999〕	5	20	13		辆/千克		
86040099	----其他							
8604009900	铁道及电车道用其他维修车辆(包括服务车,不论是否机动)〔999〕	5	20	13		辆/千克		
8605	**铁道及电车道用的非机动客车;行李车、邮政车和其他铁道及电车道用的非机动特殊用途车辆(品目 86.04 的货品除外):**							
86050010	---铁道客车							
8605001000	铁道用非机动客车〔999〕	5	14	13		辆/千克		
86050090	---其他							
8605009000	电车道用的非机动客车,行李车等(还包括邮政车和其他铁道用的非机动特殊车辆)〔999〕	5	14	13		辆/千克		
8606	**铁道及电车道用的非机动有篷及无篷货车:**							
86061000	-油罐货车及类似车							
8606100000	铁道用非机动油罐货车及类似车(包括电车道用,但不包括容积 50 立方米液化气铁路槽车)〔999〕	5	14	13		辆/千克		
86063000	-自卸货车,但税号 8606.1000 的货品除外							
8606300000	铁道用非机动自卸货车(包括电车道用,但子目 860610 的货品除外)〔999〕	5	14	13		辆/千克		

协定税率(%)															特惠税率(%)			对美税率	出口税率	出口退税率	Article Description
智利	新西兰	澳大利亚	瑞士	冰岛	秘鲁	哥斯达	东盟	亚太	新加坡	巴基斯坦	港/澳/台	韩国	格鲁吉亚	毛里求斯	亚太	老/柬/缅	LDC 97/95				
																					Rail locomotives powered from an external source of electricity or by electric accumulators:
0	0	0	0	0	0	0	0	2		0	0/0/	0	0	0			0/0		0	13	----Controlled by microprocessings
0	0	0	0	0	0	0	0	2		0	0/0/	0	0	0			0/0		0	13	----Other
0	0	0	0	0	0	0	0	2		0	0/0/	0	0	0			0/0		0	13	---Drived by AC motors
0	0	0	0	0	0	0	0	2		0	0/0/	0	0	0			0/0		0	13	---Other
0	0	0	0	0	0	0	0			0	0/0/	0	0	0			0/0		0	13	-Powered by electric accumulators
																					Other rail locomotives; locomotive tenders:
0	0	0	0	0	0	0	0	2		0	0/0/	0	0	0			0/0		0	13	---Controled by microprocessings
0	0	0	0	0	0	0	0	2		0	0/0/	0	0	0			0/0	8	0	13	---Other
0	0	0	0	0	0	0	0			0	0/0/	0	0	0			0/0		0	13	-Other
																					Self-propelled railway or trainway coaches, vans and trucks, other than those of heading 86.04:
0	0	0	0	0	0	0	0	2		0	0/0/	0	0	0			0/0		0	13	-Powered frow an external source of electricity
0	0	0	0	0	0	0	0			0	0/0/	0	0	0			0/0		0	13	-Other
																					Railway or trainway maintenance or service vehicles, whether or not self-propelled (for example, workshops, cranes, ballast tampers, trackliners, testing coaches and track inspection vehicles):
0	0	0	0	0	0	0	0	2		0	0/0/	0	0	0			0/0		0	13	----Inspection vehicles for tunnel clearance
0	0	0	0	0	0	0	0	2		0	0/0/	0	0	0			0/0	8	0	13	----Sanding vehicles for on-line rails
0	0	0	0	0	0	0	0	3.3		0	0/0/	0	0	0			0/0		0	13	----Other
0	0	0	0	0	0	0	0	3.3		0	0/0/	0	0	0			0/0		0	13	----Installing vehicles for suspension of contact wire (running on rails)
0	0	0	0	0	0	0	0			3	0/0/	0	0	0			0/0		0	13	----Other
																					Railway or trainway passenger coaches, not self-propelled; luggage vans, post office coaches and other special purpose railway or trainway coaches, not self-propelled (excluding those of heading 86.04):
0	0	0	0	0	0	0	0			0	0/0/	0	0	0			0/0		0	13	---Railway passenger coaches
0	0	0	0	0	0	0	0			0	0/0/	0	0	0			0/0		0	13	---Other
																					Railway or trainway goods vans and wagons, not self-propelled:
0	0	0	0	0	0	0	0			0	0/0/	0	0	0			0/0		0	13	-Tank wagons and the like
0	0	0	0	0	0	0	0			0	0/0/	0	0	0			0/0		0	13	-Self-discharging wans and wagons, other than those of subheading 8606.1000

商品编号	商品名称及备注[检验检疫编码及名称]	进口关税(%)		增值税率(%)	消费税	计量单位	监管条件	检验检疫类别
		最惠国	普通					
86069100	--带篷及封闭的							
8606910000	铁道用非机动带篷及封闭货车(包括电车道用)〔999〕	5	14	13		辆/千克		
86069200	--敞篷的,厢壁固定且高度超过60厘米							
8606920000	铁道用非机动厢高超过60厘米敞篷货车(包括电车道用)〔999〕	5	14	13		辆/千克		
86069900	--其他							
8606990000	品目86.06所列其他未列名非机动车〔999〕	5	14	13		辆/千克		
8607	**铁道及电车道机车或其他车辆的零件:**							
86071100	--驾驶转向架							
8607110000	铁道及电车道机车的驾驶转向架(包括铁道及电车道其他车辆用的)〔999〕	3	11	13		套/千克		
86071200	--其他转向架							
8607120000	铁道及电车道机车非驾驶转向架(包括铁道及电车道其他车辆用的)〔999〕	3	11	13		套/千克		
86071910	---轴							
8607191000	铁道及电车道机车用车轴(包括铁道及电车道其他车辆用的)〔999〕	3	11	13		根/千克		
86071990	---其他							
8607199000	铁道及电车道机车用其他轴、轮(包括其他零件,含铁道及电车道其他车辆用的)〔999〕	3	11	13		千克		
86072100	--空气制动器及其零件							
8607210000	铁道及电车道机车用空气制动器(包括零件,含铁道及电车道其他车辆用的)〔999〕	3	11	13		千克		
86072900	--其他							
8607290000	铁道及电车道机车用非空气制动器(包括零件,含铁道及电车道其他车辆用的)〔999〕	3	11	13		千克		
86073000	-钩、其他联结器、缓冲器及其零件							
8607300000	铁道及电车道机车用钩、联结器(包括缓冲器及其零件,含铁道及电车道其他车辆用的)〔999〕	3	11	13		千克		
86079100	--机车用							
8607910000	铁道及电车道机车用其他零件〔999〕	3	11	13		千克		
86079900	--其他							
8607990000	铁道及电车道非机车用其他零件〔999〕	3	11	13		千克		
8608	**铁道及电车道轨道固定装置及附件;供铁道、电车道、道路、内河航道、停车场、港口或机场用的机械(包括电动机械)信号、安全或交通管理设备;上述货品的零件:**							
86080010	---轨道自动计轴设备							
8608001000	轨道自动计轴设备〔999〕	3	20	13		千克/台		
86080090	---其他							
8608009000	铁道及电车道轨道固定装置及配件(包括交通机械信号,安全或交通管理设备及其零件)〔999〕	4	20	13		千克		
8609	**集装箱(包括运输液体的集装箱),经特殊设计、装备适用于各种运输方式:**							
86090011	----保温式							
8609001100	20英尺的保温式集装箱〔101新〕,〔102旧〕,〔999〕	10	35	13		个/千克	AB	P/Q
86090012	----罐式							
8609001200	20英尺的罐式集装箱〔101新〕,〔102旧〕,〔999〕	10	35	13		个/千克	AB	P/Q
86090019	----其他							
8609001900	其他20英尺集装箱〔101新〕,〔102旧〕,〔999〕	10	35	13		个/千克	AB	P/Q
86090021	----保温式							
8609002100	40英尺的保温式集装箱〔101新〕,〔102旧〕,〔999〕	10	35	13		个/千克	AB	P/Q
86090022	----罐式							
8609002200	40英尺的罐式集装箱〔101新〕,〔102旧〕,〔999〕	10	35	13		个/千克	AB	P/Q
86090029	----其他							
8609002900	其他40英尺的集装箱〔101新〕,〔102旧〕,〔999〕	10	35	13		个/千克	AB	P/Q
86090030	---45、48、53英尺的							
8609003000	45、48、53英尺的集装箱〔101新〕,〔102旧〕,〔999〕	10	35	13		个/千克	AB	P/Q
86090090	---其他							
8609009000	其他集装箱(包括运输液体的集装箱)〔101新〕,〔102旧〕,〔999〕	10	35	13		个/千克	AB	P/Q

协定税率(%)															特惠税率(%)			对美税率	出口税率	出口退税率	Article Description
智利	新西兰	澳大利亚	瑞士	冰岛	秘鲁	哥斯达	东盟	亚太	新加坡	巴基斯坦	港/澳/台	韩国	格鲁吉亚	毛里求斯	亚太	老/柬/缅	LDC 97/95				
0	0	0	0	0	0	0	0			0	0/0/	0	0	0			0/0			13	--Covered and closed
																			0		
0	0	0	0	0	0	0	0			0	0/0/	0	0	0			0/0			13	--Open, with non-removable sides of a height exceeding 60cm
																			0		
0	0	0	0	0	0	0	0			0	0/0/	0	0	0			0/0			13	--Other
																			0		
																					Parts of railway or trainway locomotives or rolling-stock:
0	0	0	0	0	0	0	0			0	0/0/	0	0	0			0/0			13	--Driving bogies and bissel-bogies
																			0		
0	0	0	0	0	0	0	0	2		0	0/0/	0	0	0			0/0			13	--Other bogies and bissel-bogies
																		28	0		
0	0	0	0	0	0	0	0			0	0/0/	0	0	0			0/0			13	---Axles
																		28	0		
0	0	0	0	0	0	0	0			0	0/0/	0	0	0			0/0			13	---Other
																		28	0		
0	0	0	0	0	0	0	0			0	0/0/	0	0	0			0/0			13	--Air brakes and parts thereof
																		28	0		
0	0	0	0	0	0	0	0			0	0/0/	0	0	0			0/0			13	--Other
																		13	0		
0	0	0	0	0	0	0	0			0	0/0/	0	0	0			0/0			13	-Hooks and other coupling devices, buffers, and parts there of
																		28	0		
0	0	0	0	0	0	0	0			0	0/0/	0	0	0			0/0			13	--Of locomotives
																		28	0		
0	0	0	0.6	0	0	0	0			0	0/0/	0	0	0			0/0			13	--Other
																		23	0		
																					Railway or trainway track fixtures and fittings; mechanical (including electro-mechanical) signalling, safety or traffic control equipment for railways, trainways, roads, inland water-ways, parking facilities, port installations or airfields; parts of the foregoing:
0	0	0	0	0	0	0	0	2		0	0/0/	0	0	0			0/0			13	---Rail automatic axle counting equipments
																			0		
0	0	0	0	0	0	0	0			0	0/0/	0	0	0			0/0			13	---Other
																		29	0		
																					Containers (including containers for the transport of fluids) specially designed and equipped for carriage by one or more modes of transport:
0	0	0	2.1	0	0	0	0		0	4	0/0/	3.1	0	0			0/0			13	----Insulated
																			0		
0	0	0	2.1	0	0	0	0	6.5	0	4	0/0/	3.1	0	0			0/0			13	----Tank type
																		20	0		
0	0	0	2.1	0	0	0	0	6.5	0	4	0/0/	3.1	0	0			0/0			13	----Other
																		35	0		
0	0	0	2.1	0	0	0	0		0	4	0/0/	3.1	0	0			0/0			13	----Insulated
																			0		
0	0	0	2.1	0	0	0	0		0	4	0/0/	3.1	0	0			0/0			13	----Tank type
																			0		
0	0	0	2.1	0	0	0	0		0	4	0/0/	3.1	0	0			0/0			13	----Other
																			0		
0	0	0	2.1	0	0	0	0		0	4	0/0/	3.1	0	0			0/0			13	---Of 45, 48, 53 feet
																			0		
0	0	0	2.1	0	0	0	0		0	4	0/0/	3.1	0	0			0/0			13	---Other
																		35	0		

第八十七章
车辆及其零件、附件，但铁道及电车道车辆除外

注释：

一、本章不包括仅可在钢轨上运行的铁道及电车道车辆。

二、本章所称“牵引车、拖拉机”，是指主要为牵引或推动其他车辆、器具或重物的车辆。除了上述主要用途以外，不论其是否还具有装运工具、种子、肥料或其他货品的辅助装置。

用于安装在品目 87.01 的牵引车或拖拉机上，作为可替换设备的机器或作业工具，即使与牵引车或拖拉机一同报验，不论其是否已安装在车（机）上，仍应归入其各自相应的税号。

三、装有驾驶室的机动车辆底盘，应归入品目 87.02 至 87.04，而不归入品目 87.06。

四、品目 87.12 包括所有儿童两轮车。其他儿童脚踏车归入品目 95.03。

商品编号	商品名称及备注[检验检疫编码及名称]	进口关税(%)		增值税率(%)	消费税	计量单位	监管条件	检验检疫类别
		最惠国	普通					
8701	**牵引车、拖拉机(品目 87.09 的牵引车除外)：**							
87011000	-单轴拖拉机							
8701100000	单轴拖拉机〔999〕	9	20	9		辆/千克	6	
87012000	-半挂车用的公路牵引车							
8701200000	半挂车用的公路牵引车〔999〕	6	20	13		辆/千克	46Axy	L. M/
87013000	-履带式牵引车、拖拉机							
8701300010	履带式拖拉机〔999〕	6	20	9		辆/千克	6A	M/
8701300090	履带式牵引车〔999〕	6	20	13		辆/千克	6A	M/
87019110	---拖拉机							
8701911000	其他发动机功率不超过 18 千瓦的拖拉机〔999〕	8	20	13		辆/千克	6A	L. M/
87019190	---其他							
8701919000	其他发动机功率不超过 18 千瓦的牵引车(不包括品目 87.09 的牵引车)〔999〕	8	20	13		辆/千克	6A	L. M/
87019210	---拖拉机							
8701921000	其他发动机功率超过 18 千瓦但不超过 37 千瓦的拖拉机〔999〕	8	20	13		辆/千克	6A	L. M/
87019290	---其他							
8701929000	其他发动机功率超过 18 千瓦但不超过 37 千瓦的牵引车(不包括品目 87.09 的牵引车)〔999〕	8	20	13		辆/千克	6A	L. M/
87019310	---拖拉机							
8701931000	其他发动机功率超过 37 千瓦但不超过 75 千瓦的拖拉机〔999〕	8	20	13		辆/千克	6A	M/
87019390	---其他							
8701939000	其他发动机功率超过 37 千瓦但不超过 75 千瓦的牵引车(不包括品目 87.09 的牵引车)〔999〕	8	20	13		辆/千克	6A	L. M/
87019410	---拖拉机							
8701941010[暂5]	发动机功率超过 110 千瓦但不超过 130 千瓦的轮式拖拉机〔999〕	8	20	13		辆/千克	6A	M/
8701941090	发动机功率超过 75 千瓦但不超过 130 千瓦的其他拖拉机〔999〕	8	20	13		辆/千克	6A	M/
87019490	---其他							
8701949000	其他发动机功率超过 75 千瓦但不超过 130 千瓦的牵引车(不包括品目 87.09 的牵引车)〔999〕	8	20	13		辆/千克	6A	L. M/
87019510	---拖拉机							
8701951010[暂5]	发动机功率超过 130 千瓦的轮式拖拉机〔999〕	8	20	13		辆/千克	6A	M/
8701951090	发动机功率超过 130 千瓦的其他拖拉机〔999〕	8	20	13		辆/千克	6A	M/
87019590	---其他							
8701959000	其他发动机功率超过 130 千瓦的牵引车(不包括品目 87.09 的牵引车)〔999〕	8	20	13		辆/千克	6A	L. M/
8702	**客运机动车辆,10 座及以上(包括驾驶座)：**							
87021020	---机坪客车							
8702102000	仅装有压燃式活塞内燃发动机(柴油或半柴油发动机)的机坪客车(机场专用车)〔999〕	4	90	13		辆/千克	6AO	M/
87021091	----30 座及以上(大型客车)							
8702109100	30 座及以上仅装有压燃式活塞内燃发动机(柴油或半柴油发动机)的大型客车〔999〕	15	90	13		辆/千克	46AOxy	L. M/
87021092	----20 座及以上,但不超过 29 座							
8702109210	20 座及以上但不超过 23 座的仅装有压燃式活塞内燃发动机(柴油或半柴油发动机)的客车〔999〕	15	230	13	5%	辆/千克	46AOxy	L. M/

Chapter 87
Vehicles other than railway or trainway rolling-stock, and parts and accessories thereof

Chapter Notes:

1. This Chapter does not cover railway or trainway rolling-stock designed solely for running on rails.

2. For the purposes of this Chapter, "tractors" means vehicles constructed essentially for hauling or pushing another vehicle, appliance or load, whether or not they contain subsidiary provision for the transport, in connection with the main use of the tractor, of tools, seeds, fertilisers or other goods.
Machines and working tools designed for fitting to tractors of heading 87. 01 as interchangeable equipment remain classified in their respective headings even if presented with the tractor, and whether or not mounted on it.

3. Motor chassis fitted with cabs fall in headings 87. 02 to 87. 04, and not in heading 87. 06.

4. Heading 87. 12 includes all children's bicycles. Other children's cycles fall in heading 95. 03.

协定税率(%)															特惠税率(%)			对美税率	出口税率	出口退税率	Article Description
智利	新西兰	澳大利亚	瑞士	冰岛	秘鲁	哥斯达	东盟	亚太	新加坡	巴基斯坦	港/澳/台	韩国	格鲁吉亚	毛里求斯	亚太	老/柬/缅	LDC 97/95				
																					Tractors (other than tractors of heading 87. 09):
0	0	0	0	0	0	0	0			3	0/0/	2. 7	0	0			0/0			9	-Single axle tractors
																		14	0		
0	0	0	0	0		0	5			4. 8	0/0/	3. 2	0	0			0/			13	-Road tractors for semi-trailers
																		31	0		
0	0	0	0	0	0	0	0			0	0/0/	0	0	0			0/0				-Track-laying tractors
																		31	0	9	
																		31	0	9	
0	0	0	0	0	0	0	0			0	0/0/	0	0	0			0/0				---Tractors
																		13	0	9	
0	0	0	0	0	0	0	0			3	0/0/	0	0	0			0/0				---Other
																		33	0	9	
0	0	0	0	0	0	0	0			0	0/0/	0	0	0			0/0				---Tractors
																		13	0	9	
0	0	0	0	0	0	0	0			3	0/0/	0	0	0			0/0				---Other
																		33	0	9	
0	0	0	0	0	0	0	0			0	0/0/	0	0	0			0/0				---Tractors
																		13	0	9	
0	0	0	0	0	0	0	0			3	0/0/	0	0	0			0/0				---Other
																		33	0	9	
0	0	0	0	0	0	0	0			0	0/0/	0	0	0			0/0				---Tractors
																		10	0	9	
																		13	0	9	
0	0	0	0	0	0	0	0			3	0/0/	0	0	0			0/0				---Other
																		33	0	9	
0	0	0	0	0	0	0	0			0	0/0/	0	0	0			0/0				---Tractors
																		10	0	9	
																		13	0	9	
0	0	0	0	0	0	0	0			3	0/0/	0	0	0			0/0				---Other
																		33	0	9	
																					Motor vehicles for the transport of ten or more persons, including the driver:
0	0	0	0	0	0	0	0			0	0/0/	2. 1	0	0			0/0			13	---Buses for transport passengers at airport
																			0		
0	0	0		0		0					0/0/	16. 2	0	21. 4			0/			13	----With 30 seats or more
																			0		
0	0	0		0		0					0/0/	16. 2	0	21. 4			0/				----With 20 seats or more, but not exceeding 29 seats
																			0	13	

商品编号	商品名称及备注[检验检疫编码及名称]	进口关税(%) 最惠国	普通	增值税率(%)	消费税	计量单位	监管条件	检验检疫类别
8702109290	24 座及以上但不超过 29 座的仅装有压燃式活塞内燃发动机(柴油或半柴油发动机)的客车〔999〕	15	230	13		辆/千克	46AOxy	L. M/
87021093	----10 座及以上,但不超过 19 座							
8702109300	10≤座位数≤19 仅装有压燃式活塞内燃发动机(柴油或半柴油发动机)的客车〔999〕	15	230	13	5%	辆/千克	46AOxy	L. M/
87022010	---机坪客车							
8702201000	同时装有压燃式活塞内燃发动机(柴油或半柴油发动机)及驱动电动机的机坪客车(机场专用车)〔999〕	4	90	13		辆/千克	6AO	M/
87022091	----30 座及以上(大型客车)							
8702209100	30 座及以上同时装有压燃式活塞内燃发动机(柴油或半柴油发动机)及驱动电动机的大型客车(指装有柴油或半柴油发动机的 30 座及以上的客运车)〔999〕	15	90	13		辆/千克	46AOxy	L. M/
87022092	----20 座及以上,但不超过 29 座							
8702209210	20≤座位数≤23 同时装有压燃式活塞内燃发动机(柴油或半柴油发动机)及驱动电动机的客车〔999〕	15	230	13	5%	辆/千克	46AOxy	L. M/
8702209290	24≤座位数≤29 同时装有压燃式活塞内燃发动机(柴油或半柴油发动机)及驱动电动机的客车〔999〕	15	230	13	5%	辆/千克	46AOxy	L. M/
87022093	----10 座及以上,但不超过 19 座							
8702209300	10≤座位数≤19 同时装有压燃式活塞内燃发动机(柴油或半柴油发动机)及驱动电动机的客车〔999〕	15	230	13	5%	辆/千克	46AOxy	L. M/
87023010	---30 座及以上(大型客车)							
8702301000	30 座及以上同时装有点燃往复式活塞内燃发动机及驱动电动机的大型客车〔999〕	15	90	13		辆/千克	46AOxy	L. M/
87023020	---20 座及以上,但不超过 29 座							
8702302010	20≤座位数≤23 同时装有点燃往复式活塞内燃发动机及驱动电动机的客车〔999〕	15	230	13	5%	辆/千克	46AOxy	L. M/
8702302090	24≤座位数≤29 同时装有点燃往复式活塞内燃发动机及驱动电动机的客车〔999〕	15	230	13	5%	辆/千克	46AOxy	L. M/
87023030	---10 座及以上,但不超过 19 座							
8702303000	10≤座位数≤19 同时装有点燃往复式活塞内燃发动机及驱动电动机的客车〔999〕	15	230	13	5%	辆/千克	46AOxy	L. M/
87024010	---30 座及以上(大型客车)							
8702401010[暂4]	纯电动机坪客车〔999〕	15	90	13		辆/千克	46AOxy	L. M/
8702401090	其他 30 座及以上仅装有驱动电动机的大型客车〔999〕	15	90	13		辆/千克	46AOxy	L. M/
87024020	---20 座及以上,但不超过 29 座							
8702402010	20≤座位数≤23 仅装有驱动电动机的客车〔999〕	15	230	13	5%	辆/千克	46AOxy	L. M/
8702402090	24≤座≤29 仅装有驱动电动机的客车〔999〕	15	230	13	5%	辆/千克	46AOxy	L. M/
87024030	---10 座及以上,但不超过 19 座							
8702403000	10≤座位数≤19 仅装有驱动电动机的客车〔999〕	15	230	13	5%	辆/千克	46AOxy	L. M/
87029010	---30 座及以上(大型客车)							
8702901000	30 座及以上大型客车(其他型)(指装有其他发动机的 30 座及以上的客运车)〔999〕	15	90	13		辆/千克	46AOxy	L. M/
87029020	---20 座及以上,但不超过 29 座							
8702902001	20≤座位数≤23 装有非压燃式活塞内燃发动机的客车〔999〕	15	230	13	5%	辆/千克	46AOxy	L. M/
8702902090	24≤座位数≤29 装有非压燃式活塞内燃发动机的客车〔999〕	15	230	13		辆/千克	46AOxy	L. M/
87029030	---10 座及以上,但不超过 19 座							
8702903000	10≤座位数≤19 装有非压燃式活塞内燃发动机的客车〔999〕	15	230	13	5%	辆/千克	46AOxy	L. M/
8703	**主要用于载人的机动车辆(品目 87.02 的货品除外),包括旅行小客车及赛车:**							
87031011	----全地形车							
8703101100	全地形车〔101 电动全地形车〕,〔102 内燃机动全地形车〕,〔103 混合动力全地形车〕,〔104 其他能源全地形车〕	15	150	13		辆/千克	46xy	
87031019	----其他							
8703101900	高尔夫球车及其他类似车〔999〕	15	150	13		辆/千克	6	
87031090	---其他							

协定税率(%)															特惠税率(%)			对美税率	出口税率	出口退税率	Article Description
智利	新西兰	澳大利亚	瑞士	冰岛	秘鲁	哥斯达	东盟	亚太	新加坡	巴基斯坦	港/澳/台	韩国	格鲁吉亚	毛里求斯	亚太	老/柬/缅	LDC 97/95				
																			0	13	
0	0	0		0		0					0/0/	16. 2	0	21. 4			0/			13	----With 10 seats or more, but not exceeding 19 seats
																			0		
0	0	0	0	0	0	0	0			0	0/0/	2. 1	0	0			0/0			13	---Buses for transport passengers at airport
																			0		
0	0	0		0		0					0/0/	16. 2	0	21. 4			0/			13	----With 30 seats or more
																			0		
0	0	0		0		0					0/0/	16. 2	0	21. 4			0/				----With 20 seats or more, but not exceeding 29 seats
																			0	13	
																			0	13	
0	0	0		0		0					0/0/	16. 2	0	21. 4						13	----With 10 seats or more, but not exceeding 19 seats
																			0		
0	0	0		0		0	5				0/0/	16. 2	0	21. 4			0/			13	---With 30 seats or more
																			0		
0	0	0		0		0	5				0/0/	16. 2	0	21. 4			0/				---With 20 seats or more, but not exceeding 29 seats
																			0	13	
																			0	13	
0	0	0		0	0	0	5				0/0/	16. 2	0	21. 4			0/0			13	---With 10 seats or more, but not exceeding 19 seats
																			0		
0	0	0		0		0	5				0/0/	16. 2	0	21. 4			0/			13	---With 30 seats or more
																			0		
																			0		
0	0	0		0		0	5				0/0/	16. 2	0	21. 4			0/				---With 20 seats or more, but not exceeding 29 seats
																			0	13	
																			0	13	
0	0	0		0	0	0	5				0/0/	16. 2	0	21. 4			0/0			13	---With 10 seats or more, but not exceeding 19 seats
																			0		
0	0	0		0		0	5				0/0/	16. 2	0	21. 4			0/			13	---With 30 seats or more
																			0		
0	0	0		0		0	5				0/0/	16. 2	0	21. 4			0/				---With 20 seats or more, but not exceeding 29 seats
																			0	13	
																			0	13	
0	0	0		0	0	0	5				0/0/	16. 2	0	21. 4			0/0			13	---With 10 seats or more, but not exceeding 19 seats
																			0		
																					Motor cars and other motor vehicles principally designed for the transport of persons (other than those of heading 87. 02), including station wagons and racing cars:
0	0	0		0	0	0	0		0		0/0/	16. 2	0	21. 4			0/0			13	----All terrain vehicles
																			0		
0	0	0		0	0	0	0		0	25	0/0/		0	21. 4			0/0			13	----Other
																			0		
0	0	0		0	0	0	0		0		0/0/		0	21. 4			0/0			13	---Other

商品编号	商品名称及备注[检验检疫编码及名称]	进口关税(%) 最惠国	普通	增值税率(%)	消费税	计量单位	监管条件	检验检疫类别
8703109000	其他,雪地行走专用车〔999〕	15	150	13		辆/千克	6	
87032130	---小轿车							
8703213010	仅装有排气量≤1 升的点燃往复式活塞内燃发动机的小轿车〔999〕	15	230	13	1%	辆/千克	46AOxy	L. M/
8703213090	仅装有排气量≤1 升的点燃往复式活塞内燃发动机小轿车的成套散件〔999〕	15	230	13		辆/千克	46Oxy	
87032140	---越野车(4 轮驱动)							
8703214010	仅装有排气量≤1 升的点燃往复式活塞内燃发动机的越野车(4 轮驱动)〔999〕	15	230	13	1%	辆/千克	46AOxy	L. M/
8703214090	仅装有排气量≤1 升的点燃往复式活塞内燃发动机的越野车(4 轮驱动)的成套散件〔999〕	15	230	13		辆/千克	46Oxy	
87032150	---9 座及以下的小客车							
8703215010	仅装有排气量≤1 升的点燃往复式活塞内燃发动机的小客车(9 座及以下)〔999〕	15	230	13	1%	辆/千克	46AOxy	L. M/
8703215090	仅装有排气量≤1 升的点燃往复式活塞内燃发动机的小客车的成套散件(9 座及以下)〔999〕	15	230	13		辆/千克	46Oxy	
87032190	---其他							
8703219010	仅装有排气量≤1 升的点燃往复式活塞内燃发动机的其他载人车辆〔999〕	15	230	13	1%	辆/千克	46AOxy	L. M/
8703219090	仅装有排气量≤1 升的点燃往复式活塞内燃发动机的其他载人车辆的成套散件〔999〕	15	230	13		辆/千克	46Oxy	
87032230	---小轿车							
8703223010	仅装有 1 升<排气量≤1.5 升点燃往复式活塞内燃发动机小轿车〔999〕	15	230	13	3%	辆/千克	46AOxy	L. M/
8703223090	仅装有 1 升<排气量≤1.5 升点燃往复式活塞内燃发动机小轿车的成套散件〔999〕	15	230	13		辆/千克	46Oxy	
87032240	---越野车(4 轮驱动)							
8703224010	仅装有 1 升<排气量≤1.5 升点燃往复活塞内燃发动机四轮驱动越野车〔999〕	15	230	13	3%	辆/千克	46AOxy	L. M/
8703224090	仅装有 1 升<排气量≤1.5 升点燃往复活塞内燃发动机四轮驱动越野车的成套散件〔999〕	15	230	13		辆/千克	46Oxy	
87032250	---9 座及以下的小客车							
8703225010	仅装有 1 升<排气量≤1.5 升点燃往复式活塞内燃发动机小客车(≤9 座)〔999〕	15	230	13	3%	辆/千克	46AOxy	L. M/
8703225090	仅装有 1 升<排气量≤1.5 升点燃往复式活塞内燃发动机小客车的成套散件(≤9 座)〔999〕	15	230	13		辆/千克	46Oxy	
87032290	---其他							
8703229010	仅装有 1 升<排气量≤1.5 升点燃往复式活塞内燃发动机其他载人车辆〔999〕	15	230	13	3%	辆/千克	46AOxy	L. M/
8703229090	仅装有 1 升<排气量≤1.5 升点燃往复式活塞内燃发动机其他载人车的成套散件〔999〕	15	230	13		辆/千克	46Oxy	
87032341	----小轿车							
8703234110	仅装有 1.5 升<排气量≤2 升的点燃往复式活塞内燃发动机小轿车〔999〕	15	230	13	5%	辆/千克	46AOxy	L. M/
8703234190	仅装有 1.5 升<排气量≤2 升的点燃往复式活塞内燃发动机小轿车的成套散件〔999〕	15	230	13		辆/千克	46Oxy	
87032342	----越野车(4 轮驱动)							
8703234210	仅装有 1.5 升<排气量≤2 升的点燃往复式活塞内燃发动机越野车(4 轮驱动)〔999〕	15	230	13	5%	辆/千克	46AOxy	L. M/
8703234290	仅装有 1.5 升<排气量≤2 升的点燃往复式活塞内燃发动机越野车的成套散件(4 轮驱动)〔999〕	15	230	13		辆/千克	46Oxy	
87032343	----9 座及以下的小客车							
8703234310	仅装有 1.5 升<排气量≤2 升的点燃往复式活塞内燃发动机小客车(9 座及以下的)〔999〕	15	230	13	5%	辆/千克	46AOxy	L. M/
8703234390	仅装有 1.5 升<排气量≤2 升的点燃往复式活塞内燃发动机小客车的成套散件(9 座及以下的)〔999〕	15	230	13		辆/千克	46Oxy	
87032349	----其他							
8703234910	仅装有 1.5 升<排气量≤2 升的点燃往复式活塞内燃发动机的其他载人车辆〔999〕	15	230	13	5%	辆/千克	46AOxy	L. M/
8703234990	仅装有 1.5 升<排气量≤2 升的点燃往复式活塞内燃发动机的其他载人车辆的成套散件〔999〕	15	230	13		辆/千克	46Oxy	
87032351	----小轿车							
8703235110	仅装有 2 升<排气量≤2.5 升的点燃往复式活塞内燃发动机小轿车〔999〕	15	230	13	9%	辆/千克	46AOxy	L. M/
8703235190	仅装有 2 升<排气量≤2.5 升的点燃往复式活塞内燃发动机小轿车的成套散件〔999〕	15	230	13		辆/千克	46Oxy	
87032352	----越野车(4 轮驱动)							
8703235210	仅装有 2 升<排气量≤2.5 升的点燃往复式活塞内燃发动机越野车(4 轮驱动)〔999〕	15	230	13	9%	辆/千克	46AOxy	L. M/
8703235290	仅装有 2 升<排气量≤2.5 升的点燃往复式活塞内燃发动机越野车的成套散件(4 轮驱动)〔999〕	15	230	13		辆/千克	46Oxy	
87032353	----9 座及以下的小客车							

协定税率(%)															特惠税率(%)			对美税率	出口税率	出口退税率	Article Description
智利	新西兰	澳大利亚	瑞士	冰岛	秘鲁	哥斯达	东盟	亚太	新加坡	巴基斯坦	港/澳/台	韩国	格鲁吉亚	毛里求斯	亚太	老/柬/缅	LDC 97/95				
																			0		
0	0	0		0		0		13.5		22.5	0/0/			21.4							---Saloon cars
																			0	13	
																			0	13	
0	0	0		0		0		13.5		22.5	0/0/			21.4							---Cross-country cars(4WD)
																			0	13	
																			0	13	
0	0	0		0		0		13.5		22.5	0/0/			21.4							---Station wagons (with 9 seats or less)
																			0	13	
																			0	13	
0	0	0		0		0		13.5		22.5	0/0/			21.4							---Other
																			0	13	
																			0	13	
0	0	0		0		0		13.5		22.5	0/0/	22.5		21.4							---Saloon cars
																			0	13	
																			0	13	
0	0	0		0		0		13.5		22.5	0/0/			21.4							---Cross-country cars(4WD)
																			0	13	
																			0	13	
0	0	0		0		0		13.5		22.5	0/0/			21.4							---Station wagons (with 9 seats or less)
																			0	13	
																			0	13	
0	0	0		0		0		13.5		22.5	0/0/			21.4							---Other
																			0	13	
																			0	13	
0	0	7.5		0		0		13.5		22.5	0/0/	22.5		21.4							----Saloon cars
																			0	13	
																			0	13	
0	0	7.5		0		0		13.5		22.5	0/0/	22.5		21.4							----Cross-country cars (4WD)
																			0	13	
																			0	13	
0	0	7.5		0		0		13.5		22.5	0/0/	22.5		21.4							----Station wagons (with 9 seats or less)
																			0	13	
																			0	13	
0	0	7.5		0		0		13.5		22.5	0/0/			21.4							----Other
																			0	13	
																			0	13	
0	0	7.5		0		0		13.5		22.5	0/0/	22.5		21.4							----Saloon cars
																			0	13	
																			0	13	
0	0	7.5		0		0		13.5		22.5	0/0/	22.5		21.4							----Cross-country cars (4WD)
																			0	13	
																			0	13	
0	0	7.5		0		0		13.5		22.5	0/0/	22.5		21.4							----Station wagons (with 9 seats or less)

商品编号	商品名称及备注[检验检疫编码及名称]	进口关税(%)		增值税率(%)	消费税	计量单位	监管条件	检验检疫类别
		最惠国	普通					
8703235310	仅装有2升<排气量≤2.5升的点燃往复式活塞内燃发动机小客车(9座及以下的)〔999〕	15	230	13	9%	辆/千克	46AOxy	L. M/
8703235390	仅装有2升<排气量≤2.5升的点燃往复式活塞内燃发动机的小客车的成套散件(9座及以下的)〔999〕	15	230	13		辆/千克	46Oxy	
87032359	----其他							
8703235910	仅装有2升<排气量≤2.5升的点燃往复式活塞内燃发动机的其他载人车辆〔999〕	15	230	13	9%	辆/千克	46AOxy	L. M/
8703235990	仅装有2升<排气量≤2.5升的点燃往复式活塞内燃发动机的其他载人车辆的成套散件〔999〕	15	230	13		辆/千克	46Oxy	
87032361	----小轿车							
8703236110	仅装有2.5升<排气量≤3升的点燃往复式活塞内燃发动机小轿车〔999〕	15	270	13	12%	辆/千克	46AOxy	L. M/
8703236190	仅装有2.5升<排气量≤3升的点燃往复式活塞内燃发动机小轿车的成套散件〔999〕	15	270	13		辆/千克	46Oxy	
87032362	----越野车(4轮驱动)							
8703236210	仅装有2.5升<排气量≤3升的点燃往复式活塞内燃发动机越野车(4轮驱动)〔999〕	15	270	13	12%	辆/千克	46AOxy	L. M/
8703236290	仅装有2.5升<排气量≤3升的点燃往复式活塞内燃发动机越野车的成套散件(4轮驱动)〔999〕	15	270	13		辆/千克	46Oxy	
87032363	----9座及以下的小客车							
8703236310	仅装有2.5升<排气量≤3升的点燃往复式活塞内燃发动机小客车(9座及以下的)〔999〕	15	270	13	12%	辆/千克	46AOxy	L. M/
8703236390	仅装有2.5升<排气量≤3升的点燃往复式活塞内燃发动机小客车的成套散件(9座及以下的)〔999〕	15	270	13		辆/千克	46Oxy	
87032369	----其他							
8703236910	仅装有2.5升<排气量≤3升的点燃往复式活塞内燃发动机的其他载人车辆〔999〕	15	270	13	12%	辆/千克	46AOxy	L. M/
8703236990	仅装有2.5升<排气量≤3升的点燃往复式活塞内燃发动机的其他载人车辆的成套散件〔999〕	15	270	13	12%	辆/千克	46Oxy	
87032411	----小轿车							
8703241110	仅装有3升<排气量≤4升的点燃往复式活塞内燃发动机小轿车〔999〕	15	270	13	25%	辆/千克	46AOxy	L. M/
8703241190	仅装有3升<排气量≤4升的点燃往复式活塞内燃发动机小轿车的成套散件〔999〕	15	270	13		辆/千克	46Oxy	
87032412	----越野车(4轮驱动)							
8703241210	仅装有3升<排气量≤4升的点燃往复式活塞内燃发动机越野车(4轮驱动)〔999〕	15	270	13	25%	辆/千克	46AOxy	L. M/
8703241290	仅装有3升<排气量≤4升的点燃往复式活塞内燃发动机越野车的成套散件(4轮驱动)〔999〕	15	270	13		辆/千克	46Oxy	
87032413	----9座及以下的小客车							
8703241310	仅装有3升<排气量≤4升的点燃往复式活塞内燃发动机的小客车(9座及以下的)〔999〕	15	270	13	25%	辆/千克	46AOxy	L. M/
8703241390	仅装有3升<排气量≤4升的点燃往复式活塞内燃发动机的小客车的成套散件(9座及以下的)〔999〕	15	270	13		辆/千克	46Oxy	
87032419	----其他							
8703241910	仅装有3升<排气量≤4升的点燃往复式活塞内燃发动机的其他载人车辆〔101福特F150猛禽〕,〔999其他汽车〕	15	270	13	25%	辆/千克	46AOxy	L. M/
8703241990	仅装有3升<排气量≤4升的点燃往复式活塞内燃发动机的其他载人车辆的成套散件〔999〕	15	270	13	25%	辆/千克	46Oxy	
87032421	----小轿车							
8703242110	仅装有排气量>4升的点燃往复式活塞内燃发动机小轿车〔999〕	15	270	13	40%	辆/千克	46AOxy	L. M/
8703242190	仅装有排气量>4升的点燃往复式活塞内燃发动机小轿车的成套散件〔999〕	15	270	13		辆/千克	46Oxy	
87032422	----越野车(4轮驱动)							
8703242210	仅装有排气量>4升的点燃往复式活塞内燃发动机越野车(4轮驱动)〔999〕	15	270	13	40%	辆/千克	46AOxy	L. M/
8703242290	仅装有排气量>4升的点燃往复式活塞内燃发动机越野车的成套散件(4轮驱动)〔999〕	15	270	13		辆/千克	46Oxy	
87032423	----9座及以下的小客车							
8703242310	仅装有排气量>4升的点燃往复式活塞内燃发动机的小客车(9座及以下的)〔999〕	15	270	13	40%	辆/千克	46AOxy	L. M/
8703242390	仅装有排气量>4升的点燃往复式活塞内燃发动机的小客车的成套散件(9座及以下的)〔999〕	15	270	13		辆/千克	46Oxy	
87032429	----其他							
8703242910	仅装有排气量>4升的点燃往复式活塞内燃发动机的其他载人车辆〔999〕	15	270	13	40%	辆/千克	46AOxy	L. M/
8703242990	仅装有排气量>4升的点燃往复式活塞内燃发动机的其他载人车辆的成套散件〔999〕	15	270	13	40%	辆/千克	46Oxy	
87033111	----小轿车							
8703311110	仅装有排气量≤1升的压燃式活塞内燃发动机小轿车〔999〕	15	230	13	1%	辆/千克	46AOxy	L. M/

协定税率(%)															特惠税率(%)			对美税率	出口税率	出口退税率	Article Description
智利	新西兰	澳大利亚	瑞士	冰岛	秘鲁	哥斯达	东盟	亚太	新加坡	巴基斯坦	港/澳/台	韩国	格鲁吉亚	毛里求斯	亚太	老/柬/缅	LDC 97/95				
																			0	13	
																			0	13	
0	0	7.5		0		0		13.5		22.5	0/0/			21.4							----Other
																			0	13	
																			0	13	
0	0	7.5		0		0		13.5		22.5	0/0/	22.5		21.4							----Saloon cars
																			0	13	
																			0	13	
0	0	7.5		0		0	0	13.5	0	22.5	0/0/			21.4							----Cross-country cars (4WD)
																			0	13	
																			0	13	
0	0	7.5		0		0	0	13.5	0	22.5	0/0/	22.5		21.4							----Station wagons (with 9 seats or less)
																			0	13	
																			0	13	
0	0	7.5		0		0	0	13.5	0	22.5	0/0/			21.4							----Other
																			0	13	
																			0	13	
0	0	7.5		0		0		13.5		22.5	0/0/	22.5		21.4			0/				----Saloon cars
																			0	13	
																			0	13	
0	0	7.5		0		0		13.5		22.5	0/0/	22.5		21.4			0/				----Cross-country cars(4WD)
																			0	13	
																			0	13	
0	0	7.5		0		0		13.5		22.5	0/0/			21.4			0/				----Station wagons (with 9 seats or less)
																			0	13	
																			0	13	
0	0	7.5		0		0		13.5		22.5	0/0/			21.4			0/				----Other
																			0	13	
																			0	13	
0	0	7.5		0		0		13.5		22.5	0/0/	22.5		21.4			0/				----Saloon cars
																			0	13	
																			0	13	
0	0	7.5		0		0		13.5		22.5	0/0/			21.4			0/				----Cross-country cars(4WD)
																			0	13	
																			0	13	
0	0	7.5		0		0		13.5		22.5	0/0/			21.4			0/				----Station wagons (with 9 seats or less)
																			0	13	
																			0	13	
0	0	7.5		0		0		13.5		22.5	0/0/			21.4			0/				----Other
																			0	13	
																			0	13	
0	0	7.5		0		0					0/0/		0	21.4			0/				----Saloon cars
																			0	13	

商品编号	商品名称及备注[检验检疫编码及名称]	进口关税(%) 最惠国	进口关税(%) 普通	增值税率(%)	消费税	计量单位	监管条件	检验检疫类别
8703311190	仅装有排气量≤1 升的压燃式活塞内燃发动机小轿车的成套散件〔999〕	15	230	13		辆/千克	46Oxy	
87033119	----其他							
8703311910	仅装有排气量≤1 升的压燃式活塞内燃发动机的其他载人车辆〔999〕	15	230	13	1%	辆/千克	46AOxy	L. M/
8703311990	仅装有排气量≤1 升的压燃式活塞内燃发动机的其他载人车辆的成套散件〔999〕	15	230	13		辆/千克	46Oxy	
87033121	----小轿车							
8703312110	仅装有 1 升<排气量≤1.5 升的压燃式活塞内燃发动机小轿车〔999〕	15	230	13	3%	辆/千克	46AOxy	L. M/
8703312190	仅装有 1 升<排气量≤1.5 升的压燃式活塞内燃发动机小轿车的成套散件〔999〕	15	230	13		辆/千克	46Oxy	
87033122	----越野车(4 轮驱动)							
8703312210	仅装有 1 升<排气量≤1.5 升的压燃式活塞内燃发动机越野车(4 轮驱动)〔999〕	15	230	13	3%	辆/千克	46AOxy	L. M/
8703312290	仅装有 1 升<排气量≤1.5 升的压燃式活塞内燃发动机越野车的成套散件(4 轮驱动)〔999〕	15	230	13		辆/千克	46Oxy	
87033123	----9 座及以下的小客车							
8703312310	仅装有 1 升<排气量≤1.5 升的压燃式活塞内燃发动机小客车(9 座及以下的)〔999〕	15	230	13	3%	辆/千克	46AOxy	L. M/
8703312390	仅装有 1 升<排气量≤1.5 升的压燃式活塞内燃发动机小客车的成套散件(9 座及以下的)〔999〕	15	230	13		辆/千克	46Oxy	
87033129	----其他							
8703312910	仅装有 1 升<排气量≤1.5 升的压燃式活塞内燃发动机的其他载人车辆〔999〕	15	230	13	3%	辆/千克	46AOxy	L. M/
8703312990	仅装有 1 升<排气量≤1.5 升的装压燃式活塞内燃发动机的其他载人车辆的成套散件〔999〕	15	230	13		辆/千克	46Oxy	
87033211	----小轿车							
8703321110	仅装有 1.5 升<排气量≤2 升的压燃式活塞内燃发动机小轿车〔999〕	15	230	13	5%	辆/千克	46AOxy	L. M/
8703321190	仅装有 1.5 升<排气量≤2 升的压燃式活塞内燃发动机小轿车的成套散件〔999〕	15	230	13		辆/千克	46Oxy	
87033212	----越野车(4 轮驱动)							
8703321210	仅装有 1.5 升<排气量≤2 升的压燃式活塞内燃发动机越野车(4 轮驱动)〔999〕	15	230	13	5%	辆/千克	46AOxy	L. M/
8703321290	仅装有 1.5 升<排气量≤2 升的压燃式活塞内燃发动机越野车的成套散件(4 轮驱动)〔999〕	15	230	13		辆/千克	46Oxy	
87033213	----9 座及以下的小客车							
8703321310	仅装有 1.5 升<排气量≤2 升的装压燃式活塞内燃发动机小客车(9 座及以下的)〔999〕	15	230	13	5%	辆/千克	46AOxy	L. M/
8703321390	仅装有 1.5 升<排气量≤2 升的压燃式活塞内燃发动机小客车的成套散件(9 座及以下的)〔999〕	15	230	13		辆/千克	46Oxy	
87033219	----其他							
8703321910	仅装有 1.5 升<排气量≤2 升的压燃式活塞内燃发动机的其他载人车辆〔999〕	15	230	13	5%	辆/千克	46AOxy	L. M/
8703321990	仅装有 1.5 升<排气量≤2 升的压燃式活塞内燃发动机的其他载人车辆的成套散件〔999〕	15	230	13		辆/千克	46Oxy	
87033221	----小轿车							
8703322110	仅装有 2 升<排气量≤2.5 升的压燃式活塞内燃发动机小轿车〔999〕	15	230	13	9%	辆/千克	46AOxy	L. M/
8703322190	仅装有 2 升<排气量≤2.5 升的燃式活塞内燃发动机小轿车的成套散件〔999〕	15	230	13		辆/千克	46Oxy	
87033222	----越野车(4 轮驱动)							
8703322210	仅装有 2 升<排气量≤2.5 升的燃式活塞内燃发动机越野车(4 轮驱动)〔999〕	15	230	13	9%	辆/千克	46AOxy	L. M/
8703322290	仅装有 2 升<排气量≤2.5 升的燃式活塞内燃发动机越野车的成套散件(4 轮驱动)〔999〕	15	230	13		辆/千克	46Oxy	
87033223	----9 座及以下的小客车							
8703322310	仅装有 2 升<排气量≤2.5 升的燃式活塞内燃发动机小客车(9 座及以下的)〔999〕	15	230	13	9%	辆/千克	46AOxy	L. M/
8703322390	仅装有 2 升<排气量≤2.5 升的压燃式活塞内燃发动机小客车的成套散件(9 座及以下的)〔999〕	15	230	13		辆/千克	46Oxy	
87033229	----其他							
8703322910	仅装有 2 升<排气量≤2.5 升的压燃式活塞内燃发动机的其他载人车辆〔999〕	15	230	13	9%	辆/千克	46AOxy	L. M/
8703322990	仅装有 2 升<排气量≤2.5 升的压燃式活塞内燃发动机的其他载人车辆的成套散件〔999〕	15	230	13		辆/千克	46Oxy	
87033311	----小轿车							
8703331110	仅装有 2.5 升<排气量≤3 升的压燃式活塞内燃发动机小轿车〔999〕	15	270	13	12%	辆/千克	46AOxy	L. M/
8703331190	仅装有 2.5 升<排气量≤3 升的压燃式活塞内燃发动机小轿车的成套散件〔999〕	15	270	13		辆/千克	46Oxy	
87033312	----越野车(4 轮驱动)							
8703331210	仅装有 2.5 升<排气量≤3 升的压燃式活塞内燃发动机越野车(4 轮驱动)〔999〕	15	270	13	12%	辆/千克	46AOxy	L. M/
8703331290	仅装有 2.5 升<排气量≤3 升的压燃式活塞内燃发动机越野车的成套散件(4 轮驱动)〔999〕	15	270	13		辆/千克	46Oxy	
87033313	----9 座及以下的小客车							

协定税率(%)															特惠税率(%)			对美税率	出口税率	出口退税率	Article Description
智利	新西兰	澳大利亚	瑞士	冰岛	秘鲁	哥斯达	东盟	亚太	新加坡	巴基斯坦	港/澳/台	韩国	格鲁吉亚	毛里求斯	亚太	老/柬/缅	LDC 97/95				
																			0	13	
0	0	7.5		0	0	0	0		0		0/0/		0	21.4			0/0				----Other
																			0	13	
																			0	13	
0	0	7.5		0		0					0/0/		0	21.4							----Saloon cars
																			0	13	
																			0	13	
0	0	7.5		0		0					0/0/		0	21.4							----Cross-country cars (4WD)
																			0	13	
																			0	13	
0	0	7.5		0		0					0/0/		0	21.4							----Station wagons (with 9 seats or less)
																			0	13	
																			0	13	
0	0	7.5		0	0	0	0		0		0/0/		0	21.4			0/0				----Other
																			0	13	
																			0	13	
0	0	7.5		0		0		13.5		22.5	0/0/		0	21.4							----Saloon cars
																			0	13	
																			0	13	
0	0	7.5		0		0		13.5		22.5	0/0/	22.5	0	21.4							----Cross-country cars(4WD)
																			0	13	
																			0	13	
0	0	7.5		0		0		13.5		22.5	0/0/	22.5	0	21.4							----Station wagons (with 9 seats or less)
																			0	13	
																			0	13	
0	0	7.5		0		0		13.5		22.5	0/0/		0	21.4							----Other
																			0	13	
																			0	13	
0	0	7.5		0		0		13.5		22.5	0/0/		0	21.4							----Saloon cars
																			0	13	
																			0	13	
0	0	7.5		0		0		13.5		22.5	0/0/		0	21.4							----Cross-country cars(4WD)
																			0	13	
																			0	13	
0	0	7.5		0		0		13.5		22.5	0/0/	22.5	0	21.4							----Station wagons (with 9 seats or less)
																			0	13	
																			0	13	
0	0	7.5		0		0		13.5		22.5	0/0/		0	21.4							----Other
																			0	13	
																			0	13	
0	0	7.5		0		0	0	13.5	0	22.5	0/0/		0	21.4							----Saloon cars
																			0	13	
																			0	13	
0	0	7.5		0		0	0	13.5	0	22.5	0/0/	22.5	0	21.4							----Cross-country cars(4WD)
																			0	13	
																			0	13	
0	0	7.5		0		0	0	13.5	0	22.5	0/0/		0	21.4							----Station wagons (with 9 seats or less)

商品编号	商品名称及备注[检验检疫编码及名称]	进口关税(%)		增值税率(%)	消费税	计量单位	监管条件	检验检疫类别
		最惠国	普通					
8703331310	仅装有2.5升<排气量≤3升的压燃式活塞内燃发动机小客车(9座及以下的)〔999〕	15	270	13	12%	辆/千克	46AOxy	L. M/
8703331390	仅装有2.5升<排气量≤3升的压燃式活塞内燃发动机小客车的成套散件(9座及以下的)〔999〕	15	270	13		辆/千克	46Oxy	
87033319	----其他							
8703331910	仅装有2.5升<排气量≤3升的压燃式活塞内燃发动机的其他载人车辆〔999〕	15	270	13	12%	辆/千克	46AOxy	L. M/
8703331990	仅装有2.5升<排气量≤3升的压燃式活塞内燃发动机的其他载人车辆的成套散件〔999〕	15	270	13	12%	辆/千克	46Oxy	
87033321	----小轿车							
8703332110	仅装有3升<排气量≤4升的压燃式活塞内燃发动机小轿车〔999〕	15	270	13	25%	辆/千克	46AOxy	L. M/
8703332190	仅装有3升<排气量≤4升的压燃式活塞内燃发动机小轿车的成套散件〔999〕	15	270	13		辆/千克	46Oxy	
87033322	----越野车(4轮驱动)							
8703332210	仅装有3升<排气量≤4升的压燃式活塞内燃发动机越野车(4轮驱动)〔999〕	15	270	13	25%	辆/千克	46AOxy	L. M/
8703332290	仅装有3升<排气量≤4升的压燃式活塞内燃发动机越野车的成套散件(4轮驱动)〔999〕	15	270	13		辆/千克	46Oxy	
87033323	----9座及以下的小客车							
8703332310	仅装有3升<排气量≤4升的压燃式活塞内燃发动机小客车(9座及以下的)〔999〕	15	270	13	25%	辆/千克	46AOxy	L. M/
8703332390	仅装有3升<排气量≤4升的压燃式活塞内燃发动机小客车的成套散件(9座及以下的)〔999〕	15	270	13		辆/千克	46Oxy	
87033329	----其他							
8703332910	仅装有3升<排气量≤4升的压燃式活塞内燃发动机的其他载人车辆〔999〕	15	270	13	25%	辆/千克	46AOxy	L. M/
8703332990	仅装有3升<排气量≤4升的压燃式活塞内燃发动机的其他载人车辆的成套散件〔999〕	15	270	13	25%	辆/千克	46Oxy	
87033361	----小轿车							
8703336110	仅装有排气量>4升的压燃式活塞内燃发动机小轿车〔999〕	15	270	13	40%	辆/千克	46AOxy	L. M/
8703336190	仅装有排气量>4升的压燃式活塞内燃发动机小轿车的成套散件〔999〕	15	270	13		辆/千克	46Oxy	
87033362	----越野车(4轮驱动)							
8703336210	仅装有排气量>4升的压燃式活塞内燃发动机越野车(4轮驱动)〔999〕	15	270	13	40%	辆/千克	46AOxy	L. M/
8703336290	仅装有排气量>4升的压燃式活塞内燃发动机越野车的成套散件(4轮驱动)〔999〕	15	270	13		辆/千克	46Oxy	
87033363	----9座及以下的小客车							
8703336310	仅装有排气量>4升的压燃式活塞内燃发动机小客车(9座及以下的)〔999〕	15	270	13	40%	辆/千克	46AOxy	L. M/
8703336390	仅装有排气量>4升的压燃式活塞内燃发动机小客车的成套散件(9座及以下的)〔999〕	15	270	13		辆/千克	46Oxy	
87033369	----其他							
8703336910	仅装有排气量>4升的压燃式活塞内燃发动机其他载人车辆〔999〕	15	270	13	40%	辆/千克	46AOxy	L. M/
8703336990	仅装有排气量>4升的压燃式活塞内燃发动机其他载人车辆的成套散件〔999〕	15	270	13	40%	辆/千克	46Oxy	
87034011	----小轿车							
8703401110	同时装有点燃往复式活塞内燃发动机(排气量≤1升)及驱动电动机的小轿车(可通过接插外部电源进行充电的除外)〔999〕	15	230	13	1%	辆/千克	46AOxy	L. M/
8703401190	同时装有点燃往复式活塞内燃发动机(排气量≤1升)及驱动电动机的小轿车的成套散件(可通过接插外部电源进行充电的除外)〔999〕	15	230	13		辆/千克	46Oxy	
87034012	----越野车(4轮驱动)							
8703401210	同时装有点燃往复式活塞内燃发动机(排气量≤1升)及驱动电动机的越野车(4轮驱动)(可通过接插外部电源进行充电的除外)〔999〕	15	230	13	1%	辆/千克	46AOxy	L. M/
8703401290	同时装有点燃往复式活塞内燃发动机(排气量≤1升)及驱动电动机的越野车(4轮驱动)的成套散件(可通过接插外部电源进行充电的除外)〔999〕	15	230	13		辆/千克	46Oxy	
87034013	----9座及以下的小客车							
8703401310	同时装有点燃往复式活塞内燃发动机(排气量≤1升)及驱动电动机的小客车(9座及以下,可通过接插外部电源进行充电的除外)〔999〕	15	230	13	1%	辆/千克	46AOxy	L. M/
8703401390	同时装有点燃往复式活塞内燃发动机(排气量≤1升)及驱动电动机的小客车的成套散件(9座及以下,可通过接插外部电源进行充电的除外)〔999〕	15	230	13	1%	辆/千克	46Oxy	
87034019	----其他							
8703401910	同时装有点燃往复式活塞内燃发动机(排气量≤1升)及驱动电动机的其他载人车辆(可通过接插外部电源进行充电的除外)〔999〕	15	230	13	1%	辆/千克	46AOxy	L. M/
8703401990	同时装有点燃往复式活塞内燃发动机(排气量≤1升)及驱动电动机的其他载人车辆的成套散件(可通过接插外部电源进行充电的除外)〔999〕	15	230	13	1%	辆/千克	46Oxy	
87034021	----小轿车							
8703402110	同时装有点燃往复式活塞内燃发动机(1升<排气量≤1.5升)及驱动电动机的小轿车(可通过接插外部电源进行充电的除外)〔999〕	15	230	13	3%	辆/千克	46AOxy	L. M/

协定税率(%) 智利	新西兰	澳大利亚	瑞士	冰岛	秘鲁	哥斯达	东盟	亚太	新加坡	巴基斯坦	港/澳/台	韩国	格鲁吉亚	毛里求斯	特惠税率(%) 亚太	老/柬/缅	LDC 97/95	对美税率	出口税率	出口退税率	Article Description
																			0	13	
																			0	13	
0	0	7.5		0		0	0	13.5	0	22.5	0/0/		0	21.4							----Other
																			0	13	
																			0	13	
0	0	7.5		0		0	0	13.5	0	22.5	0/0/		0	21.4			0/				----Saloon cars
																			0	13	
																			0	13	
0	0	7.5		0		0	0	13.5	0	22.5	0/0/		0	21.4			0/				----Cross-country cars(4WD)
																			0	13	
																			0	13	
0	0	7.5		0		0	0	13.5	0	22.5	0/0/		0	21.4			0/				----Station wagons (with 9 seats or less)
																			0	13	
																			0	13	
0	0	7.5		0		0	0	13.5	0	22.5	0/0/		0	21.4			0/				----Other
																			0	13	
																			0	13	
0	0	0		0		0	0	13.5	0	22.5	0/0/		0	21.4			0/				----Saloon cars
																			0	13	
																			0	13	
0	0	0		0		0	0	13.5	0	22.5	0/0/		0	21.4			0/				----Cross-country cars(4WD)
																			0	13	
																			0	13	
0	0	0		0		0	0	13.5	0	22.5	0/0/		0	21.4			0/				----Station wagons (with 9 seats or less)
																			0	13	
																			0	13	
0	0	0		0		0	0	13.5	0	22.5	0/0/		0	21.4			0/				----Other
																			0	13	
																			0	13	
0	0	0		0		0		13.5		22.5	0/0/			21.4							----Saloon cars
																			0	13	
																			0	13	
0	0	0		0		0		13.5		22.5	0/0/			21.4							----Cross-country cars(4WD)
																			0	13	
																			0	13	
0	0	0		0		0		13.5		22.5	0/0/			21.4							----Station wagons (with 9 seats or less)
																			0	13	
																			0	13	
0	0	0		0		0		13.5		22.5	0/0/			21.4							----Other
																			0	13	
																			0	13	
0	0	0		0		0		13.5		22.5	0/0/	22.5		21.4							----Saloon cars
																			0	13	

商品编号	商品名称及备注[检验检疫编码及名称]	进口关税(%)		增值税率(%)	消费税	计量单位	监管条件	检验检疫类别
		最惠国	普通					
8703402190	同时装有点燃往复式活塞内燃发动机(1升<排气量≤1.5升)及驱动电动机的小轿车的成套散件(可通过接插外部电源进行充电的除外)[999]	15	230	13	3%	辆/千克	46Oxy	
87034022	----越野车(4轮驱动)							
8703402210	同时装有点燃往复式活塞内燃发动机(1升<排气量≤1.5升)及驱动电动机的四轮驱动越野车(可通过接插外部电源进行充电的除外)[999]	15	230	13	3%	辆/千克	46AOxy	L. M/
8703402290	同时装有点燃往复式活塞内燃发动机(1升<排气量≤1.5升)及驱动电动机的四轮驱动越野车的成套散件(可通过接插外部电源进行充电的除外)[999]	15	230	13	3%	辆/千克	46Oxy	
87034023	----9座及以下的小客车							
8703402310	同时装有点燃往复式活塞内燃发动机(1升<排气量≤1.5升)及驱动电动机的小客车(9座及以下,可通过接插外部电源进行充电的除外)[999]	15	230	13	3%	辆/千克	46AOxy	L. M/
8703402390	同时装有点燃往复式活塞内燃发动机(1升<排气量≤1.5升)及驱动电动机的小客车的成套散件(9座及以下,可通过接插外部电源进行充电的除外)[999]	15	230	13	3%	辆/千克	46Oxy	
87034029	----其他							
8703402910	同时装有点燃往复式活塞内燃发动机(1升<排气量≤1.5升)及驱动电动机的其他载人车辆(可通过接插外部电源进行充电的除外)[999]	15	230	13	3%	辆/千克	46AOxy	L. M/
8703402990	同时装有点燃往复式活塞内燃发动机(1升<排气量≤1.5升)及驱动电动机的其他载人车辆的成套散件(可通过接插外部电源进行充电的除外)[999]	15	230	13	3%	辆/千克	46Oxy	
87034031	----小轿车							
8703403110	同时装有点燃往复式活塞内燃发动机(1.5升<排气量≤2升)及驱动电动机的小轿车(可通过接插外部电源进行充电的除外)[999]	15	230	13	5%	辆/千克	46AOxy	L. M/
8703403190	同时装有点燃往复式活塞内燃发动机(1.5升<排气量≤2升)及驱动电动机的小轿车的成套散件(可通过接插外部电源进行充电的除外)[999]	15	230	13	5%	辆/千克	46Oxy	
87034032	----越野车(4轮驱动)							
8703403210	同时装有点燃往复式活塞内燃发动机(1.5升<排气量≤2升)及驱动电动机的四轮驱动越野车(可通过接插外部电源进行充电的除外)[999]	15	230	13	5%	辆/千克	46AOxy	L. M/
8703403290	同时装有点燃往复式活塞内燃发动机(1.5升<排气量≤2升)及驱动电动机的四轮驱动越野车的成套散件(可通过接插外部电源进行充电的除外)[999]	15	230	13	5%	辆/千克	46Oxy	
87034033	----9座及以下的小客车							
8703403310	同时装有点燃往复式活塞内燃发动机(1.5升<排气量≤2升)及驱动电动机的小客车(9座及以下,可通过接插外部电源进行充电的除外)[999]	15	230	13	5%	辆/千克	46AOxy	L. M/
8703403390	同时装有点燃往复式活塞内燃发动机(1.5升<排气量≤2升)及驱动电动机的小客车的成套散件(9座及以下,可通过接插外部电源进行充电的除外)[999]	15	230	13	5%	辆/千克	46Oxy	
87034039	----其他							
8703403910	同时装有点燃往复式活塞内燃发动机(1.5升<排气量≤2升)及驱动电动机的其他载人车辆(可通过接插外部电源进行充电的除外)[999]	15	230	13	5%	辆/千克	46AOxy	L. M/
8703403990	同时装有点燃往复式活塞内燃发动机(1.5升<排气量≤2升)及驱动电动机的其他载人车辆的成套散件(可通过接插外部电源进行充电的除外)[999]	15	230	13	5%	辆/千克	46Oxy	
87034041	----小轿车							
8703404110	同时装有点燃往复式活塞内燃发动机(2升<排气量≤2.5升)及驱动电动机的小轿车(可通过接插外部电源进行充电的除外)[999]	15	230	13	9%	辆/千克	46AOxy	L. M/
8703404190	同时装有点燃往复式活塞内燃发动机(2升<排气量≤2.5升)及驱动电动机的小轿车的成套散件(可通过接插外部电源进行充电的除外)[999]	15	230	13	9%	辆/千克	46Oxy	
87034042	----越野车(4轮驱动)							
8703404210	同时装有点燃往复式活塞内燃发动机(2升<排气量≤2.5升)及驱动电动机的四轮驱动越野车(可通过接插外部电源进行充电的除外)[999]	15	230	13	9%	辆/千克	46AOxy	L. M/
8703404290	同时装有点燃往复式活塞内燃发动机(2升<排气量≤2.5升)及驱动电动机的四轮驱动越野车的成套散件(可通过接插外部电源进行充电的除外)[999]	15	230	13	9%	辆/千克	46Oxy	
87034043	----9座及以下的小客车							
8703404310	同时装有点燃往复式活塞内燃发动机(2升<排气量≤2.5升)及驱动电动机的小客车(9座及以下,可通过接插外部电源进行充电的除外)[999]	15	230	13	9%	辆/千克	46AOxy	L. M/
8703404390	同时装有点燃往复式活塞内燃发动机(2升<排气量≤2.5升)及驱动电动机的小客车的成套散件(9座及以下,可通过接插外部电源进行充电的除外)[999]	15	230	13	9%	辆/千克	46Oxy	
87034049	----其他							
8703404910	同时装有点燃往复式活塞内燃发动机(2升<排气量≤2.5升)及驱动电动机的其他载人车辆(可通过接插外部电源进行充电的除外)[999]	15	230	13	9%	辆/千克	46AOxy	L. M/
8703404990	同时装有点燃往复式活塞内燃发动机(2升<排气量≤2.5升)及驱动电动机的其他载人车辆的成套散件(可通过接插外部电源进行充电的除外)[999]	15	230	13	9%	辆/千克	46Oxy	
87034051	----小轿车							
8703405110	同时装有点燃往复式活塞内燃发动机(2.5升<排气量≤3升)及驱动电动机的小轿车(可通过接插外部电源进行充电的除外)[999]	15	270	13	12%	辆/千克	46AOxy	L. M/

协定税率(%)															特惠税率(%)			对美税率	出口税率	出口退税率	Article Description
智利	新西兰	澳大利亚	瑞士	冰岛	秘鲁	哥斯达	东盟	亚太	新加坡	巴基斯坦	港/澳/台	韩国	格鲁吉亚	毛里求斯	亚太	老/柬/缅	LDC 97/95				
																			0	13	
0	0	0		0		0		13.5		22.5	0/0/			21.4							----Cross-country cars(4WD)
																			0	13	
																			0	13	
0	0	0		0		0		13.5		22.5	0/0/			21.4							----Station wagons (with 9 seats or less)
																			0	13	
																			0	13	
0	0	0		0		0		13.5		22.5	0/0/			21.4							----Other
																			0	13	
																			0	13	
0	0	7.5		0		0		13.5		22.5	0/0/	22.5		21.4							----Saloon cars
																			0	13	
																			0	13	
0	0	7.5		0		0		13.5		22.5	0/0/	22.5		21.4							----Cross-country cars(4WD)
																			0	13	
																			0	13	
0	0	7.5		0		0		13.5		22.5	0/0/	22.5		21.4							----Station wagons (with 9 seats or less)
																			0	13	
																			0	13	
0	0	7.5		0		0		13.5		22.5	0/0/			21.4							----Other
																			0	13	
																			0	13	
0	0	7.5		0		0		13.5		22.5	0/0/	22.5		21.4							----Saloon cars
																			0	13	
																			0	13	
0	0	7.5		0		0		13.5		22.5	0/0/	22.5		21.4							----Cross-country cars(4WD)
																			0	13	
																			0	13	
0	0	7.5		0		0		13.5		22.5	0/0/	22.5		21.4							----Station wagons (with 9 seats or less)
																			0	13	
																			0	13	
0	0	7.5		0		0		13.5		22.5	0/0/			21.4							----Other
																			0	13	
																			0	13	
0	0	7.5		0		0		13.5		22.5	0/0/	22.5		21.4							----Saloon cars
																			0	13	

商品编号	商品名称及备注[检验检疫编码及名称]	进口关税(%) 最惠国	进口关税(%) 普通	增值税率(%)	消费税	计量单位	监管条件	检验检疫类别
8703405190	同时装有点燃往复式活塞内燃发动机(2.5升<排气量≤3升)及驱动电动机的小轿车的成套散件(可通过接插外部电源进行充电的除外)〔999〕	15	270	13	12%	辆/千克	46Oxy	
87034052	----越野车(4轮驱动)							
8703405210	同时装有点燃往复式活塞内燃发动机(2.5升<排气量≤3升)及驱动电动机的四轮驱动越野车(可通过接插外部电源进行充电的除外)〔999〕	15	270	13	12%	辆/千克	46AOxy	L. M/
8703405290	同时装有点燃往复式活塞内燃发动机(2.5升<排气量≤3升)及驱动电动机的四轮驱动越野车的成套散件(可通过接插外部电源进行充电的除外)〔999〕	15	270	13	12%	辆/千克	46Oxy	
87034053	----9座及以下的小客车							
8703405310	同时装有点燃往复式活塞内燃发动机(2.5升<排气量≤3升)及驱动电动机的小客车(9座及以下,可通过接插外部电源进行充电的除外)〔999〕	15	270	13	12%	辆/千克	46AOxy	L. M/
8703405390	同时装有点燃往复式活塞内燃发动机(2.5升<排气量≤3升)及驱动电动机的小客车的成套散件(9座及以下,可通过接插外部电源进行充电的除外)〔999〕	15	270	13	12%	辆/千克	46Oxy	
87034059	----其他							
8703405910	同时装有点燃往复式活塞内燃发动机(2.5升<排气量≤3升)及驱动电动机的其他载人车辆(可通过接插外部电源进行充电的除外)〔999〕	15	270	13	12%	辆/千克	46AOxy	L. M/
8703405990	同时装有点燃往复式活塞内燃发动机(2.5升<排气量≤3升)及驱动电动机的其他载人车辆的成套散件(可通过接插外部电源进行充电的除外)〔999〕	15	270	13	12%	辆/千克	46Oxy	
87034061	----小轿车							
8703406110	同时装有点燃往复式活塞内燃发动机(3升<排气量≤4升)及驱动电动机的小轿车(可通过接插外部电源进行充电的除外)〔999〕	15	270	13	25%	辆/千克	46AOxy	L. M/
8703406190	同时装有点燃往复式活塞内燃发动机(3升<排气量≤4升)及驱动电动机的小轿车的成套散件(可通过接插外部电源进行充电的除外)〔999〕	15	270	13	25%	辆/千克	46Oxy	
87034062	----越野车(4轮驱动)							
8703406210	同时装有点燃往复式活塞内燃发动机(3升<排气量≤4升)及驱动电动机的四轮驱动越野车(可通过接插外部电源进行充电的除外)〔999〕	15	270	13	25%	辆/千克	46AOxy	L. M/
8703406290	同时装有点燃往复式活塞内燃发动机(3升<排气量≤4升)及驱动电动机的四轮驱动越野车的成套散件(可通过接插外部电源进行充电的除外)〔999〕	15	270	13	25%	辆/千克	46Oxy	
87034063	----9座及以下的小客车							
8703406310	同时装有点燃往复式活塞内燃发动机(3升<排气量≤4升)及驱动电动机的小客车(9座及以下,可通过接插外部电源进行充电的除外)〔999〕	15	270	13	25%	辆/千克	46AOxy	L. M/
8703406390	同时装有点燃往复式活塞内燃发动机(3升<排气量≤4升)及驱动电动机的小客车的成套散件(9座及以下,可通过接插外部电源进行充电的除外)〔999〕	15	270	13	25%	辆/千克	46Oxy	
87034069	----其他							
8703406910	同时装有点燃往复式活塞内燃发动机(3升<排气量≤4升)及驱动电动机的其他载人车辆(可通过接插外部电源进行充电的除外)〔999〕	15	270	13	25%	辆/千克	46AOxy	L. M/
8703406990	同时装有点燃往复式活塞内燃发动机(3升<排气量≤4升)及驱动电动机的其他载人车辆的成套散件(可通过接插外部电源进行充电的除外)〔999〕	15	270	13	25%	辆/千克	46Oxy	
87034071	----小轿车							
8703407110	同时装有点燃往复式活塞内燃发动机(排气量>4升)及驱动电动机的小轿车(可通过接插外部电源进行充电的除外)〔999〕	15	270	13	40%	辆/千克	46AOxy	L. M/
8703407190	同时装有点燃往复式活塞内燃发动机(排气量>4升)及驱动电动机的小轿车的成套散件(可通过接插外部电源进行充电的除外)〔999〕	15	270	13	40%	辆/千克	46Oxy	
87034072	----越野车(4轮驱动)							
8703407210	同时装有点燃往复式活塞内燃发动机(排气量>4升)及驱动电动机的四轮驱动越野车(可通过接插外部电源进行充电的除外)〔999〕	15	270	13	40%	辆/千克	46AOxy	L. M/
8703407290	同时装有点燃往复式活塞内燃发动机(排气量>4升)及驱动电动机的四轮驱动越野车的成套散件(可通过接插外部电源进行充电的除外)〔999〕	15	270	13	40%	辆/千克	46Oxy	
87034073	----9座及以下的小客车							
8703407310	同时装有点燃往复式活塞内燃发动机(排气量>4升)及驱动电动机的小客车(9座及以下,可通过接插外部电源进行充电的除外)〔999〕	15	270	13	40%	辆/千克	46AOxy	L. M/
8703407390	同时装有点燃往复式活塞内燃发动机(排气量>4升)及驱动电动机的小客车的成套散件(9座及以下,可通过接插外部电源进行充电的除外)〔999〕	15	270	13	40%	辆/千克	46Oxy	
87034079	----其他							
8703407910	同时装有点燃往复式活塞内燃发动机(排气量>4升)及驱动电动机的其他载人车辆(可通过接插外部电源进行充电的除外)〔999〕	15	270	13	40%	辆/千克	46AOxy	L. M/
8703407990	同时装有点燃往复式活塞内燃发动机(排气量>4升)及驱动电动机的其他载人车辆的成套散件(可通过接插外部电源进行充电的除外)〔999〕	15	270	13	40%	辆/千克	46Oxy	
87034090	---其他							
8703409010	其他同时装有点燃往复式活塞内燃发动机及驱动电动机的载人车辆(可通过接插外部电源进行充电的除外)〔999〕	15	270	13		辆/千克	46AOxy	L. M/

协定税率(%)															特惠税率(%)			对美税率	出口税率	出口退税率	Article Description
智利	新西兰	澳大利亚	瑞士	冰岛	秘鲁	哥斯达	东盟	亚太	新加坡	巴基斯坦	港/澳/台	韩国	格鲁吉亚	毛里求斯	亚太	老/柬/缅	LDC 97/95				
																			0	13	
0	0	7.5		0		0	0	13.5	0	22.5	0/0/			21.4							----Cross-country cars(4WD)
																			0	13	
																			0	13	
0	0	7.5		0		0	0	13.5	0	22.5	0/0/	22.5		21.4							----Station wagons (with 9 seats or less)
																			0	13	
																			0	13	
0	0	7.5		0		0	0	13.5	0	22.5	0/0/			21.4							----Other
																			0	13	
																			0	13	
0	0	7.5		0		0		13.5		22.5	0/0/	22.5		21.4			0/				----Saloon cars
																			0	13	
																			0	13	
0	0	7.5		0		0		13.5		22.5	0/0/	22.5		21.4			0/				----Cross-country cars(4WD)
																			0	13	
																			0	13	
0	0	7.5		0		0		13.5		22.5	0/0/			21.4			0/				----Station wagons (with 9 seats or less)
																			0	13	
																			0	13	
0	0	7.5		0		0		13.5		22.5	0/0/			21.4			0/				----Other
																			0	13	
																			0	13	
0	0	7.5		0		0		13.5		22.5	0/0/	22.5		21.4			0/				----Saloon cars
																			0	13	
																			0	13	
0	0	7.5		0		0		13.5		22.5	0/0/			21.4			0/				----Cross-country cars(4WD)
																			0	13	
																			0	13	
0	0	7.5		0		0		13.5		22.5	0/0/			21.4			0/				----Station wagons (with 9 seats or less)
																			0	13	
																			0	13	
0	0	7.5		0		0		13.5		22.5	0/0/			21.4			0/				----Other
																			0	13	
																			0	13	
0	0	0		0	0	0	0	13.5	0	22.5	0/0/	22.5	5	21.4			0/0		0	13	---Other

商品编号	商品名称及备注[检验检疫编码及名称]	进口关税(%)		增值税率(%)	消费税	计量单位	监管条件	检验检疫类别
		最惠国	普通					
8703409090	其他同时装有点燃往复式活塞内燃发动机及驱动电动机的载人车辆的成套散件(可通过接插外部电源进行充电的除外)〔999〕	15	270	13		辆/千克	46Oxy	
87035011	----小轿车							
8703501110	同时装有压燃式活塞内燃发动机(柴油或半柴油发动机,排气量≤1 升)及驱动电动机的小轿车(可通过接插外部电源进行充电的除外)〔999〕	15	230	13	1%	辆/千克	46AOxy	L. M/
8703501190	同时装有压燃式活塞内燃发动机(柴油或半柴油发动机,排气量≤1 升)及驱动电动机的小轿车的成套散件(可通过接插外部电源进行充电的除外)〔999〕	15	230	13	1%	辆/千克	46Oxy	
87035019	----其他							
8703501910	同时装有压燃式活塞内燃发动机(柴油或半柴油发动机,排气量≤1 升)及驱动电动机的其他载人车辆(可通过接插外部电源进行充电的除外)〔999〕	15	230	13	1%	辆/千克	46AOxy	L. M/
8703501990	同时装有压燃式活塞内燃发动机(柴油或半柴油发动机,排气量≤1 升)及驱动电动机的其他载人车辆的成套散件(可通过接插外部电源进行充电的除外)〔999〕	15	230	13	1%	辆/千克	46Oxy	
87035021	----小轿车							
8703502110	同时装有压燃式活塞内燃发动机(柴油或半柴油发动机,1 升<排气量≤1.5 升)及驱动电动机的小轿车(可通过接插外部电源进行充电的除外)〔999〕	15	230	13	3%	辆/千克	46AOxy	L. M/
8703502190	同时装有压燃式活塞内燃发动机(柴油或半柴油发动机,1 升<排气量≤1.5 升)及驱动电动机的小轿车的成套散件(可通过接插外部电源进行充电的除外)〔999〕	15	230	13	3%	辆/千克	46Oxy	
87035022	----越野车(4 轮驱动)							
8703502210	同时装有压燃式活塞内燃发动机(柴油或半柴油发动机,1 升<排气量≤1.5 升)及驱动电动机的四轮驱动越野车(可通过接插外部电源进行充电的除外)〔999〕	15	230	13	3%	辆/千克	46AOxy	L. M/
8703502290	同时装有压燃式活塞内燃发动机(柴油或半柴油发动机,1 升<排气量≤1.5 升)及驱动电动机的四轮驱动越野车的成套散件(可通过接插外部电源进行充电的除外)〔999〕	15	230	13	3%	辆/千克	46Oxy	
87035023	----9 座及以下的小客车							
8703502310	同时装有压燃式活塞内燃发动机(柴油或半柴油发动机,1 升<排气量≤1.5 升)及驱动电动机的小客车(9 座及以下,可通过接插外部电源进行充电的除外)〔999〕	15	230	13	3%	辆/千克	46AOxy	L. M/
8703502390	同时装有压燃式活塞内燃发动机(柴油或半柴油发动机,1 升<排气量≤1.5 升)及驱动电动机的小客车的成套散件(9 座及以下,可通过接插外部电源进行充电的除外)〔999〕	15	230	13	3%	辆/千克	46Oxy	
87035029	----其他							
8703502910	同时装有压燃式活塞内燃发动机(柴油或半柴油发动机,1 升<排气量≤1.5 升)及驱动电动机的其他载人车辆(可通过接插外部电源进行充电的除外)〔999〕	15	230	13	3%	辆/千克	46AOxy	L. M/
8703502990	同时装有压燃式活塞内燃发动机(柴油或半柴油发动机,1 升<排气量≤1.5 升)及驱动电动机的其他载人车辆的成套散件(可通过接插外部电源进行充电的除外)〔999〕	15	230	13	3%	辆/千克	46Oxy	
87035031	----小轿车							
8703503110	同时装有压燃式活塞内燃发动机(柴油或半柴油发动机,1.5 升<排气量≤2 升)及驱动电动机的小轿车(可通过接插外部电源进行充电的除外)〔999〕	15	230	13	5%	辆/千克	46AOxy	L. M/
8703503190	同时装有压燃式活塞内燃发动机(柴油或半柴油发动机,1.5 升<排气量≤2 升)及驱动电动机的小轿车的成套散件(可通过接插外部电源进行充电的除外)〔999〕	15	230	13	5%	辆/千克	46Oxy	
87035032	----越野车(4 轮驱动)							
8703503210	同时装有压燃式活塞内燃发动机(柴油或半柴油发动机,1.5 升<排气量≤2 升)及驱动电动机的四轮驱动越野车(可通过接插外部电源进行充电的除外)〔999〕	15	230	13	5%	辆/千克	46AOxy	L. M/
8703503290	同时装有压燃式活塞内燃发动机(柴油或半柴油发动机,1.5 升<排气量≤2 升)及驱动电动机的四轮驱动越野车的成套散件(可通过接插外部电源进行充电的除外)〔999〕	15	230	13	5%	辆/千克	46Oxy	
87035033	----9 座及以下的小客车							
8703503310	同时装有压燃式活塞内燃发动机(柴油或半柴油发动机,1.5 升<排气量≤2 升)及驱动电动机的小客车(9 座及以下,可通过接插外部电源进行充电的除外)〔999〕	15	230	13	5%	辆/千克	46AOxy	L. M/
8703503390	同时装有压燃式活塞内燃发动机(柴油或半柴油发动机,1.5 升<排气量≤2 升)及驱动电动机的小客车的成套散件(9 座及以下,可通过接插外部电源进行充电的除外)〔999〕	15	230	13	5%	辆/千克	46Oxy	
87035039	----其他							
8703503910	同时装有压燃式活塞内燃发动机(柴油或半柴油发动机,1.5 升<排气量≤2 升)及驱动电动机的其他载人车辆(可通过接插外部电源进行充电的除外)〔999〕	15	230	13	5%	辆/千克	46AOxy	L. M/
8703503990	同时装有压燃式活塞内燃发动机(柴油或半柴油发动机,1.5 升<排气量≤2 升)及驱动电动机的其他载人车辆的成套散件(可通过接插外部电源进行充电的除外)〔999〕	15	230	13	5%	辆/千克	46Oxy	
87035041	----小轿车							
8703504110	同时装有压燃式活塞内燃发动机(柴油或半柴油发动机,2 升<排气量≤2.5 升)及驱动电动机的小轿车(可通过接插外部电源进行充电的除外)〔999〕	15	230	13	9%	辆/千克	46AOxy	L. M/

协定税率(%)															特惠税率(%)			对美税率	出口税率	出口退税率	Article Description
智利	新西兰	澳大利亚	瑞士	冰岛	秘鲁	哥斯达	东盟	亚太	新加坡	巴基斯坦	港/澳/台	韩国	格鲁吉亚	毛里求斯	亚太	老/柬/缅	LDC 97/95				
																			0		
0	0	7.5		0		0					0/0/		0	21.4			0/				----Saloon cars
																			0	13	
																			0	13	
0	0	7.5		0	0	0	0		0		0/0/		0	21.4			0/0				----Other
																			0	13	
																			0	13	
0	0	7.5		0		0					0/0/		0	21.4							----Saloon cars
																			0	13	
																			0	13	
0	0	7.5		0		0					0/0/		0	21.4							----Cross-country cars(4WD)
																			0	13	
																			0	13	
0	0	7.5		0		0					0/0/		0	21.4							----Station wagons(with 9 seats or less)
																			0	13	
																			0	13	
0	0	7.5		0	0	0	0		0		0/0/		0	21.4			0/0				----Other
																			0	13	
																			0	13	
0	0	7.5		0		0		13.5		22.5	0/0/		0	21.4							----Saloon cars
																			0	13	
																			0	13	
0	0	7.5		0		0		13.5		22.5	0/0/	22.5	0	21.4							----Cross-country cars(4WD)
																			0	13	
																			0	13	
0	0	7.5		0		0		13.5		22.5	0/0/	22.5	0	21.4							----Station wagons(with 9 seats or less)
																			0	13	
																			0	13	
0	0	7.5		0		0		13.5		22.5	0/0/		0	21.4							----Other
																			0	13	
																			0	13	
0	0	7.5		0		0		13.5		22.5	0/0/		0	21.4							----Saloon cars
																			0	13	

商品编号	商品名称及备注[检验检疫编码及名称]	进口关税(%)		增值税率(%)	消费税	计量单位	监管条件	检验检疫类别
		最惠国	普通					
8703504190	同时装有压燃式活塞内燃发动机(柴油或半柴油发动机,2升<排气量≤2.5升)及驱动电动机的小轿车的成套散件(可通过接插外部电源进行充电的除外)〔999〕	15	230	13	9%	辆/千克	46Oxy	
87035042	----越野车(4轮驱动)							
8703504210	同时装有压燃式活塞内燃发动机(柴油或半柴油发动机,2升<排气量≤2.5升)及驱动电动机的四轮驱动越野车(可通过接插外部电源进行充电的除外)〔999〕	15	230	13	9%	辆/千克	46AOxy	L. M/
8703504290	同时装有压燃式活塞内燃发动机(柴油或半柴油发动机,2升<排气量≤2.5升)及驱动电动机的四轮驱动越野车的成套散件(可通过接插外部电源进行充电的除外)〔999〕	15	230	13	9%	辆/千克	46Oxy	
87035043	----9座及以下的小客车							
8703504310	同时装有压燃式活塞内燃发动机(柴油或半柴油发动机,2升<排气量≤2.5升)及驱动电动机的小客车(9座及以下,可通过接插外部电源进行充电的除外)〔999〕	15	230	13	9%	辆/千克	46AOxy	L. M/
8703504390	同时装有压燃式活塞内燃发动机(柴油或半柴油发动机,2升<排气量≤2.5升)及驱动电动机的小客车的成套散件(9座及以下,可通过接插外部电源进行充电的除外)〔999〕	15	230	13	9%	辆/千克	46Oxy	
87035049	----其他							
8703504910	同时装有压燃式活塞内燃发动机(柴油或半柴油发动机,2升<排气量≤2.5升)及驱动电动机的其他载人车辆(可通过接插外部电源进行充电的除外)〔999〕	15	230	13	9%	辆/千克	46AOxy	L. M/
8703504990	同时装有压燃式活塞内燃发动机(柴油或半柴油发动机,2升<排气量≤2.5升)及驱动电动机的其他载人车辆的成套散件(可通过接插外部电源进行充电的除外)〔999〕	15	230	13	9%	辆/千克	46Oxy	
87035051	----小轿车							
8703505110	同时装有压燃式活塞内燃发动机(柴油或半柴油发动机,2.5升<排气量≤3升)及驱动电动机的小轿车(可通过接插外部电源进行充电的除外)〔999〕	15	270	13	12%	辆/千克	46AOxy	L. M/
8703505190	同时装有压燃式活塞内燃发动机(柴油或半柴油发动机,2.5升<排气量≤3升)及驱动电动机的小轿车的成套散件(可通过接插外部电源进行充电的除外)〔999〕	15	270	13	12%	辆/千克	46Oxy	
87035052	----越野车(4轮驱动)							
8703505210	同时装有压燃式活塞内燃发动机(柴油或半柴油发动机,2.5升<排气量≤3升)及驱动电动机的四轮驱动越野车(可通过接插外部电源进行充电的除外)〔999〕	15	270	13	12%	辆/千克	46AOxy	L. M/
8703505290	同时装有压燃式活塞内燃发动机(柴油或半柴油发动机,2.5升<排气量≤3升)及驱动电动机的四轮驱动越野车的成套散件(可通过接插外部电源进行充电的除外)〔999〕	15	270	13	12%	辆/千克	46Oxy	
87035053	----9座及以下的小客车							
8703505310	同时装有压燃式活塞内燃发动机(柴油或半柴油发动机,2.5升<排气量≤3升)及驱动电动机的小客车(9座及以下,可通过接插外部电源进行充电的除外)〔999〕	15	270	13	12%	辆/千克	46AOxy	L. M/
8703505390	同时装有压燃式活塞内燃发动机(柴油或半柴油发动机,2.5升<排气量≤3升)及驱动电动机的小客车的成套散件(9座及以下,可通过接插外部电源进行充电的除外)〔999〕	15	270	13	12%	辆/千克	46Oxy	
87035059	----其他							
8703505910	同时装有压燃式活塞内燃发动机(柴油或半柴油发动机,2.5升<排气量≤3升)及驱动电动机的其他载人车辆(可通过接插外部电源进行充电的除外)〔999〕	15	270	13	12%	辆/千克	46AOxy	L. M/
8703505990	同时装有压燃式活塞内燃发动机(柴油或半柴油发动机,2.5升<排气量≤3升)及驱动电动机的其他载人车辆的成套散件(可通过接插外部电源进行充电的除外)〔999〕	15	270	13	12%	辆/千克	46Oxy	
87035061	----小轿车							
8703506110	同时装有压燃式活塞内燃发动机(柴油或半柴油发动机,3升<排气量≤4升)及驱动电动机的小轿车(可通过接插外部电源进行充电的除外)〔999〕	15	270	13	25%	辆/千克	46AOxy	L. M/
8703506190	同时装有压燃式活塞内燃发动机(柴油或半柴油发动机,3升<排气量≤4升)及驱动电动机的小轿车的成套散件(可通过接插外部电源进行充电的除外)〔999〕	15	270	13	25%	辆/千克	46Oxy	
87035062	----越野车(4轮驱动)							
8703506210	同时装有压燃式活塞内燃发动机(柴油或半柴油发动机,3升<排气量≤4升)及驱动电动机的四轮驱动越野车(可通过接插外部电源进行充电的除外)〔999〕	15	270	13	25%	辆/千克	46AOxy	L. M/
8703506290	同时装有压燃式活塞内燃发动机(柴油或半柴油发动机,3升<排气量≤4升)及驱动电动机的四轮驱动越野车的成套散件(可通过接插外部电源进行充电的除外)〔999〕	15	270	13	25%	辆/千克	46Oxy	
87035063	----9座及以下的小客车							
8703506310	同时装有压燃式活塞内燃发动机(柴油或半柴油发动机,3升<排气量≤4升)及驱动电动机的小客车(9座及以下,可通过接插外部电源进行充电的除外)〔999〕	15	270	13	25%	辆/千克	46AOxy	L. M/
8703506390	同时装有压燃式活塞内燃发动机(柴油或半柴油发动机,3升<排气量≤4升)及驱动电动机的小客车的成套散件(9座及以下,可通过接插外部电源进行充电的除外)〔999〕	15	270	13	25%	辆/千克	46Oxy	
87035069	----其他							

协定税率(%)															特惠税率(%)			对美税率	出口税率	出口退税率	Article Description
智利	新西兰	澳大利亚	瑞士	冰岛	秘鲁	哥斯达	东盟	亚太	新加坡	巴基斯坦	港/澳/台	韩国	格鲁吉亚	毛里求斯	亚太	老/柬/缅	LDC 97/95				
																			0	13	
0	0	7.5		0		0		13.5		22.5	0/0/		0	21.4							----Cross-country cars(4WD)
																			0	13	
																			0	13	
0	0	7.5		0		0		13.5		22.5	0/0/	22.5	0	21.4							----Station wagons (with 9 seats or less)
																			0	13	
																			0	13	
0	0	7.5		0		0		13.5		22.5	0/0/		0	21.4							----Other
																			0	13	
																			0	13	
0	0	7.5		0		0	0	13.5	0	22.5	0/0/		0	21.4							----Saloon cars
																			0	13	
																			0	13	
0	0	7.5		0		0	0	13.5	0	22.5	0/0/	22.5	0	21.4							----Cross-country cars(4WD)
																			0	13	
																			0	13	
0	0	7.5		0		0	0	13.5	0	22.5	0/0/		0	21.4							----Station wagons (with 9 seats or less)
																			0	13	
																			0	13	
0	0	7.5		0		0	0	13.5	0	22.5	0/0/		0	21.4							----Other
																			0	13	
																			0	13	
0	0	7.5		0		0	0	13.5	0	22.5	0/0/		0	21.4			0/				----Saloon cars
																			0	13	
																			0	13	
0	0	7.5		0		0	0	13.5	0	22.5	0/0/		0	21.4			0/				----Cross-country cars(4WD)
																			0	13	
																			0	13	
0	0	7.5		0		0	0	13.5	0	22.5	0/0/		0	21.4			0/				----Station wagons (with 9 seats or less)
																			0	13	
																			0	13	
0	0	7.5		0		0	0	13.5	0	22.5	0/0/		0	21.4			0/				----Other

商品编号	商品名称及备注[检验检疫编码及名称]	进口关税(%)		增值税率(%)	消费税	计量单位	监管条件	检验检疫类别
		最惠国	普通					
8703506910	同时装有压燃式活塞内燃发动机(柴油或半柴油发动机,3 升<排气量≤4 升)及驱动电动机的其他载人车辆(可通过接插外部电源进行充电的除外)〔999〕	15	270	13	25%	辆/千克	46AOxy	L. M/
8703506990	同时装有压燃式活塞内燃发动机(柴油或半柴油发动机,3 升<排气量≤4 升)及驱动电动机的其他载人车辆的成套散件(可通过接插外部电源进行充电的除外)〔999〕	15	270	13	25%	辆/千克	46Oxy	
87035071	----小轿车							
8703507110	同时装有压燃式活塞内燃发动机(柴油或半柴油发动机,排气量>4 升)及驱动电动机的小轿车(可通过接插外部电源进行充电的除外)〔999〕	15	270	13	40%	辆/千克	46AOxy	L. M/
8703507190	同时装有压燃式活塞内燃发动机(柴油或半柴油发动机,排气量>4 升)及驱动电动机的小轿车的成套散件(可通过接插外部电源进行充电的除外)〔999〕	15	270	13	40%	辆/千克	46Oxy	
87035072	----越野车(4 轮驱动)							
8703507210	同时装有压燃式活塞内燃发动机(柴油或半柴油发动机,排气量>4 升)及驱动电动机的四轮驱动越野车(可通过接插外部电源进行充电的除外)〔999〕	15	270	13	40%	辆/千克	46AOxy	L. M/
8703507290	同时装有压燃式活塞内燃发动机(柴油或半柴油发动机,排气量>4 升)及驱动电动机的四轮驱动越野车的成套散件(可通过接插外部电源进行充电的除外)〔999〕	15	270	13	40%	辆/千克	46Oxy	
87035073	----9 座及以下的小客车							
8703507310	同时装有压燃式活塞内燃发动机(柴油或半柴油发动机,排气量>4 升)及驱动电动机的的小客车(9 座及以下,可通过接插外部电源进行充电的除外)〔999〕	15	270	13	40%	辆/千克	46AOxy	L. M/
8703507390	同时装有压燃式活塞内燃发动机(柴油或半柴油发动机,排气量>4 升)及驱动电动机的小客车的成套散件(9 座及以下,可通过接插外部电源进行充电的除外)〔999〕	15	270	13	40%	辆/千克	46Oxy	
87035079	----其他							
8703507910	同时装有压燃式活塞内燃发动机(柴油或半柴油发动机,排气量>4 升)及驱动电动机的的其他载人车辆(可通过接插外部电源进行充电的除外)〔999〕	15	270	13	40%	辆/千克	46AOxy	L. M/
8703507990	同时装有压燃式活塞内燃发动机(柴油或半柴油发动机,排气量>4 升)及驱动电动机的的其他载人车辆的成套散件(可通过接插外部电源进行充电的除外)〔999〕	15	270	13	40%	辆/千克	46Oxy	
87035090	---其他							
8703509010	其他同时装有压燃式活塞内燃发动机(柴油或半柴油发动机)及驱动电动机的载人车辆(可通过接插外部电源进行充电的除外)〔999〕	15	270	13		辆/千克	46AOxy	L. M/
8703509090	其他同时装有压燃式活塞内燃发动机(柴油或半柴油发动机)及驱动电动机的载人车辆的成套散件(可通过接插外部电源进行充电的除外)〔999〕	15	270	13		辆/千克	46Oxy	
87036010	---气缸容量(排气量)不超过 1000 毫升							
8703601000	同时装有点燃往复式活塞内燃发动机及驱动电动机、可通过接插外部电源进行充电的其他载人车辆,气缸容量(排气量)不超过 1000 毫升〔999〕	15	270	13		辆/千克	46AO	L. M/
87036020	---气缸容量(排气量)超过 1000 毫升,但不超过 1500 毫升							
8703602000	同时装有点燃往复式活塞内燃发动机及驱动电动机、可通过接插外部电源进行充电的其他载人车辆,气缸容量(排气量)超过 1000 毫升,但不超过 1500 毫升〔999〕	15	270	13		辆/千克	46AO	L. M/
87036030	---气缸容量(排气量)超过 1500 毫升,但不超过 2000 毫升							
8703603000	同时装有点燃往复式活塞内燃发动机及驱动电动机、可通过接插外部电源进行充电的其他载人车辆,气缸容量(排气量)超过 1500 毫升,但不超过 2000 毫升〔999〕	15	270	13		辆/千克	46AO	L. M/
87036040	---气缸容量(排气量)超过 2000 毫升,但不超过 2500 毫升							
8703604000	同时装有点燃往复式活塞内燃发动机及驱动电动机、可通过接插外部电源进行充电的其他载人车辆,气缸容量(排气量)超过 2000 毫升,但不超过 2500 毫升〔999〕	15	270	13		辆/千克	46AO	L. M/
87036050	---气缸容量(排气量)超过 2500 毫升,但不超过 3000 毫升							
8703605000	同时装有点燃往复式活塞内燃发动机及驱动电动机、可通过接插外部电源进行充电的其他载人车辆,气缸容量(排气量)超过 2500 毫升,但不超过 3000 毫升〔999〕	15	270	13		辆/千克	46AO	L. M/
87036060	---气缸容量(排气量)超过 3000 毫升,但不超过 4000 毫升							
8703606000	同时装有点燃往复式活塞内燃发动机及驱动电动机、可通过接插外部电源进行充电的其他载人车辆,气缸容量(排气量)超过 3000 毫升,但不超过 4000 毫升〔999〕	15	270	13		辆/千克	46AO	L. M/
87036070	---气缸容量(排气量)超过 4000 毫升							
8703607000	同时装有点燃往复式活塞内燃发动机及驱动电动机、可通过接插外部电源进行充电的其他载人车辆,气缸容量(排气量)超过 4000 毫升〔999〕	15	270	13		辆/千克	46AO	L. M/
87037010	---气缸容量(排气量)不超过 1000 毫升							
8703701000	同时装有压燃活塞内燃发动机(柴油或半柴油发动机)及驱动电动机、可通过接插外部电源进行充电的其他载人车辆,气缸容量(排气量)不超过 1000 毫升〔999〕	15	270	13		辆/千克	46AO	L. M/

协定税率(%)															特惠税率(%)			对美税率	出口税率	出口退税率	Article Description
智利	新西兰	澳大利亚	瑞士	冰岛	秘鲁	哥斯达	东盟	亚太	新加坡	巴基斯坦	港/澳/台	韩国	格鲁吉亚	毛里求斯	亚太	老/柬/缅	LDC 97/95				
																			0	13	
																			0	13	
0	0	0		0		0	0	13.5	0	22.5	0/0/		0	21.4			0/				----Saloon cars
																			0	13	
																			0	13	
0	0	0		0		0	0	13.5	0	22.5	0/0/		0	21.4			0/				----Cross-country cars(4WD)
																			0	13	
																			0	13	
0	0	0		0		0	0	13.5	0	22.5	0/0/		0	21.4			0/				----Station wagons (with 9 seats or less)
																			0	13	
																			0	13	
0	0	0		0		0	0	13.5	0	22.5	0/0/		0	21.4			0/				----Other
																			0	13	
																			0	13	
0	0	0		0	0	0	0	13.5	0	22.5	0/0/	22.5	5	21.4			0/0			13	---Other
																			0		
																			0		
0	0	0		0		0		13.5		22.5	0/0/			21.4							---Of a cylinder capacity not exceeding 1000cc
																			0		
0	0	0		0		0		13.5		22.5	0/0/			21.4							---Of a cylinder capacity exceeding 1000cc, but not exceeding 1500cc
																			0		
0	0	0		0		0		13.5		22.5	0/0/			21.4							---Of a cylinder capacity exceeding 1500cc, but not exceeding 2000cc
																			0		
0	0	0		0		0		13.5		22.5	0/0/			21.4							---Of a cylinder capacity exceeding 2000cc, but not exceeding 2500cc
																			0		
0	0	0		0		0		13.5		22.5	0/0/			21.4							---Of a cylinder capacity exceeding 2500cc, but not exceeding 3000cc
																			0		
0	0	0		0		0		13.5		22.5	0/0/			21.4							---Of a cylinder capacity exceeding 3000cc, but not exceeding 4000cc
																			0		
0	0	0		0		0		13.5		22.5	0/0/			21.4							---Of a cylinder capacity exceeding 4000cc
																			0		
0	0	0		0	0	0	0	13.5	0		0/0/	22.5	5	21.4			0/0				---Of a cylinder capacity not exceeding 1000cc
																			0		

商品编号	商品名称及备注[检验检疫编码及名称]	进口关税(%) 最惠国	进口关税(%) 普通	增值税率(%)	消费税	计量单位	监管条件	检验检疫类别
87037020	---气缸容量(排气量)超过 1000 毫升,但不超过 1500 毫升							
8703702000	同时装有压燃活塞内燃发动机(柴油或半柴油发动机)及驱动电动机、可通过接插外部电源进行充电的其他载人车辆,气缸容量(排气量)超过 1000 毫升,但不超过 1500 毫升〔999〕	15	270	13		辆/千克	46AO	L. M/
87037030	---气缸容量(排气量)超过 1500 毫升,但不超过 2000 毫升							
8703703000	同时装有压燃活塞内燃发动机(柴油或半柴油发动机)及驱动电动机、可通过接插外部电源进行充电的其他载人车辆,气缸容量(排气量)超过 1500 毫升,但不超过 2000 毫升〔999〕	15	270	13		辆/千克	46AO	L. M/
87037040	---气缸容量(排气量)超过 2000 毫升,但不超过 2500 毫升							
8703704000	同时装有压燃活塞内燃发动机(柴油或半柴油发动机)及驱动电动机、可通过接插外部电源进行充电的其他载人车辆,气缸容量(排气量)超过 2000 毫升,但不超过 2500 毫升〔999〕	15	270	13		辆/千克	46AO	L. M/
87037050	---气缸容量(排气量)超过 2500 毫升,但不超过 3000 毫升							
8703705000	同时装有压燃活塞内燃发动机(柴油或半柴油发动机)及驱动电动机、可通过接插外部电源进行充电的其他载人车辆,气缸容量(排气量)超过 2500 毫升,但不超过 3000 毫升〔999〕	15	270	13		辆/千克	46AO	L. M/
87037060	---气缸容量(排气量)超过 3000 毫升,但不超过 4000 毫升							
8703706000	同时装有压燃活塞内燃发动机(柴油或半柴油发动机)及驱动电动机、可通过接插外部电源进行充电的其他载人车辆,气缸容量(排气量)超过 3000 毫升,但不超过 4000 毫升〔999〕	15	270	13		辆/千克	46AO	L. M/
87037070	---气缸容量(排气量)超过 4000 毫升							
8703707000	同时装有压燃活塞内燃发动机(柴油或半柴油发动机)及驱动电动机、可通过接插外部电源进行充电的其他载人车辆,气缸容量(排气量)超过 4000 毫升〔999〕	15	270	13		辆/千克	46AO	L. M/
87038000	-仅装有驱动电动机的其他车辆							
8703800010	旧的仅装有驱动电动机的其他载人车辆〔999〕	15	270	13		辆/千克	46Axy	L. M/
8703800090	其他仅装有驱动电动机的其他载人车辆〔999〕	15	270	13		辆/千克	6AO	L. M/
87039000	-其他							
8703900021	其他型排气量≤1 升的其他载人车辆〔999〕	15	270	13	1%	辆/千克	46AOxy	L. M/
8703900022	其他型 1 升<排气量≤1. 5 升的其他载人车辆〔999〕	15	270	13	3%	辆/千克	46AOxy	L. M/
8703900023	其他型 1. 5 升<排气量≤2 升的其他载人车辆〔999〕	15	270	13	5%	辆/千克	46AOxy	L. M/
8703900024	其他型 2 升<排气量≤2. 5 升的其他载人车辆〔999〕	15	270	13	9%	辆/千克	46AOxy	L. M/
8703900025	其他型 2. 5 升<排气量≤3 升的其他载人车辆〔999〕	15	270	13	12%	辆/千克	46AOxy	L. M/
8703900026	其他型 3 升<排气量≤4 升的其他载人车辆〔999〕	15	270	13	25%	辆/千克	46AOxy	L. M/
8703900027	其他型排气量>4 升的其他载人车辆〔999〕	15	270	13	40%	辆/千克	46AOxy	L. M/
8703900029	其他无法区分排气量的载人车辆〔999〕	15	270	13		辆/千克	6AO	L. M/
8703900090	编号 87039000 所列车辆的成套散件〔999〕	15	270	13		辆/千克	6O	
8704	**货运机动车辆:**							
87041030	---电动轮货运自卸车							
8704103000	非公路用电动轮货运自卸车〔999〕	6	20	13		辆/千克	6A	M/
87041090	---其他							
8704109000	其他非公路用货运自卸车〔999〕	6	20	13		辆/千克	6A	M/
87042100	--车辆总重量不超过 5 吨							
8704210000	柴油型其他小型货车(装有压燃式活塞内燃发动机,小型指车辆总重量≤5 吨)〔999〕	15	70	13		辆/千克	46AOxy	L. M/
87042230	---车辆总重量超过 5 吨,但小于 14 吨							
8704223000	柴油型其他中型货车(装有压燃式活塞内燃发动机,中型指 5<车辆总重量<14 吨)〔999〕	15	70	13		辆/千克	46Axy	L. M/
87042240	---车辆总重量在 14 吨及以上,但不超过 20 吨							
8704224000	柴油型其他重型货车(装有压燃式活塞内燃发动机,重型指 14≤车辆总重≤20 吨)〔999〕	15	40	13		辆/千克	46Axy	L. M/
87042300	--车辆总重量超过 20 吨							
8704230010[暂10]	固井水泥车、压裂车、混砂车、连续油管车、液氮泵车用底盘(车辆总重量>35 吨,装驾驶室)〔999〕	15	40	13		辆/千克	46AOxy	L. M/

协定税率(%)															特惠税率(%)			对美税率	出口税率	出口退税率	Article Description
智利	新西兰	澳大利亚	瑞士	冰岛	秘鲁	哥斯达	东盟	亚太	新加坡	巴基斯坦	港/澳/台	韩国	格鲁吉亚	毛里求斯	亚太	老/柬/缅	LDC 97/95				
0	0	0		0	0	0	0	13.5	0		0/0/	22.5	5	21.4			0/0				---Of a cylinder capacity exceeding 1000cc, but not exceeding 1500cc
																			0		
0	0	0		0	0	0	0	13.5	0		0/0/	22.5	5	21.4			0/0				---Of a cylinder capacity exceeding 1500cc, but not exceeding 2000cc
																			0		
0	0	0		0	0	0	0	13.5	0		0/0/	22.5	5	21.4			0/0				---Of a cylinder capacity exceeding 2000cc, but not exceeding 2500cc
																			0		
0	0	0		0	0	0	0	13.5	0		0/0/	22.5	5	21.4			0/0				---Of a cylinder capacity exceeding 2500cc, but not exceeding 3000cc
																			0		
0	0	0		0	0	0	0	13.5	0		0/0/	22.5	5	21.4			0/0				---Of a cylinder capacity exceeding 3000cc, but not exceeding 4000cc
																			0		
0	0	0		0	0	0	0	13.5	0		0/0/	22.5	5	21.4			0/0				---Of a cylinder capacity exceeding 4000cc
																			0		
0	0	0		0	0	0	0	13.5	0	22.5	0/0/	22.5	5	21.4			0/0			13	-Other vehicles, with only electric motor for propulsion
																			0		
																			0		
0	0	0		0	0	0	0	13.5	0	22.5	0/0/	22.5	5	21.4			0/0				-Other
																			0	13	
																			0	13	
																			0	13	
																			0	13	
																			0	13	
																			0	13	
																			0	13	
																			0	13	
																			0	13	
																					Motor vehicles for the transport of goods:
0	0	0	0	0	0	0	0			0	0/0/	0	0	0			0/0			13	---Electromobile dumpers for the transport of goods
																			0		
0	0	0	0	0	0	0	0			0	0/0/	0	0	0			0/0			13	---Other
																			0		
0	0	0		0		0					0/0/	16.2	0	21.4			0/				--G. v. w. not exceeding 5 tons
																			0	9	
0	0	0	4	0	0	0	5	13.5		18	0/0/	10.6	0	17.1			0/0			13	--G. v. w. exceeding 5 tons but not exceeding 14 tons
																			0		
0	0	0	4	0	0	0	5	13.5		18	0/0/	10.6	0	17.1			0/0			13	--G. v. w. of 14 tons or more but not exceeding 20 tons
																			0		
0	0	0	3	0		0	5				0/0/	8	0	0			0/			13	--G. v. w. exceeding 20 tons
																			0		

商品编号	商品名称及备注[检验检疫编码及名称]	进口关税(%) 最惠国	普通	增值税率(%)	消费税	计量单位	监管条件	检验检疫类别
8704230020[暂8]	起重重量≥55 吨汽车起重机用底盘(装有压燃式活塞内燃发动机)〔999〕	15	40	13		辆/千克	46AOxy	L. M/
8704230030[暂10]	车辆总重量≥31 吨清障车专用底盘〔999〕	15	40	13		辆/千克	46AOxy	L. M/
8704230090	柴油型的其他超重型货车(装有压燃式活塞内燃发动机,超重型指车辆总重量>20吨)〔999〕	15	40	13		辆/千克	46AOxy	L. M/
87043100	--车辆总重量不超过 5 吨							
8704310000	总重量≤5 吨的其他货车(汽油型,装有点燃式活塞内燃发动机)〔999〕	15	70	13		辆/千克	46AOxy	L. M/
87043230	---车辆总重量超过 5 吨,但不超过 8 吨							
8704323000	5 吨<总重量≤8 吨的其他货车(汽油型,装有点燃式活塞内燃发动机)〔999〕	15	70	13		辆/千克	46Axy	L. M/
87043240	---车辆总重量超过 8 吨							
8704324000	总重量>8 吨的其他货车(汽油型,装有点燃式活塞内燃发动机)〔999〕	15	70	13		辆/千克	46Axy	L. M/
87049000	-其他							
8704900000	装有其他发动机的货车〔101 电动汽车〕,〔102 内燃机汽车〕,〔103 混合动力汽车〕,〔104 其他能源汽车〕	15	70	13		辆/千克	46Axy	L. M/
8705	**特殊用途的机动车辆(例如,抢修车、起重车、救火车、混凝土搅拌车、道路清洁车、喷洒车、流动工场车及流动放射线检查车),但主要用于载人或运货的车辆除外:**							
87051021	----最大起重重量不超过 50 吨							
8705102100	起重重量≤50 吨全路面起重车〔101 起重车〕,〔102 汽车起重机〕	15	30	13		辆/千克	6A	L. M/
87051022	----最大起重重量超过 50 吨,但不超过 100 吨							
8705102200	50 吨<起重重量≤100 吨全路面起重车〔101 起重车〕,〔102 汽车起重机〕	10	30	13		辆/千克	6A	L. M/
87051023	----最大起重重量超过 100 吨							
8705102300	起重重量>100 吨全路面起重车〔101 起重车〕,〔102 汽车起重机〕	10	30	13		辆/千克	6A	L. M/
87051091	----最大起重重量不超过 50 吨							
8705109100	起重重量≤50 吨其他机动起重车〔101 起重车〕,〔102 汽车起重机〕	15	30	13		辆/千克	6A	L. M/
87051092	----最大起重重量超过 50 吨,但不超过 100 吨							
8705109200	50 吨<起重重量≤100 吨其他起重车〔101 起重车〕,〔102 汽车起重机〕	10	30	13		辆/千克	6A	L. M/
87051093	----最大起重重量超过 100 吨							
8705109300	起重重量>100 吨其他机动起重车〔101 起重车〕,〔102 汽车起重机〕	10	30	13		辆/千克	6A	L. M/
87052000	-钻探车							
8705200000	机动钻探车〔999〕	12	17	13		辆/千克	6A	L. M/
87053010	---装有云梯的救火车							
8705301000	装有云梯的机动救火车〔999〕	3	8	13		辆/千克	6A	L. M/
87053090	---其他							
8705309000	其他机动救火车〔999〕	3	8	13		辆/千克	6A	L. M/
87054000	-混凝土搅拌车							
8705400000	机动混凝土搅拌车〔999〕	15	35	13		辆/千克	6A	L. M/
87059010	---无线电通信车							
8705901000	无线电通信车〔999〕	9	35	13		辆/千克	6A	L. M/
87059020	---放射线检查车							
8705902000	机动放射线检查车〔999〕	9	14	13		辆/千克	6A	L. M/
87059030	---环境监测车							
8705903000	机动环境监测车〔999〕	12	20	13		辆/千克	6A	L. M/
87059040	---医疗车							
8705904000	机动医疗车〔999〕	12	30	13		辆/千克	6A	L. M/
87059051	----航空电源车(频率为 400 赫兹)							

协定税率(%)															特惠税率(%)			对美税率	出口税率	出口退税率	Article Description
智利	新西兰	澳大利亚	瑞士	冰岛	秘鲁	哥斯达	东盟	亚太	新加坡	巴基斯坦	港/澳/台	韩国	格鲁吉亚	毛里求斯	亚太	老/柬/缅	LDC 97/95				
																			0		
																			0		
																			0		
0	0	0		0		0	5				0/0/	16.2	0	21.4			0/			13	--G. v. w. not exceeding 5 tons
																			0		
0	0	0	4	0	0	0	5				0/0/	10.6	0	17.1			0/0			13	---G. v. w. exceeding 5 tons, but not exceeding 8 tons
																			0		
0	0	0	4	0	0	0	5				0/0/	10.6	0	17.1			0/0			13	---G. v. w. exceeding 8 tons
																			0		
0	0	0		0	0	0	0		0		0/0/	16.2	0	21.4			0/0			13	-Other
																			0		
																					Special purpose motor vehicles, other than those principally designed for the transport of persons or goods (for example, breakdown lorries, crane lorries, fire fighting vehicles, concrete mixer lorries, road sweeper lorries, spraying lorries, mobile workshops, mobile radiological units):
0	0	0	3	0	0	0	0		0	9.6	0/0/	8	0	0			0/0			13	----Of maxium lifting capacity not more than 50 tons
																		40	0		
0	0	0	0	0	0	0	0		0	3	0/0/	5.3	0	0			0/0			13	----Of a maxium lifting capacity exceeding 50 tons but not exceeding 100 tons
																		35	0		
0	0	0	0	0	0	0	0		0	3	0/0/	5.3	0	0			0/0			13	----Of a maxium lifting capacity exceeding 100 tons
																		35	0		
0	0	0	3	0	0	0	0		0	9.6	0/0/	8	0	0			0/0			13	----Of maxium lifting capacity not more than 50 tons
																		40	0		
0	0	0	0	0	0	0	0		0	3	0/0/	5.3	0	0			0/0			13	----Of a maxium lifting capacity exceeding 50 tons but not exceeding 100 tons
																		35	0		
0	0	0	0	0	0	0	0		0	3	0/0/	5.3	0	0			0/0			13	----Of a maxium lifting capacity exceeding 100 tons
																		35	0		
0	0	0	2.4	0	0	0	0		0	4.8	0/0/	6.4	0	0			0/0			13	-Mobile drilling derricks
																		17	0		
0	0	0	0	0	0	0	0			0	0/0/	1.6	0	0			0/0			13	---Mounted with scaling ladder
																		8	0		
0	0	0	0	0	0	0	0			0	0/0/	1.6	0	0			0/0			13	---Other
																		8	0		
0	0	0	3	0	0	0	0	13.5	0	6	0/0/	8	0	0			0/0			13	-Concrete mixer lorries
																		20	0		
0	0	0	0	0	0	0	0	8.1	0	3	0/0/	4.8	0	0			0/0			13	---Radio communication vans
																		14	0		
0	0	0	0	0	0	0	0	8.1		3	0/0/	4.8	0	0			0/0			13	---Mobile radiological units
																		14	0		
0	0	0	2.4	0	0	0	0	10.8	0	4	0/0/	6.4	0	0			0/0			13	---Mobile environmental monitoring units
																		17	0		
0	0	0	2.4	0	0	0	0	10.8	0	4	0/0/	7.8	0	0			0/0			13	---Mobile clinics
																		17	0		
0	0	0	2.4	0	0	0	0	10.8	0	4	0/0/	6.4	0	0			0/0			13	----Airplane charging vehicles (frequency 400Hz)

商品编号	商品名称及备注[检验检疫编码及名称]	进口关税(%) 最惠国	进口关税(%) 普通	增值税率(%)	消费税	计量单位	监管条件	检验检疫类别
8705905100	航空电源车(频率为400赫兹)〔999〕	12	30	13		辆/千克	6	
87059059	----其他							
8705905900	其他机动电源车(频率为400赫兹航空电源车除外)〔999〕	12	30	13		辆/千克	6A	L.M/
87059060	---飞机加油车、调温车、除冰车							
8705906000	飞机加油车、调温车、除冰车〔999〕	12	35	13		辆/千克	6A	M/
87059070	---道路(包括跑道)扫雪车							
8705907000	道路(包括跑道)扫雪车〔999〕	12	35	13		辆/千克	6A	L.M/
87059080	---石油测井车、压裂车、混沙车							
8705908000	石油测井车、压裂车、混沙车〔999〕	12	35	13		辆/千克	6A	L.M/
87059091	----混凝土泵车							
8705909100	混凝土泵车〔999〕	12	35	13		辆/千克	6A	L.M/
87059099	----其他							
8705909901[暂10]	跑道除冰车〔999〕	12	35	13		辆/千克	6A	M/
8705909930	用于导弹、火箭等的车辆(为弹道导弹、运载火箭等运输、装卸和发射而设计的)〔999〕	12	35	13		辆/千克	36	
8705909990	其他特殊用途的机动车辆(主要用于载人或运货的车辆除外)〔999〕	12	35	13		辆/千克	6A	L.M/
8706	**装有发动机的机动车辆底盘,品目87.01至87.05所列车辆用:**							
87060010	---非公路用自卸车底盘							
8706001000	非公路用货运自卸车底盘(装有发动机的)〔999〕	6	14	13		台/千克	6	
87060021	----车辆总重量在14吨及以上的							
8706002100	车辆总重量≥14吨的货车底盘(装有发动机的)〔999〕	6	30	13		台/千克	46AOxy	L.M/
87060022	----车辆总重量在14吨以下的							
8706002200	车辆总重量<14吨的货车底盘(装有发动机的)〔999〕	6	45	13		台/千克	46AOxy	L.M/
87060030	---大型客车底盘							
8706003000	大型客车底盘(装有发动机的)〔999〕	6	70	13		台/千克	46Oxy	
87060040	---汽车起重机底盘							
8706004000	汽车起重机底盘(装有发动机的)〔999〕	6	100	13		台/千克	6AO	L.M/
87060090	---其他							
8706009000	其他机动车辆底盘(装有发动机的,品目87.01、87.03和87.05所列车辆用)〔999〕	6	100	13		台/千克	46AOxy	L.M/
8707	**机动车辆的车身(包括驾驶室),品目87.01至87.05所列车辆用:**							
87071000	-品目87.03所列车辆用							
8707100000	小型载人机动车辆车身(含驾驶室)(品目87.03所列车辆用)〔999〕	6	100	13		台/千克	6	
87079010	---税号8702.1092、8702.1093、8702.9020及8702.9030所列车辆用							
8707901000	大型客车用车身(含驾驶室)(30座以下客车辆用)〔999〕	6	70	13		台/千克	6	
87079090	---其他							
8707909000	其他车辆用车身(含驾驶室)(品目87.01至87.02,87.04,87.05的车辆用)〔999〕	6	70	13		台/千克	6	
8708	**机动车辆的零件、附件,品目87.01至87.05所列车辆用:**							
87081000	-缓冲器(保险杠)及其零件							
8708100000	缓冲器(保险杠)及其零件(品目87.01至87.05的车辆用)〔999〕	6	100	13		千克	6	
87082100	--坐椅安全带							
8708210000	坐椅安全带(品目87.01至87.05的车辆用)〔999〕	6	100	13		千克	6A	L.M/
87082930	---车窗玻璃升降器							
8708293000	机动车辆用车窗玻璃升降器〔999〕	6	100	13		千克	6	
87082941	----电动的							
8708294100	汽车电动天窗〔999〕	6	100	13		千克/套	6	L/
87082942	----手动的							
8708294200	汽车手动天窗〔999〕	6	100	13		千克/套	6	L/

协定税率(%)															特惠税率(%)			对美税率	出口税率	出口退税率	Article Description
智利	新西兰	澳大利亚	瑞士	冰岛	秘鲁	哥斯达	东盟	亚太	新加坡	巴基斯坦	港/澳/台	韩国	格鲁吉亚	毛里求斯	亚太	老/柬/缅	LDC 97/95				
																		17	0		
0	0	0	2.4	0	0	0	0	10.8	0	4	0/0/	6.4	0	0			0/0			13	----Other
																		17	0		
0	0	0	2.4	0	0	0	0	10.8	0	4	0/0/	6.4	0	0			0/0			13	---Mobile vehicles for aircraft refuelling, air-conditioning or deicing
																		17	0		
0	0	0	2.4	0	0	0	0	10.8	0	4	0/0/	6.4	0	0			0/0			13	---Snow sweep vehicles for cleaning streets or airfield runways
																		17	0		
0	0	0	2.4	0	0	0	0	10.8	0	4	0/0/	6.4	0	0			0/0			13	---Petroleum well logging trucks, fracturing unit trucks and mixing sand trucks
																		17	0		
0	0	0	2.4	0	0	0	0	10.8	0	4	0/0/	6.4	0	0			0/0			13	----Concrete pump lorries
																		17	0		
0	0	0	2.4	0	0	0	0	10.8	0	4	0/0/	6.4	0	0			0/0			13	----Other
																		15	0		
																		17	0		
																		17	0		
																					Chassis fitted with engines, for the motor vehicles of headings 87.01 to 87.05:
0	0	0	0	0	0	0	0			3	0/0/	4.2	0	6.9			0/0			13	---For the vehicles of subheading 8704.1030 or 8704.1090
																			0		
0	0	0	0	0		0	5				0/0/	5.3	0	8.6			0/			13	----For vehicles g. v. w of 14 tons or more
																			0		
0	0	0	0	0	0	0	5				0/0/	5.3	0	8.6			0/0			13	----For vehicles g. v. w less than 14 tons
																			0		
0	0	0	4	0		0	0		0		0/0/	10.6	0	17.1			0/			13	---For passenger motor vehicles with 30 seats or more
																			0		
0	0	0	4	0	0	0	0		0		0/0/	10.6	0	17.1			0/0			13	---For crane lorries
																			0		
0	0	0	0	0	0	0	0		0		0/0/	5.3	0	8.6			0/0			13	---Other
																			0		
																					Bodies (including cabs), for the motor vehicles of headings 87.01 to 87.05:
0	0	0	0	0	0	0	0		0		0/0/	5.3	0	8.6			0/0			13	-For the vehicles of heading 87.03
																		31	0		
0	0	0	0	0	0	0	0	5.4	0	4	0/0/	5.3	0	8.6			0/0			13	---For the vehicles of subheadings 8702.1092, 8702.1093, 8702.9020 or 8702.9030
																		31	0		
0	0	0	0	0	0	0	0	5.4	0	4	0/0/	5.3	0	8.6			0/0			13	---Other
																		31	0		
																					Parts and accessories of the motor vehicles of headings 87.01 to 87.05:
0	0	0	0	0	0	0	0	5.8	0	0	0/0/0	6.5	0	8.6			0/0			13	-Bumpers and parts thereof
																			0		
0	0	0	0	0	0	0	0		0	4	0/0/	5.3	0	8.6			0/0			13	--Safety seat belts
																			0		
0	0	0	0	0	0	0	5	5.4		7.2	0/0/0	5.3	2	8.6			0/0			13	---Windowpane raiser
																			0		
0	0	0	0	0	0	0	0	5.4	0	4	0/0/0	9	0	8.6			0/0			13	----Electric
																			0		
0	0	0	0	0	0	0	0	5.4	0	3	0/0/0	5.3	0	8.6			0/0			13	----Hand-operated
																			0		

商品编号	商品名称及备注[检验检疫编码及名称]	进口关税(%)		增值税率(%)	消费税	计量单位	监管条件	检验检疫类别
		最惠国	普通					
87082951	----侧围							
8708295100	侧围〔999〕	6	100	13		千克	6	
87082952	----车门							
8708295200	车门〔999〕	6	100	13		千克/个	6	
87082953	----发动机罩盖							
8708295300	发动机罩盖〔999〕	6	100	13		千克	6	
87082954	----前围							
8708295400	前围〔999〕	6	100	13		千克	6	
87082955	----行李箱盖(或背门)							
8708295500	行李箱盖(或背门)〔999〕	6	100	13		千克	6	
87082956	----后围							
8708295600	后围〔999〕	6	100	13		千克	6	
87082957	----翼子板(或叶子板)							
8708295700	翼子板(或叶子板)〔999〕	6	100	13		千克	6	
87082959	----其他							
8708295900	其他车身覆盖件〔999〕	6	100	13		千克	6	
87082990	---其他							
8708299000	其他车身未列名零部件(包括驾驶室的零件、附件)〔999〕	6	100	13		千克	6	L/
87083010	---装在蹄片上的制动摩擦片							
8708301000	装在蹄片上的制动摩擦片〔999〕	6	100	13		千克	6	
87083021	----品目 87.01、税号 8704.1030 及 8704.1090 所列车辆用							
8708302100	牵引车、拖拉机、非公路用自卸车用防抱死制动系统〔999〕	6	11	13		千克	6	
87083029	----其他							
8708302900	其他车辆用防抱死制动系统〔999〕	6	100	13		千克	6	
87083091	----品目 87.01 所列车辆用							
8708309100	牵引车、拖拉机用制动器及其零件(包括助力制动器及其零件)〔999〕	6	14	13		千克	6	L/
87083092	----税号 8702.1091 及 8702.9010 所列车辆用							
8708309200	大型客车用制动器及其零件(包括助力制动器及其零件)〔999〕	6	70	13		千克	6	L/
87083093	----税号 8704.1030 及 8704.1090 所列车辆用							
8708309300	非公路自卸车用制动器及其零件(包括助力制动器及其零件)〔999〕	6	11	13		千克	6	
87083094	----税号 8704.2100、8704.2230、8704.3100 及 8704.3230 所列车辆用							
8708309400	柴、汽油轻型货车用制动器及零件(指编号 87042100、87042230、87043100、87043230 所列总重量≤14 吨车辆用)〔999〕	6	45	13		千克	6	L/
87083095	----税号 8704.2240、8704.2300 及 8704.3240 所列车辆用							
8708309500	柴、汽油型重型货车用制动器及其零件(指编号 87042240、87042300 及 87043240 所列车辆用)〔999〕	6	30	13		千克	6	L/
87083096	----品目 87.05 所列车辆用							
8708309600	特种车用制动器及其零件(指品目 87.05 所列车辆用,包括助动器及零件)〔999〕	6	100	13		千克	6	L/
87083099	----其他							
8708309911[暂5]	纯电动或混合动力汽车用电动制动器(由制动器电子控制单元、踏板行程模拟器、制动执行器等组成)〔999〕	6	100	13		千克/个	6	
8708309919	其他机动车辆用制动器(包括助力制动器)〔999〕	6	100	13		千克/个	6	
8708309920[暂5]	燃油汽车用电动制动器(由制动器电子控制单元、踏板行程模拟器、制动执行器等组成)〔999〕	6	100	13		千克/个	6	
8708309990	其他机动车辆用制动器(包括助力制动器)的零件〔999〕	6	100	13		千克/个	6	L/
87084010	---税目 87.01 所列车辆用							
8708401010[暂3]	发动机功率 65 千瓦及以上的动力换挡拖拉机用变速箱〔999〕	6	14	13		个/千克	6	
8708401090	其他牵引车、拖拉机用变速箱及其零件〔999〕	6	14	13		个/千克	6	
87084020	---税号 8702.1091 及 8702.9010 所列车辆用							
8708402000	大型客车用变速箱及其零件〔999〕	6	70	13		个/千克	6	
87084030	---税号 8704.1030 及 8704.1090 所列车辆用							
8708403001[暂3]	扭矩>1500 牛米非公路自卸车用变速箱〔999〕	6	11	13		个/千克	6	

协定税率(%)															特惠税率(%)			对美税率	出口税率	出口退税率	Article Description
智利	新西兰	澳大利亚	瑞士	冰岛	秘鲁	哥斯达	东盟	亚太	新加坡	巴基斯坦	港/澳/台	韩国	格鲁吉亚	毛里求斯	亚太	老/柬/缅	LDC 97/95				
0	0	0	0	0	0	0	0	5.4	0	3	0/0/0	6.5	0	8.6			0/0			13	----Side appearance of bodies
																			0		
0	0	0	0	0	0	0	0	5.4	0	3	0/0/0	6.5	0	8.6			0/0			13	----Doors
																			0		
0	0	0	0	0	0	0	0	5.4	0	3	0/0/0	6.5	0	8.6			0/0			13	----Bonnets
																			0		
0	0	0	0	0	0	0	0	5.4	0	3	0/0/0	6.5	0	8.6			0/0			13	----Frontal appearance of bodies
																			0		
0	0	0	0	0	0	0	0	5.4	0	3	0/0/0	6.5	0	8.6			0/0			13	----Rear compartment covers(or rear door)
																			0		
0	0	0	0	0	0	0	0	5.4	0	3	0/0/0	6.5	0	8.6			0/0			13	----Rear appearance of bodies
																			0		
0	0	0	0	0	0	0	0	5.4	0	4	0/0/0	6.5	0	8.6			0/0			13	----Running-boards
																			0		
0	0	0	0	0	0	0	0	5.4	0	3	0/0/0	6.5	0	8.6			0/0			13	----Other
																			0		
0	0	0	2	0	0	0	0	5.4	0	4	0/0/0	9	0	8.6			0/0			13	---Other
																			0		
0	0	0	0	0	0	0	0		0	4	0/0/	3	0	8.6			0/0			13	---Mounted brake linings
																			0		
0	0	0	0	0	0	0	0	5.4		0	0/0/	3.2	0	0			0/0			13	----Of the vehicles of heading 87.01 and subheadings 8704.1030 and 8704.1090
																		11	0		
0	0	0	0	0	0	0	5	5.4		7.2	0/0/	9	0	8.6			0/0			13	----Other
																			0		
0	0	0	0	0	0	0	0	5.4		0	0/0/	3.2	0	0			0/0			13	----Of the vehicles of heading 87.01
																			0		
0	0	0	0	0	0	0	5	5.4		7.2	0/0/	6.5	0	8.6			0/0			13	----Of the vehicles of subheadings 8702.1091 and 8702.9010
																			0		
0	0	0	0	0	0	0	0	5.4		0	0/0/	3.2	0	0			0/0			13	----Of the vehicles of subheadings 8704.1030 and 8704.1090
																			0		
0	0	0	0	0	0	0	5	5.4		7.2	0/0/	6.5	0	8.6			0/0			13	----Of the vehicles of subheadings 8704.2100, 8704.2230, 8704.3100 and 8704.3230
																			0		
0	0	0	0	0	0	0	0	5.4	0	4	0/0/	3	0	8.6			0/0			13	----Of the vehicles of subheadings 8704.2240, 8704.2300 and 8704.3240
																			0		
0	0	0	0	0	0	0	0	5.4	0	3	0/0/	5.3	0	8.6			0/0			13	----Of the vehicles of heading 87.05
																			0		
0	0	0	2	0	0	0	5	5.4		9	0/0/	6.5	0	8.6			0/0			13	----Other
																			0		
																			0		
																			0		
																			0		
0	0	0	0	0	0	0	0			0	0/0/0		0	0			0/0			13	---Of the vehicles of heading 87.01
																			0		
																			0		
0	0	0	0	0		0	5				0/0/0		0	8.6			0/			13	---Of the vehicles of subheadings 8702.1091 and 8702.9010
																			0		
0	0	0	0	0		0	0			0	0/0/0	4.8	0	0			0/			13	---Of the vehicles of subheadings 8704.1030 and 8704.1090
																			0		

商品编号	商品名称及备注[检验检疫编码及名称]	进口关税(%) 最惠国	进口关税(%) 普通	增值税率(%)	消费税	计量单位	监管条件	检验检疫类别
8708403090	其他非公路自卸车用变速箱及其零件〔999〕	6	11	13		个/千克	6	
87084040	---税号 8704.2100、8704.2230、8704.3100 及 8704.3230 所列车辆用							
8708404000	柴、汽油轻型货车用变速箱及其零件(指编号 87042100,87042230,87043100,87043230 所列≤14 吨车辆用)〔999〕	6	45	13		个/千克	6	
87084050	---税号 8704.2240、8704.2300 及 8704.3240 所列车辆用							
8708405000	其他柴、汽油型重型货车用变速箱及其零件(指品目 87042240,87042300 及 87043240 所列车辆用)〔999〕	6	30	13		个/千克	6	
87084060	---品目 87.05 所列车辆用							
8708406000	特种车用变速箱及其零件(指品目 87.05 所列车辆用)〔999〕	6	100	13		个/千克	6	
87084091	----品目 87.03 所列车辆用自动换挡变速箱及其零件							
8708409110[暂3]	品目 87.03 所列车辆用自动换挡变速箱的液力变矩器〔999〕	6	100	13		个/千克	6	
8708409120[暂3]	品目 87.03 所列车辆用自动换挡变速箱的铝阀芯〔999〕	6	100	13		个/千克	6	
8708409191	品目 87.03 所列车辆用自动换挡变速箱〔999〕	6	100	13		个/千克	6	
8708409199	其他品目 87.03 所列车辆用自动换挡变速箱的零件〔999〕	6	100	13		个/千克	6	
87084099	----其他							
8708409910	其他未列名机动车辆用变速箱〔999〕	6	100	13		个/千克	6	
8708409920[暂3]	其他未列名机动车辆自动变速箱用液力变矩器〔999〕	6	100	13		个/千克	6	
8708409930[暂3]	其他未列名机动车辆自动变速箱用铝阀芯〔999〕	6	100	13		个/千克	6	
8708409990	其他未列名机动车辆用变速箱的零件〔999〕	6	100	13		个/千克	6	
87085071	----品目 87.01 所列车辆用							
8708507110[暂3]	发动机功率 65 千瓦及以上的动力换挡拖拉机用驱动桥(装有差速器的,不论是否装有其他传动件)〔999〕	6	14	13		个/千克	6	
8708507190	其他牵引车、拖拉机用驱动桥及其零件(装有差速器的,不论是否装有其他传动件)〔999〕	6	14	13		个/千克	6	
87085072	----税号 8702.1091 及 8702.9010 所列车辆用							
8708507201	轴荷≥10 吨的中后驱动桥的零件〔999〕	6	70	13		个/千克	6	
8708507291	其他大型客车用驱动桥(装有差速器的,不论是否装有其他传动件)〔999〕	6	70	13		个/千克	6	
8708507299	其他大型客车用驱动桥的零件(装有差速器的,不论是否装有其他传动件)〔999〕	6	70	13		个/千克	6	
87085073	----税号 8704.1030 及 8704.1090 所列车辆用							
8708507300	非公路自卸车用驱动桥及其零件(装有差速器的,不论是否装有其他传动件)〔999〕	6	11	13		个/千克	6	
87085074	----税号 8704.2100、8704.2230、8704.3100 及 8704.3230 所列车辆用							
8708507410	柴、汽油型轻型货车用驱动桥(编号 87042100,87042230,87043100,87043230 所列总重量≤14 吨车辆用,装差速器)〔999〕	6	45	13		个/千克	6	
8708507490	柴、汽油型轻型货车用驱动桥的零件(编号 87042100,87042230,87043100,87043230 所列总重量≤14 吨车辆用,装差速器)〔999〕	6	45	13		个/千克	6	
87085075	----税号 8704.2240、8704.2300 及 8704.3240 所列车辆用							
8708507510	其他柴、汽油型重型货车用驱动桥(指编号 87042240,87042300 及 87043240 所列车辆用)〔999〕	6	30	13		个/千克	6	
8708507590	其他柴、汽油型重型货车用驱动桥的零件(指编号 87042240,87042300 及 87043240 所列车辆用)〔999〕	6	30	13		个/千克	6	
87085076	----品目 87.05 所列车辆用							
8708507610	特种车用驱动桥(指品目 87.05 所列车辆用,装有差速器,不论是否装有其他传动件)〔999〕	6	100	13		个/千克	6	
8708507690	特种车用驱动桥的零件(指品目 87.05 所列车辆用,装有差速器,不论是否装有其他传动件)〔999〕	6	100	13		个/千克	6	
87085079	----其他							
8708507910	未列名机动车辆用驱动桥(装有差速器的,不论是否装有其他传动件)〔999〕	6	100	13		个/千克	6	
8708507990	未列名机动车辆用驱动桥的零件(装有差速器的,不论是否装有其他传动件)〔999〕	6	100	13		个/千克	6	
87085081	----品目 87.01 所列车辆用							
8708508100	牵引车、拖拉机用非驱动桥及零件〔999〕	6	14	13		千克	6	

协定税率(%)															特惠税率(%)			对美税率	出口税率	出口退税率	Article Description
智利	新西兰	澳大利亚	瑞士	冰岛	秘鲁	哥斯达	东盟	亚太	新加坡	巴基斯坦	港/澳/台	韩国	格鲁吉亚	毛里求斯	亚太	老/柬/缅	LDC 97/95				
																			0		
0	0	0	0	0		0	5				0/0/0		0	8.6			0/			13	---Of the vehicles of subheadings 8704.2100, 8704.2230, 8704.3100 and 8704.3230
																			0		
0	0	0	0	0		0	5				0/0/0		0	8.6			0/			13	---Of the vehicles of subheadings 8704.2240, 8704.2300 and 8704.3240
																			0		
0	0	0	0	0	0	0	0		0	4	0/0/0		0	8.6			0/0			13	---Of the vehicles of heading 87.05
																			0		
0	0	0	0	0		0	5				0/0/	8	0	8.6			0/			13	----Automatic gearshift of the vehicles of heading 87.03 and parts thereof
																			0		
																			0		
																			0		
																			0		
0	0	0	0	0		0	0		0	0	0/0/0		0	8.6			0/			13	---Other
																			0		
																			0		
																			0		
																			0		
0	0	0	0	0	0	0	0	5.4		0	0/0/	3.2	0	0			0/0			13	----Of the vehicles of heading 87.01
																			0		
																			0		
0	0	0	0	0	0	0	5	5.4		9	0/0/	9	0	8.6			0/0			13	----Of the vehicles of subheadings 8702.1091 and 8702.9010
																			0		
																			0		
																			0		
0	0	0	0	0	0	0	0	5.4		0	0/0/	3.2	0	0			0/0			13	----Of the vehicles of subheadings 8704.1030 and 8704.1090
																			0		
0	0	0	0	0	0	0	5	5.4		9	0/0/	6.5	0	8.6			0/0			13	----Of the vehicles of subheadings 8704.2100, 8704.2230, 8704.3100 and 8704.3230
																			0		
																			0		
0	0	0	0	0	0	0	5	5.4		9	0/0/	6.5	0	8.6			0/0			13	----Of the vehicles of subheadings 8704.2240, 8704.2300 and 8704.3240
																			0		
																			0		
0	0	0	0	0	0	0	0	5.4	0	3	0/0/	5.3	0	8.6			0/0			13	----Of the vehicles of heading 87.05
																			0		
																			0		
0	0	0	4.7	0	0	0	5	5.4		9	0/0/	9	0	8.6			0/0			13	----Other
																			0		
																			0		
0	0	0	0	0	0	0	0			5	0/0/	3.2	0	0			0/0			13	----Of the vehicles of heading 87.01
																			0		

商品编号	商品名称及备注[检验检疫编码及名称]	进口关税(%) 最惠国	进口关税(%) 普通	增值税率(%)	消费税	计量单位	监管条件	检验检疫类别
87085082	----税号 8702.1091 及 8702.9010 所列车辆用							
8708508200	座位≥30 的客车用非驱动桥及其零件〔999〕	6	70	13		千克	6	
87085083	----税号 8704.1030 及 8704.1090 所列车辆用							
8708508300	非公路自卸车用非驱动桥及零件〔999〕	6	11	13		千克	6	
87085084	----税号 8704.2100、8704.2230、8704.3100 及 8704.3230 所列车辆用							
8708508400	柴、汽油轻型货车用非驱动桥及零件(指编号 87042100,87042230,87043100,87043230 所列总重量≤14 吨车辆用,装差速器)〔999〕	6	45	13		千克	6	
87085085	----税号 8704.2240、8704.2300 及 8704.3240 所列车辆用							
8708508500	柴汽油重型货车用非驱动桥及零件(指编号 87042240,87042300 及 87043240 所列车辆用)〔999〕	6	30	13		千克	6	
87085086	----品目 87.05 所列车辆用							
8708508600	特种车用非驱动桥及其零件(指品目 87.05 所列车辆用)〔999〕	6	100	13		千克	6	
87085089	----其他							
8708508910	未列名机动车辆用非驱动桥〔999〕	6	100	13		千克/个	6	
8708508990	未列名机动车辆用非驱动桥的零件〔999〕	6	100	13		千克/个	6	
87087010	---品目 87.01 所列车辆用							
8708701000	牵引车及拖拉机用车轮及其零附件(不包括品目 87.09 的牵引车)〔999〕	6	14	13		千克	6	
87087020	---税号 8702.1091 及 8702.9010 所列车辆用							
8708702000	大型客车用车轮及其零、附件(指 30 座及以上的客运车)〔999〕	6	70	13		千克	6	
87087030	---税号 8704.1030 及 8704.1090 所列车辆用							
8708703000	非公路货运自卸车用车轮及其零件〔999〕	6	11	13		千克	6	
87087040	---税号 8704.2100、8704.2230、8704.3100 及 8704.3230 所列车辆用							
8708704000	中小型货车用车轮及其零件(指总重量<14 吨的货运车辆)〔999〕	6	45	13		千克	6	
87087050	---税号 8704.2240、8704.2300 及 8704.3240 所列车辆用							
8708705000	大型货车用车轮及其零件(指编号 87042240、87042300 及 87043240 所列车辆用)〔999〕	6	30	13		千克	6	
87087060	---品目 87.05 所列车辆用							
8708706000	特种车用车轮及其零件(指品目 87.05 所列车辆用)〔999〕	6	100	13		千克	6	
87087091	----铝合金制的							
8708709100	其他车辆用铝合金制车轮及其零附件〔999〕	6	100	13		千克	6A	M/
87087099	----其他							
8708709900	其他车辆用车轮及其零附件〔999〕	6	100	13		千克	6	
87088010	---品目 87.03 所列车辆用							
8708801000	品目 87.03 所列车辆用的悬挂系统(包括减震器)及其零件〔999〕	6	100	13		千克	6	
87088090	---其他							
8708809000	其他机动车辆用的悬挂系统(包括减震器)及其零件〔999〕	6	100	13		千克	6	
87089110	---水箱散热器							
8708911000	水箱散热器〔999〕	6	100	13		个/千克	6	
87089120	---机油冷却器							
8708912000	机油冷却器〔999〕	6	100	13		个/千克	6	
87089190	---其他							
8708919000	其他散热器及其零件(包括水箱散热器、机油冷却器的零件)〔999〕	6	100	13		个/千克	6	
87089200	--消声器(消音器)、排气管及其零件							
8708920000	机动车辆的消声器(消音器)及排气管及其零件〔999〕	6	100	13		千克	6	
87089310	---品目 87.01 所列车辆用							
8708931010[暂3]	发动机功率 65 千瓦及以上的动力换挡拖拉机用离合器〔999〕	6	14	13		千克	6	
8708931090	其他牵引车、拖拉机用离合器及其零件〔999〕	6	14	13		千克	6	
87089320	---税号 8702.1091 及 8702.9010 所列车辆用							
8708932000	座位≥30 的客车用离合器及其零件〔999〕	6	70	13		千克	6	

协定税率(%)															特惠税率(%)			对美税率	出口税率	出口退税率	Article Description
智利	新西兰	澳大利亚	瑞士	冰岛	秘鲁	哥斯达	东盟	亚太	新加坡	巴基斯坦	港/澳/台	韩国	格鲁吉亚	毛里求斯	亚太	老/柬/缅	LDC 97/95				
0	0	0	3	0	0	0	0		0	7.8	0/0/	9.7	0	12.9			0/0			13	----Of the vehicles of subheadings 8702.1091 and 8702.9010
																			0		
0	0	0	0	0	0	0	0			5	0/0/	3.2	0	0			0/0			13	----Of the vehicles of subheadings 8704.1030 and 8704.1090
																			0		
0	0	0	0	0	0	0	0		0	4	0/0/	5.3	0	8.6			0/0			13	----Of the vehicles of subheadings 8704.2100, 8704.2230, 8704.3100 and 8704.3230
																			0		
0	0	0	0	0	0	0	0		0	4	0/0/	5.3	0	8.6			0/0			13	----Of the vehicles of subheadings 8704.2240, 8704.2300 and 8704.3240
																			0		
0	0	0	0	0	0	0	0		0	3	0/0/	5.3	0	8.6			0/0			13	----Of the vehicles of heading 87.05
																		11	0		
0	0	0	0	0	0	0	0		0	4	0/0/		0	8.6			0/0			13	----Other
																			0		
																			0		
0	0	0	0	0	0	0	0			5	0/0/0	3.2	0	0			0/0			13	---Of the vehicles of heading 87.01
																			0		
0	0	0	0	0	0	0	0		0	4	0/0/0	5.3	0	8.6			0/0			13	---Of the vehicles of subheadings 8702.1091 and 8702.9010
																			0		
0	0	0	0	0	0	0	0			5	0/0/0	3.2	0	0			0/0			13	---Of the vehicles of subheadings 8704.1030 and 8704.1090
																			0		
0	0	0	0	0	0	0	0		0	4	0/0/0	3	0	8.6			0/0			13	---Of the vehicles of subheadings 8704.2100, 8704.2230, 8704.3100 and 8704.3230
																			0		
0	0	0	0	0	0	0	0		0	4	0/0/0	5.3	0	8.6			0/0			13	---Of the vehicles of subheadings 8704.2240, 8704.2300 and 8704.3240
																			0		
0	0	0	0	0	0	0	0		0	3	0/0/0	5.3	0	8.6			0/0			13	---Of the vehicles of heading 87.05
																			0		
0	0	0	0	0	0	0	0		0	0	0/0/0		0	8.6			0/0			13	----Of aluminium alloys
																			0		
0	0	0	0	0	0	0	0		0	4	0/0/0		0	8.6			0/0			13	----Other
																			0		
0	0	0	0	0	0	0	0	5.4	0	0	0/0/	3	0	8.6			0/0			13	---Of the vehicles of heading 87.03
																			0		
0	0	0	0	0	0	0	0	5.4	0	4	0/0/	3	0	8.6			0/0			13	---Other
																			0		
0	0	0	0	0	0	0	0		0	0	0/0/	5.3	0	8.6			0/0			13	---Water tank radiators
																			0		
0	0	0	0	0	0	0	0		0	0	0/0/	5.3	0	8.6			0/0			13	---Oil coolers
																			0		
0	0	0	0	0	0	0	0		0	0	0/0/	5.3	0	8.6			0/0			13	---Other
																			0		
0	0	0	0	0	0	0	0		0	0	0/0/		0	8.6			0/0			13	--Silencers (mufflers) and exhaust pipes; parts thereof
																			0		
0	0	0	0	0	0	0	0			5	0/0/	3.2	0	0			0/0			13	---Of the vehicles of heading 87.01
																			0		
																			0		
0	0	0	0	0	0	0	0		0	4	0/0/	6.5	0	8.6			0/0			13	---Of the vehicles of subheadings 8702.1091 and 8702.9010
																			0		

商品编号	商品名称及备注[检验检疫编码及名称]	进口关税(%) 最惠国	进口关税(%) 普通	增值税率(%)	消费税	计量单位	监管条件	检验检疫类别
87089330	---税号8704.1030及8704.1090所列车辆用							
8708933000	非公路自卸车用离合器及其零件〔999〕	6	11	13		千克	6	
87089340	---税号8704.2100、8704.2230、8704.3100及8704.3230所列车辆用							
8708934000	柴、汽油轻型货车用离合器及零件(编号87042100,87042230,87043100,87043230所列总重量≤14吨车辆用)〔999〕	6	45	13		千克	6	
87089350	---税号8704.2240、8704.2300及8704.3240所列车辆用							
8708935000	柴、汽油型重型货车离合器及零件(编号87042240、87042300、87043240所列车辆用)〔999〕	6	30	13		千克	6	
87089360	---品目87.05所列车辆用							
8708936000	特种车用的离合器及其零件(指品目87.05所列车辆用)〔999〕	6	100	13		千克	6	
87089390	---其他							
8708939000	未列名机动车辆用离合器及其零件〔999〕	6	100	13		千克	6	
87089410	---品目87.01所列车辆用							
8708941000	牵引车、拖拉机用转向盘、转向柱及其零件(包括转向器)〔999〕	6	14	13		千克	6	
87089420	---税号8702.1091及8702.9010所列车辆用							
8708942001	座位≥30的客车用转向器零件〔999〕	6	70	13		千克	6	
8708942090	大型客车用其他转向盘、转向柱及其零件(包括转向器)〔999〕	6	70	13		千克	6	
87089430	---税号8704.1030及8704.1090所列车辆用							
8708943000	非公路自卸车用转向盘、转向柱及其零件(包括转向器)〔999〕	6	11	13		千克	6	
87089440	---税号8704.2100、8704.2230、8704.3100及8704.3230所列车辆用							
8708944000	柴、汽油轻型货车用转向盘、转向柱、转向器及其零件(编号87042100、87042230、87043100、87043230所列总重量≤14吨车辆用)〔999〕	6	45	13		千克	6	
87089450	---税号8704.2240、8704.2300及8704.3240所列车辆用							
8708945001	总重≥14吨柴油型货车转向器的零件〔999〕	6	30	13		千克	6	
8708945090	其他重型货车用转向盘、转向柱、转向器及其零件(指编号87042240、87042300及87043240所列车辆用)〔999〕	6	30	13		千克	6	
87089460	---品目87.05所列车辆用转向器							
8708946000	特种车用转向盘、转向柱及转向器及其零件(指品目87.05所列车辆用)〔999〕	6	100	13		千克	6	
87089490	---其他							
8708949001	采用电动转向系统的转向盘、转向柱、转向器及其零件〔999〕	6	100	13		千克	6	
8708949090	其他未列名机动车辆用转向盘、转向柱及其零件(包括转向器)〔999〕	6	100	13		千克	6	
87089500	--带充气系统的安全气囊及其零件							
8708950000	机动车辆用带充气系统的安全气囊及其零件〔999〕	6	100	13		千克	6	
87089910	---品目87.01所列车辆用							
8708991000	牵引车及拖拉机用其他零附件(车轮及其零附件除外,不包括品目87.09的牵引车)〔999〕	6	14	13		千克	6	
87089921	----车架							
8708992100	编号87021091及87029010所列车辆用车架〔999〕	6	70	13		千克	6	
87089929	----其他							
8708992900	大型客车用其他零附件(车轮及其零附件除外,指30座及以上的客运车)〔999〕	6	70	13		千克	6	
87089931	----车架							
8708993100	非公路自卸车用车架〔999〕	6	11	13		千克	6	
87089939	----其他							
8708993900[暂3]	非公路用自卸车未列名零部件(车轮及其零件除外)〔999〕	6	11	13		千克	6	
87089941	----车架							
8708994100	中小型货车用车架(指总重量<14吨的货运车辆用)〔999〕	6	45	13		千克	6	
87089949	----其他							
8708994900	中小型货车用其他零附件(车轮及其零附件除外,指总重量<14吨的货运车辆)〔999〕	6	45	13		千克	6	
87089951	----车架							
8708995100	编号87042240、87042300、87043240所列车辆(含总重>8T汽油货车)用车架〔999〕	6	30	13		千克	6	

协定税率(%)															特惠税率(%)			对美税率	出口税率	出口退税率	Article Description
智利	新西兰	澳大利亚	瑞士	冰岛	秘鲁	哥斯达	东盟	亚太	新加坡	巴基斯坦	港/澳/台	韩国	格鲁吉亚	毛里求斯	亚太	老/柬/缅	LDC 97/95				
0	0	0	0	0	0	0	0			5	0/0/	3.2	0	0			0/0			13	---Of the vehicles of subheadings 8704.1030 and 8704.1090
																			0		
0	0	0	0	0	0	0	0		0	4	0/0/	5.3	0	8.6			0/0			13	---Of the vehicles of subheadings 8704.2100, 8704.2230, 8704.3100 and 8704.3230
																			0		
0	0	0	0	0	0	0	0		0	3	0/0/	6.5	0	8.6			0/0			13	---Of the vehicles of subheadings 8704.2240, 8704.2300 and 8704.3240
																			0		
0	0	0	0	0	0	0	0		0	3	0/0/	6.5	0	8.6			0/0			13	---Of the vehicles of heading 87.05
																			0		
0	0	0	0	0	0	0	0		0	5	0/0/		0	8.6			0/0			13	---Other
																			0		
0	0	0	0	0	0	0	0			0	0/0/	3.2	0	0			0/0			13	---Of the vehicles of heading 87.01
																			0		
0	0	0	0	0	0	0	0		0	4	0/0/	5.3	0	8.6			0/0			13	---Of the vehicles of subheadings 8702.1091 and 8702.9010
																			0		
																			0		
0	0	0	0	0	0	0	0			0	0/0/	3.2	0	0			0/0			13	---Of the vehicles of subheadings 8704.1030 and 8704.1090
																			0		
0	0	0	0	0	0	0	0		0	4	0/0/	5.3	0	8.6			0/0			13	---Of the vehicles of subheadings 8704.2100, 8704.2230, 8704.3100 and 8704.3230
																			0		
0	0	0	0	0	0	0	0		0	4	0/0/	5.3	0	8.6			0/0			13	---Of the vehicles of subheadings 8704.2240, 8704.2300 and 8704.3240
																			0		
																			0		
0	0	0	0	0	0	0	0		0	4	0/0/	5.3	0	8.6			0/0			13	---Of the vehicles of heading 87.05
																			0		
0	0	0	4.7	0	0	0	0		0	4	0/0/		0	8.6			0/0			13	---Other
																			0		
																			0		
0	0	0	0	0		0	5	5.4		9	0/0/	9	0	8.6			0/			13	--Safety airbags with inflater system; parts thereof
																			0		
0	0	0	0	0	0	0	0			0	0/0/	1.8	0	0			0/0			13	---Of the vehicles of heading 87.01
																			0		
0	0	0		0	0	0	0		0	25	0/0/	16.2	0	21.4			0/0			13	----Frames
																			0		
0	0	0		0	0	0	0		0	25	0/0/	16.2	0	21.4			0/0			13	----Other
																			0		
0	0	0	0	0	0	0	0			0	0/0/	3.2	0	0			0/0			13	----Frames
																			0		
0	0	0	0	0	0	0	0			0	0/0/	3.2	0	0			0/0			13	----Other
																			0		
0	0	0		0	0	0	0		0		0/0/	16.2	0	21.4			0/0			13	----Frames
																			0		
0	0	0		0	0	0	0		0	0	0/0/	16.2	0	21.4			0/0			13	----Other
																			0		
0	0	0	0	0	0	0	0		0	3	0/0/	5.3	0	8.6			0/0			13	----Frames
																			0		

商品编号	商品名称及备注[检验检疫编码及名称]	进口关税(%) 最惠国	普通	增值税率(%)	消费税	计量单位	监管条件	检验检疫类别
87089959	----其他							
8708995900	总重≥14 吨柴油货车用其他零部件(指 87042240,2300,3240 所列车辆用,含总重>8 吨汽油货车)〔999〕	6	30	13		千克	6	L/
87089960	---品目 87.05 所列车辆用							
8708996000	特种车用其他零附件(指品目 87.05 所列车辆用)〔999〕	6	100	13		千克	6	
87089991	----车架							
8708999100	其他品目 87.01~87.04 所列车辆用车架〔999〕	6	100	13		千克/个	6	
87089992	----传动轴							
8708999200	其他车辆用传动轴(品目 87.01 至 87.04 所列车辆用)〔999〕	6	100	13		千克	6	
87089999	----其他							
8708999910	混合动力汽车动力传动装置及其零件(由发电机、电动机和动力分配装置等组成,品目 87.01 至 87.04 所列车辆用)〔999〕	6	100	13		千克	6	
8708999990	机动车辆用未列名零件．附件(品目 87.01 至 87.04 所列车辆用)〔999〕	6	100	13		千克	6	
8709	**短距离运输货物的机动车辆,未装有提升或搬运设备,用于工厂、仓库、码头或机场;火车站台上用的牵引车;上述车辆的零件:**							
87091110	---牵引车							
8709111000	电动的短距离牵引车(未装有提升或搬运设备,包括火车站台上用的电动牵引车)〔999〕	10	30	13		辆/千克	6	
87091190	---其他							
8709119000	电动的其他短距离运货车(未装有提升或搬运设备,用于工厂、仓库、码头或机场)〔999〕	10	30	13		辆/千克	6	
87091910	---牵引车							
8709191000	非电动的短距离牵引车(未装有提升或搬运设备,包括火车站台上用非电动牵引车)〔999〕	10	30	13		辆/千克	6	
87091990	---其他							
8709199000	非电动的其他短距离运货车(未装有提升或搬运设备,用于工厂、仓库、码头或机场)〔999〕	10	30	13		辆/千克	6	
87099000	-零件							
8709900000	短距离运货车、站台牵引车用零件〔999〕	8	17	13		千克	6	
8710	**坦克及其他机动装甲战斗车辆,不论是否装有武器;上述车辆的零件:**							
87100010	---整车							
8710001000	坦克及其他机动装甲战斗车辆〔999〕	15	100	13		辆/千克	6	
87100090	---零件							
8710009000	坦克及其他机动装甲战斗车辆零件〔999〕	15	100	13		千克	6	
8711	**摩托车(包括机器脚踏两用车)及装有辅助发动机的脚踏车,不论有无边车;边车:**							
87111000	-装有往复式活塞内燃发动机,气缸容量(排气量)不超过 50 毫升							
8711100010	微马力摩托车及脚踏两用车(装有往复式活塞发动机,微马力指排气量=50 毫升)〔999〕	45	150	13		辆/千克	46Axy	L. M/
8711100090	微马力摩托车及脚踏两用车(装有往复式活塞发动机,微马力指排气量<50 毫升)〔999〕	45	150	13		辆/千克	6A	L. M/
87112010	---气缸容量超过 50 毫升,但不超过 100 毫升							
8711201000	50 毫升<排气量≤100 毫升装往复式活塞内燃发动机摩托车及脚踏两用车〔999〕	45	150	13		辆/千克	46Axy	L. M/
87112020	---气缸容量超过 100 毫升,但不超过 125 毫升							
8711202000	100 毫升<排气量≤125 毫升装往复式活塞内燃发动机摩托车及脚踏两用车〔999〕	45	150	13		辆/千克	46Axy	L. M/
87112030	---气缸容量超过 125 毫升,但不超过 150 毫升							
8711203000	125 毫升<排气量≤150 毫升装往复式活塞内燃发动机摩托车及脚踏两用车〔999〕	45	150	13		辆/千克	46Axy	L. M/

协定税率(%)															特惠税率(%)			对美税率	出口税率	出口退税率	Article Description
智利	新西兰	澳大利亚	瑞士	冰岛	秘鲁	哥斯达	东盟	亚太	新加坡	巴基斯坦	港/澳/台	韩国	格鲁吉亚	毛里求斯	亚太	老/柬/缅	LDC 97/95				
0	0	0	0	0	0	0	0		0	4	0/0/	5.3	0	8.6			0/0			13	----Other
																			0		
0	0	0	3	0	0	0	0		0	9.6	0/0/	4.5	0	12.9			0/0			13	---Of the vehicles of heading 87.05
																			0		
0	0	0	0	0	0	0	0		0	4	0/0/0	5.3	0	8.6			0/0			13	----Frames
																			0		
0	0	0	0	0	0	0	0		0	4	0/0/0	5.3	0	8.6			0/0			13	----Transmission shafts
																			0		
0	0	0	0	0	0	0	0		0	0	0/0/0	5.3	0	8.6			0/0			13	----Other
																			0		
																			0		
																					Works trucks, self-propelled, not fitted with lifting or handling equipment, of the type used in factories, warehouses, dock areas or airports for short distance transport of goods; tractors of the type used on railway station platforms; parts of the foregoing vehicles:
0	0	0	0	0	0	0	0		0	4	0/0/	3	0	0			0/0			13	---Tractors
																		35	0		
0	0	0	0	0	0	0	0		0	4	0/0/	3	0	0			0/0			13	---Other
																		35	0		
0	0	0	2.1	0	0	0	0		0	4	0/0/	5.6	0	0			0/0			13	---Tractors
																		35	0		
0	0	0	2.1	0	0	0	0		0	4	0/0/	5.6	0	0			0/0			13	---Other
																		35	0		
0	0	0	0	0	0	0	0			3	0/0/	2.5	0	0			0/0			13	-Parts
																		33	0		
																					Tanks and other armoured fighting vehicles, motorized, whether or not fitted with weapons, and parts of such vehicles:
0	0	0	3	0	0	0	0		0	9.6	0/0/	4.5	0	0			0/0			0	---Assembled
																			0		
0	0	0	3	0	0	0	0		0	9.6	0/0/	4.5	0	0			0/0			0	---Parts and accessories
																			0		
																					Motorcycles (including mopeds) and cycles fitted with an auxiliary motor, with or without side-cars; side-cars:
0	0	0	21.2	0	0	0	0		0	45	0/0/	29.2	0	36			0/0			13	-With reciprocating internal combustion piston engine of a cylinder capacity not exceeding 50cc
																		70	0		
																		70	0		
0	0	0	21.2	0	0	0	0		0		0/0/	29.2	0	36			0/0			13	---Of a cylinder capacity exceeding 50cc but not exceeding 100cc
																		70	0		
0	0	0	21.2	0	0	0	0		0		0/0/	29.2	0	36			0/0			13	---Of a cylinder capacity exceeding 100cc but not exceeding 125cc
																		70	0		
0	0	0	21.2	0	0	0	0		0		0/0/	29.2	0	36			0/0			13	---Of a cylinder capacity exceeding 125cc but not exceeding 150cc
																		70	0		

商品编号	商品名称及备注[检验检疫编码及名称]	进口关税(%)		增值税率(%)	消费税	计量单位	监管条件	检验检疫类别
		最惠国	普通					
87112040	---气缸容量超过150毫升,但不超过200毫升							
8711204000	150毫升<排气量≤200毫升装往复式活塞内燃发动机摩托车及脚踏两用车〔999〕	45	150	13		辆/千克	46Axy	L.M/
87112050	---气缸容量超过200毫升,但不超过250毫升							
8711205010	200毫升<排气量<250毫升装往复式活塞内燃发动机摩托车及脚踏两用车〔999〕	45	150	13		辆/千克	46Axy	L.M/
8711205090	排气量=250毫升装往复式活塞内燃发动机摩托车及脚踏两用车〔101 自行车零配件〕,〔102 其他非机动脚踏车零配件〕,〔103 摩托车〕	45	150	13	3%	辆/千克	46Axy	L.M/
87113010	---气缸容量超过250毫升,但不超过400毫升							
8711301000	250毫升<排气量≤400毫升装往复式活塞内燃发动机摩托车及脚踏两用车〔999〕	45	150	13	10%	辆/千克	46Axy	L.M/
87113020	---气缸容量超过400毫升,但不超过500毫升							
8711302000	400毫升<排气量≤500毫升装往复式活塞内燃发动机摩托车及脚踏两用车〔999〕	45	150	13	10%	辆/千克	46Axy	L.M/
87114000	-装有往复式活塞内燃发动机,气缸容量(排气量)超过500毫升,但不超过800毫升							
8711400000	500毫升<排气量≤800毫升装往复式活塞内燃发动机摩托车及脚踏两用车〔999〕	40	150	13	10%	辆/千克	46Axy	L.M/
87115000	-装有往复式活塞内燃发动机,气缸容量(排气量)超过800毫升							
8711500000	排气量>800毫升装往复式活塞内燃发动机摩托车及脚踏两用车〔999〕	30	150	13	10%	辆/千克	46Axy	L.M/
87116000	-装有驱动电动机的							
8711600010	电动自行车(包括机器脚踏两用车;脚踏车)〔999〕	45	150	13		辆/千克	6A	M/
8711600090	其他装有电驱动电动机的摩托车〔999〕	45	150	13		辆/千克	6A	L.M/
87119000	-其他							
8711900010	其他排气量≤250毫升摩托车及脚踏两用车〔999〕	45	150	13	3%	辆/千克	6A	L.M/
8711900020	其他排气量>250毫升摩托车及脚踏两用车〔999〕	45	150	13	10%	辆/千克	6A	L.M/
8711900030	其他无法区分排气量的摩托车及脚踏两用车〔999〕	45	150	13	3%	辆/千克	6A	L.M/
8711900090	装有其他辅助发动机的脚踏车,边车〔999〕	45	150	13		辆/千克	6A	L.M/
8712	**自行车及其他非机动脚踏车(包括运货三轮脚踏车):**							
87120020	---竞赛型自行车							
8712002000	竞赛型自行车〔999〕	7	130	13		辆/千克	6	
87120030	---山地自行车							
8712003000	山地自行车〔999〕	7	130	13		辆/千克	6	
87120041	----16、18及20英寸							
8712004100	16、18、20英寸越野自行车〔101 16、18英寸越野自行车〕,〔102 20英寸越野自行车〕,〔103 其他越野自行车〕	7	130	13		辆/千克	6	
87120049	----其他							
8712004900	其他越野自行车(包括运货三轮车)①	7	130	13		辆/千克	6	
87120081	----16英寸及以下							
8712008110	12~16英寸的未列名自行车〔999〕	5	130	13		辆/千克	6	L/
8712008190	11英寸及以下的未列名自行车〔999〕	5	130	13		辆/千克	6	L/
87120089	----其他							
8712008900	其他未列名自行车〔101 12-16英寸其他自行车〕,〔102 11英寸及以下其他自行车〕,〔103 其他自行车〕	5	130	13		辆/千克	6	L/
87120090	---其他							
8712009000	其他非机动脚踏车②	5	130	13		辆/千克	6	L/
8713	**残疾人用车,不论是否机动或其他机械驱动:**							
87131000	-非机械驱动							
8713100000	非机械驱动的残疾人用车〔999〕	5	20	0		辆/千克	6	
87139000	-其他							
8713900000	其他机动残疾人用车〔999〕	4	20	0		辆/千克	6	
8714	**零件、附件,品目87.11至87.13所列车辆用:**							

① 〔101 16、18英寸越野自行车〕,〔102 20英寸越野自行车〕,〔103 其他越野自行车〕,〔104 货运三轮脚踏车〕
② 〔101 12-16英寸其他自行车〕,〔102 11英寸及以下其他自行车〕,〔103 其他自行车〕,〔104 货运三轮脚踏车〕,〔105 其他脚踏车〕

协定税率(%)															特惠税率(%)			对美税率	出口税率	出口退税率	Article Description
智利	新西兰	澳大利亚	瑞士	冰岛	秘鲁	哥斯达	东盟	亚太	新加坡	巴基斯坦	港/澳/台	韩国	格鲁吉亚	毛里求斯	亚太	老/柬/缅	LDC 97/95				
0	0	0	21.2	0		0	0		0		0/0/	29.2	0	36			0/			13	---Of a cylinder capacity exceeding 150cc but not exceeding 200cc
																		70	0		
0	0	0	21.2	0		0	0		0		0/0/	29.2	0	36			0/			13	---Of a cylinder capacity exceeding 200cc but not exceeding 250cc
																		70	0		
																		70	0		
0	0	0		0		0	0	32.9	0	32.8	0/0/	29.2	0	36			0/			13	---Of a cylinder capacity exceeding 250cc but not exceeding 400cc
																		70	0		
0	0	0		0		0	0	32.9	0	32.8	0/0/	29.2	0	36			0/			13	---Of a cylinder capacity exceeding 400cc but not exceeding 500cc
																		70	0		
0	0	0		0		0	0		0		0/0/	26	0	32			0/			13	-With reciprocating internal combustion piston engine of a cylinder capacity exceeding 500cc but not exceeding 800cc
																		65	0		
0	0	0		0		0	0		0		0/0/	19.5	0	24			0/			13	-With reciprocating internal combustion piston engine of a cylinder capacity exceeding 800cc
																		55	0		
0	0	0		0		0	0		0		0/0/		0	36			0/			13	-With electric motor for propulsion
																		70	0		
																		70	0		
0	0	0		0		0	0		0		0/0/		0	36			0/				-Other
																		70	0	13	
																		70	0	13	
																		70	0	13	
																		70	0	13	
																					Bicycles and other cycles (including delivery tricycles), not motorized:
0	0	0	2.6	0	0	0	0	4.9	0	4	0/0/0	3.9	0	0			0/0			13	---Racing bicycle
																		32	0		
0	0	0	2.6	0	0	0	0	4.9	0	4	0/0/0	3.9	0	0			0/0			13	---Mountain bicycle
																		32	0		
0	0	0	2.6	0	0	0	0	4.9	0	4	0/0/0	3.9	0	0			0/0			13	----16″,18″or 20″
																		32	0		
0	0	0	2.6	0	0	0	0	4.9	0	4	0/0/0	3.9	0	0			0/0			13	----Other
																		32	0		
0	0	0	2.6	0	0	0	0	3.5	0	4	0/0/0	3.9	0	0			0/0			13	----Not larger than 16″
																		30	0		
																		30	0		
0	0	0	2.6	0	0	0	0	3.5	0	4	0/0/0	3.9	0	0			0/0			13	----Other
																		30	0		
0	0	0	4.6	0	0	0	0	3.5	0	12.9	0/0/0		0	18.4			0/0			13	---Other
																		30	0		
																					Carriages for disabled persons, whether or not motorized or otherwise mechanically propelled:
0	0	0	0	0	0	0	0			5	0/0/	0	0	0			0/0			13	-Not mechanically propelled
																			0		
0	0	0	0	0	0	0	0			0	0/0/	1.2	0	0			0/0			13	-Other
																			0		
																					Parts and accessoris of vehicles of headings 87.11 to 87.13:

商品编号	商品名称及备注[检验检疫编码及名称]	进口关税(%) 最惠国	普通	增值税率(%)	消费税	计量单位	监管条件	检验检疫类别
87141000	-摩托车(包括机器脚踏两用车)用							
8714100001[暂10]	星型轮及碟刹件〔999〕	15	100	13		千克	6	
8714100010	摩托车架〔999〕	15	100	13		千克	46xy	
8714100020[暂8]	摩托车用防抱死制动系统(ABS)及其零件〔999〕	15	100	13		千克	6	
8714100090	摩托车其他零件、附件(包括机动脚踏两用车的零件、附件)〔999〕	15	100	13		千克	6	
87142000	-残疾人车辆用							
8714200000	残疾人车辆用零件、附件〔101 其他车辆零部件〕,〔102 其他非机动脚踏车零配件〕	5	17	13		千克	6	
87149100	--车架、轮叉及其零件							
8714910000	非机动脚踏车车架、轮叉及其零件〔101 自行车零配件〕,〔102 其他非机动脚踏车零配件〕	5	80	13		千克	6	
87149210	---轮圈							
8714921000	非机动脚踏车等的轮圈〔101 自行车零配件〕,〔102 其他非机动脚踏车零配件〕	5	80	13		千克	6	
87149290	---辐条							
8714929000	非机动脚踏车等的辐条〔101 自行车零配件〕,〔102 其他非机动脚踏车零配件〕	5	80	13		千克	6	
87149310	---轮毂							
8714931000	非机动脚踏车等的轮毂(倒轮制动毂及毂闸除外)〔101 自行车零配件〕,〔102 其他非机动脚踏车零配件〕	5	80	13		千克	6	
87149320	---飞轮							
8714932000	非机动脚踏车等的飞轮(倒轮制动毂及毂闸除外)〔101 自行车零配件〕,〔102 其他非机动脚踏车零配件〕	5	80	13		千克	6	
87149390	---其他							
8714939000	非机动脚踏车等的链轮(倒轮制动毂及毂闸除外)〔101 自行车零配件〕,〔102 其他非机动脚踏车零配件〕	5	80	13		千克	6	
87149400	--制动器(包括倒轮制动毂及毂闸)及其零件							
8714940000	非机动脚踏车等的制动器及其零件(包括倒轮制动鼓及鼓闸)〔101 自行车零配件〕,〔102 其他非机动脚踏车零配件〕	5	80	13		千克	6	
87149500	--鞍座							
8714950000	非机动脚踏车等的鞍座〔101 自行车零配件〕,〔102 其他非机动脚踏车零配件〕	5	80	13		千克/个	6	
87149610	---脚蹬及其零件							
8714961000	非机动脚踏车等的脚蹬及其零件〔101 自行车零配件〕,〔102 其他非机动脚踏车零配件〕	5	80	13		千克	6	
87149620	---曲柄链轮及其零件							
8714962000	非机动脚踏车等的曲柄链轮及其零件〔101 自行车零配件〕,〔102 其他非机动脚踏车零配件〕	5	80	13		千克	6	
87149900	--其他							
8714990000	非机动脚踏车等的其他零件、附件〔101 自行车零配件〕,〔102 其他非机动脚踏车零配件〕	5	80	13		千克	6	
8715	**婴孩车及其零件:**							
87150000	婴孩车及其零件							
8715000010	婴孩车〔101 婴儿推车〕,〔102 学步车〕	6	80	13		千克	6A	L. M/
8715000090	婴孩车零件〔999 婴孩车零件〕	6	80	13		千克	6A	L. M/
8716	**挂车及半挂车或其他非机械驱动车辆及其零件:**							
87161000	-供居住或野营用厢式挂车及半挂车							
8716100000	供居住或野营用厢式挂车及半挂车〔999〕	10	35	13		辆/千克	6A	L. M/
87162000	-农用自装或自卸式挂车及半挂车							
8716200000	农用自装或自卸式挂车及半挂车〔999〕	10	35	13		辆/千克	6	
87163110	---油罐挂车及半挂车							
8716311000	油罐挂车及半挂车〔999〕	10	20	13		辆/千克	6A	L. M/
87163190	---其他							
8716319000	其他罐式挂车及半挂车〔999〕	10	35	13		辆/千克	6A	L. M/
87163910	---货柜挂车及半挂车							

协定税率(%)															特惠税率(%)			对美税率	出口税率	出口退税率	Article Description
智利	新西兰	澳大利亚	瑞士	冰岛	秘鲁	哥斯达	东盟	亚太	新加坡	巴基斯坦	港/澳/台	韩国	格鲁吉亚	毛里求斯	亚太	老/柬/缅	LDC 97/95				
0	0	0		0	0	0	0		0	0	0/0/	19.5	0	24			0/0			13	-Of motorcycles (including mopeds)
																		35	0		
																		40	0		
																		33	0		
																		40	0		
0	0	0	0	0	0	0	0			0	0/0/	0	0	0			0/0			13	-Of carriages for disabled persons
																		30	0		
0	0	0	2.4	0	0	0	0		0	4.8	0/0/0	3.6	0	0			0/0			13	--Frames and forks, and parts thereof
																		30	0		
0	0	0	2.4	0	0	0	0		0	4.8	0/0/0	3.6	0	0			0/0			13	---Wheel rims
																		30	0		
0	0	0	2.4	0	0	0	0		0	4.8	0/0/0	3.6	0	0			0/0			13	---Spokes
																		30	0		
0	0	0	2.4	0	0	0	0		0	4.8	0/0/0	3.6	0	0			0/0			13	---Hubs
																		30	0		
0	0	0	2.4	0	0	0	0		0	4.8	0/0/0	3.6	0	0			0/0			13	---Free wheel
																		30	0		
0	0	0	2.4	0	0	0	0		0	4.8	0/0/0	3.6	0	0			0/0			13	---Other
																		30	0		
0	0	0	2.4	0	0	0	0		0	4.8	0/0/0	3.6	0	0			0/0			13	--Brakes, including coaster braking hubs and hub brakes, and parts thereof
																		30	0		
0	0	0	2.4	0	0	0	0		0	4.8	0/0/0	3.6	0	0			0/0			13	--Saddles
																		30	0		
0	0	0	2.4	0	0	0	0		0	4.8	0/0/0	3.6	0	0			0/0			13	---Pedals and parts thereof
																		30	0		
0	0	0	2.4	0	0	0	0		0	4.8	0/0/0	3.6	0	0			0/0			13	---Crank-gear and parts thereof
																		30	0		
0	0	0	2.4	0	0	0	0	3.5	0	0	0/0/0	3.6	0	0			0/0			13	--Other
																		30	0		
																					Baby carriages and parts thereof:
0	0	0	4	0	0	0	0		0	20	0/0/	10.6	0	0			0/0			13	Baby carriages and parts thereof
																		31	0		
																		31	0		
																					Trailers and semi-trailers; other vehicles, not mechanically propelled; parts thereof:
0	0	0	0	0	0	0	0		0	3	0/0/	5.3	0	0			0/0			13	-Trailers and semi-trailers of the caravan type, for housing or camping
																		35	0		
0	0	0	0	0	0	0	0			3	0/0/	5.3	0	0			0/0				-Self-loading or self-unloading trailers and semi-trailers for agricultural purposes
																		35	0	9	
0	0	0	0	0	0	0	0		0	3	0/0/	5.3	0	0			0/0			13	---Oil tanker trailers and semi-trailers
																		35	0		
0	0	0	0	0	0	0	0			3	0/0/	3	0	0			0/0			13	---Other
																		35	0		
0	0	0	0	0	0	0	0			3	0/0/	3	0	0			0/0			13	---Van trailers and semi-trailers

商品编号	商品名称及备注[检验检疫编码及名称]	进口关税(%)		增值税率(%)	消费税	计量单位	监管条件	检验检疫类别
		最惠国	普通					
8716391000	货柜挂车及半挂车〔999〕	10	20	13		辆/千克	6A	L. M/
87163990	---其他							
8716399000	其他货运挂车及半挂车〔999〕	10	35	13		辆/千克	6A	L. M/
87164000	-其他挂车及半挂车							
8716400000	其他未列名挂车及半挂车〔999〕	10	35	13		辆/千克	6A	L. M/
87168000	-其他车辆							
8716800000	其他未列名非机械驱动车辆〔999〕	10	80	13		辆/千克	6	
87169000	-零件							
8716900000	挂车、半挂车及非机动车用零件〔999〕	10	35	13		千克	6	

协定税率(%)															特惠税率(%)			对美税率	出口税率	出口退税率	Article Description
智利	新西兰	澳大利亚	瑞士	冰岛	秘鲁	哥斯达	东盟	亚太	新加坡	巴基斯坦	港/澳/台	韩国	格鲁吉亚	毛里求斯	亚太	老/柬/缅	LDC 97/95				
																		35	0		
0	0	0	0	0	0	0	0			3	0/0/	3	0	0			0/0			13	---Other
																		35	0		
0	0	0	0	0	0	0	0			3	0/0/	3	0	0			0/0			13	-Other trailers and semi-trailers
																		35	0		
0	0	0	0	0	0	0	0		0	4	0/0/	3	0	0			0/0			13	-Other vehicles
																		35	0		
0	0	0	0	0	0	0	0		0	3	0/0/	3	0	0			0/0			13	-Parts
																		15	0		

第八十八章
航空器、航天器及其零件

子目注释：

税号 8802.11 至 8802.40 所称"空载重量"，是指航空器在正常飞行状态下，除去机组人员、燃料及非永久性安装设备后的重量。

商品编号	商品名称及备注[检验检疫编码及名称]	进口关税(%)		增值税率(%)	消费税	计量单位	监管条件	检验检疫类别
		最惠国	普通					
8801	**气球及飞艇；滑翔机、悬挂滑翔机及其他无动力航空器：**							
88010010	---滑翔机及悬挂滑翔机							
8801001000	滑翔机及悬挂滑翔机〔999〕	3	11	13		架/千克		
88010090	---其他							
8801009010	自然视距以外可控飞行的无人驾驶飞艇（在 30 分钟≤最大续航时间<1 小时，阵风≥46.3 千米/小时条件下具有起飞和稳定飞行能力；或者最大续航时间≥1 小时。）〔999〕	3	11	13		架/千克	3	
8801009090	气球、其他飞艇及无动力航空器（滑翔机除外）〔999〕	3	11	13		架/千克		
8802	**其他航空器（例如，直升机、飞机）；航天器（包括卫星）及其运载工具、亚轨道运载工具：**							
88021100	--空载重量不超过 2000 千克							
8802110010	空载重量不超过 2 吨的无人驾驶直升机（两用物项和技术出口管制的）〔999〕	2	11	13		架/千克	30	
8802110090	其他空载重量不超过 2 吨的直升机〔999〕	2	11	13		架/千克	0	
88021210	---空载重量超过 2000 千克，但不超过 7000 千克							
8802121000	2 吨<空载重量≤7 吨的直升机〔999〕	2	11	13		架/千克	0	
88021220	---空载重量超过 7000 千克							
8802122000	空载重量>7 吨的直升机〔999〕	2	11	13		架/千克	0	
88022000	-飞机及其他航空器，空载重量不超过 2000 千克							
8802200011	空载重量≤2 吨的无人驾驶航空飞行器（两用物项出口管制的）〔101 飞机〕,〔102 航天器〕	5	11	13		架/千克	30	
8802200012	能把 500 千克以上有效载荷投掷到 300 千米以上完整的无人驾驶航空飞行器（空载重量小于等于 2 吨）	5	11	13		架/千克	30	
8802200019	其他无人驾驶航空飞行器（空载重量≤2 吨）〔101 飞机〕,〔102 航天器〕	5	11	13		架/千克	30	
8802200090	其他小型飞机及其他航空器（小型指空载重量≤2 吨的）〔101 飞机〕,〔102 航天器〕	5	11	13		架/千克		
88023000	-飞机及其他航空器，空载重量超过 2000 千克，但不超过 15000 千克							
8802300000	中型飞机及其他航空器（中型指 2 吨<空载重量≤15 吨）〔101 飞机〕,〔102 航天器〕	4	11	13		架/千克	0	
88024010	---空载重量超过 15000 千克，但不超过 45000 千克							
8802401000	15 吨<空载重量≤45 吨其他大型飞机及其他航空器〔101 飞机〕,〔102 航天器〕	5	11	13		架/千克	0	
88024020	---空载重量超过 45000 千克							
8802402000	特大型飞机及其他航空器（特大型指空载重量>45 吨）〔999〕	1	11	13		架/千克	0	
88026000	-航天器（包括卫星）及其运载工具、亚轨道运载工具							
8802600010	通信卫星〔999〕	0	11	13		架/千克		
8802600090	航天器（包括卫星，但通信卫星除外）及其运载工具（包括亚轨道运载工具）〔101 航天器〕,〔102 其他航空器〕	2	11	13		架/千克		
8803	**品目 88.01 或 88.02 所列货品的零件：**							
88031000	-推进器、水平旋翼及其零件							
8803100000	飞机用推进器、水平旋翼及零件（指品目 88.02 所列货品用的）〔999〕	1	11	13		千克		
88032000	-起落架及其零件							
8803200000	飞机用起落架及其零件（指品目 88.02 所列货品用的）〔999〕	1	11	13		千克		
88033000	-飞机及直升机的其他零件							
8803300000	飞机及直升机用其他零件〔999〕	1	11	13		千克		
88039000	-其他							
8803900010	两用物项管制的火箭及其零部件〔999〕	0	11	13		千克	3	
8803900090	其他未列名的航空器、航天器零件（指品目 88.01 或 88.02 所列货品用的）〔999〕	0	11	13		千克		

Chapter 88
Aircraft, spacecraft and parts thereof

Subheading Note:

For the purposes of subheadings 8802. 11 to 8802. 40, the expression “unladen weight” means the weight of the machine in normal flying order, excluding the weight of the crew and of fuel and equipment other than permanently fitted items of equipment.

协定税率(%)															特惠税率(%)			对美税率	出口税率	出口退税率	Article Description
智利	新西兰	澳大利亚	瑞士	冰岛	秘鲁	哥斯达	东盟	亚太	新加坡	巴基斯坦	港/澳/台	韩国	格鲁吉亚	毛里求斯	亚太	老/柬/缅	LDC 97/95				
																					Balloons and dirigibles; gliders, hang gliders and other non-powered aircraft:
0	0	0	0	0	0	0	0			0	0/0/	0	0	0			0/0			13	---Gliders and hang gliders
																		23	0		
0	0	0	0	0	0	0	0			0	0/0/	0	0	0			0/0			13	---Other
																		23	0		
																		23	0		
																					Other aircraft(for example, helicopters, aeroplanes); spacecraft (including satellites) and suborbital and spacecraft launch vehicles:
0	0	0	0	0	0	0	0	1.3		0	0/0/	0	0	0			0/0			13	--Of an unladen weight not exceeding 2000kg
																		7	0		
																		7	0		
0	0	0	0	0	0	0	0	1.3		0	0/0/	0	0	0			0/0			13	---Of an unladen weight exceeding 2000kg but not exceeding 7000kg
																		12	0		
0	0	0	0	0	0	0	0	1.3		0	0/0/	0	0	0			0/0			13	---Of an unladen weight exceeding 7000kg
																			0		
0	0	0	0	0	0	0	0			0	0/0/	1.5	0	0			0/0			13	-Aeroplanes and other aircraft, of an unladen weight not exceeding 2000kg
																		10	0		
																		10	0		
																		10	0		
																		10	0		
0	0	0	0	0	0	0	0			0	0/0/	0	0	0			0/0			13	-Aeroplanes and other aircraft, of an unladen weight exceeding 2000kg but not exceeding 15000kg
																		9	0		
0	0	0	0	0	0	0	0	3.5		0	0/0/	0	0	0			0/0			13	---Of an unladen weight exceeding 15000kg but not exceeding 45000kg
																			0		
0	0	0	0	0	0	0	0	0.7		0	0/0/	0	0	0			0/0			13	---Of an unladen weight exceeding 45000kg
																			0		
0	0	0	0	0	0	0	0			0	0/0/	0	0	0			0/0			13	-Spacecraft (including satellites) and suborbital and spacecraft launch vehicles
																			0		
																			0		
																					Parts of goods of heading 88.01 or 88.02:
0	0	0	0	0	0	0	0			0	0/0/	0	0	0			0/0			13	-Propellers and rotors and parts thereof
																			0		
0	0	0	0	0	0	0	0			0	0/0/	0	0	0			0/0			13	-Under-carriages and parts thereof
																			0		
0	0	0	0	0	0	0	0			0	0/0/	0	0	0			0/0			13	-Other parts of aeroplanes or helicopters
																			0		
																	0/0			13	-Other
																		5	0		
																		5	0		

商品编号	商品名称及备注[检验检疫编码及名称]	进口关税(%)		增值税率(%)	消费税	计量单位	监管条件	检验检疫类别
		最惠国	普通					
8804	**降落伞(包括可操纵降落伞及滑翔伞)、旋翼降落伞及其零件、附件:**							
88040000	降落伞(包括可操纵降落伞及滑翔伞)、旋翼降落伞及其零件、附件							
8804000000	降落伞及其零件、附件(包括可操纵降落伞、滑翔伞及旋翼降落伞)〔999〕	2	11	13		千克		
8805	**航空器的发射装置、甲板停机装置或类似装置和地面飞行训练器及其零件:**							
88051000	-航空器的发射装置及其零件;甲板停机装置或类似装置及其零件							
8805100000	航空器的发射装置及其零件等(包括甲板停机装置或类似装置及其零件)〔999〕	1.5	11	13		千克		
88052100	--空战模拟器及其零件							
8805210000	空战模拟器及其零件〔999〕	0	11	13		千克		
88052900	--其他							
8805290000	其他地面飞行训练器及其零件〔999〕	0	11	13		千克	O	

协定税率(%)															特惠税率(%)			对美税率	出口税率	出口退税率	Article Description
智利	新西兰	澳大利亚	瑞士	冰岛	秘鲁	哥斯达	东盟	亚太	新加坡	巴基斯坦	港/澳/台	韩国	格鲁吉亚	毛里求斯	亚太	老/柬/缅	LDC 97/95				
																					Parachutes (including dirigible parachutes and paragliders) and rotoehutes; parts thereof and accessories thereto:
0	0	0	0	0	0	0	0			0	0/0/	0	0	0			0/0			13	Parachutes (including dirigible parachutes and paragliders) and rotochutes; parts thereof and accessories thereto
																		7	0		
																					Aircraft launching gear; deck-arrestor or similar gear; ground flying trainers; parts of the foregoing articles:
0	0	0	0	0	0	0	0			0	0/0/	0	0	0			0/0			13	-Aircraft launching gear and parts thereof; deck-arrestor or similar gear and parts thereof
																		6.5	0		
																	0/0			13	--Air combat simulators and parts thereof
																			0		
																	0/0			13	--Other
																			0		

第八十九章
船舶及浮动结构体

注释：

已装配、未装配或已拆卸的船体、未完工或不完整的船舶，以及未装配或已拆卸的完整船舶，如果不具有某种船舶的基本特征，应归入品目89.06。

商品编号	商品名称及备注[检验检疫编码及名称]	进口关税(%) 最惠国	进口关税(%) 普通	增值税率(%)	消费税	计量单位	监管条件	检验检疫类别
8901	**巡航船、游览船、渡船、货船、驳船及类似的客运或货运船舶：**							
89011010	---机动船舶							
8901101010	高速客船(包括主要用于客运的类似船舶)〔999〕	5	14	13		艘/千克	O	
8901101090	其他机动巡航船游览船及各式渡船(包括主要用于客运的类似船舶)〔999〕	5	14	13		艘/千克	O	
89011090	---非机动船舶							
8901109000	非机动巡航船、游览船及各式渡船(以及主要用于客运的类似船舶)〔999〕	8	30	13		艘/千克		
89012011	----载重量≤10 万吨							
8901201100	载重量不超过 10 万吨的成品油船〔999〕	9	14	13		艘/千克	O	
89012012	----载重量超过 10 万吨，但不超过 30 万吨							
8901201200	10 万吨<载重量≤30 万吨成品油船〔999〕	9	14	13		艘/千克		
89012013	----载重量超过 30 万吨							
8901201300	载重量超过 30 万吨的成品油船〔999〕	6	14	13		艘/千克		
89012021	----载重量不超过 15 万吨							
8901202100	载重量≤15 万吨的原油船〔999〕	9	14	13		艘/千克	O	
89012022	----载重量超过 15 万吨，但不超过 30 万吨							
8901202200	15 万吨<载重量≤30 万吨的原油船〔999〕	9	14	13		艘/千克		
89012023	----载重量超过 30 万吨							
8901202300	载重量>30 万吨的原油船〔999〕	6	14	13		艘/千克		
89012031	----容积在 20000 立方米及以下							
8901203100	容积≤2 万立方米液化石油气船〔999〕	9	14	13		艘/千克	O	
89012032	----容积在 20000 立方米以上							
8901203200	容积>2 万立方米液化石油气船〔999〕	6	14	13		艘/千克		
89012041	----容积在 20000 立方米及以下							
8901204100	容积≤2 万立方米液化天然气船〔999〕	9	14	13		艘/千克		
89012042	----容积在 20000 立方米以上							
8901204200	容积>2 万立方米液化天然气船〔999〕	6	14	13		艘/千克		
89012090	---其他							
8901209000	其他油船〔999〕	9	14	13		艘/千克	O	
89013000	-冷藏船，但子目 8901.20 的船舶除外							
8901300000	冷藏船(但子目 890120 的船舶除外)〔999〕	9	14	13		艘/千克		
89019021	----可载标准集装箱在 6000 箱及以下							
8901902100	可载 6000 标准箱及以下的集装箱船〔999〕	9	14	13		艘/千克	O	
89019022	----可载标准集装箱在 6000 箱以上							
8901902200	可载 6000 标准箱以上的集装箱船〔999〕	6	14	13		艘/千克		
89019031	----载重量在 2 万吨及以下							
8901903100	载重≤2 万吨的滚装船〔999〕	9	14	13		艘/千克	O	
89019032	----载重量在 2 万吨以上							
8901903200	载重>2 万吨的滚装船〔999〕	6	14	13		艘/千克		
89019041	----载重量不超过 15 万吨							
8901904110	特殊民用物项管制的自航自卸式泥驳(具体商品描述详见相关公告)〔999〕	9	14	13		艘/千克	3O	
8901904190	其他载重量≤15 万吨散货船〔999〕	9	14	13		艘/千克	O	
89019042	----载重量超过 15 万吨，但不超过 30 万吨							
8901904200	15 万吨<载重量≤30 万吨散货船〔999〕	9	14	13		艘/千克		
89019043	----载重量超过 30 万吨							
8901904300	载重量>30 万吨的散货船〔999〕	9	14	13		艘/千克		
89019050	---机动多用途船							
8901905000	机动多用途船〔999〕	9	14	13		艘/千克		

Chapter 89
Ships, boats and floating structures

Chapter Note:

A hull, an unfinished or incomplete vessel, assembled, unassembled or disassembled, or a complete vessel unassembled or disassembled, is to be classified in heading 89. 06 if it does not have the essential character of a vessel of a particular kind.

协定税率(%)															特惠税率(%)			对美税率	出口税率	出口退税率	Article Description
智利	新西兰	澳大利亚	瑞士	冰岛	秘鲁	哥斯达	东盟	亚太	新加坡	巴基斯坦	港/澳/台	韩国	格鲁吉亚	毛里求斯	亚太	老/柬/缅	LDC 97/95				
																					Cruise ships, excursion boats, ferry-boats, cargo ships, barges and similar vessels for the transport of persons or goods:
0	0	0	0	0	0	0	0		0	0	0/0/	2. 6	0	0			0/0		0	13	---Motor vessels
																			0		
0	0	0	0	0	0	0	0			3	0/0/	4. 2	0	0			0/0		0	13	---Other
0	0	0	0	0	0	0	5				0/0/	4. 8	0	0			0/0		0	13	----Loading not exceeding 100000t
0	0	0	0	0	0	0	5				0/0/	4. 8	0	0			0/0		0	13	----Loading exceeding 100000t, but not exceeding 300000t
0	0	0	0	0	0	0	5				0/0/	3. 2	0	0			0/0		0	13	----Loading exceeding 300000t
0	0	0	0	0	0	0	5				0/0/	4. 8	0	0			0/0		0	13	----Loading not exceeding 150000t
0	0	0	0	0	0	0	5				0/0/	4. 8	0	0			0/0		0	13	----Loading exceeding 150000t, but not exceeding 300000t
0	0	0	0	0	0	0	5				0/0/	3. 2	0	0			0/0		0	13	----Loading exceeding 300000t
0	0	0	0	0	0	0	5				0/0/	4. 8	0	0			0/0		0	13	----Volume with 20000m3 or less
0	0	0	0	0	0	0	5				0/0/	3. 2	0	0			0/0		0	13	----Volume more than 20000m3
0	0	0	0	0	0	0	5				0/0/	4. 8	0	0			0/0		0	13	----Volume with 20000m3 or less
0	0	0	0	0	0	0	5				0/0/	3. 2	0	0			0/0		0	13	----Volume more than 20000m3
0	0	0	0	0	0	0	5				0/0/	4. 8	0	0					0	13	---Other
0	0	0	0	0	0	0	0		0	3	0/0/	4. 8	0	0			0/0		0	13	-Refrigerated vessels, other than those of subheading 8901. 20
0	0	0	0	0	0	0	5				0/0/	4. 8	0	0			0/0		0	13	----Capable loading standard containers with 6000 or less
0	0	0	0	0	0	0	5				0/0/	3. 2	0	0			0/0		0	13	----Capable loading standard containers more than 6000
0	0	0	0	0	0	0	5				0/0/	4. 8	0	0			0/0		0	13	----Loading with 20000t or less
0	0	0	0	0	0	0	5				0/0/	3. 2	0	0			0/0		0	13	----Loading more than 20000t
0	0	0	0	0	0	0	5				0/0/	4. 8	0	0			0/0		0	13	----Loading not exceeding 150000t
																			0		
0	0	0	0	0	0	0	5				0/0/	4. 8	0	0			0/0		0	13	----Loading exceeding 150000t, not exceeding 300000t
0	0	0	0	0	0	0	5				0/0/	4. 8	0	0			0/0		0	13	----Loading exceeding 300000t
0	0	0	0	0	0	0	5				0/0/	4. 8	0	0			0/0		0	13	---Multi-purposes motor vessels

商品编号	商品名称及备注[检验检疫编码及名称]	进口关税(%)		增值税率(%)	消费税	计量单位	监管条件	检验检疫类别
		最惠国	普通					
89019080	---其他,机动的							
8901908000	其他机动货运船舶及客货兼运船舶〔999〕	9	14	13		艘/千克	O	
89019090	---非机动的							
8901909000	非机动货运船舶及客货兼运船舶〔999〕	8	30	13		艘/千克	O	
8902	**捕鱼船;加工船及其他加工保藏鱼类产品的船舶:**							
89020010	---机动船舶							
8902001000	机动捕鱼船(包括加工船及其他加工保藏鱼类产品的船舶)〔999〕	7	14	13		艘/千克	O	
89020090	---非机动船舶							
8902009000	非机动捕鱼船〔999〕	8	30	13		艘/千克		
8903	**娱乐或运动用快艇及其他船舶;划艇及轻舟:**							
89031000	-充气的							
8903100000	充气的娱乐或运动用快艇(包括充气的划艇及轻舟)〔999〕	10	30	13		艘/千克		
89039100	--帆船,不论是否装有辅助发动机							
8903910001	8 米<长度<90 米的机动帆船〔101 客运船舶〕,〔102 货运船舶〕,〔103 客、货两用船舶〕	8	30	13	10%	艘/千克		
8903910090	其他帆船(不论是否装有辅助发动机)〔101 客运船舶〕,〔102 货运船舶〕,〔103 客、货两用船舶〕	8	30	13		艘/千克		
89039200	--汽艇,但装有舷外发动机的除外							
8903920001	8 米<长度<90 米的汽艇(装有舷外发动机的除外)〔101 客运船舶〕,〔102 货运船舶〕,〔103 客、货两用船舶〕	10	30	13	10%	艘/千克		
8903920090	其他汽艇(装有舷外发动机的除外)〔101 客运船舶〕,〔102 货运船舶〕,〔103 客、货两用船舶〕	10	30	13		艘/千克		
89039900	--其他							
8903990001	8 米<长度<90 米的娱乐或运动用其他机动船舶或快艇〔101 客运船舶〕,〔102 其他船舶〕	10	30	13	10%	艘/千克		
8903990090	娱乐或运动用其他船舶或快艇(包括划艇及轻舟)〔999〕	10	30	13		艘/千克		
8904	**拖轮及顶推船:**							
89040000	拖轮及顶推船							
8904000000	拖轮及顶推船〔999〕	9	14	13		艘/千克		
8905	**灯船、消防船、挖泥船、起重船及其他不以航行为主要功能的船舶;浮船坞;浮动或潜水式钻探或生产平台:**							
89051000	-挖泥船							
8905100010	耙吸式挖泥船、绞吸式挖泥船、斗式挖泥船、吸沙船〔999〕	3	11	13		艘/千克	3	
8905100090	其他挖泥船〔999〕	3	11	13		艘/千克		
89052000	-浮动或潜水式钻探或生产平台							
8905200000	浮动或潜水式钻探或生产平台〔999〕	6	11	13		座/千克		
89059010	---浮船坞							
8905901000	浮船坞〔999〕	8	30	13		个/千克		
89059090	---其他							
8905909000	其他不以航行为主要功能的船舶(包括灯船、消防船、起重船)〔999〕	3	11	13		个/千克		
8906	**其他船舶,包括军舰及救生船,但划艇除外:**							
89061000	-军舰							
8906100000	军舰〔999〕	5	14	13		艘/千克		
89069010	---机动船舶							
8906901000	其他未列名的机动船舶(包括救生船,但划艇除外)〔999〕	5	14	13		艘/千克		
89069020	---非机动船舶							
8906902000	其他非机动船舶〔999〕	8	30	13		艘/千克		
89069030	---未制成或不完整的船舶,包括船舶分段							
8906903000	未制成或不完整的船舶,包括船舶分段〔999〕	8	30	13		艘/千克		
8907	**其他浮动结构体(例如,筏、柜、潜水箱、浮码头、浮筒及航标):**							

协定税率(%)															特惠税率(%)			对美税率	出口税率	出口退税率	Article Description
智利	新西兰	澳大利亚	瑞士	冰岛	秘鲁	哥斯达	东盟	亚太	新加坡	巴基斯坦	港/澳/台	韩国	格鲁吉亚	毛里求斯	亚太	老/柬/缅	LDC 97/95				
0	0	0	0	0	0	0	0		0	3	0/0/	4.8	0	0			0/0			13	---Other motor vessels
																			0		
0	0	0	0	0	0	0	0		0	3	0/0/	4.2	0	0			0/0			13	---Other non-motor vessels
																			0		
																					Fishing vessels; factory ships and other vessels for processing or preserving fishery products:
0	0	0	0	0	0	0	0		0	3	0/0/	3.7	0	0			0/0			13	---Motor vessels
																			0		
0	0	0	0	0	0	0	0			3	0/0/	4.2	0	0			0/0				---Other
																			0	9	
																					Yachts and other vessels for pleasure or sports; rowing boats and canoes:
0	0	0	0	0	0	0	0			3	0/0/	5.3	0	0			0/0			13	-Inflatable
																		15	0		
0	0	0	0	0	0	0	0			3	0/0/	4.2	0	0			0/0				--Sailboats, with or without auxiliary motor
																		33	0	13	
																		33	0	13	
0	0	0	2.1	0	0	0	0		0	4	0/0/	5.6	0	0			0/0				--Motorboats, other than outboard motorboats
																		20	0	13	
																		20	0	13	
0	0	0	0	0	0	0	0			3	0/0/		0	0			0/0				--Other
																		35	0	13	
																		35	0	13	
																					Tugs and pusher craft:
0	0	0	0	0	0	0	0		0	3	0/0/	4.8	0	0			0/0			13	Tugs and pusher craft
																			0		
																					Light-vessels, fire-floats, dredgers, floating cranes, and other vessels the navigability of which is subsidiary to their main function; floating docks; floating or submersible drilling or production platforms:
0	0	0	0	0	0	0	0			0	0/0/	1.6	0	0			0/0			13	-Dredgers
																			0		
																			0		
0	0	0	0	0	0	0	0			0	0/0/	3.2	0	0			0/0			13	-Floating or submersible drilling or production platforms
																		31	0		
0	0	0	0	0	0	0	5				0/0/	4.2	0	0			0/0			13	---Floating docks
																			0		
0	0	0	0	0	0	0	0			0	0/0/	1.6	0	0			0/0			13	---Other
																		28	0		
																					Other vessels, including warships and lifeboats other than rowing boats:
0	0	0	0	0	0	0	0			0	0/0/	2.6	0	0			0/0			13	-Warships
																			0		
0	0	0	0	0	0	0	0			0	0/0/		0	0			0/0			13	---Motor vessels
																		30	0		
0	0	0	0	0	0	0	0			3	0/0/	4.2	0	0			0/0			0	---Not-motorized vessels
																		33	0		
0	0	0	0	0	0	0	0			3	0/0/	4.2	0	0			0/0			0	---Unfinished or incomplete vessels, including segments of vessels
																		33	0		
																					Other floating structures (for example, rafts, tanks, coffer-dams, landingstages, buoys and beacons):

商品编号	商品名称及备注[检验检疫编码及名称]	进口关税(%) 最惠国	进口关税(%) 普通	增值税率(%)	消费税	计量单位	监管条件	检验检疫类别
89071000	-充气筏							
8907100000	充气筏[999]	8	30	13		艘/千克		
89079000	-其他							
8907900000	其他浮动结构体(例如,筏、柜、潜水箱、浮筒及航标)[999]	8	30	13		个/千克		
8908	**供拆卸的船舶及其他浮动结构体:**							
89080000	供拆卸的船舶及其他浮动结构体							
8908000000	供拆卸的船舶及其他浮动结构体[999]	3	11	13		艘/千克	9AB	M. P/Q

协定税率(%)															特惠税率(%)			对美税率	出口税率	出口退税率	Article Description
智利	新西兰	澳大利亚	瑞士	冰岛	秘鲁	哥斯达	东盟	亚太	新加坡	巴基斯坦	港/澳/台	韩国	格鲁吉亚	毛里求斯	亚太	老/柬/缅	LDC 97/95				
0	0	0	0	0	0	0	0			3	0/0/	4.2	0	0			0/0			13	-Inflatable rafts
																		18	0		
0	0	0	0	0	0	0	0			3	0/0/	4.2	0	0			0/0			13	-Other
																		28	0		
																					Vessels and other floating structures for breaking up:
0	0	0	0	0	0	0	0			0	0/0/	1.6	0	0			0/0			13	Vessels and other floating structures for breaking up
																		28	0		

第十八类
光学、照相、电影、计量、检验、医疗或外科用仪器及设备、精密仪器及设备；钟表；乐器；上述物品的零件、附件

第九十章
光学、照相、电影、计量、检验、医疗或外科用仪器及设备、精密仪器及设备；上述物品的零件、附件

注释：

一、本章不包括：

（一）机器、设备或其他专门技术用途的硫化橡胶（硬质橡胶除外）制品（品目40.16）、皮革或再生皮革制品（品目42.05）或纺织材料制品（品目59.11）；

（二）纺织材料制的承托带及其他承托物品，其承托器官的作用仅依靠自身的弹性（例如，孕妇用的承托带，用于胸部、腹部、关节或肌肉的承托绷带）（第十一类）；

（三）品目69.03的耐火材料制品；品目69.09的实验室、化学或其他专门技术用途的陶瓷器；

（四）品目70.09的未经光学加工的玻璃镜及品目83.06或第七十一章的非光学元件的贱金属或贵金属制的镜子；

（五）品目70.07、70.08、70.11、70.14、70.15或70.17的货品；

（六）第十五类注释二所规定的贱金属制通用零件（第十五类）或塑料制的类似品（第三十九章）；

（七）品目84.13的装有计量装置的泵；计数和检验用的衡器或单独报验的天平砝码（品目84.23）；升降、起重及搬运机械（品目84.25至84.28）；纸张或纸板的各种切割机器（品目84.41）；品目84.66的用于机床或水射流切割机上调整工件或工具的附件，包括具有读度用的光学装置的附件（例如"光学"分度头），但其本身主要是光学仪器的除外（例如校直望远镜）；计算机器（品目84.70）；品目84.81的阀门及其他装置；品目84.86的机器及装置（包括将电路图投影或绘制到感光半导体材料上的装置）；

（八）自行车或机动车辆用探照灯或聚光灯（品目85.12）；品目85.13的手提式电灯；电影录音机、还音机及转录机（品目85.19）；拾音头或录音头（品目85.22）；电视摄像机、数字照相机及视频摄录一体机（品目85.25）；雷达设备、无线电导航设备或无线电遥控设备（品目85.26）；光导纤维、光导纤维束或光缆用连接器（品目85.36）；品目85.37的数字控制装置；品目85.39的封闭式聚光灯；品目85.44的光缆；

（九）品目94.05的探照灯及聚光灯；

（十）第九十五章的物品；

（十一）品目96.20的独脚架、双脚架、三脚架及类似品；

（十二）容量的计量器具（按其构成的材料归类）；或

（十三）卷轴、线轴及类似芯子（按其构成材料归类，例如，归入品目39.23或第十五类）。

二、除上述注释一另有规定的以外，本章各税号所列机器、设备、仪器或器具的零件、附件，应按下列规定归类：

（一）凡零件、附件本身已构成本章或第八十四章、第八十五章或第九十一章各税号（品目84.87、85.48或90.33除外）所包括的货品，应一律归入其相应的税号；

（二）其他零件、附件，如果专用于或主要用于某种或同一税号项下的多种机器、仪器或器具（包括品目90.10、90.13或90.31的机器、仪器或器具），应归入相应机器、仪器或器具的税号；

（三）所有其他零件、附件均应归入品目90.33。

三、第十六类注释三及四的规定也适用于本章。

四、品目90.05不包括武器用望远镜瞄准具、潜艇或坦克上的潜望镜式望远镜及本章或第十六类的机器、设备、仪器或器具用的望远镜；这类望远镜瞄准具及望远镜应归入品目90.13。

五、计量或检验用的光学仪器、器具或机器，如果既可归入品目90.13，又可归入品目90.31，则应归入品目90.31。

六、品目90.21所称"矫形器具"，是指下列用途的器具：

预防或矫正躯体畸变；或

生病、手术或受伤后人体部位的支撑或固定。

矫形器具包括用于矫正畸形的鞋及特种鞋垫，但需符合下列任一条件：

（一）定制的；

（二）成批生产的，单独报验，且不成双的，设计为左右两脚同样适用。

七、品目90.32仅适用于：

（一）液体或气体的流量、液位、压力或其他变化量的自动控制仪器及装置或温度自动控制装置，不论其是否依靠要被自动控制的因素所发生的不同的电现象来进行工作的，它们将要被自控的因素调到并保持在一设定值上，通过持续或定期测量实际值来保持稳定，修正任何偏

SECTION XVIII
OPTICAL, PHOTOGRAPHIC, CINEMATOGRAPHIC, MEASURING, CHECKING, PRECISION, MEDICAL OR SURGICAL INSTRUMENTS AND APPARATUS; CLOCKS AND WATCHES; MUSICAL INSTRUMENTS; PARTS AND ACCESSORIES THEREOF

Chapter 90
Optical, photographic, cinematographic, measuring, checking, precision, medical or surgical instruments and apparatus; parts and accessories thereof

Chapter Notes:

1. This Chapter does not cover:
   (a) Articles of a kind used in machines, appliances or for other technical uses, of vulcanised rubber other than hard rubber (heading 40.16), of leather or of composition leather (heading 42.05) or of textile material (heading 59.11);
   (b) Supporting belts or other support articles of textile material, whose intended effect on the organ to be supported or held derives solely from their elasticity (for example, maternity belts, thoracic support bandages, abdominal support bandages, supports for joints or muscles) (Section XI);
   (c) Refractory goods of heading 69.03; ceramic wares for laboratory, chemical or other technical uses, of heading 69.09;
   (d) Glass mirrors, not optically worked, of heading 70.09, or mirrors of base metal or of precious metal, not being optical elements (heading 83.06 or Chapter 71);
   (e) Goods of heading 70.07, 70.08, 70.11, 70.14, 70.15 or 70.17;
   (f) Parts of general use, as defined in Note 2 to Section XV, of base metal (Section XV) or similar goods of plastics (Chapter 39);
   (g) Pumps incorporating measuring devices, of heading 84.13; weight-operated counting or checking machinery, or separately presented weights for balances (heading 84.23); lifting or handling machinery (headings 84.25 to 84.28); paper or paperboard cutting machines of all kinds (heading 84.41); fittings for adjusting work or tools on machine-tools or water-jet cutting machines fittings for adjusting work or tools on machine-tools, of heading 84.66, including fittings with optical devices for reading the scale (for example, "optical" dividing heads) but not those which are in themselves essentially optical instruments (for example, alignment telescopes); calculating machines (heading 84.70); valves or other appliances of heading 84.81; machines and apparatus (including apparatus for the projection or drawing of circuit patterns on sensitised semiconductor materials) of heading 84.86;
   (h) Searchlights or spotlights of a kind used for cycles or motor vehicles (heading 85.12); portable electric lamps of heading 85.13; cinematographic sound recording, reproducing or re-recording apparatus (heading 85.19); sound-heads (heading 85.22); television cameras, digital cameras and video camera recorders (heading 85.25); radar apparatus, radio navigational aid apparatus or radio remote control apparatus (heading 85.26); connectors for optical fibres, optical fibre bundles or cables (heading 85.36); numerical control apparatus of heading 85.37; sealed beam lamp units of heading 85.39; optical fibre cables of heading 85.44;
   (ij) Searchlights or spotlights of heading 94.05;
   (k) Articles of Chapter 95;
   (l) Monopods, bipods, tripods and similar articles, of heading 96.20;
   (m) Capacity measures, which are to be classified according to their constituent material; or
   (n) Spools, reels or similar supports (which are to be classified according to their constituent material, for example, in heading 39.23 or Section XV).

2. Subject to Note 1 above, parts and accessories for machines, apparatus, instruments or articles of this Chapter are to be classified according to the following rules:
   (a) Parts and accessories which are goods included in any of the headings of this Chapter or of Chapter 84, 85 or 91 (other than heading 84.87, 85.48 or 90.33) are in all cases to be classified in their respective headings;
   (b) Other parts and accessories, if suitable for use solely or principally with a particular kind of machine, instrument or apparatus, or with a number of machines, instruments or apparatus of the same heading (including a machine, instrument or apparatus of heading 90.10, 90.13 or 90.31) are to be classified with the machines, instruments or apparatus of that kind;
   (c) All other parts and accessories are to be classified in heading 90.33.

3. The provisions of Notes 3 and 4 to Section XVI apply also to this Chapter.

4. Heading 90.05 does not apply to telescopic sights for fitting to arms, periscopic telescopes for fitting to submarines or tanks, or to telescopes for machines, appliances, instruments or apparatus of this Chapter or Section XVI; such telescopic sights and telescopes are to be classified in heading 90.13.

5. Measuring or checking optical instruments, appliances or machines which, but for this Note, could be classified both in heading 90.13 and in heading 90.31 are to be classified in heading 90.31.

6. For the purpose of heading 90.21, the expression "orthopaedic appliances" means appliances for:
   Preventing or correcting bodily deformities; or
   Supporting or holding parts of the body following an illness, operation or injury.
   Orthopaedic appliances include footwear and special insoles designed to correct orthopaedic conditions, provided that they are either:
   (1) made to measure; or
   (2) mass-produced presented singly and not in pairs and designed to fit either foot equally.

7. Heading 90.32 applies only to:
   (a) Instruments and apparatus for automatically controlling the flow, level, pressure or other variables of liquids or gases, or for automatically controlling temperature, whether or not their operation depends on an electrical phenomenon which varies according to the factor to be automatically controlled;

差;以及

(二)电量自动调节器及自动控制非电量的仪器或装置,依靠要被控制的因素所发生的不同的电现象进行工作的,它们将要被控制的因素调到并保持在一设定值上,通过持续或定期测量实际值来保持稳定,修正任何偏差。

商品编号	商品名称及备注[检验检疫编码及名称]	进口关税(%) 最惠国	进口关税(%) 普通	增值税率(%)	消费税	计量单位	监管条件	检验检疫类别
9001	**光导纤维及光导纤维束;光缆,但品目 85.44 的货品除外;偏振材料制的片及板;未装配的各种材料制透镜(包括隐形眼镜片)、棱镜、反射镜及其他光学元件,但未经光学加工的玻璃制上述元件除外:**							
90011000	-光导纤维、光导纤维束及光缆							
9001100001	非色散位移单模光纤(G.652,包括 G652A、G652B、G652C、G652D 等)〔999〕	5	20	13		千克		
9001100002	其他单模光纤〔999〕	5	20	13		千克		
9001100090	光导纤维束、光缆及其他光导纤维(但品目 85.44 的货品除外)〔999〕	5	20	13		千克		
90012000	-偏振材料制的片及板							
9001200010	液晶投影仪用偏光板〔999〕	1.3/0①	20	13		千克		
9001200020	数字电影放映机用偏光板〔999〕	1.3/0①	20	13		千克		
9001200090	其他偏振材料制的片及板〔999〕	1.3/0①	20	13		千克		
90013000	-隐形眼镜片							
9001300000[暂6]	隐形眼镜片〔999〕	7	70	13		片/千克		
90014010	---变色镜片							
9001401000	玻璃制变色镜片〔999〕	7	90	13		片/千克		
90014091	----太阳镜片							
9001409100	玻璃制太阳镜片〔999〕	7	90	13		片/千克		
90014099	----其他							
9001409900	玻璃制其他眼镜片(变色镜片、太阳镜片除外)〔999〕	7	70	13		片/千克		
90015010	---变色镜片							
9001501000	非玻璃材料制变色镜片〔999〕	7	90	13		片/千克		
90015091	----太阳镜片							
9001509100	非玻璃材料制太阳镜片〔999〕	7	90	13		片/千克		
90015099	----其他							
9001509900	非玻璃材料制其他眼镜片(变色镜片、太阳镜片除外)〔999〕	7	70	13		片/千克		
90019010	---彩色滤光片							
9001901000	彩色滤光片〔999〕	3/2①	20	13		千克		
90019090	---其他							
9001909010[暂1]	光通信用微光组件的光学元件(包括波长 800~1700 纳米薄膜滤光片、自聚焦透镜、法拉第旋转片)〔999〕	3/2①	20	13		千克		
9001909020	微型镜片(激光视盘机激光收发装置用)〔999〕	3/2①	20	13		千克		
9001909030	非涅耳透镜投影屏(屏幕对角线≥80 英寸,投射比≤0.26,增益比≥0.8,镜头间距≤100 微米)〔999〕	3/2①	20	13		千克		
9001909040③	液晶显示屏背光模组的光学元件(包括导光板、反射板、扩散片、增亮片)〔101 计算机、辅助设备及其零件〕,〔102 视听设备及其零件〕	3/2①	20	13		千克		
9001909050	液晶投影仪用偏光元件〔999〕	3/2①	20	13		千克		
9001909060	数字电影放映机用偏光元件〔999〕	3/2①	20	13		千克		
9001909090	品目 90.01 未列名的其他光学元件(未经光学加工的玻璃制元件除外)〔999〕	3/2①	20	13		千克		
9002	**已装配的各种材料制透镜、棱镜、反射镜及其他光学元件,作为仪器或装置的零件、配件,但未经光学加工的玻璃制上述元件除外:**							

① 最惠国税率中,"/"左边的税率截止日期为 2021 年 6 月 30 日,"/"右边的税率有效日期为 2021 年 7 月 1 日~2999 年 12 月 31 日。
② 如税率中间有"#","#"前后分别为上半年(2021 年 1 月 1 日至 6 月 30 日)和下半年(2021 年 7 月 1 日至 12 月 31 日)的适用税率。
③ 此商品编码适用暂定税率,暂定税率为 2%,适用时间为 2021 年 1 月~6 月。

which are designed to bring this factor to, and maintain it at a desired value, stabilized against disturbances, by constantly or periodically measuring its actual value; and

(b) Automatic regulators of electrical quantities, and instruments or apparatus for automatically controlling non-electrical quantities the operation of which depends on an electrical phenomenon varying according to the factor to be controlled, which are designed to bring this factor to, and maintain it at a desired value, stabilized against disturbances, by constantly or periodically measuring its actual value.

协定税率(%)															特惠税率(%)			对美税率	出口税率	出口退税率	Article Description
智利	新西兰	澳大利亚	瑞士	冰岛	秘鲁	哥斯达	东盟	亚太	新加坡	巴基斯坦	港/澳/台	韩国	格鲁吉亚	毛里求斯	亚太	老/柬/缅	LDC 97/95				
																					Optical fibres and optical fibre bundles; optical fibre cables, other than those of heading 85.44; sheets and plates of polarizing material; lenses (including contact lenses), prisms, mirrors and other optical elements, of any material, unmounted, other than such elements of glass not optically worked:
0	0	0	0	0	0	0	0	4.5		0	0/0/	4.5	0	0			0/0			13	-Optical fibres, optical fibre bundles and cables
																		30	0		
																		30	0		
																		30	0		
0	0	0	0	0	0	0	0	1.2# 0②		3	0/0/	2.4		0			0/0			13	-Sheets and plates of polarizing material
																		26.3	0		
																		26.3	0		
																		26.3	0		
0	0	0	0	0	0	0	0		0	3	0/0/	6.5	0	0			0/0			13	-Contact lenses
																		26	0		
0	0	0	4	0	0	0	0		0	20	0/0/	10.6	0	0			0/0			13	---Photochromic
																			0		
0	0	0	4	0	0	0	0		0	20	0/0/	10.6	0	0			0/0			13	----For sunglasses
																			0		
0	0	0	4	0	0	0	0		0	20	0/0/	10.6	0	0			0/0			13	----Other
																		32	0		
0	0	0	4	0	0	0	0		0	20	0/0/	10.6	0	0			0/0			13	---Photochromic
																		27	0		
0	0	0	4	0	0	0	0		0	20	0/0/	10.6	0	0			0/0			13	----For sunglasses
																		32	0		
0	0	0	4	0	0	0	0		0	20	0/0/	6	0	0			0/0			13	----Other
																		32	0		
0	0	0	0	0	0	0	0	2# 1.3②		3	0/0/	4.2	0	0			0/0			13	---Color filters
																		23	0		
0	0	0	1.6	0	0	0	0	2# 1.3②		3	0/0/	2.4	0	0			0/0			13	---Other
																		21	0		
																		23	0		
																		23	0		
																		22	0		
																		23	0		
																		23	0		
																		23	0		
																					Lenses, prisms, mirrors and other optical elements, of any material, mounted, being parts of or fittings for instruments or apparatus, other than such elements of glass not optically worked:

商品编号	商品名称及备注[检验检疫编码及名称]	进口关税(%) 最惠国	进口关税(%) 普通	增值税率(%)	消费税	计量单位	监管条件	检验检疫类别
90021110	---编号 90063000、90065921、90065929 所列照相机用							
9002111000	特殊用途照相机用物镜(指编号 90061000~90063000 所列的照相机)〔999〕	6	14	13		千克/个		
90021120	---缩微阅读机用							
9002112000	缩微阅读机用物镜〔999〕	6	14	13		千克/个		
90021131	----单反相机镜头							
9002113110[暂3]	单反相机镜头(整机)〔999〕	6	80	13		千克/个		
9002113190[暂3]	单反相机镜头的零件及附件〔999〕	6	80	13		千克/个		
90021139	----其他							
9002113900[暂3]	其他相机用镜头(单反相机除外)〔999〕	6	80	13		千克/个		
90021190	---其他							
9002119010[暂3]	彩色投影机和数字光处理器的镜头及镜头组件〔999〕	10	80	13		千克/个		
9002119090	其他投影仪等用物镜(包括照片放大机用物镜)〔999〕	10	80	13		千克/个		
90021910	---摄影机或放映机用							
9002191000	摄影机或放映机用物镜〔999〕	5.6/3.8①	40	13		千克/个		
90021990	---其他							
9002199010[暂3]	摄像机、摄录一体机的镜头〔999〕	5.6/3.8①	50	13		千克/个		
9002199020	手机、平板电脑用物镜(800 万像素及以上)〔999〕	5.6/3.8①	50	13		千克/个		
9002199090	品目 90.02 未列名的其他物镜〔999〕	5.6/3.8①	50	13		千克/个		
90022010	---照相机用							
9002201000	照相机用滤光镜〔999〕	5.6/3.8①	80	13		千克/个		
90022090	---其他							
9002209000	其他光学仪器或装置滤光镜〔999〕	5.6/3.8①	40	13		千克/个		
90029010	---照相机用							
9002901010	照相机用带屈光度调节装置的目镜(但物镜,滤色镜除外)〔999〕	5.6/3.8①	80	13		千克/个		
9002901090	其他照相机用未列名光学元件(但物镜,滤色镜除外)〔999〕	5.6/3.8①	80	13		千克/个		
90029090	---其他							
9002909010	抗辐射镜头(能抗 5×10^4 戈瑞(硅)以上辐射而又不会降低使用质量)〔999〕	5.6/3.8①	40	13		千克/个	3	
9002909020	其他带屈光度调节装置的目镜〔999〕	5.6/3.8①	40	13		千克/个		
9002909030	掩模版〔999〕	5.6/3.8①	40	13		千克/个		
9002909090	其他光学仪器用未列名光学元件(但物镜,滤色镜除外)〔999〕	5.6/3.8①	40	13		千克/个		
9003	**眼镜架及其零件:**							
90031100	--塑料制							
9003110000	塑料制眼镜架〔999〕	7	70	13		千克/副		
90031910	---金属材料制							
9003191000[暂6]	金属材料制眼镜架〔999〕	7	70	13		千克/副		
90031920	---天然材料制							
9003192010	濒危动植物产品制眼镜架〔999〕	7	70	13		千克/副	FE	
9003192090	其他天然材料制眼镜架〔999〕	7	70	13		千克/副		
90031990	---其他							
9003199000	其他材料制眼镜架〔999〕	7	70	13		千克/副		
90039000	-零件							
9003900000	眼镜架零件〔999〕	6	70	13		千克		

① 最惠国税率中,"/"左边的税率截止日期为 2021 年 6 月 30 日,"/"右边的税率有效日期为 2021 年 7 月 1 日~2999 年 12 月 31 日。
② 如税率中间有"#","#"前后分别为上半年(2021 年 1 月 1 日至 6 月 30 日)和下半年(2021 年 7 月 1 日至 12 月 31 日)的适用税率。

协定税率(%)															特惠税率(%)			对美税率	出口税率	出口退税率	Article Description
智利	新西兰	澳大利亚	瑞士	冰岛	秘鲁	哥斯达	东盟	亚太	新加坡	巴基斯坦	港/澳/台	韩国	格鲁吉亚	毛里求斯	亚太	老/柬/缅	LDC 97/95				
0	0	0	0	0	0	0	0	4.8		3	0/0/	0	0	0			0/0			13	---For the photographic cameras of subheadings No. 9006.3000, 9006.5921 and 9006.5929
																			0		
0	0	0	0	0	0	0	0	3.9		3	0/0/	0	0	0			0/0			13	---For microfilm, microfiche or other microform readers
																			0		
0	0	0	3	0	0	0	0		0	9.6	0/0/		0	0			0/0			13	----Lens for single lens reflex cameras
																		28	0		
																		28	0		
0	0	0	3	0	0	0	0		0	9.6	0/0/	4.5	0	0			0/0			13	----Other
																		28	0		
0	0	0	3	0	0	0	0		0	9.6	0/0/0	8	0	0			0/0			13	---Other
																		28	0		
																		35	0		
0	0	0	3	0	0	0	0		0	9.6	0/0/	4.5	0	0			0/0			13	---For cinematographic cameras or projectors
																		30.6	0		
0	0	0	3	0	0	0	0		0	9.6	0/0/0	8	0	0			0/0			13	---Other
																		28	0		
																		30.6	0		
																		30.6	0		
0	0	0	3	0	0	0	0	3.6# 2.5②	0	9.6	0/0/	8	0	0			0/0			13	---For cameras
																		30.6	0		
0	0	0	3	0	0	0	0	3.6# 2.5②	0	9.6	0/0/	8	0	0			0/0			13	---Other
																		15.6	0		
0	0	0	3	0	0	0	0		0	9.6	0/0/0	8	0	0			0/0			13	---For cameras
																		25.6	0		
																		25.6	0		
0	0	0	3	0	0	0	0		0	9.6	0/0/0	8	0	0			0/0			13	---Other
																		25.6	0		
																		25.6	0		
																		25.6	0		
																		25.6	0		
																					Frames and mountings for spectacles, goggles or the like, and parts thereof:
0	0	0	3.6	0	0	0	0		0	18	0/0/	5.4	0	0			0/0			13	--Of plastics
																		32	0		
0	0	0	0	0	0	0	0			3	0/0/	3	0	0			0/0			13	---Of metal materials
																		31	0		
0	0	0	0	0	0	0	0			3	0/0/	3	0	0			0/0				---Of natural materials
																			0	0	
																			0	13	
0	0	0	0	0	0	0	0			3	0/0/	3	0	0			0/0			13	---Other
																			0		
0	0	0	0	0	0	0	0			3	0/0/	3	0	0			0/0			13	-Parts
																		31	0		

商品编号	商品名称及备注[检验检疫编码及名称]	进口关税(%)		增值税率(%)	消费税	计量单位	监管条件	检验检疫类别
		最惠国	普通					
9004	**矫正视力、保护眼睛或其他用途的眼镜、挡风镜及类似品:**							
90041000	-太阳镜							
9004100000[暂6]	太阳镜[999]	7	100	13		千克/副		
90049010	---变色镜							
9004901000	变色镜[999]	7	100	13		千克/副		
90049090	---其他							
9004909000	其他眼镜(但太阳镜,变色镜除外)[999]	7	90	13		千克/副		
9005	**双筒望远镜、单筒望远镜、其他光学望远镜及其座架;其他天文仪器及其座架,但不包括射电天文仪器:**							
90051000	-双筒望远镜							
9005100000	双筒望远镜[999]	10	50	13		个/千克		
90058010	---天文望远镜及其他天文仪器							
9005801000	天文望远镜及其他天文仪器[999]	3	8	13		台/千克		
90058090	---其他							
9005809000	其他光学望远镜(包括单筒望远镜)[999]	10	50	13		台/千克		
90059010	---天文望远镜及其他天文仪器用							
9005901000	天文望远镜及其他天文仪器用零件(包括座架)[999]	2	8	13		千克		
90059090	---其他							
9005909000	其他望远镜零件、附件(包括座架)[999]	6	30	13		千克		
9006	**照相机(电影摄影机除外);照相闪光灯装置及闪光灯泡,但品目85.39的放电灯泡除外:**							
90063000	-水下、航空测量或体内器官检查用的特种照相机;法庭或犯罪学用的比较照相机							
9006300000	特种用途的照相机(主要是指水下、航空测量或体内器官检查等用;法庭或犯罪学用的比较照相机)[999]	9	17	13		台/千克		
90064000	-一次成像照相机							
9006400000	一次成像照相机[999]	5	70	13		台/千克		
90065100	--通过镜头取景[单镜头反光式(SLR)],使用胶片宽度不超过35毫米							
9006510000	通过镜头取景的照相机(单镜头反光式(SLR),使用胶片宽度≤35毫米)[999]	9	100	13		架/千克		
90065210	---缩微照相机,使用缩微胶卷、胶片或其他缩微品的							
9006521000	缩微照相机,使用缩微胶卷、胶片或其他缩微品(使用胶片宽度<35毫米)[999]	9	17	13		架/千克		
90065290	---其他							
9006529000	使用胶片宽<35毫米的其他照相机[999]	9	100	13		架/千克		
90065300	--其他,使用胶片宽度为35毫米							
9006530000	其他照相机(使用胶片宽度为35毫米)[999]	9	100	13		架/千克		
90065910	---激光照相排版设备							
9006591000	激光照相排版设备(使用胶片宽>35毫米)[999]	9	35	13		台/千克		
90065921	----电子分色机							
9006592100	电子分色机[999]	9	20	13		台/千克		
90065929	----其他							
9006592900	其他制版照相机[999]	9	20	13		台/千克		
90065990	---其他							
9006599010	分幅相机(记录速率超过每秒225000帧)[999]	9	100	13		台/千克	3	
9006599020	分幅相机(帧曝光时间为50纳秒或更短)[999]	9	100	13		架/千克	3	
9006599090	使用胶片宽>35毫米的其他照相机[999]	9	100	13		架/千克		
90066100	--放电式(电子式)闪光灯装置							
9006610001[暂4]	照相手机用闪光灯组件[999]	9	80	13		个/千克		

协定税率(%)															特惠税率(%)			对美税率	出口税率	出口退税率	Article Description
智利	新西兰	澳大利亚	瑞士	冰岛	秘鲁	哥斯达	东盟	亚太	新加坡	巴基斯坦	港/澳/台	韩国	格鲁吉亚	毛里求斯	亚太	老/柬/缅	LDC 97/95				
																					Spectacles, goggles and the like, corrective, protective or other:
0	0	0	4	0	0	0	0		0	20	0/0/	10.6	0	0			0/0	16	0	13	-Sunglasses
0	0	0	3.2	0	0	0	0		0	10.2	0/0/	4.8	0	0			0/0	27	0	13	---Photochromic spectacles
0	0	0	4	0	0	0	0		0		0/0/	6	0	0			0/0	32	0	13	---Other
																					Binoculars, monoculars, other optical telescopes, and mountings therefor; other astronomical instruments and mountings therefor, but not including instruments for radio-astronomy:
0	0	0	3	0	0	0	0		0	9.6	0/0/	4.5	0	0			0/0	35	0	13	-Binoculars
0	0	0	0	0	0	0	0			0	0/0/	0	0	0			0/0	13	0	13	---Astronomical telescopes and other astronomical instruments
0	0	0	2.4	0	0	0	0		0	4.8	0/0/	3.6	0	0			0/0	30	0	13	---Other
0	0	0	0	0	0	0	0	1.6		0	0/0/	0	0	0			0/0	7	0	13	---Of instruments of subheading 9005. 8010
0	0	0	0	0	0	0	0			3	0/0/	0	0	0			0/0	31	0	13	---Other
																					Photographic (other than cine-matographic) cameras; photographic flashlight apparatus and flashbulbs, other than discharge lamps of heading 85. 39:
0	0	0	0	0	0	0	0			3	0/0/		0	0			0/0	34	0	13	-Cameras specially designed for under-water use, for aerial survey or for medical or surgical examination of internal organs; comparison cameras for forensic or criminological purposes
0	0	0	0	0	0	0	0			0	0/0/	1.5	0	0			0/0	30	0	13	-Instant print cameras
0	0	0	9	0		0	0		0		0/0/	16.2	0	20			0/		0	13	--With a through-the-lens viewfinder (single lens reflex (SLR)), for roll film of a width not exceeding 35mm
0	0	0	0	0	0	0	0			3	0/0/	0	0	0			0/0	14	0	13	---Cameras of a kind used for recording documents on microfilm, microfiche or other microforms
0	0	0	9			0	0		0		0/0/	16.2	0	20			0/	14	0	13	---Other
0	0	0	4	0	0	0	0		0		0/0/	10.6	0	0			0/0	34	0	13	--Other, for roll film of a width of 35mm
0	0	0	0	0	0	0	0		0	3	0/0/	4.8	0	0			0/0		0	13	---Laser photo typesetting equipments
0	0	0	2.4	0	0	0	0		0	4.8	0/0/	3.6	0	0			0/0		0	13	----Electronic colour scanners
0	0	0	0	0	0	0	0			3	0/0/	3	0	0			0/0		0	13	----Other
0	0	0		0		0	0	5.9	0		0/0/	16.2	0	20			0/		0	13	---Other
																			0		
																			0		
0	0	0	3.6	0	0	0	0		0		0/0/	5.4	0	0			0/0	29	0	13	--Discharge lamp (electronic) flashlight apparatus

商品编号	商品名称及备注[检验检疫编码及名称]	进口关税(%) 最惠国	普通	增值税率(%)	消费税	计量单位	监管条件	检验检疫类别
9006610002	照相机外置式电子闪光灯(闪光指数 GN≥30,具有无线闪光功能,支持自动变焦)〔999〕	9	80	13		个/千克		
9006610090	其他放电式(电子式)闪光灯装置〔999〕	9	80	13		个/千克		
90066910	---闪光灯泡							
9006691000	闪光灯泡〔101 其他电光源及其零件〕,〔102 其他电子式光学仪器零件〕	9	80	13		个/千克		
90066990	---其他							
9006699000	其他照相闪光灯装置〔999〕	9	80	13		个/千克		
90069110	---编号 90063000、90065921、90065929 所列照相机用							
9006911000	编号 90063000、90065921、90065929 所列照相机用的零件、附件〔999〕	8	17	13		千克		
90069120	---一次成像照相机用							
9006912000	一次成像照相机的零件、附件〔999〕	5	100	13		千克		
90069191	----自动调焦组件							
9006919100[暂6]	其他照相机的自动调焦组件〔999〕	8	100	13		千克/套		
90069192	----快门组件							
9006919200[暂6]	其他照相机的快门组件〔999〕	8	100	13		千克/套		
90069199	----其他							
9006919900[暂6]	其他照相机的其他零件、附件〔999〕	8	100	13		千克		
90069900	--其他							
9006990000	照相闪光灯装置及闪光灯泡的零件〔999〕	8	80	13		千克		
9007	**电影摄影机、放映机,不论是否带有声音的录制或重放装置:**							
90071010	---高速摄影机							
9007101000	高速电影摄影机〔999〕	12	40	13		台/千克		
90071090	---其他							
9007109000	其他电影摄影机〔999〕	12	40	13		台/千克		
90072010	---数字式							
9007201001	2K 及以上分辨率的硬盘式数字电影放映机〔999〕	8	40	13		台/千克		
9007201090	其他数字式放映机〔999〕	8	40	13		台/千克		
90072090	---其他							
9007209000	其他放映机〔999〕	8	40	13		台/千克		
90079100	--摄影机用							
9007910000[暂5]	电影摄影机用零件、附件〔999〕	8	40	13		千克		
90079200	--放映机用							
9007920010[暂3]	2K 及以上分辨率的硬盘式数字电影放映机用零附件〔999〕	8	40	13		千克		
9007920090[暂5]	电影放映机(不包括 2K 及以上分辨率的硬盘式)用零附件〔999〕	8	40	13		千克		
9008	**影像投影仪,但电影用除外;照片(电影片除外)放大机及缩片机:**							
90085010	---幻灯机							
9008501000	幻灯机〔999〕	10	40	13		台/千克		
90085020	---缩微胶卷、缩微胶片或其他缩微品的阅读机,不论是否可以进行复制							
9008502000	缩微品的阅读机(不论是否可以进行复制)〔101 Ⅰ类设备〕,〔102 Ⅱ类设备〕,〔103 其他类缩微阅读机设备〕	10	17	13		台/千克		
90085031	----正射投影仪							
9008503100	正射投影仪(不包括幻灯机)〔101 Ⅰ类设备〕,〔102 Ⅱ类设备〕,〔103 其他类正射投影仪设备〕	12	40	13		台/千克		
90085039	----其他							
9008503900	其他影像投影仪①	12	40	13		台/千克		
90085040	---照片(电影片除外)放大机及缩片机							
9008504000	照片(电影片除外)放大机及缩片机②	12	80	13		台/千克		
90089010	---缩微阅读机用							
9008901000	缩微阅读机的零件、附件〔999〕	8	17	13		千克		
90089020	---照片放大机及缩片机用							

① 〔101 有源式,Ⅰ类设备〕,〔102 有源式,Ⅱ类设备〕,〔103 有源式,其他类影像投影仪设备〕,〔104 机械式〕
② 〔101 有源式,Ⅰ类设备〕,〔102 有源式,Ⅱ类设备〕,〔103 电影片除外〕,〔104 机械式〕

协定税率(%)															特惠税率(%)			对美税率	出口税率	出口退税率	Article Description
智利	新西兰	澳大利亚	瑞士	冰岛	秘鲁	哥斯达	东盟	亚太	新加坡	巴基斯坦	港/澳/台	韩国	格鲁吉亚	毛里求斯	亚太	老/柬/缅	LDC 97/95				
																		34	0		
																		34	0		
0	0	0	3.6	0	0	0	0		0	11.5	0/0/	11.7	0	0			0/0			13	---Flashbulbs
																		34	0		
0	0	0	3.6	0	0	0	0		0	11.5	0/0/	5.4	0	0			0/0			13	---Other
																		29	0		
0	0	0	0	0	0	0	0	5.2		3	0/0/	2.4	0	0	0		0/0			13	---For cameras of subheadings No. 9006.3000, 9006.5921 and 9006.5929
																		18	0		
0	0	0	0	0	0	0	0	3.3		0	0/0/	0	0	0	0		0/0			13	---For instant print cameras
																		30	0		
0	0	0	0	0	0	0	0	5.2	0	3	0/0/	3	0	0	0		0/0			13	----Automatic focal setting units
																		31	0		
0	0	0	0	0	0	0	0	5.2	0	3	0/0/	3	0	0	0		0/0			13	----Shutter units
																		31	0		
0	0	0	0	0	0	0	0	5.2	0	3	0/0/	3	0	0	0		0/0			13	----Other
																		26	0		
0	0	0	2.4	0	0	0	0		0	4.8	0/0/	3.6	0	0			0/0			13	--Other
																		33	0		
																					Cinematographic cameras and projectors, whether or not incorporating sound recording or reproducing apparatus:
0	0	0	2.8	0	0	0	0		0	5.6	0/0/	4.2	0	0			0/0			13	---High speed cameras
																			0		
0	0	0	2.8	0	0	0	0		0	9	0/0/	4.2	0	0			0/0			13	---Other
																			0		
0	0	0	2.8	0	0	0	0		0	9	0/0/	4.2	0	0			0/0			13	---Digital
																			0		
																			0		
0	0	0	2.8	0	0	0	0	5.2	0	9	0/0/	4.2	0	0			0/0			13	---Other
																		33	0		
0	0	0	0	0	0	0	0			3	0/0/	2.5	0	0			0/0			13	--For cameras
																		15	0		
0	0	0	0	0	0	0	0			3	0/0/	0	0	0			0/0			13	--For projectors
																		13	0		
																		15	0		
																					Image projectors, other than cinematographic; photographic (other than cinematographic) enlargers and reducers:
0	0	0	2.8	0	0	0	0		0	5.6	0/0/	4.2	0	0			0/0			13	---Slide projectors
																			0		
0	0	0	0	0	0	0	0			3	0/0/	3	0	0			0/0			13	---Microfilm, microfiche or other microform readers, whether or not capable of producing copies
																		15	0		
0	0	0	3.6	0	0	0	0		0		0/0/		0	0			0/0			13	----Orthographical projectors
																		17	0		
0	0	0	3.6	0	0	0	0		0		0/0/		0	0			0/0			13	----Other
																		22	0		
0	0	0	4	0	0	0	0		0		0/0/	10.6	0	0			0/0			13	---Photographic (other than cinematographic) enlargers and reducers
																		22	0		
0	0	0	0	0	0	0	0	5.2		3	0/0/	0	0	0			0/0			13	---Of microfilm, microfiche or other microform readers
																			0		
0	0	0	2.8	0	0	0	0	5.2	0	5.6	0/0/	4.2	0	0			0/0			13	---Of photographic enlargers and reducers

商品编号	商品名称及备注[检验检疫编码及名称]	进口关税(%) 最惠国	进口关税(%) 普通	增值税率(%)	消费税	计量单位	监管条件	检验检疫类别
9008902000	照片放大机及缩片机的零件、附件〔999〕	8	80	13		千克		
90089090	---其他							
9008909000	其他影像投影仪的零件、附件〔999〕	8	40	13		千克		
9010	**本章其他税号未列名的照相(包括电影)洗印用装置及设备;负片显示器;银幕及其他投影屏幕:**							
90101010	---电影用							
9010101000	电影用胶卷的自动显影装置及设备(还包括成卷感光纸的自动显影装置)〔999〕	12	40	13		台/千克		
90101020	---特种照相用							
9010102000	特种照相胶卷自动显影装置及设备(还包括成卷感光纸的自动显影装置)〔999〕	8	20	13		台/千克		
90101091	----彩色胶卷用							
9010109100	彩色胶卷用自动显影及设备〔999〕	12	100	13		台/千克		
90101099	----其他							
9010109900	其他胶卷的自动显影装置及设备(还包括成卷感光纸的自动显影装置)〔999〕	12	100	13		台/千克		
90105010	---负片显示器							
9010501000	负片显示器〔999〕	0	50	13		台/千克		
90105021	----电影用							
9010502100	电影用的洗印装置〔999〕	0	40	13		台/千克		
90105022	----特种照相用							
9010502200	特种照相用的洗印装置〔999〕	0	20	13		台/千克		
90105029	----其他							
9010502900	其他照相用的洗印装置〔999〕	0	100	13		台/千克		
90106000	-银幕及其他投影屏幕							
9010600000	银幕及其他投影屏幕〔999〕	2.3/0②	50	13		个/千克		
90109010	---电影用							
9010901000	电影洗印用洗印装置的零件、附件〔999〕	0	40	13		千克		
90109020	---特种照相用							
9010902000	特种照相洗印用装置的零件、附件〔999〕	0	20	13		千克		
90109090	---其他							
9010909000	其他洗印用装置的零件、附件〔999〕	0	100	13		千克		
9011	**复式光学显微镜,包括用于显微照相、显微电影摄影及显微投影的:**							
90111000	-立体显微镜							
9011100000	立体显微镜〔999〕	0	14	13		台/千克		
90112000	-显微照相、显微电影摄影及显微投影用的其他显微镜							
9011200000	缩微照相等用的其他显微镜(还包括显微摄影及显微投影用)〔999〕	0	14	13		台/千克		
90118000	-其他显微镜							
9011800010	高倍测量显微镜,放大倍数≥1000倍,分辨率≤0.08微米〔999〕	1.2/0②	14	13		台/千克		
9011800090	其他显微镜〔999〕	1.2/0②	14	13		台/千克		
90119000	-零件、附件							
9011900000	复式光学显微镜的零件、附件〔999〕	0	14	13		千克		
9012	**显微镜,但光学显微镜除外;衍射设备:**							
90121000	-显微镜,但光学显微镜除外;衍射设备							
9012100000	非光学显微镜及衍射设备〔999〕	0	14	13		台/千克		
90129000	-零件、附件							
9012900000	非光学显微镜及衍射设备的零件〔999〕	0	14	13		千克		

① 如税率中间有"#","#"前后分别为上半年(2021年1月1日至6月30日)和下半年(2021年7月1日至12月31日)的适用税率。
② 最惠国税率中,"/"左边的税率截止日期为2021年6月30日,"/"右边的税率有效日期为2021年7月1日~2999年12月31日。

协定税率(%)															特惠税率(%)			对美税率	出口税率	出口退税率	Article Description
智利	新西兰	澳大利亚	瑞士	冰岛	秘鲁	哥斯达	东盟	亚太	新加坡	巴基斯坦	港/澳/台	韩国	格鲁吉亚	毛里求斯	亚太	老/柬/缅	LDC 97/95				
																			0		
0	0	0	2.8	0	0	0	0		0	9	0/0/	4.2	0	0			0/0			13	---Other
																		28	0		
																					Apparatus and equipment for photographic (including cinematographic) laboratories, not specified or included elsewhere in this Chapter; negatoscopes; projection screens:
0	0	0	2.8	0	0	0	0	7.8	0	5.6	0/0/	4.2	0	0			0/0			13	---Of a kind used in cinematographic film
																			0		
0	0	0	0	0	0	0	0	5.2		3	0/0/	0	0	0			0/0			13	---Of a kind used in special photographic film or paper
																		33	0		
0	0	0	11.8	0	0	0	0		0		0/0/	16.2	0	20			0/0			13	----For the colour photographic film in rolls
																			0		
0	0	0	3	0	0	0	0		0	9.6	0/0/	9.7	0	0			0/0			13	----Other
																		37	0		
										5.6		4.2					0/0			13	---Negatoscopes
																		5	0		
										9		4.2					0/0			13	----Of a kind used in cinematographic film
																			0		
										3		2.5					0/0			13	----Of a kind used in special photographic film or paper
																		25	0		
										10.9		5.1					0/0			13	----Other
																		25	0		
0	0	0	2.3# 0①	0	0	0	0		0	9	0/0/	4.2	0	0			0/0			13	-Projection screens
																		7.3	0		
																	0/0			13	---Of a kind used in cinematographic film
																			0		
																	0/0			13	---Of a kind used in special photographic film or paper
																		25	0		
																	0/0			13	---Other
																		10	0		
																					Compound optical microscopes, including those for photomicrography, cinephotomicrography or microprojection:
																	0/0			13	-Stereoscopic microscopes
																		25	0		
																	0/0			13	-Other microscopes, for photomicro graphy, cinephotomicrography or microprojection
																		20	0		
0	0	0	1.2# 0①	0	0	0	0			3	0/0/	2.1	0	0			0/0			13	-Other microscopes
																		21.2	0		
																		21.2	0		
																	0/0			13	-Parts and accessories
																		20	0		
																					Microscopes other than optical microscopes; diffraction apparatus:
																	0/0			13	-Microscopes other than optical microscopes; and diffraction apparatus
																			0		
																	0/0			13	-Parts and accessories
																			0		

商品编号	商品名称及备注[检验检疫编码及名称]	进口关税(%) 最惠国	进口关税(%) 普通	增值税率(%)	消费税	计量单位	监管条件	检验检疫类别
9013	**其他品目未列名的液晶装置;激光器,但激光二极管除外;本章其他税号未列名的光学仪器及器具:**							
90131000	-武器用望远镜瞄准具;潜望镜式望远镜;作为本章或第十六类的机器、设备、仪器或器具部件的望远镜							
9013100010	设计用为本章或第十六类的机器、设备、仪器或器具部件的望远镜[999]	0	14	13		个/千克		
9013100090	武器用望远镜瞄准具及潜望镜式望远镜[999]	8	14	13		个/千克		
90132000	-激光器,但激光二极管除外							
9013200010	激光切割机用气体激光发生器,切割功率≥2 千瓦[999]	1/0①	11	13		个/千克		
9013200020	AVLIS、MLIS 和 CRISLA 激光系统[999]	1/0①	11	13		个/千克	3	
9013200030	氩离子激光器(平均输出功率≥40 瓦特、工作波长 400 纳米~515 纳米)[999]	1/0①	11	13		个/千克	3	
9013200040	紫翠玉激光器(带宽≤0.005 纳米,重复率〉125 赫兹,功率〉30 瓦特等)[999]	1/0①	11	13		个/千克	3	
9013200050	脉冲二氧化碳激光器(重复率>250 赫兹,功率>500 瓦,脉冲宽度<200 纳秒等)[999]	1/0①	11	13		个/千克	3	
9013200060	脉冲受激准分子激光器(XeF、XeCl、KrF 型,重复率>250 赫兹,功率>500 瓦等)[999]	1/0①	11	13		个/千克	3	
9013200070	铜蒸汽激光器(平均输出功率≥40 瓦特、工作波长 500 纳米~600 纳米)[999]	1/0①	11	13		个/千克	3	
9013200080	掺钕激光器(非玻璃激光器)(两用物项管制商品)[999]	1/0①	11	13		个/千克	3	
9013200091	用于 2.5GB/S 及以上 SDH、波分复用光传输设备的 980 纳米、1480 纳米的泵浦激光器[999]	1/0①	11	13		个/千克		
9013200092	用于 2.5GB/S 及以上光通信设备的 850 纳米、1260~1625 纳米,且功率≤200 毫瓦的激光器(泵浦激光器除外)[999]	1/0①	11	13		个/千克		
9013200099	其他激光器(但激光二极管除外)[999]	1/0①	11	13		个/千克		
90138010	---放大镜							
9013801000	放大镜[999]	12	50	13		个/千克		
90138020	---光学门眼							
9013802000	光学门眼[999]	12	50	13		个/千克		
90138030	---液晶显示板							
9013803010	10.1 英寸及以下的液晶显示板[999]	5	50	13		个/千克		
9013803020	10.1 英寸<尺寸≤32 英寸的液晶显示板[999]	5	50	13		个/千克		
9013803090	其他液晶显示板[999]	5	50	13		个/千克		
90138090	---其他							
9013809000	其他装置,仪器及器具(90 章其他品目未列名的)[999]	5	17	13		个/千克		
90139010	---编号 90131000 及 90132000 所列货品用							
9013901010	武器用望远镜瞄准器具或潜望镜式望远镜用零件及附件[999]	6	11	13		千克		
9013901090	激光器以及作为本章或第十六类的机器、设备、仪器或器具部件的望远镜用的零件及附件(武器用望远镜瞄准器具或潜望镜式望远镜用零件及附件除外)[999]	0	11	13		千克		
90139020	---子目 9013.8030 所列货品用							
9013902000	编号 90138030 所列液晶显示板的零件及附件[999]	0	17	13		千克		
90139090	---其他							
9013909010	太阳能定日镜的零件[999]	0	17	13		千克		
9013909090	品目 90.13 所列其他货品的零附件[999]	0	17	13		千克		
9014	**定向罗盘;其他导航仪器及装置:**							
90141000	-定向罗盘							
9014100000	定向罗盘[999]	0	8	13		个/千克		
90142010	---自动驾驶仪							
9014201010	无人航空飞行器的自动驾驶仪[999]	0	8	13		个/千克	3	
9014201090	其他自动驾驶仪[999]	0	8	13		个/千克		
90142090	---其他							
9014209011	航空惯性导航仪[999]	0	8	13		个/千克	3	
9014209012	其他航天惯性导航仪(天文陀螺盘及其他利用天体或卫星进行导航的装置)[999]	0	8	13		个/千克	3	
9014209013	陀螺稳定平台[999]	0	8	13		个/千克	3	
9014209015	陀螺仪(额定漂移率<0.5 度/小时的陀螺仪)[999]	0	8	13		个/千克	3	

① 最惠国税率中,"/"左边的税率截止日期为 2021 年 6 月 30 日,"/"右边的税率有效日期为 2021 年 7 月 1 日~2999 年 12 月 31 日。
② 如税率中间有"#","#"前后分别为上半年(2021 年 1 月 1 日至 6 月 30 日)和下半年(2021 年 7 月 1 日至 12 月 31 日)的适用税率。

协定税率(%)															特惠税率(%)			对美税率	出口税率	出口退税率	Article Description
智利	新西兰	澳大利亚	瑞士	冰岛	秘鲁	哥斯达	东盟	亚太	新加坡	巴基斯坦	港/澳/台	韩国	格鲁吉亚	毛里求斯	亚太	老/柬/缅	LDC 97/95				
																					Liquid crystal devices not constituting articles provided for more specifically in other headings; lasers, other than laser diodes; other optical appliances and instruments, not specified or included elsewhere in this Chapter:
0	0	0	0	0	0	0	0			3	0/0/	0	0	0			0/0			13	-Telescopic sights for fitting to arms; periscopes; telescopes designed to form parts of machines, appliances, instruments or apparatus of this Chapter or Section XVI
																		25	0		
																		33	0		
0	0	0	1#0[2]	0	0	0	0			0	0/0/	1.8	0	0			0/0			13	-Lasers, other than laser diodes
																			0		
																			0		
																			0		
																			0		
																			0		
																			0		
																			0		
																			0		
																			0		
																			0		
																			0		
0	0	0	2.4	0	0	0	0	7.8	0	4	0/0/	3.6	0	0			0/0			13	---Hand magnifying glasses
																		37	0		
0	0	0	2.4	0	0	0	0	7.8	0	4	0/0/	3.6	0	0			0/0			13	---Door eyes
																		22	0		
0	0	2.7		0			0			0	0/0/	5		0						13	---Liquid crystal display panel
																		30	0		
																		30	0		
																		30	0		
0	0	0	0	0	0	0	0			0	0/0/			0			0/0			13	---Other
																		30	0		
0	0	0	0	0	0	0	0			0	0/0/	1.8	0	0			0/0			13	---For goods of subheadings 9013. 1000 and 9013. 2000
																		16	0		
																			0		
										3		4.2					0/0			13	---For goods of subheading 9013. 8030
																		25	0		
										3		8					0/0			13	---Other
																		25	0		
																		25	0		
																					Direction finding compasses; other navigational instruments and appliances:
												1					0/0			13	-Direction finding compasses
																		20	0		
												1					0/0			13	---Automatic pilots
																			0		
																			0		
																	0/0			13	---Other
																			0		
																			0		
																			0		
																			0		

商品编号	商品名称及备注[检验检疫编码及名称]	进口关税(%) 最惠国	进口关税(%) 普通	增值税率(%)	消费税	计量单位	监管条件	检验检疫类别
9014209016	专门设计的导航信息处理机(用于弹道导弹、运载火箭、探空火箭等的目标探测)〔999〕	0	8	13		个/千克	3	
9014209017	地形等高线绘制设备(用于弹道导弹、运载火箭、探空火箭、巡航导弹、无人驾驶航空飞行器的目标探测)〔999〕	0	8	13		个/千克	3	
9014209018	场景绘图及相关设备(用于弹道导弹、运载火箭、探空火箭等的目标探测)〔999〕	0	8	13		个/千克	3	
9014209090	其他航空或航天导航仪器及装置(但罗盘除外)〔999〕	0	8	13		个/千克		
90148000	-其他仪器及装置							
9014800010	比例误差<0. 25%的加速度表〔101 电子〕,〔102 机械〕	0	8	13		个/千克	3	
9014800020	高度表(用于弹道导弹、运载火箭、探空火箭、巡航导弹、无人驾驶航空飞行器的目标探测)〔999〕	0	8	13		个/千克	3	
9014800090	其他导航仪器及装置〔999〕	0	8	13		个/千克		
90149010	---自动驾驶仪用							
9014901000	自动驾驶仪用的零件、附件〔999〕	0	8	13		千克		
90149090	---其他							
9014909000	其他导航仪器及装置的零件、附件〔999〕	0	8	13		千克		
9015	**大地测量(包括摄影测量)、水道测量、海洋、水文、气象或地球物理用仪器及装置,不包括罗盘;测距仪:**							
90151000	-测距仪							
9015100000	测距仪〔101 电子〕,〔102 机械〕	1. 5/0②	14	13		台/千克		
90152000	-经纬仪及视距仪							
9015200000	经纬仪及视距仪〔999〕	1. 5/0②	14	13		台/千克		
90153000	-水平仪							
9015300000	水平仪〔999〕	9	14	13		台/千克		
90154000	-摄影测量用仪器及装置							
9015400000	摄影测量用仪器及装置〔999〕	1. 5/0②	14	13		千克		
90158000	-其他仪器及装置							
9015800010	机载或舰载重力仪(精度为 1 毫伽或更好、稳态记录时间至多为 2 分钟的)〔999〕	0. 8/0②	14	13		台/千克	3	
9015800020	机载或舰载重力梯度仪(精度为 1 毫伽或更好、稳态记录时间至多为 2 分钟的)〔999〕	0. 8/0②	14	13		台/千克	3	
9015800090	其他测量仪器及装置〔101 电子〕,〔102 机械〕	0. 8/0②	14	13		台/千克		
90159000	-零件、附件							
9015900010	用于机、舰载重力仪和重力梯度仪的部件〔999〕	0. 8/0②	14	13		千克	3	
9015900090	其他品目 90. 15 所列仪器及装置的零、附件〔101 电子〕,〔102 机械〕	0. 8/0②	14	13		千克		
9016	**感量为 50 毫克或更精密的天平,不论是否带有砝码:**							
90160010	---感量为 0. 1 毫克或更精密的天平							
9016001000	感量为 0. 1 毫克或更精密的天平〔101 电子衡器〕,〔102 机械量具〕	9	14	13		台/千克		
90160090	---其他							
9016009000	50 毫克≥感量>0. 1 毫克的天平〔101 电子衡器〕,〔102 机械量具〕	9	30	13		台/千克		
9017	**绘图、划线或数学计算仪器及器具(例如,绘图机、比例缩放仪、分度规、绘图工具、计算尺及盘式计算器);本章其他税号未列名的手用测量长度的器具(例如,量尺、量带、千分尺及卡尺):**							
90171000	-绘图台及绘图机,不论是否自动							
9017100000	绘图台及绘图机,不论是否自动〔101 电子衡器〕,〔102 机械量具〕	8	20	13		台/千克		
90172000	-其他绘图、划线或数学计算器具							
9017200000	其他绘图、划线或数学计算器具〔999〕	0	70	13		个/千克		

① 如税率中间有"#","#"前后分别为上半年(2021 年 1 月 1 日至 6 月 30 日)和下半年(2021 年 7 月 1 日至 12 月 31 日)的适用税率。
② 最惠国税率中,"/"左边的税率截止日期为 2021 年 6 月 30 日,"/"右边的税率有效日期为 2021 年 7 月 1 日~2999 年 12 月 31 日。

协定税率(%)															特惠税率(%)						
智利	新西兰	澳大利亚	瑞士	冰岛	秘鲁	哥斯达	东盟	亚太	新加坡	巴基斯坦	港/澳/台	韩国	格鲁吉亚	毛里求斯	亚太	老/柬/缅	LDC 97/95	对美税率	出口税率	出口退税率	Article Description
																			0		
																			0		
																			0		
																			0		
																	0/0			13	-Other instruments and appliances
																		10	0		
																		10	0		
																		10	0		
																	0/0			13	---For automatic pilots
																			0		
														0.9			0/0			13	---Other
																		5	0		
																					Surveying (including photogram-metrical surveying), hydrographic, oceanographic, hydrological, meteorological or geophysical instruments and appliances, excluding compasses; rangefinders:
0	0	0	1.5# 0①	0	0	0	0			3	0/0/	2.7	0	0			0/0			13	-Rangefinders
																		26.5	0		
0	0	0	0	0	0	0	0			3	0/0/	0	0	0			0/0			13	-Theodolites and tachymeters (tacheometers)
																		26.5	0		
0	0	0	0	0	0	0	0			3	0/0/	2.7	0	0			0/0			13	-Levels
																		34	0		
0	0	0	0	0	0	0	0			3	0/0/	0	0	0			0/0			13	-Photogrammetrical surveying instruments and appliances
																		26.5	0		
0	0	0		0	0	0	0	0.5# 0①		0	0/0/	1.5	0	0			0/0			13	-Other instruments and appliances
																		5.8	0		
																		5.8	0		
																		5.8	0		
0	0	0	0	0	0	0	0			0	0/0/	1.5	0	0			0/0			13	-Parts and accessories
																		10.8	0		
																		10.8	0		
																					Balances of a sensitivity of 50mg or better, with or without weights:
0	0	0		0	0	0	0			3	0/0/	2.7	0	0			0/0			13	---Of a sensitivity of 0.1mg or better
																		29	0		
0	0	0	0	0	0	0	0		0	4	0/0/	3.1	0	0			0/0			13	---Other
																		34	0		
																					Drawing, marking-out or mathematical calculating instruments (for example, drafting machines, pantographs protractors, drawing sets, slide rules, disc calculators); instruments for measuring length, for use in the hand (for example, measuring rods and tapes, micrometers, callipers), not specified or included else-where in this Chapter:
0	0	0	0	0	0	0	0			3	0/0/	2.4	0	0			0/0			13	-Drafting tables and machines, whether or not automatic
																		18	0		
																	0/0			13	-Other drawing, marking-out or mathematical calculating instruments
																		20	0		

商品编号	商品名称及备注[检验检疫编码及名称]	进口关税(%) 最惠国	进口关税(%) 普通	增值税率(%)	消费税	计量单位	监管条件	检验检疫类别
90173000	-千分尺、卡尺及量规							
9017300000	千分尺、卡尺及量规[999]	8	20	13		个/千克		
90178000	-其他仪器及器具							
9017800000	其他手用测量长度的器具(仅指第九十章其他品目未列名的)[999]	8	20	13		个/千克		
90179000	-零件、附件							
9017900000	绘图计算器具等仪器的零件、附件(品目 90.17 所列仪器及器具的零件、附件)[999]	0	20	13		千克		
9018	**医疗、外科、牙科或兽医用仪器及器具,包括闪烁扫描装置、其他电气医疗装置及视力检查仪器:**							
90181100	--心电图记录仪							
9018110000	心电图记录仪[999]	0	17	13		台/千克	6O	
90181210	---B 型超声波诊断仪							
9018121000	B 型超声波诊断仪[999]	2.6/1.8②	35	13		台/千克	6OA	M/
90181291	----彩色超声波诊断仪							
9018129110	彩色超声波诊断仪(整机)[999]	1.9/1.3②	17	13		台/千克	6OA	M/
9018129190	彩色超声波诊断仪的零件及附件[999]	1.9/1.3②	17	13		台/千克	6	
90181299	----其他							
9018129900	其他超声波扫描诊断装置[999]	1.9/1.3②	17	13		台/千克	6A	M/
90181310	---成套装置							
9018131000	成套的核磁共振成像装置(医疗、外科、牙科或兽医用)[999]	2.4/1.6②	17	13		套/千克	6OA	M/
90181390	---零件							
9018139000	核磁共振成像装置用零件(医疗、外科、牙科或兽医用)[999]	1.6	17	13		个/千克	6	
90181400	--闪烁摄影装置							
9018140000	闪烁摄影装置[999]	5	17	13		台/千克	6A	M/
90181930	---病员监护仪							
9018193010	病员监护仪(整机)[999]	0.7/0②	17	13		台/千克	6A	M/
9018193090	病员监护仪的零件及附件[999]	0.7/0②	17	13		台/千克	6	
90181941	----听力计							
9018194100	听力计[999]	0.7/0②	17	13		台/千克	6A	M/
90181949	----其他							
9018194900	其他听力诊断装置[999]	0.7/0②	17	13		台/千克	6A	M/
90181990	---其他							
9018199000	其他电气诊断装置(编号 90181000 中未列名的)[999]	0.7/0②	17	13		台/千克	6A	M/
90182000	-紫外线及红外线装置							
9018200000	紫外线及红外线装置[101 诊断仪器及零部件],[102 治疗仪器及零部件]	0	17	13		台/千克	6A	M/
90183100	--注射器,不论是否装有针头							
9018310000	注射器(不论是否装有针头)③	8	50	13		个/千克	6A	M/
90183210	---管状金属针头							
9018321000	管状金属针头④	8	50	13		千克	6A	M/
90183220	---缝合用针							
9018322000	缝合用针[999]	4	17	13		千克	6A	M/
90183900	--其他							
9018390000	导管、插管及类似品[999]	4	17	13		个/千克	6A	M/

① 如税率中间有"#","#"前后分别为上半年(2021 年 1 月 1 日至 6 月 30 日)和下半年(2021 年 7 月 1 日至 12 月 31 日)的适用税率。

② 最惠国税率中,"/"左边的税率截止日期为 2021 年 6 月 30 日,"/"右边的税率有效日期为 2021 年 7 月 1 日~2999 年 12 月 31 日。

③ [101 一次性使用无菌注射器],[102 玻璃注射器],[103 预填充药剂及与药液配套的注射器],[104 胰岛素注射器],[105 兽医金属注射器],[106 兽医塑钢连续注射器],[107 一次性使用精密过滤输液器],[108 一次性使用重力(滴定管)式输液器],[109 一次性使用避光输液器],[110 一次性使用压力输液设备用输液器],[111 一次性使用吊瓶式和袋式输液器],[112 一次性使用流量设定微调式输液器],[113 其他注射器、输液器]

④ [101 一次性使用无菌注射针],[102 不锈钢注射针管],[103 一次性使用静脉输液针],[104 金属骨髓内针],[105 泪道探针],[106 一次性使用无菌牙科注射针],[107 一次性使用麻醉穿刺针],[108 其他管状金属针头]

协定税率(%)															特惠税率(%)			对美税率	出口税率	出口退税率	Article Description
智利	新西兰	澳大利亚	瑞士	冰岛	秘鲁	哥斯达	东盟	亚太	新加坡	巴基斯坦	港/澳/台	韩国	格鲁吉亚	毛里求斯	亚太	老/柬/缅	LDC 97/95				
0	0	0	1.6	0	0	0	0			4	0/0/	2.4	0	0			0/0			13	-Micrometers, callipers and gauges
																		18	0		
0	0	0	1.6	0	0	0	0			3	0/0/	0	0	0			0/0			13	-Other instruments
																		28	0		
																	0/0			13	-Parts and accessories
																		25	0		
																					Instruments and appliances used in medical, surgical, dental or veterinary sciences, including scintigraphic appatatus, other electro-medical apparatus and sight-testing instruments:
																	0/0			13	--Electro-cardiographs
																		5	0		
0	0	0	0	0	0	0	0	2.2# 1.5①		0	0/0/	3.7	0	0			0/0			13	---B-ultrasonic diagnostic equipment
																		7.6	0		
0	0	0	0	0	0	0	0	1.7# 1.2①		0	0/0/	4.5	0	0			0/0			13	----Chromoscope ultrasonic diagnostic equipment
																		6.9	0		
																			0		
0	0	0	0	0	0	0	0	1.7# 1.2①		0	0/0/	4.5	0	0			0/0			13	----Other
																		6.9	0		
0	0	0	0	0	0	0	0			0	0/0/	2.1	0	0			0/0			13	---Complete equipments
																		27.4	0		
0	0	0	0	0	0	0	0			0	0/0/	2.1	0	0			0/0			13	---Parts
																			0		
0	0	0	0	0	0	0	0			0	0/0/	2.6	0	0			0/0			13	--Scintigraphic apparatus
																		10	0		
0	0	0	0	0	0	0	0	0.5# 0①		0	0/0/	0	0	0			0/0			13	---Patient monitors
																		25.7	0		
																		25.7	0		
0	0	0	0	0	0	0	0	0.5# 0①		0	0/0/	0	0	0			0/0			13	----Andiometers
																		20.7	0		
0	0	0	0	0	0	0	0	0.5# 0①		0	0/0/		0	0			0/0			13	----Other
																		10.7	0		
0	0	0	0	0	0	0	0	0.5# 0①		0	0/0/	0	0	0			0/0			13	---Other
																		5.7	0		
																	0/0			13	-Ultra-violet or infra-red ray apparatus
																		10	0		
0	0	0	1.6	0	0	0	0	5.2		0	0/0/	2.4	0	0			0/0			13	--Syringes, with or without needles
																		13	0		
0	0	0	0	0	0	0	0	5.2		0	0/0/	2.4	1.6	0			0/0			13	---Tubular metal needles
																		33	0		
0	0	0	0	0	0	0	0	2.6		0	0/0/	0	0	0			0/0			13	---Needles for sutures
																		9	0		
0	0	0	0.8	0	0	0	0			0	0/0/	0	0	0			0/0			13	--Other
																		9	0		

商品编号	商品名称及备注[检验检疫编码及名称]	进口关税(%) 最惠国	普通	增值税率(%)	消费税	计量单位	监管条件	检验检疫类别
90184100	--牙钻机,不论是否与其他牙科设备组装在同一底座上							
9018410000	牙钻机(不论是否与其他牙科设备组装在同一底座上)〔999〕	4	17	13		台/千克	6A	M/
90184910	---装有牙科设备的牙科用椅							
9018491000	装有牙科设备的牙科用椅〔999〕	4	17	13		台/千克	6A	M/
90184990	---其他							
9018499000	牙科用其他仪器及器具(但不包括牙钻机或牙科用椅)〔999〕	4	17	13		台/千克	6A	M/
90185000	-眼科用其他仪器及器具							
9018500000	眼科用其他仪器及器具[101 诊断仪器及零部件],[102 治疗仪器及零部件]	0.7/0②	17	13		千克	6A	M/
90189010	---听诊器							
9018901000	听诊器〔999〕	4	17	13		个/千克	6	
90189020	---血压测量仪器及器具							
9018902010	电血压测量仪器及器具〔999〕	0.7/0②	17	13		个/千克	6A	M/
9018902020	含汞的非电子血压测量仪器及器具〔999〕	4	17	13		个/千克	89	
9018902090	其他血压测量仪器及器具〔999〕	4	17	13		个/千克	6A	M/
90189030	---内窥镜							
9018903010	内窥镜(整机)〔999〕	0.7/0②	17	13		台/千克	6A	M/
9018903090	内窥镜的零件及附件〔999〕	0.7/0②	17	13		台/千克	6	
90189040	---肾脏透析设备(人工肾)							
9018904000	肾脏透析设备(人工肾)〔999〕	0.7/0②	17	13		台/千克	6A	M/
90189050	---透热疗法设备							
9018905000	透热疗法设备〔999〕	0.7/0②	17	13		台/千克	6A	M/
90189060	---输血设备							
9018906000	输血设备③	0.7/0②	17	13		台/千克	6A	M/
90189070	---麻醉设备							
9018907010	电麻醉设备〔999〕	0.7/0②	17	13		台/千克	6A	M/
9018907090	其他麻醉设备〔999〕	4	17	13		台/千克	6A	M/
90189091	----宫内节育器							
9018909100	宫内节育器〔999〕	4	17	0		个/千克	6A	M/
90189099	----其他							
9018909911	电子的其他医疗、外科用仪器器具(整机)④	0.7/0②	17	13		台/千克	6A	M/
9018909912[暂1]	医用可解脱弹簧圈(整机)⑤	4	17	13		台/千克	6A	M/
9018909919	其他医疗、外科或兽医用仪器器具(整机)⑥	4	17	13		台/千克	6A	M/
9018909991	电子的其他医疗、外科用仪器器具的零件及附件⑦	0.7/0②	17	13		台/千克	6A	M/
9018909999	其他医疗、外科或兽医用仪器器具的零件及附件⑧	4	17	13		台/千克	6	
9019	**机械疗法器具;按摩器具;心理功能测验装置;臭氧治疗器;氧气治疗器、喷雾治疗器、人工呼吸器及其他治疗用呼吸器具:**							
90191010	---按摩器具							

① 如税率中间有“#”,“#”前后分别为上半年(2021 年 1 月 1 日至 6 月 30 日)和下半年(2021 年 7 月 1 日至 12 月 31 日)的适用税率。

② 最惠国税率中,“/”左边的税率截止日期为 2021 年 6 月 30 日,“/”右边的税率有效日期为 2021 年 7 月 1 日~2999 年 12 月 31 日。

③ 〔101 一次性使用输血器〕,〔102 血液透析、过滤设备〕,〔103 一次性使用血路产品〕,〔104 血泵〕,〔105 其他输血设备〕

④ 〔101 诊断仪器及零部件〕,〔102 治疗仪器及零部件〕,〔103 其他医疗仪器及零部件〕,〔104 与人体接触的进入式医疗器具〕,〔105 与人体接触的非进入式医疗器具〕,〔106 其他医疗器具〕

⑤ 〔101 诊断仪器及零部件〕,〔102 治疗仪器及零部件〕,〔103 其他医疗仪器及零部件〕,〔104 与人体接触的进入式医疗器具〕,〔105 与人体接触的非进入式医疗器具〕,〔106 其他医疗器具〕

⑥ 〔101 诊断仪器及零部件〕,〔102 治疗仪器及零部件〕,〔103 其他医疗仪器及零部件〕,〔104 与人体接触的进入式医疗器具〕,〔105 与人体接触的非进入式医疗器具〕,〔106 其他医疗器具〕

⑦ 〔101 诊断仪器及零部件〕,〔102 治疗仪器及零部件〕,〔103 其他医疗仪器及零部件〕,〔104 与人体接触的进入式医疗器具〕,〔105 与人体接触的非进入式医疗器具〕,〔106 其他医疗器具〕

⑧ 〔101 诊断仪器及零部件〕,〔102 治疗仪器及零部件〕,〔103 其他医疗仪器及零部件〕,〔104 与人体接触的进入式医疗器具〕,〔105 与人体接触的非进入式医疗器具〕,〔106 其他医疗器具〕

协定税率(%)															特惠税率(%)			对美税率	出口税率	出口退税率	Article Description
智利	新西兰	澳大利亚	瑞士	冰岛	秘鲁	哥斯达	东盟	亚太	新加坡	巴基斯坦	港/澳/台	韩国	格鲁吉亚	毛里求斯	亚太	老/柬/缅	LDC 97/95				
0	0	0	0	0	0	0	0			0	0/0/	0	0	0			0/0			13	--Dental drill engines, whether or not combined on a single base with other dental equipment
																		29	0		
0	0	0	0.8	0	0	0	0			0	0/0/	1.2	0	0			0/0			13	---Dentists' chairs incorporating dental equipment
																		9	0		
0	0	0	0.8	0	0	0	0			0	0/0/	0	0	0			0/0			13	---Other
																		14	0		
0	0	0	0.7# 0①	0	0	0	0	0.5# 0①		0	0/0/	2.6	0	0			0/0			13	-Other ophthalmic instruments and appliances
																		25.7	0		
0	0	0	0	0	0	0	0	2.6		0	0/0/	0	0	0			0/0			13	---Stethoscopes
																		9	0		
0	0	0	0	0	0	0	0	2.6		0	0/0/	0	0	0			0/0			13	---Sphygmomanometers and appliances
																		20.7	0		
																		24	0		
																		24	0		
0	0	0	0	0	0	0	0	0.5# 0①		0	0/0/	0	0	0			0/0			13	---Endoscopes
																		10.7	0		
																			0		
0	0	0	0	0	0	0	0	0.5# 0①		0	0/0/	0	0	0			0/0			13	---Artificial kidney (dialysis) apparatus
																		5.7	0		
0	0	0	0	0	0	0	0	0.5# 0①		0	0/0/	0	0	0			0/0			13	---Diathermy apparatus
																		5.7	0		
0	0	0	0.7# 0①	0	0	0	0	0.5# 0①		0	0/0/	0	0	0			0/0			13	---Blood transfusion apparatus
																		5.7	0		
0	0	0	0	0	0	0	0	2.6		0	0/0/	0	0	0			0/0			13	---Anaesthetic apparatus and instruments
																		5.7	0		
																		9	0		
0	0	0	0	0	0	0	0	2		0	0/0/	0	0	0			0/0			0	----Intrauterine contraceptive device
																		9	0		
0	0	0	0.8	0	0	0	0	2.6		0	0/0/	0	0	0			0/0			13	----Other
																		25.7	0		
																		26	0		
																		29	0		
																		25.7	0		
																		29	0		
																					Mechano-therapy appliances; massage apparatus; psychological aptitudetesting apparatus; ozone therapy, oxygen therapy, aerosol therapy, artificial respiration or other therapeutic respiration apparatus:
0	0	0	3	0	0	0	0		0	9.6	0/0/	4.5	0	0			0/0			13	---Massage apparatus

商品编号	商品名称及备注[检验检疫编码及名称]	进口关税(%)		增值税率(%)	消费税	计量单位	监管条件	检验检疫类别
		最惠国	普通					
9019101000	按摩器具①	10	40	13		台/千克	A	M/
90191090	---其他							
9019109000	机械疗法器具,心理功能测验装置②	4	30	13		台/千克		
90192000	-臭氧治疗器、氧气治疗器、喷雾治疗器、人工呼吸器及其他治疗用呼吸器具							
9019200010	具有自动人机同步追踪功能或自动调节呼吸压力功能的无创呼吸机〔999〕	4	17	13		台/千克	A	
9019200090	其他臭氧治疗器,氧气治疗器等器具(还包括喷雾治疗器、人工呼吸器或其他治疗用呼吸器具)〔999〕	4	17	13		台/千克	A	
9020	**其他呼吸器具及防毒面具,但不包括既无机械零件又无可互换过滤器的防护面具:**							
90200000	其他呼吸器具及防毒面具,但不包括既无机械零件又无可互换过滤器的防护面具							
9020000000暂4	其他呼吸器具及防毒面具(但不包括既无机械零件又无可互换过滤器的防护面具)〔999〕	8	30	13		千克		L/
9021	**矫形器具,包括支具、外科手术带、疝气带;夹板及其他骨折用具;人造的人体部分;助听器及为弥补生理缺陷或残疾而穿戴、携带或植入人体内的其他器具:**							
90211000	-矫形或骨折用器具							
9021100000	矫形或骨折用器具(但不包括人造关节)〔101 与人体接触的进入式医疗器具〕,〔102 与人体接触的非进入式医疗器具〕	4	17	13		千克		
90212100	--假牙							
9021210000	假牙〔999〕	4	17	13		千克		
90212900	--其他							
9021290000暂2	牙齿固定件〔999〕	4	17	13		千克		
90213100	--人造关节							
9021310000	人造关节〔999〕	4	17	13		千克/套		
90213900	--其他							
9021390010暂1	人工心脏瓣膜〔999〕	4	17	13		千克		
9021390090	其他人造的人体部分〔999〕	4	17	13		千克		
90214000	-助听器,不包括零件、附件							
9021400000暂1	助听器,不包括零件、附件〔999〕	4	17	13		个/千克		
90215000	-心脏起搏器,不包括零件、附件							
9021500000	心脏起搏器,不包括零件、附件〔999〕	0.7/0④	17	13		个/千克	A	M/
90219011	----血管支架							
9021901100	血管支架〔999〕	0.7/0④	17	13		千克/个		
90219019	----其他							
9021901900	其他支架〔999〕	0.7/0④	17	13		千克/个		
90219090	---其他							
9021909010⑤	人工耳蜗植入装置〔999〕	0.7/0④	17	13		千克		
9021909090	其他弥补生理缺陷,残疾用器具等(包括穿戴、携带或植入人体内的器具及零件)⑥	0.7/0④	17	13		千克		

① 〔101 按摩垫 I 类器具〕,〔102 按摩垫 II 类器具〕,〔103 按摩垫 III 类器具〕,〔104 按摩垫 0I 类器具〕,〔105 按摩垫 0 类器具〕,〔106 按摩椅 I 类器具〕,〔107 按摩椅 II 类器具〕,〔108 按摩椅 III 类器具〕,〔109 按摩椅 0I 类器具〕,〔110 按摩椅 0 类器具〕,〔111 按摩床 I 类器具〕,〔112 按摩床 II 类器具〕,〔113 按摩床 III 类器具〕,〔114 按摩床 0I 类器具〕,〔115 按摩床 0 类器具〕,〔116 其他按摩器具及其零件 I 类器具〕,〔117 其他按摩器具及其零件 II 类器具〕,〔118 其他按摩器具及其零件 III 类器具〕,〔119 其他按摩器具及其零件 0I 类器具〕,〔120 其他按摩器具及其零件 0 类器具〕

② 〔101 心理功能测验装置〕,〔102 与人体接触的机械疗法器具〕,〔103 其他机械疗法器具〕,〔104 按摩垫 I 类器具〕,〔105 按摩垫 II 类器具〕,〔106 按摩垫 III 类器具〕,〔107 按摩垫 OI 类器具〕,〔108 按摩垫 O 类器具〕,〔109 按摩椅 I 类器具〕,〔110 按摩椅 II 类器具〕,〔111 按摩椅 III 类器具〕,〔112 按摩椅 OI 类器具〕,〔113 按摩椅 O 类器具〕,〔114 按摩床 I 类器具〕,〔115 按摩床 II 类器具〕,〔116 按摩床 III 类器具〕,〔117 按摩床 OI 类器具〕,〔118 按摩床 O 类器具〕,〔119 其他按摩器具及其零件 I 类器具〕,〔120 其他按摩器具及其零件 II 类器具〕,〔121 其他按摩器具及其零件 III 类器具〕,〔122 其他按摩器具及其零件 OI 类器具〕,〔123 其他按摩器具及其零件 O 类器具〕

③ 如税率中间有“#”,“#”前后分别为上半年(2021 年 1 月 1 日至 6 月 30 日)和下半年(2021 年 7 月 1 日至 12 月 31 日)的适用税率。

④ 最惠国税率中,“/”左边的税率截止日期为 2021 年 6 月 30 日,“/”右边的税率有效日期为 2021 年 7 月 1 日~2999 年 12 月 31 日。

⑤ 此商品编码适用暂定税率,暂定税率为 0,适用时间 2021 年 1 月~6 月。

⑥ 〔101 与人体接触的进入式医疗器具〕,〔102 与人体接触的非进入式医疗器具〕,〔103 其他医疗器具〕

协定税率(%)															特惠税率(%)			对美税率	出口税率	出口退税率	Article Description
智利	新西兰	澳大利亚	瑞士	冰岛	秘鲁	哥斯达	东盟	亚太	新加坡	巴基斯坦	港/澳/台	韩国	格鲁吉亚	毛里求斯	亚太	老/柬/缅	LDC 97/95				
																		35	0		
0	0	0	0.8	0	0	0	0			0	0/0/	0	0	0			0/0			13	---Other
																		14	0		
0	0	0	0.8	0	0	0	0			0	0/0/	2.1	0	0			0/0			13	-Ozone therapy, oxygen therapy, aerosol therapy, artificial respiration or other therapeutic respiration apparatus
																			0		
																		14	0		
																					Other breathing appliances and gas masks, excluding protective masks having neither mechanical parts nor replaceable filters:
0	0	0	0	0	0	0	0			3	0/0/	2.4	0	0			0/0			13	Other breathing appliances and gas masks, excluding protective masks having neither mechanical parts nor replaceable filters
																		9	0		
																					Orthopaedic appliances, including crutches, surgical belts and trusses; splints and other fracture appliances; artificial parts of the body; hearing aids and other appliances which are worn or carried, or implanted in the body, to compensate for a defect or disability:
0	0	0	1.9	0	0	0	0			0	0/0/	2.1	0	0			0/0			13	-Orthopaedic or fracture appliances
																		9	0		
0	0	0	0	0	0	0	0			0	0/0/	0	0	0			0/0			13	--Artificial teeth
																		9	0		
0	0	0	0.8	0	0	0	0			0	0/0/	0	0	0			0/0			13	--Other
																			0		
0	0	0	0.8	0	0	0	0			0	0/0/0	0	0	0			0/0			13	--Artificial joints
																			0		
0	0	0	0	0	0	0	0			0	0/0/	1.2	0	0			0/0			13	--Other
																			0		
																			0		
0	0	0	0.8	0	0	0	0			0	0/0/	0	0	0			0/0			13	-Hearing aids, excluding parts and accessories
																			0		
0	0	0	0.7# 0③	0	0	0	0	0.5# 0③		0	0/0/	0	0	0			0/0			13	-Pacemakers for stimulating heart muscles, excluding parts and accessories
																			0		
0	0	0	0.7# 0③	0	0	0	0			0	0/0/	0	0	0			0/0			13	----Stents in blood vessel
																			0		
0	0	0	0.7# 0③	0	0	0	0			0	0/0/	1.2	0	0			0/0			13	----Other
																			0		
0	0	0	0.7# 0③	0	0	0	0			0	0/0/	0	0	0			0/0			13	---Other
																			0		
																			0		

商品编号	商品名称及备注[检验检疫编码及名称]	进口关税(%) 最惠国	普通	增值税率(%)	消费税	计量单位	监管条件	检验检疫类别
9022	**X射线或α射线、β射线、γ射线的应用设备,不论是否用于医疗、外科、牙科或兽医,包括射线照相及射线治疗设备,X射线管及其他X射线发生器、高压发生器、控制板及控制台、荧光屏、检查或治疗用的桌、椅及类似品:**							
90221200	--X射线断层检查仪							
9022120000	X射线断层检查仪②	2/1.3③	11	13		台/千克	6OA	M/
90221300	--其他,牙科用							
9022130000	其他牙科用X射线应用设备〔999〕	0	11	13		台/千克	6OA	M/
90221400	--其他,医疗、外科或兽医用							
9022140010	医用直线加速器〔999〕	0.7/0③	11	13		台/千克	6OA	M/
9022140090	其他医疗或兽医用X射线应用设备〔999〕	0.7/0③	11	13		台/千克	6OA	M/
90221910	---低剂量X射线安全检查设备							
9022191010	采用X光机技术或X射线加速器技术的X射线安全检查设备(能量大于100千电子伏,不包括采用X射线交替双能加速器技术的第二代X射线安全检查设备)〔999〕	0.7/0③	11	13		台/千克	A	M/
9022191090	其他低剂量X射线安全检查设备〔999〕	0.7/0③	11	13		台/千克	A	M/
90221920	---X射线无损探伤检测仪							
9022192000	X射线无损探伤检测仪〔999〕	0.7/0③	11	13		台/千克	A	M/
90221990	---其他							
9022199010	X射线全自动燃料芯块检查台(专门设计或制造用于检验燃料芯块的最终尺寸和表面缺陷)〔999〕	0.7/0③	11	13		台/千克	3A	M/
9022199020	X射线晶圆制造厚度测量设备〔999〕	0.7/0③	11	13		台/千克	A	M/
9022199090	其他X射线应用设备〔999〕	0.7/0③	11	13		台/千克	6A	M/
90222100	--医疗、外科、牙科或兽医用							
9022210000	医疗用α、β、γ射线设备(外科、牙科或兽医用)〔101诊断仪器及零部件〕,〔102治疗仪器及零部件〕	0	11	13		台/千克	6A	M/
90222910	---γ射线无损探伤检测仪							
9022291000	γ射线无损探伤检测仪〔999〕	1/0③	11	13		台/千克	A	M/
90222990	---其他							
9022299010	γ射线全自动燃料芯块检查台(专门设计或制造用于检验燃料芯块的最终尺寸和表面缺陷)〔999〕	1/0③	11	13		台/千克	3A	M/
9022299090	其他非医疗用α、β、γ射线设备〔999〕	1/0③	11	13		台/千克	A	M/
90223000	-X射线管							
9022300000	X射线管〔999〕	0.3/0③	11	13		个/千克	A	M/
90229010	---X射线影像增强器							
9022901000	X射线影像增强器〔999〕	0	11	13		个/千克	AO	M/
90229090	---其他							
9022909001[暂1]	射线发生器的零部件〔999〕	5	11	13		个/千克		
9022909020	闪光X射线发生器(峰值能量≥500千电子伏)〔999〕	5	11	13		个/千克	3O	
9022909030	X射线断层检查仪专用探测器〔999〕	5	11	13		个/千克	O	
9022909040[暂3]	数字化X射线摄影系统平板探测器〔999〕	5	11	13		个/千克		
9022909090	品目90.22所列其他设备及零件(包括高压发生器、控制板及控制台、荧光屏等)〔999〕	5	11	13		个/千克		
9023	**专供示范(例如,教学或展览)而无其他用途的仪器、装置及模型:**							

① 如税率中间有"#","#"前后分别为上半年(2021年1月1日至6月30日)和下半年(2021年7月1日至12月31日)的适用税率。

② 〔101医用X射线诊断放射设备〕,〔102X射线计算机体层摄影设备〕,〔103X射线断层扫描高频发生设备〕,〔104X射线断层扫描附属设备〕,〔105乳腺X射线机〕,〔106其他X射线断层检查设备〕

③ 最惠国税率中,"/"左边的税率截止日期为2021年6月30日,"/"右边的税率有效日期为2021年7月1日~2999年12月31日。

协定税率(%)															特惠税率(%)			对美税率	出口税率	出口退税率	Article Description
智利	新西兰	澳大利亚	瑞士	冰岛	秘鲁	哥斯达	东盟	亚太	新加坡	巴基斯坦	港/澳/台	韩国	格鲁吉亚	毛里求斯	亚太	老/柬/缅	LDC 97/95				
																					Apparatus based on the use of X-rays or of alpha, beta or gamma radiations, whether or not for medical, surgical, dental or veterinary uses, including radiography or radiotherapy apparatus, X-ray tubes and other X-ray generators, high tension genera-tors, control panels and desks, screens, examination or treatment tables, chairs and the like:
0	0	0	0	0	0	0	0	1.4# 0.9①		0	0/0/	2.1	0	0			0/0			13	--Computed tomography apparatus
																		7	0		
																	0/0			13	--Other, for dental uses
																		20	0		
0	0	0	0	0	0	0	0			0	0/0/	0	0	0			0/0			13	--Other, for medical, surgical or veterinary uses
																			0		
																		25.7	0		
0	0	0	0	0	0	0	0			0	0/0/	2.1	0	0			0/0			13	---Low dosage X-ray security inspecting equipment
																		5.7	0		
																		5.7	0		
0	0	0	0.7# 0①	0	0	0	0			0	0/0/		0	0			0/0			13	---X-ray nondestructive inspection apparatus
																		20.7	0		
0	0	0	0.7# 0①	0	0	0	0			0	0/0/		0	0			0/0			13	---Other
																			0		
																			0		
																			0		
																	0/0			13	--For medical, surgical, dental or veterinary uses
																		10	0		
0	0	0	0	0	0	0	0			4	0/0/	0	0	0			0/0			13	---Gamma ray nondestructive inspection apparatus
																			0		
0	0	0	0	0	0	0	0			4	0/0/	0	0	0			0/0			13	---For other uses
																		6	0		
																		6	0		
0	0	0	0	0	0	0	0			0	0/0/	0.6	0	0			0/0			13	-X-ray tubes
																			0		
												3.2					0/0			13	---X-ray intensifiers
																			0		
0	0	0	1.2	0	0	0	0			0	0/0/	3.2	0	0			0/0			13	---Other
																		26	0		
																		30	0		
																		30	0		
																		28	0		
																		30	0		
																					Instruments, apparatus and models, designed for demonstrational purposes (for example, in education or exhibitions), unsuitable for other uses:

商品编号	商品名称及备注[检验检疫编码及名称]	进口关税(%) 最惠国	普通	增值税率(%)	消费税	计量单位	监管条件	检验检疫类别
90230010	---教习头							
9023001000	教习头〔999〕	0	20	13		千克		
90230090	---其他							
9023009000	其他专供示范的仪器、装置及模型[(例如,教学或展览)而无其他用途]〔999〕	0	20	13		千克		
9024	**各种材料(例如,金属、木材、纺织材料、纸张、塑料)的硬度、强度、压缩性、弹性或其他机械性能的试验机器及器具:**							
90241010	---电子万能试验机							
9024101000	电子万能试验机〔999〕	1.2/0②	20	13		台/千克		
90241020	---硬度计							
9024102000	硬度计〔999〕	1.2/0②	20	13		台/千克		
90241090	---其他							
9024109000	其他金属材料的试验用机器及器具〔999〕	1.2/0②	20	13		台/千克		
90248000	-其他机器及器具							
9024800000	非金属材料的试验用机器及器具〔999〕	1.9/1.3②	20	13		台/千克		
90249000	-零件、附件							
9024900000	各种材料的试验用机器零件、附件〔999〕	1/0②	20	13		千克		
9025	**记录式或非记录式的液体比重计及类似的浮子式仪器、温度计、高温计、气压计、湿度计、干湿球湿度计及其组合装置:**							
90251100	--液体温度计,可直接读数							
9025110010	含汞的可直接读数的非电子液体温度计〔999〕	4	40	13		个/千克	89	
9025110090	其他可直接读数的液体温度计〔999〕	4	40	13		个/千克		
90251910	---工业用							
9025191010	温度传感器〔101 电子温度计〕,〔102 温度计〕	1.4/0②	20	13		个/千克		
9025191020	其他含汞的非液体的工业用非电子温度计及高温计	1.4/0②	20	13		个/千克	89	
9025191090	其他非液体的工业用温度计及高温计〔101 电子温度计〕,〔102 温度计〕	1.4/0②	20	13		个/千克		
90251990	---其他							
9025199010	红外线人体测温仪〔999〕	1.4/0②	80	13		个/千克		
9025199020	其他含汞的非液体的非电子温度计及高温计	1.4/0②	80	13		个/千克	89	
9025199090	非液体的其他温度计,高温计〔101 电子温度计〕,〔102 温度计〕	1.4/0②	80	13		个/千克		
90258000	-其他仪器							
9025800010	含汞的非电子温度计和气压计〔温度计〕〔999〕	11	30	13		个/千克	89	
9025800090	其他温度计,比重计,湿度计等仪器〔101 温度计〕,〔102 比重计〕,〔103 湿度计〕,〔104 其他机械式仪表及其零件〕	11	30	13		个/千克		
90259000	-零件、附件							
9025900010	红外线测温仪传感器元件〔999〕	1.3/0②	20	13		千克/个		
9025900090	其他比重计,温度计等类似仪器的零件〔101 温度计零件〕,〔102 比重计零件〕,〔103 其他机械式仪表及其零件〕	1.3/0②	20	13		千克/个		
9026	**液体或气体的流量、液位、压力或其他变化量的测量或检验仪器及装置(例如,流量计、液位计、压力表、热量计),但不包括品目 90.14、90.15、90.28 或 90.32 的仪器及装置:**							
90261000	-测量、检验液体流量或液位的仪器及装置							
9026100000	测量、检验液体流量或液位的仪器〔101 电子测量仪〕,〔102 机械测量仪〕	0	17	13		个/千克		

① 如税率中间有"#","#"前后分别为上半年(2021 年 1 月 1 日至 6 月 30 日)和下半年(2021 年 7 月 1 日至 12 月 31 日)的适用税率。

② 最惠国税率中,"/"左边的税率截止日期为 2021 年 6 月 30 日,"/"右边的税率有效日期为 2021 年 7 月 1 日~2999 年 12 月 31 日。

协定税率(%)															特惠税率(%)			对美税率	出口税率	出口退税率	Article Description
智利	新西兰	澳大利亚	瑞士	冰岛	秘鲁	哥斯达	东盟	亚太	新加坡	巴基斯坦	港/澳/台	韩国	格鲁吉亚	毛里求斯	亚太	老/柬/缅	LDC 97/95				
										4							0/0			13	---Training mannequin
																		25	0		
										4				4.2			0/0			13	---Other
																		5	0		
																					Machines and appliances for testing the hardness, strength, compressibility, elasticity or other mechanical properties of materials (for example, metals, wood, textiles, paper, plastics):
0	0	0	0	0	0	0	0	0.8# 0①		3	0/0/	2.1	0	0			0/0			13	---Electric multitesting machines
																		11.2	0		
0	0	0	1.2# 0①	0	0	0	0	0.8# 0①		3	0/0/	2.1	0	0			0/0			13	---Machines and applinances for testing hardness
																		11.2	0		
0	0	0	0	0	0	0	0	0.8# 0①		4	0/0/	4.5	0	0			0/0			13	---Other
																		6.2	0		
0	0	0	0	0	0	0	0			0	0/0/	2.6	0	0			0/0			13	-Other machines and appliances
																		6.9	0		
0	0	0	1# 0①	0	0	0	0			0	0/0/		0	0			0/0			13	-Parts and accessories
																		6	0		
																					Hydrometers and similar floating instruments, thermometers and pyrometers, barometers, hygrometers and psychrometers, recording or not, and any combination of these instruments:
0	0	0	0	0	0	0	0			0	0/0/	0	0	0			0/0			13	--Liquid-filled, for direct reading
																		24	0		
																		24	0		
0	0	0	0	0	0	0	0	0.9# 0①		3	0/0/	0	0	0			0/0			13	---For technical use
																			0		
																		11.4	0		
																		11.4	0		
0	0	0	0	0	0	0	0	0.9# 0①		3	0/0/	0	0	0			0/0			13	---Other
																		11.4	0		
																		11.4	0		
																		11.4	0		
0	0	0	2.2	0	0	0	0		0	4	0/0/	7.1	0	0			0/0			13	-Other instruments
																		31	0		
																		31	0		
0	0	0	1.3# 0①	0	0	0	0	0.8# 0①		3	0/0/	0	0	5.7			0/0			13	-Parts and accessories
																		11.3	0		
																		11.3	0		
																					Instruments and apparatus for measuring or checking the flow, level, pressure or other variables of liquids or gases (for example, flow meters, level gauges, manometers, heat meters), excluding instruments and apparatus of heading 90.14, 90.15, 90.28 or 90.32:
																	0/0			13	-For measuring or checking the flow or level of liquids
																		10	0		

商品编号	商品名称及备注[检验检疫编码及名称]	进口关税(%) 最惠国	进口关税(%) 普通	增值税率(%)	消费税	计量单位	监管条件	检验检疫类别
90262010	---压力/差压变送器							
9026201010	锰铜压力计(压力超过 10GPa)〔999〕	0	17	13		个/千克	3	
9026201020	镱制成的压力计(流体动力学实验专用仪器仪表,测量压力超过 10GPa 的)〔101 电子分析仪〕,〔102 机械分析仪〕	0	17	13		个/千克	3	
9026201030	聚偏二氟乙烯/聚二氟乙烯制成的压力计(流体动力学实验专用仪器仪表,测量压力超过 10GPa 的)〔101 电子分析仪〕,〔102 机械分析仪〕	0	17	13		个/千克	3	
9026201090	其他压力、差压变送器〔101 电子分析仪〕,〔102 机械分析仪〕	0	17	13		个/千克		
90262090	---其他							
9026209010	压力传感器(两用物项管制商品)〔101 电子分析仪〕,〔102 机械分析仪〕	0	17	13		个/千克	3	
9026209020	含汞的非电子压力表〔101 电子分析仪〕,〔102 机械分析仪〕	0	17	13		个/千克	89	
9026209090	其他测量、检验压力的仪器及装置〔101 电子分析仪〕,〔102 机械分析仪〕	0	17	13		个/千克		
90268010	---测量气体流量的仪器及装置							
9026801000	测量气体流量的仪器及装置〔101 电子测量仪(电子分析仪)〕,〔102 机械测量仪(机械分析仪)〕	0	17	13		个/千克		
90268090	---其他							
9026809000	液体或气体的其他测量或检验仪器(除液体流量或液位及压力以外的其他变量的检测仪器)〔101 电子分析仪〕,〔102 机械分析仪〕	0	17	13		个/千克		
90269000	-零件、附件							
9026900010	液位仪用探棒〔101 电子分析仪〕,〔102 机械分析仪〕	0	17	13		千克		
9026900090	其他液体或气体的测量或检验仪器零件(主要是进行流量、液位、压力或其他变化量的测量或检验)〔101 电子分析仪〕,〔102 机械分析仪〕	0	17	13		千克		
9027	**理化分析仪器及装置(例如,偏振仪、折光仪、分光仪、气体或烟雾分析仪);测量或检验黏性、多孔性、膨胀性、表面张力及类似性能的仪器及装置;测量或检验热量、声量或光量的仪器及装置(包括曝光表);检镜切片机:**							
90271000	-气体或烟雾分析仪							
9027100010	用于连续操作的气体检测器(可用于出口管制的化学品或有机化合物(含有磷、硫、氟或氯,其浓度低于 0.3 毫克/立方米)的检测,或为检测受抑制的胆碱酯酶的活性而设计)〔101 电子分析仪〕,〔102 机械分析仪〕	2.6/1.8①	17	13		台/千克	3	
9027100090	其他气体或烟雾分析仪〔101 电子分析仪〕,〔102 机械分析仪〕	2.6/1.8①	17	13		台/千克		
90272011	----气相色谱仪							
9027201100	气相色谱仪〔999〕	0	17	13		台/千克		
90272012	----液相色谱仪							
9027201200	液相色谱仪〔999〕	0	17	13		台/千克		
90272019	----其他							
9027201900	其他色谱仪〔999〕	0	17	13		台/千克		
90272020	---电泳仪							
9027202000	电泳仪〔999〕	0	17	13		台/千克		
90273000	-使用光学射线(紫外线、可见光、红外线)的分光仪、分光光度计及摄谱仪							
9027300010	傅立叶红外光谱仪〔101 电子分析仪〕,〔102 机械分析仪〕	0	17	13		台/千克		
9027300020	近红外光谱仪〔101 电子分析仪〕,〔102 机械分析仪〕	0	17	13		台/千克		
9027300030	台式和手持拉曼光谱仪〔101 电子分析仪〕,〔102 机械分析仪〕	0	17	13		台/千克		
9027300090	其他分光仪、分光光度计及摄谱仪[使用光学射线(紫外线、可见光、红外线)的]〔101 电子分析仪〕,〔102 机械分析仪〕	0	17	13		台/千克		
90275010	---基因测序仪							
9027501000	基因测序仪〔101 电子分析仪〕,〔102 机械分析仪〕	0	17	13		台/千克	6	
90275090	---其他							
9027509010	流式细胞仪〔101 电子分析仪〕,〔102 机械分析仪〕	0	17	13		台/千克	6	
9027509090	其他使用光学射线的其他仪器及装置(光学射线是指紫外线、可见光、红外线)〔101 电子分析仪〕,〔102 机械分析仪〕	0	17	13		台/千克	6	

① 最惠国税率中,“/”左边的税率截止日期为 2021 年 6 月 30 日,“/”右边的税率有效日期为 2021 年 7 月 1 日~2999 年 12 月 31 日。

协定税率(%)															特惠税率(%)			对美税率	出口税率	出口退税率	Article Description
智利	新西兰	澳大利亚	瑞士	冰岛	秘鲁	哥斯达	东盟	亚太	新加坡	巴基斯坦	港/澳/台	韩国	格鲁吉亚	毛里求斯	亚太	老/柬/缅	LDC 97/95				
																	0/0			13	---Pressure/differential pressure transmitters
																		10	0		
																		10	0		
																		10	0		
																		10	0		
																	0/0			13	---Other
																		10	0		
																		10	0		
																		10	0		
																	0/0			13	---Instruments or apparatus for measuring the flow of gases
																		10	0		
																	0/0			13	---Other
																		10	0		
																	0/0			13	-Parts and accessories
																			0		
																		10	0		
																					Instruments and apparatus for physical or chemical analysis (for example, polarimeters, refractometers, spectrometers, gas or smoke analysis apparatus); instruments and apparatus for measuring or checking viscosity, porosity, expansion, surface tension or the like; instruments and apparatus for measuring or checking quantities of heat, sound or light (including exposure meters); microtomes:
0	0	0	1.4	0	0	0	0			3	0/0/	3.7	0	0			0/0			13	-Gas or smoke analysis apparatus
																			0		
																		7.6	0		
																	0/0			13	----Gas chromatographs instruments
																		5	0		
																	0/0			13	----Liquid chromatographs instruments
																		5	0		
																	0/0			13	----Other
																		5	0		
																	0/0			13	---Electrophoresis instruments
																		5	0		
																	0/0			13	-Spectrometers, spectrophotometers and spectrographs using optical radiations (UV, visible, IR)
																			0		
																			0		
																			0		
																		10	0		
																	0/0				---Gene sequencer
																		5	0		
																	0/0				---Other
																		5	0		
																		5	0		

商品编号	商品名称及备注[检验检疫编码及名称]	进口关税(%)		增值税率(%)	消费税	计量单位	监管条件	检验检疫类别
		最惠国	普通					
90278011	----集成电路生产用氦质谱检漏台							
9027801100	集成电路生产用氦质谱检漏台〔999〕	0	17	13		台/千克		
90278012	----质谱联用仪							
9027801200	质谱联用仪〔999〕	0	17	13		台/千克		
90278019	----其他							
9027801910	两用物项管制的 UF6 质谱仪/离子源〔999〕	0	17	13		台/千克	3	
9027801920	测大于 230 质量单位离子质谱仪(分辨率高于 2/230)〔999〕	0	17	13		台/千克	3	
9027801990	其他质谱仪〔999〕	0	17	13		台/千克		
90278091	----曝光表							
9027809100	曝光表〔999〕	2.3/0[2]	70	13		个/千克		
90278099	----其他							
9027809910	转矩流变仪〔101 电子测量仪〕,〔102 电子分析仪〕,〔103 机械测量仪〕,〔104 机械分析仪〕	0	17	13		台/千克	6	
9027809990	其他理化分析仪器及装置(包括测量或检验黏性及类似性能的仪器及装置)〔101 电子测量仪〕,〔102 电子分析仪〕,〔103 机械测量仪〕,〔104 机械分析仪〕	0	17	13		台/千克	6	
90279000	-检镜切片机;零件、附件							
9027900000	检镜切片机、理化分析仪器零件〔999〕	0	17	13		千克		
9028	**生产或供应气体、液体及电力用的计量仪表,包括它们的校准仪表:**							
90281010	---煤气表							
9028101000	煤气表(包括它们的校准仪表)〔999〕	10	30	13		个/千克		
90281090	---其他							
9028109000	其他气量计(包括它们的校准仪表)〔999〕	10	30	13		个/千克		
90282010	---水表							
9028201000	水表(包括它们的校准仪表)〔999〕	10	30	13		个/千克		
90282090	---其他							
9028209000	其他液量计(包括它们的校准仪表)〔999〕	10	30	13		个/千克		
90283011	----单相感应式							
9028301100	单相感应式电度表(包括它们的校准仪表)〔999〕	0	30	13		个/千克		
90283012	----三相感应式							
9028301200	三相感应式电度表(包括它们的校准仪表)〔999〕	0	30	13		个/千克		
90283013	----单相电子式(静止式)							
9028301300	单相电子式(静止式)电度表(包括它们的校准仪表)〔999〕	0	30	13		个/千克		
90283014	----三相电子式(静止式)							
9028301400	三相电子式(静止式)电度表(包括它们的校准仪表)〔999〕	0	30	13		个/千克		
90283019	----其他							
9028301900	其他电度表(包括它们的校准仪表)〔999〕	0	30	13		个/千克		
90283090	---其他							
9028309000	其他电量计(包括它们的校准仪表)〔999〕	0	30	13		个/千克		
90289010	---工业用							
9028901000	工业用计量仪表零件、附件〔101 其他电子仪表〕,〔102 其他机械式仪表及其零件〕	0	30	13		千克		
90289090	---其他							
9028909000	非工业用计量仪表零件、附件〔101 其他电子仪表〕,〔102 其他机械式仪表及其零件〕	0	50	13		千克		
9029	**转数计、产量计数器、车费计、里程计、步数计及类似仪表;速度计及转速表,品目 90.14 及 90.15 的仪表除外;频闪观测仪:**							
90291010	---转数计							
9029101000	转数计〔999〕	12	50	13		个/千克		
90291020	---车费计、里程计							
9029102000	车费计、里程计〔101 其他车辆零部件〕,〔102 其他电子仪表〕	12	35	13		个/千克		
90291090	---其他							
9029109000	产量计数器、步数计及类似仪表〔999〕	12	35	13		个/千克		
90292010	---车辆用速度计							

① 如税率中间有“#”,“#”前后分别为上半年(2021 年 1 月 1 日至 6 月 30 日)和下半年(2021 年 7 月 1 日至 12 月 31 日)的适用税率。
② 最惠国税率中,“/”左边的税率截止日期为 2021 年 6 月 30 日,“/”右边的税率有效日期为 2021 年 7 月 1 日~2999 年 12 月 31 日。

协定税率(%)															特惠税率(%)			对美税率	出口税率	出口退税率	Article Description
智利	新西兰	澳大利亚	瑞士	冰岛	秘鲁	哥斯达	东盟	亚太	新加坡	巴基斯坦	港/澳/台	韩国	格鲁吉亚	毛里求斯	亚太	老/柬/缅	LDC 97/95				
																	0/0			13	----Integrated circuit belium spectra leak detectors
																			0		
																	0/0			13	----Mass spectrometers combined with other instruments
																		5	0		
																	0/0			13	----Other
																		5	0		
																		5	0		
																		5	0		
0	0	0	2.3# 0[1]	0	0	0	0		0	9	0/0/	4.2	0	0			0/0			13	----Exposure meters
																		7.3	0		
																	0/0			13	----Other
																			0		
																		5	0		
																	0/0			13	-Microtomes; parts and accessories
																		5	0		
																					Gas, liquid or electricity supply or production meters, including calibrating meters thereof:
0	0	0	0	0	0	0	0			3	0/0/	3	0	0			0/0			13	---Coal gas meters
																		35	0		
0	0	0	0	0	0	0	0		0	3	0/0/	3	0	0			0/0			13	---Other
																		15	0		
0	0	0	0	0	0	0	0		0	3	0/0/	3	0	0			0/0			13	---Water meters
																		35	0		
0	0	0	0	0	0	0	0		0	3	0/0/		0	0			0/0			13	---Other
																		15	0		
										3		3					0/0			13	----Single-phase induction types
																			0		
										3		3					0/0			13	----Three-phase induction types
																			0		
										3		3					0/0			13	----Single-phase electronic types(static)
																		25	0		
										3		3					0/0			13	----Three-phase electronic types(static)
																		25	0		
										3		6.5					0/0			13	----Other
																			0		
										3		3					0/0			13	---Other
																		20	0		
										3		2.5					0/0			13	---For technical use
																		25	0		
										3							0/0			13	---Other
																		20	0		
																					Revolution counters, production counters, taximeters, mileometers, pedometers and the like; speed indicators and tachometers, other than those of headings 90.14 and 90.15; stroboscopes:
0	0	0	7	0	0	0	0		0	9.6	0/0/	4.5	0	0			0/0			13	---Revolution counters
																		37	0		
0	0	0	3	0	0	0	0		0	9.6	0/0/		0	0			0/0			13	---Taximeters and mileometers
																		32	0		
0	0	0	3	0	0	0	0		0	9.6	0/0/		0	0			0/0			13	---Other
																		32	0		
0	0	0	0	0	0	0	0			4	0/0/	6.5	0	0			0/0			13	---Speed indicators for motor vehicles

商品编号	商品名称及备注[检验检疫编码及名称]	进口关税(%) 最惠国	进口关税(%) 普通	增值税率(%)	消费税	计量单位	监管条件	检验检疫类别
9029201000	车辆用速度计〔999〕	10	35	13		个/千克		
90292090	---其他							
9029209000	其他速度计及转速表,频闪观测仪(车辆用速度计除外)〔999〕	10	35	13		个/千克		
90299000	-零件、附件							
9029900000	转数计、车费计及类似仪表零件(品目 90.14 及 90.15 的仪表零件除外)〔999〕	6	35	13		千克		
9030	**示波器、频谱分析仪及其他用于电量测量或检验的仪器和装置,但不包括品目 90.28 的各种仪表;α射线、β射线、γ射线、X 射线、宇宙射线或其他离子射线的测量或检验仪器及装置:**							
90301000	-离子射线的测量或检验仪器及装置							
9030100000	离子射线的测量或检验仪器及装置〔999〕	0.8/0①	20	13		台/千克		
90302010	---测试频率在 300 兆赫兹以下的通用示波器							
9030201000	300 兆赫以下的通用示波器(指测试频率小于 300 兆赫兹的示波器)〔999〕	0	80	13		台/千克		
90302090	---其他							
9030209000	其他示波器(包括 300 兆赫兹的通用示波器)〔999〕	0	20	13		台/千克		
90303110	---量程在五位半及以下的数字万用表							
9030311000	五位半及以下的数字万用表,不带记录装置〔999〕	0	130	13		台/千克		
90303190	---其他							
9030319000	其他万用表,不带记录装置(五位半及以下的数字万用表除外)〔999〕	0	20	13		台/千克		
90303200	--万用表,带记录装置							
9030320000	万用表,带记录装置〔999〕	1.3/0①	20	13		台/千克		
90303310	---量程在五位半及以下的数字电流表、电压表							
9030331000	五位半及以下的数字电流、电压表,不带记录装置〔999〕	5.6/3.8①	130	13		台/千克		
90303320	---电阻测试仪							
9030332000	电阻测试仪,不带记录装置(不带记录装置的)〔101 电子测量仪〕,〔102 机械测量仪〕	10	80	13		台/千克		
90303390	---其他							
9030339000	检测电压、电流及功率的其他仪器,不带记录装置〔999〕	3.4/2.3①	20	13		台/千克		
90303900	--其他,带记录装置							
9030390000	其他带记录装置的检测电压、电流、电阻或功率的仪器(万用表除外)〔999〕	1.3/0①	20	13		台/千克		
90304010	---测试频率在 12.4 吉赫兹以下的数字式频率计							
9030401000	12.4 千兆赫兹以下数字式频率计〔999〕	0	80	13		台/千克		
90304090	---其他							
9030409000	其他无线电通讯专用仪器及装置(12.4 千兆赫兹以下数子式频率计除外)〔101 其他行业成套设备〕,〔102 电子测量仪〕	0	20	13		台/千克		
90308200	--测试或检验半导体晶片或器件用							
9030820000	检测半导体晶片或器件的仪器(包括测试或检验半导体晶片或元器件用的装置)〔999〕	0	20	13		台/千克		
90308410	---电感及电容测试仪							
9030841000	电感及电容测试仪(装有记录装置的)〔999〕	1.7/0①	80	13		台/千克		
90308490	---其他							
9030849000	其他电量的测量或检验仪器及装置(装有记录装置的)〔999〕	1.3/0①	20	13		台/千克		
90308910	---电感及电容测试仪							
9030891000	其他电感及电容测试仪(未装有记录装置的)〔999〕	2.3/0①	80	13		台/千克		
90308990	---其他							
9030899010	中子探测和测量仪表(专用于测定核反应堆堆芯内中子通量的)〔999〕	1.3/0①	20	13		台/千克	3	
9030899090	其他电量的测量或检验仪器及装置(未装有记录装置的)〔999〕	1.3/0①	20	13		台/千克		
90309000	-零件、附件							

① 最惠国税率中,"/"左边的税率截止日期为 2021 年 6 月 30 日,"/"右边的税率有效日期为 2021 年 7 月 1 日~2999 年 12 月 31 日。
② 如税率中间有"#","#"前后分别为上半年(2021 年 1 月 1 日至 6 月 30 日)和下半年(2021 年 7 月 1 日至 12 月 31 日)的适用税率。

协定税率(%)															特惠税率(%)			对美税率	出口税率	出口退税率	Article Description
智利	新西兰	澳大利亚	瑞士	冰岛	秘鲁	哥斯达	东盟	亚太	新加坡	巴基斯坦	港/澳/台	韩国	格鲁吉亚	毛里求斯	亚太	老/柬/缅	LDC 97/95				
																		15	0		
0	0	0	0	0	0	0	0			4	0/0/	3	0	0			0/0			13	---Other
																		30	0		
0	0	0	1. 2	0	0	0	0			0	0/0/		0	0			0/0			13	-Parts and accessories
																		26	0		
																					Oscilloscopes, spectrum analysers and other instruments and apparatus for measuring or checking electrical quantities, excluding meters of heading 90. 28; instruments and apparatus for measuring or detecting alpha, beta, gamma, X-ray, cosmic or other ionizing radiations:
0	0	0	0	0	0	0	0			0	0/0/		0	0			0/0			13	-Instruments and apparatus for measuring or detecting ionizing radiations
																			0		
										3		2. 4					0/0			13	---For general use, of test frequency less than 300MHz
																		20	0		
												1. 5					0/0			13	---Other
																		10	0		
										9. 6		4. 5					0/0			13	---Digital, of measuring range of 5. 5 or less
																		5	0		
												2. 6					0/0			13	---Other
																		10	0		
0	0	0	0	0	0	0	0			3	0/0/	2. 4	0	0			0/0			13	--Multimeters with a recording device
																		11. 3	0		
0	0	0	3	0	0	0	0		0	9. 6	0/0/	4. 5	0	0			0/0			13	---Digital ammeters or voltmeters, of measuring range of 5. 5 or less
																		25. 6	0		
0	0	0	2. 8	0	0	0	0		0	9	0/0/		0	0			0/0			13	---Resistance measuring instruments
																		20	0		
0	0	0	1. 8	0	0	0	0			4	0/0/		0	0			0/0			13	---Other
																		23. 4	0		
0	0	0	1. 3#0②	0	0	0	0			3	0/0/		0	0			0/0			13	--Other, with a recording device
																		11. 3	0		
																	0/0			13	---Digital frequency meters, of test frequency less than 12. 4GHz
																		10	0		
																	0/0			13	---Other
																		5	0		
																	0/0			13	--For measuring or checking semiconductor wafers or devices
																			0		
0	0	0	0	0	0	0	0		0	3	0/0/		0	0			0/0			13	---For measuring inductances or capacitances
																		26. 7	0		
0	0	0	1. 3#0②	0	0	0	0			3	0/0/	4. 2	0	0			0/0			13	---Other
																		11. 3	0		
0	0	0	2. 3#0②	0	0	0	0		0	9	0/0/		0	0			0/0			13	---For measuring inductances or capacitances
																		12. 3	0		
0	0	0	0	0	0	0	0			3	0/0/		1. 6	0			0/0			13	---Other
																		11. 3	0		
																		11. 3	0		
0	0	0	1. 2#0②	0	0	0	0			3	0/0/	2. 1	0	0			0/0			13	-Parts and accessories

商品编号	商品名称及备注[检验检疫编码及名称]	进口关税(%)		增值税率(%)	消费税	计量单位	监管条件	检验检疫类别
		最惠国	普通					
9030900001	检测半导体晶片及器件的仪器零件(包括附件)〔999〕	0	17	13		千克		
9030900002	ITA 产品用的印刷电路组件(包括外接组件,如符合 PCMCIA 标准的卡)〔999〕	0	17	13		千克		
9030900010	用于声表面滤波器测试的测试头(频率带宽在 81GHZ 以上,且探针最小间距在周围排列下为 50 微米,阵列下为 180 微米)〔999〕	1.2/0①	17	13		千克		
9030900090	品目 90.30 所属货品的零件及附件〔999〕	1.2/0①	17	13		千克		
9031	**本章其他税号未列名的测量或检验仪器、器具及机器;轮廓投影仪:**							
90311000	-机械零件平衡试验机							
9031100010	陀螺动态平衡测试仪〔999〕	1.2/0①	17	13		台/千克	3	
9031100090	其他机械零件平衡试验机〔999〕	1.2/0①	17	13		台/千克		
90312000	-试验台							
9031200010	陀螺/马达运转试验台〔999〕	7	17	13		台/千克	3	
9031200020	加速度表测试台〔999〕	7	17	13		台/千克	3	
9031200030	试车台(能试推力>90KN 火箭发动机的或同时测量三个推力分量的)〔999〕	7	17	13		台/千克	3	
9031200040	惯性平台测试台(测试平台包括高精度离心机和转台)〔999〕	7	17	13		台/千克	3	
9031200090	其他试验台〔999〕	7	17	13		台/千克		
90314100	--制造半导体器件时检验半导体晶片、器件或检测光掩模或光栅用							
9031410000	制造半导体器件的检测仪和器具(第九十章其他品目未列名的,包括检测光掩模及光栅用的)〔999〕	0	17	13		台/千克		
90314910	---轮廓投影仪							
9031491000	轮廓投影仪〔999〕	1.7/0①	20	13		台/千克		
90314920	---光栅测量装置							
9031492000	光栅测量装置(第九十章其他品目未列名的)〔999〕	0	17	13		台/千克		
90314990	---其他							
9031499010	光盘质量在线检测仪及离线检测仪〔999〕	0	17	13		台/千克		
9031499090	其他光学测量或检验仪器和器具(第九十章其他品目未列名的)〔999〕	0	17	13		台/千克		
90318010	---光纤通信及光纤性能测试仪							
9031801000	光纤通信及光纤性能测试仪〔999〕	3/2①	17	13		台/千克		
90318020	---坐标测量仪							
9031802000	坐标测量仪〔999〕	3/2①	17	13		台/千克		
90318031	----超声波探伤检测仪							
9031803100	超声波探伤检测仪〔999〕	3/2①	17	13		台/千克		
90318032	----磁粉探伤检测仪							
9031803200	磁粉探伤检测仪〔999〕	3/2①	17	13		台/千克		
90318033	----涡流探伤检测仪							
9031803300	涡流探伤检测仪〔999〕	3/2①	17	13		台/千克		
90318039	----其他							
9031803900	其他无损探伤检测仪器(射线探伤仪除外)〔999〕	3/2①	17	13		台/千克		
90318090	---其他							
9031809010	惯性测量单元测试仪〔999〕	3/2①	17	13		台/千克	3	
9031809020	陀螺调谐测试仪〔999〕	3/2①	17	13		台/千克	3	
9031809030	跑道摩擦系数测试仪〔999〕	3/2①	17	13		台/千克		
9031809040③	音频生命探测仪〔999〕	3/2①	17	13		台/千克		
9031809050④	音视频生命探测仪〔999〕	3/2①	17	13		台/千克		
9031809060⑤	集成电路测试分选设备〔999〕	3/2①	17	13		台/千克		

① 最惠国税率中,"/"左边的税率截止日期为 2021 年 6 月 30 日,"/"右边的税率有效日期为 2021 年 7 月 1 日~2999 年 12 月 31 日。
② 如税率中间有"#","#"前后分别为上半年(2021 年 1 月 1 日至 6 月 30 日)和下半年(2021 年 7 月 1 日至 12 月 31 日)的适用税率。
③ 此商品编码适用暂定税率,暂定税率为 2%,适用时间为 2021 年 1 月~6 月。
④ 此商品编码适用暂定税率,暂定税率为 2%,适用时间为 2021 年 1 月~6 月。
⑤ 此商品编码适用暂定税率,暂定税率为 2%,适用时间为 2021 年 1 月~6 月。

协定税率(%)															特惠税率(%)			对美税率	出口税率	出口退税率	Article Description
智利	新西兰	澳大利亚	瑞士	冰岛	秘鲁	哥斯达	东盟	亚太	新加坡	巴基斯坦	港/澳/台	韩国	格鲁吉亚	毛里求斯	亚太	老/柬/缅	LDC 97/95				
																		10	0		
																		10	0		
																			0		
																		11.2	0		
																					Measuring or checking instruments, appliances and machines, not specified or included elsewhere in this Chapter; profile projectors:
0	0	0	0	0	0	0	0	0.8# 0②		3	0/0/	0	0	0			0/0			13	-Machines for balancing mechanical parts
																		21.2	0		
																		21.2	0		
0	0	0	3.3	0	0	0	0			3	0/0/	3.7	0	0			0/0			13	-Test benches
																			0		
																			0		
																			0		
																			0		
																			0		
																	0/0			13	--For inspecting semiconductor wafers or devices or for inspecting photomasks or reticles used in manufacturing semiconductor devices
																			0		
0	0	0	0	0	0	0	0			3	0/0/	5.3	0	0			0/0			13	---Profile projectors
																		26.7	0		
																	0/0			13	---Optical grating measuring device
																		25	0		
																	0/0			13	---Other
																		20	0		
																		20	0		
0	0	0	0	0	0	0	0	2# 1.3②		0	0/0/	2.6	0	0			0/0			13	---Optical telecommunication and optical fibre performance testing instruments
																			0		
0	0	0	0	0	0	0	0			0	0/0/	2.6	0	0			0/0			13	---Coordinate measuring machine
																		13	0		
0	0	0	0	0	0	0	0	2# 1.3②		0	0/0/	3.2	0	0			0/0			13	----Apparatus for ultrasonic examinations
																			0		
0	0	0	0	0	0	0	0	2# 1.3②		0	0/0/	3.2	0	0			0/0			13	----Apparatus for magnetic examinations
																		13	0		
0	0	0	0	0	0	0	0	2# 1.3②		0	0/0/	3.2	0	0			0/0			13	----Apparatus for eddy examinations
																		13	0		
0	0	0	0	0	0	0	0	2# 1.3②		0	0/0/		0	0			0/0			13	----Other
																		13	0		
0	0	0	2.4# 2②		0	0	0	2# 1.3②		0	0/0/0	1.5	1	0			0/0			13	---Other
																			0		
																			0		
																			0		
																			0		
																			0		
																			0		

商品编号	商品名称及备注[检验检疫编码及名称]	进口关税(%)		增值税率(%)	消费税	计量单位	监管条件	检验检疫类别
		最惠国	普通					
9031809070暂1	飞机发动机用电磁线性位移传感器	3/2②	17	13		台/千克		
9031809090	其他测量、检验仪器、器具及机器(指第九十章其他品目未列名的)〔101 电子测量仪〕,〔102 机械测量仪〕	3/2①	17	13		台/千克		
90319000	-零件、附件							
9031900020	惯性测量单元稳定元件加工夹具〔999〕	0	17	13		千克	3	
9031900030	惯性平台平衡夹具〔999〕	0	17	13		千克	3	
9031900090	品目 90.31 的仪器及器具的其他零件(第九十章其他品目未列名的)〔999〕	0	17	13		千克		
9032	**自动调节或控制仪器及装置:**							
90321000	-恒温器							
9032100000	恒温器〔101 其他电子测量分析设备及其零件〕,〔102 其他机械测量分析设备及其零件〕	7	17	13		台/千克		
90322000	-恒压器							
9032200000	恒压器〔101 其他电子测量分析设备及其零件〕,〔102 其他机械测量分析设备及其零件〕	1.2/0①	17	13		台/千克		
90328100	--液压或气压的							
9032810000	其他液压或气压的仪器及装置(自动调节或控制用)〔999〕	1.2/0①	17	13		台/千克		
90328911	----列车自动防护系统(ATP)车载设备							
9032891100	列车自动防护系统(ATP)车载设备〔999〕	7	17	13		台/千克		
90328912	----列车自动运行系统(ATO)车载设备							
9032891200	列车自动运行系统(ATO)车载设备〔999〕	7	17	13		台/千克		
90328919	----其他							
9032891900	其他列车自动控制系统(ATC)车载设备〔999〕	7	17	13		台/千克		
90328990	---其他							
9032899010暂5	具有可再生能源和智能电网应用的自动电压和电流调节器;非液压或气压的自动调控流量、液位和湿度的仪器(自动控制、调节装置)〔999〕	7	17	13		台/千克		
9032899020	超燃冲压喷气或组合循环发动机的燃烧调节装置(自动控制、调节装置)〔999〕	7	17	13		台/千克	3	
9032899030暂3	三坐标测量机用自动控制柜〔999〕	7	17	13		台/千克		
9032899040暂1	飞机自动驾驶系统(包括自动驾驶、电子控制飞行、自动故障分析、警告系统配平系统及推力监控设备及其相关仪表)〔999〕	7	17	13		台/千克		
9032899050暂3	机床用成套数控伺服装置(包括 CNC 操作单元,带有配套的伺服放大器和伺服电机)〔999〕	7	17	13		台/千克		
9032899060暂3	电喷点火程序控制单元(自动控制、调节装置)〔999〕	7	17	13		台/千克		
9032899070暂3	印刷机用成套数控伺服传动装置(包括运动控制器或可编程序自动控制器、人机界面单元,带有配套的伺服驱动器和伺服电机)〔999〕	7	17	13		台/千克		
9032899080暂4	纯电动或混合动力汽车用电机控制器总成(自动控制、调节装置)〔999〕	7	17	13		台/千克		
9032899091暂3	发动机气门正时控制(VTC)模块〔999〕	7	17	13		台/千克		
9032899099	其他自动调节或控制仪器及装置〔999〕	7	17	13		台/千克		
90329000	-零件、附件							
9032900001暂1	飞机自动驾驶系统的零件(包括自动驾驶、电子控制飞行、自动故障分析、警告系统配平系统及推力监控设备及其相关仪表的零件)〔999〕	5	17	13		千克		
9032900010暂1	飞机发动机燃油控制器用电路板〔999〕	5	17	13		千克		
9032900090	其他自动调节或控制仪器零件、附件〔999〕	5	17	13		千克		
9033	**第九十章所列机器、器具、仪器或装置用的本章其他品目未列名的零件、附件:**							
90330000	第九十章所列机器、器具、仪器或装置用的本章其他品目未列名的零件、附件							
9033000010暂5	用于九十章环境产品的其他品目未列名的零件、附件;(太阳能定日镜、编号 901580 的商品,品目 90.26 的商品,品目 90.27 的商品(编号 90278011 和 90278091 除外),编号 903149 的商品,测振仪,手振动仪,可再生能源和智能电网应用的自动电压和电流调节器,自动调控流量、液位和湿度的仪器)③	6	17	13		千克		
9033000090	第九十章其他编号未列名零、附件(指第九十章所列机器、器具、仪器或装置用)④	6	17	13		千克		

① 最惠国税率中,"/"左边的税率截止日期为 2021 年 6 月 30 日,"/"右边的税率有效日期为 2021 年 7 月 1 日~2999 年 12 月 31 日。
② 如税率中间有"#","#"前后分别为上半年(2021 年 1 月 1 日至 6 月 30 日)和下半年(2021 年 7 月 1 日至 12 月 31 日)的适用税率。
③ 〔101 其他电子测量分析设备及其零件〕,〔102 其他机械测量分析设备及其零件〕
④ 〔101 其他电子测量分析设备及其零件〕,〔102 其他机械测量分析设备及其零件〕

协定税率(%)															特惠税率(%)			对美税率	出口税率	出口退税率	Article Description
智利	新西兰	澳大利亚	瑞士	冰岛	秘鲁	哥斯达	东盟	亚太	新加坡	巴基斯坦	港/澳/台	韩国	格鲁吉亚	毛里求斯	亚太	老/柬/缅	LDC 97/95				
																			0		
																			0		
																	0/0			13	-Parts and accessories
																		10	0		
																		10	0		
																		10	0		
																					Automatic regulating or controlling instruments and apparatus:
0	0	0	1.4	0	0	0	0			3	0/0/	0	0	0			0/0			13	-Thermostats
																		27	0		
0	0	0	0	0	0	0	0			3	0/0/	2.1	0	0			0/0			13	-Manostats
																		11.2	0		
0	0	0	1.2# 0②	0	0	0	0	0.8# 0②		3	0/0/	4.5	0	0			0/0			13	--Hydraulic or pneumatic
																			0		
0	0	0		0	0	0	0			3	0/0/	3.7	0	0			0/0			13	----Devices of Automatic Train Protection System(ATP), installed on trains
																		12	0		
0	0	0		0	0	0	0			3	0/0/	3.7	0	0			0/0			13	----Devices of Automatic Train Operation System(ATO), installed on trains
																			0		
0	0	0		0	0	0	0			3	0/0/	3.7	0	0			0/0			13	----Other
																		12	0		
0	0	0		0	0	0	0			4	0/0/	3.7	0	0			0/0			13	---Other
																			0		
																			0		
																			0		
																			0		
																			0		
																			0		
																			0		
																			0		
																			0		
																			0		
0	0	0	1	0	0	0	0			0	0/0/	2.6	0	0			0/0			13	-Parts and accessories
																			0		
																		11	0		
																		15	0		
																					Parts and accessories (not specified or included elsewhere in this Chapter) for machines, appliances, instruments or apparatus of Chapter 90:
0	0	0	1.2	0	0	0	0			4	0/0/	0	0	0			0/0			13	Parts and accessories (not specified or included elsewhere in this Chapter) for machines, appliances, instruments or apparatus of Chapter 90
																		25	0		
																		26	0		

第九十一章
钟表及其零件

注释：

一、本章不包括：

（一）钟表玻璃及钟锤（按其构成材料归类）；

（二）表链（根据不同情况，归入品目 71.13 或 71.17）；

（三）第十五类注释二所规定的贱金属制通用零件（第十五类）、塑料制的类似品（第三十九章）及贵金属或包贵金属制的类似品（一般归入品目 71.15），但钟、表发条则应作为钟、表的零件归类（品目 91.14）；

（四）轴承滚珠（根据不同情况，归入品目 73.26 或 84.82）；

（五）品目 84.12 的物品，不需擒纵器可以工作的；

（六）滚珠轴承（品目 84.82）；或

（七）第八十五章的物品，本身未组装在或未与其他零件组装在钟、表机芯内，也未组装成专用于或主要用于钟、表机芯零件的（第八十五章）。

二、品目 91.01 仅包括表壳完全以贵金属或包贵金属制的表，以及用贵金属或包贵金属与品目 71.01 至 71.04 的天然、养殖珍珠或宝石、半宝石（天然、合成或再造）合制的表。用贱金属上镶嵌贵金属制成表壳的表应归入品目 91.02。

三、本章所称“表芯”，是指由摆轮及游丝、石英晶体或其他能确定时间间隔的装置来进行调节的机构，并带有显示器或可装机械指示器的系统。表芯的厚度不超过 12 毫米，长、宽或直径不超过 50 毫米。

四、除注释一另有规定的以外，钟、表的机芯及其他零件，既适用于钟或表，又适用于其他物品（例如，精密仪器）的，均应归入本章。

商品编号	商品名称及备注［检验检疫编码及名称］	进口关税（%）最惠国	进口关税（%）普通	增值税率（%）	消费税	计量单位	监管条件	检验检疫类别
9101	**手表、怀表及其他表，包括秒表，表壳用贵金属或包贵金属制成的：**							
91011100	--仅有机械指示器的							
9101110000	机械指示式的贵金属电子手表（表壳用贵金属或包贵金属制成的）〔999〕	8	100	13	20%	只/千克		
91011910	---仅有光电显示器的							
9101191000	光电显示式的贵金属电子手表（表壳用贵金属或包贵金属制成的）〔999〕	8	100	13	20%	只/千克		
91011990	---其他							
9101199000	其他贵金属电子手表（表壳用贵金属或包贵金属制成的）〔999〕	8	100	13	20%	只/千克		
91012100	--自动上弦的							
9101210010	含濒危动物皮自动上弦贵金属机械手表（表壳用贵金属或包贵金属制成的）〔999〕	8	80	13	20%	只/千克	EF	
9101210090	其他自动上弦贵金属机械手表（表壳用贵金属或包贵金属制成的）〔999〕	8	80	13	20%	只/千克		
91012900	--其他							
9101290010	含濒危动物皮非自动上弦贵金属机械手表（表壳用贵金属或包贵金属制成的）〔999〕	8	80	13	20%	只/千克	EF	
9101290090	其他非自动上弦贵金属机械手表（表壳用贵金属或包贵金属制成的）〔999〕	8	80	13	20%	只/千克		
91019100	--电力驱动的							
9101910000	贵金属电子怀表及其他电子表（表壳用贵金属或包贵金属制成的）〔999〕	8	100	13		只/千克		
91019900	--其他							
9101990000	贵金属机械怀表及其他机械表（指表壳用贵金属或包贵金属制成的）〔999〕	15	80	13		只/千克		
9102	**手表、怀表及其他表，包括秒表，但品目 91.01 的货品除外：**							
91021100	--仅有机械指示器的							
9102110000	机械指示式的其他电子手表（贵金属或包贵金属制壳的除外）〔999〕	10	100	13	20%	只/千克		
91021200	--仅有光电显示器的							
9102120000	光电显示式的其他电子手表（贵金属或包贵金属制壳的除外）〔999〕	15	100	13	20%	只/千克		
91021900	--其他							
9102190000	其他电子手表（贵金属或包贵金属制壳的除外）〔999〕	8	100	13	20%	只/千克		
91022100	--自动上弦的							
9102210010	含濒危动物皮其他自动上弦的机械手表（用贵金属或包贵金属制壳的除外）〔999〕	11	80	13	20%	只/千克	EF	
9102210090	其他自动上弦的机械手表（用贵金属或包贵金属制壳的除外）〔999〕	11	80	13	20%	只/千克		
91022900	--其他							
9102290010	含濒危动物皮其他非自动上弦机械手表（用贵金属或包贵金属制壳的除外）〔999〕	10	80	13	20%	只/千克	EF	
9102290090	其他非自动上弦的机械手表（用贵金属或包贵金属制壳的除外）〔999〕	10	80	13	20%	只/千克		
91029100	--电力驱动的							
9102910000	电力驱动的电子怀表及其他电子表（手表除外，也不包括表壳用贵金属或包贵金属制成的表）〔999〕	10	100	13		只/千克		
91029900	--其他							

Chapter 91
Clocks and watches and parts thereof

Chapter Notes:

1. This Chapter does not cover:
   (a) Clock or watch glasses or weights (classified according to their constituent material);
   (b) Watch chains (heading 71. 13 or 71. 17, as the case may be);
   (c) Parts of general use defined in Note 2 to Section XV, of base metal (Section XV), or similar goods of plastics (Chapter 39) or of precious metal or metal clad with precious metal (generally heading 71. 15); clock or watch springs are, however, to be classified as clock or watch parts (heading 91. 14);
   (d) Bearing balls (heading 73. 26 or 84. 82, as the case may be);
   (e) Articles of heading 84. 12 constructed to work without an escapement;
   (f) Ball bearings (heading 84. 82); or
   (g) Articles of Chapter 85, not yet assembled together or with other components into watch or clock movements or into articles suitable for use solely or principally as parts of such movements (Chapter 85).

2. Heading 91. 01 covers only watches with case wholly of precious metal or of metal clad with precious metal, or of the same materials combined with natural or cultured pearls, or precious or semi-precious stones (natural, synthetic or reconstructed) of headings 71. 01 to 71. 04. Watches with case of base metal inlaid with precious metal fall in heading 91. 02.

3. For the purposes of this Chapter, the expression "watch movements" means devices regulated by a balance-wheel and hairspring, quartz crystal or any other system capable of determining intervals of time, with a display or a system to which a mechanical display can be incorporated. Such watch movements shall not exceed 12mm in thickness and 50mm in width, length or diameter.

4. Except as provided in Note 1, movements and other parts suitable for use both in clocks or watches and in other articles (for example, precision instruments) are to be classified in this Chapter.

协定税率(%)															特惠税率(%)			对美税率	出口税率	出口退税率	Article Description
智利	新西兰	澳大利亚	瑞士	冰岛	秘鲁	哥斯达	东盟	亚太	新加坡	巴基斯坦	港/澳/台	韩国	格鲁吉亚	毛里求斯	亚太	老/柬/缅	LDC 97/95				
																					Wrist-watches, pocket-watches and other watches, including stop-watches, with case of precious metal or of metal clad with precious metal:
0	0	0	5.2	0	0	0	0	5.2	0	4	0/0/	3.3	0	0			0/0				--With mechanical display only
																			0	13	
0	0	0	3.2	0	0	0	0		0	10.2	0/0/	4.8	0	0			0/0				---With optoelectronic display only
																			0	13	
0	0	0	7.1	0	0	0	0		0	9.6	0/0/	4.5	0	0			0/0				---Other
																			0	13	
0	0	0	5.2	0	0	0	0	5.2	0	4	0/0/	3.3	0	0			0/0				--Automatic winding
																			0	0	
																			0	13	
0	0	0	7.1	0	0	0	0	5.2	0	9.6	0/0/	4.5	0	0			0/0				--Other
																			0	0	
																			0	13	
0	0	0	3	0	0	0	0		0	9.6	0/0/	4.5	0	0			0/0				--Electrically operated
																			0	13	
0	0	0	9.4	0	0	0	0		0		0/0/	10.6	0	0			0/0				--Other
																			0	13	
																					Wrist-watches, pocket-watches and other watches, including stop-watches, other than those of heading 91. 01:
0	0	0	5.9	0	0	0	0	6.5	0	5	0/0/	3.7	0	0			0/0				--With mechanical display only
																		35	0	13	
0	0	0	4.6	0	0	0	0		0		0/0/	14.9	0	18.4			0/0				--With optoelectronic display only
																		40	0	13	
0	0	0	3	0	0	0	0		0	9.6	0/0/	4.5	0	0			0/0				--Other
																		33	0	13	
0	0	0	5.2	0	0	0	0		0	4	0/0/	3.3	0	0			0/0				--Automatic winding
																		36	0	0	
																		36	0	13	
0	0	0	7.1	0	0	0	0		0	9.6	0/0/	4.5	0	0			0/0				--Other
																		35	0	0	
																		35	0	13	
0	0	0	7.1	0	0	0	0		0	9.6	0/0/	4.5	0	0			0/0				--Electrically operated
																		35	0	13	
0	0	0	9.4	0	0	0	0		0		0/0/	10.6	0	0			0/0				--Other

商品编号	商品名称及备注[检验检疫编码及名称]	进口关税(%) 最惠国	普通	增值税率(%)	消费税	计量单位	监管条件	检验检疫类别
9102990000	其他机械怀表、秒表及其他表(用贵金属或包贵金属制壳的除外)〔999〕	15	80	13		只/千克		
9103	**以表芯装成的钟,但不包括品目 91.04 的钟:**							
91031000	-电力驱动的							
9103100000	以表芯装成的电子钟(不包括品目 91.04 的钟)〔999〕	15	100	13		只/千克		
91039000	-其他							
9103900000	以表芯装成的机械钟(不包括品目 91.04 的钟)〔999〕	15	100	13		只/千克		
9104	**仪表板钟及车辆、航空器、航天器或船舶用的类似钟:**							
91040000	仪表板钟及车辆、航空器、航天器或船舶用的类似钟							
9104000000	仪表板钟及车辆船舶等用的类似钟(包括航空器和航天器用)〔999〕	10	100	13		只/千克		
9105	**其他钟:**							
91051100	--电力驱动的							
9105110000	电子闹钟〔999〕	15	100	13		只/千克		
91051900	--其他							
9105190000	机械闹钟〔999〕	10	100	13		只/千克		
91052100	--电力驱动的							
9105210000	电子挂钟〔999〕	15	100	13		只/千克		
91052900	--其他							
9105290000	机械挂钟〔999〕	10	100	13		只/千克		
91059110	---天文钟							
9105911000	电子天文钟(由电力驱动)〔999〕	2	8	13		只/千克		
91059190	---其他							
9105919000	其他电子钟(由电力驱动,闹钟、挂钟、天文钟除外)〔999〕	15	100	13		只/千克		
91059900	--其他							
9105990000	其他机械钟(闹钟、挂钟除外)〔999〕	10	100	13		只/千克		
9106	**时间记录器以及测量、记录或指示时间间隔的装置,装有钟、表机芯或同步电动机的(例如,考勤钟、时刻记录器):**							
91061000	-考勤钟、时刻记录器							
9106100000	考勤钟、时刻记录器〔999〕	10	50	13		只/千克		
91069000	-其他							
9106900000	其他时间记录器及其他类似装置(包括测量、记录或指示时间的装置)〔101 其他车辆零部件〕,〔102 其他钟表、计时器及零件〕	10	50	13		只/千克		L/
9107	**装有钟、表机芯或同步电动机的定时开关:**							
91070000	装有钟、表机芯或同步电动机的定时开关							
9107000000	定时开关(装有钟、表机芯或同步电动机的)〔999〕	8	50	13		个/千克		
9108	**已组装的完整表芯:**							
91081100	--仅有机械指示器或有可装机械指示器的装置的							
9108110000[暂10]	已组装的机械指示式完整电子表芯〔999〕	16	80	13		只/千克		
91081200	--仅有光电显示器的							
9108120000	已组装的光电显示式完整电子表芯〔999〕	16	80	13		只/千克		
91081900	--其他							
9108190000	其他已组装的完整电子表芯(编号 91081100 和 91081200 除外)〔999〕	16	80	13		只/千克		
91082000	-自动上弦的							
9108200000	已组装的自动上弦完整表芯〔999〕	16	80	13		只/千克		
91089010	---表面尺寸在 33.8 毫米及以下							
9108901000	已组装表面≤33.8 毫米机械完整表芯(表面尺寸在 33.8 毫米及以下,非自动上弦)〔999〕	16	80	13		只/千克		
91089090	---其他							
9108909000	其他已组装完整机械表芯(表面尺寸超过 33.8 毫米,非自动上弦)〔999〕	16	80	13		只/千克		
9109	**已组装的完整钟芯:**							

协定税率(%)															特惠税率(%)			对美税率	出口税率	出口退税率	Article Description
智利	新西兰	澳大利亚	瑞士	冰岛	秘鲁	哥斯达	东盟	亚太	新加坡	巴基斯坦	港/澳/台	韩国	格鲁吉亚	毛里求斯	亚太	老/柬/缅	LDC 97/95				
																			0	13	
																					Clocks with watch movements, excluding clocks of heading 91. 04:
0	0	0	10. 8	0	0	0	0		0		0/0/	14. 9	0	18. 4			0/0			13	-Electrically operated
																		25	0		
0	0	0	9. 4	0	0	0	0		0		0/0/	10. 6	0	0			0/0			13	-Other
																		40	0		
																					Instrument panel clocks and clocks of a similar type for vehicles, aircraft, spacecraft or vessels:
0	0	0	0	0	0	0	0			3	0/0/	3	0	0			0/0			13	Instrument panel clocks and clocks of a similar type for vehicles, aircraft, spacecraft or vessels
																		35	0		
																					Other clocks:
0	0	0	10. 8	0	0	0	0		0	23	0/0/	14. 9	0	18. 4			0/0			13	--Electrically operated
																		40	0		
0	0	0	4	0	0	0	0		0	20	0/0/	10. 6	0	0			0/0			13	--Other
																			0		
0	0	0	4. 6	0	0	0	0		0	23	0/0/	14. 9	0	18. 4			0/0			13	--Electrically operated
																		40	0		
0	0	0	4	0	0	0	0		0		0/0/	10. 6	0	0			0/0			13	--Other
																		35	0		
0	0	0	0. 6	0	0	0	0			0	0/0/	0	0	0			0/0			13	---Astronomical chronometer
																			0		
0	0	0	4. 6	0	0	0	0		0		0/0/	14. 9	0	18. 4			0/0			13	---Other
																		40	0		
0	0	0	7. 5	0	0	0	0		0	10. 2	0/0/	4. 8	0	0			0/0			13	--Other
																		30	0		
																					Time of day recording apparatus and apparatus for measuring, recording or otherwise indicating intervals of time, with clock or watch movement or with synchronous motor (for example, time-registers, time-recorders):
0	0	0	3. 2	0	0	0	0		0	10. 2	0/0/	4. 8	0	0			0/0			13	-Time-registers, time-recorders
																		20	0		
0	0	0	7. 5	0	0	0	0		0	10. 2	0/0/	4. 8	0	0			0/0			13	-Other
																		20	0		
																					Time switches with clock or watch movement or with synchronous motor:
0	0	0	2. 4	0	0	0	0		0	4. 8	0/0/	3. 6	2. 4	0			0/0			13	Time switches with clock or watch movement or with synchronous motor
																		28	0		
																					Watch movements, complete and assembled:
0	0	0	3. 2	0	0	0	0		0	10. 2	0/0/	4. 8	0	0			0/0			13	--With mechanical display only or with a device to which a mechanical display can be incorporated
																			0		
0	0	0	7. 5	0	0	0	0		0	10. 2	0/0/	4. 8	0	0			0/0			13	--With optoelectronic display only
																			0		
0	0	0	7. 5	0	0	0	0	10. 4	0	6. 4	0/0/	4. 8	0	0			0/0			13	--Other
																			0		
0	0	0	7. 5	0	0	0	0	10. 4	0	10. 2	0/0/	4. 8	0	0			0/0			13	-Automatic winding
																			0		
0	0	0	7. 5	0	0	0	0		0	10. 2	0/0/	4. 8	0	0			0/0			13	---Measuring 33. 8mm or less
																			0		
0	0	0	7. 5	0	0	0	0		0	10. 2	0/0/	4. 8	0	0			0/0			13	---Other
																			0		
																					Clock movements, complete and assembled:

商品编号	商品名称及备注[检验检疫编码及名称]	进口关税(%)		增值税率(%)	消费税	计量单位	监管条件	检验检疫类别
		最惠国	普通					
91091000	-电力驱动的							
9109100000	已组装的完整电子钟芯〔999〕	16	100	13		只/千克		
91099000	-其他							
9109900000	已组装的完整机械钟芯〔999〕	16	100	13		只/千克		
9110	**未组装或部分组装的完整钟、表机芯(机芯套装件);已组装的不完整钟、表机芯;未组装的不完整钟、表机芯:**							
91101100	--未组装或部分组装的完整机芯(机芯套装件)							
9110110000	未组装的完整表机芯(包括部分组装)〔999〕	16	80	13		只/千克		
91101200	--已组装的不完整机芯							
9110120000	已组装的不完整表机芯〔999〕	16	70	13		千克		
91101900	--未组装的不完整机芯							
9110190000	未组装的不完整表机芯〔999〕	16	70	13		千克		
91109010	---未组装或部分组装的完整机芯							
9110901000	未组装的完整的钟机芯(包括部分组装)〔999〕	16	100	13		千克/只		
91109090	---其他							
9110909000	不完整的钟机芯(不论是否已组装)〔999〕	16	80	13		千克		
9111	**表壳及其零件:**							
91111000	-贵金属表壳或包贵金属表壳							
9111100010	按重量计含金量在80%及以上的黄金表壳〔999〕	14	80	13		只/千克	J	
9111100090	其他贵金属或包贵金属制的表壳〔999〕	14	80	13		只/千克		
91112000	-贱金属表壳,不论是否镀金或镀银							
9111200000	贱金属制的表壳(不论是否镀金或镀银)〔999〕	14	80	13		只/千克		
91118000	-其他表壳							
9111800000	非金属制的表壳〔999〕	14	80	13		只/千克		
91119000	-零件							
9111900000	表壳的零件〔999〕	14	80	13		千克		
9112	**钟壳和本章所列其他货品的类似外壳及其零件:**							
91122000	-壳							
9112200000	钟壳和本章其他商品的类似外壳〔999〕	14	80	13		只/千克		
91129000	-零件							
9112900000	钟壳零件〔999〕	12	80	13		千克		
9113	**表带及其零件:**							
91131000	-贵金属或包贵金属制							
9113100010	按重量计含金量在80%及以上的黄金表带〔999〕	20	130	13		千克	J	
9113100090	其他贵金属或包贵金属制的表带及零件〔999〕	20	130	13		千克		
91132000	-贱金属制,不论是否镀金或镀银							
9113200000	贱金属制的表带及其零件(不论是否镀金或镀银)〔999〕	14	100	13		千克		
91139000	-其他							
9113900010	濒危动物皮制的表带及其零件〔999〕	14	100	13		千克	FE	
9113900090	其他非金属制的表带及其零件〔999〕	14	100	13		千克		
9114	**钟、表的其他零件:**							
91141000	-发条,包括游丝							
9114100000	钟、表的发条(包括游丝)〔999〕	14	50	13		千克		
91143000	-钟面或表面							
9114300000	钟面或表面〔999〕	14	50	13		千克		
91144000	-夹板及横担(过桥)							
9114400000	钟、表的夹板及横担(过桥)〔999〕	14	50	13		千克		
91149010	---宝石轴承							
9114901000	钟、表的宝石轴承〔999〕	14	50	13		千克		
91149090	---其他							
9114909000	钟、表的其他零件(品目91.14中其他未列名的)〔999〕	14	70	13		千克		

协定税率(%)															特惠税率(%)			对美税率	出口税率	出口退税率	Article Description
智利	新西兰	澳大利亚	瑞士	冰岛	秘鲁	哥斯达	东盟	亚太	新加坡	巴基斯坦	港/澳/台	韩国	格鲁吉亚	毛里求斯	亚太	老/柬/缅	LDC 97/95				
0	0	0	3.2	0	0	0	0		0	10.2	0/0/	4.8	0	0			0/0			13	-Electrically operated
																		41	0		
0	0	0	3.2	0	0	0	0		0	10.2	0/0/	4.8	0	0			0/0			13	-Other
																			0		
																					Complete watch or clock movements, unassembled or partly assembled (movement sets); incomplete watch or clock movements, assembled; rough watch or clock movements:
0	0	0	7.5	0	0	0	0		0	10.2	0/0/	4.8	0	0			0/0			13	--Complete movements, unassembled or partly assembled (movement sets)
																			0		
0	0	0	3.2	0	0	0	0		0	10.2	0/0/	4.8	0	0			0/0			13	--Incomplete movements, assembled
																			0		
0	0	0	3.2	0	0	0	0		0	10.2	0/0/	4.8	0	0			0/0			13	--Rough movements
																			0		
0	0	0	3.2	0	0	0	0		0	10.2	0/0/	4.8	0	0			0/0			13	---Complete movements, unassembled or partly assembled
																			0		
0	0	0	3.2	0	0	0	0		0	10.2	0/0/	4.8	0	0			0/0			13	---Other
																			0		
																					Watch cases and parts thereof:
0	0	0	6.6	0	0	0	0		0	9	0/0/	4.2	0	0			0/0				-Cases of precious metal or of metal clad with precious metal
																			0	0	
																			0	0	
0	0	0	2.8	0	0	0	0	9.1	0	5.6	0/0/	4.2	0	0			0/0			13	-Cases of base metal, whether or not gold-plated or silver-plated
																			0		
0	0	0	2.8	0	0	0	0		0	9	0/0/	4.2	0	0			0/0			13	-Other cases
																			0		
0	0	0	2.8	0	0	0	0		0	9	0/0/	4.2	0	12			0/0				-Parts
																			0	0	
																					Clock cases and cases of a similar type for other goods of this Chapter, and parts thereof:
0	0	0	2.8	0	0	0	0		0	9	0/0/	4.2	0	0			0/0			13	-Cases
																		39	0		
0	0	0	2.4	0	0	0	0		0	4.8	0/0/	3.6	0	0			0/0			13	-Parts
																			0		
																					Watch straps, watch bands and watch bracelets, and parts thereof:
0	0	0		0	0	0	0		0	20	0/0/	10.6	0	0			0/0				-Of precious metal or of metal clad with precious metal
																			0	0	
																			0	0	
0	0	0	2.8	0	0	0	0		0	9	0/0/	4.2	0	0			0/0			13	-Of base metal, whether or not gold-plated or silver-plated
																		39	0		
0	0	0	2.8	0	0	0	0		0	9	0/0/	4.2	0	12			0/0				-Other
																		39	0	0	
																		39	0	13	
																					Other clock or watch parts:
0	0	0	2.8	0	0	0	0		0	5.6	0/0/	4.2	0	0			0/0			13	-Springs, including hairsprings
																			0		
0	0	0	6.6	0	0	0	0		0	9	0/0/	4.2	0	12			0/0			13	-Dials
																			0		
0	0	0	2.8	0	0	0	0	9.1	0	9	0/0/	4.2	0	0			0/0			13	-Plates and bridges
																			0		
0	0	0	2.8	0	0	0	0		0	5.6	0/0/	4.2	0	0			0/0			13	---Jewel bearings
																			0		
0	0	0	6.6	0	0	0	0		0	9	0/0/	4.2	0	11.2			0/0			13	---Other
																		39	0		

第九十二章
乐器及其零件、附件

注释：

一、本章不包括：

（一）第十五类注释二所规定的贱金属制通用零件（第十五类）或塑料制的类似品（第三十九章）；

（二）第八十五章或第九十章的传声器、扩大器、扬声器、耳机、开关、频闪观测仪及其他附属仪器、器具或设备，虽用于本章物品但未与该物品组成一体或安装在同一机壳内；

（三）玩具乐器或器具（品目 95.03）；

（四）清洁乐器用的刷子（品目 96.03），独脚架、双脚架、三脚架及类似品（品目 96.20）；或

（五）收藏品或古物（品目 97.05 或 97.06）。

二、用于演奏品目 92.02、92.06 所列乐器的弓、槌及类似品，如果与该乐器一同报验，数量合理，用途明确，应归入有关乐器的相应税号。

品目 92.09 的卡片、盘或卷，即使与乐器一同报验，也不视为该乐器的组成部分，而应作为单独报验的物品对待。

商品编号	商品名称及备注[检验检疫编码及名称]	进口关税(%)		增值税率(%)	消费税	计量单位	监管条件	检验检疫类别
		最惠国	普通					
9201	**钢琴，包括自动钢琴；拨弦古钢琴及其他键盘弦乐器：**							
92011000	-竖式钢琴							
9201100000	竖式钢琴〔999〕	10	70	13		台/千克		
92012000	-大钢琴							
9201200001[暂1]	完税价格≥5 万美元的大钢琴〔999〕	10	70	13		台/千克		
9201200090	其他大钢琴〔999〕	10	70	13		台/千克		
92019000	-其他							
9201900000	其他钢琴（包括自动钢琴、拨弦古钢琴及其他键盘弦乐器）〔999〕	10	70	13		台/千克		
9202	**其他弦乐器（例如，吉他、小提琴、竖琴）：**							
92021000	-弓弦乐器							
9202100011[暂1]	完税价格≥1.5 万美元的含濒危动物皮及濒危木的弓弦乐器〔999〕	10	70	13		只/千克	FE	
9202100019	其他含濒危动物皮及濒危木的弓弦乐器〔999〕	10	70	13		只/千克	FE	
9202100091[暂1]	完税价格≥1.5 万美元的不含野生动物皮弓弦乐器〔999〕	10	70	13		只/千克		
9202100099	其他弓弦乐器〔999〕	10	70	13		只/千克		
92029000	-其他							
9202900010	含濒危物种成分的其他弦乐器〔101 吉他〕，〔102 小提琴〕，〔103 大提琴〕，〔104 竖琴〕，〔105 二胡〕，〔106 其他弓弦乐器〕	10	70	13		只/千克	FE	
9202900090	其他弦乐器〔101 吉他〕，〔102 小提琴〕，〔103 大提琴〕，〔104 竖琴〕，〔105 二胡〕，〔106 其他弓弦乐器〕	10	70	13		只/千克		
9205	**管乐器（例如，键盘管风琴、手风琴、单簧管、小号、风笛），但游艺场风琴及手摇风琴除外：**							
92051000	-铜管乐器							
9205100001[暂1]	完税价格≥2000 美元的铜管乐器〔999〕	10	70	13		只/千克		
9205100090	其他铜管乐器〔999〕	10	70	13		只/千克		
92059010	---键盘管风琴；簧风琴及类似的游离金属簧片键盘乐器							
9205901000	键盘管风琴、簧风琴及类似乐器（包括游离金属簧片键盘乐器，游艺场风琴及手摇风琴除外）〔999〕	10	80	13		只/千克		
92059020	---手风琴及类似乐器							
9205902000	手风琴及类似乐器（但游艺场风琴及手摇风琴除外）〔999〕	10	80	13		只/千克		
92059030	---口琴							
9205903000	口琴〔999〕	10	80	13		只/千克		
92059090	---其他							
9205909001[暂1]	完税价格≥1 万美元的其他管乐器（但游艺场风琴及手摇风琴除外）〔999〕	10	70	13		只/千克		
9205909091	其他含濒危物种成分的管乐器（但游艺场风琴及手摇风琴除外）〔999〕	10	70	13		只/千克	EF	
9205909099	其他管乐器（但游艺场风琴及手摇风琴除外）〔999〕	10	70	13		只/千克		
9206	**打击乐器（例如，鼓、木琴、铙、钹、响板、响葫芦）：**							

Chapter 92
Musical instruments; parts and accessories of such articles

Chapter Notes:

1. This Chapter does not cover:
   (a) Parts of general use, as defined in Note 2 to Section XV, of base metal (Section XV), or similar goods of plastics (Chapter 39);
   (b) Microphones, amplifiers, loud-speakers, head-phones, switches, stroboscopes or other accessory instruments, apparatus or equipment of Chapter 85 or 90, for use with but not incorporated in or housed in the same cabinet as instruments of this Chapter;
   (c) Toy instruments or apparatus (heading 95.03);
   (d) Brushes for cleaning musical instruments (heading 96.03), or monopods, bipods, tripods and similar articles (heading 96.20); or
   (e) Collectors' pieces or antiques (heading 97.05 or 97.06).

2. Bows and sticks and similar devices used in playing the musical instruments of headings 92.02 and 92.06 presented with such instruments in numbers normal thereto and clearly intended for use therewith, are to be classified in the same heading as the relative instruments.
   Cards, discs and rolls of heading 92.09 presented with an instrument are to be treated as separate articles and not as forming a part of such instrument.

协定税率(%)															特惠税率(%)			对美税率	出口税率	出口退税率	Article Description
智利	新西兰	澳大利亚	瑞士	冰岛	秘鲁	哥斯达	东盟	亚太	新加坡	巴基斯坦	港/澳/台	韩国	格鲁吉亚	毛里求斯	亚太	老/柬/缅	LDC 97/95				
																					Pianos, including automatic pianos; harpsichords and other keyboard stringed instruments:
0	0	0	3.5	0	0	0	0		0	11.2	0/0/	5.2	0	0			0/0			13	-Upright pianos
																		35	0		
0	0	0	3.5	0	0	0	0		0	11.2	0/0/	5.2	0	0			0/0			13	-Grand pianos
																		21	0		
																		30	0		
0	0	0	3.5	0	0	0	0		0	11.2	0/0/	5.2	0	0			0/0			13	-Other
																		20	0		
																					Other string musical instruments (for example, guitars, violins, harps):
0	0	0	3.5	0	0	0	0		0	11.2	0/0/	0	0	0			0/0				-Played with a bow
																		26	0	0	
																		35	0	0	
																		26	0	13	
																		35	0	13	
0	0	0	3.5	0	0	0	0		0	11.2	0/0/	5.2	0	0			0/0				-Other
																		20	0	0	
																		20	0	13	
																					Wind musical instruments (for example, keyboard pipe organs, accordions, clarinets, trumpets, bagpipes), other than fairground organs and mechanical street organs:
0	0	0	3.5	0	0	0	0		0	11.2	0/0/	0	0	0			0/0			13	-Brass-wind instruments
																		11	0		
																		20	0		
0	0	0	4	0	0	0	0		0	20	0/0/	10.6	0	0			0/0			13	---Keyboard pipe organs; harmoniums and similar keyboard instruments with free metal reeds
																		35	0		
0	0	0	4.2	0	0	0	0		0	21	0/0/	11.2	0	0			0/0			13	---Accordions and similar instruments
																		30	0		
0	0	0	4.2	0	0	0	0		0	21	0/0/	11.2	0	0			0/0			13	---Mouth organs
																		35	0		
0	0	0	3.5	0	0	0	0		0	11.2	0/0/	0	0	0			0/0				---Other
																		26	0	13	
																		35	0	0	
																		35	0	13	
																					Percussion musical instruments (for example, drums, xylophones, cymbals, castanets, maracas):

商品编号	商品名称及备注[检验检疫编码及名称]	进口关税(%)		增值税率(%)	消费税	计量单位	监管条件	检验检疫类别
		最惠国	普通					
92060000	打击乐器(例如,鼓、木琴、铙、钹、响板、响葫芦)							
9206000010	含濒危动物皮及濒危木的打击乐器(例如,鼓、木琴、钹、响板)〔101 鼓〕,〔102 钹〕,〔103 锣〕,〔104 木琴〕,〔105 其他打击乐器〕	10	70	13		只/千克	EF	
9206000090	其他打击乐器(例如,鼓、木琴、钹、响板)〔101 鼓〕,〔102 钹〕,〔103 锣〕,〔104 木琴〕,〔105 其他打击乐器〕	10	70	13		只/千克		
9207	**通过电产生或扩大声音的乐器(例如,电风琴、电吉他、电手风琴):**							
92071000	-键盘乐器,但手风琴除外							
9207100000	通过电产生或扩大声音的键盘乐器(手风琴除外)〔101 电子琴〕,〔102 电风琴〕,〔103 其他电声乐器〕	12	100	13		只/千克		L/
92079000	-其他							
9207900010	其他通过电产生或扩大声音的含濒危物种成分的乐器〔301 电吉他〕,〔302 其他电声乐器〕	12	100	13		个/千克	EF	
9207900090	其他通过电产生或扩大声音的乐器〔301 电吉他〕,〔302 其他电声乐器〕	12	100	13		个/千克		
9208	**百音盒、游艺场风琴、手摇风琴、机械鸣禽、乐锯及本章其他税号未列名的其他乐器;各种媒诱音响器、哨子、号角、口吹音响信号器:**							
92081000	-百音盒							
9208100000	百音盒〔999〕	10	80	13		个/千克		
92089000	-其他							
9208900000	第九十二章其他编号未列名的其他乐器(包括游节场风琴、手摇风琴、机械鸣禽、乐锯等)〔999〕	10	80	13		个/千克		
9209	**乐器的零件(例如,百音盒的机械装置)、附件(例如,机械乐器用的卡片、盘及带卷),节拍器、音叉及各种定音管:**							
92093000	-乐器用的弦							
9209300000	乐器用的弦〔999〕	10	70	13		千克		
92099100	--钢琴的零件、附件							
9209910010	钢琴含濒危物种成分的零件、附件〔301〕	10	70	13		千克	EF	
9209910090	钢琴的其他零件、附件〔301〕	10	70	13		千克		
92099200	--品目 92.02 所列乐器的零件、附件							
9209920010	品目 92.02 所列乐器含濒危物种成分的零件、附件〔301〕	10	70	13		千克	EF	
9209920090	品目 92.02 所列乐器的其他零件、附件〔301〕	10	70	13		千克		
92099400	--品目 92.07 所列乐器的零件、附件							
9209940010	品目 92.07 所列乐器含濒危物种成分的零件、附件〔301〕	10	70	13		千克	EF	
9209940090	品目 92.07 所列乐器的其他零件、附件〔301〕	10	70	13		千克		
92099910	---节拍器、音叉及定音管							
9209991000	节拍器、音叉及定音管〔999〕	10	70	13		千克		
92099920	---百音盒的机械装置							
9209992000	百音盒的机械装置〔999〕	10	70	13		千克		
92099990	---其他							
9209999010	本章其他编号未列名的含濒危物种成分的乐器零件〔301〕	10	70	13		千克	EF	
9209999090	本章其他编号未列名的其他乐器零件〔301〕	10	70	13		千克		

协定税率(%)															特惠税率(%)			对美税率	出口税率	出口退税率	Article Description
智利	新西兰	澳大利亚	瑞士	冰岛	秘鲁	哥斯达	东盟	亚太	新加坡	巴基斯坦	港/澳/台	韩国	格鲁吉亚	毛里求斯	亚太	老/柬/缅	LDC 97/95				
0	0	0	3. 5	0	0	0	0		0	11. 2	0/0/	5. 2	0	0			0/0				Percussion musical instruments (for example, drums, xylophones, cymbals, castanets, maracas)
																		20	0	0	
																		20	0	13	
																					Musical instruments, the sound of which is produced or must be amplified electrically (for example, organs, guitars, accordions):
0	0	0	12	0	0	0	0		0	30	0/0/		0	24			0/0			13	-Keyboard instruments, other than accordions
																		37	0		
0	0	0	12	0	0	0	0		0	30	0/0/		0	24			0/0				-Other
																		22	0	0	
																		22	0	13	
																					Musical boxes, fairground organs, mechanical street organs, mechanical singing birds, musical saws and other musical instruments not falling within any other heading of this Chapter; decoy calls of all kinds; whistles, call horns and other mouth-blown sound signalling instruments:
0	0	0	4. 4	0	0	0	0		0	22	0/0/	14. 3	0	17. 6			0/0			13	-Musical boxes
																		30	0		
0	0	0	4. 4	0	0	0	0		0		0/0/	14. 3	0	17. 6			0/0			13	-Other
																		35	0		
																					Parts (for example, mechanisms for musical boxes) and accessories (for example, cards, discs and rolls for mechanical instruments) of musical instruments; metronomes, tuning forks and pitch pipes of all kinds:
0	0	0	3. 5	0	0	0	0		0	11. 2	0/0/	5. 2	0	0			0/0			13	-Musical instrument strings
																		20	0		
0	0	0	3. 5	0	0	0	0		0	11. 2	0/0/	5. 2	0	0			0/0				--Parts and accessories for pianos
																		35	0	0	
																		35	0	13	
0	0	0	3. 5	0	0	0	0		0	11. 2	0/0/	5. 2	0	0			0/0				--Parts and accessories for the musical instruments of heading 92. 02
																		20	0	0	
																		20	0	13	
0	0	0	3. 5	0	0	0	0		0	11. 2	0/0/	9. 3	0	0			0/0				--Parts and accessories for the musical instruments of heading 92. 07
																		35	0	0	
																		35	0	13	
0	0	0	3. 5	0	0	0	0		0	11. 2	0/0/	5. 2	0	0			0/0			13	---Metronomes, tuning forks and pitch pipes
																		35	0		
0	0	0	3. 5	0	0	0	0	6. 5	0	11. 2	0/0/	5. 2	0	0			0/0			13	---Mechanisms for musical boxes
																		35	0		
0	0	0	3. 5	0	0	0	0		0	11. 2	0/0/	5. 2	0	0			0/0				---Other
																		30	0	0	
																		30	0	13	

第十九类
武器、弹药及其零件、附件

第九十三章
武器、弹药及其零件、附件

注释：

一、本章不包括：

（一）第三十六章的货品（例如，火帽、雷管、信号弹）；

（二）第十五类注释二所规定的贱金属制通用零件（第十五类）或塑料制的类似品（第三十九章）；

（三）装甲战斗车辆（品目 87.10）；

（四）武器用的望远镜瞄准具及其他光学装置（第九十章），但安装在武器上或与武器一同报验以备安装在该武器上的除外；

（五）弓、箭、钝头击剑或玩具（第九十五章）；或

（六）收藏品或古物（品目 97.05 或 97.06）。

二、品目 93.06 所称“零件”，不包括品目 85.26 的无线电设备及雷达设备。

商品编号	商品名称及备注[检验检疫编码及名称]	进口关税(%) 最惠国	进口关税(%) 普通	增值税率(%)	消费税	计量单位	监管条件	检验检疫类别
9301	**军用武器，但左轮手枪、其他手枪及品目 93.07 的兵器除外：**							
93011010	---自推进的							
9301101000	自推进的火炮武器〔999〕	13	80	13		座/千克		
93011090	---其他							
9301109000	其他火炮武器〔999〕	13	80	13		座/千克		
93012000	-火箭发射装置；火焰喷射器；手榴弹发射器；鱼雷发射管及类似发射装置							
9301200000	火箭发射装置；火焰喷射器（还包括手榴弹发射器；鱼雷发射管及类似发射装置）〔999〕	13	80	13		个/千克		
93019000	-其他							
9301900000	其他军用武器（但左轮手枪、其他手枪及品目 93.07 的兵器除外）〔999〕	13	80	13		支/千克		
9302	**左轮手枪及其他手枪，但品目 93.03 或 93.04 的货品除外：**							
93020000	左轮手枪及其他手枪，但品目 93.03 或 93.04 的货品除外							
9302000000	左轮手枪及其他手枪（品目 93.03 或 93.04 的货品除外）〔999〕	13	80	13		支/千克		
9303	**靠爆炸药发射的其他火器及类似装置（例如，运动用猎枪及步枪、前装枪、维利式信号枪及其他专为发射信号弹的装置、发射空包弹的左轮手枪和其他手枪、弩枪式无痛捕杀器、抛缆枪）：**							
93031000	-前装枪							
9303100000	前装枪〔999〕	13	80	13		支/千克		
93032000	-其他运动、狩猎或打靶用猎枪，包括组合式滑膛来复枪							
9303200000	其他运动、狩猎或打靶用滑膛枪（包括滑膛来复枪）〔999〕	13	80	13		支/千克		
93033000	-其他运动、狩猎或打靶用步枪							
9303300000	其他运动、狩猎或打靶用步枪〔999〕	13	80	13		支/千克		
93039000	-其他							
9303900010	复核射孔器（已装配）〔999〕	13	80	13		支/千克	k	
9303900090	其他火器及类似装置〔999 指靠爆炸药发射的〕	13	80	13		支/千克		
9304	**其他武器（例如，弹簧枪、气枪、气手枪、警棍），但不包括品目 93.07 的货品：**							

SECTION XIX
ARMS AND AMMUNITION; PARTS AND ACCESSORIES THEREOF

Chapter 93
Arms and ammunition; parts and accessories thereof

Chapter Notes:

1. This Chapter does not cover:
   - (a) Goods of Chapter 36 (for example, percussion caps, detonators, signalling flares);
   - (b) Parts of general use, as defined in Note 2 to Section XV, of base metal (Section XV), or similar goods of plastics (Chapter 39);
   - (c) Armoured fighting vehicles (heading 87. 10);
   - (d) Telescopic sights and other optical devices suitable for use with arms, unless mounted on a firearm or presented with the firearm on which they are designed to be mounted (Chapter 90);
   - (e) Bows, arrows, fencing foils or toys (Chapter 95); or
   - (f) Collectors' pieces or antiques (heading 97. 05 or 97. 06).

2. In heading 93. 06, the reference to "parts thereof" does not include radio or radar apparatus of heading 85. 26.

协定税率(%)															特惠税率(%)			对美税率	出口税率	出口退税率	Article Description
智利	新西兰	澳大利亚	瑞士	冰岛	秘鲁	哥斯达	东盟	亚太	新加坡	巴基斯坦	港/澳/台	韩国	格鲁吉亚	毛里求斯	亚太	老/柬/缅	LDC 97/95				
																					Military weapons, other than revolvers, pistols and the arms of heading 93. 07:
0	0	0	2.6	0	0	0	0		0	5.2	0/0/	3.9	0	0			0/0			0	---Self-propelled
																			0		
0	0	0	2.6	0	0	0	0		0	5.2	0/0/	3.9	0	0			0/0			0	---Other
																			0		
0	0	0	2.6	0	0	0	0		0	5.2	0/0/	3.9	0	0			0/0			0	-Rocket launchers; flame-throwers; grenade launchers; torpedo tubes and similar projectors
																			0		
0	0	0	2.6	0	0	0	0		0	5.2	0/0/	3.9	0	0			0/0			0	-Other
																			0		
																					Revolvers and pistols, other than those of heading 93. 03 or 93. 04:
0	0	0	2.6	0	0	0	0		0	5.2	0/0/	3.9	0	0			0/0			0	Revolvers and pistols, other than those of heading 93. 03 or 93. 04
																			0		
																					Other firearms and similar devices which operate by the firing of an explosive charge (for example, sporting shotguns and rifles, muzzle-loading firearms, Very pistols and other devices designed to project only signal flares, pistols and revolvers for firing blank ammunition, captive-bolt humane killers, line throwing guns):
0	0	0	2.6	0	0	0	0		0	5.2	0/0/	3.9	0	0			0/0			13	-Muzzle-loading firearms
																			0		
0	0	0	6.1	0	0	0	0		0	5.2	0/0/	3.9	0	0			0/0			13	-Other sporting, hunting or target shooting shotguns, including combination shotgun rifles
																			0		
0	0	0	2.6	0	0	0	0		0	5.2	0/0/	3.9	0	0			0/0			13	-Other sporting, hunting or target shooting rifles
																			0		
0	0	0	2.6	0	0	0	0		0	5.2	0/0/	3.9	0	0			0/0			13	-Other
																		33	0		
																		33	0		
																					Other arms (for example, spring, air or gas guns and pistols, truncheons), excluding those of heading 93. 07:

商品编号	商品名称及备注[检验检疫编码及名称]	进口关税(%) 最惠国	进口关税(%) 普通	增值税率(%)	消费税	计量单位	监管条件	检验检疫类别
93040000	其他武器(例如,弹簧枪、气枪、气手枪、警棍),但不包括品目 93.07 的货品							
9304000000	其他武器,如弹簧枪、气枪、警棍等(不包括品目 93.07 的货品)〔999〕	13	80	13		支/千克		
9305	**品目 93.01 至 93.04 所列物品的零件、附件:**							
93051000	-左轮手枪或其他手枪用							
9305100000	左轮手枪或其他手枪的零件及附件〔999〕	13	80	13		千克		
93052000	-品目 93.03 的猎枪或步枪用							
9305200000	品目 93.03 的猎枪或步枪用零件及附件〔999〕	13	80	13		千克		
93059100	--品目 93.01 的军用武器用							
9305910000	其他军用武器用零件、附件(品目 93.01 的军用武器用零件、附件)〔999〕	13	80	13		千克		
93059900	--其他							
9305990000	其他武器的零件、附件(指品目 93.02~93.04 所列其他物品的零件)〔999〕	13	80	13		千克		
9306	**炸弹、手榴弹、鱼雷、地雷、水雷、导弹及类似军用弹药及其零件;子弹、其他弹药和射弹及其零件,包括弹丸及弹垫:**							
93062100	--猎枪子弹							
9306210000	猎枪弹〔999〕	13	80	13		千克		
93062900	--其他							
9306290000	猎枪弹的零件及气枪弹丸〔999〕	13	80	13		千克		
93063080	---铆接机或类似工具用或弩枪式无痛捕杀器用子弹及其零件							
9306308000	铆接机或类似工具的子弹及其零件(包括弩枪式无痛捕杀器用。)〔999〕	13	80	13		千克		
93063090	---其他							
9306309000	其他子弹及其零件〔999〕	13	80	13		千克		
93069000	-其他							
9306900010	两用物项管制的导弹及其零件(能把 500 千克以上有效载荷投掷到 300 千米以上的)〔999〕	13	80	13		千克	3	
9306900020	运载火箭(能把 500 千克以上有效载荷投掷到 300 千米以上的)〔999〕	13	80	13		千克	3	
9306900030	探空火箭(能把 500 千克以上有效载荷投掷到 300 千米以上的)〔999〕	13	80	13		千克	3	
9306900040	巡航导弹(能把 500 千克以上有效载荷投掷到 300 千米以上的)〔999〕	13	80	13		千克	3	
9306900050	聚能射孔弹、聚能切割弹、高能气体压裂弹等油气井用射弹〔999〕	13	80	13		千克	k	
9306900090	其他弹药和射弹及其零件(包括炸弹、手榴弹、鱼雷、地雷、水雷、导弹等)〔999〕	13	80	13		千克		
9307	**剑、短弯刀、刺刀、长矛和类似的武器及其零件;刀鞘、剑鞘:**							
93070010	---军用							
9307001010	军用刀鞘、剑鞘,濒危动物制〔999〕	13	80	13		千克/件	FE	
9307001090	其他军用剑,刀,长矛和类似的武器及其零件(包括刀鞘、剑鞘)〔999〕	13	80	13		千克/件		
93070090	---其他							
9307009010	其他濒危动物制的刀鞘、剑鞘〔999〕	13	80	13		千克/件	FE	
9307009090	其他剑、刀、长矛和类似的武器及其零件(包括刀鞘、剑鞘)〔999〕	13	80	13		千克/件		

协定税率(%)															特惠税率(%)			对美税率	出口税率	出口退税率	Article Description
智利	新西兰	澳大利亚	瑞士	冰岛	秘鲁	哥斯达	东盟	亚太	新加坡	巴基斯坦	港/澳/台	韩国	格鲁吉亚	毛里求斯	亚太	老/柬/缅	LDC 97/95				
0	0	0		0	0	0	0		0	5.2	0/0/	3.9	0	0			0/0			13	Other arms (for example, spring, air or gas guns and pistols, truncheons), excluding those of heading 93.07
																		23	0		
																					Parts and accessories of articles of headings 93.01 to 93.04:
0	0	0	2.6	0	0	0	0		0	5.2	0/0/	3.9	0	0			0/0				-Of revolvers or pistols
																			0	0	
0	0	0	2.6	0	0	0	0		0	5.2	0/0/	3.9	0	0			0/0				-Of shotguns or rifles of heading 93.03
																			0	0	
0	0	0	2.6	0	0	0	0		0	5.2	0/0/	3.9	0	0			0/0			0	--Of military weapons of heading 93.01
																			0		
0	0	0	2.6	0	0	0	0		0	5.2	0/0/	3.9	0	0			0/0				--Other
																		23	0	0	
																					Bombs, grenades, torpedoes, mines, missiles, and similar munitions of war and parts thereof; cartridges and other ammunition and projectiles and parts thereof, including shot and cartridge wads:
0	0	0	2.6	0	0	0	0		0	5.2	0/0/	3.9	0	0			0/0			13	--Cartridges
																			0		
0	0	0	2.6	0	0	0	0		0	5.2	0/0/	3.9	0	0			0/0			13	--Other
																		23	0		
0	0	0	2.6	0	0	0	0		0	5.2	0/0/	3.9	0	0			0/0				---Cartridges for riveting or similar tools or for captive-bolt humane killers and parts thereof
																			0	0	
0	0	0	2.6	0	0	0	0		0	5.2	0/0/	3.9	0	0			0/0				---Other
																			0	0	
0	0	0	2.6	0	0	0	0		0	5.2	0/0/	3.9	0	0			0/0				-Other
																			0	0	
																			0	0	
																			0	0	
																			0	0	
																			0	13	
																			0	0	
																					Swords, cutlasses, bayonets, lances and similar arms and parts thereof; scabbards and sheaths therefor:
0	0	0	2.6	0	0	0	0		0	5.2	0/0/	3.9	0	0			0/0			0	---For military use
																		23	0		
																		23	0		
0	0	0	2.6	0	0	0	0		0	5.2	0/0/	3.9	0	0			0/0			13	---Other
																		23	0		
																		23	0		

第二十类
杂 项 制 品

第九十四章
家具；寝具、褥垫、弹簧床垫、软坐垫及类似的填充制品；未列名灯具及照明装置；发光标志、发光铭牌及类似品；活动房屋

注释：

一、本章不包括：

（一）第三十九章、第四十章或第六十三章的充气或充水的褥垫、枕头及坐垫；

（二）落地镜［例如，品目 70.09 的试衣镜（旋转镜）］；

（三）第七十一章的物品；

（四）第十五类注释二所规定的贱金属制通用零件（第十五类）、塑料制的类似品（第三十九章）或品目 83.03 的保险箱；

（五）冷藏或冷冻设备专用的特制家具（品目 84.18）；缝纫机专用的特制家具（品目 84.52）；

（六）第八十五章的灯具及照明装置；

（七）品目 85.18、85.19、85.21 或品目 85.25 至 85.28 所列装置专用的特制家具（应分别归入品目 85.18、85.22 或 85.29）；

（八）品目 87.14 的物品；

（九）装有品目 90.18 所列牙科用器具或漱口盂的牙科用椅（品目 90.18）；

（十）第九十一章的物品（例如钟及钟壳）；

（十一）玩具家具、玩具灯或玩具照明装置（品目 95.03）、台球桌或其他供游戏用的特制家具（品目 95.04）、魔术用的特制家具或中国灯笼及类似的装饰品（电气彩灯串除外）（品目 95.05）；或

（十二）独脚架、双脚架、三脚架及类似品（品目 96.20）。

二、品目 94.01 至 94.03 的物品（零件除外），只适用于落地式的物品。

对下列物品，即使是悬挂的、固定在墙壁上的或叠摞的，仍归入上述各税号：

（一）碗橱、书柜、其他架式家具（包括与将其固定于墙上的支撑物一同报验的单层搁架）及组合家具；

（二）坐具及床。

三、（一）品目 94.01 至 94.03 所列货品的零件，不包括玻璃（包括镜子）、大理石或其他石料以及第六十八章及第六十九章所列任何其他材料的片、块（不论是否切割成形，但未与其他零件组装）。

（二）品目 94.04 的货品，如果单独报验，不能作为品目 94.01、94.02 或 94.03 所列货品的零件归类。

四、品目 94.06 所称"活动房屋"，是指在工厂制成成品或制成部件并一同报验，供以后在有关地点上组装的房屋，例如，工地用房、办公室、学校、店铺、工作棚、车房或类似的建筑物。

商品编号	商品名称及备注[检验检疫编码及名称]	进口关税(%) 最惠国	普通	增值税率(%)	消费税	计量单位	监管条件	检验检疫类别
9401	**坐具(包括能做床用的两用椅,但品目 94.02 的货品除外)及其零件:**							
94011000	-飞机用坐具							
9401100000	飞机用坐具〔999〕	0	100	13		个/千克		
94012010	---皮革或再生皮革面的							
9401201000	皮革或再生皮革面的机动车辆用坐具〔101 其他车辆零部件〕,〔102 软体家具〕	6	100	13		个/千克		L/
94012090	---其他							
9401209000	其他机动车辆用坐具〔101 其他车辆零部件〕,〔102 其他家具〕,〔103 靠垫〕	6	100	13		个/千克		L/
94013000	-可调高度的转动坐具							
9401300000	可调高度的转动坐具〔999〕	0	100	13		个/千克		
94014010	---皮革或再生皮革面的							
9401401000	皮革或再生皮革面的能作床用的两用椅(但庭园坐具或野营设备除外)〔999〕	0	100	13		个/千克		L/
94014090	---其他							
9401409000	其他能作床用的两用椅(但庭园坐具或野营设备除外)〔999〕	0	100	13		个/千克		L/
94015200	--竹制的							
9401520000	竹制的坐具〔999〕	0	100	13		个/千克	AB	P/Q

SECTION XX
MISCELLANEOUS MANUFACTURED ARTICLES

Chapter 94
Furniture; bedding, mattresses, mattress supports, cushions and similar stuffed furnishings; lamps and lighting fittings, not elsewhere specified or included; illuminated signs, illuminated name-plates and the like; prefabricated buildings

Chapter Notes:

1. This Chapter does not cover:
   (a) Pneumatic or water mattresses, pillows or cushions, of Chapter 39, 40 or 63;
   (b) Mirrors designed for placing on the floor or ground (for example, cheval-glasses (swing-mirrors)) of heading 70. 09;
   (c) Articles of Chapter 71;
   (d) Parts of general use as defined in Note 2 to Section XV, of base metal (Section XV), or similar goods of plastics (Chapter 39), or safes of heading 83. 03;
   (e) Furniture specially designed as parts of refrigerating or freezing equipment of heading 84. 18; furniture specially designed for sewing machines (heading 84. 52);
   (f) Lamps or lighting fittings of Chapter 85;
   (g) Furniture specially designed as parts of apparatus of heading 85. 18 (heading 85. 18), of headings 85. 19 or 85. 21 (heading 85. 22) or of headings 85. 25 to 85. 28 (heading 85. 29);
   (h) Articles of heading 87. 14;
   (ij) Dentists' chairs incorporating dental appliances of heading 90. 18 or dentists' spittoons (heading 90. 18);
   (k) Articles of Chapter 91 (for example, clocks and clock cases);
   (l) Toy furniture or toy lamps or lighting fittings (heading 95. 03), billiard tables or other furniture specially constructed for games (heading 95. 04), furniture for conjuring tricks or decorations (other than electric garlands) such as Chinese lanterns (heading 95. 05); or
   (m) Monopods, bipods, tripods and similar articles (heading 96. 20) .

2. The articles (other than parts) referred to in headings 94. 01 to 94. 03 are to be classified in those headings only if they are designed for placing on the floor or ground.
   The following are, however, to be classified in the above-mentioned headings even if they are designed to be hung, to be fixed to the wall or to stand one on the other:
   (a) Cupboards, bookcases, other shelved furniture (including single shelves presented with supports for fixing them to the wall) and unit furniture;
   (b) Seats and beds.

3. (a) In headings 94. 01 to 94. 03 references to parts of goods do not include references to sheets or slabs (whether or not cut to shape but not combined with other parts) of glass (including mirrors), marble or other stone or of any other material referred to in Chapter 68 and 69.
   (b) Goods described in heading 94. 04, presented separately, are not to be classified in heading 94. 01, 94. 02 or 94. 03 as parts of goods.

4. For the purpose of heading 94. 06, the expression "prefabricated buildings" means buildings which are finished in the factory or put up as elements, presented together, to be assembled on site, such as housing or worksite accommodation, offices, schools, shops, sheds, garages or similar buildings.

协定税率(%)															特惠税率(%)			对美税率	出口税率	出口退税率	Article Description
智利	新西兰	澳大利亚	瑞士	冰岛	秘鲁	哥斯达	东盟	亚太	新加坡	巴基斯坦	港/澳/台	韩国	格鲁吉亚	毛里求斯	亚太	老/柬/缅	LDC 97/95				
																					Seats (other than those of heading 94. 02, whether or not convertible into beds), and parts thereof:
																	0/0			13	-Seats of a kind used for aircraft
																		20	0		
0	0	0	0	0	0	0	5			8	0/0/	6.5	0	0			0/0			13	---With outer surface of leather or composition leather
																		11	0		
0	0	0	0	0	0	0	5			8	0/0/	5.3	0	0			0/0			13	---Other
																		11	0		
																	0/0			13	-Swivel seats with variable height adjustment
																		10	0		
																	0/0			13	---With outer surface of leather or composition leather
																		25	0		
																	0/0			13	---Other
																		25	0		
																	0/0			13	--Of bamboo
																		25	0		

商品编号	商品名称及备注[检验检疫编码及名称]	进口关税(%)		增值税率(%)	消费税	计量单位	监管条件	检验检疫类别
		最惠国	普通					
94015300	--藤制的							
9401530000	藤制的坐具〔999〕	0	100	13		个/千克	AB	P/Q
94015900	--其他							
9401590000	柳条及类似材料制的坐具〔101 柳及柳制品〕,〔102 柳条及类似材料制的家具〕	0	100	13		个/千克	AB	P/Q
94016110	---皮革或再生皮革面的							
9401611000	皮革或再生皮革面的装软垫的木框架的其他坐具〔101 其他木制品〕,〔102 软体家具〕	0	100	13		个/千克	AB	P/Q
94016190	---其他							
9401619000	其他装软垫的木框架的坐具〔101 其他木制品〕,〔102 软体家具〕	0	100	13		个/千克	AB	P/Q
94016900	--其他							
9401690010	其他濒危木框架的坐具〔101 其他木制品〕,〔102 其他家具〕	0	100	13		个/千克	ABEF	P/Q
9401690090	其他木框架的坐具(不包括编号 94011000~94015000 的坐具)〔101 其他木制品〕,〔102 其他家具〕	0	100	13		个/千克	AB	P/Q
94017110	---皮革或再生皮革面的							
9401711000	皮革或再生皮革面的装软垫的金属框架的坐具〔999〕	0	100	13		个/千克		
94017190	---其他							
9401719000	其他装软垫的金属框架的坐具〔999〕	0	100	13		个/千克		
94017900	--其他							
9401790000	其他金属框架的坐具(不包括编号 94011000~94015000 的坐具)〔101 其他家具〕,〔102 其他体育竞技运动器具〕	0	100	13		个/千克		
94018010	---石制的							
9401801000	石制的其他坐具〔999〕	0	100	13		个/千克		
94018090	---其他							
9401809010	其他濒危木制坐具〔101 其他家具〕,〔102 靠垫〕,〔103 其他日用纺织制品〕	0	100	13		个/千克	EF	
9401809091	儿童用汽车安全坐椅〔999〕	0	100	13		个/千克	A	L. M/
9401809099	其他坐具〔101 其他家具〕,〔102 靠垫〕,〔103 其他日用纺织制品〕	0	100	13		个/千克		L/
94019011	----坐椅调角器							
9401901100	机动车辆用坐椅调角器〔101 其他车辆零部件〕,〔102 其他家具〕	6	100	13		套/千克		
94019019	----其他							
9401901900	机动车辆用其他座具零件〔101 其他车辆零部件〕,〔102 家具零件〕	0	100	13		千克		L/
94019090	---其他							
9401909010	其他座具的濒危木制零件〔999 家具零件〕	0	100	13		千克	EF	
9401909090	其他座具的零件〔301 家具零件〕,〔302 其他金属及制品〕	0	100	13		千克		
9402	**医疗、外科、牙科或兽医用家具(例如,手术台、检查台、带机械装置的病床、牙科用椅);有旋转、倾斜、升降装置的理发用椅及类似椅;上述物品的零件:**							
94021010	---理发用椅及其零件							
9402101000	理发用椅及其零件〔999〕	0	100	13		个/千克		
94021090	---其他							
9402109000	牙科及类似用途的椅及其零件〔999〕	0	30	13		个/千克		
94029000	-其他							
9402900000	其他医疗,外科,兽医用家具及零件(如手术台、检查台、带机械装置的病床等)〔999〕	0	30	13		件/千克		
9403	**其他家具及其零件:**							
94031000	-办公室用金属家具							
9403100000	办公室用金属家具〔999〕	0	100	13		件/千克		
94032000	-其他金属家具							
9403200000	其他金属家具〔999〕	0	100	13		件/千克		
94033000	-办公室用木家具							
9403300010	濒危木制办公室用木家具〔101 其他木制品〕,〔102 木家具〕	0	100	13		件/千克	ABFE	P/Q
9403300090	其他办公室用木家具〔101 其他木制品〕,〔102 木家具〕	0	100	13		件/千克	AB	M. P/Q
94034000	-厨房用木家具							
9403400010	濒危木制厨房用木家具〔101 其他木制品〕,〔102 木家具〕	0	100	13		件/千克	ABFE	P/Q
9403400090	其他厨房用木家具〔101 其他木制品〕,〔102 木家具〕	0	100	13		件/千克	AB	M. P/Q
94035010	---红木制							

协定税率(%)															特惠税率(%)			对美税率	出口税率	出口退税率	Article Description
智利	新西兰	澳大利亚	瑞士	冰岛	秘鲁	哥斯达	东盟	亚太	新加坡	巴基斯坦	港/澳/台	韩国	格鲁吉亚	毛里求斯	亚太	老/柬/缅	LDC 97/95				
																	0/0			13	--Of rattan
																		25	0		
																	0/0			13	--Other
																			0		
																	0/0			13	---With outer surface of leather or composition leather
																			0		
																	0/0			13	---Other
																		10	0		
																	0/0				--Other
																		25	0	0	
																		25	0	13	
																	0/0			13	---With outer surface of leather or composition leather
																		25	0		
																	0/0			13	---Other
																		20	0		
																	0/0			13	--Other
																		20	0		
																	0/0			13	---Of stone
																		25	0		
																	0/0				---Other
																		5	0	0	
																		5	0	13	
																		5	0	13	
0	0	0	0	0	0	0	5			8	0/0/		0	0			0/0			13	----Seat angle regulating devices
																		11	0		
																	0/0			13	----Other
																		5	0		
																	0/0				---Other
																		10	0	0	
																		10	0	13	
																					Medical, surgical, dental or veterinary furniture (for example, operating tables, examination tables, hospital beds with mechanical fittings, dentists' chairs); barbers' chairs and similar chairs, having rotating as well as both reclining and elevating movements; parts of the foregoing articles:
																	0/0			13	---Barbers' chairs and parts thereof
																			0		
																	0/0			13	---Other
																		10	0		
																	0/0			13	-Other
																		10	0		
																					Other furniture and parts thereof:
																	0/0			13	-Metal furniture of a kind used in offices
																		20	0		
																	0/0			13	-Other metal furniture
																		20	0		
																	0/0				-Wooden furniture of a kind used in offices
																		20	0	0	
																		20	0	13	
																	0/0				-Wooden furniture of a kind used in the kitchen
																		25	0	0	
																		25	0	13	
																	0/0				---Of rose wood

商品编号	商品名称及备注[检验检疫编码及名称]	进口关税(%) 最惠国	普通	增值税率(%)	消费税	计量单位	监管条件	检验检疫类别
9403501010	卧室用濒危红木制家具〔101 其他木制品〕,〔102 木家具〕	0	100	13		件/千克	ABFE	P/Q
9403501090	其他卧室用红木制家具〔101 其他木制品〕,〔102 木家具〕	0	100	13		件/千克	AB	P/Q
94035091	----天然漆(大漆)漆木家具							
9403509100	卧室用天然漆(大漆)漆木家具〔101 其他木制品〕,〔102 木家具〕,〔103 儿童用〕	0	100	13		件/千克	AB	M. P/Q
94035099	----其他							
9403509910	卧室用其他濒危木家具〔101 其他木制品〕,〔102 木家具〕	0	100	13		件/千克	ABFE	P/Q
9403509990	卧室用其他木家具〔101 其他木制品〕,〔102 木家具〕,〔103 儿童用〕	0	100	13		件/千克	AB	M. P/Q
94036010	---红木制							
9403601010	濒危红木制其他家具(非卧室用)〔101 其他木制品〕,〔102 木家具〕	0	100	13		件/千克	ABFE	P/Q
9403601090	其他红木制家具(非卧室用)〔101 其他木制品〕,〔102 木家具〕	0	100	13		件/千克	AB	P/Q
94036091	----天然漆(大漆)漆木家具							
9403609100	其他天然漆(大漆)漆木家具(非卧室用)〔101 其他木制品〕,〔102 木家具〕,〔103 儿童用〕	0	100	13		件/千克	AB	M. P/Q
94036099	----其他							
9403609910	濒危木制其他家具(非卧室用)〔101 其他木制品〕,〔102 木家具〕	0	100	13		件/千克	ABFE	P/Q
9403609990	其他木家具(非卧室用)〔101 其他木制品〕,〔102 木家具〕	0	100	13		件/千克	AB	P/Q
94037000	-塑料家具							
9403700000	塑料家具〔999〕	0	100	13		件/千克		
94038200	--竹制的							
9403820000	竹制的家具〔998 其他竹及竹制品〕,〔999 竹制或藤制家具〕	0	100	13		件/千克	AB	P/Q
94038300	--藤制的							
9403830000	藤制的家具〔998 藤及藤制品〕,〔999 竹制或藤制家具〕	0	100	13		件/千克	AB	P/Q
94038910	---柳条及类似材料制的							
9403891000	柳条及类似材料制的家具〔101 柳及柳制品〕,〔102 柳条及类似材料制的家具〕	0	100	13		件/千克	AB	P/Q
94038920	---石制的							
9403892000	石制的家具〔999〕	0	100	13		件/千克		
94038990	---其他							
9403899000	其他材料制的家具〔999〕	0	100	13		件/千克		
94039000	-零件							
9403900091	其他品目 94.03 所列物品的濒危木制零件〔999〕	0	100	13		千克	EF	
9403900099	其他品目 94.03 所列物品零件〔999〕	0	100	13		千克		
9404	**弹簧床垫;寝具及类似用品,装有弹簧、内部用任何材料填充、衬垫或用海绵橡胶、泡沫塑料制成,不论是否包面(例如,褥垫、被子、羽绒被、靠垫、坐垫及枕头):**							
94041000	-弹簧床垫							
9404100000	弹簧床垫〔999〕	10	100	13		个/千克		
94042100	--海绵橡胶或泡沫塑料制,不论是否包面							
9404210010	蔺草包面的垫子(单件面积>1 平方米,无论是否包边)〔101 蔺草及其制品〕,〔102 褥垫〕,〔103 靠垫〕	10	100	13		个/千克	4ABxy	P/Q
9404210090	海绵橡胶或泡沫塑料制褥垫(不论是否包面)〔101 褥垫〕,〔102 靠垫〕	10	100	13		个/千克		
94042900	--其他材料制							
9404290000	其他材料制褥垫〔999〕	10	100	13		个/千克		
94043010	---羽毛或羽绒填充的							
9404301010	濒危野禽羽毛或羽绒填充的睡袋〔999〕	10	130	13		个/千克	FE	
9404301090	其他羽毛或羽绒填充的睡袋〔999〕	10	130	13		个/千克		
94043090	---其他							
9404309000	其他睡袋〔999〕	10	100	13		个/千克		
94049010	---羽毛或羽绒填充的							
9404901010	濒危野禽羽绒或羽毛填充其他寝具(含类似品)〔101 褥垫〕,〔102 靠垫〕	10	130	13		千克	EF	
9404901090	其他羽绒或羽毛填充的其他寝具(含类似品)〔101 褥垫〕,〔102 靠垫〕	10	130	13		千克		
94049020	---兽毛填充的							
9404902010	濒危兽毛填充的寝具(用野生兽毛填充的,含盖被及类似品)〔999〕	10	130	13		千克	EF	
9404902090	其他兽毛填充的其他寝具(含类似品)〔999〕	10	130	13		千克		
94049030	---丝棉填充的							
9404903000	丝棉填充的其他寝具及类似品〔999〕	10	130	13		千克		
94049040	---化纤棉填充的							
9404904000	化纤棉填充的其他寝具及类似品〔101 褥垫〕,〔102 靠垫〕,〔103 其他日用纺织制品〕,〔104 其他纺织制品〕	10	130	13		千克		
94049090	---其他							

协定税率(%)															特惠税率(%)			对美税率	出口税率	出口退税率	Article Description
智利	新西兰	澳大利亚	瑞士	冰岛	秘鲁	哥斯达	东盟	亚太	新加坡	巴基斯坦	港/澳/台	韩国	格鲁吉亚	毛里求斯	亚太	老/柬/缅	LDC 97/95				
																			0	0	
																			0	13	
																	0/0			13	----Lacquered wooden furniture
																		20	0		
																	0/0				----Other
																		25	0	0	
																		25	0	13	
																	0/0				---Of rose wood
																		25	0	0	
																		25	0	13	
																	0/0			13	----Lacquered wooden furniture
																		25	0		
																	0/0				----Other
																		25	0	0	
																		25	0	13	
																	0/0			13	-Furniture of plastics
																		20	0		
																	0/0			13	--Of bamboo
																			0		
																	0/0			13	--Of rattan
																			0		
																	0/0			13	---Of osier or similar materials
																			0		
																	0/0			13	---Of stone
																		25	0		
																	0/0			13	---Other
																		25	0		
																	0/0				-Parts
																		25	0	0	
																		25	0	13	
																					Mattress supports; articles of bedding and similar furniture (for example, mattresses, quilts, eiderdowns, cushions, pouffes and pillows) fitted with springs or stuffed or internally fitted with any material or of cellular rubber or plastics, whether or not covered:
0	0	0	4	0	0	0	0		0	20	0/0/	10.6	0	0			0/0			13	-Mattress supports
																		20	0		
0	0	0	4	0	0	0	0		0	20	0/0/	10.6	0	0			0/0			13	--Of cellular rubber or plastics, whether or not covered
																		30	0		
																		30	0		
0	0	0	4	0	0	0	0	6.5	0	0	0/0/	10.6	0	0			0/0			13	--Of other materials
																		35	0		
0	0	0	4	0	0	0	0		0	20	0/0/	10.6	0	0			0/0				---Stuffed with feathers or down
																			0	0	
																			0	13	
0	0	0	4	0	0	0	0		0	-	0/0/	10.6	0	0			0/0			13	---Other
																		35	0		
0	0	0	4		0	0	0		0	0	0/0/	10.6	0	0			0/0				---Stuffed with feathers or down
																		35	0	0	
																		35	0	13	
0	0	0	4	0	0	0	0		0	0	0/0/	10.6	0	0			0/0				---Stuffed with animal hair
																		35	0	0	
																		35	0	13	
0	0	0	4	0	0	0	0		0	0	0/0/	10.6	0	0			0/0			13	---Stuffed with silk wadding
																		35	0		
0	0	0	4	0	0	0	0		0	0	0/0/	10.6	0	0			0/0			13	---Stuffed with man-made fibres
																		30	0		
0	0	0	4	0	0	0	0		0	0	0/0/	10.6	0	0			0/0			13	---Other

商品编号	商品名称及备注[检验检疫编码及名称]	进口关税(%) 最惠国	进口关税(%) 普通	增值税率(%)	消费税	计量单位	监管条件	检验检疫类别
9404909000	其他材料制寝具及类似品〔101 靠垫〕,〔102 其他日用纺织制品〕	10	130	13		千克		
9405	**其他税号未列名的灯具及照明装置,包括探照灯、聚光灯及其零件;装有固定光源的发光标志、发光铭牌及类似品,以及其他税号未列名的这些货品的零件:**							
94051000	-枝形吊灯及天花板或墙壁上的其他电气照明装置,但不包括公共露天场所或街道上的电气照明装置							
9405100000	枝形吊灯(包括天花板或墙壁上的照明装置,但露天或街道上的除外)①	5	80	13		个/千克		L/
94052000	-电气的台灯、床头灯或落地灯							
9405200010	含濒危物种成分的电气台灯、床头灯、落地灯②	10	80	13		台/千克	EF	L/
9405200090	其他电气台灯、床头灯、落地灯③	10	80	13		台/千克		L/
94053000	-圣诞树用的成套灯具							
9405300000	圣诞树用的成套灯具〔101 II 类圣诞树用成套灯具〕,〔102 III 类圣诞树用成套灯具〕	8	100	13		套/千克		
94054010	---探照灯							
9405401000	探照灯〔101 O 类探照灯〕,〔102 I 类探照灯〕,〔103 II 类探照灯〕,〔104 III 类探照灯〕	10	70	13		台/千克		
94054020	---聚光灯							
9405402000	聚光灯〔101 O 类聚光灯具〕,〔102 I 类聚光灯具〕,〔103 II 类聚光灯具〕,〔104 III 类聚光灯具〕	10	70	13		台/千克		
94054090	---其他							
9405409000	其他电灯及照明装置④	6	80	13		千克		
94055000	-非电气的灯具及照明装置							
9405500000	非电气灯具及照明装置〔999〕	10	80	13		千克		
94056000	-发光标志、发光铭牌及类似品							
9405600000	发光标志、发光铭牌及类似品〔999〕	10	80	13		千克		L/
94059100	--玻璃制							
9405910000	品目 94.05 所列物品的玻璃制零件〔999〕	8	70	13		千克		
94059200	--塑料制							
9405920000	品目 94.05 所列物品的塑料制零件〔999〕	8	70	13		千克		
94059900	--其他							
9405990000	品目 94.05 所列物品其他材料制零件〔999〕	8	70	13		千克		
9406	**活动房屋:**							
94061000	-木制的							
9406100000	木制的活动房屋〔999〕	8	70	13		千克	AB	P/Q
94069000	-其他							
9406900010	用动植物材料制作的活动房屋(木制的除外)〔999〕	8	70	13		千克	AB	P/Q
9406900020	带有风扇的高效空气粒子过滤单元(HEPA)的封闭洁净室〔999〕	8	70	13		千克	3	
9406900090	其他活动房屋〔999〕	8	70	13		千克		

① 〔101 0 类吊灯〕,〔102I 类吊灯〕,〔103II 类吊灯〕,〔104III 类吊灯〕,〔105 0 类壁灯〕,〔106I 类壁灯〕,〔107II 类壁灯〕,〔108 0 类吸顶灯〕,〔109I 类吸顶灯〕,〔110II 类吸顶灯〕,〔111III 类吸顶灯〕,〔112 光管支架〕,〔113 0 类射灯〕,〔114I 类射灯〕,〔115II 类射灯〕,〔116III 类射灯〕,〔117 0 类筒灯〕,〔118I 类筒灯〕,〔119II 类筒灯〕,〔120III 类筒灯〕,〔121 0 类嵌灯〕,〔122I 类嵌灯〕,〔123II 类嵌灯〕,〔124III 类嵌灯〕,〔125 灯盘〕

② 〔101 0 类台灯〕,〔102I 类台灯〕,〔103II 类台灯〕,〔104III 类台灯〕,〔105 0 类落地灯〕,〔106I 类落地灯〕,〔107II 类落地灯〕,〔108III 类落地灯〕,〔109 0 类吸顶灯〕,〔110I 类吸顶灯〕,〔111II 类吸顶灯〕,〔112III 类吸顶灯〕,〔113 光管支架〕,〔114 0 类射灯〕,〔115I 类射灯〕,〔116II 类射灯〕,〔117III 类射灯〕,〔118 0 类筒灯〕,〔119I 类筒灯〕,〔120II 类筒灯〕,〔121III 类筒灯〕,〔122 0 类嵌灯〕,〔123I 类嵌灯〕,〔124II 类嵌灯〕,〔125III 类嵌灯〕,〔126 灯盘〕,〔127 0 类夹灯〕,〔128I 类夹灯〕,〔129II 类夹灯〕,〔130III 类夹灯〕

③ 〔101 0 类台灯〕,〔102I 类台灯〕,〔103II 类台灯〕,〔104III 类台灯〕,〔105 0 类落地灯〕,〔106I 类落地灯〕,〔107II 类落地灯〕,〔108III 类落地灯〕,〔109 0 类吸顶灯〕,〔110I 类吸顶灯〕,〔111II 类吸顶灯〕,〔112III 类吸顶灯〕,〔113 光管支架〕,〔114 0 类射灯〕,〔115I 类射灯〕,〔116II 类射灯〕,〔117III 类射灯〕,〔118 0 类筒灯〕,〔119I 类筒灯〕,〔120II 类筒灯〕,〔121III 类筒灯〕,〔122 0 类嵌灯〕,〔123I 类嵌灯〕,〔124II 类嵌灯〕,〔125III 类嵌灯〕,〔126 灯盘〕,〔127 0 类夹灯〕,〔128I 类夹灯〕,〔129II 类夹灯〕,〔130III 类夹灯〕

④ 〔101 0 类路灯〕,〔102I 类路灯〕,〔103II 类路灯〕,〔104III 类路灯〕,〔105 0 类庭院灯〕,〔106I 类庭院灯〕,〔107II 类庭院灯〕,〔108III 类庭院灯〕,〔109 0 类草地灯〕,〔110I 类草地灯〕,〔111II 类草地灯〕,〔112III 类草地灯〕,〔113 0 类手提灯〕,〔114I 类手提灯〕,〔115II 类手提灯〕,〔116III 类手提灯〕,〔117 0 类儿童感兴趣灯〕,〔118II 类儿童感兴趣灯〕,〔119III 类儿童感兴趣灯〕,〔120 0 类水族箱用灯〕,〔121I 类水族箱用灯〕,〔122II 类水族箱用灯〕,〔123III 类水族箱用灯〕,〔124 0 类夜灯〕,〔125I 类夜灯〕,〔126II 类夜灯〕,〔127III 类夜灯〕,〔128 0 类地埋灯〕,〔129I 类地埋灯〕,〔130II 类地埋灯〕,〔131III 类地埋灯〕,〔132 0 类舞台、电视、电影及摄影场所室内外用灯具〕,〔133I 类舞台、电视、电影及摄影场所室内外用灯具〕,〔134II 类舞台、电视、电影及摄影场所室内外用灯具〕,〔135III 类舞台、电视、电影及摄影场所室内外用灯具〕,〔136 0 类游泳池和类似场所用灯具〕,〔137I 类游泳池和类似场所用灯具〕,〔138II 类游泳池和类似场所用灯具〕,〔139III 类游泳池和类似场所用灯具〕,〔140 0 类通风式灯〕,〔141I 类通风式灯〕,〔142II 类通风式灯〕,〔143III 类通风式灯〕,〔144 0 类应急照明灯〕,〔145I 类应急照明灯〕,〔146II 类应急照明灯〕,〔147III 类应急照明灯〕,〔148 0 类限制表面温度灯具〕,〔149I 类限制表面温度灯具〕,〔150II 类限制表面温度灯具〕,〔151III 类限制表面温度灯具〕,〔152 0 类医院、康复和诊所用灯具〕,〔153I 类医院、康复和诊所用灯具〕,〔154II 类医院、康复和诊所用灯具〕,〔155III 类医院、康复和诊所用灯具〕,〔156 0 类非专业用照相和电影用灯具〕,〔157I 类非专业用照相和电影用灯具〕,〔158II 类非专业用照相和电影用灯具〕,〔159III 类非专业用照相和电影用灯具〕,〔160LED 灯〕,〔161LED 灯管〕,〔162LED 模块〕,〔163 其他灯具及其零件〕

协定税率(%)															特惠税率(%)			对美税率	出口税率	出口退税率	Article Description
智利	新西兰	澳大利亚	瑞士	冰岛	秘鲁	哥斯达	东盟	亚太	新加坡	巴基斯坦	港/澳/台	韩国	格鲁吉亚	毛里求斯	亚太	老/柬/缅	LDC 97/95				
																		30	0		
																					Lamps and lighting fittings including searchlights and spotlights and parts thereof, not elsewhere specified or included; illuminated signs, illuminated nameplates and the like, having a permanently fixed light source, and parts thereof not elsewhere specified or included:
0	0	0	0	0	0	0	0			3	0/0/	3	0	0			0/0			13	-Chandeliers and other electric ceiling or wall lighting fittings, excluding those of a kind used for lighting public open spaces or thorough-fares
																		25	0		
0	0	0	4	0	0	0	0		0	20	0/0/	13	0	0			0/0				-Electric table, desk, bedside or floorstanding lamps
																		35	0	0	
																		35	0	13	
0	0	0	3.2	0	0	0	0		0	10.2	0/0/	4.8	0	0			0/0			13	-Lighting sets of a kind used for Christmas trees
																		33	0		
0	0	0	3.5	0	0	0	0		0	11.2	0/0/	5.2	0	0			0/0			13	---Searchlights
																		30	0		
0	0	0	3.5	0	0	0	0		0	11.2	0/0/	5.2	0	0			0/0			13	---Spotlights
																		30	0		
0	0	0	0	0	0	0	0		0	0	0/0/	0	0	0			0/0			13	---Other
																		16	0		
0	0	0	4	0	0	0	0		0		0/0/	13	0	0			0/0			13	-Non-electrical lamps and lighting fittings
																		35	0		
0	0	0	4	0	0	0	0		0	20	0/0/	10.6	0	0			0/0			13	-Illuminated signs, illuminated nameplates and the like
																		30	0		
0	0	0	4	0	0	0	0		0	20	0/0/	13	0	0			0/0			13	--Of glass
																		18	0		
0	0	0	4	0	0	0	0		0	20	0/0/	10.6	0	0			0/0			13	--Of plastics
																		28	0		
0	0	0	4	0	0	0	0		0		0/0/	10.6	0	0			0/0			13	--Other
																		28	0		
																					Prefabricated buildings:
0	0	0	0	0	0	0	0	5.2	0	3	0/0/	3	0	0			0/0			13	-Of wood
																		28	0		
0	0	0	0	0	0	0	0	5.2	0	3	0/0/	3	0	0			0/0			13	-Other
																		33	0		
																		33	0		
																		33	0		

第九十五章
玩具、游戏品、运动用品及其零件、附件

注释：

一、本章不包括：

（一）蜡烛（品目 34.06）；
（二）品目 36.04 的烟花、爆竹或其他烟火制品；
（三）已切成一定长度但未制成钓鱼线的纱线、单丝、绳、肠线及类似品（第三十九章、品目 42.06 或第十一类）；
（四）品目 42.02、43.03 或 43.04 的运动用袋或其他容器；
（五）第六十一章或第六十二章的纺织品制的化装舞会服装；第六十一章或第六十二章的纺织品制的运动服装或特殊衣着（例如击剑服或足球守门员球衣），无论是否附带保护配件（例如肘部、膝部或腹股沟部位的保护垫或填充物）；
（六）第六十三章的纺织品制的旗帜及帆板或滑行车用帆；
（七）第六十四章的运动鞋靴（装有冰刀或滑轮的溜冰鞋除外）或第六十五章的运动用帽；
（八）手杖、鞭子、马鞭或类似品（品目 66.02）及其零件（品目 66.03）；
（九）品目 70.18 的未装配的玩偶或其他玩具用的玻璃假眼；
（十）第十五类注释二所规定的贱金属制通用零件（第十五类）或塑料制的类似货品（第三十九章）；
（十一）品目 83.06 的铃、钟、锣及类似品；
（十二）液体泵（品目 84.13）、液体或气体的过滤、净化机器及装置（品目 84.21）、电动机（品目 85.01）、变压器（品目 85.04）；录制声音或其他信息用的圆盘、磁带、固态非易失性数据存储器件、“智能卡”及其他媒体，不论是否已录制（品目 85.23）；无线电遥控设备（品目 85.26）或无绳红外线遥控器件（品目 85.43）；
（十三）第十七类的运动用车辆（长雪橇、平底雪橇及类似品除外）；
（十四）儿童两轮车（品目 87.12）；
（十五）运动用船艇，例如，轻舟、赛艇（第八十九章）及其桨、橹和类似品（木制的归入第四十四章）；
（十六）运动及户外游戏用的眼镜、护目镜及类似品（品目 90.04）；
（十七）媒诱音响器及哨子（品目 92.08）；
（十八）第九十三章的武器及其他物品；
（十九）各种电气彩灯串（品目 94.05）；
（二十）独脚架、双脚架、三脚架及类似品（品目 96.20）；
（二十一）球拍线、帐篷或类似的野营用品、分指手套、连指手套及露指手套（按其构成材料归类）；或
（二十二）餐具、厨房用具、盥洗用品、地毯及纺织材料制的其他铺地制品、服装、床上、餐桌、盥洗及厨房用的织物制品及具有实用功能的类似货品（按其构成材料归类）。

二、本章包括天然或养殖珍珠、宝石或半宝石（天然、合成或再造）、贵金属或包贵金属只作为小零件的物品。

三、除上述注释一另有规定的以外，凡专用于或主要用于本章各税号所列物品的零件、附件，应与有关物品一并归类。

四、除上述注释一另有规定的以外，品目 95.03 主要适用于该税号所列的物品与一项或多项其他货品组合而成的物品，只要这些物品为零售包装，且组合后具有玩具的基本特征。这些组合物品不能视为归类总规则三（二）所指的成套货品，如果单独报验，应归入其他税号。

五、品目 95.03 不包括因其设计、形状或构成材料可确认为专供动物使用的物品，例如，“宠物玩具”（归入其适当税号）。

子目注释：

子目 9504.50 包括：

（一）在电视机、监视器或其他外部屏幕或表面上重放图像的视频游戏控制器；或
（二）自带显示屏的视频游戏设备，不论是否便携式。

本子目不包括用硬币、钞票、银行卡、代币或任何其他支付方式使其工作的视频游戏控制器或设备（子目 9504.30）。

商品编号	商品名称及备注[检验检疫编码及名称]	进口关税(%) 最惠国	进口关税(%) 普通	增值税率(%)	消费税	计量单位	监管条件	检验检疫类别
9503	三轮车、踏板车、踏板汽车和类似的带轮玩具；玩偶车；玩偶；其他玩具；缩小（按比例缩小）的模型及类似的娱乐用模型，不论是否活动；各种智力玩具：							
95030010	---供儿童乘骑的带轮玩具（例如，三轮车、踏板车、踏板汽车；玩偶车）							
9503001000	三轮车、踏板车、踏板汽车和类似的带轮玩具；玩偶车①	0	80	13		辆/千克		L/
95030021	----动物							
9503002100	动物玩偶，不论是否着装②	0	80	13		个/千克	A	L. M/
95030029	----其他							

① 〔101 儿童三轮车〕，〔102 儿童推车〕，〔103 最大鞍座高度（435 毫米~635 毫米范围内）儿童自行车〕，〔104 儿童踏板车〕，〔105 儿童玩偶车〕，〔106 其他童车〕
② 〔101 布绒玩具〕，〔102 竹木玩具〕，〔103 塑胶玩具〕，〔104 电玩具〕，〔105 软体造型玩具〕，〔106 弹射玩具〕，〔107 金属玩具〕

Chapter 95
Toys, games and sports requisites; parts and accessories thereof

Chapter Notes:

1. This Chapter does not cover:
   (a) Candles (heading 34.06);
   (b) Fireworks or other pyrotechnic articles of heading 36.04;
   (c) Yarns, monofilament, cords or gut or the like for fishing, cut to length but not made up into fishing lines, of Chapter 39, heading 42.06 or Section XI;
   (d) Sports bags or other containers of heading 42.02, 43.03 or 43.04;
   (e) Fancy dress of textiles, of Chapter 61 or 62; sports clothing and special articles of apparel of textiles, of Chapter 61 or 62, whether or not incorporating incidentally protective components such as pads or padding in the elbow, knee or groin areas (for example, fencing clothing or soccer goalkeeper jerseys);
   (f) Textile flags or bunting, or sails for boats, sailboards or land craft, of Chapter 63;
   (g) Sports footwear (other than skating boots with ice or roller skates attached) of Chapter 64, or sports headgear of Chapter 65;
   (h) Walking-sticks, whips, riding-crops or the like (heading 66.02), or parts thereof (heading 66.03);
   (ij) Unmounted glass eyes for dolls or other toys, of heading 70.18;
   (k) Parts of general use, as defined in Note 2 to Section XV, of base metal (Section XV), or similar goods of plastics (Chapter 39);
   (l) Bells, gongs or the like of heading 83.06;
   (m) Pumps for liquids (heading 84.13), filtering or purifying machinery and apparatus for liquids or gases (heading 84.21), electric motors (heading 85.01), electric transformers (heading 85.04), discs, tapes, solid-state non-volatile storage devices, "smart cards" and other media for the recording of sound or of other phenomena, whether or not recorded (heading 85.23), radio remote control apparatus (heading 85.26) or cordless infrared remote control devices (heading 85.43);
   (n) Sports vehicles (other than bobsleighs, toboggans and the like) of Section XVII;
   (o) Children's bicycles (heading 87.12);
   (p) Sports craft such as canoes and skiffs (Chapter 89), or their means of propulsion (Chapter 44 for such articles made of wood);
   (q) Spectacles, goggles or the like, for sports or outdoor games (heading 90.04);
   (r) Decoy calls or whistles (heading 92.08);
   (s) Arms or other articles of Chapter 93;
   (t) Electric garlands of all kinds (heading 94.05);
   (u) Monopods, bipods, tripods and similar articles (heading 96.20);
   (v) Racket strings, tents or other camping goods, or gloves, mittens and mitts (classified according to their constituent material); or
   (w) Tableware, kitchenware, toilet articles, carpets and other textile floor coverings, apparel, bed linen, table linen, toilet linen, kitchen linen and similar articles having a utilitarian function (classified according to their constituent material).

2. This Chapter includes articles in which natural or cultured pearls, precious or semi-precious stones (natural, synthetic or reconstructed), precious metal or metal clad with precious metal constitute only minor constituents.

3. Subject to Note 1 above, parts and accessories which are suitable for use solely or principally with articles of this Chapter are to be classified with those articles.

4. Subject to the provisions of Note 1 above, heading 95.03 applies, inter alia, to articles of this heading combined with one or more items, which cannot be considered as sets under the terms of General Interpretative Rule 3 (b), and which, if presented separately, would be classified in other headings, provided the articles are put up together for retail sale and the combinations have the essential character of toys.

5. Heading 95.03 does not cover articles which, on account of their design, shape or constituent material, are identifiable as intended exclusively for animals, for example, "pet toys" (classification in their own appropriate heading).

Subheading Notes:

Subheading 9504.50 covers:

(a) Video game consoles from which the image is reproduced on a television receiver, a monitor or other external screen or surface; or

(b) Video game machines having a selfcontained video screen, whether or not portable.

This subheading does not cover video game consoles or machines operated by coins, banknotes, bank cards, tokens or by any other means of payment (subheading 9504.30).

协定税率(%)															特惠税率(%)			对美税率	出口税率	出口退税率	Article Description
智利	新西兰	澳大利亚	瑞士	冰岛	秘鲁	哥斯达	东盟	亚太	新加坡	巴基斯坦	港/澳/台	韩国	格鲁吉亚	毛里求斯	亚太	老/柬/缅	LDC 97/95				
																					Tricycles, scooters, pedal cars and similar wheeled toys; dolls' carriages; dolls; other toys; reduced-size ("scale") models and similar recreational models, working or not; puzzles of all kinds:
																	0/0			13	---Tricycles, scooters, pedal cars and similar wheeled toys; dolls' carriages
																		20	0		
																	0/0			13	----Animals
																		25	0		
																	0/0			13	----Other

商品编号	商品名称及备注[检验检疫编码及名称]	进口关税(%)		增值税率(%)	消费税	计量单位	监管条件	检验检疫类别
		最惠国	普通					
9503002900	其他玩偶,不论是否着装①	0	80	13		个/千克	A	L. M/
95030060	---智力玩具							
9503006000	智力玩具②	0	80	13		套/千克	A	L. M/
95030083	----带动力装置的玩具及模型							
9503008310	玩具无人机〔999〕	0	80	13		套/千克	A	L. M/
9503008390	带动力装置的玩具及模型③	0	80	13		套/千克	A	L. M/
95030089	----其他							
9503008900	其他未列名玩具〔101 乘骑玩具〕,〔102 其他未列名玩具〕,〔103 玩具收藏品〕	0	80	13		个/千克	A	L. M/
95030090	---零件、附件							
9503009000	玩具、模型零件〔999〕	0	80	13		千克	A	L. M/
9504	**视频游戏控制器及设备、游艺场所、桌上或室内游戏用品,包括弹球机、台球、娱乐专用桌及保龄球自动球道设备:**							
95042000	-各种台球用品及附件							
9504200010	濒危木制的台球用品及附件〔999〕	0	80	13		千克	EF	
9504200090	其他台球用品及附件〔999〕	0	80	13		千克		
95043010	---电子游戏机							
9504301000	用特定支付方式使其工作的电子游戏机(用硬币、钞票、银行卡、代币或其他支付方式使其工作的)〔999〕	0	130	13		台/千克		
95043090	---其他							
9504309000	用特定支付方式工作的其他游戏用品,保龄球道设备除外(用硬币、钞票、银行卡、代币或其他支付方式使其工作的)〔999〕	0	80	13		台/千克		
95044000	-游戏纸牌							
9504400000	游戏纸牌〔999〕	0	80	13		副/千克		
95045011	----零件及附件							
9504501100	视频游戏控制器及设备的零件及附件(与电视接收机配套使用的,子目 9504.30 的货品除外)〔999〕	0	130	13		个/千克		
95045019	----其他							
9504501900	视频游戏控制器及设备(与电视接收机配套使用的,子目 9504.30 的货品除外)〔999〕	0	130	13		台/千克		L/
95045091	----零件及附件							
9504509100	其他视频游戏控制器及设备的零件及附件(子目 9504.30 的货品除外)〔999〕	0	130	13		个/千克		
95045099	----其他							
9504509900	其他视频游戏控制器及设备(子目 9504.30 的货品除外)〔999〕	0	130	13		台/千克		L/
95049010	---其他电子游戏机							
9504901000	其他电子游戏机〔999〕	0	130	13		台/千克		L/
95049021	----保龄球自动分瓶机							
9504902100	保龄球自动分瓶机〔999〕	0	80	13		台/千克		
95049022	----保龄球							
9504902200	保龄球〔999〕	0	80	13		个/千克		
95049023	----保龄球瓶							
9504902300	保龄球瓶〔999〕	0	80	13		个/千克		
95049029	----其他							
9504902900	其他保龄球自动球道设备及器具〔999〕	0	80	13		台/千克		
95049030	---中国象棋、国际象棋、跳棋等棋类用品							
9504903000	象棋、跳棋等棋类用品(包括中国象棋、国际象棋)〔999〕	0	80	13		副/千克		
95049040	---麻将及类似桌上游戏用品							
9504904000	麻将及类似桌上游戏用品〔101 麻将〕,〔102 除麻将外〕	0	80	13		副/千克		
95049090	---其他							
9504909000	其他游艺场、桌上或室内游戏用品(包括弹球机)〔101 其他游戏机〕,〔102 游乐设备零件〕,〔103 其他游戏器具〕	0	80	13		台/千克		

① 〔101 布绒玩具〕,〔102 竹木玩具〕,〔103 塑胶玩具〕,〔104 电玩具〕,〔105 纸制玩具〕,〔106 软体造型玩具〕,〔107 弹射玩具〕,〔108 金属玩具〕,〔109 玩具收藏品〕

② 〔101 布绒玩具〕,〔102 竹木玩具〕,〔103 塑胶玩具〕,〔104 电玩具〕,〔105 纸制玩具〕,〔106 类似文具玩具〕,〔107 软体造型玩具〕,〔108 金属玩具〕,〔109 玩具收藏品〕

③ 〔301 布绒玩具〕,〔302 竹木玩具〕,〔303 塑胶玩具〕,〔304 电玩具〕,〔305 弹射玩具〕,〔306 金属玩具〕,〔307 其他未列名玩具〕,〔308 玩具收藏品〕

协定税率(%)															特惠税率(%)			对美税率	出口税率	出口退税率	Article Description
智利	新西兰	澳大利亚	瑞士	冰岛	秘鲁	哥斯达	东盟	亚太	新加坡	巴基斯坦	港/澳/台	韩国	格鲁吉亚	毛里求斯	亚太	老/柬/缅	LDC 97/95				
																		25	0		
																	0/0			13	---Puzzles
																		25	0		
																	0/0			13	----Toys and models, incorporating a motor
																		25	0		
																		25	0		
																	0/0			13	----Other
																		25	0		
																	0/0			13	---Parts and accessories
																		25	0		
																					Video game consoles and machines, articles for funfair, table or parlour games, including pintables, billiards, special tables for casino games and automatic bowling alley equipment:
																	0/0				-Articles and accessories for billiards of all kinds
																		20	0	0	
																		20	0	13	
																	0/0			13	---Video games
																		10	0		
																	0/0			13	---Other
																			0		
																	0/0			13	-Playing cards
																		10	0		
																	0/0			13	----Parts and accessories
																		25	0		
																	0/0			13	----Other
																			0		
																	0/0			13	----Parts and accessories
																			0		
																	0/0			13	----Other
																		20	0		
																	0/0			13	---Other video games
																			0		
																	0/0			13	----Automatic bowling pin distributing machines
																		10	0		
																	0/0			13	----Bowling balls
																		10	0		
																	0/0			13	----Bowling pins
																		20	0		
																	0/0			13	----Other
																		10	0		
																	0/0			13	---Chess and other board games, including Chinese chess, international chess, Chinese cherkers and draughts
																		25	0		
																	0/0			13	---Mahjong and similiar table games
																		25	0		
																	0/0			13	---Other
																		20	0		

商品编号	商品名称及备注[检验检疫编码及名称]	进口关税(%) 最惠国	普通	增值税率(%)	消费税	计量单位	监管条件	检验检疫类别
9505	**节日(包括狂欢节)用品或其他娱乐用品,包括魔术道具及嬉戏品:**							
95051000	-圣诞节用品							
9505100010	含动植物性材料的圣诞用品(不包括成套圣诞节灯具)〔101 木制工艺品〕,〔102 其他木制品〕,〔103 其他草及草制品〕,〔104 其他竹藤柳草类〕,〔105 含动物产品类〕	0	100	13		千克	AB	P/Q
9505100090	其他圣诞节用品(不包括成套圣诞节灯具)〔101 含木制品〕,〔102 不含木制品〕	0	100	13		千克		
95059000	-其他							
9505900000	其他节日用品或娱乐用品(包括魔术道具及嬉戏品)〔101 含木制品〕,〔102 不含木制品〕	0	100	13		千克		
9506	**一般的体育活动、体操、竞技及其他运动(包括乒乓球运动)或户外游戏用的本章其他税号未列名用品及设备;游泳池或戏水池:**							
95061100	--滑雪屐							
9506110000	滑雪屐〔999〕	6	50	13		双/千克		
95061200	--滑雪屐扣件(滑雪屐带)							
9506120000	滑雪屐扣件(滑雪屐带)〔999〕	6	50	13		千克		
95061900	--其他							
9506190000	其他滑雪用具〔999〕	6	50	13		千克		
95062100	--帆板							
9506210000	帆板〔999〕	6	50	13		个/千克		
95062900	--其他							
9506290000	其他水上运动用具(包括滑水板、冲浪板)〔999〕	6	50	13		个/千克		
95063100	--棍,全套							
9506310000	完整的高尔夫球棍〔999〕	6	50	13	10%	根/千克		
95063200	--球							
9506320000	高尔夫球〔999〕	6	50	13	10%	个/千克		
95063900	--其他							
9506390000	其他高尔夫球用具〔999〕	6	50	13		千克		
95064010	---乒乓球							
9506401000	乒乓球〔999〕	6	50	13		百个/千克		
95064090	---其他							
9506409000	其他乒乓球运动用品及器械〔999〕	6	50	13		千克		
95065100	--草地网球拍,不论是否装弦							
9506510000	草地网球拍(不论是否装弦)〔999〕	6	50	13		支/千克		
95065900	--其他							
9506590000	其他网球拍、羽毛球拍或类似球拍〔999〕	6	50	13		支/千克		
95066100	--草地网球							
9506610000	草地网球〔999〕	6	50	13		个/千克		
95066210	---篮球、足球、排球							
9506621000	篮球、足球、排球〔999〕	6	50	13		个/千克		
95066290	---其他							
9506629000	其他可充气的球〔999〕	6	50	13		个/千克		
95066900	--其他							
9506690000	其他球(但高尔夫球及乒乓球除外)〔999〕	6	50	13		个/千克		
95067010	---溜冰鞋							
9506701000	溜冰鞋(包括装有冰刀的溜冰靴)〔999〕	6	50	13		双/千克		
95067020	---旱冰鞋							
9506702000	旱冰鞋〔999〕	6	50	13		双/千克		
95069111	----跑步机							
9506911110	跑步机(整机)〔101 电动跑步机〕,〔102 其他跑步机〕	6	50	13		台/千克		
9506911190	跑步机的零件及附件〔101 电动跑步机〕,〔102 其他跑步机〕	6	50	13		台/千克		
95069119	----其他							
9506911900	其他健身及康复器械(包括设备)①	6	50	13		千克		
95069190	---其他							
9506919000	一般的体育活动、体操或竞技用品(包括设备)〔999〕	6	50	13		千克		

① 〔101 力量型训练器材〕,〔102 力量型训练长凳〕,〔103 曲柄踏板类训练器材〕,〔104 划船机〕,〔105 踏步机、台阶机和登山机〕,〔106 椭圆训练机〕,〔107 带固定飞轮和不带自由飞轮的练习自行车〕,〔108 其他健身器材〕

协定税率(%)															特惠税率(%)			对美税率	出口税率	出口退税率	Article Description
智利	新西兰	澳大利亚	瑞士	冰岛	秘鲁	哥斯达	东盟	亚太	新加坡	巴基斯坦	港/澳/台	韩国	格鲁吉亚	毛里求斯	亚太	老/柬/缅	LDC 97/95				
																					Festive, carnival or other entertainment articles, including conjuring tricks and novelty jokes:
																	0/0			13	-Articles for Christmas festivities
																		25	0		
																		25	0		
																	0/0			13	-Other
																		10	0		
																					Articles and equipment for general physical exercise, gymnastics, athletics, other sports (including table-tennis) or outdoor games, not specified or included elsewhere in this Chapter; swimming pools and paddling pools:
0	0	0	2.8		0	0	0		0	0	0/0/	4.2	0	0			0/0			13	--Skis
																		26	0		
0	0	0	2.8	0	0	0	0		0	0	0/0/	4.2	0	0			0/0			13	--Ski-fastenings(ski-bindings)
																		26	0		
0	0	0	2.8	0	0	0	0		0	0	0/0/	4.2	0	0			0/0			13	--Other
																		26	0		
0	0	0	2.4	0	0	0	0		0	0	0/0/	3.6	0	0			0/0			13	--Sailboards
																		31	0		
0	0	0	2.8	0	0	0	0		0	0	0/0/	4.2	0	0			0/0			13	--Other
																		16	0		
0	0	0	2.8		0	0	0		0	0	0/0/	4.2	0	0			0/0			13	--Clubs, complete
																		26	0		
0	0	0	2.4	0	0	0	0		0	0	0/0/	3.6	0	0			0/0			13	--Balls
																		26	0		
0	0	0	2.8		0	0	0		0	0	0/0/0	4.2	0	0			0/0			13	--Other
																		31	0		
0	0	0	2.4	0	0	0	0		0	0	0/0/	3.6	0	0			0/0			13	---Table-tennis balls
																		31	0		
0	0	0	2.8	0	0	0	0		0	0	0/0/	4.2	0	0			0/0			13	---Other
																			0		
0	0	0	2.8	0	0	0	0		0	0	0/0/	4.2	0	0			0/0			13	--Lawn-tennis rackets, whether or not strung
																			0		
0	0	0	2.8	0	0	0	0		0	0	0/0/	4.2	0	0			0/0			13	--Other
																		31	0		
0	0	0	2.4	0	0	0	0		0	0	0/0/	3.6	0	0			0/0			13	--Lawn-tennis balls
																			0		
0	0	0	2.4	0	0	0	0		0	0	0/0/	3.6	0	0			0/0			13	---Basketballs, footballs or volleyballs
																		31	0		
0	0	0	2.4	0	0	0	0		0	0	0/0/	3.6	0	0			0/0			13	---Other
																		16	0		
0	0	0	2.4	0	0	0	0		0	0	0/0/	3.6	0	0			0/0			13	--Other
																		31	0		
0	0	0	2.8	0	0	0	0	3.9	0	0	0/0/	4.2	0	0			0/0			13	---Ice skates
																		26	0		
0	0	0	2.8	0	0	0	0	3.9	0	0	0/0/	4.2	0	0			0/0			13	---Roller skates
																		26	0		
0	0	0	2.4	0	0	0	0		0	0	0/0/0	3.6	0				0/0			13	----Running machines
																		16	0		
																		16	0		
0	0	0	2.4	0	0	0	0		0	0	0/0/0	3.6	0	0			0/0			13	----Other
																		16	0		
0	0	0	2.4	0	0	0	0		0	0	0/0/	3.6	0	0.			0/0			13	---Other
																		16	0		

商品编号	商品名称及备注[检验检疫编码及名称]	进口关税(%)		增值税率(%)	消费税	计量单位	监管条件	检验检疫类别
		最惠国	普通					
95069910	---滑板							
9506991000	滑板	6	50	13		个/千克		
95069990	---其他							
9506999000	其他未列名的第九十五章用品及设备(包括户外游戏用品及设备,如游冰池、戏水池)〔101 康复健身器械及其零件〕,〔102 其他体育竞技运动器具〕	6	50	13		个/千克		
9507	**钓鱼竿、钓鱼钩及其他钓鱼用品;捞鱼网、捕蝶网及类似网;囮子"鸟"(品目 92.08 或 97.05 的货品除外)以及类似的狩猎用品:**							
95071000	-钓鱼竿							
9507100010	用植物性材料制作的钓鱼竿〔101 其他木制品〕,〔102 其他竹藤柳草类〕,〔103 钓鱼器具〕	6	80	13		副/千克	AB	P/Q
9507100090	其他钓鱼竿〔999〕	6	80	13		副/千克		
95072000	-钓鱼钩,不论有无系钩丝							
9507200000	钓鱼钩(无论有无系钩丝)〔999〕	6	80	13		千克		
95073000	-钓线轮							
9507300000	钓线轮〔999〕	6	80	13		个/千克		
95079000	-其他							
9507900000	其他用品[包括捞鱼网、捕蝶网及类似网、囮子"鸟"(品目 92.08 或 97.05 的货品除外)及类似狩猎用品]〔999〕	6	80	13		千克		
9508	**旋转木马、秋千、射击用靶及其他游乐场的娱乐设备;流动马戏团及流动动物园;流动剧团:**							
95081000	-流动马戏团及流动动物园							
9508100010	有濒危动物的流动马戏团(包括流动动物园)〔999〕	6	100	13		千克	FEAB	P/Q
9508100090	其他流动马戏团及流动动物园〔999〕	6	100	13		千克	AB	P/Q
95089000	-其他							
9508900000	其他游乐场娱乐设备;流动剧团〔101 大型游乐设施〕,〔102 其他游戏器具〕	6	100	13		千克	AB	P/Q

协定税率(%)															特惠税率(%)			对美税率	出口税率	出口退税率	Article Description
智利	新西兰	澳大利亚	瑞士	冰岛	秘鲁	哥斯达	东盟	亚太	新加坡	巴基斯坦	港/澳/台	韩国	格鲁吉亚	毛里求斯	亚太	老/柬/缅	LDC 97/95				
0	0	0	2.4	0	0	0	0		0	0	0/0/	3.6	0	0			0/0				---Skateboards
																		16	0		
0	0	0	0	0	0	0	0		0	0	0/0/	3.6	0	0			0/0				---Other
																		16	0		
																					Fishing rods, fish-hooks and other line-fishing tackle; fish landing nets, butterfly nets and similar nets; decoy "birds" (other than those of heading 92.08 or 97.05) and similar hunting or shooting requisites:
0	0	0	4.2		0	0	0		0	21	0/0/		0	0			0/0			13	-Fishing rods
																		31	0		
																		31	0		
0	0	0	4.2		0	0	0		0	21	0/0/	13.6	0	0			0/0			13	-Fish-hooks, whether or not snelled
																		26	0		
0	0	0	4.2		0	0	0		0	21	0/0/	13.6	0	0			0/0			13	-Fishing reels
																		31	0		
0	0	0	4.2	0	0	0	0	3.9	0	18.9	0/0/	13.6	0	16.8			0/0			13	-Other
																		16	0		
																					Roundabouts, swings, shooting galleries and other fairground amusements; travelling circuses and travelling menageries; travelling theatres:
0	0	0	3	0	0	0	0		0	9.6	0/0/	4.5	0	0			0/0				-Travelling circuses and travelling menageries
																			0	0	
																			0	13	
0	0	0	3	0	0	0	0		0	9.6	0/0/	4.5	0	0			0/0			13	-Other
																		16	0		

第九十六章
杂 项 制 品

注释：

一、本章不包括：

（一）化妆盥洗用笔（第三十三章）；

（二）第六十六章的制品（例如，伞或手杖的零件）；

（三）仿首饰（品目 71.17）；

（四）第十五类注释二所规定的贱金属制通用零件（第十五类）或塑料制的类似品（第三十九章）；

（五）第八十二章的利口器及其他物品，其柄或其他零件是雕刻或模塑材料制的，但品目 96.01 或 96.02 适用于单独报验的上述物品的柄或其他零件；

（六）第九十章的物品，例如，眼镜架（品目 90.03）、数学绘图笔（品目 90.17）、各种牙科、医疗、外科或兽医专用刷子（品目 90.18）；

（七）第九十一章的物品（例如，钟壳或表壳）；

（八）乐器及其零件、附件（第九十二章）；

（九）第九十三章的物品（武器及其零件）；

（十）第九十四章的物品（例如，家具、灯具及照明装置）；

（十一）第九十五章的物品（玩具、游戏品、运动用品）；或

（十二）艺术品、收藏品及古物（第九十七章）。

二、品目 96.02 所称“植物质或矿物质雕刻材料”，是指：

（一）用于雕刻的硬种子、硬果核、硬果壳、坚果及类似植物材料（例如，象牙果及棕榈子）；

（二）琥珀、海泡石、黏聚琥珀、黏聚海泡石、黑玉及其矿物代用品。

三、品目 96.03 所称“制帚、制刷用成束、成簇的材料”，仅指未装配的成束、成簇的兽毛、植物纤维或其他材料。这些成束、成簇的材料无需分开即可安装在帚、刷之上，或只需经过简单加工（例如，将顶端修剪成形）即可安装的。

四、除品目 96.01 至 96.06 或 96.15 的货品以外，本章的物品还包括全部或部分用贵金属、包贵金属、天然或养殖珍珠、宝石或半宝石（天然、合成或再造）制成的物品。而且，品目 96.01 至 96.06 及 96.15 包括天然或养殖珍珠、宝石或半宝石（天然、合成或再造）、贵金属或包贵金属只作为小零件的物品。

商品编号	商品名称及备注［检验检疫编码及名称］	进口关税（%）		增值税率（%）	消费税	计量单位	监管条件	检验检疫类别
		最惠国	普通					
9601	**已加工的兽牙、骨、龟壳、角、鹿角、珊瑚、珍珠母及其他动物质雕刻材料及其制品（包括模塑制品）：**							
96011000	-已加工的兽牙及其制品							
9601100010	已加工的濒危兽牙及其制品〔101 未列出的其他动物骨、蹄、角〕,〔102 含木制品的工艺品〕,〔103 不含木制品的工艺品〕	20	100	13		千克	AFEB	P/Q
9601100090	其他已加工的兽牙及其制品〔101 未列出的其他动物骨、蹄、角〕,〔102 含木制品的工艺品〕,〔103 不含木制品的工艺品〕	20	100	13		千克	AB	P/Q
96019000	-其他							
9601900010	其他已加工濒危动物质雕刻料（包括其制品）〔101 含木制品的工艺品〕,〔102 不含木制品的工艺品〕	20	100	13		千克	AFEB	P/Q
9601900020[暂6]	牛角纽扣坯圆片（濒危动物制除外）〔101 含木制品的工艺品〕,〔102 不含木制品的工艺品〕	20	100	13		千克	AB	P/Q
9601900090	其他已加工动物质雕刻料及其制品〔101 含木制品的工艺品〕,〔102 不含木制品的工艺品〕	20	100	13		千克	AB	P/Q
9602	**已加工的植物质或矿物质雕刻材料及其制品；蜡、硬脂、天然树胶、天然树脂或塑型膏制成的模塑或雕刻制品以及其他税号未列名的模塑或雕刻制品；已加工的未硬化明胶（品目 35.03 的明胶除外）及未硬化明胶制品：**							
96020010	---装药用胶囊							
9602001000	装药用胶囊〔999〕	5	40	13		千克		
96020090	---其他							
9602009000	已加工植物或矿物质雕刻料及制品（指已加工的,包括蜡、硬脂、天然树胶、脂制模塑或雕刻）〔101 其他木制品〕,〔102 其他竹藤柳草类〕,〔103 含木制品〕,〔104 不含木制品〕	12	100	13		千克	AB	P/Q

Chapter 96
Miscellaneous manufactured articles

Chapter Notes:

1. This Chapter does not cover:
   (a) Pencils for cosmetic or toilet uses (Chapter 33);
   (b) Articles of Chapter 66 (for example, parts of umbrellas or walking-sticks);
   (c) Imitation jewellery (heading 71.17);
   (d) Parts of general use, as defined in Note 2 to Section XV, of base metal (Section XV), or similar goods of plastics (Chapter 39);
   (e) Cutlery or other articles of Chapter 82 with handles or other parts of carving or moulding materials; heading 96.01 or 96.02 applies, however, to separately presented handles or other parts of such articles;
   (f) Articles of Chapter 90 (for example, spectacle flames (heading 90.03), mathematical drawing pens (heading 90.17), brushes of a kind specialised for use in dentistry or for medical, surgical or veterinary purposes (heading 90.18));
   (g) Articles of Chapter 91 (for example, clock or watch cases);
   (h) Musical instruments or parts or accessories thereof (Chapter 92);
   (ij) Articles of Chapter 93 (arms and pars thereof);
   (k) Articles of Chapter 94 (for example, furniture, lamps and lighting fittings);
   (l) Articles of Chapter 95 (toys, games, sports requisites); or
   (m) Works of art, collectors' pieces or antiques (Chapter 97).

2. In heading 96.02 the expression "vegetable or mineral carving material" means:
   (a) Hard seeds, pips, hulls and nuts and similar vegetable materials of a kind used for carving (for example, corozo and dom);
   (b) Amber, meerschaum, agglomerated amber and agglomerated meerschaum, jet and mineral substitutes for jet.

3. In heading 96.03 the expression "prepared knots and tufts for broom or brush making" applies only to unmounted knots and tufts of animal hair, vegetable fibre or other material, which are ready for incorporation without division in brooms or brushes, or which require only such further minor processes as trimming to shape at the top, to render them ready for such incorporation.

4. Articles of this Chapter, other than those of headings 96.01 to 96.06 or 96.15, remain classified in the Chapter whether or not composed wholly or partly of precious metal or metal clad with precious metal, of natural or cultured pearls, or precious or semi-precious stones (natural, synthetic or reconstructed). However, headings 96.01 to 96.06 and 96.15 include articles in which natural or cultured pearls, precious or semi-precious stones (natural, synthetic or reconstructed), precious metal or metal clad with precious metal constitute only minor constituents.

协定税率(%)															特惠税率(%)			对美税率	出口税率	出口退税率	Article Description
智利	新西兰	澳大利亚	瑞士	冰岛	秘鲁	哥斯达	东盟	亚太	新加坡	巴基斯坦	港/澳/台	韩国	格鲁吉亚	毛里求斯	亚太	老/柬/缅	LDC 97/95				
																					Worked ivory, bone, tortoise-shell, horn, antlers, coral, mother-of-pearl and other animal carving material and articles of these materials (including articles obtained by moulding):
0	0	0	4	0	0	0	0		0	20	0/0/	10.6	0	0			0/0				-Worked ivory and articles of ivory
																			0	0	
																			0	13	
0	0	0	4	0	0	0	0		0	20	0/0/	10.6	0	0			0/0				-Other
																		45	0	0	
																		31	0		
																		45	0	13	
																					Worked vegetable or mineral carving material and articles of these materials; moulded or carved articles of wax, of stearin, of natural gums or natural resins or of modelling pastes, and other moulded or carved articles, not elsewhere specified or included; worked, unhardened gelatin (except gelatin of heading 35.03) and articles of unhardened gelatin:
0	0	0	2.1	0	0	0	0		0	4	0/0/	3.1	0	0			0/0			13	---Pharmaceutical capsules
																		15	0		
0	0	0	5	0	0	0	0		0	25	0/0/	16.2	0	20			0/0			13	---Other
																			0		

商品编号	商品名称及备注[检验检疫编码及名称]	进口关税(%) 最惠国	进口关税(%) 普通	增值税率(%)	消费税	计量单位	监管条件	检验检疫类别
9603	**帚、刷(包括作为机器、器具、车辆零件的刷)、非机动的手工操作地板清扫器、拖把及毛掸;供制帚、刷用的成束或成簇的材料;油漆块垫及滚筒;橡皮扫帚(橡皮辊除外):**							
96031000	-用枝条或其他植物材料捆扎而成的帚及刷,不论是否有把							
9603100000	用枝条或其他植物材料捆扎成的帚(包括刷,不论是否有把)〔101 其他竹及竹制品〕,〔102 棕及棕制品〕,〔103 扫帚〕	12	100	13		把/千克	AB	P/Q
96032100	--牙刷,包括齿板刷							
9603210000	牙刷(包括齿板刷)〔101 牙刷〕,〔102 齿板刷〕	8	100	13		把/千克	A	M/
96032900	--其他							
9603290010	濒危野生动物毛制剃须刷、发刷(包括睫毛刷等人体化妆刷)〔101 含木制品〕,〔102 不含木制品〕	6	100	13		支/千克	FE	
9603290090	剃须刷,发刷,睫毛刷等人体化妆刷(包括作为器具零件的子目 960329 所属的刷)〔101 含木制品〕,〔102 不含木制品〕	6	100	13		支/千克		
96033010	---画笔							
9603301010	濒危动物毛制的画笔〔999〕	8	100	13		支/千克	FE	
9603301090	其他画笔〔999〕	8	100	13		支/千克		
96033020	---毛笔							
9603302010	濒危动物毛制的毛笔〔999〕	8	100	13		支/千克	FE	
9603302090	其他毛笔〔999〕	8	100	13		支/千克		
96033090	---其他							
9603309010	濒危动物毛制化妆用的类似笔〔999〕	6	100	13		支/千克	FE	
9603309090	其他化妆用的类似笔〔999〕	6	100	13		支/千克		
96034011	----猪鬃制							
9603401100	猪鬃制漆刷及类似品〔101 含木制品〕,〔102 不含木制品〕	6	100	13		把/千克		
96034019	----其他							
9603401900	其他材料制漆刷及类似刷〔101 含木制品〕,〔102 不含木制品〕	6	100	13		把/千克		
96034020	---油漆块垫及滚筒							
9603402000	油漆块垫及滚筒〔101 含木制品〕,〔102 不含木制品〕	6	100	13		个/千克		
96035011	----作为机器、器具零件的刷							
9603501100	作为机器、器具零件的金属丝刷〔101 含木制品〕,〔102 不含木制品〕	8	50	13		个/千克		
96035019	----其他							
9603501900	作为车辆零件的金属丝刷〔101 其他车辆零部件〕,〔102 含木制品〕,〔103 不含木制品〕	8	100	13		个/千克		
96035091	----作为机器、器具零件的刷							
9603509110	濒危动物毛制作为机器零件的其他刷(包括器具零件的其他刷)〔101 含木制品〕,〔102 不含木制品〕	8	50	13		个/千克	FE	
9603509190	其他作为机器、器具零件的其他刷〔101 含木制品〕,〔102 不含木制品〕	8	50	13		个/千克		
96035099	----其他							
9603509910	濒危动物毛制作为车辆零件的其他刷〔101 其他车辆零部件〕,〔102 含木制品〕,〔103 不含木制品〕	8	100	13		个/千克	FE	
9603509990	其他作为车辆零件的其他刷〔101 其他车辆零部件〕,〔102 含木制品〕,〔103 不含木制品〕	8	100	13		个/千克		
96039010	---羽毛掸							
9603901010	濒危野禽羽毛掸〔999〕	6	130	13		个/千克	AFEB	P/Q
9603901090	其他羽毛掸〔999〕	6	130	13		个/千克	AB	P/Q
96039090	---其他							
9603909010	濒危动物毛、鬃、尾制其他帚、刷(包括拖把及其他毛掸)〔101 含木制品〕,〔102 不含木制品〕	6	100	13		个/千克	AFEB	P/Q
9603909020	其他动植物材料制帚,刷,拖把等(包括动植物材料制非机动的手工操作地板清扫器、毛掸)①	6	100	13		个/千克	AB	P/Q

① 〔101 其他木制品〕,〔102 其他竹及竹制品〕,〔103 棕及棕制品〕,〔104 扫帚〕,〔105 藁秆〕,〔106 其他竹藤柳草类〕

协定税率(%)															特惠税率(%)			对美税率	出口税率	出口退税率	Article Description
智利	新西兰	澳大利亚	瑞士	冰岛	秘鲁	哥斯达	东盟	亚太	新加坡	巴基斯坦	港/澳/台	韩国	格鲁吉亚	毛里求斯	亚太	老/柬/缅	LDC 97/95				
																					Brooms, brushes (including brushes constituting parts of machines, appliances or vehicles), hand-operated mechanical floor sweepers, not motorized, mops and feather dusters; prepared knots and tufts for broom or brush making; paint pads and rollers; squeegees (other than roller squeegees):
0	0	0	5	0	0	0	0		0	25	0/0/	16.2	0	20			0/0			13	-Brooms and brushes, consisting of twigs or other vegetable materials bound together, with or without handles
																		32	0		
0	0	0	5	0	0	0	0		0	25	0/0/	16.2	0	20			0/0			13	--Tooth brushes, including ventalplate brushes
																		28	0		
0	0	0	3	0	0	0	0	3.9	0	6	0/0/	4.5	0	0			0/0				--Other
																		26	0	0	
																		26	0	13	
0	0	0	5	0	0	0	0	4.8	0	12	0/0/	16.2	0	20			0/0				---Artists' brushes
																		28	0	0	
																		28	0	13	
0	0	0	4	0	0	0	0	5.2	0	14.4	0/0/	10.6	0	0			0/0				---Writing brushes
																		28	0	0	
																		28	0	13	
0	0	0	5	0	0	0	0	3.9	0	18	0/0/	16.2	0	20			0/0				---Other
																		26	0	0	
																		26	0	13	
0	0	0	4	0	0	0	0		0	20	0/0/	10.6	0	0			0/0			13	----Of pigs', hogs' or boars' bristle
																		26	0		
0	0	0	4.6	0	0	0	0		0	23	0/0/	14.9	0	18.4			0/0			13	----Other
																		16	0		
0	0	0	4.6	0	0	0	0		0	23	0/0/	14.9	0	18.4			0/0			13	---Paint pads and rollers
																		16	0		
																				13	----Constituting parts of machines or appliances
																		28	0		
0	0	0	6.6	0	0	0	0		0	5.6	0/0/	4.2	0	0			0/0			13	----Other
																		33	0		
0	0	0	2.8	0	0	0	0		0	9	0/0/	4.2	0	0			0/0				----Constituting parts of machines or appliances
																		28	0	0	
																		28	0	13	
0	0	0	2.8	0	0	0	0		0	5.6	0/0/	4.2	0	0			0/0				----Other
																		28	0	0	
																		28	0	13	
0	0	0	4.2	0	0	0	0	3.9	0	15.1	0/0/	11.2	0	0			0/0				---Feather dusters
																			0	0	
																			0	13	
0	0	0	3	0	0	0	0		0	12	0/0/	4.5	0	0			0/0				---Other
																		26	0	0	
																		26	0	13	

商品编号	商品名称及备注[检验检疫编码及名称]	进口关税(%) 最惠国	进口关税(%) 普通	增值税率(%)	消费税	计量单位	监管条件	检验检疫类别
9603909090	其他材料制帚,刷,拖把及毛掸(包括其他材料制非机动的手工操作地板清扫器等)〔101 含木制品〕,〔102 不含木制品〕	6	100	13		个/千克		
9604	**手用粗筛、细筛:**							
96040000	手用粗筛、细筛							
9604000000	手用粗筛、细筛〔101 含木制品〕,〔102 不含木制品〕	6	100	13		个/千克	AB	P/Q
9605	**个人梳妆、缝纫或清洁鞋靴、衣服用的成套旅行用具:**							
96050000	个人梳妆、缝纫或清洁鞋靴、衣服用的成套旅行用具							
9605000000	个人梳妆、缝纫等用成套旅行用品(包括清洁鞋靴、衣服用的)〔101 含木制品〕,〔102 不含木制品〕	6	100	13		套/千克		
9606	**纽扣、揿扣、纽扣芯及纽扣和揿扣的其他零件;纽扣坯:**							
96061000	-揿扣及其零件							
9606100000	揿扣及其零件〔101 含木制品〕,〔102 不含木制品〕	6	100	13		千克		
96062100	--塑料制,未用纺织材料包裹							
9606210000	塑料制纽扣(未用纺织材料包裹的)〔101 含木制品〕,〔102 不含木制品〕	6	100	13		千克		
96062200	--贱金属制,未用纺织材料包裹							
9606220000	贱金属制纽扣(未用纺织材料包裹的)〔101 含木制品〕,〔102 不含木制品〕	6	100	13		千克		
96062900	--其他							
9606290010	含濒危动物成分的其他纽扣〔101 含木制品〕,〔102 不含木制品〕	6	100	13		千克	FE	
9606290090	其他纽扣〔101 含木制品〕,〔102 不含木制品〕	6	100	13		千克		
96063000	-纽扣芯及纽扣的其他零件;纽扣坯							
9606300000	纽扣芯及纽扣的其他零件(包括纽扣坯)〔101 含木制品〕,〔102 不含木制品〕	6	100	13		千克		
9607	**拉链及其零件:**							
96071100	--装有贱金属制齿的							
9607110000	装有贱金属齿的拉链〔101 含木制品〕,〔102 不含木制品〕	6	130	13		米/千克		
96071900	--其他							
9607190000	其他拉链〔101 含木制品〕,〔102 不含木制品〕	6	130	13		米/千克		
96072000	-零件							
9607200000	拉链零件〔101 含木制品〕,〔102 不含木制品〕	6	130	13		千克		
9608	**圆珠笔;毡尖和其他渗水式笔尖笔及唛头笔;自来水笔、铁笔型自来水笔及其他钢笔;蜡纸铁笔;活动铅笔;钢笔杆、铅笔套及类似的笔套;上述物品的零件(包括帽、夹),但品目 96.09 的货品除外:**							
96081000	-圆珠笔							
9608100000	圆珠笔〔999〕	8	80	13		支/千克		
96082000	-毡尖和其他渗水式笔尖笔及唛头笔							
9608200000	毡尖和其他渗水式笔尖笔及唛头笔〔101 彩笔〕,〔102 其他笔〕	12	80	13		支/千克		
96083010	---墨汁画笔							
9608301000	墨汁画笔〔101 毛笔〕,〔102 其他笔〕	12	80	13		支/千克		
96083020	---自来水笔							
9608302000	自来水笔〔999〕	12	80	13		支/千克		
96083090	---其他							
9608309000	其他钢笔(包括铁笔型自来水笔)〔999〕	12	80	13		支/千克		
96084000	-活动铅笔							
9608400000	活动铅笔〔999〕	12	80	13		支/千克		
96085000	-由上述两个或多个子目所列物品组成的成套货品							
9608500000	含有两种笔及以上的成套货品(指品目 96.08 所列的各种笔)〔999〕	12	80	13		套/千克		
96086000	-圆珠笔芯,由圆珠笔头和墨芯构成							

协定税率(%)															特惠税率(%)			对美税率	出口税率	出口退税率	Article Description
智利	新西兰	澳大利亚	瑞士	冰岛	秘鲁	哥斯达	东盟	亚太	新加坡	巴基斯坦	港/澳/台	韩国	格鲁吉亚	毛里求斯	亚太	老/柬/缅	LDC 97/95				
																		26	0	13	
																					Hand sieves and hand riddles:
0	0	0	4.2	0	0	0	0		0	21	0/0/	13.6	0	0			0/0			13	Hand sieves and hand riddles
																		16	0		
																					Travel sets for personal toilet, sewing or shoe or clothes cleaning:
0	0	0	3	0	0	0	0		0	9.6	0/0/	4.5	0	0			0/0			13	Travel sets for personal toilet, sewing or shoe or clothes cleaning
																		26	0		
																					Buttons, press-fasteners, snap-fasteners and press-studs, button moulds and other parts of these articles; button blanks:
0	0	0	4.2	0	0	0	0		0	21	0/0/	13.6	0	0			0/0			13	-Press-fasteners, snap-fasteners and press-studs and parts thereof
																		31	0		
0	0	0	4.2	0	0	0	0		0	21	0/0/0	13.6	0	0			0/0			13	--Of plastics, not covered with textile material
																		31	0		
0	0	0	3	0	0	0	0		0	9.6	0/0/0	4.5	0	0			0/0			13	--Of base metal, not covered with textile material
																		31	0		
0	0	0	3	0	0	0	0		0	9.6	0/0/	4.5	0	0			0/0				--Other
																		31	0	0	
																		31	0	13	
0	0	0	3	0	0	0	0		0	9.6	0/0/	4.5	0	0			0/0			13	-Button moulds and other parts of buttons; button blanks
																		31	0		
																					Slide fasteners and parts thereof:
0	0	0	4.2	0	0	0	0		0	21	0/0/	13.6	0	0			0/0			13	--Fitted with chain scoops of base metal
																		31	0		
0	0	0	4.2	0	0	0	0	3.9	0	11.8	0/0/	13.6	0	0			0/0			13	--Other
																		31	0		
0	0	0	4.2	0	0	0	0		0	21	0/0/	13.6	0	0			0/0			13	-Parts
																		31	0		
																					Ball point pens; felt tipped and other porous-tipped pens and markers; fountain pens, stylograph pens and other pens; duplicating stylos; propelling or sliding pen-cils; pen-holders, pencil-holders and similar holders; parts (including caps and clips) of the foregoing articles, other than those of heading 96.09:
0	0	0	3	0	0	0	0	5.2	0	6	0/0/	4.5	0	0			0/0			13	-Ball point pens
																		28	0		
0	0	0	4.2	0	0	0	0		0	21	0/0/	13.6	0	0			0/0			13	-Felt tipped and other porous-tipped pens and markers
																		32	0		
0	0	0	4.2	0	0	0	0		0	21	0/0/	11.2	0	0			0/0			13	---Indian ink drawing pens
																		32	0		
0	0	0	4.2	0	0	0	0		0	21	0/0/	13.6	0	0			0/0			13	---Fountain pens
																		32	0		
0	0	0	4.2	0	0	0	0		0	21	0/0/	13.6	0	0			0/0			13	---Other
																		32	0		
0	0	0	4.2	0	0	0	0		0	21	0/0/	13.6	0	0			0/0			13	-Propelling or sliding pencils
																		32	0		
0	0	0	4.2	0	0	0	0		0	21	0/0/	13.6	0	0			0/0			13	-Sets of articles from two or more of the foregoing subheadings
																		32	0		
0	0	0	4.2	0	0	0	0		0	21	0/0/	13.6	0	0			0/0			13	-Refills for ball point pens, comprising the ball point and ink-reservoir

商品编号	商品名称及备注[检验检疫编码及名称]	进口关税(%) 最惠国	普通	增值税率(%)	消费税	计量单位	监管条件	检验检疫类别
9608600000	圆珠笔芯(指由圆珠笔头和墨芯构成)〔999〕	12	80	13		支/千克		
96089100	--钢笔头及笔尖粒							
9608910000	钢笔头及笔尖粒〔999〕	8	70	13		支/千克		
96089910	---机器、仪器用笔							
9608991000	机器、仪器用笔〔999〕	8	40	13		支/千克		
96089920	---蜡纸铁笔;钢笔杆、铅笔杆及类似的笔杆							
9608992000	蜡纸铁笔,钢笔杆,铅笔杆等(包括类似笔杆,但品目96.09的货品除外)〔101蜡纸铁笔〕,〔102笔杆等〕	12	80	13		支/千克		
96089990	---其他							
9608999000	其他笔零件(包括笔帽、笔夹,但品目96.09的货品除外)〔999〕	10	80	13		千克		
9609	**铅笔(品目96.08的铅笔除外)、颜色铅笔、铅笔芯、蜡笔、图画碳笔、书写或绘画用粉笔及裁缝划粉:**							
96091010	---铅笔							
9609101000	铅笔〔999〕	12	80	13		千克/百支		
96091020	---颜色铅笔							
9609102000	颜色铅笔〔999〕	12	80	13		千克		
96092000	-铅笔芯,黑的或其他颜色的							
9609200000	铅笔芯,黑的或其他颜色的〔999〕	12	80	13		千克		
96099000	-其他							
9609900000	蜡笔,图画碳笔,书写或绘画用粉笔(包括裁缝划笔)〔101蜡笔〕,〔102碳笔〕,〔103粉笔〕	6	80	13		千克		
9610	**具有书写或绘画面的石板、黑板及类似板,不论是否镶框:**							
96100000	具有书写或绘画面的石板、黑板及类似板,不论是否镶框							
9610000000	具有书写或绘画面的石板、黑板(包括类似板,不论是否镶框)〔999〕	6	80	13		千克		
9611	**手用日期戳、封缄戳、编号戳及类似印戳(包括标签压印器);手工操作的排字盘及带有排字盘的手印器:**							
96110000	手用日期戳、封缄戳、编号戳及类似印戳(包括标签压印器);手工操作的排字盘及带有排字盘的手印器							
9611000010	含濒危动物成分的手用日期戳(包括封缄戳及类似印戳)〔101含木制品〕,〔102不含木制品〕	8	80	13		千克	FE	
9611000090	手用日期戳、封缄戳及类似印戳(包括编号戳、标签压印器;手工排字盘及带有字盘的手印器)〔101含木制品〕,〔102不含木制品〕	8	80	13		千克		
9612	**打字机色带或类似色带,已上油或经其他方法处理能着色的,不论是否装轴或装盒;印台,不论是否已加印油或带盒子:**							
96121000	-色带							
9612100000	打字机色带或类似色带(已上油或经其他方法处理能着色的,不论是否装轴或装盒)〔999〕	8	35	13		个/千克		
96122000	-印台							
9612200000	印台(不论是否已加印油或带盒子)〔101含木制品〕,〔102不含木制品〕	10	100	13		个/千克		
9613	**香烟打火机和其他打火器(不论是机械的,还是电气的)及其零件,但打火石及打火机芯除外:**							
96131000	-袖珍气体打火机,一次性的							
9613100000	一次性袖珍气体打火机〔999〕	10	130	13		个/千克	B	/N
96132000	-袖珍气体打火机,可充气的							

智利	新西兰	澳大利亚	瑞士	冰岛	秘鲁	哥斯达	东盟	亚太	新加坡	巴基斯坦	港/澳/台	韩国	格鲁吉亚	毛里求斯	亚太	老/柬/缅	LDC 97/95	对美税率	出口税率	出口退税率	Article Description
协定税率(%)															特惠税率(%)						
																		32	0		
0	0	0	2.4	0	0	0	0		0	4.8	0/0/	3.6	0	0			0/0			13	--Pen nibs and nib points
																		28	0		
0	0	0	3.5	0	0	0	0		0	11.2	0/0/	5.2	0	0			0/0			13	---Of a kind used on machines or instruments
																		18	0		
0	0	0	4.2	0	0	0	0		0	21	0/0/	13.6	0	0			0/0			13	---Duplicating stylos; pen-holders, pencil-holders and similar holders
																		32	0		
0	0	0	0	0	0	0	0		0	21	0/0/	13.6	0	0			0/0			13	---Other
																		30	0		**Pencils (other than pencils of heading 96.08), crayons, pencil leads, pastels, drawing charcoals, writing or drawing chalks and tailors' chalks:**
0	0	0	4.2	0	0	0	0		0	21	0/0/	13.6	0	0			0/0			13	---Pencils
																		32	0		
0	0	0	4.2	0	0	0	0		0	21	0/0/	13.6	0	0			0/0			13	---Crayons
																		32	0		
0	0	0	4.2	0	0	0	0		0	21	0/0/	13.6	0	0			0/0			13	-Pencil leads, black or coloured
																		32	0		
0	0	0	3	0	0	0	0		0	9.6	0/0/	4.5	0	12			0/0			13	-Other
																		26	0		**Slates and boards, with writing or drawing surfaces, whether or not framed:**
0	0	0	3	0	0	0	0		0	9.6	0/0/	4.5	0	0			0/0			13	Slates and boards, with writing or drawing surfces, whether or not framed
																		26	0		**Date, sealing or numbering stamps, and the like (including devices for printing or embossing labels), designed for operating in the hand; hand-operated composing sticks and hand printing sets incorporating such composing sticks:**
0	0	0	4.2	0	0	0	0		0	21	0/0/	13.6	0	0			0/0				Date, sealing or numbering stamps, and the like (including devices for printing or embossing labels), designed for operating in the hand; hand-operated composing sticks and hand printing sets incorporating such composing sticks
																		33	0	0	
																		33	0	13	**Typewriter or similar ribbons, inked or otherwise prepared for giving impressions, whether or not on spools or in cartridges; ink-pads, whether or not inked, with or without boxes:**
0	0	0	2.1	0	0	0	0		0	4	0/0/	5.6	0	0			0/0			13	-Inked ribbons
																		18	0		
0	0	0	5	0	0	0	0		0	25	0/0/	16.2	0	20			0/0			13	-Ink-pads
																		20	0		**Cigarette lighters and other lighters, whether or not mechanical or electrical, and parts thereof other than flints and wicks:**
0	0	0	5	0	0	0	0		0	25	0/0/	16.2	0	20			0/0			13	-Pocket lighters, gas fuelled, non refillable
																			0		
0	0	0	5	0	0	0	0		0	25	0/0/	16.2	0	20			0/0			13	-Pocket lighters, gas fuelled, refillable

商品编号	商品名称及备注[检验检疫编码及名称]	进口关税(%) 最惠国	进口关税(%) 普通	增值税率(%)	消费税	计量单位	监管条件	检验检疫类别
9613200000	可充气袖珍气体打火机〔999〕	10	130	13		个/千克	B	/N
96138000	-其他打火器							
9613800000	其他打火器〔101 台式打火机〕,〔102 其他打火机(器)及其零件〕	10	130	13		个/千克	B	/N
96139000	-零件							
9613900000	打火机及打火器零件(但打火石及打火机芯除外)〔999〕	10	130	13		千克		
9614	**烟斗(包括烟斗头)和烟嘴及其零件:**							
96140010	---烟斗及烟斗头							
9614001010	含濒危动物成分的烟斗及烟斗头(仅指野生哺乳类牙齿制产品)〔101 含木制品〕,〔102 不含木制品〕	10	130	13		个/千克	ABEF	P/Q
9614001020	用植物性材料制作的烟斗及烟斗头〔101 其他木制品〕,〔102 含木制品〕,〔103 不含木制品〕	10	130	13		个/千克	AB	P/Q
9614001090	其他烟斗及烟斗头〔101 含木制品〕,〔102 不含木制品〕	10	130	13		个/千克		
96140090	---其他							
9614009010	含濒危野生动物成分的烟嘴及其零件(仅指野生哺乳类牙齿制产品)〔101 含木制品〕,〔102 不含木制品〕	10	130	13		千克	FE	
9614009090	其他烟嘴及其零件〔101 含木制品〕,〔102 不含木制品〕	10	130	13		千克		
9615	**梳子、发夹及类似品;发卡、卷发夹、卷发器或类似品及其零件,但品目 85.16 的货品除外:**							
96151100	--硬质橡胶或塑料制							
9615110000	硬质橡胶、塑料制梳子、发夹等(包括其类似品)〔999〕	6	130	13		千克		
96151900	--其他							
9615190010	含濒危动物成分的其他材料制梳子(包括角质发夹等,金属、塑料及家畜来源的产品除外)〔101 含木制品〕,〔102 不含木制品〕	6	130	13		千克	FE	
9615190090	其他材料制梳子、发夹及类似品(硬质橡胶、塑料制的除外)〔101 含木制品〕,〔102 不含木制品〕	6	130	13		千克		
96159000	-其他							
9615900000	其他发夹、卷发器等及其零件(包括卷发针、卷发夹等,但品目 85.16 的货品除外)〔101 含木制品〕,〔102 不含木制品〕	6	130	13.		千克		
9616	**香水喷雾器或类似的化妆用喷雾器及其座架、喷头;粉扑及粉拍,施敷脂粉或化妆品用:**							
96161000	-香水喷雾器或类似的化妆用喷雾器及其座架、喷头							
9616100000	香水喷雾器或类似的化妆用喷雾器(包括座架、喷头)〔101 含木制品〕,〔102 不含木制品〕	6	130	13		千克		
96162000	-粉扑及粉拍,施敷脂粉或化妆品用							
9616200000	施敷脂粉或化妆品用粉扑及粉拍〔101 含木制品〕,〔102 不含木制品〕	6	130	13		千克		
9617	**带壳的保温瓶和其他真空容器及其零件,但玻璃瓶胆除外:**							
96170011	----玻璃内胆制							
9617001100	玻璃内胆制保温瓶(玻璃胆除外)〔999〕	8	130	13		个/千克		
96170019	----其他							
9617001900	其他保温瓶(玻璃胆除外)〔999〕	8	130	13		个/千克		
96170090	---其他							
9617009000	其他真空容器及零件(包括保温瓶的零件)(玻璃胆除外)〔999〕	8	130	13		千克		
9618	**裁缝用人体模型及其他人体活动模型;橱窗装饰用的自动模型及其他活动陈列品:**							
96180000	裁缝用人体模型及其他人体活动模型;橱窗装饰用的自动模型及其他活动陈列品							
9618000010	用植物性材料制作的人体模型〔999〕	10	80	13		千克	AB	P/Q
9618000090	裁缝用其他人体模型(包括橱窗装饰用的自动模型及其他活动陈列品)〔101 含木制品〕,〔102 不含木制品〕	10	80	13		千克		
9619	**任何材料制的卫生巾(护垫)及卫生棉条、婴儿尿布及尿布衬里和类似品:**							

智利	新西兰	澳大利亚	瑞士	冰岛	秘鲁	哥斯达	东盟	亚太	新加坡	巴基斯坦	港/澳/台	韩国	格鲁吉亚	毛里求斯	亚太	老/柬/缅	LDC 97/95	对美税率	出口税率	出口退税率	Article Description
协定税率(%)															特惠税率(%)						
																		35	0		
0	0	0	5	0	0	0	0		0	25	0/0/	16.2	0	20			0/0			13	-Other lighters
																		20	0		
0	0	0	5	0	0	0	0		0	25	0/0/	16.2	0	20			0/0			13	-Parts
																		20	0		
																					Smoking pipes (including pipe bowls) and cigar or cigarette holders, and parts thereof:
0	0	0	5	0	0	0	0		0	25	0/0/		0	20			0/0				---Pipes and pipe bowls
																		35	0	0	
																		35	0	13	
																		35	0	13	
0	0	0	5	0	0	0			0	25	0/0/		0	20			0/0				---Other
																		35	0	0	
																		35	0	13	
																					Combs, hair-slides and the like; hair-pins, curling pins, curling grips, hair-curlers and the like, other than those of heading 85.16, and parts thereof:
0	0	0	3.6	0	0	0	0	3.9	0	11.5	0/0/	5.4	0	0			0/0			13	--Of hard rubber or plastics
																		26	0		
0	0	0	3.6	0	0	0	0		0	18	0/0/	5.4	0	0			0/0				--Other
																		26	0	0	
																		26	0	13	
0	0	0	3.6	0	0	0	0	3.9	0	11.5	0/0/	5.4	0	0			0/0			13	-Other
																		26	0		
																					Scent sprays and similar toilet sprays, and mounts and heads thereof; powder puffs and pads for the application of cosmetics or toilet preparations:
0	0	0	3.6	0	0	0	0	3.9	0	11.5	0/0/	5.4	0	0			0/0			13	-Scent sprays and similar toilet sprays, and mounts and heads thereof
																		26	0		
0	0	0	3.6	0	0	0	0	3.9	0	11.5	0/0/	5.4	0	0			0/0			13	-Powder puffs and pads for the application of cosmetics or toilet preparations
																		26	0		
																					Vacuum flasks and other vacuum vessels, complete with cases; parts therof other than glass inners:
0	0	0	4.8	0	0	0	0		0	24	0/0/	15.6	0	19.2			0/0			13	----Of glass internal liner
																		28	0		
0	0	0	4.8	0	0	0	0		0	24	0/0/	15.6	0	19.2			0/0			13	----Other
																		28	0		
0	0	0	3.6	0	0	0	0		0	18	0/0/	5.4	0	0			0/0			13	---Other
																		28	0		
																					Tailors' dummies and other lay figures; automata and other animated displays used for shop window dressing:
0	0	0	4.2	0	0	0	0		0	21	0/0/	13.6	0	0			0/0			13	Tailors' dummies and other lay figures; automata and other animated displays used for shop window dressing
																		30	0		
																		30	0		
																					Sanitary towels (pads) and tampons, napkins and napkin liners for babies and similar articles, of any material:

商品编号	商品名称及备注[检验检疫编码及名称]	进口关税(%) 最惠国	进口关税(%) 普通	增值税率(%)	消费税	计量单位	监管条件	检验检疫类别
96190011	----供婴儿使用的							
9619001100暂0	供婴儿使用的尿裤及尿布〔999〕	4	80	13		千克	A	M/
96190019	----其他							
9619001900暂0	其他尿裤及尿布〔999〕	4	80	13		千克	A	M/
96190020	---卫生巾(护垫)及卫生棉条							
9619002000	卫生巾(护垫)及卫生棉条〔999〕	4	80	13		千克	A	M/
96190090	---其他							
9619009000	尿布衬里及本品目商品的类似品〔999〕	6	80	13		千克	A	M/
9620	**独脚架、双脚架、三脚架及类似品:**							
96200000	独脚架、双脚架、三脚架及类似品							
9620000000	独脚架、双脚架、三脚架及类似品〔999〕	8	80	13		千克		

协定税率(%)															特惠税率(%)			对美税率	出口税率	出口退税率	Article Description
智利	新西兰	澳大利亚	瑞士	冰岛	秘鲁	哥斯达	东盟	亚太	新加坡	巴基斯坦	港/澳/台	韩国	格鲁吉亚	毛里求斯	亚太	老/柬/缅	LDC 97/95				
0	0	0					0			0	0/0/0		0	0			0/0			13	----For babies
																		10	0		
0	0	0					0			0	0/0/0		0	0			0/0			13	----Other
																		10	0		
0	0	0	0	0	0	0	0			6	0/0/0	3	0	0			0/0			13	---Sanitary towels (pads) and tampons
																		14	0		
0	0	0	2.8	0	0	0	0	3.9	0	6	0/0/0	4.2	0	0			0/0			13	---Other
																		16	0		
																					Monopods, bipods, tripods and similar articles:
		0	0	0	0	0				0	0/0/	0	0	0			0/0				Monopods, bipods, tripods and similar articles
																		33	0	0	

第二十一类
艺术品、收藏品及古物

第九十七章
艺术品、收藏品及古物

注释：

一、本章不包括：

（一）品目 49.07 的未经使用的邮票、印花税票、邮政信笺（印有邮票的纸品）及类似的票证；

（二）作舞台、摄影的布景及类似用途的已绘制画布（品目 59.07），但可归入品目 97.06 的除外；或

（三）天然或养殖珍珠、宝石或半宝石（品目 71.01 至 71.03）。

二、品目 97.02 所称"雕版画、印制画、石印画的原本"，是指以艺术家完全手工制作的单块或数块印版直接印制出来的黑白或彩色原本，不论艺术家使用何种方法或材料，但不包括使用机器或照相制版方法制作的。

三、品目 97.03 不适用于成批生产的复制品及具有商业性质的传统手工艺品，即使这些物品是艺术家设计或创造的。

四、（一）除上述注释一至三另有规定的以外，可归入本章各税号的物品，均应归入本章的相应税号而不归入本协调制度的其他税号；

（二）品目 97.06 不适用于可以归入本章其他各税号的物品。

五、已装框的油画、粉画及其他绘画、版画、拼贴画及类似装饰板，如果框架的种类及价值与作品相称，应与作品一并归类。如果框架的种类及价值与作品不相称，应分别归类。

商品编号	商品名称及备注[检验检疫编码及名称]	进口关税(%)		增值税率(%)	消费税	计量单位	监管条件	检验检疫类别
		最惠国	普通					
9701	**油画、粉画及其他手绘画，但带有手工绘制及手工描饰的制品或品目 49.06 的图纸除外；拼贴画及类似装饰板：**							
97011011	----唐卡							
9701101100	唐卡原件（但带有手工绘制及手工描饰的制品或品目 49.06 的图纸除外）〔999〕	6	50	13		幅/千克		
97011019	----其他							
9701101900	其他手绘油画、粉画及其他画的原件（但带有手工绘制及手工描饰的制品或品目 49.06 的图纸除外）〔999〕	1	50	13		幅/千克		
97011020	---复制品							
9701102000	手绘油画、粉画及其他画的复制品（但手工绘制及手工描饰的制品或品目 49.06 的图纸除外）〔999〕	6	50	13		幅/千克		
97019000	-其他							
9701900010	含濒危动物成分的拼贴画（包括类似装饰板，指一切源自濒危动物的产品）〔999〕	6	50	13		千克	ABFE	P/Q
9701900020	用其他动植物材料制作的拼贴画（包括类似装饰板，指一切源自野生动物的产品）〔999〕	6	50	13		千克	AB	P/Q
9701900090	其他拼贴画及类似装饰板〔999〕	6	50	13		千克		
9702	**雕版画、印制画、石印画的原本：**							
97020000	雕版画、印制画、石印画的原本							
9702000000	雕版画、印制画、石印画的原本〔999〕	1	50	13		幅/千克		
9703	**各种材料制的雕塑品原件：**							
97030000	各种材料制的雕塑品原件							
9703000010	濒危动植物材料制的雕塑品原件（指一切源自濒危动植物的产品）〔999〕	1	50	13		幅/千克	FE	
9703000090	其他各种材料制的雕塑品原件〔999〕	1	50	13		幅/千克		
9704	**使用过或未使用过的邮票、印花税票、邮戳印记、首日封、邮政信笺（印有邮票的纸品）及类似品，但品目 49.07 的货品除外：**							
97040010	---邮票							
9704001000	邮票（指使用过的或虽未使用过但不是指运国流通及新发行的）〔999〕	4	50	13		千克		

SECTION XXI
WORKS OF ART, COLLECTORS' PIECES AND ANTIQUES

Chapter 97
Works of art, collectors' pieces and antiques

Chapter Notes:

1. This Chapter does not cover:
   (a) Unused postage or revenue stamps, postal stationery (stamped paper) or the like, of heading 49.07;
   (b) Theatrical scenery, studio back-cloths or the like, of painted canvas (heading 59.07) except if they may be classified in heading 97.06; or
   (c) Pearls, natural or cultured, or precious or semi-precious stones (headings 71.01 to 71.03).

2. For the purposes of heading 97.02, the expression "original engravings, prints and lithographs" means impressions produced directly, in black and white or in colour, of one or of several plates wholly executed by hand by the artist, irrespective of the process or of the material employed by him, but not including any mechanical or photomechanical process.

3. Heading 97.03 does not apply to mass-produced reproductions or works of conventional craftsmanship of a commercial character, even if these articles are designed or created by artists.

4. (a) Subject to Notes 1 to 3 above, articles of this Chapter are to be classified in this Chapter and not in any other Chapter of the Nomenclature.
   (b) Heading 97.06 does not apply to articles of the preceding headings of this Chapter.

5. Frames around paintings, drawings, pastels, collages or similar decorative plaques, engravings, prints or lithographs are to be classified with those articles, provided they are of a kind and of a value normal to those articles. Frames which are not of a kind or of a value normal to the articles referred to in this Note are to be classified separately.

协定税率(%)															特惠税率(%)			对美税率	出口税率	出口退税率	Article Description
智利	新西兰	澳大利亚	瑞士	冰岛	秘鲁	哥斯达	东盟	亚太	新加坡	巴基斯坦	港/澳/台	韩国	格鲁吉亚	毛里求斯	亚太	老/柬/缅	LDC 97/95				
																					Paintings, drawings and pastels, executed entirely by hand, other than drawings of heading 49.06 and other than hand-painted or hand-decorated manufactured articles; collages and similar decorative plaques:
0	0	0	2.4	0	0	0	0		0	4.8	0/0/	3.6	0	0			0/0			0	----Thangkas
																			0		
0	0	0	1	0	0	0	0		0	4.8	0/0/	3.6	0	0			0/0			0	----Other
																		21	0		
0	0	0	2.8	0	0	0	0		0	9	0/0/	4.2	0	0			0/0			0	---Reproductions
																		16	0		
0	0	0	2.8	0	0	0	0		0	9	0/0/	4.2	0	0			0/0				-Other
																		16	0	0	
																		16	0	0	
																		16	0	0	
																					Original engravings, prints and lithographs:
0	0	0	1	0	0	0	0		0	4.8	0/0/	3.6	0	0			0/0			0	Original engravings, prints and lithographs
																		11	0		
																					Original sculptures and statuary, in any material:
0	0	0	1	0	0	0	0		0	4.8	0/0/	3.6	0	9.6			0/0				Original sculptures and statuary, in any material
																		21	0	0	
																		21	0	0	
																					Postage or revenue stamps, stamp-postmarks, first-day covers, postal stationery (stamped paper), and the like, used or unused, other than those of heading 49.07:
0	0	0	0	0	0	0	0			3	0/0/	0	0	0			0/0			0	---Postage
																		29	0		

商品编号	商品名称及备注[检验检疫编码及名称]	进口关税(%) 最惠国	进口关税(%) 普通	增值税率(%)	消费税	计量单位	监管条件	检验检疫类别
97040090	---其他							
9704009000	印花税票及类似票证等(指使用过的或虽未使用过但不是指运国流通及新发行的)〔999〕	6	50	13		千克		
9705	**具有动物学、植物学、矿物学、解剖学、历史学、考古学、古生物学、人种学或钱币学意义的收集品及珍藏品:**							
97050000	具有动物学、植物学、矿物学、解剖学、历史学、考古学、古生物学、人种学或钱币学意义的收集品及珍藏品							
9705000010	含濒危动植物的收藏品(具有动植物学意义的)〔101 植物标本〕,〔999 收集品及珍藏品〕	0	0	13		千克	ABFE	P/Q
9705000020	古生物化石〔999〕	0	0	13		千克	ABz	P/Q
9705000030	有矿物学研究价值、可供收集和珍藏的钟乳石〔999〕	0	0	13		千克	ABu	P/Q
9705000040	含有人类遗传资源的组织标本、手术样本〔999〕	0	0	13		千克	ABV	V/W
9705000090	具有动、植、矿物学意义的收藏品(还包括具有解剖、历史、考古、古生物学意义的收藏品)〔101 植物标本〕,〔999〕	0	0	13		千克	AB	P/Q
9706	**超过 100 年的古物:**							
97060000	超过 100 年的古物							
9706000010	超过一百年的濒危野生动植古物(具收藏或文史价值的)〔101 植物标本〕,〔999 超过 100 年的古物〕	0	0	13		千克	ABFE	P/Q
9706000090	其他超过一百年的古物〔999〕	0	0	13		千克		

协定税率(%)															特惠税率(%)			对美税率	出口税率	出口退税率	Article Description
智利	新西兰	澳大利亚	瑞士	冰岛	秘鲁	哥斯达	东盟	亚太	新加坡	巴基斯坦	港/澳/台	韩国	格鲁吉亚	毛里求斯	亚太	老/柬/缅	LDC 97/95				
0	0	0	2.8	0	0	0	0		0	5.6	0/0/	4.2	2.8	0			0/0			0	---Other
																			0		
																					Collections and collectors' pieces of zoological, botanical, mineralogical, anatomical, historical, archaeological, palaeontological, ethnographic or numismatic interest:
																	0/0			0	Collections and collectors' pieces of zoological, botanical, mineralogical, anatomical, historical, archaeological, palaeontological, ethnographic or numismatic interest
																		10	0		
																		10	0		
																		10	0		
																		10	0		
																		10	0		
																					Antiques of an age exceeding one hundred years:
																	0/0			0	Antiques of an age exceeding one hundred years
																		20	0		
																		20	0		

第二十二类　特殊交易品及未分类商品

第九十八章　特殊交易品及未分类商品

商品编号	商品名称及备注[检验检疫编码及名称]	进口关税(%)		增值税率(%)	消费税	计量单位	监管条件	检验检疫类别
		最惠国	普通					
9801001000	≤2000 元 RMB 的非税,非证进口商品〔999〕	0	0	0		千克		
9801009000	其他未分类商品①	0	0	0		千克		
9801301000	流通中的人民币现钞(包括纸币及硬币)〔999〕	0	0	0		千克	m	
9801309000	流通中的外币现钞(包括纸币及硬币)〔999〕	0	0	0		千克		
9803001000	定制型系统软件(指构成计算机系统或其他数字计算装置运行环境,平台的操作系统软件,支持应用软件运行)〔999〕	0	0	0		套		
9803002000	定制型支撑软件(指在操作系统软件和应用软件之间,提供应用软件设计、系统测试运行等辅助功能的软件)〔999〕	0	0	0		套		
9803003000	定制型应用软件〔999〕	0	0	0		套		
9803009000	其他定制型软件〔999〕	0	0	0		套		

① 〔101 植物真菌〕,〔102 植物线虫〕,〔103 其他植物病原体〕,〔104 杂草〕,〔105 螨类〕,〔106 多足虫类动物〕,〔107 其他植物有害生物〕,〔108 土壤〕,〔109 科研用试剂和其他材料〕,〔110 其他植物检疫类特殊物品〕,〔401 含《人间传染的病原微生物名录》内一类病原微生物的人体体液、分泌物、排泄物(粪肥除外)〕,〔402 含《人间传染的病原微生物名录》内二类病原微生物的人体体液、分泌物、排泄物(粪肥除外)〕,〔403 含《人间传染的病原微生物名录》内三类病原微生物的人体体液、分泌物、排泄物(粪肥除外)〕,〔404 含《人间传染的病原微生物名录》内四类病原微生物的人体体液、分泌物、排泄物(粪肥除外)〕,〔405 含《人间传染的病原微生物名录》内含新发传染病或名录外再现传染病病原微生物的人体体液、分泌物、排泄物(粪肥除外)〕,〔406 含寄生虫的人体体液、分泌物、排泄物(粪肥除外)〕,〔407 活体人体寄生虫〕,〔408 非活体寄生虫标本〕,〔999 单项记录价值≤2000RMB 的非税、证进口商品〕

SECTION XXⅡ ARTICLES OF SPECIAL TRADE AND GOOD UNCLASSIFIED

Chapter 98 Articles of Special Trade and Good Unclassified

协定税率(%)														特惠税率(%)			对美税率	出口税率	出口退税率	Article Description
智利	新西兰	澳大利亚	瑞士	冰岛	秘鲁	哥斯达	东盟	亚太	新加坡	巴基斯坦	港/澳/台	韩国	格鲁吉亚	毛里求斯	亚太	老/柬/缅	LDC 97/95				
																		0		
																		0	9	
																		0		
																		0		
																		0		
																		0		
																		0		
																		0		

附　表

附表 1　进口附加税率表(反倾销、反补贴措施)

商品编号	原产国(地区)	原产厂商中文名称	原产厂商英文名称	税种代码①	税率(%)	起始日期	截止日期
0207110000	410		ADORO S/A	I	20.2	2019-2-17	2024-2-16
0207110000	410		AGRODANIELI INDUSTRIA E COMERCIO LTDA.	I	20.2	2019-2-17	2024-2-16
0207110000	410		AGROSUL AGROAVICOLA INDUSTRIAL, S. A	I	20.2	2019-2-17	2024-2-16
0207110000	410		AVENORTE AVICOLA CIANORTE LTDA.	I	20.2	2019-2-17	2024-2-16
0207110000	410		All others	I	32.4	2019-2-17	2024-2-16
0207110000	410		BELLO ALIMENTOS LTDA.	I	20.2	2019-2-17	2024-2-16
0207110000	410		BONASA ALIMENTOS SA	I	20.2	2019-2-17	2024-2-16
0207110000	410		BRF S. A. SHB COMERCIO E INDUSTRIA DE ALIMENTOS S. A. COMPANHIA MINUANO DE ALIMENTOS	I	25.8	2019-2-17	2024-2-16
0207110000	410		C. Vale - Cooperativa Agroindustrial	I	32.4	2019-2-17	2024-2-16
0207110000	410		COASUL COOPERATIVA AGROINDUSTRIAL	I	20.2	2019-2-17	2024-2-16
0207110000	410		COOPAVEL COOPERATIVA AGROINDUSTRIAL	I	20.2	2019-2-17	2024-2-16
0207110000	410		COOPERATIVA AGROINDUSTRIAL COPAGRIL	I	20.2	2019-2-17	2024-2-16
0207110000	410		COOPERATIVA LANGUIRU LTDA	I	20.2	2019-2-17	2024-2-16
0207110000	410		Cooperativa Central Aurora Alimentos	I	20.2	2019-2-17	2024-2-16
0207110000	410		Copacol - Cooperativa Agroindustrial Consolata	I	20.2	2019-2-17	2024-2-16
0207110000	410		FLAMBOIA ALIMENTOS LTDA	I	20.2	2019-2-17	2024-2-16
0207110000	410		FRIGORIFICO NOVA ARACA LTDA	I	20.2	2019-2-17	2024-2-16
0207110000	410		GONCALVES & TORTOLA S/A	I	20.2	2019-2-17	2024-2-16
0207110000	410		KAEFER AGRO INDUSTRIAL LTDA	I	20.2	2019-2-17	2024-2-16
0207110000	410		LAR COOPERATIVA AGROINDUSTRIAL	I	20.2	2019-2-17	2024-2-16
0207110000	410		RIO BRANCO ALIMENTOS S. A.	I	20.2	2019-2-17	2024-2-16
0207110000	410		RIVELLI ALIMENTOS S/A	I	20.2	2019-2-17	2024-2-16
0207110000	410		SEARA ALIMENTOS LTDA JBS AVES LTDA AGRICOLA JANDELLE S/A SEARA COMERCIO DE ALIMENTOS LTDA	I	17.8	2019-2-17	2024-2-16
0207110000	410		Sao Salvador Alimentos S/A	I	20.2	2019-2-17	2024-2-16
0207110000	410		VIBRA AGROINDUSTRIAL S/A	I	20.2	2019-2-17	2024-2-16
0207110000	410		VOSSKO DO BRASIL ALIMENTOS CONGELADOS LTDA	I	20.2	2019-2-17	2024-2-16
0207110000	410		ZANCHETTA ALIMENTOS LTDA	I	20.2	2019-2-17	2024-2-16
0207110000	701	国(地)别不详		I	32.4	2019-2-17	2024-2-16
0207120000	410		ADORO S/A	I	20.2	2019-2-17	2024-2-16
0207120000	410		AGRODANIELI INDUSTRIA E COMERCIO LTDA.	I	20.2	2019-2-17	2024-2-16
0207120000	410		AGROSUL AGROAVICOLA INDUSTRIAL, S. A	I	20.2	2019-2-17	2024-2-16
0207120000	410		AVENORTE AVICOLA CIANORTE LTDA.	I	20.2	2019-2-17	2024-2-16
0207120000	410		All others	I	32.4	2019-2-17	2024-2-16
0207120000	410		BELLO ALIMENTOS LTDA.	I	20.2	2019-2-17	2024-2-16
0207120000	410		BONASA ALIMENTOS SA	I	20.2	2019-2-17	2024-2-16
0207120000	410		BRF S. A. SHB COMERCIO E INDUSTRIA DE ALIMENTOS S. A. COMPANHIA MINUANO DE ALIMENTOS	I	25.8	2019-2-17	2024-2-16
0207120000	410		C. Vale - Cooperativa Agroindustrial	I	32.4	2019-2-17	2024-2-16

①"I"代表反倾销税,"T"代表反倾销保证金,"J"代表反补贴税,"U"代表反补贴保证金,"A"代表保障措施关税,"O"代表进口废弃电器电子产品处理基金。

商品编号	原产国(地区)	原产厂商中文名称	原产厂商英文名称	税种代码	税率(%)	起始日期	截止日期
0207120000	410		COASUL COOPERATIVA AGROINDUSTRIAL	I	20.2	2019-2-17	2024-2-16
0207120000	410		COOPAVEL COOPERATIVA AGROINDUSTRIAL	I	20.2	2019-2-17	2024-2-16
0207120000	410		COOPERATIVA AGROINDUSTRIAL COPAGRIL	I	20.2	2019-2-17	2024-2-16
0207120000	410		COOPERATIVA LANGUIRU LTDA	I	20.2	2019-2-17	2024-2-16
0207120000	410		Cooperativa Central Aurora Alimentos	I	20.2	2019-2-17	2024-2-16
0207120000	410		Copacol - Cooperativa Agroindustrial Consolata	I	20.2	2019-2-17	2024-2-16
0207120000	410		FLAMBOIA ALIMENTOS LTDA	I	20.2	2019-2-17	2024-2-16
0207120000	410		FRIGORIFICO NOVA ARACA LTDA	I	20.2	2019-2-17	2024-2-16
0207120000	410		GONCALVES & TORTOLA S/A	I	20.2	2019-2-17	2024-2-16
0207120000	410		KAEFER AGRO INDUSTRIAL LTDA	I	20.2	2019-2-17	2024-2-16
0207120000	410		LAR COOPERATIVA AGROINDUSTRIAL	I	20.2	2019-2-17	2024-2-16
0207120000	410		RIO BRANCO ALIMENTOS S. A.	I	20.2	2019-2-17	2024-2-16
0207120000	410		RIVELLI ALIMENTOS S/A	I	20.2	2019-2-17	2024-2-16
0207120000	410		SEARA ALIMENTOS LTDA JBS AVES LTDA AGRICOLA JANDELLE S/A SEARA COMERCIO DE ALIMENTOS LTDA	I	17.8	2019-2-17	2024-2-16
0207120000	410		Sao Salvador Alimentos S/A	I	20.2	2019-2-17	2024-2-16
0207120000	410		VIBRA AGROINDUSTRIAL S/A	I	20.2	2019-2-17	2024-2-16
0207120000	410		VOSSKO DO BRASIL ALIMENTOS CONGELADOS LTDA	I	20.2	2019-2-17	2024-2-16
0207120000	410		ZANCHETTA ALIMENTOS LTDA	I	20.2	2019-2-17	2024-2-16
0207120000	701	国(地)别不详		I	32.4	2019-2-17	2024-2-16
0207131100	410		ADORO S/A	I	20.2	2019-2-17	2024-2-16
0207131100	410		AGRODANIELI INDUSTRIA E COMERCIO LTDA.	I	20.2	2019-2-17	2024-2-16
0207131100	410		AGROSUL AGROAVICOLA INDUSTRIAL, S. A	I	20.2	2019-2-17	2024-2-16
0207131100	410		AVENORTE AVICOLA CIANORTE LTDA.	I	20.2	2019-2-17	2024-2-16
0207131100	410		All others	I	32.4	2019-2-17	2024-2-16
0207131100	410		BELLO ALIMENTOS LTDA.	I	20.2	2019-2-17	2024-2-16
0207131100	410		BONASA ALIMENTOS SA	I	20.2	2019-2-17	2024-2-16
0207131100	410		BRF S. A. SHB COMERCIO E INDUSTRIA DE ALIMENTOS S. A. COMPANHIA MINUANO DE ALIMENTOS	I	25.8	2019-2-17	2024-2-16
0207131100	410		C. Vale - Cooperativa Agroindustrial	I	32.4	2019-2-17	2024-2-16
0207131100	410		COASUL COOPERATIVA AGROINDUSTRIAL	I	20.2	2019-2-17	2024-2-16
0207131100	410		COOPAVEL COOPERATIVA AGROINDUSTRIAL	I	20.2	2019-2-17	2024-2-16
0207131100	410		COOPERATIVA AGROINDUSTRIAL COPAGRIL	I	20.2	2019-2-17	2024-2-16
0207131100	410		COOPERATIVA LANGUIRU LTDA	I	20.2	2019-2-17	2024-2-16
0207131100	410		Cooperativa Central Aurora Alimentos	I	20.2	2019-2-17	2024-2-16
0207131100	410		Copacol - Cooperativa Agroindustrial Consolata	I	20.2	2019-2-17	2024-2-16
0207131100	410		FLAMBOIA ALIMENTOS LTDA	I	20.2	2019-2-17	2024-2-16
0207131100	410		FRIGORIFICO NOVA ARACA LTDA	I	20.2	2019-2-17	2024-2-16
0207131100	410		GONCALVES & TORTOLA S/A	I	20.2	2019-2-17	2024-2-16
0207131100	410		KAEFER AGRO INDUSTRIAL LTDA	I	20.2	2019-2-17	2024-2-16
0207131100	410		LAR COOPERATIVA AGROINDUSTRIAL	I	20.2	2019-2-17	2024-2-16
0207131100	410		RIO BRANCO ALIMENTOS S. A.	I	20.2	2019-2-17	2024-2-16
0207131100	410		RIVELLI ALIMENTOS S/A	I	20.2	2019-2-17	2024-2-16
0207131100	410		SEARA ALIMENTOS LTDA JBS AVES LTDA AGRICOLA JANDELLE S/A SEARA COMERCIO DE ALIMENTOS LTDA	I	17.8	2019-2-17	2024-2-16
0207131100	410		Sao Salvador Alimentos S/A	I	20.2	2019-2-17	2024-2-16
0207131100	410		VIBRA AGROINDUSTRIAL S/A	I	20.2	2019-2-17	2024-2-16
0207131100	410		VOSSKO DO BRASIL ALIMENTOS CONGELADOS LTDA	I	20.2	2019-2-17	2024-2-16
0207131100	410		ZANCHETTA ALIMENTOS LTDA	I	20.2	2019-2-17	2024-2-16
0207131100	701	国(地)别不详		I	32.4	2019-2-17	2024-2-16
0207131900	410		ADORO S/A	I	20.2	2019-2-17	2024-2-16
0207131900	410		AGRODANIELI INDUSTRIA E COMERCIO LTDA.	I	20.2	2019-2-17	2024-2-16
0207131900	410		AGROSUL AGROAVICOLA INDUSTRIAL, S. A	I	20.2	2019-2-17	2024-2-16
0207131900	410		AVENORTE AVICOLA CIANORTE LTDA.	I	20.2	2019-2-17	2024-2-16

商品编号	原产国（地区）	原产厂商中文名称	原产厂商英文名称	税种代码	税率（%）	起始日期	截止日期
0207131900	410		All others	I	32.4	2019-2-17	2024-2-16
0207131900	410		BELLO ALIMENTOS LTDA.	I	20.2	2019-2-17	2024-2-16
0207131900	410		BONASA ALIMENTOS SA	I	20.2	2019-2-17	2024-2-16
0207131900	410		BRF S. A. SHB COMERCIO E INDUSTRIA DE ALIMENTOS S. A. COMPANHIA MINUANO DE ALIMENTOS	I	25.8	2019-2-17	2024-2-16
0207131900	410		C. Vale – Cooperativa Agroindustrial	I	32.4	2019-2-17	2024-2-16
0207131900	410		COASUL COOPERATIVA AGROINDUSTRIAL	I	20.2	2019-2-17	2024-2-16
0207131900	410		COOPAVEL COOPERATIVA AGROINDUSTRIAL	I	20.2	2019-2-17	2024-2-16
0207131900	410		COOPERATIVA AGROINDUSTRIAL COPAGRIL	I	20.2	2019-2-17	2024-2-16
0207131900	410		COOPERATIVA LANGUIRU LTDA	I	20.2	2019-2-17	2024-2-16
0207131900	410		Cooperativa Central Aurora Alimentos	I	20.2	2019-2-17	2024-2-16
0207131900	410		Copacol – Cooperativa Agroindustrial Consolata	I	20.2	2019-2-17	2024-2-16
0207131900	410		FLAMBOIA ALIMENTOS LTDA	I	20.2	2019-2-17	2024-2-16
0207131900	410		FRIGORIFICO NOVA ARACA LTDA	I	20.2	2019-2-17	2024-2-16
0207131900	410		GONCALVES & TORTOLA S/A	I	20.2	2019-2-17	2024-2-16
0207131900	410		KAEFER AGRO INDUSTRIAL LTDA	I	20.2	2019-2-17	2024-2-16
0207131900	410		LAR COOPERATIVA AGROINDUSTRIAL	I	20.2	2019-2-17	2024-2-16
0207131900	410		RIO BRANCO ALIMENTOS S. A.	I	20.2	2019-2-17	2024-2-16
0207131900	410		RIVELLI ALIMENTOS S/A	I	20.2	2019-2-17	2024-2-16
0207131900	410		SEARA ALIMENTOS LTDA JBS AVES LTDA AGRICOLA JANDELLE S/A SEARA COMERCIO DE ALIMENTOS LTDA	I	17.8	2019-2-17	2024-2-16
0207131900	410		Sao Salvador Alimentos S/A	I	20.2	2019-2-17	2024-2-16
0207131900	410		VIBRA AGROINDUSTRIAL S/A	I	20.2	2019-2-17	2024-2-16
0207131900	410		VOSSKO DO BRASIL ALIMENTOS CONGELADOS LTDA	I	20.2	2019-2-17	2024-2-16
0207131900	410		ZANCHETTA ALIMENTOS LTDA	I	20.2	2019-2-17	2024-2-16
0207131900	701	国（地）别不详		I	32.4	2019-2-17	2024-2-16
0207132101	410		ADORO S/A	I	20.2	2019-2-17	2024-2-16
0207132101	410		AGRODANIELI INDUSTRIA E COMERCIO LTDA.	I	20.2	2019-2-17	2024-2-16
0207132101	410		AGROSUL AGROAVICOLA INDUSTRIAL, S. A	I	20.2	2019-2-17	2024-2-16
0207132101	410		AVENORTE AVICOLA CIANORTE LTDA.	I	20.2	2019-2-17	2024-2-16
0207132101	410		All others	I	32.4	2019-2-17	2024-2-16
0207132101	410		BELLO ALIMENTOS LTDA.	I	20.2	2019-2-17	2024-2-16
0207132101	410		BONASA ALIMENTOS SA	I	20.2	2019-2-17	2024-2-16
0207132101	410		BRF S. A. SHB COMERCIO E INDUSTRIA DE ALIMENTOS S. A. COMPANHIA MINUANO DE ALIMENTOS	I	25.8	2019-2-17	2024-2-16
0207132101	410		C. Vale – Cooperativa Agroindustrial	I	32.4	2019-2-17	2024-2-16
0207132101	410		COASUL COOPERATIVA AGROINDUSTRIAL	I	20.2	2019-2-17	2024-2-16
0207132101	410		COOPAVEL COOPERATIVA AGROINDUSTRIAL	I	20.2	2019-2-17	2024-2-16
0207132101	410		COOPERATIVA AGROINDUSTRIAL COPAGRIL	I	20.2	2019-2-17	2024-2-16
0207132101	410		COOPERATIVA LANGUIRU LTDA	I	20.2	2019-2-17	2024-2-16
0207132101	410		Cooperativa Central Aurora Alimentos	I	20.2	2019-2-17	2024-2-16
0207132101	410		Copacol – Cooperativa Agroindustrial Consolata	I	20.2	2019-2-17	2024-2-16
0207132101	410		FLAMBOIA ALIMENTOS LTDA	I	20.2	2019-2-17	2024-2-16
0207132101	410		FRIGORIFICO NOVA ARACA LTDA	I	20.2	2019-2-17	2024-2-16
0207132101	410		GONCALVES & TORTOLA S/A	I	20.2	2019-2-17	2024-2-16
0207132101	410		KAEFER AGRO INDUSTRIAL LTDA	I	20.2	2019-2-17	2024-2-16
0207132101	410		LAR COOPERATIVA AGROINDUSTRIAL	I	20.2	2019-2-17	2024-2-16
0207132101	410		RIO BRANCO ALIMENTOS S. A.	I	20.2	2019-2-17	2024-2-16
0207132101	410		RIVELLI ALIMENTOS S/A	I	20.2	2019-2-17	2024-2-16
0207132101	410		SEARA ALIMENTOS LTDA JBS AVES LTDA AGRICOLA JANDELLE S/A SEARA COMERCIO DE ALIMENTOS LTDA	I	17.8	2019-2-17	2024-2-16
0207132101	410		Sao Salvador Alimentos S/A	I	20.2	2019-2-17	2024-2-16
0207132101	410		VIBRA AGROINDUSTRIAL S/A	I	20.2	2019-2-17	2024-2-16

商品编号	原产国(地区)	原产厂商中文名称	原产厂商英文名称	税种代码	税率(%)	起始日期	截止日期
0207132101	410		VOSSKO DO BRASIL ALIMENTOS CONGELADOS LTDA	I	20.2	2019-2-17	2024-2-16
0207132101	410		ZANCHETTA ALIMENTOS LTDA	I	20.2	2019-2-17	2024-2-16
0207132101	701	国(地)别不详		I	32.4	2019-2-17	2024-2-16
0207132102	410		ADORO S/A	I	20.2	2019-2-17	2024-2-16
0207132102	410		AGRODANIELI INDUSTRIA E COMERCIO LTDA.	I	20.2	2019-2-17	2024-2-16
0207132102	410		AGROSUL AGROAVICOLA INDUSTRIAL, S. A	I	20.2	2019-2-17	2024-2-16
0207132102	410		AVENORTE AVICOLA CIANORTE LTDA.	I	20.2	2019-2-17	2024-2-16
0207132102	410		All others	I	32.4	2019-2-17	2024-2-16
0207132102	410		BELLO ALIMENTOS LTDA.	I	20.2	2019-2-17	2024-2-16
0207132102	410		BONASA ALIMENTOS SA	I	20.2	2019-2-17	2024-2-16
0207132102	410		BRF S. A. SHB COMERCIO E INDUSTRIA DE ALIMENTOS S. A. COMPANHIA MINUANO DE ALIMENTOS	I	25.8	2019-2-17	2024-2-16
0207132102	410		C. Vale - Cooperativa Agroindustrial	I	32.4	2019-2-17	2024-2-16
0207132102	410		COASUL COOPERATIVA AGROINDUSTRIAL	I	20.2	2019-2-17	2024-2-16
0207132102	410		COOPAVEL COOPERATIVA AGROINDUSTRIAL	I	20.2	2019-2-17	2024-2-16
0207132102	410		COOPERATIVA AGROINDUSTRIAL COPAGRIL	I	20.2	2019-2-17	2024-2-16
0207132102	410		COOPERATIVA LANGUIRU LTDA	I	20.2	2019-2-17	2024-2-16
0207132102	410		Cooperativa Central Aurora Alimentos	I	20.2	2019-2-17	2024-2-16
0207132102	410		Copacol - Cooperativa Agroindustrial Consolata	I	20.2	2019-2-17	2024-2-16
0207132102	410		FLAMBOIA ALIMENTOS LTDA	I	20.2	2019-2-17	2024-2-16
0207132102	410		FRIGORIFICO NOVA ARACA LTDA	I	20.2	2019-2-17	2024-2-16
0207132102	410		GONCALVES & TORTOLA S/A	I	20.2	2019-2-17	2024-2-16
0207132102	410		KAEFER AGRO INDUSTRIAL LTDA	I	20.2	2019-2-17	2024-2-16
0207132102	410		LAR COOPERATIVA AGROINDUSTRIAL	I	20.2	2019-2-17	2024-2-16
0207132102	410		RIO BRANCO ALIMENTOS S. A.	I	20.2	2019-2-17	2024-2-16
0207132102	410		RIVELLI ALIMENTOS S/A	I	20.2	2019-2-17	2024-2-16
0207132102	410		SEARA ALIMENTOS LTDA JBS AVES LTDA AGRICOLA JANDELLE S/A SEARA COMERCIO DE ALIMENTOS LTDA	I	17.8	2019-2-17	2024-2-16
0207132102	410		Sao Salvador Alimentos S/A	I	20.2	2019-2-17	2024-2-16
0207132102	410		VIBRA AGROINDUSTRIAL S/A	I	20.2	2019-2-17	2024-2-16
0207132102	410		VOSSKO DO BRASIL ALIMENTOS CONGELADOS LTDA	I	20.2	2019-2-17	2024-2-16
0207132102	410		ZANCHETTA ALIMENTOS LTDA	I	20.2	2019-2-17	2024-2-16
0207132102	701	国(地)别不详		I	32.4	2019-2-17	2024-2-16
0207132103	410		ADORO S/A	I	20.2	2019-2-17	2024-2-16
0207132103	410		AGRODANIELI INDUSTRIA E COMERCIO LTDA.	I	20.2	2019-2-17	2024-2-16
0207132103	410		AGROSUL AGROAVICOLA INDUSTRIAL, S. A	I	20.2	2019-2-17	2024-2-16
0207132103	410		AVENORTE AVICOLA CIANORTE LTDA.	I	20.2	2019-2-17	2024-2-16
0207132103	410		All others	I	32.4	2019-2-17	2024-2-16
0207132103	410		BELLO ALIMENTOS LTDA.	I	20.2	2019-2-17	2024-2-16
0207132103	410		BONASA ALIMENTOS SA	I	20.2	2019-2-17	2024-2-16
0207132103	410		BRF S. A. SHB COMERCIO E INDUSTRIA DE ALIMENTOS S. A. COMPANHIA MINUANO DE ALIMENTOS	I	25.8	2019-2-17	2024-2-16
0207132103	410		C. Vale - Cooperativa Agroindustrial	I	32.4	2019-2-17	2024-2-16
0207132103	410		COASUL COOPERATIVA AGROINDUSTRIAL	I	20.2	2019-2-17	2024-2-16
0207132103	410		COOPAVEL COOPERATIVA AGROINDUSTRIAL	I	20.2	2019-2-17	2024-2-16
0207132103	410		COOPERATIVA AGROINDUSTRIAL COPAGRIL	I	20.2	2019-2-17	2024-2-16
0207132103	410		COOPERATIVA LANGUIRU LTDA	I	20.2	2019-2-17	2024-2-16
0207132103	410		Cooperativa Central Aurora Alimentos	I	20.2	2019-2-17	2024-2-16
0207132103	410		Copacol - Cooperativa Agroindustrial Consolata	I	20.2	2019-2-17	2024-2-16
0207132103	410		FLAMBOIA ALIMENTOS LTDA	I	20.2	2019-2-17	2024-2-16
0207132103	410		FRIGORIFICO NOVA ARACA LTDA	I	20.2	2019-2-17	2024-2-16
0207132103	410		GONCALVES & TORTOLA S/A	I	20.2	2019-2-17	2024-2-16
0207132103	410		KAEFER AGRO INDUSTRIAL LTDA	I	20.2	2019-2-17	2024-2-16
0207132103	410		LAR COOPERATIVA AGROINDUSTRIAL	I	20.2	2019-2-17	2024-2-16

商品编号	原产国（地区）	原产厂商中文名称	原产厂商英文名称	税种代码	税率（%）	起始日期	截止日期
0207132103	410		RIO BRANCO ALIMENTOS S. A.	I	20.2	2019-2-17	2024-2-16
0207132103	410		RIVELLI ALIMENTOS S/A	I	20.2	2019-2-17	2024-2-16
0207132103	410		SEARA ALIMENTOS LTDA JBS AVES LTDA AGRICOLA JANDELLE S/A SEARA COMERCIO DE ALIMENTOS LTDA	I	17.8	2019-2-17	2024-2-16
0207132103	410		Sao Salvador Alimentos S/A	I	20.2	2019-2-17	2024-2-16
0207132103	410		VIBRA AGROINDUSTRIAL S/A	I	20.2	2019-2-17	2024-2-16
0207132103	410		VOSSKO DO BRASIL ALIMENTOS CONGELADOS LTDA	I	20.2	2019-2-17	2024-2-16
0207132103	410		ZANCHETTA ALIMENTOS LTDA	I	20.2	2019-2-17	2024-2-16
0207132103	701	国(地)别不详		I	32.4	2019-2-17	2024-2-16
0207132104	410		ADORO S/A	I	20.2	2019-2-17	2024-2-16
0207132104	410		AGRODANIELI INDUSTRIA E COMERCIO LTDA.	I	20.2	2019-2-17	2024-2-16
0207132104	410		AGROSUL AGROAVICOLA INDUSTRIAL, S. A	I	20.2	2019-2-17	2024-2-16
0207132104	410		AVENORTE AVICOLA CIANORTE LTDA.	I	20.2	2019-2-17	2024-2-16
0207132104	410		All others	I	32.4	2019-2-17	2024-2-16
0207132104	410		BELLO ALIMENTOS LTDA.	I	20.2	2019-2-17	2024-2-16
0207132104	410		BONASA ALIMENTOS SA	I	20.2	2019-2-17	2024-2-16
0207132104	410		BRF S. A. SHB COMERCIO E INDUSTRIA DE ALIMENTOS S. A. COMPANHIA MINUANO DE ALIMENTOS	I	25.8	2019-2-17	2024-2-16
0207132104	410		C. Vale - Cooperativa Agroindustrial	I	32.4	2019-2-17	2024-2-16
0207132104	410		COASUL COOPERATIVA AGROINDUSTRIAL	I	20.2	2019-2-17	2024-2-16
0207132104	410		COOPAVEL COOPERATIVA AGROINDUSTRIAL	I	20.2	2019-2-17	2024-2-16
0207132104	410		COOPERATIVA AGROINDUSTRIAL COPAGRIL	I	20.2	2019-2-17	2024-2-16
0207132104	410		COOPERATIVA LANGUIRU LTDA	I	20.2	2019-2-17	2024-2-16
0207132104	410		Cooperativa Central Aurora Alimentos	I	20.2	2019-2-17	2024-2-16
0207132104	410		Copacol - Cooperativa Agroindustrial Consolata	I	20.2	2019-2-17	2024-2-16
0207132104	410		FLAMBOIA ALIMENTOS LTDA	I	20.2	2019-2-17	2024-2-16
0207132104	410		FRIGORIFICO NOVA ARACA LTDA	I	20.2	2019-2-17	2024-2-16
0207132104	410		GONCALVES & TORTOLA S/A	I	20.2	2019-2-17	2024-2-16
0207132104	410		KAEFER AGRO INDUSTRIAL LTDA	I	20.2	2019-2-17	2024-2-16
0207132104	410		LAR COOPERATIVA AGROINDUSTRIAL	I	20.2	2019-2-17	2024-2-16
0207132104	410		RIO BRANCO ALIMENTOS S. A.	I	20.2	2019-2-17	2024-2-16
0207132104	410		RIVELLI ALIMENTOS S/A	I	20.2	2019-2-17	2024-2-16
0207132104	410		SEARA ALIMENTOS LTDA JBS AVES LTDA AGRICOLA JANDELLE S/A SEARA COMERCIO DE ALIMENTOS LTDA	I	17.8	2019-2-17	2024-2-16
0207132104	410		Sao Salvador Alimentos S/A	I	20.2	2019-2-17	2024-2-16
0207132104	410		VIBRA AGROINDUSTRIAL S/A	I	20.2	2019-2-17	2024-2-16
0207132104	410		VOSSKO DO BRASIL ALIMENTOS CONGELADOS LTDA	I	20.2	2019-2-17	2024-2-16
0207132104	410		ZANCHETTA ALIMENTOS LTDA	I	20.2	2019-2-17	2024-2-16
0207132104	701	国(地)别不详		I	32.4	2019-2-17	2024-2-16
0207132901	410		ADORO S/A	I	20.2	2019-2-17	2024-2-16
0207132901	410		AGRODANIELI INDUSTRIA E COMERCIO LTDA.	I	20.2	2019-2-17	2024-2-16
0207132901	410		AGROSUL AGROAVICOLA INDUSTRIAL, S. A	I	20.2	2019-2-17	2024-2-16
0207132901	410		AVENORTE AVICOLA CIANORTE LTDA.	I	20.2	2019-2-17	2024-2-16
0207132901	410		All others	I	32.4	2019-2-17	2024-2-16
0207132901	410		BELLO ALIMENTOS LTDA.	I	20.2	2019-2-17	2024-2-16
0207132901	410		BONASA ALIMENTOS SA	I	20.2	2019-2-17	2024-2-16
0207132901	410		BRF S. A. SHB COMERCIO E INDUSTRIA DE ALIMENTOS S. A. COMPANHIA MINUANO DE ALIMENTOS	I	25.8	2019-2-17	2024-2-16
0207132901	410		C. Vale - Cooperativa Agroindustrial	I	32.4	2019-2-17	2024-2-16
0207132901	410		COASUL COOPERATIVA AGROINDUSTRIAL	I	20.2	2019-2-17	2024-2-16
0207132901	410		COOPAVEL COOPERATIVA AGROINDUSTRIAL	I	20.2	2019-2-17	2024-2-16
0207132901	410		COOPERATIVA AGROINDUSTRIAL COPAGRIL	I	20.2	2019-2-17	2024-2-16

商品编号	原产国(地区)	原产厂商中文名称	原产厂商英文名称	税种代码	税率(%)	起始日期	截止日期
0207132901	410		COOPERATIVA LANGUIRU LTDA	I	20. 2	2019-2-17	2024-2-16
0207132901	410		Cooperativa Central Aurora Alimentos	I	20. 2	2019-2-17	2024-2-16
0207132901	410		Copacol - Cooperativa Agroindustrial Consolata	I	20. 2	2019-2-17	2024-2-16
0207132901	410		FLAMBOIA ALIMENTOS LTDA	I	20. 2	2019-2-17	2024-2-16
0207132901	410		FRIGORIFICO NOVA ARACA LTDA	I	20. 2	2019-2-17	2024-2-16
0207132901	410		GONCALVES & TORTOLA S/A	I	20. 2	2019-2-17	2024-2-16
0207132901	410		KAEFER AGRO INDUSTRIAL LTDA	I	20. 2	2019-2-17	2024-2-16
0207132901	410		LAR COOPERATIVA AGROINDUSTRIAL	I	20. 2	2019-2-17	2024-2-16
0207132901	410		RIO BRANCO ALIMENTOS S. A.	I	20. 2	2019-2-17	2024-2-16
0207132901	410		RIVELLI ALIMENTOS S/A	I	20. 2	2019-2-17	2024-2-16
0207132901	410		SEARA ALIMENTOS LTDA JBS AVES LTDA AGRICOLA JANDELLE S/A SEARA COMERCIO DE ALIMENTOS LTDA	I	17. 8	2019-2-17	2024-2-16
0207132901	410		Sao Salvador Alimentos S/A	I	20. 2	2019-2-17	2024-2-16
0207132901	410		VIBRA AGROINDUSTRIAL S/A	I	20. 2	2019-2-17	2024-2-16
0207132901	410		VOSSKO DO BRASIL ALIMENTOS CONGELADOS LTDA	I	20. 2	2019-2-17	2024-2-16
0207132901	410		ZANCHETTA ALIMENTOS LTDA	I	20. 2	2019-2-17	2024-2-16
0207132901	701	国(地)别不详		I	32. 4	2019-2-17	2024-2-16
0207132902	410		ADORO S/A	I	20. 2	2019-2-17	2024-2-16
0207132902	410		AGRODANIELI INDUSTRIA E COMERCIO LTDA.	I	20. 2	2019-2-17	2024-2-16
0207132902	410		AGROSUL AGROAVICOLA INDUSTRIAL, S. A	I	20. 2	2019-2-17	2024-2-16
0207132902	410		AVENORTE AVICOLA CIANORTE LTDA.	I	20. 2	2019-2-17	2024-2-16
0207132902	410		All others	I	32. 4	2019-2-17	2024-2-16
0207132902	410		BELLO ALIMENTOS LTDA.	I	20. 2	2019-2-17	2024-2-16
0207132902	410		BONASA ALIMENTOS SA	I	20. 2	2019-2-17	2024-2-16
0207132902	410		BRF S. A. SHB COMERCIO E INDUSTRIA DE ALIMENTOS S. A. COMPANHIA MINUANO DE ALIMENTOS	I	25. 8	2019-2-17	2024-2-16
0207132902	410		C. Vale - Cooperativa Agroindustrial	I	32. 4	2019-2-17	2024-2-16
0207132902	410		COASUL COOPERATIVA AGROINDUSTRIAL	I	20. 2	2019-2-17	2024-2-16
0207132902	410		COOPAVEL COOPERATIVA AGROINDUSTRIAL	I	20. 2	2019-2-17	2024-2-16
0207132902	410		COOPERATIVA AGROINDUSTRIAL COPAGRIL	I	20. 2	2019-2-17	2024-2-16
0207132902	410		COOPERATIVA LANGUIRU LTDA	I	20. 2	2019-2-17	2024-2-16
0207132902	410		Cooperativa Central Aurora Alimentos	I	20. 2	2019-2-17	2024-2-16
0207132902	410		Copacol - Cooperativa Agroindustrial Consolata	I	20. 2	2019-2-17	2024-2-16
0207132902	410		FLAMBOIA ALIMENTOS LTDA	I	20. 2	2019-2-17	2024-2-16
0207132902	410		FRIGORIFICO NOVA ARACA LTDA	I	20. 2	2019-2-17	2024-2-16
0207132902	410		GONCALVES & TORTOLA S/A	I	20. 2	2019-2-17	2024-2-16
0207132902	410		KAEFER AGRO INDUSTRIAL LTDA	I	20. 2	2019-2-17	2024-2-16
0207132902	410		LAR COOPERATIVA AGROINDUSTRIAL	I	20. 2	2019-2-17	2024-2-16
0207132902	410		RIO BRANCO ALIMENTOS S. A.	I	20. 2	2019-2-17	2024-2-16
0207132902	410		RIVELLI ALIMENTOS S/A	I	20. 2	2019-2-17	2024-2-16
0207132902	410		SEARA ALIMENTOS LTDA JBS AVES LTDA AGRICOLA JANDELLE S/A SEARA COMERCIO DE ALIMENTOS LTDA	I	17. 8	2019-2-17	2024-2-16
0207132902	410		Sao Salvador Alimentos S/A	I	20. 2	2019-2-17	2024-2-16
0207132902	410		VIBRA AGROINDUSTRIAL S/A	I	20. 2	2019-2-17	2024-2-16
0207132902	410		VOSSKO DO BRASIL ALIMENTOS CONGELADOS LTDA	I	20. 2	2019-2-17	2024-2-16
0207132902	410		ZANCHETTA ALIMENTOS LTDA	I	20. 2	2019-2-17	2024-2-16
0207132902	701	国(地)别不详		I	32. 4	2019-2-17	2024-2-16
0207132990	410		ADORO S/A	I	20. 2	2019-2-17	2024-2-16
0207132990	410		AGRODANIELI INDUSTRIA E COMERCIO LTDA.	I	20. 2	2019-2-17	2024-2-16
0207132990	410		AGROSUL AGROAVICOLA INDUSTRIAL, S. A	I	20. 2	2019-2-17	2024-2-16
0207132990	410		AVENORTE AVICOLA CIANORTE LTDA.	I	20. 2	2019-2-17	2024-2-16
0207132990	410		All others	I	32. 4	2019-2-17	2024-2-16
0207132990	410		BELLO ALIMENTOS LTDA.	I	20. 2	2019-2-17	2024-2-16
0207132990	410		BONASA ALIMENTOS SA	I	20. 2	2019-2-17	2024-2-16

商品编号	原产国(地区)	原产厂商中文名称	原产厂商英文名称	税种代码	税率(%)	起始日期	截止日期
0207132990	410		BRF S. A. SHB COMERCIO E INDUSTRIA DE ALIMENTOS S. A. COMPANHIA MINUANO DE ALIMENTOS	I	25. 8	2019-2-17	2024-2-16
0207132990	410		C. Vale - Cooperativa Agroindustrial	I	32. 4	2019-2-17	2024-2-16
0207132990	410		COASUL COOPERATIVA AGROINDUSTRIAL	I	20. 2	2019-2-17	2024-2-16
0207132990	410		COOPAVEL COOPERATIVA AGROINDUSTRIAL	I	20. 2	2019-2-17	2024-2-16
0207132990	410		COOPERATIVA AGROINDUSTRIAL COPAGRIL	I	20. 2	2019-2-17	2024-2-16
0207132990	410		COOPERATIVA LANGUIRU LTDA	I	20. 2	2019-2-17	2024-2-16
0207132990	410		Cooperativa Central Aurora Alimentos	I	20. 2	2019-2-17	2024-2-16
0207132990	410		Copacol - Cooperativa Agroindustrial Consolata	I	20. 2	2019-2-17	2024-2-16
0207132990	410		FLAMBOIA ALIMENTOS LTDA	I	20. 2	2019-2-17	2024-2-16
0207132990	410		FRIGORIFICO NOVA ARACA LTDA	I	20. 2	2019-2-17	2024-2-16
0207132990	410		GONCALVES & TORTOLA S/A	I	20. 2	2019-2-17	2024-2-16
0207132990	410		KAEFER AGRO INDUSTRIAL LTDA	I	20. 2	2019-2-17	2024-2-16
0207132990	410		LAR COOPERATIVA AGROINDUSTRIAL	I	20. 2	2019-2-17	2024-2-16
0207132990	410		RIO BRANCO ALIMENTOS S. A.	I	20. 2	2019-2-17	2024-2-16
0207132990	410		RIVELLI ALIMENTOS S/A	I	20. 2	2019-2-17	2024-2-16
0207132990	410		SEARA ALIMENTOS LTDA JBS AVES LTDA AGRICOLA JANDELLE S/A SEARA COMERCIO DE ALIMENTOS LTDA	I	17. 8	2019-2-17	2024-2-16
0207132990	410		Sao Salvador Alimentos S/A	I	20. 2	2019-2-17	2024-2-16
0207132990	410		VIBRA AGROINDUSTRIAL S/A	I	20. 2	2019-2-17	2024-2-16
0207132990	410		VOSSKO DO BRASIL ALIMENTOS CONGELADOS LTDA	I	20. 2	2019-2-17	2024-2-16
0207132990	410		ZANCHETTA ALIMENTOS LTDA	I	20. 2	2019-2-17	2024-2-16
0207132990	701	国(地)别不详		I	32. 4	2019-2-17	2024-2-16
0207141100	410		ADORO S/A	I	20. 2	2019-2-17	2024-2-16
0207141100	410		AGRODANIELI INDUSTRIA E COMERCIO LTDA.	I	20. 2	2019-2-17	2024-2-16
0207141100	410		AGROSUL AGROAVICOLA INDUSTRIAL, S. A	I	20. 2	2019-2-17	2024-2-16
0207141100	410		AVENORTE AVICOLA CIANORTE LTDA.	I	20. 2	2019-2-17	2024-2-16
0207141100	410		All others	I	32. 4	2019-2-17	2024-2-16
0207141100	410		BELLO ALIMENTOS LTDA.	I	20. 2	2019-2-17	2024-2-16
0207141100	410		BONASA ALIMENTOS SA	I	20. 2	2019-2-17	2024-2-16
0207141100	410		BRF S. A. SHB COMERCIO E INDUSTRIA DE ALIMENTOS S. A. COMPANHIA MINUANO DE ALIMENTOS	I	25. 8	2019-2-17	2024-2-16
0207141100	410		C. Vale - Cooperativa Agroindustrial	I	32. 4	2019-2-17	2024-2-16
0207141100	410		COASUL COOPERATIVA AGROINDUSTRIAL	I	20. 2	2019-2-17	2024-2-16
0207141100	410		COOPAVEL COOPERATIVA AGROINDUSTRIAL	I	20. 2	2019-2-17	2024-2-16
0207141100	410		COOPERATIVA AGROINDUSTRIAL COPAGRIL	I	20. 2	2019-2-17	2024-2-16
0207141100	410		COOPERATIVA LANGUIRU LTDA	I	20. 2	2019-2-17	2024-2-16
0207141100	410		Cooperativa Central Aurora Alimentos	I	20. 2	2019-2-17	2024-2-16
0207141100	410		Copacol - Cooperativa Agroindustrial Consolata	I	20. 2	2019-2-17	2024-2-16
0207141100	410		FLAMBOIA ALIMENTOS LTDA	I	20. 2	2019-2-17	2024-2-16
0207141100	410		FRIGORIFICO NOVA ARACA LTDA	I	20. 2	2019-2-17	2024-2-16
0207141100	410		GONCALVES & TORTOLA S/A	I	20. 2	2019-2-17	2024-2-16
0207141100	410		KAEFER AGRO INDUSTRIAL LTDA	I	20. 2	2019-2-17	2024-2-16
0207141100	410		LAR COOPERATIVA AGROINDUSTRIAL	I	20. 2	2019-2-17	2024-2-16
0207141100	410		RIO BRANCO ALIMENTOS S. A.	I	20. 2	2019-2-17	2024-2-16
0207141100	410		RIVELLI ALIMENTOS S/A	I	20. 2	2019-2-17	2024-2-16
0207141100	410		SEARA ALIMENTOS LTDA JBS AVES LTDA AGRICOLA JANDELLE S/A SEARA COMERCIO DE ALIMENTOS LTDA	I	17. 8	2019-2-17	2024-2-16
0207141100	410		Sao Salvador Alimentos S/A	I	20. 2	2019-2-17	2024-2-16
0207141100	410		VIBRA AGROINDUSTRIAL S/A	I	20. 2	2019-2-17	2024-2-16
0207141100	410		VOSSKO DO BRASIL ALIMENTOS CONGELADOS LTDA	I	20. 2	2019-2-17	2024-2-16
0207141100	410		ZANCHETTA ALIMENTOS LTDA	I	20. 2	2019-2-17	2024-2-16

商品编号	原产国(地区)	原产厂商中文名称	原产厂商英文名称	税种代码	税率(%)	起始日期	截止日期
0207141100	701	国(地)别不详		I	32.4	2019-2-17	2024-2-16
0207141900	410		ADORO S/A	I	20.2	2019-2-17	2024-2-16
0207141900	410		AGRODANIELI INDUSTRIA E COMERCIO LTDA.	I	20.2	2019-2-17	2024-2-16
0207141900	410		AGROSUL AGROAVICOLA INDUSTRIAL, S. A	I	20.2	2019-2-17	2024-2-16
0207141900	410		AVENORTE AVICOLA CIANORTE LTDA.	I	20.2	2019-2-17	2024-2-16
0207141900	410		All others	I	32.4	2019-2-17	2024-2-16
0207141900	410		BELLO ALIMENTOS LTDA.	I	20.2	2019-2-17	2024-2-16
0207141900	410		BONASA ALIMENTOS SA	I	20.2	2019-2-17	2024-2-16
0207141900	410		BRF S. A. SHB COMERCIO E INDUSTRIA DE ALIMENTOS S. A. COMPANHIA MINUANO DE ALIMENTOS	I	25.8	2019-2-17	2024-2-16
0207141900	410		C. Vale - Cooperativa Agroindustrial	I	32.4	2019-2-17	2024-2-16
0207141900	410		COASUL COOPERATIVA AGROINDUSTRIAL	I	20.2	2019-2-17	2024-2-16
0207141900	410		COOPAVEL COOPERATIVA AGROINDUSTRIAL	I	20.2	2019-2-17	2024-2-16
0207141900	410		COOPERATIVA AGROINDUSTRIAL COPAGRIL	I	20.2	2019-2-17	2024-2-16
0207141900	410		COOPERATIVA LANGUIRU LTDA	I	20.2	2019-2-17	2024-2-16
0207141900	410		Cooperativa Central Aurora Alimentos	I	20.2	2019-2-17	2024-2-16
0207141900	410		Copacol - Cooperativa Agroindustrial Consolata	I	20.2	2019-2-17	2024-2-16
0207141900	410		FLAMBOIA ALIMENTOS LTDA	I	20.2	2019-2-17	2024-2-16
0207141900	410		FRIGORIFICO NOVA ARACA LTDA	I	20.2	2019-2-17	2024-2-16
0207141900	410		GONCALVES & TORTOLA S/A	I	20.2	2019-2-17	2024-2-16
0207141900	410		KAEFER AGRO INDUSTRIAL LTDA	I	20.2	2019-2-17	2024-2-16
0207141900	410		LAR COOPERATIVA AGROINDUSTRIAL	I	20.2	2019-2-17	2024-2-16
0207141900	410		RIO BRANCO ALIMENTOS S. A.	I	20.2	2019-2-17	2024-2-16
0207141900	410		RIVELLI ALIMENTOS S/A	I	20.2	2019-2-17	2024-2-16
0207141900	410		SEARA ALIMENTOS LTDA JBS AVES LTDA AGRICOLA JANDELLE S/A SEARA COMERCIO DE ALIMENTOS LTDA	I	17.8	2019-2-17	2024-2-16
0207141900	410		Sao Salvador Alimentos S/A	I	20.2	2019-2-17	2024-2-16
0207141900	410		VIBRA AGROINDUSTRIAL S/A	I	20.2	2019-2-17	2024-2-16
0207141900	410		VOSSKO DO BRASIL ALIMENTOS CONGELADOS LTDA	I	20.2	2019-2-17	2024-2-16
0207141900	410		ZANCHETTA ALIMENTOS LTDA	I	20.2	2019-2-17	2024-2-16
0207141900	701	国(地)别不详		I	32.4	2019-2-17	2024-2-16
0207142101	410		ADORO S/A	I	20.2	2019-2-17	2024-2-16
0207142101	410		AGRODANIELI INDUSTRIA E COMERCIO LTDA.	I	20.2	2019-2-17	2024-2-16
0207142101	410		AGROSUL AGROAVICOLA INDUSTRIAL, S. A	I	20.2	2019-2-17	2024-2-16
0207142101	410		AVENORTE AVICOLA CIANORTE LTDA.	I	20.2	2019-2-17	2024-2-16
0207142101	410		All others	I	32.4	2019-2-17	2024-2-16
0207142101	410		BELLO ALIMENTOS LTDA.	I	20.2	2019-2-17	2024-2-16
0207142101	410		BONASA ALIMENTOS SA	I	20.2	2019-2-17	2024-2-16
0207142101	410		BRF S. A. SHB COMERCIO E INDUSTRIA DE ALIMENTOS S. A. COMPANHIA MINUANO DE ALIMENTOS	I	25.8	2019-2-17	2024-2-16
0207142101	410		C. Vale - Cooperativa Agroindustrial	I	32.4	2019-2-17	2024-2-16
0207142101	410		COASUL COOPERATIVA AGROINDUSTRIAL	I	20.2	2019-2-17	2024-2-16
0207142101	410		COOPAVEL COOPERATIVA AGROINDUSTRIAL	I	20.2	2019-2-17	2024-2-16
0207142101	410		COOPERATIVA AGROINDUSTRIAL COPAGRIL	I	20.2	2019-2-17	2024-2-16
0207142101	410		COOPERATIVA LANGUIRU LTDA	I	20.2	2019-2-17	2024-2-16
0207142101	410		Cooperativa Central Aurora Alimentos	I	20.2	2019-2-17	2024-2-16
0207142101	410		Copacol - Cooperativa Agroindustrial Consolata	I	20.2	2019-2-17	2024-2-16
0207142101	410		FLAMBOIA ALIMENTOS LTDA	I	20.2	2019-2-17	2024-2-16
0207142101	410		FRIGORIFICO NOVA ARACA LTDA	I	20.2	2019-2-17	2024-2-16
0207142101	410		GONCALVES & TORTOLA S/A	I	20.2	2019-2-17	2024-2-16
0207142101	410		KAEFER AGRO INDUSTRIAL LTDA	I	20.2	2019-2-17	2024-2-16
0207142101	410		LAR COOPERATIVA AGROINDUSTRIAL	I	20.2	2019-2-17	2024-2-16
0207142101	410		RIO BRANCO ALIMENTOS S. A.	I	20.2	2019-2-17	2024-2-16
0207142101	410		RIVELLI ALIMENTOS S/A	I	20.2	2019-2-17	2024-2-16

商品编号	原产国(地区)	原产厂商中文名称	原产厂商英文名称	税种代码	税率(%)	起始日期	截止日期
0207142101	410		SEARA ALIMENTOS LTDA JBS AVES LTDA AGRICOLA JANDELLE S/A SEARA COMERCIO DE ALIMENTOS LTDA	I	17.8	2019-2-17	2024-2-16
0207142101	410		Sao Salvador Alimentos S/A	I	20.2	2019-2-17	2024-2-16
0207142101	410		VIBRA AGROINDUSTRIAL S/A	I	20.2	2019-2-17	2024-2-16
0207142101	410		VOSSKO DO BRASIL ALIMENTOS CONGELADOS LTDA	I	20.2	2019-2-17	2024-2-16
0207142101	410		ZANCHETTA ALIMENTOS LTDA	I	20.2	2019-2-17	2024-2-16
0207142101	701	国(地)别不详		I	32.4	2019-2-17	2024-2-16
0207142102	410		ADORO S/A	I	20.2	2019-2-17	2024-2-16
0207142102	410		AGRODANIELI INDUSTRIA E COMERCIO LTDA.	I	20.2	2019-2-17	2024-2-16
0207142102	410		AGROSUL AGROAVICOLA INDUSTRIAL, S. A	I	20.2	2019-2-17	2024-2-16
0207142102	410		AVENORTE AVICOLA CIANORTE LTDA.	I	20.2	2019-2-17	2024-2-16
0207142102	410		All others	I	32.4	2019-2-17	2024-2-16
0207142102	410		BELLO ALIMENTOS LTDA.	I	20.2	2019-2-17	2024-2-16
0207142102	410		BONASA ALIMENTOS SA	I	20.2	2019-2-17	2024-2-16
0207142102	410		BRF S. A. SHB COMERCIO E INDUSTRIA DE ALIMENTOS S. A. COMPANHIA MINUANO DE ALIMENTOS	I	25.8	2019-2-17	2024-2-16
0207142102	410		C. Vale - Cooperativa Agroindustrial	I	32.4	2019-2-17	2024-2-16
0207142102	410		COASUL COOPERATIVA AGROINDUSTRIAL	I	20.2	2019-2-17	2024-2-16
0207142102	410		COOPAVEL COOPERATIVA AGROINDUSTRIAL	I	20.2	2019-2-17	2024-2-16
0207142102	410		COOPERATIVA AGROINDUSTRIAL COPAGRIL	I	20.2	2019-2-17	2024-2-16
0207142102	410		COOPERATIVA LANGUIRU LTDA	I	20.2	2019-2-17	2024-2-16
0207142102	410		Cooperativa Central Aurora Alimentos	I	20.2	2019-2-17	2024-2-16
0207142102	410		Copacol - Cooperativa Agroindustrial Consolata	I	20.2	2019-2-17	2024-2-16
0207142102	410		FLAMBOIA ALIMENTOS LTDA	I	20.2	2019-2-17	2024-2-16
0207142102	410		FRIGORIFICO NOVA ARACA LTDA	I	20.2	2019-2-17	2024-2-16
0207142102	410		GONCALVES & TORTOLA S/A	I	20.2	2019-2-17	2024-2-16
0207142102	410		KAEFER AGRO INDUSTRIAL LTDA	I	20.2	2019-2-17	2024-2-16
0207142102	410		LAR COOPERATIVA AGROINDUSTRIAL	I	20.2	2019-2-17	2024-2-16
0207142102	410		RIO BRANCO ALIMENTOS S. A.	I	20.2	2019-2-17	2024-2-16
0207142102	410		RIVELLI ALIMENTOS S/A	I	20.2	2019-2-17	2024-2-16
0207142102	410		SEARA ALIMENTOS LTDA JBS AVES LTDA AGRICOLA JANDELLE S/A SEARA COMERCIO DE ALIMENTOS LTDA	I	17.8	2019-2-17	2024-2-16
0207142102	410		Sao Salvador Alimentos S/A	I	20.2	2019-2-17	2024-2-16
0207142102	410		VIBRA AGROINDUSTRIAL S/A	I	20.2	2019-2-17	2024-2-16
0207142102	410		VOSSKO DO BRASIL ALIMENTOS CONGELADOS LTDA	I	20.2	2019-2-17	2024-2-16
0207142102	410		ZANCHETTA ALIMENTOS LTDA	I	20.2	2019-2-17	2024-2-16
0207142102	701	国(地)别不详		I	32.4	2019-2-17	2024-2-16
0207142103	410		ADORO S/A	I	20.2	2019-2-17	2024-2-16
0207142103	410		AGRODANIELI INDUSTRIA E COMERCIO LTDA.	I	20.2	2019-2-17	2024-2-16
0207142103	410		AGROSUL AGROAVICOLA INDUSTRIAL, S. A	I	20.2	2019-2-17	2024-2-16
0207142103	410		AVENORTE AVICOLA CIANORTE LTDA.	I	20.2	2019-2-17	2024-2-16
0207142103	410		All others	I	32.4	2019-2-17	2024-2-16
0207142103	410		BELLO ALIMENTOS LTDA.	I	20.2	2019-2-17	2024-2-16
0207142103	410		BONASA ALIMENTOS SA	I	20.2	2019-2-17	2024-2-16
0207142103	410		BRF S. A. SHB COMERCIO E INDUSTRIA DE ALIMENTOS S. A. COMPANHIA MINUANO DE ALIMENTOS	I	25.8	2019-2-17	2024-2-16
0207142103	410		C. Vale - Cooperativa Agroindustrial	I	32.4	2019-2-17	2024-2-16
0207142103	410		COASUL COOPERATIVA AGROINDUSTRIAL	I	20.2	2019-2-17	2024-2-16
0207142103	410		COOPAVEL COOPERATIVA AGROINDUSTRIAL	I	20.2	2019-2-17	2024-2-16
0207142103	410		COOPERATIVA AGROINDUSTRIAL COPAGRIL	I	20.2	2019-2-17	2024-2-16
0207142103	410		COOPERATIVA LANGUIRU LTDA	I	20.2	2019-2-17	2024-2-16
0207142103	410		Cooperativa Central Aurora Alimentos	I	20.2	2019-2-17	2024-2-16

商品编号	原产国(地区)	原产厂商中文名称	原产厂商英文名称	税种代码	税率(%)	起始日期	截止日期
0207142103	410		Copacol - Cooperativa Agroindustrial Consolata	I	20.2	2019-2-17	2024-2-16
0207142103	410		FLAMBOIA ALIMENTOS LTDA	I	20.2	2019-2-17	2024-2-16
0207142103	410		FRIGORIFICO NOVA ARACA LTDA	I	20.2	2019-2-17	2024-2-16
0207142103	410		GONCALVES & TORTOLA S/A	I	20.2	2019-2-17	2024-2-16
0207142103	410		KAEFER AGRO INDUSTRIAL LTDA	I	20.2	2019-2-17	2024-2-16
0207142103	410		LAR COOPERATIVA AGROINDUSTRIAL	I	20.2	2019-2-17	2024-2-16
0207142103	410		RIO BRANCO ALIMENTOS S. A.	I	20.2	2019-2-17	2024-2-16
0207142103	410		RIVELLI ALIMENTOS S/A	I	20.2	2019-2-17	2024-2-16
0207142103	410		SEARA ALIMENTOS LTDA JBS AVES LTDA AGRICOLA JANDELLE S/A SEARA COMERCIO DE ALIMENTOS LTDA	I	17.8	2019-2-17	2024-2-16
0207142103	410		Sao Salvador Alimentos S/A	I	20.2	2019-2-17	2024-2-16
0207142103	410		VIBRA AGROINDUSTRIAL S/A	I	20.2	2019-2-17	2024-2-16
0207142103	410		VOSSKO DO BRASIL ALIMENTOS CONGELADOS LTDA	I	20.2	2019-2-17	2024-2-16
0207142103	410		ZANCHETTA ALIMENTOS LTDA	I	20.2	2019-2-17	2024-2-16
0207142103	701	国(地)别不详		I	32.4	2019-2-17	2024-2-16
0207142104	410		ADORO S/A	I	20.2	2019-2-17	2024-2-16
0207142104	410		AGRODANIELI INDUSTRIA E COMERCIO LTDA.	I	20.2	2019-2-17	2024-2-16
0207142104	410		AGROSUL AGROAVICOLA INDUSTRIAL, S. A	I	20.2	2019-2-17	2024-2-16
0207142104	410		AVENORTE AVICOLA CIANORTE LTDA.	I	20.2	2019-2-17	2024-2-16
0207142104	410		All others	I	32.4	2019-2-17	2024-2-16
0207142104	410		BELLO ALIMENTOS LTDA.	I	20.2	2019-2-17	2024-2-16
0207142104	410		BONASA ALIMENTOS SA	I	20.2	2019-2-17	2024-2-16
0207142104	410		BRF S. A. SHB COMERCIO E INDUSTRIA DE ALIMENTOS S. A. COMPANHIA MINUANO DE ALIMENTOS	I	25.8	2019-2-17	2024-2-16
0207142104	410		C. Vale - Cooperativa Agroindustrial	I	32.4	2019-2-17	2024-2-16
0207142104	410		COASUL COOPERATIVA AGROINDUSTRIAL	I	20.2	2019-2-17	2024-2-16
0207142104	410		COOPAVEL COOPERATIVA AGROINDUSTRIAL	I	20.2	2019-2-17	2024-2-16
0207142104	410		COOPERATIVA AGROINDUSTRIAL COPAGRIL	I	20.2	2019-2-17	2024-2-16
0207142104	410		COOPERATIVA LANGUIRU LTDA	I	20.2	2019-2-17	2024-2-16
0207142104	410		Cooperativa Central Aurora Alimentos	I	20.2	2019-2-17	2024-2-16
0207142104	410		Copacol - Cooperativa Agroindustrial Consolata	I	20.2	2019-2-17	2024-2-16
0207142104	410		FLAMBOIA ALIMENTOS LTDA	I	20.2	2019-2-17	2024-2-16
0207142104	410		FRIGORIFICO NOVA ARACA LTDA	I	20.2	2019-2-17	2024-2-16
0207142104	410		GONCALVES & TORTOLA S/A	I	20.2	2019-2-17	2024-2-16
0207142104	410		KAEFER AGRO INDUSTRIAL LTDA	I	20.2	2019-2-17	2024-2-16
0207142104	410		LAR COOPERATIVA AGROINDUSTRIAL	I	20.2	2019-2-17	2024-2-16
0207142104	410		RIO BRANCO ALIMENTOS S. A.	I	20.2	2019-2-17	2024-2-16
0207142104	410		RIVELLI ALIMENTOS S/A	I	20.2	2019-2-17	2024-2-16
0207142104	410		SEARA ALIMENTOS LTDA JBS AVES LTDA AGRICOLA JANDELLE S/A SEARA COMERCIO DE ALIMENTOS LTDA	I	17.8	2019-2-17	2024-2-16
0207142104	410		Sao Salvador Alimentos S/A	I	20.2	2019-2-17	2024-2-16
0207142104	410		VIBRA AGROINDUSTRIAL S/A	I	20.2	2019-2-17	2024-2-16
0207142104	410		VOSSKO DO BRASIL ALIMENTOS CONGELADOS LTDA	I	20.2	2019-2-17	2024-2-16
0207142104	410		ZANCHETTA ALIMENTOS LTDA	I	20.2	2019-2-17	2024-2-16
0207142104	701	国(地)别不详		I	32.4	2019-2-17	2024-2-16
0207142200	410		ADORO S/A	I	20.2	2019-2-17	2024-2-16
0207142200	410		AGRODANIELI INDUSTRIA E COMERCIO LTDA.	I	20.2	2019-2-17	2024-2-16
0207142200	410		AGROSUL AGROAVICOLA INDUSTRIAL, S. A	I	20.2	2019-2-17	2024-2-16
0207142200	410		AVENORTE AVICOLA CIANORTE LTDA.	I	20.2	2019-2-17	2024-2-16
0207142200	410		All others	I	32.4	2019-2-17	2024-2-16
0207142200	410		BELLO ALIMENTOS LTDA.	I	20.2	2019-2-17	2024-2-16
0207142200	410		BONASA ALIMENTOS SA	I	20.2	2019-2-17	2024-2-16

商品编号	原产国（地区）	原产厂商中文名称	原产厂商英文名称	税种代码	税率（%）	起始日期	截止日期
0207142200	410		BRF S. A. SHB COMERCIO E INDUSTRIA DE ALIMENTOS S. A. COMPANHIA MINUANO DE ALIMENTOS	I	25. 8	2019-2-17	2024-2-16
0207142200	410		C. Vale - Cooperativa Agroindustrial	I	32. 4	2019-2-17	2024-2-16
0207142200	410		COASUL COOPERATIVA AGROINDUSTRIAL	I	20. 2	2019-2-17	2024-2-16
0207142200	410		COOPAVEL COOPERATIVA AGROINDUSTRIAL	I	20. 2	2019-2-17	2024-2-16
0207142200	410		COOPERATIVA AGROINDUSTRIAL COPAGRIL	I	20. 2	2019-2-17	2024-2-16
0207142200	410		COOPERATIVA LANGUIRU LTDA	I	20. 2	2019-2-17	2024-2-16
0207142200	410		Cooperativa Central Aurora Alimentos	I	20. 2	2019-2-17	2024-2-16
0207142200	410		Copacol - Cooperativa Agroindustrial Consolata	I	20. 2	2019-2-17	2024-2-16
0207142200	410		FLAMBOIA ALIMENTOS LTDA	I	20. 2	2019-2-17	2024-2-16
0207142200	410		FRIGORIFICO NOVA ARACA LTDA	I	20. 2	2019-2-17	2024-2-16
0207142200	410		GONCALVES & TORTOLA S/A	I	20. 2	2019-2-17	2024-2-16
0207142200	410		KAEFER AGRO INDUSTRIAL LTDA	I	20. 2	2019-2-17	2024-2-16
0207142200	410		LAR COOPERATIVA AGROINDUSTRIAL	I	20. 2	2019-2-17	2024-2-16
0207142200	410		RIO BRANCO ALIMENTOS S. A.	I	20. 2	2019-2-17	2024-2-16
0207142200	410		RIVELLI ALIMENTOS S/A	I	20. 2	2019-2-17	2024-2-16
0207142200	410		SEARA ALIMENTOS LTDA JBS AVES LTDA AGRICOLA JANDELLE S/A SEARA COMERCIO DE ALIMENTOS LTDA	I	17. 8	2019-2-17	2024-2-16
0207142200	410		Sao Salvador Alimentos S/A	I	20. 2	2019-2-17	2024-2-16
0207142200	410		VIBRA AGROINDUSTRIAL S/A	I	20. 2	2019-2-17	2024-2-16
0207142200	410		VOSSKO DO BRASIL ALIMENTOS CONGELADOS LTDA	I	20. 2	2019-2-17	2024-2-16
0207142200	410		ZANCHETTA ALIMENTOS LTDA	I	20. 2	2019-2-17	2024-2-16
0207142200	701	国(地)别不详		I	32. 4	2019-2-17	2024-2-16
0207142901	410		ADORO S/A	I	20. 2	2019-2-17	2024-2-16
0207142901	410		AGRODANIELI INDUSTRIA E COMERCIO LTDA.	I	20. 2	2019-2-17	2024-2-16
0207142901	410		AGROSUL AGROAVICOLA INDUSTRIAL, S. A	I	20. 2	2019-2-17	2024-2-16
0207142901	410		AVENORTE AVICOLA CIANORTE LTDA.	I	20. 2	2019-2-17	2024-2-16
0207142901	410		All others	I	32. 4	2019-2-17	2024-2-16
0207142901	410		BELLO ALIMENTOS LTDA.	I	20. 2	2019-2-17	2024-2-16
0207142901	410		BONASA ALIMENTOS SA	I	20. 2	2019-2-17	2024-2-16
0207142901	410		BRF S. A. SHB COMERCIO E INDUSTRIA DE ALIMENTOS S. A. COMPANHIA MINUANO DE ALIMENTOS	I	25. 8	2019-2-17	2024-2-16
0207142901	410		C. Vale - Cooperativa Agroindustrial	I	32. 4	2019-2-17	2024-2-16
0207142901	410		COASUL COOPERATIVA AGROINDUSTRIAL	I	20. 2	2019-2-17	2024-2-16
0207142901	410		COOPAVEL COOPERATIVA AGROINDUSTRIAL	I	20. 2	2019-2-17	2024-2-16
0207142901	410		COOPERATIVA AGROINDUSTRIAL COPAGRIL	I	20. 2	2019-2-17	2024-2-16
0207142901	410		COOPERATIVA LANGUIRU LTDA	I	20. 2	2019-2-17	2024-2-16
0207142901	410		Cooperativa Central Aurora Alimentos	I	20. 2	2019-2-17	2024-2-16
0207142901	410		Copacol - Cooperativa Agroindustrial Consolata	I	20. 2	2019-2-17	2024-2-16
0207142901	410		FLAMBOIA ALIMENTOS LTDA	I	20. 2	2019-2-17	2024-2-16
0207142901	410		FRIGORIFICO NOVA ARACA LTDA	I	20. 2	2019-2-17	2024-2-16
0207142901	410		GONCALVES & TORTOLA S/A	I	20. 2	2019-2-17	2024-2-16
0207142901	410		KAEFER AGRO INDUSTRIAL LTDA	I	20. 2	2019-2-17	2024-2-16
0207142901	410		LAR COOPERATIVA AGROINDUSTRIAL	I	20. 2	2019-2-17	2024-2-16
0207142901	410		RIO BRANCO ALIMENTOS S. A.	I	20. 2	2019-2-17	2024-2-16
0207142901	410		RIVELLI ALIMENTOS S/A	I	20. 2	2019-2-17	2024-2-16
0207142901	410		SEARA ALIMENTOS LTDA JBS AVES LTDA AGRICOLA JANDELLE S/A SEARA COMERCIO DE ALIMENTOS LTDA	I	17. 8	2019-2-17	2024-2-16
0207142901	410		Sao Salvador Alimentos S/A	I	20. 2	2019-2-17	2024-2-16
0207142901	410		VIBRA AGROINDUSTRIAL S/A	I	20. 2	2019-2-17	2024-2-16
0207142901	410		VOSSKO DO BRASIL ALIMENTOS CONGELADOS LTDA	I	20. 2	2019-2-17	2024-2-16
0207142901	410		ZANCHETTA ALIMENTOS LTDA	I	20. 2	2019-2-17	2024-2-16

商品编号	原产国(地区)	原产厂商中文名称	原产厂商英文名称	税种代码	税率(%)	起始日期	截止日期
0207142901	701	国(地)别不详		I	32.4	2019-2-17	2024-2-16
0207142902	410		ADORO S/A	I	20.2	2019-2-17	2024-2-16
0207142902	410		AGRODANIELI INDUSTRIA E COMERCIO LTDA.	I	20.2	2019-2-17	2024-2-16
0207142902	410		AGROSUL AGROAVICOLA INDUSTRIAL, S. A	I	20.2	2019-2-17	2024-2-16
0207142902	410		AVENORTE AVICOLA CIANORTE LTDA.	I	20.2	2019-2-17	2024-2-16
0207142902	410		All others	I	32.4	2019-2-17	2024-2-16
0207142902	410		BELLO ALIMENTOS LTDA.	I	20.2	2019-2-17	2024-2-16
0207142902	410		BONASA ALIMENTOS SA	I	20.2	2019-2-17	2024-2-16
0207142902	410		BRF S. A. SHB COMERCIO E INDUSTRIA DE ALIMENTOS S. A. COMPANHIA MINUANO DE ALIMENTOS	I	25.8	2019-2-17	2024-2-16
0207142902	410		C. Vale - Cooperativa Agroindustrial	I	32.4	2019-2-17	2024-2-16
0207142902	410		COASUL COOPERATIVA AGROINDUSTRIAL	I	20.2	2019-2-17	2024-2-16
0207142902	410		COOPAVEL COOPERATIVA AGROINDUSTRIAL	I	20.2	2019-2-17	2024-2-16
0207142902	410		COOPERATIVA AGROINDUSTRIAL COPAGRIL	I	20.2	2019-2-17	2024-2-16
0207142902	410		COOPERATIVA LANGUIRU LTDA	I	20.2	2019-2-17	2024-2-16
0207142902	410		Cooperativa Central Aurora Alimentos	I	20.2	2019-2-17	2024-2-16
0207142902	410		Copacol - Cooperativa Agroindustrial Consolata	I	20.2	2019-2-17	2024-2-16
0207142902	410		FLAMBOIA ALIMENTOS LTDA	I	20.2	2019-2-17	2024-2-16
0207142902	410		FRIGORIFICO NOVA ARACA LTDA	I	20.2	2019-2-17	2024-2-16
0207142902	410		GONCALVES & TORTOLA S/A	I	20.2	2019-2-17	2024-2-16
0207142902	410		KAEFER AGRO INDUSTRIAL LTDA	I	20.2	2019-2-17	2024-2-16
0207142902	410		LAR COOPERATIVA AGROINDUSTRIAL	I	20.2	2019-2-17	2024-2-16
0207142902	410		RIO BRANCO ALIMENTOS S. A.	I	20.2	2019-2-17	2024-2-16
0207142902	410		RIVELLI ALIMENTOS S/A	I	20.2	2019-2-17	2024-2-16
0207142902	410		SEARA ALIMENTOS LTDA JBS AVES LTDA AGRICOLA JANDELLE S/A SEARA COMERCIO DE ALIMENTOS LTDA	I	17.8	2019-2-17	2024-2-16
0207142902	410		Sao Salvador Alimentos S/A	I	20.2	2019-2-17	2024-2-16
0207142902	410		VIBRA AGROINDUSTRIAL S/A	I	20.2	2019-2-17	2024-2-16
0207142902	410		VOSSKO DO BRASIL ALIMENTOS CONGELADOS LTDA	I	20.2	2019-2-17	2024-2-16
0207142902	410		ZANCHETTA ALIMENTOS LTDA	I	20.2	2019-2-17	2024-2-16
0207142902	701	国(地)别不详		I	32.4	2019-2-17	2024-2-16
0207142990	410		ADORO S/A	I	20.2	2019-2-17	2024-2-16
0207142990	410		AGRODANIELI INDUSTRIA E COMERCIO LTDA.	I	20.2	2019-2-17	2024-2-16
0207142990	410		AGROSUL AGROAVICOLA INDUSTRIAL, S. A	I	20.2	2019-2-17	2024-2-16
0207142990	410		AVENORTE AVICOLA CIANORTE LTDA.	I	20.2	2019-2-17	2024-2-16
0207142990	410		All others	I	32.4	2019-2-17	2024-2-16
0207142990	410		BELLO ALIMENTOS LTDA.	I	20.2	2019-2-17	2024-2-16
0207142990	410		BONASA ALIMENTOS SA	I	20.2	2019-2-17	2024-2-16
0207142990	410		BRF S. A. SHB COMERCIO E INDUSTRIA DE ALIMENTOS S. A. COMPANHIA MINUANO DE ALIMENTOS	I	25.8	2019-2-17	2024-2-16
0207142990	410		C. Vale - Cooperativa Agroindustrial	I	32.4	2019-2-17	2024-2-16
0207142990	410		COASUL COOPERATIVA AGROINDUSTRIAL	I	20.2	2019-2-17	2024-2-16
0207142990	410		COOPAVEL COOPERATIVA AGROINDUSTRIAL	I	20.2	2019-2-17	2024-2-16
0207142990	410		COOPERATIVA AGROINDUSTRIAL COPAGRIL	I	20.2	2019-2-17	2024-2-16
0207142990	410		COOPERATIVA LANGUIRU LTDA	I	20.2	2019-2-17	2024-2-16
0207142990	410		Cooperativa Central Aurora Alimentos	I	20.2	2019-2-17	2024-2-16
0207142990	410		Copacol - Cooperativa Agroindustrial Consolata	I	20.2	2019-2-17	2024-2-16
0207142990	410		FLAMBOIA ALIMENTOS LTDA	I	20.2	2019-2-17	2024-2-16
0207142990	410		FRIGORIFICO NOVA ARACA LTDA	I	20.2	2019-2-17	2024-2-16
0207142990	410		GONCALVES & TORTOLA S/A	I	20.2	2019-2-17	2024-2-16
0207142990	410		KAEFER AGRO INDUSTRIAL LTDA	I	20.2	2019-2-17	2024-2-16
0207142990	410		LAR COOPERATIVA AGROINDUSTRIAL	I	20.2	2019-2-17	2024-2-16
0207142990	410		RIO BRANCO ALIMENTOS S. A.	I	20.2	2019-2-17	2024-2-16
0207142990	410		RIVELLI ALIMENTOS S/A	I	20.2	2019-2-17	2024-2-16

商品编号	原产国（地区）	原产厂商中文名称	原产厂商英文名称	税种代码	税率（%）	起始日期	截止日期
0207142990	410		SEARA ALIMENTOS LTDA JBS AVES LTDA AGRICOLA JANDELLE S/A SEARA COMERCIO DE ALIMENTOS LTDA	I	17.8	2019-2-17	2024-2-16
0207142990	410		Sao Salvador Alimentos S/A	I	20.2	2019-2-17	2024-2-16
0207142990	410		VIBRA AGROINDUSTRIAL S/A	I	20.2	2019-2-17	2024-2-16
0207142990	410		VOSSKO DO BRASIL ALIMENTOS CONGELADOS LTDA	I	20.2	2019-2-17	2024-2-16
0207142990	410		ZANCHETTA ALIMENTOS LTDA	I	20.2	2019-2-17	2024-2-16
0207142990	701	国(地)别不详		I	32.4	2019-2-17	2024-2-16
0504002100	410		ADORO S/A	I	20.2	2019-2-17	2024-2-16
0504002100	410		AGRODANIELI INDUSTRIA E COMERCIO LTDA.	I	20.2	2019-2-17	2024-2-16
0504002100	410		AGROSUL AGROAVICOLA INDUSTRIAL, S. A	I	20.2	2019-2-17	2024-2-16
0504002100	410		AVENORTE AVICOLA CIANORTE LTDA.	I	20.2	2019-2-17	2024-2-16
0504002100	410		All others	I	32.4	2019-2-17	2024-2-16
0504002100	410		BELLO ALIMENTOS LTDA.	I	20.2	2019-2-17	2024-2-16
0504002100	410		BONASA ALIMENTOS SA	I	20.2	2019-2-17	2024-2-16
0504002100	410		BRF S. A. SHB COMERCIO E INDUSTRIA DE ALIMENTOS S. A. COMPANHIA MINUANO DE ALIMENTOS	I	25.8	2019-2-17	2024-2-16
0504002100	410		C. Vale - Cooperativa Agroindustrial	I	32.4	2019-2-17	2024-2-16
0504002100	410		COASUL COOPERATIVA AGROINDUSTRIAL	I	20.2	2019-2-17	2024-2-16
0504002100	410		COOPAVEL COOPERATIVA AGROINDUSTRIAL	I	20.2	2019-2-17	2024-2-16
0504002100	410		COOPERATIVA AGROINDUSTRIAL COPAGRIL	I	20.2	2019-2-17	2024-2-16
0504002100	410		COOPERATIVA LANGUIRU LTDA	I	20.2	2019-2-17	2024-2-16
0504002100	410		Cooperativa Central Aurora Alimentos	I	20.2	2019-2-17	2024-2-16
0504002100	410		Copacol - Cooperativa Agroindustrial Consolata	I	20.2	2019-2-17	2024-2-16
0504002100	410		FLAMBOIA ALIMENTOS LTDA	I	20.2	2019-2-17	2024-2-16
0504002100	410		FRIGORIFICO NOVA ARACA LTDA	I	20.2	2019-2-17	2024-2-16
0504002100	410		GONCALVES & TORTOLA S/A	I	20.2	2019-2-17	2024-2-16
0504002100	410		KAEFER AGRO INDUSTRIAL LTDA	I	20.2	2019-2-17	2024-2-16
0504002100	410		LAR COOPERATIVA AGROINDUSTRIAL	I	20.2	2019-2-17	2024-2-16
0504002100	410		RIO BRANCO ALIMENTOS S. A.	I	20.2	2019-2-17	2024-2-16
0504002100	410		RIVELLI ALIMENTOS S/A	I	20.2	2019-2-17	2024-2-16
0504002100	410		SEARA ALIMENTOS LTDA JBS AVES LTDA AGRICOLA JANDELLE S/A SEARA COMERCIO DE ALIMENTOS LTDA	I	17.8	2019-2-17	2024-2-16
0504002100	410		Sao Salvador Alimentos S/A	I	20.2	2019-2-17	2024-2-16
0504002100	410		VIBRA AGROINDUSTRIAL S/A	I	20.2	2019-2-17	2024-2-16
0504002100	410		VOSSKO DO BRASIL ALIMENTOS CONGELADOS LTDA	I	20.2	2019-2-17	2024-2-16
0504002100	410		ZANCHETTA ALIMENTOS LTDA	I	20.2	2019-2-17	2024-2-16
0504002100	701	国(地)别不详		I	32.4	2019-2-17	2024-2-16
1003100000	601	JW & JI 麦克唐纳家族合伙	JW & JI Mcdonald & Sons	I	73.6	2020-5-19	2025-5-18
1003100000	601	卡尔根诺米尼斯有限公司	Kalgan Nominees Pty. Ltd.	I	73.6	2020-5-19	2025-5-18
1003100000	601	麦秆田公司	Haycroft Enterprises	I	73.6	2020-5-19	2025-5-18
1003100000	601	其他澳大利亚公司	ALL others	I	73.6	2020-5-19	2025-5-18
1003100000	601	其他澳大利亚公司	ALL others	J	6.9	2020-5-19	2025-5-18
1003100000	601	伊鲁卡信托	The Iluka Trust	I	73.6	2020-5-19	2025-5-18
1003100000	701	国(地)别不详		I	73.6	2020-5-19	2025-5-18
1003100000	701	国(地)别不详		J	6.9	2020-5-19	2025-5-18
1003900000	601	JW & JI 麦克唐纳家族合伙	JW & JI Mcdonald & Sons	I	73.6	2020-5-19	2025-5-18
1003900000	601	卡尔根诺米尼斯有限公司	Kalgan Nominees Pty. Ltd.	I	73.6	2020-5-19	2025-5-18
1003900000	601	麦秆田公司	Haycroft Enterprises	I	73.6	2020-5-19	2025-5-18
1003900000	601	其他澳大利亚公司	ALL others	I	73.6	2020-5-19	2025-5-18
1003900000	601	其他澳大利亚公司	ALL others	J	6.9	2020-5-19	2025-5-18
1003900000	601	伊鲁卡信托	The Iluka Trust	I	73.6	2020-5-19	2025-5-18
1003900000	701	国(地)别不详		I	73.6	2020-5-19	2025-5-18
1003900000	701	国(地)别不详		J	6.9	2020-5-19	2025-5-18
1108130000	108	其他欧盟公司	All Others	I	56.7	2011-4-19	2024-2-5

商品编号	原产国(地区)	原产厂商中文名称	原产厂商英文名称	税种代码	税率(%)	起始日期	截止日期
1108130000	108	其他欧盟公司	All Others	J	12.4	2011-9-17	2022-9-15
1108130000	301	其他欧盟公司	All Others	I	56.7	2011-4-19	2024-2-5
1108130000	301	其他欧盟公司	All Others	J	12.4	2011-9-17	2022-9-15
1108130000	302	其他欧盟公司	All Others	I	56.7	2011-4-19	2024-2-5
1108130000	302	其他欧盟公司	All Others	J	12.4	2011-9-17	2022-9-15
1108130000	303	其他欧盟公司	All Others	I	56.7	2011-4-19	2024-2-5
1108130000	303	其他欧盟公司	All Others	J	12.4	2011-9-17	2022-9-15
1108130000	304	德国艾维贝马铃薯淀粉工厂	Avebe Kartoffelstarkefabrik Prignitz/Wendland GmbH	I	12.6	2011-4-19	2024-2-5
1108130000	304	德国艾维贝马铃薯淀粉工厂	Avebe Kartoffelstarkefabrik Prignitz/Wendland GmbH	J	12.4	2011-9-17	2022-9-15
1108130000	304	其他欧盟公司	All Others	I	56.7	2011-4-19	2024-2-5
1108130000	304	其他欧盟公司	All Others	J	12.4	2011-9-17	2022-9-15
1108130000	305	法国罗盖特公司	ROQUETTE FRERES	I	56.7	2011-4-19	2024-2-5
1108130000	305	法国罗盖特公司	ROQUETTE FRERES	J	7.5	2011-9-17	2022-9-15
1108130000	305	其他欧盟公司	All Others	I	56.7	2011-4-19	2024-2-5
1108130000	305	其他欧盟公司	All Others	J	12.4	2011-9-17	2022-9-15
1108130000	306	其他欧盟公司	All Others	I	56.7	2011-4-19	2024-2-5
1108130000	306	其他欧盟公司	All Others	J	12.4	2011-9-17	2022-9-15
1108130000	307	其他欧盟公司	All Others	I	56.7	2011-4-19	2024-2-5
1108130000	307	其他欧盟公司	All Others	J	12.4	2011-9-17	2022-9-15
1108130000	308	其他欧盟公司	All Others	I	56.7	2011-4-19	2024-2-5
1108130000	308	其他欧盟公司	All Others	J	12.4	2011-9-17	2022-9-15
1108130000	309	艾维贝合作社公司	Cooperatie AVEBE U. A.	I	12.6	2016-12-15	2024-2-5
1108130000	309	艾维贝合作社公司	Cooperatie AVEBE U. A.	J	12.4	2016-12-15	2022-9-15
1108130000	309	其他欧盟公司	All Others	I	56.7	2011-4-19	2024-2-5
1108130000	309	其他欧盟公司	All Others	J	12.4	2011-9-17	2022-9-15
1108130000	310	其他欧盟公司	All Others	I	56.7	2011-4-19	2024-2-5
1108130000	310	其他欧盟公司	All Others	J	12.4	2011-9-17	2022-9-15
1108130000	311	其他欧盟公司	All Others	I	56.7	2011-4-19	2024-2-5
1108130000	311	其他欧盟公司	All Others	J	12.4	2011-9-17	2022-9-15
1108130000	312	其他欧盟公司	All Others	I	56.7	2011-4-19	2024-2-5
1108130000	312	其他欧盟公司	All Others	J	12.4	2011-9-17	2022-9-15
1108130000	315	其他欧盟公司	All Others	I	56.7	2011-4-19	2024-2-5
1108130000	315	其他欧盟公司	All Others	J	12.4	2011-9-17	2022-9-15
1108130000	316	其他欧盟公司	All Others	I	56.7	2011-4-19	2024-2-5
1108130000	316	其他欧盟公司	All Others	J	12.4	2011-9-17	2022-9-15
1108130000	318	其他欧盟公司	All Others	I	56.7	2011-4-19	2024-2-5
1108130000	318	其他欧盟公司	All Others	J	12.4	2011-9-17	2022-9-15
1108130000	321	其他欧盟公司	All Others	I	56.7	2011-4-19	2024-2-5
1108130000	321	其他欧盟公司	All Others	J	12.4	2011-9-17	2022-9-15
1108130000	324	其他欧盟公司	All Others	I	56.7	2011-4-19	2024-2-5
1108130000	324	其他欧盟公司	All Others	J	12.4	2011-9-17	2022-9-15
1108130000	327	其他欧盟公司	All Others	I	56.7	2011-4-19	2024-2-5
1108130000	327	其他欧盟公司	All Others	J	12.4	2011-9-17	2022-9-15
1108130000	328	其他欧盟公司	All Others	I	56.7	2011-4-19	2024-2-5
1108130000	328	其他欧盟公司	All Others	J	12.4	2011-9-17	2022-9-15
1108130000	330	其他欧盟公司	All Others	I	56.7	2011-4-19	2024-2-5
1108130000	330	其他欧盟公司	All Others	J	12.4	2011-9-17	2022-9-15
1108130000	334	其他欧盟公司	All Others	I	56.7	2011-4-19	2024-2-5
1108130000	334	其他欧盟公司	All Others	J	12.4	2011-9-17	2022-9-15
1108130000	335	其他欧盟公司	All Others	I	56.7	2011-4-19	2024-2-5
1108130000	335	其他欧盟公司	All Others	J	12.4	2011-9-17	2022-9-15
1108130000	336	其他欧盟公司	All Others	I	56.7	2011-4-19	2024-2-5
1108130000	336	其他欧盟公司	All Others	J	12.4	2011-9-17	2022-9-15
1108130000	350	其他欧盟公司	All Others	I	56.7	2011-4-19	2024-2-5
1108130000	350	其他欧盟公司	All Others	J	12.4	2011-9-17	2022-9-15
1108130000	351	其他欧盟公司	All Others	J	12.4	2014-1-1	2022-9-15
1108130000	352	其他欧盟公司	All Others	I	56.7	2011-4-19	2024-2-5
1108130000	352	其他欧盟公司	All Others	J	12.4	2011-9-17	2022-9-15
1108130000	353	其他欧盟公司	All Others	I	56.7	2011-4-19	2024-2-5
1108130000	353	其他欧盟公司	All Others	J	12.4	2011-9-17	2022-9-15
1108130000	701	国(地)别不详		I	56.7	2011-4-19	2024-2-5
1108130000	701	国(地)别不详		J	12.4	2011-9-17	2022-9-15

商品编号	原产国（地区）	原产厂商中文名称	原产厂商英文名称	税种代码	税率（%）	起始日期	截止日期
2204210000	601	澳大利亚依恋森林酒庄	AUSTRALIA FARM AND LAND INVESTMENT PTY LTD	T	160. 6	2020-11-28	2999-12-31
2204210000	601	澳大利亚依恋森林酒庄	AUSTRALIA FARM AND LAND INVESTMENT PTY LTD	U	6. 3	2020-12-11	2999-12-31
2204210000	601	澳大利亚誉加葡萄酒有限公司	Accolade Wines Australia Limited	T	160. 6	2020-11-28	2999-12-31
2204210000	601	澳大利亚誉加葡萄酒有限公司	Accolade Wines Australia Limited	U	6. 3	2020-12-11	2999-12-31
2204210000	601	澳塔瓦酒庄	OCTTAVA WINES PTY LTD	T	160. 6	2020-11-28	2999-12-31
2204210000	601	澳塔瓦酒庄	OCTTAVA WINES PTY LTD	U	6. 3	2020-12-11	2999-12-31
2204210000	601	澳洲佳酿集团	Australian Vintage Limited	T	160. 6	2020-11-28	2999-12-31
2204210000	601	澳洲佳酿集团	Australian Vintage Limited	U	6. 3	2020-12-11	2999-12-31
2204210000	601	保乐力加酿酒师有限公司	Pernod Ricard Winemakers Pty Ltd	T	160. 6	2020-11-28	2999-12-31
2204210000	601	保乐力加酿酒师有限公司	Pernod Ricard Winemakers Pty Ltd	U	6. 4	2020-12-11	2999-12-31
2204210000	601	博格丹投资有限公司	Bogdan Investments Pty Ltd	T	160. 6	2020-11-28	2999-12-31
2204210000	601	博格丹投资有限公司	Bogdan Investments Pty Ltd	U	6. 3	2020-12-11	2999-12-31
2204210000	601	布朗兄弟米拉瓦葡萄园有限公司	BROWN BROTHERS MILAWA VINEYARD PTY. LIMITED	T	160. 6	2020-11-28	2999-12-31
2204210000	601	布朗兄弟米拉瓦葡萄园有限公司	BROWN BROTHERS MILAWA VINEYARD PTY. LIMITED	U	6. 3	2020-12-11	2999-12-31
2204210000	601	丹歌酒庄	AGREEN PTY LTD	T	160. 6	2020-11-28	2999-12-31
2204210000	601	丹歌酒庄	AGREEN PTY LTD	U	6. 3	2020-12-11	2999-12-31
2204210000	601	德灵酒庄	Dorrien Estate Winery Pty Ltd	T	160. 6	2020-11-28	2999-12-31
2204210000	601	德灵酒庄	Dorrien Estate Winery Pty Ltd	U	6. 3	2020-12-11	2999-12-31
2204210000	601	芬格富酒业集团	FERNGROVE VINEYARDS LTD	T	160. 6	2020-11-28	2999-12-31
2204210000	601	芬格富酒业集团	FERNGROVE VINEYARDS LTD	U	6. 3	2020-12-11	2999-12-31
2204210000	601	福莱斯葡萄酒有限公司	FOWLES WINE PTY LTD	T	160. 6	2020-11-28	2999-12-31
2204210000	601	福莱斯葡萄酒有限公司	FOWLES WINE PTY LTD	U	6. 3	2020-12-11	2999-12-31
2204210000	601	福润德酒业有限公司	FURUNDE WINE CO. PTY LTD	T	160. 6	2020-11-28	2999-12-31
2204210000	601	福润德酒业有限公司	FURUNDE WINE CO. PTY LTD	U	6. 3	2020-12-11	2999-12-31
2204210000	601	富豪葡萄酒产业酒商有限公司	Treasury Wine Estates Vintners Limited	T	169. 3	2020-11-28	2999-12-31
2204210000	601	富豪葡萄酒产业酒商有限公司	Treasury Wine Estates Vintners Limited	U	6. 3	2020-12-11	2999-12-31
2204210000	601	歌浓葡萄酒有限责任公司	Kilikanoon Wines Pty Ltd	T	160. 6	2020-11-28	2999-12-31
2204210000	601	歌浓葡萄酒有限责任公司	Kilikanoon Wines Pty Ltd	U	6. 4	2020-12-11	2999-12-31
2204210000	601	红袋鼠葡萄酒有限公司	THE RED KANGAROO WINE COMPANY PTY. LTD.	T	160. 6	2020-11-28	2999-12-31
2204210000	601	红袋鼠葡萄酒有限公司	THE RED KANGAROO WINE COMPANY PTY. LTD.	U	6. 3	2020-12-11	2999-12-31
2204210000	601	卡塞拉酒业私人有限公司	Casella Wines Pty. Limited	T	160. 2	2020-11-28	2999-12-31
2204210000	601	卡塞拉酒业私人有限公司	Casella Wines Pty. Limited	U	6. 3	2020-12-11	2999-12-31
2204210000	601	礼拜山酒庄	Chapel Hill Winery Pty Ltd	T	160. 6	2020-11-28	2999-12-31
2204210000	601	礼拜山酒庄	Chapel Hill Winery Pty Ltd	U	6. 3	2020-12-11	2999-12-31
2204210000	601	其他澳大利亚公司	All others	T	212. 1	2020-11-28	2999-12-31
2204210000	601	其他澳大利亚公司	All others	U	6. 4	2020-12-11	2999-12-31
2204210000	601	绅士酒庄	ZILZIE WINES PTY LTD	T	160. 6	2020-11-28	2999-12-31
2204210000	601	绅士酒庄	ZILZIE WINES PTY LTD	U	6. 3	2020-12-11	2999-12-31
2204210000	601	史密斯父子有限公司	S. SMITH & SON PTY. LIMITED	T	160. 6	2020-11-28	2999-12-31
2204210000	601	史密斯父子有限公司	S. SMITH & SON PTY. LIMITED	U	6. 3	2020-12-11	2999-12-31
2204210000	601	泰勒飞力士	TERRA FELIX PTY. LTD.	T	160. 6	2020-11-28	2999-12-31
2204210000	601	泰勒飞力士	TERRA FELIX PTY. LTD.	U	6. 3	2020-12-11	2999-12-31
2204210000	601	腾达堡	AUSTRALIAN FOOD & BEVERAGE GROUP PTY LTD	T	160. 6	2020-11-28	2999-12-31
2204210000	601	腾达堡	AUSTRALIAN FOOD & BEVERAGE GROUP PTY LTD	U	6. 3	2020-12-11	2999-12-31
2204210000	601	天鹅酿酒有限公司	Australia Swan Vintage Pty Ltd	T	107. 1	2020-11-28	2999-12-31
2204210000	601	天鹅酿酒有限公司	Australia Swan Vintage Pty Ltd	U	6. 3	2020-12-11	2999-12-31
2204210000	601	温加拉葡萄酒集团有限公司	WINGARA WINE GROUP PTY. LTD.	T	160. 6	2020-11-28	2999-12-31
2204210000	601	温加拉葡萄酒集团有限公司	WINGARA WINE GROUP PTY. LTD.	U	6. 3	2020-12-11	2999-12-31
2204210000	601	珀缇雅谷葡萄酒有限公司	Portia Valley Wines Pty Ltd	T	160. 6	2020-11-28	2999-12-31
2204210000	601	珀缇雅谷葡萄酒有限公司	Portia Valley Wines Pty Ltd	U	6. 3	2020-12-11	2999-12-31
2204210000	701	国(地)别不详		T	212. 1	2020-11-28	2999-12-31
2204210000	701	国(地)别不详		U	6. 4	2020-12-11	2999-12-31
2303300011	502	TCE 有限责任公司	TCE, LLC	I	50	2017-12-20	2022-1-11
2303300011	502	TCE 有限责任公司	TCE, LLC	J	11. 2	2017-12-20	2022-1-11

商品编号	原产国(地区)	原产厂商中文名称	原产厂商英文名称	税种代码	税率(%)	起始日期	截止日期
2303300011	502	阿格拉资源有限责任公司	AGRA RESOURCES, LLC	I	50	2017-12-20	2022-1-11
2303300011	502	阿格拉资源有限责任公司	AGRA RESOURCES, LLC	J	11.2	2017-12-20	2022-1-11
2303300011	502	阿奇尔丹尼斯米德兰公司	Archer-Daniels-Midland Company	I	49.8	2017-12-20	2022-1-11
2303300011	502	阿奇尔丹尼斯米德兰公司	Archer-Daniels-Midland Company	J	11.4	2017-12-20	2022-1-11
2303300011	502	埃尔克霍恩谷乙醇有限公司	Elkhorn Valley Ethanol, Limited Liability Company	I	49.8	2017-12-20	2022-1-11
2303300011	502	埃尔克霍恩谷乙醇有限公司	Elkhorn Valley Ethanol, Limited Liability Company	J	11.4	2017-12-20	2022-1-11
2303300011	502	爱国者可再生燃料有限责任公司	Patriot Renewable Fuels, LLC	I	49.8	2017-12-20	2022-1-11
2303300011	502	爱国者可再生燃料有限责任公司	Patriot Renewable Fuels, LLC	J	11.4	2017-12-20	2022-1-11
2303300011	502	爱荷华乙醇有限责任公司	IOWA ETHANOL, LLC	I	50	2017-12-20	2022-1-11
2303300011	502	爱荷华乙醇有限责任公司	IOWA ETHANOL, LLC	J	11.2	2017-12-20	2022-1-11
2303300011	502	安德森阿尔比恩乙醇公司	The Andersons Albion Ethanol LLC	I	49.8	2017-12-20	2022-1-11
2303300011	502	安德森阿尔比恩乙醇公司	The Andersons Albion Ethanol LLC	J	11.4	2017-12-20	2022-1-11
2303300011	502	安德森丹尼森乙醇公司	The Andersons Denison Ethanol LLC	I	49.8	2017-12-20	2022-1-11
2303300011	502	安德森丹尼森乙醇公司	The Andersons Denison Ethanol LLC	J	11.4	2017-12-20	2022-1-11
2303300011	502	安德森克里默思乙醇公司	The Andersons Clymers Ethanol LLC	I	49.8	2017-12-20	2022-1-11
2303300011	502	安德森克里默思乙醇公司	The Andersons Clymers Ethanol LLC	J	11.4	2017-12-20	2022-1-11
2303300011	502	安德森马拉松乙醇公司	The Andersons Marathon Ethanol LLC	I	49.8	2017-12-20	2022-1-11
2303300011	502	安德森马拉松乙醇公司	The Andersons Marathon Ethanol LLC	J	11.4	2017-12-20	2022-1-11
2303300011	502	北极光乙醇有限责任公司	NORTHERN LIGHTS ETHANOL, LLC	I	50	2017-12-20	2022-1-11
2303300011	502	北极光乙醇有限责任公司	NORTHERN LIGHTS ETHANOL, LLC	J	11.2	2017-12-20	2022-1-11
2303300011	502	北极星乙醇有限责任公司	NORTHSTAR ETHANOL, LLC	I	50	2017-12-20	2022-1-11
2303300011	502	北极星乙醇有限责任公司	NORTHSTAR ETHANOL, LLC	J	11.2	2017-12-20	2022-1-11
2303300011	502	博伊特生物精炼-北曼彻斯特有限责任公司	POET BIOREFINING - NORTH MANCHESTER, LLC	I	50	2017-12-20	2022-1-11
2303300011	502	博伊特生物精炼-北曼彻斯特有限责任公司	POET BIOREFINING - NORTH MANCHESTER, LLC	J	11.2	2017-12-20	2022-1-11
2303300011	502	博伊特生物精炼-波特兰有限责任公司	POET BIOREFINING - PORTLAND, LLC	I	50	2017-12-20	2022-1-11
2303300011	502	博伊特生物精炼-波特兰有限责任公司	POET BIOREFINING - PORTLAND, LLC	J	11.2	2017-12-20	2022-1-11
2303300011	502	博伊特生物精炼-福斯托里亚有限责任公司	POET BIOREFINING - FOSTORIA, LLC	I	50	2017-12-20	2022-1-11
2303300011	502	博伊特生物精炼-福斯托里亚有限责任公司	POET BIOREFINING - FOSTORIA, LLC	J	11.2	2017-12-20	2022-1-11
2303300011	502	博伊特生物精炼-克洛弗代尔有限责任公司	POET BIOREFINING - CLOVERDALE, LLC	I	50	2017-12-20	2022-1-11
2303300011	502	博伊特生物精炼-克洛弗代尔有限责任公司	POET BIOREFINING - CLOVERDALE, LLC	J	11.2	2017-12-20	2022-1-11
2303300011	502	博伊特生物精炼-利普西克有限责任公司	POET BIOREFINING - LEIPSIC, LLC	I	50	2017-12-20	2022-1-11
2303300011	502	博伊特生物精炼-利普西克有限责任公司	POET BIOREFINING - LEIPSIC, LLC	J	11.2	2017-12-20	2022-1-11
2303300011	502	博伊特生物精炼-马里昂有限责任公司	POET BIOREFINING - MARION, LLC	I	50	2017-12-20	2022-1-11
2303300011	502	博伊特生物精炼-马里昂有限责任公司	POET BIOREFINING - MARION, LLC	J	11.2	2017-12-20	2022-1-11
2303300011	502	博伊特生物精炼-亚历山德里亚有限责任公司	POET BIOREFINING - ALEXANDRIA, LLC	I	50	2017-12-20	2022-1-11
2303300011	502	博伊特生物精炼-亚历山德里亚有限责任公司	POET BIOREFINING - ALEXANDRIA, LLC	J	11.2	2017-12-20	2022-1-11
2303300011	502	博伊特研究中心公司	POET RESEARCH CENTER, INC.	I	50	2017-12-20	2022-1-11
2303300011	502	博伊特研究中心公司	POET RESEARCH CENTER, INC.	J	11.2	2017-12-20	2022-1-11
2303300011	502	大草原乙醇有限责任公司	PRAIRIE ETHANOL, LLC	I	50	2017-12-20	2022-1-11
2303300011	502	大草原乙醇有限责任公司	PRAIRIE ETHANOL, LLC	J	11.2	2017-12-20	2022-1-11
2303300011	502	大河资源有限责任公司	Big River Resources, LLC	I	53.7	2017-12-20	2022-1-11
2303300011	502	大河资源有限责任公司	Big River Resources, LLC	J	11.2	2017-12-20	2022-1-11
2303300011	502	大平原乙醇有限责任公司	GREAT PLAINS ETHANOL, LLC	I	50	2017-12-20	2022-1-11
2303300011	502	大平原乙醇有限责任公司	GREAT PLAINS ETHANOL, LLC	J	11.2	2017-12-20	2022-1-11
2303300011	502	地平线乙醇有限责任公司	HORIZON ETHANOL, LLC	I	50	2017-12-20	2022-1-11
2303300011	502	地平线乙醇有限责任公司	HORIZON ETHANOL, LLC	J	11.2	2017-12-20	2022-1-11
2303300011	502	恩思乙醇有限责任公司	Ace Ethanol, LLC	I	49.8	2017-12-20	2022-1-11
2303300011	502	恩思乙醇有限责任公司	Ace Ethanol, LLC	J	11.4	2017-12-20	2022-1-11

商品编号	原产国(地区)	原产厂商中文名称	原产厂商英文名称	税种代码	税率(%)	起始日期	截止日期
2303300011	502	弗林特希尔斯资源有限合伙	Flint Hills Resources, LP	I	49.8	2017-12-20	2022-1-11
2303300011	502	弗林特希尔斯资源有限合伙	Flint Hills Resources, LP	J	11.4	2017-12-20	2022-1-11
2303300011	502	高峰乙醇有限责任公司	PINNACLE ETHANOL, LLC	I	50	2017-12-20	2022-1-11
2303300011	502	高峰乙醇有限责任公司	PINNACLE ETHANOL, LLC	J	11.2	2017-12-20	2022-1-11
2303300011	502	航行者乙醇有限责任公司	VOYAGER ETHANOL, LLC	I	50	2017-12-20	2022-1-11
2303300011	502	航行者乙醇有限责任公司	VOYAGER ETHANOL, LLC	J	11.2	2017-12-20	2022-1-11
2303300011	502	金谷能源有限责任公司	Golden Grain Energy, LLC	I	49.8	2017-12-20	2022-1-11
2303300011	502	金谷能源有限责任公司	Golden Grain Energy, LLC	J	11.4	2017-12-20	2022-1-11
2303300011	502	领先-玉米有限责任公司	PRO-CORN, LLC	I	50	2017-12-20	2022-1-11
2303300011	502	领先-玉米有限责任公司	PRO-CORN, LLC	J	11.2	2017-12-20	2022-1-11
2303300011	502	路易达孚大章克申有限公司	Louis Dreyfus Commodities Grand Junction LLC	I	49.8	2017-12-20	2022-1-11
2303300011	502	路易达孚大章克申有限公司	Louis Dreyfus Commodities Grand Junction LLC	J	11.4	2017-12-20	2022-1-11
2303300011	502	马奎斯能源(威斯康星)有限责任公司	Marquis Energy - Wisconsin, LLC	I	42.2	2017-12-20	2022-1-11
2303300011	502	马奎斯能源(威斯康星)有限责任公司	Marquis Energy - Wisconsin, LLC	J	11.6	2017-12-20	2022-1-11
2303300011	502	马奎斯能源有限责任公司	Marquis Energy LLC	I	42.2	2017-12-20	2022-1-11
2303300011	502	马奎斯能源有限责任公司	Marquis Energy LLC	J	11.6	2017-12-20	2022-1-11
2303300011	502	密苏里东北粮食有限责任公司	NORTHEAST MISSOURI GRAIN, LLC	I	50	2017-12-20	2022-1-11
2303300011	502	密苏里东北粮食有限责任公司	NORTHEAST MISSOURI GRAIN, LLC	J	11.2	2017-12-20	2022-1-11
2303300011	502	密苏里乙醇有限责任公司	MISSOURI ETHANOL, LLC	I	50	2017-12-20	2022-1-11
2303300011	502	密苏里乙醇有限责任公司	MISSOURI ETHANOL, LLC	J	11.2	2017-12-20	2022-1-11
2303300011	502	密歇根乙醇有限责任公司	MICHIGAN ETHANOL, LLC	I	50	2017-12-20	2022-1-11
2303300011	502	密歇根乙醇有限责任公司	MICHIGAN ETHANOL, LLC	J	11.2	2017-12-20	2022-1-11
2303300011	502	其他美国公司	All Others	I	53.7	2017-12-20	2022-1-11
2303300011	502	其他美国公司	All Others	J	12	2017-12-20	2022-1-11
2303300011	502	前沿乙醇有限责任公司	FRONTIER ETHANOL, LLC	I	50	2017-12-20	2022-1-11
2303300011	502	前沿乙醇有限责任公司	FRONTIER ETHANOL, LLC	J	11.2	2017-12-20	2022-1-11
2303300011	502	水獭溪乙醇有限责任公司	OTTER CREEK ETHANOL, LLC	I	50	2017-12-20	2022-1-11
2303300011	502	水獭溪乙醇有限责任公司	OTTER CREEK ETHANOL, LLC	J	11.2	2017-12-20	2022-1-11
2303300011	502	苏河乙醇有限责任公司	SIOUX RIVER ETHANOL, LLC	I	50	2017-12-20	2022-1-11
2303300011	502	苏河乙醇有限责任公司	SIOUX RIVER ETHANOL, LLC	J	11.2	2017-12-20	2022-1-11
2303300011	502	瓦莱罗可再生燃料有限责任公司	Valero Renewable Fuels Company, LLC	I	49.8	2017-12-20	2022-1-11
2303300011	502	瓦莱罗可再生燃料有限责任公司	Valero Renewable Fuels Company, LLC	J	11.4	2017-12-20	2022-1-11
2303300011	502	伊利诺斯河能源公司	Illinois River Energy, LLC	I	49.8	2017-12-20	2022-1-11
2303300011	502	伊利诺斯河能源公司	Illinois River Energy, LLC	J	11.4	2017-12-20	2022-1-11
2303300011	502	乙醇2000有限责任合伙	ETHANOL2000 LIMITED LIABILITY PARTNERSHIP	I	50	2017-12-20	2022-1-11
2303300011	502	乙醇2000有限责任合伙	ETHANOL2000 LIMITED LIABILITY PARTNERSHIP	J	11.2	2017-12-20	2022-1-11
2303300011	502	詹姆斯谷乙醇有限责任公司	JAMES VALLEY ETHANOL, LLC	I	50	2017-12-20	2022-1-11
2303300011	502	詹姆斯谷乙醇有限责任公司	JAMES VALLEY ETHANOL, LLC	J	11.2	2017-12-20	2022-1-11
2303300011	502	卓越能源有限责任公司	Absolute Energy, LLC	I	49.8	2017-12-20	2022-1-11
2303300011	502	卓越能源有限责任公司	Absolute Energy, LLC	J	11.4	2017-12-20	2022-1-11
2303300011	701	国(地)别不详		I	53.7	2017-12-20	2022-1-11
2303300011	701	国(地)别不详		J	11.4	2017-12-20	2022-1-11
2303300019	502	TCE有限责任公司	TCE, LLC	I	50	2017-12-20	2022-1-11
2303300019	502	TCE有限责任公司	TCE, LLC	J	11.2	2017-12-20	2022-1-11
2303300019	502	阿格拉资源有限责任公司	AGRA RESOURCES, LLC	I	50	2017-12-20	2022-1-11
2303300019	502	阿格拉资源有限责任公司	AGRA RESOURCES, LLC	J	11.2	2017-12-20	2022-1-11
2303300019	502	阿奇尔丹尼斯米德兰公司	Archer-Daniels-Midland Company	I	49.8	2017-12-20	2022-1-11
2303300019	502	阿奇尔丹尼斯米德兰公司	Archer-Daniels-Midland Company	J	11.4	2017-12-20	2022-1-11
2303300019	502	埃尔克霍恩谷乙醇有限公司	Elkhorn Valley Ethanol, Limited Liability Company	I	49.8	2017-12-20	2022-1-11
2303300019	502	埃尔克霍恩谷乙醇有限公司	Elkhorn Valley Ethanol, Limited Liability Company	J	11.4	2017-12-20	2022-1-11
2303300019	502	爱国者可再生燃料有限责任公司	Patriot Renewable Fuels, LLC	I	49.8	2017-12-20	2022-1-11
2303300019	502	爱国者可再生燃料有限责任公司	Patriot Renewable Fuels, LLC	J	11.4	2017-12-20	2022-1-11
2303300019	502	爱荷华乙醇有限责任公司	IOWA ETHANOL, LLC	I	50	2017-12-20	2022-1-11
2303300019	502	爱荷华乙醇有限责任公司	IOWA ETHANOL, LLC	J	11.2	2017-12-20	2022-1-11
2303300019	502	安德森阿尔比恩乙醇公司	The Andersons Albion Ethanol LLC	I	49.8	2017-12-20	2022-1-11
2303300019	502	安德森阿尔比恩乙醇公司	The Andersons Albion Ethanol LLC	J	11.4	2017-12-20	2022-1-11
2303300019	502	安德森丹尼森乙醇公司	The Andersons Denison Ethanol LLC	I	49.8	2017-12-20	2022-1-11
2303300019	502	安德森丹尼森乙醇公司	The Andersons Denison Ethanol LLC	J	11.4	2017-12-20	2022-1-11
2303300019	502	安德森克里默思乙醇公司	The Andersons Clymers Ethanol LLC	I	49.8	2017-12-20	2022-1-11
2303300019	502	安德森克里默思乙醇公司	The Andersons Clymers Ethanol LLC	J	11.4	2017-12-20	2022-1-11
2303300019	502	安德森马拉松乙醇公司	The Andersons Marathon Ethanol LLC	I	49.8	2017-12-20	2022-1-11

商品编号	原产国(地区)	原产厂商中文名称	原产厂商英文名称	税种代码	税率(%)	起始日期	截止日期
2303300019	502	安德森马拉松乙醇公司	The Andersons Marathon Ethanol LLC	J	11.4	2017-12-20	2022-1-11
2303300019	502	北极光乙醇有限责任公司	NORTHERN LIGHTS ETHANOL, LLC	I	50	2017-12-20	2022-1-11
2303300019	502	北极光乙醇有限责任公司	NORTHERN LIGHTS ETHANOL, LLC	J	11.2	2017-12-20	2022-1-11
2303300019	502	北极星乙醇有限责任公司	NORTHSTAR ETHANOL, LLC	I	50	2017-12-20	2022-1-11
2303300019	502	北极星乙醇有限责任公司	NORTHSTAR ETHANOL, LLC	J	11.2	2017-12-20	2022-1-11
2303300019	502	博伊特生物精炼-北曼彻斯特有限责任公司	POET BIOREFINING - NORTH MANCHESTER, LLC	I	50	2017-12-20	2022-1-11
2303300019	502	博伊特生物精炼-北曼彻斯特有限责任公司	POET BIOREFINING - NORTH MANCHESTER, LLC	J	11.2	2017-12-20	2022-1-11
2303300019	502	博伊特生物精炼-波特兰有限责任公司	POET BIOREFINING - PORTLAND, LLC	I	50	2017-12-20	2022-1-11
2303300019	502	博伊特生物精炼-波特兰有限责任公司	POET BIOREFINING - PORTLAND, LLC	J	11.2	2017-12-20	2022-1-11
2303300019	502	博伊特生物精炼-福斯托里亚有限责任公司	POET BIOREFINING - FOSTORIA, LLC	I	50	2017-12-20	2022-1-11
2303300019	502	博伊特生物精炼-福斯托里亚有限责任公司	POET BIOREFINING - FOSTORIA, LLC	J	11.2	2017-12-20	2022-1-11
2303300019	502	博伊特生物精炼-克洛弗代尔有限责任公司	POET BIOREFINING - CLOVERDALE, LLC	I	50	2017-12-20	2022-1-11
2303300019	502	博伊特生物精炼-克洛弗代尔有限责任公司	POET BIOREFINING - CLOVERDALE, LLC	J	11.2	2017-12-20	2022-1-11
2303300019	502	博伊特生物精炼-利普西克有限责任公司	POET BIOREFINING - LEIPSIC, LLC	I	50	2017-12-20	2022-1-11
2303300019	502	博伊特生物精炼-利普西克有限责任公司	POET BIOREFINING - LEIPSIC, LLC	J	11.2	2017-12-20	2022-1-11
2303300019	502	博伊特生物精炼-马里昂有限责任公司	POET BIOREFINING - MARION, LLC	I	50	2017-12-20	2022-1-11
2303300019	502	博伊特生物精炼-马里昂有限责任公司	POET BIOREFINING - MARION, LLC	J	11.2	2017-12-20	2022-1-11
2303300019	502	博伊特生物精炼-亚历山德里亚有限责任公司	POET BIOREFINING - ALEXANDRIA, LLC	I	50	2017-12-20	2022-1-11
2303300019	502	博伊特生物精炼-亚历山德里亚有限责任公司	POET BIOREFINING - ALEXANDRIA, LLC	J	11.2	2017-12-20	2022-1-11
2303300019	502	博伊特研究中心公司	POET RESEARCH CENTER, INC.	I	50	2017-12-20	2022-1-11
2303300019	502	博伊特研究中心公司	POET RESEARCH CENTER, INC.	J	11.2	2017-12-20	2022-1-11
2303300019	502	大草原乙醇有限责任公司	PRAIRIE ETHANOL, LLC	I	50	2017-12-20	2022-1-11
2303300019	502	大草原乙醇有限责任公司	PRAIRIE ETHANOL, LLC	J	11.2	2017-12-20	2022-1-11
2303300019	502	大河资源有限责任公司	Big River Resources, LLC	I	53.7	2017-12-20	2022-1-11
2303300019	502	大河资源有限责任公司	Big River Resources, LLC	J	11.2	2017-12-20	2022-1-11
2303300019	502	大平原乙醇有限责任公司	GREAT PLAINS ETHANOL, LLC	I	50	2017-12-20	2022-1-11
2303300019	502	大平原乙醇有限责任公司	GREAT PLAINS ETHANOL, LLC	J	11.2	2017-12-20	2022-1-11
2303300019	502	地平线乙醇有限责任公司	HORIZON ETHANOL, LLC	I	50	2017-12-20	2022-1-11
2303300019	502	地平线乙醇有限责任公司	HORIZON ETHANOL, LLC	J	11.2	2017-12-20	2022-1-11
2303300019	502	恩思乙醇有限责任公司	Ace Ethanol, LLC	I	49.8	2017-12-20	2022-1-11
2303300019	502	恩思乙醇有限责任公司	Ace Ethanol, LLC	J	11.4	2017-12-20	2022-1-11
2303300019	502	弗林特希尔斯资源有限合伙	Flint Hills Resources, LP	I	49.8	2017-12-20	2022-1-11
2303300019	502	弗林特希尔斯资源有限合伙	Flint Hills Resources, LP	J	11.4	2017-12-20	2022-1-11
2303300019	502	高峰乙醇有限责任公司	PINNACLE ETHANOL, LLC	I	50	2017-12-20	2022-1-11
2303300019	502	高峰乙醇有限责任公司	PINNACLE ETHANOL, LLC	J	11.2	2017-12-20	2022-1-11
2303300019	502	航行者乙醇有限责任公司	VOYAGER ETHANOL, LLC	I	50	2017-12-20	2022-1-11
2303300019	502	航行者乙醇有限责任公司	VOYAGER ETHANOL, LLC	J	11.2	2017-12-20	2022-1-11
2303300019	502	金谷能源有限责任公司	Golden Grain Energy, LLC	I	49.8	2017-12-20	2022-1-11
2303300019	502	金谷能源有限责任公司	Golden Grain Energy, LLC	J	11.4	2017-12-20	2022-1-11
2303300019	502	领先-玉米有限责任公司	PRO-CORN, LLC	I	50	2017-12-20	2022-1-11
2303300019	502	领先-玉米有限责任公司	PRO-CORN, LLC	J	11.2	2017-12-20	2022-1-11
2303300019	502	路易达孚大章克申有限公司	Louis Dreyfus Commodities Grand Junction LLC	I	49.8	2017-12-20	2022-1-11
2303300019	502	路易达孚大章克申有限公司	Louis Dreyfus Commodities Grand Junction LLC	J	11.4	2017-12-20	2022-1-11
2303300019	502	马奎斯能源(威斯康星)有限责任公司	Marquis Energy - Wisconsin, LLC	I	42.2	2017-12-20	2022-1-11
2303300019	502	马奎斯能源(威斯康星)有限责任公司	Marquis Energy - Wisconsin, LLC	J	11.6	2017-12-20	2022-1-11
2303300019	502	马奎斯能源有限责任公司	Marquis Energy LLC	I	42.2	2017-12-20	2022-1-11
2303300019	502	马奎斯能源有限责任公司	Marquis Energy LLC	J	11.6	2017-12-20	2022-1-11
2303300019	502	密苏里东北粮食有限责任公司	NORTHEAST MISSOURI GRAIN, LLC	I	50	2017-12-20	2022-1-11

商品编号	原产国（地区）	原产厂商中文名称	原产厂商英文名称	税种代码	税率（%）	起始日期	截止日期
2303300019	502	密苏里东北粮食有限责任公司	NORTHEAST MISSOURI GRAIN, LLC	J	11.2	2017-12-20	2022-1-11
2303300019	502	密苏里乙醇有限责任公司	MISSOURI ETHANOL, LLC	I	50	2017-12-20	2022-1-11
2303300019	502	密苏里乙醇有限责任公司	MISSOURI ETHANOL, LLC	J	11.2	2017-12-20	2022-1-11
2303300019	502	密歇根乙醇有限责任公司	MICHIGAN ETHANOL, LLC	I	50	2017-12-20	2022-1-11
2303300019	502	密歇根乙醇有限责任公司	MICHIGAN ETHANOL, LLC	J	11.2	2017-12-20	2022-1-11
2303300019	502	其他美国公司	All Others	I	53.7	2017-12-20	2022-1-11
2303300019	502	其他美国公司	All Others	J	12	2017-12-20	2022-1-11
2303300019	502	前沿乙醇有限责任公司	FRONTIER ETHANOL, LLC	I	50	2017-12-20	2022-1-11
2303300019	502	前沿乙醇有限责任公司	FRONTIER ETHANOL, LLC	J	11.2	2017-12-20	2022-1-11
2303300019	502	水獭溪乙醇有限责任公司	OTTER CREEK ETHANOL, LLC	I	50	2017-12-20	2022-1-11
2303300019	502	水獭溪乙醇有限责任公司	OTTER CREEK ETHANOL, LLC	J	11.2	2017-12-20	2022-1-11
2303300019	502	苏河乙醇有限责任公司	SIOUX RIVER ETHANOL, LLC	I	50	2017-12-20	2022-1-11
2303300019	502	苏河乙醇有限责任公司	SIOUX RIVER ETHANOL, LLC	J	11.2	2017-12-20	2022-1-11
2303300019	502	瓦莱罗可再生燃料有限责任公司	Valero Renewable Fuels Company, LLC	I	49.8	2017-12-20	2022-1-11
2303300019	502	瓦莱罗可再生燃料有限责任公司	Valero Renewable Fuels Company, LLC	J	11.4	2017-12-20	2022-1-11
2303300019	502	伊利诺斯河能源公司	Illinois River Energy, LLC	I	49.8	2017-12-20	2022-1-11
2303300019	502	伊利诺斯河能源公司	Illinois River Energy, LLC	J	11.4	2017-12-20	2022-1-11
2303300019	502	乙醇 2000 有限责任合伙	ETHANOL2000 LIMITED LIABILITY PARTNERSHIP	I	50	2017-12-20	2022-1-11
2303300019	502	乙醇 2000 有限责任合伙	ETHANOL2000 LIMITED LIABILITY PARTNERSHIP	J	11.2	2017-12-20	2022-1-11
2303300019	502	詹姆斯谷乙醇有限责任公司	JAMES VALLEY ETHANOL, LLC	I	50	2017-12-20	2022-1-11
2303300019	502	詹姆斯谷乙醇有限责任公司	JAMES VALLEY ETHANOL, LLC	J	11.2	2017-12-20	2022-1-11
2303300019	502	卓越能源有限责任公司	Absolute Energy, LLC	I	49.8	2017-12-20	2022-1-11
2303300019	502	卓越能源有限责任公司	Absolute Energy, LLC	J	11.4	2017-12-20	2022-1-11
2303300019	701	国（地）别不详		I	53.7	2017-12-20	2022-1-11
2303300019	701	国（地）别不详		J	11.4	2017-12-20	2022-1-11
2303300090	502	TCE 有限责任公司	TCE, LLC	I	50	2017-1-12	2022-1-11
2303300090	502	TCE 有限责任公司	TCE, LLC	J	11.2	2017-1-12	2022-1-11
2303300090	502	阿格拉资源有限责任公司	AGRA RESOURCES, LLC	I	50	2017-1-12	2022-1-11
2303300090	502	阿格拉资源有限责任公司	AGRA RESOURCES, LLC	J	11.2	2017-1-12	2022-1-11
2303300090	502	阿奇尔丹尼斯米德兰公司	Archer-Daniels-Midland Company	I	49.8	2017-1-12	2022-1-11
2303300090	502	阿奇尔丹尼斯米德兰公司	Archer-Daniels-Midland Company	J	11.4	2017-1-12	2022-1-11
2303300090	502	埃尔克霍恩谷乙醇有限公司	Elkhorn Valley Ethanol, Limited Liability Company	I	49.8	2017-1-12	2022-1-11
2303300090	502	埃尔克霍恩谷乙醇有限公司	Elkhorn Valley Ethanol, Limited Liability Company	J	11.4	2017-1-12	2022-1-11
2303300090	502	爱国者可再生燃料有限责任公司	Patriot Renewable Fuels, LLC	I	49.8	2017-1-12	2022-1-11
2303300090	502	爱国者可再生燃料有限责任公司	Patriot Renewable Fuels, LLC	J	11.4	2017-1-12	2022-1-11
2303300090	502	爱荷华乙醇有限责任公司	IOWA ETHANOL, LLC	I	50	2017-1-12	2022-1-11
2303300090	502	爱荷华乙醇有限责任公司	IOWA ETHANOL, LLC	J	11.2	2017-1-12	2022-1-11
2303300090	502	安德森阿尔比恩乙醇公司	The Andersons Albion Ethanol LLC	I	49.8	2017-1-12	2022-1-11
2303300090	502	安德森阿尔比恩乙醇公司	The Andersons Albion Ethanol LLC	J	11.4	2017-1-12	2022-1-11
2303300090	502	安德森丹尼森乙醇公司	The Andersons Denison Ethanol LLC	I	49.8	2017-1-12	2022-1-11
2303300090	502	安德森丹尼森乙醇公司	The Andersons Denison Ethanol LLC	J	11.4	2017-1-12	2022-1-11
2303300090	502	安德森克里默思乙醇公司	The Andersons Clymers Ethanol LLC	I	49.8	2017-1-12	2022-1-11
2303300090	502	安德森克里默思乙醇公司	The Andersons Clymers Ethanol LLC	J	11.4	2017-1-12	2022-1-11
2303300090	502	安德森马拉松乙醇公司	The Andersons Marathon Ethanol LLC	I	49.8	2017-1-12	2022-1-11
2303300090	502	安德森马拉松乙醇公司	The Andersons Marathon Ethanol LLC	J	11.4	2017-1-12	2022-1-11
2303300090	502	北极光乙醇有限责任公司	NORTHERN LIGHTS ETHANOL, LLC	I	50	2017-1-12	2022-1-11
2303300090	502	北极光乙醇有限责任公司	NORTHERN LIGHTS ETHANOL, LLC	J	11.2	2017-1-12	2022-1-11
2303300090	502	北极星乙醇有限责任公司	NORTHSTAR ETHANOL, LLC	I	50	2017-1-12	2022-1-11
2303300090	502	北极星乙醇有限责任公司	NORTHSTAR ETHANOL, LLC	J	11.2	2017-1-12	2022-1-11
2303300090	502	博伊特生物精炼-北曼彻斯特有限责任公司	POET BIOREFINING - NORTH MANCHESTER, LLC	I	50	2017-1-12	2022-1-11
2303300090	502	博伊特生物精炼-北曼彻斯特有限责任公司	POET BIOREFINING - NORTH MANCHESTER, LLC	J	11.2	2017-1-12	2022-1-11
2303300090	502	博伊特生物精炼-波特兰有限责任公司	POET BIOREFINING - PORTLAND, LLC	I	50	2017-1-12	2022-1-11
2303300090	502	博伊特生物精炼-波特兰有限责任公司	POET BIOREFINING - PORTLAND, LLC	J	11.2	2017-1-12	2022-1-11
2303300090	502	博伊特生物精炼-福斯托里亚有限责任公司	POET BIOREFINING - FOSTORIA, LLC	I	50	2017-1-12	2022-1-11

商品编号	原产国(地区)	原产厂商中文名称	原产厂商英文名称	税种代码	税率(%)	起始日期	截止日期
2303300090	502	博伊特生物精炼-福斯托里亚有限责任公司	POET BIOREFINING - FOSTORIA, LLC	J	11.2	2017-1-12	2022-1-11
2303300090	502	博伊特生物精炼-克洛弗代尔有限责任公司	POET BIOREFINING - CLOVERDALE, LLC	I	50	2017-1-12	2022-1-11
2303300090	502	博伊特生物精炼-克洛弗代尔有限责任公司	POET BIOREFINING - CLOVERDALE, LLC	J	11.2	2017-1-12	2022-1-11
2303300090	502	博伊特生物精炼-利普西克有限责任公司	POET BIOREFINING - LEIPSIC, LLC	I	50	2017-1-12	2022-1-11
2303300090	502	博伊特生物精炼-利普西克有限责任公司	POET BIOREFINING - LEIPSIC, LLC	J	11.2	2017-1-12	2022-1-11
2303300090	502	博伊特生物精炼-马里昂有限责任公司	POET BIOREFINING - MARION, LLC	I	50	2017-1-12	2022-1-11
2303300090	502	博伊特生物精炼-马里昂有限责任公司	POET BIOREFINING - MARION, LLC	J	11.2	2017-1-12	2022-1-11
2303300090	502	博伊特生物精炼-亚历山德里亚有限责任公司	POET BIOREFINING - ALEXANDRIA, LLC	I	50	2017-1-12	2022-1-11
2303300090	502	博伊特生物精炼-亚历山德里亚有限责任公司	POET BIOREFINING - ALEXANDRIA, LLC	J	11.2	2017-1-12	2022-1-11
2303300090	502	博伊特研究中心公司	POET RESEARCH CENTER, INC.	I	50	2017-1-12	2022-1-11
2303300090	502	博伊特研究中心公司	POET RESEARCH CENTER, INC.	J	11.2	2017-1-12	2022-1-11
2303300090	502	大草原乙醇有限责任公司	PRAIRIE ETHANOL, LLC	I	50	2017-1-12	2022-1-11
2303300090	502	大草原乙醇有限责任公司	PRAIRIE ETHANOL, LLC	J	11.2	2017-1-12	2022-1-11
2303300090	502	大河资源有限责任公司	Big River Resources, LLC	I	53.7	2017-1-12	2022-1-11
2303300090	502	大河资源有限责任公司	Big River Resources, LLC	J	11.2	2017-1-12	2022-1-11
2303300090	502	大平原乙醇有限责任公司	GREAT PLAINS ETHANOL, LLC	I	50	2017-1-12	2022-1-11
2303300090	502	大平原乙醇有限责任公司	GREAT PLAINS ETHANOL, LLC	J	11.2	2017-1-12	2022-1-11
2303300090	502	地平线乙醇有限责任公司	HORIZON ETHANOL, LLC	I	50	2017-1-12	2022-1-11
2303300090	502	地平线乙醇有限责任公司	HORIZON ETHANOL, LLC	J	11.2	2017-1-12	2022-1-11
2303300090	502	恩思乙醇有限责任公司	Ace Ethanol, LLC	I	49.8	2017-1-12	2022-1-11
2303300090	502	恩思乙醇有限责任公司	Ace Ethanol, LLC	J	11.4	2017-1-12	2022-1-11
2303300090	502	弗林特希尔斯资源有限合伙	Flint Hills Resources, LP	I	49.8	2017-1-12	2022-1-11
2303300090	502	弗林特希尔斯资源有限合伙	Flint Hills Resources, LP	J	11.4	2017-1-12	2022-1-11
2303300090	502	高峰乙醇有限责任公司	PINNACLE ETHANOL, LLC	I	50	2017-1-12	2022-1-11
2303300090	502	高峰乙醇有限责任公司	PINNACLE ETHANOL, LLC	J	11.2	2017-1-12	2022-1-11
2303300090	502	航行者乙醇有限责任公司	VOYAGER ETHANOL, LLC	I	50	2017-1-12	2022-1-11
2303300090	502	航行者乙醇有限责任公司	VOYAGER ETHANOL, LLC	J	11.2	2017-1-12	2022-1-11
2303300090	502	金谷能源有限责任公司	Golden Grain Energy, LLC	I	49.8	2017-1-12	2022-1-11
2303300090	502	金谷能源有限责任公司	Golden Grain Energy, LLC	J	11.4	2017-1-12	2022-1-11
2303300090	502	领先-玉米有限责任公司	PRO-CORN, LLC	I	50	2017-1-12	2022-1-11
2303300090	502	领先-玉米有限责任公司	PRO-CORN, LLC	J	11.2	2017-1-12	2022-1-11
2303300090	502	路易达孚大章克申有限公司	Louis Dreyfus Commodities Grand Junction LLC	I	49.8	2017-1-12	2022-1-11
2303300090	502	路易达孚大章克申有限公司	Louis Dreyfus Commodities Grand Junction LLC	J	11.4	2017-1-12	2022-1-11
2303300090	502	马奎斯能源(威斯康星)有限责任公司	Marquis Energy - Wisconsin, LLC	I	42.2	2017-1-12	2022-1-11
2303300090	502	马奎斯能源(威斯康星)有限责任公司	Marquis Energy - Wisconsin, LLC	J	11.6	2017-1-12	2022-1-11
2303300090	502	马奎斯能源有限责任公司	Marquis Energy LLC	I	42.2	2017-1-12	2022-1-11
2303300090	502	马奎斯能源有限责任公司	Marquis Energy LLC	J	11.6	2017-1-12	2022-1-11
2303300090	502	密苏里东北粮食有限责任公司	NORTHEAST MISSOURI GRAIN, LLC	I	50	2017-1-12	2022-1-11
2303300090	502	密苏里东北粮食有限责任公司	NORTHEAST MISSOURI GRAIN, LLC	J	11.2	2017-1-12	2022-1-11
2303300090	502	密苏里乙醇有限责任公司	MISSOURI ETHANOL, LLC	I	50	2017-1-12	2022-1-11
2303300090	502	密苏里乙醇有限责任公司	MISSOURI ETHANOL, LLC	J	11.2	2017-1-12	2022-1-11
2303300090	502	密歇根乙醇有限责任公司	MICHIGAN ETHANOL, LLC	I	50	2017-1-12	2022-1-11
2303300090	502	密歇根乙醇有限责任公司	MICHIGAN ETHANOL, LLC	J	11.2	2017-1-12	2022-1-11
2303300090	502	其他美国公司	All Others	I	53.7	2017-1-12	2022-1-11
2303300090	502	其他美国公司	All Others	J	12	2017-1-12	2022-1-11
2303300090	502	前沿乙醇有限责任公司	FRONTIER ETHANOL, LLC	I	50	2017-1-12	2022-1-11
2303300090	502	前沿乙醇有限责任公司	FRONTIER ETHANOL, LLC	J	11.2	2017-1-12	2022-1-11
2303300090	502	水獭溪乙醇有限责任公司	OTTER CREEK ETHANOL, LLC	I	50	2017-1-12	2022-1-11
2303300090	502	水獭溪乙醇有限责任公司	OTTER CREEK ETHANOL, LLC	J	11.2	2017-1-12	2022-1-11
2303300090	502	苏河乙醇有限责任公司	SIOUX RIVER ETHANOL, LLC	I	50	2017-1-12	2022-1-11
2303300090	502	苏河乙醇有限责任公司	SIOUX RIVER ETHANOL, LLC	J	11.2	2017-1-12	2022-1-11
2303300090	502	瓦莱罗可再生燃料有限责任公司	Valero Renewable Fuels Company, LLC	I	49.8	2017-1-12	2022-1-11
2303300090	502	瓦莱罗可再生燃料有限责任公司	Valero Renewable Fuels Company, LLC	J	11.4	2017-1-12	2022-1-11

商品编号	原产国(地区)	原产厂商中文名称	原产厂商英文名称	税种代码	税率(%)	起始日期	截止日期
2303300090	502	伊利诺斯河能源公司	Illinois River Energy, LLC	I	49.8	2017-1-12	2022-1-11
2303300090	502	伊利诺斯河能源公司	Illinois River Energy, LLC	J	11.4	2017-1-12	2022-1-11
2303300090	502	乙醇 2000 有限责任合伙	ETHANOL2000 LIMITED LIABILITY PARTNERSHIP	I	50	2017-1-12	2022-1-11
2303300090	502	乙醇 2000 有限责任合伙	ETHANOL2000 LIMITED LIABILITY PARTNERSHIP	J	11.2	2017-1-12	2022-1-11
2303300090	502	詹姆斯谷乙醇有限责任公司	JAMES VALLEY ETHANOL, LLC	I	50	2017-1-12	2022-1-11
2303300090	502	詹姆斯谷乙醇有限责任公司	JAMES VALLEY ETHANOL, LLC	J	11.2	2017-1-12	2022-1-11
2303300090	502	卓越能源有限责任公司	Absolute Energy, LLC	I	49.8	2017-1-12	2022-1-11
2303300090	502	卓越能源有限责任公司	Absolute Energy, LLC	J	11.4	2017-1-12	2022-1-11
2303300090	701	国(地)别不详		I	53.7	2017-1-12	2022-1-11
2303300090	701	国(地)别不详		J	11.4	2017-1-12	2022-1-11
2804619012	133		Innovation Silicon CO., Ltd	I	113.8	2017-11-22	2025-1-19
2804619012	133		KCC Corp. and Korean Advanced Materials (KAM Corp.)	I	113.8	2017-11-22	2025-1-19
2804619012	133	OCI 株式会社	OCI Company Ltd	I	4.4	2017-11-22	2025-1-19
2804619012	133	SMP 株式会社	SMP Ltd.	I	88.7	2017-11-22	2025-1-19
2804619012	133	韩国硅业株式会社	Hankook Silicon Co., Ltd	I	9.5	2017-11-22	2025-1-19
2804619012	133	韩华思路信株式会社	HANWHA SOLUTIONS CORPORATION	I	8.9	2020-6-5	2025-1-19
2804619012	133	其他韩国公司	All Others	I	88.7	2017-11-22	2025-1-19
2804619012	133	熊津多晶硅有限公司	Woongjin Polysilicon Co., Ltd	I	113.8	2017-11-22	2025-1-19
2804619012	502		AE Polysilicon Corporation	I	57	2014-1-20	2025-1-19
2804619012	502		AE Polysilicon Corporation	J	2.1	2014-1-20	2025-1-19
2804619012	502	MEMC 帕萨迪纳有限公司	MEMC Pasadena, Lnc	I	53.6	2014-1-20	2025-1-19
2804619012	502	MEMC 帕萨迪纳有限公司	MEMC Pasadena, Inc	J	0	2014-1-20	2025-1-19
2804619012	502	REC 太阳能级硅有限责任公司	REC Solar Grade Silicon LLC	I	57	2014-1-20	2025-1-19
2804619012	502	REC 太阳能级硅有限责任公司	REC Solar Grade Silicon LLC	J	0	2014-1-20	2025-1-19
2804619012	502	REC 先进硅材料有限责任公司	REC Advanced Silicon Materials LLC	I	57	2014-1-20	2025-1-19
2804619012	502	REC 先进硅材料有限责任公司	REC Advanced Silicon Materials LLC	J	0	2014-1-20	2025-1-19
2804619012	502	赫姆洛克半导体公司	Hemlock Semiconductor Corporation	I	53.3	2014-1-20	2025-1-19
2804619012	502	赫姆洛克半导体公司	Hemlock Semiconductor Corporation	J	2.1	2014-1-20	2025-1-19
2804619012	502	其他美国公司	All Others	I	57	2014-1-20	2025-1-19
2804619012	502	其他美国公司	All Others	J	2.1	2014-1-20	2025-1-19
2804619012	701	国(地)别不详		I	113.8	2017-11-22	2025-1-19
2804619012	701	国(地)别不详		J	2.1	2014-1-20	2025-1-19
2804619013	133		Innovation Silicon CO., Ltd	I	113.8	2017-11-22	2025-1-19
2804619013	133		KCC Corp. and Korean Advanced Materials (KAM Corp.)	I	113.8	2017-11-22	2025-1-19
2804619013	133	OCI 株式会社	OCI Company Ltd	I	4.4	2017-11-22	2025-1-19
2804619013	133	SMP 株式会社	SMP Ltd.	I	88.7	2017-11-22	2025-1-19
2804619013	133	韩国硅业株式会社	Hankook Silicon Co., Ltd	I	9.5	2017-11-22	2025-1-19
2804619013	133	韩华思路信株式会社	HANWHA SOLUTIONS CORPORATION	I	8.9	2020-6-5	2025-1-19
2804619013	133	其他韩国公司	All Others	I	88.7	2017-11-22	2025-1-19
2804619013	133	熊津多晶硅有限公司	Woongjin Polysilicon Co., Ltd	I	113.8	2017-11-22	2025-1-19
2804619013	502		AE Polysilicon Corporation	I	57	2014-1-20	2025-1-19
2804619013	502		AE Polysilicon Corporation	J	2.1	2014-1-20	2025-1-19
2804619013	502	MEMC 帕萨迪纳有限公司	MEMC Pasadena, Lnc	I	53.6	2014-1-20	2025-1-19
2804619013	502	MEMC 帕萨迪纳有限公司	MEMC Pasadena, Inc	J	0	2014-1-20	2025-1-19
2804619013	502	REC 太阳能级硅有限责任公司	REC Solar Grade Silicon LLC	I	57	2014-1-20	2025-1-19
2804619013	502	REC 太阳能级硅有限责任公司	REC Solar Grade Silicon LLC	J	0	2014-1-20	2025-1-19
2804619013	502	REC 先进硅材料有限责任公司	REC Advanced Silicon Materials LLC	I	57	2014-1-20	2025-1-19
2804619013	502	REC 先进硅材料有限责任公司	REC Advanced Silicon Materials LLC	J	0	2014-1-20	2025-1-19
2804619013	502	赫姆洛克半导体公司	Hemlock Semiconductor Corporation	I	53.3	2014-1-20	2025-1-19
2804619013	502	赫姆洛克半导体公司	Hemlock Semiconductor Corporation	J	2.1	2014-1-20	2025-1-19
2804619013	502	其他美国公司	All Others	I	57	2014-1-20	2025-1-19
2804619013	502	其他美国公司	All Others	J	2.1	2014-1-20	2025-1-19
2804619013	701	国(地)别不详		I	113.8	2017-11-22	2025-1-19
2804619013	701	国(地)别不详		J	2.1	2014-1-20	2025-1-19
2804619092	133		Innovation Silicon CO., Ltd	I	113.8	2017-11-22	2025-1-19
2804619092	133		KCC Corp. and Korean Advanced Materials (KAM Corp.)	I	113.8	2017-11-22	2025-1-19
2804619092	133	OCI 株式会社	OCI Company Ltd	I	4.4	2017-11-22	2025-1-19
2804619092	133	SMP 株式会社	SMP Ltd.	I	88.7	2017-11-22	2025-1-19
2804619092	133	韩国硅业株式会社	Hankook Silicon Co., Ltd	I	9.5	2017-11-22	2025-1-19

商品编号	原产国(地区)	原产厂商中文名称	原产厂商英文名称	税种代码	税率(%)	起始日期	截止日期
2804619092	133	韩华思路信株式会社	HANWHA SOLUTIONS CORPORATION	I	8.9	2020-6-5	2025-1-19
2804619092	133	其他韩国公司	All Others	I	88.7	2017-11-22	2025-1-19
2804619092	133	熊津多晶硅有限公司	Woongjin Polysilicon Co.,Ltd	I	113.8	2017-11-22	2025-1-19
2804619092	502		AE Polysilicon Corporation	I	57	2014-1-20	2025-1-19
2804619092	502		AE Polysilicon Corporation	J	2.1	2014-1-20	2025-1-19
2804619092	502	MEMC 帕萨迪纳有限公司	MEMC Pasadena,Lnc	I	53.6	2014-1-20	2025-1-19
2804619092	502	MEMC 帕萨迪纳有限公司	MEMC Pasadena,Inc	J	0	2014-1-20	2025-1-19
2804619092	502	REC 太阳能级硅有限责任公司	REC Solar Grade Silicon LLC	I	57	2014-1-20	2025-1-19
2804619092	502	REC 太阳能级硅有限责任公司	REC Solar Grade Silicon LLC	J	0	2014-1-20	2025-1-19
2804619092	502	REC 先进硅材料有限责任公司	REC Advanced Silicon Materials LLC	I	57	2014-1-20	2025-1-19
2804619092	502	REC 先进硅材料有限责任公司	REC Advanced Silicon Materials LLC	J	0	2014-1-20	2025-1-19
2804619092	502	赫姆洛克半导体公司	Hemlock Semiconductor Corporation	I	53.3	2014-1-20	2025-1-19
2804619092	502	赫姆洛克半导体公司	Hemlock Semiconductor Corporation	J	2.1	2014-1-20	2025-1-19
2804619092	502	其他美国公司	All Others	I	57	2014-1-20	2025-1-19
2804619092	502	其他美国公司	All Others	J	2.1	2014-1-20	2025-1-19
2804619092	701	国(地)别不详		I	113.8	2017-11-22	2025-1-19
2804619092	701	国(地)别不详		J	2.1	2014-1-20	2025-1-19
2804619093	133		Innovation Silicon CO.,Ltd	I	113.8	2017-11-22	2025-1-19
2804619093	133		KCC Corp. and Korean Advanced Materials (KAM Corp.)	I	113.8	2017-11-22	2025-1-19
2804619093	133	OCI 株式会社	OCI Company Ltd	I	4.4	2017-11-22	2025-1-19
2804619093	133	SMP 株式会社	SMP Ltd.	I	88.7	2017-11-22	2025-1-19
2804619093	133	韩国硅业株式会社	Hankook Silicon Co.,Ltd	I	9.5	2017-11-22	2025-1-19
2804619093	133	韩华思路信株式会社	HANWHA SOLUTIONS CORPORATION	I	8.9	2020-6-5	2025-1-19
2804619093	133	其他韩国公司	All Others	I	88.7	2017-11-22	2025-1-19
2804619093	133	熊津多晶硅有限公司	Woongjin Polysilicon Co.,Ltd	I	113.8	2017-11-22	2025-1-19
2804619093	502		AE Polysilicon Corporation	I	57	2014-1-20	2025-1-19
2804619093	502		AE Polysilicon Corporation	J	2.1	2014-1-20	2025-1-19
2804619093	502	MEMC 帕萨迪纳有限公司	MEMC Pasadena,Lnc	I	53.6	2014-1-20	2025-1-19
2804619093	502	MEMC 帕萨迪纳有限公司	MEMC Pasadena,Inc	J	0	2014-1-20	2025-1-19
2804619093	502	REC 太阳能级硅有限责任公司	REC Solar Grade Silicon LLC	I	57	2014-1-20	2025-1-19
2804619093	502	REC 太阳能级硅有限责任公司	REC Solar Grade Silicon LLC	J	0	2014-1-20	2025-1-19
2804619093	502	REC 先进硅材料有限责任公司	REC Advanced Silicon Materials LLC	I	57	2014-1-20	2025-1-19
2804619093	502	REC 先进硅材料有限责任公司	REC Advanced Silicon Materials LLC	J	0	2014-1-20	2025-1-19
2804619093	502	赫姆洛克半导体公司	Hemlock Semiconductor Corporation	I	53.3	2014-1-20	2025-1-19
2804619093	502	赫姆洛克半导体公司	Hemlock Semiconductor Corporation	J	2.1	2014-1-20	2025-1-19
2804619093	502	其他美国公司	All Others	I	57	2014-1-20	2025-1-19
2804619093	502	其他美国公司	All Others	J	2.1	2014-1-20	2025-1-19
2804619093	701	国(地)别不详		I	113.8	2017-11-22	2025-1-19
2804619093	701	国(地)别不详		J	2.1	2014-1-20	2025-1-19
2811199010	116	其他日本公司	All Others	I	41.1	2018-10-16	2023-10-15
2811199010	502	艾菲纳化工有限公司	Iofina Chemical,Inc.	I	123.4	2018-10-16	2023-10-15
2811199010	502	其他美国公司	All Others	I	123.4	2018-10-16	2023-10-15
2811199010	701	国(地)别不详		I	123.4	2018-10-16	2023-10-15
2902500000	133	(株)LG 化学	LG Chem,Ltd.	I	6.6	2018-6-23	2023-6-22
2902500000	133	SK 综合化学株式会社	SK global chemical Co.,Ltd.	I	6.6	2018-6-23	2023-6-22
2902500000	133	韩华道达尔株式会社	HANWHA TOTAL PETROCHEMICAL CO.,LTD.	I	6.2	2018-6-23	2023-6-22
2902500000	133	乐天化学株式会社	LOTTE CHEMICAL CORPORATION	I	7.5	2018-6-23	2023-6-22
2902500000	133	丽川 NCC 株式会社	Yeochun NCC Co.,Ltd	I	6.2	2018-6-23	2023-6-22
2902500000	133	其他韩国公司	All Others	I	7.5	2018-6-23	2023-6-22
2902500000	143	其他台湾地区公司	All Others	I	4.2	2018-6-23	2023-6-22
2902500000	143	台湾化学纤维股份有限公司		I	3.8	2018-6-23	2023-6-22
2902500000	502	利安德化学品公司	Lyondell Chemical Company	I	13.9	2018-6-23	2023-6-22
2902500000	502	美国华美苯乙烯公司	Westlake Styrene LLC	I	13.7	2018-6-23	2023-6-22
2902500000	502	美洲苯乙烯公司	Americas Styrenics LLC	I	13.9	2018-6-23	2023-6-22
2902500000	502	其他美国公司	All Others	I	55.7	2018-6-23	2023-6-22
2902500000	502	英力士苯领美国有限责任公司	INEOS Styrolution America LLC	I	13.9	2018-6-23	2023-6-22
2902500000	701	国(地)别不详		I	55.7	2018-6-23	2023-6-22
2903230000	108	其他欧盟公司	All Others	I	27.6	2014-5-31	2025-5-30
2903230000	301	其他欧盟公司	All Others	I	27.6	2014-5-31	2025-5-30
2903230000	302	其他欧盟公司	All Others	I	27.6	2014-5-31	2025-5-30
2903230000	303	其他欧盟公司	All Others	I	27.6	2014-5-31	2025-5-30
2903230000	304	其他欧盟公司	All Others	I	27.6	2014-5-31	2025-5-30

商品编号	原产国（地区）	原产厂商中文名称	原产厂商英文名称	税种代码	税率（%）	起始日期	截止日期
2903230000	304	陶氏德国设施有限公司	Dow Deutschland Anlagengesellschaft mbH	I	27.6	2014-5-31	2025-5-30
2903230000	305	法国苏威公司	SOLVAY BENVIC EUROPE-FRANCE S. A. S	I	27.6	2014-5-31	2025-5-30
2903230000	305	其他欧盟公司	All Others	I	27.6	2014-5-31	2025-5-30
2903230000	306	其他欧盟公司	All Others	I	27.6	2014-5-31	2025-5-30
2903230000	307	其他欧盟公司	All Others	I	27.6	2014-5-31	2025-5-30
2903230000	308	其他欧盟公司	All Others	I	27.6	2014-5-31	2025-5-30
2903230000	309	其他欧盟公司	All Others	I	27.6	2014-5-31	2025-5-30
2903230000	310	其他欧盟公司	All Others	I	27.6	2014-5-31	2025-5-30
2903230000	311	其他欧盟公司	All Others	I	27.6	2014-5-31	2025-5-30
2903230000	312	其他欧盟公司	All Others	I	27.6	2014-5-31	2025-5-30
2903230000	315	其他欧盟公司	All Others	I	27.6	2014-5-31	2025-5-30
2903230000	316	其他欧盟公司	All Others	I	27.6	2014-5-31	2025-5-30
2903230000	318	其他欧盟公司	All Others	I	27.6	2014-5-31	2025-5-30
2903230000	321	其他欧盟公司	All Others	I	27.6	2014-5-31	2025-5-30
2903230000	324	其他欧盟公司	All Others	I	27.6	2014-5-31	2025-5-30
2903230000	327	其他欧盟公司	All Others	I	27.6	2014-5-31	2025-5-30
2903230000	328	其他欧盟公司	All Others	I	27.6	2014-5-31	2025-5-30
2903230000	330	其他欧盟公司	All Others	I	27.6	2014-5-31	2025-5-30
2903230000	334	其他欧盟公司	All Others	I	27.6	2014-5-31	2025-5-30
2903230000	335	其他欧盟公司	All Others	I	27.6	2014-5-31	2025-5-30
2903230000	336	其他欧盟公司	All Others	I	27.6	2014-5-31	2025-5-30
2903230000	350	其他欧盟公司	All Others	I	27.6	2014-5-31	2025-5-30
2903230000	351	其他欧盟公司	All Others	I	27.6	2014-5-31	2025-5-30
2903230000	352	其他欧盟公司	All Others	I	27.6	2014-5-31	2025-5-30
2903230000	353	其他欧盟公司	All Others	I	27.6	2014-5-31	2025-5-30
2903230000	502	埃克塞尔公司	Axiall Corporation	I	71.8	2014-5-31	2025-5-30
2903230000	502	美国 PPG 工业公司	PPG Industries	I	71.8	2014-5-31	2025-5-30
2903230000	502	其他美国公司	All Others	I	71.8	2014-5-31	2025-5-30
2903230000	502	陶氏化学公司	The Dow Chemical Company	I	71.8	2014-5-31	2025-5-30
2903230000	502	西方化学公司	Occidental Chemical Corporation	I	71.8	2014-5-31	2025-5-30
2903230000	701	国（地）别不详		I	71.8	2014-5-31	2025-5-30
2903911000	111	印度的公司		I	31.9	2019-1-23	2024-1-22
2903911000	116	其他日本公司	All Others	I	70.4	2019-1-23	2024-1-22
2903911000	116	株式会社吴羽	KUREHA CORPORATION	I	70.4	2019-1-23	2024-1-22
2903911000	701	国（地）别不详		I	70.4	2019-1-23	2024-1-22
2905121000	502	OQ 化学公司	OQ Chemicals Corporation	I	267.4	2020-11-18	2025-11-17
2905121000	502	OQ 化学公司	OQ Chemicals Corporation	J	34.2	2020-11-18	2025-11-17
2905121000	502	其他美国公司	All others	I	267.4	2020-11-18	2025-11-17
2905121000	502	其他美国公司	All others	J	37.7	2020-11-18	2025-11-17
2905121000	502	陶氏化学公司	The Dow Chemical Company	I	254.4	2020-11-18	2025-11-17
2905121000	502	陶氏化学公司	The Dow Chemical Company	J	37.7	2020-11-18	2025-11-17
2905121000	701	国（地）别不详		I	267.4	2020-11-18	2025-11-17
2905121000	701	国（地）别不详		J	37.7	2020-11-18	2025-11-17
2905130000	122	奥伯帝莫马来西亚化学公司	Optimal Chemicals <Malaysia> Sdn Bhd	I	26.7	2018-12-29	2023-12-28
2905130000	122	巴斯夫马来西亚国油化学私人有限公司	BASF PETRONAS Chemicals Sdn Bhd	I	26.7	2018-12-29	2023-12-28
2905130000	122	国油石化衍生公司/马石化营销（纳闽）有限公司	PETRONAS CHEMICALS DERIVATIVES SDN BHD/PETRONAS CHEMICALS MARKETING（LABUAN）LTD	I	12.7	2018-12-29	2023-12-28
2905130000	122	其他马来西亚公司	All Others	I	26.7	2018-12-29	2023-12-28
2905130000	143	其他台湾地区公司	All Others	I	56.1	2018-12-29	2023-12-28
2905130000	143	台湾塑胶工业股份有限公司	FORMOSA PLASTICS CORPORATION	I	6	2018-12-29	2023-12-28
2905130000	502	巴斯夫公司	BASF Corporation	I	139.3	2018-12-29	2023-12-28
2905130000	502	道化学公司	The Dow Chemical Company	I	139.3	2018-12-29	2023-12-28
2905130000	502	欧季亚公司	OXEA CORPORATION	I	52.2	2018-12-29	2023-12-28
2905130000	502	其他美国公司	All Others	I	139.3	2018-12-29	2023-12-28
2905130000	502	伊士曼化学公司	Eastman Chemical Company	I	139.3	2018-12-29	2023-12-28
2905130000	701	国（地）别不详		I	139.3	2018-12-29	2023-12-28
2907111000	108	欧盟公司	All Others	I	30.4	2019-9-6	2024-9-5
2907111000	116	其他日本公司	All Others	I	27	2019-9-6	2024-9-5
2907111000	116	三井化学株式会社	Mitsui Chemicals, Inc.	I	19.3	2019-9-6	2024-9-5
2907111000	133	（株）LG 化学	LG CHEM, LTD.	I	12.6	2019-9-6	2024-9-5

商品编号	原产国(地区)	原产厂商中文名称	原产厂商英文名称	税种代码	税率(%)	起始日期	截止日期
2907111000	133	锦湖P&B化学株式会社	KUMHO P&B CHEMICALS,INC.	I	12.5	2019-9-6	2024-9-5
2907111000	133	其他韩国公司	All Others	I	23.7	2019-9-6	2024-9-5
2907111000	136	PTT苯酚有限公司	PTT Phenol Company Limited	I	10.6	2019-9-6	2024-9-5
2907111000	136	其他泰国公司	All Others	I	28.6	2019-9-6	2024-9-5
2907111000	301	欧盟公司	All Others	I	30.4	2019-9-6	2024-9-5
2907111000	302	欧盟公司	All Others	I	30.4	2019-9-6	2024-9-5
2907111000	303	欧盟公司	All Others	I	30.4	2019-9-6	2024-9-5
2907111000	304	欧盟公司	All Others	I	30.4	2019-9-6	2024-9-5
2907111000	305	欧盟公司	All Others	I	30.4	2019-9-6	2024-9-5
2907111000	306	欧盟公司	All Others	I	30.4	2019-9-6	2024-9-5
2907111000	307	欧盟公司	All Others	I	30.4	2019-9-6	2024-9-5
2907111000	308	欧盟公司	All Others	I	30.4	2019-9-6	2024-9-5
2907111000	309	欧盟公司	All Others	I	30.4	2019-9-6	2024-9-5
2907111000	310	欧盟公司	All Others	I	30.4	2019-9-6	2024-9-5
2907111000	311	欧盟公司	All Others	I	30.4	2019-9-6	2024-9-5
2907111000	312	欧盟公司	All Others	I	30.4	2019-9-6	2024-9-5
2907111000	315	欧盟公司	All Others	I	30.4	2019-9-6	2024-9-5
2907111000	316	欧盟公司	All Others	I	30.4	2019-9-6	2024-9-5
2907111000	318	欧盟公司	All Others	I	30.4	2019-9-6	2024-9-5
2907111000	321	欧盟公司	All Others	I	30.4	2019-9-6	2024-9-5
2907111000	324	欧盟公司	All Others	I	30.4	2019-9-6	2024-9-5
2907111000	327	欧盟公司	All Others	I	30.4	2019-9-6	2024-9-5
2907111000	328	欧盟公司	All Others	I	30.4	2019-9-6	2024-9-5
2907111000	330	欧盟公司	All Others	I	30.4	2019-9-6	2024-9-5
2907111000	334	欧盟公司	All Others	I	30.4	2019-9-6	2024-9-5
2907111000	335	欧盟公司	All Others	I	30.4	2019-9-6	2024-9-5
2907111000	336	欧盟公司	All Others	I	30.4	2019-9-6	2024-9-5
2907111000	350	欧盟公司	All Others	I	30.4	2019-9-6	2024-9-5
2907111000	351	欧盟公司	All Others	I	30.4	2019-9-6	2024-9-5
2907111000	352	欧盟公司	All Others	I	30.4	2019-9-6	2024-9-5
2907111000	353	欧盟公司	All Others	I	30.4	2019-9-6	2024-9-5
2907111000	502	美国兰科运营有限责任公司	Blue Cube Operations LLC	I	244.3	2019-9-6	2024-9-5
2907111000	502	其他美国公司	All Others	I	287.2	2019-9-6	2024-9-5
2907111000	502	英力士美国公司	INEOS Americas LLC	I	287.2	2019-9-6	2024-9-5
2907111000	701	国(地)别不详		I	287.2	2019-9-6	2024-9-5
2907121100	108	其他欧盟公司	All Others	T	49.5	2020-11-6	2999-12-31
2907121100	116	本州化学工业株式会社	Honshu Chemical Industry Co., Ltd.	T	54.8	2020-11-6	2999-12-31
2907121100	116	其他日本公司	All Others	T	54.8	2020-11-6	2999-12-31
2907121100	116	三井化学株式会社	Mitsui Chemicals, Inc.	T	54.8	2020-11-6	2999-12-31
2907121100	301	其他欧盟公司	All Others	T	49.5	2020-11-6	2999-12-31
2907121100	302	其他欧盟公司	All Others	T	49.5	2020-11-6	2999-12-31
2907121100	303	其他欧盟公司	All Others	T	49.5	2020-11-6	2999-12-31
2907121100	304	朗盛德国有限责任公司	LANXESS Deutschland GmbH	T	27.9	2020-11-6	2999-12-31
2907121100	304	其他欧盟公司	All Others	T	49.5	2020-11-6	2999-12-31
2907121100	305	其他欧盟公司	All Others	T	49.5	2020-11-6	2999-12-31
2907121100	306	其他欧盟公司	All Others	T	49.5	2020-11-6	2999-12-31
2907121100	307	其他欧盟公司	All Others	T	49.5	2020-11-6	2999-12-31
2907121100	308	其他欧盟公司	All Others	T	49.5	2020-11-6	2999-12-31
2907121100	309	其他欧盟公司	All Others	T	49.5	2020-11-6	2999-12-31
2907121100	310	其他欧盟公司	All Others	T	49.5	2020-11-6	2999-12-31
2907121100	311	其他欧盟公司	All Others	T	49.5	2020-11-6	2999-12-31
2907121100	312	其他欧盟公司	All Others	T	49.5	2020-11-6	2999-12-31
2907121100	315	其他欧盟公司	All Others	T	49.5	2020-11-6	2999-12-31
2907121100	316	其他欧盟公司	All Others	T	49.5	2020-11-6	2999-12-31
2907121100	318	其他欧盟公司	All Others	T	49.5	2020-11-6	2999-12-31
2907121100	321	其他欧盟公司	All Others	T	49.5	2020-11-6	2999-12-31
2907121100	324	其他欧盟公司	All Others	T	49.5	2020-11-6	2999-12-31
2907121100	327	其他欧盟公司	All Others	T	49.5	2020-11-6	2999-12-31
2907121100	328	其他欧盟公司	All Others	T	49.5	2020-11-6	2999-12-31
2907121100	330	其他欧盟公司	All Others	T	49.5	2020-11-6	2999-12-31
2907121100	334	其他欧盟公司	All Others	T	49.5	2020-11-6	2999-12-31
2907121100	335	其他欧盟公司	All Others	T	49.5	2020-11-6	2999-12-31
2907121100	336	其他欧盟公司	All Others	T	49.5	2020-11-6	2999-12-31

商品编号	原产国（地区）	原产厂商中文名称	原产厂商英文名称	税种代码	税率（%）	起始日期	截止日期
2907121100	350	其他欧盟公司	All Others	T	49.5	2020-11-6	2999-12-31
2907121100	351	其他欧盟公司	All Others	T	49.5	2020-11-6	2999-12-31
2907121100	352	其他欧盟公司	All Others	T	49.5	2020-11-6	2999-12-31
2907121100	353	其他欧盟公司	All Others	T	49.5	2020-11-6	2999-12-31
2907121100	502	北美沙索化学有限公司	Sasol Chemicals North America LLC	T	131.7	2020-11-6	2999-12-31
2907121100	502	美国沙索化学有限公司	Sasol Chemicals（USA）LLC	T	131.7	2020-11-6	2999-12-31
2907121100	502	其他美国公司	All Others	T	131.7	2020-11-6	2999-12-31
2907121100	701	国(地)别不详		T	131.7	2020-11-6	2999-12-31
2907131000	111	其他印度公司	All Others	I	20.38	2007-3-29	2024-3-28
2907131000	111	印度十拿-赫蒂利亚有限公司	SI GROUP-INDIA LIMITED	I	12.22	2007-3-29	2024-3-28
2907131000	143	和益化学工业股份有限公司	Formosan Union Chemical Corporation	I	6.87	2007-3-29	2024-3-28
2907131000	143	其他台湾地区公司	All Others	I	20.38	2007-3-29	2024-3-28
2907131000	143	中国人造纤维股份有限公司	China Man-Made Fiber Corporation	I	4.08	2007-3-29	2024-3-28
2907131000	701	国(地)别不详		I	20.38	2008-1-1	2024-3-28
2907210001	116	其他日本公司	All Others	I	40.5	2013-3-23	2024-3-22
2907210001	116	三井化学株式会社	Mitsui Chemicals, INC	I	40.5	2013-3-23	2024-3-22
2907210001	116	住友化学株式会社	Sumitomo Chemical Company, Limited	I	40.5	2013-3-23	2024-3-22
2907210001	502	其他美国公司	All Others	I	30.1	2013-3-23	2024-3-22
2907210001	502	茵蒂斯派克化学公司	INDSPEC Chemical Corporation	I	30.1	2013-3-23	2024-3-22
2907210001	701	国(地)别不详		I	40.5	2013-3-23	2024-3-22
2907230001	116	其他日本公司	All Others	I	37.1	2007-8-30	2024-8-29
2907230001	116	三井化学株式会社	Mitsui Chemicals, Inc.	I	6.1	2007-8-30	2024-8-29
2907230001	116	三菱化学株式会社	Mitsubishi Chemical Corporation	I	7.9	2007-8-30	2024-8-29
2907230001	132	其他新加坡公司	All Others	I	37.1	2007-8-30	2024-8-29
2907230001	132	三井酚类新加坡公司	MITSUI PHENOLS SINGAPORE PTE. LTD.	I	5	2007-8-30	2024-8-29
2907230001	133	(株)LG 化学	LG Chem, Ltd.	I	4.7	2009-12-15	2024-8-29
2907230001	133	锦湖 P&B 化学株式会社	KUMHO P&B CHEMICALS, INC.	I	5.8	2007-8-30	2024-8-29
2907230001	133	其他韩国公司	All Others	I	37.1	2007-8-30	2024-8-29
2907230001	136	PTT 苯酚有限公司	PTT Phenol Company Limited	I	9.7	2018-3-6	2023-3-5
2907230001	136	其他泰国公司	All Others	I	31	2018-3-6	2023-3-5
2907230001	143	长春人造树脂厂股份有限公司	CHANG CHUN PLASTICS CO. , LTD.	I	6	2007-8-30	2024-8-29
2907230001	143	南亚塑胶工业股份有限公司	Nan Ya Plastics Corporation	I	6	2007-8-30	2024-8-29
2907230001	143	其他台湾地区公司	All Others	I	37.1	2007-8-30	2024-8-29
2907230001	143	信昌化学工业股份有限公司	Taiwan Prosperity Chemical Corporation	I	5.3	2007-8-30	2024-8-29
2907230001	701	国(地)别不详		I	37.1	2008-1-1	2024-8-29
2909430000	108	其他欧盟公司	All Others	I	43.5	2018-4-12	2024-1-27
2909430000	301	其他欧盟公司	All Others	I	43.5	2018-4-12	2024-1-27
2909430000	302	其他欧盟公司	All Others	I	43.5	2018-4-12	2024-1-27
2909430000	303	其他欧盟公司	All Others	I	43.5	2018-4-12	2024-1-27
2909430000	304	巴斯夫欧洲公司	BASF SE	I	18.8	2018-4-12	2024-1-27
2909430000	304	其他欧盟公司	All Others	I	43.5	2018-4-12	2024-1-27
2909430000	304	沙索德国有限责任公司	Sasol Germany GmbH	I	10.8	2018-4-12	2024-1-27
2909430000	304	沙索溶剂德国有限责任公司	Sasol Solvents Germany GmbH	I	10.8	2018-4-12	2024-1-27
2909430000	305	其他欧盟公司	All Others	I	43.5	2018-4-12	2024-1-27
2909430000	305	英力士化学拉瓦拉有限公司	INEOS Chemicals Lavera SAS	I	43.5	2018-4-12	2024-1-27
2909430000	306	其他欧盟公司	All Others	I	43.5	2018-4-12	2024-1-27
2909430000	307	其他欧盟公司	All Others	I	43.5	2018-4-12	2024-1-27
2909430000	308	其他欧盟公司	All Others	I	43.5	2018-4-12	2024-1-27
2909430000	309	其他欧盟公司	All Others	I	43.5	2018-4-12	2024-1-27
2909430000	310	其他欧盟公司	All Others	I	43.5	2018-4-12	2024-1-27
2909430000	311	其他欧盟公司	All Others	I	43.5	2018-4-12	2024-1-27
2909430000	312	其他欧盟公司	All Others	I	43.5	2018-4-12	2024-1-27
2909430000	315	其他欧盟公司	All Others	I	43.5	2018-4-12	2024-1-27
2909430000	316	其他欧盟公司	All Others	I	43.5	2018-4-12	2024-1-27
2909430000	318	其他欧盟公司	All Others	I	43.5	2018-4-12	2024-1-27
2909430000	321	其他欧盟公司	All Others	I	43.5	2018-4-12	2024-1-27
2909430000	324	其他欧盟公司	All Others	I	43.5	2018-4-12	2024-1-27
2909430000	327	其他欧盟公司	All Others	I	43.5	2018-4-12	2024-1-27
2909430000	328	其他欧盟公司	All Others	I	43.5	2018-4-12	2024-1-27
2909430000	330	其他欧盟公司	All Others	I	43.5	2018-4-12	2024-1-27
2909430000	334	其他欧盟公司	All Others	I	43.5	2018-4-12	2024-1-27
2909430000	335	其他欧盟公司	All Others	I	43.5	2018-4-12	2024-1-27
2909430000	336	其他欧盟公司	All Others	I	43.5	2018-4-12	2024-1-27

商品编号	原产国(地区)	原产厂商中文名称	原产厂商英文名称	税种代码	税率(%)	起始日期	截止日期
2909430000	350	其他欧盟公司	All Others	I	43.5	2018-4-12	2024-1-27
2909430000	351	其他欧盟公司	All Others	I	43.5	2018-4-12	2024-1-27
2909430000	352	其他欧盟公司	All Others	I	43.5	2018-4-12	2024-1-27
2909430000	353	其他欧盟公司	All Others	I	43.5	2018-4-12	2024-1-27
2909430000	502	其他美国公司	All Others	I	75.5	2018-4-12	2024-1-27
2909430000	502	陶氏化学公司	The Dow Chemical Company	I	75.5	2018-4-12	2024-1-27
2909430000	502	伊士曼化工公司	Eastman Chemical Company	I	46.9	2018-4-12	2024-1-27
2909430000	502	益科斯达化工产品有限公司	Equistar Chemicals, LP	I	37.5	2018-4-12	2024-1-27
2909430000	701	国(地)别不详		I	75.5	2018-4-12	2024-1-27
2912499010	111		BHARAT RASAYAN LIMITED	I	56.4	2018-6-8	2023-6-7
2912499010	111	赫曼尼工业有限公司	Hemani Industries Limited	I	36.4	2018-6-8	2023-6-7
2912499010	111	吉吉拉特杀虫剂有限公司	Gujarat Insecticides Limited	I	52	2018-6-8	2023-6-7
2912499010	111	其他印度公司	All Others	I	56.9	2018-6-8	2023-6-7
2912499010	701	国(地)别不详		I	56.9	2018-6-8	2023-6-7
2914110000	116	其他日本公司	All Others	I	51.6	2008-6-9	2025-6-7
2914110000	116	三井化学株式会社	Mitsui Chemicals, Inc.	I	7.2	2008-6-9	2025-6-7
2914110000	116	三菱化学株式会社	MITSUBISHI CHEMICAL CORPORATION	I	12.1	2008-6-9	2025-6-7
2914110000	132	其他新加坡公司	All Others	I	51.6	2008-6-9	2025-6-7
2914110000	132	三井酚类新加坡公司	MITSUI PHENOLS SINGAPORE PTE. LTD.	I	6.7	2008-6-9	2025-6-7
2914110000	133	(株)LG 化学	LG Chem, Ltd.	I	5	2008-6-9	2025-6-7
2914110000	133	锦湖 P&B 化学株式会社	KUMHO P&B CHEMICALS, INC.	I	4.3	2010-9-10	2025-6-7
2914110000	133	其他韩国公司	All Others	I	51.6	2008-6-9	2025-6-7
2914110000	143	其他台湾地区公司	All Others	I	51.6	2008-6-9	2025-6-7
2914110000	143	台湾长春人造树脂厂股份有限公司	CHANG CHUN PLASTICS CO., LTD.	I	9.4	2008-6-9	2025-6-7
2914110000	143	台湾化学纤维股份有限公司	FORMOSA CHEMICALS&FIBRE CORPORATION	I	6.2	2008-6-9	2025-6-7
2914110000	143	信昌化学工业股份有限公司	Taiwan Prosperity Chemical Corporation	I	6.5	2008-6-9	2025-6-7
2914110000	701	国(地)别不详的		I	51.6	2008-6-9	2025-6-7
2914130000	116	其他日本公司	All Others	I	190.4	2018-3-20	2023-3-19
2914130000	116	三井化学株式会社	Mitsui Chemicals, Inc.	I	45	2018-3-20	2023-3-19
2914130000	116	三菱化学株式会社	Mitsubishi Chemical Corporation	I	47.8	2018-3-20	2023-3-19
2914130000	133	锦湖 P&B 化学株式会社	KUMHO P&B CHEMICALS, INC.	I	18.5	2018-3-20	2023-3-19
2914130000	133	其他韩国公司	All Others	I	32.3	2018-3-20	2023-3-19
2914130000	244	其他南非公司	All Others	I	34.1	2018-3-20	2023-3-19
2914130000	244	沙索南非有限公司	Sasol South Africa (Pty) Ltd.	I	15.9	2018-3-20	2023-3-19
2914130000	701	国(地)别不详		I	190.4	2018-3-20	2023-3-19
2917361100	133	SK 油化株式会社	SK Petrochemical Co., Ltd	I	11.2	2010-8-12	2021-8-10
2917361100	133	韩国乐天化学株式会社	LOTTE CHEMICAL CORPORATION	I	2	2013-8-8	2021-8-10
2917361100	133	韩华综合化学株式会社	Hanwha General Chemical Co., Ltd	I	2	2015-11-20	2021-8-10
2917361100	133	其他韩国公司	All Others	I	11.2	2010-8-12	2021-8-10
2917361100	133	三南石油化学株式会社	Samnam Petrochemical Co., LTD.	I	3.7	2010-8-12	2021-8-10
2917361100	133	泰光产业(株)	TAEKWANG INDUSTRIAL CO., LTD	I	2.4	2010-8-12	2021-8-10
2917361100	133	株式会社晓星	Hyosung Corporation	I	2.6	2010-8-12	2021-8-10
2917361100	136	Indorama 石化有限公司	Indorama Petrochem Limited	I	16.9	2010-8-12	2021-8-10
2917361100	136	TPT 石化大众有限公司	TPT Petrochemicals Public Company Limited	I	12.9	2010-8-12	2021-8-10
2917361100	136	吉司睦精对苯二甲酸有限公司	GC-M PAT Company Limited	I	6	2020-3-23	2021-8-10
2917361100	136	其他泰国公司	All Others	I	20.1	2010-8-12	2021-8-10
2917361100	701	国(地)别不详的		I	20.1	2010-8-12	2021-8-10
2921420020	111	阿迪工业有限公司	Aarti Industries Limited	I	31.4	2018-2-13	2023-2-12
2921420020	111	阿迪工业有限公司	Aarti Industries Limited	J	21.2	2018-2-13	2023-2-12
2921420020	111	其他印度公司	All Others	I	49.9	2018-2-13	2023-2-12
2921420020	111	其他印度公司	All Others	J	166.8	2018-2-13	2023-2-12
2921420020	701	国(地)别不详		I	49.9	2018-2-13	2023-2-12
2921420020	701	国(地)别不详		J	166.8	2018-2-13	2023-2-12
2921430001	108	其他欧盟公司	All Others	I	36.9	2013-6-28	2024-6-27
2921430001	301	其他欧盟公司	All Others	I	36.9	2013-6-28	2024-6-27
2921430001	302	其他欧盟公司	All Others	I	36.9	2013-6-28	2024-6-27
2921430001	303	其他欧盟公司	All Others	I	36.9	2013-6-28	2024-6-27
2921430001	304	郎盛德国有限责任公司	LANXESS Deutschland GmbH	I	19.6	2013-6-28	2024-6-27
2921430001	304	其他欧盟公司	All Others	I	36.9	2013-6-28	2024-6-27
2921430001	305	其他欧盟公司	All Others	I	36.9	2013-6-28	2024-6-27
2921430001	306	其他欧盟公司	All Others	I	36.9	2013-6-28	2024-6-27
2921430001	307	其他欧盟公司	All Others	I	36.9	2013-6-28	2024-6-27
2921430001	308	其他欧盟公司	All Others	I	36.9	2013-6-28	2024-6-27

商品编号	原产国(地区)	原产厂商中文名称	原产厂商英文名称	税种代码	税率(%)	起始日期	截止日期
2921430001	309	其他欧盟公司	All Others	I	36.9	2013-6-28	2024-6-27
2921430001	310	其他欧盟公司	All Others	I	36.9	2013-6-28	2024-6-27
2921430001	311	其他欧盟公司	All Others	I	36.9	2013-6-28	2024-6-27
2921430001	312	其他欧盟公司	All Others	I	36.9	2013-6-28	2024-6-27
2921430001	315	其他欧盟公司	All Others	I	36.9	2013-6-28	2024-6-27
2921430001	316	其他欧盟公司	All Others	I	36.9	2013-6-28	2024-6-27
2921430001	318	其他欧盟公司	All Others	I	36.9	2013-6-28	2024-6-27
2921430001	321	其他欧盟公司	All Others	I	36.9	2013-6-28	2024-6-27
2921430001	324	其他欧盟公司	All Others	I	36.9	2013-6-28	2024-6-27
2921430001	327	其他欧盟公司	All Others	I	36.9	2013-6-28	2024-6-27
2921430001	328	其他欧盟公司	All Others	I	36.9	2013-6-28	2024-6-27
2921430001	330	其他欧盟公司	All Others	I	36.9	2013-6-28	2024-6-27
2921430001	334	其他欧盟公司	All Others	I	36.9	2013-6-28	2024-6-27
2921430001	335	其他欧盟公司	All Others	I	36.9	2013-6-28	2024-6-27
2921430001	336	其他欧盟公司	All Others	I	36.9	2013-6-28	2024-6-27
2921430001	350	其他欧盟公司	All Others	I	36.9	2013-6-28	2024-6-27
2921430001	351	其他欧盟公司	All Others	I	36.9	2014-1-1	2024-6-27
2921430001	352	其他欧盟公司	All Others	I	36.9	2013-6-28	2024-6-27
2921430001	353	其他欧盟公司	All Others	I	36.9	2013-6-28	2024-6-27
2921430001	701	国别地区不详		I	36.9	2013-6-28	2024-6-27
2921430020	108	其他欧盟公司	All Others	I	36.9	2013-6-28	2024-6-27
2921430020	301	其他欧盟公司	All Others	I	36.9	2013-6-28	2024-6-27
2921430020	302	其他欧盟公司	All Others	I	36.9	2013-6-28	2024-6-27
2921430020	303	其他欧盟公司	All Others	I	36.9	2013-6-28	2024-6-27
2921430020	304	郎盛德国有限责任公司	LANXESS Deutschland GmbH	I	19.6	2013-6-28	2024-6-27
2921430020	304	其他欧盟公司	All Others	I	36.9	2013-6-28	2024-6-27
2921430020	305	其他欧盟公司	All Others	I	36.9	2013-6-28	2024-6-27
2921430020	306	其他欧盟公司	All Others	I	36.9	2013-6-28	2024-6-27
2921430020	307	其他欧盟公司	All Others	I	36.9	2013-6-28	2024-6-27
2921430020	308	其他欧盟公司	All Others	I	36.9	2013-6-28	2024-6-27
2921430020	309	其他欧盟公司	All Others	I	36.9	2013-6-28	2024-6-27
2921430020	310	其他欧盟公司	All Others	I	36.9	2013-6-28	2024-6-27
2921430020	311	其他欧盟公司	All Others	I	36.9	2013-6-28	2024-6-27
2921430020	312	其他欧盟公司	All Others	I	36.9	2013-6-28	2024-6-27
2921430020	315	其他欧盟公司	All Others	I	36.9	2013-6-28	2024-6-27
2921430020	316	其他欧盟公司	All Others	I	36.9	2013-6-28	2024-6-27
2921430020	318	其他欧盟公司	All Others	I	36.9	2013-6-28	2024-6-27
2921430020	321	其他欧盟公司	All Others	I	36.9	2013-6-28	2024-6-27
2921430020	324	其他欧盟公司	All Others	I	36.9	2013-6-28	2024-6-27
2921430020	327	其他欧盟公司	All Others	I	36.9	2013-6-28	2024-6-27
2921430020	328	其他欧盟公司	All Others	I	36.9	2013-6-28	2024-6-27
2921430020	330	其他欧盟公司	All Others	I	36.9	2013-6-28	2024-6-27
2921430020	334	其他欧盟公司	All Others	I	36.9	2013-6-28	2024-6-27
2921430020	335	其他欧盟公司	All Others	I	36.9	2013-6-28	2024-6-27
2921430020	336	其他欧盟公司	All Others	I	36.9	2013-6-28	2024-6-27
2921430020	350	其他欧盟公司	All Others	I	36.9	2013-6-28	2024-6-27
2921430020	351	其他欧盟公司	All Others	I	36.9	2014-1-1	2024-6-27
2921430020	352	其他欧盟公司	All Others	I	36.9	2013-6-28	2024-6-27
2921430020	353	其他欧盟公司	All Others	I	36.9	2013-6-28	2024-6-27
2921430020	701	国别地区不详		I	36.9	2013-6-28	2024-6-27
2922110001	122	国油石化衍生公司/马石化营销(纳闽)有限公司	PETRONAS CHEMICALS DERIVATIVES SDN BHD/ PETRONAS CHEMICALS MARKETING(LABUAN) LTD	I	18.3	2018-10-30	2023-10-29
2922110001	122	其他马来西亚公司	All Others	I	20.3	2018-10-30	2023-10-29
2922110001	131	其他沙特阿拉伯公司	All Others	I	27.9	2018-10-30	2023-10-29
2922110001	131	沙特基础工业公司	Saudi Basic Industries Corporation	I	10.1	2018-10-30	2023-10-29
2922110001	136	TOC 乙二醇有限公司	TOC GLYCOL COMPANY LIMITED	I	37.6	2018-10-30	2023-10-29
2922110001	136	其他泰国公司	All Others	I	37.6	2018-10-30	2023-10-29
2922110001	502	亨斯迈石化有限公司	Huntsman Petrochemical LLC	I	97.1	2018-10-30	2023-10-29
2922110001	502	其他美国公司	All Others	I	97.1	2018-10-30	2023-10-29
2922110001	502	陶氏化学公司	The Dow Chemical Company	I	76	2018-10-30	2023-10-29
2922110001	502	英力士美国公司	INEOS Americas LLC	I	97.1	2018-10-30	2023-10-29
2922110001	701	国(地)别不详		I	97.1	2018-10-30	2023-10-29

商品编号	原产国(地区)	原产厂商中文名称	原产厂商英文名称	税种代码	税率(%)	起始日期	截止日期
2922120001	122	国油石化衍生公司/马石化营销(纳闽)有限公司	PETRONAS CHEMICALS DERIVATIVES SDN BHD/ PETRONAS CHEMICALS MARKETING(LABUAN) LTD	I	18.3	2018-10-30	2023-10-29
2922120001	122	其他马来西亚公司	All Others	I	20.3	2018-10-30	2023-10-29
2922120001	131	其他沙特阿拉伯公司	All Others	I	27.9	2018-10-30	2023-10-29
2922120001	131	沙特基础工业公司	Saudi Basic Industries Corporation	I	10.1	2018-10-30	2023-10-29
2922120001	136	TOC乙二醇有限公司	TOC GLYCOL COMPANY LIMITED	I	37.6	2018-10-30	2023-10-29
2922120001	136	其他泰国公司	All Others	I	37.6	2018-10-30	2023-10-29
2922120001	502	亨斯迈石化有限公司	Huntsman Petrochemical LLC	I	97.1	2018-10-30	2023-10-29
2922120001	502	其他美国公司	All Others	I	97.1	2018-10-30	2023-10-29
2922120001	502	陶氏化学公司	The Dow Chemical Company	I	76	2018-10-30	2023-10-29
2922120001	502	英力士美国公司	INEOS Americas LLC	I	97.1	2018-10-30	2023-10-29
2922120001	701	国(地)别不详		I	97.1	2018-10-30	2023-10-29
2922150000	122	国油石化衍生公司/马石化营销(纳闽)有限公司	PETRONAS CHEMICALS DERIVATIVES SDN BHD/ PETRONAS CHEMICALS MARKETING(LABUAN) LTD	I	18.3	2018-10-30	2023-10-29
2922150000	122	其他马来西亚公司	All Others	I	20.3	2018-10-30	2023-10-29
2922150000	131	其他沙特阿拉伯公司	All Others	I	27.9	2018-10-30	2023-10-29
2922150000	131	沙特基础工业公司	Saudi Basic Industries Corporation	I	10.1	2018-10-30	2023-10-29
2922150000	136	TOC乙二醇有限公司	TOC GLYCOL COMPANY LIMITED	I	37.6	2018-10-30	2023-10-29
2922150000	136	其他泰国公司	All Others	I	37.6	2018-10-30	2023-10-29
2922150000	502	亨斯迈石化有限公司	Huntsman Petrochemical LLC	I	97.1	2018-10-30	2023-10-29
2922150000	502	其他美国公司	All Others	I	97.1	2018-10-30	2023-10-29
2922150000	502	陶氏化学公司	The Dow Chemical Company	I	76	2018-10-30	2023-10-29
2922150000	502	英力士美国公司	INEOS Americas LLC	I	97.1	2018-10-30	2023-10-29
2922150000	701	国(地)别不详		I	97.1	2018-10-30	2023-10-29
2933710000	108	Fibrant公司	Fibrant B. V.	I	2.3	2016-3-12	2022-10-21
2933710000	108	巴斯夫安特卫普公司	BASF ANTWERPEN N. V.	I	3.1	2011-10-22	2022-10-21
2933710000	108	波兰阿佐提塔诺股份公司	Zaklady Azotowe w Tarnowie-Moscicach S. A.	I	4.9	2011-10-22	2022-10-21
2933710000	108	波兰普瓦维股份公司	Zaklady Azotowe Pulawy S. A.	I	4.4	2011-10-22	2022-10-21
2933710000	108	道默有限公司	DOMO Caproleuna GmbH	I	3.2	2011-10-22	2022-10-21
2933710000	108	朗盛比利时公司	LANXESS NV	I	3.4	2011-10-22	2022-10-21
2933710000	108	其他欧盟公司	All Others	I	25.5	2011-10-22	2022-10-21
2933710000	108	宇部化学欧洲有限公司	UBE CHEMICAL EUROPE,S. A	I	2.6	2011-10-22	2022-10-21
2933710000	301	Fibrant公司	Fibrant B. V.	I	2.3	2016-3-12	2022-10-21
2933710000	301	巴斯夫安特卫普公司	BASF ANTWERPEN N. V.	I	3.1	2011-10-22	2022-10-21
2933710000	301	波兰阿佐提塔诺股份公司	Zaklady Azotowe w Tarnowie-Moscicach S. A.	I	4.9	2011-10-22	2022-10-21
2933710000	301	波兰普瓦维股份公司	Zaklady Azotowe Pulawy S. A.	I	4.4	2011-10-22	2022-10-21
2933710000	301	道默有限公司	DOMO Caproleuna GmbH	I	3.2	2011-10-22	2022-10-21
2933710000	301	朗盛比利时公司	LANXESS NV	I	3.4	2011-10-22	2022-10-21
2933710000	301	其他欧盟公司	All Others	I	25.5	2011-10-22	2022-10-21
2933710000	301	宇部化学欧洲有限公司	UBE CHEMICAL EUROPE,S. A	I	2.6	2011-10-22	2022-10-21
2933710000	302	Fibrant公司	Fibrant B. V.	I	2.3	2016-3-12	2022-10-21
2933710000	302	巴斯夫安特卫普公司	BASF ANTWERPEN N. V.	I	3.1	2011-10-22	2022-10-21
2933710000	302	波兰阿佐提塔诺股份公司	Zaklady Azotowe w Tarnowie-Moscicach S. A.	I	4.9	2011-10-22	2022-10-21
2933710000	302	波兰普瓦维股份公司	Zaklady Azotowe Pulawy S. A.	I	4.4	2011-10-22	2022-10-21
2933710000	302	道默有限公司	DOMO Caproleuna GmbH	I	3.2	2011-10-22	2022-10-21
2933710000	302	朗盛比利时公司	LANXESS NV	I	3.4	2011-10-22	2022-10-21
2933710000	302	其他欧盟公司	All Others	I	25.5	2011-10-22	2022-10-21
2933710000	302	宇部化学欧洲有限公司	UBE CHEMICAL EUROPE,S. A	I	2.6	2011-10-22	2022-10-21
2933710000	303	Fibrant公司	Fibrant B. V.	I	2.3	2016-3-12	2022-10-21
2933710000	303	巴斯夫安特卫普公司	BASF ANTWERPEN N. V.	I	3.1	2011-10-22	2022-10-21
2933710000	303	波兰阿佐提塔诺股份公司	Zaklady Azotowe w Tarnowie-Moscicach S. A.	I	4.9	2011-10-22	2022-10-21
2933710000	303	波兰普瓦维股份公司	Zaklady Azotowe Pulawy S. A.	I	4.4	2011-10-22	2022-10-21
2933710000	303	道默有限公司	DOMO Caproleuna GmbH	I	3.2	2011-10-22	2022-10-21
2933710000	303	朗盛比利时公司	LANXESS NV	I	3.4	2011-10-22	2022-10-21
2933710000	303	其他欧盟公司	All Others	I	25.5	2011-10-22	2022-10-21
2933710000	303	宇部化学欧洲有限公司	UBE CHEMICAL EUROPE,S. A	I	2.6	2011-10-22	2022-10-21
2933710000	304	Fibrant公司	Fibrant B. V.	I	2.3	2016-3-12	2022-10-21
2933710000	304	巴斯夫安特卫普公司	BASF ANTWERPEN N. V.	I	3.1	2011-10-22	2022-10-21
2933710000	304	波兰阿佐提塔诺股份公司	Zaklady Azotowe w Tarnowie-Moscicach S. A.	I	4.9	2011-10-22	2022-10-21
2933710000	304	波兰普瓦维股份公司	Zaklady Azotowe Pulawy S. A.	I	4.4	2011-10-22	2022-10-21

商品编号	原产国（地区）	原产厂商中文名称	原产厂商英文名称	税种代码	税率（%）	起始日期	截止日期
2933710000	304	道默有限公司	DOMO Caproleuna GmbH	I	3.2	2011-10-22	2022-10-21
2933710000	304	朗盛比利时公司	LANXESS NV	I	3.4	2011-10-22	2022-10-21
2933710000	304	其他欧盟公司	All Others	I	25.5	2011-10-22	2022-10-21
2933710000	304	宇部化学欧洲有限公司	UBE CHEMICAL EUROPE,S. A	I	2.6	2011-10-22	2022-10-21
2933710000	305	Fibrant 公司	Fibrant B. V.	I	2.3	2016-3-12	2022-10-21
2933710000	305	巴斯夫安特卫普公司	BASF ANTWERPEN N. V.	I	3.1	2011-10-22	2022-10-21
2933710000	305	波兰阿佐提塔诺股份公司	Zaklady Azotowe w Tarnowie-Moscicach S. A.	I	4.9	2011-10-22	2022-10-21
2933710000	305	波兰普瓦维股份公司	Zaklady Azotowe Pulawy S. A.	I	4.4	2011-10-22	2022-10-21
2933710000	305	道默有限公司	DOMO Caproleuna GmbH	I	3.2	2011-10-22	2022-10-21
2933710000	305	朗盛比利时公司	LANXESS NV	I	3.4	2011-10-22	2022-10-21
2933710000	305	其他欧盟公司	All Others	I	25.5	2011-10-22	2022-10-21
2933710000	305	宇部化学欧洲有限公司	UBE CHEMICAL EUROPE,S. A	I	2.6	2011-10-22	2022-10-21
2933710000	306	Fibrant 公司	Fibrant B. V.	I	2.3	2016-3-12	2022-10-21
2933710000	306	巴斯夫安特卫普公司	BASF ANTWERPEN N. V.	I	3.1	2011-10-22	2022-10-21
2933710000	306	波兰阿佐提塔诺股份公司	Zaklady Azotowe w Tarnowie-Moscicach S. A.	I	4.9	2011-10-22	2022-10-21
2933710000	306	波兰普瓦维股份公司	Zaklady Azotowe Pulawy S. A.	I	4.4	2011-10-22	2022-10-21
2933710000	306	道默有限公司	DOMO Caproleuna GmbH	I	3.2	2011-10-22	2022-10-21
2933710000	306	朗盛比利时公司	LANXESS NV	I	3.4	2011-10-22	2022-10-21
2933710000	306	其他欧盟公司	All Others	I	25.5	2011-10-22	2022-10-21
2933710000	306	宇部化学欧洲有限公司	UBE CHEMICAL EUROPE,S. A	I	2.6	2011-10-22	2022-10-21
2933710000	307	Fibrant 公司	Fibrant B. V.	I	2.3	2016-3-12	2022-10-21
2933710000	307	巴斯夫安特卫普公司	BASF ANTWERPEN N. V.	I	3.1	2011-10-22	2022-10-21
2933710000	307	波兰阿佐提塔诺股份公司	Zaklady Azotowe w Tarnowie-Moscicach S. A.	I	4.9	2011-10-22	2022-10-21
2933710000	307	波兰普瓦维股份公司	Zaklady Azotowe Pulawy S. A.	I	4.4	2011-10-22	2022-10-21
2933710000	307	道默有限公司	DOMO Caproleuna GmbH	I	3.2	2011-10-22	2022-10-21
2933710000	307	朗盛比利时公司	LANXESS NV	I	3.4	2011-10-22	2022-10-21
2933710000	307	其他欧盟公司	All Others	I	25.5	2011-10-22	2022-10-21
2933710000	307	宇部化学欧洲有限公司	UBE CHEMICAL EUROPE,S. A	I	2.6	2011-10-22	2022-10-21
2933710000	308	Fibrant 公司	Fibrant B. V.	I	2.3	2016-3-12	2022-10-21
2933710000	308	巴斯夫安特卫普公司	BASF ANTWERPEN N. V.	I	3.1	2011-10-22	2022-10-21
2933710000	308	波兰阿佐提塔诺股份公司	Zaklady Azotowe w Tarnowie-Moscicach S. A.	I	4.9	2011-10-22	2022-10-21
2933710000	308	波兰普瓦维股份公司	Zaklady Azotowe Pulawy S. A.	I	4.4	2011-10-22	2022-10-21
2933710000	308	道默有限公司	DOMO Caproleuna GmbH	I	3.2	2011-10-22	2022-10-21
2933710000	308	朗盛比利时公司	LANXESS NV	I	3.4	2011-10-22	2022-10-21
2933710000	308	其他欧盟公司	All Others	I	25.5	2011-10-22	2022-10-21
2933710000	308	宇部化学欧洲有限公司	UBE CHEMICAL EUROPE,S. A	I	2.6	2011-10-22	2022-10-21
2933710000	309	Fibrant 公司	Fibrant B. V.	I	2.3	2016-3-12	2022-10-21
2933710000	309	巴斯夫安特卫普公司	BASF ANTWERPEN N. V.	I	3.1	2011-10-22	2022-10-21
2933710000	309	波兰阿佐提塔诺股份公司	Zaklady Azotowe w Tarnowie-Moscicach S. A.	I	4.9	2011-10-22	2022-10-21
2933710000	309	波兰普瓦维股份公司	Zaklady Azotowe Pulawy S. A.	I	4.4	2011-10-22	2022-10-21
2933710000	309	道默有限公司	DOMO Caproleuna GmbH	I	3.2	2011-10-22	2022-10-21
2933710000	309	朗盛比利时公司	LANXESS NV	I	3.4	2011-10-22	2022-10-21
2933710000	309	其他欧盟公司	All Others	I	25.5	2011-10-22	2022-10-21
2933710000	309	宇部化学欧洲有限公司	UBE CHEMICAL EUROPE,S. A	I	2.6	2011-10-22	2022-10-21
2933710000	310	Fibrant 公司	Fibrant B. V.	I	2.3	2016-3-12	2022-10-21
2933710000	310	巴斯夫安特卫普公司	BASF ANTWERPEN N. V.	I	3.1	2011-10-22	2022-10-21
2933710000	310	波兰阿佐提塔诺股份公司	Zaklady Azotowe w Tarnowie-Moscicach S. A.	I	4.9	2011-10-22	2022-10-21
2933710000	310	波兰普瓦维股份公司	Zaklady Azotowe Pulawy S. A.	I	4.4	2011-10-22	2022-10-21
2933710000	310	道默有限公司	DOMO Caproleuna GmbH	I	3.2	2011-10-22	2022-10-21
2933710000	310	朗盛比利时公司	LANXESS NV	I	3.4	2011-10-22	2022-10-21
2933710000	310	其他欧盟公司	All Others	I	25.5	2011-10-22	2022-10-21
2933710000	310	宇部化学欧洲有限公司	UBE CHEMICAL EUROPE,S. A	I	2.6	2011-10-22	2022-10-21
2933710000	311	Fibrant 公司	Fibrant B. V.	I	2.3	2016-3-12	2022-10-21
2933710000	311	巴斯夫安特卫普公司	BASF ANTWERPEN N. V.	I	3.1	2011-10-22	2022-10-21
2933710000	311	波兰阿佐提塔诺股份公司	Zaklady Azotowe w Tarnowie-Moscicach S. A.	I	4.9	2011-10-22	2022-10-21
2933710000	311	波兰普瓦维股份公司	Zaklady Azotowe Pulawy S. A.	I	4.4	2011-10-22	2022-10-21
2933710000	311	道默有限公司	DOMO Caproleuna GmbH	I	3.2	2011-10-22	2022-10-21
2933710000	311	朗盛比利时公司	LANXESS NV	I	3.4	2011-10-22	2022-10-21
2933710000	311	其他欧盟公司	All Others	I	25.5	2011-10-22	2022-10-21
2933710000	311	宇部化学欧洲有限公司	UBE CHEMICAL EUROPE,S. A	I	2.6	2011-10-22	2022-10-21
2933710000	312	Fibrant 公司	Fibrant B. V.	I	2.3	2016-3-12	2022-10-21
2933710000	312	巴斯夫安特卫普公司	BASF ANTWERPEN N. V.	I	3.1	2011-10-22	2022-10-21
2933710000	312	波兰阿佐提塔诺股份公司	Zaklady Azotowe w Tarnowie-Moscicach S. A.	I	4.9	2011-10-22	2022-10-21

商品编号	原产国(地区)	原产厂商中文名称	原产厂商英文名称	税种代码	税率(%)	起始日期	截止日期
2933710000	312	波兰普瓦维股份公司	Zaklady Azotowe Pulawy S. A.	I	4.4	2011-10-22	2022-10-21
2933710000	312	道默有限公司	DOMO Caproleuna GmbH	I	3.2	2011-10-22	2022-10-21
2933710000	312	朗盛比利时公司	LANXESS NV	I	3.4	2011-10-22	2022-10-21
2933710000	312	其他欧盟公司	All Others	I	25.5	2011-10-22	2022-10-21
2933710000	312	宇部化学欧洲有限公司	UBE CHEMICAL EUROPE,S. A	I	2.6	2011-10-22	2022-10-21
2933710000	315	Fibrant 公司	Fibrant B. V.	I	2.3	2016-3-12	2022-10-21
2933710000	315	巴斯夫安特卫普公司	BASF ANTWERPEN N. V.	I	3.1	2011-10-22	2022-10-21
2933710000	315	波兰阿佐提塔诺股份公司	Zaklady Azotowe w Tarnowie-Moscicach S. A.	I	4.9	2011-10-22	2022-10-21
2933710000	315	波兰普瓦维股份公司	Zaklady Azotowe Pulawy S. A.	I	4.4	2011-10-22	2022-10-21
2933710000	315	道默有限公司	DOMO Caproleuna GmbH	I	3.2	2011-10-22	2022-10-21
2933710000	315	朗盛比利时公司	LANXESS NV	I	3.4	2011-10-22	2022-10-21
2933710000	315	其他欧盟公司	All Others	I	25.5	2011-10-22	2022-10-21
2933710000	315	宇部化学欧洲有限公司	UBE CHEMICAL EUROPE,S. A	I	2.6	2011-10-22	2022-10-21
2933710000	316	Fibrant 公司	Fibrant B. V.	I	2.3	2016-3-12	2022-10-21
2933710000	316	巴斯夫安特卫普公司	BASF ANTWERPEN N. V.	I	3.1	2011-10-22	2022-10-21
2933710000	316	波兰阿佐提塔诺股份公司	Zaklady Azotowe w Tarnowie-Moscicach S. A.	I	4.9	2011-10-22	2022-10-21
2933710000	316	波兰普瓦维股份公司	Zaklady Azotowe Pulawy S. A.	I	4.4	2011-10-22	2022-10-21
2933710000	316	道默有限公司	DOMO Caproleuna GmbH	I	3.2	2011-10-22	2022-10-21
2933710000	316	朗盛比利时公司	LANXESS NV	I	3.4	2011-10-22	2022-10-21
2933710000	316	其他欧盟公司	All Others	I	25.5	2011-10-22	2022-10-21
2933710000	316	宇部化学欧洲有限公司	UBE CHEMICAL EUROPE,S. A	I	2.6	2011-10-22	2022-10-21
2933710000	318	Fibrant 公司	Fibrant B. V.	I	2.3	2016-3-12	2022-10-21
2933710000	318	巴斯夫安特卫普公司	BASF ANTWERPEN N. V.	I	3.1	2011-10-22	2022-10-21
2933710000	318	波兰阿佐提塔诺股份公司	Zaklady Azotowe w Tarnowie-Moscicach S. A.	I	4.9	2011-10-22	2022-10-21
2933710000	318	波兰普瓦维股份公司	Zaklady Azotowe Pulawy S. A.	I	4.4	2011-10-22	2022-10-21
2933710000	318	道默有限公司	DOMO Caproleuna GmbH	I	3.2	2011-10-22	2022-10-21
2933710000	318	朗盛比利时公司	LANXESS NV	I	3.4	2011-10-22	2022-10-21
2933710000	318	其他欧盟公司	All Others	I	25.5	2011-10-22	2022-10-21
2933710000	318	宇部化学欧洲有限公司	UBE CHEMICAL EUROPE,S. A	I	2.6	2011-10-22	2022-10-21
2933710000	321	Fibrant 公司	Fibrant B. V.	I	2.3	2016-3-12	2022-10-21
2933710000	321	巴斯夫安特卫普公司	BASF ANTWERPEN N. V.	I	3.1	2011-10-22	2022-10-21
2933710000	321	波兰阿佐提塔诺股份公司	Zaklady Azotowe w Tarnowie-Moscicach S. A.	I	4.9	2011-10-22	2022-10-21
2933710000	321	波兰普瓦维股份公司	Zaklady Azotowe Pulawy S. A.	I	4.4	2011-10-22	2022-10-21
2933710000	321	道默有限公司	DOMO Caproleuna GmbH	I	3.2	2011-10-22	2022-10-21
2933710000	321	朗盛比利时公司	LANXESS NV	I	3.4	2011-10-22	2022-10-21
2933710000	321	其他欧盟公司	All Others	I	25.5	2011-10-22	2022-10-21
2933710000	321	宇部化学欧洲有限公司	UBE CHEMICAL EUROPE,S. A	I	2.6	2011-10-22	2022-10-21
2933710000	324	Fibrant 公司	Fibrant B. V.	I	2.3	2016-3-12	2022-10-21
2933710000	324	巴斯夫安特卫普公司	BASF ANTWERPEN N. V.	I	3.1	2011-10-22	2022-10-21
2933710000	324	波兰阿佐提塔诺股份公司	Zaklady Azotowe w Tarnowie-Moscicach S. A.	I	4.9	2011-10-22	2022-10-21
2933710000	324	波兰普瓦维股份公司	Zaklady Azotowe Pulawy S. A.	I	4.4	2011-10-22	2022-10-21
2933710000	324	道默有限公司	DOMO Caproleuna GmbH	I	3.2	2011-10-22	2022-10-21
2933710000	324	朗盛比利时公司	LANXESS NV	I	3.4	2011-10-22	2022-10-21
2933710000	324	其他欧盟公司	All Others	I	25.5	2011-10-22	2022-10-21
2933710000	324	宇部化学欧洲有限公司	UBE CHEMICAL EUROPE,S. A	I	2.6	2011-10-22	2022-10-21
2933710000	327	Fibrant 公司	Fibrant B. V.	I	2.3	2016-3-12	2022-10-21
2933710000	327	巴斯夫安特卫普公司	BASF ANTWERPEN N. V.	I	3.1	2011-10-22	2022-10-21
2933710000	327	波兰阿佐提塔诺股份公司	Zaklady Azotowe w Tarnowie-Moscicach S. A.	I	4.9	2011-10-22	2022-10-21
2933710000	327	波兰普瓦维股份公司	Zaklady Azotowe Pulawy S. A.	I	4.4	2011-10-22	2022-10-21
2933710000	327	道默有限公司	DOMO Caproleuna GmbH	I	3.2	2011-10-22	2022-10-21
2933710000	327	朗盛比利时公司	LANXESS NV	I	3.4	2011-10-22	2022-10-21
2933710000	327	其他欧盟公司	All Others	I	25.5	2011-10-22	2022-10-21
2933710000	327	宇部化学欧洲有限公司	UBE CHEMICAL EUROPE,S. A	I	2.6	2011-10-22	2022-10-21
2933710000	328	Fibrant 公司	Fibrant B. V.	I	2.3	2016-3-12	2022-10-21
2933710000	328	巴斯夫安特卫普公司	BASF ANTWERPEN N. V.	I	3.1	2011-10-22	2022-10-21
2933710000	328	波兰阿佐提塔诺股份公司	Zaklady Azotowe w Tarnowie-Moscicach S. A.	I	4.9	2011-10-22	2022-10-21
2933710000	328	波兰普瓦维股份公司	Zaklady Azotowe Pulawy S. A.	I	4.4	2011-10-22	2022-10-21
2933710000	328	道默有限公司	DOMO Caproleuna GmbH	I	3.2	2011-10-22	2022-10-21
2933710000	328	朗盛比利时公司	LANXESS NV	I	3.4	2011-10-22	2022-10-21
2933710000	328	其他欧盟公司	All Others	I	25.5	2011-10-22	2022-10-21
2933710000	328	宇部化学欧洲有限公司	UBE CHEMICAL EUROPE,S. A	I	2.6	2011-10-22	2022-10-21
2933710000	330	Fibrant 公司	Fibrant B. V.	I	2.3	2016-3-12	2022-10-21
2933710000	330	巴斯夫安特卫普公司	BASF ANTWERPEN N. V.	I	3.1	2011-10-22	2022-10-21

商品编号	原产国（地区）	原产厂商中文名称	原产厂商英文名称	税种代码	税率（%）	起始日期	截止日期
2933710000	330	波兰阿佐提塔诺股份公司	Zaklady Azotowe w Tarnowie-Moscicach S. A.	I	4.9	2011-10-22	2022-10-21
2933710000	330	波兰普瓦维股份公司	Zaklady Azotowe Pulawy S. A.	I	4.4	2011-10-22	2022-10-21
2933710000	330	道默有限公司	DOMO Caproleuna GmbH	I	3.2	2011-10-22	2022-10-21
2933710000	330	朗盛比利时公司	LANXESS NV	I	3.4	2011-10-22	2022-10-21
2933710000	330	其他欧盟公司	All Others	I	25.5	2011-10-22	2022-10-21
2933710000	330	宇部化学欧洲有限公司	UBE CHEMICAL EUROPE, S. A	I	2.6	2011-10-22	2022-10-21
2933710000	334	Fibrant 公司	Fibrant B. V.	I	2.3	2016-3-12	2022-10-21
2933710000	334	巴斯夫安特卫普公司	BASF ANTWERPEN N. V.	I	3.1	2011-10-22	2022-10-21
2933710000	334	波兰阿佐提塔诺股份公司	Zaklady Azotowe w Tarnowie-Moscicach S. A.	I	4.9	2011-10-22	2022-10-21
2933710000	334	波兰普瓦维股份公司	Zaklady Azotowe Pulawy S. A.	I	4.4	2011-10-22	2022-10-21
2933710000	334	道默有限公司	DOMO Caproleuna GmbH	I	3.2	2011-10-22	2022-10-21
2933710000	334	朗盛比利时公司	LANXESS NV	I	3.4	2011-10-22	2022-10-21
2933710000	334	其他欧盟公司	All Others	I	25.5	2011-10-22	2022-10-21
2933710000	334	宇部化学欧洲有限公司	UBE CHEMICAL EUROPE, S. A	I	2.6	2011-10-22	2022-10-21
2933710000	335	Fibrant 公司	Fibrant B. V.	I	2.3	2016-3-12	2022-10-21
2933710000	335	巴斯夫安特卫普公司	BASF ANTWERPEN N. V.	I	3.1	2011-10-22	2022-10-21
2933710000	335	波兰阿佐提塔诺股份公司	Zaklady Azotowe w Tarnowie-Moscicach S. A.	I	4.9	2011-10-22	2022-10-21
2933710000	335	波兰普瓦维股份公司	Zaklady Azotowe Pulawy S. A.	I	4.4	2011-10-22	2022-10-21
2933710000	335	道默有限公司	DOMO Caproleuna GmbH	I	3.2	2011-10-22	2022-10-21
2933710000	335	朗盛比利时公司	LANXESS NV	I	3.4	2011-10-22	2022-10-21
2933710000	335	其他欧盟公司	All Others	I	25.5	2011-10-22	2022-10-21
2933710000	335	宇部化学欧洲有限公司	UBE CHEMICAL EUROPE, S. A	I	2.6	2011-10-22	2022-10-21
2933710000	336	Fibrant 公司	Fibrant B. V.	I	2.3	2016-3-12	2022-10-21
2933710000	336	巴斯夫安特卫普公司	BASF ANTWERPEN N. V.	I	3.1	2011-10-22	2022-10-21
2933710000	336	波兰阿佐提塔诺股份公司	Zaklady Azotowe w Tarnowie-Moscicach S. A.	I	4.9	2011-10-22	2022-10-21
2933710000	336	波兰普瓦维股份公司	Zaklady Azotowe Pulawy S. A.	I	4.4	2011-10-22	2022-10-21
2933710000	336	道默有限公司	DOMO Caproleuna GmbH	I	3.2	2011-10-22	2022-10-21
2933710000	336	朗盛比利时公司	LANXESS NV	I	3.4	2011-10-22	2022-10-21
2933710000	336	其他欧盟公司	All Others	I	25.5	2011-10-22	2022-10-21
2933710000	336	宇部化学欧洲有限公司	UBE CHEMICAL EUROPE, S. A	I	2.6	2011-10-22	2022-10-21
2933710000	350	Fibrant 公司	Fibrant B. V.	I	2.3	2016-3-12	2022-10-21
2933710000	350	巴斯夫安特卫普公司	BASF ANTWERPEN N. V.	I	3.1	2011-10-22	2022-10-21
2933710000	350	波兰阿佐提塔诺股份公司	Zaklady Azotowe w Tarnowie-Moscicach S. A.	I	4.9	2011-10-22	2022-10-21
2933710000	350	波兰普瓦维股份公司	Zaklady Azotowe Pulawy S. A.	I	4.4	2011-10-22	2022-10-21
2933710000	350	道默有限公司	DOMO Caproleuna GmbH	I	3.2	2011-10-22	2022-10-21
2933710000	350	朗盛比利时公司	LANXESS NV	I	3.4	2011-10-22	2022-10-21
2933710000	350	其他欧盟公司	All Others	I	25.5	2011-10-22	2022-10-21
2933710000	350	宇部化学欧洲有限公司	UBE CHEMICAL EUROPE, S. A	I	2.6	2011-10-22	2022-10-21
2933710000	351	Fibrant 公司	Fibrant B. V.	I	2.3	2016-3-12	2022-10-21
2933710000	351	巴斯夫安特卫普公司	BASF ANTWERPEN N. V.	I	3.1	2014-1-1	2022-10-21
2933710000	351	波兰阿佐提塔诺股份公司	Zaklady Azotowe w Tarnowie-Moscicach S. A.	I	4.9	2014-1-1	2022-10-21
2933710000	351	波兰普瓦维股份公司	Zaklady Azotowe Pulawy S. A.	I	4.4	2014-1-1	2022-10-21
2933710000	351	道默有限公司	DOMO Caproleuna GmbH	I	3.2	2014-1-1	2022-10-21
2933710000	351	朗盛比利时公司	LANXESS NV	I	3.4	2014-1-1	2022-10-21
2933710000	351	其他欧盟公司	All Others	I	25.5	2014-1-1	2022-10-21
2933710000	352	Fibrant 公司	Fibrant B. V.	I	2.3	2016-3-12	2022-10-21
2933710000	352	巴斯夫安特卫普公司	BASF ANTWERPEN N. V.	I	3.1	2011-10-22	2022-10-21
2933710000	352	波兰阿佐提塔诺股份公司	Zaklady Azotowe w Tarnowie-Moscicach S. A.	I	4.9	2011-10-22	2022-10-21
2933710000	352	波兰普瓦维股份公司	Zaklady Azotowe Pulawy S. A.	I	4.4	2011-10-22	2022-10-21
2933710000	352	道默有限公司	DOMO Caproleuna GmbH	I	3.2	2011-10-22	2022-10-21
2933710000	352	朗盛比利时公司	LANXESS NV	I	3.4	2011-10-22	2022-10-21
2933710000	352	其他欧盟公司	All Others	I	25.5	2011-10-22	2022-10-21
2933710000	352	宇部化学欧洲有限公司	UBE CHEMICAL EUROPE, S. A	I	2.6	2011-10-22	2022-10-21
2933710000	353	Fibrant 公司	Fibrant B. V.	I	2.3	2016-3-12	2022-10-21
2933710000	353	巴斯夫安特卫普公司	BASF ANTWERPEN N. V.	I	3.1	2011-10-22	2022-10-21
2933710000	353	波兰阿佐提塔诺股份公司	Zaklady Azotowe w Tarnowie-Moscicach S. A.	I	4.9	2011-10-22	2022-10-21
2933710000	353	波兰普瓦维股份公司	Zaklady Azotowe Pulawy S. A.	I	4.4	2011-10-22	2022-10-21
2933710000	353	道默有限公司	DOMO Caproleuna GmbH	I	3.2	2011-10-22	2022-10-21
2933710000	353	朗盛比利时公司	LANXESS NV	I	3.4	2011-10-22	2022-10-21
2933710000	353	其他欧盟公司	All Others	I	25.5	2011-10-22	2022-10-21
2933710000	353	宇部化学欧洲有限公司	UBE CHEMICAL EUROPE, S. A	I	2.6	2011-10-22	2022-10-21
2933710000	502	Fibrant 有限责任公司	Fibrant, LLC	I	2.2	2016-3-12	2022-10-21
2933710000	502	艾德凡斯树脂和化学品责任有限公司	AdvanSix Resins & Chemicals LLC	I	3.6	2018-6-9	2022-10-21

商品编号	原产国(地区)	原产厂商中文名称	原产厂商英文名称	税种代码	税率(%)	起始日期	截止日期
2933710000	502	巴斯夫美国公司	BASF Corporation	I	2.5	2011-10-22	2022-10-21
2933710000	502	其他美国公司	All Others	I	24.2	2011-10-22	2022-10-21
2933710000	701	国(地)别不详的		I	25.5	2011-10-22	2022-10-21
3703101000	108	富士胶片制造(欧洲)有限公司	FUJIFILM Manufacturing Europe B. V.	I	23.5	2016-6-29	2023-3-22
3703101000	108	柯达有限公司	Kodak Limited	I	19.4	2012-3-23	2023-3-22
3703101000	108	其他欧盟公司	All Others	I	19.4	2012-3-23	2023-3-22
3703101000	116	日本公司		I	28.8	2012-3-23	2023-3-22
3703101000	301	富士胶片制造(欧洲)有限公司	FUJIFILM Manufacturing Europe B. V.	I	23.5	2016-6-29	2023-3-22
3703101000	301	柯达有限公司	Kodak Limited	I	19.4	2012-3-23	2023-3-22
3703101000	301	其他欧盟公司	All Others	I	19.4	2012-3-23	2023-3-22
3703101000	302	富士胶片制造(欧洲)有限公司	FUJIFILM Manufacturing Europe B. V.	I	23.5	2016-6-29	2023-3-22
3703101000	302	柯达有限公司	Kodak Limited	I	19.4	2012-3-23	2023-3-22
3703101000	302	其他欧盟公司	All Others	I	19.4	2012-3-23	2023-3-22
3703101000	303	富士胶片制造(欧洲)有限公司	FUJIFILM Manufacturing Europe B. V.	I	23.5	2016-6-29	2023-3-22
3703101000	303	柯达有限公司	Kodak Limited	I	19.4	2012-3-23	2023-3-22
3703101000	303	其他欧盟公司	All Others	I	19.4	2012-3-23	2023-3-22
3703101000	304	富士胶片制造(欧洲)有限公司	FUJIFILM Manufacturing Europe B. V.	I	23.5	2016-6-29	2023-3-22
3703101000	304	柯达有限公司	Kodak Limited	I	19.4	2012-3-23	2023-3-22
3703101000	304	其他欧盟公司	All Others	I	19.4	2012-3-23	2023-3-22
3703101000	305	富士胶片制造(欧洲)有限公司	FUJIFILM Manufacturing Europe B. V.	I	23.5	2016-6-29	2023-3-22
3703101000	305	柯达有限公司	Kodak Limited	I	19.4	2012-3-23	2023-3-22
3703101000	305	其他欧盟公司	All Others	I	19.4	2012-3-23	2023-3-22
3703101000	306	富士胶片制造(欧洲)有限公司	FUJIFILM Manufacturing Europe B. V.	I	23.5	2016-6-29	2023-3-22
3703101000	306	柯达有限公司	Kodak Limited	I	19.4	2012-3-23	2023-3-22
3703101000	306	其他欧盟公司	All Others	I	19.4	2012-3-23	2023-3-22
3703101000	307	富士胶片制造(欧洲)有限公司	FUJIFILM Manufacturing Europe B. V.	I	23.5	2016-6-29	2023-3-22
3703101000	307	柯达有限公司	Kodak Limited	I	19.4	2012-3-23	2023-3-22
3703101000	307	其他欧盟公司	All Others	I	19.4	2012-3-23	2023-3-22
3703101000	308	富士胶片制造(欧洲)有限公司	FUJIFILM Manufacturing Europe B. V.	I	23.5	2016-6-29	2023-3-22
3703101000	308	柯达有限公司	Kodak Limited	I	19.4	2012-3-23	2023-3-22
3703101000	308	其他欧盟公司	All Others	I	19.4	2012-3-23	2023-3-22
3703101000	309	富士胶片制造(欧洲)有限公司	FUJIFILM Manufacturing Europe B. V.	I	23.5	2016-6-29	2023-3-22
3703101000	309	柯达有限公司	Kodak Limited	I	19.4	2012-3-23	2023-3-22
3703101000	309	其他欧盟公司	All Others	I	19.4	2012-3-23	2023-3-22
3703101000	310	富士胶片制造(欧洲)有限公司	FUJIFILM Manufacturing Europe B. V.	I	23.5	2016-6-29	2023-3-22
3703101000	310	柯达有限公司	Kodak Limited	I	19.4	2012-3-23	2023-3-22
3703101000	310	其他欧盟公司	All Others	I	19.4	2012-3-23	2023-3-22
3703101000	311	富士胶片制造(欧洲)有限公司	FUJIFILM Manufacturing Europe B. V.	I	23.5	2016-6-29	2023-3-22
3703101000	311	柯达有限公司	Kodak Limited	I	19.4	2012-3-23	2023-3-22
3703101000	311	其他欧盟公司	All Others	I	19.4	2012-3-23	2023-3-22
3703101000	312	富士胶片制造(欧洲)有限公司	FUJIFILM Manufacturing Europe B. V.	I	23.5	2016-6-29	2023-3-22
3703101000	312	柯达有限公司	Kodak Limited	I	19.4	2012-3-23	2023-3-22
3703101000	312	其他欧盟公司	All Others	I	19.4	2012-3-23	2023-3-22
3703101000	315	富士胶片制造(欧洲)有限公司	FUJIFILM Manufacturing Europe B. V.	I	23.5	2016-6-29	2023-3-22
3703101000	315	柯达有限公司	Kodak Limited	I	19.4	2012-3-23	2023-3-22
3703101000	315	其他欧盟公司	All Others	I	19.4	2012-3-23	2023-3-22
3703101000	316	富士胶片制造(欧洲)有限公司	FUJIFILM Manufacturing Europe B. V.	I	23.5	2016-6-29	2023-3-22
3703101000	316	柯达有限公司	Kodak Limited	I	19.4	2012-3-23	2023-3-22
3703101000	316	其他欧盟公司	All Others	I	19.4	2012-3-23	2023-3-22
3703101000	318	富士胶片制造(欧洲)有限公司	FUJIFILM Manufacturing Europe B. V.	I	23.5	2016-6-29	2023-3-22
3703101000	318	柯达有限公司	Kodak Limited	I	19.4	2012-3-23	2023-3-22
3703101000	318	其他欧盟公司	All Others	I	19.4	2012-3-23	2023-3-22
3703101000	321	富士胶片制造(欧洲)有限公司	FUJIFILM Manufacturing Europe B. V.	I	23.5	2016-6-29	2023-3-22
3703101000	321	柯达有限公司	Kodak Limited	I	19.4	2012-3-23	2023-3-22
3703101000	321	其他欧盟公司	All Others	I	19.4	2012-3-23	2023-3-22
3703101000	324	富士胶片制造(欧洲)有限公司	FUJIFILM Manufacturing Europe B. V.	I	23.5	2016-6-29	2023-3-22
3703101000	324	柯达有限公司	Kodak Limited	I	19.4	2012-3-23	2023-3-22
3703101000	324	其他欧盟公司	All Others	I	19.4	2012-3-23	2023-3-22
3703101000	327	富士胶片制造(欧洲)有限公司	FUJIFILM Manufacturing Europe B. V.	I	23.5	2016-6-29	2023-3-22
3703101000	327	柯达有限公司	Kodak Limited	I	19.4	2012-3-23	2023-3-22
3703101000	327	其他欧盟公司	All Others	I	19.4	2012-3-23	2023-3-22
3703101000	328	富士胶片制造(欧洲)有限公司	FUJIFILM Manufacturing Europe B. V.	I	23.5	2016-6-29	2023-3-22
3703101000	328	柯达有限公司	Kodak Limited	I	19.4	2012-3-23	2023-3-22

商品编号	原产国（地区）	原产厂商中文名称	原产厂商英文名称	税种代码	税率（%）	起始日期	截止日期
3703101000	328	其他欧盟公司	All Others	I	19.4	2012-3-23	2023-3-22
3703101000	330	富士胶片制造（欧洲）有限公司	FUJIFILM Manufacturing Europe B. V.	I	23.5	2016-6-29	2023-3-22
3703101000	330	柯达有限公司	Kodak Limited	I	19.4	2012-3-23	2023-3-22
3703101000	330	其他欧盟公司	All Others	I	19.4	2012-3-23	2023-3-22
3703101000	334	富士胶片制造（欧洲）有限公司	FUJIFILM Manufacturing Europe B. V.	I	23.5	2016-6-29	2023-3-22
3703101000	334	柯达有限公司	Kodak Limited	I	19.4	2012-3-23	2023-3-22
3703101000	334	其他欧盟公司	All Others	I	19.4	2012-3-23	2023-3-22
3703101000	335	富士胶片制造（欧洲）有限公司	FUJIFILM Manufacturing Europe B. V.	I	23.5	2016-6-29	2023-3-22
3703101000	335	柯达有限公司	Kodak Limited	I	19.4	2012-3-23	2023-3-22
3703101000	335	其他欧盟公司	All Others	I	19.4	2012-3-23	2023-3-22
3703101000	336	富士胶片制造（欧洲）有限公司	FUJIFILM Manufacturing Europe B. V.	I	23.5	2016-6-29	2023-3-22
3703101000	336	柯达有限公司	Kodak Limited	I	19.4	2012-3-23	2023-3-22
3703101000	336	其他欧盟公司	All Others	I	19.4	2012-3-23	2023-3-22
3703101000	350	富士胶片制造（欧洲）有限公司	FUJIFILM Manufacturing Europe B. V.	I	23.5	2016-6-29	2023-3-22
3703101000	350	柯达有限公司	Kodak Limited	I	19.4	2012-3-23	2023-3-22
3703101000	350	其他欧盟公司	All Others	I	19.4	2012-3-23	2023-3-22
3703101000	351	富士胶片制造（欧洲）有限公司	FUJIFILM Manufacturing Europe B. V.	I	23.5	2016-6-29	2023-3-22
3703101000	351	柯达有限公司	Kodak Limited	I	19.4	2014-1-1	2023-3-22
3703101000	351	其他欧盟公司	All Others	I	19.4	2014-1-1	2023-3-22
3703101000	352	富士胶片制造（欧洲）有限公司	FUJIFILM Manufacturing Europe B. V.	I	23.5	2016-6-29	2023-3-22
3703101000	352	柯达有限公司	Kodak Limited	I	19.4	2012-3-23	2023-3-22
3703101000	352	其他欧盟公司	All Others	I	19.4	2012-3-23	2023-3-22
3703101000	353	富士胶片制造（欧洲）有限公司	FUJIFILM Manufacturing Europe B. V.	I	23.5	2016-6-29	2023-3-22
3703101000	353	柯达有限公司	Kodak Limited	I	19.4	2012-3-23	2023-3-22
3703101000	353	其他欧盟公司	All Others	I	19.4	2012-3-23	2023-3-22
3703101000	502	富士胶片制造（美国）有限公司	FUJIFILM Manufacturing U. S. A. , Inc.	I	23.6	2016-6-29	2023-3-22
3703101000	502	其他美国公司	All Others	I	28.8	2012-3-23	2023-3-22
3703101000	701	国（地）别不详		I	28.8	2012-3-23	2023-3-22
3703201000	108	富士胶片制造（欧洲）有限公司	FUJIFILM Manufacturing Europe B. V.	I	23.5	2016-6-29	2023-3-22
3703201000	108	柯达有限公司	Kodak Limited	I	19.4	2012-3-23	2023-3-22
3703201000	108	其他欧盟公司	All Others	I	19.4	2012-3-23	2023-3-22
3703201000	116	日本公司		I	28.8	2012-3-23	2023-3-22
3703201000	301	富士胶片制造（欧洲）有限公司	FUJIFILM Manufacturing Europe B. V.	I	23.5	2016-6-29	2023-3-22
3703201000	301	柯达有限公司	Kodak Limited	I	19.4	2012-3-23	2023-3-22
3703201000	301	其他欧盟公司	All Others	I	19.4	2012-3-23	2023-3-22
3703201000	302	富士胶片制造（欧洲）有限公司	FUJIFILM Manufacturing Europe B. V.	I	23.5	2016-6-29	2023-3-22
3703201000	302	柯达有限公司	Kodak Limited	I	19.4	2012-3-23	2023-3-22
3703201000	302	其他欧盟公司	All Others	I	19.4	2012-3-23	2023-3-22
3703201000	303	富士胶片制造（欧洲）有限公司	FUJIFILM Manufacturing Europe B. V.	I	23.5	2016-6-29	2023-3-22
3703201000	303	柯达有限公司	Kodak Limited	I	19.4	2012-3-23	2023-3-22
3703201000	303	其他欧盟公司	All Others	I	19.4	2012-3-23	2023-3-22
3703201000	304	富士胶片制造（欧洲）有限公司	FUJIFILM Manufacturing Europe B. V.	I	23.5	2016-6-29	2023-3-22
3703201000	304	柯达有限公司	Kodak Limited	I	19.4	2012-3-23	2023-3-22
3703201000	304	其他欧盟公司	All Others	I	19.4	2012-3-23	2023-3-22
3703201000	305	富士胶片制造（欧洲）有限公司	FUJIFILM Manufacturing Europe B. V.	I	23.5	2016-6-29	2023-3-22
3703201000	305	柯达有限公司	Kodak Limited	I	19.4	2012-3-23	2023-3-22
3703201000	305	其他欧盟公司	All Others	I	19.4	2012-3-23	2023-3-22
3703201000	306	富士胶片制造（欧洲）有限公司	FUJIFILM Manufacturing Europe B. V.	I	23.5	2016-6-29	2023-3-22
3703201000	306	柯达有限公司	Kodak Limited	I	19.4	2012-3-23	2023-3-22
3703201000	306	其他欧盟公司	All Others	I	19.4	2012-3-23	2023-3-22
3703201000	307	富士胶片制造（欧洲）有限公司	FUJIFILM Manufacturing Europe B. V.	I	23.5	2016-6-29	2023-3-22
3703201000	307	柯达有限公司	Kodak Limited	I	19.4	2012-3-23	2023-3-22
3703201000	307	其他欧盟公司	All Others	I	19.4	2012-3-23	2023-3-22
3703201000	308	富士胶片制造（欧洲）有限公司	FUJIFILM Manufacturing Europe B. V.	I	23.5	2016-6-29	2023-3-22
3703201000	308	柯达有限公司	Kodak Limited	I	19.4	2012-3-23	2023-3-22
3703201000	308	其他欧盟公司	All Others	I	19.4	2012-3-23	2023-3-22
3703201000	309	富士胶片制造（欧洲）有限公司	FUJIFILM Manufacturing Europe B. V.	I	23.5	2016-6-29	2023-3-22
3703201000	309	柯达有限公司	Kodak Limited	I	19.4	2012-3-23	2023-3-22
3703201000	309	其他欧盟公司	All Others	I	19.4	2012-3-23	2023-3-22
3703201000	310	富士胶片制造（欧洲）有限公司	FUJIFILM Manufacturing Europe B. V.	I	23.5	2016-6-29	2023-3-22
3703201000	310	柯达有限公司	Kodak Limited	I	19.4	2012-3-23	2023-3-22
3703201000	310	其他欧盟公司	All Others	I	19.4	2012-3-23	2023-3-22
3703201000	311	富士胶片制造（欧洲）有限公司	FUJIFILM Manufacturing Europe B. V.	I	23.5	2016-6-29	2023-3-22

商品编号	原产国(地区)	原产厂商中文名称	原产厂商英文名称	税种代码	税率(%)	起始日期	截止日期
3703201000	311	柯达有限公司	Kodak Limited	I	19.4	2012-3-23	2023-3-22
3703201000	311	其他欧盟公司	All Others	I	19.4	2012-3-23	2023-3-22
3703201000	312	富士胶片制造(欧洲)有限公司	FUJIFILM Manufacturing Europe B. V.	I	23.5	2016-6-29	2023-3-22
3703201000	312	柯达有限公司	Kodak Limited	I	19.4	2012-3-23	2023-3-22
3703201000	312	其他欧盟公司	All Others	I	19.4	2012-3-23	2023-3-22
3703201000	315	富士胶片制造(欧洲)有限公司	FUJIFILM Manufacturing Europe B. V.	I	23.5	2016-6-29	2023-3-22
3703201000	315	柯达有限公司	Kodak Limited	I	19.4	2012-3-23	2023-3-22
3703201000	315	其他欧盟公司	All Others	I	19.4	2012-3-23	2023-3-22
3703201000	316	富士胶片制造(欧洲)有限公司	FUJIFILM Manufacturing Europe B. V.	I	23.5	2016-6-29	2023-3-22
3703201000	316	柯达有限公司	Kodak Limited	I	19.4	2012-3-23	2023-3-22
3703201000	316	其他欧盟公司	All Others	I	19.4	2012-3-23	2023-3-22
3703201000	318	富士胶片制造(欧洲)有限公司	FUJIFILM Manufacturing Europe B. V.	I	23.5	2016-6-29	2023-3-22
3703201000	318	柯达有限公司	Kodak Limited	I	19.4	2012-3-23	2023-3-22
3703201000	318	其他欧盟公司	All Others	I	19.4	2012-3-23	2023-3-22
3703201000	321	富士胶片制造(欧洲)有限公司	FUJIFILM Manufacturing Europe B. V.	I	23.5	2016-6-29	2023-3-22
3703201000	321	柯达有限公司	Kodak Limited	I	19.4	2012-3-23	2023-3-22
3703201000	321	其他欧盟公司	All Others	I	19.4	2012-3-23	2023-3-22
3703201000	324	富士胶片制造(欧洲)有限公司	FUJIFILM Manufacturing Europe B. V.	I	23.5	2016-6-29	2023-3-22
3703201000	324	柯达有限公司	Kodak Limited	I	19.4	2012-3-23	2023-3-22
3703201000	324	其他欧盟公司	All Others	I	19.4	2012-3-23	2023-3-22
3703201000	327	富士胶片制造(欧洲)有限公司	FUJIFILM Manufacturing Europe B. V.	I	23.5	2016-6-29	2023-3-22
3703201000	327	柯达有限公司	Kodak Limited	I	19.4	2012-3-23	2023-3-22
3703201000	327	其他欧盟公司	All Others	I	19.4	2012-3-23	2023-3-22
3703201000	328	富士胶片制造(欧洲)有限公司	FUJIFILM Manufacturing Europe B. V.	I	23.5	2016-6-29	2023-3-22
3703201000	328	柯达有限公司	Kodak Limited	I	19.4	2012-3-23	2023-3-22
3703201000	328	其他欧盟公司	All Others	I	19.4	2012-3-23	2023-3-22
3703201000	330	富士胶片制造(欧洲)有限公司	FUJIFILM Manufacturing Europe B. V.	I	23.5	2016-6-29	2023-3-22
3703201000	330	柯达有限公司	Kodak Limited	I	19.4	2012-3-23	2023-3-22
3703201000	330	其他欧盟公司	All Others	I	19.4	2012-3-23	2023-3-22
3703201000	334	富士胶片制造(欧洲)有限公司	FUJIFILM Manufacturing Europe B. V.	I	23.5	2016-6-29	2023-3-22
3703201000	334	柯达有限公司	Kodak Limited	I	19.4	2012-3-23	2023-3-22
3703201000	334	其他欧盟公司	All Others	I	19.4	2012-3-23	2023-3-22
3703201000	335	富士胶片制造(欧洲)有限公司	FUJIFILM Manufacturing Europe B. V.	I	23.5	2016-6-29	2023-3-22
3703201000	335	柯达有限公司	Kodak Limited	I	19.4	2012-3-23	2023-3-22
3703201000	335	其他欧盟公司	All Others	I	19.4	2012-3-23	2023-3-22
3703201000	336	富士胶片制造(欧洲)有限公司	FUJIFILM Manufacturing Europe B. V.	I	23.5	2016-6-29	2023-3-22
3703201000	336	柯达有限公司	Kodak Limited	I	19.4	2012-3-23	2023-3-22
3703201000	336	其他欧盟公司	All Others	I	19.4	2012-3-23	2023-3-22
3703201000	350	富士胶片制造(欧洲)有限公司	FUJIFILM Manufacturing Europe B. V.	I	23.5	2016-6-29	2023-3-22
3703201000	350	柯达有限公司	Kodak Limited	I	19.4	2012-3-23	2023-3-22
3703201000	350	其他欧盟公司	All Others	I	19.4	2012-3-23	2023-3-22
3703201000	351	富士胶片制造(欧洲)有限公司	FUJIFILM Manufacturing Europe B. V.	I	23.5	2016-6-29	2023-3-22
3703201000	351	柯达有限公司	Kodak Limited	I	19.4	2014-1-1	2023-3-22
3703201000	351	其他欧盟公司	All Others	I	19.4	2014-1-1	2023-3-22
3703201000	352	富士胶片制造(欧洲)有限公司	FUJIFILM Manufacturing Europe B. V.	I	23.5	2016-6-29	2023-3-22
3703201000	352	柯达有限公司	Kodak Limited	I	19.4	2012-3-23	2023-3-22
3703201000	352	其他欧盟公司	All Others	I	19.4	2012-3-23	2023-3-22
3703201000	353	富士胶片制造(欧洲)有限公司	FUJIFILM Manufacturing Europe B. V.	I	23.5	2016-6-29	2023-3-22
3703201000	353	柯达有限公司	Kodak Limited	I	19.4	2012-3-23	2023-3-22
3703201000	353	其他欧盟公司	All Others	I	19.4	2012-3-23	2023-3-22
3703201000	502	富士胶片制造(美国)有限公司	FUJIFILM Manufacturing U. S. A. ,Inc.	I	23.6	2016-6-29	2023-3-22
3703201000	502	其他美国公司	All Others	I	28.8	2012-3-23	2023-3-22
3703201000	701	国(地)别不详		I	28.8	2012-3-23	2023-3-22
3703901000	108	富士胶片制造(欧洲)有限公司	FUJIFILM Manufacturing Europe B. V.	I	23.5	2016-6-29	2023-3-22
3703901000	108	柯达有限公司	Kodak Limited	I	19.4	2012-3-23	2023-3-22
3703901000	108	其他欧盟公司	All Others	I	19.4	2012-3-23	2023-3-22
3703901000	116	日本公司		I	28.8	2012-3-23	2023-3-22
3703901000	301	富士胶片制造(欧洲)有限公司	FUJIFILM Manufacturing Europe B. V.	I	23.5	2016-6-29	2023-3-22
3703901000	301	柯达有限公司	Kodak Limited	I	19.4	2012-3-23	2023-3-22
3703901000	301	其他欧盟公司	All Others	I	19.4	2012-3-23	2023-3-22
3703901000	302	富士胶片制造(欧洲)有限公司	FUJIFILM Manufacturing Europe B. V.	I	23.5	2016-6-29	2023-3-22
3703901000	302	柯达有限公司	Kodak Limited	I	19.4	2012-3-23	2023-3-22
3703901000	302	其他欧盟公司	All Others	I	19.4	2012-3-23	2023-3-22

商品编号	原产国（地区）	原产厂商中文名称	原产厂商英文名称	税种代码	税率（%）	起始日期	截止日期
3703901000	303	富士胶片制造(欧洲)有限公司	FUJIFILM Manufacturing Europe B. V.	I	23.5	2016-6-29	2023-3-22
3703901000	303	柯达有限公司	Kodak Limited	I	19.4	2012-3-23	2023-3-22
3703901000	303	其他欧盟公司	All Others	I	19.4	2012-3-23	2023-3-22
3703901000	304	富士胶片制造(欧洲)有限公司	FUJIFILM Manufacturing Europe B. V.	I	23.5	2016-6-29	2023-3-22
3703901000	304	柯达有限公司	Kodak Limited	I	19.4	2012-3-23	2023-3-22
3703901000	304	其他欧盟公司	All Others	I	19.4	2012-3-23	2023-3-22
3703901000	305	富士胶片制造(欧洲)有限公司	FUJIFILM Manufacturing Europe B. V.	I	23.5	2016-6-29	2023-3-22
3703901000	305	柯达有限公司	Kodak Limited	I	19.4	2012-3-23	2023-3-22
3703901000	305	其他欧盟公司	All Others	I	19.4	2012-3-23	2023-3-22
3703901000	306	富士胶片制造(欧洲)有限公司	FUJIFILM Manufacturing Europe B. V.	I	23.5	2016-6-29	2023-3-22
3703901000	306	柯达有限公司	Kodak Limited	I	19.4	2012-3-23	2023-3-22
3703901000	306	其他欧盟公司	All Others	I	19.4	2012-3-23	2023-3-22
3703901000	307	富士胶片制造(欧洲)有限公司	FUJIFILM Manufacturing Europe B. V.	I	23.5	2016-6-29	2023-3-22
3703901000	307	柯达有限公司	Kodak Limited	I	19.4	2012-3-23	2023-3-22
3703901000	307	其他欧盟公司	All Others	I	19.4	2012-3-23	2023-3-22
3703901000	308	富士胶片制造(欧洲)有限公司	FUJIFILM Manufacturing Europe B. V.	I	23.5	2016-6-29	2023-3-22
3703901000	308	柯达有限公司	Kodak Limited	I	19.4	2012-3-23	2023-3-22
3703901000	308	其他欧盟公司	All Others	I	19.4	2012-3-23	2023-3-22
3703901000	309	富士胶片制造(欧洲)有限公司	FUJIFILM Manufacturing Europe B. V.	I	23.5	2016-6-29	2023-3-22
3703901000	309	柯达有限公司	Kodak Limited	I	19.4	2012-3-23	2023-3-22
3703901000	309	其他欧盟公司	All Others	I	19.4	2012-3-23	2023-3-22
3703901000	310	富士胶片制造(欧洲)有限公司	FUJIFILM Manufacturing Europe B. V.	I	23.5	2016-6-29	2023-3-22
3703901000	310	柯达有限公司	Kodak Limited	I	19.4	2012-3-23	2023-3-22
3703901000	310	其他欧盟公司	All Others	I	19.4	2012-3-23	2023-3-22
3703901000	311	富士胶片制造(欧洲)有限公司	FUJIFILM Manufacturing Europe B. V.	I	23.5	2016-6-29	2023-3-22
3703901000	311	柯达有限公司	Kodak Limited	I	19.4	2012-3-23	2023-3-22
3703901000	311	其他欧盟公司	All Others	I	19.4	2012-3-23	2023-3-22
3703901000	312	富士胶片制造(欧洲)有限公司	FUJIFILM Manufacturing Europe B. V.	I	23.5	2016-6-29	2023-3-22
3703901000	312	柯达有限公司	Kodak Limited	I	19.4	2012-3-23	2023-3-22
3703901000	312	其他欧盟公司	All Others	I	19.4	2012-3-23	2023-3-22
3703901000	315	富士胶片制造(欧洲)有限公司	FUJIFILM Manufacturing Europe B. V.	I	23.5	2016-6-29	2023-3-22
3703901000	315	柯达有限公司	Kodak Limited	I	19.4	2012-3-23	2023-3-22
3703901000	315	其他欧盟公司	All Others	I	19.4	2012-3-23	2023-3-22
3703901000	316	富士胶片制造(欧洲)有限公司	FUJIFILM Manufacturing Europe B. V.	I	23.5	2016-6-29	2023-3-22
3703901000	316	柯达有限公司	Kodak Limited	I	19.4	2012-3-23	2023-3-22
3703901000	316	其他欧盟公司	All Others	I	19.4	2012-3-23	2023-3-22
3703901000	318	富士胶片制造(欧洲)有限公司	FUJIFILM Manufacturing Europe B. V.	I	23.5	2016-6-29	2023-3-22
3703901000	318	柯达有限公司	Kodak Limited	I	19.4	2012-3-23	2023-3-22
3703901000	318	其他欧盟公司	All Others	I	19.4	2012-3-23	2023-3-22
3703901000	321	富士胶片制造(欧洲)有限公司	FUJIFILM Manufacturing Europe B. V.	I	23.5	2016-6-29	2023-3-22
3703901000	321	柯达有限公司	Kodak Limited	I	19.4	2012-3-23	2023-3-22
3703901000	321	其他欧盟公司	All Others	I	19.4	2012-3-23	2023-3-22
3703901000	324	富士胶片制造(欧洲)有限公司	FUJIFILM Manufacturing Europe B. V.	I	23.5	2016-6-29	2023-3-22
3703901000	324	柯达有限公司	Kodak Limited	I	19.4	2012-3-23	2023-3-22
3703901000	324	其他欧盟公司	All Others	I	19.4	2012-3-23	2023-3-22
3703901000	327	富士胶片制造(欧洲)有限公司	FUJIFILM Manufacturing Europe B. V.	I	23.5	2016-6-29	2023-3-22
3703901000	327	柯达有限公司	Kodak Limited	I	19.4	2012-3-23	2023-3-22
3703901000	327	其他欧盟公司	All Others	I	19.4	2012-3-23	2023-3-22
3703901000	328	富士胶片制造(欧洲)有限公司	FUJIFILM Manufacturing Europe B. V.	I	23.5	2016-6-29	2023-3-22
3703901000	328	柯达有限公司	Kodak Limited	I	19.4	2012-3-23	2023-3-22
3703901000	328	其他欧盟公司	All Others	I	19.4	2012-3-23	2023-3-22
3703901000	330	富士胶片制造(欧洲)有限公司	FUJIFILM Manufacturing Europe B. V.	I	23.5	2016-6-29	2023-3-22
3703901000	330	柯达有限公司	Kodak Limited	I	19.4	2012-3-23	2023-3-22
3703901000	330	其他欧盟公司	All Others	I	19.4	2012-3-23	2023-3-22
3703901000	334	富士胶片制造(欧洲)有限公司	FUJIFILM Manufacturing Europe B. V.	I	23.5	2016-6-29	2023-3-22
3703901000	334	柯达有限公司	Kodak Limited	I	19.4	2012-3-23	2023-3-22
3703901000	334	其他欧盟公司	All Others	I	19.4	2012-3-23	2023-3-22
3703901000	335	富士胶片制造(欧洲)有限公司	FUJIFILM Manufacturing Europe B. V.	I	23.5	2016-6-29	2023-3-22
3703901000	335	柯达有限公司	Kodak Limited	I	19.4	2012-3-23	2023-3-22
3703901000	335	其他欧盟公司	All Others	I	19.4	2012-3-23	2023-3-22
3703901000	336	富士胶片制造(欧洲)有限公司	FUJIFILM Manufacturing Europe B. V.	I	23.5	2016-6-29	2023-3-22
3703901000	336	柯达有限公司	Kodak Limited	I	19.4	2012-3-23	2023-3-22
3703901000	336	其他欧盟公司	All Others	I	19.4	2012-3-23	2023-3-22

商品编号	原产国(地区)	原产厂商中文名称	原产厂商英文名称	税种代码	税率(%)	起始日期	截止日期
3703901000	350	富士胶片制造(欧洲)有限公司	FUJIFILM Manufacturing Europe B. V.	I	23.5	2016-6-29	2023-3-22
3703901000	350	柯达有限公司	Kodak Limited	I	19.4	2012-3-23	2023-3-22
3703901000	350	其他欧盟公司	All Others	I	19.4	2012-3-23	2023-3-22
3703901000	351	富士胶片制造(欧洲)有限公司	FUJIFILM Manufacturing Europe B. V.	I	23.5	2016-6-29	2023-3-22
3703901000	351	柯达有限公司	Kodak Limited	I	19.4	2014-1-1	2023-3-22
3703901000	351	其他欧盟公司	All Others	I	19.4	2014-1-1	2023-3-22
3703901000	352	富士胶片制造(欧洲)有限公司	FUJIFILM Manufacturing Europe B. V.	I	23.5	2016-6-29	2023-3-22
3703901000	352	柯达有限公司	Kodak Limited	I	19.4	2012-3-23	2023-3-22
3703901000	352	其他欧盟公司	All Others	I	19.4	2012-3-23	2023-3-22
3703901000	353	富士胶片制造(欧洲)有限公司	FUJIFILM Manufacturing Europe B. V.	I	23.5	2016-6-29	2023-3-22
3703901000	353	柯达有限公司	Kodak Limited	I	19.4	2012-3-23	2023-3-22
3703901000	353	其他欧盟公司	All Others	I	19.4	2012-3-23	2023-3-22
3703901000	502	富士胶片制造(美国)有限公司	FUJIFILM Manufacturing U. S. A. ,Inc.	I	23.6	2016-6-29	2023-3-22
3703901000	502	其他美国公司	All Others	I	28.8	2012-3-23	2023-3-22
3703901000	701	国(地)别不详的		I	28.8	2012-3-23	2023-3-22
3904500010	116	其他日本公司	All Others	I	47.1	2017-4-20	2999-12-31
3904500010	116	旭化成株式会社	ASAHI KASEI CHEMICALS CORP.	I	47.1	2017-4-20	2999-12-31
3904500010	116	株式会社吴羽	KUREHA CORPORATION	I	47.1	2017-4-20	2999-12-31
3904500010	701	国(地)别不详		I	47.1	2017-4-20	2999-12-31
3907101010	122	宝理塑料(亚太)公司	Polyplastics Asia Pacific Sdn. Bhd.	I	8	2017-10-24	2022-10-23
3907101010	122	其他马来西亚公司	All Others	I	9.5	2017-10-24	2022-10-23
3907101010	133	(株)可隆塑胶股份有限公司	KOLON PLASTICS,INC.	I	6.2	2017-10-24	2022-10-23
3907101010	133	韩国工程塑料株式会社	KOREA ENGINEERING PLASTICS CO. ,LTD	I	30	2017-10-24	2022-10-23
3907101010	133	其他韩国公司	All Others	I	30.4	2017-10-24	2022-10-23
3907101010	136	其他泰国公司	All Others	I	34.9	2017-10-24	2022-10-23
3907101010	136	泰国聚甲醛有限公司	THAI POLYACETAL CO. ,LTD	I	18.5	2017-10-24	2022-10-23
3907101010	701	国(地)别不详		I	34.9	2017-10-24	2022-10-23
3907109010	122	宝理塑料(亚太)公司	Polyplastics Asia Pacific Sdn. Bhd.	I	8	2017-10-24	2022-10-23
3907109010	122	其他马来西亚公司	All Others	I	9.5	2017-10-24	2022-10-23
3907109010	133	(株)可隆塑胶股份有限公司	KOLON PLASTICS,INC.	I	6.2	2017-10-24	2022-10-23
3907109010	133	韩国工程塑料株式会社	KOREA ENGINEERING PLASTICS CO. ,LTD	I	30	2017-10-24	2022-10-23
3907109010	133	其他韩国公司	All Others	I	30.4	2017-10-24	2022-10-23
3907109010	136	其他泰国公司	All Others	I	34.9	2017-10-24	2022-10-23
3907109010	136	泰国聚甲醛有限公司	Thai Polyacetal Co. ,Ltd	I	18.5	2017-10-24	2022-10-23
3907109010	701	国(地)别不详		I	34.9	2017-10-24	2022-10-23
3908101101	502		Ascend Performance Materials LLC	I	31.4	2009-10-13	2999-12-31
3908101101	502	其他美国公司	All Others	I	37.5	2009-10-13	2999-12-31
3908101101	502	英威达有限责任公司	INVISTA S. A R. L.	I	25.2	2009-10-13	2999-12-31
3908101101	701	国(地)别不详		I	37.5	2009-10-13	2999-12-31
3908101200	108	巴斯夫安特卫普公司	BASF ANTWERPEN N. V.	I	8	2011-1-1	2021-4-21
3908101200	108	巴斯夫欧洲公司	BASF SE	I	8.2	2011-1-1	2021-4-21
3908101200	108	波兰阿佐提塔诺股份公司	Zaklady Azotowe w Tarnowie-Moscicach,S. A.	I	9.7	2011-1-1	2021-4-21
3908101200	108	道默有限公司	DOMO Caproleuna GmbH	I	8.2	2011-1-1	2021-4-21
3908101200	108	帝斯曼工程材料公司	DSM Engineering Materials B. V.	I	8.2	2020-7-17	2021-4-21
3908101200	108	其他欧盟公司	All Others	I	23.9	2011-1-1	2021-4-21
3908101200	143	华隆股份有限公司	HUALON CORPORATION	I	4.2	2011-1-1	2021-4-21
3908101200	143	集盛实业股份有限公司	Zig sheng Industrial Co. ,Ltd.	I	4.2	2011-1-1	2021-4-21
3908101200	143	力鹏企业股份有限公司	Li Peng Enterprise Co. ,Ltd.	I	4.3	2011-1-1	2021-4-21
3908101200	143	其他台湾地区公司	All Others	I	23.9	2011-1-1	2021-4-21
3908101200	143	台湾化学纤维股份有限公司	FORMOSA CHEMICALS&FIBER CORPORATION	I	4	2011-1-1	2021-4-21
3908101200	143	太洋尼龙股份有限公司	Tai-Young Nylon Co. ,Ltd	I	4.2	2011-1-1	2021-4-21
3908101200	143	展颂股份有限公司	CHAIN YARN CO. ,LTD.	I	4.2	2011-1-1	2021-4-21
3908101200	143	中国石油化学工业开发股份有限公司	China Petrochemical Development Corporation	I	4.2	2011-1-1	2021-4-21
3908101200	301	巴斯夫安特卫普公司	BASF ANTWERPEN N. V.	I	8	2011-1-1	2021-4-21
3908101200	301	巴斯夫欧洲公司	BASF SE	I	8.2	2011-1-1	2021-4-21
3908101200	301	波兰阿佐提塔诺股份公司	Zaklady Azotowe w Tarnowie-Moscicach,S. A.	I	9.7	2011-1-1	2021-4-21
3908101200	301	道默有限公司	DOMO Caproleuna GmbH	I	8.2	2011-1-1	2021-4-21
3908101200	301	帝斯曼工程材料公司	DSM Engineering Materials B. V.	I	8.2	2020-7-17	2021-4-21
3908101200	301	朗盛比利时有限公司	LANXESS N. V.	I	8.2	2017-7-21	2021-4-21
3908101200	301	其他欧盟公司	All Others	I	23.9	2011-1-1	2021-4-21
3908101200	302	巴斯夫安特卫普公司	BASF ANTWERPEN N. V.	I	8	2011-1-1	2021-4-21
3908101200	302	巴斯夫欧洲公司	BASF SE	I	8.2	2011-1-1	2021-4-21
3908101200	302	波兰阿佐提塔诺股份公司	Zaklady Azotowe w Tarnowie-Moscicach,S. A.	I	9.7	2011-1-1	2021-4-21

商品编号	原产国（地区）	原产厂商中文名称	原产厂商英文名称	税种代码	税率（%）	起始日期	截止日期
3908101200	302	道默有限公司	DOMO Caproleuna GmbH	I	8.2	2011-1-1	2021-4-21
3908101200	302	帝斯曼工程材料公司	DSM Engineering Materials B. V.	I	8.2	2020-7-17	2021-4-21
3908101200	302	其他欧盟公司	All Others	I	23.9	2011-1-1	2021-4-21
3908101200	303	巴斯夫安特卫普公司	BASF ANTWERPEN N. V.	I	8	2011-1-1	2021-4-21
3908101200	303	巴斯夫欧洲公司	BASF SE	I	8.2	2011-1-1	2021-4-21
3908101200	303	波兰阿佐提塔诺股份公司	Zaklady Azotowe w Tarnowie-Moscicach, S. A.	I	9.7	2011-1-1	2021-4-21
3908101200	303	道默有限公司	DOMO Caproleuna GmbH	I	8.2	2011-1-1	2021-4-21
3908101200	303	帝斯曼工程材料公司	DSM Engineering Materials B. V.	I	8.2	2020-7-17	2021-4-21
3908101200	303	其他欧盟公司	All Others	I	23.9	2011-1-1	2021-4-21
3908101200	304	巴斯夫安特卫普公司	BASF ANTWERPEN N. V.	I	8	2011-1-1	2021-4-21
3908101200	304	巴斯夫欧洲公司	BASF SE	I	8.2	2011-1-1	2021-4-21
3908101200	304	波兰阿佐提塔诺股份公司	Zaklady Azotowe w Tarnowie-Moscicach, S. A.	I	9.7	2011-1-1	2021-4-21
3908101200	304	道默有限公司	DOMO Caproleuna GmbH	I	8.2	2011-1-1	2021-4-21
3908101200	304	帝斯曼工程材料公司	DSM Engineering Materials B. V.	I	8.2	2020-7-17	2021-4-21
3908101200	304	朗盛德国有限公司	LANXESS Deutschland GmbH	I	8.2	2017-7-21	2021-4-21
3908101200	304	其他欧盟公司	All Others	I	23.9	2011-1-1	2021-4-21
3908101200	305	巴斯夫安特卫普公司	BASF ANTWERPEN N. V.	I	8	2011-1-1	2021-4-21
3908101200	305	巴斯夫欧洲公司	BASF SE	I	8.2	2011-1-1	2021-4-21
3908101200	305	波兰阿佐提塔诺股份公司	Zaklady Azotowe w Tarnowie-Moscicach, S. A.	I	9.7	2011-1-1	2021-4-21
3908101200	305	道默有限公司	DOMO Caproleuna GmbH	I	8.2	2011-1-1	2021-4-21
3908101200	305	帝斯曼工程材料公司	DSM Engineering Materials B. V.	I	8.2	2020-7-17	2021-4-21
3908101200	305	其他欧盟公司	All Others	I	23.9	2011-1-1	2021-4-21
3908101200	306	巴斯夫安特卫普公司	BASF ANTWERPEN N. V.	I	8	2011-1-1	2021-4-21
3908101200	306	巴斯夫欧洲公司	BASF SE	I	8.2	2011-1-1	2021-4-21
3908101200	306	波兰阿佐提塔诺股份公司	Zaklady Azotowe w Tarnowie-Moscicach, S. A.	I	9.7	2011-1-1	2021-4-21
3908101200	306	道默有限公司	DOMO Caproleuna GmbH	I	8.2	2011-1-1	2021-4-21
3908101200	306	帝斯曼工程材料公司	DSM Engineering Materials B. V.	I	8.2	2020-7-17	2021-4-21
3908101200	306	其他欧盟公司	All Others	I	23.9	2011-1-1	2021-4-21
3908101200	307	巴斯夫安特卫普公司	BASF ANTWERPEN N. V.	I	8	2011-1-1	2021-4-21
3908101200	307	巴斯夫欧洲公司	BASF SE	I	8.2	2011-1-1	2021-4-21
3908101200	307	波兰阿佐提塔诺股份公司	Zaklady Azotowe w Tarnowie-Moscicach, S. A.	I	9.7	2011-1-1	2021-4-21
3908101200	307	道默有限公司	DOMO Caproleuna GmbH	I	8.2	2011-1-1	2021-4-21
3908101200	307	帝斯曼工程材料公司	DSM Engineering Materials B. V.	I	8.2	2020-7-17	2021-4-21
3908101200	307	其他欧盟公司	All Others	I	23.9	2011-1-1	2021-4-21
3908101200	308	巴斯夫安特卫普公司	BASF ANTWERPEN N. V.	I	8	2011-1-1	2021-4-21
3908101200	308	巴斯夫欧洲公司	BASF SE	I	8.2	2011-1-1	2021-4-21
3908101200	308	波兰阿佐提塔诺股份公司	Zaklady Azotowe w Tarnowie-Moscicach, S. A.	I	9.7	2011-1-1	2021-4-21
3908101200	308	道默有限公司	DOMO Caproleuna GmbH	I	8.2	2011-1-1	2021-4-21
3908101200	308	帝斯曼工程材料公司	DSM Engineering Materials B. V.	I	8.2	2020-7-17	2021-4-21
3908101200	308	其他欧盟公司	All Others	I	23.9	2011-1-1	2021-4-21
3908101200	309	巴斯夫安特卫普公司	BASF ANTWERPEN N. V.	I	8	2011-1-1	2021-4-21
3908101200	309	巴斯夫欧洲公司	BASF SE	I	8.2	2011-1-1	2021-4-21
3908101200	309	波兰阿佐提塔诺股份公司	Zaklady Azotowe w Tarnowie-Moscicach, S. A.	I	9.7	2011-1-1	2021-4-21
3908101200	309	道默有限公司	DOMO Caproleuna GmbH	I	8.2	2011-1-1	2021-4-21
3908101200	309	帝斯曼工程材料公司	DSM Engineering Materials B. V.	I	8.2	2020-7-17	2021-4-21
3908101200	309	其他欧盟公司	All Others	I	23.9	2011-1-1	2021-4-21
3908101200	310	巴斯夫安特卫普公司	BASF ANTWERPEN N. V.	I	8	2011-1-1	2021-4-21
3908101200	310	巴斯夫欧洲公司	BASF SE	I	8.2	2011-1-1	2021-4-21
3908101200	310	波兰阿佐提塔诺股份公司	Zaklady Azotowe w Tarnowie-Moscicach, S. A.	I	9.7	2011-1-1	2021-4-21
3908101200	310	道默有限公司	DOMO Caproleuna GmbH	I	8.2	2011-1-1	2021-4-21
3908101200	310	帝斯曼工程材料公司	DSM Engineering Materials B. V.	I	8.2	2020-7-17	2021-4-21
3908101200	310	其他欧盟公司	All Others	I	23.9	2011-1-1	2021-4-21
3908101200	311	巴斯夫安特卫普公司	BASF ANTWERPEN N. V.	I	8	2011-1-1	2021-4-21
3908101200	311	巴斯夫欧洲公司	BASF SE	I	8.2	2011-1-1	2021-4-21
3908101200	311	波兰阿佐提塔诺股份公司	Zaklady Azotowe w Tarnowie-Moscicach, S. A.	I	9.7	2011-1-1	2021-4-21
3908101200	311	道默有限公司	DOMO Caproleuna GmbH	I	8.2	2011-1-1	2021-4-21
3908101200	311	帝斯曼工程材料公司	DSM Engineering Materials B. V.	I	8.2	2020-7-17	2021-4-21
3908101200	311	其他欧盟公司	All Others	I	23.9	2011-1-1	2021-4-21
3908101200	312	巴斯夫安特卫普公司	BASF ANTWERPEN N. V.	I	8	2011-1-1	2021-4-21
3908101200	312	巴斯夫欧洲公司	BASF SE	I	8.2	2011-1-1	2021-4-21
3908101200	312	波兰阿佐提塔诺股份公司	Zaklady Azotowe w Tarnowie-Moscicach, S. A.	I	9.7	2011-1-1	2021-4-21
3908101200	312	道默有限公司	DOMO Caproleuna GmbH	I	8.2	2011-1-1	2021-4-21
3908101200	312	帝斯曼工程材料公司	DSM Engineering Materials B. V.	I	8.2	2020-7-17	2021-4-21

商品编号	原产国(地区)	原产厂商中文名称	原产厂商英文名称	税种代码	税率(%)	起始日期	截止日期
3908101200	312	其他欧盟公司	All Others	I	23.9	2011-1-1	2021-4-21
3908101200	315	巴斯夫安特卫普公司	BASF ANTWERPEN N. V.	I	8	2011-1-1	2021-4-21
3908101200	315	巴斯夫欧洲公司	BASF SE	I	8.2	2011-1-1	2021-4-21
3908101200	315	波兰阿佐提塔诺股份公司	Zaklady Azotowe w Tarnowie-Moscicach, S. A.	I	9.7	2011-1-1	2021-4-21
3908101200	315	道默有限公司	DOMO Caproleuna GmbH	I	8.2	2011-1-1	2021-4-21
3908101200	315	帝斯曼工程材料公司	DSM Engineering Materials B. V.	I	8.2	2020-7-17	2021-4-21
3908101200	315	其他欧盟公司	All Others	I	23.9	2011-1-1	2021-4-21
3908101200	316	巴斯夫安特卫普公司	BASF ANTWERPEN N. V.	I	8	2011-1-1	2021-4-21
3908101200	316	巴斯夫欧洲公司	BASF SE	I	8.2	2011-1-1	2021-4-21
3908101200	316	波兰阿佐提塔诺股份公司	Zaklady Azotowe w Tarnowie-Moscicach, S. A.	I	9.7	2011-1-1	2021-4-21
3908101200	316	道默有限公司	DOMO Caproleuna GmbH	I	8.2	2011-1-1	2021-4-21
3908101200	316	帝斯曼工程材料公司	DSM Engineering Materials B. V.	I	8.2	2020-7-17	2021-4-21
3908101200	316	其他欧盟公司	All Others	I	23.9	2011-1-1	2021-4-21
3908101200	318	巴斯夫安特卫普公司	BASF ANTWERPEN N. V.	I	8	2011-1-1	2021-4-21
3908101200	318	巴斯夫欧洲公司	BASF SE	I	8.2	2011-1-1	2021-4-21
3908101200	318	波兰阿佐提塔诺股份公司	Zaklady Azotowe w Tarnowie-Moscicach, S. A.	I	9.7	2011-1-1	2021-4-21
3908101200	318	道默有限公司	DOMO Caproleuna GmbH	I	8.2	2011-1-1	2021-4-21
3908101200	318	帝斯曼工程材料公司	DSM Engineering Materials B. V.	I	8.2	2020-7-17	2021-4-21
3908101200	318	其他欧盟公司	All Others	I	23.9	2011-1-1	2021-4-21
3908101200	321	巴斯夫安特卫普公司	BASF ANTWERPEN N. V.	I	8	2011-1-1	2021-4-21
3908101200	321	巴斯夫欧洲公司	BASF SE	I	8.2	2011-1-1	2021-4-21
3908101200	321	波兰阿佐提塔诺股份公司	Zaklady Azotowe w Tarnowie-Moscicach, S. A.	I	9.7	2011-1-1	2021-4-21
3908101200	321	道默有限公司	DOMO Caproleuna GmbH	I	8.2	2011-1-1	2021-4-21
3908101200	321	帝斯曼工程材料公司	DSM Engineering Materials B. V.	I	8.2	2020-7-17	2021-4-21
3908101200	321	其他欧盟公司	All Others	I	23.9	2011-1-1	2021-4-21
3908101200	324	巴斯夫安特卫普公司	BASF ANTWERPEN N. V.	I	8	2011-1-1	2021-4-21
3908101200	324	巴斯夫欧洲公司	BASF SE	I	8.2	2011-1-1	2021-4-21
3908101200	324	波兰阿佐提塔诺股份公司	Zaklady Azotowe w Tarnowie-Moscicach, S. A.	I	9.7	2011-1-1	2021-4-21
3908101200	324	道默有限公司	DOMO Caproleuna GmbH	I	8.2	2011-1-1	2021-4-21
3908101200	324	帝斯曼工程材料公司	DSM Engineering Materials B. V.	I	8.2	2020-7-17	2021-4-21
3908101200	324	其他欧盟公司	All Others	I	23.9	2011-1-1	2021-4-21
3908101200	327	巴斯夫安特卫普公司	BASF ANTWERPEN N. V.	I	8	2011-1-1	2021-4-21
3908101200	327	巴斯夫欧洲公司	BASF SE	I	8.2	2011-1-1	2021-4-21
3908101200	327	波兰阿佐提塔诺股份公司	Zaklady Azotowe w Tarnowie-Moscicach, S. A.	I	9.7	2011-1-1	2021-4-21
3908101200	327	道默有限公司	DOMO Caproleuna GmbH	I	8.2	2011-1-1	2021-4-21
3908101200	327	帝斯曼工程材料公司	DSM Engineering Materials B. V.	I	8.2	2020-7-17	2021-4-21
3908101200	327	其他欧盟公司	All Others	I	23.9	2011-1-1	2021-4-21
3908101200	328	巴斯夫安特卫普公司	BASF ANTWERPEN N. V.	I	8	2011-1-1	2021-4-21
3908101200	328	巴斯夫欧洲公司	BASF SE	I	8.2	2011-1-1	2021-4-21
3908101200	328	波兰阿佐提塔诺股份公司	Zaklady Azotowe w Tarnowie-Moscicach, S. A.	I	9.7	2011-1-1	2021-4-21
3908101200	328	道默有限公司	DOMO Caproleuna GmbH	I	8.2	2011-1-1	2021-4-21
3908101200	328	帝斯曼工程材料公司	DSM Engineering Materials B. V.	I	8.2	2020-7-17	2021-4-21
3908101200	328	其他欧盟公司	All Others	I	23.9	2011-1-1	2021-4-21
3908101200	330	巴斯夫安特卫普公司	BASF ANTWERPEN N. V.	I	8	2011-1-1	2021-4-21
3908101200	330	巴斯夫欧洲公司	BASF SE	I	8.2	2011-1-1	2021-4-21
3908101200	330	波兰阿佐提塔诺股份公司	Zaklady Azotowe w Tarnowie-Moscicach, S. A.	I	9.7	2011-1-1	2021-4-21
3908101200	330	道默有限公司	DOMO Caproleuna GmbH	I	8.2	2011-1-1	2021-4-21
3908101200	330	帝斯曼工程材料公司	DSM Engineering Materials B. V.	I	8.2	2020-7-17	2021-4-21
3908101200	330	其他欧盟公司	All Others	I	23.9	2011-1-1	2021-4-21
3908101200	334	巴斯夫安特卫普公司	BASF ANTWERPEN N. V.	I	8	2011-1-1	2021-4-21
3908101200	334	巴斯夫欧洲公司	BASF SE	I	8.2	2011-1-1	2021-4-21
3908101200	334	波兰阿佐提塔诺股份公司	Zaklady Azotowe w Tarnowie-Moscicach, S. A.	I	9.7	2011-1-1	2021-4-21
3908101200	334	道默有限公司	DOMO Caproleuna GmbH	I	8.2	2011-1-1	2021-4-21
3908101200	334	帝斯曼工程材料公司	DSM Engineering Materials B. V.	I	8.2	2020-7-17	2021-4-21
3908101200	334	其他欧盟公司	All Others	I	23.9	2011-1-1	2021-4-21
3908101200	335	巴斯夫安特卫普公司	BASF ANTWERPEN N. V.	I	8	2011-1-1	2021-4-21
3908101200	335	巴斯夫欧洲公司	BASF SE	I	8.2	2011-1-1	2021-4-21
3908101200	335	波兰阿佐提塔诺股份公司	Zaklady Azotowe w Tarnowie-Moscicach, S. A.	I	9.7	2011-1-1	2021-4-21
3908101200	335	道默有限公司	DOMO Caproleuna GmbH	I	8.2	2011-1-1	2021-4-21
3908101200	335	帝斯曼工程材料公司	DSM Engineering Materials B. V.	I	8.2	2020-7-17	2021-4-21
3908101200	335	其他欧盟公司	All Others	I	23.9	2011-1-1	2021-4-21
3908101200	336	巴斯夫安特卫普公司	BASF ANTWERPEN N. V.	I	8	2011-1-1	2021-4-21
3908101200	336	巴斯夫欧洲公司	BASF SE	I	8.2	2011-1-1	2021-4-21

商品编号	原产国(地区)	原产厂商中文名称	原产厂商英文名称	税种代码	税率(%)	起始日期	截止日期
3908101200	336	波兰阿佐提塔诺股份公司	Zaklady Azotowe w Tarnowie-Moscicach, S. A.	I	9.7	2011-1-1	2021-4-21
3908101200	336	道默有限公司	DOMO Caproleuna GmbH	I	8.2	2011-1-1	2021-4-21
3908101200	336	帝斯曼工程材料公司	DSM Engineering Materials B. V.	I	8.2	2020-7-17	2021-4-21
3908101200	336	其他欧盟公司	All Others	I	23.9	2011-1-1	2021-4-21
3908101200	344	古比雪夫氮公众股份公司	Public Joint Stock Company KuibyshevAzot	I	5.9	2017-3-16	2021-4-21
3908101200	344	其他俄罗斯公司	All Others	I	23.9	2011-1-1	2021-4-21
3908101200	350	巴斯夫安特卫普公司	BASF ANTWERPEN N. V.	I	8	2011-1-1	2021-4-21
3908101200	350	巴斯夫欧洲公司	BASF SE	I	8.2	2011-1-1	2021-4-21
3908101200	350	波兰阿佐提塔诺股份公司	Zaklady Azotowe w Tarnowie-Moscicach, S. A.	I	9.7	2011-1-1	2021-4-21
3908101200	350	道默有限公司	DOMO Caproleuna GmbH	I	8.2	2011-1-1	2021-4-21
3908101200	350	帝斯曼工程材料公司	DSM Engineering Materials B. V.	I	8.2	2020-7-17	2021-4-21
3908101200	350	其他欧盟公司	All Others	I	23.9	2011-1-1	2021-4-21
3908101200	351	巴斯夫安特卫普公司	BASF ANTWERPEN N. V.	I	8	2014-1-1	2021-4-21
3908101200	351	巴斯夫欧洲公司	BASF SE	I	8.2	2014-1-1	2021-4-21
3908101200	351	波兰阿佐提塔诺股份公司	Zaklady Azotowe w Tarnowie-Moscicach, S. A.	I	9.7	2014-1-1	2021-4-21
3908101200	351	道默有限公司	DOMO Caproleuna GmbH	I	8.2	2014-1-1	2021-4-21
3908101200	351	帝斯曼工程材料公司	DSM Engineering Materials B. V.	I	8.2	2020-7-17	2021-4-21
3908101200	351	其他欧盟公司	All Others	I	23.9	2014-1-1	2021-4-21
3908101200	352	巴斯夫安特卫普公司	BASF ANTWERPEN N. V.	I	8	2011-1-1	2021-4-21
3908101200	352	巴斯夫欧洲公司	BASF SE	I	8.2	2011-1-1	2021-4-21
3908101200	352	波兰阿佐提塔诺股份公司	Zaklady Azotowe w Tarnowie-Moscicach, S. A.	I	9.7	2011-1-1	2021-4-21
3908101200	352	道默有限公司	DOMO Caproleuna GmbH	I	8.2	2011-1-1	2021-4-21
3908101200	352	帝斯曼工程材料公司	DSM Engineering Materials B. V.	I	8.2	2020-7-17	2021-4-21
3908101200	352	其他欧盟公司	All Others	I	23.9	2011-1-1	2021-4-21
3908101200	353	巴斯夫安特卫普公司	BASF ANTWERPEN N. V.	I	8	2011-1-1	2021-4-21
3908101200	353	巴斯夫欧洲公司	BASF SE	I	8.2	2011-1-1	2021-4-21
3908101200	353	波兰阿佐提塔诺股份公司	Zaklady Azotowe w Tarnowie-Moscicach, S. A.	I	9.7	2011-1-1	2021-4-21
3908101200	353	道默有限公司	DOMO Caproleuna GmbH	I	8.2	2011-1-1	2021-4-21
3908101200	353	帝斯曼工程材料公司	DSM Engineering Materials B. V.	I	8.2	2020-7-17	2021-4-21
3908101200	353	其他欧盟公司	All Others	I	23.9	2011-1-1	2021-4-21
3908101200	502	艾德凡斯树脂和化学品责任有限公司	AdvanSix Resins&Chemicals LLC	I	36.2	2018-6-9	2021-4-21
3908101200	502	巴斯夫美国公司	BASF Corporation.	I	29.3	2011-1-1	2021-4-21
3908101200	502	其他美国公司	All Others	I	96.5	2011-1-1	2021-4-21
3908101200	701	国(地)别不详		I	96.5	2011-1-1	2021-4-21
3911900004	116	DIC 株式会社	DIC Corporation	I	27.3	2020-12-1	2025-11-30
3911900004	116	宝理塑料株式会社	POLYPLASTICS CO., LTD.	I	25.2	2020-12-1	2025-11-30
3911900004	116	出光狮王塑料株式会社	Lion Idemitsu Composites Co., LTD.	I	33.6	2020-12-1	2025-11-30
3911900004	116	东曹株式会社	Tosoh Corporation	I	25.6	2020-12-1	2025-11-30
3911900004	116	东丽株式会社	Toray Industries, Inc.	I	26.9	2020-12-1	2025-11-30
3911900004	116	其他日本公司	All Others	I	69.1	2020-12-1	2025-11-30
3911900004	116	住友电木株式会社	Sumitomo Bakelite Co., Ltd.	I	34.5	2020-12-1	2025-11-30
3911900004	122	宝理塑料(亚太)公司	Polyplastics Asia Pacific Sdn. Bhd.	I	23.3	2020-12-1	2025-11-30
3911900004	122	迪爱生复合物(马来西亚)有限公司	DIC Compounds(Malaysia) Sdn. Bhd.	I	40.5	2020-12-1	2025-11-30
3911900004	122	其他马来西亚公司	All Others	I	40.5	2020-12-1	2025-11-30
3911900004	133	SK 化工株式会社	SK Chemicals Co., Ltd.	I	32.7	2020-12-1	2025-11-30
3911900004	133	东丽尖端素材株式会社	Toray Advanced Materials Korea Inc.	I	26.4	2020-12-1	2025-11-30
3911900004	133	其他韩国公司	All Others	I	46.8	2020-12-1	2025-11-30
3911900004	502	富特朗实业有限公司	Fortron Industries LLC	I	220.9	2020-12-1	2025-11-30
3911900004	502	其他美国公司	All Others	I	220.9	2020-12-1	2025-11-30
3911900004	502	苏威特种聚合物美国有限公司	Solvay Specialty Polymers USA, LLC	I	214.1	2020-12-1	2025-11-30
3911900004	701	国(地)别不详		I	220.9	2020-12-1	2025-11-30
4002391000	108	其他欧盟公司	All Others	I	71.9	2018-8-20	2023-8-19
4002391000	132	阿朗新科新加坡私人有限公司	ARLANXEO SINGAPORE PTE. LTD	I	23.1	2018-8-20	2023-8-19
4002391000	132	其他新加坡公司	All Others	I	45.2	2018-8-20	2023-8-19
4002391000	301	阿朗新科比利时有限公司	ARLANXEO Belgium NV	I	27.4	2018-8-20	2023-8-19
4002391000	301	其他欧盟公司	All Others	I	71.9	2018-8-20	2023-8-19
4002391000	302	其他欧盟公司	All Others	I	71.9	2018-8-20	2023-8-19
4002391000	303	埃克森美孚化工有限公司	ExxonMobil Chemical Limited	I	71.9	2018-8-20	2023-8-19
4002391000	303	其他欧盟公司	All Others	I	71.9	2018-8-20	2023-8-19
4002391000	304	其他欧盟公司	All Others	I	71.9	2018-8-20	2023-8-19
4002391000	305	其他欧盟公司	All Others	I	71.9	2018-8-20	2023-8-19
4002391000	306	其他欧盟公司	All Others	I	71.9	2018-8-20	2023-8-19
4002391000	307	其他欧盟公司	All Others	I	71.9	2018-8-20	2023-8-19

商品编号	原产国(地区)	原产厂商中文名称	原产厂商英文名称	税种代码	税率(%)	起始日期	截止日期
4002391000	308	其他欧盟公司	All Others	I	71.9	2018-8-20	2023-8-19
4002391000	309	其他欧盟公司	All Others	I	71.9	2018-8-20	2023-8-19
4002391000	310	其他欧盟公司	All Others	I	71.9	2018-8-20	2023-8-19
4002391000	311	其他欧盟公司	All Others	I	71.9	2018-8-20	2023-8-19
4002391000	312	其他欧盟公司	All Others	I	71.9	2018-8-20	2023-8-19
4002391000	315	其他欧盟公司	All Others	I	71.9	2018-8-20	2023-8-19
4002391000	316	其他欧盟公司	All Others	I	71.9	2018-8-20	2023-8-19
4002391000	318	其他欧盟公司	All Others	I	71.9	2018-8-20	2023-8-19
4002391000	321	其他欧盟公司	All Others	I	71.9	2018-8-20	2023-8-19
4002391000	324	其他欧盟公司	All Others	I	71.9	2018-8-20	2023-8-19
4002391000	327	其他欧盟公司	All Others	I	71.9	2018-8-20	2023-8-19
4002391000	328	其他欧盟公司	All Others	I	71.9	2018-8-20	2023-8-19
4002391000	330	其他欧盟公司	All Others	I	71.9	2018-8-20	2023-8-19
4002391000	334	其他欧盟公司	All Others	I	71.9	2018-8-20	2023-8-19
4002391000	335	其他欧盟公司	All Others	I	71.9	2018-8-20	2023-8-19
4002391000	336	其他欧盟公司	All Others	I	71.9	2018-8-20	2023-8-19
4002391000	350	其他欧盟公司	All Others	I	71.9	2018-8-20	2023-8-19
4002391000	351	其他欧盟公司	All Others	I	71.9	2018-8-20	2023-8-19
4002391000	352	其他欧盟公司	All Others	I	71.9	2018-8-20	2023-8-19
4002391000	353	其他欧盟公司	All Others	I	71.9	2018-8-20	2023-8-19
4002391000	502	埃克森美孚公司	Exxon Mobil Corporation	I	75.5	2018-8-20	2023-8-19
4002391000	502	其他美国公司	All Others	I	75.5	2018-8-20	2023-8-19
4002391000	701	国(地)别不详		I	75.5	2018-8-20	2023-8-19
4002399000	108	其他欧盟公司	All Others	I	71.9	2018-8-20	2023-8-19
4002399000	108	其他欧盟公司	All Others	T	63.7	2018-4-20	2999-12-31
4002399000	132	阿朗新科新加坡私人有限公司	ARLANXEO SINGAPORE PTE. LTD	I	23.1	2018-8-20	2023-8-19
4002399000	132	阿朗新科新加坡私人有限公司	ARLANXEO SINGAPORE PTE. LTD	T	26	2018-4-20	2999-12-31
4002399000	132	其他新加坡公司	All Others	I	45.2	2018-8-20	2023-8-19
4002399000	132	其他新加坡公司	All Others	T	66.5	2018-4-20	2999-12-31
4002399000	301	阿朗新科比利时有限公司	ARLANXEO Belgium NV	I	27.4	2018-8-20	2023-8-19
4002399000	301	阿朗新科比利时有限公司	ARLANXEO Belgium NV	T	30.9	2018-4-20	2999-12-31
4002399000	301	其他欧盟公司	All Others	I	71.9	2018-8-20	2023-8-19
4002399000	301	其他欧盟公司	All Others	T	63.7	2018-4-20	2999-12-31
4002399000	302	其他欧盟公司	All Others	I	71.9	2018-8-20	2023-8-19
4002399000	302	其他欧盟公司	All Others	T	63.7	2018-4-20	2999-12-31
4002399000	303	埃克森美孚化工有限公司	ExxonMobil Chemical Limited	I	71.9	2018-8-20	2023-8-19
4002399000	303	埃克森美孚化工有限公司	ExxonMobil Chemical Limited	T	63.7	2018-4-20	2999-12-31
4002399000	303	其他欧盟公司	All Others	I	71.9	2018-8-20	2023-8-19
4002399000	303	其他欧盟公司	All Others	T	63.7	2018-4-20	2999-12-31
4002399000	304	其他欧盟公司	All Others	I	71.9	2018-8-20	2023-8-19
4002399000	304	其他欧盟公司	All Others	T	63.7	2018-4-20	2999-12-31
4002399000	305	其他欧盟公司	All Others	I	71.9	2018-8-20	2023-8-19
4002399000	305	其他欧盟公司	All Others	T	63.7	2018-4-20	2999-12-31
4002399000	306	其他欧盟公司	All Others	I	71.9	2018-8-20	2023-8-19
4002399000	306	其他欧盟公司	All Others	T	63.7	2018-4-20	2999-12-31
4002399000	307	其他欧盟公司	All Others	I	71.9	2018-8-20	2023-8-19
4002399000	307	其他欧盟公司	All Others	T	63.7	2018-4-20	2999-12-31
4002399000	308	其他欧盟公司	All Others	I	71.9	2018-8-20	2023-8-19
4002399000	308	其他欧盟公司	All Others	T	63.7	2018-4-20	2999-12-31
4002399000	309	其他欧盟公司	All Others	I	71.9	2018-8-20	2023-8-19
4002399000	309	其他欧盟公司	All Others	T	63.7	2018-4-20	2999-12-31
4002399000	310	其他欧盟公司	All Others	I	71.9	2018-8-20	2023-8-19
4002399000	310	其他欧盟公司	All Others	T	63.7	2018-4-20	2999-12-31
4002399000	311	其他欧盟公司	All Others	I	71.9	2018-8-20	2023-8-19
4002399000	311	其他欧盟公司	All Others	T	63.7	2018-4-20	2999-12-31
4002399000	312	其他欧盟公司	All Others	I	71.9	2018-8-20	2023-8-19
4002399000	312	其他欧盟公司	All Others	T	63.7	2018-4-20	2999-12-31
4002399000	315	其他欧盟公司	All Others	I	71.9	2018-8-20	2023-8-19
4002399000	315	其他欧盟公司	All Others	T	63.7	2018-4-20	2999-12-31
4002399000	316	其他欧盟公司	All Others	I	71.9	2018-8-20	2023-8-19
4002399000	316	其他欧盟公司	All Others	T	63.7	2018-4-20	2999-12-31
4002399000	318	其他欧盟公司	All Others	I	71.9	2018-8-20	2023-8-19
4002399000	318	其他欧盟公司	All Others	T	63.7	2018-4-20	2999-12-31

商品编号	原产国(地区)	原产厂商中文名称	原产厂商英文名称	税种代码	税率(%)	起始日期	截止日期
4002399000	321	其他欧盟公司	All Others	I	71.9	2018-8-20	2023-8-19
4002399000	321	其他欧盟公司	All Others	T	63.7	2018-4-20	2999-12-31
4002399000	324	其他欧盟公司	All Others	I	71.9	2018-8-20	2023-8-19
4002399000	324	其他欧盟公司	All Others	T	63.7	2018-4-20	2999-12-31
4002399000	327	其他欧盟公司	All Others	I	71.9	2018-8-20	2023-8-19
4002399000	327	其他欧盟公司	All Others	T	63.7	2018-4-20	2999-12-31
4002399000	328	其他欧盟公司	All Others	I	71.9	2018-8-20	2023-8-19
4002399000	328	其他欧盟公司	All Others	T	63.7	2018-4-20	2999-12-31
4002399000	330	其他欧盟公司	All Others	I	71.9	2018-8-20	2023-8-19
4002399000	330	其他欧盟公司	All Others	T	63.7	2018-4-20	2999-12-31
4002399000	334	其他欧盟公司	All Others	I	71.9	2018-8-20	2023-8-19
4002399000	334	其他欧盟公司	All Others	T	63.7	2018-4-20	2999-12-31
4002399000	335	其他欧盟公司	All Others	I	71.9	2018-8-20	2023-8-19
4002399000	335	其他欧盟公司	All Others	T	63.7	2018-4-20	2999-12-31
4002399000	336	其他欧盟公司	All Others	I	71.9	2018-8-20	2023-8-19
4002399000	336	其他欧盟公司	All Others	T	63.7	2018-4-20	2999-12-31
4002399000	350	其他欧盟公司	All Others	I	71.9	2018-8-20	2023-8-19
4002399000	350	其他欧盟公司	All Others	T	63.7	2018-4-20	2999-12-31
4002399000	351	其他欧盟公司	All Others	I	71.9	2018-8-20	2023-8-19
4002399000	351	其他欧盟公司	All Others	T	63.7	2018-4-20	2999-12-31
4002399000	352	其他欧盟公司	All Others	I	71.9	2018-8-20	2023-8-19
4002399000	352	其他欧盟公司	All Others	T	63.7	2018-4-20	2999-12-31
4002399000	353	其他欧盟公司	All Others	I	71.9	2018-8-20	2023-8-19
4002399000	353	其他欧盟公司	All Others	T	63.7	2018-4-20	2999-12-31
4002399000	502	埃克森美孚公司	Exxon Mobil Corporation	I	75.5	2018-8-20	2023-8-19
4002399000	502	埃克森美孚公司	Exxon Mobil Corporation	T	66.5	2018-4-20	2999-12-31
4002399000	502	其他美国公司	All Others	I	75.5	2018-8-20	2023-8-19
4002399000	502	其他美国公司	All Others	T	66.5	2018-4-20	2999-12-31
4002399000	701	国(地)别不详		I	75.5	2018-8-20	2023-8-19
4002399000	701	国(地)别不详		T	66.5	2018-4-20	2999-12-31
4002491000	108	其他欧盟公司	All Others	I	151	2005-5-10	2022-5-9
4002491000	116	其他日本公司	All Others	I	43.9	2010-8-28	2022-5-9
4002491000	116	日本电化株式会社	Denka Company Limited	I	20.8	2015-12-25	2022-5-9
4002491000	116	日本东曹株式会社	TOSOH CORPORATION	I	10.2	2010-8-28	2022-5-9
4002491000	116	昭和电工株式会社	SHOWA DENKO K. K	I	20.8	2010-8-28	2022-5-9
4002491000	301	其他欧盟公司	All Others	I	151	2005-5-10	2022-5-9
4002491000	302	其他欧盟公司	All Others	I	151	2005-5-10	2022-5-9
4002491000	303	其他欧盟公司	All Others	I	151	2005-5-10	2022-5-9
4002491000	304	阿朗新科德国有限公司	ARLANXEO Deutschland GmbH	I	11	2016-11-9	2022-5-9
4002491000	304	其他欧盟公司	All Others	I	151	2005-5-10	2022-5-9
4002491000	305	埃尼橡胶法国有限公司	Polimeri Europa Elastomeres France S. A.	I	53	2005-5-10	2022-5-9
4002491000	305	其他欧盟公司	All Others	I	151	2005-5-10	2022-5-9
4002491000	306	其他欧盟公司	All Others	I	151	2005-5-10	2022-5-9
4002491000	307	其他欧盟公司	All Others	I	151	2005-5-10	2022-5-9
4002491000	308	其他欧盟公司	All Others	I	151	2005-5-10	2022-5-9
4002491000	309	其他欧盟公司	All Others	I	151	2005-5-10	2022-5-9
4002491000	310	其他欧盟公司	All Others	I	151	2005-5-10	2022-5-9
4002491000	311	其他欧盟公司	All Others	I	151	2005-5-10	2022-5-9
4002491000	312	其他欧盟公司	All Others	I	151	2005-5-10	2022-5-9
4002491000	315	其他欧盟公司	All Others	I	151	2005-5-10	2022-5-9
4002491000	316	其他欧盟公司	All Others	I	151	2007-1-1	2022-5-9
4002491000	318	其他欧盟公司	All Others	I	151	2005-5-10	2022-5-9
4002491000	321	其他欧盟公司	All Others	I	151	2005-5-10	2022-5-9
4002491000	324	其他欧盟公司	All Others	I	151	2005-5-10	2022-5-9
4002491000	327	其他欧盟公司	All Others	I	151	2005-5-10	2022-5-9
4002491000	328	其他欧盟公司	All Others	I	151	2007-1-1	2022-5-9
4002491000	330	其他欧盟公司	All Others	I	151	2005-5-10	2022-5-9
4002491000	334	其他欧盟公司	All Others	I	151	2005-5-10	2022-5-9
4002491000	335	其他欧盟公司	All Others	I	151	2005-5-10	2022-5-9
4002491000	336	其他欧盟公司	All Others	I	151	2005-5-10	2022-5-9
4002491000	350	其他欧盟公司	All Others	I	151	2005-5-10	2022-5-9
4002491000	351	其他欧盟公司	All Others	I	151	2014-1-1	2022-5-9
4002491000	352	其他欧盟公司	All Others	I	151	2005-5-10	2022-5-9

商品编号	原产国(地区)	原产厂商中文名称	原产厂商英文名称	税种代码	税率(%)	起始日期	截止日期
4002491000	353	其他欧盟公司	All Others	I	151	2005-5-10	2022-5-9
4002491000	502	所有美国公司		I	151	2005-5-10	2022-5-9
4002491000	701	国(地)别不详的		I	151	2008-1-1	2022-5-9
4002499000	108	其他欧盟公司	All Others	I	151	2005-5-10	2022-5-9
4002499000	116	其他日本公司	All Others	I	43.9	2010-8-28	2022-5-9
4002499000	116	日本电化株式会社	Denka Company Limited	I	20.8	2015-12-25	2022-5-9
4002499000	116	日本东曹株式会社	TOSOH CORPORATION	I	10.2	2010-8-28	2022-5-9
4002499000	116	昭和电工株式会社	SHOWA DENKO K. K	I	20.8	2010-8-28	2022-5-9
4002499000	301	其他欧盟公司	All Others	I	151	2005-5-10	2022-5-9
4002499000	302	其他欧盟公司	All Others	I	151	2005-5-10	2022-5-9
4002499000	303	其他欧盟公司	All Others	I	151	2005-5-10	2022-5-9
4002499000	304	阿朗新科德国有限公司	ARLANXEO Deutschland GmbH	I	11	2016-11-9	2022-5-9
4002499000	304	其他欧盟公司	All Others	I	151	2005-5-10	2022-5-9
4002499000	305	埃尼橡胶法国有限公司	Polimeri Europa Elastomeres France S. A.	I	53	2005-5-10	2022-5-9
4002499000	305	其他欧盟公司	All Others	I	151	2005-5-10	2022-5-9
4002499000	306	其他欧盟公司	All Others	I	151	2005-5-10	2022-5-9
4002499000	307	其他欧盟公司	All Others	I	151	2005-5-10	2022-5-9
4002499000	308	其他欧盟公司	All Others	I	151	2005-5-10	2022-5-9
4002499000	309	其他欧盟公司	All Others	I	151	2005-5-10	2022-5-9
4002499000	310	其他欧盟公司	All Others	I	151	2005-5-10	2022-5-9
4002499000	311	其他欧盟公司	All Others	I	151	2005-5-10	2022-5-9
4002499000	312	其他欧盟公司	All Others	I	151	2005-5-10	2022-5-9
4002499000	315	其他欧盟公司	All Others	I	151	2005-5-10	2022-5-9
4002499000	316	其他欧盟公司	All Others	I	151	2007-1-1	2022-5-9
4002499000	318	其他欧盟公司	All Others	I	151	2005-5-10	2022-5-9
4002499000	321	其他欧盟公司	All Others	I	151	2005-5-10	2022-5-9
4002499000	324	其他欧盟公司	All Others	I	151	2005-5-10	2022-5-9
4002499000	327	其他欧盟公司	All Others	I	151	2005-5-10	2022-5-9
4002499000	328	其他欧盟公司	All Others	I	151	2007-1-1	2022-5-9
4002499000	330	其他欧盟公司	All Others	I	151	2005-5-10	2022-5-9
4002499000	334	其他欧盟公司	All Others	I	151	2005-5-10	2022-5-9
4002499000	335	其他欧盟公司	All Others	I	151	2005-5-10	2022-5-9
4002499000	336	其他欧盟公司	All Others	I	151	2005-5-10	2022-5-9
4002499000	350	其他欧盟公司	All Others	I	151	2005-5-10	2022-5-9
4002499000	351	其他欧盟公司	All Others	I	151	2014-1-1	2022-5-9
4002499000	352	其他欧盟公司	All Others	I	151	2005-5-10	2022-5-9
4002499000	353	其他欧盟公司	All Others	I	151	2005-5-10	2022-5-9
4002499000	502	所有美国公司		I	151	2005-5-10	2022-5-9
4002499000	701	国(地)别不详的		I	151	2008-1-1	2022-5-9
4002591000	116	JSR 株式会社	JSR Corporation	I	16	2018-11-9	2023-11-8
4002591000	116	其他日本公司	All Others	I	56.4	2018-11-9	2023-11-8
4002591000	116	日本瑞翁株式会社	Zeon Corporation	I	28.1	2018-11-9	2023-11-8
4002591000	133	(株)LG 化学	LG CHEM, LTD.	I	15	2018-11-9	2023-11-8
4002591000	133	锦湖石油化学株式会社	KUMHO PETROCHEMICAL CO., LTD.	I	12	2018-11-9	2023-11-8
4002591000	133	其他韩国公司	All Others	I	37.3	2018-11-9	2023-11-8
4002591000	701	国(地)别不详		I	56.4	2018-11-9	2023-11-8
4002599000	116	JSR 株式会社	JSR Corporation	I	16	2018-11-9	2023-11-8
4002599000	116	其他日本公司	All Others	I	56.4	2018-11-9	2023-11-8
4002599000	116	日本瑞翁株式会社	Zeon Corporation	I	28.1	2018-11-9	2023-11-8
4002599000	133	(株)LG 化学	LG CHEM, LTD.	I	15	2018-11-9	2023-11-8
4002599000	133	锦湖石油化学株式会社	KUMHO PETROCHEMICAL CO., LTD.	I	12	2018-11-9	2023-11-8
4002599000	133	其他韩国公司	All Others	I	37.3	2018-11-9	2023-11-8
4002599000	701	国(地)别不详		I	56.4	2018-11-9	2023-11-8
4002701000	108	其他欧盟公司	All Others	I	31.7	2020-12-20	2025-12-19
4002701000	108	其他欧盟公司	All Others	T	31.7	2020-10-28	2020-12-19
4002701000	133	锦湖 POLYCHEM 株式会社	KUMHO POLYCHEM Co., Ltd.	I	12.5	2020-12-20	2025-12-19
4002701000	133	锦湖 POLYCHEM 株式会社	KUMHO POLYCHEM Co., Ltd.	T	12.5	2020-10-28	2020-12-19
4002701000	133	乐天玮萨黎司弹性体有限公司	Lotte Versalis Elastomers Co., Ltd.	I	21.1	2020-12-20	2025-12-19
4002701000	133	乐天玮萨黎司弹性体有限公司	Lotte Versalis Elastomers Co., Ltd.	T	21.1	2020-10-28	2020-12-19
4002701000	133	其他韩国公司	All Others	I	24.5	2020-12-20	2025-12-19
4002701000	133	其他韩国公司	All Others	T	24.5	2020-10-28	2020-12-19
4002701000	301	其他欧盟公司	All Others	I	31.7	2020-12-20	2025-12-19
4002701000	301	其他欧盟公司	All Others	T	31.7	2020-10-28	2020-12-19

商品编号	原产国（地区）	原产厂商中文名称	原产厂商英文名称	税种代码	税率（%）	起始日期	截止日期
4002701000	302	其他欧盟公司	All Others	I	31.7	2020-12-20	2025-12-19
4002701000	302	其他欧盟公司	All Others	T	31.7	2020-10-28	2020-12-19
4002701000	303	其他欧盟公司	All Others	I	31.7	2020-12-20	2025-12-19
4002701000	303	其他欧盟公司	All Others	T	31.7	2020-10-28	2020-12-19
4002701000	304	其他欧盟公司	All Others	I	31.7	2020-12-20	2025-12-19
4002701000	304	其他欧盟公司	All Others	T	31.7	2020-10-28	2020-12-19
4002701000	305	埃克森美孚化工法国公司	ExxonMobil Chemical France（ExxonMobil Chemical France Société par Actions Simplifiée）	I	14.7	2020-12-20	2025-12-19
4002701000	305	埃克森美孚化工法国公司	ExxonMobil Chemical France（ExxonMobil Chemical France Société par Actions Simplifiée）	T	14.7	2020-10-28	2020-12-19
4002701000	305	其他欧盟公司	All Others	I	31.7	2020-12-20	2025-12-19
4002701000	305	其他欧盟公司	All Others	T	31.7	2020-10-28	2020-12-19
4002701000	306	其他欧盟公司	All Others	I	31.7	2020-12-20	2025-12-19
4002701000	306	其他欧盟公司	All Others	T	31.7	2020-10-28	2020-12-19
4002701000	307	其他欧盟公司	All Others	I	31.7	2020-12-20	2025-12-19
4002701000	307	其他欧盟公司	All Others	T	31.7	2020-10-28	2020-12-19
4002701000	307	意大利玮萨黎司有限公司	Versalis S. p. A.	I	16.5	2020-12-20	2025-12-19
4002701000	307	意大利玮萨黎司有限公司	Versalis S. p. A.	T	16.5	2020-10-28	2020-12-19
4002701000	308	其他欧盟公司	All Others	I	31.7	2020-12-20	2025-12-19
4002701000	308	其他欧盟公司	All Others	T	31.7	2020-10-28	2020-12-19
4002701000	309	阿朗新科荷兰有限公司	ARLANXEO Netherlands B. V.	I	18.1	2020-12-20	2025-12-19
4002701000	309	阿朗新科荷兰有限公司	ARLANXEO Netherlands B. V.	T	18.1	2020-10-28	2020-12-19
4002701000	309	其他欧盟公司	All Others	I	31.7	2020-12-20	2025-12-19
4002701000	309	其他欧盟公司	All Others	T	31.7	2020-10-28	2020-12-19
4002701000	310	其他欧盟公司	All Others	I	31.7	2020-12-20	2025-12-19
4002701000	310	其他欧盟公司	All Others	T	31.7	2020-10-28	2020-12-19
4002701000	311	其他欧盟公司	All Others	I	31.7	2020-12-20	2025-12-19
4002701000	311	其他欧盟公司	All Others	T	31.7	2020-10-28	2020-12-19
4002701000	312	其他欧盟公司	All Others	I	31.7	2020-12-20	2025-12-19
4002701000	312	其他欧盟公司	All Others	T	31.7	2020-10-28	2020-12-19
4002701000	315	其他欧盟公司	All Others	I	31.7	2020-12-20	2025-12-19
4002701000	315	其他欧盟公司	All Others	T	31.7	2020-10-28	2020-12-19
4002701000	316	其他欧盟公司	All Others	I	31.7	2020-12-20	2025-12-19
4002701000	316	其他欧盟公司	All Others	T	31.7	2020-10-28	2020-12-19
4002701000	318	其他欧盟公司	All Others	I	31.7	2020-12-20	2025-12-19
4002701000	318	其他欧盟公司	All Others	T	31.7	2020-10-28	2020-12-19
4002701000	321	其他欧盟公司	All Others	I	31.7	2020-12-20	2025-12-19
4002701000	321	其他欧盟公司	All Others	T	31.7	2020-10-28	2020-12-19
4002701000	324	其他欧盟公司	All Others	I	31.7	2020-12-20	2025-12-19
4002701000	324	其他欧盟公司	All Others	T	31.7	2020-10-28	2020-12-19
4002701000	327	其他欧盟公司	All Others	I	31.7	2020-12-20	2025-12-19
4002701000	327	其他欧盟公司	All Others	T	31.7	2020-10-28	2020-12-19
4002701000	328	其他欧盟公司	All Others	I	31.7	2020-12-20	2025-12-19
4002701000	328	其他欧盟公司	All Others	T	31.7	2020-10-28	2020-12-19
4002701000	330	其他欧盟公司	All Others	I	31.7	2020-12-20	2025-12-19
4002701000	330	其他欧盟公司	All Others	T	31.7	2020-10-28	2020-12-19
4002701000	334	其他欧盟公司	All Others	I	31.7	2020-12-20	2025-12-19
4002701000	334	其他欧盟公司	All Others	T	31.7	2020-10-28	2020-12-19
4002701000	335	其他欧盟公司	All Others	I	31.7	2020-12-20	2025-12-19
4002701000	335	其他欧盟公司	All Others	T	31.7	2020-10-28	2020-12-19
4002701000	336	其他欧盟公司	All Others	I	31.7	2020-12-20	2025-12-19
4002701000	336	其他欧盟公司	All Others	T	31.7	2020-10-28	2020-12-19
4002701000	350	其他欧盟公司	All Others	I	31.7	2020-12-20	2025-12-19
4002701000	350	其他欧盟公司	All Others	T	31.7	2020-10-28	2020-12-19
4002701000	351	其他欧盟公司	All Others	I	31.7	2020-12-20	2025-12-19
4002701000	351	其他欧盟公司	All Others	T	31.7	2020-10-28	2020-12-19
4002701000	352	其他欧盟公司	All Others	I	31.7	2020-12-20	2025-12-19
4002701000	352	其他欧盟公司	All Others	T	31.7	2020-10-28	2020-12-19
4002701000	353	其他欧盟公司	All Others	I	31.7	2020-12-20	2025-12-19
4002701000	353	其他欧盟公司	All Others	T	31.7	2020-10-28	2020-12-19
4002701000	502	阿朗新科美国有限公司	ARLANXEO USA LLC	I	219.8	2020-12-20	2025-12-19
4002701000	502	阿朗新科美国有限公司	ARLANXEO USA LLC	T	219.8	2020-10-28	2020-12-19
4002701000	502	埃克森美孚公司	Exxon Mobil Corporation	I	214.9	2020-12-20	2025-12-19

商品编号	原产国(地区)	原产厂商中文名称	原产厂商英文名称	税种代码	税率(%)	起始日期	截止日期
4002701000	502	埃克森美孚公司	Exxon Mobil Corporation	T	214.9	2020-10-28	2020-12-19
4002701000	502	美国狮子弹性体有限公司	Lion Copolymer Geismar, LLC	I	219.8	2020-12-20	2025-12-19
4002701000	502	美国狮子弹性体有限公司	Lion Copolymer Geismar, LLC	T	219.8	2020-10-28	2020-12-19
4002701000	502	其他美国公司	All Others	I	222	2020-12-20	2025-12-19
4002701000	502	其他美国公司	All Others	T	222	2020-10-28	2020-12-19
4002701000	502	陶氏化学公司	The Dow Chemical Company	I	222	2020-12-20	2025-12-19
4002701000	502	陶氏化学公司	The Dow Chemical Company	T	222	2020-10-28	2020-12-19
4002701000	701	国(地)别不详		I	222	2020-12-20	2025-12-19
4002701000	701	国(地)别不详		T	222	2020-10-28	2020-12-19
4002709000	108	其他欧盟公司	All Others	I	31.7	2020-12-20	2025-12-19
4002709000	108	其他欧盟公司	All Others	T	31.7	2020-10-28	2020-12-19
4002709000	133	锦湖 POLYCHEM 株式会社	KUMHO POLYCHEM Co., Ltd.	I	12.5	2020-12-20	2025-12-19
4002709000	133	锦湖 POLYCHEM 株式会社	KUMHO POLYCHEM Co., Ltd.	T	12.5	2020-10-28	2020-12-19
4002709000	133	乐天玮萨黎司弹性体有限公司	Lotte Versalis Elastomers Co., Ltd.	I	21.1	2020-12-20	2025-12-19
4002709000	133	乐天玮萨黎司弹性体有限公司	Lotte Versalis Elastomers Co., Ltd.	T	21.1	2020-10-28	2020-12-19
4002709000	133	其他韩国公司	All Others	I	24.5	2020-12-20	2025-12-19
4002709000	133	其他韩国公司	All Others	T	24.5	2020-10-28	2020-12-19
4002709000	301	其他欧盟公司	All Others	I	31.7	2020-12-20	2025-12-19
4002709000	301	其他欧盟公司	All Others	T	31.7	2020-10-28	2020-12-19
4002709000	302	其他欧盟公司	All Others	I	31.7	2020-12-20	2025-12-19
4002709000	302	其他欧盟公司	All Others	T	31.7	2020-10-28	2020-12-19
4002709000	303	其他欧盟公司	All Others	I	31.7	2020-12-20	2025-12-19
4002709000	303	其他欧盟公司	All Others	T	31.7	2020-10-28	2020-12-19
4002709000	304	其他欧盟公司	All Others	I	31.7	2020-12-20	2025-12-19
4002709000	304	其他欧盟公司	All Others	T	31.7	2020-10-28	2020-12-19
4002709000	305	埃克森美孚化工法国公司	ExxonMobil Chemical France (ExxonMobil Chemical France Société par Actions Simplifiée)	I	14.7	2020-12-20	2025-12-19
4002709000	305	埃克森美孚化工法国公司	ExxonMobil Chemical France (ExxonMobil Chemical France Société par Actions Simplifiée)	T	14.7	2020-10-28	2020-12-19
4002709000	305	其他欧盟公司	All Others	I	31.7	2020-12-20	2025-12-19
4002709000	305	其他欧盟公司	All Others	T	31.7	2020-10-28	2020-12-19
4002709000	306	其他欧盟公司	All Others	I	31.7	2020-12-20	2025-12-19
4002709000	306	其他欧盟公司	All Others	T	31.7	2020-10-28	2020-12-19
4002709000	307	其他欧盟公司	All Others	I	31.7	2020-12-20	2025-12-19
4002709000	307	其他欧盟公司	All Others	T	31.7	2020-10-28	2020-12-19
4002709000	307	意大利玮萨黎司有限公司	Versalis S. p. A.	I	16.5	2020-12-20	2025-12-19
4002709000	307	意大利玮萨黎司有限公司	Versalis S. p. A.	T	16.5	2020-10-28	2020-12-19
4002709000	308	其他欧盟公司	All Others	I	31.7	2020-12-20	2025-12-19
4002709000	308	其他欧盟公司	All Others	T	31.7	2020-10-28	2020-12-19
4002709000	309	阿朗新科荷兰有限公司	ARLANXEO Netherlands B. V.	I	18.1	2020-12-20	2025-12-19
4002709000	309	阿朗新科荷兰有限公司	ARLANXEO Netherlands B. V.	T	18.1	2020-10-28	2020-12-19
4002709000	309	其他欧盟公司	All Others	I	31.7	2020-12-20	2025-12-19
4002709000	309	其他欧盟公司	All Others	T	31.7	2020-10-28	2020-12-19
4002709000	310	其他欧盟公司	All Others	I	31.7	2020-12-20	2025-12-19
4002709000	310	其他欧盟公司	All Others	T	31.7	2020-10-28	2020-12-19
4002709000	311	其他欧盟公司	All Others	I	31.7	2020-12-20	2025-12-19
4002709000	311	其他欧盟公司	All Others	T	31.7	2020-10-28	2020-12-19
4002709000	312	其他欧盟公司	All Others	I	31.7	2020-12-20	2025-12-19
4002709000	312	其他欧盟公司	All Others	T	31.7	2020-10-28	2020-12-19
4002709000	315	其他欧盟公司	All Others	I	31.7	2020-12-20	2025-12-19
4002709000	315	其他欧盟公司	All Others	T	31.7	2020-10-28	2020-12-19
4002709000	316	其他欧盟公司	All Others	I	31.7	2020-12-20	2025-12-19
4002709000	316	其他欧盟公司	All Others	T	31.7	2020-10-28	2020-12-19
4002709000	318	其他欧盟公司	All Others	I	31.7	2020-12-20	2025-12-19
4002709000	318	其他欧盟公司	All Others	T	31.7	2020-10-28	2020-12-19
4002709000	321	其他欧盟公司	All Others	I	31.7	2020-12-20	2025-12-19
4002709000	321	其他欧盟公司	All Others	T	31.7	2020-10-28	2020-12-19
4002709000	324	其他欧盟公司	All Others	I	31.7	2020-12-20	2025-12-19
4002709000	324	其他欧盟公司	All Others	T	31.7	2020-10-28	2020-12-19
4002709000	327	其他欧盟公司	All Others	I	31.7	2020-12-20	2025-12-19
4002709000	327	其他欧盟公司	All Others	T	31.7	2020-10-28	2020-12-19
4002709000	328	其他欧盟公司	All Others	I	31.7	2020-12-20	2025-12-19
4002709000	328	其他欧盟公司	All Others	T	31.7	2020-10-28	2020-12-19

商品编号	原产国(地区)	原产厂商中文名称	原产厂商英文名称	税种代码	税率(%)	起始日期	截止日期
4002709000	330	其他欧盟公司	All Others	I	31.7	2020-12-20	2025-12-19
4002709000	330	其他欧盟公司	All Others	T	31.7	2020-10-28	2020-12-19
4002709000	334	其他欧盟公司	All Others	I	31.7	2020-12-20	2025-12-19
4002709000	334	其他欧盟公司	All Others	T	31.7	2020-10-28	2020-12-19
4002709000	335	其他欧盟公司	All Others	I	31.7	2020-12-20	2025-12-19
4002709000	335	其他欧盟公司	All Others	T	31.7	2020-10-28	2020-12-19
4002709000	336	其他欧盟公司	All Others	I	31.7	2020-12-20	2025-12-19
4002709000	336	其他欧盟公司	All Others	T	31.7	2020-10-28	2020-12-19
4002709000	350	其他欧盟公司	All Others	I	31.7	2020-12-20	2025-12-19
4002709000	350	其他欧盟公司	All Others	T	31.7	2020-10-28	2020-12-19
4002709000	351	其他欧盟公司	All Others	I	31.7	2020-12-20	2025-12-19
4002709000	351	其他欧盟公司	All Others	T	31.7	2020-10-28	2020-12-19
4002709000	352	其他欧盟公司	All Others	I	31.7	2020-12-20	2025-12-19
4002709000	352	其他欧盟公司	All Others	T	31.7	2020-10-28	2020-12-19
4002709000	353	其他欧盟公司	All Others	I	31.7	2020-12-20	2025-12-19
4002709000	353	其他欧盟公司	All Others	T	31.7	2020-10-28	2020-12-19
4002709000	502	阿朗新科美国有限公司	ARLANXEO USA LLC	I	219.8	2020-12-20	2025-12-19
4002709000	502	阿朗新科美国有限公司	ARLANXEO USA LLC	T	219.8	2020-10-28	2020-12-19
4002709000	502	埃克森美孚公司	Exxon Mobil Corporation	I	214.9	2020-12-20	2025-12-19
4002709000	502	埃克森美孚公司	Exxon Mobil Corporation	T	214.9	2020-10-28	2020-12-19
4002709000	502	美国狮子弹性体有限公司	Lion Copolymer Geismar, LLC	I	219.8	2020-12-20	2025-12-19
4002709000	502	美国狮子弹性体有限公司	Lion Copolymer Geismar, LLC	T	219.8	2020-10-28	2020-12-19
4002709000	502	其他美国公司	All Others	I	222	2020-12-20	2025-12-19
4002709000	502	其他美国公司	All Others	T	222	2020-10-28	2020-12-19
4002709000	502	陶氏化学公司	The Dow Chemical Company	I	222	2020-12-20	2025-12-19
4002709000	502	陶氏化学公司	The Dow Chemical Company	T	222	2020-10-28	2020-12-19
4002709000	701	国(地)别不详		I	222	2020-12-20	2025-12-19
4002709000	701	国(地)别不详		T	222	2020-10-28	2020-12-19
4804210000	108	其他欧盟公司	All Others	I	29	2016-4-10	2021-4-9
4804210000	116	大王制纸株式会社		I	20.5	2016-4-10	2021-4-9
4804210000	116	其他日本公司	All Others	I	20.5	2016-4-10	2021-4-9
4804210000	116	日本制纸株式会社	Nippon Paper Industries Co., Ltd.	I	20.5	2016-4-10	2021-4-9
4804210000	116	王子 Materia 株式会社	Oji Materia Co., Ltd	I	20.5	2016-4-10	2021-4-9
4804210000	116	王子制纸株式会社	Oji Paper Co., Ltd	I	20.5	2016-4-10	2021-4-9
4804210000	116	中越纸浆工业株式会社	Chuetsu Pulp Paper Co., Ltd	I	20.5	2016-4-10	2021-4-9
4804210000	301	其他欧盟公司	All Others	I	29	2016-4-10	2021-4-9
4804210000	302	其他欧盟公司	All Others	I	29	2016-4-10	2021-4-9
4804210000	303	其他欧盟公司	All Others	I	29	2016-4-10	2021-4-9
4804210000	304	其他欧盟公司	All Others	I	29	2016-4-10	2021-4-9
4804210000	305	其他欧盟公司	All Others	I	29	2016-4-10	2021-4-9
4804210000	306	其他欧盟公司	All Others	I	29	2016-4-10	2021-4-9
4804210000	307	其他欧盟公司	All Others	I	29	2016-4-10	2021-4-9
4804210000	308	其他欧盟公司	All Others	I	29	2016-4-10	2021-4-9
4804210000	309	其他欧盟公司	All Others	I	29	2016-4-10	2021-4-9
4804210000	310	其他欧盟公司	All Others	I	29	2016-4-10	2021-4-9
4804210000	311	其他欧盟公司	All Others	I	29	2016-4-10	2021-4-9
4804210000	312	其他欧盟公司	All Others	I	29	2016-4-10	2021-4-9
4804210000	315	蒙迪弗兰特沙赫有限公司	Mondi Frantschach GmbH	I	26.2	2016-4-10	2021-4-9
4804210000	315	其他欧盟公司	All Others	I	29	2016-4-10	2021-4-9
4804210000	316	蒙迪斯坦博利斯基有限公司	Mondi Stambolijski EAD	I	29	2016-4-10	2021-4-9
4804210000	316	其他欧盟公司	All Others	I	29	2016-4-10	2021-4-9
4804210000	318	毕瑞芬兰公司	BillerudKorsnas Finland Oy	I	26.2	2016-4-10	2021-4-9
4804210000	318	其他欧盟公司	All Others	I	29	2016-4-10	2021-4-9
4804210000	321	其他欧盟公司	All Others	I	29	2016-4-10	2021-4-9
4804210000	324	其他欧盟公司	All Others	I	29	2016-4-10	2021-4-9
4804210000	327	其他欧盟公司	All Others	I	29	2016-4-10	2021-4-9
4804210000	328	其他欧盟公司	All Others	I	29	2016-4-10	2021-4-9
4804210000	330	毕瑞瑞典公司	BillerudKorsnas Sweden AB	I	23.5	2016-4-10	2021-4-9
4804210000	330	蒙迪狄娜股份公司	Mondi Dynas Aktiebolag	I	26.2	2016-4-10	2021-4-9
4804210000	330	其他欧盟公司	All Others	I	29	2016-4-10	2021-4-9
4804210000	334	其他欧盟公司	All Others	I	29	2016-4-10	2021-4-9
4804210000	335	其他欧盟公司	All Others	I	29	2016-4-10	2021-4-9
4804210000	336	其他欧盟公司	All Others	I	29	2016-4-10	2021-4-9

商品编号	原产国(地区)	原产厂商中文名称	原产厂商英文名称	税种代码	税率(%)	起始日期	截止日期
4804210000	350	其他欧盟公司	All Others	I	29	2016-4-10	2021-4-9
4804210000	351	其他欧盟公司	All Others	I	29	2016-4-10	2021-4-9
4804210000	352	蒙迪斯特缇股份公司	Mondi Steti a. s.	I	26. 2	2016-4-10	2021-4-9
4804210000	352	其他欧盟公司	All Others	I	29	2016-4-10	2021-4-9
4804210000	353	其他欧盟公司	All Others	I	29	2016-4-10	2021-4-9
4804210000	502	开思通牛皮纸公司	Kapstone Kraft Paper Corporation	I	14. 9	2016-4-10	2021-4-9
4804210000	502	其他美国公司	All Others	I	14. 9	2016-4-10	2021-4-9
4804210000	701	国(地)别不详		I	29	2016-4-10	2021-4-9
4804310020	108	其他欧盟公司	All Others	I	29	2016-4-10	2021-4-9
4804310020	116	大王制纸株式会社		I	20. 5	2016-4-10	2021-4-9
4804310020	116	其他日本公司	All Others	I	20. 5	2016-4-10	2021-4-9
4804310020	116	日本制纸株式会社	Nippon Paper Industries Co. ,Ltd.	I	20. 5	2016-4-10	2021-4-9
4804310020	116	王子 Materia 株式会社	Oji Materia Co. ,Ltd	I	20. 5	2016-4-10	2021-4-9
4804310020	116	王子制纸株式会社	Oji Paper Co. ,Ltd	I	20. 5	2016-4-10	2021-4-9
4804310020	116	中越纸浆工业株式会社	Chuetsu Pulp Paper Co. ,Ltd	I	20. 5	2016-4-10	2021-4-9
4804310020	301	其他欧盟公司	All Others	I	29	2016-4-10	2021-4-9
4804310020	302	其他欧盟公司	All Others	I	29	2016-4-10	2021-4-9
4804310020	303	其他欧盟公司	All Others	I	29	2016-4-10	2021-4-9
4804310020	304	其他欧盟公司	All Others	I	29	2016-4-10	2021-4-9
4804310020	305	其他欧盟公司	All Others	I	29	2016-4-10	2021-4-9
4804310020	306	其他欧盟公司	All Others	I	29	2016-4-10	2021-4-9
4804310020	307	其他欧盟公司	All Others	I	29	2016-4-10	2021-4-9
4804310020	308	其他欧盟公司	All Others	I	29	2016-4-10	2021-4-9
4804310020	309	其他欧盟公司	All Others	I	29	2016-4-10	2021-4-9
4804310020	310	其他欧盟公司	All Others	I	29	2016-4-10	2021-4-9
4804310020	311	其他欧盟公司	All Others	I	29	2016-4-10	2021-4-9
4804310020	312	其他欧盟公司	All Others	I	29	2016-4-10	2021-4-9
4804310020	315	蒙迪弗兰特沙赫有限公司	Mondi Frantschach GmbH	I	26. 2	2016-4-10	2021-4-9
4804310020	315	其他欧盟公司	All Others	I	29	2016-4-10	2021-4-9
4804310020	316	蒙迪斯坦博利斯基有限公司	Mondi Stambolijski EAD	I	29	2016-4-10	2021-4-9
4804310020	316	其他欧盟公司	All Others	I	29	2016-4-10	2021-4-9
4804310020	318	毕瑞芬兰公司	BillerudKorsnas Finland Oy	I	26. 2	2016-4-10	2021-4-9
4804310020	318	其他欧盟公司	All Others	I	29	2016-4-10	2021-4-9
4804310020	321	其他欧盟公司	All Others	I	29	2016-4-10	2021-4-9
4804310020	324	其他欧盟公司	All Others	I	29	2016-4-10	2021-4-9
4804310020	327	其他欧盟公司	All Others	I	29	2016-4-10	2021-4-9
4804310020	328	其他欧盟公司	All Others	I	29	2016-4-10	2021-4-9
4804310020	330	毕瑞瑞典公司	BillerudKorsnas Sweden AB	I	23. 5	2016-4-10	2021-4-9
4804310020	330	蒙迪狄娜股份公司	Mondi Dynas Aktiebolag	I	26. 2	2016-4-10	2021-4-9
4804310020	330	其他欧盟公司	All Others	I	29	2016-4-10	2021-4-9
4804310020	334	其他欧盟公司	All Others	I	29	2016-4-10	2021-4-9
4804310020	335	其他欧盟公司	All Others	I	29	2016-4-10	2021-4-9
4804310020	336	其他欧盟公司	All Others	I	29	2016-4-10	2021-4-9
4804310020	350	其他欧盟公司	All Others	I	29	2016-4-10	2021-4-9
4804310020	351	其他欧盟公司	All Others	I	29	2016-4-10	2021-4-9
4804310020	352	蒙迪斯特缇股份公司	Mondi Steti a. s.	I	26. 2	2016-4-10	2021-4-9
4804310020	352	其他欧盟公司	All Others	I	29	2016-4-10	2021-4-9
4804310020	353	其他欧盟公司	All Others	I	29	2016-4-10	2021-4-9
4804310020	502	开思通牛皮纸公司	Kapstone Kraft Paper Corporation	I	14. 9	2016-4-10	2021-4-9
4804310020	502	其他美国公司	All Others	I	14. 9	2016-4-10	2021-4-9
4804310020	701	国(地)别不详		I	29	2016-4-10	2021-4-9
4805911000	116	大福制纸株式会社	Daifuku Seishi Co. , Ltd.	I	15	2007-4-18	2024-4-17
4805911000	116	其他日本公司	All Others	I	40. 83	2007-4-18	2024-4-17
4805911000	116	日本高度纸工业株式会社	NIPPON KODOSHI CORPORATION	I	22	2007-4-18	2024-4-17
4805911000	701	国(地)别不详的		I	40. 83	2008-1-1	2024-4-17
5501300010	116	东丽株式会社	Toray Industries, Inc.	I	16	2016-7-14	2021-7-13
5501300010	116	其他日本公司	All Others	I	16. 1	2016-7-14	2021-7-13
5501300010	116	日本依克丝兰工业株式会社	JAPAN EXLAN CO. ,LTD	I	16. 1	2016-7-14	2021-7-13
5501300010	116	三菱化学株式会社	Mitsubishi Chemical Corporation	I	15. 8	2017-8-5	2021-7-13
5501300010	133	其他韩国公司	All Others	I	21. 7	2018-11-7	2021-7-13
5501300010	133	泰光产业株式会社	TAEKWANG INDUSTRIAL CO. ,LTD.	I	8. 6	2018-11-7	2021-7-13
5501300010	137	阿克萨丙烯酸化学工业公司	Aksa Akrilik Kimya Sanayii A. S. ,	I	8. 2	2016-7-14	2021-7-13
5501300010	137	其他土耳其公司	All Others	I	16. 1	2016-7-14	2021-7-13

商品编号	原产国(地区)	原产厂商中文名称	原产厂商英文名称	税种代码	税率(%)	起始日期	截止日期
5501300010	701	国别地区不详		I	21.7	2016-7-14	2021-7-13
5503300010	116	东丽株式会社	Toray Industries, Inc.	I	16	2016-7-14	2021-7-13
5503300010	116	其他日本公司	All Others	I	16.1	2016-7-14	2021-7-13
5503300010	116	日本依克丝兰工业株式会社	JAPAN EXLAN CO. ,LTD	I	16.1	2016-7-14	2021-7-13
5503300010	116	三菱化学株式会社	Mitsubishi Chemical Corporation	I	15.8	2017-8-5	2021-7-13
5503300010	133	其他韩国公司	All Others	I	21.7	2018-11-7	2021-7-13
5503300010	133	泰光产业株式会社	TAEKWANG INDUSTRIAL CO. ,LTD.	I	8.6	2018-11-7	2021-7-13
5503300010	137	阿克萨丙烯酸化学工业公司	Aksa Akrilik Kimya Sanayii A. S. ,	I	8.2	2016-7-14	2021-7-13
5503300010	137	其他土耳其公司	All Others	I	16.1	2016-7-14	2021-7-13
5503300010	701	国别地区不详		I	21.7	2016-7-14	2021-7-13
5506300010	116	东丽株式会社	Toray Industries, Inc.	I	16	2016-7-14	2021-7-13
5506300010	116	其他日本公司	All Others	I	16.1	2016-7-14	2021-7-13
5506300010	116	日本依克丝兰工业株式会社	JAPAN EXLAN CO. ,LTD	I	16.1	2016-7-14	2021-7-13
5506300010	116	三菱化学株式会社	Mitsubishi Chemical Corporation	I	15.8	2017-8-5	2021-7-13
5506300010	133	其他韩国公司	All Others	I	21.7	2018-11-7	2021-7-13
5506300010	133	泰光产业株式会社	TAEKWANG INDUSTRIAL CO. ,LTD.	I	8.6	2018-11-7	2021-7-13
5506300010	137	阿克萨丙烯酸化学工业公司	Aksa Akrilik Kimya Sanayii A. S. ,	I	8.2	2016-7-14	2021-7-13
5506300010	137	其他土耳其公司	All Others	I	16.1	2016-7-14	2021-7-13
5506300010	701	国别地区不详		I	21.7	2016-7-14	2021-7-13
7002201010	116	古河电器工业株式会社	Furukawa Electric Co. ,Ltd	I	31.2	2020-9-26	2023-7-10
7002201010	116	其他日本公司	All Others	I	31.2	2020-9-26	2023-7-10
7002201010	116	信越化学株式会社	Shin-Etsu Chemical Co. ,Ltd	I	17	2020-9-26	2023-7-10
7002201010	116	株式会社藤仓	Fujikura Ltd	I	14.4	2020-9-26	2023-7-10
7002201010	116	住友电器工业株式会社	Sumitomo Electric Industries, Ltd	I	31.2	2020-9-26	2023-7-10
7002201010	502	OFS-费特有限责任公司	OFS Fitel, LLC	I	17.4	2020-9-26	2023-7-10
7002201010	502	康宁公司	Corning Incorporated	I	41.7	2020-9-26	2023-7-10
7002201010	502	其他美国公司	All Others	I	41.7	2020-9-26	2023-7-10
7002201010	701	国(地)别不详的		I	41.7	2020-9-26	2023-7-10
7218910000	108	其他欧盟公司	All Others	I	43	2019-7-23	2024-7-22
7218910000	112	印度尼西亚公司		I	20.2	2019-7-23	2024-7-22
7218910000	116	其他日本公司	All Others	I	29	2019-7-23	2024-7-22
7218910000	116	日本冶金工业株式会社	NIPPON YAKIN KOGYO CO. , LTD	I	18.1	2019-7-23	2024-7-22
7218910000	133	其他韩国公司	All Others	I	103.1	2019-7-23	2024-7-22
7218910000	133	株式会社 POSCO	POSCO	I	23.1	2019-7-23	2024-7-22
7218910000	301	其他欧盟公司	All Others	I	43	2019-7-23	2024-7-22
7218910000	302	其他欧盟公司	All Others	I	43	2019-7-23	2024-7-22
7218910000	303	其他欧盟公司	All Others	I	43	2019-7-23	2024-7-22
7218910000	304	其他欧盟公司	All Others	I	43	2019-7-23	2024-7-22
7218910000	305	其他欧盟公司	All Others	I	43	2019-7-23	2024-7-22
7218910000	306	其他欧盟公司	All Others	I	43	2019-7-23	2024-7-22
7218910000	307	其他欧盟公司	All Others	I	43	2019-7-23	2024-7-22
7218910000	308	其他欧盟公司	All Others	I	43	2019-7-23	2024-7-22
7218910000	309	其他欧盟公司	All Others	I	43	2019-7-23	2024-7-22
7218910000	310	其他欧盟公司	All Others	I	43	2019-7-23	2024-7-22
7218910000	311	其他欧盟公司	All Others	I	43	2019-7-23	2024-7-22
7218910000	312	其他欧盟公司	All Others	I	43	2019-7-23	2024-7-22
7218910000	315	其他欧盟公司	All Others	I	43	2019-7-23	2024-7-22
7218910000	316	其他欧盟公司	All Others	I	43	2019-7-23	2024-7-22
7218910000	318	其他欧盟公司	All Others	I	43	2019-7-23	2024-7-22
7218910000	321	其他欧盟公司	All Others	I	43	2019-7-23	2024-7-22
7218910000	324	其他欧盟公司	All Others	I	43	2019-7-23	2024-7-22
7218910000	327	其他欧盟公司	All Others	I	43	2019-7-23	2024-7-22
7218910000	328	其他欧盟公司	All Others	I	43	2019-7-23	2024-7-22
7218910000	330	其他欧盟公司	All Others	I	43	2019-7-23	2024-7-22
7218910000	334	其他欧盟公司	All Others	I	43	2019-7-23	2024-7-22
7218910000	335	其他欧盟公司	All Others	I	43	2019-7-23	2024-7-22
7218910000	336	其他欧盟公司	All Others	I	43	2019-7-23	2024-7-22
7218910000	350	其他欧盟公司	All Others	I	43	2019-7-23	2024-7-22
7218910000	351	其他欧盟公司	All Others	I	43	2019-7-23	2024-7-22
7218910000	352	其他欧盟公司	All Others	I	43	2019-7-23	2024-7-22
7218910000	353	其他欧盟公司	All Others	I	43	2019-7-23	2024-7-22
7218910000	701	国(地)别不详		I	103.1	2019-7-23	2024-7-22
7218990090	108	其他欧盟公司	All Others	I	43	2019-12-21	2024-7-22

商品编号	原产国(地区)	原产厂商中文名称	原产厂商英文名称	税种代码	税率(%)	起始日期	截止日期
7218990090	112	印度尼西亚公司		I	20. 2	2019-12-21	2024-7-22
7218990090	116	其他日本公司	All Others	I	29	2019-12-21	2024-7-22
7218990090	116	日本冶金工业株式会社	NIPPON YAKIN KOGYO CO. , LTD	I	18. 1	2019-12-21	2024-7-22
7218990090	133	其他韩国公司	All Others	I	103. 1	2019-12-21	2024-7-22
7218990090	133	株式会社 POSCO	POSCO	I	23. 1	2019-12-21	2024-7-22
7218990090	301	其他欧盟公司	All Others	I	43	2019-12-21	2024-7-22
7218990090	302	其他欧盟公司	All Others	I	43	2019-12-21	2024-7-22
7218990090	303	其他欧盟公司	All Others	I	43	2019-12-21	2024-7-22
7218990090	304	其他欧盟公司	All Others	I	43	2019-12-21	2024-7-22
7218990090	305	其他欧盟公司	All Others	I	43	2019-12-21	2024-7-22
7218990090	306	其他欧盟公司	All Others	I	43	2019-12-21	2024-7-22
7218990090	307	其他欧盟公司	All Others	I	43	2019-12-21	2024-7-22
7218990090	308	其他欧盟公司	All Others	I	43	2019-12-21	2024-7-22
7218990090	309	其他欧盟公司	All Others	I	43	2019-12-21	2024-7-22
7218990090	310	其他欧盟公司	All Others	I	43	2019-12-21	2024-7-22
7218990090	311	其他欧盟公司	All Others	I	43	2019-12-21	2024-7-22
7218990090	312	其他欧盟公司	All Others	I	43	2019-12-21	2024-7-22
7218990090	315	其他欧盟公司	All Others	I	43	2019-12-21	2024-7-22
7218990090	316	其他欧盟公司	All Others	I	43	2019-12-21	2024-7-22
7218990090	318	其他欧盟公司	All Others	I	43	2019-12-21	2024-7-22
7218990090	321	其他欧盟公司	All Others	I	43	2019-12-21	2024-7-22
7218990090	324	其他欧盟公司	All Others	I	43	2019-12-21	2024-7-22
7218990090	327	其他欧盟公司	All Others	I	43	2019-12-21	2024-7-22
7218990090	328	其他欧盟公司	All Others	I	43	2019-12-21	2024-7-22
7218990090	330	其他欧盟公司	All Others	I	43	2019-12-21	2024-7-22
7218990090	334	其他欧盟公司	All Others	I	43	2019-12-21	2024-7-22
7218990090	335	其他欧盟公司	All Others	I	43	2019-12-21	2024-7-22
7218990090	336	其他欧盟公司	All Others	I	43	2019-12-21	2024-7-22
7218990090	350	其他欧盟公司	All Others	I	43	2019-12-21	2024-7-22
7218990090	351	其他欧盟公司	All Others	I	43	2019-12-21	2024-7-22
7218990090	352	其他欧盟公司	All Others	I	43	2019-12-21	2024-7-22
7218990090	353	其他欧盟公司	All Others	I	43	2019-12-21	2024-7-22
7218990090	701	国(地)别不详		I	103. 1	2019-12-21	2024-7-22
7219110000	108	其他欧盟公司	All Others	I	43	2019-7-23	2024-7-22
7219110000	112	印度尼西亚公司		I	20. 2	2019-7-23	2024-7-22
7219110000	116	其他日本公司	All Others	I	29	2019-7-23	2024-7-22
7219110000	116	日本冶金工业株式会社	NIPPON YAKIN KOGYO CO. , LTD	I	18. 1	2019-7-23	2024-7-22
7219110000	133	其他韩国公司	All Others	I	103. 1	2019-7-23	2024-7-22
7219110000	133	株式会社 POSCO	POSCO	I	23. 1	2019-7-23	2024-7-22
7219110000	301	其他欧盟公司	All Others	I	43	2019-7-23	2024-7-22
7219110000	302	其他欧盟公司	All Others	I	43	2019-7-23	2024-7-22
7219110000	303	其他欧盟公司	All Others	I	43	2019-7-23	2024-7-22
7219110000	304	其他欧盟公司	All Others	I	43	2019-7-23	2024-7-22
7219110000	305	其他欧盟公司	All Others	I	43	2019-7-23	2024-7-22
7219110000	306	其他欧盟公司	All Others	I	43	2019-7-23	2024-7-22
7219110000	307	其他欧盟公司	All Others	I	43	2019-7-23	2024-7-22
7219110000	308	其他欧盟公司	All Others	I	43	2019-7-23	2024-7-22
7219110000	309	其他欧盟公司	All Others	I	43	2019-7-23	2024-7-22
7219110000	310	其他欧盟公司	All Others	I	43	2019-7-23	2024-7-22
7219110000	311	其他欧盟公司	All Others	I	43	2019-7-23	2024-7-22
7219110000	312	其他欧盟公司	All Others	I	43	2019-7-23	2024-7-22
7219110000	315	其他欧盟公司	All Others	I	43	2019-7-23	2024-7-22
7219110000	316	其他欧盟公司	All Others	I	43	2019-7-23	2024-7-22
7219110000	318	其他欧盟公司	All Others	I	43	2019-7-23	2024-7-22
7219110000	321	其他欧盟公司	All Others	I	43	2019-7-23	2024-7-22
7219110000	324	其他欧盟公司	All Others	I	43	2019-7-23	2024-7-22
7219110000	327	其他欧盟公司	All Others	I	43	2019-7-23	2024-7-22
7219110000	328	其他欧盟公司	All Others	I	43	2019-7-23	2024-7-22
7219110000	330	其他欧盟公司	All Others	I	43	2019-7-23	2024-7-22
7219110000	334	其他欧盟公司	All Others	I	43	2019-7-23	2024-7-22
7219110000	335	其他欧盟公司	All Others	I	43	2019-7-23	2024-7-22
7219110000	336	其他欧盟公司	All Others	I	43	2019-7-23	2024-7-22
7219110000	350	其他欧盟公司	All Others	I	43	2019-7-23	2024-7-22

商品编号	原产国(地区)	原产厂商中文名称	原产厂商英文名称	税种代码	税率(%)	起始日期	截止日期
7219110000	351	其他欧盟公司	All Others	I	43	2019-7-23	2024-7-22
7219110000	352	其他欧盟公司	All Others	I	43	2019-7-23	2024-7-22
7219110000	353	其他欧盟公司	All Others	I	43	2019-7-23	2024-7-22
7219110000	701	国(地)别不详		I	103. 1	2019-7-23	2024-7-22
7219120000	108	其他欧盟公司	All Others	I	43	2019-7-23	2024-7-22
7219120000	112	印度尼西亚公司		I	20. 2	2019-7-23	2024-7-22
7219120000	116	其他日本公司	All Others	I	29	2019-7-23	2024-7-22
7219120000	116	日本冶金工业株式会社	NIPPON YAKIN KOGYO CO. , LTD	I	18. 1	2019-7-23	2024-7-22
7219120000	133	其他韩国公司	All Others	I	103. 1	2019-7-23	2024-7-22
7219120000	133	株式会社 POSCO	POSCO	I	23. 1	2019-7-23	2024-7-22
7219120000	301	其他欧盟公司	All Others	I	43	2019-7-23	2024-7-22
7219120000	302	其他欧盟公司	All Others	I	43	2019-7-23	2024-7-22
7219120000	303	其他欧盟公司	All Others	I	43	2019-7-23	2024-7-22
7219120000	304	其他欧盟公司	All Others	I	43	2019-7-23	2024-7-22
7219120000	305	其他欧盟公司	All Others	I	43	2019-7-23	2024-7-22
7219120000	306	其他欧盟公司	All Others	I	43	2019-7-23	2024-7-22
7219120000	307	其他欧盟公司	All Others	I	43	2019-7-23	2024-7-22
7219120000	308	其他欧盟公司	All Others	I	43	2019-7-23	2024-7-22
7219120000	309	其他欧盟公司	All Others	I	43	2019-7-23	2024-7-22
7219120000	310	其他欧盟公司	All Others	I	43	2019-7-23	2024-7-22
7219120000	311	其他欧盟公司	All Others	I	43	2019-7-23	2024-7-22
7219120000	312	其他欧盟公司	All Others	I	43	2019-7-23	2024-7-22
7219120000	315	其他欧盟公司	All Others	I	43	2019-7-23	2024-7-22
7219120000	316	其他欧盟公司	All Others	I	43	2019-7-23	2024-7-22
7219120000	318	其他欧盟公司	All Others	I	43	2019-7-23	2024-7-22
7219120000	321	其他欧盟公司	All Others	I	43	2019-7-23	2024-7-22
7219120000	324	其他欧盟公司	All Others	I	43	2019-7-23	2024-7-22
7219120000	327	其他欧盟公司	All Others	I	43	2019-7-23	2024-7-22
7219120000	328	其他欧盟公司	All Others	I	43	2019-7-23	2024-7-22
7219120000	330	其他欧盟公司	All Others	I	43	2019-7-23	2024-7-22
7219120000	334	其他欧盟公司	All Others	I	43	2019-7-23	2024-7-22
7219120000	335	其他欧盟公司	All Others	I	43	2019-7-23	2024-7-22
7219120000	336	其他欧盟公司	All Others	I	43	2019-7-23	2024-7-22
7219120000	350	其他欧盟公司	All Others	I	43	2019-7-23	2024-7-22
7219120000	351	其他欧盟公司	All Others	I	43	2019-7-23	2024-7-22
7219120000	352	其他欧盟公司	All Others	I	43	2019-7-23	2024-7-22
7219120000	353	其他欧盟公司	All Others	I	43	2019-7-23	2024-7-22
7219120000	701	国(地)别不详		I	103. 1	2019-7-23	2024-7-22
7219131200	108	其他欧盟公司	All Others	I	43	2019-7-23	2024-7-22
7219131200	112	印度尼西亚公司		I	20. 2	2019-7-23	2024-7-22
7219131200	116	其他日本公司	All Others	I	29	2019-7-23	2024-7-22
7219131200	116	日本冶金工业株式会社	NIPPON YAKIN KOGYO CO. , LTD	I	18. 1	2019-7-23	2024-7-22
7219131200	133	其他韩国公司	All Others	I	103. 1	2019-7-23	2024-7-22
7219131200	133	株式会社 POSCO	POSCO	I	23. 1	2019-7-23	2024-7-22
7219131200	301	其他欧盟公司	All Others	I	43	2019-7-23	2024-7-22
7219131200	302	其他欧盟公司	All Others	I	43	2019-7-23	2024-7-22
7219131200	303	其他欧盟公司	All Others	I	43	2019-7-23	2024-7-22
7219131200	304	其他欧盟公司	All Others	I	43	2019-7-23	2024-7-22
7219131200	305	其他欧盟公司	All Others	I	43	2019-7-23	2024-7-22
7219131200	306	其他欧盟公司	All Others	I	43	2019-7-23	2024-7-22
7219131200	307	其他欧盟公司	All Others	I	43	2019-7-23	2024-7-22
7219131200	308	其他欧盟公司	All Others	I	43	2019-7-23	2024-7-22
7219131200	309	其他欧盟公司	All Others	I	43	2019-7-23	2024-7-22
7219131200	310	其他欧盟公司	All Others	I	43	2019-7-23	2024-7-22
7219131200	311	其他欧盟公司	All Others	I	43	2019-7-23	2024-7-22
7219131200	312	其他欧盟公司	All Others	I	43	2019-7-23	2024-7-22
7219131200	315	其他欧盟公司	All Others	I	43	2019-7-23	2024-7-22
7219131200	316	其他欧盟公司	All Others	I	43	2019-7-23	2024-7-22
7219131200	318	其他欧盟公司	All Others	I	43	2019-7-23	2024-7-22
7219131200	321	其他欧盟公司	All Others	I	43	2019-7-23	2024-7-22
7219131200	324	其他欧盟公司	All Others	I	43	2019-7-23	2024-7-22
7219131200	327	其他欧盟公司	All Others	I	43	2019-7-23	2024-7-22
7219131200	328	其他欧盟公司	All Others	I	43	2019-7-23	2024-7-22

商品编号	原产国（地区）	原产厂商中文名称	原产厂商英文名称	税种代码	税率（%）	起始日期	截止日期
7219131200	330	其他欧盟公司	All Others	I	43	2019-7-23	2024-7-22
7219131200	334	其他欧盟公司	All Others	I	43	2019-7-23	2024-7-22
7219131200	335	其他欧盟公司	All Others	I	43	2019-7-23	2024-7-22
7219131200	336	其他欧盟公司	All Others	I	43	2019-7-23	2024-7-22
7219131200	350	其他欧盟公司	All Others	I	43	2019-7-23	2024-7-22
7219131200	351	其他欧盟公司	All Others	I	43	2019-7-23	2024-7-22
7219131200	352	其他欧盟公司	All Others	I	43	2019-7-23	2024-7-22
7219131200	353	其他欧盟公司	All Others	I	43	2019-7-23	2024-7-22
7219131200	701	国（地）别不详		I	103. 1	2019-7-23	2024-7-22
7219131900	108	其他欧盟公司	All Others	I	43	2019-7-23	2024-7-22
7219131900	112	印度尼西亚公司		I	20. 2	2019-7-23	2024-7-22
7219131900	116	其他日本公司	All Others	I	29	2019-7-23	2024-7-22
7219131900	116	日本冶金工业株式会社	NIPPON YAKIN KOGYO CO. , LTD	I	18. 1	2019-7-23	2024-7-22
7219131900	133	其他韩国公司	All Others	I	103. 1	2019-7-23	2024-7-22
7219131900	133	株式会社 POSCO	POSCO	I	23. 1	2019-7-23	2024-7-22
7219131900	301	其他欧盟公司	All Others	I	43	2019-7-23	2024-7-22
7219131900	302	其他欧盟公司	All Others	I	43	2019-7-23	2024-7-22
7219131900	303	其他欧盟公司	All Others	I	43	2019-7-23	2024-7-22
7219131900	304	其他欧盟公司	All Others	I	43	2019-7-23	2024-7-22
7219131900	305	其他欧盟公司	All Others	I	43	2019-7-23	2024-7-22
7219131900	306	其他欧盟公司	All Others	I	43	2019-7-23	2024-7-22
7219131900	307	其他欧盟公司	All Others	I	43	2019-7-23	2024-7-22
7219131900	308	其他欧盟公司	All Others	I	43	2019-7-23	2024-7-22
7219131900	309	其他欧盟公司	All Others	I	43	2019-7-23	2024-7-22
7219131900	310	其他欧盟公司	All Others	I	43	2019-7-23	2024-7-22
7219131900	311	其他欧盟公司	All Others	I	43	2019-7-23	2024-7-22
7219131900	312	其他欧盟公司	All Others	I	43	2019-7-23	2024-7-22
7219131900	315	其他欧盟公司	All Others	I	43	2019-7-23	2024-7-22
7219131900	316	其他欧盟公司	All Others	I	43	2019-7-23	2024-7-22
7219131900	318	其他欧盟公司	All Others	I	43	2019-7-23	2024-7-22
7219131900	321	其他欧盟公司	All Others	I	43	2019-7-23	2024-7-22
7219131900	324	其他欧盟公司	All Others	I	43	2019-7-23	2024-7-22
7219131900	327	其他欧盟公司	All Others	I	43	2019-7-23	2024-7-22
7219131900	328	其他欧盟公司	All Others	I	43	2019-7-23	2024-7-22
7219131900	330	其他欧盟公司	All Others	I	43	2019-7-23	2024-7-22
7219131900	334	其他欧盟公司	All Others	I	43	2019-7-23	2024-7-22
7219131900	335	其他欧盟公司	All Others	I	43	2019-7-23	2024-7-22
7219131900	336	其他欧盟公司	All Others	I	43	2019-7-23	2024-7-22
7219131900	350	其他欧盟公司	All Others	I	43	2019-7-23	2024-7-22
7219131900	351	其他欧盟公司	All Others	I	43	2019-7-23	2024-7-22
7219131900	352	其他欧盟公司	All Others	I	43	2019-7-23	2024-7-22
7219131900	353	其他欧盟公司	All Others	I	43	2019-7-23	2024-7-22
7219131900	701	国（地）别不详		I	103. 1	2019-7-23	2024-7-22
7219132200	108	其他欧盟公司	All Others	I	43	2019-7-23	2024-7-22
7219132200	112	印度尼西亚公司		I	20. 2	2019-7-23	2024-7-22
7219132200	116	其他日本公司	All Others	I	29	2019-7-23	2024-7-22
7219132200	116	日本冶金工业株式会社	NIPPON YAKIN KOGYO CO. , LTD	I	18. 1	2019-7-23	2024-7-22
7219132200	133	其他韩国公司	All Others	I	103. 1	2019-7-23	2024-7-22
7219132200	133	株式会社 POSCO	POSCO	I	23. 1	2019-7-23	2024-7-22
7219132200	301	其他欧盟公司	All Others	I	43	2019-7-23	2024-7-22
7219132200	302	其他欧盟公司	All Others	I	43	2019-7-23	2024-7-22
7219132200	303	其他欧盟公司	All Others	I	43	2019-7-23	2024-7-22
7219132200	304	其他欧盟公司	All Others	I	43	2019-7-23	2024-7-22
7219132200	305	其他欧盟公司	All Others	I	43	2019-7-23	2024-7-22
7219132200	306	其他欧盟公司	All Others	I	43	2019-7-23	2024-7-22
7219132200	307	其他欧盟公司	All Others	I	43	2019-7-23	2024-7-22
7219132200	308	其他欧盟公司	All Others	I	43	2019-7-23	2024-7-22
7219132200	309	其他欧盟公司	All Others	I	43	2019-7-23	2024-7-22
7219132200	310	其他欧盟公司	All Others	I	43	2019-7-23	2024-7-22
7219132200	311	其他欧盟公司	All Others	I	43	2019-7-23	2024-7-22
7219132200	312	其他欧盟公司	All Others	I	43	2019-7-23	2024-7-22
7219132200	315	其他欧盟公司	All Others	I	43	2019-7-23	2024-7-22
7219132200	316	其他欧盟公司	All Others	I	43	2019-7-23	2024-7-22

商品编号	原产国（地区）	原产厂商中文名称	原产厂商英文名称	税种代码	税率（%）	起始日期	截止日期
7219132200	318	其他欧盟公司	All Others	I	43	2019-7-23	2024-7-22
7219132200	321	其他欧盟公司	All Others	I	43	2019-7-23	2024-7-22
7219132200	324	其他欧盟公司	All Others	I	43	2019-7-23	2024-7-22
7219132200	327	其他欧盟公司	All Others	I	43	2019-7-23	2024-7-22
7219132200	328	其他欧盟公司	All Others	I	43	2019-7-23	2024-7-22
7219132200	330	其他欧盟公司	All Others	I	43	2019-7-23	2024-7-22
7219132200	334	其他欧盟公司	All Others	I	43	2019-7-23	2024-7-22
7219132200	335	其他欧盟公司	All Others	I	43	2019-7-23	2024-7-22
7219132200	336	其他欧盟公司	All Others	I	43	2019-7-23	2024-7-22
7219132200	350	其他欧盟公司	All Others	I	43	2019-7-23	2024-7-22
7219132200	351	其他欧盟公司	All Others	I	43	2019-7-23	2024-7-22
7219132200	352	其他欧盟公司	All Others	I	43	2019-7-23	2024-7-22
7219132200	353	其他欧盟公司	All Others	I	43	2019-7-23	2024-7-22
7219132200	701	国(地)别不详		I	103.1	2019-7-23	2024-7-22
7219132900	108	其他欧盟公司	All Others	I	43	2019-7-23	2024-7-22
7219132900	112	印度尼西亚公司		I	20.2	2019-7-23	2024-7-22
7219132900	116	其他日本公司	All Others	I	29	2019-7-23	2024-7-22
7219132900	116	日本冶金工业株式会社	NIPPON YAKIN KOGYO CO., LTD	I	18.1	2019-7-23	2024-7-22
7219132900	133	其他韩国公司	All Others	I	103.1	2019-7-23	2024-7-22
7219132900	133	株式会社 POSCO	POSCO	I	23.1	2019-7-23	2024-7-22
7219132900	301	其他欧盟公司	All Others	I	43	2019-7-23	2024-7-22
7219132900	302	其他欧盟公司	All Others	I	43	2019-7-23	2024-7-22
7219132900	303	其他欧盟公司	All Others	I	43	2019-7-23	2024-7-22
7219132900	304	其他欧盟公司	All Others	I	43	2019-7-23	2024-7-22
7219132900	305	其他欧盟公司	All Others	I	43	2019-7-23	2024-7-22
7219132900	306	其他欧盟公司	All Others	I	43	2019-7-23	2024-7-22
7219132900	307	其他欧盟公司	All Others	I	43	2019-7-23	2024-7-22
7219132900	308	其他欧盟公司	All Others	I	43	2019-7-23	2024-7-22
7219132900	309	其他欧盟公司	All Others	I	43	2019-7-23	2024-7-22
7219132900	310	其他欧盟公司	All Others	I	43	2019-7-23	2024-7-22
7219132900	311	其他欧盟公司	All Others	I	43	2019-7-23	2024-7-22
7219132900	312	其他欧盟公司	All Others	I	43	2019-7-23	2024-7-22
7219132900	315	其他欧盟公司	All Others	I	43	2019-7-23	2024-7-22
7219132900	316	其他欧盟公司	All Others	I	43	2019-7-23	2024-7-22
7219132900	318	其他欧盟公司	All Others	I	43	2019-7-23	2024-7-22
7219132900	321	其他欧盟公司	All Others	I	43	2019-7-23	2024-7-22
7219132900	324	其他欧盟公司	All Others	I	43	2019-7-23	2024-7-22
7219132900	327	其他欧盟公司	All Others	I	43	2019-7-23	2024-7-22
7219132900	328	其他欧盟公司	All Others	I	43	2019-7-23	2024-7-22
7219132900	330	其他欧盟公司	All Others	I	43	2019-7-23	2024-7-22
7219132900	334	其他欧盟公司	All Others	I	43	2019-7-23	2024-7-22
7219132900	335	其他欧盟公司	All Others	I	43	2019-7-23	2024-7-22
7219132900	336	其他欧盟公司	All Others	I	43	2019-7-23	2024-7-22
7219132900	350	其他欧盟公司	All Others	I	43	2019-7-23	2024-7-22
7219132900	351	其他欧盟公司	All Others	I	43	2019-7-23	2024-7-22
7219132900	352	其他欧盟公司	All Others	I	43	2019-7-23	2024-7-22
7219132900	353	其他欧盟公司	All Others	I	43	2019-7-23	2024-7-22
7219132900	701	国(地)别不详		I	103.1	2019-7-23	2024-7-22
7219141200	108	其他欧盟公司	All Others	I	43	2019-7-23	2024-7-22
7219141200	112	印度尼西亚公司		I	20.2	2019-7-23	2024-7-22
7219141200	116	其他日本公司	All Others	I	29	2019-7-23	2024-7-22
7219141200	116	日本冶金工业株式会社	NIPPON YAKIN KOGYO CO., LTD	I	18.1	2019-7-23	2024-7-22
7219141200	133	其他韩国公司	All Others	I	103.1	2019-7-23	2024-7-22
7219141200	133	株式会社 POSCO	POSCO	I	23.1	2019-7-23	2024-7-22
7219141200	301	其他欧盟公司	All Others	I	43	2019-7-23	2024-7-22
7219141200	302	其他欧盟公司	All Others	I	43	2019-7-23	2024-7-22
7219141200	303	其他欧盟公司	All Others	I	43	2019-7-23	2024-7-22
7219141200	304	其他欧盟公司	All Others	I	43	2019-7-23	2024-7-22
7219141200	305	其他欧盟公司	All Others	I	43	2019-7-23	2024-7-22
7219141200	306	其他欧盟公司	All Others	I	43	2019-7-23	2024-7-22
7219141200	307	其他欧盟公司	All Others	I	43	2019-7-23	2024-7-22
7219141200	308	其他欧盟公司	All Others	I	43	2019-7-23	2024-7-22
7219141200	309	其他欧盟公司	All Others	I	43	2019-7-23	2024-7-22

商品编号	原产国(地区)	原产厂商中文名称	原产厂商英文名称	税种代码	税率(%)	起始日期	截止日期
7219141200	310	其他欧盟公司	All Others	I	43	2019-7-23	2024-7-22
7219141200	311	其他欧盟公司	All Others	I	43	2019-7-23	2024-7-22
7219141200	312	其他欧盟公司	All Others	I	43	2019-7-23	2024-7-22
7219141200	315	其他欧盟公司	All Others	I	43	2019-7-23	2024-7-22
7219141200	316	其他欧盟公司	All Others	I	43	2019-7-23	2024-7-22
7219141200	318	其他欧盟公司	All Others	I	43	2019-7-23	2024-7-22
7219141200	321	其他欧盟公司	All Others	I	43	2019-7-23	2024-7-22
7219141200	324	其他欧盟公司	All Others	I	43	2019-7-23	2024-7-22
7219141200	327	其他欧盟公司	All Others	I	43	2019-7-23	2024-7-22
7219141200	328	其他欧盟公司	All Others	I	43	2019-7-23	2024-7-22
7219141200	330	其他欧盟公司	All Others	I	43	2019-7-23	2024-7-22
7219141200	334	其他欧盟公司	All Others	I	43	2019-7-23	2024-7-22
7219141200	335	其他欧盟公司	All Others	I	43	2019-7-23	2024-7-22
7219141200	336	其他欧盟公司	All Others	I	43	2019-7-23	2024-7-22
7219141200	350	其他欧盟公司	All Others	I	43	2019-7-23	2024-7-22
7219141200	351	其他欧盟公司	All Others	I	43	2019-7-23	2024-7-22
7219141200	352	其他欧盟公司	All Others	I	43	2019-7-23	2024-7-22
7219141200	353	其他欧盟公司	All Others	I	43	2019-7-23	2024-7-22
7219141200	701	国(地)别不详		I	103.1	2019-7-23	2024-7-22
7219141900	108	其他欧盟公司	All Others	I	43	2019-7-23	2024-7-22
7219141900	112	印度尼西亚公司		I	20.2	2019-7-23	2024-7-22
7219141900	116	其他日本公司	All Others	I	29	2019-7-23	2024-7-22
7219141900	116	日本冶金工业株式会社	NIPPON YAKIN KOGYO CO., LTD	I	18.1	2019-7-23	2024-7-22
7219141900	133	其他韩国公司	All Others	I	103.1	2019-7-23	2024-7-22
7219141900	133	株式会社 POSCO	POSCO	I	23.1	2019-7-23	2024-7-22
7219141900	301	其他欧盟公司	All Others	I	43	2019-7-23	2024-7-22
7219141900	302	其他欧盟公司	All Others	I	43	2019-7-23	2024-7-22
7219141900	303	其他欧盟公司	All Others	I	43	2019-7-23	2024-7-22
7219141900	304	其他欧盟公司	All Others	I	43	2019-7-23	2024-7-22
7219141900	305	其他欧盟公司	All Others	I	43	2019-7-23	2024-7-22
7219141900	306	其他欧盟公司	All Others	I	43	2019-7-23	2024-7-22
7219141900	307	其他欧盟公司	All Others	I	43	2019-7-23	2024-7-22
7219141900	308	其他欧盟公司	All Others	I	43	2019-7-23	2024-7-22
7219141900	309	其他欧盟公司	All Others	I	43	2019-7-23	2024-7-22
7219141900	310	其他欧盟公司	All Others	I	43	2019-7-23	2024-7-22
7219141900	311	其他欧盟公司	All Others	I	43	2019-7-23	2024-7-22
7219141900	312	其他欧盟公司	All Others	I	43	2019-7-23	2024-7-22
7219141900	315	其他欧盟公司	All Others	I	43	2019-7-23	2024-7-22
7219141900	316	其他欧盟公司	All Others	I	43	2019-7-23	2024-7-22
7219141900	318	其他欧盟公司	All Others	I	43	2019-7-23	2024-7-22
7219141900	321	其他欧盟公司	All Others	I	43	2019-7-23	2024-7-22
7219141900	324	其他欧盟公司	All Others	I	43	2019-7-23	2024-7-22
7219141900	327	其他欧盟公司	All Others	I	43	2019-7-23	2024-7-22
7219141900	328	其他欧盟公司	All Others	I	43	2019-7-23	2024-7-22
7219141900	330	其他欧盟公司	All Others	I	43	2019-7-23	2024-7-22
7219141900	334	其他欧盟公司	All Others	I	43	2019-7-23	2024-7-22
7219141900	335	其他欧盟公司	All Others	I	43	2019-7-23	2024-7-22
7219141900	336	其他欧盟公司	All Others	I	43	2019-7-23	2024-7-22
7219141900	350	其他欧盟公司	All Others	I	43	2019-7-23	2024-7-22
7219141900	351	其他欧盟公司	All Others	I	43	2019-7-23	2024-7-22
7219141900	352	其他欧盟公司	All Others	I	43	2019-7-23	2024-7-22
7219141900	353	其他欧盟公司	All Others	I	43	2019-7-23	2024-7-22
7219141900	701	国(地)别不详		I	103.1	2019-7-23	2024-7-22
7219142200	108	其他欧盟公司	All Others	I	43	2019-7-23	2024-7-22
7219142200	112	印度尼西亚公司		I	20.2	2019-7-23	2024-7-22
7219142200	116	其他日本公司	All Others	I	29	2019-7-23	2024-7-22
7219142200	116	日本冶金工业株式会社	NIPPON YAKIN KOGYO CO., LTD	I	18.1	2019-7-23	2024-7-22
7219142200	133	其他韩国公司	All Others	I	103.1	2019-7-23	2024-7-22
7219142200	133	株式会社 POSCO	POSCO	I	23.1	2019-7-23	2024-7-22
7219142200	301	其他欧盟公司	All Others	I	43	2019-7-23	2024-7-22
7219142200	302	其他欧盟公司	All Others	I	43	2019-7-23	2024-7-22
7219142200	303	其他欧盟公司	All Others	I	43	2019-7-23	2024-7-22
7219142200	304	其他欧盟公司	All Others	I	43	2019-7-23	2024-7-22

商品编号	原产国（地区）	原产厂商中文名称	原产厂商英文名称	税种代码	税率（%）	起始日期	截止日期
7219142200	305	其他欧盟公司	All Others	I	43	2019-7-23	2024-7-22
7219142200	306	其他欧盟公司	All Others	I	43	2019-7-23	2024-7-22
7219142200	307	其他欧盟公司	All Others	I	43	2019-7-23	2024-7-22
7219142200	308	其他欧盟公司	All Others	I	43	2019-7-23	2024-7-22
7219142200	309	其他欧盟公司	All Others	I	43	2019-7-23	2024-7-22
7219142200	310	其他欧盟公司	All Others	I	43	2019-7-23	2024-7-22
7219142200	311	其他欧盟公司	All Others	I	43	2019-7-23	2024-7-22
7219142200	312	其他欧盟公司	All Others	I	43	2019-7-23	2024-7-22
7219142200	315	其他欧盟公司	All Others	I	43	2019-7-23	2024-7-22
7219142200	316	其他欧盟公司	All Others	I	43	2019-7-23	2024-7-22
7219142200	318	其他欧盟公司	All Others	I	43	2019-7-23	2024-7-22
7219142200	321	其他欧盟公司	All Others	I	43	2019-7-23	2024-7-22
7219142200	324	其他欧盟公司	All Others	I	43	2019-7-23	2024-7-22
7219142200	327	其他欧盟公司	All Others	I	43	2019-7-23	2024-7-22
7219142200	328	其他欧盟公司	All Others	I	43	2019-7-23	2024-7-22
7219142200	330	其他欧盟公司	All Others	I	43	2019-7-23	2024-7-22
7219142200	334	其他欧盟公司	All Others	I	43	2019-7-23	2024-7-22
7219142200	335	其他欧盟公司	All Others	I	43	2019-7-23	2024-7-22
7219142200	336	其他欧盟公司	All Others	I	43	2019-7-23	2024-7-22
7219142200	350	其他欧盟公司	All Others	I	43	2019-7-23	2024-7-22
7219142200	351	其他欧盟公司	All Others	I	43	2019-7-23	2024-7-22
7219142200	352	其他欧盟公司	All Others	I	43	2019-7-23	2024-7-22
7219142200	353	其他欧盟公司	All Others	I	43	2019-7-23	2024-7-22
7219142200	701	国（地）别不详		I	103. 1	2019-7-23	2024-7-22
7219142900	108	其他欧盟公司	All Others	I	43	2019-7-23	2024-7-22
7219142900	112	印度尼西亚公司		I	20. 2	2019-7-23	2024-7-22
7219142900	116	其他日本公司	All Others	I	29	2019-7-23	2024-7-22
7219142900	116	日本冶金工业株式会社	NIPPON YAKIN KOGYO CO. , LTD	I	18. 1	2019-7-23	2024-7-22
7219142900	133	其他韩国公司	All Others	I	103. 1	2019-7-23	2024-7-22
7219142900	133	株式会社 POSCO	POSCO	I	23. 1	2019-7-23	2024-7-22
7219142900	301	其他欧盟公司	All Others	I	43	2019-7-23	2024-7-22
7219142900	302	其他欧盟公司	All Others	I	43	2019-7-23	2024-7-22
7219142900	303	其他欧盟公司	All Others	I	43	2019-7-23	2024-7-22
7219142900	304	其他欧盟公司	All Others	I	43	2019-7-23	2024-7-22
7219142900	305	其他欧盟公司	All Others	I	43	2019-7-23	2024-7-22
7219142900	306	其他欧盟公司	All Others	I	43	2019-7-23	2024-7-22
7219142900	307	其他欧盟公司	All Others	I	43	2019-7-23	2024-7-22
7219142900	308	其他欧盟公司	All Others	I	43	2019-7-23	2024-7-22
7219142900	309	其他欧盟公司	All Others	I	43	2019-7-23	2024-7-22
7219142900	310	其他欧盟公司	All Others	I	43	2019-7-23	2024-7-22
7219142900	311	其他欧盟公司	All Others	I	43	2019-7-23	2024-7-22
7219142900	312	其他欧盟公司	All Others	I	43	2019-7-23	2024-7-22
7219142900	315	其他欧盟公司	All Others	I	43	2019-7-23	2024-7-22
7219142900	316	其他欧盟公司	All Others	I	43	2019-7-23	2024-7-22
7219142900	318	其他欧盟公司	All Others	I	43	2019-7-23	2024-7-22
7219142900	321	其他欧盟公司	All Others	I	43	2019-7-23	2024-7-22
7219142900	324	其他欧盟公司	All Others	I	43	2019-7-23	2024-7-22
7219142900	327	其他欧盟公司	All Others	I	43	2019-7-23	2024-7-22
7219142900	328	其他欧盟公司	All Others	I	43	2019-7-23	2024-7-22
7219142900	330	其他欧盟公司	All Others	I	43	2019-7-23	2024-7-22
7219142900	334	其他欧盟公司	All Others	I	43	2019-7-23	2024-7-22
7219142900	335	其他欧盟公司	All Others	I	43	2019-7-23	2024-7-22
7219142900	336	其他欧盟公司	All Others	I	43	2019-7-23	2024-7-22
7219142900	350	其他欧盟公司	All Others	I	43	2019-7-23	2024-7-22
7219142900	351	其他欧盟公司	All Others	I	43	2019-7-23	2024-7-22
7219142900	352	其他欧盟公司	All Others	I	43	2019-7-23	2024-7-22
7219142900	353	其他欧盟公司	All Others	I	43	2019-7-23	2024-7-22
7219142900	701	国（地）别不详		I	103. 1	2019-7-23	2024-7-22
7219210000	108	其他欧盟公司	All Others	I	43	2019-7-23	2024-7-22
7219210000	112	印度尼西亚公司		I	20. 2	2019-7-23	2024-7-22
7219210000	116	其他日本公司	All Others	I	29	2019-7-23	2024-7-22
7219210000	116	日本冶金工业株式会社	NIPPON YAKIN KOGYO CO. , LTD	I	18. 1	2019-7-23	2024-7-22
7219210000	133	其他韩国公司	All Others	I	103. 1	2019-7-23	2024-7-22

商品编号	原产国(地区)	原产厂商中文名称	原产厂商英文名称	税种代码	税率(%)	起始日期	截止日期
7219210000	133	株式会社 POSCO	POSCO	I	23.1	2019-7-23	2024-7-22
7219210000	301	其他欧盟公司	All Others	I	43	2019-7-23	2024-7-22
7219210000	302	其他欧盟公司	All Others	I	43	2019-7-23	2024-7-22
7219210000	303	其他欧盟公司	All Others	I	43	2019-7-23	2024-7-22
7219210000	304	其他欧盟公司	All Others	I	43	2019-7-23	2024-7-22
7219210000	305	其他欧盟公司	All Others	I	43	2019-7-23	2024-7-22
7219210000	306	其他欧盟公司	All Others	I	43	2019-7-23	2024-7-22
7219210000	307	其他欧盟公司	All Others	I	43	2019-7-23	2024-7-22
7219210000	308	其他欧盟公司	All Others	I	43	2019-7-23	2024-7-22
7219210000	309	其他欧盟公司	All Others	I	43	2019-7-23	2024-7-22
7219210000	310	其他欧盟公司	All Others	I	43	2019-7-23	2024-7-22
7219210000	311	其他欧盟公司	All Others	I	43	2019-7-23	2024-7-22
7219210000	312	其他欧盟公司	All Others	I	43	2019-7-23	2024-7-22
7219210000	315	其他欧盟公司	All Others	I	43	2019-7-23	2024-7-22
7219210000	316	其他欧盟公司	All Others	I	43	2019-7-23	2024-7-22
7219210000	318	其他欧盟公司	All Others	I	43	2019-7-23	2024-7-22
7219210000	321	其他欧盟公司	All Others	I	43	2019-7-23	2024-7-22
7219210000	324	其他欧盟公司	All Others	I	43	2019-7-23	2024-7-22
7219210000	327	其他欧盟公司	All Others	I	43	2019-7-23	2024-7-22
7219210000	328	其他欧盟公司	All Others	I	43	2019-7-23	2024-7-22
7219210000	330	其他欧盟公司	All Others	I	43	2019-7-23	2024-7-22
7219210000	334	其他欧盟公司	All Others	I	43	2019-7-23	2024-7-22
7219210000	335	其他欧盟公司	All Others	I	43	2019-7-23	2024-7-22
7219210000	336	其他欧盟公司	All Others	I	43	2019-7-23	2024-7-22
7219210000	350	其他欧盟公司	All Others	I	43	2019-7-23	2024-7-22
7219210000	351	其他欧盟公司	All Others	I	43	2019-7-23	2024-7-22
7219210000	352	其他欧盟公司	All Others	I	43	2019-7-23	2024-7-22
7219210000	353	其他欧盟公司	All Others	I	43	2019-7-23	2024-7-22
7219210000	701	国(地)别不详		I	103.1	2019-7-23	2024-7-22
7219220000	108	其他欧盟公司	All Others	I	43	2019-7-23	2024-7-22
7219220000	112	印度尼西亚公司		I	20.2	2019-7-23	2024-7-22
7219220000	116	其他日本公司	All Others	I	29	2019-7-23	2024-7-22
7219220000	116	日本冶金工业株式会社	NIPPON YAKIN KOGYO CO., LTD	I	18.1	2019-7-23	2024-7-22
7219220000	133	其他韩国公司	All Others	I	103.1	2019-7-23	2024-7-22
7219220000	133	株式会社 POSCO	POSCO	I	23.1	2019-7-23	2024-7-22
7219220000	301	其他欧盟公司	All Others	I	43	2019-7-23	2024-7-22
7219220000	302	其他欧盟公司	All Others	I	43	2019-7-23	2024-7-22
7219220000	303	其他欧盟公司	All Others	I	43	2019-7-23	2024-7-22
7219220000	304	其他欧盟公司	All Others	I	43	2019-7-23	2024-7-22
7219220000	305	其他欧盟公司	All Others	I	43	2019-7-23	2024-7-22
7219220000	306	其他欧盟公司	All Others	I	43	2019-7-23	2024-7-22
7219220000	307	其他欧盟公司	All Others	I	43	2019-7-23	2024-7-22
7219220000	308	其他欧盟公司	All Others	I	43	2019-7-23	2024-7-22
7219220000	309	其他欧盟公司	All Others	I	43	2019-7-23	2024-7-22
7219220000	310	其他欧盟公司	All Others	I	43	2019-7-23	2024-7-22
7219220000	311	其他欧盟公司	All Others	I	43	2019-7-23	2024-7-22
7219220000	312	其他欧盟公司	All Others	I	43	2019-7-23	2024-7-22
7219220000	315	其他欧盟公司	All Others	I	43	2019-7-23	2024-7-22
7219220000	316	其他欧盟公司	All Others	I	43	2019-7-23	2024-7-22
7219220000	318	其他欧盟公司	All Others	I	43	2019-7-23	2024-7-22
7219220000	321	其他欧盟公司	All Others	I	43	2019-7-23	2024-7-22
7219220000	324	其他欧盟公司	All Others	I	43	2019-7-23	2024-7-22
7219220000	327	其他欧盟公司	All Others	I	43	2019-7-23	2024-7-22
7219220000	328	其他欧盟公司	All Others	I	43	2019-7-23	2024-7-22
7219220000	330	其他欧盟公司	All Others	I	43	2019-7-23	2024-7-22
7219220000	334	其他欧盟公司	All Others	I	43	2019-7-23	2024-7-22
7219220000	335	其他欧盟公司	All Others	I	43	2019-7-23	2024-7-22
7219220000	336	其他欧盟公司	All Others	I	43	2019-7-23	2024-7-22
7219220000	350	其他欧盟公司	All Others	I	43	2019-7-23	2024-7-22
7219220000	351	其他欧盟公司	All Others	I	43	2019-7-23	2024-7-22
7219220000	352	其他欧盟公司	All Others	I	43	2019-7-23	2024-7-22
7219220000	353	其他欧盟公司	All Others	I	43	2019-7-23	2024-7-22
7219220000	701	国(地)别不详		I	103.1	2019-7-23	2024-7-22

商品编号	原产国（地区）	原产厂商中文名称	原产厂商英文名称	税种代码	税率（%）	起始日期	截止日期
7219230000	108	其他欧盟公司	All Others	I	43	2019-7-23	2024-7-22
7219230000	112	印度尼西亚公司		I	20. 2	2019-7-23	2024-7-22
7219230000	116	其他日本公司	All Others	I	29	2019-7-23	2024-7-22
7219230000	116	日本冶金工业株式会社	NIPPON YAKIN KOGYO CO. , LTD	I	18. 1	2019-7-23	2024-7-22
7219230000	133	其他韩国公司	All Others	I	103. 1	2019-7-23	2024-7-22
7219230000	133	株式会社 POSCO	POSCO	I	23. 1	2019-7-23	2024-7-22
7219230000	301	其他欧盟公司	All Others	I	43	2019-7-23	2024-7-22
7219230000	302	其他欧盟公司	All Others	I	43	2019-7-23	2024-7-22
7219230000	303	其他欧盟公司	All Others	I	43	2019-7-23	2024-7-22
7219230000	304	其他欧盟公司	All Others	I	43	2019-7-23	2024-7-22
7219230000	305	其他欧盟公司	All Others	I	43	2019-7-23	2024-7-22
7219230000	306	其他欧盟公司	All Others	I	43	2019-7-23	2024-7-22
7219230000	307	其他欧盟公司	All Others	I	43	2019-7-23	2024-7-22
7219230000	308	其他欧盟公司	All Others	I	43	2019-7-23	2024-7-22
7219230000	309	其他欧盟公司	All Others	I	43	2019-7-23	2024-7-22
7219230000	310	其他欧盟公司	All Others	I	43	2019-7-23	2024-7-22
7219230000	311	其他欧盟公司	All Others	I	43	2019-7-23	2024-7-22
7219230000	312	其他欧盟公司	All Others	I	43	2019-7-23	2024-7-22
7219230000	315	其他欧盟公司	All Others	I	43	2019-7-23	2024-7-22
7219230000	316	其他欧盟公司	All Others	I	43	2019-7-23	2024-7-22
7219230000	318	其他欧盟公司	All Others	I	43	2019-7-23	2024-7-22
7219230000	321	其他欧盟公司	All Others	I	43	2019-7-23	2024-7-22
7219230000	324	其他欧盟公司	All Others	I	43	2019-7-23	2024-7-22
7219230000	327	其他欧盟公司	All Others	I	43	2019-7-23	2024-7-22
7219230000	328	其他欧盟公司	All Others	I	43	2019-7-23	2024-7-22
7219230000	330	其他欧盟公司	All Others	I	43	2019-7-23	2024-7-22
7219230000	334	其他欧盟公司	All Others	I	43	2019-7-23	2024-7-22
7219230000	335	其他欧盟公司	All Others	I	43	2019-7-23	2024-7-22
7219230000	336	其他欧盟公司	All Others	I	43	2019-7-23	2024-7-22
7219230000	350	其他欧盟公司	All Others	I	43	2019-7-23	2024-7-22
7219230000	351	其他欧盟公司	All Others	I	43	2019-7-23	2024-7-22
7219230000	352	其他欧盟公司	All Others	I	43	2019-7-23	2024-7-22
7219230000	353	其他欧盟公司	All Others	I	43	2019-7-23	2024-7-22
7219230000	701	国（地）别不详		I	103. 1	2019-7-23	2024-7-22
7219241000	108	其他欧盟公司	All Others	I	43	2019-7-23	2024-7-22
7219241000	112	印度尼西亚公司		I	20. 2	2019-7-23	2024-7-22
7219241000	116	其他日本公司	All Others	I	29	2019-7-23	2024-7-22
7219241000	116	日本冶金工业株式会社	NIPPON YAKIN KOGYO CO. , LTD	I	18. 1	2019-7-23	2024-7-22
7219241000	133	其他韩国公司	All Others	I	103. 1	2019-7-23	2024-7-22
7219241000	133	株式会社 POSCO	POSCO	I	23. 1	2019-7-23	2024-7-22
7219241000	301	其他欧盟公司	All Others	I	43	2019-7-23	2024-7-22
7219241000	302	其他欧盟公司	All Others	I	43	2019-7-23	2024-7-22
7219241000	303	其他欧盟公司	All Others	I	43	2019-7-23	2024-7-22
7219241000	304	其他欧盟公司	All Others	I	43	2019-7-23	2024-7-22
7219241000	305	其他欧盟公司	All Others	I	43	2019-7-23	2024-7-22
7219241000	306	其他欧盟公司	All Others	I	43	2019-7-23	2024-7-22
7219241000	307	其他欧盟公司	All Others	I	43	2019-7-23	2024-7-22
7219241000	308	其他欧盟公司	All Others	I	43	2019-7-23	2024-7-22
7219241000	309	其他欧盟公司	All Others	I	43	2019-7-23	2024-7-22
7219241000	310	其他欧盟公司	All Others	I	43	2019-7-23	2024-7-22
7219241000	311	其他欧盟公司	All Others	I	43	2019-7-23	2024-7-22
7219241000	312	其他欧盟公司	All Others	I	43	2019-7-23	2024-7-22
7219241000	315	其他欧盟公司	All Others	I	43	2019-7-23	2024-7-22
7219241000	316	其他欧盟公司	All Others	I	43	2019-7-23	2024-7-22
7219241000	318	其他欧盟公司	All Others	I	43	2019-7-23	2024-7-22
7219241000	321	其他欧盟公司	All Others	I	43	2019-7-23	2024-7-22
7219241000	324	其他欧盟公司	All Others	I	43	2019-7-23	2024-7-22
7219241000	327	其他欧盟公司	All Others	I	43	2019-7-23	2024-7-22
7219241000	328	其他欧盟公司	All Others	I	43	2019-7-23	2024-7-22
7219241000	330	其他欧盟公司	All Others	I	43	2019-7-23	2024-7-22
7219241000	334	其他欧盟公司	All Others	I	43	2019-7-23	2024-7-22
7219241000	335	其他欧盟公司	All Others	I	43	2019-7-23	2024-7-22
7219241000	336	其他欧盟公司	All Others	I	43	2019-7-23	2024-7-22

商品编号	原产国(地区)	原产厂商中文名称	原产厂商英文名称	税种代码	税率(%)	起始日期	截止日期
7219241000	350	其他欧盟公司	All Others	I	43	2019-7-23	2024-7-22
7219241000	351	其他欧盟公司	All Others	I	43	2019-7-23	2024-7-22
7219241000	352	其他欧盟公司	All Others	I	43	2019-7-23	2024-7-22
7219241000	353	其他欧盟公司	All Others	I	43	2019-7-23	2024-7-22
7219241000	701	国(地)别不详		I	103.1	2019-7-23	2024-7-22
7219242000	108	其他欧盟公司	All Others	I	43	2019-7-23	2024-7-22
7219242000	112	印度尼西亚公司		I	20.2	2019-7-23	2024-7-22
7219242000	116	其他日本公司	All Others	I	29	2019-7-23	2024-7-22
7219242000	116	日本冶金工业株式会社	NIPPON YAKIN KOGYO CO., LTD	I	18.1	2019-7-23	2024-7-22
7219242000	133	其他韩国公司	All Others	I	103.1	2019-7-23	2024-7-22
7219242000	133	株式会社 POSCO	POSCO	I	23.1	2019-7-23	2024-7-22
7219242000	301	其他欧盟公司	All Others	I	43	2019-7-23	2024-7-22
7219242000	302	其他欧盟公司	All Others	I	43	2019-7-23	2024-7-22
7219242000	303	其他欧盟公司	All Others	I	43	2019-7-23	2024-7-22
7219242000	304	其他欧盟公司	All Others	I	43	2019-7-23	2024-7-22
7219242000	305	其他欧盟公司	All Others	I	43	2019-7-23	2024-7-22
7219242000	306	其他欧盟公司	All Others	I	43	2019-7-23	2024-7-22
7219242000	307	其他欧盟公司	All Others	I	43	2019-7-23	2024-7-22
7219242000	308	其他欧盟公司	All Others	I	43	2019-7-23	2024-7-22
7219242000	309	其他欧盟公司	All Others	I	43	2019-7-23	2024-7-22
7219242000	310	其他欧盟公司	All Others	I	43	2019-7-23	2024-7-22
7219242000	311	其他欧盟公司	All Others	I	43	2019-7-23	2024-7-22
7219242000	312	其他欧盟公司	All Others	I	43	2019-7-23	2024-7-22
7219242000	315	其他欧盟公司	All Others	I	43	2019-7-23	2024-7-22
7219242000	316	其他欧盟公司	All Others	I	43	2019-7-23	2024-7-22
7219242000	318	其他欧盟公司	All Others	I	43	2019-7-23	2024-7-22
7219242000	321	其他欧盟公司	All Others	I	43	2019-7-23	2024-7-22
7219242000	324	其他欧盟公司	All Others	I	43	2019-7-23	2024-7-22
7219242000	327	其他欧盟公司	All Others	I	43	2019-7-23	2024-7-22
7219242000	328	其他欧盟公司	All Others	I	43	2019-7-23	2024-7-22
7219242000	330	其他欧盟公司	All Others	I	43	2019-7-23	2024-7-22
7219242000	334	其他欧盟公司	All Others	I	43	2019-7-23	2024-7-22
7219242000	335	其他欧盟公司	All Others	I	43	2019-7-23	2024-7-22
7219242000	336	其他欧盟公司	All Others	I	43	2019-7-23	2024-7-22
7219242000	350	其他欧盟公司	All Others	I	43	2019-7-23	2024-7-22
7219242000	351	其他欧盟公司	All Others	I	43	2019-7-23	2024-7-22
7219242000	352	其他欧盟公司	All Others	I	43	2019-7-23	2024-7-22
7219242000	353	其他欧盟公司	All Others	I	43	2019-7-23	2024-7-22
7219242000	701	国(地)别不详		I	103.1	2019-7-23	2024-7-22
7219243000	108	其他欧盟公司	All Others	I	43	2019-7-23	2024-7-22
7219243000	112	印度尼西亚公司		I	20.2	2019-7-23	2024-7-22
7219243000	116	其他日本公司	All Others	I	29	2019-7-23	2024-7-22
7219243000	116	日本冶金工业株式会社	NIPPON YAKIN KOGYO CO., LTD	I	18.1	2019-7-23	2024-7-22
7219243000	133	其他韩国公司	All Others	I	103.1	2019-7-23	2024-7-22
7219243000	133	株式会社 POSCO	POSCO	I	23.1	2019-7-23	2024-7-22
7219243000	301	其他欧盟公司	All Others	I	43	2019-7-23	2024-7-22
7219243000	302	其他欧盟公司	All Others	I	43	2019-7-23	2024-7-22
7219243000	303	其他欧盟公司	All Others	I	43	2019-7-23	2024-7-22
7219243000	304	其他欧盟公司	All Others	I	43	2019-7-23	2024-7-22
7219243000	305	其他欧盟公司	All Others	I	43	2019-7-23	2024-7-22
7219243000	306	其他欧盟公司	All Others	I	43	2019-7-23	2024-7-22
7219243000	307	其他欧盟公司	All Others	I	43	2019-7-23	2024-7-22
7219243000	308	其他欧盟公司	All Others	I	43	2019-7-23	2024-7-22
7219243000	309	其他欧盟公司	All Others	I	43	2019-7-23	2024-7-22
7219243000	310	其他欧盟公司	All Others	I	43	2019-7-23	2024-7-22
7219243000	311	其他欧盟公司	All Others	I	43	2019-7-23	2024-7-22
7219243000	312	其他欧盟公司	All Others	I	43	2019-7-23	2024-7-22
7219243000	315	其他欧盟公司	All Others	I	43	2019-7-23	2024-7-22
7219243000	316	其他欧盟公司	All Others	I	43	2019-7-23	2024-7-22
7219243000	318	其他欧盟公司	All Others	I	43	2019-7-23	2024-7-22
7219243000	321	其他欧盟公司	All Others	I	43	2019-7-23	2024-7-22
7219243000	324	其他欧盟公司	All Others	I	43	2019-7-23	2024-7-22
7219243000	327	其他欧盟公司	All Others	I	43	2019-7-23	2024-7-22

商品编号	原产国（地区）	原产厂商中文名称	原产厂商英文名称	税种代码	税率（%）	起始日期	截止日期
7219243000	328	其他欧盟公司	All Others	I	43	2019-7-23	2024-7-22
7219243000	330	其他欧盟公司	All Others	I	43	2019-7-23	2024-7-22
7219243000	334	其他欧盟公司	All Others	I	43	2019-7-23	2024-7-22
7219243000	335	其他欧盟公司	All Others	I	43	2019-7-23	2024-7-22
7219243000	336	其他欧盟公司	All Others	I	43	2019-7-23	2024-7-22
7219243000	350	其他欧盟公司	All Others	I	43	2019-7-23	2024-7-22
7219243000	351	其他欧盟公司	All Others	I	43	2019-7-23	2024-7-22
7219243000	352	其他欧盟公司	All Others	I	43	2019-7-23	2024-7-22
7219243000	353	其他欧盟公司	All Others	I	43	2019-7-23	2024-7-22
7219243000	701	国（地）别不详		I	103.1	2019-7-23	2024-7-22
7220110000	108	其他欧盟公司	All Others	I	43	2019-7-23	2024-7-22
7220110000	112	印度尼西亚公司		I	20.2	2019-7-23	2024-7-22
7220110000	116	其他日本公司	All Others	I	29	2019-7-23	2024-7-22
7220110000	116	日本冶金工业株式会社	NIPPON YAKIN KOGYO CO.，LTD	I	18.1	2019-7-23	2024-7-22
7220110000	133	其他韩国公司	All Others	I	103.1	2019-7-23	2024-7-22
7220110000	133	株式会社 POSCO	POSCO	I	23.1	2019-7-23	2024-7-22
7220110000	301	其他欧盟公司	All Others	I	43	2019-7-23	2024-7-22
7220110000	302	其他欧盟公司	All Others	I	43	2019-7-23	2024-7-22
7220110000	303	其他欧盟公司	All Others	I	43	2019-7-23	2024-7-22
7220110000	304	其他欧盟公司	All Others	I	43	2019-7-23	2024-7-22
7220110000	305	其他欧盟公司	All Others	I	43	2019-7-23	2024-7-22
7220110000	306	其他欧盟公司	All Others	I	43	2019-7-23	2024-7-22
7220110000	307	其他欧盟公司	All Others	I	43	2019-7-23	2024-7-22
7220110000	308	其他欧盟公司	All Others	I	43	2019-7-23	2024-7-22
7220110000	309	其他欧盟公司	All Others	I	43	2019-7-23	2024-7-22
7220110000	310	其他欧盟公司	All Others	I	43	2019-7-23	2024-7-22
7220110000	311	其他欧盟公司	All Others	I	43	2019-7-23	2024-7-22
7220110000	312	其他欧盟公司	All Others	I	43	2019-7-23	2024-7-22
7220110000	315	其他欧盟公司	All Others	I	43	2019-7-23	2024-7-22
7220110000	316	其他欧盟公司	All Others	I	43	2019-7-23	2024-7-22
7220110000	318	其他欧盟公司	All Others	I	43	2019-7-23	2024-7-22
7220110000	321	其他欧盟公司	All Others	I	43	2019-7-23	2024-7-22
7220110000	324	其他欧盟公司	All Others	I	43	2019-7-23	2024-7-22
7220110000	327	其他欧盟公司	All Others	I	43	2019-7-23	2024-7-22
7220110000	328	其他欧盟公司	All Others	I	43	2019-7-23	2024-7-22
7220110000	330	其他欧盟公司	All Others	I	43	2019-7-23	2024-7-22
7220110000	334	其他欧盟公司	All Others	I	43	2019-7-23	2024-7-22
7220110000	335	其他欧盟公司	All Others	I	43	2019-7-23	2024-7-22
7220110000	336	其他欧盟公司	All Others	I	43	2019-7-23	2024-7-22
7220110000	350	其他欧盟公司	All Others	I	43	2019-7-23	2024-7-22
7220110000	351	其他欧盟公司	All Others	I	43	2019-7-23	2024-7-22
7220110000	352	其他欧盟公司	All Others	I	43	2019-7-23	2024-7-22
7220110000	353	其他欧盟公司	All Others	I	43	2019-7-23	2024-7-22
7220110000	701	国（地）别不详		I	103.1	2019-7-23	2024-7-22
7220120000	108	其他欧盟公司	All Others	I	43	2019-7-23	2024-7-22
7220120000	112	印度尼西亚公司		I	20.2	2019-7-23	2024-7-22
7220120000	116	其他日本公司	All Others	I	29	2019-7-23	2024-7-22
7220120000	116	日本冶金工业株式会社	NIPPON YAKIN KOGYO CO.，LTD	I	18.1	2019-7-23	2024-7-22
7220120000	133	其他韩国公司	All Others	I	103.1	2019-7-23	2024-7-22
7220120000	133	株式会社 POSCO	POSCO	I	23.1	2019-7-23	2024-7-22
7220120000	301	其他欧盟公司	All Others	I	43	2019-7-23	2024-7-22
7220120000	302	其他欧盟公司	All Others	I	43	2019-7-23	2024-7-22
7220120000	303	其他欧盟公司	All Others	I	43	2019-7-23	2024-7-22
7220120000	304	其他欧盟公司	All Others	I	43	2019-7-23	2024-7-22
7220120000	305	其他欧盟公司	All Others	I	43	2019-7-23	2024-7-22
7220120000	306	其他欧盟公司	All Others	I	43	2019-7-23	2024-7-22
7220120000	307	其他欧盟公司	All Others	I	43	2019-7-23	2024-7-22
7220120000	308	其他欧盟公司	All Others	I	43	2019-7-23	2024-7-22
7220120000	309	其他欧盟公司	All Others	I	43	2019-7-23	2024-7-22
7220120000	310	其他欧盟公司	All Others	I	43	2019-7-23	2024-7-22
7220120000	311	其他欧盟公司	All Others	I	43	2019-7-23	2024-7-22
7220120000	312	其他欧盟公司	All Others	I	43	2019-7-23	2024-7-22
7220120000	315	其他欧盟公司	All Others	I	43	2019-7-23	2024-7-22

商品编号	原产国(地区)	原产厂商中文名称	原产厂商英文名称	税种代码	税率(%)	起始日期	截止日期
7220120000	316	其他欧盟公司	All Others	I	43	2019-7-23	2024-7-22
7220120000	318	其他欧盟公司	All Others	I	43	2019-7-23	2024-7-22
7220120000	321	其他欧盟公司	All Others	I	43	2019-7-23	2024-7-22
7220120000	324	其他欧盟公司	All Others	I	43	2019-7-23	2024-7-22
7220120000	327	其他欧盟公司	All Others	I	43	2019-7-23	2024-7-22
7220120000	328	其他欧盟公司	All Others	I	43	2019-7-23	2024-7-22
7220120000	330	其他欧盟公司	All Others	I	43	2019-7-23	2024-7-22
7220120000	334	其他欧盟公司	All Others	I	43	2019-7-23	2024-7-22
7220120000	335	其他欧盟公司	All Others	I	43	2019-7-23	2024-7-22
7220120000	336	其他欧盟公司	All Others	I	43	2019-7-23	2024-7-22
7220120000	350	其他欧盟公司	All Others	I	43	2019-7-23	2024-7-22
7220120000	351	其他欧盟公司	All Others	I	43	2019-7-23	2024-7-22
7220120000	352	其他欧盟公司	All Others	I	43	2019-7-23	2024-7-22
7220120000	353	其他欧盟公司	All Others	I	43	2019-7-23	2024-7-22
7220120000	701	国(地)别不详		I	103.1	2019-7-23	2024-7-22
7225110000	108	其他欧盟公司	All Others	I	46.3	2016-7-23	2021-7-22
7225110000	116	JFE 钢铁株式会社	JFE Steel Corporation	I	39	2016-7-23	2021-7-22
7225110000	116	其他日本公司	All Others	I	45.7	2016-7-23	2021-7-22
7225110000	116	新日铁住金株式会社	Nippon Steel Sumitomo Metal Corporation	I	45.7	2016-7-23	2021-7-22
7225110000	133	其他韩国公司	All Others	I	37.3	2016-7-23	2021-7-22
7225110000	133	株式会社 POSCO	POSCO	I	37.3	2016-7-23	2021-7-22
7225110000	301	其他欧盟公司	All Others	I	46.3	2016-7-23	2021-7-22
7225110000	302	其他欧盟公司	All Others	I	46.3	2016-7-23	2021-7-22
7225110000	303	其他欧盟公司	All Others	I	46.3	2016-7-23	2021-7-22
7225110000	304	其他欧盟公司	All Others	I	46.3	2016-7-23	2021-7-22
7225110000	305	其他欧盟公司	All Others	I	46.3	2016-7-23	2021-7-22
7225110000	306	其他欧盟公司	All Others	I	46.3	2016-7-23	2021-7-22
7225110000	307	其他欧盟公司	All Others	I	46.3	2016-7-23	2021-7-22
7225110000	308	其他欧盟公司	All Others	I	46.3	2016-7-23	2021-7-22
7225110000	309	其他欧盟公司	All Others	I	46.3	2016-7-23	2021-7-22
7225110000	310	其他欧盟公司	All Others	I	46.3	2016-7-23	2021-7-22
7225110000	311	其他欧盟公司	All Others	I	46.3	2016-7-23	2021-7-22
7225110000	312	其他欧盟公司	All Others	I	46.3	2016-7-23	2021-7-22
7225110000	315	其他欧盟公司	All Others	I	46.3	2016-7-23	2021-7-22
7225110000	316	其他欧盟公司	All Others	I	46.3	2016-7-23	2021-7-22
7225110000	318	其他欧盟公司	All Others	I	46.3	2016-7-23	2021-7-22
7225110000	321	其他欧盟公司	All Others	I	46.3	2016-7-23	2021-7-22
7225110000	324	其他欧盟公司	All Others	I	46.3	2016-7-23	2021-7-22
7225110000	327	其他欧盟公司	All Others	I	46.3	2016-7-23	2021-7-22
7225110000	328	其他欧盟公司	All Others	I	46.3	2016-7-23	2021-7-22
7225110000	330	其他欧盟公司	All Others	I	46.3	2016-7-23	2021-7-22
7225110000	334	其他欧盟公司	All Others	I	46.3	2016-7-23	2021-7-22
7225110000	335	其他欧盟公司	All Others	I	46.3	2016-7-23	2021-7-22
7225110000	336	其他欧盟公司	All Others	I	46.3	2016-7-23	2021-7-22
7225110000	350	其他欧盟公司	All Others	I	46.3	2016-7-23	2021-7-22
7225110000	351	其他欧盟公司	All Others	I	46.3	2016-7-23	2021-7-22
7225110000	352	其他欧盟公司	All Others	I	46.3	2016-7-23	2021-7-22
7225110000	353	其他欧盟公司	All Others	I	46.3	2016-7-23	2021-7-22
7225110000	701	国别地区不详		I	46.3	2016-7-23	2021-7-22
7226110000	108	其他欧盟公司	All Others	I	46.3	2016-7-23	2021-7-22
7226110000	116	JFE 钢铁株式会社	JFE Steel Corporation	I	39	2016-7-23	2021-7-22
7226110000	116	其他日本公司	All Others	I	45.7	2016-7-23	2021-7-22
7226110000	116	新日铁住金株式会社	Nippon Steel Sumitomo Metal Corporation	I	45.7	2016-7-23	2021-7-22
7226110000	133	其他韩国公司	All Others	I	37.3	2016-7-23	2021-7-22
7226110000	133	株式会社 POSCO	POSCO	I	37.3	2016-7-23	2021-7-22
7226110000	301	其他欧盟公司	All Others	I	46.3	2016-7-23	2021-7-22
7226110000	302	其他欧盟公司	All Others	I	46.3	2016-7-23	2021-7-22
7226110000	303	其他欧盟公司	All Others	I	46.3	2016-7-23	2021-7-22
7226110000	304	其他欧盟公司	All Others	I	46.3	2016-7-23	2021-7-22
7226110000	305	其他欧盟公司	All Others	I	46.3	2016-7-23	2021-7-22
7226110000	306	其他欧盟公司	All Others	I	46.3	2016-7-23	2021-7-22
7226110000	307	其他欧盟公司	All Others	I	46.3	2016-7-23	2021-7-22
7226110000	308	其他欧盟公司	All Others	I	46.3	2016-7-23	2021-7-22

商品编号	原产国(地区)	原产厂商中文名称	原产厂商英文名称	税种代码	税率(%)	起始日期	截止日期
7226110000	309	其他欧盟公司	All Others	I	46.3	2016-7-23	2021-7-22
7226110000	310	其他欧盟公司	All Others	I	46.3	2016-7-23	2021-7-22
7226110000	311	其他欧盟公司	All Others	I	46.3	2016-7-23	2021-7-22
7226110000	312	其他欧盟公司	All Others	I	46.3	2016-7-23	2021-7-22
7226110000	315	其他欧盟公司	All Others	I	46.3	2016-7-23	2021-7-22
7226110000	316	其他欧盟公司	All Others	I	46.3	2016-7-23	2021-7-22
7226110000	318	其他欧盟公司	All Others	I	46.3	2016-7-23	2021-7-22
7226110000	321	其他欧盟公司	All Others	I	46.3	2016-7-23	2021-7-22
7226110000	324	其他欧盟公司	All Others	I	46.3	2016-7-23	2021-7-22
7226110000	327	其他欧盟公司	All Others	I	46.3	2016-7-23	2021-7-22
7226110000	328	其他欧盟公司	All Others	I	46.3	2016-7-23	2021-7-22
7226110000	330	其他欧盟公司	All Others	I	46.3	2016-7-23	2021-7-22
7226110000	334	其他欧盟公司	All Others	I	46.3	2016-7-23	2021-7-22
7226110000	335	其他欧盟公司	All Others	I	46.3	2016-7-23	2021-7-22
7226110000	336	其他欧盟公司	All Others	I	46.3	2016-7-23	2021-7-22
7226110000	350	其他欧盟公司	All Others	I	46.3	2016-7-23	2021-7-22
7226110000	351	其他欧盟公司	All Others	I	46.3	2016-7-23	2021-7-22
7226110000	352	其他欧盟公司	All Others	I	46.3	2016-7-23	2021-7-22
7226110000	353	其他欧盟公司	All Others	I	46.3	2016-7-23	2021-7-22
7226110000	701	国别地区不详		I	46.3	2016-7-23	2021-7-22
7226919910	116	美特格拉斯安来工厂	Metglas Yasugi Works	I	25.9	2016-11-18	2999-12-31
7226919910	116	其他日本公司	All Others	I	25.9	2016-11-18	2999-12-31
7226919910	502	美特格拉斯股份有限公司	Metglas, Inc.	I	48.5	2016-11-18	2999-12-31
7226919910	502	其他美国公司	All Others	I	48.5	2016-11-18	2999-12-31
7226919910	701	国(地)别不详		I	48.5	2016-11-18	2999-12-31
7304511001	108	其他欧盟公司	All Others	I	60.8	2019-6-14	2025-5-9
7304511001	301	其他欧盟公司	All Others	I	60.8	2019-6-14	2025-5-9
7304511001	302	其他欧盟公司	All Others	I	60.8	2019-6-14	2025-5-9
7304511001	303	其他欧盟公司	All Others	I	60.8	2019-6-14	2025-5-9
7304511001	304	其他欧盟公司	All Others	I	60.8	2019-6-14	2025-5-9
7304511001	304	瓦卢瑞克德国公司	Vallourec Deutschland GmbH	I	57.9	2019-6-14	2025-5-9
7304511001	305	其他欧盟公司	All Others	I	60.8	2019-6-14	2025-5-9
7304511001	305	瓦卢瑞克法国钢管公司	VALLOUREC TUBES FRANCE	I	57.9	2019-6-14	2025-5-9
7304511001	306	其他欧盟公司	All Others	I	60.8	2019-6-14	2025-5-9
7304511001	307	其他欧盟公司	All Others	I	60.8	2019-6-14	2025-5-9
7304511001	307	意大利 IBF 公司	IBF S. P. A	I	60.8	2019-6-14	2025-5-9
7304511001	308	其他欧盟公司	All Others	I	60.8	2019-6-14	2025-5-9
7304511001	309	其他欧盟公司	All Others	I	60.8	2019-6-14	2025-5-9
7304511001	310	其他欧盟公司	All Others	I	60.8	2019-6-14	2025-5-9
7304511001	311	其他欧盟公司	All Others	I	60.8	2019-6-14	2025-5-9
7304511001	312	其他欧盟公司	All Others	I	60.8	2019-6-14	2025-5-9
7304511001	315	其他欧盟公司	All Others	I	60.8	2019-6-14	2025-5-9
7304511001	316	其他欧盟公司	All Others	I	60.8	2019-6-14	2025-5-9
7304511001	318	其他欧盟公司	All Others	I	60.8	2019-6-14	2025-5-9
7304511001	321	其他欧盟公司	All Others	I	60.8	2019-6-14	2025-5-9
7304511001	324	其他欧盟公司	All Others	I	60.8	2019-6-14	2025-5-9
7304511001	327	其他欧盟公司	All Others	I	60.8	2019-6-14	2025-5-9
7304511001	328	其他欧盟公司	All Others	I	60.8	2019-6-14	2025-5-9
7304511001	330	其他欧盟公司	All Others	I	60.8	2019-6-14	2025-5-9
7304511001	334	其他欧盟公司	All Others	I	60.8	2019-6-14	2025-5-9
7304511001	335	其他欧盟公司	All Others	I	60.8	2019-6-14	2025-5-9
7304511001	336	其他欧盟公司	All Others	I	60.8	2019-6-14	2025-5-9
7304511001	350	其他欧盟公司	All Others	I	60.8	2019-6-14	2025-5-9
7304511001	351	其他欧盟公司	All Others	I	60.8	2019-6-14	2025-5-9
7304511001	352	其他欧盟公司	All Others	I	60.8	2019-6-14	2025-5-9
7304511001	353	其他欧盟公司	All Others	I	60.8	2019-6-14	2025-5-9
7304511001	502	美国威曼高登锻造有限公司	Wyman-Gordon Forgings, Inc	I	101	2019-6-14	2025-5-9
7304511001	502	其他美国公司	All Others	I	147.8	2019-6-14	2025-5-9
7304511001	701	国(地)别不详		I	147.8	2019-6-14	2025-5-9
7304519001	108	其他欧盟公司	All Others	I	60.8	2019-6-14	2025-5-9
7304519001	301	其他欧盟公司	All Others	I	60.8	2019-6-14	2025-5-9
7304519001	302	其他欧盟公司	All Others	I	60.8	2019-6-14	2025-5-9
7304519001	303	其他欧盟公司	All Others	I	60.8	2019-6-14	2025-5-9

商品编号	原产国(地区)	原产厂商中文名称	原产厂商英文名称	税种代码	税率(%)	起始日期	截止日期
7304519001	304	其他欧盟公司	All Others	I	60.8	2019-6-14	2025-5-9
7304519001	304	瓦卢瑞克德国公司	Vallourec Deutschland GmbH	I	57.9	2019-6-14	2025-5-9
7304519001	305	其他欧盟公司	All Others	I	60.8	2019-6-14	2025-5-9
7304519001	305	瓦卢瑞克法国钢管公司	VALLOUREC TUBES FRANCE	I	57.9	2019-6-14	2025-5-9
7304519001	306	其他欧盟公司	All Others	I	60.8	2019-6-14	2025-5-9
7304519001	307	其他欧盟公司	All Others	I	60.8	2019-6-14	2025-5-9
7304519001	307	意大利 IBF 公司	IBF S. P. A	I	60.8	2019-6-14	2025-5-9
7304519001	308	其他欧盟公司	All Others	I	60.8	2019-6-14	2025-5-9
7304519001	309	其他欧盟公司	All Others	I	60.8	2019-6-14	2025-5-9
7304519001	310	其他欧盟公司	All Others	I	60.8	2019-6-14	2025-5-9
7304519001	311	其他欧盟公司	All Others	I	60.8	2019-6-14	2025-5-9
7304519001	312	其他欧盟公司	All Others	I	60.8	2019-6-14	2025-5-9
7304519001	315	其他欧盟公司	All Others	I	60.8	2019-6-14	2025-5-9
7304519001	316	其他欧盟公司	All Others	I	60.8	2019-6-14	2025-5-9
7304519001	318	其他欧盟公司	All Others	I	60.8	2019-6-14	2025-5-9
7304519001	321	其他欧盟公司	All Others	I	60.8	2019-6-14	2025-5-9
7304519001	324	其他欧盟公司	All Others	I	60.8	2019-6-14	2025-5-9
7304519001	327	其他欧盟公司	All Others	I	60.8	2019-6-14	2025-5-9
7304519001	328	其他欧盟公司	All Others	I	60.8	2019-6-14	2025-5-9
7304519001	330	其他欧盟公司	All Others	I	60.8	2019-6-14	2025-5-9
7304519001	334	其他欧盟公司	All Others	I	60.8	2019-6-14	2025-5-9
7304519001	335	其他欧盟公司	All Others	I	60.8	2019-6-14	2025-5-9
7304519001	336	其他欧盟公司	All Others	I	60.8	2019-6-14	2025-5-9
7304519001	350	其他欧盟公司	All Others	I	60.8	2019-6-14	2025-5-9
7304519001	351	其他欧盟公司	All Others	I	60.8	2019-6-14	2025-5-9
7304519001	352	其他欧盟公司	All Others	I	60.8	2019-6-14	2025-5-9
7304519001	353	其他欧盟公司	All Others	I	60.8	2019-6-14	2025-5-9
7304519001	502	美国威曼高登锻造有限公司	Wyman-Gordon Forgings, Inc	I	101	2019-6-14	2025-5-9
7304519001	502	其他美国公司	All Others	I	147.8	2019-6-14	2025-5-9
7304519001	701	国(地)别不详		I	147.8	2019-6-14	2025-5-9
7304591001	108	其他欧盟公司	All Others	I	60.8	2019-6-14	2025-5-9
7304591001	301	其他欧盟公司	All Others	I	60.8	2019-6-14	2025-5-9
7304591001	302	其他欧盟公司	All Others	I	60.8	2019-6-14	2025-5-9
7304591001	303	其他欧盟公司	All Others	I	60.8	2019-6-14	2025-5-9
7304591001	304	其他欧盟公司	All Others	I	60.8	2019-6-14	2025-5-9
7304591001	304	瓦卢瑞克德国公司	Vallourec Deutschland GmbH	I	57.9	2019-6-14	2025-5-9
7304591001	305	其他欧盟公司	All Others	I	60.8	2019-6-14	2025-5-9
7304591001	305	瓦卢瑞克法国钢管公司	VALLOUREC TUBES FRANCE	I	57.9	2019-6-14	2025-5-9
7304591001	306	其他欧盟公司	All Others	I	60.8	2019-6-14	2025-5-9
7304591001	307	其他欧盟公司	All Others	I	60.8	2019-6-14	2025-5-9
7304591001	307	意大利 IBF 公司	IBF S. P. A	I	60.8	2019-6-14	2025-5-9
7304591001	308	其他欧盟公司	All Others	I	60.8	2019-6-14	2025-5-9
7304591001	309	其他欧盟公司	All Others	I	60.8	2019-6-14	2025-5-9
7304591001	310	其他欧盟公司	All Others	I	60.8	2019-6-14	2025-5-9
7304591001	311	其他欧盟公司	All Others	I	60.8	2019-6-14	2025-5-9
7304591001	312	其他欧盟公司	All Others	I	60.8	2019-6-14	2025-5-9
7304591001	315	其他欧盟公司	All Others	I	60.8	2019-6-14	2025-5-9
7304591001	316	其他欧盟公司	All Others	I	60.8	2019-6-14	2025-5-9
7304591001	318	其他欧盟公司	All Others	I	60.8	2019-6-14	2025-5-9
7304591001	321	其他欧盟公司	All Others	I	60.8	2019-6-14	2025-5-9
7304591001	324	其他欧盟公司	All Others	I	60.8	2019-6-14	2025-5-9
7304591001	327	其他欧盟公司	All Others	I	60.8	2019-6-14	2025-5-9
7304591001	328	其他欧盟公司	All Others	I	60.8	2019-6-14	2025-5-9
7304591001	330	其他欧盟公司	All Others	I	60.8	2019-6-14	2025-5-9
7304591001	334	其他欧盟公司	All Others	I	60.8	2019-6-14	2025-5-9
7304591001	335	其他欧盟公司	All Others	I	60.8	2019-6-14	2025-5-9
7304591001	336	其他欧盟公司	All Others	I	60.8	2019-6-14	2025-5-9
7304591001	350	其他欧盟公司	All Others	I	60.8	2019-6-14	2025-5-9
7304591001	351	其他欧盟公司	All Others	I	60.8	2019-6-14	2025-5-9
7304591001	352	其他欧盟公司	All Others	I	60.8	2019-6-14	2025-5-9
7304591001	353	其他欧盟公司	All Others	I	60.8	2019-6-14	2025-5-9
7304591001	502	美国威曼高登锻造有限公司	Wyman-Gordon Forgings, Inc	I	101	2019-6-14	2025-5-9
7304591001	502	其他美国公司	All Others	I	147.8	2019-6-14	2025-5-9

商品编号	原产国（地区）	原产厂商中文名称	原产厂商英文名称	税种代码	税率（%）	起始日期	截止日期
7304591001	701	国(地)别不详		I	147.8	2019-6-14	2025-5-9
7304599001	108	其他欧盟公司	All Others	I	60.8	2019-6-14	2025-5-9
7304599001	301	其他欧盟公司	All Others	I	60.8	2019-6-14	2025-5-9
7304599001	302	其他欧盟公司	All Others	I	60.8	2019-6-14	2025-5-9
7304599001	303	其他欧盟公司	All Others	I	60.8	2019-6-14	2025-5-9
7304599001	304	其他欧盟公司	All Others	I	60.8	2019-6-14	2025-5-9
7304599001	304	瓦卢瑞克德国公司	Vallourec Deutschland GmbH	I	57.9	2019-6-14	2025-5-9
7304599001	305	其他欧盟公司	All Others	I	60.8	2019-6-14	2025-5-9
7304599001	305	瓦卢瑞克法国钢管公司	VALLOUREC TUBES FRANCE	I	57.9	2019-6-14	2025-5-9
7304599001	306	其他欧盟公司	All Others	I	60.8	2019-6-14	2025-5-9
7304599001	307	其他欧盟公司	All Others	I	60.8	2019-6-14	2025-5-9
7304599001	307	意大利 IBF 公司	IBF S. P. A	I	60.8	2019-6-14	2025-5-9
7304599001	308	其他欧盟公司	All Others	I	60.8	2019-6-14	2025-5-9
7304599001	309	其他欧盟公司	All Others	I	60.8	2019-6-14	2025-5-9
7304599001	310	其他欧盟公司	All Others	I	60.8	2019-6-14	2025-5-9
7304599001	311	其他欧盟公司	All Others	I	60.8	2019-6-14	2025-5-9
7304599001	312	其他欧盟公司	All Others	I	60.8	2019-6-14	2025-5-9
7304599001	315	其他欧盟公司	All Others	I	60.8	2019-6-14	2025-5-9
7304599001	316	其他欧盟公司	All Others	I	60.8	2019-6-14	2025-5-9
7304599001	318	其他欧盟公司	All Others	I	60.8	2019-6-14	2025-5-9
7304599001	321	其他欧盟公司	All Others	I	60.8	2019-6-14	2025-5-9
7304599001	324	其他欧盟公司	All Others	I	60.8	2019-6-14	2025-5-9
7304599001	327	其他欧盟公司	All Others	I	60.8	2019-6-14	2025-5-9
7304599001	328	其他欧盟公司	All Others	I	60.8	2019-6-14	2025-5-9
7304599001	330	其他欧盟公司	All Others	I	60.8	2019-6-14	2025-5-9
7304599001	334	其他欧盟公司	All Others	I	60.8	2019-6-14	2025-5-9
7304599001	335	其他欧盟公司	All Others	I	60.8	2019-6-14	2025-5-9
7304599001	336	其他欧盟公司	All Others	I	60.8	2019-6-14	2025-5-9
7304599001	350	其他欧盟公司	All Others	I	60.8	2019-6-14	2025-5-9
7304599001	351	其他欧盟公司	All Others	I	60.8	2019-6-14	2025-5-9
7304599001	352	其他欧盟公司	All Others	I	60.8	2019-6-14	2025-5-9
7304599001	353	其他欧盟公司	All Others	I	60.8	2019-6-14	2025-5-9
7304599001	502	美国威曼高登锻造有限公司	Wyman-Gordon Forgings, Inc	I	101	2019-6-14	2025-5-9
7304599001	502	其他美国公司	All Others	I	147.8	2019-6-14	2025-5-9
7304599001	701	国(地)别不详		I	147.8	2019-6-14	2025-5-9
7318120001	108	卡马克斯有限两合公司	KAMAX GmbH & Co. KG	I	6.1	2016-6-29	2021-6-28
7318120001	108	其他欧盟公司	All Others	I	26	2016-6-29	2021-6-28
7318120001	301	卡马克斯有限两合公司	KAMAX GmbH & Co. KG	I	6.1	2016-6-29	2021-6-28
7318120001	301	其他欧盟公司	All Others	I	26	2016-6-29	2021-6-28
7318120001	302	卡马克斯有限两合公司	KAMAX GmbH & Co. KG	I	6.1	2016-6-29	2021-6-28
7318120001	302	其他欧盟公司	All Others	I	26	2016-6-29	2021-6-28
7318120001	303	卡马克斯有限两合公司	KAMAX GmbH & Co. KG	I	6.1	2016-6-29	2021-6-28
7318120001	303	其他欧盟公司	All Others	I	26	2016-6-29	2021-6-28
7318120001	304	卡马克斯有限两合公司	KAMAX GmbH & Co. KG	I	6.1	2016-6-29	2021-6-28
7318120001	304	内德史罗夫阿尔特纳有限公司	Nedschroef Altena GmbH	I	5.5	2017-9-20	2021-6-28
7318120001	304	内德史罗夫贝京根有限公司	Nedschroef Beckingen GmbH	I	5.5	2017-9-20	2021-6-28
7318120001	304	内德史罗夫福罗劳顿有限公司	Nedschroef Fraulautern GmbH	I	5.5	2017-9-20	2021-6-28
7318120001	304	其他欧盟公司	All Others	I	26	2016-6-29	2021-6-28
7318120001	305	卡马克斯有限两合公司	KAMAX GmbH & Co. KG	I	6.1	2016-6-29	2021-6-28
7318120001	305	其他欧盟公司	All Others	I	26	2016-6-29	2021-6-28
7318120001	306	卡马克斯有限两合公司	KAMAX GmbH & Co. KG	I	6.1	2016-6-29	2021-6-28
7318120001	306	其他欧盟公司	All Others	I	26	2016-6-29	2021-6-28
7318120001	307	卡马克斯有限两合公司	KAMAX GmbH & Co. KG	I	6.1	2016-6-29	2021-6-28
7318120001	307	其他欧盟公司	All Others	I	26	2016-6-29	2021-6-28
7318120001	308	卡马克斯有限两合公司	KAMAX GmbH & Co. KG	I	6.1	2016-6-29	2021-6-28
7318120001	308	其他欧盟公司	All Others	I	26	2016-6-29	2021-6-28
7318120001	309	皇家内德史罗夫控股有限公司	Koninklijke Nedschroef Holding B. V.	I	5.5	2017-9-20	2021-6-28
7318120001	309	卡马克斯有限两合公司	KAMAX GmbH & Co. KG	I	6.1	2016-6-29	2021-6-28
7318120001	309	内德史罗夫海尔蒙德有限公司	Nedschroef Helmond B. V.	I	5.5	2017-9-20	2021-6-28
7318120001	309	其他欧盟公司	All Others	I	26	2016-6-29	2021-6-28
7318120001	310	卡马克斯有限两合公司	KAMAX GmbH & Co. KG	I	6.1	2016-6-29	2021-6-28
7318120001	310	其他欧盟公司	All Others	I	26	2016-6-29	2021-6-28
7318120001	311	卡马克斯有限两合公司	KAMAX GmbH & Co. KG	I	6.1	2016-6-29	2021-6-28

商品编号	原产国(地区)	原产厂商中文名称	原产厂商英文名称	税种代码	税率(%)	起始日期	截止日期
7318120001	311	其他欧盟公司	All Others	I	26	2016-6-29	2021-6-28
7318120001	312	卡马克斯有限两合公司	KAMAX GmbH & Co. KG	I	6.1	2016-6-29	2021-6-28
7318120001	312	内德史罗夫巴塞罗那有限公司	Nedschroef Barcelona SAU	I	5.5	2017-9-20	2021-6-28
7318120001	312	其他欧盟公司	All Others	I	26	2016-6-29	2021-6-28
7318120001	315	卡马克斯有限两合公司	KAMAX GmbH & Co. KG	I	6.1	2016-6-29	2021-6-28
7318120001	315	其他欧盟公司	All Others	I	26	2016-6-29	2021-6-28
7318120001	316	卡马克斯有限两合公司	KAMAX GmbH & Co. KG	I	6.1	2016-6-29	2021-6-28
7318120001	316	其他欧盟公司	All Others	I	26	2016-6-29	2021-6-28
7318120001	318	卡马克斯有限两合公司	KAMAX GmbH & Co. KG	I	6.1	2016-6-29	2021-6-28
7318120001	318	其他欧盟公司	All Others	I	26	2016-6-29	2021-6-28
7318120001	321	卡马克斯有限两合公司	KAMAX GmbH & Co. KG	I	6.1	2016-6-29	2021-6-28
7318120001	321	其他欧盟公司	All Others	I	26	2016-6-29	2021-6-28
7318120001	324	卡马克斯有限两合公司	KAMAX GmbH & Co. KG	I	6.1	2016-6-29	2021-6-28
7318120001	324	其他欧盟公司	All Others	I	26	2016-6-29	2021-6-28
7318120001	327	卡马克斯有限两合公司	KAMAX GmbH & Co. KG	I	6.1	2016-6-29	2021-6-28
7318120001	327	其他欧盟公司	All Others	I	26	2016-6-29	2021-6-28
7318120001	328	卡马克斯有限两合公司	KAMAX GmbH & Co. KG	I	6.1	2016-6-29	2021-6-28
7318120001	328	其他欧盟公司	All Others	I	26	2016-6-29	2021-6-28
7318120001	330	卡马克斯有限两合公司	KAMAX GmbH & Co. KG	I	6.1	2016-6-29	2021-6-28
7318120001	330	其他欧盟公司	All Others	I	26	2016-6-29	2021-6-28
7318120001	334	卡马克斯有限两合公司	KAMAX GmbH & Co. KG	I	6.1	2016-6-29	2021-6-28
7318120001	334	其他欧盟公司	All Others	I	26	2016-6-29	2021-6-28
7318120001	335	卡马克斯有限两合公司	KAMAX GmbH & Co. KG	I	6.1	2016-6-29	2021-6-28
7318120001	335	其他欧盟公司	All Others	I	26	2016-6-29	2021-6-28
7318120001	336	卡马克斯有限两合公司	KAMAX GmbH & Co. KG	I	6.1	2016-6-29	2021-6-28
7318120001	336	其他欧盟公司	All Others	I	26	2016-6-29	2021-6-28
7318120001	350	卡马克斯有限两合公司	KAMAX GmbH & Co. KG	I	6.1	2016-6-29	2021-6-28
7318120001	350	其他欧盟公司	All Others	I	26	2016-6-29	2021-6-28
7318120001	351	卡马克斯有限两合公司	KAMAX GmbH & Co. KG	I	6.1	2016-6-29	2021-6-28
7318120001	351	其他欧盟公司	All Others	I	26	2016-6-29	2021-6-28
7318120001	352	卡马克斯有限两合公司	KAMAX GmbH & Co. KG	I	6.1	2016-6-29	2021-6-28
7318120001	352	其他欧盟公司	All Others	I	26	2016-6-29	2021-6-28
7318120001	353	卡马克斯有限两合公司	KAMAX GmbH & Co. KG	I	6.1	2016-6-29	2021-6-28
7318120001	353	其他欧盟公司	All Others	I	26	2016-6-29	2021-6-28
7318120001	701	国(地)别不详的		I	26	2016-6-29	2021-6-28
7318140001	108	卡马克斯有限两合公司	KAMAX GmbH & Co. KG	I	6.1	2016-6-29	2021-6-28
7318140001	108	其他欧盟公司	All Others	I	26	2016-6-29	2021-6-28
7318140001	301	卡马克斯有限两合公司	KAMAX GmbH & Co. KG	I	6.1	2016-6-29	2021-6-28
7318140001	301	其他欧盟公司	All Others	I	26	2016-6-29	2021-6-28
7318140001	302	卡马克斯有限两合公司	KAMAX GmbH & Co. KG	I	6.1	2016-6-29	2021-6-28
7318140001	302	其他欧盟公司	All Others	I	26	2016-6-29	2021-6-28
7318140001	303	卡马克斯有限两合公司	KAMAX GmbH & Co. KG	I	6.1	2016-6-29	2021-6-28
7318140001	303	其他欧盟公司	All Others	I	26	2016-6-29	2021-6-28
7318140001	304	卡马克斯有限两合公司	KAMAX GmbH & Co. KG	I	6.1	2016-6-29	2021-6-28
7318140001	304	内德史罗夫阿尔特纳有限公司	Nedschroef Altena GmbH	I	5.5	2017-9-20	2021-6-28
7318140001	304	内德史罗夫贝京根有限公司	Nedschroef Beckingen GmbH	I	5.5	2017-9-20	2021-6-28
7318140001	304	内德史罗夫福罗劳顿有限公司	Nedschroef Fraulautern GmbH	I	5.5	2017-9-20	2021-6-28
7318140001	304	其他欧盟公司	All Others	I	26	2016-6-29	2021-6-28
7318140001	305	卡马克斯有限两合公司	KAMAX GmbH & Co. KG	I	6.1	2016-6-29	2021-6-28
7318140001	305	其他欧盟公司	All Others	I	26	2016-6-29	2021-6-28
7318140001	306	卡马克斯有限两合公司	KAMAX GmbH & Co. KG	I	6.1	2016-6-29	2021-6-28
7318140001	306	其他欧盟公司	All Others	I	26	2016-6-29	2021-6-28
7318140001	307	卡马克斯有限两合公司	KAMAX GmbH & Co. KG	I	6.1	2016-6-29	2021-6-28
7318140001	307	其他欧盟公司	All Others	I	26	2016-6-29	2021-6-28
7318140001	308	卡马克斯有限两合公司	KAMAX GmbH & Co. KG	I	6.1	2016-6-29	2021-6-28
7318140001	308	其他欧盟公司	All Others	I	26	2016-6-29	2021-6-28
7318140001	309	皇家内德史罗夫控股有限公司	Koninklijke Nedschroef Holding B. V.	I	5.5	2017-9-20	2021-6-28
7318140001	309	卡马克斯有限两合公司	KAMAX GmbH & Co. KG	I	6.1	2016-6-29	2021-6-28
7318140001	309	内德史罗夫海尔蒙德有限公司	Nedschroef Helmond B. V.	I	5.5	2017-9-20	2021-6-28
7318140001	309	其他欧盟公司	All Others	I	26	2016-6-29	2021-6-28
7318140001	310	卡马克斯有限两合公司	KAMAX GmbH & Co. KG	I	6.1	2016-6-29	2021-6-28
7318140001	310	其他欧盟公司	All Others	I	26	2016-6-29	2021-6-28
7318140001	311	卡马克斯有限两合公司	KAMAX GmbH & Co. KG	I	6.1	2016-6-29	2021-6-28

商品编号	原产国(地区)	原产厂商中文名称	原产厂商英文名称	税种代码	税率(%)	起始日期	截止日期
7318140001	311	其他欧盟公司	All Others	I	26	2016-6-29	2021-6-28
7318140001	312	卡马克斯有限两合公司	KAMAX GmbH & Co. KG	I	6.1	2016-6-29	2021-6-28
7318140001	312	内德史罗夫巴塞罗那有限公司	Nedschroef Barcelona SAU	I	5.5	2017-9-20	2021-6-28
7318140001	312	其他欧盟公司	All Others	I	26	2016-6-29	2021-6-28
7318140001	315	卡马克斯有限两合公司	KAMAX GmbH & Co. KG	I	6.1	2016-6-29	2021-6-28
7318140001	315	其他欧盟公司	All Others	I	26	2016-6-29	2021-6-28
7318140001	316	卡马克斯有限两合公司	KAMAX GmbH & Co. KG	I	6.1	2016-6-29	2021-6-28
7318140001	316	其他欧盟公司	All Others	I	26	2016-6-29	2021-6-28
7318140001	318	卡马克斯有限两合公司	KAMAX GmbH & Co. KG	I	6.1	2016-6-29	2021-6-28
7318140001	318	其他欧盟公司	All Others	I	26	2016-6-29	2021-6-28
7318140001	321	卡马克斯有限两合公司	KAMAX GmbH & Co. KG	I	6.1	2016-6-29	2021-6-28
7318140001	321	其他欧盟公司	All Others	I	26	2016-6-29	2021-6-28
7318140001	324	卡马克斯有限两合公司	KAMAX GmbH & Co. KG	I	6.1	2016-6-29	2021-6-28
7318140001	324	其他欧盟公司	All Others	I	26	2016-6-29	2021-6-28
7318140001	327	卡马克斯有限两合公司	KAMAX GmbH & Co. KG	I	6.1	2016-6-29	2021-6-28
7318140001	327	其他欧盟公司	All Others	I	26	2016-6-29	2021-6-28
7318140001	328	卡马克斯有限两合公司	KAMAX GmbH & Co. KG	I	6.1	2016-6-29	2021-6-28
7318140001	328	其他欧盟公司	All Others	I	26	2016-6-29	2021-6-28
7318140001	330	卡马克斯有限两合公司	KAMAX GmbH & Co. KG	I	6.1	2016-6-29	2021-6-28
7318140001	330	其他欧盟公司	All Others	I	26	2016-6-29	2021-6-28
7318140001	334	卡马克斯有限两合公司	KAMAX GmbH & Co. KG	I	6.1	2016-6-29	2021-6-28
7318140001	334	其他欧盟公司	All Others	I	26	2016-6-29	2021-6-28
7318140001	335	卡马克斯有限两合公司	KAMAX GmbH & Co. KG	I	6.1	2016-6-29	2021-6-28
7318140001	335	其他欧盟公司	All Others	I	26	2016-6-29	2021-6-28
7318140001	336	卡马克斯有限两合公司	KAMAX GmbH & Co. KG	I	6.1	2016-6-29	2021-6-28
7318140001	336	其他欧盟公司	All Others	I	26	2016-6-29	2021-6-28
7318140001	350	卡马克斯有限两合公司	KAMAX GmbH & Co. KG	I	6.1	2016-6-29	2021-6-28
7318140001	350	其他欧盟公司	All Others	I	26	2016-6-29	2021-6-28
7318140001	351	卡马克斯有限两合公司	KAMAX GmbH & Co. KG	I	6.1	2016-6-29	2021-6-28
7318140001	351	其他欧盟公司	All Others	I	26	2016-6-29	2021-6-28
7318140001	352	卡马克斯有限两合公司	KAMAX GmbH & Co. KG	I	6.1	2016-6-29	2021-6-28
7318140001	352	其他欧盟公司	All Others	I	26	2016-6-29	2021-6-28
7318140001	353	卡马克斯有限两合公司	KAMAX GmbH & Co. KG	I	6.1	2016-6-29	2021-6-28
7318140001	353	其他欧盟公司	All Others	I	26	2016-6-29	2021-6-28
7318140001	701	国(地)别不详的		I	26	2016-6-29	2021-6-28
7318151001	108	卡马克斯有限两合公司	KAMAX GmbH & Co. KG	I	6.1	2016-6-29	2021-6-28
7318151001	108	其他欧盟公司	All Others	I	26	2016-6-29	2021-6-28
7318151001	301	卡马克斯有限两合公司	KAMAX GmbH & Co. KG	I	6.1	2016-6-29	2021-6-28
7318151001	301	其他欧盟公司	All Others	I	26	2016-6-29	2021-6-28
7318151001	302	卡马克斯有限两合公司	KAMAX GmbH & Co. KG	I	6.1	2016-6-29	2021-6-28
7318151001	302	其他欧盟公司	All Others	I	26	2016-6-29	2021-6-28
7318151001	303	卡马克斯有限两合公司	KAMAX GmbH & Co. KG	I	6.1	2016-6-29	2021-6-28
7318151001	303	其他欧盟公司	All Others	I	26	2016-6-29	2021-6-28
7318151001	304	卡马克斯有限两合公司	KAMAX GmbH & Co. KG	I	6.1	2016-6-29	2021-6-28
7318151001	304	内德史罗夫阿尔特纳有限公司	Nedschroef Altena GmbH	I	5.5	2017-9-20	2021-6-28
7318151001	304	内德史罗夫贝京根有限公司	Nedschroef Beckingen GmbH	I	5.5	2017-9-20	2021-6-28
7318151001	304	内德史罗夫福罗劳顿有限公司	Nedschroef Fraulautern GmbH	I	5.5	2017-9-20	2021-6-28
7318151001	304	其他欧盟公司	All Others	I	26	2016-6-29	2021-6-28
7318151001	305	卡马克斯有限两合公司	KAMAX GmbH & Co. KG	I	6.1	2016-6-29	2021-6-28
7318151001	305	其他欧盟公司	All Others	I	26	2016-6-29	2021-6-28
7318151001	306	卡马克斯有限两合公司	KAMAX GmbH & Co. KG	I	6.1	2016-6-29	2021-6-28
7318151001	306	其他欧盟公司	All Others	I	26	2016-6-29	2021-6-28
7318151001	307	卡马克斯有限两合公司	KAMAX GmbH & Co. KG	I	6.1	2016-6-29	2021-6-28
7318151001	307	其他欧盟公司	All Others	I	26	2016-6-29	2021-6-28
7318151001	308	卡马克斯有限两合公司	KAMAX GmbH & Co. KG	I	6.1	2016-6-29	2021-6-28
7318151001	308	其他欧盟公司	All Others	I	26	2016-6-29	2021-6-28
7318151001	309	皇家内德史罗夫控股有限公司	Koninklijke Nedschroef Holding B. V.	I	5.5	2017-9-20	2021-6-28
7318151001	309	卡马克斯有限两合公司	KAMAX GmbH & Co. KG	I	6.1	2016-6-29	2021-6-28
7318151001	309	内德史罗夫海尔蒙德有限公司	Nedschroef Helmond B. V.	I	5.5	2017-9-20	2021-6-28
7318151001	309	其他欧盟公司	All Others	I	26	2016-6-29	2021-6-28
7318151001	310	卡马克斯有限两合公司	KAMAX GmbH & Co. KG	I	6.1	2016-6-29	2021-6-28
7318151001	310	其他欧盟公司	All Others	I	26	2016-6-29	2021-6-28
7318151001	311	卡马克斯有限两合公司	KAMAX GmbH & Co. KG	I	6.1	2016-6-29	2021-6-28

商品编号	原产国(地区)	原产厂商中文名称	原产厂商英文名称	税种代码	税率(%)	起始日期	截止日期
7318151001	311	其他欧盟公司	All Others	I	26	2016-6-29	2021-6-28
7318151001	312	卡马克斯有限两合公司	KAMAX GmbH & Co. KG	I	6.1	2016-6-29	2021-6-28
7318151001	312	内德史罗夫巴塞罗那有限公司	Nedschroef Barcelona SAU	I	5.5	2017-9-20	2021-6-28
7318151001	312	其他欧盟公司	All Others	I	26	2016-6-29	2021-6-28
7318151001	315	卡马克斯有限两合公司	KAMAX GmbH & Co. KG	I	6.1	2016-6-29	2021-6-28
7318151001	315	其他欧盟公司	All Others	I	26	2016-6-29	2021-6-28
7318151001	316	卡马克斯有限两合公司	KAMAX GmbH & Co. KG	I	6.1	2016-6-29	2021-6-28
7318151001	316	其他欧盟公司	All Others	I	26	2016-6-29	2021-6-28
7318151001	318	卡马克斯有限两合公司	KAMAX GmbH & Co. KG	I	6.1	2016-6-29	2021-6-28
7318151001	318	其他欧盟公司	All Others	I	26	2016-6-29	2021-6-28
7318151001	321	卡马克斯有限两合公司	KAMAX GmbH & Co. KG	I	6.1	2016-6-29	2021-6-28
7318151001	321	其他欧盟公司	All Others	I	26	2016-6-29	2021-6-28
7318151001	324	卡马克斯有限两合公司	KAMAX GmbH & Co. KG	I	6.1	2016-6-29	2021-6-28
7318151001	324	其他欧盟公司	All Others	I	26	2016-6-29	2021-6-28
7318151001	327	卡马克斯有限两合公司	KAMAX GmbH & Co. KG	I	6.1	2016-6-29	2021-6-28
7318151001	327	其他欧盟公司	All Others	I	26	2016-6-29	2021-6-28
7318151001	328	卡马克斯有限两合公司	KAMAX GmbH & Co. KG	I	6.1	2016-6-29	2021-6-28
7318151001	328	其他欧盟公司	All Others	I	26	2016-6-29	2021-6-28
7318151001	330	卡马克斯有限两合公司	KAMAX GmbH & Co. KG	I	6.1	2016-6-29	2021-6-28
7318151001	330	其他欧盟公司	All Others	I	26	2016-6-29	2021-6-28
7318151001	334	卡马克斯有限两合公司	KAMAX GmbH & Co. KG	I	6.1	2016-6-29	2021-6-28
7318151001	334	其他欧盟公司	All Others	I	26	2016-6-29	2021-6-28
7318151001	335	卡马克斯有限两合公司	KAMAX GmbH & Co. KG	I	6.1	2016-6-29	2021-6-28
7318151001	335	其他欧盟公司	All Others	I	26	2016-6-29	2021-6-28
7318151001	336	卡马克斯有限两合公司	KAMAX GmbH & Co. KG	I	6.1	2016-6-29	2021-6-28
7318151001	336	其他欧盟公司	All Others	I	26	2016-6-29	2021-6-28
7318151001	350	卡马克斯有限两合公司	KAMAX GmbH & Co. KG	I	6.1	2016-6-29	2021-6-28
7318151001	350	其他欧盟公司	All Others	I	26	2016-6-29	2021-6-28
7318151001	351	卡马克斯有限两合公司	KAMAX GmbH & Co. KG	I	6.1	2016-6-29	2021-6-28
7318151001	351	其他欧盟公司	All Others	I	26	2016-6-29	2021-6-28
7318151001	352	卡马克斯有限两合公司	KAMAX GmbH & Co. KG	I	6.1	2016-6-29	2021-6-28
7318151001	352	其他欧盟公司	All Others	I	26	2016-6-29	2021-6-28
7318151001	353	卡马克斯有限两合公司	KAMAX GmbH & Co. KG	I	6.1	2016-6-29	2021-6-28
7318151001	353	其他欧盟公司	All Others	I	26	2016-6-29	2021-6-28
7318151001	701	国(地)别不详的		I	26	2016-6-29	2021-6-28
7318159001	108	卡马克斯有限两合公司	KAMAX GmbH & Co. KG	I	6.1	2016-6-29	2021-6-28
7318159001	108	其他欧盟公司	All Others	I	26	2016-6-29	2021-6-28
7318159001	301	卡马克斯有限两合公司	KAMAX GmbH & Co. KG	I	6.1	2016-6-29	2021-6-28
7318159001	301	其他欧盟公司	All Others	I	26	2016-6-29	2021-6-28
7318159001	302	卡马克斯有限两合公司	KAMAX GmbH & Co. KG	I	6.1	2016-6-29	2021-6-28
7318159001	302	其他欧盟公司	All Others	I	26	2016-6-29	2021-6-28
7318159001	303	卡马克斯有限两合公司	KAMAX GmbH & Co. KG	I	6.1	2016-6-29	2021-6-28
7318159001	303	其他欧盟公司	All Others	I	26	2016-6-29	2021-6-28
7318159001	304	卡马克斯有限两合公司	KAMAX GmbH & Co. KG	I	6.1	2016-6-29	2021-6-28
7318159001	304	内德史罗夫阿尔特纳有限公司	Nedschroef Altena GmbH	I	5.5	2017-9-20	2021-6-28
7318159001	304	内德史罗夫贝京根有限公司	Nedschroef Beckingen GmbH	I	5.5	2017-9-20	2021-6-28
7318159001	304	内德史罗夫福罗劳顿有限公司	Nedschroef Fraulautern GmbH	I	5.5	2017-9-20	2021-6-28
7318159001	304	其他欧盟公司	All Others	I	26	2016-6-29	2021-6-28
7318159001	305	卡马克斯有限两合公司	KAMAX GmbH & Co. KG	I	6.1	2016-6-29	2021-6-28
7318159001	305	其他欧盟公司	All Others	I	26	2016-6-29	2021-6-28
7318159001	306	卡马克斯有限两合公司	KAMAX GmbH & Co. KG	I	6.1	2016-6-29	2021-6-28
7318159001	306	其他欧盟公司	All Others	I	26	2016-6-29	2021-6-28
7318159001	307	卡马克斯有限两合公司	KAMAX GmbH & Co. KG	I	6.1	2016-6-29	2021-6-28
7318159001	307	其他欧盟公司	All Others	I	26	2016-6-29	2021-6-28
7318159001	308	卡马克斯有限两合公司	KAMAX GmbH & Co. KG	I	6.1	2016-6-29	2021-6-28
7318159001	308	其他欧盟公司	All Others	I	26	2016-6-29	2021-6-28
7318159001	309	皇家内德史罗夫控股有限公司	Koninklijke Nedschroef Holding B. V.	I	5.5	2017-9-20	2021-6-28
7318159001	309	卡马克斯有限两合公司	KAMAX GmbH & Co. KG	I	6.1	2016-6-29	2021-6-28
7318159001	309	内德史罗夫海尔蒙德有限公司	Nedschroef Helmond B. V.	I	5.5	2017-9-20	2021-6-28
7318159001	309	其他欧盟公司	All Others	I	26	2016-6-29	2021-6-28
7318159001	310	卡马克斯有限两合公司	KAMAX GmbH & Co. KG	I	6.1	2016-6-29	2021-6-28
7318159001	310	其他欧盟公司	All Others	I	26	2016-6-29	2021-6-28
7318159001	311	卡马克斯有限两合公司	KAMAX GmbH & Co. KG	I	6.1	2016-6-29	2021-6-28

商品编号	原产国（地区）	原产厂商中文名称	原产厂商英文名称	税种代码	税率（%）	起始日期	截止日期
7318159001	311	其他欧盟公司	All Others	I	26	2016-6-29	2021-6-28
7318159001	312	卡马克斯有限两合公司	KAMAX GmbH & Co. KG	I	6. 1	2016-6-29	2021-6-28
7318159001	312	内德史罗夫巴塞罗那有限公司	Nedschroef Barcelona SAU	I	5. 5	2017-9-20	2021-6-28
7318159001	312	其他欧盟公司	All Others	I	26	2016-6-29	2021-6-28
7318159001	315	卡马克斯有限两合公司	KAMAX GmbH & Co. KG	I	6. 1	2016-6-29	2021-6-28
7318159001	315	其他欧盟公司	All Others	I	26	2016-6-29	2021-6-28
7318159001	316	卡马克斯有限两合公司	KAMAX GmbH & Co. KG	I	6. 1	2016-6-29	2021-6-28
7318159001	316	其他欧盟公司	All Others	I	26	2016-6-29	2021-6-28
7318159001	318	卡马克斯有限两合公司	KAMAX GmbH & Co. KG	I	6. 1	2016-6-29	2021-6-28
7318159001	318	其他欧盟公司	All Others	I	26	2016-6-29	2021-6-28
7318159001	321	卡马克斯有限两合公司	KAMAX GmbH & Co. KG	I	6. 1	2016-6-29	2021-6-28
7318159001	321	其他欧盟公司	All Others	I	26	2016-6-29	2021-6-28
7318159001	324	卡马克斯有限两合公司	KAMAX GmbH & Co. KG	I	6. 1	2016-6-29	2021-6-28
7318159001	324	其他欧盟公司	All Others	I	26	2016-6-29	2021-6-28
7318159001	327	卡马克斯有限两合公司	KAMAX GmbH & Co. KG	I	6. 1	2016-6-29	2021-6-28
7318159001	327	其他欧盟公司	All Others	I	26	2016-6-29	2021-6-28
7318159001	328	卡马克斯有限两合公司	KAMAX GmbH & Co. KG	I	6. 1	2016-6-29	2021-6-28
7318159001	328	其他欧盟公司	All Others	I	26	2016-6-29	2021-6-28
7318159001	330	卡马克斯有限两合公司	KAMAX GmbH & Co. KG	I	6. 1	2016-6-29	2021-6-28
7318159001	330	其他欧盟公司	All Others	I	26	2016-6-29	2021-6-28
7318159001	334	卡马克斯有限两合公司	KAMAX GmbH & Co. KG	I	6. 1	2016-6-29	2021-6-28
7318159001	334	其他欧盟公司	All Others	I	26	2016-6-29	2021-6-28
7318159001	335	卡马克斯有限两合公司	KAMAX GmbH & Co. KG	I	6. 1	2016-6-29	2021-6-28
7318159001	335	其他欧盟公司	All Others	I	26	2016-6-29	2021-6-28
7318159001	336	卡马克斯有限两合公司	KAMAX GmbH & Co. KG	I	6. 1	2016-6-29	2021-6-28
7318159001	336	其他欧盟公司	All Others	I	26	2016-6-29	2021-6-28
7318159001	350	卡马克斯有限两合公司	KAMAX GmbH & Co. KG	I	6. 1	2016-6-29	2021-6-28
7318159001	350	其他欧盟公司	All Others	I	26	2016-6-29	2021-6-28
7318159001	351	卡马克斯有限两合公司	KAMAX GmbH & Co. KG	I	6. 1	2016-6-29	2021-6-28
7318159001	351	其他欧盟公司	All Others	I	26	2016-6-29	2021-6-28
7318159001	352	卡马克斯有限两合公司	KAMAX GmbH & Co. KG	I	6. 1	2016-6-29	2021-6-28
7318159001	352	其他欧盟公司	All Others	I	26	2016-6-29	2021-6-28
7318159001	353	卡马克斯有限两合公司	KAMAX GmbH & Co. KG	I	6. 1	2016-6-29	2021-6-28
7318159001	353	其他欧盟公司	All Others	I	26	2016-6-29	2021-6-28
7318159001	701	国（地）别不详		I	26	2016-6-29	2021-6-28
7318210001	108	卡马克斯有限两合公司	KAMAX GmbH & Co. KG	I	6. 1	2016-6-29	2021-6-28
7318210001	108	其他欧盟公司	All Others	I	26	2016-6-29	2021-6-28
7318210001	301	卡马克斯有限两合公司	KAMAX GmbH & Co. KG	I	6. 1	2016-6-29	2021-6-28
7318210001	301	其他欧盟公司	All Others	I	26	2016-6-29	2021-6-28
7318210001	302	卡马克斯有限两合公司	KAMAX GmbH & Co. KG	I	6. 1	2016-6-29	2021-6-28
7318210001	302	其他欧盟公司	All Others	I	26	2016-6-29	2021-6-28
7318210001	303	卡马克斯有限两合公司	KAMAX GmbH & Co. KG	I	6. 1	2016-6-29	2021-6-28
7318210001	303	其他欧盟公司	All Others	I	26	2016-6-29	2021-6-28
7318210001	304	卡马克斯有限两合公司	KAMAX GmbH & Co. KG	I	6. 1	2016-6-29	2021-6-28
7318210001	304	内德史罗夫阿尔特纳有限公司	Nedschroef Altena GmbH	I	5. 5	2017-9-20	2021-6-28
7318210001	304	内德史罗夫贝京根有限公司	Nedschroef Beckingen GmbH	I	5. 5	2017-9-20	2021-6-28
7318210001	304	内德史罗夫福罗劳顿有限公司	Nedschroef Fraulautern GmbH	I	5. 5	2017-9-20	2021-6-28
7318210001	304	其他欧盟公司	All Others	I	26	2016-6-29	2021-6-28
7318210001	305	卡马克斯有限两合公司	KAMAX GmbH & Co. KG	I	6. 1	2016-6-29	2021-6-28
7318210001	305	其他欧盟公司	All Others	I	26	2016-6-29	2021-6-28
7318210001	306	卡马克斯有限两合公司	KAMAX GmbH & Co. KG	I	6. 1	2016-6-29	2021-6-28
7318210001	306	其他欧盟公司	All Others	I	26	2016-6-29	2021-6-28
7318210001	307	卡马克斯有限两合公司	KAMAX GmbH & Co. KG	I	6. 1	2016-6-29	2021-6-28
7318210001	307	其他欧盟公司	All Others	I	26	2016-6-29	2021-6-28
7318210001	308	卡马克斯有限两合公司	KAMAX GmbH & Co. KG	I	6. 1	2016-6-29	2021-6-28
7318210001	308	其他欧盟公司	All Others	I	26	2016-6-29	2021-6-28
7318210001	309	皇家内德史罗夫控股有限公司	Koninklijke Nedschroef Holding B. V.	I	5. 5	2017-9-20	2021-6-28
7318210001	309	卡马克斯有限两合公司	KAMAX GmbH & Co. KG	I	6. 1	2016-6-29	2021-6-28
7318210001	309	内德史罗夫海尔蒙德有限公司	Nedschroef Helmond B. V.	I	5. 5	2017-9-20	2021-6-28
7318210001	309	其他欧盟公司	All Others	I	26	2016-6-29	2021-6-28
7318210001	310	卡马克斯有限两合公司	KAMAX GmbH & Co. KG	I	6. 1	2016-6-29	2021-6-28
7318210001	310	其他欧盟公司	All Others	I	26	2016-6-29	2021-6-28
7318210001	311	卡马克斯有限两合公司	KAMAX GmbH & Co. KG	I	6. 1	2016-6-29	2021-6-28

商品编号	原产国(地区)	原产厂商中文名称	原产厂商英文名称	税种代码	税率(%)	起始日期	截止日期
7318210001	311	其他欧盟公司	All Others	I	26	2016-6-29	2021-6-28
7318210001	312	卡马克斯有限两合公司	KAMAX GmbH & Co. KG	I	6.1	2016-6-29	2021-6-28
7318210001	312	内德史罗夫巴塞罗那有限公司	Nedschroef Barcelona SAU	I	5.5	2017-9-20	2021-6-28
7318210001	312	其他欧盟公司	All Others	I	26	2016-6-29	2021-6-28
7318210001	315	卡马克斯有限两合公司	KAMAX GmbH & Co. KG	I	6.1	2016-6-29	2021-6-28
7318210001	315	其他欧盟公司	All Others	I	26	2016-6-29	2021-6-28
7318210001	316	卡马克斯有限两合公司	KAMAX GmbH & Co. KG	I	6.1	2016-6-29	2021-6-28
7318210001	316	其他欧盟公司	All Others	I	26	2016-6-29	2021-6-28
7318210001	318	卡马克斯有限两合公司	KAMAX GmbH & Co. KG	I	6.1	2016-6-29	2021-6-28
7318210001	318	其他欧盟公司	All Others	I	26	2016-6-29	2021-6-28
7318210001	321	卡马克斯有限两合公司	KAMAX GmbH & Co. KG	I	6.1	2016-6-29	2021-6-28
7318210001	321	其他欧盟公司	All Others	I	26	2016-6-29	2021-6-28
7318210001	324	卡马克斯有限两合公司	KAMAX GmbH & Co. KG	I	6.1	2016-6-29	2021-6-28
7318210001	324	其他欧盟公司	All Others	I	26	2016-6-29	2021-6-28
7318210001	327	卡马克斯有限两合公司	KAMAX GmbH & Co. KG	I	6.1	2016-6-29	2021-6-28
7318210001	327	其他欧盟公司	All Others	I	26	2016-6-29	2021-6-28
7318210001	328	卡马克斯有限两合公司	KAMAX GmbH & Co. KG	I	6.1	2016-6-29	2021-6-28
7318210001	328	其他欧盟公司	All Others	I	26	2016-6-29	2021-6-28
7318210001	330	卡马克斯有限两合公司	KAMAX GmbH & Co. KG	I	6.1	2016-6-29	2021-6-28
7318210001	330	其他欧盟公司	All Others	I	26	2016-6-29	2021-6-28
7318210001	334	卡马克斯有限两合公司	KAMAX GmbH & Co. KG	I	6.1	2016-6-29	2021-6-28
7318210001	334	其他欧盟公司	All Others	I	26	2016-6-29	2021-6-28
7318210001	335	卡马克斯有限两合公司	KAMAX GmbH & Co. KG	I	6.1	2016-6-29	2021-6-28
7318210001	335	其他欧盟公司	All Others	I	26	2016-6-29	2021-6-28
7318210001	336	卡马克斯有限两合公司	KAMAX GmbH & Co. KG	I	6.1	2016-6-29	2021-6-28
7318210001	336	其他欧盟公司	All Others	I	26	2016-6-29	2021-6-28
7318210001	350	卡马克斯有限两合公司	KAMAX GmbH & Co. KG	I	6.1	2016-6-29	2021-6-28
7318210001	350	其他欧盟公司	All Others	I	26	2016-6-29	2021-6-28
7318210001	351	卡马克斯有限两合公司	KAMAX GmbH & Co. KG	I	6.1	2016-6-29	2021-6-28
7318210001	351	其他欧盟公司	All Others	I	26	2016-6-29	2021-6-28
7318210001	352	卡马克斯有限两合公司	KAMAX GmbH & Co. KG	I	6.1	2016-6-29	2021-6-28
7318210001	352	其他欧盟公司	All Others	I	26	2016-6-29	2021-6-28
7318210001	353	卡马克斯有限两合公司	KAMAX GmbH & Co. KG	I	6.1	2016-6-29	2021-6-28
7318210001	353	其他欧盟公司	All Others	I	26	2016-6-29	2021-6-28
7318210001	701	国(地)别不详		I	26	2016-6-29	2021-6-28
7318220001	108	卡马克斯有限两合公司	KAMAX GmbH & Co. KG	I	6.1	2016-6-29	2021-6-28
7318220001	108	其他欧盟公司	All Others	I	26	2016-6-29	2021-6-28
7318220001	301	卡马克斯有限两合公司	KAMAX GmbH & Co. KG	I	6.1	2016-6-29	2021-6-28
7318220001	301	其他欧盟公司	All Others	I	26	2016-6-29	2021-6-28
7318220001	302	卡马克斯有限两合公司	KAMAX GmbH & Co. KG	I	6.1	2016-6-29	2021-6-28
7318220001	302	其他欧盟公司	All Others	I	26	2016-6-29	2021-6-28
7318220001	303	卡马克斯有限两合公司	KAMAX GmbH & Co. KG	I	6.1	2016-6-29	2021-6-28
7318220001	303	其他欧盟公司	All Others	I	26	2016-6-29	2021-6-28
7318220001	304	卡马克斯有限两合公司	KAMAX GmbH & Co. KG	I	6.1	2016-6-29	2021-6-28
7318220001	304	内德史罗夫阿尔特纳有限公司	Nedschroef Altena GmbH	I	5.5	2017-9-20	2021-6-28
7318220001	304	内德史罗夫贝京根有限公司	Nedschroef Beckingen GmbH	I	5.5	2017-9-20	2021-6-28
7318220001	304	内德史罗夫福罗劳顿有限公司	Nedschroef Fraulautern GmbH	I	5.5	2017-9-20	2021-6-28
7318220001	304	其他欧盟公司	All Others	I	26	2016-6-29	2021-6-28
7318220001	305	卡马克斯有限两合公司	KAMAX GmbH & Co. KG	I	6.1	2016-6-29	2021-6-28
7318220001	305	其他欧盟公司	All Others	I	26	2016-6-29	2021-6-28
7318220001	306	卡马克斯有限两合公司	KAMAX GmbH & Co. KG	I	6.1	2016-6-29	2021-6-28
7318220001	306	其他欧盟公司	All Others	I	26	2016-6-29	2021-6-28
7318220001	307	卡马克斯有限两合公司	KAMAX GmbH & Co. KG	I	6.1	2016-6-29	2021-6-28
7318220001	307	其他欧盟公司	All Others	I	26	2016-6-29	2021-6-28
7318220001	308	卡马克斯有限两合公司	KAMAX GmbH & Co. KG	I	6.1	2016-6-29	2021-6-28
7318220001	308	其他欧盟公司	All Others	I	26	2016-6-29	2021-6-28
7318220001	309	皇家内德史罗夫控股有限公司	Koninklijke Nedschroef Holding B. V.	I	5.5	2017-9-20	2021-6-28
7318220001	309	卡马克斯有限两合公司	KAMAX GmbH & Co. KG	I	6.1	2016-6-29	2021-6-28
7318220001	309	内德史罗夫海尔蒙德有限公司	Nedschroef Helmond B. V.	I	5.5	2017-9-20	2021-6-28
7318220001	309	其他欧盟公司	All Others	I	26	2016-6-29	2021-6-28
7318220001	310	卡马克斯有限两合公司	KAMAX GmbH & Co. KG	I	6.1	2016-6-29	2021-6-28
7318220001	310	其他欧盟公司	All Others	I	26	2016-6-29	2021-6-28
7318220001	311	卡马克斯有限两合公司	KAMAX GmbH & Co. KG	I	6.1	2016-6-29	2021-6-28

商品编号	原产国(地区)	原产厂商中文名称	原产厂商英文名称	税种代码	税率(%)	起始日期	截止日期
7318220001	311	其他欧盟公司	All Others	I	26	2016-6-29	2021-6-28
7318220001	312	卡马克斯有限两合公司	KAMAX GmbH & Co. KG	I	6.1	2016-6-29	2021-6-28
7318220001	312	内德史罗夫巴塞罗那有限公司	Nedschroef Barcelona SAU	I	5.5	2017-9-20	2021-6-28
7318220001	312	其他欧盟公司	All Others	I	26	2016-6-29	2021-6-28
7318220001	315	卡马克斯有限两合公司	KAMAX GmbH & Co. KG	I	6.1	2016-6-29	2021-6-28
7318220001	315	其他欧盟公司	All Others	I	26	2016-6-29	2021-6-28
7318220001	316	卡马克斯有限两合公司	KAMAX GmbH & Co. KG	I	6.1	2016-6-29	2021-6-28
7318220001	316	其他欧盟公司	All Others	I	26	2016-6-29	2021-6-28
7318220001	318	卡马克斯有限两合公司	KAMAX GmbH & Co. KG	I	6.1	2016-6-29	2021-6-28
7318220001	318	其他欧盟公司	All Others	I	26	2016-6-29	2021-6-28
7318220001	321	卡马克斯有限两合公司	KAMAX GmbH & Co. KG	I	6.1	2016-6-29	2021-6-28
7318220001	321	其他欧盟公司	All Others	I	26	2016-6-29	2021-6-28
7318220001	324	卡马克斯有限两合公司	KAMAX GmbH & Co. KG	I	6.1	2016-6-29	2021-6-28
7318220001	324	其他欧盟公司	All Others	I	26	2016-6-29	2021-6-28
7318220001	327	卡马克斯有限两合公司	KAMAX GmbH & Co. KG	I	6.1	2016-6-29	2021-6-28
7318220001	327	其他欧盟公司	All Others	I	26	2016-6-29	2021-6-28
7318220001	328	卡马克斯有限两合公司	KAMAX GmbH & Co. KG	I	6.1	2016-6-29	2021-6-28
7318220001	328	其他欧盟公司	All Others	I	26	2016-6-29	2021-6-28
7318220001	330	卡马克斯有限两合公司	KAMAX GmbH & Co. KG	I	6.1	2016-6-29	2021-6-28
7318220001	330	其他欧盟公司	All Others	I	26	2016-6-29	2021-6-28
7318220001	334	卡马克斯有限两合公司	KAMAX GmbH & Co. KG	I	6.1	2016-6-29	2021-6-28
7318220001	334	其他欧盟公司	All Others	I	26	2016-6-29	2021-6-28
7318220001	335	卡马克斯有限两合公司	KAMAX GmbH & Co. KG	I	6.1	2016-6-29	2021-6-28
7318220001	335	其他欧盟公司	All Others	I	26	2016-6-29	2021-6-28
7318220001	336	卡马克斯有限两合公司	KAMAX GmbH & Co. KG	I	6.1	2016-6-29	2021-6-28
7318220001	336	其他欧盟公司	All Others	I	26	2016-6-29	2021-6-28
7318220001	350	卡马克斯有限两合公司	KAMAX GmbH & Co. KG	I	6.1	2016-6-29	2021-6-28
7318220001	350	其他欧盟公司	All Others	I	26	2016-6-29	2021-6-28
7318220001	351	卡马克斯有限两合公司	KAMAX GmbH & Co. KG	I	6.1	2016-6-29	2021-6-28
7318220001	351	其他欧盟公司	All Others	I	26	2016-6-29	2021-6-28
7318220001	352	卡马克斯有限两合公司	KAMAX GmbH & Co. KG	I	6.1	2016-6-29	2021-6-28
7318220001	352	其他欧盟公司	All Others	I	26	2016-6-29	2021-6-28
7318220001	353	卡马克斯有限两合公司	KAMAX GmbH & Co. KG	I	6.1	2016-6-29	2021-6-28
7318220001	353	其他欧盟公司	All Others	I	26	2016-6-29	2021-6-28
7318220001	701	国(地)别不详		I	26	2016-6-29	2021-6-28
8415101000	N①	不适用	不适用	O	700	2012-7-1	2999-12-31
8415102100	N	不适用	不适用	O	700	2012-7-1	2999-12-31
8415102210	N	不适用	不适用	O	700	2017-1-1	2999-12-31
8415811000	N	不适用	不适用	O	700	2012-7-1	2999-12-31
8415812001	N	不适用	不适用	O	700	2012-7-1	2999-12-31
8415821000	N	不适用	不适用	O	700	2012-7-1	2999-12-31
8415822001	N	不适用	不适用	O	700	2012-7-1	2999-12-31
8418101000	N	不适用	不适用	O	1200	2012-7-1	2999-12-31
8418102000	N	不适用	不适用	O	1200	2012-7-1	2999-12-31
8418103000	N	不适用	不适用	O	1200	2012-7-1	2999-12-31
8418211000	N	不适用	不适用	O	1200	2012-7-1	2999-12-31
8418212000	N	不适用	不适用	O	1200	2012-7-1	2999-12-31
8418213000	N	不适用	不适用	O	1200	2012-7-1	2999-12-31
8418291000	N	不适用	不适用	O	1200	2012-7-1	2999-12-31
8418292000	N	不适用	不适用	O	1200	2012-7-1	2999-12-31
8418299000	N	不适用	不适用	O	1200	2012-7-1	2999-12-31
8418302900	N	不适用	不适用	O	1200	2012-7-1	2999-12-31
8418402900	N	不适用	不适用	O	1200	2012-7-1	2999-12-31
8450111000	N	不适用	不适用	O	700	2012-7-1	2999-12-31
8450112000	N	不适用	不适用	O	700	2012-7-1	2999-12-31
8450119000	N	不适用	不适用	O	700	2012-7-1	2999-12-31
8450120000	N	不适用	不适用	O	700	2012-7-1	2999-12-31
8450190000	N	不适用	不适用	O	700	2012-7-1	2999-12-31
8471301000	N	不适用	不适用	O	700	2012-7-1	2999-12-31
8471309000	N	不适用	不适用	O	1000	2014-1-1	2999-12-31

① “N”代表不特定,不加限制。

商品编号	原产国(地区)	原产厂商中文名称	原产厂商英文名称	税种代码	税率(%)	起始日期	截止日期
8471414000	N	不适用	不适用	0	1000	2012-7-1	2999-12-31
8471494000	N	不适用	不适用	0	1000	2012-7-1	2999-12-31
8471504001	N	不适用	不适用	0	1000	2012-7-1	2999-12-31
8528420000	N	不适用	不适用	0	1000	2017-1-1	2999-12-31
8528521100	N	不适用	不适用	0	1000	2017-1-1	2999-12-31
8528521200	N	不适用	不适用	0	1000	2017-1-1	2999-12-31
8528521900	N	不适用	不适用	0	1000	2017-1-1	2999-12-31
8528529100	N	不适用	不适用	0	1000	2017-1-1	2999-12-31
8528529200	N	不适用	不适用	0	1000	2017-1-1	2999-12-31
8528529900	N	不适用	不适用	0	1000	2017-1-1	2999-12-31
8528591010	N	不适用	不适用	0	1000	2017-1-1	2999-12-31
8528591090	N	不适用	不适用	0	1000	2012-7-1	2999-12-31
8528599000	N	不适用	不适用	0	1000	2012-7-1	2999-12-31
8528721100	N	不适用	不适用	0	1300	2012-7-1	2999-12-31
8528721200	N	不适用	不适用	0	1300	2012-7-1	2999-12-31
8528721900	N	不适用	不适用	0	1300	2012-7-1	2999-12-31
8528722100	N	不适用	不适用	0	1300	2012-7-1	2999-12-31
8528722200	N	不适用	不适用	0	1300	2012-7-1	2999-12-31
8528722900	N	不适用	不适用	0	1300	2012-7-1	2999-12-31
8528723100	N	不适用	不适用	0	1300	2012-7-1	2999-12-31
8528723200	N	不适用	不适用	0	1300	2012-7-1	2999-12-31
8528723900	N	不适用	不适用	0	1300	2012-7-1	2999-12-31
8528729100	N	不适用	不适用	0	1300	2012-7-1	2999-12-31
8528729200	N	不适用	不适用	0	1300	2012-7-1	2999-12-31
8528729900	N	不适用	不适用	0	1300	2012-7-1	2999-12-31
8528730000	N	不适用	不适用	0	1300	2012-7-1	2999-12-31
9001100001	108	丹麦 OFS-费特有限责任公司	OFS Fitel Denmark ApS	I	29.1	2011-4-22	2022-4-21
9001100001	108	德拉克通信法国集团公司	Draka Comteq France SAS	I	12.9	2011-4-22	2022-4-21
9001100001	108	德拉克通信纤维有限公司	Draka Comteq Fibre B. V.	I	12.9	2011-4-22	2022-4-21
9001100001	108	菲布里奥蒂切苏德有限责任公司	Fibre Ottiche Sud -F. O. S. S. r. l.	I	24.7	2011-4-22	2022-4-21
9001100001	108	其他欧盟公司	All Others	I	29.1	2011-4-22	2022-4-21
9001100001	111	阿克什光纤有限公司	AkshOptifibre Limited	I	30.6	2014-8-14	2025-8-13
9001100001	111	贝拉古河光纤有限公司	Birla Furukawa Fibre Optics Limited	I	11.4	2014-8-14	2025-8-13
9001100001	111	菲诺莱克斯电缆有限公司	Finolex Cables Limited	I	30.6	2014-8-14	2025-8-13
9001100001	111	康宁技术印度有限公司	Corning Technologies India Private Limited	I	24.5	2014-8-14	2025-8-13
9001100001	111	其他印度公司	All Others	I	24.5	2014-8-14	2025-8-13
9001100001	111	斯德雷特科技有限公司	STERLITE TECHNOLOGIES LIMITED	I	7.4	2014-8-14	2025-8-13
9001100001	116	日本公司		I	46	2007-1-1	2021-12-31
9001100001	133	大韩光通信株式会社	TAIHAN Fiberoptics CO. LTD.	I	7.9	2013-3-5	2021-12-31
9001100001	133	韩国 LS 电线株式会社	LS Cable &System Ltd.	I	9.1	2013-3-5	2021-12-31
9001100001	133	其他韩国公司	All Others	I	46	2007-1-1	2021-12-31
9001100001	301	丹麦 OFS-费特有限责任公司	OFS Fitel Denmark ApS	I	29.1	2011-4-22	2022-4-21
9001100001	301	德拉克通信法国集团公司	Draka Comteq France SAS	I	12.9	2011-4-22	2022-4-21
9001100001	301	德拉克通信纤维有限公司	Draka Comteq Fibre B. V.	I	12.9	2011-4-22	2022-4-21
9001100001	301	菲布里奥蒂切苏德有限责任公司	Fibre Ottiche Sud -F. O. S. S. r. l.	I	24.7	2011-4-22	2022-4-21
9001100001	301	其他欧盟公司	All Others	I	29.1	2011-4-22	2022-4-21
9001100001	302	丹麦 OFS-费特有限责任公司	OFS Fitel Denmark ApS	I	29.1	2011-4-22	2022-4-21
9001100001	302	德拉克通信法国集团公司	Draka Comteq France SAS	I	12.9	2011-4-22	2022-4-21
9001100001	302	德拉克通信纤维有限公司	Draka Comteq Fibre B. V.	I	12.9	2011-4-22	2022-4-21
9001100001	302	菲布里奥蒂切苏德有限责任公司	Fibre Ottiche Sud -F. O. S. S. r. l.	I	24.7	2011-4-22	2022-4-21
9001100001	302	其他欧盟公司	All Others	I	29.1	2011-4-22	2022-4-21
9001100001	303	丹麦 OFS-费特有限责任公司	OFS Fitel Denmark ApS	I	29.1	2011-4-22	2022-4-21
9001100001	303	德拉克通信法国集团公司	Draka Comteq France SAS	I	12.9	2011-4-22	2022-4-21
9001100001	303	德拉克通信纤维有限公司	Draka Comteq Fibre B. V.	I	12.9	2011-4-22	2022-4-21
9001100001	303	菲布里奥蒂切苏德有限责任公司	Fibre Ottiche Sud -F. O. S. S. r. l.	I	24.7	2011-4-22	2022-4-21
9001100001	303	其他欧盟公司	All Others	I	29.1	2011-4-22	2022-4-21
9001100001	304	丹麦 OFS-费特有限责任公司	OFS Fitel Denmark ApS	I	29.1	2011-4-22	2022-4-21
9001100001	304	德拉克通信法国集团公司	Draka Comteq France SAS	I	12.9	2011-4-22	2022-4-21
9001100001	304	德拉克通信纤维有限公司	Draka Comteq Fibre B. V.	I	12.9	2011-4-22	2022-4-21
9001100001	304	菲布里奥蒂切苏德有限责任公司	Fibre Ottiche Sud -F. O. S. S. r. l.	I	24.7	2011-4-22	2022-4-21
9001100001	304	其他欧盟公司	All Others	I	29.1	2011-4-22	2022-4-21
9001100001	305	丹麦 OFS-费特有限责任公司	OFS Fitel Denmark ApS	I	29.1	2011-4-22	2022-4-21
9001100001	305	德拉克通信法国集团公司	Draka Comteq France SAS	I	12.9	2011-4-22	2022-4-21

商品编号	原产国（地区）	原产厂商中文名称	原产厂商英文名称	税种代码	税率（%）	起始日期	截止日期
9001100001	305	德拉克通信纤维有限公司	Draka Comteq Fibre B. V.	I	12.9	2011-4-22	2022-4-21
9001100001	305	菲布里奥蒂切苏德有限责任公司	Fibre Ottiche Sud -F. O. S. S. r. l.	I	24.7	2011-4-22	2022-4-21
9001100001	305	其他欧盟公司	All Others	I	29.1	2011-4-22	2022-4-21
9001100001	306	丹麦 OFS-费特有限责任公司	OFS Fitel Denmark ApS	I	29.1	2011-4-22	2022-4-21
9001100001	306	德拉克通信法国集团公司	Draka Comteq France SAS	I	12.9	2011-4-22	2022-4-21
9001100001	306	德拉克通信纤维有限公司	Draka Comteq Fibre B. V.	I	12.9	2011-4-22	2022-4-21
9001100001	306	菲布里奥蒂切苏德有限责任公司	Fibre Ottiche Sud -F. O. S. S. r. l.	I	24.7	2011-4-22	2022-4-21
9001100001	306	其他欧盟公司	All Others	I	29.1	2011-4-22	2022-4-21
9001100001	307	丹麦 OFS-费特有限责任公司	OFS Fitel Denmark ApS	I	29.1	2011-4-22	2022-4-21
9001100001	307	德拉克通信法国集团公司	Draka Comteq France SAS	I	12.9	2011-4-22	2022-4-21
9001100001	307	德拉克通信纤维有限公司	Draka Comteq Fibre B. V.	I	12.9	2011-4-22	2022-4-21
9001100001	307	菲布里奥蒂切苏德有限责任公司	Fibre Ottiche Sud -F. O. S. S. r. l.	I	24.7	2011-4-22	2022-4-21
9001100001	307	其他欧盟公司	All Others	I	29.1	2011-4-22	2022-4-21
9001100001	308	丹麦 OFS-费特有限责任公司	OFS Fitel Denmark ApS	I	29.1	2011-4-22	2022-4-21
9001100001	308	德拉克通信法国集团公司	Draka Comteq France SAS	I	12.9	2011-4-22	2022-4-21
9001100001	308	德拉克通信纤维有限公司	Draka Comteq Fibre B. V.	I	12.9	2011-4-22	2022-4-21
9001100001	308	菲布里奥蒂切苏德有限责任公司	Fibre Ottiche Sud -F. O. S. S. r. l.	I	24.7	2011-4-22	2022-4-21
9001100001	308	其他欧盟公司	All Others	I	29.1	2011-4-22	2022-4-21
9001100001	309	丹麦 OFS-费特有限责任公司	OFS Fitel Denmark ApS	I	29.1	2011-4-22	2022-4-21
9001100001	309	德拉克通信法国集团公司	Draka Comteq France SAS	I	12.9	2011-4-22	2022-4-21
9001100001	309	德拉克通信纤维有限公司	Draka Comteq Fibre B. V.	I	12.9	2011-4-22	2022-4-21
9001100001	309	菲布里奥蒂切苏德有限责任公司	Fibre Ottiche Sud -F. O. S. S. r. l.	I	24.7	2011-4-22	2022-4-21
9001100001	309	其他欧盟公司	All Others	I	29.1	2011-4-22	2022-4-21
9001100001	310	丹麦 OFS-费特有限责任公司	OFS Fitel Denmark ApS	I	29.1	2011-4-22	2022-4-21
9001100001	310	德拉克通信法国集团公司	Draka Comteq France SAS	I	12.9	2011-4-22	2022-4-21
9001100001	310	德拉克通信纤维有限公司	Draka Comteq Fibre B. V.	I	12.9	2011-4-22	2022-4-21
9001100001	310	菲布里奥蒂切苏德有限责任公司	Fibre Ottiche Sud -F. O. S. S. r. l.	I	24.7	2011-4-22	2022-4-21
9001100001	310	其他欧盟公司	All Others	I	29.1	2011-4-22	2022-4-21
9001100001	311	丹麦 OFS-费特有限责任公司	OFS Fitel Denmark ApS	I	29.1	2011-4-22	2022-4-21
9001100001	311	德拉克通信法国集团公司	Draka Comteq France SAS	I	12.9	2011-4-22	2022-4-21
9001100001	311	德拉克通信纤维有限公司	Draka Comteq Fibre B. V.	I	12.9	2011-4-22	2022-4-21
9001100001	311	菲布里奥蒂切苏德有限责任公司	Fibre Ottiche Sud -F. O. S. S. r. l.	I	24.7	2011-4-22	2022-4-21
9001100001	311	其他欧盟公司	All Others	I	29.1	2011-4-22	2022-4-21
9001100001	312	丹麦 OFS-费特有限责任公司	OFS Fitel Denmark ApS	I	29.1	2011-4-22	2022-4-21
9001100001	312	德拉克通信法国集团公司	Draka Comteq France SAS	I	12.9	2011-4-22	2022-4-21
9001100001	312	德拉克通信纤维有限公司	Draka Comteq Fibre B. V.	I	12.9	2011-4-22	2022-4-21
9001100001	312	菲布里奥蒂切苏德有限责任公司	Fibre Ottiche Sud -F. O. S. S. r. l.	I	24.7	2011-4-22	2022-4-21
9001100001	312	其他欧盟公司	All Others	I	29.1	2011-4-22	2022-4-21
9001100001	315	丹麦 OFS-费特有限责任公司	OFS Fitel Denmark ApS	I	29.1	2011-4-22	2022-4-21
9001100001	315	德拉克通信法国集团公司	Draka Comteq France SAS	I	12.9	2011-4-22	2022-4-21
9001100001	315	德拉克通信纤维有限公司	Draka Comteq Fibre B. V.	I	12.9	2011-4-22	2022-4-21
9001100001	315	菲布里奥蒂切苏德有限责任公司	Fibre Ottiche Sud -F. O. S. S. r. l.	I	24.7	2011-4-22	2022-4-21
9001100001	315	其他欧盟公司	All Others	I	29.1	2011-4-22	2022-4-21
9001100001	316	丹麦 OFS-费特有限责任公司	OFS Fitel Denmark ApS	I	29.1	2011-4-22	2022-4-21
9001100001	316	德拉克通信法国集团公司	Draka Comteq France SAS	I	12.9	2011-4-22	2022-4-21
9001100001	316	德拉克通信纤维有限公司	Draka Comteq Fibre B. V.	I	12.9	2011-4-22	2022-4-21
9001100001	316	菲布里奥蒂切苏德有限责任公司	Fibre Ottiche Sud -F. O. S. S. r. l.	I	24.7	2011-4-22	2022-4-21
9001100001	316	其他欧盟公司	All Others	I	29.1	2011-4-22	2022-4-21
9001100001	318	丹麦 OFS-费特有限责任公司	OFS Fitel Denmark ApS	I	29.1	2011-4-22	2022-4-21
9001100001	318	德拉克通信法国集团公司	Draka Comteq France SAS	I	12.9	2011-4-22	2022-4-21
9001100001	318	德拉克通信纤维有限公司	Draka Comteq Fibre B. V.	I	12.9	2011-4-22	2022-4-21
9001100001	318	菲布里奥蒂切苏德有限责任公司	Fibre Ottiche Sud -F. O. S. S. r. l.	I	24.7	2011-4-22	2022-4-21
9001100001	318	其他欧盟公司	All Others	I	29.1	2011-4-22	2022-4-21
9001100001	321	丹麦 OFS-费特有限责任公司	OFS Fitel Denmark ApS	I	29.1	2011-4-22	2022-4-21
9001100001	321	德拉克通信法国集团公司	Draka Comteq France SAS	I	12.9	2011-4-22	2022-4-21
9001100001	321	德拉克通信纤维有限公司	Draka Comteq Fibre B. V.	I	12.9	2011-4-22	2022-4-21
9001100001	321	菲布里奥蒂切苏德有限责任公司	Fibre Ottiche Sud -F. O. S. S. r. l.	I	24.7	2011-4-22	2022-4-21
9001100001	321	其他欧盟公司	All Others	I	29.1	2011-4-22	2022-4-21
9001100001	324	丹麦 OFS-费特有限责任公司	OFS Fitel Denmark ApS	I	29.1	2011-4-22	2022-4-21
9001100001	324	德拉克通信法国集团公司	Draka Comteq France SAS	I	12.9	2011-4-22	2022-4-21
9001100001	324	德拉克通信纤维有限公司	Draka Comteq Fibre B. V.	I	12.9	2011-4-22	2022-4-21
9001100001	324	菲布里奥蒂切苏德有限责任公司	Fibre Ottiche Sud -F. O. S. S. r. l.	I	24.7	2011-4-22	2022-4-21
9001100001	324	其他欧盟公司	All Others	I	29.1	2011-4-22	2022-4-21

商品编号	原产国(地区)	原产厂商中文名称	原产厂商英文名称	税种代码	税率(%)	起始日期	截止日期
9001100001	327	丹麦 OFS-费特有限责任公司	OFS Fitel Denmark ApS	I	29.1	2011-4-22	2022-4-21
9001100001	327	德拉克通信法国集团公司	Draka Comteq France SAS	I	12.9	2011-4-22	2022-4-21
9001100001	327	德拉克通信纤维有限公司	Draka Comteq Fibre B. V.	I	12.9	2011-4-22	2022-4-21
9001100001	327	菲布里奥蒂切苏德有限责任公司	Fibre Ottiche Sud -F. O. S. S. r. l.	I	24.7	2011-4-22	2022-4-21
9001100001	327	其他欧盟公司	All Others	I	29.1	2011-4-22	2022-4-21
9001100001	328	丹麦 OFS-费特有限责任公司	OFS Fitel Denmark ApS	I	29.1	2011-4-22	2022-4-21
9001100001	328	德拉克通信法国集团公司	Draka Comteq France SAS	I	12.9	2011-4-22	2022-4-21
9001100001	328	德拉克通信纤维有限公司	Draka Comteq Fibre B. V.	I	12.9	2011-4-22	2022-4-21
9001100001	328	菲布里奥蒂切苏德有限责任公司	Fibre Ottiche Sud -F. O. S. S. r. l.	I	24.7	2011-4-22	2022-4-21
9001100001	328	其他欧盟公司	All Others	I	29.1	2011-4-22	2022-4-21
9001100001	330	丹麦 OFS-费特有限责任公司	OFS Fitel Denmark ApS	I	29.1	2011-4-22	2022-4-21
9001100001	330	德拉克通信法国集团公司	Draka Comteq France SAS	I	12.9	2011-4-22	2022-4-21
9001100001	330	德拉克通信纤维有限公司	Draka Comteq Fibre B. V.	I	12.9	2011-4-22	2022-4-21
9001100001	330	菲布里奥蒂切苏德有限责任公司	Fibre Ottiche Sud -F. O. S. S. r. l.	I	24.7	2011-4-22	2022-4-21
9001100001	330	其他欧盟公司	All Others	I	29.1	2011-4-22	2022-4-21
9001100001	334	丹麦 OFS-费特有限责任公司	OFS Fitel Denmark ApS	I	29.1	2011-4-22	2022-4-21
9001100001	334	德拉克通信法国集团公司	Draka Comteq France SAS	I	12.9	2011-4-22	2022-4-21
9001100001	334	德拉克通信纤维有限公司	Draka Comteq Fibre B. V.	I	12.9	2011-4-22	2022-4-21
9001100001	334	菲布里奥蒂切苏德有限责任公司	Fibre Ottiche Sud -F. O. S. S. r. l.	I	24.7	2011-4-22	2022-4-21
9001100001	334	其他欧盟公司	All Others	I	29.1	2011-4-22	2022-4-21
9001100001	335	丹麦 OFS-费特有限责任公司	OFS Fitel Denmark ApS	I	29.1	2011-4-22	2022-4-21
9001100001	335	德拉克通信法国集团公司	Draka Comteq France SAS	I	12.9	2011-4-22	2022-4-21
9001100001	335	德拉克通信纤维有限公司	Draka Comteq Fibre B. V.	I	12.9	2011-4-22	2022-4-21
9001100001	335	菲布里奥蒂切苏德有限责任公司	Fibre Ottiche Sud -F. O. S. S. r. l.	I	24.7	2011-4-22	2022-4-21
9001100001	335	其他欧盟公司	All Others	I	29.1	2011-4-22	2022-4-21
9001100001	336	丹麦 OFS-费特有限责任公司	OFS Fitel Denmark ApS	I	29.1	2011-4-22	2022-4-21
9001100001	336	德拉克通信法国集团公司	Draka Comteq France SAS	I	12.9	2011-4-22	2022-4-21
9001100001	336	德拉克通信纤维有限公司	Draka Comteq Fibre B. V.	I	12.9	2011-4-22	2022-4-21
9001100001	336	菲布里奥蒂切苏德有限责任公司	Fibre Ottiche Sud -F. O. S. S. r. l.	I	24.7	2011-4-22	2022-4-21
9001100001	336	其他欧盟公司	All Others	I	29.1	2011-4-22	2022-4-21
9001100001	350	丹麦 OFS-费特有限责任公司	OFS Fitel Denmark ApS	I	29.1	2011-4-22	2022-4-21
9001100001	350	德拉克通信法国集团公司	Draka Comteq France SAS	I	12.9	2011-4-22	2022-4-21
9001100001	350	德拉克通信纤维有限公司	Draka Comteq Fibre B. V.	I	12.9	2011-4-22	2022-4-21
9001100001	350	菲布里奥蒂切苏德有限责任公司	Fibre Ottiche Sud -F. O. S. S. r. l.	I	24.7	2011-4-22	2022-4-21
9001100001	350	其他欧盟公司	All Others	I	29.1	2011-4-22	2022-4-21
9001100001	351	丹麦 OFS-费特有限责任公司	OFS Fitel Denmark ApS	I	29.1	2014-1-1	2999-12-31
9001100001	351	德拉克通信法国集团公司	Draka Comteq France SAS	I	12.9	2014-1-1	2999-12-31
9001100001	351	德拉克通信纤维有限公司	Draka Comteq Fibre B. V.	I	12.9	2014-1-1	2999-12-31
9001100001	351	菲布里奥蒂切苏德有限责任公司	Fibre Ottiche Sud -F. O. S. S. r. l.	I	24.7	2014-1-1	2999-12-31
9001100001	351	其他欧盟公司	All Others	I	29.1	2014-1-1	2999-12-31
9001100001	352	丹麦 OFS-费特有限责任公司	OFS Fitel Denmark ApS	I	29.1	2011-4-22	2022-4-21
9001100001	352	德拉克通信法国集团公司	Draka Comteq France SAS	I	12.9	2011-4-22	2022-4-21
9001100001	352	德拉克通信纤维有限公司	Draka Comteq Fibre B. V.	I	12.9	2011-4-22	2022-4-21
9001100001	352	菲布里奥蒂切苏德有限责任公司	Fibre Ottiche Sud -F. O. S. S. r. l.	I	24.7	2011-4-22	2022-4-21
9001100001	352	其他欧盟公司	All Others	I	29.1	2011-4-22	2022-4-21
9001100001	353	丹麦 OFS-费特有限责任公司	OFS Fitel Denmark ApS	I	29.1	2011-4-22	2022-4-21
9001100001	353	德拉克通信法国集团公司	Draka Comteq France SAS	I	12.9	2011-4-22	2022-4-21
9001100001	353	德拉克通信纤维有限公司	Draka Comteq Fibre B. V.	I	12.9	2011-4-22	2022-4-21
9001100001	353	菲布里奥蒂切苏德有限责任公司	Fibre Ottiche Sud -F. O. S. S. r. l.	I	24.7	2011-4-22	2022-4-21
9001100001	353	其他欧盟公司	All Others	I	29.1	2011-4-22	2022-4-21
9001100001	502	德拉克通信美国公司	Draka Communications Americas, Inc.	I	78.2	2018-7-11	2022-4-21
9001100001	502	康宁公司	Corning Incorporated	I	37.9	2018-7-11	2022-4-21
9001100001	502	美国 OFS-费特有限责任公司	OFS Fitel, LLC	I	33.3	2018-7-11	2022-4-21
9001100001	502	其他美国公司	All Others	I	78.2	2018-7-11	2022-4-21
9001100001	701	国(地)别不详		I	78.2	2018-7-11	2999-12-31
9001100002	111	阿克什光纤有限公司	AkshOptifibre Limited	I	30.6	2014-8-14	2025-8-13
9001100002	111	贝拉古河光纤有限公司	Birla Furukawa Fibre Optics Limited	I	11.4	2014-8-14	2025-8-13
9001100002	111	菲诺莱克斯电缆有限公司	Finolex Cables Limited	I	30.6	2014-8-14	2025-8-13
9001100002	111	康宁技术印度有限公司	Corning Technologies India Private Limited	I	24.5	2014-8-14	2025-8-13
9001100002	111	其他印度公司	All Others	I	24.5	2014-8-14	2025-8-13
9001100002	111	斯德雷特科技有限公司	STERLITE TECHNOLOGIES LIMITED	I	7.4	2014-8-14	2025-8-13
9001100002	701	国(地)别不详		I	30.6	2014-8-14	2999-12-31

附表 2

2021 年进口商品从量税及复合税税率表

税则号列	商品名称(简称)	普通税率	2021 年最惠国税率
02071200	冻的整只鸡	5.6 元/千克	1.3 元/千克
02071411	冻的带骨鸡块	4.2 元/千克	0.6 元/千克
02071419	冻的其他鸡块	9.5 元/千克	0.7 元/千克
02071421	冻的鸡翼(不包括翼尖)	8.1 元/千克	0.8 元/千克
02071422	冻的鸡爪	3.2 元/千克	1 元/千克
02071429	冻的其他鸡杂碎	3.2 元/千克	0.5 元/千克
05040021	冷、冻的鸡胗	7.7 元/千克	1.3 元/千克
22030000	麦芽酿造的啤酒	7.5 元/升	0
27090000	原油	85 元/吨	0
37023190	其他彩色摄影用未曝光无齿孔彩色胶卷,宽度≤105 毫米	433 元/平方米	56 元/平方米
37023220	照相制版用未曝光涂卤化银液无齿孔胶卷,宽度≤105 毫米	104 元/平方米	4.5 元/平方米
37023290	其他未曝光涂乳液无齿孔胶卷,宽度≤105 毫米	202 元/平方米	21 元/平方米
37023920	照相制版用未曝光未涂卤化银无齿孔感光胶卷,宽度≤105 毫米	104 元/平方米	12 元/平方米
37023990	其他未曝光未涂卤化银无齿孔感光胶卷,宽度≤105 毫米	202 元/平方米	24 元/平方米
37024100	彩色摄影用未曝光无齿孔的其他胶片,宽度>610 毫米,长度>200 米	202 元/平方米	7.1 元/平方米
37024221	印刷电路板制造用未曝光光致抗蚀干膜,宽度>610 毫米,长度>200 米	110 元/平方米	0.6 元/平方米
37024229	其他照相制版用未曝光无齿孔胶片,宽度>610 毫米,长度>200 米	110 元/平方米	1.6 元/平方米
37024292	红色或红外激光胶片,宽度>610 毫米,长度>200 米	213 元/平方米	2.4 元/平方米
37024299	其他未曝光无齿孔胶片,宽度>610 毫米,长度>200 米	213 元/平方米	7 元/平方米
37024321	照相制版用未曝光无齿孔激光照排片,宽度>610 毫米,长度≤200 米	104 元/平方米	10
37024329	其他照相制版用未曝光无齿孔胶片,宽度>610 毫米,长度≤200 米	104 元/平方米	3.7 元/平方米
37024390	其他用未曝光无齿孔胶片,宽度 610 毫米,长度≤200 米	202 元/平方米	17 元/平方米
37024421	照相制版用无齿孔未曝光激光照排片,105 毫米<宽度≤610 毫米	115 元/平方米	2 元/平方米
37024422	印刷电路板制造用未曝光光致抗蚀干膜 ,105 毫米<宽度≤610 毫米	115 元/平方米	5 元/平方米
37024429	其他照相制版用无齿孔未曝光胶卷,105 毫米<宽度≤610 毫米	115 元/平方米	2.9 元/平方米
37024490	其他用无齿孔未曝光胶卷,105 毫米<宽度≤610 毫米	202 元/平方米	27 元/平方米
37025200	彩色摄影用未曝光彩色胶卷 ,宽度≤16 毫米	433 元/平方米	91 元/平方米
37025300	幻灯片用未曝光彩色摄影胶卷,16 毫米<宽度≤35 毫米,长度<30 米	433 元/平方米	122.6 元/平方米
37025410	宽度 35 毫米,长度≤2 米的胶卷	433 元/平方米	10 元/平方米
37025490	非幻灯片用彩色摄影用未曝光彩色胶卷,16 毫米<宽度<35 毫米,2 米<长度≤30 米	433 元/平方米	24 元/平方米
37025520	未曝光的彩色电影胶片,16 毫米<宽度≤35 毫米, 长度>30 米	232 元/平方米	8.7 元/平方米
37025590	未曝光彩色摄影用胶卷,16 毫米<宽度≤35 毫米, 长度>30 米	433 元/平方米	27 元/平方米
37025620	未曝光的彩色电影胶片,宽度>35 毫米	232 元/平方米	13 元/平方米
37025690	未曝光的彩色摄影用胶卷,宽度>35 毫米	433 元/平方米	74 元/平方米
37029600	未曝光非彩色胶卷,宽度≤35 毫米,长度≤30 米	210 元/平方米	21 元/平方米
37029700	未曝光的非彩色胶卷, 宽度≤35 毫米, 长度>30 米	210 元/平方米	9 元/平方米
37029800	未曝光的非彩色胶卷,宽度>35 毫米	210 元/平方米	10 元/平方米
85211011	磁带型广播级录像机	①	0
85211019	磁带型录像机(广播级录像机除外)	①	0
85211020	磁带型放像机	①	0

税则号列	商品名称(简称)	普通税率	2021年最惠国税率
85258012	非特种用途的广播级电视摄像机	②	③
85258013	非特种用途的其他电视摄像机	②	③
85258022	非特种用途的单镜头反光型数字照相机	②	0
85258025	非特种用途的其他可换镜头的数字照相机	②	0
85258029	非特种用途的其他数字照相机	②	0
85258032	非特种用途的广播级视频摄录一体机	②	0
85258039	非特种用途的其他视频摄录一体机	②	0

①完税价格不高于2000美元/台:130%;完税价格高于2000美元/台:6%,加20600元/台。

②完税价格不高于5000美元/台:130%;完税价格高于5000美元/台:6%,加51500元/台。

③2021年1月1日至6月30日适用:5.8%与"完税价格不高于5000美元/台,35%;完税价格高于5000美元/台:3%,加9728元/台"从低执行;2021年7月1日至12月31日适用:0。

附表 3

关税配额商品税目税率表

商品类别	税则号列	普通税率(%)	2021 年最惠国税率(%)	关税配额税率(%)	国别关税配额税率(%)		
					中国—新西兰自贸协定	中国—澳大利亚自贸协定	中国—毛里求斯自贸协定
小麦	10011100	180	65	1			
	10011900	180	65	1			
	10019100	180	65	1			
	10019900	180	65	1			
	11010000	130	65	6			
	11031100	130	65	9			
	11032010	180	65	10			
玉米	10051000	180	20	1			
	10059000	180	65	1			
	11022000	130	40	9			
	11031300	130	65	9			
	11042300	180	65	10			
稻谷和大米	10061021	180	65	1			
	10061029	180	65	1			
	10061081	180	65	1			
	10061089	180	65	1			
	10062020	180	65	1			
	10062080	180	65	1			
	10063020	180	65	1			
	10063080	180	65	1			
	10064020	180	10	1			
	10064080	180	10	1			
	11029021	130	40	9			
	11029029	130	40	9			
	11031931	70	10	9			
	11031939	70	10	9			
糖	17011200	125	50	15			15
	17011300	125	50	15			15
	17011400	125	50	15			15
	17019100	125	50	15			15
	17019910	125	50	15			15
	17019920	125	50	15			15
	17019990	125	50	15			15
羊毛	51011100	50	38	1	0	0	
	51011900	50	38	1	0	0	
	51012100	50	38	1	0	0	
	51012900	50	38	1	0	0	
	51013000	50	38	1	0	0	
	51031010	50	38	1	0	0	

商品类别	税则号列	普通税率(%)	2021 年最惠国税率(%)	关税配额税率(%)	国别关税配额税率(%)		
					中国—新西兰自贸协定	中国—澳大利亚自贸协定	中国—毛里求斯自贸协定
毛条	51051000	50	38	3	0		
	51052100	50	38	3	0		
	51052900	50	38	3	0		
棉花	52010000	125	40①	1			
	52030000	125	40	1			
化肥	31021000	150	50	4②			
	31052000	150	50	4③			
	31053000	150	50	4④			

注：

① 对配额外进口的一定数量棉花，适用滑准税形式暂定关税，具体方式如下：

1. 当进口棉花完税价格高于或等于 14.000 元/千克时，按 0.280 元/千克计征从量税；

2. 当进口棉花完税价格低于 14.000 元/千克时，暂定从价税率按下式计算：

$Ri=9.0/Pi+2.69\%\times Pi-1$

对上式计算结果四舍五入保留 3 位小数。其中 Ri 为暂定从价税率，当按上式计算值高于 40%时，Ri 取值 40%；Pi 为关税完税价格，单位为元/千克。

②③④暂定税率为 1%。

附表 4

中华人民共和国进境物品归类表

税号	物品类别	范　　围	税率
01000000	食品、饮料、药品	食品:包括乳制品、糖制品、调味品,人参、高丽参、红参、奶粉及其他保健品、补品等; 饮料:包括矿泉水、汽水,咖啡、茶,其他无酒精饮料。 药品:包括中药酒等。	13%
		国家规定减按3%征收进口环节增值税的进口药品。①	3%
02000000	酒	包括啤酒、葡萄酒(香槟酒)、黄酒、果酒、清酒、米酒、白兰地、威士忌、伏特加、朗姆酒、金酒、白酒、保健酒、鸡尾酒、利口酒、龙舌兰、柯迪尔酒、梅子酒等用粮食、水果等含淀粉或糖的物质发酵或配制而制成的含乙醇的酒精饮料。	50%
03000000	烟	包括卷烟、雪茄烟、再造烟草、均化烟草、其他烟草及烟草代用品的制品,烟丝、斗烟、水烟、烟末等。	50%
04000000	纺织品及其制成品	衣着:包括外衣、外裤、内衣裤、衬衫/T恤衫、其他衣着等; 配饰:包括帽子、丝巾、头巾、围巾、领带、腰带、手套、袜子、手帕等; 家纺用品:包括毛毯、被子、枕头、床罩、睡袋、幔帐等; 其他:包括毛巾、浴巾、桌布、窗帘、地毯等。	20%
05000000	皮革服装及配饰	包括各式皮革服装及皮质配饰。	20%
06000000	箱包及鞋靴	箱:包括各种材质的箱子; 挎包、背包、提包:包括各种材质的挎包、背包、提包; 钱包、钥匙包:包括各种材质的钱包、钥匙包、卡片包; 其他:包括化妆包、包装袋(盒、箱)等。	20%
		鞋靴:包括皮鞋、皮靴、运动鞋、其他鞋靴等。	
07000000	表、钟及其配件、附件	高档手表:完税价格在人民币10000元及以上的手表。	50%
		表:包括高档手表外其他各种表; 钟:包括座钟、挂钟、台钟、落地钟等; 配件附件:包括各种表、钟的配件、附件。	20%
08000000	金银、贵重首饰及珠宝玉石	贵重首饰及珠宝玉石(不含钻石):包括天然或养殖珍珠、宝石或半宝石(不含钻石),用天然或养殖珍珠、宝石或半宝石(不含钻石)制成的物品,以贱金属为底的非镶嵌钻石的包贵金属首饰。	50%
		钻石及钻石首饰。	20%
		金银:包括金、银、铂等贵金属及包贵金属,贵金属及包贵金属制的首饰(以贱金属为底的非镶嵌钻石的包贵金属首饰除外)、金银器和其他制品。	13%
09000000	化妆品、洗护用品	化妆品:包括芳香类化妆品、唇用化妆品、眼用化妆品、指(趾)甲化妆品、粉状化妆品和特殊功能类化妆品等。 芳香类化妆品:香水和花露水; 唇用化妆品:唇膏、唇彩、唇线笔等; 眼用化妆品:睫毛膏(液、油)、眼线笔(液)、眉笔、眼影、眼睑膏等; 指(趾)甲化妆品:洗甲(趾)液、去指(趾)甲油、指(趾)甲油、指(趾)甲膏等; 粉状化妆品:粉底、粉饼、扑面粉、胭脂(粉)、腮红(粉)等; 其他美容品或化妆品:用于消除皱纹、美化唇型的皮内注射美容制品。	50%或20%
		洗护用品:包括清洁用品、护肤用品、护发用品和其他洗护用品。 清洁用品:洗面奶(乳、皂)、洁面霜(露、蜜、粉、者哩)、卸妆水(乳、膏、液、油)、鼻贴膜、去黑头膏(液)、剃须膏(泡沫)、磨砂膏、按摩膏、去角质膏(粉),牙膏、牙粉、牙线、漱口水,香皂、浴液、洗手液; 护肤用品:化妆水(含爽肤水、柔肤水、紧肤水、护肤水、收缩水)、须后水、面霜、眼霜、日霜、晚霜、冷霜、防晒霜(油)、晒黑油、祛斑霜、护肤膏(霜、露、乳液、喷雾)、隔离霜、面膜、面膜膏(粉)、眼膜、颈膜、护手霜、润唇膏,痱子粉、爽身粉、皮肤护理软膏; 护发用品:洗/护发液、发乳、发油、发蜡、焗油膏、发胶、发泥、定型水(啫哩、摩丝)、烫发剂、染发剂; 其他用品:丰(美、健)乳霜、纤体霜(膏)、健美霜、紧致霜、除臭露(剂)、精油、防蚊液等。	50%或20%
10000000	家用医疗、保健及美容器材	医疗器材:包括呼吸器具、矫形器具、夹板及其他骨折用具,血糖计、血糖试纸、电动洗眼器、红外线耳探热针、空气制氧机、治疗用雾化机、电动血压计、病人用拐杖、病人用轮椅等及上述物品的配件、附件; 保健器材:包括按摩床、按摩椅等及上述物品的配件、附件; 美容器材:包括蒸汽仪、喷雾器、化妆/美容专用工具等及上述物品的配件、附件。	20%

① 对国家规定减按3%征收进口环节增值税的进口药品,按照货物税率征税。抗癌药品、罕见病药品定义及范围详见《关于抗癌药品增值税政策的通知》(财税〔2018〕47号)、《关于罕见病药品增值税政策的通知》(财税〔2019〕24号)。

税号	物品类别	范围	税率
11000000	厨卫用具及小家电	厨房用具：包括各种材料制的餐具、刀具、炊具、灶具，锅、壶、杯、盘、碗、筷子、勺、铲、餐刀、餐叉、切菜刀、案板、削皮刀、绞肉机、食品研磨机、搅拌器、净水器、煤气灶、煤气点火器等；电饭煲、微波炉、电磁炉、抽油烟机、消毒碗柜、家用洗碗机、电烤箱、面包机、豆浆机、酸奶机、榨汁机、咖啡机、制冰机、饮水机、食品调理机、煮蛋器等厨房用具及配件、附件； 卫生用具、洁具：包括热水器、水龙头、淋浴用具、座便器及配件、附件等。 小家电：包括灯具、风扇、电暖器、电热毯、电烫斗、电吹风机、电动剃须刀、电动毛发推剪器，增湿机、除湿机、增除湿一体机、空气清新机、家用吸尘器、扫地机器人、地板打蜡机、电动剪草机等电器及上述物品的配件、附件等。	20%
		电话机等信息技术产品：包括固定电话机、手持移动电话机、可视电话机、寻呼机等。	13%
12000000	家具	包括各种材料制的沙发、组合式家具、柜、橱、台、桌、椅、书架、床、床垫、坐具等。	13%
13000000	空调及其配件、附件	包括空气调节器及其配件、附件等。	20%
14000000	电冰箱及其配件、附件	包括各式电冰箱、冰柜、红酒柜及其配件、附件等。	20%
15000000	洗衣设备及其配件、附件	包括波轮式洗衣机、滚筒式洗衣机、干衣机/烘干机、脱水机、家用地毯洗涤机等及上述物品的配件、附件。	20%
16000000	电视机及其配件、附件	包括各式电视机、电视收音联合机、电视收音录音联合机、电视录像联合机等及上述物品的配件、附件。	20%
17000000	摄影(像)设备及其配件、附件	包括电视摄像机、照相机(数字照相机除外)、照相制版机、放大机，胶卷、胶片、感光纸、镜箱、闪光灯、滤色镜、测光表、曝光表、遮光罩、水下摄影罩、半身镜、接镜环、取景器、自拍器、洗像盒、显影罐等。	20%
		视频摄录一体机、数字照相机、存储卡等信息技术产品。	13%
18000000	影音设备及其配件、附件	包括录音笔、录音机、收音机、MP3播放机、MP4播放机、收录音机、数码录放音器、电唱机、激光电唱机、放像机、录像机、激光视盘机、(单)功能座、音箱、自动伴唱机、卡拉OK混音器等及上述物品的配件、附件。	20%
		耳机及耳塞机，磁盘、磁带、光学媒体、半导体媒体以及其他影音类信息技术产品。	13%
19000000	计算机及其外围设备	包括个人计算机及其存储、输入、输出设备和附件、零部件。	13%
20000000	书报、刊物及其他各类印刷品	包括书报、刊物及其他各类印刷品。	13%
21000000	教育用影视资料	包括教育专用的电影片、幻灯片，原版录音带、录像带、磁盘、磁带、光学媒体、半导体媒体、唱片，地球仪、解剖模型、人体骨骼模型、教育用示意牌等。	13%
22000000	文具用品、玩具、游戏品、节日或其他娱乐用品	文具用品：包括各种书写用具及材料、照像簿、集邮簿、印刷日历、月历、放大镜、望远镜、绘图用颜料、装订用具、誊写钢板等各种文具用品。	20%
		文具类信息技术产品：电子计算器、电子字典、记事簿、电子(纸)书。 玩具：包括三轮车、单脚滑行车、踏板车及类似的带轮玩具；玩偶车；玩偶；缩小(按比例缩小)的模型及类似娱乐用模型；智力玩具等及上述物品的零件及附件。 游戏品(视频游戏控制器及设备、桌上或室内游戏用品)：包括电子游戏机和视频游戏控制器、扑克牌、中国象棋、国际象棋、跳棋等棋类用品、麻将及类似桌上游戏用品等，及其上述游戏的零件、附件。 节日或其他娱乐用品：包括圣诞节、狂欢节等节日用品、魔术道具及嬉戏品等。	13%
23000000	邮票、艺术品、收藏品	包括中国大陆及境外各种邮票、小型张、纪念封等，纪念币，以及艺术品、收藏品。	20%
24000000	乐器	包括各种键盘类、弓弦类、拨弦类、打击类、管乐类等乐器及节拍器、音叉、定音器等器具及上述乐器的配件、附件。	20%
25000000	运动用品、钓鱼用品	高尔夫球及球具：包括高尔夫球杆和高尔夫球。	50%
		除高尔夫球以外各种球类，各种健身器具、航空和航海模型、钓鱼用品等，一般体育活动、体操、竞技、游泳、滑冰、滑雪及其他户内外活动用具及其配件、附件。	20%
26000000	自行车	包括不带发动机、电动机的自行车、三轮脚踏车、婴孩车及其他非机动脚踏车，及上述物品的配件、附件。	20%
27000000	其他物品	其他不能归入上述类别的物品。	20%

附表 5

中华人民共和国进境物品完税价格表

税号	品名及规格	单位	完税价格（人民币:元）	税率
01000000	食品、饮料、药品			
01010000	-食品			
01010400	--参	千克	2000	13%
01010700	--奶粉	千克	200	13%
01010800	--调味品	千克	200	13%
01019900	--其他食品	件、千克	另行确定	13%
01020000	-饮料			
01020100	--茶叶	千克	200	13%
01020200	--咖啡	千克	200	13%
01029900	--其他饮料	千克	另行确定	13%
01030000	-药品			
01030100	--抗癌药品	件	另行确定	3%
01030200	--中药酒	瓶	另行确定	13%
01030300	--罕见病药品	件	另行确定	3%
01039900	--其他药品	件	另行确定	13%
02000000	酒			
02010000	-啤酒			
02010100	--12 度以下(不含 12 度)	瓶(不超过 750 毫升)	5	50%
02010200	--12 度至 22 度(不含 22 度)	瓶(不超过 750 毫升)	10	50%
02020000	-葡萄酒			
02020100	--12 度以下(不含 12 度)	瓶(不超过 750 毫升)	100	50%
02020200	--12 度至 22 度(含 22 度)	瓶(不超过 750 毫升)	200	50%
02030000	-清酒			
02030100	--12 度以下(不含 12 度)	瓶(不超过 750 毫升)	30	50%
02030200	--12 度至 22 度(不含 22 度)	瓶(不超过 750 毫升)	50	50%
02030300	--22 度及以上	瓶(不超过 750 毫升)	80	50%
02040000	-白兰地	瓶(不超过 750 毫升)	500	50%
02050000	-威士忌	瓶(不超过 750 毫升)	300	50%
02060000	-伏特加	瓶(不超过 750 毫升)	100	50%
02070000	-白酒	瓶(不超过 750 毫升)	300	50%
02990000	-其他酒	瓶(不超过 750 毫升)	另行确定	50%
03000000	烟			
03010000	-卷烟	支	0.5	50%
03020000	-雪茄烟	支	10	50%
03030000	-烟丝	克	0.5	50%
03990000	-其他烟	克、支	另行确定	50%
04000000	纺织品及其制成品			
04010000	-衣着			
04010100	--外衣	件	300	20%
04010200	--外裤	条	200	20%
04010300	--内衣裤	条/件	100	20%
04010400	--衬衫/T 恤衫	件	200	20%
04019900	--其他衣着	件	另行确定	20%
04020000	-配饰			
04020100	--帽子	件	100	20%

税号	品名及规格	单位	完税价格（人民币:元）	税率
04020200	--丝巾、头巾、围巾	条	100	20%
04020300	--领带	条	100	20%
04020400	--腰带	条	100	20%
04020500	--手套	双	100	20%
04029900	--其他配饰	件	另行确定	20%
04030000	**-家纺用品**			
04030100	--毛毯、被子、床罩、睡袋	床、件	400	20%
04030200	--枕头、床单、毛巾被、被套	条、件	100	20%
04030300	--地毯	平方米	200	20%
04030400	--窗帘	千克	100	20%
04039900	--其他家纺用品	件	另行确定	20%
04990000	**-其他纺织品及其制成品**	件	另行确定	20%
05000000	**皮革服装及配饰**			
05010000	**-皮革服装**			
05010100	--裘皮衣	件	另行确定	20%
05010200	--皮大衣	件	2000	20%
05010300	--皮上衣	件	1500	20%
05010400	--皮背心	件	1000	20%
05010500	--皮裤	件	1000	20%
05010600	--皮裙	件	1000	20%
05019900	--其他皮革服装	件	另行确定	20%
05020000	**-皮革配饰**			
05020100	--皮帽	件	200	20%
05020200	--皮带	条	100	20%
05020300	--皮手套	双	100	20%
05029900	--其他皮革配饰	件	另行确定	20%
05990000	**-其他皮革制品（箱包和鞋靴除外）**	件	另行确定	20%
06000000	**箱包和鞋靴**			
06010000	**-箱包**			
06010100	--箱	个	500	20%
06010200	--挎包、背包、提包	个	另行确定	20%
06010300	--钱包、钥匙包	个	100	20%
06019900	--其他箱包	个	另行确定	20%
06020000	**-鞋靴**			
06020100	--皮鞋	双	300	20%
06020200	--皮靴	双	400	20%
06020300	--运动鞋	双	200	20%
06029900	--其他鞋靴	双	另行确定	20%
07000000	**表、钟及其配件、附件**			
07010000	**-表**			
07010100	--高档手表（审定价格在人民币10000元及以上）	块	另行确定	50%
07010200	--其他表			
07010210	---石英表（电子表）	块	200	20%
07010220	---机械表	块	500	20%
07010290	---其他表	块	另行确定	20%
07020000	**-钟**			
07020100	--座钟、挂钟、台钟	个、台	200	20%
07020200	--落地钟	台	600	20%

税号	品名及规格	单位	完税价格（人民币:元）	税率
07029900	--其他钟	台	另行确定	20%
07030000	**-钟表配件、附件**	件	另行确定	20%
08000000	**金银、贵重首饰及珠宝玉石**			
08010000	**-金银**	件	另行确定	13%
08020000	**-贵重首饰及珠宝玉石**			
08020100	--钻石及钻石首饰	件	另行确定	20%
08020200	--贵重首饰及珠宝玉石	件	另行确定	50%
09000000	**化妆品、洗护用品**			
09010000	**-化妆品**			
09010100	--芳香类化妆品			
09010110	---香水及花露水			
09010111	----香水及花露水	瓶	300	完税价格≥10元/毫升(克)的,税率为50%
09010112	----香水及花露水	瓶	300	完税价格<10元/毫升(克)的,税率为20%
09010200	--唇用化妆品			
09010210	---唇膏、唇彩			
09010211	----唇膏、唇彩	支	150	完税价格≥10元/毫升(克)的,税率为50%
09010212	----唇膏、唇彩	支	150	完税价格<10元/毫升(克)的,税率为20%
09010220	---唇线笔			
09010221	----唇线笔	支	100	完税价格≥10元/毫升(克)的,税率为50%
09010222	----唇线笔	支	100	完税价格<10元/毫升(克)的,税率为20%
09010290	---其他唇用化妆品			
09010291	----其他唇用化妆品	件	另行确定	完税价格≥10元/毫升(克)或完税价格≥15元/片(张)的,税率为50%
09010299	----其他唇用化妆品	件	另行确定	完税价格<10元/毫升(克),完税价格<15元/片(张)的,税率为20%
09010300	--眼用化妆品			
09010310	---睫毛膏(液、油)			
09010311	----睫毛膏(液、油)	支	100	完税价格≥10元/毫升(克)的,税率为50%
09010312	----睫毛膏(液、油)	支	100	完税价格<10元/毫升(克)的,税率为20%
09010320	---眼线笔(液)			
09010321	----眼线笔(液)	支	100	完税价格≥10元/毫升(克)的,税率为50%
09010322	----眼线笔(液)	支	100	完税价格<10元/毫升(克)的,税率为20%
09010330	---眉笔(眉粉)			
09010331	----眉笔(眉粉)	支	100	完税价格≥10元/毫升(克)的,税率为50%
09010332	----眉笔(眉粉)	支	100	完税价格<10元/毫升(克)的,税率为20%
09010340	---眼影			
09010341	----眼影	盒	100	完税价格≥10元/毫升(克)的,税率为50%
09010342	----眼影	盒	100	完税价格<10元/毫升(克)的,税率为20%
09010390	---其他眼用化妆品			
09010391	----其他眼用化妆品	件	另行确定	完税价格≥10元/毫升(克)或完税价格≥15元/片(张)的,税率为50%
09010392	----其他眼用化妆品	件	另行确定	完税价格<10元/毫升(克),完税价格<15元/片(张)的,税率为20%
09010400	--指(趾)甲化妆品			
09010410	---洗甲(趾)液			
09010411	----洗甲(趾)液	支	50	完税价格≥10元/毫升(克)的,税率为50%
09010412	----洗甲(趾)液	支	50	完税价格<10元/毫升(克)的,税率为20%

税号	品名及规格	单位	完税价格（人民币:元）	税率
09010420	---指(趾)甲油			
09010421	----指(趾)甲油	支	20	完税价格≥10元/毫升(克)的,税率为50%
09010422	----指(趾)甲油	支	20	完税价格<10元/毫升(克)的,税率为20%
09010490	---其他指(趾)甲化妆品			
09010491	----其他指(趾)甲化妆品	件	另行确定	完税价格≥10元/毫升(克)或完税价格≥15元/片(张)的,税率为50%
09010492	----其他指(趾)甲化妆品	件	另行确定	完税价格<10元/毫升(克),完税价格<15元/片(张)的,税率为20%
09010500	--粉状化妆品			
09010510	---粉底及粉底液			
09010511	----粉底及粉底液	盒、支	200	完税价格≥10元/克的,税率为50%
09010512	----粉底及粉底液	盒、支	200	完税价格<10元/克的,税率为20%
09010520	---粉饼			
09010521	----粉饼	盒	150	完税价格≥10元/克的,税率为50%
09010522	----粉饼	盒	150	完税价格<10元/克的,税率为20%
09010530	---扑面粉			
09010531	----扑面粉	盒	150	完税价格≥10元/克的,税率为50%
09010532	----扑面粉	盒	150	完税价格<10元/克的,税率为20%
09010540	---胭脂(粉)、腮红(粉)			
09010541	----胭脂(粉)、腮红(粉)	盒、支	100	完税价格≥10元/克的,税率为50%
09010542	----胭脂(粉)、腮红(粉)	盒、支	100	完税价格<10元/克的,税率为20%
09010590	---其他粉状化妆品			
09010591	----其他粉状化妆品	件	另行确定	完税价格≥10元/克的,税率为50%
09010592	----其他粉状化妆品	件	另行确定	完税价格<10元/克的,税率为20%
09010600	--其他美容品或化妆品			
09010610	---其他美容品或化妆品	件、套	另行确定	完税价格≥10元/毫升(克)或完税价格≥15元/片(张)的,税率为50%
09010620	---其他美容品或化妆品	件、套	另行确定	完税价格<10元/毫升(克),完税价格<15元/片(张)的,税率为20%
09020000	**-洗护用品**			
09020100	--清洁用品			
09020110	---洗面奶、洁面霜	支、瓶	100	20%
09020120	---卸妆水	支、瓶	150	20%
09020190	---其他清洁用品	件、套	另行确定	20%
09020200	--护肤用品			
09020210	---化妆水			
09020211	----化妆水	支、瓶	150	完税价格≥10元/毫升(克)的,税率为50%
09020212	----化妆水	支、瓶	150	完税价格<10元/毫升(克)的,税率为20%
09020220	---眼霜			
09020221	----眼霜	支、瓶	200	完税价格≥10元/毫升(克)的,税率为50%
09020222	----眼霜	支、瓶	200	完税价格<10元/毫升(克)的,税率为20%
09020230	---面霜及乳液			
09020231	----面霜及乳液	支、瓶	200	完税价格≥10元/毫升(克)的,税率为50%
09020232	----面霜及乳液	支、瓶	200	完税价格<10元/毫升(克)的,税率为20%
09020240	---精华液(素)			
09020241	----精华液(素)	支、瓶	300	完税价格≥10元/毫升(克)的,税率为50%
09020242	----精华液(素)	支、瓶	300	完税价格<10元/毫升(克)的,税率为20%
09020250	---防晒霜(露、乳液)			
09020251	----防晒霜(露、乳液)	支	150	完税价格≥10元/毫升(克)的,税率为50%

税号	品名及规格	单位	完税价格（人民币:元）	税率
09020252	----防晒霜(露、乳液)	支	150	完税价格<10元/毫升(克)的,税率为20%
09020260	---面膜			
09020261	----面膜	张、瓶	20	完税价格≥10元/毫升(克)或完税价格≥15元/片(张)的,税率为50%
09020262	----面膜	张、瓶	20	完税价格<10元/毫升(克),完税价格<15元/片(张)的,税率为20%
09020270	---润唇膏			
09020271	----润唇膏	支	20	完税价格≥10元/毫升(克)的,税率为50%
09020272	----润唇膏	支	20	完税价格<10元/毫升(克)的,税率为20%
09020280	---护手霜			
09020281	----护手霜	支、瓶	50	完税价格≥10元/毫升(克)的,税率为50%
09020282	----护手霜	支、瓶	50	完税价格<10元/毫升(克)的,税率为20%
09020290	---其他护肤用品			
09020291	----其他护肤用品	件、套	另行确定	完税价格≥10元/毫升(克)或完税价格≥15元/片(张)的,税率为50%
09020292	----其他护肤用品	件、套	另行确定	完税价格<10元/毫升(克),完税价格<15元/片(张)的,税率为20%
09020300	--护发用品			
09020310	---洗/护发液	支、瓶	30	20%
09020390	---其他护发用品	件、套	另行确定	20%
09029900	--其他清洁护理品	件、套	另行确定	20%
10000000	**家用医疗、保健及美容器材**			
10010000	**-家用医疗器材**			
10010100	--血糖计	个	500	20%
10010200	--血糖试纸	张	5	20%
10010300	--红外线耳探热针	个	200	20%
10010400	--家用雾化机	台	2000	20%
10010500	--血压计	个	500	20%
10019900	--其他家用医疗器材	件	另行确定	20%
10020000	**-家用保健器材**			
10020100	--按摩床	张	10000	20%
10020200	--按摩椅	张	5000	20%
10029900	--其他家用保健器材	件	另行确定	20%
10030000	**-家用美容器材**			
10030100	--蒸汽仪	台	200	20%
10030200	--喷雾器	台	400	20%
10039900	--其他家用美容器材	台	另行确定	20%
11000000	**厨卫用具及小家电**			
11010000	**-厨房用具**			
11010100	--餐具/刀具	个、把	20	20%
11010200	--炊具	件	100	20%
11010300	--灶具	件	1000	20%
11010400	--净水器(含过滤芯)	个	500	20%
11010500	--净水器过滤芯	个	200	20%
11011100	--电饭煲	个	500	20%
11011200	--微波炉	台	600	20%
11011300	--电磁炉	台	800	20%
11011400	--抽油烟机	台	1000	20%
11011500	--家用洗碗机	台	1500	20%

税号	品名及规格	单位	完税价格（人民币：元）	税率
11011600	--电动榨汁机	台	100	20%
11011700	--咖啡机	台	4000	20%
11019900	--其他厨房用具	件、个	另行确定	20%
11020000	**-卫生用具、洁具**			
11020100	--热水器	台	1000	20%
11021120	--电吹风机	个	200	20%
11021130	--电动剃须刀	个	200	20%
11020400	--电动牙刷	个	200	20%
11029900	--其他卫生间用具	件、个	另行确定	20%
11030000	**-小家电**			
11030100	--电话机			
11030110	---普通电话机	台	200	13%
11030120	---手持移动电话机			
11030121	----键盘式手持移动电话机	台	1000	13%
11030122	----触屏式手持移动电话机	台	另行确定	13%
11030130	---电话传真机	台	1000	13%
11030140	---可视电话机	台	1000	13%
11030150	---电话机配件、附件	件	另行确定	13%
11030190	---其他电话机	台	另行确定	13%
11031200	--电风扇	台	400	20%
11031300	--电熨斗	台	200	20%
11031400	--电暖器	台	400	20%
11031500	--增/除湿机、增除湿一体机	台	1500	20%
11031600	--空气清新机	台	1000	20%
11031700	--吸尘器	台	500	20%
11031800	--地板打蜡机	台	500	20%
11031900	--电动剪草机	台	2000	20%
11032000	--电缝纫机、编织机	台	2000	20%
11032100	--灯具	台、件	另行确定	20%
11039900	--其他小家电			
11039910	--其他家电类信息技术产品	件、个	另行确定	13%
11039990	--其他小家电	件、个	另行确定	20%
12000000	**家具**			
12010000	**-实木家具**	件	另行确定	13%
12020000	**-皮质家具**	件	1000	13%
12030000	**-藤、竹质家具**	件	600	13%
12990000	**-其他家具**	件	另行确定	13%
13000000	**空调及其配件、附件**			
13010000	**-空调**			
13010100	--1匹及以下	台	2000	20%
13010200	--1匹以上2匹以下（含2匹）	台	4000	20%
13010300	--2匹以上3匹以下（含3匹）	台	6000	20%
13010400	--3匹以上	台	另行确定	20%
13020000	**-空调配件、附件**	个	另行确定	20%
13990000	**-其他空调**	台	另行确定	20%
14000000	**电冰箱及其配件、附件**			
14010000	**-电冰箱、冰柜**			
14010100	--100公升及以下	台	1000	20%

税号	品名及规格	单位	完税价格（人民币:元）	税率
14010200	--101-200 公升	台	2000	20%
14010300	--201-250 公升	台	3000	20%
14010400	--251-300 公升	台	5000	20%
14010500	--301-400 公升	台	10000	20%
14010600	--401-500 公升	台	15000	20%
14010700	--501 公升及以上	台	另行确定	20%
14020000	**-红酒柜**			
14020100	--12 瓶及以下	台	1000	20%
14020200	--13-18 瓶	台	2000	20%
14020300	--19-45 瓶	台	3000	20%
14020400	--46-75 瓶	台	4000	20%
14020500	--76-120 瓶	台	5000	20%
14020600	--121 瓶及以上	台	另行确定	20%
14030000	**-电冰箱配件、附件**	件	另行确定	20%
14990000	**-其他电冰箱**	台	另行确定	20%
15000000	**洗衣设备及其配件、附件**			
15010000	**-洗衣机**			
15010100	--波轮式	台	1000	20%
15010200	--滚筒式	台	3000	20%
15020000	**-干衣机/烘干机**	台	2000	20%
15030000	**-洗衣设备配件、附件**	件	另行确定	20%
15990000	**-其他洗衣设备**	台	另行确定	20%
16000000	**电视机及其配件、附件**			
16010000	**-电视机**			
16010100	--22 英寸及以下	台	1000	20%
16010200	--23 英寸至 32 英寸	台	2000	20%
16010300	--33 英寸至 39 英寸	台	4000	20%
16010400	--40 英寸至 42 英寸	台	6000	20%
16010500	--43 英寸至 45 英寸	台	8000	20%
16010600	--46 英寸至 49 英寸	台	10000	20%
16010700	--50 英寸至 54 英寸	台	20000	20%
16010800	--55 英寸至 59 英寸	台	30000	20%
16010900	--60 英寸至 64 英寸	台	35000	20%
16011000	--65 英寸以上	台	另行确定	20%
16020000	**-电视机配件、附件**	件、个	另行确定	20%
16990000	**-其他电视机**	台	另行确定	20%
17000000	**摄影(像)设备及其配件、附件**			
17010000	**-照相机**			
17010100	--数字照相机			
17010110	----一体式数字照相机	台	2000	13%
17010120	---镜头可拆卸式数字照相机			
17010121	----可拆卸式数字照相机机身	台	5000	13%
17010122	----可拆卸式数码照相机镜头	个	2000	20%
17010200	--照相机(非数字照相机)			
17010210	---反光式胶片照相机	台	5000	20%
17010220	----一次成像照相机	台	1000	20%
17010290	---其他照相机	台	另行确定	20%
17020000	**-摄像机**			

税号	品名及规格	单位	完税价格（人民币:元）	税率
17020100	--电视摄像机	台	另行确定	20%
17020200	--视频摄录一体机	台	4000	13%
17029900	--其他摄像机	台	另行确定	20%
17030000	**-其他摄影(像)设备**			
17030100	--其他摄影(像)类信息技术产品	台、件	另行确定	13%
17030200	--其他摄影(像)设备	台、件	另行确定	20%
17990000	**-摄影(像)设备配件、附件**			
17990100	--数码存储卡			
17990110	---存储容量8G及以下	个	50	13%
17990120	---存储容量8G以上	个	200	13%
17990200	--闪光灯	个	500	20%
17990300	--支架	个	300	20%
17990400	--胶卷	个	20	20%
17999900	--其他摄影(像)设备配件、附件	件	另行确定	20%
18000000	**影音设备及其配件、附件**			
18010000	**-便携式影音设备**			
18010100	--录音笔	台	200	20%
18010200	--录音机	台	200	20%
18010300	--收音机	台	200	20%
18010400	--MP3播放器(音频多媒体播放器)	台	100	20%
18010500	--MP4播放器(视频多媒体播放器)	台	500	20%
18019900	--其他便携式影音设备	台	另行确定	20%
18020000	**-音响设备**			
18020100	--电唱机(含便携式激光唱机)	台	500	20%
18020200	--放像机	台	500	20%
18020300	--录像机	台	800	20%
18020400	--激光视盘机(LD、VCD、DVD等)	台	500	20%
18020500	--(单)功能座(功放、调谐、均衡等)	台	1000	20%
18020600	--音箱	个	1000	20%
18020700	--便携式收音、录音、激光唱盘一体机	台	1000	20%
18029900	--其他音响设备	件	另行确定	20%
18030000	**-影音设备配件、附件**			
18030100	--耳机及耳塞机	副	50	13%
18030200	--磁盘	盘	30	13%
18030300	--磁带			
18030310	---重放声音或图像信息的磁带	盘	50	20%
18030320	---其他磁带	盘	10	13%
18030400	--半导体媒体	张	30	13%
18030500	--唱片			
18030510	---已录制唱片	张	50	20%
18030520	---其他唱片	张	50	13%
18030600	--光学媒体	张	另行确定	13%
18039900	--其他影音设备配件、附件	个、件	另行确定	20%
18990000	**-其他影音设备**			
18990100	--其他影音类信息技术产品	台、件	另行确定	13%
18990200	--其他影音设备	个、台	另行确定	20%
19000000	**计算机及其外围设备**			
19010000	**-计算机**			

税号	品名及规格	单位	完税价格（人民币:元）	税率
19010100	--台式个人计算机主机	台	2000	13%
19010200	--主机、显示器一体机	台	3000	13%
19010300	--笔记本电脑（含平板电脑、掌上电脑、上网本等）			
19010310	---键盘式笔记本电脑	台	2000	13%
19010320	---触屏式笔记本电脑	台	另行确定	13%
19010400	--计算机配件			
19010410	---主板	块	500	13%
19010420	---中央处理器（CPU）	个	500	13%
19010430	---内存条			
19010431	----4G 及以下	条	200	13%
19010432	----4G 以上	条	300	13%
19010440	---功能卡	块	300	13%
19010490	---其他计算机配件	块、个	另行确定	13%
19019900	--其他计算机	台	另行确定	13%
19020000	**-计算机外围设备**			
19020100	--鼠标	个	50	13%
19020200	--键盘	个	80	13%
19020300	--音箱	个	50	13%
19020400	--显示器			
19020410	---液晶显示器			
19020411	----19 英寸及以下	台	800	13%
19020412	----19 英寸以上,24 英寸及以下	台	1200	13%
19020413	----24 英寸以上	台	另行确定	13%
19020420	---显像管（CRT）显示器			
19020421	----17 英寸及以下	台	300	13%
19020422	----17 英寸以上	台	500	13%
19020490	---其他显示器	台	另行确定	13%
19020500	--打印机			
19020510	---激光打印机			
19020511	----黑白激光打印机	台	1000	13%
19020512	----彩色激光打印机	台	3000	13%
19020520	---喷墨打印机	台	500	13%
19020530	---针式打印机	台	1000	13%
19020540	---多功能一体打印机			
19020541	----喷墨多功能一体打印机	台	600	13%
19020542	----激光多功能一体打印机	台	1500	13%
19020590	---其他打印机	台	另行确定	13%
19020600	--扫描仪	台	1000	13%
19020700	--视频投影仪	台	5000	13%
19020800	--驱动器			
19020810	---CD	台	100	13%
19020820	---DVD	台	200	13%
19020890	---其他驱动器	台	另行确定	13%
19020900	--存储器			
19020910	---硬盘/移动硬盘			
19020911	----1T 及以下	个	300	13%
19020912	----1T 以上 2T 以下（含 2T）	个	500	13%

税号	品名及规格	单位	完税价格（人民币:元）	税率
19020913	----2T以上	个	另行确定	13%
19020920	---U盘	个	50	13%
19020990	---其他存储器	个、盒	另行确定	13%
19029900	--其他计算机外围设备	台	另行确定	13%
20000000	**书报、刊物及其他各类印刷品**	本、套	另行确定	13%
21000000	**教育用影视资料**			
21010000	**-幻灯片**	片	10	13%
21020000	**-录音带**	盘	10	13%
21030000	**-录像带**	盘	50	13%
21990000	**-其他教育专用影视资料**	件	另行确定	13%
22000000	**文具用品、玩具、游戏品、节日或其他娱乐用品**			
22010000	**-文具用品**			
22010100	--电子计算器	个	200	13%
22010200	--电子字典/记事簿	个	300	13%
22010300	--电子（纸）书	台	800	13%
22010400	--笔	支	50	20%
22019900	--其他文具用品	件	另行确定	20%
22020000	**-玩具**			
22020100	--带轮玩具			
22020110	---单脚滑行车、踏板车	个	100	13%
22020190	---其他带轮玩具	个	另行确定	13%
22020200	--玩偶	个	100	13%
22020300	--缩小（按比例缩小）的模型及类似娱乐用模型	套	300	13%
22020400	--智力玩具	套	100	13%
22020500	--玩具乐器	个	100	13%
22029900	--其他玩具	件	另行确定	13%
22030000	**-游戏品**			
22030100	--游戏机			
22030110	---便携式游戏机	台	1000	13%
22030120	---电脑游戏机	台	2000	13%
22030130	---其他游戏机	台	另行确定	13%
22030190	---游戏机配件、附件			
22030191	----游戏碟、盘、卡	张、个	60	13%
22030192	----游戏机遥控器、控制器	个	200	13%
22030199	----其他游戏机配件、附件	件	另行确定	13%
22030200	--桌上或室内游戏用品			
22030210	---纸牌游戏用品	套	50	13%
22030220	---棋类产品	套	50	13%
22030290	---其他桌上或室内游戏用品	件、套	另行确定	13%
22030900	--游戏品的配件、附件	件	另行确定	13%
22040000	**-节日或其他娱乐用品**			
22040100	--节日用品			
22040110	---节日装饰品	件	30	13%
22040120	---圣诞节传统用品	件	50	13%
22040130	---化装舞会及类似场合用品	件	20	13%
22040190	---其他节日用品	件	另行确定	13%
22040200	--魔术道具及嬉戏品	件	另行确定	13%
22040900	--其他娱乐用品	件	另行确定	13%

税号	品名及规格	单位	完税价格（人民币：元）	税率
23000000	邮票、艺术品、收藏品			
23010000	-邮票			
23010100	--中国邮票、小型张、纪念封	张	另行确定	20%
23010200	--港澳台、外国邮票	张	5	20%
23010300	--港澳台、外国小型张、纪念封	张	10	20%
23020000	-艺术品、收藏品	件	另行确定	20%
24000000	乐器			
24010000	-钢琴			
24010100	--三角钢琴	架	90000	20%
24010200	--立式钢琴	架	15000	20%
24010300	--电子钢琴	架	5000	20%
24019900	--其他钢琴	架	另行确定	20%
24020000	-电子琴			
24020100	--49键以下	台	800	20%
24020200	--49键及以上	台	3000	20%
24030000	-萨克斯	把	10000	20%
24040000	-电子吉他	把	2000	20%
24050000	-数码小提琴	把	5000	20%
24060000	-长、短笛	支	5000	20%
24070000	-单簧管	支	4000	20%
24080000	-双簧管	支	10000	20%
24090000	-古筝	架	2000	20%
24990000	-其他乐器	件	另行确定	20%
25000000	运动用品、钓鱼用品			
25010000	-高尔夫球及球具			
25010100	--球杆	根	1000	50%
25010200	--球	个	20	50%
25019900	--其他高尔夫球具	件	另行确定	50%
25020000	-运动器具			
25020100	--网球拍	个	500	20%
25020200	--羽毛球拍	个	300	20%
25029900	--其他运动器具	件	另行确定	20%
25030000	-多功能健身器具			
25030100	--跑步机	件	2000	20%
25030200	--健身车	件	1000	20%
25030300	--综合训练器	件	3000	20%
25039900	--其他多功能健身器具	件	另行确定	20%
25040000	-钓鱼用品	件	另行确定	20%
25990000	-其他运动用品	件	另行确定	20%
26000000	自行车			
26010000	-自行车	辆	500	20%
26020000	-三轮车	辆	500	20%
26030000	-婴孩车	辆	200	20%
26090000	-自行车配件、附件	件	另行确定	20%
27000000	其他物品	件	另行确定	20%

注：对02000000税号项下的各类酒，单瓶容量超出750毫升的，每满750毫升按照1瓶计征税赋，超出部分不足750毫升的不予计算。

附表 6

2021 年进口关税与进口环节代征税(消费税及增值税)计税常数表

关税税率(%)	消费税税率(%)											
	1	3	5	9	10	12	15	20	25	30	36	40
0	0.1818	0.2062	0.2316	0.2857	0.3000	0.3295	0.3765	0.4625	0.5600	0.6714	0.8281	0.9500
1.0	0.1936	0.2182	0.2439	0.2986	0.3130	0.3428	0.3902	0.4771	0.5756	0.6881	0.8464	0.9695
1.5	0.1995	0.2243	0.2501	0.3050	0.3195	0.3495	0.3971	0.4844	0.5834	0.6965	0.8555	0.9793
2.0	0.2055	0.2303	0.2562	0.3114	0.3260	0.3561	0.4040	0.4918	0.5912	0.7049	0.8647	0.9890
3.0	0.2173	0.2424	0.2685	0.3243	0.3390	0.3694	0.4178	0.5064	0.6068	0.7216	0.8830	1.0085
4.0	0.2291	0.2544	0.2808	0.3371	0.3520	0.3827	0.4315	0.5210	0.6224	0.7383	0.9013	1.0280
4.5	0.2350	0.2605	0.2870	0.3436	0.3585	0.3894	0.4384	0.5283	0.6302	0.7466	0.9104	1.0378
5.0	0.2409	0.2665	0.2932	0.3500	0.3650	0.3960	0.4453	0.5356	0.6380	0.7550	0.9195	1.0475
5.5	0.2468	0.2725	0.2993	0.3564	0.3715	0.4027	0.4522	0.5429	0.6458	0.7634	0.9287	1.0573
5.8	0.2504	0.2761	0.3030	0.3603	0.3754	0.4067	0.4563	0.5473	0.6505	0.7684	0.9342	1.0631
6.0	0.2527	0.2786	0.3055	0.3629	0.3780	0.4093	0.4591	0.5503	0.6536	0.7717	0.9378	1.0670
6.5	0.2586	0.2846	0.3116	0.3693	0.3845	0.4160	0.4659	0.5576	0.6614	0.7801	0.9470	1.0768
7.0	0.2645	0.2906	0.3178	0.3757	0.3910	0.4226	0.4728	0.5649	0.6692	0.7884	0.9561	1.0865
7.5	0.2705	0.2966	0.3239	0.3821	0.3975	0.4293	0.4797	0.5722	0.6770	0.7968	0.9652	1.0963
8.0	0.2764	0.3027	0.3301	0.3886	0.4040	0.4359	0.4866	0.5795	0.6848	0.8051	0.9744	1.1060
8.4	0.2811	0.3075	0.3350	0.3937	0.4092	0.4412	0.4921	0.5854	0.6910	0.8118	0.9817	1.1138
8.5	0.2823	0.3087	0.3363	0.3950	0.4105	0.4426	0.4935	0.5868	0.6926	0.8135	0.9835	1.1158
9.0	0.2882	0.3147	0.3424	0.4014	0.4170	0.4492	0.5004	0.5941	0.7004	0.8219	0.9927	1.1255
9.5	0.2941	0.3208	0.3486	0.4079	0.4235	0.4559	0.5072	0.6014	0.7082	0.8302	1.0018	1.1353
9.7	0.2965	0.3232	0.3510	0.4104	0.4261	0.4585	0.5100	0.6044	0.7113	0.8336	1.0055	1.1392
10.0	0.3000	0.3268	0.3547	0.4143	0.4300	0.4625	0.5141	0.6088	0.7160	0.8386	1.0109	1.1450
10.5	0.3059	0.3328	0.3609	0.4207	0.4365	0.4691	0.5210	0.6161	0.7238	0.8469	1.0201	1.1548
11.0	0.3118	0.3389	0.3671	0.4271	0.4430	0.4758	0.5279	0.6234	0.7316	0.8553	1.0292	1.1645
12.0	0.3236	0.3509	0.3794	0.4400	0.4560	0.4891	0.5416	0.6380	0.7472	0.8720	1.0475	1.1840
12.5	0.3295	0.3570	0.3855	0.4464	0.4625	0.4957	0.5485	0.6453	0.7550	0.8804	1.0566	1.1938
12.6	0.3307	0.3582	0.3868	0.4477	0.4638	0.4971	0.5499	0.6468	0.7566	0.8820	1.0585	1.1957
13.0	0.3355	0.3630	0.3917	0.4529	0.4690	0.5024	0.5554	0.6526	0.7628	0.8887	1.0658	1.2035
13.5	0.3414	0.3690	0.3978	0.4593	0.4755	0.5090	0.5623	0.6599	0.7706	0.8971	1.0749	1.2133
14.0	0.3473	0.3751	0.4040	0.4657	0.4820	0.5157	0.5692	0.6673	0.7784	0.9054	1.0841	1.2230
14.4	0.3520	0.3799	0.4089	0.4709	0.4872	0.5210	0.5747	0.6731	0.7846	0.9121	1.0914	1.2308
15.0	0.3591	0.3871	0.4163	0.4786	0.4950	0.5290	0.5829	0.6819	0.7940	0.9221	1.1023	1.2425
16.0	0.3709	0.3992	0.4286	0.4914	0.5080	0.5423	0.5967	0.6965	0.8096	0.9389	1.1206	1.2620
17.0	0.3827	0.4112	0.4409	0.5043	0.5210	0.5556	0.6105	0.7111	0.8252	0.9556	1.1389	1.2815
17.5	0.3886	0.4173	0.4471	0.5107	0.5275	0.5622	0.6174	0.7184	0.8330	0.9639	1.1480	1.2913
18.0	0.3945	0.4233	0.4533	0.5171	0.5340	0.5689	0.6242	0.7258	0.8408	0.9723	1.1572	1.3010
19.0	0.4064	0.4354	0.4656	0.5300	0.5470	0.5822	0.6380	0.7404	0.8564	0.9890	1.1755	1.3205
20.0	0.4182	0.4474	0.4779	0.5429	0.5600	0.5955	0.6518	0.7550	0.8720	1.0057	1.1938	1.3400
21.0	0.4300	0.4595	0.4902	0.5557	0.5730	0.6088	0.6655	0.7696	0.8876	1.0224	1.2120	1.3595
22.0	0.4418	0.4715	0.5025	0.5686	0.5860	0.6220	0.6793	0.7843	0.9032	1.0391	1.2303	1.3790
23.0	0.4536	0.4836	0.5148	0.5814	0.5990	0.6353	0.6931	0.7989	0.9188	1.0559	1.2486	1.3985

关税税率(%)	消费税税率(%)											
	1	3	5	9	10	12	15	20	25	30	36	40
24.0	0.4655	0.4957	0.5272	0.5943	0.6120	0.6486	0.7068	0.8135	0.9344	1.0726	1.2669	1.4180
24.5	0.4714	0.5017	0.5333	0.6007	0.6185	0.6553	0.7137	0.8208	0.9422	1.0809	1.2760	1.4278
25.0	0.4773	0.5077	0.5395	0.6071	0.6250	0.6619	0.7206	0.8281	0.9500	1.0893	1.2852	1.4375
27.0	0.5009	0.5319	0.5641	0.6329	0.6510	0.6885	0.7481	0.8574	0.9812	1.1227	1.3217	1.4765
28.0	0.5127	0.5439	0.5764	0.6457	0.6640	0.7018	0.7619	0.8720	0.9968	1.1394	1.3400	1.4960
30.0	0.5364	0.5680	0.6011	0.6714	0.6900	0.7284	0.7894	0.9013	1.0280	1.1729	1.3766	1.5350
32.0	0.5600	0.5922	0.6257	0.6971	0.7160	0.7550	0.8169	0.9305	1.0592	1.2063	1.4131	1.5740
35.0	0.5955	0.6284	0.6626	0.7357	0.7550	0.7949	0.8582	0.9744	1.1060	1.2564	1.4680	1.6325
38.0	0.6309	0.6645	0.6996	0.7743	0.7940	0.8348	0.8995	1.0183	1.1528	1.3066	1.5228	1.6910
40.0	0.6545	0.6887	0.7242	0.8000	0.8200	0.8614	0.9271	1.0475	1.1840	1.3400	1.5594	1.7300
45.0	0.7136	0.7490	0.7858	0.8643	0.8850	0.9278	0.9959	1.1206	1.2620	1.4236	1.6508	1.8275
50.0	0.7727	0.8093	0.8474	0.9286	0.9500	0.9943	1.0647	1.1938	1.3400	1.5071	1.7422	1.9250
57.0	0.8555	0.8937	0.9336	1.0186	1.0410	1.0874	1.1611	1.2961	1.4492	1.6241	1.8702	2.0615
65.0	0.9500	0.9902	1.0321	1.1214	1.1450	1.1938	1.2712	1.4131	1.5740	1.7579	2.0164	2.2175

注：

1. 鉴于应征消费税的进口商品的法定增值税税率均为17%，故本表省略了增值税税率一栏，但所列常数均已包括增值税在内。
2. 常数计算公式为：

$$\text{常数}=\frac{\text{进口关税税率}+\text{消费税税率}+\text{增值税税率}+\text{进口关税税率}\times\text{增值税税率}}{1-\text{消费税税率}}$$

附表 7

2021 年进口关税与进口环节代征税(增值税)计税常数表

关税税率(%)	增值税税率(%)		关税税率(%)	增值税税率(%)		关税税率(%)	增值税税率(%)	
	13	17		13	17		13	17
0	0. 1300	0. 1700	9. 5	0. 2374	0. 2812	20. 0	0. 3560	0. 4040
1. 0	0. 1413	0. 1817	9. 7	0. 2396	0. 2835	21. 0	0. 3673	0. 4157
1. 5	0. 1470	0. 1876	10. 0	0. 2430	0. 2870	22. 0	0. 3786	0. 4274
2. 0	0. 1526	0. 1934	10. 5	0. 2487	0. 2929	23. 0	0. 3899	0. 4391
3. 0	0. 1639	0. 2051	11. 0	0. 2543	0. 2987	24. 0	0. 4012	0. 4508
4. 0	0. 1752	0. 2168	12. 0	0. 2656	0. 3104	24. 5	0. 4069	0. 4567
4. 5	0. 1809	0. 2227	12. 5	0. 2713	0. 3163	25. 0	0. 4125	0. 4625
5. 0	0. 1865	0. 2285	12. 6	0. 2724	0. 3174	27. 0	0. 4351	0. 4859
5. 5	0. 1922	0. 2344	13. 0	0. 2769	0. 3221	28. 0	0. 4464	0. 4976
5. 8	0. 1955	0. 2379	13. 5	0. 2826	0. 3280	30. 0	0. 4690	0. 5210
6. 0	0. 1978	0. 2402	14. 0	0. 2882	0. 3338	32. 0	0. 4916	0. 5444
6. 5	0. 2035	0. 2461	14. 4	0. 2927	0. 3385	35. 0	0. 5255	0. 5795
7. 0	0. 2091	0. 2519	15. 0	0. 2995	0. 3455	38. 0	0. 5594	0. 6146
7. 5	0. 2148	0. 2578	16. 0	0. 3108	0. 3572	40. 0	0. 5820	0. 6380
8. 0	0. 2204	0. 2636	17. 0	0. 3221	0. 3689	45. 0	0. 6385	0. 6965
8. 4	0. 2249	0. 2683	17. 5	0. 3278	0. 3748	50. 0	0. 6950	0. 7550
8. 5	0. 2261	0. 2695	18. 0	0. 3334	0. 3806	57. 0	0. 7741	0. 8369
9. 0	0. 2317	0. 2753	19. 0	0. 3447	0. 3923	65. 0	0. 8645	0. 9305

注:

常数=进口关税税率+增值税税率+进口关税税率×增值税税率

附表 8

计量单位换算表

面(地)积换算

公制		英美制			
平方米	平方厘米	平方码	平方英尺	平方英寸	平方尺
1	10000	1.1960	10.7639	1550	9
0.0001	1	0.00012	0.00108	0.155	0.0009
0.8361	8361	1	9	1296	7.525
0.0929	929	0.1111	1	144	0.836
0.00065	6.45	0.00077	0.00694	1	0.0058
0.111	1111	0.133	1.196	172.2	1

长度换算

公制		中国市制	英美制		
米	厘米	尺	码	英尺	英寸
1	100	3	1.094	3.2808	39.37
0.01	1	0.03	0.01094	0.03281	0.3937
0.3333	33.33	1	0.3646	1.094	13.123
0.9144	91.44	2.743	1	3	36
0.3048	30.48	0.9144	0.3334	1	12
0.0254	2.54	0.0762	0.0278	0.833	1

1 米 = 100 厘米 = 1000 毫米

重量换算(一)

公制	英制	美制	港制
公吨	长吨	短吨	司马担
1	0.9842	1.1023	16.535
1.016	1	1.12	16.8
0.9072	0.8929	1	15
0.05	0.04921	0.0551	0.8267
0.0508	0.05	0.056	0.8402
0.0605	0.0594	0.0667	1

港制 1 司马担 = 100 司马斤
公制 1 公吨 = 10 公担
英制 1 长吨 = 20 英担(CWT)
1 英担 = 50.8024 千克
美制 1 短吨 = 20 短担(CWT)
1 短担 = 100 磅 = 45.36 千克

公制	中国市制	英美制
千克	斤	磅
1000	2000	2204.6
1016	2032	2242
907	1814	2000
50	100	110.23
50.8	101.6	112
60.48	120.96	133.33
1	2	2.2046
0.5	1	1.1023
0.4536	0.9072	1

重量换算(二)

公制		英美制常衡		英美制金衡或药衡		中国市制
千克	克	磅	哂	磅	哂	两
1	1000	2. 2046	35. 2736	2. 679	31. 1507	20
0. 001	1	0. 0022	0. 03527	0. 00268	0. 0321	0. 02
0. 4536	453. 59	1	16	1. 2153	14. 5833	9. 072
0. 02835	28. 35	0. 0625	1	0. 07595	0. 9114	0. 567
0. 3732	373. 24	0. 82286	13. 1657	1	12	7. 465
0. 0311	31. 10	0. 06857	1. 0971	0. 08333	1	0. 622
0. 05	50	0. 1102	1. 76368	0. 13396	1. 6075	1

宝石:1 克拉=0. 2 克　　1 金衡=155. 5 克拉

容(体)积换算(一)

公制	中国市制	英制	美制
升	升	英加仑	美加仑
1	1	0. 22	0. 264
4. 546	4. 546	1	1. 201
3. 785	3. 785	0. 833	1

1000 升=1 立方米　　1 升=1000 毫升=1000 立方厘米(c. c.)
英制 1 加仑=277. 42 立方英寸　　英制 1 加仑=231 立方英寸

容(体)积换算(二)

公制		英美制			中国市制
立方米	立方厘米	立方码	立方英尺	立方英寸	立方尺
1	1000000	1. 303	35. 3147	61024	27
0. 000001	1	0. 0000013	0. 00004	0. 06102	0. 000027
0. 7636	764555	1	27	46656	20. 643
0. 02832	28317	0. 037	1	1728	0. 7646
0. 000016	16. 387	0. 00002	0. 00058	1	0. 00044
0. 037	37037	0. 0484	1. 308	2260	1

木材体积单位换算

板(Board Foot Measure, BFM):
指厚一英寸、面积一平方英尺的木材
板材的换算:1000 板=2. 36 立方米
原木的换算:1000 板=5 立方米(近似值)

功率换算

1 千瓦(kW)=1. 34 英制马力(hp)=1. 36 公制马力(hp)
1 英制马力=0. 746 千瓦(kW)
1 公制马力=0. 735 千瓦(kW)

$$1\ 千伏安(kVA)=\frac{千瓦(kW)}{0.80}$$

粮谷重量容积换算

品名	1 公吨折合蒲式耳	1 蒲式耳折合	
		磅	千克
小麦、大豆	36. 743	60	27. 216
玉米	39. 368	56	25. 402
大麦(英制)	44. 092	50	22. 68
大麦(美制)	45. 931	48	21. 773

1 英制蒲式耳(1. 0321 美制蒲式耳)合 36. 3677 升。

石(原)油重量、容积换算

国别	1 公吨折合			
	千升	美制桶	英制加仑	美制加仑
美国、印度尼西亚	1. 18	7. 4	259. 1	310. 6
伊朗、沙特阿拉伯	1. 19	7. 49	261. 8	314. 5
日本	1. 11	6. 99	244. 5	293. 3
英国、科威特	1. 16	7. 31	255. 8	306. 7
委内瑞拉	1. 09	6. 84	239. 2	287. 4

注:世界平均比重的原油通常以 1 公吨 = 7. 35 桶(每桶为 42 美制加仑)或 1174 升计。

常用度量衡英文名称和简写

名称	英文名称	简写	名称	英文名称	简写
克	gram	g.	码	yard	yd.
千克	kilogram	kg.	英尺	foot	ft.
公担	quintal	q.	英寸	inch	in.
公吨	metric ton	m. t.	平方米	square metre	sq. m.
长吨	long ton	l. t.	平方英尺	square foot	sq. ft
短吨	short ton	sh. t.	平方码	square yard	sq. yd
英担	hundredweight	cwt.	立方米	cubic metre	cu. m.
美担	hundredweight	cwt.	立方英尺	cubic toor	cu. ft.
磅	pound	lb.	升	litre	l.
唡(常衡)	ounce	oz.	毫升	millilitre	ml.
(金衡)	ounce	oz. t	加仑	gallon	gal.
司马担	picul		蒲式耳	bushel	bu.
米	metre	m.	克拉	carat	car.
公里	kilometre	km.	马力	horse power	hp.
厘米	centimetre	cm.	千瓦	kilowatt	kw.
毫米	millimetre	mm.	公吨度	metric ton unit	m. t. u.